제14판

헌 법 학

한 수 웅

法 文 社

Constitutional Law

fourteenth edition

Soo-Woong Han

Emeritus Professor of Law
Chung-Ang University
School of Law

2025
Bobmun Sa
Paju Bookcity, Korea

제14판 머리말

올해도 독자 여러분들의 성원에 힘입어 제14판을 내게 되었다. 제14판에서는 제13판의 내용을 그대로 유지하면서, 몇 군데 부분적인 개고가 이루어졌다.

첫째, '기본권 일반이론' 부분에서 '인권'의 내용을 일부 보완하였다(제3편 제1장 제2절 I. 1.). 둘째, 공무담임권 중에서 '공직취임권'의 서술내용을 부분적으로 수정·보완하였다(제3편 제5장 제3절 II.). 셋째, '환경권'과 관련하여 '환경권의 내용'을 독자들이 보다 쉽게 이해할 수 있도록 서술체계를 새롭게 정리하고 서술내용을 보완하였다(제3편 제7장 제6절 III.). 넷째, '헌법재판제도 일반이론' 부분에서 기존의 연구 성과를 반영하여 '헌법재판의 한계'의 서술내용을 부분적으로 보완하였다(제4편 제5장 제1절 I. 4.). 다섯째, '탄핵심판'과 관련하여 '탄핵심판절차의 본질과 법적 성격' 부분에서 '대통령제 정부형태의 국가에서 탄핵제도'를 새롭게 삽입하였다(제4편 제5장 제3절 제5항 II. 3.). 그 외에도 일부 누락된 헌법재판소결정을 보완하였고, 2024년 12월까지의 헌법재판소 판례와 법령개정사항을 반영하였다.

제14판의 출간에도 여러 분들이 도움을 주셨는데, 특히 해외 연수로 바쁜 와중에도 법령개정사항의 검토를 맡아준 송호춘 박사, 저자를 위해 지원과 노고를 아끼시지 않는 법문사 사장님, 노윤정 차장님, 유진걸 과장님께 감사드린다.

2025. 2. 15.

저자 韓 秀 雄

제13판 머리말

독자 여러분들의 성원과 호응에 힘입어 올해 제13판을 출간하게 되었다. 제13판에서도 기존의 내용을 그대로 유지하면서, 여러 군데 부분적인 개고가 이루어졌다.

대표적으로 몇 가지만을 언급하자면, 첫째, 종래 그 서술이 미흡했던 '헌법과 헌법현실'(제1편 제1장 IV.)에 관하여 내용을 대폭 보완하여 새롭게 정리하였다. 둘째, '자유권의 기능'에서 독자의 전반적인 이해를 돕기 위하여 '자유권의 의미와 기능의 변화'(제3편 제1장 제5절 II. 1.)를 일반이론으로 추가하였다. 셋째, '평등권'에서 '본질적으로 같은 것의 차별대우' 부분(제3편 제3장 IV. 1.)의 서술을 보완하고 새롭게 체계화하였다. 넷째, '한정위헌청구'와 관련하여 '한정위헌청구의 적법성을 인정한 헌법재판소결정의 문제점' 부분(제4편 제5장 제3절 제3항 III. 4. 라.)의 서술을 조감할 수 있도록 체계화하였다. 다섯째, '권한쟁의심판' 중에서 '국가기관 상호간의 권한쟁의'와 관련하여 독자들이 보다 쉽게 이해할 수 있도록 '당사자능력과 제3자 소송담당'에 관한 부분(제4편 제5장 제3절 제4항 II. 1.)의 서술 체계를 개선하였다. 나아가, 일부 누락된 헌법재판소결정을 보완하였고, 2023년 12월까지의 헌법재판소 판례와 법령개정사항을 반영하였다.

제13판의 출간에도 여러 분들이 도움을 주셨는데, 특히 법령개정 여부를 검토해 준 박사과정의 송호춘 변호사, 저자를 위해 지원을 아끼시지 않는 법문사 사장님, 노윤정 차장님, 유진걸 과장님께 감사드린다.

2024. 2. 1.

저자 韓 秀 雄

제12판 머리말

올해도 독자 여러분들의 성원에 힘입어 제12판을 출간하게 되었다.

제12판에서는 제11판의 내용을 그대로 유지하면서, 몇 가지 사항에 대하여 부분적인 개고가 이루어졌다. 무엇보다도 첫째, '근로의 권리' 부분에서 그동안 축적된 헌법재판소 판례를 반영하여 근로의 권리의 '법적 성격'에 관한 서술을 새롭게 정리하였다(제3편 제7장 제3절 Ⅱ. 3.). 둘째, 권리구제형 헌법소원의 대상 중에서 '법원의 재판'과 관련하여 '재판소원금지'에 대한 독자의 이해를 돕기 위해 '법원의 재판에 대한 헌법소원'의 의미, 재판소원금지의 의미, 한정위헌결정과 관련하여 헌법재판소와 법원이 충돌하는 이유 등에 관한 서술을 추가하였다(제4편 제5장 제3절 제3항 Ⅱ. 2. 라.). 셋째, '탄핵심판' 부분에서는 최근 선고된 헌법재판소결정을 반영하여 '공직자의 사임, 해임, 퇴임이나 사망 또는 국회의 임기종료의 경우 절차의 진행여부'에 관한 서술을 보완하였다(제4편 제5장 제3절 제5항 Ⅱ. 2. 나.). 나아가, 일부 누락된 헌법재판소결정을 보완하였고, 2022년 6월까지의 헌법재판소 판례와 법령개정사항을 반영하였다.

제12판의 출간에도 많은 분들이 도움을 주셨는데, 특히 법령개정 여부를 검토해 준 박사과정의 송호춘 변호사, 저자를 위해 지원을 아끼시지 않는 법문사 사장님, 노윤정 차장님, 유진걸 과장님께 감사드린다.

2022. 8. 11.

저자 韓 秀 雄

제11판 머리말

　올해도 독자 여러분들의 성원에 힘입어 제11판을 내게 되었다. 제11판에서는 제10판의 내용을 그대로 유지하면서, 무엇보다도 직업공무원제도와 관련하여 제4편 제3장 제3절 제7항 II. 4.(직업공무원제도의 구체적 형성에 있어서 입법자에 대한 구속의 내용), 지방자치제도와 관련하여 제4편 제3장 제5절 III. 3. 다.('분권적 과제이행의 우위 원칙'에 의한 입법자의 구속) 부분 등을 새롭게 정리하였고, 그 외에 여러 곳에서 보완과 수정의 필요성이 있는 사항에 관하여 부분적인 개고가 이루어졌다. 나아가, 2020년 12월까지의 헌법재판소 판례와 법령개정사항을 반영하였다.

　제11판의 출간에도 여러 분의 도움을 받았는데, 올해도 필자를 위하여 기꺼이 법령개정여부의 검토를 맡아 준 박사과정의 '송호춘 변호사', 좋은 책을 만들기 위해 지원을 아끼시지 않는 법문사 사장님을 비롯하여 예상현 과장님과 유진걸 대리님께 감사의 말씀을 드린다.

2021. 2. 15.

저자 韓 秀 雄

제10판 머리말

　2011년 '헌법학' 교과서 초판을 출간한 이래, 올해 드디어 제10판을 맞이하게 되었다. 그동안 필자의 '헌법학'에 보여준 독자들의 관심과 성원에 깊이 감사드린다. 그 사이 매년 개정판을 낼 때마다 필자의 연구 결과를 반영하고 미흡한 부분을 보완하는 등 지속적으로 교과서의 내용과 서술체계에 대한 수정이 이루어졌고, 그 결과 이제는 '헌법학의 교과서이자 전문서'로서 어느 정도 완성된 모습이 갖추어졌다.

　제10판에서도 최근의 연구 성과를 반영하여 무엇보다도 제2편 제4장 '민주주의원리' 중에서 제2절 'II. 대의제의 본질', 특히 '2. 自由委任' 부분 및 제4편 제2장 '국회' 중에서 제6절 'I. 국회의원의 헌법상 지위'와 관련하여 특히 '1. 헌법 제46조 제2항의 의미'와 '2. 자유위임과 정당기속의 관계' 부분을 보완하고 새롭게 정리하였다. 나아가, 2019년 12월까지의 헌법재판소 판례와 법령개정사항을 반영하였다.

　제10판의 출간에서도 여러분의 도움을 받았다. 특히 법령개정여부를 검토해준 박사과정의 송호춘 변호사, 매년 필자를 위하여 번거로운 개정작업을 해주시는 법문사의 예상현 과장님과 유진걸 대리님께 감사드린다.

2020. 1. 28.

저자 韓 秀 雄

제9판 머리말

2011년 초판을 발간한 이래, 독자들의 꾸준한 성원에 힘입어 올해 제9판을 출간하게 되었다. 제9판에서는 최근 몇 년간의 헌법재판소 판례 등에 비추어 그 내용의 보완이 필요하다고 판단했던 부분들을 중심으로 부분적으로 개고가 이루어졌고, 나아가 필자의 최근 연구 성과를 반영하여 제4편 제5장 '헌법재판소' 중에서 제3절 제3항 Ⅲ. '헌법재판소법 제68조 제2항에 의한 헌법소원심판' 부분을 새롭게 정리하였다. 또한, 2018년 12월까지의 헌법재판소 판례와 법률개정사항을 반영하였다.

제9판의 출간에도 여러 분의 많은 도움을 받았다. 특히 법문사의 사장님을 비롯하여 예상현 과장님과 유진걸 대리님께 다시 한 번 감사드린다.

2019. 2. 10.

저자 韓 秀 雄

제8판 머리말

올해도 독자 여러분들의 성원에 힘입어 제8판을 내게 되었다. 특히, 판을 거듭하면서 법조 실무가들이 많은 격려와 관심을 보내주신 것에 대하여 깊이 감사드린다. 이제는 필자의 '헌법학'이 법학전문대학원 학생에게는 변호사시험에 대비하기 위한 '헌법 교과서'로서, 법조 실무가와 헌법전공 일반대학원 학생에게는 '헌법학의 전문서'로 확고히 자리 잡게 되었다.

제8판에서도 제7판에 서술된 대부분의 내용을 그대로 유지하면서, 몇 가지 사항에 대한 부분적인 개고가 이루어졌다. 무엇보다도 필자의 최근 연구 성과를 반영하여 제3편 기본권론 중에서 제1장 제5절 Ⅰ. 3. '제도보장' 부분을 보완하였고, 제4장 제10절 '재산권의 보장'에서 'Ⅰ. 서론'과 'Ⅱ. 헌법적 의미와 기능'을 부분적으로 보완하였다. 나아가, 2017년 12월까지의 헌법재판소 판례와 법률개정사항을 반영하였다.

제8판의 출간에서도 많은 분들의 도움을 받았는데, 헌법재판소 판례와 법령개정 여부를 검토해준 박사과정의 송호춘 변호사, 필자를 위하여 지원을 아끼시지 않는 법문사의 사장님을 비롯하여 예상현 과장님, 유진걸 님께 다시 한 번 감사의 말씀을 드린다.

2018. 1. 30.

저자 韓 秀 雄

제7판 머리말

2011년 '헌법학' 교과서를 출간한 이래, 매년 개정판을 발간하여 올해 제7판을 맞이하게 되었다. 그 동안 필자의 '헌법학'에 보여준 독자들의 관심과 성원에 깊이 감사드린다.

제7판에서도 최근의 연구결과와 2016년 헌법재판소 판례를 반영하였고, 나아가 필자의 관점에서 미흡한 부분에 대한 개고가 이루어졌다. 제7판에서 보완한 주요 내용은 다음과 같다.

제1편 '헌법의 일반원리'에서는 '헌법수호의 보호법익으로서 자유민주적 기본질서'의 의미를 새롭게 정리하였다(제5장 I. 2.).

제2편 '대한민국 헌법의 기본원리'에서는 정당제도와 관련하여 '정당간의 기회균등'의 의미를 보다 구체적으로 서술하였고(제4장 제7절 V. 3.), '이중처벌의 금지' 및 '연좌제의 금지' 부분을 보다 명확하게 서술하였다(제5장 제8절 IV. 및 VI.).

제3편 '기본권론'에서는 자유권의 법적 성격과 관련하여 '객관적 가치질서'로서의 자유권의 성격을 새롭게 서술하였고(제1장 제5절 I. 2. 나.), 자유권의 기능과 관련하여 '절차와 조직에 의한 자유권의 보장' 부분을 전반적으로 보완하였다(제1장 제5절 II. 4.). 나아가, 신체의 자유와 관련하여 '자유박탈의 대표적인 경우'로서 '자유박탈적 보안처분 및 정신질환자 보호입원' 부분을 새롭게 정리하였다(제4장 제2절 제3항 IV. 3.).

제4편 '권력구조'에서는 '국회의원의 불체포특권' 부분을 보완하였고, '국회의원의 헌법적 지위에 대한 보호' 부분을 새롭게 추가하였다(제2장 제6절 III. 1. 및 IV.). 나아가, '법원의 규칙제정권' 부분에 관한 서술을 보완하였고, 이어서 '법관에 의한 법창조' 부분을 새롭게 추가하였다(제4장 제2절 IV. 및 V.). 또한, 권한쟁의심판에서 종래 지면 관계로 최소한의 서술에 그쳤던 '국가기관과 지방자치단체 간의 권한쟁의' 및 '지방자치단체 상호간의 권한쟁의' 부분을 보완하였다(제5장 제3절 제4항 II. 2. 및 3.).

제7판의 출간에서도 많은 분들의 도움을 받았는데, 특히 법령개정여부를 검토해준 중앙대학교 법학전문대학원 학생들, 필자를 위하여 지원을 아끼시지 않는 법문사 사장님, 예상현 과장님, 유진걸씨께 감사의 말씀을 드린다.

2017. 2. 9.

저자 韓 秀 雄

제6판 머리말

2011년 '헌법학'을 출간한 지 어느덧 5년이 흘렀다. 그동안 독자들의 꾸준한 성원과 관심에 힘입어 매년 개정판을 발간하였고, 이제 제6판을 내게 되었다. 지난 5년간 개정판을 낼 때마다 필자의 관점에서 미흡한 부분을 보완하였고, 이해가 어려운 부분을 보다 명확하게 서술하고자 시도하였으며, 최근의 연구결과를 반영하는 등 지속적으로 교과서의 내용과 서술체계에 대한 보완과 수정이 이루어졌다. 초판과 비교할 때 이제는 어느 정도 짜임새 있는 모습을 갖추었다고 스스로 평가해 본다.

제6판에서는 제5판에 서술된 대부분의 내용을 그대로 유지하면서, 몇 가지 사항에 대한 부분적인 개고가 이루어졌다. 무엇보다도 '헌법의 개념' 부분(제1편 제2장 I.)의 서술을 보완하였고, '평등원칙 위반여부의 엄격한 심사가 헌법상 요청되는 경우' 부분(제3편 제3장 VI.)의 내용을 보다 쉽게 조감할 수 있도록 새롭게 체계화하여 정리하였다. 그 외에도 '헌법학에서 국가의 개념'(제1편 제1장 I. 1.), '국가권력행사의 근거로서 민주적 정당성의 원칙'(제2편 제4장 제2절 III. 6.) 등 여러 곳에서 서술내용을 구체화하거나 보완하였다. 나아가, 헌법재판소 판례와 개정된 법률의 경우, 2015년 12월까지의 내용을 반영하였다. 또한, 중요도가 떨어지는 일부 사례를 삭제하고 대신 새로운 사례를 몇 개 추가하였다.

제6판의 출간에서도 여러 분의 도움을 받았다. 특히 매년 필자를 위하여 번거로운 개정작업과 수고를 해주시는 법문사의 이재필 상무님과 유진걸씨께 감사드린다.

2016. 1. 18.

저자 韓 秀 雄

제5판 머리말

2011년 저자의 '헌법학' 교과서가 발간된 이래, 그동안 독자 여러분들의 꾸준한 성원에 힘입어 올해는 제5판을 출간하게 되었다. 방대한 양과 쉽지 않은 내용임에도 불구하고, 저자의 '헌법학'에 보내준 독자들의 관심과 성원에 다시 한 번 감사드린다.

제5판에서는 저자가 오래전부터 그 내용의 보완이 필요하다고 판단했던 부분들을 중심으로 개고가 이루어졌다. 제5판에서 보완한 주요 내용은 다음과 같다.

첫째, [제2편 대한민국 헌법의 기본원리]에서는 제7장 제2절 국제법질서에서 대한민국 중에서 'Ⅱ. 국제법규와 조약의 국내법 수용' 부분, 특히 '조약의 국내법수용'과 관련하여 그 내용을 보완하고 새롭게 정리하였다.

둘째, [제3편 기본권론]에서는 제1장 기본권 일반이론 중에서 '오늘날 제도보장의 의미'에 관하여 새롭게 서술하였고(제5절 Ⅰ. 3. 다.), 제3장 평등권 중에서 '평등권을 구체화하는 헌법규범'(Ⅵ. 2. 가.)과 관련하여 '(1) 불리한 차별을 금지하는 특별규정' 및 '(2) 유리한 차별을 명령하는 특별규정' 부분의 서술을 부분적으로 보완하였다. 또한, 제5장 제3절 '공무담임권'의 서술 내용을 전반적으로 보완하였다. 종래 '공직취임권'에 국한되었던 서술 내용에 '피선거권'에 관한 내용을 보완함으로써, 공무담임권의 보장내용을 공직취임권과 피선거권으로 나누어 체계적으로 서술하였고, 공무원의 주관적 권리(자유권 유사적 권리)에 관한 부분도 새롭게 정리하였다.

셋째, [제4편 권력구조]에서는 제3장 제5절 '지방자치제도' 부분을 새롭게 체계화하여 다시 정리하였고, 작년 말 선고된 헌법재판소의 '통합진보당 결정'을 계기로 제5장 제3절 제6항 '정당해산심판' 부분의 서술을 대폭 보완하였다.

넷째, 그 외에도 2014년 12월까지의 헌법재판소판례와 법률개정사항을 참고하여 반영하였으며, 헌법이론에 관한 설명을 용이하게 하고자 사례를 앞세운 경우에는 불필요하다고 판단되는 일부 사례를 삭제하고, 대신 새로운 사례를 삽입하였다.

제5판의 교정작업에서도 많은 분들이 도움을 주셨는데, 특히 법령개정 여부를 검토해준 중앙대학교 법학전문대학원 학생들, 저자를 위하여 실질적인 지원을 아끼시지 않는 법문사 사장님, 이재필 상무님, 유진걸씨께 깊이 감사드린다.

2015. 2. 1.

저자 韓 秀 雄

제4판 머리말

2011년 초판을 출간한 이래, 매년 개정판을 발간하여 올해 제4판을 맞이하게 되었다. 그 사이 저자의 '헌법학' 교과서가 법조 실무가, 대학 강사, 헌법전공 일반대학원 학생에게는 '헌법학의 전문서'로 자리 잡게 되었고, 법학전문대학원 학생과 사법시험을 준비하는 학생에게는 변호사시험과 사법시험에 대비하기 위한 '유용한 교과서'로 인식되고 있다. 그 동안 저자의 '헌법학'에 보내준 독자들의 성원에 깊이 감사드린다.

제2판 및 제3판의 개정작업에서는 필자의 관점에서 미흡한 부분에 대한 전반적인 보완과 개고가 불가피하였으나, 제4판에서는 2차례의 수정작업을 통하여 교과서의 내용이 어느 정도 완성되었다는 것을 전제로, 제3판에 서술된 대부분의 내용을 그대로 유지하면서 몇 가지 사항에 대한 부분적인 개고가 이루어졌다. 제4판에서는 무엇보다도 2013년 12월까지의 헌법재판소 판례와 법률개정사항을 반영하였고, 일부 부분의 서술에 대해서는 수정과 보완을 하였다. 특히, 기본권의 주체를 다룬 부분(제3편 제1장 제3절)에서는 '특별권력관계'에 관한 서술을 보완하였고, 공무원제도를 다룬 부분(제4편 제3장 제3절 제7항)에서는 '공직과 기본권의 관계'에 관한 서술을 보완하였다.

제4판의 개정작업에서도 많은 분들의 도움을 받았다. 특히 법령의 개정여부를 검토해 준 중앙대학교 법학전문대학원 제4기 학생들에게 다시 한 번 감사드린다. 또한, 필자를 위하여 번거로운 수고를 아끼시지 않는 법문사의 이재필 상무님과 유진걸 씨께도 감사의 말씀을 드린다.

2014. 1. 11.

저자 韓 秀 雄

제3판 머리말

2011년 초판을 발간한 이래, 필자의 '헌법학'이 독자들에 의하여 교과서 또는 이론서로 인식되고 받아들여짐으로써 국내 헌법학의 문헌으로서 어느 정도 자리를 잡아가고 있는 것 같다. 상당히 방대한 이론서임에도 불구하고 그간 '헌법학'에 보여준 독자들의 관심과 성원에 감사드린다. 제3판에서도 필자의 관점에서 미흡한 부분에 대한 전반적인 개고가 이루어졌고, 특히 다음과 같은 부분에서 변화가 있었다.

첫째, '사회적 기본권 일반이론' 부분(제3편 제7장 제1절)에서 그 '특성과 개념'을 추가하였고 '법적 성격'에 관한 서술을 보완하였다. '공무원제도' 부분(제4편 제3장 제3절 제7항)을 새롭게 체계화하여 서술하였다.

둘째, 그간 지면을 아끼기 위하여 최소한의 서술에 그쳤던 '헌법재판' 부분을 그 주요 내용에 있어서 보완하였다. 특히, 위헌법률심판(제4편 제5장 제3절 제2항)과 관련하여 '의미와 목적'을 추가하였고 '재판의 전제성' 부분을 보완하였다. 또한, 헌법소원(제4편 제5장 제3절 제3항)과 관련해서도 '역사와 개념'을 추가하였고 '기능'에 관한 서술을 보완하였으며, '청구기간' 부분을 대폭 보완하였다.

셋째, 헌법이론에 대한 설명을 용이하게 하고자 이론의 서술에 앞서 내세운 사례의 경우, 중복되거나 비본질적인 사례를 일부 삭제하고 대신 10개 정도의 새로운 사례를 삽입하였다. 그 외에 개고가 이루어진 부분들은 모두 독자의 이해를 용이하게 하기 위하여 서술을 명확히 하거나 그 내용을 보완한 것으로, 그 내용이나 방향에 있어서 초판과 근본적으로 달라진 것은 없음을 밝혀둔다. 헌법재판소의 판례와 개정된 법률의 경우, 2012년 12월까지의 내용을 반영하였다.

제3판의 교정과정에서도 중앙대학교 법학전문대학원 학생들이 많은 수고를 해 주었다. 다시 한 번 감사드린다. 그리고 언제나 도움을 아끼시지 않는 법문사 사장님, 이재필 상무님, 김영훈 부장님께도 깊이 감사드린다.

2013. 2. 1.

저자 韓 秀 雄

제2판 머리말

독자들의 성원과 여러 선배·동료 교수님들의 격려에 힘입어 제2판을 출간하게 되었다. 단순히 헌법이론과 헌법재판소결정의 판시내용을 소개하고 전달하는 것에 그치는 것이 아니라, 헌법의 모든 본질적인 문제에 대하여 의문을 제기하고 독자로 하여금 함께 생각해보도록 하는 것이, 이 책의 집필을 통하여 의도한 바였다. 이러한 의도는 제2판에서도 그대로 유지되고 있다. 교과서의 많은 부분에서 내용의 서술이 '문제의 제기'로 시작하고 있는 것도 필자의 이러한 바람을 말해주고 있다. 이러한 의미에서 이 책은 '헌법적 사고의 여행으로의 초대'이며, 헌법학에 대하여 닫혀져 있는 독자들의 눈과 가슴을 열기 위한 '두드림'이다.

제2판에서는 일차적으로 초판에 숨어있던 오탈자를 교정하였고, 나아가 그 내용에 있어서 불명확하거나 이해가 어려운 부분은 내용을 단순화하거나 보완함으로써 독자의 이해를 돕고자 시도하였다. 특히, 제1편 헌법의 일반원리에서는 '헌법해석의 특수성' 부분(제4장 II.), 제2편 대한민국 헌법의 기본원리에서는 국가의 정당보조에 이어서 '정당재정'의 문제(제4장 제7절 VII.)를 보완하였고, 헌법상의 경제질서 일반이론 부분(제6장 제2절 II.)은 보다 간결하게 축약하였으며, 제3편 기본권론에서는 제도보장(제1장 제5절 I.) 및 기본권의 충돌(제1장 제9절 II.), 제4편 권력구조에서는 헌법재판소의 관할로서 권한쟁의심판(제5장 제3절 제4항)의 서술을 보완하였다. 그럼에도 그 내용에 있어서 근본적으로 달라진 것은 없음을 밝혀둔다. 또한, 헌법이론에 관한 설명을 용이하게 하고자, 약 10개 정도의 새로운 사례를 추가로 삽입하였다. 헌법재판소 판시내용의 경우, 2011년 12월에 선고된 헌법재판소 결정까지 반영하였다.

한편, 학생들의 관점에서 반드시 필요하지 않다고 생각되는 일부 내용은 삭제하였으나, 근본적으로 양을 줄이는 데에는 한계가 있음을 인정하지 않을 수 없었다. 헌법이론의 근거에 관한 상세한 서술에 그 존재이유를 두고 있는 이 책의 기본성격을 포기하지 않는 한, 서술을 단순화함으로써 분량을 줄이는 것은 교과서의 정체성을 훼손할 우려가 있기 때문이다.

제2판의 교정작업에서도 중앙대학교 법학전문대학원의 학생들이 많은 수고를 해주었다. 특히 법령개정 여부의 검토를 비롯하여 교정작업을 맡아 준 학생들에게 다시 한 번 감사의 마음을 전한다. 그리고 작년과 마찬가지로, 어려운 출판현실에서도 제2판의 출간을 가능하게 해주신 법문사 사장님, 번거로운 편집작업을 해주신 이재필 상무님, 언제나 실질적인 지원을 아끼시지 않는 김영훈 부장님께도 깊이 감사드린다.

2012. 1. 15.

저자 韓 秀 雄

머 리 말

I.

이 책은 일차적으로 법학전문대학원 및 법과대학 학생을 위한 교과서이자 헌법을 전공하는 일반 대학원생을 위한 이론서이다. 이 책은 법적 분쟁의 해결과정에서 헌법적 관점을 더 이상 무시할 수 없는 법조 실무가를 위한 참고서이기도 하다. 또한, 이 책은 저자의 연구결과를 교과서의 형태로 체계화한 것으로, 지난 20년간 연구생활의 중간결산이기도 하다. 교과서의 집필은 마치 인생에 단 한 번만의 기회가 주어지는 '과실 따기'와 같아, 너무 일찍 과실을 따는 경우에는 '설익은 과실'을 따는 것이고 너무 늦게 따는 경우에는 수확의 기회를 놓치는 것이어서 매우 조심스러운 결정이었다.

교과서의 집필은 저자의 숙원이자, 학부과정부터 독일법학을 접한 저자가 후학에 대하여 져야하는 무거운 책임이었다. 기존의 수많은 교과서의 존재에도 불구하고 저자로 하여금 새로운 교과서의 집필을 결심하게 한 것은, 헌법학이 학생들에게 접근하기 어려운 매우 추상적이고 관념적인 학문으로 받아들여지고 있다는 안타까운 현실이었다. 학생들은 대학 강의를 통하여 헌법적 문제의 해결을 위한 도구를 전달받았으나, 그 도구를 어떠한 경우에 어떻게 사용해야 하는지를 제대로 이해하지 못하기 때문에, 배운 것을 사용하지 못하는 결과가 빈번하게 발생하고 있는 것이다.

따라서 처음부터 저자의 주된 관심사는, 추상적인 헌법학을 독자에게 어떻게 구체화하여 접근시킬 것인지, 헌법에 관한 전반적인 이해를 바탕으로 구체적인 헌법적 분쟁을 해결할 수 있는 능력을 어떻게 갖추게 할 것인지에 관한 것이었다. 이러한 목적을 달성하기 위하여, 헌법이론이 형성된 현실적 바탕과 사고의 과정을 가능하면 상세하게 서술하고자 하였고, 헌법적 문제를 해결하기 위한 다양한 논증가능성을 제시하고자 시도하였다. 이러한 이론과 논증가능성은 헌법적 분쟁을 해결하기 위한 기본도구들이며, 궁극적으로 이러한 도구의 기능과 목적을 제대로 이해하고 사용하는 방법을 익히는 것이 헌법학을 배우는 과정이기 때문이다. 이 책에서는 학문적 논의의 결과만을 서술하거나 또는 견해를 주장만 하고 이를 뒷받침하는 논거가 없는 서술은 피하고자 노력하였다.

또한, 독자의 이해를 돕기 위하여, 이 책에서는 가능하면 사례를 통하여 관련 이론을 설명하고자 시도하였다. 헌법이론의 설명에 앞서 헌법 사례를 내세움으로써 독자로 하여금 여기서 무엇이 문제이고 무엇에 관한 것이며 무엇을 향해 가고자 하는지를 예견할 수 있도록 한 다음, 사례를 해결하기 위하여 필요한 기본적인 헌법이론과 논증가능성을 제시하였다. 이러한 방법을 통하여 헌법이론이 어떠한 헌법현실을 해결하기 위하여 존재하는 것인지, 즉 헌법이론과 헌법현실 사이의 연관관계를 독자들이 보다 선명하게 이해할 수 있도록 하였다. 헌법이론을 현실에 적용하고 구체적 헌법적 분쟁을 해결할 수 있는 능력이야말로 법학을 배우는 학생들로부터 요구되는 능력이기 때문이다.

II.

'혼자 읽어서 이해가 가는 교과서', '친절한 교과서'를 집필하고자 하는 저자의 의도를 실현하기 위해서는 어느 정도 상세한 서술이 불가피하였고, 결과적으로 교과서의 부피를 늘리는 요인으로 작용하였다. 그럼에도 단권으로 헌법학을 서술해야 하는 제약으로 말미암아, 마무리 작업 단계에서는 눈물을 머금고 적지 않은 부분을 축약하거나 삭제해야 했음을 밝혀둔다. 동시에, 헌법적 문제의 해결에 기여하지 않는 관념적인 주제나 학생들에게 불필요하다고 판단되는 추상적인 이론, 무익한 학설의 대립 등은 과감하게 생략하였다. 또한, 각주를 다는 것도 최소화하였다.

이 책을 쓰면서 고심한 것 중의 하나가 바로 각주의 문제였는데, 각주를 생략한 것은, 첫째 내용을 서술하는 지면을 확보하기 위하여 불가피한 것이었고, 둘째 학생을 대상으로 하는 교과서의 성격상 각주의 대부분을 차지하는 외국문헌을 인용하는 것은 큰 의미가 없다고 판단하였기 때문이었다. 대신, 해당 부분과 관련하여 저자가 발표한 논문이 있는 경우에는 저자의 논문을 인용함으로써 이를 통하여 참고문헌에 접근할 수 있는 가능성을 열어놓았다.

또한, 국회법, 정당법, 선거법 등 법률의 내용을 평면적으로 나열하는 것은 가능하면 자제하였다. 이는 지면을 아끼기 위하여 불가피한 것이었고, 법률의 내용을 아는 것은 헌법학과는 무관한 것이라는 저자의 평소 생각을 반영한 것이기도 하다. 헌법학에서 법률이 문제된다면, 이는 오로지 법률이 헌법에 부합하는지의 관점에서만 문제될 수 있을 뿐이다. 헌법학에서 관심이 있는 것은, 법률을 헌법적 관점에서 판단하고 평가하는 문제, 입법자가 헌법을 제대로 실현하고 구체화하였는지 또는 헌법적 한계를 넘지는 않았는지를 판단하는 문제이다. 법률은 법전에 기재되어 있기 때문에 이를 숙지해야 할 필요가 없음은 물론이고, 또한 끊임없이 개폐를 거듭하는 것이기 때문에 그 내용을 익히는 것은 마치 수시로 변화하는 사회현상 속에서 백과사전을 외우는 것과 마찬가지로 무익한 것이다. 더욱이 헌법재판제도가 기능하는 국가에서 모든 법률이 '잠재적으로 위헌으로 선고될 수 있는 법률'이라는 점에서는 더욱 그러하다. 따라서 이 책에서 법률의 내용을 서술하고 있다면, 이는 법률이 헌법적 관점에서 정당화될 수 있는 것인지, 입법자가 헌법의 정신에 부합하게 입법을 한 것인지를 판단하기 위하여 언급하고 있음을 밝혀둔다.

Ⅲ.

헌법재판이 활성화됨에 따라, 헌법재판소 판례가 헌법학에서 차지하는 비중이 날로 증가하고 있다. 이에 따라, 교과서에서도 헌법재판소의 판례를 소개하고 반영하는 것은 필수적이다. 그러나 학생들이 반드시 유념해야 하는 것은, 헌법재판소의 판례나 헌법이론의 결과만을 암기하는 것으로는 헌법을 이해할 수 없다는 점이다. 이론의 결과나 판례만을 암기하는 경우 새로운 현상이나 새롭게 제기되는 문제 또는 변형된 문제를 해결할 능력이 없다. 헌법적 문제를 해결하기 위해서는 문제의 근원과 본질을 파악해야 하고, 이를 위해서는 헌법적 이론의 생성배경과 논증과정에 대한 이해가 필수적이다. 즉, 사고의 결과가 아니라 사고의 과정을 이해해야 하는 것이다.

매달 쏟아져 나오는 수많은 판례를 다 기억할 수도 없고 기억해야 할 필요도 없다. 헌법재판소의 판례를 이해할 수 있는 이론적 기반을 갖추지 아니하고 판례를 읽는다는 것은 그 자체로서 무의미한 작업이다. 헌법학에서 결과는 절대적인 것도 아니며 크게 중요하지도 않다. 헌법재판소의 결정내용이 사회현상이나 법인식의 변화에 따라 또는 헌법재판소 재판관의 구성이 달라짐에 따라 수시로 바뀌며, 무수한 결정에서 다수의견과 소수의견이 팽팽하게 대립하고 있다는 것도, 헌법학에서 절대적인 진리나 인식은 존재하지 않는다는 것을 말해주고 있다. 대신, 중요한 것은 자신의 사고를 어떻게 논증해야 하고 타인이 납득할 수 있도록 서술할 수 있는지의 문제이다. 결국, 헌법학은 실정헌법이라는 법규범에 근거한 논증의 학문이다. 따라서 학생들이 알아야 하는 것은 판례의 내용이 아니라 판례의 바탕을 이루고 있는 논증의 방법인 것이다.

요컨대, 헌법학을 배운다는 것은 헌법 판례를 익히는 것이 아니라 헌법 판례를 이해하고 평가하고 비판할 수 있는 안목을 기르는 것이다. 이 책에서 각주의 형식으로 헌법재판소의 관련 주요 판례를 충실하게 반영하고 있는 것은, '헌법재판소가 헌법이론을 어떻게 적용하고 어떻게 논증하고 있는지'를 확인할 수 있는 기회를 제공하기 위한 것이다.

IV.

마지막으로, 이 책을 출간하도록 지원해 주신 여러분께 감사의 말씀을 드리고자 한다. 우선, 헌법재판소에서 마냥 즐거운 시간을 보내고 있던 저자에게 다시 학자로서의 본분을 일깨워주시고 대학으로 이끌어주신 권영설 교수님, 헌법재판소에서 근 10년 동안 저자의 스승 역할을 맡아주셨고 그 후에도 저자에게 교과서 집필을 수없이 독려하신 김문희 前 헌법재판관님께 깊이 감사드린다. 또한, 학문적으로 오늘의 저자를 있게 해주신 독일 Freiburg 대학의 J. H. Kaiser 교수님께도 감사드린다. 그분 생전에 그 분으로부터 받은 무한한 은혜를 전혀 갚을 길이 없었기 때문에 더욱 죄송하고 감사하다. 그리고 저자의 부족함을 일찍이 파악하시고 대학의 행정업무를 면제시켜 주신 중앙대학교 법학전문대학원의 모든 교수님, 특히 장재옥 학장님, 헌법강의를 담당하시는 민경식 교수님, 이인호 교수님, 신우철 교수님께 감사의 말씀을 드린다. 동료교수님들의 전폭적인 지원이 없었다면, 교과서의 출간은 요원했을 것이다.

그리고 학업으로 바쁜 중에도 교정작업의 수고를 아끼지 않은 중앙대학교 법학전문대학원 학생들에게 다시 한 번 고마운 마음을 전한다. 또한, 현실적으로 교과서의 출판을 가능하게 해 주신 법문사의 배효선 사장님, 번거로운 편집작업을 맡아 해주신 이재필 상무님, 법문사와 저자 사이의 가교 역할을 해주신 김영훈 부장님께도 진심으로 감사드린다.

이 책을 작년 가을에 돌아가신 아버지 韓泰淵 교수님께 바친다.

2011. 1. 22.

저자 韓 秀 雄

차 례

제 2 편   大韓民國 憲法의 基本原理

제 1 장   大韓民國 憲政史 (87~93)

제 2 장   大韓民國의 存立基盤과 國家形態 (94~108)

제 3 편 基本權論

제 7 장　社會的 基本權　　　　　　　　　　　　　　　　　(982~1110)

제 4 편   權力構造

제 3 항 國政統制에 관한 權限 ··· 1206

Ⅰ. 국정감사·조사권 ··· 1206
    1. 개   념 1206
      가. 국정감사 1206 / 나. 국정조사 1207 / 다. 국회의 국정감사·조사권과 감사원의 감사의
      관계 1207
    2. 헌법적 의미와 기능 1207
      가. 국정통제기능을 이행하는 핵심적인 제도 1207 / 나. 정보획득의 수단 1208 /
      다. 국회의 보조적 권한 1208
    3. 국정감사·조사의 시기 및 절차 1208
      가. 국정감사의 시기 및 절차 1209 / 나. 국정조사의 시기 및 절차 1209 / 다. 국정조사권의 구체적
      형성에 관한 입법형성권의 한계 1209 / 라. 조사계획서 본회의 승인제도의 헌법적 문제점 1210
    4. 국정감사·조사의 방법 1210
    5. 국정감사·조사권의 한계 1211
      가. 권력분립원리에 의한 한계 1211 / 나. 개인의 기본권 및 국가의 이익에 의한 한계 1211
    6. 국정감사·조사의 종료 1212   7. 권리구제절차 1212
    8. 국정감사·조사제도 운영의 문제점 1213
Ⅱ. 對政府 출석요구권 및 질문권 ··· 1213
    1. 헌법 제62조의 헌법적 의미 1213
    2. 정보요구권의 강조된 형태로서 출석요구권 및 질문권 1214
    3. 헌법 제62조 제2항의 구체적 내용 1214
      가. 출석요구권과 질문권의 헌법적 한계 1214 / 나. 국회법 제121조 제5항의 위헌여부 1215 /
      다. 국회법상 국회의 질문권 1215
    4. 국회 및 위원회의 권리로서 출석요구권 1216
Ⅲ. 국무총리·국무위원에 대한 해임건의권 ·· 1216
    1. 해임건의권의 제도적 의의 1217   2. 해임건의의 사유 1217
    3. 해임건의의 절차 1218   4. 해임건의의 효과 1218
Ⅳ. 탄핵소추권 ··· 1218
    1. 국정통제수단으로서 탄핵소추권의 의미 1218
    2. 국회의 탄핵소추권 1218   3. 헌법재판소의 탄핵심판권 1219
Ⅴ. 그 외 국정통제권 ·· 1219
    1. 정부의 중요정책에 대한 동의권 1219   2. 예산심의권 및 결산심사권 1219
    3. 국회의 인사권(헌법기관구성에 관한 권한) 1220
    4. 대통령의 국가긴급권발동에 대한 통제권 1220
    5. 대통령의 일반사면에 대한 동의권 1220

제 4 항 국회의 자율권 ·· 1220

Ⅰ. 의회 자율권의 의미 및 내용 ·· 1220
    1. 의회 자율권의 의미 1220
    2. 의회 자율권의 구체적 내용 1221
      가. 의사자율권 1221 / 나. 집회자율권 및 조직자율권 1221 / 다. 규칙제정권 1221 /
      라. 질서자율권 1221 / 마. 신분자율권 1221
Ⅱ. 헌법기관의 규칙제정권 ·· 1223

제 4 장 法　　院

주요 참고문헌

국내문헌

계희열, 헌법학(上), (中), 박영사, 2004
권영성, 헌법학원론, 법문사, 2010
김철수, 헌법학개론, 박영사, 2007
성낙인, 헌법학, 법문사, 2010
한수웅, 기본권의 새로운 이해, 법문사, 2020
한수웅, 헌법상 권력구조의 재조명, 법문사, 2021
한태연, 헌법학, 법문사, 1983
홍성방, 헌법학(上), (中), (下), 박영사, 2010
허영, 한국헌법론, 박영사, 2010
헌법재판소, 헌법재판실무제요, 제1개정증보판, 2008

외국문헌

Arnim, Hans Herbert von, Staatslehre der Bundesrepublik Deutschland, 1984

Badura, Peter, Staatsrecht, 5. Aufl. 2012

Badura/Dreier(Hg.), Festschrift 50 Jahre Bundesverfassungsgericht, Band I, II, 2001

Battis, Ulrich, Einführung in das Staatsrecht, 5. Aufl. 2011

Benda, Ernst/Klein, Eckart, Verfassungsprozeβrecht, 2. Aufl. 2001

Benda/Maihofer/Vogel(Hg.), Handbuch des Verfassungsrechts, 2. Aufl. 1994

Bumke, Christian/Voβkuhle, Andreas, Casebook Verfassungsrecht, 2013

Degenhart, Christoph, Staatsrecht I, 11. Aufl. 1995

Dreier, Horst, Idee und Gestalt des freiheitlichen Verfassungsstaates, 2014

Glaeser, Walter Schmitt, Der freiheitliche Staat des Grundgesetzes, 2012

Hesse, Konrad, Grundzüge des Verfassungsrechts der BRD, 14. Aufl. 1984

Heun, Werner, Die Verfassungsordnung der Bundesrepublik Deutschland, 2012

Hillgruber, Christian/Goos, Christoph, Verfassungsprozessrecht, 3. Aufl. 2011

Ipsen, Jörn, Staatsrecht II (Grundrechte), 4. Aufl. 2001

Ipsen, Jörn, Staatsrecht I (Staatsorganisationsrecht), 17. Aufl. 2005

Isensee/Kirchhof(Hg.), Handbuch des Staatsrechts der BRD, Band I, II, III, IV, V, VI, 1987

Kloepfer, Michael, Staatsrecht Kompakt, 1. Aufl. 2012

Kloepfer, Michael, Verfassungsrecht, 2010

Maurer, Hartmut, Staatsrecht, 1999

Merten/Papier(Hg.), Handbuch der Grundrechte in Deutschland und Europa, Band I, II, III, IV, 2004-2011

Michael, Lothar/Morlok, Martin, Grundrechte, 3. Aufl. 2012

Morlok, Martin/Michael, Lothar, Staatsorganisationsrecht, 1. Aufl. 2013

Münch, Ingo von, Staatsrecht I, 6. Aufl. 2000

Münch, Ingo von, Staatsrecht II, 5. Aufl. 2002

Münch, Ingo von/Kunig, Philip, Grundgesetzkommentar Band 1, 5. Aufl. 2000

Münch, Ingo von/Kunig, Philip, Grundgesetzkommentar Band 2, 5. Aufl. 2001

Pieroth, Bodo/Schlink, Bernhard, Grundrecht Staatsrecht II, 16. Aufl. 2000

Richter/Schuppert/Bumke, Casebook Verfassungsrecht, 4. Aufl. 2001

Sachs, Michael, Verfassungsrecht II Grundrechte, 2000

Schlaich, Klaus/Korioth, Stefan, Das Bundesverfassungsgericht, 5. Aufl. 2001

Starck, Christian(Hg.), Bundesverfassungsgericht und Grundgesetz I, 1976

Starck, Christian(Hg.), Bundesverfassungsgericht und Grundgesetz II, 1976

Stein, Ekkehart/Frank, Götz, Staatsrecht, 17. Aufl. 2000

Zippelius, Reinhold, Allgemeine Staatslehre, 7. Aufl. 1980

Zippelius, Reinhold, Geschichte der Staatsideen, 5. Aufl. 1985

Zippelius, Reinhold/Würtenberger, Thomas, Deutsches Staatsrecht, 31. Aufl. 2005

제1편 憲法의 一般原理

제1장 國家와 憲法

I. 國　家

1. 헌법학에서 국가의 개념

헌법의 규율대상은 국가이므로, 헌법을 그 대상인 국가로부터 이해하고 정의하고자 시도하는 것은 당연하다. 그러나 국가의 개념을 정의하는 것은 어려움에 부딪힌다. 국가는 고정된 실체가 아니라 시간의 흐름에 따라 끊임없이 변화하고 오늘날에도 다양한 형태와 작용가능성을 가지고 나타나는 복합적인 형성물이기 때문이다.

가. 정치적 지배의 형태로서 국가

(1) 국가는 인간에 대한 정치적 지배의 조직이다. 인간에 대한 모든 정치적 지배에 있어서 필수적인 것은 지배를 받는 '인간의 복종'이다. 국가란 피지배자에 대하여 구속력 있는 명령을 내리고 이를 강제로 관철할 수 있는 지배조직을 의미한다. 이집트나 메소포타미아 같은 고대국가는 효과적인 지배를 조직화하였다는 점에서 위와 같은 의미에서의 '국가'에 해당한다. 그러나 현대적 의미의 국가는 근대에 들어와 비로소 점진적으로 형성되었다.

(2) 우리가 오늘날 이해하는 '국가'는 시간을 초월한 추상적 존재가 아니라 역사적으로 형성된 구체적 개념이다. '현대적 의미의 국가'는 유럽에서 13세기부터 18세기 말까지 역사의 특수한 조건 하에서 형성되어 전체 문명세계에 퍼진 '특수한 정치적 지배의 형태'를 서술하기 위한 개념이다. 유럽에서 중세의 질서가 종교 분열로 인하여 붕괴되고 16·17세기 유럽대륙의 종교적 내란의 과정에서 새로운 형태의 정치적 지배가 형성됨으로써 비로소 헌법의 규율대상인 '현대적 의미의 국가'가 생성되었다.

현대국가는 주권의 개념에 기초한 국가(주권국가), 절대국가에서 탄생하였다. 절대국가는 종교적 진리로부터 독립된 새로운 정치질서의 기반 위에서, 오로지 강력한 주권국가만이 평화와 안전을 보장할 수 있다는 신념에 기초하는 국가이다. 절대국가의 탄생에 크게 기여한 것은 보댕(Jean Bodin, 1530-1596)과 홉스(Tomas Hobbes, 1588-1679)의 국가이론이다.[1] 그들에게 있어서 국가의 출발점은 더 이상 종교적 진리의 실현이 아니라 인간의 생존과 연관된 근본적인 법익의 유지와 보장이었다. 보댕과 홉스는 국가를 외적인 평화와 내적인 안전을 보장하는 주권적인 결정단위로 정의하였다. 이러한 목표 때문에 국가는 성립되었으며, 국가는 최고의 최종적인 결정을 내릴 수 있는 주권을 부여받았다고 보았다. 이러한 의미에서 국가는 개인에게 평화와 안전을 확보하기 위한 최소한의 조건에 해당하

---

1) 이에 관하여 아래 제2편 제2장 제1절 II. 2. 주권 참조.

였다.

절대국가의 성립과 함께 동시에 '정치적 지배의 단위'로서 '국가'의 개념 및 국가권력의 완전성(完全性)으로서 '주권'의 개념과 같은 새로운 개념이 정착되었다. 이로써 외부에 대하여 독립적이고 내부에 대해서는 최고의 권력(주권)을 가지는 강력한 주권국가가 성립되었다.

(3) 자신의 국민을 효과적으로 보호할 수 있는 강력한 절대국가는 동시에 국민을 억압하기에도 충분히 강력하였다. 이에 따라 강력한 주권국가에 대한 요청과 함께, 국가권력 제한의 필요성과 국가권력 정당성의 문제가 제기되었고, 개인이 안전을 누리기 위하여 모든 자연적 권리를 국가에게 양도하는 것이 반드시 요청되는 것은 아니라는 견해가 점차 힘을 얻게 되었다. 대표적으로 로크(John Locke)는 국가는 평화와 안전뿐만 아니라 개인의 자유도 보장해야 한다고 주장하였다.

홉스에 의하여 이론적으로 체계화된 현대국가는 프랑스의 혁명을 통하여 완성되었다. 1789년의 프랑스 인권선언 제2조에서 국가는 '천부적이고 선국가적인 개인의 권리와 자유를 보장하기 위한 정치적 지배의 조직'으로 선언되었다. 국가는 자신의 정당성을 더 이상 역사적 전통이나 신의 계시 또는 초월적 진리가 아니라 자기결정권을 가진 자유로운 개인에 대한 봉사기능에 두고 있는 것이다. 이제 국가는 개인의 자유를 보장하기 위하여 존재하는 정치적 지배의 형태가 되었다. 이로써 현대국가는 정치적 지배를 헌법에 의하여 규율하고 구속하는 헌법국가에 의하여 완결되었다.

(4) 한편, 국가의 개념과 본질에 관한 문제는 헌법학(Verfassungslehre)에서 더 이상 해명하고자 시도할 필요가 없다. 헌법학은 국가 전반이나 국가의 일반적 현상을 다루는 것이 아니라, 구체적으로 특정 국가, 우리의 경우 대한민국을 그 대상으로 하여 그의 규범적 헌법질서를 다루기 때문이다. 모든 국가는 각자 그 시대의 정치적·사회적·경제적·문화적 상황과 사상의 영향 하에서 자신을 구체적인 형태로 형성하는 헌법을 가지고 있다. 헌법학은 특정 국가의 구체적인 헌법을 그 대상으로 삼음으로써 국가론과 구분된다.

나. 헌법학에서 국가와 헌법의 관계

헌법은 국가 없이는 생각할 수 없다. 국가는 헌법의 규율대상이고 전제조건이다. 헌법은 국가 내에서 효력을 발휘하고 실현된다. 한편, 국가는 헌법 없이는 존재할 수 없다. 헌법으로부터 분리된 국가는 구체적 실체가 없는 추상적 존재이며 이론적 산물이다. 모든 조직이 행위와 의사형성의 조건을 확정하는 규범을 필요로 하는 것과 마찬가지로, 국가도 필연적으로 헌법에 의하여 특정한 형태로 형성되어야 한다. 이러한 의미에서 모든 국가는 자신의 성격을 규정하는 헌법을 가지고 있으며, '좋은 국가형태'에 대한 질문은 곧 '좋은 헌법'에 대한 질문으로 귀결된다.

한편, '국가와 헌법 중에서 무엇이 먼저인가'에 관한 논란이 있으나, 어느 관점에서 보느냐에 따라 국가가 먼저 존재한다는 견해와 헌법이 먼저 존재한다는 견해 모두 타당하다. 역사적 관점에서 본다면, 현대국가(절대국가)가 탄생한 후에 국가권력을 제한하고 자유를 보장하기 위하여 헌법이 제정되었다는 점에서는 국가가 우선 존재하였다는 견해가 보다 설득력을 가진다. 반면에, 법적인 관점에서 본다면, 헌법은 국가공동체의 법적 기본질서로서 기능하며 헌법에 의하여 비로소 국가가 조직되고 성립한다는 점에서는 국가의 근거로서의 헌법이 먼저 존재한다는 견해가 설득력을 가진다.

2. 일반국가론에서 국가의 개념

一般國家論(Allgemeine Staatslehre)은 과거와 현재의 다양한 국가 현상에서 출발하여, 국가의 개념·본질·존립근거·정당성·목표·형태 등을 다루는 학문이다. 국가를 현상학적으로 파악하고자 하는 것이 국가론의 과제이다. 국가론에서 국가의 개념은 국가의 현실을 파악하고자 하는 현상학적인 개념이므로, 이러한 개념정의는 헌법질서를 규범적으로 파악하고자 하는 헌법학에 있어서 불충분하다. 물론, 국가론의 인식은 헌법적 문제의 해명에 기여할 수 있다. 국가론은 과거와 현재의 다양한 헌법질서에 등장하는 규범과 제도를 정리하고 체계화한다는 점에서, 헌법학을 지원하는 보완적 학문으로 이해된다. 뿐만 아니라, 헌법이 그 시대의 사회적 상황에 의해서도 형성되기 때문에, 헌법적 문제를 논의함에 있어서 그 외에도 정치학·경제학·사회학 등이 보완적 또는 보조적 학문으로서 고려될 수 있다. 그러나 헌법적 문제의 판단에 있어서 결정적인 것은 국가론의 현상학적 인식이 아니라 헌법의 규범과 그 해석이라는 것을 유념해야 한다.

II. 現代國家의 본질적 특성

1. 정치적 운명공동체로서 국가

국가는 그에 소속된 인간들이 정치적 운명공동체로 결합한 人的 團體이다. 국적소지자로서 국민은 국가의 정치생활과 운명적으로 결부되어 있고 국가의 성과와 위험을 함께 나눈다는 점에서 하나의 '정치적 운명공동체'를 형성한다. 정치적 운명공동체란 곧 정치적 이해공동체로서 국민적 일체감을 형성하는 중요한 요소이다. 국적에는 국민의 특별한 권리(가령, 선거권 등)와 의무(가령, 병역의 의무 등)가 연계되어 있는데, 국민의 권리와 의무는 서로 대응하면서 국가라는 정치적 운명공동체에의 결속을 표현하고 있다.

2. 국가의 포괄적인 과제

국가의 존립이유 및 국가가 자신의 의사를 강제력을 동원하여 관철할 수 있는 이유, 즉 국가가 법질서와 국가기관의 조치에 대하여 국민으로부터 복종을 요구할 수 있는 이유는 계몽주의시대 이래로 국가의 목적에서 찾고 있다. 국가와 그의 공권력행사는 법과 평화를 보장하고 개인의 권리와 자유를 보호하는 국가의 과제에 의하여 정당화된다. 국가와 국가권력의 행사는 그 자체가 자기목적(自己目的)이 아니라 국가공동체로 결속한 개인의 삶과 복리에 기여하는 것을 목적으로 한다.

오늘날 국가는 일련의 정치적·사회적 과제를 가지고 있다. 법과 내적 평화의 유지, 개인의 생명·자유·재산의 보호, 내부적·외부적으로 국가주권의 관철은 국가의 전통적이고 지속적인 과제이자 본질적이고 포기할 수 없는 과제이다. 현대국가에서는 이러한 고전적인 국가목적에 대하여 '복지와 문화'라는 새로운 국가의 목적이 추가된다. 현대국가의 특징은 복지·경제발전·사회보장·교육·문화와 학문의 발전·환경보전에 대한 포괄적인 책임을 지고 있다는 것이다.

3. 법에 의한 국가과제의 이행

국가의 과제이행을 위한 본질적 수단은 法이다. 법치국가에서는 법을 통하여 국가권력이 통제되고, 사회영역이 규율되며, 정의로운 사회질서가 형성된다. 법은 질서유지와 사회형성의 수단이다.

4. 물리적 강제력에 대한 국가의 독점권

국가는 국가공동체 내에서 자신만이 물리적 강제력을 행사할 수 있다는 의미에서, 물리적 강제력에 관한 독점권을 가진다. 국가만이 국가과제의 수행, 특히 법질서와 평화질서의 보장을 위하여 물리적 강제력을 사용할 수 있다. 물론, 이 경우 국가는 법치국가적으로 구속을 받는다. 물리적 강제력에 대한 국가의 독점권에 대응하는 것이 국민에 대한 '사적 폭력의 금지'이다. 국민은 국가의 내적 평화를 위하여 자신의 권리를 스스로 관철하고자 시도해서는 아니 되고, 자신의 권리를 실현하기 위해서는 국가의 도움을 요청해야 한다. 물리적 강제력에 대한 국가독점권, 개인에 의한 自力救濟의 금지, 국가에 의한 권리구제의 보장은 서로 밀접한 상호적 관계에 있다. 국가가 개인의 권리를 효과적으로 보호할 수 없다면, 물리적 강제력에 대한 국가의 독점권 및 국민의 평화의무는 더 이상 유지될 수 없을 것이다.

5. 公法上의 法人으로서 국가

가. 國家法人說

법적인 관점에서 국가는 公法上의 法人이다.[1] 國家法人說이란, 국가는 개개의 국민으로 구성되지만 개개의 국민과는 상이한 독립된 법인격을 가진 권리주체로서 공법인이라고 하는 이론이다. 법인으로서 국가는 그 자체로서 권리와 의무의 주체가 될 수 있고, 기관을 통하여 활동할 수 있다.[2] 국가법인설은 '국가와 개인의 관계'를 '법적 관계'로 형성하는 근거로서, 법치국가의 본질적 요소이다.

나. 국가법인설의 역사적 형성

역사적인 관점에서 볼 때, 국가법인설은 절대군주제에서 입헌군주제로 발전하는 과정에서 형성되었다. 자연인만이 권리와 의무의 주체가 아니라, 인적 집단이나 재산을 법적으로 독자적으로 취급함으로써 법에 의하여 새로운 법적 주체가 창조될 수 있다고 하는 것은, 私法의 영역에서는 이미 오래 전부터 당연한 것으로 간주되었다. 오늘날, 국가를 법인으로 이해하는 것이 당연시 되고 있지만, 국가법인설은 19세기에는 '군주와 국가의 同一性'을 파괴하는 폭발적인 효과를 가지는 것이었다. 프랑스 황제 루이 14세의 "짐이 국가이다."라는 발언에서 대표적으로 표현되듯이, 17·18세기의 절대군주시대에서 국가와 군주는 동일시되었다.

19세기 입헌군주시대에 들어와 비로소 '독자적인 법인으로서 국가'와 '국가의 기관으로서 군주'는 구분되어야 한다는 인식이 점차 관철되었다.[3] 국가를 법인으로 이해함으로써, 자연인인 군주로부터

---

1) 공법상 법인으로는 국가, 지방자치단체, 공법상의 영조물, 공법상의 재단 등이 있다.
2) 공법상 및 사법상의 법인은 법의 창조물로서 스스로 활동할 수 없다. 법인은 사회현실에서 작용하기 위하여 기관을 필요로 한다. 기관이라는 개념은 원래 도구(organon)를 의미하였고, 기관은 법인이 행위능력을 얻기 위한 도구에 불과하다.
3) 1837년 독일 괴팅엔(Göttingen)의 국법학자인 알프레흐트(W. E. Albrecht. 1800-1876)가 그의 유명한 비평에서 국가법인설을 주장하였다.

국가를 분리하게 되었고, 이로써 군주는 더 이상 국가와 동일시되는 국가권력의 주체가 아니라 단지 국가 내의 기관으로서 지위를 가지게 되었다.

Ⅲ. 國家法과 憲法

1. 國家法(실질적 의미의 헌법)

국가법(Staatsrecht)은 고도의 정치적 영역을 규율한다. 국가법은 국가권력에의 접근방법(선거), 국가권력의 행사와 그 한계 및 국가권력의 통제 등 국가의 정치질서를 규율하는 법이다. 국가조직·기능에 관한 국가법이 본질적으로 형식적 요건을 확정함으로써 정치적 과정이 이루어지는 '형식적인 틀'을 확정하는 반면, 국가의 기본결정, 국가목표규정 및 국가와 국민의 관계를 규율하는 기본권은 실체적인 '내용적 지침'을 담고 있다. 이로써, 국가법은 국가의 기본원리(가령, 의회민주주의, 법치국가, 사회국가), 국가목표, 최고국가기관인 의회, 정부 등의 조직·구성과 절차·관할 및 과제와 기능을 규율하고, 기본권규정을 통하여 국가에 대한 국민의 기본적 권리를 확정한다. 또한, 국가법은 국가의 3요소인 국민, 영토, 주권과 관련된 사항을 규율한다.

한편, 국가법에 속하는 사항을 모두 헌법에 담는 경우에는 세부적이고 기술적인 규정으로 인하여 헌법이 조감할 수 없는 방대한 법전으로 변형되고 나아가 사회현상의 변화에 따라 지나치게 빈번한 헌법개정을 수반하기 때문에, 국가법에 속하는 사항은 헌법 외에도 다수의 법률(국적법, 공직선거법, 정당법, 국회법, 정부조직법 등)에 의하여 규율되고 있다. 일반적으로 헌법은 이러한 법률들을 스스로 언급하고 있는데, 헌법에서는 기본적인 사항만을 규율하고 입법자에게 구체적인 것의 규율을 위임하고 있다(가령, 국적법에 관하여 헌법 제2조 제1항, 정당법에 관하여 헌법 제8조 제3항 등). 물론, 국가법에는 법률뿐만 아니라 행정입법이나 자치법규도 속할 수 있으나, 이는 매우 드문 경우에 속한다.[1]

2. 憲法(형식적 의미의 헌법)

국가법(실질적 의미의 헌법)의 대부분은 하나의 특별한 법률인 '憲法典'에 규정되어 있는데, 이러한 법률을 헌법(Verfassungsrecht)이라고 한다. 헌법은 법률이지만, 헌법제정권력에 의하여 특수한 방법으로 제정된다는 점에서 그리고 '헌법의 優位'라는 특수한 지위를 가진다는 점에서 다른 법규범과 뚜렷하게 구분된다.

3. 국가법과 헌법의 관계

국가법과 헌법을 비교한다면, 서로 상이한 연관점을 가지고 있음을 확인할 수 있다. 국가법은 국가의 정치질서를 규율하는 '실체적 헌법' 또는 '실질적 의미의 헌법'이란 특정 규율대상과 연관되는 것이고, 이로써 내용적으로 결정된다. 이에 대하여 헌법은 憲法典에 수용된 모든 규정을 포함하는 것이고 이로써 '헌법전'이라는 형식을 기준으로 삼고 있다. 이에 따라 학계에서는 '형식과 내용'을 구분의 관점으로 하여 헌법을 '형식적 의미'의 헌법과 '실질적 의미'의 헌법으로 구분하고 있다. 이러한

---

[1] 독일의 경우와 같이, 연방의회의 의사규정을 법률로써(우리의 경우 '국회법'으로 정하고 있다) 정하지 아니하고 의사규칙으로 정하는 경우이다.

구분은 바로 헌법과 국가법의 구분과 일치하는 것이다. 형식적 의미의 헌법은 헌법전에 담겨진 모든 규정을 포함하는 것이고, 실질적 의미의 헌법은 국가법적인 내용, 즉 실체적 헌법의 내용을 가진 모든 규정을 포함하는 것이다.

국가법은 전반적으로 헌법에 의하여 규율되고 있으나, 국가법이 헌법과 일치하는 것은 아니다. 헌법적 지위를 가지고 있지 않지만 내용적으로는 국가법에 속하는 일련의 규범이 있다(위 Ⅲ. 1. 참조). 한편, 헌법은 내용적으로 국가법에 속하지 않는 규정, 가령 행정법적 · 형법적 · 국제법적 규범을 포함할 수 있고, 이러한 방법으로 그러한 규정에 헌법적 지위와 존속력을 부여할 수 있다. 가령, 헌법 제12조의 일련의 조항들(제2항 내지)은 국가법의 영역이 아니라 형법의 영역에 속하는 것이다.

Ⅳ. 憲法과 憲法現實[1]

1. 규범과 현실의 관계에 대한 문제 제기

가. 독일의 사회주의자 라살레(F. Lassalle)는 1862년 '헌법의 본질(Verfassungswesen)'에 관한 강연에서 "헌법의 문제는 원래 법적 문제가 아니라 권력 문제이다. 왜냐하면, 한 국가의 헌법은 그 국가 내에 존재하는 사실상의 권력관계이기 때문이다. 헌법은 한 장의 종이에 불과하다."라고 주장한 바 있다. 독일의 실증주의적 공법학자인 옐리네크(G. Jellinek)도 1906년 발표한 '헌법개정과 헌법변천(Verfassungsänderung und Verfassungswandlung)'이란 논문에서 "헌법의 발전은 우리에게 '법규범은 국가의 권력배분을 사실적으로 지배할 수 없다'는 거대한 교훈을 주고 있다. 현실의 정치적 세력은 모든 법적 형식으로부터 독립하여 그의 고유한 법칙성에 따라 움직인다."고 서술하였다.

이러한 견해는 독일의 헌법사에 의해서도 어느 정도 지지되고 있는 것처럼 보인다. 독일의 헌법사를 살펴보면, 일상의 정치적 투쟁에서 '정치적 현실의 힘'이 '법규범의 힘'을 전반적으로 압도하였고 '規範性'이 '정치적 현실'에 굴복해야만 했던 일련의 역사적 사실들을 확인할 수 있다.

나. 위와 같은 견해는 사실적 상황이 전적으로 법규범을 결정한다는 사고, 소위 '사실의 규범적 효력(Die normative Kraft des Faktischen)' 또는 '사실의 법형성적 효력'의 사고에 기초하고 있다. 이러한 견해에 의하면, 헌법이 헌법현실을 규율하고 이에 작용하는 능력은 '헌법과 헌법현실이 일치'하는 범위까지만 미치므로, 헌법이 그 규범적 효력을 발휘하기 위한 조건은 '규범과 현실의 완벽한 일치'이다. 즉, 제정 당시의 헌법현실을 그대로 수용하고 반영하는 헌법만이 헌법현실에서 그 실현이 가능하다는 것이다. 결국, 이러한 견해는 헌법을 제정 당시의 헌법현실을 그대로 반영한 것으로, 즉 사실적 권력관계의 직접적 표현 또는 거울像으로 이해하기 때문에, 현실을 규율하고자 하는 법규범으로서의 헌법의 독자적 가치를 부정한다.

그렇다면, 여기서 제기되는 문제는, 정치적 · 사회적 현실이 헌법을 결정하는 것 외에도 헌법이 헌법현실을 결정하는 힘을 인정할 수 있는지, 즉 헌법이 국가생활을 규율하는 힘을 가지고 있는지의 문제, 궁극적으로 '헌법과 헌법현실의 관계'이다.

---

1) 개괄적인 서술로서 한태연, 헌법학, 1983, 27면 이하; K. Hesse, Die normative Kraft der Verfassung(1959), in: Ausgewählte Schriften, 1984, S.3ff.

다. 헌법과 헌법현실의 관계는 헌법과 관련하여 제기되는 '규범과 현실의 관계'에 관한 문제이다. 헌법과 헌법현실 사이의 긴장관계는 당위(Sollen)와 존재(Sein) 사이의 긴장관계이다. 라살레와 옐리네크의 견해에 의하면, 규범과 현실의 관계는 상호적으로 영향을 미치고 작용하는 관계가 아니라 규범이 현실에 의하여 지배되고 형성되는 일방적인 관계이다.

그러나 규범과 현실의 관계는 일방적인 것이 아니라 서로 영향을 미치는 상호작용관계이다. 규범이 현실적 측면을 무시한다면, 규범은 현실에서 적용되고 실현될 수 없다. 규범의 고유한 가치를 무시한다면, 현실을 규율하고자 하는 규범의 권위와 존재를 부인하는 것이고, 이는 곧 규범의 부정을 의미한다.

2. 헌법과 헌법현실의 관계

가. 헌법현실에 의한 헌법의 제약성

헌법규범은 현실로부터 유리되어 독립적으로 제정되는 관념적 사고의 독자적 산물이 아니다. 모든 법규범과 마찬가지로, 헌법규범의 본질과 기능은 헌법에 의하여 규범화된 상태를 현실에서 실현하는 것, 즉 현실을 규율하는 규범적 효력을 가지는 것에 있다. 법규범은 그 당시의 정치적·사회적·경제적·기술적 상황을 고려하고, 사회 내에서 현실로 자리 잡은 정신적 흐름, 사회적 견해 및 가치관을 규범의 구체적 형성에 있어서 고려하는 경우에만 규범의 효력을 이러한 현실적 상황에 대하여 실현할 수 있다. 따라서 헌법의 효력도 그 실현을 위한 역사적·현실적 조건으로부터 분리될 수 없다.

헌법이 구체적인 역사적 현실을 무시하는 경우에는 헌법과 현실은 완전히 괴리되어, 헌법은 현실을 규율할 수 있는 규범적 효력을 상실하고, 극단적인 경우에는 뢰벤슈타인(Karl Loewenstein)의 의미에서 현실을 무시하고 이상만을 쫓는 후진국가에서의 '名目的 憲法'으로 전락하게 된다.

나. 헌법현실에 대한 헌법의 규범성

그러나 헌법의 효력은 그의 실현을 위한 현실적 조건과 일치하지 않는다. 헌법의 규범적 효력은 독자적 요소로서, 헌법은 현실과 존재(Sein)의 표현일 뿐만 아니라 규범과 당위(Sollen)의 표현이기도 하다. 헌법은 자신을 실현하고 관철하기 위하여 고려해야 하는 사실적 조건의 단순한 복사판이나 거울像이 아니다. 헌법은 일단 제정되면, 그의 규범적 효력을 근거로 하여 정치적·사회적 현실을 규율하고 형성하고자 시도한다.

헌법은 국가적 미래의 설계를 위한 하나의 정치적 지표를 의미한다. 물론, 헌법은 그 제정 당시의 현실을 기초로 하여 미래를 위한 정치적 지표를 설정하게 되지만, 헌법의 본질은 헌법현실에 대하여 자신이 내포하는 정치적 이념과 목표, 가치체계를 실현하는 것, 헌법현실을 헌법의 가치체계에 부합하게 규율하고 형성하는 것에 있다. 따라서 헌법의 규범적 효력이란, 헌법규범의 내용에 따라 헌법현실을 규율하는 힘, 헌법현실에 대하여 자신의 이념과 가치를 실현하는 힘을 의미한다.

다. 헌법과 헌법현실의 相互制約性

이로써, 헌법은 한편으로는 헌법현실에서 실현되기 위하여 그 규범내용에 있어서 역사적 현실에 의하여 제약을 받으면서(헌법현실에 의한 헌법의 제약성), 다른 한편으로는 규범적 효력에 근거하여 정치적·사회적 현실을 규율하고 형성함으로써 헌법현실을 제약한다(헌법현실에 대한 헌법의 규범성). 헌법은 그 규범내용에 있어서 시대의 구체적 상황과 분리될 수 없다는 점에서, 헌법은 역사적 현실에 의한 제약을 받는다. 헌법이 그 당시의 헌법현실을 고려해야만, 헌법의 규범내용은 헌법현실에 대하여 실현될 수 있다. 그러나 헌법은 그 당시 헌법현실의 단순한 표현, 복사판이 아니다. 헌법은 규범적 효력에 근거하여 정치적·사회적 현실을 규율하고 형성한다.

요컨대, 헌법은 한편으로는 정치현실에 의하여 결정되면서, 다른 한편으로는 다시 정치현실을 결정하는 것이다. 이로써 헌법을 결정하는 '사실적 상황의 힘'이 존재할 뿐만 아니라, 사실적 상황을 결정하는 '헌법규범의 힘'도 존재하는 것이다.

3. 헌법의 규범적 효력을 실현하기 위한 조건

헌법이 규범적 효력을 어느 정도로 획득할 수 있을지의 문제는 역사적 현실을 규율하고 형성하는 헌법의 능력의 문제이다. 헌법의 규범적 내용이 헌법현실에서 실현되고 관철되는 정도에 비례하여 헌법은 규범적 효력을 가진다. 헌법의 규범적 효력을 결정하는 것은 크게 '헌법의 내용적 형성'과 '헌법을 실현하는 헌법실무'의 두 가지 요소이다.

가. 헌법의 내용적 형성

(1) 일차적으로, 헌법의 규범적 효력, 즉 헌법현실을 규율하는 헌법의 능력은 '헌법의 내용적 형성'에 달려있다. 헌법의 규범적 효력은 헌법의 규범내용이 헌법현실에서 실현 가능한지의 관점에서 '헌법 내용의 실현가능성'에 의하여 좌우된다. 헌법규범의 실현가능성과 그 한계는 무엇보다도 '헌법의 현실연관성'으로부터 나온다.

헌법규범이 현실 상황과 연관되어 변화하는 현실을 규율할 수 있다면, 헌법이 의도하는 규범적 효력을 가질 것이다. 헌법이 역사적 상황이나 정치적·사회적 세력관계에 대한 고려 없이 단지 추상적이고 이상적인 이론에 근거하여 국가를 구성하고 정치생활을 규율하고자 시도한다면, 나아가 시대의 발전 상황을 무시한다면, 헌법이 실현되기 위한 필수적 요건인 '헌법의 생명력의 싹'이 헌법현실에 뿌리를 내릴 수 없을 것이다. 따라서 헌법은 그 내용에 있어서 당시의 사회적·정치적·경제적 상황을 반영하고 나아가 그 시대의 정신적 상황을 수용함으로써, '역사적 현실에 부합하는 정의로운 질서'로서 긍정되고 지지되어야 한다.

(2) 또한, 헌법은 시대상황의 변화에 적응할 수 있도록 그 내용에 있어서 기본적 원칙을 규정하는 것에 그쳐야 하고, 국가기관의 권한과 절차에 관한 규정을 제외하고는 추상적이고 미래의 발전에 대하여 개방적으로 규율되어야 한다.[1] 헌법이 변화하는 헌법현실을 규율하는 능력을 보유하기 위해서는 추상적·개방적으로 규정된 헌법규범의 해석을 통하여 헌법규범에 새로운 의미와 내용을 부여하는 것, 이로써 변화하는 헌법현실에 헌법을 적응시키는 것(헌법의 변천)이 가능해야 한다. 헌법이 수시로 변화하는 순간의 요청이나 한시적인 것을 구체적으로 규범화하는 경우에는 필연적으로 잦은 헌법개정을 초래함으로써 스스로 자신의 규범적 효력을 약화시킬 수 있다.

(3) 헌법이 자신의 규범적 효력을 입증해야 하는 시험대는 평화롭고 안정적인 정상적 상황이 아니라 '비상적 상황'이다. 헌법은 정상적 상황뿐만 아니라 비상적 상황에서도 기능하고 관철되어야 한

---

1) 헌법의 추상성과 개방성에 관하여 아래 제1편 제2장 Ⅱ. 3. 참조.

다.[1] 헌법이 국가비상사태에 관하여 스스로 규율하지 않는다면, 국가에게는 비상사태란 예외적 상황을 극복하기 위하여 초실정법적 국가긴급권을 인정함으로써 헌법을 무시하는 것 외에는 다른 가능성이 없을 것이다. 따라서 헌법이 국가비상사태에 관한 규율을 포기하는 것은, 국가비상사태의 해결을 헌법의 규범력이 아니라 사실의 힘에 맡기는 것이고, '사실의 힘에 대한 헌법의 예정된 굴복'을 의미하는 것이다. 따라서 헌법은 예측할 수 있는 국가비상상황에 대처할 수 있는 가능성을 스스로 제공해야 한다.

나. 헌법을 구체화하고 실현하는 헌법실무

(1) 헌법은 그 자체로서는 스스로 아무 것도 야기할 수 없고, 단지 현실에서 헌법규범의 내용을 실천해야 할 과제를 부과하고 헌법생활에 참여하는 주체들을 깨우고 자극하고 유도할 수 있을 뿐이다. 따라서 헌법생활에 참여하는 국가기관과 국민이 헌법에 의하여 규율된 질서를 존중하고 나아가 타당하고 정당한 것으로 인정하며, 자신의 행위를 헌법적 질서에 따라 형성하고자 하는 자세가 존재해야만, 헌법은 비로소 국가공동체 내에서 작용할 수 있고 그 생명력을 얻을 수 있는 것이다.

이로써 헌법의 규범적 효력은 헌법을 실현하고자 하는 '국가기관과 국민의 헌법에의 의지', 즉 헌법생활에 참여하는 주체들의 '헌법적 이념과 가치를 현실화하고자 하는 의지'에 달려있다. 헌법에 담긴 규범 내용이 인간의 행동으로 발현되지 않는다면, 헌법은 아무 것도 야기하지 않는다. 헌법이 인간의 행동에 의하여 실현됨으로써 비로소 헌법은 국가공동체 내에서 정치적 현실을 형성하는 '살아있는 법적 기본질서'로서 작용하고 기능할 수 있다. 헌법이 단지 제정된다는 것만으로 이미 헌법이 이러한 효력을 가지는 것은 아니며, 헌법을 실현하고자 하는 헌법제정자의 의사만으로 헌법에 이러한 효력을 부여할 수 없다.

헌법은 새로운 국가질서와 정치질서를 확립하지만, 헌법이 의도하는 새로운 질서는 법적인 확정에 의하여 자동적으로 발생하는 것이 아니라, 변화하는 상황과 정치적 세력관계 속에서 지속적으로 발전하고 형성되어 나가야 하는 것이다. 즉, 헌법이 의도하는 질서는 헌법의 테두리 내에서 이루어지는 부단한 정치적 과정을 통하여 실현되고 성취되어야 하는 것이다.

(2) 헌법의 규범적 효력을 유지하기 위하여 헌법실무에 대하여 제기되는 또 다른 요청은, 헌법은 가능하면 최소한으로 개정되어야 한다는 것이다. '헌법의 개정'은, 헌법규범보다 현실의 요청이 보다 높게 평가된다는 것의 표현이다. 헌법의 개정은, 헌법에 의하여 헌법현실이 더 이상 규율될 수 없다는 것, 헌법이 헌법현실에 굴복한다는 것의 직접적 표현이다. '잦은 헌법개정'은 헌법의 권위와 규범적 효력을 위협한다. 무엇보다도 정치적 필요에 의하여 헌법을 자주 개정하고자 하는 정치권의 경향은 헌법의 규범적 효력을 약화시키는 것이다.

(3) 나아가, 헌법의 규범적 효력을 유지하고 공고히 하는 데 결정적으로 기여하는 것은 '헌법해석' 및 헌법해석을 통한 '헌법의 변천'이다.[2] 헌법의 본질과 기능은 헌법의 규범적 내용을 헌법현실에서 실현하는 것에 있으므로, 이러한 관점에서 헌법규범은 그 규범의 내용이 최적으로 실현될 수 있도록 해석되어야 한다.

---

1) 헌법이 스스로 국가비상사태를 규율해야 할 필요성에 관하여 아래 제1편 제5장 Ⅳ. 4. 참조.
2) 이에 관하여 상세하게 아래 제1편 제3장 Ⅱ. 2. '헌법의 변천과 침식' 및 제4장 Ⅱ. 3. 나. '헌법의 구체화 및 실현' 참조.

헌법이 그 규범적 효력에 있어서 헌법현실에 의하여 제약을 받는다면, 헌법해석도 헌법규범을 제약하는 구체적 생활관계를 고려해야 하고, 이를 헌법규범의 내용과 연관시켜야 한다. 이러한 헌법해석은 '주어진 역사적·현실적 상황의 구체적인 조건 하에서 헌법규정의 규범적 의미'를 최적으로 실현하는 해석이다.[1] 이는 곧, 사실적 상황의 변화와 함께 헌법해석도 변할 수 있다는 것, 나아가 변해야 한다는 것을 의미한다. 헌법규정의 규범적 의미에 의하여 설정된 헌법해석의 한계 내에서 헌법의 내용이 헌법해석을 통하여 계속 발전할 수 있는 가능성, 즉 '헌법변천'의 가능성은 헌법의 규범적 효력을 유지하기 위한 기본조건이다.

4. 헌법과 헌법현실의 긴장관계에서 헌법학의 과제

헌법의 규범적 효력은 헌법의 제정과 동시에 그냥 보장되는 것이 아니라, 부단히 실현되어야 하는 과제로서 부과된 것이다. 헌법은 위에서 서술한 바와 같이, 단지 특정한 조건 하에서만 최적으로 실현될 수 있다. '헌법규범이 어떠한 조건 하에서 최적의 효력을 발휘할 수 있는지' 그 조건을 규명하는 것에 헌법학의 주된 과제가 있다. 헌법학은 '헌법을 최적으로 실현하는 조건의 탐구'를 그의 활동에 있어서 주된 지침으로 삼아야 한다. 헌법학은 이러한 관점에서 헌법이론을 발전시키고 헌법규범을 해석해야 한다. 헌법학은 이러한 과제의 이행을 통하여 동시에 헌법의 규범적 효력을 보장하기 위하여 필수적으로 요구되는 '국가기관과 국민의 헌법에의 의지'를 깨우고 유지하는 과제를 이행하는 것이다.

---

1) 예컨대, 헌법상 재산권보장의 내용과 효력범위는 오늘날 현대국가에서 재산권이 개인의 인격발현에 대하여 가지는 사회적·경제적 기능을 고려해야만 비로소 확인될 수 있다. 자본주의적 산업사회의 발전과 함께 재산권보장의 보호대상은 민법상의 소유권을 넘어서 자유 실현의 물질적 바탕이 될 수 있는 모든 권리로 확대되었다.

제2장 憲法의 槪念 및 性格

I. 헌법의 개념

1. 현대적 의미의 헌법의 生成

현대적 의미의 헌법은 역사적으로 비교적 새로운 현상에 속한다. 역사적으로 현대적 의미의 헌법의 탄생은, 한편으로는 헌법의 규율대상인 '현대적 의미의 국가의 성립'과, 다른 한편으로는 정치적 지배의 정당성에 대하여 의문을 제기하는 '계몽주의적 사상'에 기인한다. 이러한 배경에서 탄생한 최초의 현대적 헌법은 미국의 연방헌법(1787)과 프랑스의 혁명헌법(1791)이다.[1]

헌법은 18세기 후반 미국과 프랑스의 혁명 과정에서 발생하였고, 그 후 200년에 걸쳐 전세계적으로 확산되었다. 물론, 이러한 헌법 이전에도 정치적 지배권력을 구속하는 법적 규율이 없었던 것은 아니지만, 그러한 규율이 현대적 의미의 헌법은 아니었다.[2]

가. 현대적 의미의 국가의 성립

헌법의 규율대상은 정치적 지배의 조직인 국가이다. 그러나 인류의 역사에서 오랫동안 헌법의 규율대상으로서 '통일적이고 일원적인 지배권력을 가진 국가'가 존재하지 않았다. 정치적 지배의 과제는 지역적으로, 사안에 따라 그리고 기능상으로 다수의 서로 독립된 권력주체에게 배분되었고, 이러한 방법으로는 통일적이고 일원적인 지배의 단위가 형성될 수 없었다. 유럽에서 절대국가·주권국가의 탄생과 함께 비로소 법적으로 통일적인 규율을 요청하는 국가, 이로써 헌법의 규율대상이 생성되었다.

그러나 헌법의 규율대상인 현대국가의 생성 그 자체만으로는 헌법을 탄생시킬 수 없었다. 절대국가에서 모든 권력의 주체는 절대군주였는데, 군주는 권력의 행사에 있어서 어떠한 구속도 받지 않는 것으로 간주되었다.[3] 절대국가에서는 헌법의 규율대상인 현대적 의미의 국가는 존재하였으나, 절대적인 지배란 바로 '법적인 구속의 부정', 곧 헌법의 부정을 의미하였기 때문에, 헌법에 의한 규율의 필요성이 존재하지 않았다.

나. 미국·프랑스의 혁명과 自然法的 契約理論

정치적 지배를 법적으로 구속하고자 하는 인류의 영원한 과제를 오늘날의 해법인 헌법으로 인도

---

[1] 1776년의 버지니아 권리장전은 국가적 차원이 아니라 州 차원의 헌법이며, 국가조직법을 배제한 채 단지 인권보장에 관한 규정만을 담고 있다는 점에서 불완전한 헌법이다.

[2] 가령, 군주의 권한에 대하여 신분계급의 권리를 확보하고자 하는 시도가 있었고, 군주는 계약을 통하여 군주권한의 일부를 포기하였다. 그러나 지배권력을 구속하고자 하는 과거의 규율과 현대헌법의 근본적인 차이는, 과거의 법적 구속이 지배권력의 정당성을 당연한 전제로 하여 단지 권력행사의 방법을 수정하는 것이었다면, 헌법은 정당한 지배권력을 창설함으로써 정치적 지배를 단순히 수정하는 것이 아니라 새롭게 구성하는 것에 있으며, 나아가 과거의 법적 구속은 단지 계약 당사자 간에만 효력을 가졌으나 헌법은 국민 전체에 대하여 효력을 발휘한다는 것에 있다.

[3] 주권 개념의 일차적인 의미는 '외부적 독립성'이 아니라, 다른 모든 사람에 대하여 구속력을 가지는 법을 제정하지만 자신은 법의 구속을 받지 않는 군주의 권한에서 표현되는 '내적인 독립성'에 있었다.

한 것은 바로 1776년과 1789년의 미국과 프랑스에서의 혁명이었다. 母國인 영국으로부터의 미국의 독립과 절대군주제의 폐지를 가져온 프랑스의 혁명은 구(舊)질서와의 급진적인 단절, 새로운 질서에 의하여 채워져야 하는 '정치적 지배의 공백상태'를 야기하였다.

유럽에서 종교분열이 정치적 지배의 선험적·종교적인 정당성의 근거를 박탈한 후, 신의 계시 대신에 '자연법적 계약이론'이 그 자리를 차지하였고, 계몽주의적 자연법사상은 혁명 과정에서 지도적 이념으로 작용하였다. 미국과 프랑스의 혁명세력은 자신의 행위를 정당화하기 위하여 자연법사상에 기초하여 정의로운 질서와 기본적 인권의 우위를 주장하였고, 이러한 사고를 버지니아 권리장전(1776), 미연방헌법 (1787), 프랑스 인권선언(1789) 및 혁명헌법(1791)의 형태로 실정법적으로 확인하였다.

자연법사상은 국가에게 개인의 권리와 자유에 봉사하는 존재 의미를 부여하면서 정치적 지배의 정당성에 대하여 의문을 제기하였고, 국가를 정당성을 필요로 하는 인간 이성의 창작물로 이해하였다.[1] 자연법적 계약이론에 의하면, 지배를 받는 자에 의하여 정치적 지배가 정당화되어야 한다는 것은 필수적이었고, 정치적 지배의 정당성은 지배를 받는 자의 동의 여부에 달려있는 것이었다. 이로써 선험적·종교적·전통적으로 정당화된 군주주권주의는 합리적 이성에 기초하는 '민주적 자기지배의 원칙'에 그 자리를 양보하게 되었다. 이러한 민주적 원칙은 '국가'와 '주권' 개념의 발상지인 프랑스에서는 '국민주권'으로 이해되었고, 주권의 개념이 생소한 미국에서는 '자기통치'(self-government)로 이해되었다. 주권의 주체가 군주에서 국민으로 이동한 것은, 국민주권 하에서 국가권력은 더 이상 시원적 권력이 아니라 국민으로부터 유래하는 전래적 권력이며 국민의 위임에 의하여 행사한다는 거대한 변화를 초래하였다.

2. 헌법의 개념

가. 헌법 개념의 변화

헌법은 독일어로는 Verfassung(외래어로 Konstitution), 라틴어로는 constitutio, 영어나 불어로는 constitution이라고 표현된다. 헌법은 일반적인 語義에 있어서, 의학에서 인간의 신체적·정신적 상태를 말하는 것과 같이, '상태'를 서술하는 개념이다. 헌법이라는 표현이 정치적·법적 용어로 전환됨에 따라, '헌법'은 개인의 신체가 아니라 국가라는 정치적 공동체와 연관되었고, 이로써 영토, 국민, 기후, 자원, 권력관계 및 정치적 제도 등 경험적으로 파악할 수 있는 '정치적 공동체의 상태'를 서술하는 개념으로 사용되었다.

14세기에서 16세기에 걸쳐 '헌법'은 서술적 개념에서 규범적 개념으로 전환하는 결정적인 변화를 맞게 되었다. 우선, 헌법은 모든 비규범적 요소를 배제함으로써 오로지 기본법(leges fundamentales), 즉 '국가공동체에게 중요한 근본적인 법규범이나 법문서'(가령, 독일의 경우 1356년 황금문서, 1555년 아우구스부르크의 종교화의 등)만을 말하는 것으로 그 의미가 축소되었다.

나아가, 18세기 후반 미국과 프랑스에서의 혁명은 다시 한 번 헌법의 규범적 의미의 축소를 초래

---

1) 인간에 대한 인간의 지배가 어떻게 정당화될 수 있는지를 규명하기 위하여, '자연법적 계약이론'은 모든 사람이 평등하고 자유로운 가운데 지배가 없는 상태를 상정하였다. 인간이 '자연적 자유와 평등'을 '지배의 상태'와 교환하고 자 하는 이유를 계약론자들은 자연 상태에서의 자유의 근본적인 불안전성에 있다고 보았고, 조직된 강력한 국가권 력의 설립은 합리적인 이성에 의하여 요청되는 것이었다. 이러한 조건 하에서 정치적 지배는 오로지 모든 사람의 자발적인 합의(모든 사람의 모든 사람과의 국가계약)에 의하여 정당화될 수 있는 것이었다.

하였다. 이제 현대헌법이라는 하나의 문서(憲法典)가 기존의 다수 지배계약과 기본법전을 대체하였다. 현대헌법은 미국과 프랑스의 혁명과정에서 발생한 일련의 권리선언과 헌법전을 통하여 결정적으로 형성되었다. 이러한 법문서들은 오늘날까지도 헌법의 典範이자 원형으로 기능하고 있다. 처음에는 권리선언이 있었다(1776년 버어지니아 권리장전, 1789년 프랑스 인권선언). 프랑스에서는 1789년 인권선언이 1791년의 헌법에 앞서 이루어진 반면, 1787년의 미연방헌법은 우선 순수한 조직규범으로 제정되었다가 1791년 10개의 수정조항을 통하여 기본권부분이 보완되었다.

이로써 현대헌법의 편성형식이 확정되었다. 헌법은 한편으로는 권리장전(bill of rights)의 형태로 개인의 권리를 보장하면서, 다른 한편으로는 정치적 의사형성을 비롯하여 국가의 구조와 조직(통치의 틀)을 규율하게 되었다. 이제 헌법은 '기본권보장과 국가조직'이라는 뚜렷한 유형형성적 요소를 가진 규범적 개념이 되었다. 프랑스 인권선언 제16조("권리의 보장이 확립되지 아니하고 권력의 분립이 확정되지 아니한 사회는 헌법을 가지지 아니한다.")가 밝히고 있는 바와 같이, 이러한 요건을 충족시키지 못하는 국가는 논리필연적으로 헌법을 가지지 못하게 되었다.

나. 국가공동체의 法的 基本秩序

오늘날 대부분의 국가공동체는 정치적 질서의 기본 틀을 확정하여 이를 하나의 憲法典에 담고 있는데, 이를 통상 '헌법'이라 한다. 헌법은 '정치적 지배의 규범화'의 특수한 형태로서, 국가영역 내에서 정치적 지배가 법적으로 준수해야 하는 규칙을 확정한다. 헌법의 목적은 정치적 지배를 법적으로 구속하고자 하는 것이다. 이로써 헌법국가(입헌국가)란 정치적 지배를 헌법에 의하여 규율하고 구속하는 국가이다.

헌법은 헌법제정권력에 의하여 특별한 방법으로 제정되어 최고규범성과 강화된 존속력을 가지는 '국가공동체의 법적 기본질서'이다. 헌법은 국가권력의 조직과 행사, 국가과제 및 기본권에 관한 근본규범을 포괄하는 국가의 기본법이다. 헌법은 정치적 과정을 조직하고 합리화하고 규율한다. 헌법은 한편으로는 국가권력을 구성하고 조직하며, 다른 한편으로는 국가권력을 제한한다. 헌법은 국가의 지배를 정당화하면서 동시에 제한한다.

헌법이란 국가조직(권력구조)과 기본권보장으로 구성되는 국가의 기본법이다. 1789년 프랑스 인권선언 제16조는 '권리의 보장'과 '권력의 분립'을 헌법의 구성요소로서 언급함으로써, 이미 그 당시에 헌법의 개념에 관하여 오늘날까지도 유효한 정의를 내리고 있다. 헌법은 국가조직법으로서 입법부·집행부·사법부와 같은 국가기관을 구성하여 각 기관에게 권한을 부여하고 권한행사의 방법과 절차를 규율하며, 기본권보장을 통하여 국가에 대한 개인의 기본적 지위를 규율한다.

다. 한국 헌법의 구조적 체계

(1) 우리 헌법은 '기본권보장에 관한 부분'을 총강 다음에 '국가조직' 앞에 자리 잡게 함으로써, 국가권력에 대하여 '개인과 그의 존엄성'을 강조하고 있다. 기본권보장이 국가조직(권력구조 또는 통치구조) 앞에 위치하는 헌법의 구조적 체계는 '개인과 국가의 관계'에 관하여, 개인이 국가를 위하여 존재하는 것이 아니라 국가가 개인을 위하여 존재하는 것임을 표현하고 있다.

이로써 국가는 개인의 인간다운 생존의 기본조건으로서 존재하는 것이다. 국가는 그 자체로서 독자적인 가치가 아니라, 단지 국가공동체로 결합한 개인에 봉사하는 도구적 기능을 가진다. 인간존엄성의 실현이 모든 국가권력의 궁극적 목적이자, 국가권력의 행사를 정당화하는 이유이다. 헌법 전문에서 "… 우리들과 우리들의 자손의 안전과 자유와 행복을 영원히 확보할 것을 다짐하면서 …"라고 하여, 개인의 '안전·자유·행복'이 헌법의 궁극적 목적임을 밝히고 있는 부분에서도, 헌법의 이러한 결정은 그대로 드러나고 있다.

(2) 또한, 헌법이 국가조직에 관한 부분에서도 국회를 행정부와 사법부 앞에 규정함으로써 '국민의 대표자로 구성된 의회가 국정의 중심이 된다'고 하는 의회주의 또는 국민주권주의를 강조하고 있다.

3. 헌법의 과제

현대헌법은 몇 가지 과제를 가지고 있다. 하나는 국가권력을 제한하면서 기능적으로 조직하는 것이고, 다른 하나는 '국가권력의 민주화'와 '개인의 복리에 기여하는 국가목표의 제시'를 통하여 국가권력을 정당화하는 것이다.

가. 국가권력의 제한

헌법은 국가권력을 제한하기 위한 법적 도구로서 탄생하였다. 역사적으로 헌법생성의 출발점이자 헌법의 일차적인 과제는 국가권력을 제한함으로써 개인의 자유를 보장하는 것에 있다. 1789년 프랑스 인권선언 제2조는 "모든 정치적 결사의 목적은 인간의 자연적이고 소멸될 수 없는 권리의 보장에 있다."고 선언하여, 국가 그 자체가 개인의 자유를 보장하기 위한 도구에 불과하다는 것을 밝히고 있다. 헌법은 국가가 무엇을 할 수 있고 결정할 수 있는지, 즉 국가행위의 가능성을 제한함으로써 국가행위에 한계를 설정한다. 현대헌법은 국가권력의 제한을 기본권보장과 권력분립원리 등 '법치국가원리'를 통하여 실현하고 있다.

나. 국가권력의 기능적 조직

헌법의 또 다른 과제는 국가권력의 기능적이고 효과적인 조직화에 있다. 헌법은 국가권력의 남용을 방지하고 국가권력을 제한해야 하지만, 국가기능을 마비시키고자 하는 것은 아니다. 헌법은 한편으로는 국가권력을 제한하면서, 다른 한편으로는 국가과제의 효과적인 이행을 보장해야 하는 과제를 가지고 있다.

헌법은 국가기관을 구성하고 국가기능을 배분하여 국가기관에게 특정한 권한을 부여한다. 헌법상 권한질서의 확립을 통하여 국가기관 간의 권한분쟁이 방지되고 효과적인 작업분할의 제도가 확립되어야 한다. 국가기관의 구성과 구조에 비추어 특정한 국가기능을 이행하기에 가장 적합한 국가기관에게 이를 위임하는 것이 헌법의 지도적 이념이다.

나아가, 헌법은 '국가결정에 이르는 절차'를 제공하고 결정의 규칙을 제시한다. 국가공동체를 위하여 무엇이 타당한 것인지, 즉 공익이 무엇인지 처음부터 확정되어 있는 것이 아니라 결정절차를 통하여 비로소 확인되고 발견될 수 있다면, 국가결정의 질은 본질적으로 결정이 내려지는 절차의 형성에 달려있다.

다. 국가권력의 정당화

국가가 무엇 때문에 존재하고 무엇을 위하여 활동하는지, 왜 국민이 국가권력에 복종해야 하는지, 즉 국가권력의 정당성에 대한 질문은 불가피하다. 국가의 정치적 지배, 즉 국민에 대하여 구속력 있는 결정을 내리는 국가권력은 별도의 정당성을 필요로 한다. 국가는 자신의 결정을 강제로 관철할 수도 있지만, 국가의 존립은 장기적으로는 국가권력에 대한 국민의 자발적인 복종에 의존하고 있다. 그러므로 국가는 자발적인 복종의 동기를 필요로 하며, 헌법은 국가와 국가행위를 정당화해야 하는 과제를 가진다. 헌법은 이러한 문제를 스스로 규율하고 있다.

(1) 국가권력의 정당성은 일차적으로 국가권력의 민주화, 즉 국민이 국가행위의 내용을 민주적으로 결정한다는 것으로부터 나온다. 민주국가에서 국가의 모든 중요한 결정은 국민의 선거에 의하여 선출된 대표자로 구성되는 대표기관인 의회에서 내려진다. 이로써 국민이 국가의 결정에 복종한다는 것은, 국가에 의하여 일방적으로 내려진 결정에 복종하는 것이 아니라, 자신이 스스로 선출한 대표기관의 결정에 복종하는 것이며, 이는 곧 자신이 내린 결정에 복종하는 것이 된다. 헌법은 국가행위의 내용이 국민에 의하여 민주적으로 결정되는 것을 가능하게 함으로써, 국가와 국가행위에 정당성을 부여한다. 헌법은 '민주주의원리'의 수용을 통하여 국가권력의 정당성을 확보하고자 시도하고 있다.

(2) 나아가, 국가권력의 정당성은 국가의 과제로부터 나온다.[1] 국가의 정당성은 국가가 과제이행을 통하여 국민에게 불가결한 급부를 제공한다는 것에 있다. 국가공동체의 구성원이 국가권력을 인정하고 받아들이는 이성적인 이유는, 평화와 안전, 자유가 보장되기 위해서는 국가에 의한 정치적 지배가 불가피하다는 인식에 있다. 따라서 헌법은 평화와 안전, 자유의 보장, 사회정의의 실현 등 국가과제에 관한 기본적인 규정을 담고 있어야 한다. 특히 '사회국가원리'와 같은 국가목표규정의 수용은 국민에 대한 급부를 통하여 국가를 정당화하는 데 기여한다. 이러한 점에서 헌법은 '국가 설립목적의 달성을 위한 국민 미래의 정치적 설계도', '행복을 추구하기 위한 국민의 계획'(Emer de Vattel, 1714-1767)이라고 할 수 있다.

대표적으로, 1787년 미연방헌법의 前文은 국가목표의 기본적인 요소를 모두 담고 있는데, 이는 헌법이 정치적 공동체의 설립을 그가 추구하는 목적으로부터 정당화하고자 시도한다는 것을 잘 보여주고 있다. 우선, 미연방헌법은 "우리 국민은(We the People)"이라는 표현을 통하여 헌법이 '국민의 민주적 자기입법의 산물'이라는 것을 선언하면서, 이어서 정의의 확립, 내적 안전과 외적 평화의 보장, 일반적 복지의 증진, 자유의 보장 등 본질적인 국가목표를 언급함으로써 국가권력을 정당화하고 있다. 우리 헌법도 전문에서 "우리 대한국민은"이라는 표현을 통하여 헌법제정의 주체가 국민이라는 것을 표명하면서, "우리들과 우리들의 자손의 안전과 자유와 행복을 영원히 확보할 것"이라는 표현을 통하여 국가와 헌법의 최종적인 목표가 '개인의 복리'에 있다는 것을 명시적으로 밝히고 있다.

---

[1] 국가의 정당성을 국가가 이행하는 과제에서 찾는 것은 오랜 전통에 속한다. 國家目的論은 오래 전부터 국가과제를 통하여 국가의 정당성을 제시하였다.

Ⅱ. 헌법의 특성

1. 헌법의 政治性 및 理念性

가. 정치적 성격

헌법은 다른 법규범과 비교할 때 정치적 성격이 강하다.[1] 헌법의 규율대상이 정치질서라는 점에서 그리고 헌법이 정치적으로 제정된다는 점에서, 헌법은 이중적 의미에서 정치적 성격을 가지고 있다.

(1) 헌법의 규율대상으로서 정치질서

헌법은 정치적 국가기관을 창설하고 국가권력의 행사를 제한하며 정치적 과정을 규율한다는 점에서 정치적 성격을 가지는 규범이다. 헌법에 의하여 국가의 정치적 과정이 규율되고 형성된다. 헌법은 정치에 대한 행위기준이자 평가기준이다. 헌법이란 국가의 정치생활이 이루어져야 하는 구속력 있는 법적 울타리이다. 국가의 법적 기본질서로서 헌법은 국가의 정치생활이 부합해야 하는 규범의 총체를 의미한다.

(2) 헌법과 정치의 관계

헌법의 목적은 국가의 정치적 지배를 법적으로 구속하고자 하는 것이다. 그러나 헌법에 의한 '정치의 법적 구속'은 완전한 구속일 수 없다. 헌법에 의하여 완전히 정치를 규범화한다는 것은 '정치의 否定'을 의미한다. 정치는 '헌법의 집행'으로 축소될 것이고, 이로써 궁극적으로 '행정'으로 변질될 것이다. 헌법은 정치를 불필요한 것으로 만드는 것이 아니라, 정치를 유도하고 합리화하고자 하는 것이다. 그러므로 헌법은 항상 정치에 대하여 단지 '규범적 울타리'일 뿐이다.

헌법은 국민의 광범위한 합의에 기초하는 '사회적 공동생활과 정치적 지배의 기본원칙'을 확정하여 이를 일상적이고 지속적인 정치적 논쟁의 대상에서 배제함으로써, 국가의 법적 기본질서로서 기능한다. 헌법은 한편으로는 이러한 기본원칙을 확정하여 제시함으로써 일상적인 정치적 논쟁의 지침이자 한계로서 작용하고, 다른 한편으로는 정치적 논쟁에 맡겨진 사안에 대해서는 합리적인 해결에 이르는 절차를 제공한다. 헌법은 이러한 방법으로 상이한 신념과 다양한 이익의 추종자가 타협할 수 있는 '공동의 기반'을 제공하는 것이고, 이로써 정치체제의 정체성을 서술하고 사회의 통합에 기여하는 것이다. 헌법에 의하여 제시되는 이러한 공동의 기반, 즉 민주적 논의가 기초해야 하는 공동의 기반은 다양한 견해와 이익이 경쟁하는 다원주의사회에서 특별히 중요한 의미를 가진다.

(3) 정치적으로 제정되는 법규범으로서 헌법

헌법은 제정 당시의 정치적 현실과 권력관계를 반영한 규범이다. 헌법은 대립하는 여러 정치적 세력간의 투쟁과 타협을 통하여 제정된다. 공화제 또는 군주제인가, 대통령제 또는 의원내각제인가, 자유권적 기본권만을 규정할 것인가 아니면 사회적 기본권도 수용할 것인가 등에 관한 선택은 규범적인 것이 아니라 정치적인 것이고, 대립하는 정치적 세력간의 투쟁과 타협의 산물이라 할 수 있다.

---

1) 물론 헌법뿐만 아니라, 오늘날의 사회적 법치국가에서 법률도 정치적인 성격을 가지고 있다. 정치란 사회질서의 형성, 궁극적으로 정의로운 사회질서의 형성을 목표로 한다. 사회적 법치국가의 법률은 질서유지나 사인간의 권리관계를 규율할 뿐만 아니라 사회를 일정한 방향으로 적극적으로 유도하고자 하는 사회형성의 도구이다.

나. 이념적 성격

(1) 가치지향적 헌법질서

헌법은 국가형태에 관한 국민의 근본적인 정치적 결단 또는 선택을 의미한다. 헌법은 '정치적 운명공동체인 국민'이 체험한 역사적 도전에 대한 규범적 반응으로서, 헌법제정 당시의 지배적 이념을 반영하고 있다. 헌법은 그 제정 당시의 현실을 기초로 하여 미래에의 정치적 지표를 설정하게 된다. 헌법은 '국가적 미래를 위한 정치적 설계도'로서 자신이 지향하는 특유의 이념과 가치를 담고 있다. 헌법은 자신이 추구하고자 하는 일정한 가치체계의 표현이다. 헌법은 헌법현실에 대하여 자신이 설정한 이념과 가치를 실현하고자 하고, 헌법현실을 자신의 가치체계에 부합하게 규율하고 형성하고자 한다.

(2) 인간의 존엄성을 가치의 頂點으로 하는 자유민주적 기본질서

헌법은 특정한 기본가치에 그 바탕을 두고 있다. 이러한 기본가치로부터 이를 실현하기 위한 조건으로서 또 다른 가치가 도출되며, 이러한 가치들은 그들의 총합(總合)으로서 하나의 전체적 가치질서를 형성하게 된다. 헌법은 특정한 기본가치를 가능하면 이상적으로 실현할 수 있도록 구체적으로 형성된다. 이로써 헌법을 구성하는 모든 제도와 규범은 특정한 기본가치를 실현하기 위한 수단과 도구로서 이해된다.

우리 헌법은 제10조에서 '인간의 존엄성'을 최고의 가치이자 헌법원칙으로서 선언하고 있다. 인간존엄성조항은 '국가와 개인의 관계'에 관한 결정적인 방향설정을 담고 있고, 이로써 국가가 인간을 위하여 존재한다는 인간중심적 사고가 우리 헌법의 바탕을 이루고 있다. 인간의 존엄성은 헌법의 가장 근본적인 가치결정이자, 모든 헌법규정을 해석하는 기본원리이다.

기본권의 보장과 헌법의 기본원리(민주주의원리, 법치국가원리, 사회국가원리)는 모두 인간의 존엄성을 실현하기 위한 필수적 수단으로서의 의미를 가진다. 헌법상 최고의 가치인 인간존엄성으로부터 이를 실현하기 위한 불가결한 조건으로서 '自由民主的 基本秩序'가 도출된다. 자유민주적 기본질서는 오늘날 개인의 기본적 인권이 보장되고 민주적 정치질서가 생존하기 위한 기본조건에 속하는 것이다. 헌법은 전문("자유민주적 기본질서를 더욱 확고히 하여"), 헌법 제4조("자유민주적 기본질서에 입각한 평화적 통일정책"), 헌법 제8조("정당의 목적이나 활동이 민주적 기본질서에 위배될 때")에서 '자유민주적 기본질서'를 자신이 지향하는 가치질서로 천명함으로써, 이러한 가치를 입법자도 마음대로 처분할 수 없는 것으로 선언하고 있다. 결국, 우리 헌법이 선택한 가치질서는 '인간의 존엄성을 가치의 정점으로 하는 자유민주적 기본질서'라 할 수 있다.

2. 헌법의 規範性

헌법은 국가 법질서 내에서의 최고규범으로서, 법적 구속력을 가지고 현실 정치를 통제하고 정치적 과정과 국가권력의 행사를 규율하는 규범성[1]을 가지고 있다. 헌법은 정치와 공권력행사에 대한 구속력 있는 규범이자 기준이다. 이로써 헌법은 정치의 방향 및 국가권력행사의 한계와 지침을 제시하는 규범성을 지니고 있다.

---

1) 규범성이란 법적 구속력을 가지고 법현실을 규율하는 성격을 말한다.

가. 最高規範性

(1) 헌법의 優位

헌법의 최고규범성 또는 헌법의 우위란, 모든 법규범은 헌법에 부합해야 하고 헌법에 위반되어서는 안 된다는 것을 의미한다. 헌법은 법규범의 위계질서에서[1] 최고의 지위를 차지하는 규범이므로, 헌법의 하위에 위치하는 모든 법규범(법률, 법규명령, 조례 등)은 헌법적으로 규정된 절차에 따라 제정되어야 하며 그 내용에 있어서 헌법의 지침에 위반되어서는 안 된다. '헌법의 우위'란 국가의 전체 법질서에 대한 것으로, 헌법에 위반되는 법규범은 무효이다. 헌법국가는 헌법의 우위의 사고에 기초하고 있다. 헌법국가란, 법규범의 제정을 절차적·내용적으로 헌법에 구속시키는 국가이다.

헌법의 우위는 헌법에 명시적으로 규정되어 있지 않으나, 법규범이나 국가행위가 헌법에 위반되는지의 여부를 심사할 수 있는 헌법재판제도를 통하여 간접적으로 표현되고 있다. 헌법의 우위는 헌법재판을 통하여 보장되고 관철된다. 헌법은 제107조 제1항 및 제111조 제1항에서 이를 표현하고 있다.

(2) 모든 국가기관의 헌법에의 기속성(羈束性)

헌법의 우위란, 헌법이 국내 최고의 法源으로서 다른 법규범에 대하여 우위를 차지한다는 것에 그치지 않는다. 나아가 헌법의 우위란, 입법자를 비롯하여 모든 국가권력이 헌법의 구속을 받는다는 것을 의미한다. 헌법은 최상위의 법규범으로서 모든 국가권력을 기속한다. 의회와 정부의 정치 및 모든 국가기관에 의한 공권력의 행사가 헌법의 구속을 받는다는 것에 정치적 과정에 대한 헌법의 특수한 의미가 있다. 국가기관이 헌법의 구속을 받는다는 것은 공권력의 모든 결정과 행위는 헌법에 부합해야 하며, 그렇지 않은 경우에는 위헌이라는 것을 의미한다. 이에 따라 위헌적인 법규범은 무효이며, 헌법에 위반되는 행정청과 법원의 결정은 이를 심사하는 권리구제절차에서 취소된다.

(가) 입법자의 헌법에의 기속

입법자의 입법은 기본권을 존중해야 하고 헌법의 기본원리(객관적 원칙 또는 기본정신)에 위배되어서는 안 된다. 법률로써 기본권을 제한하는 경우, 그 제한은 과잉금지원칙(비례의 원칙)이나 본질적 내용의 침해금지와 같은 기본권제한에 관한 일반적 헌법적 원칙을 준수해야 한다. 또한, 법률로써 헌법을 실현하고 구체화하는 경우, 헌법의 기본원리를 존중하고 그에 위배되어서는 안 된다. 가령, 입법자가 헌법의 민주주의원리를 선거법이나 정당법 등을 통하여 구체화하는 경우, 헌법상의 선거원칙, 헌법상의 기본원리인 국민주권의 원리, 헌법상 정당조항, 복수정당제 등에 위반해서는 안 된다.

(나) 행정부의 헌법에의 기속

행정부는 법집행기관으로서 법규범의 해석과 적용에 있어서 헌법의 정신을 고려해야 한다. 따라서 법규범의 해석에 있어서 여러 가지 해석가능성이 고려된다면, 행정청은 헌법에 합치하는 해석가능성을 선택해야 한다. 또한, 행정작용에 있어서 법률뿐만 아니라 헌법에 부합하도록 행정이 행해질 것을 요구하므로, 행정작용이 법률뿐만 아니라 헌법에 위배되어서는 안 된다. 특히 행정청에게 재량이 주어진 경우, 행정청은 재량을 행사함에 있어서 고려되는 여러 행위가능성 중에서 기본권을 가장

---

1) 국가기관과 국민에 의하여 준수되어야 하는 법규범은 체계적인 질서 하에 있다. 이러한 위계질서를 통하여 전체 법규범에 관하여 조감하는 것이 수월할 뿐만 아니라 규범 사이의 충돌을 해결하는 것이 가능하다. 법규범의 위계질서는 헌법(전체 법질서의 기초를 형성하는 헌법), 법률(헌법에 규정된 입법절차에 의하여 국회에 의하여 제정된 형식적 의미의 법률), 행정입법(명령, 규칙과 같이, 헌법 제75조, 제95조에 의하여 입법자로부터 위임받은 입법권을 근거로 하여 행정부가 제정하는 입법), 조례(지방자치단체에 의하여 제정된 법규범)로 구성된다.

적게 침해하는 가능성을 선택해야 한다. 행정청이 과잉금지원칙에 위배되게 재량을 잘못 행사하는 경우에는 헌법에 위반하게 된다. 뿐만 아니라, 행정부가 행정입법을 제정하는 경우에는 헌법에 의하여 입법자와 동일한 내용의 구속을 받는다.

(다) 사법부의 헌법에의 기속

법원은 법적용기관으로서 법규범의 해석과 적용에 있어서 헌법의 구속을 받는다. 따라서 법원은 헌법의 정신에 비추어 법규범을 해석·적용해야 한다. 법원은 위헌적인 행정행위를 취소하고 위헌적인 하급심 판결을 파기·환송해야 한다. 나아가, 법원이 헌법의 구속을 받는다는 것은 위헌적인 법규범을 구체적 소송사건에서 적용해서는 안 된다는 것을 의미한다. 구체적인 소송사건에 적용될 명령이나 규칙이 위헌 또는 위법이라고 판단되는 경우, 법원은 당해사건에 그러한 명령·규칙을 적용해서는 안 된다(행정입법에 대한 법원의 명령·규칙 심사권). 당해 소송사건에 적용되는 법률의 위헌성이 문제된다면, 법원은 소송절차를 정지하고 헌법재판소에 위헌심판을 제청해야 한다.

나. 헌법의 강화된 *存續力*

(1) 헌법도 모든 법규범과 마찬가지로 변화된 현실상황에 적응하고 새로운 인식을 수용하기 위하여 변경될 수 있다. 그러나 법률이 단순 과반수[1]에 의하여 개정될 수 있는 반면, 헌법개정은 가중된 정족수(가령, 재적의원 2/3 이상)나 국민투표에 의한 국민의 동의를 필요로 한다. 헌법개정의 요건을 까다롭게 한 것은 지나치게 빈번한 헌법개정을 방지하기 위함이고, 또한 야당의 지지를 포함하는 광범위한 기반에 근거하여 헌법개정이 이루어지도록 하기 위함이다.

(2) 헌법을 개정하는 입법자도 헌법에 의하여 형성된 권력에 속한다. 그러므로 헌법개정권력은 헌법의 기본결정을 본질적으로 변경하거나 폐지할 수 없다.

3. 헌법의 抽象性·開放性

가. 정치질서의 기본 틀로서 헌법

헌법은 그 본질상 불완전하다. 헌법의 규율은 국가생활의 중요한 것, 본질적인 것에 국한된다. 헌법은 단지 헌법적 지위와 보장을 부여해야 할 만큼 특별히 중요한 것으로 간주되는 근본적인 문제(가령, 국가조직 및 국가 내에서 개인의 지위)만을 규율한다. 헌법은 그 외의 모든 문제를 입법자에 의한 규율에 위임하고 있다. 이로써 헌법은 입법자에 의한 규범체계의 완성에 의존하고 있다.

헌법은 정치질서의 기본 틀만을 확정하는 것에 그치기 때문에, 헌법의 이러한 규정형식은 헌법을 해석과 구체화의 필요가 있는 규범으로 만들고, 동시에 사회현상의 변화에 적응할 수 있는 능력을 부여한다. 바로 이러한 헌법의 적응능력으로 말미암아, 헌법은 사회현상의 변화에도 불구하고 상당한 기간 동안 정치질서의 기본 틀로서의 기능을 유지할 수 있는 것이다.

나. 헌법의 추상성

이러한 이유에서, 헌법규범은 다른 법규범에 비하여 불명확하고 간결하며 추상적이고 함축적으로 규정되어 있다.[2] 물론, 모든 헌법규범이 동일한 정도의 추상성과 간결성을 보이는 것은 아니다. 헌법

---

1) 단순과반수란 재적의원 과반수의 출석과 출석의원 과반수의 찬성을 말한다(헌법 제49조 참조).
2) 물론, 법규범의 추상성은 헌법만의 문제는 아니다. 법률도 일반성과 추상성으로 말미암아 불명확한 개념을 담고 있고, 그 결과 법률의 의미·내용을 밝히는 해석을 필요로 한다. 이러한 이유로 법률의 명확성원칙이라는 헌법적 요

은 헌법규범의 성질에 따라 추상성과 함축성에 있어서 그 정도를 달리한다.[1]

국가기관의 조직, 절차 및 권한에 관한 규정과 같이, 헌법 스스로가 명확하고 구체적인 표현을 통하여 국가기관의 관할을 획정하는 경우에는 그 구체성에 있어서 법률과 크게 다를 바가 없고, 따라서 본질적으로 법률과 달리 해석해야 할 이유가 없다고 할 것이다. 그러나 일련의 헌법규범, 특히 기본권조항은 매우 불명확하고 간결하며 개괄조항의 형식으로 규정되어 있다.

다. 헌법의 개방성

헌법의 개방성이란, 헌법제정자가 제정 당시 미래의 사회적·정치적 발전을 예측할 수 없는 경우 또는 정치적 타협의 산물로서 합의될 수 없는 부분이 존재하는 경우, 이를 규율하지 아니한 채 미래의 정치적 발전에 따라 규범의 내용이 형성되도록 개방적인 상태로 내버려두는 것을 말한다. 즉, 헌법의 개방성이란, 헌법규범의 내용을 제정 당시에 확정하지 아니하고 법현실의 발전에 따라 규범의 내용이 형성되도록 개방적으로 규정하는 것을 말한다.

대표적으로, 기본권조항은 미래의 발전에 대하여 매우 개방적으로 규정되어, 해석의 주체에게 매우 광범위한 해석의 여지를 부여하고 있다. 헌법의 개방성으로 말미암아 고전적 해석방법을 통해서는 헌법의 내용을 밝히는 데 한계가 있다.[2]

III. 헌법의 기능

헌법의 역할을 소극적으로 '국가권력의 제한과 개인의 자유보장'으로 보는가 아니면 적극적으로 '실현되어야 하는 공동체형성의 기본원칙'으로 보는가에 따라, 헌법은 다음과 같은 두 가지 주된 기능을 한다. 헌법의 역할을 소극적으로 또는 적극적으로 이해하는가에 따라, 헌법의 수호자로서 헌법을 관철하는 기능을 가진 헌법재판소의 권한과 심사기준도 달라진다.

1. 국가행위의 限界規範으로서 규범적 울타리

헌법은 일차적으로 개인의 자유를 보장하기 위하여 국가권력을 제한하는 규범체계로서 이해된다. 헌법의 자유보장적 목적을 강조하는 이러한 자유주의적 관점에서 본다면, 헌법은 국가권력통제의 도구로서 기능한다. 이로써 헌법은 국가행위가 넘어서는 안 되는 규범적 울타리(Rahmenordnung), 즉 국가행위의 한계규범으로서의 의미를 가진다.

국가권력을 제한하는 대표적인 헌법적 수단은, 기본권보장을 통하여 '국민과의 관계'에서 국가권력을 제한하는 방법 및 권력분립을 통하여 권력의 집중을 방지하고 상호견제의 방법으로 '국가권력 내적으로' 권력을 제한하는 방법이다.[3]

청이 문제된다. 다만, 헌법의 경우 그 추상성이 더욱 크다는 것이다.

1) 가령, 헌법 제48조("국회는 의장 1인과 부의장 2인을 선출한다.")를 비롯하여 다수의 헌법규범은 별도의 헌법해석 이 필요 없을 정도로 구체적이고 일의적이다. 반면, 헌법 제4조의 '자유민주적 기본질서'와 같이 고도의 추상성과 개방성을 가지는 헌법규범도 있다.
2) 이에 관하여 자세하게 제1편 제4장 '헌법의 해석' 부분 참조.
3) 이미 1789년 프랑스 인권선언은 제16조에서 이를 강조하고 있다.

2. 정치와 법에 대하여 방향과 지침을 제시하는 국가공동체의 法的 基本秩序

헌법은 그의 기본원칙에 따라 정치적 공동체가 형성되고 국가과제가 이행되며 공동체 내에서 분쟁해결의 절차가 규율되는 공동체의 법적 기본질서(rechtliche Grundordnung)로 이해된다. 따라서 이러한 관점에서 본다면, 헌법은 소극적으로 국가권력을 제한하고자 하는 것이 아니라, 적극적으로 실현되고 공동체의 정치생활에 그 규범력을 발휘하고자 한다. 이로써 헌법은 정치생활을 형성하고 유도하는 기능을 한다. 헌법은 정치와 법의 모든 영역에 대하여 규범력을 가지고 방향과 기준을 제시하는 기본질서로 이해된다. 즉, 헌법이란 국가행위에 대하여 구속력 있는 지침을 제시하는 기본질서인 것이다.

헌법이 정치생활을 형성하고 유도하는 기능을 이행하기 위해서는, 헌법의 내용을 존중하고 이를 정치적 현실에서 실현하고자 하는 모든 국가기관의 의지를 필요로 한다. 나아가, 헌법질서를 원칙적으로 정당하고 수호할만한 정치적 기본질서로 인정하는 국민 다수의 합의도 헌법이 규범력을 발휘할 수 있는 사실적 전제조건이다.

IV. 헌법의 분류

1. 形式的 또는 實質的 意味의 헌법

가. 형식과 내용에 따른 구분

헌법의 개념이 규율내용에 의하여 또는 규율형식에 의하여 규정되는지에 따라 헌법은 형식적 또는 실질적 의미의 헌법으로 구분된다. '실질적 의미의 헌법'은 규율대상에 의하여 내용적으로 규정되는 반면, '형식적 의미의 헌법'은 헌법전(憲法典)이라는 그 규율형식에 의하여 규정된다.

형식적 의미의 헌법은 단지 '헌법전에 수용된 규정'만을 포함하기 때문에, 우리가 일반적으로 '헌법' 또는 '헌법전'이라 지칭하는 것은 형식적 의미의 헌법을 말한다. 이에 대하여, 실질적 의미의 헌법은 국가법적인 내용을 가진 모든 규정을 포함하는 것이다. 이러한 구분은 바로 '헌법과 국가법의 구분'과 일치하는 것이다.[1]

나. 憲法留保의 문제

헌법유보란, 실질적 의미의 헌법에 속하는 사항 중에서 특정 사항은 단지 형식적인 의미의 헌법에 의해서만 규율될 수 있다는 것을 말한다. 일반적으로, 실질적 의미의 헌법에 속하는 사항이 반드시 헌법전(憲法典)에 규율되어야 하는 것은 아니고, 헌법은 이에 관한 규율을 입법자에 위임할 수 있다. 그러나 헌법의 규율체계에 따라 단지 헌법전에만 규율될 수 있는 사항이 있다.

이에 속하는 것이 헌법전에 확정적으로 규율되고 있는 국가조직법이다. 국가기관 상호간의 관계는 헌법전에 확정적으로 규정되어야 하며, 단지 헌법개정을 통해서만 변경될 수 있다. 결국, 국가기관 상호간의 관계에 관한 한, 헌법유보에 의하여 입법자의 규율권한이 제한되는 것이다. 만일 헌법이 국가기관 상호간의 관계를 스스로 확정적으로 규율하지 아니하고 입법자에게 규율하도록 위임한다면, 입법자는 다른 국가기관과의 관계에서 자신의 관할과 권한을 스스로 정할 수 있을 것이다. 그러므로 국가기관의 관할과 권한에 관한 헌법규정은 그 권한의 한계를 제시하는 확정적인 규정으로 이

---

1) 자세한 것은 제1편 제1장 '국가법과 헌법' 관련 부분 참조.

해해야 하고, 이러한 의미에서 해석되어야 한다.

2. 존재형식에 의한 분류(成文憲法과 不文憲法)

가. 성문헌법

헌법이 헌법전(憲法典)의 형식으로 존재하는 경우, 이를 성문헌법이라 한다. 오늘날 대부분의 국가가 성문헌법을 채택하고 있다. 성문헌법은 헌법의 내용을 명시적으로 成文化하여 객관적으로 다툴 수 없도록 함으로써, 법적 명확성과 안정성에 기여한다.

오늘날 대부분의 성문헌법국가가 '헌법의 우위' 또는 '헌법의 최고규범성'을 인정하고 있으며, 이에 따라 '성문헌법의 존재'와 '헌법의 우위'를 전제조건으로 하는 헌법재판이 가능하다는 것에 성문헌법국가의 특징이 있다.[1] 뿐만 아니라, 성문헌법의 경우 다른 법규범보다 헌법의 개정절차가 까다로운 것은 필연적인 것은 아니지만, 대부분의 성문헌법이 헌법에 특별한 효력(헌법의 우위)을 인정함으로써 헌법개정의 요건을 까다롭게 규정하는 경성헌법(硬性憲法)의 성격을 취하고 있다.

나. 불문헌법

헌법이 존재하기는 하나, 헌법전의 형식이 아니라 불문법적으로 존재하는 경우, 이를 불문헌법이라 한다. 불문헌법국가로서 영국, 뉴질랜드 등을 들 수 있는데, 이러한 국가에서 헌법은 국가적 관행으로 존재한다. 불문헌법의 국가에서는 정치질서가 불문의 헌법적 관행에 의하여 규율된다.

불문헌법의 경우, 헌법에 특별한 효력을 부여하지 않기 때문에 헌법의 우위나 최고규범성이 인정되지 않으며, 이에 따라 헌법의 우위를 전제로 하는 헌법재판제도도 존재하지 않는다는 것에 그 특징이 있다. 또한, 불문헌법의 경우 법률보다 엄격한 별도의 헌법개정절차가 인정되지 않으므로, 예외 없이 연성헌법(軟性憲法)의 성격을 가진다.

다. 성문헌법국가에서 不文法的 要素의 인정 여부

사례 | 헌재 2004. 10. 21. 2004헌마554 등(首都 移轉 사건)

행정수도를 충청권지역으로 이전하는 것을 내용으로 하는 '신행정수도의 건설을 위한 특별조치법안'이 국회를 통과되어 2004년 '신행정수도의 건설을 위한 특별조치법'이 공포되었다. 청구인들은 서울을 비롯한 전국 각지에 거주하는 국민들로서, '위 법률이 헌법개정 등의 절차를 거치지 않은 채 수도이전을 추진하는 것이므로 법률 전부가 헌법에 위반되며 이로 인하여 자신들의 국민투표권, 납세자의 권리 등을 침해한다'고 주장하면서 헌법소원심판을 청구하였다. 헌법재판소는 위 결정에서 '우리나라의 수도가 서울이라는 것'을 불문의 관습헌법으로 인정하였고, '관습헌법사항을 헌법개정절차 없이 법률로 변경하는 것은 위헌'이라고 판시하였는데, 이러한 판시내용은 논란의 대상이 되고 있다.[2] 헌법재판소가 憲法典에 명문으로 규정되어 있지 않지만 헌법적 효력을 가지는 규범을 종래 인정해 왔음에도 불구하고, 위 결정에서 불문법적 요소를 도출한 것이 문제가 되는 이유는 무엇인가?

---

1) 헌법재판이 이루어지기 위해서는 '성문헌법의 존재'와 '憲法의 優位'라는 2 가지 전제조건이 충족되어야 한다. 최초의 성문헌법국가는 프랑스와 미국이지만, 프랑스의 경우 오랫동안 헌법의 우위를 인정하지 않았기 때문에 헌법재판이 실시될 수 없었다. 반면에, 미국은 이미 19세기 초에 헌법의 우위를 인정함으로써 연방대법원에 의하여 법률에 대한 위헌심사가 이루어졌는데, 바로 이것이 헌법재판의 시초이다.

2) 헌법재판소는 수도이전 결정(헌재 2004. 10. 21. 2004헌마554 등)에서 "특히 헌법제정 당시 자명하거나 전제된 사항 및 보편적 헌법원리와 같은 것"은 형식적 헌법전에 기재되지 않았다고 하더라도 관습헌법으로 인정할 수 있다

(1) '성문헌법에 내재하는 불문법적 요소'와 '관습헌법'의 구분

성문헌법이라고 하여 憲法典에 모든 헌법사항을 빠짐없이 완전히 규율하는 것은 불가능하다. 헌법은 국가의 기본법으로서 간결성과 함축성을 추구하기 때문에, 형식적 헌법전에 기재되지 아니한 사항이라도 이를 불문헌법으로 인정할 필요가 있다.[1]

여기서 구분해야 하는 것은, 성문의 헌법전에 기초하여 성문헌법의 규범적 테두리 내에서 헌법해석을 통하여 불문법적 요소를 도출하는 경우와 성문헌법의 범주를 벗어나 헌법적 관행으로서 불문헌법(관습헌법)을 인정하는 경우이다. 성문헌법의 해석을 통하여 도출되는 불문법적 요소는 성문헌법에 속하는 것이고 내재하는 것인 반면, 이에 대하여 헌법관습법은 성문헌법 밖에 존재하는 법, 즉 헌법제정에 기인하지 않는 법이다.

(2) 헌법해석을 통하여 성문헌법으로부터 불문법적 요소를 도출하는 경우

(가) 개방적 헌법의 필수적 현상

헌법해석을 통하여 성문헌법으로부터 불문법적 요소를 도출하는 것은 국가질서와 정치질서의 기본적인 원칙만을 추상적이고 간결하게 규정하고 있는 모든 성문헌법에 내재하는 필수적인 현상이다. 성문헌법은 헌법의 해석과 적용을 통하여 실현되고 구체화되고 보완되어야 한다. 또한, 성문헌법은 사회현상의 변화에 따라 헌법의 규범력을 유지하기 위해서도 불문법적 요소에 의한 보완을 필요로 한다. 성문헌법은 헌법의 해석과 적용을 통하여 발전하고 새롭게 형성되어야 하며, 이로써 헌법전에 명문으로 규정되어 있지 않지만 헌법적 효력을 가지는 규범을 생성시키게 된다(헌법의 변천).

(나) 헌법 제37조 제1항의 의미로서 憲法 變遷의 요청

헌법은 제37조 제1항에서 "국민의 자유와 권리는 헌법에 열거되지 아니한 이유로 경시되지 아니한다."고 하여, 헌법전에 명문으로 규정된 기본권 외에도 헌법해석을 통하여 기본적인 인권에 속하는 것을 기본권으로 인정할 수 있음을, 즉 성문헌법으로부터 불문법적 요소를 도출할 수 있음을 명시적으로 밝히고 있다. 가령, 헌법재판소는 일련의 헌법규정으로부터 법치국가원리를 헌법의 기본원리로 인정하고 다시 법치국가원리로부터 헌법에 명시적으로 규정된 것 외에 법률의 명확성원칙, 신뢰보호의 원칙 등을 도출하였고, 또한, 행복추구권으로부터 인격권과 개인정보자기결정권을 도출한다든지 표현의 자유로부터 국민의 알권리를 도출하는 등, 헌법에 명시적으로 규정된 기본권 외에 헌법해석을 통하여 다른 기본권을 도출하였다.

(다) 헌법해석을 통하여 불문법적 요소를 도출하는 것의 한계

헌법해석을 통하여 불문법적 요소를 도출하는 경우, 불문법적 요소는 성문헌법에 그 효력의 근거를 두고 있다. 성문헌법에 바탕을 둔 헌법해석이 불문법적 요소를 논증하고 정당화하는 것이며, 동시에 실정헌법에 의하여 불문법적 요소를 인정하는 것에 한계가 설정된다. 불문법적 요소는 단지 실정

고 하면서, 관습헌법사항의 구체적 예로 국어가 한국어라는 것, 수도가 서울이라는 것, 대한민국이 국명이라는 것 세 가지를 적시하고 있다. 관습헌법이 성립하기 위해서는 관습법의 성립에서 요구되는 일반적 성립요건이 충족되어야 하는데, 관행 내지 관례의 존재, 관행의 반복·계속성, 관행의 명료성, 관행에 대한 국민적 합의를 구체적 요건으로 제시하고 있다. 이와 같이 인정되는 관습헌법은 헌법규범이기 때문에 원칙적으로 성문헌법과 같은 효력을 가지므로, 관습헌법에 위반되는 법률은 위헌이 된다. 또한, 관습헌법도 헌법의 일부로서 성문헌법과 동일한 효력을 가지기 때문에, 헌법 제130조에 의거한 헌법개정의 방법에 의하여 또는 자신을 지탱하고 있는 국민적 합의를 상실함으로써 개정될 수 있다고 판시하였다.

1) 헌재 2004. 10. 21. 2004헌마554 등(수도이전), 판례집 16-2하, 1, 2.

헌법을 실현하고 발전시키고 보완하는 범위 내에서 그리고 실정헌법과 부합하는 범위 내에서만 생성되고 존속할 수 있다. 결국, 성문헌법 내에서 헌법해석을 통하여 불문법적 요소를 인정하는 문제는 한편으로는 정치적 과정을 지속적으로 규율하고자 하는 기본규범이면서 다른 한편으로는 미래의 발전에 대하여 개방적인 헌법이라는 실정헌법의 이중성, 즉 안정성과 유연성을 조화시키는 문제라 할 수 있다.

(3) 慣習憲法(憲法慣習法)

문제는 성문헌법의 국가에서 성문헌법에 그 바탕을 두지 아니하고 단지 헌법적 관행에 기초하여 불문법적 요소(소위 '헌법관습법')를 인정할 수 있는지 하는 것이다. 헌법관습법이란, 그 효력의 근거를 성문헌법이 아니라, 법적 확신에 의하여 유지되는 관행에 두고 있는 *法源*을 말한다.

(가) 관습법의 生成要件

관습법은 국가에 의하여 계획되고 조직되고 제정된 법이 아니라, 점진적으로 생성된 법, 즉 당사자와 관계자에 의하여 스스로 만들어진 법이다. 관습법은 성문법에 대하여 규범의 틈새를 메우고 보완하는 기능을 한다. 관습법은 법의 모든 영역에서 생성될 수 있으며, 사법(私法)이나 형법, 행정법의 영역뿐만 아니라 헌법의 영역에서도 관습법은 존재할 수 있다.

관습법으로 인정되기 위해서는 객관적 요소로서 '장기간 지속된 일반적인 관행'이 존재해야 하고, 주관적 요소로서 '관행의 준수가 법적으로 구속력을 가진다는 당사자들의 확신'이 있어야 한다. 이러한 생성요건은 관습법으로 인정되기 위하여 법의 모든 영역에서 공통적으로 요청되는 것이다. 물론, 관행과 관습을 헌법적 차원의 관습법으로 인정하기 위해서는, 당사자들의 확신에 따라 관습법이 헌법적 지위와 구속력을 가지고 있다는 부가적인 요소가 필요하다.

관습법은 당사자의 법적 확신에 의하여 지탱되는 관행이 관습법으로 강화되었는지를 확인하는 국가기관을 필요로 한다. 이를 확인하는 것은 법관의 과제이며, 헌법관습법의 경우 헌법재판소의 과제이다. 관습법이 법관에 의하여 인정됨으로써 비로소 법적 구속력을 가진다는 점에서, 관습법은 *法官法*이라고 할 수 있다. 물론, 법관에 의한 관습법의 확인은 자의적으로 이루어질 수 없는 법인식 작용이기 때문에, 관습법의 존재여부가 법관에 의하여 결정된다고 하는 점은 관습법의 존재 자체를 부인하는 이유가 될 수 없다.

(나) 현대 다원주의사회에서 관습법을 인정하는 것의 문제점

관습법의 본질적인 문제는 바로 그의 생성요건에 있다. 관습법은 자신의 고유한 생성요건에 근거하여 독자적인 *法源*으로서 존재하지만, 동시에 바로 이러한 생성요건으로 인하여 그의 존재가 의문시된다. 즉, 관습법의 고유한 생성조건은 관습법의 생성의 근거이자 동시에 생성의 한계인 것이다.

관습법의 생성을 위하여 전제되는 객관적 요소와 주관적 요소 모두 대부분의 경우 합리적이고 이성적인 기준과 관점에 의하여 명확하게 파악될 수 없다. 보다 본질적인 문제는, 오늘날의 다원적 민주사회에서 '관행을 지탱하는 당사자들 공동의 법적 확신'을 더 이상 명확하게 확인할 수 없다고 하는 점이다. 관행이 법적 구속력을 가진다는 공동의 확신은 공동체에서 인간의 행위양식과 가치관에 관한 최소한의 합의를 전제로 하는데, 오늘날 다원주의시대에서 그러한 합의를 서슴없이 인정하는 데에는 한계가 있을 수밖에 없다. 뿐만 아니라, 전통과 관습을 부정하고 단지 이성적으로 납득할 수 있고 합리적으로 논증할 수 있는 것만을 자신을 구속하는 법적 근거로서 인정하고자 하는 현대 다원주의사회의 경향으로 인하여, 관습법이 생성되기 위하여 필요로 하는 사실상의 전제조건은 오늘날 전반적으로 사라졌다. 결국, 가치관의 분화(分化)와 관용을 그 핵심적 내용으로 하는 현대의 다원주의는 관습법의 생성과 인정에 대하여 매우 불리하게 작용하는 것이다.

(다) 헌법관습법을 인정하는 것의 문제점

이러한 관점에서 본다면, 성문헌법에서도 이를 보완하는 관습법의 형성이 이론적으로 가능하지만, 실제로는 성문헌법국가에서 헌법관습법은 거의 인정되지 않는다. 우선, 성문헌법의 개방성과 유연성에 비추어 대부분의 경우 성문헌법에 근거하여 해석을 통하여 불문법적 요소를 도출할 충분한 여지가 있다는 점에서, 헌법관습법은 단지 이론적인 *法源*이라 할 수 있다.

다른 한편으로는, 헌법기관 내에서 또는 헌법기관 사이에서 관례와 관행이 형성되어 합목적성의 이유에서 또는 정치적 관행으로 준수되고 있으나, 이러한 관행이 헌법관습법으로 강화되었다고 볼 수 있는지, 이에 관한 당사자의 법적 확신이 존재하는지는 언제나 논란과 의문의 여지가 있기 때문이다.[1] 특히, 일반국민 사이에서 지속적인 관행이 형성되고 이러한 관행이 일반국민을 헌법적으로 구속한다는 확신, 즉 헌법적 구속력을 가진 국민적 합의가 형성된다는 것은 일반적으로 기대하기 어렵기 때문에, 일반국민과의 관계에서 관습헌법을 인정하는 것은 거의 불가능한 것으로 보인다. 기껏해야, 국가기관 사이에서 또는 국가기관 내부적으로 관습헌법이 인정될 수 있을 뿐이다.

(라) 수도이전 결정의 문제점

이러한 이유에서, 헌법재판소의 수도이전 결정은 다음과 같은 몇 가지 의문을 제기한다.

첫째, 헌법재판소가 관습헌법을 인정할 수 있는지의 문제이다. 이미 위에서 언급한 바와 같이, 관습법은 '지속적인 관행이 관습법으로 강화되었는지'를 확인하는 국가기관을 필요로 하고, 관습헌법의 경우 이를 확인하는 것은 헌법재판소의 과제이다. 따라서 헌법재판소는 관습헌법을 확인할 수 있는 권한을 가진다.

둘째, '우리나라의 수도가 서울인 것'이 관습헌법에 해당하는지의 문제이다. 관습헌법의 생성을 위한 객관적 요소로서 '지속적인 관행'은 인정할 수 있으나, 이러한 관행이 법적 구속력을 가진다는 일반국민의 확신이 존재하는지는 의문이며, 나아가 이러한 관행이 헌법적 지위와 구속력을 가진다는 일반국민의 합의가 존재하는지는 더욱 의문이다. 헌법재판소의 위 결정은 국민에게 관습헌법을 강요한다는 인상을 주고 있다.

셋째, 관습헌법이 성문헌법의 절차에 따라 개정·폐지되어야 하는지의 문제이다. 헌법재판소는 '관습헌법도 성문헌법과 동일한 효력을 가지기 때문에 헌법개정의 방법에 의해서만 개정될 수 있다'고 판시하고 있다. 그러나 관습헌법은 성문헌법과 별개의 *法源*으로서 성문헌법 밖에 존재하는 법원, 헌법제정에 기인하지 않는 법원이다. 성문헌법은 헌법의 제정과 개정을 전제로 하고, 제정된 헌법만이 개정될 수 있다. 관습헌법의 효력근거가 성문헌법이 아니라 헌법적 관행이라면, 법적 효력의 상실도 성문헌법이 정한 절차에 의해서가 아니라 오로지 헌법적 관행의 변화에 의하여 발생하는 것은 아닌지 의문을 제기한다.

---

1) 가령, 독일의 경우 학계의 일부 견해는 의회기 불연속의 원칙(Grundsatz der parlamentarischen Diskontinuität)에 헌법관습법의 성격을 부여하고 있다.

3. 改正의 容易性에 의한 분류(硬性憲法과 軟性憲法)

헌법의 개정이 용이한지의 관점(容易性)에서, 헌법은 경성헌법과 연성헌법으로 구분할 수 있다.

가. 경성헌법

경성헌법이란, 법률보다 까다로운 절차를 통하여 개정할 수 있는 헌법을 말한다. 대부분의 성문헌법국가에서 헌법의 특별한 효력(헌법의 우위)이 인정되기 때문에, 헌법의 존속력을 강화하기 위하여 헌법개정의 요건을 까다롭게 규정하고 있다.

나. 연성헌법

이에 대하여, 연성헌법이란 법률과 동일한 절차로써 개정할 수 있는 헌법을 말한다. 불문헌법은 예외 없이 연성헌법이다.

V. 헌법규정의 유형

1. 基本權規定

기본권규정은 국가와 개인의 관계를 규율하는 규범으로서 개인의 주관적 권리를 도출할 수 있는 헌법규범이다. 개인의 주관적 권리가 국가에 의하여 침해당하는 경우, 기본권은 권리구제절차를 통하여 관철되고 보장된다는 특징을 가진다.

2. 憲法委任

가. 의미와 내용

(1) 국가기관에 대한 특정한 행위의무의 부과

憲法委任(Verfassungsauftrag)은 특정 헌법기관(일반적으로 입법자)에게 헌법에서 구체적으로 명시된 행위를 해야 할 의무를 부과한다. 헌법위임은 입법자뿐만 아니라 행정과 사법도 구속한다는 점에서 입법위임과 구별된다. 헌법위임은 일반적으로 입법위임의 형태로 나타나며, 立法委任(Gesetzgebungsauftrag)은 입법자에게 특정한 사안이나 영역을 규율해야 할 의무를 부과한다. 입법위임은 위임받은 법률의 제정과 더불어 그 자체로서 이행되지만, 법률이 규율하고자 하는 상황이 근본적으로 변화하는 경우에는 법질서를 변화한 상황에 적응시켜야 하는 입법자의 의무(소위 '입법적응의무')를 포함한다.

(2) 입법위임의 예

입법위임으로는, 국가조직의 영역에서는 국민이 되는 요건을 정해야 할 입법자의 의무(헌법 제2조 제1항), 선거에 관하여 규율해야 할 의무(헌법 제41조 제3항, 제67조 제5항), 공무원제도에 관하여 규율해야 할 의무(헌법 제7조 제2항), 정당제도에 관하여 규율해야 할 의무(헌법 제8조 제3항) 등을 예로 들 수 있고, 기본권의 영역에서는 방송과 신문의 시설기준과 기능을 규율해야 할 의무(헌법 제21조 제3항), 의무교육 및 교육제도에 관하여 규율해야 할 의무(헌법 제31조 제2항 및 제5항), 최저임금제와 근로조건의 기준에 관하여 규율해야 할 의무(헌법 제32조 제1항 및 제3항) 등을 들 수 있다.

나. 입법위임과 '입법부작위에 대한 헌법소원'

헌법소송의 관점에서, 헌법위임은 '입법부작위에 대한 헌법소원'과 관련하여 특별한 의미를 가진다. 헌법위임에 의하여 국가의 행위의무가 그 내용과 범위에 있어서 충분히 명확하게 규정되어 있고, 이러한 행위의무의 이행에 의하여 개인의 법적 지위의 향상을 기대할 수 있는 경우에는, 개인은 헌법소송을 통하여 예외적으로 국가의무의 이행을 관철하고자 할 수 있다. 따라서 입법자가 헌법에 의하여 부과된 구체적인 입법위임을 적정한 기간 내에 이행하지 않는 경우, 국민은 입법부작위에 대하여 헌법소원을 제기할 수 있는 가능성을 가진다.

3. 國家目標規定

가. 의미와 내용

(1) 특정 과제를 지속적으로 이행해야 할 의무의 부과

국가목표규정(Staatszielbestimmung)은 법적 구속력을 가지고 국가에게 특정 과제를 지속적으로 이행해야 할 의무를 부과하는 헌법규범이다. 국가목표규정은 헌법위임과는 달리 특정한 국가행위를 해야 할 의무를 담고 있는 것이 아니라, 국가공동체의 일반적인 목표설정으로서 국가행위에 지속적인 방향과 지침을 제시한다. 이로써 국가목표규정은 국가행위의 지침이자 법규범의 적용에 있어서 해석의 지침이다. 헌법위임의 경우, 국가기관에 의한 헌법적 의무의 이행과 더불어 헌법위임이 적어도 잠정적으로 완수되는 반면, 국가목표조항은 입법자에 의하여 지속적으로 실현되어야 하는 과제이자 법규범의 해석에 있어서 고려되어야 하는 지속적인 기준으로 작용한다. 그러나 이러한 차이에도 불구하고 헌법위임과 국가목표규정 사이의 경계설정이 언제나 명확한 것은 아니다. 사회국가원리나 사회적 기본권이 일반적으로 국가목표규정이자 동시에 헌법위임으로 간주되는 것도 이를 말해주고 있다.

(2) 국가목표규정의 실현여부에 대한 사법적 심사의 가능성

국가목표규정은 국가기관에 대하여 구속력을 가진다. 따라서 국가목표규정에 위반되는 국가행위는 위헌이다. 어떠한 국가기관이 국가목표규정에 의하여 어떠한 의무를 부과 받는지는 헌법상의 권한질서에 의하여 결정된다. 법률유보원칙의 적용을 받는 행정청은 법률에 의한 수권을 필요로 한다.

국가목표규정의 헌법적 구속력은 일반적으로 단지 일반적 목표의 제시에 국한되는 것이고, 목표의 구체화, 수단과 방법의 선택, 이행시점의 결정 등은 국가기관에게 위임된다. 국가목표규정은 일차적으로 입법자를 향하고 있는 것으로, 어떠한 방법으로 입법자가 그에게 부과된 국가과제를 이행할 것인지에 관하여 광범위한 형성의 자유를 부여하고 있다. 개인은 원칙적으로 이러한 국가의무에 대응하는 주관적 권리를 가지지 않는다.

국민이 국가목표규정의 실현여부를 원칙적으로 소송을 통하여 다툴 수 없다고 하더라도, 사법부에 의한 심사는 법관의 위헌제청에 의한 위헌법률심판이나 추상적 규범통제를 통하여 이루어질 수 있다. 한편, 국가의 목표나 과제가 '사회적 기본권'의 규율형식으로 부과되는 경우에는 개인이 예외적으로 헌법소원의 형태로 그 실현여부를 다툴 수 있다고 하는 점에서 차이가 있다. 그러나 입법자를 비롯한 국가기관은 국가목표규정의 실현에 있어서 광범위한 형성권을 가지고 있기 때문에, 사법적 심사의 가능성은 실질적으로 큰 의미를 가지는 것은 아니다.

(3) 국가목표규정의 예

국가목표규정은 부여된 기능에 따라 '정치적 목표를 헌법적 구속력을 가지고 확정하는 목표규정'과 '사회국가적 요청을 수용하여 구체화하고 확정하는 목표규정'으로 대별할 수 있다.

국가목표규정의 예로는, 통일의 지향(헌법 제4조), 국제평화의 유지(헌법 제5조), 인간의 존엄성(헌법 제10조), 국민의 교육(헌법 제31조), 근로자의 고용증진(헌법 제32조 제1항), 국민의 인간다운 생활의 보장(헌법 제34조), 환경의 보전(헌법 제35조 제1항), 양성의 평등 및 모성의 보호(헌법 제36조), 국민경제의 성장과 안정·소득의 분배·경제력의 남용방지(헌법 제119조 제2항) 등을 비롯하여 헌법 제9장에 규정된 일련의 경제정책적 국가목표조항을 들 수 있다.

나. 국가목표규정의 실현

(1) 헌법에 명시적으로 규정된 국가목표의 의미와 효력

국가목표규정과 관련하여, 헌법에서 특정한 국가목표를 명시적으로 규정하는 것이 다른 국가목표와의 관계에서 무엇을 의미하는지, 어떠한 효력을 가지는지의 문제가 제기된다. 헌법에 수용된 국가목표규정은 각 고립되어 개별적으로 파악됨으로써 그 자체로서 독자적으로 추구되어서는 안 된다. 국가목표가 다른 국가목표나 헌법적 법익, 기본권과 충돌하는 경우(가령, 환경보호와 경제성장의 충돌)에는 실제적 조화의 원칙에 따라 헌법의 통일체 내에서 조화와 균형이 실현되어야 한다.

따라서 헌법에 특정 국가목표가 규정되었다고 하는 것은 이러한 목표의 무조건적인 실현을 의미하는 것이 아니라, 법익교량과정이나 입법과정을 비롯한 정책수립과정에서 헌법에 규정된 국가목표의 적절한 고려를 요청하는 것이다. 헌법이 '환경의 보전'과 같은 특정한 국가목표를 수용한 것은, 변화하는 현실에서 이러한 국가목표의 중요성을 강조하고, 국가과제 사이의 경쟁상황에서 입법자에게 이러한 목표를 적절하게 고려해야 하는 의무를 부과하고 있는 것이다.

(2) 국가목표 간의 관계

사회현상의 변화에 따라 항상 지속적으로 새로운 국가과제가 발생하고 국가는 때로는 예측할 수 없는 과제에 부딪히기 때문에, 국가의 목표는 변화하는 상황에 따라 그 상호관계에 있어서 항상 새롭게 확정되어야 한다. 따라서 국가목표를 헌법에 명시적으로 규정하였다는 것은, 헌법에 규정된 국가목표를 다른 국가목표의 희생 하에서 우선적으로 그리고 지속적으로 실현해야 한다는 것을 의미하지 않는다. 만일 국가가 과제의 이행에 있어서 그와 같은 방법으로 구속을 받는다면, 이는 현재의 상황인식에 의하여 미래의 국가행위가 구속을 받는다는 것을 의미한다.

4. 權限·節次規定 및 國家構造·國家目標規定

가. 권한·절차규정

헌법상의 권한규범이란, 국가기관의 헌법적 권한을 확정하고 국가기관 사이에 권한을 배분하는 규정이다. 헌법상 절차규범이란, 입법절차 등과 같이 정치적 의사형성의 절차를 규율하는 규범이다. 권한·절차규범은 합리적인 작업 분담과 정치적 의사형성을 가능하게 한다. 국가권력이 상이한 국가기관에 나뉘어 귀속되고 중요한 정치적 과정이 헌법적으로 규율됨으로써, 권력의 집중과 남용이 방지된다.

나. 국가구조·국가목표규정

국가구조·국가목표규정은 국가의 정치적 과정에 법적인 형식과 내용적 지침을 제공한다.

(1) 국가구조원칙은 정치적 과정을 규율하는 靜的인 기본질서(이른바 자유민주적 기본질서)에 해당한다. 민주주의, 법치국가, 공화국이 이에 속한다.

(2) 이에 대하여, 국가목표규정은 정치적 형성의 지도적 목표를 제시하는 動的인 원칙이다. 헌법이 어떠한 국가목표조항을 수용하고 있는지에 관하여는 이미 위에서 전술한 바 있다.

제3장 憲法의 制定·改正·變遷

I. 헌법의 제정

성문헌법은 헌법제정행위를 전제로 하며, 헌법제정행위는 헌법제정의 주체를 전제로 한다. 따라서 '누가 헌법을 제정하는지'의 헌법제정권력의 문제는 헌법의 정당성의 관점에서 근대헌법이념의 근본적인 문제이다. 헌법제정권력은 국가공동체에서 정치적 지배의 기원이 어디에 있는지에 관한 문제로서, 헌법의 제정을 정당화하는 기능을 한다.

1. 헌법제정권력

가. 시예에스의 '憲法制定權力論'

(1) 헌법의 제정은 새로운 출발, 즉 새로운 정치질서의 형성을 의미한다. 그러므로 헌법제정권력의 행사는 임의로 가능한 것이 아니라, 헌법적인 개혁을 요청하고 정당화하는 특별한 상황을 전제로 한다. 헌법제정권력을 행사하는 상황으로 가령, 혁명이나 신생국가의 탄생 또는 구헌법을 신헌법으로 대체하는 상황 등을 들 수 있다. 이러한 특수한 상황이 존재하지 않는다면, 헌법제정권력을 행사할 사실적 전제가 결여된다. 이러한 관점에서, 헌법제정권력에 관한 이론이 프랑스 혁명기에 혁명의 이론으로 발생하였다는 것은 우연이 아니다.[1]

미연방헌법과 프랑스 인권선언은 모두 서문에서 자신의 창조자로서 '국민'을 명시적으로 언급하고 있다. 가령, 미연방헌법은 "우리 국민은"의 표현으로, 프랑스 인권선언은 "국민의회를 구성하는 프랑스 인민의 대표자들은"의 표현으로 시작하고 있다. "우리 국민은"이라는 표현에는 현대 헌법국가의 발생에 있어서 특징적인 '사고의 혁명'이 담겨있다. 그것은 바로 미국의 경우에는 모국인 영국으로부터의 분리의 형태로 나타나고 프랑스의 경우에는 절대군주제의 폐지의 형태로 나타난 '기존의 구질서와의 급진적인 단절'이다. 여기서 혁명적인 것은, 국민이 기존의 전통, 군주제, 세습적인 정통성 등을 부정하고, 자신을 '새로운 국가질서의 창조자이자 최종적인 기원'으로 스스로 임명하는 것에 있다. 미국과 프랑스에서 국민에 의한 헌법제정은, 국민이 민주적 자기지배의 사고에 기초하여 새로운 정치질서를 창조하는 권한을 스스로에게 부여하는 것, 즉 自己授權을 의미하는 것이었다.

(2) 1791년 프랑스 혁명헌법의 설계자이자 국민주권이론가인 시예에스(Abbé Sieyès)는 그의 저서 "제3신분이란 무엇인가?"(Qu' est-ce que le tiers état?, 1789)에서 오로지 국민에게만 귀속되고 단지 그에 의해서만 행사될 수 있는 시원적이고 절대적인 권력을 '헌법제정권력'이라고 표현함으로써, 새로

---

1) 한태연, 헌법학, 1983, 40면.

운 정치질서의 창조를 위한 국민의 시원적 행위에 대하여 오늘날까지도 유효한 헌법이론적 개념을 부여하였다.

그는 헌법제정권력은 그 당시 혁명의 주체인 제3신분(시민계급)에 속하는 것이라고 주장하면서, 국민에게 귀속되는 '형성적 권력' 또는 '헌법제정권력'(pouvoir constituant, konstituierende Gewalt)과 이러한 기반 위에서 조직된 '형성된 권력'(pouvoirs constitués, konstituierte Gewalten)을 구분하였다. 헌법제정권력은 시원적인 법창조 행위를 통하여 그에 의하여 형성된 국가기관에 대한 틀을 확정하며, 형성된 국가기관은 헌법의 구속을 받고 헌법에 의하여 설정된 한계 내에서 활동한다.

(3) 시예에스는 '헌법제정권력론'을 통하여 시민계급의 혁명헌법을 정당화하고 혁명헌법의 제정이 군주를 비롯한 기존 질서의 협력과 동의를 필요로 하지 않는다는 것을 논증하고자 시도하였다. 시예에스에 의하면, 국민은 조직되지 않은 형태로는 행위할 수 없으므로, 헌법제정권력을 행사하기 위해서는 대의기관(제헌의회나 헌법기초의회)에 의한 특별한 대의를 필요로 한다. 이로써 시예에스에 있어서 '헌법제정권력'은 국민의 민주적 자기지배의 사고, 국민주권사상 및 대의제원칙의 결합으로부터 나오는 헌법이론적 개념이다.

그의 헌법제정권력론은 민주적 원칙에 의한 헌법제정의 최소요건을 제시함으로써, 오늘날 국민주권원리에 의한 헌법생성의 여부를 판단하는 기준이 되었다. 나아가, 헌법제정권력론은 시원적인 上位의 '헌법제정권력'과 그에 의하여 조직되어 헌법의 구속을 받는 下位의 '형성된 권력'을 구분함으로써 '헌법의 우위' 사고가 싹트는 출발점이 되었다.

나. '형성적 권력'과 '형성된 권력'

형성적 권력(헌법제정권력)은 창조적·시원적 권력으로서 헌법의 제정을 통하여 국가의 규범적 기반을 확정하는 권력이며, 이에 대하여 '형성된 권력'은 헌법에 의하여 형성된 국가기관과 그의 권한이다.

(1) 형성적 권력(헌법제정권력)

헌법제정권력이란 헌법을 창조하는 권력을 말한다. 헌법제정권력은 그 자체로서 헌법을 정당화하는 권위로서, 실정법적 근거 없이도 새로운 헌법을 제정할 수 있는 권력이다. 헌법제정권력의 始原性으로부터 자기정당화의 힘이 나온다.

헌법제정권력은 혁명적 변혁의 시기나 사회질서의 근본적인 개혁의 시기(가령, 식민통치로부터의 해방 또는 1945년 독일제국의 붕괴)에 등장하여, 헌법의 제정을 통하여 국가와 사회의 미래 질서에 대하여 새로운 규범적 기반을 형성한다. 헌법제정권력은 창조적·시원적 권력이기 때문에, 종래 헌법의 규정이나 원칙에 의하여 구속을 받지 않는다.

(2) 형성된 권력

이에 대하여 '형성된 권력'은 헌법제정권력에 의하여 창설되어 특정한 권한을 부여받은 국가기관과 그의 권한을 말한다. 의회, 정부를 비롯하여 헌법에 의하여 구성된 모든 헌법기관이 이에 속한다. 또한 국민도 헌법에 근거하여 국민투표나 선거의 형태로 국가과제를 이행하는 한, '형성된 권력'에 속한다. '형성된 권력'은 시원적인 헌법제정권력에 의하여 만들어진 헌법에 그 권한의 근거를 두고 있는 권력으로서, 창조된·형성된·전래된 권력을 의미한다. 따라서 형성된 권력은 아무런 구속을 받지 않는 것이 아니라, 단지 헌법에 근거하여 헌법규정에 따라 활동할 수 있다.

(3) 슈미트에 의한 헌법제정권력론의 계승

오랫동안 독일에서는 시원적인 '상위의 헌법제정권력'과 그에 의하여 조직된 '하위의 형성된 권력'을 구분하는 헌법제정권력 사상이 부인되었고, 이에 따라 입법권에 대한 헌법의 우위도 인정되지 않았다. 시예에스(Sieyès)의 헌법제정권력론은 독일 공법학자인 칼 슈미트(Carl Schmitt, Verfassungslehre, 1928)에 의하여 계승되어 헌법제정권력과 헌법개정권력을 구분하는 이론으로 발전하였고, 이로써 헌법개정의 한계를 밝히는 이론적 기초가 되었다.

2. 헌법제정권력의 주체

헌법제정권력의 주체는 군주, 국민 또는 경우에 따라서는 국민의 일부 집단(프랑스혁명기의 제3계급, 사회주의국가의 프롤레타리아계급 등)이 될 수 있다. 역사적으로 볼 때 헌법제정권력의 주체는 시대에 따라 변화하였다. 헌법제정권력의 주체가 누구인지에 따라, 군주주권의 국가에서 군주에 의하여 일방적으로 제정되는 흠정헌법(欽定憲法),[1] 입헌군주제의 국가에서 군주와 시민의 대표인 의회의 합의에 의하여 제정되는 협약헌법(協約憲法), 국민주권의 국가에서 국민의 헌법제정권력에 의하여 제정되는 민정헌법(民定憲法)으로 구분된다.[2] 1789년 시예에스에 의하여 헌법제정권력이 국민에게 있다고 주장되었음에도 불구하고, 19세기에는 위 세 가지 헌법유형이 공존하는 현상을 보여주고 있다. 그러나 20세기에 와서는 국민주권원리에 기초한 헌법제정이 보편화되었다.

오늘날 국민주권사상이 관철된 민주주의국가에서 헌법제정권력의 주체는 국민이다. 헌법은 전문에서 "유구한 역사와 전통에 빛나는 우리 대한국민은 … 1948년 7월 12일에 제정되고 …"이라고 하여 헌법제정권력의 주체가 국민임을 명시적으로 밝히고 있다. 또한, 헌법 제1조 제2항은 "대한민국의 주권은 국민에게 있고, …"라고 규정함으로써 국민주권주의를 선언하고 있다. 모든 국가권력이 국민으로부터 나오는 민주주의에서 오로지 국민만이 헌법제정권력의 주체일 수 있다. 따라서 국민주권주의를 천명하는 모든 민주국가의 헌법제정권력은 국민에게 있다. 헌법제정권력이 국민에게 귀속된다는 것은 국민주권주의의 필수적 현상이다. 국민의 헌법제정권력은 헌법의 규범적 효력을 발생시키고 유지하고 폐지하는 국민의 권력 또는 공동체 정치질서의 기본성격을 확정하는 국민의 권한으로 정의된다.

3. 헌법제정절차

국민은 헌법제정권력을 다양한 방법으로 행사할 수 있다. 헌법제정권력의 행사방법은 일반적으로, 국민이 직접 국민투표의 형태로 제헌권을 행사하는 직접민주적 방식과 대표자를 통하여 행사하는 간접민주적 방식으로 나누어 볼 수 있다. 이외에도 국민이 제헌의회를 선출하고 제헌의회에서 의결된 헌법안을 국민투표로써 확정하는 방법이 있는데(가령, 제2차 세계대전 후 미국점령지역 하에서 독일 州 헌법의 제정), 이는 국민이 헌법제정권력을 가장 강력하게 행사하는 방법에 해당한다.

---

1) 흠정헌법의 정당성은 군주주권에 입각하고 있으며, 군주주권은 '군주의 권력은 신으로부터 유래한다.'고 하는 王權神授說에 기초하고 있다. 따라서 군주주권의 국가에서는 군주만이 유일한 헌법제정권력의 주체이다.
2) 한태연, 헌법학, 1983, 45면-55면 참조.

가. 대의기관에 의한 제헌권의 행사

국민에 의하여 선출된 제헌의회가 구성되어 헌법안을 기초하고, 제헌의회에서 마련된 헌법안은 제헌의회의 의결만으로 헌법으로 확정된다. 독일 바이마르 헌법, 1948년의 한국헌법이 이러한 방법으로 제정되었다. 대의기관에 의한 제헌권의 행사는 민주적 헌법제정의 일반적인 경우라 할 수 있다. '국민이 헌법제정권력의 주체'라는 사고에 의하여 헌법제정의 절차에 있어서 이미 본질적인 것이 결정된다. 국민주권주의에 근거하여 국민이 헌법제정권력의 주체라면, 헌법제정절차 스스로 민주적 원칙에 부합해야 한다. 따라서 모든 중요한 사회적·정치적 세력이 참여할 수 있도록 헌법제정절차가 형성되어야 하며, 공개적인 헌법안 심의를 통하여 절차의 개방성과 투명성이 확보되어야 한다.

나. 국민이 직접 제헌권을 행사하는 경우

단순히 헌법안을 기초하는 기능만을 맡게 되는 헌법위원회가 구성되어 헌법안을 작성하고, 헌법위원회가 마련한 헌법안을 국민투표에 부쳐 헌법으로 확정하는 방법이다. 헌법위원회는 국민에 의하여 직접 선출될 필요는 없고, 대의기관에 의하여 구성됨으로써 간접적으로 민주적 정당성을 부여받는 것으로 충분하다. 1958년 프랑스 제5공화국 헌법이 이에 속한다.

4. 헌법제정권력의 限界

국민이 헌법제정권력을 가진다고 하여, 어떠한 제약도 받지 않고 헌법의 내용을 마음대로 형성할 수 있는지의 문제가 제기된다.

가. 규범적 한계

시예에스(Sieyès)의 사고에 의하면, 헌법제정권력은 시원적 권력으로서 헌법제정권력을 구속하는 어떠한 법원리도 존재하지 않는다. 헌법제정권력이 제헌권을 행사하는 경우 구헌법질서에 의하여 구속을 받지 않는다. 헌법의 제정에 의하여 구법질서가 무너지고 새로운 법질서가 형성된다. 헌법제정행위는 일종의 혁명적 성격을 지니는 것으로 헌법제정권력에 어떠한 한계나 제약이 인정될 수 없다. 헌법제정권력을 시원적 권력으로 이해하는 경우, 헌법제정권력의 규범적 한계는 논리필연적으로 부정된다.

나. 사실상의 한계

헌법제정권력은 헌법의 내용을 규율함에 있어서 규율대상인 '헌법의 본질 또는 속성'과 '법규범으로서 헌법의 성격'에 의하여 사실상의 구속을 받는다.

(1) 규율대상인 헌법의 본질에 의한 구속

규율대상인 '헌법'으로부터, 헌법제정권력이 그의 과제를 이행하기 위하여 준수해야 하는 내용상의 지침이 도출된다. 헌법은 본질적으로 국가공동체 통합의 질서이자 법적 평화질서이다. 제헌의회는 헌법이 공동체 통합의 질서로서 기능할 수 있도록 헌법을 제정해야 한다. 즉, 제헌의회는 국가공동체 내에서 이익과 권력을 위한 투쟁이 평화적인 방법으로 이루어지고 인간이 자유와 평등의 바탕 위에서 함께 공존할 수 있도록 헌법을 형성해야 할 구속을 받는다.[1] 제헌의회의 과제가 규율대상인

---

1) 예컨대, 인종차별원칙에 기초하는 남아연방의 1983년 헌법이 인간존엄성에 부합하는 공동체 통합의 질서로서 기능을 이행할 수 없다는 것은 명백하다.

헌법의 본질과 속성에 의하여 구속을 받는다는 것은 모든 제헌의회에 대하여 고유한 상황이다.[1]

(2) 헌법제정 당시의 보편적이고 지배적인 기본가치에 의한 구속[2]

나아가, 헌법은 공동체의 정치생활을 규율하는 법규범으로서 헌법현실을 규율하는 規範力을 가지기 위해서는, 국민에 의하여 지지되고 수용되어야 한다. 헌법의 규범력은 공권력의 일방적인 명령에 의하여 확보될 수 있는 것이 아니라, 국민의 전반적인 동의와 지지에 의존하고 있다. 국민의 자발적인 동의와 지지는 헌법이 규범력을 발휘하고 권위를 획득하기 위한 불가결한 조건이다. 그러므로 헌법은 법규범으로서 효력을 가지기 위하여 국민에 의하여 정당한 것으로 인정되어야 한다.

오늘날, 인간의 존엄성과 기본적 인권은 범세계적으로 확고하게 자리 잡은 보편적인 기본가치로 간주되기 때문에, 헌법제정권력은 이러한 기본가치를 무시할 수 없을 것이다. 또한, 자유민주적 기본질서도 오늘날 자유주의적 정치질서가 생존하기 위한 기본조건에 속하는 것이다. 이러한 기본가치를 경시하는 헌법제정은 헌법의 규범력을 유지하기 위하여 필요한 국민의 동의와 지지를 얻을 수 없고, 이로써 효력의 전제조건으로서 불가결한 헌법의 권위를 획득할 수 없을 것이다. 이러한 관점에서 본다면, 헌법제정 당시의 보편적이고 지배적인 기본가치는 헌법제정권력의 규범적 한계는 아니라 할지라도 '사실상의 한계'로서 헌법제정권력을 구속한다.

Ⅱ. 헌법의 개정

1. 헌법개정의 의미와 개념

헌법의 개정은 성문헌법, 즉 헌법전을 가진 국가에서만 문제될 수 있다. 대부분의 헌법은 개정권력의 담당자와 개정절차에 관하여 규정하고 있다.

가. 개 념

헌법개정이란 헌법에 규정된 개정절차에 따라 헌법의 기본적인 동질성을 유지하면서 헌법전의 조문이나 문구를 명시적으로 변경(수정, 삭제, 보완, 삽입)하는 행위를 말한다.

헌법개정은 헌법규정 문언의 명시적인 변경을 요구한다(법문 변경의 원칙). 즉, 헌법적 지위를 가지는 모든 법규범이 헌법에 포함되어 명확하게 헌법규범으로 인식될 수 있도록, 헌법개정은 헌법 문언의 변경을 가져와야 한다. '형식적 의미의 헌법'이 모든 중요한 헌법적 사항 또는 헌법제정자에 의하여 중요한 것으로 간주된 헌법적 사항을 憲法典에 수용함으로써 최고규범으로서의 성격과 강화된 존속력을 확보하고자 한다면, 헌법개정의 경우에도 동일한 사고가 적용되어야 한다.

헌법개정은 기존의 헌법을 개정한다는 점에서 새로이 헌법을 제정하는 헌법제정과 구분된다. 따라서 헌법개정은 헌법에 규정된 절차에 따라 헌법의 정체성을 유지하는 범위 내에서 이루어진다.

나. 헌법개정의 이유

헌법은 전체 국가생활의 기초를 의미하고 사회영역에도 지대한 영향을 미치기 때문에, 안정적이고 항구적이어야 한다. 모든 법규범의 경우, 잦은 개정은 법적 안정성을 저해하고 규범력을 약화시킨

---

1) BVerfGE 1, 14, 61.
2) 위 제1편 제1장 Ⅳ. 헌법과 헌법현실 참조.

다. 헌법은 국가의 최고규범이며 기본법이기 때문에, 헌법이 자주 변경된다면, 헌법의 항구성과 안정성이 저해되어 헌법에 대한 신뢰와 헌법의 권위가 약화되며, 그 결과 헌법의 규범력이 약화된다. 이러한 이유로, 오늘날 대부분의 국가가 헌법의 성문화와 경성헌법의 성격을 취하여 헌법개정을 어렵게 하고 있다. 헌법은 그 근본적인 성격에 있어서 정치적인 변화에 따라 함께 변화하는 것이어서는 아니 되고, 정치적 현상이 이루어지는 확고한 규범적 울타리를 제시하고 국가권력을 구속하는 것이어야 한다.

그러나 다른 한편으로는 새로운 인식을 수용하고 변화하는 사회현상에 적응하기 위하여 헌법을 적절하게 변경할 수 있는 가능성이 주어져야 한다. 헌법은 헌법제정 당시의 정치적 상황에 따른 일정한 합의를 바탕으로 제정된 것으로서, 미래의 사회현상의 변화와 정치적 발전과정을 모두 예견하여 이를 규범화할 수 없다. 헌법현실이 변화하면, 헌법규범도 변해야 한다. 헌법이 현실에 적응하지 못하면, 헌법규범과 헌법현실간의 괴리가 발생하고, 그 간격이 지나치게 커지면, 헌법이 법현실을 규율하는 법규범으로서의 기능을 상실하게 된다. 따라서 헌법의 규범력을 유지하기 위하여 헌법개정이 불가피하다.

2. 헌법의 변천과 침식

헌법개정은 헌법의 변천이나 헌법의 침식과 구분된다.

가. 헌법의 변천

(1) 헌법의 變遷(Verfassungswandlung)이란 헌법규정의 외형적인 변화 없이, 단지 헌법규정의 해석·적용에 있어서 다른 의미를 가지게 되는 경우를 말한다. 당해 조문은 원상대로 있으면서 그 의미와 내용만이 시대의 변천에 따라 실질적으로 변화하는 경우가 이에 해당한다. 헌법의 변천이란 모든 법규범에 공통적으로 발생하는 '시간의 흐름에 따른 법의 발전과정'이다.[1]

헌법의 변천은 헌법규정의 새로운 해석과 적용을 통하여 헌법규범을 변화하는 사회현상에 적응시키는 것을 의미한다. 헌법현실의 변화가 헌법해석에 영향을 미칠 수 있으므로, 변화하는 헌법현실과의 관계에서 헌법규범의 내용을 파악하고 확정하고자 하는 시도가 바로 헌법의 변천이다. 헌법규범은 '헌법의 변천'을 통하여 문언의 변경 없이 변화하는 정치적 현실을 내용적으로 수용할 수 있고, 이로써 종래 해석의 변화를 초래할 수 있다. 1787년에 제정된 미연방헌법이 200년이 지난 오늘날에도 헌법의 규범력을 유지하고 있는 것은, 헌법규정의 새로운 해석과 적용을 통하여 헌법규범을 변화하는 사회현상에 끊임없이 적응시켜온 결과, 즉 부단한 헌법변천의 결과라 할 수 있다.

(2) 헌법의 변천은 특히 기본권의 영역에서 빈번하게 찾아볼 수 있다. 가령, '법 앞에서의 평등'을 규정하는 평등권조항은 19세기까지만 해도 개인의 사회적 지위나 권위와 관계없이 행정과 사법이 법을 평등하게 적용해야 한다는 '법적용의 평등'의 요청으로 이해되었다. 그러나 바이마르 헌법 하에서 평등권조항은 동일한 법문에도 불구하고 정치적 상황의 변화로 인하여 행정과 사법 외에도 입법자를 구속하는 것으로, 이로써 '법 내용상의 평등'과 '법적용의 평등'을 의미하는 것으로 이해되었다.

나아가, 자유권이론의 문제는 근본적으로 '헌법과 헌법현실의 관계'에 관한 문제이다. 자유권이론

---

1) 1896년에 제정된 독일 민법이 1세기 이상이 지난 오늘날에도 그대로 적용될 수 있는 것은 부단한 법발전과정의 결과이다.

의 문제는 변화한 사회현상이 어느 정도로 자유권규정의 새로운 해석을 요청하는지의 문제, 즉 헌법해석을 통한 헌법변천의 문제이다. 자유를 위협하는 새로운 현상이 발생한다면, 자유권은 이에 대한 보호를 제공해야 한다. 따라서 자유를 위협하는 사회현상의 변화에 따라 자유권의 기능이나 보호범위가 달라진다.[1]

헌법은 제37조 제1항에서 "국민의 자유와 권리는 헌법에 열거되지 아니한 이유로 경시되지 아니한다."고 규정하여, 헌법에 명시적으로 규정된 기본권 외에도 헌법적으로 보장되는 기본권이 있다는 것을 밝힘으로써, 헌법해석을 통한 헌법의 변천을 요청하고 있다. 헌법 제37조 제1항은 헌법해석을 통하여 새로운 기본권을 인정함으로써 국가, 특히 헌법의 최종적 해석권자인 헌법재판소에게 개인의 자유를 위협하는 새로운 상황에 대처할 의무를 부과하고 있다.[2]

나. 헌법변천을 허용하는 이유

입법자가 사회현상의 변화에 따라 헌법개정을 하지 아니하고 헌법변천을 허용하는 이유는, 미래의 사회현상의 변화를 예측할 수 없는 상황에서 헌법규정을 미래의 발전에 대하여 개방적인 규정으로 그대로 유지함으로써 법발전과정을 저해하지 않기 위함이다. 입법자가 사회현상의 변화에 따라 그 때마다 헌법규정을 개정한다면, 지나치게 빈번한 헌법개정을 수반하는 것은 물론이고, 자유로운 법발전과정을 고착화시키거나 또는 일정한 방향으로 유도할 수 있다.

다. 헌법변천의 한계

여기서 '헌법의 변천은 어느 정도까지 허용될 수 있는가' 하는 문제가 제기된다. 헌법규정의 개정 없이도 헌법의 해석을 통하여 헌법규정을 적용할 수 있고 이로써 헌법현실을 규율할 수 있을 때까지, 헌법의 변천은 허용된다. 헌법해석을 통하여 헌법규정을 적용할 수 있는 가능성이 소진된 경우에는 헌법개정의 문제가 제기된다. 따라서 '헌법변천의 한계'의 문제는 곧 '헌법해석의 한계'의 문제를 의미한다.

헌법해석의 한계, 즉 해석을 통한 헌법변천의 한계는, 헌법해석이 헌법규정의 규범적 의미에 의한 구속을 받는다는 것에 있다. 헌법규정의 목적과 명백한 규범적 의사는 정치적 상황의 변화에도 불구하고 무시되거나 왜곡되어서는 안 된다. 헌법규정의 규범적 의미에 의하여 설정되는 한계 내에서 이루어지는 헌법해석을 통해서는 변화한 헌법현실과 새롭게 발생하는 헌법적 상황에 더 이상 적절하게 대처할 수 없는 경우, 헌법개정의 문제가 제기된다. 요컨대, 헌법해석을 통한 헌법변천의 가능성이 끝나는 곳에서 헌법개정의 문제는 시작되는 것이다. 따라서 헌법규범이 추상성과 개방성을 가질수록, 이로써 새로운 해석과 적용을 통하여 변화하는 사회현상에 적응하는 가능성을 가질수록, 헌법변천의 한계에 이르는 것이 보다 지연될 것이다. 물론, 법적 안정성의 관점에서 헌법변천의 가능성이 소진되기 전에도 헌법의 개정을 통하여 헌법변천의 과정을 중단시킬 수 있다.

---

1) 헌법상 보장된 개인의 자유권은 원래 그 기능에 있어서 국가권력으로부터 개인의 자유영역을 보호하고자 하는 對國家的 防禦權이었으나, 오늘날 개인적 자유를 위협하는 상황의 변화, 이로써 개인적 자유를 실현하는 조건의 변화로 말미암아 자유권의 효력과 기능을 강화하기 위하여 자유권에 주관적 성격을 넘어서 부가적으로 '객관적 가치질서'라는 새로운 성격을 부여하게 되었다(제3편 제1장 제5절 Ⅱ. 1. 참조).

2) 오늘날의 정보사회에서 공권력에 의한 개인 정보의 수집과 처리에 의하여 개인의 자유가 위협받는 상황에 직면하여, 변화한 사회현상에서 새로이 발생하는 위협으로부터 개인을 보호하기 위하여 헌법상의 행복추구권으로부터 '개인정보의 공개와 이용에 관하여 스스로 결정할 자기결정권'(개인정보자기결정권)을 인정하게 되었다.

한편, 헌법변천의 한계는 단지 이론적·관념적으로만 확정될 수 있을 뿐이다. 헌법의 최종적인 해석권자인 헌법재판소가 설사 무리한 헌법해석을 통하여 헌법변천의 한계를 넘는다 하더라도 이에 관하여 심사할 수 있는 가능성이 없다는 점에서, 헌법실무에서 그 한계의 확인은 사실상 불가능하다.

라. 헌법의 침식

헌법의 侵蝕(Verfassungsdurchbrechung)이란, 헌법을 명시적으로 개정하지 않고 헌법개정에 필요한 정족수의 의결을 통하여 특정 헌법규정에 위반되는 조치를 취하는 경우를 말한다.[1)]

3. 헌법개정의 절차

누가 어떠한 조건 하에서 헌법을 개정할 수 있는지의 문제에 관한 것이다. 헌법개정은 헌법제정권력의 행위를 필요로 하지 않는다. 헌법제정권력은 헌법개정에 관한 조항을 통하여 헌법개정절차와 헌법개정을 할 수 있는 기관을 규정함으로써, 헌법개정의 과제를 헌법개정권력에게 위임하고 있다. 헌법에 의하여 확정된 헌법개정권자는 헌법에 의하여 형성된 권력에 해당한다. 한국헌법의 경우, 헌법개정권력은 국회와 국민이다(헌법제130조).

가. 입법기관에 의한 방법

헌법개정을 입법기관인 의회의 권한으로 하되, 개정절차를 법률보다 엄격하게 정하는 경우(가중정족수)를 말한다. 오늘날 독일을 비롯한 대다수의 국가가 채택하는 방법이다. 현대 대의제국가에서는 의회의 기능을 약화시키지 않기 위하여, 헌법개정의 경우 의회를 필수적으로 거치도록 규정하는 것이 일반적 현상이다.

나. 국민투표에 의한 방법

국민이 직접 국민투표의 형태로 개헌안에 관하여 결정하는 방법이다. 개헌안을 일단 의회에서 심의·의결한 뒤 국민투표로 확정하는 방법(현행 한국헌법)과 의회의 의결 없이 직접 국민투표에 부치는 방법(1972년 유신헌법)이 있다.

다. 별도의 헌법개정기관을 소집하는 방법

헌법개정안을 심의·의결하기 위하여 매번 별도로 헌법의회를 소집하는 방법이다(벨기에 헌법개정). 매우 번거로운 개헌의 방법이기 때문에, 거의 채택되지 않고 있다.

4. 현행 헌법상 헌법개정절차

한국헌법은 제10장 제128조 이하의 규정에서 헌법개정절차에 관하여 규율하고 있는데, 경성헌법으로서 개정절차가 일반법률의 개정절차보다 까다롭게 규정되어 있다.

가. 구체적 개헌절차

현행 헌법의 개정절차는 '입법기관에 의한 방법'과 '국민투표'에 의한 방법을 함께 채택함으로써,

---

1) 독일의 경우, 연방이 특정 법률을 제정하고자 하나 이에 관한 연방의 법률제정권이 없는 경우, 의회 재적의원의 2/3의 찬성으로 법률을 제정함으로써 헌법적 하자를 모면할 수 없다. 이러한 경우, 우선 헌법을 개정하여 의도하는 법률을 제정하기 위하여 필요한 연방의 법률제정권을 확보한 다음, 이러한 헌법적 근거 위에서 의도한 법률을 제정해야 한다. 그런데 독일의 바이마르 공화국 당시에는 헌법을 개정하지 않고 연방의회의 의결을 통하여 헌법에 위반되는 조치를 취하곤 하였다.

헌법개정안에 대한 '국회의 의결'과 '국민투표에 의한 확정'이라는 2 단계로 구성되는 개헌절차를 취하고 있다. 현행 헌법상 개헌절차는 구체적으로 개헌안 발의절차, 개헌안 공고절차, 개헌안 의결절차, 국민투표절차, 개헌안 공포절차로 구성된다.

(1) 헌법개정안의 제안(제128조 제1항)

헌법개정은 국회재적의원 과반수의 발의 또는 대통령의 발의로 제안된다. 대통령이 발의하는 경우, 헌법 제89조 제3호에 의하여 국무회의의 심의를 거쳐야 한다.

(2) 헌법개정안의 공고(제129조)

제안된 헌법개정안은 국민에게 주지시키기 위하여 대통령이 20일 이상 공고한다. 개헌안 공고절차는, 공고기간 동안 국민의 자유로운 의견교환과 토론·비판을 통하여 헌법개정에 관한 국민의사형성을 가능하게 함으로써, 국회가 헌법개정안에 대하여 의결함에 있어서 형성된 국민의사를 고려할 수 있도록 하기 위한 것이다.[1]

(3) 헌법개정안의 의결 및 국민투표에 의한 확정(제130조 제1항 및 제2항)

국회의 의결은 재적의원 2/3 이상의 동의를 필요로 한다. 이와 같이 가중된 정족수를 요청하는 이유는, 일반적인 정치세력구도의 경우 야당의 동의를 얻어야 헌법개정이 가능하도록 함으로써 광범위한 지지기반 위에서 헌법개정이 이루어지도록 하고, 다른 한편으로는 단순 과반수의 지지에 의하여 헌법의 존속력이 위협받는 것을 방지하고자 하는 것이다. 이로써 헌법규정은 보다 강화된 존속보장을 누리는 것이다.

국회에서 의결된 헌법개정안이 국민투표에 붙여져 국회의원 선거권자 과반수의 투표와 투표자 과반수의 찬성을 얻은 경우에는 헌법개정은 확정된다(헌법 제130조 제2항 및 제3항).

(4) 헌법개정의 공포(제130조 제3항)

대통령은 확정된 개정안을 즉시 공포해야 한다.

나. 대통령의 임기연장 또는 중임변경을 위한 헌법개정

헌법 제128조 제2항은 "대통령의 임기연장 또는 중임변경을 위한 헌법개정은 그 헌법개정 제안 당시의 대통령에 대하여는 효력이 없다."고 규정하고 있다. 위 헌법조항의 취지는, 대통령이 자신의 장기집권을 위하여 헌법을 개정하고자 하는 시도를 사전에 차단하고자 하는 것에 있다. 위 헌법조항은 특정 사안에 관한 헌법개정을 금지함으로써 헌법개정의 한계를 규정하는 조항이 아니라, 헌법개정이 허용되는 것을 당연한 전제로 하여,[2] 헌법개정의 경우 단지 그 효력이 개정 당시의 대통령에 대해서는 미치지 않는다는 것을 규정한 조항으로서 헌법개정의 효력을 제한하는 규정이라 할 수 있다. 즉, 헌법 제128조 제2항은 '헌법개정'의 한계가 아니라 '헌법개정효력'의 한계에 관한 조항이다.

---

1) 이는 국가의 모든 공고절차의 공통된 속성이다. 국가의 공고절차는 국민의 정치적 의사형성을 가능하게 함으로써 국가가 자신의 의사형성에 있어서 국민의사를 고려하기 위한 것이다.

2) 한편, 대통령의 임기연장을 위한 헌법개정과 관련하여, 대통령의 임기를 가령 10년 등으로 과도하게 장기로 연장할 수 있는지 의문이 제기된다. 대의제 민주주의에서 대의기관의 선거는 적정한 주기로 실시되어야 하며, 그러한 경우에만 선거는 주기적인 국민심판을 통하여 대의기관에게 국가권력을 한시적으로 위임하는 본래의 기능을 이행할 수 있다. 따라서 과도하게 장기의 선거 주기, 즉 대의기관의 임기는 대의제의 본질에 반하는 것으로, 헌법개정의 한계를 넘는 것이다. 이에 관하여 상세하게 제2편 제4장 제2절 Ⅲ. 2. 참조.

다. 헌법개정절차가 헌법개정권자에 의하여 개정될 수 있는지의 여부

헌법제정자는 헌법개정에 관한 규정에서 헌법개정의 과제를 헌법개정권자에게 위임하고 있으나, 헌법개정에 관한 규정은 헌법개정권자에 의하여 단지 제한적으로만 개정될 수 있다. 헌법개정권자는 헌법에 의하여 형성된 권력으로서 단지 헌법에 근거하여 헌법에 따라 활동할 수 있다. 따라서 헌법개정권자는 헌법개정을 보다 곤란하게 하는 방향으로 절차를 강화할 수는 있으나, 헌법개정을 용이하게 하는 것은 금지된다.[1]

Ⅲ. 헌법개정의 限界

헌법에 따라서는 명문으로 특정 내용의 개정을 금지하는 경우가 있고, 이러한 명시적인 개정금지규정이 없는 경우도 있다. 예컨대, 독일 기본법은 제79조 제3항에서 연방국가원리, 인간의 존엄성, 민주적 법치국가원리, 사회국가원리를 개정금지사항으로 명시적으로 규정하고 있다. 헌법에 개정금지규정이 없는 경우, 헌법상의 개정절차를 따르더라도 개정할 수 없는 규정이나 내용이 있는지의 문제가 제기된다.

1. 改正限界說

改正限界說은 오늘날 지배적인 다수설로서, 헌법에 개정금지규정이 있는지의 여부와 관계없이 헌법개정에는 일정한 한계가 있다고 보는 견해이다.

가. 슈미트의 개정한계설
(1) 헌법제정권력과 헌법개정권력의 구분

바이마르 공화국 당시의 헌법학에서는 현대 헌법국가의 중요한 업적 중 하나인 '헌법의 우위'가 부인되었다. 당시의 지배적 견해는, 헌법과 법률 사이에는 우위관계가 없으며, 이에 따라 입법자는 헌법과 법률을 임의로 개정할 수 있다고 하는 것이었다.[2]

이에 대하여 칼 슈미트(Carl Schmitt)는 그의 저서 '헌법학(Verfassungslehre, 1928)'에서 위 견해의 문제점을 지적하였다. 헌법은 국가공동체에 대한 그의 근본적인 의미에 비추어 지속성과 항구성을 보장해야 하는데, 위 견해는 헌법을 단지 일시적이고 잠정적인 것, 헌법개정규정에 따라 매번 채워지는 백지규범(白紙規範)으로 격하시킨다고 비판하였다. 이어서 슈미트는 프랑스 국가이론가인 시예에스(Sieyès)의 '헌법제정권력'과 '형성된 권력'의 구분에 기초하여 헌법개정의 한계를 다음과 같이 논거하였다.

"입법자는 헌법을 개정하는 한, 헌법에 의하여 형성된 기관, 즉 형성된 권력이다. 그러므로 입법자는 그의 권한을 헌법제정권력에 의하여 제정된 헌법에 두고 있다. 헌법제정권력은 존재하는 어떠한 헌법의 구속도 받지 않기 때문에, 단지 헌법제정권력만이 무제한적인 것으로서 제한될 수 없는

---

1) 同旨 권영성, 헌법학원론, 2010, 56면.
2) 그 당시 공법학의 지배적 견해를 주도하던 공법학자인 안슈츠(Gerhard Anschütz)는 그의 주해서(Kommentar zur Weimarer Reichsverfassung, 1933)에서 "헌법은 입법자에 대하여 우위에 있지 아니하며, 입법자는 헌법을 임의로 변경할 수 있다. 심지어 민주주의원리, 공화국 등 헌법의 기본원리도 예외가 아니다."라는 견해를 취하고 있다.

것이다. 이에 대하여 형성된 모든 권력, 즉 헌법에 의하여 창설된 모든 국가기관에게는 그 본질상 단지 제한된 권한만이 부여될 수 있다. 국가형태가 변형될 정도로 입법자가 헌법을 변경한다면, 이는 헌법에 의하여 창설된 국가기관의 권한의 한계를 넘는 것이다."

(2) 헌법개정의 한계로서 헌법제정권력의 근본적 정치적 결단

슈미트는 '헌법제정권력'과 '헌법에 의하여 형성된 권력'을 구분하는 시예에스(Sieyès)의 헌법제정권력론을 계승하여 이를 '헌법과 헌법률의 구분'으로 체계화하였다. 슈미트는 국가공동체의 형태에 관한 헌법제정권력의 근본적 정치적 결단으로서 憲法(Verfassung)이 제정되고, 이 헌법을 기초로 하여 憲法律(Verfassungsgesetz)이 성립한다고 보았다.[1] 그의 사고에 의하면, '정치적 공동체의 형태에 관한 근본적인 결단'으로서 헌법과 '이러한 근본적 결단에 입각한 헌법적 규정'인 헌법률은 구분되어야 하고, 그 결과 '근본적 결단'인 헌법은 헌법률과는 달리 헌법개정자에 의하여 침해될 수 없다. 이로써 헌법개정금지사항은 헌법제정자의 '근본적인 결단' 사항으로 정해진다.

시예에스나 슈미트의 사고는 헌법개정의 한계를 구성하는 이론적 근거가 된다. 헌법개정권력은 헌법에 의하여 제도화되고 부여된 권한이기 때문에, 헌법제정권자가 결단한 헌법의 기본결정을 변경할 수 없다. 입법자가 헌법의 기본결정을 변경하는 것은 헌법에 의하여 형성된 권력의 권한범위를 넘는 것이다. 만일 이를 변경한다면, 그것은 헌법개정이 아니라 헌법을 제거하는 것으로 '법에 의한 혁명'이다. 따라서 헌법개정은 헌법의 기본결정에 부합하는 경우에만 허용된다. 헌법개정은 헌법의 기본구조를 유지해야 하며, 헌법의 정체성을 훼손하거나 제거해서는 안 된다. 요컨대, '헌법개정권력은 헌법에 의하여 형성되었고 그 때문에 자신을 형성한 모체(母體)인 헌법의 정체성과 동질성을 훼손해서는 안 된다'고 하는 일반적 사고에 의하여 헌법개정의 한계는 설명될 수 있는 것이다.

나. 현대적 헌법의 내재적 요소로서 헌법개정의 한계

헌법개정의 한계는 모든 현대적 헌법개념에 내재하는 것이다. 헌법규범에 헌법의 우위와 최고규범성을 인정하고, 국가공동체의 정치생활을 지속적으로 규율하고자 하는 기본규범으로서의 성격을 인정한다면, 입법자가 임의로 헌법의 모든 것을 개정할 수 있다고 하는 사고는 이미 그 자체로서 헌법의 본질과 부합할 수 없다. 오늘날 민주주의헌법은 국가공동체의 기본질서를 지속적으로 확정하고자 하는 것이며, 헌법이 시대와 상황의 변화에 따라 변화한다 하더라도, 기본적 결정은 유지되어야 한다. 이러한 점에서, 헌법의 모든 가치가 의회의 임의적 처분권한에 맡겨질 수 없다는 것은 이미 헌법의 개념과 속성에 속한다. 따라서 헌법개정의 한계는 이미 헌법의 본질로부터 나오는 것이다.

다. 자연법상의 제약

실정헌법의 상위에는 심지어 헌법제정권자까지도 구속하는 자연법상의 원리가 존재하므로, 그에 위반되는 헌법개정은 인정되지 않는다는 견해이다.[2] 헌법이 일정 가치체계의 표현이기 때문에, 헌법

---

1) 이에 따라, 칼 슈미트는 시원적 권력으로서 헌법제정권력은 헌법에 의하여 조직된 권력인 헌법개정권력이나 입법권과 동렬에 위치하는 것이 아니라 이들 권력의 기초가 되는 권력이라고 보았다.

2) 實定法이란 인간의 의사와 관행에 의하여 형성된 법규범을 말한다. 실정법은 시대와 장소, 그 형성주체인 국민에 따라 상이하다는 특징을 가진다(실정법의 상대성). 가령, 태아의 생명을 보호하는 낙태죄가 국가마다 상이하게 규율되고 있다는 것이(중국에서는 2번째 자녀부터 낙태를 의무화하고 있는 반면, 유럽의 국가들은 매우 제한적인 조건하에서만 낙태를 허용하고 있다) 이에 관한 좋은 예이다. 이에 대하여, 自然法思想이란 실정법의 이러한 상대성에 대한 비판으로 나온 사상이다. 자연법이란 초국가적·전국가적 질서, 즉 시간과 장소를 초월하여 국가 이전에

제정권력도 불변의 근본적인 가치, 즉 전국가적·초국가적인 인권과 같은 자연법상의 원리에 의하여 제약을 받는다. 물론, 위 견해는 자연법상의 원리가 그 존재와 내용에 있어서 확인되고 확정될 수 있다는 것을 전제로 한다는 문제점을 안고 있다.

2. 한국 헌법의 개정 한계

가. 헌법개정의 대상이 될 수 없는 내용

헌법개정한계설이 다수설이나, '한국 헌법에서 개정의 대상이 될 수 없는 내용이 무엇인가'에 관하여 의견이 갈리고 있다.

일반적으로, 헌법 제정 당시의 국민적 합의사항인 기본적 가치질서, 즉 헌법의 근본결정은 변경될 수 없다. 헌법제정권력과 헌법개정권력의 구분이 전제가 되어, 헌법개정권력은 헌법제정권자인 국민의 기본적인 합의사항에 구속을 받는다. 이는 국가공동체 정치질서의 정체성을 구성하는 근본결정을 의미하며, 동시에 과거 근 250년에 걸쳐 형성된 서구헌법국가의 기본적 원칙이기도 하다. 이러한 원칙은 결국 전체주의의 경향으로부터 다원적인 자유민주국가를 보호하고자 하는 기본원칙이다. 이러한 기본원칙은 헌법개정이라는 합법적인 방법으로는 변경될 수 없으며, 단지 장래의 헌법제정자만이 새로운 헌법제정을 통하여 처분할 수 있을 뿐이다.

이러한 관점에서 본다면, 한국 헌법의 최고의 가치이자 모든 헌법규범의 궁극적 목적인 인간의 존엄성보장 및 헌법의 정치적 기초가 되는 자유민주적 기본질서의 핵심적 내용을 폐지하는 개정은 할 수 없다. 자유민주적 기본질서에서 '자유'란 바로 기본적인 인권의 보장, 권력분립주의, 사법권의 보장 등 법치국가적 요소를 의미하고,[1] '민주'란 국민주권주의, 선거제도, 의회제도, 복수정당제 등 민주주의적 요소를 뜻하는데,[2] 이와 같이 법치국가와 민주주의를 구성하는 본질적 요소는 헌법개정의 대상이 될 수 없다.[3] 사회국가는 민주주의의 필연적인 정치적 결과로서 발생한다는 점에서,[4] 사회국가에 관한 헌법적 결정도 헌법개정의 한계라 할 수 있다.

나. 구체적인 예

헌법개정의 한계와 관련하여, 개별기본권이 헌법개정을 통하여 폐지될 수 있는지 또는 대통령제에서 의원내각제로의 정치형태의 변경은 헌법개정을 통하여 가능한지의 문제가 제기된다.

자유권의 경우, 헌법해석을 통하여 불문의 기본권도 새롭게 인정하는 상황에서 기존의 규정을 삭제하는 것은 일반적으로 상정하기 어렵지만, 인간존엄성실현에 있어서 불가결한 요소에 해당하지 않는 자유권적 기본권을 폐지하는 것은 이론적으로 가능하다. 국가적 급부를 그 내용으로 하는 사회적

이미 존재하는 보편타당한 객관적 질서로서, 오히려 국가와 인간이 만든 법이 존중하고 따라야 하는 불변의 진리를 의미한다.

1) 법치국가원리는 국가권력의 제한을 통하여 국민의 자유와 권리를 보장하고자 하는 국가원리이다. 국가권력을 제한하는 대표적인 방법으로는 국민과 국가의 관계에서 기본권의 보장을 통하여 또는 국가내부적으로 국가기관 상호간의 관계에서 권력분립원리를 통하여 국가권력을 제한하는 방법이 있다. 따라서 기본권의 보장과 권력분립원리는 법치국가를 구성하는 핵심적 요소에 속한다.

2) 보다 구체적으로, 복수정당제를 통한 정당간의 경쟁제도, 일반적 선거원칙에 의한 주기적인 선거와 이로 인한 한시적인 정권의 위임, 다수결제도, 국가행위의 민주적 정당성의 요청 등이 이에 속한다.

3) 자유민주적 기본질서에 관하여 자세한 것은 제1편 제5장 '헌법의 수호' 관련부분 참조.

4) 이에 관하여 제2편 제4장 제6절 II. 2. 나. 및 제4편 제5장 제3절 제6항 IV. 1. 나. 참조.

기본권의 경우, 전부 또는 일부의 삭제가 가능하다고 본다.[1] 또한, 대통령제와 의원내각제 모두 동일한 자유민주적 기본질서에 입각한다는 점에서 대통령제를 의원내각제로 전환하는 것은 헌법개정권력에게 허용되는 개정범위에 속한다.

Ⅳ. 違憲的인 憲法規定의 문제

사례 | 헌재 1995. 12. 28. 95헌바3(제1차 국가이중배상금지 사건)

甲은 군인으로 대한민국 소유의 군용 차량에 승차하고 가다가 부상을 입게 되자, 국가를 상대로 하여 손해배상청구의 소를 제기하였다. 甲은 위 소송의 계속 중에, '군인이 전투·훈련 등 직무집행과 관련하여 받은 손해에 대하여는 법률이 정하는 보상 외에 국가 또는 공공단체에 공무원의 직무상 불법행위로 인한 배상은 청구할 수 없다'고 규정하는 헌법 제29조 제2항 및 '본인 또는 그 유족이 다른 법령의 규정에 의하여 보상을 지급받을 수 있을 때에는 국가에 대하여 손해배상을 청구할 수 없다'고 규정하는 국가배상법 제2조 제1항 단서에 대한 위헌심판제청을 신청하였는데, 법원이 이를 기각하자, '헌법제29조 제2항은 헌법의 근본적 가치체계인 인간의 존엄과 가치, 평등의 원칙을 규정한 헌법 제11조에 위반되어 무효'라는 주장으로 헌법 제29조 제2항 및 국가배상법 제2조 제1항 단서의 위헌여부를 묻는 헌법소원심판을 청구하였다.[2]

헌법재판소의 위 결정은 다음과 같은 일련의 의문을 제기한다. 첫째, 위헌적인 헌법규정이 존재할 수 있는가?, 둘째, 헌법의 개별규정이 위헌법률심판이나 헌법소원심판의 대상이 될 수 있는가?, 셋째, 헌법 제130조 제2항은 헌법의 개정을 국민투표에 의하여 확정하도록 하고 있는데, 국민이 헌법개정에 국민투표의 형태로 참여한다는 관점이 헌법개정의 한계를 부인하는 논거가 될 수 있는가?

1. '원래의 헌법규정'이 헌법에 위반될 수 있는지의 문제

헌법규정 사이에 특정한 위계질서나 우열관계가 존재하는 경우에만, 이러한 문제제기는 가능하고 논의될 수 있다. 이러한 조건 하에서는 하위의 헌법규정이 상위의 헌법규정에 위반될 수 있다. 그러나 이러한 사고는 대부분의 헌법의 경우 인정될 수 없다.[3]

우선, 헌법 내에 헌법규범간의 일정한 위계질서가 확인될 수 없으며, 또한 헌법은 하나의 통일체를 형성하기 때문이다. 헌법이 하나의 통일체를 형성한다는 것은, 헌법 내에서 헌법규정들이 서로 충

---

1) 사회적 기본권은 그 법적 성격에 있어서 본질적으로 국가의 목표와 의무를 의미하므로, 사회적 기본권에 담겨있는 국가의 목표나 의무는 헌법의 다른 장소에 '국가목표'나 '헌법위임'이라는 객관적인 규율형태로 규정될 수 있으며, 나아가 사회적 기본권을 삭제한다고 하여 사회국가원리를 구체화하는 헌법적 표현이 감소할 뿐이지 헌법의 기본결정인 사회국가원리가 제거되는 것은 아니기 때문이다.

2) 헌법 제29조 제2항의 위헌여부에 관하여 또한, 제3편 제6장 제5절 '국가배상청구권' Ⅶ. 부분의 서술 참조.

3) 헌재 1995. 12. 28, 95헌바3(제1차 국가이중배상금지), 판례집 7-2, 841, [헌법의 개별규정간의 논리적 우열관계와 효력성의 차등문제에 관하여] "헌법은 전문과 각 개별조항이 서로 밀접한 관련을 맺으면서 하나의 통일된 가치 체계를 이루고 있는 것으로서, 헌법의 제규정 가운데는 헌법의 근본가치를 보다 추상적으로 선언한 것도 있고, 이를 보다 구체적으로 표현한 것도 있으므로 이념적·논리적으로는 규범상호간의 우열을 인정할 수 있는 것이 사실이다. 그러나 이때 인정되는 규범상호간의 우열은 추상적 가치규범의 구체화에 따른 것으로 헌법의 통일적 해석에 있어서는 유용할 것이지만, 그것이 헌법의 어느 특정규정이 다른 규정의 효력을 전면적으로 부인할 수 있을 정도의 개별적 헌법규정 상호간에 효력상의 차등을 의미하는 것이라고는 볼 수 없다."

돌하는 경우 양자 중 하나를 배제해야 하는 것이 아니라 서로 조화시켜야 한다는 것을 의미한다.[1] 일견하여 다른 헌법규정들과 충돌을 일으키는 헌법규정도 헌법제정자에 의하여 의도적으로 헌법에 수용된 것이며, 이로써 헌법을 구성하는 하나의 요소인 것이다. 따라서 헌법제정자에 의하여 의도적으로 수용된 헌법규정을 헌법 내의 위계질서를 근거로 다시 제거할 수 없다.

2. 헌법개정이 헌법에 위반될 수 있는지의 문제

가. 헌법위반의 가능성

헌법개정, 정확하게 표현하자면 '개정된 헌법규정'이 헌법에 위반될 수 있는지의 문제는 헌법개정의 한계를 인정하는 경우, 충분히 제기될 수 있다. 가령, 선출된 국회의원 직무의 전문성을 높이고 4년마다 선거가 실시되는 경우에 소요되는 비용을 절감하기 위하여 차기국회부터는 국회의원의 임기를 현재의 4년에서 10년으로 늘리는 내용의 헌법개정안이 국회에서 의결되었고 국민투표에 의하여 확정된 경우, '이러한 헌법개정이 헌법개정의 한계를 넘는 것인지'의 문제가 제기될 수 있다.

헌법의 개정은 형식적으로는 헌법에 규정된 개정절차를 준수해야 하고, 실체적(내용적)으로는 헌법개정의 한계의 구속을 받는다. 따라서 헌법개정이 이에 위반되는 경우, 개정된 헌법규정은 위헌으로 선언되어야 한다.

나. 헌법재판소에 의한 심사가능성

(1) 개정된 헌법규정에 대한 위헌심사의 필요성

헌법의 기본결정은 입법자에 의해서도 변경할 수 없다고 하는 헌법개정의 한계를 인정한다면, 헌법재판제도가 기능하는 국가에서, 개정된 헌법규정에 대해서도 헌법재판소에 의한 규범심사가 가능해야 한다. 헌법재판의 기능이 헌법을 수호하고 헌법의 규범력을 관철하고자 하는 것이라면, 헌법재판은 위헌적인 법률에 대해서 뿐만 아니라 나아가 헌법의 기본결정을 제거할 수 있는 헌법개정에 대해서도 헌법의 규범력을 관철하고 헌법을 수호해야 하기 때문이다. 따라서 헌법개정의 한계를 넘은 헌법개정규정은 무효이며, 헌법재판소가 규범통제절차 또는 헌법소원절차에서 개정된 헌법규정에 대하여 헌법개정의 한계를 넘었는지의 여부를 판단할 수 있도록, 법질서가 형성되어야 하고, 나아가 현존하는 관련 헌법재판소법규정을 해석해야 한다.[2]

(2) 관련 법규정의 해석의 문제

헌법재판소의 견해에 따르면, 헌법 제107조 제1항, 제111조 제1항 제1호에 의한 위헌법률심판절차는 심판대상을 "법률"에 제한하고 있고 여기서 말하는 '법률'이란 '형식적 의미의 법률'을 의미하기 때문에, 개정된 헌법규정에 대한 위헌심사는 인정되지 않는다.[3]

물론, 헌법의 개정을 의회의 의결만으로, 그것도 법률의 형식으로 하도록 규정하고 있는 독일 기

---

1) 이에 관하여 자세한 것은 제1편 제4장 '헌법의 통일성' 참조.
2) 즉, 규범통제절차에서는 개정된 헌법규정이 법규범으로서 심사될 수 있도록, 그리고 헌법소원심판에서는 개정된 헌법규정이 공권력의 행사로서 심판대상이 될 수 있도록 규율되어야 한다.
3) 헌재 1995. 12. 28, 95헌바3(제1차 국가이중배상금지) 판례집 7-2, 841, "헌법 제111조 제1항 제1호 및 헌법재판소법 제41조 제1항은 위헌법률심판의 대상에 관하여, 헌법 제111조 제1항 제5호 및 헌법재판소법 제68조 제2항, 제41조 제1항은 헌법소원심판의 대상에 관하여 그것이 법률임을 명문으로 규정하고 있으며, 여기서 위헌심사의 대상이 되는 법률이 국회의 의결을 거친 이른바 형식적 의미의 법률을 의미하는 것에 아무런 의문이 있을 수 없으므로, 헌법의 개별규정 자체는 헌법소원에 의한 위헌심사의 대상이 아니다."

본법과는 달리($^{79조\ 제1}_{항\ 제1문}$),[1] 우리 헌법은 국회의 의결과 국민투표에 의한 국민의 찬성으로 헌법개정을 확정하도록 규정하고 있기 때문에, '헌법개정에 관한 법률'이 존재하지 아니한다. 따라서 '헌법개정에 관한 법률'을 구체적 규범통제절차나 헌법소원절차에서 심판대상으로 삼는 것은 불가능하다.

그러나 우리의 경우에도 헌법 제111조 제1항 제1호, 헌법재판소법 제41조 제1항의 '법률'의 의미를 '개정된 헌법규범'을 포함하는 것으로 해석함으로써, 또는 '개정된 헌법규범'을 헌법재판소법 제68조 제1항의 '공권력의 행사'에 해당하는 것으로 해석함으로써 개정된 헌법규정에 대한 위헌심사를 가능하게 하는 것이 보다 타당하다고 본다.[2]

(3) 국민이 헌법개정에 참여하였다는 관점이 헌법개정의 한계를 부인하는 요인인지의 문제

한편, 헌법 제130조 제2항은 헌법의 개정을 국민투표에 의하여 확정하도록 하고 있는데, 국민이 헌법개정에 국민투표의 형태로 참여한다는 관점은 헌법개정의 한계를 부인하는 근거가 되지 않는다.[3] 국민이 헌법 제130조 제2항에 의하여 헌법개정의 과정에 국민투표의 형태로 참여하는 경우, 헌법제정권자가 아니라 헌법개정권자로서 참여하는 것이며, 이 경우 국민은 헌법에 의하여 형성된 헌법기관('형성된 권력')으로서 헌법제정권력의 구속을 받는다. 즉, 이 경우 국민은 '헌법개정권력'으로서 국회와 함께 헌법개정권한을 행사하는 것이다.

따라서 헌법개정여부에 관하여 국민이 최종적으로 결정한다는 법적 상황은 헌법개정권력의 한계여부를 판단함에 있어서 아무런 영향을 미치지 못한다. 이러한 점에서 헌법재판소의 위 판시내용은 타당하지 않다. 이러한 견해에는 국민이 국민투표로 결정한 사안에 대해서는 사법적 심사가 불가능하다는 사고가 깔려있다. 그러나 국민이 국민투표로 법률안을 채택하는 경우라도 법치국가에서는 법률에 대한 사법적 심사가 가능하다.

(4) 여러 차례 부분·전문개정이 이루어졌다는 관점이 헌법개정의 한계를 부인하는 요인인지의 문제

또한, 종래 한국헌법에서 여러 차례 부분개정뿐 아니라 전문개정이 이루어졌던 점, 헌법개정절차 또한 여러 차례 개정되었다는 점도 헌법개정의 한계를 부정하는 요인이 될 수 없다.[4] 잦은 헌법개정

---

1) 따라서 독일 연방헌법재판소는 구체적 규범통제의 형태로 헌법개정에 관한 법률이 헌법에 합치하는지의 여부를 심사하고 있다.
2) 유사한 취지로, 헌재 2001. 2. 22. 2000헌바38(제3차 국가이중배상금지), 판례집 13-1, 289, 298-299(재판관 하경철의 반대의견).
3) 그러나 헌재 1995. 12. 28. 95헌바3(제1차 국가이중배상금지), 판례집 7-2, 841, 847. "또한, 국민투표에 의하여 확정된 현행 헌법의 성립과정과 헌법 제130조 제2항이 헌법의 개정을 국민투표에 의하여 확정하도록 하고 있음에 비추어, 헌법은 그 전체로서 주권자인 국민의 결단 내지 국민적 합의의 결과라고 보아야 할 것으로, 헌법의 규정을 헌법재판소법 제68조 제1항 소정의 공권력 행사의 결과라고 볼 수도 없다."; 이에 대하여 헌재 2001. 2. 22. 2000헌바38(제3차 국가이중배상금지 사건), 판례집 13-1, 289, 297-298(재판관 하경철의 반대의견), "국민투표를 거쳤다고 하여서 절차적 합법성의 결여가 치유되는 것은 아니다. 만일 국민투표에 의하여 확정되기만 하면 어떠한 내용의 헌법개정도 가능하다고 본다면, 국민투표는 불법적 "힘"의 결단을 곧 "법"으로 만드는 합법화수단 외에 다른 아무 것도 아닐 것이며, 독재권력에 의하여 언제든지 남용될 수 있는 가능성을 내포하고 있는 것이다. 그러므로 국민투표를 거쳐서 헌법개정이 되었다 하여 국민투표를 거치지 않은 헌법개정의 경우보다 더욱 높은 정당성을 부여하거나 우위의 효력을 부여할 수 없는 것이며 또 이를 이유로 하여 위헌심사가능성을 부인할 수도 없다 할 것이다."
4) 그러나 헌재 1995. 12. 28. 95헌바3(제1차 국가이중배상금지), 판례집 7-2, 841, 846-847, "우리나라의 헌법은 제헌헌법이 초대국회에 의하여 제정된 반면 그 후의 제5차, 제7차, 제8차 및 현행의 제9차 헌법 개정에 있어서는 국민투표를 거친 바 있고, 그간 각 헌법의 개정절차조항 자체가 여러 번 개정된 적이 있으며, 형식적으로도 부분개정이 아니라 전문까지를 포함한 전면개정이 이루어졌던 점과 우리의 현행 헌법이 독일기본법 제79조 제3항과 같은 헌법개정의 한계에 관한 규정을 두고 있지 아니하고, 독일기본법 제79조 제1항 제1문과 같이 헌법의 개정을 법률의 형식으로 하도록 규정하고 있지도 아니한 점 등을 감안할 때, 우리 헌법의 각 개별규정 가운데 무엇이 헌법제정규정

으로 인하여 헌법의 개별규정 중에서 무엇이 헌법제정규정이고 무엇이 헌법개정규정인지의 구분이 불가능한 것은 아니다. 헌법제정규정이란 헌법제정권자가 헌법제정권력을 행사한 결과이며, 헌법개정규정은 그 이후 헌법에 의하여 부여받은 헌법개정권력을 행사한 결과이다. 헌법제정에 의한 헌법규범과 헌법개정에 의한 헌법규범의 구분이 명백한 이상, 빈번한 헌법개정 또는 전면적 헌법개정이 이루어졌다는 사실은 헌법개정의 한계를 부인하는 근거가 될 수 없다.

3. 헌법규정이 超實定法的 規範에 위반되는지의 문제

첫째, 초실정법적 법원칙이 존재하고, 둘째, 초실정법적 법원칙이 인식될 수 있고 내용적으로 확정될 수 있으며, 셋째, 초실정법적 원칙이 실정법을 폐지하는 효력이 있다고 하는 전제 하에서만 위의 사고는 가능하다. 초실정법적 규범의 내용이 객관적으로 명확하게 확인될 수 없다는 점에서 이를 심사기준으로 하는 규범적 심사가 어렵다.

헌법이 초실정법적 법원칙인 '정의의 요청'에 위반되는 경우는 생각할 수는 있지만, 자유민주주의 국가의 헌법제정권자 또는 개정권자가 이러한 한계를 벗어난다는 것은 사실상 생각하기 어렵다.[1] 또한, 오늘날 헌법이 인간의 존엄성과 기본권의 보장을 통하여 초실정법의 대상이 되는 사항을 사실상 빠짐없이 수용하였기 때문에, 헌법이 초실정법에 위반되는지를 심사하는 것은 불필요하다.

이고 무엇이 헌법개정규정인지를 구분하는 것이 가능하지 아니할 뿐 아니라, 각 개별규정에 그 효력상의 차이를 인정하여야 할 형식적인 이유를 찾을 수 없다. 이러한 점과 앞에서 검토한 현행 헌법 및 헌법재판소법의 명문의 규정 취지에 비추어, 헌법제정권과 헌법개정권의 구별론이나 헌법개정한계론은 그 자체로서의 이론적 타당성 여부와 상관없이 우리 헌법재판소가 헌법의 개별규정에 대하여 위헌심사를 할 수 있다는 논거로 원용될 수 있는 것이 아니다."
1) BVerfGE 3, 225, 232f.

제4장 憲法의 解釋

Ⅰ. 헌법해석의 의미[1]

1. 헌법해석의 개념

헌법해석이란 헌법전에 규정된 헌법규범의 내용이 불분명하거나 이에 관하여 다툼이 있는 경우, 그 참된 의미와 내용을 밝히는 작업을 말한다. 법규범을 제대로 적용하기 위해서는 사전에 그 의미와 목적을 밝히는 해석 작업이 필요하다. 헌법도 법규범으로 구성되므로, 헌법을 구체적인 정치현실에서 적용하거나 실현하기 위해서는 또는 헌법적 분쟁을 해결하기 위해서는 사전에 헌법규범의 참된 의미와 내용이 밝혀져야 한다.

2. 헌법해석의 주체

모든 국가기관은 헌법의 구속을 받고 헌법에 위반되는 국가행위를 해서는 안 된다. 국가행위에 있어서 헌법을 적용하고 존중해야 하는 모든 국가기관은 헌법을 해석하게 된다. 국가기관이 어떠한 상황에서 헌법을 해석하는지를 파악하는 것은, 각 국가기관이 어떠한 방법으로 헌법의 구속을 받고 있는지를 확인하는 작업이다.

가. 헌법재판소

헌법소송을 담당하는 국가기관의 유권적 해석을 통하여 헌법규범의 의미·내용이 최종적으로 확정된다. 따라서 헌법재판소는 헌법의 최종적인 해석권자이다. 헌법해석의 문제는 주로 헌법재판에서 구체적인 사건을 계기로 발생한다. 헌법재판소는 심판대상이 되는 공권력행위의 위헌성을 판단함에 있어서 심사기준이 되는 헌법규정을 해석하게 된다.

나. 그 외의 헌법기관
(1) 입법자

입법자는 입법작용에 있어서 헌법에 부합하게 법률을 제정해야 할 의무가 부과된다. 즉, 헌법은 입법자에 대하여 입법의 한계이자 지침으로서 작용하므로, 입법자는 법률의 제정을 통하여 헌법에 위반되어서는 안 되며, 나아가 헌법을 실현해야 한다. 입법자는 헌법에 부합하게 법률을 제정하기 위하여 법률의 제정과정에서 헌법의 의미·내용을 밝히는 해석작업을 하게 된다. 입법자는 입법과정에서 헌법의 지침을 고려해야 한다는 점에서, '헌법의 일차적 해석자'이다.

---

[1] 독일 이외의 다른 유럽국가나 영미법의 국가에서 헌법해석의 문제는 체계적으로 다루어지고 있지 않다.

(2) 집행부

집행부의 경우, 행정기관이 행정작용을 통하여 헌법을 준수하고 실현하는 과정에서 헌법해석이 문제될 수 있다. 특히, 행정청이 법률을 적용하는 과정에서 헌법에 부합하게 법률을 해석·적용하기 위하여 헌법의 기본정신을 고려해야 하는데, 헌법의 기본정신을 고려하는 법률해석은 필연적으로 법률해석의 지침을 제공하는 헌법규범에 대한 해석을 전제로 한다. 나아가, 행정청은 재량행위의 경우 재량을 행사함에 있어서 개인의 기본권을 고려하여 개인의 기본권을 가장 적게 침해하는 수단을 선택해야 하는데, 이 과정에서 기본권의 정신을 밝히기 위하여 헌법해석작업이 행해진다.

(3) 사법부

사법부는 구체적인 소송사건에 적용되는 법률이 해석을 요하는 경우(예컨대, 민법상의 개괄조항) 법률에 미치는 헌법, 특히 기본권의 효력을 고려해야 하므로, 법률을 해석하고 적용하는 과정에서 필연적으로 법률해석의 지침을 제공하는 헌법규범에 대한 해석을 하게 된다. 뿐만 아니라, 법원은 법률을 여러 가지로 해석할 수 있고 그 해석에 따라 때로는 합헌적으로 때로는 위헌적으로 해석할 수 있는 경우에는 헌법에 합치하는 해석방법을 택해야 하는데, 이 과정에서 헌법해석이 문제된다.

II. 헌법해석의 특수성

헌법재판은 본질적으로 사법기능을 이행하는 국가작용으로서 그 주된 과제는 헌법의 해석과 적용에 있다. 따라서 헌법재판에서 헌법이 어떠한 방법으로 해석되고 적용되는지를 확인하는 것은 중요한 의미를 가진다.

1. 법적용의 2가지 기본방법으로서 포섭과 법익형량

법규범을 적용하는 2가지 기본방법 또는 법적 결정에 이르는 2가지 방법은 포섭(Subsumtion)과 법익형량(Abwägung)이다.

법적용의 방법으로서 포섭(包攝)은 우선 이를 가능하게 하는 법규범의 존재를 전제로 한다. 포섭의 이상적인 경우를 상정한다면, 법규범은 매우 상세하고 구체적이어서 모든 발생 가능한 경우에 대한 해결책을 이미 규율하고 있어야 한다. 법적용자는 단지 문제되는 구체적인 개별사건에 법률을 적용할 수 있는지 또는 역으로 구체적 사실관계가 일반·추상적으로 규정된 법규범에 포섭될 수 있는지를 판단하게 된다. 포섭이 가능한 법규범은 일반적으로 조건명제(條件命題)의 구조(…라면 …이다)를 취한다는 특징을 가지고 있다. 구체적 사실관계가 법규범에서 개념적으로 서술된 구성요건을 충족시키면, 법률이 규정하는 법률효과가 발생한다. 포섭이 가능한 법규범에서 그 의미의 불확실성으로 인하여 해석의 필요성이 있다면, 이러한 경우 법규범의 의미와 내용은 고전적 법률해석을 통하여 밝혀질 수 있다.

이와는 대조적으로, 법규범이 조건명제의 형식이 아니라 목적을 제시하거나 그 내용의 실현을 요청하는 형식으로 규정되어(가령, …을 실현하기 위하여 노력하여야 한다) 단지 목적과 방향만을 제시한다면, 목적을 실현하는 방법을 찾는 것은 규범해석자에게 맡겨진다. 이러한 법규범의 경우, 규범해석자는 가능하면 법규범의 목적을 실현할 수 있도록 해석·적용해야 할 의무를 부담하게 되고, 규범해석과 관련하여 광범위한 형성의 여지가 부여된다. 여기서 법규범의 해석과 적용은 상충하는 다른 법익과의 관계에서 법규범이 제시하는 목적을 가능하면 최적으로 실현해야 한다는 '최적화(最適化)의 과제'를 의미한다. 이러한 법규범의 적용 방법은 상충하는 법익간의 정당한 조정, 즉 상충하는 법익의 최적화를 목표로 양 법익간의 비례적 조정을 시도하는 법익형량이다.

2. 헌법규범의 특수성

헌법해석의 특수성은 '해석의 대상'인 헌법규범의 특수성에 기인한다. 헌법의 다수규정은 다른 법규범과는 달리 고유한 특징을 가지고 있기 때문에, 일반적인 법해석방법을 헌법에 그대로 적용하는 것은 부적절하다.

가. 규범구조에 있어서 헌법과 법률의 차이점

일반적으로 법률을 비롯한 다른 법규범은 구성요건에 법률효과를 연계시키는 條件命題의 입법기술을 취함으로써 법현실에 구체적으로 적용되는 것을 목표로 하여 현실생활에서 일상적으로 발생하는 법적 문제의 해결에 중점을 두고 있다. 그 반면에, 헌법의 다수 규정은 국가의 기본구조원칙(가령, 법치국가원리, 민주주의원리, 자유민주적 기본질서)이나 국가목표규정(가령, 경제조항($\frac{제119조}{이하}$), 사회적 기본권($\frac{제31조}{이하}$), 통일조항($\frac{제4}{조}$), 평화조항($\frac{제5}{조}$), 문화국가조항($\frac{제9}{조}$) 등)과 같이 가치적·이념적 성격을 가짐으로써 법현실에 구체적으로 적용되는 것이 아니라 그 내용의 실현을 목표로 하고 있다.

나. 헌법규범의 추상성과 개방성

헌법은 국가 및 공동체생활의 기본질서를 조직적으로나 실체적으로 확정한다는 점에서 다른 법규범과 비교할 때 일반적으로 보다 간결하고 함축적이며 추상적인 표현에 그치게 된다. 또한, 헌법의 규율대상인 정치적 영역은 이를 상세히 규율하는데 한계가 있고, 정치적 타협의 산물로서 합의될 수 없는 부분은 규율되지 아니한 채 미래의 정치적 발전에 대하여 개방적 상태에 놓이게 된다.

3. 고전적 의미의 헌법해석과 헌법의 실현·구체화

일반적으로 '헌법해석'이란 용어는 '고전적 의미의 헌법해석'과 '헌법의 구체화·실현'을 포괄하는 의미로 사용된다. 헌법해석의 고유성을 이해하기 위해서는 양자의 차이를 파악하는 것이 필요하다.

가. 고전적 의미의 헌법해석

고전적 의미에서 '해석'이란 확정된 규범내용을 전제로 하여 이를 발견하고 인식하는 것을 의미한다. 따라서 여기서 헌법해석이란, 헌법이 스스로 규율하고 있는 것을 인식하는 것이다. 헌법제정자가 헌법제정 당시 인식하고 결정한 헌법적 사안은 그가 규율하였기 때문에, 헌법규범의 해석을 통하여 상당 부분 파악할 수 있다. 헌법제정자가 기본적인 것을 확정하고자 하는 의도는 특히 국가기관 상호간의 관계를 규율하는 조직규범과 권한규범에서 드러나고 있다. 이러한 규범들은 헌법제정자의 확정적 의사에 상응하게 그 의미내용에 있어서 상당히 일의적이고 확정적이다. 조직규범이나 권한규범과 같이 헌법제정자가 스스로 확정적으로 규율한 헌법규범은 '법적용의 방법으로서 포섭'이 가능한 법규범에 해당하고,[1] 이러한 헌법규범의 의미내용이 불분명하여 해석을 필요로 한다면, 고전적 해석

---

1) 가령, 헌법 제44조 제2항("… 때에는 … 된다."), 제47조 제3항("…때에는 … 한다."), 제50조 제1항 단서("…때에는

방법을 통하여 그 의미와 내용을 밝힐 수 있다.

나. 헌법의 구체화 및 실현

(1) 개방적 헌법규범의 해석

헌법이 스스로 확정적으로 규율하지 않은 개방적 헌법규범의 경우에는 고전적인 헌법해석을 통하여 접근하는 데 한계가 있다. 특히 기본권조항, 법치국가·민주주의와 같은 국가의 기본구조에 관한 원칙, 국가행위의 목표를 제시하는 국가목표규정은 개방적이고 유동적인 헌법규범으로서 사회상황의 변화에 따라 지속적인 발전을 가능하게 한다. 이러한 개방적 헌법규범의 내용은 과거에 역사적으로 형성된 규범내용에 의하여 고정되고 확정된 것이 아니라, 변화하는 사회현실과의 관계에서 지속적으로 구체화되고 실현되어야 한다. 따라서 여기서 제기되는 문제는 이미 확정된 규범내용을 밝히는 문제가 아니라, 헌법규정을 창조적으로 발전시키는 문제이다.

가령, 자유권의 규범내용은 이미 확정된 것이 아니라 사회상황의 변화에 따라 지속적으로 발전하는 것이다. 사회현실에서 새로운 문제가 발생하거나 또는 존재하는 생활관계를 새로운 헌법적 시각에서 보아야 한다면, 헌법규범은 새로운 해석을 통하여 변화하는 사회현상에 반응하고 적응해야 한다. 헌법현실을 고려하는 헌법해석은 법관의 법창조나 헌법의 변천을 가져올 수 있다.

헌법규범의 구체화와 실현에 있어서 헌법현실은 중요하다. 개방적 헌법규범의 해석은 그 규범에 의하여 규율되는 헌법현실을 고려하는 경우에만 가능하다. 규범과 현실을 긴밀한 연관관계에서, 나아가 상호적으로 제약하는 관계에서 보아야만, 구체적 헌법현실에 대한 헌법규범의 의미는 비로소 인식될 수 있다.[1] 헌법규범이 규율대상으로 삼고 있는 생활관계의 특수성을 함께 고려해야만, 헌법규범의 내용적 구체화와 실현이 가능하다. 예컨대, 헌법상 재산권보장의 내용과 효력범위는 오늘날 현대국가에서 재산권이 개인의 인격발현에 대하여 가지는 사회적·경제적 기능을 고려해야만 비로소 확인될 수 있다.[2] 또한, 현대정보사회에서 정보처리기술의 발전에 의하여 개인의 인격발현에 대한 새로운 위험이 발생한다면, 이에 대응하기 위하여 헌법상 자유권은 '개인정보에 관한 자기결정권'에 의하여 보완되어야 한다.

(2) 법인식이 아니라 법창조(法創造)

따라서 개방적 헌법규범의 내용을 밝히는 것은 해석의 문제가 아니라 헌법의 내용을 채우는 작업, 즉 헌법의 보충이나 구체화의 문제를 의미한다. 헌법제정자가 제정 당시 헌법적 문제를 의식적으로 확정하지 아니한 채 미래의 발전에 대하여 개방적인 상태로 내버려 둔 경우, 이러한 헌법규범은 헌법해석자에 의하여 '채워지기 위하여 비워져 있는 규범'이라 할 수 있다. 여기서 헌법은 일반적인 것을 구체화하는 작업 또는 그 내용을 채워 넣는 작업, 다시 말하자면 해석 이상의 창조적인 작업을 요청하고 있는 것이다. 즉, 개방적 헌법규범의 해석은 법인식이 아니라 법창조에 관한 것이다.

결국, 개방적 헌법규범의 해석은 기본권조항이나 국가구조원칙 또는 국가목표규정을 '불문법적

…아니할 수 있다.") 등 조직과 권한에 관한 다수의 헌법규범이 명시적으로 조건명제의 형식을 취하고 있으며, 비록 명시적으로 조건명제의 형식을 취하고 있지 않은 일련의 헌법규범의 규율내용도 대부분의 경우 조건명제의 형식으로 전환될 수 있다.

1) 헌법과 헌법현실의 관계에 관하여 위 제1편 제1장 Ⅳ. 2. 참조.

2) 이로써 자본주의적 산업사회의 발전과 함께 재산권보장의 보호대상은 민법상의 소유권을 넘어서 자유 실현의 물질적 바탕이 될 수 있는 모든 권리로 확대되었다.

요소'에 의하여 보완하는 형태로 이루어진다.[1] 헌법의 구체화·실현의 과정에서 도출되는 이러한 불문법적 요소가 어느 정도로 설득력을 가지는지의 문제는 일차적으로 법적 논증의 문제, 결국 헌법재판소결정의 논리적 설득력의 문제이다. 따라서 헌법규정 중에서 국가의 조직과 권한, 절차에 관한 상세하고 구체적인 규정들을 제외한다면, 헌법은 헌법전(憲法典)에 규정되어 있으나 헌법의 본질적인 내용은 헌법을 구체화하고 실현하는 헌법재판소의 판례에서 발견된다.

4. 헌법재판의 결정과정으로서 법익형량과 '특유한 헌법해석의 원칙'

헌법재판소가 헌법재판을 통하여 해결해야 하는 대부분의 헌법적 분쟁은 하나의 개방적 헌법규범과 또 다른 하나의 개방적 헌법규범, 가령 기본권과 기본권 또는 기본권과 공익이 서로 충돌하는 상황에서 발생한다. 서로 충돌하는 개방적 헌법규범, 즉 헌법적 법익은 국가에 대하여 그 실현을 요청한다. 따라서 헌법재판의 실무에서 헌법을 해석하고 적용하는 작업은, 문제되는 헌법규정의 내용을 고전적 헌법해석을 통하여 밝혀내고 밝혀진 규범내용을 헌법현실에 적용하는 포섭의 방법보다는, 개방적인 헌법규범의 내용을 헌법의 구체화와 보충을 통하여 불문법적 요소에 의하여 보완하고 이와 같이 밝혀진 내용을 근거로 상충하는 법익을 교량하는 방법을 통하여 이루어진다. 헌법재판에서 주로 문제되고 심사기준으로 고려되는 헌법규범이 포섭을 가능하게 하는 구체적이고 확정적인 헌법규범이 아니라 포섭과 고전적 해석방법으로는 접근할 수 없는 추상적이고 개방적인 헌법규범이기 때문에, '법익형량'은 헌법재판에서의 주된 법적용 방법이다.

개방적인 헌법규범의 적용은, 개별적인 사안마다 판단의 대상이 되는 구체적인 상황에 비추어 서로 충돌하는 개방적 헌법규범의 가치를 구체화하고 실현하는 작업을 의미한다. 따라서 헌법재판의 결정과정은 통일체로 이해되어야 하는 헌법 내에서 다수의 개방적 헌법규범(법익)이 서로 충돌하는 경우 상충하는 법익을 어떻게 구체화하고 실현시킬 것인지의 문제로 귀결된다. 이로써 개방적 헌법의 해석과 적용은 서로 대립하는 관점의 규명과 법익교량에 의하여 지배되며, 헌법적인 결정은 헌법적 판단의 근간을 이루는 다양한 관점들을 규명하고 대치하는 관점들을 서로 저울질하는 법익형량의 형태로 내려진다. 따라서 개방적 헌법의 해석과 적용은 상충하는 법익과 가치를 지지하는 관점과 논거를 형량하는 형태로 이루어짐으로써 근본적으로 논증의 성격을 가지고 있다. 결국, 헌법재판소의 결정과정은 상충하는 헌법규범을 그 의미와 가치에 상응하게 실현하고자 하는 법익형량과정이자 합리적 논증의 과정을 의미한다.

여기서 제기되는 문제는, 개방적인 헌법의 해석·적용의 방법이 상충하는 헌법적 법익간의 형량에 관한 것이라면, 헌법재판의 결정과정으로서 법익형량이 어떠한 방법으로 이루어져야 하는지에 관한 것이다. 이에 대한 해답을 제시하고자 하는 시도가 바로 아래에서 다루는 '특유한 헌법해석의 원칙'인 헌법의 통일성 및 실제적 조화의 원칙이다.

---

1) 예컨대, 헌법재판소는 법치국가원리에서 헌법에 명시적으로 규정된 것 외에 법률의 명확성원칙, 신뢰보호의 원칙 등을 도출하였고, 헌법에 명시적으로 규정된 기본권 외에 헌법해석을 통하여 가령, 행복추구권으로부터 인격권이나 개인정보자기결정권을 도출하였다.

Ⅲ. 헌법해석의 방법

1. 고전적 해석방법

사례 *1* │ 헌법 제107조 제2항 "최종적으로"의 해석 문제

헌법은 제107조 제2항에서 "명령·규칙 또는 처분이 헌법이나 법률에 위반되는 여부가 재판의 전제가 된 경우에는 대법원은 이를 최종적으로 심사할 권한을 가진다."라고 규정하고 있다. 헌법 제107조가 우리 헌법 내에서 "제5장 법원"에 위치하므로 헌법 제107조 제2항의 "최종적"을 '사법부 내부에서의 최종적'으로 해석해야 한다는 주장이 있다. 이러한 해석은 타당한가?[1]

사례 *2* │ 헌법 제50조 제1항 "국회의 회의"의 해석 문제

헌법 제50조 제1항 본문은 "국회의 회의는 공개한다."고 하여 의회공개주의를 규정하고 있다. 여기서 '회의'는 본회의만 의미하는가 아니면 위원회의 회의도 포함하는가?[2]

가. 일반적 의미

헌법재판소를 비롯한 헌법해석자는 헌법해석에 있어서 자유로운 것이 아니라 법해석원칙의 구속을 받는다. 헌법규범의 특성에도 불구하고 헌법해석의 출발점은 *私法* 영역에서 형성된 일반적인 법해석원칙, 즉 사비니(Savigny)의 고전적인 법해석방법이다. 사비니의 법해석방법은 법조문, 즉 실정법을 출발점으로 삼아야 하고, 법조문의 뜻이 분명하지 않은 경우에는 의미내용을 밝히기 위하여 문리적·체계적·목적적·역사적 해석방법을 사용해야 한다는 해석원칙이다.

이러한 해석방법은 해석의 객관성이 확보되기 때문에, 모든 법규범의 해석에 있어서 사용되는 기본적 방법이다.[3] 법규범의 위헌여부가 헌법재판의 심판대상이 되는 경우, 일차적으로 심판대상규범

---

1) 일반적으로 "최종적"이란 표현을 사용한다면, 그를 제한하는 다른 수식어가 없는 한, '무조건적' 最終性을 의미하는 것이지, 유보적 의미의 最終性을 뜻하지는 않는다. 또한, 헌법 제107조 제1항과 제2항의 체계적 연관관계에서 살펴보아도, 제1항이 위헌법률심사제도와 관련하여 법원의 위헌제청의무와 헌법재판소의 위헌결정권을 확정함으로써 법원이 헌법재판소와의 관계에서 최종적으로 결정할 수 없는 것을 규정하고 있는 반면, 제2항에서 법원의 최종적 심사권을 명시적으로 언급하였다면, 제2항의 '최종성'은 헌법재판소와 법원의 '양자관계에서의 最終性'이지 '법원 내부에서만의 最終性'이라고는 이해할 수 없다. 법원의 권한이나 관할은 다른 헌법기관과의 관계에 있어서도 결국 법원에 관한 장에 규정될 수밖에 없는 것이므로, 헌법 제107조 제2항이 '제5장 법원'에 위치하기 때문에 '법원 내에서의 최종적'이라고 해석해야 한다는 주장은 설득력이 없다. 규범의 의미와 목적을 묻는 목적적 해석의 관점에서 보더라도, "최종적"이란 표현은 다른 헌법기관과의 관계에서 최종적인 것으로 해석해야 한다. 대법원이 법원 내에서의 최고법원(헌법 제101조 제2항)으로서 당연히 법원 내에서 최종적으로 심사할 권한이 있기 때문에, 그러한 해석은 "최종적"이라는 표현이 지극히 불필요한 것의 동어반복이라는 결과를 가져온다. "최종적"을 '법원 내에서의 최종적'으로 해석한다면, 헌법 제107조 제2항은 당연한 것을 확인하는 것 외에는 아무런 의미가 없는 조항, 즉 헌법 내에서 존재의미가 없는 조항으로 전락한다. 그러나 각개의 헌법규범은 헌법 내에서 그에게 부여된 고유한 의미를 갖도록 해석되어야 한다는 것은 헌법해석의 기본적인 출발점이다.
2) 아래 '나. 문리적·체계적 해석' 및 제4편 제2장 제4절 Ⅱ. 1. 나. '위원회 회의의 공개여부' 참조.
3) 물론, 고전적 해석방법은 헌법규범이 이미 확정하고 있는 내용을 밝히는 작업이므로, 헌법규범이 스스로 확정하지 않은 채 개방적인 자세를 취하고 있는 경우에는 적용의 한계가 있다는 것은 이미 위에서 서술한 바와 같다.

의 의미와 내용을 밝히는 작업이 선행되어야 하는데, 여기서 사비니의 객관적 해석방법은 중요한 역할을 한다. 또한 헌법규범의 내용을 밝히는 경우에도, 법문으로부터 출발하여 체계적인 연관관계와 헌법규범의 객관적인 목적을 밝히는 해석방법이 해석의 기준이 된다.

고전적 해석방법은 입법자의 주관적 의사를 밝히는 주관적 해석방법이 아니라 '법률의 객관적 의미와 내용'(법률의 객관적 의사)을 밝히고자 하는 객관적 해석방법이다.[1] 객관적 해석방법은 헌법의 의미와 내용을 시대상황에 상응하게 발전시킴으로써 헌법조문의 변경 없이 변화하는 사회상황에 헌법을 적응시키는 것을 가능하게 한다. 입법 당시 입법주체의 주관적 의사를 묻는 주관적 해석방법을 해석의 기준으로 삼는다면, 법규범을 변화하는 사회현상에 적응시키거나 새로운 인식을 수용하는 것이 불가능하고, 이로써 법의 발전과정을 봉쇄하고 지나치게 빈번한 개정을 가져오게 된다. 법규범이 법현실을 어느 정도 지속적으로 규율하기 위해서는, 규범제정 당시의 주관적 의사가 아니라 법규범 해석 당시에 법규범의 내용이 무엇인가를 묻는 객관적 해석방법이 기준이 되어야 한다. 더욱이 헌법의 경우에는 지속적이고 항구적인 적용과 실현을 목표로 하기 때문에, '오늘날 헌법규정의 내용이 무엇인가'를 파악함에 있어서 역사적 헌법제정자의 주관적 의사가 중요한 것이 아니라, 객관적으로 파악될 수 있는 헌법의 의사가 결정적인 것이다.

나. 문리적·체계적 해석

(1) 모든 해석과 마찬가지로, 헌법해석도 헌법의 文言으로부터 출발한다(문리적 해석). 문언은 동시에 헌법해석의 한계이다. 헌법의 법문에 반하는 해석은 원칙적으로 허용되지 않는다. 한편, 문리적 해석의 결과가 절대적인 것은 아니다. 헌법규범의 경우에도 법문을 문리적으로 해석한 결과가 헌법의 기본가치에 명백하게 위반된다면, 법문의 객관적 문의로부터 벗어나는 것이 가능할 뿐만 아니라 나아가 요청될 수 있다.

체계적 해석은 개별 헌법규범을 헌법의 규율체계의 관점에서 해석한다. 개별헌법규범은 서로 고립되어 이해되어서는 안 되고 다른 헌법규범과의 연관관계에서 보아야 하며, 이로써 헌법의 통일적 체계에 귀속시켜야 한다. 나아가, 체계적 해석원칙은 헌법의 개별규정이 헌법의 지도적 기본결정, 특히 인간존엄성의 보장, 민주주의, 법치국가 등의 기본결정에 모순되지 않도록 해석할 것을 요청한다.

(2) 가령, 대통령의 헌법적 권한은 그에 관한 규정뿐만 아니라 국회의 권한을 규정하는 헌법규범, 나아가 양자의 관계를 '대통령제 정부형태'의 범주 내에서 고찰해야만 비로소 제대로 이해될 수 있다.

헌법 제50조 제1항의 "국회의 회의는 공개한다."에서 '국회의 회의'는 '본회의'만을 의미하는지 아니면 '위원회의 회의'도 포함하는지의 문제가 제기되는데, 이 경우에도 헌법 제50조 제1항 본문과 단서조항("의장")의 관계, 제62조와의 관계('국회와 위원회'를 구분하여 사용), 제47조 이하의 규정들이 국회 본회의에 관한 규정이라는 점 등을 고려하여 해석해야 한다.

또한, 헌법 제107조 제2항에서 언급하는 '명령·규칙·처분에 관한 대법원의 최종적 심사권한'과 관련하여 '최종적'의 의미는 헌법 제107조 제1항 및 제2항, 법원과 헌법재판소의 관할을 규율하는 제5장 및 제6장의 연관관계에서 살펴보아야 한다.

---

1) BVerfGE 11, 131 f., 독일 연방헌법재판소는 헌법해석에 있어서 일관되게 법규정의 법문과 의미연관관계에서 나오는 헌법제정자의 '객관화된 의사', 즉 '헌법에 표현된 헌법제정자의 의사'를 결정적인 것으로 간주하고, 객관화된 의사를 밝히기 위하여 문법적·체계적·목적적·역사적 해석방법 등 전통적인 해석방법을 사용하고 있다.

다. 목적적 해석

(1) 목적적 해석은 법규범의 의미와 목적(ratio legis)을 묻는 해석방법이다. 목적적 해석은 법규범이 추구하는 목적의 관점에서 법규범의 내용을 밝히고자 시도한다.

모든 법규범은 인간의 공동생활을 규율함으로써 분쟁을 가능하면 사전에 방지하고, 분쟁이 발생한 경우 이를 해결함으로써 법적 평화를 회복하는 것을 주된 목적으로 한다. 그런데 분쟁은 서로 상이한 이익간의 충돌에서 발생한다. 그러므로 법규범은 상충하는 이익을 조정한 결과로서 특정 이익을 위한 결정을 담고 있다. 목적적 해석에서는 이러한 상이한 보호목적을 밝히고 상이한 이익간의 분쟁을 해결하고자 하는 것이다. 규범의 목적은 문리적·체계적·역사적 해석을 통하여 밝혀질 수 있으므로, 위의 3가지 해석방법은 목적적 해석방법의 3요소이다.

(2) 헌법규범은 헌법상 기본원리(예컨대 법치국가원리)를 실현하고자 하거나 또는 국가와의 관계에서 개인의 법적 지위를 보장하거나 아니면 공익과 사익의 관계에서 또는 국가기관 상호간의 관계에서 이해관계의 충돌을 해결하고자 하는 것이며, 궁극적으로 인간의 존엄성실현에 기여하고자 하는 것이다. 그러므로 이러한 목적의 설정에 상응하게 해석하고자 하는 것이 목적적 해석의 관점이다. 개별 헌법규범은 헌법의 가치질서와 인간존엄성을 실현하는 수단으로서 헌법의 체계 내에서 각 고유한 의미와 기능을 부여받고 있으므로, 헌법의 이러한 가치체계 내에서 개별 헌법규범에 부여된 의미와 기능을 밝히는 작업이다.

(3) 이와 같이 목적을 기준으로 하는 해석은 특히 헌법규범의 효력과 작용영역을 확장함으로써 헌법의 실효성을 강화하는 데 기여할 수 있다. 가령, 헌법 제27조의 재판청구권의 궁극적인 목적이자 보장내용을 '효과적인 권리보호'로 이해한다면, 재판청구권은 단순히 권리구제절차의 제공이 아니라 '효과적인 권리구제절차의 제공'을 보장한다.

라. 역사적 해석

(1) 狹義의 역사적 해석

(가) 역사적 해석이란 본회의나 위원회의 회의록, 개별 의원의 발언 등을 고려하여 입법절차에 관여한 입법자의 주관적인 의사를 묻는 해석방법이다. 역사적 해석은 객관적인 해석에 대한 보충적인 해석방법으로서, 객관적인 해석에 의하여 밝혀진 의미와 내용을 확인하는 것에 주된 의미를 가진다.

(나) 헌법규범이 역사적 해석의 대상이 되는 경우에는 역사적 해석이란, 헌법 제정 당시의 모델이 되거나 큰 영향을 미칠 수 있었던 일반적인 이념이나 상황에 관하여 묻는 해석방법을 의미한다. 제헌의회는 완전히 새로운 내용의 헌법을 창조하는 것이 아니라, 일반적으로 과거의 국내외 헌법을 참고하게 된다. 예컨대, 우리 건국헌법의 제정자가 독일 바이마르 공화국헌법을 참고하여 한편으로는 일부 규정을 수용하였고, 다른 한편으로는 그 수용을 의식적으로 거부하였다면, 수용된 규정의 경우에는 바이마르 공화국 당시의 해석을 참고하는 것이 허용될 수 있다. 반면에, 수용을 거부한 규정과 관련해서는 현행 헌법규정을 해석함에 있어서 헌법제정자가 수용을 거부한 바이마르 헌법규정의 의미에 이르는 해석은 피해져야 한다.

(2) 廣義의 역사적 해석

헌법제정자의 주관적 의사를 파악하고자 하는 협의의 관점을 넘어서, 憲法史나 制度史를 고려하는 '광의의 역사적 해석'은 특히 역사와 전통에 의하여 과거에 형성된 법의 해석에 있어서 중요한 의미를 가진다. 해석은 그 대상에 대한 이해를 전제로 하고, 과거를 아는 사람만이 현재를 이해할 수 있기 때문이다.

헌법이란 새로운 것의 창조가 아니라 역사적으로 형성되고 타당한 것으로 입증된 제도, 정치적 의사형성의 절차, 개인의 자유권 등을 선별하여 수용한 것이다. 헌법은 역사적 시야에 관한 지식 없이 이해될 수 없고 해석될 수 없으며, 역사적 해석은 이러한 역사적 시야를 열어준다. 법치국가·민주주의와 같은 헌법적 개념을 해석한다면, 서구 역사에서 2세기가 넘는 기간에 걸쳐 이루어진 헌법국가의 발전을 고려하는 것은 불가피하다. 또한, 헌법 제7조의 직업공무원제도의 보장은 18세기 이래 유럽국가에서 자리 잡은 직업공무원제도에 그 이념적 바탕을 두고 있는 것으로 이에 관한 이해 없이는 해석이 불가능하다. 뿐만 아니라, 자유권의 보장도 대부분의 경우 서구 인권보장의 역사에서 일관되고 지속적으로 형성된 중요한 자유권을 헌법에 수용한 것이므로, 개별자유권의 규범내용을 이해하기 위하여 전통적으로 형성된 규범내용을 고려해야 한다.

역사적 해석은 헌법적 전통과 이념적 기초에 대한 시야를 열어주고, 이로써 헌법적 논증의 근거를 제공한다. 물론, 헌법적 전통에 기초한 논증은 '시대에 맞지 않는 것'을 고착화하거나 헌법의 개방성을 저해해서는 안 된다. 현행 헌법의 다수의 규정과 제도가 서구의 헌법사에 그 정신적 뿌리를 두고 있기 때문에 이에 관한 전반적인 이해가 필수적임에도 불구하고, 오늘날 유효한 헌법규범은 현대의 시대적 상황에 비추어, 무엇보다도 현행 헌법을 지탱하고 지배하는 근본적 가치결정(인간의 존엄성보장)에 비추어 새롭게 해석되어야 한다.

2. 특유한 헌법해석의 원칙

가. 헌법의 統一性

(1) 의 미

(가) 헌법규범 간 모순의 제거를 요청하는 통일적인 체계로서 헌법

헌법의 통일성(Einheit der Verfassung)에 의하면, 모든 헌법규범은 '헌법의 체계'라는 커다란 연관관계에 위치한다. 헌법은 병렬적으로 존재하는 개별 헌법규범의 단순한 집합체가 아니라, 국가공동체의 정치생활의 통일적 질서를 의미한다. 따라서 개별 헌법규범은 별개로 고립되어 해석되어서는 안 되고, 헌법이 하나의 통일체를 구성한다는 관점에서 해석되어야 한다.

특히 헌법의 통일성이 문제되는 것은, 개별 헌법규범을 해석·적용함에 있어서 다른 헌법규범과의 관계에서 모순이나 긴장관계가 발생할 수 있는데, 이러한 부조화의 상태를 해소해야 하는 경우이다. 이러한 경우, 헌법규범 상호간에 모순이나 긴장상태가 발생하지 않도록 해석함으로써 헌법규범이 하나의 통일체로서의 헌법에 모순 없이 삽입되어야 한다. 즉, 해석을 통하여 헌법규범간의 대립과 긴장관계가 해소되어야 하고, 이로써 헌법의 통일성이 실현되어야 한다. 또한, 헌법의 통일성은 설사 법문상으로는 무제한적으로 보장되는 자유권도 헌법내재적 한계(타인의 기본권이나 그 외의 헌법적 법익)에 의하여 제한되는 것을 정당화한다.

한편, 헌법의 통일성의 관점이 헌법해석자의 관점에서 소위 이상적으로 간주되는 특정 가치질서나 특정 지도이념을 바탕으로(가령 사회국가원리나 민주주의원리 등) 개별헌법규정의 상이한 내용과 특수함을 제거하는 도구가 되어서는 안 된다.

(나) 헌법의 영역에서 체계적 해석의 구체화로서 헌법의 통일성

헌법해석의 특수성에도 불구하고, '헌법의 통일성'의 원칙은 그 내용에 있어서 고전적인 해석방법의 하나인 '체계적 해석'이 헌법의 특성인 '규율체계의 통일성'의 관점에서 구체화된 것에 지나지 않는다. 헌법해석과 관련하여, 체계적 해석은 헌법의 통일성을 기준으로 삼는다. 마찬가지로 헌법해석의 다른 원칙(가령, 실제적 조화의 원칙, 기능적 타당성의 원칙 등)도 '헌법의 통일성'에 그 이론적 바탕을 두고 있으므로, 특유한 헌법해석의 원칙에 있어서 사실상 새로운 것은 없다고 할 수 있다.

(2) 헌법규범간의 부조화의 상태를 해소해야 하는 구체적 예

(가) 국회의원의 지위와 관련하여, 헌법 제8조(정당조항)와 제46조 제2항(의원의 자유위임) 사이에 긴장과 부조화가 발생할 수 있다. 국회의원은 정당의 대표자이자 동시에 국민 전체의 대표자이다. 헌법 제8조는 헌법 내에서 정당의 특별한 의미와 기능을 부여하고 정당의 기능을 이행하기 위하여 정당의 대표자인 국회의원이 어느 정도 정당의 결정에 구속을 받을 수 있다는 것을 표현하고 있다.[1] 이에 대하여 헌법 제46조 제2항은 국회의원이 누구의 구속도 받지 않는다는 자유위임을 선언하고 있다. 이러한 연관관계에서 볼 때, 국회의원은 본회의의 표결에서 정당이 정한 방침에 따라야 하는지, 국회의원이 표결에서 정당의 방침에 따르지 않았다는 이유로 위원회로부터 소환될 수 있는지, 심지어 정당으로부터 제명할 수 있는지 등의 문제가 제기될 수 있다.

(나) 헌법 제72조(대통령의 국민투표부의권)에서 '국가안위에 관한 중요한 정책'의 의미와 관련하여 국회의 권한과 긴장관계가 발생할 수 있다. 가령, 국가안위에 관한 중요한 정책에 법률안(가령, 대체복무제허용에 관한 법률안)도 포함되는 것으로 이해하는 경우, 이로써 대통령이 국회통과가 어렵다고 판단되는 법률안을 임의로 국민투표에 부쳐 법률로써 확정할 수 있는 경우, 국회의 입법을 강요하는 사실상의 강제로 작용함으로써 국회의 입법기능과 충돌상황이 발생한다.

(다) 선거운동에 대한 규제를 요청하는 헌법 제116조 제1항과 기본권으로서 선거운동의 자유의 관계는 헌법규범 사이의 모순과 상충관계를 헌법통일성의 관점에서 해결해야 하는 또 하나의 대표적인 경우에 속한다.[2]

나. 실제적 조화의 원칙[3]

(1) 의 미

헌법의 통일성의 관점은 상충하는 헌법규범을 상호간에 모순이 발생하지 않도록 해석할 것을 요청한다. 그렇다면, 어떠한 방법으로 헌법규범간의 대립과 긴장관계가 완화되어야 하는지에 관한 문제가 제기되는데, 이러한 문제를 해결하기 위한 것이 바로 실제적 조화의 원칙이다. 이로써 실제적

---

1) 헌법 제8조 제1항의 정당의 자유는 정당의 강령과 기본정책을 스스로 결정할 자유와 이를 추구하고 실현할 자유를 포함한다. 정당이 국가영역에 진출하는 경우에는 정당은 자신의 정책을 국가영역에서도 실현하고 관철하고자 하며, 이로써 정당의 정책을 의회영역에서 뭉쳐진 힘으로 효과적으로 추진하기 위하여 소속 국회의원에 대하여 영향력을 행사하게 된다.

2) 헌법 제116조 제1항은 선거운동에서의 기회균등을 보장함으로써 선거의 공정을 실현할 수 있도록 입법자에게 선거운동의 자유를 제한할 수 있는 권한을 부여하는 규범이자, 선거에서의 기회균등을 요청하는 평등선거원칙을 다시 한 번 강조하는 규범이다. 그러나 입법자는 헌법상 부여받은 권한을 행사함에 있어서 기본권에 의하여 보장되는 선거운동의 자유를 존중해야 하므로, 선거운동의 자유에 대한 제한의 경우에도 헌법 제37조 제2항의 과잉금지원칙의 적용을 받는다는 것에는 변함이 없다. 따라서 위 헌법규정은 입법자가 공직선거법을 통하여 선거운동의 자유를 포괄적으로 규제하는 것을 정당화하는 헌법적 근거가 될 수 없다.

3) 보다 자세한 것은 제3편 제1장 제9절 기본권의 충돌 참조.

조화의 과제는 헌법해석의 중요한 과제이다.

실제적 조화의 원칙(Prinzip der praktischen Konkordanz)이란, 헌법규범간의 대립과 긴장관계를 헌법규범간의 우열관계로 해결하는 것이 아니라 헌법의 통일성의 관점에서 상충하는 헌법규범 모두가 최적의 효력을 발휘할 수 있도록 해석해야 한다는 원칙을 말한다.[1] 헌법이 스스로 헌법규범 사이의 일정한 위계질서를 확정하고 있지 않은 한, 어느 한 헌법규범을 다른 헌법규범의 일방적인 희생 하에서 우위가 인정되는 것으로 간주해서는 안 된다. 따라서 헌법규범간의 충돌이 발생하는 경우, 하나의 규범을 일방적으로 우대하여 다른 규범의 희생 하에서 실현해서는 안 되고, 양 헌법규범이 상호관계에서 서로를 제약한다 하더라도, 양자가 가능하면 최적의 효과를 얻을 수 있도록 양 헌법규범의 경계가 설정되어야 한다. 상충하는 헌법규범은 법익교량을 통하여 조화와 균형을 이루어야 한다. 결국, 헌법의 통일성으로부터 헌법규범간의 최적화 또는 조화의 과제가 도출된다.

(2) 구체적 적용의 예

(가) 낙태죄에서 낙태의 허용범위를 정하는 경우, 태아의 생명권과 산모의 행복추구권이라는 헌법적 법익이 서로 충돌하는데, 입법자는 법익형량을 통하여 양 법익이 조화와 균형의 상태에 이르도록, 즉 태아의 생명도 보호하면서 산모의 자기결정권도 효력을 발휘할 수 있도록 규율해야 한다.

(나) 헌법 제8조(정당조항)와 제46조 제2항(의원의 자유위임)의 대립과 긴장관계는 한편으로는 정당이 소속의원에 대한 영향력행사의 가능성을 통하여 자신이 추구하는 정책을 국가영역에서 효과적으로 대변하고 관철할 수 있으면서도, 다른 한편으로는 국회의원의 무기속위임도 보장하는 방향으로 해소되어야 한다.[2]

다. 기능적 타당성의 원칙

(1) 의 미

기능적 타당성의 원칙(Prinzip der funktionellen Richtigkeit)은 헌법기관 사이의 헌법적 권한배분의 관점에서 헌법규범을 해석할 것을 요청한다. 따라서 모든 헌법기관이 그에게 헌법상 부여된 기능을 이행할 수 있도록, 국가기관 상호간의 관계에서 헌법상 부여받은 기능이 유지되도록 헌법규범을 해석해야 한다. 국가기관은 헌법해석의 방법을 통하여 헌법상의 기능적 배분질서를 변경해서는 안 된다. 기능적 타당성의 원칙은 헌법상 권력분립질서의 관점에서 본 '헌법의 통일성원칙'이라 할 수 있고, 이로써 '체계적 해석'의 일환이다.

기능적 타당성의 원칙은 특히 헌법재판의 한계와 관련하여 입법자와 헌법재판소의 관계에서 중요한 의미를 가진다. 헌법재판소의 기능은 입법이 아니라 입법자의 통제에 있는 것이므로, 헌법의 해석을 통하여 사실상 입법기능을 행사함으로써 입법자의 기능과 지위를 침탈해서는 안 된다. 헌법재판소가 해석을 통하여 헌법규범으로부터 지나치게 구체적인 헌법적 요청을 도출하고 이를 근거로 입법자에게 구체적인 입법지침을 부과함으로써 입법자를 과도하게 구속한다면, 이로써 헌법재판의 한

---

1) 헌법규범간의 상충관계를 해소하여 헌법의 통일성을 실현하는 방법으로는 헌법규범간의 우위관계 또는 조화관계를 통하여 해결하는 방법이 있다.

2) 이에 따라 국회의원은 헌법상 무기속위임으로 말미암아 정당의 방침에 따라 표결해야 할 의무는 없으나, 정당의 방침에 따라 본회의나 위원회에서 표결을 하지 않은 경우에는 위원회로부터 소환될 수 있고 나아가 정당으로부터 제명될 수 있다. 그러나 국회의원의 자유위임에 비추어, 입법자는 정당제명의 경우 국회의원직을 상실하도록 규정할 수 없다.

계를 넘을 수 있다.

(2) 구체적인 예

(가) 가령, 헌법재판소가 사회현실에 대한 자신의 판단을 기초로 사회적 기본권의 실현여부에 관하여 입법자에 대한 통제를 너무 엄격하게 하는 경우, 헌법재판소는 사회형성의 주체가 되어 헌법재판을 통하여 실질적으로 입법기능을 담당하게 되며, 이 경우 국민의 헌법소원심판청구는 사실상 헌법재판소에 대한 '입법청원'의 기능을 할 수 있다.

(나) 헌법 제72조의 대통령의 국민투표부의권을 해석함에 있어서 '국가안위에 관한 중요한 정책'의 의미를 너무 광의로 이해함으로써, 대통령이 국민투표부의권을 행사하여 국회 등 다른 헌법기관의 권한을 침해하는 결과를 가져오도록 해석해서는 안 된다.

라. 헌법의 規範力의 원칙

(1) 의 미

개별 헌법규범은 가능하면 최적의 법적 효력을 얻을 수 있도록, 특히 단지 선언적인 성격에 그치는 것이 아니라 구속력 있는 법규범으로서 관철될 수 있도록 해석해야 한다는 것이 헌법의 규범력의 원칙(Prinzip der normativen Kraft der Verfassung)이다. 특히, 개별 헌법규범은 헌법 내에서 그에게 부여된 고유한 의미를 가지도록 해석되어야 한다.

(2) 구체적인 예

(가) 기본권의 보호범위에 관한 해석과 관련하여, 예컨대 양심의 자유의 보호범위를 지나치게 포괄적으로 해석함으로써 행복추구권에 의하여 보장되는 일반적 행동자유권으로 변질시켜서는 안 된다.

(나) 헌법 제11조 제1항 후문을 단지 예시적인 규정으로 해석함으로서 그 의미를 제거해서는 안 된다. 따라서 일반평등조항에 대한 특별조항으로 해석하는 것이 요청된다.

(다) 헌법 제107조 제2항의 '최종적'의 의미를 '법원 내에서의 최종적'으로 해석하는 경우, 헌법규범의 고유한 의미를 상실하게 된다. 따라서 헌법재판소와의 관계에서 최종적으로 해석하는 것이 타당하다.

마. 동화적 효과의 원칙

헌법의 통일성의 원칙을 출발점으로 삼아, 동화적 효과의 원칙(Prinzip der intergrierenden Wirkung)은 헌법적 문제의 해결에 있어서 동화적 통합의 효과를 가져오는 관점에 우위를 부여할 것을 요청한다.

Ⅳ. 合憲的 法律解釋

사례 1 헌재 1990. 4. 2. 89헌가113(국가보안법상 찬양·고무죄 사건)

국가보안법은 제7조 제1항에서 "반국가단체나 그 구성원 또는 그 지령을 받은 자의 활동을 찬양·고무 또는 이에 동조하거나 기타의 방법으로 반국가단체를 이롭게 한 자는 7년 이하의 징역에 처한다."고 하고, 같은 조 제5항은 "제1항 내지 제4항의 행위를 할 목적으로 문서·도화 기타의 표현물을 제작·수입·복사·소지·운반·반포·판매 또는 취득한 자는 그 각항에 정한 형에 처한다."고 규정함으로써, 다소 불명확한 개념을 사용하여 개인의 표현활동을 광범위하게 규율하고 있었다. 甲은 반국가단체를 이롭게 할 목적으로 도서 및 표현물을 소지하고 이를 반포하였다는 이유로 국가보안법 위반 등의 죄로 기소되어 재판을 받으면서, 위 법률조항에 대하여 '국가보안법 제7조 제1항 및 제5항은 반국가단체를 어떠한 방법으로든지 이롭게 한 자를 모두 처벌할 수 있다는 지나치게 포괄적이고 막연한 규정이므로 죄형법정주의와 과잉금지원칙에 위반된다'는 주장으로 위헌법률심판제청을 신청하였다.[1]

사례 2 | 헌재 1992. 2. 25. 89헌가104(군사기밀누설 사건)

군사기밀보호법은 '군사상의 기밀을 부당한 방법으로 탐지하거나 수집하는 행위'(제6조), '군사상의 기밀을 탐지하거나 수집한 자가 이를 타인에게 누설하는 행위'(제7조), '우연히 군사상의 기밀을 지득하거나 점유한 자가 이를 타인에게 누설하는 행위'(제10조)를 형사 처벌하도록 규정하고 있었다. 甲은 국회의원 비서관으로 재직중 군사2급비밀문서인 "국방업무보고" 등을 부당한 방법으로 수집하고 이를 누설하였다고 하여, 乙은 국회의원 비서로 재직중 같은 문서 등을 보관중 이를 누설하였다고 하여, 1989년 서울형사지방법원에 각 공소제기되었다. 이에 甲과 乙은 '군사상의 기밀'과 '부당한 방법'의 개념이 불명확하여 죄형법정주의에 반하고 알권리의 본질적 내용을 침해할 우려가 있다고 주장하면서, 위 공소사실에 대한 적용법조인 군사기밀보호법규정에 대하여 위헌법률심판제청을 신청하였다.[2]

1. 합헌적 법률해석의 의미

합헌적 법률해석(verfassungskonforme Gesetzesauslegung)이란, 법률을 법문의 범주 내에서 여러 가지 의미로 해석할 수 있고 그 해석에 따라 때로는 위헌적 결과를 때로는 합헌적인 결과를 가져온다면, 합헌적인 결과에 이르는 해석방법을 채택해야 한다는 해석원칙을 말한다.[3] 합헌적 법률해석은 '헌법합치적 법률해석' 또는 '법률의 합헌적 해석'이라고도 한다. 법률이 다양한 의미로 해석될 수 있

---

[1] 헌법재판소는 "국가보안법 제7조 제1항 및 제5항은 각 그 소정 행위가 국가의 존립·안전을 위태롭게 하거나 자유민주적 기본질서에 위해를 줄 명백한 위험이 있을 경우에만 축소적용되는 것으로 해석한다면 헌법에 위반되지 아니한다."(판례집 2, 49)고 하여 한정합헌결정을 선고하였다.

[2] 헌법재판소는 "군사기밀의 범위는 국민의 표현의 자유 내지 '알 권리'의 대상영역을 최대한 넓혀줄 수 있도록 필요한 최소한도에 한정되어야 할 것이며 따라서 군사기밀보호법 제6조, 제7조, 제10조는 동법 제2조 제1항의 '군사상의 기밀'이 비공지(非公知)의 사실로서 적법절차에 따라 군사기밀로서의 표지를 갖추고 그 누설이 국가의 안전보장에 명백한 위험을 초래한다고 볼 만큼의 실질가치를 지닌 것으로 인정되는 경우에 한하여 적용된다 할 것이므로 그러한 해석 하에 헌법에 위반되지 아니한다."고 판시하여(판례집 4, 64, 65) 심판대상조항에 대하여 한정합헌결정을 하였다.

[3] 헌재 1990. 4. 2. 89헌가113(국가보안법상 찬양·고무죄), 판례집 2, 49, 62, "어떤 법률의 개념이 다의적이고 그 어의의 테두리 안에서 여러 가지 해석이 가능할 때 헌법을 그 최고 법규로 하는 통일적인 법질서의 형성을 위하여 헌법에 합치되는 해석 즉 합헌적인 해석을 택하여야 하며, 이에 의하여 위헌적인 결과가 될 해석을 배제하면서 합헌적이고 긍정적인 면은 살려야 한다는 것이 헌법의 일반 법리이다. 이러한 합헌적 제한해석과 주문예는 헌법재판제도가 정착된 여러 나라에 있어서 널리 활용되는 통례인 것으로서 법률에 일부 합헌적 요소가 있음에도 불구하고 위헌적 요소 때문에 전면위헌을 선언할 때 생길 수 있는 큰 충격을 완화하기 위한 방안이기도 하다."; 헌재 1990. 6. 25. 90헌가11, 판례집 2, 165, 170, "합헌해석 또는 합헌한정해석이라 함은 법률의 규정을 넓게 해석하면 위헌의 의심이 생길 경우에, 이를 좁게 한정하여 해석하는 것이 당해 규정의 입법목적에 부합하여 합리적 해석이 되고 그와 같이 해석하여야 비로소 헌법에 합치하게 될 때 행하는 헌법재판의 한 가지 형태인 바, 이것은 헌법재판소가 위헌심사권을 행사할 때 해석여하에 따라서는 위헌이 될 부분을 포함하고 있는 광범위한 규정의 의미를 한정하여, 위헌이 될 가능성을 제거하는 해석기술이기도 하다."

으나 모든 해석이 헌법과 합치하는 것이 아닌 경우, 합헌적 법률해석의 문제는 제기된다. 합헌적 법률해석은 법적용기관인 헌법재판소에게는 '결정유형의 한 형식'에 해당한다는 것에 합헌적 법률해석의 특수성이 있다.

가. 법률해석으로서 합헌적 법률해석

(1) 합헌적 법률해석의 전제조건

합헌적 법률해석은 헌법해석의 문제가 아니라 법률해석의 문제이다. 합헌적 법률해석은 해석의 대상인 법률이 多義的일 것, 즉 '해석의 가능성'을 가지고 있다는 것을 당연한 전제로 한다. 일의적인 내용의 법률은 헌법에 합치하든지 아니면 합치하지 않을 뿐이다. 나아가, 법률이 해석의 가능성을 가지고 있을 뿐만 아니라 합헌적인 해석가능성을 가지고 있어야 한다. 법률이 생각할 수 있는 모든 해석가능성에 있어서 헌법에 위반된다면, 합헌적 법률해석은 불가능하다. 합헌적 법률해석은 1차적으로 법률해석의 문제이지만, 법률을 합헌적으로 해석하기 위해서는 해석의 지침인 헌법규범의 해석이 동시에 이루어진다.[1]

(2) 모든 국가기관의 의무

합헌적 법률해석은 헌법재판소에 유보된 독점적인 권한이 아니라 모든 국가기관에 의하여 존중되어야 하는 일반적 법률해석원칙이다. 특히 사법기능을 담당하는 기관은 입법자의 입법권을 존중하여 입법자가 제정한 규범이 가능하면 존속하고 그 효력이 유지될 수 있도록 해석하여야 한다. 그러므로 합헌적 법률해석은 헌법재판소뿐만 아니라 모든 법적용기관, 즉 법원과 행정청에 부과된 의무이다.

법원은 헌법재판소에 위헌제청을 하기 전에 위헌의 의심이 있는 법률을 합헌적으로 해석하여 법률의 위헌성이 제거될 수 있는지를 우선적으로 살펴야 하며, 합헌적 해석을 통하여 법원이 당해사건에서 법률을 적용하려는 시도에도 불구하고 위헌의 의심이 해소되지 않는 경우에야 비로소 법원은 헌법재판소에 위헌제청을 해야 한다. 그러므로 합헌적 법률해석은 헌법재판소의 독점적인 권한이 아닌 모든 법원의 권한이자 의무이다.[2]

나. 합헌적 법률해석과 헌법재판

합헌적 법률해석은 특히 헌법재판소에 의한 법률의 위헌심사(규범통제절차)에서 중요한 의미를 가진다. 법률이 헌법에 위반되는 경우, 그 법률은 원칙적으로 위헌으로 선언되어야 한다. 그러나 법률이 통상적인 해석방법에 따라 합헌적인 해석의 가능성을 허용하는 한, 그 법률은 위헌으로 선언되어서는 아니 되고, 모든 해석가능성이 헌법에 위반되는 경우에 비로소 그 법률은 위헌으로 선언되어야 한다는 것이 바로 합헌적 법률해석의 요청이다.

따라서 법률을 합헌적으로 해석할 수 있는 경우, 헌법재판소는 "법률은 헌법에 위반된다."는 형식의 위헌결정을 내리지 않고, 단지 "법률을 어떠한 의미로 해석하는 한 헌법에 위반된다 또는 위반되지 않는다."는 것을 확인하는 결정을 내리게 된다. 이러한 결정유형인 한정합헌결정 및 한정위헌

---

[1] 이러한 이유에서 합헌적 해석은 법률해석에 관한 것임에도 일반적으로 헌법해석의 범주에서 함께 다루어지고 있다.

[2] 그러나 헌법재판소가 법률의 위헌여부에 관한 결정권을 갖고 있으므로, 합헌적인 법률해석에 관한 최종적인 결정권도 헌법재판소에 귀속된다. 그러므로 헌법재판소가 일단 심판절차에서 합헌적 법률해석을 통하여 그 결과로서 한정위헌결정을 내리면, 헌법재판소법 제47조 제1항에 따라 법원을 비롯한 모든 국가기관이 그에 구속을 받는다.

결정은 합헌적인 법률해석의 필연적인 결과이다. 규범통제절차에서 합헌적 법률해석은 '위헌결정에 대한 하나의 대안'이다. 한정합헌·위헌결정은 위헌결정의 일종이기는 하나, 법률의 내용 및 적용범위를 한정함으로써 법률을 존속시키고자 하는 결정이다.[1] 그 결과, 입법자는 한정합헌·위헌결정의 경우 법률조항을 폐지하거나 입법개선을 할 필요가 없다.

2. 합헌적 법률해석의 이론적 근거

합헌적 법률해석의 근거가 무엇인가의 문제는 '왜 헌법재판소가 위헌적인 해석 가능성에도 불구하고 법률을 위헌으로 선언하지 아니하고 합헌적 해석을 통하여 존속시켜야 하는지'에 관한 것이다. 합헌적 법률해석은 민주주의와 권력분립원칙의 관점에서 '입법자의 입법권에 대한 존중'과 '규범유지의 원칙'에 의하여 정당화된다.[2]

가. 規範維持의 원칙

합헌적 법률해석은 그를 통하여 법률에 대한 위헌선언이 방지될 수 있는지에 관한 것으로, 헌법적으로 문제가 있는 법률을 합헌적인 것으로 그 효력을 유지시키는데 주안점을 두고 있다. 이러한 점에서 합헌적 법률해석을 정당화하는 주요논거는 규범유지(favor legis)의 사고이다. 이는 동시에 입법권에 대한 존중이라 할 수 있다.

입법권에 대한 존중은, 헌법이 허용하는 범위 내에서 합헌적 법률해석을 통하여 '입법자가 의도하는 바의 최대한'이 가능하면 유지될 것을 요청한다.[3] 따라서 해석을 통하여 규범의 효력을 유지시키고자 하는 시도가 법률의 문언 및 입법자의 원칙적인 목표설정에 부합한다면, 입법자에 대한 존중의 관점에서 법률의 합헌적 해석이 요청된다. 제정된 법률이 비록 위헌적인 해석가능성을 내포하고 있다 하더라도, '입법자는 단지 헌법에 부합하는 법률을 제정하고자 의도하였다는 추정'도 규범유지의 원칙을 지지하고 있다.

(1) 합헌적으로 해석이 가능한 법률에 대하여 위헌결정이나 부분위헌결정을 하는 경우, 그로 인하여 위헌으로 선언된 법률이 법질서에서 제거됨으로써 잠정적인 법적 공백이 발생하고, 다른 한편으로는 입법자에게는 헌법재판소의 결정취지에 부합하게 법률을 사소한 부분까지 빈번하게 개정해야 하는 부담을 부과하게 된다. 이러한 이유에서 합헌적으로 해석·적용이 가능한 법률의 위헌성을 위헌결정이 아니라 해석을 통하여 제거하는 것이 법적 안정성(법률의 지속성과 항구성)의 관점에서 바람직하다.[4]

---

1) 그러나 한편으로는 '법률의 효력이 가능하면 유지되어야 한다.'는 원칙에 따라 헌법규범이 해석되어서는 안 된다는 점을 유의해야 한다. 이 경우, 헌법이 하위법의 해석의 지침이 되는 것이 아니라 거꾸로 '법률의 존속'이라는 관점이 헌법해석의 지침이 됨으로써, '법률의 合憲的 해석'이 아니라 '헌법의 合法律的 해석'으로 전도된다.

2) 헌재 1989. 7. 14. 88헌가5(보호감호), 판례집 1, 69, 86, "법률의 합헌적 해석은 헌법의 최고규범성에서 나오는 법질서의 통일성에 바탕을 두고, 법률이 헌법에 조화하여 해석될 수 있는 경우에는 위헌으로 판단하여서는 아니 된다는 것을 뜻하는 것으로서 권력분립과 입법권을 존중하는 정신에 그 뿌리를 두고 있다."

3) Vgl. BVerfGE 86, 288, 320.

4) 헌법재판소도 법질서의 통일성, 권력분립원리, 민주주의원리의 관점에서 입법자에 대한 존중, 법적 안정성의 관점을 합헌적 법률해석의 근거로 언급하고 있다. 헌재 1990. 6. 25. 90헌가11, 판례집 2, 165, 170-171, "이와 같은 합헌해석은 헌법을 최고법규로 하는 통일적인 법질서의 형성을 위하여서 필요할 뿐 아니라, 입법부가 제정한 법률을 위헌이라고 하여 전면 폐기하기 보다는 그 효력을 되도록 유지하는 것이 권력분립의 정신에 합치하고 민주주의적 입법기능을 최대한 존중하는 것이어서 헌법재판의 당연한 요청이기도 하다. … 만일 법률에 일부 위헌요소가 있을

(2) 또한, 입법자가 제정한 법률을 가능하면 유지시키는 것은 헌법상의 권력분립질서와 민주주의 원리에 비추어 입법자의 입법기능에 대한 존중의 표현, 입법자에 대한 사법적 자제의 표현이라 할 수 있다. 입법자에 대한 존중의 관점에서, 헌법적으로 가능한 범위 내에서 규범의 효력은 유지되어야 한다. 법률을 합헌적으로 해석하여 운용할 수 있음에도 이에 대하여 위헌결정을 하는 것은 불필요하며, 이러한 경우에 대한 위헌결정은 입법자에 대한 헌법재판소의 과잉통제를 의미한다.

나. 법질서의 통일성

헌법재판소의 일부 판례 및 학계의 일부 견해는 합헌적 법률해석의 근거를 '법질서의 통일성'에서 찾고 있다.[1] 그러나 법질서의 통일성을 유지하기 위하여 합헌적 법률해석의 원칙이 필연적으로 요청되는 것은 아니다. 법질서의 통일성의 핵심적인 내용이 법질서 내에서 상위규범과 하위규범간에 발생하는 모순과 부조화가 제거됨으로써 법질서의 통일성이 유지되어야 한다는 것이라면, 법질서의 통일성은 합헌적인 법률해석의 방법 외에도 법률에 대한 위헌결정이나 부분위헌결정을 통하여 실현될 수 있다. 즉, 법질서의 통일성은 단지 헌법에 위반되는 법률해석을 금지하는 것일 뿐, 그 자체로서 합헌적 법률해석을 할 것을 요청하는 것은 아니다. 이러한 점에서 법질서의 통일성은 합헌적 법률해석의 하나의 이론적 근거를 제공하기는 하나, 그것만으로는 불충분하다고 볼 수 있다.

다. 법률의 합헌성 추정?

'입법자에 대한 존중'과 유사하나, 이와 구분해야 할 사고로서 '법률의 합헌성추정의 원칙'을 들 수 있다. 법률의 합헌성추정의 원칙은 미연방대법원의 판례를 통하여 확립된 원칙으로서 "입법부의 법률의 경우 그 위헌성이 명백한 것으로 판명될 때까지 일단 그 유효성을 추정해야 한다."는 사고에 근거하여 법률이 어느 정도 헌법과 조화되는 것으로 해석되는 이상 법률이 헌법에 합치하는 것으로 추정하고 있다. 이러한 사고는 독일연방헌법재판소에 의하여 수용되어 합헌적 법률해석의 근거로서 언급되고 있다.

그러나 헌법재판제도를 명시적으로 규정하고 있는 헌법질서에서 '법률의 합헌성추정'의 사고가 유지될 수 있는지 의문이다. 오히려 우리 헌법은 헌법재판제도의 도입과 더불어 규범통제절차를 명시적으로 수용함으로써, '법률의 합헌성추정'에 대한 불신을 표현하고 있다. 뿐만 아니라, 합헌적 법률해석은 법률의 합헌성이 의문시되는 경우 이러한 상황에 대한 해결책을 찾는 문제라는 점에서, '법률의 합헌성추정'의 사고는 합헌적 법률해석의 형태로 이루어지는 법률에 대한 위헌심사(규범통제)를 정당화하는 논거로서 부적절하다. '추정의 원칙'이 합헌적 법률해석의 근거로서 고려될 수 있다면, 이는 '법률의 합헌성추정의 원칙'이 아니라, 입법자는 오로지 헌법에 합치하는 법률을 제정하고자 의도하였다는 의미에서 '합헌적 법률제정에 관한 입법자 의사의 추정원칙'이다.

때에 합헌적 해석으로 문제를 수습하는 길이 없다면 일부 위헌요소 때문에 전면위헌을 선언하는 길 밖에 없을 것이며, 그렇게 되면 합헌성이 있는 부분마저 폐기되는 충격일 것으로 이는 헌법재판의 한계를 벗어날뿐더러 법적 안정성의 견지에서 도저히 감내할 수 없는 것이 될 것이다."

[1] 가령, 허영, 한국헌법론, 2010, 76면.

3. 합헌적 법률해석의 한계

가. 합헌적 법률해석의 근거이자 한계로서 입법권에 대한 존중

합헌적 법률해석의 한계도 입법자의 입법권에 대한 존중으로부터 도출된다. 입법권에 대한 존중은 합헌적 법률해석의 근거이자 동시에 한계를 제시한다. 헌법재판소는 합헌적 해석을 통하여 법률의 객관적 의미와 내용을 왜곡·변형하거나 대체해서는 안 된다. 즉, 헌법재판소가 합헌적 법률해석을 통하여 법률에 부여하는 내용이 더 이상 객관적인 법률내용이 아니라면, 이러한 해석을 통하여 규범을 존속시키고자 하는 시도는 '입법자에 대한 존중'이라는 사고에 의하여 정당화될 수 없는 것이다. 이러한 경우, 헌법재판소는 입법자의 객관적 의사와 관계없이 법률의 내용을 적극적으로 형성함으로써 사실상 입법권을 행사하여 법률을 개정하는 효과를 가져오는 것이다. 헌법재판소는 합헌적 법률해석을 통하여 '헌법적으로 허용되는 것'을 '입법자의 객관적 의사'로 선언해서는 안 된다.

나. 文意的 한계와 法目的的 한계

그러므로 헌법재판소는 법률을 해석함에 있어서 文意的 한계와 法目的的 한계를 넘지 않도록 유의해야 한다.[1] 문의적 한계란, 해석의 대상이 되는 법문이 담고 있는 의미의 한계를 벗어나서는 안 된다는 것을 뜻한다. 법문의 객관적 내용을 완전히 무시하는 방법으로 규범을 왜곡시켜서는 안 된다. 법목적적 한계란, 입법의 목적이 근본적으로 변질되어서는 안 된다는 것을 의미한다. 합헌적 법률해석이 의도하는 바는 궁극적으로 입법자에 대한 존중이기 때문에, 해석을 통하여 입법목적을 완전히 상이한 내용으로 변질시키는 것은 합헌적 법률해석이 의도하는 바가 아니다. 합헌적 법률해석이 입법자의 명확한 목표에 반한다면, 합헌적 법률해석의 가능성은 배제된다. 그러나 이에 대하여 법문(문의적 한계)은 합헌적 법률해석의 절대적인 한계는 아니다.

헌법재판소가 '입법권에 대한 존중'이라는 이름 아래 무리한 법률해석을 통하여 문제되는 법률의 효력을 유지시킨다면, 오히려 입법자의 입법권이 침해될 위험이 있다. 이러한 경우에는 차라리 법률을 무효로 선언하여 그 규율대상을 입법자로 하여금 새로이 입법하도록 되돌려 주는 것이 오히려 헌법적으로 바람직하다.

---

1) 헌재 1989. 7. 14. 88헌가5(보호감호), 판례집 1, 69, 86, "법률 또는 법률의 위 조항은 원칙적으로 가능한 범위 안에서 합헌적으로 해석함이 마땅하나 그 해석은 법의 문구와 목적에 따른 한계가 있다. 즉, 법률의 조항의 문구가 간직하고 있는 말의 뜻을 넘어서 말의 뜻이 완전히 다른 의미로 변질되지 아니하는 범위 내이어야 한다는 문의적 한계와 입법권자가 그 법률의 제정으로써 추구하고자 하는 입법자의 명백한 의지와 입법의 목적을 헛되게 하는 내용으로 해석할 수 없다는 법목적에 따른 한계가 바로 그것이다. 왜냐하면, 그러한 범위를 벗어난 합헌적 해석은 그것이 바로 실질적 의미에서의 입법작용을 뜻하게 되어 결과적으로 입법권자의 입법권을 침해하는 것이 되기 때문이다.": 헌재 2007. 11. 29. 2005헌가10(종업원의 범죄행위에 대한 영업주의 자동적 처벌), 판례집 19-2, 520, 526, [종업원의 업무 관련 무면허의료행위가 있으면 이에 대해 영업주가 비난받을 만한 행위가 있었는지 여부와는 관계없이 자동적으로 영업주도 처벌하도록 규정하는 법률조항을 합헌적으로 해석할 수 있는지의 여부] "합헌적 법률해석은 어디까지나 법률조항의 문언과 목적에 비추어 가능한 범위 안에서의 해석을 전제로 하는 것이고, 법률조항의 문구 및 그로부터 추단되는 입법자의 명백한 의사에도 불구하고 문언상 가능한 해석의 범위를 넘어 다른 의미로 해석할 수는 없다. 따라서 이 사건 법률조항을 그 문언상 명백한 의미와 달리 '종업원의 범죄행위에 대해 영업주의 선임감독상의 과실(기타 영업주의 귀책사유)이 인정되는 경우'라는 요건 추가하여 해석하는 것은 문언상 가능한 범위를 넘어서는 해석으로서 허용되지 않는다고 보아야 한다."

제5장 憲法의 守護

I. 헌법수호의 의미와 내용

1. 개 념

국가의 수호와 헌법의 수호는 그 개념과 보호법익에 있어서 구분되어야 한다. 헌법 제66조 제2항도 "대통령은 국가의 독립·영토의 보전·국가의 계속성과 헌법을 수호할 책무를 진다."고 하여, 대통령의 일차적 책무로서 국가수호와 헌법수호를 구분하여 규정하고 있다.

가. 국가의 수호

국가의 수호(Staatsschutz)란, 국가의 존속을 외부 및 내부의 공격으로부터 보호하고자 하는 국가의 제도 및 조치를 말한다. 국가가 자신의 존속을 위협하는 공격에 대하여 대응하고 방어한다는 것은 국가의 본질적인 요소에 속한다. '국가의 존속'은 국가의 존립, 그의 법적·정치적 독립성 및 영토의 불가침성을 포함한다. 국가의 존속은 외부로부터 위협받을 수도 있지만, 분리주의운동이나 국가전복 등과 같은 내부적 활동에 의해서도 위협받을 수 있다. 국가의 존속과 독립성을 위협하는 외부로부터의 공격은 외교적인 방법이나 군사력의 동원을 통하여 방어된다. 국내의 단체 및 조직에 의한 내부로부터의 위협은 전통적으로 내란죄 등 형법과 경찰력에 의하여 방어된다.

나. 헌법의 수호

(1) 자유민주적 기본질서의 수호

헌법국가의 등장과 더불어, '국가의 수호'보다 그 보호대상이 축소된 협소한 의미의 개념이 헌법학에서 등장하였는데, 이것이 바로 헌법의 수호(Verfassungsschutz)이다. 헌법국가에서 모든 헌법의 중요한 문제는 '국민과 국가기관의 침해로부터 자신을 어떻게 보호할 것인지'에 관한 것이다.

헌법수호의 보호대상은 단순히 '국가의 존속'이 아니라, 헌법에 의하여 확정된 '국가의 특수한 형태'로서 국가공동체의 헌법적 질서이다. 헌법수호는 국가수호보다 협의의 개념으로서, 헌법의 특정 가치와 기본결정에 대한 보호를 그 내용으로 한다. 헌법수호는 모든 헌법규범이 아니라 단지 중요하고 핵심적인 헌법원칙만을 수호하고자 하는 것이다. 이러한 핵심적 헌법원칙은 우리 헌법에서 '자유민주적 기본질서'로 집약적으로 표현되고 있다. 이로써 헌법수호란 헌법의 가치질서를 지키는 것, 우리 헌법의 경우 '자유민주적 기본질서의 수호'를 의미한다.

(2) 자유민주주의에 내재된 허점에 대한 대응책

헌법수호는 오늘날 자유민주국가에서 발생할 수 있는 전형적인 위험에 대처하고자 하는 시도이다. 자유민주국가는 그 본질상 원칙적으로 모든 정치적 견해와 목표에 대하여 개방적인 국가로서, 누구에게나 자신의 정치적 견해를 공적으로 표현하고 나아가 국민의 지지를 얻음으로써, 특히 선거를 통하여 국가영역에 진출함으로써 이를 실현할 기회를 보장한다. 그런데 자유민주주의를 제거하고자 하는 급진적 세력이 헌법을 제거할 목적으로 자유를 남용할 위험이 있다는 것에 바로 자유민주주의에 내재된 허점이 있다. 자유권의 비호 하에서 헌법질서를 제거하고자 하는 소위 '민주적 제도를 이용한 잠행적(潛行的) 행군'이 공개적이고 폭력적인 국가전복의 시도보다도 방어하기 어렵다.

2. 헌법수호의 보호법익으로서 自由民主的 基本秩序

가. 헌법재판소의 판례

헌법재판소는 2014년 '통합진보당 결정'에서, "헌법 제8조 제4항이 의미하는 '민주적 기본질서'는, 개인의 자율적 이성을 신뢰하고 모든 정치적 견해들이 각각 상대적 진리성과 합리성을 지닌다고 전제하는 다원적 세계관에 입각한 것으로서, 모든 폭력적·자의적 지배를 배제하고, 다수를 존중하면서도 소수를 배려하는 민주적 의사결정과 자유·평등을 기본원리로 하여 구성되고 운영되는 정치적 질서를 말하며, 구체적으로는 국민주권의 원리, 기본적 인권의 존중, 권력분립제도, 복수정당제도 등이 현행 헌법상 주요한 요소라고 볼 수 있다."고 판시하고 있다.[1]

헌법재판소는 근대의 입헌적 민주주의 체제가 민주주의와 법치국가원리라는 두 가지 원리에 따라 구성되고 운영된다고 전제한 다음,[2] "정당해산심판제도가 수호하고자 하는 민주적 기본질서는 우리가 오늘날의 입헌적 민주주의 체제를 구성하고 운영하는 데에 필요한 가장 핵심적인 내용이나 요소를 의미하는 것으로서, 민주적이고 자율적인 정치적 절차를 통해 국민적 의사를 형성·실현하기 위한 요소, 즉 민주주의 원리에 입각한 요소들과, 이러한 정치적 절차를 운영하고 보호하는 데에 필요한 기본적인 요소, 즉 법치주의 원리에 입각한 요소들 중에서 필요불가결한 부분이 중심이 되어야 한다. 이는 이것이 보장되지 않으면 우리의 입헌적 민주주의 체제가 유지될 수 없다고 평가되는 최소한의 내용이라 하겠다."고 판시함으로써,[3] '민주적 기본질서'의 개념을 서술하고 있다.

나. 자유롭고 개방적인 정치적 과정의 보장을 위한 필수적 조건

(1) 자유민주적 기본질서에서 말하는 '자유민주주의'란 자유주의와 민주주의가 결합한 정치원리이다. 여기서 자유주의란 국가권력의 남용을 방지하여 개인의 자유와 권리를 보장하고자 하는 18세기 유럽의 지배적인 사상을 의미하는데, 자유주의사상은 기본권의 보장과 권력분립원리, 사법절차의 보장 등을 통하여 헌법에 반영되었고, 오늘날 법치국가원리를 통하여 구현되고 있다.

우리 헌법의 정치적 기초가 되는 자유민주적 기본질서란 '자유민주주의가 기능하기 위한 기본조건', 즉 법치국가와 민주주의를 구성하는 본질적 요소를 말하는 것이다. 자유민주적 기본질서에서 '자유'란 바로 기본적 인권의 보장, 권력분립, 법률에 의한 행정, 사법권의 보장 등 핵심적 법치국가적 요소를 의미하는 것이고, '민주'란 국민주권주의, 의회제도, 복수정당제, 선거제도, 정당간의 기회균등 등 핵심적 민주주의적 요소를 뜻하는 것이다. 자유민주적 기본질서는 개인의 존엄성 및 자유와

---

1) 헌재 2014. 12. 19. 2013헌다1, 판례집 26-2하, 1, 3. 헌법재판소는 '국가보안법상 찬양·고무죄 사건'에서 처음으로 '자유민주적 기본질서'의 개념을 정의하였는데(헌재 1990. 4. 2. 89헌가113, 판례집 2, 49), 그 내용은 통합진보당 결정의 위 판시내용과 유사하다.

2) 헌재 2014. 12. 19. 2013헌다1, 판례집 26-2하, 1, 17.

3) 헌재 2014. 12. 19. 2013헌다1, 판례집 26-2하, 1, 22.

평등을 부정하는 전체주의적 국가질서에 대한 반대개념이다.[1] 자유민주적 기본질서는 '개인의 자유'와 '국민의 정치적 평등'에 기초하고 있는 정치질서로서, 오늘날 개인의 기본적 인권이 보장되고 민주적 정치질서가 생존하기 위한 기본조건에 속하는 것이다.

정치질서로서의 자유민주적 기본질서는 본질적으로 '정치의 내용'이 아니라 '정치의 과정'에 관한 질서로서, 정치적 과정의 자유롭고 개방적인 구조를 보장하기 위한 필수적 기본요소를 말하는 것이다. 이로써 자유민주적 기본질서는 '정치의 특정한 내용'이 아니라 '정치과정의 특정한 구조와 형식'을 보장하고자 하는 것이다. 자유민주적 기본질서의 기능은 본질적으로 '자유롭고 개방적인 민주적 의사형성과정의 보장'에 있다. 민주주의와 법치국가를 구성하는 핵심적 요소들이 바로 '자유롭고 개방적인 정치적 과정'을 보장하기 위한 필수적 수단인 것이다.

(2) 자유민주적 기본질서는 헌법수호의 법익이자 동시에 헌법개정의 한계이다. 민주주의원리와 법치국가원리의 핵심적 요소는 헌법 제정 당시의 국민적 합의사항인 기본적 가치질서로서 헌법개정의 대상이 될 수 없다. 변화하는 사회상황에 따른 헌법개정을 가능하게 하면서도 헌법의 근본질서를 유지하기 위해서는, '자유민주적 기본질서'는 우리 헌법의 기본정신과 정체성을 구성하는 핵심적 요소에 국한되어야 한다.

또한, 자유민주적 기본질서가 헌법수호의 법익이라는 점에서도, 사회현상의 변화에 따라 자유롭고 개방적인 정치적 의사형성과정(정치적 개방성)을 보장하면서 헌법의 핵심을 수호하기 위해서도 자유민주적 기본질서의 개념은 자유민주주의가 기능하기 위한 핵심적 가치로 축소되어야 한다.[2] 헌법수호의 이름으로 국가와 사회의 형성에 관한 자유로운 논의가 억제되거나 탄압되어서는 안 된다.[3]

3. 헌법의 守護者

가. 헌법보장의 문제로서 憲法守護者의 문제

여기서 '헌법의 수호자'를 언급한다면, 이는 위에서 서술한 바와 같이 헌법의 핵심적 가치질서를 보호하고자 하는 좁은 의미의 '헌법수호'의 문제가 아니라, 헌법의 효력이 유지되고 관철되는 것을 누가 보장할 것인지에 관한 보다 일반적인 문제로서 헌법의 규범력 보장의 문제, 즉 헌법보장(Verfassungssicherung)의 문제이다. 독일에서 바이마르 공화국 당시 논란이 된 헌법수호자의 문제도, 누가 가치구속적·방어적 민주주의의 관점에서 자유민주적 기본질서를 수호해야 할 것인지의 문제가 아니라, 누가 헌법의 내용과 준수여부에 관한 최종적인 결정권을 가져야 할 것인지에 관한 논의였다.[4]

---

1) Vgl. BVerfGE 2, 1, 12.
2) 헌법재판소도 "민주적 기본질서는 최대한 엄격하게 협소한 의미로 이해해야 한다."고 판시하고 있다, 헌재 2014. 12. 19. 2013헌다1, 판례집 26-2하, 1, 23; 또한 BVerfGE 5, 85, 140f.
3) 자유민주적 기본질서의 내용에 특정한 정치형태(가령, 대통령제 또는 의원내각제, 군주제, 연방국가 등)를 포함시키는 경우, 사회현상의 변화에 따라 현재의 제도를 다른 제도로 대체하고자 하는 시도나 자유민주주의의 핵심적 가치가 아닌 주변적 가치를 실현하거나 제거하고자 하는 정당도 헌법의 적으로 간주되어 정치적 경쟁의 무대에서 배제될 위험이 있다.
4) '누가 헌법의 수호자인지'에 관한 1931년 독일에서 슈미트(C. Schmitt)와 켈젠(H. Kelsen)의 논쟁은 바이마르 공화국 당시의 고유한 헌법적 상황과 정치상황에 그 바탕을 둔 논쟁으로서, 오늘날에는 큰 의미가 없다. 논쟁의 초점은 '국가기관 중 누가 헌법을 실현하고 수호하는 역할로서 가장 적합한지'에 관한 것이었는데, 슈미트는 그의 저서 "헌법의 수호자"에서, 국민에 의하여 선출된 연방대통령이 중립적 권력으로서(의원내각제에서의 대통령의 중립적 지위) 헌법수호자의 역할을 담당해야 한다고 주장한 반면, 켈젠은 그의 저서 "누가 헌법의 수호자여야 하는가?"에서 대통령, 의회뿐만 아니라 헌법재판소의 헌법수호기능을 강조하였다. 특히, 슈미트는 '사법기능이 헌법의 영역으로

나. 누가 헌법의 내용과 준수여부에 관한 최종적인 결정권을 가지는지의 문제

헌법은 보장되기 위하여 헌법의 수호자를 필요로 한다. '헌법의 수호자'의 역할을 담당하는 기관의 확정과 더불어, 동시에 헌법의 내용과 효력에 관하여 최종적으로 결정하는 기관이 확정된다. 다른 방법으로는 헌법의 보장을 생각할 수 없다. 헌법은 '국가생활의 법적 기본질서'라는 그 이유만으로 국가공동체에서 스스로 실현되는 것이 아니라, 국가와 국민에 의하여, 특히 국가기관에 의하여 존중되고 준수됨으로써 비로소 효력을 유지하고 생명력을 가진다. 법적 평화질서로서 조직된 모든 정치적 공동체는 국가조직 내 어딘가에 '최종적으로 구속력 있는 결정을 내리는 관할'을 필요로 한다. 헌법의 경우에도 마찬가지이다. 헌법의 내용과 적용에 관하여 분쟁이 발생하면, 이에 관하여 최종적으로 구속력을 가지고 결정하는 관할을 필요로 한다.

다. 역사적으로 헌법수호자의 역할을 담당하였던 국가기관

헌법의 보장이 헌법국가의 필수적 요청이라면, 어떠한 방법으로 헌법의 보장이 실현될 수 있는지 그 방법의 문제가 제기된다. 헌법의 보장은 여러 가지 형태로 실현될 수 있다. 여기서 결정적인 것은, 헌법보장의 핵심에 해당하는 권한인 '법률의 위헌성을 심사하는 권한'이 누구에게 부여되는지의 문제이다. 역사적으로 볼 때, 헌법의 보장이 오늘날과 같이 반드시 사법기관에 의한 헌법재판의 형태로 이루어진 것은 아니었다.

(1) 국가원수

19세기의 입헌군주제에서는 법률이 헌법과 합치하는지를 심사하는 권한이 국가원수인 군주에게 부여되었고, 이로써 국가원수에게 헌법의 수호자로서의 지위와 기능이 인정되었다. 국가원수가 법률안에 서명하고 공포하면 법률의 합헌성이 반박될 수 없는 것으로 추정되었다. 국가원수로서 군주에게 이러한 권한을 부여한 것은, 국가원수가 그의 과제와 권한에 있어서 정치적 분쟁에 대하여 중립적인 지위를 유지하고 정치적 권력인 정부와 의회에 대하여 중립적 권력으로서 간주되었기 때문에 가능한 것이었다.

(2) 의 회

의회도 헌법의 수호자로서 고려될 수 있다. 의회가 헌법의 수호자가 되기 위해서는, 국민의 자유와 권리의 수호자로서 의회의 지위에 대하여 논쟁의 여지가 없다는 것이 전제되어야 한다. 즉, 의회가 국민의 대표기관으로서 헌법에 보장된 국민의 자유와 권리를 침해하는 법률에 동의하지 않으리라는 것에 대하여 일반적 믿음이 존재하는 경우에 그러한 것이다. 입헌군주시대에서 헌법은 본질적으로 시민계급의 정치적 참여와 자유를 보장하기 위하여 군주의 권력을 제한하고자 하는 의미를 가지고 있었다. 의회와 군주가 서로 대립하는 상황에서는 의회가 헌법의 수호자로서 기능할 수 있었기 때문에, 이러한 형태의 헌법보장도 입헌군주시대의 헌법적 상황과 관련된 것이다.

그러나 입헌군주제에서 대중민주주의로 전환되면서, 이러한 헌법적 상황도 사라졌다. 이제 민주국가에서 의회가 법률안의 위헌여부를 판단한다면, 설사 의회가 법률안심사를 위하여 특별히 구성된

확장함으로써 정치가 사법화되고 사법은 정치화되며, 헌법재판을 통하여 사법은 모든 것을 잃게 되고 정치는 아무 것도 얻는 것이 없게 된다.'는 주장으로 헌법재판의 도입을 통하여 헌법적 분쟁을 사법절차적으로 해결하는 것에 반대하였다(C. Schmitt, Das Reichtsgericht als Hüter der Verfassung[1929], in: Häberle(Hg), Verfassungsgerichtsbarkeit, 1976, S.128ff.).

전문화된 위원회에서 심사하도록 한다 하더라도, 이러한 심사는 자신이 스스로 만든 것에 대한 심사, 자기가 관련된 사안에 대한 심사를 의미하는 것이다.

(3) 사법기관

마지막으로, 제2차 대전 이후 전세계적으로 확산된 바와 같이, 헌법보장의 과제를 사법기관에 위임할 수 있다. 독립성에 대한 기대, 정치적 관점이 아니라 법적 논증에 근거한 결정에 대한 기대가 전통적으로 사법기관에 대하여 가장 크다고 하는 점이 이러한 헌법보장의 방법이 가지는 장점을 말해주고 있다.

라. 헌법의 수호자로서 모든 국가기관과 국민

헌법의 수호는 헌법을 수호하고자 하는 헌법적 제도의 문제에 그치는 것이 아니라 무엇보다도 헌법을 실현하고 유지하고자 하는 국가기관과 국민의 의지에 달려있는 문제이다. 헌법을 국가공동체의 기본규범으로 지지하고 존중하는 국가기관과 국민의 의지가 없이는 헌법국가는 실현될 수 없다.

(1) 일차적으로 모든 국가기관이 헌법상 부여받은 과제와 기능을 이행함에 있어서 헌법을 준수하고 수호해야 할 책임을 진다. 헌법은 제66조 제2항에서 대통령에게 '헌법을 수호할 책무'를 부과하고, 제69조에서 이에 상응하는 내용의 취임선서를 하도록 규정함으로써 모든 국가기관에게 부과되는 의무를 대통령과의 관계에서 상징적으로 표현하고 있다.[1] 국가기관 중에서도 사법기능을 통하여 기본권을 비롯한 헌법의 규범력을 관철하는 사법기관의 역할은 특히 중요하다. 이러한 점에서 헌법재판소는 가장 중요하고 핵심적인 헌법수호기관으로서 '기본권보장의 최후보루'로 불리기도 한다.

(2) 또한, 헌법소원심판제도의 도입은, 국민 누구나 자신의 기본권침해를 주장하여 공권력행위의 위헌성을 물을 수 있는 길을 열어놓았고, 이로써 모든 국민을 헌법의 감시자이자 수호자로 만들었다. 나아가, 국가기관이 헌법수호의 기능을 다하지 못할 때 또는 헌법을 파괴하고자 할 때에는 최종적으로 주권자인 국민이 헌법수호자로서의 역할을 담당한다. 최종적인 헌법수호자로서의 역할로부터 국민의 저항권이 도출된다.

II. 防禦的·價値拘束的 民主主義

1. 가치상대적 민주주의에서 가치구속적 민주주의로의 전환

가. 價値相對主義와 相對的 民主主義

(1) 가치상대주의

'무엇이 최고의 그리고 최종적인 가치인가'라는 근본적인 질문과 관련하여, 막스 베버(Max Weber, 1864-1920)는 국가공동체에서 인간의 공동생활이 지향해야 하는 특정 가치를 '유일하게 타당한 것'으

---

1) 헌재 2004. 5. 14. 2004헌나1(대통령 노무현 탄핵), 판례집 16-1, 609, 646, "헌법은 제66조 제2항에서 대통령에게 '국가의 독립·영토의 보전·국가의 계속성과 헌법을 수호할 책무'를 부과하고, 같은 조 제3항에서 '조국의 평화적 통일을 위한 성실한 의무'를 지우면서, 제69조에서 이에 상응하는 내용의 취임선서를 하도록 규정하고 있다. 헌법 제69조는 단순히 대통령의 취임선서의무만을 규정한 것이 아니라, 헌법 제66조 제2항 및 제3항에 규정된 대통령의 헌법적 책무를 구체화하고 강조하는 실체적 내용을 지닌 규정이다. … '헌법을 준수하고 수호해야 할 의무'가 이미 법치국가원리에서 파생되는 지극히 당연한 것임에도, 헌법은 국가의 원수이자 행정부의 수반이라는 대통령의 막중한 지위를 감안하여 제66조 제2항 및 제69조에서 이를 다시 한 번 강조하고 있다."

로 입증하는 것이 학문적 수단으로는 불가능하다는 것을 제시하였다. 사회과학은 시대와 장소를 초월하여 절대적이고 구속력을 가지는 최종적 가치를 입증할 수 없다는 것이다.[1] 가치상대주의는 무엇이 최종적인 가치인지에 대하여 일원적인 대답이 존재할 수 없다는 것을 강조하고, 절대적이고 모든 사람을 구속하는 기본가치를 확정하는 것은 학문적으로 불가능하다고 한다. 이로써 인간에게 절대적인 진리나 가치는 규명될 수 없고 모든 것이 상대적이며, 기본가치의 선택은 결국 각 개인에게 맡겨진다.

(2) 상대적 민주주의

이러한 이론적 근거에서 성립된 철학적 가치상대주의는 '국가의 이해'에 대해서도 큰 영향을 미쳤다.[2] 일반적 구속력을 주장할 수 있는 기본가치가 더 이상 존재하지 않는다면, 또한 이러한 기본가치를 통하여 국가권력을 구속하는 것도 불가능하다. 그 결과, 국가권력은 모든 것에 관하여 다수결로써 결정하고 처분할 수 있으며, 이러한 국가이론적 산물이 바로 '상대적 민주주의'이다. 기본가치를 일반적 구속력을 가지고 확정하는 것이 불가능하기 때문에, 민주적 다수에게 무제한적인 결정권한이 인정될 수밖에 없는 것이다. 이러한 사고의 결과가 '악법도 법'이라는 법실증주의이다. 1919년 독일 바이마르 헌법도 '민주적·사회적 법치국가'라는 기본원리를 담고 있었으나, 의회가 헌법의 모든 가치에 관하여 임의로 처분할 수 있다는 것이 당시 공법학의 지배적 견해였다.

나. 가치구속적·방어적 민주주의 이론

(1) 개 념

가치구속적·방어적 민주주의 이론은, 민주주의는 가치지향적 또는 가치구속적 민주주의여야 하며 이러한 가치를 스스로 수호하는 방어적 민주주의여야 한다는 이론이다. 이러한 이론은 바이마르 공화국 당시의 지배적인 사회과학적 견해였던 가치상대주의에 바탕을 둔 가치중립적 또는 가치상대주의적 민주주의로 인하여 나치정권의 폭력적 지배가 가능하였다는 역사적 반성에서 비롯된 것이다.

가치구속적 민주주의란, 헌법상 특정 가치의 구속을 받는 민주주의이며, 이는 곧 민주적 다수가 헌법상 특정 가치를 다수결로써 임의로 처분할 수 없는 민주주의를 의미한다. 방어적 민주주의란, 민주주의의 이름으로 민주주의를 파괴하고자 하는 민주주의의 적으로부터 민주주의를 수호하고자 하는 이론이다.[3] '투쟁적 민주주의'라고도 한다. 방어적 민주주의의 핵심적 보호법익은 자유민주적 기본질서이다. 가치구속적 민주주의는 자신의 가치를 수호하기 위하여 방어적 민주주의에 의한 강화와 보완을 필요로 한다.

(2) 방어적 민주주의의 양면성

(가) 자유의 수호를 위하여 자유의 제한을 요청

헌법수호의 방식으로서 '방어적 민주주의'의 사고는 단순하고 자명하다. 헌법이 자유민주적 질서

---

1) 사회과학적인 방법으로는 가치판단의 타당성을 입증하거나 반박될 수 없다는 것은 막스 베버 이래로 일반적으로 인정되고 있다. 그러므로 사회과학(사회학, 경제학, 정치학)은 가치판단을 다루는 것을 이미 오래전부터 거부하였다.
2) 이러한 철학적 방향의 대표적인 추종자는 Georg Jellinek(1851-1911), Max Weber(1864-1920), Gustav Radbruch(1878-1949)이다.
3) 사회학자 칼 만하임(Karl Mannheim)은 1941년 영국 옥스퍼드에서 행한 그의 유명한 강연에서 나치 독재정권의 도전에 대한 대응책으로서 "우리의 민주주의가 생존하기 위해서는 투쟁적 민주주의가 되어야 한다."고 표현함으로써, 처음으로 '방어적 민주주의'란 용어를 사용하였다.

를 보장한다면, 자유의 조건인 자유민주적 질서를 제거하는 자유를 보장해서는 안 된다는 것이다. "자유의 적에게는 자유 없다."는 구호가 이를 단적으로 표현하고 있다. 헌법상 보장된 자유가 '자유의 조건을 제거하는 자유'를 동시에 보장한다는 것은 그 자체로서 이율배반이다. 헌법이 자유를 보장한다면, 이러한 자유는 '자유를 제거하는 자유'를 배제할 것을 필연적으로 요청하는 것이다.

방어적 민주주의에서 헌법의 수호는 자유의 보호를 위하여 자유를 제한하는 것을 정당화한다. 헌법이 보장하는 정치적 자유는 자유를 경시하는 전체주의적 정치질서를 실현하기 위하여 남용되어서는 안 된다. 그러므로 자유민주적 기본질서의 수호는 모든 자유권에 내재된 불가결한 헌법적 한계이다.

(나) 방어적 민주주의의 위험성

다른 한편으로는, 방어적 민주주의가 민주주의와 자유를 수호하기 위한 본래의 의도를 벗어나 야당이나 정적을 탄압하기 위한 수단으로 악용되어서는 안 된다. 그러므로 자유민주주의를 보호하기 위하여 기본권적 자유를 성급하게 또는 과도하게 제한하는 것은 금지된다. 방어적 민주주의는 좌파적 또는 우파적 전체주의적 사고와 정신적으로 논쟁하는 것을 거부해서는 안 된다. 오히려 자유민주주의는 공개적인 민주적 의사형성과정에서 모든 이념과 대결하고 논쟁할 것을 요청한다. 자유민주적 기본질서의 존속이 구체적으로 위협받는 경우에 비로소 기본권적 자유에 대한 제한은 정당화된다. 이러한 경계가 어떻게 확정될 수 있는지는 개별적 경우의 구체적 상황과 자유민주적 기본질서에 대한 위험의 예측판단에 달려있다.

2. 우리 헌법의 방어적 민주주의

가. 자유민주적 기본질서를 지향하는 가치구속적 민주주의

우리 헌법은 '자유민주적 기본질서'를 자신이 지향하는 가치질서로서 천명함으로써, 특정 가치에 대한 민주적 다수의 결정권한을 박탈하였고, '자유민주적 기본질서'를 입법자도 마음대로 처분할 수 없는 것으로 선언하고 있다. 이로써 우리 헌법은 가치구속적 민주주의를 채택하였다. 우리 헌법의 가치구속적 성격은 다수결에 의한 결정에 대하여 '자유민주적 기본질서'라는 특정 가치에 절대적 우위를 부여하는 것에 있으며, 바로 여기에 '민주주의가 어떠한 가치질서도 그 내용으로 할 수 있다'는 상대적 민주주의에 대한 부정이 있다. 가치구속적인 헌법질서란, 정치적 영역에서 다원주의적인 견해의 다양성에 대하여 원칙적으로 개방적이지만, 다만 자유민주적 기본질서라는 공동의 기반 위에서만 개방적인 헌법질서를 말한다.

나. 방어적 민주주의에 의한 가치구속적 민주주의의 강화

우리 헌법의 가치구속적인 민주주의는 방어적 민주주의를 통하여 보완되고 강화되었다. 헌법은 제8조 제4항에서 위헌정당해산제도를 도입함으로써 헌법에 내재된 가치질서를 수호하기 위한 방어수단을 스스로 마련하고 있다. 방어적 민주주의의 사고는, 민주주의가 특정 헌법적 가치의 구속을 받기 때문에 이를 수호해야 하는 '가치구속적 민주주의'에서만 가능하며, 특정 가치질서를 선택한 가치구속적 민주주의가 자신을 수호하기 위하여 요청하는 自衛手段이라 할 수 있다.

Ⅲ. 헌법수호의 수단

1. 일 반 론

가. 헌법수호의 중요한 수단

헌법수호의 수단은 자유민주적 기본질서를 방어하기 위한 몇 가지 중요한 요소로 구성되어 있다. 이에 속하는 것은 무엇보다도 합법적인 헌법개정의 한계, 국가기관의 행위에 대한 헌법재판소의 통제, 기본권이나 정당의 자유가 헌법적 질서에 대한 투쟁을 목적으로 남용되는 것을 방지하기 위한 사전적 예방조치 및 자연법적으로 인정되는 국민의 저항권이다. 헌법은 자신을 개정할 수 있는 가능성을 형식적인 측면에서뿐만 아니라 내용적으로도 제한함으로써 자신을 유지하고자 한다. 또한, 헌법은 정당과 개인의 기본권남용에 의한 위협에 대하여 정당해산제도나 기본권실효제도를 통하여 예방조치를 취하며, 자신을 유지함에 있어서 최종적으로 헌법을 수호하고자 하는 국민의 자발적인 자세(저항권)에도 의존하고 있다.

나. 공통적 보호법익으로서 자유민주적 기본질서

헌법수호의 보호법익이 자유민주적 기본질서라는 점에서, 헌법수호의 수단은 모두 '자유민주적 기본질서'를 보호법익으로 한다는 공통점을 가지고 있다. 헌법개정의 한계, 저항권 및 정당해산심판의 경우 보호대상은 헌법의 정치적 기본결정으로서 자유민주적 기본질서이다. 이러한 점에서, 헌법개정의 한계, 헌법 제8조 제4항(정당해산조항) 및 저항권은 헌법수호의 수단으로서 서로 연관관계에 있다.

다. 헌법침해가 누구로부터 발생하는지에 따른 구분

헌법침해가 누구로부터 발생하는가에 따라 헌법수호의 수단도 달라진다. 헌법적 질서에 대한 공격은 두 가지 측면에서 발생할 수 있다. 한편으로는 국가기관, 즉 국가원수, 정부나 의회 등이 국가행위를 통하여 헌법을 위반하든지 아니면 국가전복을 꾀하는 등 헌법위반을 통하여 헌법을 침해할 수 있다(소위 '위로부터의 헌법침해'). 다른 한편으로는, 개인이나 단체가 기존질서의 전복을 목표로 하는 헌법적대적인 활동을 통하여 헌법질서를 위협할 수 있다(소위 '아래로부터의 헌법침해'). 헌법은 이러한 헌법침해에 대하여 다양한 안전장치와 통제수단을 확보하고 있다.

2. 헌법개정권력에 대한 헌법의 존속보호

헌법개정의 대상이 될 수 없는 내용이 본질적으로 '자유민주적 기본질서'라고 할 수 있으므로, 헌법개정의 한계도 자유민주적 기본질서를 그 보호법익으로 하고 있다. 헌법의 기본적 가치질서인 자유민주적 기본질서는 헌법개정권력에 대해서도 보호되어야 한다. 헌법은 스스로를 지키기 위하여 '헌법개정의 한계'를 내재함으로써, 헌법개정권자가 자유민주주의의 기본조건을 폐지하는 것을 금지하고 있다. 헌법개정의 한계에 관한 사고는, 헌법개정의 방법으로 헌법을 제거하는 '합법적인 혁명'을 방지하고자 하는 것이다.

3. 개인이나 단체의 헌법침해에 대한 헌법수호

가. 基本權 失效制度

자유민주적 질서를 파괴할 목적으로 기본권을 악용하는 경우, 헌법재판에 의하여 특정인의 헌법상 보장된 일정한 기본권, 무엇보다도 정치적 기본권(언론의 자유, 출판의 자유, 집회·결사의 자유 등)을 일정 기간 실효(失效)시킴으로써 민주주의의 적으로부터 헌법의 기본질서를 수호하기 위한 방어적 민주주의의 한 수단이다. 기본권의 실효제도는 개개인의 기본권주체를 그 대상으로 하고 있다. 독일을 비롯한 극히 일부 국가에서 두고 있는 헌법수호제도이다.[1] 우리 헌법은 기본권실효제도를 수용하지 않고 있다. 자유민주적 기본질서에 대한 진정한 위험은 개인보다는 조직이나 정당으로부터 발생하기 때문에, 헌법수호의 수단으로서 그 실효성이 적다.[2]

기본권실효절차는 한편으로는 헌법재판절차에 의하지 아니하고는 기본권이 실효될 수 없다는 점에서 기본권이 실효되는 당사자의 기본권을 보호하고, 다른 한편으로는 기본권을 악용하는 사람의 기본권을 실효시킴으로써 다른 국민의 기본권을 보호한다는 이중적 측면이 있다.

나. 違憲政黨解散制度[3]

헌법 제8조 제4항은 "정당의 목적이나 활동이 민주적 기본질서에 위배될 때에는 정부는 헌법재판소에 그 해산을 제소할 수 있고, 정당은 헌법재판소의 심판에 의하여 해산된다."고 규정하고 있다. 여기서 "민주적 기본질서"란 헌법 전문 및 제4조에서 언급하고 있는 "자유민주적 기본질서"와 동일한 것을 의미한다.[4]

위헌정당해산제도는 정당의 목적이나 활동이 자유민주적 기본질서에 위배될 때 헌법재판소의 심판을 통하여 위헌정당을 해산하는 제도이다. 자유민주국가는 국가와 헌법을 敵의 공격으로부터 방어함에 있어서도 법치국가적 절차를 유지해야 한다. 법치국가원리의 구속을 받는 국가만이 장기적으로 존속할 수 있기 때문에, 헌법의 수호에 있어서도 법치국가적 절차의 준수는 포기할 수 없다. 역사적으로 볼 때 자유민주주의의 적은 일반적으로 자신을 '진정한 민주주의자'로 위장하기 때문에, '누가 민주주의의 적을 동지로부터 가려낼 것인지'의 문제가 제기된다. 헌법은 가능하면 자의를 방지하고 정치적 판단을 배제하기 위하여 이러한 어려운 과제를 정치적 영역으로부터 독립된 사법기관인 헌법재판소에 맡기고 있다.

(1) 구체적 심판절차

정당해산심판제도는 위헌정당해산 提訴權과 위헌정당해산 決定權을 분리하여 각 정부와 헌법재판소에 부여하고 있다(헌법 제8조 제4항; 헌법재판소법 제55조).

---

1) 독일 기본법 제18조는 "표현의 자유, 특히 출판의 자유, 교수의 자유, 집회의 자유, 결사의 자유, 신서·우편·전신·전화의 비밀, 재산권 및 망명비호권을 자유민주적 기본질서를 공격하기 위하여 남용하는 자는 이러한 기본권을 상실한다. 상실과 그 정도는 연방헌법재판소에 의하여 선고된다."고 규정하고 있다.
2) 물론, 조직이나 정당의 정치적 선동자 또는 극우나 극좌 성향의 신문·잡지의 발행인의 기본권을 실효시킴으로써 이들을 정치적으로 배제하는 효과를 기대할 수는 있다.
3) 이에 관하여 상세한 것은 제4편 제5장 제3절 제6항 '정당해산심판' 및 제2편 제4장 제7절 VIII. '위헌정당의 강제해산' 참조.
4) 제4편 제5장 제3절 제6항 IV. 1. 민주적 기본질서의 의미 참조.

(가) 정당해산심판의 청구

정당에 대한 위헌여부의 일차적인 판단은 정부의 권한에 속한다. 대통령이 국무회의의 심의를 거쳐(_조제^{법 제89}_{제14호}), 헌법재판소에 해산을 제소한다.

(나) 정당해산심판의 결정

헌법재판소는 6인 이상의 찬성으로 정당의 해산결정을 할 수 있다(^{헌법 제113조}_{제1항}). 정당해산의 사유가 존재하는 경우, 즉 "정당의 목적이나 활동이 민주적 기본질서에 위배될 때에는" 헌법재판소는 해산결정을 한다.

(2) 정당해산제도의 실효성

헌법이 방어적 민주주의를 채택하였고 이를 실현하는 수단으로서 위헌정당해산제도를 도입하였으나, 국가권력이 위헌정당을 강제로 해산시킨다고 하여 궁극적으로 문제가 해결되는 것은 아니다. 독일의 경우를 보더라도, 연방헌법재판소가 활동을 개시한 초기인 1950년대에는 2 차례에 걸쳐 정당해산결정을 하였으나,[1] 그 이후에는 정부가 정당해산을 제소한 예는 찾아보기 어렵다.

그 이유는 다음과 같다. 국가권력이 위헌정당을 강제로 해산시키는 경우, 표면상으로는 정당이 정치적 무대에서 사라지나 그 지지 세력은 그대로 남아 오히려 지하조직으로 세력을 확대하거나 또는 다른 형태로 정치적 활동을 계속할 우려가 있다. 뿐만 아니라, 국민은 위헌정당의 위헌적·반민주적 요소와 논쟁하고 대결할 수 있는 기회, 이를 통하여 위헌정당의 위험성을 스스로 인식함으로써 위헌정당을 배척할 수 있는 기회를 부여받아야 한다. 그러나 국가권력에 의한 정당의 강제해산은 이러한 기회를 박탈하는 효과가 있다. 즉, 위헌정당의 강제해산은 국민으로 하여금 민주적 사고를 기르도록 하는 학습 기회를 빼앗을 수 있다는 것이다. 국가가 강제수단을 동원하여 민주주의의 적을 표면적으로 정치적 무대로부터 제거하는 것은 헌법을 수호하기 위한 하나의 수단이다. 그러나 민주주의가 자신을 수호하는 가장 이상적인 방법은 민주주의의 주체인 국민의 민주적 사고, 즉 위헌정당을 스스로 배척할 수 있는 민주적 시민의 자질을 키우는 데 있다.

(3) 정당해산제도의 현실적 의미

헌법재판소는 지금까지 단 한번 '통합진보당 사건'(^{헌재 2014. 12.}_{19. 2013헌다1})에서 정당의 위헌여부를 판단할 기회를 가졌다. 이러한 상황에 비추어, 헌법상 정당해산규정이 필요하고 의미 있는 것인지 의문이 제기될 수 있다. 그러나 개별헌법규범의 의미는 헌법현실에서 어느 정도로 적용되는지의 관점뿐만 아니라 그의 존재 자체를 통하여 헌법질서 전반에 미치는 예방적 효과와 국민의 의식형성에 미치는 효과의 관점에 의해서도 판단되어야 한다.

이러한 관점에서 본다면, 정당해산조항에는 헌법질서 내에서 중요한 의미가 부여된다. 헌법은 정당해산조항을 통하여 민주주의의 가치구속적 성격과 방어적 자세를 강조하고 있다. 정당해산조항은 헌법수호의 핵심적 요소로서 헌법수호의 경향을 가장 뚜렷하게 표현하고 있는 규정이다. 헌법은 정당해산조항을 통하여 민주주의를 방어하고자 하는 의지를 명백하고 강력하게 표방하고 있는 것이다. 뿐만 아니라, 헌법적대적 성향을 보이는 정당이 정당해산의 가능성을 우려하여 스스로 정치적 활동의 극단성에 있어서 절제와 자제를 하게끔 하는 억제적·예방적 효과도 배제할 수 없다.

---

1) BVerfGE 2, 1(Parteiverbot; SRP); 5, 85(Parteiverbot; KPD).

4. 국가기관의 헌법침해에 대한 헌법수호

가. 헌법재판제도

국가기관이 헌법상 부여받은 권한을 위헌적으로 행사하는 경우, 국가기관에 의한 이러한 헌법침해를 예방하고 시정할 수 있는 가장 효율적인 방법은 국가행위의 위헌성을 심사하는 헌법재판제도를 도입하는 것이다.

우리 헌법은 헌법재판제도를 도입하여 국가행위의 위헌성을 심사하는 심판절차를 구체적으로 규정하고 있다(헌법제111조제1항). 입법자가 위헌적인 법률의 제정을 통하여 헌법을 위반하는 경우, 구체적 규범통제의 형태로 법률의 위헌성을 심사할 수 있으며, 국가의 공권력행사로 인하여 개인의 기본권이 침해당한 경우에 대하여 헌법소원제도가 마련되어 있다. 또한, 국가기관의 위헌적인 권한행사로 인하여 다른 국가기관의 권한이 침해된 경우, 권한쟁의심판제도를 통하여 손상된 헌법질서를 다시 회복할 수 있으며, 집행부와 사법부의 고위공직자에 의한 헌법침해로부터 헌법을 수호하고 유지하기 위한 제도로서 탄핵심판제도가 있다.

특히 헌법 제65조는 헌법수호절차로서 탄핵절차의 기능을 이행하도록 하기 위하여, 탄핵소추의 사유를 '헌법이나 법률에 대한 위배'로 명시함으로써 탄핵절차를 정치적 책임을 묻는 정치적 심판절차가 아니라 법적 책임을 묻는 규범적 심판절차로 규정하였다. 공직자가 직무수행에 있어서 헌법에 위반한 경우 그에 대한 법적 책임을 추궁함으로써, 헌법의 규범력을 확보하고자 하는 것이다.

나. 抵抗權

> **사례** | 헌재 1997. 9. 25. 97헌가4(저항권행사로서 쟁의행위 사건)
>
> 노동관련법이 국회에서 날치기로 통과되자, 노동조합은 이에 항의하기 위하여 불법파업을 벌이면서, 자신들의 불법적인 쟁의행위가 저항권의 행사에 해당한다고 주장하였다. 이에 사용자는 법원에 노동조합의 파업행위가 불법쟁의임을 이유로 쟁의행위의 금지를 구하는 가처분신청을 하였다. 이에 법원은 "통과된 법률이 위헌일 경우 그 시행을 저지하기 위한 쟁의행위는 헌법질서의 수호를 위한 저항권의 행사이므로 정당한 것"이라고 판단하여, 직권으로 위 노동관련법에 대하여 위헌법률심판을 제청하였다. 노동조합이 국회에서 날치기로 통과된 법률에 대하여 불법파업을 벌이면서 이를 정당화하기 위하여 저항권을 주장할 수 있는가?[1]

---

[1] 헌법재판소는, 헌법재판이 정상적으로 기능하고 헌법재판소에 의한 구제가능성이 있는 상황에서 저항권이 정당화될 여지는 없으므로 노동관련법의 위헌여부와 관계없이 불법적인 쟁의행위임에는 변함이 없다고 판시하여 입법과정의 하자가 저항권행사의 대상이 될 수 없다는 것을 확인하였고, 이로써 노동관련법의 위헌여부에 따라 재판의 결과가 달라지지 않으므로 재판의 전제성을 부인하였다. 헌재 1997. 9. 25. 97헌가4(저항권행사로서 쟁의행위), 판례집 9-2, 332, 338, "제청법원은 피신청인의 쟁의행위가 헌법질서 수호를 위한 저항권 행사로서 이유 있다는 주장이 받아들여질 여지가 있다면, 심판대상개정법의 국회통과절차의 위헌여부는 재판의 전제가 된다고 주장한다. 그러나 저항권이 헌법이나 실정법에 규정이 있는지 여부를 가려볼 필요도 없이, 제청법원이 주장하는 국회법 소정의 협의 없는 개의시간의 변경과 회의일시를 통지하지 아니한 입법과정의 하자는 저항권행사의 대상이 되지 아니한다. 왜냐하면 저항권은 국가권력에 의하여 헌법의 기본원리에 대한 중대한 침해가 행하여지고 그 침해가 헌법의 존재 자체를 부인하는 것으로서 다른 합법적인 구제수단으로는 목적을 달성할 수 없을 때에 국민이 자기의 권리·자유를 지키기 위하여 실력으로 저항하는 권리이기 때문이다."

(1) 의미 및 법적 성격

(가) 저항권의 이중적 성격

국가행위에 대하여 국민의 저항이 허용되는지의 문제는 모든 법질서의 근본적 문제에 속한다. 저항권이란, 국가기관이 헌법질서를 파괴하고자 할 때[1] 주권자인 국민이 헌법질서를 유지하고 회복하기 위하여 최후적 수단으로서 행사할 수 있는 비상수단적 권리이자 비상적 헌법수호제도이다. 헌법상의 저항권은 '개인의 기본권'이자 '헌법수호의 수단'이라는 이중적 성격을 가지고 있다.

(나) 국민의 기본권

국민은 비상시 자유민주적 기본질서를 수호하기 위하여 개입할 수 있는 권리를 가진다. 저항권의 기능이 개인의 사적 영역의 보호가 아니라 객관적 헌법질서의 유지라는 점에서, 저항권은 기본권의 체계 내에서 특별한 지위를 가진다. 저항권의 행사는 국민의 의무가 아니라 국민의 권리이다. 국민은 규범적으로 헌법을 수호해야 할 의무를 지지 않는다. 헌법의 수호가 국가의 과제·의무라면, 저항권은 국민에게 헌법을 수호할 것을 단지 호소하고 있다.

(다) 이질적인 헌법수호수단

저항권은 헌법수호의 수단이다. 헌법수호의 체계 내에서 저항권은 다음과 같은 이유에서 매우 이질적 존재이다.

1) 국민에 의한 헌법수호

저항권은 헌법의 수호의 과제를 국가기관이 아니라 국민에게 맡기고 있다. 헌법질서가 위협받는 비상적 상황에서, 저항권은 주권자로서 국민 개개인을 '헌법수호의 권한이 있는 자'로 인정하는 것이다. 국가기관에 의한 국가권력의 행사(대의민주제), 국가의 물리적 강제력의 독점, 국민의 평화의무에 비추어, 헌법은 헌법침해에 대한 방어를 일차적으로 국가기관에게 맡기고 있다. 국가기관이 헌법수호의 기능을 더 이상 이행할 수 없거나 이행하지 않는 경우, 비로소 헌법수호의 과제는 최종적으로 헌법제정권력의 주체인 국민에게 부여된다.

이러한 점에서 저항권은 '국민주권의 표현'이라고 볼 수 있다. 국민은 평상시에는 국가권력을 국가기관에 위임하여 국가기관으로 하여금 주권을 행사하도록 하고 있으나, 국가기관이 기능하지 않거나 공권력을 남용하는 경우에는 헌법제정권력의 주체인 국민이 최종적으로 헌법의 수호자로서 등장하게 되는 것이다.

2) 법위반에 의한 헌법수호

저항권의 경우, 헌법을 수호하기 위하여 사용하는 전형적인 수단이 법치국가의 파괴, 즉 법위반이라는 것이다. 이로써 저항권은 법치국가를 구성하는 필수적 요건인 '국민의 평화의무'와 '법질서에 대한 복종의무'를 헌법수호의 제단에 바치고 있다.

이러한 점에서 법치국가를 수호하고자 하는 저항권이 법치국가를 파괴할 위험성이 있기 때문에, 저항권의 행사를 정당화하는 요건은 객관화되어야 하며 매우 엄격하게 제한될 것을 요청한다. 저항

---

1) 저항권은 역사적·이념적으로 원래 국가에 대한 저항권에서 출발하였지만, 오늘날 헌법질서에 대한 위협이 국가뿐만 아니라 사회세력으로부터도 발생할 수 있다는 점에서, 헌법제정권력의 주체인 국민은 헌법질서를 제거하고자 하는 사회세력에 대해서도 저항할 수 있어야 한다. 헌법질서에 대한 위협이 국가기관으로부터 또는 사인으로부터 발생하는지에 따라, 헌법질서를 수호하고자 하는 수단으로서 저항권의 인정여부가 달라질 수 없다. 따라서 저항권은 국가에 대한 저항권뿐만 아니라 사인에 대한 저항권도 포괄하는 것이다.

권을 행사하기 전에, 국민은 헌법에 의하여 제공된 모든 정치적·법적 가능성을 소진해야 하며, 저항권행사의 요건을 잘못 판단하는 위험부담은 저항권을 행사하는 국민이 져야 한다. 저항권행사의 요건을 잘못 판단하는 경우, 저항권을 행사하는 자는 현행 법질서에 대한 위반으로 징계를 받는 것을 감수해야 한다. 또한, 저항권의 행사를 정당화하는 비상적 상황에서 저항권을 행사하는 자는 저항의 시도가 실패하는 경우 반동(反動)이라는 비난과 위험을 감수해야 한다.

(2) 이념사적 발전

(가) 역사적으로 불법적인 국가의 지배에 대한 저항권의 사고는 시대의 제약을 받지 않는 불변의 이념이었다. 근대적인 의미의 저항권은 원래 폭군의 자의적 지배에 대하여 저항할 수 있는 개인의 권리로서, 모든 국가권력은 단지 위임된 권력이기 때문에 남용의 경우 불법적인 권력이 되며, 지배(사회)계약의 위반은 국민에게 저항할 권리를 부여한다는 자연법적 이념에 기초하고 있다.

근대적 의미의 저항권이론은 자유주의적 사상가인 로크(John Locke, 1632-1704)에 의하여 체계화되었다. 로크는 그의 저서 '시민정부론'(Two Treatises on Civil Government, 1690)에서 국가권력남용의 위험성을 인식하였고 이에 대한 예방적 조치를 취해야 할 필요성을 역설하였다. 그는 국가권력의 남용을 방지하는 방법으로 자연법적 인권의 보장 및 권력분립을 언급하였다. 그는 국가권력의 한계를 불가침·불가양의 '자연법적 인권의 존중'에서 찾았는데, 국가는 국민을 억압하고 착취하는 권한이나 국민의 생명·재산·자유를 침해하는 권한을 가지고 있지 않으며, 단지 국민의 생명·재산·자유를 유지하기 위하여 필요한 범위 내에서만 활동할 수 있다고 보았다.

그는 한 보 더 나아가, 국가가 권력을 남용하여 개인의 인권을 침해하는 경우에는 모든 국민은 저항권을 가진다고 서술하였다. 국민은 단지 자신의 인권을 유지하기 위하여 사회계약을 통하여 국가공동체의 형태로 결속한 것이고 국가에게 권력을 위임한 것이므로, 국가의 인권침해에 대하여 저항할 권리를 가지고 있으며, 이 경우 원래의 반란자는 '저항하는 국민'이 아니라 '사회계약을 위반한 국가권력'이라고 서술하였다. 물론, 그도 '의심이 없을 정도로 자연법이 명백하게 침해된 경우'에 한하여 저항권이 인정된다고 하여, 저항권의 행사요건을 제한하였다. 로크의 저항권이론은 미국의 독립선언과 프랑스의 인권선언에 그대로 반영되었다.[1]

(나) 저항권을 규정한 역사를 살펴보자면, 1776년의 미국 독립선언, 1789년의 프랑스 인권선언에서 저항권을 명문화하였고, 현재 일부 국가의 헌법에서도 저항권을 실정법적으로 명문화하고 있다. 가령, 독일 기본법은 제20조 제4항에서 저항권을 헌법상의 권리로서 규정하고 있다.[2]

(3) 법적 근거

학계의 다수견해는 저항권을 그 본질상 자연법상의 권리로서 이해하여, 실정헌법에서 명시적으로

---

[1] 특히 프랑스 인권선언 제2조는 "모든 정치적 결사의 목적은 인간의 자연적이고 소멸될 수 없는 권리의 보장에 있다. 이러한 권리란, 자유·재산·안전에 관한 권리와 압제에 저항하는 권리를 말한다."고 선언함으로써 로크의 이론을 그대로 수용하고 있다. 또한, 1776년 7월 4일 미국독립선언에서 '모든 인간은 출생과 함께 평등하며 창조자로부터 양도할 수 없는 권리로서 생명, 자유 및 행복의 추구를 부여받았으며, 이러한 권리를 보장하기 위하여 정부가 설립되며, 정부는 자신의 권한을 국민의 동의로부터 도출하며, 정부가 이러한 목적에 부합하지 않는 경우에는 국민은 정부를 폐지하고 새로운 정부를 설립할 권리를 가진다.'고 하여 저항권을 명시적으로 언급하고 있다.

[2] 기본법 제20조 제4항은 "헌법적 질서를 제거하고자 시도하는 모든 사람에 대하여 다른 구제책이 불가능한 경우, 모든 독일국민은 저항권을 가진다."고 규정하고 있다.

규정하고 있는지의 여부와 관계없이 저항권을 기본권으로 인정하고 있다.[1] 우리 헌법에서 저항권을 명시적으로 규정하고 있지는 않으나, 헌법전문에서 "3 · 1운동"과 "불의에 항거한 4 · 19민주이념"이라고 언급하고 있는 부분은 간접적으로 저항권을 인정하는 실정법적 근거로 볼 여지가 있다. 저항권은 자연법적 사고에 근거하면서, 실정헌법에 의해서도 간접적인 표현을 통하여 지지되는 자연법상의 권리이다.

(4) 행사의 요건
(가) 저항권의 주체

저항권의 주체는 국민이다. 국가가 국민의 정치적 운명공동체라는 점에서, 저항권은 국적을 가진 자만이 행사할 수 있다. 저항권은 개별적으로 또는 집단적으로 행사될 수 있다.

(나) 저항권의 보호법익

저항권이 보호하고자 하는 대상은 모든 헌법규범이 아니라 단지 헌법상의 핵심적인 정치질서, 즉 자유민주적 기본질서이다. 이로써, 저항권의 보호법익은 모든 헌법규정이 아니라 단지 헌법개정금지 사항에 국한된다. 저항권의 보호대상이 모든 헌법규범이라면, 헌법개정권자에 의한 헌법개정도 저항권의 대상이 될 것이라는 점에서도 이는 당연하다.

(다) 저항권의 목적

저항권의 행사는 단지 헌법질서의 유지와 회복에 기여해야 한다는 의미에서 현상유지적인 성격을 가지고 있다. 저항권은 기존질서의 유지에 기여한다는 점에서, 保守的인 의미를 가진다. 따라서 기존질서를 새로운 질서로 대체하고자 하는 국민은 자신의 이러한 의도를 관철하기 위하여 저항권을 주장할 수 없다.

이러한 점에서 저항권은 혁명과 구분된다. 저항권행사의 목적이 기존의 헌법적 질서의 수호에 있으므로, 헌법질서를 제거하려는 혁명적 시도는 저항권행사를 정당화하는 사유로서 고려되지 않는다. 혁명의 목적이 '새로운 헌법질서의 창출'에 있다면, 저항권의 목적은 '기존 헌법질서의 수호'에 있다. 저항권은 혁명이 아니라 反革命의 근거인 것이다.

또한, 자유민주적 기본질서의 범주 내에서 국가와 사회의 구조를 점진적으로 개혁하고자 하는 국민도 저항권을 주장할 수 없다. 이러한 의도를 위해서는 민주국가에서 표현의 자유, 집회의 자유, 결사의 자유, 선거권 등 정치적 자유가 점진적 개혁의 수단으로서 제공된다.

(라) 저항권의 행사가 정당화되는 상황
1) 헌법침해에 대한 보충적 · 최후수단적 보호수단

저항권과 관련하여 제기되는 핵심적인 문제는 어떠한 경우에 저항권의 행사가 정당화되는지, 어떻게 저항권행사의 요건을 객관화함으로써 저항권행사의 남용을 방지할 수 있는지의 문제이다. 즉, 헌법수호수단으로서 인정된 저항권이 그 남용의 위험성으로 말미암아 헌법질서를 위협하는 수단으로 변질되지 않도록 행사요건을 객관적으로 정하는 문제인 것이다. 만일 저항권의 행사요건을 각 개

---

1) 참고로, 독일의 경우 1968년 헌법개정을 통하여 저항권이 헌법에 수용되었다. 그러나 저항권이 독일헌법에 실정법으로 규범화되기 이전에 이미 연방헌법재판소는 '저항권은 국가기관 상호간의 억제와 균형 및 국가에 의한 헌법침해에 대한 효과적인 보호를 의도하는 헌법의 체계로부터 나오는 것이다.'라고 판시하여, 불문법으로서 저항권을 인정하였다(BVerfGE 5, 85, 376f).

인의 가치관과 사회관에 따라 주관화한다면, 저항권은 법치국가를 폐지하는 기본권이 될 위험이 있다. 헌법상의 저항권은 '로크의 저항권'과 비교할 때 보다 '제한적인 의미'의 저항권으로서, 국가권력의 헌법침해에 대한 보충적·최후수단적 보호수단이다.[1]

2) 저항권의 행사요건

따라서 저항권의 남용에 의한 무질서를 방지하기 위하여 그 행사요건은 다음과 같이 매우 엄격하게 제한되어야 한다.

첫째, 국가권력에 의하여 헌법질서에 대한 중대한 침해가 발생한 것이 명백해야 한다(중대한 침해의 명백성). 여기서 중대한 침해란 개별 헌법조항에 대한 단순한 위반이 아니라 자유민주적 기본질서에 대한 중대한 침해를 말한다.

둘째, 저항권은 헌법파괴를 막기 위한 모든 헌법적 수단을 소진한 후, 즉 법치국가적 구제절차를 총동원해서도 국가권력에 의한 헌법침해를 막을 수 없는 경우에 비로소 고려되는 수단이다(저항권의 보충적 성격). 저항권은 다른 구제수단이 불가능하다는 것, 즉 법질서에 의하여 제공된 모든 구제절차가 더 이상 기능하지 않는다는 것을 전제로 하기 때문에, 저항권의 행사는 헌법질서의 유지나 회복을 위한 최종적인 수단을 의미한다(저항권의 최후수단적 성격).[2]

다른 구제수단이 없다는 것, 국가기관이 더 이상 기능하지 않는다는 것이 명백해야 한다. 불확실한 경우에는, 국민은 국가기관이 헌법수호의 과제를 제대로 이행하고 있다는 것으로 간주해야 한다. 따라서 개인의 구체적인 행위가 저항권의 행사로서 정당화되는지에 관하여 헌법재판소가 판단하는 경우, 이러한 상황은 이미 '사법기능이 아직도 기능하며 이로써 법질서에 의하여 제공된 다른 구제방법이 기능한다는 사실'을 반증하는 것이다.

(마) 저항권행사의 수단

저항권은 저항의 모든 형태, 즉 적극적인 또는 수동적인, 폭력적인 또는 비폭력적인 저항을 허용한다. 저항권은 형법을 비롯한 법질서에 위반되는 행위를 포괄한다. 그러므로 단순히 복종의 거부뿐 아니라 국가권력에 대한 적극적 저항, 무력의 행사, 심지어 극한상황에서는 헌법파괴범에 대한 살인행위도 허용된다. 그러나 저항수단의 선택에 있어서 무제한적인 선택권이 인정되는 것이 아니라, 가능하면 다른 법익을 적게 침해하는 수단을 통하여 헌법수호가 실현될 것을 요청하는 일반적 법원칙인 비례적 법익교량의 원칙의 구속을 받는다.

(5) 저항권을 實定法化 할 것인지의 문제

그러나 저항권행사를 정당화하는 객관적 요건이 충족되는 경우, 현실적으로 저항권을 행사하는 것은 거의 불가능하다. 헌법질서에 대한 중대한 침해가 이미 발생한 상황에서 저항권이 최후적 수단으로 사용되는 경우에는 헌법을 제거하고자 하는 시도를 성공적으로 방어할 가능성이 사실상 없기 때문에, 저항권은 현실적으로 실현가능성이 없는 단지 이념적 권리이다. 법치국가에서 법질서가 개인의 권리를 실정법적으로 규정하는 경우, 국가는 권리의 정당한 행사를 보장해야 한다. 그러나 저항권의 경우에는 정당한 저항권의 행사를 보장할 수 있는 국가가 더 이상 존재하지 않는다. 이러한 의

---

1) 저항권에 관한 헌법재판소의 개념정의에 관하여 헌재 1997. 9. 25. 97헌가4, 판례집 9-2, 332, 338 참조.
2) 법질서에 의하여 제공된 모든 구제가능성이 유효한 구제방법이 될 전망이 없기 때문에 저항권의 행사가 법질서를 유지하고 회복하는 최종적 수단이어야 한다(BVerfGE 5, 85, 377).

미에서 저항권은 법치국가에서 그 관철이 보장되지 않는 권리, 즉 '공허한 기본권'이라 할 수 있다. 최후수단으로서 저항권의 특성상, 기존 헌법질서의 파괴가 진행되어 저항권행사의 합법성을 법적 구속력을 가지고 확인할 수 있는 국가기관, 즉 정당한 저항권의 행사를 보호할 수 있는 국가가 더 이상 존재하지 않는다면, 저항권은 더 이상 '보장된 권리'가 아니라 '권리보장이 수반되지 않는 단지 정당성' 또는 '국민에 대한 투쟁의 호소'에 불과하다.

자유민주적 기본질서를 제거하고자 하는 시도가 결과적으로 성공하지 못하는 경우에는, 일반적으로 저항권의 행사요건이 충족되지 못하였기 때문에 국민은 저항권을 행사할 수 없으며, 반면에 그러한 시도가 성공하는 경우에는 이를 막고자 한 저항행위는 더 이상 저항권을 규정하는 헌법조항에 의하여 평가되고 보호받을 수 없는 것이다. 바로 여기에 저항권을 실정법화 하는 것의 근본적인 문제가 있다. 저항권을 실정법으로 규정하는 경우, 국가가 보장하고 관철할 수 없는 권리를 실정법으로 보장하게 되는 것이다. 이러한 점에서 저항권은 그 본질상 자연법적 권리로서 초실정법적으로 존재하는 것이다. 우리 헌법이 저항권을 실정법으로 수용하지 않은 것도 이러한 이유에 기인하는 것으로 판단된다.

(6) 市民不服從

(가) 개 념

시민불복종이란, 부당하다고 판단되는 국가의 결정(정책이나 입법)에 대하여 불법적인 시위 등의 방법으로 항의하고 복종을 거부하는 행위를 말한다. 시민불복종은 그 법적 성격에 있어서 헌법상 저항권의 행사가 아니라, 표현의 자유나 집회의 자유, 단체행동권 등의 과격한 또는 불법적 행사를 의미한다.

(나) 저항권과의 관계

시민불복종은 국가의 특정 정책이나 입법을 그 대상으로 할 수 있을 뿐만 아니라, 목적을 달성하기 위한 보충적인 수단이거나 최후수단일 필요도 없다. 이에 대하여 저항권은 헌법질서에 대한 중대한 침해가 전제되고 다른 수단으로는 헌법침해를 막을 수 없는 경우에 비로소 인정되는 보충적이고 최후적 수단이라는 점에서, 정치적으로 부당하다고 간주되는 국가의 결정에 저항하기 위한 권리를 부여하지 않는다. 그러므로 시민불복종은 저항권과는 아무런 관계가 없는 단순한 법위반을 의미한다.[1]

(다) 시민불복종의 허용여부

1) 개인이 국가의 특정 정책이나 입법 등 국가기관의 결정에 대하여 복종을 거부하는 경우, 투쟁하는 과정에서 법위반을 정당화하는 사유로서 저항권을 주장할 수 없다. 설사 국가권력의 행사가 위헌·위법적이라 하더라도, 법치국가적 절차가 기능하는 한, 저항권의 보충적 성격으로 인하여 국가권력에 대하여 저항권을 주장하는 것은 허용되지 않는다. 오늘날의 민주적 법치국가에서 저항권의 행사는 정상적인 상황에서는 실질적으로 헌법재판제도에 의하여 대체된다고 할 수 있다.

2) 국가의 법질서는 국가공동체의 모든 구성원이 자유를 행사하기 위한 기본적 전제조건이다. 국민이 의회절차에서 제정된 법률에 대하여 그 규범의 내용이나 입법절차상의 하자를 문제 삼아 불복종을 선언한다면, 이는 곧 법치국가의 붕괴 및 자유민주적 기본질서의 해체를 의미한다. 민주국가에

---

1) 헌재 1997. 9. 25. 97헌가4 결정에서 노동조합이 국회에서 날치기로 통과된 법률에 대하여 불법파업으로 대처하는 행위는 저항권의 행사가 아니라 시민불복종에 해당한다.

서 법의 준수란, 국민의 자기결정에 대한 복종을 의미하는 것으로 법치국가실현의 근간을 이루는 것이다.[1]

국가의 기능, 특히 사법제도가 정상적으로 기능하는 상황에서 국민의 저항권행사나 시민불복종이란 있을 수 없으며, 국민에게는 헌법재판절차를 통하여 법률의 위헌성을 다툼으로써 불법에 대항하고 위헌적 법률을 법질서에서 제거할 수 있는 길이 열려있다. 따라서 법률에 대한 불복종은 어떠한 이유로든 어떠한 형태로든 용납될 수 없다.

Ⅳ. 國家緊急權

사례 | 헌재 1994. 6. 30. 92헌가18(국가보위에관한특별조치법 사건)

국가보위에관한특별조치법(이하 '특별조치법')은 1971년 제정되어 1981년 폐지되었다. 헌법 제76조 및 제77조에 규정된 국가긴급권은 그 요건도 엄격하고 국회의 사후통제제도 강력하여 대통령이 함부로 이를 발동할 수 없게 되어 있는데 비하여, 특별조치법은 제2조에서 "국가안전보장에 대한 중대한 위협에 효율적으로 대처하고 사회의 안녕질서를 유지하여 국가를 보위하기 위하여 신속한 사태 대비조치를 취할 필요가 있을 경우"에는 대통령에게 국가비상사태를 선포할 수 있는 권한을 부여함으로써 대통령의 비상사태 선포권은 그 발동이 매우 용이하게 되어 있으며, 제3조에서는 국회에 의한 사후적 통제절차도 규정하고 있지 않다. 특별조치법상의 비상사태 선포권은 헌법적으로 정당화되는가?[2]

1. 개 념

오늘날 다수의 헌법이 국가비상사태에 적절하게 대처하기 위하여 국가긴급권을 규정하고 있다. 國家非常事態란 헌법이 예정하고 있는 정상적인 수단으로는 극복될 수 없는 국가생활의 중대한 장애가 발생한 경우, 즉 국가의 존립이나 헌법적 질서에 대한 중대한 위험이 발생한 경우를 말한다.[3] 국가비상사태는 전쟁, 내란, 중대한 경제적 위기, 자연재해 등 다양한 요인에 의하여 발생할 수 있으며, 또한 오늘날 세계화로 인하여 다른 국가의 위기상황이나 세계적 경제체제의 위기(가령, 국민의 생존에

---

1) 모든 국민이 선거권행사나 정치적 기본권의 행사를 통하여 국가기관의 형성 및 국가의 의사형성과정에 참여할 기회를 부여받음으로써 각자가 스스로 참여하고 동의하였기 때문에, 국가권력과 법의 적용을 받고 복종하는 것이며, 이는 결국 자기가 스스로 정한 것에 대한 복종, 즉 자기결정에 대한 복종을 의미하는 것이다.

2) 헌법재판소는 2 차례에 걸쳐 특별조치법 전체에 대하여 위헌결정을 하였는데, 특별조치법의 제정 당시에 국내외 상황이 이러한 내용의 국가긴급권을 정당화할 수 있을 정도로 극단적 위기상황이라 볼 수 없으므로 不文의 '초헌법적 국가긴급권'에 의하여 정당화될 수 없다는 것을 확인한 다음, 특별조치법상의 비상사태 선포권은 헌법이 요구하는 국가긴급권의 실체적 발동요건을 갖추지 못하였고 국회의 사후통제절차를 두고 있지 않으며, 국가비상사태의 선포가 10년에 이를 정도로 장기간 유지되었다는 점에서 일시적·잠정적으로 행사되어야 하는 국가긴급권의 시간적 한계에 위반된다고 하여 특별조치법 전체가 위헌이라고 판단하였다(헌재 1994. 6. 30. 92헌가18, 판례집 6-1, 557, 564-569; 헌재 2015. 3. 26. 2014헌가5, 공보 제222호, 498).

3) 헌재 1994. 6. 30. 92헌가18(국가보위에관한특별조치법), 판례집 6-1, 557, 568, "입헌주의국가에서도 전쟁이나 내란, 경제공황 등과 같은 비상사태가 발발하여 국가의 존립이나 헌법질서의 유지가 위태롭게 된 때에는 정상적인 헌법체제의 유지와 헌법에 규정된 정상적인 권력행사방식을 고집할 수 없게 된다. 그와 같은 비상사태 하에서는 국가적·헌법적 위기를 극복하기 위하여 비상적 조치가 강구되지 않을 수 없다. 그와 같은 비상적 수단을 발동할 수 있는 권한이 국가긴급권이다. 즉 국가긴급권은 국가의 존립이나 헌법질서를 위태롭게 하는 비상사태가 발생한 경우에 국가를 보전하고 헌법질서를 유지하기 위한 헌법보장의 한 수단이다."

필수적인 재화공급의 위기 등)에 함께 휘말려 듦으로써 발생할 수도 있다. 민주국가의 헌법은 일반적으로 국가비상사태에 적절하게 대처함으로써 국가적 위기를 극복하기 위하여 특정 국가기관에게 비상적 조치를 취할 수 있는 특별한 권한을 부여하고 있는데, 이를 國家緊急權이라고 한다. 우리 헌법도 대통령의 긴급명령권과 긴급재정경제처분·명령권($\frac{제76}{조}$) 및 계엄선포권($\frac{제77}{조}$)의 2가지 종류의 국가긴급권을 규정하고 있다.

2. 역사적 기원

국가가 위기상황에 어떻게 대처해야 할 것인지의 문제는 현대국가뿐만 아니라 모든 정치적 공동체에 대하여 제기되는 문제이다. 이미 고대 로마에서, 특정한 정치적 위기상황을 극복하기 위하여 중요한 全權(독재적 권한)을 한 개인에게 위임함으로써 신속하고도 단호한 정치적 행위를 가능하게 하는 것이 필요하다는 사고가 제도적으로 정착하였다(소위 '委任에 의한 獨裁政'). 국가적 위기상황의 극복을 위하여 '한 사람'에게 독재적 권한을 위임하는 이러한 제도는, 다양한 관점 사이의 타협을 필요로 하는 합의제기관이나 기관간의 조정을 필요로 하는 여러 국가기관에게 독재적 권한을 맡기는 것보다는 '한 사람'에게 맡기는 것이 보다 신속하고 단호하게 행동할 수 있다는 경험적 사실에 기초하고 있다. 오늘날에도 대부분의 헌법이 현실정치적인 관점에서 또는 경험적 사고에서 국가긴급권을 합의제기관이나 다수 국가기관의 공동결정에 맡기지 아니하고 獨任制機關인 대통령이나 행정부수반에게 위임하고 있다.

위임된 독재적 권력이 정당한 목적을 넘어서 행사되고 확대되는 것을 방지하기 위하여, 고대 로마제국에서는 다음과 같은 2 가지 모범적인 예방조치를 취하였다. 첫째, 국가비상사태의 존부에 관하여 이러한 권한을 행사하는 기관이 아니라 다른 기관이 결정해야 한다는 것이고(조직상의 예방조치),[1] 둘째, 독재적 권한의 위임은 제시된 특정 과제의 이행 시까지, 길어도 6개월을 넘을 수 없도록 시간적으로 엄격하게 제한되어야 한다는 것(시간적 한계)이 그것이다.

불문헌법국가인 영국에서도 일찍부터 국가긴급권이 인정되었고, 오늘날 다음과 같은 헌법적 관행이 형성되었다. 국가비상사태를 극복하기 위하여 정부(내각)의 권한이 충분하지 않은 경우에는 정부가 우선적으로 필요한 조치를 취하고, 이러한 조치는 의회에 의하여 사후적으로 합법화될 수 있다. 이러한 방법으로 상황에 적합한 국가의 조치도 가능하게 하면서, 동시에 의회에 의한 통제를 확보하고 있다.

3. 헌법적 문제점

국가긴급권은 법치국가의 수호를 위한 필수적 수단이면서, 동시에 법치국가에 대한 위협적 요소라는 兩面性을 가지고 있다.[2] 즉, 국가긴급권이 한편으로는 국내정치적으로 법치국가를 위태롭게 하

---

1) 고대 로마의 경우, 집정관(Consul)이 원로원의 추천을 받아 임기 6개월의 독재관(dictator)에게 독재적 권한을 위임하였다.
2) 헌재 1994. 6. 30. 92헌가18(국가보위에관한특별조치법), 판례집 6-1, 557, 568, "그러나 국가긴급권의 인정은 국가권력에 대한 헌법상의 제약을 해제하여 주는 것이 되므로 국가긴급권의 인정은 일면 국가의 위기를 극복하여야 한다는 필요성 때문이기는 하지만 그것은 동시에 권력의 집중과 입헌주의의 일시적 정지로 말미암아 입헌주의 그 자체를 파괴할 위험을 초래하게 된다. 따라서 헌법에서 국가긴급권의 발동기준과 내용 그리고 그 한계에 관해서 상세히 규정함으로써 그 남용 또는 악용의 소지를 줄이고 심지어는 국가긴급권의 과잉행사 때는 저항권을 인정하는 등

는 권력 장악의 도구가 될 수 있고, 다른 한편으로는 국가긴급권 없이는 국가의 존립과 기능에 대한 현저한 위협을 적시에 효과적으로 방어할 수 없다. 국가긴급권 남용의 위험을 방지하기 위한 수단으로는, 국가긴급권의 행사여부를 다른 국가기관(가령, 의회나 의회의 위원회)의 수권(授權)에 결부시키는 방법, 구체적 위험상황을 제거하는 목적을 넘어서 국가긴급권을 행사할 수 없도록 국가긴급권의 행사를 목적에 구속시키고 시간적으로 제한하는 방법, 의회나 헌법재판소가 사후적으로 국가긴급법 행사의 적법성을 심사하고 통제하는 방법 등 다양한 방법이 고려될 수 있다. 다양한 사전적·사후적 통제장치를 통하여 국가긴급권의 남용을 제도적으로 방지하고자 하는 노력을 기울일수록, 국가긴급권을 국내정치적으로 권력 장악의 도구로 남용할 위험성은 감소할 것이다.

4. 헌법이 스스로 국가비상사태를 규율해야 할 필요성

헌법이 국가비상사태를 극복하기 위하여 제도적 장치를 마련하는 것은 불가결하다. 헌법은 정상적인 상황뿐만 아니라 긴급·위기상황에서도 기능해야 하고 관철되어야 한다. 헌법이 비상적 상황에 대하여 예외적인 비상적 수단을 강구하지 않는다면, 국가와 헌법을 보호해야 할 의무를 진 국가기관에게는 결정적인 순간에 국가의 존립과 안전을 유지하기 위하여 헌법을 무시하는 것 외에 다른 가능성이 없을 것이다. 물론, 국가적 위기를 극복하기 위한 비상적 수단은 不文의 超憲法的 국가긴급권에 의하여 정당화될 수 있을 것이다. 국가가 헌법에 수권규정이 없다고 하여 국가의 존립에 대한 중대한 위험이 다가오는 것을 좌시하고만 있을 수는 없기 때문이다. 그러나 초헌법적 국가긴급권을 인정한다는 것은 성문헌법의 우위와 안정성 및 권위를 크게 손상시킬 것이다. 따라서 발생할 수 있는 모든 비상적 상황을 사전에 예견하여 이를 헌법적으로 상세하게 규율하는 것은 불가능하지만, 예측할 수 있는 국가비상상황에 대처할 수 있는 권한을 헌법적으로 규율하고 법적 제도로 형성해야 할 필요가 있다.

불문의 국가긴급권은 명확한 권한을 부여하지 아니하고 권한의 한계도 명확하지 않기 때문에, 국가비상사태가 종료한 후 국가생활이 어떠한 방법으로 다시 정상적인 성문헌법의 궤도에 진입할 수 있는지의 문제를 남긴다. 그러나 헌법이 스스로 국가비상사태를 사전에 명시적으로 규율하는 경우에는 정상적 상황에서 비상적 상황으로의 전환 및 비상적 상황에서 정상적 상황으로의 회귀를 보다 명확하고 효과적으로 보장할 수 있다. 그러므로 헌법은, 한편으로는 정상적인 헌법적 수단으로는 극복할 수 없는 비상사태에 대하여 이에 대처할 수 있는 효과적인 가능성을 제공해야 하고, 다른 한편으로는 국가비상사태가 부득이 요청하는 잠정적인 권력집중이 비상사태를 넘어서 유지되고 헌법질서를 파괴하는 방향으로 남용되지 않도록, 비상적 수단을 규율하고 이러한 위험을 방지할 수 있는 안전장치를 두어야 한다.

5. 요건과 한계

국가긴급권의 내용(요건)과 한계는 국가긴급권의 헌법적 과제와 목표에 의하여 결정된다. 국가긴급권의 목표는 가능하면 신속하게 정상적인 헌법적 상태와 헌법의 효력조건을 다시 회복하는 것에

필요한 제동장치도 함께 마련해 두는 것이 현대의 민주적인 헌법국가의 일반적인 태도이다."

있다. 국가긴급권의 이러한 목표는 비상사태를 극복하기 위한 비상적 조치의 내용과 요건을 결정하며, 비상상황에서 취해진 예외적 조치의 합헌성을 판단함에 있어서 결정적인 기준으로 작용한다. 국가긴급권은 엄격하게 진정한 국가비상사태에 제한되어야 하지만,[1] 국가비상사태를 극복하기 위하여 필요한 모든 조치를 포괄할 수 있도록 효과적으로 규율되어야 한다. 정상적인 헌법질서의 회복을 위하여 필요하다면, 국가적 위기를 제거하기 위하여 필요한 모든 수단이 투입되어야 한다.

한편, 국가긴급권의 목표는 동시에 비상적 조치에 대하여 한계를 제시한다. 예외적 조치는 정상적인 헌법질서의 회복에 기여하는 것이어야 하고, 이러한 목적을 달성하기 위하여 반드시 필요한 최소한의 정도에 제한되어야 한다.[2] 국가긴급권의 목표에 비추어, 국가공권력이 예외적으로 법치국가적 궤도에서 잠정적으로 벗어나는 것은 헌법의 침해가 아니라 오히려 필수적인 보완이자 강화이다. 헌법은 완전한 효력을 다시 획득하기 위하여 부분적으로 그 효력에 있어서 정지되는 것을 잠정적으로 수인하는 것이다. 국가긴급권의 남용에 대한 안전장치도 헌법에 의한 구체적인 형성을 필요로 한다. 이러한 안전장치는 특히 국가비상사태의 개시와 종료에 관한 명확한 규정 및 국가긴급권에 대한 강화된 통제에 있다.

국가긴급권은 국가비상사태에 대처하기 위하여 대통령에게 부여되는 '예외적인 권한'이라는 점에서, 그 요건은 헌법에 명확하게 규정되어야 하고 엄격하게 해석되어야 한다. 즉, 국가긴급권은 비상사태라는 특수한 상황에 대응하기 위한 임시적·잠정적 성격의 권한이므로 국가긴급권의 발동은 목적달성을 위하여 필요한 최소한의 정도에 제한되어야 하며, 국가의 존립과 헌법질서의 유지를 위하여 현상유지적으로 소극적으로 행사되어야 한다.

---

1) 국가긴급권을 요청하는 '국가비상사태'(Staatsnotstand)와 구분해야 하는 것은 헌법기관의 기능장애를 의미하는 '헌법장애상태'(Verfassungsstörung)이다. 헌법장애상태란 독일헌법학에서 국가긴급권과 구분되는 개념으로서 등장하는데, 주로 의원내각제에서 의회의 기능과 관련된 것이다. 헌법장애상태란, 헌법기관이 헌법상 부여된 기능을 이행할 수 없는 경우, 즉 헌법기관의 기능이행불능상태가 발생한 경우를 말한다. 헌법이 규정하는 정상적인 수단에 의하여 비정상적인 상황이 해결될 수 있다는 것에 국가비상사태와 근본적인 차이가 있다. 결국, 헌법장애상태란 외부적 영향에 기인하는 것이 아니라, 헌법기관이 헌법과 헌법정신을 존중하지 않기 때문에 발생하는 것이다. 헌법장애상태의 대표적인 예로는, 독일 바이마르공화국 당시 의회의 과반수 이상이 구성된 정부(내각)를 거부하고 불신임을 표시하는 데에는 동의하지만 건설적으로 정부(내각)의 책임을 떠맡을 용의가 있는 과반수를 구성할 능력이 없는 경우, 이로써 스스로 자신의 기능을 폐기시키는 경우를 들 수 있다.
2) 헌재 1996. 2. 29. 93헌마186(금융실명제), 판례집 8-1, 111, 124, "다만 긴급권은 그 본질상 비상사태에 대응하기 위한 잠정적 성격의 권한이므로 긴급권의 발동은 그 목적을 달성할 수 있는 최단기간 내로 한정되어야 하고 그 원인이 소멸된 때에는 지체없이 해제하여야 할 것인데도 …."

제 2 편　大韓民國 憲法의 基本原理

제1장   大韓民國 憲政史

I. 대한민국헌법의 前史

한국 최초의 성문헌법이라 할 수 있는 1899년 대한제국국제(大韓帝國國制) 9개조항은 국호를 '조선'에서 '대한제국'으로 개칭하고, 국가형태로서 전제군주국을 천명하였는데, 그 제정주체가 군주이고 군주주권의 사상을 바탕으로 하는 흠정헌법(欽定憲法)에 해당하는 것이었다.

1910년 한일합병조약으로 대한제국은 붕괴하였고, 1919년 거국적으로 전개된 3·1 독립운동의 역사적 산물로서 대한민국 임시정부가 수립되어 헌법이 채택되었다. 대한민국 임시정부의 헌법은 국민주권의 원리·의회주의·권력분립의 원리·기본권의 존중·법치주의 등을 기본원리로 하는 입헌주의적 헌법이었다.

II. 대한민국헌법의 제정

1. 건국헌법의 제정

1945년 일본제국의 식민지로부터 독립한 지 3년 후인 1948년 5월 10일 헌정사상 처음으로 국회의원 총선거가 실시되었고, 이 총선거에서 선출된 198명의 의원들로 制憲國會가 구성되었다. 제헌국회는 제1차적 과제인 헌법제정을 위하여 헌법기초위원회를 구성하여 헌법제정작업에 착수하였다.

헌법기초위원회는 유진오(俞鎭午)의 헌법초안을 원안으로 하고 권승렬(權承烈)의 초안을 참고안으로 하여 토의를 진행하였는데, 양 초안 모두 정부의 형태는 의원내각제로 하고, 국회의 구성은 양원제로 하며, 위헌법률심사권은 대법원에 부여하는 것을 내용으로 하고 있었다. 그러나 헌법기초위원회를 통과한 초안은 '정부형태는 대통령제로 하고 국회의 구성은 단원제로 하며 위헌법률심사권은 헌법위원회에 부여해야 한다'고 주장하는 이승만과 美軍政 당국의 반대에 부딪히게 되었다. 결국, 이승만(李承晚)의 주장대로 의원내각제와 양원제 대신 대통령제와 단원제가 채택되었고, 그 대신에 정치적 타협의 산물로서 의원내각제적 요소인 국무원제(國務院制)와 국무총리제가 가미되었다.

헌법기초위원회를 통과한 헌법안은 국회에 상정되어 국회를 통과하였고, 1948년 7월 17일 국회의장 이승만이 서명한 후 공포함으로써 대한민국 건국헌법은 같은 날부터 시행되었다.

2. 건국헌법의 구성과 내용

건국헌법은 前文·10章·103條로 구성되었다. 제1장 총강에서는 국가형태를 민주공화국으로 천명하면서, 국민주권의 원리, 국가의 영역, 국제평화주의 등을 규정하였다. 제2장 국민의 권리·의무에서는 평등권과 더불어 다양한 자유권을 규정하였고, 동시에 법률유보에 의한 제한가능성을 규정하였으며, 나아가 노동3권, 사기업에서 근로자의 이익분배균점권(利益分配均霑權), 생활무능력자의 보호 등 사회적 기본권을 규정하였다.

제3장 국회에서는 4년 임기의 단원제 국회를 규정하였고, 제4장 정부에서는 대통령은 4년 임기로 국회에서 선출하도록 하면서 한 번에 한하여 중임을 허용하였고, 대통령의 유고시에 대비하여 부통령제를 두었다. 대통령은 법률안거부권과 법률안제출권을 가지며 계엄선포권과 긴급명령권을 가지도록 규정하였다. 대통령의 권한에 속하는 주요국가정책을 의결하는 기구로서 대통령과 국무총리, 국무위원으로 구성되는 國務院을 규정하였고 국무총리는 국회의 승인을 얻어 대통령이 임명하도록 하였다. 제5장 법원에서는 법원은 10년 임기의 법관으로 구성하며 대법원장은 국회의 승인을 얻어 대통령이 임명하도록 하였다. 법원과는 별도로, 헌법수호를 위한 기관으로서 위헌법률심사권을 가진 헌법위원회와 탄핵심판을 담당하는 탄핵재판소를 규정하였다.

제6장 경제질서에서는 자연자원의 원칙적인 국유화, 공공성을 띤 기업의 원칙적인 국·공영제, 공공필요에 의한 사기업의 국·공유화 및 경자유전(耕者有田)의 원칙에 입각한 농지개혁 등 다양한 통제경제적 요소 내지 사회국가적 요소를 수용하였다. 제7장 재정에서는 조세법률주의와 일년예산주의가 규정되었다. 제8장 지방자치에서는 지방자치단체의 사무범위와 그 조직 및 운영을 규정하였다. 제9장 헌법개정에서는 대통령 또는 국회재적의원 3분의 1 이상의 발의로 헌법개정을 제안할 수 있도록 하고, 국회 재적의원 3분의 2 이상의 찬성으로 헌법개정안에 관하여 의결하도록 규정하였다.

Ⅲ. 대한민국헌법의 개정

1948년 건국헌법이 제정된 이래 현행헌법을 성립시킨 1987년의 개헌을 마지막으로 모두 9차에 걸쳐 개헌이 단행되었다. 약 40년의 기간 동안 9차례의 개헌이 이루어졌는데, 이와 같이 빈번한 개헌은 대한민국의 민주주의가 어느 정도 정착하기까지 그 행로의 굴곡과 험난함을 그대로 보여주고 있다. 민주주의의 역사와 그에 대한 이해가 全無한 상태에서 민주주의를 맞이한 대한민국은 '민주시민 없는 민주국가'로 출범하였고, 그 결과 대한민국의 헌정사는 자유와 민주주의의 장점과 단점에 그대로 노출된 채 민주주의를 배우고 연습하는 시행착오의 과정이었다. 이러한 과정에서, 헌법은 정치생활을 규율하는 규범적 울타리로서 기능한 것이 아니라 오히려 정치세력에 의하여 정권유지를 위한 도구로써 이용되었다.

지난 헌정사를 돌이켜 보면, 헌법개정은 주요 선진민주국가와 비교할 때 지나치게 빈번하게 이루어졌고, 헌법개정의 주된 목적은 변화한 사회·정치현실에 헌법을 적응시키고자 한 것이 아니라, 대통령의 집권연장을 위하여 중임금지조항을 수정·삭제하거나 재선을 보장하기 위하여 대통령선거방식을 직선제에서 간선제로 변경하기 위한 것이었으며, 대통령에게 국가긴급권·국회해산권 등 비상권력을 부여하기 위한 것이었다.

정권을 장악한 정치적 세력은 재선이나 장기집권을 가능하게 하기 위하여 또는 국가권력구조를 통치권자에게 유리한 방향으로 변경하기 위하여 헌법개정의 가능성을 남용하였으며, 이러한 헌법개정은 야당을 비롯한 정치권 및 국민의 폭넓은 논의와 합의를 바탕으로 이루어진 것이 아니라, 집권세력의 주도 하에서 일방적이고 은밀하게 진행될 수밖에 없었다. 이러한 것들이 바로 한국헌법의 개정과정에서 나타난 특징이라 할 수 있다.

1. 건국헌법의 개정

가. 제1차 개헌(발췌 개헌)

1950년 5월 실시된 제2대 국회의원총선거에서 이승만 대통령의 반대세력이 승리하여 국회의 다수의석을 차지하게 되자, 이승만 대통령은 국회에서 재선을 기대할 수 없게 되었다. 이에, 이승만 대통령은 正·副統領 선거방식을 국회의 간접선거에서 국민에 의한 직접선거로 바꾸고 국회를 단원제에서 양원제로 변경하는 내용의 개헌안을 국회에 제출하였으나, 이 개헌안은 국회의 표결에서 야당의 반대로 통과되지 못하였다. 국회의 다수의석을 차지한 야당도 이 기회에 의원내각제로의 개헌을 실현하기 위하여 이에 상응하는 내용의 개헌안을 국회에 제출하였다. 그러나 정부와 여당은 대통령직선제 개헌을 관철하기 위하여 폭력과 불법수단을 동원하여 국회의원들을 위협하고 연금하는 등 공포분위기를 조성한 가운데 여당개헌안에 야당개헌안을 일부 가미한 개헌안(소위 拔萃改憲案)을 1952년 7월 4일 국회에서 강제로 통과시켰다. 제1차 개헌은 그 절차에 있어서 헌법이 정하는 공고절차도 거치지 아니하였고 국회에서도 독회절차와 자유토론이 생략된 채 강압적으로 이루어진 것이었다.

최초의 개헌이 이러한 배경 하에서 정부와 여당의 개헌안 중에서 대통령직선제 및 양원제국회, 야당의 개헌안 중에서 의원내각제적 요소인 國務院 不信任制를 함께 채택하여 이루어졌기 때문에, 제1차 개헌을 세칭 발췌개헌(拔萃改憲)이라 한다. 개헌의 내용은 대통령과 부통령의 직선제, 양원제국회, 국회의 국무원 불신임제, 국무위원 임명에 대한 국무총리의 제청권의 도입이었다.

나. 제2차 개헌(사사오입 개헌)

1952년 8월 발췌개헌으로 李대통령은 두 번째로 대통령에 당선되었고, 1954년 5월 실시된 제3대 민의원선거에서 여당인 자유당은 압도적인 승리를 거두어 다수의석을 차지하게 되었다. 이러한 분위기에서 여당은 李대통령의 3選을 가능하게 하고자 개헌안을 국회에 제출하였으나, 표결의 결과는 의결정족수에서 한 표가 부족한 否決이었다. 그러나 여당은 사사오입(四捨五入)이라는 수학적 계산방식을 동원하여 일단 부결된 개헌안을 이틀 후 통과된 것으로 번복하여 선포하였다. 제2차 개헌은 개헌에 필요한 의결정족수를 무시한 위헌적인 개헌이었다.

사사오입 개헌의 주된 내용은 초대대통령에 한하여 三選制限을 철폐하고 무제한 입후보를 허용하며, 주권의 제약·영토변경을 위한 개헌은 국민투표에 붙이며, 국무총리제를 폐지하고 국무위원에 대한 개별적 불신임제를 채택하며, 대통령 궐위시에는 부통령이 그 지위를 승계하며, 경제체제를 자유경제체제로 전환하는 것이었다.

2. 1960년 헌법의 성립

가. 제3차 개헌(의원내각제 개헌)

1960년 3월 15일 실시된 제4대 대통령선거에서 李대통령이 단독으로 입후보하여 네 번째로 대통령에 당선되었다. 그러나 제4대 대통령선거는 이승만 대통령의 4期執權을 가능하게 하기 위한 부정선거로 변질되었고, 이에 항거하는 학생과 시민의 4·19의거에 의하여 이승만 정권은 붕괴하였다. 같은 해 5월 국회는 시국수습을 위하여 개헌과 총선거의 실시를 결의하였으며, 허정(許政)을 내각수반으로 하는 과도정부가 구성되었다. 이에 따라, 국회에는 개헌작업을 위한 헌법개정기초위원회가 구성되었고, 위 위원회에서 기초한 개헌안은 같은 해 6월 15일 국회본회의에서 통과되어 같은 날 공포되었다.

제3차 개헌은 본문 55개 조항과 부칙 15개 항목에 걸친 전면개정이었다. 제3차 개헌은 이승만정권의 독재정치와 장기집권이라는 국민적 체험에 대한 규범적 결산이자 반응으로서, 개헌 당시의 지배적 이념인 '권력통제와 자유보장'을 그대로 반영한 것이었다. 개헌의 주된 내용을 살펴보면, 첫째, 정부형태를 대통령제에서 의원내각제로 변경하였으며, 둘째, 언론·출판·집회·결사의 자유에 대해서는 사전허가나 검열제를 금지하고 법률에 의하여 기본권을 제한하는 경우에도 그 본질적 내용을 침해하지 못하도록 하는 등 기본권을 확대하고 강화하였으며, 셋째, 복수정당제를 보장하고 정당의 헌법적 지위를 강화하였으며, 넷째, 헌법위원회와 탄핵재판소를 폐지하고 대신 광범위한 헌법재판관할을 가진 헌법재판소를 설치하였으며, 다섯째, 사법권의 독립을 강화하기 위하여 대법관의 선출을 법관선거인단에 의하여 하였으며(대법원장과 대법관의 선거제), 여섯째, 공정선거를 보장하기 위하여 중앙선거관리위원회를 신설하였으며, 일곱째, 경찰의 중립성을 명문화하고 지방자치단체의 장의 직선제 등을 규정하였다.

나. 제4차 개헌(부정선거관련자처벌 개헌)

제4차 개헌은 1960년 11월 3·15부정선거의 주모자들을 처벌할 헌법적 근거를 마련하기 위하여 이루어졌다. 위 개헌에 근거하여 부정선거관련자처벌법, 반민주행위자공민권제한법, 부정축재특별처리법, 특별재판소및특별검찰부조직법 등 일련의 소급적인 특별법이 제정되었다.

3. 1962년 헌법의 성립

가. 제5차 개헌(군정대통령제 개헌)

제3차 개헌에 의하여 구성된 의원내각제 정부는 집권당 내부의 정쟁과 정치력의 부재 및 자유에 대한 국민의 이해부족과 과다한 자유행사로 인하여 초래된 사회의 극심한 혼란에 대처하지 못하였으며, 결국 헌법재판소의 구성조차 하지 못한 채 1961년 5. 16 군사쿠데타에 의하여 붕괴되었다. 1961년 5월 16일 박정희 장군이 주도하는 군사 쿠데타에 의하여 정권을 장악한 군사정부는 군정실시 1년 만에 民政移讓을 위한 헌법개정작업에 착수하였다. 군사정부는 이를 위하여 '國家再建最高會議'의 특별위원회로서 헌법심의위원회를 구성하여 위원회가 기초한 헌법안을 국가재건최고회의의 의결을 거쳐 1962년 12월 17일 국민투표에 부의하였고 12월 26일 확정된 개정헌법을 공포하였다. 이 개정헌법은 다음해인 1963년 12월 17일부터 효력을 발생하였다.

1962년 헌법은 비록 군사쿠데타에 의하여 성립된 것이었으나, 1962년 헌법 전문에서 명시적으로 밝히고 있는 바와 같이("1948년 7월 12일에 제정된 헌법을 이제 국민투표에 의하여 개정한다."), 기존의 헌법질서를 파괴하고 새로운 헌법질서로 대체하고자 하는 혁명의 산물이 아니라, 건국헌법의 지도적 정치이념인 자유민주주의의 기반 위에서 건국헌법의 정체성과 동질성을 유지하고자 하는 것이었다.

1962년 헌법의 주된 내용을 살펴보면, 첫째, 정부형태를 의원내각제에서 대통령제로 환원하였으며, 둘째, 국회의 구성을 다시 단원제로 하였고, 셋째, 인간의 존엄성조항이 신설되었으며, 넷째, 국회의원이 임기중 당적을 이탈하거나 변경하는 경우에는 의원직을 상실하도록 함으로써 정당국가를 지향하였으며, 다섯째, 헌법재판소를 폐지하고 위헌법률심사권을 법원의 권한으로 규정하였으며, 여섯째, 대법원장과 대법관의 선거제를 폐지하고 대통령이 법관추천회의의 제청에 의하여 대법원장과 대법관을 임명하도록 하였으며, 일곱째, 처음으로 개헌에 대한 국민투표제를 신설하여 헌법개정은 국회의 의결을 거쳐 국민투표로써 확정하도록 하였다.

나. 제6차 개헌(공화당 3선 개헌)

1963년 8월 실시된 제5대 대통령선거에서 박정희 장군이 대통령으로 당선되었다. 1967년 실시된 제6대 대통령선거에서도 朴대통령이 대통령으로 재선되었고, 같은 해 실시된 제7대 국회의원총선거에서 여당인 민주공화당은 압도적인 승리를 하여 국회의석의 3분의 2 이상을 차지하였다. 개헌을 위한 의석을 확보한 여당소속의원들은 박정희 대통령의 3選을 가능하게 하기 위하여 1969년 8월 대통령의 연임횟수연장을 골자로 하는 헌법개정안을 제출하였고, 개헌안은 국회의 의결을 거쳐 10월 17일 국민투표에 의하여 확정되어 10월 21일 공포되었다.

헌법개정의 주된 내용은 첫째, 대통령의 계속 재임을 3期에 한하도록 규정한 것, 둘째, 대통령에 대한 탄핵소추의 의결정족수를 가중시킨 것, 셋째, 국회의원의 정수를 증원하면서 국회의원은 국무위원을 겸할 수 있도록 한 것이었다.

4. 1972년 헌법의 성립(제7차 維新 개헌)

1971년 실시된 제7대 대통령선거에서 朴대통령은 세 번째로 대통령에 당선되었으나, 같은 해 실시된 국회의원총선거에서 여당인 민주공화당의 국회 내 의석은 크게 감소한 반면, 야당의 의석수는 증가하여 야당의 견제기능이 강화되었다. 1972년 10월 17일 박정희 대통령은 전국에 비상계엄을 선포하고 10·17 비상조치를 단행하였다. 10·17 비상조치의 주된 목적은 대통령의 장기집권을 가능하게 하는 헌법개정을 추진하는 것이었다. 10·17 비상조치법에 의하여 헌법개정작업을 맡은 非常國務會議는 헌법개정안을 작성하여 10월 27일 공고하였고, 공고된 헌법개정안은 11월 21일 국민투표에 부의되어 확정되고, 12월 27일 공포되었는데, 이를 세칭 維新憲法이라 한다.

유신헌법의 목적은 '대통령의 장기집권'과 국회와 사법부의 장악을 통한 '강력한 독재정치'를 가능하게 하는 것이었으므로, 이러한 목적에 부합하게 대통령의 권한을 강화하면서 다른 국가권력인 입법부와 사법부의 권한을 약화시키는 방향으로 헌법개정이 이루어졌다. 유신헌법의 주된 내용은 다음과 같다. 첫째, 대통령의 직선제를 폐지하고 대신 통일주체국민회의가 설치되어 이에 의하여 대통령 및 국회의원 정수의 3분의 1에 해당하는 국회의원이 선출되며, 둘째, 대통령은 국회의 동의나 승인을 필요로 하지 않는 사전적·사후적 긴급조치권을 비롯하여 국회해산, 국회의원 정수의 3분의 1에 해당하는 국회의원의 추천권 등 막강한 권력을 행사할 수 있으며, 셋째, 대통령의 중임제한규정을 두지 아니 함으로써 1인 장기집권을 가능하게 하며, 넷째, 회기를 단축하고 국정감사권을 부인하는 등 국회의 권한을 대폭 축소하며, 다섯째, 기본권제한사유로서 국가안전보장이 추가되고 기본권의 본질적 내용의 침해금지조항이 삭제되었으며, 人身權과 재산권 등 자유권적 기본권이 전반적으로 약화되었으며, 여섯째, 대법원장을 비롯하여 모든 법관을 대통령이 임명 또는 파면할 수 있도록 하여 사법부의 독립을 약화시켰으며, 일곱째, 헌법위원회를 설치하여 여기에 헌법재판권을 부여하였고, 여덟째, 헌법개정을 누가(대통령 또는 국회의원) 제안하는지에 따라 국민투표로 확정하는 방법과 국회의 결 및 통일주체국민회의의 의결로 확정하는 방법의 이원적 개헌방법을 채택하였으며, 아홉째, 지방의회구성을 통일 이후로 미루는 것이었다.

5. 1980년 헌법의 성립(제8차 國保衛 개헌)

유신체제의 확립 이후 박정희정권에 대한 국민의 지지는 해가 갈수록 약해지는 반면, 장기간에 걸쳐 일인독재정치에 대한 국민의 저항은 날로 강해져 갔다. 이러한 와중에서 朴대통령이 1979년 측근의 암살로 인하여 급서(急逝)하자, 18년에 걸친 박정희정권은 막을 내리게 되었다. 헌법에 따라 최규하(崔圭夏) 국무총리가 대통령권한을 대행하였고, 최규하는 같은 해 12월 통일주체국민회의에서 제10대 대통령으로 선출되어 새 정부를 구성하였다. 새로운 정치적 상황을 맞이하여 국회와 정부에서 헌법개정작업이 추진되고 있던중, 전두환(全斗煥)을 중심으로 하는 일부 군부세력이 1979년 12월 군부간의 무력충돌(12·12 사태)을 계기로 하여 1980년 5월 전국에 비상계엄을 선포하고 국가보위비상대책위원회를 구성하여 전두환이 그 상임위원회 위원장이 되었다. 최규하 대통령이 얼마 후 사임하고 1980년 9월 1일 전두환이 통일주체국민회의에서 대통령으로 선출되어 대통령에 취임함에 따라 개헌작업은 박차를 가하게 되었다. 1980년 9월 9일 정부의 헌법개정심의위원회에서 작성된 헌법개정안은 같은 해 10월 22일 국민투표에 회부되어 확정되었고 10월 27일 공포·시행되었다.

1980년 헌법의 주요 내용은 다음과 같다. 전문에서 조국의 평화적 통일의 추진 등을 선언하였다. 제1장 총강에서는 재외국민보호조항, 국군의 국가안전보장의무조항, 정당운영자금의 국고보조조항을 신설하였다. 제2장 국민의 권리와 의무에서는 행복추구권을 신설하고 기본적 인권의 불가침성을 규정하여 기본적 인권의 자연권적 성격을 명시적으로 언급하였다. 또한, 형사피고인의 무죄추정원칙, 연좌제폐지, 사생활의 비밀과 자유, 환경권 등 기본권의 목록을 확대하였다.

제3·4·5장의 권력구조에서는 대통령의 간선제를 그대로 유지하면서 통일주체국민회의를 폐지하여 대통령의 선거방식을 선거인단에 의한 간선제로 변경하였으며, 대통령이 가지고 있던 국회의원 1/3의 추천권을 삭제하였고, 대통령의 임기를 7년 단임제로 하였다. 국회의 국정조사권을 신설하였다. 일반법관의 임명권을 대법원장에게 부여하고 징계처분에 의한 법관파면제를 폐지했으며, 위헌법률심사제청권을 법원에 부여하였다. 경제질서에서는 자유경제질서의 틀을 유지하면서 독과점금지, 중소기업보호육성, 소비자보호 등을 새로 규정하였다. 헌법개정방법의 종래 이원주의를 폐지하고 헌법개정은 국회의 의결과 국민투표로써 확정하도록 하였다.

6. 1987년 헌법의 성립(제9차 대통령 직선제 개헌)

박정희 대통령의 장기집권 및 그를 이은 전두환 대통령의 독재정치에 따라 증폭된 민주화에 대한 국민의 열망은 거부할 수 없는 시대적 흐름이었다. 제9차 개헌작업은 이러한 국민적 요구를 민정당의 노태우(盧泰愚) 대표위원이 수용함으로써 착수되었다. 대통령직선제를 주요골자로 하는 개헌작업을 진행하기 위하여 여·야 대표들로 구성된 8人政治會談이 개최되었고, 이 회담에서 마련된 단일 개헌안이 10월 12일 국회의 의결을 거쳐 10월 27일 국민투표에 부의하여 채택됨으로써, 헌법개정이 확정되었다. 1987년 헌법은 1988년 2월 25일부터 시행되었다. 1987년 제9차 개헌은 우리 헌정사에서 최초로 여야합의에 의하여 이루어진 헌법개정이었다.

　제9차 개헌은 그 동안 국민의 염원이던 '대통령직선제와 민주화'를 규범적으로 반영한 것이었다. 따라서 그 특징은 대통령직선제를 도입하고 군의 정치적 중립성을 강조하며, 장기집권과 독재정치를 통하여 비정상적으로 비대해진 대통령의 권한을 축소하고 국회와 사법부의 권한을 다시 정상화하는 것으로 요약될 수 있다. 이를 구체적으로 살펴보면, 제2장 국민의 권리와 의무에서는 신체의 자유와 관련하여 적법절차조항을 신설하고 언론·출판·집회·결사에 대한 허가와 검열을 금지하였으며, 재산권수용에 대한 正當補償制度를 도입하였고, 형사피의자의 보상청구권과 형사피해자의 권리를 보장하였다. 사회적 기본권과 관련해서도, 최저임금제의 시행을 명문화하였고, 여자·모성·노인·청소년·신체장애자·생활무능력자에 대한 권익보호를 구체화하였다. 권력구조에서는 대통령의 직선제를 도입하고 임기를 5년 단임으로 규정하였으며, 대통령의 비상조치권을 폐지하고 국가긴급권의 발동요건을 강화하였으며, 국회해산권을 폐지함으로써 대통령의 권한을 축소하였다. 국회의 회기제한을 폐지하고 국정감사권을 부활시킴으로써 국회의 권한을 강화하였다. 한편, 국무총리·국무위원에 대한 국회의 해임의결권은 해임건의권으로 대체함으로써 대통령제에 보다 접근시켰다. 대법원판사제를 폐지하고 대법관제를 부활시켰으며, 헌법재판소를 신설하여 포괄적인 헌법재판권을 부여함으로써 헌법재판제도를 획기적으로 강화하였다.

제2장 大韓民國의 存立基盤과 國家形態

제1절 大韓民國의 存立基盤

Ⅰ. 국제법상 국가의 개념적 3요소

국가는 시간의 흐름에 따라 끊임없이 변화하고, 오늘날에도 다양한 형태로 나타나는 복합적인 형성물이기 때문에, 국가의 개념을 정의하는 것은 매우 어렵다. 한편, 각 국가가 국가에 대한 자기이해에 따라 스스로를 국가로 간주하는 것으로 충분하기 때문에, 국가 내부적 관계에서는 국가의 개념을 굳이 정의할 필요가 없다. 그러나 국가 간의 관계를 규율하는 국제법의 적용여부는 국제법 규정의 수범자나 조약의 당사자가 국가인지의 여부에 달려있으므로, 국가 간의 관계에 있어서는 국가에 관한 개념 정의가 필요하다.

국제법상 국가인지의 여부는 일반적으로 옐리네크(Georg Jellinek)의 國家三要素說에 의하여 판단되고 있다. 이에 의하면, 국가는 국민, 영역, 국가권력의 3요소에 의하여 결정된다. 국가권력은 특정 영역과 그 곳에 거주하는 주민에 대하여 행사됨으로써 이를 영역과 국민으로 만든다. 따라서 하나의 정치적 공동체가 새로운 국가로 인정되는지의 여부는 국민과 영역 및 '영역의 대부분과 국민의 대다수에 대하여 공권력을 행사하고 장기적으로 관철할 수 있는 주권'을 가지고 국가가 형성되는지에 달려있다.

'국가3요소설이 형식적이고 국가의 본질에 관하여 아무 것도 표현하지 않는다'는 비판이 있지만, 개념은 일차적으로 경계설정의 기능을 가지기 때문에 가능하면 형식적이어야 한다. 국가3요소설은 '국가권력'이라는 개념적 요소를 통하여 국가의 본질적인 기준을 언급하면서, 한편으로는 국가권력의 구체적 형성을 각국에게 위임하고 있다. 이러한 개념상의 개방성만이 개인과 마찬가지로 국가에 대해서도 근본적인 의미를 가지는 자기결정권을 보장할 수 있다.

우리 헌법은 제1조에서 국가권력을, 제2조에서 국민을, 제3조에서 영토를 규정함으로써 옐리네크의 국가3요소설에 기초하여 대한민국의 존립기반에 관하여 밝히고 있다.

Ⅱ. 國家權力

1. 영토와 국민에 대한 지배권

國家權力(Staatsgewalt)은 국가 영역과 그 곳에 거주하는 인간에 대한 지배권이다(領域高權 및 對人高權). 국가권력은 무엇보다도 국가가 일방적으로 구속력을 가지는 규율을 하거나 명령을 내릴 수 있고 필요한 경우에는 강제적으로 이를 관철할 수 있다는 것을 통하여 표현된다.

국가는 법적으로 조직된 정치적 지배의 단위이다. 국가는 규율된 '인간의 공동생활', 특히 법적 평화와 법적 안정성을 보장하는 기능을 가진다. 국가의 이러한 기능은 오로지 통일적이고 효과적인 규범질서(행위질서)에 의해서만 이행될 수 있다. 따라서 국가는 공동체 내에서의 행위를 구속력을 가지고 규율하고, 나아가 필요한 경우에는 물리적 강제력을 동원하여 규정된 행위를 강제할 수 있는 수단을 가져야 한다. 이는 곧, 국가는 '국가권력'을 가져야 한다는 것을 의미한다.

국가가 공동체의 질서와 평화를 유지하는 기능을 이행하기 위해서는, 공동체의 구성원이 규범질서를 자신의 행위기준으로 삼는다고 하는 것이 보장되어야 한다. 법이 확실하게 적용되고 법의 관철을 위하여 국가권력이 투입되는 경우에만, 법은 신뢰할 수 있는 행위기준으로서 작용할 수 있다. 결국, 국가권력은 '법적으로 조직된 정치적 권력'이고, 이로써 '법적인 규율권한'과 '규율된 것을 관철하는 권한'의 형태로 구체화된다.

2. 主　權

主權(Souveränität)이 '국가권력' 외에 국가의 또 다른 개념적 요소인지의 문제는 주권이란 애매모호한 개념을 어떻게 이해하는지에 달려있다. 주권 개념은 유럽에서 절대군주국가의 성립과 더불어 형성된 역사적 · 정치적 개념이다. 그 당시의 군주는 대외적으로는 교황과 황제로부터 지배권의 독립성을, 대내적으로는 봉건제후에 대하여 지배권의 최고성을 관철함으로써, 군주의 지배권을 확립하였다. 이 과정에서 주권은 현대국가의 새로운 본질을 특징짓는 개념, 즉 '국가권력의 본질적 특징'인 국가권력의 統一性 · 一元性을 서술하는 개념으로 사용되었다. 따라서 주권을 국가권력의 독립성이나 최종적 결정권으로 이해한다면, 이는 이미 국가권력의 통일성으로부터 나오는 것으로, 국가권력의 개념에 포함되어 있다.

가. 주권 개념의 역사적 배경

(1) 통일적인 국가권력을 가진 현대국가의 탄생

정치적 공동체의 모든 규율권한이 통일적인 국가권력으로부터 유래하고 국가권력의 통제 하에 있다고 하는 것은 오늘날의 시각에서는 당연한 것으로 이해된다. 그러나 인류역사에서 이러한 법적 상태가 달성된 것은 그리 오래된 일이 아니다. 유럽역사에서 중세 말까지도 각 영토마다 지배권이 분산되어, 군주와 신분계급(교회, 귀족 · 기사, 도시 등)이 각 독자적인 지배권(가령, 별도의 관청, 군대, 재정, 외교 등)을 행사하였다. 이미 이때부터 지배권력을 군주에게 집중시키고 공고히 하고자 하는 사고가 싹트기 시작하였다. 황제와 교황으로부터 군주의 독립은 어려운 것이 아니었으나, 내적으로 봉건

제후에 대하여 지배권력을 확립하는 과정은 오랜 시간에 걸쳐 이루어졌다. 이러한 정치적 상황의 발전과정에서 '국가'라는 단어가 자리 잡기 시작하였고, 19세기부터 국가는 '최고권력을 가진 지배 단위'로 이해되었다.

(2) 보댕의 국가주권사상

'국가의 안녕과 질서'라는 현대국가의 기본과제는 역사적으로 그 생성의 배경을 16세기 후반 36년 동안 지속되었던 참혹한 프랑스 내전(1562-1598)에 두고 있다. 그 당시 프랑스의 국왕은 내전당사자에 대하여 평화를 강제할 수 있는 우월적 지위를 가지지 못하였기 때문에, 내적인 평화를 보장할 수 있는 능력이 없었다. 이러한 상황에서 군주가 내전당사자에 대하여 평화를 강제할 수 있도록 그의 권력을 강화시키는 것을 목표로 하는 국가주권사상(소위 君主主權論)이 탄생하였는데, 그 대표적인 것이 바로 장 보댕(Jean Bodin, 1530-1596)의 主權理論이다. 그는 내전의 참혹함이라는 개인적 경험과 '안전과 질서'에 대한 염원을 바탕으로 그의 저서 국가론(Les six livres de la république, 1576)에서, 개인의 안전과 내적 평화를 보장하기 위하여 군주에게 절대적 권력, 특히 모든 물리적 강제력 행사의 절대적 독점권을 인정해야 한다고 주장하였다. 군주는 신민의 동의를 받지 않고 법률을 제정하고 나아가 법률에 위반할 수 있는 권한을 가지며, 이로써 법률의 구속을 받지 않으므로, 이러한 통치형태를 '絕對主義'라고 한다.

보댕은 '주권'에 국가의 본질적 특징이 있다고 보았다. 주권의 핵심은 지배를 받는 자에 대하여 그의 동의 없이 법을 제정할 수 있는 권한에 있다고 보았다. 보댕의 이러한 주권이론은 내부적으로 신분계급에 대한 것이었고, 외부적으로는 교황의 세속적 지배권과 잔존하는 신성로마제국의 사고에 그 기반을 둔 황제의 지배권에 대한 것이었다. 이러한 주권은 이중적인 관점에서 독립적인 것, 절대적인 것이었다. 첫째, 국가 내적인 세력으로부터의 독립성은 법규범이 피지배자, 특히 신분계급의 동의 없이 효력을 발휘한다는 것에 있으며, 둘째, 외부세력으로부터의 독립성은 군주의 규율권한이 외부적 세력의 권위로부터 유래하는 어떠한 한계의 구속을 받지 않으며, 단지 神法이나 자연법, 일반적 법원칙에만 구속을 받는다는 것을 의미하였다. 보댕은 이러한 방법으로 국가내적 세력 및 외부세력으로부터 독립적이고 포괄적인 규율권한을 국가의 본질적 특징으로 규정하였다.

(3) 홉스의 국가주권사상

마찬가지로, 영국의 홉스(Thomas Hobbes, 1588-1679)도 자신이 직접 경험한 영국의 內戰이라는 시대적 상황에 의하여 큰 영향을 받았다. 그는 자신의 저서 리바이어던(Leviathan, 1651)에서, 효과적인 국가권력의 부재로 인하여 '만인에 대한 만인의 투쟁상태'가 발생하며, 국가가 강력할수록 보다 개인의 생명과 재산을 보호할 수 있으므로 내부적으로 그리고 외부의 공격에 대하여 개인의 안전을 확보하기 위하여 국가에게 무제한적인 권력을 부여해야 한다고 주장하였다. 그는 모든 공권력을 집어삼키고 이를 통치자의 손아귀에 통합하는 절대적 국가를 성경의 신화에 나오는 바다 괴물(海獸)인 'Leviathan'에 비유하였다.

(4) 역사적 · 경험적 개념으로서 주권

보댕과 홉스와 같은 국가이론가는 국가권력을 공고히 하는 데 기여하는 이론을 제공하였다. 공동체 내의 모든 이해당사자에 대하여 우월한 결정권한을 가진 국가가 사회적 분쟁에 대하여 결정하고 이를 관철할 수 있는 경우에만 사회적 평화가 지속적으로 보장될 수 있다고 하는 인식은 근대 국가

이론의 발전과정에서 중요한 업적이었다. 프랑스 법률가인 보댕은 현대국가의 새로운 본질을 주권의 개념을 가지고 특징지었다. 개인적으로 장기간의 내전을 경험하면서, 국가주권의 사고는 국가의 독립성과 통일, 질서에 대한 요청, 즉 통일적인 국가권력에 대한 요청으로 구체화되었다. '통일적인 국가권력의 요청'은 일원적인 국가권력만이 국가로부터 기대하는 국민의 보호와 질서유지의 기능을 이행할 수 있다는 사고에 기초하고 있다. 따라서 주권의 개념은 국가 내에서 모든 권력에 대하여 우월한 국가적 지배권력을 염두에 두고 형성된 '경험적 개념'으로서 역사적 발전과 특정한 정치적 상황에 그 근거를 두고 있다는 것을 유념해야 한다.

나. 주권의 의미

오늘날에도 주권은 위에서 서술한 역사적이고 경험적인 개념에 기초하여, 국내에서는 최고의 권력이고 외국에 대해서는 독립된 권력을 의미하는 것으로 이해되고 있다. 이에 따라, 주권은 권력의 對外的 獨立性과 對內的 最高性이라는 2가지 요소에 의하여 특징된다.

(1) 內的 主權

주권의 특징은 국가 내적인 시각에서는 국가권력의 통일성 및 자신의 권한에 관하여 스스로 결정할 수 있는 권한(Kompetenzenhoheit)에 있다.

(가) 내적 주권과 국가권력의 統一性은 밀접한 연관관계에 있다. 국가권력의 통일성은 국가영역 내에 국가권력에 대하여 독자적인 법적 규율권한이 존재할 수 없다는 것을 의미한다. 그러므로 국가의 영역 내에서 국가가 아닌 다른 공권력의 주체(가령, 지방자치단체)가 공권력을 행사한다면, 이러한 규율권한은 국가에 의하여 부여되어야 하고 국가가 이에 관하여 결정할 수 있어야 한다. 국가권력에는 자신의 권한에 관하여 스스로 결정할 수 있는 권한이 속한다. 국가 영역 내에 국가가 마음대로 할 수 없는 독자적인 공권력이 존재한다면, 그러한 국가권력에는 권력의 통일성 및 자신의 권한에 관하여 스스로 결정할 수 있는 권한이 결여된 것이고, 이로써 주권이 결여된 것이다.

국가권력의 통일성을 통하여 비로소 국가 내에서 統一的 法秩序와 權限秩序가 가능하다. 국가 내에서 모순되는 법규범이나 결정이 발생하지 않도록, 국가의 모든 규율권한은 분류되고 서로 조정되어야 하며, 분배된 다수의 규율기능은 상호 보완되어야 하고 통일적인 법질서와 권한질서로 짜 맞추어져야 한다. 법질서의 無矛盾性은 '규율권한의 단계적 질서'와 '법규범의 위계질서'에 의하여 확보된다.[1]

(나) 내적 주권을 일반적으로 '對內的 最高性'으로 표현하는데, 권력의 최고성은 권력의 통일성·일원성을 전제로 하여 이로부터 스스로 나오는 것이다. 즉, 권력의 대내적 최고성이란 국가권력의 통일성으로부터 나오는 필수적인 산물이다.

대내적 최고성으로서 내적 주권성이란 오늘날에는 궁극적으로 국가의 공익실현 능력을 의미한다.

---

1) 규율권한의 단계적 구조는 하위규범은 유효하게 제정되기 위하여 상위규범에 의한 수권의 근거를 필요로 한다는 것을 의미한다. 이에 따라, 법률은 헌법에 근거하여 헌법이 정한 기관에 의하여 헌법이 정한 절차에 따라 헌법적으로 정해진 내용적 한계, 특히 기본권에 의한 한계 내에서 제정된다. 법규명령은 법률에 근거하여 수권법률이 정한 행정기관에 의하여 법적으로 규정된 절차에 따라 수권법률에 의하여 정해진 내용과 범위 내에서 제정된다. 또한, 규범의 위계질서는 제정된 법규범 사이의 모순을 방지하고 규범충돌의 해결원칙으로서 모순을 제거한다. 상위규범은 그에 위반되는 하위규범을 무효로 만든다. 그러므로 헌법에 위반되는 법률, 법률에 위반되는 법규명령은 무효이다. 한편, 헌법은 국가의 기능을 입법·집행·사법으로 나누어 상이한 국가기관에 귀속시키면서, 국가기관 사이에 서로 모순되는 결정이 발생하는 것을 '집행부와 사법부는 법의 구속을 받는다.'는 원칙을 통하여 방지하고 있다.

현대 다원적 민주주의에서 내적인 주권이란, 사회세력에 대하여 독립성과 등거리를 유지하고 독자적 책임 하에서 공공복리의 요청을 실현하고 이를 사회단체의 강력한 저항에 대해서도 관철하는 국가의 능력과 권한을 의미한다.[1] 또한, 오늘날 내적 주권은 국가의 통일적인 규율권한과 물리적 강제력의 국가적 독점에서 표현되고 있다. 물리적 강제력의 국가적 독점은 국가 평화질서의 기초로서 국민의 안전과 법익을 보장한다. 내적인 평화와 법익의 보장은 동시에 공익실현을 위한 기본조건이다.

(2) 外的 主權

내적 주권으로 인한 국가권력의 확립은 정치적 공동체를 '법적인 결정·작용 단위'로 이해하는 것을 가능하게 하고, 이로써 국제법상의 권리와 의무의 주체로 이해하는 것을 가능하게 한다. 따라서 국가가 국제법상 권리·의무의 주체일 수 있다는 것은 내적 주권과 밀접한 연관관계에 있다. 내적 주권의 확립이 이러한 법적 구성을 가능하게 할 뿐만 아니라, 국가를 구속하는 국제법상의 의무를 이행할 수 있는 사실상의 전제조건이다.

외적 주권의 문제는 국제법상의 관점에서 국가외적 권력으로부터의 獨立性에 대한 요청이다. 외적 주권은 국가의 지배 영역 내에서 외국의 독자적인 권한이 행사되는 것을 배제하며, 나아가 국가의 사안에 대한 외부의 간섭을 금지한다. 주권의 절대성의 또 다른 측면은 모든 국가의 주권적 동등의 원칙이다.

(3) 세계화에 의한 주권의 변화

19세기에 형성되어 20세기 전반까지도 특징적이었던 민족국가는 국가·경제·사회 영역의 통일성에 그 뿌리를 두고 있다. 이에 따라, 경제정책, 사회정책 등은 주권국가에 의하여 독자적으로 시행되고 추진되었다. 그러나 오늘날의 세계화는 민족국가를 기준으로 하는 '국가의 이해'에 대한 변화와 수정을 요구하고 있다. 심지어 일각에서는 국가권력과 주권의 종말이라는 주장까지 제기되고 있다. 경제와 정보사회의 세계화는 국가의 독자적이고 배타적인 규율권한, 이로써 국가적 행위·규범질서의 조종가능성에 대한 현저한 제약을 초래하였다. 가령, 오늘날 기업의 소재지와 생산기지를 임의로 이전할 수 있는 거의 무제한적인 가능성(소위 '다국적기업의 경제적 탈지역화 현상')으로 인하여, 국내의 조세정책이나 노동시장정책은 법적인 한계는 아니지만, 극복할 수 없는 사실상의 한계에 부딪히게 되었다. 환경정책이나 국제경제위기의 극복을 위한 국제적 공조에서 드러나는 바와 같이, 이제 한 나라의 문제는 그 나라만의 문제가 아니라 범세계적인 과제가 되었다. 정보통신기술의 발달과 인터넷의 확산으로 인한 범세계적인 의사소통의 가능성은 고립된 국가적 규율가능성과 통제를 넘어서는 새로운 법적 질서를 요구하고 있다. 이로써 국가 영역과 국민에 대한 배타적이고 자율적인 규율권한으로서 국가의 주권은 큰 제약을 받게 되었다.

그러나 이러한 모든 것이 국가권력의 종말을 의미하는 것도 아니고, 국가주권의 완전한 포기나 상실을 의미하는 것도 아니다. 세계화로 인한 법적·사실적인 권한의 상실에도 불구하고, 질서와 평화를 유지하는 국가기능 및 민주적으로 정당화된 국가 내적인 정치적 형성의 과제는 그대로 유지된다. 국내적 차원에서 잃어버린 국가의 행위가능성은 초국가적·국제적 결합을 통하여 적어도 부분적

---

1) 공공복리의 실현을 전적으로 사회의 이익투쟁에 위임하고 그 결과를 그대로 추인하거나, 국가가 특정 사회세력의 수중에 놓이고 이로써 부분적 이익의 집행자가 되는 경우에는, 국가는 공익실현의 능력을 상실하게 되고 결과적으로 내적인 주권성을 상실하게 된다.

이나마 다시 획득될 수 있다. 가령, 다른 국가와의 협력과 공조를 통하여 사실상 국가적 차원에서의 규율과 조종을 벗어나는 노동시장정책이나 환경정책이 추진될 수 있다. 물론, 이와 같이 초국가적·국제적으로 이루어지는 협력적인 정치적 형성은 전통적인 민족국가적 주권에 귀속될 수도 없고, 부합하지도 않는다. 그러나 국가가 국제적인 정치형성으로부터 이탈하는 것이 법적으로 가능한 이상, 국가의 주권은 유지된다. 국가 영역 내에서의 독자적인 규율권한을 다시 완전히 장악할 것인지에 관한 최종적인 결정권한이 국가에게 남아있는 한, 국가는 자신의 권한에 관하여 스스로 결정할 수 있는 권한을 가지고 있는 것이고, 이로써 국가의 주권과 국가권력의 통일성을 상실하지 않은 것이다.

Ⅲ. 國 民

1. 국가권력의 지배를 받는 자의 전체로서 국민

가. 국가권력의 지배를 받는 국민

국가권력은 항상 '인간에 대한 지배', 국가공동체에서는 '영역 내에 있는 국민에 대한 지배'이다. 국민은 국가와 정치적 지배의 불가결한 요소이다. 따라서 국민의 개념은 국가권력과의 연관관계에서 출발한다.

나. 사회학적 의미의 국민

(1) 국가권력의 지배를 받는 인간의 총합으로서 국민의 개념은 국민적·민족적 일체감과 유대감에 의하여 결합되는 '사회학적 의미의 국민' 개념과 일치하지 않는다. 국민적 일체감은 血統共同體(인종적 동일혈통), 文化共同體(언어, 종교, 관습 등), 政治的 運命共同體 등 다양한 요소에 기초하고 있다. 일반적으로 이러한 다양한 요소가 복합적으로 작용하여 소위 '민족감정'이라는 민족적·국민적 연대감이 형성된다.

(2) 자연적·인종적·생물학적 관점을 강조하는 혈통공동체의 요소는 이미 '출생'(nasci)이라는 단어가 담겨있는 '民族' 개념의 의미에 내재되어 있다. 각 민족마다 소질이나 성향, 유전적 요소가 다르며, 이러한 것이 시간의 흐름에 따라 축적되어 다양한 신체적·성격적·정신적 성향으로 나타나고, 이러한 요소에 의하여 민족적 일체감이 어느 정도 형성될 수 있다. 그러나 인종의 순수성의 기준을 찾는 것이 불가능할 뿐만 아니라 오늘날 순수한 인종은 존재하지도 않으며, 민족은 혈통공동체에 의하여 자연적으로 구성된다고 하기 보다는, 역사의 과정 속에서 정치적 운명공동체와 문화공동체에 의하여 만들어지는 것이라고 보는 것이 보다 타당하다.

이러한 점에서, 민족적 일체감은 혈통공동체보다는 오히려 오랜 역사의 과정에서 하나의 文化的 共同體가 되었다고 하는 인식에 기초한다. 민족적 일체감을 형성하는 특히 중요한 요소는 공통의 언어이다. 언어 외에도 공통의 종교, 사회윤리, 관습, 생활·행동양식 등 다른 문화적 요소가 중요한 역할을 한다.

민족적 유대감을 형성하는 또 다른 중요한 요소는 政治的 運命共同體이다. 정치적 운명공동체란 곧 정치적 이해공동체이다. 가령, 영국인과 미국인은 전반적으로 동일한 혈통공동체에 속하고 공통의 언어를 사용하며 종교나 사회윤리, 관습 등에서도 근본적인 동질성을 보이지만, 서로를 다른 국가

일 뿐만 아니라 다른 민족이라고 느끼는 것은, 1776년 미국 독립선언이 '미국'이라는 독자적인 정치적 운명공동체를 영국으로부터 분리시킨 것에 기인한다. 한편, 정치적 운명공동체는 공통의 혈통이나 공통의 언어, 종교 등이 존재하지 않는 곳에서 이질적인 집단을 하나로 융합하는 용광로와 같은 역할을 한다. 가령, 미국에서 정치적 운명공동체는 이질적인 인종적·문화적 집단을 하나의 국민으로 결합하였다.

(3) '국가권력의 지배를 받는 국민'이 항상 '사회학적 의미의 국민'과 일치하는 것은 아니라는 상황으로부터, 역사적으로 民族國家의 요청이 제기되었고, 이로 인하여 민족적 소수의 문제가 발생하였다. 민족국가의 사고는 '모든 민족은 하나의 국가를 형성할 권리가 있으며, 인간이 다양한 민족으로 나뉘어져 있는 것과 같이, 세계는 그만큼의 국가로 나뉘어져야 하고, 각 민족은 하나의 국가'라고 하는 사고이다. 나폴레옹에 대한 해방전쟁의 과정에서 유럽대륙에서 민족의식이 싹트기 시작한 이래, 민족국가의 사고는 범세계적으로 민족의 自決權에 대한 요청으로 발전하여 정치적 표어나 투쟁의 구호로서 빈번하게 사용되었다. 그러나 민족국가원칙이 불완전하게 실현됨으로써, 국가를 지탱하는 동질적인 민족에 이질적인 소수민족이 섞이는 경우에는 민족적 소수의 문제가 제기된다. 다수결원리에 의하여 지배되는 민주주의 국가형태에서 민족적 소수가 불리한 대우를 받을 수 있는 위험에 처해있다는 것은 명백하다.

2. 국적법에 의한 국민의 구성

가. 국적소지자로서 국민

법적 관점에서는 국적소지자의 전체를 하나로 묶어 독자적인 '국민' 개념을 형성할 수 있다. '국적소지자의 전체로서 국민'은 '사회학적 의미의 국민'과 일치하지도 않고 '현실적으로 국가권력의 지배를 받는 국민'과도 일치하지 않는다. 국가권력은 국가영역 내에 있는 외국인과 무국적자에게도 미치므로, 현실적으로 국가권력의 지배를 받는 집단과 국적소지자 사이의 불일치가 발생한다.

헌법은 제2조 제1항에서 "대한민국의 국민이 되는 요건은 법률로 정한다."고 규정하여, 국민이 되는 요건에 관하여 법률로써 정할 것을 입법자에게 위임하고 있다. 입법자는 국적의 취득·상실·회복 등을 규율하는 '國籍法'의 제정을 통하여 이러한 헌법위임을 이행하였다. 따라서 국민(Staatsvolk)은 국가에 소속되는 개개의 자연인을 말하는데, 국적법에 의하여 국적을 가진 자로 구성된다. 국적은 민족에 귀속되는지의 여부와 반드시 일치하지 않는다. 국적은 각국의 법에 의하여 상이하게 규율되고 있는데, 한국의 국적법은 單一國籍主義, 屬人主義 등을 원칙으로 하고 있다.[1]

나. 국민의 특별한 법적 지위

국적소지자로서 국민은 특별한 권리와 의무를 발생시키는 법적 지위이다. 모든 국가는 법적 관계나 보호관계에 있어서 자신의 국민을 외국인이나 무국적자와 구분하고 있다. 국적에는 국민의 특별한 권리와 의무가 연계되어 있는데, 국민의 권리와 의무는 서로 대응하면서 국가라는 정치적 운명공동체에의 결속과 국가에 대한 책임을 표현하고 있다. 국적을 근거로 하여 부과되는 의무의 대표적인 예가 바로 병역의무이다.

---

1) 권영성, 헌법학원론, 2010, 118면.

국민의 특별한 권리에 속하는 것에는 무엇보다도 선거권과 피선거권, 국민투표권 및 공무담임권을 통하여 국가의사형성에 참여하는 국민의 적극적인 권리(참정권)가 있다. 자유권적 기본권과 관련해서는 국적의 법적 의미는 주로 '모든 인간의 권리'로서 자유권과 '단지 국민의 권리'로서 자유권의 구분에서 나타난다. 국가에 대하여 적극적인 행위를 요구하는 사회적 기본권은 원칙적으로 국적소지자인 국민에게만 인정된다. 나아가, 국민에 대한 국가의 특별한 보호관계는 특히 외국체류 중 영사관에 의한 조력 및 국민은 외국으로 인도해서는 안 된다는 원칙에서 표현된다.[1]

3. 국 적

가. 국적의 취득

국제법은 각국에게 국적법의 구체적 형성을 위임하고 있다. 각국은 국적의 취득과 관련하여 속인주의 또는 속지주의 등의 통상적인 기준을 존중하여 국적법을 독자적으로 형성할 수 있다. 그러나 각국은 누가 국적을 취득하는지만을 규율할 수 있을 뿐이다. 다른 국가에의 소속여부에 관한 법적 결정은 자신의 주권영역을 넘는 것이기 때문에 불가능하다. 가장 일반적인 국적취득의 사유는 출생과 귀화이다.

(1) 선천적 취득

선천적 취득이란, 출생과 더불어 자동적으로 국민이 되는 것을 말하는데, 가장 일반적인 국적취득의 사유이다. 선천적 취득과 관련하여 입법자에게는 2 가지 입법형성의 가능성이 주어진다. 屬地主義(출생지주의)에 따라 부모의 국적에 관계없이 국내에서 출생한 자가 국적을 취득하는 방법(ius soli) 또는 屬人主義(혈통주의)에 따라 출생지와 관계없이 부모의 국적에 따라 국적을 취득하는 방법(ius sanguinis)이다. 일반적으로 이주자의 자녀도 국가에 결속시키고자 하는 국가에서는 속지주의를 채택하고 있다(주로 영국·미국 등 영미법계 국가). 이에 대하여, 속인주의는 민족국가의 사고에 부합하는 제도로서, 외국인 자녀를 국가적 차원에서 바람직스럽지 않은 인구증가로 간주하면서, 다른 한편으로는 국외에서 출생한 국민의 자녀를 국가에 결합시키고자 하는 국가에서 채택되고 있다(독일·스위스 등).

대부분의 국가는 양 모델을 혼합한 형태로 국적을 규율하고 있다. 한국의 국적법은 출생 당시 부 또는 모 어느 한 쪽이 대한민국의 국민이면 그 자녀도 한국 국적을 취득하는 屬人主義(父母兩系血統主義)를 원칙으로 채택하면서,[2] 예외적인 경우에 한하여 屬地主義를 가미하고 있다(국적법 제2조).

---

1) 참고로, 독일 기본법 제16조 제2항은 "독일인은 누구도 외국으로 인도되어서는 안 된다."고 규정하고 있다.

2) 헌재 2000. 8. 31. 97헌가12(부계혈통주의에 의한 국적취득), 판례집 12-2, 167, 168-169, [출생에 의한 국적취득에 있어 부계혈통주의를 규정한 구 국적법조항이 평등의 원칙에 위배되는지 여부에 관하여] "부계혈통주의 원칙을 채택한 구법조항은 출생한 당시의 자녀의 국적을 부의 국적에만 맞추고 모의 국적은 단지 보충적인 의미만을 부여하는 차별을 하고 있다. 이렇게 한국인 부와 외국인 모 사이의 자녀와 한국인 모와 외국인 부 사이의 자녀를 차별취급하는 것은, 모가 한국인인 자녀와 그 모에게 불리한 영향을 끼치므로 헌법 제11조 제1항의 남녀평등원칙에 어긋난다.", [구법상 대한민국 국적을 취득할 수 없었던 한국인 모의 자녀 중에서 신법 시행 전 10년 동안에 태어난 자에게만 대한민국 국적을 취득하도록 하는 경과규정의 위헌여부에 관하여] "부칙조항은 신법이 구법상의 부계혈통주의를 부모양계혈통주의로 개정하면서 구법상 부가 외국인이기 때문에 대한민국 국적을 취득할 수 없었던 한국인 모의 자녀 중에서 신법 시행 전 10년 동안에 태어난 자에게 신고 등 일정한 절차를 거쳐 대한민국 국적을 취득하도록 하는 경과규정으로서, 구법조항의 위헌적인 차별로 인하여 불이익을 받은 자를 구제하는 데 신법 시행 당시의 연령이 10세가 되는지 여부는 헌법상 적정한 기준이 아닌 또 다른 차별취급이므로, 부칙조항은 헌법 제11조 제1항의 평등원칙에 위배된다."

(2) 후천적 취득

후천적 국적취득이란 認知・歸化 등 출생 이외의 사실에 의하여 국적을 취득하는 것을 말한다. 이 중에서 귀화는 가장 중요한 취득사유이다.

나. 국적의 상실과 회복

국적은 일단 취득한 후에도 일정한 사유에 의하여 다시 상실할 수 있다. 국적상실과 관련하여 각국 국적법의 조율을 요청하는 지도적 원칙을 발견할 수 있다. 가능하면 二重國籍과 無國籍이 방지될 수 있도록, 그리고 가족구성원 사이에서 가능하면 동일한 국적이 유지될 수 있도록, 국적법을 형성해야 한다는 원칙이다. 이에 따라, 각국의 국적법은 일반적으로 국적상실사유로서 외국국적의 취득을 규정하고 있다. 二重國籍이나 多國籍은 병역의무 등의 문제에서 국민의무의 충돌과 국가에 대한 충성심에 있어서 충돌을 가져올 수 있고, 무국적의 경우에는 국가로부터 보호를 받지 못하는 상태가 발생할 수 있으므로, 바람직하지 않다. 그러나 각국이 국적법을 서로 완벽하게 조율할 수 없기 때문에, 이중국적자와 무국적자가 생길 수 있다. 가령, 한 여성이 외국인 남성과 혼인하는 경우, 여성이 속하는 국가의 국적법에 의하면 종래의 국적을 상실하지 아니하고, 남편이 속하는 국가의 국적법에 의하면 그 국가의 국적도 취득하는 경우에는 이중국적이 발생한다. 반면에, 외국인 남성과 혼인하는 여성이 자신이 속하는 국가의 국적법에 의하여 종래의 국적을 상실하고, 다른 한편으로는 남편이 속하는 국가의 국적법에 의해서도 그 나라의 국적을 취득하지 못하는 경우에는 무국적의 상태가 발생한다.

우리 국적법도 이중국적을 방지하기 위하여 일련의 국적상실사유를 규정하고 있다. 대한민국의 국민이 혼인・입양・인지 등으로 인하여 외국국적을 취득한 때($^{제15}_{조}$), 이중국적자가 법정기간 내에 대한민국 국적을 선택하지 않거나 대한민국의 국적을 이탈한다는 신고를 한 때($^{제12조 내}_{지 제14조}$)에는 대한민국의 국적을 상실한다. 국적법은 외국국적의 취득을 국적상실사유로 규정함으로써 이중국적을 사전에 방지하고, 이중국적이 일단 발생한 경우에는 이중국적자에 대하여 선택의무를 부과함으로써 單一國籍主義를 실현하고자 시도하고 있다. 대한민국의 국적을 상실한 자도 법무부장관의 국적회복허가를 받아 국적을 재취득할 수 있다($^{제9}_{조}$). 한편, 다수의 국가에서는 무엇보다도 병역의무자가 국적이탈의 방법으로 병역의무를 벗어나는 것을 방지하기 위하여 특정한 요건 하에서 국적이탈이 거부될 수 있도록 규정하고 있다. 우리 국적법도 특정한 요건을 충족시키는 이중국적자에 대하여 국적이탈의 가능성을 병역의무의 이행에 결부시키고 있다($^{제12조}_{제3항}$).[1]

4. 민주적 정당성의 근거이자 연관점으로서 국민

국가권력행사의 민주적 정당성은 국민으로부터 유래해야 한다. 국민은 민주적 정당성을 부여하는 주체이자 연관점이다. 국민의 범위는 '국적'이란 법적 유대에 의하여 결정되고 제한된다. 국적소지자

---

1) 헌재 2006. 11. 30. 2005헌마739(이중국적자의 국적이탈 제한), 판례집 18-2, 528, [이중국적자에게 국적선택의 시기 또는 요건의 제한을 두는 것이 거주・이전의 자유의 한 내용으로서 국적이탈의 자유를 침해하는지 여부에 관하여] "국적법 제12조 제1항 단서 및 그에 관한 제14조 제1항 단서는 이중국적자라 하더라도 대한민국 국민인 이상 병역의무를 이행하여야 한다는 것을 원칙적인 전제로 하여, 이중국적자로서 구체적인 병역의무 발생(제1국민역 편입)시부터 일정기간(3월) 내에 한국 국적을 이탈함으로써 한국의 병역의무를 면하는 것은 허용하되, 위 기간 내에 국적이탈을 하지 않은 이중국적자는 병역문제를 해소하지 않는 한 한국 국적을 이탈하지 못하게 함으로써 국적선택제도를 통하여 병역의무를 면탈하지 못하게 하려는 데에 그 입법취지가 있다."

는 국가의 정치생활과 운명적으로 결부되어 있고 국가의 성과와 위험을 함께 나눈다는 점에서 하나의 '정치적 운명공동체'를 형성한다고 할 수 있다.

국민의 개념은 필요와 상황에 따라 채워지고 변화하는 '개방적' 개념이 아니라 '국적소지자의 전체'라는 확정적 개념에서 출발한다. '구체적으로 국가권력의 지배를 받는 자'가 국가지배를 정당화하는 것이 민주주의의 본질에 속한다는 견해는 타당하지 않다. 이러한 견해에 따른다면, 매 사안마다 국가권력과의 구체적 관련성에 따라 참정권의 부여여부가 결정되고 관련성의 정도에 따라 참정권의 차등화가 가능하다는 결론에 이를 수 있다. 그러나 이러한 견해는 '국가에 속하는 모든 사람이 공동체결정에 동등하게 참여할 권리를 가진다'는 민주적 평등원칙에 위반된다. 민주적 참여권인 선거권과 피선거권이 국적을 전제로 한다는 것은 민주적 국민 개념에 부합한다. 따라서 외국인은 국민에 속하지 않기 때문에, 외국인에게 '국가차원에서의 선거권'을 부여하는 것은 헌법에 위반된다. 외국인은 헌법 제1조 제2항의 의미에서 모든 권력의 근원인 국민이 아니다.

설사 외국인이 장기간 국내에 거주하거나 영주권을 가지고 있다 하더라도, 외국인의 선거권이 인정될 수 없다. 물론, '참정권을 가진 자'와 '지속적으로 국가권력의 지배를 받는 자'가 가능하면 서로 일치해야 하고 '정치적으로 권리 없는 피지배자'가 양산(量産)되어서는 안 된다는 것도 민주주의의 요청에 속한다. 그러나 이러한 문제는 선거권을 외국인에게 확대하는 방법이 아니라 귀화정책의 완화를 통하여 해결되어야 한다. 외국인의 사회적·경제적 기여와 동화에도 불구하고, 그리고 외국인이 현실적으로 국가권력의 지배를 받는다는 국가권력과의 관련성에도 불구하고, 외국인은 국적에 의하여 국민과 정치적으로 결합되어 있지 아니하고 귀국을 통하여 언제든지 현재의 정치적 운명을 벗어날 수 있기 때문이다.

5. 在外國民의 보호

헌법은 제2조 제2항에서 "국가는 법률이 정하는 바에 의하여 재외국민을 보호할 의무를 진다."라고 함으로써 재외국민에 대한 국가의 보호의무를 규정하고 있다. 在外國民이란, 한국 국적을 가지고 외국에서 영주하거나 장기간 체류하고 있는 자를 말한다. 이와 구분되는 개념으로서, 한국국적을 가진 재외국민, 외국영주권취득자, 외국국적동포를 총괄하여 재외동포라 한다(재외동포의 출입국과 법적 지위에 관한 법률 제2조).[1]

헌법은 제2조 제2항에서 재외국민에 대한 국가의 보호의무를 별도로 규정함으로써, 국민에 대한 국가의 보호관계를 다시 한 번 재확인하고 강조하면서, 국가의 보호관계를 외국에 영주하고 있는 국민에게까지 확대하고 있는 것이다. 재외국민의 보호는 무엇보다도 대한민국의 해외공관에 의하여 이루어지며, 효과적인 재외국민보호를 위하여 재외국민등록제도를 실시하고 있다. 헌법재판소는 재외국민에 대한 보호를 다음과 같이 이해하고 있다. "헌법 제2조 제2항에서 규정한 재외국민을 보호할 국가의 의무에 의하여 재외국민이 거류국에 있는 동안 받는 보호는 조약 기타 일반적으로 승인된 국제법규와 당해 거류국의 법령에 의하여 누릴 수 있는 모든 분야에서의 정당한 대우를 받도록 거류국과의 관계에서 국가가 하는 외교적 보호와 국외거주 국민에 대하여 정치적인 고려에서 특별히 법률로

---

[1] 헌법재판소는 재외동포법의 적용대상에서 정부수립이전 이주동포를 제외한 것이 평등원칙에 위반된다고 하여 헌법 불합치결정을 한 바 있다, 헌재 2001. 11. 29. 99헌마494(재외동포법 위헌확인), 판례집 13-2, 714, 715-716.

써 정하여 베푸는 법률·문화·교육 기타 제반영역에서의 지원을 뜻하는 것이다."[1]

Ⅳ. 국가의 領域

1. 국가의 지배범위로서 領域

국가의 또 다른 본질적 요소에 속하는 것은, 국가권력이 행사될 수 있는 공간으로서 국가영역이다. 국가는 존립하기 위하여 일정한 범위의 지역적 공간을 필요로 하는데, 이러한 공간을 '국가의 領域'이라 한다. 국가의 영역은 領土, 領海 및 領空으로 구성된다.

국가의 영역이란, 국가권력(국가의 지배권)이 행사될 수 있는 영역을 말한다. 국가의 영역에 대하여 국가권력을 행사하고 영역을 임의로 처분할 수 있는 국가의 권한을 領域權(Gebietshoheit)이라 한다. 국가는 영역에 대한 지배권을 근거로 영역 내에 거주하는 모든 사람의 법적 관계 및 생활관계를 규율할 수 있다(소위 '內的 主權').

국가가 공권력을 행사할 수 있는 권한은 국가영역에 제한된다. 법적인 관점에서 볼 때, 국가의 영역은 곧 권한영역이며, 국가의 규율권한이 미치는 공간적 범위이다. 영역권은 적극적으로는 국가영역 내에 있는 모든 사람은 국가권력의 지배를 받는다는 것을 의미하며,[2] 소극적으로는 국가영역 내에서 국가의 규율권한으로부터 유래하지 않는 어떠한 공권력도 행사되어서는 안 된다는 것을 의미한다. 국가규범의 효력범위는 원칙적으로 영역에 국한된다. 국가의 경계는 원칙적으로 국가의 법질서가 효력을 미치는 경계이고 법이 귀속되는 경계이기도 하다. 물론, 국가는 국가간의 조약에 근거하여 예외적으로 자신의 공권력의 일부를 영토 밖에서도 행사할 수 있다. 또한, 국가규범은 예외적으로 국가영토의 경계를 넘어서 효력을 가질 수 있다.[3]

2. 국가영역의 범위

가. 영역에 대한 사실상의 지배가능성

국가의 영역은 領土 외에도 領海와 領空을 포함한다. 국가영역은 2차원적(평면적)인 것이 아니라 3차원적(입체적)이다. 국가영역은 지표의 상부 및 하부의 공간을 포괄한다. 따라서 국가의 영역고권은 육지와 영해뿐만 아니라 그 上空과 海底 및 地下에까지 확대된다.

국가의 법이 효과적인 법실현의 가능성에 의하여 제약을 받는다고 하는 사실적 측면은 국가영역의 법적 경계를 확정함에 있어서도 그대로 나타난다. 특정 영역을 국가의 영역으로 귀속시키기 위한 최소한의 조건은 '영역에 대한 사실상의 지배가능성'이다. 사실상의 지배가능성은 특히 영해의 경계를 확정함에 있어서 결정적인 역할을 한다.[4]

---

1) 헌재 1993. 12. 23. 89헌마189, 판례집 5-2, 622, 646(1980년 해직공무원의 보상); 또한 헌재 2001. 12. 20. 2001헌바25(상속세 인적공제대상에서 재외국민의 배제), 판례집 13-2, 863, 865.

2) 물론, 국가가 자신의 국가권력을 근거로 외국의 외교관에게 치외법권을 부여하여 공권력행사로부터 제외하는 것을 배제하지는 않는다.

3) 국가의 법규범은 외국에 거주하는 국민에 대하여 효력을 규정할 수 있다. 가령, 형법은 영토 외에 거주하는 국민에 대하여 효력을 가질 수 있다. 국가공권력의 효력이 외국에서 발생하더라도 국가공권력은 기본권의 구속을 받는다(BVerfGE 6, 290, 295).

4) 18세기에는 '어느 범위의 해역이 육지로부터 대포를 이용하여 통제될 수 있는지'의 기준에 따라 영해의 범위를 결

국가의 지배권을 관철할 수 있는 가능성이 특정 공간을 법적으로 국가영역으로 귀속시키기 위한 조건이지만, 그렇다고 하여 국가영역이 기술적으로 지배될 수 있는 영역으로 항상 자동적으로 확대 된다는 것을 의미하지는 않는다. 오늘날 기술적으로 발전된 지배가능성에도 불구하고, 영해와 영공과 관련하여 영해를 12해리로 제한하고, 영공은 대기권으로 제한하고자 하는 경향이 있다. 국가의 영역 고권은 영해 내에서 외국선박의 무해항행(無害航行)을 허용해야 한다는 것에 의하여 제한을 받는다.

나. 영토 · 영해 · 영공

領土는 지표의 특정 부분으로서 일정한 범위의 육지를 말한다. 영토의 경계는 관례나 조약(특히 강화조약) 등에 의하여 결정된다. 헌법은 제3조에서 "대한민국의 영토는 한반도와 그 부속도서로 한 다."고 스스로 영토의 범위를 규정하고 있다.

領海는 영토에 접속한 일정한 범위의 해역을 말한다. 영해의 범위는 종래에는 3 해리에 달했으나 지금은 일반적으로 12 해리로 확장되었고, 점차 많은 국가들이 200 해리까지 배타적인 경제적 이용 권(천연자원의 개발, 어획 등)을 주장하고 있다.[1]

領空은 영토와 영해의 수직상공을 말하는데, 일반적으로 지배가능한 상공에 한정된다. 항공기와 인공위성의 급속한 발달로 영공의 상부 한계에 대해서 논란의 대상이 되고 있으나, 대기권에 한정된 다고 보는 것이 일반적이다.

3. 현행 헌법의 영토조항과 평화통일조항

가. 영토조항의 의미

(1) 단지 이념상의 영토로서 북한 지역

헌법 제3조는 대한민국의 영토를 한반도와 그 부속도서로 규정함으로써 대한민국의 국가권력이 미치는 공간적 범위를 북한에까지 확대하고 있다.[2] 그러나 북한지역에 대한 대한민국의 사실적인 지 배권이 결여되어 있기 때문에, 현실적으로 북한지역에 대하여 국가권력을 행사할 수 없다. 이러한 점 에서 북한지역은 사실상의 영토가 아니라 단지 이념상의 영토이다.

(2) 영토조항의 해석

영토조항은 시대와 정치적 상황의 변화에 따라 다양한 해석이 가능하고 다양한 의미를 가질 수 있다.

첫째, 영토조항은 북한정권이 국가로서 존립하기 위한 공간적 기반인 영토의 존재를 인정하지 않 음으로써 북한의 국가적 성격을 부인하고 있다. 이로써 헌법 제3조는 한반도에서 유일한 국가이자

정하였는데, 이러한 방법에 의하여 그 당시 영해의 범위는 '대포의 사정거리'에 해당하는 3해리에 달하였다.

1) 1982년 제3차 해양법회의에서 채택된 국제연합해양법조약에서는 영해 외측(外側)에 200해리의 배타적 경제수역(經 濟水域)을 설정하는 것과, 국제해협에서 모든 선박 · 항공기의 통과 · 통항권을 조건으로 연안국은 기선(基線)으로부 터 12해리 범위 안에서 영해의 폭을 결정할 권리를 갖는 데 합의하였다. 이에 따라, 우리나라는 領海및接續水域法 에 따라 한반도와 그 부속도서에 접속한 12해리까지를 영해로 하고 있다.

2) 헌재 2005. 6. 30. 2003헌바114(미신고 외국환지급 금지), 판례집 17-1, 897, 909, "우리 헌법이 "대한민국의 영토는 한반도와 그 부속도서로 한다"는 영토조항(제3조)을 두고 있는 이상 대한민국의 헌법은 북한지역을 포함한 한반도 전체에 그 효력이 미치고 따라서 북한지역은 당연히 대한민국의 영토가 되므로, 북한을 법 소정의 "외국"으로, 북 한의 주민 또는 법인 등을 "비거주자"로 바로 인정하기는 어렵지만, 개별 법률의 적용 내지 준용에 있어서는 남북 한의 특수관계적 성격을 고려하여 북한지역을 외국에 준하는 지역으로, 북한주민 등을 외국인에 준하는 지위에 있 는 자로 규정할 수 있다고 할 것이다."

정부는 대한민국뿐이라는 것을 간접적으로 표현하고 있다. 이러한 견해에 기초하여 종래 북한지역을 대한민국의 영토로 간주하는 정책을 펴왔다. 이러한 견해는 1948년 건국헌법의 제정 당시 한반도의 특수한 정치적 상황에 기초하고 있고 이를 반영하는 것이다.

둘째, 영토조항은 영토를 통하여 표현된 통일과제조항이다. 즉, 영토조항은 영토의 형식으로 통일의 과제를 제시하고 있다. 헌법이 대한민국의 국가권력이 실제로 미치는 범위로 영토를 제한하지 아니하고 북한지역까지 영토의 범위를 확장한 것은, 통일에 대한 염원과 의지를 선언적으로 확인하면서 장래에 북한지역까지 대한민국의 국가권력이 미치도록 노력해야 할 통일의 목표와 과제를 부과한 것이다. 이러한 의미에서 영토조항은 오늘의 현실을 규율하고 확정하는 조항이 아니라 미래를 향하여 존재하고 미래에서 실현되는 조항이다. 이러한 의미의 영토조항은 제4조의 통일과제조항과 밀접한 연관관계에 있으면서, 통일과제조항에 의하여 지지되고 있다.

나. 영토조항과 평화통일조항의 관계

1972년 헌법에서 평화통일조항을 신설한 이래, 현행 헌법은 '조국의 평화적 통일의 사명'(전문), '평화적 통일정책을 수립하고 이를 추진'($_{조}^{제4}$), 대통령의 '조국의 평화적 통일을 위한 성실한 의무'($_{제3항}^{제66조}$), 대통령의 취임선서의 내용으로서 '조국의 평화적 통일…에 노력하여'($_{조}^{제69}$), 민주평화통일자문회의에 관한 규정($_{조}^{제92}$) 등 평화통일과 관련된 일련의 조항을 담고 있다. 이러한 평화통일조항들에 근거하여 남북한 간의 이념적·군사적 대립을 지양하고 기본적으로 북한을 평화적 통일을 위한 대화와 협력의 동반자로 인정하는 일련의 조치가 취해졌는데, 그 대표적인 것으로 1990년 '남북교류·협력에 관한 법률'의 제정,[1] 1991년 남북한 UN 동시가입,[2] '남북사이의 화해와 불가침 및 교류·협력에 관한 합의서'(약칭 남북합의서)의 교환 등을 들 수 있다.[3]

이러한 변화한 정치상황에서 북한지역을 대한민국의 영토로 간주하는 영토조항이 북한의 실체인정을 전제로 하는 평화통일조항과 상충하는 것은 아닌지, 양자를 어떻게 조화시킬 수 있는지에 관한 의문이 제기되었다. 그러나 위에서 서술한 바와 같이, 영토조항을 영토의 형식을 빌려 국가에게 평화통일의 과제를 부과하고 있는 통일목표조항으로 이해한다면, 영토조항과 평화통일조항은 상호 충돌하는 것이 아니라 상호 보완하는 것이다. 영토조항을 이와 같이 이해한다면, 영토조항이 평화통일조

---

1) 헌재 2000. 7. 20. 98헌바63(남북교류협력에 관한 법률 제9조 제3항), 판례집 12-2, 52, 63, "이 법은 앞서 본 바와 같이 기본적으로 북한을 평화적 통일을 위한 대화와 협력의 동반자로 인정하면서 남북대결을 지양하고, 자유왕래를 위한 문호개방의 단계로 나아가기 위하여 종전에 원칙적으로 금지되었던 대북한 접촉을 허용하며, 이를 법률적으로 지원하기 위하여 제정된 것으로서, 그 입법목적은 평화적 통일을 지향하는 헌법의 제반규정에 부합하는 것이다. 이 법이 없다면 남북한간의 교류, 협력행위는 국가보안법에 의하여 처벌될 수 있으나, 이 법에서 … 그 적용범위 내에서 국가보안법의 적용이 배제된다는 점에서, 이 법은 평화적 통일을 지향하기 위한 기본법으로서의 성격을 갖고 있다고 할 수 있다."

2) 헌재 1997. 1. 16. 92헌바6(국가보안법 위헌소원), 판례집 9-1, 1, 21-22, "비록 남·북한이 유엔(U.N)에 동시가입하였다고 하더라도, 이는 "유엔헌장"이라는 다변조약(多邊條約)에의 가입을 의미하는 것으로서 유엔헌장 제4조 제1항의 해석상 신규가맹국이 "유엔(U.N)"이라는 국제기구에 의하여 국가로 승인받는 효과가 발생하는 것은 별론으로 하고, 그것만으로 곧 다른 가맹국과의 관계에 있어서도 당연히 상호간에 국가승인이 있었다고는 볼 수 없다는 것이 현실 국제정치상의 관례이고 국제법상의 통설적인 입장이다."

3) 헌재 1997. 1. 16. 92헌바6(국가보안법 위헌소원), 판례집 9-1, 1, 22, "소위 남북합의서는 남북관계를 "나라와 나라 사이의 관계가 아닌 통일을 지향하는 과정에서 잠정적으로 형성되는 특수관계"(전문 참조)임을 전제로 하여 이루어진 합의문서인바, 이는 한민족공동체 내부의 특수관계를 바탕으로 한 당국간의 합의로서 남북당국의 성의 있는 이행을 상호 약속하는 일종의 공동성명 또는 신사협정에 준하는 성격을 가짐에 불과하다. 따라서 … 북한의 반국가단체성이나 국가보안법의 필요성에 관하여는 아무런 상황변화가 있었다고 할 수 없다."

항과 조화를 이루기 위하여 개정되어야 할 필요도 없고, 나아가 평화통일정책의 걸림돌이 되는 것도
아니다.

제 2 절 大韓民國의 國家形態

I. '民主共和國'의 공화국

1. 공화국의 개념

가. 국가의 대표 및 원수가 누구인지에 따른 형식적인 개념

(1) 共和國은 국가의 정치적 실체나 내용과는 무관하게, 단지 국가의 대표 및 원수가 누구인지에
따른 형식적인 개념이다. 공화국은 한시적으로 선출된 대통령을 국가의 원수로 하는 국가형태를 말
한다. 국가의 정치적 실체가 민주주의에 입각하고 있는지의 여부에 따라, 공화국은 다시 民主共和國
과 專制共和國으로 나뉜다.

(2) 공화국은 형식적인 의미에서 非君主國으로 이해된다. 공화국은, 군주가 실제로 정치적 권력을
보유하는지와 관계없이, 군주국가의 모든 형태를 부정한다. 따라서 공화국에 대립되는 개념은 君主國
이다. 군주국은 세습적이며 종신적인 군주를 국가의 원수로 하는 국가형태이다. 군주국은 '군주가 어
느 정도로 정치적 권력을 보유하는지'에 따라 다시 절대군주국, 입헌군주국, 의회주의적 군주국으로
나뉜다. 절대군주국이란 군주가 권력행사에 있어서 법적으로 아무런 제약을 받지 않는 국가형태이
고,[1] 입헌군주국이란 시민의 의회와 군주의 집행부의 대립적 구조에 입각하여 군주의 권한행사가 헌
법적으로 시민의 기본권과 의회의 국정참여권에 의하여 제한을 받는 국가형태이며,[2] 의회주의적 군
주국이란 오늘날 서구국가에서 찾아 볼 수 있는 단지 상징적인 군주를 국가원수로 하는 국가형태이다.

(3) 어떤 국가가 민주국가인지의 여부는, 그 국가의 원수가 대통령인지 아니면 군주인지와 관계없
이, 국민이 국가권력의 주체인지, 국가권력이 국민에 의하여 행사되는지의 관점에 의하여 결정된다.
영국, 스페인, 벨기에, 네덜란드, 덴마크, 스웨덴, 일본 등은 군주국이지만 민주국가이며, 반면에 공화
국이지만 단일정당에 의하여 지배되는 군부독재국가 등 다수의 비민주적 국가(소위 전제공화국)를 찾
아 볼 수 있다.

나. 실체적 의미에 의한 보완의 필요성이 있는지의 문제

학자에 따라서는 '공화국'의 개념이 단지 '非君主國'이라는 소극적인 의미뿐만 아니라 '자유국가·
反獨裁國家'라는 실체적 의미도 포함하고 있다는 견해도 있다.[3] 공화국에 이러한 실체적 내용을 부

---

1) 한편, 계몽군주제란 절대군주제의 완화된 형태를 말한다. 계몽군주제에서 군주의 절대적 권력에 어느 정도 수정을
가하는 것은 '군주도 국가의 첫 번째 公僕'이라는 의무적 사고이다. 이로써 군주권력의 제한은 군주에 의하여 자발
적으로 부과된 윤리적 구속으로부터 나온다.

2) 역사적으로 19세기의 입헌군주제는 17·18세기의 절대군주제와 20세기의 의회민주제 사이에 존재하는 것으로, 전
통적인 군주제도와 새로 등장한 의회제도 사이의 타협의 산물이다. 입헌군주제는 계몽군주제와는 달리 '도덕적인
자기구속'이 아니라 헌법에 확정된 '법적 구속'에 기초하고 있다. 입헌군주제의 헌법은 통상 군주에 의하여 스스로
제정되었는데, 이러한 헌법을 흠정헌법(欽定憲法)이라 한다.

여하고자 하는 견해는 '공화국 개념을 형식적으로만 이해하는 경우, 공화국에 관한 헌법적 결정의 의미가 너무 빈약하고, 오늘날 더 이상 군주로부터 자유가 위협받는 것을 우려해야 할 필요가 없으므로, 형식적인 개념정의가 공허하다'는 것을 그 이유로 들고 있다.

그러나 실질적 의미의 공화국이 담고자 하는 내용인 자유주의적 요소, 反全體國家的 요소 또는 민주적 요소는 이미 기본권의 보장이나 자유민주주의 등 다른 헌법적 개념을 통하여 법리적으로 보다 정확하고 명확하게 보장되고 있다. 공화국의 개념에 이러한 실체적 내용을 부가적으로 부여한다고 하여 헌법적 결정의 내용에 있어서 달라지는 것은 아무 것도 없는 반면, 이미 다른 헌법적 요청에 명확하게 귀속될 수 있는 요소를 다시 공화국의 개념에도 포함시키는 것은 개념의 모호성, 불필요한 중복을 가져오게 된다. 따라서 공화국의 개념을 이와 같이 확대하는 것은 헌법의 자유주의적 성격에서는 더 이상 얻는 것이 없는 반면, 법적 명확성을 상실하는 단점이 있다. 또한, 헌법이 '민주공화국'을 명시함으로써 형식적인 '공화국' 개념을 내용적으로 '민주적 공화국'으로 구체화하고 있다는 점에서도 이러한 시도는 불필요한 것으로 판단된다.

2. 공화국에 관한 헌법규정

헌법은 제1조 제1항에서 민주공화국임을 천명하면서, 제66조 제1항에서 대통령이 국가의 원수이자 대표임을 명시하고 있다. 이로써 헌법은 세습적 군주의 존재를 부인하고, 서구식 의회주의적 군주제의 형태로도 군주제도를 도입할 수 없음을 명시적으로 밝히고 있다. 국가형태로서 민주공화국은 헌법의 정체성을 이루는 핵심적 내용으로서 헌법개정에 의해서도 변경될 수 없다.

Ⅱ. 민주공화국의 의미

헌법은 제1조 제1항에서 "대한민국은 민주공화국이다."라고 하여 대한민국의 국가형태를 민주공화국으로 천명하는 것으로 시작하고 있다. 이어서 같은 조 제2항에서 "대한민국의 주권은 국민에게 있고, 모든 권력은 국민으로부터 나온다."고 하여 민주국가의 본질을 한 마디로 요약함으로써 그 자체로서 형식적인 개념인 공화국을 내용적으로 채우고 있다. 따라서 대한민국의 국가형태는 민주주의에 입각한 공화국이다. 위에서 이미 언급한 바와 같이, 공화국은 주권의 소재나 국가권력의 행사방법과는 무관한 형식적 개념이기 때문에, 헌법은 '민주공화국'의 표현을 통하여 공화국의 정치적 내용을 구체화하고 있는 것이다.

과거 학계에서는 國體(주권의 소재를 기준으로 국가를 군주국과 공화국으로 분류)와 政體(국가권력의 행사방법을 기준으로 통치형태를 專制政과 制限政, 民主政과 獨裁政, 直接民主政과 間接民主政으로 분류)의 구분을 전제로 '민주공화국'의 의미를 이에 귀속시키고자 하는 시도와 논쟁이 있었으나, 오늘날 전세계적으로 모든 국가에서 국민주권주의가 형식적이든 실질적이든 실현되고 있고 공화국과 군주국은 주권의 소재와는 무관한 개념이라는 관점에서 본다면, 국체와 정체에 관한 논쟁은 불필요하고 무의미하다.

---

3) 가령, 권영성, 헌법학원론, 2010, 111면.

제3장 憲法 前文 및 基本原理의 槪觀

제1절 憲法 前文

헌법 전문이란 헌법의 본문 앞에 위치하는 부분을 말한다. 전형적으로 헌법 전문은 헌법제정의 역사적·정치적 배경, 헌법제정의 계기와 근거, 헌법에 대한 헌법제정자의 이해와 추구하는 방향, 국가의 본질적 목표에 관한 표현을 담고 있다. 헌법 전문은 성문헌법의 필수적인 구성요소는 아니나, 대부분의 헌법이 전문으로 시작하고 있다. 우리 헌법도 전문을 두어 헌법제정의 유래, 헌법의 근본이념, 기본적 가치질서, 헌법의 제정주체 등을 개괄적으로 천명하고 있다. 이로써 헌법 전문은 본문의 헌법규정에 나타나는 규범적 내용의 연혁적·이념적 기초로서의 성격을 가진다.

I. 헌법 전문의 내용

1. 헌법제정·개정의 유래 및 헌법제정·개정권력의 주체

전문에서 "유구한 역사와 전통에 빛나는 우리 대한국민은 3·1 운동으로 건립된 대한민국임시정부의 법통과 불의에 항거한 4·19 민주이념을 계승하고,…1948년 7월 12일에 제정되고…개정한다." 라고 하여, 헌법제정·개정의 역사적 배경, 유래(개정의 역사) 및 헌법제정권력의 소재를 밝히고 있고, 나아가 간접적으로 국민주권의 이념이 표현되고 있다.

2. 국가 기본질서의 천명

전문 중 "자율과 조화를 바탕으로 자유민주적 기본질서를 더욱 확고히 하여"하는 부분에서는 국가의 기본질서로서 '자유민주적 기본질서'를 천명하고 있다.

3. 헌법의 人間像

"(각인의) 능력을 최고도로 발휘하게 하며, 자유와 권리에 따르는 책임과 의무를 완수하게 하여" 부분에서는 헌법의 인간상이 표현되고 있다. 즉, 자기결정권과 자유로운 인격발현의 가능성을 가진 자주적인 인간이자 동시에 사회공동체와의 관계에서 구속을 받는 공동체 구성원이라는 양면성(개인이자 사회공동체 구성원)을 지닌 인간이 헌법의 인간상이다.

4. 국가의 기본목표(국가과제)

나아가 헌법 전문은 국가목표를 제시하는 법규범이나 법원칙을 포함하고 있다. "정치·경제·사회·문화 모든 영역에서의 각인의 기회를 균등히 하고" 및 "국민생활의 균등한 향상을 기하고"의 표현을 통하여 헌법은 '정의로운 사회'의 이념을 수용함으로써 사회국가원리(복지국가원리)를 국가목표로 천명하고 있다. 나아가, "평화적 통일의 사명"을 언급함으로써 국가목표로서 평화통일을 실현하기 위하여 노력해야 할 국가의 의무를 표현하고 있다. 또한, "항구적인 세계평화와 인류공영"을 언급함으로써 평화추구의 이념(세계평화주의)을 선언하고 있다.

II. 헌법 전문의 법적 성격과 기능

헌법 전문과 관련하여 문제가 되는 것은 전문의 법적 의미와 성격, 구속력의 문제이다. 헌법의 전문은 뒤따르는 본문과는 그 규정형식이나 내용에 있어서 확연하게 구분된다. 헌법 전문은 입법기술적으로 통상적인 법규범의 형식이 아니라 선언, 호소, 약속 등의 형식으로 표현된다. 따라서 헌법전문은 규범적 의미보다는 정치적 의미를 가진다는 인상을 주고 있다.

1. 해석의 기준이자 위헌심사의 기준

가. 국가기관을 구속하는 규범적 효력

헌법 전문에 대하여 규범적 효력을 인정할 것인지에 관하여, 과거에는 전문은 단지 국가기관을 정치적으로 구속하는 선언적인 의미만을 가진다는 견해가 주장되었으나, 오늘날에는 일반적으로 헌법 전문에 대하여 규범적 효력과 구속력을 인정하고 있다. 헌법 전문도 헌법 규범의 일부로서 국가기관을 구속하는 규범적 효력을 가지며, 이에 따라 입법자에게는 입법의 지침으로서, 법적용기관에게는 헌법과 법률의 해석에 있어서 해석의 기준으로서 기능하고, 헌법재판기관에게는 공권력행위의 위헌성을 심사하는 재판규범이 된다고 하는 것이 다수설이다.[1] 특히, 헌법 전문은 본문의 규정을 해석함에 있어서 중요한 지침을 제시하는 기능을 한다.

나. 규범적 효력의 상이한 정도

물론, 전문이 다양하고 상이한 내용으로 구성되어 있다는 점에서, 헌법 전문의 법적 성격을 일원적으로 평가하는 것은 허용되지 않는다. 헌법 전문의 내용을 자세히 들여다보면, 단순한 역사적 확인, 헌법제정자의 다짐과 각오, 헌법정책적인 선언적 규정, 구속력 있는 법규범 등이 혼재하고 있음을 알 수 있다. 전문에 포함되어 있는 내용은 다양한 성격의 것으로서 모든 내용이 다 같이 동일한 정도로 규범적 효력을 가지거나 재판규범으로서 기능하는 것은 아니다.

헌법 전문 중에는 그 자체로서 독자적인 법적 의미를 가지지 못하지만, 헌법의 해석에 있어서 고

---

1) 헌법재판소는 이미 초기의 판례에서 헌법전문의 규범적 효력을 인정하였다, 헌재 1989. 9. 8. 88헌가6, 판례집 1, 199, 205, "우리 헌법의 전문과 본문의 전체에 담겨있는 최고이념은 국민주권주의와 자유민주주의에 입각한 입헌민주헌법의 본질적 기본원리에 기초하고 있다. 기타 헌법상의 제원칙도 여기에서 연유되는 것이므로 이는 헌법전을 비롯한 모든 법령해석의 기준이 되고, 입법형성권행사의 한계와 정책결정의 방향을 제시하며, 나아가 모든 국가기관과 국민이 존중하고 지켜가야 하는 최고의 가치규범이다."

려됨으로써 제한적이나마 규범적 의미를 가지고 있는 부분도 있다. 예컨대, "3·1 운동, 4·19 이념"은 그 자체로서 독자적인 의미는 없으나, 저항권과 관련하여 해석의 기준으로 작용함으로써 저항권을 인정하는 헌법적 근거가 될 수 있다. 한편, 헌법 전문은 자유민주적 기본질서, 사회국가원리, 평화통일의 의무, 세계평화주의 등 구속력 있는 법규범을 담고 있다.

2. 본문과의 관계에서 헌법 전문의 기능

헌법 전문에 대해서도 국가를 구속하는 규범적 효력을 인정한다면, 헌법의 전문과 본문은 어떠한 관계에 있는지 의문이 제기된다. 전문에 나타난 근본이념의 내용은 본문의 개별규정을 통하여 구체화되고 있기 때문에, 헌법 전문은 해석의 기준이나 공권력의 위헌성을 심사하는 재판규범으로서 단지 보충적·부수적 역할을 한다. 이러한 점에서, 전문은 해석의 기준이나 재판규범으로서 제한적으로만 기능한다고 할 수 있다.

자유민주적 기본질서는 본문에서 민주주의와 법치국가에 관한 다수의 규정(선거 및 정당에 관한 규정, 기본권, 과잉금지원칙, 권력분립원리, 사법권의 보장 등)에 의하여, 사회(복지)국가원리는 일련의 사회적 기본권 및 경제에 관한 조항에 의하여, 헌법의 인간상은 인간의 존엄성보장을 비롯한 기본권보장과 기본권의 사회적 구속성에 관한 조항(헌법 제23조 제2항 및 제37조 제2항)에 의하여, 국가과제로서 평화통일은 헌법 제4조에 의하여, 국제평화주의는 헌법 제5조에 의하여 구체화되고 있다. 따라서 법률 등 하위의 법규범을 비롯하여 공권력행위가 헌법에 위반되는지의 여부는 일차적으로 본문의 구체적인 헌법규범에 의하여 판단하게 된다.

제 2 절   憲法의 基本原理 槪觀

Ⅰ. 헌법의 기본결정으로서 기본원리

1. 헌법과 국가의 정체성 및 성격을 규정하는 원리

가. 헌법개정의 한계

헌법은 하나의 통일체 내에서 서로 체계적으로 연관된 개별규정으로 구성되어 있을 뿐만 아니라, 이를 넘어서 자신을 지탱하는 근본적인 결정을 담고 있다. 이러한 기본결정은 헌법과 국가에 대하여 그 성격을 규정하는 특징을 부여한다. 이러한 헌법상의 기본결정을 일반적으로 '헌법의 기본원리'라고 표현하고 있다. 헌법의 기본원리는 헌법의 규율대상인 국가의 본질과 구조를 규정하는 원리로서 '국가'라는 건축물이 건설된 토대를 의미한다. 헌법의 기본원리는 헌법과 국가의 정체성 및 성격을 구성하는 원리이므로, 기본원리 중 하나라도 제거되는 경우에는 헌법은 더 이상 동일한 헌법이 아니다. 그러므로 헌법의 기본원리는 헌법개정권력에 의해서도 개정될 수 없는 헌법의 핵심적 부분에 해당한다.

나. 민주주의원리 · 법치국가원리 · 사회국가원리

우리 헌법은 자신의 성격을 특징짓는 기본결정으로서 민주주의원리, 법치국가원리 및 사회국가원리를 담고 있다. 헌법은 이러한 기본결정을 때로는 명시적으로 언급하거나 때로는 이를 구체화하는 일련의 개별헌법규범을 통하여 간접적으로 규정하고 있다. 헌법의 기본원리는 국가가 스스로 자신을 어떻게 이해하고 있는지, 즉 '국가의 自己理解'를 헌법적 관점에서 표현하고 있다. 헌법의 기본원리는 구속력 있는 헌법원칙으로서 모든 국가기관을 구속하는 행위지침을 제시하며, 기본원리에 표현된 행위지침의 부단한 실현을 요청하고 있다. 그러므로 헌법의 기본원리는 입법자에게는 입법의 방향을 제시하는 입법지침으로, 법적용기관인 법원과 행정청에게는 법규범의 해석 · 적용에 있어서 고려해야 하는 해석지침으로 작용한다. 헌법의 기본원리는 헌법의 개별규정에 의하여 구체화되고 보다 명확하게 표현되고 실현되고 있다. 따라서 헌법의 기본원리는 이를 구체화하는 개별헌법규정이 존재하지 않는 경우에 한하여 직접 적용된다.

헌법의 기본원리는 다른 모든 개별헌법규범과 마찬가지로 헌법의 통일체 내에 위치하는 것으로 상호 연관관계에서 고찰되고 해석되어야 한다. 헌법은 이러한 기본결정들을 서로 결합하는 용어를 통하여 기본결정간의 연관관계를 표현하고 있다. 가령, 헌법은 '자유민주적 기본질서'라는 용어의 사용을 통하여 민주주의와 법치국가의 연관성을 표현하고 있으며, 그 외에도 문헌에서 '사회적 법치국가'란 용어가 사용된다면, 이는 '법치국가의 범주 내에서 실현되는 사회국가'라는 의미에서 법치국가와 사회국가의 연관성을 표현하는 것이다.

2. 국가목표로서 그 외의 기본원리

헌법과 국가의 성격을 규정하는 그 외의 원리로서 평화국가원리, 문화국가원리, 환경국가원리 등을 언급할 수 있다. 그러나 이러한 원리는 엄밀한 의미에서 헌법과 국가의 정체성을 규정하는 헌법의 기본원리에 속하는 것이 아니라, 국가에게 특정한 과제의 지속적인 이행을 요청하는 국가목표규정이다. 따라서 민주주의원리 · 법치국가원리 · 사회국가원리와 같은 헌법의 기본결정과는 달리, 이러한 국가목표규정이 제거된다 하더라도 헌법의 정체성이나 기본 성격이 훼손되지 않으므로, 위와 같은 원리들은 헌법개정의 대상이 될 수 없는 내용에 해당하지 않는다.

아래에서는 헌법의 기본결정과 함께 평화국가원리와 문화국가원리를 헌법의 기본원리로서 서술하기로 한다.

II. 헌법의 기본원리의 개괄적 내용

민주주의원리란 인간의 공동체에서 정치적 지배가 불가피하다는 것을 전제로 이러한 정치적 지배가 어떠한 방법으로 조직되어야 하는지에 관한 것이고, 법치국가원리란 정치적 지배의 산물인 국가권력이 어떠한 방법으로 행사되어야 하는지에 관한 것이며, 사회국가원리란 국가권력이 어떠한 목표를 추구해야 하는지에 관한 것이다.

1. 민주주의원리

국가는 정치적 지배의 형태를 의미하고, 정치적 지배는 정당화되어야 한다. 민주주의는 정치적 지배의 정당성을 확보하기 위한 방법이다. 민주주의란, 국가공동체의 정치적 질서는 공동체 내에서 생활하며 그의 구속을 받는 국민에 의하여 형성되고 확정되어야 한다는 원리를 말한다. 이로써 민주주의에서 정치적 지배는 국민의 자기통치를 의미하게 된다. 민주주의는 국가권력의 주체, 행사, 정당성 및 국가기관의 구성에 관한 문제이다. 즉, 국가권력의 주체는 누구이고(국민주권주의), 국민은 국가권력을 어떻게 행사하며(직접민주주의 또는 대의제), 국가권력을 행사하는 국가기관은 어떠한 방법으로 민주적 정당성을 획득하며 어떻게 구성되는지(선거)에 관한 것이다.

아래에서는 민주주의원리와 관련하여, 민주주의의 핵심적 구성요소로서 국민주권주의, 대의제, 직접민주주의, 선거제도, 정당제도 등을 다루기로 한다. 이러한 요소들은 정치적 지배를 정당화하는 과정을 구성하는 핵심적 부분이다.

2. 법치국가원리

우리 헌법의 민주주의는 단순히 '다수의 지배'가 아니다. 우리 헌법의 민주주의는 법치국가에 의하여 구속을 받는 민주주의, 즉 다수의 정치적 지배를 법치국가적으로 제한하는 '자유민주주의'이다. 헌법은 전문과 제4조에서 '자유민주적 기본질서'를 명시적으로 언급함으로써 우리 헌법의 민주주의란 곧 '자유민주주의'임을 선언하고 있다. 자유민주주의에는 민주주의적 요소 외에도 자유주의적 요소, 즉 법치국가적 요소가 포함되어 있다.

헌법은 법치국가적 안전장치, 특히 기본권의 보장과 권력분립의 원리를 통하여 '다수의 절대주의'를 방지하고 있다. 민주주의에서 국가공동체의 결정이 단지 형식적인 다수결원리에 따라 이루어진다면, 민주주의도 민주적 독재와 전제정치로 변질될 수 있기 때문이다. 자유민주주의국가, 즉 민주적 법치국가는 다수의 이름으로 행해지는 민주적 자의를 허용하지 않는다. 국가의사가 다수결에 의하여 결정되는 '형식적인 민주국가'에서는 민주적 다수가 모든 것을 결정의 대상으로 삼을 수 있고, 다수결로써 개인의 자유에 관하여 임의로 처분할 수 있기 때문에, 개인의 자유가 보호받지 못한다. 민주주의가 단지 형식적으로 다수의 지배를 의미한다면, 이러한 민주주의는 다수의 독재를 의미할 것이고, 국민은 다수결을 통하여 개인의 재산권이나 자유를 박탈할 수 있을 것이다.

법치국가원리란 다수에 의한 정치적 지배(국가권력)를 제한하고 통제함으로써 개인의 자유와 권리를 보장하고자 하는 원리이다. 이로써 법치국가원리는 국가기관이 국민으로부터 부여받은 국가권력을 어떻게 행사해야 하는지에 관한 것으로 공권력행사의 방법과 한계에 관한 원리이다. 개인의 자유와 권리를 보장하기 위하여 국가권력을 제한하고 통제하는 두 가지 중요한 법치국가적 제도가 있다. 하나는 국가와 개인의 관계에서 국가권력을 통제하는 장치로서 기본권보장과 과잉금지원칙이고, 다른 하나는 국가기관 상호간의 관계에서 권력을 통제하는 권력분립원리이다.

따라서 아래에서는 법치국가원리와 관련하여, 기본권보장과 과잉금지원칙, 권력분립원리를 비롯하여 법률에 의한 행정 및 법적 안정성의 원칙, 권리구제절차의 보장 등을 다루기로 한다.

3. 사회(복지)국가원리

사회국가원리란, 국가가 국민의 자유와 권리를 소극적으로 존중하고 보장하는 것으로 만족해서는 안 되고 정의로운 사회질서의 형성을 위하여 모든 사회현상에 적극적으로 개입하고 관여할 것을 요청하는 원리이다. 사회국가원리는 법적인 자유와 평등을 넘어서 실질적 자유와 평등의 실현을 그 내용으로 하는 국가목표조항이다. 사회국가원리는 국가의 과제를 소극적으로 국가의 안녕과 질서유지에 제한하였던 자유방임국가 또는 야경국가에 대한 반대개념으로서, 국민의 생존과 복지를 배려하는 적극적인 국가활동을 요청하는 원리이다.

법치국가가 '소극적인 현상유지'의 국가라면, 사회국가는 '적극적인 사회형성'의 국가이다. 법치국가원리가 국가에 대하여 가능하면 공권력의 행사에 있어서 국민의 자유와 권리를 존중할 것을 요청하는 것이라면, 사회국가원리는 국가에 대하여 정의로운 사회질서의 형성을 위하여 적극적으로 개입할 것을, 경우에 따라서는 개인의 자유를 제한할 것을 요청한다. 이러한 점에서 사회국가원리는 개인의 자유에 대한 제한을 정당화하는 헌법적 근거로서 또는 개인 간의 차별대우를 정당화하는 헌법적 근거로서 기능한다. 헌법 제37조 제2항에서 "모든 국민의 자유와 권리는 … 공공복리를 위하여 필요한 경우에 한하여 법률로써 제한할 수 있으며,…"라고 언급하고 있다면, 여기서 말하는 '공공복리'란 대부분의 경우 사회국가적 동기에 기초하는 공익을 말하는 것이다.

헌법은 사회국가원리를 명시적으로 언급하고 있지 않지만, 일련의 사회적 기본권 및 정의로운 경제질서의 형성을 위하여 국가에게 적극적인 개입을 요청하는 일련의 경제조항을 통하여 사회국가원리를 수용하고 있다. 사회국가원리와 관련해서는 그의 구체적 요청 및 헌법상의 경제질서에 관하여 살펴보기로 한다.

제4장 民主主義原理

제1절 民主主義

I. 개 념

민주주의는 규범적인 의미뿐만 아니라 정치적 이념으로도 사용되기 때문에, 그 개념을 정의하는 것은 매우 어렵다. 또한, 민주주의는 헌법학뿐만 아니라 다른 사회과학의 대상이기 때문에, 이에 상응하여 민주주의에 관한 다양한 개념과 해석이 존재한다. 그러나 헌법학의 영역에서는 헌법적 원리로서 규범적인 '민주주의' 개념이 문제된다.

1. 自由와 支配의 조화

민주주의는 정치적 공동체 내에서 타인과의 생활이 불가피하며 정치적 지배를 피할 수 없다는 것을 전제로 하여, 개인의 자유와 자기결정의 사고를 국가공동체 내에서 실현하고자 하는 원리이다. 민주주의는 국민의 '自己決定과 自己支配'의 결과로 나타나는 통치형태이다.

민주주의는 개인의 '자유와 자기결정'의 사고에 기초하고 있고, 모든 국민의 자유로운 자기결정의 이념이 민주주의의 출발점이다. 민주주의와 자유의 연관관계는 '자유'의 개념으로부터 나온다. 외부에 대한 의존성이 감소하고 자신이 스스로 결정할 수 있는 영역이 확대될수록, 개인은 보다 자유롭다. 자유란 사고와 행위에 있어서 타인에 의한 결정으로부터의 자유, 즉 자기결정을 의미한다. 개인의 자유와 자기결정권이 실현되기 위해서는, 개인은 자신의 행위에 대한 구속을 타율적으로 외부의 권력이나 권위에 의하여 부과받는 것이 아니라 스스로에게 자율적으로 부과하는 '자신에 대한 입법자'이자 '자신의 주인'이어야 한다.

국가공동체의 정치질서가 인간의 본성이나 신의 창조의지에 따라 미리 정해진 것이 아니라 이러한 정치질서 내에서 생활하는 개인에 의하여 형성되고 구체적으로 확정된다는 점에서, 민주주의는 그 존립근거를 '자기결정의 원칙'에 두고 있다. 민주주의에서 정치질서는 그의 구속을 받는 사람에 의하여 형성되므로, 민주주의는 '자유에 부합하는 정치적 지배'의 형태로 나타난다. 따라서 민주주의는 '정치적 지배'와 '개인적 자유와 자기결정의 원칙'이라는 서로 대립하는 요청을 중재하여 양립시킬 수 있다는 점에서, '자유와 지배의 조화'를 의미한다. 민주주의에서 정치적 지배질서의 구속을 받는 자는 동시에 정치적 지배질서의 형성자이며, 법질서의 지배를 받는 모든 사람은 동시에 법질서의 자율적인 창조자이고, 법규범의 적용을 받는 수규자는 동시에 법규범의 제정자이다.

한편, 국민의 자기지배도 인간에 대한 지배에 해당하므로, 민주주의는 국가의 형태로 조직된 정치적 지배(국가권력)를 폐지하거나 극복하고자 하는 것이 아니라, 이러한 지배를 특정한 방법으로, 즉 자유와 지배를 조화시키는 방법으로 조직하고자 하는 원리이다. 인간에 대한 인간의 지배는 민주주의에서도 여전히 유효하다. 따라서 민주주의를 '治者와 被治者의 同一性'으로 규정하는 것은 오해의 소지가 있다.

2. 국민의 自己決定과 自己支配

모든 국민이 자유로운 자기결정의 주체라면, 모든 국민은 또한 평등하게 공동체의 형성에 참여해야만 한다. 따라서 모든 국민의 자유로운 자기결정의 사고는, 민주주의는 '모든 국민의 平等'을 전제로 한다는 것을 의미한다. 이로써 민주주의는 그 핵심에 있어서 평등적 성격에 의하여 규정되고, 이는 헌법에서 보통·평등선거원칙의 형태로 구체화되고 있다. 공동체의 정치적 형성에 참여하는 가능성에 있어서 민주적 평등은 엄격하고 형식적인 평등을 요청한다. 결국, 민주주의는 자유롭고 평등한 자의 지배형식인 것이다.

민주주의는 정치적 공동체의 집단적 의사형성 및 의사결정과 연관된 것이기 때문에, 민주주의에서 개인의 자유와 자기결정은 독자적으로 직접 관철되고 행사될 수 없다. 국가공동체 내에서 개인의 자기결정은 타인의 자기결정과 결합함으로써 평등의 기반 위에서 이루어지는 '집단적 의사형성의 자유', 즉 '民主的 參與의 자유'로 전환된다. 민주적 참여의 자유란, 개인은 그가 속한 공동체질서의 형성에 참여할 자유와 권리를 가진다는 것을 그 내용으로 한다. 민주적 참여권은 이러한 참여를 가능하게 하는 소위 '정치적 기본권'에 의하여 구체화되는데, 이에 속하는 것으로 선거권, 공무담임권, 표현·집회·결사의 자유(소위 의사소통의 자유) 등을 들 수 있다. 이러한 자유는 민주주의를 구성하는 요소에 해당한다. 모든 국민에게 부여되는 민주적 참여의 자유는 국민의 集團的 自律, 즉 自己支配라는 결과를 가져온다.

결국, '개인의 자유와 자기결정'은 국가라는 정치공동체 내에서 '다른 개인의 자유와 자기결정'과 결합함으로써 '민주적 참여의 자유'로 변환되고, 그 결과 모든 국민의 '민주적 참여의 자유'는 다시 '국민의 집단적 자율과 자기지배'의 형태로 나타나는 것이다.

3. 국가권력을 '국민의 자기지배'의 형태로 조직하는 원리

결국, 민주주의는 모든 공동체 구성원의 자유와 평등을 출발점으로 삼아, 정치적 지배를 자유의 기반 위에서 조직하고자 하는 원리, 개인의 자유와 정치적 지배를 조화시키고자 하는 원리이다. 민주주의는 공동체 구성원의 자기지배의 사고를 바탕으로 하는 정치적 지배의 조직 원리이다.

헌법적 관점에서 본다면, 민주주의는 국가권력의 주체와 행사, 정당성에 관한 원리이다. 국가권력이 그의 성립과 행사에 있어서 항상 국민의 의사에서 유래해야 하고 국민의 의사에서 그의 기원을 찾을 수 있도록 국가권력을 조직해야 한다는 요청이 민주주의원리이다(국가권력의 조직원리). 국가권력이 국민에 의하여 성립되고 그 행사가 국민에 의하여 정당화됨으로써, 국가권력이 국민의 '자기결정과 자기지배'의 형태로 조직되는 것이다. 민주주의는 국가권력의 보유와 행사에 관한 조직상의 원칙이다.

민주주의는 국민이 국가권력의 근원이자 주체이어야 할 뿐만 아니라(국민주권주의), 나아가 국가권력을 직접적이든 간접적이든 간에 스스로 행사해야 한다는 원리이다. 이러한 점에서, 통치형태로서 민주주의는 국민이 헌법제정권력을 가지고 있다는 측면 이상의 것이다. 이로써 민주주의는 국민주권주의의 결과이자 실현으로 나타난다.[1]

II. 한국헌법에서 민주주의원리의 구체적 형성

헌법은 제1조 제1항에서 "대한민국은 민주공화국이다."라고 하여 민주주의를 헌법의 기본원리로 선언하고 있다. 민주주의에 관하여는 다양한 이론과 견해가 주장되고 있고, 오늘날 정치적으로 민주주의만큼 보편적이고 다양한 의미로 사용되는 용어는 찾아보기 어렵다. 그러나 헌법의 관점에서 중요한 것은, 민주주의가 헌법에 의하여 구체적으로 어떻게 이해되고 형성되고 있는지에 관한 것이다. 헌법은 첫째, 국가의 정치적 지배가 어떻게 정당화될 수 있는지(민주적 정당성), 둘째, 국민이 국가권력을 어떠한 방법으로 행사하는지(직접 또는 간접 민주주의)의 관점에서 2단계로 민주주의를 구체화하고 있다.

1. 國民主權主義

일차적으로, 헌법은 국가권력의 기원을 밝히는 제1조 제2항에서 민주주의원리를 구체화하고 있다. 헌법은 제1조 제2항에서 "대한민국의 주권은 국민에게 있고, 모든 권력은 국민으로부터 나온다."고 규정함으로써, 국민주권주의를 천명하고 있다.

가. 국민에 의한 정치적 지배의 정당성

국민주권주의란 주권(국가의 최고결정권력)이 국민에게 귀속된다는 원리이다. 국민주권주의는 국가권력의 근원과 주체 및 정당성에 관한 것으로서, 국가권력의 근원과 주체는 국민이며 국민만이 국가의 정치적 지배(국가권력)에 정당성을 부여할 수 있다는 원리이다.

국민주권주의는, 인간에 대한 인간의 지배를 의미하는 정치적 지배권력(국가권력 또는 통치권)은 이미 정해진 것으로 수인해야 하는 것이 아니라 별도의 정당성을 필요로 하며, 이러한 정당성은 국민 이외의 다른 권력(가령, 신이나 절대군주)이 아니라 오로지 국민으로부터 나올 수 있다는 것을 그 내용으로 한다. 이로써, 정치적 지배가 군주의 정당성이나 신의 계시 또는 순수한 국가이성이 아니라 오로지 국민의 의사에 그 기반을 두어야 한다는 것이다. 민주주의에서 정치적 지배는 선험적으로 또는 전통적으로 정당화되는 것이 아니라 단지 정치적 지배를 받는 자의 '동의'에 의하여 정당화된다. 이로써 국민주권주의는 국민에 의한 지배를 정당화하고자 하는 것이다.

나. 헌법제정권력으로서 국민

국가공동체의 질서는 공동체에서 생활하는 국민의 동의에 그 근거를 두어야 하며, 국민의 자율성

---

1) 참고로, 독일 기본법 제20조 제2항은 제1문에서("모든 국가권력은 국민으로부터 나온다.") 국민주권원리를 천명하고 있고, 제2문에서("국가권력은 국민에 의하여 선거와 국민투표의 형태로, 그리고 입법·행정·사법의 기관에 의하여 행사된다.") 국민이 그로부터 나오는 국가권력을 스스로 행사한다는 것과 어떠한 방법으로 행사하는지에 관하여 확정하고 있다.

과 자기결정의 표현이어야 한다. 따라서 국민은 헌법제정권력으로서 공동체 정치질서의 기본성격을 확정하는 권한을 가진다. 이러한 점에서 국민주권주의는 일차적으로 '헌법제정권력의 주체는 국민이어야 한다'는 것을 의미한다.

다. 국가권력의 행사방법이 아니라 단지 정당성에 관한 원리

국민주권주의는 국민이 국가권력을 어떻게 행사해야 하는지, 즉 직접민주제의 형식으로 스스로 또는 대의민주제의 형식으로 간접적으로 통치해야 하는지에 관하여는 아무런 지침을 제시하지 않는다.[1] 국민주권주의는 국가권력의 행사에 있어서 국민과 국가기관 사이의 관할에 관한 규정이 아니라, 단지 국가권력의 정당성에 관한 원칙이다. 국민주권주의는 국민이 국가권력을 직접 행사해야 하고 스스로 구속력 있는 국가결정을 내려야 한다는 것이 아니라, 단지 모든 국가권력이 국민의 의사에 기인할 것을 요청한다. 즉, 국가권력의 성립과 조직이 국민에 의한 정당성에 기초해야 하는 것이다.

따라서 국민주권이 실현되기 위하여, 국민이 국가정책을 스스로 결정하는 형태로 직접 국가권력을 행사해야 할 필요는 없다. 즉, 국민주권주의는 '주권의 소재와 통치권의 담당자'가 일치할 것을 요구하는 것은 아니다. 국민이 국가권력을 직접 행사하는 경우뿐만 아니라 국민이 선거권의 행사를 통하여 대의기관을 구성하고 국가기관의 권한행사에 민주적 정당성을 부여하는 경우에도 마찬가지로 국민주권주의는 실현될 수 있다. 국민주권주의는 직접민주주의와 간접민주주의 모두에 의하여 실현될 수 있는 것이다.

2. 국민에 의한 국가권력 행사의 방법

헌법은 민주주의원리를 구체화함에 있어서 그 다음 단계에서 '국민이 국가권력을 어떠한 방법으로 행사하는지'에 관하여 규율하고 있다.

가. 헌법기관으로서 국민

국민은 국가와 사회 두 영역의 구성원이다. 한편으로는, 국민은 '기본권의 주체'로서 사회를 구성하고 국가권력과 대립한다. 다른 한편으로는, 국민이 선거를 통하여 대의기관을 선출하거나 국민투표의 형태로 국가의사결정에 참여하는 경우에는 국민은 국가권력을 행사하는 '헌법기관'으로 기능한다. 대의제에서 선거와 국민투표의 가능성을 제외한다면, 국가권력은 대의기관에 의하여 행사된다.

민주국가에서 국민은 헌법제정권력으로서 국가공동체의 정치질서를 헌법의 제정을 통하여 확정한다. 그러나 헌법이 일단 제정되면, 국민은 의회나 정부 등 다른 국가기관과 마찬가지로 '헌법에 의하여 형성된 권력'(헌법기관)으로서 헌법의 구속을 받는다. 따라서 국민도 선거나 국민투표의 형태로 헌법상 부과된 과제를 이행하는 한, 시예에스(Abbé Sieyès)의 '헌법제정권력론'의 의미에서 '형성된 권력'으로서 단지 헌법에 근거하여 헌법규정에 따라 활동할 수 있다. 국민을 비롯한 모든 헌법기관의 권한은 이를 부여하는 헌법상의 수권규범이 있어야만 인정되며, 국민이 헌법에 근거하여 헌법기관으로서 활동하는 한, 국민의 권한도 또한 예외가 아니다. 헌법국가에서 국민은 단지 헌법에 의하여 부여받은 권한만을 가지고 있으며, 이러한 범위 내에서 헌법기관으로서 국가의사형성에 참여할 권한을

---

1) 따라서 직접민주주의가 국민자치의 원칙을 고도로 실현하기 때문에, 국민주권의 원리를 고도로 실현하는 제도라는 주장은 타당하지 않다.

가진다.[1]

나. 대의제와 직접민주제

여기서 '국민의 자기통치의 원리'로서 민주주의원리를 실현하기 위하여, '국민이 국가권력을 어떠한 방법으로 행사하는가' 하는 것이 문제되는데, '국민이 국가의사의 형성에 직접적으로 또는 간접적으로 참여하는가'에 따라 국민에 의한 국가권력의 행사방법은 직접민주제와 대의제로 나뉜다. 즉, 국민이 국민투표의 형태로 중요한 국가정책에 관하여 스스로 결정함으로써 국가의사형성(국가정책결정)에 직접 참여하는 제도가 직접민주제이고, 이에 대하여 국민이 선거를 통하여 대표자를 선출하고 그 대표자로 하여금 국가의사를 결정하도록 함으로써 간접적으로 국가의사형성에 참여하는 것이 대의제이다.

국민은 선거와 국민투표를 통하여 국가권력을 직접 행사하게 된다. 선거는 대의제를 실현하기 위한 방법이고, 국민투표는 직접민주주의를 실현하기 위한 수단이다. 선거는 '인물에 대한 결정', 즉 대의제를 가능하게 하기 위한 전제조건으로서 국민의 대표자에 관한 결정이며, 이에 대하여 국민투표는 '사안에 대한 결정', 즉 특정한 국가정책이나 법안을 그 대상으로 한다.[2] 선거와 국민투표의 가능성을 제외한다면, 국가권력은 국민의 선거에 의하여 구성되고 국가권력을 위임받은 국가기관에 의하여 행사된다.

다. 대의제에 관한 헌법적 결정

(1) 대의제에 관한 헌법규정

헌법은 국민과 대의기관 사이에 국가권력행사에 관한 헌법적 권한을 배분하는 형태로 민주주의를 실현하고 있다. 헌법규정을 살펴보면, 선거에 의하여 선출된 대의기관이 국가권력을 행사하는 것을 원칙으로 하면서, 국민이 직접 국가의사를 결정하는 것은 매우 예외적인 경우(헌법 제72조 및 제130조 제2항)에 제한하고 있다. 이로써 우리 헌법은 대의제를 원칙으로 하면서 예외적으로 직접민주주의적 요소를 가미하고 있다.

헌법이 제41조와 제67조에서 국회의원선거와 대통령선거를 규정한 것은, 국민이 국회와 대통령을 직접 선출하고 선출된 대통령이 국회와 함께 행정관리와 법관을 임명함으로써 집행부와 사법부에 민주적 정당성을 중개하는 기능을 한다는 것을 의미하는 것이고, 헌법 제40조(입법권), 제66조(행정권), 제101조(사법권)에서 국가기관의 구성을 규정한 것은, 국민이 국가권력을 직접 행사하는 것이 아니라, 국가권력은 입법·행정·사법의 기관에 의하여 행사된다는 것을 의미하는 것이다. 또한, 헌법 제46조 제2항은 국회의원의 자유위임원칙을 규정함으로써 대의제의 본질에 속하는 것이 자유위임임을 확인하고 있다.

(2) 헌법개정의 한계

대의제에 관한 헌법적 결정은 헌법개정의 한계를 의미한다. 헌법의 이러한 기본결정은 직접민주주의에 의하여 상대화되거나 공동화되어서는 안 된다.

한편, 헌법은 국민주권의 실현방법으로서 대의제를 원칙으로 채택하였으나, 대의제에 직접민주적

---

1) 이에 관하여 자세하게 제2편 제4장 제3절 IV. 2. 나. '국민투표와 헌법유보의 원칙' 참조.
2) 헌재 2004. 5. 14. 2004헌나1(대통령 노무현 탄핵), 판례집 16-1, 609, 649 참조.

요소를 가미하는 것을 배제하는 것은 아니다. 정당국가적 대의제의 결함을 보완하기 위하여 직접민주적 요소를 도입하는 것은 헌법개정을 통하여 가능하다. 따라서 헌법개정을 통하여 직접민주적 요소(국민발안, 국민투표 등)를 도입함으로써 국민에 의한 입법을 가능하게 할 수도 있다. 그러나 의회의 권한이 직접민주적 요소에 의하여 근본적으로 저해되지 않는 경우에 한하여 의회주의와 국민에 의한 입법은 서로 조화를 이룰 수 있다는 것을 유념해야 한다. 직접민주적 요소를 확대하는 것은 대의제와 부합하는 범위 내에서 헌법개정을 통하여 허용된다.

제2절　代議民主制

I. 대의민주제의 개념 및 이론적 배경

대의민주제(Repräsentativsystem)란, 주권자인 국민이 직접 국가의사를 결정하지 아니하고 선거를 통하여 국민의 대표자를 선출하고 국가기관을 구성함으로써 국민의 대표자로 하여금 국민을 대신하여 국가의사를 결정하도록 하고, 대표자가 국민에 대하여 자신의 결정에 대한 정치적 책임을 져야 한다는 제도이다. 대표자가 단지 한시적으로 선출되고 임기 후에는 다시 국민의 정치적 심판을 받아야 한다는 형태로 대표자는 국민에 대한 책임을 지게 된다. 대의제는 이러한 방법으로 대표자를 유권자의 의사에 구속시킴으로써 국민의 자기지배를 확보하고자 하는 것이다. 결국, 국민은 더 이상 국가권력을 스스로 행사하지 아니하고, '누가 국민을 위하여 국가권력을 행사할 것인지' 만을 결정하게 된다.

국민이 스스로 통치를 해야 한다는 루소(Jean Jacque Rousseau, 1712-1778)의 이념에 의하면, 대의제는 직접민주주의가 현실적인 이유로 불가능한 현대국가에서 불가피하게 취할 수밖에 없는 궁여지책이나 타협안에 해당할 것이다. 그러나 자유주의적 의회이론(Die liberale Parlamentstheorie)을 확립한 프랑스의 시예에스(Abbé Sieyès, 1748-1836)나 영국의 버어크(Edmund Burke, 1729-1797)는 대의제의 긍정적인 측면을 제시함으로써 대의제가 이상적으로 간주되는 직접민주주의에 대하여 단지 차선의 선택이 아니라 보다 바람직한 최상의 선택임을 역설하였다.[1]

---

1) 대의제의 긍정적인 측면은, 국민이 고도의 판단능력을 지녔다고 인정되는 사람을 대표자로서 선출하기 때문에, 대표자로서 의회에 진출하는 자가 평균적인 사회구성원이 아니라 최고의 현명한 사람, 즉 국민의 엘리트라는 사고에 기인한다. 국민 중에서 최고의 엘리트가 의회에 진출한다는 사고는 의회에 모인 대표자는 의회에서의 공개적인 논의를 통하여 매 사안마다 무엇이 공익에 부합하는지를 보다 잘 인식할 수 있고, 이로써 의회에서 제정된 법률이 보다 타당성을 가진다는 것을 기대하게 한다. 공익은 국민의 자연적 의사로부터 나오는 것이 아니라 대의기관에 의하여 형성된 의사로부터 나온다(시예에스). 대의의 사고로부터 대표자가 국민의 지시에 구속을 받는지의 문제에 대한 대답이 스스로 나온다. 의회에 모인 대표자가 국민의 엘리트를 의미한다면, 그들은 유권자보다 현명할 것이고, 무엇이 공익에 해당하는지를 보다 분명하게 인식할 수 있을 것이다. 대표자는 국민에게 방향을 제시하는 방식으로 활동해야 할 과제를 지고, 이러한 것이 가능하기 위해서는 대표자는 자유로워야하며, 지시나 위임의 구속을 받는 것이 아니라 단지 양심의 구속을 받아야 한다. 이것이 바로 자유위임이다.

Ⅱ. 대의제의 본질

대의제도는 국민의사와 국가의사의 분리를 전제로 하여 국가의사결정권의 자유위임을 본질적인 요소로 하는 제도이다. 즉, 대의기관은 임기 중 자유위임을 바탕으로 국민의 의사에 구속을 받지 않고 독자적인 판단에 따라 책임정치를 할 수 있다.

1. 대의기관에 의한 국가의사결정

대의제란, 국민은 주기적인 선거를 통하여 대표자를 선출하고 국민에 의하여 구성된 대의기관이 국민으로부터 위임받은 국가권력을 행사함으로써 국가의사를 결정하는 제도이다(국가기관구성권과 국가의사결정권의 분리). 대의제의 본질은, 국민이 정치적 사안에 대하여 직접 결정하는 것이 아니라 대의기관을 선출하여 대의기관의 국가권력 행사에 대하여 민주적 정당성을 제공하고, 이로써 대의기관의 결정을 국민의 결정으로 간주하여 모든 국민이 대의기관의 결정에 구속을 받는다는 것에 있다.

대의민주제에서 代議(Repräsentation)란, 국민이 민주적 선거를 통하여 대표자를 선출하여 민주적 정당성을 부여하고 선출된 국민대표에 의하여 내려지는 결정을 자신의 결정으로 인정하는 정치적 원칙, 즉 국민이 대표자를 통하여 국가권력을 행사한 것으로 간주하고 대표자의 행위를 자신의 행위로 귀속시키는 '국민과 대표자 사이의 정치적 귀속관계'를 말한다.[1] 대의기관은 선거에 의하여 부여받은 위임, 즉 국가권력 행사의 민주적 정당성에 기초하여 자신의 행위를 통하여 국민을 구속할 수 있는 권한을 가지며, 이로써 국민이 대의기관의 결정에 구속을 받는 것이 정당화된다.

구체적으로 '의회에 의한 국민의 대의'란, 국민과 의회 사이에서 '일차적으로' 민주적 의회선거에 의하여 성립하고, 나아가 '부가적으로' 임기 중에도 소통과 교류를 통하여 지속적으로 새롭게 유지되어야 하는 '권한의 위임 및 승인과 동의의 과정'이다. 그러나 대의란, '국민의 현실적 의사'와 '국민대표의 결정'이 실제로 일치해야 한다는 것을 의미하지 않는다.

2. 自由委任[2]

가. 국민과 대표기관의 관계

대의제의 본질에 속하는 것은, 국민과 대표기관 사이의 관계가 명령적 위임관계가 아니라 自由委任 관계라는 것이다. 국민에 의하여 선출된 대의기관은 일단 선출된 후에는 임기 동안 국민의사의 구속을 받지 않고 독자적인 판단에 따라 국민 전체의 이익, 즉 공익을 실현하게 된다.

자유위임의 사고는 유럽에서 근대의회의 성립과 함께 대의제의 이념적 기초로서 형성되었다. 대

---

1) 대의의 경우, 대표자와 국민의 관계는 법적인 것이 아니라 단지 정치적·헌법이념적인 것이다. 대표자인 의원의 의사표시가 국민에 대한 법률효과를 발생시키지 않는다는 점에서, 국민과 대표자의 관계인 '대의'는 민법상 '대리'(Vertretung)와 구분된다. 대리의 경우, 대리인의 행위는 대리된 자(본인)에게 법적으로 귀속된다. 그러나 대의의 경우, 개별 의원의 행위는 물론이고 의회 전체의 행위가 국민에게 법적으로 귀속되지 않으며, 법적인 귀속은 전적으로 의회와 국가의 관계에서 이루어짐으로써 의회의 행위는 법적인 관점에서 국가의 행위로 귀속된다. 물론 대의의 경우에도 개별 의원의 행위가 아니라 단지 '의회의 의결'만이 국민의 행위로 간주되고 국민에게 정치적으로 귀속된다.

2) 아래 제4편 제2장(국회) 제6절 Ⅰ. '국회의원의 헌법상 지위' 참조.

의제의 본질적 요소로서 자유위임원칙은 근대의회의 전신으로 간주되는 중세 등족회의(等族會議)의 명령위임(기속위임)에 반대되는 개념으로 형성된 것이다.[1] 유럽에서 의회주의가 발전하면서, 의회는 신분제 의회에서 국민에 의하여 선출된 국민대표기관으로 발전하였고, 이로써 의회는 국민 전체를 대표하고 국민 전체의 이익을 위하여 독자적으로 결정해야 한다는 사고가 형성되었다. 이에 따라 대표자는 특수이익이 아니라 일반이익의 대변자가 되었고, 의회에서 대표자가 자유로운 토론을 통하여 국민 전체의 이익을 위한 결정을 내리기 위해서는 자신을 선출한 집단의 특수이익에 법적으로 구속을 받아서는 안 되기 때문에, 대표자와 국민의 관계로서 '대표자는 선거인의 지시나 명령에 구속되지 않는다'는 '자유위임의 사고'가 확립되었다.[2]

물론, 대의제가 자유위임을 그 본질로 한다고 하더라도, 대의기관이 그 권력행사에 있어서 언제나 '국민의 의사'에 따른다고 하는 것을 전제로 하고 있다. 그러나 여기서 '국민의 의사'란 매 구체적 사안마다 경험적으로 인식할 수 있는 국민의 현실적 의사가 아니라 국민 전체의 이익으로 추정되는 假想的이고 이념적인 국민의 의사이다. 대의제는 대의되는 국민이 가지는 이른바 '경험적 국민의사'(empirischer Volkswille)보다는 객관적으로 추정되는 국민의 진정한 의사, 즉 대의기관이 판단하는 '추정적 국민의사'(hypothetischer Volkswille)에 결정적인 의미를 부여하고 있다. 국민은 자신의 진정한 의사를 오로지 대의기관을 통해서만 확인할 수 있다고 하는 것이 대의제의 이론적 기초이다.

대의제에서 국민의 진정한 의사는 오로지 의회에서 사회 내에 존재하고 대립하는 다양한 이익의 경합과 조화를 통해서만 밝혀질 수 있으며, '경험적인 국민의사'로부터 독립적인 대의기관의 의사만이 진정한 국민의 이익을 대변할 수 있다.[3] 결국, 국민의 의사는 대의기관에 의해서만 확인이 가능하므로, 대의제에서 국민의 진정한 의사인 '추정적 국민의사'란 곧 대의기관인 '의회의 의사'를 의미한다.

나. 대의기관의 대의적 성격을 유지하기 위한 필수적 조건

제3자의 지시로부터의 독립성은 대의기관의 대의적 성격을 유지하기 위한 필수적 조건이다. 대의기관의 대의적 행위, 즉 국민 전체의 이익을 위한 행위가 가능하기 위해서는 필연적으로 대의기관은 일부 국민의 부분이익이나 특수이익의 명령적 위임관계로부터 자유로워야 한다. 자유위임만이 의원에게 모든 국민의 이익을 고려하는 활동을 보장하고, 전체국민의 대표자로서의 지위를 부여한다.

뿐만 아니라, 대표자의 자유위임은 현실정치적인 이유에서도 필수적으로 요청된다. 의회에서 자

---

1) 중세 등족회의는 신분제 의회로서 특정신분계층이나 특정지역의 이익을 대표하는 대표자들로 구성되었고, 등족회의의 역할은 국왕의 자문기관으로서 사회를 구성하는 여러 집단의 특수이익을 대표하는 것이었다. 이에 대하여 국민적 또는 국가적 이익은 국왕에 의하여 실현되었다. 따라서 집단의 대표자는 자신이 대표하는 집단의 이익을 충실히 국왕에게 전달해야 하는 과제를 지게 되었고, 그 결과 각 집단과 그 대표자 사이에는 대표자는 집단의 명령에 법적으로 구속을 받는다는 '명령적 위임관계'가 성립하였다.

2) 의회민주주의에서 자유위임원칙은 영국에서 18세기 중반 블랙스톤(Blackstone)의 '英法註釋'(Commentaries on the Laws of England, 1765~1768)의 서술("모든 의원은 비록 특정 지역에서 선출되었다 하더라도, 일단 선출된 다음에는 전체 왕국을 위하여 봉사한다.")이나 1774년 에드먼드 버크(Edmund Burke)가 선거전에서 행한 유명한 브리스톨 연설("의회는 공통의 이익을 위한 전국민의 합의체이며, 의원은 일단 선출되면 전국민을 대표하여 독립하여 행동하며 자신의 양심에만 책임을 진다.")에서 잘 표현되고 있다. 프랑스혁명의 산물로 탄생한 1791년 프랑스헌법은 시에예스(Abbé Sieyès)의 국민주권론에 입각하여 "특정 지역(département)에서 선출된 의원은 특정 지역의 의원이 아니라 전체 국민(Nation)의 의원이다. 의원에게는 위임이 부과될 수 없다."고 규정함으로써, 실정헌법에서 처음으로 의원의 전국민대표성과 자유위임원칙을 명문으로 규정하였다.

3) 한태연, 헌법학, 1983, 151면, 154면 참조.

유로운 토론과 의사형성이 가능하기 위해서는 자유위임원칙이 필수적이다. 만일, 의원이 자신의 결정에 앞서 유권자 등으로부터 매번 지시를 받아야 한다면, 의회에서 자유로운 토론과 의사형성은 크게 저해되거나 사실상 불가능할 것이다. 자유위임만이 의원에게 유연하고 상황에 부합하는 결정을 가능하게 한다.

헌법은 제46조 제2항에서 "국회의원은 국가이익을 우선하여 양심에 따라 직무를 행한다."고 하여, 국회의원직무의 '자유위임 또는 무기속위임(無羈束委任)'을 뚜렷하게 표현하고 있다.

다. 자유위임과 현실적 국민의사의 관계[1]

(1) 민주적 대의의 실현에 있어서 대표자와 국민 간의 소통의 의미

한편, 대의제에서 국민의사와 국가의사의 원칙적인 분리를 전제로 하여 대의기관은 일단 선출된 다음에는 국민의 현실적 의사의 구속을 받지 않는다는 것은, 의회가 국민의 현실적 의사를 무시해야 한다거나 또는 무시해도 좋다는 것을 의미하지는 않는다. 대의제에서 국민이 선거를 통하여 의회에게 국가권력을 행사할 수 있는 권한을 위임하는 것은 대의제 실현을 위하여 필수적인 것이지만, 이것만으로는 민주적 대의를 실현하기에 충분하지 않다.

만일 대의제에서 국민이 선거행위를 통하여 대의기관에 대한 모든 정치적 영향력 행사의 가능성을 포기하고 의회에게 임기 동안 국민의 현실적 의사로부터 유리되어 독자적으로 결정할 권한을 부여하는 것이라면, 이러한 사고는 '모든 국가권력이 국민으로부터 나온다'는 국민주권사상과 부합하지 않는다. 국민주권사상에 기초하는 민주주의에서 '국가권력'뿐만 아니라 '정치적 의사형성'도 국민으로부터 나와야 한다. 정치적 의사형성에 참여할 국민의 권리는 주기적으로 실시되는 선거에서의 투표행위뿐만 아니라, 대의기관의 임기 중에도 지속적으로 이루어지는 정치적 의사형성과정에 참여하여 대의기관의 결정에 영향을 미칠 수 있는 가능성을 통해서도 행사되어야 한다. 대의기관이 임기 중에도 그 행위와 결정에 있어서 특정 사안과 관련되어 표출된 국민의 현실적 의사를 '내용적으로' 존중하고 이에 영향을 받을 수 있는 경우에만, 비로소 국민이 대의기관을 통하여 국가권력을 행사하는 것이 된다. 따라서 대의제에서 선거에 의하여 획득되는 '형식적·제도적 대의'는 임기 중에도 국민의 현실적 의사를 고려하는 '내용적 대의'에 의하여 보완되어야 한다.

국민의 '내용적 대의'는 대표자와 국민 사이에 지속적인 대화와 교류가 이루어지는 경우에 비로소 실현될 수 있다. 대의제에서 대의기관이 국가권력을 행사하기 위하여 필요한 민주적 정당성은 선거를 통하여 임기 동안 일괄적으로 부여받는 일회적인 것이 아니라 임기 중에도 끊임없이 새롭게 획득해야 하는 지속적인 과정으로 이해해야 한다. 이로써 '민주적 대의'의 개념은 정적인 것이 아니라 역동적인 것으로, 국민과 대표자 사이의 지속적인 대화와 문답, 반응의 과정이며 국민과의 소통과정이다.

(2) 대표자에 대한 국민의 정치적 영향력 행사의 가능성

물론, 국민의 '내용적 대의'란 의회가 그의 결정에 있어서 국민 다수의 견해나 여론 등 국민의 현실적 의사의 구속을 받는다는 것을 의미하지는 않는다. 자유위임은 원래 유권자의 지시로부터 대의기관의 독립성을 보장하기 위한 것으로, 바로 이러한 것을 방지하고자 하는 것이다. 민주적 대의란

---

1) 한수웅, 국회의원의 자유위임과 교섭단체의 강제, 중앙법학 제21집 제3호(2019. 9.), 7면 이하 참조.

단순히 국민의 여론을 따르는 국가행위에 대한 요청이 아니며, 대의기관은 국민의 현실적 소망이나 욕구의 단순한 집행기관이 아니다.

대의기관이 임기 중에도 국민의 현실적 의사를 고려해야 한다는 것은, 공익을 발견하는 과정에서 국민들 사이에 존재하는 다양한 이익과 견해, 욕구를 존중해야 한다는 것을 의미하는 것이고, 이는 적어도 의회의 의사결정과정에서 국민의 현실적인 이익과 욕구가 공익발견을 위한 하나의 요소로서 반영되고 고려되어야 한다는 것을 의미한다. 즉, 의회가 '국민의 추정적 의사'를 확인하는 과정에서 '국민의 현실적 의사'를 함께 고려해야 하는 것이다. 의회는 국민의 현실적 의사에 구속을 받지는 않지만, 자신의 결정과정에서 이를 존중하고 고려해야 한다는 구속을 받는다. 대의기관에 의하여 확인되는 '추정적 국민의사'와 '현실적 국민의사' 사이의 긴장관계는 이러한 방법으로 해소된다.

대의제에서 국민여론의 형성은 의회의 결정과정에서 공익발견을 위한 중요한 전제조건이다. 대의제에서 '공익'이란 내용적으로 사전에 확정된 것이 아니라 다양한 이익과 견해의 경쟁으로부터 나오는 결과이다. 국민의 현실적 의사를 구성하는 사회의 다양한 이익과 견해는 의회에서 경합과 조정의 과정을 거쳐서 공익으로 추출된다. 대의기관이 국민의 현실적·경험적 의사에 대한 고려 없이 공익을 발견한다는 것은 대의기관에 의하여 공익이 일방적·권위적으로 확정된다는 것을 의미한다.

따라서 민주적 대의는 국민의 현실적 의사로부터 분리되어 이루어져서는 안 된다. 국민의 대표자는 민주적 대의를 실현하기 위하여 국민의 현실적 의사를 물어야 하고, 자신의 결정을 내리기 전에 국민의 입장을 알고자 해야 한다. 국민의 대표자에게 보장되는 '자유위임'의 결정적인 기능은 대표자를 국민의 현실적 의사로부터 차단하고자 하는 것이 아니라, 국민의 대표자를 모든 종류의 구속으로부터 자유롭게 함으로써 국민의 현실적 의사를 비롯하여 외부로부터의 모든 정치적 영향을 받을 수 있는 상황을 조성하고, 이러한 방법으로 대표자로 하여금 공익발견절차에 참여하는 것을 가능하게 하고자 하는 것이다.

(3) 대의제에서 자유위임의 의미

국민으로부터 국가권력의 행사를 위임받은 대의기관의 자유위임은 대의제의 본질에 속한다. 그러나 국민이 대표자에 대하여 임기 중에도 정치적 영향력을 행사할 수 있는 가능성을 가지고 있는 경우에만, 대표자의 자유위임은 장기적으로 유지되고 국민에 의하여 수인될 수 있다.

대표자의 자유위임은 차기 선거에서의 선출가능성을 고려해야 하는 압력뿐만 아니라, 국민의 현실적 의사, 즉 여론을 고려해야 한다는 압력에 의해서도 사실상의 제약을 받는다. 국민은 표현의 자유, 집회의 자유 등 정치적 자유권의 행사를 통하여 대의기관에서 논의되는 구체적 사안과 관련하여 여론을 형성함으로써 대표자에 대하여 임기 중에도 정치적 영향력을 행사할 수 있는 가능성을 가지고 있다. 대의제 민주주의는 국가의사형성에 영향력을 행사하기 위하여 필수적인 정치적 기본권을 국민에게 보장한다. 국민은 여론의 형성을 통하여 대의기관의 결정에 대하여 정치적 압력과 영향력을 행사할 수 있고, 대의기관에서 논의되는 사안과 그 방향에 대하여 이의를 제기하고 항의함으로써, 대의기관의 자유위임에도 불구하고 국민의 의사를 고려하는 대의정치를 가능하게 할 수 있다.

이로써 대의제에서 자유위임은 국민의사로부터의 완전한 독립성이 아니라 '대표자의 법적 자유와 독립성'과 '주기적인 선거 및 유권자의 여론 형성에 의한 사실상의 구속' 사이에서 항상 새롭게 실현되어야 하는 조화를 의미한다.

3. 國民意思와 國家意思의 분리

가. 국민의사형성과정과 국가의사형성과정

(1) 구분의 필요성

대의제 민주국가에서 정치적 의사형성과정은 국민의사형성과정과 국가의사형성과정(국가정책결정과정)으로 나누어진다. 대의제 민주주의에서 '민주적 정당성'에 근거하는 국가의사형성과 '기본권보장'에 근거하는 국민의사형성은 서로 구분되어야 한다. 국민의사형성과정과 국가의사형성과정의 원칙적인 구분은, 국민의 정치적 의사형성이 국가로부터 자유로운 가운데 '아래에서 위로' 이루어지기 위한 전제조건이다. 뿐만 아니라, 양 영역에는 서로 상이한 원칙이 적용되기 때문에, 양자의 구분이 요청된다. 즉, 국가의사형성의 영역은 민주적 정당성에 근거하여 공익의 구속을 받는 국가권력의 직무상 행사에 관한 것이며, 이에 대하여 국민의사형성의 영역은 민주적 정당성과 무관하게 국가로부터 자유로운 개인의 기본권행사에 관한 것이다.

(2) 국민의사형성과정

국민의 정치적 의사형성과정은, 개인과 사회단체의 참여 하에서 서로 대립되거나 상호영향을 미치는 다양한 가치와 이익·견해가 자유롭고 개방적인 과정에서 경쟁과 조정을 통하여 통합되는 지속적인 과정, 즉 여론의 형성과정이다. 헌법은 정당의 자유, 표현의 자유, 결사의 자유, 집회의 자유 등 일련의 정치적 기본권을 통하여 국민의 정치적 의사형성과정을 보장하고 있다. 국민의사형성은 국가의 간섭이나 조종으로부터 자유로워야 하며, 나아가 모든 사회세력의 참여 하에서 다양한 견해와 방향에 대하여 개방적으로 이루어져야 한다. 다양한 사상과 견해 사이의 자유로운 논쟁과 경합이 이루어지기 위해서는 소수의 견해가 억압되어서는 안 된다. 다수만을 위한 자유란 자유가 아니며, '자유란 언제나 달리 생각하는 사람의 자유'(Rosa Luxemburg)이기 때문이다.

국민의 정치적 의사형성은 특히 정당, 언론, 이익단체를 비롯한 사회단체의 과제이다. 국민의사형성이 자유롭고 개방적인 과정에서 이루어지기 위해서는 다양한 사회단체가 존재해야 하고 사회세력 간의 균형이 유지되어야 한다. 바로 여기에 다원적 민주주의의 핵심적 문제가 있다. 사회세력간의 균형이 깨지면, 국민의사형성과정이 왜곡될 수 있다.

(3) 국가의사형성과정

대의제는 국가의 제도화된 절차(가령, 입법·행정·사법절차 등)에서 이루어지는 국가의사의 독자적인 형성을 보장하며, 이로써 국가의사형성의 전문성·객관성·안정성·지속성을 보장한다. 대의제는 대의기관의 자유위임을 보장함으로써 국가의사형성에 대한 국민의 직접적인 영향력행사를 배제한다. 국민이 한시적으로 국가권력을 국가기관에게 위임한 이상, 국가기관은 그 결정에 있어서 국민의사의 구속을 받지 않는다. 국민의사와 국가의사의 일치는 결코 대의제 민주주의가 요청하는 바가 아니며, 이는 현실적으로도 불가능하다. 만일 국민의사와 국가의사가 일치해야 한다면, 지속적으로 이루어지는 여론조사가 대의기관에 의한 통치를 대신해야 할 것이고, 이는 대의제 민주주의의 종말을 의미한다.[1]

---

1) 한편, 정당정치가 자리 잡지 못하고 의회와 대의제가 제대로 기능하지 못하는 정치적 후진국에서는 국민의 여론이 정치를 지배하는 '직접민주주의의 국가'가 될 위험이 크다. 대의기관이 여론에 종속될수록, 대의민주제는 그 실질에 있어서 직접민주주의로 변질된다. 이러한 사회에서는 주도적으로 여론을 형성하고 여론조사를 실시하는 언론기관

대의제는 자유로운 여론형성의 결과인 국민의사의 타당성을 신뢰하지 않는다. 국민의 여론이란 수시로 변하는 것이며, 여론을 형성하는 국민 개개인은, 주기적인 선거에 의하여 정치적 심판을 받고 공익의 구속을 받는 대의기관과는 달리, 공익실현의 구속을 받지 않으며 그 누구에 대해서도 정치적 책임을 지지 않는다. 여론은 대의기관이 정책결정에 있어서 고려해야 하는 다양한 요소 중에서 하나의 중요한 참고자료일 뿐이다. '국민의 여론을 쳐다보는 정치'를 대의기관에 권할 수는 있지만, 대의기관은 국민의 여론에 따라 말해서도 안 되고 행동해서도 안 된다. 국민의 여론이란 신뢰할 수 없으며 대의기관에 의하여 실현되어야 하는 공익과 반드시 일치하지 않는다는 것이 바로 대의민주제의 출발점이다. 따라서 대의제에서 국가기관은 여론을 고려할 수는 있으나 여론의 단순한 집행기관은 아니며, 여론이 곧 국가의사로 전환되는 것은 아니다.

나. 국민의사형성과 국가의사형성의 관계

(1) 상호 영향을 미치는 관계

국민의사형성과 국가의사형성은 서로 개념적으로 구분되나, 서로 단절된 것이 아니라 상호 영향을 미치는 관계에 있다. 민주국가는 사회로부터의 정치적 영향력행사에 대하여 개방되어 있는 국가이다. 국민은 정당과 사회단체를 통하여 또는 그 외 여론형성을 통하여 국가의사형성과정에 영향력을 행사하고자 시도하며, 국가는 대국민 홍보활동이나 발표(가령, 입법예고) 등을 통하여 여론형성에 영향을 미치고자 시도한다. 물론, 자유로운 여론형성의 측면에서 국가가 여론형성을 주도하거나 조작하는 방법으로 여론형성에 참여하는 것은 헌법적으로 허용되지 않는다.

(2) 여론이 국가의사형성에 미치는 영향력

국민이 일단 선거를 통하여 대의기관을 선출하고 구성된 국가기관에 국가권력을 위임한 이상, 대의기관의 임기 중에는 국가정책의 결정시마다 국민이 직접 관여할 수는 없고, 단지 다음 선거를 기다려 그 임기 중 국가권력의 행사가 국민의 의사에 합치했는지를 가려 심판을 내리게 된다. 그럼에도 여론은 직접민주적 요소인 국민투표와는 달리 국가의사형성에 직접 참여하는 것은 아니지만, 국가의사형성에 미치는 영향력은 대단히 크다. 대의기관은 사회 내의 여론을 고려해야 하는 사실상의 강제를 받는다.

여론은 정당의 정책결정이나 후보자추천에 있어서 고려되고 차기 선거까지의 기간 중에도 국가기관의 정책결정에 영향을 미친다. 집권정당은 재선되기 위하여 정치적으로 여론의 구속을 받으며, 국가의 결정이 국민의 지지와 동의를 구할 수 있는지의 문제와 관련하여 여론은 결정적인 역할을 한다. 여론의 이러한 영향력을 여론의 '準直接民主的 요소'라 부를 수 있다. 여론의 이러한 준직접민주적 성격은 국가기관이 여론에 반하여 결정할 수 없다는 것을 의미하지는 않으며, 때로는 여론에 반하여 결정하는 것이 필요할 수도 있다. 국가기관의 행위가 여론을 고려해야 한다는 것은 법적인 의무가 아니라 사실상의 정치적 구속이다.[1]

과 시민단체 등 사회단체의 영향력이 강화된다. 이러한 사회에서, 언론과 시민단체는 여론에 그 기반을 둔 자신의 영향력과 권력적 지위를 유지하고 강화하기 위하여, 여론을 '국민과 민주주의의 이름'으로 절대시하고 여론에 반하는 국가결정을 '반민주적인 것'으로 낙인찍음으로써 대의기관을 여론에 구속시키고자 하는 경향이 있다. 그러나 이러한 형태의 민주주의는 우리 헌법이 지향하는 대의제 민주주의가 아니다.

1) 특히 여론조사기술의 발달로 인하여, 여론조사는 오늘의 정치현실에서 단순히 국가기관이 참고하는 하나의 자료가 아니라, 국가의 정책결정에 있어서 점차 국민투표적 성격을 띠고 있다. 이로써 매 사안마다 실시되는 구체적 여론

Ⅲ. 대의제를 실현하기 위한 본질적 요건

사례 | 국회의원의 임기연장을 위한 헌법개정

국회의원 甲은 국회의원 직무의 전문성을 높이고 4년마다 선거가 실시되는 경우에 소요되는 비용을 절감하기 위하여 차기국회부터는 국회의원의 임기를 현재의 4년에서 10년으로 늘리는 내용의 헌법개정안("제42조 국회의원의 임기는 10년으로 한다.")을 소속 교섭단체에 제출하려고 한다. 위 헌법개정안의 헌법적 문제점은 무엇인가?

1. 대의제 실현의 필수적 요건으로서 정당간의 경쟁원칙

대의제 민주주의에서 국가권력의 주체와 국가권력을 행사하는 자는 일치하지 않는다. 국민은 선거와 국민투표 외에는 국가권력을 직접 행사하지 아니하고, 국가권력은 국민에 의하여 선출된 대의기관이 직접 행사한다. 국가기관은 자유위임을 바탕으로 국민의 지시나 위임을 받지 않는다. 대의제의 본질에 속하는 것이 바로 국민으로부터 국가권력의 행사를 위임받은 대의기관의 독립성(자유위임)이다.

대의제 민주주의의 핵심적인 헌법적 문제는, 대의기관이 자유위임으로 인하여 국민의사로부터 완전히 유리되고 독자화(獨自化) 하는 것을 어떻게 방지하고, 대의기관으로 하여금 임기 중 국민의사를 어떻게 고려하도록 할 것인지의 문제이다. 헌법은 대의제의 이러한 딜레마를 '정권을 획득하기 위하여 선거에서 다수의 정당이 경쟁하는 원칙'을 통하여 해결하고 있다. 선거에서 승리한 정당이 정권을 획득하여 자신의 정책을 실현할 수 있고 선거에 승리하기 위해서는 국민의 의사를 고려해야 하기 때문에, 적정한 주기로 실시되는 선거가 정당과 대의기관에 대하여 국민의 의사를 고려해야 하는 강제로 작용한다. 대의제에서 국민의 직접적인 결정권한이 지극히 제한되어 있음에도 불구하고, 대의기관을 국가권력의 주체인 국민의 의사에 구속시키는 것은 바로 정당간의 경쟁원칙이다.

따라서 대의제가 실현되기 위해서는 그 필수적 전제조건으로 국가권력을 한시적으로 위임받으려는 경쟁자간의 경쟁원칙이 기능해야 한다. 경쟁원칙이 기능하는지의 여부는 몇 가지 조건에 달려있는데, 이러한 조건이 바로 대의제를 실현하기 위한 본질적 요건에 속한다. 뿐만 아니라, 대의제가 기능하기 위하여 불가결한 이와 같은 요소는 '자유민주적 기본질서' 중에서 '민주주의'와 관련된 헌법개정의 한계라 할 수 있다.

2. 민주적 선거원칙에 따라 적정한 週期로 실시되는 선거

가. 대의제 민주주의의 핵심으로서 선거

헌법은 주기적으로 실시되는 선거에 결정적인 기능을 부여한다. 선거는 대의제 민주주의의 핵심이다. 선거는 대의제를 실현하기 위한 불가결한 요소로서, 선거 없는 대의제도 없다. 선거는 국민의 대표자를 선

조사의 결과는 국가기관에게 저항하기 어려운 사실상의 강제로 작용함으로써, 한국과 같이 대의제가 제대로 자리 잡지 못한 정치적 후진국에서는 대의제를 위협하는 요소가 될 수 있다.

출하여 대의기관을 구성하고 민주적 정당성을 부여하는 기능을 한다. 선거에 의하여 국가권력을 위임받은 국가기관은 국가의사를 결정할 권한을 가지며, 국가기관의 결정은 구속력을 가진다.

나. 선거의 적정한 주기

나아가, 선거는 적정한 주기로 실시되어야 한다. 선거의 週期性은 대의민주제에서 불가결한 조건이다. 주기적으로 실시되는 선거에 의하여 대의기관이 교체될 수 있을 때에만 선거는 대의제에서 민주적 정당성을 부여하는 본래의 기능을 하게 된다. 국민이 선출된 기관에 대하여 일정한 주기로 심판할 수 있도록, 대의기관의 임기는 시간적으로 제한되어야 한다(선거의 주기성 및 국가권력의 한시적 위임). 이러한 경우에만 선거는 대의기관으로 하여금 국민의 의사를 고려하게 하는 기능을 이행할 수 있고, 국가권력을 위임받은 대의기관이 국민으로부터 독자화(獨自化)하는 것을 방지할 수 있다. '적정한 선거주기'의 중요성이 강조되는 것도 이 때문이다. 선거를 통한 주기적인 국민의 심판과 그에 따른 정권교체의 가능성 때문에, 국가권력의 행사를 위임받은 국가기관은 임기 중 가능하면 국민의 의사에 부합하는 정치를 하려고 노력하게 된다.

물론, 민주주의원리로부터 특정한 선거 주기를 유일하게 타당한 것으로 도출할 수 없으나, 과도하게 장기의 선거 주기는, 적정한 주기로 국민으로부터 국가권력행사의 민주적 정당성을 새롭게 획득해야 한다는 대의제의 본질에 반한다. 따라서 선거의 주기가 헌법개정을 통하여 어느 정도 연장될 수는 있으나, 이를 과도하게 장기로 정하는 것은 허용되는 헌법개정의 한계를 넘는 것이다.

다. 민주적 선거원칙

또한, 선거가 국민의 의사를 제대로 반영할 수 있도록 민주적 선거원칙인 보통·평등·자유·직접·비밀선거원칙에 따라 실시되어야 한다.[1] 민주적 선거원칙은, 국가권력의 지배를 받는 모든 국민이(보통선거) 스스로(직접선거) 동등하게(평등선거) 정치적 결정권을 타인에 의하여 방해받지 않고 자유롭게(자유 및 비밀선거) 행사할 수 있어야 한다는 것을 요청함으로써, 정치적 지배의 정당성을 부여하는 선거의 기능을 보장하고 궁극적으로 대의제에서 국민주권원리를 실현하기 위한 필수적 조건을 규정하고 있다.

3. 정당설립의 자유, 복수정당제의 보장 및 정당간의 기회균등

정당간의 경쟁원칙이 기능하기 위해서는 경쟁에 누구나 자유롭게 참여할 수 있도록 진입 장벽이 철폐되어야 하고, 나아가 경쟁에 참여한 자에게는 동등한 기회가 보장되어야 한다.

즉, 누구나 자유롭게 정당을 설립할 수 있어야 하고 그 법적 산물인 복수정당제는 헌법적으로 보장되어야 한다.[2] 국민에게 다양한 선택의 가능성이 주어진 경우에만 국민은 선거를 통하여 정권을 교체할 수 있고, 이로써 선거는 대의제에서 그 기능을 이행할 수 있으므로, 다양한 정강과 정책을 표방하는 복수의 정당, 최소한 2개 이상의 정당이 존재해야 한다. 따라서 정당설립의 자유와 복수정당제는 대의민주주의가 기능하기 위한 불가결한 요소로 간주된다.

뿐만 아니라, 경쟁에 참여한 정당간의 기회균등이 보장되어야 한다. 경쟁에서 정당의 기회균등은

---

1) 헌법 제41조 제1항(국회의원선거), 제67조 제1항(대통령선거) 참조.
2) 헌법 제8조 제1항(정당의 자유 및 복수정당제의 보장) 참조.

그에 대응하는 국가의 의무로서 국가의 중립의무를 요청한다. 국가는 서로 경쟁하는 정당에 대하여 중립적이어야 하며, 정당간의 경쟁에 영향력을 행사함으로써 경쟁을 왜곡해서는 안 된다.

4. 다수결원리와 소수의 보호

민주주의는 의사결정방식에 있어서 다수결원리에 기초하고 있다. 민주주의에서 다수에 의한 의결은 불가피하고, 소수는 그에 승복해야 한다. 그러나 소수는 결정과정에서 그의 의견을 진술하고 영향을 행사할 수 있는 현실적 기회를 가져야 한다. 소수의 권리를 보장하는 것과 마찬가지로 중요한 것은, 다수결원리가 유지되는 것이다. 민주적 공동체가 다수결원리에 따라 결정을 내리고 이를 관철하는 것은 민주주의의 유지를 위하여 야당의 존속·활동과 마찬가지로 중요하다.

가. 다수결의 원리

(1) 다수의 권리로서 다수결원리

민주주의에서 모든 국민은 정치적 다수의 지배를 받는다. 다수의 결정이 다수에 의하여 압도당한 소수에 대해서도 구속력을 가진다는 점에서, 다수결원리는 모든 국민에 대하여 구속력 있는 결정을 내리는 '다수의 권리'를 의미한다.

(2) 국민의 자기결정과 정치적 평등의 필연적 결과

민주주의에서 다수결원리는 자기결정의 원리와 민주적 평등의 원리에 의하여 정당화된다. 자신이 내린 결정에 구속을 받는다는 '자기결정의 원리'와 자기결정권을 가진 자는 누구나 평등하게 공동체질서의 형성에 참여해야 한다는 '민주적 평등의 원리'로 인하여, 민주주의에서 결정방식은 필연적으로 다수결의 원리로 나타난다. 누구나 자기결정권을 가지고 있고 모든 국민에게 동등한 민주적 참여권이 인정된다면, 공동체질서의 형성에 관한 결정은 다수의 찬성을 필요로 한다. 모든 국민이 동등한 참여권, 즉 정치적으로 영향력을 행사할 수 있는 동등한 기회를 가진다면, 모든 정치적 견해는 그 비중과 가치에 있어서 동등하게 평가되어야 한다.

(3) 다수결의 불가피성

민주주의에서 다양한 견해 사이의 끊임없는 대립과 자유로운 논쟁은 그 자체로서 목표가 아니라, 공동체 구성원 모두에 대하여 구속력을 가지는 결정을 내리기 전에 가능하면 합의에 도달하고자 하는 시도이다. 집단적인 결정을 내리는 가장 이상적인 방법은, 당사자의 모든 이익을 고려하는 해결책이 보장될 수 있도록, 그리고 결정이 모든 당사자에 의하여 보다 잘 수용될 수 있도록, 협상과 타협을 통하여 의견의 일치를 보는 것이다. 그러나 결정과정에 참여하는 구성원의 수가 많을수록, 다양한 이해관계가 존재하고 결정의 대상이 복잡할수록, 모든 사람을 만족시키는 해결책을 찾는 것이 어려워진다. 이러한 경우, 다수의 의결을 통한 결정은 불가피하다. 다수가 결정을 내리기 전에 어느 정도로 합의에 도달하고자 시도하는지, 이러한 합의를 위하여 다수의 권리를 자제하는지는 민주적·정치적 문화의 문제이다.

(4) 다수결의 유형(의결정족수)

(가) 다수결이라고 하여 다 같은 것은 아니며, 헌법은 여러 형태의 다수결을 규정하고 있다. 헌법은 다수를 계산함에 있어서 근거가 되는 수에 따라 '재적인원' 또는 '출석인원'을 기준으로 삼아 규정할 수 있고, 표결의 경우 도달해야 하는 투표의 수에 따라 '과반수' 또는 '2/3 이상' 등 다양한 정족수

를 규정할 수 있다. 가부동수인 경우, 그 사안은 부결된다.[1]

일반적으로 다수결에 대한 구체적 요구는 '결정의 의미와 중요성'에 상응하게 된다. 우리헌법의 경우 다수결의 유형을 살펴보면, 재적의원 과반수의 출석과 출석의원 과반수의 찬성을 요구하는 국회의 의결(제49조), 재적의원 과반수의 출석과 출석의원 2/3 이상의 찬성을 요구하는 '법률안에 대한 대통령의 재의요구에 대한 의결'(제53조제4항), 국회재적의원 과반수의 찬성을 요구하는 '대통령 이외의 공무원에 대한 탄핵소추의결', 국회재적의원 2/3 이상의 찬성을 요구하는 의원제명(제64조제3항), 대통령에 대한 탄핵소추의결(제65조제2항), 헌법개정(제130조제1항) 등 다양한 형태의 다수결을 규정하고 있다.

(나) '가중된 다수(의결정족수)'의 요청은 '소수의 보호'와 결정대상 사안에 대한 '강화된 존속보장'에 기여한다. 가중된 다수가 요청되는 사안은 수시로 변화하는 '단순 다수'의 처분에서 벗어나 현재 상태의 보장으로 강화된다. 가중된 다수의 요건은 민주적 질서의 핵심적 내용이 문제되는 경우나 소수보호의 관점에서 정당화될 수 있다. 그러나 가중된 다수에 의하여 결정된다는 것은 이러한 결정이 보다 민주적인 결정이라는 것을 의미하지는 않는다.

(5) 다수결의 전제조건

소수가 다수결에 참여하여 다수의 결정에 따르는 것은, 지금은 비록 소수라 할지라도 다음 기회에 다수가 될 수 있는 가능성이 있다는 것을 확신하기 때문이다. 따라서 다수결원리는, 다수가 소수와 함께 정권을 획득하기 위하여 경쟁하고 소수가 다수가 될 수 있는 '동등한 기회'를 가지고 있다는 것을 전제로 한다. 현재의 소수가 장래에 다수가 될 수 있는 이러한 조건이 확보되지 못한다면, 민주주의를 구성하는 원칙으로서 다수결원리는 그 존립근거를 상실한다. 그러므로 다수의 지배가 다수에 의하여 압도된 소수에 대해서도 정당성을 가지고 수인되기 위해서는, 소수가 다수가 될 수 있는 가능성의 헌법적 기초인 '정치적 권리의 평등'(국민과 정당의 정치적 평등)이 필수적으로 요청된다.

(6) 다수결의 한계
(가) 대의제의 실현을 위한 필수적 요건으로서 공정한 경쟁의 조건

민주주의는 다수의 절대주의가 아니다. 민주주의의 본질은 정치적 의사형성의 개방적 과정에 있다. 다수는 절대적 또는 최종적 진리임을 주장할 수 없고, 단지 언제든지 바뀔 수 있는 '순간의 우위'에 불과하다. 다수는 공정한 경쟁의 조건에 대해서는 임의로 결정하거나 처분할 수 없다는 점에 다수결의 한계가 있다. 즉, 공정한 경쟁의 조건은 다수결의 대상이 될 수 없다. 정당간의 경쟁원칙은 선거 후에도 경쟁관계가 유지될 것을 요청한다. 선거에서 승리하여 정권을 획득한 다수는 그의 권력적 지위를 그에게 유리하게 경쟁을 폐지하기 위하여 사용해서는 안 된다.

이러한 점에서 '정치적 참여권의 평등'과 '정치권력 획득에 있어서 동등한 기회의 보장'(정당간의 기회균등원칙)은 민주적 다수에 의하여 처분될 수 없는 영역이자 자유민주적 기본질서의 핵심적 요소에 속하는 것으로 헌법개정권력에 의해서도 폐지될 수 없는 원칙이다. 의회 야당의 허용여부는 헌법개정권자의 처분에 달려있지 않다는 의미에서, 야당의 자유의 위와 같은 핵심적 내용은 헌법개정의 한계이다.

---

1) 헌법 제49조 제2문은 다수결원리의 당연한 내용을 단지 확인하는 규정이다.

(나) 법치국가적 한계

위에서 살펴본 다수결의 한계가 다수결에 의하여 임의로 처분될 수 없는 '대상'에 관한 것이라면, 다수결은 그 '내용'에 있어서 민주적 다수에 의해서도 침해될 수 없는 헌법적 한계, 특히 법치국가적 한계를 가진다. 다수결도 국민의 기본권의 보호, 신뢰보호 등 법치국가적 구속을 받는다. 국민의 다수의사에 의해서도 침해될 수 없는 개인의 고유한 사적 영역이 존재한다는 인식을 바탕으로, '민주적 다수결의 산물'인 법률의 위헌여부를 심사하는 헌법재판제도가 도입되었다.

나. 소수의 보호

(1) 다수결원리와 소수의 보호의 관계

다수결원리와 소수의 보호는 밀접한 관계에 있다. 다수결에 대한 요구가 엄격할수록, 즉 의결정족수가 가중될수록 소수가 표결에 있어서 보다 영향력을 행사할 수 있기 때문에, 소수 보호의 효과가 있다. 예컨대, 헌법개정이나 대통령에 대한 탄핵소추의 의결에 대하여 국회재적의원 2/3 이상의 찬성을 요구하는 것은 이미 재적의원 1/3에 해당하는 '국회의 소수'가 헌법개정이나 대통령의 탄핵을 막을 수 있다는 것을 의미한다.

(2) 절차적 과정에서 소수의 영향력 확보

다수의 결정이 정당성을 가지고 소수를 구속하기 위해서는 다수결원리는 소수의 보호에 의하여 보완되어야 한다. 소수 보호의 핵심은 결정에 이르는 절차적 과정에서 소수의 영향력 확보에 있다. 절차적 영역에서 소수의 보호란 '공정한 절차의 보장'을 의미한다. 야당이나 소수에 속하는 집단은 결정과정에서 자신의 견해를 피력하고 결정과정에 영향력을 행사할 수 있는 가능성을 가져야 한다. 소수가 결정과정에 영향력을 행사할 수 있는 사실적 기회를 부여받는 경우에만, 소수는 다수의 결정에 승복할 수 있고, 다수의 결정은 실체적 정당성을 가질 수 있다. 이러한 점에서 다수결의 원리는 소수파의 출석과 토론을 당연한 전제로 한다.[1]

물론, 소수의 참여권과 통제권은 다수가 소수에 대하여 다수결의 형태로 자신의 의사를 관철하는 것을 막을 수는 없으나, 소수의 참여 하에서 이루어지는 공개적인 의사형성절차는 다수로 하여금 소수와의 논쟁에서 자신의 견해를 정당화하고 합리적 논거를 통하여 관철하도록 강제하는 효과가 있다.

5. 국민의사형성의 조건으로서 정치적 표현·활동의 자유의 보장

가. 국민과의 소통과정으로서 민주적 정당성

대의제에서 국민의사형성과 국가의사형성은 서로 구분되지만, 서로 단절된 것이 아니라 상호 영향을 미치는 관계에 있다. 민주주의는 정치적 지배의 정당성을 확보하기 위한 방법이고, 대의제 민주주의에서 민주적 정당성의 핵심은 선거에 있지만, 선거는 정치적 지배를 정당화하는 과정을 구성하

---

1) 제4편 제2장 제4절 II. 4. '정족수의 원리' 참조. 헌법재판소는 "의회민주주의의 기본원리의 하나인 다수결의 원리는 의사형성과정에서 소수파에게 토론에 참가하여 다수파의 견해를 비판하고 반대의견을 밝힐 수 있는 기회를 보장하여 다수파와 소수파가 공개적이고 합리적인 토론을 거쳐 다수의 의사로 결정한다는 데 그 정당성의 근거가 있는 것이다. 따라서 입법과정에서 소수파에게 출석할 기회조차 주지 않고 토론과정을 거치지 아니한 채 다수파만으로 단독 처리하는 것은 다수결의 원리에 의한 의사결정이라고 볼 수 없다."고 판시하고 있다(헌재 2010. 12. 28. 2008헌라7 등, 판례집 22-2하, 567, 588).

는 유일한 요소는 아니다. 민주주의란 '일단 구성되어 보유하고 있는 확립된 질서의 원칙'이라기보다는 '정치적 질서와 지배에 대한 비판과 수정의 요청'이다. 민주주의를 이와 같이 '국가의 정당성을 끊임없이 새롭게 획득해야 하는 과정'으로 이해한다면, 민주주의는 국가의사형성에 영향력을 행사하기 위하여 필수적인 정치적 표현의 기회를 국민에게 개방할 것을 요청한다. 대의제 민주주의에서 민주적 정당성의 부여를 '과정'으로서, 민주적 정당성을 '국민과의 소통과정'으로서 이해해야만, 민주국가에서 표현의 자유의 중요성 및 여론형성의 의미를 제대로 고려할 수 있다.

국민이 여론의 형성을 통하여 국가기관의 결정에 영향력을 행사하고 국민의 의사를 고려하는 대의정치를 가능하게 하기 위해서는, '정치적 과정의 투명성'과 '정치적 과정에 대한 국민의 참여 가능성'이 확보되어야 한다. 이는 정치적 과정이 국민에 대하여 얼마나 투명하게 이루어지는지 그리고 유권자가 선거 외에도 정치적 과정에 어느 정도로 참여할 수 있는지에 달려 있다.

나. 정치적 과정의 공개성과 투명성

우선, 국민은 정치적 의사형성을 위한 판단근거를 가져야 한다. 국가기관이나 정당이 제시하는 정책의 동기·목적·결과가 공개되는 정도에 비례하여, 국민에 의한 여론형성과 민주적 통제가 가능할 수 있다. 따라서 정치적 과정의 투명성을 최대한으로 확보하는 것이 중요하다. 이로부터 제기되는 요청이 대의기관 행위의 공개성이다. 특히 의회 회의의 공개원칙, 국민의 알권리, 정부의 대국민 홍보활동 등이 정치적 과정의 투명성을 확보하기 위한 수단으로 기여한다. 국가적 문제에 관한 공적 토론과 정치적으로 책임을 지는 자에 대한 효과적인 통제는 국민이 공적 사안에 관하여 본질적인 사실을 알고 있다는 것을 전제로 한다. 요컨대, 공적인 것은 공개되어야 하며, 모든 사람과 관련되는 것은 모든 사람이 알아야 하는 것이다. 국민의 의사소통의 자유(표현·집회·결사의 자유)와 밀접한 관계에 있는 것이 '국가생활의 공개원칙'이다.

다. 정치적 과정에 대한 국민의 참여 가능성

또한, 국민 누구나 국가의 간섭과 방해를 받지 아니하고 정치적 의사형성과정에 참여하는 것이 가능해야 하며, 이로써 자신의 견해와 이익을 정치적 의사형성과정에 진입시키는 것이 가능해야 한다. 모든 개인과 단체는 여론과 국가의사의 형성과정에 영향을 미치기 위하여 자신의 견해와 이익을 주장하고 관철할 수 있는 가능성을 가져야 한다. 여기에 자유민주적 질서에서 정치적 표현·활동의 자유를 보장하는 기본권의 중요성이 나타난다. 표현의 자유, 집회의 자유, 결사의 자유는 국가의 침해로부터 개인의 의사소통의 자유를 보호하고자 하는 자유권적 기본권일 뿐만 아니라 아래에서 위로 (개인·사회에서 국가권력으로) 이루어지는 정치적 의사형성을 가능하게 하는 민주적 참여권이다.[1]

6. 국가권력행사의 근거로서 민주적 정당성의 원칙

가. 국가권력을 행사하기 위한 필수적 요건으로서 민주적 정당성

민주적 정당성은 민주주의의 핵심적 개념에 속한다. 국가기관이 국가의 과제를 이행하고 국가권력을 행사하기 위해서는, 국민의 의사에서 유래하는 민주적 정당성을 필요로 한다. 국가기관이 민주적 정당성을 부여받는 경우에만, 국민이 국가기관을 통하여 국가권력을 행사한 것으로 간주되고, 이

---

1) 민주적 참여권에 관하여 또한, 제3편 제1장 제2절 III. 2. 다. '(3) 민주적 참여권' 참조.

로써 국가기관의 결정에 구속을 받는 것이 정당화된다.

민주적 정당성은 국민이 국가권력의 행사에 효과적으로 영향을 미칠 수 있는 가능성을 확보하고 자 하는 것이다. 민주적 정당성은 국가권력의 주체인 '국민'과 국가권력을 행사하는 '국가기관'을 연 결하는 고리로서, 국가권력이 실제로 국민으로부터 나오는 것을 보장한다. 모든 국가기관의 구성과 국가권력의 행사는 어떠한 형태로든 최종적으로 국민의 의사표시에 정당성의 근거를 두어야 한다. 민주적으로 정당화되어야 하는 국가권력행사의 대상은 그 행위형식과 관계없이 모든 국가행위이다.[1]

나. 민주적 정당성의 요청

(1) 헌법직접적인 기능적·제도적 민주적 정당성

헌법은 입법·행정·사법의 국가기관을 구성하여 각 독자적 기능을 부여하고 국가기관을 통하여 국가권력을 행사하도록 규정하고 있다(제3장 이하의 국가조직에 관한 부분). 이로써 헌법에 의하여 구성 된 '국가기관'의 행위는 헌법제정주체인 국민에 의하여 민주적으로 승인된 국가권력의 행사로서 인 정된다. 그러나 이러한 기능적·제도적 민주적 정당성이 이미 그 자체로서 개별공직자의 행위에 구 체적인 민주적 정당성을 부여하는 것은 아니다. 구체적인 민주적 정당성은 아래에서 살펴보는 바와 같이, 人的 측면과 事案的 측면의 민주적 정당성에 의하여 비로소 부여된다.

(2) 組織的·人的 민주적 정당성

인적 민주적 정당성은, 공직자가 선거에 의하여 직접 선출되거나 또는 국민에 의하여 선출된 국 가기관에 의하여 임명됨으로써 구체적으로 민주적 정당성을 부여받을 것을 요청한다. 인적인 정당성 은 곧 국민에 의한 또는 국민에 의하여 선출된 기관에 의한 '공직자의 개별적 임명의 원칙'이라 할 수 있다. 이로써 동시에 공직자가 소속된 국가기관이 민주적으로 정당화된다. 이러한 경우에만 국민 이 공직자 또는 국가기관을 통하여 국가권력을 행사하는 것으로 간주된다.

민주적 정당성을 부여받기 위하여 모든 국가기관이 국민에 의하여 직접 선출되고 구성될 필요는 없고, 직접 선출된 다른 국가기관으로부터 민주적 정당성을 중개 받을 수 있다면 그로 족하다.[2] 결 정적인 것은, 국가기관이 국민으로부터 유래하는 민주적 정당성의 사슬로 연결된다는 것이며, 민주 적으로 정당화되지 않은 국가기관이 중간에 삽입됨으로써 정당성의 사슬이 단절되어서는 안 된다는 것이다.

(3) 內容的·事案的 민주적 정당성

사안적 민주적 정당성은, 국가권력의 행사가 '그 내용에 있어서' 국민으로부터 유래할 것을 요청 한다. 국가행위의 민주적 정당성을 확보하기 위해서는 人的 민주적 정당성과 事案的 민주적 정당성 이 함께 작용해야 한다. 인적 정당성을 획득한 공직자가 국민의사로부터 독립하여 독자적인 국가권 력을 행사하는 것을 방지하기 위해서는, 동시에 '법률에의 구속'을 통하여 확보되는 사안적 정당성을

---

1) 국가권력의 행사는 국가에 귀속될 수 있는 모든 행위방식을 포괄한다. 국가권력의 행사가 공법적으로 또는 사법적 으로 이루어지는지, 직접적인 외부 효과를 가지는지, 국민의 기본권을 제한하는지, 국가·지방자치단체 또는 공법 상의 법인에 귀속되는지는 중요하지 않다.
2) 예컨대, 의원내각제의 국가에서 국민은 단지 의회만을 직접 선출하고, 선출된 의회가 내각을 구성하며, 다시 내각 이 행정관리와 법관을 임명함으로써 집행부와 사법부에 민주적 정당성을 부여하게 된다. 의원내각제에서 의회는 국민의 유일한 대표기관으로서 다른 국가기관에게 국가권력의 행사를 위하여 필수적인 민주적 정당성을 중개하는 역할을 한다. 의원내각제에서 민주적 정당성의 중개자로서 의회를 거치지 않는 정당성의 형태는 없다.

필요로 한다.

국민의 대표자인 의회가 국가공동체의 모든 중요한 문제를 '법률'의 형태로 결정하고 '법률'을 집행부와 사법부의 행위기준으로 제시함으로써, 집행부와 사법부의 국가행위를 그 내용에 있어서 조종하고 지배하게 된다. 따라서 집행부와 사법부가 법률의 구속을 받는다는 것은 국민주권의 관점에서 매우 중요한 의미를 가진다. '법률에의 구속'을 통하여 국가권력의 행사가 그 내용에 있어서도 국민으로부터 유래하는 것으로 간주되는 것이다. 집행부의 경우 법률에의 구속(법률에 의한 행정) 및 집행부의 위계질서적 구조와 소속공무원에 대한 행정각부 장의 지휘감독권을 통하여 집행부의 국가행위는 그 내용에 있어서 민주적 정당성을 확보하며, 사법부의 경우 법관의 법률에의 구속(헌법제103조)에 의하여 사법부의 국가행위는 내용적으로 민주적 정당성을 확보한다.

제 3 절 直接民主主義

Ⅰ. 개념 및 이념적 배경

1. 개   념

직접민주주의란, 국민이 국민투표의 방법으로 국가의사형성에 직접 참여하는 제도, 국민이 스스로 국가의사를 결정함으로써 직접 통치하는 방법을 말한다.

직접민주주의를 옹호하는 견해(가령, 루소)는 '治者와 被治者의 同一性'을 정치공동체의 진정한 민주적 통치형태로 이해하여, 국민의 직접적인 자기지배가 민주주의의 원래 형태, 진정한 민주주의라고 주장한다. 이러한 견해에 의하면, 직접민주주의는 모든 국민의 직접적인 정치적 참여를 통하여 타인의 지배를 극복하고 최소화해야 한다는 요청을 의미하므로, 대의제 민주주의의 모든 형태는 직접민주주의에 대하여 열등한 것, 결함이 있는 것, '제2의 길'로 간주되며, 단지 현대의 거대국가의 현실적 상황에 의하여 정당화되는 통치형태로 이해된다.

그러나 직접민주주의는 여러 가지 이유로 비현실적일 뿐만 아니라 국민의 자기통치의 형태로서 부적합하다. 대의제는 직접민주주의에 대하여 열등한 통치형태가 아니라 국민자치로서 민주주의의 필연적 기본형태이다. 통치형태로서 민주주의는 순수한 직접민주주의의 형태로는 불가능하다. 민주주의가 정치적 지배, 통치조직의 형태라면, 민주주의는 반드시 하나의 결정단위·작용단위를 형성해야 하고 정치적 의사를 통일하는 체제를 갖추어야 한다. 이는 대의기관 없이는 불가능하다는 것을 의미하며, 대의기관은 국가공동체를 비롯하여 모든 정치적 행위단위에 있어서 필수적이다.[1] 이미 국가과제의 효율적인 처리라는 실용적인 관점에서도 대의제는 불가피하다. 국가의 과제가 복잡해지고

---

1) 직접민주주의의 국가로서 거론되는 스위스의 예를 보더라도, 스위스의 민주주의는 그 실상에 있어서 직접민주주의가 아니다. 오늘날 스위스 칸톤(Kanton)과 같은 소규모 정치적 공동체에서도 전체로서 시민은 단지 국가의 중요한 사안만을 다루고, 공동체의 일상적인 사무는 공동체의 대표자에게 위임된다. 또한, 공동체의 대표자는 시민 전체의 결정(국민투표)을 준비하는 작업을 한다. 스위스의 '국민투표 민주주의'(Referendumsdemokratie)는 필연적으로 대의제를 전제로 하며, 대의제는 스위스 국민투표 민주주의의 근간을 이루고 있다. 스위스의 민주주의는 단지 대의제 민주주의의 변형일 뿐이다.

그에 따라 법질서가 방대해질수록, 국민은 전체로서 국가사무의 처리에 직접 참여할 수 없다. 현대국가에서 과제의 복잡성은 국가과제의 분업적 처리를 불가피한 것으로 만든다.

2. 이념적 배경

가. 국민의 自己統治 思想

직접민주주의는 루소(Rousseau, 1712-1778)의 국가이론에 그 이론적 바탕을 두고 있다. 국가이론적인 측면에서 루소의 위대한 업적은, 오늘날 서구 민주주의의 기반을 이루는 '국민의 자기통치' 사상의 출현에 결정적으로 기여하였다는 것에 있다. 루소가 국가이론을 확립하였을 당시의 상황이란, 국민이 절대군주의 폭정에서 벗어나 스스로 정치적 지배를 담당해야 한다는 갈망과 인식이 팽배해 있는 상황이었다. 루소가 민주주의이론을 구상한 첫 번째 인물도 아니었고 그의 사상이 모순과 결함으로부터 자유로운 것도 아니었지만, 루소는 '국민의 자기결정의 사고'가 무르익은 시점에서 이러한 사상을 이론적으로 체계화함으로써 동시대 인간에게 엄청난 반향을 불러일으켰다. 이로써 루소는 민주주의의 가장 중요한 선구자이자 국민주권이론의 위대한 사상가가 되었다.

루소는 절대적 군주제를 옹호하는 보댕과 홉스와 마찬가지로 질서와 안녕을 확보하는 '국가의 필요성'을 인정하였고, 나아가 강력한 국가만이 개인의 자유를 보장할 수 있기 때문에 '강력한 국가'의 필요성을 역설하였다. 그러나 루소는 보댕과 홉스와는 달리, 국가의 통치를 국민으로부터 분리된 지배자에게 맡기는 것이 아니라 국민이 스스로 통치를 담당하여 모든 자의적인 폭력지배를 종식시키고 불가능하게 해야 한다고 주장하였다. 절대군주제에서 국가에 대한 이해가 "짐이 국가이다."라는 상징적 표현으로 압축된다면, 민주주의에서 국가에 대한 이해는 "우리가 국가이다."라는 표현으로 압축된다.

나. 治者와 被治者의 同一性

루소는 그의 주저인 '사회계약론'(Contrat social, 1762)에서 '시민은 사회공동체의 중요결정에 스스로 참여하였기 때문에 국가권력의 구속을 받는 것이다. 시민이 사전에 동의한 법률에만 복종해야 한다면, 그는 제3자가 아니라 자기 자신에 대해서만 복종하는 것이다. 여기에 치자와 피치자의 동일성이 있다.'고 서술하였다.

루소의 민주주의는 필연적으로 직접민주주의이며, 직접민주주의만이 그에게는 진정한 민주주의이다. 루소의 직접민주주의이념은 치자와 피치자의 구별을 부인하는 이른바 '同一性 이론'에 입각하여 주권자인 국민이 직접 모든 정치적 문제에 관하여 결정을 내리는 것만이 민주주의의 실현이고, 대의제도는 민주주의의 약화를 뜻한다고 한다.[1] 물론, 루소도 인식한 바와 같이, 이는 전체 시민이 모일 수 있는 매우 작은 도시국가에서만 가능하다.[2] 치자와 피치자의 동일성의 사고는 공동체의 의

---

[1] 루소는 사회계약론에서 '경험적·가시적 국민의사'(경험적으로 조사되거나 인식된 국민의 의사, 예컨대 국민투표나 여론조사의 결과 등을 통하여 표현된 국민의사)와 '추정적 국민의사'(객관적으로 추정되는 국민의 진정한 의사)가 항상 일치한다는 전제 아래 국민의 총의를 중요시하여 직접민주주의의 통치형태를 찬양하였다.

[2] 루소의 사고체계는 몇 개의 전제에서 출발하고 있다. 하나는 '인간학적 전제'인데, 루소의 인간상은 홉스와는 정반대로 선천적으로 선하고 이해력이 있는 인간, 그러나 문명에 의하여 사후적으로 타락한 인간이다. 천성적으로 선하고 이해력이 있는 평균적인 시민은 공동체의 이익을 인식하고 이에 상응하는 법률을 스스로 제정할 능력을 가진 인간이다. 또 다른 전제는 '사회학적 전제'이다. 루소의 이론은 그의 고향도시 '제네바'를 모델로 삼고 있다. 제네바의 사회적 환경이란 상대적으로 공동체 구성원간의 이해관계의 충돌이 없고 신분에 있어서 일원적으로 시민계급으

사가 대표자의 중간 개입이 없이 직접 개별 국민의 의사로부터 형성될 것을 요청한다. 따라서 루소는 개인과 개인을 연결하는 역할을 담당하는 중개적인 단체(특히 정당과 이익단체)의 형성에 반대하였다. 시민 개개인이 상호연관성이 없이 타인으로부터 완전히 독립적인 하나의 '原子'로서 존재하고 이러한 시민 전체가 함께 작용함으로써 정치적 의사가 형성된다는 의미에서, 루소의 민주주의 모델은 '原子的 民主主義'라 할 수 있다. 이러한 민주주의에서 정당이나 이익단체는 당연히 일반의지의 형성, 이로써 공익의 의미에서 타당한 것을 발견하는 과정을 방해하는 요소로 간주된다.

다. 절대적 민주주의이론

결과적으로, 루소는 절대적 군주제에 대한 반동으로서 '절대적 민주주의' 이론을 확립하였다. 여기서 '절대적'이란, 절대군주제에서와 마찬가지로 국가권력이 법적 구속을 받지 않으며 모든 것을 결정의 대상으로 삼을 수 있다는 것, 즉 국가권력의 한계가 존재하지 않는다는 것을 의미한다. 루소는 보댕이나 홉스와는 달리, 무제한적인 국가권력을 국민 위에 군림하는 군주가 아니라 국민 스스로에게 부여하고자 하였다는 것에 차이가 있다. 루소는 이러한 방법으로 국가권력의 남용이 방지될 수 있다고 확신하였다. 그러나 루소의 극단적 민주주의이론은 정치현실에서 민주적 독재로 변질될 위험성을 내포하고 있다. 절대적 민주주의는 프랑스 혁명 당시 급진적 공화파인 자코뱅(Jakobin) 당의 공포정치에서 명백히 드러난 바와 같이, 절대군주제에 못지않은 결함과 폐해를 가져왔다.[1] 자코뱅 당의 공포정치는 권력남용에 대한 안전장치를 완전히 결여한 루소의 민주주의 모델이 전체주의적 공포정치로 변질될 수 있음을 보여주고 있다.

Ⅱ. 직접민주주의의 실현수단[2]

국민투표제도에 관한 일반적인 이해를 돕기 위하여 보편적으로 형성된 '국민투표의 유형'을 살펴볼 필요가 있다. 직접민주주의를 실현하는 제도적 수단인 국민투표(Volksabstimmung)는 시대와 장소에 따라 다양하게 운용되어 왔으나, 그 목적과 대상에 따라 다음과 같이 분류해 볼 수 있다.

1. 國民發案

국민발안(Volksbegehren, Volksinitiativ)이란, 국민(일정수의 유권자)이 중요한 정책이나 법안에 관하여 국민투표의 실시를 직접 제안할 수 있는 제도를 말한다. 이로써 국민이 직접 국민투표의 실시여부와 대상을 결정한다. 국민발안의 대상은 일반적으로 법률안이다. 법률안이 국민발안의 대상이 되는 경우, 국민은 법률안 제출권의 형태로써 입법절차에 참여하게 된다.

로 구성된 구조를 가진 조감할 수 있는 공동체이다. 루소 스스로 명시적으로 이를 지적한 바와 같이, 그의 국가모델은 신분과 재산에 있어서 거의 완벽한 평등을 요구한다.

1) 프랑스혁명 당시 자코뱅 당의 지도자인 로베스삐에르(Robespierre, 1758-1794)는 루소를 프랑스혁명의 정신적 지주로, 루소의 사회계약론을 프랑스혁명의 교과서적 지침으로 삼았으며, 명시적으로 루소의 이론을 인용하였다.

2) 한국헌법에서 국민투표의 가능성에 관하여 전반적으로 한수웅, 대통령 再信任 國民投票의 위헌 여부 - 헌법 제72조의 규범적 해석을 중심으로 -, 인권과 정의, 2004. 5. 104면 이하 참조.

2. 國民票決

국민표결(Volksentscheid)이란 본래의 의미의 국민투표로서, 국민이 중요한 정책이나 법안에 관하여 국민투표로써 직접 결정하는 제도이다. 국민발안이 일반적으로 입법을 위한 국민의 법률안 제출권의 성격을 가지고 있다면, 국민투표는 법률안이나 정책에 대한 국민의 표결이다. 이러한 국민표결에는 여러 가지 방법을 통하여, 즉 일정 정족수를 충족시킨 국민발안에 의하여 또는 국가기관의 발의(예컨대, 헌법 제72조의 대통령의 부의권 행사)에 의하여 아니면 입법기관의 의결 후 법률안을 국민투표에 붙이는 방법에 의하여(예컨대, 헌법 제130조의 헌법개정) 이르게 된다. 법률안이 국민표결에 의하여 채택되면 그 효과는 의회입법과 동일한 효력을 가진다.

프랑스의 경우, 헌정사의 독특한 경험으로 말미암아 국민표결을 레퍼렌덤(Referendum)과 플레비시트(Plebiscite)로 구분하고 있으나, 다른 나라의 경우에는 일반적으로 양자를 구분하지 아니하고 같은 의미로 혼용하고 있다. 국민표결을 위와 같이 구분하는 경우에도 그 구분의 기준이 모호하다. 그러나 일반적으로 의회에 의하여 의결된 법률안이나 헌법개정안에 관하여 국민이 직접 결정하는 형태를 '레퍼렌덤'이라고 하는 반면, 통치자에 대한 신임을 그 대상으로 하거나 신임여부와 연계하여 실시되는 어떠한 사항이나 정책에 대한 국민투표를 '플레비시트'라 한다.

3. 國民質疑

국민질의(Volksbefragung)란, 국가가 특정 사안에 관하여 국민에게 의견을 묻는 제도를 말한다. 국민질의는 諮問的 국민투표라고도 한다. 국민투표와는 달리, 법적 구속력이 없으나 강력한 정치적 압력을 의미하게 된다. 국민질의가 법적 구속력이 없다는 점에서는 여론조사와 유사하지만, 여론조사를 실시하는 주체가 개인이나 단체 등 私人인 반면, 국민질의는 국가의 주도 하에서 실시된다. 선거나 국민투표에 적용되는 일반 원칙인 보통·평등·직접·비밀선거의 원칙도 마찬가지로 국민질의에 대하여 적용된다.

4. 國民召還

국민소환이란, 국민의 청원에 의하여 임기 중에 있는 선출직 공직자에 대하여 그 해임을 국민투표에 회부하는 제도를 말한다.[1]

Ⅲ. 직접민주주의의 문제점

오늘날 현대국가에서는 국가과제의 확대 및 다양성, 결정사안의 전문성·복잡성, 국민투표의 형식으로 국가의 과제를 이행하는 한계 등 이미 현실적인 이유로 인하여 대의민주제만이 국민주권의

1) 헌재 2009. 3. 26. 2007헌마843(주민소환투표), 판례집 21-1상, 651, 671; 헌재 2011. 3. 31. 2008헌마355(주민소환투표), 공보 제174호, 606, [주민소환투표의 청구시 주민소환의 청구사유를 명시하지 아니하고 주민소환 청구사유의 진위 여부에 대한 확인을 규정하지 아니하고 있는 '주민소환에 관한 법률' 조항이 자치구의회의원의 공무담임권을 침해하는지 여부(소극)] "대의민주주의 아래에서 대표자에 대한 선출과 신임은 선거의 형태로 이루어지는 것이 바람직하고, 주민소환은 대표자에 대한 신임을 묻는 것으로서 그 속성은 재선거와 다를 바 없으므로 선거와 마찬가지로 그 사유를 묻지 않는 것이 제도의 취지에 부합한다."

실현방법으로서 고려될 수 있을 뿐이다. 따라서 문제는 대의제를 직접민주주의로 대체할 것인지의 문제가 아니라, 대의제가 직접민주주의적 요소에 의하여 부분적으로 보완되어야 하는 것인지에 관한 것이다.[1] 그러나 대부분의 국가에서는 직접민주주의적 요소의 도입에 대하여 소극적인데, 그 이유는 다음과 같은 국민투표의 문제점에 기인한다.

1. 국가의사의 직접적 결정주체로서 국민의 不適合性

오늘날 인터넷 등 통신매체의 발달로 인하여 직접민주주의를 현실화하는 것이 기술적으로 가능하다. 따라서 전 국민이 한 자리에 모여서 상의·결정할 수 없다는 논거는 그 기반을 상실하였다고 볼 수 있다.

가. 국민투표대상의 전문성과 복잡성

오늘날 국민투표의 대상이 되는 국가정책이 사안의 전문성과 복잡성으로 인하여 대부분 고도의 전문지식을 요구한다. 그러나 많은 국민이 정치적으로 무관심하고, 설사 관심이 있다 하더라도, 결정에 필요한 지식을 습득하고 다른 국가목표나 국가정책과의 연관관계를 조감하여 국가정책에 대하여 스스로의 판단을 형성하기에는 현실적으로 어려움이 있다. 모든 국민이 결정을 하기 위하여 필요한 최소한의 수고를 감수할 자세와 능력을 가지는 경우에만 국민투표는 최소한의 질적 수준을 보장할 수 있다.

이러한 점에서, 국민 전체가 판단할 수 있는 사안이 국민투표의 대상이 될 수 있다는 것에 국민에 의한 입법의 한계가 있다. 일반적으로, 전문적 판단이 아니라 사회윤리적 평가에 그 중점에 있는 문제(가령, 사형제의 폐지 등)가 국민투표의 대상으로서 고려된다. 그러나 이러한 문제에 있어서도 국민의 의견이 사안에 대한 이해가 아니라 통제되지 않은 감정에 의하여 결정될 위험이 있다.

뿐만 아니라, 국민투표가 실시되기 전에는 그 대상에 관하여 충분한 사전적 논의가 필연적으로 선행되어야 하고 국민투표의 실시를 위한 절차적 준비기간을 필요로 하므로, 긴급한 조치에 대한 결정이 지연될 위험이 있다.

나. 감정과 이해관계에 따른 결정의 위험성

국민투표의 경우, 국민의 편견, 격정, 파당적 이해관계가 아무런 여과 없이 그대로 투표결과에 반영되어 국가의사를 결정하게 된다.[2] 개인은 표결행위에 있어서 자신의 이익을 기준으로 삼아 판단할 가능성이 크다. 국민이 선거를 통하여 대표자를 선출하는 경우, 즉 인물에 대한 결정을 하는 경우에는 개인적 이익이 직접적으로 작용하지 않지만, 구체적 사안에 관하여 결정하는 경우에는 자신의 이해관계에 따라 이기적으로 결정할 위험이 상대적으로 크다. 직접민주주의의 문제점은 바로 대립하는 다양한 이익간의 타협과 조정의 과정이 생략된다는 점이다. 그에 따라 국민이 직접 국민투표의 형태로 국가의사를 결정하는 것은 국민 전체를 위한 일반이익에 반하는 의사결정의 위험성, 불합리하며

---

1) 대의민주제에 대하여 불만을 가지는 중요한 이유는, 대의기관에 의하여 내려진 중요한 정치적 결정을 차기 선거까지 구속력 있는 것으로 인정하고자 하는 자세가 감소하였기 때문이다.
2) 가령, 잔인무도한 살인사건이 발생한 직후, '사형제도의 폐지여부'에 관하여 국민투표가 실시된다면, 사형제도의 폐지를 반대하는 투표결과에 이를 개연성이 매우 높다. 그러나 형사재판에서 오판으로 인하여 무고한 사람이 사형집행을 당한 사실이 밝혀진 직후에 실시되는 국민투표의 경우, 사형제도의 폐지를 찬성하는 결과에 이를 가능성이 많다. 아동 성폭행사건이 보도된 직후, 성범죄자에 대한 국민의 감정적 반응도 국민투표의 문제점을 보여주고 있다.

일관성이 없고 즉흥적인 결정의 위험성이 있다.[1)]

이에 대하여, 대의제에서 국민은 선거권의 행사를 통하여 선거일에 대의기관의 행위에 대하여 일괄적으로 결산하는 기회만을 가진다. 선거의 주기성으로 인하여 국민은 일상적인 정치적 사건과 선거일 사이에 냉각기간 또는 숙려기간을 가지게 된다. 이러한 방법으로 일상에 의하여 지배되는 국민의 감정적인 분위기로부터 어느 정도 거리를 확보할 수 있고, 이로써 여론을 조정하는 언론매체의 영향력과 소위 '通信 民主主義'('Telekratie')의 위험성을 어느 정도 억제할 수 있다.

다. 직접민주주의를 주도하는 세력의 정치적 영향력의 강화

직접민주주의는 결정의 주체인 국민의 지속적인 참여를 전제로 한다. 그러나 정치적 과정에 지속적으로 참여하고자 하는 국민의 자세는 일반적으로 존재하지 않는다. 오늘날 다원적 민주주의에서 모든 국민의 정치적 참여가능성이 개방되어 있음에도 모든 국민이 정치적 과정에 참여하는 것이 아니라 특정 집단과 이익단체만이 민주적 참여가능성을 활용한다는 것은 이미 확인된 사실에 속한다. 그 결과, 직접민주주의에서 일반국민의 이러한 참여의 부족은 적극적으로 참여하는 소수집단의 정치적 영향력과 권력적 지위를 강화하게 된다. 이로써 모든 국민이 동등한 기회를 가지고 정치적으로 참여할 가능성을 가진다는 점에서 외관상으로나 규범적으로는 직접민주적 성격을 가지지만, 정치적 현실에 있어서는 적극적인 소수가 정치적 영향력을 획득하여 정치적 의사형성을 주도함으로써 실질적으로 '직접민주주의의 허울을 쓴 대의제'가 형성되는 것이다.

국민투표도 국민발안을 조직하고 질문(국민투표안)을 제시하고 소위 '올바른 결정'을 위하여 투표운동을 하는 대표자를 전제로 한다. 그러므로 국민투표의 가능성이 확대됨에 따라, 직접민주주의를 조직하는 대표자의 영향력이 확대되고, 그 결과 국민의 선거에 의하여 선출된 대의기관의 영향력을 감소시킨다. 직접민주주의를 조직하는 이러한 대표자는 국민 전체의 대표자가 아니라 사회단체의 대표자로서 국민에 의하여 민주적 정당성을 부여받지 않은 스스로 임명한 대표자이며, 대부분의 경우 민주주의자라기보다는 선동가이다. 직접민주주의에서는 국민투표를 제안한 자에 의한 대중의 선동과 여론조작의 위험이 있다.

2. 결정수단으로서 국민투표의 문제점

가. 설문작성 및 答辯形式의 국민의사표시의 한계

국민투표의 경우, 국민은 외부(국가기관이나 국민발안을 주도하는 사회집단)로부터 국민투표의 대상인 질문을 제시받는다. 국민투표는 외부로부터의 질문제시에 대하여 답변하는 형식으로 이루어진다. 국민은 외부에서 제시한 질문을 국민투표로써 수용하거나 거부하는 형태로 자신의 의사를 표현하게 되므로, 국민의사는 필연적으로 답변의 성격을 가진다.

질문의 내용과 작성에 대해서는 국민은 영향력을 행사할 수 없고, 단지 제시된 질문(국민투표안)에 대하여 '네' 또는 '아니오'의 형태로 찬성·반대의 의사표시를 할 수 있을 뿐이다. 전문성과 복잡

---

1) 대의제에서 국민의 대표자가 공익실현의무의 구속을 받음으로써 부분이익을 후퇴시키고 공익을 실현해야 하는 것과는 대조적으로, 국민투표를 하는 국민은 이러한 구속을 전혀 받지 않는다. 또한, 대표자가 한 번 내린 결정을 수정하고자 하는 경우에는 국민이 납득할 수 있도록 그 근거를 대고 자신의 행위를 정당화해야 하지만, 국민은 자신의 결정의 변화를 정당화할 필요가 없으므로, 상황에 따라 변하는 분위기를 따를 위험이 있다.

성을 가진 사안에 대하여는 '설문작성의 한계'가 있고, 국민투표가 항상 찬성과 반대 이외의 다른 의 사표시를 할 수 없다는 점에서 국민투표제 자체의 한계가 있다. 이러한 한계로 말미암아, 국민투표의 실시 후에는 투표의 결과가 다양한 의미로 해석됨으로써 정치적 평화를 저해하는 새로운 요인으로 등장할 위험이 있다. 나아가, 오늘날 현대국가에서 국가과제의 확대와 사안의 전문성·복잡성으로 인하여 국가의 모든 과제에 대하여 국민투표를 실시하는 것은 불가능하다.

나. 설문작성에 의하여 국민의 결정이 선결되는 효과

국민이 직접 국민투표로써 국가의 중요한 사안을 결정한다 하더라도, 근본적인 결정이 이미 설문 작성의 단계에서 내려질 위험이 있다. 교묘한 설문작성을 통하여 설문에 의하여 제시된 양자택일의 가능성이 단지 '표면상의 양자택일' 또는 '비본질적이고 불분명하고 불완전한 양자택일'이 될 수 있 다. 따라서 국민투표에서 누가 설문 작성의 권한을 가지는지의 문제는 결정적인 의미를 가진다. 국민 의 결정이 설문의 선택과 내용에 의하여 이미 유도되고 선결되기 때문에, 국민이 직접 결정한다는 의미가 반감된다.[1] 뿐만 아니라, 국민투표가 실시되는 구체적 시기와 상황도 국민투표의 결과에 큰 영향을 미친다. 그러므로 국민투표의 실시 여부, 시기, 구체적 부의사항, 설문내용 등을 결정하는 사 람은 국민투표의 결과에 대하여 큰 영향력을 행사할 수 있다.

3. 법치국가적 통제의 어려움

가. 순수한 직접민주주의에서 사법적 통제의 不在

대의제의 경우, 대의기관이 국가권력을 행사하는 것에 대하여 권력분립과 司法(특히, 헌법재판)에 의한 통제가 가능하다. 대의기관의 구성은 조직상의 권력분립제도, 이로써 법치국가적 권력통제를 가능하게 한다. 그러나 순수한 직접민주주의의 경우, 법치국가적 통제가 기능할 수 있는 구조조직이 결여되어 있다. 직접민주주의이념은 '정치권력의 不可分性'과 '국민의사의 절대성'을 내세워 대의제도 와 권력분립을 배척한다. 직접민주주의이념은 국민의 의사를 절대시하기 때문에, 국민에 의하여 행 사되는 국가권력의 무제한성과 절대성의 위험을 내포하고 있으며, 이로써 국민의 이름으로 무엇이든 할 수 있다는 의미에서 '민주적 전제'의 위험이 있다. 대의제에서 국가권력의 한계 및 대의기관의 법 적 구속을 인정하는 것과는 뚜렷한 대비를 이룬다.

나. 대의제에서 국민투표의 결과에 대한 사법적 통제의 한계

한편, 대의제를 원칙으로 하면서 국민투표적 요소를 부분적으로 수용하는 경우에도, 국민투표의 결과에 대한 사법적 통제에는 한계가 있다. 대의제에서 국민투표에 의하여 결정된 법률에 대한 규범 통제는 이론적으로는 가능하나, 국민투표에 의하여 확인된 현실적 국민의사가 사법기관에 대하여 사 실상의 강제로 작용하기 때문에, 실제로는 거의 불가능하다.

---

1) 국민발안의 경우에도 마찬가지이다. 물론, 이 경우 국민에게 제시되는 질문은 국가기관에 의하여 작성되는 것은 아 니다. 그러나 국민투표의 대상인 질문은 국민 전체로부터 나오는 것이 아니라 국민발안의 주도권을 쥐고 있는 집단 으로부터 나온다. 이미 국민발안의 가능성이 개인이나 집단에게 중요한 정치적·권력적 지위를 부여하고 있는 것이다.

Ⅳ. 한국 헌법에서 직접민주주의적 요소

1. 헌법상 규정된 국민투표

가. 헌법 제72조 및 제130조 제2항의 국민투표

헌법 제72조 및 제130조 제2항에서 '국가안위에 관한 중요정책'에 대한 국민투표와 '헌법개정안'에 대한 국민투표의 가능성을 규정하고 있다. 헌법 제72조는 국민투표의 실시여부를 대통령의 재량으로 한다는 점에서 '임의적' 국민투표이다. 반면에, 헌법 제130조 제2항의 국민투표는 그 실시가 필요적으로 요구된다는 점에서 '필수적' 국민투표이다.

나. 국민발안권의 배제

우리 헌법의 경우, 국민이 직접 국민투표를 제안할 권리(소위, 국민발안권)는 인정되지 않고, 다만 헌법상 권한을 부여받은 국가기관의 발의에 의하여(헌법 제72조의 경우 대통령의 발의에 의하여, 헌법 제130조의 경우 국회 또는 대통령의 발의 및 국회의 의결에 의하여) 국민투표를 실시할 수 있는 가능성만을 규정하고 있다. 헌법이 수용하고 있는 이와 같은 국민투표의 성격을 본다면, 헌법 제72조 및 제130조는 국민발안에 의한 국민투표의 가능성, 즉 국민이 스스로 국민투표의 실시여부를 결정하고 직접 국민투표의 대상을 결정할 수 있는 가능성을 배제하고, 단지 국가기관의 주도 하에서 국가기관이 확정한 대상(정책이나 헌법개정안)에 대하여 찬성이나 반대만을 표시할 수 있는 수동적·소극적인 제도를 의미한다. 이와 같은 형태의 국민투표는 대의제에 직접민주제를 가미하는 방법 중에서 가장 제약적인 형태라고 할 수 있다.

2. 헌법에 명시적으로 규정된 국민투표 외에도 국민투표가 허용되는지 여부

헌법이 스스로 규정한 국민투표의 가능성 외에도 다른 형태의 직접민주적 요소를 도입하는 것을 허용하는지, 즉 헌법의 개정 없이도 입법자가 입법을 통하여 국가적 차원에서 국민투표를 도입할 수 있는지의 문제가 제기된다.[1]

가. 국민주권주의의 헌법적 요청으로서 직접민주주의?

헌법 제1조의 국민주권원리는 그 자체로서 '국민에 의하여 가능하면 많은 국정 사안이 직접 결정될 것'을 요청하지 않는다. 국민주권원리는 대의제와 직접민주제 모두를 통하여 실현될 수 있고, 오히려 헌법은 국민주권주의의 실현방법으로서 권력분립적 대의제를 채택하여 직접민주적 요소를 지극히 예외적인 경우에 제한함으로써 정반대의 입장을 취하고 있다. 따라서 국민투표의 가능성은 국민주권주의나 민주주의원리와 같은 일반적 헌법적 원칙에 근거하여 인정될 수 없다.

나. 국민투표와 헌법유보의 원칙

국민은 선거와 국민투표를 통하여 국가의사형성에 참여하는 한, 국가권력을 직접 행사하는 '헌법기관'으로서 활동한다.[2] 국민도 헌법에 근거하여 선거나 국민투표의 형태로 헌법상 부과된 과제를

---

1) 지방자치의 차원에서는 입법자가 법률로써 직접민주적 요소를 도입할 수 있다는 것에 대하여 의문의 여지가 없다.
2) '헌법기관으로서 국민'에 관하여 제2편 제4장 제1절 Ⅱ. 2. 가. 참조.

이행하는 한, 시예에스(Abbé Sieyès)의 '헌법제정권력론'의 의미에서 '헌법에 의하여 형성된 권력'에 속한다. '형성된 권력'은 아무런 구속을 받지 않는 것이 아니라 단지 헌법에 근거하여 헌법규정에 따라 활동할 수 있다.

따라서 국민을 비롯한 모든 헌법기관의 권한은 이를 부여하는 헌법상의 수권규범이 있어야만 인정된다. 즉, 헌법기관의 권한에 관하여는 '헌법유보'가 적용되는 것이며, 국민이 헌법에 근거하여 헌법기관으로서 활동하는 한, 국민의 권한 또한 예외가 아니다. 국민은 국민투표를 통하여 국가권력을 직접 행사하게 되며, 국민투표는 국민에 의한 국가권력 행사방법의 하나로서 명시적인 헌법적 근거를 필요로 한다.[1] 헌법국가에서 헌법에 명시적으로 규정된 국가의사형성의 방법만이 허용되기 때문에, 국민에 의한 국가권력의 행사방법은 헌법에 의하여 직접 규율되어야 한다. 헌법상 국민의 권한규정은 국민에 대하여 구속력을 가지는 것으로, 헌법이 명시적으로 규정한 것 외에 국민은 국민투표권이나 국민발안권을 가질 수 없다.[2]

그러므로 국민은 대의기관에 부여된 헌법적 권한에 관하여 마음대로 처분할 수 없다. 민주적 헌법국가에서 국가권력이 국민으로부터 나오고 국민이 국가권력을 행사한다 하더라도, 국민은 단지 헌법에 의하여 부여받은 관할 및 권한만을 가지고 있고, 이러한 범위 내에서 헌법기관으로서 국가의사형성에 참여할 권한을 가진다. 헌법국가에서 국민은 헌법 위에 존재하는 것이 아니라, 헌법이 정한 바에 따라 자신의 주권을 행사할 수 있다. 국민이 자신의 권한을 헌법의 범위 내에서 행사해야 한다는 것은 국민이 헌법제정권력이나 헌법개정권력을 가지고 있다는 것과는 전혀 별개의 문제이다. 국민은 헌법을 제정하거나 개정할 수는 있으나, 일단 헌법이 확정된 이상, 헌법상 자신에게 부과된 과제의 이행에 있어서 그에 구속을 받는다.

헌법은 국민과 대의기관의 관계에 있어서 국가권력행사에 관한 헌법적 권한을 확정적으로 규정하고 있다. 국민이 국민투표의 형태로 결정할 권한을 확대하는 것은 다른 헌법기관인 의회와 행정부의 헌법적 권한을 축소하는 것과 동일한 의미를 가진다는 점에서, 헌법적 권한질서의 변형은 단지 헌법개정을 통해서만 가능하다. 국민이 주권자로서 헌법규정과 관계없이 자신의 권한을 마음껏 행사할 수 있다면, 이는 민주주의의 이름으로 대의제를 형해화하고 권력분립질서에 기초하는 법치국가를 폐지하는 것을 의미한다.

---

1) 마찬가지로, 국민의 선거권도 헌법상의 명시적인 근거를 필요로 한다. 국회의원이나 대통령을 선출하는 선거권은 헌법 제24조에 보장된 기본권인 선거권으로부터 직접 나오는 것이 아니라, 별도의 수권규범을 필요로 하고, 헌법 제41조(국회의원 선거권) 및 헌법 제67조(대통령 선거권)가 각 명시적으로 선거권을 부여하고 있다. 어느 누구도 헌법에 명시적으로 부여된 선거권 외에 입법을 통하여 다른 형태의 선거권을 도입할 수 있다고 주장할 수 없다.

2) 헌재 2004. 5. 14. 2004헌나1(대통령 노무현 탄핵), 판례집 16-1, 609, 650, "헌법은 명시적으로 규정된 국민투표 외에 다른 형태의 재신임 국민투표를 허용하지 않는다. 이는 주권자인 국민이 원하거나 또는 국민의 이름으로 실시하더라도 마찬가지이다. 국민은 선거와 국민투표를 통하여 국가권력을 직접 행사하게 되며, 국민투표는 국민에 의한 국가권력의 행사방법의 하나로서 명시적인 헌법적 근거를 필요로 한다. 따라서 국민투표의 가능성은 국민주권주의나 민주주의원칙과 같은 일반적인 헌법원칙에 근거하여 인정될 수 없으며, 헌법에 명문으로 규정되지 않는 한 허용되지 않는다."; 또한, 헌재 2005. 11. 24. 2005헌마579(행정중심복합도시 건설 특별법), 판례집 17-2, 481, 483, "특정의 국가정책에 대하여 다수의 국민들이 국민투표를 원하고 있음에도 불구하고 대통령이 이러한 희망과는 달리 국민투표에 회부하지 아니한다고 하여도 이를 헌법에 위반된다고 할 수 없고 국민에게 특정의 국가정책에 관하여 국민투표에 회부할 것을 요구할 권리가 인정된다고 할 수도 없다."

제 4 절   國民의 政治的 意思形成과 多元的 民主主義

I. 다원적 민주주의의 개념, 견해의 대립 및 헌법의 태도

1. 개   념

多元的 民主主義란, 다수의 정당과 이익단체가 국민과 국가 사이에서 정치적 의사결정과정의 매개체로 활동하는 민주주의를 말한다. 다원적 민주주의란, 견해와 이익의 정치적 다양성을 인정하는 민주주의, 특히 정당과 이익단체에 의하여 조직되고 형성되는 견해와 이익의 다양성을 인정하는 민주주의이다. 이러한 의미에서 자유민주주의는 필연적으로 多元的이다. 자유민주주의는 정치적 자유 및 사회단체의 자유로운 결성과 활동에 기초하고 있기 때문이다.

서구의 민주주의에서, 보통·평등선거원칙으로 표현되는 선거권의 민주화는 정당을 탄생케 하였고, 결사의 자유와 근로3권의 보장은 이익단체가 탄생하는 길을 열었다. 정당의 역사를 보면, 현대적 의미의 조직화된 정당은 시민계급의 정치적·사회적 우위를 극복하기 위한 도구로서 노동자계급에 의하여 설립되었다. 마찬가지로, 이익단체도 근로자의 조직에서 출발하였으며, 노동조합은 현대적 의미에서 최초의 이익단체이다. 근로자계급의 사회적 해방의 결과로서, 정당과 이익단체가 정치무대의 새로운 주역으로 등장하였다.

2. 다원적 민주주의에 관한 견해의 대립

다원적 민주주의에 관한 논쟁은, 정당과 이익단체가 민주주의에서 허용될 수 있는지에 관한 논란이다. 사회단체와 국가의 관계는 초기 헌법학의 주된 관심사 중의 하나였다. 이러한 논의의 초기에는 부분이익을 대변하고자 하는 사회단체는 정당한 이익조정을 저해하는 요인으로 이해되었고, 국가의 공익실현과 자주적 결정에 대한 위협적 요소로서 인식되었다.

가. 다원적 민주주의를 반대하는 견해는, 정당과 이익단체와 같이 부분이익을 대변하는 조직체가 국가의사형성에 영향을 미치는 것은 곧 국민 전체의 이익을 대변해야 할 의무를 지닌 국가의 붕괴와 공익의 포기를 의미하기 때문에, 정당과 이익단체의 존재의 정당성을 부인한다. 反多元主義的 사고에는 '사회의 비정치화가 국가의 정치적 권력행사의 조건이며 사회의 다원주의와 국가의 주권은 상호 배제하는 관계에 있다'는 인식이 바탕에 깔려있다. 즉, 국가의 내적 주권성은 공익실현의 능력에 있으며, 국가가 내적 주권성을 유지하기 위해서는 특수이익의 압력에 저항할 수 있어야 한다는 것이다. 이에 따라 국가의 주권성을 유지하기 위한 수단으로서 사회단체가 국가의사결정에 영향력을 행사하는 것을 금지시키고 단체의 기능을 단지 단체구성원에 대한 봉사기능으로 축소시켜야 한다고 주장한다.

나. 이에 대하여, 다원적 민주주의를 지지하는 견해는 정당간의 경쟁과 이익단체의 영향력의 정당성을 인정하고 다양한 사회세력간의 이익투쟁의 필요성을 강조한다.[1] 위 견해에 의하면, 오늘날의

---

1) 대표적으로 Ernst Fraenkel(1898-1975), Reformismus und Pluralismus, 1973; ders., Deutschland und die westlichen

다원적 사회에서 정당과 이익단체는 불가결한 것으로 오늘날의 정치현실에서 그 존재의 정당성을 더이상 부정할 수는 없고, 다만 이들을 어떻게 규제할 것인지, 그들의 작용의 한계를 어떻게 설정하고 권력의 남용을 방지할 것인지에 문제가 있다고 한다. 즉, 정당과 압력단체의 영향력을 어떻게 통제하여 공익실현을 위한 결정에 도달할 것인지가 문제라고 하는 견해이다.

3. 우리 헌법의 태도

헌법은 제8조에서 정당에 관한 조항을 도입함으로써 다원적 민주주의를 수용하고 있다. 특히 헌법 제8조 제2항은 "정당은 … 국민의 정치적 의사형성에 참여하는데 필요한 조직을 가져야 한다."고 하여, 정당의 목적이 국민의 정치적 의사형성과정에 참여하는데 있음을 밝히고 있다. 한편, 헌법은 사회단체에 대해서는 정당과는 달리 정치의사형성에 참여하는 과제를 명시적으로 부여하지 아니하고, 사회단체를 단지 기본권인 결사의 자유에 의하여 보호하고 있다. 그러나 헌법 제21조 제1항의 결사의 자유는 단체의 설립목적에 따라 활동할 단체의 권리를 보호함으로써, 사회단체가 정당과 국가에 대하여 정치적 영향력을 행사할 권리를 함께 보장한다.

헌법은 사회 내에 이익과 견해의 다양성이 존재한다는 것에서 출발하여, 이러한 다양성을 정당한 것으로 인정하고 보호하고 있다. 민주주의에서 정치적 과정은 정치적 기본권의 보장과 정당의 자유, 복수정당제의 보장을 통하여 다원적으로 형성된다. 정당과 사회단체는 사회의 다양성을 국가의 통일적 의사로 전환하는 과정에서 중요한 중간매체의 기능을 한다. 국가의 통일적 의사는 사회의 다양성 위에 존재하는 추상적인 공익이 아니라 절차적으로 사회의 다양성으로부터 나오는 것이다. 사회의 다양한 이익과 견해를 결집하고 사전에 조정하는 사회단체의 사전적 의사형성 없이는 민주주의의 정치적 과정은 제대로 이루어질 수 없다.

4. 사회적 법치국가에서 국가와 사회단체의 관계

오늘날의 사회적 법치국가에서 경제·사회의 모든 과정이 국가에 의하여 규율되고 조정된다는 의미에서, 국가와 사회의 관계는 근본적인 변화를 가져왔다. 국가와 사회의 관계의 변화는 또한 사회단체의 기능과 의미의 변화를 가져왔다.

사회단체의 고유한 과제는 단체구성원의 경제적·사회적 이익을 조직화하여 이를 뭉쳐진 힘으로 대변하고 관철하는 것인데, 사회단체는 사회 내에서의 경제적 경쟁이나 사인간의 분배의 투쟁에서 단체구성원의 이익을 관철하려는 것뿐만 아니라 국가의 간섭이나 규제, 지원적 조치(특혜와 보조금의 지급 등)와 관련해서도 그들의 이익을 대변하게 되었다. 즉, 국가가 사회에 대한 포괄적인 책임을 바탕으로 경제·사회의 부정적인 현상들을 방지하고 대처하기 위하여 사회에 간섭하고 규율·조정하려고 함에 따라, 사회단체도 국가의 결정에 대하여 그들에게 유리한 방향으로 영향을 행사하려고 시도하게 되었다.

국가가 사회현상에 간섭함에 따라, 이에 상응하여 사회도 사회단체를 통하여 국가에 영향력을 행사하려고 시도하게 되었고, 이로써 국가는 '각종 사회세력의 이익이 투쟁하는 무대'가 되었다. 사회단체는 더 이상 비정치적 영역에 위치하는 것이 아니라, 단체의 이익을 대변하기 위하여 다양한 방법으로 그들의 경제·사회적 이익을 정치적 결정권력의 주체인 국가에 대하여 대변하고 영향력을 행사하려고 함으로써 정치의사의 형성과정에 참여한다.

Ⅱ. 민주주의에서 정당을 비롯한 사회단체의 역할

1. 정치적 자유를 보장하는 기본권과 국민의 정치참여의 가능성

헌법은 표현의 자유, 집회의 자유, 결사의 자유, 정당의 자유 등 정치적 자유를 국민의 기본권으로 규정함으로써 국민의 정치적 의사형성의 자유를 보장하고 있고, 이로써 원칙적으로 국민 누구나가 개인으로서 또는 집단적으로 국가 공동체의 정치생활에 참여하여 공동체의 형성과정에 자신의 견해와 가치관을 반영시킬 수 있는 가능성을 보장하고 있다. 오늘날의 민주국가에서 국민의 정치적 의사형성과정에 참여하는 것은 정당만의 독점물이 아니라 모든 개인과 사회단체 및 언론기관에게 보장된 기본권적 자유이다.

결국, 정치적 의사형성에의 참여를 보장하는 기본권적 자유는 국민 누구나가 공동체의 중요한 결정과정에 참여하여 자신의 의견을 표현함으로써 여론형성에 영향을 미치고, 궁극적으로 국가의사형성절차에 영향력을 행사할 수 있는 가능성을 부여하고 있다.

2. 정치적 의사형성에 있어서 사회단체의 역할과 필요성

가. 정치적 자유를 행사하기 위한 사실적 조건으로서 사회단체

국민 누구나가 정치적 기본권을 행사함으로써 정치적 의사형성과정에 참여한다는 사고는 오늘의 정치현실에서는 점점 더 비현실적인 것으로 나타나고 있다. 오늘날 사회의 모든 중요한 이익이 조직화되어 단체로서 정치적 영향력을 행사하고 그들의 이익을 관철하려고 한다는 점과[1] 사회현상이 다변화·복잡화·전문화·기술화됨에 따라 개인이 사안을 제대로 이해하기 위하여 점점 더 전문가의 집단에 의존하게 되었다는 점에서, 개체로서의 국민은 당면한 문제의 사안을 이해하고 결정과정에 의미 있게 참여하기 위하여 필요한 모든 것이 결여되어 있다.

현대 대중사회에서 개인은 단체와 그의 조직력을 통해서만 사실상 헌법이 보장하는 정치적 자유를 효율적으로 행사할 수 있고, 단체에의 소속을 통하여 사회적·정치적 의미와 비중을 높이는 활동기반을 갖추게 된다. 즉, 개체로서의 국민은 정치적인 영향력을 더 이상 효과적으로 행사할 수 없기 때문에, 상이한 이익과 욕구가 서로 충돌하고 경쟁하는 공동체 내에서 집단의 존재를 인식시키고 그의 이익을 관철하려는 다수의 사회단체와 이익단체를 통하여 자신을 정치적으로 실현할 수밖에 없다. 이로써 사회단체는 다원적 민주주의에서 정치적 자유를 행사하기 위한 사실적 조건이다.

나. 사회단체의 영향과 작용에 의한 정치의사형성

(1) 다원적 민주주의의 정치현실

오늘날의 이러한 정치현상을 구체적으로 살펴보면, 정치적 자유는 사실상 국민의 의사형성과정을

---

1) 오늘날 사회의 모든 중요한 이익이 예컨대, 노동단체, 사용자단체, 환경보호단체, 여성단체, 소비자단체, 농어민단체 등 각종 사회단체의 형태로 조직되어 있다.

본질적으로 지배하고 있는 정당·언론매체·강력한 이익단체에 집중되어 있고, 국민의 정치적 의사형성과정은 정당과 이익단체 등 사회단체에 의하여 주도되고 좌우되고 있다고 말할 수 있다. 다시 말하자면, 다원적 민주주의의 특징은, 다수의 정당과 이익단체가 국민과 국가 사이에서 정치적 의사형성과정을 주도하는 세력으로서 개입하고 있다는 것이다.

그 결과, 오늘날의 정치의사형성과정은 '정당과 이익단체의 영향과 작용'이란 배경 하에서만 제대로 파악될 수 있다. 국가가 각종 사회세력의 이익이 투쟁하는 무대가 되었다는 사실은 오늘날의 다원주의 사회와 이에 상응하는 다원적 민주주의의 정치현실을 제대로 이해하기 위한 하나의 출발점이다.

(2) 사회단체의 목적과 과제

단체구성원의 이익을 대변하기 위하여 정당과 국가기관에 대하여 영향력을 행사하는 것이 사회단체의 조직목적이며, 사회단체는 이러한 정치적 성격으로 말미암아 현대의 정치체제의 중요한 구성부분으로서 정당과 함께 국민의사와 국가의사를 연결하는 중요한 매체이다. 특히, 정당이 일부 계층의 이익을 대변하는 소위 '이익정당' 또는 '세계관적 정당'에서 모든 국민의 이익을 대변하려는 '국민정당'으로 발전함에 따라, 사회단체의 이러한 기능의 중요성은 더욱 커졌다.

사회(이익)단체는 공동체의 정치적 의사결정과정에 참여하여 영향력을 행사함으로써 단체구성원의 이익을 대변하고 관철하는 것을 주된 과제로 삼는다.[1] 그러나 정당과 이익단체의 근본적인 차이점은, 정당은 정권을 인수하여 의회와 정부에서 국가기관으로서의 책임을 담당하는 것을 목표로 선거에 참여하여 유권자의 지지를 호소하지만, 이익단체는 정당이나 국가기관에 영향을 미침으로써 단지 간접적으로 국가의사형성과정에 영향력을 행사하고자 한다는 점이다.

Ⅲ. 사회단체와 公益

1. 공익발견의 절차

가. 공익의 개념

국가가 공익실현의 의무를 진다면, 여기서 공익실현의 요청이란 '국가공동체의 결정은 타당해야 한다는 것'을 의미한다. 즉, 공익이란 '타당한 것'의 동의어이고 '국가공동체를 위한 타당한 결정'을 말한다.

문제는 사고와 가치의 다양성을 기반으로 하는 다원적 민주주의에서 '무엇이 타당한 것인지'를 어떻게 인식할 수 있는가 하는 것이다. 다원적 민주주의는 '아무도 처음부터 무엇이 타당한 것인지를 확실하게 말할 수 없다'는 것을 출발점으로 삼는다. 모든 것이 불확실한 가운데 단지 하나만이 확실하다면, 그것은 '공익이 확정된 내용으로 존재하지 않는다'는 것이다. 공익이란 선험적으로(a-priori) 확정된 것이 아니라, 경험적으로(a-posteriori) 인식할 수 있는 것이다.

---

1) 이익단체는 여론의 지지를 얻기 위하여 여론에 대하여 영향력과 압력을 행사하고, 다른 한편으로는 단체의 이익을 국가의사결정과정에서 반영하도록 하기 위하여 정당과 의회·정부에 대하여 영향력과 압력을 행사한다(영향력 및 압력 행사기능). 그 외에도, 이익단체는 사회적 이익과 욕구를 통합하고 조정하여 국가에 전달하고, 국가기관이 자력으로는 제대로 파악할 수 없는 전문적인 사안과 국가조치의 효과에 관하여 정보를 제공한다(통합 및 정보제공기능). 또한, 달성한 결과를 단체 내부에 전달하고 타협을 통하여 얻은 결과에 대하여 단체구성원의 양해와 동의를 구함으로써, 국가의 결정을 단체구성원으로 하여금 수용하게끔 하는 기능을 가지고 있다.

나. 공익발견 과정과 절차의 문제

따라서 공익이란 그 자체로서 국가에 의하여 독자적으로 인식될 수 있거나 아니면 일방적으로 확정될 수 있는 고정·불변의 실체가 아니라 사회의 다양한 이익의 경쟁 속에서 합의와 타협을 통하여 비로소 발견되는 가변적인 것이다. 즉, 공익이 무엇인가 하는 것은 이미 확정된 것이거나 아니면 국가권력이 일방적으로 규정할 수 있는 것이 아니라, 모든 국민의 자유로운 참여가능성이 개방된 민주적 정치의사형성절차에서 매 경우 구체적인 사안마다 다양한 세력들의 대립과 경쟁을 통하여 나오는 조화와 타협의 산물이다. 모든 사회적 세력이 정치적 의사형성과정에 참여함으로써 사회단체간의 세력균형과 경쟁을 통하여 모든 사회적 이익을 적절하게 고려하는 공익이 추출될 수 있다. 이로써 공익발견이란 '과정과 절차의 문제'로서 '경쟁하는 다양한 부분이익(일부 집단의 이익) 사이의 선별과정'에 관한 것이다.

다. 공익발견에 있어서 사회단체의 기능

공익이 국가에 의하여 일방적으로 규정되는 것이 아니라 모든 중요한 사회세력의 참여와 이익조정을 통하여 나오는 가변적인 것이라는 의미에서, 사회단체는 정당한 이익조정을 통하여 사회구성원 모두에게 구속력 있는 결정을 도출하는데 중요한 기여를 한다. 그러므로 노동조합, 사용자단체, 농어민 단체 등 각종 직종단체, 국민 누구에게나 관계되는 중요한 공익인 환경보호를 실현하려는 환경보호단체, 여권신장이나 남녀평등을 실현하려는 여성단체, 소비자나 납세자의 이익을 대변하려는 사회단체 등은 자신의 이익을 대변하고 관철하고자 하는 목적을 가지고 '국민 모두를 위한 올바른 결정을 추출하는 공익형성과정'에 참여함으로써 공익의 발견에 기여한다.

모든 시민단체 또는 이익단체가 실현하고자 하는 이익은, 그들이 설사 공익을 표방한다 하더라도, 공익과 일치하는 것이 아니라, 단지 사회 내에 존재하는 부분적 이익이자 국가가 실현해야 할 다양한 과제나 가치 중의 하나일 뿐이다. 예컨대, 국민 모두와 관련되는 '환경보전'이라는 이익을 추구하고자 하는 환경운동단체는 비록 그 의도가 순수하다 하더라도 실현하고자 하는 이익이 곧 '공익'은 아니다. 국가에게는 환경보전도 중요하지만 그와 상충하는 법익인 '경제성장' 또는 '일자리의 창출'도 마찬가지로 중요하다. 경제성장 없이는 복지국가의 실현이 불가능하다는 점에서 그리고 인간다운 생존의 관점에서도 보더라도, 국가에게 경제성장은 환경보전만큼 중요하다. 이러한 예에서 보여주듯이, 사회단체가 주장하는 이익이나 가치는 국민 전체의 이익이나 국가가 실현해야 할 가치와 일치하지 않는다.

라. 공익발견에 있어서 의회의 기능

오늘날의 다원적 민주주의에서 국가는 사회로부터의 정치적 영향력행사에 대하여 개방되어 있다. 서로 경쟁하고 충돌하는 사회 내의 다양한 이익은 국가의 의사형성과정에 유입되어 이익조정이 이루어진다. 대의제에서 의회의 기능은 국민의 대표자로 구성된 합의체에서 각종 이익단체와 사회단체에 의하여 주장되고 관철하고자 하는 이익과 가치를 인식하고 서로 조정하여 공익으로 수렴하는 데에 있다. 즉, 의회는 각종 부분이익과 특수이익의 자유로운 경합의 장소이며, '여과되지 않은 이익'들을 취합하여 제련함으로써 '정제된 이익'을 공익으로서 추출하는 장소인 것이다. 의회는 다양한 이익의 경쟁을 통하여 나온 타협과 절충안에 대하여 법률의 형태로 구속력을 부여한다. 이러한 의미에서 의회는 '다원적 사회의 정치적 상층구조'라 할 수 있다.[1] 국가기관의 법적 구속력을 가지는 결정을 통하여, 사회 내의 '하나의 이익'이 '이익의 공적 성격', 즉 '공익'의 성격을 획득한다.

2. 시민단체의 參與民主主義와 공익

가. 대의제에 대한 위협적 요소로서 참여민주주의

오늘날 우리 사회의 거의 모든 영역에서 시민단체가 구성되어 다양한 이익을 주장하고 있다. 우리 사회에서 관찰할 수 있는 시민단체의 활발한 정치참여는 대의제에 대한 불신의 표현이자 대의제 실패에 대한 반응이기도 하다. 다른 한편으로는, 부분적 이익을 관철하고자 하는 이익단체의 출현과 이로 인한 일방적인 여론형성에 대하여 평형추를 형성하고자 하는 시도이기도 하다.

그러나 오늘날 우리 사회에서 시민단체의 활동과 관련하여 문제되는 것은, 대의제에 대한 불신에서 출발하여 대의제를 보완하고자 하는 시도가 대의제가 제대로 기능하지 않는 '후진적 정치상황'에서는 대의제에 대한 위협으로 작용할 수 있다는 점이다. 직접민주주의에 대한 대의제의 우월성은 대표에 의한 국민의사의 여과작용에 있다. 이러한 관점에서, 어떠한 부분이익·특수이익도 의회에서의 이익조정과정과 이익정제과정을 거치지 않은 채 바로 국가의사로서 결정되어서는 안 된다. 그런데 소위 '참여민주주의'의 이름으로 시민·사회단체의 주장이나 요구가 의회의 이익정제과정을 거치지 아니한 채 직접 국가결정에 반영되는 현상을 엿볼 수 있다. 이는 부분·특수이익이 다른 이익과의 경쟁·조정·정제과정이 없이 바로 공익으로 결정된다는 것을 의미한다. 이러한 형태의 참여민주주의는 대의제에 대한 중대한 위협을 의미한다.

나. 대의제의 범위 내에서 이루어지는 참여민주주의

사회단체에는 민주적 정당성이 결여되어 있다. 대의기관이 민주적 정당성에 기초하고 있다면, 사회단체는 사회에 바탕을 두고 형성되어 그 정당성을 기본권에 의하여 보장된 개인의 자유, 즉 단체의 조직과 활동을 통하여 공동의 이익과 견해를 대변하고 관철하는 자유로부터 얻는다. 민주적 정당성은 국민 전체와 연관되는 것이므로, 사회단체가 비록 수적으로 강력하다 하더라도 민주적 정당성을 주장할 수 없다. 개별국민을 사회단체로 결합하게 하는 것은, 경제적·사회적 이해관계 또는 정신적·문화적 또는 정치적인 공동의 목표이다. 사회단체는 국민 전체의 이익이 아니라 부분이익을 추구한다.

대의제의 위기가 '의회에서 국민 전체의 이익을 대변하는 국가의사형성이 이루어지는지'에 대한 회의에 기인한다면, 대의제의 위기를 극복하는 유일한 해결책도 마찬가지로 의회에서 공익발견을 위한 정당한 이익조정과정이 이루어지고 국민 전체의 이익이 실현되도록 의회의 기능을 강화하는 방법 외에는 없다. 참여민주주의는 대의제의 범위 내에서 이루어져야 한다. 시민단체가 국회의 기능을 대체할 수는 없는 것이다.

---

1) 한태연, 헌법학, 1983, 154면.

Ⅳ. 다원적 민주주의의 조건

1. 다원적 민주주의의 사상적 바탕과 문제

가. 절대적 진리의 부정 및 관용·자율성의 이념

동등한 참여의 가능성이 부여된 가운데 다양한 견해와 이익의 경쟁과 투쟁을 통하여 국민의사가 형성된다고 하는 '여론의 자유로운 형성'의 이념은 프랑스의 계몽주의, 미합중국의 독립 및 프랑스혁명과 함께 시작된 종교적·윤리적·정치적 절대주의의 붕괴에서 출발하였다. 절대주의의 붕괴는 모든 절대적 진리와 독단을 의심하는 상대주의를 탄생시켰고, 인간은 절대적 진리를 소유할 수 없다는 인식은 각 개인을 동등한 윤리적·이성적 심급으로 인정하는 '관용과 자율성'의 사고를 가져왔다. 바로 이러한 사고에 오늘날 헌법상 보장된 인간의 존엄성과 양심·종교의 자유는 기초하고 있다.

절대적 진리에 대한 부정은 필연적으로 타인과 다른 견해에 대한 관용을 수반하였고, 다른 견해에 대한 관용은 모든 견해가 동등한 비중을 갖게끔 하였으며, 선거권의 민주화와 더불어 개인의 의견은 정치적으로 동등한 비중을 가지게 되었다. 정치적 사안에 있어서 개인의 엄격한 형식적 평등은 오늘날 자유민주적 의사형성의 본질적 요소에 속한다. 절대적 진리에 대한 인간의 믿음이 사라진 뒤에는, 그 대신 진리와 정의에 가능하면 접근하고자 하는 시도만이 남을 뿐이다.

나. 자유경쟁을 통한 이익조정의 문제점

'다양한 견해의 경쟁'의 사고에는 자유로운 정신적 논쟁과 견해의 대립을 통하여 최종적으로 이성과 합리성이 승리하리라는 기대가 그 기저를 이루고 있다. 이러한 합리성의 사고는 정치의 영역에 사실상 자유주의적 경제이념을 적용하는 것이다. 개인의 자유경쟁이 경제적으로 조화의 상태뿐만 아니라, 다양한 견해의 경쟁을 통하여 정치적으로도 조화의 상태를 보장한다는 것이다.

그러나 다양한 사회세력의 자유로운 경쟁으로부터 정당한 이익조정이 스스로 이루어지고 국가는 사회의 사적 자치에 의하여 밝혀지는 공익을 관철한다는 사고는 상당히 낙관적이다. 19세기 유럽의 자유주의, 즉 '보이지 않는 손'에 의하여 사회의 이상적인 상태가 스스로 실현된다고 하는 사상이 그 전제에 있어서 잘못된 것과 마찬가지로, 정치와 경제의 주체가 개인에서 사회단체로 변환된 소위 '집단적 자유주의'가 기능할 수 있는 조건은 자연적으로는 존재하지 않는다.

2. 정당한 이익조정의 조건

이러한 정치현실에서 국민의 의사형성과정이 자유롭고 개방적으로 이루어지기 위한 전제조건으로서, 상이하고 다양한 이익을 대변하는 다수의 사회단체가 존재해야 하고 그들 간의 사회적 세력의 균형을 유지해야 하는 것은 오늘날 다원적 사회의 핵심적인 문제이다.

다양한 사회세력의 자유경쟁을 통하여 정당한 이익조정에 이르기 위해서는, 사회의 모든 중요한 세력과 이익이 정치적 의사형성과정에 자유롭게 참여할 수 있어야 하고, 뿐만 아니라 서로 경쟁하는 조직과 이익은 세력의 균형을 이루어야 하며, 정치적 의사형성과정에 참여하는 기회에 있어서 균등한 기회를 부여받아야 한다. 정치적 의사형성과정에 영향력을 행사하는 가능성에 있어서 사회세력간의 심각한 불균형이 존재한다면, 비록 사회세력 간에 자유경쟁이 이루어진다고 하더라도 정당한 이익조정이 불가능하고, 대신 특정 이익이나 세력의 우세와 정치의사형성과정의 지배를 결과로 가져온다. 따라서 복수적 사회단체의 존재와 그들의 정치의사형성과정에의 균등한 참여가능성은 민주적 정치의사형성과정에 있어서 매우 중요하다.

가. 복수정당제를 통한 정당간의 경쟁

다원적 민주주의가 실현되기 위해서는, 우선 주기적으로 실시되는 선거에서 유권자의 지지를 얻기 위하여 경쟁하는 '복수의 정당'이 존재해야 한다. 다수 정당간의 경쟁 및 주기적인 선거로 인한 정권교체의 가능성은 경쟁에 참여하는 모든 정당으로 하여금 가능하면 유권자의 의사와 이익을 고려하는 정치를 하게끔 한다.

나. 이익단체간의 세력균형

오늘날 모든 중요한 이익이 이익단체로 조직화되어 그 조직을 통하여 정치적 영향력을 행사할 수 있으며, 결정대상과 관련된 모든 이익단체가 정치적 의사형성과정에 참여하게 된다. 모든 부분이익을 적절하게 고려하는 정치적 결정은 이익단체간의 세력균형을 통하여 비로소 가능하게 된다. 대표적으로, 근로자단체와 사용자의 관계에서 양자간의 세력균형이 양자의 이익을 균형 있게 고려하는 결정에 이르게 할 수 있다.

다. 논의될 수 없는 영역(合意領域)의 설정

(1) 다원적 민주주의의 전제조건으로서 공동의 기본합의

다원적 민주주의가 기능하기 위해서는, 정치적 의사형성에 참여하는 정당과 사회단체 간에 공동의 기본적 합의를 전제로 한다. 하나의 국가로 결합한 국민의 사회생활에서 최소한의 공동 기반(기본적 합의)이 존재하는 한, 다양한 견해와 이익간의 타협과 절충이 이루어질 수 있고 이로써 다양성의 경합을 통하여 공동체를 위한 타당한 결정을 발견하고자 하는 다원적 민주주의는 기능할 수 있다. 그러므로 다원적 민주주의에서는 사회적 질서나 가치와 관련하여, 논의될 수 없는 영역(합의영역)과 논의될 수 있는 영역(분쟁영역)으로 구분된다.[1] 다원적 민주주의가 유지되기 위해서는, 근본적으로 문제 삼을 수 없고 다툴 수 없으며 논쟁의 대상에서 배제되는 최소한의 가치적 공동기반, 즉 사회구성원 누구나 공유하는 최소한의 가치를 필요로 한다. 이러한 공동의 기반 위에서만 다양한 정치적 세력과 이익의 경합과 조정이 이루어질 수 있는 것이다.

(2) 방어적 민주주의

다원적 민주주의에서 합의영역의 설정은, 다원주의의 구조를 악용하여 다원주의를 파괴하고자 하는 세력의 위협으로부터 다원적 민주주의를 유지하고 보호하기 위하여 국민의 기본적 합의를 부정하는 세력을 다시 부정해야 한다는 사고, 즉 '부정의 부정'을 통하여 다원주의의 위기를 극복해야 한다는 사고를 결과로 가져왔다. 다원적 민주주의에서 논의될 수 없는 영역이란 곧 헌법의 기본적 가치질서, 즉 자유민주적 기본질서를 의미하게 된다. 이로써 다원적 민주주의에서 논의될 수 없는 영역의 설정은 민주주의를 파괴하고자 하는 세력으로부터 다원적 민주주의를 보호하고자 하는 '방어적 민주주의'로 귀결된다.

---

1) Vgl. Ernst Fraenkel, Der Pluralismus als Strukturelement der freiheitlich-rechtsstaatlichen Demokratie(1964), in: Nuscheler/steffani, Pluralismus-Konzeptionen-Kontroversen, 3. Aufl., 1976, 158ff.

제 5 절 社會의 民主化

Ⅰ. 사회의 민주화

1. 헌법적 요청이 아니라 정치적 요청

민주주의원리는 국민주권주의의 구체적 형성으로서 단지 국가권력의 행사와 관련된 것이다. 민주주의원리는 '社會의 民主化'와 무관하다. 사회의 민주화가 무엇을 의미하든 간에, 이는 '통치형태로서 민주주의원리'에 의하여 헌법적으로 요청되는 것도 아니고 금지되는 것도 아니다.

물론, 민주주의가 제대로 기능할 것인지의 여부는 특정 사회적 조건과 무관하지 않다는 점에서 '사회의 민주화'에 대한 요청이 제기될 수 있다. 그러나 사회의 민주화가 어느 정도로 도입될 수 있는지의 문제는 헌법적 문제가 아니라, 헌법이 허용하는 범위 내에서 입법자에게 인정되는 정치적 형성에 달려있는 문제이다. 입법자가 사회의 민주화를 도입함에 있어서 입법형성의 한계로서 무엇보다도 개인의 기본권보장이 문제될 수 있다.

2. 자유민주적 기본질서에서 개인적 지위의 二重的 保障

가. 정치적 영역과 법치국가적 영역

한국헌법의 정치적 기본질서인 자유민주적 기본질서는 민주적 정당성에 바탕을 둔 '정치적 영역'과 자유권적 기본권에 의해 보장되는 '법치국가적 영역'의 두 요소로 구성되어 있다.

(1) '정치적 영역'에서 개인은 정치적 공동체의 일원으로서 '전체로서의 국민'에 통합되는 한 부분이다. 정치적 영역에서 개인에게는 국가권력의 형성과 정치적 의사결정과정에 균등하게 참여할 수 있는 길이 열려져 있다. 개인의 '정치적 권리'(정치적 영역에서 개인의 법적 지위)는 국가 안에서 국민의 참정권을 의미한다.

(2) 이와는 달리, '사회의 영역'은 개인의 사적 자치와 자기결정권을 보장하고 민주적 정당성으로도 표결될 수 없고 침해될 수 없는 기본권적 자유에 기초하고 있다. 정치적 민주주의가 국가의 정치의사형성을 위하여 모든 개인의 기계적·형식적 평등을 요구하는 반면, 사회의 영역은 개체의 고유성·상이함·다양성에 기초하고 있다.

나. 정치적 권리와 법치국가적 자유

그러므로 개인이 국가와 사회 두 영역의 구성원인 것처럼, 개인의 법적 지위도 이중적으로 보장된다. 하나는 민주적 의사형성과정에 참여하는 권리로서 개인의 동등한 '민주적 참여의 권리'이고, 또 다른 하나는 민주적으로 정당화된 국가권력도 일정한 제약을 받아야 한다는 의미에서 자유권에 의하여 보장되는 '법치국가적 자유'이다.

3. 자유민주적 기본질서의 근간을 이루는 '국가와 사회의 二重的 構造'

가. 민주주의원리를 정치적 영역에 국한시켜야 하는 이유

국가와 사회의 헌법적 구분은 자유민주적 헌법질서의 근본적인 전제조건이다. 민주주의원리를 국가적·정치적 영역에 국한시켜야 하는 본질적인 이유가 바로 국가와 사회의 구분에 있다. 국가형태로서 민주주의원리를 사회의 영역에 확대시킨다면, 모든 개인이 모든 개인의 고유영역에 관한 중요결정에 광범위하게 참여하게 될 것이고, 이는 곧 자유민주적 기본질서의 근간을 이루는 국가와 사회의 이중적 구조를 폐기하는 것을 의미한다.

사회영역의 민주화는 사회영역의 政治化, 즉 사회영역을 정치영역에서의 기본원리인 '다수결 원리'와 '평등의 원칙'에 예속시키는 것을 의미한다. 그러므로 정치적 원리로서 민주주의원리를 사회영역 전반에 수용하는 경우, 그것은 곧 개인이 모든 사회영역에서 그때마다 소속되어 있는 사회공동체(가령 가정, 기업, 교육장소 등)의 결정에 따라야 하는 '사회의 독재', 결국 '전체주의적 민주주의'로 이어진다.

나. 국가영역과 사회영역의 근본적인 차이

민주주의는 모든 국민의 권리와 의무가 동등하다는 '형식적 평등'에 기초하고 있으나, 이에 반하여 사회의 영역은 평등이 아닌 '고유성과 상이함'을 그 본질로 하고 있다. 그러므로 사회조직을 국가조직과 동일시하는 것은 다원적 사회의 잠재적 다양성과 기본권적 자유를 폐지하는 결과를 가져온다.

민주주의는 국가권력행사의 조직원리로서 직접 '국가권력행사'라는 기능에 관련되어 있지만, 사회영역에서는 정치적 지배관계라고 하는 측면이 아니라 각 영역에서 '고유한 기능의 수행'(생산, 교육, 이익 대변 등)이라는 각 영역마다의 상이한 목적이 중심을 이루고 있다.

II. 經濟民主主義

1. 경제민주주의의 의미

일반적으로, 경제민주주의는 근로자를 경제적 결정과정에 참여시킴으로써 정치적 민주주의를 경제적 민주주의에 의하여 보완해야 한다는 요청으로 이해되고 있다. 경제영역에서 공동결정(Mitbestimmung)에 대한 요청은, 한편으로는 기업 차원에서 근로자의 공동결정권의 형태로, 다른 한편으로는 국민경제적 차원에서 국민경제회의와 같은 국가기구의 국가경제정책 수립과정에 있어서 공동결정의 형태로 나타나고 있다.

2. 정치적 요청으로서 경제민주주의

가. 민주주의의 이상적인 경제적 전제조건으로서 經濟의 民主化

경제민주주의의 요청은 그것이 어떠한 형태이든 간에 정치적 민주주의에서 도출될 수 없다. 독일 신자유주의가 민주주의와 경제질서의 상호연관성을 근거로 시장경제를 헌법적 질서로 승격시키려고 시도했던 바와 같이, 경제민주주의의 이념도 마찬가지로 '경제영역도 민주화가 되어야만 정치적 민주주의가 비로소 완결된다'고 하는 의미에서 '정치적 헌법'과 '사회·경제적 질서' 사이의 동질성에 기초하고 있다.

그러나 정치적 민주주의가 그의 안정을 위하여 경제의 민주화를 보충적으로 필요로 한다는 의미에서 경제의 민주화, 즉 민주적 국가형성의 이상적인 '경제적 전제조건'으로서 경제의 민주화와 '헌법적 문제'로서 경제의 민주화는 서로 엄격히 구분되어야 한다. 사회·경제영역을 민주적 구조로 전환하는 것은 헌법적으로는 요청되지도 않으며 금지되지도 않는 것이다.

나. 경제영역에서 민주화의 한계

설사 기업을 지배구조로 파악한다 하더라도, 이는 정치적 지배가 아니라 각 개인의 기본권행사의 결과로서 발생한 사회적 우월성에서 기인하는 것이다. 그러므로 민주주의원칙을 사회영역에 확대 수용하는 것은 각 사회영역의 구조적 고유성과 그에 따른 각 영역을 지배하는 특수한 법칙성에 내재하는 민주화의 한계를 간과하는 것이다.

또한 경제영역에서 공동결정의 요구는 동질성을 보유한 단체구성원의 평등성이 아니라 서로 경쟁하는 상이한 집단(근로자와 사용자) 사이의 대등성에 기초하고 있다. 따라서 경제민주주의의 요청은 근본적으로 집단 간의 대립적 사고에 그 바탕을 두고 있기 때문에, 신분적인 것이지 민주적인 것이 아니다.

다. 입법자의 사회정책적 도구로서 경제민주주의

그러므로 경제적 지배관계도 민주적 구조로 전환해야 한다는 요청은 헌법적인 요청이 아니라 사회·정치적 요청이다. 어느 정도로 경제의 민주화를 도입할 수 있는지의 문제는, 입법자가 정의로운 경제질서를 실현해야할 사회국가적 의무를 이행하는 범주 내에서 입법자에게 부여된 광범위한 형성의 자유를 근거로 결정해야 할 문제이다. 따라서 입법자는 사회국가적 목표를 실현하기 위하여 헌법이 허용하는 범위 내에서 경제민주주의란 사회정책적 도구를 이용할 수 있다. 그러나 이러한 경우에도 경제의 민주화는 민주주의 실현이라는 헌법적 위임을 이행하는 것이 아니라, 헌법 아래 차원에서 사회국가원리를 실현하고자 하는 입법자의 형성행위라는 것을 유념해야 한다.

Ⅲ. 사회단체의 民主化 문제

사회단체의 민주화란, 정치적으로 영향력 있는 강력한 사회단체(가령, 노동조합 등)의 내부적 민주화에 대한 요청이다. 이러한 요청은 사회단체의 증대하는 정치적 영향력의 문제를 내부민주주의를 통하여 해결하고자 한다.

단체의 내부민주주의를 통한 정당성의 의미는, 단체구성원 개인의 법적 지위를 강화하고 단체의 내부구조를 과두정치로 변질되지 않도록 하는 데 있다. 물론, 이는 긍정적 효과가 있다. 그러나 사회단체의 내부민주주의를 통하여 성취한 정당성은 '민주적 정당성'이 아니라 단지 '단체 내부적 정당성'이다. 그러한 정당성은 단체 내에서 단체구성원의 자기결정을 강화하기는 하나, 국민 전체의 자기결정과는 아무런 연관관계가 없다. 민주적 정당성은 국민 전체와 연관되는 것으로, 사회단체는 민주적 정당성을 주장할 수 없다.

따라서 내부민주화의 요건을 충족시킨 사회단체가 자신의 민주적 정당성을 주장하여 그에게 귀속되는 정치적 영향력을 넘어서 일반정치적 위임을 인정받고자 한다면, 사회단체는 민주적으로 정당화된 정치기관과 경쟁관계에 있게 될 것이고, 이로써 민주적 정당성을 부여받은 국가기관의 기능을 크게 약화시킬 것이다.

제 6 절 選擧制度

I. 선거의 의의 및 기능

1. 선거의 의미

선거란 대의제를 실현하기 위한 방법으로, 국민이 그를 대표할 국가기관을 선출하는 행위를 말한다. 선거는 대의제를 실현하기 위한 불가결한 요소이다. 선거 없는 대의제란 생각할 수 없다. 국민은 선거권을 행사함으로써 선출된 국가기관과 그의 결정에 민주적 정당성을 부여한다.

오늘날 대의제 민주주의에서 국민의 의사는 사실상 단지 선거에서만 법적 구속력을 가지고 표현되기 때문에, 대의기관의 선거는 국민이 주권(국가권력)을 행사할 수 있는 가장 중요한 방법이다. 국민은 선거 외에도 표현의 자유, 결사와 집회의 자유 등 기본권을 행사하거나 정당이나 사회단체에 참여하는 등 다양한 정치참여의 길이 보장되어 있으나, 선거는 대다수 국민에게 있어서 정치형성과정에 참여하는 거의 유일한 수단이라 할 수 있다.

국민은 선거를 통하여 장래에 있어서 정치의 방향을 결정하고 과거에 대하여 통제할 수 있다. 오늘날의 선거는 정당에 대한 선거, 즉 정당이 제시한 정책에 대한 선거를 의미하기 때문에, 국민은 정당이 제시하는 정책에 대한 선택을 통하여 다음 임기 동안 나아가야 할 정치적 방향을 결정한다. 선거는 동시에 지난 임기에 대한 정치적 결산을 의미하므로, 국민은 선거를 통하여 과거의 정치적 성과에 대하여 심판함으로써 대의기관을 통제한다.

2. 선거의 기능

가. 대의적 기능

(1) 선거는 국민의 대표를 선출하여 대의기관을 구성하는 기능을 한다. 국민은 의회선거를 통하여 의회의 인적 구성을 확정함으로써, 국민의 정치적 선호가 제도화된 정치적 권력으로 전환된다. 선거의 결정은 정당 간의 경쟁의 결과로서 다음 임기 동안 의회에서 정당간의 세력관계를 확정한다.

(2) 선출된 대표자는 선거를 통하여 국민으로부터 직접적인 민주적 정당성을 부여받으며, 이를 근거로 다른 국가기관에게 국가권력의 행사를 위하여 필요한 민주적 정당성을 중개하는 역할을 한다. 대의기관의 선거는 국민이 국가기관에 민주적 정당성을 부여하는 근본적인 방법이다.

(3) 또한, 선거는 그 주기성으로 말미암아, 국민이 통치권을 통제할 수 있는 중요한 수단이다. 적정한 주기로 실시되는 선거는 대의민주제가 기능하기 위한 불가결한 요건으로서 정권교체의 가능성을 담고 있으므로, 국민의사를 고려하는 정치를 가능하게 한다.

나. 국민투표적 기능

오늘날 정당국가에서 유권자의 결정은 대의적 기능뿐만 아니라 국민투표적 기능도 가진다. 오늘날의 선거는 그 성격에 있어서 대표자에 대한 선택에서 점차 특정 정치적 목표(정당의 정책)에 대한 결정으로 변화하고 있다. 유권자의 결정이 인물의 선택에 국한되는 것이 아니라 동시에 어떠한 정당의 정책이 실현되어야 할 것인지에 관하여 결정한다는 것에 선거의 국민투표적 성격 또는 직접민주적 요소가 있다.

Ⅱ. 선거원칙의 의미와 선거권과의 관계[1]

오늘날 대다수의 자유민주국가는 선거의 기본원칙을 헌법 또는 법률에 명문으로 규정하고 있다. 우리 헌법도 제41조 제1항에서 "국회는 국민의 보통·평등·직접·비밀선거에 의하여 선출된 국회의원으로 구성한다."고 하고, 제67조 제1항에서 "대통령은 국민의 보통·평등·직접·비밀선거에 의하여 선출한다."고 하여, 선거의 기본원칙을 명시적으로 규정하고 있다.

1. 선거원칙의 의미 및 기능

가. 선거의 기능을 이행하기 위한 필수적 조건

선출된 대의기관에 민주적 정당성을 부여하여 국민주권에 입각한 대의제 민주주의를 실현하기 위해서는, 국민의 의사가 대의기관의 구성에 제대로 반영되는 선거가 이루어져야 하는데, 이를 확보하기 위한 수단이 바로 선거의 기본원칙이다. 단지 국민의 일부만이 선거의 형태로 공동체의 형성에 참여할 수 있다면, 또는 모든 국민이 동수의 투표권이 아니라 차등적으로 투표권을 가진다면, 아니면 투표내용의 비밀이 보장되지 않음으로써 투표행위로 인하여 불이익을 우려해야 한다면, 그러한 선거는 국민의 정치적 의사를 대의기관의 구성에 제대로 반영할 수 없을 것이며, 대의기관에 민주적 정당성을 부여하는 기능을 이행할 수 없을 것이다. 이러한 점에서, 선거원칙은 선거의 기능을 이행하기 위한 필수적 조건을 규정하고 있다.

선거원칙은 국가권력을 정당화하는 선거의 기능을 보장하고자 하는 것이고, 이로써 궁극적으로 대의제에서 국민주권원리를 실현하고자 하는 것이다. 국민주권의 이념은, 국가권력의 행사가 국가권력의 지배를 받는 모든 사람에 의하여 결정되고 이로써 정당화될 것을 요청한다. 그렇다면, 국민은 누구나(보통선거) 스스로(직접선거) 동등하게(평등선거) 타인에 의하여 방해받지 않고 자유롭게(자유선거 및 비밀선거) 정치적 결정권을 행사할 수 있어야 한다. 선거원칙은 대의제 민주주의에서 국민주권을 실현하기 위한 구체적인 방법을 서술하고 있다. 이로써 선거원칙은 헌법 제24조에 보장된 '선거권의 실체적 내용'을 규정하고 있는 것이다. 국민의 정치적 결정권으로서 선거권은 선거원칙에 의하여 그 내용에 있어서 구체화되고 헌법적으로 보호되는 것이다.

나. 공정한 정치적 경쟁의 원칙

선거는, 정당과 후보자가 선거에서 경쟁하고 유권자에게 다양한 정치적 제안을 하는 적극적 측면과 유권자가 이러한 형태로 제공되는 정치적 제안 중에서 선택하는 소극적 측면으로 이루어진다. 선거가 이와 같이 '정당·후보자의 적극적인 제안의 요소'와 '유권자의 반응적 요소'로 이루어져 있다면, 선거원칙도 선거의 이중적 측면을 모두 포괄해야만 그 기능을 제대로 이행할 수 있다. 따라서 선거원칙은 그 기능을 이행하기 위하여 선거권뿐만 아니라 피선거권 및 선거에서의 경쟁에 대해서도

[1] 이에 관하여 한수웅, "헌재 2011. 5. 26. 2010헌마451 결정(선거방송토론회 사건)에 대한 판례평석 - 평등권과 평등선거원칙의 관계를 중심으로 - ", 중앙법학 제14집 제3호(2012. 9.), 95면 이하 참조.

적용되어야 한다. 헌법상 선거원칙은 선거권과 피선거권 및 선거에서의 경쟁을 포괄하는 헌법적 요청이다.[1]

종래 선거원칙이 일방적으로 유권자의 권리인 '선거권'의 관점에서 파악되었으나, 오늘날 정당국가의 현실에서 선거와 선거원칙은 경쟁민주주의의 배경 하에서 이해되어야 한다. 대의제 민주주의는 선거제도와 복수정당제를 그 제도적 근간으로 하고 있다. 이로써 대의제 민주주의는 한시적으로 정권을 획득하고자 하는 다수의 정치적 세력 간의 경쟁을 사실적 전제로 하는 競爭民主主義이다. 경쟁민주주의에서 선거법은 '정치적 경쟁법'이며, 선거원칙은 정당과 후보자에 대해서는 정권획득을 위한 경쟁에서 '공정한 경쟁의 규칙'으로서 의미를 가진다. 보통선거원칙에 의하여 누구나 선거에 입후보하여 경쟁에 참여하는 것이 보장되며, 평등선거원칙에 의하여 경쟁에서의 기회균등(선거에서 정당과 후보자의 기회균등)이 보장된다. 자유선거와 비밀선거는 선거에 대한 국가의 부당한 영향력행사를 금지함으로써 정당간의 기회균등에 기여한다.

2. 선거원칙의 역사적 발전 배경

가. 선거권의 확대 과정

민주적 선거원칙은 서구 민주주의의 산물이다. 오늘날 보통·평등선거원칙이 전세계적으로 지극히 당연한 것으로 간주되고 있으나, 인류역사에서 이러한 민주적 선거원칙이 관철되고 보편화된 것은 그리 오래된 일이 아니다. 유럽에서 군주의 절대주의에 대하여 자유를 쟁취한 것은 모든 사회구성원의 투쟁이 아니라 무엇보다도 시민계급의 투쟁에 기인하는 것이었고, 그 결과 전리품으로서 정치적 자유는 일차적으로 시민계급에 독점되었다.[2] 이에 따라 선거권은 재산과 교양을 갖춘 시민계급에 제한되었다. 당시 유럽 국가는 헌법에서 여성은 물론이고 모든 임금근로자의 선거권을 배제하였다. 이러한 헌법규정들은 당시의 지배적인 국가이론에 부합하는 것이었다. 당시의 국가이론에 의하면, 단지 재산과 교양을 갖춘 시민만이 정치적 책임을 질 수 있는 조건을 충족시킨다는 것이었다. 즉, 오로지 '자유로운 자'만이 의회를 선출하고 의회에 선출될 수 있다는 것이고, 경제적으로 독립적인 사람만이 자유로운 것으로 간주되었다. 종속적인 작업에 종사하는 임금근로자나 세대 내에서 家長의 결정권에 복종해야 하는 여성과 같이, 의존적인 사람들은 정치적 문제에서 자신의 판단을 형성할 능력이 없는 것으로 간주되었고, 단지 쉽게 조종될 수 있는 정치적 선동의 대상으로 보았다.

그러나 가속되는 산업화와 더불어 임금근로자의 수는 점차 증가하였고, 국민의 상당수를 정치적 참여로부터 배제하는 것이 점차 정치적으로 문제되었다. 게다가, 의무교육이 도입됨으로써 일반적인 교육수준이 높아짐에 따라, 선거권의 평등화를 반대하는 논거의 설득력도 크게 약화되었다. 특히 제1차 세계대전은 보통·평등선거의 도입에 결정적인 계기가 되었다. 국민으로서 기본적인 의무를 이

---

1) '피선거권과 선거원칙의 관계'에 관하여 아래 제3편 제5장 제3절 Ⅲ. 피선거권 참조.
2) 19세기 유럽의 자유주의적 법치국가의 이념은 궁극적으로 국민 중 특정 계층, 즉 시민계급에 관련된 것이었다. 이에 따라 자유주의는 '사회'를 단지 '시민계급의 사회', 소위 '제3계급의 사회'로 이해하였다. 자유주의의 인간상은 재산과 교양을 갖춘 시민이 그 바탕을 이루고 있었다. 프랑스 혁명의 이론가인 시예에스는 "제3계급이란 무엇인가? 국민이다!"라고 단정적으로 표현하였다. 자유주의적 법치국가에서 국가와 사회가 하나의 계층(시민계급)에 의하여 독점될 수 있었던 것은 군주의 절대주의에 대항하여 자유운동을 벌인 것이 바로 시민계급이기 때문이었다. 그 결과, 19세기 유럽의 국가는 '시민의 국가'였으며, 의회는 '시민의 의회'와 동일시되었다. 의회의 선거권과 피선거권은 오로지 시민계급에 유보되었다.

행하고 국가를 위하여 헌신한 사람에게 국가는 더 이상 국민의 기본적 권리인 선거권을 부정할 수 없게 되었다.[1]

나. 평등민주주의와 사회국가의 관계

선거권을 근로자에게 확장한 것은 국가정책적 관점뿐만 아니라 사회정책적 관점에서도 중요한 의미를 가진다. 19세기 유럽의 자유주의적 법치국가에서 의회로부터 그 당시 근로자의 절망적인 상황을 개선하는 조치(사회입법)를 기대하는 것은 거의 불가능하였다. 의원과 유권자는 모두 시민계급 출신이었고, 그 당시의 사회적 문제를 해결하는 조치는 시민계급으로부터 큰 희생과 양보를 요구하는 것이기 때문이었다. 근로자의 경제적 착취 등 사회적 상황의 개선은 곧 시민계급의 권리에 대한 제한을 요청하는 것이기 때문에, 시민사회의 국가는 사실상 근본적인 사회개혁을 추진할 능력이 없었다. 이러한 상황에서 '국가는 지배계급의 경제적 지배를 유지하기 위한 도구일 뿐이다'라는 명제를 골자로 하는 마르크스(Karl Marx)의 공산주의이론은 바로 시민적 법치국가의 병리적 현상을 해결하기 위한 극단적 개선책으로 탄생한 것인데, 근로자계급이 경제적·정치적으로 전혀 영향력을 행사할 수 없었던 당시의 상황에서 대단한 폭발력을 가졌다.[2]

이러한 배경에서 볼 때, 유럽에서 선거권을 근로자와 여성을 포함하여 모든 국민에 대하여 확대한 것은 사회정책적으로 매우 중요한 의미를 가진다. 선거권의 민주화는 기존의 정치체제를 유지하면서 동시에 사회정의를 실현하는 분기점으로 작용하였다.[3] 이제 의회는 '시민계급의 의회'가 아니라 '모든 국민의 의회'이며, 의원도 선출되거나 재선되고자 한다면, 모든 국민의 이익, 또한 근로자의 이익도 함께 고려해야만 하였다. 보통선거의 도입을 통하여 사회적 개혁이 가능해졌고, 사회적 개혁은 다시금 근로자의 정치적 영향력을 강화하는데 기여하였다. 보통선거의 도입으로 인한 근로자계층에 대한 정치적 평등의 부여는 사회정의의 실현을 가능하게 하였고, 이로써 '사회국가'라는 국가목표의 전환을 야기하였다.

다. 정당민주주의와 평등선거원칙

선거원칙은 역사적으로 보통·직접·비밀선거원칙을 의미하였다. 보통선거원칙은 헌법에 나중에 수용된 평등선거원칙의 전신(前身)에 해당하는 것으로, 선거에서 평등을 실현하는 선구자의 역할을 담당하였다. 선거권이 사실상 모든 국민에게 확대됨에 따라 보통선거원칙은 거의 완벽하게 실현되었고 직접·비밀선거원칙의 목표도 본질적으로 달성된 반면, 정당간의 경쟁에 의하여 지배되는 오늘날의 대의제 민주주의에서 선거의 평등에 관한 논의는 정당 간의 동등한 경쟁조건의 문제로 전환되었다. 이로써 평등선거원칙은 정당민주주의에서 가장 중요한 선거원칙으로 부상하였다. 이는 무엇보다도 평등선거의 여부가 다른 선거원칙보다도 정권을 쟁취하고자 하는 정당 간의 경쟁에 직접적인 영

[1] 가령, 독일에서 1919년 보통·평등·직접·비밀선거원칙이 관철되었고, 이로써 여성에게도 선거권이 부여되었다.
[2] 1848년 공산주의선언(Das Kommunistische Manifest) 당시, 근로자계급은 평화적인 사회개혁을 통하여 그들의 이익을 관철할 수 있는 최소한의 경제적·정치적 수단을 보유하고 있지 않았다. 선거권은 시민계급에게만 유보되고 근로자계급에게는 인정되지 않았기 때문에 의회와 입법에 대하여 정치적 영향력을 행사할 가능성이 없었다. 이러한 상황에서 마르크스에게 국가는 스스로 개혁할 능력이 없으며 단지 경제적 지배계급에게 정치적 지배를 보장해주고자 하는 수단일 뿐이었다. 따라서 그는 이러한 상황에서 기존 제도 내에서의 개혁은 불가능하며, 근로자계급에 대한 착취를 종식시킬 수 있는 유일한 방법은 오로지 혁명뿐이라고 주장하였다.
[3] 이로써 '국가는 경제적 지배계급의 정치적 지배를 가능하게 하기 위한 도구'라는 마르크스의 주장은 그 설득력을 상실하였고, 혁명만이 유일한 방법이라는 그의 주장도 그 기반을 상실하였다.

향을 미친다는 것에 기인한다. 이러한 점에서 평등선거에 대한 요청은 오늘날 정치적으로 가장 민감한 사안에 속한다. 헌법재판소가 선거와 관련하여 판단한 다수의 사건 중에서 가장 빈번하게 제기된 문제가 바로 평등선거원칙의 위반여부에 관한 것이라는 점도 평등선거의 정치적 민감성을 말해 주고 있다.

3. 엄격하고 형식적인 정치적 평등

가. 일반적 평등원칙이 '사회의 영역'을 규율하는 국가에 대한 평등의 요청이라면, 보통·평등선거원칙은 '정치적 영역'을 규율하는 국가에 대한 평등의 요청이다. 사회의 영역은 개체의 고유성, 상이함, 다양성, 사적 자치의 사고에 의하여 지배되고 있으므로, 사회의 영역은 국가에 대하여 모든 대상을 원칙적으로 동등하게 대우할 것을 요청하지 않는다. 이에 대하여, 정치적 영역은 민주주의를 구성하는 영역으로서 모든 국민의 원칙적인 동등성에서 출발하고 있다.

'정치적 권리의 평등'은 민주주의의 핵심적 요소로서, '민주적 의사형성에 동등하게 참여하는 국민의 권리'는 가능하면 엄격하게 보장될 것을 요청한다. 따라서 정치적 권리의 평등은 단순히 합리적 차별사유에 의하여 정당화되는 자의금지원칙의 의미가 아니라, 차별사유에 대하여 보다 엄격한 요청을 하는 형식적 평등의 의미로 이해된다. 자신이 내린 결정에 구속을 받는다는 '자기결정의 원리'를 출발점으로 삼는 민주주의에서, 자기결정권을 가진 자는 누구나 평등하게 공동체질서의 형성에 참여해야 한다. 즉, 누구나 자기결정권을 가지고 있고 모든 국민에게 민주적 참여권이 인정된다면, 모든 국민은 정치적으로 영향력을 행사할 수 있는 동등한 기회를 가져야 한다. 평등민주주의는 '모든 개인이 정치적 존재가치와 견해의 비중에 있어서 평등하다'는 것에서 출발한다.

나. 헌법 제11조 제1항 전문의 일반적 평등원칙은 모든 대상을 동등하게 취급할 것을 요청하는 것이 아니라, 같은 것은 같게 다른 것은 다르게 취급할 것을 요청한다. 일반적 평등원칙의 경우, 모든 사실관계와 기본권주체를 원칙적으로 평등하게 취급해야 한다는 전제가 성립하지 않으며, 이에 따라 '형식적 평등이 원칙이고 차별은 예외'라고 하는 관계가 성립하지 않는다. 일반적 평등원칙이란 정의에 부합하게 같은 것은 같게 다른 것은 다르게 취급할 것을 요청하는 그 본질상 상대적 평등이다. 그러므로 일반적 평등원칙의 관점에서는 차별대우를 정당화하는 합리적인 사유를 인정할 수 있다면, 평등원칙에 위반되지 않는다.

반면에, 보통·평등선거원칙은 모든 국민의 평등한 정치적 참여를 요구하고, 이로써 선거권과 피선거권의 영역에서 모든 국민의 원칙적인 평등을 요청한다. 그러므로 모든 국민은 동수의 투표권을 가지며 모든 투표는 가능하면 동등한 비중을 가져야 한다. 이러한 요청은 피선거권에 대해서도 마찬가지로 적용되어, 모든 국민은 선거에 입후보하여 공직에 취임할 수 있는 동등한 권리를 가져야 한다는 요청으로 구체화된다. 엄격한 정치적 평등의 요청은 선거권과 피선거권의 영역에 제한되는 것이 아니라, 후보자·정당간의 경쟁, 후보자·정당에 대한 국가의 급부제공(가령, 선거운동을 위한 공영방송 방송시간의 배분), 정당에 대한 국고보조금 등 '선거에서 정당과 후보자의 기회균등'의 영역에도 적용된다. 이는 정치적 참여의 가능성에 있어서 모든 국민의 원칙적인 동등성으로부터 나오는 필연적인 결과이다. 이러한 의미에서 보통·평등선거원칙은 엄격하고도 형식적인 평등을 요청한다. 보통·평등선거원칙의 경우에는 평등대우가 원칙이고 차별대우가 예외이므로, 보통·평등선거원칙에 대한 예외는 불가피한 합리적인 사유에 의하여 특별히 정당화되어야 한다.

다. 일반적 평등원칙과 보통·평등선거원칙은 서로 일반·특별관계에 있다. 보통·평등선거원칙은 선거의 영역에서 일반적 평등원칙이 구체화된 형태로서 헌법 제11조 제1항 전문의 일반적 평등원칙에 대한 특별규정이다. 일반적 평등원칙과 보통·평등선거원칙이 헌법적으로 국가에 대하여 요청하는 바가 서로 다르다면, 이에 상응하여 그 위반여부를 판단하는 기준도 달라야 한다. 그러나 헌법재판소는 선거권이나 피선거권의 제한, 투표가치의 평등 및 선거에서의 기회균등의 문제가 특별평등권인 보통·평등선거원칙의 문제라는 것을 인식하지 못하고 헌법 제11조의 일반적 평등원칙을 심사기준으로 삼아 그 위헌여부를 판단하고 있는데, 이러한 태도는 모든 국민을 정치적 권리에 있어서 기계적이고 형식적으로 평등하게 대우할 것을 요청하는 민주주의의 이념과 부합할 수 없는 것이다.

4. 헌법상 선거원칙과 헌법 제24조의 선거권의 관계

헌법은 제24조에서 "모든 국민은 법률이 정하는 바에 의하여 선거권을 가진다."고 하여 선거권의 구체적 내용을 입법을 통하여 형성하도록 입법자에게 위임하고 있다.[1] 헌법 제24조는 "법률이 정하는 바에 의하여"란 표현을 통하여 밝히고 있는 바와 같이, 선거권을 제한하는 권한을 입법자에게 부여하는 규정이 아니라 입법자에 의한 구체적 형성을 요구하고 있는 것이다.[2] 그러나 입법자의 형성권은 무제한적인 것이 아니라, 민주주의원리를 비롯한 헌법규범에 의하여 제한된다. 헌법은 무엇보다도 제41조 제1항 및 제67조 제1항에서 보통·평등·직접·비밀선거의 일반적 선거원칙을 규정함으로써 입법자가 준수해야 할 지침을 제시하고 있다. 선거의 기본원칙은 모든 국가권력을 구속하며, 입법자에 대하여 입법형성의 방향을 제시하고 입법형성권을 제한하는 헌법규범이다. 즉, 입법자는 선거관련입법을 통하여 국민의 선거권을 구체적으로 형성함에 있어서 헌법상의 선거원칙을 준수하고 실현해야 한다. 이러한 의미에서 헌법 제24조의 선거권은 헌법상 선거원칙에 의하여 그 내용에 있어서 이미 본질적으로 결정된다. 즉, 헌법 제24조의 선거권이란 '헌법상 선거원칙에 부합하는 선거권'이며, 이로써 모든 국민은 보통·평등·직접·비밀선거원칙에 부합하는 선거권을 가진다.

따라서 입법자가 헌법상 선거원칙에 위반되게 선거권을 구체적으로 형성하는 경우, 입법자는 헌법 제24조의 선거권을 침해하게 된다. 선거법규정 등 공권력의 행사에 의하여 헌법 제41조와 제67조에 규정된 선거원칙이 위반된 경우, 헌법소원을 통하여 주장할 수 있는 선거권의 침해가 비로소 고려될 수 있는 것이다. 자유권의 경우에는 개인의 자유가 공권력행위에 의하여 과잉금지원칙에 위반

---

1) 헌법 제25조에서는 "모든 국민은 법률이 정하는 바에 의하여 공무담임권을 가진다."고 하여 피선거권의 구체적 형성을 입법자에게 위임하고 있다.

2) 헌재 2007. 6. 28. 2004헌마644 등(제2차 재외국민의 선거권), 판례집 19-1, 859, 874, "헌법 제24조는 모든 국민은 '법률이 정하는 바에 의하여' 선거권을 가진다고 규정함으로써 법률유보의 형식을 취하고 있지만, 이것은 국민의 선거권이 '법률이 정하는 바에 따라서만 인정될 수 있다'는 포괄적인 입법권의 유보 하에 있음을 의미하는 것이 아니다. 국민의 기본권을 법률에 의하여 구체화하라는 뜻이며 선거권을 법률을 통해 구체적으로 실현하라는 의미이다. 이러한 법률유보는 선거권을 실현하고 보장하기 위한 것이지 제한하기 위한 것이 아니므로, 선거권의 내용과 절차를 법률로 규정하는 경우에도 국민주권을 선언하고 있는 헌법 제1조, 평등권에 관한 헌법 제11조, 국회의원선거와 대통령선거에 있어서 보통·평등·직접·비밀선거를 보장하는 헌법 제41조 및 제67조의 취지에 부합하도록 하여야 한다."; 同旨 헌재 2009. 10. 29. 2007헌마1462(제2차 수형자의 선거권제한), 판례집 21-2하, 327, 340.

되어 과도하게 침해되었다는 주장을 하나, 선거권이 문제되는 경우에는 선거권의 과도한 제한이 아니라 선거원칙의 위반을 주장하게 된다.

5. 선거권을 형성하는 법률의 위헌여부를 판단하는 기준

선거권과 피선거권의 주체인 국민에게 헌법소원을 통하여 관철할 수 있는 주관적 권리를 중개해 주는 것은 바로 선거원칙이다. 선거권은 선거원칙과 결합하여 비로소 침해가능한 주관적 권리가 된다는 점에서, 선거권의 침해여부는 선거원칙의 위반여부를 기준으로 하여 판단하게 된다.

가. 선거원칙

(1) 자유권을 제한하는 법률의 위헌성을 판단하는 기준은 헌법 제37조 제2항에 규정된 과잉금지원칙이다. 이에 대하여 선거권을 형성하는 법률의 위헌성을 심사하는 기준은 과잉금지원칙이 아니라 헌법 제41조 제1항 및 제67조 제1항에 규정된 선거원칙이다.

선거권 위반여부를 심사함에 있어서 과잉금지원칙에 따라 입법목적과 입법수단의 상관관계를 단계별로 판단하는 것은 헌법상 선거원칙의 실체적 요청을 전혀 고려할 수 없기 때문에 아무런 의미가 없다. 선거법의 위헌여부는 '수단과 목적의 관계를 통하여 제한이 과잉인지'의 관점이 아니라, '선거법이 헌법상 선거원칙에 위반되는지'의 관점에 의하여 판단되어야 한다. 선거법의 경우 입법목적과 수단의 관계를 과잉금지원칙에 따라 기계적으로 판단한다면, 자칫하면 위헌성심사에서 헌법상의 지침인 선거원칙을 시야에서 잃어버릴 위험이 있다.

더욱이, 보통선거원칙과 평등선거원칙은 선거의 영역에서 평등원칙이 구체화된 헌법적 표현이라는 점에서 근본적으로 자유권의 문제가 아니라 평등의 문제이므로, 그 본질상 자유권을 전제로 하는 과잉금지원칙을 선거권에 적용하는 것은 처음부터 해결될 수 없는 문제를 안고 있다.

(2) 예컨대, 선거연령을 20세로 제한한 선거법규정의 위헌여부를 판단함에 있어서, 가령 입법목적(정치적 판단능력의 고려)의 정당성, 수단(선거연령규정)의 적합성, 수단의 최소침해성, 법익균형성(선거권제한의 효과와 제한을 정당화하는 법익인 정치적 판단능력의 법익형량)을 심사한다면, '국가권력의 지배를 받는 모든 국민은 원칙적으로 선거권을 가져야 한다'는 헌법상 선거원칙인 보통선거원칙에 부합하게 입법자가 선거법을 형성하였는지를 판단할 여지가 없게 된다. 선거권의 박탈에 대하여 과잉금지원칙을 적용하는 경우, 법익형량의 과정(법익균형성의 심사)에서 선거권의 박탈을 통하여 달성하고자 하는 공익과 선거권을 박탈하는 심판대상조항에 의하여 초래된 개인의 기본권제한의 효과(선거권의 박탈)를 형량해야 할 것인데, 개인의 기본권제한효과란 오로지 '선거권의 박탈'이라는 점에서, 공익과 개인의 기본권제한효과를 살펴보는 이러한 법익교량이 의미가 있을 수 없다. 여기서 법익교량과정에서 문제가 되는 것은 개인에 대한 주관적인 제한효과가 아니라, 특정인의 선거권을 박탈하는 것이 민주주의와 국민주권주의에 미치는 객관적 효과인 것이다. 이러한 점에서, 법익교량의 대상이 되어야 하는 것은, 선거권의 박탈을 통하여 달성하고자 하는 법익과 이에 대립하는 법익으로서 보통선거원칙인 것이다.

선거권과 관련하여 과잉금지원칙을 적용하는 것의 문제점은 수형자의 선거권박탈의 위헌여부를 판단한 헌법재판소의 결정(헌재 2004. 3. 25. 2002헌마411)에서도 그대로 드러나고 있다. 헌법재판소는 선거일 현재 금고 이상의 형의 선고를 받고 그 집행이 종료되지 아니한 자는 선거권이 없다고 규정하고 있는 공직선거및선거부정방지법 제18조 제1항 제2호 전단이 헌법에 위반되는지를 판단함에 있어서 보통선거원칙을 한 번도 언급조차 하지 아니한 채, 과잉금지원칙을 적용하여 판단하였다.[1]

나. 헌법재판소 판례의 경향

선거권과 관련된 헌법재판소의 판례에서 문제되는 것은 입법자가 선거권을 과잉으로 제한하였는지의 문제가 아니라 '헌법상 선거원칙의 요청'과 '선거원칙에 대한 예외를 요청하는 다른 법익' 간의 형량을 통하여 선거원칙에 대한 예외가 불가피한 사유에 의하여 정당화되는지의 문제이다.

헌법재판소의 판례를 살펴보더라도, 적어도 2000년대 초반까지의 결정에서는 과잉금지원칙을 적용하여 '입법목적의 정당성', '수단의 적합성', '수단의 최소침해성' 및 '법익균형성'의 단계에 따라 판단한 경우는 찾아보기 어렵다. 헌법재판소는 선거관련입법의 선거권 위반여부를 판단한 대부분의 판례에서 헌법 제37조 제2항이나 과잉금지원칙을 심사기준으로서 언급조차 하지 아니하고, 단지 '입법자가 헌법상 선거원칙을 존중하여 입법형성권을 제대로 행사했는지'의 심사를 하고 있다.

예컨대, 선거연령과 관련하여, 헌법재판소는 과잉금지원칙의 3단계에 따른 심사를 한 것이 아니라 미성년자에 대한 선거권의 배제는 헌법상 보통선거원칙에 대한 예외임을 확인한 후 보통선거원칙에 대한 예외를 허용하는 합리적 사유가 있는지의 여부를 판단하였다.[2] 또한, 선거구획정과 관련해서도 헌법재판소는 투표가치의 평등을 요청하는 헌법상 평등선거원칙에 비추어 선거구인구의 편차가 합리적 사유에 의하여 정당화되는지의 여부를 판단하였다.[3] 헌법재판소는 최근의 결정에서 보통·평등선거원칙에 대한 예외를 정당화하는 사유로서 단순히 '합리적인 사유'가 아니라 '불가피하고 중대한 사유'를 요구함으로써 보다 엄격한 심사를 시도하고 있다.[4] 마찬가지로 1인1표 국회의원선거제와 관련해서도, 헌법재판소는 지역구선거에서 표출된 유권자의 의사를 그대로 정당에 대한 지지의사로 의제하여 비례대표의석을 배분하는 것이 직접선거원칙 및 평등선거원칙에 위반되는지, 이로써 유권자의 선거권을 침해하는지의 여부를 판단하였다.[5]

그러나 헌법재판소는 2000년대에 들어와서는 점차 과잉금지원칙을 기계적으로 적용하여 선거권의 침해여부를 판단함으로써, 헌법상 선거원칙이 사실상 사문화되는 기이한 현상이 발생하고 있다. 헌법이 입법자에게 선거권을 구체적으로 형성함에 있어서 구속력 있는 헌법적 지침으로서 보통·평등선거원칙을 명시적으로 제시하고 있음에도, 헌법재판소가 선거관련입법의 위헌여부를 판단하는 기

---

1) 헌법재판소는 위 결정에서 "선거권의 행사를 위하여 필요한 정보의 제공이 현실적으로 어려운 수형자에게 그 기간 동안 공민권의 행사를 정지시키는 것은, 형벌집행의 실효성 확보와 선거의 공정성을 위하여 입법자가 일응 추구할 수 있는 것으로서 입법목적의 정당성이나 방법의 적정성을 충족시킨다."고 하면서, "이 사건 법률조항은 형사처벌을 받은 모든 사람에 대하여 무한정 선거권을 제한하는 것이 아니라 금고 이상의 형의 선고를 받은 자에 대하여 그 집행이 종료되지 아니한 경우에 한하여 선거권을 제한하고 있어" 최소침해성의 요건을 충족시킨 것으로 판단하고, 이어서 "수형자의 선거권 제한을 통하여 달성하려는 선거의 공정성 및 형벌집행의 실효성 확보라는 공익이 선거권을 행사하지 못함으로써 입게 되는 수형자 개인의 기본권침해의 불이익보다 크다고 할 것이어서 그 법익간의 균형성도 갖추었다."고 하여 이 사건 법률조항은 과잉입법금지의 원칙을 위배하였다고 보기 어렵다는 결론에 이르고 있다(판례집 16-1, 468, 469). 그런데 헌법재판소가 가장 중요한 법익교량부분에서 '수형자 개인이 입는 기본권침해의 불이익이 무엇인지', '어떠한 이유에서 수형자의 선거권 제한을 통하여 달성하려는 공익이 수형자 개인의 기본권침해의 불이익보다 큰지'에 관하여 전혀 밝히지 않은 채 과잉금지원칙을 단지 형식적으로만 적용하고 있다.
2) 헌재 1997. 6. 26. 96헌마89 참조.
3) 헌재 1995. 12. 27. 95헌마224; 헌재 2001. 10. 25. 2000헌마92 참조.
4) 헌재 2007. 6. 28. 2004헌마644 등(제2차 재외국민의 선거권) 참조.
5) 헌재 2001. 7. 19. 2000헌마91 참조.

준으로 보통·평등선거원칙을 적용하지 않는다는 것은 헌법이론적으로 납득할 수 없는 것이다.

헌법재판소는 선거권의 침해여부를 판단함에 있어서 일차적으로 보통·평등선거원칙을 심사기준으로 언급해야 하며, 이 과정에서 과잉금지원칙을 적용한다면, 이는 보통·평등선거원칙이 '헌법에서 특별히 평등을 요구하는 경우'에 해당하므로 엄격한 평등심사가 요청된다는 것에 의하여 정당화될 수 있는 것이다. 따라서 헌법재판소가 본질적으로 선거에서의 평등이 문제되는 곳에서 과잉금지원칙을 적용한다면, 적어도 이러한 논증의 과정이 수반되어야 하는 것인데, 아무런 논증 없이 기계적으로 과잉금지원칙을 적용하고 있다.

III. 선거의 기본원칙[1]

1. 보통선거의 원칙

가. 의미 및 기능

보통선거원칙은 원칙적으로 모든 국민은 누구나 선거권과 피선거권을 가져야 한다는 원칙, 즉 국민이라면 누구나 선거에 참여할 수 있어야 하고 선거를 통하여 선출될 수 있어야 한다는 원칙을 말한다. 보통선거원칙은 선거권 및 피선거권의 행사의 경우에 모두 적용되는 선거원칙이다. 국민의 일부만이 선거에 참여하는 경우 또는 국민의 일부만이 선출되는 경우에는, 그러한 선거는 국민의 정치적 의사를 제대로 반영할 수 없고 선출된 대의기관에 민주적 정당성을 부여할 수 없다.[2] 보통선거는 모든 국민에게 선거의 형태로 정치적 영향력을 행사하는 기회를 보장하고자 하는 것이다. 그러므로 모든 국민에게 원칙적으로 선거권과 피선거권이 인정되어야 하며, 이로써 국가가 사회적·정치적·경제적인 이유 등으로 특정 인적 집단으로부터 선거권과 피선거권을 박탈하는 것이 금지된다. 보통선거는 제한선거에 대응하는 개념이다.

(1) 국민의 자기지배를 실현하기 위한 필수적 요건

개인이 국가권력의 지배를 받는 이유가 바로 개인이 선거를 통하여 대의기관의 구성에 참여하여 국가권력을 위임하였다는 데 있고, 이로써 대의기관의 결정을 자신의 결정으로 간주한다는 것에 있으므로, 보통선거원칙은 국민이라면 누구나 선거에 참여할 수 있을 것을 요청한다. 민주주의원리는 '참정권의 주체'와 '국가권력의 지배를 받는 국민'이 가능하면 일치할 것을 요청하며, 이러한 민주주의적 요청의 필연적인 결과가 바로 보통선거의 원칙이다. 그러므로 보통선거원칙은 '국민의 자기지배'를 의미하는 민주국가를 실현하기 위한 필수적 요건이다. 보통선거의 목적은 다른 선거원칙과 마찬가지로 국민주권의 실현에 있다. 원칙적으로 모든 국민이 선거권과 피선거권을 가진다는 것은 바

---

1) 이에 관하여 한수웅, "헌재 2011. 5. 26. 2010헌마451 결정(선거방송토론회 사건)에 대한 판례평석 – 평등권과 평등선거원칙의 관계를 중심으로 –", 중앙법학 제14집 제3호(2012. 9.), 95면 이하 참조.

2) 피선거권의 제한이 민주주의 실현에 미치는 부정적인 효과 에 관하여, 헌재 1999. 5. 27. 98헌마214(지자체장 입후보제한), 판례집 11-1, 675, 676, "이 사건 조항으로 인하여 발생하는 피선거권 제한의 효과, 특히 '민주주의의 실현'에 미치는 부정적인 효과는 매우 크다. 원칙적으로 국민 누구나가 입후보할 수 있고 이로써 다수의 후보자와 다수의 정책방향 중에서 자유로이 선택할 수 있는 가능성이 유권자에게 주어진 경우에만 그 선거는 국민의 정치적 의사를 제대로 반영할 수 있고 이로써 민주적 정당성을 확보할 수 있는 것이다. 뿐만 아니라 유권자가 후보자를 자유로이 선택할 수 있는 기회가 크게 제한된 상태에서 실시되는 선거는 사실상 국민의 선거권에 대한 현저한 제한으로서 경우에 따라서는 선거권이 형해화될 수도 있다."

로 국민의 자기지배를 의미하는 민주국가에의 최대한의 접근을 의미하기 때문이다.[1]

(2) 엄격하고도 형식적인 평등에 대한 요청

보통선거원칙은 평등선거원칙과 함께 헌법상의 일반적 평등원칙이 선거의 영역에서 구체화된 표현이다. 그러나 헌법 제11조의 일반적인 평등원칙이 단지 자의적인 차별을 금하는 상대적 평등이라면, 보통선거원칙은 가능하면 모든 국민에게 선거권을 부여할 것을 요구하는 '엄격하고도 형식적인 평등'이라는 점에서, 일반적인 평등원칙과 차이가 있다.[2]

(3) 보통선거원칙을 적극적으로 실현해야 할 국가의 의무

한편, 헌법상 보통선거원칙이 요청하는 바가 단지 소극적으로 선거권배제의 금지에 그치는 것인지 아니면 이를 넘어서 국민 누구나 선거권을 행사할 수 있도록 보통선거원칙을 적극적으로 실현해야 할 국가의 의무를 포함하는 것인지에 관하여 논란이 있다.[3] 헌법재판소는 일부 결정에서 별다른 논증의 제시 없이, 모든 국민이 법적으로 선거권의 행사로부터 배제되어서는 안 될 뿐만 아니라, 나아가 모든 유권자가 실제로 선거권을 행사할 수 있도록 배려해야 할 의무를 국가에게 부과하는 것으로 보통선거원칙의 의미를 확대하여 이해하고 있다.

예컨대, 헌법재판소는 '원양어선 선원의 부재자 투표 사건'(헌재 2007. 6. 28. 2005헌마772)에서 '부재자투표는 비밀선거원칙에 위반될 우려가 있으나, 보통선거원칙에 따라 선원들이 선거권을 실제로 행사할 수 있도록 충실히 보장하기 위한 불가피한 측면이 있다'고 하여 보통선거원칙의 요청을 선거권의 실질적 행사의 측면으로 확대하였다.[4] 또한, 부재자투표의 투표개시시간을 오전 10시로 정한 공직선거법조항의 위헌여부가 문제된 '부재자투표시간 사건'(헌재 2012. 2. 23. 2010헌마601)에서도 직장인이나 학생이 늦은 투표개시시간으로 인하여 일과시간 이전에 투표소에 가서 투표할 수 없게 되어 사실상 선거권을 행사할 수 없게 되는 중대한 제한을 받기 때문에 선거권을 침해하고 있다고 판단하였다.[5] 한편, 헌법재판소는 투표소를 선거일 오후 6시에 닫도록 한 공직선거법규정의 위헌여부가 문제된 사건에서 '위 조항은 선거권 행사의 보장과 투표시간 한정의 필요성을 조화시키는 하나의 방안이므로, 선거권을 침해하지 않는다'고 판단하였다.[6]

나아가, 헌법재판소는 개표절차에 관한 공직선거법규정에 의하여 선거권이 침해될 수 있다고 판단하였는데,[7] 이러한 판시내용은 '선거권의 규범적 평등이 실질적으로 실현되고 관철될 수 있도록

---

1) 헌재 1999. 5. 27. 98헌마214(지자체장 입후보제한), 판례집 11-1, 675.
2) 헌재 1997. 6. 26. 96헌마89(선거연령), 판례집 9-1, 674, 685; 헌재 2009. 10. 29. 2007헌마1462(제2차 수형자의 선거권제한), 판례집 21-2하, 327, 340, "민주주의 국가에서 국민주권과 대의제 민주주의의 실현수단으로서 선거권이 갖는 이 같은 중요성으로 인해 한편으로 입법자는 선거권을 최대한 보장하는 방향으로 입법을 하여야 하며, 또 다른 한편에서 선거권을 제한하는 법률의 합헌성을 심사하는 경우에는 그 심사의 강도도 엄격하여야 하는 것이다."
3) 독일연방헌법재판소는 초기의 결정에서 '보통선거원칙은 국민의 일정 집단을 선거권의 행사로부터 배제하는 것을 금지할 뿐, 유권자가 선거권을 행사할 수 있도록 배려해야 하는 부가적인 헌법적 의무를 입법자에게 부과하지 않는다.'고 판단한 바 있다(vgl. BVerfGE 12, 139, 142; 15, 165, 167). 이에 대하여 독일 학계의 일각에서는 '오늘날 국민이 직업행사를 위하여 수시로 이동해야 하는 상황에서, 보통선거원칙은 실질적으로 보장되기 위하여 선거시행의 기술적인 문제를 이러한 변화한 상황에 적응시켜야 하는 입법자의 의무를 포함한다.'고 주장한다.
4) 이에 관하여 자세한 것은 아래 '4. 비밀선거의 원칙' 참조
5) 헌재 2012. 2. 23. 2010헌마601(부재자투표시간), 판례집 24-1상, 320, 321, 헌법재판소는 위 결정에서 선거권의 침해여부를 판단하는 헌법적 기준으로서 보통선거원칙을 완전히 간과한 채, 단순히 과잉금지원칙을 기계적으로 적용하여 위헌여부를 판단하는 오류를 범하고 있다.
6) 헌재 2013. 7. 25. 2012헌마815 등, 공보 제202호, 1029, 헌법재판소는 위 결정에서도 보통선거원칙을 전혀 언급하지 아니한 채 과잉금지원칙을 기계적으로 적용하고 있다.

사후적으로 공정한 개표절차를 보장해야 할 국가의 의무'도 보통·평등선거원칙의 요청에 포함되는 것으로 해석하지 않는 한, 이해될 수 없는 것이다.

나. 보통선거원칙에 대한 예외

선거참여에 있어서의 형식적 평등은 이에 대한 모든 예외를 금지하는 것은 아니다. 다른 중대한 법익의 보호를 위하여 보통선거원칙에 대한 예외가 허용될 수 있다. 그러나 보통선거원칙에 대한 예외는 부득이한 경우에 한하여, 즉 '이를 정당화할 수 있는 필연적인 중대한 사유가 있는 경우'에 한하여 헌법적으로 허용될 수 있다.

(1) 재외국민의 선거권 제한

> **사례** 헌재 2007. 6. 28. 2004헌마644 등(제2차 재외국민의 선거권 사건)
>
> 청구인들은 모두 대한민국 국적을 보유한 일본 영주권자이거나 미국 또는 캐나다 영주권자들인데, 각종 선거법 및 국민투표법 조항들이 대통령·국회의원 선거권, 국민투표권 등의 행사를 위해서는 국내에 거주할 것을 요건으로 함으로써 국민인 재외국민 또는 국외거주자가 참정권을 행사할 수 없도록 규정한 것이 청구인들의 기본권을 침해한다고 주장하면서 헌법소원심판을 청구하였다.

입법자는 영토 내에서의 거주나 체류도 선거권행사의 요건으로서 확정할 수 있다. 선거권의 행사가 국내의 정치적 상황에 대한 어느 정도의 이해를 전제로 한다는 관점에 의하여 이러한 제약은 정당화될 수 있다. 물론, 이러한 관점은 오늘날의 정보기술의 급속한 발전에 비추어 선거권박탈을 정당화하는 사유로서 그 비중과 설득력을 점차 상실하고 있다. 따라서 생활관계의 세계화 및 정보기술의 발달과 더불어, 외국에 체류하는 국민에 대하여 선거권을 확대하는 것이 요청된다. 그럼에도 입법자는 보통선거원칙의 관점에서 모든 재외국민(해외거주 한국인)에 대하여 선거권을 부여해야 하는 헌법적 구속을 받는 것은 아니고, 재외국민이 유학생, 주재원, 외국의 영주권을 가진 국민 등으로 다양하게 구성되어 있다는 점을 감안하여 가령 '외국에서의 일정 체류기간'부터는 재외국민이 정치적 운명공동체로부터 분리되는 것으로 간주하여 선거권을 차등적으로 부여할 수 있다. 헌법재판소는 최근의 결정에서 재외국민의 선거권 행사를 '전면적으로' 부정하고 있는 공직선거법이 보통선거원칙에 위반된다고 판단하였다.[1]

---

7) [동시계표 투표함 수를 제한하지 아니하는 공직선거법조항이 개표참관인들의 실질적 개표참관을 불가능하게 함으로써 청구인들의 선거권을 침해하는지 여부(소극)] 헌재 2013. 8. 29. 2012헌마326, 공보 제203호, 1203, "헌법 제24조에 규정된 선거권이란 국민이 보통·평등·직접·비밀선거에 의하여 공무원을 선출하는 권리를 말하고, 이러한 선거권은 유권자가 자유롭게 후보자를 투표할 뿐 아니라, 투표를 통해 표출된 국민의 의사가 공정한 개표절차에 의해 정확한 선거결과로 반영될 때에만 제대로 보장된다. 이처럼 공정한 개표절차가 진행되기 위해서는 개표절차에 대한 관리·감독이 제대로 이루어져야 하는데, … 투표함의 동시계표를 제한 없이 허용함으로써 개표에 대한 개표참관인의 실질적 감시를 어렵게 만들 경우, 유권자들의 선거권을 제한할 수 있다."

1) 헌재 2007. 6. 28. 2004헌마644 등(제2차 재외국민의 선거권), 판례집 19-1, 859, 860, "선거권의 제한은 불가피하게 요청되는 개별적·구체적 사유가 존재함이 명백할 경우에만 정당화될 수 있고, 막연하고 추상적인 위험이나 국가의 노력에 의해 극복될 수 있는 기술상의 어려움이나 장애 등을 사유로 그 제한이 정당화될 수 없다. 북한주민이나 조총련계 재일동포가 선거에 영향을 미칠 가능성, 선거의 공정성, 선거기술적 이유 등은 재외국민등록제도나 재외국민 거소신고제도, 해외에서의 선거운동방법에 대한 제한이나 투표자 신분확인제도, 정보기술의 활용 등을 통해 극복할 수 있으며, 나아가 납세나 국방의무와 선거권 간의 필연적 견련관계도 인정되지 않는다는 점 등에 비추어 볼 때, 단지 주민등록이 되어 있는지 여부에 따라 선거인명부에 오를 자격을 결정하여 그에 따라 선거권 행사 여부

　　재외국민에게 선거권을 인정하고 있지 않은 선거법규정의 위헌성이 문제되는 경우, '보통선거의 요청'과 '이에 대한 예외를 요청하는 법익이나 사유'를 형량하여 보통선거원칙에 대한 예외가 정당화되는지를 판단해야 한다. 외국체류 한국인의 선거권을 배제하는 중대한 사유로서 고려되는 것은 외국 체류 한국인들은 그들의 선거권행사를 통하여 대의기관의 구성을 함께 결정하나 선거의 결과에 대해서는 책임을 지지 아니하고 선거결과의 영향권에서 벗어나 있다는 점이다. 따라서 재외국민이라 하더라도, 장기간 외국에 체류하는 경우에는 정치적 운명공동체로부터 분리되었다고 간주할 수 있고, 그 결과 선거권의 박탈을 정당화할 수 있다.[1]

(2) 선거연령의 제한

> **사례**　헌재 1997. 6. 26. 96헌마89(선거연령 사건)
>
> 　청구인들은 1996. 2. 경 고등학교를 갓 졸업한 대학생들로서, 같은 해 4. 11. 실시 예정인 국회의원 선거에서 선거권을 행사하려 하였다. 그런데 공직선거및선거부정방지법 제15조는 20세 이상의 국민만 선거권을 행사할 수 있도록 규정하고 있어 당시 20세 미만인 청구인들은 선거권을 행사하지 못하게 되었다. 이에 청구인들은 선거권을 행사할 수 있는 연령을 20세 이상으로 제한한 위 규정은 평등권과 선거권을 침해하는 위헌조항이라고 주장하면서 헌법소원심판을 청구하였다.

　　보통선거원칙의 예외를 정당화하는 부득이한 사유로는 무엇보다도, 일정 연령에 도달해야만 선거를 할 수 있다는 '선거연령의 제한'을 들 수 있다. 선거를 하기 위하여 요구되는 최소한의 정치적 판단능력은 국민의 일정 집단을 선거권의 행사로부터 배제할 수 있는 불가피한 사유에 해당한다. 입법자는 선거연령의 확정을 통하여 정치적 판단능력을 갖춘 집단과 그렇지 못한 집단의 경계를 설정함에 있어서 형성권을 가지고 있으나, 선거연령을 임의로 확정할 수 있는 것은 아니다. 가능하면 국민의 정치적 참여의 폭을 넓혀야 한다는 보통선거의 요청에 비추어, 입법자는 전반적인 교육현실, 현대 정보사회의 발전, 청소년의 신체적·정신적 발전 등을 고려하여 국민이 독자적으로 선거권을 행사할 만한 정신적 수준에 도달하였다고 판단되면, 선거권을 부여해야 한다.[2]

가 결정되도록 함으로써 엄연히 대한민국의 국민임에도 불구하고 주민등록법상 주민등록을 할 수 없는 재외국민의 선거권 행사를 전면적으로 부정하고 있는 법 제37조 제1항은 어떠한 정당한 목적도 찾기 어려우므로 헌법 제37조 제2항에 위반하여 재외국민의 선거권과 평등권을 침해하고 보통선거원칙에도 위반된다."; 한편, 헌법재판소는 헌재 1999. 1. 28. 97헌마253 등 결정(제1차 재외국민의 선거권)에서는 합헌결정을 하였다(판례집 11-1, 54, 55).

[1] 독일의 경우, 공무상의 이유로 외국에 체류하는 국민은 국가의 명령으로 외국에 근무하는 것이기 때문에 근무지와 관계없이 선거권을 부여하고 있으며, 유럽공동체 소속 국가에 체류하는 국민의 경우에도 유럽에서는 독일의 정치적 상황과 접촉이 유지된다고 보아 선거권을 인정하면서, 다만 유럽 외의 국가에서 체류하는 경우에는 25년이 경과한 후에는 선거권이 상실되는 것으로 규정하고 있다. 1988년까지는 재외국민이 운명공동체인 독일로부터 분리되는 기간을 10년으로 간주하였으나, 그 사이 통신기술의 발달로 인하여 그 기간을 연장하였다.

[2] 헌법재판소는 선거연령의 제한에 관하여 합헌으로 판단하였다, 헌재 1997. 6. 26. 96헌마89, 판례집 9-1, 674, "입법자가 공직선거및선거부정방지법에서 민법상의 성년인 20세 이상으로 선거권연령을 합의한 것은 미성년자의 정신적·신체적 자율성의 불충분 외에도 교육적 측면에서 예견되는 부작용과 일상생활 여건상 독자적으로 정치적인 판단을 할 수 있는 능력에 대한 의문 등을 고려한 것이다. 선거권과 공무담임권의 연령을 어떻게 규정할 것인가는 입법자가 입법목적 달성을 위한 선택의 문제이고 입법자가 선택한 수단이 현저하게 불합리하고 불공정한 것이 아닌 한 재량에 속하는 것인바, 선거권연령을 공무담임권의 연령인 18세와 달리 20세로 규정한 것은 입법부에 주어진 합리적인 재량의 범위를 벗어난 것으로 볼 수 없다.; 또한, 동일한 취지로 헌재 2001. 6. 28. 2000헌마111; 헌재 2003. 11. 27. 2002헌마787.

(3) 受刑者의 선거권 제한

사례 | 헌재 2004. 3. 25. 2002헌마411(受刑者의 선거권 박탈 사건)

청구인은 강도상해등죄로 재판을 받고 징역 3년 6월의 형이 확정되어 현재 영등포교도소에서 형집행중인 자인바, 지난 2002년 실시된 지방선거에 투표하려고 하였으나 금고 이상의 형을 선고받고 형집행 중에 있는 자의 선거권을 부인하고 있는 공직선거및선거부정방지법 제18조 제1항 제2호 전단의 규정으로 인하여 투표하지 못하였다. 이에 청구인은 위 법률조항은 청구인과 같은 형집행자의 참정권(헌법 제24조)을 침해하는 위헌적 법률이라고 주장하면서, 헌법소원심판을 청구하였다.

선거권의 결격사유를 규정하여 수형자, 금치산자 등에게 선거권을 박탈하는 것이 보통선거원칙에 대한 예외로서 정당화되는지의 문제가 제기된다. 금치산자의 경우, 정치적 판단능력의 결여로 말미암아 선거권의 박탈이 정당화된다.

그러나 수형자의 경우, 형사책임을 지는 것과 국민으로서 주권을 행사하는 것은 서로 별개의 영역에 귀속되는 문제라는 점에서, 형사책임과 선거권을 결부시켜서 선거권을 제한하는 것이 헌법적으로 정당화되는지 의문이 제기된다. 특히, 수형자의 선거권을 박탈하는 사유로서 '선거의 공정성'이나 '형벌집행의 실효성 확보'라는 공익이 선거권의 박탈을 정당화하는 법익인지, 보통선거원칙을 압도하는 필연적 사유인지 의문이 든다.[1] 선거의 보호, 자유민주적 기본질서의 보호, 국가의 수호 등 헌법적 법익은 이러한 보호법익을 침해하는 선거범죄나 반국가적 범죄로 인하여 처벌을 받는 자의 선거권 박탈을 정당화할 수 있다.[2] 그러나 그 외의 범죄행위로 인하여 선거권을 박탈하는 것은 이를 정당화하는 필연적인 사유를 발견하기 어렵다. 따라서 범죄의 성격을 불문하고 단지 수형자라는 이유로 일률적으로 선거권을 박탈하는 것은 보통선거원칙의 관점에서 문제가 있다.

헌법재판소는 '유기징역의 선고를 받은 수형자와 집행유예자'에 대하여 전면적이고 획일적으로 선거권을 제한하는 공직선거법조항에 대하여 위헌으로 판단하였다.[3] 한편, 헌법재판소의 위 헌법불합치결정으로 인하여 개정된 공직선거법조항은 '1년 이상의 징역의 형의 선고를 받은 사람'에 대하여

---

1) 헌법재판소는 '제1차 수형자의 선거권박탈 사건'에서 이러한 이유에 근거하여 합헌으로 판단한 바 있다. 헌재 2004. 3. 25. 2002헌마411, 판례집 16-1, 468, 469, "선거권의 행사를 위하여 필요한 정보의 제공이 현실적으로 어려운 수형자에게 그 기간 동안 공민권의 행사를 정지시키는 것은, 형벌집행의 실효성 확보와 선거의 공정성을 위하여 입법자가 일응 추구할 수 있는 것으로서 입법목적의 정당성이나 방법의 적정성을 충족시킨다.": 헌법재판소는 '제2차 수형자의 선거권 박탈 사건'에서도 합헌결정을 하였으나, 재판관 5인의 위헌의견에서 이에 대하여 진지한 의문을 제기하고 있다. 헌재 2009. 10. 29. 2007헌마1462, 판례집 21-2하, 327, 328, [재판관 5인의 위헌의견] 참조.

2) 헌법재판소는 선거범죄로 100만 원 이상의 벌금형의 선고를 받고 그 형이 확정된 후 5년이 경과하지 아니한 자는 선거권이 없다고 규정한 공직선거법 조항에 대해서는 "이 사건 선거권제한조항은 선거의 공정성을 확보하기 위한 것으로서, 선거권 제한의 대상과 요건, 기간이 제한적인 점, 선거의 공정성을 해친 바 있는 선거범으로부터 부정선거의 소지를 차단하여 공정한 선거가 이루어지도록 하기 위하여는 선거권을 제한하는 것이 효과적인 방법인 점, … 등을 종합하면, 이 사건 선거권제한조항은 청구인의 선거권을 침해한다고 볼 수 없다."고 합헌으로 판단한 바 있다(헌재 2011. 12. 29. 2009헌마476; 헌재 2018. 1. 25. 2015헌마821 등).

3) 헌재 2014. 1. 28. 2012헌마409 등(제3차 수형자의 선거권 박탈), 판례집 26-1상, 136, "심판대상조항의 입법목적에 비추어 보더라도, 구체적인 범죄의 종류나 내용 및 불법성의 정도 등과 관계없이 일률적으로 선거권을 제한하여야 할 필요성이 있다고 보기는 어렵다. 범죄자가 저지른 범죄의 경중을 전혀 고려하지 않고 수형자와 집행유예자 모두의 선거권을 제한하는 것은 침해의 최소성원칙에 어긋난다. … 따라서 심판대상조항은 청구인들의 선거권을 침해하고, 보통선거원칙에 위반하여…"

일률적으로 선거권을 제한하도록 규정하고 있는데, 헌법재판소는 위 조항에 대하여 '사회적·형사적 제재의 부과 및 준법의식의 제고'라는 입법목적을 위하여 1년 이상의 징역의 형의 선고를 받은 사람의 선거권을 일률적으로 제한하는 것은 선거권을 침해하지 않는다고 판단하였다.[1] 그러나 위에서 언급한 입법목적이 보통선거원칙에 대한 예외를 정당화하는 필연적 사유인지, 특히 선거권의 제한이 '준법의식의 제고'를 위한 적절한 수단인지 의문이 제기된다.

(4) 피선거권의 제한[2]

사례	헌재 1999. 5. 27. 98헌마214(지자체장 입후보금지 사건)

청구인들은 1998년도 지방자치단체장 선거에서 당선된 서울특별시의 22개 구청의 구청장들이다. 청구인들은 지방자치단체의 장으로 하여금 임기중 공직선거에의 입후보를 할 수 없도록 규정하고 있는 공직선거및선거부정방지법 제53조 제3항("지방자치단체의 장은 그 임기중에 그 직을 사퇴하여 대통령선거, 국회의원선거, 지방의회의원선거 및 다른 지방자치단체의 장 선거에 입후보할 수 없다.")이 청구인들의 기본권을 침해하고 있다며, 헌법소원심판을 청구하였다.

(가) 보통선거원칙은 국민 누구나 피선거권을 가져야 한다는 원칙을 의미하므로, 피선거권을 제한하는 경우에는 보통선거원칙에 부합하는지를 판단해야 한다. 예컨대, 지방자치단체장이 임기 중 공직선거에 입후보하는 것을 법적으로 금지하는 경우가 이에 속한다.[3]

(나) 또한, 누구나 선출될 수 있는 가능성을 제한하는 대표적인 경우가 후보자 등록을 위한 고액의 기탁금의 문제이다.[4] 기탁금제도는 후보자의 무분별한 난립을 방지하고 후보자의 성실(진지)성을 담보하고자 하는 목적을 가지고 있으나, 한편으로는 재력이 없는 사람이 국회에 진출할 수 있는 길을 봉쇄하는 효과를 가짐으로써 '누구나 원칙적으로 제한 없이 선거에 입후보할 수 있어야 한다'는 요청인 보통선거원칙과 충돌한다. 따라서 기탁금제도는 한편으로는 후보자의 무분별한 난립현상도 방지할 수 있으면서, 다른 한편으로는 재력여부와 관계없이 누구나 선출될 수 있도록, 양 법익의 조화와 균형을 이루는 방향으로 형성되어야 한다.

한편, '기탁금제도' 및 이의 실효성확보를 위하여 부수적으로 연계된 제도인 '기탁금의 국고귀속제도'는 엄밀한 의미에서 보통선거원칙이 아니라 평등선거원칙(입후보에 있어서 후보자의 기회균등)의 관점에서 판단되어야 할 문제이다. 기탁금제도에 있어서 문제되는 것은 피선거권 박탈의 문제가 아니라, 피선거권은 인정되나 입후보의 가능성에 있어서 발생하는 사실상의 불평등의 문제이기 때문

---

1) 헌재 2017. 5. 25. 2016헌마292 등, 판례집 29-1, 209.

2) 이에 관하여 상세한 것은 제3편 제5장 제3절 Ⅲ. '피선거권' 참조.

3) 헌법재판소는 지자체장의 입후보금지에 대하여 위헌으로 판단하였다, 헌재 1999. 5. 27. 98헌마214(지자체장 입후보금지), 판례집 11-1, 675, 707, "이 사건 법률조항에 의한 청구인들에 대한 피선거권의 제한은 민주주의의 실현에 미치는 부정적인 효과 및 당사자에게 생길 수 있는 피해는 매우 크고 심대한 반면, 이에 비교하여 이 사건 법률조항을 통하여 달성하려는 공익적 효과(행정혼란의 방지 또는 자치행정의 효율성)는 상당히 작다고 판단된다. 따라서 피선거권의 제한을 정당화하는 합리적인 이유를 인정할 수 없으므로 제한을 통하여 얻는 공익적 성과와 제한이 초래하는 효과가 합리적인 비례관계를 현저하게 일탈하고 있다고 할 것이어서 결국 이 사건 법률조항은 보통선거원칙에 위반되어 청구인들의 피선거권을 침해하는 위헌적인 규정이라 할 것이다."

4) 헌법재판소는 국회의원선거법에서 과다한 기탁금을 규정하여 입후보의 기회를 제한함으로서 재력 없는 사람이 국회에 진출할 수 있는 길을 봉쇄하는 것은 보통·평등선거원칙에 위배된다고 결정하였다(헌재 1989. 9. 8. 88헌가6).

이다.

2. 평등선거의 원칙

가. 의미 및 기능

평등선거는 모든 국민을 동등하게 선거라는 정치적 결정과정에 참여시키고자 하는 원칙이다. 보통선거원칙이 선거권과 피선거권을 포괄하는 것과 마찬가지로, 평등선거원칙도 유권자로서의 평등과 후보자로서의 평등을 요청한다. 따라서 평등선거원칙이란, 일차적으로 모든 국민은 선거를 통한 대표자선출과정에서 동등한 영향력을 행사할 수 있어야 한다는 원칙(투표가치의 평등)이고, 나아가 선거에 참여하는 후보자와 정당은 선거에서 균등한 기회를 가져야 한다는 원칙(선거에서의 기회균등)이다. 이는 차등선거 또는 불평등선거에 대응하는 개념이다.

평등선거원칙은 보통선거원칙과 마찬가지로 일반적 평등원칙이 선거의 영역에서 구체화된 표현이나, 단순히 자의금지원칙에 그치지 아니하고 '선거권의 형식적 평등'과 '선거에 참여하는 정당과 후보자의 엄격한 기회균등'을 요청한다. 평등원칙의 엄격성으로 말미암아, 이에 대한 예외는 특별한 정당성을 필요로 한다. 따라서 평등선거원칙에 대한 예외는 단지 불가피한 사유가 있는 경우에 한하여 허용된다.

보통선거원칙과 평등선거원칙은 모두 정치적 영향력행사에 있어서의 평등을 요청하나, 그 차이점은 다음과 같다. 보통선거원칙은 원칙적으로 누구나 선거권과 피선거권을 가져야 한다는 관점에서 '선거권이나 피선거권을 가지고 있는지'의 문제이기 때문에 선거권이나 피선거권이 박탈당한 경우에 문제되는 반면, 평등선거원칙은 국민에게 선거권이나 피선거권은 인정되지만 투표가치가 타인에 비하여 적게 평가되는 경우나 선거에서의 기회균등이 저해되는 경우에 문제된다.

(1) 투표가치의 평등

투표가치의 평등은 다음과 같은 이중적인 의미의 평등을 요청한다. 모든 유권자는 같은 수의 투표권을 가지고(표면가치 또는 산술적 계산가치의 평등), 그 투표권은 대표자 선출의 기여도에 있어서 동일한 비중(성과가치의 평등)을 가져야 한다.[1] 가령, 다수대표제의 선거제도에서 1선거구에서 1인의 의원을 선출하는 경우 한 선거구의 인구가 만 명이고 다른 선거구의 인구가 오천 명이라면 모든 유권자가 동수의 투표권을 가진다는 점에서는 표면가치는 평등하나, 투표권이 대표자의 선출에 기여하는 비중에 있어서는 평등하지 않다.

(2) 선거에서 정당 및 후보자의 기회균등

평등선거원칙은 선거 그 자체에 대해서뿐만 아니라 선거준비단계, 입후보의 가능성, 선거운동(예컨대 선거운동을 위한 방송시간의 할애), 선거의 절차, 정당에 대한 국고의 재정지원, 선거운동비용의 보상 등 선거와 연관된 모든 과정에 대해서도 평등원칙이 준수될 것을 요청한다. 따라서 평등선거에서 중요시되어야 하는 또 다른 내용은 선거에 참여하는 정당과 후보자에게 선거에서 균등한 기회가 보장되어야 한다는 점이다.[2] 정당과 후보자가 균등한 기회를 가지고 선거에 참여하는 것은 정당 및 후

---

1) 헌재 2001. 7. 19. 2000헌마91(1인1표제), 판례집 13-2, 77, 97, "평등선거의 원칙은 평등의 원칙이 선거제도에 적용된 것으로서 투표의 수적인 평등을 의미할 뿐만 아니라 투표의 성과가치의 평등, 즉 1표의 투표가치가 대표자선정이라는 선거의 결과에 대하여 기여한 정도에 있어서도 평등하여야 함을 의미한다."

2) 선거에서의 기회균등과 관련하여, 헌법재판소는 공직선거에서 투표용지의 후보자 게재순위를 정함에 있어서 정

보자간의 자유경쟁이 이루어지기 위하여 불가결한 것이며, 선거에서 이러한 자유경쟁이 보장되는 경우에만 국민의 자유로운 의사형성이 가능하고, 이로써 국민의 정치적 의사를 제대로 반영하는 선거가 이루어질 수 있다. 따라서 선거에서 모든 정당과 후보자에게 균등한 기회를 보장하는 것은 국민의 자유로운 의사형성의 실현을 위한 조건이자 선거가 그 기능을 이행하기 위한 조건인 것이다.

평등선거를 실현하기 위한 기회균등의 요청은 선거절차에서 국가의 공권력이 엄격한 중립을 유지할 때에만 실현될 수 있기 때문에 국가의 중립의무를 당연한 전제로 한다. 따라서 선거에서의 기회균등의 원칙은 국가기관에 대하여 정당과 후보자간의 경쟁에서 중립적으로 행동할 것을 요청한다. 선거에서 정당·후보자간의 기회균등을 왜곡할 수 있는 모든 차별취급은 원칙적으로 국가기관에게 허용되지 않는다. 헌법은 제116조 제1항에서 '선거에서의 기회균등'을 명시적으로 언급하고 있다.

나. 평등선거원칙에 대한 예외

평등선거원칙도 이에 대한 모든 예외를 금지하는 것은 아니다. 그러나 평등선거원칙에 대한 예외는 불가피한 합리적인 사유에 의하여 정당화되어야 한다.

(1) 선거구간의 인구편차

> **사례** | 헌재 2001. 10. 25. 2000헌마92 등(선거구 인구편차 사건)
>
> 2000년 실시된 제16대 국회의원선거의 선거구구역표상의 '경기 안양시 동안구 선거구'의 인구수는 331,458명으로서, 전국선거구의 평균인구수(208,502명)와 비교하여 +59%의 편차를 보였고, 최소선거구인 '경북 고령군·성주군 선거구'의 인구수에 비하여 3.65:1의 편차가 났다. 이에 '경기 안양시 동안구 선거구'에 주소를 둔 선거권자인 甲은 위 선거구구역표에 의한 선거구획정으로 인하여 자신의 투표가치가 '경북 고령군·성주군 선거구'의 선거권자들에 비하여 과소평가되어 평등선거의 원칙에 반하고 헌법상 보장된 평등권 및 선거권이 침해되었다고 주장하며, 헌법소원심판을 청구하였다.

선거구획정을 전제로 하여 실시되는 다수대표제에서는 각 선거구의 유권자수가 가능하면 동일하도록 선거구의 획정이 이루어지는 경우에만 투표의 동등한 성과가치가 보장될 수 있다. 따라서 선거인수에 있어서 선거구간의 편차가 너무 벌어지도록 선거구를 분할하는 경우, 투표가치(성과가치)의 불평등으로 인하여 평등선거원칙에 위반되어 선거권을 침해할 수 있다.

헌법재판소는 1995년의 결정에서 당시의 선거구획정표에 대하여 위헌결정을 하면서 국회의원 선거구간의 인구비례가 4:1을 넘어서는 안 된다는 기준을 제시하였고,[1] 이어서 2001년의 결정에서는 선거구간의 인구비례가 3:1을 초과하면 위헌이라고 판시하면서 장기적으로는 인구비례가 2:1을 넘지 않도록 조정할 것을 촉구하였다.[2] 위 결정으로부터 13년이 지난 2014년 결정에서는 국회의원지역선거구구역표에 대하여 헌법불합치결정을 하면서, 선거구간의 인구비례가 2:1(인구편차 상하 33⅓%)을

당·의석수를 기준으로 한 투표용지 게재순위 내지 기호배정방법이 소수의석을 가진 정당이나 의석이 없는 정당 후보자 및 무소속 후보자의 평등권을 침해하지 아니한다고 판단하였고(헌재 1996. 3. 28. 96헌마9 등), 그 후 일련의 후속결정에서도 이러한 판시내용을 그대로 유지하고 있다(헌재 2020. 2. 27. 2018헌마454).

1) 헌재 1995. 12. 27. 95헌마224 등, 이 당시 선거구간의 최대 인구편차는 약 5.9:1에 달하였다. 선거구간의 인구편차를 정당화하는 근거로서 도시와 농촌간의 인구편차, 지리적 상황, 행정구역, 역사적, 전통적 일체감 등이 고려된다고 한다.
2) 헌재 2001. 10. 25. 2000헌마92 등(선거구 인구편차).

초과해서는 안 된다고 판시하였다.[1]

(2) 봉쇄조항(저지조항)

봉쇄조항이란, 유권자가 정당이 제시하는 후보자명부에 대하여 투표하고 정당의 득표수에 따라 각 정당에게 의석을 배분하는 비례대표제에서, 일정한 비율 이상을 득표한 정당에 대해서만 의석배분을 하는 것을 말한다. 가령, 정당투표에서 유효투표총수의 5% 이상 획득한 정당에게만 의석을 배분하도록 규정하는 경우, 5% 이상을 득표하지 못한 정당을 지지한 유권자는 의석의 배분이나 선거의 결과에 아무런 영향을 미치지 못하므로, 투표권의 성과가치에 있어서 불평등한 대우를 받는다. 그러나 다수의 군소정당이 의회에 진출하는 것은 의회의 기능을 저해할 수 있으므로, 군소정당의 난립과 정국의 불안정을 방지하여 의회의 원활한 기능을 확보하고자 하는 입법목적에 의하여 평등선거원칙에 대한 예외로서 봉쇄조항이 정당화될 수 있다.

한편, 봉쇄조항은 이러한 목적도 달성하면서 동시에 평등선거원칙도 최대한으로 실현할 수 있도록 구체적으로 형성되어야 한다. 따라서 의회의 기능을 방해하는 군소정당의 난립을 막기 위하여 어느 정도의 최저선이 필요한 것인지는 별도로 판단되어야 한다. 봉쇄조항이 허용되는지의 판단은 '정치현실에 비추어 이러한 도구가 반드시 필요한지'에 대한 판단으로서, 항상 새롭게 제기되고 평가되어야 하는 사실적 상황에 달려있다.

(3) 기탁금규정

> **사례** | 헌재 2001. 7. 19. 2000헌마91 등(기탁금/1인1표제 사건)
>
> 甲은 2000. 4. 실시될 제16대 국회의원 선거에서 지역구 후보자로 출마예정인 사람이다. 甲은 국회의원 후보자등록을 신청하는 후보자로 하여금 2천만원을 기탁금으로 납부하도록 규정하고, 후보자의 득표수가 당해 지역구의 유효투표총수의 100분의 20 이상인 때에 해당하지 않으면 기탁금을 반환하지 아니하고 국고에 귀속시키도록 규정하고 있는 '공직선거 및 선거부정방지법' 조항에 대하여, 기탁금액 및 그 반환기준이 지나치게 높아서 청구인들의 피선거권을 침해하고 있다고 주장하면서, 헌법소원심판을 청구하였다.

(가) 공직선거 후보자등록을 신청하는 후보자로 하여금 일정 금액을 기탁금으로 납부하도록 규정하는 기탁금제도는 후보자의 무분별한 난립을 방지하고 후보자의 성실(진지)성을 담보하고자 하는 목적을 가지고 있으나, 재력이 없는 사람이 입후보하는 것을 곤란하게 함으로써 입후보의 가능성에 있어서 불평등의 문제를 야기한다. 따라서 기탁금제도 및 기탁금제도의 실효성을 확보하기 위하여 일정한 수준의 득표를 하지 못한 후보자의 기탁금을 국고에 귀속시키는 제도는 '입후보에 있어서 후보자의 기회균등'의 관점에서 판단되어야 한다. 기탁금제도는 한편으로는 후보자의 무분별한 난립현상도 방지할 수 있으면서, 다른 한편으로는 재력여부와 관계없이 누구나 선출될 수 있도록, 양 법익의 조화와 균형을 이루는 방향으로 구체적으로 형성되어야 한다. 따라서 지나치게 과도한 기탁금이나 기탁금반환의 기준은 평등선거원칙에 위반된다.[2]

---

1) 헌재 2014. 10. 30. 2012헌마192 등, 공보 제217호, 1725, "인구편차 상하 33⅓%를 넘어 인구편차를 완화하는 것은 지나친 투표가치의 불평등을 야기하는 것으로, … 청구인들의 선거권 및 평등권을 침해한다."

기탁금제도에 있어서 문제되는 것은 피선거권 박탈의 문제가 아니라, 피선거권은 인정되나 입후보의 가능성에 있어서 발생하는 사실상의 불평등의 문제이기 때문에, '기탁금제도' 및 이의 실효성 확보를 위하여 부수적으로 연계된 제도인 '기탁금의 국고귀속제도'는 보통선거원칙이 아니라 평등선거원칙의 관점에서 판단되어야 할 문제이다. 그러나 헌법재판소는 일련의 결정에서 기탁금제도의 문제가 '평등선거원칙에 위반되어 피선거권을 침해하는지 여부'에 관한 것이라는 것을 간과하고,[1] 공무담임권(피선거권)을 과잉으로 침해하는지 여부 및 평등권을 침해하는지 여부의 관점에서 판단하는 오류를 범하고 있다.[2]

(나) 한편, 헌법재판소는 일부 결정에서 기탁금반환기준의 위헌여부를 평등선거원칙이 아니라 재산권을 심사기준으로 하여 판단하고 있는데, 이는 '정치적 평등'의 문제를 '재산권'의 문제로 변질시킴으로써 기탁금제도가 제기하는 헌법적 문제의 본질을 왜곡하는 중대한 오류이다.[3] 입법자가 기탁금반환의 기준을 정함에 있어서 한편으로는 입후보예정자가 기탁금을 반환받지 못하게 되는 부담에도 불구하고 선거에 입후보할 것인지 여부를 진지하게 고려할 정도에 이르러야 하고, 다른 한편으로는 지나치게 그 반환기준이 높아 진지하게 입후보를 고려하는 예정자가 입후보 자체를 포기할 정도에 이르지 않아야 한다는 헌법적 제약을 받는다는 점에서,[4] 여기서 제기되는 헌법적 문제의 본질은 후보자의 재산권에 대한 과도한 침해 여부가 아니라[5] '공직선거에서 입후보의 가능성에 있어서 불평등 여부'이다.

따라서 기탁금귀속조항도 기탁금조항과 마찬가지로 후보자의 입후보를 필연적이고 합리적인 이유 없이 곤란하게 하는지의 관점, 즉 평등선거원칙에 위반되어 피선거권을 침해하는지의 관점에서 판단되어야 한다. 기탁금제도와 기탁금귀속제도를 하나의 통일된 제도로 이해하지 않고 이를 별개의 독립된 제도로 보아, 기탁금납부조항의 위헌여부는 '공무담임권'을 심사기준으로 그리고 기탁금귀속조항의 위헌여부는 '재산권'을 심사기준으로 판단하는 것은, 기탁금 국고귀속제도는 기탁금제도를 전제로 하여 그 실효성을 확보하기 위하여 부수적으로 연계된 제도로서 양자가 상호 불가분의 관계에 있다는 것을 간과하는 것이다.

---

2) 헌법재판소는 국회의원선거법에서 과다한 기탁금을 규정하여 입후보의 기회를 제한함으로써 재력 없는 사람이 국회에 진출할 수 있는 길을 봉쇄하는 것은 보통·평등선거원칙에 위배된다고 결정하였다(헌재 1989. 9. 8. 88헌가6). 기탁금반환기준과 관련하여, 헌법재판소는 유효투표 총수의 1/3 또는 1/5을 반환조건으로 정한 경우에는 그 기준이 너무 엄격하여 선거제도의 원리에 위반된다는 이유로 또는 피선거권의 과잉제한이라는 이유로 피선거권의 침해를 확인하였고(헌재 1989. 9. 8. 88헌가6; 헌재 2001. 7. 19. 2000헌마91). 반면에 유효투표 총수의 15%를 반환조건으로 정한 경우에 대해서는 현저히 불합리하거나 자의적인 기준이라고 할 수 없다고 하여 합헌판단을 하였다(헌재 2004. 3. 25. 2002헌마383).
1) 이에 관하여 상세하게 제3편 제5장 제3절 Ⅲ. '피선거권' 참조.
2) 가령, 헌재 2017. 10. 26. 2016헌마623.
3) 헌법재판소는 공직선거 예비후보자의 '기탁금 반환사유'로 정당의 공천심사에서 탈락하고 후보자등록을 하지 않은 경우를 규정하지 않은 공직선거법조항이 과잉금지원칙에 반하여 예비후보자의 재산권을 침해한다고 판단하였다(헌재 2018. 1. 25. 2016헌마541; 헌재 2020. 9. 24. 2018헌가15). 또한, 총장임용후보자선거에서 납부된 기탁금의 일부만을 후보자에게 반환하도록 한 대학규정의 위헌여부가 문제된 사건에서, 기탁금납부조항의 위헌여부는 '공무담임권'을 심사기준으로, 기탁금귀속조항의 위헌여부는 '재산권'을 심사기준으로 판단하고 있다(헌재 2021. 12. 23. 2019헌마825).
4) 헌재 2011. 6. 30. 2010헌마542 참조.
5) 기탁금반환기준을 정하는 공직선거법조항이 후보자의 재산권을 규율하는 성격을 가지는 경우에 비로소 헌법상 재산권 보장이 위 조항의 위헌여부를 판단하는 심사기준으로 고려될 수 있는데, 위 공직선거법조항이 후보자의 재산권에 미치는 불리한 효과는 단지 '입후보의 가능성에 있어서 불평등'에 의하여 초래되는 부수적이고 반사적인 효과일 뿐이다.

(4) 공직선거 입후보의 제한

사례 | 헌재 1995. 5. 25. 91헌마67(정부투자기관 직원의 입후보제한 사건)

甲은 대한석탄공사법에 의하여 설립된 정부투자기관인 乙 석탄공사(이하 "공사"라 한다)의 탄광에서 석탄을 채취하는 일 등에 종사하는 직원(광원)이다. 甲은 시·도의회의원선거에 입후보하려 하였으나, 구 지방의회의원선거법은 '정부투자기관의 임·직원으로서 후보자가 되고자 하는 자는 지방의회의원의 임기만료일 전 90일까지 그 직에서 해임되어야 한다.'고 규정함으로써 甲과 같은 정부투자기관의 직원이 지방의회의원선거에 입후보하는 것을 제한하고 있다. 이에 甲은 위 지방의회의원선거법규정이 자신의 평등권 및 공무담임권을 침해한다는 이유로 헌법소원심판을 청구하였다.

사퇴의무조항 등을 통하여 공직선거에 입후보하는 것을 제한하는 규정도 선거에서 입후보의 기회균등의 관점에서 판단되어야 한다. 공무원이 공직선거에 입후보하는 경우 선거일 전 일정 기간까지 그 직을 그만두도록 규정하는 공직선거법조항은 피선거권을 박탈하는 것은 아니지만, 입후보의 가능성을 제한함으로써 입후보의 가능성에 있어서 불평등 문제를 야기한다. 따라서 공직선거의 입후보를 제한하는 규정은 평등선거원칙에 대한 위반의 의심을 불러일으키므로, 불가피한 합리적인 사유에 의하여 정당화되어야 한다.

헌법재판소는 공무원이 공직선거의 후보자가 되고자 하는 경우에는 선거일 전 90일까지 또는 선거일 전 60일까지 사퇴하도록 규정한 조항의 위헌여부가 문제된 사건에서 선거의 공정성과 공직의 직무전념성을 보장하기 위하여 불가피한 것으로 판단하여 합헌결정을 하였다(헌재 1995. 3. 23. 95헌마53; 헌재 2008. 10. 30. 2006헌마547). 그러나 지방자치단체의 장이 자신의 관할구역에서 국회의원선거에 입후보하는 경우 선거일 전 180일까지 사퇴하도록 규정한 조항에 대하여 평등원칙의 위반으로 위헌결정을 하였다(헌재 2003. 9. 25. 2003헌마106).[1] 또한, 헌법재판소는 위 '정부투자기관 직원의 입후보제한 사건'에서 임원에 대한 입후보의 제한은 그 합리적인 필요성을 인정할 수 있으나, 직원을 임원과 마찬가지로 취급하여 입후보를 제한하는 것은 헌법에 위반된다고 판단하였다.[2] 물론, 헌법재판소는 여기서도 입후보 제한의 문제가 공무담임권(피선거권)의 과잉제한의 문제가 아니라, 공직선거에서 선출의 기회균등의 문제, 구체적으로 입후보의 가능성이나 선출의 기회에 있어서 평등의 문제로서, 이를 헌법적으로 보장하는 '평등선거원칙'에 위반되어 피선거권이 침해되었는지의 문제라는 것을 제대로 인식하지 못하고 있다.[3]

---

1) 한편, 지방자치단체장이 선거일 전 120일까지 사퇴하도록 규정한 조항에 대해서는 합헌으로 판단하였다(헌재 2006. 7. 27. 2003헌마758 등).

2) 헌재 1995. 5. 25. 91헌마67(정부투자기관 직원의 입후보제한), 판례집 7-1, 722, 746-750, "공직자들이 직위를 유지한 채 지방의회의원 등 공직선거에 입후보하는 것을 제한하는 이유는 우선적으로, 공직을 이용한 선거운동의 기회를 차단함으로써 선거의 공정성 및 형평성을 보장하자는 것이다. … 이러한 관점에서 볼 때, 정부투자기관의 경영에 관한 결정이나 집행에 상당한 영향력을 행사할 수 있는 지위에 있다고 볼 수 없는 직원을 임원이나 집행간부들과 마찬가지로 취급하여 지방의회의원직에 입후보를 하지 못하도록 하고 있는 선거법 제35조 제1항 제6호의 입후보 제한규정은, … 합리적인 이유 없이 청구인들을 차별하는 것이어서 헌법 제11조의 평등원칙에 위배되고, 헌법 제37조 제2항의 비례의 원칙에 어긋나서 청구인들의 기본권인 공무담임권을 침해하는 것이므로 헌법에 위반된다 할 것이다."

3) 제3편 제5장 제3절 Ⅲ. '피선거권' 참조.

(5) 공영방송사의 선거방송시간의 차등적 제공

사례 | 헌재 2011. 5. 26. 2010헌마451(선거방송토론회 사건)

공직선거법은, 선거방송토론위원회는 선거운동기간 중 지역구국회의원선거의 후보자를 초청하여 1회 이상의 대담·토론회 또는 합동방송연설회를 개최한다고 규정하면서(제82조의2 제3항), 지역구국회의원선거에서 공영방송매체를 이용한 선거방송 대담·토론회에 초청받을 수 있는 후보자를 "주요정당이 추천한 후보자, 지난 선거에 입후보하여 일정 비율 이상을 득표한 후보자, 여론조사결과 일정 지지율 이상의 후보자"로 제한하고 있다(같은 조 제4항). 공직선거법은 비초청대상 후보자에 대해서는 대신 합동방송연설회를 개최하거나(같은 조 제3항) 또는 이들을 대상으로 별도로 대담·토론회를 개최할 수 있도록 규정하고 있다(같은 조 제5항). 甲은 2010. 7. 시행된 은평(을) 선거구 국회의원 재선거에서 사회당 추천후보로 등록한 자인바, 공직선거법 제82조의2 제4항의 요건을 충족시키지 못하여 선거방송토론회 초청대상에서 제외되자, 위 법률조항이 공무담임권 등 자신의 기본권을 침해한다고 주장하면서, 헌법소원심판을 청구하였다.[1]

(가) 국가가 정당에게 공공시설이나 선거방송시간 등 급부를 제공하는 경우, 모든 정당을 평등하게 취급해야 한다는 구속을 받는다. 평등선거원칙은 유권자의 지지를 얻고자 하는 선거운동에서 모든 정당에게 동등한 기회가 보장될 것을 요청한다. 선거운동에서의 기회균등원칙은 단지 불가피한 사유에 의해서만 예외가 허용되는 '엄격하고도 형식적인 평등원칙'을 의미한다. 이러한 점에서 공영방송이 선거운동을 위한 방송시간을 정당이나 입후보자에게 차등적으로 할당하는 경우, 평등선거원칙에 대한 위반여부가 문제된다. 이와 관련하여 일부의 견해는, 공영방송에 의한 선거방송시간의 차등적 할당으로 인하여 군소정당을 국민에게 알릴 기회를 축소시키고 선거결과에 불리한 효과를 초래할 수 있기 때문에 정당간의 기회균등원칙에 위반된다고 주장한다.[2] 그러나 국가가 공적 급부의 제공에 있어서 정당의 의미와 비중, 특히 각 정당에 대한 유권자의 상이한 지지도를 고려하여 이에 따라 차별하는 것은, 정당간의 자유경쟁에 있어서 준수되어야 하는 '국가의 중립의무'에 비추어 합리적이고 불가피한 것으로 판단된다.

선거운동에서의 기회균등원칙은 공영방송이 방송을 통한 선거운동의 가능성으로부터 특정 정당을 배제하거나 또는 역으로 특정정당에게만 방송시간을 부여하는 것을 금지한다. 그러나 정당의 비중이나 의미에 상응하여 방송시간을 어느 정도 차등적으로 할당하는 것은 기회균등의 원칙에 위반되

---

1) 헌재 2011. 5. 26. 2010헌마451(선거방송토론회), 판례집 23-1하, 237, [지역구국회의원선거에서 공영방송매체를 이용한 선거방송토론회에 참여할 수 있는 후보자를 제한하는 공직선거법규정이 평등선거원칙(선거에서의 기회균등)에 위반되는지의 여부에 관하여 "방송매체를 이용한 대담·토론회에 참여할 수 있는 후보자를 아무런 제한 없이 할 경우 실질적인 대담이나 토론이 이루어질 수 없어 정견발표회 수준으로 전락할 수 있고, 후보자들 간의 자질과 정치적인 능력의 비교가 불가능해질 개연성이 있고, 전파자원 역시 한정되어 있는바, 이 사건 법률조항이 주된 대담·토론회에 참여할 수 있는 후보자를 일정한 범위로 제한하는 것은 위와 같은 입법자의 합리적 판단에 기인한 것이라고 할 수 있다. … 아울러 비초청대상후보자의 경우 이들을 대상으로 한 대담·토론회가 개최될 수 있도록 규정하여 방송토론회를 통해 선거운동을 할 수 있는 기회를 제공하고 있는 점 등을 고려한다면, 이 사건 법률조항은 대담·토론회의 기능의 활성화를 위하여 적당한 수의 후보자만을 초청하여야 한다는 요청과 선거운동에서의 기회의 균등보장이라는 서로 대립하는 이익을 적절히 비교형량한 합리적인 것으로서 이와 같은 취급을 두고 자의적인 차별로서 평등권을 침해하였다고 하기는 어렵다." 헌법재판소는 재판관 7(합헌): 2(위헌)의 의견으로 합헌으로 판단하였다.
2) 가령, 헌재 2011. 5. 26. 2010헌마451(선거방송토론회), 재판관 2인의 반대의견 참조(판례집 23-1하, 237, 238).

지 않는다. 국가가 정당간의 경쟁에 대하여 중립의무를 진다면, 경쟁을 왜곡하는 효과를 가진 모든 급부의 제공은 금지된다. 국민의 지지를 얻고자 하는 정당간의 경쟁에서 각 정당이 유권자의 지지도에 있어서 차이를 보인다면, 이러한 차이는 국가에 의하여 존중되어야 하며, 국가는 도식적으로 평등한 급부를 제공함으로써 정당간의 경쟁을 통하여 형성된 사실상의 차이를 다시 평준화하고자 시도해서는 안 된다. 따라서 국가급부의 제공을 유권자의 지지도(선거의 결과) 등 정당의 비중에 따라 차등화 하는 것은 헌법적으로 허용될 뿐만 아니라, 국가의 중립의무의 관점에서도 헌법적으로 요청되는 것이다.

(나) 이러한 관점에서 보건대, 공영방송이 선거방송을 통하여 선거운동을 할 기회를 후보자에게 제공함에 있어서 정당추천의 여부나 유권자의 지지도 등을 기준으로 방송시간이나 횟수 또는 선거방송의 유형(가령, 선거방송토론회와 합동방송연설회)을 차등화 하는 것은 헌법적으로 허용되지만, 특정 후보자를 선거방송으로부터 완전히 배제하는 것은 평등선거원칙에 부합하지 않는다. 한편, 헌법재판소가 위 '선거방송토론회 사건'에서 선거에서의 기회균등의 문제가 특별평등권인 평등선거원칙의 문제라는 것을 전혀 인식하지 못하고, 선거에서의 기회균등의 위반여부를 판단함에 있어서 일반적 평등원칙을 위헌심사기준으로 언급하면서 '완화된 심사 또는 엄격한 심사를 할 것인지'를 고민한 것은 법리적으로 중대한 문제를 안고 있다.

3. 직접선거의 원칙

가. 의미 및 기능

직접선거원칙이란 선거인이 그의 대표자를 직접 선출해야 한다는 원칙이다. 직접선거는 대표자의 선출에 관한 국민의 영향력을 극대화하고 다른 세력의 영향력을 최소화하고자 하는 것이며, 이러한 방법으로 국민주권을 이상적으로 실현하고자 하는 것이다. 직접선거란, 선거인이 중간 선거인의 개입 없이 대표자를 직접 선출하는 제도를 말하며, 이에 대한 반대 개념으로서 간접선거란 일반 선거인은 중간선거인을 선출하고 중간선거인이 대표자를 선출하는 제도를 말한다.

직접선거원칙은 유권자와 대표자 사이에 다른 주체가 개입하거나 또는 유권자의 의사결정과 선거의 결과(대표자의 선출) 사이에 다른 결정이 개입해서는 안 된다는 요청이다. 즉, 직접선거원칙은 오로지 유권자만이 대표자선출에 있어서 최종적인 결정권을 가져야 한다는 요청으로서, 그러한 경우에만 대표자의 선출이 유권자의 의사에 기인한다고 할 수 있고, 이로써 유권자가 대표자를 직접 선출하는 것이 된다.

직접선거원칙은 일차적으로 선거인단에 의한 선출을 금지할 뿐만 아니라, 다른 주체가 유권자와 후보자 사이에 개입함으로써 대표자를 직접 결정하는 유권자의 가능성을 제약하는 모든 선거절차를 금지한다. 직접선거원칙을 보장하기 위해서는, 선거의 결과가 오로지 선거행위에서 표현되는 유권자의 의사결정에 달려 있어야 하고, 선거 종료 후에는 아무도 더 이상 유권자에 의하여 결정된 선거의 결과에 영향을 미쳐서는 아니 된다. 의회의 인적 구성은 오로지 유권자의 선거결정에 따라 확정되어야 하고, 기껏해야 선출된 자의 결정(가령, 의원직의 포기 등)에 의해서만 수정될 수 있다.[1]

---

1) 선출된 자는 유권자와 의회의 구성 사이에 개입하는 세력이 아니다.

나. 위반여부가 문제되는 경우

사례 | 헌재 2001. 7. 19. 2000헌마91 등(1인1표제 사건)

청구인들은 2000. 4. 실시될 제16대 국회의원 선거에서 선거권을 행사할 유권자들인데, '비례대표국회의원선거에 있어 선거인이 직접 특정정당에 대한 투표를 할 수 없게 하고 지역구 후보자에 대한 투표결과에 따라 비례대표의석을 배분하는 것은 직접선거의 원칙 등에 위배된다'고 주장하면서, 헌법소원심판을 청구하였다. 유권자에게 별도의 정당투표를 인정하지 아니하고 지역구선거에서 표출된 유권자의 의사를 그대로 정당에 대한 지지의사로 의제하여 비례대표의석을 배분하는 1인1표 선거제도는 직접선거원칙에 위반되는가?

(1) 선거가 종료된 후에 비례대표 후보자명부의 순위나 후보자를 변경하는 행위는 직접선거원칙에 위반된다.[1]

(2) 정당에 의하여 제출된 명부와 그 명부에 확정된 후보자의 순위에 유권자가 구속을 받는 소위 '고정명부식의 비례대표제'는 직접선거원칙에 부합한다.[2] 이미 선거행위 이전에 후보자의 순위를 확정함으로써 선거행위 후 정당의 영향력행사가 배제되기 때문이다.

(3) 헌법재판소의 판례에 의하면, 비례대표후보자명부에 대한 별도의 투표 없이 지역구후보자에 대한 투표를 정당에 대한 투표로 의제하여 비례대표의석을 배분하는 '1인1표제'는 직접선거원칙 및 평등선거원칙에 반한다고 한다.[3] 그러나 1인1표제가 직접선거원칙에 위반되는지에 관하여 논리의 일관성에 대한 의문이 제기된다.[4]

---

1) 독일 연방헌법재판소는, 후보자명부를 제출한 정당의 명부상 예비후보자가 모두 소진된 경우 정당으로 하여금 공석인 의원직의 후계자가 될 대체후보를 결정하도록 한 州의 선거법규정이 직접선거원칙에 위반되는가의 판단에 있어서, '정당이 투표 종료 후에 사후적으로 지명한 대체후보의 경우에는 유권자가 투표시 그들을 후보자로서 알지 못하였고 따라서 유권자가 그들에게 표를 던질 수 없었기 때문에 정당이 사후적으로 후보자명부에 등재되지 아니한 다른 후보자를 지명하는 것은 직접선거원칙에 합치하지 않는다.'고 판시하였다. 독일 연방헌법재판소는 이 결정에서, 선거에 의하여 당장 선출되는 명부후보자뿐이 아니라 나중에 공석이 되는 의원직의 후계자가 되는 사람에 대해서도 직접선거원칙이 마찬가지로 적용되며, 대표자일부에 대한 결정권이 유권자에 있지 않고 투표 후 후보자를 추천하는 정당에 있다면, 유권자의 의사는 대표자의 선출에 더 이상 직접적인 영향력을 행사할 수 없기 때문에 직접선거원칙에 반한다는 것을 처음으로 명백히 밝혔다(BVerfGE 3, 45, 49f).

2) 헌재 2001. 7. 19. 2000헌마91(1인1표제), 판례집 13-2, 77, 96, "현행 공선법과 관련하여서는 먼저, 비례대표 후보자를 유권자들이 직접 선택할 수 있는 이른바 자유명부식이나 가변명부식과 달리 고정명부식에서는 후보자와 그 순위가 전적으로 정당에 의하여 결정되므로 직접선거의 원칙에 위반되는 것이 아닌지가 문제될 수 있다. 그러나 비례대표후보자명단과 그 순위, 의석배분방식은 선거시에 이미 확정되어 있고, 투표 후 후보자명부의 순위를 변경하는 것과 같은 사후개입은 허용되지 않는다. 그러므로 비록 후보자 각자에 대한 것은 아니지만 선거권자가 종국적인 결정권을 가지고 있으며, 선거결과가 선거행위로 표출된 선거권자의 의사표시에만 달려 있다고 할 수 있다. 따라서 고정명부식을 채택한 것 자체가 직접선거원칙에 위반된다고는 할 수 없다."; 同旨 BVerfGE 7, 63, 68f.

3) 헌재 2001. 7. 19. 2000헌마91(1인1표제), 판례집 13-2, 77, 79, "비례대표제를 채택하는 경우 직접선거의 원칙은 의원의 선출뿐만 아니라 정당의 비례적인 의석확보도 선거권자의 투표에 의하여 직접 결정될 것을 요구하는바, 비례대표의원의 선거는 지역구의원의 선거와는 별도의 선거이므로 이에 관한 유권자의 별도의 의사표시, 즉 정당명부에 대한 별도의 투표가 있어야 함에도 현행제도는 정당명부에 대한 투표가 따로 없으므로 결국 비례대표의원의 선출에 있어서는 정당의 명부작성행위가 최종적·결정적인 의의를 지니게 되고, 선거권자들의 투표행위로써 비례대표의원의 선출을 직접·결정적으로 좌우할 수 없으므로 직접선거의 원칙에 위배된다."

4) 헌법재판소가 언급한 바와 같이, 1인1표제란 지역구후보에 대한 투표를 정당에 대한 투표로 의제하는 제도를 말하며, 이에 따라 1인1표제는 후보자에 대한 선호와 정당에 대한 선호가 서로 일치하지 않는 경우 유권자가 후보자와 정당을 달리 선택할 수 있는 가능성이 없기 때문에 유권자의 선택권이 제한된다는 문제점을 안고 있다. 1인1표제의

4. 비밀선거의 원칙

甲은 주식회사 乙 해운에 소속된 원양어선의 선원이다. 甲은 취업의 특성상 한번 출항하면 장기간 공해상의 선박에서 생활하게 되어, 각종 선거에서 선거권을 행사하려면 부재자투표제도를 이용할 수 밖에 없는데도, 공직선거법 제38조(부재자신고) 및 제158조(부재자투표)는 이러한 선원들에 대하여 부재자투표에 관한 절차와 방법을 규정하고 있지 아니하여, 자신의 선거권 및 평등권이 침해된다고 주장하며, 헌법소원심판을 청구하였다.[1]

가. 의미 및 기능

비밀선거란 선거인의 의사결정이 타인에게 알려지지 않도록 하는 선거를 말한다.[2] 여기서 '비밀'이란 '투표 내용의 비밀'을 말하며, 투표 내용의 비밀이 보장되어야 한다는 점에서 비밀선거라 한다. 비밀선거원칙이란 선거인이 어떠한 내용으로 투표를 하였는지 하는 투표 내용의 비밀을 보장함으로써 선거권의 행사로 인하여 불이익이 발생하는 것을 방지하기 위한 원칙이다.[3]

비밀선거는 자유선거의 보장에 기여한다. 비밀선거는 선거의 자유로운 분위기를 보장하는 가장 중요한 제도적 장치라는 점에서, 자유선거원칙을 실질적으로 보장하기 위한 전제조건이라 할 수 있다.[4] 비밀선거는 유권자의 정치적 의사결정을 국가의 강제와 사회의 압력으로부터 보호하기 위한 필

경우, 유권자의 선택권이 제한되기는 하지만, 유권자가 정당명부에 대하여 직접 결정을 하지 않은 것은 아니다. 즉, 1인1표제의 경우, 유권자는 정당명부에 대하여 투표를 하지 않은 것이 아니라 지역구후보자에 대한 투표를 통하여 지역구후보자에 대한 결정과 함께 정당명부에 대한 결정을 내린 것이고, 이로써 비례대표의 선출에 관하여 직접 결정한 것이다. 헌법재판소가 지적하는 1인1표제의 헌법적 문제는 바로 이러한 의제과정에 있는 것이므로, 이와 같이 의제한 것이 헌법적으로 문제될 수는 있으나, 의제한 이상은 선거권자가 직접 비례대표를 선출한 것으로 인정해야 한다. 이와 같이 의제한 것의 헌법적 하자를 문제 삼는 이상, 의제를 전제로 하여 선거원칙의 위반여부를 판단해야 하며, 직접선거원칙과 관련해서는 갑자기 의제할 수 없다고 하여 판단의 사실적 기초를 변경할 수는 없는 것이다. 유권자는 투표 시 이미 확정된 정당명부에 대하여 투표한 것이므로, 비례대표의 선출은 오로지 유권자의 의사에 기인하는 것이고 유권자와 비례대표 사이에 정당이 개입하였다고 볼 수 없다.

1) 헌재 2007. 6. 28. 2005헌마772(원양어선 선원의 부재자투표), 판례집 19-1, 899, 909-910, "비밀선거는 선거인이 누구를 선택하였는지 제3자가 알지 못하도록 하는 상태로 투표하는 것을 말하는데, 모사전송 시스템을 이용하여 선상에서 투표를 할 수 있는 방안이 마련된다면, 전송 과정에서 투표의 내용이 직·간접적으로 노출되어 비밀선거원칙이 침해될 우려가 있다는 지적이 있다. 그러나 통상 모사전송 시스템의 활용에는 특별한 기술을 요하지 않고, 당사자들이 스스로 이를 이용하여 투표를 한다면 비밀 노출의 위험이 적거나 없을 뿐만 아니라, 설사 투표 절차나 전송 과정에서 비밀이 노출될 우려가 있다 하더라도, 이는 국민주권 원리나 보통선거원칙에 따라 선원들이 선거권을 행사할 수 있도록 충실히 보장하기 위한 불가피한 측면이라 할 수도 있으므로, 이를 두고 섣불리 헌법에 위반된다 할 수 없다. … 국민주권의 원리를 실현하고 국민의 근본적인 권리인 선거권의 행사를 보장하려면, 비밀선거의 원칙에 일부 저촉되는 면이 있다 하더라도, 이 사건과 같은 경우 '선거권' 내지 '보통선거원칙'과 '비밀선거원칙'을 조화적으로 해석하여 이들 관계를 합리적으로 조정할 필요가 있다. … 이러한 점을 고려할 때, 모사전송 시스템을 이용한 선상투표와 같은 제도는 국외를 항해하는 대한민국 선원들의 선거권을 충실히 보장하기 위한 입법수단으로 충분히 수용될 수 있고, 입법자는 비밀선거원칙을 이유로 이를 거부할 수 없다 할 것이다."

2) 이에 대하여 '공개선거'란 선거인의 의사결정을 공개적으로 타인에게 알리도록 실시되는 선거이다. 가령, 구두로 투표하고 선거업무담당자가 그것을 기록하는 방법 등에 의하여 이루어지는 선거가 공개선거이다.

3) '선거'는 국민이 국가기관을 선임하는 행위를 말하며, '투표'란 유권자가 특정후보나 정당을 선택하는 의사표시를 말한다. 이로써 선거는 투표로 한다.

4) 비밀선거원칙의 실현은 투표의 비밀을 보장할 수 있는 투표용지, 기표소, 투표함 등을 사전에 준비하는 선거준비작업 및 선거업무의 조직에 달려있다.

수적이고도 효과적인 수단이다. 비밀선거는 투표 내용의 비밀을 보장함으로써 유권자의 정치적 결정에 대한 직접적인 영향력의 행사를 배제한다. 이러한 영향력행사는 국가뿐만 아니라 사회로부터도 발생할 수 있으므로, 비밀선거는 국가의 간섭뿐 아니라 사회의 압력으로부터도 유권자의 정치적 결정을 보호하고자 한다. 가령, 특정 후보자가 압도적인 지지를 받고 있는 지역에서 다른 후보자를 지지하는 유권자의 상황을 상정한다면, 비밀선거가 사회적 압력가능성으로부터 유권자의 의사결정의 자유를 보호한다는 것을 알 수 있다.

나. 위반여부가 문제되는 경우

(1) 선거인이 투표소에서 자발적으로 투표를 공개하는 행위

선거인이 투표소에서 특정인에 대한 지지를 강조하거나 호소할 목적으로 자신이 누구에게 투표했는지를 알리기 위하여 투표함에 넣기 전에 투표용지를 다른 사람이 볼 수 있도록 들고 있는 행위 또는 타인에게 투표의 공개를 요구하는 행위 등은 비밀선거원칙에 위반된다.[1] 이러한 자발적인 투표공개행위는 비밀투표를 하고자 하는 다른 선거인에 대하여 심리적 압박이나 특정 내용의 투표를 강제하는 억압으로 작용할 가능성이 있기 때문에 자유로운 선거의 분위기를 해칠 수 있다. 비밀선거원칙은 개인의 주관적 권리이자 또한 객관적 선거원칙으로서 자유선거에 입각한 선거의 원활한 실시와 다른 유권자의 이익의 관점에서 임의로 처분하거나 개인적으로 포기할 수 없는 권리이다. 즉, 유권자의 입장에서 비밀투표는 해도 되는 것이 아니라 해야만 하는 것이다.

한편, 비밀선거원칙은 궁극적으로 '선거에서의 자유로운 의사결정과정'을 보장하고자 하는 것이므로, 선거인이 선거 전이나 선거 후에 자유의사에 의하여 타인에게 자신의 투표내용을 공개하고 전달하는 것은 비밀선거원칙에 대한 위반이라 할 수 없다. 또한, 타인이 그러한 발언의 진위를 확인할 수 없기 때문에 투표의 내용으로 인한 불이익이 우려되지 않는다.

(2) 출구조사

비밀선거는 투표행위뿐 아니라 투표절차의 사전 및 사후 단계를 포함한다. 개별 유권자의 투표내용은 국가기관에 의하여 선거 전이나 선거 후에 조사되어서는 안 된다. 사인에 의한 출구조사는 자유선거의 분위기를 저해하지 않는 범위 내에서, 가령 장소적으로 투표소로부터 일정한 거리를 두고 허용된다.[2]

(3) 우편투표(거소투표)

(가) 우편투표의 헌법적 문제점

공직선거법은 선거일에 투표소에 가서 투표할 수 없는 유권자를 위하여 사전투표기간 중 별도로 설치되는 사전투표소에 가서 투표하는 방법(사전투표) 및 거소에서 우편으로 투표하는 방법(거소투표 또는 우편투표) 등을 규정하고 있다.[3] 우편투표의 경우, 투표소에서의 투표와는 달리 선거의 비밀이 보장되지 않으며 유권자가 제3자에 의한 감시나 부당한 영향력의 행사를 받지 않고 투표를 한다는

---

1) 공직선거법 제167조(투표의 비밀보장)는 제3항에서 "선거인은 자신이 기표한 투표지를 공개할 수 없으며, 공개된 투표지는 무효로 한다."고 규정하고 있다.
2) 현행 공직선거법 제167조는 방송사 및 일간신문사가 선거의 결과를 예상하기 위하여 선거일에 투표소로부터 50미터 밖에서 투표의 비밀이 침해되지 않는 방법으로 질문하는 것을 허용하고 있다(제2항 단서).
3) 공직선거법 제158조(사전투표) 이하 참조. 또한, 제146조(선거방법) ② 투표는 직접 또는 우편으로 하되, 1인 1표로 한다.

보장이 없으므로, 선거의 비밀과 자유가 위협받는다는 문제가 있다. 다른 한편으로는, 우편투표는 건강상 또는 직업상의 이유 등 중대한 이유로 투표소에 가서 투표를 할 수 없는 유권자에게 선거권의 행사를 가능하게 함으로써, 보통선거원칙을 촉진하고 그 실현에 기여하는 측면이 있다.

(나) 우편투표가 헌법적으로 허용되는지의 여부

우편투표와 관련하여 제기되는 일차적인 헌법적 문제는, 입법자가 우편투표를 도입하는 것이 헌법적으로 허용되는지 또는 우편투표가 비밀·자유선거원칙에 위반되는지에 관한 것이다. 우편투표의 경우, 보통선거원칙과 비밀·자유선거원칙이 서로 충돌한다. 보통선거원칙은, 원칙적으로 모든 국민은 선거권의 행사로부터 배제되어서는 안 되며, 나아가 오늘날 유권자의 고도의 이동가능성에 의하여 야기된 사회현상의 변화에 비추어 자신의 의사와 관계없이 선거권을 행사할 수 없는 유권자가 실제로 선거권을 행사할 수 있도록 배려할 것을 요청을 하는 반면, 비밀·자유선거원칙은 가능하면 선거의 비밀이 유지되고 자유로운 가운데 선거가 이루어질 것을 요청한다. 선거원칙이 이와 같이 서로 충돌하는 상황에서, 입법자는 보통선거원칙에 우위를 부여함으로써 비밀·자유선거원칙에 불리하게 결정을 내릴 수 있을 것이다. 물론, 이러한 경우 선거의 비밀과 자유의 보장 문제가 유권자 스스로에게 맡겨져서는 안 되고, 입법자는 우편투표로부터 발생하는 위험을 인식하여 선거의 비밀과 자유를 보장하기 위한 모든 필요한 조치를 취해야 하며, 법적용의 현실을 검토하고 장래에 있어서 선거의 비밀과 자유를 위협하는 새로운 현상이 발생하는 경우에는 기존의 법률을 보완하고 개선해야 한다.[1] 입법자가 선거법을 구체적으로 형성함에 있어서 모든 헌법적 선거원칙이 완벽하게 순수한 형태로 실현될 수 없으므로, 선거의 비밀을 보장하기 위하여 필요한 모든 안전장치를 갖춘다는 조건 하에서 우편투표는 헌법적으로 허용된다.

신체장애 등의 이유로 투표보조인의 조력에 의한 투표의 경우에도 선거의 비밀이 보장될 수 없기 때문에 유사한 헌법적 문제가 발생하는데, 투표보조인의 조력이 신체장애인의 선거권 행사를 비로소 가능하게 하고 이로써 보통선거원칙을 강화하기 때문에, 마찬가지로 헌법적으로 허용된다.[2]

(다) 우편투표를 도입해야 할 헌법적 의무가 존재하는지의 여부

위 문제와 구분해야 하는 또 다른 헌법적 문제는, 입법자에게 우편투표를 도입해야 할 헌법적 의무가 존재하는지의 여부이다. 선거원칙이 서로 충돌하는 경우 하나의 선거원칙을 보다 잘 실현하기 위하여 다른 선거원칙을 희생시킬 것인지, 이로써 다른 선거원칙에 대한 위협을 감수할 것인지에 관한 결정에 있어서 입법자에게 폭넓은 형성의 자유가 인정되어야 한다.[3] 따라서 공직선거법에서 우편

---

1) 가령, 유권자가 선거권을 투표소에 가서 행사할 수 없다는 것을 소명하는 경우에 한하여 거소투표를 허용해야 하고, 유권자가 투표용지에 투표내용을 직접 자유의사에 기하여 기입하였다는 것을 서약하도록 규정해야 하며, 우편투표의 비율이 높아질수록 남용가능성이 증가하기 때문에 이에 대한 안전조치는 더욱 상세하고 높은 수준의 것이어야 한다. 우편투표의 헌법적 허용여부에 관하여 vgl. BVerfGE 21, 200, 204ff.; 59, 119, 127.

2) 이에 관하여 vgl. BVerfGE 21, 200, 206. 또한, 신체에 장애가 있는 선거인에 대해 투표보조인이 가족이 아닌 경우 반드시 2인을 동반하도록 규정한 공직선거법조항의 위헌여부가 문제된 '투표보조인 사건'에서, 헌법재판소는 심판대상조항은 투표보조인 2인에게 투표내용을 공개하도록 정하고 있기 때문에 비밀선거의 원칙에 대한 예외를 두고 있으므로 비밀선거원칙에 위반되어 선거권을 침해하는지 여부가 문제된다는 것을 확인한 다음, 심판대상조항은 중증장애인의 선거권을 실질적으로 보장하고 투표보조인이 장애인의 선거권 행사에 부당한 영향력을 미치는 것을 방지하여 선거의 공정성을 확보하기 위하여 불가피한 예외적인 경우에 해당하므로 과잉금지원칙에 위반되어 선거권을 침해하지 않는다고 판시하였다(헌재 2020. 5. 27. 2017헌마867).

3) 선거법에서 우편투표의 가능성을 배제한 것의 위헌여부가 문제된 사건에서 합헌결정을 한 것으로 vgl. BVerfGE 12,

투표를 도입하지 않은 것의 위헌여부가 문제되는 경우, 헌법재판소는 입법자의 결정을 자신의 현실판단으로 대체해서는 안 되고, 입법자의 결정이 명백하게 자의적이고 불합리한 경우에 한하여 그 위헌성을 확인해야 한다. 입법자가 공직선거법을 통하여 우편투표의 가능성을 전반적으로 규정하고 있는 법적 상황에서, 헌법재판소가 위 '원양어선 선원의 부재자투표 사건'에서 원양어선 선원에 대해서도 거소투표제도를 도입해야 할 입법자의 구체적인 헌법적 의무를 확인한 것은 입법자의 형성권을 침해하는 것은 아닌지 의문이 제기된다.

(라) 전자투표의 문제점

정보통신기술의 발달로 인하여 기술적으로 가능하게 된 전자투표(투표소 및 거소에서의 전자투표)의 경우에도 우편투표와 구조적으로 유사한 문제가 제기된다. 헌법적으로 우편투표를 가능하게 해야 할 의무가 원칙적으로 존재하지 않는 것과 마찬가지로, 전자투표를 도입해야 할 헌법적 의무는 존재하지 않는다. 다만, 전자투표와 관련하여 제기되는 헌법적 문제는, 전자투표의 도입이 헌법적으로 허용되는지의 여부인데, 선거의 비밀과 자유를 보장하는 기술적 안전장치를 갖출 수 있다면, 전자투표의 도입은 헌법적으로 허용될 수 있을 것이다.

5. 자유선거의 원칙

가. 의미 및 기능

(1) 선거의 기능을 이행하기 위한 필수적 조건으로서 자유선거

헌법상 선거원칙은 크게 평등에 대한 요청과 자유에 대한 요청으로 나누어 볼 수 있다. 보통·평등선거원칙이 선거에서 평등에 대한 요청이라면, 비밀·자유선거원칙은 자유로운 선거에 대한 요청이다. 민주국가에서 선거는 곧 자유선거를 의미하고, 자유롭지 않은 선거는 선거가 아니다. 자유로운 선거만이 선출된 대의기관에게 민주적 정당성을 부여할 수 있고, 이로써 선거의 본질적 기능을 이행할 수 있다. 즉, 누구나 자유롭게 선거에 입후보할 수 있고 선거운동을 할 수 있으며, 유권자가 자유롭게 자신의 의사를 형성하고 선거권을 행사하는 경우에만 유권자의 왜곡되지 않은 정치적 의사가 선거에 반영될 수 있는 것이다. 자유선거는, 유권자의 정치적 선호가 선거과정에서 방해를 받지 아니하고 표현되는 것을 보장하고자 하는 것이다. 유권자의 정치적 의사는 강제나 압력 또는 방해를 받지 아니하고 선거의 결정에 표현될 수 있어야 한다.

(2) 헌법적 근거

헌법은 자유선거원칙을 명문으로 보장하고 있지 않지만, 자유선거원칙은 선거의 기본원칙에 속하는 것으로 간주되고 있다. 자유선거원칙은 선거의 기능을 이행하기 위한 필수적 조건으로서 일차적으로 선거의 기능으로부터 도출되며,[1] 나아가 비밀선거원칙으로부터도 도출된다. 선거의 자유를 보장하는 중요한 수단은 선거의 비밀이다. 자유선거와 비밀선거는 서로 기능적으로 연관되어 있다. 비

139, 142; 15, 165, 167.
1) 헌재 2004. 5. 14. 2004헌나1(대통령 노무현 탄핵), 판례집 16-1, 609, 635, "헌법 제41조 제1항 및 제67조 제1항은 각 국회의원선거 및 대통령선거와 관련하여 선거의 원칙을 규정하면서 자유선거원칙을 명시적으로 언급하고 있지 않으나, 선거가 국민의 정치적 의사를 제대로 반영하기 위해서는, 유권자가 자유롭고 개방적인 의사형성과정에서 외부로부터의 부당한 영향력의 행사 없이 자신의 판단을 형성하고 결정을 내릴 수 있어야 한다. 따라서 자유선거원칙은 선출된 국가기관에 민주적 정당성을 부여하기 위한 기본적 전제조건으로서 선거의 기본원칙에 포함되는 것이다."

밀선거원칙이 자유선거원칙을 실질적으로 보장하기 위한 조건으로서의 성격을 가지며 그 내용상 자유선거원칙의 존재를 전제로 한다는 점에서, 헌법이 비밀선거원칙을 명시적으로 보장함으로써 또한 자유선거원칙도 함께 보장하는 것으로 이해해야 한다.

(3) 자유로운 의사형성과정과 의사결정과정의 포괄적인 보호

(가) 자유선거원칙은 비밀선거원칙의 보장범위를 넘는 독자적인 의미를 가진다. 자유선거는 투표행위뿐만 아니라 선거절차와 관련된 전반적인 의사형성과정을 보호한다. 자유선거원칙은 선거에 관한 자유로운 의사형성과정과 의사결정과정을 포괄적으로 보호하고자 하는 것이다.[1] 일차적으로, 자유선거원칙은 유권자가 외부로부터의 강제나 부당한 간섭, 영향을 받지 아니하고 투표권을 자유롭게 행사할 수 있어야 한다는 것을 의미한다. 특정 정당이나 후보자에게 투표하도록 유권자에게 압력이 행사되어서는 안 된다. 따라서 자유선거원칙은 일차적으로 '투표의 내용'을 스스로 결정할 수 있는 자유, 특정한 내용으로 투표할 것을 강요받지 아니할 자유를 보호하고자 하는 것이다. 자유선거원칙은 투표내용의 비밀을 보장하는 비밀선거원칙에 의하여 지지되고 있다.

뿐만 아니라, 선거가 국민의 정치적 의사를 제대로 반영하기 위해서는, 유권자가 자유롭고 개방적인 의사형성과정에서 외부로부터의 부당한 영향력의 행사 없이 자신의 판단을 형성하고 결정을 내릴 수 있어야 한다. 자유선거원칙이란 유권자의 투표행위가 외부로부터의 강제나 부당한 압력의 행사 없이 이루어져야 한다는 것뿐만 아니라, 나아가 유권자가 자유롭고 개방적인 의사형성과정에서 자신의 판단과 결정을 내릴 수 있어야 한다는 요청을 포함한다.[2]

(나) 또한, 자유선거원칙은, 누구나 자유롭게 공직선거의 후보자로서 입후보할 수 있고, 후보자·정당·사회단체 등이 자유롭게 선거운동을 할 수 있다는 것을 자유선거의 필수적인 전제조건으로서 요청한다. 따라서 자유선거원칙은 '입후보의 자유'와[3] '선거운동의 자유'의 헌법적 근거이기도 하다. 물론, 개인의 주관적 권리로서 '입후보의 자유'는 객관적인 헌법원칙인 자유선거원칙으로부터 직접 도출될 수 있는 것은 아니고, 국민의 주관적 권리인 피선거권, 국민이라면 원칙적으로 누구나 선출될 수 있어야 한다는 요청인 보통선거원칙 및 자유선거원칙의 연관관계에서 나오는 것이다. 마찬가지로 '선거운동의 자유'도 표현의 자유, 선거권, 자유선거원칙과의 연관관계에서 나오는 것이다.[4]

---

1) 이미 초기의 판례에서 헌재 1994. 7. 29. 93헌가4 등, 판례집 6-2, 15, 28; 헌재 1995. 4. 20. 92헌바29, 판례집 7-1, 499, 506, "자유선거의 원칙은 비록 우리 헌법에 명시되지는 않았지만 민주국가의 선거제도에 내재하는 법원리인 것으로서 국민주권의 원리, 의회민주주의의 원리 및 참정권에 관한 규정에서 그 근거를 찾을 수 있다. 이러한 자유선거의 원칙은 선거의 전 과정에 요구되는 선거권자의 의사형성의 자유와 의사실현의 자유를 말하고, 구체적으로는 투표의 자유, 입후보의 자유, 나아가 선거운동의 자유를 뜻한다."

2) 같은 취지로 헌재 2004. 5. 14. 2004헌나1(대통령 노무현 탄핵), 판례집 16-1, 609, 635, "자유선거원칙이란, 유권자의 투표행위가 국가나 사회로부터의 강제나 부당한 압력의 행사 없이 이루어져야 한다는 것뿐만 아니라, 유권자가 자유롭고 공개적인 의사형성과정에서 자신의 판단과 결정을 내릴 수 있어야 한다는 것을 의미한다. 이러한 자유선거원칙은 국가기관에 대해서는, 특정 정당이나 후보자와 일체감을 가지고 선거에서 국가기관의 지위에서 그들을 지지하거나 반대하는 것을 금지하는 '공무원의 중립의무'를 의미한다."

3) 헌재 2009. 12. 29. 2007헌마1412(대통령선거경선후보자의 후원금 국고귀속), 판례집 21-2하, 846, 862, "선거의 자유에는 입후보의 자유가 포함되는바, … 입후보의 자유는 선거의 전과정에서 입후보와 관련한 의사형성 및 의사실현의 자유를 의미하는 것인바, 이에는 공직선거에 입후보할 자유 뿐 아니라 입후보하였던 자가 참여하였던 선거과정으로부터 이탈할 자유도 포함된다."

4) 선거운동의 자유의 헌법적 근거에 관하여 자세하게 아래 V. 1. 나. 참조.

나. 위반여부가 문제되는 경우

자유선거를 실질적으로 보장하기 위하여, 유권자의 의사형성과정은 외부로부터의 부당한 영향력 행사로부터 보호되어야 한다. 외부로부터의 부당한 영향력의 행사는 국가뿐만 아니라 사회단체를 비롯한 私人으로부터도 발생할 수 있다.

(1) 국가기관의 선거운동 및 국정홍보활동

사례 | 헌재 1999. 5. 27. 98헌마214(선거일 前 지방자치단체의 홍보물발행금지 사건)

청구인들은 1998년도 지방자치단체장 선거에서 당선된 서울특별시의 22개 구청의 구청장들이다. 공직선거및선거부정방지법 제86조는 선거에 영향을 미치는 공무원의 행위를 금지하기 위하여, 지방지차단체의 장은 지방자치단체 본연의 직무수행을 위한 행위, 특정사업을 추진하기 위하여 이해관계자나 관계주민의 동의를 얻기 위한 행위 등을 제외하고는 지방자치단체의 사업계획·추진실적 기타 지방자치단체의 활동상황을 알리기 위한 홍보물을 분기별로 1종 1회를 초과하여 발행·배부하여서는 아니되며, 당해 지방자치단체의 장의 선거의 선거일전 180일부터 선거일까지는 홍보물을 발행·배부할 수 없다고 규정하고 있다. 청구인들은 지방자치단체의 활동상황을 알리기 위한 홍보물의 발행·배부를 제한하고 있는 법 제86조 제3항이 청구인들의 기본권을 침해하고 있다며, 헌법소원심판을 청구하였다.

(가) 국가는 선거의 주체가 아니라 선거에 의하여 구성되는 대상이다. 따라서 국가의 선거운동은 이미 이러한 이유로 허용될 수 없는 것이다. 국가의 선거운동은 항상 국민의 의사형성과정에 대한 부당한 영향력의 행사로서, 자유선거원칙에 대한 위반을 의미한다. 자유선거원칙은 국가기관에게 중립의무를 부과하고, 선거에서 특정 정당이나 후보자와 일체감을 가지고 그들을 지지하거나 반대하는 것을 금지한다.[1]

(나) 국가가 유권자의 의사형성과정에 부당한 영향력을 행사할 수 있는 수단 중 하나가 바로 국가의 홍보활동이다. 정부를 비롯한 국가기관은 국가의 조직이나 예산을 정당정치적 목적을 위하여 투입하고자 하는 유혹을 항상 받고 있다. 물론, 국가의 국정홍보활동은 원칙적으로 허용될 뿐만 아니라, 국민에게 국가정책에 대하여 정보를 제공하고 국민의 동의를 구한다는 점에서 헌법적으로 요청되는 것이기도 하다.[2]

그러나 국가의 국정홍보활동은 후보자와 정당 간의 자유경쟁을 저해할 우려가 있고 선거에서 기회균등의 원칙에 반할 수 있다는 점에서, 일차적으로 평등선거원칙의 관점에서 문제될 수 있다. 국가는 선거에서 엄격한 중립성을 유지해야 할 의무를 진다. 국가기관이 홍보활동을 통하여 특정 정당이나 후보자에게 유리하게 또는 불리하게 선거운동에 영향을 미치는 경우, 정당과 후보자의 기회균등의 원칙에 위반된다.[3]

---

1) 같은 취지로, 헌재 2004. 5. 14. 2004헌나1(대통령 노무현 탄핵), 판례집 16-1, 609, 635.
2) 헌재 1999. 5. 27. 98헌마214(선거일 前 지방자치단체의 홍보물발행금지), 판례집 11-1, 675, 677, [홍보물발행의 법적 의미에 관하여] "국가의 홍보활동은 국민의 여론형성을 위하여 필수적인 민주적 공개원칙의 중요한 요소이다. 따라서 국가기관의 홍보활동은 헌법적으로 허용될 뿐이 아니라 민주주의를 실현하기 위하여 요청되는 국가활동이다. 민주주의는 헌법에 의하여 형성된 국가질서에 대한 국민의 동의를 필요로 한다. 이러한 국민의 기본적 동의가 살아있도록 유지하는 것이 바로 국가홍보활동의 주된 과제이다. 국가가 그의 기관활동과 관련하여 국민에게 정책이나 중장기적 계획, 장래에 해결해야 할 중요한 공동체의 문제 등을 설명하는 것이 홍보활동의 본질이다."

뿐만 아니라, 국가의 홍보활동은 유권자의 의사형성과정에 부당한 영향력을 행사할 수 있다는 점에서, 자유선거원칙의 관점에서도 문제된다. 예컨대, 정부가 여당을 위하여 국가재정으로 홍보책자를 발행하는 등 국가기관이 그 권한을 이용하여 선거운동을 하는 것은 국가의 중립의무에 대한 위반으로서 자유선거원칙에 위반된다.[1] 허용되는 국정홍보와 자유선거를 저해하는 국정홍보의 경계를 정하는 것은 어려운 일이나, 판단의 기준은 '선거에 대한 영향'에서 찾아야 한다. 내용적인 관점에서, 국가의 국정홍보는 선거에서의 경쟁에 대하여 중립적이어야 하며, 가능하면 객관적으로 이루어져야 한다. 시간적인 관점에서, 국가기관은 선거를 앞 둔 시점에서는 국정홍보활동을 특별히 자제해야 한다.[2] 따라서 선거 전 일정 기간 동안 국가의 홍보활동을 전면적으로 금지하는 것도 고려될 수 있다.

(2) 私人에 의한 압력행사

사인에 의한 영향력행사는 타인의 자유로운 의사형성을 배제하는 강제적 효과를 발휘하는 것이 아니라면 원칙적으로 허용된다. 민주적 의사형성과정의 본질이 다양한 견해의 자유로운 토론과정에서 상대방의 의사형성에 서로 영향력을 행사하고 자신의 견해의 타당성을 납득시키고자 하는 것에 있으므로, 타인에 대한 영향력행사의 가능성은 헌법상 보장되는 기본권인 표현의 자유에 의하여 보호되는 것이다.

모든 헌법규범의 해석이 그러하듯이, 자유선거원칙도 헌법의 통일성의 관점에서 의견표명과 정치적 활동을 통하여 타인에 대한 정신적인 영향력의 행사를 원칙적으로 허용하는 다른 헌법규범과의 연관관계에서 이해되어야 한다. 선거운동이 비록 유권자의 의사형성과정에 대한 강력한 영향력행사를 의미한다 하더라도, 기본권에 의하여 보장된 정치적 표현의 자유와 정당활동의 자유의 행사에 해당한다. 따라서 기업가, 사용자나 노동조합은 법적으로 허용된 범위 내에서 특정 정치적 방향을 위하여 선거운동에 관여할 수 있다. 또한 종교단체에 의한 영향력행사도 허용된다. 가령, 사회단체가 특정 정당이나 후보자의 지지를 표명하고 소속구성원이나 유권자에게 투표를 권유하는 행위는 선거에서의 자유로운 의견표명의 자유에 속한다.[3]

자유선거원칙과 다른 헌법규범의 연관관계에서 볼 때, 사인의 선거운동이 부당한 압력이나 기망, 우월적 경제력의 남용을 통하여 이루어짐으로써 유권자의 자유로운 의사형성과정을 구체적으로 현저하게 위협하는 경우에 한하여, 자유선거원칙에 대한 위반이 인정될 수 있다.[4] 경제적 우위를 남용

---

3) 선거에서의 국가의 중립의무와 홍보물발행에 관하여, 헌재 1999. 5. 27. 98헌마214(선거일 前 지방자치단체의 홍보물발행금지), 판례집 11-1, 675, 677, "선거와 관련하여 국가 및 지방자치단체의 모든 기관은 그의 공적 기능을 이용하여 특정정당이나 특정인을 지지하거나 반대해서는 아니 되며, 특히 선거운동을 통하여 유권자의 결정에 영향을 미쳐서는 아니 된다. 지방자치단체의 기관이 편파적으로 특정정당이나 특정후보에게 유리하게 또는 불리하게 선거운동에 영향력을 행사한다면, 이는 선거에서의 국가의 중립의무와 기회균등의 원칙에 위반되기 때문이다. 따라서 국가기관이 공직선거에 있어서 편파적으로 영향력을 행사하는 것은 홍보활동의 형태로도 허용되지 않는다."

1) 정부의 국정홍보활동을 통한 선거운동과 관련하여 Vgl. BVerfGE 44, 125, 149ff.; 63, 230, 244f.

2) 헌재 1999. 5. 27. 98헌마214(선거일 前 지방자치단체의 홍보물발행금지), 판례집 11-1, 675, 678, [선거가 인접한 시기의 홍보물발행의 제한에 대한 위헌 여부와 관하여] "선거일이나 선거기간이 가까워 올수록 홍보활동이 선거의 결과에 영향을 미칠 가능성은 더욱 많으므로, 이러한 시기에는 주민에게 과거의 활동상황이나 업적에 관하여 객관적으로 보도해야 할 지방자치단체의 과제보다도, 가능하면 공권력의 영향으로부터 자유로운 가운데 지역주민의 정치의사형성이 이루어지도록 해야 할 지방자치단체의 의무가 우선한다고 보아야 한다. 입법자가 이 사건 조항을 통하여 선거일전 180일부터는 지방자치단체 본연의 직무수행을 위한 홍보물의 발행을 계속 허용하면서 소위 '실적찬양성 홍보물'의 발행을 금지한 것은 지방자치단체의 장의 표현의 자유를 과도하게 제한하는 것으로 볼 수 없다."

3) 물론, 종교단체나 사회단체가 특정 정당에 대한 지지를 명시적으로 표명하는 경우, 정치적으로 다양한 색깔을 가진 구성원의 통합을 저해할 수 있다는 위험부담을 안고 있다.

하여 유권자를 협박하는 행위, 가령 근로자에 대한 해고의 위협이 자유선거의 관점에서 문제될 수 있다.[1] 예컨대, 기업주가 피용자에 대하여 '특정 정당이 집권하지 못하는 경우에는 폐업 여부나 구조조정의 여부를 결정하겠다'는 구체적인 위협적 예고를 함으로써 피용자의 자유로운 의사결정과정을 현저하게 제한하는 경우에 비로소 자유선거의 위반여부가 고려될 수 있을 것이다.[2]

(3) 선거의무의 도입

국가가 법적으로 선거의무를 도입하여, 선거권의 행사를 포기하는 자에게 일정한 제재를 가하는 것이 자유선거원칙에 위반되는지의 여부가 문제된다. 현행 공직선거법에 의하면, 선거권의 행사여부는 각자의 자유에 맡겨져 있으며, 강제규정이나 선거권의 행사를 포기한 경우에 대한 제재규정이 없다. 그러나 일부 국가에서는 선거의 참여를 국민의 법적 의무로 규정하고 있다.

여기서 제기되는 문제는 자유선거원칙이 '투표의 내용'을 스스로 결정할 자유뿐만 아니라, '투표의 여부'에 관해서도 스스로 결정할 자유를 포함하는지에 관한 것이다. 자유선거원칙을 투표의 내용에 관하여 스스로 결정할 자유만을 의미하는 것으로 이해하는 견해에 의하면, 국민의 선거의무를 법률로써 규정하는 경우 선거의무는 선거에 참여할 것만을 요구하는 것이지, 특정한 내용으로 선거권을 행사할 것을 강제하는 것이 아니기 때문에, 자유선거원칙에 위배되지 않는다고 한다. 따라서 선거의무를 도입하더라도 유권자는 백지투표를 통하여 기권할 권리까지 모든 결정가능성을 제공받기 때문에, 투표의 내용을 스스로 결정할 자유를 제한하는 바가 없다고 한다.

이에 대하여 반대 견해는 자유선거란 선거권을 행사하지 아니할 자유, 선거에 참여할 것인지에 관하여 결정할 자유를 포함하는 것이라고 한다. 유권자는 선거에 참여하지 않음으로써 '어떠한 정당이나 후보자 누구에 의해서도 자신이 적절하게 대변되고 있지 않는다'는 정치적 견해를 표명할 수 있으며, 유권자의 선거참여율이 낮다는 것은 그 자체로서 기성정당이나 정치인에 대한 거부 등 유권자의 정치적 의사에 관하여 많은 것을 표현하고 있다고 한다. 자유선거가 유권자의 왜곡되지 않은 정치적 의사를 선거에 반영하고자 하는 것이라면, 자유선거원칙은 선거에 참여할 것인지에 관하여 스스로 결정할 자유도 포함한다고 한다.

한편, 선거참여율(투표율)을 높이기 위하여 선거권을 행사하는 유권자에게 상품을 제공하는 등 적정한 범위 내에서 유인책을 도입하는 것은 자유선거원칙에 부합한다.

IV. 선거제도

1. 선거제도의 의미

헌법은 국회의 선거와 관련하여 제41조 제1항에서 단지 선거원칙만을 명시적으로 규정할 뿐, 같

---

4) 형법 제128조(선거방해)는 "검찰, 경찰 또는 군의 직에 있는 공무원이 법령에 의한 선거에 관하여 선거인, 입후보자 또는 입후보자되려는 자에게 협박을 가하거나 기타 방법으로 선거의 자유를 방해한 때에는 10년 이하의 징역과 5년 이상의 자격정지에 처한다."고 규정하고 있는데, 이러한 구성요건에 준하는 요건을 충족시킨 경우에 한하여 인정된다고 할 것이다.

1) 비밀선거로 인하여 피용자의 선거내용을 확인할 수 없기 때문에 피용자의 선거내용을 이유로 하는 해고는 현실적으로 불가능할 것이다. 그럼에도 피용자가 해고된다면 이는 자유선거원칙에 대한 위반으로 무효이다.

2) Vgl. BVerfGE 66, 369, 380.

은 조 제3항에서는 "국회의원의 선거구와 비례대표제 기타 선거에 관한 사항은 법률로 정한다."고
하여 선거제도의 규율을 입법자에게 위임하고 있다. 입법자는 헌법의 이러한 위임을 '공직선거법'의
제정을 통하여 이행하였다.[1]

선거제도는 유권자의 투표가 의회의 의석으로 전환되는 방법에 관한 것이고 '의회의 의석을 어떻
게 배분할 것인지'의 문제에 관한 것이다. 선거제도는 선거결과에 미치는 영향 때문에 선거원칙 못지
않게 중요하다. 선거원칙이 국민의 의사가 제대로 반영되는 선거가 이루어지기 위하여 확보되어야
하는 필수적인 수단이라면, 선거제도는 정치적으로 매우 중요한 의미를 가지는 사안이다. 선거제도
의 형성은 단지 선거기술적인 문제가 아니라 선거의 결과에 결정적인 영향을 미친다. 선거제도를 구
체적으로 어떻게 형성하는가에 따라, 정당구도와 현실적인 정치질서가 큰 영향을 받게 된다. 선거제
도는 유권자의 투표가 의회의 의석으로 전환되는 방법을 통하여 의회의 구성을 조종하는 수단으로
중요한 의미를 가진다.

가령, 다수대표제 또는 비례대표제를 선택할 것인지, 다수대표제를 취하는 경우 선거구의 크기는
어느 정도로 할 것인지(소선거구제 또는 중·대선거구제), 비례대표제를 선택하는 경우 저지조항을 둘
것인지 등에 따라, 양당제, 다당제 또는 군소정당의 난립에 이를 수 있고, 이에 따라 군소정당의 의
회진출여부 및 정국의 안정여부가 결정된다.

2. 선거제도에 관한 입법자의 형성권

사례 헌재 2016. 5. 26. 2012헌마374(지역구국회의원선거 소선거구 다수대표제)

甲은 지역구 용산구의 유권자인데, 2012. 4. 실시된 제19대 국회의원선거에서 지역구국회의원선거에
서는 A당 후보에게 투표하고 비례대표국회의원선거에서는 B당에 투표하였으나, 지역구에서는 최고득
표자인 C당 후보가 당선인으로 결정되었다. 이에 甲은, 지역구국회의원선거에 있어서 유효투표의 다수
를 얻은 자를 당선인으로 결정하도록 함으로써 최고득표자 외의 후보자에게 투표한 국민의 표를 사표
(死票)로 만드는 공직선거법조항은 청구인의 선거권 등을 침해한다고 주장하면서 헌법소원심판을 청구
하였다.[2]

---

1) 1994년 이전에는 대통령선거, 국회의원선거, 지방선거를 각 별개의 선거법에 의하여 규율하였으나, 1994년 '공직선
거및선거부정방지법'이 제정됨으로써 선거법체계를 단일법률로 통합하였고, 2005년에는 법률명칭을 '공직선거법'으
로 변경하였다.

2) 헌재 2016. 5. 26. 2012헌마374, 판례집 28-1하, 298, "소선거구 다수대표제는 다수의 사표가 발생할 수 있다는 문
제점이 제기됨에도 불구하고 정치의 책임성과 안정성을 강화하고 인물 검증을 통해 당선자를 선출하는 등 장점을
가지며, 선거의 대표성이나 평등선거의 원칙 측면에서도 다른 선거제도와 비교하여 반드시 열등하다고 단정할 수
없다. … 이러한 점들을 고려하면, … 헌법상의 선거원칙은 모두 구현되는 것이므로, … 심판대상조항이 청구인의
평등권과 선거권을 침해한다고 할 수 없다."; 또한, 헌재 2023. 7. 20. 2019헌마1443 등, [준연동형 비례대표제를 규
정한 공직선거법상 '의석배분조항'이 평등선거원칙에 위배되는지 여부에 관하여] "대의제민주주의에 있어서 선거제
도는 정치적 안정의 요청이나 나라마다의 정치적·사회적·역사적 상황 등을 고려하여 각기 그 나라의 실정에 맞
도록 결정되는 것이고 거기에 논리 필연적으로 요청되는 일정한 형태가 있는 것은 아니다. 소선거구 다수대표제나
비례대표제 등 어느 특정한 선거제도가 다른 선거제도와 비교하여 반드시 우월하거나 열등하다고 단정할 수 없다.
이 사건 의석배분조항은 … 헌법상 선거원칙에 명백히 위반된다는 사정이 발견되지 않으므로, … 평등선거원칙에
위배되지 않는다."

선거제도와 관련하여 제기되는 문제는, 입법자가 선거제도를 구체적으로 형성함에 있어서 헌법적으로 특정한 지침의 구속을 받는지 아니면 자유롭게 선거제도를 형성할 수 있는 것인지에 관한 것이다.

가. 헌법 제41조 제3항이 입법형성권을 제한하는지의 문제

우선, 헌법이 제41조 제3항에서 입법자에게 선거제도에 관하여 구체적인 지침을 제시하고 있는지의 문제가 제기된다. 헌법 제41조 제3항은 "선거구와 비례대표제"를 언급하고 있는데, 이에 관해서는 선거구를 전제로 하는 '다수대표제'와 또 다른 선거제도의 유형인[1] '비례대표제'를 혼용하는 형태로 선거제도를 형성하라는 지침을 입법자에게 제시한 것으로 해석할 수도 있고, 아니면 선거제도의 두 가지 유형을 단지 예시적으로 언급한 것으로 볼 수도 있다. 설사 전자의 해석을 택한다 하더라도, 다수대표제와 비례대표제를 단지 혼용해야 한다는 내용의 헌법적 구속은 입법자에 대한 지침으로서 사실상 큰 의미가 없다.

어떠한 해석에 의하더라도, 헌법은 선거제도를 확정하지 않고 있다.[2] 헌법이 선거제도를 확정하지 않은 것은 입법자에게 우리 정치현실에 적합한 선거제도를 선택할 수 있는 권한을 부여하기 위한 것이다. 그러나 헌법의 이러한 태도는 의회의 다수당과 의회에 진출한 정당이 자신에게 유리한 방향으로 선거제도를 형성할 수 있다는 위험성도 내포하고 있다.

나. 평등선거원칙이 입법형성권을 제한하는지의 문제

(1) 헌법은 선거제도에 관하여 명시적으로 확정하고 있지 않지만, 입법자가 헌법상 선거원칙, 특히 평등선거원칙에 의하여 특정한 선거제도를 선택해야 하는 구속을 받는지의 문제가 제기된다.

다수대표제와 비례대표제는 완전히 다른 '代議의 사고'에 기초하고 있다. 다수대표제는 안정적 다수의 확보를 통하여 정국의 안정성을 목표로 하는 '기능적 대의의 사고'에 기초하고 있다. 다수대표제에서는 낙선된 모든 후보자에게 주어진 유권자의 투표가 대표자의 선출에 있어서 전혀 고려되지 않기 때문에, 투표가치의 평등에 부합하지 않는다. 이에 대하여, 비례대표제는 '정치적으로 평등한 국민의 모든 투표는 동등하다'는 사고를 강조하는 '비례적 대의의 사고'에 기초하고 있다. 이러한 이해에 의하면, 선거는 가능하면 국민의 다양한 의견과 이익을 의회의 구성에 그대로 반영해야 한다.

다수대표제에서 평등선거원칙은 '산술적 가치의 평등'으로 축소되고, 다만 선거구획정과 관련해서만 성과가치의 평등이 문제된다. 투표의 '성과가치의 평등'은 비례대표제에서만 실질적인 의미를 가진다. 비례대표제는 투표가치의 완전한 평등을 보장한다는 점에서 헌법상 평등선거원칙에 보다 부합하는 선거제도이다.

(2) 이러한 이유에서, 선거제도에 따라 헌법상 선거원칙의 효력과 내용이 달라져서는 안 되고, 선거제도가 선거원칙과 부합하게 구체적으로 형성되어야 하는 것은 아닌지 의문이 제기된다. 이러한 관점에서 본다면, 입법자는 비례대표제를 선택해야 한다는 헌법상 구속을 받는다는 주장이 가능하다. 그러나 입법자가 평등선거원칙으로 말미암아 비례대표제를 선택해야 하는 구속을 받는 것은 아

---

1) '대표제'란 의원정수를 어떻게 배분하는가에 따른 개념으로서, 각 선거구에서 다수의 표를 획득한 사람이 선출되는 제도인 다수대표제와 정당의 득표수에 따라 의석을 배분하는 비례대표제가 있다.

2) 비교법적으로 보더라도, 헌법은 각국의 정치현실에 적합한 선거제도를 선택할 수 있는 입법자의 형성권을 제한하지 않기 위하여 선거제도를 확정하지 않는 것이 일반적이다.

니다. 다수대표제는 동등하게 중요한 헌법적 법익인 '정국의 안정'에 의하여 정당화될 수 있다.

따라서 헌법이 명시적으로 선거제도를 확정하고 있지 않는 한, 입법자는 선거제도의 결정에 있어서 자유롭고, 단지 선택한 선거제도의 구체적인 형성에 있어서 선거원칙의 구속을 받는다.[1] 헌법상 평등선거원칙은 다수대표제 또는 비례대표제 아니면 양자의 혼합 형태에서도 준수될 수 있으며, 입법자가 일단 선택한 선거제도 내에서 투표가치의 평등이 준수될 것을 요청한다.[2]

3. 선거제도의 유형

선거제도는 크게 다수대표제와 비례대표제로 나누어 볼 수 있다. 다수대표제의 경우에는 그 개념이 상당히 명확하다고 볼 수 있으나, 비례대표제의 경우에는 무엇을 의미하는지 불분명하다. 일반적으로, 비례대표제는 어떠한 형태로든 선거의 결과에 따라 비례적으로 의석을 배분하는 것으로 이해되고 있다. 비례대표제의 경우라도 전체 선거지역(전국)을 다수의 선거구로 분할하여 각 선거구 내에서 비례대표제를 적용하는 경우에는 선거구의 규모가 작아짐에 따라 상당한 투표수가 의회의 구성에 반영되지 않는다. 이론적으로는, 비례대표제에 의한 선거는 '1인 선거구에서의 선거'부터 '전국을 하나의 단위로 하는 선거'까지 일련의 가능성을 생각할 수 있다. 비례대표제가 의도하는 비례적 대의는 어느 정도의 선거구 규모부터 실현될 수 있다. 비례대표제도 의석을 배분하는 지역적 단위를 구체적으로 어떻게 형성하는지에 따라 다수대표제에 접근할 수 있는 것이다. 그렇다면 어느 정도의 선거구 규모부터 비례대표제가 존재하는지 하는 문제가 제기된다.

선거제도에 관한 전반적인 이해를 돕기 위하여, 아래에서는 다수대표제와 비례대표제의 순수한 형태, 즉 선거제도 유형의 양극단을 형성하는 두 가지 유형으로 1인 선거구에서 상대다수대표제 및 전국을 하나의 선거지역으로 하면서 저지조항을 두지 않는 비례대표제(유권자의 정치적 선호를 의회의 구성에 거울처럼 반영하는 것을 목표로 하는 비례대표제)를 중심으로 살펴보기로 한다.

가. 多數代表 선거제도
(1) 의 미

다수대표제는 선거구를 전제로 하여, 전체 선거지역이 의원이 선출되는 수만큼의 선거구로 분할되고(소선거구의 경우), 각 선거구에서 선거인으로부터 다수표를 얻은 후보자가 선출되는 제도를 말한다.

다수대표제는 상대적으로 가장 많은 득표를 한 후보자가 당선되는 상대다수대표제와 유효투표의 과반수의 득표자만을 당선자로 하는 절대다수대표제로 구분된다. 절대다수대표제의 경우, 제1차 투표에서 당선자가 나오지 않는 경우, 최다득표자 2인을 상대로 제2차 투표가 실시되는 것이 일반적이다. 절대다수대표제는 소선거구제(1구 1인 대표제)를 당연한 전제로 한다. 영국에서는 예전부터 상대다수대표제가, 프랑스에서는 1958년 이래로 다시 절대다수대표제가 적용되고 있다. 다수대표제는 역사적으로 비례대표제보다 오래된 선거제도이다.

(2) 다수대표제의 장·단점

다수대표제는 일반적으로 정국의 안정을 가져오기는 하나, 유권자의 정치적 의사에 비례하는 대

---

1) Vgl. BVerfGE 1, 208, 246ff.; 95, 335, 349, 그러나 독일 학계의 일부 견해에 의하면, 선거제도에 관한 결정도 헌법상 구속을 받으며, 원칙적으로 비례대표제가 헌법적으로 요청된다고 한다.

2) Vgl. BVerfGE 95, 335, 354.

의가 이루어지지 않는다.

　(가) 장　점

다수대표제가 특히 소선거구제와 결합하는 경우 군소정당의 후보자는 거의 선출될 가능성이 없고 거대정당만이 의회에 진출할 기회를 가지기 때문에, 다수대표제는 보통 양당체제를 유도하는 경향이 있다. 이로써 '여와 야'라는 의회에서의 명확한 구도가 성립되고, 정당간의 연정이 불필요하기 때문에 의회의 원활한 기능을 확보할 수 있고, 정치적 책임도 명확해진다는 장점이 있다. 결국, 양당체제의 확립과 다수세력의 형성을 가져온다는 점에서 정국의 안정에 기여하는 측면이 있다.

　(나) 단　점[1]

다수대표제는 여러 가지 의미에서 불평등을 초래하는 경향이 있다. 다수대표제의 경우, 낙선된 모든 후보자에게 주어진 선거인의 투표는 대의기관의 구성에서 전혀 고려되지 않는다. 당선자 이외의 후보자가 획득한 모든 투표가 사실상 사표가 되기 때문에, 다른 후보자를 지지한 유권자의 의사가 의회의 구성에 반영되지 않는다.[2] 이로써 유권자가 동수의 투표권을 갖기는 하나, 투표권은 차등적인 성과가치를 가지게 된다. 이에 따라 평등선거원칙과 합치하지 않는 측면이 있다.

뿐만 아니라, 다수대표제의 경우 유권자의 정치적 의사에 비례하는 대의가 이루어지지 않는다는 문제점이 있다. 다수대표제에서는 정당의 득표비율과 차지하는 의석간의 왜곡현상이 전형적이다.[3] 또한, 각 선거구를 동일한 수의 유권자로 구성되도록 분할할 수 없다는 사실상의 한계가 있다는 점도 평등선거원칙에 부합하지 않는다.

　(3) 다수대표제와 선거구의 관계

　(가) 소선거구, 중선거구, 대선거구

다수대표제는 '한 선거구에서 몇 명의 대표자를 선출하는가'에 따라 소선거구제(1인), 중선거구제(2-4인), 대선거구제(5인 이상)로 나누어 볼 수 있다. 다수대표제에서는 선거구의 크기, 즉 선거구별 대표자의 정수를 어떻게 정하는가에 따라 현실적 정당질서 및 대의기관의 구성에 큰 영향을 미친다.

다수대표제가 소선거구제(1구 1인 대표제)와 결합하는 경우에는, 양당제도의 확립과 정국의 안정을 가져오고 다수세력의 형성에 유리한 효과가 있다. 한국, 영국, 프랑스 등에서 채택하고 있다. 우리의 경우, 국회의원선거에서 지역구의원은 상대다수대표제와 소선거구제에 따라 선출된다.

다수대표제가 중선거구제 또는 대선거구제(1구 다수대표제)와 결합하는 경우에는 정치적 소수세력의 대표선출이 용이하고, 여러 정치세력의 비례적인 대의를 실현한다는 점에서 소수세력의 보호에 유리하게 작용한다. 그러나 한편으로는 중·대선거구제에서는 다수의 지지를 받은 후보자와 소수의

---

1) 다수대표제의 또 다른 단점은 정치적 지방색을 심화시킬 우려가 있다는 것이다. 다수대표제에서 당선 여부를 결정하는 것은 '정당이 제시한 강령이나 정책'이라고 하기보다는 '후보자가 지방을 대표하는 인물인지'라고 하는 점이다. 이로써 다수대표제는 지방색이 짙은 인물 중심의 정치가 될 가능성이 있다. 이에 대하여, 비교적 작은 규모의 선거구에서 1인이 선출되기 때문에 진정한 인물선거가 이루어질 뿐만 아니라 또한 의원과 그의 선거구 사이에 개인적인 관계가 형성될 수 있다는 점을 다수대표제의 본질적 장점으로 언급하는 학자도 있다. 비례대표제의 경우, 선거지역의 광범성으로 인하여 의원과 유권자 사이의 개인적인 관계가 형성되지 않는다.

2) 가령, 소선거구에서 당선자가 3만 5천표, 제2위 차점득표자가 3만 4천표, 제3위 차점득표자가 3만 3천표를 얻었다면, 거의 2/3에 해당하는 유권자의 정치적 의사가 대표자의 선출에 반영되지 않는 결과가 발생한다.

3) 예컨대, 1997년 영국 하원의 선거에서 전체 659개의 의석 중에서 노동당이 43%의 득표율로 418석을, 보수당이 30%를 득표율로 165석을 차지하였다. 이와 같이 의석의 배분이 유권자의 지지도에 상응하지 않는다는 것이 다수대표제의 전형적인 현상이다. 이론적으로는 심지어 정당의 지지도에 있어서 소수가 다수를 지배할 수도 있다.

지지를 받은 후보자가 똑같이 1개의 의석을 차지함으로써 국민이 특정 후보자나 정당을 지지한다는 것이 사실상 무의미하고 결과적으로 선거의 결과에 표현되지 않을 수 있다.[1] 예컨대, 양당제가 확립되어 있거나 또는 3개의 거대정당이 존재하는 정치적 상황에서 선거구마다 2인 또는 3인을 선출하는 것은 결국 후보자나 정당에 대한 지지를 무의미하게 만드는 효과마저 있다.[2] 선거는 국민의 의사를 반영하고 선거의 결과인 의석수는 국민의 지지에 비례하는 것이어야 한다는 점에서, 중·대선거구제는 문제가 있다.

(나) 선거구 획정의 문제[3]

다수대표제는 합리적인 선거구의 획정과 분할을 통해서만 평등선거의 이념을 실현할 수 있기 때문에, 다수대표제에서 선거구획정은 매우 중요한 의미를 가진다. 평등선거원칙은 '투표가치의 평등'의 관점에서 선거인의 수가 가능하면 동일하게 선거구를 획정할 것을 요청한다. 다수대표제에서는 선거구의 동일한 획정만이 투표의 동등한 성과가치를 보장한다. 그러나 현실적으로는 선거구의 획정에 있어서 현존하는 지역적 행정단위, 지리적 상황 등을 고려하지 않을 수 없기 때문에, 선거구마다 선거인의 수가 완전히 동일하도록 분할하는 것은 기대할 수 없다. 그럼에도 불구하고 선거구간에 선거인수의 편차가 너무 벌어지지 않도록 일정한 주기마다 선거구를 재조정하는 것은 다수대표제에서 평등선거원칙을 준수하기 위한 불가결한 작업이다.

공직선거법 제24조 이하에 의하면, 국회의원 지역선거구의 공정한 획정을 위하여 중앙선거관리위원회에 선거구획정위원회를 설치하고, 선거구획정위원회는 선거구획정안을 국회의장에게 제출하여야 하며, 국회의장은 선거구획정안을 해당 위원회에 회부하여야 한다. 해당 위원회는 선거구획정위원회가 제출한 선거구획정안을 그대로 반영하여 선거구법률안을 제안하되, 선거구획정안이 명백히 지역구획정기준에 위반된다고 판단되는 경우에는 선거구획정안을 다시 제출할 것을 선거구획정위원회에게 한차례에 한하여 요구할 수 있다.

(다) 게리맨더링(Gerrymandering) 현상[4]

사례 | 헌재 2001. 10. 25. 2000헌마92 등(선거구 인구편차 사건)

인천 서구 검단동과 인천 강화군은 모두 1995. 3. 경 경기도에서 인천광역시로 편입된 지역으로서 거리상으로도 약 20Km 정도 떨어져 있고, 검단동은 공업을 주로 하고, 강화군은 인삼경작 등 농업을 주로 하는 지역으로서 생활의 기초가 달라 지역적 유대감을 찾아 볼 수 없다. 검단동 주민들인 청구인들은 "그럼에도 불구하고 이 사건 선거구구역표가 인천 서구에서 유독 검단동만을 분리하여 강화군과

---

[1] 계희열, 헌법학(上), 2004, 312면 이하.
[2] 하나의 선거구에서 한 후보자는 3만 표, 다른 후보자는 만 오천 표, 또 다른 후보자는 오천 표를 획득한 경우를 예로 들 수 있다.
[3] 각 선거구의 유권자수가 같아야 하다는 요청은 다수대표제도에서 결정적인 의미를 가진다. 순수한 다수대표제의 경우, 선거구 유권자의 동수가 평등선거원칙을 준수하기 위한 본질적인 조건이다. 왜냐하면 대강 같은 수의 유권자가 1인의 국회의원을 선출하는 경우에 유권자의 선거권은 같은 비중, 즉 같은 성과가치를 가지기 때문이다. 이에 대하여 비례대표제의 경우, 의회에서의 의석배분이 각 정당의 득표수에 비례하여 이루어지기 때문에 선거구 인구의 크기가 의석의 배분에 거의 아무런 영향을 미치지 않는다.
[4] 게리맨더링이란, Mr. Gerry가 미국 보스톤 시에서 자기의 당선이 확실히 보장될 수 있도록 선거구를 분할하였는데, 그 선거구의 지형모습이 마치 도롱뇽(Salamander)의 모습과 흡사하였기 때문에, 생겨난 용어이다.

하나의 선거구인 '인천 서구·강화군 을선거구'로 획정한 것은 게리맨더링으로서, 자신들의 의사가 의회에 정확하게 전달되기 어려워 행복추구권, 평등권 및 선거권을 침해한다."고 주장하여 헌법소원심판을 청구하였다.[1]

게리맨더링이란 정략적인 관점과 고려에 의하여 선거구를 특정인 또는 특정정당에 유리하게 분할하는 경우를 말한다. 게리맨더링 현상은 자의적인 선거구획정, 즉 특정 선거인에 대한 자의적 차별의 의혹을 드러내는 대표적인 경우이다. 따라서 이 경우, 선거구획정에 대한 의회 재량권의 한계가 어디에 있는지의 문제가 특히 대두된다.[2]

그러나 자의적인 선거구획정을 인정하기 위해서는 단지 외견상의 게리맨더링 현상만으로는 부족하고, "특정 지역의 선거인들이 자의적인 선거구획정으로 인하여 정치과정에 참여할 기회를 잃게 되었거나, 그들이 지지하는 후보가 당선될 가능성을 의도적으로 박탈당하고 있음이 입증되어 특정 지역의 선거인들에 대하여 차별하고자 하는 국가권력의 의도와 그 집단에 대한 실질적인 차별효과가 명백히 드러난 경우, 즉 게리맨더링에 해당하는 경우에는, 그 선거구획정은 입법재량의 한계를 벗어난 것으로서 헌법에 위반된다고 할 것이다."[3]

나. 比例代表 선거제도

(1) 의 미

비례대표제란 전체 선거지역(전국)이 하나의 선거구를 이루거나 또는 가령 州 단위로 몇 개의 선거구로 분할되고, 유권자는 후보자가 아니라 정당이 제시하는 후보자명부에 대하여 투표하여 각 정당에게 정당의 득표수에 비례하여 의석을 배분하는 제도이다.[4] 유권자가 후보자명부에 영향력을 행사할 수 있는지에 따라 고정명부제와 가변명부제로 나뉜다.

봉쇄조항과 별개의 선거구를 두지 아니하고 전체 선거지역(전국)을 하나의 단위로 하여 이루어지는 '순수한 비례대표제'는 정당이 차지하는 의석과 유권자의 투표 사이의 정확한 비례를 목표로 한

---

1) 헌재 2001. 10. 25. 2000헌마92(선거구 인구편차), 판례집 13-2, 502, 503, "국회는 제16대 국회의원선거를 앞두고 강화군이 최소인구수 기준에 미달되어 이를 하나의 독립한 선거구로 할 수 없게 되자, 지리적으로 계양구보다 가까운 서구의 일부를 분할하여 강화군에 합쳐 하나의 선거구로 하기로 하면서, 서구 중에서 강화군과 비교적 가까우면서도 서구의 여러 동 중 가장 인구수가 많아 최소인구수의 기준을 충족시키기에 가장 적합하다고 판단되는 검단동을 분할하기로 한 것으로 보이므로, 이를 두고 입법자가 서구 검단동에 대하여 차별의 의도를 가지고 자의적인 선거구획정을 하였다고 볼 수 없다."
2) 헌재 1995. 12. 27. 95헌마224 등, 판례집 7-2, 760, 788-789, "선거구의 획정은 사회적·지리적·역사적·경제적·행정적 연관성 및 생활권 등을 고려하여 특단의 불가피한 사정이 없는 한 인접지역이 1개의 선거구를 구성하도록 함이 상당하며, 이 또한 선거구획정에 관한 국회의 재량권의 한계라고 할 것이다. 그런데 이 사건 선거구구역표는 위와 같은 원칙을 무시한 채, 특단의 불가피한 사정이 있다고 볼만한 사유를 찾아볼 수 없는데도, 충북 옥천군을 사이에 두고 접경지역 없이 완전히 분리되어 있는 충북 보은군과 영동군을 "충북 보은군·영동군 선거구"라는 1개의 선거구로 획정하였는바, 이는 재량의 범위를 일탈한 자의적인 선거구획정이라고 하지 아니할 수 없고…이로써 충북 보은군에 거주하는 청구인…의 정당한 선거권을 침해하였다고 할 것이다."
3) 헌재 2001. 10. 25. 2000헌마92, 판례집 13-2, 502, 511; 헌재 1998. 11. 26. 96헌마54, 판례집 10-2, 742, 748; 헌재 1998. 11. 26. 96헌마74 등, 판례집 10-2, 764, 775.
4) 헌재 2013. 10. 24. 2012헌마311, 공보 제205호, 1544, [선거운동기간 중 공개장소에서 비례대표국회의원후보자의 연설·대담을 금지하는 공직선거법조항이 비례대표국회의원후보자의 선거운동의 자유를 침해하는지 여부(소극)] 헌법재판소는 '전국을 하나의 선거구로 하는 정당선거로서의 성격을 가지는 비례대표국회의원선거의 취지에 비추어 이 사건 법률조항은 선거운동의 자유를 침해하지 않는다.'고 판단하였다.

다. 순수한 비례대표제의 경우, 선거제도가 유권자의 투표의 비중, 이로써 투표와 의석배분의 비례관계에 대하여 미치는 영향력은 거의 영(0)이라 할 수 있다. 선거의 기술적 측면이 아니라 오로지 유권자만이 의회의 구성에 영향력을 행사한다는 점에서, 순수한 비례대표제는 정치적으로 가장 중립적인 선거절차이다. 모든 국민의 동등한 정치적 참여권을 출발점으로 하는 평등민주주의에서 이러한 측면은 매우 중요한 관점이라고 할 수 있다.

비례대표제는 20세기에 들어와 정당제도의 발달과 정당국가적 경향에 따라 정착한 선거제도이다. 비례대표제는 정당에 의하여 작성된 후보자명부를 기초로 하여 실시되는 등, 대표자의 선출에 있어서 정당의 개입을 전제로 하기 때문에 정당제도의 확립이 필수적이다. 비례대표제의 대표적 예로는 바이마르 공화국의 선거제도를 들 수 있다.[1] 독일의 현행 선거제도도 비례대표제를 근간으로 하고 있다.

(2) 비례대표제의 장·단점

(가) 장 점

비례대표제에서 모든 유권자의 정치적 의사가 대의기관의 구성에 그대로 반영된다. 비례대표제에서는 모든 정당이 그의 득표비율에 따라 의회에 진출하고 이로써 모든 정치적 세력이 의회에서 대표되는 것이 보장된다. 따라서 의회의 구성에 국민의 정치적 선호가 정확하게 반영된다. 모든 투표가 동일한 수적 가치뿐만 아니라 동등한 성과가치를 가지고 선거결과에 동등한 영향을 미치기 때문에, 비례대표제는 다수대표제보다 평등선거원칙에 부합한다.

비례대표제에서는 정치세력의 지지도에 상응하는 비례적인 대의로 인하여, 소수보호의 정신이 보다 잘 실현된다. 비례대표제는 소수 정치세력의 의회진출을 용이하게 함으로써 소수의 보호에 기여하는 측면이 있다. 뿐만 아니라, 비례대표제는 다수대표제에 있어서 불가피하게 발생하는 선거구분할의 불균형의 문제가 제기되지 않는다.

(나) 단 점

비례대표제에서는 다수의 군소정당이 의회에 진출하여 의회의 원활한 과제이행을 위하여 필요한 안정적 다수의 형성을 어렵게 함으로써 불안정한 정국을 초래할 위험성이 있다. 군소정당의 난립은 정당간의 연정의 필요성을 의미하고, 이는 정국의 불안정을 초래할 수 있다. 요컨대, 비례대표제는 '소수의 보호'를 위하여 '다수의 형성'을 저해하는 제도라 할 수 있다. 따라서 이에 대한 대응책으로 봉쇄조항(저지조항)의 도입을 고려할 수 있다.

비례대표제에서 선거절차가 정당의 주도 하에서 이루어지기 때문에, 정당의 영향력이 증가하는 경향이 있다. 후보자의 선정과 그 순위결정권이 정당의 지도부에게 독점되어 일반대중이 정치에서 소외될 가능성이 있다. 유권자는 정당에 대한 지지만을 결정하게 될 뿐, 후보자의 선정에는 거의 영향을 미치지 못한다. 이러한 이유에서 각국은 유권자의 선택가능성을 보다 확보하기 위하여 비례대표제를 수용하는 방식에서 많은 차이를 보이고 있다(가령, 비례대표제와 지역구 선거를 병용하는 방법 등).

(3) 구체적인 실현형태

(가) 固定名簿制와 可變名簿制

다수대표제의 경우 선거인은 입후보자 중에서 특정 인물을 선택하는 반면, 비례대표제의 경우 선거인은 특정인물이 아니라 특정명부를 선택하게 된다.

---

1) 바이마르공화국 헌법에서는 제국의회와 주 의회의 선거에 대하여 비례대표제를 명시적으로 규정하였다.

명부제 방식에도 고정명부제와 가변명부제(개방명부제)가 있다. 고정명부제란 명부의 내용, 즉 후보
자의 선정과 후보순위가 처음부터 고정적인 경우를 말한다. 고정명부제의 경우, 선거인은 각 정당이 제
시하는 명부 중에서 한 정당의 명부만을 그 전체로서 선택하게 된다. 이에 대하여 가변명부제는 유권자
가 명부의 내용을 변경할 수 있는 제도이다. 가변명부제의 경우, 정당의 명부를 그대로 수용하든지, 특
정 후보자의 이름을 삭제하든지, 명부 내에서 특정 후보자를 선출하든지 또는 경우에 따라 다수의 투
표를 여러 후보자에게 배분하든지 등의 방법을 통하여 유권자에게 다양한 가능성을 부여할 수 있다. 이
로써 유권자는 정당에 의하여 제시된 명부의 내용(후보자선정과 후보순위)을 고칠 수 있는 가능성을 부
여받는다. 가변명부제는 선거인에게 명부선택권뿐만 아니라 인물선택권까지 부여함으로써, 비례대표
제에 인물선거적 요소를 가미한 것이라 볼 수 있으나, 그 시행에 있어서 적지 않은 어려움이 있다.[1]

이러한 이유에서 가령, 독일에서는 고정명부제에 기초한 비례대표제를 원칙으로 하면서 인물선거
적 요소를 가미하기 위하여 다음과 같은 방법을 사용하고 있다. 독일연방의회선거의 경우, 유권자는
1인 2표를 가지고, 한 표는 지역구(지역구의 수는 의원정원의 약 절반에 해당한다) 후보자에 대하여, 다
른 한 표는 정당명부에 대하여 투표한다. 의회의 의석은 일단 정당투표에서 정당의 총득표수에 비례
하여 각 정당에 배분하고, 각 정당에 배분된 의석은 우선적으로 지역구에서 선출된 후보자들에게 배
당하고 나머지 의석이 정당명부의 후보자순위에 따라 배분된다.

(나) 봉쇄(저지)조항

비례대표제에서 의석배분과 관련하여 자주 제기되는 문제는 군소정당의 난립을 막기 위하여 봉
쇄조항을 둘 것인지의 여부 및 만일 둔다면 저지선을 어느 정도로 책정할 것인지의 문제이다. 봉쇄
조항이란, 선거에서 일정 수 이상의 득표율을 달성했거나 당선자를 낸 정당에게만 의석을 배분함으
로써 군소정당의 난립을 막고 안정적 다수세력의 형성을 촉진하고자 하는 제도이다. 봉쇄조항은 유
권자 투표의 성과가치의 차등을 초래한다. 봉쇄조항은 군소정당의 의회진출을 어렵게 하여 신설 정
당의 설립을 어렵게 하는 효과를 수반하며, 그에 따라 기존의 거대정당에게 상대적으로 유리한 정치
풍토를 조성한다는 역기능을 가지고 있다는 점이 지적되고 있다.

4. 현행 공직선거법상의 선거제도

선거법의 주된 과제 중 하나는 다수대표제와 비례대표제라는 두 가지 선거제도를 어떠한 방법으
로 결합함으로써 각 선거제도의 장점을 취할 수 있는지 하는 것이다.[2] 각국의 선거제도가 보여주듯
이, 선거제도를 구체적으로 형성함에 있어서 다양한 선택의 가능성이 있다. 다만, 각국의 선거제도는
그 나라의 정치적 전통과 헌법적·정치적·사회적 상황을 반영하는 것이기 때문에 그대로 수용할 수
없다는 점을 유념해야 한다.

가. 대통령 선거제도

대통령선거는 직선제와 상대적 다수대표제를 채택하고 있다.

---

1) 유권자가 제도를 제대로 이해하지 못하거나, 선거결과의 확인절차(개표)가 복잡하고 많은 시간과 비용을 초래한다.
2) 물론, 이러한 문제는 대통령이나 지방자치단체의 장의 선거가 아니라, 의회의 선거와 관련하여 제기된다.

나. 국회의원 선거제도

국회의원 선거는 지역구를 단위로 하는 다수대표제를 근간으로 하면서 전국을 단위로 하는 비례대표제를 혼합한 형태로 실시되고 있다.[1] 기존의 1인1표제에 대한 헌법재판소의 한정위헌결정으로 2004년 국회의원 총선거부터 비례대표 국회의원선거에 정당투표제(1인2표제)가 도입되었다.

국회는 국회의원 300명(지역구 국회의원 254명 및 비례대표 국회의원 46명)으로 구성되는데, 지역구 대표는 각 지역선거구에서(1구 1인대표제; 소선거구제) 상대다수대표선거에 의하여 선출되고, 비례대표는 정당별 후보명부에 대한 정당투표에 의하여 선거된다. 지역구선거에서 5석 이상의 의석을 얻었거나 정당투표에서 유효투표총수의 3% 이상을 득표한 정당은 정당투표에서 얻은 득표율에 따라 비례대표의석의 배분에 참여하게 된다(기본의석조항 및 3% 저지규정).[2] 한편, 2020년 개정된 공직선거법은 정당의 득표율에 (50%) 연동해 의석을 배정하는 방식인 '준연동형 비례대표제'에 따라 비례대표국회의원 의석을 배분하도록 규정하고 있다.

다. 지방자치를 위한 선거제도

기초자치단체 및 광역자치단체에서의 지방의회의원선거에도 유권자가 지역구후보자와 비례대표 후보자에게 각 1표씩을 투표하는 1인2표제가 도입되었다. 이에 따라, 광역의회와 기초의회는 상대적 다수대표제로 선출되는 의원과 비례대표의원으로 구성된다. 지방자치단체의 장 선거는 대통령선거와 마찬가지로 직선제 및 상대적 다수대표제를 채택하고 있다.

V. 현행 공직선거법상의 선거운동

1. 선거운동의 개념 및 선거운동의 자유

가. 선거운동의 개념

사례	헌재 2001. 8. 30. 2000헌마121 등(시민연대 낙선운동 불허 사건)

2000. 4. 13. 실시된 국회의원총선거에서 '2000년 총선 시민연대'는 같은 해 1. 24.과 2. 2. 총 109명의 정당공천후보자 부적격자를 발표하면서 공천부적격자가 공천되면 대대적인 낙선운동을 하겠다고 선언하였다. '공직선거법 및 선거부정방지법'에 의하면 선거운동은 "(후보자 자신이) 당선되거나 (다른 후보자가) (당선)되게 하거나 되지 못하게 하기 위한 행위"로 정의되어 있고, 선거운동은 당해 후보자의 등록이 끝난 때부터 선거일 전일까지에 한하여 이를 할 수 있도록 되어 있다. 이에 따라 부적격후보자의 당선을 막고자 하는 시민단체의 낙선운동도 사전 선거운동에 해당하여 금지되게 되었다. 그러자, 시민단체들은 낙선운동을 금지하는 것은 국민의 정치적 의사표현의 자유와 참정권 등을 침해하는 것이라고 주장하면서 헌법소원심판을 청구하였다.[3]

---

1) 공직선거법 제20조 제1항(비례대표국회의원은 전국을 단위로 하여 선거한다) 및 제3항(지역구국회의원은 당해 의원의 선거구를 단위로 하여 선거한다) 참조.
2) 현행 선거제도는 다수대표제 중심이기는 하나, 비례대표제를 가미하고 있으므로, 이를 통하여 군소정당의 의회진입이 가능하다. 이러한 점에서 저지조항의 필요성과 정당성이 인정될 수 있다.
3) 헌재 2001. 8. 30. 2000헌마121(시민연대 낙선운동 불허), 판례집 13-2, 263-264, [특정후보자의 당선을 목적으로 함

(1) 선거운동이란 공직선거에서 특정후보자를 당선되게 하거나 당선되지 못하게 하기 위한 행위를 말한다(^{공선법 제58조}). 그러나 선거에 관한 단순한 의견의 개진이나 의사의 표시, 입후보와 선거운동을 위한 준비행위, 정당의 후보자추천에 관한 단순한 지지·반대의 의견개진 및 의사표시, 통상적인 정당활동 등은 선거운동으로 보지 아니한다(^{공선법 제58조}).[1]

한편, 공선법 제58조 제1항 본문은 '선거운동'을 정의함에 있어서 '당선'의 기준을 사용하여 선거운동의 행위가 '후보자의 당선 또는 낙선을 그 목적으로 하는 것'으로 협소하게 표현되어 있으나, 선거운동의 개념은 '특정 후보자의 당선 또는 낙선'이라는 기준에서 벗어나, '특정 정당이나 후보자에게 투표하도록 유권자를 유도하는 것을 목적으로 하는 모든 행위'로 이해해야 하고, 그러한 행위가 특정 선거와의 내용적 연관성을 가지고 선거에서의 당선이나 득표를 목표로 한다면, 선거운동에 해당하는 것으로 보아야 한다.[2]

(2) 공직선거법에서 선거운동의 개념을 정의하고 있는 것은, 개념의 정의를 통하여 선거운동행위와 선거운동에 해당하지 않는 행위의 경계를 확정하고자 하는 것이고, 선거운동과 선거운동이 아닌 행위를 구분해야 하는 필요성은 선거운동이 허용되는 기간을 확정함으로써 사전선거운동을 금지하는 것에 기인하는 것이다. 즉, 사전선거운동의 금지로 인하여 선거운동기간 개시 전에 금지되는 선거운동행위와 허용되는 행위를 구분해야 할 필요성이 있는 것이다. 그러나 선거운동행위와 선거운동이 아닌 행위를 구분하는 것은 매우 어려운 문제이고, 이는 공직선거법의 근본적인 문제점이라 할 수 있다.

사전선거운동을 금지하고 이에 위반되는 행위를 처벌함에 따라, 선거운동의 개념은 단순히 강학상의 의미를 넘어서 범죄구성요건의 의미를 가지게 되었다. 선거운동기간에 관한 규정 없이 언제든지 선거운동이 허용되는 대부분의 서구 국가에서는, 선거운동과 선거운동이 아닌 행위를 구분해야 할 실익이 없고, 다른 한편으로는 선거운동의 개념을 정의한다는 것이 국민의 선거운동의 자유를 제한하는 결과를 가져올 수 있으므로, 법률로써 선거운동의 개념을 정의하고 있지 않다. 선거운동기간의 제한이 없는 대부분의 선진외국과는 달리, 매우 단기의 선거운동기간 중에만 선거운동을 허용하면서 그에 대해서도 선거운동의 주체 및 방법 등에 따른 다양한 규제를 가하고 있는 현행 공직선거법에서, '선거운동'의 개념을 너무 포괄적으로 파악하는 것은 국민의 정치적 활동의 자유가 그만큼

이 없이 부적격후보자가 당선되지 못하게 하기 위한 행위를 선거운동으로 정의하고 이를 규제하는 것이 국민의 정치적 표현의 자유에 대한 침해가 되는지 여부에 관하여] "선거운동은 당선을 목적으로 하는 것(이하 당선운동이라 한다)과 낙선을 목적으로 하는 것(이하 낙선운동이라 한다)으로 나누어 볼 수 있고, 낙선운동은 다시 이를 나누어 당선을 목적으로 하여 운동하는 후보자측이 경쟁 후보자의 낙선을 위하여 수행하는 낙선운동(이하 후보자편의 낙선운동이라 한다)과 당선의 목적없이 오로지 특정 후보자의 낙선만을 목적으로 하여 후보자편 이외의 제3자가 벌이는 낙선운동(이하 제3자편의 낙선운동이라 한다)으로 분류할 수 있으나 … 제3자편의 낙선운동은 후보자측이 자기의 당선을 위하여 경쟁 후보자에 대하여 벌이는 낙선운동과 조금도 다를 것이 없다."; "따라서 특정후보자를 당선시킬 목적의 유무에 관계없이, 당선되지 못하게 하기 위한 행위 일체를 선거운동으로 규정하여 이를 규제하는 것은 불가피한 조치로서 그 목적의 정당성과 방법의 적정성이 인정된다."

1) 헌법재판소의 판례에 의하면, 공선법 제58조 제1항의 '선거운동'이란, 특정 후보자의 당선 내지 이를 위한 득표에 필요한 모든 행위 또는 특정 후보자의 낙선에 필요한 모든 행위 중 당선 또는 낙선을 위한 것이라는 목적의사가 객관적으로 인정될 수 있는 능동적, 계획적 행위를 말한다(헌재 1994. 7. 29. 93헌가4 등[선거운동기간 제한], 판례집 6-2, 15, 33 참조; 헌재 20001. 8. 30. 2000헌마121 등[시민연대 낙선운동 불허], 판례집 13-2, 263, 274).

2) Vgl. BVerfGE 47, 198, 226, 우리의 경우와 같이, 정당과 지역후보자에 대한 1인2표제가 실시되는 독일에서 연방헌법재판소는 선거운동(Wahlwerbung)을 위와 같이 정의하고 있다. 공선법 제58조 제1항이 선거운동을 정의함에 있어서 '당선'의 개념을 사용한 것은, 지역구 후보자에 대한 투표를 위주로 하는 과거의 우리 선거법에 기인하는 것으로 보인다.

더욱 제한된다는 것을 의미하므로, 선거운동의 개념을 좁게 해석하는 것이 요청된다.

나. 선거운동의 자유

(1) 헌법적 근거

선거운동의 자유는 국민의 선거권과 자유선거원칙, 표현의 자유에 의하여 보장된다.[1] 선거운동의 자유의 가장 직접적인 헌법적 근거는 표현의 자유이지만, 선거운동의 자유는 정치적 표현의 자유나 정당활동의 자유에 의해서만은 완전히 파악될 수 없다. 선거운동의 자유는 그 헌법적 근거를 일차적으로 국민의 선거권 및 자유선거원칙에 두고 있다.

선거운동의 자유는 선거권을 의미 있게 행사하기 위한 전제조건에 해당한다. 유권자는 선거를 통하여 복수의 정당이 제시하는 정책과 방향에 대하여 선택을 하고, 이로써 각 정당이 국가의사형성에 있어서 차지해야 할 영향력에 대하여 결정한다. 유권자는 누가 자신이 지지하는 정책방향을 표방하고 실현하고자 하는가를 알아야 하고, 선택 가능한 여러 가지 정책 방향과 입후보자에 관하여 정확한 정보를 얻어야만, 비로소 진정한 의미에서 자유롭게 유권자로서의 결정을 내릴 수 있다. 선거운동을 통하여 유권자에게 정당의 정책과 목표에 관하여 정보를 충분히 제공하지 않는 경우에는 유권자는 의미 있는 정치적 결정을 내릴 수 없다. 따라서 유권자 결정의 판단기초가 되는 정보, 즉 정당과 후보자에 관한 정보의 제공이 요구되는데, 선거운동은 유권자의 판단에 있어서 불가결한 정보를 제공하는 기능을 한다.

뿐만 아니라, 자유로운 선거운동의 보장 없이는 자유선거가 있을 수 없다. 자유선거원칙이란, 유권자의 투표행위가 외부로부터의 강제나 부당한 압력의 행사 없이 이루어져야 한다는 것뿐 아니라, 나아가 유권자가 자유롭고 개방적인 의사형성과정에서 자신의 판단과 결정을 내릴 수 있어야 한다는 요청을 의미한다. 자유선거원칙이 실현되기 위해서는 자유로운 선거운동이 필수적 전제조건이다.

(2) 공직선거법에서 선거운동의 자유

공직선거법은 세계에 그 유례가 없을 정도로 선거운동에 관하여 그 주체·방법·기간 및 비용 등에 있어서 다양하고 포괄적인 제한을 하고 있다. 선거운동을 어느 정도로 규제 또는 허용하는가는 각국의 선거풍토와 선거문화의 수준, 민주시민의식의 성숙정도 등 제반사정에 따라 달라질 수밖에 없다. 이러한 점에서 공직선거법은 우리 정치문화의 후진성과 국민에 대한 불신을 그대로 반영하고 있다. 공직선거법의 개정과정을 보면, 선거운동에 대한 규제가 또 다른 규제의 필요성을 야기하고, 다시금 규제의 틈을 메우기 위하여 또 다른 규제로 이어지는 악순환의 연속이었고, 그 결과 현행 공직선거법은 선거운동 전반에 관하여 매우 상세하고 세부적이며 포괄적인 규제를 담고 있다. 이제는 어느 누구도 공직선거법의 방대하고 세부적인 규율내용을 조감할 수 없는 상태에 이르렀기 때문에, 공직선거법은 국민에 대한 행위지침을 제시하는 법률로서의 기능을 크게 상실하였다.

---

1) 헌재 1994. 7. 29. 93헌가4 등(선거운동기간 제한), 판례집 6-2, 15, 29 "선거운동의 자유는 선거권행사의 전제 내지 선거권의 중요한 내용을 이룬다고 할 수 있다. 그러므로 선거운동의 제한은 곧 선거권의 제한으로 귀결된다."; 헌재 2001. 8. 30. 99헌바92 등(문서·도화 등에 의한 선거운동금지), 판례집 13-2, 174, 193, "자유선거의 원칙은 선거의 전과정에 요구되는 선거권자의 의사형성의 자유와 의사실현의 자유를 말하고, 구체적으로는 투표의 자유, 입후보의 자유 나아가 선거운동의 자유를 뜻한다. 선거운동의 자유는 널리 선거과정에서 자유로이 의사를 표현할 자유의 일환이므로 표현의 자유의 한 태양이기도 하다. 표현의 자유, 특히 정치적 표현의 자유는 선거과정에서의 선거운동을 통하여 국민이 정치적 의견을 자유로이 발표·교환함으로써 비로소 그 기능을 다하게 된다 할 것이므로, 선거운동의 자유는 헌법에 정한 언론·출판·집회·결사의 자유 보장 규정에 의한 보호를 받는다."

현행 공직선거법은 우리의 정치현실 하에서 국민의 정치적 의사를 정확하게 반영하고자 하는 선거의 기능을 이행하기 위해서는 '선거의 공정성'에 대한 요청이 보다 강조될 수밖에 없다는 입장에 입각하고 있는 것으로 보인다. 공직선거법에서는 선거운동의 자유가 원칙이고 이에 대한 규제가 예외라는 '원칙과 예외의 관계'가 사실상 전도되어 있다. 그러나 국가가 선거운동과 관련하여 국민에 대한 후견인적 시각을 견지한다면, 국민은 선거운동의 형태로 정치적 의사형성과정에 적극적으로 참여하고 민주시민의식을 발전시킬 수 있는 기회를 부여받지 못하게 됨으로써 선거문화나 시민의식의 향상은 요원할 수밖에 없다.

(3) 선거운동의 자유와 선거의 공정성

공직선거법은 선거운동을 규율함에 있어서 '선거운동의 자유'와 '선거의 공정성'에 대한 요청을 서로 대립하는 법익으로 이해하고 있다. 그러나 선거운동의 자유와 선거의 공정성은 서로 대립하는 법익이 아니라, 양자 모두 자유선거를 실현하기 위한 조건으로서 서로 보완관계에 있다. 공직선거법은 선거운동의 제한을 정당화하는 근거로서 선거의 공정성을 강조하고 있으나, 선거의 궁극적인 목적은 선거의 공정을 확보하는 데 있는 것이 아니라 국민의 정치적 의사를 대의기관의 구성에 정확하게 반영하는 데 있다. 선거의 공정은 그 자체로서 자기목적이나 독자적인 목적이 아닌 것이다.

선거의 공정성은 선거에서의 기회균등을 보장함으로써 후보자와 정당간의 자유경쟁을 확보하고자 하는 것이다. 즉, 선거의 공정성은 국민의 정치적 의사를 정확하게 반영하는 자유선거를 실현하기 위한 수단일 뿐이다. 그런데 선거의 공정성을 지나치게 강조함으로써 선거운동을 통하여 국민의 정치의사형성에 영향을 미칠 수 있는 가능성을 과도하게 제한하는 경우, 국민의 자유로운 의사형성이 저해되고, 이로써 선거는 국민의 정치적 의사를 제대로 반영할 수 없다. 선거의 공정을 확보하는 가장 이상적이고 효율적인 방법은, 누구나 자신의 정치적 의사를 표출할 수 있는 길을 열어놓은 가운데 균등한 조건하에서 다양한 견해의 자유로운 경쟁이 이루어지도록 하는 것, 즉 선거의 자유와 개방성이다. 요컨대, 선거의 자유 없이 선거의 공정을 기대할 수 없다.

공직선거법이 선거운동을 규제하는 논거는, 선거운동의 자유를 허용하게 되면 선거과정은 더욱 과열되고 혼탁해지며 선거의 공정성을 해치게 된다는 것이다. 그러한 선거의 혼탁이나 과열현상은 오히려 선거운동을 지나치게 제한함으로써 정치참여에 관한 국민의 정당한 욕구와 정치의사형성과정의 자연스러운 흐름을 막고 있기 때문에 발생하는 현상이라고 볼 수 있다.[1] 그 동안 선거운동의 자유를 엄격히 제한하여 왔음에도 과거 과열 혼탁선거를 벗어나지 못하고 있다는 점은 선거운동의 과열현상을 선거운동에 대한 규제로써는 궁극적으로 해결할 수 없다는 것을 말해준다.[2] 원칙적으로 모든 개인과 사회단체에게 자유로운 선거운동을 허용하여 누구에게나 정치참여의 가능성을 개방하고 의사형성과정이 공개적이고 자유롭게 이루어지게 한다면, 오히려 이러한 방법이 선거의 공정을

---

1) 선거운동이 지나치게 제한됨에 따라 국민의 이러한 정치적 욕구는 친족·지연·학연 등을 통한 음성적·불법적 선거운동을 통하여 표출될 수밖에 없고, 바로 여기에 선거의 기회균등과 선거의 공정을 저해하는 혼탁선거의 원인이 있다고 볼 수 있다.
2) 이러한 이유에서 이미 학계에서는 선거의 공정성확보를 위해서는 선거운동의 자유를 제한하는 것보다 선거비용에 대한 규제를 철저히 하는 것이 중요하다는 점이 지적되어 왔다. 선거과정을 혼탁하게 만들고 과열시키는 것은 선거에 투입되는 자금의 영향력이기 때문이다. 이에 대하여 선거비용에 대한 규제가 철저히 시행되고 있지 못한 현실에서 선거운동의 자유만 확대한다면 자칫 부작용만 커질 우려가 있기 때문에 선거운동의 확대는 선거비용규제의 집행 정도를 감안하여 추진되어야 한다는 반대견해가 있다.

확보하는 지름길이라고 할 수 있다.

2. 선거운동의 제한

공직선거법은 선거운동의 자유를 인정하면서도, 시간적, 인적, 방법적, 비용적 측면에서 다양한 제한을 가하고 있다.

가. 제한의 유형

(1) 시간적 제한

선거운동은 선거기간 개시일부터 선거일 전일까지 할 수 있다(공선법 제59조). 선거운동은 선거운동기간 내에서만 허용됨으로써 선거운동기간 이전의 선거운동(사전선거운동)과 선거일 당일의 선거운동은 금지된다. 대통령선거의 경우 선거기간("후보자등록마감일의 다음날부터 선거일까지")은 23일, 국회의원선거의 경우 선거기간("후보자등록마감일 후 6일부터 선거일까지")은 14일에 불과하다(공선법 제33조). 한편, 후보자 또는 후보자가 되고자 하는 자가 자신이 개설한 인터넷 홈페이지를 이용하여 선거운동을 하는 것은 상시 허용된다(공선법 제59조 제3호).

(2) 인적 제한

공선법 제60조는 선거운동을 할 수 없는 자를 상세히 규정하고 있는데, 정당의 당원이 될 수 없는 공무원과 교원(교원의 경우 예외 있음), 미성년자, 선거권이 없는 자 등이 이에 해당한다.[1]

(3) 방법적 제한

공선법은 선거운동의 방법에 대하여 선거벽보의 개수, 소형인쇄물의 규격·내용, 현수막 등의 제한을 비롯하여 신문방송의 광고, 후보자 등의 방송연설, 합동연설회, 정당후보자에 의한 연설회, 연설·대담, 호별방문제한, 서명·날인운동 등의 금지, 여론조사의 결과공표금지 등 개별적이고 구체적인 제한을 하고 있다.

(4) 비용적 제한

선거비용과 관련해서는 액수제한, 출납제한, 수입·지출의 보고의무 등을 규정하고 있다.

나. 공직선거법상 선거운동제한의 문제점

(1) 선거운동기간의 제한

사례 | 헌재 1994. 7. 29. 93헌가4 등(선거운동기간 제한 사건)

甲은 선거운동개시일 전에 사전 선거운동을 하였다는 혐의로 기소되었다. 법원은 위 형사소송 계속 중 甲의 신청에 따라 "선거운동은 당해 후보자의 등록이 끝난 때로부터 선거일 전일까지에 한하여 이를 할 수 있다."고 규정하는 구 대통령선거법조항의 위헌여부에 대하여 위헌법률심판을 제청하였다.

---

1) 한편, '정부투자기관이나 지방공기업의 직원'은 기관의 경영에 관한 결정이나 집행에 상당한 영향력을 행사할 수 없음에도 '임원'과 동일하게 취급하여 선거운동을 금지하고 처벌하는 공직선거법조항에 대하여, 헌법재판소는 위헌으로 판단하였다(헌재 2018. 2. 22. 2015헌바124; 헌재 2021. 4. 29. 2019헌가11; 헌재 2022. 6. 30. 2021헌가24; 헌재 2022. 12. 22. 2021헌가36; 헌재 2024. 1. 25. 2021헌가14). 위 결정들은 정부투자기관 직원을 임원과 동일하게 취급하여 지방의회의원직에 입후보하지 못하도록 규정한 입후보제한규정에 대한 위헌결정(헌재 1995. 5. 25. 91헌마67)과 같은 맥락에 있다(이에 관하여 위 제2편 제4장 제6절 III. 2. 나. (4) 참조).

선거운동기간의 제한은 공직선거법상 선거운동의 자유에 대한 가장 핵심적이고도 강력한 제한을 의미한다. 선거운동기간의 제한은 허용된 기간 외의 선거운동을 전면적으로 금지한다는 점에서 그 실질에 있어서 선거운동의 '방법'이 아니라 선거운동의 '여부'에 관한 제한으로 가장 강력한 제한의 형태이다. 따라서 선거운동의 자유를 보다 적게 침해하는 조치인 선거운동방법에 대한 제한을 통하여 선거의 공정성을 꾀할 수 있는지, 나아가 허용된 선거운동기간이 지나치게 단기인지 등의 관점에서 최소침해성원칙에 대한 위반의 의심이 강력하게 제기되므로, 선거운동기간의 제한은 과잉제한의 위험성을 내포하고 있다.

대부분의 선진 민주국가의 경우 선거운동기간의 제한이 없이 상시적인 선거운동이 가능하다. 우리의 경우, 상시적인 선거운동을 허용하는 경우에는 무제한적이고 소모적인 선거운동과 엄청난 사회경제적 낭비를 초래하고 후보자나 정당의 경제력에 따라 선거결과가 달라질 수 있다는 인식에서 출발하고 있다.[1] 이에 따라, 금권선거와 과열경쟁으로 인한 선거의 타락과 부패현상을 방지하고 선거의 공정성을 확보하고자 하는 것에 의하여 선거운동기간의 제한은 정당화된다고 한다. 그러나 다음과 같은 이유에서 선거운동기간의 제한은 헌법적으로 중대한 하자가 있다.

첫째, 선거운동기간의 제한으로 인하여 사전선거운동이 금지되고, 이로써 선거운동으로서 금지되는 행위와 허용되는 행위를 선거운동의 개념 정의를 통하여 구분해야 한다. 그러나 양자의 구분이 매우 모호하여 법적용기관인 선거관리위원회와 법원의 자의적인 법적용의 위험이 상존한다.

가령, '선거운동'과 '선거에 관한 단순한 의견개진' 또는 '정당의 후보자추천에 관한 단순한 지지·반대의 의견개진 및 의사표시'는 그 구분이 사실상 매우 어렵다.[2] 헌법상 보장된 의견표명의 자

1) 헌재 1994. 7. 29. 93헌가4(선거운동기간 제한), 판례집 6-2, 15, 35-37, [선거운동기간을 제한한 구 대통령선거법규정의 위헌여부에 관하여] "기간의 제한 없이 선거운동을 무한정 허용할 경우에는 후보자간의 오랜 기간 동안의 지나친 경쟁으로 선거관리의 곤란으로 이어져 부정행위의 발생을 막기 어렵게 된다. 또한 후보자간의 무리한 경쟁의 장기화는 경비와 노력이 지나치게 들어 사회경제적으로 많은 손실을 가져올 뿐만 아니라 후보자간의 경제력 차이에 따른 불공평이 생기게 되고 아울러 막대한 선거비용을 마련할 수 없는 젊고 유능한 신참 후보자의 입후보의 기회를 빼앗는 결과를 가져올 수 있다. 선거운동의 기간제한은 각 나라의 정치적 수준과 선거행태, 국민들의 선거의식과도 함수관계에 있다. … 그런데 우리나라는 … 이상적인 선거풍토를 이룩하지 못하고 금권, 관권 및 폭력에 의한 부정, 과열선거가 항상 문제되어 왔다. 이러한 상황 아래 위와 같은 폐해를 방지하고 공정한 선거를 실현하기 위하여 선거운동의 기간에 일정한 제한을 두는 것만으로 위헌으로 단정할 수는 없다. 다만, 선거운동기간이 헌법적 합성과 관련하여 문제가 되는 것은 선거운동기간을 어느 정도 허용할 것인지, 선거운동의 시기와 종기를 어떻게 정할 것인가 등이 문제이다. … 28일 내지 23일이라는 선거운동기간은 우리나라의 영토넓이와 유권자의 수, 특히 오늘날 신문, 방송 등 대중정보매체가 광범위하게 보급되어 … 있는 점, 전국이 1일 교통권에 들어간 현재의 교통수단 등에 미루어 볼 때 유권자인 국민으로서 각 후보자의 인물, 정견, 신념 등을 파악하기에 결코 부족한 기간이라 할 수 없다. 그렇다면 법 제34조에서 정하는 선거운동의 기간제한은 … 필요하고도 합리적인 제한이며, 선거운동의 자유를 형해화할 정도로 과도하게 제한하는 것으로 볼 수 없다…" 이후에도 헌법재판소는 수차례에 걸쳐, 선거운동기간을 제한하고 이를 위반한 사전선거운동을 형사처벌하도록 규정한 구 공직선거법 제59조 등이 정치적 표현의 자유를 침해하지 않는다고 판단하였다. 또한, 선거일 당일의 선거운동을 금지하고 처벌하는 공직선거법조항에 대하여 합헌결정을 한 바 있다(헌재 2021. 12. 23. 2018헌바152). 한편, 입법자는 정치·사회적 발전과 더불어 선거운동의 자유를 보다 보장할 필요가 있다는 반성적 고려에서 2020. 12. 29. 공직선거법을 개정하여, '선거일이 아닌 때에 전화를 이용하거나 말로 선거운동을 하는 경우' 선거운동기간의 제한을 받지 않는다는 규정을 신설하였다(공직선거법 제59조 단서 제4호).
2) 이에 대하여 헌재 2001. 8. 30. 2000헌마121(시민연대 낙선운동 불허), 판례집 13-2, 263, 264, "선거운동이라 함은 특정 후보자의 당선 내지 이를 위한 득표에 필요한 모든 행위 또는 특정 후보자의 낙선에 필요한 모든 행위 중 당선 또는 낙선을 위한 것이라는 목적의사가 객관적으로 인정될 수 있는 능동적, 계획적 행위를 말하는 것으로 풀이할 수 있다. 즉, 단순한 의견개진 등과 구별되는 가벌적 행위로서의 선거운동의 표지로 당선 내지 득표(반대후보자의 낙선)에의 목적성, 그 목적성의 객관적 인식가능성, 능동성 및 계획성이 요구된다 할 것이다. 선거운동을 위와

유는 의견표명을 통하여 타인의 의견형성에 영향을 미치고자 하는 의도와 효과를 동시에 보장하고 있다. 민주적 의사형성과정의 본질이 다양한 견해의 자유로운 토론과정에서 상대방의 의사형성에 서로 영향력을 행사하고 자신의 견해의 타당성을 납득시키고자 하는 것에 있으므로, 타인에 대한 영향력행사의 가능성은 헌법상 보장되는 기본권인 의사소통의 자유에 의하여 보호되는 것이다. 따라서 '선거에 관한 의견개진'이란 언제나 유권자에게 영향력을 행사하고자 하는 시도를 의미하며, 이는 곧 선거운동의 본질에 해당하는 것이다.

더욱이 사전선거운동을 금지하고 이에 위반되는 행위를 처벌하는 경우에는 국민이 '무엇이 금지되고 무엇이 허용되는 행위인지'에 관하여 명확히 알 수 없다는 점에서 형벌법규의 명확성원칙에도 위반되어 국민의 기본권행사를 위축시키는 결과를 초래한다.

둘째, 4년 또는 5년의 임기로 선출되는 대표자의 선거를 위하여 부여되는 선거운동기간이 매우 단기(대선의 경우 23일, 총선의 경우 14일)이기 때문에, 유권자가 자유롭고 개방적인 의사형성과정에서 자신의 판단을 형성하고 결정을 내리기 위하여 필요한 정보를 제공받음에 있어서 큰 제약을 받게 된다. 유권자가 자신의 판단을 내리기 위해서는 정당과 후보자에 관한 다양하고 포괄적인 정보를 필요로 하는데 지나치게 단기의 선거운동기간은 유권자의 의사결정에 필수적인 정보제공을 제약하게 된다. 이로써 자유선거가 저해되는 측면이 있다.

셋째, 현역의원의 경우에는 임기중 의정활동보고 등 직무상의 활동을 통하여 사실상 사전선거운동이 가능한 반면, 신진후보예정자의 경우에는 사전선거운동의 금지로 인하여 자신의 존재조차 알릴 기회가 봉쇄되어 있다. 기껏해야 정치신인들은 예비후보자등록을 통하여 자신을 알릴 수 있는 극히 제한적인 활동만을 할 수 있다.[1] 이러한 점에서 선거운동기간의 제한은 선거에서 정당과 후보자간의 기회균등의 원칙에 반한다. 결국, 선거에서 기회균등을 확보하기 위하여 취해지는 선거운동에 대한 규제가 궁극적으로는 기회균등의 원칙에 명백하게 반하는 결과를 초래하고 있다.

넷째, 선거운동기간을 제한한 목적이 금권선거와 과열선거를 방지하여 사회경제적 손실을 방지하고자 하는 것이라면, 이러한 목적은 다양한 부작용과 헌법적 문제점을 야기하는 '선거운동기간의 제한'이란 선거운동의 자유에 대한 현저한 제한의 방법이 아니라, 선거비용의 제한과 이에 대한 통제를 통하여 달성될 수 있다. 영국이나 미국과 같은 선진 민주국가에서는 선거운동기간에 대한 제한을 두지 아니하고 선거비용에 대한 엄격한 규제를 통하여 선거의 공정성을 확보하고 있다는 것은 주지의 사실이다. 이러한 관점에서도 입법자가 선거운동기간의 제한의 방법을 택한 것은 선거운동의 자유를 과잉으로 제한하는 수단을 택한 것으로 문제가 있다.

같이 풀이한다면 법집행자의 자의를 허용할 소지를 제거할 수 있고, 건전한 상식과 통상적인 법감정을 가진 사람이면 누구나 그러한 표지를 갖춘 선거운동과 단순한 의견개진을 구분할 수 있을 것이므로 헌법 제12조 제1항이 요구하는 죄형법정주의의 명확성의 원칙에 위배된다고 할 수 없다."

1) 예비후보자등록은 현역정치인과 후보자간의 선거에서 기회균등을 실현하기 위하여 신설된 제도이다. 공직선거법에 의하면, 예비후보자가 되려는 사람은 대통령선거의 경우 선거일 전 240일, 지역구국회의원선거 및 시·도지사선거의 경우 선거일 전 120일, 지역구시·도의회의원선거, 자치구·시의 지역구의회의원 및 장의 선거의 경우 선거기간 개시일 전 90일에 예비후보자등록을 할 수 있으며(제60조의2), 예비후보자로 등록한 자는 선거운동기간 전에도 제한적이나마 선거운동을 할 수 있다(제60조의3).

(2) 그 외의 선거운동 방법에 대한 제한

사례 1 헌재 1999. 1. 28. 98헌바64(여론조사의 결과공표금지 사건)

甲은 한겨레신문기자로서, 제15대 대통령선거에서 여론조사를 실시하여 공표하였다는 공소사실로 서울지방법원에 기소되어 소송진행 중 "누구든지 선거기간 개시일부터 선거일의 투표마감시각까지 선거에 관하여 정당에 대한 지지도나 당선인을 예상하게 하는 여론조사의 경위와 그 결과를 공표하거나 인용하여 보도할 수 없다."는 '공직선거 및 선거부정방지법' 규정이 국민의 언론·표현의 자유, 알권리 등을 침해하는 것이라는 이유로 위헌법률심판제청신청을 하였으나 신청을 기각한다는 결정을 받자, 헌법소원심판을 청구하였다.

사례 2 헌재 2003. 1. 30. 2001헌가4(기초의회의원 정당표방 금지 사건)

甲은 모 정당소속으로 기초자치단체의 지방의회의원 후보자로 입후보하였는데, 1998년 실시된 지방선거에서 자신의 선거사무실 외벽에 정당 소속사실 등을 공표하는 현수막을 게시하여 정당으로부터의 지지 또는 추천을 받음을 표방하였다는 혐의로 기소되었다. 법원은 위 형사소송 계속중 직권으로 기초의회의원선거 후보자로 하여금 특정 정당으로부터의 지지 또는 추천을 받았음을 표방할 수 없도록 규정하는 '공직선거 및 선거부정방지법' 규정의 위헌여부에 대하여 위헌법률심판을 제청하였다.

(가) 공직선거법은 과열·혼탁선거의 방지 및 선거의 공정성 확보를 위하여 선거운동기간을 단기로 한정하는 것을 넘어서, 단기의 선거운동기간 내에서도 선거운동의 구체적 방법에 관하여 다양한 규제를 가하고 있다. 공직선거법의 이러한 다양한 방법적 규제는 개별적으로 본다면 국민이 수인할 수 있는 범위를 넘지 않을 수 있으나, 그 전체로서는 누적적으로 작용함으로써 선거운동의 자유를 사실상 질식시키는 효과를 초래할 수 있다.

민주주의란, 주권자인 국민의 정치적 판단능력에 대한 신뢰를 바탕으로 성립하는 원리이자 주권자인 국민의 민주적 수준과 그 운명을 같이 하는 원리인데, 공직선거법에는 주권자인 국민의 정치적 판단능력에 대한 불신이 그 바탕에 깔려 있다. 즉, 공직선거법이 예정하는 우리 국민의 인간상이란, 외부의 영향에 의하여 쉽게 조종되고 선동될 수 있는 그러한 국민, 자유로운 선거운동이 허용되는 상황에서는 선거관련정보의 홍수 속에서 정보를 선별하여 독자적인 판단을 내릴 능력이 없는 그러한 국민의 상이다. 이에 따라 공직선거법은 정당이나 후보자가 유권자에 접근하는 일거수일투족을 빠짐없이 일일이 규율하는 방법을 취하고 있다. 그 결과, 이제는 더 이상 어느 누구도 개관할 수 없는 수많은 규제로 가득 찬 기형적인 법률이 바로 공직선거법이다.

(나) 사인에 의한 여론조사 및 그의 공표는 자유선거의 관점에서 원칙적으로 허용되어야 한다. 여론조사결과의 공표는 유권자의 자유로운 의사형성과정을 저해하는 것이 아니라 이에 기여하는 것이다. 이러한 정보는 유권자의 결정 및 후보자의 선거 전략에 대한 중요한 판단근거이다. 유권자의 결정의 자유는 여론조사의 공표에 의하여 침해되지 않는다. 유권자의 결정의 자유와 관련되어 헌법적으로 문제되는 것은 유권자결정의 판단자료가 되는 정보가 제공되는 경우가 아니라 오히려 유권자에게 판단의 근거가 되는 정보가 국가에 의하여 차단되거나 박탈되는 경우라 할 수 있다. 여론조사에

의하여 유권자가 조종되고 여론이 조작될 가능성이 있다 하더라도, 이러한 가능성은 모든 정보에 내재하는 남용가능성으로서 다른 정보에 비하여 현저하게 크다고 할 수 없다. 복수의 여론조사가 이루어지고 여론조사의 기초가 되는 사실을 함께 공개하도록 한다면, 여론조작의 가능성은 크다고 볼 수 없다. 한편, 헌법재판소는 그 금지기간이 지나치게 길지 않는 한 선거일을 앞두고 어느 정도의 기간 동안 여론조사결과의 공표를 금지하는 것은 선거의 공정성의 관점에서 헌법적으로 허용된다는 입장을 취하고 있다.[1]

(다) 한편, 헌법재판소는 이례적으로 기초의회의원선거에서 정당표방금지의 형태로 선거운동의 자유를 제한하는 공직선거법규정에 대하여 종래의 판례를 변경하여 위헌으로 판단하였다.[2] 입법자가 기초의회의원선거에서 정당표방을 금지한 것은, 기초의회의원선거에 정당이 관여하면 선거가 정당들의 대리전으로 변질되어 지역에서 필요로 하는 유능한 인물을 뽑는 것이 어려워지고 정당이 후보자의 당락뿐만 아니라 의원의 의정활동 전반에까지 영향을 미쳐 기초의회의 자율적 운영이 어렵게 될 것이라는 인식에 기인하는 것이었다.[3] 헌법재판소는 헌재 1999. 11. 25. 99헌바28 결정에서 기초의회의원 후보자에게 정당표방을 금지하는 공직선거법조항이 헌법에 위반되지 않는다고 결정하였다가, 헌재 2003. 1. 30. 2001헌가4 결정으로 종전 결정을 변경하여 '정당의 지지·추천 여부는 유권자들이 선거권을 행사함에 있어서 중요한 참고사항이 될 수 있으며, 정당표방을 허용함으로써 얻는 이익이 부정적인 효과보다 크다'는 취지에서 위 조항을 위헌으로 선언하였다.

(라) 또한, 헌법재판소는 선거일전 180일부터 선거일까지 공직선거법이 허용하지 않는 각종 선전물을 배포하는 행위를 금지하고 처벌하는 공직선거법조항이 '정보통신망을 이용하여 인터넷 홈페이지 또는 그 게시판·대화방 등에 글이나 동영상 등 정보를 게시하거나 전자우편을 전송하는 방법'으로 '인터넷 상 선거운동'을 하는 것까지 금지하는 것인지의 여부가 문제된 사건에서, 정치적 표현 및 선거운동의 자유의 중요성, 인터넷의 매체적 특성 등을 이유로 '인터넷 상 선거운동'이 포함되는 것으로 해석하는 한 과잉금지원칙에 위배하여 선거운동의 자유 내지 정치적 표현의 자유를 침해하는 것으로서 헌법에 위반된다고 판단하였다.[4]

---

1) 헌재 1995. 7. 21. 92헌마177 등(여론조사의 결과공표 금지), 판례집 7-2, 112, 113, [대통령선거에서 선거일공고일로부터 선거일까지의 선거기간 중에 선거에 관한 여론조사의 결과 등의 공표를 금지하도록 한 법률규정의 위헌 여부에 관하여] "대통령선거에 관한 여론조사는 그것이 공정하고 정확하게 이루어졌다 하여도 그 결과가 공표되게 되면 선거에 영향을 미쳐 국민의 진의를 왜곡하고 선거의 공정성을 저해할 우려가 있으며, 더구나 선거일에 가까워질수록 여론조사결과의 공표가 갖는 부정적 효과는 극대화되고 특히 불공정하거나 부정확한 여론조사결과가 공표될 때에는 선거의 공정성을 결정적으로 해칠 가능성이 높지만 이를 반박하고 시정할 수 있는 가능성은 점점 희박해진다고 할 것이므로, 대통령선거의 중요성에 비추어 선거의 공정을 위하여 선거일을 앞두고 어느 정도의 기간 동안 선거에 관한 여론조사결과의 공표를 금지하는 것 자체는 그 금지기간이 지나치게 길지 않는 한 위헌이라고 할 수 없다."; 또한 동일한 취지로 헌재 1999. 1. 28. 98헌바64(여론조사의 결과공표 금지).
2) 헌재 2003. 1. 30. 2001헌가4(기초의회의원 정당표방 금지), 판례집 15-1, 7, 18, "정당의 영향을 배제하는 것이 곧 지방자치의 발전에 보탬이 될 것이라고 단정할 수 없다. 지방자치는 단순히 주민 근거리 행정의 실현이라는 행정적 기능만 있는 것이 아니라, 지역 내의 가치분배에 관한 갖가지 정책을 지방에서 자율적으로 수립해 나가는 정치형성적 기능도 아울러 가지는데, 이러한 정치형성적 기능과 관련하여 정당은 민의의 결집·인재의 발굴·중앙과 지방의 매개·책임정치의 실현 등 여러 가지 순기능을 담당할 수 있기 때문이다. … 한편, 정당의 지방선거 참여로 파생되는 부작용들은 따지고 보면 정당 내부의 분권화 및 민주화가 덜 이루어진 데에서 기인하는 바가 더 크다. 그런데, 정당의 지방선거 참여는 오히려 지방의 유능한 인원을 정당에 충원하고 정당의 지방조직을 활성화함으로써 정당의 분권화·민주화를 촉진하는 면도 있다."
3) 헌재 2003. 1. 30. 2001헌가4(기초의회의원 정당표방 금지), 판례집 15-1, 7, 15.
4) 헌재 2011. 12. 29. 2007헌마1001(인터넷상 선거운동).

(마) 헌법재판소는 최근에 들어 선거의 공정성에 일방적인 우위를 부여하던 종래의 입장을 수정하여 '선거운동의 자유'와 '선거의 공정성'의 관계를 새롭게 설정하고자 하는 경향을 보이고 있다.[1] 그 결과, 선거운동의 방법을 제한하는 일련의 공직선거법조항들에 대하여 합헌으로 판단한 선례를 변경하여 헌법에 위반된다고 판단하였다.

선거일 전 180일부터 선거일까지 선거에 영향을 미치게 하기 위하여 현수막이나 광고물을 설치·게시하거나 표시물을 착용하는 행위, 벽보의 게시, 인쇄물의 배부·게시행위를 금지·처벌하는 공직선거법조항의 위헌여부가 문제된 사건에서, 헌법재판소는 "현수막·광고물·표시물·벽보·인쇄물 등에 의하여 선거에서의 기회 불균형이나 무분별한 흑색선전의 위험을 야기할 수 있으나, 이러한 문제는 선거비용 규제나 공직선거법상 후보자비방 금지나 허위사실공표 금지의 규정 등으로 대처할 수 있으므로, 현수막·광고물·표시물·벽보·인쇄물 등을 통한 정치적 표현을 장기간 동안 포괄적으로 금지·처벌하는 것은 과잉금지원칙에 반하여 정치적 표현의 자유를 침해한다."고 판단하였다.[2]

선거기간 중 선거에 영향을 미치게 하기 위한 집회의 개최를 금지하는 공직선거법조항에 대해서도, 헌법재판소는 "선거에 영향을 미치게 하기 위한 집회나 모임이라고 하더라도, 선거에서의 기회 균등 및 선거의 공정성에 구체적인 해악을 발생시키는 것이 명백하다고 볼 수 없는 집회나 모임의 개최, 정치적 표현까지 금지·처벌하는 것은 과도하게 집회의 자유, 정치적 표현의 자유를 침해한다."고 판단하였다.[3]

당선되거나 되게 하거나 되지 못하게 할 목적으로 연설·방송·신문·통신 등의 방법으로 공연히 사실을 적시하여 후보자 등을 비방한 자를 처벌하는 공직선거법상 '후보자비방죄'의 위헌여부가 문제된 사건에서, 헌법재판소는 합헌으로 판단한 선례를 변경하여 '비방금지 조항은 과잉금지원칙에 위배되어 정치적 표현의 자유를 침해한다'고 판단하였다.[4]

다. 선거운동에 관한 헌법재판소판례의 경향과 문제점

사례 1 헌재 2001. 8. 30. 2000헌마121 등(시민연대 낙선운동 불허 사건)

甲은 2000. 2. 집권당에 의하여 제16대 국회의원총선거의 후보자로 공천 받은 변호사이다. 국회의원은 선거운동개시일 전에도 선거구민에게 의정활동을 보고할 수 있도록 허용하는 법규정에 따라, 같은

---

1) 헌재 2022. 7. 21. 2017헌바100등, 판례집 34-2, 11, 22, "선거의 공정성은 국민의 정치적 의사를 정확하게 반영하는 선거를 실현하기 위한 수단적 가치이고, 그 자체가 헌법적 목표는 아니다. 그러므로 선거의 공정성은 정치적 표현의 자유에 대한 전면적·포괄적 제한을 정당화할 수 있는 공익이라고 볼 수 없고, … 선거에 있어 자유와 공정은 반드시 상충관계에 있는 것만이 아니라 서로 보완하는 기능도 함께 가지고 있다. … 입법자는 선거의 공정성을 보장하기 위해서 부득이하게 선거 국면에서의 정치적 표현의 자유를 제한하더라도, 입법목적 달성과의 관련성이 구체적이고 명백한 범위 내에서 가장 최소한의 제한에 그치는 수단을 선택하지 않으면 안 된다."
2) 헌재 2022. 7. 21. 2017헌바100등(시설물설치, 인쇄물배부 등 금지); 또한 헌재 2023. 6. 29. 2023헌가12(화환설치 금지).
3) 헌재 2022. 7. 21. 2018헌바164(집회개최 금지); 헌재 2022. 7. 21. 2018헌바357등(집회개최 금지, 시설물설치 금지 등).
4) 헌재 2024. 6. 27. 2023헌바78(공직선거법상 후보자비방죄), 헌법재판소는, '비방금지 조항은 선거의 공정을 보장하기 위한 것인데, 비방행위가 허위사실에 해당할 경우에는 허위사실공표금지 조항으로 처벌하면 족하고, 허위가 아닌 사실에 대한 경우 후보자가 되고자 하는 자는 스스로 반박함으로써 유권자들이 그의 능력과 자질 등을 올바르게 판단할 수 있는 자료를 얻을 수 있게 해야 하며, 사실을 적시한 명예훼손은 형법 제307조 제1항에 따라 처벌할 수 있으므로, 비방금지 조항은 과잉금지원칙에 위배되어 정치적 표현의 자유를 침해한다'고 판단하였다.

지역구에 출마예정인 현역 국회의원은 의정보고회와 의정보고서를 통하여 자기의 의정활동을 선전하는 홍보활동을 하여 왔다. 이에 반하여 甲과 같이 현역 국회의원이 아닌 입후보자는 선거운동개시일 전까지 자기의 출마사실을 홍보할 기회조차 가질 수 없었다. 이에 甲은 현역 국회의원인 후보자에 대하여만 의정보고회와 의정보고서라는 형식을 통하여 선거운동기간 전에도 사실상의 선거운동이 가능하도록 허용하는 공직선거법규정들은 위 청구인의 평등권과 공무담임권을 침해하고 기회균등의 원칙에 반한다고 주장하면서 헌법소원심판을 청구하였다.

사례 2 헌재 1999. 11. 25. 98헌마141(사회단체의 선거운동금지 사건)

공직선거및선거부정방지법 제87조는 "단체는 사단·재단 기타 명칭의 여하를 불문하고 선거기간 중에 그 명의 또는 그 대표의 명의로 특정 정당이나 후보자를 지지·반대하거나 지지·반대할 것을 권유하는 행위를 할 수 없다. 다만, 노동조합및노동관계조정법 제2조(정의)의 규정에 의한 노동조합은 그러하지 아니하다"라고 규정하고 있다. 이에 시민사회단체인 甲은 법 제87조 단서가 단체의 선거운동을 엄격히 금지하면서 유독 노동조합에 대하여만 예외를 허용하고 있는 것은 헌법이 보장하는 정치적 표현의 자유, 평등원칙, 선거운동의 균등보장, 평등선거의 원칙 등을 침해하는 것으로서 위헌이라는 이유로 헌법소원심판을 청구하였다.[1]

(1) '선거의 공정성'의 優位 原則

헌법재판소 판례의 경향은 한 마디로, 선거운동의 자유에 대한 보장의 필요성을 인정하면서도 선거운동의 자유를 광범위하게 제한하고 있는 공직선거법규정의 합헌성을 관대하게 확인해 주고 있다는 것으로 요약할 수 있다. 이로써 헌법재판소는 공직선거법규정에서 드러나는 입법자의 기본입장, 즉 유권자의 판단능력에 대한 불신을 전제로 하는 후견주의적 입장에 근본적으로 동조하고 있다.

헌법재판소 판례의 특징은 '선거의 자유'와 '선거의 공정'을 자유선거를 실현하기 위한 2가지 중요한 수단으로 이해하는 것이 아니라, '선거의 자유'와 '선거의 공정성'을 서로 대립하는 양대 가치로 이해하면서, 선거의 자유에 대하여 선거의 공정성에 일방적인 우위를 부여하고 있다는 점이다. 이로써 헌법재판소는 선거의 공정성에 대한 요청을 선거운동의 자유에 대한 광범위한 제한을 정당화하는 논거로 사용하고 있다. 결국, 헌법재판소의 판례에서 '선거의 과열로 인한 사회경제적 손실을 막고 선거의 공정성을 확보한다는 목적'이 선거운동의 자유를 제한하는 거의 모든 조치를 정당화하고 선거의 자유와 같은 다른 중요한 헌법적 가치를 무력화시키는 우월적 가치로 승격되고 있는 것이다. 선거의 공정성에 일방적인 우위를 부여한다는 것은, 이미 선거의 자유와의 법익형량과정을 불필요한 것으로 만들고 법익형량의 결과를 선결하는 효과를 초래한다. 그 결과, 심판대상이 된 제한조치 외에 선거운동의 자유를 보다 적게 제한하면서도 입법목적을 달성할 수 있는 다른 가능성이 존재하는지 또는 제한조치에 의하여 초래된 제한의 효과와 입법목적의 비중 간에 비례관계가 존재하는지 등에 관한 심사는 결정이유에서 찾아 볼 수 없거나 또는 단지 형식적인 확인에 그치고 있다.

선거의 공정성에 일방적 우위를 부여하는 헌법재판소의 입장은 이미 초기의 판례에서 확정되었

---

1) 동일한 사건으로 이미 헌재 1995. 5. 25. 95헌마105; 헌재 1997. 10. 30. 96헌마94.

다. 선거운동의 자유에 대한 가장 강력한 제한인 '선거운동기간의 제한'에 대하여 합헌결정을 함으로써 이미 헌법재판소 판례의 방향이 근본적으로 결정되었다고 할 수 있다. 위 결정에서 헌법재판소는 유권자에 대한 입법자의 후견주의적 입장에 동조하였고 법익교량과정에서 선거공정성의 우위 원칙을 확립하였다. 헌법재판소가 공직선거법이 취할 수 있는 가장 강력한 제한조치에 대하여 합헌결정을 하였다면, 선거운동의 자유를 보다 적게 제한하는 조치에 대하여 위헌선언을 하는 것을 기대하기 어렵다.

뿐만 아니라, 선거운동기간의 제한은 이에 기인하는 다양한 부작용과 부수적 효과를 초래하였는데, 이러한 부작용에 대하여 합헌결정을 하는 것은 이미 예고된 것이다. 왜냐하면 심판대상이 된 '부수적 효과'가 선거운동기간의 제한에 기인하는 것이고, 선거운동기간 제한에 대한 위헌결정이 없이 부수적 효과에 대한 위헌결정을 할 수 없기 때문이다.

가령, 현역의원에게 선거운동기간 개시일전에 의정활동보고를 허용하는 것이 평등의 원칙에 위배되는 것인지가 문제된 경우, 불평등의 문제가 제기된 원인은 국회의원의 합법적이고 정당한 의정활동에 있는 것이 아니라 사전선거운동의 금지에 있는 것이다. 선거를 이유로 국회의원의 정상적인 직무활동을 금지할 수는 없기 때문에, 헌법재판소는 후보자간의 기회균등원칙에 대한 명백한 위반에도 불구하고 이를 수인하고 합헌결정을 할 수밖에 없는 것이다.[1] 또 다른 예를 들자면, 정치자금법에 의하면 국회의원은 선거기간 이전에도 자유로이 후원회를 설립하고 그 후원회를 통하여 정치자금을 조달할 수 있으나, 국회의원이 아닌 정치인은 공직선거법에 의한 예비후보자등록이 가능한 선거일 전 120일이 되어서야 비로소 후원회지정이 가능한데, 이러한 차별적 효과도 궁극적으로 선거운동기간의 제한에서 기인하는 것이다. 물론, 헌법재판소는 선거자금을 마련하기 위한 후원회설치기간에 있어서 국회의원인 정치인과 국회의원이 아닌 정치인을 차별하고 있는 정치자금법규정에 대해서도 선거운동의 기회균등의 원칙에 위배되지 않는다고 확인하였다.[2]

(2) 다원적 민주주의에서 정치적 의사형성과정에 대한 기본적 이해의 결여

헌법재판소결정의 판시내용을 살펴보면, 오늘날 다원적 민주주의에서 정치적 의사형성과정에 대한 기본적인 이해가 결여되어 있음을 확인할 수 있다. 이러한 인식의 부족은 특히 선거운동주체에 대한 제한과 관련하여 명백하게 드러나고 있다. 헌법재판소는 이미 여러 차례에 걸쳐 사회단체의 선거운동을 금지하는 공직선거법규정에 대하여 합헌결정을 하였다. 헌법재판소는 '사회단체에게 선거운동을 허용한다면 정치활동을 하는 각종 단체의 난립으로 인하여 정치문화의 퇴행을 가져오고, 과

---

1) 헌재 2001. 8. 30. 2000헌마121(시민연대 낙선운동 불허), 판례집 13-2, 263, 265, [현역의원에게 선거개시일 전일까지 의정보고활동을 허용하는 것이 평등의 원칙에 위배되는지 여부에 관하여] "국회의원에게 선거운동기간 개시 전에 의정활동보고를 허용하는 것은, 국회의원이 국민의 대표로서의 지위에서 행하는 순수한 의정활동보고일 뿐이고 의정활동보고라는 명목하에 이루어지는 형태의 선거운동이 아니며, 다만 후보자사이의 개별적인 정치활동이나 그 홍보의 기회라는 면에서 현실적인 불균형이 생겨날 가능성이 있으나 이는 국회의원이 가지는 고유한 기능과 자유를 가능한 한 넓게 인정하고 보호하는 결과 생겨나는 사실적이고 반사적인 효과에 불과하므로 평등권 등을 침해한다고 할 수 없다."

2) 헌재 2005. 2. 3. 2004헌마216(예비후보자의 후원회지정), 판례집 17-1, 184, 185, "예비후보자로 등록 가능한 시점을 선거일 전 120일로 정한 것 역시 예비후보자로 등록되면 관할선거구선거관리위원회의 규제를 받으며 일부 선거운동이 허용되고 후보자 등록무효 규정의 준용을 받는 등 후보자에 준하는 지위가 부여되는 점을 생각할 때(공직선거법 제60조의2, 제60조의3), 그것이 우리 재판소가 관여하여야 할 정도로 입법재량을 현저히 불합리하게 또는 자의적으로 행사한 것이라고 단정할 수도 없으므로, 이 사건 정치자금법 규정은 평등의 원칙에 위배되지 않는다."; 이와 유사한 사건으로 헌재 1997. 5. 29. 96헌마85(국회의원입후보예정자의 후원회 설치금지).

열선거와 혼탁선거를 초래하며, 사회단체의 지원을 받는 후보자와 그렇지 못한 후보자간의 기회균등의 관점에서 불평등이 발생할 뿐만 아니라 국가의 이익보다는 사회단체를 대표하는 후보자가 당선될 가능성이 많아 선거의 목적과 이상에도 배치된다'는 견해를 밝히고 있다.[1]

그러나 이러한 헌법재판소의 견해는 정당에게 국민의사형성의 영역에서 배타적 독점권을 부여하면서 사회단체를 국가의 공익실현을 저해하는 요소로 이해하는 반다원주의적 사고에 바탕을 두고 있는데, 이는 헌법이 예정하는 다원주의적 민주주의에 정면으로 반하는 것이다. 다원적 민주주의에서 정당은 국민의 정치적 의사형성과정에 영향력을 행사하려는 사회단체와 서로 경쟁관계에 있으며, 국민은 정당에 의하여 대체될 수도 없고, 정당과 일치하는 것도 아니다.

(3) 선거법이 '공정한 경쟁을 위한 규칙'이라는 인식의 결여

헌법재판소 판례의 또 다른 특징은, 선거법이 정권획득을 위한 경쟁에서 공정한 경쟁을 위한 규칙이며, 이에 따라 엄격한 심사가 요청되는 영역이라는 것을 인식하지 못하고 있다는 점이다. 선거법은 정당법과 함께 한시적으로 정권을 획득하고자 하는 정치적 경쟁자간의 경쟁질서를 의미한다. 그런데 문제는, 이러한 경쟁질서가 경쟁에 참여하는 경쟁자, 즉 의회의 다수당 또는 의회에 진출한 정당이나 의원에 의하여 의회에서 다수결의 형태로 결정된다고 하는 점이다. 따라서 의회의 소수당이나 의회에 진출하지 못한 정치적 세력에 불리하게 경쟁질서가 형성될 위험이 상존하고 있다. 아마도 의회 입법 중에서 선거입법만큼 의회에 진출한 정당이나 의원이 자신의 이익을 고려하는 편파적인 입법은 없을 것이다. 의회 다수의 생존 또는 의회에 진출한 정당이나 의원의 생존과 직결되는 문제이기 때문이다. 이러한 점에서, 선거법은 가능하면 헌법이 허용하는 한계까지 의회 다수나 의회에 진출한 정당의 이익을 편파적으로 고려하고자 하는 위험이 내재하고 있는 영역이다.[2]

따라서 헌법재판소는 선거법의 영역에서 공정한 경쟁질서가 실현되고 유지되고 있는지에 관하여 통제해야 한다. 선거입법에 대한 헌법재판소의 자제는 공정한 경쟁의 질서가 유지되고 국민의 지지를 얻고자 하는 소수당의 공정한 기회가 보장되는 경우에만 정당화될 수 있다. 선거법을 통하여 부당하게 권력을 유지하고자 하는 모든 시도는 헌법재판소에 의하여 통제되고 방지되어야 한다. 이러한 의미에서 헌법재판소는 선거법에 대한 사법적 통제를 통하여 정권획득과 정권유지를 위한 공정한 정치적 절차의 수호자로서 기능해야 한다. 선거법은 의회가 자신의 이해관계에 관한 사안을 스스로 결정하는 영역이며 경쟁규칙이 경쟁자에 의하여 결정된다는 점에서, 정치적 경쟁의 제한과 차별에 대하여 헌법재판소에 의한 엄격한 심사가 요청된다.

3. 選擧公營制

가. 선거관리위원회에 의한 선거공영제

헌법은 선거와 국민투표 및 정당에 관한 사무를 처리하게 하기 위하여 독립된 헌법기관으로서 선

---

1) 헌재 1995. 5. 25. 95헌마105, 판례집 7-1, 826, 835; 헌재 1997. 10. 30. 96헌마94, 판례집 9-2, 523, 534; 헌재 1999. 11. 25. 98헌마141, 판례집 11-2, 614, 621-622; 한편, 다원적 민주주의에서 사회단체의 역할을 서술하고 있는 반대의견(헌재 1999. 11. 25. 98헌마141, 판례집 11-2, 614, 625-633)은 경청할 만하다.

2) 가령, 선거법의 개정을 통하여 지방자치단체의 장은 그 임기중에 그 직을 사퇴하여 국회의원선거에 입후보할 수 없도록 규정한 것은, 지방자치단체의 장이 현역 국회의원의 강력한 경쟁자라는 점에서 이러한 문제를 던지고 있다. 이에 관하여 헌재 1999. 5. 27. 98헌마214(지자체장 입후보제한) 참조.

거관리위원회를 두고 있다(第114). 선거제도와 정당제도는 대의제를 실현하기 위한 불가결한 요소이다. 헌법은 선거와 정당활동이 가지는 중요한 민주정치적 기능을 고려하여 이에 관한 사무를 일반행정업무와 분리하여 독립적인 헌법기관인 선거관리위원회에 맡기고 있다. 나아가, 헌법은 민주주의에서 선거가 가지는 중요한 정치적 기능을 감안하여 헌법 제116조에서 선거공영제를 채택하고 있다. 선거공영제란, 선거에서의 기회균등과 공정성을 확보하기 위하여 국가가 선거를 관리하고 선거비용을 원칙적으로 국가의 부담으로 하는 제도를 말한다.

나. 선거운동관리의 원칙?

헌법은 제116조 제1항에서 "선거운동은 각급 선거관리위원회의 관리 하에서 법률이 정하는 범위 안에서 하되, 균등한 기회가 보장되어야 한다."고 규정하여 선거운동이 법률로써 규율되고 국가에 의하여 관리될 수 있음을 규정하고 있다.

위 헌법규정은 그 문언으로만 보면, 선거운동의 자유는 '입법자가 법률로써 정한 범위 내에서만 허용되는 자유'로 오해될 소지가 있다. 이러한 이유에서 혹자는 위 헌법규정을 '선거운동자유의 원칙을 배척하고 선거운동관리의 원칙을 채택하였다'고 이해하고 있으나,[1] 위 규정으로 인하여 '선거운동에 대한 제한과 관리가 원칙'이고 '선거운동의 자유가 예외'라는 관계가 헌법적으로 형성된 것은 아니다. 모든 기본권의 행사가 합헌적인 법률의 범위 내에서 이루어져야 한다는 것은 당연하다. 따라서 선거운동도 합헌적인 법률이 정하는 범위 안에서 해야 한다. 한편, 입법자가 선거운동을 규율하는 경우에도 입법자는 선거운동의 자유를 존중해야 할 구속을 받는다. 선거운동의 자유가 그 헌법적 근거를 개인의 기본권에 두고 있으므로, 위 헌법규정에 의하여 자유권에 내재하는 원칙과 예외의 관계가 전도되어, 기본권에 의하여 보장되는 선거운동의 자유가 예외로 될 수는 없는 것이다.

선거운동에 대한 규제를 요청하는 헌법 제116조 제1항과 기본권으로서 선거운동의 자유의 관계는 헌법규범간의 모순과 상충관계를 헌법통일성의 관점에서 해결해야 하는 또 하나의 대표적인 경우에 속한다. 위 헌법규정은 선거운동에서의 기회균등을 보장함으로써 선거의 공정을 실현할 수 있도록 입법자에게 선거운동의 자유를 제한할 수 있는 권한을 부여하는 규범이자, 선거에서의 기회균등을 요청하는 평등선거원칙을 다시 한 번 강조하는 규범이다. 즉, 위 헌법규정은 선거운동의 자유가 기회균등의 관점에서 법률로써 제한될 수 있음을 강조하고 입법자에게 선거운동에 관한 규율을 명시적으로 위임하고 있는 것이다. 그러나 입법자는 선거운동을 구체적으로 규율함에 있어서 기본권에 의하여 보장되는 선거운동의 자유를 존중해야 하므로, 선거운동의 자유에 대한 제한의 경우에도 헌법 제37조 제2항의 과잉금지원칙의 적용을 받는다는 것에는 변함이 없다. 따라서 위 헌법규정은 입법자가 공직선거법을 통하여 선거운동의 자유를 포괄적으로 규제하는 것을 정당화하는 헌법적 근거가 될 수 없다.

다. 선거경비 국고부담의 원칙

헌법은 제116조 제2항에서 "선거에 관한 경비는 법률이 정하는 경우를 제외하고는 정당 또는 후보자에게 부담시킬 수 없다."고 하여 선거비용의 조달문제에 관하여 규정하고 있다. 선거경비를 원칙적으로 국고부담으로 하는 선거공영제의 기본취지는 적어도 정당이나 후보자의 정상적인 선거운

---

1) 가령, 허영, 한국헌법론, 2010, 1022면.

동을 위한 기본비용의 대부분을 국고에서 지원함으로써 재력은 없으나 능력이나 자질이 있는 정치인의 선거운동을 가능하게 하고자 하는 것이다. 선거공영제는 금전선거를 방지하고 선거비용의 관점에서 선거에서의 기회균등을 꾀하고자 하는 것이다.

제 7 절 政黨制度[1]

I. 정당의 생성과 정당에 대한 국가 태도의 변화

정당은 최초로 17세기 초에 영국에서 탄생하였고, 정당이 탄생한 구체적인 장소는 바로 영국 의회였다. 의회가 정당 탄생의 출발점이 되었다는 것은, 그 당시에 사회가 정치적 과정에 참여할 수 있는 유일한 국가기관이 의회였다는 점에서 필연적인 것이었다. 군주가 국가권력을 장악하던 때에는 정당의 작용범위는 의회의 범주를 넘지 못하였으나, 국가권력이 국민으로 넘어오면서 정당도 그의 작용범위를 의회를 넘어 정부의 영역으로 확대하였다. 유럽대륙과 미국에서는 거의 한 세기가 지나서야 정당의 성립이 이루어졌고, 독일에서는 19세기에 들어와서야 비로소 정당이 형성되었다. 현대 정당제도의 발전에 결정적으로 기여한 것은 바로 보통선거제도의 도입과 대중민주주의의 실현이다. 대중민주주의는 대중의 다양한 정치적 견해와 이익을 조정하고 수렴하여 소수의 정책으로 제시하는 정당의 존재를 불가결한 것으로 만들었다.

대중민주주의에서 정당은 불가결한 요소임에도 헌법은 오랫동안 이러한 헌법현실을 외면하였다. 대표적으로 독일의 트리펠(H. Triepel) 교수가 1928년 '정당에 대한 국가의 관계가 독일에서 역사적으로 어떻게 발전하는지'에 관하여 "적대시 - 무시 - 인정과 합법화 - 헌법적 수용"이라는 4단계로 구분한 것에서도 드러나듯이,[2] 세계적으로 헌법은 오랫동안 정당에 대하여 무관심하였고, 정당제도를 헌법에 수용한 것은 제2차 대전 이후의 현상이다. 우리 헌법도 건국헌법의 제정 당시에는 정당에 관한 규정을 두지 않았다가, 1960년 헌법에서 비로소 정당을 수용하였다.

II. 정당의 기능 및 과제

헌법은 제8조 제2항에서 "정당은 … 국민의 정치적 의사형성에 참여하는데 필요한 조직을 가져야 한다."고 하여, 헌법상 부여된 정당의 과제와 기능을 '국민의 정치적 의사형성에의 참여'로 명시적으로 규정하고 있다.

---

1) 한수웅, 헌법 제8조 정당조항의 규범적 의미, 중앙법학, 제10집 제1호, 2008. 4. 9면 이하; 정당의 개념과 정당등록제도의 헌법적 문제점, 저스티스 2008. 6. 163면 이하 참조.
2) H. Triepel, *Die Staatsverfassung und die politischen Parteien*, 1928.

1. 정당의 헌법적 과제로서 '국민의 정치적 의사형성에의 참여'

가. 국민과 국가 사이의 필수적 중간매체로서 정당

대의제 민주주의에서 국가권력이 국민으로부터 나오지만 국민이 국가권력을 직접 행사하는 것이 아니기 때문에, 정치적 의사형성에 있어서 국민과 국가 사이의 중개의 문제가 제기된다. 사회 내의 복잡 다양한 이익과 견해를 결집하여 선택 가능한 소수의 대안으로 제시하는 중개자가 존재해야만, 오늘날의 대중민주주의는 기능할 수 있다. 정당이란 정치의사형성에 있어서 국민과 국가 사이의 매개적 역할을 하는 필수적인 중간매체이다. 오늘날의 대의제 민주주의는 정당의 존재 없이는 기능할 수 없다는 점에서, 정당은 국민과 국가를 잇는 연결매체로서 민주적 질서의 중요한 구성부분이다.

국민이 정치적 의사형성에서 중개자를 필요로 한다는 것을 특히 잘 보여주는 것이 바로 선거이다. 정당은 정치권력에 영향을 행사하려는 모든 중요한 세력, 이익, 시도 등을 인식하고 취합·선별하여 내부적으로 조정을 한 다음, 국민이 선택할 수 있는 정책으로 형성한다. 사회의 다양한 견해가 선택가능한 소수의 대안으로 집결되고 선별되는 과정을 거친 후에만 비로소 국민에 의한 선거가 가능하며 바로 이러한 기능을 담당하는 것이 정당이므로, 선거를 준비하는 기관으로서의 정당 없이는 선거가 치러 질 수 없다. 이러한 이유에서 정당은 '선거준비조직'이라고도 불린다.

나. 국정참여를 목표로 하는 국민의 정치의사형성에의 참여

(1) 헌법상 정당에 부여된 일차적 과제는 국민의 정치의사형성과정에 참여하는 것이다. 정당의 목표는 의회와 정부 등 국가영역에 진출함으로써 국정에 참여하고, 궁극적으로는 국가권력을 장악하고자 하는 것이다. 국가의사형성에 직접 참여하고자 하는 정당의 목표는 단지 국민의 지지를 통해서만 달성될 수 있다. 따라서 정당은 국민의 지지를 얻기 위해서는 국민의 정치적 의사형성과정에 참여하여 영향력을 행사해야 한다. 즉, 정당이란 국가기관의 의사형성에 참여하는 것을 목표로 하여, 국민의 정치적 의사형성과정에 효과적으로 영향력을 행사하기 위하여 국민을 하나의 정치적 행동단위로 결집한 것이다. 국민의 정치적 의사형성과정에 참여한다는 것은 국민의 여론형성에 영향력을 행사하는 방법 등 여러 가지 방법을 통하여 가능하지만, 국민은 그의 정치적 의사를 무엇보다도 선거를 통하여 형성하고 표현한다는 점에서, 정당은 선거에 참여함으로써 국민의 정치적 의사형성과정에 영향을 미친다.

(2) 그러므로 정당의 가장 중요한 과제는 바로 후보자를 추천하고 선거운동을 함으로써 선거에 참여하는 것이다. 한편, 국민의 정치적 의사형성은 선거라는 순간의 과정에 그치는 것이 아니라 지속적인 과정이다. 따라서 정당의 과제는 선거의 참여에 국한되는 것이 아니라, 또한 선거와 선거 사이의 기간 동안에도 국민의 여론형성을 주도하여 국민의사형성과정에 영향력을 행사하고 국민의 정치적 의사를 수렴하여 이를 국가의사결정에 반영하도록 함으로써, 국민과 국가 사이의 중개적 역할을 하는 것에 있다. 정당의 이러한 중개적 역할로 인하여 국민의 정치적 의사가 선거의 방법 외에도 국가기관의 결정에 있어서 고려되고 반영될 수 있다.

(3) 요컨대, 국가영역에 진출하여 국가의사형성에 참여하는 것이 정당의 목적이며, 이러한 목적은 오로지 국민의 지지를 통해서만 이루어 질 수 있기 때문에 정당은 선거를 비롯한 국민의 정치의사형성에 참여하여 여론형성을 주도하고자 하는 것이다.

2. 국민의 정치적 의사형성에서 정당의 非獨占的 地位

헌법은 국민의 정치적 의사형성에의 '참여'란 표현을 통하여 정당은 국민의 정치적 의사형성에서 독점적 지위를 가지고 있는 것이 아니라 다른 사회단체나 개인과 함께 단지 참여하는 권리를 가지고 있음을 명백히 밝히고 있다.

정당은 국민의 정치적 의사형성과정에 영향력을 행사하려는 언론·이익단체 등 다른 단체 및 개인과 서로 경쟁관계에 있다.[1] 다원적 민주주의에서 국민은 정당에 의하여 대체될 수도 없고, 정당과 일치하지도 않는다. 정당은 국민의사형성의 영역에서 독점권뿐만 아니라 특권도 가지고 있지 않다. 정당에게 특권이 인정된다면, 이러한 특권은 '국민의사형성에의 참여'라는 헌법상 부여된 과제와 연관되는 것이 아니라 단지 헌법 제8조 제4항에 규정된 '정당의 존속'과 연관되는 것이다.

국민의 정치적 의사형성에서 정당이 독점권이 아니라 단지 참여권을 가지고 있다는 것은, 국민의 정치적 의사형성의 가장 중요한 부분인 선거에서 정당이 후보자 추천의 독점권을 가질 수 없다는 것에서도 표현되고 있다.[2]

III. 정당의 개념

1. 헌법상 정당의 개념

가. 형식적인 정당개념

대의제 민주주의에서 다양한 정치적 목표를 가진 정당간의 자유경쟁을 가능하게 하고자 하는 정당설립의 자유, 정당의 헌법상 과제와 기능으로서 국민의 정치적 의사형성에의 참여, 정당의 정치적 목표설정에 대한 국가의 간섭을 금지하는 헌법 제8조 제4항의 의미 등을 종합적으로 고려할 때, 정당의 정치적 목표와 방향에 대하여 어떠한 내용적 요건을 제시하지 않는 '형식적인 정당 개념'만이 헌법이 의도하는 다원적 민주주의 및 대의제에서 정당의 헌법적 기능에 부합한다.

(1) 형식적 정당 개념과 정당설립의 자유

형식적 정당개념은 정당설립의 자유의 포기할 수 없는 전제조건이다. 정당은 스스로 설정한 정치적 목표를 추구하기 위하여 설립되는 것이므로, 정치적 목표를 결정할 자율성의 보장 없이는 정당설립의 자유는 무의미하다. 헌법 제8조 제1항의 정당설립의 자유는 이미 그 자체로서 정당의 정치적 목표에 대한 내용적 평가를 거부하는 형식적 정당 개념을 전제로 하고 있다. 또한, 국가에 의한 정치적 통제와 검열을 금지하기 위하여, 정당의 정치적 목표에 대한 내용적 논의를 가져올 수 있는 모든 요소는 정당개념으로부터 완전히 배제되어야 한다. 정당의 목표와 방향에 대하여 내용적 요건을 제시하는 정당의 개념은 필연적으로 정당의 설립에 대한 국가의 간섭과 통제를 수반하고, 이로써 정당설립의 자유의 보장범위를 국가가 스스로 결정하게 된다.

---

1) 따라서 사회단체는 정치나 선거운동에 참여해서는 안 되고, 오로지 정당만이 국민의 정치적 의사형성을 독점하는 사회단체로서 국민과 국가 사이에서 정치적 의사형성의 매개체 역할을 해야 한다는 사고는 헌법과 부합하지 않는다. 그러나 이러한 사고에 기초하여, 사회단체의 선거운동을 금지한 공직선거법규정에 대하여 합헌으로 판단한 헌법재판소 결정(헌재 1995. 5. 23. 95헌마105; 헌재 1999. 11. 25. 98헌마141)은 문제가 있다.
2) 따라서 선거권자의 후보자추천에 의하여 무소속으로 입후보하는 것도 가능해야 한다(공직선거법 제48조).

(2) 정당의 헌법적 과제와 기능에 의하여 결정되는 형식적 정당 개념

헌법상 정당의 개념을 구성하는 본질적인 요소는 헌법상 부여받은 정당의 기능에 의하여 결정되어야 한다. 정당의 헌법상 기능을 이행하는 모든 정치적 결사가 정당의 지위를 획득할 수 있도록, 헌법상 정당의 개념은 확정되어야 한다. 정당의 헌법적 기능을 규정하는 헌법 제8조 제2항 후단은 '국민의사형성에의 참여' 및 '그에 필요한 조직'을 명시적으로 언급함으로써 헌법적 정당 개념의 2가지 핵심적 요소를 집약적으로 표현하고 있다. 정당의 개념은, 국민의 정치적 의사형성에 지속적으로 영향력을 행사하고 선거에 참여하고자 하는 정치적 단체의 진지한 의도를 객관적으로 판단할 수 있는 형식적 요소에 제한되어야 한다. 즉, 헌법상 정당 개념은 '선거에의 참여'와 '조직의 정도'를 기준으로 정당의 정치적 진지성을 파악하는 형식적인 개념이다.

나. 국정참여를 목표로 하는 국민의사형성에의 참여(선거에의 참여)

정당의 첫 번째 개념적 요소를 파악하는 출발점은 '국민의사형성에의 참여'이다. 그러나 정당뿐만 아니라 모든 사회단체가 국민의사형성에 참여하기 때문에, '국민의사형성에의 참여'만으로는 정당의 개념을 적절하게 정의할 수 없다. 국민의 정치의사형성과정에 있어서 가장 중요한 선거에서 후보자를 추천하고 국민의 지지를 얻음으로써 국정에 참여하는 것을 목표로 하는 정치적 단체만이 정당의 개념에 포함된다. 바로 이러한 점에서 정당은 다른 정치적 단체나 조직과 구분된다.[1] 선거에 직접 참여함이 없이, 단순히 선거운동에 참여하는 단체나 특정 정당의 지지를 호소하는 단체는 정당이 아니다. 따라서 정당의 개념을 구성하는 본질적 요소는 국가영역에 진출하여 국정에 참여하고자 하는 정당의 의도가 선거에 참여함으로써 표현되어야 한다는 것이다. 이로써 국정참여를 목표로 하는 국민의사형성에의 참여, 즉 선거에의 참여는 정당의 첫 번째 개념적 요소이다.[2]

다. 국민의사형성에 참여하고자 하는 의도의 객관적 표현으로서 '조직'

정치적 결사가 헌법상 정당의 개념을 충족시키기 위해서는 국민의 정치적 의사형성과정에 참여하고자 하는 주관적 의도만으로는 부족하고, 이러한 의도의 진지성이 객관적으로 확인될 수 있도록 외부로 표출되어야 한다. 단체의 규모와 견고성, 당원의 수, 일반대중 앞에의 등장 등 사실적 상황을 전반적으로 고려할 때 정당의 전체상이 이러한 목표설정의 진지성을 보장해야 한다. 그러므로 정당은 그의 헌법적 과제를 이행하기 위하여 필요한 최소한의 견고하고 독자적이며 지속적인 조직을 가져야 한다. 헌법 제8조 제2항도 '정당은 국민의 정치적 의사형성에 참여하는데 필요한 조직을 가져야 한다'고 하여 '필요한 조직'의 요건을 정당의 개념적 요소이자 동시에 의무로 규정하고 있다.

정당의 과제가 단지 선거의 참여에 제한되는 것이 아니라 지속적으로 국민의 정치의사형성과정에 참여하는 것이므로, 정당의 조직도 지속적으로 존속해야 한다.[3] 그러므로 특정 정치적 목표를 관철하기 위하여 일시적으로 조직된 정치적 결사는 정당이라 할 수 없다. 또한, 단체는 다른 단체의 의사에

---

1) 제2편 제4장 제4절 Ⅱ. 2. 나. (2) 사회단체의 목적과 과제 참조.
2) 물론, 헌법상 정당의 개념은, 정당이 모든 공직선거에 빠짐없이 참여할 것을 요구하지는 않는다. 그러나 정당이 너무 장기간 선거에 참여하지 않는 것은 헌법상 부과된 정당의 과제를 이행하지 않는 것으로 정당의 지위를 상실할 수 있다.
3) 정당법은 제44조 제1항 제1호에서 국민의사형성에 필요한 조직의 요건을 사후적으로 구비하지 못하게 된 경우에 등록을 취소하도록 규정하고 있는데, 이러한 정당은 '조직의 지속성'이라는 정당의 개념적 요소를 충족시키지 못하기 때문에, 위 등록취소사유는 헌법적으로 정당화된다.

종속되어서는 안 되고 독자적으로 정치적 의사형성과정에 참여하도록 조직되어야 한다. 그러나 정당 설립의 자유에 비추어, 정치적 목표설정의 진지성을 담보하는 객관적 요건, 특히 정당의 규모와 견고 성에 대하여 지나치게 엄격한 기준을 제시해서는 안 된다. 당원의 수는 정당이 의도하는 목표에 따라 상이하게 판단될 수 있지만, 정치적 의도의 진지성을 담보하는 최소한의 당원수가 요구되어야 한다.

2. 공익실현의 의무가 헌법상 정당의 개념적 요소인지의 문제[1]

> **사례** │ 헌재 2006. 3. 30. 2004헌마246(정당등록요건 사건)
>
> 헌법재판소는 헌재 2006. 3. 30. 2004헌마246 결정에서 "우리 헌법 및 정당법상 정당의 개념적 징표 로서는 ① 국가와 자유민주주의 또는 헌법질서를 긍정할 것, ② 공익의 실현에 노력할 것, ③ 선거에 참여할 것, ④ 정강이나 정책을 가질 것, ⑤ 국민의 정치적 의사형성에 참여할 것, ⑥ 계속적이고 공고 한 조직을 구비할 것, ⑦ 구성원들이 당원이 될 수 있는 자격을 구비할 것 등을 들 수 있다."고 판시함 으로써 처음으로 명시적으로 '헌법상 정당의 개념'을 정의하였다.[2] 자유민주주의를 긍정해야 할 의무 및 공익을 실현해야 할 의무가 정당의 개념적 요소에 속하는가?

가. 정당의 비개념적 요소로서 정당의 정치적 목표

정당에 대한 국가의 정치적 통제를 처음부터 배제하기 위하여, 정당의 개념은 정치적 목적이나 내용과 관계없이 형식적으로 규정되어야 한다. 따라서 정당이 어떠한 정치적 목표를 추구하는가 하 는 것은 중요하지 않으며, 이는 정당의 개념적 요소에 속하지 않는다.

마찬가지로, 공익실현의 의무도 헌법정책적으로 바람직한 요청일 수는 있으나, 헌법상 정당을 구 성하는 개념적 요소는 아니다. 우선, 공익이 무엇인지, 공익을 어떻게 확인할 수 있는지 등 공익에 관한 이해가 다양하다는 점에서 정당에게 공익실현의 요청을 하는 것은 그 이행여부를 객관적으로 판단할 수 없는 의무를 부과하는 것이고, 이로써 정당의 자유를 현저하게 위협할 수 있다. 설사, 공익 이 정의될 수 있고 적어도 서술될 수 있다고 하더라도, 공익을 확인할 수 있는 객관적인 기준이 없다는 것은 공익실현의무가 정당의 개념적 요소가 될 수 없다는 것을 말해 준다. 그러므로 공익실현의 의 무를 정당의 개념적 요소로 인정하는 것은, 필연적으로 '객관적으로 심사할 수 없는 것을 심사'하는 권한을 국가기관에 부여하는 것이고, 이로써 자의적인 정치적 공격과 정적(政敵)에 대한 정치적 탄압 의 도구로 남용될 수 있는 길을 열어 놓는 것이다. 공익실현의 의무는 본질적으로 비규범적인 것으 로 그 이행여부에 대하여 국가에 의한 규범적 심사가 불가능하다. 정당이 공익을 실현하는지 또는 정당의 기본정책이 타당한지에 대해서는 오로지 유권자만이 선거를 통하여 심판할 수 있을 뿐이다.

나. 다원적 민주주의에서 공익실현과정[3]

공익이란 그 자체로서 국가에 의하여 독자적으로 인식될 수 있거나 아니면 일방적으로 확정될 수 있는 '이미 정해진 것'이 아니라 사회의 다양한 이익의 경쟁 속에서 합의와 타협을 통하여 비로소 발

1) 정당의 개념적 요소로서 공익실현의무를 부정하는 견해로는 한태연, 헌법학, 1983, 244면; 인정하는 견해로는 계희 열, 헌법학(上), 2004, 257면; 권영성, 헌법학원론, 2010, 189면.
2) 헌재 2006. 3. 30. 2004헌마246(정당등록요건), 판례집 18-1상, 402, 412.
3) 이에 관하여 제2편 제4장 제4절 Ⅲ. 참조.

견되는 가변적인 것이다. 이러한 점에서, 공익의 실현은 이미 개념적으로 국가행위와 연관된 모든 이익의 확인과 상충하는 이익간의 정당한 이익조정을 전제로 하는 것이다.

그런데 정당에 대하여 공익실현의 요청을 하는 것은, 다원적 민주주의에서 다양한 견해의 대립과 경쟁을 통하여 공익에 부합하는 정치적 결정이 내려진다는 기본사고와 부합하지 않는다. 국가는 의사를 형성하고 공익을 발견하기 위하여, 사회의 영역으로부터, 즉 정당, 언론 및 이익단체 등으로부터 다양한 이익과 견해가 표출되는 것에 의존하고 있다. 그러나 정당에 대하여 공익실현의 요청을 하는 것은 국가기관과 마찬가지로 정당 내부에서도 상충하는 다양한 이익간의 조정을 요청하는 것이며, 국가의 이익조정과 공익발견을 위하여 필요로 하는 다양성의 제거를 요청하는 것과 다름 아니다. 그러므로 정당에게 공익실현의 의무를 부과하는 것은 다원적 민주주의에서 공익발견과정에도 반하는 것이다.

다. 이익정당과 국민정당

공익실현의 요청은 정당의 역사적 생성과 발전의 과정에도 반한다. 정당은 원래 부분이익이나 특정 이념적 방향을 추구하기 위하여 설립되었다. 정당의 역사를 보면, 현대적 의미의 조직화된 정당은 시민계급의 정치적·사회적 우위를 극복하기 위한 도구로서 노동자계급에 의하여 설립되었다.[1]

정당은 정당의 자유를 근거로 정치적 목표를 스스로 결정할 자유를 가지고 있으며, 이에 따라 정당의 정치적 목표를 모든 정치적 문제에 확대할 것인지 아니면 다른 정당에 의하여 충분히 고려되지 못한 몇 가지 핵심적 사안에 국한할 것인지를 스스로 결정할 수 있다. 정당은 국민 전체의 이익을 대변할 것인지(소위 '국민정당') 또는 국민일부 계층이나 집단의 이익을 추구할 것인지(소위 '이익정당' 또는 '세계관적 정당')에 관하여 자유롭게 결정할 수 있다. 따라서 가령 여성정당, 노인(老人)정당, 농민정당, 지역정당(예컨대 "충청도 당") 등의 설립이 가능하다. 정당이 자신의 정치적 목표를 부분이익의 대변 또는 특정 정치적 사안에 국한하는 경우에는 이에 상응하여 유권자의 잠재적 지지층을 스스로 제한하는 효과가 있기 때문에, 정당은 자신의 지지기반과 세력을 확장하고자 공익을 표방하는 경향이 있다. 정당은 원래 특정 계층이나 집단의 부분이익을 대변하기 위하여 출발하였으나, 보다 광범위한 국민의 지지를 얻기 위해서는 국민적 정당이 되어야 할 필요성이 있기 때문에, 국민 전체의 이익을 고려하는 방향으로 발전하였다.[2] 정당은 공익을 표방함으로써 선거에서의 성공기회를 높일 수 있고, 국가영역에 진출하는 경우에도 자신의 정책을 일관되게 공익으로 선언하고 추진할 수 있다. 이러한 이유에서 다수의 정당이 국민정당을 표방하거나 자신의 정책을 공익으로 포장하는 등 공익실현을 표방하게 된다. 그러나 정당의 공익실현이 헌법적인 요청은 아니다.

라. 정당이 아니라 국가기관의 공익실현의무

물론, 정당이 공익을 실현할 필요가 없다는 것은 아니다. 공익의 실현과 정의로운 사회의 형성은 모든 정치의 궁극적 목적이고, 이러한 목적은 정당에게도 해당된다. 특히, 정당은 선거를 통하여 언

---

1) 마찬가지로, 이익단체도 노동자의 조직에서 출발하였으며, 노동조합은 현대적 의미에서 최초의 이익단체이다.
2) 결국, 정권을 장악하고자 하는 정당간의 경쟁의 결과로서 정당은 '국민정당'으로 발전하였다. 정당은 다른 정당과의 경쟁에서 정권을 장악하거나 또는 유지하기 위하여 가능하면 많은 유권자의 지지를 필요로 한다. 이로써 정권의 장악이 다른 모든 가치와 이익을 압도하는 최우선적인 이익이 되었다. 그러므로 어떠한 정당도 일방적으로 특정 집단의 이익을 대변하거나 또는 특정 이념을 추구할 수 없고, 원칙적으로 모든 유권자의 지지를 얻고자 해야 한다. 정당이 국민정당으로 발전함에 따라, 군소정당이 소멸하고 정당구도가 소수의 거대정당으로 축소되는 결과가 발생하였다.

제든지 국가영역에 진입할 수 있기 때문에, 소위 국가기관의 전신적(前身的) 존재로서 국민 전체의 복리 실현을 목표로 해야 한다는 요청이 더욱 강조될 수 있다.

그러나 정당이 선거를 통하여 국가영역에 진출할 수 있는 가능성에도 불구하고, '국가기관'과 '사회의 영역에 그 생성기반과 존립근거를 두고 있는 정당', 민주적 정당성에 근거하는 '국가의사형성'과 기본권보장에 근거하는 '국민의사형성'은 엄격하게 구분되어야 한다. 민주적 정당성을 기반으로 국가권력의 행사를 위임받은 국가기관은 공익실현의 의무를 진다. 공익실현의 의무는 국가기관에게 부과되는 의무이다. 공익의 실현은 국가의 존재의미이자 국가 활동의 지침을 제시하는 지도적 이념이며, 국가 정당성의 근거이다. 이에 대하여, 정당의 활동은 자유로운 기본권행사에 기인하며, 기본권의 행사는 국가권력의 행사와는 달리, 공익실현의 구속을 받지 아니한다. 따라서 정당은 기본권의 주체로서 공익실현의 의무가 없다.

다만, 정당이 선거를 통하여 국가영역에 진출하는 경우 국가기관에게 적용되는 특별한 구속과 제한을 받는다.[1] 정당이 국가영역에 진출하여 국정에 참여하는 한, 국가기관으로서 공익실현 의무가 있다.[2] 정당국가에서 집권당에게 공익실현의 의무가 요청된다면, 바로 이러한 관점에서 이해되어야 한다. 헌법은 제46조 제2항에서 전국민(全國民)대표성과 자유위임을 통하여 국회의원의 공익실현의 의무를, 제69조에서 대통령의 공익실현의 의무("국민의 자유와 복리의 증진")를 각 규정하고 있다.

3. 자유민주주의의 긍정의무가 헌법상 정당의 개념적 요소인지의 문제

헌법재판소는 정당의 개념에 '자유민주주의를 긍정해야 할 의무'를 포함시키고 있다.[3] 정당의 '목적과 활동'이 민주적일 것을 요구하는 헌법 제8조 제2항 전단은, 정당의 목적이나 활동이 자유민주적 기본질서에 위배되는 정당의 해산을 규정하는 헌법 제8조 제4항과의 연관관계에서 볼 때 '자유민주적 기본질서를 긍정해야 할 의무'를 담고 있다. 그러나 자유민주적 기본질서를 긍정해야 할 의무는 정당의 개념적 요소가 아니라 정당의 자유에 대하여 한계를 설정하는 정당의 헌법적 의무이며, 의무위반의 경우 헌법 제8조 제4항의 제한적 요건 하에서 정당해산에 이르게 된다.

헌법이 제8조 제4항에서 분명히 밝히고 있는 바와 같이, 정당의 정치적 성격을 이유로 하는 규제는 단지 정당해산심판절차를 통해서만 허용된다. 따라서 정당이 어떠한 정치적인 목적을 추구하는지는 정당의 여부를 판단하는 개념적 요소에 속하지 않는다. 국민의 정치적 의사형성과정에의 참여와 정치적 목표실현을 위한 조직이라는 정당의 개념적 요소를 충족시키는 한, 헌법적대적인 정당도 헌법적 의미의 정당이며, 헌법 제8조에 의하여 보호를 받는다. 다만, 헌법 제8조 제4항에 따라 헌법재판소의 결정에 의하여 해산될 수 있을 뿐이다. 그러나 헌법재판소에 의하여 해산되지 않는 한, 그러

---

1) 가령, 원내교섭단체는 정당의 대표자로 구성되나, 정당의 하부조직이 아니라 의회의 부분조직이다. 그러므로 원내교섭단체에는 정당에 적용되는 정당법이 아니라 의회에 적용되는 의회법이 적용된다.

2) 정부나 의회의 공직을 차지하는 것은 정당이 아니라 정당의 대표자이며, 정당의 대표자가 국가영역에 진출하는 경우에는 정당의 대표이자 국가기관이라는 이중적 지위를 가진다. 정당의 대표가 국가영역에서 국가기능을 수행하는 한, 국가기관으로서 공익실현의 의무를 진다. 정당이 국가영역에 진출하여 의회와 정부에 참여하는 경우, 더 이상 정당의 이익이 아니라 국가의 공익이 기준이 된다. 물론 정당이 그의 정책과 공익을 동일시하는 경향이 있으나, 정당이 국가기관의 형태로 국가의 영역에 참여하는 한 공익실현의 의무가 있다는 것을 인식하는 것은 중요하다.

3) '정당의 개념에 자유민주주의를 긍정해야 할 의무가 포함되는지'에 관하여 학계의 일부 견해(가령, 김철수, 헌법학개론, 2007, 211면; 권영성, 헌법학원론, 2010, 189면; 성낙인, 헌법학, 2010, 216면)도 아무런 논거의 제시 없이 이를 당연한 것으로 긍정하고 있다.

한 정당들은 헌법적 의미의 정당으로서 인정되어야 한다.

만일, 정당의 개념적 요소에 자유민주주의를 긍정해야 한다는 요소가 포함된다면, 자유민주주의를 부정하는 정당은 개념상 정당이 아니기 때문에 입법자는 정당의 등록요건으로 '자유민주주의를 긍정해야 할 의무'를 규정함으로써 헌법상 정당개념을 구체화하는 것이 허용될 것인데, 이는 결국 등록사무를 담당하는 선거관리위원회가 정당의 정치적 성격을 심사하는 결과에 이르게 될 것이다. 이러한 법적 상황이 정당의 위헌여부에 관한 헌법재판소의 독점적 결정권한(헌법 제8조 제4항)과 부합할 수 없다는 것은 명백하다. 정당의 민주성을 개념적 요소로 인정함으로써, 국가는 결과적으로 일정한 내용적 요건을 구비해야만 정당을 설립할 수 있다는 소위 '허가절차'를 도입하게 되는 것이다.

4. 정당법상 정당개념과 등록제도의 합헌성 여부

가. 정당법에서 헌법상 정당개념의 구체화

따라서 입법자가 헌법상 정당의 개념을 정당법에서 구체화한다면, 정당법상의 정당개념은 위에서 서술한 헌법상 정당의 개념에 부합하는 것이라야 한다. 정당법은 제2조(정의)에서 "정당이라 함은 국민의 이익을 위하여 책임 있는 정치적 주장이나 정책을 추진하고 공직선거의 후보자를 추천 또는 지지함으로써 국민의 정치적 의사형성과정에 참여함을 목적으로 하는 국민의 자발적인 조직을 말한다."고 하여 정당의 개념을 정의하고 있다.

위 정의조항은 전반적으로 헌법상 정당개념에 부합한다고 보이나, 한편으로는 선거참여의 의도라는 정당의 주관적 목적만을 규정할 뿐 이러한 목적추구의 진지성을 객관적으로 담보하는 요건을 구체적으로 언급하고 있지 않다는 점에서는 불완전한 개념정의에 그치고 있다. 그 대신, 정당법은 정당등록제를 도입함으로써 등록요건의 설정을 통하여 불완전한 정의조항을 보완하고 있다. 정당법 제4조는 정당법이 정하는 등록요건(법정 시·도당수 및 시·도당의 법정 당원수)을 구비하여 정당으로 등록함으로써 성립한다고 규정하고 있다. 이로써 정당법은 제2조의 정의규정과 제4조의 성립규정을 통하여 헌법상 정당의 개념을 구체화하였다.

나. 등록제도 자체의 합헌성여부

여기서 일차적으로 제기되는 문제는, 입법자가 정당등록제도를 도입하는 것이 헌법적으로 허용되는지 여부, 즉 등록제의 위헌여부이다. 물론, 헌법상 정당의 개념은 헌법 스스로로부터 나오는 것이고 입법자는 헌법상 정당개념의 구속을 받으나, 입법자는 헌법상 정당개념을 지침으로 삼아 정당법에서 정당개념을 정의하고 나아가 정당개념을 등록요건의 형태로 구체화할 수 있다. 단지 정당만이 헌법 제8조 및 정당법의 적용을 받고, 그 외의 단체는 헌법 제21조 제1항의 결사의 자유 및 단체에 관한 법률(민법상 사단)의 적용을 받으며 법률차원에서도 정당의 지위에 다양한 법적 효과를 결부시키고 있기 때문에,[1] 정당의 개념정의 및 정당개념을 구체화하는 등록요건의 확정을 통하여 정당과 그 외의 정치적 단체를 사전에 명확하게 구분해야 할 필요성이 있다.

따라서 헌법상 정당개념에 부합하게 정당개념을 구체화하는 등록요건을 확정하고, 이를 통하여 정당과 그 외의 결사의 구분을 명확히 함으로써 법적 안정성을 도모하고자 하는 등록제도는 헌법적

---

1) 가령, 정당만이 비례대표제명부의 제출자격이 있고, 국고보조금을 지급받을 수 있으며, 정치헌금의 세액공제 등을 요구할 수 있다.

으로 문제가 없다. 등록제도가 정당으로 등록하고자 하는 정치적 단체가 헌법상 정당의 개념을 충족
시키는지의 여부를 단지 확인하기 위한 것이라면, 등록제도 자체는 법적 안정성에 기여한다는 관점
에서 헌법적으로 하자가 없다.¹⁾ 정당법 제4조가 법문상으로는 '성립'으로 표현하고 있으나, 정당의
등록을 통하여 창설적 효력이 아니라 단지 확인적 효력이 발생하는 것으로 '성립'의 의미는 이해되어
야 한다. 입법자는 헌법적으로 요구되는 정당의 개념적 요소를 정당법을 통하여 구체화하여 이를 충
족시키는 단체만이 정당으로 등록하도록 규율할 수 있다.

다. 등록요건과 등록취소요건을 정함에 있어서 입법형성권의 한계
(1) 등록요건

> **사례** | 헌재 2006. 3. 30. 2004헌마246(정당등록요건 사건)
>
> 2004. 3. 12. 공포·시행된 개정 정당법에서는 정당의 등록요건으로 제25조에서 "정당은 5 이상의
> 시·도당을 가져야 한다."고 규정하였고, 제27조에서는 "시·도당은 1천인 이상의 당원을 가져야한
> 다."고 규정하였다. 그리고 동법 부칙 제2조 및 제3조의 규정에 따르면, 동법 시행 당시 종전의 규정에
> 의하여 등록된 정당은 제25조의 개정규정에 의한 법정 시·도당 수 및 제27조의 개정규정에 의한 법정
> 당원 수에 흠결이 있는 때에는 동법 시행일부터 180일 이내에 이를 보완하여야 하고, 보완하지 아니한
> 정당에 대하여는 동법 부칙 제4조에 따라 선거관리위원회가 등록을 취소하도록 규정되어 있다. 이에
> '사회당'은 위 정당법상의 이러한 요건들을 충족하는 것이 군소정당인 '사회당'의 입장에서는 거의 불
> 가능하므로, 이 사건 법률조항으로 인해 헌법 제8조 제1항의 정당설립의 자유가 침해되었다고 주장하
> 면서 헌법소원심판을 청구하였다.

(가) 정당의 헌법적 개념은 '선거참여'와 '정치적 의도의 객관적 진지성을 담보할 수 있는 조직상
의 요건'이라는 2가지 요소이며, 특히 후자의 요소와 관련하여 정당의 정치적 진지성을 판단하는 기
준을 정함에 있어서 입법자에게 어느 정도 형성의 여지가 주어진다. 물론, 입법자는 조직상의 요건을
정함에 있어서 헌법상 정당개념을 지침으로 삼아야 하고, 무엇보다도 대의제에서 정당설립의 자유가
가지는 의미를 고려해야 한다. 그러므로 입법자는 국민의 정치적 의사형성과정에 참여하고자 하는
의도의 진지성과 지속성을 담보할 수 있는 최소한의 요건을 규정해야 한다. 그러나 입법자가 정당의
헌법적 개념적 요소를 넘어서 그 외의 요소(가령, 정당의 정치적 목표 등 내용적 요건)를 등록요건으로
결부시킨다면, 이러한 등록요건은 헌법상 정당개념에 위반되어 입법형성권을 행사한 것으로 정당설
립의 자유를 위헌적으로 침해하는 것이다.

(나) 헌법재판소는 위 사례에서 정당법상 정당등록요건이 정당설립의 자유를 침해하는지 여부에
관하여 '지역정당의 배제'와 '군소정당의 배제'이라는 입법목적이 정당의 자유에 대한 제한을 정당화

---

1) 정당법 제4조를 정당의 개념적 요소가 충족되었는지의 여부를 단지 사전적으로 확인하는 절차로서 합헌적으로 해
석하는 한, 현행 등록제도는 헌법적으로 허용된다. 같은 취지로 헌재 2006. 3. 30. 2004헌마246(정당등록요건), 판
례집 18-1상, 402, 413, "정당등록제도는 정당임을 자처하는 정치적 결사가 일정한 법률상의 요건을 갖추어 관할
행정기관에 등록을 신청하고, 이 요건이 충족된 경우 정당등록부에 등록하여 비로소 그 결사가 정당임을 법적으로
확인시켜 주는 제도이다. 이러한 정당의 등록제도는 어떤 정치적 결사가 정당에 해당되는지의 여부를 쉽게 확인할
수 있게 해 주며, 이에 따라 정당에게 부여되는 법률상의 권리·의무관계도 비교적 명확하게 판단할 수 있게 해 준
다. 이러한 점에서 정당등록제는 법적 안정성과 확실성에 기여한다고 평가할 수 있다."

한다고 하여 합헌으로 판단하였다.[1] 헌법재판소는 정당설립의 자유를 제한하는 심판대상조항의 입법목적으로 '군소정당과 지역정당의 배제'라는 공익을 언급하고 있으나, 이러한 공익에 근거하여 정당설립의 자유에 대한 제한을 정당화하는 것은 문제가 있다. 헌법재판소는 위 결정에서 정당법의 등록요건규정이 헌법상 정당개념을 구체화하는 규정이라는 것을 인식하지 못하였다.

1) 헌법은 정당설립의 자유를 보장함으로써 정당설립의 단계에서 정당구도를 특정한 형태나 방향으로 유도하고 형성하고자 하는 국가의 모든 시도를 원칙적으로 금지한다. 헌법은 정당설립의 자유를 보장함으로써, 한 나라의 정치문화를 결정하는 중요한 요소인 '양당제 또는 다당제', '이익정당 또는 국민정당', '지역정당 또는 전국정당'의 문제에 대하여 정당설립의 단계에서는 개방적이며, 이는 정치현실에서 유권자에 의하여 결정된다고 하는 것을 표현하고 있다. 물론, 입법자는 선거제도 등의 구체적 형성을 통하여 정당제도의 발전방향에 영향을 미칠 수 있으나,[2] 헌법이 정당설립의 자유를 보장한다는 것은, 정당설립의 단계에서 정당구도를 특정 방향으로 조정할 수 있는 가능성을 입법자에게 부여하지 않는다는 것을 의미한다.[3]

헌법이 정당설립의 자유를 통하여 의도하는 바는, 개방적인 복수정당제에서 정당의 자유로운 경쟁과 다양성을 보장하고자 하는 것이며, 정당설립의 자유는 바로 군소정당의 형성과 신생정당의 진입을 가능하게 하고자 하는 것이다. 따라서 처음부터 군소정당의 설립을 차단하기 위하여 정당설립의 요건을 강화하고자 하는 입법자의 취지는 군소정당의 설립을 가능하게 하고자 하는 헌법 제8조 제1항의 정당설립의 자유의 정신에 정면으로 반하는 것으로, 정당설립의 자유를 제한하는 공익으로서 헌법적으로 허용되지 않는다. 마찬가지로, 지역정당을 배제하고 전국정당을 유도하고자 하는 입법자의 취지도 정당설립의 자유에 반하는 것이다. 결국, 군소정당이나 지역정당의 배제는 입법자가 '정당설립의 단계에서' 추구할 수 있는 정당한 공익이 아닌 것이다.[4]

2) 그렇다면 이 사건 법률조항의 입법목적은 '군소정당이나 지역정당의 배제'가 아니라, 국민의 정치적 의사형성과정에 참여하기 위하여 요구되는 최소한의 형식적 요건을 갖춰야 한다는 관점이어야 한다. 이는 곧 헌법상 정당 개념의 요소로서, 정당의 과제이행을 위한 객관적 진지성에 대한 헌법

---

1) 헌재 2006. 3. 30. 2004헌마246(정당등록요건), 판례집 18-1상, 402, 403-404, "가. 이 사건 법률조항 중 제25조의 규정은 이른바 "지역정당"을 배제하려는 취지로 볼 수 있고, 제27조의 규정은 이른바 "군소정당"을 배제하려는 취지로 볼 수 있다. … 이 사건 법률조항의 입법목적은 정당한 것이라고 할 것이다. 나. … 이와 같은 규정내용은 특정 지역에만 조직이 형성되는 것을 막고, 5개 이상의 시·도에 각 조직이 구성되고 그 조직 내에 일정 수 이상의 당원이 활동할 것을 요구함으로써 선거단체 및 소규모 지역정치단체들이 무분별하게 정당에 편입되는 것을 억제하기에 적합한 수단이라고 할 것이다. 또한, … 이와 같이 전국 정당으로서의 기능 및 위상을 충실히 하기 위해서 5개의 시·도당을 구성하는 것이 필요하다고 본 입법자의 판단이 자의적이라고 볼 수 없고, 각 시·도당 내에 1,000명 이상의 당원을 요구하는 것도 우리 나라 전체 및 각 시·도의 인구를 고려해 볼 때, 청구인과 같은 군소정당 또는 신생정당이라 하더라도 과도한 부담이라고 할 수 없다."
2) 선거제도의 구체적 형성, 예컨대 다수대표제 또는 비례대표제인지, 소선거구제 또는 대선거구제인지 등의 선택을 통하여 현실적인 정당질서에 큰 영향을 미칠 수 있다는 것은 주지의 사실이다.
3) 같은 맥락에서, 정당설립의 자유는 다양한 견해와 이익을 정당으로 조직할 수 있는 기회만을 보장하는 것이지(형식적 복수정당제), 정당구도의 실체적 다원주의(실체적 복수정당제)를 보장하는 것은 아니다. 따라서 기성정당이 그 정치적 방향과 색깔에 있어서 서로 유사하여 상호 대안적으로 더 이상 기능하지 못한다 하더라도, 국가는 이를 수정할 수 있는 어떠한 권한도 가지고 있지 않다. 이러한 정당구도를 교정할 수 있는 가능성은 오로지 정당설립의 자유의 행사에 있으며, 국민은 새로운 정당의 설립을 통하여 실체적 다원주의를 실현할 수 있다.
4) 입법자가 정당등록요건을 통하여 '군소정당이나 지역정당의 배제'라는 입법목적을 추구하는 것은 그 실질에 있어서는 '정당은 군소정당이나 지역정당을 지향해서는 안 된다.'는 의미에서 정당의 설립에 대한 내용적 요건을 제시하는 효과를 가진다. 입법자는 정당의 정치적 성격을 이유로 정당설립을 방해하거나 금지할 수 없다.

적 요청이라 할 수 있다. 따라서 이 사건 법률조항이 헌법적으로 정당화되는지의 문제는 결사의 정치적 진지성을 담보하기 위한 객관적 요건을 정함에 있어서 입법형성권의 한계를 준수하였는지에 관한 것이다. 결국, 이 사건 법률조항의 위헌여부는 입법자가 헌법상 정당 개념을 구체화하여 정당의 조직상의 요건을 확정함에 있어서, 한편으로는 신생정당의 자유로운 진입을 허용하는 '정치적 과정의 개방성'을 보장하면서도 다른 한편으로는 정치적 의사형성과정에의 참여라는 '정당의 헌법적 기능을 확보'할 수 있도록 최소한의 조직상 요건을 확정하였는지의 문제로 귀결된다.

(다) 헌법재판소는 '정당등록요건조항이 정당의 자유를 침해하는지 여부'가 다시 문제된 사건 (헌재 2023. 9. 26. 2021헌가23 등)에서, 선례 판시내용의 오류를 인식하고 위에서 서술한 관점을 그대로 수용하여 위헌여부를 판단한 결과, 합헌결정을 선고하였다. 헌법재판소는 법정당원수와 5개 이상의 시·도당을 요구하는 정당등록요건조항들의 입법목적이 정당의 헌법적 기능의 확보, 즉 '국민의 정치적 의사형성에의 참여를 실현하는 것'에 있다고 판단하였고,[1] 나아가 위 조항들이 정당의 자유를 침해하는지 여부는 '정당의 헌법적 기능을 확보하기 위하여 필요한 최소한의 조직상 요건을 정하였는지'의 관점에서 판단하였다.[2]

(2) 등록취소요건

또한, 정당법상 등록요건뿐만 아니라 등록취소요건도 헌법상 정당의 개념에 부합해야 한다. 따라서 등록취소로 인하여 정당의 지위를 상실하는 경우도 정당의 헌법적 개념을 충족시키지 못한 경우와 일치해야 하고, 이러한 경우에 제한되어야 한다. 이러한 경우란, 정당이 선거에 참여하지 않거나 또는 국민의사형성과정에 참여하기 위하여 요구되는 최소한의 조직을 구비하지 못하고 있는 경우이다(정당법 제44조 제1항 제1호 및 제2호).

등록취소의 경우, 정당은 더 이상 헌법 제8조에 의한 보호를 받지 못하고, 단지 헌법 제21조에 의하여 보호되는 정치적 결사에 해당한다. 그러나 정당법 제48조는, 제44조에 의하여 정당의 등록이 취소되는 경우 정당은 잔여재산을 당헌이 정하는 바에 따라 처분해야 하고(제1항), 처분되지 아니한 잔여재산은 국고에 귀속된다고(제2항) 규정하고 있다. 이로써 위 정당법규정은 등록이 취소된 정당의 사실상 강제해산을 명하고 있는데, 등록이 취소된 정당이 단지 정치적 결사로 남을 것인지 아니면 자진해산할 것인지에 관하여 스스로 결정할 단체의 권리를 배제하고 있다. 그러나 정당의 헌법적 개념

1) ['시·도당 법정당원수조항'의 입법목적에 관하여] 헌재 2023. 9. 26. 2021헌가23 등, "법정당원수조항은 국민의 정치적 의사형성에의 참여를 실현하기 위한 지속적이고 공고한 조직의 최소한을 갖추도록 하는 것이다." 또한 같은 취지로 헌재 2022. 11. 24. 2019헌마445. [5개 이상의 시·도당을 요구하는 '전국정당조항'의 입법목적에 관하여] 헌재 2023. 9. 26. 2021헌가23 등, [재판관 4인의 법정(합헌)의견] "전국정당조항은, … 정당에게 부여된 기능인 '국민의 정치적 의사형성에의 참여'를 실현하고자 하는 것이다."

2) ['시·도당 법정당원수조항'의 위헌여부에 관하여] 헌재 2023. 9. 26. 2021헌가23 등, "… 각 시·도당에 1천인 이상의 당원을 요구하는 법정당원수조항이 신생정당의 창당을 현저히 어렵게 하여 과도한 부담을 지운 것으로 보기는 어렵다. 따라서 법정당원수조항이 과잉금지원칙을 위반하여 정당의 자유를 침해한다고 볼 수 없다." [전국정당조항의 위헌여부에 관하여] 헌재 2023. 9. 26. 2021헌가23 등, [재판관 4인의 법정(합헌)의견은 "정치현실과 우리나라에 현존하는 정당의 수에 비추어 보면, 전국정당조항이 과잉금지원칙에 반하여 정당의 자유를 침해한다고 볼 수 없다."는 견해이나, [재판관 5인의 위헌의견은 "'국민의 정치적 의사형성에의 참여'라는 정당의 핵심적 기능을 수행하기 위하여 반드시 전국 규모의 조직이 필요하다고 볼 수 없고, 헌법이 전국 규모의 조직을 요구하는 것도 아니다. 그럼에도 불구하고 전국정당조항은 모든 정당에 대하여 일률적으로 전국 규모의 조직을 요구하여 지역정당이나 군소정당, 신생정당을 배제하고 있다. 이는 헌법 제8조 제1항의 정당의 자유를 부정하는 것이어서 입법목적의 정당성 및 수단의 적합성을 인정하기 어렵다."는 이유로 정당의 자유를 침해한다고 판단하였다.

을 더 이상 충족시키지 못하기 때문에 정당의 지위를 상실하는 단체에 대하여 정당의 지위를 박탈하는 것으로 족한 것이지, 그를 넘어 결사 자체를 해산시키는 것은 헌법적으로 정당화되지 않는다. 따라서 정당법 제48조에 의한 강제해산조치는 헌법 제21조의 결사의 자유에 대한 과도한 침해이다.

　(가) 정당법 제44조 제1항 제2호의 위헌여부

　정당법 제44조 제1항 제2호는 "최근 4년간 임기만료에 의한 국회의원선거 또는 임기만료에 의한 지방자치단체의 장 선거나 시·도의회의원선거에 참여하지 아니한 때"에는 정당등록을 취소하도록 규정하고 있다. 선거참여는 정당과 다른 사회단체의 경계설정을 가능하게 하는 유일한 기준이다. 선거참여는 헌법에 의하여 전제되고 있는 정당개념의 핵심적 요소이다. 헌법 제8조의 정당 개념에 선거참여가 속한다면, 정당이 장기간 선거에 참여하지 않는 경우 정당으로서 지위를 상실하는 것은 논리적 필연이다. 정치의사형성에서 국민과 국가 사이의 매개체로서 정당의 기능은 궁극적으로 선거에 참여하여 의회에 진출하려고 시도할 때에만 수행될 수 있다. 따라서 정당이 선거참여라는 그의 핵심적 과제를 장기간 이행하지 않는 경우, 정당은 더 이상 정당의 개념을 충족시키지 않으므로, 입법자는 정당의 등록을 취소하도록 규율할 수 있다. 정당법 제44조 제1항 제2호는 4년간 공직선거에 참여하지 아니한 때에는 정당의 등록을 취소하도록 규정함으로써 선거에의 참여가 정당의 개념을 구성하는 본질적 요소임을 다시 한 번 확인하고 있다.

　한편, 헌법 제8조는 '어느 기간 내에 정당이 선거에 참여해야 하는지'에 관하여 아무런 구체적 지침을 제시하고 있지 않다. 헌법 제8조에 의하여 전제되는 것은 단지, 정당이 선거에 참여함으로써 국민의 정치적 의사형성에 참여하는 과제를 '합리적인 기간 내'에 이행해야 한다는 것이다. 정당법이 정하는 '4년'이라는 기간이 지나치게 단기인지에 관하여는 이론이 있을 수 있으나,[1] 선거참여 여부를 등록취소사유로 규정함으로써 일정 기간 동안 전혀 선거에 참여하지 않은 정당의 법적 지위를 상실케 하는 조항은 헌법적으로 하자가 없다. 다만, 정당이 참여할 수 있는 공직선거 중 국회의원선거와 지방자치단체선거만을 언급할 뿐 대통령선거를 누락시킴으로써, 대통령제의 국가에서 대통령선거에의 참여가 정당의 지위 유지 여부를 판단하는데 전혀 고려되지 않는다는 것은 헌법적으로 논란의 여지가 있다.

　(나) 정당법 제44조 제1항 제3호의 위헌여부

사례 ┃ 헌재 2014. 1. 28. 2012헌마431 등(정당의 등록취소 사건)

　진보신당·녹색당 및 청년당은 2012. 4. 열린 제19대 국회의원선거에 참여하였으나, 의석을 얻지 못하고 유효투표총수의 100분의 2 이상을 득표하지 못하였고, 중앙선거관리위원회는 정당법 제44조 제1항 제3호에 따라 위 정당들의 중앙당 등록을 취소하였다. 청구인들은 2012. 5. 정당법 제41조 제4항(정당명칭사용금지)의 위헌확인을 구하는 헌법소원심판을 청구하고(2012헌마431), 같은 날 서울행정법원에 중앙선거관리위원회를 상대로 각 중앙당등록취소처분의 취소를 구하는 소를 제기한 후, 위 소송 계속 중 정당법 제44조 제1항 제3호에 대한 위헌법률심판 제청신청을 하였다. 위 법원은 위 신청을 받아

---

1) 정당법이 정하는 '4년'이라는 기간은 기성정당뿐만 아니라 신생정당에게도 마찬가지로 적용되고, 신생정당에게는 공직선거에 참여하기 위하여 어느 정도 준비기간이 부여되어야 한다는 점에서, 4년의 적정성에 대한 의문이 있을 수 있다.

들여 위헌법률심판을 제청하였다(2012헌가19).[1]

정당법 제44조 제1항 제3호는 "임기만료에 의한 국회의원선거에 참여하여 의석을 얻지 못하고 유효투표총수의 100분의 2 이상을 득표하지 못한 때"에는 정당등록을 취소하도록 규정하고 있다. 그러나 선거에서의 성과는 정당의 개념적 요소를 구성하지 않기 때문에, 정당이 선거에는 참여하였으나 선거에서 부진한 성과를 거둔 경우에 정당등록을 취소하도록 하는 것은 위헌으로 간주된다. 정당의 정치적 진지성을 선거에의 참여와 조직을 통하여 담보할 수 있는 이상, 이러한 요건을 충족시키고 있는 정당에게 단지 선거에서 일정한 성과를 거두지 못하였다는 이유로 등록을 취소하는 것은 정당설립의 자유에 대한 과도한 제한이다.

선거에서 성과가 부진한 정당을 정치적 과정에서 배제해야 할 공익을 인식할 수 없을 뿐만 아니라, 설사 이러한 정당의 등록취소를 정당화하는 공익으로 '군소정당의 배제를 통한 정국의 안정'을 고려한다 하더라도, 이러한 공익은 봉쇄조항이나 후보자추천을 위한 선거권자의 수 등 군소정당의 선거참여와 의회진출을 어렵게 하는 다른 수단에 의하여 충분히 달성될 수 있다는 점에서, 정당설립의 자유에 대한 과도한 제한인 것이다. 정당의 성립여부와 마찬가지로, 정당의 존속여부도 '군소정당의 배제'와 같은 실체적·내용적 관점에 의하여 판단되어서는 안 된다. 더욱이, 이 사건 법률조항이 정하는 등록요건을 충족시키는 정당의 경우 등록취소 후에 언제든지 다시 정당으로 등록할 수 있기 때문에, 이러한 점에서도 위 정당법규정은 지극히 불필요하고 과도한 조치이다.[2]

---

1) 헌법재판소는 위 결정에서 헌법상 정당 개념에 비추어 정당취소요건의 위헌성을 논증하는 것이 아니라, 정당의 득표율이 '정당이 국민의 정치적 의사형성에 참여할 의사나 능력을 가지는지의 여부'를 가늠하는 기준이라는 전제에서 출발하여 선거결과에 따른 등록취소의 가능성을 원칙적으로 정당한 것으로 인정하면서 단지 입법적 수단이 과잉이기 때문에 위헌이라는 입장을 취하고 있는데, 이러한 전제가 타당한 것인지 의문이 제기된다. 헌재 2014. 1. 28. 2012헌마431 등(정당의 등록취소 사건), 판례집 26-1상, 155, 156, "실질적으로 국민의 정치적 의사형성에 참여할 의사나 능력이 없는 정당을 정치적 의사형성과정에서 배제함으로써 정당제 민주주의 발전에 기여하고자 하는 한도에서 정당등록취소조항의 입법목적의 정당성과 수단의 적합성을 인정할 수 있다. … 그런데 일정기간 동안 공직선거에 참여할 기회를 수 회 부여하고 그 결과에 따라 등록취소 여부를 결정하는 등 덜 기본권 제한적인 방법을 상정할 수 있고, 정당법에서 법정의 등록요건을 갖추지 못하게 된 정당이나 일정 기간 국회의원선거 등에 참여하지 아니한 정당의 등록을 취소하도록 하는 등 현재의 법체계 아래에서도 입법목적을 실현할 수 있는 다른 장치가 마련되어 있으므로, 정당등록취소조항은 침해의 최소성 요건을 갖추지 못하였다. 나아가, 정당등록취소조항은 … 법익의 균형성 요건도 갖추지 못하였다."

2) 위 등록취소규정이 청구인의 정당설립의 자유를 침해한다는 주장으로 제기된 헌재 2006. 4. 27. 2004헌마562(정당의 등록취소) 결정에서, 헌법재판소 재판관 6인은 심판청구를 각하하였으나, 재판관 3인은 위헌의견을 제시하였다, 판례집 18-1상, 574, 576, "이 사건 등록취소규정은 아직 원내에 진출하지 못하고 득표율이 저조하다는 이유로 헌법상 정당의 개념 표지를 갖추고 적법하게 요건을 충족하여 등록된 정당을 사후적인 등록취소를 통해 존립을 불가능하게 하는 것으로 정당의 개념표지와는 무관한 국회의원총선거에서의 성공 여부라는 우연한 사정에 기초하여 정당을 소멸시킴으로써 정당의 존속을 불가능하게 하고, 계속적으로 진지하게 정당활동을 수행하는 과정에서 국민대중의 지지를 획득하여 보다 굳건한 정당으로 성장할 수 있는 신생정당들을 정치생활의 영역으로부터 축출하여 신생정당의 진입을 가로막으며 소수의견의 정치적 결집을 봉쇄하고 기성의 정당체제를 고착화시키는 데 기여하는바 정당설립의 자유제한에 있어 비례성원칙을 지키기 못하여 정당설립의 자유를 침해하고 헌법에 위반된다 할 것이고, ……"

Ⅳ. 정당의 법적 지위

정당의 법적 지위를 파악하는 것은 소송법적, 특히 헌법소송적인 관점에서 중요하다. 정당의 법적 지위와 관련하여 제기되는 문제는, 정당이 헌법 제8조에 규정된 헌법적 권리와 지위를 헌법기관과 같이 권한쟁의절차에서 주장할 것인지 아니면 모든 개인과 같이 헌법소원절차에서 주장할 것인지에 관한 것이다.[1]

1. 법적 성격

가. 私法上의 社團

국민의 정치적 의사형성이 선거를 통하여 국가영역으로 연결되기 때문에, 선거에 참여한 정당도 선출된 정당의 후보를 통하여 국가영역에 진출한다. 이로써 정당은 국민과 국가 사이의 중개자 또는 중간매체로서 사회적 영역과 국가적 영역에 모두 귀속시킬 수 있다. 그러나 정당은 사회에 그 출발점과 생성기반을 두고 있고, 사회영역이 그의 일차적인 활동무대이다. 정당이란 동일한 정치적 견해와 이해관계를 가진 국민을 모아서 효과적인 행동단위로 결집할 목적으로 자유롭게 설립된 단체이다. 정당이 사회의 영역에 그 기원과 뿌리를 두고 있다는 것에는 의문의 여지가 없다.

정당의 활동영역이 주로 사회적인 영역에 자리 잡고 있기 때문에, 정당은 사회영역에서 적용되는 법규범에 따라 私法上의 社團이다. 정당은 '법인격 있는 사단' 또는 '법인격 없는 사단'이란 2가지 법적 형태 중에서 스스로 선택할 수 있다.

나. 법적 분쟁의 경우 소송절차

이에 따라 정당에는 민법상의 사단에 관한 규정이 적용되고 정당과 당원의 관계에서 사단자치가 적용되므로, 정당과 당원 사이의 법적 분쟁은 민사소송절차를 밟아야 한다. 예컨대, 개인이 정당에 대하여 입당거부를 이유로 소를 제기하는 경우, 개인이 정당에 대하여 정당으로부터의 제명을 이유로 소를 제기하는 경우 또는 정당이 다른 정당에 대하여 유사명칭의 사용을 이유로 소를 제기하는 경우 등에는 모두 민사소송을 제기해야 한다. 이에 대하여 정당과 국가기관 사이의 법적 분쟁은 공법상의 분쟁으로서 행정소송절차를 밟아야 한다. 가령, 정당이 공영방송국에 대하여 선거운동 방영시간의 차등적 배분을 이유로 소송을 제기하는 경우 또는 정당이 계획한 집회를 관할행정청이 금지하는 경우에는 행정소송절차를 밟아야 한다.

2. 헌법적 지위

정당을 사법상의 사단으로 파악한다 하더라도, 정당이 헌법에 수용됨으로써 정당의 헌법적 지위에 있어서 근본적인 변화가 있는 것인지 문제가 제기된다.[2]

---

1) 가령, 정당이 5% 봉쇄조항을 규정하고 있는 법률규정의 위헌성을 주장하고자 하는 경우, 정당의 기회균등원칙에 대한 위반을 이유로 정당에 대한 국고보조금지급규정의 위헌성을 주장하고자 하는 경우이다. 독일의 경우, 정당은 헌법기관과의 관계에서는 헌법소원을 통하여 정당의 권리를 주장할 수 없기 때문에, 권한쟁의심판을 청구할 수 있다고 본다.

2) 정당의 헌법적 수용과 이로 인한 정당의 헌법적 지위에 관한 논의는 독일에서 정당국가론(Parteienstaatslehre)을 주

가. 國家機關說 또는 憲法機關說[1]

정당규정이 헌법에 수용되기 전에는 정당의 법적 지위는 일반결사와 마찬가지로 취급되었으나, 헌법에 의하여 정당에 '국민의사형성과정에의 참여'라는 과제가 부여됨으로써 정당을 다른 사회단체와는 구별하여 국가기관으로 이해하고자 하는 견해가 제기되었다. 정당은 국민의 정치의사형성과정에서 결정적으로 중요한 역할을 담당하고, 나아가 사실상 정부와 의회를 지배하고 국가활동의 모든 영역에서 결정적인 영향력을 행사한다는 점에서, 헌법적으로 국가기관의 성격을 인정해야 한다는 것이다. 이러한 견해에 따르면, 정당은 헌법상 정당조항으로 인하여 헌법기관의 지위로 승격되었고, 다른 헌법기관과의 관계에서는 기본권이 아니라 헌법상의 권리를 권한쟁의심판절차를 통하여 주장해야 한다.[2]

헌법기관은 국가기관의 하부개념으로서 그 조직과 기능에 있어서 헌법에 근거를 두고 있는 국가기관을 말한다. 그러나 정당은 헌법에 의하여 구성되는 기관도 아니고, 법률에 의하여 설립되는 국가기관도 아니다. 정당은 국민의 정치적 결사이다. 민주국가에서 국민의 정치적 의사가 국가기관에 의하여 주도적으로 형성될 수 없다는 점에서, 정당은 국가기관이라 할 수 없다.

나. 媒介體說

매개체설에 의하면, 정당은 국가와 사회의 중간영역에 위치하면서 국민과 국가 사이에서 국민의사와 국가의사를 연결시키는 매개체로서 기능한다. 헌법이 정당에 관한 규정을 통하여 정당을 수용하였고, 국가기관에 대하여 광범위한 영향력을 행사할 수 있는 가능성으로 인하여 정당이 국가기관에 가깝게 접근하고 있는 것은 사실이나, 국가조직의 일부는 아니며 본질적으로 사인에 의하여 자유롭게 설립되는 사적 결사의 성격을 가진다. 정당은 사회적 영역에 귀속되고 사법적으로 조직되기 때문에, 원칙적으로 기본권을 주장할 수 있다. 매개체설이 타당하며, 헌법재판소도 매개체설을 취하고 있다.

장한 라이프홀츠(Leibholz) 교수의 영향 하에서 이루어졌으나, 오늘날 독일에서 정당국가론은 이미 극복된 이론에 속한다. 라이프홀츠의 정당국가론은, 헌법의 정당조항이 정당의 진정한 역할을 타당하게 서술하지 아니하였다는 이유로 헌법규정을 불충분한 것으로 선언하고, 규범을 근거로 현실을 평가하는 대신, 헌법현실로부터 헌법규범의 내용을 이끌어 내고자 시도하였다(G. Leibholz, *Strukturprobleme der modernen Demokratie*, 1967).

1) 연방헌법재판소는 초기 결정에서 라이프홀츠(Leibholz) 교수의 정당국가론의 영향을 받아, '정당이 헌법상 권리를 주장하는 한, 정당은 헌법기관으로서의 성격을 가진다. 정당은 국가기관은 아니지만, 헌법기관의 기능을 행사한다. 즉, 정당은 국가에 대하여 헌법상 보장된 권리를 가지고 대립하고 있을 뿐만 아니라, 헌법생활의 요소로서 헌법적 영역에 귀속되어야 한다.'고 판시하였다. 위 결정은 바이마르공화국 당시 국사재판소의 판례를 그대로 계승한 것이었다. 헌법소원제도가 없었던 그 당시에는 기관쟁의가 정당의 권리침해를 주장할 수 있는 유일한 방법이었다. 한편, 연방헌법재판소는 후속결정에서 '헌법상 정당조항은 정당을 헌법적 제도의 지위로 격상하였다.'고 판시함으로써 초기의 판례를 약간 수정하였다. 여기서 '헌법적 제도'의 의미가 무엇인지 불명확하나, 연방헌법재판소는 정당을 실체적 의미의 헌법기관은 아니지만 소송법적 의미의 헌법기관으로 간주함으로써 정당을 권한쟁의심판의 당사자로 인정하였고, 현재까지 이러한 입장을 고수하고 있다.

2) 그러나 권한쟁의심판에서 정당의 당사자능력을 인정하는 연방헌법재판소의 견해는 오늘날 이미 극복된 과거 정당국가론의 유물로서 독일 학계에서 비판의 대상이 되고 있다. 위 견해에 따르더라도, 헌법기관과의 관계가 아니라 그 외 공권력과의 관계(가령, 공영방송이나 행정청)에서 정당은 기본권의 주체로서 평등권과 자유권을 주장할 수 있다. 따라서 헌법기관과의 관계에서 정당에게 권한쟁의심판의 당사자능력을 인정하는 연방헌법재판소의 판례로 인하여 정당과 관련하여 이원적인 권리구제절차가 형성되었다. 즉, 정당은 헌법기관과의 관계에서는 권한쟁의심판을 청구할 수 있고, 다른 공권력과의 관계에서는 개인과 마찬가지로 행정소송이나 헌법소원을 제기할 수 있다. 그러나 헌법소원제도와 행정재판제도가 존재하는 현행 법제도에서 정당을 헌법소송법적 측면에서 헌법기관과 같이 취급해야 할 필요가 없다고 하는 것이 독일 학계의 지배적 견해이다.

3. 정당제도의 법적 규율

가. 헌법 제8조 제3항 전단의 법률유보

헌법 제8조 제3항 전단은 "정당은 법률이 정하는 바에 의하여 국가의 보호를 받으며, …"라고 규정하여, 입법자에 의한 구체화와 보완을 필요로 함을 밝히고 있다.

나. 정당법

헌법 제8조 제3항 전단의 위임을 이행하기 위하여 정당법이 제정되었다. 정당법은 정당의 지위와 과제, 정당개념의 정의, 내부조직과 구조 등에 관하여 규율하고 있다.

다. 공법상의 보완적 규정

정당법은 다른 공법규정에 의하여 보완되는데, 특히 공직선거법에서 정당에 의한 후보자 선출에 관하여 규율하고 있다. 헌법이 정치자금을 정당운영자금과 선거경비로 구분하고 있는 것에 상응하여, 입법자는 정당의 일상적인 운영비용을 '정치자금법'에 의하여, 선거비용을 '공직선거법'에 의하여 규율하고 있다. 이로써 정치자금에 관한 법적 규제는 이원적 구조를 취하고 있다. 또한, 국회법은 정당을 직접 규율하는 것은 아니지만, 원내교섭단체에 관한 규율을 통하여 간접적으로 정당과 연관성을 보인다. 정당해산과 관련해서는 헌법재판소법에서 정당해산심판절차에 관한 구체적인 것을 규율하고 있다(제55조이하).

라. 사법상의 규정

정당은 사법적으로 판단되는 사회적 영역에 그 기반을 두고 있기 때문에, 헌법이나 정당법에 달리 규정된 바가 없다면 사법상의 규정에 의하여 판단된다. 즉, 정당의 사법상의 성격이 문제되고 특별규정인 헌법과 정당법 등 공법규정이 적용되지 않는 경우에는 사법규정이 적용된다. 특히 정당내부영역의 문제, 가령 정당과 당원의 관계, 설립과정, 자진해산 등은, 정당법이 별도로 규율하지 않는 한, 사법에 의하여 판단된다.

V. 정당설립의 자유(헌법 제8조 제1항)

헌법은 제8조 제1항에서 "정당의 설립은 자유이며, 복수정당제는 보장된다."고 규정하여 국민 누구나가 원칙적으로 국가의 간섭을 받지 아니하고 정당을 설립할 권리를 국민의 기본권으로서 보장하면서, 정당설립의 자유를 보장한 것의 당연한 법적 산물인 복수정당제를 제도적으로 보장하고 있다.[1]

1. 대의제 민주주의에서 '정당설립의 자유'의 의미

대의제가 실현되기 위해서는 그 필수적 전제조건으로 국가권력을 한시적으로 위임받으려는 '정당간의 경쟁원칙'이 기능해야 한다. 헌법상 민주주의는 정치적 세력간의 경쟁민주주의이며, 정당법은 곧 경쟁법이다. 복수정당제의 보장을 통한 정당간의 자유경쟁이 기능하기 위해서는, 누구나 자유롭게 정당의 설립을 통하여 정당간의 자유경쟁에 참여할 수 있어야 하고(정당설립의 자유 및 진입장벽의 철폐), 경쟁에 참여한 정당은 국민의 지지와 정권을 획득하기 위한 정당간의 경쟁에서 균등한 기회를

---

1) 헌재 1999. 12. 23. 99헌마135(경찰청장 퇴직 후 정당활동의 자유 제한), 판례집 11-2, 800, 813.

가져야 한다(정당간의 기회균등). 헌법 제8조 제1항의 정당설립의 자유와 복수정당제의 보장은 궁극적으로 정당간의 자유경쟁을 보장하고자 하는 것이며, '정당설립의 자유'와 '정당간의 기회균등'은 정당의 자유경쟁이 이루어지기 위한 불가결한 조건이다.

2. 정당설립의 자유의 보장내용

사례 헌재 1999. 12. 23. 99헌마135(경찰청장 퇴직 후 정당활동의 자유 제한 사건)

청구인들은 헌법소원심판을 청구할 당시 경찰청장으로 근무하다가 퇴직하였거나 경찰청장으로 근무하고 있거나 또는 경찰청장에 임명될 가능성이 있는 사람들이다. 청구인들은, 경찰청장의 정치적 중립성을 확보하기 위한 방안으로서 신설된 규정인 경찰법 제11조 제4항의 규정("경찰청장은 퇴직일부터 2년 이내에는 정당의 발기인이나 당원이 될 수 없다.")이 청구인들의 기본권을 침해한다고 주장하며, 헌법소원심판을 청구하였다.

가. 결사의 자유에 대한 특별규정으로서 정당설립의 자유

헌법 제8조 제1항은 단지 정당설립의 자유만을 명시적으로 언급하고 있지만, 정당설립의 자유는 헌법 제21조의 결사의 자유에 대한 특별규정으로서 결사의 자유와 근본적으로 유사한 구조와 보장내용을 가지고 있다.[1] 따라서 정당설립의 자유는 설립행위 그 자체만을 보호하는 것이 아니라 또한 정당의 조직과 프로그램을 확정할 자유(정당자치의 자유), 정당의 존속과 활동의 자유를 포함한다.

정당설립의 자유는 새로운 정당을 설립할 자유뿐만 아니라, 누구나 국가의 간섭을 받지 아니하고 자유롭게 기존의 정당에 가입할 자유[2] 및 정당으로부터 탈퇴할 수 있는 자유를 함께 보장한다. 정당설립의 자유는 정당의 프로그램을 결정할 자유를 포함한다. 정당은 정치적 목표를 추구하기 위하여 설립되는 것이므로, 정치적 목표를 결정할 자율성의 보장이 없이는 설립의 자유는 무의미하다. 정당의 설립만이 보장될 뿐 설립된 정당이 언제든지 다시 임의로 금지될 수 있다면 정당설립의 자유는 무의미하므로, 정당설립의 자유는 정당존속의 자유를 포함한다. 또한, 헌법이 정당설립의 자유를 보장한다면, 설립된 정당에게는 정치적 목표의 실현을 위하여 필요한 활동을 할 수 있는 자유도 함께 보장되어야만 비로소 정당설립의 자유는 실질적 의미를 가질 수 있기 때문에, 정당활동의 자유는 정당설립의 목적으로서 함께 보장된다.

정당설립의 자유는 단지 국가에 대한 방어권일 뿐, 국가에 대하여 정당설립이나 정당운영에 필요한 국고보조 등 특정 급부를 요구할 수 있는 권리가 아니다. 따라서 헌법 제8조 제3항에 따라 정당운영자금을 보조할 수 있는 국가의 가능성에도 불구하고, 입법자가 법률로써 국고보조금을 배분하는 경우에 한하여 정당은 기회균등의 관점에서 단지 국고보조금의 균등한 배분을 요구할 수 있을 뿐

---

1) 헌재 1999. 12. 23. 99헌마135(경찰청장 퇴직 후 정당활동의 자유 제한), 판례집 11-2, 800, 810, "정당에 관한 한, 헌법 제8조는 일반결사에 관한 헌법 제21조에 대한 특별규정이므로, 정당의 자유에 관하여는 헌법 제8조 제1항이 우선적으로 적용된다."
2) 복수 당적 보유를 금지하는 정당법조항이 정당 가입·활동의 자유를 침해하는지 여부에 관하여 헌법재판소는 "심판대상조항은 정당의 정체성을 보존하고 정당 간의 위법·부당한 간섭을 방지함으로써 … 국민의 정치적 의사형성에 중대한 영향을 미치는 정당의 헌법적 기능을 보호하기 위한 것"으로 정당 가입·활동의 자유를 침해하지 않는다고 판단하였다(헌재 2022. 3. 31. 2020헌마1729).

이다.

나. 정당설립·가입의 자유의 주체

"국민의" 정치적 의사형성에 참여하는 것을 정당의 헌법적 과제로 규정하는 헌법 제8조 제2항에 비추어, 정당설립의 자유의 주체는 원칙적으로 국민에 한정되어야 한다. 정당은 국민의 자발적 조직이다. 물론, 입법자가 정당법을 통하여 외국인의 정당가입을 허용하는 것을 금지하지는 않는다. 또한, 정당의 헌법적 과제를 규정하는 헌법 제8조 제2항은 선거에 참여할 가능성이 있는 자(유권자)만이 정당을 설립할 수 있음을 시사하고 있다. 따라서 미성년자는 정당을 설립할 수 없다.

정당의 발기인 및 당원의 자격과 관련하여, 특정 집단에 대하여 정당설립 및 가입을 금지하는 것은 원칙적으로 정당이 헌법상 부여받은 기능을 이행하기 위하여 필요하다고 판단되는 최소한의 요건에 대한 규율에 그쳐야 한다. 즉, 정당의 발기인이나 당원의 자격에 대한 제한은 헌법상 정당의 과제와 기능에 비추어 발기인이나 당원으로부터 기대될 수 있고 이들 누구나가 충족시킬 수 있는 일반적인 요건(예컨대 일정한 연령, 국적, 국민으로서의 결격사유 등)에 한정되어야 하다.

현행 정당법에 의하여 정당의 발기인 및 당원이 될 수 없는 자로서는, 현재의 신분을 이유로 정당의 자유를 제한받는 공무원($^{정당법 제22조}_{제1호 및 제3호}$) 및 사립학교교원($^{같은 조}_{제2호}$)이 있다. 과거의 신분(가령, 경찰청장이나 검찰총장)을 이유로 정당설립 및 가입의 자유를 제한하는 규정에 대하여는 헌법재판소가 위헌으로 선언한 바 있다.[1] 한편, 공무원과 교원에 대하여 정당의 자유를 전면적으로 금지하는 것은 정당의 자유에 대한 과도한 제한이 아닌지 의문이 제기된다.[2]

3. 정당간의 기회균등

가. 헌법적 근거

오늘날 정당민주주의는 정당간의 경쟁민주주의이다. 헌법은 정당설립의 자유와 복수정당제의 보장을 통하여 이를 표현하고 있다. '정당간의 기회균등'은 '정당설립의 자유'와 더불어 정당의 자유경쟁이 이루어지기 위한 불가결한 조건이며, 이로써 대의제가 기능하기 위한 필수적 조건이다.

나아가, 정당의 자유는 정당간의 기회균등이 보장되지 않고서는 생각할 수 없다. 누구나 정당을 자유롭게 설립할 수 있고 설립된 정당의 활동의 자유가 보장된다면, 정당에게는 그러한 자유의 행사가능성에 있어서도 균등한 기회가 보장되어야 하며, 이러한 경우에만 궁극적으로 정당간의 자유경쟁을 보장하고자 하는 정당설립의 자유가 실현될 수 있고 실질적 의미를 가지게 된다.

정당의 기회균등은 헌법 제11조의 평등원칙이나 헌법 제41조 제1항, 제67조 제1항의 평등선거원

---

1) 헌재 1999. 12. 23. 99헌마135(경찰청장 퇴직 후 정당활동의 자유 제한), 판례집 11-2, 800, 801, "정당설립의 자유를 제한하는 법률의 경우에는 입법수단이 입법목적을 달성할 수 있다는 것을 어느 정도 확실하게 예측될 수 있어야 한다. 그런데 선거직이 아닌 다른 공직에 취임하거나 공기업의 임원 등이 될 수 있는 그 외의 다양한 가능성을 그대로 개방한 채 단지 정당의 공천만을 금지한 점, … 본질적으로 경찰청장의 정치적 중립성은 그의 직무의 정치적 중립을 존중하려는 집권세력이나 정치권의 노력이 선행되지 않고서는 결코 실현될 수 없다는 사실 등에 비추어 볼 때, 경찰청장이 퇴임 후 공직선거에 입후보하는 경우 당적취득금지의 형태로써 정당의 추천을 배제하고자 하는 이 사건 법률조항이 어느 정도로 입법목적인 '경찰청장 직무의 정치적 중립성'을 확보할 수 있을지 그 실효성이 의문시된다. 따라서 이 사건 법률조항은 정당의 자유를 제한함에 있어서 갖추어야 할 적합성의 엄격한 요건을 충족시키지 못한 것으로 판단되므로 이 사건 법률조항은 정당설립 및 가입의 자유를 침해하는 조항이다."; 헌재 1997. 7. 16. 97헌마26(검찰총장 퇴직 후 정당활동의 자유 제한).
2) 이에 관하여 제4편 제3장 제3절 공무원제도 관련부분 참조.

칙, 헌법 제116조 제1항으로부터 도출되나, 그 이전에 이미 정당의 자유가 보장되기 위하여 실현되어야 할 기본적인 전제조건에 속한다. 따라서 정당간의 기회균등의 요청은 헌법 제8조 제1항의 정당설립의 자유와 복수정당제의 보장 및 대의민주제에서 정당의 기능으로부터 스스로 나오는 것이다.

나. 엄격하고 형식적인 평등으로서 정당간의 기회균등원칙

'정치적 권리의 평등'의 구체화된 형태인 '정당간의 기회균등'은 단순히 합리적 차별사유에 의하여 정당화되는 자의금지원칙이 아니라, 차별사유에 대하여 보다 엄격한 요청을 하는 형식적 평등을 의미한다. 그러므로 정당간의 기회균등원칙은 정당의 규모, 정치적 중요성, 정책적 방향과 관계없이 단지 '정당'이라는 요건만을 기준으로 삼아 모든 정당을 원칙적으로 평등하게 대우할 것을 요청한다.

다. 국가가 정당에게 급부를 제공하는 경우 '差等化된 기회균등'

(1) 국가가 정당에게 국고보조금이나 선거방송시간 등 급부를 제공하는 경우, 정당간의 기회균등원칙에 의하여 어떠한 구속을 받는지의 문제가 제기된다.[1] 기회균등의 원칙은, '경쟁의 결과'인 정당 간의 사실상의 차이를 평준화하고자 하는 것이 아니라, 자유경쟁에서 모든 정당에게 동등한 기회를 보장함으로써 '경쟁조건'에서의 평등을 실현하고자 하는 것이다.

국민의 지지를 얻고자 하는 정치적 경쟁은 정당 간에 사실상의 차이와 상이한 세력관계를 형성하게 되는데, 이는 국가에 의하여 존중되어야 한다. 선거에서의 기회균등원칙은 국가에 대하여 정당간의 경쟁에 간섭하거나 개입해서는 안 된다는 중립의무를 부과한다. 국가가 정당과 후보자 간의 경쟁에 대하여 중립의무를 진다면, 경쟁을 왜곡하는 효과를 가진 모든 급부의 제공은 금지된다.

(2) 국가가 모든 정당을 도식적으로 평등하게 취급하는 것은 국가의 중립성을 유지하는 것이 아니라, 군소정당에 일방적으로 유리한 경쟁상황을 형성함으로써 오히려 정당간의 경쟁을 왜곡하는 것이다. 국가가 모든 정당을 형식적으로 평등하게 취급하는 것은 군소정당을 지지하는 국민의 정치적 영향력행사를 증가시키는 것이며, 이로써 군소정당의 의미를 국민으로부터 획득한 지지의 정도를 넘어서 확대시키는 것이다. 따라서 국가가 급부를 제공함에 있어서 정당의 의미와 비중을 고려하여 이에 따라 어느 정도 차별하는 것은, '국가의 중립의무'라는 불가피한 중대한 사유에 의하여 정당화된다. 정당의 의미와 중요성을 판단하는 기준으로는 일차적으로 '지난 선거에서의 성과'가 고려된다.

한편, 국가가 지난 선거에서의 성과를 기준으로 삼아 이에 '비례하여' 급부를 배분하는 경우, 기존 세력관계의 고착화를 초래함으로써 정당간의 경쟁을 약화시키고 궁극적으로 소수가 다수가 될 수 있는 기회를 감소시킨다. 국민의 정당선호에 따른 '비례적' 차등은 정치적 세력판도의 변화를 저해하고 지난 선거에서 성공한 정당에 대한 우대효과를 초래한다. 따라서 정치적 경쟁과정의 개방성은 정당에 대한 국가의 급부제공에 있어서 정당의 의미와 중요성을 '제한적으로' 반영함으로써, 이에 따른 차등화를 약화시킬 것을 요구한다.

(3) 헌법은 국가의 급부제공에 있어서 '어떠한 방법으로 적정한 차등화가 이루어져야 하는지'에 관하여 구체적인 지침을 제시하고 있지 않다. 입법자는 '적정한 차등화'의 요청을 구체적으로 형성함에 있어서 상당한 형성의 자유를 가지고 있지만, 다음과 같은 관점을 고려해야 한다.[2] 입법자는 급

---

1) 선거방송시간의 차등적 제공에 관하여 제2편 제4장 제6절 III. 2. 평등선거의 원칙 나. (5) 참조. 국고보조금의 차등적 배분에 관하여 제2편 제4장 제7절 VII. 2. 나. 참조.
2) 가령, 독일 정당법 제5조는 '차등화된 평등대우'(abgestufte Gleichbehandllung)를 규정하고 있다. 즉, 국가가 급부

부의 제공에 있어서, 한편으로는 군소정당에게도 경쟁에 성공적으로 참여하기 위하여 필수적인 최소한의 급부를 제공해야 한다는 구속을 받으며, 다른 한편으로는 정당간의 자유경쟁으로 인하여 형성된 사실상의 차이를 도식적 평등을 통하여 다시 평준화해서는 안 된다는 구속을 받는다.

VI. 헌법 제8조 제2항

1. 헌법 제8조 제2항의 의미

가. 정당의 조직과 당내 민주화에 관한 입법위임

헌법은 제8조 제2항에서 "정당은 그 목적 · 조직과 활동이 민주적이어야 하며, 국민의 정치적 의사형성에 참여하는데 필요한 조직을 가져야 한다."고 규정하고 있다. 위 헌법조항은 헌법상 부여된 정당의 과제와 기능을 '국민의 정치적 의사형성에의 참여'로 명시적으로 규정하면서, 당내 민주화의 의무, 자유민주적 기본질서를 긍정해야 할 의무, 정치적 의사형성에 참여하는데 필요한 조직을 가져야 할 의무라는 정당의 3가지 헌법적 의무를 제시함으로써 제1항의 정당설립의 자유에 대한 한계를 설정하고 있다.[1)]

헌법 제8조 제2항은 그 표현에 있어서 정당을 수범자로 하여 '정당의 의무'의 형식으로 규정하고 있으나, 그 실질은 입법자에 대한 것으로 '정당의 의무로 표현된 것을 법률로써 실현해야 할 의무'(입법위임)를 부과하고 있는 것이다.[2)] 따라서 입법자는 정당으로 하여금 헌법상 부여된 기능을 민주적 내부질서를 통하여 이행하도록 하기 위하여 그에 필요한 절차적 · 형식적 요건을 규정함으로써 정당의 자유를 제한할 수 있다.

나. 정당의 과제를 이행하기 위한 조건으로서 정당의 의무

정당의 이러한 헌법적 의무는 '국민의 정치적 의사형성에 참여'라는 정당의 헌법적 과제를 이행하기 위하여 요구되는 필수적인 것이다. 바로 이러한 점에서 정당의 자유는 개인의 기본권적 자유와 근본적인 차이를 가진다. 개인의 기본권적 자유는 그 근거를 인간의 존엄성에 두고 개인의 자유로운 인격발현을 목적으로 하는 개인적 자유이지, 특정 사회적 기능을 이행하기 위하여 부여된 자유가 아니다. 이에 대하여 정당은 개인과는 달리 스스로가 자기목적이 아니기 때문에, 정당의 자유는 특정

를 제공하는 경우에는 모든 정당은 동등하게 취급되어야 한다는 원칙을 천명하면서(제1항 제1문), 이러한 원칙을 다음과 같이 수정하고 있다. 즉, 급부의 규모는 정당의 의미에 따라 차등화될 수 있으며(제1항 제2문), 정당의 의미를 판단함에 있어서 특히 지난 선거의 결과를 주된 기준으로 삼아야 하고(제1항 제3문), 원내교섭단체를 구성한 정당에게 제공되는 급부의 규모는 다른 원내교섭단체에 제공되는 급부의 적어도 절반 이상이어야 한다고 하여 다시금 차별의 정도를 제한하고 있다(제1항 제4문).

1) 헌재 2004. 12. 16. 2004헌마456(지구당 폐지), 판례집 16-2하, 618, 헌법 제8조 제2항이 가지는 의미에 관하여, "헌법 제8조 제2항은 헌법 제8조 제1항에 의하여 정당의 자유가 보장됨을 전제로 하여, 그러한 자유를 누리는 정당의 목적 · 조직 · 활동이 민주적이어야 한다는 요청, 그리고 그 조직이 국민의 정치적 의사형성에 참여하는데 필요한 조직이어야 한다는 요청을 내용으로 하는 것으로서, 정당에 대하여 정당의 자유의 한계를 부과하는 것임과 동시에 입법자에 대하여 그에 필요한 입법을 해야 할 의무를 부과하고 있다."

2) 정당법 제1조는 "이 법은 정당이 국민의 정치적 의사형성에 참여하는데 필요한 조직을 확보하고 정당의 민주적인 조직과 활동을 보장함으로써 민주정치의 건전한 발전에 기여함을 목적으로 한다."고 함으로써 정당법이 헌법 제8조 제2항의 위임을 이행하는 법률임을 분명히 밝히고 있다. 이에 따라 정당법은 헌법상 부여받은 과제를 이행하기 위하여 필요하다고 판단되는 정당의 조직에 관한 최소한의 요건(정당의 구성, 성립, 발기인 및 당원의 자격, 입당 및 탈당, 등록의 취소 및 해산 등)과 정당의 민주적 조직과 활동을 보장하기 위한 규정을 핵심적 내용으로 포함하고 있다.

기능과 과제를 이행하기 위한 기능적 자유이다.

따라서 정당의 자유는 그 목적과 범위에 있어서 정당의 헌법적 기능에 의하여 결정되고 제한된다. 권리와 의무로 구성되는 정당의 헌법적 지위는 정당의 기능을 이행하기 위한 '법적 조건의 총합'이라 할 수 있다.

다. 정당의 헌법적 의무

첫째, 헌법 제8조 제2항 후단은 정당이 헌법상 부여된 과제를 이행할 수 있도록 그에 필요한 조직을 법률로써 규율하도록 입법자에게 위임하고 있다. 국민의 정치적 의사형성에 참여하는데 필요한 조직을 가져야 한다는 것은 정당의 의무이자 동시에 입법자에게 정당의 자유를 제한할 수 있는 권한을 부여하는 규정이다.

둘째, 헌법 제8조 제2항 전단에서 '정당이 그 목적·조직과 활동에 있어서 민주적이어야 한다'는 것은, 헌법재판소가 위헌정당에 대한 독점적인 해산결정권(헌법 제8조 제4항)을 가진다는 점을 고려할 때, 입법자로 하여금 그 목적과 활동이 반민주적인 정당을 허가절차 등을 통하여 사전적으로 통제할 수 있는 권한을 부여하는 수권조항이 아니다. 위 규정은 정당의 민주성에 대한 일반적인 요청, 무엇보다도 '정당조직'의 민주성을 언급함으로써 '정당의 내부질서'가 민주적이어야 한다는 요청이며, 나아가 입법자가 정당의 민주화를 위한 최소한의 요건을 규율해야 한다는 입법위임을 담고 있다.

셋째, 정당의 '목적과 활동'이 민주적일 것을 요구하는 헌법 제8조 제2항 전단은, 정당의 목적이나 활동이 자유민주적 기본질서에 위배되는 정당의 해산을 규정하는 헌법 제8조 제4항과의 연관관계에서 볼 때 '자유민주적 기본질서를 긍정해야 할 의무'를 담고 있다. 다른 정치적 단체와는 달리, 정당은 선거를 통하여 국가영역에 언제든지 진출할 수 있는 국가의 '전신적(前身的) 존재'에 해당하기 때문에, 헌법은 정당으로부터 자유민주적 기본질서에 대한 긍정적 자세를 기대하고 있다. 자유민주적 기본질서를 긍정해야 할 의무는 정당의 개념적 요소가 아니라 정당의 헌법적 의무이며, 의무위반의 경우 헌법 제8조 제4항의 제한적 요건 하에서 정당해산에 이르게 된다.

2. 黨內 民主化의 요청

가. 정당의 헌법적 기능과 당내 민주화의 관계

헌법 제8조 제2항 전단은 '정당의 조직과 (내부적) 활동이 민주적이어야 한다'고 하여 정당의 내부질서에 관한 기본구조를 제시함으로써 내부질서를 스스로 결정하는 정당자치를 제한하고 있다. 이로써 위 헌법규정은 정당의 헌법적 과제를 민주적 내부질서를 통하여 수행할 수 있도록 그에 필요한 입법을 해야 할 의무를 입법자에게 부과하고 있다.[1]

(1) 정당의 헌법적 과제 이행의 조건으로서 당내 민주화

당내 민주화는 국민의 정치적 참여를 조직화하는 정당의 기능으로부터 나오는 필연적 요청이다. 정당이 그 내부구조와 절차에 있어서 민주적으로 형성된 경우에만, 국민은 정당의 의사결정과정에 참여할 수 있고, 이로써 정당은 '국민의 정치적 의사형성에의 참여'라는 기능과 국가기관에 국민의

---

1) 헌재 1999. 12. 23. 99헌마135(경찰청장 퇴직 후 정당활동의 자유 제한), 판례집 11-2, 800, 813, "헌법은 제8조 제2항에서 … 헌법상 부여된 정당의 과제와 기능을 '국민의 정치적 의사형성에의 참여'로 규정하면서, 입법자에게 정당이 헌법상 부여된 과제를 민주적인 내부질서를 통하여 이행할 수 있도록 그에 필요한 입법을 해야 할 의무를 부과하고 있다."

정치적 의사를 전달하는 중개자로서의 기능을 제대로 수행할 수 있는 것이다. 즉, 정당의 민주적 내부구조가 비로소 정당 과제의 이행을 가능하게 하는 것이다.

(2) 국가 민주주의 실현의 조건으로서 당내 민주화

뿐만 아니라, 오늘날의 정당제 민주주의에서 국가의사가 실질적으로 정당에 의하여 형성되기 때문에, 당내 민주주의의 실현은 국가영역에서 민주주의를 실현하기 위한 중요한 조건이다. 정당이 선거를 통하여 국가영역에 진출하여 국가의사결정에 참여할 수 있기 때문에, 헌법은 다른 정치적 단체와는 달리 정당에 대하여 스스로 민주적인 내부질서를 갖추어야 한다는 요청을 하고 있다.

(3) 거대정당의 이익조정기능과 당내 민주화

오늘날 거대정당의 현실에서 사회적 대립과 정치적 논쟁, 나아가 상충하는 이익간의 조정은 의회가 아니라 실질적으로 정당 내에서 이루어지기 때문에,[1] 이러한 이유에서도 당내민주주의의 요청은 특히 중요한 의미를 가진다. 정당의 공익실현 의무가 거론되는 것도 같은 맥락에서 이해할 수 있다. 또한, 오늘날 새로운 정당을 설립하는 것이 현실적으로 매우 어렵다는 점에 비추어 보더라도, 정치적 경쟁은 정당 내부에서도 이루어질 수 있어야 하며, 이를 가능하게 하는 것이 바로 당내 민주주의이다.

나. 당내 민주주의의 구체적 요청

(1) 당내 내부질서의 민주화로서 당내 민주주의

당내 민주화의 요청은 무엇보다도 당기구의 구성, 당의 운영, 당의사의 결정, 공직선거의 후보자 추천 등 당내 내부질서가 민주주의원리에 따라 이루어져야 한다는 것을 의미한다. 당내 민주화는 당내에서 자유로운 정치의사형성이 가능하기 위한 불가결한 조건이다. 정당의 자유로운 민주적 정치의사형성이란, 위에서 의사가 형성되어 아래로 내려오는 하향식의 지도자원칙을 부정하고 아래에서 위로 이루어지는 상향식의 자유로운 의사형성을 의미한다.[2]

(2) 사전에 확정된 당헌의 공개

당내 민주화가 이루어지기 위해서는 일차적으로 그 전제조건으로서, 당내 민주화에 관한 본질적인 사안(조직의 구성, 의사결정절차, 당원의 권리 등)이 당헌에 의하여 사전에 확정되고, 확정된 당헌과 강령(기본정책)은 일반에 공개되어야 한다. 당헌과 강령의 공개의무를 통하여 정당이 내부구조에 있어서 민주적으로 조직되었는지, 정당의 의사형성절차가 민주적인지에 관한 확인이 가능하다.

(3) 정당의 기구 구성 및 의사형성절차의 민주화

나아가, 당내 민주화가 실현되기 위해서는 정당의 기구 구성 및 의사형성절차가 민주적이어야 한

---

1) 정권을 장악하고자 하는 정당간 경쟁의 결과로서 정당은 '국민정당'으로 발전하였고, 국민정당으로의 발전경향에 상응하는 정치현실이 바로 군소정당의 소멸과 소수의 거대정당의 등장이다. 가능하면 다수의 유권자의 지지를 받고자 하는 국민정당의 시도는 기본정책의 확정과 구체적 정치적 활동에 있어서 가능하면 다양한 계층과 집단의 이익을 고려하고 조정하게끔 하였다. 이로써 이미 거대정당 내에서 어느 정도 상충하는 이익간의 조정이 이루어지는 것이다. 그 결과, 국민정당은 원래 의회의 과제인 이익조정의 기능을 상당 부분 수행하고 있다. 국민정당으로 발전하면서 나타나는 필연적인 결과는, 기본정책에 있어서 정당간의 뚜렷한 차이를 거의 인식할 수 없다는 점이다. 정당간 정책에 있어서 큰 차이가 없는 상황에서 유권자는 정당 지도자의 개인적·인격적 요소를 고려하지 않을 수 없고, 이로써 정당 기본정책의 유사성으로 말미암아 인물적 요소가 비중을 차지하게 되었고, 그 결과 선거는 상당 부분 정당에 의하여 제시된 정당지도부의 선택을 의미하게 된다.

2) 현행 정당법에서 당내 민주화에 관한 규정을 보자면, 정당의 조직·구성, 대표자·간부의 선임방법, 공직선거후보자의 선출, 당원의 입당·탈당·제명과 권리 및 의무에 관한 사항, 대의기관의 설치 및 소집절차 등에 관하여는 당헌으로 정하도록 하면서(제28조 제2항), 정당의 강령과 당헌은 공개되어야 한다고 규정하고 있다(제28조 제1항). 또한, 정당의 활동을 공개해야 하며(제35조), 당원의 총의를 대변할 수 있는 대의기관을 가져야 한다(제29조 제1항).

다. 즉, 정당의 지도부가 당내 선거를 통하여 민주적으로 선출되어야 하고, 한시적인 임기와 주기적
인 선거를 통하여 민주적 정당성을 확보해야 한다. 정당 내부에서 자유로운 의견형성과 의견표명의
자유가 보장됨으로써 당내 다원주의와 의사형성과정의 투명성이 보장되어야 한다. 당내 민주주의는
현실적으로 당내 집단 간의 경쟁을 통하여 기능하므로, 당내 야당의 존재가 인정되어야 한다.

(4) 정당의 의사형성에 평등하게 참여할 당원의 권리

또한, 정당의 의사형성에 평등하게 참여할 당원의 권리가 보장되어야 한다. 당내 민주주의는 본
질적으로 정당 내부의 의사형성과정에 참여하는 당원의 권리에 의하여 실현된다. 당원의 권리는 발
의권, 후보자추천권, 입후보할 권리, 발언권, 정보제공을 요구할 권리 등 다양한 참여권을 포함한다.
당원의 권리의 민주적 형성은 당내 민주주의를 실현하기 위한 필수적 요건이다.

당내 민주주의의 요청은 모든 당원이 평등하게 취급되어야 한다는 요청을 포함한다. 모든 당원에
게 정당 내부의 경쟁에서 공정한 기회를 보장하는 기회균등의 권리는 민주적 의사형성을 위하여 필
수적인 당원의 권리이다. 이에 속하는 대표적인 것이 바로 투표권의 평등과 대의기관이나 집행기관
의 구성에 참여할 수 있는 동등한 기회의 보장이다. 또한, 당내에서 당원의 자유로운 의견표명은 정
당의 자유로운 의사형성을 위한 불가결한 요건에 속한다.

나아가, 당원에 의한 비판과 통제가 가능하도록 정당활동이 공개되어야 하고, 당원의 권리와 지
위를 법적으로 보호하고 그 침해에 대하여 법적 구제를 구할 수 있는 장치가 마련되어야 한다.[1] 또
한, 당헌에 의사형성의 구조와 절차, 당원의 권리가 확정됨으로써 이를 준수하는지에 대한 통제가 가
능해야 한다.

(5) 공직선거후보자 추천의 민주화

공직선거후보자 추천의 민주화는 당내 민주화의 중요한 요소이다. 정당의 후보자 추천에는 당원
들의 의사가 반영되어야 한다. 당내민주주의의 요청에 비추어, 후보자는 당 지도부에 의하여 결정되
어서는 안 되고, 각 지역구의 당원에 의하여 직접 또는 당원에 의하여 선출된 대의원에 의하여 간접
적으로 선출되어야 한다.

정당 내부에서 후보자를 결정하는 과정이 비민주적이라면, 선거는 이미 이러한 이유만으로 국민
의 정치적 의사를 정확하게 반영해야 하는 본래의 기능을 제대로 이행할 수 없다. 정당에 의한 후보
자의 추천은 사실상 '당선을 위한 조건'을 의미한다는 점에서 단순히 정당의 내부적 사안에 그치는
것이 아니라 공직선거의 중요한 부분을 차지한다.

오늘날 정당제 민주주의에서 정당의 추천을 받은 후보자만이 사실상 선출될 기회를 가지기 때문
에, 정당의 후보자 추천은 선거에서 중요한 사전적 결정이 내려진다는 것을 의미한다.[2] 선거는 사실
상 '정당의 후보자와 명부' 중에서의 선택을 의미한다. 이러한 의미에서, 선거는 실질적으로 '정당에
의한 후보자의 추천' 및 '정당이 제시한 후보자 및 후보자명부 중에서의 선거'라는 두 단계로 진행된

---

1) 이와 관련하여 정당의 제명조치가 당내 야당을 제거하는 수단이나 당내 민주화를 억압하는 수단으로 남용되는 것
   을 방지하기 위하여, 특히 제명의 요건과 절차를 법률로써 규율하는 것이 요청된다.
2) 오늘날 정당제 민주주의에서 정당은 후보자 추천에 관하여 사실상의 독점권을 가지고 있고 유권자는 정당이 추천
   한 후보자 중에서 선택할 권리를 가지기 때문에, 정당에 의한 후보자추천은 공직선거에 있어서 결정적인 의미를 가
   진다. 물론, 유권자 일정 수 이상의 추천을 받아 무소속으로 입후보할 수 있는 가능성도 열려있으나, 정치현실이
   보여주듯이, 무소속 입후보자가 선출될 수 있는 기회는 사실상 매우 적다.

다. 따라서 국가는 정당에 의한 후보자추천을 한편으로는 정당내부적 사안으로서 존중하면서도, 다른 한편으로는 후보자의 추천이 민주적 절차에 따라 이루어지는 것을 보장해야 한다. 이러한 점에서 입법자는 공천절차의 민주성을 확보하기 위한 최소한의 조건을 법률적 차원에서 스스로 규정해야 한다.[1]

(6) 정당의 구조와 조직에 대한 요청

결국, 당내 민주주의는 당내 의사형성의 구조와 절차에 관한 것이다. 국민이 정당을 통하여 정치적 의사형성과정에 참여할 수 있도록, 이로써 정당이 국민과 국가 사이의 연결매체로서 헌법적 과제를 이행할 수 있도록, 정당의 구조와 조직은 형성되어야 한다. 그러므로 정당 내에 상호 독립하여 의사를 형성할 수 있는 다수의 조직단위(가령, 당원총회, 대의기관, 집행기관 등)가 존재해야 하며, 일반당원에게 현실적인 참여의 기회를 부여할 수 있는 組織上의 分化가 이루어져야 한다. 정당의 조직은 일반당원에게 정당의 의사형성에 있어서 적절한 참여가 가능하도록 지역적으로 분화되어야 하며, 지역당의 크기와 규모도 당원의 적정한 참여 기회를 보장할 수 있도록 확정되어야 한다. 정당조직이 지역적으로 적정하게 분화되지 않는 경우에는, 정당을 통한 국민의 정치적 참여가능성을 축소시키고 정당이 국민의사로부터 멀어지게 함으로써 국민과 국가 사이의 중개자로서 정당의 기능을 약화시킨다.

(7) 組織上의 分化와 지구당폐지의 문제점

사례 | 헌재 2004. 12. 16. 2004헌마456(지구당 폐지 사건)

2004년 개정된 정당법은 고비용 저효율의 정당구조를 개선하는 데 초점이 맞추어졌는데, 그 핵심적 내용으로 지구당을 폐지하도록 규정하였다. 이에 따라 입법자는 "정당은 수도에 소재하는 중앙당과 국회의원지역선거구를 단위로 하는 지구당으로 구성한다. 다만, 필요한 경우에는 특별시·광역시·도에 당지부를, 구·시·군에 당연락소를 둘 수 있다."라고 규정한 정당법 제3조를 "정당은 수도에 소재하는 중앙당과 특별시·광역시·도에 각각 소재하는 시·도당으로 구성한다."는 내용으로 개정하였다. 이에 민주노동당 및 민주노동당 서울특별시지부 ○○지구당의 위원장은 정당법 제3조에 의하여 헌법 제8조 제1항이 보장하는 정당설립, 활동의 자유 등을 침해당하였다고 주장하면서 위 법률조항의 위헌확인을 구하는 헌법소원심판청구를 하였다.

당내 민주주의가 어느 정도의 지역적 분화를 요구하는지에 관하여는 이론이 있을 수 있으나, 만일 정당이 단지 '중앙당'만을 두고 있다면, 이는 명백히 당내 민주주의의 요청에 반하는 것이다. 정당은 국민의 정치적 의사형성에 필요한 조직을 갖추어야 한다는 요청 및 일반당원으로 하여금 정당의 의사형성에 적절한 참여가 가능하도록 지역적으로 조직되어야 한다는 요청에 비추어, 정당법상 '조직상 구성에 관한 조항'도 판단되어야 한다. 헌법재판소는 지구당을 강제로 폐지하도록 규정한 2004년 개정 정당법규정을 합헌으로 판단하였다.[2] 그러나 각 정당의 상이한 규모와 고유한 상황을 고려

---

1) 그러나 우리의 경우 공천에 관한 구체적 절차가 당헌에 위임되어 있으므로, 공천의 민주적 절차를 갖추지 못한 정당에 대한 법적 제재가 불가능하다는 문제점을 안고 있다.
2) 헌재 2004. 12. 16. 2004헌마456(지구당 폐지), 판례집 16-2하, 618, 619, "첫째, 이 사건 법률조항들의 입법목적인 '고비용 저효율의 정당구조를 개선함'은 그 정당성을 인정할 수 있고, 둘째, 지구당 폐지는 위 입법목적을 달성하는 데 효과적이고 적절한 수단일 뿐만 아니라, 지구당을 강화할 것인가 여부에 관한 선택은 헌법의 테두리를 벗어나지 않는 한 입법자가 합목적적으로 판단할 당·부당의 문제에 그치고 합헌·위헌의 문제로까지 되는 것은 아니어서 지구당을 폐지한 것에 수단의 적정성이 있는가 하는 것은 상대적으로 완화된 심사기준에 의하여 판단하여야 하므

하지 않는 획일적이고 강제적인 지구당 폐지는 평당원으로 하여금 정당의 의사형성과정에 적정하게 참여하는 것을 어렵게 하여 정당을 평당원의 기반으로부터 유리시키고 정당의 과두화를 촉진하여, 궁극적으로 정당의 민주적 내부질서에 반하고 국민의 정치적 참여를 조직화하는 정당의 헌법상 과제를 제대로 이행할 수 없도록 한다는 점에서, 정당의 자유에 대한 과도한 제한으로 간주된다.

Ⅶ. 정당제도에 관한 입법위임과 국가의 정당보조(헌법 제8조 제3항)

1. 헌법 제8조 제3항의 의미

헌법 제8조 제3항은 "정당은 법률이 정하는 바에 의하여 국가의 보호를 받으며, 국가는 법률이 정하는 바에 의하여 정당운영에 필요한 자금을 보조할 수 있다."고 규정하고 있다.

가. 정당제도에 관한 입법위임

헌법 제8조 제3항 전단은 제1항에서 보장된 '정당의 자유'와 제2항에서 설정된 정당의 자유의 '한계'를 입법으로 구체화할 것을, 즉 입법자로 하여금 정당의 권리와 의무로 구성되는 헌법적 지위에 부합하게 정당제도를 구체적으로 법률로써 규율할 것을 위임하고 있다. 입법자는 정당법의 제정을 통하여 이러한 헌법위임을 이행하였다.

나. 국가의 정당보조
(1) 선거경비 및 정당운영자금의 보조 가능성

헌법 제8조 제3항 후단은 정당운영자금에 대한 국가의 보조금지급의 가능성을 명시적으로 규정함으로써, 정당에 대한 국고보조는 원칙적으로 허용된다는 것을 밝히고 있다. 헌법은 정당재정과 관련하여 단지 국고보조의 가능성만을 규율할 뿐, 국고보조의 한계나 배분기준에 관하여는 입법자에게 구체적 형성을 위임하고 있다.

선거에 관한 경비를 원칙적으로 정당에게 부담시킬 수 없다고 규정하는 헌법 제116조 제2항과의 연관관계에서 볼 때, 헌법 제8조 제3항은 선거경비를 넘어서 국가예산으로 정당재정을 전반적으로 보조할 수 있는 가능성을 입법자에게 개방하고 있다.[1] 정당의 선거참여와 그 외 정치적 의사형성과정에서의 정당 활동은 구분될 수 없고 국가의 정당보조는 선거경비에 제한되지 않는다는 사고가 이러한 헌법적 결정의 바탕을 이루고 있다. 국고보조의 명시적인 허용은 오늘날 정당이 헌법상 부여된 과제를 이행하기 위하여 막대한 재정이 요구된다는 정치현실에도 상응하는 것이다.

(2) 정당보조규정의 헌법적 의미

헌법이 이와 같이 정당보조의 가능성을 직접 규율한 것은, 대의제 민주주의에서 정당이 차지하는 중요성과 공적 기능을 감안하여 이러한 기능을 이행할 수 있도록 재정적으로 지원하고자 하는 것이

로, 수단의 적정성을 인정할 수 있으며, 셋째, 지구당을 폐지하지 않고서는 문제점을 해결할 수 없다는 한국정당정치의 현실에 대한 입법자의 진단이 타당할 뿐만 아니라 이 사건 법률조항들하에서도 정당활동을 할 수 있는 길이 있으므로 침해의 최소성을 인정할 수 있고, 넷째, 이 사건 법률조항들이 달성하려는 공익과 이로 인하여 침해되는 사익 사이에 현저한 불균형이 있다고 보기 어려워 법익의 균형성을 인정할 수 있으므로, 비례원칙에 반하지 아니한다."

1) 헌법이 정당의 정치자금을 정당운영자금과 선거경비로 구분하고 있는 것에 상응하여, 입법자는 정당의 일상적인 운영비용을 '정치자금법'에 의하여, 선거비용을 '공직선거법'에 의하여 규율함으로써, 정치자금에 대한 법적 규제는 이원적 구조를 취하고 있다.

며, 개인이나 단체의 기부금이나 정치헌금을 통하여 정당이 재정적으로 일부 세력에 지배당하는 것을 방지하면서도 정치자금의 조달을 가능케 하기 위한 것이다. 헌법이 선거비용뿐만 아니라 정당의 일반적 운영비용을 보조할 수 있도록 규정한 것은, 정당의 헌법적 과제가 단지 선거의 준비에 그치는 것이 아니라 지속적인 국민의사형성에 참여하여 선거 외에도 국민과 국가의 연결기능을 한다는 것을 인정한 결과이다.

그러나 정당에 대한 국고보조를 '허용'하는 헌법 제8조 제3항 후단의 법문에 비추어, 정당제도의 기능을 유지하기 위하여 국고보조를 해야 할 국가의 '의무'는 인정되지 않는다. 헌법 제8조 제1항에 의하여 보장되는 정당설립의 자유는, 정당이 어떠한 방법으로 재정수요를 충당할 것인지, 조달한 재정을 정당활동을 위하여 어떻게 사용할 것인지의 문제는 원칙적으로 정당의 자유로운 결정사안이며, 나아가 정당활동을 위하여 필요한 재정을 스스로 마련하는 것은 정당의 독자적인 책임에 속한다는 것을 말해주고 있다. 따라서 공적 자금의 투입을 통하여 정당의 존속과 활동을 보장하고 촉진해야 할 국가의 의무는 헌법적으로 존재하지 않는다. 헌법 제8조 제2항에서 정당에게 헌법적 과제를 부과한다고 하여, 이로부터 국고보조에 대한 정당의 권리가 인정되는 것은 아니다.

2. 국가의 정당보조의 헌법적 문제

가. 국고보조의 한계
(1) 논의의 출발점으로서 '국가로부터 정당의 자유'

정당에 대한 국고보조는 헌법 제8조 제3항 후단의 명시적인 허용에도 불구하고 헌법적으로 근본적인 문제를 제기한다. 특히, 정당에 대한 국고보조금이 급격하게 증가하고 있고 엄청난 금액에 달한다는 점에 비추어, 국고보조가 어느 정도로 허용될 수 있는 것인지 그 한계가 규명되어야 한다.

국고보조의 헌법적 문제점과 관련하여, 논의의 출발점은 '국가로부터 정당의 자유'이다. 국가는 국고보조금의 지급을 통하여 정당의 활동에 정치적으로 영향력을 행사해서는 안 된다. 한편, 정당의 자유가 의도하는 바는 국가로부터 자유로운 정당활동이지, 국가로부터 자유로운 정당재정 그 자체는 아니다. 물론, 국가가 정당보조를 통하여 정당의 활동에 정치적으로 영향력을 행사하고자 시도하는 경우, 국가보조는 정당활동의 자유를 제한할 수 있다. 따라서 정당활동의 자유는 본질적으로 국고보조의 방법에 달려있다.

그러나 오늘날 법치국가에서 국가의 보조금지급에 의하여 초래될 수 있는 이러한 위험은, 행정청의 재량을 배제하는 명확한 지급기준 및 이에 대응하여 국고보조금의 지급을 요구할 수 있는 정당의 권리를 법적으로 확정하고 행정청으로 하여금 확정된 지급기준을 단지 형식적으로 집행하도록 함으로써, 충분히 대처할 수 있다. 정당에 대한 국고보조는 언제나 정당간의 경쟁상황에 영향을 미친다는 것을 의미하기 때문에 정당의 자유라는 기본권의 관점에서 본질적인 것이고, 이러한 관점에서 소위 '본질성이론'에 따라 입법자는 국고보조에 관한 결정을 스스로 내려야 한다. 국가가 정당에 대하여 정치적 영향력을 행사할 수 있는 위험이 보조금지급의 법치국가적 확정을 통하여 배제될 수 있으므로, 국고보조금의 문제는 일반적으로 생각하는 바와 같이 '정당에 대한 국가의 지배나 간섭'의 위험으로부터 초래되는 문제가 아니다.[1] 국가가 정치적으로 중립적인 방법으로 보조하는 경우, 정당은

---

1) 독일연방헌법재판소는 1966년 초기 판례에서(BVerfGE 20, 56, 97) '국민의사형성의 자유롭고 개방적인 과정이 국

국가로부터 아무런 구속을 받지 아니한다.

(2) 국고보조로 인한 정당기능 약화의 위험성

그렇다면 정당재정과 관련하여 '국가로부터 정당의 자유'란 다른 의미로, 즉 '정당은 그 재정에 있어서 원칙적으로 국가에 의존해서는 안 된다'는 의미로 이해되어야 한다.[1] 국고보조의 헌법적 문제점은 정당에 대한 국가적 간섭의 우려가 아니라, 정당국가에서 정당이 정치자금을 예산에 임의로 계상함으로써 국고에서 마음대로 가져간다는 것에 있고, 재정적으로 국민에게 의존하는 대신 국가에 의존한다는 것에 있다. 정당은 사회에 그 존립기반을 둔 국민의 자발적 결사로서 국민들 사이에 뿌리를 내려야만, 국민과 국가 사이에서 중개자로서 역할을 할 수 있다. 정당의 존속여부 및 정치적 성공의 여부는 국민의 지지에 달려 있다. 정당이 국민의 이익과 견해로부터 유리되어 활동하지 않도록, 즉 정당이 국민과 국가를 잇는 연결매체로서 기능할 수 있도록, 사회에 대한 정당의 의존성이 유지될 것이 요청된다. 정당은 사회로부터의 지원을 통하여 자신의 재정을 스스로 충당하고자 노력해야 하며, 스스로 개척해야 하는 사회의 자금원에 의존해야 한다.

그러나 국고보조는 정당으로 하여금 국민에의 인접성을 감소시키고 국민과의 관계를 소원하게 만든다.[2] 국가보조는 국민들 사이에서 정당이 뿌리내릴 필요성을 감소시키고 스스로 국민들로부터 자금조달을 해야 할 필요성을 감소시킨다. 국고보조가 없는 경우에는 정당은 당원과 기부자의 지원에 의존하고 있고, 이러한 이유로 유권자와 밀접한 접촉을 가지지 않을 수 없지만, 국고보조를 받는 경우에는 국민의 자발적인 정치조직의 요소로부터 점점 멀어져 공적 과제를 이행하는 공행정기관의 일부가 될 위험이 있다. 이러한 현상은 결국 정당을 통한 국민의 정치적 참여의 가능성을 축소시키고 정당이 국민의사로부터 멀어지게 함으로써 국민과 국가 사이의 중개자로서 정당의 기능을 약화시킨다. 그러므로 정당의 헌법적 기능을 확보하기 위해서는, 정당이 지나친 국고보조로 인하여 공영기관화 되는 것을 방지해야 한다. 그러므로 국고보조의 헌법적 한계는 헌법정책적으로 중요한 의미를 가진다.

(3) 국고보조에 관한 입법형성권의 한계

국고보조의 정도에 관하여 입법자에게는 폭넓은 형성권이 인정되나, 다음과 같은 관점에 의하여

가의 간섭에 의하여 저해되기 때문에, 선거비용에 대한 국고보조만이 허용되고 일반적 정당활동에 대한 국고보조는 허용되지 않는다.'는 입장을 밝혔으나, 국고보조에 관한 후속결정에서 '정당에게 부과된 헌법적 과제의 이행을 위하여 필요한 정당재정(정당의 일반적 운영비용)을 일반적으로 보조하는 것은 헌법적으로 금지되지 않는다.'고 판시하여 과거의 입장을 변경하였다(BVerfGE 85, 264, 285).

1) Vgl. BVerfGE 85, 264, 285f., 독일연방헌법재판소는 위 결정에서, '국가로부터 정당의 자유란 국가로부터 정당의 독립성보장뿐만 아니라 정당이 사회적 영역에 뿌리를 두고 있는 결사로서의 성격을 유지할 것을 요청한다. 정당은 정치적으로 뿐만 아니라 재정적으로 그리고 그 조직에 있어서 국민의 동의와 지지에 의존해야 한다. 그러므로 유권자의 지지를 얻고자 하는 시도가 실패하는 것에 대하여 정당이 스스로 져야 할 위험부담이 국고보조에 의하여 상쇄되어서는 안 된다. 정당이 그의 재정을 당원과 기부자의 지원에 의하여 스스로 충당하고자 노력해야 할 필요성이 국고보조에 의하여 제거된다면, 국가로부터 정당의 자유는 침해되는 것이다. 이러한 경우, 정당은 사회의 뿌리로부터 유리될 위험이 있다.'고 판시하였다.

2) 국고보조의 헌법적 문제점에 관하여 같은 취지로 헌재 2015. 12. 23. 2013헌바168(정당에 대한 후원금지), 판례집 27-2하, 511, 530, "국가보조금은 정당의 공적 기능의 중요성을 감안하여 정당의 정치자금 조달을 보완하는 데에 그 의의가 있으므로, 본래 국민의 자발적 정치조직인 정당에 대한 과도한 국가보조는 정당의 국민의존성을 떨어뜨리고 정당과 국민을 멀어지게 할 우려가 있다. 뿐만 아니라 과도한 국가보조는 정당이 국민의 지지를 얻고자 하는 노력이 실패한 정당이 스스로 책임져야 할 위험부담을 국가가 상쇄하는 것으로서 정당간 자유로운 경쟁을 저해할 수 있다."

헌법적 한계가 설정된다. 첫째, 공적 자금을 절약하여 사용해야 할 일반적인 헌법적 요청으로 말미암아, 국고보조는 정당의 기능을 유지하기 위하여 불가결한 것에 제한되어야 한다. 둘째, 정당이 국민과 국가 사이에서 중개자로서의 역할을 담당하기 위하여 불가결한 전제조건으로서 '사회에 대한 정당의 의존성'을 유지하고 확보하기 위하여, 국고보조는 정당 스스로의 정치자금조달에 대한 보완적 수단이어야 하고, 이로써 정당재정에 대한 부분적인 보조에 제한되어야 한다.[1] 정당재정의 전부 또는 대부분을 국가재정으로 충당하는 것은 헌법과 합치하지 않는다.[2]

국가가 무제한적으로 정당보조를 하는 경우에 발생하는 부작용과 국고보조를 하지 않는 경우 발생하는 부작용을 함께 고려하여, 국고보조는 적정한 수준에 제한되어야 한다. 즉, 한편으로는 일부 사회세력이나 재력가에 대한 정당의 의존성을 제한하기 위하여 국고보조가 요청되는 반면, 다른 한편으로는 사회에 대한 정당의 의존성이 유지될 수 있도록 국고보조가 제한되어야 한다. 결국, 국고보조의 한계를 설정하는 것은 '국고보조가 초래하는 위험의 방지'와 '사인의 정치헌금이 초래하는 위험의 방지'라는 두 가지 법익을 교량하여 조화를 이루는 문제이다.

나. 국고보조금의 배분기준

(1) 차등적 배분을 요청하는 정당간의 기회균등원칙과 국가의 중립의무

국가는 정당에 대하여 국고보조금을 배분함에 있어서 정당간의 기회균등원칙을 준수해야 한다. 정당간의 기회균등원칙은 국가에 대하여 정당간의 경쟁에 간섭하거나 개입해서는 안 된다는 중립성을 요청한다. 국가가 정당간의 경쟁에 대하여 중립의무를 진다면, 경쟁을 왜곡하는 효과를 가진 모든 국가적 급부의 제공은 금지된다.

정당간의 경쟁은 추구하고자 하는 기본정책 등의 차이로 인하여 당원의 수, 유권자의 지지, 재정능력에 있어서 정당간의 차이로 나타나고, 정당간의 이러한 불평등은 자유롭고 개방적인 정치적 과정의 당연한 산물이다. 국가는 국민의 지지를 얻고자 하는 정당간의 경쟁을 통하여 형성된 정당간의 사실상의 차이를 평준화하고자 해서는 안 된다. 국민의 정치적 결정(정당선호)에 의하여 형성된 정당간의 사실상의 차이를 감안할 때, 모든 정당을 도식적으로 평등하게 취급하는 것은 국가의 중립성을 유지하는 것이 아니라, 정당간의 자유로운 경쟁의 결과인 사실상의 불평등을 인위적으로 평준화하기 위하여 군소정당에 일방적으로 유리한 경쟁상황을 형성하는 것이고, 이로써 오히려 정당간의 경쟁을 왜곡시키는 것이다. 결국, 국고보조의 배분에 있어서 도식적인 평등취급은 당원과 유권자에 의하여 결정되는 영향력의 정도를 훨씬 넘어서는 경쟁의 기회를 군소정당에게 부여한다.

(2) 결정적인 배분기준으로서 유권자의 지지도

국고보조와 관련하여 정당간의 기회균등원칙에 부합하는 배분 기준을 정함에 있어서, '정당재정에 있어서 국가로부터의 원칙적인 자유'의 요청, 즉 '정당이 헌법상 과제를 이행하기 위하여 사회 내에 뿌리를 내려야 하고 그 재정에 있어서 일차적으로 유권자와 국민의 지지에 의존해야 한다는 요청'이 함께 고려되어야 한다.[3] 그러므로 기회균등원칙의 관점에서, 국고보조는 '유권자의 지지'에 종속

---

1) Vgl. BVerfGE 85, 264, 290, 독일연방헌법재판소는 '국고보조는 정당이 스스로 조달한 정치자금의 총액(또는 정당의 전체수입의 절반)을 넘어서는 안 된다.'고 하여 국고보조의 상대적 상한선을 제시하면서, 나아가 '연간 모든 정당에게 지급할 수 있는 국고보조의 총액이 2억3천만 DM을 넘어서는 안 된다.'고 하여 절대적 상한선을 확정하였다.

2) Vgl. BVerfGE 20, 56, 102; 52, 63, 85.

3) Vgl. BVerfGE 85, 264, 292.

되어야 하고 이에 연계되어 각 정당에 배분되어야 한다. 정당에 대한 사회의 지지와 동의를 표현하는 지표가 국고보조의 배분기준으로서 고려되어야 하며, 이러한 기준으로서 무엇보다도 선거의 결과, 당원의 수(당비수입) 및 정치헌금의 규모가 고려된다.

이러한 관점에서 볼 때, 국고보조금의 배분에 있어서 일차적으로 고려되어야 하는 것은 '선거에서 각 정당에 대한 유권자의 지지도'이고, 나아가 당원의 모집과 정치헌금의 모금을 통하여 스스로 재정을 확보하고자 하는 정당의 노력과 이러한 노력의 결과인 '각 정당에 대한 유권자의 재정적 지지도'가 부차적인 기준으로서 고려될 수 있다. 즉, 국고보조금의 배분에 있어서 선거의 구체적 성과 (정당의 득표수)가 주된 기준으로서, 당비수입과 정치헌금의 규모는 부차적 기준으로서 고려된다.[1] 국고보조금은 선거의 성과와 재정모집의 성과에 연계되어 배분되어야 하고, 이와 무관하게 지급되는 것은 정당간의 기회균등원칙에 위반된다.

그러므로 지난 선거에서 유효투표의 일정 비율 이상을 획득한 정당에 대하여 일괄적으로 지급함으로써 선거의 성과나 정당에 대한 유권자의 재정적 지원에 연계시키지 아니하는 '기본보조금'은 위헌의 소지가 있다.[2] 뿐만 아니라, 정당간의 당비수입과 기부금수입의 불균형을 시정하기 위하여 보조금을 지급하는 것도 위헌으로 간주된다.[3]

(3) 현행 정치자금법상 배분기준의 문제점

현행 정치자금법상 정당운영자금으로 매분기 지급되는 경상보조금은 원내교섭단체를 구성한 정당에 대하여 50%를 균등배분하고 나머지 정당에 2% 내지 5%를 지급한 뒤, 남는 보조금은 의석수와 총선 득표율에 따라 배분되는데, '교섭단체'를 주된 기준으로 하여 국고보조금을 배분하는 것은 '유권자의 지지'에 기반을 두지 않은 이질적 기준으로서 헌법적으로 문제가 있다. 뿐만 아니라 의회의 '의석수'를 부차적 기준으로서 고려한다는 것은 의회에 진출한 정당과의 관계에서 의회에 진출하지 못한 정당을 차별하는 효과를 가진다. 결국, 현행 국고보조금의 배분기준은 의회의 교섭단체와 의회진출정당에 일방적으로 유리하게 규정된 것으로 정당간의 기회균등원칙에 위반된다고 본다. 그러나 헌법재판소는 정당에 보조금을 배분함에 있어 교섭단체의 구성 여부에 따라 차등을 두는 정치자금법규정에 대하여 합헌으로 판단하였다.[4]

---

1) 1994년 개정된 독일 정당법 제18조 제3항은 국고보조의 배분에서 유권자를 기준으로 하는 배당과 유권자로부터의 재정적 지원을 기준으로 하는 배당을 구분하여, 유권자배당은 정당의 득표수에 의하여 계산하는데 각 정당이 얻은 5백만 표까지는 1,30 DM을 지급하고 이를 초과하는 득표수에 대해서는 1 DM을 지급하도록 규정하였고(선거에서 군소정당의 어려운 출발상황을 고려하기 위하여 보조를 점차 줄이는 방향으로 규율), 당비와 기부금수입(자연인 당 6000 DM까지만 고려)을 기준으로 하는 배당은 각 정당의 수입 1 DM 당 0.50 DM을 지급하도록 규정하였다.
2) 독일연방헌법재판소는 1984년 도입된 기본보조금(정당투표에서 유효투표수의 2% 이상을 획득한 모든 정당에 대하여 구체적 성과와 무관하게 지급되는 국고보조금)을 위헌으로 판단하였다(BVerfGE 85, 264, 327).
3) 마찬가지로 다른 정당에 비하여 당비와 정치헌금의 수입이 적은 정당을 우대하고자 1984년 도입한 '불균형시정 보조금'에 대해서도 연방헌법재판소는 위헌으로 판단하였다(BVerfGE 85, 264, 327).
4) 헌재 2006. 7. 27. 2004헌마655(정당에 대한 국고보조금 배분 사건), 판례집 18-2, 242, 243, "입법자는 정당에 대한 보조금의 배분기준을 정함에 있어 입법정책적인 재량권을 가지므로, 그 내용이 현재의 각 정당들 사이의 경쟁상태를 현저하게 변경시킬 정도가 아니면 합리성을 인정할 수 있다. 정당의 공적기능의 수행에 있어 교섭단체의 구성 여부에 따라 차이가 나타날 수밖에 없고, 이 사건 법률조항이 교섭단체의 구성 여부만을 보조금 배분의 유일한 기준으로 삼은 것이 아니라 정당의 의석수비율과 득표수비율도 함께 고려함으로써 현행의 보조금 배분비율이 정당이 선거에서 얻은 결과를 반영한 득표수비율과 큰 차이를 보이지 않고 있는 점 등을 고려하면, 교섭단체를 구성할 정도의 다수 정당과 그에 미치지 못하는 소수 정당 사이에 나타나는 차등지급의 정도는 정당 간의 경쟁상태를 현저하게 변경시킬 정도로 합리성을 결여한 차별이라고 보기 어렵다."

3. 정당재정의 구조

가. 국가와 사인에 의한 재정지원

정당재정의 수입원은 국가와 사인에 의한 직접적 또는 간접적 재정지원을 모두 포함한다. 사인에 의한 직접적 재정지원은 당비와 정치헌금(기탁금과 후원금)을 통하여 이루어지고, 사인에 의한 간접적 재정지원은 개인적으로 현물이나 급부(가령, 차량이나 행사장소의 제공, 현수막의 지원 등)를 무료 또는 염가로 제공하는 형태로 이루어진다. 이에 대하여 국가에 의한 재정지원은 정당운영자금과 선거경비의 보조를 통하여 이루어지는 직접적인 국고보조(경상보조금과 선거보조금)[1] 및 당비와 정치헌금에 대한 세제상의 혜택을 통하여 이루어지는 간접적인 지원으로 구분된다.

정치자금의 적정한 제공을 보장하고 그 수입과 지출내역을 공개하여 정치자금의 투명성을 확보하기 위하여 제정된 정치자금법에 의하면,[2] 정당재정은 주로 당비, 후원금, 기탁금, 보조금 등으로 구성된다. 이러한 재원 중에서 당비에 의한 재정충당만이 헌법적으로 아무런 문제가 없으며,[3] 사인에 의한 정치자금기부 및 국고보조는 다양한 헌법적 문제를 제기한다. 한편, 정당의 수입원 중에서 당원이 내는 당비는 큰 비중을 차지하지 않는다.

나. 정치자금법상의 재정지원

(1) 당비는 정당의 당원이 부담하는 금전이나 유가증권 그 밖의 물건을 말한다(제3조제3호).

(2) 후원금은 후원회에 기부하는 금전이나 유가증권 그 밖의 물건을 말한다(제3조제4호). 후원회는 정치자금의 기부를 목적으로 설립·운영되는 단체로서 관할 선거관리위원회에 등록된 단체를 말한다(제3조제7호). 현행법상 중앙당,[4] 국회의원·국회의원선거의 후보자,[5] 대통령선거의 후보자 등(후원회지정권자)은 각각 하나의 후원회를 지정하여 둘 수 있다. 후원회는 후원인으로부터 후원금을 모금하여 이를 당해 후원회지정권자에게 기부한다(제10조제1항).

(3) 기탁금이란 정치자금을 정당에 기부하고자 하는 개인이 선거관리위원회에 기탁하는 금전이나 유가증권 그 밖의 물건을 말한다(제3조제5호). 기탁금을 기탁하고자 하는 개인은 각급 선거관리위원회에 기탁하여야 한다(제22조제1항). 중앙선거관리위원회는 지급 당시 국고보조금 배분율에 따라 기탁금을 배분·지급한다(제23조제1항). 현행 기탁금제도는 기부자가 자신의 정치적 선호에 따라 특정 정당에 정치자금을 기부하는 후원제도가 아니라, 단지 일정액을 기탁하면 국고보조금의 배분비율에 따라 각 정당에 배분·지급하는 제도로서 '정당발전기금'의 성격을 가진다.

---

1) 정치자금법 제25조 제4항은 국고보조금을 '경상보조금'과 '선거보조금'으로 구분하고 있다.
2) 정치자금이란, 정치활동을 위하여 정당, 공직선거의 당선자 및 후보자, 후원회 등에게 제공되는 자금이라는 포괄적인 의미로 정의되고 있다(제3조 제1호).
3) 당원의 당비가 사회에 뿌리를 두고 자발적으로 조직되어 유지되는 사회단체인 정당의 원래 취지에 가장 부합하는 재정조달의 방법이기 때문이다.
4) 정치자금법은 2006년 개정 이래 '정치인 개인'에 대한 후원을 허용하면서 '정당'에 대한 후원을 금지하고 있었으나, 정당에 대한 후원을 금지하는 정치자금법조항에 대하여 헌법재판소가 위헌결정(헌재 2015. 12. 23. 2013헌바168)을 선고함으로써 정당에 대한 후원제도가 다시 부활하였다(제6조 제1호).
5) 후원회지정권자를 국회의원으로 한정하고 있는 위 조항에 대하여 광역자치단체 및 기초자치단체 의회의원들이 헌법소원을 제기한 사건(헌재 2022. 11. 24. 2019헌마528)에서, 선례(헌재 2000. 6. 1. 99헌마576)를 변경하여 '후원회가 정치에 대한 참여와 신뢰를 높이고 정치자금의 투명성 제고와 경제력을 갖추지 못한 사람의 정치입문에 기여하는 효과가 있다는 점 등을 고려할 때 광역자치단체 및 기초자치단체의 의회의원들에게도 후원회를 허용할 필요가 있다'고 판시함으로써, 심판대상조항이 청구인들의 평등권을 침해한다고 판단하였다.

(4) 보조금이란 정당의 보호·육성을 위하여 국가가 정당에 지급하는 금전이나 유가증권을 말한다($^{제3조}_{제2호}$). 국가는 정당에 대한 '경상보조금'으로 최근 실시한 임기만료에 의한 국회의원선거의 선거권자 총수에 보조금 계상단가를 곱한 금액을 매년 예산에 계상하여야 하며($^{제25조}_{제1항}$), 공직선거가 있는 연도에는 각 선거마다 보조금 계상단가를 추가한 금액을 정당에 대한 '선거보조금'으로 예산에 계상하여야 한다($^{제25조}_{제2항}$).

다. 정치자금의 투명성확보 및 정당재정의 공개의무

(1) 누구든지 정치자금법에 의하지 아니하고는 정치자금을 기부하거나 받을 수 없다($^{제2조}_{제1항}$). '기부'라 함은 정치활동을 위하여 개인 또는 후원회 그 밖의 자가 정치자금을 제공하는 일체의 행위를 말한다($^{제3조}_{제2호}$). 정치자금은 국민의 의혹을 사는 일이 없도록 공명정대하게 운용되어야 하고, 그 회계는 공개되어야 한다($^{제2조}_{제2항}$). 1회 120만원을 초과하여 정치자금을 기부하는 자는 실명이 확인되는 방법으로 기부하여야 하며, 누구든지 타인의 명의나 가명으로 정치자금을 기부할 수 없다($^{제2조 제4}_{항, 제5항}$). 종래 허용되었던 법인 또는 단체의 정치자금의 기부와 기탁은 금지된다($^{제22조,}_{제31조}$).[1] 회계책임자만이 정치자금 수입·지출을 할 수 있으며($^{제36조}_{제1항}$), 정당은 회계를 분기마다 공개한다($^{제38}_{조}$). 정당의 회계책임자는 선거관리위원회에 정치자금의 수입과 지출에 관한 회계보고를 해야 하며($^{제40조}_{제1항}$), 선거관리위원회는 정치자금의 수입과 지출내역 및 관련서류를 사무소에 비치하여, 누구든지 열람할 수 있고 그 사본을 교부받을 수 있도록 해야 한다($^{제42조 제2}_{항, 제3항}$).

(2) 정당은 수입뿐만 아니라 자금사용(지출)도 공개해야 할 의무를 진다. 정당이 단지 사인에 의한 재정지원만으로 재정을 충당하는 경우에는 자금의 출처, 즉 수입에 대한 공개의무만으로도 충분할 것이다. 그러나 국가가 예산으로 정당재정을 보조하고 정당재정에서 국고보조가 차지하는 비중이 크다는 점에서, 예산사용과 관련된 통제절차가 정당에게도 적용되고, 공개의무가 지출의 측면에까지 확대된다. 정당에 대한 국고보조는 의회에 진출한 정당이 스스로에게 승인한 자금의 사용에 관한 것이기 때문에, 더욱 회계의 공개를 통하여 일반국민의 통제를 받아야 할 필요성이 크다. 정당이 지출에 관하여 공개해야, 일반국민은 국고보조금지급의 정당성에 관하여 판단할 수 있다.

4. 사인의 정치자금기부의 헌법적 문제점

사례 | 헌재 2015. 12. 23. 2013헌바168(정당에 대한 후원금지 사건)

정당의 회계책임자인 甲은 정당 후원회제도가 폐지되어 정당이 개인으로부터 직접 후원금을 기부받을 수 없게 되자 당원으로서의 권리·의무가 없는 '후원당원' 제도를 이용하여 불법으로 정치자금을 수수하였고, 이로 인하여 정당에 대한 후원을 금지하고 위반시 형사처벌하는 정치자금법 위반으로 기소되었다. 甲은 위 재판 계속 중 위 정치자금법조항에 대하여 위헌법률심판제청을 신청하였으나 기각되자, 헌법소원심판을 청구하였다.

---

1) 제31조(기부의 제한) ① 외국인, 국내·외의 법인 또는 단체는 정치자금을 기부할 수 없다. ② 누구든지 국내·외의 법인 또는 단체와 관련된 자금으로 정치자금을 기부할 수 없다.

가. 정치자금기부의 허용여부 및 제한

(1) 사인의 정치자금기부는 개인의 기본권행사의 한 형태이자 정치적 의사형성에 참여하는 정당한 수단으로 헌법적으로 허용되고 보장되는 것이다. 개인은 정치자금을 기부함으로써, 특정 정당이나 정치인의 정책을 지지한다는 것을 표명하고 정치적 의사형성에 참여할 권리를 행사하는 것이다. '정치적 의사형성에 참여할 권리'는, 상시적으로 이루어지는 국민의사형성과정에 참여하는 모든 가능성을 포괄하는 개념으로, 의사표현의 자유, 정당활동의 자유, 집회의 자유, 결사의 자유 등 일련의 정치적 기본권에 그 헌법적 근거를 두고 있는 포괄적인 권리이다.[1]

(2) 정치자금의 기부는 자선목적이나 종교적·예술적 목적의 기부와는 달리, 일반적으로 기부자의 신념이나 이익이 정치적 의사형성과정에서 더욱 효과적으로 관철되도록 하고자 하는 목적을 가지고 있다. 정치자금의 기부가 곧 정치적 영향력의 행사를 의미하는 것은 아니지만, 정치적 영향력행사의 잠재적인 가능성을 증대시킨다. 사인은 정치자금의 기부를 통하여 정당의 의사결정에 영향력을 행사하고자 시도할 수 있고, 이로써 정치헌금으로부터 정당의 자유로운 의사형성과정에 대하여 위험이 발생할 수 있다. 사인의 정치헌금은 경제적으로 강력한 집단의 이익을 위하여 정치적 의사형성과정을 왜곡시킬 수 있으며, 나아가 특정 사인에 대한 정당의 의존성을 초래하여 정당의 헌법적 과제이행(국민의 정치적 의사형성에의 참여)을 저해할 수 있다.[2]

정치헌금에 의하여 발생하는 이러한 위험은 일차적으로 정당에게 정치헌금의 출처에 관하여 공개해야 할 의무를 부과함으로써 어느 정도 방지될 수 있다.[3] 그러나 정치헌금의 공개의무에 의하여 이러한 위험이 충분히 방지될 수 없다면, 정치헌금의 한도를 정하는 것도 헌법적으로 허용된다. 정치자금기부의 제한은, 정당이 특정인이나 특정세력에 재정적으로 의존하는 것을 방지해야 할 법익, 즉 '정당에 대한 사인의 영향력행사의 위험방지'란 법익에 의하여 정당화될 수 있다. 개인의 의견표명이 논리의 설득력과 정신적 논쟁의 수단에 국한될수록 표현의 자유에 의하여 더욱 보호되는 반면, 개인의 경제력 등 압력수단을 동원하는 경우에는 보호의 정도가 축소되는 것과 마찬가지로, 정치자금의 기부를 통하여 정치적 의사형성에 참여하는 개인의 행위도 기본권에 의하여 보호를 받으나, 정치적 참여가 정신적 논쟁의 방법이 아니라 경제력을 투입하는 방법 등으로 이루어지는 경우에는 헌법적으로 동일한 보호를 요청할 수 없다. 이러한 관점에서도 정치헌금의 한도를 정함으로써 개인이 정치헌금의 형태로 '정치적 의사형성에 참여할 권리'를 제한하는 것은 헌법적으로 허용된다.[4]

---

1) 헌재 2010. 12. 28. 2008헌바89(단체의 정치자금 기부금지), 판례집 22-2하, 659, 671, "특정한 정당이나 정치인에 대한 정치자금의 기부는 그의 정치활동에 대한 지지·지원인 동시에 정책적 영향력 행사의 의도 또는 가능성을 내포하고 있다는 점에서 일종의 정치활동 내지 정치적인 의사표현이라 할 것인바, 누구든지 단체와 관련된 자금으로 정치자금을 기부할 수 없도록 한 이 사건 기부금지 조항은 정치활동의 자유 내지 정치적 의사표현의 자유에 대한 제한이 된다고 볼 수 있다."; vgl. BVerfGE 8, 51, 68.

2) 국고보조의 경우, 정당이 재정에 있어서 국가에 의존함으로써 국민으로부터 멀어지는 국가기관화의 위험이 있는 것과 마찬가지로, 정치자금기부의 경우에는 정당이 사인에 의존함으로써 자본이 정당의 의사형성을 지배하는 자본주의화의 위험이 있다.

3) 정당 내의 자유로운 정치적 의사형성을 저해하는 기부자의 영향력행사나 압력에 대처하는 것은, 일차적으로 당내 민주화의 실현의무가 있는 각 정당의 과제이자 책임이다.

4) 또한, 국고보조의 가능성을 언급하고 있는 헌법 제8조 제3항의 헌법적 의도가 정당이 재정적으로 사회세력에 지배당하는 것을 방지하면서도 정치자금의 조달을 가능하게 하고자 하는 것에 있다면, 위 헌법조항도 정치자금의 기부를 무제한적으로 허용하는 것에 대하여 부정적인 입장을 취하고 있다고 보는 것이 타당하다.

한편, 국가는 정치헌금의 한도를 지나치게 낮게 설정함으로써, 정당에 대한 국민의 상이한 지지 도가 수반하는 재정적 효과를 평준화해서는 안 된다. 사인의 정치자금기부는 특정 정당과 정치인에 대한 지지를 표현하는 수단이다. 국민의 시각에서 정당은 추구하고자 하는 기본정책에 있어서 서로 상이한 정도로 매력적이기 때문에 국민으로부터 상이한 재정적 지원을 받는 것인데, 정당에 대한 국 민의 상이한 정치적 선호가 초래하는 정당재정에서의 불평등은 정당의 자유 및 정치적 자유의 보장 을 통하여 헌법상 예정되고 전제된 것으로, 헌법적으로 정당의 기회균등과 무관한 것이다.

(3) 헌법재판소는 다른 사회단체, 특히 사용자단체에게는 정치자금의 기부를 허용하면서 노동단 체에게만 정치자금의 기부를 금지하는 정치자금법조항에 대하여 정치적 표현의 자유를 침해하고 평등권에 위반된다는 이유로 위헌으로 판단한 바 있다.[1] 한편, 헌법재판소는 최근의 결정에서 법인과 단체의 정치자 금기부를 금지하는 정치자금법규정에 대하여 단체의 정치자금 기부를 통한 정치활동이 민주적 의사형성과 정을 왜곡하거나 선거의 공정을 저해할 위험이 있다는 이유로 합헌으로 판단하였다.[2]

나. 정치자금기부의 공개

정치자금기부와 관련하여 헌법적으로 제기되는 또 다른 문제는 정치헌금의 공개여부와 어느 금 액부터 정치헌금이 공개되어야 하는지의 문제이다. 의사표현의 자유가 자신의 정치적 견해를 익명으 로 표명할 자유를 포함하므로, 정치헌금을 통하여 특정 정당을 지원함으로써 자신의 정치적 견해를 표명하고자 하는 기부자는 익명으로 머물 권리를 가진다. 그러나 정치자금의 기부는 정당에 대한 잠 재적인 영향력행사를 의미하므로, 정당 외부로부터의 영향력행사와 이에 따른 의존성은 공개되어야 하고, 이로써 국민들로 하여금 정당의 의존가능성에 관한 판단을 가능하게 해야 한다. 기부자의 성명 이 공개되는 경우에만 이러한 목적을 달성할 수 있으므로, '익명으로 머물 권리'가 공개의무의 부과 를 통하여 제한되는 것은 불가피하다.[3] 그러나 공개의무의 부과가 의도하는 바는 정치적 영향력행사 의 가능성이 공개되어야 한다는 것이므로, 모든 정치자금의 기부가 금액과 관계없이 공개되어야 한

---

1) 헌재 1999. 11. 25. 95헌마154(노동단체에 대한 정치자금의 기부금지), 판례집 11-2, 555, [정당에 대한 사회단체의 정치자금 기부의 의미에 관하여] "정치자금의 기부는 정당에 영향력을 행사하는 중요한 방법의 하나이기 때문에, 정당과 의회ㆍ정부에 대하여 단체 구성원의 이익을 대변하고 관철하려는 모든 이익단체는 정치자금의 기부를 통하 여 정당에 영향력을 행사하려고 시도하는 것은 당연하고도 자연스러운 현상이며, 오늘날 사회단체 중 가장 중요한 역할을 하는 이익단체는 바로 노동단체와 사용자단체이다."

2) 헌재 2010. 12. 28. 2008헌바89(단체의 정치자금 기부금지), 판례집 22-2하, 659 [이 사건 기부금지 조항이 과잉금지 원칙에 위반하여 정치활동의 자유 등을 침해하는지 여부(소극)] "이 사건 기부금지 조항은 단체의 정치자금 기부금 지 규정에 관한 탈법행위를 방지하기 위한 것으로서, 단체의 정치자금 기부를 통한 정치활동이 민주적 의사형성과 정을 왜곡하거나, 선거의 공정을 해하는 것을 방지하고, 단체 구성원의 의사에 반하는 정치자금 기부로 인하여 단 체 구성원의 정치적 의사표현의 자유가 침해되는 것을 방지하는 것인바, 정당한 입법목적 달성을 위한 적합한 수단 에 해당한다. 한편 단체의 정치적 의사표현은 그 방법에 따라 정당ㆍ정치인이나 유권자의 선거권 행사에 심대한 영향을 미친다는 점에서 그 방법적 제한의 필요성이 매우 크고, 이 사건 기부금지 조항은 단체의 정치적 의사표현 자체를 금지 하거나 그 내용에 따라 규제하도록 한 것이 아니라, 개인과의 관계에서 불균형적으로 주어지기 쉬운 '자금'을 사용한 방 법과 관련하여 규제를 하는 것인바, 정치적 표현의 자유의 본질을 침해하는 것이라고 볼 수 없다. … 따라서 이 사건 기부금지 조항이 과잉금지원칙에 위반하여 정치활동의 자유 등을 침해하는 것이라 볼 수 없다."

3) 헌재 1999. 11. 25. 95헌마154(노동단체에 대한 정치자금의 기부금지), 판례집 11-2, 555, [정치자금의 공개원칙의 의미에 관하여] "정당의 정치적 의사결정은 정당에게 정치자금을 제공하는 개인이나 단체에 의하여 현저하게 영향 을 받을 수 있으므로, 사인이 정당에 정치자금을 기부하는 것 그 자체를 막을 필요는 없으나, 누가 정당에 대하여 영향력을 행사하려고 하는지, 즉 정치적 이익과 경제적 이익의 연계는 원칙적으로 공개되어야 한다. 유권자는 정당 의 정책을 결정하는 세력에 관하여 알아야 하고, 정치자금의 제공을 통하여 정당에 영향력을 행사하려는 사회적 세 력의 실체가 정당의 방향이나 정책과 일치하는가를 스스로 판단할 수 있는 기회를 가져야 한다."

다는 것은 아니고, 그 금액에 있어서 정당재정에 어느 정도 비중을 가지는 고액의 정치자금 기부자만이 공개될 필요가 있다.[1]

다. 정치헌금의 소득공제의 문제

정치헌금과 관련된 또 다른 문제는, 국가가 정치헌금에 대하여 어느 정도로 세제상 혜택을 부여해도 되는지의 문제이다. 정당은 헌법상 부과된 과제를 이행하기 위하여 막대한 재정을 필요로 하며 이를 충당하기 위하여 사회로부터의 자발적 지원에 의존하고 있다. 기부를 하고자 하는 사인의 용의는 정치헌금을 세제상으로 어떻게 취급하는지에 의하여 큰 영향을 받는다. 국가는 정치헌금에 대한 세액공제나 소득공제의 가능성을 제공함으로써, 정당의 재정수요를 사회영역으로부터 자주적으로 충당하도록 국민의 재정적 지원행위를 유도할 수 있다.

여기서 헌법적으로 제기되는 문제는, 정치헌금에 대한 소득공제의 한도에 관한 것이다. 국가는 정치헌금에 대하여 세제상 혜택을 부여하는 경우에도 급부를 제공하는 경우와 마찬가지로 헌법의 구속을 받으며, 이 경우 무엇보다도 '정당의 기회균등원칙' 및 '정치적 의사형성에 균등하게 참여할 국민의 권리'에 의한 구속을 받는다.[2] 국가가 당비와 정치헌금에 대하여 세제상 혜택을 부여하는 경우, 경제력 있는 계층의 이익을 대변하는 정당이나 경제력 있는 국민을 그렇지 않은 정당이나 국민과 차별하여 우대하여서는 안 된다. 이러한 헌법적 요청에 비추어, 국가는 정치헌금에 대하여 세제상 혜택을 부여할 수는 있으나, 혜택을 부여하는 경우에는 평균적인 소득을 가진 국민이 현실화할 수 있는 액수의 범위 내에서 공제가능성을 부여해야 한다는 헌법적 구속을 받는다. 따라서 소득공제의 한도가 너무 과다하여 국민의 평균소득에 비추어 단지 소수의 국민만이 공제가능성을 소진할 수 있는 경우에는 '정치헌금의 형태로 정치적 의사형성에 균등하게 참여할 국민의 권리'에 대한 위반이 인정된다.[3]

라. 정당에 대한 후원금지의 위헌여부

(1) 정당에 대한 후원제도는 1965년부터 약 40년간 존재하다가 2002년 불법 대선자금 사건의 여파로 2006. 3. 폐지되었다. 이로써 현행법상 개인이 자신이 지지하는 정당에 대하여 정치자금을 기부할 수 있는 가능성이 존재하지 않는다.[4] 현행 정치자금법상 정당의 수입은 당비, 기탁금, 보조금 및 부대수입으로 이루어지는데, 이 가운데 국고보조금(기탁금 포함)과 당비가 정당의 주된 수입원이다. 정당 후원회 제도가 폐지된 이후에는 국고보조금이 점차 확대되어 해마다 계속 증가하는 추세에 있다.

(2) 헌법재판소는 정당에 대한 후원을 금지하는 정치자금법조항의 위헌여부가 문제된 사건에서 우선 정당에 대한 개인의 정치자금기부는 정치적 표현의 자유와 정당의 활동의 자유에 의하여 보호

---

1) 후원회에 연간 300만원(대통령후보자등·대통령선거경선후보자의 후원회의 경우 500만원을 말한다) 이하를 기부한 자의 인적 사항과 금액은 이를 공개하지 아니한다(정치자금법 제42조 제4항).

2) Vgl. BVerfGE 85, 264, 315f.

3) 독일연방헌법재판소는 정치헌금에 대하여 매년 60,000 DM까지, 부부합산사정의 경우에는 매년 120,000 DM까지 세액공제의 가능성을 규정한 소득세법규정에 대하여 '국민의 평균수입에 비추어 단지 소수의 국민만이 소득세법에 의하여 부여된 공제가능성을 소진할 수 있다.'는 이유로 위 규정을 위헌으로 판단하였다(BVerfGE 85, 264, 316).

4) 물론, 개인에게는 정당의 당원이 되어 정당을 재정적으로 후원할 수 있는 가능성이 열려 있으나, 일반 국민이 자신이 지지하는 정당에 재정적 후원을 하기 위해 반드시 당원이 되어야 한다는 것은 국민으로 하여금 사실상 정당 가입을 강제하는 효과를 초래할 뿐만 아니라, 정당법상 정당 가입이 금지되는 공무원 등의 경우에는 자신이 지지하는 정당에 재정적 후원을 할 수 있는 방법이 전혀 없다. 현행 기탁금제도는 기탁금을 국고보조금의 배분비율에 따라 각 정당에 배분하는 제도로서 단순히 정당발전기금의 성격을 가진다. 이러한 점에서 현행법상 당비나 기탁금제도는 정당에 대한 후원제도를 대체할 수 없다. 같은 취지로 헌재 2015. 12. 23. 2013헌바168(정당에 대한 후원금지).

된다는 것을 확인하였다.[1]

이어서, 헌법재판소는 과잉금지원칙의 위반여부를 판단하였는데, 불법 정치자금 수수로 인한 정경유착의 폐해를 방지하기 위해(입법목적) 정당에 대한 정치자금 기부를 제한할 필요가 있다 하더라도 정당에 대한 국민의 정치자금기부를 원천적으로 봉쇄할 필요는 없으며, 정당 후원회 제도 자체를 전면적으로 금지하기보다는 기부 및 모금한도액의 제한, 기부내역 공개 등의 방법으로 정치자금의 투명성을 확보함으로써 충분히 방지할 수 있다는 점에서 침해최소성 원칙에 위반되며, 나아가 정당에 대한 재정적 후원이 전면적으로 금지됨으로써 정당이 스스로 재정을 충당하고자 하는 정당활동의 자유와 국민의 정치적 표현의 자유가 제한되는 불이익은 위 정치자금법조항이 보호하려는 공익에 비하여 더욱 크다고 할 것이어서 법익 균형성도 충족되었다고 보기 어렵다고 판시하였다.

Ⅷ. 위헌정당의 강제해산(헌법 제8조 제4항)

1. 정당해산조항의 헌법적 의미

가. 방어적 민주주의의 요소이자 민주적 정치과정의 개방성 보장

헌법 제8조 제4항은 "정당의 목적이나 활동이 민주적 기본질서에 위배될 때에는 정부는 헌법재판소에 그 해산을 제소할 수 있고, 정당은 헌법재판소의 심판에 의하여 해산된다."고 규정하고 있다. 오늘날 정당은 대의제 민주주의가 기능하기 위한 불가결한 요소이면서 동시에 민주주의의 잠재적 파괴자일 수 있다. 정당해산조항은 민주주의를 파괴하려는 세력으로부터 민주주의를 보호하려는 소위 '방어적 민주주의'의 한 요소이면서, 한편으로는 헌법 스스로 정당의 정치적 성격을 이유로 하는 정당금지의 요건을 엄격하게 정함으로써, 가능하면 모든 정치적 세력이 자유롭게 정치의사형성과정에 참여할 수 있도록 민주적 정치과정을 최대한으로 개방하려는 규정이다.[2]

나. 정당특권

헌법 제8조 제4항은 헌법적대적 정당의 요건과 정당의 위헌성을 확인하는 절차적 요건을 확정적으로 규정함으로써 헌법적대적 정당의 문제를 법치국가적으로 규율하고 있다. 헌법은 정당의 금지를 '민주적 정치과정의 개방성에 대한 중대한 침해'로 이해하여, 다른 일반결사와는 달리 단지 제8조 제4항의 엄격한 요건 하에서만 해산될 수 있도록 규정하고 있다. 이에 따라 자유민주적 기본질서를 부정하고 이를 적극적으로 제거하려는 조직도 국민의 정치적 의사형성에 참여하는 한, '정당의 자유'의 보호를 받는 정당에 해당하며, 오로지 헌법재판소가 그의 위헌성을 확인한 경우에만 정당은 정치생활의 영역으로부터 축출될 수 있다.[3] 이로써 헌법재판소의 결정과 무관하게 확인될 수 있는 정당의

---

1) 헌재 2015. 12. 23. 2013헌바168(정당에 대한 후원금지), 판례집 27-2하, 511, 528, "정당의 역할과 기능에 비추어 정당에 대한 정치자금 기부는 개체로서의 국민이 자신의 정치적 견해를 표명하는 매우 효과적인 수단일 뿐만 아니라 정당에 영향력을 행사하는 중요한 방법의 하나가 된다.", "정당이 국민 속에 뿌리를 내리고 국민과 밀접한 접촉을 통하여 국민의 의사와 이익을 대변하고 이를 국가와 연결하는 중개자로서의 역할을 수행하기 위해서 정당은 정치적으로뿐만 아니라 재정적으로도 국민의 동의와 지지에 의존하여야 하며 정당 스스로 국민들로부터 그 재정을 충당하기 위해 노력해야 한다. 이러한 의미에서 정당이 당원 내지 후원자들로부터 정당의 목적에 따른 활동에 필요한 정치자금을 모금하는 것은 정당의 조직과 기능을 원활하게 수행하는 필수적인 요소이자 정당활동의 자유를 보장하기 위한 필수불가결한 전제로서 정당활동의 자유의 내용에 당연히 포함된다."
2) 헌재 1999. 12. 23. 99헌마135(경찰청장 퇴직 후 정당활동의 자유 제한), 판례집 11-2, 800, 815.

위헌성은 헌법적으로 존재하지 아니한다. 정당특권이란, 헌법재판소에 의한 위헌성 확인시까지 정당은 금지되거나 차별받아서는 안 된다는 의미에서 '정당의 존속과 활동에 관한 특권'을 말한다.

2. 정당설립에 대한 간섭 금지 및 정당에 대한 차별 금지

헌법 제8조 제4항은 헌법재판소에게 정당의 위헌성을 확인하는 독점적인 권한을 부여함으로써 헌법적대적 정당을 금지하는 국가의 권한을 법치국가적으로 제한하고 있다. 정당의 위헌여부에 관한 헌법재판소의 독점적 결정권한은 정당에 대하여 매우 중요한 보호기능을 한다. 헌법 제8조 제1항을 제4항과의 연관관계에서 볼 때, 국가가 정당의 설립목적이나 정치적 성격을 이유로 정당의 설립에 대하여 간섭할 수 없으며, 나아가 정당에 대한 정치적 평가를 이유로 정당을 차별하는 것은 정당설립의 자유와 합치될 수 없다는 결론이 나온다. 정당특권은 정당의 존속을 보장할 뿐만 아니라 정당의 정치적 활동과 당원의 정당정치적 활동도 보호한다.

가. 정당설립의 자유에 대한 헌법 제8조 제4항의 의미
(1) 정당의 정치적 성격을 이유로 정당설립에 대한 입법자의 간섭금지
만일 입법자가 정당의 정치적 성격을 문제 삼아 정당설립의 자유를 제한할 수 있다면, 이는 '정당의 설립은 자유이고, 일단 설립된 정당은 오로지 그 목적과 활동의 위헌성 때문에 금지될 수 있으며, 이러한 금지결정은 특별한 절차에서 오로지 헌법재판소만이 내릴 수 있다'는 헌법의 기본결정에 위반되는 것이다. 이는 결국 헌법재판소에 의하여 판단되어야 할 헌법적 문제에 관하여 입법자가 사전적으로 결정하는 것으로서 정당의 위헌성 확인과 관련하여 헌법 제8조 제4항이 헌법재판소에 부여한 독점적 권한을 침해하는 것이다. 그러므로 입법자는 정당의 정치적 성격을 이유로 정당설립을 방해하거나 금지하는 어떠한 규정도 둘 수 없다고 할 것이다.

(2) 정당의 정치적 성격 외의 이유로 정당설립의 자유를 제한하는 경우
나아가, 헌법 제8조 제4항은 입법자가 정당의 정치적 성격이 아니라 다른 공익적 목적을 실현하기 위하여 정당설립·가입의 자유를 제한하는 경우에도 중대한 의미를 가진다.

심지어 '위헌적인 정당을 금지해야 할 공익'도 정당설립의 자유에 대한 입법적 제한을 정당화하지 못하도록 규정한 것이 헌법의 객관적인 의사라면, 입법자가 그 외의 공익적 고려에 의하여 정당설립 금지조항을 도입하는 것은 원칙적으로 헌법에 위반된다.[1] 따라서 정당의 설립이나 가입을 금지하는 규정이 정당의 위헌성이나 정치적 성격 때문이 아니라 비록 다른 공익을 실현하기 위하여 도입된다 하더라도, 금지규정이 달성하려는 공익은 매우 중대한 것이어야 한다는 것을 뜻한다. 민주적 의사형성과정의 개방성을 보장하기 위하여 정당설립의 자유를 최대한으로 보호하려는 헌법의 정신에 비추어, 정당의 설립 및 가입을 금지하는 법률조항은 이를 정당화하는 사유의 중대성에 있어서 적어도 '민주적 기본질서에 대한 위반'에 버금가는 것이어야 한다.[2]

---

3) 헌재 1999. 12. 23. 99헌마135(경찰청장 퇴직 후 정당활동의 자유 제한), 판례집 11-2, 800, 815.
1) 헌재 1999. 12. 23. 99헌마135, 판례집 11-2, 800, 815.
2) 헌법재판소는 [경찰청장 직무의 정치적 중립성을 확보하기 위하여 경찰청장 퇴임 후 2년 동안 정당의 발기인이나 당원이 되지 못하도록 규정한 경찰법규정의 위헌여부에 관하여] '정당설립의 자유에 대한 제한은 오늘날의 정치현실에서 차지하는 정당의 중요성 때문에 원칙적으로 허용되지 않는다는 것이 헌법의 결정이므로, 헌법재판소는 정당설립의 자유에 대한 제한의 합헌성의 판단과 관련하여 수단의 적합성 및 최소침해성을 심사함에 있어서 입법자

나. 정당의 위헌성을 이유로 정당에 대한 차별의 금지

사례 │ BVerwGE 31, 368(정당의 공공시설 사용신청에 대한 거부처분 사건)

甲 정당은 乙 市의 시장에게 정당의 홍보행사를 위하여 시 강당의 사용을 신청하였다. 시 강당은 평소 정당들에게 그러한 행사의 목적으로 제공되어 왔다. 그러나 乙 市의 시장은 "乙 市는 헌법을 수호해야 하는 국가기관으로서 시 강당의 제공을 통하여 헌법적대적인 목표를 추구하는 것으로 일반적으로 알려진 정당을 지원해서는 안 될 의무가 있다."는 이유로 甲 정당의 신청을 거부하였다. 乙 市의 행위는 헌법적으로 허용되는 것인가?

---

(1) 정당의 위헌여부에 관한 헌법재판소의 독점적 결정권의 봉쇄효과

헌법재판소의 독점적 결정권은 다른 국가기관에 의한 위헌성확인을 배제할 뿐만 아니라, 나아가 헌법재판소가 정당의 위헌성을 확인하기 전에 정당을 법적으로 위헌적인 것으로 간주하거나 불리하게 취급하는 것을 전반적으로 금지한다. 헌법재판소의 독점적 결정권한은 다른 국가기관의 권한행사를 봉쇄하는 효과가 있다. 정당에 대한 이러한 보호효과는 일차적으로 합헌적 정당을 위한 것이나, 위헌성이 아직 확인되지 아니한 헌법적대적 정당에게도 유리하게 작용한다. 합헌적 정당은 정치적 논쟁에서 위헌정당의 오명을 쓰고 정치적으로 방해받는 것으로부터 보호받아야 하며, 위헌적이지만 아직 금지되지 아니 한 정당의 경우에도 헌법재판소의 위헌확인이 있기까지는 정당의 자유와 기회균등이 보장되어야 한다.

따라서 국가기관이나 지방자치단체는 정당의 헌법적대적 성격을 이유로 선거운동이나 정당의 행사에 필요한 공공시설의 제공을 거부해서는 안 된다. 헌법적대적인 정당도 금지되지 않은 이상 합헌적인 정당으로서 다른 정당과의 관계에서 불이익을 받아서는 아니 되므로, 국가가 정당에게 급부를 제공하는 이상 정당의 기회균등의 관점에서 모든 정당은 공공시설을 균등하게 사용할 권리를 가진다. 또한, 헌법재판소의 독점적 결정권한에 비추어, 행정청이나 행정법원은 정당의 위헌여부를 처분이나 재판의 선결문제로서 부수적인 심사를 통하여 확인할 수 없다.[1]

(2) 정당의 위헌성에 관한 공적 논의의 원칙적인 허용

또 다른 문제는, 금지되지 않은 정당이 선거운동이나 정치적 논쟁에서 '헌법적대적' 또는 '위헌적' 정당으로 불리고 공적으로 비난받을 수 있는지 하는 것이다. 구체적이고 객관적인 사실을 근거로 이

의 판단이 명백하게 잘못되었다는 소극적인 심사에 그치는 것이 아니라, 입법자로 하여금 법률이 공익의 달성이나 위험의 방지에 적합하고 최소한의 침해를 가져오는 수단이라는 것을 어느 정도 납득시킬 것을 요청한다. 만일, 정당설립의 자유와 같이 원칙적으로 제한될 수 없다는 것을 헌법이 명시적으로 밝히고 있는 경우에도, 헌법재판소가 법률이 그를 통하여 달성하려는 목적을 실현하기에 명백하게 부적합한지의 여부만을 심사한다면, 입법자는 중대한 공익이나 방지해야 할 위험이 현존함을 주장하여 입법목적의 달성에 조금이라도 기여하는, 생각할 수 있는 모든 입법수단을 동원하게 될 것이기 때문이다. 헌법은 정당의 자유에 대한 제한을 원칙적으로 허용하지 아니하므로, 입법자가 이 사건 법률조항을 통하여 개입하지 않는다면 중대한 공익이 손상될 가능성이 매우 크다는 것이 어느 정도 명백하게 드러나는 경우에만, 비로소 민주주의 실현에 있어서 중요한 기본권인 정당설립 및 가입의 자유에 대한 제한은 정당화될 수 있다.'라고 하여, 엄격한 심사기준을 적용하여 위헌으로 판단하였다(헌재 1999. 12. 23. 99헌마 135, 판례집 11-2, 800, 816-821).

1) 헌법재판소의 독점적 결정권한은 동시에 법원의 부수적 심사에 대한 금지를 의미한다. 법원이 구체적 소송사건에서 재판의 전제로서 정당의 위헌성을 심사하는 것은 헌법재판소에 전적으로 부여된 결정권한과 부합하지 않는다.

루어지는 정당의 위헌성에 관한 논의나 정당에 대한 부정적 평가 또는 정당해산제소의 당위성과 필요성을 판단하기 위한 공적 토론은 당연히 허용된다. 국가기관 또는 사인이 정치적 논쟁에서 객관적 사실을 근거로 정당의 목적이나 활동의 헌법적 문제점을 지적하고 이를 계기로 정당의 위헌성에 관한 공적 토론을 야기하는 것은, 헌법적대적 정당에 대한 정치적 투쟁이 가능하기 위한 사실적 전제로서 당연히 허용되어야 한다. 정당의 위헌성에 관한 사전적인 공적 논의 없이 정부가 정당해산을 사실상 제소할 수 없다는 점에서도 정당의 위헌성에 대한 정치적 논쟁이 방해를 받아서는 안 된다. 국가기관이 특정 정당을 '헌법적대적 정당'으로 공적으로 평가하는 것은 정당의 자유에 대한 사실적 제한에 해당하기 때문에, 기본권의 제한은 법률로써 이루어져야 한다는 법률유보의 관점에서 법적 근거를 필요로 한다.[1]

다만, 헌법재판소에 유보된 독점적 결정권한에 의하여 금지되는 것은 '특정 정당이 위헌정당'이라는 일방적이고 합리적인 근거 없는 평가와 발언이다. 정부를 비롯한 국가기관은 합리적인 근거 없이 특정정당을 공적으로 '위헌정당'으로 낙인찍어서는 안 된다. 이러한 경우, 국가기관은 정당의 위헌성 확인에 관한 헌법재판소의 전속적 권한을 부당하게 행사하는 것이고, 이로써 헌법 제8조 제4항의 요청을 우회하여 정당의 특권을 침해하는 것이다.[2]

다. 정당의 위헌성을 이유로 당원에 대한 차별의 금지

(1) 소속당원의 정치적 활동에 대한 정당특권의 효과

헌법 제8조 제4항의 정당특권은 그 효과에 있어서 정당에 국한되는 것이 아니라 간접적으로 당원의 정치적 활동에도 미친다. 정당해산의 요건을 충족시킴에도 불구하고 정당특권으로 인하여 해산되지 아니한 정당이 있을 수 있다. 헌법재판소의 결정에 의하여 정당의 위헌성이 확인되지 않은 이상, 정당의 존재와 활동, 이로써 또한 당원의 신분도 합헌적이다. 헌법이 의도하는 정당의 특권이 공동화하지 않으려면, 법적 차별이나 불이익의 금지가 정당에만 적용되어서는 아니 되고 당원에게도 확대되어야 한다. 그러므로 국가가 헌법재판소에 의하여 위헌성이 확인되지 아니한 정당에 소속된 당원의 활동을 제한하거나 금지함으로써 정당특권조항을 우회하여 정당 활동을 사실상 방해하는 것은 허용되지 않는다.

(2) 공무원 임용에 있어서 위헌성의 의심이 있는 정당소속의 문제

당원에 대한 차별금지와 관련하여 제기되는 또 다른 문제는, 공무원의 임용에 있어서 위헌성이 의심되는 정당의 소속이 고려될 수 있는지, 아니면 헌법재판소의 결정시까지 정당의 합헌성이 추정되는 정당특권에 비추어, 위헌적 목표를 추구하는 정당의 당원 신분을 공직자로서 임용을 거부하는 근거로 삼아서는 안 되는 것인지 하는 것이다. 위헌성의 의심이 있는 정당의 소속은 그 자체만으로

1) 독일연방헌법재판소는 NPD 정당을 헌법적대적 정당이며 자유민주적 기본질서에 대한 위험요소라고 언급한 연방내무성장관의 발언에 대하여, '연방내무성장관의 평가는 자유민주적 기본질서를 수호해야 하는 그의 헌법적 의무를 이행하기 위한 것으로, 이러한 부정적 평가에 의하여 당해정당에 어떠한 법적 효과도 발생하지 않는다. 내무성장관의 부정적 평가로 인하여 정당에게 사실상의 불리함이 발생한다면, 헌법상 정당조항은 이러한 사실상의 불리함으로부터 보호하지 않는다. 정당조항은 단지 법적 불리함으로부터 보호하는 것이다.'는 취지로 판시하였다(BVerfGE 40, 287, 293). 그러나 연방정부의 발언에 의하여 정치적 의사형성에 참여하는 정당의 권리가 제한되기 때문에, 정당의 자유에 대한 사실상의 제한이 존재하는 것으로 보아야 한다.
2) 따라서 정부가 특정 정당을 아무런 근거 없이 공적으로 헌법적대적 정당으로 비난하는 경우에는 당해정당에게는 행정법원에 발언의 취소를 요구할 수 있는 공법상의 권리가 인정되어야 한다.

는 공무원임용거부의 사유가 될 수는 없으나, '공무원의 충성의무'를 판단하는 중요한 징표로 고려될 수 있다. 위헌의 의심이 있는 정당이 정치의사형성과정에 참여하는 것을 헌법재판소의 독점적 결정권으로 인하여 수인해야 하는 것과 공무원으로 임용함에 있어서 헌법충성의 의무를 판단하기 위하여 개인의 정당소속을 고려하는 것은 원칙적으로 별개의 문제이다. 헌법 제8조 제4항의 정당특권은 소속정당이 헌법재판소에 의하여 금지되지 않는 이상 '개인'에게 헌법을 부인하고 합법적 수단을 사용하여 정치적으로 투쟁할 수 있는 자유를 부여하는 반면, 공무원의 충성의무는 '공무원'으로부터 헌법을 준수하고 수호할 것을 요청하고 있기 때문이다.[1]

---

1) Vgl. BVerfGE 39, 334, 358f., '공무원의 임용에 있어서 제기되는 문제는 지원자가 그의 정당소속으로 인하여 불이익을 받는지에 관한 것이 아니라, 자유민주적 기본질서를 신봉한다는 것을 개인적으로 보장하는지에 관한 것이다.' 라고 판시하였다.

제5장 法治國家原理

제1절 一般理論

I. 法治國家의 개념 및 생성 배경

1. 개 념

가. *法治*란 법에 의한 통치를 말한다. 법치국가란, 사람이나 자의가 지배하는 국가가 아니라 법이 지배하는 국가이며, 이로써 모든 국가권력의 행사가 법적으로 구속을 받는 국가를 말한다. 국가권력이 제한되어야 하고 이러한 제한이 법에 의하여 이루어진다면, 국가권력은 법의 구속을 받아야 한다. 법치국가에서 국가행위는 법질서의 범주 내에서만 허용된다. 따라서 법치국가란, 사인 간의 관계뿐만 아니라 국가와 개인의 관계 및 국가내부의 영역이 법으로써 규율되는 국가라 할 수 있다. 법치국가는 법을 국가존립의 기본조건으로 선언하는 국가, 치자와 피치자의 관계가 일방적인 권력관계가 아니라 권리와 의무라는 법적 관계로 형성되는 국가, 국민이 국가적 지배와 규율의 단순한 대상이 아니라 권리의 주체로서 인정되는 국가이다.

법이란 특정 사실관계나 특정인에게만 적용되는 것이 아니라 모든 경우와 모든 사람에 대하여 적용되는 일반 · 추상적 규정으로서, 법으로 정한다는 것 자체가 이미 정의를 보장하고 자의적 차별을 방지하는 효과가 있다. 국가행위가 누구나에게 적용되는 일반적 법률에 의하여 이루어진다는 것은 이미 그 자체로서 평등원칙을 실현하는 측면이 있다. 개인의 자유가 일반적 법률에 의하여 제한된다면, 이는 누구에게나 적용되는 법률의 일반성 때문에 모든 사람에게 동등한 제한을 의미한다. 또한, 국가행위가 일반적 법률에 근거하여 이루어진다는 것은, 구체적인 국가행위에 대한 예측가능성의 확보에 기여한다. 결국, 법의 지배는 인간에 의한 자의적 지배를 방지하고 동시에 공권력의 행위에 대한 국민의 예측가능성을 강화함으로써 법적 안정성과 정의에 기여하는 것이다.

나. 목적적 측면에서, 법치국가원리란 국민의 자유와 권리를 보장하기 위하여 국가권력을 제한하고 통제하는 국가원리이다. 법치국가의 목적은 국가권력의 제한에 있으며, 궁극적으로는 이를 통하여 국민의 자유와 권리를 보장하고, 이로써 인간존엄성을 실현하고자 하는 것이다.

2. 생성 배경

가. 절대주의에 대한 반작용으로서 법치국가의 형성

(1) 법치국가는 절대주의의 자의적 지배에 대한 반작용으로서 형성되었다. 주권을 가진 국가권력

의 성립은 내적 평화의 보장에 기여하였으나,[1] 동시에 군주의 자의와 전제정치라는 절대주의의 위험을 초래하였다. 유럽에서 18세기에 이르러, 국가권력을 제한해야 할 필요성을 역설하고 개인의 고유한 가치와 권리를 국가권력의 자의적인 행사로부터 보호해야 한다는 견해가 점차 비중을 얻게 되었다. 이러한 정치적 사조(思潮)를 '자유주의'라고 하는데, 미국의 독립운동과 프랑스의 혁명 과정에서 자유보장을 위한 법적 제도로서 구체적으로 형성되었고, 이러한 역사적 과정에서 법치국가가 탄생하였다.

법치국가는 민주주의와 함께 '공동체의 질서와 개인의 자유를 어떻게 동시에 보장할 수 있는가' 하는 인류의 영원한 질문에 대하여 대답을 주고자 하는 시도이다. 법치국가는 '법적 평화를 보장할 수 있는 충분히 강력한 국가권력에 대한 요청'과 '개인적 자유의 최대한을 보장하고 국가권력의 남용을 방지해야 한다는 요청' 사이의 타협으로서 두 가지 요청을 동시에 실현하고자 하는 것이다. 이러한 필요성은 단지 절대군주에 대한 것일 뿐만 아니라, 민주국가에서 다수의 절대주의에 대해서도 존재하는 것이다. 자유권보장에 의하여 제한되지 않는 민주적 다수의 절대적 권력은 곧 민주적 폭정으로 변질될 수 있다.

(2) 국가권력을 제한하고자 하는 경우, 이를 실현하는 방법으로서 무엇보다도 2가지 가능성이 고려된다. 첫째, 국가권력이 임의로 처분할 수 없는 개인의 불가침적인 영역이 존재한다는 사고에서 출발하여, 국가의 침해와 간섭으로부터 원칙적으로 자유로운 개인의 자율적인 영역을 설정함으로써 국가와 개인의 관계에서 국가권력의 한계를 제시할 수 있는데, 이러한 시도가 자유권보장의 사고이다. 둘째, 국가권력을 조직상으로 분할하여 국가기관을 상호관계에서 견제하게 함으로써 국가 내부적으로 국가권력을 제한하고 결과적으로 개인의 자유영역을 확보할 수 있는데, 이러한 방법이 권력분립의 사고이다.

두 가지 방법은 서로 보완관계에 있으면서 법치국가를 지탱하는 2가지 지주이다. 역사적으로도 국가권력의 제한에 대한 요청은 무엇보다도 자유권의 보장과 권력분립에 대한 요청에서 표현되고 있다. 영국의 로크(Locke, 1632-1704)는 자유권의 보장과 국가권력의 분할을 통한 국가권력의 제한 필요성을 역설하였고, 프랑스의 몽테스키외(Montesqieu, 1689-1755)는 특히 권력분립의 필요성을 강조하였다.

나. 독일에서 법치국가원리의 구체적 형성

법치국가원리는 독일에서 18세기부터 형성되기 시작한 법원리이다. 19세기 초 이래, '법치국가'는 독일 국법학과 국가이론의 논의에서 빈번하게 등장하는 용어로 자리 잡게 되었다.

(1) 법치국가원리의 구체적 표현으로서 '법률유보의 원칙'은 독일에서 18세기까지 거슬러 올라가는 전통을 가지고 있다. '개인의 자유와 재산에 대한 침해는 단지 신분회의에 의하여 의결된 법률에 근거해서만 허용된다'는 원칙은 처음으로 독일 州 憲法인 바덴, 바이에른 및 뷔어템 베르크의 헌법 (1818년 또는 1819년)에 규정되었다. 이는 이미 18세기에 형성된 원칙인 '개인의 자연적 자유는 단지 법적 규정에 근거해서만 제한될 수 있다'는 법원칙을 헌법에 수용한 것이다.

(2) 뿐만 아니라, 독일에서 18세기 말 법원칙으로 인정된 '비례의 원칙'은 법치국가원리의 대표적

---

1) 이에 관하여 제2편 제2장 제1절 Ⅱ. 2. 주권 참조.

인 표현이다. 이미 18세기 말엽부터 독일에서는 행정청에 의한 기본권제한을 비례의 원칙을 통하여 다시 제한하고자 시도하였다. 1794년 프로이센 일반법(Preu β isches Allgemeines Landrecht)의 제정 작업에 참여한 스바레즈(C. G. Svarez)는 '개인의 자유에 대한 제한을 통하여 방지하고자 하는 손해는 자유의 제한으로 인하여 개인에게 발생하는 손해보다 현저하게 중대해야 한다'는 것을 요구함으로써 비례의 원칙을 핵심적으로 표현하였다.[1]

(3) 법치국가원리는 특히 理性法의 사고에 그 정신적 기초를 두고 있다. 이성법에 의하면, 인간의 이성이 모든 법원리의 최종적 원천이다. 법은 이성의 심판대 앞에서 존속할 수 있어야 하고, 법질서의 기반이 되는 중요한 법원칙으로부터 합리적인 방법으로 도출할 수 있어야 한다. 또한, 칸트(Kant)의 법철학도 법치국가원리의 정신적 기반을 형성하는 데 중대한 기여를 하였다. 칸트는 '법의 과제'를 '개인의 자유와 다른 사람의 자유가 함께 공존하고 양립할 수 있도록 양자의 경계를 확정하는 것'으로 규정하였다. 칸트가 제시한 '국가 내에서 자유의 법치국가적 배분에 관한 사고'는 현대 법학방법론에 의하여 소위 '실제적 조화의 원칙'이란 형태로 부활하게 된다.

Ⅱ. 법치국가의 구성요소

법치국가원리의 구체적 내용과 구조는 헌법에 의하여 밝혀진다. 우리 헌법은 헌법의 기본원리로서 법치국가원리를 명시적으로 언급하지 않으나, 법치국가원리를 구체화하는 일련의 제도와 규정을 통하여 법치국가원리를 수용하고 있다. 법치국가원리를 구체화하는 헌법규정에는 무엇보다도 인간의 존엄성을 비롯한 일련의 자유권규정, 제3장 이하의 국가조직에 관한 규정에 담겨있는 권력분립원리, 헌법재판을 비롯한 사법적 권리구제의 가능성, 국가배상제도 등이 속한다. 특히, 국가기관 간의 권력분립 및 국가와 국민의 관계에서 기본권보장은 법치국가의 제도적 기초라 할 수 있다.

그러나 법치국가적 요소는 헌법에 명시적으로 표현된 위와 같은 요소에 한정되는 것이 아니라, 법치국가의 실현을 위하여 불가결한 요소로서 헌법해석을 통하여 도출되는 그 외의 요소도 포함한다. 따라서 법치국가원리의 구성요소는 '헌법이 스스로 규정하는 법치국가적 요청'과 '해석을 통하여 법치국가원리로부터 도출되는 요청'(가령, 법적 안정성, 신뢰보호원칙, 의회유보 등)으로 나누어 볼 수 있다.

법치국가원리는 헌법을 위시하여 모든 법규범을 해석하는 기준이 될 뿐만 아니라, 법치국가원리를 구체화하는 헌법상의 개별규정이 없는 경우에는 헌법상의 일반원리로서 보충적으로 적용된다(법치국가원리의 보충성).

Ⅲ. 형식적·실질적 법치국가

단지 '법률'에 의한 합법적 지배인지 아니면 '법률의 내용'도 문제가 되는지에 따라, 법치국가의 성격을 형식적 법치국가와 실질적 법치국가로 구분할 수 있다. 형식적 법치국가는 국가행위가 정해

---

[1] Conrad/Kleinheyer(Hg), *Vorträge über Recht und Staat von C. G. Svarez*, 1960, S. 39, 그는 다음과 같이 비례의 원칙을 표현하였다. "오로지 전체를 위한 중대한 법익의 달성만이 개인의 덜 중대한 법익의 희생을 요구하는 공권력의 조치를 정당화할 수 있다."; "우위가 명백하지 않다면, 개인의 자연적 자유는 유지되어야 한다."

진 역할배분과 규칙에 따라 이루어져야 한다는 의미에서 국가행위의 형식에 대한 요청인 반면, 실질적 법치국가는 국가행위가 자유와 평등, 사회정의에 부합하게 이루어져야 한다는 의미에서 국가행위의 내용에 대한 요청이라고 할 수 있다. 형식적·실질적 법치국가의 개념은 유럽, 특히 독일에서 19세기의 형식적 법치국가에서 20세기의 실질적 법치국가로 발전하는 특수한 정치적 상황을 함께 살펴보아야만 제대로 이해될 수 있다.

1. 형식적 법치국가

가. 생성 배경

개인의 자유를 보장하고 국가권력의 자의적 행사를 방지하기 위하여, 일차적으로 국가행위는 정해진 역할배분과 규칙에 따라 이루어져야 한다. 국가규율권한의 배분을 통하여 국가권력의 분할과 통제의 제도가 형성되어야 하며(권력분립), 이로써 집행부는 법의 구속을 받고 집행부의 행위는 사법적 절차에 의하여 통제되어야 한다(법률유보).

19세기 유럽의 시민적 법치국가는, 국가가 국민의 자유와 권리를 제한하는 경우에는 반드시 국민의 대표기관인 의회가 제정한 법률에 의해야 하고(법률유보), 행정과 사법은 법률에 의하여 행해질 것을 요청하였다(법률에 의한 행정 및 재판). 이로써 군주는 그 이전 시대의 절대군주와는 달리, 더 이상 임의로 국민의 자유와 재산을 제한할 수 없게 되었다. 시민적 법치국가는 군주의 자의적인 권력행사를 제한함으로써 시민계급의 재산과 자유를 국가권력으로부터 보호하려는데 주안점을 두고 있다. 절대군주가 법의 구속을 받지 않았기 때문에 법률에 의한 통치가 이루어지지 않았던 그 이전의 절대군주국가와 비교하면, 시민적 법치국가는 법률유보와 법률에 의한 행정을 통하여 법적 안정성과 법적 예측성을 제공하였다.

나. 국가행위의 합법성에 대한 요청

형식적 법치국가란, 국가권력이 단지 법률의 구속을 받는 국가, 국가행위의 합법성만이 문제되는 국가이다. 법률유보의 역사적 기능상, 군주의 집행부에 의한 기본권침해의 가능성만이 문제되었지, 입법자에 의한 기본권침해의 가능성을 인식하지 못하였다. 이는 입법자가 시민계급을 대변하는 일차적인 기본권수호기관으로서 인식된 당시의 역사적 배경에서 볼 때 당연한 것이었다. 입법자에 의한 기본권침해가 우려되지 않았기 때문에, 입법자에 대한 보호도 불필요한 것으로 간주되었다. 그러므로 독립된 사법기관에 의한 법률의 위헌성심사는 이루어지지 않았으며, 오히려 기본권의 효력은 '법률이 정하는 바에 따라' 인정되었다. 형식적 법치국가에서는 '授權 법률의 존재'만을 요구할 뿐 그 '授權 법률의 내용'이 어떠한지는 문제 삼지 않는다.

2. 실질적 법치국가

가. 생성 배경

19세기 후반에 이르러 유럽에서 급속한 산업화와 함께 여러 가지 부정적인 사회현상이 발생하였고, 국가의 성격도 사회현상에 대하여 방관적인 자유방임국가(야경국가)에서 사회영역에 대하여 적극적으로 개입하고 간섭하는 사회형성적 국가(사회국가 또는 복지국가)로 변하였다. 이에 따라, 국가가 법률의 구속을 받는 것만으로는 부족하고, 법률을 비롯한 국가행위의 내용도 정당해야 하고 사회정의를 실현해야 한다는 요청이 제기되었다. 위와 같은 특수한 정치적 상황을 배경으로 하여 바이마르 공화국 당시에, 형식적 법치국가에 대립하는 개념으로서 국가행위의 내용에 대해서도 특정한 요구를 하는 법치국가, 정의의 이념을 수용한 법치국가, 즉 '실질적 법치국가'의 개념이 형성되었다.

나. 국가행위의 정당성에 대한 요청

실질적 법치국가란, 국가행위의 합법성뿐만 아니라 정당성까지 요구하는 국가이다. 형식적 법치국가가 '법적 안정성과 예측성의 국가'라면, 실질적 법치국가는 '정의로운 국가'로 이해된다. 실질적 법치국가란 법의 지배에 따른 법적 안정성의 제공뿐만 아니라 정의로운 국가행위를 요청하는 국가이다. 실질적 법치국가는 법률에 의한 행정(법치행정)뿐만 아니라 '법률의 내용'도 정의에 부합할 것을 요구한다. 그러므로 실질적 법치국가의 요청은 특히 입법자에 대한 것이다. 이로써 형식적 법치국가는 실질적 법치국가에 의하여 대체된 것이 아니라 보완되었다.

다. 입법자도 헌법의 구속을 받는 국가

실질적 법치국가란 입법자도 헌법의 구속을 받는 국가이다. 입법자도 국가권력으로서 헌법규범의 기속을 받고, 이로써 헌법의 가치를 실현하고 존중해야 할 의무를 진다. 입법자는 법률의 제정에 있어서 무엇보다도 자유권의 보장과 과잉금지원칙, 평등원칙을 입법의 한계로서 존중하고 준수해야 하며, 사회국가원리를 입법의 지침으로 삼아 정의로운 사회질서를 실현하고자 노력해야 한다. 과잉금지원칙과 평등원칙은 정의를 지향하는 실질적 법치국가의 핵심적인 행위지침이다. 실질적 법치국가를 보장하기 위한 결정적 헌법적 표현은 헌법재판제도의 도입이다. 이로써 기본권이 '법률이 정하는 바에 따라' 효력을 가지는 것이 아니라, 법률이 '기본권이 정하는 바에 따라' 효력을 가지는 것이다. 이러한 점에서 한국 헌법은 실질적 법치국가를 추구하고 있다.

제 2 절　自由權의 保障과 過剩禁止原則

I. 자유권의 보장과 법치국가원리

자유권은 법치국가원리의 가장 중요한 헌법적 표현이다. 자유권은 국민과 국가의 관계에서 헌법적으로 보장되는 개인의 법적 지위를 규정함으로써 국가로부터 원칙적으로 자유로운 개인과 사회의 영역을 보장하고 있다. 이로써 자유권은 국가의 영역과 개인·사회의 자유영역의 경계를 설정하고, 국가권력에 대한 한계를 제시한다.

II. 과잉금지원칙과 법치국가원리

법치국가원리의 본질적 요소에 속하는 것이 국가권력의 행사에 있어서 모든 국가기관을 구속하는 과잉금지원칙 또는 비례의 원칙이다.[1] 과잉금지원칙은, 국가가 공익상의 이유로 개인의 자유를

---

1) 과잉금지원칙에 관하여 자세하게 제3편 제1장 제8절 II. 참조.

제한할 수는 있으나, 제한하는 경우에는 반드시 필요한 경우에 한하여 필요한 만큼만 제한해야 한다는 요청이다.

과잉금지원칙은 공익실현을 위하여 필요한 정도를 넘어서 개인의 자유를 과잉으로 제한해서는 안 된다는 요청을 국가에 대하여 함으로써, 국가권력의 행사를 제한하고 헌법상 보장된 자유권을 실제로 실현하고 관철하는 원리이다. 자유권의 제한이 다른 법익의 실현을 위하여 적합하고 필요하며 비례성이 유지되는 경우에만 개인의 자유에 대한 제한을 허용함으로써, 과잉금지원칙은 자유권의 제한이 어떠한 조건 하에서 이루어져야 하는지, 즉 자유제한의 조건을 규정하고, 이로써 자유를 제한하는 국가권력을 다시금 제한하고 있다.

과잉금지원칙은 법치국가적 헌법원리로서 입법·행정·사법의 모든 국가권력을 구속한다. 과잉금지원칙은 입법자에게는 입법의 지침으로서, 행정청에게는 법규범의 해석과 적용의 기준으로서, 헌법재판기관에게는 국가행위가 과잉금지원칙을 준수하였는지의 여부를 판단하는 위헌심사기준으로서의 성격을 가진다.

Ⅲ. 과소(보호·보장)금지 원칙

과소금지원칙(Untermaßverbot)은 국가에게 '기본권의 보호의무'나 '사회적 기본권의 실현의무'와 같은 행위의무가 인정되는 경우 행위의무를 이행하기 위한 최소한의 행위를 해야 한다는 원칙을 말한다. 과잉금지원칙(Übermaßverbot)은 개인의 자유를 존중해야 할 '국가의 부작위의무'가 인정되는 경우 국가의 조치가 과잉이어서는 안 된다는 원칙인 반면, 과소금지원칙은 '국가의 행위의무'가 인정되는 경우, 국가의 조치가 과소해서는 안 된다는 원칙을 말한다. 과잉금지의 원칙이 '국가가 활동해도 되는지'에 관한 문제라면, 과소금지 원칙은 '국가가 활동해야만 하는지'에 관한 문제이다.

1. 과소보호금지원칙[1]

과소금지원칙은 기본권에 의하여 보장되는 법익의 보호를 위하여, 특히 개인의 생명이나 건강을 제3자의 침해로부터 보호하기 위하여 활동해야 할 국가의 보호의무와 관련하여 문제되고 있다. 국가의 보호의무와 관련하여 제기되는 문제는 '국가가 자신의 보호의무를 충분히 이행하고 있는지'의 여부를 판단하는 기준에 관한 것이다.

국가의 보호의무는 국가의 작위, 즉 적극적인 활동을 요구하고, 국가의 활동은 사실적·법적 상황과 가능성의 제약을 받기 때문에, 입법자는 보호의무의 이행에 있어서 광범위한 형성의 자유를 가지고 있다. 따라서 과소금지원칙은 '국가는 적어도 법익의 보호를 위하여 요구되는 최소한의 보호를 제공해야 한다'는 요청을 통하여 위헌성판단의 기준을 제시하고 있다.[2]

가령, 입법자가 교통사고처리특례법에서 자동차종합보험에 가입한 운전자에 대해서는 법률이 정하는 몇 가지 유형의 중과실의 경우에만 기소를 허용한 경우, 교통사고로부터 국민을 보호하기 위하

---

1) 이에 관하여 제3편 제1장 제5절 '보호의무' 참조.
2) 헌재 1997. 1. 16. 90헌마110 등(교통사고처리특례법에 대한 헌법소원); 헌재 2008. 12. 26. 2008헌마419(미국산 쇠고기수입의 위생조건에 관한 고시 사건).

여 취해야 할 최소한의 조치를 취하였는지의 여부, 국가가 핵발전소로부터 발생하는 위험을 방지하기 위하여 이에 필요한 최소한의 조치를 취했는지의 여부, 입법자가 형법상 낙태죄의 구체적 형성을 통하여 산모의 낙태행위로부터 태아의 생명권을 보호해야 할 최소한의 의무를 이행하였는지의 여부 등을 판단하는 기준으로서 과소보호금지원칙이 적용된다.

국가가 개인의 보호를 위하여 제3자의 기본권을 제한하는 경우에는, 입법자의 형성권은 한편으로는 개인의 자유를 제한하는 경우 적용되는 과잉제한금지의 원칙에 의하여, 다른 한편으로는 개인의 법익을 보호하는 경우 적용되는 과소보호금지원칙에 의하여 제한된다.

2. 과소보장금지원칙

마찬가지로, 사회적 기본권을 실현해야 할 국가의무의 이행여부를 판단하는 기준도 과소(보장)금지원칙이다.[1] 사회적 기본권과 관련하여 입법자의 입법에 대하여 제기되는 문제는, 법률이 사회적 기본권을 과잉으로 제한하는지의 문제가 아니라, 사회적 기본권을 실현하기 위한 최소한의 조치를 취하였는지의 여부이다.

제 3 절   權力分立原理

Ⅰ. 권력분립원리의 의미 및 기능

1. 의 미

가. 권력분할 및 권력 간의 견제와 균형

권력은 한 번 부여되면, 집중과 남용의 위험이 있다. 이러한 권력의 속성으로 말미암아, 권력의 남용을 어떠한 방법으로 방지할 수 있는지의 문제는 오랫동안 논의와 연구의 대상이었다. 국가권력이 특정 기관이나 특정인에게 집중되는 경우에는 독재정치(전제정치)와 인권침해로 이어진다는 것은 인류의 역사가 말해 주고 있다. 권력분립원리는 국가기능을 입법·행정·사법으로 분할하여 각 독립된 국가기관에 귀속시키고(권력분할), 국가기관 상호간의 억제와 균형(권력 간의 견제와 균형)을 통하여 국가권력을 통제하고자 하는 원리이다.

나. 기능상·조직상·인적 측면에서 권력분립

권력분립원리는 기능상·조직상·인적(人的) 측면에서의 권력분립으로 구체화되고 있다. 기능적 측면에서, 헌법은 고전적인 3가지 국가기능인 입법권($^{제40}_{조}$), 행정권($^{제66조}_{제4항}$), 사법권($^{제101조}_{제1항}$)을 구분하고 있다. 조직상의 측면에서, 헌법은 분할된 각 국가기능을 조직상으로 분리·독립된 국가기관, 즉 입법기관인 국회, 집행기관인 정부, 사법기관인 법원에 귀속시키고 있다. 인적 측면에서 겸직금지의 규정

---

[1] 헌재 1997. 5. 29. 94헌마33(1994년 생계보호기준), 판례집 9-1, 543, "국가가 인간다운 생활을 보장하기 위한 헌법적인 의무를 다하였는지의 여부가 사법적 심사의 대상이 된 경우에는, 국가가 생계보호에 관한 입법을 전혀 하지 아니하였다든가 그 내용이 현저히 불합리하여 헌법상 용인될 수 있는 재량의 범위를 명백히 일탈한 경우에 한하여 헌법에 위반된다고 할 수 있다."

이 기능상·조직상의 권력분립을 보완하고 있다.

국가권력이 조직상·기능상으로 분할되었으나 분할된 국가기능이 동일인에 의하여 행사된다면, 권력분립은 이루어질 수 없다. 예컨대, 동일인이 오전에는 국회의원으로서, 오후에는 행정관료로서, 저녁에는 법관으로서 활동한다면, 분할된 권한사이의 상호견제는 기대할 수 없을 것이다. 따라서 다른 국가권력에 귀속된 기능행사의 원칙적인 금지를 그 내용으로 하는 권력분립의 요청으로부터 '겸직금지의 원칙'이 파생된다. 일정 국가기관의 구성원이 다른 국가기관의 기능에 참여하는 것은, 두 가지 국가기능이 서로 조화를 이룰 수 없다면, 권력분립원리의 관점에서 원칙적으로 배제되는 것이다. 헌법은 겸직금지의 원칙을 명시적으로 언급하고 있지 않지만, 제43조에서 "국회의원은 법률이 정하는 직을 겸할 수 없다."고 함으로써 국회의원의 겸직금지를 법률로써 정하도록 위임하고 있고, 제112조 제2항에서 "헌법재판소 재판관은 정당에 가입하거나 정치에 관여할 수 없다."고 함으로써 헌법재판소 재판관은 정부와 의회의 구성원이 될 수 없음을 간접적으로 표현하고 있다.[1]

2. 기   능

가. 국가권력의 통제(자유보장적 기능)

권력분립원리의 일차적 의미와 목적은 국가기능(국가과제 및 권한)을 분할하여 상이한 국가기관에 배분함으로써 국가권력의 집중과 남용의 위험을 방지하고, 이로써 궁극적으로 국민의 자유와 권리를 보호하고자 하는 것이다.

국가권력의 집중과 남용은 국가권력의 분할을 통하여 어느 정도 방지되기는 하나, 분할된 국가권력 내에서 권력남용이 가능하기 때문에, 국가권력을 분할하는 것만으로는 충분하지 않다. 따라서 분할된 국가권력이 상호작용의 가능성과 통제권한을 통하여 서로 억제되는 것이 중요하다. 그러므로 권력분립은 국가권력의 분할뿐만 아니라, 동시에 권력 상호간의 견제와 균형을 통한 국가권력의 억제와 통제를 의미한다. 권력분립이란, 권력을 엄격히 분리하여 각 권력 간의 고립과 단절을 꾀하고자 하는 것이 아니라, 권력의 배분을 통하여 국가기관 상호간의 견제와 균형을 꾀하고자 하는 제도이다.

나. 국가기능의 효과적 이행(기능적 측면)

권력분립원리는 국가권력간의 견제와 균형을 통하여 국민의 권리를 보호하는 자유보장적 측면 외에, 국가기능을 분할하여 그의 기능과 구조에 부합하게 상이한 국가기관에게 귀속시킴으로써 각 국가기관에게 독자적인 활동영역과 결정영역을 분배한다는 기능적 측면을 아울러 가지고 있다. 권력분립원리는 국가의 과제와 기능을 국가기관의 민주적 정당성, 그 조직상·인적 설비와 그 절차에 비추어 그 과제를 이행하기에 적합한 기관에게 배분하여 귀속시킴으로써 국가과제의 효율적인 이행에 기여하고, 각 기관이 서로 각자에게 귀속된 기능을 효과적으로 이행함으로써 국가의 행위능력을 보장하고 일원적인 국가의사의 형성을 가능하게 한다. 이에 따라 국가기능은 입법·행정·사법으로 분할되어, 입법권은 국민의 대표자로 구성된 다원적 합의체로서 공개토론절차를 통하여 다양한 이익간

---

1) 이에 대하여, 독일 기본법은 제94조 제1항 제3호(헌법재판소 재판관은 연방의회나 연방정부의 구성원이어서는 안 된다), 제55조 제1항(연방대통령은 연방의회나 연방정부의 구성원이어서는 안 된다), 제137조 제1항(공무원의 연방의회·주의회에의 피선거권은 법률에 의하여 제한될 수 있다)고 규정하고 있다. 의원내각제에서는 의회에서 내각이 구성되기 때문에, 국회의원의 지위는 장관의 지위와 조화를 이룰 수 있다.

의 조정을 가능하게 하는 입법자에게, 행정권은 위계질서와 복종의무를 통하여 일원적이고 효율적인 행정을 보장하는 행정부에게, 사법권은 독립적인 기관으로서 객관적이고 공정한 절차를 통하여 법을 인식하는 사법부에게 각 귀속된다.

Ⅱ. 권력분립사상의 기원

근대적 의미의 권력분립론은 로크(Locke)와 몽테스키외(Montesqieu)에 의하여 이론적으로 체계화 되었다. 군주에게 모든 권력이 집중되었던 권력일원화의 시대인 절대군주제에서 권력분립은 이루어 지지 않았다. 입헌군주제와 더불어 절대군주의 권력이 해체·축소되어 국가권력의 일부가 시민계급 과 귀족계급에 이전되면서, 비로소 권력분립의 문제가 제기되었다. 역사적으로 볼 때, 권력분립은 군 주와 시민계급 간의 투쟁의 산물이라고 할 수 있다. 시민계급은 군주의 통치권행사에 참여하고자 하 였고, 시민계급이 국가권력의 분할과 참여를 부단히 요청하고 투쟁한 결과가 바로 권력분립이다.

1. 로크의 권력분립사상

로크(Locke, 1632-1704)는 1688년 명예혁명 직후인 1690년에 발간한 '시민정부론'(Two Treatises on Civil Government)에서 국가권력남용의 위험성을 서술하였고, 이를 방지하는 방법으로 자연법적 인권 의 보장과 권력분립을 제시하였다. 그는 인권침해로부터 개인을 효과적으로 보호하는 방법을 '국가 권력의 분립'에서 찾았다. 그는 개인의 인권을 효과적으로 보호하기 위해서는 국가권력을 분할하여 상이한 주체에게 배분하고 상호견제와 균형을 꾀해야 한다고 주장하였다. 로크는 그 당시 영국의 헌 정 상황을 바탕으로 입법권과 집행권을 분리하여 입법권을 의회에, 집행권을 군주에게 맡길 것을 주 장하였다(二權分立論). 이로써 로크는 권력분립의 창시자로 간주된다.

2. 몽테스키외의 권력분립사상

가. 몽테스키외(Montesqieu, 1689-1755)는 1748년 발간된 그의 저서 '법의 정신'(De l' esprit des lois) 에서 영국의 헌법제도를 소개하면서,[1] 국가권력을 입법권·집행권·사법권의 3가지의 권력으로 분 할하는 3권분립론을 체계화하였다. 몽테스키외의 권력분립이론은 총 31권에 달하는 그의 역작 중에 서 단지 하나의 장(제11권 제6장, 영국의 헌법에 관하여)에서 2년의 영국 체류기간(1729-1731) 중에 접하 게 된 영국의 헌법제도를 기술하는 부분에서 언급되고 있다.

그는 국가권력의 조직에 있어서 국가권력을 누구에게 맡길 것인지의 문제 및 분할된 국가권력 간 의 관계를 어떻게 정할 것인지의 문제가 중요하다고 생각하였다. 그 당시 헌정 상황에서 현실정치적 으로 중요한 세력이 군주, 귀족 및 시민이었던 점에 비추어, 그는 국가의 기능을 세 가지 형태로 구 분하여, 집행권을 군주에게, 입법권은 시민대표와 귀족대표에게, 사법권은 군주에 의하여 임명되는 법원에 귀속시켰다.[2] 그는 국가의 자유보장적 성격은 결정적으로 국가권력의 분할에 달려있다고 확

---

1) 영국에서는 1688년 명예혁명 이후 군주의 권한은 약화되고 의회의 권한은 확대됨으로써 의회주의가 확립되었다.
2) 몽테스키외는 '집행권'을 본질적으로 외교권과 군사권으로 이해하였으므로, 즉각적인 결정과 행동을 요구하는 이러 한 권력은 그 속성상 다수보다는 단독에 의하여 보다 잘 행사될 수 있다고 판단하여 이를 군주에게 위임하였다.

신하였고, 이에 따라 세 가지 국가기능은 시민의 자유가 보장될 수 있도록 각 다른 국가기관에 나누어 맡겨야 한다고 주장하였다.[1] 몽테스키외의 권력분립론의 본질은 국가권력의 분할뿐만 아니라 무엇보다도 국가권력 상호간의 영향력행사를 통하여 권력간의 상호작용과 통제를 강조하는 것에 있다.[2]

나. 몽테스키외는 당시 영국의 정부제도와 헌법현실을 기술함으로써, 프랑스 절대군주제를 극복하기 위한 대안을 제시하려고 하였다. 그는 단지 이론적인 권력분립모델을 고안하는 것에 그치지 아니하고, 이를 당시의 프랑스 정치현실에 적용하여 서로 대립관계에 있는 전통적 군주와 신흥 시민계급에게 각각 집행권과 입법권을 귀속시킴으로써 두 세력을 균형적인 관계로 형성하려고 시도하였다. 당시 그의 권력분립론은 군주의 절대주의로부터 벗어나는 길을 제시하는 해결책으로 받아들여졌으며 그 후 실정헌법에도 수용되었다. 1787년의 미연방헌법은 몽테스키외의 3권분립론을 구현한 헌법의 전형으로 간주된다.[3] 나아가 그의 권력분립론은 유럽의 헌법발전에도 큰 영향을 미쳤는데, 1789년의 프랑스 인권선언 제16조는 '인권보장과 권력분립이 확립되지 않은 국가는 헌법을 가지지 않은 것이다'라고 규정하여, 기본권과 권력분립원리가 법치국가적 헌법의 불가결한 요소임을 선언하였다.

'입법권'은 단독으로 행사되는 것보다는 다수에 의하여 보다 잘 행사될 수 있다고 판단하여 시민계급과 귀족에게 위임하였다. 시민과 귀족은 전체로서 입법권을 직접 행사할 수는 없고 대표기관을 통하여 행사해야 하는데, 귀족대표는 세습적으로 구성되고, 시민대표는 선출된다. '사법권'은 법률이 정한 바에 따라 일 년 중 특정기간에 시민계급과 귀족계급 중에서 임명된 사람에 의하여 구성되는 법원에서 행사된다. 몽테스키외는 사법권을 특정 신분에 귀속시키지 아니하고, 다만 귀족이 시민계급의 질투와 시기의 희생물이 되지 않도록 '법관은 피고의 신분에 속할 것'만을 요구하였다.

1) 몽테스키외의 사고를 요약하면 다음과 같다. 『동일한 국가기관이 입법권과 집행권을 함께 가지는 경우에는 국민의 자유가 보장될 수 없다. 동일한 기관이 법률을 전제적(專制的)으로 집행하기 위하여 독재적인 법률을 제정하는 것이 우려되기 때문이다. 입법과 집행이 분리되는 경우 입법자는 자유를 제한하는 포괄적인 권한을 집행부에 부여하지 않을 것이고, 반면에 입법과 집행이 결합하는 경우에는 국민의 자유를 제한하는 무제한적인 권한을 스스로에게 부여할 것이다. 사법권이 입법권이나 집행권과 분리되지 않는 경우에도 개인의 자유가 보장되지 않는다. 사법권이 입법권과 결합된다면, 법관은 동시에 입법자이기 때문에 무엇이 법인지를 확인하는 대신 언제든지 법을 임의로 형성함으로써 국민의 생명과 자유에 관하여 자의적인 권한을 가질 것이다. 사법권이 집행권과 결합하는 경우에는 법관은 자신이 법을 집행하고 법집행의 합법성을 스스로 판단하게 되므로 억압자의 권력을 가지게 될 것이다. 한 기관이 이러한 세 가지 권한을 함께 행사하게 되는 경우에는 모든 것을 잃게 된다.』

2) 가령, 입법권 내부에서 시민대표와 귀족대표로 구성되는 각 院에게 상호 거부권을 부여함으로써 兩院의 동의가 있는 경우에만 입법이 가능하도록 하였고, 군주에게는 입법에 대한 거부권을 인정하였다. 이에 대하여 군주에 대한 의회의 거부권은 불필요하다고 생각하였다. 집행권이 이미 법률의 구속(특히 예산과 조세에 대한 동의권)을 받는 것으로 충분하다고 판단하였다. 한편, 몽테스키외는 권력 간의 억제와 통제의 제도로부터 '사법권'을 사실상 배제하였다. 그는 사법권을 진정한 권력이 아니라고 보았기 때문에, 그의 권력분립론에서 권력분립은 결국 입법권과 집행권 간의 견제와 균형의 문제였다. 그가 사법권을 과소평가한 것은, 첫째, 법관의 판결은 법률에 의하여 이미 확정된다는 점에서 법관은 단지 법이 정한 바를 말하는 '입'에 불과하다고 생각하였기 때문이고, 둘째, 사법부를 단지 그 당시에 존재하는 민·형사법원으로만 이해하였기 때문이었다. 사법기능 중에서 특히 정치적 의미를 가지는 헌법재판과 행정재판은 그 당시 존재하지 아니하였다.

3) 미연방헌법이 몽테스키외의 3권분립론을 거의 그대로 수용하였다는 것은 다음과 같은 점에서 드러나고 있다. 의회는 몽테스키외의 이론에 따라 兩院으로 구성되고 법률이 兩院의 동의에 의하여 제정될 수 있도록 함으로써, 의회 내부에서 통제가 이루어지고 있다. 집행권은 군주 대신 대통령에게 단독으로 위임되었고, 대통령은 의회에서 의결된 법률안에 대하여 거부권을 행사할 수 있다(물론, 대통령의 거부권은 양원의 2/3의 찬성으로 극복될 수 있다). 이에 대하여 의회에게는 대통령의 권력남용을 방지하는 권한으로서 예산에 대한 동의권, 대통령에 대한 탄핵권, 국정조사권, 집행부 구성원의 임명에 대한 동의권을 부여하고 있다. 한편, 몽테스키외의 사고와는 달리, 사법부는 연방대법원의 규범심사로 인하여 권력분립 구조의 중요한 요소로 부상하였다.

III. 현대국가에서 권력분립

몽테스키외의 권력분립론은 그 당시의 정치상황, 즉 군주와 시민계급의 대립관계와 二元主義에서 출발하였다. 전제군주제 또는 제한군주제의 시대적 배경에서 고안된 권력분립이론의 구체적 내용은 그 당시 정치적 상황의 산물로서 한시적일 수밖에 없다. 그러나 시간을 초월하여 유효한 것은 '권력분립의 사고'이다.

오늘날의 현대국가에서의 정치적 상황은 몽테스키외의 권력분립론의 이론적 바탕을 이루었던 18세기 유럽의 상황과는 크게 변하였다. 국민주권주의에 바탕을 둔 오늘날의 자유민주국가에서 군주와 국민 사이의 대립관계는 더 이상 존재하지 않으며, 나아가 야경국가에서 사회국가로의 국가적 성격(국가과제)의 변화, 정당국가화의 경향, 헌법재판의 도입 등으로 인하여 고전적인 권력분립이론에 대한 수정이 불가피하게 되었다.

1. 현대국가에서 정치상황의 변화

가. 정당국가의 발달로 인한 권력분립의 변질

집권당이 집행부와 입법부를 정치적으로 함께 지배함으로써 집권당에 의하여 국가권력이 통합되는 오늘날 정당제 민주주의의 가장 큰 문제는 정부에 대한 의회의 국정통제기능의 상실에 있다. 집권당이 정부를 통제하는 것이 아니라 오히려 의회에서 정부의 정책을 대변하는 기능을 하게 됨으로써, 의회와 정부 사이의 전통적인 권력분립은 정부·집권당과 야당 사이의 권력분립으로 대체되었다.

나. 국가과제의 변화

몽테스키외의 사상의 바탕이 된 18세기의 국가는 야경국가·자유방임적 국가·질서유지적 국가였다. 그러나 현대의 국가는 국민에 대한 생존배려의 의무 및 정의로운 사회질서를 형성하기 위하여 적극적으로 활동할 의무가 있는 사회국가·복지국가로서, 사회국가적 요청에 의하여 국가의 사회형성적·급부적 기능이 확대됨으로써 광범위한 사회국가적 과제를 이행하기 위하여 집행권의 영역이 확대되었다. 이로써 집행권이 비대해지는 행정국가적 현상이 나타나고, 이에 상응하여 행정을 통제하는 사법권이 강화되는 사법국가(司法國家)의 현상이 나타났다.

다. 사회단체의 출현과 국가권력에 대한 영향력의 행사

고전적인 권력분립원리는 국가기관의 조직·기능원리로서 국가영역 내부에서 권력의 견제와 균형에 관한 것이었다. 그러나 오늘날의 다원적 민주주의에서는 각종 사회단체가 출현하여 국가의사형성에 영향력을 행사하고 있다. 따라서 특정 사회세력이 국가의사형성과정에 일방적인 영향력을 행사하는 것을 방지하기 위하여 복수의 사회단체간의 세력균형의 필요성이 제기되었다. 즉, 사회세력 간에도 국가의사형성에 미치는 영향력에 있어서 권력분립이 요청되는 것이다. 그 결과, 오늘날의 권력분립은 국가 내부의 권력분립의 문제일 뿐만 아니라, 국가의사형성에 영향을 미치는 사회세력간의 권력분립의 문제이기도 하다.

2. 권력분립의 형태

위에서 서술한 바와 같이, 권력분립구조의 근본적인 변형으로 인하여 현대 자유민주국가의 헌법은 권력분립에 기여하는 다양한 제도와 규정을 두고 있다.

가. 의회의 여당·정부 및 야당의 대립을 통한 권력분립

(1) 정당이 국정운영의 중심적 역할을 담당하는 오늘날의 정당국가에서, 권력분립구조는 '정부와 의회의 대립'에서 '의회 내 다수당과 소수당의 대립'으로 전환되었으며, 정부와 국회의 권력이 다수당 중심으로 형성된 현실적 정치상황에서는 실제적인 권력의 분립은 의회의 여당과 야당 사이에서 이루어진다. 물론 우리 헌법과 같이 대통령제를 채택한 헌법 하에서는 의원내각제의 경우처럼 정부와 의회 다수당의 이익이 반드시 일치하는 것은 아니지만, 대통령의 출신정당과 국회 내의 다수당이 일치하는 것이 일반적인 헌법현실이다. 따라서 정부에 대한 통제는 야당의 역할이 되었다.

(2) 이에 따라 오늘날의 권력분립원리는 소수정당에게 집권당을 통제하는 가능성을 부여함으로써 비로소 실현될 수 있다. 바로 여기에 집권당을 통제할 수 있는 야당의 권리 및 소수 보호의 중요성이 있다. 정당국가에서 권력분립원리의 실현은 본질적으로 의회의 야당이 기능하는지, 소수의 보호가 기능하는지의 여부에 달려있다. 따라서 소수의 보호가 기능할 수 있도록, 의사형성과정에 영향력을 행사하는 소수의 절차적 권리와 이를 사법절차적으로 관철할 수 있는 소송법적 가능성이 보장되어야 한다. 이러한 이유에서 야당에게 국회소집을 요구할 수 있는 가능성($^{헌법 제47}_{조 제1항}$),[1] 국정조사를 요구할 수 있는 가능성($^{헌법}_{제61조}$), 정부의 출석과 답변을 요구할 수 있는 가능성($^{헌법}_{제62조}$) 등이 부여되어야 한다. 나아가, 의회나 소수당의 권한이 침해된 경우에는 이를 소송법적으로 관철할 수 있는 가능성이 함께 보장되어야 한다. 소수의 보호를 위한 헌법소송제도로서 중요한 기능을 하는 것이 권한쟁의심판이다. 권한쟁의심판절차는 소수의 보호가 기능할 수 있도록 입법적으로 형성되어야 하고, 소수보호의 정신에 비추어 헌법소송법규정은 해석되어야 한다.[2]

나. 연방국가제도 및 지방자치제도를 통한 수직적 권력분립

연방과 지방 사이의 수직적인 권력분립을 의도하는 연방국가적 구조는 국가기관 사이의 수평적 권력분립과 함께 권력통제의 실효성을 높일 수 있는 현대적인 권력분립의 수단으로 간주되고 있다. 연방국가에서는 일반적으로 입법기관이 양원제로 구성되기 때문에, 양원제를 통하여 국가기관 사이의 수평적 권력통제의 효과도 기대할 수 있다.

또한, 단일국가에서 채택할 수 있는 지방자치제도도 중앙정부와 지방자치단체 간에 행정기능을 배분함으로써 수직적 권력분립의 요소로서 인식되고 있다. 지방자치제도는 자치행정의 보장을 통하여 지방자치단체에게 국가의 간섭과 지시로부터 자유로운 과제영역을 보장함으로써, 독자적인 행정의 가능성을 부여하고 행정의 분권화와 수직적인 권력분립에 기여한다.

---

1) 헌법은 국회재적의원 1/4 이상의 요구에 의한 국회임시회의 소집 가능성을 규정하고 있다.
2) 권한쟁의제도는 개별 국회의원이나 국회 소수파의 권한이 침해되는 경우 법적 보호와 분쟁해결의 가능성을 제공함으로써 소수의 보호를 위한 법적 제도로서 중요한 의미를 갖는다. 뿐만 아니라, 국회의 권한이 정부에 의하여 침해당한 경우, 야당이 국회를 대신하여 침해된 국회의 권한을 권한쟁의심판절차를 통하여 주장할 수 있는지의 문제(제3자 소송담당)가 헌법재판소법 제61조 제1항 및 제62조 제1항 제1호 규정의 해석 문제와 관련하여 제기된다.

다. 헌법재판제도의 권력통제적 기능

헌법재판제도는 위헌법률심판, 헌법소원심판, 탄핵심판 등을 통하여 국가행위가 헌법적 한계를 넘었는지를 심사함으로써 국가권력을 제한하고 국가기관의 권력남용을 방지하는 기능을 한다. 또한, 헌법재판제도는 권한쟁의심판 등을 통하여 국가기능 사이에 견제와 균형이 이루어지는지를 통제함으로써, 헌법상 권력분립질서의 유지에 기여한다.

한편, 헌법재판소는 헌법에 의하여 헌법재판의 기능을 부여받음으로써 스스로 국가권력을 행사하기 때문에, 입법자나 법원 등 다른 국가기관과의 관계에서 권력분립의 문제를 야기한다. 특히 헌법재판소가 헌법재판권을 어느 정도까지 행사할 수 있는지, 다른 국가기관의 행위를 어느 정도로 통제할 수 있는지의 관점에서, '헌법재판의 기능적 한계'라는 문제가 제기된다.[1]

라. 직업공무원제도의 권력분립적 기능

직업공무원제도의 권력분립적 기능은 정치적 세력(정당과 이익단체, 정무직 또는 선출직 공무원 등 정치적 공무원)과 직업공무원 간의 권력의 분리 및 견제와 균형에 있다.[2] 헌법은 직업공무원제도를 통하여 '정치적으로 중립적인 직업공무원'과 '정치적으로 편향적인 세력' 사이에 역할분담과 권력의 균형을 의도하고 있다. 직업공무원은 정치적 세력 간의 경쟁에서 중립적 요소로서의 지위를 유지해야 한다. 직업공무원제도는 그 본질적 요소인 정치적 중립성과 신분보장으로 말미암아, 정권의 교체나 정당에 의한 국가권력의 통합현상에도 불구하고 국가의 행정이 정치권력의 영향을 크게 받지 않고 지속적이고 일관되게 이루어지도록 함으로써, 행정 관료조직이 정치세력을 견제하고 통제하는 기능을 한다. 이로써 직업공무원제도는 안정적인 행정을 확보함으로써 국가생활을 형성하는 정치적 세력에 대한 평형추의 역할을 한다.

마. 다원적 민주주의를 통한 권력분립

오늘날 다원적 민주주의에서 국가의사형성은 국민의사형성과의 상호 영향관계에서만 이해될 수 있다. 대의제 민주주의에서 정치적 의사형성은 국민의사형성과 국가의사형성으로 구분된다. 사회단체는 국민의사형성에서 주도적 역할을 담당하고 국가의사결정과정에 영향력을 행사하고자 시도한다. 국가의사형성에 영향력을 행사하고자 하는 '복수의 사회단체의 존재'와 '사회단체간의 세력균형'을 통하여 사회적 영역의 정치의사형성과정에서 권력분립이 실현된다.

바. 기관내부적 권력통제

권력통제를 위한 또 다른 방법은 기관내부적으로 권력을 통제하는 방법이다. 헌법은 입법부나 행정부 내에서도 하나의 부분기관이 독자적으로 헌법적 권한을 행사하지 못하고 다른 부분기관과의 협력 하에서만 권한을 행사할 수 있도록 규정할 수 있는데, 이러한 권력통제의 방법을 기관내부적 권력통제라 한다. 이러한 협력필요성의 대표적인 예가 입헌군주제에서의 부서요건이다. 오늘날의 민주헌법에서도 국가원수의 국정행위에 대하여 부서요건을 규정하는 경우가 있다(우리 헌법의 제82조). 또한, 대통령이 국무위원을 임명하기 위하여 국무총리의 제청을 요건으로 규정하는 것도 여러 기관의 협력을 통한 내부적 권력통제의 한 형태이다(헌법제87조). 기관 상호간의 협력을 통한 내부적 권력통제의 또 다른

---

1) 이와 관련하여 제4편 제5장 제1절 I. 4. '헌법재판의 한계' 및 제3절 제1항 III. '현행 헌법상 헌법재판소의 권한' 참조.
2) 이에 관하여 제4편 제3장 제3절 제7항 '직업공무원의 정치적 중립성' 참조.

258 제 2 편 大韓民國 憲法의 基本原理

예는, 입법기관이 양원으로 구성되어 법률의 제정을 위하여 양원의 찬성을 필요로 하는 양원제이다. 뿐만 아니라, 기관의 의사를 합의제원칙에 따라 결정하도록 국가기관을 합의제기관으로 구성하는 것도 권력통제를 위한 하나의 수단이다.

Ⅳ. 권력분립원리의 위반

사례 | 헌재 2008. 1. 10. 2007헌마1468(이명박 후보 특검법 사건)

'한나라당 대통령후보 이명박의 주가조작 등 범죄혐의의 진상규명을 위한 특별검사의 임명 등에 관한 법률' 제3조는 대법원장으로 하여금 특별검사 후보자 2인을 추천하고 대통령은 그 추천후보자 중에서 1인을 특별검사로 임명하도록 규정하고 있다. 행정부의 관할에 속하는 검찰의 기능을 행사하는 특별검사제도의 도입 여부를 입법부가 독자적으로 결정하는 위 법률조항은 권력분립원칙에 위배되는가?[1]

---

1. 실정헌법에 의한 권력분립원리의 구체적 형성

권력분립의 의미는 국가기능의 엄격한 분리에 있는 것이 아니라, 국가권력이 제한되고 국민의 자유가 보호될 수 있도록, 국가기관 상호간의 영향력행사, 통제와 억제에 있다. 국가기능을 입법·행정·사법으로 3분하여 각 독립된 국가기관에 귀속시키고 각 기관은 자신에게 귀속된 국가기능만 행사할 수 있다는 의미에서의 엄격한 권력분립제도는 현재 어느 국가에서도 실현되고 있지 않다.

권력분립원리란, 시간과 장소를 초월하여 절대적 타당성을 주장할 수 있는 국가권력의 특정한 분립형태에 관한 이론이 아니라, 헌법적 원칙으로서 헌법 내에서 비로소 그의 구체적인 형태를 갖추게 된다. 권력분립원리는 구체적인 헌법질서와 분리하여 파악될 수 없는 것이며, 권력분립원리의 구체적 내용은 헌법으로부터 나오는 것이다. 따라서 구체적인 국가행위가 권력분립원리에 위배되는지의 여부는 특정한 추상적인 권력분립이론을 근거로 하여 판단해서는 안 되고, 권력분립에 관한 구체적인 헌법규범에 의하여 판단되어야 한다. 헌법이 권력상호간의 영향력행사를 명시적으로 허용하고 있거나(가령, 헌법 제75조의 행정입법의 가능성) 또는 헌법이 허용하는 범위 내에서 법률이 상호작용을 규정하는 경우에는 권력분립원리의 위반이 문제되지 않는다.

---

1) 헌재 2008. 1. 10. 2007헌마1468, 판례집 20-1상, 1, 33, "헌법상 권력분립의 원칙이란 국가권력의 기계적 분립과 엄격한 절연을 의미하는 것이 아니라, 권력 상호간의 견제와 균형을 통한 국가권력의 통제를 의미하는 것이다. 따라서 특정한 국가기관을 구성함에 있어 입법부, 행정부, 사법부가 그 권한을 나누어 가지거나 기능적인 분담을 하는 것은 권력분립의 원칙에 반하는 것이 아니라 권력분립의 원칙을 실현하는 것으로 볼 수 있다. … 앞에서 본 바와 같이 특별검사제도는 검찰의 기소독점주의 및 기소편의주의에 대한 제도적 견제장치로서 권력형 부정사건 및 정치적 성격이 강한 사건에서 대통령이나 정치권력으로부터 독립된 특별검사에 의하여 수사 및 공소제기·공소유지가 되게 함으로써 법의 공정성 및 사법적 정의를 확보하기 위한 것이다. 이처럼 본질적으로 권력통제의 기능을 가진 특별검사제도의 취지와 기능에 비추어 볼 때, 특별검사제도의 도입 여부를 입법부가 독자적으로 결정하고, 특별검사 임명에 관한 권한을 헌법기관 간에 분산시키는 것이 권력분립의 원칙에 반한다고 볼 수 없다."

2. 한국헌법에서 권력분립원리

우리 헌법은 국가기능을 입법·집행·사법으로 분할하여, 입법권은 국회에($\frac{M40}{\Delta}$), 집행권은 정부와 행정에($\frac{66}{\Delta}$), 사법권은 법원에($\frac{101}{\Delta}$) 각 귀속시킴으로써, 대의제 민주주의와 더불어 권력분립원리도 채택하고 있음을 표현하고 있다. 이로써, 헌법은 전통적인 권력분립원리를 지도적 모델로 수용하였고, 이를 다시 구체적으로 형성함으로써 권력분립의 독자적 형태를 갖추고 있다. 우리 헌법에서 권력분립원리는 권력의 분할뿐만 아니라 권력간의 상호작용과 통제의 원리로 형성되었고, 이에 따라 국가기관 간의 상호작용(상호간의 억제, 협력과 공조)은 권력분립원리에 대한 예외가 아니라 헌법상 권력분립원리를 구성하는 하나의 요소이다.

헌법은 다른 국가기관과의 협력 하에서만 헌법적 과제를 이행할 수 있도록 규정함으로써 기관간의 관계를 '협력적 통제관계'로 형성할 수 있다. 여러 국가기관 사이의 필수적 협력관계의 대표적인 예가, 의회는 법률안을 의결하고 대통령은 이를 공포하거나 거부하는 형식으로 법률의 제정과정에 의회와 정부가 공동으로 참여하는 것이다. 헌법은 입법과정에서 국회와 정부의 협력관계(제52조의 법률안 제출권, 제53조의 법률안 공포권과 거부권) 및 국제법상의 조약체결에 있어서 국회와 정부의 협력관계(제60조의 국회의 동의권과 제73조의 대통령의 조약체결권)를 규정하고 있다. 나아가, 감사원, 사법부와 헌법재판소의 구성에 있어서 정부와 국회의 협력관계($\frac{\text{헌법 제98조, 제}}{104조, 제111조}$), 헌법재판소와 중앙선거관리위원회의 구성에 대통령·국회·대법원장이 공동으로 참여하는 것($\frac{M111조}{M114조}$)도 권력분립원리의 표현이라 할 수 있다. 또한, 상호견제와 통제의 장치로서, 예산에 대한 국회동의권($\frac{M54}{\Delta}$), 대통령을 비롯한 고위공직자에 대한 국회의 탄핵소추권($\frac{M65}{\Delta}$), 국무총리의 임명에 대한 국회동의권($\frac{M86}{\Delta}$), 대통령의 법률안거부권($\frac{M53}{\Delta}$) 등을 언급할 수 있다. 뿐만 아니라, 대통령의 국정행위에 대한 부서제도($\frac{M82}{\Delta}$), 대통령이 국무총리나 국무위원 등의 직을 겸할 수 없도록 규정한 겸직금지($\frac{M83}{\Delta}$), 국무위원의 임명에 있어서 국무총리의 제청 요건($\frac{M87조}{M1항}$) 등도 기관내부적 권력통제의 수단으로서 권력분립원리를 실현하고자 하는 것이다.

3. 권력분립원리의 위반이 고려되는 경우

권력분립원리가 요구하는 바는, 헌법이 규정한 국가기관 사이의 권한 분할은 그 비중에 있어서 유지되어야 하고, 어떠한 국가기관도 헌법에 근거하지 아니하고는 다른 권력에 대한 우위를 차지해서는 안 되며, 어떠한 권력도 헌법상 부여받은 전형적인 과제의 이행을 위하여 필요한 관할을 박탈당해서는 안 된다는 것이다. 즉, 권력의 배분이 특정 국가기관의 일방적 우위를 가져와서도 아니 되고, 헌법상 다른 국가기관에 귀속된 기능의 핵심적 영역을 침해해서도 안 된다. 특정 권력의 절대적 우위를 배제하고 각 기능 영역의 본질적 부분을 유지하고자 하는 것이 권력분립원리의 의도인 것이다. 그러므로 다른 권력에 대한 영향력행사나 어느 정도의 권력비중의 변경이 이미 권력분립원리에 위반되는 것은 아니다. 헌법상 다른 권력에 유보된 기능의 핵심적 영역에 대한 침해가 발생한 경우에 비로소 권력분립원리에 대한 위반이 고려될 수 있다.

따라서 입법부는 더욱 효율적이고 합리적인 입법을 위하여 입법권을 집행부에 위임할 수 있고(행정입법), 반대로 구체적이고 개별적인 효과를 가지는 입법을 통하여 실질적으로 행정기능을 행사할 수도 있다(처분적 법률). 또한, 사법기관은 법률의 해석과 적용을 통하여 실정법을 구체화하고 보완하는 法官法을 형성함으로써 입법기능을 행사할 수 있다.

제 4 절　國家機關의　法羈束性

법치국가의 핵심적 내용에 속하는 것은, 모든 국가기관이 국가권력의 행사에 있어서 법의 구속을 받는다는 것이다. 국가권력의 행사가 법의 구속을 받는다는 것은 국가행위에 대하여 헌법과 법률이 우위에 있다는 것을 의미한다. 우리 헌법은 이를 명시적으로 규정하고 있지는 않지만, 사법권의 보장(제107조)과 헌법재판제도의 규정(제111조)을 통하여 공권력행위가 헌법과 법률에 위반되는지를 다툴 수 있는 가능성을 제공함으로써, 국가행위에 대한 헌법과 법률의 우위를 표현하고 있다. 헌법의 우위란, 헌법은 최고의 규범으로서 입법·행정·사법의 모든 국가기관을 구속하며, 법률을 비롯한 모든 국가행위에 대하여 우위를 가진다는 것을 의미한다. 이에 따라 현행 헌법 하에서 법의 적용을 받지 않는 국가영역은 인정될 수 없다. 특히 행정청의 법기속성은 법률에 의한 행정(法治行政)으로 구체화된다. 국가권력의 기속의 형태 및 내용은 구체적으로 다음과 같다.

I. 입법자의 헌법에의 기속

1. 헌법의 우위

입법자는 입법행위에 있어서 헌법의 구속을 받는다. 헌법은 입법절차를 확정하고 합헌적인 법률에 대한 내용적인 기준을 제시한다. 입법자의 입법은 기본권을 존중해야 하고 헌법상의 기본원리(객관적 원칙이나 기본정신)에 위배되어서는 안 된다. 헌법은 입법자에게 입법형성의 한계이자 지침으로 작용한다. 헌법은 기본권, 헌법의 기본원리, 헌법위임 등과 같은 행위의 한계규범과 행위지침을 통하여 입법을 유도하고 입법의 방향과 한계를 제시한다.

법률로써 기본권을 제한하는 경우, 그 제한은 과잉금지원칙(비례의 원칙)이나 본질적 내용의 침해금지와 같은 '기본권제한에 관한 일반적 헌법적 원칙'을 준수해야 한다. 또한, 법률로써 헌법을 실현하고 구체화하는 경우, 민주주의원리, 사회국가원리와 같은 헌법상의 기본원리를 존중하고 그에 위배되어서는 안 된다.[1]

2. 헌법위반의 효과

헌법에 위반되는 법률은 헌법재판소의 규범통제절차에서 위헌으로 선언된다. 헌법재판소는 위헌적인 법률에 대하여 원칙적으로 위헌결정을 선고하나, 다른 헌법적인 사유에 의하여 정당화되는 경우, 예외적으로 헌법불합치결정이나 한정위헌결정을 선고할 수 있다. 그러나 법적 안정성의 관점에서 위헌결정의 효력이 미치는 범위를 제한하고 있다.

---

1) 입법자가 헌법의 민주주의원리를 법률로써, 예컨대 선거법이나 정당법을 통하여 구체화할 때, 헌법상의 기본원리인 국민주권의 원리나 복수정당제 등에 위배되어서는 안 된다.

Ⅱ. 행정부의 법에의 기속

1. 헌법과 법률의 우위

행정부는 법질서의 모든 법규범(헌법, 형식적 법률, 명령과 조례)의 구속을 받는다. 행정작용에 있어서 법률뿐만 아니라 헌법에 부합하도록 행정이 행해질 것이 요구되므로, 행정작용은 법률뿐만 아니라 헌법에 위배되어서는 안 된다.

행정청은 모든 법규범의 구속을 받으나, 법의 적용에 있어서는 적용할 법규범을 임의로 선택할 수 있는 것이 아니라 하위의 법규범을 우선적으로 적용해야 한다. 그러나 헌법은 상위규범으로서 행정청의 법적용에 있어서 완전히 도외시되는 것은 아니고, 법규범의 해석에 있어서 중요한 지침으로서 기능할 수 있다.

2. 헌법 또는 법률 위반의 효과

행정청이 위법적인 행정행위 등 위법적인 조치를 취한 경우, 법질서는 법률에 의한 행정(法治行政) 및 법적 안정성의 관점을 고려하여 위법성의 결과를 상이하게 규율할 수 있다. 위법적인 행정행위도 취소되거나 행정청에 의하여 스스로 철회되지 않는 한, 법적으로 유효하다. 다만, 명백하고 중대한 법적인 하자가 있는 경우에 한하여 행정행위는 무효이다.

3. 위헌·위법이라고 판단되는 법규범의 경우

행정부는 법규범의 구속을 받기 때문에, 행정은 법규범에 따라 행해져야 한다(법치행정). 따라서 행정청은 위헌·위법으로 간주되는 법규범의 적용을 거부할 수 없다. 헌법은 제107조 제1항 및 제111조 제1항 제1호에서 위헌법률심판의 제청권을 법원에게만 부여하고 있다. 행정청이 구체적인 사건에 적용해야 할 법률에 대하여 위헌의 의심이 있는 경우, 행정공무원은 상급관청에게 법률의 위헌성에 관한 이의를 제기함으로써 정부로 하여금 헌법재판소에 추상적 규범통제의 형태로 법률의 위헌여부를 묻도록 하는 방법만이 고려될 수 있을 뿐이나, 현행 헌법재판제도는 구체적인 소송과 무관하게 법률의 위헌여부를 물을 수 있는 추상적 규범통제제도를 두고 있지 않다.[1] 따라서 행정청은 정부의 법률안제출권의 행사를 통하여 위헌적 법률의 위헌성을 제거하거나 개선하도록 하는 방법만이 고려될 수 있을 뿐이다.

한편, 행정입법의 위헌성이 문제되는 경우에는 행정청은 상급관청을 통하여 행정입법의 위헌성을 지적함으로써 행정부가 스스로 행정입법의 위헌성을 제거하도록 할 수 있다.

Ⅲ. 사법부의 법에의 기속

헌법은 제103조에서 "법관은 헌법과 법률에 의하여 그 양심에 따라 독립하여 심판한다."고 규정

---

1) 추상적 규범통제란, 구체적 소송사건과 관계없이 일정한 청구권자(가령, 정부나 국회의원 1/3 등)의 청구에 의하여 헌법재판소가 추상적으로 법률의 위헌여부를 심사하는 제도를 말한다.

하고 있다. 이로써 법관은 최고규범으로서 헌법을 존중하고 헌법과 법률에 따라 심판해야 한다. 사법부의 법기속성은 구체적으로 다음과 같은 형태로 나타난다.

1. 행정에 대한 통제

가. 위헌·위법적 행정행위의 취소 및 하급심 판결의 파기환송

위헌·위법적 행정행위 및 하급심 판결은 취소되어야 한다. 특히 재량행위의 경우, 법익형량과정에서 기본권을 고려하지 않았다든지 아니면 비례의 원칙에 위반되었든지 재량을 잘못 행사한 경우, 위헌적 행정작용에 대한 사법적 구제가 이루어진다.

나. 행정입법에 대한 법원의 명령·규칙 심사권

법원은 구체적인 소송사건에 적용될 명령이나 규칙을 심사하여 위헌 또는 위법이라 판단되는 경우, 이를 무효로 선언할 수는 없으나, 당해사건에서 명령·규칙의 적용을 거부할 수 있다(헌법 제107조 제2항). 최고법원인 대법원이 명령·규칙의 위헌·위법여부를 최종적으로 심사할 권한을 가진다.

2. 입법자에 대한 통제

가. 위헌법률심판제청의 의무

사법부가 헌법의 구속을 받는다는 것은 일차적으로 구체적 소송사건에서 위헌으로 간주되는 법률을 적용해서는 안 된다는 의무에서 표현된다. 법원은 위헌적인 법률을 적용함으로써 스스로 위헌적인 행위를 해서는 안 되기 때문에, 재판의 전제가 되는 법률의 위헌성이 문제된다면, 법원은 소송절차를 정지하고 헌법재판소에 위헌심판을 제청해야 한다(헌법 제107조 제1항). 법원은 명령·규칙의 경우와는 달리, 위헌이라고 판단되는 법률의 적용을 거부할 권한이 없다. 사법권과 입법권의 권력분립의 원칙 때문에, 단지 헌법재판소만이 법률의 위헌성을 확인할 수 있다.

나. 합헌적 법률해석을 해야 할 의무

법원은 모든 법률을 가능하면 헌법에 합치하게 해석해야 한다. 일견, 위헌의 여지가 있는 법률이라도, 법률이 헌법과 조화되는 것으로 해석할 여지가 있는 한, 그 법률은 합헌으로 판단해야 한다.

제 5 절 法律에 의한 行政(法治行政)

국가의 기능 중 행정기능이 가장 직접적으로 국민과 접촉한다는 점에서, 국민의 자유와 권리에 대한 침해가 행정작용에 의하여 가장 빈번하게 발생할 수 있다. 그러므로 법치국가원리는 무엇보다도 행정이 법률에 의하여 행해질 것을 요청한다. 법률에 의한 행정이란 법률우위의 원칙 및 법률유보의 원칙을 말한다.

I. 法律優位의 원칙

법률우위(Vorrang des Gesetzes)의 원칙이란, 행정에 대한 법률의 우위, 즉 행정이 법률에 기속된다는 것을 의미한다. 행정청의 모든 행정작용은, 국민에게 불리한 법적 효과가 있는 침해행정인지 아니면 유리한 법적 효과가 있는 급부행정인지 하는 '행정의 법적 성격'과 관계없이, 행정작용이 행정처분, 사실행위 또는 공법상의 계약의 형태로 이루어지는지 하는 '행정의 법적 형식'과 관계없이, 법률에 위반되어서는 안 된다. 법률우위의 원칙은 행정의 전 영역에 적용되는 원칙으로서, 법률이 존재하는 경우 행정이 법률에 위반되어서는 안 된다는 것을 의미한다.

II. 法律留保의 원칙

법률유보(Vorbehalt des Gesetzes)의 원칙이란, 행정이 법률에 근거하여, 즉 법률의 수권에 의하여 행해져야 한다는 것을 의미한다. 법률유보원칙과 관련하여 제기되는 문제는, 어떠한 경우에 행정청이 법률에 의한 수권을 필요로 하는지에 관한 것이다(법률유보 적용영역의 문제).

법률유보의 원칙은 민주주의원리와 법치국가원리에 그 헌법적 근거를 두고 있다. 민주주의원리는 행정작용에 대하여 의회의 법률에 의하여 매개되는 민주적 정당성을 요구한다. 법치국가적 관점에서는, 국민이 국가행위를 사전에 예측할 수 있도록 국가의 모든 중요한 공권력작용은 일반·추상적으로 법률로써 확정되어야 한다. 이로써 법률유보는 국민에게 법적 안정성을 보장하고 자의적인 국가행위를 방지하는 중요한 법치국가적 기능을 한다.

법률유보의 원칙은 침해유보의 사고에서 비롯되었고, 의회유보의 사고에 의하여 보완되었다. 침해유보는 19세기 유럽의 시민적 법치국가에서 가장 본질적인 사안인 '자유와 재산에 대한 침해여부에 관한 결정'을 의회의 유보 하에 두고자 한 시도로서, 여전히 유효한 원칙이다. 그러나 정치적 상황과 국가성격의 변화로 인하여 침해유보를 의회유보에 의하여 보완하는 것이 불가피하게 되었다.

1. 侵害留保(고전적 법률유보)

사례 / 헌재 2005. 7. 21. 2003헌마282(교육정보시스템 사건)

교육인적자원부장관은 교육정보시스템(NEIS)이라는 컴퓨터 네트워크 시스템을 전국적으로 구축·운영하였다. 甲은 고등학교를 졸업한 자인데, 교육인적자원부장관과 서울시 교육감이 위 시스템을 통하여 자신의 성명, 주민등록번호, 생년월일, 졸업학교명, 졸업연월일에 관한 정보를 수집하고 이에 대한 정보파일을 보유하고 있는 것이 자신의 행복추구권 등의 기본권을 침해하는 것이라고 주장하면서 헌법소원심판을 청구하였다.[1]

---

[1] 헌재 2005. 7. 21. 2003헌마282(교육정보시스템), 판례집 17-2, 81, [서울특별시 교육감 등이 졸업생의 성명, 생년월일 및 졸업일자 정보를 교육정보시스템(NEIS)에 보유하는 행위의 법률유보원칙 위배 여부'에 관하여] "개인정보의 종류와 성격, 정보처리의 방식과 내용 등에 따라 수권법률의 명확성 요구의 정도는 달라진다 할 것인바, … 개인의 인격에 밀접히 연관된 민감한 정보라고 보기 어려운 졸업생의 성명, 생년월일 및 졸업일자만을 교육정보시스템(NEIS)에 보유하는 행위에 대하여는 그 보유정보의 성격과 양(量), 정보보유 목적의 비침해성 등을 종합할 때 수권법률의 명확성이 특별히 강하게 요구된다고는 할 수 없으며, 따라서 "공공기관은 소관업무를 수행하기 위하여 필요한 범위 안에서 개인정보화일을 보유할 수 있다."고 규정하고 있는 공공기관의개인정보보호에관한법률 제5조와 같은 일반적 수권조항에 근거하여 피청구인들의 보유행위가 이루어졌다하더라도 법률유보원칙에 위배된다고 단정하기 어렵다."

사례 2 | 헌재 2012. 5. 31. 2009헌마705 등(국가공무원 복무규정 사건)

대통령령으로 제정된 국가공무원 복무규정은 '공무원은 직무를 수행할 때 근무기강을 해치는 정치적 주장을 표시 또는 상징하는 복장 등을 착용해서는 아니 된다'고 규정하고 있다. 한편, 국가공무원법은 공무원의 정치 활동을 포괄적으로 금지하면서, 정치적 행위의 금지에 관한 한계는 대통령령으로 정하도록 규정하고 있다(제65조). 국가공무원인 甲은 위 국가공무원 복무규정이 정치적 표현의 자유 등을 침해한다고 주장하면서 헌법소원심판을 청구하였다.[1]

법률유보는 역사적으로 19세기 독일에서 군주의 집행부로부터 시민사회를 보호하기 위하여 발전한 원칙으로서, 군주로 대표되는 집행부와 시민을 대표하는 의회와의 대립관계를 전제로 하여, 행정은 법률에 의한 수권이 있는 경우에만 국민의 자유와 재산에 대하여 침해할 수 있다는 원칙, 즉 행정에 의한 기본권의 침해는 법률에 근거해야 한다는 원칙을 말한다. 우리 헌법은 제37조 제2항에서 개인의 자유와 권리에 대한 제한의 경우에 법적 근거를 요구함으로써 명시적으로 국가의 침해행위에 대한 법률유보를 규정하고 있다.[2]

따라서 행정청이 개별행위(행정행위나 사실행위 등)나 행정입법을 통하여 개인의 기본권을 제한하는 경우에는 기본권을 제한할 수 있는 권한을 부여하는 법률(수권법률)을 필요로 한다. 예컨대, 행정청에 의한 개인정보의 수집과 처리는 헌법 제10조의 행복추구권으로부터 도출되는 기본권인 개인정보자기결정권에 대한 제한을 의미하므로, 기본권의 제한이 정당화되기 위해서는 법적인 근거를 필요로 한다(위 사례 1). 마찬가지로, 행정입법이 수권법률의 위임 없이 또는 그 위임의 범위를 벗어나 개인의 기본권을 제한하는 경우에는 개인의 기본권을 법률의 근거 없이 제한한 것이 되므로, 법률유보의 원칙에 위반된다(위 사례 2).[3]

---

1) 헌재 2012. 5. 31. 2009헌마705 등, 판례집 24-1하, 541, 557, [위 공무원복무규정이 법률유보원칙에 위배되는지 여부(소극)] "법률유보원칙상 이 사건 국가공무원 복무규정 제3조 제2항 등이 모법의 수권 없이 제정된 것이라면 그 자체로 헌법에 위반된다고 할 수 있으며, 가사 근거규정이 있다 하더라도 그 위임의 범위를 넘은 것이라면 역시 헌법에 위반된다. … 행정입법은 수권법률 혹은 모법에 근거하여야 하고, 나아가 그 위임의 범위 안에서 제정되어야 하며 모법에 위반되는 사항을 규정할 수는 없다는 원칙이 나온다. … 국가공무원법 제65조 제4항은 '정치적 행위의 금지에 관한 한계'를 하위법령에 위임하고 있는바, 이 사건 국가공무원 복무규정은 … 위 '정치적 행위'를 보다 구체화한 것이라 할 수 있으므로, … 법률유보원칙에 위배되지 아니한다."

2) 고전적 법률유보는 자유와 재산권에 대한 '침해'에 대하여 법적인 근거를 요구하는 侵害留保를 의미한다. 그러나 오늘날 개인의 자유와 재산권이 基本權에 의하여 광범위하게 보장되고 있고, 기본권은 단지 '법률로써', 즉 '법률에 의하여 또는 법률에 근거하여' 제한될 수 있기 때문에, 기본권제한에 있어서의 법률유보는 사실상 침해유보와 거의 같은 기능을 하게 되었다. 따라서 헌법에 기본권제한의 법률유보가 명시적으로 규정됨에 따라(우리의 경우, 헌법 제37조 제2항), 고전적인 침해유보의 헌법적 기능과 의미가 크게 약화되었으며, 법률유보가 독자적인 헌법적 기능을 수행하는지에 대하여 의문이 제기되었다. 기본권적 법률유보와 법치국가적 법률유보(침해유보)의 기능적 차이에 관하여 제3편 제1장 제8절 I. 참조.

3) 또한, 헌재 2003. 11. 27. 2002헌마193(군행형법시행령의 면회횟수 제한), 판례집 15-2하, 311, [군행형법시행령에 의한 기본권제한이 헌법 제37조 제2항의 법률유보규정에 위반되는지 여부(적극)] "헌법 제37조 제2항에 의하면 기본권은 원칙적으로 법률로써만 이를 제한할 수 있다고 할 것이지만, 헌법 제75조에 의하여 법률의 위임이 있고 그 위임이 구체적으로 범위를 정하여 하는 것이라면 대통령령에 의한 기본권의 제한도 가능하다. 그런데 군행형법 제15조는 … 면회에의 참여에 관한 사항만을 대통령령으로 정하도록 위임하고 있고 면회의 횟수에 관하여는 전혀 위임한 바가 없다. 따라서 이 사건 시행령규정이 미결수용자의 면회횟수를 매주 2회로 제한하고 있는 것은 법률의 위임 없이 접견교통권을 제한하는 것으로서, 헌법 제37조 제2항에 위반된다."; 또한, 시행령규정이 모법의 위임 없이 기본권을 제한하는 경우 법률유보원칙의 위반을 확인한 결정으로 헌재 2005. 2. 24. 2003헌마289(수용자에 대한 집

2. 議會留保와 本質性理論[1]

사례 1 헌재 1999. 5. 27. 98헌바70(텔레비전 방송수신료 사건)

한국방송공사법 제36조 제1항은 "수신료의 금액은 이사회가 심의 · 결정하고, 공사가 공보처장관의 승인을 얻어 이를 부과 · 징수한다."고 규정하고 있다. 한국전력공사는 甲에 대하여 1998년 2월분 텔레비전방송수신료를 부과하는 처분을 하였다. 甲은 서울행정법원에 한국전력공사를 상대로 위 부과처분의 취소를 구하는 행정소송을 제기하고, 위 소송계속중에 부과처분의 근거가 된 한국방송공사법 제36조 제1항이 헌법상의 조세법률주의에 위반된다고 주장하며 위헌심판제청신청을 하였다.[2]

사례 2 헌재 2011. 8. 30. 2009헌바128(사업시행인가신청 동의정족수의 규율형식 사건)

甲은 '도시 및 주거환경정비법'(이하 '도시정비법')에 따라 도시환경정비구역으로 지정된 구역 내에 토지를 소유하고 있다. 이 사건 정비구역 내 토지소유자 중 1인인 주식회사 乙은 도시환경정비사업의 시행을 목적으로 이 사건 정비구역 내의 토지소유자 5분의 4 이상의 동의를 얻어 사업시행에 관한 규약을 제정함과 동시에, 사업시행계획의 확정 및 사업시행인가신청에 관한 동의를 얻은 후 서울특별시 중구청장에게 사업시행인가를 신청하였고, 중구청장은 사업시행인가처분을 하였다. 이 사건 규약의 작성에 동의한 바 없는 甲은 행정법원에 위 처분의 취소를 구하는 소송을 제기하였고, 소송계속중에 '도시환경정비사업의 시행자인 토지소유자가 사업시행인가를 신청하기 전에 얻어야 하는 토지소유자의 동의요건을 규약에 정하도록 규정한 도시정비법 제28조 제4항이 법률유보원칙에 위반된다'며 위헌법률심판제청을 신청하였으나, 법원이 이를 기각하자 헌법소원심판을 청구하였다.[3]

필금지).

[1] 의회유보와 본질성이론에 관하여 한수웅, 本質性理論과 立法委任의 明確性原則, 헌법논총 제14집, 2003. 12, 567면 이하 참조.

[2] 헌재 1999. 5. 27. 98헌바70(텔레비전 방송수신료), 판례집 11-1, 633, [텔레비전 방송수신료의 금액에 대하여 국회가 스스로 결정하거나 결정에 관여함이 없이 한국방송공사로 하여금 결정하도록 한 한국방송공사법조항이 법률유보원칙에 위반되는지 여부에 관하여] "오늘날 법률유보원칙은 단순히 행정작용이 법률에 근거를 두기만 하면 충분한 것이 아니라, 국가공동체와 그 구성원에게 기본적이고도 중요한 의미를 갖는 영역, 특히 국민의 기본권실현과 관련된 영역에 있어서는 국민의 대표자인 입법자가 그 본질적 사항에 대해서 스스로 결정하여야 한다는 요구까지 내포하고 있다(의회유보원칙). 그런데 텔레비전방송수신료는 대다수 국민의 재산권 보장의 측면이나 한국방송공사에게 보장된 방송자유의 측면에서 국민의 기본권실현에 관련된 영역에 속하고, 수신료금액의 결정은 납부의무자의 범위 등과 함께 수신료에 관한 본질적인 중요한 사항이므로 국회가 스스로 행하여야 하는 사항에 속하는 것임에도 불구하고 한국방송공사법 제36조 제1항에서 국회의 결정이나 관여를 배제한 채 한국방송공사로 하여금 수신료금액을 결정해서 문화관광부장관의 승인을 얻도록 한 것은 법률유보원칙에 위반된다." 헌법재판소는 위 결정에서 수신료의 금액, 납부의무자의 범위, 징수절차는 수신료 부과 · 징수의 본질적인 요소이므로 입법자가 스스로 결정하여야 할 사항이라고 판시하였다.

　　한편, [수신료의 징수방식을 종래 '수신료와 전기요금의 통합징수'에서 '수신료의 분리징수'로 변경한 방송법 시행령조항이 의회유보원칙에 위반되는지 여부에 관하여] 헌재 2024. 5. 30. 2023헌마820등(수신료 분리징수), "심판대상조항은 수신료의 구체적인 고지방법에 관한 규정인바, 이는 수신료의 부과 · 징수에 관한 본질적인 요소로서 법률에 직접 규정할 사항이 아니므로 이를 법률에서 직접 정하지 않았다고 하여 의회유보원칙에 위반된다고 볼 수 없다." 또한, 헌재 2008. 2. 28. 2006헌바70(텔레비전 방송수신료).

[3] 헌재 2011. 8. 30. 2009헌바128(사업시행인가신청 동의정족수의 규율형식), 판례집 23-2상, 304, 322, "토지등소유자가 도시환경정비사업을 시행하는 경우 사업시행인가 신청시 필요한 토지등소유자의 동의는 개발사업의 주체 및 정비구역 내 토지등소유자를 상대로 수용권을 행사하고 각종 행정처분을 발할 수 있는 행정주체로서의 지위를 가지는 사업시행자를 지정하는 문제로서, 그 동의요건을 정하는 것은 토지등소유자의 재산권에 중대한 영향을 미치고,

가. 법률유보의 정치적 배경과 헌법적 기능의 변화

고전적 법률유보원칙의 역사적 배경을 형성하였던 19세기 유럽의 헌법상황에 대하여 오늘의 헌법과 헌법현실에 있어서 다음과 같은 근본적인 변화가 나타났다.

(1) 정치적 상황(헌법현실)의 변화

역사적으로 법률유보의 출발점은 의회와 집행부의 대립적 구조이며, 입헌군주제에서 국민이 아닌 군주를 대변하는 집행부에 대한 불신이 그 바탕에 깔려있다. 그러나 오늘날 의회민주주의의 확립으로 인하여 의회와 정부의 관계는 대립관계가 아닌 공조관계로 변하였고 정부에 대한 통제는 야당의 역할이 되었다.

뿐만 아니라, 오늘날의 민주국가에서는 민주주의원칙은 모든 국가권력과의 관계에서 완전히 실현되었고, 의회뿐 아니라 정부도 직접적이든 간접적이든 민주적 정당성을 가지고 있다. '시민사회의 이익을 대변하는 의회'와 '군주의 이익을 대변하는 집행부'가 대립한 입헌군주제와는 달리, 민주국가에서는 의회만이 아니라 행정부도 마찬가지로 국민의 이익을 대변하고 국민에 봉사하는 것을 궁극적인 존재이유이자 목표로 삼고 있다.

(2) 국가과제의 변화

19세기 유럽 국가의 주된 과제는 개인의 자유를 제한하는 침해적 행정을 통하여 국가공동체의 공공질서와 안녕을 보장하는 것이었다. 19세기 국가의 성격은 일차적으로 침해적 국가이며, 19세기 국가의 성격에 상응하는 것이 바로 침해유보로서의 법률유보이다.

그러나 국가의 성격이 사회적 법치국가로 전환되면서, 국가활동의 영역과 국가의 과제가 국민의 자유와 재산을 침해하는 행정뿐 아니라 국민에게 급부를 제공하는 행정의 영역으로 확대되었다. 개인의 자유행사가 국가로부터의 자유뿐 아니라 국가에 의한 광범위한 급부행위와 적극적인 국가활동에 의존하는 오늘날의 사회적 법치국가에서, '침해'와 '급부'의 구분의 의미가 감소하였고, 급부로부터의 배제나 급부의 박탈이 자유에 대한 침해보다도 개인의 기본권행사에 대하여 더욱 중요한 의미를 가질 수 있게 되었다.[1] 뿐만 아니라 오늘날 급부행정과 침해행정을 개념적으로 명확하게 분리하기 어려운 점이 있다.[2]

따라서 국가과제의 확장과 함께 사회·경제·문화정책적인 목적에서 제공되는 국가급부의 배분도 법치국가적 관점에서 수혜자와 급부의 범위를 예측할 수 있도록 법률로써 정해야 할 필요가 있다.

나. 본질성이론의 의미

오늘날의 의회민주주의에서 법률유보의 원칙을 더 이상 의회와 집행부의 대립관계로 설명할 수 없게 되었고, 이와 같이 법률유보의 생성배경을 이루는 정치적 상황과 국가성격이 변화함에 따라 헌법질서 내에서 법률유보의 의미에 관하여 다시 생각해 보아야 할 필요성이 제기되었다. 침해를 전제

이해관계인 사이의 충돌을 조정하는 중요한 역할을 담당한다. 그렇다면 사업시행인가 신청시 요구되는 토지등소유자의 동의정족수를 정하는 것은 국민의 권리와 의무의 형성에 관한 기본적이고 본질적인 사항으로 법률유보 내지 의회유보의 원칙이 지켜져야 할 영역이다. … 따라서 사업시행인가 신청에 필요한 동의정족수를 자치규약에 정하도록 한 이 사건 동의요건 조항은 법률유보 내지 의회유보원칙에 위배된다."
1) 예컨대, 최저생계를 보장하는 생계보조비를 박탈하는 것, 또는 국가가 경쟁관계에 있는 기업에게 보조금을 지급하는 것이 당사자 또는 당해 기업에 과도한 조세를 부과하는 것보다도 기본권의 행사를 저해하는 효과가 강력할 수 있다.
2) 가령, 교육제도의 기본결정에 관한 문제, 교육목표와 교과목의 확정이 그러한 경우에 속한다.

로 하는 고전적 법률유보의 한계는 특히 급부행정, 국가의 조직과 절차의 영역 및 정치적으로 중요한 기본결정의 영역에서 드러났는데, 독일의 경우, 기본권침해의 여부와 관계없이 이러한 영역들도 의회에 의하여 결정되어야 한다는 견해가 일찍이 형성되었다. 이에 따라, 국가과제에 새로이 편입된 영역에 대하여 법률유보의 문제가 발생하였으며, 법률유보의 범위가 침해의 개념으로부터 분리하여 새로운 기준에 의하여 확정되어야 할 필요가 있게 되었다. 독일 연방헌법재판소는 70년대 초반부터 소위 '본질성이론'(Wesentlichkeitstheorie)에 기초하여 고전적 법률유보(침해유보)를 '민주국가에서 국가의 본질적인 문제는 국민의 대의기관인 의회에 유보되어야 하고, 의회의 법률에 의하여 규율되어야 한다'는 원칙인 의회유보로 발전시켰고, 이로써 법률유보의 변화한 기능에 부합하게 법률유보의 범위를 새로이 정하고 의회의 지위를 확보하고자 시도하였다.

본질성이론이란, 국가의 본질적인 결정에 관해서는 의회가 법률로써 정해야 한다는 것을 말한다. 본질성이론은 새로운 이론이라 할 수 없을 정도로 당연하고 진부한 것이다. '자유와 재산에 대한 침해의 경우, 의회의 동의를 얻어야 한다'는 침해유보의 사고도 그 당시 시민사회의 관점에서 가장 중요한 두 가지 법익을 '본질적인 것'으로 인정한 것이다. 19세기 독일국가의 성격이 본질적으로 침해적 국가였기 때문에, 시민사회에게는 그러한 침해의 부재(不在)가 바로 '본질적'이었던 것이다. 오늘날 본질성이론을 통하여 실현하고자 하는 것과 동일한 것이 그 당시 침해유보의 개념을 통하여 표현되었던 것이며, '무엇이 법률로써 규율되어야 하는지'를 판단하는 기준은 항상 사안의 '본질성'과 '중요성'이었다. 이러한 점에서 침해유보이론은 사실상 본질성이론에 기초하는 것이었다.

다. 본질성이론의 구체적 내용

(1) 법률유보 적용범위의 확대

국가공권력 행위의 성격과 관계없이, 모든 본질적인 것은 입법자가 스스로 정해야 한다. 이로써 법률유보의 범위가 침해의 개념으로부터 분리되어 급부행정 등 전체 국가행위의 영역으로 확대되었다. 고전적 법률유보의 경우, 행정의 성격이 국민의 자유와 재산을 침해하는 침해행정인가의 여부가 법률유보의 기준이었으나, 의회유보에서는 이러한 '침해'의 기준에서 벗어나 '국가가 규율하려는 영역이 국민의 기본권행사나 그 실현을 위하여 본질적인가' 하는 관점을 법률유보의 범위를 정하는 기준으로 삼고 있다.

(2) 본질적 사안에 대한 위임의 금지

(가) 입법자에 의한 규율의 범위와 밀도에 대한 요청

본질성이론에 의하면, 본질적인 사안은 의회의 독점적 결정권에 속하며, 의회는 이에 관하여 스스로 규율해야 할 의무가 있다. 따라서 입법자는 본질적 사안에 관하여 자신의 입법권을 포기하거나 다른 국가기관에 위임해서는 안 된다. 입법자는 본질적인 것을 스스로 정해야 하고, 나아가 규율대상이 본질적일수록 법률에 의한 규율이 보다 상세하고 명확해야 한다. 본질성이론은 규율의 범위(대상)뿐만 아니라 규율의 밀도를 결정하는 기준으로서, 첫째 어떠한 사안이 의회에 의한 결정을 필요로 하는지(입법자에 의한 규율의 범위), 둘째 입법자가 어느 정도로 상세하고 명확하게 규율해야 하는지(규율의 밀도)에 관한 것이다.[1]

---

1) 입법자가 본질적인 것을 스스로 규율해야 한다는 것(규율의 범위)과 본질적일수록 상세하고 명확하게 규율해야 한다는 것(규율의 밀도)은 서로 불가분의 관계에 있는 것으로, 규율의 밀도에 의하여 규율의 범위가 정해진다는 점에

(나) 입법자를 구속하는 또 하나의 헌법적 지침

고전적 법률유보(침해유보)가 집행부에 대하여 '입법자의 권한을 강화'하고자 하는 것이었다면, 의회유보는 입법자로 하여금 헌법적으로 부여된 입법권을 실제로 행사하도록 의무를 부과함으로써 입법자의 결정의 자유(형성권)를 제한하는 것이다. 침해유보가 집행부와의 관계에서 입법자의 권한을 강조하고자 한다면, 의회유보는 집행부와의 관계에서 입법자의 의무를 강조하는 것이다. 헌법재판소가 헌법해석을 통하여 헌법 제37조 제2항의 법률유보의 의미를 '침해유보'에서 '의회유보'로 발전시킨다는 것은, 입법자와의 관계에서 입법자를 구속하는 또 하나의 헌법적 지침을 도출함으로써 위헌심사의 기준으로 삼는다는 것을 의미한다.

(다) 규율의 범위

본질적인 것은 행정부에 위임해서는 아니 되고 입법자가 직접 정해야 한다.[1] 이로써 본질성이론은 입법자와 행정부의 관계에서 입법자가 행정부에 입법권을 위임하거나 또는 재량행위를 할 수 있는 수권을 부여하는 것에 대한 제한을 의미한다. 그러므로 본질성이론은 입법자의 위임에 근거하여 본질적인 사항이 행정입법이나 자치법규에 의하여 규율되는 것을 금지할 뿐만 아니라, 입법자가 본질적인 사항에 관하여 일반(개괄)조항이나 불확정 법개념, 재량규정 등의 형식을 통하여 규율함으로써 잠행적(潛行的)으로 입법권을 위임하는 것을 금지한다.

1) 본질성이론은 무엇을 입법자가 스스로 정해야 하고 무엇을 행정입법 또는 자치입법에 위임할 수 있는지 하는 입법범위의 경계설정에 관한 것이다.[2] 이로써 본질성이론에 의하여 법률유보의 범위를 확정하는 것은 입법부와 행정부가 규율할 수 있는 입법범위의 경계확정을 의미한다.

고전적 법률유보(침해유보)의 원칙은 단지 '국가의 침해적 행위는 법률에 근거해야 한다'는 것만을 요구하므로, 이 경우 입법자는 스스로 규율할 수도 있고 아니면 수권법률을 통하여 구체적인 규율을 행정부에 위임할 수도 있다. 침해유보의 경우에는 법률에 의한 수권이 존재하는지의 여부만이 문제되기 때문에, 기본권의 제한이 법률 또는 행정입법에 의하여 이루어지는지는 문제되지 않는다. 이에 대하여 의회유보는 국가작용의 성격과 관계없이 본질적인 것은 입법자가 스스로 법률로 정할 것을 요청한다.

2) 뿐만 아니라, 본질성이론의 '위임의 금지' 요청은, 입법자가 행정청에게 구체적인 행정행위를 할 수 있는 수권을 부여하는 경우, 본질적인 것은 행정청의 재량에 맡기지 말고 스스로 법률에 정해야 한다는 것을 의미한다. 즉 '입법자가 어느 정도로 행정청에게 재량을 부여할 수 있는가'에 관하여 본질성이론은 입법자의 형성권을 제한한다.[3]

서 사실상 동일한 것(사안의 본질성)을 각 양적 측면과 질적 측면에서 표현한 것에 지나지 않는다.
1) 이론적으로는 사안의 본질성의 정도에 따라 입법자가 스스로 정해야 하는 아주 본질적인 사안, 입법자의 수권에 의하여 명령으로 규율될 수 있는 본질적인 사안, 행정부 스스로에 의하여 행정규칙 등으로 규율될 수 있는 비본질적 사안의 단계를 생각할 수 있다.
2) 자치입법인 정관과의 관계에서 의회유보를 언급한 결정으로 헌재 2001. 4. 26. 2000헌마122 참조.
3) 연방헌법재판소는 행정청에 재량을 부여하는 법률규정의 합헌성을 판단함에 있어서, 우선 본질성이론의 관점에서 '입법자가 국민의 자유와 평등의 영역에 관련되는 본질적인 결정을 스스로 하였는가'를 심사하고, 이어서 명확성의 관점에서 '재량규정이 충분히 명확하게 수권의 범위를 정하고 있는가'를 심사하였다(vgl. BVerfGE 48, 210, 221; 56, 1, 12ff.; 49, 89, 128ff.). 그러나 이 경우, '본질적인 것은 입법자가 정해야 한다.'는 議會留保의 요청과 '규율효과가 중대할수록, 수권의 명확성에 대한 요구는 보다 엄격해야 한다.'는 明確性原則의 내용적 구분이 불분명하고, 결국 내용적으로 동일한 요청을 기준으로 중복적으로 심사하고 있다고 판단된다.

(라) 규율의 밀도

또한, 본질성이론은 입법자가 어느 정도로 상세하고 명확하게 규율해야 하는가(규율의 밀도)에 관한 것이다. 의회의 법률이 본질적인 것을 스스로 정해야 한다면, 이는 필연적으로 그에 상응하는 '충분한 규율밀도'를 갖출 것을 요구하는 것이다. 즉, 사안이 본질적일수록, 그에 관한 규율은 보다 상세하고 명확해야 한다. 입법자가 행정부에 입법권을 위임하거나 재량권을 부여하는 경우, 법률이 어느 정도의 밀도를 가지고 규율해야 하는가의 문제는 '사안의 본질성'에 달려있다.

라. 본질성이론과 헌법 제75조의 포괄위임금지의 관계

헌법 제75조의 포괄위임금지 또는 입법위임의 명확성원칙은 입법자가 위임법률에서 수권의 내용, 목적, 범위가 확정될 수 있도록 스스로 정해야 한다는 요청을 함으로써 입법자의 위임가능성을 제한하고 있다. 입법위임의 명확성원칙은 '무엇을 입법자가 스스로 결정해야 하고 무엇을 행정부에 위임할 수 있는지'에 관한 문제이고, 이는 규범제정의 영역에서 입법자와 행정부 사이의 합리적인 과제배분의 문제이다. 의회유보의 원칙과 헌법 제75조의 요청은 모두 궁극적으로 '어떠한 규율대상이 중요하기 때문에 의회에 의하여 스스로 결정되어야 하는지'에 관한 것이다. 즉, '구체적으로 범위를 정하여 위임해야 한다'는 요청은 '본질적인 것은 스스로 결정하고 위임해서는 안 된다'는 요청과 동일한 것이다. 그렇다면, 입법권의 위임에 관한 한, 헌법 제75조의 '입법위임의 명확성원칙'은 의회유보와 그의 이론적 기초인 본질성이론이 헌법에 명문으로 구체화된 것이다.[1]

헌법재판소도 '입법자가 입법권을 자치입법에 위임하는 경우에는 헌법 제75조가 적용되지 않지만 대신 의회유보가 준수되어야 한다'고 판시함으로써, 헌법 제75조가 의회유보의 구체화된 형태임을 인식하고 있다.[2] 그러나 헌법재판소는 이러한 인식에도 불구하고 포괄위임금지원칙과 의회유보원칙을 원칙적으로 별개의 헌법적 요청으로 이해하여, 포괄위임금지원칙은 '위임법률의 명확성 여부'에 관한 것으로 '예측가능성의 기준'에 의하여 판단하고 있고, 의회유보원칙은 '본질적 사안의 규율 여부'에 관한 것으로 '본질성이론'에 의하여 판단하고 있다.

마. 의회유보의 범위를 판단하는 기준

사례 | 헌재 2004. 3. 25. 2001헌마882(교사임용후보자 가산점 사건)

甲은 교육대학원 사회과를 졸업하여 중등학교 2급 정교사 자격을 취득하였고, 2002학년도 대전광역시 공립중등학교 교사임용후보자 선정경쟁시험에 응시하였다. 대전광역시 교육감은 위 시험과 관련하여 '2002학년도 선정경쟁시험 시행요강'을 공고하였는데, 그에 따르면 제1차 시험에서 대전, 충남지역 소재 사범계대학 졸업자 및 복수전공 교사자격증 소지자 등에게는 제1차 시험 배점의 3 내지 5%에 해당하는 가산점을 주도록 되어 있다. 그런데 교육공무원법 제11조 제2항에서는 단지 "…공개전형의 실시에 관하여 필요한 사항은 대통령령으로 정한다."라고만 할 뿐, 이 사건 가산점 항목에 관하여는 아무런 명시적 언급도 하고 있지 않다. 이에 甲은 위와 같은 가산점 항목들은 청구인의 평등권 및 공무담임권을 침해한다고 주장하면서 헌법소원심판을 청구하였다.[3]

---

1) 본질성이론과 포괄위임금지원칙의 관계에 관하여 아래 제4편 제3장 제2절 제3항 Ⅲ. 4. 사. 참조.
2) 헌재 2001. 4. 26. 2000헌마122, 판례집 13-1, 962, 973.
3) 헌재 2004. 3. 25. 2001헌마882(교사임용후보자 가산점), 판례집 16-1, 441, 442, [공개전형의 실시에 관한 사항을

(1) 규율대상의 기본권적 중요성

본질성이론의 문제는 바로, '무엇이 본질적인가'를 결정하는 데 있다. '무엇이 정말 중요하고 본질적인가' 하는 질문은 필연적으로 '무엇을 기준으로 하여' 중요하고 본질적인가 하는 질문을 제기한다. 입법자가 스스로 정해야 하는가 아니면 행정입법이나 재량행위에 위임해도 되는가, 법률이 어느 정도로 상세하게 규율해야 하는가의 문제는 사안의 본질성에 의하여 판단되며, '무엇이 본질적인가' 하는 것은 일반적으로 헌법규범에 의하여, 특히 헌법상의 기본원리와 기본권에 의하여 판단된다. 연방헌법재판소는 '본질적이란 일반적으로 기본권실현에 있어서의 본질적인 것을 의미한다'고 하여 '본질성'의 개념을 구체화하고 있다.[1] 즉, 기본권적 중요성이 본질적인 것을 파악하는 중요한 기준인 것이다. 따라서 사안이 당사자의 기본권실현에 미치는 효과가 중대할수록, 입법자가 스스로 정해야 하며 보다 명확하게 규율해야 한다.

(2) '기본권적 중요성' 개념의 불확실성

그러나 오늘날 기본권적 연관성과 중요성을 가지지 아니한 국가의 행위가 거의 없다는 것을 고려한다면, '어느 정도'의 기본권적 중요성이나 연관성이 존재해야만 입법자가 스스로 결정해야 하는지의 문제가 사전에 밝혀지지 않는 한, '기본권적 중요성'의 기준은 본질적인 것과 비본질적인 것의 구분을 사실상 불가능하게 하는 불확실한 기준이 될 수밖에 없다는 데에 본질성이론의 약점이 있다.[2] 뿐만 아니라, 본질성이론을 확장적으로 적용하는 경우, 국민의 기본권행사와 관련된 거의 모든 국가의 결정이 본질적인 사안으로서 입법자에 의하여 스스로 행해져야 한다는 결론에 이를 수 있기 때문에, 입법자가 법률로써 직접 결정해야 하는 의회유보의 규율범위가 지나치게 확대됨으로써 과중한 업무부담으로 인하여 의회가 제대로 기능을 수행할 수 없게 될 위험이 있다.

(3) '의회에서의 공개토론을 통한 이익조정의 필요성'에 의한 보완

사안이 기본권실현의 관점에서 중요할수록 입법자가 스스로 정해야 한다는 내용의 '기본권적 중요성'은 지극히 상대적인 개념으로서, 단지 이를 기준으로 하여 의회유보의 범위를 적극적으로 확정

대통령령에 위임한 교육공무원법 제11조 제2항이 공립중등학교 교사 임용시험에있어서 사범대 가산점 및 복수·부전공 가산점에 대한 법률적 근거가 될 수 있는지 여부'에 관하예 "공립중등학교 교사 임용시험에 있어서 사범대 가산점과 복수·부전공 가산점은 적용대상에서 제외된 자의 공직에의 진입 자체를 가로막을 수 있는 점에서 그 공무담임권 제한의 성격이 중대하고, 서로 경쟁관계에 놓여 있는 응시자들 중 일부 특정 집단만 우대하는 결과를 가져오는 점에서 사전에 관련당사자들의 비판과 참여가능성이 보장된 공개적 토론과정을 통해 상충하는 이익간의 공정한 조정을 도모할 필요성이 절실하다. 그러므로 위 가산점들에 관하여는 법률에서 적어도 그 적용대상이나 배점 등 기본적인 사항을 직접 명시적으로 규정하고 있어야 했다. 그런데 피청구인(대전광역시 교육감)이 위 가산점 항목을 공고하게 된 법률적 근거라고 주장하는 교육공무원법 제11조 제2항에서는 단지 "…공개전형의 실시에 관하여 필요한 사항은 대통령령으로 정한다."라고만 할 뿐, 이 사건 가산점 항목에 관하여는 아무런 명시적 언급도 하고 있지 않다. 그러므로 위 가산점 항목은 결국 아무런 법률적 근거가 없다고 보아야 하고, 따라서 헌법 제37조 제2항에 반하여 청구인의 공무담임권을 침해한다고 할 것이다."

1) 연방헌법재판소는 '본질적이란 무엇보다도 기본권의 실현이나 행사에 있어서의 본질성, 즉 기본권적 중요성'이라고 본질성의 성격을 구체화하고 있다. 이로써 연방헌법재판소는 '기본권 침해의 중대성'이란 표현 대신 '기본권적 중요성'(Grundrechtsrelevanz)이란 표현을 사용함으로써 본질성이론이 기본권침해의 영역만이 아니라 기본권실현의 모든 중요한 영역을 그 적용대상으로 한다는 것을 강조하고 있다.

2) 예를 들자면, 연방헌법재판소는 학교에서 학생을 퇴학시키는 조치는 특정 직업에의 접근가능성을 차단하고 이로써 직업선택의 자유를 행사할 기회를 제한하기 때문에, 본질적 사안으로서 입법자에 의한 결정을 필요로 한다고 판단한 반면, 학생을 유급시키는 조치는 당해 학생의 기본권을 보다 적게 제한하는 조치로서 행정부의 시행령으로 규율될 수 있다고 판단하였다(vgl. BVerfGE 58, 257, 275f.). 그러나 유급조치도 재학기간을 1년 연장시키며 퇴학조치의 사전적 조치가 될 수 있다는 점에서 입법자가 스스로 정해야 할 본질적인 사안이라고 충분히 주장할 수 있다.

하는 것은 매우 어렵다. 본질성이론이란, 궁극적으로 입법자와 행정부가 결정할 수 있는 권한의 경계확정에 관한 문제이며, 입법자에 의한 규율은 입법절차를 통하여 이루어지고 행정부에 의한 규율은 행정절차를 통하여 이루어지므로, 어떠한 사안이 입법절차를 통하여 또는 행정절차를 통하여 규율되어야 하는지의 관점도 의회유보의 범위를 판단하는 기준으로 고려되어야 한다. '기본권적 중요성'의 기준의 불명확성으로 인하여 단지 이러한 내용적 기준만으로는 '무엇이 의회의 입법에 유보되어야 하는가'의 판단이 곤란한 경우에는 '사안이 의회의 입법절차에서 결정될 필요성이 있는가, 공개적 토론의 필요성과 상충하는 이익간의 조정필요성이 있는가' 하는 절차적 관점에 의하여 보완되어야 한다.[1]

의회에서의 의사결정과정은 국민의 다양한 견해와 이익을 인식하고 교량하여 공개적 토론을 통하여 국민 대표로 구성된 다원적 인적 구성의 합의체에서 결정하는 과정이며, 이로써 일반국민과 야당의 비판을 허용하고 그들의 참여가능성을 개방하고 있다는 점에서, 비판과 공개토론의 여지가 없는 밀실에서 전문관료들에 의하여 제정되는 행정입법과는 달리, 공익의 발견과 정당한 이익조정을 위하여 보다 적합한 민주적 과정이다. 행정입법절차나 행정절차와 비교할 때 의회입법의 민주적 가치는, 의회가 정부에 비하여 인적 구성에 있어서 보다 직접적인 민주적 정당성을 부여받았다는 관점보다는 바로 '절차에 의한 민주적 정당성'에 있다. 입법절차와 행정절차는 기관구조와 결정절차의 차이로 인하여 절차의 결과인 결정에 상이한 의미와 민주적 정당성을 부여한다. 입법절차는 행정절차와 비교할 때 논의와 결정과정의 공개성을 보장한다. 행정절차의 민주화와 더불어 위원회 등의 참여가능성을 개방하였다 하더라도, 의회의 결정절차는 상충하는 다양한 이익을 조정하기에 보다 적합한 절차이다.

입법자가 특정 사안에 관하여 법률로써 규율해야 한다는 요청은, 정치적으로 중요한 문제에 관하여 최종적으로 결정되기 전에 의회에서의 공개적 토론이 이루어지는 것을 보장한다. 의회절차의 민주적 가치가 '의회가' 결정하는데 있는 것이 아니라 '어떻게 결정되는가' 하는 입법절차의 특성(公開性)에 있으므로, 어떠한 사안이 본질적인 것으로 간주되어야 하는지의 여부도 사안의 내용적 중요성뿐만 아니라, 어느 정도로 사안에 관한 결정이 공개적인 입법절차에서 내려져야 할 필요성이 있는가에 달려있다. 따라서 의회유보의 규율대상을 확정하는 중요한 기준은 무엇보다도 '규율대상의 기본권적 중요성'과 의회절차의 공개성과 이익조정기능에 비추어 '입법절차에서 규율되어야 할 고도의 필요성'으로 요약될 수 있다. 요컨대, 규율대상이 내용적으로 기본권적 중요성을 가질수록, 규율대상에 관하여 절차적으로 공개적 토론과 이익조정의 필요성이 클수록, 입법자에 의하여 직접 규율되어야 한다.

바. 본질성이론에 관한 헌법재판소의 판례

(1) 헌법재판소는 본질성이론을 수용함으로써 고전적 법률유보원칙을 의회유보원칙으로 발전시켰

---

1) 헌재 2004. 3. 25. 2001헌마882(교사임용후보자 가산점), 판례집 16-1, 441, "헌법 제75조는 입법의 위임은 구체적으로 범위를 정하여 해야 한다는 한계를 제시하고 있는바, 적어도 국민의 헌법상 기본권 및 기본의무와 관련된 중요한 사항 내지 본질적인 내용에 대한 정책 형성 기능만큼은 입법부가 담당하여 법률의 형식으로써 수행해야 하지, 행정부나 사법부에 그 기능을 넘겨서는 안 된다. 국회의 입법절차는 국민의 대표로 구성된 다원적 인적 구성의 합의체에서 공개적 토론을 통하여 국민의 다양한 견해와 이익을 인식하고 교량하여 공동체의 중요한 의사결정을 하는 과정이다. 일반국민과 야당의 비판을 허용하고 그들의 참여가능성을 개방하고 있다는 점에서 전문관료들만에 의하여 이루어지는 행정입법절차와는 달리 공익의 발견과 상충하는 이익간의 정당한 조정에 보다 적합한 민주적 과정이라 할 수 있다. 그리고 이러한 견지에서, 규율대상이 기본권적 중요성을 가질수록 그리고 그에 관한 공개적 토론의 필요성 내지 상충하는 이익간 조정의 필요성이 클수록, 그것이 국회의 법률에 의해 직접 규율될 필요성 및 그 규율밀도의 요구정도는 그만큼 더 증대되는 것으로 보아야 한다."

다. 헌법재판소와 입법자의 관계에서 볼 때, 법률유보원칙이 의회유보원칙으로 발전함에 따라 초래되는 결과는, 고전적 법률유보(침해유보)가 원래 '입법자의 동의 없이 국민의 자유를 침해할 수 없다'는 행정부에 대한 법치국가적 요청이었으나 본질성이론을 통하여 '입법자는 헌법상 부여된 입법과제를 포기해서는 안 된다'는 의미에서 입법자에 대한 요청으로 전환되었다는 점이다. 이로써 본질성이론은 '입법자가 무엇을 행정부에 위임해도 되고 무엇을 스스로 정해야 할 것인지'를 결정하는 권한을 최종적으로 헌법재판소에 부여함으로써, 입법자의 결정권을 제한하고 헌법재판소의 권한을 강화하는 도구로 기능하고 있다.

(2) 헌법재판소는 입법권을 위임하는 법률이 포괄위임인지를 판단함에 있어서 이미 초기의 결정부터 '국가공동체의 중요한 결정은 입법자가 법률로써 해야 한다'는 판시를 해온 것을 엿볼 수 있다.

예컨대, 중등의무교육을 대통령령에 의하여 순차적으로 실시하도록 위임한 교육법규정에 대한 위헌심판사건에서, "입법자는 교육에 관한 법제의 전부가 아니라 그 기본골격을 수립할 책무가 있으므로 본질적인 사항에 대해서는 반드시 스스로 기본적인 결정을 내려야 하고, 그러한 기본적인 사항의 결정을 행정부에 위임하여서는 아니 되는 것"이라고 하여, 처음으로 포괄위임의 여부를 본질성이론을 통하여 해결하려는 시도를 하였다.[1] 또한, 보건복지부장관이 정하는 바에 따라 요양기관의 취소를 할 수 있도록 위임한 의료보험법규정에 대한 위헌제청사건에서, "우리 헌법 제40조의 의미는 적어도 국민의 권리와 의무의 형성에 관한 사항을 비롯하여 …기본적이고 본질적인 사항은 반드시 국회가 정하여야 한다는 것이다."고 판시하였다.[2]

(3) 최근 들어 일부 결정에서는 '본질성이론'과 '의회유보의 원칙'이 명시적으로 언급되기에 이르렀다. 헌법재판소의 이러한 판시내용은 독일연방헌법재판소의 본질성이론과 그에 바탕을 둔 의회유보의 사고를 받아들인 것으로 보인다.

의회유보원칙을 명시적으로 언급한 최초의 결정인 '텔레비전 방송수신료' 결정에서, 헌법재판소는 국회의 결정이나 관여를 배제한 채 한국방송공사로 하여금 수신료금액을 결정해서 문화관광부장관의 승인을 얻도록 한 것은 의회유보원칙에 위반된다고 판단하였다.[3] 이어서 2001. 4. 26. 선고한 2000헌마122 결정에서 자치적인 사항을 정하는 정관과의 관계에서 의회유보의 원칙을 언급하였다. 헌법재판소는 위 결정에서, 입법자가 공법상 법인에게 자치입법으로 규율하도록 입법권을 위임하는 경우에는 헌법 제75조의 포괄위임금지원칙이 직접 적용되는 것은 아니지만 그럼에도 포괄적인 위임은 허용되지 않으며, 이러한 경우에도 입법자는 공동체의 본질적인 사안에 관하여는 스스로 규율해야 한다는 '의회유보의 원칙'에 의한 구속을 받는다고 판시하였다.[4] 또한, 법학전문대학원의 총 입학

---

1) 헌재 1991. 2. 11. 90헌가27, 판례집 3, 11, 27.
2) 헌재 1998. 5. 28. 96헌가1, 판례집 10-1, 509, 515-516.
3) 헌재 1999. 5. 27. 98헌바70(텔레비전 방송수신료), 판례집 11-1, 633, 643. 한편, 전기판매사업자(한국전력공사)로 하여금 전기요금에 관한 약관을 작성하여 산업통상자원부장관의 인가를 받도록 한 전기사업법조항이 의회유보원칙에 위반되는지 여부가 문제된 '전기요금약관의 인가 사건'에서, 헌법재판소는 "전기요금의 산정이나 부과에 필요한 세부적인 기준을 정하는 것은 전문적이고 정책적인 판단을 요할 뿐 아니라 기술의 발전이나 환경의 변화에 즉각적으로 대응할 필요가 있다. 전기요금의 결정에 관한 내용을 반드시 입법자가 스스로 규율해야 하는 부분이라고 보기 어려우므로, 심판대상조항은 의회유보원칙에 위반되지 아니한다."고 판단하였다(헌재 2021. 4. 29. 2017헌가25).
4) 헌재 2001. 4. 26. 2000헌마122(농업기반공사 정관), 판례집 13-1, 962, 973, "법률이 자치적인 사항을 정관에 위임할 경우 원칙적으로 헌법상의 포괄위임입법금지 원칙이 적용되지 않는다 하더라도, 그 사항이 국민의 권리 의무에 관련되는 것일 경우에는, 적어도 국민의 권리와 의무의 형성에 관한 사항을 비롯하여 국가의 통치조직과 작용에 관

정원을 교육과학기술부장관이 정하도록 위임한 '법학전문대학원 설치·운영에 관한 법률'조항이 법률유보원칙에 위반되는지의 여부가 문제된 사건에서도 헌법재판소는 이를 의회유보원칙의 관점에서 판단하였다.[1] 나아가, 도시환경정비사업을 시행하는 경우 이에 필요한 토지소유자의 동의요건(동의정족수)을 자치규약에서 정하도록 위임한 도시정비법조항은 의회유보원칙에 위배된다고 판단하였다.[2]

뿐만 아니라, 헌법재판소는 헌재 2004. 3. 25. 2001헌마882(교사임용후보자 가산점 사건)에서 의회유보의 범위를 판단하는 기준으로서 '기본권적 중요성' 외에도 '의회에서의 공개토론을 통한 이익조정의 필요성'을 제시하고 있다.[3]

제 6 절   法的 安定性의 要請

제 1 항   一般理論

I. 법적 안정성의 二重的 要請

1. 법적 안정성과 개인의 자유보장의 관계

법적 안정성의 요청은 헌법에 명시적으로 언급되어 있지 않으나, 법치국가원리를 구성하는 본질적인 요소이다. 법치국가는 이중적인 의미에서 법적 안정성을 요청한다. 법질서는 한편으로는 개인으로 하여금 국가작용을 예측할 수 있고 자신의 행위를 그에 맞출 수 있도록 명확해야 하며, 다른 한편으로는 개인에게 행위의 기준으로 삼을 수 있는 신뢰할만한 근거를 제공해야 한다.

법적 안정성의 요청은, 개인이 자유와 자기결정권을 행사하기 위한 중요한 전제조건이다. 개인이 자유와 자기결정권을 행사하기 위해서는 법질서가 충분히 명확하여 무엇이 허용되고 금지되는 행위인지를 사전에 인식할 수 있어야 하고, 나아가 개인은 자신의 결정과 행위의 근거가 되는 법질서의 존속을 신뢰할 수 있어야 하며, 법규범이 소급하여 적용되어서는 안 된다. 결국, 법적 명확성의 원칙, 소급입법금지 및 신뢰보호원칙은 자유를 행사하기 위한 전제조건이라는 점에서, 개인의 자유가 보장되기 위해서는 법적 안정성이 요청되는 것이다.

한 기본적이고 본질적인 사항은 반드시 국회가 정하여야 한다는 법률유보 내지 의회유보의 원칙이 지켜져야 할 것이다."

1) 헌재 2009. 2. 26. 2008헌마370(법학전문대학원 인가주의), 판례집 21-1상, 292, 309, "오늘날의 법률유보 원칙은 … 의회유보 원칙까지 내포하는 것으로 이해되고 있다. … 그런데 대학의 자율권과 국민의 직업선택의 자유에 대한 제한은 법학전문대학원의 총 입학정원제를 채택하는 단계에서 이미 결정되는 것이므로, 총 입학정원의 구체적인 수가 기본권 제한의 본질적인 사항으로서 반드시 법률로써 정해져야 하는 사항이라고 보기 어렵다."

2) 헌재 2011. 8. 30. 2009헌바128(사업시행인가신청 동의정족수의 규율형식), 판례집 23-2상, 304, 322.

3) 헌재 2004. 3. 25. 2001헌마882(교사임용후보자 가산점), 판례집 16-1, 441; 또한, 유사한 취지로 헌재 2011. 8. 30. 2009헌바128(사업시행인가신청 동의정족수의 규율형식), 판례집 23-2상, 304, 322, "그 동의요건을 정하는 것은 토지등소유자의 재산권에 중대한 영향을 미치고, 이해관계인 사이의 충돌을 조정하는 중요한 역할을 담당한다."

2. 법질서의 지속성과 명확성

개인의 자유행사를 위한 법치국가적 조건으로서, 법질서의 지속성과 명확성이 요청된다.

첫째, 법적 안정성은 '시간적 차원에서의' 안정성, 즉 법규범의 존속 또는 지속성을 요청하고 있다. '자유'는 자신의 인생을 독자적으로 형성하고 실현하는 '자기결정권'을 의미하며, 개인이 법질서를 자기결정의 기준으로 삼는다는 점에서, 개인의 자기결정권은 법질서의 존속을 신뢰할 수 있어야 하고 이로써 신뢰할 수 있는 결정의 근거를 가져야 한다는 것을 전제로 한다. 개인이 자유를 행사하기 위하여 전제되어야 하는 중요한 조건이 바로 법질서에 대한 신뢰이다.

둘째, 법적 안정성은 '내용적 측면에서의' 안정성, 즉 법규범의 내용적 일의성과 명확성, 투명성을 요청한다. 개인이 행위의 기준으로 삼아야 하는 법규범을 명확하게 인식하고 금지된 것과 허용된 것을 명확하게 구분할 수 있는 경우에만, 스스로 결정하고 자기책임 하에서 행위할 수 있고, 이로써 자유를 행사할 수 있다.

II. 법적 안정성과 실질적 정의

모든 법적 분쟁은 실체적인 법적 상태와 관계없이, 적정한 기간 내에 종결되어 법적 안정성과 법적 평화를 가져와야 한다. 이러한 점에서 법적 안정성과 실질적 정의는 서로 충돌할 수 있다. 특히 내용적으로 하자있는 법원판결의 기판력이나 행정행위의 확정력이 문제되는 경우, 양 법익은 서로 충돌하게 된다. 이러한 경우, 양자간의 충돌관계를 조정하는 것은 일차적으로 입법자의 과제이다.[1] 입법자는 사안에 따라 때로는 법적 안정성 또는 때로는 실질적 정의에 보다 큰 비중을 부여할 수 있다. 법적 안정성 및 법적 평화는 법치국가적 관점에서 매우 중요한 의미를 가지는 법익이므로, 경우에 따라 내용적으로 하자있는 국가의 결정도 수인되어야 한다.

III. 헌법재판에서 의미

헌법재판의 실무에서 법적 안정성의 요청은 큰 비중을 차지하고 있다. 헌법소원심판사건에서 청구인은 한편으로는 심판대상법률이 과잉금지원칙이나 평등원칙에 위반되기 때문에 청구인의 기본권을 침해한다는 이유로, 다른 한편으로는 심판대상법률이 불명확하기 때문에 위헌이라는 주장으로 헌법소원을 제기하고 있다. 또한, 개정법률의 위헌성을 다투는 경우에는, 개정법률이 청구인의 기득권을 불리하게 변경하는 소급입법이라는 주장으로 또는 청구인의 신뢰이익을 침해한다는 주장으로 헌법소원을 제기하고 있다.

---

1) 가령, 입법자는 법적 안정성의 관점에서 확정판결에 기판력을 부여함으로써 원칙적으로 더 이상 다툴 수 없도록 하면서, 예외적으로 실질적 정의의 관점에서 재심을 허용하는 방향으로 양자의 관계를 규율할 수 있다.

제 2 항 法律의 明確性原則

Ⅰ. 의 미

1. 법률유보원칙이 기능하기 위한 필수적 전제조건

법률의 명확성원칙은 '법률의 수권은 그 내용, 목적, 범위에 있어서 충분히 확정되고 제한되어 있어서 국민이 행정의 행위를 어느 정도 예측할 수 있어야 한다'는 것을 의미한다(예측가능성의 이론). 이러한 경우에만, 법규범의 적용을 받는 국민이 '입법자가 법률을 통하여 의도하는 바'를 인식할 수 있다.[1] 명확성원칙은 법률뿐만 아니라 법률에 대하여 하위에 있는 법규범에 대해서도 적용되는 법치국가적 원칙이다.

法律留保는 실질적으로 기능하기 위하여 '법률의 명확성'을 당연한 전제로 한다는 점에서, '행정청에 대한 법률의 수권은 명확해야 한다'는 명확성의 원칙을 내포하고 있다. 법률에 의한 수권이 포괄적이고 불명확한 것이 아니라 제한적이고 구체적인 경우에 비로소 법률은 법적용기관을 구속하고 수권의 근거로서 그 실질적 기능을 이행할 수 있다. 법률의 명확성원칙은, 법률이 행정과 사법에 대한 행위지침으로 기능하기 위하여 필수적으로 요청되는 것이다.

따라서 법률의 명확성원칙은 법률유보원칙의 필수적인 보완이자 구체화를 의미한다. 즉, 법률유보원칙이란 곧 '명확한 법률에 의한 유보원칙'인 것이다. 기본권의 제한은 반드시 법률로써 하도록 규정하는 헌법 제37조 제2항의 법률유보조항도 '기본권을 제한하는 법률은 명확해야 한다'는 명확성의 요청을 당연한 전제로 내포하고 있다. 또한 헌법 제13조 제1항의 죄형법정주의도 형벌법규의 명확성을 당연한 전제로 하고 있다.

2. 입법자를 구속하는 또 하나의 헌법적 지침

헌법재판소는 법치국가원리로부터, 특히 기본권의 제한과 관련해서는 헌법 제37조 제2항으로부터 '법률유보의 원칙'을 도출하여 공권력행위의 위헌성을 판단하는 기준으로 삼고 있다. 나아가, 헌법재판소는 법률유보의 원칙을 단순히 '국민의 자유와 재산에 대한 제한은 입법자의 법률에 기초해야 한다'는 원칙을 넘어서 '법률은 또한 명확해야 한다'는 의미의 '법률의 명확성원칙'으로 발전시켰다. 법률이 명확해야만 법적용기관을 구속하고 자의적인 법적용을 방지하는 법률유보의 기능을 할 수 있다는 점에서, 명확성원칙은 법률유보의 원칙이 기능하기 위한 필수적 전제조건이라는 사고가 이러한 판례의 기저를 이루고 있다. 헌법재판소가 헌법해석을 통하여 법치국가원리와 법률유보의 원칙으로부터 법률의 명확성원칙을 도출함으로써, 입법자는 행정청에게 기본권을 제한하는 권한의 근거로서 '법률'을 제공하는 것만으로는 부족하고, '명확한 법률'을 제공해야 하는 의무와 부담을 지게 되었다.

---

1) 헌재 1990. 4. 2. 89헌가113, 판례집 2, 49; 1996. 8. 29. 94헌바15, 판례집 8-2, 74; 1996. 11. 28. 96헌가15, 판례집 8-2, 526, "법치국가원리의 한 표현인 명확성의 원칙은 기본적으로 모든 기본권제한입법에 대하여 요구된다. 규범의 의미내용으로부터 무엇이 금지되는 행위이고 무엇이 허용되는 행위인지를 수범자가 알 수 없다면 법적 안정성과 예측가능성은 확보될 수 없게 될 것이고, 또한 법 집행 당국에 의한 자의적 집행을 가능하게 할 것이기 때문이다."

II. 헌법적 근거

법률의 명확성을 요청하는 헌법적 이유는 다음과 같다.

1. 법적 안정성

법치국가적 법적 안정성의 관점에서 볼 때, 국민이 어떠한 행위나 사실관계에 대하여 어떠한 법률 효과가 발생하는지에 관하여 어느 정도 확실성을 가지고 법률로부터 인식할 수 있는 경우에만, 그는 국가의 행위나 부담을 예견할 수 있고, 자신의 행위를 법적 상태에 맞출 수 있다.

2. 권력분립의 원칙

또한 권력분립의 원칙에서 보더라도, 입법자가 법률을 집행하는 행정청에게 충분히 명확한 행위기준을 제시하지 못한다면, 행정부는 입법자를 대신하여 스스로 자신의 행위기준을 정하게 되며, 나아가 법률의 준수를 통제하는 사법기관에게도 충분히 명확한 심사기준을 제시하지 못함으로써 사법부는 법관법의 형성을 통하여 입법자의 의사를 대체하고 스스로 심사기준을 정하게 된다.[1]

3. 자유보장적 기능

명확성원칙은 개인의 자유를 보장하는 중요한 헌법적 기능을 가지고 있다. 법률이 지나치게 모호하고 불명확한 경우, 입법자가 집행기관에게 명확한 행위의 지침을 제공하지 않음으로써 국가권력의 자의적인 행사가 가능하게 되어 궁극적으로 개인의 자유와 권리가 보장될 수 없다. 이러한 점에서 명확성원칙은 법집행기관의 자의적인 집행의 방지를 통하여 개인의 자유를 보장하는 기능을 한다.[2] 나아가, 명확성원칙은 국가공권력의 한계를 명시함으로써 수범자인 국민의 입장에서 공권력행사의 한계에 대한 예측을 가능하게 함으로써 자유로운 기본권행사를 보장하는 기능을 한다.[3]

---

1) 헌재 1992. 4. 28. 90헌바27(국가공무원의 노동운동금지), 판례집 4, 255. 268-269, "법률은 명확한 용어로 규정함으로써 적용대상자에게 그 규제내용을 미리 알 수 있도록 공정한 고지를 하여 장래의 행동지침을 제공하고, 동시에 법집행자에게 객관적 판단지침을 주어 차별적이거나 자의적인 법해석을 예방할 수 있다. 따라서 법률은 국민의 신뢰를 보호하고 법적 안정성을 확보하기 위하여 되도록 명확한 용어로 규정하여야 하는 것이다. 특히 법률이 형벌법규인 때에는 더욱 그러하다. 왜냐하면 법률이 규정한 용어나 기준이 불명확하여 그 적용대상자가 누구인지 어떠한 행위가 금지되는지의 여부를 보통의 지성을 갖춘 사람이 보통의 이해력과 관행에 따라 판단할 수 없는 경우에도 처벌된다면, 그 적용대상자에게 가혹하고 불공정한 것일 뿐만 아니라, 결과적으로 어떠한 행위가 범죄로 되어야 하는 가를 결정하는 입법권을 법관에게 위임하는 것으로 되기 때문에 권력분립의 원칙에도 반하는 것으로 되기 때문이다."
2) 헌재 1995. 9. 28. 93헌바50(특가법 제4조의 '정부관리기업체'), 판례집 7-2, 297, 307, "형사처벌의 대상이 되는 범죄의 구성요건은 형식적 의미의 법률로 명확하게 규정되어야 하며, 만약 범죄의 구성요건에 관한 규정이 지나치게 추상적이거나 모호하여 그 내용과 적용범위가 과도하게 광범위하거나 불명확한 경우에는 국가형벌권의 자의적인 행사가 가능하게 되어 개인의 자유와 권리를 보장할 수 없으므로 죄형법정주의의 원칙에 위배된다."
3) 예컨대, 명확하게 규정된 형벌법규는 한편으로는 일정 행위를 금지하고 그 위반에 대하여 형벌을 부과함으로써 국민의 기본권을 제한하지만, 다른 한편으로는 무엇이 금지되는 행위이고 무엇이 허용되는 행위인지에 관하여 일반국민으로 하여금 명확하게 예견할 수 있게 함으로써, 형법적으로 금지되지 않은 범위 내에서 기본권적 자유를 자유롭게 행사하는 것을 보장하는 기능을 한다. 만일 형벌법규가 불명확하여 금지되는 행위의 유형을 예견할 수 없다면, 국민은 항상 기소될 수 있는 위험으로 말미암아 자신의 헌법상 보장된 기본권의 행사에 있어서 위축될 수밖에 없다.

Ⅲ. 명확성여부를 판단하는 기준

사례 *1* 　헌재 1998. 4. 30. 95헌가16(음란물출판사 등록취소 사건)

'출판사 및 인쇄소의 등록에 관한 법률' 제5조의 2 제5호는 음란 또는 저속한 간행물이나 아동에 유해한 만화 등을 출판하여 공중도덕이나 사회윤리를 침해하였다고 인정되는 경우 등록청이 당해 출판사의 등록을 취소할 수 있도록 규정하고 있었다. 서울특별시 서초구청은 출판사 甲이 출판사 등록을 한 뒤 '세미 걸'이라는 제목의 화보집을 발행하여 유통시켰다는 이유로 甲의 등록을 취소하는 처분을 하였다. 이에 甲은 법원에 위 처분의 취소를 구하는 행정소송을 제기하는 한편, 위 법률조항이 언론·출판의 자유와 평등권에 위반된다고 주장하면서 위헌법률심판제청신청을 하였다. 위 법률조항의 '음란' 또는 '저속'의 표현은 법률의 명확성원칙에 부합하는가?[1]

사례 *2* 　헌재 2002. 6. 27. 99헌마480(인터넷상 불온통신금지 사건)

전기통신사업법 제53조는 제1항에서 "전기통신을 이용하는 사람이 공공의 안녕질서 또는 미풍양속을 해하는 내용의 통신을 하여서는 아니 된다."고 하는 금지규정을 두고, 제3항에서 정보통신부장관이 전기통신사업자에게 위 조항에 의하여 금지된 통신의 취급을 거부·정지 또는 제한하도록 명할 수 있는 권한규정을 두고 있다. 甲은 종합컴퓨터 통신망인 '나우누리'에 개설되어 있는 동호회의 게시판에 "서해안 총격전, 어설프다 김대중!"이라는 제목의 글을 게시하였는데, '나우누리' 운영자가 정보통신부장관의 명령에 따라 위 게시물을 삭제하고 甲에 대하여 '나우누리' 이용을 1개월 중지시켰다. 이에 甲은 정보통신부장관의 위와 같은 명령의 근거조항인 전기통신법조항 등이 청구인의 표현의 자유를 침해한다는 주장으로 헌법소원심판을 청구하였다.[2]

　법률이란 그 구성요건을 충족시키는 모든 사람과 모든 개별적인 경우에 대하여 적용되는 일반·추상적 규범으로서, 그 본질상 규율하고자 하는 생활관계에서 발생가능한 모든 법적 상황에 대하여 구체적이고 서술적인 방식으로 법률의 내용을 규정하는 것은 불가능하며, 어느 정도 추상적이고 개

---

1) 헌재 1998. 4. 30. 95헌가16, 판례집 10-1, 327, ['음란' 개념의 명확성여부에 관하여] "이 사건 법률조항의 '음란' 개념은 적어도 수범자와 법집행자에게 적정한 지침을 제시하고 있다고 볼 수 있고 또 법적용자의 개인적 취향에 따라 그 의미가 달라질 수 있는 가능성도 희박하다고 하지 않을 수 없다. 따라서 이 사건 법률조항의 '음란' 개념은 그것이 애매모호하여 명확성의 원칙에 반한다고 할 수 없다."; ['저속' 개념의 명확성여부에 관하여] "음란의 개념과는 달리 '저속'의 개념은 그 적용범위가 매우 광범위할 뿐만 아니라 법관의 보충적인 해석에 의한다 하더라도 그 의미내용을 확정하기 어려울 정도로 매우 추상적이다. 이 '저속'의 개념에는 출판사등록이 취소되는 성적 표현의 하한이 열려 있을 뿐만 아니라 폭력성이나 잔인성 및 천한 정도도 그 하한이 모두 열려 있기 때문에 출판을 하고자 하는 자는 어느 정도로 자신의 표현내용을 조절해야 되는지를 도저히 알 수 없도록 되어 있어 명확성의 원칙 및 과도한 광범성의 원칙에 반한다."

2) 헌재 2002. 6. 27. 99헌마480(인터넷상 불온통신 금지), 판례집 14-1, 616-617, [공공의 안녕질서 또는 미풍양속을 해하는 내용의 통신을 금하는 전기통신사업법 제53조 제1항이 명확성의 원칙에 위배되는지 여부에 관하여] "이처럼, "공공의 안녕질서", "미풍양속"은 매우 추상적인 개념이어서 어떠한 표현행위가 과연 "공공의 안녕질서"나 "미풍양속"을 해하는 것인지, 아닌지에 관한 판단은 사람마다의 가치관, 윤리관에 따라 크게 달라질 수밖에 없고, 법집행자의 통상적 해석을 통하여 그 의미내용을 객관적으로 확정하기도 어렵다."; 또한, 유사한 취지의 결정으로 헌재 2010. 12. 28. 2008헌바157 등(허위통신의 형사처벌) 참조. 헌법재판소는 '공익을 해할 목적으로 전기통신설비

괄적인 개념 또는 변화하는 사회현상을 수용할 수 있는 개방적인 개념을 사용하는 것이 불가피하다. 너무 구체적으로 규정된 법률은 현대의 복잡한 생활관계에서 발생하는 다양한 요구에 부응하고 사회현상의 변화를 수용하는 것을 불가능하게 하는 경직성의 위험이 있는 반면, 너무 불명확한 법률은 국민인 수범자로 하여금 자신의 행위에 따른 법적 결과를 예측할 수 없게 함으로써 개인의 자유행사를 제한하는 효과를 가져오는 것이다.[1]

그러므로 법률의 명확성원칙은 입법자가 법률을 제정함에 있어서 개괄조항이나 불확정 법개념의 사용을 금지하는 것이 아니다. 행정부가 다양한 과제를 이행하고 각 개별적 경우의 특수한 상황을 고려하며 현실의 변화에 적절하게 대처할 수 있도록 하기 위하여, 입법자는 불확정 법개념을 사용할 수 있으나, 이로 인한 법률의 불명확성은 법률해석의 방법을 통하여 해소될 수 있어야 한다. 법률이 명확한지 여부는 당해 조항의 문언만으로 판단해서는 안 되고, 문리적·체계적·목적적·역사적 해석방법을 포괄하는 법률해석에 기초하여 관련조항을 유기적·체계적으로 고려하여 판단해야 한다.[2] 따라서 불확정 법개념이 법원의 법률해석을 통하여 구체화될 수 있기 때문에 행정청의 공권력행사에 대한 사법부의 심사가 가능하다면, 입법자가 불확정 개념을 사용하는 것은 법률의 명확성원칙에 위배되지 않는다. 즉, 법률이 불확정 개념을 사용하는 경우라도, 법률해석을 통하여 행정청과 법원의 자의적인 적용을 배제하는 객관적인 기준을 얻는 것이 가능하다면, 법률의 명확성원칙에 부합하는 것이다.[3]

요컨대, 법률의 명확성원칙은 '최소한의 명확성'을 요청하는 것이 아니라, 상충하는 다른 헌법적 법익과 조화를 이룰 수 있는 범위 내에서 법률은 가능하면 명확해야 한다는 '최적화의 요청'이다. 일반적인 법해석원칙을 통하여 법규범의 내용을 밝혀낼 수 있는지의 여부가 법규범의 명확성여부를 판단하는 기준이다.

에 의하여 공연히 허위의 통신을 한 자를 형사처벌하는 전기통신법조항'에 대하여 '공익' 개념이 불명확하여 명확성원칙에 위배된다는 이유로 위헌결정을 선고하였다.

1) 동일한 내용으로, 헌재 2004. 7. 15. 2003헌바35, 판례집 16-2상, 77, 88.

2) 헌재 1992. 4. 28. 90헌바27(국가공무원의 노동운동금지), 판례집 4, 255, 269; 헌재 2006. 7. 27. 2004헌바46(공무원의 직권남용), 판례집 18-2, 68, 73, "처벌법규의 구성요건이 명확하여야 한다고 하여 모든 구성요건을 단순한 서술적 개념으로 규정하여야 하는 것은 아니고, 다소 광범위하여 법관의 보충적인 해석을 필요로 하는 개념을 사용하였다고 하더라도 통상의 해석방법에 의하여 건전한 상식과 통상적인 법감정을 가진 사람이라면 당해 처벌법규의 보호법익과 금지된 행위 및 처벌의 종류와 정도를 알 수 있도록 규정하였다면 헌법이 요구하는 처벌법규의 명확성원칙에 배치되는 것이 아니다. 그리고 처벌규정에 대한 예측가능성 유무를 판단할 때는 당해 특정조항 하나만을 가지고 판단할 것이 아니고, 법률조항의 문언, 입법목적, 입법연혁, 체계적 구조 등을 종합적으로 고려하여 관련 법조항 전체를 종합 판단하여야 하며, 각 대상법률의 성질에 따라 구체적·개별적으로 검토하여야 한다."

3) 헌재 2004. 7. 15. 2003헌바35등(부정등록 건설업자), 판례집 16-2상, 77, [건설업자가 부정한 방법으로 건설업의 등록을 한 경우 건설업 등록을 필요적으로 말소하도록 규정한 건설산업기본법 제83조 단서 중 제1호 부분이 법률의 명확성원칙에 위반되는지 여부에 관하여] "이 사건 법률조항에 규정된 '부정한 방법'의 개념이 약간의 모호함에도 불구하고 법률해석을 통하여 충분히 구체화될 수 있고, 이로써 행정청과 법원의 자의적인 법적용을 배제하는 객관적인 기준을 제공하고 있으므로 이 사건 조항은 법률의 명확성원칙에 위반되지 않는다."; 헌재 2024. 5. 30. 2021헌바55등(공무원의 직권남용), "법규범이 명확한지 여부는 그 법규범이 수범자에게 법규의 의미내용을 알 수 있도록 공정한 고지를 하여 예측가능성을 주고 있는지 여부 및 그 법규범이 법을 해석·집행하는 기관에 충분한 의미내용을 규율하여 자의적인 법해석이나 법집행이 배제되는지 여부, 다시 말하면 예측가능성 및 자의적 법집행 배제가 확보되는지 여부에 따라 이를 판단할 수 있다."

Ⅳ. 명확성의 정도에 대한 요구

법률의 명확성의 정도에 대한 요구는 획일적으로 확정될 수 있는 성질의 것이 아니라, '규율하고자 하는 생활영역이 입법자로 하여금 어느 정도로 상세하고 명확하게 규정하는 것을 허용하는가' 하는 규율대상의 성격 및 법률이 당사자에 미치는 규율효과에 따라 다르다.

명확한 입법의 가능성은 규율대상을 입법목적에 부합하게 언어로써 정확하게 규범화(표현)할 수 있는 가능성의 정도에 따라 다르다. 그러므로 법률의 불명확성을 정당화하는 사유로는 '규율대상의 특수성'을 들 수 있다. 예컨대, 규율하고자 하는 생활관계가 수시로 변화하거나 또는 그 변화를 예측할 수 없다면, 특히 입법자가 새로운 영역을 처음으로 규율하는 경우에는 불명확한 개념의 사용이 규율대상의 특성으로 말미암아 정당화될 수 있다. 마찬가지로, 규율되는 생활영역이 다양한 사실관계를 포함하는 경우(규율대상의 다양성), 명확성에 대한 요구가 완화될 수 있다.[1]

또한, 명확성에 대한 요구의 정도는 수규자인 국민에 미치는 '규율효과'에 따라 다른데, 법률의 규율효과를 객관적으로 판단하고 측정할 수 있는 헌법상의 유일한 기준은 각 생활영역 별로 개인의 자유를 보장하는 기본권이다. 따라서 법률에 의한 기본권제한의 효과가 중대하면 할수록, 법률의 명확성에 대하여 보다 엄격한 요구를 해야 한다. 수범자인 국민의 관점에서 보더라도, 자신의 중대한 기본권을 민감하게 제한하는 법률일수록, 그 내용에 대하여 확실하게 파악해야 할 필요성, 즉 '법적 안정성'에 대한 요청이 크다.

기본권을 제한하는 침해적 법률은 수혜적 법률에 비하여 명확성의 요구가 강화되고,[2] 기본권을 제한하는 법률의 경우에도, 제한되는 자유영역의 성격에 따라 명확성에 대한 요구가 다를 수 있는데, 개인적 자유의 핵심영역(가령, 생명권, 신체의 자유, 사생활의 영역 등)이 제한되는 경우에는 법률의 명확성에 대하여 보다 엄격한 요구를 해야 한다. 따라서 신체의 자유를 제한하는 형벌법규의 경우, 명확성에 대한 요구는 특별히 엄격해야 한다(헌법 제13조 제1항 참조). 또한, 기본권의 주체가 전혀 영향을 미칠 수 없는 객관적 허가요건에 의하여 직업선택의 자유를 제한하는 법률은 직업을 통한 개인의 인격발현에 대한 중대한 제한을 의미하므로, 직업행사의 자유를 제한하는 법률에 비하여 보다 명확하게 규정되어야 한다.

---

1) 헌재 1999. 9. 19. 97헌바73 등, 판례집 11-2, 285, 300; 헌재 2000. 2. 24. 98헌바37, 판례집 12-1, 169; 헌재 2002. 7. 18. 2000헌바57, 판례집 14-2, 1, 16, "기본권제한입법이라 하더라도 규율대상이 지극히 다양하거나 수시로 변화하는 성질의 것이어서 입법기술상 일의적으로 규정할 수 없는 경우에는 명확성의 요건이 완화되어야 할 것이다. 또 당해 규정이 명확한지 여부는 그 규정의 문언만으로 판단할 것이 아니라 관련 조항을 유기적·체계적으로 종합하여 판단하여야 할 것이다."
2) 헌재 1991. 2. 11. 90헌가27, 판례집 3, 11, 30; 헌재 1992. 2. 25. 89헌가104, 판례집 4, 64, 78-79; 헌재 2001. 6. 28. 99헌바34, 판례집 13-1, 1255, 1264; 헌재 2002. 7. 18. 2000헌바57, 판례집 14-2, 1, 16, "명확성의 원칙은 모든 법률에 있어서 동일한 정도로 요구되는 것은 아니고 개개의 법률이나 법조항의 성격에 따라 요구되는 정도에 차이가 있을 수 있으며 각각의 구성요건의 특수성과 그러한 법률이 제정되게 된 배경이나 상황에 따라 달라질 수 있다고 할 것이다. 일반론으로는 어떠한 규정이 부담적 성격을 가지는 경우에는 수익적 성격을 가지는 경우에 비하여 명확성의 원칙이 더욱 엄격하게 요구된다고 할 것이고 따라서 형사법이나 국민의 이해관계가 첨예하게 대립되는 법률에 있어서는 불명확한 내용의 법률용어가 허용될 수 없으며, 만일 불명확한 용어의 사용이 불가피한 경우라면 용어의 개념정의, 한정적 수식어의 사용, 적용한계조항의 설정 등 제반방법을 강구하여 동 법규가 자의적으로 해석될 수 있는 소지를 봉쇄해야 하는 것이다."

V. 법률의 명확성원칙과 과잉금지원칙의 관계

법률의 명확성원칙은 법률에 의한 '규율밀도'의 위헌성에 관한 것이고, 과잉금지원칙은 법률에 의한 '규율내용'의 위헌성에 관한 것이다. 불명확한 법률은 행정청에게 자유롭게 결정할 수 있는 공간을 부여함으로써 행정의 자의적인 집행을 가능하게 하고, 개인의 자유행사를 위축함으로써 개인의 자유를 과잉으로 제한할 가능성이 있으나, 이러한 가능성으로 말미암아 불명확한 법률이 자동적으로 과잉금지원칙에 위반된다는 것을 의미하지는 않는다. 헌법재판소는 헌재 2002. 6. 27. 99헌마480 결정(인터넷상 불온통신금지 사건)에서 '불명확한 법률은 과잉금지원칙에 위반된다'고 판시하고 있는데,[1] 이는 '불명확한 법률은 자의적인 법집행을 가능하게 함으로써, 개인의 자유를 과도하게 침해할 위험성이 있다'는 의미로 파악된다.

제 3 항 遡及立法과 信賴保護原則[2]

I. 법률의 기능변화로 인한 신뢰보호 문제의 발생

1. 신뢰보호의 헌법적 기능과 목적

법은 기본적인 지속성과 항구성을 가진다는 조건 하에서만 사회 및 국가의 생활을 규율하는 질서보장적 기능을 이행할 수 있다. 그러나 다른 한편으로는, 법은 현실상황에 대한 규범적 대답으로서 현실에의 적응을 요구한다. 즉, 시간의 경과에 따라 법률의 규율대상인 현실적 상황이 변화하므로, 법은 그의 현실연관성과 규범력을 잃지 않으려면 변화한 현실에 반응함으로써 다시 현실에 대한 영향력과 규범력을 행사하려고 시도하여야 한다. 그러므로 법은 유지와 변화를 함께 요구한다. 이로써 법은 언제나 안정성과 유동성의 긴장관계에 있게 된다.

법치국가에서 법률은 원래 지속적으로 개인의 행위기준으로 작용하는 신뢰할 수 있는 근거를 의미한다. 그러나 오늘날의 사회적 법치국가에서는 법률의 지속성은 더 이상 유지될 수 없게 되었다. 사회적 법치국가는 경제·사회·문화의 모든 영역에서 정의로운 질서를 형성하기 위하여 적극적으로 관여하고 변화하는 상황에 적절하게 대처해야 하는 과제를 국가에게 부과하고 있다. 이에 따라 오늘의 법률은 질서유지적 기능을 할 뿐만 아니라 또한 이에 못지않게 끊임없이 변화하는 공익을 구체화하는 사회형성적 도구로 기능함으로써 본래의 지속성과 신뢰성을 크게 상실하였다. 따라서 신뢰보호의 문제가 제2차 세계대전 이후 비로소 인식되고 중요한 의미를 갖게 된 것은 사회국가에서 국가기능·과제의 확대 및 사회형성수단으로서의 법률에 대한 신뢰감소가 가져온 결과인 것이다.

---

1) 판례집 14-1, 616, 628, "헌법 제37조 제2항에 근거한 과잉금지원칙은 모든 기본권제한입법의 한계 원리이므로 표현의 자유를 제한하는 입법도 이 원칙을 준수하여야 함은 물론이나, 표현의 자유의 경우에 과잉금지원칙은 위에서 본 명확성의 원칙과 밀접한 관련성을 지니고 있다. 불명확한 규범에 의하여 표현의 자유를 규제하게 되면 헌법상 보호받아야 할 표현까지 망라하여 필요 이상으로 과도하게 규제하게 되므로 과잉금지원칙과 조화할 수 없게 되는 것이다."

2) 신뢰보호원칙에 관하여 자세한 것은 한수웅, 法律改正과 信賴保護, -부진정소급효에 관한 헌법재판소 판례평석을 겸하여-, 인권과 정의 1997. 6, 76면 이하; 기본권과 신뢰보호원칙의 관계, 인권과 정의, 2010. 7, 27면 이하 참조.

사회의 거의 모든 영역에서 국가의 적극적이고 광범위한 규율행위로 인하여 국민은 수시로 변화하고 점점 더 조밀해지는 법망의 적용대상자가 되었다. 그 결과, 개인은 자신의 생활형성이나 직업활동에 있어서 법률규정에 자신의 행위를 맞추어야 하기 때문에, 법률규정에 근거하여 그 내용에 따라 행동한 개인에게는 자신의 결정이나 행위가 법률개정으로 인하여 뒤늦게 헛되이 되거나 또는 그 가치가 절하되지 않기를 바라는 기본적인 이익이 존재한다.

예컨대, 국가가 요구하는 자격을 취득하여 일정 직업에 종사하던 자가 직업행사요건의 강화로 인하여 더 이상 그 직업에 종사할 수 없게 된다면, 또는 국가가 정한 일정한 시험규정을 근거로 시험준비를 하던 수험생이 시험규정의 개정으로 어느 날 갑자기 새로운 시험규정 앞에 서게 된다면, 또는 일정 기간 동안 한시적으로 면세혜택을 부여하는 세법규정을 신뢰하여 기업이 투자를 결정하였는데 이 규정이 조기에 폐지된다면, 또는 저작권법의 개정으로 이미 과거에 취득한 저작권의 보호기간이 축소된다면, 이러한 경우 모두 신뢰보호의 문제가 발생한다.

따라서 법률의 유동성으로부터 국민의 신뢰를 보호하기 위하여 국가의 법률개정행위가 어느 정도 헌법적으로 기속될 필요성이 있다. 이러한 의미에서 개인의 신뢰보호는 기본권과 함께, 오늘날 개인의 거의 모든 생활영역을 규율하는 국가권력에 대한 일종의 방어수단이라고 할 수 있다. 입법자는 일정 한도 내에서 자신의 사전적 입법행위에 구속되어야 하며, 이러한 구속을 법치국가적으로 관철하고자 하는 것이 바로 신뢰보호의 목적이다.

2. 법적 안정성의 주관적 측면으로서 신뢰보호

법치국가원리의 중요한 구성부분인 법적 안정성은 법질서의 신뢰성, 항구성, 지속성을 의미한다. 개인이 현재 적용되는 법규범의 내용을 어느 정도 명확하게 확인할 수 있는 것만으로는 충분하지 않고, 나아가 현재 적용되는 법규범이 자신의 생활형성의 중요한 기초로서 계속 지속되리라는 것을 신뢰할 수 있어야 한다. 한번 제정된 법규범은 원칙적으로 존속력을 갖고 자신의 행위기준으로 계속 작용하리라는 개인의 신뢰에 대한 보호는 국민의 관점에서 본 법적 안정성의 주관적 측면이다. 법적 안정성의 요청은 국민의 입장에서 보면, 결국 신뢰보호의 요청을 의미하는 것이다. 따라서 법치국가원리로부터 법적 상태의 항구성과 지속성을 요구하는 객관적인 법적 안정성의 요청 및 그에 대응하는 주관적인 측면인 신뢰보호의 요청이 나온다. 신뢰보호는 법률의 유동성으로 인한 개인의 법적 지위의 불안정성을 법치국가적으로 보완하려는 시도이며, 기본권과 함께 입법자의 형성권을 제한하는 중요한 법치국가적 요소이다.

신뢰보호원칙이 개인의 주관적인 관점에서 파악되기 때문에 신뢰보호의 이러한 주관적 성격은 다음과 같은 법적 결과를 수반한다. 첫째, 입법자가 법률개정을 통하여 부담을 부과하거나 또는 급부를 축소하는 등의 방법으로 구법 하에서 형성된 개인의 법적 지위를 불리하게 변경하는 경우에만, 신뢰보호의 문제는 발생한다. 반면에, 입법자가 법률개정을 통하여 개인의 부담을 완화하거나 급부를 확대하는 등 개인의 법적 지위를 유리하게 변경하는 경우에는 신뢰보호의 문제가 발생하지 않고, 단지 평등원칙의 위반만이 고려될 수 있을 뿐이다.[1] 둘째, 법규범의 존속에 대한 개인의 신뢰가 보

---

1) Vgl. BVerfGE 23, 89; 68, 222, '신뢰보호는 부담적 법률에 국한된다.'고 일반적으로 표현하기도 하나, 신뢰보호의 문제는 부담을 부과하는 법률뿐만 아니라 혜택을 축소하거나 폐지하는 법률의 경우에도 발생하므로, 이러한 표현

호가치가 없을 때에는 신뢰보호는 고려되지 않는다. 셋째, 국가공동체 내에서 모든 개인적 이익이 그러하듯이, 개인의 신뢰이익도 공공복리의 유보 하에 있다. 따라서 개인의 신뢰이익도 기본권과 마찬가지로 사회적으로 구속을 받고, 공익과의 교량을 통하여 제한이 가능하다. 보호가치 있는 신뢰를 인정한다 하더라도 중대한 공익상의 이유가 개인의 신뢰보호이익보다 우위를 차지하는 경우에는 신뢰보호의 요청은 관철될 수 없다.

3. 문제의 제기

가. 헌법재판의 일상으로서 신뢰보호의 문제

법률개정에 따른 개인의 신뢰보호의 문제는 오늘날 헌법재판의 일상에 속한다. 헌법재판이 활성화됨에 따라 헌법재판실무에서 신뢰보호가 차지하는 비중은 매우 크다. 헌법재판소에 계류되는 다수의 심판청구가 법규범의 개정으로 인하여 불이익을 입은 개인이 신뢰이익의 보호를 구하는 사건이다. 특히, 직업의 자유와 재산권보장과 관련하여 빈번하게 신뢰보호의 문제가 제기되고 있다.

나. 구체적 문제

입법자가 법률을 제정함에 있어서 시간적 적용범위를 어떻게 규율할 수 있는가? 진정소급효와 부진정소급효는 법치국가적으로 어떠한 점에서 문제가 있으며, 어떠한 관점에서 구분될 수 있는가?

기본권과 신뢰보호원칙의 관계는 무엇인가? 입법자가 일정 영역을 새로이 규율할 때(가령, 직업행사요건의 강화) 발생하는 헌법적 문제는 무엇인가? 개정법률의 위헌여부는 어떠한 관점에서 판단되어야 하는가?

헌법상 신뢰보호원칙의 위반여부를 심사하는 기준은 무엇인가? 신뢰보호원칙의 위반여부는 과잉금지원칙에 따라 판단되는가? 아니면 신뢰보호원칙은 독자적인 기준에 의하여 판단되는가?

어떠한 경우에 법률의 존속에 대한 개인의 신뢰가 특별히 보호되어야 하는가? 법률의 구체적 형성에 따라 개인의 신뢰이익의 정도는 달라질 수 있는가? 개인의 신뢰가 보호되어야 한다면, 신뢰이익은 구체적으로 어떠한 방법을 통하여 실현될 수 있는가?

Ⅱ. 遡及立法의 2가지 유형으로서 眞正遡及效와 不眞正遡及效

일정 법률의 효력 하에서 발생한 사실관계는 또한 이 법률에 의하여 파악되고 판단되어야 하며, 개인은 舊法 하에서 발생한 사실관계가 사후적으로 새로운 기준에 의하여 평가되지 않는다는 것을 신뢰할 수 있어야 한다. 그러므로 법치국가적 요청으로서의 신뢰보호원칙과 법적 안정성은 무엇보다도 바로 소급효력을 갖는 법률에 의하여 민감하게 저촉된다.

법률의 유형을 시간적 적용범위와 관련하여 구분한다면, 첫째, 과거에 유효하지 않았으나 과거에 대하여 적용됨으로써 과거를 새로이 규율하는 소급효를 가진 법률, 둘째, 장래에 있어서 적용되기는 하나, 장래에 발생하는 사실관계뿐만 아니라 또한 이미 과거에 발생하였으나 현재까지 계속되는 사실관계도 함께 규율하는 법률, 셋째, 장래에 있어서 적용되면서 단지 장래에 발생하는 사실관계만을

은 오해의 소지가 있다.

규율하는 법률로 나누어 볼 수 있다. 세 번째의 경우에는 신뢰보호의 문제가 전혀 발생할 여지가 없으나, 첫 번째와 두 번째의 경우에는 신뢰보호의 문제가 발생한다.

헌법재판소는 구법 하에서 발생한 사실관계에 새로운 법규범을 적용하는 문제를, 법률이 '이미 종료된 사실관계'에 작용하는가 아니면 '현재 진행 중인 사실관계'에 작용하는가에 따라 진정·부진정 소급효로 구분하고 있다.[1]

1. 眞正遡及效의 의미 및 허용여부

가. 의 미

진정소급효란 과거에 시행되지 않았으나 과거에 대하여 소급적으로 효력을 요구하는 법률에 인정된다. 법률이 과거에 대하여 효력을 가짐으로써 과거를 법적으로 새로이 평가한다는 것에 바로 소급효의 문제가 있다. 진정소급효는 법률의 소급적 시행의 경우와 법률요건을 통하여 법률이 이미 종결된 사실관계에 사후적으로 작용하는 경우에 한하여 인정될 수 있다.

첫째, 법률의 시행일(효력발생시점)을 공포시점 이전으로 앞당기는 법률은, 공포시점 이전에 발생한 사실관계에 대하여 소급효를 갖는다.[2] 법률의 소급적 시행을 통하여 소급적인 법률효과를 가져오는 이러한 법률은 소급적 법률의 기본유형이다.

둘째, 법률의 시간적 적용범위를 과거에 확대하는 것은 일차적으로 법률의 효력발생시점을 공포시점보다 앞선 시점으로 확정함으로써 가능하지만 또한 법률요건을 통하여 법률을 과거에 발생한 사실관계에 적용함으로써도 동일한 효과를 얻을 수 있으며, 이 중 어떠한 방법을 선택하느냐 하는 것은 단지 입법기술상의 문제이다. 법률요건을 통하여 과거에 발생한 사실관계를 함께 규율하는 법률 중에서 단지 법률 시행 이전에 이미 종결된 사실관계에 사후적으로 작용하는 법률만이 '진정한' 소급효를 가진다.[3]

나. 허용여부

진정소급효는 이미 종결된 과거의 사실관계를 소급하여 다시 평가하고 규율하는 것으로 법치국가원리로부터 파생하는 법적 안정성의 요청에 정면으로 배치되고, 이로써 헌법적으로 허용되지 않는 것이 원칙이다. 개인은 원칙적으로 이미 종결된 사실관계를 사후적으로 새롭게 평가하는 가능성을 예견할 필요도 없고, 또한 이를 정당화하는 공익도 상정하기 어렵다.

---

1) 대표적으로 헌재 1996. 2. 16. 96헌가2 등(5·18 특별법), 판례집 8-1, 51, 84-85, "어떤 법률이 이미 종료된 사실관계에 예상치 못했던 불리한 결과를 가져오게 하는 경우인가 아니면 현재 진행중이나 아직 종료되지 않은 사실관계에 작용하는 경우인가에 따라 헌법적 의미를 달리하게 된다. 그렇다면 이 법률조항에 대한 위헌 여부를 판단하기 위하여는 먼저 이 법률조항이 이미 종료된 사실관계(이른바 진정소급효)에 관련된 것인지, 아니면 현재 진행중인 사실관계(이른바 부진정소급효)에 관련된 것인지를 밝혀야 할 것이고, …"

2) 예컨대, 세율을 인상하는 세법의 공포시점은 2005. 1. 1인데 그의 효력발생시점은 2004. 1. 1로 규정하는 법률이 이에 해당한다.

3) 예를 들자면, 2005. 1. 1. 공포되고 2005. 1. 15. 시행된 소득세법이 "처음으로 2004년도 과세기간부터 적용된다."는 규정을 담고 있다면, 이와 같이 법률요건을 통하여 과거를 새로이 규율하는 것은 자명하게 법률을 2004년으로 소급하여 시행한 것과 완전히 동일한 효과를 갖게 된다. 이 경우 2004. 12. 31.의 경과로 사실관계(과세요건)가 종료되었으므로, 이와 같이 '구성요건을 통하여 과거를 규율하는 것'은 법률의 시행 이전에 이미 종결된 사실관계에 사후적으로 작용하는 것을 의미한다. 따라서 이러한 경우에 한하여 법률요건을 통하여 과거를 규율하는 것이 그 효과에 있어서 법률의 소급적 시행과 동일한 결과를 가져온다.

다만, 구법에 의하여 보장된 개인의 법적 지위에 대한 신뢰가 보호할 만한 가치가 없거나 지극히 적은 반면, 소급입법을 통하여 달성하려는 공익이 매우 중대하여 개인의 신뢰보호이익에 현저히 우선하는 경우에는 진정소급입법이 예외적으로 허용될 수 있다.[1]

2. 不眞正遡及效의 의미 및 허용여부

가. 의 미

일정 생활영역을 '장래에 있어서' 새로이 규율하려는 거의 모든 법률은 이미 과거에 발생하였으나 아직도 지속되는 사실관계(기존의 사실관계)를 규율하는 문제와 부딪히게 된다. 가령, 사회현상의 변화로 인하여 입법자가 약사의 직업행사요건을 강화하는 방향으로 법률을 개정하고자 하는 경우, 입법자는 강화된 직업행사요건을 장래에 약국을 개설하는 경우에 대해서만 적용할 것인지 아니면 기존의 약국에 대해서도 적용할 것인지의 문제와 부딪히게 된다. 개정 법률이 장래에 발생하는 사실관계뿐만 아니라 기존의 사실관계도 함께 규율하는 경우, 헌법재판소는 법률의 개정이 기존의 사실관계에 미치는 이러한 효과를 '부진정소급효'로 표현하고 있다.

한편, 법률이 시행일로부터 '장래를 향하여' 효력을 발생함으로써 구법의 효력 하에서 이미 발생한 사실관계에 대하여도 적용된다는 것은 '과거에 대하여' 효력을 가지는 법률의 소급효와는 근본적으로 다른 것이다. 진정소급효와 부진정소급효는 모두 '새로운 법규범의 적용범위를 시간적으로 확대할 수 있는 헌법적 한계'에 관한 문제이지만, 진정소급효는 '과거에 대한' 새로운 법적 평가로서 소급효에 관한 것이고, 부진정소급효는 개정법률을 '장래에 있어서' 적용하는 문제이다.

그러므로 일정 생활영역을 새로이 규율하는 규정이 장래에 발생하는 사실관계뿐만 아니라 구법하에서 발생한 기존의 사실관계에도 적용된다는 것은 소급효의 문제가 아니라, 신법을 기존의 사실관계에 적용하는 문제, 종래의 법적 상태에서 새로운 법적 상태로 이행하는 과정에서 불가피하게 발생하는 법치국가적 문제, 구체적으로 입법자에 대한 신뢰보호의 문제, 결국 경과규정의 문제이다. 오늘날 신뢰보호의 문제는 대부분의 경우 부진정소급효의 문제이며, 이는 바로 경과규정의 문제라는 것을 의미한다. 법률개정의 경우, 적극적인 사회형성의 수단으로서 법질서의 유동성을 요구하는 '사회국가적 관점'과 법적 안정성을 요청하는 '법치국가적 관점', 즉 국가의 법률개정이익과 개인의 신뢰이익이 서로 대치한다. 그러므로 어떠한 조건하에서 법적 상태의 존속에 관한 개인의 신뢰가 보호되어야 하는가의 문제가 부진정소급입법의 핵심적 문제이다.

나. 허용여부

부진정소급효의 법률이 어느 정도로 허용되는지의 문제는, 입법자의 진로변경(법률개정)이 어느 정도로 허용되는지의 문제, 구체적으로 입법자가 법률을 개정하면서 기존의 사실관계를 함께 규율하

---

1) 대표적으로 헌재 1996. 2. 16. 96헌가2 등(5·18 특별법), 판례집 8-1, 51, 88, "진정소급입법은 개인의 신뢰보호와 법적 안정성을 내용으로 하는 법치국가원리에 의하여 헌법적으로 허용되지 않는 것이 원칙이지만, 특단의 사정이 있는 경우, 즉 기존의 법을 변경하여야 할 공익적 필요는 심히 중대한 반면에 그 법적 지위에 대한 개인의 신뢰를 보호하여야 할 필요가 상대적으로 정당화될 수 없는 경우에는 예외적으로 허용될 수 있다. 그러한 진정소급입법이 허용되는 예외적인 경우로는 일반적으로, 국민이 소급입법을 예상할 수 있었거나, 법적 상태가 불확실하고 혼란스러웠거나 하여 보호할 만한 신뢰의 이익이 적은 경우와 소급입법에 의한 당사자의 손실이 없거나 아주 경미한 경우, 그리고 신뢰보호의 요청에 우선하는 심히 중대한 공익상의 사유가 소급입법을 정당화하는 경우를 들 수 있다."

는 것이 어느 정도로 허용되는지의 문제를 의미한다. 사회적 법치국가에서 입법자는 변화하는 사회 현상에 끊임없이 입법을 통하여 대처할 수 있어야 하고, 이로써 진로변경이 가능해야 하기 때문에, 기존의 사실관계를 함께 규율해야만 공익을 효과적으로 달성할 수 있는 경우에는 기존의 사실관계를 새롭게 규율하는 것이 원칙적으로 가능해야 한다. 따라서 부진정소급효의 법률은 구법 하에서 발생 하였으나 아직 종결되지 않은 채 현재 진행 중인 사실관계를 새로이 규율하는 것으로 원칙적으로 허 용되지만, 법률개정을 요구하는 공익상의 사유와 개인의 신뢰이익을 교량하는 과정에서 신뢰보호의 요청에 의하여 입법자의 형성권이 제한된다.[1]

3. 진정소급효와 부진정소급효의 구분의 의미

법률을 진정·부진정 소급효 중 어디에 귀속시키느냐에 따라 심판대상규범이 헌법적으로 허용되 는지의 판단에 있어서 상반된 법적 결과를 가져올 수 있으므로, 진정소급효와 부진정소급효의 구분 은 중요한 역할을 한다. 그러나 '종결된 사실관계'와 '아직 종결되지 않은 사실관계'의 구분은 반드시 명확한 것은 아니며, 법률의 법기술적인 형성에 따라 상당히 자의적으로 판단될 수 있는 여지가 있 다.[2] 따라서 진정·부진정의 구분이 어려운 때에는 '사실관계의 종결'이라는 진정·부진정소급효의 형식적 구분기준에 일방적으로 의존할 것이 아니라, 개인의 보호가치 있는 신뢰이익이 헌법적으로 허용될 수 없는 방법으로 침해되었는지의 관점을 실질적인 기준으로 삼아 신뢰이익의 침해여부를 판 단해야 한다. 개인은 신뢰의 행사에 있어서 법률의 구체적인 형성에 의한 법기술적인 차이를 일반적 으로 감지하지 못하므로, 개인의 관점에서 중요한 것은 '법규범이 법질서의 존속에 관한 개인의 신뢰 를 저버리는가' 하는 것이다.

따라서 심판대상규범을 진정소급효 또는 부진정소급효에 귀속시키는지와 관계없이, 개인의 신뢰 보호란 실체적 관점에 따라 판단하는 경우에는 실질적으로 동일한 법적 결과에 이르게 되므로, 소급 효의 성질을 확인하는 작업은 심판대상규범의 위헌성판단에 있어서 결정적인 의미를 가지는 것은 아 니다.

---

1) 대표적으로 헌재 1989. 3. 17. 88헌마1, 판례집 1, 9, 17-18; 헌재 1996. 2. 16. 96헌가2 등(5·18 특별법), 판례집 8-1, 51, 86, "헌법 제13조 제1항에서의 가벌성을 결정하는 범죄구성요건과 형벌의 영역(이에 관한 한 절대적 소급 효의 금지)을 제외한다면 소급효력을 갖는 법률이 헌법상 절대적으로 허용되지 않는 것은 아니다. 다만 소급입법은 법치주의원칙의 중요한 요소인 법적안정성의 요청에 따른 제한을 받을 뿐이다. 헌법재판소의 판례도 형벌규정에 관한 법률 이외의 법률은 부진정소급효를 갖는 경우에는 원칙적으로 허용되고, 단지 소급효를 요구하는 공익상의 사유와 신뢰보호의 요청 사이의 교량과정에서 신뢰보호의 관점이 입법자의 형성권에 제한을 가할 뿐이라는 것이 다."; 헌재 1999. 4. 29. 94헌바37 등, 판례집 11-1, 289, 318; 헌재 2002. 7. 18. 99헌마574, 판례집 14-2, 29, 43 참조.
2) 예컨대, 曆年이나 사업년도의 단위로 세액을 확정하는 소득세나 법인세의 경우에 과세기간 중에 과세기간의 개시일 에 대한 효력으로 세금이 인상된다면, 여기서 이미 경과한 기간에 관하여 종결된 사실관계에 대한 침해를 인정해야 하는지의 문제가 발생한다. 한편으로는 1년 단위로 과세되는 세금에 있어서는 과세기간의 경과와 함께 과세요건이 종결되므로 '事實關係의 終結'을 판단함에 있어서 과세기간의 종료시점을 기준으로 삼아 소급효를 부정할 수 있지 만, 다른 한편으로는 개인의 신뢰보호의 관점에서 과세기간의 종료시점이 아닌 납세의무자의 조세발생적 행위를 결정적인 기준으로 삼아, 개정법률 시행 이전의 기간 동안 발생한 과세요건의 실현은 소급효로 인정해야 한다고, 적어도 동일한 논리적 타당성을 갖고 주장할 수 있다. 한편, 헌법재판소는 헌재 1995. 10. 26. 94헌바12 결정(조세 감면규제법 개정 사건)에서 위와 같은 성격의 심판대상조항을 부진정소급입법으로 판단하였다.

4. 소급입법에 관한 헌법규정

사례 | 헌재 1999. 4. 29. 94헌바37 등(택지소유상한제 사건)

서울 등 대도시에서 택지소유의 上限을 200평으로 제한하고 허용된 소유상한을 넘는 택지에 대해서는 일정 기간 내에 처분해야 할 의무를 부과하며 이러한 의무를 이행하지 않았을 때에는 부담금을 부과하는 내용의 '택지소유상한에 관한 법률'을 제정하였는데, 위 법률을 법시행일 이후에 택지를 취득하는 사람뿐만 아니라 법시행일 이전에 이미 택지를 소유하고 있는 사람에게도 일률적으로 적용하였다. 甲은 법 시행 이전부터 이미 소유하고 있는 택지에 대하여도 택지소유상한의 제한을 적용하는 것은 소급입법에 의한 재산권 침해를 금지한 헌법 제13조 제2항에 위반된다고 주장한다. 이러한 주장은 타당한가?

가. 헌법은 부분적이나마 소급효금지에 관한 명시적인 규정을 통하여 법률개정과 관련하여 입법자를 구속하고자 시도하고 있다. 헌법 제13조 제1항은 죄형법정주의를 규정함으로써 동시에 형벌법규 불소급의 원칙을 규정하고 있다. 또한 같은 조 제2항에서 소급입법에 의한 참정권의 제한과 재산권의 박탈을 금지하고 있다. 이로써 헌법은 형벌법규와 행정벌과 같은 처벌조항, 참정권과 재산권에 있어서는 불리한 소급입법을 절대적으로 금지하고 있다. 여기서 말하는 소급입법이란 진정소급효를 가진 법률을 말한다.[1] 헌법 제13조 제1항에서 형벌불소급의 원칙을 규정하면서 제2항에서 소급입법을 언급하고 있다면, 여기서 말하는 '소급입법'은 제1항과의 체계적 연관관계에서 볼 때 제1항의 의미에서와 마찬가지로 진정한 의미의 소급효로 보아야 한다.

한편, 헌법재판소는 '친일반민족행위자 재산의 국가귀속 사건'에서 헌법 제13조 제2항의 소급입법의 금지를 '절대적 금지'가 아니라 '원칙적 금지'로 해석함으로써 진정소급입법을 예외적으로 허용하는 특단의 사유가 있는 경우에는 진정소급입법이 헌법적으로 허용된다는 입장을 밝히고 있다.[2] 그러나 헌법이 국가의 특정한 행위를 명시적으로 금지하는 경우에는 일반적으로 이를 절대적으로 금지하는 것으로 이해하는 것이 문리적 해석에 부합하는 것이며,[3] 헌법 제13조 제1항·제3항과 제2항의 체계적 연관관계에서 볼 때 제1항의 형벌법규 불소급원칙과 제3항의 연좌제금지가 절대적 금지인 것

---

1) 헌재 1999. 4. 29. 94헌바37 등(택지소유상한제), 판례집 11-1, 289, 318; 헌재 2002. 7. 18. 99헌마574, 판례집 14-2, 29, 43; 헌재 2005. 6. 30. 2004헌바42, 판례집 17-1, 973, 982, "헌법 제13조 제2항에서 "모든 국민은 소급입법에 의하여……재산권을 박탈당하지 아니한다."라고 하여 소급입법에 의한 재산권의 박탈을 금지하고 있다. 과거의 사실관계 또는 법률관계를 규율하기 위한 소급입법의 태양에는 이미 과거에 완성된 사실·법률관계를 규율의 대상으로 하는 이른바 진정소급효의 입법과 이미 과거에 시작하였으나 아직 완성되지 아니하고 진행과정에 있는 사실·법률관계를 규율의 대상으로 하는 이른바 부진정소급효의 입법이 있다. 헌법 제13조 제2항이 금하고 있는 소급입법은 전자, 즉 진정소급효를 가지는 법률만을 의미하는 것으로서, 이에 반하여 후자, 즉 부진정소급효의 입법은 원칙적으로 허용되는 것이다. 다만 부진정소급효를 가지는 입법에 있어서도 소급효를 요구하는 공익상의 사유와 신뢰보호의 요청 사이의 비교형량 과정에서, 신뢰보호의 관점이 입법자의 형성권에 제한을 가하게 된다."

2) 헌재 2011. 3. 31. 2008헌바141(친일반민족행위자 재산의 국가귀속), 공보 제174호, 548, 549, [친일재산을 그 취득·증여 등 원인행위시에 국가의 소유로 하도록 규정한 친일재산귀속법규정이 진정소급입법으로서 헌법 제13조 제2항에 반하는지 여부(소극)에 관하여] "이 사건 귀속조항은 진정소급입법에 해당하지만, 진정소급입법이라 할지라도 예외적으로 국민이 소급입법을 예상할 수 있었던 경우와 같이 소급입법이 정당화되는 경우에는 허용될 수 있다. … 따라서 이 사건 귀속조항은 진정소급입법에 해당하나 헌법 제13조 제2항에 반하지 않는다."

3) 가령, 헌법이 제12조 제2항에서 국가에 대하여 고문을 금지한다면, 이는 고문을 절대적으로 금지하는 것이며, 제13조 제1항에서 형벌법규에 대하여 진정소급입법을 금지한다면, 이는 절대적 금지를 의미하는 것이고, 제21조 제2항에서 언론·출판에 대한 검열을 금지한다면, 이는 검열의 절대적 금지를 의미하는 것이다.

과 마찬가지로 제2항도 절대적 금지로 이해하는 것이 타당하다는 점에서, 과연 헌법재판소 다수의견이 헌법의 객관적 의사에 부합하는 것인지 의문이 있다.[1]

나. 헌법 제13조는 1962년 헌법에서 신설되었는데($\frac{1962년 헌}{법 제11조}$), 어떠한 이유에서 제2항에서 참정권과 재산권에 관련하여 특별히 소급입법이 금지된다고 강조하고 있는지에 관하여 의문이 제기된다. 우리 헌법사를 보면, 개헌의 경우 기성정치인의 정치활동을 제한하거나 부정축재를 환수하기 위한 소급입법의 근거를 헌법부칙에 제정하곤 하였다. 따라서 학자에 따라서는 반민주행위자공민권제한법(4·19 당시),[2] 정치활동정화법(5·16 당시)[3] 등 일부 국민의 참정권이 소급입법에 의하여 제한된 전례가 있으므로 그 반복과 악순환을 방지하기 위하여, 헌법 제13조 제2항에서 소급입법에 의한 참정권제한을 금지하고 있는 것이라고 한다.[4] 또한, 소급입법에 의한 재산권박탈의 금지와 관련해서도, 4·19와 5·16 당시 부정축재처리법 등 소급입법에 의한 재산권박탈의 전례가 있었기 때문에, 헌법 제13조 제2항의 규정을 두었다고 한다.[5]

다. 그러나 반민주행위자공민권제한법이나 정치활동정화법 등은 모두 장래에 있어서 수년간 공직선거 입후보를 비롯한 정치활동을 금지하는 특별법으로, 이러한 법률들은 진정소급효가 아니라 부진정소급효를 가지는 법률이다. 진정소급효를 가지는 입법에 의하여 참정권이 제한되는 경우란, 선거권이나 피선거권이 선거가 종료된 후 사후적으로 제한되는 경우를 의미한다.[6] 이러한 관점에서 본다면, 1962년 헌법개정 당시 헌법개정권자는 '소급입법'의 개념에 관하여 명확한 이해가 없었던 것으로 보인다.

재산권의 경우, 헌법 제13조 제2항이 소급입법에 의한 재산권의 '박탈'만을 절대적으로 금지하고 있으므로, 소급입법에 의하여 재산권을 단지 '제한'하는 것은 예외적인 경우에 한하여 가능한 것으로 보인다. 헌법 제13조 제2항의 소급입법의 금지를 절대적 금지로 이해한다면, 절대적 금지는 축소적·한정적으로 해석되어야 한다. 헌법에서 명시적으로 언급한 영역 외의 다른 영역에서는 소급입법이 절대적으로 금지된 것은 아니므로, 소급입법이 허용되는지는 소급입법의 허용여부에 관한 일반적 법리에 따라 판단된다.

---

1) 헌재 2011. 3. 31. 2008헌바141(친일반민족행위자 재산의 국가귀속), 공보 제174호, 548, 550, 2인 재판관의 일부위헌의견, "헌법 제13조 제2항은 4·19민주혁명과 5·16군사쿠데타를 거치면서 각종 소급입법에 의한 정치적·사회적 보복이 반복되어온 헌정사를 바로잡기 위하여 도입된 것으로서 예외를 두지 않는 절대적 금지명령이다. 따라서 이 사건 귀속조항은 별도의 헌법적 근거 없이 진정소급입법에 의해 재산권을 박탈하므로 헌법 제13조 제2항에 위반된다."; 또한, 1인 재판관의 별개의견, "헌법재판소가 헌법 제13조 제2항에 대하여 특별한 사유가 있는 경우에는 소급입법에 의한 재산권 박탈도 허용될 수 있다고 해석한다면, 이는 새로운 헌법적 내용을 형성해 내는 것이므로, 타당한 헌법해석이라고 볼 수 없고 권력분립원칙에도 반한다."
2) 자유당 정권의 앞잡이가 되어 3·15부정선거 등을 자행한 반민주주의자의 공민권을 제한하기 위하여 1960년 제정된 법률이다.
3) 5·16 군사쿠데타에 성공한 박정희정권이 구정치인의 정치활동을 막기 위하여 1962년 제정된 법률로, 차후 6년간 구정치인의 공직선거입후보, 선거운동참여 등 일체의 정치적 활동을 금지하였다.
4) 권영성, 헌법학원론, 2010, 601면.
5) 권영성, 헌법학원론, 2010, 564면.
6) 예컨대, 선거할 수 있는 자격이나 공직선거에 입후보할 수 있는 자격이 사후적으로 강화되는 경우를 들 수 있다.

Ⅲ. 기본권과 신뢰보호원칙의 관계

1. 자유권에 의한 심사와 신뢰보호원칙에 의한 심사의 차이

가. 자유권에 의한 개정법률의 위헌심사

자유권에 의한 심사는, 개정법률이 자유권의 관점에서 정당화되는지, 즉 자유권을 과도하게 제한하는지 아니면 자유권의 관점에서 허용되는지의 판단에 관한 것이다. 이에 따라 '개정법률이 자유권을 침해하는지'의 심사는 헌법 제37조 제2항의 과잉금지원칙에 의하여 이루어진다. 즉, 입법자가 선택한 수단(개정법률에 의한 기본권제한)이 그 내용에 있어서 입법목적(법률개정목적)을 달성하기 위하여 과도한 것인지를 심사하게 된다. 이로써 수단과 목적의 상관관계를 통하여 법률내용의 실체적 위헌성을 판단하고자 하는 것이다. 이에 따라, 법률개정이익(입법목적)이 헌법적으로 허용되는지(입법목적의 정당성), 입법자가 선택한 수단이 법률개정목적을 달성하기 위하여 적합한 것인지(수단의 적합성), 개정법률이 가장 기본권을 존중하는 수단에 해당하는 것인지(수단의 최소침해성), 개정법률이 초래하는 기본권제한의 효과와 개정법률이 달성하고자 하는 개정목적의 비중을 비교하였을 때 양자가 적정한 비례관계를 유지하고 있는지(법익균형성)를 단계별로 판단하게 된다.

나. 신뢰보호원칙에 의한 개정법률의 위헌심사

개정법률이 신뢰이익을 침해하는지의 심사는 개정법률의 내용, 즉 개정법률이 내포하는 자유권의 제한이 자유권의 관점에서 정당화되는지에 관한 내용적 심사가 아니라, 규율내용의 합헌성여부와는 관계없이 개정법률을 '과거에 발생하였으나 현재까지 지속되고 있는 사실관계'에 적용하는 것이 헌법적으로, 즉 법적 안정성과 신뢰보호의 관점에서 정당화되는지의 판단에 관한 것이다. 즉, 개정법률의 적용범위를 시간적으로 이와 같이 '장래에 발생하는 사실관계'뿐만 아니라 '과거에 발생한 사실관계'에까지 확대하는 것이 법치국가적 관점에서 허용되는지에 관한 것이다.

그러므로 신뢰보호원칙에 의한 심사는 기본권제한의 '內容的·實體的 限界'에 대한 심사가 아니라, 법률적용범위의 '時間的 限界'에 대한 심사를 의미한다. 입법자에 대하여 신뢰이익을 주장하는 개인은 '입법자가 이러한 내용의 법률을 통하여 개인의 기본권을 제한해도 되는 것인지', 즉 '법률의 내용' 또는 '기본권제한의 헌법적 정당성'에 대하여 이의를 제기하는 것이 아니라, 법률내용의 위헌여부와 관계없이, 개정 법률이 내포하는 기본권제한을 장래에 발생하는 사실관계뿐만 아니라 과거에 발생한 사실관계에 대해서도 확대하여 적용하는 것에 대하여 이의를 제기하는 것이다. 개정법률의 시간적 적용범위를 이와 같이 기존의 사실관계에 확대함으로써 개인의 신뢰이익이 침해되는 경우, 법질서의 존속을 신뢰한 개인은 개정법률에 내재된 '기본권제한'을 법치국가원칙에 합치하지 않는 방법으로 부당하게 부과 받는 것이고, 이로써 당사자의 기본권이 침해되는 것이다. 신뢰보호원칙의 위반이 궁극적으로 기본권의 침해로 이어진다는 점에서, 기본권의 침해여부를 판단하는 큰 범주 내에서 신뢰보호의 문제를 함께 판단할 수는 있지만, 신뢰보호원칙에 의한 심사와 기본권에 의한 심사는 그 기능에 있어서 근본적으로 다른 것이다.

2. 자유권과 신뢰보호원칙에 의한 二重的 違憲審査

가. '법률 내용의 위헌여부'와 '종래의 법적 지위에 대한 침해의 위헌여부'

따라서 입법자가 법률개정을 통하여 과거에 형성된 '기본권적으로 보호되는 법적 지위'를 축소·폐지함으로써 새로이 규율하는 경우, 자유권과 신뢰보호의 관점에서 이중적으로 개정법률의 합헌성을 심사해야 한다.[1] 입법자가 단지 장래에 발생할 사실관계만을 규율하는 것이 아니라 개정 법률의 적용범위를 과거에 발생한 사실관계에도 확대함으로써 과거에 형성된 자유권적 지위를 침해한다면, 개정 법률은 '법률 내용(기본권의 제한) 그 자체의 위헌여부'와 '종래의 법적 지위에 대한 침해의 위헌여부'란 이중적 관점에서 심사되어야 한다. 즉, 개정법률이 합헌적이기 위해서는 '장래에 있어서' 적용되는 법률이 그 내용에 있어서 헌법에 합치해야 할 뿐 아니라, 또한 구법에 의하여 형성된 '종래의' 지위에 대한 침해를 정당화해야 한다. 따라서 개정법률의 위헌심사는 '개정법률에 의한 기본권제한이 합헌인지'의 심사와 '이러한 기본권제한을 과거에 발생한 사실관계에 확대하는 것이 합헌인지'의 심사의 이중적 심사로 이루어진다.

예컨대, 특정 직업을 새로이 규율하는 법률이 구법에 의하여 형성된 구체적인 법적 지위를 불리하게 변경하는 경우, 이러한 법률은 장래에 그의 적용을 받는 사람들에 대해서는 합헌이지만, 과거에 이미 구법에 의하여 형성된 법적 지위를 보유하고 있었던 사람들에 대해서는 위헌일 수 있다. 입법자는 직업을 새로이 규율하는 과정에서 직업의 자유를 제한할 수 있으나, 법률개정으로 인하여 장래에 있어서 허용되지 아니하는 직업행위를 과거에 이미 적법하게 행사한 사람들을 위하여 적절한 경과규정을 마련할 것을 신뢰보호원칙은 요구한다.

또한, 재산권을 새로이 형성하는 법률이 종래 구법 하에서 허용된 재산권객체의 이용가능성을 당사자에게 불리하게 변경하거나 박탈하는 경우, 개정법률은 헌법상 재산권에 의하여 보장된 구체적 법적 지위에 대한 침해를 의미한다. 오늘날 생각할 수 있는 거의 모든 재산권이 빠짐없이 규율되었기 때문에 재산권을 새로이 규율하는 거의 모든 규정이 동시에 구법에 의하여 보장된 재산권의 변경을 의미하게 된다. 그러므로 구법에 의하여 취득한 개인의 법적 지위를 불리하게 변경시키는 규정은 장래에 있어서 합헌적이어야 할뿐만 아니라 또한 과거에 형성된 재산권의 관점에서도 신뢰보호원칙에 부합해야 한다.[2]

---

1) 헌법재판소는 가령, 헌재 2003. 10. 30. 2001헌마700 등(의료기관시설 등에서의 약국개설금지)에서 "이 사건 법률조항들에 대한 법률상 쟁점은 개정법 시행일 이후의 행위규제와 개정법 시행일 당시의 기존 개설약국에 대한 규제로 나누어 볼 수 있다."(판례집 15-2하, 137, 150)고 하여, '이 사건 법률조항들에 의하여 의료기관 시설을 분할한 장소에서 약국개설을 금지한 것이 직업의 자유를 침해하는지 여부'와 '이 사건 법률조항들에 의한 기존 약국 폐쇄가 직업의 자유를 침해하는지 여부'로 나누어 판단하였다. 또한, 헌재 2007. 2. 22. 2003헌마428 등(합성수지 도시락용기) 참조.
2) 헌재 1999. 4. 29. 94헌바37(택지소유상한제), 판례집 11-1, 289, 306, "재산권이 헌법 제23조에 의하여 보장된다고 하더라도, 입법자에 의하여 일단 형성된 구체적 권리가 그 형태로 영원히 지속될 것이 보장된다고까지 의미하는 것은 아니다. 재산권의 내용과 한계를 정할 입법자의 권한은, 장래에 발생할 사실관계에 적용될 새로운 권리를 형성하고 그 내용을 규정할 권한뿐만 아니라, 과거의 법에 의하여 취득한 구체적인 법적 지위에 대하여까지도 그 내용을 새로이 형성할 수 있는 권한을 포함하고 있는 것이다. 이 경우 입법자는 재산권을 새로이 형성하는 것이 구법에 의하여 부여된 구체적인 법적 지위에 대한 침해를 의미한다는 것을 고려하여야 한다. 따라서 재산권의 내용을 새로이 형성하는 규정은 비례의 원칙을 기준으로 판단하였을 때 공익에 의하여 정당화되는 경우에만 합헌적이다. 즉, 장래에 적용될 법률이 헌법에 합치하여야 할 뿐만 아니라, 또한 과거의 법적 상태에 의하여 부여된 구체적 권리에 대한 침해를 정당화하는 이유가 존재하여야 하는 것이다."

나. 과잉금지원칙과 신뢰보호원칙에 의한 심사

따라서 직업의 자유나 재산권보장에 의하여 보호되는 구체적인 법적 지위를 국민에게 불리하게 변경하는 개정법률의 합헌성심사는 개정법률이 '장래에 있어서 합헌인지' 그리고 '과거에 대해서도 합헌인지'의 이중적 기준에 의한 심사를 의미한다. 여기서 '장래에 있어서 합헌'이란 장래에 발생하는 사실관계에 개정법률이 적용되는 경우의 합헌성을 말하는 것으로, 개정법률의 내용적 합헌성, 즉 개정법률에 내재하는 기본권제한의 합헌성을 의미한다. 개정법률이 장래에 발생하는 사실관계에 적용되는 경우에는 신뢰보호의 문제는 발생하지 않는다.

과잉금지원칙은 자유권제한입법의 실체적인 내용에 대한 요청으로서 자유권에 대한 침해와 그를 통하여 달성하려는 공익간의 적합성·필요성·비례성의 문제이다. 반면에, 신뢰보호는 새로운 법규범의 시간적 적용범위의 문제로서 기본권제한에서의 시간적 요소를 강조하고 있다. 신뢰보호는 종전까지의 기본권적 지위가 또한 장래에도 유지될 것을 요구하고, 공익상의 이유로 기본권의 제한이 필요하다면 권리의 축소는 개인의 신뢰이익을 고려하여 이루어져야 할 것을 요구한다. 따라서 개정법률에 의한 자유권의 제한이 '장래를 향하여는' 과잉금지원칙의 관점에서 헌법적으로 아무런 흠결이 없으나, '이미 과거에 발생한' 법적 지위에 대해서도 적용되는 한, 신뢰보호의 측면에서 위헌적 규범이 될 수 있는 가능성이 있다.

3. 독자적인 헌법적 기준으로서 신뢰보호원칙

위에서 살펴본 바와 같이, 자유권과 신뢰보호원칙은 헌법적으로 각 독자적 의미와 기능을 가지고 있다. 신뢰보호원칙은 '법의 時間的 次元'에 관한 것으로 법률적용범위의 시간적 한계를 제시하는 원칙이고, 과잉금지원칙은 '법의 內容的 次元'에 관한 것으로 법률에 의한 기본권제한에 대하여 실체적·내용적 한계를 제시하는 원칙이다. 기본권의 관점에서 내용적으로 합헌적인 법률에 대해서도 신뢰이익의 침해를 주장할 수 있다는 것은, 신뢰보호의 문제가 국가행위의 내용적 한계의 문제가 아니라는 것을 말해준다. 신뢰보호원칙은 법치국가원칙에서 파생된 독자적인 내용을 갖는 헌법원칙으로서, 기본권을 기준으로 하는 심사원칙인 과잉금지원칙과 평등원칙과 함께 입법자의 형성권에 대하여 독자적인 헌법적 한계를 제시한다. 따라서 '기본권의 보호가 곧 신뢰보호'라고 하여 양자를 동일시하는 사고나 '신뢰보호는 기본권의 보호에 흡수되거나 포함된다'고 하는 사고는 신뢰보호의 독자적인 의미와 기능을 인식하지 못한다는 점에서 문제가 있다.[1]

신뢰보호의 문제는 독자적인 법치국가적 문제이다. 신뢰보호의 문제는 '국가의 自己拘束'으로부터 나오는 것으로, 정의와 법치국가의 요청이며 그에 내재된 법적 안정성의 요청이다. 신뢰보호원칙은 그 憲法的 根據를 기본권이 아니라 법적 안정성, 기본권 등을 모두 포괄하는 법치국가원리에 두고 있다. 자유권과 과잉금지원칙이 적용되지 않는 영역에서도 신뢰보호의 문제가 발생할 수 있다는 점도 신뢰보호원칙의 독자적 성격을 뒷받침하고 있다. 예컨대, 국가에 의하여 제공되는 사회적 급부가 국가재정의 악화로 인하여 사후적으로 축소되거나 폐지되는 경우, 국가에 대한 개인의 급부청구권이 연금수급권과 같이 수급자의 상당한 자기기여에 의한 것이라면 수급권자는 헌법상의 재산권보

---

1) 가령, 기본권과 신뢰보호의 관계에 관하여 정종섭, "법률의 변경에 있어서 신뢰의 보호", 헌법연구 3, 130-132면.

장을 주장할 수 있으나, 생계보조비와 같은 국가의 일방적인 급부의 경우에는 재산권보장에 의한 보호를 기대할 수 없다. 이와 같이 자유권이 적용되지 않는 경우에도 신뢰보호의 관점이 국가행위에 대하여 한계를 설정할 수 있다.

Ⅳ. 신뢰보호원칙의 위반여부를 판단하는 독자적 審査基準

신뢰보호원칙이 헌법 내에서 자유권과는 근본적으로 다른 기능과 의미를 가지고 있으므로, 이에 상응하여 신뢰보호원칙의 위반여부를 판단하는 기준도 달리 형성되어야 한다. 이에 따라, 신뢰보호원칙에 의한 심사는 기본권제한의 내용적 심사와는 다른 형태를 취할 수밖에 없다. 신뢰보호원칙의 위반여부는 개정법률을 과거에 발생한 사실관계에 확대하여 적용하는 것이 헌법적으로 허용되는지의 관점에서 독자적으로 판단되어야 한다. 그렇다면, 신뢰이익의 침해여부를 판단하는 심사단계는 다음과 같은 요건으로 구성된다.

첫째, 신뢰보호를 요청하는 개인에게 헌법적으로 보호할만한 신뢰가 인정될 수 있는지, 둘째, 개정 법률이 과거에 발생하였으나 현재까지 지속되고 있는 사실관계를 법률의 시간적 적용범위에 포함시키는 것이 개정 법률의 입법목적의 달성을 위하여 반드시 필요하고 요청되는 것인지, 셋째, 개인의 신뢰이익의 정도와 법률개정이익을 서로 비교하였을 때 어떠한 법익에 우위를 인정해야 하고, 어떠한 방법으로 개인의 신뢰이익을 적절하게 고려해야 할 것인지를 판단하는 법익교량과정이다. 아래에서는 이에 관하여 보다 구체적으로 살펴보기로 한다.

1. 헌법적으로 보호되는 신뢰이익이 존재하는지의 여부

개인이 국가로부터 신뢰보호를 요청하기 위해서는 일정한 신뢰구성요건을 충족시켜야 한다. 법률개정에 대한 헌법상의 신뢰보호는 신뢰가 형성될 수 있는 신뢰의 근거인 법률을 필요로 한다.[1] 신뢰보호원칙이 국민의 주관적인 관점에서 파악되기 때문에, 신뢰보호는 개인의 법적 지위를 불리하게 변경하는 법률의 경우에만 문제된다.

나아가, 법률의 존속에 대한 개인의 신뢰는 보호할 만한 가치가 있는 것이라야 하는데, 헌법적으로 보호되는 신뢰는 '신뢰행위'를 전제로 한다. 즉 일정 직업의 선택 및 행사, 기업에의 투자, 현행 시험규정에 따른 시험준비행위와 같이 실제로 행사된 신뢰, 외부로 현실화된 신뢰행위만이 헌법적으로 보호받을 수 있다. 이에 대하여 단지 내심영역의 과정으로서 법적 상태의 존속에 대한 기대 및 그에 대한 실망은 법적으로 전혀 의미가 없다.

2. 과거에 발생한 사실관계를 함께 규율해야 하는 공익의 *存否*

개정법률이 기존의 사실관계를 함께 규율해야 한다는 것은 대부분의 경우 입법자가 의도하는 입법목적을 실현하기 위한 전제조건이다.[2] 변화한 현실상황에 적응하고 새로운 목표를 설정하는 대부

---

1) 국가가 제공하는 신뢰의 근거는 법령, 공법 또는 사법상의 계약, 행정행위 등 다양하나, 국가는 무엇보다도 입법행위를 통하여 국민에게 신뢰의 근거를 제공한다.
2) 예컨대, 기업에 대하여 근로자보호기준이나 환경보호기준을 강화하는 새로운 규정을 이미 존재하는 기업은 그 적용에서 배제하고 새로 설립되는 기업에만 적용한다면, 개정법률이 의도하는 근로자나 환경의 보호란 목적은 단지

분의 법률은 일정한 법적 대상을 전체로서 규율해야만 그 의도한 효과(공익의 실현)가 발생하므로, 과거에 발생한 사실관계를 신법의 적용범위에 포함시켜야 하는 정당한 공익적 이유가 대부분의 경우 존재한다. 뿐만 아니라, 구법이 기존의 사실관계에 계속 적용되는 경우에는 2가지 법질서가 병렬적으로 존재하게 되므로, 법적 안정성과 법적 통일성의 관점도 구법 하에서 발생한 기존의 사실관계를 함께 규율할 것을 요청한다.

구법 하에서 발생한 사실관계에 대하여 개정법률을 적용하는 것이 입법목적의 달성을 위하여 반드시 필요하고 요청되는 것이 아닌 경우에도 개정법률의 적용범위에 기존의 사실관계를 포함시키는 것은 과거에 발생한 사실관계를 함께 규율해야 할 공익이 존재하지 않기 때문에, 이미 이러한 이유에서 신뢰보호원칙에 반하는 것으로 헌법적으로 허용되지 않는 것이다.

3. 신뢰이익과 법률개정이익의 법익교량

헌법적으로 보호되는 신뢰이익이 존재한다는 것은, 곧 개인의 신뢰가 국가에 의하여 존중되어야 한다는 것을 의미하지 않는다. 개인의 신뢰이익도 기본권과 마찬가지로 사회적으로 구속을 받고, 공익과의 교량을 통하여 제한이 가능하다. 기본권을 제한하는 국가행위가 곧 위헌인 것이 아니라 기본권의 제한이 헌법적으로 정당화되는지에 대한 별도의 판단이 필요한 것과 마찬가지로, 국가에 의한 신뢰이익의 손상이 곧 신뢰보호원칙에 위반되는 것이 아니라, 신뢰이익의 손상이 헌법적으로 정당화되는지를 별도로 판단해야 한다. 따라서 개별적인 경우마다, 법률의 존속에 관한 개인의 '신뢰이익'과 법률개정을 통하여 달성하려는 공익('법률개정이익')을 비교형량하여 어떠한 법익이 우위를 차지하는지, 양 법익을 어떻게 이상적으로 조화시킬 수 있는지를 판단해야 한다. 여기서 경과규정은 양 법익을 조화시키는 수단으로 기능한다. 개인의 신뢰이익이 법률개정이익과의 교량과정에서 어느 정도로 보호를 요청할 수 있는지는 아래에서 서술하는 관점에 의하여 판단된다.

V. 법률의 구체적인 형성에 따른 信賴利益의 保護 정도

헌법상 신뢰보호의 목적은, 국가가 입법행위를 통하여 개인에게 신뢰의 근거를 제공한 이상 입법자를 자신의 사전적인 입법행위에 법치국가적으로 구속하려는 데 있다. 따라서 신뢰의 근거로서 '법률이 구체적으로 어떻게 형성되어 있는지'에 따라 입법자의 자기구속의 정도 및 개인의 신뢰이익의 보호 정도가 결정된다. 입법자가 신뢰의 근거로서 어떠한 내용의 법률을 제공하였는지에 따라, 즉 법률의 구체적인 형성을 통하여 어느 정도로 법률의 존속에 대한 개인의 신뢰를 야기하였는지에 따라 개인의 신뢰이익의 보호정도는 달라진다. 이러한 점에서 입법자가 자신의 사전적 입법행위에 의하여 어느 정도로 구속을 받는지, 즉 법률의 존속에 대한 개인의 신뢰가 어느 정도로 보호되는지의 판단은 다음과 같은 2가지 중요한 관점에 달려 있다.[1] 하나의 관점은, 국민이 어느 정도로 법률의 개정

부분적으로만 달성될 수 있다. 국가인력수급과 연금확보의 목적에서 일정 공무원의 정년을 60세에서 65세로 상향조정하는 경우, 개정법률을 새로이 임용되는 공무원에게만 적용한다는 것은 이 규정이 의도한 효과를 거의 가져올 수 없다는 것을 의미한다.

1) 헌법재판소도 위 2가지 관점을 신뢰이익의 보호정도를 판단하는 주된 기준으로 삼고 있다, 가령 헌재 2000. 7. 20. 99헌마452, 판례집 12-2, 128, 148; 헌재 2002. 7. 18. 99헌마574, 판례집 14-2, 29, 42; 헌재 2002. 11. 28. 2002헌바

을 예측할 수 있었고 예측했어야 하는가의 '법률개정의 예견성'이고, 또 다른 관점은 언제 법률개정에 따른 위험부담을 행위의 주체인 개인이 아니라 법률로써 개인의 결정과 행위를 유발시킨 국가에게 귀속시킬 수 있는가 하는 '위험부담의 분배'의 문제이다. 입법자가 법률의 규범적 표현을 통하여 법률개정의 가능성을 배제할수록, 개인의 신뢰를 유발하고 법률의 의도에 따라 행위하도록 유도할수록, 개인의 신뢰이익은 더욱 보호되어야 한다.

1. 법률개정의 豫見性

신뢰이익의 보호 정도를 판단하는 첫 번째 관점은, 개인이 어느 정도로 법률개정을 예견할 수 있었고 예견했어야 하는가 하는 '법률개정의 예견성'이다. 법적 상태의 존속에 대한 개인의 신뢰는 그가 어느 정도로 법적 상태의 변화를 예측해야만 했는가에 따라 상이한 강도를 가진다.[1] 법률개정에 대한 예견성의 정도는 법률의 규범적 표현에 따라 다음과 같이 다르다.

가. 법률은 법률개정의 유보 하에서 효력을 발생함으로써 법률에 기초한 개인의 신뢰를 처음부터 제한하거나 배제하려고 할 수 있다. 예컨대, 구체적 상황에 대처하기 위하여 한시적으로 적용되는 처분적 법률 등이 이에 속한다.

나. 대부분의 법률의 경우, 법률개정의 가능성에 관한 입법자의 명시적 표현이 없다. 이러한 경우, 입법자는 변화하는 현실상황에 적절하게 대처할 수 있어야 하기 때문에, 국민은 현재의 법적 상태가 계속 유지되리라는 것을 원칙적으로 신뢰할 수 없다. 예컨대, 기한의 확정과 같은 아무런 법적인 확약이 없이 부여되는 조세감면의 혜택이나 보조금의 지급 등의 경우, 국민은 현실상황의 변화나 경제정책의 변경으로 인하여 일정 기간이 경과한 후 감축 또는 폐지되리라는 것을 일반적으로 예측해야 한다.

다. 이와는 달리, 법률이 일정 기간 동안 명시적인 존속의 확약을 하는 경우, 입법자가 존속을 확약한 기간 동안 법률의 개정을 예견할 필요가 없기 때문에, 특별히 보호되어야 하는 신뢰가 인정된다. 예컨대, 입법자가 기한을 정하여 조세감면혜택을 약속하는 경우이다.

2. 법률개정에 따른 危險負擔의 配分

신뢰이익의 보호정도를 결정하는 또 다른 관점은 법률개정에 따른 책임이나 위험부담이 '법률에 따라 행동한 개인'과 '신뢰의 근거를 제공한 입법자' 중에서 누구에게 귀속되어야 하는지의 '위험부담 또는 책임 배분'의 문제이다.

45, 판례집 14-2, 704, 712-714; 헌재 2003. 10. 30. 2001헌마700, 판례집 15-2하, 137, 162, 166; 헌재 2006. 1. 26. 2005헌마424, 판례집 18-1상, 36, 37, "한편, 국가는 이미 2001. 4. 19. 자동차관리법 시행규칙을 개정하여 성능점검부의 발행주체였던 자동차매매사업조합과 정비업자 외에 교통안전공단을 추가함으로써 성능점검부 발행주체가 변경될 수 있다는 명확한 규범적 표현을 하였으므로, 청구인들로서는 언제든지 성능점검부 발행주체에서 배제될 수도 있다는 가능성을 예견할 수 있었던 점, 청구인들의 영업행위는 특정 경제정책상의 목표를 달성하기 위하여 국가에 의하여 유도된 사경제의 활동에 속하는 것이 아니라, 스스로의 위험부담으로 법률이 부여한 기회를 활용한 경우에 지나지 않는다는 점 등에 비추어 보면, 청구인들이 개정 전 규칙에 의하여 성능점검부 발행업자로서 보호받아야 할 신뢰이익은 규칙개정의 이익에 절대적으로 우선하는 것은 아니라고 할 것이다."

[1] 여기서 결정적인 것은 개인이 입법자의 법률개정에 관한 논의를 알았다든지 경기의 침체가 일정 방향의 법률개정을 암시한다든지 하는 주관적 예견성이 아니라, 그가 신뢰한 법률의 규범적 표현을 근거로 법적 상태의 변화를 예견해야 했는가의 문제이다. 오로지 신뢰의 근거인 법률의 내용을 고려함으로써 본질적으로 주관적으로 형성된 신뢰보호를 적어도 객관적으로 파악하고 법적으로 평가할 수 있게 된다.

입법자가 법률의 규범적 표현을 통하여 개인이 법률의 존속을 신뢰하고 그에 따라 행위하도록 유도하면 할수록, 개인의 신뢰이익은 더욱 보호되어야 하고, 이로써 법률개정에 따른 국가와 개인 간의 위험부담은 개인에게 유리하게 배분되어야 한다. 국가가 개인의 결정가능성을 배제하고 일방적으로 자신의 의사를 사인의 행위기준으로 제시하는 경우에는 국가의 의사에 따라 행동한 사인의 신뢰행사가 더욱 존중되어야 한다. 자유는 곧 자기결정과 자기책임을 의미하고 결정을 스스로 할 수 있을 때에만 원칙적으로 그에 따른 위험부담과 책임이 존재하므로, 이 경우 법률개정의 책임은 전적으로 국가에게 귀속되어야 한다. 또한, 법률에 따른 개인의 행위가 공익을 실현하고자 하는 국가에 의하여 일정 방향으로 유인된 것이라면, 즉 개인이 공익실현을 위하여 동원되었고 법률에 부응하는 개인의 행위가 단지 사익을 위한 것만이 아니라 동시에 공익실현에 기여하는 행위라면, 이 경우에도 법률개정의 책임은 국가가 져야 한다.

따라서 법률에 따른 개인의 행위가 '예외적으로' 국가에 의하여 일정 방향으로 유도된 신뢰의 행사인지, 아니면 단지 법률이 부여한 기회를 활용한, 원칙적으로 사적 위험부담의 범위에 속하는지의 관점이 신뢰이익의 보호정도를 결정하는 또 하나의 중요한 기준이다.[1]

가. 법률이 반사적으로 부여하는 기회의 활용

사례 ┃ 헌재 2003. 10. 30. 2001헌마700 등(의료기관시설 등에서의 약국개설금지 사건)

甲은 소아과의원의 일부를 분할하여 약국을 경영하여 왔다. 그런데 의약분업제도가 시행된 후 약사법이 개정되면서, 의료기관 부지의 일부를 분할하여 약국을 개설하는 경우를 약국개설등록 거부사유로 규정하였고, 약사법 개정 이전에 개설된 약국에 대해서도 개정된 약사법규정을 적용하면서 개정법 시행일로부터 1년 동안은 약국의 영업을 할 수 있도록 유예기간을 두었다. 이에 따라 개정법 시행 후 1년 후에는 청구인의 약국개설등록이 취소될 수 있게 되자, 甲은 개정된 약사법규정이 직업의 자유를 침해하는 위헌적인 규정이라고 주장하면서 헌법소원심판을 청구하였다.[2]

입법자는 일정 생활영역을 중·장기적으로 규율하는 규범을 제정할 수 있다. 이러한 규범의 경우, 개인이 법률을 자신의 행위기준으로 삼을 가능성을 입법자는 충분히 예견하지만 이를 유도하지는 않는다. 이 경우, 개인은 원칙적으로 자신의 자발적인 결정과 계획에 따라 행위하면서 단지 법률이 개방하는 기회를 이용할 뿐이다. 이러한 경우, 법률개정의 위험부담은 원칙적으로 자유의사에 따라 결정하고 행동한 개인에게 돌아가야 하며, 단지 신뢰보호의 원칙은 변화한 법적 상황에 적응할 수 있도록 적절한 유예기간만을 요청할 뿐이다.

---

1) 가령, 헌재 2002. 11. 28, 2002헌바45(징집면제연령의 상향조정), 판례집 14-2, 704, 713-714, "개인의 신뢰이익에 대한 보호가치는 ① 법령에 따른 개인의 행위가 국가에 의하여 일정방향으로 유인된 신뢰의 행사인지, ② 아니면 단지 법률이 부여한 기회를 활용한 것으로서 원칙적으로 사적 위험부담의 범위에 속하는 것인지 여부에 따라 달라진다. 만일 법률에 따른 개인의 행위가 단지 법률이 반사적으로 부여하는 기회의 활용을 넘어서 국가에 의하여 일정 방향으로 유인된 것이라면 특별히 보호가치가 있는 신뢰이익이 인정될 수 있고, 원칙적으로 개인의 신뢰보호가 국가의 법률개정이익에 우선된다고 볼 여지가 있다. 그런데, 이 사건 법률조항의 경우 국가가 입법을 통하여 개인의 행위를 일정방향으로 유도하였다고 볼 수는 없고, 따라서 청구인의 징집면제연령에 관한 기대 또는 신뢰는 단지 법률이 부여한 기회를 활용한 것으로서 원칙적으로 사적 위험부담의 범위에 속하는 것이다."
2) 이와 유사한 사건으로 헌재 2007. 2. 22. 2003헌마428 등(합성수지 도시락용기의 사용금지).

(1) 정년규정의 불리한 변경

예컨대 종래 65세이던 대학교수의 정년을 62세로 낮추는 법률개정의 경우,[1] 종래 65세의 정년을 보장하던 규범은 한시적인 것도 잠정적인 효력을 갖는 규범도 아니었기 때문에 대학교수에게 신뢰의 근거로 작용하였고, 따라서 65세까지 대학교수로서 활동하리라는 신뢰가 손상되었다. 정년에 관한 법률은 개인의 행위기준으로서 작용하나, 국가가 입법을 통하여 개인의 행위를 일정 방향으로 유도하고자 하는 것은 아니다. 그러므로 예컨대, 현재 62세인 교수가 '65세의 정년' 규정을 신뢰하여 그때까지의 포괄적인 연구계획을 수립하고 연구비확보 등 구체적인 실현작업을 개시했다고 하더라도, 이는 단지 법률에 의하여 개인에게 제공된 기회의 이용을 의미할 뿐, 국가가 입법을 통하여 개인의 일정한 행위를 유도한 것은 아니다. 그러나 62세 정년을 초과하였거나 정년이 임박한 교수들에 있어서는 그들이 변화한 법적 상황에 대비할 수 있도록 적정한 유예기간을 부여하는 경과규정을 둘 것을 신뢰보호원칙은 요구한다.

(2) 직업행사요건의 강화나 변경

마찬가지로, 국가가 정하는 일정 자격을 충족시켜 직업허가를 받아야 직업을 행사하는 경우, 그 직업에 종사하는 개인은 일반적으로 직업허가의 존속이 그에게 평생 보장되었다고 신뢰할 수 없다. 국가가 요구하는 자격을 취득하여 일정 직업에 종사하던 자가 직업행사요건의 강화나 변경으로 인하여 변경된 요건을 충족시키지 않는 경우에는 더 이상 그 직업에 종사할 수 없게 된다면, 이러한 경우에도 개인은 국가에 의하여 일정직업을 갖도록 유도된 것이 아니라, 개인이 스스로의 결정과 자신의 계획에 따라 행위하면서 단지 법질서가 제공하는 자유공간이나 기회를 활용한 것이다.[2]

그럼에도 불구하고 자격 등과 같은 직업행사의 요건을 사후적으로 강화함으로써 이미 구법 하에서 직업허가를 받고 장기간 종사한 개인이 더 이상 직업을 행사할 수 없게 된 때에도 경과규정을 요구하는 신뢰보호의 문제가 제기된다. 장기간 일정 직업에 종사한 자에게 법률개정과 함께 즉시 직업을 포기할 것을 요구하는 것은 비례적인 법익교량의 요청(실제적 조화의 원칙)에 비추어 개인의 신뢰이익에 대한 과도한 침해이므로, 입법자는 당사자가 법적 상황의 변화에 적절히 적응할 수 있도록 유예기간을 두어야 한다. 개인의 신뢰이익에 대한 손상이 개정법률이 달성하려는 공익실현의 관점에서도 더 이상 정당화될 수 없을 정도로 과도하다면, 신뢰이익은 경과규정을 통하여 적절히 고려되어야 한다. 입법자는 직업을 새로이 규율할 수 있으나, 법률개정으로 인하여 미래에 있어서 허용되지 않는 직업행위를 과거에 이미 적법하게 행사한 사람들을 위하여 적절한 경과규정을 둘 것을 신뢰보

---

1) 가령, 헌재 1994. 4. 28. 91헌바15 결정 참조, 위 사건에서 청구인들은 중앙정보부직원법에 의하여 중앙정보부 직원으로 임용되었는데, 청구인들이 임용될 당시에는 연령정년 이외에 계급정년에 관한 규정은 존재하지 않았다. 그런데 1980. 12. 31. 중앙정보부를 안전기획부로 개칭하고 국가안전기획부직원법이 제정되면서 계급정년제가 도입되었고, 위 법 부칙에서 '위 법 시행 당시 재직 중인 직원의 계급정년 기산일을 종전의 계급에 임용된 날로부터 기산한다.'는 규정을 두었다. 청구인들은 위 법률에 의하여 계급정년 퇴직을 당하게 되자, 계급정년을 새로이 규정하면서 이를 소급적용하는 법률규정이 국민의 기득권을 침해하는 소급입법이라는 주장으로 헌법재판소법 제68조 제2항에 의하여 헌법소원심판을 청구하였다. 헌법재판소는 개정법률의 시행시점으로부터 1년 이상의 유예기간을 부여하고 있다는 점 등을 고려하여 합헌결정을 하였다.

2) 예컨대, 헌재 2002. 7. 18. 99헌마574; 헌재 2003. 10. 30. 2001헌마700 등(의료기관시설 등에서의 약국개설금지), 판례집 15-2하, 137, 139, "청구인들이 가지는 신뢰이익과 그 침해는 크지 않은 반면에, 법 시행 이전에 이미 개설하여 운영중인 약국을 폐쇄해야 할 공적인 필요성이 매우 크고 입법목적의 달성을 통해서 얻게 되는 국민보건의 향상이라는 공적 이익이 막중하므로, 이 사건 법률조항들이 청구인들의 기존 약국을 폐쇄토록 규정한 것은 비례의 원칙이나 신뢰보호의 원칙에 위반되지 않으므로 청구인들의 직업행사의 자유를 침해하지 않는다."

호원칙은 요구한다.

나. 국가에 의하여 유도된 신뢰의 행사

사례 / │ 헌재 1995. 10. 26. 94헌바12(조세감면규제법 개정 사건)

甲은 구 법인세법 및 구 조세감면규제법(이하 '조감법')의 규정에 의거하여 자본증가를 하면 36개월 간 20%의 증자소득이 공제되는 것으로 믿고 1988년 1월에 5억원, 3월에 45억원을 증자하였다. 그런데 甲의 1990년 사업년도(7. 1.부터 다음 해 6. 30.까지) 도중인 1990. 12. 31. 조감법이 개정되어 공제율을 甲의 경우 12%로 인하하면서 甲의 1990 사업년도 전부에 걸쳐 적용하게끔 되었다. 甲은 증자소득공제액을 1990.7.1.부터 같은 해 12. 31.까지는 구 조감법을 적용하여, 1991. 1. 1.부터 같은 해 6. 30.까지는 신법을 적용하여 계산하였다. 그러나 관할 세무서장은 증자소득공제액은 법령의 개정 전후에 따라 나누어 계산할 것이 아니라 위 사업년도의 전체 기간에 걸쳐 계산해야 한다며 약 5천6백만 원을 추가로 납부해야 한다는 세무조정을 하였고, 甲은 이에 따라 수정신고를 하고 위 금액을 납부하였다. 甲은 법원에 최초로 신고한 금액을 초과하는 부분에 대한 취소청구의 소를 제기하고 아울러 개정법률에 대한 위헌법률심판제청신청을 하였다.

사례 ੨ │ 헌재 2002. 10. 31. 2002헌마520(변리사시험 상대평가제 사건)[1]

특허청은 2000. 6. 변리사법시행령을 개정하여 변리사시험 제1차 시험을 종래의 "상대평가제"에서 일정 점수(매과목 40점, 전과목 평균 60점) 이상을 득점한 응시자를 모두 합격시키는 소위 "절대평가제"로 전환하면서, 제1차 시험 절대평가제를 2002년부터 시행하기로 규정하였다. 그런데 2002. 3. 변리사법시행령을 개정하여 제1차 시험의 합격기준을 다시 상대평가제로 환원하였고, 이에 따라 2002. 5. 제1차 시험을 시행하였다. 甲은 2000. 6. 변리사법시행령이 개정되면서 2002년도 변리사시험이 절대평가제로 시행되리라는 것을 믿고 변리사시험을 준비한 사람으로서, 2002년도 변리사시험 제1차 시험에서 매과목 40점 이상, 전과목 평균 60점 이상을 획득하고도 상대평가제의 실시로 인하여 합격자의 대상에서 제외되었다. 이에 甲은 2002. 3. 개정된 변리사법시행령규정이 甲의 헌법상 보장된 신뢰이익, 직업선택의 자유, 평등권 등을 침해한다는 주장으로 헌법소원심판을 청구하였다.

법질서가 개방하는 기회를 활용하는 경우와는 달리, 입법자는 예외적으로 국가가 의도하는 일정한 방향으로 개인의 결정과 행위를 유도하려는 목적으로 법률을 제정할 수 있다.

(1) 일정 기간 법률의 존속을 확약하는 경제유도적 법률

특히 경제조종적·경제유도적 입법에 있어서, 특정 경제목표를 달성하기 위하여 필요하다고 생각되는 개인의 행위를 유도할 목적으로, 법률로써 기한을 정하여 조세감면의 혜택, 금융지원, 세금공제의 가능성 등을 통한 경제적 유인책을 제공하는 경우이다. 이러한 법률에 있어서는 법률이 의도하는 목적이 달성될 수 있는지의 여부는 일반적으로 어느 정도로 국민이 법적인 의도에 호응하는가에 달려 있다. 입법자가 명시적으로 법률의 존속확약을 함으로써 개인이 자신의 결정을 규범의 의도에 맞춘다면 국가가 자신의 신뢰를 저버리지 않으리라는 기대를 규범의 표현을 통하여 불러일으키는 경우,

---

1) 이와 유사한 사건으로 헌재 2007. 4. 26. 2003헌마947 등(사법시험 영어시험대체제도 및 법학과목이수제도).

법률이 부여하는 기회의 단순한 활용을 넘어서 국가에 의하여 유도된 개인의 행위를 인정할 수 있다.

입법자는 새로운 인식을 수용하고 현실의 변화에 적절히 대처하기 위하여 그의 활동에 있어서 미래를 향하여 자유로워야 하기 때문에, 국민은 원칙적으로 현재의 법적 상태가 불변으로 계속 지속되리라는 것을 신뢰할 수 없다. 그러나 입법자가 일정기간 법률의 존속을 약속한다든지 아니면 다른 형태로 스스로를 구속하는 경우에는 입법자는 이러한 방법으로 국민이 특별히 신뢰할 수 있는 근거를 형성하게 된다. 이러한 경우, 특별히 보호받아야 하는 개인의 신뢰가 존재하며, 법률개정의 책임은 원칙적으로 국가가 져야 한다. 예컨대, 기업의 투자를 촉진하고 투자의 이윤성을 확보해 주기 위하여 법률로써 일정 기간 그의 존속이 보장된 조세감면혜택이 법적으로 확정된 기간의 경과 이전에 다시 제거되거나 축소되는 경우이다.[1]

(2) 시험규정이나 교육제도에 관한 규정

또한, 시험규정이나 교육제도에 관한 규정에서도 일정한 방향으로 개인의 결정을 유도하려는 국가의 의도를 발견할 수 있다. 국가는 시험규정을 통하여 국민이 일정 방향으로 시험준비를 하도록 유도한다.[2] 국가가 시험규정의 확정을 통하여 국민의 자유의사를 배제하고 자신의 의사를 국민의 행위기준으로 제시하는 경우에는, 국가의 결정에 따른 개인의 행위(시험규정에 따른 시험준비)가 특히 존중되어야 한다. 개인이 결정을 스스로 내릴 수 있을 때에만 원칙적으로 그 결정에 따른 위험부담이 존재해야 한다는 의미에서, 국가가 공익상의 이유로 개인의 의사를 배제하고 대신 자신의 의사를 행위기준으로 확정함으로써, 국가는 개인의 행위에 대한 책임을 넘겨받았다고 볼 수 있다. 따라서 시험규정이나 교육제도가 변경되는 경우, 특별히 보호받아야 하는 개인의 신뢰이익이 인정되기 때문에, 법률개정의 책임은 원칙적으로 국가에게 귀속되어야 한다.

마찬가지로 국가가 사업이나 영업의 허가요건을 장래를 향하여 변경하는 경우에도, 구법에 따라 허가를 받기 위하여 준비하는 과정에 있는 사업자는 시험규정이 변경된 상황과 유사한 상황에 처하게 된다. 가령, 국가가 구법 하에서 사업허가를 받아 사업을 하는 자에 대해서는 구법의 적용을 계속 받게 하면서, 법률개정을 통하여 장래에 사업을 하고자 하는 자에 대해서는 새로운 허가요건을 정하는 경우에는, 구법상의 시험규정을 신뢰하여 시험준비를 한 수험생과 마찬가지로, 구법에 따라 허가를 받기 위하여 준비과정에 있는 지원자에 대해서는 특별히 보호되어야 하는 신뢰가 인정된다.

---

1) 국가에 의하여 유도된 신뢰행위에 관한 대표적인 판례로서 헌재 1995. 10. 26. 94헌바12(조세감면규제법 개정) 참조. 헌법재판소는 위 결정에서 "청구인은 당초 구법규정에 따라 증자소득공제를 기대하고 증자하였는데 그러한 구법은 기업의 증자를 통하여 재무구조개선을 하도록 유도하기 위한 목적으로 제정된 것이며, 청구인이 법률개정을 예견할 사정도 없고, 구법을 신뢰한 국민의 신뢰이익을 압도할 만큼의 공익의 필요성이 간절한 것도 아니다."라는 이유로 국민의 신뢰이익에 우위를 부여하고, 이 사건 규정의 발효일 이전에 도과된 사업년도분에 대하여는 구법을 계속 적용하는 경과규정을 두어야 하는데 그러한 경과규정이 결여되었으므로 위헌이라고 판단하였다.

2) 헌재 2002. 10. 31. 2002헌마520(변리사시험 상대평가제) 참조. 비록 헌법재판소는 위 결정에서 청구기간의 도과를 이유로 각하결정을 하였으나, 만일 본안판단에 이르렀다면 소수의견에서 밝히고 있는 것과 같은 내용으로("이 사건 시행령조항은 충분한 공익적 목적이 인정되지 아니함에도 갑자기 시험의 기준을 변경하고 경과규정도 두지 않음으로써, 청구인들의 헌법상 보호되는 신뢰이익을 과도하게 침해한 것으로서 헌법에 위반된다고 할 것이고, 국가는 앞으로 이와 같이 신뢰보호의 원칙에 위배되는 법령의 개정을 되풀이하지 않도록 이 점에 관하여 헌법적 해명을 해 둘 필요가 있다.") 심판대상규정을 위헌으로 판단하였을 것이다.

Ⅵ. 신뢰보호의 구체적인 실현수단으로서 경과규정

1. 경과규정의 헌법적 의미

'신뢰이익'과 '법률개정을 요구하는 공익'을 교량하고 양 법익을 조화시키는 과정에서, 개인은 비록 구법의 존속을 요구할 수는 없으나 구법에서 신법으로의 적절한 전이, 즉 법률개정에 있어서 자신의 신뢰이익을 고려해 줄 것을 요구할 수 있다. 여기서 경과규정은 법률개정이 추구하는 공익과 개인의 신뢰이익이라는 상충하는 법익을 이상적으로 조화시키고 균형점을 찾는 가능성으로 기능한다. 경과규정은 법익교량과정에서 어느 정도 조정적·보상적 기능을 함으로써 개정법률이 초래하는 가혹한 결과를 완화한다.[1] 개정법률에 적절한 경과규정을 삽입함으로써, 입법자는 신뢰보호의 요청에 부합되는 방법으로 새로운 법적 상태로의 법치국가적 이행을 가능하게 할 수 있고, 이로써 법률의 위헌성을 피할 수 있다. 이러한 의미에서, 적절한 경과규정은 보호가치 있는 신뢰이익이 인정되는 경우 수반되는 법적 효과이다.

2. 경과규정이 요청되는 경우

법률이 제공하는 기회를 단지 활용하는 개인의 행위는 원칙적으로 사적 위험부담의 범위에 속하는 것으로 특별한 신뢰보호구성요건을 형성하지 못하는 반면, 국민이 법률에 의하여 유발된 신뢰를 행사한 경우(특히 시험규정에 따른 시험준비행위, 시한을 정하여 유인된 투자 등)에는 법률개정이익에 우선하는, 개인의 특별히 보호가치 있는 신뢰이익이 인정된다.

가. 국가에 의하여 유도된 신뢰 행사의 경우

따라서 시험규정이나 일정 기간 존속이 보장된 조세감면규정의 개정에 있어서, 특별히 보호가치가 있는 신뢰이익이 인정되어야 하고, 원칙적으로 개인의 신뢰보호가 국가의 법률개정이익에 우선해야 한다. 이러한 경우 과거에 발생한 사실관계에 대하여 구법을 계속 적용하는 경과규정이 원칙적으로 삽입되어야 한다. 시험규정이 개정되는 경우에는 구법규정과 신법규정을 당사자의 의사에 따라 선택할 수 있도록 규율하는 것도 가능하다.

또한, 영업이나 사업, 건축 등의 허가요건을 장래를 향하여 변경하는 경우에도 '구법에 따라 이미 요건을 갖추어 허가신청을 한 지원자의 경우' 및 '신법의 시행당시에 허가를 받기 위하여 이미 상당한 준비를 하는 등 신뢰를 실제로 행사한 자로서 법률이 정하는 일정 기간 내에 허가신청을 하는 경우'에 한하여 구법의 적용을 계속 받게 하는 경과규정을 두어야 한다.

나. 법률이 반사적으로 부여하는 기회를 활용한 경우

한편, 개인이 국가에 의하여 부여된 법적 자유공간을 자신의 책임 하에서 활용한 경우에는 법익교량과정에서 법률개정이익이 원칙적으로 우위를 차지한다. 그러나 개정법률을 그대로 적용하는 경

---

1) '구법 하에서 발생한 사실관계에 대하여 구법을 무기한·무제한적으로 계속 적용하는 방법'과 '경과규정 없이 신법을 즉각적으로 무제한적으로 적용하는 방법'이란 극단적인 방법 사이에 일련의 중간적인 규율가능성이 있다. 구법 하에서 발생한 사실관계에 대하여 구법을 한시적으로 계속 적용케 한다든지, 가혹한 경우를 고려하여 가혹한 결과를 완화하는 규정을 둔다든지, 변화한 법적 상황에의 적용을 용이하게 하기 위한 보조금규정을 둘 수 있다.

우 개정법률이 실현하려는 공익에 의하여도 정당화될 수 없을 정도로 개인의 신뢰이익이 과도하게 손상된다면, 이 경우 신뢰이익은 적절한 경과규정을 통하여 고려되어야 한다.

제 7 절 權利救濟節次의 保障

I. 권리구제절차의 헌법적 의미

1. 공권력행위에 대한 권리구제절차

가. 국가기관의 法羈束性을 실현하기 위한 필수적인 요건

모든 국가행위가 법적인 구속을 받는다는 법치국가적 요청은 궁극적으로 법원에 의한 통제를 통하여 실현되고 관철되어야 한다. 국가권력의 행사가 법적으로 구속을 받는다면, 국가권력이 법질서에 위반한 경우 개인은 이로 인하여 발생한 권리침해를 주장하고 관철할 수 있어야 한다. 개인이 국가와의 관계에서 권리를 주장할 수 있을 뿐만 아니라 또한 이를 司法的으로 관철할 수 있는 경우, 즉 구제절차를 통하여 개인의 권리보호가 이루어지는 경우에 비로소 법치국가는 궁극적으로 실현된다. 권리구제절차의 보장은 '국가기관의 법기속성'을 실현하기 위한 필수적인 요건이다. 따라서 개인의 권리가 국가공권력에 의하여 침해된 경우, 독립적인 법원에 의한 사법적 구제절차를 제공하는 것은 법치국가의 중요한 요소에 속한다. 공권력에 의한 모든 권리침해에 대한 포괄적인 권리보호는 현대 산업사회 및 사회국가에서 증가하는 국가 활동과 이로부터 발생하는 '국가에 대한 국민의 의존성'에 대하여 국민의 권리보호를 그에 상응하게 강화하고자 하는 것이다. 증가하는 국가 활동에 대응하는 것이 바로 개인의 강화된 권리보호이다.

나. 국가와 개인의 관계의 主觀化

공권력행위에 대한 권리구제절차의 헌법적 보장은 '법치국가의 정점'이라고도 불린다. 권리구제절차의 보장을 통하여 국가와 국민의 동등한 지위가 인정되었고, 양자 모두 동등한 지위를 가진 소송당사자가 되었다. 개인은 더 이상 공권력행사의 단순한 대상이 아니며 독자적인 권리를 가진 독립적인 주체로서 국가권력에 대립하여 자신의 권리를 방어하고 주장할 수 있다. '국가와 개인의 관계의 이러한 주관화'는 인간존엄성 및 기본권의 보장에 그 헌법적 근거를 두고 있다.

2. 私法과 刑法의 영역에서 권리구제절차

뿐만 아니라, 법치국가원리로부터 사법(私法) 및 형법의 영역에서도 권리구제절차를 제공해야 할 국가의 의무가 나온다. 국가가 내적인 평화질서를 확보하기 위하여 물리적 강제력을 독점하고 모든 사인에 대하여 물리적 폭력행사와 자력구제를 금지한다면, 국가는 이에 대응하는 의무로서 사인에 의한 권리침해나 범죄행위에 대하여 구제절차를 제공해야 한다. 법적 분쟁의 해결이 법질서의 범주 내에서 이루어지는 것은 법치국가의 본질에 속한다.

Ⅱ. 권리구제절차 보장의 구체적 요청

헌법은 제27조의 재판청구권을 통하여 권리구제절차를 보장하고 있다. 헌법 제27조는 재판청구권의 구체적인 형성을 입법자에 맡기고 있으나, 한편으로는 '효과적인 권리보호'를 요청함으로써 소송법의 구체적인 형성과 그 해석에 있어서 지침을 제공하고 있다. 효과적인 권리보호의 요청은 비록 헌법에 명시적으로 언급되고 있지 않지만, 재판청구권의 본질이자 궁극적인 목적으로서, '실제로 권리보호가 제공되는지'를 판단하는 기준이다. '실효성 없는 권리보호'란 그 자체로서 모순이다. 따라서 개인은 재판청구권을 근거로 하여 법원의 효과적인 권리구제절차를 요구할 권리를 가진다. 효과적인 권리보호의 요청은 소송법을 규율함에 있어서 입법자를 구속하고, 소송법의 해석과 적용에 있어서 법원을 구속한다.

1. 입법자에 대한 요청

가. 재판청구권은 일차적으로 입법자에 대한 요청으로서 법원에 의한 권리보호를 구체적으로 규율하고 형성해야 할 의무를 입법자에게 부과한다. 재판청구권은 효과적인 권리보호를 요청하므로, 입법자는 소송법의 구체적 형성을 통하여 효과적인 권리구제절차를 보장해야 한다. 따라서 입법자는 권리구제절차가 가능하면 빈틈없고 효과적으로 기능할 수 있도록 권리구제제도를 형성해야 할 의무를 진다. 단지 형식적인 권리구제의 가능성이 존재한다는 것만으로는 충분하지 않고, 국민이 가능하면 빠른 시일 내에 큰 어려움 없이 자신의 권리를 찾을 수 있도록, 입법자는 소송법을 형성해야 한다. 사법부의 과도한 업무 부담으로 인하여 적절하고 효과적인 권리구제가 이루어질 수 없다면, 입법자는 사법개혁이나 소송법의 개혁, 법관의 증원 등을 통하여 대응해야 한다.

나. 법원의 권리구제절차를 밟는 것이 합리적인 이유에 의하여 정당화됨이 없이 불가능하거나 곤란해서는 안 된다. 그러므로 소송비용이 과도하여 소송의 제기를 사실상 불가능하게 해서는 안 된다. 뿐만 아니라, 권리구제의 시간적 관점은 매우 중요하기 때문에, 원상회복이 불가능한 손해가 우려되는 경우에 대하여 가처분신청절차를 마련하는 것은 재판청구권에서 파생하는 헌법적 요청이다.

다. 효과적인 권리보호의 요청은 재판절차에의 원활하고 용이한 접근뿐만 아니라 실제로 효과적인 권리구제를 보장하는 재판절차의 진행을 요구한다. 따라서 입법자는 공정하고 객관적인 법원에 의하여 신속하고도 공정한 재판이 이루어질 수 있도록 재판절차를 구체적으로 형성해야 할 의무를 진다. 이러한 관점에서 효과적인 권리보호를 요청하는 재판청구권으로부터 헌법과 법률이 정한 법관, 청문청구권과 절차법적 무기대등의 요청을 비롯하여 공정한 재판을 받을 권리, 신속한 재판을 받을 권리 등이 파생된다. 효과적인 권리보호는 적정한 기간 내에 이루어지는 권리보호를 의미하므로, 신속한 재판을 받을 권리는 과도하게 장기의 소송기간을 금지한다.

2. 법원에 대한 요청

법원도 효과적인 권리보호를 제공해야 할 의무가 있다. 법원은 구체적인 사건에 적용되는 소송법을 해석·적용함에 있어서 헌법 제27조의 재판청구권의 정신에 비추어 가능하면 포괄적이고 빈틈없는 권리보호를 제공할 수 있도록 해석하고 적용해야 하며, 소송법에서 권리보호의 빈틈이 있다면 직접 재판청구권을 고려하여 그 빈틈을 메워야 할 의무를 진다.

또한, 법관은 주장하는 권리침해를 법적인 측면과 사실적인 측면에서 포괄적으로 심사해야 한다. 따라서 법관은 행정청에 의하여 확인된 사실관계에 구속을 받지 아니한다. 행정청에 의한 불확정 법개념의 구체화도 원칙적으로 법원의 심사 대상이 된다.

3. 재판청구권행사의 조건으로서 실체적 권리의 침해

재판청구권은 실체법이 아니라 실체법의 실현에 기여하는 절차법이다. 재판청구권은 자유권이나 평등권과 같이 실체적 법적 지위를 제공하는 것이 아니라, 절차적 기본권으로서 실체적 법적 지위의 보호와 관철에 기여한다. 따라서 개인이 자신의 주관적 권리의 침해를 주장할 수 있는 경우에만 재판청구권은 비로소 인정될 수 있다. 법원에 의한 권리구제절차의 목적은 주관적 권리의 침해에 대한 구제이지, 객관적인 법의 준수에 대한 통제가 아니다. 예컨대, 통치행위의 경우 개인의 주관적 권리에 대한 침해가 일반적으로 부정된다.

Ⅲ. 국가의 결정에 대한 이유제시의무

국가결정에 대한 이유제시의무는 헌법적으로 법률에 의한 행정의 원칙 및 권리구제절차의 보장, 민주적 질서에서 도출된다. 이유제시의무는 국가 결정의 합리성과 통제가능성에 기여한다. 국가의 결정에 대한 이유제시의무는 모든 국가행위에 대하여 요청되는 것이 아니라 원칙적으로 부담적 행정행위 및 법원의 판결에 대하여 존재한다. 그러나 혜택의 부여(수익적 행정행위)와 법규범의 제정은 이유제시를 필요로 하지 않는다.

1. 침익적 행정행위의 경우, 이유제시의무는 절차적으로 행정의 합법률성(법률에 의한 행정)을 보장한다. 행정청이 당사자에게 결정의 이유를 제시해야 한다면, 기본권을 제한할 수 있는 권한을 행사하기 위한 사실적·법률적 요건이 충족되었는지를 스스로 검토하도록 강요받는다. 이로써 '이유제시'라는 절차적 과정은 행정의 자기통제를 가져오고, 합리적인 이유를 제시할 수 없는 자의적인 결정을 방지하며, 헌법과 법률에 의한 구속을 준수하였다는 것을 인식하게 한다.[1]

2. 당사자가 행정청의 결정이유를 알아야만 권리구제절차를 밟을 것인지에 관하여 합리적인 방법으로 결정할 수 있다는 점에서, 이유제시의무는 권리구제기능에 기여한다. 국가결정의 이유를 아는 사람만이 법원의 권리구제를 요청함으로써 행정청의 결정에 대하여 방어할 수 있다.[2] 법원 판결의 경우에도, 판결이유를 알아야만 항소여부를 결정할 수 있다는 점에서, 판결이유의 기재는 재판청구권의 행사를 위하여 불가결하다.[3]

3. 이유제시의무는 위와 같은 관점에서 법치국가원리의 실현에 기여하는 것일 뿐만 아니라, 민주적 정당성, 특히 국가결정의 수용여부와 투명성에도 기여한다. 국가결정의 이유제시를 통하여 비로

---

1) Vgl. BVerfGE 71, 122, 135f.
2) Vgl. BVerfGE 40, 276, 286.
3) 이에 관하여 보다 자세한 것은 제3편 제6장 '재판청구권' 참조.

소 결정과정의 투명성이 확보되고 결정의 결과가 당사자에 의하여 납득되고 수용될 수 있다.

Ⅳ. 聽聞請求權

'청문'이란, 국가기관이 당사자와 관련되는 결정을 내리기에 앞서 당사자에게 의견진술의 기회를 제공하는 것을 말한다.[1] 청문청구권은 객관적으로는 사실관계의 포괄적인 규명을 통하여 국가결정의 내용적 타당성을 확보하고 자의를 방지하는 데 기여하며, 주관적으로는 당사자에게 의견제출의 기회를 제공함으로써 자신의 권리를 스스로 지키는 것에 기여한다. 당사자는 자신의 권리에 대한 침해 이전에 그의 관점에서 사실관계와 법률관계에 관하여 진술함으로써, 국가기관의 견해를 수정할 수 있고 국가기관의 결정절차에 영향력을 행사할 수 있는 가능성을 가진다.

청문청구권은 공정한 법치국가적 절차를 실현하기 위한 핵심적 원칙에 속한다. 국가기관의 청문 의무는 공정한 절차를 통하여 법적으로 타당한 결정에 이르는 것을 목표로 하기 때문에, 청문청구권은 법치국가원리에 그 헌법적 근거를 두고 있다. 뿐만 아니라, 당사자에게 청문의 기회를 제공함이 없이 국가의 결정이 내려지는 경우, 당사자는 권리의 주체로서 존중받지 못하고 국가행위의 단순한 객체로 전락하므로, 청문청구권은 인간존엄성보장에도 그 뿌리를 두고 있다. 한편, 법원절차에서의 청문청구권은 법치국가원리의 구체화된 헌법적 표현인 헌법 제27조의 재판청구권에 의하여 일차적으로 보장된다. 재판청구권은 공정한 재판을 요청하며, 공정한 재판은 재판절차에서 청문 기회의 보장을 전제로 하기 때문이다.

제8절   刑法의 領域에서 法治國家的 原則

Ⅰ. 형벌과 국가의 형벌권

사례 │ 헌재 2005. 9. 29. 2003헌바52(형법 제122조의 직무유기 사건)

甲은 6급 공무원으로서 정당한 이유 없이 그 직무를 유기하였다 하여 직무유기죄로 기소되었다. 甲은 법원에서 재판을 받던 중 형법 제122조(직무유기죄)에 대하여 '죄형법정주의의 명확성원칙에 위배되고, 과잉형벌에 해당하여 자신의 기본권을 침해한다'고 주장하며 위헌법률심판제청을 신청하였으나, 법원이 이를 기각하자 헌법소원심판을 청구하였다.

1. 최종적 수단으로서 형벌

형벌은 공동체의 가치실현이나 법적 평화의 유지를 위한 최종적 수단(ultima ratio)이다. 국가권력이 투입할 수 있는 다른 모든 수단이 우선적으로 고려되어야 하고 형벌은 최종적인 수단이어야 한다

---

1) 가령, 행정절차법은 처분 전에 당사자에게 청문의 기회를 제공해야 할 행정청의 의무를 부과하고 있다.

는 요청은, 형벌이 야기하는 기본권침해의 중대성에 비추어 무엇보다도 당사자의 기본권보호의 관점에서 나오는 것이다.[1]

따라서 공법상 또는 사법상의 다른 수단에 의하여 법익이 충분히 보호될 수 없는 경우에 비로소 형벌은 정당화된다. 특정 행위가 금지된 것을 넘어서 특별히 사회적으로 유해하고 인간의 평화적 공존의 관점에서 수인될 수 없기 때문에 이를 방지하는 것이 특별히 요청되는 경우, 형벌은 법익보호의 최종적 수단으로서 사용된다. 따라서 비도덕적 행위, 사회적으로 비난받을 만한 행위를 형법이란 수단으로 처벌하고자 하는 경우, 그러한 행위의 사회적 해악 때문에 형벌로써 처벌하는 것이 특정 법익의 보호를 위하여 적합하고 필연적이며 효율적인지, 즉 형벌이란 최종적인 수단까지 동원해야만 하는지를 살펴보아야 한다.[2] 한편, 입법자에게는 형사처벌의 필요성과 법정형의 종류와 범위를 판단함에 있어서 상당히 폭넓은 형성의 자유가 인정된다.[3]

2. 국가의 형벌권

법질서에 대한 국민의 복종을 관철하고 유지할 목적으로 형벌의 수단을 사용할 수 있는 국가의 권한인 국가형벌권은 헌법에 명시적으로 규정되어 있지 않지만, 신체의 자유에 대한 제한가능성을 규정하는 헌법 제12조, 죄형법정주의를 규정하는 헌법 제13조 등은 이를 당연한 전제로 하고 있다. 불법적인 공격으로부터 국민의 안전을 보장하는 것은 국가의 기본의무이자 국가의 핵심적 과제이다. 국가가 국민에게 안전을 보장해야 한다는 요청은 무엇보다도 범죄의 규명과 처벌, 효과적인 법익보호, 사적 폭력과 자력구제의 금지 등을 통하여 실현된다. 형벌은 국민의 안전보장 및 개인과 공동체의 법익보호라는 국가과제를 이행하는 수단이자 법질서에 대한 복종을 관철하기 위한 수단으로서 투입된다.

형벌, 특히 신체의 자유를 제한하는 자유형은 개인의 인간존엄성과 자유로운 인격발현에 대한 매우 중대한 침해를 의미한다. 그러므로 국가의 형벌권행사를 법치국가적으로 구속하고 제한하는 것은 중요한 의미를 가진다. 이러한 이유에서 이미 1215년 영국의 권리장전(Magna Charta)을 비롯하여 최초의 헌법들은 국가형벌권의 자의적인 행사로부터 개인을 보호하는 규정을 수용하였다. 오늘날의 헌

---

1) 이러한 요청은, 국가가 사용할 수 있는 다양한 수단이 서로 비교될 수 있기 때문에 그러한 수단들을 침해강도의 정도, 당사자에 대한 효과의 중대성에 따라 차등화 할 수 있고, 그 결과 당사자의 기본권을 가장 적게 침해하는 수단을 선택할 수 있다는 것을 전제로 한다. 그러나 국가가 사용하는 수단들은 본질상 서로 다른 것이어서 침해정도에 따른 차등화가 어려울 뿐만 아니라, 게다가 어떠한 수단이 당사자를 가장 중대하게 침해하는지는 개별적 경우마다 구체적으로 확인되어야 한다는 문제가 있다. 가령, 생계를 위하여 절대적으로 필요한 운전면허의 취소가 벌금형이나 심지어 단기의 자유형보다 당사자에게 보다 중대한 기본권제한의 효과를 초래할 수 있다.

2) 가령, 간통죄의 경우 혼인제도와 가정생활, 건전한 성도덕의 보호를 위하여 형법적 수단까지 동원하여 개인의 성행위를 처벌해야 하는 것인지를 판단함에 있어서 이러한 요소를 살펴보아야 한다.

3) 헌재 2005. 9. 29. 2003헌바52(형법 제122조의 직무유기), 판례집 17-2, 136, 144-145, [직무유기죄의 형사처벌의 필요성에 관하여] "특정의 인간행위에 대하여 그것이 불법이며 범죄라 하여 국가가 형벌권을 행사하여 이를 규제할 것인지, 아닌지의 문제는 … 기본적으로 입법권자가 정책적으로 판단할 문제에 속한다. … 한편, 국가기능의 장애를 초래할 수 있는 의식적 직무유기를 예방하고 공무원의 성실한 직무수행을 담보하기 위하여 행정상의 징계처분만으로 충분할 것인지, 아니면 나아가 형벌이라는 제재를 동원하는 것이 더 필요하다고 볼 것인지의 문제는 입법자의 예측판단에 맡겨야 한다. 일반적으로 볼 때 가장 중한 징계처분인 파면, 해임이라 할지라도 당사자에게 미치는 불이익한 효과는 형벌에 비해 미약하다고 할 수 있다. 그렇다면 입법자는 이 사건 법률조항의 입법목적인 국가기능의 정상적 수행 보장을 위하여 가능한 수단들을 검토하여 그 효과를 예측한 결과 보다 단호한 수단을 선택하는 것이 필요하다고 보았다 할 것인데 이러한 입법자의 판단이 현저히 자의적인 것이라고는 보이지 않는다."

법도 이러한 전통을 이어가고 있으며, 우리 헌법도 법치국가적으로 요청되는 형법 및 형사소송법에 관한 기본원칙을 명시적으로 규정하고 있다. 한편, 헌법에 명시적으로 언급되지 않은 그 외의 원칙들은 법치국가원리로부터 도출된다.

Ⅱ. 罪刑法定主義

사례 | 헌재 1997. 9. 25. 96헌가16(건축물의 유지·관리의무 위반에 대한 처벌 사건)

건축법 제26조(건축물의 유지·관리)는 "건축물의 소유자 또는 관리자는 그 건축물·대지 및 건축설비를 항상 이 법 또는 이 법의 규정에 의한 명령이나 처분과 관계법령이 정하는 기준에 적합하도록 유지·관리하여야 한다."고 규정하면서, 건축법 제79조 제4호는 건축법 제26조의 규정에 위반한 자를 2년 이하의 징역 또는 1천만원 이하의 벌금에 처하도록 규정하고 있다. 甲은 주택의 소유자인바, 주택의 부설주차장을 주거용 방으로 용도 변경하여 사용하였다 하여 건축법위반죄로 기소되었다. 서울지방법원은 재판 계속중 건축법 제79조 제4호 중 '제26조의 규정에 위반한 자' 부분이 죄형법정주의와 형법상의 책임원칙에 위반된다는 이유로 헌법재판소에 위헌여부의 심판을 제청하였다.[1]

1. 개념과 의미

가. 헌법은 제12조 제1항에서 "···누구든지···법률과 적법한 절차에 의하지 아니하고는 처벌·보안처분 또는 강제노역을 받지 아니한다."라고 하면서, 제13조 제1항에서 "모든 국민은 행위시의 법률에 의하여 범죄를 구성하지 아니하는 행위로 소추되지 아니하며, ···"라고 하여, 오늘날 법치국가적 형법의 기본원리인 죄형법정주의를 규정하고 있다.

죄형법정주의란 '법률 없이 범죄 없고, 형벌 없다'는 원칙(Nulla poena sine lege)이다.[2] 죄형법정주의란, 무엇이 범죄가 되는지 그리고 범죄가 되는 경우 어떠한 형벌을 받는지, 즉 범죄와 형벌에 관해서는 입법자가 법률로써 사전에 정해야 한다는 원칙을 말한다. 특정 행위를 범죄로서 처벌하기 위해서는, 그 행위 이전에 무엇이 처벌되는 행위인지를 국민이 예측가능한 형식으로 미리 규정함으로써 국민이 자신의 행위를 형법의 규범에 맞출 수 있도록 해야 한다.

---

1) 헌재 1997. 9. 25. 96헌가16(건축물의 유지·관리의무위반에 대한 처벌), 판례집 9-2, 312, 326, "이 사건 법률규정이 '이 법이나 이 법의 규정에 의한 명령, 처분 기타 관계법령이 정한 기준'에 적합하게 유지·관리하지 아니한 경우에 이를 처벌하도록 하고 있는 것은 ··· 전체적으로 구성요건의 설정이 과도하게 광범위하고 포괄적이어서 본죄에 해당하는 행위의 범위를 확정하기가 대단히 어렵다고 할 것이며, 이는 적어도 형벌법규에는 적합하지 아니한 것으로서 죄형법정주의의 명확성 원칙에 위반된다고 할 것이다."; 판례집 9-2, 312, 330-331, "건축물 등의 유지·관리의무와 관련한 사항 전부를 포섭하는 이 사건 법률규정은 그 구성요건을 지나치게 광범위하고 포괄적으로 설정함으로써, 이로 인하여 상대적으로 법정형이 무거워지고 그 폭이 넓어지게 되어 다른 구성요건과 비교하여 볼 때 형벌체계상 균형을 잃게 된 것으로 볼 수 있다. 따라서 이 사건 법률규정은 결국 입법재량권이 자의적으로 행사된 경우로서 헌법 제37조 제2항의 비례의 원칙 내지 과잉입법금지원칙에 위반된다고 할 것이다."

2) 헌재 1991. 7. 8. 91헌가4(사행행위처벌 포괄위임), 판례집 3, 336, 340, [죄형법정주의의 헌법적 의의에 관하여] 『"법률이 없으면 범죄도 없고 형벌도 없다."라는 말로 표현되는 죄형법정주의는 이미 제정된 정의로운 법률에 의하지 아니하고는 처벌되지 아니한다는 원칙으로서 이는 무엇이 처벌될 행위인가를 국민이 예측가능한 형식으로 정하도록 하여 개인의 법적 안정성을 보호하고 성문의 형벌법규에 의한 실정법질서를 확립하여 국가형벌권의 자의적 행사로부터 개인의 자유와 권리를 보장하려는 법치국가 형법의 기본원칙이며, ···』

나. 죄형법정주의는 첫째, 명확한 형벌법규를 통하여 범죄와 형벌에 관한 예측가능성을 제공함으로써 법적 안정성을 보장하고자 하는 것이고, 둘째, 범죄와 형벌에 관한 결정은 공동체의 가장 본질적인 결정에 속하는 것이므로 입법자는 이를 스스로 규율해야 하고 법원이나 행정청에 의한 자의적인 형벌권행사에 위임해서는 안 된다는 의미에서, 입법자의 규율의무를 강조하고 유지하고자 하는 것이다. 요컨대, 국가권력이 형벌권을 자의적으로 행사하거나 남용하는 것으로부터 개인의 자유와 권리를 보호하고자 하는 것에 죄형법정주의의 주된 목적이 있다. 한편, 죄형법정주의는 행정상의 질서유지를 위한 행정질서벌에 해당하는 과태료규정에는 적용되지 않는다.[1]

2. 구체적 내용

죄형법정주의의 내용은 법률유보의 원칙, 법률의 명확성원칙 및 소급입법금지이라는 3개의 하위개념을 통하여 구체화된다. 법률유보의 원칙이 그에 대한 필수적 보완으로서 법률의 명확성을 전제로 한다는 점에서, 법률의 명확성원칙은 법률유보의 원칙으로부터 파생되는 것이다. 한편, 학자에 따라서는 죄형법정주의의 내용을 명확성의 원칙, 관습형법금지의 원칙, 유추해석금지의 원칙, 소급효금지의 원칙 등으로 구분하기도 하나, 관습형법금지의 원칙, 유추해석금지의 원칙은 '국가형벌권의 행사는 명확한 형벌법규에 근거해야지 관습법이나 유추해석에 근거해서는 안 된다'는 의미에서, 이미 명확성의 원칙에 포함되는 내용이다.

가. 법률유보의 원칙(형벌법규 법률주의)

'범죄와 형벌은 법률로써 규정되어야 한다'는 죄형법정주의는 형법의 영역에서 법률유보원칙이 구체화된 특수한 형태이다. 여기서의 '법률'이란 국회가 제정한 형식적 의미의 법률을 말한다. 그러나 형벌규정이라고 하더라도 입법자가 처벌받는 행위의 유형을 법률로써 상세하게 정하는 것이 현실적으로 불가능하기 때문에, 입법권의 위임이 불가피한 경우가 있다. 따라서 "법률로써"란, '직접 법률에 의하여 또는 법률의 위임에 근거하여' 형사처벌을 할 수 있다는 것을 의미하며, 이로써 법률뿐 아니라 법규명령, 규칙, 조례[2] 등의 실질적 의미의 법률을 통해서도 형사처벌이 가능하다.

물론, 헌법 제75조에 의하여 입법권을 행정부에 위임하는 경우, 위임법률은 그 수권의 범위를 명확하게 정해야 한다. 법률의 위임으로부터 이미 처벌받는 행위의 대강의 윤곽과 형벌의 종류 및 범위(특히, 上限)가 국민에게 어느 정도 예측 가능한 경우에만 헌법 제75조에 규정된 입법위임의 명확성원칙에 부합한다.[3] 따라서 처벌받는 행위가 어떠한 것이며 그러한 행위에 대하여 어떠한 형벌이 부과되는 것인지 그 대강을 예측할 수 있을 정도로 법률에서 구체적으로 정하여 시행령에 위임해야 한

---

1) 헌재 1998. 5. 28. 96헌바83(부동산등기특별조치법), 판례집 10-1, 624.

2) 헌재 2005. 10. 27. 2003헌바50(지방공무원의 노동운동금지), 판례집 17-2, 238, 240, [사실상 노무에 종사하는 공무원을 제외한 지방공무원의 노동운동을 금지하면서 '사실상 노무에 종사하는 공무원'의 범위를 조례로 정하도록 위임할 수 있는 것인지 여부에 관하여] "법률의 위임이 있는 경우에는 조례에 의하여 소속 공무원에 대한 인사와 처우를 스스로 결정하는 권한이 있다고 할 것이므로, 제58조 제2항이 노동운동을 하더라도 형사처벌에서 제외되는 공무원의 범위에 관하여 당해 지방자치단체에 조례제정권을 부여하고 있다고 하여 헌법에 위반된다고 할 수 없다."

3) 헌재 1991. 7. 8. 91헌가4(사행행위처벌 포괄위임), 판례집 3, 336, 336-337; 헌재 1997. 9. 25. 96헌가16(건축물의 유지·관리의무위반에 대한 처벌), 판례집 9-2, 312, [처벌법규의 위임과 수권법률의 예견가능성에 관하여] "법률에 의한 처벌법규의 위임은 특히 긴급한 필요가 있거나 미리 법률로써 자세히 정할 수 없는 부득이한 사정이 있는 경우에 한정되어야 하고 이러한 경우일지라도 법률에서 범죄의 구성요건은 처벌대상인 행위가 어떠한 것일 거라고 이를 예측할 수 있을 정도로 구체적으로 정하고 형벌의 종류 및 그 상한과 폭을 명백히 규정하여야 한다."

다. 이러한 요청은 '중대한 기본권제한은 본질성이론에 따라 입법자에게 유보되어야 한다'는 요청과
그 맥락을 같이 한다.

나. 형벌법규의 명확성원칙

죄형법정주의의 핵심적 내용에 해당하는 요소는 형벌법규의 명확성원칙이다. 형벌법규와 관련하
여 죄형법정주의가 문제된다면, 대부분의 경우 형벌법규의 명확성여부에 관한 것이다.

(1) 명확성원칙의 강화된 형태로서 형벌법규 명확성원칙

(가) 죄형법정주의는 범죄와 형벌을 법률로 규정할 것을 요청할 뿐만 아니라, 동시에 그 형벌규정
자체가 명확할 것을 요구한다. 죄형법정주의는 범죄의 구성요건을 명확하게 규정함으로써 일반 국민
이 어떠한 행위가 형법으로 금지되고 있는지를 예측할 수 있고 자신의 행위를 그에 맞출 수 있을 것
을 요청한다.[1] 형벌규정이 추상적이거나 모호한 개념을 사용하고 있다거나 지나치게 포괄적이거나
광범위하다면, 국민은 형벌규정을 통해서 어떠한 행위가 금지되는지, 그에 대한 형벌이 어떠한 것인
지를 예견할 수 없다.

죄형법정주의는 형벌규정의 명확성에 대하여 보다 엄격한 요청을 함으로써 일반적인 명확성원칙
을 강화하고 있다. 신체의 자유와 같이 개인의 중요한 기본권을 제한하는 형벌조항의 경우, 명확성의
원칙에 대하여 보다 엄격한 요구를 해야 한다.

(나) 형벌법규는 일반국민의 관점에서 인식되고 예견될 수 있어야 하기 때문에, 형벌법규의 명확
성의 여부는 원칙적으로 건전한 상식과 통상적인 법감정을 가진 일반국민의 관점에서 판단되어야 하
며, 국민은 법원의 판례를 참조하지 않고서도 법률로부터 형벌여부에 관하여 알 수 있어야 한다.[2]
죄형법정주의는 원래 '형벌법규의 명확성'을 요구하는 것이지 '판례에 의한 명확화'를 요구하는 것이
아님에도, 헌법재판소는 명확성원칙에 대하여 과도한 요구를 하는 경우에 발생할 수 있는 위험(너무
상세하고 서술적인 법률의 형식 및 이로 인한 경직성 등)을 고려하여, 장기간에 걸쳐 형성되고 확립된 법
원의 판례를 통하여 형벌법규가 구체화되는 경우에는 명확성원칙의 요청을 충족시킨다고 판단하고
있다.[3] 이로써, 형벌법규의 불명확성에도 불구하고 일반적인 법해석원칙에 의하여 행정청과 법원에
의한 자의적인 형벌권행사를 배제할 수 있는 객관적인 기준을 얻을 수 있고, 이로써 불명확성이 제
거될 수 있다면, 이러한 형벌법규는 명확성의 원칙에 위반되지 않는다. 이러한 점에서, 입법자는 소
위 '예시적 입법형식'을 사용할 수도 있다.[4]

---

1) 헌재 1993. 3. 11. 92헌바33(제3자 개입금지), 판례집 5-1, 29, 47, "죄형법정주의의 원칙은 법률이 처벌하고자 하는
　 행위가 무엇이며 그에 대한 형벌이 어떠한 것인지를 누구나 예견할 수 있고, 그에 따라 자신의 행위를 결정할 수
　 있게끔 구성요건이 명확히 규정될 것을 요구한다."
2) 헌재 1997. 9. 25. 96헌가16(건축물의 유지·관리의무위반에 대한 처벌), 판례집 9-2, 312, 322, "구성요건이 어느
　 정도 특정되어야 명확성의 원칙에 반하지 않는가를 판단함에 있어 우리 재판소는 통상의 판단능력을 가진 사람이
　 그 의미를 이해할 수 있었는가를 기준으로 하고 있다."
3) 헌재 1993. 3. 11. 92헌바33(제3자 개입금지), 판례집 5-1, 29, 47, "처벌규정의 구성요건이 다소 광범위하여 어떤
　 범위에서는 법관의 보충적인 해석을 필요로 하는 개념을 사용하였다고 하더라도, 그 점만으로는 헌법이 요구하는
　 처벌법규의 명확성에 반드시 배치되는 것이라고는 볼 수 없다."; 헌재 2005. 9. 29. 2003헌바52(형법 제122조의 직
　 무유기), 판례집 17-2, 136, "형법 제122조 중 '직무' 또는 '유기'의 의미가 무엇인지, 그에 해당하는 범위가 어디까
　 지인지는 다소 불분명한 점이 있으나, … 이 사건 법률조항이 지닌 약간의 불명확성은 법관의 통상적인 해석작용에
　 의하여 충분히 보완될 수 … 있다고 할 것이므로 이 사건 법률조항은 죄형법정주의에서 요구되는 명확성의 원칙에
　 위배되지 아니한다."; vgl. BVerfGE 71, 108, 115.
4) 헌재 2000. 4. 27. 98헌바95 등(변호사법 제90조 제2호 위헌소원), 판례집 12-1, 508, 533-534.

(다) 명확성의 요청은 대부분의 경우 범죄의 구성요건과 관련하여 문제된다. 그럼에도 여기서 명확성의 요청은 범죄의 구성요건 및 그에 대한 형벌의 내용이 모두 명확할 것을 요구하는 것이다. 즉, 국민이 어떠한 행위가 처벌되는지 뿐만 아니라 그에 대한 형벌이 어떠한 것인지를 예견할 수 있어야 한다. 따라서 입법자가 지나치게 폭넓은 법정형을 설정하는 경우, 형벌법규 명확성원칙의 위반여부가 문제될 수 있다.

형벌법규가 과하는 형벌이 무거울수록, 입법자는 처벌받는 행위의 구성요건을 보다 구체적이고 명료하게 규정할 것이 요청된다. 또한, 형벌법규가 과하는 형벌이 무거울수록, 입법자는 법관에게 가능하면 명확한 법정형의 설정을 통하여 형벌의 선고를 위한 명확한 지침을 제시해야 한다.[1] 물론, 형법상의 책임원칙은 이와는 반대로 개별적인 사건마다 범죄인의 책임을 고려하는 형벌을 가능하게 하기 위하여 법정형의 최소한의 범위를 요청한다.

(2) 유추해석금지의 원칙

법률의 명확성의 요청은 관습형법이나 유추해석을 통하여 범죄를 구성하는 것을 배제한다. 유추해석(Analogie)이란, 법규범의 직접적인 적용범위를 넘어서 법규범에 규정되지 아니한 유사한 사실관계에 법규범을 확대 적용하는 것을 말한다. 유추해석의 금지는 법규범의 의미한계를 넘어서는 모든 확대 적용을 배제한다. 형법에서 유추해석을 인정한다면, 형벌법규에 명시되지 아니한 행위에 대해서도 처벌하는 것이 가능하므로, 죄형법정주의가 요구하는 명확성의 원칙에 위반된다.

따라서 죄형법정주의에 내재하는 명확성원칙 및 이로부터 파생되는 유추해석금지의 원칙은 형벌법규를 해석함에 있어서 헌법적 한계를 제시한다. 여기서 형벌법규의 해석 대상으로서 *法文*은 결정적인 기준이 된다. 법률의 *文意*가 법관에 의한 해석에 최종적인 한계를 설정한다. 따라서 피고인에게 불리하게 범죄구성요건을 확장적으로 해석하는 것은 죄형법정주의에 위반된다.[2] 그러나 형벌을 제약하거나 배제하는 사유를 법규정에 명시된 경우보다도 확대하여 해석함으로써 피고인에게 유리하게 유추해석을 하는 것은 가능하다.

다. 소급입법금지(刑罰法規 不遡及의 원칙)

사례 | 헌재 1996. 2. 16. 96헌가2 등(5·18 특별법 사건)

서울지방검찰청 검사는 12·12 군사반란사건과 관련된 피의자 및 5·18 내란사건과 관련된 피의자에 대하여 불기소처분을 하였다. 그런데 "1979년 12월 12일과 1980년 5월 18일을 전후하여 발생한 헌정질서파괴범죄의공소시효등에관한특별법 제2조의 헌정질서파괴범죄행위에 대하여 국가의 소추권행사에 장애사유가 존재한 기간은 공소시효의 진행이 정지된 것으로 본다."고 하여 '공소시효의 정지'를 규정하는 '5·18 민주화운동 등에 관한 특별법'이 1995. 12. 21. 제정·공포되자, 1995. 12. 29. 서울지

---

1) 헌재 1997. 9. 25. 96헌가16(건축물의 유지·관리의무위반에 대한 처벌), 판례집 9-2, 312, 313, [법정형의 설정과 비례의 원칙에 관하여] "법정형의 폭이 지나치게 넓게 되면 자의적인 형벌권의 행사가 가능하게 되어 형벌체계상의 불균형을 초래할 수 있을 뿐만 아니라, 피고인이 구체적인 형의 예측이 현저하게 곤란해지고 죄질에 비하여 무거운 형에 처해질 위험성에 직면하게 된다고 할 수 있으므로 법정형의 폭이 지나치게 넓어서는 아니 된다는 것은 죄형법정주의의 한 내포라고도 할 수 있다."; vgl. BVerfGE 105, 135, 155ff.
2) 독일연방헌법재판소는 독일형법 제240조 강요죄의 '폭력' 개념을 연좌시위에 대해서도 확대적용하는 경우 유추해석금지의 원칙에 위반된다고 확인하였다.

방검찰청 검사는 불기소처분을 하였던 12 · 12 사건 및 5 · 18 사건과 관련된 피의자들 전원에 대하여 형사사건을 재기한 다음, 이들에 대하여 서울지방법원에 구속영장을 청구하였다. 피의자들은 자신들에게 적용된 위 법률 제2조가 공소시효 진행의 정지사유를 정한 것으로서 형벌불소급의 원칙을 천명하고 있는 헌법 제13조 제1항에 위반되는 규정이라고 주장하면서 서울지방법원에 이 법률조항에 대한 위헌심판의 제청신청을 하였다.

(1) 소급적인 범죄구성과 형벌강화의 절대적 금지

헌법 제13조 제1항 전단은 범죄의 성립과 처벌을 행위시의 법률에 의하게 함으로써 '소급입법의 절대적인 금지'를 규정하고 있다. 형법법규 불소급의 원칙이란, 형벌법규는 시행된 이후의 행위에만 적용되고, 시행 이전의 행위에 대해서는 소급하여 불리하게 적용되어서는 안 된다는 원칙이다. 국민이 사전에 예측할 수 없는 것에 대하여는 그 책임을 물을 수 없으므로, 형벌법규는 소급적으로 범죄를 구성하거나 형벌을 강화해서는 안 된다. 만일 어떤 행위가 사후적으로 법률의 제정이나 개정을 통하여 처벌되거나 처벌이 강화된다면, 국민은 법질서에 대한 신뢰를 상실하여 법치국가가 의도하는 법적 안정성 및 법적 예측성이 크게 훼손될 것이다.

한편, 소급적인 형벌법규가 당사자에게 유리하게 작용하는 경우에는 소급적용이 가능하다.[1] 피의자에게 불리하게 작용하는 법원의 판례 변경, 즉 행위당시의 판례에 의하면 처벌대상이 아니었던 행위를 판례의 변경에 따라 처벌하는 것은 형벌법규 불소급의 원칙에 위반되지 않는다.[2] 헌법 제13조 제1항은 국민이 신뢰해도 되는 '법률'과 연관된 것이며, 국민의 신뢰형성과 관련하여 '법률'과 '법원의 판례'는 근본적인 차이를 보인다. 언제든지 그리고 쉽게 변경될 수 있는 법원의 판례에 대한 신뢰는 헌법적 보호를 누리지 못한다.

(2) 공소시효의 연장 문제

헌법 제13조 제1항의 소급효의 절대적 금지는 공소시효의 연장에는 적용되지 않는다. 헌법 제13조 제1항은 단지 형벌의 여부에 관한 것이지, 형사소추가 가능한 기간의 문제를 포괄하지 않기 때문이다.[3] 따라서 공소시효의 연장이 헌법적으로 허용되는지의 문제는 일반적인 소급효금지의 원칙(신뢰보호원칙)에 따라 판단되어야 한다.[4]

---

1) 형법 제1조 제2항은 "범죄 후 법률의 변경으로 인하여 그 행위가 범죄를 구성하지 않거나 형이 구법보다 경한 때에는 신법에 의한다."고 규정하고 있고, 같은 조 제3항은 "재판 확정 후 법률의 변경에 의하여 그 행위가 범죄를 구성하지 아니하는 때에는 형의 집행을 면제한다."고 규정하고 있다. 또한, 헌재 1995. 12. 28. 95헌마196, 판례집 7-2, 893, 900, "신법이 피적용자에게 유리한 경우에는 이른바 시혜적인 소급입법이 가능하지만 … 이와 같은 시혜적 조치를 할 것인가 하는 문제는 국민의 권리를 제한하거나 새로운 의무를 부과하는 경우와는 달리 입법자에게 보다 광범위한 입법형성의 자유가 인정된다고 할 것이다. 따라서 입법자는 입법목적, 사회실정이나 국민의 법감정, 법률의 개정이유나 영위 등을 참작하여 시혜적 소급입법을 할 것인가 여부를 결정할 수 있고, 그 판단은 존중되어야 하며, 그 결정이 합리적 재량의 범위를 벗어나 현저하게 불합리하고 불공정한 것이 아닌 한 헌법에 위반된다고 할 수는 없는 것이다."
2) 대법원 1999. 9. 17. 선고 97도3349 판결; 또한 vgl. BVerfGE, NJW 1990, S.3140.
3) 헌재 1996. 2. 16. 96헌가2 등(5 · 18 특별법), 판례집 8-1, 51, 53, [공소시효의 정지를 규정한 법률조항이 형벌불소급의 원칙에 위반되는지 여부에 관하여] "형벌불소급의 원칙은 '행위의 가벌성' 즉 형사소추가 '언제부터 어떠한 조건하에서' 가능한가의 문제에 관한 것이고, '얼마동안' 가능한가의 문제에 관한 것은 아니므로, 과거에 이미 행한 범죄에 대하여 공소시효를 정지시키는 법률이라 하더라도 그 사유만으로 헌법 제12조 제1항 및 제13조 제1항에 규정한 죄형법정주의의 파생원칙인 형벌불소급의 원칙에 언제나 위배되는 것으로 단정할 수는 없다."; 또한 vgl. BVerfGE 25, 286.
4) 헌재 1996. 2. 16. 96헌가2 등(5 · 18 특별법), 판례집 8-1, 51, 84, "공소시효제도가 헌법 제12조 제1항 및 제13조

형벌법규의 법정구성요건이 '어떠한 행위가 처벌되는지'를 결정하기 때문에, 형벌법규의 소급효가 있는지의 여부는 법정구성요건의 기준에 의하여 결정된다. 범죄 후 공소시효에 관한 법규를 개정하여 공소시효를 연장하는 경우, 공소시효의 연장으로 인하여 법정구성요건은 전혀 영향을 받지 않기 때문에, 공소시효의 연장은 소급하여 형벌법규를 변경하는 것이 아니다.

(3) 보안처분

형벌불소급의 원칙을 포함하는 죄형법정주의가 형벌뿐만 아니라 신체의 자유를 제한하는 보안처분의 경우에도 적용되는지의 문제가 제기된다. 죄형법정주의는 전통적으로 범죄와 형벌에 관한 것인데, 보안처분은 형벌이 아니라 사전적 예방조치라는 점에서 형벌불소급의 원칙을 보안처분에도 적용하는 것에 대하여 이의를 제기한다. 그러나 다른 한편으로는, 현대 형법에서 형벌과 예방적 조치는 서로 밀접하게 연관되어 있고, 재범의 위험성이 있는 범죄자를 형의 만기 이후에도 사회로부터 격리시키는 보안처분은 그 실제적 효과에 있어서 자유형과 큰 차이가 없다는 점에서, 신체의 자유를 박탈하는 보안처분에 대해서도 형벌불소급의 원칙을 적용하는 것이 요청된다고 볼 수 있다. 헌법재판소는 보안처분을 '형벌적 보안처분'과 '비형벌적 보안처분'으로 구분하여 '보안처분이라 하더라도 형벌적 성격이 강하여 신체의 자유를 박탈하거나 박탈에 준하는 정도로 신체의 자유를 제한하는 경우, 즉 형벌적 보안처분의 경우에는 형벌불소급원칙이 적용된다.'고 판시하고 있다.[1]

설사, 형벌불소급의 원칙을 보안처분에 확대적용하지 않는다 하더라도, 보안처분의 사후적 도입이나 강화는 진정소급효에 해당하므로, 신뢰보호원칙의 관점에서 형벌불소급의 원칙과 유사하게 엄격한 요건의 구속을 받는다. 보안처분이 '비형벌적 보안처분'에 해당하는 경우 헌법재판소의 판례에 의하면 형벌불소급의 원칙이 적용되지는 않지만, 보안처분의 허용여부는 재판 시 재범의 위험성판단에 의하여 결정된다는 점에서, 확정판결을 받은 자나 형의 집행이 종료된 자에 대하여 보안처분을 사후적으로 도입하거나 강화하는 것은 진정소급효에 해당한다.[2]

제1항에 정한 죄형법정주의의 보호범위에 바로 속하지 않는다면, 소급입법의 헌법적 한계는 법적 안정성과 신뢰보호원칙을 포함하는 법치주의의 원칙에 따른 기준으로 판단하여야 한다."
1) 헌재 2012. 12. 27. 2010헌가82 등; 헌재 2014. 8. 28. 2011헌마28 등. 나아가, "형벌불소급원칙에서 의미하는 '처벌'은 형법에 규정되어 있는 형식적 의미의 형벌 유형에 국한되지 않으며, 범죄행위에 따른 제재의 내용이나 실제적 효과가 형벌적 성격이 강하여 신체의 자유를 박탈하거나 이에 준하는 정도로 신체의 자유를 제한하는 경우에는 형벌불소급원칙이 적용되어야 한다."고 하여 심지어 '노역장유치'에 대해서도 형벌불소급원칙을 적용하고 있다(헌재 2017. 10. 26. 2015헌바239 등). 대법원도 형벌불소급의 원칙이 형벌뿐만 아니라 신체의 자유를 제한하는 보안처분의 경우에도 적용된다고 판시하고 있다(대법원 2008. 7. 24. 선고 2008어4 판결); 한편, 독일연방헌법재판소는 형벌불소급원칙은 보안처분에 적용되지 않는다고 판단하고 있다(BVerfGE 109, 133, 167ff.).
2) 헌법재판소는 2012. 12. 27. 2010헌가82(위치추적 전자장치 부착) 결정에서, '성폭력범죄자에 대한 전자장치 부착명령'은 형벌과 구별되는 비형벌적 보안처분으로서 소급효금지원칙이 적용되지 아니하므로 심판대상조항은 형벌불소급의 원칙에 위배되지 않는다고 하면서, 나아가 신뢰이익도 침해하지 않았다고 하여 합헌으로 판단하였다(재판관 4인의 법정의견). 이에 대하여 신뢰이익의 침해를 인정한 재판관 4인의 반대의견 참조.

Ⅲ. 형법상의 책임원칙

사례 | 헌재 2007. 11. 29. 2005헌가10(종업원의 범죄행위에 대한 영업주의 자동적 처벌 사건)

기공소 운영자인 甲과 그 종업원인 乙은 보건범죄단속에 관한 특별조치법 위반(부정의료업자)으로 공소제기 되었는데 그 공소사실의 요지는, 乙에 대하여는 "甲이 운영하는 기공소의 직원으로서 치과의 사면허 없이 위 기공소에서 치과치료를 해주고 그 대가를 받아 무면허 치과의료행위를 업으로 하였다"는 것이고, 甲에 대하여는 "위 기공소를 운영함에 있어서 종업원 乙이 위 범죄사실과 같이 치과의료행위를 업으로 하였다"는 것이다. 당해 사건의 소송계속 중, 법원은 종업원의 위반행위에 대하여 양벌조항으로서 개인인 영업주에게도 동일하게 무기 또는 2년 이상의 징역형의 법정형으로 처벌하도록 규정하고 있는 '보건범죄단속에 관한 특별조치법' 제6조가 형벌과 책임 간의 비례성의 원칙에 위반된다며 그 위헌 여부의 심판을 제청하였다.[1]

---

1. 내용과 의미

가. 형법의 영역에서 과잉금지원칙의 구체화

어떠한 행위를 형벌로써 처벌할 것인지, 특정 범죄행위에 대하여 어떠한 형벌이 적절한지에 관하여 결정하는 것은, 원칙적으로 광범위한 형성권을 가지는 입법자의 결정사항에 속한다. 그러나 형벌의 종류와 법정형의 범위를 정함에 있어서 입법자의 형성권은 무엇보다도 과잉금지원칙에 의하여 제한된다.

법치국가적 과잉금지원칙은 형법의 영역에서는 '형벌은 행위의 불법 및 범죄인의 책임의 경중에 따라 결정되어야 한다'는 '책임원칙'으로 구체화된다.[2] 즉, 형벌과 책임은 양자 간의 적절한 비례관계를 유지해야 하고, 형벌이 범죄인의 책임을 넘어서는 과도한 것이어서는 안 된다. 형법상의 책임원칙은 '책임과 형벌 간의 비례원칙'으로서 과잉금지원칙이 형법의 영역에서 구체화된 표현이다.

나. 형벌의 근거이자 양형의 기준으로서 책임

근대형법은 책임형법이다. 형벌이 책임, 이로써 비난가능성을 전제로 한다는 원칙은 국가형벌권

---

1) 위 결정에서 재판관 4인은 '이 사건 법률조항이 책임이 없는 자에 대하여 형벌을 부과하고 있기 때문에 법정형의 과잉여부에 관하여 판단할 필요도 없이 형법상의 책임원칙에 반한다.'는 견해인 반면, 재판관 4인은 '이 사건 법률조항이 책임이 없는 자를 처벌할 가능성이 있을 뿐만 아니라, 설사 이 사건 법률조항을 합헌적으로 해석하여 종업원에 대한 선임감독상의 책임을 묻는 규정으로 본다 하더라도 책임에 비하여 과도한 법정형을 규정하고 있기 때문에 책임원칙에 반한다.'는 견해를 밝혔다. 이로써, 위헌의견이 8인이므로, 이 사건 법률조항에 대하여 위헌결정을 하였다.

2) 헌재 2007. 11. 29. 2005헌가10(종업원의 범죄행위에 대한 영업주의 자동적 처벌), 판례집 19-2, 520, 528, "형벌에 관한 형사법의 기본원리인 책임원칙은 두 가지 의미를 포함한다. 하나는 형벌의 부과 자체를 정당화하는 것으로, 범죄에 대한 귀책사유, 즉 책임이 인정되어야만 형벌을 부과할 수 있다는 것이고('책임 없는 형벌 없다'), 다른 하나는 책임의 정도를 초과하는 형벌을 과할 수 없다는 것이다(책임과 형벌 간의 비례의 원칙). 따라서 일정한 범죄에 대해 형벌을 부과하는 법률조항이 정당화되기 위해서는 범죄에 대한 귀책사유를 의미하는 책임이 인정되어야 하고, 그 법정형 또한 책임의 정도에 비례하도록 규정되어야 한다. 귀책사유로서의 책임이 인정되는 자에 대해서만 형벌을 부과할 수 있다는 것은 법치국가의 원리에 내재하는 원리인 동시에 인간의 존엄과 가치 및 자유로운 행동을 보장하는 헌법 제10조로부터 도출되는 것이고, 책임의 정도에 비례하는 법정형을 요구하는 것은 과잉금지원칙을 규정하고 있는 헌법 제37조 제2항으로부터 도출되는 것이다."; 또한, vgl. BVerfGE 20, 323, 331; 25, 269, 286.

의 한계를 제시하는 중요한 헌법적 원칙이다. 행위자의 책임은 형벌의 근거이자 동시에 법관에 의한 양형에 있어서 본질적 기준이다.[1]

따라서 형벌이 책임을 전제로 한다는 법치국가적 요청은 첫째, 형벌법규의 구성요건과 형벌의 정도가 정의의 관점에서 서로 부합해야 한다는 것을 요청할 뿐만 아니라, 둘째, 개별적 형사사건에서 선고되는 형벌이 행위의 경중 및 행위자의 책임의 정도와 정당한 비례관계에 있을 것을 요청한다. 따라서 일정 행위가 책임과 불법의 정도에 있어서 여러 가지의 상이함을 보일 수 있는 경우에는, 법관이 구체적 행위의 개별성과 고유성을 고려하여 양형판단을 할 수 있는 가능성이 있어야 한다는 요청도 책임원칙으로부터 나온다.

2. 법정형의 확정에 있어서 책임원칙과 죄형법정주의

가. '책임 없이 형벌 없다'는 형법상 책임원칙은 '법률 없이 형벌 없다'는 죄형법정주의와 함께 법치국가적 형법의 兩大 원칙이다. 죄형법정주의의 핵심적 내용인 형벌법규의 명확성원칙이 입법자에 대하여 '범죄구성요건과 형벌'에 관하여 명확한 규정을 요구함에 반하여, 형법상의 책임원칙은 입법자가 정하는 '형벌'의 과잉여부에 관한 것이다.

나. 입법자는 형벌의 확정에 있어서 '책임원칙'과 '명확성원칙'이라는 두 가지 상충하는 원칙에 의하여 구속을 받는다.[2] 한편으로는, 형법상의 책임원칙은 '책임과 형벌 간의 비례원칙'으로서 입법자가 법정형의 종류와 범위를 정함에 있어서 법원으로 하여금 행위의 불법과 범죄인의 책임을 고려할 수 있도록 법정형의 범위를 설정할 것을 요청한다. 입법자가 법정형의 범위를 지나치게 좁게 설정하는 경우에는 법원이 구체적인 양형에 있어서 책임에 상응하는 형벌을 선고할 수 없게 된다. 따라서 입법자에 의한 법정형의 확정이 행위의 개별성과 고유성 및 행위자의 책임을 고려할 수 있는 여지를 전혀 개방하지 않는 경우에는 형법상의 책임원칙에 위반된다.

다른 한편으로는, 입법자가 법정형의 범위를 너무 넓게 설정하는 경우에는 피고인에게 처벌대상이 되는 행위에 대하여 어떠한 형벌이 과해지는지의 예측이 곤란하고 법관에 의한 자의적인 형벌권의 행사가 가능하게 될 수 있다. 이러한 경우에는 범죄구성요건의 명확성뿐만 아니라 형벌 내용의 명확성도 함께 요청하는 형벌법규 명확성의 원칙에 위반된다. 따라서 입법자는 법정형의 종류와 범

---

1) 헌재 2007. 11. 29. 2005헌가10(종업원의 범죄행위에 대한 영업주의 자동적 처벌), 판례집 19-2, 520, [재판관 4인의 위헌의견], "이 사건 법률조항이 종업원의 업무 관련 무면허의료행위가 있으면 이에 대해 영업주가 비난받을 만한 행위가 있었는지 여부와는 관계없이 자동적으로 영업주도 처벌하도록 규정하고 있고, 그 문언상 명백한 의미와 달리 '종업원의 범죄행위에 대해 영업주의 선임감독상의 과실(기타 영업주의 귀책사유)이 인정되는 경우'라는 요건을 추가하여 해석하는 것은 문리해석의 범위를 넘어서는 것으로서 허용될 수 없으므로, 결국 위 법률조항은 다른 사람의 범죄에 대해 그 책임 유무를 묻지 않고 형벌을 부과함으로써, 법정형에 나아가 판단할 것 없이, 형사법의 기본원리인 '책임 없는 자에게 형벌을 부과할 수 없다'는 책임주의에 반한다."
2) 헌재 1997. 9. 25. 96헌가16(건축물의 유지·관리의무위반에 대한 처벌), 판례집 9-2, 312, 328-329, "법정형의 폭이 지나치게 넓게 되면 자의적인 형벌권의 행사가 가능하게 되어 피고인으로서는 구체적인 형의 예측이 현저하게 곤란해질 뿐만 아니라, 죄질에 비하여 무거운 형에 처해질 위험성에 직면하게 된다고 할 수 있다. 따라서 법정형의 폭이 지나치게 넓어서는 아니 된다는 것은 죄형법정주의의 한 내포라고도 할 수 있다. 반면에 법정형의 폭이 지나치게 좁게 되면 법관들이 구체적인 양형에 있어서 형벌개별화의 원칙에 따라 그 책임에 알맞는 형벌을 선고할 수 없게 되는 측면도 있다. 따라서 법정형의 폭을 정함에 있어서는 피고인의 법적 안정성과 구체적인 양형의 타당성의 확보가 적절히 조화를 이루어야 할 것이나, 구성요건을 세분화하지 아니하고 지나치게 포괄적인 구성요건을 설정함으로써 법정형의 폭이 넓어지고 이로 인하여 다른 구성요건과 비교해 볼 때 명백히 형벌체계상의 균형을 상실하여서는 아니 됨은 물론이다."

위를 정함에 있어서 한편으로는 죄형법정주의의 본질적 내용인 법적 안정성의 관점도 고려하면서, 다른 한편으로는 피고인의 개별적 책임에 부합하는 양형판단의 가능성을 요청하는 형법상의 책임원칙에도 부합하도록, 양자의 적절한 조화를 시도해야 한다.

3. 형벌의 종류와 범위를 정하는 입법형성권의 헌법적 한계

가. 입법자는 '어떠한 행위가 구체적 사회적 상황에 비추어 특히 사회에 유해하기 때문에 이에 형벌의 수단을 통하여 강력하게 대처해야 할 것인지'에 관하여 결정할 수 있는 형사정책상의 결정권을 가지고 있다. 그러므로 어떠한 범죄를 어떻게 처벌할 것인가의 문제, 즉 법정형의 종류와 범위의 결정과 관련하여 입법자의 광범위한 형성의 자유가 인정된다. 그러나 법정형의 종류와 범위를 정하는 경우, 입법자는 인간존엄성의 보장, 과잉금지원칙(형법상의 책임원칙), 평등원칙을 비롯하여 법치국가적 요청에 의하여 설정되는 헌법적 한계를 준수해야 한다.

나. 인간존엄성의 관점에서 입법자는 잔인하고 비인간적이거나 굴욕적인 형벌을 규정해서는 안 된다. 따라서 태형(笞刑) 등 신체적 형벌은 문명국가에서 인간존엄성에 반하는 것으로 허용되지 않는다.

뿐만 아니라, '減刑의 가능성을 배제하는 終身刑(절대적 종신형)'도 인간존엄성에 위반된다. 종신형의 선고를 받은 자의 인격이 형의 집행 중 구체적으로 어떻게 형성되고 발전되는지와 관계없이 다시 자유를 회복할 수 있는 모든 가능성과 희망을 포기하도록 규정하는 것은 인간존엄성의 핵심을 건드리는 것이다.[1] 인간의 생명을 범죄퇴치의 수단으로 사용하는 '사형제도'와 마찬가지로, 감형의 가능성을 배제한 종신형도, 국가공동체가 범죄인을 더 이상 '인간의 존엄과 가치를 가진 인격체'로서 인정하지 않겠다는 것의 명시적 표현이다. 인간에게 '생명'은 신체적 생존의 필수조건이고 '인격'은 정신적 생존의 필수조건이므로, 인간에게 인격의 주체성을 부인하는 것은 인간에게서 생명을 박탈하는 것과 다름없다. 이러한 의미에서 사형에 대한 代替刑으로서 '절대적 종신형'을 도입하고자 하는 시도는 인간존엄성의 관점에서 위헌의 소지가 있다.[2]

나아가, 입법자는 형벌에 관한 형사법의 기본원리인 '책임원칙'을 준수해야 한다. 형법상의 책임원칙(책임과 형벌 간의 비례원칙)은 인간의 존엄성과 법치국가원리로부터 파생하는 원칙으로, 형법의 영역에서 과잉금지원칙이 구체화된 형태이다. 또한, 입법자는 형벌의 종류와 범위를 정하는 경우 평등원칙을 준수해야 한다. 어느 범죄에 대한 법정형이 그 죄질과 이에 대한 행위자의 책임에 비하여 지나치게 가혹한 것이어서 전체 형벌체계상 현저히 균형을 잃는 경우, 이로 인하여 다른 범죄자와의 관계에 있어서 헌법상 평등원칙에 위반하게 된다.

---

1) 범죄인을 인격의 발전가능성과 관계없이 사회로부터 영구히 격리시킨다는 것은 범죄인에 대한 법치국가의 再社會化 노력의 포기를 의미한다. 형집행기관을 비롯하여 국가는 종신형을 선고받은 자에 대해서도 그의 재사회화를 위하여 노력해야 하며, 자유의 박탈이 가져오는 유해한 영향을 가능하면 최소화함으로써 형의 집행으로 인하여 수형자의 인격이 추악하게 변형되는 것을 방지해야 할 의무를 진다.

2) 헌재 2010. 2. 25. 2008헌가23(사형제도), 판례집 22-1상, 36, 39, [가석방이 불가능한 '절대적 종신형'이 아니라 가석방이 가능한 '상대적 종신형'만을 규정한 현행 무기징역형제도가 평등원칙이나 책임원칙에 위반되는지 여부에 관하여] "절대적 종신형제도는 사형제도와는 또 다른 위헌성 문제를 야기할 수 있고, … 현행 무기징역형제도가 상대적 종신형 외에 절대적 종신형을 따로 두고 있지 않은 것이 형벌체계상 정당성과 균형을 상실하여 헌법 제11조의 평등원칙에 반한다거나 형벌이 죄질과 책임에 상응하도록 비례성을 갖추어야 한다는 책임원칙에 반한다고 단정하기 어렵다."

다. 형벌규정에 대하여 법정형이 과도하다는 이유로 그 위헌성을 주장하는 경우, 각 형벌규정의 입법목적이나 보호법익 등이 상이하기 때문에 단순한 평면적 비교가 불가능하다. 입법자의 형사정책적 결정이 헌법상의 평등원칙이나 과잉금지원칙(책임과 형벌 간의 비례원칙)에 현저하게 위반되는 경우가 아닌 한, 헌법재판소는 입법자의 결정을 존중해야 한다.[1]

따라서 입법자가 법정형의 하한선을 너무 높게 책정하였다고 하여, 곧 형벌규정이 '책임과 형벌 간의 비례원칙'에 위반되는 것은 아니다. 형벌규정이 특정 범죄행위에 대하여 부당하게 과중하게 여겨진다 하더라도, 다른 방법으로, 무엇보다도 작량감경과 집행유예선고의 가능성을 통하여 구체적 행위의 개별적 불법과 책임을 고려할 수 있다면, 법관의 양형결정을 통하여 결과적으로 범죄행위와 형벌간의 균형을 회복할 수 있다.[2] 한편, 형사법상 범죄행위의 유형이 다양한 경우에 그 다양한 행위 유형을 하나의 구성요건으로 포섭하면서 법정형의 하한을 무겁게 책정하여 죄질이 가벼운 행위까지를 모두 엄히 처벌하는 것은 형법상의 책임원칙, 즉 '책임과 형벌 간의 비례원칙'에 반할 수 있다.[3]

Ⅳ. 이중처벌의 금지

사례 | 헌재 1994. 6. 30. 92헌바38(위법건축물에 대한 과태료부과 사건)

甲은 무허가 건축행위로 인하여 건축법위반으로 기소되었고, 법원은 甲에게 벌금 150만원의 약식명령을 발하였다. 한편, 서초구청장은 甲에 대하여 위법건축물에 대한 시정조치를 명하고, 甲이 시정을 하지 아니하자 건축법규정에 의하여 甲에게 과태료 부과처분을 하였다. 이에 甲은 위 과태료부과처분

---

1) 헌재 1992. 4. 28. 90헌바24, 판례집 4, 225, 230-231; 헌재 1995. 4. 20. 91헌바11, 판례집 7-1, 478; 헌재 1998. 5. 28. 97헌바68, 판례집 10-1, 640, 648; 헌재 1998. 7. 16. 97헌바23, 판례집 10-2, 243, 263; 헌재 1998. 11. 26. 97헌바67, 판례집 10-2, 701, 712; 헌재 1999. 5. 27. 98헌바26, 판례집 11-1, 622, 629; 헌재 2000. 6. 29. 98헌바67, 판례집 12-1, 801, 814, "어떤 행위를 범죄로 규정하고, 이에 대하여 어떠한 형벌을 과할 것인가 하는 문제는 원칙적으로 입법자가 우리의 역사와 문화, 입법당시의 시대적 상황과 국민일반의 가치관 내지 법감정, 범죄의 실태와 죄질 및 보호법익 그리고 범죄예방효과 등을 종합적으로 고려하여 결정하여야 할 국가의 입법정책에 관한 사항으로서 광범위한 입법재량 내지 형성의 자유가 인정되어야 할 분야이다. 따라서 어느 범죄에 대한 법정형이 그 죄질과 이에 대한 행위자의 책임에 비하여 지나치게 가혹한 것이어서 전체 형벌체계상 현저히 균형을 잃게 되고 이로 인하여 다른 범죄자와의 관계에 있어서 헌법상 평등의 원리에 반하게 된다거나, 그러한 유형의 범죄에 대한 형벌 본래의 기능과 목적을 달성함에 있어 필요한 정도를 일탈함으로써 헌법 제37조 제2항으로부터 파생되는 비례의 원칙 혹은 과잉금지의 원칙에 반하는 것으로 평가되는 등 입법재량권이 헌법규정이나 헌법상의 제원리에 반하여 자의적으로 행사된 경우가 아닌 한, 법정형의 높고 낮음은 입법정책의 당부의 문제이지 헌법위반의 문제는 아니라 할 것이다."

2) 헌재 2003. 11. 27. 2002헌바24(마약소지죄에 대한 가중처벌), 판례집 15-2하, 242, 243, "위 특가법 조항은 단순매수나 단순판매목적소지의 마약사범에 대하여도 사형·무기 또는 10년 이상의 징역에 처하도록 규정하고 있어, 예컨대 단 한 차례 극히 소량의 마약을 매수하거나 소지하고 있었던 경우 실무상 작량감경을 하더라도 별도의 법률상 감경사유가 없는 한 집행유예를 선고할 수 없도록 법관의 양형선택과 판단권을 극도로 제한하고 있고 또한 범죄자의 귀책사유에 알맞은 형벌을 선고할 수 없도록 법관의 양형결정권을 원천적으로 제한하고 있어 매우 부당하다."

3) 음주운전행위 前歷이 있는 사람 또는 음주측정거부 전력이 있는 사람이 다시 음주운전 행위를 한 경우 또는 다시 음주측정거부행위를 한 경우를 가중처벌하는 구 도로교통법조항에 대하여, 헌법재판소는 前犯을 이유로 아무런 시간적 제한 없이 무제한 後犯을 가중처벌하도록 하고 죄질이 비교적 가벼운 재범 음주운전행위 또는 음주측정거부행위까지 일률적으로 법정형의 하한을 기준으로 가중처벌하도록 하는 것은 책임과 형벌 사이의 비례성을 인정할 수 없어 헌법에 위반된다고 판단하였다(헌재 2021. 11. 25. 2019헌바446 등; 헌재 2022. 5. 26. 2021헌가30 등; 헌재 2022. 5. 26. 2021헌가32 등).

에 대한 이의신청을 하였고, 재판계속 중 과태료부과처분의 근거조항에 대하여 '헌법 제13조 제1항이 금하는 이중처벌에 해당한다'는 이유로 위헌법률심판제청신청을 하였으나, 법원이 이를 기각하자 헌법소원심판청구를 하였다.

헌법 제13조 제1항 후단은 "…동일한 범죄에 대하여 거듭 처벌받지 아니한다."고 하여 이중처벌금지(Ne bis in idem)를 규정하고 있다.

이중처벌금지의 원칙은 '동일한 행위'에 대한 거듭 처벌을 금지한다. 따라서 처벌 또는 제재의 대상행위가 서로 다른 경우에는 이미 이러한 이유로 이중처벌금지의 원칙이 적용되지 않는다.[1] 가령, 무허가 건축행위에 대한 형사처벌 외에 위법건축물에 대한 시정명령의 이행을 강제하기 위하여 과태료를 부과하는 것은, 형사처벌의 대상행위(무허가 건축행위)와 과태료처분의 대상행위(시정불이행 행위)가 서로 다르므로, 이중처벌에 해당하지 않는다.[2]

여기서 '처벌'이란, 국가가 행하는 일체의 제재나 불이익처분을 모두 포함하는 것이 아니라 범죄에 대한 국가의 형벌권행사로서 과벌만을 의미한다.[3] 따라서 이중처벌금지는 동일한 행위로 인하여 형사절차에 이어서, 징계절차나 민사상 손해배상절차 또는 그 외에 형법에 근거하지 않는 다른 절차(가령, 행정집행법상의 강제집행수단의 적용 등)가 개시되는 것을 금지하지 않는다.

보안처분은 그 본질상 형벌과는 다른 독자적 의의를 가진 사회보호적인 처분이므로, 형벌과 보안처분을 서로 병과하여 선고하는 것은 이중처벌금지의 원칙에 위반되지 않는다.[4] 또한, 과태료는 행정법상의 질서벌에 해당하므로 과태료처분을 받고 이를 납부하였다 하더라도, 그 후에 형사처벌을 한다고 하여 이중처벌이라 할 수 없다.[5] 마찬가지로, 공정거래법에서 형사처벌과 아울러 과징금의 병과를 예정하고 있더라도, 과징금은 그 기능상 행정상의 제재금으로 국가형벌권 행사로서의 '처벌'에 해당한다고는 할 수 없으므로, 이중처벌금지원칙에 위반되지 않는다.[6]

V. 의심이 있는 경우, 피고인을 위하여

'의심이 있는 경우, 피고인을 위하여'(in dubio pro reo)란 법원은 의심이 있는 경우에는 피고인에

---

1) 헌재 1994. 6. 30. 92헌바38(위법건축물에 대한 과태료부과), 판례집 6-1, 619, 627.
2) 헌재 1994. 6. 30. 92헌바38(위법건축물에 대한 과태료 부과), 판례집 6-1, 619, 628-629, "구 건축법 제54조 제1항에 의한 형사처벌의 대상이 되는 범죄의 구성요건은 당국의 허가 없이 건축행위 또는 건축물의 용도변경행위를 한 것이고 이 사건 규정에 의한 과태료는 건축법령에 위반되는 위법건축물에 대한 시정명령을 받고도 건축주 등이 이를 시정하지 아니할 때 과하는 것이므로, 양자는 처벌 내지 제재대상이 되는 기본적 사실관계로서의 행위를 달리하는 것이다. … 이러한 점에 비추어 구 건축법 제54조 제1항에 의한 무허가 건축행위에 대한 형사처벌과 이 사건 규정에 의한 시정명령 위반에 대한 과태료의 부과는 헌법 제13조 제1항이 금지하는 이중처벌에 해당한다고 할 수 없고, … "
3) 헌재 1994. 6. 30. 92헌바38(위법건축물에 대한 과태료부과), 판례집 6-1, 619, "헌법 제13조 제1항이 정한 '이중처벌금지의 원칙'은 동일한 범죄행위에 대하여 국가가 형벌권을 거듭 행사할 수 없도록 함으로써 국민의 기본권 특히 신체의 자유를 보장하기 위한 것이므로, 그 '처벌'은 원칙으로 범죄에 대한 국가의 형벌권 실행으로서의 과벌을 의미하는 것이고, 국가가 행하는 일체의 제재나 불이익처분을 모두 그에 포함된다고 할 수는 없다."
4) 헌재 1997. 11. 27. 92헌바28(보안관찰법상의 보안관찰처분), 판례집 9-2, 548, 549.
5) 유사한 취지로, 헌재 1994. 6. 30. 92헌바38(위법건축물에 대한 과태료부과).
6) 헌재 2003. 7. 24. 2001헌가25(부당내부거래에 대한 과징금부과), 판례집 제15-2상, 1.

게 유리하게 판결을 해야 한다는 원칙이다. 사실관계가 완전히 규명될 수 없고 그 때문에 유죄판결을 선고하기 위한 사실상의 조건이 존재하는지에 관하여 의문이 있는 경우, 법원은 피고인에게 유리하게 판단해야 한다. 이러한 증거법칙은 피고인이 자신의 무죄를 입증하는 것이 아니라 국가가 피고인의 유죄를 입증해야 한다는 원칙에 기인하는 것이다. 따라서 위 원칙은 불문법상의 형사소송법적 원칙으로서 피고인의 유죄에 관한 마지막 의심이 제거될 수 없다면, 피고인에게 무죄를 선고해야 한다는 것을 의미한다.

VI. 연좌제의 금지

> **사례** │ 헌재 2005. 12. 22. 2005헌마19(배우자의 선거범죄로 인한 당선무효 사건)
>
> 甲은 국회의원 선거에 출마하여 당선되었다. 그 후 甲의 배우자인 乙은 공직선거및선거부정방지법 위반으로 공소제기되어 현재 그 재판이 진행중이다. 그런데 위 법 제265조 본문은 '후보자의 배우자가 당해 선거에 있어서 선거범죄를 범함으로 인하여 징역형 또는 300만 원 이상의 벌금형의 선고를 받은 때에는 그 후보자의 당선은 무효로 된다'고 규정하고 있다. 이에 甲은, 법 제265조 본문 중 "배우자" 부분이 헌법 제13조 제3항의 연좌제금지 규정 등에 위반된다고 주장하면서 헌법소원심판을 청구하였다.

1. 자기책임원칙에 대한 특별규정으로서 연좌제의 금지

헌법 제13조 제3항은 "모든 국민은 자기의 행위가 아닌 친족의 행위로 인하여 불이익한 처우를 받지 아니한다."고 하여 '연좌제(連坐制)의 금지'를 규정하고 있다. 연좌제의 금지는 자유권의 핵심적 내용인 자기결정권으로부터 파생하는 '자기책임의 원칙'에 그 헌법적 근거를 두고 있다.[1] 자기책임의 원칙이란, 자기가 결정하지 않은 것 또는 결정할 수 없는 것에 대하여 책임을 지지 않는다는 원칙이다. 이러한 점에서 연좌제의 금지는 자기책임원칙의 구체화된 헌법적 표현이자 자기책임원칙에 대한 특별규정이다.

한편, 연좌제의 금지는 자기결정권과 자기책임원칙으로부터 파생하는 당연한 법치국가적 요청으로서, 굳이 헌법에 명문으로 규정될 필요가 없는 조항이라 할 수 있다. 연좌제 금지의 원칙이 금지하는 '불이익한 처우'가 '형벌'이라면, 연좌제의 금지는 이미 '개인적 책임 없이 형벌 없다'는 형법상의 책임원칙으로부터 나오는 것이며, '불이익한 처우'가 '형벌 외의 불리한 조치'라면 연좌제의 금지는 '자기가 결정할 수 없는 것에 대하여 책임을 지지 않는다'는 자기책임의 원칙으로부터 나오는 것이다.

2. 친족의 행위로 인하여 불이익한 처우를 받는 경우

친족의 행위로 인하여 불이익한 처우를 받는 경우, 불이익한 처우가 연좌제 금지에 해당하는지의

---

1) 헌재 2004. 6. 24. 2002헌가27(면세담배에 대한 담배소비세 부과), 판례집 16-1, 706, 715, "자기책임의 원리는 인간의 자유와 유책성, 그리고 인간의 존엄성을 진지하게 반영한 원리로서 그것이 비단 민사법이나 형사법에 국한된 원리라기보다는 근대법의 기본이념으로서 법치주의에 당연히 내재하는 원리로 볼 것이고 헌법 제13조 제3항은 그 한 표현에 해당하는 것으로서 자기책임의 원리에 반하는 제재는 그 자체로서 헌법위반을 구성한다고 할 것이다."

여부는 친족의 행위를 당사자에게 자신의 책임영역에 귀속시킬 수 있는지, 이로써 타인의 행위가 아니라 자신의 행위에 대하여 책임을 지우는 것인지의 판단에 달려있다.

이러한 관점에서 볼 때, 후보자 배우자의 선거범죄로 인하여 후보자의 당선을 무효로 하는 공직선거법규정은, 후보자 배우자의 행위가 아니라 후보자의 행위에 대한 책임을 묻는 것으로 헌법 제13조 제3항에서 금지하는 연좌제에 해당하지 않는다. 후보자 배우자의 선거범죄는 후보자에게 지휘·감독책임을 물을 수 있는 사안으로서 후보자의 자기결정과 자기책임의 영역에 귀속시킬 수 있기 때문에, 이로 인한 당선무효는 자기책임의 원칙에 위반되지 않기 때문이다.[1]

3. 친족이 아닌 제3자의 행위로 인하여 불이익한 처우를 받는 경우

친족의 행위로 인하여 불이익한 처우를 받는 경우에는 자기책임원칙의 특별조항인 연좌제 금지조항이 적용되지만, 친족이 아닌 제3자의 행위로 인하여 불이익한 처우를 받는 경우에는 연좌제의 금지가 적용되지 않으므로, 일반원칙인 자기책임원칙이 보충적으로 적용된다. 가령, 친족이 아닌 선거사무장이나 회계책임자의 범죄행위로 인하여 후보자의 당선을 무효로 하는 공직선거법규정은 헌법 제13조 제3항이 아니라 자기책임의 원칙을 기준으로 하여 판단해야 한다.[2]

---

1) 헌재 2005. 12. 22. 2005헌마19(배우자의 선거범죄로 인한 당선무효), 판례집 17-2, 785, "헌법 제13조 제3항은 '친족의 행위와 본인 간에 실질적으로 의미 있는 아무런 관련성을 인정할 수 없음에도 불구하고 오로지 친족이라는 사유 그 자체만으로' 불이익한 처우를 가하는 경우에만 적용된다. 배우자는 후보자와 일상을 공유하는 자로서 선거에서는 후보자의 분신과도 같은 역할을 하게 되는바, 이 사건 법률조항은 배우자가 죄를 저질렀다는 이유만으로 후보자에게 불이익을 주는 것이 아니라, 후보자와 불가분의 선거운명공동체를 형성하여 활동하게 마련인 배우자의 실질적 지위와 역할을 근거로 후보자에게 연대책임을 부여한 것이므로 헌법 제13조 제3항에서 금지하고 있는 연좌제에 해당하지 아니한다."

2) 헌재 2010. 3. 25. 2009헌마170(회계책임자의 범죄로 인한 당선무효), 판례집 22-1상, 535, "이 사건 법률조항은 후보자에게 회계책임자의 형사책임을 연대하여 지게 하는 것이 아니라, 선거의 공정성을 해치는 객관적 사실(회계책임자의 불법행위)에 따른 선거결과를 교정하는 것에 불과하고, 또한 후보자는 공직선거법을 준수하면서 공정한 경쟁이 되도록 할 의무가 있는 자로서 후보자 자신뿐만 아니라 최소한 회계책임자 등에 대하여는 선거범죄를 범하지 않도록 지휘·감독할 책임을 지는 것이므로, 이 사건 법률조항은 후보자 '자신의 행위'에 대하여 책임을 지우고 있는 것에 불과하기 때문에, 헌법상 자기책임의 원칙에 위반되지 아니한다."

제 6 장 社會國家原理

제 1 절 一般理論[1]

I. 역사적 배경

사회국가의 개념은 역사적으로 형성된 경험적 개념으로서, 역사적 발전과 특정한 정치적 상황에 그 근거를 두고 있다. 따라서 사회국가원리의 개념과 헌법적 의미를 파악하기 위하여 사회국가가 생성된 역사적 배경을 이해하는 것은 불가결하다.

19세기 유럽의 '시민적 법치국가'의 유일한 관심사는 국가로부터 시민사회의 자유영역을 확보하는 일이었다. 이 당시에는 사회가 국가로부터 자유로우면 사회는 자유로운 것으로 이해되었고, 여기서의 '자유'란 곧 국가와 법의 부재, 국가 간섭의 부재(不在)를 의미하였다. 실질적인 평등의 문제나 자유를 행사하기 위한 실질적 조건의 문제는 처음부터 고려의 대상이 아니었다. 그러나 법적(형식적인) 자유와 평등의 보장은 스스로 자급자족할 수 있는 시민계급만의 자유, 자유를 스스로 행사할 수 있는 조건인 교양과 재산을 가진 사람만의 자유를 의미하였고, 사회적 약자에게는 실질적인 부자유와 불평등을 의미하였다.

유럽에서 산업혁명 이후 자본주의경제와 자유방임주의가 고도로 발달하자, 부의 편재와 빈부의 격차가 심화되고, 근로자계급인 제4계급이 형성되고, 독·과점 등으로 인하여 자유경쟁 및 수요와 공급을 통한 시장의 자동조절 기능이 마비되는 등, 더 이상 사회가 스스로 해결할 수 없는 부정적인 사회현상이 나타났다. 19세기 말, 이와 시기를 같이하여 사회주의사상이 유럽에 퍼져나가자, 유럽의 국가들은 확산되는 사회주의사상으로부터 자신들의 사회체제와 자유경제체제를 방어하여야 할 필요성을 절감하게 되었다. 혁명에 의한 헌법의 파괴를 방지하기 위하여 그 당시 귀족과 시민계급에게만 제한되었던 선거권을 근로자계급에게도 확대하고 나아가 사회적 정의의 이념을 헌법의 규범 안으로 수용하는 것은 그 당시의 피할 수 없는 시대적 요청이었다.

이러한 의미에서 사회국가원리는 산업혁명 이후 유럽국가에서 발생한 사회문제에 대한 '헌법적 대답'이며, 국가의 임무를 소극적으로 치안과 국방의 보장에만 국한시키고 豫定調和的 믿음에 기초하여 사회를 그 스스로에게 맡겼던 야경국가, 시민적 법치국가[2]에 대한 역사적 반응이었다. 사회정

---

[1] 사회국가원리에 관하여 한수웅, 사회복지의 헌법적 기초로서 사회적 기본권-사회적 기본권의 개념과 법적 성격을 중심으로-, 헌법학연구 제18권 제4호(2012. 12), 1면 이하 참조.
[2] 19세기 유럽의 시민국가는, 국가가 사회에 간섭을 적게 할수록 사회현상에 방임적일수록 사회의 자동조절기능에 의

의의 이념을 헌법에 수용함으로써, 사회현상에 대하여 방관적인 국가에 대하여 작별을 고하게 되고, 경제·사회·문화의 모든 영역에서 사회정의를 실현해야 할 국가가 등장하게 되었다.

Ⅱ. 사회국가원리의 의미

1. 사회정의를 실현해야 할 국가의 헌법적 의무

사회국가원리는 경제·사회·문화·교육정책 등을 통하여 '정의로운 사회질서'를 형성해야 할 국가의 의무를 부과하고 있다. '사회정의'가 무엇인지, '사회정의'를 실현해야 할 국가의 과제가 무엇을 의미하는지의 문제는 우리 헌법의 최고의 가치이자 동시에 사회국가원리의 궁극적 목적인 '인간존엄성 및 자유로운 인격발현의 보장'과의 연관관계에서 파악되어야 한다. 개인의 자기결정의 실질적 조건으로서 '실질적 자유'의 실현이 바로 사회국가원리를 이해하는 출발점이다. 개인의 인간존엄성이 보장되기 위해서는 또는 개인이 인격을 자유롭게 발현하기 위해서는 법적인 자유뿐만 아니라 개인적 자유의 행사를 비로소 가능하게 하는 사회적 상황 또는 인간다운 생존을 필요로 한다. 이러한 의미에서 '사회정의의 실현'이란, 모든 국민이 자신의 자유를 실제로 행사할 수 있는 사회적 상황의 실현, 개인이 인격을 자유롭게 발현할 수 있는 사회적 조건의 형성을 의미한다. 따라서 사회국가란 모든 국민이 자신의 법적 자유를 각자 자력으로 실제로 행사할 수 있는 상태를 조성하는 국가, 개인이 인격을 발현하는 가능성에 있어서 사회 내에서의 실질적 기회균등을 위하여 노력해야 하는 국가이다.[1]

사회국가란 한마디로, 정의로운 사회질서의 형성을 위하여 사회현상에 적극적으로 관여하고 간섭하고 분배하고 조정하는 국가이며, 국민 각자가 실제로 자유를 행사할 수 있는 실질적 조건을 마련해 줄 의무가 있는 국가, 단지 형식적인 자유와 평등의 보장이 아니라 실질적인 자유와 평등을 실현하고자 하는 국가이다. 이로써 국민 누구나가 정의로운 것으로 받아들일 수 있는 사회질서의 형성을 통하여 사회적 평화와 사회적 통합을 촉진하고 확보하며, 나아가 개인이 사회와 국가에 대한 소속감을 가지고 스스로 적극적으로 사회와 국가의 형성에 참여하도록 하는 것도 사회국가원리의 목적이다.

2. 실질적인 자유와 평등의 실현

사회국가원리는 법적인 자유와 평등의 보장을 넘어서 실질적 자유와 평등의 실현을 그 핵심적 내용으로 하는 국가원리이다. 사회국가에서 자유와 평등은 단지 형식적으로만 보장되어서는 아니 되고, 실질적으로 실현되어야 한다. 인간은 '법적으로' 자유로울 뿐만 아니라 '법적인 자유를 행사할 수 있는 실질적 조건'을 갖춘 경우에만, 사실상 자유롭다.

형식적인 자유와 평등의 보장이란 법적인 자유와 평등의 보장을 의미하고, 이는 곧 누구나 법적인 자유를 행사할 수 있고 자유를 행사하는 법적 기회에 있어서 평등하다는 것을 의미한다. 그러나

하여 자동적으로 최선의 결과를 가져온다는 '예정조화적 믿음'에 기초하고 있었다.

1) 헌재 2002. 12. 18. 2002헌마52(저상버스 도입의무 불이행 위헌확인), 판례집 14-2, 904, 909, "사회국가란 한마디로, 사회정의의 이념을 헌법에 수용한 국가, 사회현상에 대하여 방관적인 국가가 아니라 경제·사회·문화의 모든 영역에서 정의로운 사회질서의 형성을 위하여 사회현상에 관여하고 간섭하고 분배하고 조정하는 국가이며, 궁극적으로는 국민 각자가 실제로 자유를 행사할 수 있는 그 실질적 조건을 마련해 줄 의무가 있는 국가이다."

개인의 능력과 적성이 서로 다르기 때문에 자유를 행사한 결과는 언제나 사회적 불평등과 상이한 경제적 결과로 나타난다. 법적으로 보장된 자유를 실제로 사용할 수 있는 가능성은 개인마다 일련의 사실적 상황에 의하여 다양한 정도로 제약을 받고 있으며, 자유의 행사를 가로막는 이러한 사실적 상황은 개인의 법적 자유의 보장을 공허한 것으로 만들 수 있다.[1] 따라서 사회국가는 소득의 재분배나 빈민에 대한 사회급부, 고용정책, 주택개발정책 등을 통하여 모든 국민이 재산권보장이나 직업의 자유와 같은 법적 자유를 실제로 행사할 수 있는 '실질적 조건'을 마련해 주는 것을 국가의 중요한 과제로 삼고 있다.

평등의 경우에도 마찬가지이다. 인간은 자유를 행사할 수 있는 기회를 법적으로 평등하게 보장받을 뿐만 아니라 자유를 행사할 수 있는 실질적 기회에 있어서도 평등해야만, 사실상 평등하다고 할 수 있다. 사회 내에서 인격발현의 기회와 재산이 불평등하게 분배되어 있다면 법적인 평등의 보장은 큰 의미가 없기 때문에, 자유를 행사할 수 있는 사실상의 기회(가령, 교육, 직업과 재산에 접근할 수 있는 사실상의 기회)도 어느 정도 균등하게 배분되어야 한다(실질적 기회균등에 대한 요청). 형식적 평등이 '법 앞에서의 평등'이라면, 실질적 평등은 '법에 의한 평등'이다. 사회국가는 자유행사의 결과를 평준화하고자 하는 국가가 아니라, 자유행사의 실질적 기회균등을 꾀함으로써 누구나 자신의 인격을 자유롭게 발현할 수 있는 사실상의 조건을 형성해 주고자 하는 국가이다.

3. 私的 自治에 대한 헌법적 불신의 표현

다양한 사회세력의 자유로운 경쟁으로부터 정당한 이익조정이 스스로 이루어지고 국가는 사회의 사적 자치에 의하여 밝혀지는 공익을 실현한다는 다원적 민주주의의 사고는 상당히 낙관적이다. 사회국가는 정의로운 사회질서의 형성을 위하여 사회의 발전을 일정한 방향으로 유도하고 그 결과를 수정하고자 시도함으로써, '사회 내의 다양한 이익간의 자유경쟁으로부터 자동적으로 최상의 결과가 나온다'는 낙관론에 동의하지 않는다. '사회의 사적 자치에 의하여 규율되는 상태가 실질적 타당성과 정의를 보장하지 않는다'는 것에 대한 헌법적 표현이 바로 사회국가원리이다. 현대의 산업사회에서 사회현상이 더 이상 순수한 사적 자치나 힘의 지배원칙에 맡겨져서는 안 되고, 국가가 개인과 함께 사회에 대하여 공동책임을 져야 한다는 사고가 바로 사회국가원리인 것이다. 사회국가는 사회 내의 다양한 이익을 조정하는 과정에서 사회적 약자의 이익을 적정하게 고려하고 보호함으로써 사회정의를 실현하고자 시도한다.

한편, 사회의 모든 세력에 대하여 중립의무를 지고 있는 국가가 사회적 약자를 위하여 개입하여 시장과정의 결과를 수정하고 재분배를 하는 것은, 특정 계층의 희생 하에 다른 계층을 우대함으로써 편파적으로 활동하는 것이 아니라, 모든 국민에 대하여 자유행사를 위한 실질적 조건의 보장이라는 공공복리를 구현하는 것이며, 사회적 정의의 원칙을 실현하는 것이다.

---

[1] 예를 들자면, 재산권보장이란 이미 개인이 재산을 가지고 있다는 것을 전제로 하여 이를 보호하는 것이지, 없는 재산권을 형성해 주는 기본권이 아니다. 그러므로 재산권이 없는 사람에게 재산권보장은 무의미하다. 직업의 자유도 선택하고 행사할 수 있는 직업이 있다는 것을 전제로 하여 직업이란 생활영역을 보호하는 것이므로, 직장을 구할 수 없는 상황에서 직업의 자유는 무의미하다. 헌법상 '주거의 자유'도 주거를 가지고 있다는 것을 전제로 주거의 불가침성을 보장하고자 하는 것이므로, 주거가 없는 사람에게는 무의미하다.

Ⅲ. 헌법적 원칙으로서 사회국가원리

1. 국가기관을 구속하는 국가목표

사회국가원리는 단순히 정치적인 선언이나 헌법정책적인 방침이 아니라 모든 국가기관을 구속하는 헌법상의 기본원리이자 가치결정이다. 사회국가원리는 사회정의의 실현을 위하여 사회의 모든 영역에 적극적으로 관여해야 할 국가기관의 의무를 부과하고 있다. 사회국가원리는 국가목표조항이다. 사회국가원리는 국가행위에 지속적인 방향과 지침을 제시하고 국가기관으로부터 그 내용의 실현을 요구한다. 그러므로 사회국가원리는 입법자에 의하여 지속적으로 실현되어야 하는 과제이자, 법규범의 해석에 있어서 법적용기관에 의하여 고려되어야 하는 지속적인 기준(해석지침)으로 작용한다.

가. 입법자에 대한 구속의 내용

사회국가원리는 일차적으로 입법자를 구속한다. 입법자는 입법을 통하여 사회국가원리를 실현해야 할 의무를 진다. 입법을 통하여 사회국가원리를 일차적으로 구체화하는 것은 입법자의 의무이다. 입법자는 사회법의 영역에서뿐만 아니라 법의 모든 영역에서 사회국가원리를 실현해야 한다.

가령, 사회법의 영역에서 사회보장제도, 근로자의 보호를 위한 입법(최저임금제나 일정 근로조건을 규정하는 근로기준법 등), 모성(母性)의 보호, 청소년근로의 보호 등을 예로 들 수 있다. 또한, 민법에서 임차인의 보호를 위한 주택임대차보호법, 신용대출이나 대기업과의 거래에서 소비자의 보호(약관의 규제에 관한 법률 등), 소송법에서 소송당사자의 기회균등, 소송구조제도, 국선변호인제도 등, 세법에서 누진세율제도, 경제적 약자에 대한 조세상의 혜택 등도 사회국가원리의 적용영역에 해당한다.

나. 법적용기관에 대한 구속의 내용

사회국가원리는 구속력 있는 헌법상의 국가원리로서 또한 행정과 사법도 구속한다. 행정과 사법은 법규범의 해석과 적용을 통하여 사회국가원리를 실현해야 한다. 그러므로 행정청과 법원은 법규범을 해석·적용하고 재량권을 행사함에 있어서 사회국가원리를 해석의 기준이자 행위의 지침으로서 존중하고 고려해야 한다.

사회국가원리는 헌법의 해석 및 법률의 해석에 있어서 중요한 의미를 가진다. 특히 법률상의 불명확한 개념(불확정 법개념)은 사회국가의 정신에 비추어 해석되어야 한다.[1] 또한, 법률이 행정청에 재량을 부여하는 경우 행정청은 재량을 행사함에 있어서, 즉 국가행위를 해야 할 것인지 나아가 허용된 여러 조치 중에서 어떠한 조치를 선택할 것인지를 판단함에 있어서 사회국가원리를 고려해야 한다.

2. 자유권의 제한 및 차별대우를 정당화하는 헌법적 근거

기본권을 심사기준으로 하여 공권력행위의 위헌성을 판단함에 있어서 사회국가원리는 다음과 같

---

[1] 가령, 민법 제103조의 공서양속조항(반사회질서의 법률행위)은 "선량한 풍속 기타 사회질서에 위반한 사항을 내용으로 하는 법률행위는 무효로 한다."고 규정하고 있다. 무엇이 공서양속이고 기타 사회질서인지를 판단함에 있어서 사회국가원리는 의미를 가질 수 있다. 따라서 현저하게 사회정의에 반하는 법률행위는 헌법적 가치결정에 비추어 공서양속에 반하는 것으로 무효이다. 뿐만 아니라, 사회법상의 불확정 법개념의 의미를 이해함에 있어서도 사회국가원리는 해석의 기준으로서 중요한 의미를 가진다.

은 기능을 한다.

가. 자유권의 제한을 정당화하는 헌법적 근거

헌법이 사회국가원리를 도입함에 따라, 국민의 다수가 기본권적 자유를 실제로 행사하기 위하여 필요한 기본적인 조건을 마련하고 유지할 의무가 국가에게 부과되었고, 이는 개인과 개인의 기본권적 자유와 그의 실현가능성이 양립할 수 있도록 그에 필요한 규율과 간섭을 할 수 있는 국가의 권한을 의미한다. 입법자가 개인의 자유권을 제한하는 경우 공익상의 사유로 정당화되어야 하는데, 특히 사회국가원리는 이러한 자유의 제한을 정당화하는 헌법적 근거로서 고려된다.[1] 즉, 입법자가 개인의 자유를 제한하기 위해서는 정당한 입법목적을 가져야 하는데, 사회국가원리는 이러한 정당한 입법목적을 제공하는 헌법적 근거로 작용하는 것이다. 헌법 제37조 제2항의 '공공복리'의 핵심적인 부분이 바로 사회국가적 동기에 기인하는 공익적 사유이다.

한편, 우리 헌법은 사회적 기본권, 경제에 관한 조항 등을 통하여 사회국가원리를 수용하고 있고, 동시에 사회국가원리는 위 헌법규정들에 의하여 구체화되고 있다. 따라서 사회국가원리와 이를 구체화하는 헌법규범 사이에는 일반·특별의 관계가 존재하므로, 사회국가원리를 구체화하는 다른 개별적 헌법규범이 존재한다면, 일반적인 사회국가원리가 아니라 보다 구체화된 내용을 가진 헌법규범이 일차적으로 기본권의 제한을 정당화하는 근거로서 고려되어야 한다. 예컨대 "인간다운 생활을 할 권리"(헌법 제34조 제1항), "사회보장의 증진에 노력할 의무"(제34조 제2항), "시장의 지배와 경제력의 남용의 방지"(제119조 제2항) 등의 개별규범이 개인의 경제적 자유를 제한하는 근거로서 고려된다면, 우선적으로 이와 같은 사회국가원리의 구체화된 헌법적 표현들이 적용되어야 한다.

나. 차별대우를 정당화하는 헌법적 근거

한편, 평등원칙의 위반여부를 심사하는 과정에서 사회국가원리는 차별대우를 정당화하는 헌법적 근거로 고려될 수 있다. 입법자가 본질적으로 같은 것을 달리 취급하여 차별적으로 규율하는 경우, 사회국가원리는 차별대우를 정당화하는 합리적인 이유로서 고려된다.[2] 가령, 사회보험에서 보험위험이 동일함에도 소득에 따라 보험료를 달리 산정한다면, 이러한 경우 차별대우를 정당화하는 합리적인 이유로서 사회국가원리가 고려될 수 있다.[3]

---

[1] 예컨대, 임대인과의 관계에서 사회적 약자인 임차인의 보호를 위하여 입법자는 '주택임대차보호법'에서 최소한의 임대차기간을 정함으로써 주택임대차계약을 체결하는 자유를 제한할 수 있다. 또는 대기업과의 관계에서 경제적 약자인 소비자의 결정권을 보호하기 위하여 '약관의 규제에 관한 법률'을 제정하는 방법으로 불공정한 내용의 약관을 규제함으로써 대기업의 계약의 자유를 제한할 수 있다. 헌법재판소는 '소액임차보증금 반환채권에 대한 압류를 금지하는 민사집행법조항의 위헌여부'가 문제된 사건에서 소액임차인의 주거생활의 안정을 도모하고 이들의 인간다운 생활을 보장하기 위한 것으로 채권자의 재산권을 침해하지 아니한다고 판단하였다(헌재 2019. 12. 27. 2018헌마825).

[2] 헌재 2000. 6. 29. 99헌마289(의료보험통합), 판례집 12-1, 913, 955, "조세나 보험료와 같은 공과금의 부과에 있어서 사회국가원리는 입법자의 결정이 자의적인가를 판단하는 하나의 중요한 기준을 제공하며, 일반적으로 입법자의 결정을 정당화하는 헌법적 근거로서 작용한다. 특히 경제적 약자나 중소기업에 대한 조세감면혜택 등과 같이 사회정책적 고려에 기초한 차별대우가 자의적인가를 판단하는 경우에 사회국가원리는 입법자의 형성권을 정당화하는 하나의 헌법적 가치결정을 의미한다."; 판례집 12-1, 913, 956, "사회국가원리는 소득의 재분배의 관점에서 경제적 약자에 대한 보험료의 지원을 허용할 뿐만 아니라, 한걸음 더 나아가 정의로운 사회질서의 실현을 위하여 이를 요청하는 것이다. 따라서 국가가 저소득층 지역가입자를 대상으로 소득수준에 따라 보험료를 차등 지원하는 것은 사회국가원리에 의하여 정당화되는 것이다. 결국, 국고지원에 있어서의 지역가입자와 직장가입자의 차별취급은 사회국가원리의 관점에서 합리적인 차별에 해당하는 것으로서 평등원칙에 위반되지 아니한다."

[3] 예컨대, 사회보험으로서의 현행 의료제도와 관련하여, 사회보험(社會保險)에서의 보험료는 사보험(私保險)의 경우

헌법 제32조 제4항은 "여자의 근로는 특별한 보호를 받으며"라고 규정함으로써 근로영역에서의 여성에 대한 차별금지를 넘어서 여성에게 유리한 차별을 허용하고 있으며, 헌법 제32조 제5항에서도 "연소자의 근로는 특별한 보호를 받는다."라고 규정하여 마찬가지로 연소자에게 유리한 차별을 허용하고 있다. 헌법 제34조도 사회보장의 범주 내에서 사회적 약자를 위한 차별을 허용하고(제2항), 사회적·경제적 약자인 여자, 노인, 청소년, 신체장애자, 생활능력이 없는 국민 등에 대하여 유리한 차별을 허용하는 조항이다(제3항·제4항 및 제5항).

3. 사회국가원리와 개인의 주관적 권리

개인이 사회국가원리를 근거로 하여 국가로부터 일정 급부를 요구할 수 있는지, 특정한 사회보장적 제도의 도입이나 특정 내용의 사회입법의 제정을 요구할 수 있는지의 문제가 제기된다.

가. 사회국가원리의 開放性

(1) 사회국가원리로부터 국가의 구체적인 의무를 도출할 수 있는지의 문제

사회국가원리의 본질적인 특성은, 정의로운 사회질서를 형성해야 할 의무를 이행함에 있어서 입법자에게 광범위한 형성권이 인정된다고 하는 사회국가의 개방성에 있다. 사회국가원리는 국가의 목표로서 '사회정의의 실현'만을 요청할 뿐, 정의로운 사회질서가 어떠한 방법과 수단을 통하여 구체적으로 실현되어야 하는지에 관하여는 원칙적으로 개방적인 입장을 취하고 있다. 사회국가원리는 정의로운 사회질서를 형성하기 위하여 어떠한 조치가 필요한지의 문제를 의회민주주의에서 일차적으로 사회형성의 관할권을 갖는 입법자의 정치적 결정에 위임하고 있다. 국가가 실현해야 하는 다양한 과제와 목표 중에서 우선순위를 결정하고 국가과제 간의 상호관계를 결정하는 것은 입법자의 소관이다.[1] 사회국가의 구체적 형성은 민주적 의사형성의 개방적 절차에 맡겨져야 한다. 따라서 사회국가원리는 실현되기 위하여 입법자에 의한 구체적 형성행위이자 사회형성의 도구로서 '법률'을 필요로 한다.

이러한 점에서, 사회국가원리로부터 국가의 특정한 의무나 이에 대응하는 개인의 주관적 권리를 원칙적으로 도출할 수 없다. 사회국가원리는 그 자체로서 급부의 직접적인 근거규범이 아니기 때문에, 사회국가원리로부터는 국가에 대하여 일정 급부를 청구할 수 있는 개인의 주관적 권리를 도출할 수 없다. 또한, 사회국가원칙의 일반·추상적인 성격 때문에 그로부터 일정한 사회정책이나 경제정책을 헌법적 요청으로 도출하는 것이 원칙적으로 불가능하다. 물론, 한국헌법의 경우, 사회국가원리의 구체화된 표현인 사회적 기본권 등을 통하여 사회국가적 의무가 보다 구체화되고 있으나, 그럼에도 사회적 기본권에 의하여 구체화되는 것은 사회국가적 의무의 내용일 뿐, 구체화된 의무가 어떠한 방법으로 실현되어야 하는지에 관하여는 규정하고 있지 않다.[2]

와 같이 피보험자 개인이 지니는 보험위험, 즉 위험발생의 정도나 개연성에 따라 보험료가 산정되는 것이 아니라, 경제적 능력, 즉 소득에 비례하여 정해진다. 그런데 국민 개개인에게 필요한 사회보험을 제공하고 보험가입자간의 소득재분배 효과를 거두고자 하는 사회보험의 목적은, 동일위험집단에 속한 구성원에게 법률로써 가입을 강제하고 소득재분배를 하기에 적합한 방식으로 보험료를 부과함으로써 달성될 수 있는 것이다. 따라서 사회국가원리는 보험료의 산정에 있어서 동일한 보험위험을 지닌 피보험자 간에 소득에 따른 차별을 정당화하는 헌법적 근거를 제공한다(헌재 2000. 6. 29. 99헌마289[의료보험통합] 참조).

1) 헌재 1999. 11. 25. 98헌마55[금융소득분리과세], 판례집 11-2, 593, 610-611 참조.

2) 다만, 입법자가 사회국가적 의무를 이행하는 것이 현실적, 재정적으로 명백히 가능함에도 불구하고 이를 이행하고

(2) 최저생계를 보장해야 할 국가의 의무

사회국가원리는 객관적 국가목표로서 그 자체로서 개인의 급부청구권의 근거가 될 수 없으나, 다만, 인간존엄성조항이 보장하고자 하는 바가 무엇인지를 해석함에 있어서 해석의 기준으로 고려됨으로써 인간의 존엄성 및 생명권과의 연관관계에서 예외적으로 '최저생계를 보장해야 할 의무'가 구체적인 의무로서 도출될 수 있고, 이에 대응하여 '최저생계의 보장을 요구할 수 있는 권리'가 예외적으로 인정될 수 있다. 따라서 국가가 최저생계를 보장해야 할 의무를 이행하지 않는 경우에는 인간존엄성·생명권·사회국가원리의 연관관계에서 '최저생계의 보장을 요구할 수 있는 권리'의 침해를 이유로 헌법소원이나 위헌법률심판의 형태로 의무위반의 여부를 다툴 수 있다. 국가는 인간존엄성을 침해해서도 안 될 뿐 아니라, 나아가 개인이 달리 자신의 생계를 유지할 수 없다면, 국가는 인간다운 생존을 위한 최소한의 조건으로서 적극적인 급부의 제공을 통하여 최저생계를 보장해야 할 의무가 있다. 최저생계의 보장은 인간다운 생존을 위한 최소한의 조건에 속한다.

한편, 우리 헌법의 경우에는 인간존엄성의 보장을 사회국가원리의 요청에 비추어 해석함으로써 인간존엄성의 사회권적 측면을 도출한 결과가 바로 헌법 제34조 제1항에서 '인간다운 생활을 할 권리'로 구체화되어 명문으로 보장되고 있다. 따라서 우리 헌법에서 최저생계의 보장은 직접 '인간다운 생활을 할 권리'로부터 나오는 사회국가적 의무로 이해하는 것이 보다 타당하다.[1]

나. 사회국가적 입법의 존속보장?

사례 │ 헌재 2005. 6. 30. 2004헌바42(공무원연금 물가연동제 조정 사건)

甲은 교육공무원으로 근무하다가 퇴직한 퇴직연금수급권자이다. 공무원연금관리공단은 甲에게 현직 공무원의 월보수액에 근속연한에 따른 지급비율을 곱하는 방식에 의하여 계산된 퇴직연금월액을 지급하였다. 그러나 이러한 방식에 따라 공무원연금이 계속 지급될 경우 수급구조의 불균형으로 인하여 공무원연금제도의 존립 자체가 위태롭기 때문에 연금지출의 증가폭을 줄여 재정악화를 해결하고자, 2001년 공무원연금법을 개정하여 현재의 연금액에 전년도 전국소비자물가변동률에 따라 증감된 금액을 지급하기 시작하였다. 이에 甲은 "이와 같이 연금수급권을 축소하는 조치는 일단 제정된 사회국가적 입법의 존속을 보장하지 않는 것으로 사회국가원리에 위반된다."고 주장한다. 甲의 주장은 타당한가?

(1) 사회국가적 급부의 축소 가능성

사회국가원리는 항상 '현실적으로 가능한 것의 유보' 하에 있고, 이로써 국가의 재정능력의 유보하에 있다. 사회국가원리는 일단 제정된 사회국가적 입법의 존속을 보장하지 않으며, 사회국가적 급부의 축소를 허용한다. 사회국가는 動的인 국가로서 변화하는 사회·경제적 상황에 적응해야 하고 사회국가의 실현은 고도로 국민경제의 성장과 안정에 달려있기 때문에, 경제상황의 변화에 따라 사회국가적 입법을 수정하고 사회국가적 급부를 축소할 수 있는 가능성을 가지고 있어야 한다. 뿐만

있지 않는 지극히 예외적인 경우에 한하여, 헌법소원을 통하여 다툴 수 있는 개인의 주관적 공권이 고려될 수 있다.
1) 헌재 1995. 7. 21. 93헌가14(국가유공자에 대한 보상금 지급기간의 제한 사건), 판례집 7-2, 1, 3, "인간다운 생활을 할 권리로부터는 인간의 존엄에 상응하는 생활에 필요한 '최소한의 물질적인 생활'의 유지에 필요한 급부를 요구할 수 있는 구체적인 권리가 상황에 따라서는 직접 도출될 수 있다고 할 수는 있어도, 동 기본권이 직접 그 이상의 급부를 내용으로 하는 구체적인 권리를 발생케 한다고는 볼 수 없다고 할 것이다."

아니라, 입법자는 국가 예산 중에서 어떠한 부분을 사회보장을 위하여 또는 국방이나 교육 등 경쟁하는 다른 국가목표를 위하여 사용되어야 할 것인지를 결정할 수 있어야 한다.

따라서 입법자가 사회국가적 과제를 이행하기 위하여 입법을 통하여 특정한 사회보장적 제도를 도입하거나 특정한 사회입법을 제정한 경우, 이러한 제도나 법률이 헌법적으로 보장되는 것은 아니다. 또한, 사회국가원리는 입법에 의하여 부여된 개인의 주관적 권리의 존속을 보장하지 않는다. 국가재정의 악화로 인하여 종래 사회보장의 수준을 유지할 수 없는 경우에는 국가는 연금수급권이나 의료보험급여의 범위를 축소할 수 있다. 이러한 점에서, 사회국가적 입법 중에서 변경을 허용하지 않는 핵심적 영역이 존재하는지 의문이 제기된다. 기껏해야, 사회보장의 기본적인 제도만이 그 핵심적 영역에 있어서 헌법적으로 보장될 수 있을 뿐이다.

(2) 재산권보장과 법치국가적 신뢰보호원칙에 의한 보호

다만, 이 경우 국가에 대한 개인의 급부청구권이 연금수급권과 같이 수급자의 상당한 자기기여에 의한 것이라면, 수급권자는 헌법상의 재산권보장을 주장하여 구법에 의하여 취득한 기득재산권의 존속에 관한 신뢰의 보호를 요구할 수 있다.[1] 개인의 급부청구권이 국가의 일방적인 급부에 기인하기 때문에 재산권보장에 의하여 보호되지 않는 경우에도, 법치국가적 신뢰보호의 관점은 중요한 역할을 한다. 신뢰보호는 사회적 급부의 축소를 막을 수는 없지만, 개인의 신뢰이익을 고려하는 적절하고 단계적인 조치를 요구할 수 있다.[2] 즉, 일단 법률로써 규정된 사회법상의 권리가 국가의 정책적 필요에 의하여 사후적으로 축소되거나 제거되는 경우에는, 구법 하에서 형성된 사회법적 지위의 존속에 대한 신뢰를 경과규정을 통하여 어느 정도로 보호할 것인지의 문제가 제기된다.

4. 사회국가원리와 법치국가원리의 관계

사회국가가 국민의 일부 집단에게 제공하는 급부는 일반적으로 국민의 다른 집단에 대하여 부담을 부과함으로써 가능한 것이다. 특정 집단에 대한 혜택의 부여는 일반적으로 다른 특정 집단에 대한 부담과 불이익을 수반한다. 가령, 사회국가원리의 관점에서 요청되는 주택 임차인의 보호(법적 지위의 강화)는 동시에 주택 임대인의 법적 지위를 약화시킴으로써만 가능하다. 이러한 의미에서 사회국가의 요청과 법치국가의 요청은 서로 충돌하는 것으로 보인다.

물론, 兩 국가원리 사이에 어느 정도 긴장관계가 존재한다는 것은 부인될 수 없다. 법치국가는 정적인 국가원리로서 획득한 재산이나 법적 지위의 유지, 즉 현재 상태의 유지를 요청한다면, 사회국가

---

1) 헌재 2005. 6. 30. 2004헌바42(공무원연금 물가연동제 조정), 판례집 17-1, 973, 981, "공무원연금법상의 각종 급여는 기본적으로 모두 사회보장적 급여로서의 성격을 가짐과 동시에 공로보상 내지 후불임금으로서의 성격도 함께 가지며 특히 퇴직연금수급권은 경제적 가치 있는 권리로서 헌법 제23조에 의하여 보장되는 재산권으로서의 성격을 가지는데 다만, 그 구체적인 급여의 내용, 기여금의 액수 등을 형성하는 데에 있어서는 직업공무원제도나 사회보험원리에 입각한 사회보장적 급여로서의 성격으로 인하여 일반적인 재산권에 비하여 입법자에게 상대적으로 보다 폭넓은 재량이 헌법상 허용된다고 볼 수 있다."

2) 헌재 2005. 6. 30. 2004헌바42(공무원연금 물가연동제 조정), 판례집 17-1, 973, 974, "종전의 퇴직연금수급자들은 보수연동제의 방식에 의한 연금조정을 통하여 물가상승률에 비하여 상대적으로 높게 인상된 연금을 지급받아 왔고 그러한 연금액의 조정이 상당기간 지속됨으로써 앞으로도 공무원의 보수인상률에 맞추어 연금액도 같은 비율로 조정되리라는 기대가 형성되어 있던 것은 부인할 수 없으나, 그렇다 하더라도 보호해야 할 퇴직연금수급자의 신뢰의 가치는 크지 않고 신뢰의 손상 또한 연금액의 상대적인 감소로서 그 정도가 심하지 않은 반면, 연금재정의 파탄을 막고 공무원연금제도를 건실하게 유지하는 것은 긴급하고도 대단히 중요한 공익이므로 이 사건 경과규정이 헌법상 신뢰보호의 원칙에 위배된다고는 볼 수 없다."

는 동적인 국가원리로서 변화하는 사회현상에 적응하고 사회정의의 실현을 위하여 적극적으로 개입할 것을 요청하고, 경우에 따라서는 개인의 자유를 제한할 것을 요청한다. 그러나 다음과 같은 관점에서 양 국가원리는 헌법적 차원에서 서로 조화를 이룰 수 있다.

가. 법치국가의 범주 내에서 사회국가의 실현

모든 국가행위는 사회국가원리를 실현함에 있어서 법치국가원리를 준수해야 한다. 따라서 사회국가적 활동은 법치국가적 원칙과 형식에 따라 이루어져야 한다. 즉, 국가는 입법과 행정을 통하여 사회국가적 의무를 이행함에 있어서 개인의 자유권을 과잉으로 제한하거나 평등원칙에 위반해서는 안되며, 법치행정의 원리(법률의 우위 및 유보), 법치국가적 절차에 대한 요청 및 권리구제절차의 보장을 준수해야 한다. 예컨대, 사회국가원리는 행정청으로 하여금 법적인 근거 없이 개인의 자유를 제한하거나 법규범에 위반하여 급부를 제공할 수 있는 권한을 부여하는 것이 아니다(법률우위 및 법률유보의 원칙). 그러므로 사회국가적 형성의 가능성은 무엇보다도 기본권의 보장을 비롯한 법치국가원리에서 그 한계를 발견한다.

나. 정의를 지향하는 실질적 법치국가

법치국가원리는 사회국가원리에 의하여 내용과 실체를 부여받는다. 현대국가에서 국가행위가 법치국가적 형식을 준수하는 것은 불가결한 것이지만, 그것만으로는 불충분하다. 입법을 비롯한 국가행위는 또한 그 내용에 있어서도 정당하고 정의로워야 한다. 실질적 정의의 실현은 사회국가의 목표일뿐만 아니라 오늘날 실질적 법치국가의 목표이자 개념적 요소이기도 하다. 만일 법치국가가 단지 19세기 유럽의 시민적 법치국가의 형태로 머물고 있다면 법치국가와 사회국가의 충돌상황이 불가피할 것이지만, 오늘날 법치국가는 정의를 지향하는 법치국가로 발전함으로써 사회국가와 보완과 공생의 관계에 있다.

다. 사회국가의 궁극적 목표로서 '인간존엄성과 자유의 실현'

법치국가와 사회국가를 궁극적으로 함께 묶는 것은 헌법의 최고 가치인 '인간의 존엄성'이다. 인간의 존엄성은 법치국가와 사회국가의 실현을 함께 요청한다. 인간의 존엄성이 실현되기 위해서는, 국가권력으로부터 개인의 자유를 보호하는 자유권의 보장, 즉 '국가로부터의 자유'(법적·형식적 자유)뿐만 아니라, 자유행사의 실질적인 조건을 형성하고 유지하는 국가의 적극적인 활동, 즉 '국가에 의한 자유'(실질적 자유)도 함께 필요로 한다. 즉, 인간의 존엄성은 '사회적 법치국가'를 요청하는 것이다.

이로써 사회국가원리는 궁극적으로 인간의 존엄성과 기본권적 자유를 실현하고자 하는 국가원리이다. 따라서 사회국가의 한계도 사회국가에 내재적인 자유적 내용, 즉 인간의 존엄성과 자유에 기여하는 사회국가의 목적으로부터 스스로 나온다. 사회국가적 국가목표의 실현은 개인의 존엄성과 자유를 마비시키는 결과를 초래해서는 안 된다.

5. 사회국가원리와 기본권의 해석

사회국가원리는 다른 헌법규정의 해석에 있어서 해석의 지침을 제공함으로써 중요한 의미를 가질 수 있다. 따라서 기본권을 해석함에 있어서도 사회국가원리가 해석의 기준으로서 기능한다. 사회국가원리는 기본권의 해석에 영향을 미침으로써 기본권의 급부국가적 기능을 확대한다.

가. 사회국가원리와 인간존엄성

사회국가원리는 헌법 제10조의 인간존엄성의 보장을 사회국가적 관점에서 해석할 것을 요청한다. 인간존엄성의 보장은 국가에 대하여 법적인 자유와 평등의 보장뿐만 아니라, 인간존엄성을 유지하고 실현하기 위한 실질적 조건을 적극적으로 형성할 것을 요청한다. 인간존엄성을 유지하고 실현하기 위한 실질적 조건을 보장하고자 하는 것이 바로 헌법 제34조 제1항의 '인간다운 생활을 할 권리'이다. 헌법 제10조의 인간존엄성의 보장은 사회국가원리와 결합하여 우리 헌법에서 '인간다운 생활을 할 권리'로 구체화되었다.

나. 사회국가원리와 자유권

(1) 사회국가적 관점에서 자유권의 해석

사회국가원리는 자유권을 사회국가적 관점에서 해석할 것을 요청함으로써 자유권의 내용을 확장할 수 있다. 자유권은 헌법적으로 보장된 자유를 행사할 수 있는 사실상의 가능성을 가지지 못한 자에게는 내용적으로 공허하고 무의미하다. 바로 이러한 관점에서 사회국가는 자유를 행사할 수 있는 사실상의 조건을 형성함으로써 개입한다. 즉, 사회국가는 자유행사에 있어서 실질적인 기회균등을 제공함으로써 자유를 실현하고자 하는 것이다.

가령, 직업선택의 자유와 자유로운 인격발현의 자유는 이를 실제로 행사할 수 있는 사회적·경제적 조건으로서 대량실업의 방지 또는 상대적 완전고용의 실현을 요청한다. 대량실업을 방지하여 국민에게 일자리를 제공해야 하는 국가의 사회국가적 목표는 자유로운 인격발현과 직업의 자유를 행사하기 위한 실질적 조건이다. 이러한 관점에서 드러나듯이, 사회국가적 목표는 기본권의 관점에서 중요한 의미를 가진다. 또한, 직업선택의 자유와 자유로운 인격발현의 자유는 이를 실제로 행사할 수 있는 조건으로서 누구나 능력에 따라 균등하게 교육을 받을 수 있는 사회적 상황의 형성, 즉 사회적 약자 계층도 교육시설에 균등하게 입학할 수 있도록 국가의 지원조치를 요청한다. '혼인과 가족의 자유'는 이를 실제로 행사할 수 있는 조건으로서 국가가 혼인과 가족으로 인하여 발생하는 특별한 부담을 조정할 것을 요청한다. 즉, 자유권은 사회국가원리와 결합하여 자유권을 실현하기 위한 조건을 적극적으로 형성해야 할 것을 국가로부터 요청하는 것이다.

(2) 자유권을 사회국가적 관점에서 해석한 결과로서 사회적 기본권

한편, 우리 헌법에서는 '교육을 받을 권리', '근로의 권리', '인간다운 생활을 할 권리', '혼인과 가족생활의 보호', '모성의 보호' 등 사회적 기본권의 보장을 통하여 자유권의 사회국가적 요청을 거의 대부분 국가의 의무로서 명시적으로 규정하고 있다. 즉, 헌법은 자유권의 사회국가적 내용에 대응하는 국가의 의무와 과제를 이미 사회적 기본권의 형태로 규정하고 있는 것이다. 이러한 관점에서 헌법상 보장된 사회적 기본권은 자유권을 사회국가적 관점에서 해석한 결과를 헌법에 수용한 것이며, 자유권을 실제로 행사하기 위한 사실적 조건을 형성해야 할 국가의 의무를 기본권의 형태로 수용한 것이다. 따라서 자유권의 해석에 미치는 사회국가원리의 영향은 우리 헌법에서 사회적 기본권에 의하여 구체화되고 있다.

다. 사회국가원리와 재판청구권

재판청구권은 사회국가원리와 결합하여, 권리구제절차를 밟고자 하는 국민이 경제력이 없는 경우에는 소송구조제도를 통하여 국민 누구나 법원에 균등하게 접근할 수 있는 가능성을 확보해야 할 국가의 의무를 부과한다.

Ⅳ. 사회국가의 구체적 과제

사회국가원리는 사회현상의 변화에 적응하고 대처하는 동적·미래지향적 국가원리이다. 따라서 사회국가원리를 실현하기 위한 국가의 과제가 일반적으로 미리 정해져 있는 것이 아니라 사회현상의 발전에 따라 변화하며, 사회국가원리의 구체적 내용도 국가공동체의 구체적 사회적 상황에 의하여 결정된다.

따라서 사회국가의 과제는 고전적인 의미에서 국민에 대한 생존적 배려나 사회적 약자에 대한 사회적 안전의 보장에 국한되는 것이 아니라, 사회계층 간의 대립과 불평등의 조정, 사회에서 발생하는 모든 부정적인 현상에 대한 적절한 대처, 사회·경제정책을 통한 정의로운 사회질서의 형성 등을 포함하는 포괄적인 것이다.

1. 생존적 배려·사회보장 및 사회부조를 통한 '사회적 안전'의 확보

가. 국민에 대한 생존적 배려

오늘날 국민의 생존이 국가에 의한 급부의 제공에 의존하고 있는 영역에서, 국가는 모든 국민의 생존에 필수적인 재화와 급부를 제공해야 한다. 국가는 수도, 전기, 가스, 교통, 통신 등의 제공을 통하여 생존적 배려(Daseinsvorsorge)의 과제를 이행해야 하고, 나아가 오늘날 사회적·문화적 관점에서 당연시되는 학교, 병원, 양로원, 체육시설 등 급부를 제공해야 할 과제를 진다. 국가의 '생존적 배려'란, 국민이 인간다운 생존을 위하여 필요로 하는 기본조건을 확보해야 할 국가의 과제이다. 이러한 국가과제는 현대사회에서 문명의 상태에 상응하는 인격발현을 위한 기본설비·사회설비의 제공을 의미하며, 이로써 개인의 사회적 생존조건에 관한 것이다.

나. 사회적 약자에 대한 사회적 안전의 보장

또한, 국가는 국민의 질병, 사고, 노령, 실업 등의 경우에 발생하는 위험에 대하여 사회보험, 실업보험 등 사회보장제도를 통한 사회적 안전망을 제공해야 한다(헌법 제34조 제2항). 나아가, 자력으로 생계를 유지할 수 없는 국민 또는 자연적 재난상황에 처한 국민에 대한 사회부조(社會扶助)도 국가의 과제에 속한다.

2. 사회적 조정을 통한 사회정의의 실현

국가는 사회적 조정을 통하여 사회정의를 실현하고자 노력해야 한다. 사회국가원리는 사회계층 간의 차이를 완화하기 위하여 사회적 약자를 지원하고 사회적 강자의 자유행사나 법적 지위를 제한할 것을 요청한다. 특히 사회계층 간의 조정은, 한편으로는 국가가 누진적으로 조세를 부과하고, 다른 한편으로는 경제적 약자에게 급부를 제공하는 방법으로 이루어진다. 국가는 이를 통하여 사회적·경제적 약자를 지원하고 사회적 불평등 및 대립을 어느 정도 조정하고자 하는 것이다. 사회국가는 이로써 분배국가 또는 재분배국가가 된다. 여기서 사회정의란 모든 국민에게 적정한 수준의 경제적·문화적 생존을 가능하게 하고자 하는 분배원칙을 의미한다.

계층 간의 사회적 조정은 '모든 국민생활의 경제적 평준화나 획일화' 또는 '계층 간의 경제적 역전(逆轉)을 목적으로 하는 것이 아니라, 가능하면 다수의 국민이 교육이나 직업교육, 직업의 선택, 재산의 형성 등에 있어서 균등한 출발의 기회를 가질 수 있도록 실질적 기회의 균등을 실현하기 위한 것이다. 이러한 의미에서 사회국가원리는 특히 개인적 또는 사회적 상황으로 말미암아 인격발현에 있어서 불리함을 입는 개인이나 집단에 대하여 국가가 특별히 배려할 것을 요청한다(여자·노인·청소년·신체장애자·생활능력이 없는 국민에 대한 헌법 제34조 제3항 내지 제5항의 요청).

3. 사회·경제정책을 통한 사회형성

가. 국민경제의 안정과 성장

사회국가는 경제에 대하여 포괄적인 책임을 진다. 사회국가에게는 경기정책적(景氣政策的) 책임과 경제성장의 의무가 있다. 사회국가원리는 세계경제의 경기변동의 상황에서 가능하면 경기의 흐름을 타지 않는 균등한 국민경제발전을 꾀할 의무 및 적정한 경제성장의 의무를 국가에게 부과하고 있다.

특히, 경제성장은 '사회국가실현을 위한 경제적 전제조건'으로서 중요한 의미를 가진다. 국가는 받은 것 없이는 아무 것도 제공할 수 없기 때문에, 국가의 급부능력은 사회국가실현을 위한 조건이며, 국가는 급부를 제공하기 위하여 국가와 납세자의 재정능력에 의존하고 있다. 즉, 사회국가는 급부국가이며, 급부국가는 국민의 담세능력에 의존하는 조세국가이고, 국민의 담세능력은 국가의 경제성장에 달려있다.[1]

나. 계획국가로서 사회국가

또한, 경제 과정이나 사회적 과정을 계획하고 유도하는 국가행위를 통하여 사회나 경제에서 부정적 현상이 발생하는 것을 미리 방지해야 할 국가의 의무가 사회국가원리로부터 나온다. 따라서 이미 발생한 부정적 사회현상을 사후적으로 제거하는 것뿐만 아니라 사회·경제 영역의 이상적인 발전방향에 관한 전반적인 계획을 세워야 할 국가의 의무도 사회국가원리의 요청이다. 오늘날의 사회국가는 단순히 그 때 그 때마다 잘못된 사회현상에 반응하는 국가가 아니라, 사회의 발전을 일정한 방향으로 유도하고자 하는 계획국가로 이해된다. '계획'이란 사회적 법치국가로의 국가성격의 변화에 따라 20세기에 나타난 '합리적인 사회형성의 도구'로서 국가행위의 중요한 부분을 차지한다.[2] 이러한 의미에서 장래에 대한 대비의 일환으로서 '환경보전'의 목표도 중요한 사회국가적 목표이다. 환경보전은 자연적 생활근거의 유지를 통한 국가의 생존적 배려에 해당하는 것이다.

다. 사회형성의 수단

현대의 사회국가가 사회형성을 위하여 사용하는 수단은 금지나 명령과 같은 직접적인 규제수단보다는 조세감면혜택이나 국가보조금의 지급, 사회기반설비의 건설(도로의 건설, 산업단지의 개발) 등 간접적인 방법이다.

---

1) 국가경제의 성장이 멈추는 경우, 사회국가적 정책을 실현하기 위한 재원을 확보할 수 없기 때문에 사회국가적 정책의 후퇴가 불가피하고, 만일 사회국가적 급부를 그대로 유지하는 경우에는 가진 자의 것을 일부 박탈하여 없는 자에게 이전해야 하기 때문에 사회적 불안정을 초래하고 사회평화를 저해한다. 헌법은 제119조 제2항에서 "균형있는 국민경제의 성장 및 안정"이란 표현을 통하여 이러한 목표를 명시적으로 규정하고 있다.
2) 국토개발계획, 도시계획 등 각종 계획은 현대행정의 중요한 행위형식에 속한다.

V. 한국 헌법에서 사회국가원리

사회국가가 오늘날 현대산업사회의 운명이라고 한다면, 산업사회를 지향하는 한국도 이러한 운명에서 벗어날 수 없다. 설사 헌법이 사회국가원리를 규정하고 있지 않다 하더라도, 오늘날의 대중민주주의는 그 민주주의에 내재하는 사회국가적 경향 때문에 필연적으로 사회국가로의 국가성격의 전환을 가져 올 수밖에 없다.[1]

비교법적인 관점에서 볼 때, 어떤 국가가 사회·복지국가인지의 여부와 그 실현의 정도는 사회국가를 선언하는 헌법규정의 존부(存否)와는 무관하다는 것을 확인할 수 있다. 사회국가에 관한 명시적인 헌법규정이 사회국가의 실현을 반드시 보장하는 것은 아니다. 예컨대, 노르웨이, 오스트리아, 스위스 등과 같은 복지국가는 헌법에서 사회국가원리를 언급조차 하고 있지 않은 반면, 한국이나 포르투갈의 헌법은 사회적 기본권에 관한 일련의 상세한 목록을 두고 있다. 이러한 점에서도 사회국가의 실현은 헌법의 문제가 아니라 우선적으로 '정치의 과제'라는 것이 드러나고 있다.

1. 사회국가원리의 수용 방식

사회국가원리를 헌법에 수용하는 방법에는 일반적으로 두 가지 유형이 있다. 하나의 유형은 대표적으로 독일의 기본법 제20조 제1항이 규정하는 바와 같이, "독일 연방공화국은 민주적, 사회적 연방국가이다."라는 형식으로 사회국가원리를 하나의 일반조항으로만 규정하고 헌법차원에서 더 이상 구체화하지 않는 방법이고, 또 다른 하나의 유형은 한국헌법처럼 헌법규정에서 사회국가원리를 명시적으로 언급하고 있지는 않지만, 사회국가원리의 구체화된 여러 표현을 통하여 사회국가원리를 수용하는 방법이다.[2]

사회국가원리를 일반조항으로만 규정하는 경우, 그 구체적 내용에 관하여 불확실성이 존재하고 이로써 전적으로 헌법해석을 통하여 그 의미를 밝혀야 한다는 측면이 있지만, 다른 한편으로는 그의 일반·추상성으로 인하여 수시로 변화하는 사회적 요청에 부응할 수 있고, 또한 이를 위하여 필요한 모든 조치를 취할 수 있는 개방성과 유연성의 장점이 있다. 이에 대하여 사회국가원리의 구체화된 헌법적 표현으로서 사회적 기본권 및 경제조항은 입법자에게 보다 구체적인 내용의 의무를 부과하고 있으나, 바로 이러한 구체성 때문에 헌법 개정을 통하여 끊임없는 사회현상의 변화에 적응되어야 한다는 단점이 있다. 우리 헌법에서 사회적 기본권과 경제조항의 목록이 점진적으로 확충되어 온 것은 바로 이러한 이유에 기인한다.

2. 한국 헌법상 사회국가원리의 구체적 표현

사회국가원리는 '개인과 사회에 대한 국가의 책임'과 '사회와 국가공동체에 대한 개인의 책임'이

---

1) 이에 관하여 제2편 제4장 제6절 Ⅱ. 2. 및 제4편 제5장 제3절 제6항 Ⅳ. 1. 참조.
2) 헌재 2002. 12. 18. 2002헌마52(저상버스 도입의무 불이행 위헌확인), 판례집 14-2, 904, 909, "우리 헌법은 사회국가원리를 명문으로 규정하고 있지는 않지만, 헌법의 전문, 사회적 기본권의 보장(헌법 제31조 내지 제36조), 경제영역에서 적극적으로 계획하고 유도하고 재분배하여야 할 국가의 의무를 규정하는 경제에 관한 조항(헌법 제119조 제2항 이하) 등과 같이 사회국가원리의 구체화된 여러 표현을 통하여 사회국가원리를 수용하였다."

라는 두 가지의 측면으로 크게 나누어 볼 수 있다.

가. 국가의 對社會的 責任

국가의 대사회적 책임성은, 국가가 경제·사회·문화의 모든 영역에서 정의로운 사회질서의 형성을 위하여 적극적으로 관여할 것을 요구한다. 국가의 대사회적 책임은 우리 헌법에서 무엇보다도 전문, 사회적 기본권과 경제에 관한 조항을 통하여 표현되고 있다.

(1) 헌법전문에서 "정치·경제·사회·문화의 모든 영역에서 각인의 기회를 균등히 하고". "국민생활의 균등한 향상을 기하고"라고 언급함으로써, 국민들 간의 전반적인 사회적 조정을 통하여 실질적인 자유와 평등을 실현해야 할 국가의 의무를 강조하고 있다.

(2) 기본권의 부분에 일련의 사회적 기본권(인간다운 생활을 할 권리, 교육의 권리, 근로의 권리, 환경권 등)을 보장함으로써 사회국가원리를 수용하고 동시에 사회국가원리의 내용을 구체화하고 있다. 사회적 기본권을 통하여 헌법은 '사회전반에 대한 국가의 책임'을 표현하고 있다.

(3) 헌법은 제119조 이하의 경제조항에서 경제성장, 경제안정, 경제위기의 극복, 상대적 완전고용, 국민생산의 공정한 분배, 경제세력의 경제력남용의 방지 등을 국가의 경제정책목표로 설정하고, 이러한 목표를 달성하기 위하여 사경제에 영향을 미칠 수 있는 국가의 권한을 부여하고 있다(국가의 경제정책에 관한 수권조항). 이로써 경제에 대한 국가의 과제가 소극적으로 현재의 상태를 보호하고 유지하고, 간간이 필요에 의하여 경제에 간섭하는 것에 그치는 것이 아니라, 적극적으로 계획하고, 유도하고, 급부를 제공하고 재분배하는 국가행위를 포괄한다는 것을 표현함으로써, '국민경제 전반에 대한 국가의 책임'을 규정하고 있다.

나. 개인의 對社會的 責任

국가가 정의로운 사회질서의 실현을 목적으로 사회형성적으로 기능하기 위해서는 개인과 개인의 자유를 병립시키려는 국가의 적극적 활동과 이로 인한 사인의 자유영역에 대한 제한이 불가피하게 된다. 따라서 국가는 실질적인 자유와 평등의 실현을 위하여 개인의 자유와 권리를 제한할 수 있는 권한을 가져야 한다. 이 경우, 사회국가원리는 공공복리의 실현을 위하여 개인의 자유를 제한할 수 있는 헌법적 수권규범으로 기능한다. 사회국가는 사회정의를 실현하기 위하여 불가피하게 자유의 제한을 수반하고, 사회정의는 자유의 제한을 통하여 실현된다. 따라서 개인의 대사회적 책임이란, 국가가 사회정의를 실현하기 위하여 불가피하게 개인의 자유를 제한하는 경우 이를 수인해야 한다는 것을 의미한다.

우리 헌법에서 이와 같은 사회국가적 측면은 무엇보다도 '기본권의 사회적 기속성'을 통하여 표현되고 있다. 헌법 제23조 제2항은 특히 재산권과 관련하여 사회적 기속성을 강조하고 있고, 나아가 헌법 제37조 제2항은 공공복리의 실현을 위하여 모든 자유가 제한될 수 있다는 것을 규정함으로써 개인의 대사회적 책임을 표현하고 있다.

제 2 절   憲法上의 經濟秩序[1]

I. 서   론

1. 국가경제정책의 가능성과 한계의 문제로서 헌법상의 경제질서

경제질서가 개인과 국가 생활에 대단히 중요한 의미를 갖는 국가 공동체의 근본적인 문제에 속하기 때문에, 헌법에서는 어떤 형태로든 경제에 관한 공동체의 중요한 결정이 표현되고 있다. 헌법에 규정된 경제에 관한 조항을 經濟憲法이라 하는데, 대부분의 헌법에는 특정 경제질서에 관한 명문의 언급이 없기에, 이러한 경우 경제와 관련된 헌법규범으로부터 특정한 경제질서에 관한 헌법적 결정을 이끌어 낼 수 있는가 하는 것이 문제된다.

우리 학계의 다수의견은 헌법상의 경제질서를 '社會的 市場經濟秩序'로 이해하고 있다. 그런데 여기서 우리 헌법이 '사회적 시장경제질서'와 같은 특정한 경제질서를 보장하고 있는지, 이와 같이 헌법으로부터 특정한 경제질서를 도출하는 것이 어떠한 의미와 목적을 가지고 있는지의 문제가 제기된다. 경제헌법에 관한 핵심적인 논의는 국가경제정책의 가능성과 한계의 문제, 특히 경제영역에서 입법형성권의 한계에 관한 문제이다. 헌법으로부터 특정 경제질서를 도출하고자 하는 시도의 경우, 입법자를 기본권과 같은 개별적인 헌법규범 외에도 특정 경제질서에 기속시킴으로써 국가경제정책에 대하여 또 하나의 부가적인 제한을 가할 수 있는가 하는 것이 논의의 주안점이라 할 수 있다. 이러한 관점에서 사회적 시장경제질서가 국가의 경제활동에 대한 또 다른 한계로서 국가경제정책의 위헌성을 판단하는 기준으로 어느 정도로 기능할 수 있는지의 문제가 규명되어야 한다.

2. 문제의 제기

위와 같은 문제는 단지 헌법이론적인 문제가 아니라 헌법재판의 실무에서 일상적으로 제기되는 문제이다. 종래 헌법재판소에 계류된 다수의 헌법소원심판사건에서, 청구인은 심판의 대상이 되는 법률의 위헌성을 주장하면서, 심판대상조항이 헌법상 보장된 기본권을 침해할 뿐만 아니라 헌법상 경제질서에도 위반된다는 주장을 하고 있다.[2] 이러한 경우 심판대상규정의 위헌성을 판단함에 있어서 헌법상 보장된 기본권 외에도 헌법상의 경제질서 또는 헌법 제119조의 규정이 어느 정도로 독자적인 심사기준으로서 기능할 수 있는지 하는 '경제적 기본권과 헌법상의 경제질서의 관계'가 문제되는 것이다.

헌법재판소가 처리하는 사건 중에서 경제관련 입법에 대하여 그 위헌성을 다투는 심판청구가 큰 비중을 차지함에도, 헌법 제119조 이하의 경제조항의 헌법적 의미를 밝히고자 하는 시도는 거의 이

---

1) 한수웅, 韓國憲法上의 經濟秩序, 공법학의 현대적 지평(계희열 박사 화갑기념논문집), 1995. 11, 173면 이하; 國家 經濟政策의 憲法的 根據와 限界 -헌법 제119조 이하의 규정을 중심으로-, 헌법논총 제16집(2005), 631면 이하.
2) 가령, 헌재 2002. 10. 31. 99헌바76; 헌재 2001. 2. 22. 99헌마365; 헌재 2002. 7. 18. 2001헌마605, 판례집 14-2, 84, 104.

루어지지 않고 있다. 헌법상 경제조항과 관련하여, 특히 다음과 같은 일련의 문제가 제기된다. 국가 경제정책을 정당화하는 헌법적 근거와 경제정책의 한계는 무엇인가? 사회국가원리와 헌법 제119조 제2항 이하의 국가경제정책에 관한 헌법규정은 어떠한 관계에 있는가? 헌법 제119조 제2항에서 언급하는 '균형있는 국민경제의 성장과 안정', '적정한 소득의 분배', '시장의 지배와 경제력남용의 방지'란 경제영역에서의 국가목표는 구체적으로 어떠한 경제정책적 과제를 의미하는가? 특히, '경제주체간의 조화를 통한 경제의 민주화'의 의미는 무엇인가? '지역경제의 육성', '중소기업의 보호', '소비자의 보호'란 목표는 국가에게 어떠한 경제정책적 과제를 부과하는가? 사회화와 공용수용의 차이는 무엇이며, 농지개혁도 사회화에 속하는가? 우리 헌법은 재산권보장과 사회화를 어떻게 조화시키고 있는가?

II. 헌법상의 경제질서

1. 사회적 시장경제질서

가. 사회현상으로서 사회적 시장경제질서

국민경제학의 이론에 따르면 '경제계획체제'와 '재산제도'가 경제체제의 근본적인 구성요소로 간주되는데, 시장경제질서는 개인의 자유로운 창의에 의한 분권적 계획과 사유재산의 보장에 기초하고 있다.[1] 우리 헌법은 경제적 기본권의 보장과 경제에 관한 기본조항인 제119조 제1항의 규정("대한민국의 경제질서는 개인과 기업의 경제상의 자유와 창의를 존중함을 기본으로 한다.")을 통하여 시장경제질서를 구성하는 두 개의 지주인 '개인에 의한 분권적 계획'과 '사유재산'을 보장하고 있다. 한편, 헌법은 제119조 제2항 이하의 경제조항과 사회적 기본권(가령, 국가에게 상대적 완전고용이나 환경보전의 과제를 부과하는 '근로의 권리', '환경권' 등)을 규정함으로써 경제영역에서 사회정의를 실현하기 위하여 경제에 대한 국가의 규제와 조정을 허용하고 있다.

학계의 다수견해와[2] 헌법재판소의 일부 판례는[3] 한국 헌법상의 경제질서를 社會的 市場經濟로 파악하면서, 사회적 시장경제를 '사회적 법치국가에 대응하는 경제질서로서 사유재산제와 자유경쟁을 기본원리로 하는 시장경제질서를 근간으로 하되, 사회정의를 실현하기 위하여 경제에 대하여 규제와 조정을 가하는 경제질서'로 정의하고 있다. 이로써 한국의 '사회적 시장경제'는 독일에서의 '사회적 시장경제'와 같은 기술적인 의미에서의 특정 경제정책적 개념이 아니라, 단지 사회적 법치국가의 헌법에 상응하는 경제질서, 즉 혼합경제질서 또는 수정자본주의적 경제질서와 같은 의미로서 이

---

1) '헌법이 보장하는 경제체제가 무엇인가'를 판단하기 위해서는 우리 헌법이 경제체제의 근본적인 구성요소로 간주되는 '경제계획체제'와 '재산제도'에 관하여 어떻게 규정하고 있는가를 살펴보아야 한다. 시장경제 또는 자본주의경제에서는, 경제계획이 개인에 의하여 분권적으로 수립되어 계획 간의 조화는 시장과 가격을 통하여 이루어지고, 재산제도에 있어서는 생산수단에 대한 사유재산이 보장된다.

2) 대표적으로 한태연, 헌법학, 1983, 1035면 이하; 권영성, 헌법학원론, 2010, 163면 참조.

3) 예컨대, 헌재 2001. 6. 28. 2001헌마132, 판례집 13-1, 1441, 1456; 헌재 1996. 4. 25. 92헌바47, 판례집 8-1, 370, 380; 1998. 5. 28. 96헌가4 등, 판례집 10-1, 522, 533-534 등에서 "우리 헌법은 전문 및 제119조 이하의 경제에 관한 장에서 균형있는 국민경제의 성장과 안정, 적정한 소득의 분배, 시장의 지배와 경제력남용의 방지, 경제주체간의 조화를 통한 경제의 민주화, 균형있는 지역경제의 육성, 중소기업의 보호육성, 소비자보호 등 경제영역에서의 국가목표를 명시적으로 규정함으로써, 우리 헌법의 경제질서는 사유재산제를 바탕으로 하고 자유경쟁을 존중하는 자유시장 경제질서를 기본으로 하면서도 이에 수반되는 갖가지 모순을 제거하고 사회복지·사회정의를 실현하기 위하여 국가적 규제와 조정을 용인하는 사회적 시장경제질서로서의 성격을 띠고 있다."고 판시하고 있다.

해되고 있다.

사회적 시장경제질서의 의미를 위와 같이 이해한다면, 사회적 법치국가를 국가의 기본원리로서 채택하고 있는 우리 헌법의 범주 내에서 현실적으로 형성되는 경제질서를 '사회적 시장경제'로 표현할 수 있다. 기본권에 의한 경제적 자유의 보장은 개인과 사회로 하여금 경제적 자유의 행사를 가능하게 함으로써 자유경쟁과 시장경제질서를 결과로 가져오며, 다른 한편으로는 국가는 경제에 대한 규제와 조정을 허용하는 헌법규정을 근거로 하여 국가경제정책을 추진할 수 있으므로, 개인과 국가가 경제영역에서 함께 활동함으로써 우리 헌법의 범주 내에서 현실적으로 형성되는 이러한 사회현상을 '사회적 시장경제질서'로 파악할 수 있다.

나. 헌법적 질서로서 사회적 시장경제질서?

그러나 사회적 시장경제질서를 사회현상으로서 현상적으로 파악하는 것이 아니라 헌법적으로 보장되는 규범적 원칙으로서 '규범적 의미'로 파악하는 경우, 여러 가지 문제가 발생한다. 시장경제를 헌법상 보장된 원리나 객관적 질서로서 파악한다면, 사회적 시장경제의 근간이 되는 시장경제는 민주·법치·사회국가원리 등 헌법상의 기본원리와 같이, 또 하나의 헌법상의 객관적 원칙으로서 국가기관을 구속하는 헌법규범적 성격을 가지게 된다. 헌법상 기본원리로서 사회적 시장경제질서는 국가에게 사회적 시장경제질서를 유지하고 실현해야 할 의무를 부과한다. 따라서 우리 헌법이 사회적 시장경제질서를 헌법적으로 보장하고 있는 것으로 이해한다면, 사회적 시장경제질서가 국가기관을 구속하는 헌법원리로서 기능할 수 있는지, 헌법을 일정 경제체제에 귀속시키는 것이 과연 필요하고 유용한 것인지의 근본적인 문제가 제기된다.

(1) 사회적 시장경제질서를 헌법적 질서로 인정하여 헌법이란 규범적 영역에 수용한다면, 합시장성(合市場性)의 요청과 같은 경제학적 요청이 동시에 헌법적 지위로 승격된다.[1] 그 결과, 시장경제체제에 반한다는 것은 곧 헌법에 위반된다는 것을 의미하기 때문에, 국가의 경제정책은 법치국가원칙이란 규범적 척도 외에도, 合市場性의 요청을 기준으로 심사되어야 한다. 그러나 무엇이 시장경제체제에 합치하는 것이고 반하는 것인지에 관해서는 경제학 자체 내에서도 명확한 기준이 없기 때문에, 헌법이란 규범의 영역에 경제학의 체제적 사고를 도입하는 것은 문제해결에 기여하는 것이 아니라 오히려 새로운 문제를 야기한다. 결국, 경제에 관한 헌법규범을 사회적 시장경제질서의 헌법적 보장으로 이해한다는 것은 헌법학이 경제학적 인식에 의존하는 결과를 초래함으로써, 헌법이 사회현상과 그에 관한 이론의 불확실성에 내맡겨지게 되는 것이다.

(2) 보다 근본적인 문제는, 사회적 시장경제질서가 국가경제정책의 위헌여부를 판단함에 있어서 독자적인 규범적 기준을 제공할 수 없다고 하는 점이다. '시장경제기능의 보호'란 측면에서 본 合市場性의 요청, 즉 시장의 기능을 고려하는 국가경제정책에 대한 요청은 규범적으로는 '기본권 보호'의 관점에서 본 헌법상의 과잉금지원칙을 의미하게 된다. 국가경제정책의 合市場性이란 '기업 등 경제주체의 결정의 자유에 대한 존중', '시장기능에 대한 고려' 등으로 달리 표현될 수 있고, 이를 헌법적인 관점에서 본다면 기업의 자유, 경제적 자유를 존중하는 국가경제정책에 대한 요청, 결국 경제적

---

[1] 국가경제정책에 대한 合市場性의 요청이란, 경제에 대한 국가의 간섭은 가능하면 기업 등 경제주체의 결정의 자유를 존중해야 하고 시장기능을 고려해야 하며, 시장의 자동조절기능이 활성화되도록 자제되어야 한다는 요청을 말한다.

자유에 부합하는 국가경제정책에 대한 요청, 즉 合基本權性(Grundrechtskonformität)을 의미한다. 合市場性의 이러한 요청은 경제적 자유를 보장하는 기본권과 과잉금지원칙에 의하여 이미 충분히 고려되고 있기 때문에, 기본권의 헌법적 보장 외에 별도로 시장경제질서를 헌법적으로 보장하는 것은 불필요하다.

그러므로 헌법으로부터 '사회적 시장경제질서'의 헌법적 보장을 도출한다 하더라도, 사회적 시장경제질서에는 규범적 성격이 결여되어 있기에 국가경제정책의 위헌성을 판단하는 규범적 심사기준을 제공할 수 없다. 시장경제질서는 기본권과 법치국가적 과잉금지원칙을 통하여 비로소 헌법적으로 구체화되고, 기본권과 경제적 자유로의 '개념적 전환'을 통해서만 비로소 규범의 영역에 들어오고 규범적 효력을 가지기 때문이다.[1] 그러므로 국가경제정책의 합헌성여부는 규범의 영역 외에서 구성된 일정 경제체제인 '사회적 시장경제질서'와 같은 사회현상에 의해서가 아니라, 단지 헌법의 규범(무엇보다도 경제적 자유권과 과잉금지원칙)에 의해서만 심사될 수 있는 것이다.

2. 헌법 제119조의 의미

사례 | 헌재 2002. 10. 31. 99헌바76 등(요양기관 강제지정제 사건)

청구인들은, 모든 의료기관을 국민건강보험체계에 강제로 편입시키는 국민건강보험법규정은 개별요양기관의 자유로운 경제활동과 경쟁을 유도하기 보다는 국가가 주도적인 중앙통제경제를 통하여 행정편의적이고 규제적인 경제정책을 취하고 있으므로, "대한민국의 경제질서는 개인과 기업의 경제상의 자유와 창의를 존중함을 기본으로 한다."고 규정하고 있는 헌법 제119조에 위반된다고 주장한다.[2]

가. 경제헌법의 지도 원리

따라서 경제헌법은 '사회적 시장경제질서'와 같이 아무런 규범적 표현가치가 없는 특정 경제체제에 기초하여 파악되어야 하는 것이 아니라, 기본권이나 국가의 기본원리, 목표조항 등으로 표현되는 헌법적 기본결정에 입각하여 형성되고 이해되어야 한다.[3] 근대헌법에서 왜 경제적 문제가 헌법적 문제로서 헌법에 수용되었는가 하는 '경제헌법의 의의와 역사적 배경'을 보더라도, 근대헌법에서 경제

---

1) 마찬가지로, 사회적 시장경제질서에서 '사회적'의 개념도 헌법상 사회국가원리의 구체화된 헌법적 표현인 일련의 경제조항과 사회적 기본권 등을 매체로 하여 비로소 규범적 의미를 가지게 된다.

2) 헌법재판소는 헌법상의 경제질서는 심사기준으로서 부적합하다는 것을 다음과 같이 밝히고 있다. 헌재 2002. 10. 31. 99헌바76(요양기관 강제지정제), 판례집 14-2, 410, 428, "헌법은 제119조에서 개인의 경제적 자유를 보장하면서 사회정의를 실현하기 위한 경제질서를 선언하고 있다. 이 규정은 헌법상 경제질서에 관한 일반조항으로서 국가의 경제정책에 대한 하나의 헌법적 지침이고, 동 조항이 언급하는 '경제적 자유와 창의'는 직업의 자유, 재산권의 보장, 근로3권과 같은 경제에 관한 기본권 및 비례의 원칙과 같은 법치국가원리에 의하여 비로소 헌법적으로 구체화된다. 따라서 이 사건에서 청구인들이 헌법 제119조 제1항과 관련하여 주장하는 내용은 구체화된 헌법적 표현인 경제적 기본권을 기준으로 심사되어야 한다."; 그러나 그 외의 사건에서는 일반적으로 기본권의 침해여부의 판단에 이어서 시장경제질서에 위반되는지의 여부를 형식적이나마 별도로 판단하고 있다. 예컨대, 헌재 2001. 2. 22. 99헌마365 결정 참조.

3) 특히, 經濟와 法이라는 두 영역이 추구하는 목적과 가치가 상이하다는 사실도 헌법규범을 경제학적으로 파악하고자 하는 시도의 한계를 제시한다. 경제와 법은 각 영역이 실현하고자 하는 목적이나 또는 각 영역을 지배하는 최고의 가치에 의해서 구별된다. 경제의 목적은 현존하는 한정된 재화를 가지고 인간의 물질적 욕구를 충족시키는데 있는 것이며, 경제의 척도는 합목적성과 효율성이다. 이에 대해 법의 목적은 인간의 공동체 생활에서 정의로운 질서의 형성에 있으며, 법이 추구하는 최고의 가치는 바로 정의인 것이다.

의 문제를 헌법화한 것은 특정 경제체제를 헌법적으로 보장하고자 한 것이 아니라 경제적 자유주의에 대한 반성을 계기로 사회정의의 개념을 헌법에 수용하고자 한 것이었다.

따라서 헌법 제119조는 제1항 및 제2항을 분리하여 제1항에서 '시장경제질서', 제2항에서 '사회적'이라는 명제를 각 도출해 낼 수 있는 것이 아니라, 두 항을 서로 내적 연관관계에서 파악하여 '개인의 경제적 자유를 보장하면서 사회정의를 실현하는 경제질서'라는 의미에서 '경제헌법의 지도원리'로 이해하여야 한다. 헌법 제119조는 '경제헌법의 지도원리'로서, 국가와 경제의 관계, 개인의 경제적 자유와 경제에 대한 국가의 책임의 관계를 근본적으로 제시하고 있다. 우리 헌법이 '자유와 사회적 기속'이라는 두개의 기본가치에 기초하고 있듯이, 경제헌법도 위 두 가지 기본결정에 의하여 형성되어 있고, 이러한 관점에서 헌법 제119조는 '자유와 사회적 기속'이라는 두 가지 기본가치 사이의 밀접한 연관성과 상호영향관계를 보여주는 대표적인 헌법규범이다. 한마디로 한국 헌법상의 경제질서는 경제영역의 형성을 사회와 국가로부터 동시에 기대하는 '자유주의적이며 사회적인 경제질서'이다.

요컨대, 헌법은 경제관련 입법이나 경제정책적인 결정의 허용여부를 판단하는 헌법적 기준으로서 고려될 수 있는 특정 경제체제나 특정 경제학적 이론을 수용하지 않았다. 헌법은 경제정책에 대하여 원칙적으로 개방적이고 중립적이며, 입법자는 헌법이 허용하는 범위 내에서 그가 합리적이라고 간주하는 모든 경제정책을 추구할 수 있다. 입법자의 경제정책이 허용되는지의 여부를 헌법적으로 판단하는 기준은 전적으로 기본권과 일반적 국가원리(특히 법치국가원리와 사회국가원리) 및 헌법 제9장의 경제에 관한 구체적 규정들이다.

나. 원칙과 예외의 관계?

헌법 제119조의 제1항과 제2항의 관계는 '경제적 자유가 원칙이고 국가의 간섭이 예외'라는 '원칙과 예외의 관계'로도 이해될 수 없다. 물론, 경제에 대한 국가의 간섭이 공익 실현의 사유로 특별히 정당화되어야 한다는 의미에서, 원칙과 예외의 관계로 표현될 수 있다. 그러나 이러한 형식적인 의미를 넘어서 헌법 제119조로부터 '국가경제정책을 제한하는 또 하나의 헌법적 기준'을 도출하려는 시도는 아무런 실효성이 없다. 이러한 원칙과 예외의 관계가 국가경제정책의 위헌여부를 판단하는 기준으로 지극히 모호하고 추상적이기 때문이다.

뿐만 아니라, 헌법 제119조를 원칙과 예외의 관계로 해석하려는 견해는 국가와 자유의 관계를 고전적인 의미에서 '국가와 자유의 대립관계'로만 이해하고, 국가의 간섭이 자유의 실현에 기여한다는 측면을 간과하고 있다. 국가는 일부 국민의 자유에 대한 제한을 통하여 다수 국민의 자유를 실현하고자 한다. 원칙과 예외의 관계를 통한 '개인과 국가'의 평면적 대립관계의 설정은 오늘날 사회적 법치국가에서 실질적 자유의 보장 문제와 다수의 자유를 실현하고 보장하기 위한 국가 활동의 필요성에 대한 시야를 가리게 할 위험이 있다. 이로써 공익실현을 위한 국가의 간섭이 다수의 경제적 자유의 실현에 기여한다는 의미에서 '경제적 자유'와 '국가의 간섭' 사이의 필연적인 연관관계, 결국 '사회국가의 자유적 측면'을 인식하지 못하게 된다.

경제정책은 개인의 경제적 자유와 상호연관관계에 있으며, 경제정책은 개인의 자유행사를 가능케 하기 위한 전제조건으로서, 경제적 자유의 실질적 기반을 형성하고 유지하는 역할을 하는 것이다. 국가의 모든 경제정책은, 경제에 간섭하는 국가가 원칙적으로 개인의 경제적 자유를 인정한다는 것을 그 전제로 하고 있다. 경제정책은 자유경제질서의 필연적인 결과이며, 자유경제질서는 그 생존에 있어서 국가의 경제정책을 통한 간섭과 형성에 의존하고 있다.

Ⅲ. 경제헌법의 구조

국가가 사회와 경제의 전반적인 현상에 대하여 포괄적인 책임을 지는 오늘날의 사회적 법치국가에서 경제질서의 형성은 국가와 사회의 공동과제가 되었다. 이에 따라 헌법상의 경제질서에 관한 규정(경제헌법)은, 국가행위에 대하여 한계를 설정함으로써 경제질서의 형성에 개인과 사회의 자율적인 참여를 보장하는 '경제적 기본권' 및 경제영역에서의 국가활동에 대하여 기본방향과 과제를 제시하고 국가에게 적극적인 경제정책을 추진할 수 있는 권한을 부여하는 '경제에 대한 간섭과 조정에 관한 규정'으로 구성되어 있다.

1. 경제적 기본권

사회국가는 한편으로는 자유행사의 실질적 조건을 마련해주는 '자유실현적인 성격'을 가지고 있고, 다른 한편으로는 사회국가가 그에게 부여된 과제의 이행을 위하여 경제에 대한 포괄적인 간섭을 가져올 수밖에 없다는 의미에서 '자유에 대한 위협'으로서의 이중적 성격을 가지고 있다. 사회국가에서는 국가가 사경제에 과도하게 간섭할 위험성이 상존하기 때문에, 대국가적 방어권으로서의 경제적 기본권의 성격은 사회국가에서도 마찬가지로 중요하다.

개인의 관점에서 볼 때, 자유권이 개인의 주관적 방어권을 의미한다면, 관점을 바꾸어 국가의 시각에서 본다면, 경제적 자유권은 국가의 활동영역과 결정영역을 제한함으로써 경제영역에서 개인과 국가의 관할을 분배하는 규범으로서의 객관적 성격을 가진다. 자유권은 개인과 사회가 담당해야 할 영역과 국가의 영역의 경계를 설정하고, 국가작용을 사적영역에서 배척함으로써 국가권력행사에 대한 否定的 權限規範으로서의 성격을 갖는다. 즉, 경제적 기본권은 경제영역에서의 국가행위의 한계를 제시하고 입법자가 사회·경제입법에 있어서 존중해야 하는 헌법적 기속을 의미한다.

또한, 경제적 기본권은 개인에게 경제적 자유를 보장함으로써 분권적·자유주의적 경제질서의 형성을 가능하게 하고 법치국가적 보장에 근거한 안정성·지속성·예측성의 요소를 경제질서에 부여하고 있다. 특히 개인의 자유로운 직업활동을 보장하는 직업의 자유, 사유재산권을 보장하는 재산권의 보장, 임금과 근로조건에 관하여 노사단체의 사적 자치를 보장하는 근로3권은 경제질서의 형성에 있어서 매우 중요한 의미를 가지는 기본권들이다.

2. 국가경제정책의 헌법적 근거

경제헌법은 국가활동에 대한 한계를 제시하는 부정적 권한규범으로서의 경제적 기본권뿐 아니라, 이와는 반대로 경제에 대한 국가의 간섭과 조정을 정당화하는 일련의 헌법적 근거를 두고 있다. 이와 같은 국가경제정책의 헌법적 근거에는 무엇보다도 헌법 제119조 이하의 경제조항, 사회화에 관한 규정, 사회적 기본권 등이 속하는데, 이러한 헌법규정은 국가의 적극적인 경제정책에 대한 수권규범이자 동시에 개인의 경제적 자유에 대한 제한을 정당화하는 규범이다.

헌법 제119조 이하의 규정에 위치하고 있는 국가경제정책의 헌법적 근거규범에는 '경제영역에서의 국가의 과제가 어느 정도로 부과되고 있는지' 하는 경제에 대한 국가적 책임의 정도가 표현되고 있다. 특히 헌법 제119조는 개인의 경제적 자유를 보장하면서 사회정의를 실현하는 경제질서를 경제헌법의 지도원칙으로 표명함으로써, 국가가 개인의 경제적 자유를 존중해야 할 의무와 더불어, 사회국가원리를 도입한 헌법의 정신에 부합하게 국가가 국민경제의 전반적인 현상에 대하여 포괄적인 책임을 지고 있다는 것을 규정하고 있다. 우리 헌법은 제119조 이하의 경제에 관한 장에서 '균형있는 국민경제의 성장과 안정, 적정한 소득의 분배, 시장의 지배와 경제력남용의 방지, 경제주체간의 조화를 통한 경제의 민주화, 균형있는 지역경제의 육성, 중소기업의 보호육성, 소비자보호 등'의 경제영역에서의 국가목표를 명시적으로 언급함으로써 국가가 경제정책을 통하여 달성하여야 할 '공익'을 구체화하고, 동시에 헌법 제37조 제2항의 기본권제한을 위한 법률유보에서의 '공공복리'를 구체화하고 있다.[1]

Ⅳ. 국가경제정책의 헌법적 근거

1. 사회국가원리

경제영역에 대한 사회국가의 구체적 요청은 경제정책을 통한 정의로운 경제질서의 형성이다. 국민경제의 전반에 대한 사회국가의 포괄적인 책임은 일차적으로 經濟成長의 義務와 景氣政策的 責任(국민경제의 안정)을 의미한다. 경제에 대한 사회국가적 책임은 이에 그치는 것이 아니라, 경제영역에서 발생하는 모든 부정적 현상에 적절하게 대처해야 할 국가의 포괄적인 의무를 포함하고 있다. 따라서 사회국가는 자본주의경제에 내재된 위험, 예컨대 부의 편재와 빈부격차의 심화, 독·과점 등으로 인한 시장자동조절 기능의 마비, 소비자의 보호문제 등 더 이상 사회가 스스로 해결할 수 없는 부정적인 경제현상에 대하여 소득정책, 경쟁유지정책, 구조정책, 소비자정책 등을 통하여 정의로운 경제질서를 형성해야 한다.

경제영역에서의 이와 같은 사회국가적 과제에 비추어 볼 때, 헌법이 제119조 이하에서 사경제에 대한 간섭과 규제를 할 수 있는 별도의 세부적 규정들을 두지 않는다 하더라도, 이미 사회국가원리로부터 제9장 경제에 관한 장에 규정된 것과 동일한 국가의 경제정책적 목표와 과제가 나온다.[2]

2. 국가경제정책에 관한 구체적 헌법규정

가. 국가경제정책의 일반적 수권조항(헌법 제119조 제2항)

우리 헌법은 경제정책적 국가목표에 관한 체계적인 목록을 갖추고 있다. 헌법 제119조 제2항은 "국가는 균형 있는 국민경제의 성장 및 안정과 적정한 소득의 분배를 유지하고, 시장의 지배와 경제력의 남용을 방지하며, 경제주체간의 조화를 통한 경제의 민주화를 위하여 경제에 관한 규제와 조정을 할 수 있다."고 규정하고 있는데, 위 조항에서 언급된 일반적 목표의 확정은 특히 중요한 의미를 가진다. 국가의 경제정책은, 시장경제가 올바른 궤도를 유지하도록 하기 위하여 경제과정에 대한 국

1) 同旨 헌재 1996. 12. 26. 96헌가18(자도소주 구입명령제도), 판례집 8-2, 680, 692-693.
2) 예컨대 우리와는 달리, 경제에 관한 상세한 규정을 두고 있지 않는 독일기본법에서는 사회국가원리로부터 경제에 대한 구체적인 요청을 이끌어내고 있다.

가의 적극적인 영향력의 행사가 불가피하다는 사고에 그 바탕을 두고 있다. 이러한 관점에서, 헌법 제119조 제2항에 언급된 경제정책적 목표는 개인의 경제적 자유에 기초한 분권적인 사경제적 경제질서에 대한 헌법적 선택의 필연적인 결과라 할 수 있다. 따라서 헌법이 위 조항에서 경제정책에 관한 국가의 수권을 부여한 것은 사회적 문제, 독·과점문제, 경제위기에 대한 국민경제의 취약성, 불균형적인 소득분배 등 자본주의경제의 시행으로 인하여 발생하는 부작용에 대한 헌법적 대응을 의미한다.

(1) 균형 있는 국민경제의 성장 및 안정

헌법 제119조 제2항은 '균형 있는 국민경제의 성장 및 안정'의 목표를 통하여 국가에게 經濟成長政策과 景氣政策을 추진할 수 있는 권한을 부여하고 있다. 경기정책의 목표는 무엇보다도 국민경제의 전체수요와 전체공급의 균형 유지에 있으며, 반면에 경제성장정책은 국민경제의 성과(실질국민총생산)의 지속적인 증가를 목표로 하는 경제정책이다. 헌법은 제119조 제2항에서 "국민경제의 안정"과 "균형 있는 국민경제의 성장"을 서로 대비시킴으로써, 양 경제정책간의 긴장관계가 서로 조화를 이루는 방법으로 해결될 것을 요청하고 있다.[1] 따라서 경기정책과 성장정책은 서로 분리하여 별개로 이해해서는 안 되고 상호연관관계에서 고찰되어야 한다.

(가) 국민경제의 안정(景氣政策)

1) 物價의 안정 및 景氣의 안정

'국민경제의 안정'이란 무엇보다도 물가의 안정 및 경기의 안정을 말한다. '물가의 안정'은 지나친 물가상승의 방지를 의미한다. 물가의 안정은 통화의 안정이나 화폐가치의 안정으로 바꾸어 표현할 수 있다. 물가상승으로 인하여 화폐가치가 하락하는 경우 채무자, 특히 기업이 수혜자로서 이득을 보는 반면, 예금자, 특히 소액예금자가 손해를 보기 때문에, 물가의 안정은 경제정의에도 기여한다. 이러한 점에서 화폐가치의 하락은 그 결과에 있어서 국민적으로 넓게 분산된 재산형성의 목표에 배치된다. 화폐가치의 하락은 부당한 결과를 초래할 뿐만 아니라, 국민의 저금이 생산성의 정도에 따라 투자되는 것이 아니라 예상되는 화폐가치의 보장 정도에 따라 일차적으로 투자되는 결과를 가져오기 때문에, 또한 국민경제의 관점에서 생산성의 감소를 가져온다.

물가상승 및 화폐가치의 하락은 적지 않은 경우 국민생산의 분배에 관한 노사단체 간의 투쟁의 결과이다. 가격의 인상을 통하여 높은 임금상승을 일반국민과 소비자에게 전가할 수 있는 탈출구가 존재하는 한, 노동조합과 사용자는 '적'이라기보다는 '동맹자', 즉 가격인상을 통하여 소비자와 예금자인 일반국민에게 부담을 지우는 동맹자이다. 헌법 제119조 제2항은 '국민경제의 안정'을 통하여 '물가의 안정'의 목표를 특히 강조하고, 이로써 다원적 이익간의 자유경쟁과정에서 물가의 안정을 위협하는 상황을 고려하고 있다.

2) 相對的 完全雇用

경기정책의 또 다른 목표는 '높은 고용수준의 유지' 또는 '상대적 완전고용'이다. 상대적 완전고용의 목표는 헌법 제32조 제1항 제2문에서 "국가는 사회적·경제적 방법으로 근로자의 고용의 증진과…노력하여야 하며…"라고 규정함으로써 '근로의 권리'란 사회적 기본권의 형태로 고려되고 있다. '물가와 화폐가치의 안정'이 금전적 재산의 소유자에 대하여 헌법상 재산권보장의 실효성을 높이는 반면, '높은 고용수준'은 헌법상 보장된 직업선택의 자유가 사실상 무의미하게 되는 것을 방지한다.

---

1) 예컨대, 경제성장의 목표는 일반적으로 물가의 안정이란 경제목표를 어느 정도 희생해야만 달성될 수 있다.

직업선택의 자유는 선택할 수 있는 직업이 있다는 것을 전제로 하여 직업이란 생활영역을 보호하는 것이므로, 직장을 구할 수 없는 상황에서 직업선택의 자유는 무의미하기 때문이다.

3) 경기정책의 주된 수단으로서 財政政策과 通貨政策

경기정책의 주된 수단은 財政政策과 通貨政策이다. 재정정책의 기본사고는 공공단체가 전경제적 수요에 영향력을 행사할 수 있다는 가능성을 전제로 국가의 재정을 경기조정적으로 활용하고자 하는 데 있다. 공공단체는 공공예산의 지출부문뿐만 아니라 수입부문을 통해서도 전경제적 수요에 영향을 미칠 수 있다는 점에서, 재정정책적 수단의 2 가지 유형이 구분되어야 한다. 하나의 수단은 공공단체의 지출을 경기조정적으로 형성함으로써 국가의 수요를 조절하고자 하는 것이고, 또 다른 수단은 조세의 인상이나 인하를 통하여 사경제의 수요에 영향을 행사하고자 하는 것이다.

경기정책을 수행하기 위한 거시경제적 조정의 또 다른 방법은 중앙(한국)은행의 통화정책이다. 통화정책은 국민경제에 대한 자금조달을 조정함으로써 전경제적 발전에 영향을 미치고자 하는 것이다. 화폐발권은행의 통화정책은 통화량의 조정(통화량정책) 및 금리수준에 대한 영향력행사(금리정책)를 통하여 이루어진다. 특히 투자의 현저한 부분이 융자를 통하여 조달되기 때문에 통화량과 금리수준은 국민경제의 전체수요에 영향을 미친다.

(나) 국민경제의 성장(經濟成長政策)

경제성장은 사회국가원리를 실현하기 위한 실질적 전제조건으로서 헌법 제119조 제2항에서 언급하고 있지 않다 하더라도 사회국가원리로부터 도출되는 경제정책적 기본목표이다. 경제성장과 그로 인한 국민복지의 향상은 개인이 법적 자유를 실제로 행사함에 있어서 장애요소가 되는 경제적 제약을 감소시키고 이로써 기본권에 의하여 보장된 자유의 실효성을 높인다. 나아가, 성장하는 국민경제에서는 국민이 자신의 소득이나 재산에 대한 삭감을 우려함이 없이 잉여분을 분배할 수 있기 때문에, 경제가 성장하는 경우에만 법적 안정성의 포기 없이 사회적 정의를 실현하는 것이 가능하게 된다. 물론, 경제성장의 목표는 절대시되어서는 안 되며, 특히 헌법 제35조에 명시적으로 규정된 환경보전, 즉 다음 세대들의 자연적 생활근거를 유지해야 할 법익과의 상충관계에서 양 법익이 적절한 조화를 이루어야 한다.

경기정책의 수단이 일차적으로 경기변동을 단기적으로 제거하고자 하는 것인 반면, 경제성장의 확보는 장기적으로 계획된 정책을 전제로 하며, 이러한 관점에서 구조정책적인 수단을 요구한다. 경제성장정책의 수단으로서, 헌법 제123조의 구조정책적인 수단, 제125조의 대외무역의 육성 및 제127조의 '과학기술의 혁신과 인력개발' 외에도, 특히 경제성장을 목표로 하여 과거 수차례에 걸쳐 시행된 '5개년 경제계획'을 들 수 있다.

(2) 적정한 소득의 분배

사례 | 헌재 1999. 11. 25. 98헌마55(금융소득분리과세 사건)

甲은 은행에 금융자산을 보유하고 있는 예금주인데, 금융실명거래및비밀보장에관한법률 부칙 제12조가 종래 부분적으로 실시되던 금융소득종합과세제도를 폐지하고 금융소득에 대한 분리과세제도를 도입하면서 세율을 15%에서 20%로 상향조정하자, "금융소득분리과세제도는 기본적으로 저소득층과 중산층으로부터 더 많은 소득세를 거두어, 고소득층과 국가가 나누어 갖는 효과를 가져오는 역진적인 조세제도이므로, 이 사건 법률조항은 소득분배상태를 악화시키고 부익부 빈익빈 현상을 심화시키는 입법조치로서, 생활의 균등한 향상을 기하고자 하는 우리 헌법상의 경제질서인 사회적 시장경제질서에 반하는 것이다."라는 주장으로 헌법소원심판을 청구하였다.[1)]

(가) 소득재분배를 통한 계층 간의 사회적 조정

헌법은 제119조 제2항에서 "국가는 ……적정한 소득의 분배를 유지하고……"라고 하여 '적정한 소득분배'를 국가경제정책의 목표로서 규정하고 있다. 所得分配政策은 경제과정에서 직접 이루어지는 일차적 소득분배에 관한 것이 아니다. 일차적인 소득분배, 즉 기업가 또는 사용자와의 관계에서 근로자의 임금이 정당하게 형성되느냐 하는 것은 오늘날 헌법적으로 노사단체간의 집단적 협약에 의하여 보장된다(헌법 제33조 제1항). 노사단체가 헌법상 근로삼권의 보장에 의하여 국민소득을 어떻게 임금비율과 이윤비율로 분배할 것인지 분배율에 관하여 자율적으로 결정하는 것이다.

일차적 분배에 의하여 형성된 소득 및 재산의 구조는 대부분의 경우 불만족스럽고 수정의 필요성이 있기 때문에, 소득과 재산의 재분배, 구체적으로 소득과 재산에 있어서의 차이의 축소를 목표로 하는 이차적 분배가 시도되어야 한다. 헌법이 제119조 제2항에서 언급하고 있는 "적정한 소득분배"란 국가경제정책의 목표는, 소득에 대한 누진세율, 최저임금정책, 사회적 급부, 사회보장 등과 같은 국가적 조치를 통하여 이루어지는 이차적 분배 또는 재분배를 말하는 것이다. 국가는 소득재분배를 통한 계층 간의 사회적 조정을 통하여 사회정의를 회복하고자 노력해야 한다. 계층 간의 조정은 한편으로는 국가가 누진적으로 조세를 부과하고, 다른 한편으로는 경제적 약자에게 급부를 제공하는 방법으로 이루어진다.

(나) 국가의 소득분배정책

또한 국민경제의 부분적인 불균형을 시정할 목적으로 특정 인적 집단이나 특정 경제부문에 대하여 소득관련 혜택을 부여하는 것도 국가의 소득분배정책에 속한다. 그러므로 농업경제영역에서의 '가격유지정책'도 소득분배정책에 포함시킬 수 있다. 이러한 영역에서는 구조적인 문제로 인하여 시장경제에 기초한 경쟁의 조건 하에서는 경제정책적으로 생산자나 소비자에게 바람직하지 않은 결과가 발생할 수 있다. 따라서 이러한 영역에서는 경쟁과 시장거래의 사경제적 규정을 보완하거나 심지어 배제하는 경제질서가 존재한다. 예컨대, 곡물가격의 하락을 방지하고 농부에게 적정한 임금을 보장하기 위하여, 곡물 등에 대한 가격을 확정하고 농부에게는 농업생산물을 인도해야 할 의무를, 국가에게는 이를 수매해야 할 의무를 부과할 수 있다(가령, 양곡관리법, 낙농진흥법 등).

1) 헌재 1999. 11. 25. 98헌마55(금융소득분리과세), 판례집 11-2, 593, 610-611, "헌법 제119조 제2항은 국가가 경제영역에서 실현하여야 할 목표의 하나로서 '적정한 소득의 분배'를 들고 있지만, 이로부터 반드시 소득에 대하여 누진세율에 따른 종합과세를 시행하여야 할 구체적인 헌법적 의무가 조세입법자에게 부과되는 것이라고 할 수 없다. 오히려 입법자는 사회·경제정책을 시행함에 있어서 소득의 재분배라는 관점만이 아니라 서로 경쟁하고 충돌하는 여러 목표, 예컨대 '균형있는 국민경제의 성장 및 안정', '고용의 안정' 등을 함께 고려하여 서로 조화시키려고 시도하여야 하고, 끊임없이 변화하는 사회·경제상황에 적응하기 위하여 정책의 우선순위를 정할 수도 있다. 그러므로 '적정한 소득의 분배'를 무조건적으로 실현할 것을 요구한다거나 정책적으로 항상 최우선적인 배려를 하도록 요구하는 것은 아니라 할 것이다. … 이 사건 법률조항은 '적정한 소득의 분배'만이 아니라 '균형있는 국민경제의 성장과 안정'이라는, 경우에 따라 상충할 수 있는 법익을 함께 고려하여 당시의 경제상황에 적절하게 대처하기 위하여 내린 입법적 결정의 산물로서, 그 결정이 현저히 불합리하다거나 자의적이라고 할 수 없으므로 이를 두고 헌법상의 경제질서에 위반되는 것이라고 볼 수 없다."

(다) 경제적 약자의 재산형성 지원

한편, 소득의 정도는 재산의 보유에 달려있고 역으로 재산형성의 능력은 소득의 정도에 의하여 직접적으로 영향을 받기 때문에, 즉 소득과 재산 사이에는 밀접한 연관관계가 있기 때문에, "적정한 소득분배"의 경제정책적 목표는 소득분배의 조건으로서 재산형성에도 관련된다. 이러한 연관관계에서 특히 저소득층 근로자와 경제적 약자의 재산형성을 지원하기 위하여 국가적으로 지원된 주식구입(소위 "국민주식") 및 '유리한 저축상품'을 예로 들 수 있다. 이와 같은 저축지원조치는 소득·재산정책적 목표뿐만 아니라 성장정책적(자본시장정책적) 목표도 함께 추구한다.

(3) 시장의 지배와 경제력 남용의 방지

사례 헌재 1996. 12. 26. 96헌가18(자도소주 구입명령제도 사건)

주세법 제38조의7 제1항은 소주판매업자로 하여금 그 영업장소 소재지에서 생산되는 자도소주(自道燒酒)를 총구입액의 50% 이상 의무적으로 구입하도록 하는 소위 자도소주 구입명령제도를 규정하고 있다. 자도소주 구입명령제도는 독과점방지, 지역경제의 육성 또는 중소기업의 보호라는 공익에 의하여 정당화되는가?

헌법 제119조 제2항은 "국가는 ··· 시장의 지배와 경제력의 남용을 방지하며 ...경제에 관한 규제와 조정을 할 수 있다"고 규정함으로써, 獨寡占規制란 경제정책적 목표를 개인의 경제적 자유를 제한할 수 있는 정당한 공익의 하나로 명문화하고 있다. '시장의 지배와 경제력의 남용의 방지'의 목표는, '스스로에게 맡겨진 경제는 카르텔(자유경쟁을 제한하는 기업간의 협정)의 결성, 콘체른(독점력을 발휘하는 거대한 기업집단)의 형성, 독점화에 의하여 필연적으로 시장의 자유를 제한하고 폐지하게 되므로, 국가의 법질서에 의하여 경쟁질서를 형성하고 확보하는 것이 필요하다'는 인식에 그 바탕을 두고 있다. 즉, 독과점규제란 국가목표는 무엇보다도 시장경제가 제대로 기능하기 위한 전제조건으로서 가격과 경쟁의 기능을 유지하고 촉진하고자 하는 것이다.

독과점규제는 국가의 경쟁유지정책에 의하여 실현되며 경쟁유지정책은 공정하고 자유로운 경쟁의 촉진을 그 목적으로 하고 있다. 따라서 독과점규제의 목적이 경쟁의 회복이라면 이 목적을 실현하는 방법 또한 자유롭고 공정한 경쟁을 가능하게 하는 방법이라야 한다.[1] 영업의 자유를 비롯한 경제적 자유에 내재하는 경제력집중적 및 시장지배적 경향으로 말미암아, 경쟁질서의 확립과 유지는 자연적으로 발생하는 사회현상이 아니라 국가의 지속적이고 항구적인 과제이다. 시장은 새로운 진입자에 대하여 개방되어야 하고, 카르텔의 결성과 기업합병으로 인한 시장지배적 세력의 발생은 이미 발생한 세력의 남용과 마찬가지로 방지되어야 한다.[2]

---

1) 헌재 1996. 12. 26. 96헌가18(자도소주 구입명령제도), 판례집 8-2, 680, 696, "이 사건 법률조항이 규정한 구입명령제도는 지방소주업체를 경쟁으로부터 직접 보호함으로써 오히려 경쟁을 저해하는 것이기 때문에 공정하고 자유로운 경쟁을 유지하고 촉진하려는 목적인 '독과점규제'라는 공익을 달성하기 위한 적정한 조치로 보기 어렵다. 경쟁의 회복이라는 독과점규제의 목적을 달성할 수 있는 방법은 되도록 균등한 경쟁의 출발선을 형성함으로써 경쟁을 가능하게 하고 활성화하는 방법이어야 한다. 비록 소주시장에서 이미 시장지배적 지위가 형성되었거나 또는 형성될 우려가 있다고 하더라도, 구입명령제도는 독점화되어 있는 시장구조를 경쟁적인 시장구조로 전환시키기 위하여 적정한 수단으로 볼 수 없으므로 위 법률조항은 비례의 원칙에 위반된다."
2) 독과점규제란 헌법상의 경제정책적 목표는 무엇보다도 '독점규제 및 공정거래에 관한 법률'에 의하여 구체화되었

(4) 經濟의 民主化

(가) 경제영역에서 사회정의의 실현

헌법 제119조 제2항에 언급된 다른 경제정책적 목표가 그 내용에 있어서 상대적으로 명확하게 파악될 수 있는 반면에, "경제주체간의 조화를 통한 경제의 민주화"의 목표가 무엇을 의미하는지 불분명하다.

일반적으로, '경제의 민주화'란 근로자를 경제적 결정과정에 참여시킴으로써, 정치적 민주주의를 경제적 민주주의로 보완해야 한다는 요청으로 이해되고 있다.[1] 그러나 헌법 제119조 제2항의 '경제의 민주화'란 '민주주의원리가 국가영역에 대해서만이 아니라 경제에 대해서도 적용되어야 한다'는 요청, 즉 '경제영역에서 공동결정(共同決定)을 통한 근로자의 동등한 지위'를 요청하는 경제민주주의를 의미하는 것은 아니라고 판단된다. 역사적 해석의 관점에서 보더라도, 만일 '경제의 민주화'가 그와 같은 내용의 혁신적인 경제민주주의를 의미하는 것이라면, 헌법개정과정에서 이에 관한 논의가 어떠한 형태로든 이루어졌어야 하는데, 이러한 논의가 전혀 이루어진 바가 없다. 또한, '경제의 민주화'를 수식하는 '경제주체간의 조화를 통한'이란 문구를 보더라도, 경제주체간의 관계란 근로자와 사용자의 관계 외에도 소비자와 기업, 가계와 기업, 기업과 기업의 관계 등 다양한 관계가 존재하는데, '경제의 민주화'를 '경제민주주의'(근로자의 공동결정)로 해석함으로써 단지 '근로자와 사용자의 관계'로 한정하는 것은 '경제주체간의 조화를 통한'의 문언과 완전히 부합하지 않는다.

헌법 제119조 제2항이 사경제의 영역에 대한 국가의 간섭과 조정을 정당화하는 헌법상 수권규범의 성격을 가지고 있다는 점에서, 여기서의 "경제주체"란 국민경제학에서 경제적 결정의 주체로서 구분하는 '기업, 국가, 가계'라는 기술적인 의미가 아니라, 일반적인 의미에서 사경제의 주체로서 '경제영역과 관련하여 활동하는 국민'으로 이해해야 한다. '경제의 민주화'란 개념은 이를 수식하는 "경제주체간의 조화를 통한"의 표현에 의하여 구체화되는 바와 같이, 경제영역에서 활동하는 국민간의 사회적·경제적 불균형을 조정하고 경제영역에서의 사회정의를 실현해야 할 국가의 과제를 의미한다고 보아야 한다.[2]

(나) 일반적·보충적 경제정책적 목표

물론, 이와 같이 포괄적인 의미에서 '경제상의 정의'로 이해되는 '경제의 민주화'의 목표는 헌법에서 규정하고 있는 다른 경제정책적 목표, 즉 '적정한 소득의 분배', '시장의 지배와 경제력 남용의 방지', '소비자보호' 등의 목표와 그 내용에 있어서 중복된다. 즉, '경제의 민주화'의 목표는 헌법 제119조 제2항에 언급된 목표와 그 외 다른 헌법규범에 규정된 목표의 내용적 범위를 넘어서, 헌법상 보장된 경제적 자유를 행사함으로써 발생할 수 있는 모든 문제와 관련된다. 그러므로 '경제의 민주화'란

다. 1980년 '독점규제 및 공정거래에 관한 법률'이 제정됨으로써 비로소 시장지배적 지위의 남용, 기업결합, 부당한 공동행위를 포괄적으로 규제할 수 있는 도구가 마련되었다. 위 법 제1조는 '사업자의 시장지배적 지위의 남용과 과도한 경제력의 집중을 방지하고 부당한 공동행위 및 불공정거래행위를 규제하여 공정하고 자유로운 경쟁을 촉진함으로써 창의적인 기업활동을 조장하고 소비자를 보호함과 아울러 국민경제의 균형 있는 발전을 도모함을 목적으로 한다.'고 법률의 입법목적을 밝히고 있다.

1) 이에 관하여 제2편 제4장 제5절 II. 참조.

2) 헌재 2003. 11. 27. 2001헌바35, 판례집 15-2, 222, 239, "따라서 헌법 제119조 제2항에 규정된 '경제주체간의 조화를 통한 경제민주화'의 이념도 경제영역에서 정의로운 사회질서를 형성하기 위하여 추구할 수 있는 국가목표로서 개인의 기본권을 제한하는 국가행위를 정당화하는 헌법규범이다."

경제정책적 목표는 헌법에 명시적으로 언급된 모든 구체적인 경제정책적 목표와 과제에 대한 상위개념으로서, 경제영역에서 발생하는 폐해와 부작용이 헌법에 명시적으로 규정된 구체적인 경제정책적 목표에 의하여 해결될 수 없는 경우 비로소 기능하는 일반적·보충적 목표로서 작용한다.

나. 지역경제의 육성 및 중소기업의 보호(헌법 제123조)

(1) 構造政策

헌법은 제123조에서 특히 농수산업정책($^{제1항,}_{항, 제5항}$^{제4}), 지역적 경제지원($^{제2}_{항}$)과 중소기업정책($^{제3항,}_{제5항}$)의 필요성을 구체적으로 강조함으로써, 구조정책적 목표를 규정하고 있다. 構造政策은 지역 간의 경제적 차이를 조정하고 국민경제적 이유에서 특정 경제분야를 변화한 시장조건에 용이하게 적응하도록 하기 위하여 또는 경쟁에서의 상이한 조건을 수정하기 위하여, 경제적으로 낙후한 지역이나 일정 경제부문을 지원하려고 시도하는 경제정책이다. 즉 국가가 보조금이나 세제상의 혜택 등을 통하여 시장의 과정에 지역적으로 또는 경제부문별로 관여함으로써 시장에서의 경쟁이 국가의 지원조치에 의하여 조정된 새로운 기초 위에서 이루어질 수 있도록 하는 것에 구조정책의 목적이 있다. 이로써 구조정책은 경제조성 또는 경제촉진의 전형적인 적용영역이다. 경제조성은 무엇보다도 직접적인 보조금 또는 조세감면혜택 등을 통한 간접적인 보조금의 지급, 공공위임(公共委任)에 있어서의 특혜를 통한 실질적인 지원, 상담, 조직상의 지원, 판매의 지원 등의 조치를 통하여 이루어진다.[1]

(2) 지역경제의 육성

(가) 헌법 제123조 제1항, 제4항 및 제5항의 구조정책이 특정 경제부문(농업·어업)과 관련되고, 제3항과 제5항의 정책이 특정 기업규모(중소기업)와 관련된 것이라면, 제2항은 지역적인 경제구조의 개선에 관한 것이다. 국가 지역정책의 목적은 일차적으로 지역 간의 경제적 불균형의 축소에 있으며, 지역 간의 상이한 경제력과 경쟁조건의 수정과 조정에 있다.[2] 특히 농업과 수산업에 의존하는 지역이 지역적 경제구조에 있어서 심한 불균형을 보이기 때문에, 헌법 제123조 제2항에서 규정하는 "지역간의 균형있는 발전을 위하여 지역경제를 육성할 의무"는 일차적으로 특히 경제적 낙후성을 보이는 농어촌 지역에 대한 것이나, 이를 넘어서 전국적으로 지역적인 경제적 불균형의 시정을 그 내용으로 한다.

(나) '지역경제의 육성'의 목표는 경제정책적인 관점뿐만 아니라 또한 경제외적인 일반정책적인 관점에서도 중요하다. 경제적으로 낙후된 지역의 주민은 단지 경제적인 이유로 인하여 경제력이 강한 지역으로 이주하도록 강요되어서는 아니 되고, 그의 거주 지역에서 생업에 종사할 수 있는 적절한 기회가 제공되어야 한다. 이로써 국가지역정책은 동시에 농·어촌의 이주현상과 대도시로의 과도

---

1) '경제조성'이란, 국가나 지방자치단체가 특정한 경제정책적 목적을 위하여 직접 또는 간접적으로 사인을 지원하는 모든 조치를 말하는데, 학자에 따라 '경제촉진'으로 표현하기도 한다.

2) 헌재 1996. 12. 26. 96헌가18(자도소주 구입명령제도), 판례집 8-2, 680, 698, [지역경제의 육성의 목표에 관하여] "입법자가 개인의 기본권침해를 정당화하는 입법목적으로의 '지역경제'를 주장하기 위해서는, 각 지역에 하나의 기업이 더 존재하는 것이 지역경제에 어떠한 의미로든 기여를 한다는 지극히 당연한 사실을 넘는, 문제되는 지역의 현존하는 경제적 낙후성이라든지 아니면 특정 입법조치를 취하지 않을 경우 발생할 지역 간의 심한 경제적 불균형과 같은 납득할 수 있는 구체적이고 합리적인 이유가 있어야 한다. 왜냐하면 지역정책이란 한 마디로 지역 간의 상이한 경제력과 경쟁조건의 수정과 조정을 의미하기 때문이다. 그러나 전국 각도에 골고루 하나씩의 소주제조기업을 존속케 하려는 주세법에서는 수정되어야 할 구체적인 지역 간의 차이를 확인할 수 없고 따라서 1도 1소주 제조업체의 존속유지와 지역경제의 육성 간에 아무런 상관관계를 찾아 볼 수 없으므로 '지역경제의 육성'은 이 사건조항의 기본권침해를 정당화할 수 있는 공익으로 고려되지 않는다."

한 인구집중을 방지하고 국토의 균형 있는 인구분산을 꾀하는 효과를 가지고 있다. 지역정책은 궁극적으로 경제의 성장과 안정이라는 전경제적 목표를 달성하는데 기여하고, 전국적으로 균형 있는 경제·사회·문화적 생활관계를 형성하는 사회정책적 목표를 촉진하게 된다.

경제적으로 낙후된 지역에 대한 지원조치로는 산업경제의 지원 및 기업연관 기간산업의 확충(특히 산업지역의 개발, 교통망의 확충)에 대한 지원을 들 수 있다. 또한, 지원이 필요한 문제 지역에서의 기업의 투자에 대해서는 다양한 세제혜택을 부여하고, 반면에 산업의 과밀지역에서의 기업설립이나 확장에 대해서는 조세상의 부담을 부과하는 방법도 산업을 분산하기 위한 조치로서 고려된다.

(3) 중소기업의 보호

국가의 구조정책적 경제조성(촉진)은 또한 기업의 규모와 연관되어 실시될 수 있다. 우리 헌법은 제123조 제3항에서 "국가는 중소기업을 보호·육성하여야 한다."고 하여 중소기업을 보호·육성해야 할 국가의 과제를 규정하면서, 같은 조 제5항에서는 "국가는 … 중소기업의 자조조직을 육성하여야 하며, 그 자율적 활동과 발전을 보장한다."고 규정하고 있다.

중소기업은 생산과 고용의 증대에 기여하고 대기업보다 경기의 영향을 적게 받으며 수요의 변화에 적절히 대처하고 새로운 기술의 개발을 기대하게 하고 사회적 분업과 기업 간의 경쟁을 촉진함으로써 국민경제에 크게 기여하고 있다. 그러므로 우리 헌법은 중소기업이 국민경제에서 갖는 중요함 때문에 "중소기업의 보호"를 국가경제정책적 목표로 명문화하고 있다. 그러나 중소기업은 대기업에 비하여 자금력, 기술수준, 경영능력 등에 있어서 열세하기 때문에 자력으로는 경영의 합리화와 경쟁력의 향상을 도모할 수 없는 경우가 많다. 중소기업이 국민경제에서 갖는 중요한 가치에 비추어, 국가는 대기업과의 경쟁에서 불리한 위치에 있는 중소기업을 지원하는 방법으로 경쟁에서의 불리함을 조정하고 가능하면 균등한 경쟁조건을 형성함으로써 대기업과의 경쟁을 가능하게 하고자 하는 것이다. 이는 곧, 국가가 경쟁정책적인 이유에서 중소기업을 지원한다는 것을 의미한다.[1] 이러한 점에서 중소기업의 보호는 넓은 의미의 경쟁유지정책의 한 측면이다. 그러므로 중소기업의 보호는 원칙적으로 경쟁질서의 범주 내에서 경쟁질서의 확립을 통하여 이루어져야 한다.[2]

자유시장경제를 기본으로 하는 법질서 하에서는 중소기업도 경쟁을 통하여 시장에서 자신의 위치를 관철하여야 하므로, 경쟁법에서는 모든 기업의 '경쟁에서의 균등'이란 원칙이 지배한다. 그러므로 중소기업육성책은 공정하고 자유로운 경쟁을 가능하게 하는 수단이어야지 경쟁을 배제하는 방법이어서는 아니 된다. 중소기업의 육성은 중소기업에 우호적인 세금공제가능성과 조세감면가능성 등의 세법상의 혜택과 중소기업기본법 등 중소기업지원을 위한 특별법에 규정된 특수한 중소기업육성

---

1) 헌재 1996. 12. 26. 96헌가18(자도소주 구입명령제도), 판례집 8-2, 680, 681, "우리 헌법은 제123조 제3항에서 중소기업이 국민경제에서 차지하는 중요성 때문에 '중소기업의 보호'를 국가경제정책적 목표로 명문화하고, 대기업과의 경쟁에서 불리한 위치에 있는 중소기업의 지원을 통하여 경쟁에서의 불리함을 조정하고, 가능하면 균등한 경쟁조건을 형성함으로써 대기업과의 경쟁을 가능하게 해야 할 국가의 과제를 담고 있다. 중소기업의 보호는 넓은 의미의 경쟁정책의 한 측면을 의미하므로 중소기업의 보호는 원칙적으로 경쟁질서의 범주 내에서 경쟁질서의 확립을 통하여 이루어져야 한다. 중소기업의 보호란 공익이 자유경쟁질서 안에서 발생하는 불리함을 국가의 지원으로 보완하여 경쟁을 유지하고 촉진시키려는데 그 목적이 있으므로, 구입명령제도는 이러한 공익을 실현하기에 적합한 수단으로 보기 어렵다."
2) 한편, 헌법재판소는 전통시장이나 중소유통업자를 대형마트와의 경쟁으로부터 보호하기 위하여 대형마트 등에 대하여 영업시간 제한 및 의무휴업일 지정을 할 수 있도록 한 유통산업발전법조항이 직업수행의 자유를 침해하지 않는다고 판단하여 합헌결정을 선고하였다(헌재 2018. 6. 28. 2016헌바77).

책을 통하여 이루어져야 한다.

다. 소비자보호(헌법 제124조)

(1) 소비자보호정책의 헌법적 의미

헌법은 제124조에서 "국가는 건전한 소비행위를 계도하고 생산품의 품질향상을 촉구하기 위한 소비자보호운동을 법률이 정하는 바에 의하여 보장한다."고 하여 소비자보호정책을 규정하고 있다. 소비자보호정책도 시장기능의 결함이나 장애에 대한 조정적·보완적 조치로서 이해된다. 시장경제질 서에서 소비자가 시장기능을 통하여 생산품의 종류, 범위 및 방향 등 경제전체의 자원배분을 결정한 다는 것을 내용을 하는 消費者主權은 오늘날 실제의 현실과는 상당한 괴리가 있다. 경제력의 집중화 와 시장지배적 경향은 오늘날 경쟁의 약화와 함께 공급자와 수요자 사이의 세력의 불균형을 초래하 였고, 소비자의 지위는 거대기업에 대한 '시장에서의 구조적 열세'에 의하여 특징적으로 표현되고 있 다. 게다가, 시장과정을 규율하는 법적인 장치가 적극적인 시장주체인 기업의 이익에 부합하도록 소 비자에게 불리하게 활용되었고(대표적인 예로 대기업의 약관), 그 결과 계약의 자유는 소비자를 약탈하 는 수단으로 변질되었다. 이로써 과거의 '주권자'는 이제 시장과정의 '신민(臣民)'으로 전락하였다.

소비자가 자유시장경제에서 그에게 부여된 역할을 더 이상 제대로 이행할 수 없고, 이로부터 소 비자와 시장경제과정에 대한 손해가 우려되기 때문에, 헌법은 소비자보호정책을 규정하고 있는 것이 다. 물론, 자유시장경제에서 경쟁은 공급자인 사업자의 세력을 약화시키고, 경쟁이 강화될수록 소비 자는 그의 욕구를 보다 유리하게 시장에서 충족시킬 수 있으며, 자신의 구매결정을 통하여 경쟁과정 에 영향을 미칠 수 있다는 점에서,[1] 경쟁유지정책은 소비자보호정책의 중요한 구성부분이다. 그러나 최상의 경쟁유지정책도 소비자정책을 완전히 대체할 수는 없으므로, 소비자정책은 경쟁유지정책을 지원하고 보완하기 위하여 추가적으로 시행되어야 한다.

(2) 헌법 제124조의 의미

헌법 제124조는 '소비자보호운동'의 보장을 규정함으로써 소비자보호를 위하여 고려될 수 있는 다양한 정책 중에서 단지 하나의 수단만을 보장하는 형태를 취하고 있다. 그러나 '소비자보호운동'은 '소비자보호'란 목적을 실현하기 위한 하나의 수단에 불과하고 그 자체로서 독자적인 목적이나 궁극 적인 헌법적 법익이 될 수 없다는 점에서, 위 규정은 국가에게 효과적이고 포괄적인 소비자보호의 의무와 과제를 부과하는 것으로 이해해야 하고, 나아가 포괄적인 소비자보호정책을 시행하도록 권한 을 부여하는 국가에 대한 수권규범으로 이해해야 한다. 이로써 헌법 제124조는 소비자를 사기, 기망, 생명, 신체 및 재산상의 위해로부터 보호하고 소비자에 대한 정보제공과 교육을 지원해야 할 의무를 국가에 부과하고 있다.[2]

(3) 개인의 기본권으로서 헌법 제124조?

우리 헌법은 1980년 헌법에서 소비자의 문제를 비로소 규범화하여 소비자보호를 명문으로 규정 하였다(제125조). 소비자보호를 헌법에 규범화하는 과정에서 이를 기본권으로 파악하려는 견해와 경제의

---

1) 헌재 1996. 12. 26. 96헌가18(자도소주 구입명령제도), 판례집 8-2, 680, 692.
2) 헌법 제124조를 근거로 하여 1980년 소비자보호를 위한 특별법인 '소비자보호법'이 제정되었으며, 약관의 규제에 관한 법률, 할부거래에 관한 법률, 방문판매 등에 관한 법률 등 민법상의 소비자보호 규정 외에도 경제감독법의 영 역에서 식품위생법, 품질경영 및 공산품안전관리법 등 소비자의 보호를 위한 다수의 법률이 제정되었다.

장에 소비자보호를 독과점규제와 더불어 규정하려는 견해가 대립하였으나, 1980년 헌법은 경제의 장에 따로 소비자보호조항을 신설하기에 이르렀으며, 현행 헌법도 이를 그대로 답습하고 있다.

한편, 헌법 제124조의 소비자보호조항을 인간의 존엄성, 인간다운 생활을 할 권리와의 연관관계에서 자유권적 요소와 사회권적 요소를 포함하는 포괄적인 기본권으로서 파악하고자 하는 견해가 있다.[1] 그러나 헌법 제124조는 그의 객관적 성격의 규범형식으로 보나 국가경제정책의 목표와 과제를 규정하는 장소에 위치하고 있다는 점으로 보나, 위 규정으로부터 직접 개인의 주관적 권리인 자유권을 도출할 수 없다. 국가의 침해에 대한 대국가적 방어권으로서 '소비자의 자기결정권'은 우리 기본권의 체계 내에서 일반적이고 보충적인 자유권의 지위를 가지고 있는 헌법 제10조의 행복추구권으로부터 도출되는 자유로 보아야 한다. 헌법재판소도, 소비자가 자신의 의사에 따라 자유롭게 상품을 선택하는 소비자의 자기결정권은 헌법 제10조의 행복추구권에 의하여 보호되는 것으로 판단하고 있다.[2] 물론, 행복추구권으로부터 자유권으로서의 소비자의 권리를 도출하는 경우, 헌법 제124조의 규정이 소비자의 권리를 독자적인 기본권으로서 인정하고 보호해야 할 필요성을 강조하는 하나의 보조적 근거규범으로서 작용할 수는 있다.

다른 한편으로는, '소비자의 보호'가 시장경제에서의 경제적 약자인 소비자에 대한 국가적 배려를 요청하는 사회국가원리에서도 그 헌법적 근거를 찾을 수 있다는 점에서, 사회적 기본권으로서의 소비자의 권리를 생각해 볼 수 있다. 사회가 스스로 해결할 수 없는 부정적 사회현상이 발생하는 경우, 구체적으로 시장경제의 자동조절기능으로는 소비자와 다른 사경제주체간의 세력불균형이 시정될 수 없는 경우에는, 국가에 의한 사회국가적 조치는 항상 요청되는 것이다. 물론, 이와 같이 헌법 제124조로부터 도출된 사회적 기본권이 위 조항에 규정된 국가경제정책의 객관적 원리, 즉 국가의 과제·의무조항보다 소비자보호의 관점에서 보다 많은 것을 달성할 수 있으리라고는 생각되지 않는다. 사회적 기본권이란 사회국가의 실현을 위하여 헌법에 기본권의 형식으로 규정된 국가목표조항으로서, 본질상 국가의 의무나 목표를 의미하므로, 소비자의 사회적 기본권도 결과적으로 소비자를 보호해야 할 국가의 의무를 뜻하기 때문이다.

3. 社 會 化

가. 사회화조항의 헌법적 의미

社會化에 관한 헌법규정들은 오늘날 헌법현실에서 아무런 의미를 가지지 못하는 사문화된 규정이라 할 수 있다. 헌법상 보장된 재산권이 제23조 제2항 및 제3항에 의한 제한가능성을 넘어서 사회화를 시행하는 법률에 의해서도 제한될 수 있다는 사실을 오늘날 거의 인식하지 못하고 있다. 사회화에 관한 규정이 적어도 가까운 장래에 현실적 중요성을 가질 가능성은 없어 보이며, 또한 현재 공공단체의 경제활동과 관련되어 논의되는 사안들이 국유화나 사회화의 문제가 아니라, 오히려 공공단체의 경제활동의 한계나 공기업의 사유화라는 점에서 더욱 그러하다. 그러나 헌법이 경제에 관한 장에 위치하는 여러 조항에서 사회화와 관련된 언급을 하고 있는 이상, 사회화의 개념, 의미 및 한계에 관하여 적어도 본질적인 것이 규명되어야 한다. 특히 '재산권보장과 사회화를 어떻게 조화시킬 것인

---

1) 예컨대, 권영성, 헌법학원론, 2010. 585면.
2) 헌재 1996. 12. 26. 96헌가18, 판례집 8-2, 680, 691; 헌재 2002. 10. 31. 99헌바76 등, 판례집 14-2, 410, 429.

지' 하는 것은 경제헌법의 영역에서 제기되는 근본적인 문제 중의 하나이다.

개인의 경제적 자유와 사유재산제를 헌법상 경제질서의 기본으로 하는 민주국가에서는 사회화의 가능성을 인정하는데 일정한 한계가 있다. 모든 생산수단의 전면적인 사회화는 필연적으로 계획경제로의 경제체제의 전환을 가져오며, 계획경제는 이를 관철하기 위한 독재적 정치체제로의 발전을 의미한다.[1] 따라서 사유재산의 사회화는 사유재산제와 개인의 경제적 자유를 부정하는 것이기 때문에, 사회화는 사유재산권의 보장을 비롯한 헌법상의 자유주의적 경제질서와 조화를 이룰 수 있는 범위 내에서만 가능하다. 사회화조항이 헌법 내에 존재하는 한, 이는 다른 모든 헌법조항과 마찬가지로, 헌법의 전체체계 내에서 다른 헌법규범과 양립할 수 있도록 고찰되고 해석되어야 한다.

헌법은 사회화의 대상을 자연자원(헌법제120조 제1항)과 사기업(헌법제126조)에 한정하고 있다. 사회화조항이 현행 헌법질서, 특히 기본권질서와 합치하기 위해서는, 위 조항은 헌법 제23조의 재산권보장과는 달리 제약적·축소적으로 이해되고 해석되어야 한다. 이에 따라 우리 헌법은 사회화조항을 헌법 제23조에 대한 예외적 규정으로 이해하여, 사회화가 법률에 의해서만 가능하도록 규정함으로써(헌법제126조) 사회적 변혁의 수단이 아니라 법치국가적 질서 내의 법적 제도로서 규정하였다. 특히 우리 헌법은 제126조에서 사영기업의 사회화를 매우 제한적인 조건하에서만 허용함으로써 사회화조항의 예외적 성격을 강조하고 있다. 이로써 사회화의 가능성은 사회주의적 또는 혁명적인 성격이 아니라 사회국가적 성격을 가지는 것이고, 그 결과 재산권질서와 관련하여 사회국가원리가 헌법적으로 구체화된 표현으로서 이해되어야 한다.

나. 사회화의 개념

헌법은 '사회화'가 무엇을 의미하는지에 관하여 스스로 정의하고 있지는 않으나, 제126조에서 "私營企業을 國有 또는 公有로 이전"이라고 언급함으로써 사회화의 개념을 밝히는 데 있어서 중요한 단서를 제공하고 있다.

(1) '公用收用'과 '社會化'의 근본적인 차이

사회화는 공용수용의 특수한 경우이거나 하부개념이 아니라 독자적인 법제도이다. 재산권의 '공용수용'과 '사회화'는 양자 모두 재산권을 박탈한다는 점에서 일견 유사하나, 수용과 사회화는 그 시행의 규모라는 양적인 관점뿐만 아니라 질적으로도, 즉 그 본질과 구조에 있어서 근본적으로 상이하다.

(가) 공용수용은 특정한 공공과제를 이행하기 위하여 개별적인 재산권객체를 그 소유자로부터 박탈하는 것을 의미한다(대표적으로 도로건설을 위한 토지의 박탈). 수용은 재산권의 질서를 변경하고자 하는 것이 아니라, 공익사업을 위하여 필요하지만 소유자의 자발적인 양보에 의하여 私法的으로 취득할 수 없는 재화를 강제적으로 조달하고자 하는 것이다. 따라서 국가는 수용에 대하여 보상을 해야 하며, 수용의 당사자는 보상을 통하여 등가적인 재산권객체를 다시 구입할 수 있는 상황에 놓여야 한다. 공용수용은 기존의 재산권질서 그 자체를 문제 삼는 것이 아니라 오히려 이를 전제로 하여 단지 개별적인 재산권객체를 박탈하는 것이다.

(나) 이에 대하여 사회화는 재산권의 박탈과 재산권주체의 변경에 그치는 것이 아니라 재산권질서 또는 재산권내용의 변형을 목표로 한다. 사회화는 사유재산을 해체하고 이를 共有財産(Gemein-

---

1) 한태연, 헌법학, 1983, 1048면 참조.

eigentum)으로 대체함으로써 사경제적 재산권질서를 근본적으로 개혁하고자 하는 것이다. 사회화는 기존의 재산권질서를 바탕으로 하여 공공필요에 따라 단지 재화의 조달에 그치는 것이 아니라, 새로운 재산권질서의 도입을 의미하고, 이로써 기존의 경제질서에 대한 변형을 의미한다. 사회화가 재산권질서의 변형을 목표로 하기 때문에, 사회화에 대하여 보상을 하는 경우에 사회화를 통하여 추구하는 경제·사회정책적 목표가 달성될 수 없다면 보상은 필요하지 않으며, 이러한 경우의 보상은 심지어 사회화의 체계에 반한다고 할 수 있다.

물론, 사회화가 기존의 경제질서의 완전한 변형을 가져올 필요는 없다. 사회화는 예컨대 철강, 석탄, 전기 등 특정한 재화에 제한될 수도 있고, 생산수단과 관련하여 특정한 기업부문에 제한될 수 있다. 그러나 사회화는 단지 개별적인 재산권객체를 대상으로 하는 것이 아니라 특종의 기업과 같이 일정 유형의 재산권객체 전체를 대상으로 하는 것이며, 이에 따라 개별적 조치가 아니라 일반적 법률에 의하여 이루어진다.

(2) 사회화의 개념 및 유사한 법적 현상과의 구분

(가) 사회화는 國有化 또는 公有化의 방법으로 재산권의 소유자의 변경을 통하여 재산권내용의 변형을 목적으로 하는 사유재산에 대한 공권적 침해이다. 즉, 사회화란 자연자원, 농지, 생산수단 등에 대한 국유화 또는 공유화의 방법으로 공법적 수단에 의한 재산권 소유자의 변경을 가져와야 하며, 나아가 단순히 소유자의 변경뿐만 아니라 소유권 자체의 내용의 변화, 즉 소유권에 대하여 종래의 사유재산과는 전혀 다른 '새로운 내용'을 형성하는 것이다. 사회화의 목적은 '사유재산질서에 대한 반대원칙'을 형성하는 데에 있다. 즉, 시장경제적 원칙에 따라 사적 유용성을 위해서가 아니라 공공복리의 목적에서 공익적으로 경영하고자 하는 것에 사회화의 목적이 있다. 바로 여기에 '재산권내용의 변형' 또는 '새로운 재산권질서의 도입'이란 사회화의 본질적 요소가 있는 것이다.

요컨대, 사회화는 국유화 또는 공유화의 방법으로 재산권을 박탈하여 박탈한 재화를 共同經濟로 이전하는 것이다. 이러한 관점에서, 사회화의 최종적 상태를 서술하는 상위개념은 바로 '공동경제'이며, 예컨대 공동재산은 공동경제의 하위개념에 속한다. 공동경제의 특징은 그 개념에 있어서 공동경제의 목적 및 그 조직형태에 있다. 공동경제의 목적은 이윤획득이 아니라 일차적으로 사회·경제적 공익적 목표, 특히 사회적 수요의 충족에 기여하는 것이다. 공동경제의 조직과 관련해서는, 다른 사람과 함께 공동으로 경영하는 것, 즉 재산권객체에 대한 처분권이 집단화되어 경제공동체의 수중에 있을 것을 요구한다. 공동경제의 경우, 경제활동의 목표의 변화와 경제활동이 이루어지는 형태의 변화가 요청되는 것이다.

(나) 이러한 이유에서 사회화는 '國有化' 또는 '公有化'와 일치하지 않는다. 국유화나 공유화는 그 자체로서 단지 국가가 해당 재산권객체에 대한 처분권을 가진다는 것만을 의미한다. 경제활동의 목표의 변화를 가져오지 않는 단순한 국유화, 예컨대 國庫的 목적을 위한 국유화는 사회화의 요건을 충족시키지 못한다.

(다) 우리 학계에는 사회화를 그와 유사한 현상, 즉 근로자의 기업경영에의 참여를 위한 공동결정과 같은 '사실적 共有化'의 현상이나 농지개혁, 심지어는 사회국가의 실현을 위한 조치와 혼동하는 견해가 있다. 특히 문제가 되는 것은, 사인의 토지를 다른 사인에게 분배할 목적으로 국가가 개인의

토지를 박탈하는 조치인 농지개혁을 사회화에 귀속시키고 있다는 점이다.[1] 그러나 농지개혁은 사인으로부터 박탈한 농지를 공동경제로 이전하는 것이 아니라, 박탈한 토지를 개인에게 귀속되는 사유재산의 형태로 사인 간에 새롭게 분배하는 것을 목표로 하고 있다. 따라서 이러한 형태의 농지개혁은 사회화를 의미하지 않는다.

(라) 마찬가지로, 근로자가 기업경영에 공동결정의 형태로 참여하는 것도, 사익적 이윤추구라는 기업경영의 목표가 변경되지 아니하고 기업에 대한 국가나 공공단체의 영향력을 확보하지 아니한 채, 단지 기업경영에 근로자가 참여하는 것을 목적으로 한다면, 이러한 형태의 공동결정은 사회화에 해당하지 않으므로, 헌법상 사회화조항은 공동결정을 정당화하는 헌법적 근거로서 고려되지 않는다.

다. 私營企業(헌법 제126조)

사례 헌재 1998. 10. 29. 97헌마345(택시운송수입금 전액관리제 사건)

甲은 일반택시 운송사업자인데, 일반택시 운송사업자는 운수종사자로부터 운송수입금 전액을 납부받고 운수종사자는 운송수입금 전액을 운송사업자에게 납부하도록 규정한 자동차운수사업법 규정(택시운송수입금 전액관리제)이 헌법상 보장된 사기업의 경영상의 자유 등을 침해하고 사기업의 국공유화를 금지한 헌법 제126조에 위반된다는 이유로 헌법소원심판을 청구하였다.[2]

헌법 제126조는 "국방상 또는 국민경제상 긴절한 필요로 인하여 법률이 정하는 경우를 제외하고는, 私營企業을 국유 또는 공유로 이전하거나 그 경영을 통제 또는 관리할 수 없다."고 규정하고 있다. 사회화의 예외적 성격은 위 헌법규정에서 분명히 드러나고 있다. 헌법 제126조는 사회화의 대상범위를 전체 경제부문을 망라하는 "사영기업"으로 매우 포괄적으로 규정하면서도, 다른 한편으로는 제119조 제1항과의 연관관계에서 자유주의적 경제헌법의 원칙에서 출발하여 사영기업의 사회화를 매우 엄격한 요건 하에서 단지 예외적인 경우에만 허용하고 있다. 여기서 "국방상의 긴절한 필요"란, 문제의 사기업을 사회화하지 않고서는 도저히 국방의 목적을 달성할 수 없는 경우를 말하며, "국민경제상 긴절한 필요"란, 문제의 사기업을 사회화하지 않고서는 국민경제의 정상적인 운영이 불가능하거나 현저하게 곤란한 경우를 말한다.[3] 이로써 사영기업에 대한 사회화의 가능성은 비상적 상황에 연관되고 있다. 사영기업에 대한 사회화의 경우, 그 대상은 개개의 특정 기업이 아니라 제철, 전기, 해운 등과 같은 특종의 기업군(企業群)이어야 한다는 것은 이미 위에서 언급하였다.

위 헌법규정은 사영기업의 사회화의 방법으로서 2가지 절차를 언급하고 있다. 즉, 헌법 제126조

---

1) 대표적으로 한태연, 헌법학, 1983, 1046면 이하 참조.
2) 헌재 1998. 10. 29. 97헌마345(택시운송수입금 전액관리제), 판례집 10-2, 621, 635, "이 사건에 있어서 이 사건 법률조항들이 규정하는 운송수입금 전액관리제로 인하여 청구인들이 기업경영에 있어서 영리추구라고 하는 사기업 본연의 목적을 포기할 것을 강요받거나 전적으로 사회·경제정책적 목표를 달성하는 방향으로 기업활동의 목표를 전환해야 하는 것도 아니고, 그 기업경영과 관련하여 국가의 광범위한 감독과 통제 또는 관리를 받게 되는 것도 아니며, 더구나 청구인들 소유의 기업에 대한 재산권이 박탈되거나 통제를 받게 되어 그 기업이 사회의 공동재산의 형태로 변형된 것도 아니다. 따라서 '국방상 또는 국민경제상 긴절한 필요'에 관한 요건이 충족되는지의 여부를 살펴 볼 필요도 없이, 이 사건에서 헌법 제126조의 사기업의 국·공유화 내지 그 경영의 통제·관리조항이 적용될 여지는 없다고 할 것이다."
3) 한태연, 헌법학, 1983, 1047면 참조.

는 "사영기업을 국유 또는 공유로 이전하거나"라는 표현을 통하여 재산권주체의 변경을 통하여 사기업을 공동경제로 이전하는 절차와 "그 경영을 통제 또는 관리"라는 표현을 통하여 국가 등 공공단체가 소유권이전과는 다른 방법으로 공동경제의 목적을 달성하기 위하여 사기업에 충분한 영향력을 확보할 수 있는 절차를 사회화의 방법으로 언급하면서, 입법자로 하여금 위 2 가지 절차 중에서 선택할 수 있도록 하고 있다.[1)]

헌법 제126조는 사회화가 법률에 의하여 이루어져야 한다는 것("법률이 정하는 경우")을 규정함으로써 사회화가 법치국가의 범주 내에서 법치국가적 절차에 따라 이루어져야 한다는 것을 분명히 하고 있다. 이에 따라 사영기업의 사회화의 경우 헌법 제23조 제3항의 공용수용에 대한 보상규정을 준용해야 할 것이다. 물론, 사회화의 경우 보상을 해야 한다는 것은 이로 말미암아 사회화가 현실적인 이유로 사실상 거의 불가능하다는 것을 의미하며, 헌법 제126조가 사문화되는 결정적인 이유를 제공한다.

라. 自然資源(헌법 제120조)

헌법 제120조 제1항은 "광물 기타 중요한 지하자원·수산자원·수력과 경제상 이용할 수 있는 자연력은 법률이 정하는 바에 의하여 일정한 기간 그 채취·개발 또는 이용을 특허할 수 있다."고 규정함으로써, 사회화의 대상을 자연자원으로 확대하고 있다.

위 헌법규정은 입법자에게 사회화의 권한을 위임하는 수권조항이 아니라 자연자원에 대한 사회화가 직접 위 헌법규정에 근거하여 실현되고 완결된다는 데에 그 특수성이 있다. 헌법 제126조가 사회화의 가능성을 규정하면서 입법자가 사회화에 관한 수권을 사용할 것인지의 여부에 관하여 그 결정을 전적으로 입법자에게 맡기고 있는 것에 반하여, 제120조는 완결된 사회화를 전제로 자연자원을 원칙적으로 국가에 유보하면서 입법자가 특허를 허용할 것인지의 여부와 그 범위만을 법률로써 정하도록 입법자에게 위임하고 있다. 여기서 '특허'란, 자연자원에 대한 사회화를 전제로, 이를 채취·개발·이용하고자 하는 자에게 이에 해당하는 권리를 설정케 하는 것을 의미한다.[2)]

사회화규정은 헌법상의 경제질서에서 예외적인 성격을 가지고 있고 또한 국민의 자유권을 제한한다는 점에서, 헌법 제120조 제1항은 제약적·축소적으로 해석되어야 하며, 이에 따라 헌법규정에서 언급된 사회화의 대상은 확정적인 것으로 간주되어야 하고 유추적 해석은 허용되지 않는다. 그러므로 "경제상 이용할 수 있는 자연력"에 원자력은 포함시킬 수 있으나, 山地와 같은 토지는 포함되지 않는다.

마. 국토(헌법 제121조, 제122조)

(1) 農地改革(헌법 제121조)

헌법은 제121조 제1항에서 "국가는 농지에 관하여 경자유전(耕者有田)의 원칙이 달성될 수 있도록 노력하여야 하며, 농지의 소작제도는 금지된다."고 하면서, 제2항에서 "농업생산성의 제고와 농지

---

1) 헌재 1998. 10. 29. 97헌마345(택시운송수입금 전액관리제), 판례집 10-2, 621, 635, "여기서 '사영기업의 국유 또는 공유로의 이전'은 일반적으로 공법적 수단에 의하여 사기업에 대한 소유권을 국가나 기타 공법인에 귀속시키고 사회정책적·국민경제적 목표를 실현할 수 있도록 그 재산권의 내용을 변형하는 것을 말하며, 또 사기업의 '경영에 대한 통제 또는 관리'라 함은 비록 기업에 대한 소유권의 보유주체에 대한 변경은 이루어지지 않지만 사기업 경영에 대한 국가의 광범위하고 강력한 감독과 통제 또는 관리의 체계를 의미한다."
2) 한태연, 헌법학, 1983, 1645면 참조.

의 합리적인 이용을 위하거나 불가피한 사정으로 발생하는 농지의 임대차와 위탁경영은 법률이 정하는 바에 의하여 인정된다."고 규정하고 있다.[1]

(가) 이미 위에서 확인한 바와 같이, 헌법 제121조의 의미에서의 농지개혁은 사회화가 아니다. 위 농지개혁은 2 가지 요소로 구성되어 있는데, 그 하나는 사법상 매매의 방법으로 임의로 구입될 수 없는 농지의 조달을 공익적 이유에서 가능하게 하고자 강제구매의 방법을 통한 재화조달의 과정으로서 '공용수용'이고, 다른 하나는 해당 토지를 새로운 소유자들에게 사적인 이윤극대화의 목적으로 이전하는 '새로운 분배'이다. 따라서 새로운 분배에 의하여 형성되는 것은 사회화의 궁극적 목적인 공유재산이 아니라, 개인의 사유재산인 것이다.

(나) 1945년 일본의 식민지통치로부터 해방된 직후 80% 이상의 국민이 시골에서 거주하며 농업을 생업으로 삼고 있었는데, 전체 농업용지의 60% 이상이 소작농에 의하여 경작되었다. 이와 같은 경제적 상황으로 말미암아 그 당시 사회는 심각한 사회적 불안 또는 사회혁명적 위험에 노출되어 있었고, 이에 따라 토지문제는 시급한 해결을 요하는 매우 중요한 문제였다. 이러한 이유에서 1948년의 건국헌법은 제86조에서[2] 농지의 분배를 규정하였고, 위 헌법규정에 근거하여 같은 해에 제정된 '농지개혁법'에 의하여 국가가 조달한 경작지를 소작농에게 분배하였다. 1962년의 헌법에서는 농지개혁이 완성된 것으로 간주하였기 때문에 제헌헌법 제86조의 규정을 삭제하였다. 이에 대하여 현행 헌법은 이미 완성된 농지개혁을 전제로 하여 농지개혁에 의하여 달성된 성과를 유지할 목적으로 단지 '경자유전의 원칙'과 '농지의 소작제도 금지'를 담고 있을 뿐이다.[3]

물론, 농지개혁은 부정적인 결과도 함께 가져왔다. 토지소유가 분할되었기 때문에 농업의 기계화와 합리화를 곤란하게 하는 너무 작은 단위의 농지가 형성되었고, 결과적으로 생산수익율의 감소를 수반하였다. 이에 더하여, 농업인구가 도시로 이주하는 지속적인 현상이 나타남으로써 농업지역의 인구가 지속적으로 감소하였다. 이와 같은 상황에 직면하여, 헌법은 농업의 생산성과 합리성을 제고할 목적에서 불가피하게 '농지의 임대차와 위탁경영'을 인정하기에 이르렀다(제2항).

(2) 국토의 이용(헌법 제122조)

헌법은 제122조에서 "국가는 국민 모두의 생산 및 생활의 기반이 되는 국토의 효율적이고 균형 있는 이용·개발과 보전을 위하여 법률이 정하는 바에 의하여 그에 관한 필요한 제한과 의무를 과할 수 있다."고 규정하여, 국토를 효율적이고 균형 있게 이용·개발할 의무를 국가에게 부과하면서 동시에 이러한 과제를 이행하기 위하여 개인의 경제적 자유를 제한할 수 있는 권한을 부여하고 있다.

위 헌법규정은 그 효력에 있어서 이미 헌법 제23조 제2항 및 제3항, 제119조 제2항에 의하여 허용되는 범위를 넘지 않기 때문에, 그 자체로서 독자적인 의미를 가지지 못한다. 헌법 제122조는 한편으로는 경제에 대하여 규제와 조정을 할 수 있다는 헌법 제119조 제2항이 토지와 관련하여 구체화된

---

[1] 농지소유자에게 원칙적으로 그 소유 농지를 위탁경영할 수 없도록 한 농지법규정이 재산권을 침해하는지 여부가 문제된 사건에서, 헌법재판소는 위 규정은 헌법상 경자유전의 원칙을 실현하기 위한 것으로 농지소유자의 재산권을 침해하지 않는다고 판단하였다(헌재 2020. 5. 27. 2018헌마362, 판례집 32-1하, 396).

[2] 건국헌법 제86조의 규정은 다음과 같다. "농지는 농민에게 분배하며 그 분배의 방법, 소유의 한도, 소유권의 내용과 한계는 법률로써 정한다."

[3] 헌재 2003. 11. 27. 2003헌바2(자경농지에 대한 양도소득세면제), 판례집 15-2 하, 281, 295, "이는 곧 전근대적인 법률관계인 소작제도의 청산을 의미하며 나아가 헌법은 부재지주로 인하여 야기되는 농지이용의 비효율성을 제거하기 위하여 경자유전의 원칙을 국가의 의무로서 천명하고 있는 것이다."

조항이라 할 수 있고, 다른 한편으로는 헌법 제23조 제2항 및 제3항에서 표현되는 재산권의 사회적 기속성의 구체화된 표현이다. 이미 헌법 제23조에서 예정하고 있는 재산권에 대한 제한과 공용수용 이상으로 토지재산권을 제한할 수 있는 가능성이 헌법 제122조에 의하여 독자적으로 제공되는 것은 아니다. 이러한 관점에서, 토지에 대한 보다 강화된 제한가능성을 강조하고자 하는 개념인 '土地의 公槪念'도 그 헌법적 근거가 원래 제23조 제2항 및 제3항에 있는 것이며, 헌법 제122조는 헌법 제23조에서 이미 부여된 재산권에 대한 제한가능성을 토지재산권과 관련하여 다시 한 번 확인하는 것에 지나지 않는다.

뿐만 아니라, 헌법 제122조에서 택지와 山地에 대한 사회화의 헌법적 근거를 찾고자 하는 시도는 위와 같은 이유에서 타당하지 않다. 또한 "국토와 자원은 국가의 보호를 받으며, 국가는 그 균형 있는 개발과 이용을 위하여 필요한 계획을 수립한다."고 규정하는 헌법 제120조 제2항도 택지에 대한 사회화의 헌법적 근거로서 고려되지 않는다.

제7장 平和國家原理

제1절 平和國家原理의 意味

Ⅰ. 평화국가원리에 관한 헌법규정

헌법은 전문에서 "평화적 통일의 사명"을 언급하고 "밖으로는 항구적인 세계평화와 인류공영에 이바지함으로써"라고 하여 평화통일의 과제와 국제평화주의를 천명하고 있다. 평화통일의 과제는 제4조("자유민주적 기본질서에 입각한 평화적 통일정책을 수립하고 이를 추진한다.")에 의하여, 그리고 국제평화주의는 제5조("대한민국은 국제평화의 유지에 노력하고 침략적 전쟁을 부인한다.")에 의하여 다시 구체화되고 있다. 나아가, 헌법은 제6조에서 대한민국은 국제법질서를 존중하며 외국인의 법적 지위도 보장해 주는 등 국제사회의 구성원으로서 국제적 평화공존의 질서에 기여하겠다는 의지도 함께 밝히고 있다.

Ⅱ. 헌법의 기본원리로서 평화국가원리

평화국가원리란 침략적 전쟁의 금지, 국제평화주의 및 국제법질서의 존중을 기본이념으로 삼는 대한민국의 기본원리이다. 국민이 오로지 평화질서 내에서만 안전과 자유와 행복을 누릴 수 있다는 점에서, 평화질서의 보장이 없는 안전·자유와 행복은 무의미하다. 역사적으로 20세기에 발생한 2차례의 세계대전은 전쟁의 참혹함과 인간성의 파괴를 생생하게 전달해 주었다. 주권국가를 의미하는 근대국가가 성립하게 된 이유이자 계기는 외적·내적인 평화질서의 유지와 보장이었으며, 평화국가원리는 국가의 이러한 기본과제로부터 나오는 필연적인 요청이기도 하다. 헌법이 전문에서("우리들과 우리들의 자손의 안전과 자유와 행복을 영원히 확보할 것을 다짐하면서") 궁극적으로 실현해야 하는 가치로서 밝히고 있는 '국민의 안전과 자유와 행복'을 외부의 침략과 내부의 공격으로부터 보장하는 것은 국가의 가장 원초적인 과제인 것이다.

Ⅲ. 인간의 존엄성과 평화국가원리

평화질서는 모든 국민이 자유를 행사하고 인격을 발현하기 위하여 전제되는 가장 기본적이고 필수적인 요건이다. 평화를 추구하지 아니하고 평화를 보장하지 않는 국가가 개인의 자유와 행복을 보장할 수 없다는 것은 명백하다. 이러한 의미에서 평화국가원리는 그 헌법적 근거를 궁극적으로 헌법 제10조의 '인간존엄성 조항'에도 두고 있다. 헌법 제10조의 인간존엄성조항은 국가는 인간을 위하여 존재하는 것이며 인간의 이익을 위한 도구적 성격에 지나지 않는다는 것을 선언함으로써, 인간과 국가의 관계에 관하여 근본적인 결정을 내리고 있다. 인간존엄성 조항은 국가를 '인간의 행복을 위한 도구'로 간주함으로써 국가이익을 위한 전쟁을 부인한다. 이러한 의미에서 국가가 패권주의적 발상에 따라 국가권력의 확장이라는 자신의 독자적 이익이나 가치를 위하여 전쟁이라는 수단을 사용함으로써 개인의 자유와 행복을 희생하는 것은, 인간존엄성조항과 부합될 수 없다.

제 2 절   國際法秩序에서 大韓民國

I. 침략적 전쟁의 금지

1. 헌법적 의미

헌법은 제5조 제1항에서 '침략적 전쟁의 금지'라는 국제법상의 원칙을 헌법에 수용하여 헌법적 지위를 가진 구속력 있는 원칙으로 규정하고 있다. 1945년의 국제연합(UN)헌장은 분쟁해결의 수단으로써 무력행사 및 침략전쟁을 금지하고 있다.[1] 침략전쟁은 국제사회의 평화로운 공존을 저해하는 가장 중대한 위협적 요소이다. 침략전쟁의 금지가 이미 헌법 제6조 제1항(국제법규의 국내법수용)에 의하여 헌법에 수용된 것으로 볼 수도 있으나, 헌법은 별도의 규정을 통하여 대한민국의 평화 의지를 헌법원칙으로 고양하고 다시 한 번 천명하고 있는 것이다.

헌법은 침략전쟁을 부인할 뿐 방위전쟁까지 금지하는 것은 아니다. 따라서 방위전쟁은 헌법에 위반되지 않는다. 국제법상으로도 국가는 개별적인 또는 집단적인 自衛를 위하여 무력을 사용할 수 있다(유엔헌장 제51조). 침략전쟁을 일의적으로 정의하는 것이 어렵지만, 국제연합(UN)은 일반적으로 침공, 폭격이나 외국영토의 봉쇄를 시간적으로 먼저 취하는 경우를 침략전쟁으로 간주하고 있다.

한편, 예외적으로 엄격한 요건 하에서 확실하게 예측되는 임박한 공격(침략)에 대한 예방적 자위 전쟁도 허용될 수 있다. 이와는 별도로, 유엔헌장 제7장은 일반적 무력금지에 대한 예외를 규정하고 있는데, 평화의 위협이나 파괴를 군사력으로 대처하기 위하여 안전보장이사회가 이에 필요한 군사조치의 수행을 회원국에게 위임할 수 있도록 하고 있다.

2. 헌법해석의 지침

침략전쟁의 금지는 다른 헌법조항의 해석에도 영향을 미친다. 헌법 제5조 제2항에 규정된 국군의 헌법적 과제는 침략전쟁이 아니라 당연히 방위전쟁("국토방위")에 제한되는 것으로 해석해야 하며, 헌법 제60조 제2항 및 제73조에서 언급하는 '선전포고'란 헌법 제5조 제1항("침략적 전쟁의 부인")에 비추어, 침략적 전쟁이 아니라 '방위전쟁의 선전포고'를 의미하는 것으로 해석해야 한다. 마찬가지로, 헌법 제60조 제2항에서 언급하는 국군의 해외파병이나 외국군대의 국내주류의 가능성도 모두 '집단

---

1) 1991. 9. 17. 제46차 유엔총회에서 대한민국은 북한과 함께 유엔의 정회원국으로 동시 가입되었다.

적 방위전쟁'의 목적을 위해서만 가능한 것이고, 헌법 제60조 제1항에서 평화유지와 집단적 방위를 위하여 주권을 국제방위기구에 이양할 수 있는 가능성을 언급한 것("주권의 제약에 관한 조약")도 헌법 제5조 제1항의 침략전쟁의 금지 및 평화주의의 정신에 비추어 해석되어야 한다.

Ⅱ. 國際法規와 條約의 국내법 수용[1]

1. 국제법과 국내법의 관계

국가 간의 교류와 국제협력이 강화되고 국가가 국제사회에 편입됨에 따라, 국내법과 국제법의 관계가 문제된다. 국제법과 국내법의 관계에 관하여 국제법과 국내법이 하나의 통일적인 법질서를 이룬다는 '일원론'과 국제법과 국내법이 그 효력근거·법주체·규율대상에 있어서 서로 다른 두 개의 분리된 법질서라는 '이원론'이 대립하고 있다.[2]

일원론에 의하면, 국제법과 국내법은 하나의 통일적인 법질서이기 때문에 양자 간에 상·하위의 위계질서를 확정하는 문제가 필연적으로 발생하는데, 국제법이 국내법에 대하여 우위를 가진다고 한다('국제법우위의 일원론'). 이에 따라 국제법에 위반되는 국내법은 무효이거나 또는 국제법에 부합하는 상태로 전환될 때까지 잠정적으로 효력을 가진다고 한다.

이에 대하여, 국제법과 국내법을 각 별개의 법질서로 이해하는 이원론에 의하면, 국제법질서와 국내법질서는 서로 독립하여 존재하기 때문에, 국제법이 국내법으로 효력을 발생하기 위해서는 국제법을 국내법으로 변환하는 것이 필요하며, 양자는 독자적인 법질서이므로 국제법의 효력은 국내법질서에 의하여 좌우되지 않는다고 한다.

일원론과 이원론은 모두, 각국이 국제법을 국내법으로 수용하는 방법을 제시하고, 국제법질서와 국내법질서 사이의 갈등과 충돌을 해결하기 위한 하나의 이론적인 틀에 불과하다. 엄격한 일원론에 의하면 국제법우위의 원칙으로 인하여 양 법질서 간의 갈등이 발생할 수 없으며, 엄격한 이원론에 의하면 양 법질서는 완전히 분리된 별개의 법질서이므로 양자 간에 어떠한 갈등도 있을 수 없다.

한편, 오늘날 일원론과 이원론은 비록 그 이론의 출발점은 다르지만 서로 상대방의 비판을 일부 수용함으로써(소위 '절충적 이론') 그 대립이 완화되었고, 그 결과 법적 효과의 측면에서는 서로 접근하게 되었다. 이로써 '절충적 일원론'과 '절충적 이원론' 사이에는 그 실질적 효과에 있어서 근본적인 차이가 없다. 위 두 가지 이론 중에서 어떠한 이론을 따르더라도, 국제법에 사실상의 우위가 부여됨으로써 국제법은 존중되고 준수되어야 하며, 국내법이 국제법에 위반되는 경우에는 국내법은 일단 유효하지만 국제법에 반하는 국내법을 제거해야 하는 의무를 지거나 국제법위반에 대하여 책임을 져야 한다는 결과에 이른다.

2. 국제법규범의 국내법적 수용

국제법은 국가 간의 관계를 규율하는 법질서로서 그 자체로서 직접 국내에서 효력을 가지는 것은

---

1) 이에 관한 개괄적인 소개로서, 헌법재판소, 국제조약과 헌법재판, 헌법재판연구 제18권, 2007; 김선택, 헌법상의 외교권한의 배분과 구체화 입법의 헌법적 한계, 헌법학연구 제13권 제3호, 2007. 9.; 나인균, 헌법재판과 국제법규범, 헌법논총 제4집(헌법재판소, 1993. 12).

2) 이론적 대립에 관하여 헌법재판소, 국제조약과 헌법재판, 헌법재판연구 제18권, 2007. 12. 8면 이하 참조.

아니기 때문에, 국내에서 국제법이 적용되기 위해서는 국제법규범은 국내법으로 수용되어야 한다. 각국은 국제법을 국내에 수용하기 위하여 어떠한 형태로든 국제법이 국내에서 적용될 수 있는 규범이라는 것을 선언해야 한다. 각국은 일반적으로 헌법에서 이를 명시적으로 선언하고 있다. 국제법규범을 국내법으로 수용하는 방법은 크게 채용이론과 변형이론으로 나누어 살펴볼 수 있다. 위 이론들은 어떠한 방법으로 국제법규범이 국내법으로 수용되는지에 관한 이론이다.[1]

가. 채용이론

채용이론(Adoptionstheorie)은 국제법과 국내법이 일원적이고 통일적인 법질서를 구성하며 국제법은 국내법에 대하여 우위를 가진다는 일원론(국제법 우위이론)에 그 이론적 바탕을 두고 있다. 채용이론에 의하면, 국제법규범은 국가의 '채용'에 의하여 국내법의 일부가 된다. 국제법규범이 국내법으로 '채용'된다는 것을 선언하는 '국가의 법률행위'(일반적으로 헌법의 형식)에 의하여 국제법규범은 국제법으로서의 본질을 그대로 유지한 채 국내법의 영역으로 편입된다.[2] 국제법상의 의무는 이를 국내법으로 변환하는 별도의 매개행위 없이 국내법상 효력을 가지며,[3] 이에 위반되는 국내법의 효력을 상실시킨다.

따라서 법적용기관인 행정청과 법원은 개별사건에서 국제법규범(가령, 조약 등)을 직접 적용해야 한다. 국제법규범은 국제법으로서의 성격을 잃지 않기 때문에, 그 발효, 효력, 해석, 종료 등의 문제는 국제법을 기준으로 하여 판단된다. 조약이 종료되면, 국제법적으로 뿐만 아니라 국내법적으로도 그 효과가 발생한다.

나. 변형이론

변형이론(Transformationstheorie)은 국제법과 국내법이 두 개의 분리된 별개의 법질서로 존재한다는 이원론의 사고에 기초하고 있다. 변형이론에 의하면, 국제법이 국내에서 유효하기 위해서는 국제법은 '국가의 법률행위'에 의하여 국내법으로 변형(변환)되어야 한다. 국제법상의 의무는 직접 국내법에 영향을 미치는 것이 아니라, 국제법규범을 국내법으로 변환하기 위한 '국가의 법률행위'에 의하여 국제법규범은 국내법상의 효력을 가진다.

국제법규범에 국내법적 효력을 부여하는 변환행위는 각 개별조약별로 별도로 법률의 형식으로 이루어질 수도 있고[4] 아니면 헌법에 의하여 일반적으로 조약 또는 국제법규에 대하여 이루어질 수도 있다.[5] 이러한 관점에서 변형의 방법에는, 장래 제정될 국제법규범을 포함하여 포괄적으로 국제법규범을 국내법으로 변형시키는 '일반적 변형'과 현행의 특정한 국제법규범을 국내법으로 변형하는

---

1) 국제법상의 의무를 이행하기 위하여 각국이 어떠한 방법으로 국제법을 국내법으로 수용하는지에 관하여 국제법은 어떠한 규칙도 제시하고 있지 않다. 각국은 이에 관하여 자유롭게 선택할 수 있으며, 일반적으로 국제법규범이 어떻게 국가의 법질서에 수용되는지에 관하여 3가지 방법(변형이론, 채용이론, 집행이론)이 제시되고 있다.

2) 이러한 점에서, 채용이론은 편입이론(Inkorporationstheorie)이라 부르기도 한다.

3) 일원론은 국제법규범을 국내법으로 변환하는 것을 금지하는 것은 아니지만, 국내법으로의 변환 자체를 필요로 하지 않는다.

4) 개별조약과 관련하여 의회가 조약체결에 대한 동의법률을 제정하는 경우, 조약은 의회의 동의법률을 통하여 국내법으로 변환된다.

5) 독일 기본법 제25조는 "국제법상의 일반적 법규는 연방법의 구성부분이다. 위 법규는 법률에 우선하고 직접 독일 국민에 대하여 권리와 의무를 발생시킨다."고 규정하고 있다. 또한, 1929년의 오스트리아 헌법 제9조("국제법상 일반적으로 승인된 원칙은 연방법의 구성부분으로 유효하다.") 참조.

'개별적 변형'이 있다. 일반적 변형은 개별 국제법규범마다 별도의 특별한 국내법적 행위를 필요로 하지 아니하고 일괄적으로 국내법으로 변형하는 것이므로, 통상 헌법의 형식으로 이루어진다. 이에 대하여 개별적 변형은 조약에 대한 동의법률을 제정함으로써 이루어지는 것이 일반적이다.[1]

3. 헌법 제6조 제1항의 의미

가. 국제법규범이 국내법으로 수용되기 위해서는 이를 명시적으로 선언하는 헌법규정을 필요로 한다. 헌법 제6조 제1항은 "헌법에 의하여 체결·공포된 조약과 일반적으로 승인된 국제법규는 국내법과 같은 효력을 가진다."고 규정함으로써 국제법질서를 존중하고 준수하겠다는 헌법의 의지를 표명하면서, 국제법규범을 국내법으로 수용하고 있다. 위 헌법조항은 우리 헌법에서 국제법규범을 국내법으로 수용하는 규정, 이로써 국제법규범에 국내법적 효력을 부여하는 규정이다. 헌법 제6조 제1항은 국제법규범을 '조약'과 '일반적으로 승인된 국제법규'로 구분하고 있다.

나. 한편, 헌법은 국제법과 국내법의 관계에 관하여 명확한 입장을 밝히고 있지 않다. 국제법규범을 국내법으로 수용하는 헌법 제6조 제1항이 '국제법의 수용방식'에 있어서 '채용이론' 또는 '변형이론'을 그 이론적 바탕으로 하고 있는 것인지 명확하지 않다. 위 헌법조항은 어떠한 이론에 의하더라도 설명이 가능하며, 거의 대등한 타당성을 가지고 일원론 또는 이원론에 기초하고 있는 것으로 해석될 수 있다.

'채용이론'의 관점에서 보면, 조약이 체결·공포될 경우에는 공포와 즉시, 일반적으로 승인된 국제법규는 그 자체로 아무런 부가적인 국내적 입법조치를 필요로 함이 없이 헌법 제6조 제1항에 근거하여 국내법적 효력을 가지게 된다. 한편, '변형이론'의 관점에서 보면, 헌법 제6조 제1항이 모든 조약과 국제법규를 일반적으로 국내법으로 변환하는 매개적 입법조치이다. 즉, 위 헌법조항이 모든 조약과 국제법규를 직접 그리고 일반적으로 국내법으로 변환하고 있는 것이다. 따라서 어떠한 이론을 따르든 간에, 위 헌법조항은 우리 헌법에서 국제법규범을 국내법으로 수용하는 규정이다. 나아가, 헌법은 '모든' 조약이 아니라, 오로지 '헌법에 의하여 체결·공포된 조약'만이 국내법으로 수용된다는 점을 명시하고 있으므로, 어떠한 이론을 따르든 간에 헌법의 이러한 명시적인 결정의 구속을 받는다는 점에서 달라지는 것은 없다.[2]

조약의 경우, '헌법에 의하여 체결·공포된 조약'만이 국내법으로 수용되어 국내법적 효력을 가진다. 만일 헌법적 절차에 따라 조약이 체결되었는지의 여부와 관계없이 '모든' 조약이 자동적으로 헌법 제6조 제1항에 의하여 국내법적 효력을 가진다고 본다면, 국회의 동의를 요하는 조약의 경우에는 국회가 동의를 통하여 정부의 외교권을[3] 통제할 수 있는 가능성, 즉 조약에 대한 국회동의권이 무의미하게 된다.[4] 헌법 제6조 제1항은 "헌법에 의하여 체결·공포된 조약"이라는 표현을 통하여, 국가

---

1) 독일의 다수설은 '조약에 대한 동의법률'을 '변형이론에 근거한 국제법규범의 국내법으로의 변형'으로 이해하고 있다.

2) 다만, '모든 조약'이 아니라 단지 '국내법인 헌법에 부합하는 조약' 또는 헌법적 절차에 따라 체결·공포된 조약만이 국내법으로 수용된다는 점에서 보면, 일원론에 바탕을 둔 채용이론보다는 오히려 이원론에 바탕을 둔 변형이론이 더 설득력이 있는 것으로 보인다.

3) 외교권이란 외국이나 국제법상의 다른 주체와의 관계를 규율하는 국가적 관할 또는 국가기능을 말한다.

4) 이에 대하여, 헌법 제6조 제1항은 조약에 대하여 직접 국내법적 효력을 부여하는 근거규범이며, 헌법 제60조 제1항은 단지 이미 국내법적 효력을 부여받은 조약의 국내법상 위상을 결정하는 규범이라는 견해가 있다. 이러한 견해에

가 조약을 체결하는 경우 한편으로는 조약의 내용을 국내법으로 수용해야 하는 국제법적 의무의 이행도 가능하게 하면서, 다른 한편으로는 헌법이 정하고 있는 조약체결절차가 준수되는 것도 확보하고자 하는 것이다.

한편, 자기집행력이 있는 조약뿐만 아니라 자기집행력이 없는 조약도 헌법 제6조 제1항에 의하여 국내법으로 수용됨으로써 국내법적 효력을 가진다.[1] 물론, 자기집행력이 없는 조약의 경우에는 입법자에 의한 입법조치에 의하여 비로소 국내에서 적용이 가능해 진다.

4. 조약의 국내법 수용

가. 헌법 제6조 제1항의 "헌법에 의하여 체결·공포된 조약"의 의미

(1) 조약의 의미

헌법 제6조 제1항에 의하면, 헌법에 의하여 체결·공포된 조약은 국내법과 동일한 효력을 가진다. 조약이란 국제법의 주체 간에 국제법상의 일정한 권리·의무에 관하여 문서로써 합의하는 것을 말한다. 조약은 일반적으로 국제법에 의하여 규율되는 국가 간의 합의로 정의되지만, 국제기구도 국제법 주체로서 국가와 조약을 체결할 수 있으며, 국제기구 간에도 조약을 체결할 수 있다. 형식(서면 또는 구두),[2] 명칭(조약, 협약, 협정, 의정서, 합의록, 선언, 헌장 등) 또는 당사국의 수(兩者 또는 多者)는 중요하지 않다.

(2) "헌법에 의하여"의 의미

조약이 국내법적 효력을 가지기 위해서는 '헌법에 의하여' 체결·공포되어야 한다. 여기서 '헌법에 의하여'란, 헌법이 규정하고 있는 절차, 즉 헌법상의 권한규범과 절차규범에 따라 조약이 체결되어야 한다는 것, 이로써 조약의 체결·공포절차는 합헌적이어야 한다는 것을 의미한다. 따라서 조약이 헌법이 정한 절차에 따라 체결되는 경우에는 국내법적 효력이 발생한다.

한편, 조약이 내용적으로 헌법에 부합해야만 국내법적 효력을 가지는 것은 아니다. 조약의 내용이 합헌적인지의 여부는 국내법적 효력을 결정하는 요소가 아니라, 헌법재판소에 의한 규범통제절차에서 밝혀져야 하는 별도의 사안이다.[3] 법률의 효력발생여부가 법률내용의 합헌여부에 달려있지 않은 것과 마찬가지로, 조약도 그 내용의 합헌여부와 관계없이 헌법이 정한 절차에 따라 체결되어 공포되는 경우에는 국내법적 효력을 발생시키며, 다만 사후적으로 헌법재판소에 의한 사법적 통제의

의하면, 국회의 동의를 필요로 하는 조약은 국회의 동의 여부와 관계없이 일단 헌법 제6조 제1항에 의하여 국내법적 효력을 가지며, 다만 국회의 동의를 받지 아니한 경우에는 국내법적 위상에 있어서는 법률이 아니라 단지 법규명령의 효력을 가진다고 한다.

1) 한편, 독일에서는 조약과 관련하여, 국내에 직접 적용될 수 있는 '자기집행적 조약'만이 국내법질서로 수용되는지 아니면 자기집행력의 여부와 관계없이 모든 조약이 국내법질서로 수용되는지에 관하여 다툼이 있다. 종래에는 첫 번째 견해가 우세하였으나, 근래에는 '국내법적 효력'의 문제와 '법적용기관에 의한 직접적 적용'의 문제를 구분하여, 동의조약의 경우 자기집행력 여부와 관계없이 의회의 동의를 받은 조약은 국내법적 효력을 가진다고 하는 견해가 점차 힘을 얻고 있다. 위 견해에 의하여 비(非)자기집행적 조약도 국내법으로 수용되어 국내법질서에서 일단 '객관적 법'의 일 부분을 구성한다고 한다. 자기집행적 조약은 국내법으로 수용되어 직접 적용된다. 반면에, 비자기집행적 조약은 국내법으로 수용되어, 체약국에게 조약의 내용을 국내 입법조치를 통하여 집행해야 할 의무를 부과한다. 한편, 하나의 동일한 조약도 자기집행적 규정과 비자기집행적 규정을 함께 담고 있을 수 있다.
2) 조약은 원칙적으로 문서의 형식으로 이루어져야 하지만, 예외적으로 구두에 의한 합의도 가능하다.
3) 이와는 달리, 허영, 한국헌법론, 2010, 180면, "조약이 국내법적 효력을 가지기 위해서는 '헌법에 의하여 체결·공포'되어야 하는데, 이는 곧 조약의 체결·공포절차와 조약의 내용이 합헌적이어야 한다는 것을 의미한다."고 한다.

대상이 될 수 있을 뿐이다.

따라서 조약의 내용이 헌법에 위반되는 상황이 발생할 수 있으며, 조약이 헌법에 위반되지만 대한민국을 국제법적으로 구속하는 것이 가능하다. 대한민국에게는 조약 체결로 인하여 국제법적으로는 조약을 시행해야 할 의무가 발생하고, 동시에 국내법적으로는 위헌적인 상태를 제거하기 위하여 조치를 취해야 할 의무도 발생한다.

(3) 헌법상 조약체결절차

헌법은 조약체결의 절차를 다음과 같이 규정하고 있다. 헌법은 제66조 제1항, 제73조에서 조약의 체결·비준권을 외국에 대하여 국가를 대표하는 대통령의 권한으로 규정하면서,[1] 제60조 제1항에서 중요조약의 체결·비준에 대해서는 국회의 동의를 받도록 규정하고 있다. 이로써 헌법은 외교권의 영역에서도 국가기관 간에 권한을 배분하고 있다. 헌법은 외교행위를 원칙적으로 집행부의 권한영역에 귀속시키고 있다. 국회는 외교권의 영역에서 단지 제한된 통제권한을 가질 뿐이다. 외교권은 원칙적으로 정부의 권한에 속하나, 중요한 조약은 국회의 동의를 받아야 한다는 제약을 받는다. 헌법이 명시적으로 규정하는 경우에만, 집행부는 조약체결과 관련하여 국회의 동의를 필요로 한다.

따라서 헌법 제60조에 따라 중요한 조약의 체결·비준이 국회의 동의를 요한다면, 이러한 중요조약은 국회의 동의를 받아야 비로소 '헌법에 의하여 체결·공포된 조약'이고, 이로써 국내법적 효력을 가진다.[2] 국회의 동의를 받아야 함에도 국회의 동의를 받지 아니하고 체결·비준되는 조약의 경우에는 헌법의 규정에 의하여 체결·공포된 조약으로 볼 수 없으므로, 국내법적 효력을 인정할 수 없다.

뿐만 아니라, 조약은 헌법 제6조 제1항에 따라 공포되어야만 국내법과 같은 효력을 가진다. 공포는 조약의 발효요건이므로, 공포되지 않은 조약은 시행될 수 없을 뿐만 아니라 국민이나 법원을 기속하지 못한다. 조약은 관보에 게재함으로써 공포된다(법령 등 공포에 관한 법률 제11조).

나. 조약체결의 절차

(1) 조약체결의 단계

조약체결은 다음과 같은 여러 단계의 절차를 거친다. 첫째, 교섭전권을 가진 전권대표가 정부에 의하여 임명된다.[3] 둘째, 조약문(條約文)에 관하여 합의가 이루어지면, 조약문은 전권대표에 의하여 서명되는데, 이 경우 전권대표 성명의 머리글자(모노그램)만으로 서명이 이루어진다. 셋째, 조약문에 서명한 후, 조약문을 국내법으로 수용하기 위한 국내법적 절차가 진행된다(Transformation). 이 과정에서 조약체결에 대한 국회의 동의를 구하는 것이 필요할 수 있다. 넷째, 조약에 대한 조약당사자 국가의 최종적인 동의는 국가원수에 의하여 이루어지는데, 이를 비준(Ratifikation)이라 한다. 국내법적으로 규정된 절차적 요건이 충족된 이후에 비로소 대통령은 국제법상 국가의 대표로서 다른 조약당사자에 대하여 등장한다. 다섯째, 비준서의 교환이나 기탁에 의하여 조약의 효력이 발생한다.[4]

---

1) 헌법은 제89조 제3호에서 조약안은 국무회의의 심의를 거치도록 규정하고 있다. 국무회의의 심의여부가 정부행위의 효력에 대하여 영향을 미칠 수 없으므로, 국무회의의 심의를 거치지 않은 정부의 조약체결행위는 유효하다.
2) 헌재 2001. 9. 27. 2000헌바20(국제통화기금조약), 판례집 13-2, 322, 327, "이 사건 조항은 각 국회의 동의를 얻어 체결된 것이므로 헌법 제6조 제1항에 따라 국내법적 효력을 가지며, …"
3) 가령, 대한민국의 대사는 조약에 관하여 교섭하여 합의에 이를 것을 위임받을 수 있다.
4) 통상적으로, 多國家 간의 조약의 경우에는 특정수의 비준서가 예치됨으로써 조약이 효력을 발생한다.

(2) 헌법 제73조의 '조약의 체결·비준'의 의미

헌법 제73조에서 언급하는 '조약의 체결·비준'의 의미를 살펴보자면, 조약의 체결이란 협상의 개시, 교섭을 통한 조약문의 채택, 조약문의 서명, 조약에 대한 비준, 비준서의 교환이나 기탁과 같은 조약성립의 전체적인 과정을 의미하는 것이고, 조약의 비준이란 정부대표가 서명한 조약을 조약체결 권자가 확인함으로써 그 조약에 구속됨을 최종적으로 표시하는 행위를 말한다.

다. 국회의 동의가 필요한지의 여부에 따른 조약의 종류 및 조약체결 절차의 차이

(1) 조약의 종류

조약은 체결절차의 관점에서 헌법 제60조 제1항에 따라 국회의 동의를 얻어 체결하는 조약(소위 '동의조약')과 국회의 동의 없이 대통령이 단독으로 체결하는 조약(소위 '비동의조약')으로 구분할 수 있다. 조약이 국제법상으로 구속력을 가지기 전에 국회의 동의를 필요로 하는지의 문제가 제기되는데, 이는 조약의 종류와 내용에 달려있다. 조약은 국내법으로의 수용의 관점에서 동의조약(Staatsvertrag)과 행정협정(Verwaltungsabkommen)으로 구분할 수 있다. 동의조약이란, 입법기관만이 국내법으로 수용할 수 있는 그러한 조약을 말한다. 행정협정이란 정부가 자신의 관할 내에서 국회의 동의 없이 국내법으로 수용할 수 있는 그러한 조약을 말한다.

조약의 국내법적 효력의 정도(국내법상 위상)는 국회의 동의를 필요로 하는지의 여부에 따라 달라진다. 국회의 동의를 필요로 하는 조약에 대해서는 법률의 효력이, 국회의 동의를 필요로 하지 않는 조약에 대해서는 법규명령의 효력이 인정된다.[1] 조약이 어떻게 명명되는지가 아니라 의회의 동의를 필요로 하는지의 여부가 조약의 국내법적 위상을 판단함에 있어서 결정적인 기준이 된다.[2]

(2) 국회의 동의를 필요로 하는 조약(동의조약)

(가) 헌법 제60조 제1항

헌법은 제60조 제1항에서 "국회는 상호원조 또는 안전보장에 관한 조약, 중요한 국제조직에 관한 조약, 우호통상항해조약, 주권의 제약에 관한 조약, 강화조약, 국가나 국민에게 중대한 재정적 부담을 지우는 조약 또는 입법사항에 관한 조약의 체결·비준에 대한 동의권을 가진다."고 하여 국회의 동의를 필요로 하는 조약을 구체적으로 명시하고 있다. 위에서 언급하는 7 가지의 유형은 예시적인 것이 아니라 열거적인 것이다. 국가기관간의 권한과 관할을 규율하는 헌법규정은 그 권한의 한계를 제시하는 확정적인 규정으로 이해해야 하고, 이러한 의미에서 해석되어야 한다. 헌법이 정하고 있는 위 조약들은 그 내용에 따라 크게 3 가지 사유로 나누어 볼 수 있다.

국회의 동의를 요하는 조약의 범위는 국가공동체의 본질적 결정은 의회에 의하여 결정되어야 한다는 '본질성이론'의 관점에서 이해되어야 하고, 이러한 의미에서 헌법이 정하고 있는 동의조약의 유형은 '본질성이론'의 헌법적 표현이라고 할 수 있다.

---

1) 헌재 2001. 9. 27. 2000헌바20(국제통화기금조약), 판례집 13-2, 322, 327, "이 사건 조항은 각 국회의 동의를 얻어 체결된 것이므로 헌법 제6조 제1항에 따라 국내법적 효력을 가지며, 그 효력의 정도는 법률에 준하는 효력이라고 이해된다."

2) 헌재 1999. 4. 29. 97헌가14(한미방위조약 제4조에 의한 시설과 구역 및 미국군대의 지위에 관한 협정), 판례집 11-1, 273, "이 사건 조약은 그 명칭이 '협정'으로 되어 있어 국회의 관여 없이 체결되는 행정협정처럼 보이기도 하나 우리나라의 입장에서 볼 때에는 외국군대의 지위에 관한 것이고, 국가에게 재정적 부담을 지우는 내용과 입법사항을 포함하고 있으므로 국회의 동의를 요하는 조약으로 취급되어야 한다."

(나) 국회의 동의를 요청하는 3가지 사유

1) 조약이 국제사회에서 대한민국의 정치적 관계를 본질적으로 규율하는 경우

헌법이 국회의 동의를 요청하는 첫 번째 경우는, 조약이 국제사회에서 대한민국의 정치적 관계를 본질적으로 규율하는 경우, 즉 조약에 의하여 국가의 존립, 영토의 불가침성, 국가의 독립성, 국제사회에서 국가의 지위나 비중이 직접적으로 영향을 받는 경우이다. 이러한 조약은 대한민국에 대하여 고도의 정치적 비중과 효과를 가지는 조약이다. 헌법은 이러한 경우를 5개의 내용적 유형을 통하여 구체화하고 있다.

'상호원조 또는 안전보장에 관한 조약'이란, 외부로부터의 침략에 대하여 국가의 안전을 보장하기 위하여 국가 상호간 또는 국가와 국제기구 간에 군사적인 상호원조를 약속하거나 군사적 동맹체를 결성하는 조약을 말한다.[1] 가령, 한미방위조약이 이에 속한다.

'중요한 국제조직에 관한 조약'이란, 국제연합과 같은 중요한 국제조직을 구성하는 조약이나 국제조직과 국제법주체 간의 조약을 말한다.

'우호통상항해조약'이란 우호관계에 있는 국가 간에 통상과 항해에 관한 권리와 의무를 설정하는 조약으로서 통상 당사국 국민의 입국·거주·영업 등에 관하여 규정한다. 우호통상항해조약은 주로 경제·사회·문화의 영역과 관련되는 조약으로 정치적 조약의 다른 유형과 비교할 때 그 정치적 비중이 상대적으로 적지만, 헌법은 이러한 비정치적 조약도 동의를 요하는 조약으로 규정하고 있다.

'주권의 제약에 관한 조약'이란, 영역에 대한 배타적 관할권 또는 인적 관할권을 배제 또는 제한하거나 통치권을 제한하는 조약을 말한다.[2] 대표적인 예로는 유럽공동체의 설립 및 가입과정에서 개별회원국이 헌법을 개정하여 주권의 이양을 규정하는 경우를 들 수 있다.

'강화조약'이란 전쟁을 종결시키고 평화를 회복하며 戰後 문제의 처리를 위하여 교전국 간의 합의에 의한 조약이다.

2) 입법사항에 관한 조약의 경우

국회의 동의가 필요한 두 번째 경우는, 입법사항에 관한 조약의 경우이다. 조약의 집행을 위하여 법률을 필요로 하는 경우가 이에 해당한다. 즉, 조약을 시행하기 위해서는 국내법의 제정이나 개정이 필요한 경우이다. 이러한 경우는, 대통령이 조약에 의하여 국제법상 의무를 지고, 그 의무의 이행이 단지 국내의 입법조치에 의해서만 가능하다는 것을 전제로 하고 있다.[3] 정부가 국회의 협력 없이는 이행할 수 없는 국제법상의 의무를 지지 않도록, 입법사항에 대하여 국회의 사전 동의를 규정하고 있는 것이다. 한편, 별도의 입법조치 없이 직접 적용될 수 있는 '자기집행력이 있는 조약'의 경우에도 조약의 규율대상이 국민의 권리와 의무에 관한 사항을 비롯하여 입법자에 의하여 직접 결정되어야 하는 사항이라면, 그러한 조약은 국회의 동의를 받아야 한다.

헌법이 입법사항에 관한 조약에 대하여 국회동의를 받도록 규정하고 있는 의미와 목적은 첫째, 국내법적으로 조약의 집행을 보장하고자 하는 것이며, 둘째, 국내법적 법률유보(의회유보)가 정부의

---

1) 국제연합(유엔)헌장 제51조에서 언급하는 '집단적 자위'를 사전에 약속하는 조약이나 위 헌장 제8장에서 다루고 있는 지역적 약정이 이에 해당한다.
2) 가령, 영토할양조약이나 조차지설정조약을 통하여 외국의 주권이 우리나라의 특정 지역에 미치게 하는 경우가 이에 해당한다.
3) Vgl. BVerfGE 1, 372, 388f.

조약체결에 의하여 잠식되는 것을 방지함으로써, 법치국가에서 법률유보원칙이 유지되는 것을 보장하고자 하는 것이며, 셋째, 이로써 동시에 입법자의 결정의 자유를 보장하고자 하는 것이다.

입법사항에 관한 조약이란, 조약이 그 내용상 법률유보원칙에 따라 법률로써 규율되어야 하는 사항(입법사항)을 규율대상으로 하는 경우를 말한다. 입법사항이 무엇인지, 어떠한 사항이 의회의 법률에 의하여 규율되어야 하는지는 법률유보에 관한 일반적인 헌법원칙에 의하여 판단된다. 전통적인 법률유보(침해유보)의 사고는 오늘날 본질성이론(本質性理論)에 기초한 의회유보원칙으로 발전하였다. 국가공동체에게 중요한 의미를 가지는 본질적인 문제는 국민의 대표기관인 의회에 유보되어야 하고 의회가 직접 결정해야 한다. 따라서 헌법이 법률로써 규율하도록 입법자에게 명시적으로 위임하고 있는 사항, 즉 국가조직에 관한 기본적이고 본질적인 사항 및 국가의 중요정책사항은 물론이고, '국민의 권리·의무에 관한 사항'를 비롯하여 국가공동체의 모든 중요하고 본질적인 문제는 입법자가 스스로 법률로써 결정해야 한다.

3) 국가나 국민에게 중대한 재정적 부담을 지우는 조약의 경우

국회의 동의를 필요로 하는 또 다른 경우는 '국가나 국민에게 중대한 재정적 부담을 지우는 조약'의 경우이다. 국가나 국민에게 중대한 재정적 부담을 지우는 조약이란, 조약을 체결함으로써 국가의 중대한 재정지출을 야기하거나 차관협정 등과 같이 주채무나 보증채무를 부담하는 조약을 말한다.

국가나 국민에게 중대한 재정적 부담을 지우는 조약은 예산의 확보를 전제로 하는 것이고, 예산의 확보는 헌법 제54조에 의하여 국회의 의결을 필요로 한다. 정부가 국채나 보증채무 등의 형태로 예산 외에 국가의 재정적 부담을 의도하는 경우에는 헌법 제58조에 의하여 국회의 의결을 필요로 한다. 따라서 정부가 예산안편성을 통하여 지출을 의도하거나 예산 외 국가의 재정적 채무를 의도하는 경우 국회의 사전적 의결을 얻어야 하는 것과 마찬가지로, 조약체결에 의하여 그와 동일한 효과가 발생하는 경우에도 국회의 동의를 얻어야 하는 것이다. 국가나 국민에게 중대한 재정적 부담을 지우는 조약에 대하여 국회의 동의를 규정한 것은 헌법 제54조 등에 규정된 '재정에 관한 국회의 결정권한'으로부터 나오는 당연한 결과이다.[1]

(다) 3가지 사유의 중복적 인정 가능성

한편, 특정 조약이 국회의 동의를 필요로 하는 것인지를 판단함에 있어서 위 3가지 사유가 적지 않은 경우 중복적으로 인정될 수 있다. 가령, 한미행정협정 결정에서 헌법재판소는 '외국군대의 지위에 관한 것이라는 점, 국가에게 재정적 부담을 지운다는 점, 입법사항을 포함한다는 점 등에서 헌법 제60조에 근거해서 국회의 동의를 요한다'고 판시하고 있다.[2]

(3) 국회의 동의를 필요로 하지 않는 조약(비동의조약 또는 행정협정)

행정협정도 동의조약과 마찬가지로 국제법상의 조약에 해당한다.[3] 따라서 행정협정은 단지 행정부나 일부 행정청만을 구속하는 것이 아니라 국제법의 주체인 국가(대한민국)를 구속한다. 행정협정

---

1) 독일의 경우, 예산은 예산법률에 의하여 확정되므로, 세 번째 경우를 입법사항에 관한 조약의 한 유형으로 보고 있다.
2) 헌재 1999. 4. 29. 97헌가14, 판례집 11-1, 273, 281-282.
3) 미국의 경우, 연방헌법은 제2조 제2항에서 대통령은 "상원의 조언과 동의를 얻어 조약을 체결할 권한을 가진다."고 규정하고 있는데, 상원의 승인을 요하지 않는 조약을 행정협정(executive agreement)이라 명칭하고 있다. 독일에서도 의회의 동의법률을 필요로 하지 않는 조약을 행정협정(Verwaltungsabkommen)이라 한다(기본법 제59조 제2항 제2문).

은 국제사회에서 대한민국의 정치적 관계를 본질적으로 규율하지도 않고 입법사항에 관한 것도 아닌 모든 조약, 이로써 정부가 체결에 필요한 권한과 수단(행정입법 등)을 가지고 있는 조약을 말한다. 이러한 조약의 경우, 대통령은 헌법 제73조의 조약체결권을 근거로 하여 국회의 동의 없이 단독으로 체결할 수 있다. 조약이나 법률의 위임에 의한 사항, 조약의 시행을 위하여 필요한 사항[1] 또는 정부의 행정권에 관한 사항을 정하는 조약 등이 이에 해당한다.[2]

(4) 조약의 종류에 따른 체결절차의 차이

조약체결의 절차는 국가조약인지 아니면 행정협정인지에 따라 달라진다. 일반적으로 국회의 동의를 필요로 하는 조약이 대통령의 비준행위에 의하여 국제법상 효력이 발생하는 반면, 행정협정은 일반적으로 대통령에 의하여 비준되는 것이 아니라 정부의 서명에 의하여 국제법상으로 유효하게 체결된다.

국회의 동의를 필요로 하지 않는 행정협정은 정부에 의하여 체결되어 서명됨으로써 국제법상 효력을 가진다. 이에 대하여 조약체결을 위하여 국회의 동의가 필요한 경우에는 조약체결은 '조약서의 서명'과 '국제법상의 효력발생을 위한 비준'이라는 두 단계로 이루어진다. 이 경우, 국내법적으로 국회의 동의가 필요하다면, 조약이 그 효력발생을 위하여 별도의 비준을 필요로 한다는 조건에 의하여 이러한 국내법상의 절차적 요건의 이행이 확보된다. 비준서의 교환에 의하여 조약은 국제법상으로 유효하다.

라. 조약에 대한 국회동의권

(1) 국회동의권의 헌법적 의미와 기능

(가) 첫째, 국회의 동의는 정부에 대한 의회의 통제수단으로 기능한다.[3] 국회의 동의는 대통령에게 최종적으로 조약을 비준할 수 있는 권한을 부여함으로써 대통령의 조약체결권한을 통제하는 기능을 한다. 국회의 동의는 대통령이 조약비준권을 합헌적으로 행사하기 위한 조건이다. 따라서 대통령이 헌법상 국회의 동의를 얻어야 함에도 국회의 동의 없이 조약을 비준한 경우에는 대통령의 권한행사는 위헌적이다.

국제사회에서 국가의 정치적 관계를 본질적으로 규율하는 조약의 경우, 정부의 외교정책적 결정은 동의절차를 통하여 국회에 의하여 통제되어야 하고, 동시에 국회와의 '공동책임의 대상'이 되어야 한다. 조약의 규율대상이 입법사항에 관한 경우, 국민의 권리와 의무의 형성에 관한 사항을 비롯하여 국가공동체의 기본적이고 본질적인 사항은 동의절차를 통하여 궁극적으로 국민의 대표자인 국회에 의하여 확정되어야 한다.

(나) 둘째, 헌법이 조약의 비준 이전에 국회의 사전 동의를 얻도록 규정한 것은 조약의 국내법적 집행을 보장하는 기능을 한다. 국회의 동의요건은, 정부가 국내적으로 그 이행이 보장되지 않는 조약상의 의무를 지는 것을 방지한다. 국회의 동의요건은 조약의 원활한 집행에 기여한다는 점에서, 헌법 제60조 제1항은 간접적으로 헌법의 '국제법 존중주의'를 구성하는 하나의 요소이다.

---

1) 조약에 규정된 내용을 시행하기 위하여 세부사항에 관한 집행적 성격의 합의가 필요한 경우, 즉 조약의 시행과 집행을 위하여 보충적인 합의가 필요한 경우에 주로 행정협정이 체결된다.
2) 국가 간의 단순한 행정협조적 또는 기술적 사항에 관한 조약, 예컨대 Visa 협정, 문화교류에 관한 협정 등이 국회의 동의를 요하지 않는 행정협정에 속한다.
3) Vgl. BVerfGE 36, 1, 13; 90, 286, 357.

국제법상의 구속이 대통령의 비준행위에 의하여 발생하기 때문에, 정부가 국회의 동의 없이 국제법상의 의무를 부담하는 경우 국회가 조약의 내용에 대하여 동의하지 않음에도 국제법상의 구속으로 인하여 입법을 해야 하는 사실상의 강제가 발생할 수 있다. 헌법은 제60조 제1항에서 국제법상의 효력이 발생하기 전에 국회의 동의를 받도록 함으로써, 이러한 상황을 사전에 방지하고자 하는 것이다.

한편, 국내에서 조약을 집행하기 위하여 국내의 입법조치가 필요한 조약(비자기집행적 조약)의 경우에만 국회동의요건은 조약집행을 보장하는 기능을 한다. 따라서 국회동의의 이러한 기능은 단지 입법사항에 관한 조약 중 비자기집행적 조약의 경우에만 인정되는 것이다. 반면에, '정치적 조약'의 경우 국내에서 집행되기 위하여 별도의 입법조치가 필요 없기 때문에 의회동의의 기능은 대정부 통제기능에 국한된다.[1]

(다) 셋째, 국회의 동의는 대통령의 비준행위와 동시에 조약에 국내법적 효력을 부여한다. 국회의 동의는, 조약이 국내법상의 효력을 발생시키기 위한 전제조건이다.[2]

조약이 국내법상으로도 효력을 발생하기 위해서는 원칙적으로 대통령이 비준하기 이전에 국회의 사전 동의가 있어야 한다. 국회동의의 목적(대정부 통제, 조약 집행의 보장)으로부터 동의는 비준 이전에 이루어져야 한다는 요청이 나온다. 사후의 승인은 헌법위반이다. 국회가 이미 국제법적으로 구속력을 가진 조약에 대하여 사후적으로 승인하는 경우, 헌법적 하자는 소급적으로 치유된 것으로 간주된다.

(2) 헌법 제60조 제1항의 "조약의 체결·비준"의 의미

한편, 헌법은 제60조 제1항에서 "조약의 체결·비준"에 대한 국회의 동의권을 규정하고 있는데, 여기서 '체결·비준'의 의미가 무엇인지, 국회동의권이 조약의 비준뿐 아니라 체결행위에 대해서도 미치는지의 문제가 제기된다. 헌법 제60조 제1항의 국회동의권의 헌법적 의미와 기능에 비추어, "조약의 체결·비준에 대한 동의권"이란, 정부의 조약체결 전체과정에 대한 동의권을 의미하는 것이 아니라 단지 조약의 비준행위에 대한 동의권을 의미하는 것으로 이해해야 한다. 즉, '체결·비준'은 체결과 비준으로 구분하여 각 독립적으로 이해할 것이 아니라 국제법상 효력을 발생시키는 조약에 대한 기속적 동의표시를 의미하는 것으로 통일적으로 이해해야 한다. 헌법은 '체결'의 표현을 통하여 비준 외의 방법으로도 기속적 동의가 이루어지는 조약(가령, 서명만으로 체결되는 약식조약 등)에 대해서도 국회의 동의권을 규정하고자 한 것이다.

(3) 대통령이 국회의 동의 없이 비준하는 경우

한편, 조약체결에 관한 국내법상 절차와 구분해야 하는 것은, 외국에 대한 대통령의 국제법상의 대표권한이다. 대통령은 국제법상의 대표권한을 근거로 외국과 조약을 체결·비준하고 조약에 국제법상의 구속력을 발생케 할 수 있다. 그러나 조약은 국가 간의 합의로서 국가와 국민에 대하여 중대한 영향을 미칠 수 있기 때문에, 대통령은 주요조약의 경우 국회의 동의를 받아야 한다는 헌법적 제약을 받는다.

---

1) 한편, 조약이 오로지 다른 국제법상의 주체에 대하여 대한민국의 정치적 관계를 규율하는 경우(소위 정치적 조약)에는 국내법에 의한 집행을 필요로 하지 않는다. 이러한 조약은 자기집행력이 없는 조약이 아니라, 집행이 필요 없는 조약이다.
2) 同旨 허영, 한국헌법론, 2010, 181면.

그러나 국가 내부적으로 헌법상 대통령에게 부여된 권한의 일탈은 국제법상으로는 원칙적으로 문제되지 않는다.[1] 조약의 국제법상의 효력은 오로지 대통령의 비준행위에 의하여 발생하므로, 대통령이 국회의 동의 없이 비준한 경우에도, 그 조약은 국제법적으로 유효하게 성립한다. 그러나 국내법상으로는 대통령에게 조약을 국내법으로 수용하는 권한이 없다. 대통령은 나중에 국회의 승인을 얻지 못하는 경우 국내법상으로 이행할 수 없는 국제법상의 의무를 지게 될 것이고, 상대방 국가에 대하여 손해배상의 의무를 지게 될 것이다.

대통령이 조약비준을 위하여 국회의 동의를 필요로 함에도 동의 없이 비준을 한 경우, 국회는 대통령의 위헌적 비준행위로 인하여 자신의 동의권이 침해당했다는 주장으로 헌법재판소에 권한쟁의심판을 청구할 수 있고, 나아가 대통령의 헌법위반을 이유로 탄핵의 소추를 의결할 수 있다. 물론, 헌법재판소가 대통령의 비준행위의 위헌성을 확인한다 하더라도, 이는 조약의 국제법상의 효력에는 원칙적으로 영향을 미치지 않는다.

(4) 수정동의의 허용여부

조약의 비준에 대한 동의권을 행사함에 있어서 수정동의는 허용되지 아니하며, 국회는 조약을 전체로서 동의하든지 아니면 거부하든지 해야 한다. 국회가 조약에 대하여 수정동의를 할 수 있다면, 국회는 조약의 내용을 구체적으로 형성하는 조약체결행위를 스스로 담당하는 것이므로, 정부의 조약체결권한($\frac{\text{헌법}}{\text{제73조}}$)을 침해하는 것이 된다.

마. 조약의 자기집행력

자기집행적 조약(self-executing treaty)이란, 조약을 시행하는 별도의 입법조치 없이 그 자체로서 국내에서 법적용기관(행정청과 법원)에 의하여 직접 적용될 수 있는 조약을 말한다. 조약이 직접적으로 국가의 법적용기관(행정청과 법원)이나 개인을 대상으로 하는 경우에만 직접 적용이 가능한 자기집행적 조약이다.

조약이 자기집행력을 가지기 위해서는, 법률과 마찬가지로 그 내용에 있어서 명확해야 하고, 집행을 위한 자세한 기준을 제시해야 한다. 한편, 조약이 직접 적용될 수 있는 자기집행적 조약이라 하더라도, 그러한 조약이 반드시 개인의 주관적 권리와 의무를 발생시키는 것은 아니다. 따라서 조약이 자기집행적 조약인지의 문제와 조약을 근거로 직접 개인이 헌법소원 등 소송을 제기할 수 있는지의 여부는 별개의 문제이다.

이에 대하여, 조약이 그 내용상 국가 자체를 대상으로 하는 경우, 국내에서 적용되기 위해서는 조약당사국의 국내적 입법조치(이행입법)를 필요로 한다. 자기집행력이 없는 조약(非자기집행적 조약)은 입법자의 이행입법이 이루어지기 전까지는 국내에서 법적용기관에 의하여 직접 적용될 수 없다.

바. 조약에 대한 규범통제

> **사례** | 헌재 2001. 9. 27. 2000헌바20(국제통화기금조약 사건)
>
> 甲은 국제통화기금(IMF)의 긴축통화정책으로 인한 살인적 고금리 등 국제통화기금의 본래의 목적

---

[1] 다만, 예외적으로 중대하고 명백한 내국법의 위반의 경우, 당사국은 자신의 동의의 무효를 또한 외부에 대해서도 주장할 수 있다(조약법에 관한 빈 협정 제46조).

범위를 벗어난 불법행위로 인하여 직장을 잃는 등 피해를 입었다며, 국제통화기금을 상대로 서울지방법원에 손해배상소송을 제기한 뒤, 국제통화기금의 재산과 자산에 대한 사법절차 면제 및 그 직원의 공적 행위에 대한 사법절차 면제를 규정하고 있는 국제통화기금협정의 관련규정이 국민의 재판청구권을 침해하는 것이라는 주장으로 위헌법률심판제청신청을 하였으나 기각되자, 헌법소원심판을 청구하였다.[1]

(1) 규범통제의 대상으로서 조약

국가간의 교류와 국제협력이 강화되고 국민의 더 많은 생활영역이 조약에 의하여 규율됨에 따라, 조약이 헌법재판에서 차지하는 비중이 증가하고 있다. 국가기관은 조약의 체결에 있어서 헌법을 준수해야 하기 때문에, 조약의 내용은 헌법에 합치해야 한다. 따라서 조약이 규범통제의 대상이 될 수 있는지 여부가 문제된다.

헌법 제6조 제1항에 의하여 국내법과 같은 효력을 가진 조약의 체결행위는 헌법재판소법 제68조 제1항의 의미에서 '공권력의 행사'에 해당하므로 헌법소원의 대상이 될 수 있다. 나아가, 조약에 대한 헌법소원이 적법하기 위해서는 국내에 직접 적용이 가능한 '자기집행적인 조약'이어야 하고, 조약이 개인에 대하여 직접 기본권을 제한하거나 의무를 부과함으로써 기본권침해의 직접성이 인정되어야 한다.

또한, 조약은 형식적 의미의 법률에 해당하지는 않지만, 국회의 동의를 얻은 조약은 국내법에서 법률과 같은 효력을 지님으로써 법관에 의한 위헌제청의 대상이 될 수 있다.[2] 물론, 조약이 그 집행을 위한 별도의 입법조치 없이 국내에서 직접 적용될 수 있는 경우에만, 조약은 구체적인 소송사건에서 재판의 전제가 될 수 있다. 비자기집행적 조약의 경우, 입법자의 이행입법이 이루어지기 전까지는 조약은 국내에서 법적용기관에 의하여 직접 적용될 수 없으므로, 비자기집행적 조약에 대해서는 '조약의 위헌여부에 따라 재판의 결과가 달라질 수 있는지'의 의미에서 '재판의 전제성'이 인정되지 않는다.

한편, 조약 중에서 국회의 동의를 필요로 하지 않는 행정협정은 법규명령의 효력을 가지므로, 이에 대해서는 법원이 위헌심판제청을 할 필요가 없이 스스로 위헌여부를 판단한다(헌법 제107조 제2항).

(2) 조약에 대한 헌법재판소의 위헌선언의 효과

헌법재판소가 국내법적 효력을 가지는 조약에 대하여 위헌으로 선고하는 경우, 어떠한 효과가 발생하는지 문제된다. 조약의 국제법상 효력은 오로지 대통령의 비준행위에 의하여 발생한다. 조약의 국제법상 효력은 국제법에 의하여 결정되는 것이지, 당사국의 국내법에 의하여 좌우되지 않는다. 따

---

1) 헌법재판소는 위 결정에서, 청구인의 심판청구는 이 사건 심판대상조항의 위헌여부를 다투는 것이 아니라 이 사건 법률조항을 특정한 내용으로 해석하는 한 위헌이라는 한정위헌을 구하는 것으로 이러한 한정위헌청구는 부적법하다고 하여 심판청구를 각하하였다.

2) 헌재 2001. 9. 27. 2000헌바20(국제통화기금조약), 판례집 13-2, 322, 327, "헌법재판소법 제68조 제2항은 심판대상을 '법률'로 규정하고 있으나, 여기서의 '법률'에는 '조약'이 포함된다고 볼 것이다. 헌법재판소는 국내법과 같은 효력을 가지는 조약이 헌법재판소의 위헌법률심판대상이 된다고 전제하여 그에 관한 본안판단을 한 바 있다(헌재 1999. 4. 29. 97헌가14, 판례집 11-1, 273 참조). 이 사건 조항은 각 국회의 동의를 얻어 체결된 것이므로 헌법 제6조 제1항에 따라 국내법적 효력을 가지며, 그 효력의 정도는 법률에 준하는 효력이라고 이해된다. 한편 이 사건 조항은 재판권 면제에 관한 것이므로 성질상 국내에 바로 적용될 수 있는 법규범으로서 위헌법률심판의 대상이 된다고 할 것이다."

라서 국내법상의 절차적 하자(국회의 동의 없이 비준한 경우) 또는 헌법위반을 이유로 비준된 조약의 국제법적 효력을 문제 삼을 수 없다.

한편, 헌법재판소에 의하여 위헌으로 선고된 조약은 국내법으로서만 효력을 상실한다. 헌법재판소결정의 기속력으로 말미암아 국가기관은 조약에 따른 권리행사나 의무이행을 할 수 없다. 국가는 국제법적으로 조약을 이행하지 아니한 책임을 지게 된다. 이에 따라 조약에 대한 위헌결정은 국내법적 상황과 국제법상 상황의 괴리현상을 가져온다.

(3) 사후적 규범통제의 한계 및 사전적 규범통제의 도입필요성

따라서 조약의 위헌여부에 대한 사후적 심사는 바람직하지 않기 때문에, 조약의 위헌여부를 사전적으로 통제해야 할 필요가 있다. 사전적 규범통제란 규범통제의 대상인 법규범이 공포되기 이전에 그 위헌성을 심사하는 제도로서 추상적 규범통제의 일종이다.

이러한 이유에서 프랑스, 스페인, 포르투갈 등에서는 조약에 대한 사전적 규범통제절차를 도입하여, 의회의 동의가 필요한 경우에는 의회가 동의를 의결하기 전에 조약의 합헌성에 대한 사전적 심사를 가능하게 하고 있다. 독일의 경우, 조약에 대한 동의법률은 연방헌법재판소의 판례에 의하여 예외적으로 연방대통령의 서명과 공포 이전에 추상적 규범통제를 통하여 다툴 수 있도록 함으로써, 의회의 의결 후 조약법률의 공포 이전에 이루어지는 사전적 규범통제가 가능하다.

(4) 조약에 대한 헌법재판소의 사법적 심사의 한계

조약은 헌법재판의 대상이 될 수 있으나, 헌법재판소에 의한 사법적 심사에는 한계가 있다. 헌법재판소에 의한 조약의 내용적 통제는 '어느 정도로 외교·국방의 영역에서 정치적 결정에 대하여 사법부의 심사가 가능한지' 하는 근본적인 문제(통치행위의 문제)를 제기하며, 이러한 문제는 결국 헌법재판소와 정치적 헌법기관 사이의 권한배분의 문제로 귀결된다. 조약의 내용을 이루는 주된 사안은 외교·통일·국방에 관한 사안이다. 헌법은 외교·통일·국방에 관하여 단지 자유민주적 기본질서에 입각한 평화통일의 원칙과 평화주의만을 목표로 제시할 뿐이고, 이러한 목표를 어떻게 실현할 것인지에 관하여 다양한 방법과 가능성을 개방하고 있다. 외교·국방정책은 정치적으로 잘못되었다고 비판할 수는 있으나, 헌법적 판단이 사실상 불가능한 정치적 현실에 대한 예측판단에 기초하고 있다.

5. 일반적으로 승인된 국제법규의 국내법 수용

가. 국제법규의 국내법 수용절차

일반적으로 승인된 국제법규는 헌법 제6조 제1항에 의하여 국내법과 같은 효력을 가진다. 일반적으로 승인된 국제법규는 조약과는 달리 특별한 수용절차 없이 직접 국내법으로 편입된다. 헌법 제6조 제1항은 일반적으로 승인된 국제법규에 대하여 국내법적인 구속력을 부여하는 창설적 규정이다.

일반적으로 승인된 국제법규도 더 이상의 국내법규범(시행규정)을 필요로 함이 없이 직접 국내법적 효력을 발생시켜야 한다. 따라서 자기집행적 국제법규만이 국내법으로 수용될 수 있다. 단지 국가만을 대상으로 하는 국제법규는 국내적 집행이 불가능하다. 이러한 점에서, 일반적으로 승인된 국제법규를 국내법으로 수용하는 헌법 제6조 제1항의 현실적 의미는 매우 적다고 할 것이다.

나. 일반적으로 승인된 국제법규

일반적으로 승인된 국제법규란, 국제사회의 대다수의 국가에 의하여 승인되어 보편적인 효력을 가지는 국제법규를 말한다. 국제법의 法源인 국제조약, 국제관습법 및 일반적 법원칙 중에서 어떠한 국제법규범이 이에 속하는지 의문이 제기된다.

일차적으로, 보편적인 국제관습법(외교관 대우에 관한 일반원칙 등)이 '일반적으로 승인된 국제법규'에 포함된다. 조약의 경우, 제2차 세계대전 이후 UN의 기구에 의하여 보편적인 국제관습법의 성문화가 이루어졌는데, 이러한 과정에서 관습법적 성격과 조약의 구성부분이라는 이중적인 법적 성격을 가지고 있는 조약, 즉 보편적인 국제관습법의 규범을 성문화한 조약(포로에 관한 제네바 협정, 외교관계에 관한 비엔나 협약 등)은 일반적으로 승인된 국제법규에 속한다. 한편, 일반적 법원칙은 그것이 국제법질서에서 파생하였다면 통상 국가간의 관계만을 규율하므로 자기집행력이 없어 헌법 제6조 제1항의 국제법규에 포함되지 아니하고, 국내법질서와 공통적인 법원칙으로 이해한다면 그것은 이미 국내법질서에 존재하고 있으므로 국내법으로의 수용이 불필요하다.

다. '일반적 승인'의 의미

국제법규가 일반적으로 승인된 것인지를 판단함에 있어서, 모든 국가가 국제법규를 승인할 것이 요구되지는 않는다. 또한, 우리나라가 스스로 국제법규를 승인하였는지의 여부도 결정적인 기준은 아니다. 우리나라에 의하여 승인되지 않았다 하더라도 국제사회의 대다수의 국가에 의하여 승인되었다면, 그러한 국제법규는 범세계적인 효력을 가지는 일반적이고 보편적인 국제법규라 할 수 있다. 헌법 제6조 제1항을 국제법질서를 존중하고자 하는 헌법적 결정으로 이해한다면, 우리나라가 국제법규의 구속을 받는지의 여부가 전적으로 자국에 의한 승인여부에 의해서만 판단될 수는 없다고 할 것이다. 따라서 우리나라에 의하여 승인되지 아니한 국제법규라고 하더라도 '일반적으로 승인된 국제법규'로서 국내법적 효력을 가지는 것을 배제하지 않는다. 다만, 불확실한 경우에는 우리나라가 승인한 경우에만 헌법 제6조의 '일반적으로 승인된 국제법규'로 간주될 수 있다.

라. 헌법재판소에 의한 규범통제

헌법재판소는 헌법소원심판을 통하여 일반적으로 승인된 국제법규에 대한 심사가 가능하다. 헌법재판소는 이 과정에서 일차적으로, 어떠한 국제법규범이 헌법 제6조 제1항의 의미에서의 국제법규에 속하는지, 국제법규가 국내법으로 편입되었는지, 국제법규가 자기집행력이 있고 국민에 대해서도 권리와 의무를 발생시키는지에 관하여 판단해야 한다.

Ⅲ. 외국인의 법적 지위 보장

헌법 제6조 제2항은 "외국인은 국제법과 조약이 정하는 바에 의하여 그 지위가 보장된다."고 규정하고 있다. 이로써 헌법은 외국인과 관련해서도 국제법질서를 존중하겠다는 의사를 명시적으로 밝히고 있다. 외국인에 대하여 相互主義原則에 따라 그 법적 지위를 보장하는 것이 오늘날 국제법적으로 확립된 관례이다.

제3절 平和統一의 原則

I. 국가목표·과제로서 조국통일

건국헌법은 대한민국의 영역을 한반도 전역으로 규정하면서, 통일에 관한 별도의 조항을 두지 않았다. 1972년 '7·4 남북공동선언' 직후 채택된 유신헌법에서 평화통일조항을 신설하였고, 현행 헌법에서 보다 상세한 규정을 두고 있다. 헌법은 전문에서 '조국의 평화적 통일의 사명'이라고 하여 '평화적 통일'을 조국의 사명으로 명시하고, 제4조에서 "대한민국은 통일을 지향하며, 자유민주적 기본질서에 입각한 평화적 통일정책을 수립하고 이를 추진한다."고 규정함으로써, 국가에게 통일의 과제와 목표를 부과하면서 목표실현의 방법으로서 '평화통일'의 수단을 제시하고 있다.

제2차 세계대전 이후 미·소 열강의 이데올로기 대립으로 인하여 일부 국가가 분단된 이래, 한국은 현재 지구상에서 유일한 분단국가로 남아있다. 조국통일은 민족의 지상과제이자 중대한 국가목표로서 모든 국가기관을 구속한다. 이로써 모든 국가기관은 조국통일이라는 목표를 평화적 수단을 사용하여 실현해야 할 의무를 진다. 평화통일의 국가목표는 단지 '통일이라는 목표설정'과 '수단의 平和性'에 있어서 국가기관을 구속할 뿐, 그 외에 어떠한 방법으로 평화적 통일을 실현할 것인지에 관하여는 국가기관의 광범위한 형성권에 위임하고 있다.[1] 가령, 평화통일의 국가목표를 헌법적으로 규정한 것은, 특정 정책적 결정은 합헌이고, 다른 정책적 결정은 위헌이라는 것을 의미하지 않는다. 조국통일의 목표가 평화적인 방법으로 추구되고 있는 한, 통일정책을 구속하는 그 이상의 지침은 헌법에서 발견할 수 없다.

헌법은 제66조 제3항에서 "대통령은 조국의 평화적 통일을 위한 성실한 의무를 진다."고 규정하고, 제69조에서 취임선서의 내용으로서 "조국의 평화적 통일"을 언급하고, 제92조에서 대통령의 평화통일정책의 수립에 관한 자문에 응하기 위하여 민주평화통일자문위원회를 둘 수 있도록 규정하고 있다. 이로써 평화통일정책은 외교·국방정책의 일환으로서 일차적으로 대통령의 권한임을 밝히고 있다.

---

1) 헌재 2000. 7. 20. 98헌바63(남북교류협력에 관한 법률 제9조 제3항), 판례집 12-2, 52, [남한주민이 북한주민과 접촉하고자 할 때에는 통일부장관의 승인을 얻도록 규정한 남북교류협력에관한법률 제9조 제3항이 헌법상의 통일조항에 위배되는지 여부에 관하여] "북한주민과의 접촉이 그 과정에서 불필요한 마찰과 오해를 유발하여 긴장이 조성되거나, 무절제한 경쟁적 접촉으로 남북한간의 원만한 협력관계에 나쁜 영향을 미칠 수도 있으며, 북한의 정치적 목적에 이용되거나 국가의 안전보장이나 자유민주적 기본질서에 부정적인 영향을 미치는 통로로 이용될 가능성도 완전히 배제할 수 없으므로 통일부장관이 북한주민 등과의 접촉을 원하는 자로부터 승인신청을 받아 구체적인 내용을 검토하여 승인 여부를 결정하는 절차는 현 단계에서는 불가피하므로 남북교류협력에관한법률 제9조 제3항은 평화통일을 선언한 헌법전문, 헌법 제4조, 헌법 제66조 제3항 및 기타 헌법상의 통일조항에 위배된다고 볼 수 없다."

II. 평화통일의 원칙

1. 통일과 관련된 2가지 방법적 지침

헌법은 국가에게 통일의 과제를 부과하면서, 통일의 목표를 어떠한 방법과 수단을 통하여 실현해야 할 것인지에 관하여는 수시로 변화하는 정치적 상황에 부합하는 정책을 선택할 수 있도록 원칙적으로 광범위한 형성권을 부여하고 있다. 그럼에도, 헌법은 제4조에서 통일과 관련하여 2가지 관점에서 방법적 지침을 제시함으로써 국가기관을 구속하고 있다.

가. 자유민주적 기본질서에 입각한 조국통일

첫째, 조국통일은 자유민주적 기본질서에 입각하여 이루어져야 한다. 여기서 '자유민주적 기본질서'란 우리 헌법의 정치적 기본질서로서, 헌법전문의 '자유민주적 기본질서' 및 헌법 제8조 제4항의 '민주적 기본질서'와 동일한 의미인데, 민주주의원리와 법치국가원리를 구성하는 핵심적 요소를 말한다. 인류가 역사적으로 수천 년에 걸쳐 획득한 현대 민주국가의 보편적 가치이자 동시에 우리 헌법의 정치적 기본질서를 포기하면서까지 통일이 이루어질 수 없다는 것을 헌법은 명백히 밝히고 있다.

나. 평화적 방법에 의한 조국통일

둘째, 통일은 평화적인 방법에 의하여 실현되어야 한다. 국제사회의 성실한 구성원으로서 국제질서에서 무력에 의한 통일의 추구가 국제정치적으로 불가능하다는 현실인식에 기초하여, 통일이라는 중대한 국가과제의 실현을 위해서도 전쟁이 그 수단이 될 수 없다는 것을 표명하고 있다. 국제 평화질서 내에서 전쟁이 국제분쟁의 해결방법으로서 허용될 수 없는 것과 마찬가지로, 남북한의 통일과제를 수행함에 있어서도 그 수단으로서 전쟁을 포기한다는 것을 명백히 밝히고 있는 것이다. 한편, 헌법 제5조에서 국제평화의 유지 의무를 부과하면서 침략적 전쟁을 금지하고 있고, 이로써 조국통일과 관련해서도 평화적 방법을 사용해야 할 구속력 있는 지침을 제시하고 있기 때문에, 헌법 제4조의 '평화적 통일정책'에 관한 별도의 규정이 반드시 필요한 것은 아니다. 그러나 헌법은 제4조에서 조국통일과 관련하여 평화적 방법을 다시 한 번 강조하고 확인하고 있는 것이다.

2. 평화통일조항과 북한의 이중적 성격

헌법 제4조의 평화통일조항은 평화통일을 위한 대화와 협력의 상대방으로서 북한을 전제로 하고 있다. 북한은 헌법상 평화통일조항에 비추어 조국의 평화적 통일을 위한 대화와 협력의 동반자이면서, 동시에 아직도 대남적화노선을 고수하면서 우리 자유민주체제의 전복을 획책하고 있는 반국가단체라는 이중적 성격을 가진다. 대한민국은 북한의 이러한 이중적 성격에 부합하게, 한편으로는 국가의 안전을 위태롭게 하는 반국가활동을 규제하기 위한 법적 장치로서 국가보안법의 시행을 통하여, 다른 한편으로는 평화적 통일을 지향하기 위한 기본법으로서 남북교류협력에관한법률 등의 시행을 통하여 이와 같은 정치적 현실에 대처하고 있다.[1] 헌법이 평화통일조항을 수용하고 이에 근거하여

---

[1] 헌재 1997. 1. 16. 92헌바6(국가보안법 위헌소원), 판례집 9-1, 1, 23, "현단계에 있어서의 북한은 조국의 평화적 통일을 위한 대화와 협력의 동반자임과 동시에 대남적화노선을 고수하면서 우리 자유민주의체제의 전복을 획책하고 있는 반국가단체라는 성격도 함께 갖고 있음이 엄연한 현실인 점에 비추어, 헌법의 전문과 제4조가 천명하는 자

일련의 평화통일정책을 추진하고 있는 상황에서 국가보안법의 존속필요성이 있는지에 관하여, 헌법재판소는 북한을 평화적 통일을 위한 대화와 협력의 동반자이면서 동시에 자유민주적 기본질서를 위협하는 반국가단체로 이해하여, 국가보안법이 필요하고 평화통일조항에 위배되지 않는다고 판시한 바 있다.[1]

제 4 절   軍事制度

I. 군사제도에 관한 헌법규정

국가의 일차적인 과제이자 가장 중요한 목적은 대내적으로 평화질서의 확립을 통하여 국민의 생명과 자유·재산을 보호하고, 대외적으로 외부의 침략이나 위협으로부터 국가의 안전을 보장하는 것이다. 국가의 안전과 존립을 보장하기 위해서는 국가방위제도의 확립이 불가피하며, 국가방위를 위한 대표적인 수단이 바로 군사제도이다. 따라서 대부분의 헌법은 군사제도를 스스로 규율하고 있다.

헌법은 제5조 제2항에서 "국군은 국가의 안전보장과 국토방위의 신성한 의무를 수행함을 사명으로 하며, 그 정치적 중립성은 준수된다."고 하고 하여 국군의 헌법적 과제를 규정하고 있다. 헌법 제74조는 제1항에서 "대통령은 헌법과 법률이 정하는 바에 의하여 국군을 통수한다."고 하여 대통령에게 국군통수권을 부여하면서, 제2항에서 국군의 조직과 편성은 법률로 정하도록 함으로써 입법자가 국군의 조직과 편성에 관한 기본결정을 내리도록 하고 있다. 뿐만 아니라, 헌법 제60조 제2항은 "국회는 선전포고, 국군의 외국에의 파견 또는 외국군대의 대한민국영토 안에서의 주류(駐留)에 대한 동의권을 가진다."고 하여 대통령이 군사적 권한을 행사함에 있어서 국회의 동의를 받도록 하고 있다. 나아가, 헌법은 제89조에서 軍事에 관한 중요사항($^{제2호, 제6}_{호. 제16호}$)은 국무회의의 심의사항으로 규정하고 있으며, 제91조에서 국가안전보장에 관련되는 군사정책 등에 관하여 대통령의 자문에 응하게 하기 위하여 국가안전보장회의를 두도록 규정하고 있다. 또한, 헌법 제86조 제3항과 제87조 제4항은 국무총리와 국무위원의 文民原則을 규정하고 있다.

II. 헌법 제5조 제2항의 의미

1. 국군의 헌법적 과제

헌법 제5조 제2항은 국군을 헌법상 제도로서 보장하면서, 국군의 헌법적 과제를 '국가의 安全保障과 國土防衛'로서 명시적으로 밝히고 있다. 국가는 외부로부터의 침략을 방어하고 내부적으로 평

유민주적 기본질서에 입각한 평화적 통일정책을 수립하고 이를 추진하는 법적 장치로서 남북교류협력에관한법률 등을 제정·시행하는 한편, 국가의 안전을 위태롭게 하는 반국가활동을 규제하기 위한 법적 장치로서 국가보안법을 제정·시행하고 있는 것으로서, 위 두 법률은 상호 그 입법목적과 규제대상을 달리하고 있는 것이므로 남북교류협력에관한법률 등이 공포·시행되었다 하여 국가보안법의 필요성이 소멸되었다거나 북한의 반국가단체성이 소멸되었다고는 할 수 없다."; 同旨 헌재 1993. 7. 29. 92헌바48(남북교류협력에관한법률 제3조), 판례집 5-2, 65, 75.

1) 헌재 1997. 1. 16. 92헌바6(국가보안법 위헌소원), 판례집 9-1, 1, 2.

화질서의 확립을 통하여 국민에게 '안전과 자유와 행복'(헌법전문)을 보장하는 것을 궁극적인 목적으로 삼고 있다. 국가의 이러한 목적은 무엇보다도 국가의 안전보장과 국토방위를 통하여 실현되어야 하며, 헌법은 이러한 국가과제를 국군에게 부과하고 있다.

'국가의 안전보장'이란, 일차적으로 외부로부터 국가의 존립과 안전을 의미하며, 이를 넘어서 국가의 독립과 영토의 보전, 헌법과 법률의 규범력, 헌법기관의 기능유지 등 국가적 안전의 확보를 말한다. '국토방위'란, 외부적 위협이나 침략으로부터 영토를 보전하는 것을 말한다. 국군은 軍人과 軍務員으로 구성되며(^{헌법 제29조 제2항 및
제110조 제4항 참조}), 군인과 군무원을 軍公務員이라 한다.

헌법 제5조 제1항에서 세계평화주의를 천명하고 침략적 전쟁을 부인하면서 제2항에서 명시적으로 '국토방위'를 언급하고 있는 점에 비추어, 국군의 과제는 오로지 세계평화주의에 부합하는 과제, 즉 국가방위로 제한된다. 여기서 '국가방위'란 넓은 의미의 개념이다. 대한민국이 침략을 당하거나 침략의 위험이 있는 경우에 대한 방어뿐만 아니라 국제법상 집단방어체제에의 참여와 공조를 통한 평화질서의 적극적인 구축도 이에 속한다.

2. 국군의 정치적 중립성

민주국가의 軍은 정치적 중립성을 준수해야 한다. 대외적인 관계에서 국가의 수호를 목표로 하는 국군의 헌법적 과제는 필연적으로 국군의 대내적 중립성, 즉 정치적 중립성을 요청한다. 국군은 국내 정치에 기여하는 제도가 아니라 오로지 외부와의 관계에서 국가방위에 기여하는 제도이기 때문이다.

국군은 군공무원으로서 다른 공무원과 마찬가지로 헌법 제7조 제2항에 의하여 정치적 중립성의 의무를 지는데, 헌법 제5조 제2항은 이를 다시 한 번 명시적으로 강조하고 있다. 이에 따라, 국군은 정치에 개입하거나 특정 정당을 지원하는 등 정치적 활동을 해서는 안 되며, 정치권도 국군에 영향력을 행사하려고 시도해서는 안 된다. 정당이나 정치적 세력으로부터의 영향력배제와 중립성은 효과적인 국방정책을 실현하기 위하여 필수적인 요건이기도 하다. 현행헌법이 국군의 중립성을 강조하고 있는 것은, 5·16 군사쿠데타 및 1980년 군사쿠데타 등 군이 정권을 장악함으로써 헌정질서를 교란시킨 역사적 경험에 대한 반성에서 비롯된 것이다.

Ⅲ. 군사제도에서 국민의 권리와 의무

1. 국방의 의무

가. 헌법 제39조 제1항은 "모든 국민은 법률이 정하는 바에 의하여 국방의 의무를 진다."고 하여, 국방의 의무를 규정하고 있다. 국가공동체의 최고법익인 인간존엄성과 자유를 수호하고 지지하는 것은 모든 국민의 의무라는 사고가 국방의 의무의 이념적 기초를 이루고 있다. 인간존엄성·생명·자유와 재산을 기본권으로 인정하고 이를 보호하는 국가는 국민에 대한 헌법적 보호의무를 단지 국가의 존속을 지지하는 국민의 협력에 의해서만 이행할 수 있다는 데에 바로 국방의무의 헌법적 정당성이 있다.[1] 국가에 대하여 자신의 자유와 재산을 보호해 줄 것을 요청하는 국민의 권리에 필연적으로

---

1) Vgl. BVerfGE 48, 127, 161.

대응하는 것이 국가공동체를 방어해야 할 국민의 기본의무이다. 국방의 의무는, 외국의 침략적 행위로부터 국가의 독립과 영토의 보전을 위하여 부담하는 국가방위의무이다. 국방의 의무는 일차적으로 병역의무를 의미하지만, 병역법에 따른 군복무의무뿐만 아니라 예비군법에 의한 예비군복무의무 및 민방위기본법에 의한 방공·방재 등 지원의무도 포함하는 것이다.[1]

민주국가에서 국가안전보장과 국토방위의 의무를 이행해야 하는 주체는 국민이므로, 헌법은 모든 국민에게 이에 상응하여 국방의 의무를 부과하고 있다. 국방의 의무를 명시적으로 남성에게 제한하고 있는 일부 헌법과는 달리,[2] 우리 헌법은 모든 남성이 아니라 모든 국민에 대하여 국방의 의무를 부과하고 있기 때문에, 여기서 말하는 '국방의 의무'란 단지 병역의무라는 좁은 의미를 넘어서 국가가 무력으로 침략당하거나 침략의 위험이 임박한 경우 민간 위생·치료시설이나 군병원시설에서 근무해야 할 의무 등 그 외의 근무를 포괄하는 개념이다.

나. 입법자는 헌법 제39조 제1항의 국방의 의무를 법률로써 구체화함에 있어서 兵役義務를 남성에게만 부과하였다. 여성을 병역의무로부터 제외한 것은, 그 동안 사회적·가정적으로 자리 잡은 양성간의 전통적인 역할분담에 따른 것이다. 그러나 이러한 전통적 역할분담의 사고가 사회와 가정의 영역에서 점차 약화됨에 따라, 병역의무를 남성에 제한한 것의 합헌성이 문제되고 있다.[3] 한편, 여성에게는 적어도 자원에 의하여 군에서 근무할 수 있는 가능성이 부여되어야 한다.

다. 국군의 과제가 '국가방위의 과제'에 제한되어 있기 때문에, 국군의 이러한 제한된 과제는 '兵役義務의 範圍'를 결정한다. 국군의 제한된 과제에 비추어, 병역의무의 범위는 병역의무자를 국가방위를 위하여 투입하는 것에 한정된다. 국군을 외국에 파병하는 것은 국방을 전제로 하는 병역의무의 사고와는 직접적인 관련이 없다. 따라서 단지 자원자만이 파병될 수 있다.

2. 국가방위를 위한 기본권제한

가. 국가안전보장에 의한 일반국민의 기본권제한

헌법은 제37조 제2항에서 개인의 자유가 국가안전보장을 위하여 법률로써 제한될 수 있음을 명시적으로 밝히고 있다. 이에 따라, 국가안전보장은 국민의 자유에 대한 제한을 정당화하는 중대한 헌법적 법익에 속한다.

모든 국민은 국방과 군사목적을 위하여 징발이나 군사적 제한 등의 형태로 부과되는 부담을 진다. 국가안보와 직결되는 주요방위산업체에서 종사하는 근로자의 단체행동권은 법률로써 제한될 수 있다(헌법 제33조 제3항). 또한, 경우에 따라 국민의 알권리나 표현의 자유가 군사기밀의 보호를 위하여 제한될 수도 있다. 물론, 이러한 경우 국민의 알권리의 보장에 비추어 군사기밀의 범위가 적정하게 한정될

---

1) 헌재 1995. 12. 28. 91헌마80, 판례집 7-2, 851, 860, "국방의 의무란 총력전 체제로 이루어지는 현대전에서는 직접적인 병력형성뿐만 아니라 간접적인 병력형성의무까지 포함하는 개념으로 방공, 방첩, 군작전에 협조할 의무는 물론, 국가안보와 직결된 군노무 동원에 협조할 의무까지 포함하는 포괄적 의미로 이해하여야 하는 것으로, 병역의무의 내용은 반드시 전시에 전투원이 되는 지위에 있는 역무에 종사해야 함을 의미하는 것이 아니라 상응하는 재해방지의무, 경찰업무에 종사하게 하는 것도 포함하는 것이다. 나아가 구체적 병력형성의무의 내용은 국방정책의 문제로서 국민의 대표기관인 국회에서 결정되어야 할 사항이다."; 같은 취지로 권영성, 헌법학원론, 2008, 715면; 허영, 한국헌법론, 2007, 597면.
2) 가령, 독일 기본법은 제12a조 제1항은 18세 이상의 남성만이 병역의무가 있음을 명시적으로 규정하고 있다.
3) 헌법재판소는 대한민국 국민인 남자에 한정하여 병역의무를 부과하는 병역법규정의 위헌확인을 구하는 심판청구를 기각하는 결정을 선고하였다(헌재 2010. 11. 25. 2006헌마328).

것을 요청한다.[1]

나. 병역의무관계에서 군인의 기본권제한

헌법 제39조 제1항은 모든 국민에게 국방의 의무를 부과함으로써, 국민의 기본권을 제한할 수 있는 헌법적 근거를 제시하고 있다. 병역의무관계라는 특수한 신분관계는 국가와 군인 사이의 공법상의 근무·충성관계로서, 공무원관계와 유사하다. 물론, 병역의무관계 내에서도 기본권이 적용되므로, 군인도 기본권의 보호를 받지만, 軍의 기능 확보를 위하여 필요한 범위 내에서 일반국민에 비하여 기본권이 보다 제한될 수 있다. 이러한 기본권의 제한은 법률유보원칙과 과잉금지원칙에 따라 법률로써 필요한 범위 내에서 이루어져야 함은 물론이다.

군인은 특히 의견표명·전파의 자유, 집회의 자유 및 공동청원권의 행사에 있어서 제한을 받을 수 있다.[2] 뿐만 아니라 군인은 근무지의 지정과 근무지이탈의 금지로 말미암아 거주이전의 자유와 신체이동의 자유에 있어서 제한을 받는다. 그러나 일반적으로 접근할 수 있는 정보원으로부터 정보를 얻을 권리(알권리)의 경우, 군인의 알권리에 대한 제한을 정당화하는 법익을 원칙적으로 인정할 수 없으므로, 자유권으로서 알권리, 가령 신문이나 잡지를 구독하거나 방송을 청취할 권리는 제한될 수 없다.

Ⅳ. 헌법상 군사제도의 조직

1. 대통령의 國軍統帥權

헌법은 제66조 제2항에서 대통령에게 국가를 수호해야 할 의무("국가의 독립·영토의 보전·국가의 계속성")를 부과하면서, 제73조에서 선전포고와 강화를 할 수 있는 권한을 부여하고 있다. 또한, 외국에의 국군파병 및 외국군대의 대한민국 내의 주류에 대하여 국회의 동의권을 규정하는 헌법 제60조 제2항 및 외교·국방·통일에 관한 중요정책을 국민투표에 붙일 수 있는 대통령의 권한을 규정하는 헌법 제72조의 규정에서, 대통령의 국방에 관한 정책권한을 간접적으로 규정하고 있다.

국방에 관한 대통령의 이와 같은 포괄적인 의무와 권한에 부합하게, 헌법 제74조는 대통령에게 국군통수권을 부여하고 있다. 이러한 일련의 헌법적 책무를 수행하기 위해서는 군에 대한 대통령의 지휘·명령권이 필수적이다. 국군통수권이란 軍令과 軍政에 관한 권한을 말한다. 여기서 軍令이란 국방목적을 위하여 군을 현실적으로 지휘·명령하고 통솔하는 用兵作用을 말하고, 軍政이란 군을 조직·유지·관리하는 養兵作用이다.[3]

---

1) 헌재 1992. 2. 25. 89헌가104(군사기밀보호법), 판례집 4, 64, 65, "군사기밀의 범위는 국민의 표현의 자유 내지 "알권리"의 대상영역을 최대한 넓혀줄 수 있도록 필요한 최소한도에 한정되어야 할 것이며 따라서 군사기밀보호법 제6조, 제7조, 제10조는 동법 제2조 제1항의 "군사상의 기밀"이 비공지(非公知)의 사실로서 적법절차에 따라 군사기밀로서의 표지를 갖추고 그 누설이 국가의 안전보장에 명백한 위험을 초래한다고 볼 만큼의 실질가치를 지닌 것으로 인정되는 경우에 한하여 적용된다 할 것이므로 그러한 해석 하에 헌법에 위반되지 아니한다."

2) 장교가 근무와 관련된 고충사항을 집단으로 진정 또는 서명하는 행위를 금지하고 있는 '군인의 지위 및 복무에 관한 기본법' 조항의 위헌여부가 문제된 사건에서, 헌법재판소는 국가안전보장과 국토방위라는 공익의 중요성에 비추어 장교의 '표현의 자유'를 침해하지 않는다고 판단하였다(헌재 2024. 4. 25. 2021헌마1258).

3) 권영성, 헌법학원론, 2010, 1001면 참조.

2. 국회의 통제

국회는 국군의 조직과 편성을 법률로 정하도록 규정하는 헌법 제74조 제2항, 선전포고·국군의 해외 파병에 관한 국회의 동의권을 규정하는 헌법 제60조 제2항 및 병력동원을 전제로 하는 계엄의 선포 시 국회의 승인을 구하도록 규정하고 있는 헌법 제77조 제5항의 규정에 근거하여, 대통령의 군통수권에 대한 통제권을 행사한다. 뿐만 아니라, 국군의 병력과 기본조직이 예산에 의존하고 있기 때문에, 국회는 예산확정권의 행사를 통하여 군대의 구체적 형성에 대하여 큰 영향력을 행사할 수 있다. 군사제도에서 의회통제의 중심은 국회의 국정조사·감사권에 있다. 국회는 국정조사·감사권의 행사를 통하여 정부의 국방정책을 감시하고 통제할 수 있다.

이로써, 헌법은 국군을 대통령의 군통수권에 전적으로 맡기는 것이 아니라, 국회에 국군의 구조(조직과 편성)와 사용에 관하여 중대한 영향력을 행사할 수 있는 가능성을 부여하고 있다. 국회의 영향력행사의 가능성은 군대병력의 구체적 투입에 대해서도 확보되어야 한다. 민주국가의 軍이 대통령의 軍이 아니라 '국민의 軍'이며 '의회의 軍'이라는 점에서도, 군의 투입에 대한 결정은 국가공동체의 본질적이고 중대한 결정으로서 국회에 유보되어야 한다(의회유보의 사고). 그러나 의회유보는 단지 군의 군사적 사용에 관한 것이기 때문에, 가령 재난이나 재해의 극복을 위하여 인도적 차원에서 군을 투입하는 경우에는 의회유보의 적용을 받지 않는다.

한편, 군의 투입에 관한 주도권은 국회가 아니라 대통령이 가지고 있다. 외교와 국방에 관한 권한은 헌법상 집행부에 귀속된 권한이다. 그러므로 대통령은 군 투입의 구체적인 방법에 관하여 결정할 수 있다. 또한, 대통령은 지체할 수 없는 긴박한 상황에서는 잠정적으로 군의 투입을 결정할 수 있으며, 다만 대통령은 자신의 결정에 대하여 사후적으로 국회의 승인을 받아야 하고, 국회의 요구가 있는 경우에는 군의 투입을 중지해야 한다.

3. 軍事法院

헌법 제110조 제1항은 군사재판을 관할하는 특별법원인 군사법원을 둘 수 있도록 규정하고 있고, 이로써 군인과 군무원은 일반법원이 아니라 군사법원에 의한 재판을 받게 된다.

제8장 文化國家原理

I. 문화국가의 개념

문화국가의 개념은 문화를 어떻게 이해하는가에 따라 달라질 수 있다. 법질서에서 '문화'의 개념은 일반적으로 다음과 같은 2가지 의미로 사용된다. 하나는 사회 내의 전형적인 생활양식, 가치관 및 행위양식의 총합(가령, 주거문화, 음식문화, 농경문화 등)을 의미하는 '社會學的 文化 개념'이고, 다른 하나는 국가에 대하여 특별한 관계에 있는 특정한 정신적·창조적 활동영역(가령, 교육, 학문, 예술, 종교 등)의 집합개념을 의미하는 '狹義의 文化 개념'이다.

헌법원리 또는 국가과제로서 문화국가원리란, 협의의 문화의 영역에서 국가의 책임과 과제로 이해된다. 문화국가의 중요한 구조적 특징은 예술과 학문의 자유, 양심과 종교의 자유, 언론·출판의 자유 등 정신적 자유의 보장, 교육의 보장, 견해와 사상의 다양성을 보장하는 자율성과 다원주의이다. 문화의 사회적 기능은 '사회의 精神的 再生産'에 있다. 문화는 개인에게는 정신적·창조적 생활영역에서 개인의 자유로운 인격발현을 가능하게 하는 중요한 수단이고, 사회공동체에 대해서는 집단적인 정체성과 사회적 통합의 기초를 제공한다.

II. 국가와 문화

1. 국가와 문화의 관계

가. 국가와 문화의 관계에 관한 다양한 유형

문화는 인류역사에서 오랫동안 고유한 목적과 고유법칙성(固有法則性)을 가진 독자적인 영역으로 인정받지 못하였다. 18세기에 이르러 비로소 유럽에서 정치적·종교적 구속으로부터 문화적 생활영역이 분리되는 현상이 발생하였다. 이러한 분리과정은 예술·학문·종교·교육의 모든 영역을 포괄하였고, 문화적 자율성의 사고에 기초하여 국가와 문화의 관계를 새롭게 확정해야 할 필요성이 제기되었다.

국가와 문화의 관계를 역사의 과정에서 발생한 유형에 따라 구분한다면, 국가와 문화의 완전한 분리와 단절에 기초하는 이원주의적 모델, 문화 외의 다른 공익적 목적을 위하여 문화를 육성하는 공리주의적 모델, 문화 자체를 목적으로 문화를 육성하는 문화국가적 모델, 국가가 문화를 조종하고 지배하는 통치적 모델로 나누어 볼 수 있다. 우리 헌법은 국가와 문화의 완전한 분리나 국가에 의한 문화의 조종과 지배의 관계가 아니라, 국가가 문화 전반에 대하여 책임을 진다는 문화국가적 입장을 취하고 있다.

나. 문화국가의 과제

국가는 도덕, 예술, 학문, 종교 등 전적으로 인간의 내면세계에 속하는 것을 생성할 수 없다. 문화를 생산하는 주체는 개인과 사회이다. 국가는 문화를 생성할 수도 없고, 소위 '좋은 문화'의 방향을 제시함으로써 문화를 일정한 방향으로 이끌어갈 수 있는 권한이나 정당성을 가지고 있지 않다. 문화는 일차적으로 인간의 내면세계에서 생성되는 것으로, 국가에 의하여 조직되거나 규율될 수 없다. 가령, 도덕적 성향·경제적 합리성·정치적 윤리·예술적 창조성·정신적으로 건강한 국민생활 등은 국가에 의하여 조직될 수 없다. 국민의 정신적 생활은 국가에 의하여 계획되고 규율될 수 있는 영역의 밖에 위치한다.

국가는 조직과 규율을 통한 정치적 통일체로서, 단지 인간의 외부적 행위만을 조직하고 규율할 수 있을 뿐이다. 그러나 국가는 자신이 스스로 만들지 못하는 것을 보존·유지하고 조장하거나 유도할 수 있다. 민주국가는 헌법의 정신에 부합하지 않는 '사회의 정신적 흐름'에 대하여 대응해야 하고, 사회의 비합리적 요청이나 위헌적인 관습과 만난다면 이를 다른 방향으로 유도하고자 시도할 수 있다. 국가의 과제는 정신적·문화적 생활의 외부적 조건을 조직화하는 데 있다. 문화국가의 과제는 문화가 생성될 수 있는 조건의 형성(문화풍토의 조성)에 있다.

2. 문화국가로서 헌법국가

가. 헌법의 기본원리로서 문화국가원리

인간존엄성과 이에 기초하는 민주주의적 지배는 단지 특정한 문화적·정신적 조건 하에서만 실현될 수 있으므로, 헌법상 명시적인 문화국가조항의 존부와 관계없이, 헌법은 국가에게 문화국가적 과제를 부과한다. 현대국가는, 설사 헌법이 이를 명시적으로 언급하고 있지 않다 하더라도, 문화가 생성될 수 있는 조건을 보장하고 형성해야 하는 의무와 과제를 진 문화국가이다. 이로써 문화국가원리는 국가목표이자 헌법위임을 의미한다. 문화국가의 과제는 개인적·집단적 정체성의 기반을 이루는 문화의 보존(보존적 요소), 창조적인 문화적 과정의 촉진과 육성(혁신적 요소), 문화의 보급(분배적 요소)을 포괄한다.

나. 국가와 문화의 관계에 관한 헌법규정

헌법 제9조는 "국가는 전통문화의 계승·발전과 민족문화의 창달에 노력하여야 한다."고 하여 문화국가적 과제를 부과하면서, 제69조에서 민족문화의 창달에 노력해야 할 대통령의 의무를 통하여 이러한 국가과제를 다시 한 번 강조하고 있다.

뿐만 아니라, 헌법은 문화와 관련된 일련의 개별규정을 통하여 문화생활이 가능하기 위한 다양한 기본조건을 제시하고 있다. 이러한 기본조건에 속하는 것에는 무엇보다도 예술과 학문의 자유, 양심과 종교의 자유, 여론형성의 자유의 보장이다.[1] 뿐만 아니라, 혼인과 가족생활의 보장 및 학교와 교

---

1) 헌재 2004. 5. 27. 2003헌가1(학교정화구역 내 극장시설금지), 판례집 16-1, 670, 679, "우리나라는 건국헌법 이래 문화국가의 원리를 헌법의 기본원리로 채택하고 있다. 우리 현행 헌법은 전문에서 "문화의 … 영역에 있어서 각인의 기회를 균등히" 할 것을 선언하고 있을 뿐 아니라, 국가에게 전통문화의 계승 발전과 민족문화의 창달을 위하여 노력할 의무를 지우고 있다(제9조). 또한 헌법은 문화국가를 실현하기 위하여 보장되어야 할 정신적 기본권으로 양

육에 관한 제도도 문화생활의 중요한 부분을 구성한다.[1] 이러한 기본조건들은 문화적 자율성의 풍토와 환경을 조성하고, 문화국가의 필수적 전제조건으로서 다양한 견해와 사상이 공존하고 경쟁하는 다원적이고 개방적인 사회를 보장하는 것이다.

다. 전통문화와 헌법

전통문화는 그 자체로서 헌법에 의한 보호와 지원의 대상이 아니다. 전통문화의 보호는 헌법의 정신과 객관적인 가치결정에 부합해야 한다는 유보 하에 있다. 따라서 전통문화의 계승·발전에 노력해야 할 국가의 문화국가적 과제는 '헌법에 부합하는 전통문화의 보호'에 국한되는 것이다. 비록 전통문화라 하더라도, 그것이 인간의 존엄성 및 혼인과 가족에 관한 헌법의 기본결정에 반하는 것이라면, 단지 '사회적 폐습'으로서 더 이상 헌법적으로 존속할 수 없다. 우리의 전통문화에 속하는 동성동본금혼제와 호주제를 위헌으로 판단한 헌법재판소의 결정이 이를 잘 보여주고 있다.[2]

III. 문화국가의 실현

1. 문화국가의 내용

문화국가는 한편으로는 문화의 자율성을 보장하면서, 다른 한편으로는 문화를 적극적으로 지원하고 육성하는 국가를 말한다. 헌법은 문화와 관련된 자유권의 보장을 통하여 가능하면 국가로부터 영향을 받지 않는 자유로운 생활영역으로서 문화영역의 자율성을 보장하고 있다. 그러나 국가는 문화적 영역에서도 정신적·문화적 생활의 자율적 형성을 위한 자유공간을 소극적으로 보장하는 것에 만족해서는 안 된다. 나아가, 국가는 정신적 생활을 지원하는 적극적인 활동을 통하여 문화를 육성해야 할 과제와 책임을 진다. 따라서 국가와 문화의 헌법적 관계는 문화적 생활영역을 보장하는 자유권을 통하여 문화에 대한 국가의 간섭을 배제하는 관계일 뿐만 아니라, 이를 넘어서 국가에 대하여 적극

심과 사상의 자유, 종교의 자유, 언론·출판의 자유, 학문과 예술의 자유 등을 규정하고 있는바, 개별성·고유성·다양성으로 표현되는 문화는 사회의 자율영역을 바탕으로 한다고 할 것이고, 이들 기본권은 견해와 사상의 다양성을 그 본질로 하는 문화국가원리의 불가결의 조건이라고 할 것이다."

1) 헌재 2000. 4. 27. 98헌가16(과외금지), 427, 445-446, "혼인과 가족의 보호는 헌법이 지향하는 자유민주적 문화국가의 필수적인 전제조건이다. 개별성·고유성·다양성으로 표현되는 문화는 사회의 자율영역을 바탕으로 하고, 사회의 자율영역은 무엇보다도 바로 가정으로부터 출발하기 때문이다. 헌법은 가족제도를 특별히 보장함으로써, 양심의 자유, 종교의 자유, 언론의 자유, 학문과 예술의 자유와 같이 문화국가의 성립을 위하여 불가결한 기본권의 보장과 함께, 견해와 사상의 다양성을 그 본질로 하는 문화국가를 실현하기 위한 필수적인 조건을 규정한 것이다. 따라서 헌법은 제36조 제1항에서 혼인과 가정생활을 보장함으로써 가족의 자율영역이 국가의 간섭에 의하여 획일화·평준화되고 이념화되는 것으로부터 보호하고자 하는 것이다."

2) 헌재 2005. 2. 3. 2001헌가9(호주제), 판례집 17-1, 1, 17-18, "헌법 전문과 헌법 제9조에서 말하는 '전통', '전통문화'란 역사성과 시대성을 띤 개념으로 이해하여야 한다. … 헌법재판소는 이미 "헌법 제9조의 정신에 따라 우리가 진정으로 계승·발전시켜야 할 전통문화는 이 시대의 제반 사회·경제적 환경에 맞고 또 오늘날에 있어서도 보편타당한 전통윤리 내지 도덕관념이라 할 것이다."고 하여 전통의 이러한 역사성과 시대성을 확인한바 있다. … 따라서 가족제도에 관한 전통·전통문화란 적어도 그것이 가족제도에 관한 헌법이념인 개인의 존엄과 양성의 평등에 반하는 것이어서는 안 된다는 자명한 한계가 도출된다. 역사적 전승으로서 오늘의 헌법이념에 반하는 것은 헌법 전문에서 타파의 대상으로 선언한 '사회적 폐습'이 될 수 있을지언정 헌법 제9조가 '계승·발전'시키라고 한 전통문화에는 해당하지 않는다고 보는 것이 우리 헌법의 자유민주주의원리, 전문, 제9조, 제36조 제1항을 아우르는 조화적 헌법해석이라 할 것이다. 결론적으로 전래의 어떤 가족제도가 헌법 제36조 제1항이 요구하는 개인의 존엄과 양성평등에 반한다면 헌법 제9조를 근거로 그 헌법적 정당성을 주장할 수는 없다."

적인 지원과 문화에 대한 공동의 책임을 요청하는 관계인 것이다.

개별성·고유성·다양성을 그 본질로 하는 문화는 그 생성조건으로 사회의 자율영역을 요청한다. 문화는 정신적 생활의 자율성과 다양성을 제공함으로써 자유주의적 민주국가가 기능하기 위한 필수적 기본조건에 속한다. 문화가 헌법과 국가에 대하여 가지는 중요한 가치와 의미에 비추어, 헌법상의 국가는 필연적으로 문화국가로서 사회와 함께 문화에 대한 포괄적인 공동책임을 지는 것이다. 물론, 문화의 주체이자 문화가 생성되는 영역은 사회이지만, 국가는 문화에 대하여 무관심과 방관으로 일관해서는 안 되며, 문화에 대한 지원자로서 기능해야 하는 것이다. 국가의 문화적 지원은 사회국가원리의 구체화된 형태가 아니라 독자적인 국가과제이다. 따라서 사회국가적 관점이 문화적 지원의 우선순위관계를 결정하지 않는다.

2. 국가의 문화정책

문화에 대한 지원자로서 국가의 과제는 국가의 문화정책을 통하여 실현되고 구체화된다. 문화정책의 2가지 중요한 관점은 첫째, 문화정책적 중립성과 관용을 준수해야 할 국가의 의무이고 둘째, 학문과 예술을 비롯한 문화에 대한 적극적인 지원과 육성의 의무이다.[1]

문화관련 기본권의 보장과 이로 인하여 확보되는 '다원적이고 개방적인 사회'의 요청은 국가에게 세계관적 중립의무를 부과한다. 문화를 구성하는 본질적 요소는 자율성·개방성·다양성과 관용이다. 따라서 문화적 지원조치에 있어서도 국가는 세계관적 중립의무를 준수해야 한다. 특히, 예술의 자유는 예술에 대한 국가적 지원에 있어서 국가의 중립성을 요청한다. 국가가 예술평론가나 심판자를 자처하여 예술의 방향이나 양식에 따라 차별하여 국가적 지원을 하는 것은 금지된다.

한편, 국가의 문화적 중립성에 대한 요청은 국가가 문화정책을 수립하고 추진하는 것을 금지하지 않는다. 따라서 국가는 문화적 지원에 있어서 합리적인 기준에 따라 계획하고 선별하고 중점과 우선순위를 정할 수 있다. 국가가 예술의 여러 시도 중에서 지원의 가치가 있는 것을 질적으로 판단하는 문화정책은 허용된다. 모든 문화적 활동을 기계적으로 균등하게 지원해야 할 국가의 의무나 이에 대응하는 개인의 권리는 존재하지 않는다. 그러나 문화에 대한 국가적 지원은 헌법적 구속을 받는다. 국가의 문화적 지원과 육성은 자유권에 의하여 보장되는 문화적 생활영역의 자율성을 고려하고 존중해야 한다. 문화정책은 문화관련 기본권을 침해하지 않는 범위 내에서 이루어져야 한다.

---

1) 헌재 2004. 5. 27. 2003헌가1(학교정화구역 내 극장시설금지), 판례집 16-1, 670, 679, [문화국가의 원리와 문화정책에 관하여] "문화국가원리는 국가의 문화국가실현에 관한 과제 또는 책임을 통하여 실현되는바, 국가의 문화정책과 밀접 불가분의 관계를 맺고 있다. 과거 국가절대주의사상의 국가관이 지배하던 시대에는 국가의 적극적인 문화간섭정책이 당연한 것으로 여겨졌다. 그러나 오늘날에 와서는 국가가 어떤 문화현상에 대하여도 이를 선호하거나, 우대하는 경향을 보이지 않는 불편부당의 원칙이 가장 바람직한 정책으로 평가받고 있다. 오늘날 문화국가에서의 문화정책은 그 초점이 문화 그 자체에 있는 것이 아니라 문화가 생겨날 수 있는 문화풍토를 조성하는 데 두어야 한다. 문화국가원리의 이러한 특성은 문화의 개방성 내지 다원성의 표지와 연결되는데, 국가의 문화육성의 대상에는 원칙적으로 모든 사람에게 문화창조의 기회를 부여한다는 의미에서 모든 문화가 포함된다. 따라서 엘리트문화뿐만 아니라 서민문화, 대중문화도 그 가치를 인정하고 정책적인 배려의 대상으로 하여야 한다."

제3편 基本權論

제1장 基本權 一般理論

제1절 人權保障의 歷史

인권은 역사적으로 항상 국가권력에 의하여 위협을 받아왔기 때문에, 국가권력에 대한 투쟁과정에서 쟁취한 것을 명시적으로 보장해야 할 필요성이 있었다. 이러한 의미에서 인권보장의 역사란 국가와 개인 사이의 대립과 투쟁의 역사라 할 수 있다. 물론, 여기서 유의해야 할 것은, 국가권력과 '개인'의 대립관계는 18세기 계몽주의적 자연법사상의 산물로서, '개인'이 국가와의 관계에서 중심적 위치에 서게 된 것은 근대에 이르러 발생한 현상이라는 점이다. 중세에서 인권은 신분적 사고에 의하여 지배되었기 때문에, 그 당시에는 국가권력과 개인의 대립이 아니라 국가와 귀족·성직자와 같은 '신분계급'의 대립이 문제되었다.

헌법은 '제2장 국민의 권리와 의무'에서 일련의 기본권을 규정하고 있다. 헌법에 보장된 기본권은 우리 헌법제정자의 독창적인 창작물이 아니라 몇 세기에 걸친 서양의 헌법사적 발전과정에서 형성된 산물이다. 따라서 서구 인권보장의 역사를 통하여 기본권의 정신적 바탕과 생성 배경을 함께 고려해야만 비로소, 현행 헌법에 수용된 기본권을 제대로 이해할 수 있다.

I. 영국 헌법사에서의 인권보장

1. 1215년의 대헌장

인권보장의 역사에서 중요한 의미를 가지는 최초의 것은 1215년의 大憲章(Magna Charta Libertatum)이다. 국왕은 대헌장에서 계약의 형태로 귀족과 성직자의 계급에게 일정한 특권을 인정하였다. 물론, 대헌장은 '인간이면 누구에게나 귀속되는 인권'에 관한 것이 아니라 국왕과의 투쟁과정에서 쟁취한 특정 신분계급의 권리와 자유에 관한 것이었다는 점에서, 오늘날의 기본권과는 그 의미를 달리하는 것이었다.[1] 그럼에도 위 권리장전이 중세적 봉건법의 성격을 넘어서 영국헌법의 초석으로 발전한 것은, 특정 신분계급에 대한 특권의 보장 외에도 제39조에서 '어떠한 자유인도 국법과 판결에 의하지 아니하고는 체포 또는 구금되거나 재산을 박탈당하거나 추방되지 않는다'고 규정함으로써 인권적 요소를 포함하고 있는 것에 기인한다.

---

[1] 권리장전은 조세권·재판권 등 봉건군주의 권한을 제한하기 위하여 봉건군주와 귀족계급 사이에서 이루어진 계약으로서, 여기서 '자유인'이란 일반국민이 아니라 오로지 귀족계급만을 의미하는 것이었다. 그 당시에는 귀족만이 '자유인(homo liber)'로 간주되었다, vgl. C. Schmitt, Verfassungslehre, 1928, S.46.

2. 1679년의 인신보호법

영국의 人權史에서 중요한 의미를 가지는 것은, 절대주의를 추구하던 국왕인 찰스 2세가 영국의 의회와 대립하던 상황에서 나온 산물인 1679년의 人身保護法(Habeas-Corpus-Act)이다. 인신보호법은 자의적인 체포로부터 개인의 신체의 자유를 보호하기 위하여, 신체의 자유를 박탈하는 경우 준수되어야 하는 절차적 보장과 구속적부심제를 제도화하였다.[1]

신체의 자유에 대한 법적 보장의 핵심은 자유박탈의 허용여부에 관해서는 오로지 법관만이 결정할 수 있고, 법관의 결정에 근거하지 않은 모든 자유박탈의 경우 지체 없이 법관의 결정을 사후적으로 구해야 한다는 것에 있었다. 1679년 영국 인신보호법이 현대적 법치국가의 의미에서 개인의 신체의 자유에 대한 법적 보장을 규정한 이래, 법률에 의하지 아니하고는 그리고 법관의 결정에 의하지 아니하고는 신체의 자유는 박탈당하지 아니한다는 원칙이 본질적인 법치국가적 보장에 속하게 되었다.

3. 1689년의 권리장전

또한, 1689년 영국 명예혁명의 결과로서 權利章典(Bill of Rights)이 탄생하였다. 권리장전은 의회의 기본적 권한 외에도 청원권과 같은 신민(臣民)의 권리도 담고 있었다.[2] 그러나 권리장전은 오늘날의 헌법과 같이 포괄적인 기본권목록을 갖추고 있는 것이 아니라 의회의 권한 및 사법절차와 관련된 보장이 주된 내용을 이루는 것이었다.

위에서 살펴본 바와 같이, 인권보장의 역사는 그 뿌리를 중세의 신분적 봉건법에 두고 있음을 확인할 수 있다. 인간이기 때문에 개인에게 귀속되는 인권의 사고는 그 당시 아직 인식되지 못하였다. 위에서 언급한 보장들은 단지 국왕의 권력남용을 방지하고 국왕으로 하여금 장래에 특정 법원칙을 준수하도록 구속하고자 하는 것이었다. 위에서 언급된 보장들은 현재에도 유효한 영국 헌법에 속한다.

Ⅱ. 미국의 인권선언

1. 1776년의 버지니아 권리장전

현대적 의미에서 최초의 인권선언으로 간주되는 것은 1776년의 버지니아 권리장전(Virginia Bill of Rights)이다.[3] 버지니아 권리장전은 헌법사에서 최초의 완전한 인권선언이라 할 수 있다. 버지니아 권리장전은 18세기 자연법적 계몽사상을 그대로 반영하고 있는데, '모든 인간은 天賦的이고 不可讓의 권리인 자유와 평등의 권리를 가지며 이러한 권리는 사회계약[4]에 의해서도 폐지될 수 없다'고 규

---

1) 우리 헌법은 신체의 자유를 규정하고 있는 제12조에서 유사한 보장내용을 규정하고 있다.
2) 권리장전은 신민의 권리로서 '국왕에게 청원을 할 권리 및 청원을 하였다는 이유로 체포되거나 소추당하지 아니할 권리'인 청원권을 포함하고 있다.
3) 버지니아 권리장전은 버지니아 헌법과는 별개의 것으로 병존한 반면, 1776년의 펜실베니아 권리선언은 '정부의 구조'의 章과 함께 하나의 펜실베니아 헌법을 구성하였고. 이로써 펜실베니아 헌법은 기본권 부분과 정부조직 부분으로 구성된 근대적 의미의 최초의 헌법이라 할 수 있다.
4) 사회계약이란 근대 자연법사상이 국가권력을 정당화하기 위하여 고안해 낸 창작물이다.

정하고 있는 제1조는 계몽주의사상의 대표적인 표현이자 총결산이라 할 수 있다.[1] 이로써 인권보장의 역사에서 처음으로 더 이상 특정 신분계급이 아니라 인간, 즉 '개인'이 인권의 중심에 서게 되었다.

버지니아 권리장전은 유럽의 계몽사상과 영국의 인권사적 전통을 반영하여, 제1조에서 인간의 자유와 평등, 재산권보장, 행복추구권 등을 선언한 것 외에도 언론의 자유($\frac{제12}{조}$)와 종교의 자유($\frac{제16}{조}$)와 같은 새로운 인권과 더불어 신체자유의 박탈의 경우 준수되어야 하는 절차적 보장을 포함하였다.

2. 1787년의 미국연방헌법

1787년의 미국연방헌법은 제정 당시에는 인권에 관한 규정을 두지 않았으나, 1791년 10개 조의 인권조항(amendments)을 추가함으로써 기본권을 수용한 최초의 국가적 헌법이 되었다. 수정(또는 增補) 제1조는 종교의 자유, 표현과 언론의 자유, 집회의 자유 및 청원의 자유를 규정하였다. 1868년 수정 제14조를 추가함으로써 미국 헌법발전에 있어서 중요한 의미를 가지는 적법절차조항(Due Process Clause)과 평등조항(Equal Protection Clause)이 헌법에 수용되었다.

1803년 연방대법원은 '헌법의 우위' 원칙을 근거로 최초의 헌법재판을 하였고, 법원의 위헌심사권은 '입법자의 헌법에의 구속'을 확보하는 수단이 되었다. 헌법우위의 원칙에는 식민지 당시 모국인 영국의 의회에 대한 부정적 경험, 즉 의회도 불법을 행할 수 있다는 경험이 반영되었다.

Ⅲ. 프랑스의 인권선언

1. 1789년 프랑스의 '인간과 시민의 권리선언'

1789년 프랑스의 '인간과 시민의 권리선언'은 인권의 역사에서 가장 중요한 이정표에 해당한다. 버지니아 권리장전과 마찬가지로, 프랑스 인권선언도 '인간은 인간이기 때문에 그에게 귀속되는 불가양의 권리를 가진다'는 자연법적 사고에 기초하고 있다. 버지니아 권리장전과 비교할 때, 프랑스의 인권선언은 인권의 범위를 본질적으로 크게 확장한 것은 아니었으나, 정치적 공동체의 목적, 헌법의 개념, 자유 및 자유의 한계의 의미 등에 관하여 이론적으로 매우 정교하게 표현하였다. 프랑스 인권선언은 실체적 기본권으로서 인간의 평등권, 일반적 행동자유권, 표현과 언론의 자유, 종교와 양심의 자유, 사유재산권의 보장을 포함하였고, 또한 무죄추정의 원칙, 법률이 정한 경우 법률이 정한 형식에 의한 기소, 체포 및 구금, 형벌규정의 소급효금지 등을 절차적 권리로서 포함하였다. 프랑스 인권선언은 현대헌법이 규정하는 모든 중요한 기본권을 갖추고 있는 것으로, 오늘날의 헌법은 프랑스 인권선언을 혁신적으로 발전시킨 것이 아니라 단지 약간 보완한 것에 불과하다고 볼 수 있다.

인권선언의 핵심적 내용을 개관적으로 살펴보면, 인간은 자유롭게 그리고 권리에 있어서 평등하게 태어났으며($\frac{제1}{조}$), 자연적·불가양적인 인권의 유지가 모든 정치적 결사의 궁극적 목적임을 선언하고 있다($\frac{제2}{조}$). '자유의 본질은 타인을 해하지 않는 한 모든 것을 할 수 있다'는 데 있으며, 사회의 다른 구성원들도 마찬가지로 이 권리들을 향유하도록 법률을 통하여 자유의 한계가 설정될 수 있음

---

1) "모든 인간은 천부적으로 평등하게 자유롭고 또 독립적이며, 인간이 어떤 사회의 국가에 소속될 경우, 계약을 통해서 그 후손으로부터 침탈하거나 박탈할 수 없는 생래적 권리, 즉 점유와 재산을 취득하기 위한 그리고 행복과 안전을 추구하고 획득하기 위한 수단들과 함께 생명과 자유를 향유할 수 있는 권리를 가지고 있다."

을 밝히고 있다(제4죠 및). 제10조는 종교의 자유와 양심의 자유를 보장하고, 제11조는 사상의 자유 및 표현의 자유를 "인간의 가장 고귀한 권리들 중의 하나"로 보장하면서, 법률에 의하여 제한될 수 있음을 명시적으로 밝히고 있다. 제16조는 "권리의 보장이 확립되지 아니하고 권력의 분립이 확정되지 아니한 사회는 헌법을 가지지 아니한다."라고 선언하고 있다. 마지막 조항인 제17조는 재산권을 신성하고 불가침적인 권리로 보장하면서 법률로써 제한될 수 있음을 밝히고 있다.

프랑스 인권선언은 제16조에서 뚜렷하게 드러나듯이, 스스로 헌법보다 우위에 있음을 천명하고 있다. 프랑스 인권선언은 규범적 효력을 주장하는 구체적 실정헌법이 아니라 헌법이 어떤 것이어야 하는지, 헌법제정권자가 구체화해야 하는 원칙들이 무엇인지를 제시하고자 한 '헌법철학서'이다. 프랑스 인권선언은 인류에게 '헌법이 무엇인지'를 밝힌 웅변적이고 감동적인 걸작으로, 아직도 현대헌법의 교과서적 역할을 담당하고 있다.

2. 프랑스 인권선언의 헌법적 수용

프랑스의 인권선언은 1791년에 제정된 프랑스 최초의 헌법에 수용되었으나, 2년 후 新憲法의 제정으로 인하여 보다 강화된 인권규정으로 대체되었다. 그 후 프랑스 헌법사에서 인권규정은 헌법제정 때마다 여러 차례의 부침(浮沈)을 계속하였고, 1946년 제4공화국헌법이 前文에서 인권선언의 정신을 재확인함으로써 프랑스 인권선언은 다시 부활하였다. 1958년 프랑스 헌법은 별도로 기본권목록을 두고 있지 않지만 전문에서 인권선언을 전체적으로 수용한다는 규정을 둠으로써, 인권선언은 현행 프랑스 헌법의 구성부분을 이루고 있다.

Ⅳ. 독일의 기본권 발전사

1. 1849년의 프랑크푸르트 헌법

미국과 프랑스에서 자유주의 인권사상이 인권선언을 통하여 기본권으로 수용되는 동안, 독일에서는 여전히 절대군주의 지배체제가 지속되었다. 독일은 칸트(Kant), 헤겔(Hegel), 피히테(Fichte) 등 18세기를 대표하는 다수의 계몽주의적 철학자를 배출하였음에도 불구하고, '인권의 철학'인 계몽주의적 철학은 독일 정치현실에서는 전혀 반영되지 못하였다.

독일헌법사에서 중요한 의미를 가지는 것은 독일제국을 설립하고자 하는 과정에서 제정된 1849년의 프랑크푸르트 헌법(Paulskirchenverfassung)이다.[1] 위 헌법은 제6장 '독일국민의 기본권'(Die Grundrechte des deutschen Volkes)에서 평등권과 함께 표현의 자유 및 언론의 자유, 종교의 자유, 집회의 자유, 재산권보장 등 고전적인 자유권을 포함하였는데, 자유권을 제한하는 가능성에 관해서도 매우 상세하게 규정하였다. 프랑크푸르트 헌법의 기본권목록은 종래 헌법들에 보장된 기본권을 망라하는 것일 뿐만 아니라, 나아가 주거의 자유, 거주이전의 자유, 직업의 자유, 결사의 자유, 사형제도의 폐지,

---

1) 1848년과 1849년에 걸쳐 독일제국을 설립하고자 시도하는 과정에서 독일 전체를 위한 헌법이 독일 프랑크푸르트 소재의 교회인 파울스키르헤에서 제정되었기 때문에 그 이름을 따라 '파울스키르헤 헌법' 또는 '프랑크푸르트 헌법'이라 한다. 한편, 위 헌법이 시행되지 못하였기 때문에, 학자에 따라서는 '프랑크푸르트 헌법초안'이라고 표현하기도 한다.

학문의 자유 등 새로운 기본권을 수용하는 것이었다. 그러나 독일제국의 설립이 수포로 돌아감에 따라 프랑크푸르트 헌법은 시행되지 못하였다. 독일은 프랑크푸르트 헌법을 통하여 당시 유럽의 기본권보장의 발전단계와 보조를 같이 하고자 시도하였으나, 프랑크푸르트 헌법은 단지 '하나의 사건'에 그침으로써 독일 헌법사에서 역사적인 의미만을 가지는 것이 되었다. 그 후 제정된 독일 헌법들은 인권보장에 대하여 무척 소극적이어서 기본권을 수용하지 아니하였다.

2. 1919년의 독일 바이마르 헌법

1848년에 싹튼 독일 인권보장의 정신은 1918년 독일 혁명으로 탄생한 최초의 공화국헌법인 1919년의 독일 바이마르 헌법(Weimarer Reichsverfassung)에서 비로소 계승되었다. 독일은 바이마르 헌법을 통하여 그 생성 배경과 정신에 있어서 프랑스 인권선언과 비견할만한 기본권목록을 비로소 갖추게 되었다. 바이마르 헌법은 기본권부분에서 프랑크푸르트 헌법의 기본권보장을 모델로 삼아 구체적인 표현에 이르기까지 대부분을 그대로 수용하였다.

바이마르 헌법은 제2편 '독일인의 기본권 및 기본의무'(Grundrechte und Grundpflichten der Deutschen)에서 제5장에 걸쳐 약 60개에 달하는 기본권목록을 수용하였는데, 평등권과 고전적인 자유권뿐만 아니라 사회적 기본권도 광범위하게 포함하였다. 이로써 바이마르 헌법은 시민(부르조아)계급의 이익을 위하여 현상을 유지하고자 하는 고전적인 자유권뿐만 아니라 신생계급(노동자계급)과 사회적 약자의 이익을 고려하고 사회적·경제적 불평등을 제거하여 현상을 개선하고자 하는 사회적 기본권도 삽입함으로써, 기본권의 목록을 시대의 흐름에 맞추어 확충하고자 하는 획기적인 시도를 하였다.

그러나 포괄적인 기본권목록에도 불구하고, 당시 지배적인 헌법학에 의하면 입법자는 기본권의 구속을 받지 않는 것으로 간주되었고 사회적 기본권은 법적 구속력이 없는 단순히 선언적인 프로그램규정으로 격하되었으므로, 바이마르 헌법에 보장된 기본권의 효력은 매우 제한적인 것이었다. 미국에서는 이미 19세기 초부터 헌법의 우위를 인정하여 입법자가 헌법의 구속을 받는다는 것이 당연한 것으로 간주되어 왔다는 점과는 대조적으로, 독일에서는 헌법의 우위를 관철할 수 있는 헌법재판의 가능성도 존재하지 아니하였다.

3. 1949년의 독일 기본법

1949년의 독일 基本法은 바이마르 헌법의 기본권보장을 그 모델로 삼으면서도, 나치시대의 인권유린에 대한 반성으로서 제1조에서 '인간존엄성의 불가침성'을 강조하였고 '기본권조항이 모든 국가권력을 직접적 효력을 가지고 구속한다'는 것을 명시적으로 규정하였다. 독일 기본법은 개인의 자유를 경시하고 국민의 의무를 강조한 나치정권의 불법통치에 대한 반작용으로, 개인의 인권보호를 위한 헌법적 보장을 최대한으로 강화하고자 하였고, 이러한 과정에서 기본권을 '직접적 효력을 가지는 권리'로 선언하였다. 그 결과, 독일 기본법은 '기본권'을 구체적으로 규정함에 있어서 '직접 司法的으로 관철할 수 있는지의 여부'를 결정적인 기준으로 삼았기 때문에, 입법에 의하여 비로소 실현되고 실효성을 가지는 사회적 기본권과 국민의 기본의무가 배제되었다. 이에 따라 독일 기본법 제1장의 표제는 "기본권"으로, 기본의무에 대해서는 더 이상 언급하고 있지 않다.

V. 한국헌법에서 기본권의 발전

1948년 건국헌법의 초안을 기초함에 있어서 헌법제정자는 서구의 다양한 헌법의 영향을 받았으나, 특히 1919년 독일 바이마르헌법의 영향을 간과할 수 없다. 건국헌법이 자유권뿐만 아니라 사회적 기본권과 기본의무에 관한 조항을 보유하고, 나아가 상세하고 광범위한 경제조항도 두고 있다는 것은, 건국헌법이 독일 바이마르 헌법의 영향을 크게 받았음을 그대로 보여주고 있다. 그 후 헌법의 기본권부분은 여러 차례 개정되었는데, 이러한 과정에서 1949년 제정된 독일 현행 헌법인 본(Bonn)기본법과 美聯邦憲法의 영향을 간과할 수 없다. 가령, 인간의 존엄과 가치의 존중에 관한 조항, 기본권의 본질적 내용의 침해금지조항, 언론과 출판에 대한 사전검열의 금지 등은 독일 기본법의 영향을 보여주고 있는 반면, 행복추구권과 적법절차조항의 도입은 미국헌법의 영향을 보여주고 있다.

1. 1948년 건국헌법과 더불어 기본권보장의 역사가 시작되었다. 우리의 경우 입헌주의나 인권투쟁의 역사가 부재하였으므로, 건국헌법에서 기본권을 수용한 것은 인권투쟁의 과정에서 스스로 쟁취한 것의 헌법적 확인과 보장이 아니라, 서구 기본권보장역사의 산물을 수입하고 이식하는 것을 의미하였다. 건국헌법은 고전적인 자유권과 평등권뿐만 아니라 청구권적 기본권과 사회적 기본권도 규정하였다.

2. 자유당 독재정권의 인권탄압을 경험한 1960년 헌법은 자유권적 기본권의 자연권적 성격을 강조하여 기본권의 본질적 내용의 침해금지조항을 신설하였고 언론·출판·집회·결사의 자유에 대하여 사전허가와 검열을 금지하였다.

3. 이러한 경향은 1962년 헌법에서도 이어져, 인간의 존엄과 가치의 존중에 관한 조항이 신설되었고, 그 외에도 직업선택의 자유 등 일련의 기본권조항이 추가되었다.

4. 1972년의 유신헌법은 권위주의적 체제를 유지하기 위하여 기본권의 본질적 내용의 침해금지조항을 삭제하고 신체의 자유 등 일련의 기본권에 대한 제한가능성을 강화함으로써 기본권보장을 크게 약화시켰다.

5. 1980년 헌법은 다시 기본권을 강화하여 본질적 내용의 침해금지조항을 부활시키고 행복추구권, 사생활의 비밀과 자유, 환경권 등 새로운 유형의 기본권을 추가하였으며, 무죄추정의 원리 등의 도입을 통하여 인신의 권리도 강화하였다.

6. 1987년 현행 헌법은 다수의 기본권을 신설하거나 그 내용을 강화하고 있다. 특히, 적법절차조항의 도입을 통하여 신체의 자유를 강화하고 언론·출판에 대한 허가와 검열의 금지, 집회에 대한 허가제 금지 등을 통하여 표현의 자유를 강화하고 있다.

제 2 절 기본권의 槪念과 分類

I. 기본권의 개념

1. 人 權

가. 인권의 개념 및 특성

인권이란 로크, 몽테스키외, 루소를 비롯한 사회계약론자와 계몽주의적 자연법론자에 의하여 '천부적 인권론'이 주장된 18세기에 등장한 개념이다. 인권이란, 모든 사람의 자유와 평등이라는 사고를 전제로 하여, 자유롭고 평등한 주체로서 존중받아야 할 모든 개인의 권리로 이해된다. 이로써 인권이란, 인간이 인간이기 때문에 당연히 가지는 천부적(天賦的) 권리, 즉 인간이 태어남으로써 개인에게 귀속되는 생래적(生來的) 권리를 말한다. 결국, 인권이란 자유와 평등에 관한 권리이다. 인권은 인간의 본성에 그 근거를 두고 있다는 점에서 자연적·천부적 권리이고, 실정법적 근거를 가지고 있지 않다는 의미에서 초실정법적 권리이다.

인권의 사상적 기원이 인간의 본성에 있다는 것은, 첫째, 인권은 실정법화 될 필요 없이 그 자체로 효력을 가지는 것이고, 둘째, 인권은 시간과 장소의 구속을 받지 아니하고 유효한 영속적 권리라는 것을 의미한다. 그러나 자연적·천부적 권리로서의 인권의 성격은 그의 장점이자 동시에 약점이기도 하다. 자연법 적용의 가장 큰 문제점이 바로 자연법 자체의 불명확성인 것과 마찬가지로, 인권

---

[1] 헌법재판소는 3·1 정신이 기본권인지에 관하여, "헌법전문에 기재된 3·1 정신"은 우리나라 헌법의 연혁적·이념적 기초로서 헌법이나 법률해석에서의 해석기준으로 작용한다고 할 수 있지만, 그에 기하여 곧바로 국민의 개별적 기본권성을 도출해낼 수는 없다고 할 것이므로, 헌법소원의 대상인 "헌법상 보장된 기본권"에 해당하지 아니한다고 판시하였다(판례집 13-1, 676). 그러나 영토권이 기본권인지의 여부에 관하여 7인의 다수의견은 "국민의 개별적 기본권이 아니라 할지라도 기본권보장의 실질화를 위하여서는, 영토조항만을 근거로 하여 독자적으로는 헌법소원을 청구할 수 없다 할지라도, 모든 국가권능의 정당성의 근원인 국민의 기본권 침해에 대한 권리구제를 위하여 그 전제조건으로서 영토에 관한 권리를, 이를테면 영토권이라 구성하여, 이를 헌법소원의 대상인 기본권의 하나로 간주하는 것은 가능한 것으로 판단된다."(판례집 13-1, 676)고 하여 헌법소원심판청구의 적법성을 인정하였다. 다수의견은 모든 객관적 헌법조항으로부터 개인의 기본권을 도출할 수 있다는 중대한 법리적 결함을 안고 있다. 2인의 반대의견이 타당하게 밝히고 있는 바와 같이, 영토는 국민, 주권과 더불어 국가의 구성요소로서, 영토권의 주체는 오로지 국가권력이지 개인이 아니다. 한편, 헌법재판소는 헌법상의 여러 통일관련 조항들로부터 국민 개개인의 통일에 대한 기본권이 도출될 수 있는지 여부에 관하여 타당하게 이를 부인하였다, 헌재 2000. 7. 20. 98헌바63(남북교류협력에 관한 법률), 판례집 12-2, 52, 53.

은 '무엇이 인권인지' 불확실하다는 점에서 불명확하고 불확정적이며, 나아가 자신을 관철하는 능력이 결여되어 있다. 인권이 내용적 명확성과 실효성을 가지기 위해서는 실정법화 되어야 한다.

나. 인권과 기본권의 관계

이러한 관점에서 볼 때, 인권과 기본권의 개념은 유사하지만 일치하는 것은 아니다. 헌법은 제10조 후문에서 "국가는 개인이 가지는 불가침의 기본적 인권을 확인하고 이를 보장할 의무를 진다."고 규정함으로써 '인권과 기본권의 관계'를 표현하고 있다.

인권은 인간의 모든 사회적 관계 및 법질서의 성립 이전에 이미 존재하는 것으로서 법질서에 의한 별도의 인정을 필요로 하지 않으며, 국가가 인권을 규범화하고 있는지 여부와 관계없이 국가권력에 의하여 존중되어야 한다. 그러나 인권이 규범적 효력을 가지고 국가권력을 구속하기 위해서는, 국가가 인권을 헌법적으로 확인하고 규범화해야 한다. 인권이 헌법에 실정법으로 규정되지 않는 이상, 인권은 국가에 대한 단순한 정치적 요청이나 선언 또는 기대나 소망에 지나지 않는다.

인권이 헌법에 수용됨으로써, 인권은 비로소 법적 의미에서 권리가 되고, 이로써 국가에 의하여 보장되고 법적으로 관철될 수 있다. 인권은 국가 내에서 관철되고 실현되기 위하여 헌법적 보장을 필요로 한다. 인권은 국가에 의한 확인과 보장을 통하여, 즉 기본권의 형태로 헌법에 수용됨으로써 비로소 헌법이라는 실정법의 구성부분이 된다. 이러한 의미에서 기본권은 '실정법으로 전환된 인권' 또는 '헌법에 성문화된 자연법'이라 할 수 있다.

인권과 기본권은 법의 서로 다른 차원에 존재하면서 그 효력의 근거를 달리한다. 인권은 인간의 본성을 출발점으로 삼는 자연법사상에 그 기반을 두고 있는 초실정법적 권리인 반면에, 기본권은 헌법에 그 효력의 근거를 두고 있는 실정법적 권리이다. 인권은 법질서 이전에 존재하면서 사실상의 관철가능성과 관계없이 보편적인 효력을 주장하는 초실정법적 권리이다. 이에 대하여 기본권이란, 헌법에 구속력을 가지고 규범화됨으로써 司法的으로 관철할 수 있는 권리를 말한다. 인권이 시간과 장소의 구속을 받지 아니하고 그 효력을 주장하는 반면, 기본권은 비록 '자신을 실정법으로 수용한 국가권력'에 대해서만 그 효력을 가지지만, 객관적으로는 국가기관을 구속하고 주관적으로는 개인에 의하여 관철될 수 있는 권리이다.

다. 인권의 실정법화 과정에서 인권의 기능

실정법에 대한 자연법의 기능과 마찬가지로, 인권은 국가에 의한 규범화의 과정에서 '잠재적인 법'으로서 헌법을 비판하고 감시하는 역할을 하면서 국가에게 인간의 본성과 정의에 부합하는 '인권의 실정법화'를 요구한다. 인권이 헌법에 수용되는 과정에서 헌법제정자에 의하여 부당하게 축소되거나 부인될 수 있다는 우려가 있을 수 있으나, 이는 기우(杞憂)에 불과하다. 헌법은 인권의 내용을 구체화하고 인권에 법적 명확성과 실효성을 부여할 수는 있으나, 기본적 인권의 범위를 자의적으로 축소하거나 부인할 수 없다. 헌법이 핵심적 인권을 실정법화 하지 않는다면, 인권은 '헌법에 열거되지 아니한 기본권'의 형태로 다시 부활한다.[1]

헌법은 제37조 제1항에서 "국민의 자유와 권리는 헌법에 열거되지 아니한 이유로 경시되지 아니

---

1) 실정법이 자연법에 위반되는 경우, 자연법은 직접 실정법의 폐지를 의도하지 않으며, '실정법의 무효'라는 직접적인 형성적 효과를 초래하지 않는다. 자연법에 위반되는 실정법은 무효가 아니라 입법자에 의하여 개선되어야 할 '나쁜 법', 惡法일 뿐이다.

한다."고 규정함으로써, 개인의 기본적 인권은 국가가 실정법인 헌법에 수용했는지 여부와 관계없이 헌법적으로 보장되어야 한다는 것을 명시적으로 밝히고 있다.[1] 위 조항은 헌법 제10조 후문과 함께 '인권과 기본권의 관계'에 관한 헌법의 또 다른 직접적 표현이다.

2. 基本權

가. 실정법으로서 기본권

기본권은 법치국가와 함께 독일에서 생성된 법개념이다. 기본권이란 실정법인 헌법에 의하여 보장되는 개인의 기본적 권리를 말한다. 기본권은 헌법적 구속력을 가지고 국가와 개인의 관계를 규율하는 과제를 가진다. 기본권은 개인의 법적 지위의 상대방으로서 국가권력을 전제로 한다. 기본권은 객관적으로 국가권력을 구속하는 효력을 가지며, 나아가 주관적으로 관철할 수 있는 권리이다. 기본권이란, 헌법의 이념적 출발점이자 궁극적인 목적인 인간의 존엄성을 실현하기 위하여 개인의 법적 지위에 대한 헌법적인 보장이 대단히 중요하기 때문에, 그 보장여부가 입법자의 형성권에 달려 있어서는 아니 되고 입법자를 구속하는 헌법적인 보장을 필요로 하는 개인의 권리이다.

헌법은 자유권, 평등권과 같이 인권적·자연권적 성격을 가지는 기본권 외에도 참정권, 사회적 기본권 등 다른 성격의 기본권(국가내적인 기본권)을 규정하고, 이러한 기본권을 통하여 국가와 개인의 관계를 규율할 수 있다. 따라서 헌법에 규정된 기본권은 인권에 국한된 것은 아니다. 한편, 헌법학에서 기본권을 인권으로 표현한다면, 인권은 이중적인 의미로 사용된다. 인권은 한편으로는 기본권의 주체성과 관련하여 국적과 관계없이 인간이면 누구에게나 인정되는 권리의 의미로 이해되기도 하고, 다른 한편으로는 선국가적(先國家的) 권리, 즉 국가 이전에 존재하는, 국가가 마음대로 처분할 수 없는 권리로 이해되기도 한다.

나. 기본권의 구조

(1) 기본권규정·국가의 객관적 의무·개인의 주관적 기본권의 관계

기본권은 객관적 헌법규범인 기본권규정을 근거로 개인에게 귀속되는 법적 지위이다. 기본권규정은 헌법의 한 부분으로서 국가에게 객관적 의무를 부과하면서 개인에게는 주관적 권리를 부여하는 객관적 법규범이다. 기본권의 구조는 객관적 법규범(기본권규정), 국가의 객관적 의무(국가의 기본권 존중의무), 개인의 주관적 권리(기본권)의 상관관계에서 보아야 이해가 가능하다.

개인이 특정 상대방으로부터 작위나 부작위를 요구할 수 있는 법적 권리를 가지고 있는 경우, '주관적 권리'가 인정된다. 주관적 권리는 이에 대응하는 '상대방의 법적 의무'를 당연한 전제로 하며, 이러한 법적 의무는 '객관적 법규범'에 의하여 부과된다. 객관적 법규범의 본질은 법규범의 적용을 받는 자(수범자)를 법적으로 구속한다는 데 있으므로, 법규범은 수범자에 의하여 존중되고 준수되어야 한다. 다른 모든 법규범과 마찬가지로, 객관적 법규범으로서 기본권규정은 그의 수범자인 국가권력을 구속하고, 국가권력에 의하여 존중되고 준수되어야 한다. 따라서 주관적 권리인 기본권은 이에 대응하는 국가의 기본권 존중의무를 당연한 전제로 한다.

---

1) 이에 관하여 아래 제3편 제1장 제2절 IV. 3. 나. '헌법에 열거되지 아니한 기본권' 참조.

(2) 主觀的 公權의 3가지 요소

기본권은 헌법상 기본권규정을 근거로 하여 국가공권력의 주체에 대하여 작위나 부작위를 요구할 수 있는 개인의 법적 권리, 즉 主觀的 公權이다. 헌법은 제2장에서 기본권을 개인의 '자유' 또는 '권리'로 표현함으로써 주관적 권리의 형태로 규정하고 있다. 주관적 권리의 본질이 특정 상대방으로부터 작위나 부작위를 요구할 수 있는 법적 권리이므로, 기본권도 권리의 주체, 권리의 상대방, 권리의 보장내용이라는 주관적 권리의 3가지 요소('누가 누구로부터 무엇을 요구할 수 있다')로 구성되어 있다.

가령, 헌법은 "모든 국민은 … 자유를 가진다."고 하여 자유권적 기본권을 주관적 권리의 형태로 규정하고 있다. 각 개별자유권규정은 '모든 국민'이라는 표현을 통하여 기본권의 주체를 언급하고 있으며, '신체의 자유', '거주·이전의 자유', '직업의 자유' 등과 같이 보호하고자 하는 생활영역을 구체적으로 언급함으로써 각 기본권의 보장내용을 표현하고 있다. 헌법은 제10조 후문에서 "국가는 … 기본적 인권을 … 보장할 의무를 진다."고 하여 '기본권의 구속을 받는 상대방'으로서 국가를 명시적으로 언급하고 있으며, 이로써 기본권보장을 존중해야 하는 국가의 객관적 의무를 명백히 밝히고 있다. 따라서 국가는 자유권의 주관적 권리에 대응하여 '헌법적으로 정당화되지 않는 한 자유권을 침해해서는 안 된다'는 객관적 의무를 진다.

II. 고전적인 기본권적 지위

옐리네크(Georg Jellinek)는 1892년 그의 '地位理論'(Status-Lehre)에서 개인과 국가의 관계를 소극적 지위(status negativus), 적극적 지위(status positivus), 능동적 지위(status activus) 및 수동적 지위(status passivus)로 구분하였는데, 이러한 시도는 오늘날 국가에 대한 개인의 관계, 특히 개인의 기본권적 지위를 파악하는데 아직도 중요한 의미를 가진다. 기본권에 의하여 보장되는 국민의 지위가 소극적 지위, 적극적 지위 및 능동적 지위로 구분된다면, 국민의 기본의무는 수동적 지위로 서술된다. 물론, 옐리네크의 지위이론은 기본권에 관한 것이 아니라, 국가에 대한 개인의 권리 또는 법적 관계 전반에 관한 것이었다. 그 당시 입법자는 기본권의 구속을 받지 않는 것으로 이해되었고, 옐리네크가 주로 염두에 둔 것은 법률상 인정된 개인의 권리였지, 헌법상 권리인 기본권이 아니었다.

그럼에도, 옐리네크의 '지위이론'은 기본권의 분류와 법적 성격을 이해하고 한국 헌법의 기본권체계를 파악하는데 중요한 관점을 제시하고 있다. 오늘날 기본권은 본질적으로 국가로부터 부작위를 요구하는 '소극적 지위', 국가로부터 작위를 요구하는 '적극적 지위' 및 국가의사형성에의 참여를 요구하는 '능동적 지위'로 분류될 수 있다. 특히, 소극적 지위와 적극적 지위의 구분은 오늘날 기본권의 법적 성격과 기능에 있어서 '자유권'과 '그 외의 기본권'의 근본적인 차이를 보여주고 있다.

1. 소극적 지위

소극적 지위란 국가의 간섭이나 개입이 없는 상태를 확보하고자 하는 개인의 지위를 말한다. 이러한 지위는, 개인이 국가의 개입이나 도움 없이도 스스로 기본권을 행사할 수 있다는 것을 전제로 하고 있다. 가령, 개인은 국가의 도움 없이 자신의 의견을 스스로 표명할 수 있고, 경제활동과 예술활동을 할 수 있다. 그러므로 오늘날 헌법의 기본권체계에서 소극적 지위란 국가의 도움 없이도 행사할 수 있는 자유권적 기본권에 해당한다.

소극적 지위는 개인의 자유영역을 국가로부터 보호하고자 하는 것이며, 개인의 자유행사를 방해하거나 자유영역을 침해하지 말 것을 국가에 대하여 요청하는 것이다. 소극적 지위는 국가의 간섭이나 법의 부재(不在)를 요청함으로써 오늘날의 의미에서 對國家的 防禦權에 해당한다.

2. 적극적 지위

적극적 지위란, 개인이 국가로부터 적극적으로 일정 행위나 급부를 요구하는 지위이다. 개인이 국가로부터 무엇을 요구하는 경우는 일반적으로, 개인이 기본권을 스스로 행사하지 못하기 때문에 기본권을 행사하기 위해서는 국가의 행위를 필요로 하는 경우이다. 그러므로 적극적 지위란, 개인이 국가 없이는 기본권을 누릴 수 없고, 오히려 개인이 자유롭기 위하여 또는 기본권을 행사하기 위하여 국가의 적극적인 행위에 의존하고 있는 상태이다. 이러한 상태는 오늘날 헌법의 기본권체계에서 청구권적 기본권, 사회적 기본권, '국가의 보호의무에 대응하는 개인의 보호청구권' 등을 포괄하는 '광의의 청구권'에 의하여 구현되고 있다.[1]

가령, 국민은 국가의 조력 없이는 재판청구권을 자력으로 행사할 수 없다. 개인이 재판청구권을 행사하기 위해서는, 즉 권리구제절차를 밟고 권리보호를 구할 수 있기 위해서는, 그 전에 법원이 설립되고 재판의 관할과 절차가 확립되어야 한다. 재판청구권은 법원조직법이나 소송법 등 절차법을 통한 입법자의 구체적인 형성을 전제로 한다. 따라서 재판청구권은 효과적인 권리구제절차를 보장하는 국가행위를 요구할 권리를 의미한다. 또한, 사회적 기본권이나 보호청구권도 그 내용을 실현하는 적극적인 국가행위를 요구할 권리를 뜻한다.

3. 능동적 지위

능동적 지위란 국가생활에 정치적으로 참여하는 권리를 말한다. 능동적 지위는 단지 국민에게만 귀속된다는 의미에서 '국민의 권리'로 불리기도 하는데, 오늘날 이러한 지위에 해당하는 기본권은 선거권, 국민투표권 및 피선거권을 포함하는 공무담임권이다.

III. 국가와 개인의 관계의 성격에 따른 기본권의 분류

1. 현행 헌법상 기본권의 체계

헌법은 제2장 "국민의 권리와 의무"에서 제10조의 인간존엄성조항을 맨 앞에 내세움으로써, '인간의 존엄과 가치'가 기본권보장의 출발점임을 밝히고 있다. 인간의 존엄과 가치는 헌법의 최고 가치로서 전체 헌법질서를 결정하는 최고의 구성원리이다. 인간존엄성은 단지 선언적인 규정이 아니라 모든 국가기관을 구속하는 최고의 헌법규범이자, 동시에 개인의 기본권이다.[2]

---

1) 광의의 청구권에 관하여 아래 제6장 제1절 I. '청구권적 기본권의 개념' 부분 참조.
2) 물론, 인간존엄성이 헌법에서 다른 기본권에 의하여 구체화되고 있기 때문에, 기본권침해의 경우 다른 기본권이 우선적으로 적용된다. 따라서 인간존엄성이 일차적으로 적용되는 경우는 사실상 생각하기 어렵다는 점에서, 인간존엄성의 기본권적 기능은 헌법실무에서 큰 의미를 가지지 못한다.

이어서, 헌법 제10조 전문 후단은 "… 행복을 추구할 권리를 가진다."고 하여 '행복추구권'을 규정하고 있다. 행복추구권은 다른 개별자유권에 대하여 '일반적 자유권'으로서,[1] 헌법 제12조 내지 제23조에 규정된 개별자유권에 의하여 각 생활영역이나 법익별로 구체화되고 있다.

일반적 자유권인 행복추구권에 이어서, 헌법 제11조 제1항 전문에서 "모든 국민은 법 앞에 평등하다."고 하여 '일반적 평등권'을 규정하고 있다. 일반적 평등권은 다시 "성별, 종교 또는 사회적 신분"을 기준으로 하는 차별을 금지하는 헌법 제11조 제1항 후문, 사회적 특수계급제도 및 훈장 등 영전의 특권을 부인하는 제11조 제2항 및 제3항, "능력"이란 특정 징표만을 차별의 기준으로서 고려할 것을 요청하는 제31조 제1항(교육을 받을 권리),[2] 근로의 영역에서 여성차별을 금지하는 제32조 제4항, 근로의 기회에서 국가유공자에 대한 우대를 명령하는 제32조 제6항, 혼인과 가족생활에서 양성의 평등을 요청하는 제36조 제1항의 특별평등권에 의하여 구체화되고 있다.

헌법 제12조 내지 제23조에서는 개별 생활영역 별로 개인의 자유영역이나 법익을 국가의 부당한 침해로부터 보호하는 '자유권'을 보장하고 있다. 개별자유권은 역사적으로 국가로부터 특히 위협받아 온 자유영역을 헌법적으로 보장함으로써 개인의 근본적인 자유와 이익을 특별히 보호되어야 하는 것으로 선언하고 각 생활영역에서 개인의 인격발현의 가능성을 보장하고자 하는 것이다. 이어서, 헌법은 제24조 및 제25조에서 국민의 '참정권'을, 제26조 내지 제30조에서는 '청구권적 기본권'을, 제31조 내지 제36조에서는 '사회적 기본권'을 규정하고 있다.

2. 기본권의 분류

가. 자유권

(1) 자유권의 특성

헌법은 제12조 내지 제23조에서 개별자유권을 규정하고 있다. 자유권은 국가로부터 자유로워야 할 일정한 생활영역(예컨대 집회, 학문, 예술, 직업, 사생활영역 등)을 서술하고 있다. 자유권에 의하여 보호되는 이러한 생활영역을 기본권의 '보호범위'라 한다. 자유권은 각 그의 고유한 보호범위를 가지고 그 기능에 있어서 일차적으로 對國家的 防禦權으로서 개인의 자유영역에 대한 국가의 부당한 침해를 배제한다.

자유권은 옐리네크의 '소극적 지위'에 해당하는 것으로, 그 성격에 있어서 국가로부터의 자유, 대국가적 방어권 및 국가에 대한 부작위청구권을 의미한다. 자유권은 국가가 개인의 자유영역을 단지 존중하고 침해하지 않음으로써 보장되는 소극적인 성격을 갖고 있다. 이러한 의미에서 자유권은 '국가의 강제와 간섭으로부터의 자유', 즉 '국가로부터의 자유'이다. 원칙적으로 자유권은 '입법자에 의한 실현'이라는 입법적 매개활동을 필요로 하지 않고 단순히 기본권이 존재함으로써, 그 자체로 국가행위에 대한 방어적 기능을 하게 된다.[3] 그러므로 자유권은 국가로부터 부당한 침해행위를 하지 말

---

1) 행복추구권은 다른 개별자유권과의 관계에서 일반·특별관계에 있다는 의미에서 '일반적 자유권'이며, 다른 개별기본권이 적용되지 않는 경우에 비로소 보충적으로 적용된다는 의미에서 '보충적 자유권'이다.

2) 마찬가지로, 헌법 제25조의 공무담임권의 경우, 제한된 공직에 취임하는 것은 선별을 전제로 하기 때문에, 능력과 적성 같은 특정 기준만이 고려되어야 하고 그 외의 다른 기준들은 고려되어서는 안 된다는 점에서, 공무담임권도 특별평등권에 해당한다.

3) 자유권의 경우 입법자의 입법을 필요로 함이 없이 그 존재 자체로서 국가의 부당한 행위를 배제하는 주관적 공권으로서 완전한 기능을 하기 때문에, 헌법은 자유권의 규정형식으로서 단지 "모든 국민은 … 자유를 가진다."(헌법

것을 요구하는 不作爲請求權으로 그 자체로서 직접 효력을 가지는 제소가능한 주관적 공권을 의미한다. 여기서 입법자의 입법행위는 일반적으로 자유권을 제한하는 성격을 가지게 된다.

(2) 자유권의 관점에서 제기되는 헌법적 문제

한편, 자유권은 국가의 모든 행위를 절대적으로 배제하는 것이 아니라 '헌법적으로 정당화되지 않는' 국가행위를 배제한다. 따라서 국가가 자유권의 제한을 정당화할 수 있다면, 개인은 자신의 자유권에 대한 제한을 수인해야 한다. 단지 헌법적으로 정당화되지 않는 '제한'만이 기본권의 위헌적 '침해'를 가져온다.

자유권의 관점에서 문제되는 것은, 국가행위에 의한 자유의 제한이 자유권과 부합하는지, 헌법적으로 정당화되는지의 여부이다. 즉, 국가행위가 자유권에 의하여 보호되는 개인의 자유영역을 과도하게 침해하는지의 여부이므로, 국가행위가 과잉인지의 문제가 주된 심사의 대상이다.

나. 평등권
(1) 평등권의 특성

헌법은 제11조에서 평등권을 규정하고 있다. 평등권은 특정한 생활영역, 인간의 행위나 법익을 국가로부터 보호하려는 것이 아니라, 국가의 행위지침으로서 '정의에 부합하는 국가행위', 즉 '같은 것은 같게 다른 것은 다르게' 취급할 것을 요청한다. 평등권의 경우 국가의 침해로부터 보호하려는 고유한 보호범위가 존재하지 않으며, 이로써 보호범위에 대한 제한 또한 있을 수 없다.

자유권과는 달리, 평등권은 국가작용 그 자체를 금지하는 것이 아니라, 국가작용이 평등원칙에 합치하는 한 모든 국가작용을 허용한다. 즉 국가가 혜택을 부여한다면 누구에게나 평등한 혜택을, 부담을 부과한다면 누구에게나 평등한 부담을 부과할 것을 평등권은 요구할 뿐, 국가의 행위 자체를 금지하는 권리가 아니다.

(2) 평등권의 관점에서 제기되는 헌법적 문제

자유권의 경우, 국가와 개인의 관계에서 국가가 자유권에 의하여 보호되는 개인의 자유영역을 헌법적으로 정당화될 수 없는 방법으로 과도하게 침해하였는지가 문제된다면, 평등권의 경우에는 국가가 개인을 동등하게 또는 다르게 취급해야 함에도 같게 또는 다르게 취급했는지가 문제된다. 그러므로 국가에 대하여 평등권위반을 주장하기 위해서는 '국가와 개인의 관계'만을 보아서는 안 되고, 국가의 규율에 의하여 발생한 자신의 법적 지위와 타인의 법적 지위를 비교해야 한다. 따라서 평등권이 적용되기 위해서는 언제나 '두 개의 사실관계'의 차별적 대우가 존재해야 한다. 평등권에서는 '국가에 의한 불평등한 취급이 헌법적으로 정당화되는지'의 여부가 문제되는 것이다.

다. 참정권
(1) 참정권의 특성

참정권이란 국민이 국가의사형성에 참여하는 권리를 말한다. 헌법은 제24조(선거권) 및 제25조(공무담임권)에서 참정권을 규정하고 있다. 또한, 대통령이 국민투표 부의권을 행사하는 경우 인정되는 임의적 국민투표(헌법 제72조)의 가능성과 헌법개정에 관한 필수적 국민투표(제130조)의 가능성도 참정권에 속한다. 헌법은 참정권(헌법 제24조, 제25조)의 규정형식으로 "법률이 정하는 바에 의하여"의 표현을 사용함으로써,

---

제12조, 제14조, 제15조, 제19조, 제20조, 제21조, 제22조) 또는 "모든 국민은 … 침해받지 아니한다."(헌법 제16조, 제17조, 제18조), "… 보장된다."(헌법 제23조)는 표현을 사용하고 있다.

자유권과는 달리 입법자에 의한 구체적 형성을 필요로 한다는 것을 명시적으로 밝히고 있다. 국민이 헌법상 보장된 선거권을 실제로 행사하기 위해서는 '누가 어떻게 선거할 것인지'에 관하여 법률에 의한 구체적인 형성을 필요로 한다.1)

(2) 참정권의 관점에서 제기되는 헌법적 문제

선거권에서 문제되는 것은, 입법자가 입법을 통하여 선거권을 과도하게 제한하는지의 문제가 아니라, 헌법상 부여된 입법형성권을 제대로 행사하는지의 문제, 즉 입법자가 선거권을 법률로써 형성함에 있어서 준수해야 하는 지침인 헌법상 선거원칙, 민주주의원리 등을 존중하여 선거권을 구체화하였는지의 문제이다.

(3) 민주적 참여권

선거를 통하여 간접적으로 또는 국민투표를 통하여 직접 '국가의사형성'에 참여하는 가능성을 보장하는 參政權과 구분해야 하는 것은, 개인에게 공동체의 정치적 의사형성, 특히 '국민의사형성과정'에 참여할 기회를 보장하는 기본권인 '民主的 參與權'이다. 표현의 자유, 언론의 자유, 집회의 자유, 결사의 자유 등 일련의 자유권(소위 '정치적 자유권')은 자유권적 요소와 민주적 요소를 공유함으로써, 개인적 인격의 자유로운 발현을 보장할 뿐만 아니라 나아가 개인에게 공동체의 정치적 의사형성에 참여할 기회도 보장한다. 따라서 이러한 정치적 자유권은 방어권적 성격뿐만 아니라 국민의 정치적 의사형성에 참여한다는 점에서 민주적 참여권의 성격을 함께 가진다.2) 이러한 의미에서 정치적 자유권은 '민주주의를 구성하는 요소'로서 간주된다. 그러나 정치적 자유권의 행사가 여론형성을 통하여 결과적으로 국가의사형성에 영향을 미칠 수 있는 가능성을 제공한다 하더라도, 국가의사형성에 참여하는 가능성인 '원래 의미의 참정권'은 아니다.

또한, 개인이 자유롭게 정당을 설립하고 기성정당에 가입할 수 있는 권리를 보장하는 정당설립의 자유 및 공동의 청원을 통하여 공동체의 정치적 의사형성에 영향력을 행사할 수 있는 가능성을 보장하는 청원권도 민주적 참여권에 속한다.

라. 청구권적 기본권

(1) 청구권적 기본권의 특성

헌법은 제26조 내지 제30조에서 국가에 청원할 권리(청원권), 재판을 받을 권리(재판청구권), 억울하게 구금된 형사피의자가 국가로부터 정당한 보상을 청구할 수 있는 권리(형사보상청구권), 공무원의 직무상 불법행위로 손해를 입은 국민이 국가로부터 정당한 배상을 청구할 수 있는 권리(국가배상청구권) 등 청구권적 기본권을 규정하고 있다. 청구권적 기본권이란, 권리의 보장을 위하여 국가에 대하

---

1) 국민이 선거권을 행사하기 위해서는 입법자가 사전에 선거법을 통하여 누가 선거할 수 있는지(선거연령의 확정 등), 어떠한 선거제도에서 선거가 이루어지는지(다수대표제 또는 비례대표제, 선거구의 획정 등)에 관하여 규율해야 한다.
2) 헌재 2004. 3. 25. 2001헌마710(초·중등교원의 정치활동 제한), 판례집 16-1, 422, 423, [헌법상 정치적 자유권의 의의에 관하여] "오늘날 정치적 기본권은 국민이 정치적 의사를 자유롭게 표현하고, 국가의 정치적 의사형성에 참여하는 정치적 활동을 총칭하는 것으로 넓게 인식되고 있다. 정치적 기본권은 기본권의 주체인 개별 국민의 입장에서 보면 주관적 공권으로서의 성질을 가지지만, 민주정치를 표방한 민주국가에 있어서는 국민의 정치적 의사를 국정에 반영하기 위한 객관적 질서로서의 의미를 아울러 가진다. 그중 정치적 자유권이라 함은 국가권력의 간섭이나 통제를 받지 아니하고 자유롭게 정치적 의사를 형성·발표할 수 있는 자유라고 할 수 있다. 이러한 정치적 자유권에는 정치적 의사를 자유롭게 표현하고, 자발적으로 정당에 가입하고 활동하며, 자유롭게 선거운동을 할 수 있는 것을 주된 내용으로 한다."

여 일정한 행위를 적극적으로 청구할 수 있는 국민의 권리이다.

국민이 국가의 도움을 필요로 하지 않고서도 누릴 수 있는 자유의 경우, 헌법은 자유권의 형태로써 자유를 원칙적으로 무제한으로 보장하면서 공익상의 이유로 자유권에 대한 제한을 허용하는 반면, 국가의 행위나 조력을 필요로 하는 청구권적 기본권의 경우, 입법자에 의한 구체적 형성을 필요로 한다. 헌법은 청구권적 기본권(제26조, 제27조, 제28조, 제29조, 제30조)의 규정형식으로 "법률이 정하는 바에 의하여" 또는 "법률에 의한" 등의 표현을 사용함으로써 자유권과는 달리 입법자에 의한 구체적 형성을 필요로 한다는 것을 분명히 밝히고 있다.

(2) 청구권적 기본권의 관점에서 제기되는 헌법적 문제

청구권적 기본권과 같이 입법자에 의한 구체적인 형성을 필요로 하는 기본권의 경우에는 헌법재판실무에서 주로 '국민이 헌법상 보장된 청구권을 근거로 하여 일정한 국가행위를 요구할 수 있는지', '국민이 일정한 국가행위를 요구할 수 없도록 규율하였다면, 입법자가 형성권을 제대로 행사하였는지'가 문제된다. 가령, 국민이 재판청구권에 근거하여 3심급의 재판을 요구할 수 있는지, 소송비용의 부담 없이 또는 제소기간의 제한 없이 재판을 받을 것을 요구할 수 있는지의 문제이다. 이러한 문제는, 입법자가 청구권적 기본권을 과도하게 침해하였는지의 여부가 아니라 입법자가 헌법상 보장된 청구권적 기본권의 기본정신을 고려하여 입법형성권을 제대로 행사하였는지의 여부에 관한 것이다.

마. 사회적 기본권

(1) 사회적 기본권의 특성

사회적 기본권(생존권적 기본권)이란 사회국가원리를 실현하기 위한 기본권으로서, 각 개인이 자유를 실제로 행사할 수 있는 실질적 조건을 마련해 줄 것을 국가로부터 요구할 수 있는 권리, 특히 입법자에 대하여 사회적 기본권의 보장내용을 실현하는 입법을 요구할 권리이다. 헌법은 제31조 내지 제36조에서 사회적 기본권을 규정하고 있다. 물론, 이 중에는 사회적 기본권적 요소뿐만 아니라 자유권적 요소도 함께 포함하고 있는 기본권(가령, 제33조의 근로3권, 제36조의 혼인과 가족생활)도 있음을 유의해야 한다.

헌법은 사회적 기본권을 개인의 주관적 권리의 형태로 규정하고 있으나, 사회적 기본권은 그 자체로서 관철할 수 있는 구체적·현실적인 권리가 아니다.[1] 사회적 기본권의 본질적인 의미는 국가로 하여금 사회적 기본권에 담겨져 있는 객관적 내용, 즉 국가의 과제나 의무를 실현하도록 헌법적으로 구속하는데 있다. 헌법은 개별 조항에서 우선 주관적 권리의 형태로 사회적 기본권을 규정한 다음, 이어서 사회적 기본권의 객관적 내용이 무엇인가 하는 것을 구체적으로 국가의 객관적 의무의 형태로 서술하고 있다. 사회적 기본권은 그 본질상, 구체적 권리가 되기 위하여 사전에 입법에 의한 구체적 형성을 필요로 한다. 그러므로 사회적 기본권으로부터 국가의 특정 급부나 특정 행위를 요구할 수 있는 개인의 주관적인 권리는 원칙적으로 나오지 않는다. 헌법은 사회적 기본권의 규정형식으로 "법률이 정하는 바에 의하여" 또는 "법률로 정한다." 등의 표현을 사용함으로써 입법자에 의한 구체적 형성을 필요로 한다는 것을 분명히 밝히고 있다.

---

1) 가령, 헌법 제32조의 근로의 권리가 개인의 권리로서 관철될 수 있기 위해서는, 국가가 노동시장을 지배하고 이를 마음대로 처분할 수 있어야 하는데, 이는 헌법의 자유주의적 경제질서와 부합할 수 없는 계획경제체제를 전제로 하는 것이다.

(2) 사회적 기본권의 관점에서 제기되는 헌법적 문제

입법자에 의한 구체적인 형성을 필요로 하는 사회적 기본권의 경우 헌법재판실무에서 주로 '국민이 헌법상 보장된 사회적 기본권을 근거로 하여 일정한 국가행위를 요구할 수 있는지'가 문제된다. 가령, 개인이 '인간다운 생활을 할 권리'를 근거로 하여 일정한 수준 이상의 생계보호비를 요구할 수 있는지 또는 특정한 사회보장정책의 도입을 요구할 수 있는지의 문제이다. 여기서도 마찬가지로, 입법자가 법률로써 사회적 기본권을 과도하게 침해하는지의 문제가 아니라, 헌법상 보장된 사회적 기본권의 기본정신을 고려하여 입법형성권을 제대로 행사하였는지, 사회적 기본권을 실현하기 위한 최소한의 입법을 하였는지의 여부가 문제된다(소위 '과소보장금지원칙').

IV. 그 외의 다양한 관점에 의한 기본권의 분류

1. 自然權 여부에 따른 분류

가. 超國家的·先國家的 基本權

초국가적 또는 선국가적 기본권이란 천부적(天賦的) 인권 또는 자연권으로서 국가 이전에 존재하는 개인의 권리를 말한다. 인간의 존엄성을 비롯하여 자유권과 평등권이 이에 속한다. 인간은 생래적으로 자유와 평등을 부여받았고, 자유와 평등은 인간의 존엄성을 유지하기 위한 불가결한 요소이다. 자유와 평등은 인간이 살고 있는 공동체의 형태나 헌법의 내용과 관계없이 존재하는 것이다. 자유와 평등이 헌법에 의하여 창설되는 것이 아니라 헌법 이전에 존재한다는 의미에서 선국가적 기본권이다. 헌법이 인간의 자유와 평등을 실정법으로 보장한다면, 이는 헌법 이전에 이미 존재하는 것을 단지 확인하는 것이다.

헌법은 '인간의 존엄과 가치' 및 '행복추구권'을 규정하는 제10조 전문, "국가는 개인이 가지는 불가침의 기본적 인권을 확인하고 이를 보장할 의무를 진다."고 규정하는 제10조 후문,[1] "국민의 자유와 권리는 헌법에 열거되지 아니한 이유로 경시되지 아니한다."고 규정한 제37조 제1항[2] 및 "자유와 권리의 본질적 내용을 침해할 수 없다."는 제37조 제2항 후단의 규정을 통하여 국가 이전에 존재하는 '천부적 인권'을 전제로 하고 있는데, 이는 자연법사상 또는 천부인권사상의 실정법적 표현이라 할 수 있다.

나. 국가에 의하여 창설된 기본권

국가에 의하여 창설된 기본권이란, 국가 이전에 존재하는 것이 아니라 국가에 의하여 비로소 주어지는 권리, 즉 국가의 존재를 전제로 하는 기본권을 말한다. 國家 內的인 권리로서 참정권, 사회적 기본권, 청구권적 기본권이 이에 속한다. 가령, 선거권은 국민에 의한 국가창설의 권리로서 국가의 존재를 전제로 한다. 국가 내적인 기본권의 특징은 국가의 입법에 의하여 기본권의 내용이 구체적으로 확정되며, 자유권과 비교할 때 입법자의 광범위한 형성권이 인정된다는 데 있다. 헌법은 참정권, 청구권, 사회적 기본권의 경우에는 그 규정형식으로 '법률이 정하는 바에 의하여', '법률이 정하는' 또

---

1) 헌법은 여기서 '확인'이라는 표현을 통하여 '인권은 국가와 헌법 이전에 이미 존재한다'는 것을 전제로 하고 있다.
2) 헌법은 이로써 '인권이 헌법의 규정내용과 관계없이 존재한다'는 것을 표현하고 있다.

는 '법률에 의한' 등의 표현을 사용함으로써 자유권과는 달리 입법자에 의한 구체적 형성을 필요로 한다는 것을 밝히고 있다.

2. 기본권 주체에 따른 분류

기본권 중에는 기본권의 주체성을 국적과 결부시킴으로써 국민만이 주체가 될 수 있는 기본권(국민의 권리)과 외국인과 무국적자를 포함한 모든 자연인이 주체가 될 수 있는 기본권(인간의 권리)이 있다. 헌법의 기본권조항은 "모든 국민은 … "이라고 규정함으로써 단지 대한민국 국민만이 기본권의 주체가 될 수 있는 것으로 표현하고 있으나, 기본권의 성질상 인간의 권리로 볼 수 있는 기본권(인간의 존엄성, 행복추구권, 평등권 등)의 경우, 외국인도 기본권의 주체가 될 수 있다는 것이 일반적인 견해이다.

3. 헌법에 명시적으로 규정되었는지의 여부에 따른 분류

가. 헌법에 열거된 기본권

헌법에 열거된 기본권이란, 헌법이 제10조에서 제36조에 걸쳐 명시적으로 규정하고 있는 기본권을 말한다. 위에서 살펴본 바와 같이, 헌법에 열거된 기본권은 자유권, 평등권, 참정권, 청구권, 사회권 등으로 유형화된다. 헌법제정자는 헌법 제정 당시에 보장의 필요성을 인식할 수 있는 기본권만을 명시적으로 규정할 수 있다. 헌법에 명시적으로 보장된 기본권이란 헌법 제정 당시에 이미 그 보장의 필요성이 있는 것으로 인식된 기본권이다.

특히, 헌법에 명시적으로 보장된 '자유권'은 인간의 역사에서 국가권력에 의하여 발생한 자유의 위협과 침해에 대한 헌법적 대응이다. 헌법에 열거된 자유권이란, 역사상 경험적으로 볼 때 국가공권력에 의한 전형적인 침해의 위험이 있는 개인의 자유영역과 법익을 보호하고자 하는 헌법제정자의 의지의 표현이다.

나. 헌법에 열거되지 아니한 기본권

(1) 헌법 제10조 후문 및 제37조 제1항의 연관관계

헌법은 제37조 제1항에서 "국민의 자유와 권리는 헌법에 열거되지 아니한 이유로 경시되지 아니한다."고 규정하여, 헌법에 명시적으로 규정된 기본권 외에도 헌법적으로 보장되는 기본권이 있음을 밝히고 있다. '인간의 존엄과 가치'는 헌법을 구성하는 최고의 원칙으로서 기본권보장의 궁극적 목적이라는 점에서, 헌법 제37조 제1항에서 말하는 '헌법에 열거되지 아니한 자유와 권리'라 함은, 헌법 제10조의 인간의 존엄과 가치를 실현하기 위하여 불가결한 수단으로서 국가가 실정법인 헌법에 수용했는지의 여부와 관계없이 헌법적으로 보장되어야 할 국민의 자유와 권리를 말한다.

헌법은 제10조 후문에서 모든 인간에게 귀속되는 천부적 또는 생래적 권리를 실정법으로 전환하여 헌법적으로 규정하고 보장해야 할 국가의 의무를 부과하는 한편, 제37조 제1항에서 국가가 기본적 인권을 실정헌법의 체계에 수용하지 않은 경우에도 개인의 기본적 인권은 헌법적으로 보장되어야 한다는 것을 밝히고 있다. 헌법 제10조 후문과 제37조 제1항의 관계에서 볼 때, 헌법에 열거되지 아니함에도 불구하고 헌법적으로 보장되는 국민의 자유와 권리란, 선국가적 권리이기 때문에 국가가 헌법에 수용하였는가와 관계없이 보장되어야 하는 권리, 즉 인간이 인간이기 때문에 당연히 누린다고 생각되는 인간의 생래적·천부적 권리를 말하는 것이지, 국가에 의하여 비로소 부여되고 형성되는 참정권이나 사회적 기본권, 청구권적 기본권을 포함하는 것이 아니다. 따라서 헌법에 열거되지 아니한 기본권은 '인권적 성격을 가지는 자유권'에 국한된다고 보아야 한다.

(2) 헌법에 열거되지 아니한 자유권을 인정해야 하는 이유

역사적 경험상 국가에 의한 전형적인 침해의 위험이 있는 개인의 자유나 법익에 해당하고 인간의 존엄과 가치를 실현하기 위하여 불가결한 수단임에도, 헌법제정자가 기본권으로 규정하는 것을 누락하는 경우가 있다. 우리 헌법의 경우, 무엇보다도 생명권과 신체불가침권이 이에 속한다.

나아가, 사회현상의 변화에 따라 헌법제정자가 헌법 제정 당시에 인식할 수 없었고 예견할 수 없었던 '자유를 위협하는 새로운 위험상황'이 발생할 수 있는데, 국가는 이러한 위험상황에 대해서도 기본권적 보호를 제공해야 한다. 따라서 헌법에 열거되지 아니한 새로운 기본권을 인정한다는 것은 사회현상의 변화에 따라 자유에 대하여 새로이 발생하는 위협적 상황에 적절하게 대처하고자 하는 국가의 시도이다. 헌법 제37조 제1항은 국가, 특히 헌법의 최종적 해석권자인 헌법재판소에 대하여 헌법해석을 통하여 새로운 기본권을 인정함으로써 개인의 자유를 위협하는 새로운 상황에 대처할 의무를 부과하는 규정이며, 헌법재판소의 헌법해석을 통한 헌법의 변천(變遷)을 허용할 뿐만 아니라, 나아가 이를 국가의 의무로서 부과하는 규정이다.

헌법재판소는 헌법해석을 통하여 헌법에 명시적으로 규정되지 않은 일련의 자유권을 인정하였는데, 가령 생명권과 신체불가침권을 비롯하여 오늘날 정보사회에서 개인의 자기결정권을 보장하기 위한 '개인정보자기결정권', 표현의 자유나 인격발현의 전제조건으로서 '알권리', 자유로운 인격발현을 위한 전제조건인 '인격권' 등을 대표적인 예로 들 수 있다.

4. 기본권제한의 가능성에 따른 분류

가. 상대적 기본권

상대적 기본권이란, 제한이 가능한 기본권, 상대적으로 보장되는 기본권을 말한다. 헌법은 자유권을 규정함으로써 개인에게 자유와 자기결정의 영역을 보장하고 있다. 기본권에 의하여 보장된 자유의 행사는 필연적으로 국가공동체의 법익이나 타인의 법익과 충돌하게 된다. 따라서 충돌하는 법익 사이의 경계를 설정하고 양 법익을 조정하는 것이 필요하다. 여기서 충돌하는 양 법익간의 경계설정과 조정은 '기본권에 대한 제한'을 통하여 이루어진다.

이에 따라, 헌법 제37조 제2항은 입법자에게 공동체의 이익을 추구하기 위하여 또는 타인의 법익을 보호하기 위하여 자유권을 제한할 수 있는 권한을 부여하고 있다. 헌법 제37조 제2항에 의하여 모든 자유권은 원칙적으로 제한이 가능하다. 자유의 행사가 타인의 법익과 공익을 해하지 않는 범위 내에서, 즉 타인의 기본권 및 공익과 병존할 수 있는 범위 내에서 이루어져야 한다는 것은 모든 자유권에 내재된 원칙이다.

나. 절대적 기본권

절대적 기본권이란, 제한될 수 없고 절대적으로 보장되는 기본권을 말한다. 자유의 행사가 현실 세계에서 필연적으로 법익충돌의 상황을 초래한다는 점을 감안한다면, 모든 제한가능성을 배제하는 절대적 기본권이란 예외적인 것이며, 단지 다른 헌법적 가치에 대하여 명백하고도 절대적 우위를 차지하는 기본권이나 또는 법익충돌의 위험이 없는 경우에 한하여 인정될 수 있다. 이러한 경우란, 헌법상 최고의 가치로서 '인간의 존엄성'과 인간의 내면세계에서 활동하는 '양심형성의 자유'에 국한된다.

헌법 제19조의 양심의 자유는 '양심형성의 자유'와 '양심실현의 자유'를 포함하는데, 전적으로 인간의 내면세계에서 이루어지는 '양심형성과 양심결정의 과정'은 제3자의 법익이나 공익과의 충돌가능성이 없기 때문에 '양심형성의 자유'는 절대적으로 보장되는 자유권에 속한다. 또한, 헌법 제10조의 인간존엄성조항은 최고의 헌법적 가치로서 불가침이므로, 기본권으로서 인간존엄성도 이에 상응하여 불가침일 수밖에 없다. 기본권으로서 인간존엄성이 불가침이라는 것은, 어떠한 공익에 의해서도 인간존엄성에 대한 침해는 정당화될 수 없으며, 이로써 다른 법익과의 관계에서 상대화될 수 없는 절대적 기본권이라는 것을 의미한다.

5. 적극적 자유와 소극적 자유

가. 개 념

자유권은 자유를 적극적으로 행사할 수 있는 권리(소위 '적극적 자유')만을 보호하는 것이 아니라, 자유를 행사하지 아니할 권리(소위 '소극적 자유')도 함께 보호한다. 여기서 '消極的 自由'란 옐리네크의 지위이론에 따라 국가의 간섭이나 개입이 없는 상태를 확보하고자 하는 소극적 지위나 국가의 간섭이나 법의 不在를 요청하는 대국가적 방어권으로서 자유권의 성격을 의미하는 것이 아니다. 소극적 자유의 개념은 '무엇을 하지 아니할 자유'를 서술하는 용어로서 학계와 판례에서 일반적으로 사용되고 있다.

일련의 자유권규정은 그 법문에 있어서 적극적인 행위를 보호하는 형식으로 규정되어 있는데,[1] 이러한 자유권규정은 '무엇을 할 자유'인 적극적인 자유로서 '행위의 가능성'을 보호할 뿐만 아니라, 나아가 적극적인 자유에 대한 반대지위로서 '이러한 행위를 하지 않을 권리'를 보호한다. 즉, 개인이 자유권에 의하여 보호되는 행위를 해도 된다면, '해도 되는 것을 하지 아니할 자유'도 함께 보장되는 것이다. 가령, 혼인의 자유는 '혼인을 할 자유'뿐만 아니라, '혼인을 하지 아니할 자유'도 보장하는 것이고, 신앙의 자유는 '종교를 선택하여 신앙생활을 할 자유'뿐만 아니라 '종교를 가지지 아니할 자유'도 함께 보장하는 것이다.

물론, 자유권보장의 중점은 적극적 자유의 보장에 있다. 기본권보장의 역사에서도 주로 적극적인 자유의 행사와 이에 대한 국가의 제한이 문제되었다. 그러나 역사적으로 소극적 자유의 중요성이 부각된 것도 간과할 수 없다. 계몽주의시대 이래 개인의 신앙의 자유는 주로 '국교의 강제로부터의 자유'라는 소극적인 자유로서 이해되었다. 뿐만 아니라, 공산주의와 전체주의를 경험한 현대의 역사에서도 소극적 자유의 중요성은 드러나고 있다. 전체주의국가에서 기본권적 자유란 개인의 자유라기보다는 국가와 사회의 발전과 번영을 위하여 적극적으로 행사해야 할 의무로서 기본권을 행사하지 아니할 자유(소극적 자유)는 당연히 부정되며, 선거권은 곧 선거의무를 의미하고 근로의 권리는 곧 근로의 의무를 의미한다. 이러한 점에서 소극적 자유는 자유국가와 전체주의국가를 구분하는 시금석이기도 하다.

---

1) 가령, 헌법 제15조는 "모든 국민은 직업선택의 자유를 가진다."고 하여 직업선택이라는 적극적인 행위를 보호하는 형태로 규정하고 있다.

나. 행위가능성을 보호하는 자유권의 보장내용으로서 소극적 자유[1]

소극적 자유란 ' … 하지 않을 자유'이므로, 소극적 자유를 인정할 수 있는 범위는 처음부터 제한되어 있다. '무엇을 하지 않을 자유'는 '무엇을 할 자유'를 전제로 하는 것이며, 이로써 자유권이 행위(작위)나 활동을 보호하는 것을 전제로 하고 있는 것이다. 헌법이 개인에게 행위를 허용하는 경우에만, 행위의 다른 가능성으로서 부작위가 있을 수 있는 것이다. 그러므로 소극적 자유는 개인의 행위가능성을 보호하는 자유권의 경우에만 인정될 수 있다.

반면에, '법익의 불가침성을 보호하는 자유권'으로부터는 소극적 자유가 도출될 수 없다. 가령, 생명권으로부터 '자살할 권리'를 도출할 수 없다. 생명권은 단지 인간의 특정한 보호법익(생명)을 국가의 침해로부터 보호하고자 하는 것이지, 어떠한 행위가능성을 보장하고자 하는 것이 아니기 때문이다. 생명권의 헌법적 보장이란, 국가가 인간의 생명을 박탈해서도 안 되고, 나아가 개인의 생명을 타인에 의한 침해로부터 보호해야 한다는 것을 의미한다. 따라서 생명권은 '살 권리'를 보장하거나 '살아야 할 의무'를 부과하지도 않으며, 마찬가지로 이와 반대되는 보장내용인 '살지 않을 권리'나 '자살할 권리'도 보장하지 않는다. 그러므로 생명권으로부터 '자살에 대한 헌법적 금지' 또는 국가가 자살을 헌법적으로 존중해야 한다는 의미에서 '자살에 대한 헌법적 보호'를 도출할 수 없다. 결국, 자살의 문제는 소극적 자유에 관한 헌법적 문제가 아닌 것이다.

마찬가지로, 건강권 또는 신체를 훼손당하지 아니할 권리(신체불가침권)는 신체적 불가침성에 대한 국가의 침해를 방지하고자 하는 것이지, '신체적 손상이 없는 삶을 영위할 권리'나 '건강한 생활을 할 권리'를 보장하는 것이 아니다. 따라서 흡연이나 음주, 위험한 취미생활이나 안전벨트의 미착용 등의 방법으로 '건강한 생활을 하지 아니할 권리'나 '자신의 건강을 해칠 자유'도 건강권이나 신체불가침권으로부터 도출할 수 없다. 자신의 건강과 생명을 위험하게 할 자유가 헌법적으로 보호된다면, 이러한 자유는 생명권이나 건강권에 의한 것이 아니라 일반적인 행위가능성을 보호하는 '일반적 행동자유권'에 의하여 보호되는 것이다.[2]

다. 소극적 자유의 보장이유 및 헌법적 근거

자유권의 본질에 속하는 것은 자유행사의 여부와 방법에 관하여 스스로 결정할 수 있다는 것이다. 자유행사의 여부와 방법은 기본권의 주체에게 맡겨져 있다. 자유가 무엇인가 하는 것은 궁극적으로 '자유롭고자 하는 자'만이 결정할 수 있다. 기본권의 주체가 자유의 내용과 가치를 스스로 결정한다는 것에 자유의 본질이 있다. 자유는 그 본질상 '무엇으로부터의 자유'이지 '무엇을 위한 자유'로서 존재할 수 없다. 자유권은 그 본질상 '任意의 自由'이다. '임의의 자유'란, 법질서의 제한과 구속을 받지 않고 마음대로 할 수 있는 '유토피아적 자연 상태의 자유'를 뜻하는 것이 아니라, 각자가 자신의 고유한 주관적 가치관에 따라 행위의 목적과 수단을 스스로 결정할 수 있다는 것, 개인이 각자 스스로 자유의 내용과 행사방법을 결정할 수 있다는 것을 의미한다. 즉, '임의의 자유'는 국가권력에 의하여 정의되지 않은 자유이며, 자유의 내용과 행사방법이 처음부터 국가권력의 결정권한 밖에 있다는 것을 의미하는 것이다.

---

1) 주관적 행위가능성과 객관적 보호법익을 보장하는 자유권의 구분에 관하여 '제3편 제4장 제1절 Ⅲ. 참조.

2) 헌재 2003. 10. 30. 2002헌마518(좌석안전띠 착용의무), 판례집 15-2하, 185, 199, "일반적 행동자유권에는 … 위험한 스포츠를 즐길 권리와 같은 위험한 생활방식으로 살아갈 권리도 포함된다."

자유권이 보장하고자 하는 궁극적인 것이 개인의 자기결정권이라면, 소극적 자유는 자기결정권을 보장하기 위한 필수적 요소이다. 적극적 자유가 소극적 자유에 의하여 보완됨으로써 자유권은 비로소 개인의 자기결정권을 완전하게 보장할 수 있다. 자유권이 특정한 내용의 자유나 특정한 방향이나 목적을 위한 자유로 변질되지 않으려면, 소극적 자유의 보장은 필수적이다. 소극적 자유가 비로소 자유권을 완전하게 만드는 것이다. 요컨대, 소극적 자유가 보장되어야 하는 이유는 바로 자유의 본질인 자기결정권의 보장에 있다.

따라서 기본권적 자유는 '자유를 행사하지 아니할 자유'를 소극적 자유로서 포함한다. 부모의 자녀교육권을 제외한다면,[1] 국가에 의하여 자유의 행사는 강요될 수 없다. 자유가 내포하는 두 가지 행위가능성(작위와 부작위)은 동등한 중요성을 가지고 국가로부터 보호받아야 한다. 경우에 따라서는 "… 해도 된다."는 측면보다 "… 할 필요가 없다."는 측면이 더욱 중요할 수 있다. 개인의 자유영역을 국가의 간섭과 강제로부터 보호하기 위해서는 적극적 자유(해도 될 권리)와 소극적 자유(하지 아니할 권리)라는 두 가지 측면의 보장이 필수적이다. 자유란 언제나 작위와 부작위의 자유이다.[2]

6. 自然的 自由와 법적으로 형성되는 자유

가. 자연적 자유

인간은 누구에게나 생명과 건강이 주어졌고, 양심과 믿음이 있으며, 자신의 의견을 자유롭게 표명할 수 있는 가능성, 즉 자연적으로 행사할 수 있는 자유를 가지고 있다. 자연적 자유의 경우, 개인은 자유를 행사하기 위하여 입법자에 의한 구체적 형성을 필요로 하지 않는다.

나. 법적으로 형성되는 자유

(1) 자유권행사의 전제조건으로서 법적 형성

자유권은 원칙적으로 입법자에 의한 구체적 형성을 필요로 함이 없이 직접 실현될 수 있는 권리로서, 자유권과 관련하여 이루어지는 대부분의 입법은 자유권에 대한 제한을 의미한다. 그러나 자유권의 영역에서 모든 입법이 자유권을 제한하는 성격을 가지고 있는 것은 아니다. 입법자는 경우에 따라 자유권에 우호적인 입법을 할 수 있다.

자유권에 따라서는 법률에 의하여 기본권의 보호대상이 구체적으로 형성됨으로써, 개인이 입법자에 의한 입법을 통하여 비로소 기본권을 행사할 수 있는 경우가 있다. 예컨대, 법질서에 의하여 재산의 소유가 비로소 '재산권'이 되고, 여성과 남성의 생활공동체가 '혼인'이 된다. 가령, 입법자가 저작권법이나 특허법의 제정을 통하여 창작물이나 발명에 관한 재산적 가치를 구체적인 권리로 형성하고 권리의 내용과 범위를 정하여 개인에게 귀속시킨 후에야, 비로소 개인은 자신의 저작권이나 특허권을 재산권으로서 주장할 수 있다. 그러나 입법자가 지적 재산권을 규율하는 법률을 제정하기 전에는, 그 누구도 직접 헌법상의 재산권을 근거로 하여 자신의 저작권이나 특허권에 대한 침해를 주장할 수

---

1) 자유권 중에는 예외적으로 '특정한 내용으로 자유를 행사해야 할 의무'에 의하여 구속을 받는 경우가 있는데, 부모의 자녀교육권이 이에 해당한다. 부모의 자녀교육권은 자녀의 행복과 복리를 목적으로 행사해야 하는 '의무적 자유'이다. 부모의 자녀교육권에 관하여 제3편 제7장 제7절 Ⅰ. 3. 나. 참조.
2) 가령, 표현의 자유는 동시에 자신의 의견을 말하지 않을 자유이며, 직업의 자유는 또한 직업을 선택해야 하는 강제로부터의 자유이며, 종교의 자유는 또한 종교적 무관심의 자유이고, 근로3권의 단결권은 또한 노동조합에 가입하지 아니할 자유이며, 정치적 자유는 또한 민주적 의사형성과정에 참여하지 않는 자유, 정치적으로 무관심할 수 있는 자유이다. 자유는 필연적으로 게으름, 무관심과 어리석음의 자유이다.

없는 것이다. 또한, 혼인제도도 혼인의 효과를 규율하는 법규정에 의하여 형성된다. 입법자가 법률로써 혼인의 성립과 효과를 규율해야, 비로소 개인은 혼인의 자유를 행사할 수 있다. 따라서 입법자에 의한 혼인제도의 구체적 형성은 개인이 혼인의 자유를 행사하기 위한 전제조건이다. 이 경우, 입법자는 자유권의 보호범위에 포함되는 개인의 행위를 막고자 하는 것이 아니라 개인이 기본권을 행사할 수 있도록 행위가능성을 개방하고 확대하는 것이다.

(2) 기본권형성적 법률유보

입법자가 자유권에 의하여 보호되는 자유영역을 규율하는 경우는 자유영역을 공익상의 목적을 위하여 제한하는 경우(소위 '기본권제한적 법률유보')와 자유권의 보호대상을 입법을 통하여 구체적으로 형성하거나 기본권적 자유를 행사하기 위한 조건을 형성하는 경우(소위 '기본권형성적 법률유보')로 나누어 볼 수 있다.

자유권형성적 법률유보의 경우, 법질서에 의하여 형성되는 보호범위를 가진 자유권은 한편으로는 입법자에 의한 형성을 필요로 하지만 다른 한편으로는 입법자가 자유권의 구속을 받는다는 점에서, 입법자가 헌법적으로 어떠한 구속을 받는지가 문제된다. 이러한 기본권의 본질적 문제는, 한편으로는 기본권이 입법자를 구속하면서, 다른 한편으로는 입법자의 구체적 입법 없이는 보호대상이 형성되지 않는다는 데 있다.

입법자가 자유권을 형성해야 한다는 것은 자유권을 마음대로 처분할 수 있다는 것을 의미하지 않는다. 입법자가 자유권을 형성하는 경우, 입법자는 자유권의 제한을 전제로 하는 과잉금지원칙의 구속을 받는 것이 아니라, 자유권의 기본정신(가치결정)을 고려하여 기본권에 의하여 보장되는 자유를 형성해야 한다는 구속을 받는다. 자유권의 제한을 전제로 하는 과잉금지원칙은 자유권을 형성하는 법률의 위헌여부를 판단함에 있어서 적용될 수 없다. 왜냐하면, 과잉금지원칙은 자유의 제한을 전제로 하여 자유제한의 정당성을 판단하는 심사기준인 반면, 여기서 문제되는 것은 입법자가 기본권에 의하여 보장되는 자유를 헌법과 합치하게 형성하였는지의 여부이기 때문이다. 이 경우, 입법자는 자유권에 내재된 헌법의 정신을 적절하게 실현하고 관철해야 할 일반적인 의무를 지므로, 자유권을 입법을 통하여 구체적으로 형성함에 있어서 자유권의 기본정신과 이와 충돌하는 다른 법익을 인식하고 비교형량하여 양 법익 사이에 적절한 균형과 조화를 이루어야 한다. 입법자가 입법을 통하여 이와 같은 적절한 균형관계를 실현하지 못한 경우, 자유권형성적 법률은 위헌으로 간주된다.

제 3 절   基本權의 主體

'基本權의 主體'의 문제는 누가 기본권의 주체가 될 수 있는지, 누가 기본권을 향유할 수 있는지에 관한 것이다. 기본권의 주체와 관련하여 제기되는 문제는 무엇보다도 외국인 또는 법인에게도 기본권의 주체성을 인정할 수 있는가 하는 것이다. 기본권의 주체는 크게 자연인과 법인으로 나누어 볼 수 있고, 자연인의 경우 국민만이 기본권의 주체가 될 수 있는 경우와 외국인이나 무국적자 등 모든 인간이 기본권의 주체가 될 수 있는 경우가 있다. 법인에게도 기본권의 주체로서의 성격을 인정할 수 있는지의 여부는 공법인인지 사법인인지에 따라 그리고 기본권의 성질에 따라 그 대답을 달리 한다.

기본권의 주체성은 헌법재판에서 헌법소원을 제기할 수 있는 가능성과 직결되어 있다. 헌법재판소법 제68조 제1항에 의하면 '기본권을 침해받은 자', 즉 기본권의 주체만이 헌법소원을 제기할 수 있다. 그러므로 기본권의 주체가 아닌 자가 헌법소원을 제기하는 경우에는 청구인능력이 인정되지 않으므로, 심판청구는 부적법하여 각하된다.[1]

I. 自 然 人

1. 基本權主體能力과 基本權行使能力

가. 기본권주체능력

(1) 개 념

기본권주체능력(Grundrechtsfähigkeit, Grundrechtsträgerschaft)이란, 기본권의 주체가 될 수 있는 능력 또는 기본권을 향유할 수 있는 능력을 말한다. 기본권주체능력은 '기본권향유능력'이라고도 한다. 모든 자연인은 원칙적으로 기본권의 주체가 된다. 자연인의 기본권 보호는 기본권보장의 출발점이자 계기이다. 헌법의 기본권규정들은 "모든 국민은 … "이라는 표현을 통하여 자연인이 기본권의 주체임을 밝히고 있다. 기본권규정이 기본권의 주체로서 자연인을 전제로 하고 있다는 것은, 특히 인간의 존엄과 가치, 신체의 자유, 혼인과 가족의 보호, 양성의 평등과 같이 자연인에게만 의미 있는 기본권에서는 더욱 뚜렷하게 드러난다.

기본권주체로서 자연인의 경우, 살아있는 자만이 기본권의 주체가 될 수 있고 기본권을 향유할 수 있다는 것은 의문의 여지가 없다. 아직 태어나지 않은 태아나 사망한 자는 가령 의견을 표명할 수 없고, 집회에 참가할 수 없으며, 단체를 결성할 수 없고, 직업을 가질 수도 없다. 따라서 기본권의 주체는 원칙적으로 살아있는 자이고, 기본권의 주체성은 원칙적으로 출생으로 시작하여 사망으로 끝난다. 그러므로 미성년자, 심신상실자, 수형자도 당연히 기본권의 주체가 된다.

(2) 胎兒나 死者의 기본권주체성

胎兒나 死者도 기본권의 주체가 될 수 있는지 의문이 제기된다. 일반적으로 태아나 사자의 기본권주체성의 문제는 '태아나 사망한 자도 예외적으로 헌법적으로 보호되어야 할 필요성이 있다'는 관점에서 제기된다. 예컨대, 태아의 생명권은 산모의 낙태행위로부터 보호되어야 하며, 인간의 명예와 같은 일반적 인격권은 死後에도 보장되어야 한다. 인격체라는 이유로 존엄성을 가지는 인간이 死後에 그 인격에 있어서 비하된다면 인간의 존엄성에 위반되기 때문이다.

그러나 胎兒나 死者의 '기본권적 보호의 필요성'과 '기본권의 주체성'은 일치하는 것은 아니다. 기본권의 주체성을 인정할 것인지의 여부와 관계없이, 태아의 생명권이나 사자의 인격권은 헌법상의 보호법익으로서 이를 보호해야 할 국가의 의무가 발생한다. 태아나 사자에게 기본권주체성을 인정하지 않는다 하더라도, 국가에게 태아의 생명과 사자의 인격권을 보호해야 할 의무를 인정함으로써, 태

---

1) 헌재 1994. 12. 29. 93헌마120(국회노동위원회 고발), 판례집 6-2, 477, 480, "헌법재판소법 제68조 제1항은 "공권력의 행사 또는 불행사로 인하여 기본권을 침해받은 자는 헌법소원의 심판을 청구할 수 있다"고 규정하고 있다. 여기서 기본권을 침해받은 자만이 헌법소원을 청구할 수 있다는 것은 곧 기본권의 주체라야만 헌법소원을 청구할 수 있고, 기본권의 주체가 아닌 자는 헌법소원을 청구할 수 없다는 것을 의미하는 것이다."

아와 사자를 마찬가지로 보호할 수 있다. 따라서 태아나 死者가 기본권의 주체로서 보호를 받는 것인지 아니면 기본권주체능력이 없기 때문에 인간존엄성이나 생명권을 보호해야 할 객관적인 국가의무에 의하여 사자나 태아가 보호되는 것인지에 관해서는 다툼이 있다. 기본권주체성의 현실적 의미가 헌법소원의 제기가능성에 있고 胎兒나 死者가 스스로 자신의 기본권침해를 주장할 수 없다는 점에서, 기본권주체성에 관한 논의는 큰 실익이 없는 것으로 보인다.

헌법재판소는 최근의 결정에서 태아의 생명권을 보호해야 할 국가의 의무뿐만 아니라 생명권과 관련하여 태아의 기본권주체성을 인정하였다.[1] 死者의 기본권주체성에 관하여는 헌법재판소는 아직 명확한 입장을 밝힐 기회를 가지지 못하였다. 그러나 사자에게는 기본권이 귀속될 수 없기 때문에, 사자는 기본권의 주체가 될 수 없다고 보는 것이 타당하다고 판단된다.[2] 물론, 인간의 존엄성을 보호해야 할 국가의 의무는 사후에도 계속 존재하므로, 국가의 보호의무에 의하여 死者의 인격권은 보호를 받는다.

(3) 민법상 권리능력과의 차이점

기본권주체능력은 민법상 권리와 의무의 주체가 될 수 있는 능력인 '권리능력'과 유사하지만 일치하지는 않는다. 기본권주체능력은 민법상의 권리능력보다 때로는 더 넓고, 때로는 더 좁기 때문이다.

사망한 자나 아직 태어나지 않은 태아의 경우, 민법상 권리능력이 부정된다.[3] 그러나 헌법적으로는 태아나 사망한 자도 예외적으로 기본권의 주체가 될 수 있다. 따라서 死者에 대하여 인간존엄성이 인정되고 태아에 대하여 생명권이 인정될 수 있다는 점에서 본다면, 기본권주체능력의 범위가 더 넓다. 뿐만 아니라 '권리능력 없는 私法人'도 기본권의 주체가 될 수 있다는 점에서도 기본권주체능력의 범위가 더 넓다.

이에 대하여 국민의 권리만 보장하는 기본권의 경우에는 기본권주체능력의 범위가 민법상의 권리능력보다 더 좁다. 외국인은 일반적으로 민법상 권리능력을 가지지만, 기본권주체능력과 관련해서는 국민의 권리가 아닌 단지 인간의 권리만의 주체가 될 수 있다.

---

1) 헌재 2008. 7. 31. 2004헌바81(태아의 손해배상청구권), 판례집 20-2상, 91, 101, "모든 인간은 헌법상 생명권의 주체가 되며, 형성 중의 생명인 태아에게도 생명에 대한 권리가 인정되어야 한다. 따라서 태아도 헌법상 생명권의 주체가 되며, 국가는 헌법 제10조에 따라 태아의 생명을 보호할 의무가 있다." 한편, 독일연방헌법재판소는 '태아는 기본권의 주체가 아니라 국가의 보호의무에 의하여 그 존엄과 생명에 있어서 보호된다'는 견해를 취하고 있다 (BVerfGE 88, 203, 251).

2) 독일 연방헌법재판소는 사망한 자의 명예를 훼손하는 소설이 문제된 '메피스토 판결'에서 死者의 기본권주체성을 인정한 바 있다. 한편, 死者의 기본권주체성을 인정하지 않더라도, 국가의 보호의무와 이에 대응하는 '유족에 의하여 주장될 수 있는 死後의 인격보호청구권'을 인정함으로써, 死者의 인격권을 동일하게 보호할 수 있다. 이러한 방향의 헌법재판소결정으로 헌재 2011. 3. 31. 2008헌바111(반민족행위 진상규명), 공보 제174호, 541, 544, "다만 이 사건 결정의 조사대상자를 비롯하여 대부분의 조사대상자는 이미 사망하였을 것이 분명하나, 조사대상자가 사자(死者)의 경우에도 인격적 가치에 대한 중대한 왜곡으로부터 보호되어야 하고, 사자(死者)에 대한 사회적 명예와 평가의 훼손은 사자(死者)와의 관계를 통하여 스스로의 인격상을 형성하고 명예를 지켜온 그들의 후손의 인격권, 즉 유족의 명예 또는 유족의 사자(死者)에 대한 경애추모의 정을 침해한다고 할 것이다. 따라서 이 사건 심판대상조항은 조사대상자의 사회적 평가와 아울러 그 유족의 헌법상 보장된 인격권을 제한하는 것이라고 할 것이다."

3) 민법 제3조(권리능력의 존속기간): "사람은 생존한 동안 권리와 의무의 주체가 된다."

나. 기본권행사능력

甲은 공립중학교에 재학 중인 학생으로서 학교의 열악한 시설에 항의하기 위하여 교지(校誌)에 학교를 비판하는 글을 게재하고자 하였고, 나아가 다른 학생들과 함께 항의 시위를 하고자 하였으나, 학교의 저지로 무산되었다. 甲은 학교에 대하여 스스로 자신의 표현의 자유와 집회의 자유를 행사할 수 있는가? 아니면 甲의 부모가 甲을 대리하여 그의 기본권을 주장해야 하는가?

(1) 개 념

기본권행사능력(Grundrechtsmündigkeit)이란, 기본권의 주체가 자신의 기본권을 독자적으로 자기 책임 하에서 행사할 수 있는 능력을 말한다. 기본권행사능력은 기본권을 독자적으로 행사할 수 있는 정신적·육체적 능력을 가지고 있는지의 문제에 관한 것이다. 따라서 기본권행사능력은 모든 기본권 주체에게 인정되는 것이 아니라, 개별기본권마다 달리 판단될 수 있는 정신적·육체적 성숙도의 달성여부에 의하여 결정된다. 기본권행사능력이 현실적으로 문제되는 것은 주로 '미성년자가 기본권을 행사할 수 있는지'의 여부이다. 기본권행사능력은 법인이 아닌 자연인에게만 인정된다.

(2) 민법상 행위능력 및 소송능력과의 차이점

기본권행사능력은 민법상 '행위능력'과 유사하지만 동일하지 않다.[1] 민법상 행위능력이 없는 미성년자도 일정 연령에 이르면 표현의 자유나 종교의 자유와 같은 기본권을 독자적으로 행사할 수 있다. 한편, 입법자가 민법상의 성인연령을 선거연령보다 낮게 정하는 경우, 민법상 행위능력이 인정되는 민법상의 성년자도 선거권과 관련해서는 기본권행사능력이 없을 수 있다.

또한, 기본권행사능력은 소송능력(Prozeβfähigkeit)과도 개념적으로 구분되어야 한다. 소송능력의 문제는 헌법소원 심판청구가 적법하기 위한 요건에 관한 것이다. 소송능력이라 함은 스스로 헌법소원을 통하여 기본권을 관철할 수 있는 능력, 특히 이에 필요한 소송행위를 할 수 있는 능력을 말한다. 기본권행사능력이 인정되는 미성년자에게 개별사건마다 구체적으로 제한되는 기본권의 성격에 따라 부분적 소송능력을 인정하는 것은 법적 불안정을 초래할 것이므로, 헌법소원심판에서 司法秩序의 확보를 위하여 연령을 기준으로 일률적으로 소송능력의 여부를 결정하는 것은 불가결하다. 민사소송이나 행정소송의 영역과 마찬가지로, 헌법소송의 영역에서도 일반적으로 행위능력에 의거하여 소송능력의 유무가 결정된다(헌법재판소법 제40조). 따라서 미성년자는 기본권을 주장하고 소송을 통하여 관철하기 위하여 법정대리인의 대리를 필요로 한다.

(3) 기본권행사능력이 문제되는 기본권

기본권행사능력은 모든 기본권에서 문제되는 것이 아니라, 인간의 행위가능성을 보호하고자 하는 기본권에서 문제된다. 따라서 기본권의 주체에 의하여 행사되어야 하는 기본권, 즉 별도의 기본권행사를 필요로 하는 기본권(가령, 표현의 자유, 종교의 자유, 양심의 자유, 사유재산권의 처분과 사용, 직업의

---

1) 행위능력이란 단독으로 완전한 법률행위(권리의 주체가 어떤 권리나 의무를 발생·변경·소멸케 하는 행위)를 할 능력을 말한다. 따라서 미성년자가 법률행위를 하려면 원칙적으로 법정대리인의 동의를 얻어야 한다. 민법 제4조 (성년) 사람은 19세로 성년에 이르게 된다.

자유, 결사의 자유, 집회의 자유, 청원권, 선거권 등)에서 비로소 기본권행사능력의 문제가 제기된다.

이에 대하여, 기본권이 특정 법익이나 상태를 보호하기 때문에 별도의 기본권행사를 필요로 하지 않는 경우, 즉 단지 특정 법익이나 상태가 존재함으로써 그 자체로 공권력의 침해에 대한 기본권적 보호기능을 발휘하는 경우에는(예컨대 인간의 존엄성, 생명권, 신체불가침권, 사생활의 보호, 인격권 등) 기본권행사능력이 문제되지 않는다. 설사 이러한 기본권의 경우에도 기본권행사의 개념을 형식적으로 인정한다 하더라도, 단지 기본권의 주체가 존재함으로써 기본권행사능력이 인정되는 기본권의 경우에는 기본권주체능력과 기본권행사능력이 일치하기 때문에, 기본권의 행사가 연령제한의 구속을 받지 않는다.

(4) 기본권행사능력의 확정

기본권행사능력은 정신적·육체적 능력의 미숙으로 인하여 제한되는 것이기 때문에, 판단능력을 갖춘 성년을 기준으로 하여 기본권행사능력을 일괄적으로 정하는 것을 생각해 볼 수 있으나, 개별기본권마다 기본권행사의 성격이 다르기 때문에 그 기준을 달리 정할 수밖에 없다. 예컨대 선거권과 의견표명의 자유의 행사능력을 동일하게 정할 수는 없다.

(가) 헌법과 법률에 의한 기본권행사능력의 확정

예외적으로, 헌법이 스스로 기본권행사능력에 관하여 규정하는 경우가 있다. 예컨대, 헌법 제67조 제4항에서 대통령의 피선거연령을 40세로 규정함으로써 피선거권의 행사능력을 확정하는 경우가 이에 해당한다.

그 외의 경우에는 헌법은 직접 기본권행사능력에 관하여 규정하지 아니하고 이를 입법자에게 위임하고 있다. 입법자는 헌법적으로 부여된 형성권의 범위 내에서 기본권을 독자적으로 행사할 수 있는 연령을 확정할 수 있다. 가령, 공직선거법에서 국회의원의 선거연령(만 19세)과 피선거연령(만 25세)을 규정한 것, 민법에서 혼인연령을 규정한 것(민법 제807조 혼인적령)을 예로 들 수 있다. 입법자가 기본권행사능력이 인정되는 연령을 확정하는 것은 기본권의 주체로 하여금 확정된 연령 이전에 기본권을 독자적으로 행사하는 것을 배제함으로써 당해 기본권을 제한하는 것을 의미하므로, 이러한 기본권제한은 헌법적으로 정당화되어야 한다.[1] 한편, 부모의 자녀교육권은 기본권을 독자적으로 행사하기 위한 연령의 제한을 정당화하는 헌법적 근거로 고려된다.

(나) 기본권행사능력이 법률로써 확정되지 않은 경우

문제가 되는 것은, 헌법이 스스로 기본권행사능력을 규정하지 아니하고 입법자도 법률로써 기본권행사능력을 확정하지 않은 경우 기본권을 독자적으로 행사할 수 있는 연령을 어떻게 판단할 것인가 하는 것이다.

1) 기본권의 행사가 私法上의 법률행위와 연관되어 있는 경우에는 기본권행사능력은 일반적으로 민법상의 연령제한규정에 따라 결정된다. 예컨대, 기본권의 행사가 재산을 처분한다든지, 직장을 선택한다든지 또는 계약을 체결한다든지 하는 형태로 나타남으로써 법률행위능력과 관련되는 기본권

---

1) 헌법 스스로 규율하지 않은 한, 입법자는 기본권행사능력을 입법을 통하여 구체화할 수 있는 광범위한 입법형성권을 가지고 있다. 그러나 입법자의 형성권은 무제한적인 것이 아니라 당해 기본권이나 헌법원칙에 의하여 제한을 받는다. 예컨대, 입법자는 선거연령을 확정함에 있어서 한편으로는 독자적으로 선거권을 행사할 수 있는 정치적 판단능력의 관점을 중요한 기준으로 삼아야 하고, 다른 한편으로는 참정권의 주체와 국가권력의 지배를 받는 국민이 가능하면 일치할 것을 요청하는 민주주의원리 및 이에 바탕을 둔 보통선거의 원칙을 고려하여 양 법익을 교량하여 판단해야 한다.

(가령, 직업의 자유, 재산권보장)의 경우에는 민법상의 성년규정이 적용된다. 그러므로 이러한 기본권의 행사는 성년에 이르기까지는 원칙적으로 자녀의 법정대리인인 부모에 의해서만 가능하다. 이와 같이 미성년자의 기본권행사능력을 확정하는 것은 당해기본권의 제한에 해당하기는 하나, 미성년자를 보호하고자 하는 목적에 비추어 그리고 부모의 자녀교육권이 자녀의 이익을 위한 의무적 권리라는 점에서 헌법적으로 하자가 없다.

2) 반면, 기본권행사가 법적 효과를 발생시키는 것이 아니라 단지 사실상의 효력을 가지는 경우에는 미성년자가 '자연적 행위능력'을 갖춘 것만으로도 기본권행사능력을 인정하기에 충분하다. 그러므로 기본권행사가 의견표명이나 신앙활동과 같이 자연적인 행위능력과 관련되는 기본권(가령, 의견표명의 자유, 집회의 자유, 종교의 자유 등)의 경우에는, 문제되는 기본권을 행사하기 위하여 요구되는 정신적·육체적 능력이나 성숙도를 갖추었는지의 관점에서 개별기본권마다 구체적으로 기본권행사능력이 판단되어야 한다. 예컨대 중·고등학생도 학교의 열악한 시설에 항의하기 위하여 교지(校誌)에 비판적 내용의 글을 실음으로써 표현의 자유를 독자적으로 행사할 수 있고, 환경보전에 미흡한 국가정책에 항의하여 적극적인 기후변화대응을 촉구하는 집회에 참가함으로써 집회의 자유를 독자적으로 행사할 수 있다. 청소년은 그들의 지적 성숙도에 따라 그들이 나름대로 이해한 범위 내에서 국가의 특정 정책에 대하여 비판적 견해를 표명할 수 있고 이를 그림이나 만화 등 예술의 수단을 통하여 표현할 수 있다. 나아가, 초등학생도 동네 놀이시설의 폐지에 대하여 청원을 함으로써 청원권을 독자적으로 행사할 수 있다.

한편, 기본권을 행사하기 위하여 요구되는 정신적·육체적 성숙도가 인정되지 않기 때문에 미성년자의 기본권행사능력이 결여된 경우에는 법정대리인에 의한 대리가 이루어진다. 가령, 자녀가 학교의 종교수업에 의무적으로 참여해야 하는 경우, 부모는 아직 기본권행사능력이 없는 자녀의 법정대리인으로서 학교에 대하여 '자녀의 기본권'(소극적 종교의 자유)을 주장할 수 있고, 나아가 '자신의 기본권'으로서 자녀교육권을 주장할 수 있다.

2. 기본권의 주체로서 국민과 외국인

가. 기본권의 주체로서 국민

헌법의 기본권규정은 "모든 국민은 … "이라 하여 대한민국의 국민은 누구나 기본권의 주체가 될 수 있음을 밝히고 있다. 헌법은 '국민'에 대하여 스스로 정의하지 아니하고 이를 입법자에게 위임하였고, 입법자는 국적법의 제정을 통하여 헌법 제2조 제1항의 헌법위임을 이행하였다. 따라서 국민인지의 여부는 국적법에 의하여 결정되므로, 국민이란 '대한민국의 국적을 가진 모든 사람'을 말한다.

나. 특별권력관계

공무원, 군인, 학생, 재소자 등 소위 특별권력관계에 있는 국민도 일반 국민과 마찬가지로 기본권의 주체로서 기본권을 주장할 수 있는지의 문제가 제기된다.

(1) 特別權力關係理論

특별권력관계이론은 시민적 법치국가적 사고에 기초한 19세기 독일 공법이론의 산물로서, 국민을 '일반국민'과 '특별권력관계에 있는 국민'으로 구분하여 '특별권력관계에 있는 국민'에게는 기본권이 적용되지 않는다는 이론이다. 위 이론에 의하면, 기본권이란 국가의 침해로부터 사회를 보호하고자 하는 것인데, 공무원관계와 같이 개인이 사회에서 이탈하여 국가와의 특별한 권리·의무관계에 들어오는 경우 개인은 기본권의 주체인 '사회의 구성원'이 아니라 '국가조직의 일부분'으로 간주된다. 따라서 특별권력관계에 있는 국민은 기본권의 보호를 받지 못한다는 사고이다. 그 결과, 특별권력관계에 있는 국민에 대한 규율은 기본권의 제한에 해당하지 않으므로, 법적인 근거를 필요로 하지 않고 이에 따라 법률유보의 원칙이 적용되지 않는다고 한다.

국가와 특수한 관계에 있는 국민에 대하여 기본권보호의 사각지대(死角地帶)를 인정한 특별권력 관계이론은 오늘날 이미 오래전에 극복된 이론에 속한다. 모든 국가기관이 기본권의 구속을 받는 헌법국가에서 기본권의 구속으로부터 자유로운 국가행위의 영역은 원칙적으로 인정되지 않는다.

(2) '특별권력관계'라는 법적 개념의 문제

그러나 오늘날의 헌법질서 하에서도 일반적 법적 관계 외에 특별한 의무와 권리를 가진 '특수한 법적 관계'가 존재한다는 것은 부인될 수 없으며, 헌법은 이러한 성질의 관계를 명시적으로 언급하거나 또는 묵시적으로 전제하고 있다.[1] 따라서 여기서 제기되는 문제는, '특별권력관계이론'이 구시대의 유물로서 더 이상 유지될 수 없다면, '특별권력관계'라는 법적 개념도 포기해야 하는 것인지의 여부이다. '특별권력관계'란 개념을 포기한다고 하여 특수한 법적 관계가 일반적 법적 관계로 전환되는 것도 아니며, 특수한 법적 관계의 본질이 변하는 것도 아니다. 나아가, 특별권력관계에 대하여 '특수한 신분관계', 또는 '공법상의 특수한 구속관계' 등 다른 이름을 붙인다고 하여 그 실체나 본질이 달라지는 것도 아니다. 이러한 점에서 '특별권력관계'란 용어 그 자체는 헌법적으로 하자가 없으며, 특정한 공통점을 보이는 특수한 신분관계를 망라하는 포괄적인 개념으로서 유지될 수 있다.[2]

(3) 특별권력관계의 개념과 특징

특별권력관계란, 특정한 생활관계의 기능을 보장하기 위하여 국가와 개인의 일반적인 관계를 넘어서 개인을 보다 강하게 국가영역에 편입시키는 공법상의 특수한 법적 관계를 말한다. 특별권력관계는 국가에 대한 개인의 밀접한 관계로 인하여 국민의 일반적 권리와 의무를 넘는 특별한 의무, 경우에 따라서는 특별한 권리도 발생시키는 관계이다. 국가와 공무원관계·군복무관계·국공립학교 재학관계·재소자관계가 이에 해당한다. 특별권력관계는 개인이 자발적으로 특별권력관계에 진입함으로써(가령, 공무원관계) 또는 법률에 근거하여 강제로 편입됨으로써(가령, 취학의무에 근거한 재학관계나 병역의무자의 군복무관계) 성립될 수 있다.

특별권력관계에 편입된 개인에게 보다 강화된 의무와 구속이 부과된다는 점에 일반적 관계와 구분되는 그 본질적 특징이 있다. 개인이 국가영역에 편입되는 강도 또는 국가와의 밀접성이 특별권력관계를 일반권력관계와 차별화하는 것이다. 개인이 특별권력관계에 진입하면, 개인의 권리와 의무도

---

1) 헌법은 제7조에서 공무원관계를 명시적으로 언급함으로써, 제5조 제2항에서 국군의 헌법적 과제를 부과하고 제39조에서 국민에게 병역의무를 부과하는 형태로 군복무관계를 규범화함으로써, 제31조에서 '교육을 받을 권리'의 보장을 통하여 국공립학교 재학관계를 간접적으로 규범화함으로써 또는 제12조 및 제13조에서 재소자관계를 국가공동체 내에서 당연한 제도로 전제함으로써, 이러한 생활관계는 헌법적 질서의 구성부분에 속한다는 것을 밝히고 있다.

2) '권력'이라는 용어는 법치국가에서도 피할 수 없는 용어이며, 그 자체로서 중립적인 의미를 가진다. '국가권력'이나 '공권력'이라는 용어가 법치국가에서도 일상적으로 사용되고 있으며, 법치국가에서 국가권력은 언제나 '법적으로 제한된 권력'이며 일반권력관계와 마찬가지로 특별권력관계도 '법적으로 규율된 관계'를 의미한다는 점에서, 권력이라는 용어 자체는 부정적인 의미로 이해될 수 없다.

수정된다. 개인의 권리와 의무가 수정되는 이유는 이러한 방법을 통해서만 국가생활에 있어서 불가결한 특수한 생활관계의 기능과 목적이 확보될 수 있기 때문이다. 가령, 재소자에게 일반국민과 마찬가지로 모든 자유가 보장되는 행형은 무의미할 것이다.

(4) 특별권력관계에서 기본권의 효력

공무원, 군인, 학생, 재소자 등이 특별권력관계에 진입하면, 당사자는 특정한 국가과제의 실현을 위하여 형성된 특별권력관계라는 특수한 신분관계에 위치하게 되며, 동시에 자신의 기본권행사를 통하여 인격을 발현하고자 한다. 특별권력관계에서도 기본권은 효력을 발휘하며, 특별권력관계에 있는 개인도 기본권의 주체로서 기본권을 행사할 수 있다. 한편, 헌법은 특별권력관계라는 특수한 생활관계도 헌법적 법익으로 인정하여 그 기능을 보장하고 있다. 헌법이 특별권력관계를 명시적 또는 묵시적으로 수용한다면, 특별권력관계는 '기본권에 의하여 보장되는 생활관계'이자 동시에 '특별한 질서를 요청하는 특수한 생활관계'이다.

이로써 특별권력관계에서는 '국가권력을 제한하고자 하는 자유권의 보장'과 '국가의 존립과 기능을 위하여 불가결한 전통적인 생활관계(특별권력관계)의 기능보장'이라는 2가지 헌법적 법익이 서로 대치하고 있다. 헌법의 통일성의 관점 및 그로부터 파생하는 실제적 조화의 원칙은 '기본권보장'과 '특별권력관계'라는 상충하는 헌법적 법익의 교량에 있어서 양자 모두 최적으로 그 효력을 발휘하도록 비례적 조정을 요청한다. 자유권이 특별권력관계에서 일방적으로 희생되어서도 안 되며, 자유권의 보장이 특별권력관계의 기능을 저해해서도 안 된다.

개인이 일반적으로 누리는 기본권적 지위가 특별권력관계에서도 그대로 유지되어야 한다면, 특별권력관계는 국가공동체 내에서 그에게 부과된 과제를 이행할 수 없을 것이다. 이와 같이 특수한 신분관계에서는 특별권력관계가 달성하고자 하는 특정한 공법상의 목적(국방, 행정, 교육, 행형 등)을 실현하고 특수한 생활관계의 기능을 유지하기 위하여 일반 국민보다 더욱 기본권이 제한될 여지가 있다.[1] 따라서 여기서 제기되는 문제는, 기본권이 특별권력관계에서 효력을 가지는지의 여부가 아니라 어느 정도로 효력을 가지는지의 문제이며, 이는 곧 기본권이 특별권력관계에서 어느 정도로 제한될 수 있으며 기본권의 제한이 어떻게 정당화될 수 있는지의 문제에 관한 것이다. 이러한 관점에서 볼 때, 특별권력관계의 문제는 '기본권제한의 특수한 형태'에 관한 것이지, '기본권 주체'의 문제가 아니다.[2]

헌법에 의하여 인정된 특별권력관계는 그 목적과 기능에 의하여 요청되고 정당화되는 한, 일반적인 제한가능성을 넘어서 부가적인 기본권제한을 가능하게 한다. 그러나 법률유보원칙과 과잉금지원칙 등 기본권제한에 관한 일반이론은 이러한 특수한 관계에도 예외 없이 그대로 적용된다. 특별권력관계에서도 기본권의 제한은 법률에 근거해야 하고, 나아가 특별권력관계의 목적달성을 위하여 필요한 범위 내에서 이루어져야 한다는 의미에서 과잉금지원칙을 준수해야 한다.

---

1) 가령, 공무원이 직무상 비밀엄수의무에 대하여 표현의 자유를 주장할 수 있다면, 직업공무원제도는 기능할 수 없을 것이다. 공무원제도의 기능에 불가결한 정치적 중립성을 확보하기 위하여 공무원의 정당가입이나 정치적 활동이 정당법·국가공무원법 등에 의하여 보다 제한될 수 있다. 마찬가지로, 재소자의 기본권은 행형의 목적을 달성하기 위하여 필요한 범위 내에서 일반국민보다 더욱 제한될 수 있다.
2) 공무원의 기본권주체성에 관하여 아래 제4편 제3장 제3절 제7항 IV. '공무원의 기본권제한' 참조.

다. 기본권의 주체로서 외국인

사례 │ 헌재 2001. 11. 29. 99헌마494(중국국적동포의 재외동포 제외 사건)

정부는 재외동포들의 출입국과 대한민국 내에서의 법적 지위를 보장하기 위하여 '재외동포의 출입국
과 법적지위에 관한 법률'을 제정하였다. 甲은 현재 중국에 거주하고 있는 중국국적의 재외동포로서,
위 법률이 甲과 같이 1948년 대한민국 정부수립 이전에 해외로 이주한 자 및 그 직계비속을 재외동포
의 범주에서 제외함으로써 위 법률에서 규정하는 혜택을 받지 못하게 되자, 인간으로서의 존엄과 가치
및 행복추구권, 평등권 등을 침해당하였다고 주장하면서, 헌법소원심판을 청구하였다. 외국인도 기본
권의 주체가 될 수 있는가?

---

(1) 헌법이 명시적으로 기본권을 '인간의 권리'와 '국민의 권리'로 구분하는 경우

헌법에 따라서는, 헌법이 스스로 기본권을 '인간의 기본권'과 '국민의 기본권'으로 구분하여 규정
하는 경우가 있다.[1] 이러한 경우, 헌법은 특정 기본권을 국민에게 유보함으로써 헌법의 특별한 의도
나 가치결정을 표현할 수 있다. 가령, 헌법은 거주이전의 자유를 국민의 권리로서 명시적으로 규정하
여 누구나 자유로이 입국하는 가능성을 배제함으로써 '移民國家'나 '多民族國家'에 대한 부정적인 입
장을 밝힐 수 있다. 또한, 헌법은 결사나 집회의 자유를 국민의 권리로 규정함으로써 국내에서 이루
어지는 외국인의 적극적인 정치적 활동에 대하여 부정적 입장을 표현할 수 있다. 뿐만 아니라, 헌법
은 특정 기본권을 국민에게 유보함으로써 외국인의 입국과 체류 및 근로·경제생활의 문제에서 입법
자에게 상호주의의 원칙(국제적인 관계와 교류에서 동등한 교환의 원칙)에 따라 형성할 수 있는 활동공
간의 여지를 확보해 줄 수도 있다.

따라서 헌법이 일부 자유권을 '국민의 권리'로 규정한다면, 국민에게 유보된 자유권의 실질적 효
과는 오늘날 다음과 같은 영역에서 나타난다. 집회 및 결사의 자유와 관련하여 집회와 결사를 통한
외국인의 정치적 활동을 광범위하게 제한할 수 있는 헌법적 가능성을 확보할 수 있고, 거주이전의
자유와 관련하여 일차적으로 외국인의 입국을 통제하고 제한할 수 있으며, 직업의 자유와 관련하여
국민에 대해서는 단지 예외적으로만 허용되는 '객관적 사유에 의한 직업선택의 자유의 제한'을 외국
인에 대해서는 가능하게 할 수 있다.

(2) 외국인의 기본권주체성에 관한 논란

헌법은 제2장 "국민의 권리와 의무" 부분에서 모든 기본권에 대하여 일률적으로 기본권주체의
범위를 '국민'("모든 국민은 … ")으로 한정하고 있다. 헌법의 이러한 법문에 기초하여, 학계의 일부에
서는 '헌법은 국민의 기본권만 보장하는 것이지 외국인의 기본권은 보장하지 않는다'고 주장한다. 헌
법이 기본권주체를 국민으로 한정하였다고 하여 입법에 의하여 외국인에게도 기본권적 지위를 확대
하는 것까지 금지하는 것은 아니므로, 외국인에게 기본권적 지위를 인정할 것인지의 문제는 헌법상
보장의 문제가 아니라 입법정책의 문제라고 한다.[2]

---

1) 가령, 독일 기본법은 자유권을 원칙적으로 국민과 외국인 모두 누릴 수 있는 인권으로 규정하면서, 집회 및 결사의
자유, 거주이전의 자유, 직업의 자유 등 일부 자유권을 국민의 권리로서 명시적으로 규정하고 있다.
2) 가령, 집회의 자유는 단지 국민의 기본권이지만, 입법자가 집회와시위에관한법률에서 외국인의 집회의 자유를 인정
할 수 있다는 견해이다.

이에 대하여, 학계의 지배적인 견해에 의하면, 외국인도 기본권의 성질에 따라 일정한 범위 내에서 기본권의 주체가 된다고 한다. 기본권을 이와 같이 '인간의 권리'와 '국민의 권리'로 구분하는 입장은, 성질상 인간의 권리로 볼 수 있는 기본권에 대해서는 외국인에게도 기본권의 주체성이 인정되어야 한다고 한다.

(3) 개별기본권의 성격에 따른 외국인의 기본권주체성

헌법이 스스로 명시적으로 '국민의 기본권'과 '인간의 기본권'을 구분하여 확정하고 있지 않다면, 외국인의 기본권주체성은 개별기본권의 성질에 따라 별도로 판단되어야 한다. 오늘날 인간의 권리가 시간과 장소를 초월한 보편적인 범인류적 가치로서 인정되고 있으며, 비교법적으로 보더라도 인간의 권리에 해당하는 기본권이 대부분의 민주국가에서 내·외국인을 막론하고 모든 인간에게 동일하게 인정되고 있다는 점을 고려한다면, 헌법상의 문구에 얽매여 기본권의 주체를 국민에 한정하는 것에는 찬성할 수 없다. 따라서 헌법의 명시적인 표현에도 불구하고, 인간 누구에게나 귀속되는 기본적 인권에 관한 한, 해석을 통하여 외국인의 기본권주체성을 인정해야 한다. 헌법재판소도 당해기본권이 외국인에게도 적용될 수 있다면 그러한 기본권의 침해에 대하여 헌법소원을 제기할 수 있는 외국인의 지위를 인정하고 있다.[1]

(가) 자유권

1) 인간의 권리로서 인간존엄성과 자유권

헌법에 보장된 자유권은 제10조 후문에서 밝히고 있는 바와 같이, 인권에 그 뿌리를 두고 있다. 헌법 제10조에 의하여 '개인이 가지는 불가침의 기본적 인권을 확인할 의무'가 국가에게 부과된다면, 이는 인권에 속하는 자유권의 경우에는 국가가 이를 실정법화 하였는지의 여부와 관계없이 보장된다는 것을 의미한다. 따라서 헌법에 보장된 기본권 중에서 인권에 속하는 일련의 기본권들은 '실정법의 규정과 관계없이', 즉 헌법이 '국민의 권리' 또는 '인간의 권리'로 규정하였는지와 관계없이 원칙적으로 모든 인간에게 인정되어야 한다. 특히, '국민'만을 인간존엄성의 주체로 표현하고 있는 헌법 제10조의 법문에도 불구하고, 인간존엄성은 국민뿐만 아니라 모든 인간에게 귀속되어야 한다는 것은 자명하다. '헌법이 인간존엄성과 기본적 인권을 모든 정치적 공동체의 기초로 인정함으로써, 대부분의 자유권이란 인권을 단지 실정법의 형태로 확인한 것에 불과하다'는 헌법적 상황에 외국인의 기본권주체성을 인정해야 하는 본질적인 이유가 있다. 따라서 인간의 존엄성, 행복추구권, 생명권, 신체불가침권, 신체의 자유, 표현의 자유, 양심의 자유, 종교의 자유, 예술의 자유 등 선국가적 자유영역을 보호하고자 하는 고전적 기본권의 경우에는 외국인도 국민과 마찬가지로 기본권적 지위를 누린다.

2) 국민에게 유보되는 자유권

한편, 자유권에 내재하는 인권적 성격을 지나치게 강조하여 자유권적 기본권의 주체성을 무제한적으로 외국인에게 확대하는 것은 헌법의 기본권규정이 그 법문에 있어서 '국민의 권리'의 형식을 취

---

1) 헌재 2001. 11. 29. 99헌마494(중국국적동포의 재외동포 제외), 판례집 13-2, 714, 724, "청구인들이 침해되었다고 주장하는 인간의 존엄과 가치, 행복추구권은 대체로 '인간의 권리'로서 외국인도 주체가 될 수 있다고 보아야 하고, 평등권도 인간의 권리로서 참정권 등에 대한 성질상의 제한 및 상호주의에 따른 제한이 있을 수 있을 뿐이다. 이 사건에서 청구인들이 주장하는 바는 대한민국 국민과의 관계가 아닌, 외국국적의 동포들 사이에 재외동포법의 수혜대상에서 차별하는 것이 평등권 침해라는 것으로서 성질상 위와 같은 제한을 받는 것이 아니고 상호주의가 문제되는 것도 아니므로, 청구인들에게 기본권주체성을 인정함에 아무런 문제가 없다."

하고 있는 것과 부합하기 어렵다. 또한, 비교법적인 관점에서도 각국의 헌법이 명시적으로 또는 해석을 통하여 '보편적으로 국민에게 유보하고 있는 기본권'에 대해서는 우리 헌법도 외국인의 기본권주체성을 배제하고 있다고 보아야 한다. 일반적으로 이러한 자유권에 속하는 것은, 국민의 정치적 활동과 관련되는 기본권으로서 집회·결사의 자유 및 근로·경제생활과 직결되는 기본권으로서 거주이전의 자유·직업의 자유이다.[1] 국민에게 유보된 자유권의 성격을 인정한다는 것은, 입법을 통하여 법적 지위를 외국인에게 확대하는 것까지 금지하는 것은 아니다. 따라서 입법자는 가령, 집회와 결사의 자유의 경우 관련 법률의 제정을 통하여 외국인에게도 기본권적 자유를 행사할 수 있는 가능성을 부여할 수 있다.

(나) 평등권

평등권도 기본적인 인권에 속하므로, 외국인도 평등권의 주체가 된다. 외국인의 기본권적 지위와 관련하여 제기되는 핵심적인 문제는 외국인에 대한 차별적 대우의 허용여부에 관한 것이다. 헌법은 차별의 기준으로 삼아서는 안 되는 징표로서 '국적'을 언급하고 있지 않으므로, 국가는 국적을 기준으로 삼아 국민과 외국인을 차별할 수 있다. 외국인이 평등권의 주체가 된다는 것은, 외국인에 대한 차별이 허용되지 않는다는 것이 아니라, 외국인이 평등권을 주장할 수 있기 때문에 외국인에 대한 차별이 헌법적으로 정당화되어야 한다는 것을 의미한다.

국민에게 유보된 자유권의 영역에서도 국가에 의한 차별이 정당화되어야 한다는 것은 마찬가지이다. 물론, 기본권의 주체가 '국민'에 한정된다는 것은, 기본권의 보호에 있어서 국민과 외국인간의 차별이 허용될 수 있고, 외국인은 자국민에 비하여 공익상의 이유로 보다 광범위한 제한을 받을 수 있다는 것을 의미한다. 가령, 자국민을 우대하는 고용정책으로 인하여 외국인의 직업선택의 자유가 보다 제한될 수 있다. 그러나 국민에게 유보된 자유권은 입법자에게 외국인에 대한 불리한 차별을 명령하는 것이 아니라 단지 허용하는 것이기 때문에, 이러한 영역에서의 차별은 '국민의 기본권'의 관점에서 보다 광범위하게 헌법적으로 정당화될 여지가 있으나, 헌법적으로 정당화될 필요가 없는 것은 아니다.

(다) 참정권 및 사회적 기본권

선거권과 공무담임권 등 참정권은 국민주권의 원리에 따라 국민에게 유보되는 기본권이다. 참정권의 경우에는 입법을 통해서도 외국인에게 기본권적 지위를 확대할 수 없다는 점에서 입법자에 대한 봉쇄효과가 있다.

사회적 기본권의 주체는 원칙적으로 국민이다. 그러나 사회적 기본권은 인권과 전혀 무관한 것이 아니라, 자유행사의 실질적 조건을 형성함으로써 인권으로서 자유권적 기본권의 행사에 간접적으로 영향을 미친다. 따라서 입법자는 사회적 기본권에 내재하는 인권적 요소를 고려하여 입법적으로 법적 권리의 주체를 외국인에게도 확대할 수 있다. 가령, 사회보장법의 경우, 수혜자의 범위를 국적이 아니라 합법적인 체류를 기준으로 정할 수 있다.

---

1) 거주·이전의 자유와 관련하여 외국인의 기본권주체성을 부인하는 결정으로 헌재 2014. 6. 26. 2011헌마502; 직업의 자유와 관련하여 외국인의 기본권주체성을 부인하는 결정으로 헌재 2014. 8. 28. 2013헌마359 참조. 한편, 외국인에게 제한적으로 직장 선택의 자유에 대한 기본권주체성을 인정한 결정으로 헌재 2011. 9. 29. 2007헌마1083 결정(외국인근로자의 사업장 이동 제한).

(라) 청구권적 기본권

기본적 인권에 속하는 자유권적 기본권과 평등권의 주체성을 외국인에게도 인정한다면, 이러한 기본권의 침해 시에 그 침해를 주장하고 권리의 보호를 구할 수 있는 기본권도 함께 보장되어야 한다. 실체적 인권의 보장을 위한 절차적 기본권도 함께 보장되는 경우에만 비로소 인권의 보장은 실효성을 가진다. 따라서 재판청구권, 청원권 등 청구권적 기본권은 국적과 관계없이 외국인에게도 인정된다.

Ⅱ. 法 人

기본권규정이 "모든 국민은"이라는 표현을 통하여 자연인을 전제로 하고 있으나, 그럼에도 기본권의 주체가 될 수 있는 능력을 법인에게 확대하는 것을 배제하는 것은 아니다. 법인은 법적 형태에 따라 사법인과 공법인으로, 소재지에 따라 내국법인과 외국법인으로 구분할 수 있는데, 법인의 기본권주체성은 기본권의 성질과 법인의 종류에 따라 달리 판단된다.

자연인들이 단체를 구성하고 이를 통하여 기본권을 행사하는 과정에서 공권력의 조치에 의하여 기본권을 제한받는 경우, 자연인은 기본권의 주체로서의 지위를 유지하고, 각자 자연인으로서 기본권의 침해를 주장하고 헌법소원을 제기할 수 있다. 그런데 문제는, 다수의 자연인으로 구성된 단체 자체가 기본권의 주체가 되는지, 독자적으로 자신의 기본권침해를 주장하여 헌법소원을 제기할 수 있는지 하는 것이다. 예컨대, 근로자들이 노동조합을 결성하여 활동을 하는 경우, 노동조합의 자유로운 활동을 제한하는 법률에 대하여 근로자 외에 노동조합도 독자적으로 근로3권을 자신의 기본권으로 주장할 수 있는지에 관한 것이다.

1. 私 法 人

사례 1 헌재 1991. 6. 3. 90헌마56(한국영화인협회 감독위원회 사건)

사단법인 한국영화인협회 및 위 사단법인의 산하에 있는 영화감독들의 모임인 한국영화인협회 감독위원회는 사전검열을 규정하고 있는 영화법이 자신들의 기본권을 침해한다며 헌법소원심판을 청구하였다. 위 청구인들은 기본권의 주체가 될 수 있는가?[1]

사례 2 헌재 2008. 12. 26. 2008헌마419(미국산 쇠고기수입의 위생조건에 관한 고시 사건)

우리 정부는 미국 정부와 쇠고기수입에 관한 협상의 결과, 2008년 '미국산 쇠고기수입의 위생조건에 관한 고시'를 관보에 게재하여 공포하였는데, 그 주된 내용은 개정 전의 고시와 비교할 때 수입이 가능

---

1) 이 사건에서는, 자연인이 아닌 '인간의 단체'가 기본권의 주체가 될 수 있는지의 문제가 제기된다. 헌재 1991. 6. 3. 90헌마56(한국영화인협회 감독위원), 판례집 3, 289, 296, "청구인 사단법인 영화인협회는 … 민법상의 비영리사단법인으로서 성질상 법인이 누릴 수 있는 기본권에 관한 한 그 이름으로 헌법소원심판을 청구할 수 있다. 그러나 청구인 감독위원회는 영화인협회로부터 독립된 별개의 단체가 아니고, 영화인협회의 내부에 설치된 8개의 분과위원회 가운데 하나에 지나지 아니하며, 달리 단체로서의 실체를 갖추어 당사자 능력이 인정되는 법인 아닌 사단으로 볼 자료도 없다. 따라서 감독위원회는 그 이름으로 헌법소원심판을 청구할 수 있는 헌법소원심판청구능력이 있다고 할 수 없는 것이므로 감독위원회의 이 사건 헌법소원심판청구는 더 나아가 판단할 것 없이 부적법하다."

한 미국산 쇠고기의 범위를 일부 확대하는 것이었다. 이에 쇠고기 소비자인 甲과 정당 乙은 위 고시가 자신들의 기본권을 침해한다고 주장하며 헌법소원심판을 청구하였다. 정당 乙의 심판청구는 적법한가?[1]

가. 개 념

法人이란 원래 私法이나 公法에 의하여 법인격과 권리능력을 부여받은 단체나 조직을 의미한다. 이로써 법인은 私法人 및 公法人으로 구분되고,[2] 私法人은 다시 사단법인(일정한 목적을 위하여 결합한 인적 단체)과 재단법인(일정한 목적을 위하여 형성된 재산)으로 나뉜다. 그러나 '기본권의 주체로서 私法人'(憲法上 私法人)이란 '私法上의 法人'(法律上 私法人) 개념과 일치하지 않는다.

기본권주체성이 인정되는 '헌법적 의미의 사법인'이란 사법상의 권리능력(법인격)의 유무와는 관계없이 단지 충분히 조직화되어 통일적인 의사형성이 가능한 인적 집단이면 족하다.[3] 따라서 여기서 '법인' 개념은 법률상의 법인 개념보다 넓다. 사용자단체나 노동조합, 정당, 언론단체 등 권리능력 없는 사단도 기본권의 주체성이 인정되는 사법인에 해당한다.

나. 사법인의 기본권 주체성이 인정되는 이유

기본권은 본래 '자연인으로서 개인'의 존엄과 자유로운 인격발현을 보장하고자 하는 것이다. 이러한 기본권의 본질을 감안한다면, 사법인의 기본권주체성은 사법인 자체의 이익과 목적을 위해서가 아니라 사법인을 구성하는 자연인의 인격발현을 위하여 인정되는 것이다. 따라서 사법인의 설립과 활동이 원래 기본권 주체인 자연인의 자유로운 인격발현의 표현이자 연장선상에 있는 경우, 즉, 사법인이 그 구성원인 자연인의 기본권행사를 용이하게 해주고 촉진시켜주는 경우, 기본권 주체성을 사법인에게 확대하는 것이 요청되고 정당화된다. 사법인에게 기본권 주체성을 인정하는 이유는, 사법인의 기본권을 보호함으로써 자연인의 자유로운 인격발현의 가능성이 보다 잘 보장될 수 있으며 강화되고 개선될 수 있기 때문이다. 사법인은 개인적 기본권행사의 수단이자 중간매체이므로, 사법인

---

1) 이 사건에서는, 첫째, 자연인이 아닌 정당도 기본권의 주체가 될 수 있는지, 둘째, 정당이 이 사건에서 침해당했다고 주장하는 기본권의 주체가 될 수 있는지의 문제가 제기된다. 사법인은 성질상 기본권의 주체가 될 수 있는 범위 내에서 헌법소원심판의 청구인능력을 가진다. 헌재 2008. 12. 26. 2008헌마419(미국산 쇠고기수입의 위생조건에 관한 고시), 판례집 20-2하, 960, 973, "청구인 진보신당은 국민의 정치적 의사형성에 참여하기 위한 조직으로 성격상 권리능력 없는 단체에 속하지만, 구성원과는 독립하여 그 자체로서 기본권의 주체가 될 수 있고, 그 조직 자체의 기본권이 직접 침해당한 경우 자신의 이름으로 헌법소원심판을 청구할 수 있으나, 이 사건에서 침해된다고 하여 주장되는 기본권은 생명·신체의 안전에 관한 것으로서 성질상 자연인에게만 인정되는 것이므로, 이와 관련하여 청구인 진보신당과 같은 권리능력 없는 단체는 위와 같은 기본권의 행사에 있어 그 주체가 될 수 없고, 또한 청구인 진보신당이 그 정당원이나 일반 국민의 기본권이 침해됨을 이유로 이들을 위하거나 이들을 대신하여 헌법소원심판을 청구하는 것은 원칙적으로 허용되지 아니하므로, 이 사건에 있어 청구인 진보신당은 청구인능력이 인정되지 아니한다 할 것이다."

2) 공법인과 사법인의 구분에 관하여 헌재 2000. 6. 1. 99헌마553(축협중앙회), 판례집 12-1, 686, 706, "공법인과 사법인의 구별은 전통적인 것으로, '설립형식'을 강조하여 공법인은 공법상 설립행위 또는 법률에 근거하고, 사법인은 설립계약 등 법률행위에 근거한다고 하기도 하고, 그 '존립목적'을 강조하여 공법인은 국가적 목적 내지 공공목적을 위하여 존재하는 것인 반면, 사법인은 그 구성원의 공동이익을 위하여 존재한다고 하여 왔다. 그런데 오늘날 사회복지국가의 등장으로 국가가 국민의 모든 생활영역에 간섭하고 활발한 경제활동을 하게 되자, 위와 같은 기준만으로는 구별이 어려운 중간적 영역의 법인도 많이 생겨나고 있다."

3) 헌재 1991. 6. 3. 90헌마56(한국영화인협회 감독위원회), 판례집 3, 289, 296, "또한, 법인 아닌 사단·재단이라고 하더라도 대표자의 정함이 있고 독립된 사회적 조직체로서 활동하는 때에는 성질상 법인이 누릴 수 있는 기본권을 침해당하게 되면 그의 이름으로 헌법소원심판을 청구할 수 있다."

의 기본권 주체성은 그의 존재의미와 마찬가지로 '자연인에 봉사하는 기능'에 근거하는 것이다. 따라서 자연인이 아닌 조직이나 단체에게 기본권 주체성을 인정할 것인지의 판단에 있어서 이러한 관점(자연인에 대한 봉사기능)을 지침으로 삼아야 한다.

한편, 사법인의 기본권 주체성이 인정되는 이유를 '사법인의 배후에 있는 자연인의 인격발현'이라는 논거에 한정한다면, 자연인이 결합한 인적 단체인 사단은 기본권의 보호를 받으나, 구성원이 자연인이 아닌 사단(가령, 구성원이 자본회사인 주식회사)이나 사법인으로서 재단은 기본권의 보호를 받지 못한다는 결과에 이른다.[1] 따라서 사법인이 '자유를 위협하는 국가에 대하여 기본권적 보호를 요청하는 자연인의 상황'과 유사한 상황에 처할 수 있는지의 여부도 사법인의 기본권주체성을 판단하는 관점으로 함께 고려되어야 한다. 자연인과 마찬가지로 법인도 '기본권이 보호하고자 하는 전형적인 위험상황'에 놓일 수 있는 경우, 즉 개인과 마찬가지로 기본권의 보호를 필요로 하는 경우, 기본권주체성을 법인에게 확대하는 것이 정당화된다.

다. 사법인이 주체가 될 수 있는 기본권의 범위

사법인이 기본권의 주체가 될 수 있는지의 문제는 전적으로 기본권의 성질과 내용에 달려있다. 기본권이 그 본질상 사법인에게 적용될 수 있는 경우에만, 사법인은 기본권의 주체가 될 수 있다.[2]

자연인으로서 개인의 존재를 전제로 하는 기본권, 즉 자연인에게만 귀속될 수 있는 기본권은 법인에게 적용될 수 없다. 법인은 생명도 건강도 없고, 혼인할 수도 없으며, 자녀를 가질 수도 개인적 양심을 가질 수도 없다.[3] 따라서 법인은 인간의 존엄성, 생명권·신체불가침권·신체의 자유 등 인신에 관한 자유, 혼인과 가족에 관한 기본권, 양심의 자유, 참정권 등의 주체가 될 수 없다. 법인은 평등권의 주체가 될 수 있지만, 남녀평등을 주장할 수는 없다. 그 반면에, 법인은 평등권, 종교의 자유,[4] 학문의 자유, 표현의 자유,[5] 집회의 자유, 결사의 자유, 재산권, 직업의 자유, 재판청구권 등의 주체가 될 수 있다. 법인도 명예, 성명과 초상에 관한 권리 등 일반적 인격권을 가진다.[6]

---

1) 재단은 일정한 목적을 위하여 형성된 재산이므로, 사법인의 배후에 있는 자연인의 보호 또는 자유로운 인격발현에 직접적으로 기여하지 않는다. 그럼에도 재단에게 기본권주체성이 인정된다면, 이는 '사법인의 배후에 있는 자연인의 보호'라는 논거만으로는 부족하다는 것을 의미한다.

2) 독일 기본법 제19조 제3항("기본권이 그 본질상 내국법인에게 적용될 수 있다면, … ")은 이를 명시적으로 규정하고 있다. 또한 헌재 1991. 6. 3. 90헌마56(한국영화인협회 감독위원회), 판례집 3, 289, 295, "우리 헌법은 법인의 기본권향유능력을 인정하는 명문의 규정을 두고 있지 않지만, 본래 자연인에게 적용되는 기본권규정이라도 언론·출판의 자유, 재산권의 보장 등과 같이 성질상 법인이 누릴 수 있는 기본권을 당연히 법인에게도 적용하여야 한 것으로 본다. 따라서 법인도 사단법인·재단법인 또는 영리법인·비영리법인을 가리지 아니하고 위 한계 내에서는 헌법상 보장된 기본권이 침해되었음을 이유로 헌법소원심판을 청구할 수 있다."

3) 헌법재판소는 사죄광고결정(헌재 1991. 4. 1. 89헌마160)에서 법인(청구인으로서 주식회사 동아일보사)이 양심의 자유의 주체가 될 수 있다고 판단하였으나, 이것은 오류인 것으로 보인다.

4) 사법인에게 기본권주체성을 인정하는 것은 일차적으로 사법인으로 구성된 자연인의 기본권보호를 위한 것이다. 따라서 영리행위를 목적으로 하는 경제적 단체의 경우, 종교의 자유의 주체가 될 수 없으나, 신앙공동체는 종교의 자유의 주체가 된다.

5) 표현의 자유는 개인적 의견의 표명뿐만 아니라 의견의 자유로운 교환을 일반적으로 보장하고자 하는 것이므로, 사법인도 사회의 의사소통과정에 참여할 수 있고, 이로써 표현의 자유의 주체가 될 수 있다.

6) 사법인의 배후에 있는 자연인의 보호에 기여하는 경우, 사법인은 인격권의 주체가 된다. 헌법재판소는 헌재 2012. 8. 23. 2009헌가27 결정(시청자에 대한 사과명령)에서 사법인인 방송사업자가 인격권의 주체가 된다고 판단하였다(공보 제191호, 1530).

라. 外國私法人

위에서 말한 사법인이란 그 소재지를 국내에 두고 있는 내국사법인이다. 사법상의 법인은 국적이 없기 때문에 대신 소재지에 따라 內國私法人과 外國私法人으로 구분된다. 내국사법인이란, 그 소재지, 즉 사실상 활동의 중심지를 국내에 두고 있는 사법인을 말한다.

외국사법인에 대해서는 일반적으로 기본권의 주체성을 부인하고 있다. 외국사법인의 기본권주체성의 문제는 국가간의 상호주의원칙에 따라 해결되어야 할 문제이다. 그러나 재판절차와 관련된 기본권(재판청구권, 청문청구권 등)은 외국사법인에게도 인정된다.

2. 公 法 人

사례 1 | 헌재 1992. 10. 1. 92헌마68 등(서울대학교 입시요강 사건)

서울대학교가 인문계열 대학별고사의 선택과목을 한문, 불어, 독어, 중국어, 에스파냐어 등 5과목 중 1과목으로 정하고 일본어를 선택과목에서 제외하는 '94학년도 대학입학고사 주요요강'을 제정하여 발표한 것이 헌법소원의 대상이 되는 공권력의 행사인가?[1]

서울대학교는 국·공립대학의 영리활동을 제한하는 법률에 대하여 직업의 자유의 침해를 주장할 수 있는가? 서울대학교는 학문과 대학의 자율성을 제한하는 법률에 대하여 학문의 자유의 침해를 주장할 수 있는가? 서울대학교는 재판청구권의 주체가 될 수 있는가?

사례 2 | 헌재 2005. 2. 24. 2001헌바71(전기간선시설의 설치비용부담 사건)

한국전력공사와 한국토지공사는 택지개발예정지구에 관하여 '전기간선시설 공사비 부담계약'을 체결하였다. 한국전력공사와 한국토지공사는 전기간선시설을 가공설치가 아닌 지중설치로 시설함에 따른 공사비추가소요분을 한국토지공사가 부담하기로 합의하여 그 추가소요분을 한국토지공사가 한국전력공사에게 납부하였다. 그러나 전기간선시설의 설치방법에 관계없이 어느 경우에나 설치비용 전부를 한국전력공사가 부담하여야 한다고 한국토지공사는 주장하면서, 이미 지급된 추가공사비 등의 환급을 구하는 소를 제기하였다. 한국전력공사는 위 소송에서 전기간선시설의 설치비용부담의무를 자신에게 부과하고 있는 주택건설촉진법조항이 자신의 영업의 자유와 재산권 등을 침해한다고 주장하면서 위 법률조항에 대하여 위헌법률심판의 제청신청을 하였으나, 기각되자 헌법소원을 제기하였다.[2]

---

1) 서울대학교가 공권력을 행사하는 '헌법상 의미의 공법인'인지에 관하여, 헌재 1992. 10. 1. 92헌마68 등(서울대학교 입시요강), 판례집 4, 659, 667, "국립대학인 서울대학교는 특정한 국가목적(대학교육)에 제공된 인적·물적 종합시설로서 공법상의 영조물이다. 그리고 서울대학교와 학생과의 관계는 공법상의 영조물이용관계로서 공법관계이며, 서울대학교가 대학입학고사시행방안을 정하는 것은 공법상의 영조물이용관계설정을 위한 방법, 요령과 조건 등을 정하는 것이어서 서울대학교 입학고사에 응시하고자 하는 사람들에 대하여 그 시행방안에 따르지 않을 수 없는 요건·의무 등을 제한설정하는 것이기 때문에 그것을 제정·발표하는 것은 공권력의 행사에 해당된다."

2) 한국전력공사는 한국전력공사법에 의하여 설립된 공법인이다. 이 사건에서는 첫째, 국가기관 등 공법인이 구체적인 소송사건의 당사자가 된 경우 당해사건에 적용되는 법률에 대하여 헌법재판소법 제68조 제2항의 헌법소원을 제기할 수 있는지, 둘째, 공법인이 법률조항의 위헌여부를 기본권을 주장하여 다툴 수 있는지의 문제가 제기된다. 이 사건 심판대상조항은 국민의 생존적 배려라는 공적 과제를 이행하기 위한 관할규정이다. 이러한 관할규정에 대하여 공법인이 기본권을 주장한다면, 공법인 사이의 관할을 규율하고자 하는 관할규정은 무의미해진다. 한국전력공사는 사법상의 거래에 참여하여 사법상의 권리를 주장할 수는 있으나, 공법인으로서 다른 공법인에 대하여 또는 사인과의 관계에서 기본권을 주장할 수는 없다. 그러나 헌법재판소는 위 결정에서 공법인이 헌법소원을 제기할 수 있는

가. 기본권보호의 원칙적 배제

(1) 개 념

여기서 公法人이란 법인격을 가진 법인뿐 아니라 권리능력의 유무와 관계없이 공법상의 사단,[1] 재단, 영조물[2] 등을 포함한다. 따라서 국가, 국가기관, 지방자치단체, 국가의 시설, 그 외 간접적 국가행정기관 등이 모두 포함된다.

(2) 공법인의 기본권주체성

공법인은 원칙적으로 기본권의 주체가 될 수 없다.[3] 첫째, 기본권은 그 본질상 개인과 공권력과의 관계를 규율하기 때문에, 공권력의 주체가 스스로 기본권을 향유할 수 있는 주체가 된다는 것은 기본권의 본질과 부합하지 않는다. 공권력은 기본권의 구속을 받는 자(수범자)이자 동시에 기본권의 주체가 될 수 없다.[4]

둘째, 공법인의 기본권주체성을 부인하는 주된 근거는 개인의 자유행사와 국가기관의 권한행사 사이에 존재하는 본질적인 차이에 있다. 공법인은 포괄적인 기본권을 누리는 것이 아니라 단지 국가의 권한질서의 범주 내에서 부여되는 제한적인 관할과 권한을 가질 뿐이다. 공법인에게는 기본권이 아니라 관할·권한질서가 적용된다. 공법인은 법질서에 의하여 부여받은 제한된 권한이나 관할을 가질 뿐, 포괄적으로 보장되는 기본권의 주체가 될 수 없다.

만일 법적으로 부여받은 권한과 관할의 범위 내에서 행해지는 다른 공법인의 조치에 대하여 공법인이 기본권을 주장할 수 있다면, 공법인 사이의 권한과 관할을 규율하고자 하는 공법상의 권한질서는 무의미할 것이고, 나아가 국가기관의 권한질서에 기초하는 국가의 기능은 실질적으로 마비될 것이다. 공법인의 권한과 관할이 다른 국가기관에 의하여 침해되는 경우, 이는 기본권의 침해가 아니라 권한의 침해에 관한 것이므로, 권한과 관할의 침해의 문제로서 헌법재판(권한쟁의)이나 행정재판을 통하여 해결되어야 한다.[5]

지, 한국전력공사가 기본권의 주체인지에 관한 아무런 판단 없이, 기본권침해여부를 과잉금지원칙에 따라 다음과 같이 판단하였다. 헌재 2005. 2. 24. 2001헌바71(전기간선시설의 설치비용부담), 판례집 17-1, 196, "위 주택건설촉진법 제36조 제3항은 헌법 제37조 제2항이 정하는 기본권제한입법의 한계내의 것으로 설치의무자의 기업경영의 자유나 재산권 등 기본권을 침해한다고 할 수 없다."

1) 대표적인 것이 국가와 지방자치단체이다. 그 외 특정 공적과제의 수행을 위하여 결합된 인적 단체가 이에 속한다.
2) 영조물이란, 국가나 지방자치단체가 공적 과제를 수행하기 위하여 설립한 시설을 말한다.
3) 헌법재판소는 초기의 결정부터 일관되게 이러한 입장을 견지하고 있다. 헌재 1994. 12. 29. 93헌마120(국회노동위원회 고발), 판례집 6-2, 477, 480, "한편 국가나 국가기관 또는 국가조직의 일부나 공법인은 기본권의 '수범자(Adressat)'이지 기본권의 주체로서 그 '소지자(Träger)'가 아니고 오히려 국민의 기본권을 보호 내지 실현해야 할 '책임'과 '의무'를 지니고 있는 지위에 있을 뿐이다. 그런데 청구인은 국회의 노동위원회로 그 일부조직인 상임위원회 가운데 하나에 해당하는 것으로 국가기관인 국회의 일부조직이므로 기본권의 주체가 될 수 없고 따라서 헌법소원을 제기할 수 있는 적격이 없다고 할 것이다." 헌법재판소는 동일한 이유에서 국회의 노동위원회(위 결정), 국회의원(헌재 1995. 2. 23. 90헌마125), 공법인인 지방자치단체의 장(제주도지사, 헌재 1997. 12. 24. 96헌마365)이나 의결기관(서울특별시의회, 헌재 1998. 3. 26. 96헌마345), 공법인인 지방자치단체의 합의제기관인 교육위원회의 구성원인 교육위원(헌재 1995. 9. 28. 92헌마23 등), 공법인인 농지개량조합(헌재 2000. 11. 30. 99헌마190)은 기본권의 주체가 될 수 없다고 판단하였다.
4) Vgl. BVerfGE 21, 362, 369ff., 그 이유는 공법인의 배후에는 자연인이 아니라 항상 국가가 있기 때문이라고 한다. 국가의 다양한 기능담당자들은 개인의 관점에서 보면 통일적인 국가권력의 특수한 현상에 불과하며, 국가기능의 담당자는 기본권의 구속을 받으면서 동시에 이를 향유할 수 없다는 것이다.
5) 예컨대, 국회에서 국회의장이 국회의원의 발언권을 제한하는 경우, 국회의원의 발언권행사는 개인의 '표현의 자유'의 행사가 아니라 국회의원의 헌법적 지위에서 나오는 권한, 즉 '국가기관으로서의 권한'을 행사하는 것이므로, 기본권침해의 문제가 아니라 권한쟁의의 문제이다(헌재 1995. 2. 23. 90헌마125 참조).

셋째, 공법인은 원칙적으로 기본권이 보호하고자 하는 전형적 위험상황에 처할 수 없다. 공법인은 공적 과제를 수행하는 영역에서 기본권의 주체가 될 수 없음은 물론이고, 공적 과제를 수행하는 영역 외에서도 기본권(가령, 재산권)의 주체가 될 수 없다.[1] 이는 지방자치단체의 경우에도 마찬가지이다. 공법인은 공권력의 행사에 관한 영역이 아니라 하더라도 기본권이 보호하려고 하는 전형적인 위험상황에 처할 수가 없고, 이에 따라 이러한 영역에서도 개인과 동일한 정도로 위협을 받지 않으므로, 기본권에 의한 보호를 필요로 하지 않는다.

한편, 공법인이 기본권의 주체가 아니라는 것은 私法上 권리의 주체가 될 수 없다는 것을 의미하지 않는다. '공법인에게 기본권주체성을 부인하는 것'과 '그 외의 영역에서 공법인의 권리주체성을 인정하는 것'은 전혀 별개의 문제이다. 공법인도 사인과 마찬가지로 사법상의 거래에 참여하여 재산을 취득할 수 있고 양도할 수 있는 등 사법상 권리의 주체가 될 수 있다. 공법인은 사법상의 거래에 참여하여 사법상의 권리를 주장할 수는 있으나, 다른 공법인에 대하여 또는 사인과의 관계에서 기본권을 주장할 수는 없다.

(3) 공법인이 절차적 기본권의 주체가 될 수 있는지의 여부

공법인이 재판청구권의 주체가 될 수 있는지의 문제가 제기된다. 위에서 확인한 바와 같이, 공법인이 원칙적으로 실체적 기본권의 주체가 될 수 없다고 한다면, 실체적 기본권을 관철하고 실현하기 위한 절차적 기본권인 재판청구권도 공법인에게 인정될 수 없다. 공법인이 비록 분쟁당사자의 지위에 있다고 하더라도, 그에게 재판청구권과 관련하여 기본권 주체성을 인정한다는 것은, 국가권력의 침해로부터 개인의 자유영역을 보호하고자 하는 자유권의 본래의 의미와 합치하지 않는다. 재판을 청구할 수 있는 권리의 주체는 다른 기본권과 마찬가지로 원칙적으로 국민이며, 국가기관은 재판청구권의 주체가 될 수 없다.

한편, 공법인은 재판청구권의 주체가 될 수는 없으나, '사법절차상 기본권'의 주체가 될 수 있다. 국가기관이 소송당사자로서 재판절차에 참여하는 경우에는, 재판절차에서의 절차법적 지위에 있어서 국민과 국가기관을 달리 취급할 합리적인 이유가 없으므로, '청문청구권'(의견진술권)이나 '공정한 재판을 받을 권리'와 같은 사법절차상의 기본권은 국가기관에게도 인정된다. 이러한 사법절차상의 기본권은 법치국가원리를 실현하기 위한 절차적 기본권으로서, 사법절차의 모든 당사자가 이를 주장할 수 있어야만 법치국가적 공정한 절차가 보장될 수 있다.

나. 기본권주체성의 예외적 인정

(1) 기본권주체성의 예외적 인정을 위한 요건

공법인은 원칙적으로 기본권을 주장할 수 없으나, 엄격한 요건 하에서 예외적으로 기본권의 주체가 될 수 있다. 공법인이 예외적으로 기본권의 주체가 될 수 있는지를 판단하는 결정적인 기준은 당해 공법인이 '개인과 유사한 상황'에 놓이게 되는지, 즉 기본권이 보호하려고 하는 전형적인 위험상황에 처하게 되는지, 그러한 상황에 있기 때문에 기본권에 의한 보호를 필요로 하는지 여부이다.

---

1) 가령, 지방자치단체인 A 市가 B 市의 경계에 인접하여 화력발전소를 설치하고자 하는 경우, B 시는 A 시의 화력발전소로부터 발생하는 공해로 인하여 B 시에 속하는 삼림의 피해를 우려하기 때문에 화력발전소의 설치허가에 대하여 토지재산권의 침해를 이유로 헌법소원을 제기할 수 있는지의 문제가 제기된다. vgl. BVerfGE 61, 82, 105, "헌법상의 재산권보장이 보호하고자 하는 것은 私人의 財産權이지 私有財産(국가나 지자체의 재산을 포함하여)이 아니다."고 하여 독일 연방헌법재판소는 지방자치단체의 재산권에 대하여 기본권보호를 거부하였다.

공법인이 기본권에 의하여 보호되는 생활영역을 고유한 업무영역으로 부여받았고, 부여받은 업무영역을 국가의 침해로부터 방어하고 보호해야 할 필요성이 있기 때문에 조직상의 독립이 요청되는 경우, 공법인은 예외적으로 기본권의 주체가 된다. 즉, 공법인이 예외적으로 기본권을 주장하기 위해서는 첫째, 공법인의 기능이나 과제가 기본권에 의하여 보호되는 생활영역에 특별히 귀속될 수 있는지, 둘째, 기본권에 의하여 보호되는 공법인의 고유한 업무영역을 국가의 침해로부터 보호해야 할 필요성이 있는지, 이러한 이유에서 공법인이 조직상 국가로부터 독립하여 설립되었는지의 요건을 충족시켜야 한다. 이러한 경우에만 공법인이 국가로부터 독립적인 영역에서 기본권을 방어하는 경우에 해당하므로, 예외적으로 공법인은 사인과 마찬가지로 기본권이 보호하고자 하는 전형적인 위험상황에 처할 수 있다.

공법인의 기본권주체성을 위와 같은 엄격한 요건 하에서만 인정하는 이유는, 기본권을 보호해야 할 의무를 지는 공법인에게 기본권주체성을 폭넓게 인정하는 경우에는 위에서 전술한 바와 같이 국가 기능의 기반이 되는 관할·권한질서가 마비될 우려가 있고, 나아가 국가기관이 공적 과제의 수행에 있어서 개인의 자기실현의 수단인 기본권을 주장함으로써 국가의 공익실현의무를 위반하여 자의적으로 공권력을 행사할 수 있고, 이로써 국민의 기본권을 침해할 위험이 있기 때문이다.

(2) 기본권주체성을 예외적으로 인정할 수 있는 경우

공법인임에도 기본권의 주체성을 인정할 수 있는 예외적 경우란, 국공립대학교에게 학문의 자유의 주체성을 인정하는 경우와 공영방송사에게 방송의 자유의 주체성을 인정하는 경우에 한정된다. 물론, 국공립대학과 공영방송사는 그에게 고유한 업무영역으로 귀속된 생활영역을 보호하는 기본권 (대학의 경우 학문의 자유, 방송사의 경우 방송의 자유)의 행사와 관련해서만 기본권을 주장할 수 있다. 나아가, 이러한 공법인들은 기본권을 주장할 수 있는 범위 내에서 재판청구권의 주체가 될 수 있다.

학문의 자유는 전통적으로 대학에서의 연구·교수에 관한 것이었고, 이에 따라 일차적으로 대학의 자유와 자율성을 의미하였다. 국공립대학교는 기본권에 의하여 보호되는 생활영역인 학문의 영역을 고유한 과제영역으로 부여받았고, 조직상 국가로부터 독립하여 국가와 대치하면서 사립대학교와 마찬가지로 학문의 자유가 보호하고자 하는 대학의 자치가 침해될 수 있는 상황에 놓여 있다. 따라서 국공립대학교의 경우, 공법인임에도 불구하고 학문의 자유에 관한 한, 기본권의 주체성을 인정해야 할 필요가 있고, 이러한 방법으로 학문의 자유를 국가의 침해로부터 방어하고 보호해야 할 필요가 있다.

방송의 자유란, 방송은 일차적으로 공권력과의 관계에서 국가로부터 자유로워야 하고 독립적이어야 한다는 것을 의미한다. 과거에 방송은 주파수의 희소성이라는 기술적 특수상황으로 인하여 제한된 주파수를 배분하는 '허가제'와 주파수의 독점적 사용에 기초한 '공영방송체제'로 출발하였다. 이러한 상황에서 공영방송사는 공법적 성격에도 불구하고 그의 활동영역이 방송의 자유라는 기본권영역에 귀속되고 민영방송사와 마찬가지로 국가에 의하여 방송의 자유가 침해될 수 있는 전형적인 위험상황에 놓여 있다. 따라서 공영방송사에게도 방송의 자유에 관한 한 기본권주체성을 인정해야 할 필요가 있고, 이러한 방법으로 방송의 자유를 국가의 침해로부터 방어하고 보호해야 할 필요가 있다.

다. 국가가 참여하는 私法人의 기본권주체성

국가는 공적 과제를 이행하기 위하여 또는 영리행위를 위하여 스스로 사법인을 설립하거나 다양한 방법으로 사법인의 경영에 참여할 수 있다.

(1) 국가가 공적 과제의 수행을 위하여 사법인을 설립하고 해당 사법인의 모든 주식이나 지분을 보유하고 있다면, 사법인의 배후에는 국가가 있기 때문에, 그러한 사법인은 기본권의 주체가 될 수 없다. 국가는 생존배려의 과제와 같은 공적 과제를 공법 또는 사법의 형태로 이행할 것인가에 관하여 선택할 수 있다면, 국가가 어떠한 행위형식을 선택하는가에 따라 기본권의 주체성여부가 달라질 수 없다. 즉, 국가가 私法의 형식으로 도피함으로써 기본권의 주체가 될 수 없는 것이다.

국가에 의하여 지배되는 사법인이 공적 과제를 이행하는 것이 아니라 사인과 마찬가지로 영리적으로 활동하는 경우에도 기본권주체성은 부인되어야 한다. 국가는 영리행위를 하는 경우에도 기본권의 주체가 될 수 없으며, 국가의 영리행위가 私法의 형식으로 이루어진다고 하여 국가가 기본권의 주체가 될 수 없기 때문이다.

(2) 한편, 국가나 지방자치단체가 생존배려의 과제를 사법인인 주식회사의 형태로 이행하면서 주식의 과반수 이상을 보유하고 있기는 하지만 또한 사인도 주주로서 관여하고 있는 경우, 이러한 주식회사가 기본권의 주체가 될 수 있는지의 문제가 제기된다.[1]

헌법재판소는 공법인성과 사법인성을 공유하고 있는 법인의 경우 사법인적 측면을 이유로 해당 법인의 기본권주체성을 인정한 사례가 있는가 하면,[2] 공법인성이 사법인성을 압도한다는 이유로 공법인으로 성격을 규정하고 그 기본권주체성을 부인한 경우도 있다.[3]

제 4 절 基本權의 效力

기본권의 효력이란, 기본권이 누구에 대하여 효력을 가지는지, 누가 기본권의 수범자인지, 누가 기본권의 구속을 받는지, 누가 기본권을 존중해야 하는 의무를 부과 받는지의 문제에 관한 것이다. 기본권이 누구에 대하여 효력을 가지는지의 관점에서는 '기본권의 효력'이라고 하기도 하고, 누가 기본권의 구속을 받는지의 관점에서는 '기본권의 수범자'라고 하기도 한다.

---

1) 이 경우 사인의 이익이 침해될 수 있기 때문에 그러한 기업에 대하여 기본권주체성을 인정해야 한다는 주장이 제기되는 등 독일에서도 견해가 갈리고 있다. 독일연방헌법재판소는 공권력이 기업경영에 결정적인 영향력을 행사할 수 있는 경우에는 공법상의 법인과 마찬가지로 사인인 주주가 별도로 기본권을 주장할 수 없다는 견해이다. 이에 대하여 소수의 사인 주주의 이익이 크게 등한시되기 때문에 기본권주체성을 인정해야 한다는 비판이 있다.

2) 헌재 2000. 6. 1. 99헌마553(축협중앙회), 판례집 12-1, 686, 689, [회원의 임의탈퇴나 임의해산이 불가능하고 반드시 법률로 따로 정하여 해산하도록 하고 있는 등 사법인에서 볼 수 없는 공법인적 특성을 많이 가지고 있는 축협중앙회가 기본권의 주체가 될 수 있는 법인인지 여부에 관하여] "헌법상 기본권의 주체가 될 수 있는 법인은 원칙적으로 사법인에 한하는 것이고 공법인은 헌법의 수범자이지 기본권의 주체가 될 수 없다. 축협중앙회는 지역별·업종별 축협과 비교할 때, 회원의 임의탈퇴나 임의해산이 불가능한 점 등 그 공법인성이 상대적으로 크다고 할 것이지만, 이로써 공법인이라고 단정할 수는 없을 것이고, 이 역시 그 존립목적 및 설립형식에서의 자주적 성격에 비추어 사법인적 성격을 부인할 수 없으므로, 축협중앙회는 공법인성과 사법인성을 겸유한 특수한 법인으로서 이 사건에서 기본권의 주체가 될 수 있다."

3) 헌재 2000. 11. 30. 99헌마190(농지개량조합), 판례집 12-2, 325, 336-338.

Ⅰ. 對國家的 效力

1. 일 반 론

가. 대국가적 권리로서 자유권과 평등권

기본권은 국가에 대한 개인의 주관적 공권으로서 국가와 개인의 관계를 규율하는 과제를 가진다. 자유권과 평등권은 역사적으로 대국가적 권리로서 발전되어 왔다. 자유란 원래 '국가로부터의 자유' 를 의미하고, 이에 따라 자유권적 기본권은 국가권력에 대한 대국가적 방어권으로서 국가권력을 제 한하는 규범을 의미한다. 또한, 평등권도 개인과 국가의 관계에서 국가에 대하여 정의에 부합하는 국 가행위를 요청하는 기본권이다. 따라서 기본권은 일차적으로 국가에 대하여 효력을 가지며, 우선적 으로 국가기관을 직접 구속하는 효력을 가지고 있다.

국가기관은 헌법상 부여받은 국가기능을 이행함에 있어서 기본권의 구속을 받기 때문에, 국가가 어떠한 형태로 기본권의 구속을 받는지 하는 것은 각 국가기능별로 다르게 나타난다. 기본권의 대국 가적 효력과 관련해서는, 입법·행정·사법의 기능이 기본권의 구속을 받는다는 것이 구체적으로 어 떠한 형태로 나타나는지를 이해하는 것이 중요하다.

나. 기본권의 대국가적 효력에 관한 헌법규범

국가가 기본권의 구속을 받는다는 것은 우리 헌법에서 다수의 규정을 통하여 표현되고 있다.

(1) 헌법 제10조 후문의 '기본권보장의무'

헌법 제10조 후문은 '국가의 기본권보장의무'를 통하여 국가가 기본권의 구속을 받는다는 것, 즉 국가가 기본권의 수범자라는 것을 분명하게 밝히고 있다. 여기서 '국가'란 입법부·행정부·사법부를 포괄하는 개념이므로, 모든 공권력행사가 기본권의 구속을 받는다. 국가기관이 기본권의 구속을 받 는다는 것은 기본권을 존중하고 준수해야 한다는 것을 의미한다. 모든 국가기관은 특정 조치를 취하 기에 앞서 그 조치가 기본권에 미치는 영향을 고려해야 한다. 입법자는 법률의 제정에 있어서 법률 의 기본권제한적 효과를 미리 고려함으로써 기본권을 위헌적으로 침해하는 법률의 제정을 스스로 방 지해야 하고, 행정부와 사법부는 법률의 해석과 집행과정에서 기본권의 정신을 존중해야 하고 법률 의 적용을 통하여 기본권을 침해해서는 안 된다.

(2) 그 외의 헌법규정

또한, 헌법은 일련의 규정을 통하여 국가권력이 기본권을 비롯하여 헌법의 구속을 받는다는 것을 보다 구체적으로 표현하고 있다. 헌법 제65조 제1항은 행정부와 사법부의 고위공직자의 직무집행이 헌법에 위배된 때에는 탄핵소추의 가능성을 규정하고 있고, 제69조는 집행부의 수반인 대통령의 헌 법준수의무를 규정하고 있으며, 제103조는 사법부의 헌법준수의무("법관은 헌법과 법률에 의하여 … 심 판한다.")를 규정하고 있다. 특히, 헌법 제107조 제1항 및 제111조에 의하여 법률이 헌법에 위반되는 지의 여부를 심판할 수 있는 권한을 헌법재판소에 부여함으로써, 입법자도 헌법의 구속을 받는다는 것을 표현하고 있다. 헌법재판소가 법률의 위헌여부를 기본권을 심사기준으로 하여 판단한다는 것 은, 입법자가 기본권의 구속을 받는다는 것을 전제로 하여 기본권을 존중해야 하는 입법자의 의무를 이행하였는지를 심판한다는 것을 의미하는 것이다.

2. 입법자의 기본권 기속성

가. 기본권구속의 내용

입법자가 헌법적으로 부여받은 주된 과제가 입법작용이므로, 입법자는 입법작용에 있어서 기본권을 존중하고 준수해야 한다. 입법자는 법률로써 자유권을 제한하는 경우, 과잉금지원칙이나 본질적 내용의 침해금지와 같은 기본권제한에 관한 헌법적 원칙을 준수해야 한다. 나아가, 입법자가 법률로써 사회적 기본권이나 참정권, 청구권적 기본권을 실현하고 구체화하는 경우에는 기본권의 보장내용을 존중해야 하고 그에 위배되어서는 안 된다.

입법자는 公法 영역을 규율하는 경우뿐만 아니라 私法 영역을 규율하는 경우에도 기본권의 구속을 받는다. 국가와 개인의 관계를 규율하는 公法의 영역에서, 입법자는 공법규정을 통하여 실현하고자 하는 공익을 위하여 개인의 자유권을 과도하게 침해해서는 안 된다는 구속을 받는다. 뿐만 아니라, 입법자는 私法 규정을 통하여 사인간의 상충하는 이해관계를 규율함에 있어서 기본권의 구속을 받는다. 입법자는 사인간의 이익분쟁을 방지하거나 해결에 기여하는 私法의 규율에 있어서 기본권의 가치결정을 고려하고 실현해야 한다. 따라서 입법자는 사인간의 관계를 규율함에 있어서 서로 충돌하는 사인의 기본권을 교량하여 조화와 균형의 상태로 이끌어야 한다. 입법자는 경우에 따라 사회적·경제적 약자에 해당하는 계약당사자의 자유영역을 보장하기 위하여 이들을 보호하는 입법을 할 수 있고(가령, 주택임차인을 보호하는 주택임대차보호법), 이 과정에서 사인에게 특정한 의무를 부과한다면(가령, 주택임차인을 보호하기 위한 최소한의 계약기간의 확정), 이는 기본권에 의하여 보호되는 자유영역에 대한 제한(가령, 주택임대인의 토지재산권에 대한 제한)에 해당한다. 私法을 규율하는 입법자도 기본권의 구속을 받기 때문에, 헌법재판소는 사법규정의 위헌여부를 기본권을 기준으로 하여 심사한다.

나. 구속의 성질과 구속의 정도

기본권의 법적 성격에 따라 기본권이 입법자를 구속하는 '성질'과 '구속의 정도(입법형성권의 범위)'가 다르다. 즉, 입법자에 대한 기본권의 요청(구속의 성질)이 소극적인 행위금지명령인지 또는 적극적인 행위명령인지에 따라 구속의 정도가 다르다.

(1) 자유권의 방어권적 성격이 문제되는 경우, 입법자의 구속은 입법자에 대한 소극적 금지, 즉 헌법적으로 정당화되지 않는 이상 자유권에 의하여 보호되는 자유영역을 부당하게 침해하는 것에 대한 금지로 나타난다. 입법자를 구속하는 성질에 있어서, 자유권은 입법자에 대한 행위금지명령으로 나타난다. 자유권은 '반드시 필요한 경우에 한하여 반드시 필요한 만큼만' 자유를 제한할 것을 요청함으로써, 과잉금지원칙의 엄격한 적용으로 말미암아 입법자를 구속하는 정도는 강력하다. 입법자가 자유권의 이러한 금지요청에 위반하여 개인의 자유영역을 과도하게 침해하는 경우, 그러한 법률은 헌법재판소의 위헌결정을 통하여 무효로 선언됨으로써 법질서에서 제거된다.

(2) 이에 대하여 국가의 보호의무에 대응하는 국가에 대한 보호청구권, 사회적 기본권은 입법자에 대하여 적극적인 행위를 요청하고 있다. 입법자를 구속하는 성질에 있어서, 보호청구권이나 사회적 기본권은 기본권의 객관적 보장내용을 입법을 통하여 실현해야 한다는 '적극적인 행위명령'으로 나타난다. 보호의무의 이행이나 사회적 기본권의 보장의무에 관한 한, 기본권규정의 내용적 불명확성으로 인하여 입법자가 추상적인 기본권의 요청을 법률로써 실현하고 구체화해야 할 의무를 진다. 헌

법은 입법자가 실현해야 할 일반적이고 추상적인 방향만을 제시할 뿐 어떠한 내용의 입법을 해야 할 것인지에 관하여 원칙적으로 입법자의 광범위한 재량에 맡기고 있다. 헌법으로부터는 원칙적으로 입법자의 구체적인 입법의무가 나오지 않는다. 따라서 사회적 기본권이나 보호청구권은 기본권의 보장내용을 적어도 최소한으로 실현할 것을 요청하기 때문에, 입법자에 대한 구속의 정도는 상당히 미약하다. 입법자가 자유권을 보호하기 위하여 또는 사회적 기본권을 보장하기 위하여 아무런 입법을 하지 않았거나 또는 명백하게 불충분한 입법을 한 경우에 한하여 기본권에 대한 위반이 존재한다. 이러한 경우, 위헌적인 상태가 원칙적으로 입법자의 적극적인 입법 활동을 통해서만 제거될 수 있으므로, 헌법재판소는 위헌결정을 통하여 불충분한 입법을 제거하는 것이 아니라 헌법불합치결정을 통하여 입법자의 행위의무의 위반만을 확인하게 된다.

또한, 청구권적 기본권과 참정권의 경우에도, 이러한 기본권은 입법자로부터 법률을 통한 구체적인 형성과 실현이라는 적극적인 행위를 요청하므로, 자유권과 비교할 때 입법자에게 광범위한 형성권이 인정된다.

3. 집행부의 기본권 기속성

가. 公法上의 행위

(1) 헌법 제66조 제4항의 행정권은 정부기능과 행정기능을 포괄하는 집행권을 의미하며, 집행권의 주체는 정부와 행정청이다. 정부의 주된 기능은 법률의 집행이 아니라 국정의 기본계획, 외교정책, 법률안제출 등 국정운영에 있다. 정부는 집행부의 한 부분을 구성하는 국가기관으로서 행정청과 마찬가지로 기본권의 구속을 받는다. 고도의 정치적 성격을 가진 정부의 행위(소위 '통치행위')도 기본권의 구속으로부터 벗어날 수 없으며, 가령 외교·국방정책이나 사면권의 행사에 있어서 기본권의 구속성이 부정되는 것이 아니라, 단지 '정부에 부여된 광범위한 판단재량'과 '통치행위의 구체적 지침을 제시하는 헌법규정의 不在'로 인하여 위헌적인 기본권침해를 인정할 수 있는 가능성이 매우 희박해질 뿐이다.

(2) 행정청이 공법적으로 활동하는 경우 기본권의 구속을 받는다는 것은 의문의 여지가 없다. 행정청은 공법상 어떠한 행위형식으로 활동하든 간에(가령, 행정입법, 행정행위, 공법상 계약, 사실행위 등) 기본권의 구속을 받는다. 또한 사인도 공무수탁사인(公務受託私人)으로서 공적 과제를 수행하는 경우에는 기본권의 구속을 받는다.

행정청은 특별권력관계에서도 기본권의 구속을 받으며, 이에 따라 법률유보원칙이 적용된다. 따라서 국가와 국민의 일반적인 관계에서와 마찬가지로 특별권력관계에서도 기본권에 대한 제한은 형식적 법률의 근거를 필요로 한다.

(3) 행정청이 기본권의 구속을 받는다는 것은 구체적으로 다음과 같은 형태로 나타난다.

(가) 행정작용이 기본권에 위배되어서는 안 된다. 재량행위와 같이 법률의 범위 내에서 행정청에게 행위의 여지(선택가능성)가 인정된 경우에만 기본권은 행정청에 대하여 독자적인 의미를 가진다. 기속행위의 경우에는 행정청이 법률이 정하는 행위를 해야 하므로, 만일 법률이 규정하는 특정 조치가 기본권에 위반된다면, 일차적으로 행정청의 행위가 아닌 그 수권규범인 법률이 기본권을 침해하는 것이다. 행정청에게 재량이 주어진 경우, 행정청은 재량을 행사함에 있어서 선택할 수 있는 여러

행위가능성 중에서 기본권을 가장 적게 침해하는 가능성을 선택해야 한다.[1] 행정청이 재량을 행사하는 과정에서 기본권의 의미를 고려하지 않거나 아니면 기본권과 공익을 교량하는 과정에서 과잉금지원칙에 위배되게 기본권을 과도하게 제한하는 처분을 한 경우에 행정청은 기본권을 침해하게 된다. 이로써 과잉금지원칙은 입법자의 입법행위를 구속할 뿐만 아니라 법률을 적용하는 행정청의 법적용행위를 구속함으로써, 이중적으로 적용된다.

(나) 뿐만 아니라, 행정부가 행정입법을 제정하는 경우에는 입법자와 마찬가지로 기본권에 위반되어서는 안 된다는 구속을 받는다.

(다) 나아가, 행정부는 법집행기관으로서 법규범의 해석과 적용에 있어서 기본권의 정신을 고려해야 한다.[2] 따라서 법규범의 불명확성으로 인하여 법규범의 해석에 있어서 여러 가지 해석가능성이 고려된다면, 행정청은 기본권의 정신에 합치하는 해석가능성을 선택해야 한다. 행정청이 적용법규의 해석에 있어서 기본권이 당해규범에 미치는 영향을 간과하는 경우, 기본권을 침해하게 된다.

나. 私法上의 행위

사례 *1* | 행정사법의 기본권기속 여부

지방자치단체 甲 市는 주민에게 수돗물을 공급하기 위하여 乙 주식회사를 설립하였다. 그런데 乙 주식회사가 주민에 대하여 수돗물을 차별적으로 공급하거나 또는 요금을 차별적으로 적용하는 경우, 주민은 위 주식회사에 대하여 평등권의 위반을 주장할 수 있는가?[3]

사례 *2* | 국고행정의 기본권기속 여부

행정청이 건설업체와 행정건물의 건축에 관하여 민법상의 건축도급계약을 체결할 경우, 행정청은 기본권의 구속을 받는가? 또는 행정청이 사무용품을 구입할 때 사무용품 판매업자를 합리적인 이유 없이 차별하거나 우대하는 경우, 평등권에 위반되는가?

(1) 오늘날, 국가나 공공단체 등 행정주체가 *私法的* 행위형식(가령, 사법적 계약의 체결)이나 조직형식(가령, 주식회사나 유한회사와 같은 사법상 법인의 형태)을 통하여 *私法的*으로 활동할 수 있다는 것은 일반적으로 인정되고 있는데, 행정이 사법적으로 활동하는 경우 어느 정도로 기본권의 구속을 받는지에 관하여는 다툼이 있다. 오늘날 행정은 다음과 같은 3가지 영역에서 사법적 형식으로 활동할 수 있다.

행정주체는 개인의 생존에 필수적인 급부(상·하수시설, 전기, 가스, 통신, 교통수단, 폐기물의 수거와 처리 등)를 제공하는 급부행정(생존적 배려의 영역)이나 사인의 행위를 일정한 방향으로 유도하기 위하여 보조금을 지급하는 유도행정의 영역에서 공법적 활동과 사법적 활동을 선택할 수 있는데, 공적인

---

1) 입법자의 법률은 입법자에 의한 법익형량의 결과이다. 기속행위의 경우, 입법자는 법률로써 행정청의 독자적인 법익형량을 배제한다. 재량행위의 경우, 개별 사건마다 행정청의 독자적인 법익교량의 자유공간이 부여된다. 법률의 구성부분을 법률요건부분과 법률효과부분으로 구분한다면, 재량은 법률효과부분에서 부여된다.
2) 불명확한 법개념은 법률요건부분에서 사용되므로, 법률요건의 해석의 문제에 관한 것이다.
3) 지방자치단체가 '공법상의 권리능력 없는 영조물'인 市의 수도사업소를 통하여 아니면 주식회사를 통하여 식수공급의 과제를 이행하는가에 따라 기본권 구속의 차이가 있는지의 문제이다.

과제를 사법적 형식으로 이행하는 경우, 이를 行政私法이라 한다.

행정사법의 영역과 구분해야 하는 것은 소위 '國庫行政'에 속하는 다음의 2가지 영역이다. 행정주체는 사무용품에서 행정건물에 이르기까지 공적 과제를 수행하기 위하여 행정에 필요한 재화와 역무를 사법적 계약을 통하여 조달한다(국고지원활동 또는 조달행정). 뿐만 아니라, 행정주체는 스스로 사기업(예컨대 주류회사, 담배회사, 항공사 등)을 설립하거나 사기업의 주주로 참여함으로써 오로지 경제적 수익을 추구하는 영리활동을 할 수 있다(행정의 영리활동 또는 수익경제활동). 조달행정의 경우, 대규모의 물품구매나 대규모 시설건설의 발주 등이 국가의 경기정책·재정정책과 연계되어 이루어질 수 있다는 점에서 '공적 과제의 수행'과 간접적인 연관성을 인식할 수 있고, 영리행위의 경우에는 국가가 영리활동을 통하여 수익의 추구뿐만 아니라 동시에 고용정책의 일환으로서 일자리의 창출을 의도한다면, 그러한 의미에서 '광의의 공적 과제 이행'과의 간접적인 연관성을 인정할 수 있을 것이다.

(2) 공적인 행정 과제를 私法的 형식으로 이행하는 行政私法의 영역에서 행정청이 기본권의 구속을 받는다는 것에는 이론이 없다. 행정주체가 공적인 행정 과제를 어떠한 법적 형식(조직형식과 행위형식)으로 이행할 것인지에 관하여 자유롭게 선택할 수 있다면, 행정주체가 어떠한 법적 형식을 선택하였는지에 따라 기본권의 구속여부가 달라질 수 없다. 행정주체는 옷을 갈아입음으로써 부과된 과제와 법적 구속을 회피할 수 없다. 따라서 공적 과제가 수행되는 영역에서, 행정청은 '私法으로 도피'함으로써 기본권의 구속을 벗어날 수 없는 것이다.

(3) 행정주체가 사법적 형태로 조달행정이나 영리활동을 하는 경우에도 기본권의 구속을 받는지에 관하여는 다툼이 있다.

이와 관련하여, 기본권의 효력을 부인함으로써 평등권의 구속을 받음이 없이 사인과 계약을 체결할 권리를 행정주체에게 인정하려는 견해와 국고행위에 대해서도 기본권의 효력을 인정해야 한다는 견해가 대립하고 있다. 후자의 경우, 행정이 사법상의 형식으로 활동한다 하더라도, 사인과는 달리 모든 국가행위의 근본적인 동기는 공익의 실현이므로, 행정청에 대하여 헌법이 적용되지 않는 영역이 인정되어서는 안 된다고 한다. 국고작용이 기본권의 구속을 받더라도 행정에 필요한 유연성과 효율성이 확보될 수 있기 때문에 업무수행에 지장이 있는 것은 아니며, 모든 국가권력은 항상 헌법의 구속을 받기 때문에 사인처럼 임의로 행동할 수 없다는 것이다.

물론, 행정주체가 국고행정의 영역에서 기본권의 구속을 받지 않는다고 하더라도, 사인이 행정청의 기본권위반행위에 대하여 아무런 법적 보호를 받지 못하는 것은 아니다. 행정청이 사법적 형식으로 활동하는 경우, 행정처분과 같이 사인의 기본권을 일방적으로 침해할 수 있는 수단을 사용하지 못하므로 기본권침해의 수단도 사법상의 수단에 제한될 수밖에 없다. 따라서 국고행정에서 기본권의 침해는 일반적으로 행정청의 '불법행위'와 '계약관계에서 평등원칙 위반'이라는 두 가지 형태로 나타나는데, 사법상의 불법행위법이나 '국가를 당사자로 하는 계약에 관한 법률', '독점규제 및 공정거래에 관한 법률' 등에 의하여 상당 부분 대처될 수 있다.

4. 사법부의 기본권 기속성

사법부가 기본권의 구속을 받는다는 것은 다음과 같은 형태로 나타난다.

가. 기본권의 정신에 부합하는 법규범의 해석·적용

법원은 법적용기관으로서 법규범의 해석과 적용에 있어서 기본권의 구속을 받는다. 따라서 법원은 기본권의 정신(객관적 가치결정)에 비추어 법규범을 해석·적용해야 한다. 구체적인 소송사건에서 적용되는 법규범이 해석을 요하는 경우, 법원은 법규범에 미치는 기본권의 영향을 고려해야 한다. 법원이 법규범에 미치는 기본권의 영향을 간과하거나 오해하는 경우, 판결을 통하여 기본권을 침해하게 된다.

나. 기본권위반여부에 관한 행정의 통제

법원의 기본권기속성은 기본권을 침해하는 위헌적 행정작용에 대한 사법적 통제를 통하여 실현된다. 법원은 기본권에 위반되는 위헌적 행정행위, 나아가 위헌적 하급심 판결을 취소해야 한다. 특히 행정청의 재량행위의 경우, 행정청이 법익형량과정에서 기본권을 고려하지 않거나 아니면 과잉금지원칙에 위반함으로써 재량을 잘못 행사한 경우, 법원은 기본권에 위반되는 행정행위를 취소한다.

다. 기본권위반여부에 관한 법규범의 심사

나아가, 법원이 기본권의 구속을 받는다는 것은, 기본권에 위반되는 위헌적인 법규범을 구체적 소송사건에서 적용해서는 안 된다는 것을 의미한다. 따라서 구체적인 소송사건에 적용될 명령이나 규칙이 기본권에 위반된다고 판단하는 경우, 법원은 당해사건에 위헌적인 명령·규칙을 적용해서는 안 된다(헌법 제107조 제2항의 행정입법에 대한 법원의 명령·규칙 심사권).[1] 한편, 당해 소송사건에 적용되는 법률이 기본권에 위반된다고 판단하는 경우에는, 법원은 소송절차를 정지하고 헌법재판소에 위헌심판을 제청해야 한다(헌법 제107조 제1항의 위헌법률심판제청권).

II. 對私人的 效力(第3者的 效力)

사례 1 | 대법원 2010. 4. 22. 선고 2008다38288 판결(종립 사립고교 종교교육 사건)

甲은 기독교를 신봉하지 아니하는 학생임에도, 2002. 3. 학교 강제배정으로 인하여 기독교정신에 입각하여 종교교육을 실시하는 대광고등학교에 입학하였다. 위 고등학교는 종교과목을 정규과목으로 편성하여 매 학년 주당 1시간씩 종교교육을 실시하였고, '학교가 종교교육을 실시할 때는 복수로 과목을 편성하여 학생에게 선택의 기회를 주어야 한다'는 교육부고시에도 불구하고, 종교과목을 개설하면서 다른 대체 선택과목을 편성하지 아니하였다. 甲은 학교의 방침에 따라 종교과목수업 및 종교행사에 강제로 참여하였는데, 2004년 학교의 종교교육 강요로 인하여 종교의 자유를 침해당했다고 주장하며 법원에 손해배상청구소송을 제기하였다.[2]

---

[1] 구체적인 소송사건에 적용될 명령이나 규칙이 위헌 또는 위법이라 판단되는 경우, 법원은 명령·규칙을 무효로 선언할 수는 없으나 당해사건에서 그의 적용을 거부할 권한을 가진다.

[2] 대법원 2010. 4. 22. 선고 2008다38288 판결(종립 사립고교 종교교육), "헌법상의 기본권은 제1차적으로 개인의 자유로운 영역을 공권력의 침해로부터 보호하기 위한 방어적 권리이지만 다른 한편으로 헌법의 기본적인 결단인 객관적인 가치질서를 구체화한 것으로서, 사법을 포함한 모든 법 영역에 그 영향을 미치는 것이므로 사인간의 사적인 법률관계도 헌법상의 기본권 규정에 적합하게 규율되어야 한다. 다만 기본권 규정은 그 성질상 사법관계에 직접 적용될 수 있는 예외적인 것을 제외하고는 사법상의 일반원칙을 규정한 민법 제2조, 제103조, 제750조, 제751조 등의 내용을 형성하고 그 해석 기준이 되어 간접적으로 사법관계에 효력을 미치게 된다. 종교의 자유라는 기본권의 침해

사례 2 | 혼인해고조항의 효력

사립병원 甲은 여성근로자 乙을 고용하면서 "乙이 혼인을 하는 경우, 자동으로 해고된다."는 조항('혼인해고조항')을 고용계약의 내용에 포함시켰다. 그 후 乙이 결혼을 하게 되자, 이 사실을 안 사립병원 甲은 혼인해고조항을 이유로 乙을 해고하였다. 이에 乙이 해고무효확인소송을 제기하는 경우, 법원은 어떻게 판단하겠는가?[1]

사례 3 | BVerfGE 89, 214(보증계약 사건)

소득과 재산이 거의 없는 젊은 여성 甲은 자신의 父 乙을 위하여 丙 은행과 乙의 대출에 대한 보증계약을 체결하였다. 乙이 대출채무를 변제하지 못하자, 丙 은행은 甲을 상대로 보증채무의 이행을 구하는 소송을 제기하였고, 민사법원은 甲에게 보증채무를 이행할 것을 선고하였다. 이에 甲은 민사법원의 위 판결에 의하여 자신의 사적 자치의 자유가 침해당했다고 주장하면서, 법원판결의 취소를 구하는 헌법소원심판을 청구하였다.[2]

1. 일 반 론

가. 기본권의 대사인적 효력의 의미

기본권의 對私人的 效力 또는 第3者效란, 기본권이 개인과 국가의 관계를 넘어서 개인과 개인의

와 관련한 불법행위의 성립 여부도 위와 같은 일반규정을 통하여 사법상으로 보호되는 종교에 관한 인격적 법익침해 등의 형태로 구체화되어 논하여져야 한다."고 판시하여 기본권이 사법조항을 통하여 사인간의 관계에 간접적으로 적용된다는 것을 밝히면서, "종립학교가 고등학교 평준화정책에 따라 강제배정된 학생들을 상대로 특정 종교의 교리를 전파하는 종파적인 종교행사와 종교과목 수업을 실시하면서 참가 거부가 사실상 불가능한 분위기를 조성하고 대체과목을 개설하지 않는 등 신앙을 갖지 않거나 학교와 다른 신앙을 가진 학생의 기본권을 고려하지 않은 것은, 우리 사회의 건전한 상식과 법감정에 비추어 용인될 수 있는 한계를 벗어나 학생의 종교에 관한 인격적 법익을 침해하는 위법한 행위이고, 그로 인하여 인격적 법익을 침해받는 학생이 있을 것임이 충분히 예견가능하고 그 침해가 회피가능하므로 과실 역시 인정된다."고 하여 대광학원의 종교교육이 원고에 대하여 불법행위를 구성한다고 판단하였다.

1) 민사법원의 법관은 첫째, 사적 자치가 이루어질 수 있는 사실상의 전제조건이 현저하게 저해되었는지, 둘째, 사적 자치의 결과인 계약의 내용이 헌법의 가치질서에 명백하게 반하는 것인지의 두 가지 관점에서 혼인해고조항의 무효여부를 판단하게 될 것이다. 첫째, 민법상의 개괄조항인 '공정의 원칙'을 해석함에 있어서 乙의 '사적 자치의 자유'를 고려해야 한다. 따라서 사적 자치의 사실적 전제인 계약당사자간의 대등성이 현저하게 저해되었는지, 이로써 계약의 한쪽 당사자가 계약의 내용을 일방적으로 결정하고 강요하는 것인지의 여부를 판단하여 이에 따라 법률행위의 무효여부를 결정하게 된다. 둘째, 민사법원의 법관은 '공서양속조항'의 해석에 있어서 甲과 乙의 대치하는 기본권을 교량하여 어떠한 법익에 우위를 부여할 것인지를 판단하게 된다. 개별사건의 모든 구체적 상황을 고려하는 법익형량과정에서 乙의 혼인의 자유가 甲의 계약의 자유에 대하여 우위를 차지한다는 판단에 이른다면, 계약의 내용이 기본권의 가치질서에 명백하게 반하기 때문에 용인될 수 없는 경우로서 공서양속조항에 위반되어 무효임을 확인하게 된다.

2) 독일연방헌법재판소는 위 결정에서, 일방 계약당사자의 구조적 열세가 인식될 수 있고 열세에 있는 계약당사자에 대하여 계약의 효과가 매우 중대한 부담을 가져오는 전형적인 경우에는 입법자는 사적 자치의 보장과 사회국가원리에 비추어 개괄조항을 통하여 교정을 가능하게 해야 한다는 것을 확인한 다음, 다음과 같은 이유로 민사법원의 판결을 취소하였다. "사적 자치의 보장과 사회국가원리는 민사법원에 의한 개괄조항의 해석과 적용에 있어서 계약당사자의 대등성이 저해되었는지를 고려할 것을 요청한다. 이 사건의 경우, 계약당사자간의 세력균형이 현저하게 저해되었기 때문에 은행이 계약의 내용을 사실상 일방적으로 결정하였고, 그 결과 보증채무를 진 여성에게는 타의에 의한 결정이 존재하였다. 법원의 판결이 계약의 효력여부를 판단함에 있어서 이를 충분히 고려하지 않았기 때문에 사적 자치의 자유와 사회국가원리에 위반된다."

관계에서도 효력을 가지는지, 기본권이 私人 간에도 적용되는지, 사인도 기본권의 구속을 받기 때문에 기본권을 존중해야 하는 의무를 부과 받는지, 사인이 사인에 대해서도 기본권을 주장할 수 있는지의 문제에 관한 것이다. 기본권의 제3자효란, 사인간의 관계에서 기본권보호에 관한 것이다.

나. 기본권의 효력을 사인간의 관계에도 확장하고자 하는 이유

기본권은 그 성립과정이나 법적 성격으로 볼 때, 국가권력에 대하여 개인의 자유와 권리를 방어하기 위한 대국가적 방어권으로 이해된다. 그러나 오늘날 개인의 자유가 국가에 의해서만 침해되는 것이 아니라 사회세력이나 단체 등 사인(사용자, 거대기업, 금융기관, 주택임대인 등)에 의해서도 위협을 받게 되었다. 점차 개인은 국가공권력 외에도 사회세력과 대립하고 있으며, 사회세력에 대해서도 기본권의 보호를 필요로 한다. 사인에 의한 기본권의 침해현상이 나타남에 따라 사인에 대해서도 개인의 기본권을 보호해야 할 필요성, 기본권의 적용범위를 사인간의 관계에도 확장해야 할 필요성이 제기되었다. 이에 따라, 사인간의 관계에서 기본권이 효력을 가지지 않는다면 기본권은 효과적인 보호를 제공할 수 없다는 인식이 자리 잡게 되었다.

다. 기본권의 효력을 사인간의 관계에도 확장하는 방법

기본권의 대사인적 효력의 문제를 해결하는 방법은 독일과 미국의 경우 서로 다르다. 독일의 경우, 기본권을 '개인의 주관적 공권'이자 '공동체의 객관적 가치질서'로 이해함으로써 자유권의 객관적 성격을 통하여 기본권의 효력을 사인간의 관계에도 확장하고 있다. 기본권을 국가에 대한 개인의 주관적 권리, 즉 대국가적 권리로만 파악하는 경우, 기본권은 사인간의 관계에서 효력을 가질 수 없으며, 이에 따라 기본권의 대사인적 효력은 논의될 수 없다. 기본권이 사인 간에도 효력을 가지기 위해서는 기본권에 주관적 공권 외에 다른 의미와 기능을 부여해야 한다. 기본권에 주관적 성격 외에 객관적 성격을 인정하는 경우에, 비로소 객관적인 성격의 기본권은 '최상위의 가치질서'로서 사인간의 법률관계에 대해서도 기본권의 정신에 부합해야 한다는 요청을 할 수 있고, 이러한 방법으로 사인간의 관계에도 효력을 미칠 수 있는 것이다. 기본권의 객관적 가치질서가 사인간의 관계에 직접 또는 간접적으로 효력을 가지는지에 따라 직접효력설과 간접효력설로 구분된다.

이에 대하여, 미국에서는 기본권을 국가에 대해서만 효력을 가지는 개인의 주관적 권리로 이해하면서, 특정한 경우 개인의 행위를 국가의 행위로 의제하는 방법으로 사인에 대해서도 기본권의 효력을 인정하고 있다.

2. 기본권의 대사인적 효력에 관한 헌법의 입장

가. 헌법의 명시적 표현

헌법은 기본권의 대사인적 효력에 관하여 명시적인 규정을 두고 있지 않다. 헌법은 일련의 헌법규정을 통하여, 특히 제10조 후문에서 기본적 인권을 보장해야 할 국가의 의무를 규정함으로써 국가권력이 기본권의 구속을 받는다는 것을 밝히고 있으나, 기본권의 효력이 국가와 사인의 관계에 국한되는지 아니면 사인간의 관계에도 미치는지에 관하여는 아무 것도 제시하고 있지 않다.

나. 기본권의 대사인적 효력의 근거로서 법원의 基本權拘束性?

민사법원이 기본권의 구속을 받는다는 사실도 기본권의 對私人的 效力에 관하여 아무것도 제시하지 않는다. 물론, 법원은 司法機能을 이행함에 있어서 기본권의 구속을 받는다. 그러나 법관이 기본권의 구속을 어느 정도로 어떠한 방법으로 받는지는 법관이 스스로 결정하는 것이 아니라, 기본권의 효력에 따라 결정되는 것이다. 즉, 법관은 법을 그 효력에 따라 적용해야 하므로, 기본권의 효력이 미치는 만큼 기본권의 구속을 받는 것이다. 그러므로 민사법관이 사인간의 분쟁을 해결함에 있어서 기본권의 구속을 받는지의 문제는 법관의 기본권기속성에 달려있는 것이 아니라, 私法領域에서 기본권의 효력여부에 달려있는 것이다.

기본권이 법률관계에 영향을 미치는 범위 내에서만 법관은 司法機能을 이행함에 있어서 기본권을 고려할 수 있다. 기본권의 효력이 국가와 사인과의 관계에만 미친다면, 법관은 사인간의 관계에서 기본권을 적용할 수 없다. 따라서 '민사법원이 기본권의 구속을 받는다는 것'과 '사인간의 관계에 기본권이 효력을 가진다는 것'은 전혀 별개의 문제이다. 결국, 기본권의 구속을 받는 법원이 사인간의 법적 분쟁에 관하여 결정한다는 이유만으로 기본권이 사인간에 효력을 가지는 것은 아니므로, 민사법원의 기본권구속성은 기본권의 대사인적 효력의 근거가 될 수 없다.

다. 사인의 기본권을 침해하는 개인의 행위를 국가의 행위로 간주할 수 있는지의 문제

사인의 행위로 인하여 다른 기본권주체에게 기본권의 침해가 발생하였고 기본권을 침해당한 기본권주체가 이를 수인해야 한다면, 이러한 기본권침해는 법치국가에서 법질서에 의하여 지지되고 용인됨으로써 비로소 가능하다고 하는 견해가 과거 독일의 학계에서 주장된 바 있다.[1] 이러한 견해에 의하면, 기본권의 침해를 야기하는 사인은 국가권력에 의하여 정당화된 권력, 아니면 적어도 용인된 권력이라는 것이다. 즉, 국가가 법질서의 형성을 통하여 사인에 의한 기본권침해를 용인하고 가능하게 하였기 때문에, 사인에 의한 기본권침해는 국가에 의한 기본권침해와 동일시될 수 있고, 이로써 국가의 행위로서 귀속되어야 한다는 것이다.

그러나 이러한 견해는 입법자의 의무를 지나치게 확대함으로써 입법자가 사실상의 이유로 이행할 수도 없고, 또한 헌법적인 이유에서 이행해서도 안 되는 것을 요구하고 있다. 첫째, 입법자가 사인간의 관계에 관하여 생각할 수 있고 발생할 수 있는 모든 것을 상세하게 규율하고 사전에 모든 것을 예측하여 확정하는 것은 현실적으로 불가능하다. 법질서는 언제나 사인의 법적 공존을 위한 울타리(규범적 틀)만을 제공할 수 있고, 개인의 권리에 대한 전형적인 위험상황만을 명시적으로 규율할 수 있을 뿐이다. 둘째, 입법자가 사인간의 모든 관계에 관하여 빠짐없이 규율하는 것은 헌법상 보장된 사적 자치에 부합하지 않는다. 만일, 입법자가 사법관계에 관한 모든 것을 규율하고자 시도한다면, 자율성과 사적 자치에 기초하여 사인에 의하여 독자적으로 형성될 수 있는 공간은 거의 존재하지 않을 것이다. 입법자에 의한 '사법질서의 완벽한 규범화'는 불가능할 뿐만 아니라 사인의 자기결정권을 보장하는 기본권의 정신에 정면으로 반하는 것이다. 입법자는 사법질서의 형성에 있어서 사적 자치를 보장하는 기본권의 객관적 지침의 구속을 받기 때문에, 법률생활에서 개인의 자기결정권이 행사될 수 있도록 적절한 자율적 활동공간을 제공해야 한다. 따라서 입법자가 제공하는 사법질서의 규범적 틀 내에서 사인에 의한 사법질서의 구체적 형성은 언제나 필요하고 헌법적으로 요청되는 것이다. 이러한 이유에서 사적 자치에 근거한 사인의 행위가 국가공권력의 행위로서 국가에게 귀속될 수 없다.

---

1) Vgl. J. Schwabe, Die sogenannte Drittwirkung der Grundrechte, 1971.

3. 독일의 이론

가. 독일에서 기본권의 효력에 관한 논의

20세기 전반까지도 독일 헌법학에서 자유권은 전적으로 국가에 대한 개인의 방어권으로서 개인을 국가의 침해로부터 보호하는 기능만을 가지고 있었다. 바이마르헌법에 규정된 기본권은 단지 국가권력을 구속하는 것으로 사법질서에 전혀 영향을 미칠 수 없었다. 1949년 독일기본법이 제정된 이후, 비로소 기본권이 사인간의 관계에서도 효력을 가지는지, 효력을 가진다면 어떠한 방법으로 어느 정도로 효력을 가지는지에 관하여 논의되었다. 1950년대 및 1960년대에 이러한 논의과정에서 '기본권의 제3자효'라는 용어가 정착되었다.[1] 독일기본법은 기본권으로서 오로지 자유권과 평등권을 규정하였기 때문에, 여기서 '기본권의 효력'이란 바로 '自由權의 효력'을 말하는 것이었다. 독일기본법에는 '근로자의 단결권'의 경우에 대해서만 사인간의 직접적인 효력이 명시적으로 규정되었으므로, 그 외의 자유권에 대하여 제3자효가 문제되었다.

독일 학계에서 논의의 초기에는 '근로자의 단결권'을 제외하고는 자유권의 제3자효를 일반적으로 부인하였다. 그러나 곧 자유권이 국가에 대해서뿐만 아니라 사인에 대해서도 효력을 가진다는 견해가 제기되었고, 이 과정에서 기본권의 직접적인 제3자효 이론과 간접적인 제3자효 이론이 서로 경쟁하였다.[2]

나. 直接效力說

직접효력설이란, 기본권이 객관적 가치질서로서 사인간의 관계에서도 직접적인 효력을 가짐으로써 국가만이 아니라 사인도 직접 구속한다는 견해이다. 이로써 개인은 사인에 대하여 기본권을 직접 주장하고 관철할 수 있다.[3] 직접효력설은 독일연방노동법원의 판례에 의하여 수용되었는데, 무엇보다도 사인에 의한 기본권침해의 우려가 있는 노동법의 분야에서 기본권이 직접적 효력을 가져야 한다는 실질적 필요성을 강조하였다. 독일연방노동법원은 기본권의 직접적 제3자효를 '기본권의 의미변화'와 '객관적 가치질서로서 기본권의 성격'에 근거하여 다음과 같이 논증하고 있다.[4]

개인의 자유는 다른 사인에 의해서도 침해될 수 있으며, 사법상의 단체나 사인이 개인에 대하여 법적 또는 사실상의 권력을 행사하는 경우에는 사인간의 관계에도 기본권이 효력을 가져야 한다. 그러한 경우에는 '사인간의 관계'는 '국가와 사인의 관계'와 비교될 수 있다. 개인은 사회세력에 대한 보호뿐만 아니라, 다른 사인이 자신의 사생활영역을 침범하여 인간존엄성과 인격권을 침해하거나 또는 자신의 생명권이나 신체불가침권을 침해하는 것으로부터 보호를 필요로 한다. 이러한 의미에서

---

1) 독일에서는 위 용어의 적합성에 대하여 비판이 제기되고 있고, 보다 정확한 의미를 전달하는 용어로서 '私法秩序에서 기본권의 효력'이나 '私法에 미치는 기본권의 효력'이라는 표현이 대안으로서 제시되고 있다. 기본권의 간접적 제3자효는 마치 사인이 간접적으로 기본권의 수범자가 되는 것으로 오해될 수 있는 소지가 있다. 기본권의 제3자효는 기본권의 수범자가 아니라 기본권의 효력방식에 관한 문제이다. 기본권의 간접적인 제3자효의 경우, 기본권은 사인이 아니라 단지 私法을 적용하는 법관을 구속한다.

2) 니퍼다이(Nipperdey)는 '남성과 여성의 동등한 임금'과 관련하여 직접적 제3자효 이론을 제시하였고, 연방노동법원이 그의 견해를 따랐다. 그러나 당시 다수의 학자들은 그의 견해에 반대하였고, 듀리히(Dürig)는 니퍼다이의 직접적 제3자효이론에 대한 대안으로서 간접적 제3자효를 제안하였다.

3) 물론, 위 견해에 의하더라도, 모든 기본권이 사인에 대하여 직접적 효력을 가지는 것은 아니고, 헌법의 명문규정상 또는 기본권의 성질상 사인간의 관계에 직접 적용될 수 있는 기본권만이 직접적 효력을 가진다. 따라서 어떠한 기본권이 이러한 효력을 가지는지의 문제는 개별적으로 검토되어야 한다.

4) BAGE 1, 185, 193f.

국가는 다른 사인에 의한 침해로부터 개인의 기본권을 보호해야 한다.

헌법은 국가공동체의 생활 전반에 관한 최고의 가치질서를 규정하고 있으며, 모든 기본권은 아니지만 일련의 중요한 기본권은 '사회생활의 질서원칙'으로서 사인간의 *私法的* 법률관계에도 직접적 효력을 가지고 적용된다.[1] 일련의 중요한 기본권은 대국가적 방어권일 뿐만 아니라 사인간의 법률관계에도 직접적인 의미를 가지는 사회생활의 질서원칙을 담고 있으므로, 사인간의 법률관계는 이러한 질서원칙과 모순되어서는 안 된다. 이러한 기본권은 개인의 방어권으로서의 기능 외에도 전체 법질서에 대한 근본규범으로서의 기능을 가진다. 이러한 기본권은 정의로운 사회에서 적용되어야 하는 일반적 법원칙의 표현이다. 그러므로 사적 자치의 원칙에 따라 체결된 사법적 계약이라 하더라도 이러한 기본권에 반하는 것이라면, 그것은 무효인 법률행위가 된다.

다. 間接效力說
(1) 개 요
간접효력설은, 사인간의 법률관계를 규율하는 것은 일차적으로 *私法*이기 때문에 헌법상의 기본권이 *私法秩序*에 직접 적용될 수는 없고, 해석을 요하는 사법규정을 통하여 간접적으로 사인간에 적용된다는 견해이다. 기본권이 사인간의 관계에서 간접적인 효력을 가진다는 것은, 사인간의 관계에서 기본권의 보호가 '기본권에 의하여 보장되는 자유와 법익을 보호하는 *私法規定*'에 의하여 이루어진다는 것을 의미한다. 그러므로 기본권의 간접적 제3자효란 '사인간의 관계에서 기본권의 보호를 의도하거나 가능하게 하는 사법규정과 그의 해석'에 의하여 매개되는 대사인적 효력을 의미한다. 간접효력설은 기본권에 내재된 가치체계를 사법질서에 대하여 관철하면서도, 다른 한편으로는 사법질서의 독자성과 고유성(사적 자치의 원칙)도 존중하고자 하는 견해이다. 한국과 독일의 지배적 견해로서, 구체적 내용은 다음과 같다.

(2) 입법자의 일차적인 기본권보호의무 이행의 결과로서 *私法規定*
간접적 효력설의 출발점은, 사인간의 관계에 헌법규정이 직접 적용되지 않는다는 것, 사인에 대한 기본권의 보호는 헌법규정이 아니라 *私法規定*에 의하여 이루어진다는 것의 확인에 있다.

기본권은 국가에 대하여 효력을 가질 뿐, 사인간의 관계에서 직접 적용되지 않는다. 따라서 사인은 타인의 기본권적 자유를 보장하고 존중하거나 타인을 평등하게 취급해야 하는 의무를 지지 않는다. 역사적으로 기본권의 기능은 '개인과 국가의 관계'를 규율하고자 하는 것이며, 국가에 대한 개인의 방어권으로서 국가권력에 대한 한계를 설정하고자 하는 것에 있다.

헌법의 규율대상은 '국가조직' 및 '개인과 국가의 기본적인 법적 관계'이다. 이에 대하여 사인간의 법적 관계는 원칙적으로 헌법의 규율영역이 아니라, *私法*에 의하여 규율된다. 사인에 의한 침해행위로부터 기본권을 보호하는 것은 일차적으로 사법규정을 제정하는 입법자의 과제이다. 기본권의 구속을 받는 입법자는 사법규정을 통하여 사법의 영역에서 기본권의 내용을 구체화하고 실현하는 입법을 함으로써, 사인간의 기본권의 경계를 설정하는 것이고, 사인에 의한 침해로부터 사인의 기본권을 보호하는 것이다. 따라서 사인에 대한 기본권의 보호는 사법규정을 통하여 이루어진다.

---

1) 특히 인간존엄성, 자유로운 인격발현권, 평등권, 표현의 자유, 혼인과 가족의 보호 등을 언급하고 있다.

(3) 객관적 가치질서로서 기본권의 방사효

기본권은 일차적으로 개인의 자유로운 영역을 국가의 침해로부터 보호하기 위한 방어권이다. 나아가, 헌법은 기본권을 규정함으로써 객관적 가치질서를 확립하였다. '사회공동체 내에서 개인의 자유로운 인격발현'을 핵심으로 하는 기본권의 가치체계는 헌법상의 근본결정으로서 법의 모든 영역에서 효력을 가지며(기본권의 放射效), 이러한 가치체계는 私法에도 영향을 미친다. 따라서 사법규정은 헌법의 가치체계와 모순되어서는 안 되며, 이러한 가치체계에 합치하도록 해석되어야 한다. 기본권의 가치질서(정신)는 사법규정의 해석에 있어서 중요한 지침이 된다.

(4) 사법규정을 통한 기본권의 간접적 적용

기본권은 사인간의 관계에 직접 적용되는 것이 아니라 사법상의 개괄조항이나 불확정 법개념을 통하여 간접적으로 적용된다. 즉, 기본권이 사인간의 관계에 적용되고 효력을 미치기 위해서는 사법상의 일반조항 또는 불확정 법개념과 같이 사법관계에 진입하는 관문을 필요로 한다. 따라서 사인간의 관계에 직접 적용되는 것은 바로 사법규정이며, 기본권은 단지 사법규정의 해석에 있어서 고려해야 할 가치질서로서, 즉 사법규정의 해석 지침으로서 간접적으로 효력을 가지는 것이다.

예컨대, 신의성실조항(민법 제2조 제1항: "권리의 행사와 의무의 이행은 신의에 좇아 성실히 하여야 한다."), 권리남용금지의 원칙(민법 제2조 제2항: "권리는 남용하지 못한다."), 공서양속조항(민법 제103조: "선량한 풍속 기타 사회질서에 위반한 사항을 내용으로 하는 법률행위는 무효로 한다."), 공정의 원칙(민법 제104조: "당사자의 궁박, 경솔 또는 무경험으로 인하여 현저하게 공정을 잃은 법률행위는 무효로 한다."), 불법행위(민법 750조: "고의 또는 과실로 인한 위법행위로 타인에게 손해를 가한 자는 그 손해를 배상할 책임이 있다.") 등과 같은 개괄조항의 경우, 사인의 행위가 '신의성실', '공서양속'("선량한 풍속 기타 사회질서"), '공정성' 등의 요청에 어긋나는 것인지 또는 '권리남용'이나 '위법한 행위'인지의 여부를 판단함에 있어서 기본권적 가치가 해석의 중요한 기준이 된다.[1]

간접효력설이 비록 계약관계를 염두에 두는 사적 자치에 기초하고 있지만, 사인이 사적 자치에 기초하여 자신의 법률관계를 자율적으로 형성하는 경우뿐만 아니라 사인에 의한 기본권침해를 방어하는 경우(불법행위의 경우)에도 기본권은 사법규정을 통하여 사인간의 관계에 간접적으로 적용된다. 후자의 경우, 사법상의 불법은 私法(불법행위법)에 의하여 판단되고, 불법행위법의 해석에 있어서 기본권이 해석의 지침으로서 고려된다.

(5) 사법규정을 기본권에 합치하게 해석해야 할 법관의 의무

객관적 가치질서로서 기본권은 입법·사법·행정의 모든 국가권력을 구속하기 때문에, 민사법원의 법관은 구체적 소송사건에서 적용되는 사법규정을 해석·적용할 때 '사법규정이 기본권에 의하여 어떠한 영향을 받는지'(기본권의 방사효)를 검토해야 한다. 법관의 이러한 의무는 바로 사법부가 기본권의 구속을 받는다는 것으로부터 나오는 필연적 결과이다. 따라서 법관은 사법규정의 해석·적용에 있어서 기본권의 가치질서를 해석의 지침으로서 존중해야 한다. 만일 법관이 사법규정에 미치는 기본권의 영향을 도외시하거나 간과하고 사법규정을 해석·적용하여 판결을 내린다면, 판결로써 기

---

1) 기본권에 내재되어 있는 가치질서는 무엇보다도 사법상의 강행규정을 통하여 실현된다. 사법상의 강행규정은 입법자에 의한 보호의무 이행의 결과이다. 사법상의 강행규정은 공익실현이라는 목적적 측면에서 공법규정과 유사성을 가지기 때문에, 특히 기본권을 비롯한 헌법의 영향을 받게 된다. 이에 대하여 임의규정의 경우, 개인이 합의에 의하여 그 적용을 배제할 수 있기 때문에 기본권의 영향을 받지 않는다.

본권을 침해하게 된다.

물론, 헌법소송적인 관점에서 볼 때, 기본권의 대사인적 효력은 법원의 재판이 헌법소원의 대상이 되는 경우에 비로소 실질적 의미를 가진다. 그러나 현행 헌법재판제도에서는 법원의 재판을 헌법소원의 대상에서 제외하고 있기 때문에(헌법재판소법 제68조 제1항), 기본권의 대사인적 효력은 헌법재판의 실무에서 현재까지 전혀 문제되지 않았다.

라. 직접효력설의 문제점

직접효력설에 대해서는 일반적으로 첫째, 직접효력설은 公 · 私法의 2원적 구분체계를 파괴하고, 헌법체계에 대한 私法의 기본적 독자성과 고유법칙성(계약의 자유, 사적 자치)을 부인하는 것이며, 둘째, 사인 상호간에 기본권이 직접적으로 적용되는 경우 私法秩序의 기초를 이루는 사적 자치를 침해할 위험이 있고, 사적 자치가 현저하게 제한된다면 개인이 자기 스스로 책임을 지는 자유의 범위가 축소되며, 셋째, 사인이 기본권의 구속을 받게 된다면, 국가공권력에 대한 개인의 권리가 개인의 의무로 변질될 것이고, 이로써 개인의 자유에 대한 광범위한 제한이 불가피하기 때문에 기본권의 의미와 목적이 전도된다는 비판이 제기되고 있다.

(1) '국가와 사인의 관계'와 '사인간의 관계'를 동일시할 수 있는지의 문제

직접효력설은, 오늘날 개인의 기본권은 국가뿐만 아니라 사인에 의해서도 침해되기 때문에 기본권은 국가와의 관계에서 뿐만 아니라 사인간의 관계에서도 마찬가지로 직접적인 효력을 가져야 한다는 것에서 출발하고 있다. 그러나 직접효력설에 대하여 일차적으로 제기되는 의문은 '국가와 사인의 관계'와 '사인과 사인의 관계'를 동일시할 수 있는지의 문제이다.

사인간의 관계는 국가와 사인의 관계와 근본적으로 다르다. 모든 사인은 사적 자치에 기초하여 행동한다는 점에서, 사인간의 관계에서 권리와 의무의 발생은 일반적으로 법률행위에 의한 합의를 전제로 한다. 이에 대하여 국가는 국민의 자유와 권리를 일방적으로 제한한다.[1] 설사, 계약상대방의 세력적 우세에 비추어 자발성의 요소가 상대화된다고 하더라도, 私法을 지배하는 사적 자치 · 사인간의 원칙적으로 대등한 관계와 국가에게만 가능한 일방적인 규율권한과 의무 부과의 가능성 사이에는 극복될 수 없는 근본적인 차이가 있다.

개인의 기본권이 국가권력 또는 사회세력에 의하여 침해되는지는 개인에게 중요하지 않다고 하는 지적은 이러한 본질적인 차이를 간과하고 있다. 그러므로 유추해석을 통하여 기본권을 사회세력에 대하여 직접 적용하는 것은 타당하지 않다.

(2) 사적 자치의 침해

기본권의 제3자효의 경우, 사인간의 관계에서 기본권의 주체가 서로 대립하고 있다. 이러한 문제는 특히 사인간의 계약관계에서 나타난다. 여기서 양 기본권의 주체는 모두 계약의 자유와 사적 자치를 주장할 수 있고, 나아가 계약의 무효가 고려되는 경우에는 빈번하게 다른 기본권이 침해될 수

---

1) 국가는 국가권력의 주체로서 일방적으로 법규범을 제정할 권한을 가지고 자신의 의사를 법규범과 명령이라는 강제적인 방법으로 관철하며, 어떠한 경쟁상대도 없으며, 게다가 물리적 강제력의 독점권까지 가지고 있다. 반면에, 사인은 이러한 명령과 강제의 권한을 가지고 있지 않을 뿐만 아니라, 단지 국가 법질서의 범주 내에서 활동할 수 있으며, 자신의 권리를 관철하기 위해서는 국가의 법원과 집행관청의 조력을 필요로 한다. 게다가, 사인은 기본권의 주체로서 사적 자치를 주장할 수 있다. 계약당사자에 대하여 기본권의 침해를 주장하는 사인은, 그가 자신의 의무를 사적 자치의 행사를 통하여 자발적으로 부담하였다는 항변을 받아들여야 한다.

있다.[1)]

기본권이 사인간의 관계에 직접 적용되는 경우, 기본권 사이의 충돌이 발생하고, 기본권의 충돌은 법익교량을 통하여 해결할 수밖에 없다. 사인간의 관계에서도 국가와 사인의 관계와 마찬가지로 기본권이 직접 적용된다면, 여기서도 사인에 의한 기본권의 제한이 헌법적으로 정당화되는지의 여부는 과잉금지원칙에 따라 엄격하게 판단해야 한다.[2)]

그러나 이러한 결과는 헌법상 보장된 사적 자치와 기본권적 자유의 본질에 정면으로 반한다. 기본권의 구속을 받는 공권력에게는 행위의 근거를 제시하고 자신의 행위를 정당화해야 할 의무가 부과되지만, 사적 자유의 본질은 자신 행위의 동기에 관하여 설명하고 정당화할 필요가 없다는 데 있다. 개인이 기본권의 구속을 직접 받는다는 것은 사적 자치의 종말, 즉 자유의 종말을 의미하게 된다. 나아가, 사적 자치의 행사를 평등원칙에 구속시키고자 한다면, *私法*을 지탱하는 사적 자치의 근거와 사적 자유의 본질이 제거된다.[3)]

계약당사자가 자신에게 불리한 계약을 체결하고 자신의 기본권을 스스로 제약하는 것도 사적 자치에 속한다. 사법질서는 '일방 계약당사자에게 불리한 계약도 원칙적으로 허용되어야 하며, 다만 예외적인 경우에 한하여 사적 자치의 한계가 존재한다'는 것을 사법상의 개괄조항(가령, 공정의 원칙이나 공서양속조항)을 통하여 표현하고 있다. 그러나 사인간의 관계에 기본권을 직접 적용함으로써 사인간의 기본권제한에 대하여 엄격한 기준을 적용한다면, 사적 자치에 대하여 단지 극단적인 경계만을 설정하는 이러한 사법규정은 불필요하고 무의미해진다.

(3) 법적 불안정성의 심화

사인간의 관계에 기본권이 직접적으로 적용되는 경우, 서로 기본권을 주장하는 양 기본권주체가 대립함으로써 기본권의 충돌에 이른다. 이러한 기본권충돌은 개별적 사건마다 법익교량을 통하여 해결되어야 한다. 이 경우, 법관은 입법자를 대신하여 개별사건에서 상충하는 기본권을 조정하여 그 경계를 확정해야 하는 매우 어려운 문제에 부딪히게 된다. 법관에 의한 법익형량의 결과는 매 경우마다 다를 수밖에 없고, 또한 예측하기 어렵다. 법관에 의한 법익교량이 어떠한 결과에 이르게 될지에 관하여 당사자는 자신이 관련된 사건에서 거의 예측할 수 없다. 이로 인하여 *私法* 관계에서 요청되는 법적 안정성과 예측성은 크게 저해된다.

마. 代案으로서 간접효력설

(1) 私法關係에서 '기본권의 효력' 및 '사적 자치'의 보장

위와 같은 이유에서, 기본권이 사인을 직접적으로 구속한다는 직접효력설은 설득력이 없다. 그러나 전체 법질서의 통일성의 관점에서 기본권이 사법관계에 영향을 미치는 것을 포기할 수 없기 때문에, 직접적인 제3자효와는 다른 방법으로 기본권은 *私法*에 영향을 미쳐야 한다. 간접효력설은 이러

---

1) 가령, 사용자가 근로계약상의 혼인해고조항을 근거로 근로자를 해고하는 경우, 사용자의 계약의 자유와 근로자의 계약의 자유·혼인의 자유가 대치한다.
2) 이에 따라 민사법원은 상대방의 기본권을 침해하는 기본권주체가 기본권의 행사를 통하여 달성하고자 하는 목적과 기본권을 침해당한 기본권주체의 기본권제한효과(수단)의 상관관계를 과잉금지원칙에 따라 판단하게 된다. 그 결과, 사인은 기본권을 제한하는 국가와 마찬가지로, 타인의 기본권을 제한하는 자신의 행위를 정당화해야 한다.
3) 가령, 사인은 더 이상 자신의 거래상대방을 임의로 선택할 수 없고, 유언장의 작성에 있어서 더 이상 합리적인 이유 없이 상속인을 차별할 수 없다.

한 문제에 대한 해결책을 제시하고 있다.

기본권을 사인간의 관계에 직접 적용하는 경우, 사인간의 모든 법적 분쟁은 사법을 배제하여 기본권제한의 문제가 되고, 이로써 사인간의 기본권제한은 국가에 의한 기본권제한과 마찬가지로 엄격한 과잉금지원칙에 따라 정당화되어야 한다. 그러나 기본권을 사인간의 관계에 간접적으로 적용하는 경우에는 사법관계에서 기본권의 엄격한 적용을 피할 수 있고, 사법상의 규정(개괄조항 등)이라는 여과장치를 통하여 비로소 기본권을 적용하게 된다. 간접효력설은 사법규정을 통하여 기본권이 사인간의 관계에 효력을 미치도록 함으로써, '사법관계에서 기본권효력보장'과 '사적 자치의 보장'이라는 두 가지 헌법원리의 조화를 통하여 양자를 동시에 실현할 수 있다.

(2) 사법관계에서 법적 예측성과 명확성의 확보

직접효력설의 경우, 법관은 입법자로부터 아무런 지침을 제공받음이 없이 법익교량을 해야 하는 반면, 간접효력설의 경우에는 법관은 입법자에 의하여 제시된 사법규정을 적용하여 판단하게 된다. 이로써 법관이 직접 기본권에 기초하여 법익형량을 하는 매우 불확실하고 어려운 과제를 덜어줄 수 있고, 사법관계의 법적 예측성과 명확성을 어느 정도 확보할 수 있다.

개인의 기본권을 사인의 침해로부터 보호하고자 하는 특별한 사법규정이 존재한다면, 법관은 입법자의 법익교량의 결과로서 법률의 내용에 따라 판단한다. 특별한 사법규정이 존재하지 않는다면, 법관은 사법상의 개괄조항을 적용하여 판단한다. 이 경우에도 민사법원의 법관은 일차적으로 사인간의 관계에서 사적 자치의 사실적 조건(계약당사자간의 세력균형)이 현저하게 저해되었는지의 여부에 대한 심사를 통하여 열세에 있는 계약당사자의 사적 자치의 자유가 침해되었는지를 판단하게 된다. 나아가, 민사법원은 계약의 내용이 기본권의 가치질서에 명백히 반하기 때문에 용인될 수 없는지의 여부를 상충하는 기본권간의 법익교량을 통하여 판단하게 된다. 계약의 관계가 아니라 계약 외의 영역에서 사인의 기본권침해가 문제되는 경우(불법행위의 경우), 설사 개괄조항의 적용에 있어서 법관에 의한 법익교량이 이루어진다 하더라도, 입법자는 법익교량을 위한 최소한의 중요한 지침을 제공하게 된다.

바. 국가의 기본권보호의무와 기본권의 대사인적 효력의 관계

(1) 입법자에 의한 보호의무의 이행으로서 사법질서의 형성

국가는 사인의 침해로부터 기본권을 보호해야 할 의무를 진다. *私法秩序*에서 기본권을 보호하고 실현해야 하는 일차적인 책임은 법원이 아니라 입법자에게 있다. 입법자는 사법영역에서 일차적으로 사인간의 자유영역의 경계를 확정함으로써, 나아가 오늘날 사회적 법치국가에서 개인 누구나 자신의 자유를 실질적으로 행사할 수 있는 동등한 기회를 가질 수 있도록 사인간의 균형 상태를 형성함으로써(가령, 주택임대차법이나 약관법 등) 보호의무를 이행한다.[1] 입법자가 특별한 보호규정을 두지 않는다면, 그의 보호과제를 이행하는 수단은 사법상의 개괄조항이다.[2]

---

[1] 사법질서의 형성에 있어서 입법자에게는 실제적 조화의 문제가 제기된다. 사법상의 법률관계에는 상이한 이익과 상반되는 목표를 추구하는 동등한 기본권주체들이 참여한다. 사법상의 법률관계에 참여하는 모든 당사자가 일반적 행동의 자유를 누리고 사적 자치의 보장을 주장할 수 있기 때문에, 상충하는 기본권적 지위는 상호관계에서 고려되어야 하고 모든 당사자의 기본권적 자유가 가능하면 효력을 발휘할 수 있도록 조정되어야 한다.

[2] 계약의 경우, 계약당사자의 합의에 의하여 원칙적으로 합리적이고 정당한 이익조정이 이루어진다. 계약당사자는 기본권적 자유를 행사함으로써 서로를 자발적으로 구속한다. 그러나 계약당사자 중에서 일방이 너무 강력한 세력적 우위에 있기 때문에 계약의 내용을 사실상 일방적으로 결정할 수 있다면, 이러한 계약은 다른 일방에 대해서는 자기결정이 아니라 '他意에 의한 결정'을 의미한다. 사적 자치는 자기결정의 원칙에 기초하고 있고, 이에 따라 자유로운 자기결정을 가능하게 하

(2) 법원에 의한 보호의무의 이행으로서 기본권의 간접적 제3자효

법적용기관으로서 법원은 입법자에 의한 보호의무 이행의 결과인 *私法規定*의 구속을 받는다.[1] 그러나 입법자가 법적 분쟁의 해결에 관하여 명시적으로 규율하지 않음으로써 자신의 보호의무를 확정적으로 이행하지 아니하고 *私法上*의 개괄조항의 형태로 법관에게 스스로 평가의 여지를 부여하는 경우, 민사법관은 개괄조항 등 사법규정의 해석에 있어서 기본권의 가치결정을 고려하고 관철해야 한다.[2] 그러므로 기본권의 대사인적 효력은, 사인간의 관계에서 기본권을 보호하기 위하여 법원이 사법규정을 기본권의 정신에 부합하게 해석하고 적용하는 문제에 관한 것이다. 이로써 *私法*을 적용하는 법원에 의한 보호의무의 이행은 결국 '기본권의 대사인적 효력'의 형태로 나타나게 된다.

사. 법원에 의한 보호의무 이행의 한계이자 근거로서 사적 자치

기본권의 대사인적 효력을 인정하는 경우 제기되는 중요한 문제는, 법원이 기본권보호의무의 이름으로 사인간의 사적 자치에 어느 정도로 개입하여 기본권에 내재하는 가치와 정신을 관철해야 하는가에 관한 것이다. 즉, 현대의 복지·사회국가가 사회정의의 실현을 위하여 어느 정도로 사적 자치에 개입할 수 있는지의 문제이다.

사적 자치의 결과인 계약의 내용에 대하여 국가와의 관계에서 적용되는 엄격한 원칙에 따라 기본권을 적용함으로써 계약의 효력을 문제 삼는 것은 기본권의 간접적 제3자효의 기능이 아니다. 법원이 기본권보호의무의 이름으로 사적 자치에 개입하여 매번 사적 자치의 결과를 교정한다면, 이는 사적 자치의 종말을 의미한다.[3] 따라서 법원은 자유의사와 자기결정에 기초하여 사인간의 관계에서 이루어지는 자율적인 규율을 원칙적으로 존중해야 한다. 국가가 사인간의 관계에 개입하여 사적 자치의 결과를 교정한다면, 이는 예외적인 경우에 한정되어야 한다. 이러한 예외적인 경우를 인정하기 위해서는 계약당사자간의 對等性이 다소 저해된 것만으로는 부족하고, 사적 자치가 이루어질 수 있는 사실상의 전제조건인 세력균형(대등성)이 현저하게 저해된 경우, 이로써 계약의 한쪽 당사자가 계약

는 사실적 상황의 존재를 전제로 하기 때문이다. 계약당사자간에 어느 정도 대등성이 확보되지 않은 경우에는 계약의 자유는 의도하는 계약내용의 타당성을 담보할 수 없다. 물론, 법질서는 협상의 균형이 다소 저해된 모든 상황에 대하여 반응해야 하는 것은 아니다. 법적 안정성의 관점에서 보더라도, 협상의 균형이 저해된 모든 경우에 대하여 계약의 효력이 사후적으로 문제시되고 수정되어서는 안 된다. 그러나 일방 당사자의 구조적 열세를 인식하게 하는 전형적인 사례유형에 해당하고 열세에 있는 계약당사자에게 계약의 효과가 현저하게 불리한 경우, 사법질서는 이에 반응하여 공정의 원칙 등 개괄조항을 제공함으로써 수정을 가능하게 해야 한다. 입법자에 대한 이러한 요청은 사적 자치의 기본권적 보장과 사회국가원리로부터 나오는 것이다. vgl. BVerfGE 81, 242, 255.

[1] 물론, 민사법관은 그가 적용하는 사법규정이 기본권에 부합하는지를 판단하여, 위헌의 의심이 있는 경우에는 헌법재판소에 위헌제청을 해야 한다.
[2] 민사법원은 특히 개괄조항의 해석과 적용에 있어서 사적 자치의 기본권적 보장을 존중해야 하고, 이에 따라 계약이 '타의에 의한 결정'의 수단으로 기능하지 않도록 유의해야 할 의무를 진다. 민사법원은 계약의 내용이 협상에 있어서 구조적인 세력적 불균형의 결과인지를 규명해야 하고, 경우에 따라서는 사법의 개괄조항의 범주 내에서 개입하여 교정해야 한다. 계약의 내용이 일방 계약당사자에게 현저하게 불리하고 이익조정으로서 명백하게 부적절하다면, 법원은 '계약은 계약이고, 계약은 준수되어야 한다'는 단순한 확인으로 만족해서는 안 된다. 민사법원이 계약당사자간의 대등성이 현저하게 저해된 문제를 간과하였다든지 아니면 이러한 문제를 부적합한 수단으로 해결하고자 시도한다면, 당사자의 사적자치의 자유를 침해하게 된다.
[3] 기본권이 비록 간접적으로 사법규정을 통하여 사인간의 관계에 적용된다 하더라도, 법원이 개괄조항의 해석과 적용에 있어서 상충하는 기본권적 지위를 교량하는 과정에서 국가공권력에 의한 기본권침해의 경우와 마찬가지로 기본권의 정신을 실현하고자 시도한다면, 사인은 사실상 직접적으로 기본권의 구속을 받는 결과에 이르게 될 것이다. 가령, 법원이 개괄조항의 해석에 있어서 서로 충돌하는 기본권을 과잉금지원칙에 따라 기계적으로 형량한다면, 이로써 사인간의 관계를 지배하는 사적 자치라는 특수성을 충분히 고려하지 않는다면, 사적 자치가 형해화될 위험이 있다.

내용을 일방적으로 결정함으로써 계약내용을 사실상 강요하는 경우나 사적 자치의 결과로서 계약의 내용이 기본권의 가치질서에 명백하게 반하기 때문에 용인될 수 없는 경우여야 한다. 私法은 이미 공정의 원칙, 공서양속조항 등 개괄조항의 표현을 통하여 국가의 개입이 예외적인 상황에 국한됨을 표현하고 있다.

국가의 개입이 이와 같이 제한되는 경우에만, 사법질서에 미치는 기본권의 효력도 보장하면서 동시에 사적 자치도 보장할 수 있다. 사적 자치는 법원이 보호의무를 이행하는 헌법적 근거이자 동시에 헌법적 한계이다. 법원이 국가개입의 헌법적 한계를 유념해야만, 사법관계에서 기본권의 효력 보장과 사적 자치의 보장이라는 두 가지 헌법원리가 조화를 이룰 수 있고 동시에 실현될 수 있는 것이다.

4. 미국의 國家行爲論

미국에서는 원래 기본권의 수범자인 국가의 개념을 확장하는 방식인 '國家行爲論'(state action doctrine) 또는 '國家行爲擬制論'을 통하여 사인에 대한 기본권의 효력을 인정하고 있다.

가. 1787년 제정된 미국연방헌법은 기본권조항을 두고 있지 않았고, 1791년 비로소 10개의 인권 조항이 추가되면서 기본권이 규정되었다. 위 기본권규정은 오랫동안 연방에 대해서만 효력을 가지는 것으로 이해되었다. 1868년에 새로 추가된 수정헌법 제14조("어떤 州도 적법절차에 의하지 아니하고는 어떤 사람으로부터도 생명·자유 또는 재산을 박탈할 수 없으며 … 어떤 사람에 대해서도 법률에 의한 평등한 보호를 거부하지 못한다.")에 의하여 비로소 연방헌법상의 기본권규정이 州에 대해서도 효력을 미치는 것으로 인정되었다. 수정헌법 제14조의 적법절차조항과 평등보호조항은 미국의 인권보장사에 획기적인 전기를 가져왔다.

나. 미연방헌법은 수정 제14조에서 "어떤 州"의 언급을 통하여 기본권의 수범자가 국가권력이라는 것을 분명히 밝힘으로써, 기본권이 사인에 대하여 효력을 가질 수 없다는 것을 전제로 하고 있다. 미연방대법원은 기본권을 자연법적 권리로 이해하여 전적으로 개인의 주관적 권리로서 파악함에 따라 객관적 가치로서의 성격을 인정하고 있지 않기 때문에, 기본권의 효력은 개인과 국가권력의 관계에만 미치고 사인간의 관계에는 미치지 않는다. 그러므로 사인간의 관계에 기본권의 효력을 인정하기 위해서는, 일정한 요건 하에서 이루어지는 사인의 행위를 국가행위와 동일시하거나 국가의 행위인 것처럼 의제하지 않으면 안 된다. 따라서 미국에서 사인에 대하여 기본권의 효력을 확장하기 위한 이론이 바로 국가행위(의제)론이다.

국가행위(의제)론이란, 국가가 사인의 행위에 어떠한 형태로든 긴밀하게 관련되어 있다면, 긴밀한 관련성이 국가의 행정적 기능수행에 의한 것이든, 국가의 물질적·시설적 지원에 의한 것이든, 국가의 재정적 지원에 의한 것이든 간에, 사인의 행위를 국가의 행위로 의제하여 그 사인의 행위에 대해서도 기본권의 효력을 미치게 하려는 시도이다. 특히 인종차별, 표현의 자유와 관련하여 위 이론은 발전하였다. 미연방대법원은 어떠한 경우에 사인의 행위를 국가의 행위로 간주할 수 있는지에 관하여 명확한 공식이나 기준을 제시하고 있지 않지만, 다음과 같은 다양한 관점을 통하여 국가행위론의 내용을 구체화하고 있다. 첫째, 국가의 재산을 임차한 사인이 그 시설에서 행한 기본권침해를 국가행위와 동일시하여 이에 대하여 기본권의 적용을 인정하고 있다(국가재산설). 둘째, 국가로부터 재정적

원조나 조세감면 등의 공적 원조를 받는 사인(예컨대 버스회사와 같은 공익사업체)이 행한 기본권침해 행위를 국가행위와 동일시하여 이에 대하여 기본권을 적용하고 있다(국가원조설). 셋째, 그 성질상 통치기능을 행하는 사인(정당, 사립대학)의 기본권침해행위를 국가행위와 동일시하고 이에 대하여 기본권의 적용을 인정하고 있다(통치기능설).

5. 기본권의 대사인적 효력에 관한 국내 학설

가. 국내 학설의 내용

국내 학설은 기본권을 그 성격에 따라 분류하여, 그 성질상 사인 간의 관계에 적용할 수 없는 기본권에 대해서는 대사인적 효력을 배제하고, 헌법의 명문규정상 또는 성질상 사인 간의 관계에 직접 적용될 수 있는 기본권에 대해서는 직접적 효력을 인정하며, 성질상 사인 간의 관계에서도 적용될 수 있는 그 외의 기본권에 대해서는 간접적인 효력을 인정하는 경향을 보이고 있다.

(1) 성질상 사인 간에 적용될 수 없는 기본권

처음부터 그 성질상 국가의 존재를 전제로 하기 때문에 개인과 국가와의 관계에서만 적용될 수 있는 기본권은 사인 간에 적용될 수 없다. 이러한 기본권으로서, 국가를 상대로 하는 청구권적 기본권(청원권, 재판청구권 등), 참정권(선거권, 국민투표권, 공무담임권) 및 사회적 기본권을 들 수 있다. 즉, 대사인적 효력이 인정될 수 없는 기본권이란 자유권을 제외한 그 외의 國家 內的인 기본권을 의미한다. 그렇다면, 성질상 사인 간에 적용될 수 있는 기본권이란 자유권을 의미하고, '기본권'의 대사인적 효력이란 바로 '자유권'의 대사인적 효력의 문제라 할 수 있다.

(2) 사인 간에 직접적으로 적용되는 기본권

직접적인 제3자효, 즉 사인에 대한 직접적인 기본권의 효력은 단지 헌법이 명시적으로 이를 명하고 있는 경우에 한하여 원칙적으로 인정될 수 있다. 헌법은 사인 간에 직접 적용되는 기본권에 관한 명시적인 언급이 없다.[1] 그럼에도 학계의 지배적인 견해는 사인 간(노사관계)에 적용되는 것을 전제로 하는 기본권인 근로삼권은 사인 간의 관계, 즉 사용자에게도 직접 적용된다고 본다. 근로자의 단결권은 그 성립배경에 있어서나 법적 성격에 있어서 국가뿐만 아니라 사인인 사용자에 의해서도 침해될 수 있다(가령, 노동조합의 설립과 활동에 대한 사용자의 방해행위).

근로의 영역에는 당사자 사이의 전형적인 세력불균형이 존재하고, 이는 기본권에 의하여 보호되는 근로자의 지위가 사용자에 의하여 침해될 수 있는 위험성이 상존하고 있다는 것을 의미하는 것이다. 근로의 영역과 같이, 사법규정만으로는 사인 간의 관계에서 타인의 침해로부터 사인의 기본권을 효과적으로 보호할 수 없다고 판단되는 경우에 한하여 직접적인 제3자효가 인정될 수 있다.

(3) 사인 간에 간접적으로 적용되는 기본권

그 외의 기본권은 사인 간에 간접적으로 적용되는 것으로 본다. 즉, 대부분의 자유권은 사인 간의 법률관계에 원칙적으로 간접적으로 적용된다.

나. 국내 학설에 대한 비판

독일에서 형성된 '기본권의 이중적 성격'에 관한 이론은 자유권에 객관적 가치질서란 의미와 기능을 부여하는 이론으로서, 바로 '자유권'의 이중적 성격에 관한 이론이다. 독일의 경우 헌법상 보장된

---

1) 독일의 경우, 근로자의 단결권의 직접적용에 관한 명문의 규정이 있다.

기본권이 자유권과 평등권에 제한되어 있으므로, 독일에서 기본권에 관한 논의는 곧 자유권에 관한 논의이다. 이와는 달리, 우리 헌법은 기본권에 관한 장에 자유권 외에도 청구권적 기본권, 참정권, 사회적 기본권 등을 함께 규정하고 있다. 따라서 우리의 경우 기본권이란 자유권만을 의미하는 것이 아니라 다른 성질의 기본권도 함께 포함하게 된다.

한국의 헌법학이 독일의 이론을 수용하는 과정에서 범한 가장 근본적인 오류는 독일 문헌에서 언급하는 '기본권'이 단지 '자유권'을 의미한다는 것을 간과하고 이를 그대로 포괄적 의미의 기본권으로 이해하여 받아들임으로써 독일의 '기본권이론'을 우리 헌법상 규정된 모든 성질의 기본권에 해당하는 이론인 것으로 이해하고 있다는 점이다. 여기서 문제되는 기본권의 대사인적 효력도 독일에서는 '자유권'의 대사인적 효력에 관한 것이었다.

독일에서 '기본권의 대사인적 효력'의 논의의 출발점은 기본적인 인간의 권리는 사회공동체의 이념적 기초로서 사인 간의 관계에서도 어느 정도 효력을 가지고 보호되어야 한다는 것이었고, 독일에서 객관적 가치질서를 통하여 기본권의 효력을 강화하고자 한 것은 무엇보다도 인권, 즉 자유권을 사인의 침해로부터 보호하고자 한 것이었다. 따라서 기본권의 대사인적 효력은 처음부터 인권(자유권)에 제한되는 것이었다.

이에 대하여 우리 학계는 독일의 이론을 받아들이는 과정에서 독일의 '기본권'의 의미를 우리 헌법에서 규정하는 포괄적 의미의 '기본권'으로 이해함으로써 국가 내적인 기본권을 포함하여 모든 기본권의 대사인적 효력에 관한 문제로 파악하고, 그 결과 그 성질상 사인 간의 관계에 적용될 수 없기 때문에 당연히 대사인적 효력이 부정되어야 하는 기본권(소위 국가 내적인 기본권)을 다시 제외해야 하는 무의미한 작업을 하고 있는 것이다. 그러나 그 성질상 사인 간에 효력을 미칠 수 있는 기본권의 경우에만 대사인적 효력의 문제가 발생한다는 점에서, 이러한 결과는 이미 그 출발점이 잘못된 것에 기인하는 것이다.

제 5 절   自由權의 法的 性格과 機能

I. 自由權의 法的 性格

자유권은 개인의 주관적 공권이자 객관적 가치질서라는 이중적 성격을 가진다.

1. 개인의 주관적 공권

자유권은 국가로부터 부작위를 요구할 수 있는 개인의 주관적 권리이다. 국가가 개인의 자유영역을 침해해서는 안 된다는 의미에서 자유권은 '국가와 개인의 관계'를 규율하고 있다. 주관적 공권으로서 자유권에 있어서 문제되는 것은 국가행위에 의하여 자유권이 제한되는지, 국가에 의한 자유권의 제한이 헌법적으로 정당화되는지에 관한 것이다.

2. 객관적 가치질서

가. 자유권적 기본권 규정의 객관적 성격

자유권적 기본권 규정은 헌법의 일부분으로서 객관적 성격을 가진다. 자유권의 객관적 성격은 '주관적 권리'로서 자유권에 대응하는 국가의 '객관적 의무'에서 표현된다. 국가권력이 기본권규정을 비롯한 헌법의 구속을 받기 때문에 국가는 자유권을 침해해서는 안 된다는 '객관적 의무'를 진다. 객관적 규범으로서 자유권 규정의 의미는, 헌법적으로 정당화되지 않는 한 자유권을 제한해서는 안 된다는 '국가권력에 대한 침해금지'에 있다.

나아가, 개인의 관점으로부터 본 자유권은 주관적 권리인 대국가적 방어권을 의미하나, 관점을 바꾸어 국가의 시각에서 본다면, 자유권은 국가의 활동영역을 제한함으로써 개인의 자유영역과 국가의 활동영역의 경계를 설정하고 국가권력을 제한하는 규범으로서의 객관적 성격, 즉 국가권력행사에 대한 '부정적 권한규범'으로서의 성격을 지닌다.

이러한 객관적 성격은 아래에서 서술하는 '객관적 가치질서나 가치결정'으로서 자유권의 법적 성격을 뜻하는 것이 아니라, 주관적 권리로서의 자유권에 대응하는 객관적 효과이며, 자유권에 대국가적 방어권으로서의 성격을 인정한 당연한 결과인 것이다. 주관적 권리로서 자유권은 국가와 개인의 관계를 규율하는데 그치기 때문에, 이에 대응하는 기본권규정의 객관적 성격도 근본적으로 '국가와 개인의 관계'를 넘지 못한다.

나. '객관적 가치질서'로서 자유권의 성격[1]

(1) 객관적 가치질서의 기능

자유권의 이와 같은 객관적 성격과 혼동해서는 안 되는 것은 '객관적 가치질서'나 '객관적 가치결정'으로서 자유권의 성격이다. 객관적 가치질서로서 자유권의 기능이란 국가와 개인의 관계 또는 대국가적 방어권적 요소로는 설명될 수 없는 모든 기능을 포함한다. 자유권에 객관적 가치결정의 성격을 부여함으로써, 고전적인 방어적 기능 외에 개인의 자유권을 제3자의 위협적인 침해로부터 보호해야 할 국가의 보호의무, 법규범의 해석과 적용에 있어서 지침으로서의 기능, 자유권의 대사인적 효력 등의 새로운 효력과 기능이 자유권으로부터 나온다.

(2) 객관적 가치질서의 내용

객관적 가치결정으로서 자유권의 성격은 1950년대 독일에서 연방헌법재판소의 판례에 의하여 인정된 이래, 오늘날 독일의 지배적 견해로 자리 잡고 있다. 이러한 견해에 의하면, 자유권에는 전체 법질서에 대하여 구속력을 가지는 객관적 가치결정이 표현되고 있다고 한다. 이로써 전체 헌법질서에서 자유권에 인정되는 포괄적이고 중대한 규범적·객관적 의미를 강조하고 있다. 즉, 자유권은 단순히 개인의 주관적 권리로서 대국가적 방어권이 아니라, 헌법의 기본원리인 법치국가원리·민주국가원리 및 사회국가원리와 함께 헌법질서를 구성하는 헌법의 기본결정이라는 것이다. 따라서 객관적 가치질서로서 자유권은 헌법의 기본원리인 민주·법치·사회국가원리와 마찬가지로 객관적인 헌법질서로서 그 내용의 실현을 요구하며, 국가행위의 방향을 제시하는 지침규정으로 기능한다. 자유권에 표현되는 객관적 가치결정은 입법에 있어서 그리고 모든 법규범의 해석과 적용에 있어서 존중되

---

1) 아래 제3편 제1장 제5절 Ⅱ. 1. 참조.

어야 한다. 따라서 객관적 가치질서로서 자유권은 '입법자'에 대해서는 입법을 통하여 자유권을 실현해야 할 의무를 의미하고, '법적용기관'인 행정청과 법원에 대해서는 법규범의 해석과 적용을 통하여 자유권을 실현해야 할 의무를 뜻하게 된다.

3. 제도보장[1]

가. 개념 및 생성 배경

(1) 일반적 의미

우리 헌법은 특정 제도를 명시적으로 보장하고 있지는 않지만, 일련의 제도가 헌법적으로 보장된다는 것은 이미 오래 전부터 학계의 지배적인 견해에 속한다. 헌법재판소도 사법의 영역에서 재산권보장을 비롯하여 공법의 영역에서 직업공무원제도나 지방자치제도의 보장 등 일련의 제도가 헌법적으로 보장된다는 입장을 취하고 있다. 학계와 판례의 이러한 견해는 독일 바이마르헌법 하에서 형성된 '제도보장이론'을 수용한 결과이다.

제도보장이란, 역사적으로 장기간에 걸쳐 형성되어 사회의 의식에 깊게 뿌리내림으로써 공동체에 있어서 중요한 의미와 고유한 가치를 가지며 장래에도 계속 존속해야 하는 특정 제도의 헌법적 보장을 의미한다.[2] 여기서, 어떠한 제도가 헌법적으로 보장되어야 하는지의 문제가 제기된다.[3] 제도보장도 주관적 공권과 마찬가지로 근본적으로 '보호의 과제'를 이행하기 때문에, 특정 제도가 헌법에 의한 보호를 필요로 한다면, 이는 제도의 헌법적 보장을 요청하는 중요한 징표로 간주될 수 있다.

특정 제도가 헌법적 보장을 필요로 하는지의 여부는 보호필요성의 여부, 즉 특정 제도의 배후에 존재하는 중요한 개인적 이익 또는 공적 이익이 적어도 잠재적으로 국가에 의하여 위협을 받는지의 관점에 의하여 판단된다. 보호필요성의 판단은 과거의 역사적 경험과 장래에 대한 예측판단에 달려 있을 수밖에 없다. 따라서 과거 헌법국가의 역사적 발전과정에서 국가에 의한 위협의 우려가 있기 때문에, 공동체의 장래에 있어서 중요한 의미와 고유한 가치를 가지는 특정 제도를 헌법적으로 보호하고자 하는 것이 바로 제도보장이다.

(2) 자유권의 법적 성격으로서 제도보장

한편, 기본권(자유권)과 관련하여 제도보장이론이란, 기본권은 개인의 주관적 권리일 뿐만 아니라 특정 생활영역이나 규범영역을 제도로서 보장한다는 견해이다. 이로써 제도보장이란 사유재산제나 혼인·가족제도와 같은 사법상의 제도를 헌법적으로 보장하고자 하는 것이다. 이러한 점에서, 제도보장이론은 자유권의 객관적 내용을 인정한 최초의 시도라고 할 수 있다. 가령, 헌법 제36조의 '혼인과 가족생활의 보장'은 혼인과 가족생활의 영역에 대한 국가의 침해를 방어하는 주관적 권리일 뿐만 아니라 '사회질서로서 혼인과 가족생활'을 보호한다는 것이고, 헌법 제23조의 재산권보장은 개인의 구체적인 재산권을 보장할 뿐만 아니라 '법적 제도로서 사유재산제'를 보호한다는 것이다. 주관적 권

---

1) 한수웅, 오늘날의 헌법국가에서 제도보장의 의미와 기능의 변화, 법학논문집 제41집 제3호, 2017. 12. 5면 이하 참조.
2) 헌재 1997. 4. 24. 95헌바48, 판례집 9-1, 435, 444, ['직업공무원제도'와 관련하여 제도적 보장의 의미에 관하여]"제도적 보장은 객관적 제도를 헌법에 규정하여 당해 제도의 본질을 유지하려는 것으로서, 헌법제정권자가 특히 중요하고도 가치가 있다고 인정되고 헌법적으로 보장할 필요가 있다고 생각하는 국가제도를 헌법에 규정함으로써 장래의 법발전, 법형성의 방침과 범주를 미리 규율하려는데 있다."
3) 헌법이 스스로 특정 제도의 존속을 보장하고자 하는 것을 인식할 수 있도록 규정하는 경우에는 당연히 그러한 제도가 헌법적으로 보장되어야 할 것이나, 헌법이 이를 명시적으로 표현하는 경우는 사실상 찾아 볼 수 없다.

리로서 자유권은 개인에게 공권력의 침해에 대하여 이를 방어하기 위한 법적인 관철가능성을 제공하는 반면, 제도보장은 특정한 사회질서와 관련하여 역사적으로 형성된 기본구조의 지속성을 헌법적으로 보장한다.

(3) 제도보장이론의 생성배경

제도보장이론은 바이마르 공화국 당시의 헌법학에 의하여 형성된 이론, 즉 헌법해석의 산물이다. 바이마르 헌법 하에서 입법자는 헌법의 구속을 받지 않는 것으로 간주되었고, 게다가 그 당시 헌법학의 지배적인 견해에 의하면 헌법제정권력과 입법권은 일치하는 것으로 이해되었기 때문에 법률에 대한 헌법의 우위도 인정되지 아니하였다. 이러한 헌법적 배경에서, 그 당시 대표적인 공법학자인 칼 슈미트(Carl Schmitt)는 제도보장이론을 제시함으로써 입법자의 형성권을 제한하고자 시도하였다.[1] 그는 '헌법적으로 보장되는 제도'를 사유재산제, 혼인·가족제도와 같은 *私法* 영역에서의 '제도보장'(Institutsgarantie)과 국가존립의 기반이 되는 제도로서 선거제도, 정당제도, 지방자치제도, 교육제도 등 *公法* 영역에서의 '제도적 보장'(institutionelle Garantie)으로 구분하였고, 입법자가 제도를 제한하고 형성할 수는 있으나 제거해서는 안 된다고 하면서, 제도보장에 의하여 제도의 존속만이 보장되는 것이 아니라 제도의 역사적 발전과정에서 형성된 전형적이고 본질적인 특징도 유지되어야 한다고 서술하였다.[2]

제도보장이론은 헌법의 우위를 부인하는 바이마르 헌법학에서 재산권 등 특정 기본권과 관련하여 헌법의 우위를 인정하기 위한 하나의 시도였다. 슈미트는 제도보장이론을 통하여 '법률에 대한 헌법의 우위'를 해결하기 위한 하나의 방안을 제시하였을 뿐만 아니라, 나아가 '진정한 자유권'과 '제도보장'을 구분하고 대치시킴으로써 오늘날의 기본권이론에서 '자연적 자유'와 '법적 형성을 필요로 하는 자유' 사이의 본질적인 차이를 파악하였다.

나. 효 력

제도보장이론에 의하면 제도보장의 일차적 효력은, 입법자가 입법을 통하여 존재하는 제도를 근본적으로 변화시키는 것의 방지에 있다. 그러나 제도보장은 현재의 법적 상태(status quo)를 그 자체로서 보호하고자 하는 것은 아니다. 제도는 유지되어야 할 뿐만 아니라, 사회현상의 변화에 부단히 대처하고 적응해야 한다. 법규범이 자신의 효력을 유지하기 위해서는 변화하는 사회현상에 적응해야 하는 것과 마찬가지로, 제도를 구성하는 규범체계도 사회현상의 변화에 적응할 수 있어야 한다. 바로 이러한 이유에서, 입법자에게는 제도의 본질을 훼손하지 않는 범위 내에서 광범위한 형성권이 인정된다. 제도보장은 제도의 모든 변경을 금지하는 것이 아니라, 제도를 구성하는 특징적이고 구조적인 핵심을 보호하고자 하는 것이다.[3] 따라서 제도보장의 경우, 제도의 핵심적 내용이 보장되어야 한다

---

1) Vgl. C. Schmitt, Verfassungslehre, 1928, S.125f.; Freiheitsrechte und institutionelle Garantien, in: verfassungsrechtliche Aufsätze aus den Jahren 1924-1954, 1973, S.140ff.

2) 특히, 그 당시 의회가 광범위한 사회화의 조치를 통하여 사유재산을 과도하게 침해할 수 있다는 우려가 제기됨에 따라 장래에 있어서 사유재산의 존속을 보장하기 위하여 헌법적 지위를 가진 법적 도구가 필요하였는데, 바로 제도보장이 이러한 과제를 담당하게 되었다.

3) 물론, 이 경우에도 '기본권의 본질적 내용이 무엇인지'에 대한 질문과 마찬가지로, 제도보장에 의하여 입법자로부터 보호되는 대상이 무엇인지를 확정하는 어려움이 존재한다. 제도의 핵심적 영역이 무엇인지를 확정하기 위해서는, 각 제도를 형성하는 본질적 특징인 '근본적 구조원칙'을 밝혀내야 한다. 여기서 제도의 역사적 형태가 출발점이며, 보완적으로 제도의 헌법적 목적과 기능이 고려되어야 한다. 제도보장의 유지적·보존적 기능으로 말미암아, 과거연

는 의미로 보호의 기능이 축소된다. 제도보장의 보장내용은 전통적으로 형성된 '제도의 핵심적 영역'에 국한되고, 보호의 효과는 '최소한의 보장'에 그친다('최소한 보장의 원칙').

다. 오늘날 제도보장의 의미와 효력

(1) 헌법국가에서 제도보장의 의미와 기능의 변화

제도보장의 사고는 입법자가 헌법의 구속을 받지 않는다는 것을 전제로 하는 바이마르 헌법학의 산물로서, 헌법의 구속을 받지 않는 입법자를 최소한이나마 제도의 핵심적 내용에 구속시키고자 하는 것이었다. 그러나 오늘날의 헌법국가에서 모든 헌법규범이 국가기관을 구속하는 규범적 성격을 가지며, 국가기관에게는 헌법규범에 담겨있는 실체적 내용을 실현해야 할 의무가 부과된다. 이러한 헌법질서에서 자유권은 개인의 주관적 공권이자 객관적 가치질서라는 이중적 성격을 가진다. 자유권은 단순히 개인의 주관적 권리로서 대국가적 방어권에 지나지 않는 것이 아니라, 헌법의 기본원리와 함께 헌법질서를 구성하는 헌법의 기본적 가치결정을 내재하고 있다.

헌법의 전반적인 성격이 이와 같이 변화함에 따라, 제도보장에 대한 이해도 달라져야 하며, 제도보장과 입법자의 관계도 변화해야 한다. 모든 헌법규정의 규범적 구속력은 제도보장의 의미와 기능에 대해서도 영향을 미칠 수밖에 없다. 바이마르헌법 하에서 형성된 '제도보장'이란 법적 유형도 헌법에 수용됨으로써 고유한 가치질서를 담고 있는 헌법적 질서의 통일체 내에 위치하게 되었고, 이와 동시에 모든 헌법규정이 인간존엄성의 실현을 위하여 존재한다는 의미에서 '그 기능과 목적에 있어서 변환'이 이루어진다. 바이마르공화국에서 제도보장의 의미와 기능이 '전통적으로 형성된 규범체계의 핵심을 유지'하고자 한 것에 있었다면, 오늘날의 헌법국가에서 제도보장의 의미와 기능은 헌법적 가치결정의 실현, 가령 기본권적 제도보장의 경우(사유재산권제도나 혼인제도 등)에는 개인의 자유로운 인격발현에 봉사하는 것으로 근본적으로 변화하였다.

독일 바이마르시대의 '제도보장이론'에 의하면 제도보장의 보장내용이 역사적·전통적으로 확정되었다면, 오늘날의 헌법국가에서는 그 보장내용이 일차적으로 제도를 보장한 헌법의 가치결정, 즉 기능적·목적적 헌법해석을 통하여 밝혀지는 '제도보장의 헌법적 목적'에 의하여 확정된다. 헌법국가에서 제도보장을 통하여 입법자에게 제시되는 주된 지침과 구속은 더 이상 '전통적으로 형성된 제도의 규율모델'이 아니라, '헌법에 의하여 제도보장에 부여된 목적과 기능'(제도의 헌법적 목적과 기능)으로부터 나온다.[1] 이로써 제도보장의 보장내용은 역사적으로 전통에 의하여, 나아가 기능적으로 헌법

관성은 제도보장에 내재하는 본질적인 요소이므로, 일차적으로 헌법제정자의 사고가 중요하다. 제도의 역사적 형태는 헌법제정자의 사고의 바탕을 이루고 있기 때문이다. 그러나 단지 제도의 기본골격만이 핵심영역에 속하기 때문에, 제도의 구조를 형성하는 본질적 특징을 걸러내야 한다. 이러한 구조적 특징은 대부분의 경우, 제도의 생성 이래로 사회현상의 변화에도 불구하고 부단히 제도에 부속되어 유지되어온 본질적인 소수의 常數이다. 가령, 혼인제도의 본질적인 구조원칙은 '일부일처제, 남성과 여성 사이의 자유로운 합의에 기초하여 원칙적으로 평생 동안 지속되는 생활공동체'이며, 사유재산제도의 본질적인 구조원칙은 '사적 유용성과 원칙적인 처분권'이다. 이러한 구조원칙은, 법인식의 변화로 인하여 제도에 대한 근본적인 이해가 변화하지 않는 한, 입법자에 의하여 변경되어서는 안 된다. 한편, 위와 같은 역사적 해석방법은 절대적이거나 유일한 기준은 아니다. '법인식의 변화'나 '제도에 대한 근본적인 이해의 변화'로 인하여 원래 역사적으로 형성된 제도의 본질적 특징도 변화할 수 있다는 것을 배제할 수 없기 때문이다. 이러한 경우 제도의 구조적 특징이 새롭게 정의되어야 하는데, 제도의 헌법적 목적을 기준으로 삼는 목적적 해석의 관점에서 판단할 것이 요청된다.

1) 예컨대, 사유재산제도의 보장은 민법상의 재산권을 보호하는 전통적인 사법질서의 핵심을 유지하고자 하는 것이 아니라, 재산권적 영역에서 개인의 자유실현의 물질적 기초로서의 재산권의 헌법적 기능에 비추어 개인의 자유행사에 기여하고자 하는 것이다. 따라서 사유재산제도의 보장내용은 전통적인 사유재산제도의 규범적 핵심뿐만 아니

의 가치결정에 의하여, 즉 전통과 기능의 2가지 관점에서 헌법해석을 통하여 확정된다. 제도보장의 보장내용을 결정함에 있어서 전통적 요소는 헌법의 가치결정에 대하여 단지 부차적·보완적으로 기능한다. 따라서 전통적인 규범체계의 핵심은 헌법적 가치결정에 반하지 않는 경우에만 입법자를 구속한다.

(2) 헌법국가에서 제도보장의 의미

전통적인 제도보장이론의 기능은, 헌법에 의하여 수용되고 보장된 것으로 간주된 법률상의 규범체계와 관련하여 입법자에게 그 지속성을 유지해야 할 의무를 부과함으로써 헌법규정의 공동화를 방지하고자 하는 것이었다. 그러나 현행 헌법은 입법자를 비롯한 모든 국가기관을 구속하는 효력을 가지고 입법자의 형성권을 제한하고 있고, 나아가 학계와 판례의 주된 견해는 자유권에 대해서도 국가기관을 구속하는 객관적 가치질서로서의 성격을 인정하고 있기 때문에, 입법자가 헌법의 구속을 받지 않는 헌법적 상황에서 형성된 제도보장의 사고는, 모든 국가권력이 헌법의 구속을 받는 헌법국가에서 독자적인 의미와 기능을 크게 상실하였다. 제도보장이론은 자유권에 주관적 성격 외에도 객관적 성격을 인정한 최초의 시도이었으나, 오늘날 자유권의 이중적 성격으로 말미암아 객관적 규범으로서의 자유권의 성격이 제도보장이론의 요청을 포괄함으로써 제도보장의 기능을 대체하고 있다. 이로써 오늘날 특정 제도가 입법자에 의하여 폐지되거나 공동화되어서는 안 된다는 것을 주장하기 위하여 굳이 제도보장의 사고를 필요로 하지 않는다. 따라서 제도보장에게 부과된 원래의 기능과 과제가 사라졌음에도 불구하고, 제도보장이라는 헌법이론적 개념이 유지되어야 하는지, 나아가 제도보장의 독자적인 의미와 고유한 과제가 인정될 수 있는지에 관한 근본적인 문제가 제기된다.

변화한 헌법적 상황에서 제도보장의 의미를 찾는다면, 다음과 같은 관점에서 제도보장에 어느 정도 의미를 부여할 수 있을 것이다. 첫째, 기본권의 영역에서 제도보장의 기능은 개인이 자유를 행사하기 위하여 입법자의 법적 형성에 의존하고 있다는 것을 표현함으로써 자유행사를 위하여 그에 필요한 법질서를 형성해야 할 입법자의 의무를 부과하는 것에 있다.[1]

둘째, 자유권적 기본권이 개인의 주관적 권리이자 객관적 규범이라는 인식(자유권의 이중적 성격)이 학계와 판례에서 아직 확고히 자리 잡지 못한 것이 우리 헌법학의 현실이고, 이러한 상황에서 자유권을 개인의 대국가적 방어권으로만 이해하는 경우에는 제도보장은 자유권의 객관적인 측면을 통하여 자유권의 효력을 보완한다는 점에서, 아직도 고유한 의미를 가진다. 자유권은 제도보장에 의하여 개인적인 법적 지위의 침해와 관계없이 보호된다. 따라서 입법자가 자유권에 의하여 보호되는 생

라 재산권의 자유보장적 기능에 의하여 확정된다. 혼인제도의 보장내용은 '전통적인 혼인 개념'뿐만 아니라 '인간의 존엄, 혼인의 자유, 양성의 평등'이라는 '가치결정'에 의하여 확정된다. 이로써 기본권의 영역에서 제도보장은 인간 존엄성과 자유의 실현을 위한 도구로 기능한다. 마찬가지로, 직업공무원제도의 보장내용도 일차적으로 공무원제도의 전통적인 원칙이 아니라 '안정적이고 전문적인 국가행정의 보장'이라는 기능의 관점에서 확정되는 것이고, 지방자치제도의 보장내용도 지방자치에 관한 전통적인 규율체계의 핵심이 아니라, 주민의 복리에 관한 지역적 사무는 원칙적으로 지방자치단체에 의하여 자율적으로 처리되어야 한다는 헌법 제117조의 기본정신에 의하여 확정된다.

1) 자유권에 의하여 보호되는 자유공간은 단지 자연적으로 부여된 자유로서 생각할 수 없는 경우가 있다. 이러한 경우, 자유권은 국가의 법질서의 조력을 받아야만 실현될 수 있다. 혼인 및 재산권은 선국가적 개념이 아니라 법률에 의하여 형성되는 개념이라는 공통점을 가지고 있다. 가령, 입법자가 법질서를 통하여 사유재산의 이용과 처분을 가능하게 사유재산제도를 구체적으로 형성해야 재산권의 행사가 가능하며, 법률로써 혼인의 성립과 효력을 규율하는 혼인제도를 형성해야 비로소 혼인의 자유를 행사할 수 있다. 이러한 이유에서 기본권은 제도보장의 형태로 '개인이 자유를 실제로 행사하기 위하여 불가결한 규범질서'에 대해서도 보호의 범위를 확대하고 있다.

활영역을 오로지 장래에 있어서 규율하기 때문에 주관적 권리의 침해가 고려되지 않는 경우에도 입법자의 입법이 허용되지 않을 수 있다.[1] 제도보장에 의한 이러한 부가적인 보장은 현재의 개인적 법적 지위 외에 장래의 기본권행사도 보호한다.

셋째, 모든 헌법규정에 규범적 구속력이 인정됨에도 불구하고, 기본권영역 외에 위치하는 공법상의 제도적 보장도 여전히 의미를 가진다. 제도적 보장은 그 성격에 있어서 헌법적 보장의 특수한 형태이다. 제도적 보장으로 인하여 공법상의 특정한 제도가 단순히 법률에 의하여 보호되는 것이 아니라 헌법에 의한 특별한 보호를 받음으로써, 헌법상의 지위를 누리고 헌법 개정을 통하지 않고서는 폐지될 수 없다는 강화된 '존속 보호'를 누린다. 헌법이 직업공무원제도나 지방자치제도를 명시적으로 규정하고 있는 것 자체가 이미 이러한 제도를 폐지해서는 안 된다는 것을 의미하는 것이고, 이로써 '제도의 존속 보호'를 포함하고 있는 것으로 이해할 수도 있지만, 그럼에도 제도보장은 입법자에 의한 폐지와 공동화를 금지함으로써 제도의 존속 보호를 강조하고, 나아가 특정한 공적 과제의 수행을 위하여 그에 필요한 법질서를 형성해야 할 입법자의 의무를 부과한다는 점에서 고유한 의미를 가질 수 있다.

(3) 헌법국가에서 제도보장의 효력

헌법재판소는 종래 일련의 결정에서 독일의 제도보장이론을 수용하여 '자유권을 제한하는 입법의 경우에는 심사기준으로서 최대한 보장의 원칙이 적용되지만 제도보장의 경우에는 최소한 보장의 원칙이 적용된다'고 판시함으로써 제도를 형성하는 법률의 위헌여부를 '최소한 보장의 원칙'을 기준으로 하여 판단하고 있다.[2]

그러나 헌법국가에서 제도보장의 의미와 기능이 변화함에 따라, 제도보장의 효력, 즉 입법자가 제도보장에 의하여 어떠한 구속을 받는지의 문제도 달리 판단되어야 한다. 모든 국가권력이 헌법의 구속을 받는 오늘날의 헌법국가에서 입법자는 독일에서 약 1세기 전에 형성된 '제도보장이론'이라는 '특정한 헌법이론'의 구속을 받는 것이 아니라, 제도를 보장하는 헌법규범의 구속을 받는다. 그러므로 제도를 형성하는 법률의 위헌심사에 있어서 '역사적으로 형성된 제도의 본질적 내용이나 핵심적 영역'이 아니라 일차적으로 '제도를 도입한 헌법의 가치결정'이 심사기준이 된다. 이러한 관점에서 볼 때, 오늘날의 헌법질서에서 '제도보장이론'은 제도를 형성하는 입법자에 대한 헌법적 구속의 단지 하나의 측면만을 서술하고 있을 뿐이다.

헌법국가에서 입법자를 구속하는 것은 무엇보다도 헌법이 제도를 보장한 것의 정신, 즉 제도보장에 관한 객관적 가치결정이다. 그러므로 입법자는 제도를 구체적으로 형성함에 있어서 제도보장이론

---

[1] 가령, 입법자가 재산권의 내용을 장래에 있어서 새롭게 규율하면서 장래에 재산권을 취득하는 경우만을 규율대상으로 삼는 경우 또는 입법을 통하여 '동성(同性) 간의 혼인'을 도입하고자 하는 경우, 이러한 입법으로 인하여 기득재산권이나 기혼자의 기본권이 침해되는 것은 아니므로, 제도보장만이 재산권제도나 혼인제도를 구체적으로 형성하는 입법자에 대하여 보호를 제공할 수 있다.

[2] 헌재 1997. 4. 24. 95헌바48, 판례집 9-1, 435, 445, "이러한 제도적 보장은 주관적 권리가 아닌 객관적 법규범이라는 점에서 기본권과 구별되기는 하지만 헌법에 의하여 일정한 제도가 보장되면 입법자는 그 제도를 설정하고 유지할 입법의무를 지게 될 뿐만 아니라 헌법에 규정되어 있기 때문에 법률로써 이를 폐지할 수 없고, 비록 내용을 제한한다고 하더라도 그 본질적 내용을 침해할 수는 없다. 그러나 기본권의 보장은 … '최대한 보장의 원칙'이 적용되는 것임에 반하여, 제도적 보장은 기본권 보장의 경우와는 달리 그 본질적 내용을 침해하지 아니하는 범위 안에서 입법자에게 제도의 구체적인 내용과 형태의 형성권을 폭넓게 인정한다는 의미에서 '최소한 보장의 원칙'이 적용될 뿐인 것이다."

의 의미에서의 '핵심영역의 보장'을 넘어서 '제도보장에 관한 헌법적 가치결정'에 의하여 구속을 받는다. 이로써 제도보장의 효력은 '제도보장이론에 의한 최소한의 보장'을 넘어서 '헌법적 가치결정에 따른 보장'으로 확대된다.

입법자는 제도를 구체적으로 형성함에 있어서 제도를 보장하는 헌법의 가치결정을 존중하고 고려해야 한다는 구속을 받는다. 입법자는 '제도를 보장하는 헌법적 결정'과 '이와 상충하는 다른 법익'을 교량함에 있어서 실제적 조화의 원칙에 따라 양 법익을 모두 가능하면 최대한으로 실현할 수 있도록 규율해야 한다. 이러한 의미에서, '자유는 최대한으로 보장되지만, 제도는 최소한으로 보장된다'는 '제도보장이론'의 명제는 더 이상 타당하지 않다. 제도를 구체적으로 형성하는 법률의 위헌여부는 '최소한 보장의 원칙'에 위반되는지의 관점에서가 아니라 '상충하는 법익 간의 형량'을 통하여 밝혀지게 된다. 제도보장이론에 근거한 '최소한 보장의 원칙'은 핵심영역을 확정하는 불확실성과 함께, 무엇보다도 법익교량의 과정을 배제함으로써 최소한의 합리적 논증이 불가능하다는 치명적인 결함을 안고 있다.

II. 自由權의 機能

1. 자유권의 의미와 기능의 변화

가. 기본권이론(자유권이론)의 핵심적 문제

헌법의 규범적 효력과 사회통합의 효과는, 그 시대가 던지는 중요한 문제에 대하여 헌법이 어느 정도로 만족할만한 대답을 제시하는지에 달려있다. 오늘날 기본권이론의 핵심적인 문제는 기본권의 보장내용이 어느 정도로 사회현상의 변화에 의하여 영향을 받는지의 문제, 기본권의 보장내용이 사회현실의 변화에 따라 헌법해석을 통하여 변화하고 사회현실에 적응해야 하는지의 문제이다.

자유권이론의 문제는 근본적으로 '규범과 현실의 관계'에 관한 문제이다. 이로써 자유권이론의 문제는 변화한 사회현상이 어느 정도로 자유권규정의 새로운 해석을 요청하는지의 문제, 자유권규정이 시간의 역동성 속에서 지속적으로 발전해야 하고 변화하는 현실에 적응해야 하는지의 문제, 즉 헌법해석의 문제, 헌법해석을 통한 '헌법의 변천'의 문제이다. 자유권을 비롯한 헌법규범은 사회현상의 변화에 따라 그에 적합하도록 해석되어야 하며, 이에 따라 자유권의 의미와 기능도 변화해야 한다.

나. 자유의 실현조건의 변화로 인한 자유권의 기능 변화

(1) 헌법이 자유권을 보장한 의미와 목적은 일차적으로 국가권력의 남용으로부터 개인을 보호하고자 하는 것이다. 자유권은 예나 지금이나 그 기능에 있어서 일차적으로 국가의 침해행위에 대하여 개인의 자유영역을 방어하고 보호하는 '국가에 대한 개인의 방어권', 즉 對國家的 防禦權이다. 그러나 오늘날 현대 산업사회에서 개인의 자유는 약 2세기 전에 서구에서 자유권이 최초의 憲法典에 수용되었던 그 당시와는 다른 형태의 다양한 위협을 받고 있다. 오늘날 개인의 자유는 사회세력에 대해서도 보호를 필요로 하며, 자유가 단지 형식적으로 헌법적 차원에서 인정되는 것을 넘어서 실질적으로 개인에게 유용하기 위해서는 자유가 실제로 보장될 수 있는 기본조건이 국가에 의하여 형성되어야 한다.

자유권이 오늘날의 변화한 조건 하에서도 개인의 자유를 보장하고자 하는 본래의 기능을 이행하려면, 자유권은 더 이상 '개인의 대국가적 방어권'으로서만 이해되어서는 안 된다. 사회적 법치국가에서 자유는 국가에 대한 소극적 방어권만으로는 보장될 수 없으며, 오늘날에는 점차 '국가에 의한 자유보장'의 문제가 제기되고 있다. 개인에게 '법적인 자유'를 보장할 뿐만 아니라 '자유 실현의 실질적 조건'을 확보하는 것이 사회국가의 본질적인 특징이므로, 개인의 자유 실현의 기본조건이 위협받는 경우에도 사회국가는 자유실현의 조건을 형성해야 할 의무와 책임을 지게 되었다.

(2) 개인적 자유를 위협하는 상황의 변화, 이로써 개인적 자유를 실현하는 조건의 변화는 자유권의 효력과 기능을 강화해야 할 필요성을 인식케 하였고, 이로써 자유권에 '객관적 가치질서'로서의 성격을 부여하게 된 직접적인 계기를 제공하였다. 이로써 자유권규정은 헌법질서를 구성하는 헌법의 기본결정 또는 객관적 근본규범으로서 국가에 대하여 그 내용의 실현을 요구하며, 국가행위의 방향을 제시하는 지침으로 기능한다. 자유권이 객관적인 근본규범으로서 모든 국가기관을 구속한다면, 이로부터 필연적으로 자유권이 전체 법질서에 영향을 미친다는 '방사효(放射效)'가 나온다.

'객관적 가치질서'로서의 자유권의 성격으로부터 기본권의 방사효, 對私人的 효력, 국가의 기본권 보호의무 등 자유권의 객관적 측면을 통하여 자유권에 부여된 새로운 기능들이 나온다. 자유권의 새로운 기능은 자유권의 방어권적 기능을 제거하거나 대체하고자 하는 것이 아니라 부가적인 기능을 통하여 보완하고자 하는 것이고, 이로써 자유권을 그 적용범위와 효력에 있어서 확대하고 강화하고자 하는 것이다. 고전적인 대국가적 방어권으로서의 기능을 보완하는 새로운 기능들은 산업사회 이전에 생성된 자유권이 국가에 대한 방어권적 기능만으로는 현대의 산업사회에서 '개인의 자유 보장'이라는 헌법적 목적을 실현하기 어렵다는 인식으로부터 나온 산물이다.

2. 대국가적 방어권

자유권은 그 기능에 있어서 일차적으로 국가에 대한 개인의 방어권이다. 즉, 자유권은 국가의 침해행위에 대하여 개인의 자유영역을 방어하고 보호하는 기능을 한다. 자유권의 방어권적 성격은 '국가공권력은 단지 특정한 조건 하에서만 기본권에 의하여 보호되는 자유공간을 제한할 수 있다'고 규정하는 헌법 제37조 제2항의 법문에서 그대로 드러나고 있다.

3. 국가의 기본권 보호의무

사례 1 헌재 1997. 1. 16. 90헌마110 등(교통사고처리특례법 사건)

교통사고처리특례법은 중대한 과실로 인한 교통사고의 8가지 유형을 규정하면서, 위 8가지 유형에 해당하지 아니하는 중대한 과실로 인한 교통사고로 말미암아 피해자가 중상해(重傷害)에 이르게 된 경우에는 자동차종합보험 등에 가입하였다는 이유로 공소제기를 하지 못하도록 규정하고 있다. 교통사고 피해자인 甲은 '생명·신체의 안전이라는 기본권적 법익의 중요성과 교통사고에 의한 침해의 심각성에 비추어 볼 때 교통사고를 일으킨 가해자에 대한 형사처벌 이외에 기본권침해를 막을 수 있는 다른 효율적인 수단이 없는데도 종합보험 등에 가입하였다는 이유만으로 국가의 소추권을 박탈한 것은 국가의 형벌권행사를 자의적으로 포기하여 국민의 생명·신체의 안전에 대한 기본권 보호의무에 위반한 것이다'라는 주장으로 위 법률조항에 대하여 헌법소원심판을 청구하였다.

사례 2 헌재 2008. 12. 26. 2008헌마419(미국산 쇠고기수입의 위생조건에 관한 고시 사건)

우리 정부는 미국 정부와 쇠고기수입에 관한 협상의 결과, 2008년 '미국산 쇠고기수입의 위생조건에 관한 고시'를 관보에 게재하여 공포하였는데, 그 주된 내용은 개정 전의 고시와 비교할 때 수입이 가능한 미국산 쇠고기의 범위를 일부 확대하는 것이었다. 이에 쇠고기 소비자인 甲과 정당 乙은 위 고시가 자신들의 기본권을 침해한다고 주장하며 헌법소원심판을 청구하였다.

가. 보호의무의 헌법적 근거

(1) 객관적 가치질서로서 자유권의 성격

객관적 가치질서로서 자유권의 성격을 인정하는 경우 이로 인하여 수반되는 중대한 효과는, 자유권에 의하여 보호되는 법익(가령, 개인의 생명이나 건강 등)에 대한 국가의 보호의무를 인정하게 되는 것이다. 즉, 국가는 자유권에 의하여 보호되는 법익을 사인에 의한 침해로부터 보호해야 할 의무를 지게 된다.[1]

자유권을 개인의 주관적 공권으로만 이해하는 경우, 자유권은 국가로부터의 침해만을 금지할 뿐, 사인으로부터의 침해에 대하여 보호를 제공하지 못한다. 그러나 자유권을 국가권력에 대한 소극적인 방어권일 뿐만 아니라 객관적 가치질서로 파악한다면, 객관적 질서로서의 자유권은 입법·사법·행정의 모든 국가행위의 방향을 제시하는 지침규정으로 작용함으로써, 기본권의 객관적인 내용을 실현해야 할 국가의 과제와 의무를 뜻한다. 자유권이 객관적 가치질서의 요소라면, 그의 보호목표는 법질서에 의하여 실현되어야 한다. 자유권을 '특정 보호법익과 자유에 관한 헌법의 가치결정'으로 이해한다면, '자유권은 국가에 대하여 개인의 법익과 자유를 효과적으로 보호해 줄 것도 요청한다'는 사고가 이로부터 나온다. 따라서 자유권의 객관적인 측면으로부터 '자유권을 실현해야 할 의무'의 핵심적 내용으로서 자유권을 사인의 침해로부터 보호해야 할 국가의 보호의무가 나오게 된다. 그 결과, 국가가 보호의무를 위반함으로써, 개인의 기본권을 침해할 수 있는 것이다.[2]

(2) 헌법 제10조 후문의 '국가의 인권보장 의무'

뿐만 아니라, 자유권이 이러한 객관적 기능을 가진다는 것은 헌법 제10조 후문에서도 표현되고 있다. 헌법 제10조 후문은 "국가는 … 기본적 인권을 … 보장할 의무를 진다."고 규정하고 있는데, 여기서 '인권을 보장할 의무'란 일차적으로, 국가가 스스로 개인의 자유를 존중하고 침해하지 않음으로써 자유를 보장해야 한다는 것을 뜻한다. 그러나 자유를 위협하는 사회현상의 변화에 따라 인권보장의 의미와 성격도 달라진다.

---

1) 예컨대, 국가가 형법상의 살인죄를 제정하지 않든지 아니면 존재하는 살인죄를 폐지함으로써 국민의 생명권을 타인의 침해로부터 보호하지 않는다면, 국가의 보호의무를 위반한 것이고, 이로 인하여 국민의 생명권을 침해한 것이다.

2) 헌재 2008. 12. 26. 2008헌마419(미국산 쇠고기수입의 위생조건에 관한 고시), 판례집 20-2하, 960, 973, [적법요건에 관한 판단에서 기본권의 침해 가능성에 관하여] "이 사건 고시는 … 미국산 쇠고기의 수입위생조건을 정한 것으로서, … 미국산 쇠고기의 수입과 관련하여 소해면상뇌증 등 질병으로부터 소비자인 국민의 생명·신체의 안전을 보호하기 위하여 취한 위험방지 조치 중의 하나이다. 그런데 이러한 고시가 미국산 쇠고기의 수입과 관련하여 국민의 생명·신체의 안전을 보호하기 위하여 필요한 적절하고도 효율적인 조치를 취하지 못하였다면 이는 국가가 국민의 기본권을 보호할 의무를 위반하여 국민의 생명·신체의 안전에 관한 기본권을 침해할 가능성이 있는 경우에 해당한다 할 것이므로, … 이 사건 헌법소원심판은 기본권침해의 가능성에 대한 적법요건을 갖추었다 할 것이다."

오늘날 인권이 국가뿐 아니라 사회에 의해서도 위협을 받는다는 것을 고려할 때, 국가가 단지 개인의 자유공간을 침해하지 않는 것만으로는 개인의 자유가 충분히 보장되지 않으며, 이를 넘어서 국가는 인권에 대하여 새로이 발생하는 위협에 적극적으로 대처하여 개인의 자유를 보장해야 한다. 그러므로 '인권을 보장할 의무'란 소극적으로 국가의 부작위의무에 그치지 아니하고, 사인에 의한 침해에 대해서도 개인의 인권을 적극적으로 보호해야 할 의무를 함께 포함한다. 이로써 '인권을 보장할 의무'는 인권을 국가와 사회로부터 보호해야 할 의무, 즉 국가가 인권을 스스로 침해해서도 안 될 뿐만 아니라, 사인이나 사회적 세력으로부터 발생하는 인권침해나 위협에 대하여도 개인을 보호해야 할 국가의 의무가 있다는 것을 뜻한다.

헌법재판소도 국가의 기본권보장의무란 국가와 개인 간의 관계에서 뿐만 아니라, 사인과 사인간의 관계에서도 기본권을 보장해야 할 의무를 의미하는 것으로 이해하고 있다.[1]

(3) 국가목표로서 내적 평화와 법익의 안전에 대한 보장

국가의 보호의무는 국가의 목표와 과제로부터도 이끌어낼 수 있다. 국가의 가장 핵심적이고도 고전적인 과제에 속하는 것이 바로 국가 내에서의 평화의 보장과 개인의 생명·안전·재산의 보장이다. 개인의 안전과 내적 평화의 보장에 대한 요청은 현대적 주권국가(절대국가)의 성립 배경이기도 하다. 범죄의 방지, 효과적인 법익보호, 사적 폭력의 금지, 물리적 강제력의 독점 등을 통하여 타인의 불법적 공격으로부터 개인의 안전을 보장하는 것은 헌법적으로 국가의 가장 기본적인 과제이며, 국가의 보호의무는 이와 같은 국가의 과제와 목표로부터 나오는 당연한 것이다.

나. 보호의무의 내용

(1) 자유권의 2가지 기능으로서 대국가적 방어권과 보호의무

자유권은 일차적으로 소극적 방어권으로서 국가의 공권력이 개인의 기본권을 부당하게 침해하는 것을 금지하고, 다른 한편으로는 객관적 질서로서 국가가 제3자(사인)의 침해로부터 기본권을 보호해야 할 의무를 담고 있다. 대국가적 방어권과 국가의 보호의무란 두 가지의 자유권적 기능은 모두 자유권의 보호를 목적으로 하나, 대국가적 방어권은 '국가로부터의' 침해를, 보호의무는 '사인으로부터의' 침해를 방지하는 것을 각 그 목적으로 하고 있다. 즉, 대국가적 방어권은 자유영역에 대한 침해의 금지라는 '소극적인 부작위'를, 보호의무는 그 의무의 이행을 위한 '적극적인 행위'를 국가로부터 요구하는 것이다.

(2) 보호의무의 이행에 있어서 기본권의 충돌

입법자에 의한 보호의무의 이행은 가해자인 제3자의 자유권에 대한 제한을 동시에 수반하게 되므로, 보호의무는 필연적으로 제3자의 대국가적 방어권과 충돌하게 된다. 따라서 입법자는 보호의무

---

1) 헌재 1997. 1. 16. 90헌마110 등 결정(교통사고처리특례법 사건), 판례집 9-1, 90, 119, "우리 헌법은 제10조에서 국가는 개인이 가지는 불가침의 기본적 인권을 확인하고 이를 보장할 의무를 진다고 규정함으로써, 소극적으로 국가권력이 국민의 기본권을 침해하는 것을 금지하는 데 그치지 아니하고 나아가 적극적으로 국민의 기본권을 타인의 침해로부터 보호할 의무를 부과하고 있다. 국민의 기본권에 대한 국가의 적극적 보호의무는 궁극적으로 입법자의 입법행위를 통하여 비로소 실현될 수 있는 것이기 때문에, 입법자의 입법행위를 매개로 하지 아니하고 단순히 기본권이 존재한다는 것만으로 헌법상 광범위한 방어적 기능을 갖게되는 기본권의 소극적 방어권으로서의 측면과 근본적인 차이가 있다." 이로써 헌법재판소는 기본권의 객관적인 측면을 통한 이론구성을 하지 않고 직접 헌법 제10조에서 국가의 보호의무를 도출하였다. 한편, 3인의 재판관은 헌법전문, 헌법 제10조, 헌법 제30조, 생명권 및 신체를 훼손당하지 아니할 권리로부터 국가의 보호의무를 이끌어 내었다.

를 이행하기 위하여 사인간의 관계를 규율함에 있어서 국가에 대하여 기본권을 주장하는 兩 기본권 주체와 만나게 된다. 피해자인 사인은 국가에 대하여 보호의무의 이행을 요구하고, 가해자인 사인은 국가에 대하여 자신의 기본권을 존중해 줄 것을 요구한다. 이로써, 두 개의 상이한 국가의 의무, 즉 '가해자의 기본권에 대한 제한을 통하여 실현되는 보호의무' 및 '가해자인 제3자의 기본권에 대한 존중의무'가 서로 대립한다. 보호의무의 이행은 보호대상자에게는 '자유의 보호'라는 이익으로, 가해자인 제3자에게는 '자유의 제한'이란 불이익으로 나타나는 양면적 성격을 띠고 있다. 국가는 보호의무를 이행함에 있어서, 기본권의 보호를 받고 있는 제3자인 가해자의 이익도 피해자의 이익과 마찬가지로 고려하고 존중해야 한다. 자유권에 의하여 보장된 법익을 보호하고자 하는 국가의 시도가 이와 충돌하는 다른 법익에 대한 과도한 침해를 가져와서는 안 된다.

그러므로 입법자는 보호의무를 이행하는 경우, 한편으로는 사인으로부터의 기본권침해에 대해서 아무런 조치를 취하지 않음으로써 피해자를 전혀 보호받지 못하는 상태에 방치해서는 안 되며, 다른 한편으로는 가해자인 제3자의 기본권을 제한하더라도 그의 기본권을 존중하여 기본권에 대한 제한이 최소한에 그치도록 규율해야 한다. 즉, 입법자는 타인의 기본권을 침해하는 제3자의 기본권을 과도하게 제한해서도 안 되고, 침해받는 사인의 기본권을 과소하게 보호해서도 안 된다. 결국, 국가의 조치는 과잉금지원칙과 과소금지원칙의 사이에 위치하게 된다.

결론적으로, 국가보호의무의 이행에 있어서 서로 충돌하는 두개의 기본권적 지위를 조화와 균형의 상태로 이끌기 위하여, 한편으로는 가해자인 제3자의 자유는 '과잉제한금지의 원칙'에 의하여 존중되어야 하며, 다른 한편으로는 피해자의 자유는 '과소보호금지의 원칙'에 의하여 보호되어야 하는 것이다.

(3) 모든 자유권으로부터 도출되는 국가의 보호의무

국가의 보호의무가 문제되는 주된 영역은 생명권이나 신체불가침권이 위협받는 영역이지만, 보호의무는 신체의 안전이나 생명권과 같은 기본권에만 국한되는 것이 아니라 원칙적으로 모든 자유권으로부터 도출되는 국가의 일반적 의무이다. 예컨대, 직업의 자유는 국가에 대한 소극적인 방어권일 뿐 아니라 국가에게 제3자로부터 직업의 자유를 보호해야 할 의무를 부과한다.[1]

(4) 입법자와 법적용기관에 의한 보호의무의 이행

(가) 입법자에 의한 보호의무의 이행

국가의 이러한 보호과제는 국가의 의무이자 동시에 보호과제의 이행을 위하여 기본권의 제한을 정당화하는 헌법적 근거이다. 가령, 건강권(신체불가침권)은 야간작업의 제한을 규범화해야 할 의무를 부과하고, 인격권은 반론청구권을 규범화해야 할 의무를 부과한다. 이로써 국가의 보호의무는 보호조치를 취할 수 있는 권한을 국가에게 부여하는 '헌법적 수권규범'이다. 보호의무의 이행이 자유권에 대한 제한을 수반하므로, 자유권의 제한을 의미하는 보호의무의 이행은 '형식적 의미의 법률'에 의하여 이루어져야 한다. 따라서 보호의무는 일차적으로 입법을 통하여 이행해야 하는 입법자의 의무이다.

국가의 보호의무는 형법과 행정법의 규정을 통하여 개인의 자유와 권리를 적절하게 보호해야 할 입법자의 의무에서 일차적으로 표현된다. 가령, 생명권이나 신체불가침권의 보장은 국가의 부당한 침해에 대한 방어권일 뿐만 아니라 입법자에 대하여 이러한 기본권적 법익의 보호를 위한 효과적인

---

1) BVerfGE 81, 242, 253ff.

조치를 요구한다. 이러한 관점에서 형법은 적어도 주요규정에 있어서 기본권에 의하여 보호되는 법익인 개인의 생명, 건강, 자유와 재산을 보호하기 위한 국가의 조치로 이해된다. 뿐만 아니라, 제3자의 법익을 침해할 수 있는 사적 시설의 허가·관리에 관하여 규율하는 행정법규정은 개인의 생명, 건강, 재산 등의 법익에 대한 보호의무를 이행하는 것이다. 또한, 입법자는 형법이나 행정법과 같은 공법영역뿐만 아니라 사법영역에서도 입법을 통하여 보호의무를 이행해야 할 의무를 진다. 입법자는 사회국가적 동기에서 사회적·경제적 약자를 보호하고자 하는 입법(가령, 소비자보호법, 약관법, 주택임대차보호법 등)을 통하여 보호의무를 이행한다. 나아가, 입법자는 계약관계에서 계약당사자간의 세력균형이 현저하게 저해된 경우 사적 자치를 수정하는 私法上의 개괄조항(가령, 공서양속조항 등)을 통하여 보호의무를 이행한다.

기본권적 보호의무를 이행하는 법률규정이 사회상황의 변화나 입법자의 잘못된 예측판단으로 말미암아 사후적으로 법익을 보호하기에 부적합하거나 불충분한 것으로 판명된다면, 입법자는 입법을 보완하고 개선해야 할 의무를 진다. 규율대상인 사실관계가 복잡하고 지속적으로 변화하고 있다면, 경험과 인식을 축적하고 사실관계의 발전상황에 관한 예측성을 확보함으로써 규정의 결함을 보완할 수 있도록 입법자에게는 이러한 상황에 적응할 수 있는 적정한 기간이 부여되어야 한다.

(나) 법적용기관에 의한 보호의무의 이행

법적용기관인 사법부와 집행부에게도 국가기관으로서 보호의무가 부과된다. 법적용기관은 법규범의 해석을 통하여 법규범을 적용하는 과정에서 보호의무를 이행하게 된다. 가령, 입법자가 보호의무를 명시적으로 이행하지 아니하고 개괄조항이나 불확정 법개념을 통하여 해석의 여지를 남기고 있는 경우, 법원은 이를 해석·적용함에 있어서 사인으로부터 기본권침해를 배제해야 할 보호의무를 이행하게 된다. 따라서 사법규정을 통한 '기본권의 제3자효'는 사법부에 의한 보호의무의 이행을 의미한다. 보호의무를 이행하는 규정의 해석·적용에 있어서 법원이 기본권에 의하여 제시된 보호목표를 근본적으로 오인하는 경우에는 당해 기본권이 침해된다.

(5) 평등권을 보장하기 위한 국가의 보호의무?

평등권을 보장하기 위한 국가의 보호의무는 존재하지 않는다. 우선 국가의 보호의무는 국가가 제3자의 침해로부터 보호하려는 개인의 사적 영역, 즉 보호범위를 전제로 한다. 평등권에 있어서는 그의 고유한 보호범위가 존재하지 않으므로, 보호범위에 대한 침해 또한 있을 수 없다.

자유권에 대한 국가의 보호필요성과는 달리, 국가는 원칙적으로 사인에 의한 평등권의 침해로부터 개인을 보호할 의무가 없다. 국가의 보호의무를 발생시키는 기본권은 원칙적으로 자유권적 기본권이며, 평등권은 사인에 의한 침해의 대상이 될 수 없다. 개체의 고유성, 상이함, 실질적 불평등을 전제로 하는 사인간의 '사적자치의 원칙'은 그 본질상 처음부터 사인에 의한 평등권의 침해가능성을 배제하고 있는 것이다.[1] 만일 국가가 사인의 침해로부터 개인의 평등권을 보호해야 할 의무, 이로써 결국 사인관계에서의 평등원칙을 실현해야 할 의무를 인정한다면, 평등조항은 국가 외에도 또한 개인을 직접 구속함으로써 사회영역에서의 사적 자치원칙을 폐지하고, 결국 국가와 사회의 일치를 가져오게 된다.

[1] 그러므로 사인에 의하여 불평등한 취급을 받은 개인은 (예컨대 종교적, 인종적 이유로 식당, 극장 등의 입장거부) 자신의 평등권에 대한 침해를 호소할 수 있는 것이 아니라, 인간의 존엄성이나 행복추구권과 같은 자유권에 대한 침해를 주장하여 자유권을 통한 보호를 국가로부터 요구할 수 있다.

다. 보호의무의 이행여부를 판단하는 기준

국가의 보호의무와 관련하여 제기되는 문제는 '국가가 자신의 보호의무를 충분히 이행하고 있는 지'의 여부를 판단하는 기준에 관한 것이다.

(1) 방어권과 보호의무의 실현에 있어서 근본적인 차이

국가의 침해에 대한 주관적 방어권과 기본권의 객관적 성격으로부터 나오는 국가의 보호의무는 그 실현에 있어서 근본적인 차이가 있다. 자유권의 방어적 기능과 이에 대응하는 국가의 부작위의무 는 개인의 자유영역에 대한 부당한 침해를 하지 않음으로써 이행될 수 있다는 점에서 아무런 제약 없이 관철되고 실현될 수 있는 반면, 보호의무는 국가의 작위, 즉 적극적인 활동을 요구하고, 국가의 활동은 사실적 · 법적 상황과 가능성에 의한 제약을 받는다. 방어권은 특정한 국가행위(부당한 침해의 금지로서 부작위)를 요구하는 반면, 보호의무가 요청하는 바는 그 내용에 있어서 불명확하다. 자유권 의 경우, 헌법이 실현하고자 하는 상태와 실현방법이 이미 헌법에 의하여 '자유영역에 대한 부당한 침해의 금지 및 제거'라는 구체적인 형태로 예정되어 있는 반면, 보호의무의 경우 헌법은 단지 국가 에게 보호과제만을 부과할 뿐, 헌법이 실현하려는 상태 및 실현의 방법과 시기에 관하여 아무 것도 제시하지 않는다. 이러한 관점에서, 국가기관이 자신의 보호의무를 어떻게 이행하는지는 원칙적으로 자기책임 하에서 국가기관에 의하여 결정되어야 한다. 따라서 보호의무를 이행하는 방법을 일차적으 로 결정하는 것은 광범위한 형성권을 가지고 있는 입법자의 과제이다. 국가의 보호의무에 대응하는 개인의 보호청구권을 인정한다 하더라도, 보호의무의 이행시점, 보호의무의 이행수단 및 이행범위 등이 구체화될 수 없기 때문에, 개인이 특정 시점에 특정 규율내용을 가진 입법자의 행위를 원칙적 으로 요구할 수 없다. 입법자의 보호의무가 그 근원에 있어서 헌법적으로 인정된 국가과제의 일환이 라는 점에서도 입법자의 정치적 형성권은 더욱 강조된다.

(2) 과소보호금지의 원칙

이러한 관점에서 국가의 의무이행 여부를 판단하는 기준은, 국가는 적어도 법익의 보호를 위하여 요청되는 최소한의 보호조치를 제공해야 한다는 '과소보호금지의 원칙' 또는 '최소한 보장의 원칙'이 다.[1] 따라서 국가가 전혀 보호의무를 이행하지 않았던지 아니면 국가가 취한 조치가 법익을 보호하 기에 명백히 부적합하거나 불충분한 경우에 한하여 보호의무의 위반을 인정할 수 있고, 이로써 국가 행위의 소극성을 위헌으로 확인할 수 있다.[2]

1) 헌재 2008. 7. 31. 2004헌바81(태아의 손해배상청구권), 판례집 20-2상, 91, 104, "왜냐하면 과잉금지원칙은 국가가 국민의 소극적 방어권으로서의 기본권을 제한하는 경우에 적용되는 법리이지, 이 사건의 경우와 같이 국가와의 관 계에서 개인의 기본권이 문제되는 것이 아니라 사인 상호간에 기본권적 법익 침해가 문제되어 국가가 생명발전의 각 단계에서 그 각 단계별로 생명보호를 위해 어떤 수단을 투입하는 것이 바람직할 것인가를 판단하는 경우에 적 용되는 법리가 아니기 때문이다."
2) 헌법재판소는 국가의 보호의무에 관하여 처음으로 자신의 견해를 표명한 결정인 헌재 1997. 1. 16. 90헌마110 등 (교통사고처리특례법)에서 국가의 기본권보호의무의 위반여부를 판단함에 있어서 '과소보호금지원칙'을 기준으로서 제시하였다, 판례집 9-1, 90, 121, "그러므로 헌법재판소는 권력분립의 관점에서 소위 "과소보호금지원칙"을, 즉 국 가가 국민의 법익보호를 위하여 적어도 적절하고 효율적인 최소한의 보호조치를 취했는가를 기준으로 심사하게 된 다. 따라서 입법부작위나 불충전한 입법에 의한 기본권의 침해는 입법자의 보호의무에 대한 명백한 위반이 있는 경 우에만 인정될 수 있다. 즉 국가가 국민의 법익을 보호하기 위하여 전혀 아무런 보호조치를 취하지 않았던지 아니 면 취한 조치가 법익을 보호하기에 명백하게 전적으로 부적합하거나 불충분한 경우에 한하여 헌법재판소는 국가의 보호의무의 위반을 확인할 수 있을 뿐이다." 또한, 동일한 취지로 헌재 2008. 7. 31. 2004헌바81(태아의 손해배상청 구권), 판례집 20-2상, 91, 92; 또한, 헌재 2008. 12. 26. 2008헌마419(미국산 쇠고기수입의 위생조건에 관한 고시),

물론, 여기서 '최소한'의 정도를 판단하는 어려움이 있다. 요청되는 보호의 정도를 구체적으로 결정하여 국가에게 보호의무의 이행에 관한 지침을 제시하는 것은 헌법재판소의 과제가 아니다. 요청되는 보호의 '최소한'의 정도를 판단함에 있어서 국가, 특히 입법자에게 광범위한 형성의 자유가 인정되어야 한다. 보호의무는 국가에게 적어도 최소한의 보호를 요청할 뿐, 어떠한 방법으로 보호의무를 이행해야 할 것인지에 관하여 원칙적으로 국가의 자유로운 판단에 맡기고 있으므로, 특정한 방법으로 보호의무를 이행해야 할 구체적 의무를 원칙적으로 도출할 수 없다.[1]

국가의 조치가 보호의무를 이행하였는지를 판단함에 있어서, '침해당한 자유권이 개인에게 본질적일수록 자유권의 위협에 대한 국가의 보호는 보다 강화되어야 한다'는 관점이 고려되어야 한다. 따라서 보호의무의 이행여부를 판단함에 있어서, 한편으로는 침해당한 당해 기본권이 개인에 대하여 가지는 의미와 위협의 정도, 다른 한편으로는 충돌하는 제3자의 기본권 또는 공익을 함께 고려해야 한다.

4. 법규범의 해석 · 적용에 대한 헌법적 지침

자유권을 '개인의 주관적 공권'으로만 이해하는 경우, 법률의 해석 · 적용에 있어서 자유권의 정신(객관적인 가치질서)을 해석의 지침으로 고려해야 한다는 요청이 불가능하다. 자유권의 가치질서는 법의 모든 영역에 영향을 미친다. 전체 법질서에 미치는 이러한 기본권의 영향력을 '기본권의 방사효(放射效)'라고 한다. 모든 법영역에 대한 기본권의 방사효로 인하여, 법률의 해석과 적용과정에서 기본권이 항상 문제된다. 어떠한 법률규정도 기본권의 가치질서와 모순되어서는 아니 되고, 모든 법규범은 기본권적 가치질서의 정신에 비추어 해석되어야 한다.

가. 기본권의 정신(가치결정)에 부합하는 公法規定 및 私法規定의 해석

(1) 공법규정의 해석

법적용기관은 공법규정의 해석에 있어서 기본권의 정신을 고려해야 한다. 행정청이나 법원이 적용법규의 해석에 있어서 당해규범에 미치는 기본권의 영향을 간과하여 기본권의 정신에 부합하게 적용하지 않는 경우, 기본권을 침해하게 된다.

가령, 명예훼손죄의 경우 위법성조각사유로서 '공공의 이익'(형법 제310조)을[2] 판단함에 있어서 법관은

판례집 20-2하, 960, 961; 헌재 2009. 2. 26. 2005헌마764(제2차 교통사고처리특례법), 판례집 21-1상, 156, 177; 헌재 2016. 10. 27. 2012헌마121(원자력이용시설 방사선환경영향평가서 작성 등에 관한 고시), 판례집 28-2상, 654, 666; 헌법재판소는 제1차 교통사고처리특례법 사건에서는 합헌결정을 하였으나, 제2차 결정에서 기본권보호의무의 위반을 부정하면서도, 평등권과 재판절차진술권의 위반을 인정함으로써 위헌결정을 하였다.

1) 헌재 2008. 12. 26. 2008헌마419(미국산 쇠고기수입의 위생조건에 관한 고시), 판례집 20-2하, 960, 961, [본안판단에서 이 사건 고시가 청구인들의 생명 · 신체의 안전을 보호할 국가의 의무를 위반하였는지 여부에 관하여] "이 사건 고시가 개정 전 고시에 비하여 완화된 수입위생조건을 정한 측면이 있다 하더라도, 미국산 쇠고기의 수입과 관련한 위험상황 등과 관련하여 개정 전 고시 이후에 달라진 여러 요인들을 고려하고 지금까지의 관련 과학기술 지식과 OIE 국제기준 등에 근거하여 보호조치를 취한 것이라면, 이 사건 고시상의 보호조치가 체감적으로 완벽한 것은 아니라 할지라도, 위 기준과 그 내용에 비추어 쇠고기 소비자인 국민의 생명 · 신체의 안전을 보호하기에 전적으로 부적합하거나 매우 부족하여 그 보호의무를 명백히 위반한 것이라고 단정하기는 어렵다 할 것이다."; 독일연방헌법재판소는 Schleyer의 납치사건에서(BVerfGE 46, 160, 164) '납치로 인하여 인질의 생명이 위협받는 상황이 존재하기 때문에, 헌법상 생명권의 보호가 요청된다. 그러나 국가의 보호의무를 인정한다는 것은, 납치된 자의 생명권을 보호하기 위하여 테러단체의 요구에 응해야 할 국가의 의무를 수반하는 것은 아니다. 왜냐하면 수감된 테러단원의 석방은 다른 국민의 생명을 위협할 것이기 때문이다. 연방정부는 다양한 방법으로 보호의무를 이행할 수 있고, 국가가 취한 조치가 완전히 불충분하다고 판단할 수 없다.'라고 판시하였다.

2) 형법 제310조(위법성의 조각) "제307조 제1항의 행위가 진실한 사실로서 오로지 공공의 이익에 관한 때에는 처벌

피의자의 '표현의 자유'가 위 형법조항의 해석에 미치는 영향을 고려해야 한다.

예컨대, '집회 및 시위에 관한 법률'에 규정된 옥외집회(屋外集會)의 신고의무조항을 해석함에 있어서 집회의 자유의 보장정신에 비추어 신고의무규정을 해석해야 한다. 신고의무는 그 본질상 사전에 계획된 집회를 전제로 하는 것이고 이에 대하여 우발적으로 형성되는 집회의 특성은 바로 사전의 신고의무의 이행이 불가능한데 있으므로, 집회법의 신고의무에 관한 규정은 이러한 자연발생적 집회의 경우에는 사전적 신고의무가 적용되지 않는다고 기본권에 부합하게 해석하여야 한다.[1]

(2) 사법규정의 해석

법적용기관은 사법규정의 해석과 적용에 있어서도 기본권의 정신을 고려해야 한다. 민사소송에서 소송당사자들이 서로 자신의 기본권을 주장하는 '기본권의 충돌'의 경우, 사법규정에 미치는 기본권의 효력이 여실히 드러난다. 가령, 甲이 '乙의 명예훼손적 발언에 의하여 자신의 인격권이 침해되었다'는 이유로 乙에 대하여 제기한 손해배상청구소송에서, 민사법원은 불법행위조항을 근거로 하여 乙의 행위의 '위법성' 여부를 판단함에 있어서, 甲의 기본권으로서 '인격권'과 乙의 기본권으로서 '표현의 자유'를 함께 고려해야 한다.

나. 자유권의 對私人的 效力

사법규정의 해석·적용에 있어서 기본권을 해석의 지침으로서 고려하는 경우 기본권은 이러한 방법으로 사인간의 관계에도 효력을 미치는데, 이를 기본권의 대사인적 효력이라 한다.

법원이 사인간의 법적 분쟁에서 문제되는 사법규정을 해석·적용하는 과정에서 기본권의 정신을 고려함으로써, 즉 사법규정을 기본권의 정신에 비추어 적용하는 과정에서 기본권이 사인간에도 간접적으로 적용된다. 이 경우, 사인간의 분쟁에서 직접 적용되는 것은 사법규정이나, 사법규정의 해석·적용을 통하여 기본권이 간접적으로 사인간의 관계에도 영향을 미친다.

5. 절차와 조직에 의한 자유권의 보장[2]

가. 자유권의 보장에 있어서 절차와 조직의 의미

(1) 절차와 조직에 의한 자유권의 보장이란, 자유권이 효과적으로 보호되기 위하여 사후적으로 제공되는 법원절차와는 별도로 사전적으로 일정한 내용의 절차적 또는 조직상의 형성을 필요로 하는지, 그에 따라 국가가 절차나 조직을 잘못 형성함으로써 개인의 자유권을 침해할 수 있는지의 문제에 관한 것이다.

예컨대, 입법자가 단지 보호의무자 2인의 동의와 정신과 전문의 1인의 진단만으로 보호입원을 가능하게 함으로써, 보호입원 대상자의 신체의 자유를 침해할 수 있는지, 입법자가 공정하고 객관적인 평가를 보장할 수 없도록 국가자격시험의 절차를 형성함으로써 직업의 자유를 침해할 수 있는지, 입법자가 사인에 의한 재산권의 공용수용을 허용하면서 공공복리를 확보하기 위하여 적합한 절차를 규율하지 않음으로써 피수용자의 재산권을 침해할 수 있는지 또는 입법자가 서적이나 음반 등의 청소년유해성여부를 판정하는 합의제 행정기관인 위원회를 전반적으로 보수적인 인사로 구성하도록 규

하지 아니한다."

1) BVerfGE 69, 315, 350ff.; 85, 69, 74f.
2) 한수웅, 절차와 조직에 의한 기본권보장, 중앙법학 제18집 제1호(2016. 3.), 95면 이하 참조.

율함으로써 예술의 자유를 침해할 수 있는지의 문제이다.

절차와 조직에 의한 자유권보장의 문제는 우리 학계에서는 아직 생소한 것이지만, 헌법재판소의 판례에서는 기본권제한의 실체적 요건을 정하는 '실체적 규정'뿐만 아니라 기본권제한이 이루어지는 절차를 정하는 '절차적 규정'에 의해서도 실체적 기본권이 침해될 수 있다는 것을 이미 일련의 결정에서 확인하고 있다.

(2) 절차와 조직은 오랫동안 실체적 기본권과 큰 연관성이 없는 것으로 간주되었다. 종래의 기본권이해에 의하면, 실체적 기본권은 실체법에 속하는 것이었고, 절차와 조직은 재판청구권 등 절차적 기본권을 비롯한 절차법의 규율대상이었다.[1]

독일에서도 1970년대에 들어와 비로소 실체적인 법적 지위뿐만 아니라 절차적인 규범도 실체적 기본권의 보장에 있어서 중요하며, 절차와 조직에 의하여 사전에 자유권의 침해를 방지하는 조치가 취해지는 경우에만 자유권이 효과적으로 보장될 수 있다는 것이 새롭게 인식되었다. 실체적 기본권의 실현에 있어서 '재판절차에서의 효과적인 권리보호'뿐만 아니라 무엇보다도 '행정절차법상의 사전조치'에 의한 기본권보장이 매우 중요하기 때문에, 법원의 재판절차뿐만 아니라 행정청의 절차도 기본권을 효과적으로 보호할 수 있도록 형성되어야 한다는 것이 인식되었다. 여기서 새로운 인식은 실체적 기본권도 효과적으로 보장되기 위하여 절차와 조직에 의한 보완을 필요로 하며, 역으로 실체적 기본권은 절차와 조직의 형성에 대하여 영향을 미쳐야 한다는 것이다.

나. 사회적 법치국가에서 자유권 보장내용의 변화

(1) 자유권의 보호는 전통적으로 국가의 실체적 결정과 연관된 것이었다. 자유권의 보호가 국가의 '결정내용'뿐만 아니라 '결정이 내려지는 절차'에 대해서도 확대되어야 한다면, 이는 무엇보다도 사회적 법치국가에서 국가의 결정내용에 대한 통제를 곤란하게 하는 상황의 발생에 기인하는 것이고, 특히 계획 · 유도행정의 영역에서 단지 행정이 추구해야 하는 목표만을 제시하고 행정청의 결정내용을 사전에 명확하게 확정하지 않는 법률의 증가에 기인하는 것이다.

계획 · 유도행정을 규율하는 법률은 행정청의 결정내용을 확정하지 않고 행정청에게 폭넓은 형성의 자유를 부여하고 있으므로, 여기서 행정청의 결정이 내려지는 행정절차가 결정내용에 중대한 영향을 미칠 수 있다. 반면에, 계획 · 유도행정에서는 법원에 의한 사법적 통제를 가능하게 하는 법규범이 일반적으로 존재하지 않기 때문에, 결정내용에 대한 사법심사의 가능성은 매우 제한적이다. 행정이 법의 구속을 벗어나는 현상은 행정청에게 판단여지(Beurteilungsspielraum)가 인정되는 영역에서도 마찬가지로 발견할 수 있다.[2]

따라서 이미 행정절차의 단계에서 권리보호가 사전적으로 이루어져야 하고, 법원에 의한 사법적

---

1) 절차적 기본권의 경우 기본권과 절차 · 조직의 연관관계는 명백하다. 절차적 기본권은, 한편으로는 실현되고 행사되기 위하여 절차와 조직을 규율하는 절차법에 의한 구체적 형성을 필요로 하고, 다른 한편으로는 절차와 조직의 형성에 대하여 영향을 미친다. 절차적 기본권의 경우 조직과 절차는 바로 기본권의 직접적인 규율대상이다.

2) 우리의 판례에서는 독일 판례와는 달리 행정청의 '판단여지'의 문제를 '재량'의 문제로 이해하고 있다. 국가의 자격시험결정이나 공무원의 인사고과 등과 같이 '결정의 非代替性'을 근거로 행정청에게 판단여지가 인정되기 때문에 사법심사가 제한적으로 이루어지는 영역 또는 서적의 청소년유해성판정 등과 같이 특별하게 구성된 합의제 행정기관에 의한 결정에 대하여 판단여지가 인정되기 때문에 사법심사가 제한되는 영역에서도 '결과에 대한 통제'의 부족분(不足分)은 '절차에 의한 통제'에 의하여 보완되어야 한다.

통제의 중심도 '결과(결정내용)에 대한 통제'에서, 법률이 정한 절차를 준수하였는지의 여부에 관한 '절차(결정과정)에 대한 통제'로 이동해야 한다. 요컨대, 입법자가 행정청의 결정내용을 사전에 확정할 수 있는 가능성이 제한적일수록 행정청의 결정에 이르는 절차의 의미가 증가하고, 명확하게 규율되어 법원에 의하여 통제될 수 있는 절차를 필요로 하며, 이미 행정절차의 단계에서 효과적인 기본권의 보호가 요청된다.

절차와 조직에 의한 자유권보장이 적용되는 주된 영역은, 실체적 규범의 불명확성 또는 실체적 규범을 기준으로 하는 실체적 심사의 불충분함으로 말미암아 기본권의 효과적인 보장을 위하여 절차에 의한 보완과 통제를 필요로 하는 영역이다. 결정의 내용적 타당성에 대한 실체적 심사가 제한적인 경우, 절차에 대한 통제가 사법적 통제의 한계를 보완한다.

(2) 이와 같이 변화된 상황으로 인하여 절차와 조직이 자유권의 실현과 보장에 있어서 중요한 의미를 가진다면, 자유권은 그 보장내용에 있어서 변화한 상황에 적응해야 하며, 이로써 절차와 조직에 대하여 영향을 미침으로써 '절차와 조직의 형성에 관한 원칙'으로 기능해야 한다.

자유권이 효과적으로 보장되기 위하여 절차와 조직을 필요로 한다면, 자유권은 실체법의 형성에 영향을 미칠 뿐만 아니라, 기본권보호의 실효성을 확보하는 절차법의 형성에 대해서도 영향을 미친다. 이로써 입법자는 입법을 통하여 자유권의 실효성을 확보하는 절차법을 형성해야 할 의무를 진다. 나아가, 자유권은 입법자에 의하여 형성된 절차법의 해석과 적용에 대해서도 영향을 미친다. 법적용기관은 자유권이 효과적으로 보호되고 자유권에 대한 위협이 방지될 수 있도록 절차적 규정을 해석·적용해야 한다.

다. 절차에 의한 자유권의 보장

(1) 절차에 의한 신체의 자유의 보장

자유권의 실현과 보장에 있어서 절차의 중요성은 특히 신체의 자유에 있어서 두드러지게 나타난다. 절차에 의한 보호가 가장 요청되는 기본권이 있다면, 이는 바로 신체의 자유이다. 신체의 자유는, 실체법적으로 '신체의 자유를 박탈하는 조건'의 형성에 대하여 영향을 미칠 뿐만 아니라, 개인의 신체의 자유가 가능하면 효과적으로 보장될 수 있는 절차를 요청함으로써 절차의 형성에 대해서도 영향을 미친다.

절차에 의한 자유의 보장이 실체적 자유의 보장과 불가분의 관계에 있다는 것을 보여주는 것이 바로 헌법 제12조의 규정이다. 신체의 자유에 대한 제한은 이를 정당화하는 실체적 규범을 필요로 할 뿐만 아니라, 절차법이 정하는 절차에 따른 법관의 사전적 결정을 필요로 한다(영장주의). 이러한 절차적 보장에 대한 위반은 신체의 자유에 대한 침해에 해당한다.

보안처분에 해당하는 치료감호나 보호감호의 제도는 '신체의 자유의 보장에 있어서 절차의 형성이 얼마나 중요한지'를 다시 한 번 보여주고 있다.[1] 치료감호나 보호감호의 허용여부는 재범의 위험성에 대한 예측판단에 의하여 결정되는데, 예측판단의 타당성은 사후적으로 매우 제한적으로 심사될 수밖에 없다. 따라서 재범의 위험성 판단의 타당성에 대한 제한적인 사법심사의 가능성은 위험성 판단에 대한 불확실성을 최소화할 수 있는 절차, 이로써 신체의 자유를 가능하면 효과적으로 보호할

---

[1] 이에 관하여 제4장 제2절 제3항 신체의 자유 Ⅳ. 3. '자유박탈적 보안처분 및 정신질환자 보호입원' 참조.

수 있는 절차의 형성에 의하여 보완되어야 한다.

정신질환자를 정신의료기관에 강제로 입원시키는 '보호입원'의 집행과 관련해서도, 정신질환자의 신체의 자유에 대한 제한이 최소화될 수 있도록 보호입원의 절차가 형성되어야 한다. 보호의무자 2인의 동의와 정신과 전문의 1인의 진단이 있으면 정신의료기관에의 강제적 보호입원이 가능하도록 규정한 정신보건법조항의 위헌여부가 문제된 '정신질환자 보호입원 사건'은 신체의 자유의 보장에 있어서 '절차의 형성'이 얼마나 중요한지를 잘 보여주고 있다(헌재 2016. 9. 29. 2014헌가9).

(2) 절차에 의한 생명권과 신체불가침권의 보장

(가) 성폭력범죄를 저지른 성도착증 환자로서 재범의 위험성이 있다고 인정되는 성인에 대하여 법원이 검사의 청구에 의하여 '성폭력범죄사건의 판결과 동시에' 약물치료명령을 선고할 수 있도록 규정한 법률조항이 치료대상자의 신체불가침권을 침해하는지의 여부가 문제된 사건(헌재 2015. 12. 23. 2013헌가9)에서, 헌법재판소는 약물치료명령제도 자체는 과잉금지원칙에 위반되지 않지만, 장기형의 선고로 치료명령의 선고시점(유죄판결시점)과 약물치료 집행시점(형집행 종료시점) 사이에 상당한 시간적 간극이 존재하게 되고, 장기간의 수감생활 중의 사정변경으로 인하여 집행시점에서 치료의 필요성이 없게 된 경우 불필요한 치료를 배제할 수 있는 절차가 없음에도 선고시점에서 치료명령을 선고하도록 한 것은 최소침해성의 원칙에 위반된다고 판단하였다.[1]

헌법재판소는 위 결정에서, 자유권이 실체법뿐만 아니라 절차법의 형성에 대해서도 영향을 미치기 때문에, 입법자가 절차를 잘못 형성함으로써 자유권을 침해할 수 있다는 것을 확인하고 있다. 입법자는 약물치료명령제도를 도입하면서, 신체불가침권을 과잉으로 침해하지 않도록 약물치료명령제도가 허용되는 실체적 요건을 규율해야 할 뿐만 아니라, 나아가 개인의 신체불가침권을 효과적으로 보호할 수 있도록, 재범의 위험성판단에 대한 불확실성을 최소화할 수 있는 절차를 형성해야 할 의무를 진다.

(나) 생명권과 신체불가침권은 입법자에 대하여 사인에 의한 침해로부터 개인의 기본권을 보호하는 입법을 요구한다. 국가의 보호의무 이행에 있어서 절차의 중요성은 독일 연방헌법재판소의 핵발전소결정(Mülheim-Kärlich)에서 잘 드러나고 있다.

독일 연방헌법재판소는 위 결정에서 '생명권과 신체불가침권'은 핵발전소법상의 허가절차와 관련하여 입법자에게 '안전의 기준'에 관한 실체법적 규정을 요청할 뿐만 아니라, 나아가 실체적 요건의 준수를 보장하고 '모든 관련 국가기관'과 '핵발전소의 건립으로 인하여 위협받는 주민'의 참여를 보장하는 절차법의 형성을 요구한다고 하면서, 행정청이 이러한 절차규정을 잘못 해석·적용하는 경우에 이러한 절차의 하자가 기본권을 침해할 수 있다고 판시하였다.[2]

(3) 절차에 의한 재산권의 보장

(가) 도시환경정비사업이나 주택재개발사업 등에서 절차의 의미

개인의 자유가 서로 충돌하는 경우에 절차가 상충하는 기본권간의 조정과 경계설정의 도구로서 기능할 수 있다는 것은, 도시환경정비사업이나 주택재개발사업 등에 관한 헌법재판소의 결정에서 잘 드러나고 있다. 가령, 도시환경정비사업을 추진함에 있어서 정비사업에 대하여 정비구역 내 토지소

---

1) 판례집 27-2하, 391, 392.
2) Vgl. BVerfGE 53, 30, 59f. 65f.

유자들의 찬반이 엇갈리는 경우, 입법자는 상충하는 이익간의 경계도 합리적으로 설정하면서 정비구역 내 토지소유자의 재산권을 효과적으로 보호할 수 있는 정비사업절차를 규율해야 한다.[1]

사업시행과 관련하여 사인의 재산권이 서로 대립하는 경우, 충돌하는 법익간의 조화와 경계설정은 공용수용을 정당화하는 사유와 요건(사업시행의 사유와 동의요건)을 정하고 시행절차를 규율하는 절차법에 의하여 이루어질 수밖에 없다. 여기서 사업시행에 찬성하지 않는 토지소유자의 재산권 보호, 즉 수용권의 과잉행사에 대한 보호는 '절차에 의한 기본권보호'의 문제라 할 수 있다.

'도시환경정비사업의 시행자인 토지소유자가 사업시행인가를 신청하기 전에 얻어야 하는 토지소유자의 동의요건을 규약에 정하도록 규정한 도시정비법 제28조 제4항이 의회유보원칙에 위반된다'고 주장하며, 사업시행에 반대하는 토지소유자가 헌법소원을 제기한 사건에서, 헌법재판소는 입법자가 실체법의 영역에서뿐만 아니라 절차법의 영역에서도 기본권실현에 있어서 본질적인 것은 스스로 규율해야 한다는 것을 확인함으로써, 재산권을 제한하는 절차(수용권을 부여하는 절차)에 대한 심사를 통하여 재산권을 효과적으로 보호하고자 시도하였다.[2]

(나) 사인에 의한 공용수용에서 절차의 의미

사인에 의한 공용수용의 경우에도 절차에 의한 재산권보장의 중요성이 드러나고 있다. 민간기업에게 사업시행을 위하여 토지를 수용할 수 있도록 규정하는 법률조항의 위헌심사에 있어서 수용의 요건으로서 '공공필요', 즉 '공익적 필요성'의 여부를 판단해야 하는데, 수용조항의 입법목적이 거의 예외 없이 '지역경제의 활성화 및 고용창출 등'에 있기 때문에 '공공성'을 부인하기 어렵고, 나아가 과잉금지원칙에 따른 '공공필요성의 심사'에 있어서도 공용수용을 통하여 달성하려는 공익과 그로 인하여 재산권을 침해당하는 사인의 이익 사이의 법익형량과정에서 일반적으로 공익의 우월성이 인정되기 때문에, 사인에 의한 수용을 가능하게 하는 법률조항에 대한 실체적 심사가 매우 제한적으로 이루어질 수밖에 없다. 헌법재판소의 판례를 보더라도, '공공필요성'의 요건에 대하여 완화된 심사를 함으로써 사인에게 수용권을 부여하는 규정에 대하여 관대하게 합헌결정을 하여 왔음을 확인할 수 있다.[3]

따라서 피수용자의 재산권을 효과적으로 보호하기 위해서는, 실체적 심사의 한계는 절차적 통제를 통하여 보완되어야 한다. 헌법재판소는 사인에 의한 수용을 허용하는 규정에 대한 위헌심사의 초점을 '공익적 필요성에 관한 실체적 심사'가 아니라, '공공복리를 확보하기 위하여 적합한 절차적 규정을 두고 있는지의 여부'에 맞추는 것이 보다 바람직하다.[4]

---

1) 헌법재판소는 집합건물재건축과 관련하여 다음과 같이 판시한 바 있다. 헌재 1999. 9. 16. 97헌바73 등, 판례집 11-2, 285, 298, "여기서 바로 각 구분소유자간의 권리관계를 조정하는 것이 필요하게 된다. 즉, 한편으로 재건축에 반대하는 구분소유자의 권리를 보호하면서, 다른 한편으로는 집합건물을 유지하는 것 자체가 불합리하다고 판단되는 경우에는 그 요건을 엄격히 하여 재건축을 원하는 다수의 구분소유자의 권리행사를 가능하게 할 필요가 있는 것이다."
2) 헌재 2011. 8. 30. 2009헌바128(사업시행인가신청 동의정족수의 규율형식), 판례집 23-2상, 304, 322; 또한, 민간사업시행자도 수용권을 가질 수 있는 도시계획시설사업의 대상이 되는 기반시설의 한 종류로 '체육시설'을 규정한 '국토의 계획 및 이용에 관한 법률'조항에 대하여 포괄위임금지원칙의 위반을 확인한 결정(헌재 2011. 6. 30. 2008헌바166 등)도 절차에 대한 심사를 통하여 재산권을 보호하고자 하는 판례에 귀속시킬 수 있다.
3) 가령, 헌재 2009. 9. 24. 2007헌바114(민간기업에 의한 토지수용); 헌재 2011. 6. 30. 2008헌바166.
4) 물론, 헌법재판소도 일부 결정에서 "사업시행자가 사인인 경우에는 그 사업 시행으로 획득할 수 있는 공익이 현저히 해태되지 않도록 보장하는 제도적 규율도 갖추어져 있어야 한다."고 하여 절차적 규율의 필요성을 언급하고 있

(4) 절차에 의한 직업의 자유의 보장

직업의 자유가 절차의 형성에 대하여 영향을 미친다는 것은 직업선택의 전제조건이 되는 국가자격시험절차에서 드러나고 있다.

사법시험의 응시자가 성적평가의 하자를 문제 삼아 시험결정에 대하여 헌법소원을 제기한 사건에서, 독일 연방헌법재판소는 "직업의 자유는 실체법뿐만 아니라 절차법에 대해서도 영향을 미치므로, 가능하면 성적평가의 객관성과 공정성을 보장할 수 있도록 평가절차가 형성될 것을 요청한다."고 확인한 다음, "행정절차에 의한 기본권의 보호가 어느 정도로 요청되는지의 문제는 '기본권침해의 성질과 정도'의 관점 및 '어느 정도로 기본권의 보호가 법원에 의한 사후적인 통제를 통하여 효과적으로 이루어질 수 있는지'의 관점에 달려있다."고 판시하였다.

이어서, "장래에 특정 직업을 선택할 수 있는지의 여부가 시험의 결과에 달려있기 때문에, 그러한 자격시험은 직업선택의 자유를 중대하게 침해할 위험이 있다. 반면에, 시험결정은 소위 '비대체적 결정(非代替的 決定)'의 성격을 가지고 있기 때문에 시험결정에 대한 사후적 사법심사는 매우 제한적일 수밖에 없다. 그러므로 제한적인 사후적 사법심사의 가능성은 사전적으로 공정하고 객관적인 평가를 보장하는 시험절차의 형성을 통하여 보완되어야 한다."고 하여, 사법시험과 같은 국가자격시험에서는 '절차에 의한 기본권보호'가 요청된다고 확인하였다.[1]

(5) 절차에 의한 예술의 자유의 보장

예술의 자유는 입법자에 대하여 예술의 자유를 효과적으로 보호할 수 있도록 행정절차를 형성할 것을 요청한다. 여기서도 절차에 의한 기본권보호가 어느 정도로 요청되는지의 문제는 기본권침해의 성질과 정도 및 사후적 사법통제에 의한 효과적인 기본권보호의 가능성에 의하여 결정된다.

가령, 국가가 합의제 행정기관인 위원회를 구성하여 서적의 청소년유해성여부를 판정하도록 하는 경우, '예술작품인 서적이 청소년과 접촉할 수 있는지의 여부'가 위원회의 판정에 달려있기 때문에, 위원회의 판정은 예술의 자유를 중대하게 침해할 위험이 있다. 나아가, 위원회의 결정에 대하여 법원의 사후적 사법심사도 매우 제한적이라는 점에서도 위원회의 구성을 비롯한 절차의 형성에 대하여 특별한 요청이 제기된다. 예술의 자유는 위원회의 구성에 대하여 예술의 본질인 다양성을 고려할 수 있도록 위원회의 다원적 구성을 요청한다. 만일 청소년유해서적을 선정하는 위원회가 소위 '건전한 상식'을 가진 위원이나 지극히 보수적 성향을 가진 위원으로만 구성된다면, 예술의 자유는 이미 절차의 형성을 통하여 크게 위협받을 것이다.[2]

으나, 이 경우에도 수용규정이 그러한 절차적 규율을 두고 있다는 것을 단지 형식적으로 확인할 뿐, 수용규정이 공공복리를 담보하기 위하여 적합한 절차적 조치를 실제로 취하고 있는지에 관한 실질적인 심사는 이루어지고 있지 않다. 헌재 2014. 10. 30. 2011헌바172 등, 판례집 26-2상, 639; 또한 헌재 2009. 9. 24. 2007헌바114(민간기업에 의한 토지수용), 판례집 21-2상, 562; 이에 대한 비판으로 재판관 김종대의 반대의견, 판례집 21-2상, 562, 565.

1) Vgl. BVerfGE 84, 34, 46f.(시험결정에 대한 법원의 통제).

2) 청소년유해성여부를 판정하는 연방심의위원회의 구성에 관하여 불충분하게 규율한 법률조항의 위헌여부가 문제된 독일연방헌법재판소의 '요세피네 무첸바허 결정'(BVerfGE 83, 130, 149f. 162f.)은 예술의 자유가 절차의 형성에 미치는 효력을 잘 보여주고 있다. 독일 연방헌법재판소는 우선 "입법자는 상충하는 자유권의 경계설정이라는 과제도 이행하면서 동시에 예술의 자유도 보장할 수 있는 절차를 마련해야 한다. 기본권을 절차규정을 통하여 실현해야 한다는 요청은 일차적으로 입법자에게 부과된 과제로서, 행정절차가 기본권에 의하여 보호된 지위에 직접적으로 영향을 미친다면, 절차규정은 기본권의 보호를 위하여 법률로써 확정되어야 한다. 그러나 이 사건에서 이러한 것이 제대로 이루어지지 않았다."고 확인한 다음에, 입법자가 위원의 선발절차(위원회의 구성)에 관하여 불충분하게 규율하였기 때문에 위헌이라고 판단하였다.

라. 조직에 의한 자유권의 보장

(1) 자유권이 개인이 아니라 조직이나 단체에 의하여 행사된다면, 자유권에 의하여 보호되는 영역의 조직의 문제는 불가피하다. 자유권이 다양한 기본권주체의 상호작용과 협력을 통하여 발현되는 곳에서는 조직이 자유보장의 결정적인 문제가 된다.

조직에 관한 규정이 기본권 실현과 보장의 수단으로 직접적으로 기능할 수 있다는 것은 특히 '학문의 자유'와 '방송의 자유'에서 뚜렷하게 드러난다. 다양한 기본권주체로 구성된 기능단위인 대학과 방송사에 의하여 학문의 자유나 방송의 자유가 행사된다면, 학문의 자유나 방송의 자유는 기본권의 실현을 가능하게 하는 조직의 형성을 요구한다. 여기서 자유권은 '조직의 원칙'으로 기능하면서 조직의 형성에 대하여 영향을 미친다. 조직에 의한 기본권실현은 사인간의 기본권충돌의 상황에서 사인에 의한 기본권침해의 위협에 대응하고 기본권발현의 최적화를 달성할 수 있는 유효한 수단으로 기능한다.

(2) 학문의 자유나 방송의 자유가 대학이나 방송사와 같은 작업분할적인 조직에 의하여 행사되는 경우, 자유권이 어느 정도로 조직의 내부질서의 형성에 대하여 영향을 미치고 조직을 규범화하는 효력을 가지는지의 문제가 제기된다. 자유권이 조직의 형성에 대하여 어떠한 요청을 하는지의 문제는 자유권에 의하여 보호된 영역에서 조직이 이행해야 하는 과제가 무엇인지에 달려있다. 즉, 조직이 이행해야 하는 과제가 조직의 형성을 결정한다. 따라서 대학의 조직에 대한 학문의 자유의 요청과 방송사의 조직에 대한 방송의 자유의 요청이 동일할 수 없다.

대학의 과제는 연구와 교수이므로, 연구와 교수가 가능하도록 대학은 조직되어야 한다. 학문의 자유는 대학 교수의 '연구와 교수의 자유'의 실현을 가능하게 하는 대학조직의 형성을 요구한다.[1] 반면에, 방송의 과제는 자유로운 여론형성에 있으므로, 자유로운 여론형성이 가능하도록 방송사는 조직되어야 한다. 방송의 자유는, 방송사가 국가로부터 자유로운 가운데 특정 사회세력의 지배를 받지 아니하고 사회의 모든 중요한 이익과 견해를 반영하도록 조직될 것을 요청한다.

6. 급부권(청구권)으로서 기능

여기서 제기되는 문제는 자유권으로부터 적극적으로 국가행위를 요구할 수 있는 급부권적(청구권적) 요소를 도출할 수 있는지에 관한 것이다. 여기서 '給付權'이란 '개인이 사실적 급부, 특정 법률의 제정 등 국가로부터 적극적인 행위를 요구할 수 있는 권리'로서, 재판청구권과 같은 '협의의 청구권'뿐 아니라 제3자에 의한 기본권침해로부터 국가에 대하여 '보호'를 요구할 권리, '사회적 기본권' 등을 모두 포함하는 광의의 개념을 말한다.

가. 국가에 대한 보호청구권

국가의 보호의무에 대응하는 개인의 권리로서 국가로부터 사인의 기본권침해에 대한 보호의 제공을 요구하는 권리(소위 '보호청구권')도 국가의 적극적인 보호행위를 요구하는 것이므로, 급부권의 일종이라 할 수 있다.

---

1) 대학을 구성하는 집단이 모두 동등한 참여권을 가진다면, 대학의 자치가 목표로 하는 학문의 자유의 보장과 실현은 위협을 받을 것이다. 이로부터 구체적으로, 다양한 인적 집단이 대학의 의사결정에 참여함에 있어서 '차등화'된 참여권 또는 투표권을 가져야 한다는 요청이 나온다. 입법자는 학문의 자유와 직접적으로 관련된 의사결정에 있어서 학문의 자유의 주체에게 강화된 참여가능성을 보장함으로써, 학문의 자유가 대학의 다른 구성원에 의하여 침해되는 것으로부터 보호해야 한다.

나. 사회적 기본권으로서 자유권?

자유권으로부터 사회적 기본권과 같은 성격의 급부권을 도출할 수 있는지의 문제이다. 자유권이 형식적인 법적 자유만을 보장하는데 그친다면, 사회적 기본권은 자유행사를 위하여 필요한 실질적인 조건을 형성해야 할 의무를 국가에게 부과하는 것이다. 가령, 직업을 자유롭게 선택하고 행사할 수 있는 자유로서 직업선택의 자유는 선택할 직업과 직장이 없는 경우에는 사실상 무의미하다는 점에서, 직업선택의 자유로부터 이를 실제로 행사할 수 있는 전제조건으로서 근로의 권리를 도출할 수 있는지의 문제가 제기된다.

첫째, 자유권으로부터 급부권으로서 사회적 기본권을 도출한다 하더라도, 헌법상 인정되는 사회적 기본권은 개인의 현실적인 주관적 권리가 아니라 입법에 의하여 구체화되는 국가의 목표규정이라는 점에 유의해야 한다. 국가재정과 제한된 자원의 배분에 관한 원칙적인 결정은 일차적으로 입법자의 과제이다. 만일, 개인에게 현실적인 주관적 권리로서 '근로의 권리'가 인정된다면, 국가는 이에 대응하여 근로의 가능성을 제공해야 할 의무를 이행하기 위하여 직업과 직장에 관한 원칙적인 처분권한을 가져야 한다. 그러나 이는 필연적으로 헌법상 보장된 직업의 자유를 폐지하는 결과에 이를 것이고, 개인의 자유와 창의를 기본으로 하는 경제질서(헌법 제119 조 제1항)와도 부합할 수 없을 것이다. 따라서 헌법의 자유주의적 성격을 유지하기 위해서도 자유권으로부터 국가에 대하여 직접 특정 급부를 요구할 수 있는 개인의 권리를 도출할 수 없다.

둘째, 우리 헌법은 일련의 사회적 기본권을 수용하고 있기 때문에, 자유권을 사회적 기본권으로 해석하는 것이 불필요할 뿐만 아니라, 자유권을 동시에 사회권적·급부권적 측면으로 파악하려는 기본권해석에 대하여 명시적으로 부정적인 태도를 취하고 있다.[1]

III. 自由權의 解釋과 헌법재판소의 권한

자유권에 주관적 공권으로서의 성격뿐만 아니라 객관적 가치결정으로서의 성격을 인정하는 것은 필연적으로 다른 국가기관과의 관계에서 헌법재판소 권한의 확장을 가져온다. 국가 행위의 헌법적 기준, 즉 한계와 지침은 헌법 스스로에서 나오는 것이 아니라, 헌법해석을 통한 헌법재판소의 판례에서 나온다. 따라서 헌법재판소가 기본권을 어떻게 해석하고 이해하는가에 따라 다른 국가기관과의 관계에서 자신의 권한을 확장할 수도 있고 축소할 수도 있다. 특히, 자유권에 어떠한 효력과 기능을 인정하는지에 따라 헌법재판소와의 관계에서 입법자의 형성공간과 법원의 판단공간이 결정된다.

예컨대, 헌법재판소는 자유권과 관련하여 그 일반적 심사기준으로서 과잉금지원칙을 확립할 수 있고, 또한 자유권에 객관적 가치질서로서의 성격을 인정함으로써 그로부터 '기본권보호의무'와 '과소보호금지의 원칙'을 이끌어내고, 뿐만 아니라 '기본권의 제3자효'를 인정하여 '법관의 헌법합치적 해석의무'를 구성하고, 나아가 모든 중요한 법적 문제가 헌법적 문제가 되도록 함으로써 자신의 권한을 확대하고 입법자와 법원을 구속할 수 있다. 따라서 헌법재판제도가 있는 국가에서 헌법해석, 특히 기본권해석의 문제는 헌법재판소와 입법자·법원간의 권한배분과 직결된 문제이다.

---

1) 이에 관하여 자세한 것은 제3편 제7장 제1절 '사회적 기본권 일반이론' 참조.

특히 입법자와의 관계에서 볼 때, 헌법재판이 활성화되고 기본권의 의미와 중요성이 강하게 강조될수록, 헌법재판소의 기본권해석을 통하여 점차 입법자의 형성권을 제한하는 경향으로 나타난다. 헌법재판소가 헌법해석의 가능성을 활용할수록 입법자는 헌법재판소에 의하여 구체화된 헌법규범의 구속을 받게 되므로, 헌법재판소에 의한 헌법규범의 구체화는 곧 헌법재판의 가능성과 범위를 결정하게 된다. 헌법재판소가 해석을 통하여 기본권의 효력과 적용범위를 확대하면 할수록, 입법자가 자유로이 결정할 수 없고 헌법재판소의 통제 하에서 단지 헌법재판소에 의하여 이미 확정된 헌법규범을 적용하는 영역이 확대된다. 헌법재판소가 기본권과 같이 불확실하고 추상적인 헌법규정에서 법률에 대한 상세한 위헌심사기준이나 입법자에 대한 구체적인 행위지침을 도출해 낸다면, 민주주의에 관한 헌법의 결정을 위해할 위험도 있다.

제 6 절 自由權의 保護範圍[1]

사례 1 헌재 2003. 10. 30. 2002헌마518(좌석안전띠 착용의무 사건)

甲은 자동차 운전자에게 좌석안전띠를 매도록 하고 이를 위반했을 때 범칙금을 부과하는 도로교통법규정에 대하여 헌법소원심판을 청구하면서, "좌석안전띠를 착용할 것인지의 여부는 개인의 사리판단에 맡겨야 하는 것인데, 이를 강제하는 위 도로교통법규정은 청구인의 사생활의 비밀과 자유, 양심의 자유를 침해한다."는 주장을 하였다. 위 도로교통법규정에 의하여 제한되는 기본권은 무엇인가?[2]

사례 2 헌재 2000. 3. 30. 97헌마108(의약품과 혼동할 우려가 있는 식품광고금지 사건)

甲은 건강식품 등을 판매하는 자로서, 식품·식품첨가물에 관하여 질병의 치료에 효능이 있다는 내용 또는 의약품으로 혼동할 우려가 있는 내용의 표시·광고를 금지하는 식품위생법규정에 의하여 자신의 기본권을 침해당했다고 주장하면서 헌법소원심판을 청구하였다. 위 식품위생법규정에 의하여 제한되는 기본권은 무엇인가?[3]

---

1) 한수웅, 자유권의 보호범위, 헌법학연구, 제12권 제5호, 2006.12, 41면 이하 참조.
2) 헌재 2003. 10. 30. 2002헌마518, 판례집 15-2하, 185, 199-200, [일반적 행동자유권을 제한하는지의 여부에 관하여] "일반적 행동자유권은 모든 행위를 할 자유와 행위를 하지 않을 자유로 가치 있는 행동만 그 보호영역으로 하는 것은 아닌 것으로, 그 보호영역에는 개인의 생활방식과 취미에 관한 사항도 포함되며, 여기에는 위험한 스포츠를 즐길 권리와 같은 위험한 생활방식으로 살아갈 권리도 포함된다. 따라서 좌석안전띠를 매지 않을 자유는 헌법 제10조의 행복추구권에서 나오는 일반적 행동자유권의 보호영역에 속한다."; [사생활의 비밀과 자유를 제한하는지의 여부에 관하여] 판례집 15-2하, 185, 207, "그렇다면 운전할 때 운전자가 좌석안전띠를 착용하는 문제는 더 이상 사생활영역의 문제가 아니어서 사생활의 비밀과 자유에 의하여 보호되는 범주를 벗어난 행위라고 볼 것이므로, 이 사건 심판대상조항들은 청구인의 사생활의 비밀과 자유를 침해하는 것이라 할 수 없다."; [양심의 자유를 제한하는지의 여부에 관하여] 판례집 15-2하, 185, 208, "자동차를 운전하며 좌석안전띠를 맬 것인지의 여부에 대하여 고민할 수는 있겠으나, 그 고민 끝에 제재를 받지 않기 위하여 어쩔 수 없이 좌석안전띠를 매었다 하여 청구인이 내면적으로 구축한 인간양심이 왜곡·굴절되고 청구인의 인격적인 존재가치가 허물어진다고 할 수는 없다. 따라서 운전 중 운전자의 좌석안전띠착용은 양심의 자유의 보호영역에 속하지 아니하므로 이 사건 심판대상조항들은 청구인의 양심의 자유를 침해하는 것이라 할 수 없다."
3) 헌재 2000. 3. 30. 97헌마108, 판례집 12-1, 375, 390, "식품의 효능에 관하여 표시·광고하는 것은 식품의 제조·판

Ⅰ. 문제의 제기

1. 자유권을 제한하는 공권력행위에 대한 위헌심사의 단계

자유권을 제한하는 공권력행위에 대한 위헌심사의 단계는 일반적으로 3단계로 나뉜다. 첫째, 보호를 요청하는 개인의 행위나 법익이 자유권의 보호범위(보호영역)에 속하는지가 규명되어야 하고, 둘째, 공권력의 행위가 자유권의 보호범위를 제한하는지 여부를 확인해야 하고, 셋째, '자유권의 제한이 헌법적으로 정당화될 수 있는지'의 여부가 판단되어야 한다. 헌법재판소도 이와 같은 심사구조에 의하여 판단을 하고 있음을 확인할 수 있다.[1]

2. 위헌심사의 첫 번째 단계로서 보호범위의 확인

공권력행위의 위헌성을 판단함에 있어서 우선 어떤 기본권이 적용되는지, 공권력행위에 의하여 제한될 가능성이 있는 기본권(공권력행위와 관련된 기본권)이 무엇인지, 어떠한 기본권을 위헌심사의 기준으로 삼아야 할 것인지를 확인해야 하는데, 이는 자유권의 보호범위에 의하여 결정된다. 기본권의 주체가 어떠한 기본권을 주장할 것인지는 개인의 행위나 법익이 어떠한 기본권의 보호범위에 해당하는지에 달려있는 것이다. 개인의 행위나 법익이 기본권의 보호범위에 포함되지 않는다면, 기본권의 제한은 이미 부정되며, 이 경우 기본권의 침해를 논의하는 것은 무의미하다.

따라서 자유권을 적용하기 위해서는 우선 자유권의 보호범위가 확정되어야 한다. 자유권의 보호범위에 관한 확정이 없이는 자유권을 기준으로 하는 공권력행위에 대한 위헌심사가 불가능하다. 특히, 자유권의 보호범위를 좁게 또는 넓게 설정하는지의 문제는 자유권을 기준으로 하는 위헌심사에서 중요한 의미를 가진다. 자유권의 보호범위를 좁게 설정하는 경우, 자유권의 보호를 요청하는 개인의 행위가 자유권의 보호범위에 포함되지 않는 것이 되어 자유권 제한의 문제가 처음부터 발생하지 않고, 이로써 자유권을 기준으로 하는 국가행위의 위헌성심사가 종결된다.[2] 자유권의 범위를 넓게 확정하여 당해 사건에서 자유권의 적용을 인정하는 경우에 비로소 자유권을 기준으로 하는 심사는 '자유권에 대한 제한' 및 '제한의 정당성'이란 다음 단계에 이를 수 있다.

매에 관한 영업활동의 중요한 한 부분을 이루므로 이 사건 법령조항에 의하여 식품제조업자 등의 직업행사의 자유(영업의 자유)가 제한된다. 뿐만 아니라 식품의 효능에 관한 광고는 식품판매를 위한 상업적 광고표현에 해당한다 할 것인데, 상업적 광고표현 또한 표현의 자유의 보호를 받는 대상이 되므로 이 사건 법령조항은 표현의 자유를 제한하는 것이기도 하다."

1) 가령 대표적으로, 헌재 2003. 10. 30. 2002헌마518(좌석안전띠 착용의무); 헌재 2002. 10. 31. 99헌바76 등(요양기관 강제지정제); 헌재 1996. 12. 26. 96헌가18(자도소주 구입명령제도); 헌재 1998. 5. 28, 96헌가5(기부금품 모집금지) 참조.

2) 가령, '직업의 자유'의 보호범위를 도덕적이고 윤리적인 직업의 경우에 한정한다면, 사회통념상 비도덕적인 직업을 행사하는 사람은 이러한 직업활동을 금지하거나 규율하는 법률에 대하여 직업의 자유란 기본권을 주장할 수 없게 된다. 또한, 헌재 2009. 5. 28. 2006헌바109(정보통신망을 통한 음란표현), 판례집 21-1하, 545, 559, "… 음란 여부를 먼저 판단한 다음, 음란으로 판단되는 표현은 표현자유의 보호영역에서 애당초 배제시킨다는 것은 그와 관련한 합헌성 심사를 포기하는 결과가 될 것이다."

3. 보호범위와 관련하여 제기되는 문제

자유권의 보호범위는 다양한 문제를 제기하고 있다. 예컨대, 양심의 자유의 보호범위는 양심형성의 자유뿐만 아니라 양심실현의 자유도 포함하는가? 양심의 자유는 반사회적·비도덕적인 양심도 보호하는가? 음란표현이나 허위사실의 주장도 표현의 자유에 의하여 보호되는가? 정치적 파업도 근로3권에 의하여 보호되는가? 헌법 제12조 제1항의 신체의 자유에 의하여 신체불가침권(건강권)도 보호되는가? 사회적으로 유해한 직업(가령, 윤락행위)도 직업의 자유의 보호범위에 포함되는가? 폭력적 시위도 집회의 자유에 의하여 보호되는가? 타인의 재산권을 파괴하는 행위도 예술의 자유에 의하여 보호되는가? 사회적으로 유해한 직업, 폭력시위 또는 타인의 재산권을 파괴하는 예술행위가 자유권의 보호범위에서 제외된다면, 그 헌법적 근거는 무엇인가?

II. 보호범위 및 보호법익의 의미

1. 보호범위의 의미

자유권은 일정한 보호범위 또는 보호영역(Schutzbereich)을 가지고 있다. 자유권은 그 본질에 있어서 일차적으로 국가공권력의 부당한 침해를 배제하는 대국가적 방어권으로서 국가로부터 자유로운 일정한 생활영역(예컨대 집회, 학문, 예술, 직업, 사생활영역 등)을 서술하고 있다. 자유권에 의하여 보호되는 이러한 생활영역을 자유권의 '보호범위'라 한다. 기본권의 보호범위 내에서 전개되는 개인의 행위를 '기본권의 사용' 또는 '기본권의 행사'라 한다.

개인의 행위가 자유권의 보호범위에 속한다는 것은, 개인의 행위가 일단 헌법적으로 보호되고 허용되는 것으로 추정된다는 것을 의미한다. 자유권은 보호범위에 속하는 개인의 행위가 원칙적으로 허용된다는 것을 규정함으로써, 개인의 자유행사를 제한하는 국가행위의 허용여부를 판단하는 심사기준으로서 작용한다. 이로써 보호범위는 각 생활영역에서 기본권을 제한하는 국가행위에 대하여 이를 정당화해야 할 의무를 지우고 있다. 보호범위는 국가의 제한을 원칙적으로 배제하면서 단지 제한이 헌법적으로 정당화된다는 조건하에서만 국가행위를 허용하는 현실생활의 부분영역으로서, 고정적이고 객관적으로 확정된다.

2. 보호법익의 의미

'보호범위'와 구분되어야 하는 것은 자유권의 '보호법익'이다.

보호범위는 신체의 자유, 직업의 자유 등과 같이 기본권보호의 주제인 생활영역을 서술하고, 이로써 궁극적으로 보호하고자 하는 법익(Schutzgut 또는 Schutzinteresse)을 언급하고 있다. 자유권에 의하여 보호되는 법익은 인간의 행위가능성(표현행위, 직업행사 등), 자연적 인격의 요소(생명권, 신체를 훼손당하지 않을 권리)나 상태(인격권, 사생활의 보호 등)나 법적 지위(재산권)이다. 보호범위와는 달리, 보호법익은 고정적이고 객관적으로 확정된 것이 아니라, 상충하는 법익과의 교량작업을 통하여 개별적인 경우마다 다양하게 실현될 수 있고, 이에 따라 제한될 수 있는 것으로 단지 최적으로 실현될 것을 요청할 뿐이다.

III. 보호범위 설정의 문제

1. 보호범위가 법익형량을 통하여 처음부터 축소되어야 하는지의 문제

가. 보호범위 확정을 위한 2가지 방법

(1) 보호범위와 관련하여 일차적으로 제기되는 문제는 자유권의 행사가 다른 법익과 충돌하는 경우, 다른 법익과 충돌하는 자유권의 행사도 일단 자유권의 보호를 받도록 하고 상충하는 법익간의 조정은 '제한의 정당성 단계'에서 할 것인지 아니면 상충하는 법익간의 비교형량과정이 이미 보호범위의 단계에서 이루어짐으로써 실제로 보호받아야 할 행위만을 자유권의 보호범위에 포함시킬 것인지의 문제이다.

예컨대, 화가가 화실에서 그림을 그리는 행위는 당연히 예술의 자유에 의한 보호를 받지만, 화가가 차량통행이 많은 도심에서 차도를 점유하여 도로에 그림을 그리려고 하는 시도를 행정청이 금지한 경우 이러한 해프닝도 예술의 자유의 보호범위에 속하는지, 화가는 행정청의 금지처분으로 인하여 예술의 자유가 제한되었다고 주장할 수 있는지 하는 것이다.

(2) 이 경우, 구체적으로 다음과 같은 두 가지 방법에 의하여 보호범위를 설정하는 것이 가능하다.[1]

첫째, 개별적인 사건마다, 공익이나 타인의 법익 등 상충하는 법익과 비교형량하였을 때 다른 법익에 양보할 필요가 없는 예술행위만을 예술의 자유의 보호범위에 포함시킴으로써 기본권의 보호범위를 축소하는 방법이다. 이 경우 이미 보호범위의 단계에서 상충하는 법익간의 교량이 이루어지고 기본권의 보호범위는 구체적 경우마다 법익형량을 통하여 결정되기 때문에, 기본권의 보호범위를 일반적으로 서술할 수 없다. '그림 그리는 행위'라도 구체적으로 어떠한 상황에서 이루어지는지에 따라 개별적 경우마다 달리 판단될 수 있고, 이로써 개별적 경우마다 '그림 그리는 행위'가 보호범위에 포함되는지를 판단해야 한다.[2] 그 결과, 보호범위가 추상적·일의적으로 확정되는 것이 아니라 구체적 사건마다 상이하게, 즉 상대적으로 결정된다는 단점을 안고 있다.

둘째, 자유권의 보호범위를 넓게 설정하여, 어떠한 행위가 공익이나 제3자의 기본권과 충돌하는 경우에도 구체적인 경우의 개별적인 법익형량의 과정 없이 자유권의 보호범위에 포함된다고 보는 것이다. 즉, 개인의 행위는 일단 자유권에 의하여 보호되는 것으로 간주하고 실제로 보호되는지의 문제는 '자유권의 제한이 정당화되는지'를 심사하는 단계에서 자유권과 공익간의 구체적인 법익교량을 통하여 판단하는 것이다. 예컨대, '그림 그리는 행위'는 개별적 상황과 관계없이 항상 예술에 해당되어 예술의 자유의 보호를 받는다. 이와 같이 보호범위를 넓게 설정하는 견해의 장점은 기본권의 보호범위가 구체적인 상황과 무관하게 추상적·일의적으로 확정될 수 있다는 점이다.

---

1) 물론, 그의 행위에 대립하는 중요한 다른 법익을 고려할 때, 화가의 이러한 행위가 '궁극적으로' 허용될 수 없다는 것은 명백하다. 여기서 제기되는 문제는 화가의 이러한 행위가 '일단' 헌법적으로 허용되는 것으로 간주할 것인지 아니면 처음부터 허용되지 않는 것으로 볼 것인지에 관한 것이다.

2) 이러한 방법에 의하면, 가령 화가의 예술활동이 자신의 화실에서 이루어진다든지 아니면 일요일 차량통행이 없는 보행자의 날에 10분간 도로에 그림을 그리는 행위는 예술의 자유의 보호범위에 속할 것이나, 차량통행이 많은 차도에서의 해프닝은 예술의 자유에 의하여 보호받지 못할 것이다.

나. 자유권의 보호범위와 관련하여 헌법 제37조 제2항의 의미

위에서 살펴본 바와 같이, 보호범위 확정의 의미를 적용가능한 자유권을 확인하는 것에 둔다면, 보호범위는 객관적·추상적으로 확정될 수 있도록 넓게 설정하는 것이 바람직하다. 뿐만 아니라, 자유권의 보호범위를 고정적·객관적으로 정해야만, 개인이 자신의 행위가 자유권에 의하여 보호받는 것인지에 관하여 객관적으로 예측이 가능하다.

또한, 우리 헌법은 자유권의 보호범위가 형식적으로 광의로 확정되어야 한다는 것을 간접적으로 밝히고 있다. 모든 자유권이 법률로써 제한될 수 있다고 규정하고 있는 헌법 제37조 제2항의 법률유보조항에 비추어, 자유권의 보호범위를 처음부터 법익교량을 통하여 '실제로 보호받을 수 있는 행위'로 축소하는 것은 자유권의 제한가능성을 규정하는 법률유보조항의 기능을 무의미하게 만드는 것이다. 헌법 제37조 제2항에서 '자유권의 제한'이란 곧 '자유권의 보호범위'에 대한 제한을 의미하고, 나아가 '필요한 경우에 한하여' 제한할 수 있다고 하여 과잉금지원칙을 규정함으로써 '보호범위, 그에 대한 제한, 제한의 정당성'이란 3단계의 위헌심사를 시사하고 있다. 따라서 우리 헌법은 헌법 제37조 제2항의 법률유보조항을 통하여 이미 보호범위의 단계에서 법익교량을 통하여 보호범위를 축소하는 가능성에 대하여 부정적인 입장을 취하고 있다고 보아야 한다.

요컨대, 보호범위는 법익형량을 통하여 개별적으로 확정되는 것이 아니라, 헌법해석을 통하여 객관적·일반적으로 확정되어야 한다. 헌법재판소의 판례도 보호범위의 단계에서 상충하는 법익간의 비교형량을 시도하는 것이 아니라, 전반적으로 보호범위를 넓게 설정하면서 기본권제한의 정당성을 판단하는 단계에서 법익형량을 하고 있다.

2. 헌법해석을 통한 보호범위의 확정

가. 보호범위에 관한 일반적 해석원칙

(1) 자유권이 보호하고자 하는 생활영역이나 보호대상이 헌법에 매우 추상적이고 간결하게 표현되어 있으므로, 보호범위와 관련하여 해석의 문제가 제기된다. 자유권규정도 헌법규범의 일부이므로, 해석에 의하여 보호범위를 파악함에 있어서도 헌법해석에 관한 일반적 원칙이 적용된다. 기본권규정의 개방성·추상성에도 불구하고 해석의 출발점은 기본권규정의 法文이며(문리적 해석), 다른 헌법규정과의 연관관계(체계적 해석), 자유권보장의 의미와 목적(목적적 해석)을 고려하여 헌법제정자의 객관적 의사를 밝혀야 하고, 객관적 해석방법에 의하여 밝혀진 의미내용을 확인하거나 객관적 해석방법으로 발생한 의문을 제거하기 위하여 보충적으로 생성사 등을 고려할 수 있다(역사적 해석).

뿐만 아니라, 헌법의 통일성의 관점에서 모든 헌법규범은 헌법 내에서 그에게 부여된 고유한 의미와 기능을 갖도록 해석되어야 한다는 것은 헌법해석의 기본적인 출발점이며, 이러한 원칙은 기본권규정에도 그대로 적용된다. 따라서 개별기본권규정은 고유한 보호범위와 의미를 가지도록 해석되어야 하며, 특히 보호범위의 확정과 관련하여 이미 다른 기본권에 의하여 보호되는 대상을 보호범위로 귀속시킴으로써, 기본권규정을 헌법 내에서 독자적인 존재의미가 없는 조항으로 전락시켜서는 안 된다.

(2) 개별기본권의 특수한 보호내용은 특히 기본권 체계 내에서의 고유한 기능에 의하여 결정된다. 따라서 자유권의 보호범위는 헌법이 개별자유권을 규정한 목적과 그에 부여한 기능의 관점에서 결정되어야 한다. 또한, 보호범위는 기본권체계 내에서의 개별기본권의 고유한 의미와 기능 등 개별기본

권규정의 해석뿐만 아니라 다른 개별기본권과의 체계적 관계나 다른 헌법규정과의 관계를 함께 고려하여 확정되어야 한다. 보호범위의 지나친 확대는 다른 기본권과 보호범위의 중첩을 가져올 수 있다.

가령, 양심의 자유의 보장내용은 양심의 자유가 헌법상 부여된 고유한 기능을 이행할 수 있도록 결정되어야 한다. 만일 양심의 자유가 내심의 자유로서 양심형성의 자유로 축소된다면 양심에 반하는 행위(가령 병역의무 등의 이행)를 강요받지 아니할 자유(부작위에 의한 양심실현의 자유)는 헌법상 아무런 보장을 받을 수 없게 됨으로써, 양심의 자유는 사실상 기본권적 보호의 필요성이 없는 내심의 자유의 보호에 제한되어 결과적으로는 국가권력으로부터 개인의 양심을 보호하는 아무런 역할을 할 수 없게 된다.[1)]

한편, 개인이 행위의 근거가 되는 내적 동기를 '양심상의 결정'이라고 주장하는 모든 경우에 양심의 자유가 문제된다면, 양심의 자유란 개인의 자기결정에 따른 자유로운 행위가능성을 의미하게 되어, 개별 생활영역에서 개인의 자기결정권을 보장하는 개별자유권과 보충적으로 일반적 행동자유권을 보장하는 헌법 제10조의 행복추구권과 그 보호범위에 있어서 중복된다. 따라서 양심의 자유가 기본권체계 내에서 고유한 의미와 기능을 가질 수 있도록, 보호범위는 '개인의 인격적·윤리적 정체성의 보호'로 협소하게 해석되어야 한다.

나. 基本權 實效性의 원칙

또한, 기본권규정의 해석에 있어서 중요한 의미를 가지는 관점은, 가능하면 기본권규정이 실효성을 가지도록 해석되어야 한다는 '기본권실효성의 원칙'이다. 이에 따르면, 의문이 있는 경우 기본권규정이 효력을 가장 강력하게 발휘하도록 하는 해석가능성을 선택해야 한다. 이러한 의미에서 기본권의 보호범위를 '헌법해석이 허용하는 범위 내에서' 광의로 해석하는 것이 바람직하다.[2)]

다. 제한의 필요성·가능성과 보호범위의 관계

자유권의 보호범위가 '제한의 필요성'의 관점에서 처음부터 축소되어서는 안 된다. 기본권의 남용가능성은 기본권제한을 정당화하는 사유가 될 수는 있어도 보호영역의 축소를 정당화하는 사유가 될 수는 없다.[3)] 보호범위가 제한필요성의 관점에서 확정되는 경우에는, 기본권은 국가기관에 의한 부당한 침해로부터 개인의 자유를 더 이상 보호할 수 없게 될 것이다.

또한, '보호범위를 넓게 해석하는 경우 상충하는 법익과의 경계설정의 어려움이 있기 때문에 처음부터 보호범위를 협소하게 확정해야 한다'고 주장하여, 자유권의 보호범위를 '법익충돌상황의 해결가능성'의 관점에서 축소하고자 하는 견해도 타당하지 않다. 예컨대, 양심의 자유에 양심실현의 자유를 포함시키는 경우에는 '양심실현의 자유'와 '국가의 법질서'를 양립시키는 것이 어렵다는 것을 이유

---

1) 같은 견해로 헌재 2004. 8. 26. 2002헌가1(양심적 집총거부).
2) 헌법재판소는 헌법 제10조 전문의 행복추구권의 보장내용을 '일반적 행동자유권'과 '일반적 인격권'을 포함하는 것으로 해석하였다. 헌법재판소가 행복추구권의 보호범위를 개별 기본권에 의하여 보호되지 않는 모든 자유영역에 확대함으로써, 헌법적으로 기본권적 자유가 빈틈없이 보장되는 것이다(헌재 1995. 7. 21. 93헌가14, 판례집 7-2, 1, 32). 예컨대, '주거의 자유'와 관련하여 '주거'의 개념은 매우 광의로 이해된다. 여기서의 '주거'란 개인의 거주용 주택뿐 아니라 식당이나 상점과 같은 순수한 사업 및 작업의 공간(사업장·작업장)도 포함한다. 직업적 사적 공간과 개인적 사적 공간을 구분하는 것이 어렵고, 작업장을 보호범위에서 제외한다면 법인은 주거의 자유의 보호를 받지 못하며, 개인의 경우에도 작업장의 압수와 수색에 있어서 제16조 후문의 특별한 보호를 받지 못한다.
3) 헌법적으로 허용되는 자유행사의 한계는 '제한의 정당성'의 단계에서 자유권과 공익을 비교형량을 통하여 과잉금지원칙에 따라 판단되어야 한다.

로 양심의 자유의 보호범위를 처음부터 내심의 영역에 제한해야 한다는 주장은, 다른 법익과의 충돌을 비례의 원칙을 통하여 조화와 균형의 상태로 조정하는 것이 모든 기본권에 있어서 공통적으로 발생하는 자유제한의 문제라는 것을 간과하고 있다.

라. 자유권의 중요성과 보호범위의 관계

한편, 헌법 내에서 자유권의 의미와 중요성은 보호범위를 확정함에 있어서 기준으로 작용하지 않는다. 헌법 내에서 개별자유권의 지위와 중요성을 확정할 수 있는 실정법적 근거가 없다는 점을 차치하고라도, 개별자유권의 중요성과 의미는 보호범위와 연관되는 것이 아니라, 자유권에 대한 중대한 제한은 보다 중대한 공익에 의하여 정당화되어야 한다는 의미에서 '제한의 정당화'의 단계에서 고려되어야 하는 논거이다.

마. 헌법이 특정한 제한형태나 제한수단을 언급하고 있는 경우

헌법이 스스로 자유권에 대한 특정한 제한형태나 제한수단을 언급하고 있다면, '무엇으로부터 자유권을 보호하고자 하는 것인지'를 직접적으로 표현하는 제한형태, 즉 자유권의 제한에 관한 규정을 체계적 연관관계에서 고려하여 보호범위를 확정해야 한다.

예컨대, 헌법 제12조 제1항의 신체의 자유에 의하여 보호되는 것이 무엇인지, 신체불가침권 또는 신체이동의 자유를 보호하는 것인지를 판단함에 있어서 같은 조 제1항 내지 제7항의 규정들을 함께 고려하여 체계적인 연관관계에서 밝혀져야 한다. 헌법 제12조 제1항 내지 제7항의 규정에서 신체의 자유에 대한 제한의 형태로서 체포·구속·신체에 대한 압수·수색과 같은 물리적 제한형식을 언급하고 있는 것에 비추어, 신체이동의 자유가 물리적으로, 즉 직접적 강제에 의하여 제한되는 경우에 한하여 비로소 보호범위가 문제된다는 것이 나온다.[1] 헌법이 스스로 신체의 자유에 대한 제한의 형태를 단지 '신체적 이동의 자유에 대한 물리적 제한'으로 한정하고 있다면, 신체의 자유의 보호범위도 이에 상응하여 '신체적 이동의 자유'에 국한되어야 한다. 이러한 해석은 국가의 부당한 체포로부터 인신의 자유를 보호하고자 하는 영국 인신보호법의 전통을 잇는 헌법규정으로 신체의 자유의 기본권규정을 이해하는 역사적 해석에 의해서도 확인된다.

바. 헌법이 명시적으로 보호범위를 확정하는 경우

예외적이나마, 헌법이 스스로 기본권이 단지 특정한 요건 하에서만 보호되는 것으로 명시적으로 규정함으로써 기본권의 보호범위를 확정하는 경우가 있다. 이와 같이 헌법이 명시적 표현을 통하여 보호범위를 확정하는 예로서 헌법 제33조 제1항의 근로3권을 들 수 있다. 헌법은 근로3권의 헌법적 목적으로서 '근로조건의 향상'을 명시적으로 언급함으로써 단지 근로조건의 향상에 기여하는 자유행사만이 근로3권의 보호를 받는다는 것을 밝히고 있다.[2]

이로써 근로자단체의 선거운동이나 정치적 파업은 근로3권의 보호범위에 속하지 않는다. '근로조건의 향상'이란 '근로자생활의 전반적인 향상'이 아니라 '단체협약을 통한 근로조건의 향상'을 의미하

---

1) 이에 대하여 헌법재판소는 신체의 자유의 보호범위를 신체활동의 자유와 신체불훼손권을 포함하는 것으로 넓게 이해하고 있는 것으로 보인다(헌재 1992. 12. 24. 92헌가8, 판례집 4, 853, 874).
2) 독일 기본법의 경우, 예컨대 제8조 제1항은 집회의 자유를 단지 "평화적이고 무기를 휴대하지 아니하고"란 요건 하에서만 보호함으로써 보호범위를 확정하고 있다. 뿐만 아니라, 독일 기본법은 제5조 제1항 제1문에서 알권리의 보호범위를 '일반적으로 접근할 수 있는 정보원'에 의한 알권리로 좁게 확정하고 있다.

고, 이는 달성하고자 하는 요구의 상대방이 사용자 또는 사용자단체여야 한다는 것을 의미한다. 이라크 파병에 반대하는 파업이나 노동관련법의 제정을 반대하는 파업 등 정치적 파업은 사용자에 대한 것이 아니라 국가에 대한 것이며, 단체협약에 의하여 규율될 수 있는 대상을 목표로 하지 않기 때문에, 근로3권에 의하여 보호되지 않는다.

3. 국가의 世界觀的 中立義務와 자유권의 보호범위

가. 국가의 세계관적 중립의무

자유권의 보호범위와 관련하여, 국가의 중립의무는 '자유권의 보호범위가 특정 세계관이나 가치관의 관점에서 확정되어서는 안 된다'는 것을 의미한다. 국가는 사회 내의 모든 세계관과 이해집단에 대하여 독립성과 중립성을 가지고 등거리를 유지해야 하며, 이러한 경우에만 특정 집단이나 종교 또는 세계관을 위해서가 아니라 모든 국민을 위하여 국가가 존재한다는 국가목표가 실현될 수 있다. 특정 세계관과 사회세력에 대한 국가의 중립성과 독립성은 모든 국민의 국가가 되기 위한 국가정당성의 근거이자 모든 국민을 위한 이익인 공공복리를 실현하기 위한 전제조건이다.

나. 자유권의 보호범위의 해석

따라서 기본권의 보호범위를 헌법해석을 통하여 규명함에 있어서, 보호범위가 국가기관을 비롯한 '해석 주체'의 주관적 가치평가와 관계없이 객관적으로 확정되어야 한다. 예컨대, '예술'의 개념이 무엇인지, 음란물이 예술의 자유나 표현의 자유에 의하여 보호되는지, 직업의 자유에 의하여 보호되는 '직업'의 범위는 어떠한 것인지의 문제와 관련하여, 기본권에 의하여 보호되는 행위가 비이성적인지, 반사회적인지, 비윤리적인지의 주관적 가치판단에 따라 보호범위가 달리 확정되어서는 안 된다. 만일 기본권의 보호범위가 국가나 민주적 다수의 가치관에 의하여 결정된다면, 기본권의 보호가 궁극적으로 소수의 보호라는 것을 간과하는 것이고, 결과적으로 기본권의 효력을 크게 약화시킬 것이다. 자유권의 보호범위는 자유권이 보호하고자 하는 모든 주관적 실현가능성을 포함하는 '개방적이고 그 내용에 있어서 가치중립적인 기준'에 의하여 객관적으로 확정되어야 한다.

(1) 예컨대, 표현의 자유는 의견의 내용이나 질과 관계없이 의견의 표명을 보호한다. 만일 의견을 그 내용에 따라 표현의 자유의 보호범위에서 배제한다면, 국가는 표현의 내용에 따라 기본권의 보호범위를 결정하는 권한을 가지게 될 것이다.[1]

(2) 또한, 양심의 자유는 모든 내용의 양심을 보호한다. 민주적 다수와 달리 생각하고 달리 행동하고자 하는 소수의 양심이 양심의 자유에 의하여 보호를 받기 위해서는, 양심은 그 대상이나 내용 또는 동기에 의하여 판단되어서는 안 된다.

(3) 또한, 직업의 자유의 경우에도, 개인의 주관적 가치평가의 요소를 직업의 개념적 요소로서 파악해서는 안 된다. 학계에서는 일반적으로 직업의 개념적 요소로서 '公共無害性'을 언급하고 있으나, 공공무해성의 여부는 해석의 주체마다 그 판단을 달리할 수 있는 근본적으로 주관적 가치평가의 문제이다. 뿐만 아니라,

---

1) 이러한 관점에서, 음란물을 표현의 자유의 보호범위에서 제외하는 헌법재판소의 판례(헌재 1998. 4. 30. 95헌가16)는 문제가 있다. 헌법적으로 보호되는 표현과 음란물은 서로 배제하지 않는다. 표현의 자유에 의하여 보호되는 표현인지의 여부가 의견의 수준이나 내용에 대한 국가의 통제에 달려있어서도 안 되고, '외부세계에 미치는 표현의 효과'에 대한 판단에 달려있어서도 안 된다.

직업활동이 사회에 해가 되는지, 반사회적인지의 여부는 다수의 가치관에 의하여 기본권의 보호범위가 정해진다는 점에서 근본적인 문제를 안고 있으며, 상충하는 법익간의 비교형량을 통하여 비로소 밝혀지는 문제라 할 수 있다. 따라서 '공공무해성'을 직업의 개념적 요소에 포함시킨다 하더라도, 직업의 자유의 보호범위를 결정하는 요소로서 제한적으로 해석하는 것이 바람직하다.

(4) 예술의 자유와 관련하여, 예술인지의 여부는 '형식이나 수준 또는 내용'에 대한 국가의 통제에 달려있어서도 안 되고, '외부세계에 미치는 작품의 효과'에 대한 판단에 달려있어서도 안 된다. 그러한 관점들은 기껏해야 '예술의 자유가 상충하는 다른 헌법적 법익에 양보해야 하는지'를 판단함에 있어서 고려될 수 있을 뿐이다. 따라서 국가가 수준심사를 통하여 '수준 높은 예술과 수준 낮은 예술' 또는 '좋은 예술과 나쁜 예술'을 구분하는 것은 헌법적으로 허용되지 않는 내용심사이다.

4. 자유권의 보장목적이나 개인의 平和義務에 의한 보호범위 축소의 문제

가. 보호범위 축소의 필요성

보호범위를 넓게 확정하는 경우, 보호범위가 당해 생활영역을 완벽하게 포괄하고 개인의 모든 행위가 기본권의 보호를 받게 됨으로써 빈틈없는 기본권의 보호를 제공한다. '효과적인 기본권보호'의 관점에서 보호범위는 넓게 확정하는 것이 바람직하나, 자유권의 보호범위를 무제한적으로 넓게 설정하는 것은, 법익형량의 단계에서 필연적으로 자유권의 보호가 부정되어야 하는 명백한 경우에도 국가행위가 정당화되어야 한다는 것을 요구함으로써 불필요하고 단지 형식적인 합헌성심사를 강요하는 결과가 발생할 수 있다. 개인의 모든 행위가능성이 자유권의 보호범위에 속한다면, 심지어 살인행위, 절도행위도 기본권의 보호를 받으며, 폭력시위도 집회의 자유의 보호를 받게 된다. 따라서 개인의 특정 행위가능성이나 법익침해의 특정 형태를 처음부터 보호범위에서 배제하는 것을 고려해 볼 수 있다.

나. 입법자에 의한 보호범위 축소의 문제점

일부 견해는, '기본권의 보장은 기본권의 주체에게 일반적 법질서에 대한 특권을 부여하고자 하는 것이 아니라 단지 기본권의 행사를 방해하는 법률을 금지하는 것이므로, 법률이 기본권을 제한하고자 하는 것이 아니라 다른 법익의 보호를 위하여 제정된 경우, 기본권의 행사는 이러한 법률의 범주 내에서 이루어져야 한다'고 주장함으로써, 자유권의 보호범위를 축소하고자 시도한다.

이러한 관점에서 보호범위를 축소하기 위한 제안으로서 '자유권의 행사는 일반적 법질서의 범주 내에서만 보호를 받는다'든지 아니면 '형법 등 법률에 의하여 금지된 것은 기본권의 보호영역에 속하지 않는다'는 견해가 가능할 것이다. 그러나 이러한 견해에 따라 법률에 의하여 허용된 것만이 기본권의 보호를 받는다면, 입법자가 스스로 기본권의 보호범위를 확정하는 결과에 이른다. 입법자가 기본권의 구속을 받는다는 것은 바로 '입법자 스스로 자유권을 침해하는 법률을 만들 수 있으며 법률도 자유권의 관점에서 헌법적으로 정당화되어야 한다'는 것을 의미한다는 점에서 위 견해는 문제를 안고 있다. 자유권의 제한을 정당화해야 하는 입법자가 보호범위를 확정할 수 있다는 것은 헌법상 자유권보장을 무의미하게 만들 수 있다.

다. 헌법적 관점에서 보호범위의 축소

따라서 자유권의 보호범위는 자유권의 구속을 받는 입법자에 의하여 축소될 수 있는 성격의 것이 아니라, 단지 헌법 스스로에 의하여 한정될 수 있을 뿐이다. 헌법상 자유권의 보장목적을 제한적으로 이해하여 이로부터 자유권의 보호범위를 목적적 관점에서 축소하거나 또는 국민의 평화적 행위의무에 비추어 자유는 본질상 평화적 행사의 유보 하에 있다고 하는 방향으로 자유권의 보호범위는 헌법적 관점에서 축소될 수 있다.

(1) 국민의 평화의무에 의한 보호범위의 축소

'물리적 강제력의 행사에 관한 국가의 독점권'과 그에 대응하는 '평화적으로 행위 해야 할 개인의 의무'(평화의무)의 관점에서, 기본권은 처음부터 평화적 자유행사의 유보 하에 있다.[1] 국가가 물리적 강제력행사의 권한을 독점하고 국민에게 평화적으로 행위할 의무를 부과함으로써 사적인 폭력을 금지하고 국민을 상호적인 공격으로부터 보호하여 국가공동체의 내적 평화와 법익의 안전을 보장할 수 있는 것이다. 따라서 기본권적 자유를 물리적 폭력의 방법을 통하여 행사하는 것은 법익형량의 과정에서 고려되어야 할 요소가 아니라 이미 보호범위에서 제외될 필요가 있다.

이에 따라 폭력적 집회는 집회의 자유의 보호범위에 포함되지 않는다. 종교의 자유와 관련하여, 종교의식에 근거한 살인행위(예컨대, 자녀를 제물로 바치는 행위)는 종교의 자유에 의하여 보호되지 않는다. 마찬가지로, 양심의 자유는 양심상 결정을 이유로 한 살인행위나 절도행위를 보호하지 않는다.

(2) 자유권보장의 의미와 목적에 의한 보호범위의 축소

또한, 자유권의 보호범위는 헌법이 자유권을 보장한 의미와 목적에 의하여 제한될 수 있다. 헌법이 자유권을 보장한 것은 개인의 인격발현과 궁극적으로 인간존엄성의 실현을 위한 것이다. 자유권은 개인에게 자기결정에 따른 자유로운 인격발현의 가능성을 보장하기 위하여 국가로부터 자유로운 생활영역을 보호하고자 하는 것이지, 폭력을 행사하거나 타인의 법익을 침탈하는 헌법적 근거나 권한을 부여하고자 하는 것이 아니다. 따라서 자유의 폭력적 행사나 타인의 법익을 침탈하는 행위까지 보호하는 것은 자유권을 보장한 헌법의 정신과 부합하지 않는다.

가령, 헌법이 예술의 자유를 통하여 보장하고자 하는 바는, 타인의 재산을 임의로 사용하고 파괴하는 것을 보호하기 위한 것이 아니라, 예술의 자유와 다른 법익이 서로 충돌하는 경우 예술작품을 가능하면 예술 특유의 관점에서 이해함으로써 예술의 자유로 인하여 다른 법익에 대한 침해를 인정하는 것은 가능하면 최소화되어야 한다는 것이다.[2] 따라서 예술의 자유는 타인의 재산권을 부정하고 파괴하는 헌법적 근거가 될 수 없다. 가령, 타인의 주택 담 벽에 스프레이(분무기)를 이용하여 벽화를 그리는 행위는 예술의 자유에 의하여 보호받지 못한다.[3]

마찬가지로, 직업의 개념적 요소에 '공공무해성'을 포함시킴으로써 처음부터 직업의 자유의 보호범위를 '사회적으로 무해한 행위'에 한정하는 견해도 직업의 자유의 헌법상 보장목적을 제한적으로 이해하고 이에 상응하여 보호범위를 목적적 관점에서 축소하고자 하는 사고에 그 바탕을 두고 있다.

---

1) 국민의 평화의무에 관하여 제3편 제8장 Ⅶ. 1. 관련부분 참조.
2) Vgl. BVerfGE 75, 369, 376ff., 예컨대, 풍자의 경우 다른 상징적·은유적 해석가능성이 있음에도 불구하고, 풍자의 의미를 단지 소위 '건강한 상식'으로 판단함으로써 타인의 명예나 국가의 권위 등에 대한 침해를 인정하는 것으로부터 보호하고자 하는 것이다.
3) Vgl. BVerfG, NJW 1984, 1293[1294], "Sprayer von Zürich"(Zürich 市에서 타인의 건물 벽에 스프레이를 사용하여 낙서한 사람), 독일연방헌법재판소는 위 결정에서 단지 재산권의 침해와 관련하여 예술의 자유의 보호범위가 축소됨을 확인하였으나, 이러한 보호범위의 축소는 또한 타인의 신체나 생명, 타인의 명예와 자유를 제멋대로 침해하는 경우에 대해서도 확대될 수 있다.

헌법이 직업의 자유를 보장한 목적은 직업을 통한 개인의 인격발현에 있는 것이지, 직업적으로 행해지는 절도행위와 같은 타인의 법익에 대한 침탈행위를 보호하고자 하는 것이 아니다. 범죄행위가 단지 직업적으로 행해진다는 이유로 자신의 행위에 대하여 직업의 자유에 의한 보호를 요청할 수 없다.

라. 헌법적 관점에서 보호범위 축소의 문제점

헌법상 자유권의 보장목적이나 개인의 평화적 자유행사의무의 관점에서 자유권의 보호범위를 처음부터 축소하는 것이 필연적으로 요청되는 것은 아니다. 자유권을 기준으로 하는 위헌심사에서 '보호범위'를 확정하는 의미는 단지 어떠한 자유권이 적용가능한지를 확인하는 형식적 의미밖에 없기 때문이다. 보호범위를 축소하고자 하는 시도는 법익형량의 필요성이 없을 정도로 명백히 보호받을 가치가 없는 행위가능성을 처음부터 배제하고자 하는 것인데, 이러한 시도도 법익형량의 결과가 명백할 뿐이지 법익형량과정을 통해서만 보호가치의 명백성을 판단할 수 있다는 점에서 결국 법익형량을 전제로 한다고 볼 수 있다.

요컨대, 보호범위를 처음부터 축소하는 것은, 자유권의 보호를 제공하지 않는 것이 위와 같은 헌법적 관점에 의하여 예외적으로 정당화되는 경우(폭력적인 방법으로 자유를 행사하는 경우) 또는 자유권의 보호를 제공하지 않는 것에 대하여 법익형량의 필요성이 없을 정도로 헌법적으로 의문의 여지가 없는 명백한 경우에 한정되어야 한다. 반면에, 자유권에 의한 보호를 제공할 것인지에 관하여 의문이 제기되는 경우에는 이를 보호범위에 포함시켜 법익형량의 가능성을 열어 놓아야 한다.[1]

마. 보호범위에서 제외되는 그 외의 행위

(1) 보호범위에서 제외된 행위는 보충적 자유권인 일반적 행동자유권에 의해서도 보호되지 않는다. 특정 행위가 보호범위에서 제외되는 경우에는 기본권보호의 공백이 존재하는 것이 아니라 기본권에 의하여 보호받을 필요가 없는 행위를 배제하는 것이므로, 일반적 행동자유권이 보충적으로 기능하지 않는다.

(2) 또한, 처음부터 보호범위에서 제외되는 위 행위와 구분되어야 할 것은 기본권행사의 기회를 구실로 하여 부수적으로 발생하는 행위이다. 예컨대, 학문의 자유는 연구를 목적으로 도서관의 서적을 훔치는 행위를 보호하지 않으며, 마찬가지로 대리석을 훔치는 조각가, 악기를 훔치는 음악가, 미성년자인 모델을 유혹하는 화가의 행위는 예술의 자유의 보호범위에서 속하지 않는다. 이러한 행위들은 자유권행사를 위한 행위가 아니라 단지 학문활동이나 예술활동을 하는 기회를 빙자하여 발생하는 행위로서 학문활동이나 예술활동과 단지 피상적인 연관관계에 있는 행위에 지나지 않으므로, 학문의 자유나 예술의 자유가 보호하고자 하는 고유한 학문행위나 예술행위에 해당하지 않는다.

Ⅳ. 일반적 또는 개별적 법률유보에 따른 보호범위 확정의 의미

자유권의 보호범위를 확정하는 의미는 헌법이 일반적 법률유보체계 또는 개별적 법률유보체계를 채택하고 있는지에 따라 다르다.

---

1) 예컨대, 양심상의 결정에 근거하여 범죄를 범한 소위 '양심범'의 경우, 양형의 범주 내에서 범죄행위의 동기로서 양심상 결정의 윤리성이 고려될 수 있는 가능성을 배제할 수 없으므로, 처음부터 양심상의 결정을 이유로 한 절도행위를 보호범위에서 제외하는 것은 문제가 있을 수 있다.

1. 개별적 법률유보체계에서 보호범위 확정의 의미

개별적 법률유보를 채택하고 있는 기본권체계에서 개별자유권의 보호범위를 확정하는 작업은 단순히 문제되는 자유영역을 특정 자유권에 귀속시키는 것 이상의 의미를 가질 수 있다. 어떠한 자유권이 적용되는지에 따라 개별적 법률유보의 요건이 달라지고, 이로써 위헌심사의 기준이 달라짐으로써 심사의 결과가 달라질 수 있기 때문이다.

2. 일반적 법률유보체계에서 보호범위 확정의 의미

이에 대하여 일반적 법률유보를 채택한 기본권체계에서는 모든 개별자유권이 일괄적으로 동일한 요건의 구속을 받기 때문에, 보호범위의 확정의 의미가 문제되는 공권력행위와 관련된 개별자유권을 특정 하는 것에 그치게 된다. 따라서 모든 자유권에 대하여 일반적인 법률유보조항을 두고 있는 우리 헌법에서는 자유권의 보호범위의 확정은 거의 전적으로 특정 생활영역이나 행위가 어떠한 자유권에 의하여 보호되는지, 자유권에 의하여 보호되는 생활영역이나 행위의 경계를 설정하는 의미에 그치게 되고, 결국 자유권과 생활영역·행위의 귀속관계를 확인하는 의미에 제한된다. 모든 자유권에 적용되는 일반적 법률유보로 말미암아, 특정 생활영역이나 개인의 행위가 어떠한 자유권에 귀속되든 보호의 강도나 제한의 허용정도에 있어서 원칙적으로 차이가 나지 않는다. 따라서 일반적 법률유보의 경우, 개별적 법률유보를 채택한 경우와 비교할 때, 보호범위 설정의 실질적 의미가 감소한다.

제 7 절 自由權의 制限[1]

I. 서 론

1. 위헌심사의 두 번째 단계로서 자유권의 제한

자유권을 기준으로 하는 위헌심사의 두 번째 단계는 자유권의 '보호범위에 대한 제한'이 존재하는지의 문제에 관한 것이다. 국가행위가 '기본권의 제한'에 해당한다면, 헌법 제37조 제2항에 따라 정당화되어야 한다. 자유권을 제한하는 국가행위가 존재한다는 것은, 그 국가행위가 자유권을 위헌적으로 침해할 가능성이 있다는 것을 의미하는 것이고, 이로써 국가행위는 자유권의 관점에서 정당화되어야 한다는 것을 의미한다. 자유권을 기준으로 하는 첫 번째 심사단계가 공권력행위와 관련된 자유권, 즉 공권력행위에 의하여 제한될 가능성이 있는 기본권을 확인하는 문제라면, 두 번째 심사단계는 공권력행위가 헌법상 보장된 자유권의 관점에서 정당화되어야 하는지에 관한 문제이다.[2]

---

1) 한수웅, 자유권의 제한 개념과 헌법소원심판에서 제3자의 자기관련성 -사실적 기본권제한의 문제를 중심으로-, 헌법학연구 제15권 제1호, 2009. 3. 455면 이하 참조.
2) 공권력행위가 기본권의 제한에 해당한다는 것을 판단한 예로는 가령, 헌재 2003. 10. 30. 2002헌마518(좌석안전띠 착용의무), 판례집 15-2하, 185, 200, "좌석안전띠를 매지 않을 자유는 헌법 제10조의 행복추구권에서 나오는 일반적 행동자유권의 보호영역에 속한다. 이 사건 심판대상조항들은 운전할 때 좌석안전띠를 매야 할 의무를 지우고 이에 위반했을 때 범칙금을 부과하고 있으므로 청구인의 일반적 행동의 자유에 대한 제한이 존재한다."; 한편, 헌법재판소는 자유권을 기준으로 하여 국가행위의 위헌성을 판단한 종래의 결정에서, 기본권의 보호범위, 즉 '공권력행

그러므로 자유권의 관점에서 헌법적으로 정당화되어야 하는 국가행위의 범위가 확정되어야 한다. 한편으로는, 헌법적으로 정당화되어야 하는 국가행위의 범위를 협소하게 인정한다면, 자유권의 보호범위를 광범위하게 설정한다 하더라도 자유권은 자유를 보장하는 기능을 제대로 이행할 수 없다는 점에서, 제한의 개념에 속하는 국가행위를 폭넓게 인정할 것이 요청된다. 그러나 다른 한편으로는, 모든 국가행위가 자유권의 관점에서 중요한 의미를 가지는 것은 아니다. 자유권의 '제한'에 속하는 국가행위의 범위를 너무 넓게 확정하는 것은 자유권의 보호를 과도하게 확장하고 국가의 행위가능성을 지나치게 위축시킬 위험이 있다. 따라서 헌법적으로 정당화되어야 하는 국가행위와 정당화될 필요가 없는 국가행위를 구분해야 할 필요가 있고, 제한의 개념에 속하는 국가행위가 적정한 범위로 축소되어야 할 필요가 있다. 결국, 자유권의 제한과 관련하여 제기되는 핵심적인 문제는 '제한'의 개념에 해당하는 국가행위의 경계를 설정하는 것이다.

2. 자유권의 제한과 관련하여 제기되는 문제

예컨대, 다음과 같은 경우 국가행위가 기본권의 제한에 해당하는지의 문제가 제기된다. 국가보안법 위반자에 대하여 준법서약서를 제출하는 것을 가석방의 조건으로 규정하는 규칙조항은 양심의 자유를 제한하는 국가행위인가(헌재 2002. 4. 25. 98헌마425)? 국가의 지시에 의하여 국공립학교의 교실에 게시된 십자가상은 종교의 자유를 제한하는 공권력행위인가(BVerfGE 93, 1)? 특정 기업의 제품이나 특정 종교단체의 위험성을 국민에게 알리는 국가의 홍보활동은 기업의 자유나 종교의 자유를 제한하는가? 각 도에서 생산되는 자도소주를 일정 비율 이상 판매해야 할 의무를 주류도매상에게 부과하는 주세법조항은 소주제조업자의 기업의 자유와 소비자인 국민의 행복추구권을 제한하는가(헌재 1996. 12. 26. 96헌가18)? '국제그룹 해체사건'에서, 재무부장관이 제일은행장에 대하여 한 국제그룹 해체준비 착수지시는 국제그룹의 기본권을 제한하는 행위인가(헌재 1993. 7. 29. 89헌마31)?

II. 자유권의 '제한' 개념

1. 고전적 의미의 제한 개념

개인의 자유와 재산에 대한 국가의 침해에 대하여 법률의 수권을 요구하는 소위 '침해유보'의 사고가 바탕을 이루고 있는 19세기 유럽 자유주의적 법치국가에서 자유권의 제한은 주로 특정 행위에 대한 금지와 명령(금지명령과 행위명령)의 형태로 이루어졌다. 이에 따라 고전적인 제한의 개념도 명령과 강제를 통하여 의도적으로 그리고 직접적으로 기본권의 보호범위를 제한하는 법적 행위를 의미하였다. 고전적 기본권제한이란 제한의 의도나 목적을 가지고 법적 행위의 형태(법률, 법규명령, 행정행위 등)로 기본권주체에 대하여 명령과 강제를 통하여 직접적으로 작용하는 국가행위를 말한다.

위와 연관되는 기본권이 무엇인지'를 확인한 후에는 '공권력행위가 자유권의 제한에 해당하는지'의 여부에 관하여는 일반적으로 별도로 판단하지 아니하고, 다음 단계에서 '제한의 헌법적 정당성'을 심사하고 있다. 헌법재판소의 이러한 판례경향에 비추어 보면, 국가행위에 의하여 자유권의 보호범위가 문제되는 경우 헌법재판소는 원칙적으로 자유권의 제한행위가 존재한다는 입장을 취하고 있다고 볼 수 있고, 이에 따라 처음부터 매우 광범위한 '제한'의 개념에서 출발하고 있음을 확인할 수 있다.

고전적 제한 개념을 구체적으로 살펴보면, 제한의 의도성 또는 목적성(제한의 효과가 국가행위에 의하여 의도된 결과일 것), 제한의 직접성(국가행위가 제3자나 기본권주체의 행위에 매개되지 아니하고 직접적으로 제한의 효과를 발생시킬 것), 법적 행위의 형태(기본권을 사실상이 아니라 법적으로 제한함으로써 의무의 부과 등 법률효과를 발생시킬 것), 명령성(기본권에 대한 불리한 효과가 명령과 강제를 통하여 명해지거나 관철될 수 있는 구속력을 가질 것)의 요소가 개념의 본질적 요소에 속한다.

직접 법률로써 또는 법률에 근거한 행정청이나 법원의 결정에 의하여 기본권의 주체에게 행위명령이나 금지명령이 부과되는 경우, 예컨대, 형법 등 법률에 의한 금지 또는 행위명령,[1] 경찰법상의 명령, 집회의 해산명령, 영업정지처분 등 영업활동의 금지 등이 고전적 제한 개념에 해당하는 대표적인 것이다. 명령과 강제로 이루어지는 고전적 제한은 자유권을 위협하는 가장 뚜렷하고 명백한 국가행위의 표현이다.

2. 제한 개념의 확장

가. 제한 개념을 확장해야 하는 이유

자유주의적 법치국가로부터 사회적 법치국가로 국가의 성격이 변화함에 따라 국가의 과제와 활동영역이 확대되었고, 국가가 사회의 모든 영역에 적극적으로 개입하여 활동할수록 국가와 개인 사이의 갈등과 충돌의 가능성도 증가하였다. 오늘날 국가에 의하여 개인의 자유가 위협받는 상황은 다양한 형태로 나타나고 있다. 이에 따라 자유권의 기능과 보장내용도 이에 상응하여 변화하고, 또한 자유권의 제한 개념도 고전적 의미의 제한 개념을 넘어서 확대되어야 할 필요성이 대두되었다.[2] 즉, 개인의 자유를 효과적으로 보호하기 위하여, 헌법해석과 변천을 통하여 자유권의 보장내용을 변화하는 사회현상에 적응시켜야 할 뿐만 아니라(보호범위의 확장), 나아가 확장된 보호범위에 상응하여 자유를 위협하는 새로운 형태의 국가행위를 자유권의 제한으로 파악해야 한다는 요청(제한 개념의 확장)이 제기되었다. 그러므로 '제한 개념의 확장'은 자유를 위협하는 새로운 현상에 대한 헌법학의 불가피한 반응이라 할 수 있다.

자유권보장의 주된 목적이 국가가 개인의 자유영역을 축소하는 것에 대하여 보호를 제공하고자 하는 것이라면, 자유권의 제한이 존재하는지의 여부, 즉 국가행위가 자유권의 관점에서 정당화될 필요가 있는지의 문제는 '국가행위가 행위명령이나 금지명령의 형태로 행해지는지'의 국가행위의 형식에 의해서가 아니라, 국가행위가 개인의 자유에 대하여 가지는 실질적 효과에 의하여 판단되어야 한다. 즉, 자유권 제한의 문제는 국가의 관점에서 국가가 어떠한 행위형식을 취하는지에 의해서가 아니라, 기본권주체인 개인의 관점에서 개인의 자유에 대한 국가행위의 실체적 효과 및 영향력에 의하여 판단되어야 하는 것이다. 따라서 국가행위의 형식과 관계없이 기본권제한을 폭넓게 인정함으로써, 자유권의 관점에서 정당화해야 할 국가행위의 범위도 증가하였다.

---

1) 행글라이딩이나 이종 격투기 등 위험한 운동을 법률로써 금지하는 경우(금지명령를 통한 강제) 또는 운전자에게 운전 중 안전벨트를 착용할 의무를 법률로써 부과하는 경우(행위명령을 통한 강제) 등을 들 수 있다.
2) 가령, 전산화된 정보처리기술의 발달로 인하여 국가에 의한 개인정보 수집과 처리가 개인의 인격권을 제한할 수 있다는 것을 인식하게 되었고, 그 결과 개인정보자기결정권을 일반적 인격권의 보장내용으로 도출함으로써 인격권의 보장내용을 확대하였고, 그에 상응하여 국가의 정보수집·처리행위를 개인정보자기결정권에 대한 제한으로 파악하게 되었다.

나. 사실행위에 의한 자유권의 제한

국가의 명령과 강제는 기본권의 보호법익과 자유영역에 대하여 불리한 효과를 초래할 수 있는 국가행위 형식의 하나에 해당하며, 자유권의 제한은 고전적 제한 외에도 국가의 사실행위에 의해서도 발생할 수 있다.[1]

헌법도 자유권의 제한이 고전적인 제한의 형태 외에도 다른 형태로 이루어질 수 있음을 스스로 명시적으로 밝히고 있다. 헌법은 제12조에서 신체의 자유를 제한하는 전형적인 국가의 조치로서 체포, 구금, 압수, 수색 등을 언급하고 있으며, 제16조에서 주거의 자유에 대한 전형적인 제한의 예로 주거에 대한 압수와 수색을 언급하고 있는데, 이러한 제한의 유형은 모두 사실행위에 해당하는 것이다. 이러한 점에서, 기본권의 제한에 해당하는 국가행위는 이미 헌법적으로 사실행위를 포함하고 있는 것이다.

헌법상 보장된 개별자유권이 적극적인 행위가능성이 아니라 보호법익에 대한 불가침성을 보장하는 경우, 이러한 자유권은 국가의 명령적 행위에 의하여 제한되는 것이 아니라 보호법익의 불가침성을 침해하는 사실적 강제(강제적인 혈액의 채취, 강제예방접종, 압수나 수색 등)나 사실행위(전화의 도청이나 주거의 감청, 개인정보의 수집 및 공개 등)에 의하여 제한된다. 예컨대, 통신의 비밀, 주거의 자유, 사생활영역에 대한 침해는 고전적 제한의 형태로는 이루어질 수 없다. 또한, 개인정보의 보호도 정보의 수집·처리행위라는 사실행위에 대한 보호 없이는 생각할 수 없다.

3. 그 외의 제한 개념으로서 사실적 기본권제한

가. 사실적 제한의 개념

고전적인 제한뿐만 아니라 그 외의 사실적·간접적 제한도 자유권의 관점에서 중요성을 가질 수 있다. 국가가 개인에게 특정 행위를 금지하거나 명령하는 경우, 가령 특정 제품의 제조업자에게 유해한 제품의 생산을 금지하거나 중지시키는 경우, 제조업자에 대한 국가의 금지명령은 곧 그 자체로서 제조업자의 기본권에 대한 불리한 효과를 의미하고, 이러한 명령적 국가행위는 의문의 여지없이 기본권제한의 성격을 가진다. 그러나 가령, 국가기관이 소비자에게 특정 제품의 위험성에 관하여 경고함으로써 제조업자의 매상이 감소하였다면, 이러한 경우 기본권에 대한 불리한 효과가 국가의 '규범적인' 명령행위가 아니라 그 외의 방법에 의하여 발생한다는 의미에서 '사실적' 기본권제한이라고 한다. 한편, 기본권제한의 효과가 국가에 의하여 직접 발생하는 것이 아니라 제3자의 개입에 의하여 이루어지는 경우, 이를 '간접적' 기본권제한이라고 부르기도 한다. 고전적 제한의 경우, 국가의 규율행위 자체에 기본권제한이 담겨있다는 점에서 국가의 명령적 규율행위와 기본권제한적 효과가 일치한다. 반면에, '사실적 제한'(Faktische Beeinträchtigungen)은 기본권에 대한 불리한 효과가 고전적 제한 외에 다른 방법에 의하여 발생하는 모든 상황을 포괄하는 개념이다.

따라서 사실적 제한이란 국가의 사실행위에 의한 제한(가령, 전화의 도청이나 국가기관의 명예훼손적 표현)은 물론이고, 명령적 행위의 부수적 효과로서 발생하는 불리한 효과[2] 또는 사실행위의 결과로

---

1) 사실행위란, 법적 행위와는 달리 직접 일정한 법적 효과의 발생을 의도하는 행위가 아니라 단순히 사실상의 효과만을 발생시키는 행위형식을 말한다.
2) 가령, 주류판매자에 대하여 자도소주의 판매의무를 부과하는 주세법규정에 의하여 소주 제조업자와 소비자에게 불리한 효과가 발생하는 경우를 예로 들 수 있다.

서 발생하는 불리한 효과,[1] 이로써 국가행위의 상대방이 아닌 제3자에게 발생하는 불리한 효과도 포함하는 포괄적인 개념이다.

나. 사실적 제한의 경우 '기본권제한' 여부를 판단하는 기준

국가의 모든 행위가 기본권적 중요성을 가지는 것은 아니므로, 국가행위에 의하여 기본권의 주체에게 발생하는 모든 불리한 효과를 기본권의 제한으로 평가할 수 없다. 그러므로 국가행위가 자유권의 관점에서 정당화되어야 하는 것인지에 관하여 별도의 판단이 필요하다.

(1) 사실적 제한의 개념적 요소

대국가적 방어권으로서 자유권의 성격에 비추어 더 이상 국가행위의 유형이 아니라 기본권에 대한 효과와 작용이 국가행위의 성격을 결정하는 중요한 관점이라는 것이 '새로운' 제한 개념의 출발점이므로, 제한 개념의 필수적 요소로서 '자유권의 행사와 보호법익에 대한 불리한 효과'가 존재해야 한다. 국가행위가 자유권의 보호범위를 침범하는 경우에만 자유권은 그의 방어적 기능을 발휘하기 때문에, 국가행위가 자유권에 의하여 보호되는 법익에 대하여 불리한 효과와 영향을 초래해야 한다는 것은 제한의 성격을 인정하기 위한 필수적 전제조건이다.

그러나 자유권은 국가기관만을 직접적으로 구속하기 때문에 국가기관의 행위에 '기인하지' 않는 불리한 효과는 처음부터 제한의 개념에서 배제되어야 한다. 따라서 '국가행위'와 '기본권주체에 대한 불리한 작용' 사이에는 인과관계가 존재해야 한다. 뿐만 아니라, 기본권에 대한 불리한 작용을 국가의 책임으로 귀속시키기 위해서는, 단지 인과관계만으로는 불충분하다. 국가행위와 개인의 자유영역에 대한 불리한 작용 사이에 '인과관계'가 인정된다 하더라도, 국가기관에 귀속될 수 있는 행위, 즉 국가행위의 결과로 이해될 수 있는 불리한 작용만이 헌법적으로 정당화되어야 하는 국가행위에 해당한다.[2] 즉, 기본권에 대한 불리한 효과는 국가행위에 기인해야 하고, 불리한 효과의 발생을 국가에게 그의 책임으로서 귀속시킬 수 있는 경우에 한하여, 국가행위가 초래한 간접적인 결과는 '사실상의 제한'으로 인정될 수 있는 것이다.

(2) 국가에 귀속될 수 있는 불리한 작용

기본권에 대하여 불리한 작용이 국가에 귀속되기 위하여 어떠한 요건이 충족되어야 하는지에 관하여 보건대, 국가행위가 기본권제한을 의도하는지 하는 '목적성' 또는 '의도성'은 고전적 제한 개념을 구성하는 본질적 요소이자 동시에 국가행위의 기본권제한적 성격을 파악하는 가장 중요한 기준이라 할 수 있다.

(가) 국가는 자유권에 대한 불리한 작용을 의도하는 경우 자신의 의도를 다양한 행위형식으로 실현할 수 있다. 따라서 자유권이 방어권으로서 고유한 기능을 발휘하는지의 여부가 국가의 행위형식에 의하여, 즉 국가행위가 법적 행위 또는 사실행위로써 이루어지는지 아니면 국가가 직접적으로 또

---

[1] 가령, 소비자에 대한 국가의 경고로 인하여 제품의 제조업자에게 불리한 효과가 발생하는 경우를 예로 들 수 있다.

[2] 가령, 국민건강에 해로운 담배를 생산·판매하는 국가의 행위(담배전매사업)로 인하여 개인에게 질병이 발생한 경우, 자유권의 보호법익(건강권)에 대하여 발생한 불리한 효과와 국가행위 사이에는 인과관계가 인정되지만, 자유로운 자기결정에 근거하여 스스로 자신의 법익을 제한하는 기본권주체의 행위 및 그로 인하여 기본권주체에 발생한 불리한 효과는 국가가 아니라 기본권주체 자신에게 귀속되어야 한다. 비록 개인의 결정이 국가에 의하여 유발되었지만 기본권의 주체가 자유로운 결정을 내린 경우, 이러한 결정의 결과를 자신의 자유영역에 대한 축소로 보아 국가에 대하여 이의를 제기하는 것은 자신의 삶을 스스로 형성하고 결정하는 헌법의 인간상에 부합하지 않는다.

는 제3자에 대하여 영향력을 행사함으로써 간접적으로 자유행사에 불리한 효과를 발생시키는지의 여부에 의하여 좌우되어서는 안 된다.[1] 국가행위가 어떠한 방법으로 이루어지든 간에, 국가에 의하여 의도된 불리한 작용에 대해서는 원칙적으로 국가에 귀속되어야 하는 '기본권제한'으로서의 성격을 인정해야 한다. 국가는 고전적 제한의 형식을 회피하는 경우에도 기본권주체에 대하여 고전적 제한에 버금가는 불리한 효과를 초래할 수 있다.

(나) 한편, 국가행위가 기본권의 제한에 해당하는지의 여부가 전적으로 국가기관의 주관적 의도나 내적인 동기에 달려있을 수 없으므로, 기본권제한의 의도성과 목적성은 제한의 개념을 구성하는 요건으로서 불충분하다. 자유권이 보호법익에 대한 국가의 부당한 침해를 방어하고자 하는 것이므로, 국가행위가 초래하는 불리한 효과를 행위 당시에 예측할 수 있다면 이러한 불리한 효과도 마찬가지로 국가에게 그의 책임으로 귀속되어야 한다. 여기서 예측가능성이란 국가기관의 주관적 예측성이 아니라 평균적 제3자의 관점에서 객관적인 예측성이다. 국가행위가 기본권의 보호법익에 대하여 특정한 불리한 효과를 초래할 것인지를 행위 당시에 객관적으로 예측할 수 있다면, 이러한 국가행위는 자유권의 관점에서 정당화되어야 하는 행위에 속한다.

결론적으로, 국가가 기본권에 불리한 효과를 의도하거나 또는 행위 당시에 객관적으로 예측할 수 있다면, 이러한 불리한 효과의 발생은 국가에게 그의 책임으로 귀속되어야 하고, 이로써 자유권의 관점에서 정당화되어야 하는 국가행위, 즉 자유권의 제한이 존재하는 것이다.

4. 법률유보원칙의 관점에서 '기본권 제한' 개념의 문제

기본권제한의 개념이 고전적 제한의 개념에서 광의의 새로운 제한 개념으로 확대되면서 필연적으로 발생하는 문제는, 입법자의 수권이 있는 경우에 한하여 기본권제한이 가능하다는 내용의 법률유보원칙, 즉 기본권제한과 법률에 의한 수권 사이의 연계요건이 완화되어야 하는지 하는 것이다.

가. 법률유보의 현실적 한계

헌법 제37조 제2항이 명시적으로 밝히고 있는 바와 같이, 수권법률의 존재는 기본권제한의 필수적 요건이다. 행정청의 기본권제한행위는 법률의 수권에 근거해야 한다. 입법자에 의한 수권이 없다면, 기본권제한은 정당화될 수 없고, 이미 이러한 이유만으로 법률에 근거하지 아니한 기본권제한은 위헌적인 기본권침해행위에 해당한다. 그런데 입법자는 자유권의 제한 가능성을 예측할 수 있는 것만을 법률로써 규율할 수 있다. 이러한 점에서, 법률유보는 입법자가 자유권 제한의 가능성을 예측할 수 있다는 것을 전제로 한다. 따라서 국가가 기본권의 제한을 의도하거나 또는 예측할 수 있는 경우에만, 소위 목적적인 제한의 경우에만 법률유보의 구속을 받을 수 있는 것이지, 국가가 의도하지 아니하거나 예측할 수 없는 제한에 대해서는 법률유보의 요청을 충족시킬 수 없다는 사실상의 한계가 있는 것이다. 자유권과 약간의 연관성을 보이는 모든 국가행위가 자유권에 대한 제한으로서 헌법적으로 정당화되어야 한다면, 헌법 제37조 제2항의 법률유보조항에 비추어 자유제한적 효과를 객관적

---

1) 가령, 국가가 사교단체에 대하여 명령의 형태로써 특정한 제한을 가할 것인지, 아니면 국민에 대하여 邪敎團體의 위험성에 관하여 정보를 제공하고 경고할 것인지 또는 국가가 스스로 나서지 아니하고 사교단체를 퇴치하고자 하는 제3자인 사회단체를 재정적으로 지원할 것인지에 관하여 자유롭게 결정할 수 있고, 어떠한 방법을 선택하든 간에, 기본권주체에 대하여 발생하는 불리한 효과에 있어서는 근본적인 차이가 없다.

으로 예측할 수 없는 국가행위의 경우에도 입법자의 법률을 필요로 한다는 결과에 이르게 된다.

나. 법률유보의 대체물로서 국가의 과제와 관할에 관한 헌법규범?

한편, 헌법 제37조 제2항의 법률유보의 요청을 충족시키기 위하여 '국가의 과제나 관할에 관한 헌법규범'을 행정청에게 기본권제한의 권한을 부여하는 헌법적 수권규범으로 해석하는 것도 고려할 수 있다.[1] 그러나 헌법에 의하여 부여된 국가의 과제나 관할은 입법자의 수권을 대체할 수 없고, 기본권을 제한할 수 있는 권한을 행정청에게 부여할 수 없다. 헌법상 규정된 국가의 과제조항이나 목표조항은 행정청에게 기본권제한의 권한을 부여하는 수권규범이 아니라, 입법자가 기본권을 제한하는 입법을 함에 있어서 법익교량과정에서 함께 고려해야 하는 반대법익, 즉 개인의 기본권과 충돌하고 기본권의 제한을 정당화하는 공익을 제시하는 헌법규정이다. 입법자의 명시적인 의사가 있어야만 행정청은 그의 과제이행에 있어서 국민의 기본권을 제한할 수 있으며, 이를 헌법적으로 보장하고자 하는 것이 바로 법률유보이다. 만일, 국가의 과제와 목표에 관한 헌법규정이 행정청에게 기본권을 제한할 수 있는 권한을 부여하는 수권규범으로 전환될 수 있다면, 이는 법률유보와 법치국가의 폐기를 의미한다.

다. 기본권제한 개념의 합리적인 축소의 필요성

헌법상 법률유보의 요청이 포기될 수 없고, 국가의 과제와 관할에 관한 헌법규정이 기본권제한의 근거규범이 될 수 없다면, 자유권 제한의 개념은 법률유보의 관점에 의하여 합리적으로 축소되어야 한다. 자유권제한 개념을 과도하게 확장하는 경우 자유권제한과 수권규범과의 연계요건으로 말미암아 모든 불리한 효과에 대하여 수권규범을 마련해야 한다는 부담을 지게 되므로, 국가가 자신의 행위를 자유권의 관점에서 정당화해야 하는 범위를 예측할 수 없게 함으로써 국가활동을 위축시킬 수 있다. 나아가, 헌법적으로 허용되는 국가활동의 범위(수권규범에 근거한 기본권제한행위의 범위)가 자유권제한의 범위를 최종적으로 확정하는 권한을 가진 국가기관, 즉 헌법재판소를 비롯한 사법기관에 의하여 결정될 위험도 있다. 그렇다면, 자유권의 보호법익에 대한 모든 불리한 작용이 자유권의 제한으로 파악되어서는 안 되고, 원칙적으로 국가가 의도하거나 아니면 적어도 객관적으로 예측가능한 불리한 작용의 경우에만 제한의 성격을 인정해야 한다.

자유권의 보호범위가 확대되고 자유권제한 개념이 확장됨에 따라 불가피하게 수반되는 헌법적 문제는, 자유권제한행위의 수권규범이 존재하는지 또는 수권규범이 존재한다면 입법자의 수권이 충분히 명확한지의 문제이다.[2] 수권법률의 명확성원칙과 관련하여, 수권의 명확성의 정도를 판단하는 두 가지 관점은 '기본권제한의 효과'와 '기본권제한의 예측가능성'의 관점이다. 기본권제한의 효과가 중대할수록 수권규범은 명확해야 하고, 이에 대하여 법률이 규율하고자 하는 생활관계의 특성상 기본권제한의 구체적 효과를 예측하기 어려울수록 수권규범의 명확성에 대한 요청이 완화된다.

---

1) 가령, 국가가 특정 상품이나 종교단체의 위험성에 대하여 경고하는 정보제공행위나 홍보행위가 기본권의 제한으로서 정당화되어야 한다면, 국가의 홍보활동은 기본권을 제한할 수 있는 권한을 부여하는 명시적인 수권규범을 필요로 한다. 홍보활동에 관한 국가의 과제나 의무가 홍보활동의 범주 내에서 이루어지는 기본권제한을 정당화할 수 있는 수권규범인지의 문제이다.

2) 기본권의 제한개념을 확대하는 경우 법률유보의 문제가 제기된다는 것을 보여주는 대표적인 예가 바로 국가기관의 개인정보수집·처리행위와 관련된 헌법재판소결정이다. 가령, 지문날인제도 결정(헌재 2005. 05. 26. 2004헌마190)이나 교육정보시스템(NEIS) 결정(헌재 2005. 7. 21. 2003헌마282)에서 수권법률이 존재하는지, '공공기관의 개인정보보호에 관한 법률'이 일반조항으로서 수권법률의 기능을 하는지, 수권법률이 충분히 명확한지의 문제가 제기되었다.

Ⅲ. 사실적 기본권제한의 유형

1. 국가의 사실행위

자유권의 제한은 고전적 제한행위뿐만 아니라 사실행위에 의해서도 이루어진다. 이 경우, 국가의 사실행위에 의하여 자유권의 행사나 보호법익에 대한 불리한 효과가 직접 발생한다. 기본권을 제한하는 사실행위로는, 개인의 인격권을 제한하는 국가기관의 명예훼손적인 발언(가령, 명예훼손적인 판결이유를 담고 있는 형사판결), 사생활영역을 제한하는 전화의 도청이나 주거의 감청, 개인의 신체불가침권을 제한하는 강제건강검진이나 강제예방접종 또는 혈액의 채취, 개인정보자기결정권을 제한하는 개인정보의 수집·저장·처리 행위[1] 등을 들 수 있다. 한편, 국공립학교 교실에 십자가상을 게시하는 행위가 기본권제한에 해당하는지에 관하여는 논란의 여지가 있다.[2]

헌법재판소는 미결수용자의 서신에 대한 교도소장의 검열·지연발송·지연교부행위($\frac{현재\ 1995.\ 7.}{21.\ 92현마144}$), 교도소 내 접견실의 칸막이 설치행위($\frac{현재\ 1997.\ 3.}{27.\ 92현마273}$), 구치소장이 미결수용자로 하여금 수사 및 재판을 받을 때 재소자용 의류를 입게 한 행위($\frac{현재\ 1999.\ 5.\ 27.}{97현마137\ 등}$), 유치장관리자가 현행범으로 체포된 피의자에게 차폐시설이 불충분한 화장실을 사용하도록 한 행위($\frac{현재\ 2001.\ 7.\ 19.}{2000현마546}$), 경찰서장이 피의자들을 유치장에 수용하는 과정에서 실시한 정밀신체수색($\frac{현재\ 2002.\ 7.\ 18.}{2000현마327}$)행위 등은 이른바 권력적 사실행위로서 기본권의 제한으로 판단하였다.

2. 국가가 개인의 행위를 조종하고자 하는 경우

국가가 개인에게 특정 행위를 명령하거나 금지하는 것이 아니라 불이익의 부과나 혜택의 부여를 통하여 개인의 행위를 국가가 원하는 일정한 방향으로 조종하고자 시도하는 경우에도 자유권의 제한 여부가 문제될 수 있다. 국가가 개인의 특정한 행위에 대하여 '불이익'을 결부시키는 형태로는 납세의무 등 의무의 부과, 급부나 혜택에 대한 법적 청구권의 배제(가령, 특정 신앙을 가진 자에 대하여 생계보조비의 거부) 등을 들 수 있다. 국가가 개인의 특정한 행위에 대하여 '이익이나 혜택'을 결부시키는 경우로는, 세제감면혜택의 부여나 보조금의 지급 등을 그 예로 들 수 있다.

---

1) 개인정보의 수집과 사용에 관하여 스스로 결정할 자유인 개인정보자기결정권은 무엇보다도 개인정보를 수집하고 저장·처리하는 사실행위에 의하여 제한된다. 인격권이나 사생활의 비밀이 전형적으로 국가의 사실행위에 의하여 제한되는 것과 맥락을 같이 한다.

2) 독일 연방헌법재판소는 국공립학교의 교실 벽에 게시된 십자가가 다른 신앙을 가지고 있거나 신앙을 가지고 있지 않은 학생이나 그 학부모의 소극적인 종교의 자유를 제한하는지가 문제된 사건에서 헌법재판관 5인의 위헌의견과 3인의 합헌의견으로, 국공립학교의 교실에 십자가를 게시할 것을 명하고 있는 바이에른 학교법규정을 국가중립성의 요청에 위반된다고 확인하였다(BVerfGE 93, 1). 다수의견인 위헌의견에 따르면, 학생들은 피할 수 있는 가능성이 없는 상황에서 특정 종교의 신앙적 상징인 십자가와 대면해야 하고 그 결과 '십자가 밑에서' 배우도록 강요받기 때문에 소극적 종교의 자유에 대한 제한에 해당한다고 한다. 이에 대하여 소수의견은 '학교공간에서 십자가는 기독교에 의하여 형성된 서양문화의 표현이자 공유재산으로 이해해야 하고, 이러한 성격의 십자가로 인하여 기독교신앙을 가지지 않은 학생들은 특정 행동양식을 취하도록 강한 영향이나 강요를 받지 않는다'고 주장하였다. 따라서 소수의견에 의하면, 신앙적 상징물이 단순한 호소적 성격을 가지고 있기 때문에, 학생들이 상징물의 호소적 성격에 반응할 것인지를 자유롭게 결정할 수 있는 한 기본권제한으로 평가할 수 없다는 것이다. 결국, 어떠한 견해에 동의할 것인지는 개인의 자유에 대한 십자가의 영향력을 어떻게 판단할 것인지에 달려있다.

가. 불이익(의무의 부과나 급부의 배제)을 통한 행위 조종

(1) 국가가 조세의 부과를 통하여 사인의 행위를 유도하고 조종하고자 하는 경우, 조세부과와 구분되는 '독자적인' 기본권제한의 효과가 발생할 수 있다. 가령, 법인이 대도시 내에서 취득한 부동산의 등기에 대하여 중과세하는 경우, 국가가 법인의 직업활동을 명령과 금지를 통하여 직접적으로 규율하고자 하는 것은 아니나, 중과세를 통하여 대도시에서의 법인의 직업활동을 억제하고자 함으로써 직업행사의 자유를 제한할 수 있다.[1]

(2) 특정 사상이나 신앙을 가진 자에 대하여 국가가 특정 사상이나 신앙의 포기를 유도하고자 법적으로 규정된 생계보조비의 지급을 거부하는 경우, 생계보조비의 거부 자체가 이에 생계를 의존하고 있는 개인의 생명권이나 건강권의 제한에 해당할 것이고, 나아가 생계보조비에 생존을 의존하고 있는 자에게 급부의 배제는 법적 강제에 버금가는 사실적 강제의 효과를 가질 수 있기 때문에, 양심이나 종교의 자유에 대한 제한을 인정할 수 있을 것이다.

나. 급부의 제공을 통한 행위 조종

사례 │ 헌재 2002. 4. 25. 98헌마425 등(준법서약서 사건)

구 가석방심사등에관한규칙은 "국가보안법위반, 집회및시위에관한법률위반 등의 수형자에 대하여는 가석방 결정전에 출소 후 대한민국의 국법질서를 준수하겠다는 준법서약서를 제출하게 하여 준법의지가 있는지 확인하여야 한다."고 하여 국가보안법위반자 등에 한하여 "대한민국의 헌법과 법률을 준수한다."는 내용의 서약서(준법서약서)를 제출하는 것을 가석방의 조건으로 규정하고 있다. 준법서약서 제도는 양심의 자유를 제한하는 국가행위인가?

(1) 급부의 제공이 자유권의 제한에 해당하기 위한 요건

국가가 급부의 제공을 통하여 개인의 행위를 조종하고자 시도하는 경우, 급부의 제공이 자유권제한의 성격을 가질 수 있는지 또는 어떠한 요건 하에서 제한의 성격이 인정될 수 있는지의 문제가 제기된다.

특정 급부를 제공해야 할 국가의 법적 의무가 존재하지 않는 이상, 국가가 급부를 제공하지 않음으로써 자유권을 제한할 수 있는 가능성은 원칙적으로 인정되지 않는다. 오늘날 국가는 명령이나 금지와 같은 직접적인 수단이 아니라 오히려 보조금의 지급, 세제감면 등 혜택의 부여를 통하여 국가가 원하는 일정한 방향으로 사경제를 조종하고 유도하고자 시도한다. 국가가 급부의 제공여부를 '급부의 수령자가 급부를 제공받기 위하여 충족시켜야 할 일정 요건'에 결부시키는 경우, 혜택의 부여를 통하여 개인의 행위를 조종하고자 시도하기는 하나, 국가가 제공하는 혜택을 받을 것인지의 여부를 개인이 스스로 자유롭게 결정할 수 있는 이상, 국가의 행위는 자유권의 관점에서 정당화되어야 하는 자유권제한의 성격을 가지지 않는다.[2] 국가행위의 행위조정적 효과 그 자체만으로는 기본권제한의

---

1) 인구의 대도시집중을 억제할 목적으로 법인이 대도시 내에서 부동산등기를 하는 경우 통상세율의 5배에 해당하는 등록세를 부과하는 지방세법 규정에 대한 헌법소원사건에서, 헌법재판소는 이 규정의 위헌성을 직업수행의 자유를 기준으로 심사하여 합헌결정을 하였다(헌재 1996. 3. 28. 94헌바42, 판례집 8-1, 199).
2) 고전적 제한의 수단을 통한 행위조종과는 달리, 급부의 제공을 통한 행위조종의 경우, 개인은 급부를 수령할 것인지에 관하여 법적인 구속을 받지 않고 원칙적으로 자유롭게 결정할 수 있다. 예컨대, 특정 방향으로 기업의 투자를

개념을 충족시키지 않는다.

그러나 국가가 급부의 제공을 특정 행위요건에 결부시킴으로써 개인의 의사결정에 영향력을 행사하고자 하는 경우, 구체적 상황에 따라서는 급부의 제공을 통한 국가의 영향력행사가 그 실질적 효과에 있어서 명령적 행위의 효과와 유사할 수 있다. 이러한 경우, 명령이나 강제, 제재 등의 법적인 강제가 발동되는 것이 아니라, 급부에 대한 사실상의 의존관계로부터 발생하는 사실상의 강제가 행사되는 것이다. 국가의 급부제공이 자유권제한의 성격을 가지기 위해서는, 급부제공의 여부를 특정 행위요건에 결부시키는 것이 그 행위조종적 효과에 있어서 명령적 제한과 유사한 강제적 효과를 가져야 한다. 즉, 국가의 급부제공에 대하여 자유권제한의 성격을 인정하기 위해서는, 법적 강제와 유사한 사실상의 강제가 존재해야 하는 것이다.[1]

(2) '준법서약서결정'에서 문제점

이러한 관점에서 보건대, 논란이 되는 '준법서약서결정'(헌재 2002. 4. 25. 98헌마425)의 상황은 '혜택의 부여'를 통하여 개인의 행위를 조종하고자 하는 경우로서 '생계보조비에 대한 법적 청구권의 박탈이나 배제'라는 '불이익의 부과'를 통하여 개인의 행위를 조종하고자 시도하는 경우와는 다른 것으로 보인다.

'준법서약서 결정'의 핵심적인 문제는 특정 사상을 가진 수감자의 가석방의 여부를 준법서약서의 제출에 결부시키는 것이 자유권의 제한에 해당하는지에 관한 것인데, 다수의견인 합헌의견은 양심의 자유에 대한 제한을 부인한 반면, 소수의견인 위헌의견은 제한의 성격을 인정하였다. 여기서 문제가 되는 것은, 국가가 가석방의 여부를 준법서약서의 제출이라는 행위요건에 결부시키는 경우 가석방이라는 혜택의 부여에 양심의 포기를 강제하는 명령과 유사한 효과가 인정되는지 또는 수감자가 준법서약서의 제출과 결부된 가석방의 가능성이라는 호소적·권고적 성격에 반응할 것인지를 자유롭게 결정할 수 있는지의 여부이다. 가석방의 여부도 넓은 의미에서 국가의 '혜택부여'나 '급부제공'의 성격을 가지므로, 국가의 혜택부여가 예외적으로 자유권의 관점에서 정당화되어야 하는 자유권 제한의 성격을 가지기 위해서는, 준법서약서제도가 행위조종적 효과를 가지고 있다는 확인만으로는 부족하고, 이를 넘어서 개인의 양심상 결정의 자유를 배제하는 준강제적 효과, 즉 고전적 제한에 버금가는 강제적 효과를 가져야 한다.

다수의견에 의하면, 가석방은 국가가 혜택을 부여하는 제도이고 수감자는 스스로 국가가 제공하는 혜택을 받을 것인지의 여부를 자유롭게 결정할 수 있기 때문에, 준법서약서제도로 인하여 양심을 포기해야 할 정도의 강제적 효과가 존재하지 않는다는 것이고,[2] 이에 대하여 반대의견은 '준법서약서제도는 개인의 내심의 신조를 사실상 강요하여 고백하게 한다는 점에서 양심의 자유에 대한 제한이 존재한다'고 보아야 한다는 견해이다.[3] 결국, 다수의견과 소수의견은 '어떠한 조건 하에서 국가에

유인하기 위하여 또는 개인의 저축을 유인하기 위하여 특정 유형의 투자나 저축과 결부시켜 세제혜택을 부여하는 것은 어느 누구에게도 투자나 저축을 강제하지 않으며, 투자나 저축에 관한 개인의 결정의 자유를 제한하지 않는다. 따라서 국가가 급부의 제공을 통하여 개인의 행위를 조종하고자 의도하는지 또는 행위조종적 효과가 있는지의 관점은 자유권제한의 여부를 판단하는 결정적 기준이 아니다.

1) 가령, 국가가 생존의 위기에 처한 부실기업들의 합병을 명령적인 방법이 아니라, 기업의 생존을 위하여 필수적인 급부의 제공여부를 국가가 적정하다고 판단되는 기업규모로 축소하는 조건에 결부시킴으로써 사실상 강제할 수 있다.

2) 판례집 14-1, 351, "당해 실정법이 특정의 행위를 금지하거나 명령하는 것이 아니라 단지 특별한 혜택을 부여하거나 권고 내지 허용하고 있는 데에 불과하다면, 수범자는 수혜를 스스로 포기하거나 권고를 거부함으로써 법질서와 충돌하지 아니한 채 자신의 양심을 유지, 보존할 수 있으므로 양심의 자유에 대한 침해가 된다 할 수 없다."

의한 혜택의 부여가 자유권제한의 성격을 가질 수 있는지' 또는 '개인의 양심상의 결정에 대한 국가적 강제와 유사한 효과를 준법서약서제도에 대하여 인정할 수 있는지'의 판단에 있어서 근본적인 차이를 보이는 것이다.

3. 국가와 사인이 공동으로 야기하는 기본권제한

국가가 단독으로 기본권제한적 효과를 야기하는 것이 아니라, 중간매개자인 사인을 통하여 제3자의 기본권에 불리한 효과를 발생시키는 경우, 이러한 경우도 국가에 의한 기본권제한에 해당하는지의 문제가 제기된다. 여기서 결정적인 것은, 언제 국가가 사인과 공동으로 야기한 결과에 대하여 책임을 져야 하는지의 문제인 것이다.

가. 국가행위의 상대방이 아닌 제3자에게 불리한 효과가 발생하는 경우

사례 1 헌재 1993. 7. 29. 89헌마31(국제그룹해체 사건)

재무부장관이 재벌기업인 국제그룹을 해체하기로 기본방침을 정하고 그 후속조치로서 주거래은행인 제일은행장에 대하여 국제그룹의 해체준비착수를 지시하였고 제일은행장은 이에 순응하여 제3자에 의한 인수 방식으로 국제그룹을 해체한 경우, 재무부장관의 행위는 국제그룹의 기본권을 제한하는 행위인가?

사례 2 국가기관의 대국민 경고

국가기관이 특정 종교단체나 특정 제품의 위험성을 일반 국민에게 경고하였고, 그 결과 일반 국민이 특정 종교단체에 대하여 거리를 두거나 특정 제품의 소비를 하지 않는 경우, 특정 종교단체나 특정 제품의 생산자는 국가행위에 의하여 자신의 기본권이 침해되었다고 주장할 수 있는가?

(1) 사인에 대한 국가의 영향력행사

국가가 사인에게 영향력을 행사하여 국가의 영향을 받은 사인의 행위를 야기함으로써 제3자인 기본권주체의 자유행사에 불리하게 작용하는 경우, 예컨대, 국가가 사이비 종교의 확산을 저지하고자 하는 민간단체를 보조금의 지급을 통하여 재정적으로 지원하는 경우 또는 국가가 특정 제품이나 특정 종교의 유해성에 관하여 일반 국민에게 경고함으로써 일반 국민이 특정 종교단체에 대하여 거리를 두거나 특정 제품의 소비를 하지 않는 경우, 이러한 국가행위가 종교단체나 제조업자의 기본권에 대한 제한에 해당하는지의 문제가 제기된다.

국가가 정보제공을 통하여 일반국민과 소비자의 행위를 일정 방향으로 유도하고자 영향력을 행사하고 이를 통하여 제3자의 자유영역을 축소하고자 의도하고 있거나 아니면 적어도 기본권제한의

---

3) 판례집 14-1, 351, 354, "… 자유민주주의 체제 하에서는, 그들의 "행위"를 법적으로 처벌할 수는 있어도, 그들로 하여금 여하한 직·간접적인 강제수단을 동원하여 자신의 신념을 번복하게 하거나, 자신의 신념과 어긋나게 대한민국 법의 준수의사를 강요하거나 고백시키게 해서는 안 될 것이다. … 비록 준법서약서라는 '표현된 행위'가 매개가 되지만 이는, 국가가 개인의 내심의 신조를 사실상 강요하여 고백시키게 한다는 점에서, 양심실현 행위의 측면이라기보다는, 내심의 신조를 사실상 강요하는 것에 다름 아니다."

효과가 객관적으로 예측가능하다면,[1] 국가와 사인에 의하여 공동으로 야기된, 제3자에 대한 불리한 효과는 국가에게 귀속되어야 하고, 이로써 국가행위의 기본권제한적 성격을 인정해야 한다. 뿐만 아니라, 국가가 사회단체를 재정적으로 지원함으로써 사회단체로 하여금 국가를 대신하여 정보제공의 과제를 수행하도록 하는 경우에도, 마찬가지로 기본권제한의 성격이 인정된다.

헌법재판소는 소위 '국제그룹 해체사건'에서, 재무부장관이 제일은행장에 대하여 한 해체준비 착수지시와 언론발표지시에 대하여, 이와 같은 유형의 행위는 형식적으로는 주거래은행의 *私法的*인 행위였던 점에서 행정행위는 될 수 없더라도 그 실질이 공권력의 힘으로 재벌기업의 해체라는 사태변동을 일으키는 경우인 점에서 일종의 권력적 사실행위로 보아, 헌법소원의 대상이 되는 공권력의 행사에 해당되는 것으로 파악하였는데,[2] 위 사건의 경우도 국가가 사인에 대하여 영향력을 행사함으로써 사인을 통하여 간접적으로 제3자의 기본권을 제한하는 경우에 해당한다.

(2) 複效的 性格의 국가행위

국가행위로 인하여 제3자에게 간접적으로 발생하는 불리한 효과를 기본권의 제한으로서 국가에게 귀속시켜야 하는 또 다른 경우는, '국가행위의 상대방인 사인'과 '불리한 효과를 입게 되는 제3자'가 일정 생활영역에서 서로 경쟁관계에 있거나 또는 국가행위가 하나의 집단에게는 이익을 의미하고 다른 집단에게는 불이익을 의미하는 複效的 性格을 가지는 경우이다.

국가가 특정 기업에 보조금을 지급함으로써 경쟁기업에 불리한 효과를 초래하는 경우, 경쟁기업의 경쟁의 자유에 대한 불리한 효과는 기본권제한으로 보아야 한다. 또한, 국가가 건축주나 시설사업자에게 허가를 내주고, 건축주나 시설사업자가 건축물이나 시설의 건축을 통하여 제3자인 이웃이나 인근주민의 기본권에 불리한 효과를 초래하는 경우에도 국가의 허가처분은 제3자의 기본권에 대한 제한에 해당한다. 또한, 안경사에게 안과의사의 업무를 부분적으로 허용함으로써 안경사에게는 직업영역의 확대란 이익을, 안과의사에게는 직업영역의 축소 내지 새로운 경쟁자의 출현이란 불이익을 주는 법률조항도 안과의사의 기본권을 제한한다.[3] 뿐만 아니라, 국가가 공무원선발시험에서 군필자나 국가유공자에게 가산점을 부여하는 것도 시험에서 그들과 경쟁관계에 있는 여성이나 일반지원자의 기본권에 대한 제한에 해당한다.[4]

위의 사례들에서 제3자에게 발생하는 불리한 효과는 국가행위의 상대방인 사인의 합리적인 결정에 기인하는 것으로 객관적으로 예측가능한 것이므로, 위 사례들은 기본권의 제한에 해당하는 것이다.

---

1) 국가에 의하여 형성된 상황에서 '제3자에게 불리한 효과'의 발생이 국가에 의하여 영향을 받은 사인의 합리적인 결정에 해당한다면, 이러한 불리한 효과는 객관적으로 예측이 가능하다고 보아야 하고, 이러한 불리한 효과는 국가의 행위로서 귀속되어야 한다.

2) 헌재 1993. 7. 29. 89헌마31, 판례집 5-2, 87, 105.

3) 헌재 1993. 11. 25. 92헌마87, 헌법재판소는 안과의사인 청구인이 제기한 헌법소원에서 안과의사의 자기관련성을 인정하였다.

4) 헌재 1999. 12. 23. 98헌바33(군필자 가산점); 헌재 2001. 2. 22. 2000헌마25(국가유공자 가산점).

나. 국가행위의 상대방뿐만 아니라 제3자에게도 불리한 효과가 발생하는 경우

사례 │ 헌재 1996. 4. 25. 95헌마331(법무사 사무원 수의 제한 사건)

법무사가 고용할 수 있는 사무원의 수를 제한하여 사무원 중 5인을 초과하는 범위의 사무원을 해고해야 하는 법률상의 의무를 법무사에게 부과하는 법무사시행규칙은 해고의 위험이 있는 사무원의 기본권을 제한하는가?

국가행위의 상대방인 기본권주체가 국가의 명령에 따름으로써 제3자에게 불리한 효과가 초래되는 경우에도, 국가행위가 제3자에 대하여 기본권제한의 성격을 가질 수 있다. 이러한 경우, 국가는 고전적 제한의 형태로 수규자인 기본권주체에게 행위명령이나 금지명령을 부과하고, 수규자인 기본권주체가 이러한 명령을 이행함으로써 제3자의 기본권에 불리한 효과를 발생시킨다. 여기서 국가행위는 그 상대방인 수규자와의 관계에서는 고전적 제한에 해당하지만, 제3자와의 관계에서는 단지 간접적이고 반사적인 효과만을 초래할 뿐이다.

예컨대, 주세법조항이 주류도매상에 대하여 각 道에서 생산되는 自道燒酒를 일정 비율 이상 판매해야 할 의무를 부과하는 경우, 주류도매상이 주세법조항에 규정된 의무를 이행함으로써, 소주제조업자는 주류도매상이 구매하는 만큼만 생산해야 하는 제약을 받고, 소주 소비자는 주류도매상이 판매하는 만큼만 소비해야 하는 제약을 받음으로써 소주제조업자와 소주 소비자의 기본권에 불리한 효과를 초래한다.[1] 또한, 법무사시행규칙조항이 법무사에게 사무원 중 5인을 초과하는 범위의 사무원을 해고해야 하는 법률상의 의무를 부과하는 경우,[2] 규범의 수규자는 법무사이지만, 법규범이 규정하는 바에 따라 법무사가 의무를 이행함으로써 제3자인 사무원의 기본권에 불리한 효과가 발생한다. 또한, 상점의 영업시간을 제한하는 閉店法 조항은 상점영업자를 수규자로 하고 있으나, 폐점법에 의한 영업시간의 제한은 동시에 일반소비자에게는 정해진 시간 이외의 상품구입의 가능성을 봉쇄하며 피용자에게는 정해진 시간 이외의 작업을 금지함으로써 수규자 외의 제3자의 기본권에 불리한 효과를 초래한다.[3] 또한, 당구장에 미성년자의 출입금지를 게시해야 하는 의무를 부과하는 법률조항의 직접적인 수규자는 당구장의 영업자이지만, 미성년자의 출입금지를 게시하는 영업자의 행위로 인하여 미성년자인 고객의 기본권에 불리한 효과가 발생한다.[4]

---

1) 헌재 1996. 12. 26. 96헌가18, 이 사건에서 입법자가 의도하는 바는, 주류판매상의 영업의 자유를 제한하고자 하는 것이 아니라 전국적으로 소주를 유통시키는 특정 소주제조업자의 경쟁적 우위를 제한하고 각 도에 존재하는 지방 소주제조업자를 경쟁으로부터 보호함으로써 그들의 생존을 보장하기 위한 것이다. 그러므로 주세법조항은 처음부터 주류판매업자가 아니라 소주제조업자를 향하고 있는 것이다. 입법자가 소주제조업자나 소비자에 대하여 특정 의무를 부과하는 것이 입법기술상으로 사실상 불가능하기 때문에 주류판매업자를 수규자로 한 것이다.
2) 헌법재판소는 규범의 수규자인 법무사뿐 아니라 해고의 위험을 받고 있는 사무원의 자기관련성을 인정하였고, 이로써 사무원의 기본권도 제한받고 있음을 확인하였다(헌재 1996. 4. 25. 95헌마331).
3) BVerfGE 13, 230, 233.
4) 헌재 1993. 5. 13. 92헌마80, 판례집 5-1, 365, 이 사건에서 입법자가 의도하는 바는 미성년자의 당구장 출입을 막고자 하는 것이며, 이러한 의도를 실현하기 위하여 입법자는 당구장 영업자를 수규자로 하여 미성년자 출입금지의 게시의무를 부과할 수도 있고, 아니면 직접 미성년자를 수규자로 하여 당구장에 출입해서는 안 된다는 금지명령을 내릴 수도 있다. 따라서 입법자가 누구를 수규자로 하는지에 의하여 기본권제한의 성격이 달라질 수 없다. 즉, 입법자가 미성년자의 기본권을 제한하는 행위를 스스로 하지 아니하고 사인으로 하여금 그러한 행위를 하게 함으로써, 미성년자의 기본권을 제한하는 국가행위의 성격이 달라질 수는 없는 것이다.

위에서 예로 든 모든 경우, 국가의 영향을 받은 사인에 의하여 발생하는 제3자에 대한 불리한 효과는 국가에 의하여 함께 의도되거나 아니면 적어도 국가행위의 직접적인 상대방인 사인의 합리적 결정의 결과로서 객관적으로 예측될 수 있는 것으로 기본권의 제한에 해당한다.

Ⅳ. 기본권제한 가능성의 헌법상 규정형식

기본권이 헌법에 의하여 보장된다면, 기본권의 한계와 제한가능성도 역시 헌법으로부터 나온다. 헌법에 규정된 기본권제한의 가능성은, 헌법이 직접 기본권의 한계를 설정하는 경우(헌법유보) 또는 입법자로 하여금 기본권을 제한할 수 있는 권한을 부여하는 경우(법률유보)로 구분할 수 있다.

1. 憲法留保에 의한 기본권의 제한

가. 헌법유보의 개념

'헌법유보'의 개념이 학자에 따라 서로 다르게 이해되고 있으므로, 우선 헌법유보의 개념을 분명히 하는 것이 필요하다.[1] 학자에 따라 헌법유보를 헌법직접적 제한 또는 헌법(직접)적 한계로 표현하기도 한다. 학계의 일부 견해에 의하면, 헌법유보란 헌법의 법문에 의하여 이미 기본권에 한계가 설정되는 경우를 말하는 것이라 하고, 다른 일부 견해에 의하면, 헌법이 명문의 규정으로 기본권을 직접 제한하는 경우를 말한다고 한다.[2]

헌법유보를 '헌법에 의한 직접적 기본권제한'으로 이해하는 견해에 의하면, 헌법유보란, 헌법이 기본권의 제한을 입법자에게 위임하지 아니하고 스스로 기본권을 제한한다는 것인데, 이러한 견해는 헌법과 입법자의 관계나 헌법 제37조 제2항의 규정내용에 비추어 수긍하기 어렵다. 헌법은 개인의 자유와 이에 상충하는 법익의 관계를 원칙적으로 스스로 확정하지 아니하고 이를 입법자에게 위임하여, 입법자로 하여금 개별사건에서의 구체적인 법익형량을 통하여 개인의 이익과 공동체의 이익을 조정하도록 하고 있다. 더욱이, 우리 헌법은 제37조 제2항의 일반적 법률유보조항을 통하여 기본권의 제한은 법률로써 이루어질 것을 요청함으로써, '헌법에 의한 직접적인 기본권제한'의 가능성을 스스로 부정하고 있다. 비록, 헌법이 그 내용에 있어서 구체적으로 기본권을 제한하기 때문에 이러한 헌법의 결정에 따른 입법자의 기본권제한입법이 헌법의 의사를 단지 확인하는 규정에 지나지 않는다 하더라도,[3] 기본권은 헌법에 의하여 직접 제한되는 것이 아니라 입법자의 기본권제한입법에 의하여 비로소 제한되는 것이다. 이러한 이유로, 헌법유보란 '헌법이 스스로 직접 기본권을 제한하는 경우'

---

1) 독일의 학계에서는, 독일 기본법 제8조 제1항에서 헌법 스스로 집회의 개념을 '평화적이고 비무장의 집회'로 제한하는 경우, 제9조 제2항에서 그의 목적이나 활동이 형법규정에 위반되는 결사나 자유민주적 기본질서에 대항하는 결사를 헌법이 스스로 금지하는 경우를 헌법유보에 해당하는 것으로 언급하고 있는데, 이러한 경우도 엄밀한 의미에서 헌법에 의한 기본권의 제한이 아니라, 헌법이 스스로 기본권의 보호범위를 확정하는 것으로 이해하는 것이 지배적인 견해이다.

2) 헌법유보란 헌법직접적인 기본권의 제한을 의미하므로, 기본권을 제한하기 위한 입법자의 입법이 불필요하다고 보는 견해가 있는 반면(권영성, 헌법학원론, 2010, 346면), 입법자가 헌법에 그어진 한계를 일반법률로 규정하더라도 이는 이미 헌법에 의하여 그어진 한계를 단지 확인하는데 불과하다는 견해(계희열, 헌법학 中, 2004, 135면)가 있다. 그러나 헌법 스스로에 의하여 기본권이 직접 제한되는 경우는 상정하기 어렵다.

3) 가령, 헌법 제8조 제4항을 구체화하는 입법이 헌법에 의하여 이미 설정된 한계를 단지 확인하는 경우가 이에 해당한다.

가 아니라, '헌법이 스스로 기본권에 대하여 한계를 제시하고 설정하고 있는 경우'로 이해해야 한다.

나. 헌법유보의 의미

헌법유보란 법률유보와 달리 독자적인 헌법적 범주를 구성하는 개념이 아니라, 헌법이 스스로 기본권의 한계를 제시함으로써 법률유보의 범주 내에서 입법자가 기본권을 제한함에 있어서 준수해야 하는 헌법적 지침을 의미하는 것이다. 요컨대, 헌법이 직접 기본권을 제한한다는 의미에서 헌법유보는 존재하지 않는다. 다만, 헌법은 스스로 기본권에 대하여 한계를 제시할 수 있는데, 이는 기본권을 제한하는 입법자를 구속하는 헌법적 지침으로서 입법자는 헌법의 결정에 따라 기본권을 제한해야 한다는 구속을 받고, 이에 따라 기본권제한에 관한 입법자의 형성권을 제한한다.

다. 헌법유보에 해당하는 헌법규정

(1) 헌법 제8조 제4항·제29조 제2항·제33조 제2항

(가) 헌법 제8조 제4항은 "정당의 목적과 활동이 민주적 기본질서에 위배될 때에는 … 해산된다."고 하여 정당의 자유에 대하여 스스로 한계를 설정하고 있다. 한편으로는, 정당은 헌법재판소의 심판에 의해서만 해산될 수 있다는 의미에서 다시금 정당의 자유를 제한할 수 있는 입법자의 형성권을 제한하고 있다.

(나) 또한, 헌법 제29조 제2항은 공무원의 직무상 불법행위로 인한 배상과 관련하여 군인, 군무원, 경찰공무원 등의 배상청구권에 대하여 스스로 한계를 제시하면서, 입법자로 하여금 공무원의 배상청구권을 제한하는 법률을 제정할 의무를 부과하고 있다. 이 경우에도, "기타 법률이 정하는 자", "법률이 정하는 보상 외에"의 표현을 통하여 헌법직접적인 제한이 아니라 입법자에 의한 구체적 제한행위가 필요하다는 것을 밝히고 있다.

(다) 나아가, 헌법은 제33조 제2항에서 공무원의 근로3권에 대하여 스스로 한계를 제시하면서, 법률로써 헌법의 결정을 구체화하도록 위임하고 있다.[1] 이 경우에도 "법률이 정하는 자에 한하여"라는 표현을 통하여 입법자의 구체적인 제한입법을 요청하고 있다. 그 결과, 헌법 제33조 제2항은 공무원의 근로3권을 제한하는 법률을 제정해야 할 입법의무를 간접적으로 부과하고 있다.

(2) 헌법 제21조 제4항·제23조 제2항

뿐만 아니라, 헌법 제21조 제4항과 제23조 제2항도 헌법유보의 범주에 속한다고 볼 수 있다.[2]

(가) "재산권의 행사는 공공복리에 적합하도록 해야 한다."고 규정하는 헌법 제23조 제2항은 재산권에 대한 한계를 제시함으로써, 입법자가 재산권을 형성하는 법률을 제정하는 경우에 제23조 제1항의 '재산권보장의 정신'을 고려해야 할 뿐만 아니라 또한 제2항의 재산권의 '사회적 구속성'도 고려해야 한다는 요청을 하고 있다. 따라서 헌법 제23조 제2항의 경우, 헌법이 스스로 기본권을 제한하고 있는 것이 아니라 입법자가 재산권의 형성에 있어서 고려해야 하는 법익인 '공공복리'를 입법형성의 지침으로 제시함으로써 공공복리를 위하여 재산권을 제한할 수 있음을 규정한 것이다. 헌법 제23조

---

1) 이에 대하여, 헌법 제33조 제3항은 주요방위산업체 근로자의 단체행동권에 대한 제한을 입법자에게 허용함으로써, 입법자의 형성권을 제한하고자 하는 것이 아니라, 단체행동권에 대한 제한을 정당화하는 헌법적 근거를 단지 제공하고 있다.

2) 같은 견해로, 권영성, 헌법학원론, 2010, 346면; 한편, 계희열, 헌법학(中), 2004, 134, 137면은 헌법 제21조 제4항을 가중법률유보로 이해하는 반면, 헌법 제23조 제2항을 헌법유보로 보고 있다.

제2항의 법문은 자유를 행사하는 기본권주체의 관점에서 재산권자의 의무로서 표현하고 있으나, 실질적으로는 재산권을 형성하는 입법자에 대한 요청으로서 입법자의 의무를 규정하고 있는 것이다.[1)]

(나) 또한, 헌법은 제21조 제4항에서 "언론·출판은 타인의 명예나 권리 또는 공중도덕이나 사회윤리를 침해해서는 안된다."고 규정하고 있는데, 여기서도 헌법은 표현의 자유에 대하여 스스로 한계를 제시하고 있다. 위 헌법규정은 입법자가 타인의 명예 등 법익을 보호하기 위하여 표현의 자유를 헌법 제37조 제2항에 따라 법률로써 제한할 수 있음을 규정한 것이다. 즉, 입법자가 특히 어떠한 법익을 위하여 표현의 자유를 제한할 수 있는지에 관하여 구체화한 규정이다. 헌법은 표현의 자유와 특히 빈번하게 상충할 수 있는 법익을 명시적으로 언급함으로써 이러한 법익의 보호를 특별히 강조하고, 위 법익의 보호를 위하여 표현의 자유가 제한될 수 있음을 밝힌 것이다. 표현의 자유도 헌법 제37조 제2항에 의하여 공공복리 등의 사유로 제한될 수 있고 위 법익은 이미 제37조 제2항의 공공복리에 포함되어 있으나, 제21조 제4항에서 표현의 자유에 대한 제한을 정당화하는 사유로서 특별히 강조하고 있는 것이다. 헌법 제21조 제4항은 마치 언론의 자유를 행사함에 있어서 타인의 명예 등을 고려해야 할 개인의 의무인 것처럼 표현하고 있으나, 이는 개인의 헌법적 의무가 아니라 위 법익을 보호하는 입법을 해야 할 입법자의 의무를 규정하고 있는 것이다.

2. 法律留保에 의한 기본권의 제한

헌법유보가 헌법 스스로에 의한 제한인 반면, 법률유보는 입법자에게 기본권을 제한할 수 있는 권한을 부여함으로써 법률로써 기본권의 제한이 가능한 경우를 말한다. 헌법이 각 기본권에 대하여 개별적으로 아니면 모든 기본권에 대하여 일괄적으로 법률로써 제한될 수 있는 가능성을 규정하고 있는지의 여부에 따라 개별적 법률유보와 일반적 법률유보로 구분할 수 있다.

가. 個別的 法律留保
(1) 개별적 법률유보의 규율형식

헌법이 각 기본권마다 '법률로써 제한될 수 있는지' 또는 '어떠한 조건하에서 제한될 수 있는지'를 개별적으로 규정한 경우, 이를 개별적 법률유보라 한다. 개별적 법률유보는 각 기본권규정마다 별도로 법률유보조항을 삽입함으로써 입법자가 공익의 추구를 위하여 각 기본권을 상이한 정도로 제한할 수 있다는 것을 표현하고 있다. 기본권의 제한가능성을 규율함에 있어서 개별적 법률유보의 형식을 취하고 있는 대표적인 헌법이 바로 독일의 기본법이라 할 수 있다.

독일 기본법의 경우, 개별적 법률유보의 규율형태로서, 헌법이 기본권을 제한하는 법률에 대하여 아무런 특별한 요건을 제시하지 않고, 단지 기본권이 법률로써 제한될 수 있다는 것만을 규정하는 경우(단순법률유보를 가진 기본권), 기본권이 법률에 의하여 제한될 수 있음을 규정하는 것에 그치지 아니하고, 어떠한 요건 하에서 개별 기본권을 법률로써 제한할 수 있는지를 헌법이 스스로 규정하는 경우(가중법률유보를 가진 기본권), 법률로써 제한될 수 있음을 규정하지 않은 경우(법률유보 없는 기본권)의 세 가지 형태를 취하고 있다.

즉, 단순법률유보란 기본권을 제한할 수 있는 입법자의 권한이 아무런 조건 없이 단순히 부여되

---

1) 물론, 헌법 제23조 제2항은 전적으로 입법자만을 향하고 있는 것이 아니라 재산권자에게도 의무를 부과하고 있으나, 이러한 의무는 법적으로 강제할 수 없다는 점에서 그 실질적 의미가 적다.

는 경우이고, 가중법률유보란 입법자의 권한이 특별한 조건의 규정을 통하여 내용적 제한을 받는 경우를 말한다. 가중법률유보를 가진 기본권의 경우, 헌법은 특정 제한상황, 제한목적 또는 제한수단을 기본권제한의 요건으로 규정함으로써 입법자를 구속하며, 이로써 법률에 의한 기본권의 제한은 단지 특정한 조건 또는 특정 목적 하에서만 허용된다.[1] 이에 대하여, 법률유보 없는 기본권의 경우, 헌법이 법익충돌의 위험이 없다고 판단하여 기본권을 제한할 수 있는 입법자의 권한을 인정하고 있지 않다.

(2) 개별적 법률유보의 의미

(가) 법익충돌 가능성의 반영

헌법은 개별적 법률유보를 통하여 '개별기본권을 행사하는 경우 발생하는 법익충돌의 정도'를 고려할 수 있다. 개인이 기본권에 의하여 보장된 자유의 행사를 통하여 사회적으로 접촉하고 다른 법익과 충돌할수록 법익간의 한계설정의 문제가 제기된다.

특정 기본권이 법률유보 없이 보장되었다면, 이는 다른 기본권과 비교할 때 규제되어야 할 필요성이 적다는 것을 의미한다. 헌법이 특정 기본권(가령, 신앙·양심·예술·학문의 자유 등)을 법률유보 하에 두지 않은 것은, 이러한 기본권이 내면의 정신적 세계에서 이루어지는 자기결정권을 보호하고 외부세계에서 이루어지는 기본권의 행사도 그 효과에 있어서 일반적으로 개인적인 범위를 넘지 않기 때문에, 사회적 영역에서 다른 법익과 충돌할 위험이나 계기가 적고, 이에 따라 법률로써 규율되어야 할 필요가 적다고 판단한 것이라 할 수 있다. 즉, 법률유보 없는 기본권의 경우, 기본권의 행사로 인한 법익충돌의 가능성이 없다고 보고 입법자에게 제한의 가능성을 명시적으로 규정하지 않은 것이다.

반면에, 법률유보를 가진 기본권의 경우, 헌법이 개인의 기본권행사에 의하여 발생하는 법익충돌의 위험성을 미리 인식하여 기본권제한의 필요성을 인정하였고, 이에 따라 입법자에게 제한의 가능성을 제공한 것이라 할 수 있다. 단순법률유보의 경우 헌법은 법익충돌의 가능성을 전반적으로 인정한 것이고, 가중법률유보의 경우 특정한 상황에서 전형적인 법익충돌의 위험이 있음을 인정한 것이다.

(나) 기본권의 의미와 중요성·우열관계의 반영?

기본권마다 '개별적 법률유보'를 두는 경우, 헌법은 입법자가 어떠한 조건 하에서 개별기본권을 제한할 수 있는지를 스스로 정함으로써 개별기본권마다 입법자에게 인정되는 '제한의 가능성'(형성권)이 다르다는 것을 표현할 수 있다. 개별적 법률유보에 따른 입법형성권의 정도를 보자면, 단순법률유보의 경우에는 입법자에 의한 기본권제한의 가능성이 크며, 가중법률유보의 경우에는 입법자가 가중적 요건의 구속을 받음으로써 상대적으로 입법형성권이 축소된다고 할 수 있다.

여기서 개별적 법률유보로부터 개별기본권의 의미·중요성 및 우열관계가 도출될 수 있는지의 문제가 제기된다. 가령, 가중법률유보를 가진 자유권은 단순법률유보를 가진 자유권보다 더 중요한 기본권인지, 따라서 더욱 보호해야 할 필요성이 있는지의 문제이다. 물론, 가중법률유보는 보다 엄격한 요건 하에서만 기본권의 제한을 허용함으로써 단순법률유보가 허용하는 기본권제한의 가능성을

---

1) 독일 기본법상의 가중법률유보의 예를 본다면, "청소년 및 명예의 보호라는 목적을 위해서는 일반적 법률이 아닌 법률로도 표현의 자유를 제한할 수 있다."(기본법 제5조 제2항), "자녀는 법률에 의하여 단지 자녀의 방치를 예방하려는 목적을 위해서만 가족으로부터 격리될 수 있다."(기본법 제6조 제3항), "거주이전의 자유는 헌법이 스스로 규정하는 특정한 목적(충분한 생활의 터전이 마련되어 있지 않고, 이로 인하여 공공에 특별한 부담이 발생하는 경우나 연방이나 주의 존립이나 자유민주적 기본질서에 대한 급박한 위험을 방지해야 하는 경우, 전염병이나 자연재해를 방지해야 하는 경우 등)을 위해서만 제한될 수 있다."(기본법 제11조 제2항)의 규정을 들 수 있다.

배제할 수 있다. 그러나 다양한 개별적 법률유보로부터 기본권의 의미와 중요성 또는 기본권 사이의 일정한 위계질서를 이끌어낼 수 없다. 가령, 법률유보 없이 보장된 기본권이 법률유보 하에서 보장되는 기본권에 대하여 우위에 있다고 할 수 없다.[1] '헌법의 통일성'의 관점에서 기본권은 상호간의 관계에서 원칙적으로 동등한 지위를 가지고 있다. 기본권의 의미와 중요성·보호필요성은 자유가 개인의 자유로운 인격발현에 대하여 가지는 의미 및 자유민주적 질서에 대하여 가지는 의미에 따라 판단된다.

나. 一般的 法律留保

일반적 법률유보란 모든 기본권에 대하여 어떠한 조건 하에서 법률로써 제한될 수 있는지에 관하여 일괄적으로 규정하는 경우를 말한다. 우리 헌법은 제37조 제2항에서 '모든 기본권은 공공복리 등을 위하여 필요한 경우에 법률로써 제한할 수 있다'고 하여 모든 자유권에 대하여 일괄적으로 적용되는 '일반적 법률유보'를 채택하고 있다.

3. 우리 헌법상 개별적 법률유보조항의 존재여부 및 의미

헌법은 제37조 제2항에서 모든 기본권에 대하여 공통적으로 적용되는 일반적 법률유보조항을 두면서, 동시에 일부 기본권에 대하여 개별적으로 단지 '법률'에 의한 제한 가능성만을 규정하는 조항(예컨대, 헌법 제12조 제1항, 제23조 제3항, 제33조 제3항 등)을 두고 있고, 일부 기본권에 대해서는 개별적으로 특정 목적을 위하여 기본권을 제한할 수 있음을 규정하는 조항(헌법 제21조 제4항의 "타인의 명예, 공중도덕, 사회윤리", 헌법 제23조 제2항의 "공공복리")을 두고 있기 때문에, 이러한 조항들을 각 단순법률유보조항이나 가중법률유보조항으로 이해할 수 있는지, 일반적 법률유보조항을 두고 있는 우리 헌법의 기본권체계에서 이와 같은 헌법규정의 의미는 무엇인지의 문제가 제기된다.

가. 단순법률유보로서 헌법 제12조 제1항 및 제23조 제3항?

학계의 일부에서는 예컨대 헌법 제12조 제1항("법률에 의하지 아니하고는"), 제23조 제3항("그에 대한 보상은 법률로써 하되") 등을 단순법률유보의 예로 이해하고 있다. 그러나 이러한 헌법규정은 개별적 법률유보와는 전혀 무관한 것이다. '누구든지 법률에 의하지 아니하고는 신체의 자유를 제한받지 아니한다'고 규정하는 헌법 제12조 제1항의 경우, 이 조항은 개별적 법률유보의 규율형식으로서의 단순법률유보조항이 아니라 단지 신체의 자유에 대한 제한은 입법자의 형식적 법률에 유보되어야 한다는 '법률유보의 원칙'을 강조하는 규정으로 이해되어야 한다. 기본권의 체계 내에서 신체의 자유가 가지는 의미와 중요성에 비추어, 헌법 제12조 제1항 규정을 입법자에게 광범위한 제한가능성을 부여하는 단순법률유보로 보는 것은 그 자체로서 모순적이다.

또한, 헌법 제23조 제3항의 '공용침해 및 그에 대한 보상은 법률로써 해야 한다'는 규정은 공공의 필요에 의하여 공용침해가 불가피한 경우에는 법률에 근거하여 원칙적인 존속보장으로서의 재산권 보장이 예외적으로 가치보장으로 전환한다는 것과 보상에 관한 입법자의 사전결정이 있는 경우에만

---

1) 예컨대, 개별적 법률유보를 채택한 독일 기본법의 경우, 법률유보 없이 보장된 예술·학문·신앙의 자유가 법률유보를 가진 표현의 자유에 대하여 우위를 차지한다고 주장할 수 없으며, 마찬가지로 옥외집회에 대해서만 법률유보를 두고 있는 기본법 제8조의 규정을 근거로 옥내집회의 자유가 옥외집회의 자유에 대하여 우위를 가진다는 것을 의미하지 않는다. 오히려 여론형성의 관점에서 헌법적으로 옥외집회의 의미가 보다 중요할 수 있다. 기본법 제8조에서 옥외집회를 법률유보 하에 두고 있는 이유는 옥내집회보다 덜 중요하기 때문이 아니라, 법익충돌의 위험성 때문이다.

공용침해를 허용한다는 것을 규정하고 있는 것이지, 기본권의 제한가능성을 각 개별기본권별로 규정하고 있는 개별적 법률유보의 일부를 구성하는 규정이 아니다.

나. 가중적 법률유보로서 헌법 제21조 제4항 및 제23조 제2항?

또한 일부 학자는 언론·출판의 자유는 헌법 제21조 제4항에 규정된 목적("타인의 명예나 권리, 공중도덕, 사회윤리")을 위해서만 제한될 수 있다고 하여, 위 헌법규정을 가중적 법률유보로 이해하고 있다.[1] 그러나 표현의 자유는 헌법 제21조 제4항에 열거된 법익 외에도 예컨대 '청소년의 보호'와 같은 다른 법익을 위해서도 제한이 가능하며, 가중적 법률유보가 특정한 요건 하에서만 입법자에 의한 제한을 허용함으로써 당해 기본권을 보다 강하게 보호하고자 하는 것이라면, 헌법 제21조 제4항에 규정된 목적인 "공중도덕"이나 "사회윤리"는 헌법 제37조 제2항의 법익("국가안전보장·질서유지·공공복리")보다도 더욱 포괄적이고 모호한 개념이라는 점에서, 이러한 포괄적 법익을 위한 제한을 허용하는 규정을 가중적 법률유보라 볼 수 없다. 따라서 헌법 제21조 제4항에 규정된 법익은 가중적 요건의 표현이 아니라, 단지 표현의 자유와 빈번하게 충돌할 수 있는 법익을 명시적으로 언급함으로써 기본권제한의 목적으로서 헌법 제37조 제2항의 공공복리를 구체화하고 강조하고 있는 것으로 파악하는 것이 타당하다. 또한, 이미 위에서 서술한 바와 같이, 헌법 제23조 제2항의 "공공복리"도 가중적 요건으로 이해될 수 없다.

다. 私 見

따라서 위에서 언급한 헌법규정들은 단지 표면적으로 개별유보의 외양을 띠고 있는 규정으로서 하나의 독자적인 개별적 법률유보체계를 구성하는 것이 아니라, 일반적 법률유보의 체계 내에서 법률유보원칙을 강조하거나 또는 헌법 제37조 제2항의 공공복리를 보완하고 구체화하며 강조하는 기능을 할 뿐이다. 우리 헌법의 일반적 법률유보체계 내에서 개별적 법률유보조항은 존재하지 않는다.

4. 한국 헌법에서 '基本權의 內在的 限界'의 의미

가. 독일의 '기본권의 내재적 한계' 이론

(1) '법률유보 없는 자유권'이 무제한적으로 보장되는지의 문제

독일 기본법과 같이 개별적 법률유보를 갖춘 기본권의 체계에서 제기되는 중요한 문제는 '법률유보 없는 자유권'이 무제한적으로 보장되는지, 제한될 수 없는 것인지에 관한 것이다. 법률유보가 없는 자유권의 경우에도 개인이 기본권에 의하여 부여된 자유를 행사함으로써 제3자의 자유나 헌법적으로 보호되는 법익과 충돌할 수 있다. 기본권적 자유는 법적 자유이며, 법적 자유는 절대적 또는 무제한적으로 보장될 수 없다. 기본권의 행사가 국가공동체 내에서의 타인과의 공동생활을 가능하게 하고 국가의 법질서를 위태롭게 하지 않는 범위 내에서 이루어져야 한다는 것은 모든 기본권의 원칙적인 한계이다. 따라서 법률유보 없는 자유권도 제한이 가능하다.

---

1) 예컨대, 계희열, 헌법학 中, 2004, 138면 주 28)에서 헌법 제21조 제4항과 제37조 제2항의 관계를 다음과 같이 설명하고 있다, "언론·출판의 자유는 국가안전보장, 질서유지 또는 공공복리 외에 타인의 명예나 권리 또는 공중도덕이나 사회윤리라는 요건 하에서만 제한될 수 있다. 이렇게 제21조 제4항을 가중유보로 볼 때, 언론·출판의 자유는 보다 강하게 보장될 수 있다. 물론, 제37조 제2항의 공공복리 등의 개념이 포괄적이기 때문에, 제21조 제4항이 규정하고 있는 가중요건이 여기에 포함된다."

(2) 헌법의 통일성으로부터 필연적으로 파생되는 헌법내재적 한계

(가) 독일연방헌법재판소는 법률유보를 두고 있지 않은 소위 '절대적 기본권'의 경우[1] 이러한 기본권에 대한 제한은 단순한 공익에 의하여 정당화될 수 있는 것이 아니라 단지 헌법적 법익에 의하여 정당화될 수 있다는 '헌법내재적 한계'의 이론을 확립하였다. 따라서 기본권의 내재적 한계 이론이란, 법률유보 없는 자유권에 대한 제한을 가능하게 하기 위하여 고안된 이론이다.

(나) 기본권의 헌법내재적 한계란, 헌법의 통일성과 헌법의 가치결정을 고려하여 헌법 스스로부터 나오는 한계를 말한다. 기본권은 무제한적으로 보장될 수 없으므로, 법률유보 없는 기본권의 경우 헌법으로부터 직접 나오는 한계의 구속을 받는다.

헌법내재적 한계는 무엇보다도 체계적 해석, 즉 '헌법의 통일성'의 관점에서 기본권보장의 상호관계 및 다른 헌법규범과의 상호관계로부터 나온다. 따라서 법률유보 없는 기본권도 충돌하는 헌법적 법익, 즉 타인의 기본권 및 헌법적 지위를 가지는 다른 법익(예컨대 국가의 안전보장, 국방 등)에 의하여 제한이 가능하다. 사회공동체 내에서 자유로운 인격발현을 추구하는 인간을 헌법의 인간상으로 삼는 헌법의 체계 내에서, 기본권의 행사도 타인의 기본권과 사회공동체의 중요한 가치를 존중하는 범위 내에서 보호되는 것이다.

나. 한국 헌법과 '기본권의 내재적 한계' 이론

법률에 의해서도 제한될 수 없는 소위 '절대적 자유권'(법률유보가 없는 자유권)을 규정하고 있는 헌법 질서 내에서 그러한 자유권에 대한 제한의 필요성이 있는 경우, 이를 해결하기 위한 이론이 바로 '기본권의 내재적 한계이론'이다. 그러나 모든 자유권에 대하여 적용되는 일반적 법률유보조항($\binom{제37조}{제2항}$)을 두고 있는 한국의 헌법에서는 기본권의 내재적 한계이론은 논의의 필요성도 없고 존재의미도 없다.[2]

다. 개인의 의무로서 기본권(자유권)의 내재적 한계[3]

한편, 기본권의 내재적 한계는 위에서 서술한 내용과는 전혀 다른 의미로 사용되기도 한다. 여기서 자유권의 내재적 한계는 '공동체 내에서 개인의 자유의 한계'를 의미한다.

개인의 자유가 서로 충돌하는 공동체 내에서, 개인의 자유는 타인의 동등한 자유에서 그 한계를 발견한다. 자유란 '타인의 자유를 침해하지 않는 범위 내에서의 자유'이며, 모든 인간의 자유가 공존하고 조화를 이룰 수 있도록 개인의 자유는 행사되어야 한다. 이로써 자유권에는 '타인의 자유를 존중해야 할 개인의 의무'가 대응한다.

자유권의 내재적 한계란, 개인의 자유가 서로 병립·공존할 수 있도록 자유를 행사해야 한다는 의미에서 자유권에 내재하는 한계를 의미한다. 자유권의 내재적 한계는 모든 사람의 동등한 자유행사로 인하여 제기되는 요청으로서 '공동체 내에서 자유'의 본질로부터 나오는 필연적 결과이다.

---

1) 독일기본법은 신앙의 자유, 예술의 자유, 양심의 자유와 관련하여 법률유보를 두고 있지 아니한데, 이러한 기본권의 경우, 일반적으로 인간의 존엄성실현을 위한 가장 기본적인 요소로서, 기본권의 행사를 통하여 타인의 법익이나 다른 헌법적 법익과의 충돌가능성이 상대적으로 적다고 할 수 있다.
2) 같은 취지로 허영, 한국헌법론, 2010, 279면; 계희열, 헌법학(中), 2004, 134면 참조.
3) 이에 관하여 제3편 제8장 국민의 기본의무 Ⅱ. 1. 및 Ⅴ. 1. 참조.

제 8 절 自由權의 制限에 대한 憲法的 要請[1]

I. 헌법 제37조 제2항의 의미

오늘날 모든 헌법의 핵심적인 문제는 개인의 자유와 공동체의 이익 사이의 긴장관계를 어떻게 조화시킬 것인지, 그리고 양 법익간의 균형 상태를 발견하는 제도와 절차를 마련하는 문제라 할 수 있다. 우리 헌법도 국가의 이익과 개인의 이익 간의 충돌상황을 근본적으로 규율하고 있다. 헌법 제37조 제2항은 "국민의 모든 자유와 권리는 국가안전보장·질서유지 또는 공공복리를 위하여 필요한 경우에 한하여 법률로써 제한할 수 있으며, 제한하는 경우에도 자유와 권리의 본질적 내용을 침해할 수 없다."고 하여 공동체의 이익을 위하여 개인의 자유권을 법률로써 제한할 수 있는 가능성을 규정하면서, 한편으로는 '필요한 경우에 한하여' 제한을 허용함으로써 자유권제한의 한계를 설정하고 있다.[2]

헌법 제37조 제2항은 법률유보의 원칙('국민의 자유는 법률로써 제한'), 과잉금지원칙(' … 을 위하여 필요한 경우에 한하여'), 본질적 내용의 침해금지('본질적 내용을 침해할 수 없다') 등 자유권을 제한함에 있어서 준수해야 하는 일련의 중요한 원칙을 규정하고 있다. 이로써, 헌법은 입법자에게 자유권의 제한을 허용할 뿐만 아니라, 나아가 법률유보가 기본권을 침해하는 수단으로 사용되는 것을 방지하기 위하여 입법자에 대해서도 자유권을 보호하는 안전장치를 두고 있다. 입법자에 대해서도 자유권을 보장하고자 하는 수단이 바로 과잉금지원칙과 본질적 내용의 침해금지원칙이다.[3]

1. 法律留保의 原則

헌법 제37조 제2항은 "국민의 모든 자유와 권리는 … 법률로써 제한할 수 있으며"라고 하여 법률유보의 원칙을 규정하고 있다. 여기서 법률유보는 한편으로는 행정과 사법에 대하여 법률에 근거하지 않은 국가행위를 금지하면서(법치국가적 법률유보), 다른 한편으로는 입법자에 대하여 기본권의 제한을 허용한다는 점에서(기본권적 법률유보), 이중적 의미를 가진다.

가. 법치국가적 법률유보(침해유보)

법치국가적 법률유보란 국민의 자유와 권리에 대한 제한은 입법자에게 유보되어야 한다는 것을 의미한다. 이로써 법률에 근거하지 않는 행정과 사법의 국가행위를 금지하고자 하는 것이다. 법률유보는 역사적으로 19세기 독일에서 군주의 집행부로부터 시민사회를 보호하기 위하여 발전한 원칙으로서, 군주로 대표되는 집행부와 시민을 대표하는 의회와의 대립관계를 전제로 하여, 행정은 법률에 의한 수권이 있는 경우에만 국민의 자유와 재산을 제한할 수 있다는 원칙, 즉 행정에 의한 기본권의

---

1) 한수웅, 헌법 제37조 제2항의 과잉금지원칙의 의미와 적용범위, 저스티스 통권 제95호, 2006. 12. 5면 이하; 형성적 법률유보를 가지는 기본권에서 과잉금지원칙의 적용여부, 헌법실무연구, 제9권(2008), 379면 이하 참조.
2) 헌재 1989. 12. 22. 88헌가13, 판례집 1, 357, 374, "헌법 제37조 제2항의 규정은 기본권 제한 입법의 수권규정인 성질과 아울러 기본권 제한 입법의 한계규정의 성질을 가지고 있다."
3) 독일 기본법은 입법자에 대하여 기본권을 보호하기 위한 제도적 장치로서 기본권제한에 있어서 평등원칙을 준수하고 차별을 방지하기 위하여 개별사건법률을 금지하는 조항을 두고 있으며(기본법 제19조 제1항 제1문), 자유의 제한과 관련해서는 본질적 내용의 침해금지조항(기본법 제19조 제2항)을 두고 있다.

침해는 법률에 근거해야 한다는 원칙을 말한다.

나. 기본권적 법률유보(일반적 법률유보)

기본권적 법률유보란 입법자에게 기본권에 대한 제한을 허용하는 것을 의미한다. 기본권의 보장에 의하여 헌법적으로 표명된 '원칙적인 침해금지'에 대하여 입법자에게 '예외'를 허용하고자 하는 것이다. 즉, 기본권적 법률유보는 입법자에게 기본권을 제한하거나 또는 입법자가 행정부에게 기본권을 제한할 수 있는 권한을 위임하는 것을 허용한다.

법치국가적 침해유보와 기본권제한의 법률유보는 그 헌법적 기능과 의미에 있어서 구분되어야 한다. 법치국가적 법률유보가 행정부와 사법부에 대하여 입법자의 결정에 근거하지 않은 기본권의 침해를 금지하고자 하는 것이라면, 즉 다른 국가권력과의 관계에서 입법자의 결정권한을 확보하고자 하는 것이라면, 기본권적 법률유보란 입법자에 의한 기본권의 제한을 가능하게 하고자 하는 것이다. 요컨대, 법치국가적 법률유보란 '기본권은 단지 법률로써 제한되어야 한다'는 것을 의미하고, 기본권적 법률유보는 '기본권은 법률로써 제한될 수 있다'는 것을 의미한다.

다. "법률로써"의 의미

(1) 법률에 의하여 또는 법률에 근거하여

(가) 여기서 '법률'이란 국회가 제정한 형식적 의미의 법률을 말한다. 입법자는 행정부로 하여금 규율하도록 입법권을 위임할 수 있으므로, 법률에 근거한 행정입법에 의해서도 기본권의 제한이 가능하다. 물론, 헌법 제75조에 의하여 입법권을 행정부에 위임하는 경우, 위임법률은 그 수권의 범위를 명확하게 정해야 한다.

따라서 "법률로써"란, '법률에 의하여 또는 법률에 근거하여' 기본권을 제한할 수 있다는 것을 의미하며, 이로써 '형식적 의미의 법률'뿐만 아니라 법규명령, 규칙, 조례 등의 '실질적 의미의 법률'을 통해서도 기본권의 제한이 가능하다.[1] 다만, 중대한 기본권제한은 본질성이론에 따라 입법자에게 유보되어야 한다.

(나) 행정청이 법률의 근거 없이 기본권을 제한하는 경우, 그 공권력행위는 법률유보원칙에 위반되어 기본권을 침해하는 행위이다. 입법자에 의한 수권이 없다면, 기본권의 제한은 정당화될 수 없으므로, 법률의 근거 없는 행정청의 행위(행정입법, 행정처분 등)는 개인의 기본권을 침해하게 된다.

(2) 법률의 명확성원칙

기본권의 제한은 반드시 법률로써 이루어지도록 규정하고 있는 헌법 제37조 제2항의 법률유보는 '기본권을 제한하는 법률은 명확해야 한다'는 요청을 당연한 전제로 포함하고 있다. 법률에 의한 수권이 포괄적이고 불명확한 것이 아니라 제한적이고 구체적인 경우에 비로소 법률은 수권의 근거로서 그 실질적 기능을 이행할 수 있다. 법률유보는 '법률의 명확성'을 당연한 전제로 한다는 점에서, '행정청에 대한 법률의 수권은 명확해야 한다'는 명확성의 원칙을 내재하고 있다. 법률유보원칙이란 '명확한 법률에 의한 유보원칙'이다.

---

1) 헌재 2005. 5. 26. 99헌마513(지문날인제도), 판례집 17-1, 668, 685, "기본권제한에 관한 법률유보의 원칙은 '법률에 의한 규율'을 요청하는 것이 아니라 '법률에 근거한 규율'을 요청하는 것이므로, 기본권의 제한에는 법률의 근거가 필요할 뿐이고 기본권 제한의 형식이 반드시 법률의 형식일 필요는 없다."

2. 과잉금지원칙

가. 자유권제한입법의 위헌심사기준으로서 과잉금지원칙

자유권은 절대적으로 보호되는 것이 아니라 국가에 의하여 제한될 수 있다. 그러나 자유권의 제한은 헌법적으로 정당화되어야 한다. 헌법 제37조 제2항은 "… 공공복리를 위하여 필요한 경우에 한하여 법률로써 … "라고 규정함으로써, 입법자에게 자유권의 제한을 정당화해야 할 의무를 명시적으로 부과하고 있다. 이에 따라, 자유권의 제한은 공공복리 등의 법익이 다른 방법으로는 달성될 수 없는 경우에 한하여 허용되며, 이 경우에도 자유권의 제한은 최소한의 정도에 그쳐야 한다. 즉, 자유권의 제한은 "반드시 필요한 경우에 한하여 필요한 만큼만" 허용될 수 있는 것이다. 따라서 자유권을 제한하는 법률이 헌법적으로 정당화되는지를 심사하는 기준은 '기본권이 공익실현을 위하여 필요한 것 이상으로 과잉으로 제한되어서는 안 된다'는 내용의 '과잉금지원칙'이다.

나. '법률유보'로부터 '과잉금지원칙에 부합하는 법률유보'로의 변화

오늘날 헌법국가에서 입법자도 헌법의 구속을 받기 때문에, 법률이 내용적으로 기본권을 비롯한 헌법과 합치하는가 하는 '법률에 대한 내용적 요구'가 제시되었다. 입법자가 자유권을 준수하는지의 여부는 무엇보다도 과잉금지원칙에 따라 판단되므로, 입법자가 자유권에 의한 구속을 받게 되면서, '법률유보'는 '과잉금지원칙에 부합하는 법률유보'로 발전하였다. '법률유보'는 법률의 근거 없이 행정청이 기본권을 제한하는 것을 방지하는 기능을 하며, '과잉금지원칙에 부합하는 법률유보'는 입법자가 과도하게 자유권을 제한하는 법률을 제정하는 것을 방지하는 기능을 하는 것이다.

다. 기본권제한의 목적

(1) 국가안전보장

일차적으로 외부로부터 국가의 존립과 안전을 의미하며, 이를 넘어서 국가의 독립과 영토의 보전, 헌법과 법률의 규범력, 헌법기관의 유지 등 국가적 안전의 확보를 말한다.

(2) 질서유지

국가안전보장이 외부로부터의 국가의 존립과 안전을 의미한다면, 질서유지는 국가내부에서의 국가의 존립과 안전을 의미한다. 이러한 의미의 질서유지는 공공의 안녕질서, 특히 사회적 안녕질서, 경찰법상의 안녕질서를 뜻한다.

(3) 공공복리

공공복리는 일반적 복리나 공공의 이익(공익), 국민공동의 이익과 같은 의미로서, 국가안전보장과 질서유지를 포괄하는 보다 광의의 상위 개념이다. 공공복리는 사익의 단순한 집합에 해당하는 것이 아니라, 개인의 상이한 사적 이익을 넘어서 모든 국민을 국가공동체로 결합하는 일반적 이익을 의미한다. 물론, '국가안전보장과 질서유지'를 자유방임적 사고에 기초한 근대국가(夜警國家)의 전형적인 국가과제로서 현상유지를 위한 소극적 공익으로, '공공복리'를 현대 사회국가가 실현해야 할 적극적인 국가과제로서 사회형성을 위한 적극적 공익으로 분리하여 이해할 수도 있다. 그러나 헌법 제37조 제2항이 언급하는 "국가안전보장·질서유지 또는 공공복리"의 구체적 의미를 확정하고 각 목적 간의 상관관계를 규명하는 것은 큰 실익이 없다.[1]

---

1) 아래 Ⅱ. 5. 가. '목적의 정당성' 부분 참조.

(가) 국가공동체와 국가행위의 목적으로서 公共福利

공공복리는 국가공동체의 존재의미이자 모든 정치적 행위의 궁극적 목적이다. 모든 정치적 행위의 궁극적 목적은 공공복리의 실현, 즉 정의로운 사회의 형성이다. 공공복리는 국가공동체의 이상적 상태 및 공동체구성원의 번영·행복·복리에 관한 이념을 구현하는 것이다.

공공복리는 국민의 행복과 복리에 관한 것이지, 국가기관의 복리에 관한 것이 아니다. 국가기관은 공공복리에 봉사하는 것을 그 목적으로 한다. 국가권력은 스스로를 위해서가 아니라 국가공동체로 결합한 국민을 위하여 존재하는 것이다. 이로써 공공복리는 국가권력의 自己目的的 行使에 대한 부정을 의미한다. 국가권력의 행사는 국민의 복리에 근거하는 정당성을 필요로 한다. 국가권력의 윤리적 정당성의 기원이 바로 공공복리의 실현에 있는 것이다. 국가권력의 정당성은 공공복리의 실현을 통하여 확보되고 강화된다.

공공복리는 국가의 정치적 활동에 방향과 지침을 제시하는 지도적 이념이며, 국가정당성의 근거이다. 공공복리는 특정 내용에 의하여 정의되지 아니하고 특정 활동영역에 의하여 제한되지 아니한다는 점에서, 내용적으로 서술되는 특별한 國家目標(예컨대, 내적인 안전으로서 질서유지, 사회정의, 환경보호 등) 및 특정 활동영역과 관련되는 구체적 國家課題(예컨대, 국방, 교육, 경찰, 사회보장 등)와 구분된다. 공공복리는 모든 현실적 국가목표를 포괄하는 '정당한 국가목표(공익)의 총체'이다.

(나) 公共福利와 私益

공공복리는 사익과 상반되거나 서로 합치할 수 없는 것은 아니다. 국가는 그 구성원인 개인의 복리를 공동체의 복리로 파악함으로써 사익을 공익으로 전환할 수 있다. 입법자는 공동체의 이익뿐만 아니라 사익도 입법목적으로 추구할 수 있으며, 가령 개인의 명예 보호 또는 태아의 생명권 보호와 같은 개인의 기본권보호를 위해서도 개입할 수 있다. 따라서 공익과 사익의 대립관계가 과잉금지원칙을 적용하기 위한 전제조건이 아니며, 사익과 사익이 대립하는 경우에도 국가가 사익을 공익으로 전환함으로써 '사익의 보호'를 입법목적으로 삼는 한, 과잉금지원칙이 적용된다.

(다) 공공복리와 사회국가원리

헌법 제37조 제2항에서 개인의 모든 자유가 공공복리를 위하여 제한될 수 있다고 규정함으로써 우리 헌법은 사회국가원리를 국가의 기본원리로서 수용하고 있다는 것을 밝히고 있다. 헌법은 전문, 사회적 기본권과 경제에 관한 조항 외에도 헌법 제37조 제2항을 통하여 사회국가원리를 수용하고 있으며, 이러한 의미에서 헌법 제37조 제2항은 사회국가원리의 구체적인 헌법적 표현인 것이다. 헌법 제37조 제2항의 '공공복리'는 일차적으로 '사회국가적 관점에서 정의로운 사회질서를 형성하기 위하여 그 실현을 요구하는 공익' 또는 '사회국가를 실현하기 위하여 입법자가 추구하는 공익'으로 이해된다.

국가가 정의로운 사회질서를 실현하기 위해서는 국가의 적극적 활동이 요청되고, 이로 인하여 사인의 자유영역에 대한 제한이 불가피하게 된다. 따라서 사회국가원리는 공공복리의 실현을 위하여 개인의 사적영역을 침해할 수 있는 수권규범으로 나타난다.[1]

3. 본질적 내용의 침해금지

헌법 제37조 제2항은 "국민의 모든 자유와 권리는 … 제한하는 경우에도 자유와 권리의 본질적

---

1) 이에 관하여 상세한 것은 제2편 제6장 제1절 Ⅲ. 2. 관련 부분 참조.

내용을 침해할 수 없다."고 규정하여 기본권이 어떠한 경우에도 그 본질적 내용에 있어서 침해되어서는 안 된다는 기본권제한의 최종적 한계를 설정하고 있다.

Ⅱ. 過剰禁止原則

1. 과잉금지원칙의 의미

가. 자유보장의 기술로서 과잉금지원칙(기본권제한의 한계원리)

헌법은 자유권의 보장과 관련하여 입법기술적으로 다음과 같은 방법을 취하고 있다. 자유권조항은 개인에게 국가로부터 자유로운 영역을 보장한다. 그러나 이러한 자유의 헌법적 보장은 입법자가 법률로써 공익을 실현하고 자유권의 한계를 확정할 수 있는 가능성을 가지고 있다는 유보 하에 있다. 즉, 자유권은 개인의 자유를 보호하는 것이고, 이에 대하여 법률유보는 공익의 실현을 확보하고자 하는 것이다. 그런데 입법자는 공익이 요구하는 범위 내에서만, 즉 공익의 실현을 위하여 필요한 경우에 한하여 개인의 자유를 제한할 수 있다.

과잉금지원칙은 특정한 조건하에서만 개인의 자유에 대한 제한을 허용함으로써, 자유제한의 조건을 규정하고, 이로써 자유를 제한하는 국가권력을 다시금 제한하고 있다. 따라서 과잉금지원칙은 '자유를 제한하는 국가공권력에 대한 제한원리'이며, '기본권제한의 한계'라고 할 수 있다. 바로 여기에 자유권보장의 기술로서 과잉금지원칙의 핵심적 의미가 있는 것이다. 과잉금지원칙은 국가에 의하여 사용된 수단에 대한 통제로서, 개인의 자유를 가장 적게 제한하는 수단을 선택해야 할 의무를 국가권력에 부과하고자 하는 것이다.

나. 헌법원리로서 과잉금지원칙(국가기관에 대한 기속력)

과잉금지원칙은 법치국가적 헌법원리로서 입법·행정·사법의 모든 국가권력에 대하여 구속력을 가진다. 과잉금지원칙은 입법자에게는 입법의 지침으로서, 행정청에게는 법규범의 해석과 적용의 기준으로서, 국가행위의 위헌성을 심사하는 헌법재판기관(헌법재판소나 법원)에게는 입법자나 행정청의 행위가 과잉금지원칙을 준수하였는지의 여부를 판단하는 위헌심사기준으로서의 성격을 가진다.

과잉금지원칙은 일차적으로 입법과 행정이 자유권을 제한함에 있어서 준수해야 하는 원칙이다. 과잉금지원칙은 입법자에게는 입법에 있어서, 행정청에게는 법률의 해석·적용에 있어서 준수해야 하는 지침을 제시함으로써, 입법자와 행정청을 이중적으로 구속한다. 첫째, 입법자는 법률을 제정함에 있어서 공익실현을 위하여 필요한 정도를 넘어서 개인의 자유를 과잉으로 제한해서는 안 된다는 구속을 받는다. 헌법은 제37조 제2항에서 입법자에 대한 이러한 구속을 명시적으로 규정하고 있다. 둘째, 법률을 집행하는 행정청은 법률이 다양한 해석 가능성을 허용하는 경우에는 과잉금지원칙의 요청에 부합하는 합헌적인 해석, 즉 자유권을 가장 적게 제한하는 해석을 선택해야 하고, 법률이 재량을 부여하는 경우에는 입법목적을 달성하기 위하여 고려되는 다양한 조치 중에서 과잉금지원칙에 부합하는 조치, 즉 자유권을 가장 적게 침해하는 행위가능성을 선택해야 한다는 구속을 받는다. 따라서 과잉금지원칙은 헌법에서뿐만 아니라 행정법에서도 적용되는 중요한 법치국가적 원리이다.

나아가, 과잉금지원칙은 헌법재판기관에게는 자유권을 제한하는 국가행위의 위헌성을 판단하는 심사기준으로서의 의미를 가진다. 이러한 경우, 과잉금지원칙은 공권력에 의한 자유권의 제한이 헌법적으로 정당화되는지의 여부를 판단하는 기준으로 기능한다.

다. 개별적 법익형량과 개별적 정의의 표현으로서 과잉금지원칙

과잉금지원칙의 가장 중요한 기능은 구체적 법익형량을 통하여 '개별사건에서의 정의'를 실현하고자 하는 것이다. 개별사건에서의 정의로운 결정에 대한 요청은 자유권의 보장에 있어서 구체적이고 개별적인 판단을 요구한다. 자유권은 '개인의' 자유를 보장함으로써 구체적인 경우의 '개별적' 법익형량을 요청하고, 과잉금지원칙은 '개별적 정의'의 표현이다. 이로써 법익형량의 결과에 대한 예측가능성이 감소하여 법적 불안정성이 초래되는 것은 개별적 정의의 실현을 위하여 치러야 하는 대가이다. 이러한 의미에서, 헌법 제37조 제2항은 개별사건에서의 구체적인 법익형량을 배제하고 추상적 원칙에 따라 포괄적으로 위헌판단을 하는 법원칙에 대한 헌법적 부정을 의미한다. 기껏해야 법익형량을 위한 일정 지침이 있을 수 있을 뿐이다.

2. 과잉금지원칙의 헌법적 근거

과잉금지원칙은 명시적 헌법규범의 존부와 관계없이 헌법해석을 통하여 도출할 수 있다. 한편, 헌법은 제37조 제2항에서 과잉금지원칙에 관한 구체적 표현을 담고 있으나, 위 조항이 입법자와의 관계만을 규율하고 있다는 점에서 기본권을 제한하는 모든 공권력행사의 한계로서 적용되는 포괄적 원칙인 과잉금지원칙의 헌법적 근거인지가 문제된다. 뿐만 아니라, 과잉금지원칙의 적용범위는 헌법적 근거와 밀접한 연관관계에 있고, 결정적으로 헌법적 근거가 무엇인지에 달려있다. 따라서 과잉금지원칙의 헌법적 근거를 확인함으로써 그 적용범위를 판단하는 중요한 관점을 얻을 수 있다.

가. 법치국가원리

헌법에 과잉금지원칙에 관한 명문의 규정이 없는 경우, 일차적으로 과잉금지원칙은 국가권력을 제한하려는 법치국가원리에 그 이론적 바탕을 두고 있다. 독일 연방헌법재판소는 이미 초기의 판례에서 과잉금지원칙을 법치국가원리로부터 도출하였는데,[1] 이는 아직도 독일 학계의 지배적 견해 중의 하나이다. 우리 헌법재판소도 과잉금지원칙을 법치국가원리로부터 파생하는 헌법적 원칙으로 판시하고 있다.[2] 여기서 법치국가원리란 국가행위의 예측성·지속성을 그 주된 내용으로 하는 형식적 법치국가원리가 아니라, 정의의 이념을 실현해야 하는 실질적 법치국가원리를 의미한다. 과잉금지원칙은 자의금지원칙과 더불어 정의의 본질적 구성부분이자, 법치국가원리에 내재한 정의 이념의 구체적 표현이라 할 수 있다. 법치국가원리가 지향하는 정의의 이념으로부터 국가행위에 대한 기준으로서, '목적에 비추어 적정한 국가행위'에 대한 요청인 과잉금지원칙이 도출된다.

나. 자유권

과잉금지원칙은 공익 실현을 위하여 개인의 자유를 제한하는 경우에도 최소한의 필요한 정도에 그쳐야 한다는 요청으로서 자유권의 본질 자체로부터 나온다.[3] 자유권을 제한하는 공권력행사에 대한 심사기준으로서의 과잉금지원칙은 '자유권에 대한 특정한 이해'를 그 전제로 한다. 우리 헌법의

---

1) BVerfGE 23, 127, 133.
2) 헌재 1992. 12. 24. 92헌가8, 판례집 4, 853, 878, "과잉금지원칙이라 함은 … 법치국가의 원리에서 당연히 파생하는 헌법상의 기본원리의 하나인 비례의 원칙을 말하는 것이다."
3) Vgl. BVerfGE 19, 342, 348f.

자유권은 자연법적 기본권사상에 따라 개인의 자유는 원칙적으로 무제한적인 반면, 국가권력은 원칙적으로 제한적이라는 사고(법치국가적 분할원칙)에 기초하고 있다. 따라서 자유에 대한 모든 국가권력의 침해는 원칙적으로 제한적이기에, 그 침해를 위한 합리적인 근거가 있어야 하며, 특별한 정당성을 필요로 한다. 개인에 의한 자유의 행사는 국가에 대하여 정당화할 필요성이 없는 반면, 국가는 자유의 제한을 언제나 정당화해야 하는 것이다. 자유권의 이러한 이해로부터, 개인의 자유에 대한 제한은 공익 실현이라는 합리적인 이유로 정당화되어야 하며 그러한 경우에도 꼭 필요한 정도에 그쳐야 한다는 요청, 즉 과잉금지원칙이 당연한 귀결로서 도출된다.

따라서 헌법이 입법자에게 자유권을 제한할 수 있는 권한을 부여하는 모든 법률유보조항에 내재하는 불문법적 헌법상의 원칙이 바로 과잉금지원칙이다. 과잉금지원칙은 자유권이 그의 자유보장기능을 이행하기 위하여 필수적인 헌법적 요청으로서, 이미 자유권의 본질에 내재하는 것이다. 그러므로 헌법이 과잉금지원칙을 명문으로 규정하는지의 여부와 관계없이, 자유권의 본질로부터 국가권력의 한계로서 과잉금지원칙이 도출된다.

다. 헌법 제37조 제2항

자유권 또는 법치국가원리에서 도출되는 헌법적 원칙으로서 과잉금지원칙은 입법자뿐만 아니라 법적용기관 등 모든 국가권력을 구속하는 포괄적인 헌법원칙으로서, 자유를 제한하는 모든 국가공권력에 대하여 적용되는 원리이다. 이에 대하여 헌법 제37조 제2항에서 구체화된 헌법적 표현으로서 과잉금지원칙은 단지 입법자에 대한 요청으로서 기본권 제한입법의 한계규정이다.[1] 즉, 헌법은 제37조 제2항에서 모든 법률유보에 내재한 헌법적 요청, 즉 입법자에 대한 요청을 명문으로 규정한 것이다. 헌법 제37조 제2항에 규정된 과잉금지원칙은 법치국가적 과잉금지원칙의 일부분에 해당하는 것으로, 단지 입법자와의 관계에서 헌법적 근거를 제공할 뿐이다. 따라서 과잉금지원칙의 헌법적 근거는 자유권, 법치국가원리 및 헌법 제37조 제2항이다.

3. 과잉금지원칙의 생성 및 용어의 문제

가. 과잉금지원칙의 생성과 발전

과잉금지원칙은 원래 19세기 말 독일 행정법의 영역에서 개인의 재산과 자유에 대한 경찰법상의 침해를 제한하는 법적 원리로서 형성되었다. 그러나 1949년 독일의 기본법이 제정되면서, 연방헌법재판소의 판례에 의하여 독일법의 모든 영역으로 확대되었다.[2] 연방헌법재판소가 원래 행정법의 영역에서 형성된 과잉금지원칙을 헌법의 영역으로 확대하여 헌법적 원칙으로 정착시킨 것은 1945년 이후 독일 공법학의 최대의 성과로 간주되고 있다. 또한 비교법적 관점에서도 독일 공법학은 과잉금지원칙의 발상지라 할 수 있다. 오늘날 비례의 원칙은 독일뿐만 아니라 오스트리아, 스위스, 프랑스, 이태리, 영국 등 다른 유럽국가, 나아가 유럽공동체법을 비롯한 국제법에서도 인정되고 있다. 우리 헌법재판소도 이미 초기의 판례부터 독일 공법학의 과잉금지원칙을 받아들여 법률의 위헌성을 심사하는 가장 중요한 기준으로 삼고 있다. 독일 기본법과는 달리, 우리 헌법은 제37조 제2항에서 과잉금

---

1) 헌재 1992. 12. 24. 92헌가8(중형구형 시 석방제한), 판례집 4, 853, 876-878.
2) 독일 연방헌법재판소는 1968년의 BVerfGE 23, 127, 133 결정에서 과잉금지원칙을 모든 국가행위에 있어서 준수해야 하는 원칙이자 법치국가원리에서 도출되는 헌법적 지위를 가지는 원칙으로 선언하였다.

지원칙의 의미로 이해될 수 있는 표현("필요한 경우에 한하여")을 담고 있으므로, 헌법재판소는 과잉금
지원칙을 적용함에 있어서 헌법 제37조 제2항을 함께 언급하고 있다.

나. 比例의 原則과의 관계

(1) 과잉금지원칙과 동일한 의미로서 비례의 원칙

공권력에 의하여 자유권이 제한되는 경우, 자유권의 제한이라는 '수단'과 이러한 제한을 통하여
달성하고자 하는 '목적'의 상관관계를 구체적으로 심사한다는 의미에서, 과잉금지원칙은 비례의 원칙
이라고도 한다. 헌법재판소는 '과잉금지원칙'과 '비례의 원칙'을 동일한 의미로 사용하고 있다.[1]

(2) 법익형량의 일반적 원칙으로서 비례의 원칙

한편, 비례의 원칙이란 용어는 '상충하는 법익간의 조화와 균형을 도모하고자 시도하는 경우 적
용되는 일반적 원칙', 즉 '비례적 법익형량의 원칙' 또는 '조화의 원칙'의 의미로도 사용되고 있다. 여
기서 비례의 원칙이란, 모든 국가행위가 준수해야 하는 일반적 원칙으로서 법익충돌의 경우 양 법익
을 최적으로 실현해야 한다는 요청, 즉 최적화를 목적으로 상충하는 법익간의 비례적 조정에 대한
요청을 의미한다. 이러한 의미의 비례의 원칙은, 국가행위가 실현하고자 하는 이익과 국가행위가 초
래하는 손해 사이에 적정한 비례관계가 유지되어야 한다는 요청을 의미하고, 실현하고자 하는 법익
보다도 중대한 법익의 침해를 가져오는 국가행위를 금지한다. 따라서 이러한 廣義의 비례의 원칙은
자유권의 영역뿐만 아니라 헌법의 모든 영역에서 적용되는 일반적 원리이다. 자유권의 영역 외에서,
가령 객관적인 헌법적 법익이 서로 충돌하는 경우 '비례의 원칙'이라는 용어를 사용한다면, 이러한
의미로 이해되어야 한다. 이에 대하여, '과잉금지원칙'은 자유권의 영역에서 법익교량의 원칙이 구체
화된 특수한 형태라고 할 수 있다.

4. 과잉금지원칙의 구조

헌법재판소는 과잉금지원칙을 '목적의 정당성', '방법의 적절성', '피해의 최소성', '법익의 균형성'
으로 분류하고 있지만,[2] 과잉금지원칙은 목적과 수단과의 상관관계에 관한 것이므로 목적 그 자체의
정당성을 묻는 '목적의 정당성'은 엄밀한 의미에서 과잉금지원칙에 속하지 않는다.[3]

가. 자유권의 영역에서 自由와 公益 사이의 조화와 균형을 구현하는 방법

과잉금지원칙은 그 구조상 법익의 충돌(개인의 자유와 공공복리의 충돌) 및 수단(자유권의 제한)과 목
적(자유권의 제한을 통하여 달성하고자 하는 공익)의 관계를 전제로 하고 있다. 과잉금지원칙은 개인의
자유와 공익[4]이 충돌하는 경우 공익의 실현을 위하여 개인의 자유가 과도하게 제한되어서는 안 될

---

1) 헌재 1992. 12. 24. 92헌가8, 판례집 4, 853, 878; 헌재 1989. 12. 22. 88헌가13, 판례집 1, 357, 374. 비례의 원칙이
란 용어를 사용하는 경우, 법익형량의 기능을 담당하는 세 번째 단계인 '비례성심사의 단계'와 상위개념인 '비례의
원칙'이 혼동의 여지가 있고 '광의의 비례원칙'과 '협의의 비례원칙'을 구분해야 하는 번거로움이 있기 때문에, 과잉
금지원칙이란 표현을 사용하는 것이 보다 바람직하다는 것이 독일 학계의 다수견해이다. 그러나 우리 헌법재판소는
'협의의 비례원칙'이란 표현 대신 '법익균형성'이란 용어를 사용함으로써 우려되는 용어상의 혼란을 피하고 있다.
2) 예컨대, 헌재 1989. 12. 22. 88헌가13, 판례집 1, 357, 374.
3) 독일 연방헌법재판소와 독일 학계의 다수의견은 목적의 정당성 측면과 수단과 목적과의 상관관계를 구분하여 비례
의 원칙에는 '수단의 적합성', '수단의 필요성(최소침해성)', '협의의 비례성(균형성)'만을 포함시키고 있다.
4) 公益에는 사인의 기본권보호도 포함된다. 명예의 보호나 태아의 생명권보호를 위하여 표현의 자유나 낙태의 자유를
제한하는 법률을 제정하는 경우가 바로 국가의 보호의무이행을 위하여 기본권을 제한하는 입법을 하는 경우이다.

것을 요구한다. 따라서 국가가 개인의 자유와 공익이라는 양 법익을 동시에 완전히 실현할 수 없기 때문에, 상충하는 법익간의 조화와 균형을 이루어야 하는 경우, 과잉금지원칙은 자유권과 그를 제한하는 공익 사이의 조정과 경계설정의 원칙으로서 적용된다. 자유권의 영역에서 자유와 공익 사이의 실제적 조화를 구현하는 방법이 바로 과잉금지원칙이다. 실제적 조화의 원칙은 기본권과 공익 사이의 비례적 조정을 요청한다. 기본권과 공익이 서로 충돌하는 경우, 양 법익이 모두 최대한으로 효력을 발휘할 수 있도록 양자 사이에 경계가 설정되어야 한다. 이러한 점에서, '과잉금지원칙'은 자유권의 영역에서 실제적 조화의 원칙이 구체화된 특수한 형태라고 할 수 있다.

나. 과잉금지원칙의 2가지 적용단계

과잉금지원칙은 수단과 목적의 상관관계에 관한 심사로서, 다음의 두 가지 적용단계로 나누어 볼 수 있다.

(1) 입법목적의 확인

첫 번째 단계는 국가의 침해행위를 통하여 달성하고자 하는 목적을 발견하고 확정하는 작업이다. 입법자는 입법을 통하여 달성하고자 하는 입법목적을 설정하고, 이를 실현하기 위하여 수단을 선택하게 된다. 추구하는 목적이 확정되지 않는 한, 목적과 수단 사이의 관계를 판단하는 과잉금지원칙의 적용은 불가능하다. 따라서 침해행위를 통하여 추구하는 목적이 무엇인지, 추구하는 목적이 헌법적으로 정당한 것인지, 즉 허용되는 것인지를 판단해야 한다. 이에 대하여, 여기서 '수단'(자유권의 제한 행위)이란 심판의 대상이 되는 국가행위이므로, 수단에 관한 한 별도로 판단할 필요가 없이 명백하다.

(2) 수단의 적합성·수단의 최소침해성·법익균형성

이어서, 두 번째 단계에서는 수단의 적합성 및 수단의 최소침해성, 법익균형성을 판단하게 된다. 즉, 입법자가 선택한 수단이 추구하는 목적을 달성하고 촉진시키기에 적합해야 하고(수단의 적합성), 목적을 달성하기에 똑같이 효과적인 수단 중에서 가장 기본권을 적게 침해하는 수단을 사용해야 하며(수단의 최소침해성), 침해의 정도와 공익의 비중을 전반적으로 비교형량하였을 때 양자 사이에 적정한 비례관계가 성립해야 한다(협의의 비례성 또는 법익균형성).

다. 현실판단 및 가치판단으로서 과잉금지원칙

수단의 적합성·최소침해성이 헌법해석자의 현실판단 또는 경험적 판단에 의존하고 있는 영역이라면, 법익균형성은 가치판단에 의존하고 있는 영역이다. 수단의 적합성·최소침해성에서 문제되는 것은, 수단이 목적의 실현에 기여하는지 또는 가장 기본권을 적게 제한하는 수단인지에 관한 것인데, 이는 미래의 현실발전에 대한 예측판단, 입법적 수단과 규율효과 사이의 인과관계, 규율되는 현실에 대한 사회학적·경제학적 이해 등 경험적 판단을 필요로 하는 것이다. 결국, 수단의 적합성 및 최소침해성의 단계에서는 규율대상인 사회현실을 타당하게 인식하고 합리적으로 서술하는 것에 논증의 중점이 있다. 이에 대하여, 법익균형성의 단계는 기본권과 공익이라는 상충하는 법익간의 형량의 문제로서 경험적 인식이 아니라 규범적 가치판단의 문제이다. 여기서는 충돌하는 각 법익의 헌법적 의미와 중요성, 즉 헌법적 가치를 확인하는 작업이다.

헌법재판소가 법률의 위헌여부를 심사함에 있어서 수단의 적합성원칙이나 최소침해성원칙의 위반을 확인한다는 것은, 곧 입법자의 현실판단을 자신의 현실판단으로 대체한다는 것을 의미한다. 수단의 적합성원칙이나 최소침해성원칙과 관련해서는 헌법재판소가 입법자의 현실판단을 어느 정도로 심사할 수 있는지의 문제가 제기된다. 이에 대하여, 법익균형성의 원칙과 관련해서는 헌법재판소가 입법자의 가치판단을 어느 정도로 자신의 가치판단으로 대체할 수 있는지의 문제가 발생한다.

5. 개별적 요소

가. 목적의 정당성

사례 | 입법목적의 정당성 여부

　실업자가 증가하고 취업난이 심화되자, 전업주부를 가능하면 종래의 전통적인 역할분담에 따라 가정에서의 가사노동에 종사하도록 유도할 목적으로 법률을 제정하는 경우, 국민의 敎化를 목적으로 걸인이나 부랑배를 강제로 수용하는 법률을 제정하는 경우, 특정 종교를 재정적으로 지원하기 위하여 법률을 제정하는 경우, 기존의 영업자를 경쟁으로부터 보호할 목적으로 적정수요의 심사 등과 같은 객관적 허가요건을 설정함으로써 직업선택의 자유를 제한하는 법률을 제정하는 경우, 위 법률들이 추구하는 목적은 정당한 입법목적인가?

'목적의 정당성'이란, 기본권을 제한하는 법률이 정당한 목적을 추구하는지, 즉 입법자가 추구하는 목적이 헌법적으로 허용되는지의 문제이다. 헌법은 입법자가 추구해야 하는 목적에 관하여 구체적으로 규정하고 있지 않다. 입법자가 법률로써 어떠한 목적을 추구할 것인지에 관한 '목적의 선택'에 있어서, 헌법은 입법자에게 광범위한 자유를 부여하고 있다.

(1) 입법자의 포괄적인 권한과 과제에 상응하는 원칙적인 목표설정권한

　오늘날의 사회적 법치국가에서 입법자는 구체적 정치·사회·경제상황에 비추어 정의로운 사회질서를 형성해야 할 포괄적인 권한을 부여받고 있으므로, 입법자가 추구하는 목적이 헌법에 위반되지 않는 한, 입법자는 스스로 행위의 목적을 선택할 수 있다. 현대국가의 특성에 속하는 것이 바로 국가의 포괄적 관할과 과제이다. 현대국가는 특정 국가목적에 맞추어진 것이 아니라 그 목표에 있어서 개방적이다. 즉, 사회현상의 변화 및 그에 따른 정치적 결정의 내용을 예측할 수 없기 때문에, 국가의 목표와 과제는 사전에 완전히 규정될 수 없으며, 어떠한 생활영역도 국가규율 대상의 예외가 될 수 없다.

　근대 국가가 자신의 과제를 소극적으로 국가안전보장과 질서유지에 제한하였고 자신의 관할을 일방적으로 확대할 수 없었던 것과는 대조적으로, 현대국가는 자신의 작용영역을 스스로 정하고 필요하다고 판단되는 자신의 과제를 스스로 선택할 수 있는 권한을 가지고 있다. 국가는 헌법이 허용하는 범위 내에서 사회의 요구와 현실의 도전에 적절하게 대응할 수 있는 포괄적인 권한을 부여받고 있는 것이다.

　따라서 입법자는 헌법적으로 금지되지 않은 모든 목적을 입법을 통하여 추구할 수 있으며, 헌법의 범위 내에서 법률로써 어떠한 목적을 추구할 것인지에 관하여 결정할 수 있는 목표설정권한을 가지고 있다. 따라서 헌법재판소는 '입법자가 선택한 입법목적의 추구가 바람직하고 타당한지'에 관하여 심사할 수는 없고, 단지 '입법목적이 헌법이 허용하는 테두리를 벗어났는지'의 여부만을 심사할 수 있다.

(2) 입법목적과 "국가안전보장·질서유지 또는 공공복리"의 관계

따라서 입법자가 입법을 통하여 추구할 수 있는 정당한 목적이란, 헌법이 스스로 명시적으로 언급하고 있는 특정 공익이나 목적 또는 헌법해석을 통하여 도출할 수 있는 목적에 제한되지 않는다. 입법자는 헌법의 한계 내에서 스스로 공익을 정할 수 있다.

이러한 관점에서 볼 때, 구체적 사건의 경우 입법자가 추구하는 입법목적을 헌법 제37조 제2항이 언급하는 3가지 기본권제한목적("국가안전보장·질서유지 또는 공공복리") 중 어느 하나에 귀속시키거나 헌법에 명시적으로 표현된 공익에서 그 근거를 찾는 것은 큰 의미가 없다. 입법목적의 정당성은 '구체적 입법목적이 헌법에 표현된 공익에 해당되는지'의 관점이 아니라 '구체적 입법목적이 헌법의 가치결정에 위반되는지'의 관점에 의하여 판단되어야 한다. 이러한 이유에서 헌법 제37조 제2항이 언급하는 "국가안전보장·질서유지 또는 공공복리"의 구체적 의미를 확정하고 각 목적 간의 상관관계를 규명하는 것은 실익이 없다.

(3) 입법목적의 확인 방법

(가) 주관적 목적과 객관적 목적의 확인

입법자가 추구하는 입법목적은 통상적으로 입법절차에서 언급되고 논의된다. 한편, 입법목적을 확인함에 있어서 입법자가 법률을 통하여 의도하거나 또는 법률조항에서 명시적으로 언급된 소위 '주관적' 목적뿐만 아니라, 법률에 의하여 그 외의 '객관적' 목적(객관적으로 인식될 수 있는 목적)도 추구되는지를 검토해야 한다.[1] 설사, 입법과정에서 특정 목적이나 관점이 인식되지 못하였거나 언급되지 않았다 하더라도, 법률의 위헌여부는 고려되는 모든 관점에서 심사되어야 하기 때문이다.

(나) 일반적인 법률해석방법을 통한 확인

개별 법률은 일반적으로 그 입법목적을 제1조 등 서두에서 직접 명시적으로 규정하고 있다. 그러나 위헌심사의 대상이 되는 개별 법률조항의 입법목적은 법률 자체의 목적과 반드시 일치하는 것도 아니고 법률에 명시적으로 규정되어 있지 않은 경우가 대부분이므로, 일반적인 해석원칙에 따른 법률해석을 통하여 별도로 규명되어야 한다. 따라서 각 법률조항의 입법목적을 밝히기 위해서는 법률 전체의 입법목적, 당해 법률조항을 제정하게 된 목적 및 사회적 배경·입법동기, 국회위원회 회의록, 연관된 다른 법률조항이나 법률과의 체계적인 연관관계 등을 종합적으로 고려해야 한다.

(4) 입법목적의 정당성이 부인되는 구체적 사례

(가) 실업자가 증가하고 취업난이 심화되자, 가정주부를 가능하면 종래의 전통적인 역할분담에

---

1) 헌재 1996. 12. 26. 96헌가18(자도소주 구입명령제도), 판례집 8-2, 680, 692, "우리 헌법은 헌법 제119조 이하의 경제에 관한 장에서 … 경제영역에서의 국가목표를 명시적으로 규정함으로써 국가가 경제정책을 통하여 달성하여야 할 '공익'을 구체화하고, 동시에 헌법 제37조 제2항의 기본권제한을 위한 일반법률유보에서의 '공공복리'를 구체화하고 있다. 그러나 경제적 기본권의 제한을 정당화하는 공익이 헌법에 명시적으로 규정된 목표에만 제한되는 것은 아니고, 헌법은 단지 국가가 실현하려고 의도하는 전형적인 경제목표를 예시적으로 구체화하고 있을 뿐이므로 기본권의 침해를 정당화할 수 있는 모든 공익을 아울러 고려하여 법률의 합헌성 여부를 심사하여야 한다." 이러한 판시내용에 따라, 헌법재판소는 위 결정에서 법률에 명시적으로 언급된 주관적 입법목적("주세보전", "물류량증가와 교통량체증의 방지") 외에도 고려될 수 있는 객관적 입법목적("독과점규제", "지역경제의 육성", "중소기업의 보호")이 수단을 정당화할 수 있는지를 판단하였다.

따라 가정에서의 家事勞動에 종사하도록 유도하는 목적을 가진 법률을 제정하는 경우, 이러한 법률은 이미 그 입법목적에 있어서 양성의 평등을 요청하는 헌법 제11조 제1항, 제36조 제1항에 위반된다.

(나) 국가가 국민을 도덕적으로 개선하고자 하는 목적은 국가가 헌법적으로 추구할 수 없는 목적에 해당한다는 점에서, 국민의 교화를 목적으로 걸인이나 부랑배를 강제로 수용할 수 있도록 규정한 법률은 이미 그러한 이유만으로 위헌이다. 국가는 국민을 도덕적으로 개선해야 할 의무나 권한이 없다.

(다) 특정 종교를 재정적으로 지원하는 법률을 제정하는 경우, 그 입법목적은 헌법상 종교의 자유, 종교와 정치의 분리원칙(헌법 제20조) 및 종교에 의한 차별을 금지하는 평등원칙에 위반되는 위헌적 목적이다.

(라) 기존의 영업자를 경쟁으로부터 보호할 목적으로 적정수요의 심사 등과 같은 객관적 허가요건을 설정함으로써 직업선택의 자유를 제한하는 법률은 직업의 자유의 관점에서 명백히 헌법에 위반되는 목적을 추구하는 위헌적 규정이다. 직업의 자유가 그의 보장내용에 경쟁의 자유를 포함하기 때문에, 단지 경합자(競合者)보호의 목적을 위하여 직업의 자유를 제한하는 것은 헌법적으로 정당화될 수 없다.

나. 수단의 적합성 원칙

사례 1 헌재 2005. 7. 21. 2004헌가30(자동차운전학원 운영정지 사건)

甲은 자동차운전 전문학원을 운영하고 있는데, 경남지방경찰청장은 위 학원의 2003년도 졸업생 한 명이 교통사고를 일으켜 한 사람을 사망케 하였다는 이유로 도로교통법규정에 근거하여 위 학원의 운영을 14일간 정지하는 처분을 하였다. 도로교통법은 "당해 전문학원을 졸업하고 운전면허를 받은 사람 중 교통사고를 일으키거나 중요 교통법규를 위반한 사람의 비율이 대통령령이 정하는 비율을 초과하는 때"에는 지방경찰청장은 전문학원의 등록을 취소하거나 1년 이내의 기간을 정하여 운영의 정지를 명할 수 있다고 규정하고 있다. 甲은 법원에 경남지방경찰청장을 상대로 위 정지처분의 취소를 구하는 소송을 제기한 후, 위 처분의 근거 법률인 도로교통법규정이 헌법에 위반된다며 위헌여부심판의 제청신청을 하였다. 위 도로교통법규정이 택한 수단은 입법목적을 달성하기 위하여 적합한 수단인가?[1]

사례 2 헌재 1996. 12. 26. 96헌가18(자도소주 구입명령제도 사건)

소주판매업자로 하여금 그 영업장소 소재지에서 생산되는 자도소주(自道燒酒)를 총구입액의 50% 이

[1] 헌재 2005. 7. 21. 2004헌가30(자동차운전학원 운영정지), 판례집 17-2, 1, 13-14, "이 사건 조항이 운전전문학원을 졸업한 자 중 일정비율 이상이 교통사고를 일으킨 경우, 그 교통사고의 원인과 관계없이 운영정지나 등록취소를 할 수 있도록 한 것은 입법목적을 달성하기 위한 합리적이고 공정한 방법이라 보기 어렵다. 교통사고는 본질적으로 우연성을 내포하고 있고 사고의 원인도 다양하다. 학원의 수료생이 낸 교통사고는 당해 운전전문학원의 교습내용 내지 교습방법과 연관이 있는 운전자의 운전기술의 미숙함으로 인한 것일 수도 있으나, 졸음운전 또는 주취운전과 같이 운전자의 운전기술과 별다른 연관이 없는 경우도 있다. 그런데 이 사건 조항은 운전전문학원의 귀책사유를 불문하고 수료생이 낸 교통사고를 자동적으로 운전전문학원의 법적 책임으로 연관시키고 있다. … 또한 운전교육과 기능검정이 철저하더라도 교통사고는 우연적 사정과 운전자 개인의 부주의로 발생할 수 있다는 것을 감안하면, 교통사고를 예방하고 운전교육과 기능검정을 철저히 하도록 한다는 입법목적은 이 사건 조항으로 인하여 효과적으로 달성할 수도 없는 것이다."

상 의무적으로 구입하도록 하는 소위 자도소주 구입명령제도(구 주세법 제38조의7 제1항)는 '독과점방지'라는 공익을 실현하기 위한 적합한 수단인가?[1]

(1) 의 미

입법자가 선택한 수단은 추구하는 목적을 달성하고 촉진하기에 적합해야 한다. 수단의 적합성의 판단에 있어서 입법자가 선택한 수단이 목적을 달성하기에 최상의 또는 최적의 이상적인 수단인지에 관한 문제가 아니다. 입법자가 선택한 수단이 목적달성에 어느 정도 기여할 수 있다면, 이로써 '수단의 적합성'은 인정된다. 수단의 적합성이란 국가행위에 대한 일반적 합리성의 요청으로서 실질적 효과에 있어서는 자의금지원칙과 유사하다고 할 수 있다. 따라서 법률의 위헌성심사에 있어서 법률이 부적합한 수단으로 나타나는 경우는 거의 없다. 입법자는 입법목적을 설정하고 장래의 발전에 대한 예측판단에 근거하여 이러한 목적을 달성하기에 적합한 수단을 법률로써 정하기 때문에, 대부분의 경우 수단의 적합성은 인정된다.

(2) 입법자의 예측판단권

사례 헌재 2002. 10. 31. 99헌바76 등(요양기관 강제지정제 사건)

입법자는 全 국민을 상대로 하는 국민건강보험이란 일원적인 사회보험체계를 시행하기 위하여 그에 필요한 의료기관을 확보할 목적으로 모든 의료기관을 保險醫로 강제로 지정하는 소위 '강제지정제'를 도입하였다. 이에 의사들은 강제지정제를 규정하는 국민건강보험법규정에 대하여 헌법소원심판을 청구하면서, '입법자가 강제지정제가 아닌 계약지정제를 채택하여 의료기관과 보험자간의 사적 계약을 통하여 보험의를 지정하더라도 현재의 의료보장체계가 마찬가지로 기능할 수 있는 것은 아닌가'하는 의문을 제기하였다. 이와 같이, 기본권을 제한하는 법률의 위헌여부가 미래에 나타날 법률 효과에 달려 있다면, 헌법재판소가 어느 정도로 이에 관한 입법자의 예측판단을 심사할 수 있으며, 입법자의 불확실한 예측판단을 자신의 예측판단으로 대체할 수 있는가?[2]

(가) 미래에 대한 입법자의 예측판단의 결과로서 법률내용

장래를 규율하고자 하는 입법자의 조치는 장래 현상에 대한 예측판단에 기초하는 수밖에 없다.[3]

---

1) 헌재 1996. 12. 26. 96헌가18(자도소주 구입명령제도), 판례집 8-2, 680, "헌법 제119조 제2항은 독과점규제라는 경제정책적 목표를 개인의 경제적 자유를 제한할 수 있는 정당한 공익의 하나로 명문화하고 있다. 독과점규제의 목적이 경쟁의 회복에 있다면 이 목적을 실현하는 수단 또한 자유롭고 공정한 경쟁을 가능하게 하는 방법이어야 한다. 그러나 주세법의 구입명령제도는 전국적으로 자유경쟁을 배제한 채 지역할거주의로 자리 잡게 되고 그로써 지역독과점현상의 고착화를 초래하므로, 독과점규제란 공익을 달성하기에 적정한 조치로 보기 어렵다."

2) 헌재 2002. 10. 31. 99헌바76 등(요양기관 강제지정제), 판례집 14-2, 410, 411-412, [계약지정제가 아니라 강제지정제를 택한 것의 최소침해성 위반여부에 관하여] "요양기관 강제지정제가 입법목적을 달성할 수 있는 유효한 수단 중에서 가장 국민의 기본권을 적게 침해하는 수단에 해당하는가 하는 문제가 제기된다. 입법자가 강제지정제를 채택한 것은 … 민간의료기관을 의료보험체계에 강제로 동원하는 것이 의료보험의 시행을 위해서는 불가피다는 현실적 인식에 기초하고 있는 것으로 보인다. … 이러한 관점 등을 고려할 때, 입법자가 계약지정제를 취하는 경우 의료보장이란 공익을 실현할 수 없다는 현실 판단이 잘못되었다고 할 수 없으므로, 강제지정제를 택한 것은 최소침해의 원칙에 위반되지 않는다."

3) 일반적으로 법원이 판단하는 대상이 종결된 사실관계이고 그러한 이유로 증거수단을 통하여 확인할 수 있는 반면, 입법자가 규율하고자 하는 대상은 장래에 대하여 개방적이기 때문에 사실확인과 예측판단의 불확실성이 존재한다

모든 법률은 법현실에 대한 규범적 대응이며 미래에 대한 입법자의 예측판단의 결과이다. 예측판단은 미래의 발전에 대한 개연성의 판단으로서 본질상 불확실성을 내재하고 있다. 입법자는 법률의 제정에 있어서, 방지해야 하는 위험이나 실현해야 하는 공익이 존재하고 선택한 입법적 수단을 통하여 의도하는 입법목적을 실현할 수 있고 나아가 선택한 입법적 수단이 기본권의 침해를 최소한으로 가져오리라는 판단에 기초하고 있다. 입법자는 미래의 발전과 규율효과에 대한 이러한 예측판단에 기초하여 입법을 하기 때문에, 입법의 결과인 '법률의 규율내용'은 '입법자의 현실 판단에 대한 규범적 표현'이다.

이러한 점에서, 공익의 존부 및 수단의 적합성·최소침해성의 판단은 규범적 가치판단이 아니라 미래의 현실발전에 대한 예측에 기초한 경험적 판단의 문제이며, 장래현상에 대한 예측판단의 문제이다. 결국, 공익의 존부 및 수단의 적합성·최소침해성의 심사는 입법자의 예측판단에 대한 심사이다.

(나) 입법자의 예측판단에 대한 司法的 統制의 의미

헌법재판의 실무에서, 입법자가 선택한 수단이 의도한 효과를 발생하여 입법목적을 달성할 수 있는지 '수단의 적합성'에 대한 의문이 제기되거나 또는 입법자가 선택한 수단이 아니라 하더라도 기본권을 보다 존중하는 다른 수단을 통하여 마찬가지로 입법목적을 달성할 수 있다는 주장이 제기됨으로써 '최소침해성'의 여부의 판단이 불확실한 경우에는, 헌법재판소가 입법자의 예측판단을 어느 정도로 심사할 수 있는가의 문제가 발생한다.[1] 입법에 의한 제한을 정당화하는 공익상의 사유 및 공익에 대한 위험, 수단의 적합성, 최소침해성이 입법자에 의하여 입증되어야 하는지, 이로써 완전한 사법적 심사의 대상이 되는지 아니면 이러한 문제에 있어서 입법자에게 광범위한 예측판단권이 인정될 수 있는지, 이로써 헌법재판소에 의한 사법적 심사가 명백하게 잘못된 예측판단에 제한되는지에 따라, 과잉금지원칙에 의한 사법적 심사의 정도가 달라진다. 이러한 예측판단권이 전적으로 입법자에게 인정된다면, 입법자는 단지 중대한 공익의 존재를 주장하고 이러한 공익에 대한 위험 및 입법적 수단의 적합성·필요성을 일방적으로 확인함으로써 자유권에 대한 포괄적인 제한이 가능할 것이고, 이로써 자유권의 보장은 사실상 형해화될 수 있을 것이다.

헌법재판소가 입법자의 예측판단권을 어느 정도 적절하게 독자적으로 심사할 수 있는 경우에만, 자유권은 입법자에 대한 헌법적 구속력을 현실적으로 발휘할 수 있다. 결국, 입법자의 예측판단에 대한 헌법재판소의 심사는 '어느 정도로 입법자의 현실 판단을 헌법재판소의 현실 판단으로 대체할 수 있는지'의 문제를 의미한다. 입법자의 예측판단에 대한 심사는 곧 법률의 규율내용에 대한 내용적 심

는 점에서 근본적인 차이가 있다.

[1] 헌재 1998. 10. 29. 97헌마345(자동차운수사업법), 판례집 10-2, 621, 630-631; 헌재 2002. 10. 31. 99헌바76 등(요양기관 강제지정제), 판례집 14-2, 410, 432면 이하; 헌재 2004. 8. 26. 2002헌가1(양심적 집총거부), 판례집 16-2, 141, 142, [대체복무제도의 도입을 통하여 병역의무에 대한 예외를 허용하면 국가안보란 공익을 효율적으로 달성할 수 없다고 본 입법자의 판단이 현저히 불합리하거나 명백히 잘못된 것인지 여부에 관하여] "이 사건 법률조항을 통하여 달성하고자 하는 공익은 국가의 존립과 모든 자유의 전제조건인 '국가안보'라는 대단히 중요한 공익으로서, 이러한 중대한 법익이 문제되는 경우에는 개인의 자유를 최대한으로 보장하기 위하여 국가안보를 저해할 수 있는 무리한 입법적 실험을 할 것을 요구할 수 없다. 한국의 안보상황, 징병의 형평성에 대한 사회적 요구, 대체복무제를 채택하는 데 수반될 수 있는 여러 가지 제약적 요소 등을 감안할 때, 대체복무제를 도입하더라도 국가안보라는 중대한 헌법적 법익에 손상이 없으리라고 단정할 수 없는 것이 현재의 상황이라 할 것인바, … 이러한 선행조건들이 충족되지 않은 현 단계에서 대체복무제를 도입하기는 어렵다고 본 입법자의 판단이 현저히 불합리하다거나 명백히 잘못되었다고 볼 수 없다."

사를 의미하는 것이기 때문에, 예측판단에 대한 통제는 사실상 법률의 위헌성판단과 직결된다.[1]

(다) 입법자의 예측판단권에 대한 심사기준

입법자의 예측판단권은 미래에 있어서 규율대상의 발전추이와 규율효과에 대한 입법자의 판단재량으로서 입법형성권의 중요한 부분에 해당하는 것이다. 입법자의 형성권은 대부분의 경우 불확실한 미래에 대한 판단에 기초하고 있으므로, 본질적으로 예측판단권이다. 따라서 입법형성권에 관한 일반적 원칙이 예측판단권에도 그대로 적용된다.

헌법재판소의 판례를 보면, '제한되는 자유영역의 의미와 중요성에 따른 기본권제한의 효과' 및 '규율대상의 특성'(확실한 예측판단을 내릴 수 있는 현실적 가능성의 정도)에 따라 입법형성권의 정도나 심사밀도가 달라진다고 하는 관점은 입법자의 예측판단권에 대한 심사에서도 그대로 적용되고 있다.[2] 즉, 기본권제한의 효과가 중대할수록 입법자의 입법은 보다 확실한 사실확인과 예측판단에 기초해야 하며, 역으로 입법자가 달성하고자 하는 공익(가령, 위험의 방지 등)이 중대할수록 또는 규율대상의 특성상 입법자가 확실한 예측판단을 내릴 수 있는 가능성이 감소할수록, 현실에 대한 입법자의 예측판단에 대하여 광범위한 형성권이 인정된다.

따라서 법률이 개인의 핵심적 자유영역(생명권, 신체의 자유, 사생활의 자유 등)을 침해하는 경우에는, 입법자는 입법의 동기가 된 구체적 위험이나 공익의 존재 그리고 법률에 의하여 입법목적이 달성될 수 있다는 구체적 인과관계(적합성) 또는 입법자가 선택한 수단을 통해서만 입법목적을 효율적으로 달성할 수 있다는 것(최소침해성)을 헌법재판소가 납득하게끔 소명·입증해야 할 책임을 지는 반면, 일반적으로 개인이 타인과의 사회적 연관관계에 놓이는 경제적 활동 등을 규제하는 경우 입법자에게 보다 광범위한 형성권이 인정되고 이로써 입법자의 예측판단이나 평가가 명백히 반박될 수 있는가 아니면 명백하게 잘못되었는가 하는 명백성의 통제에 그치게 된다.[3]

여기서 헌법재판소가 '엄격한 심사'를 한다는 것은 입법자의 현실 판단이 과연 내용적으로 타당한지를 자신의 현실 판단을 근거로 하여 적극적으로 심사한다는 것을 의미하고, '완화된 심사'를 한다는 것은 입법자의 현실 판단이 명백하게 잘못되었는지의 심사에 그치는 소극적 심사를 한다는 것을 의미한다. 요컨대, 기본권제한을 초래하는 입법은 제한의 강도와 제한되는 기본권적 법익의 의미에 상응하게 보다 확실한 사실확인과 예측판단에 기초해야 한다는 것을 의미한다.

---

1) 독일의 연방헌법재판소는 법률의 장래 효과에 대한 불확실성이 인정되는 경우 입법자에게 원칙적으로 우선적인 예측판단권, 이로써 장래 현상의 발전에 관하여 '착오할 권리'를 인정하고 있다. 이는, 법률의 적합성과 최소침해성이 문제되는 경우, 법률이 입법목적의 달성을 위하여 적합하고 최소한의 침해를 가져오는 수단인지의 여부를 사후적으로 헌법재판기관의 관점(ex post)에서가 아니라 법률제정 당시의 입법자의 관점(ex ante)에서 판단한다는 것을 의미한다. 따라서 입법 당시 입법자의 상황에서 그와 같이 판단한 것이 명백히 잘못된 것이 아닌 한, 잘못된 예측판단을 근거로 하여 행한 입법조치는 이미 그러한 이유로 위헌으로 선언되어서는 안 되며, 대신 입법자는 실제로 발생한 상황에 따라 이에 부합하게 법률을 개정하거나 폐지해야 할 의무를 진다.

2) 헌재 1998. 10. 29. 97헌마345(자동차운수사업법), 판례집 10-2, 621, 630-631; 헌재 2002. 10. 31. 99헌바76 등(요양기관 강제지정제), 판례집 14-2, 410, 432면 이하; 헌재 2004. 8. 26. 2002헌가1(양심적 집총거부), 판례집 16-2, 141, 156면 이하 참조.

3) 가령, 헌재 2004. 8. 26. 2002헌가1(양심적 집총거부) 결정에서, 입법을 통하여 방지하고자 하는 공익(국가안보)이 중대할수록 위험의 발생가능성의 정도에 대한 요청이 완화된다.

다. 최소침해성의 원칙

사례 / 헌재 2002. 10. 31. 99헌바76 등(요양기관 강제지정제 사건)

전국민을 상대로 하는 일원적인 사회보험체계(국민건강보험)를 시행하기 위하여 그에 필요한 의료기관을 확보할 목적으로 모든 의료기관을 보험의로 강제로 지정하는 경우, 입법목적의 달성을 위하여 입법자가 선택할 수 있는 수단을 기본권제한의 강도에 따라 代案으로 제시함으로써 최소침해성의 문제를 판단하라.[1]

사례 Ƨ 헌재 2005. 11. 24. 2004헌가28(자동차를 이용한 범죄행위에 대한 필요적 운전면허 취소)

甲은 승합차에 乙을 강제로 태우고 약 20킬로미터를 운행하여 乙을 감금하였다는 이유로 도로교통법에 의하여 자동차 운전면허를 취소당하였다. 甲은 법원에 취소소송을 제기하는 한편, 자동차를 이용한 범죄행위에 대하여 반드시 운전면허를 취소하도록 규정하는 도로교통법규정이 자신의 기본권을 침해한다는 주장으로 법원에 위헌법률심판제청신청을 하였다. 위 도로교통법규정은 甲의 기본권을 과도하게 침해하는가?[2]

---

(1) 의 미

최소침해성의 원칙이란 입법목적을 달성하기에 동등하게 적합한 여러 수단 중에서 개인의 자유를 가장 적게 제한하는 수단을 선택해야 한다는 요청이다.

최소침해성의 판단은 첫째, 입법목적의 실현을 위하여 동등하게 적합한 또는 동일하게 효과적인 다른 수단이 존재하는지의 代案의 존부를 판단하는 단계 및 둘째, 개별 수단의 기본권제한 효과를 서로 비교하여, 국가가 선택한 수단이 기본권을 최소한으로 제한하는 수단인지를 판단하는 단계로 구성되어 있다. 그러나 이론적으로는 이와 같은 명쾌한 지침에도 불구하고, 구체적 사건에 최소침해성의 원칙을 적용하는 것은 많은 어려움을 수반한다. 특히, 다른 수단도 입법목적을 달성하기에 동등하게 적합한지 또는 국가가 선택한 수단이 기본권을 최소한으로 제한하는지를 판단함에 있어서 많은

---

1) ① 보험의의 확보라는 입법목적을 달성하는 방법으로서 '계약지정제, 강제지정제의 경우 예외 허용, 강제지정제'의 3가지 방법이 고려된다면, 입법자는 개인의 기본권을 가장 적게 침해하는 단계를 통하여 입법목적을 실현할 수 있는지를 검토하고, 이를 부정하는 경우 다음 단계의 수단을 시도해야 한다. ② 따라서 우선, 계약지정제가 아니라 강제지정제를 선택한 것의 최소침해성 위반여부를 판단해야 한다(국가가 보험의를 강제로 지정하는 것이 아니라 의료기관과의 계약체결을 통해서도 충분한 보험의를 확보할 수 있는가의 문제). ③ 강제지정제를 선택하면서 예외를 두지 않은 것의 최소침해성 위반여부를 판단해야 한다(강제지정제로 인하여 개별적인 경우 가혹한 결과가 발생하는 일정 비율의 의료인에게 강제지정에 대한 예외를 허용하더라도, 강제지정제가 실현하려는 목적을 달성할 수 있는 것이 아닌가의 문제).

2) 헌재 2005. 11. 24. 2004헌가28(자동차를 이용한 범죄행위에 대한 필요적 운전면허 취소), 판례집 17-2, 378, 379, "자동차 등을 교통이라는 그 고유의 목적에 이용하지 않고 범죄를 위한 수단으로 이용하는 경우 운전면허를 취소하도록 하는 것은 원활한 교통을 확보함과 동시에 차량을 이용한 범죄의 발생을 막기 위한 것으로 그 목적이 정당하고 수단도 적합하다고 할 것이다. 그러나 이 사건 규정은 자동차 등을 이용하여 범죄행위를 하기만 하면 그 범죄행위가 얼마나 중한 것인지, 그러한 범죄행위를 행함에 있어 자동차 등이 당해 범죄 행위에 어느 정도로 기여했는지 등에 대한 아무런 고려 없이 무조건 운전면허를 취소하도록 하고 있으므로 이는 구체적 사안의 개별성과 특수성을 고려할 수 있는 여지를 일체 배제하고 그 위법의 정도나 비난의 정도가 극히 미약한 경우까지도 운전면허를 취소할 수밖에 없도록 하는 것으로 최소침해성의 원칙에 위반된다 할 것이다."

논란의 여지가 있다. 따라서 최소침해성의 판단에 있어서도 마찬가지로, 입법자의 예측판단권이 문제된다.

(2) '기본권제한의 강도'에 따른 차등화

수단의 최소침해성을 판단하기 위해서는, '입법자가 선택한 수단'에 대한 대안을 발견하고 제시해야 한다. 입법목적을 달성하기 위하여 고려되는 다양한 수단들을 기본권제한의 강도에 따라 차등화하는 것은 대안을 발견하는 전형적인 방법에 해당한다. 기본권을 제한하는 수단을 '기본권제한의 강도'에 따라 차등화 할 수 있는 한, 입법자는 우선적으로 기본권을 최소한으로 침해하는 단계에서 규율하도록 시도해야 하며, 공익상의 목적이 기본권제한의 강도가 약한 단계에서 유효하게 달성될 수 없을 때에야 비로소 그 다음 단계, 즉 기본권을 더욱 침해하는 수단을 고려해야 한다는 일반원칙을 도출할 수 있다.

(가) 임의적 규정과 필요적 규정

입법자가 행정청이나 법원에게 판단재량을 부여하여 개별적인 경우의 가혹함을 고려하는 '임의적 규정'으로도 법의 목적을 실현할 수 있는 경우, 법적용기관으로 하여금 구체적 사안의 개별성과 특수성을 고려할 수 있는 가능성을 일체 배제하는 '필요적 규정'을 둔다면,[1] 이는 최소침해성의 원칙에 위배된다.[2]

(나) 예외를 두는 규율과 예외를 두지 않는 규율(전면적 금지와 부분적 금지)

1) 일정 생활영역을 일반적으로 규율하는 법규정이 특수한 개별적 경우에 대하여 수인할 수 없는 가혹함을 의미한다면, 입법자는 개별적 경우 가혹함을 완화하는 예외규정을 두지 않음으로써 최소침해성의 원칙에 위반될 수 있다. 가령, 입법자가 외교기관 인근의 옥외집회를 규율하면서 고도의 법익충돌위험이 구체적으로 존재하지 않는 경우에 대해서도 이를 함께 예외 없이 금지하는 것은 입법목적을 달성하기에 필요한 조치의 범위를 넘는 과도한 제한이다.[3] 또한, 기본권에 의하여 보장된 일정 생활영역을 사전에 규율하는 경우 입법자는 일반적으로 허가절차나 예외적 허가절차의 방법을 사용할 수 있는데, 허가절차는 예외적 허가절차에 비하여 보다 적은 침해를 가져오는 수단이므로, 허가절차로서는 공익을 달성할 수 없는 경우에 한하여 기본권을 보다 제한하는 그 다음 단계인 예외적 허가절차의 도입이 정당화된다.

---

1) 임의적 규정이란, 그 법문이 "행정청은 … 등록을 취소할 수 있다."와 같이 행정청에게 재량을 부여하고 있는 규정이며, 필요적 규정이란 "행정청은 … 등록을 취소해야 한다."와 같은 표현을 통하여 행정청에게 필요적으로 특정 행정행위를 하도록 규정하는 조항이다.

2) 형사사건으로 기소된 사립학교 교원에 대하여 당해 교원의 임면권자로 하여금 필요적으로 직위해제처분을 하도록 규정하고 있는 사립학교법규정에 대한 위헌결정(헌재 1994. 7. 29. 93헌가3 등); 건축사가 업무범위를 위반하여 업무를 행한 경우 이를 필요적 등록취소사유로 규정하고 있는 건축사법 규정에 대한 위헌결정(헌재 1995. 2. 23. 93헌가1); 무등록 음반판매업자의 음반 등에 대하여 필요적 몰수를 규정한 음반 및 비디오물에 관한 법률규정에 대한 위헌결정(헌재 1995. 11. 30. 94헌가3); 특정한 운전면허를 부정 취득하면, '부정 취득한 운전면허'뿐만 아니라 '부정 취득하지 않은 운전면허'까지도 필요적으로 취소하도록 규정하고 있는 도로교통법규정에 대한 위헌결정(헌재 2020. 6. 25. 2019헌가9 등).

3) 헌재 2003. 10. 30. 2000헌바67(외교기관 앞 옥외집회금지), 판례집 15-2하, 41, 44; 또한, 헌재 2002. 10. 31. 99헌바76 등(요양기관 강제지정제), 모든 의료기관을 보험의로 강제로 지정하는 소위 '강제지정제'를 규정하는 경우, 강제지정제로 인하여 개별적인 경우 가혹한 결과가 발생하는 일정 비율의 의료인에게 강제지정에 대한 예외를 허용하더라도, 강제지정제가 실현하려는 목적을 달성할 수 있는 것이 아닌지의 관점에서, 헌법재판소는 강제지정제를 택하면서 예외를 두지 않은 것의 최소침해성 위반여부를 판단하였다; 또한 vgl. BVerfGE 13, 97, 106, 120f.

2) 국가공권력이 기본권에 의하여 보호되는 행위를 전면적으로 금지하는 조치(전면적 금지)가 아니라 기본권적 행위를 부분적으로 금지하고 부분적으로는 허용하는 조치(부분적 금지)를 통해서도 입법목적을 달성할 수 있음에도 전면적 금지를 수단으로 채택하는 경우, 최소침해성의 원칙에 위반된다. 가령, 수형자의 집필을 전면적으로 금지하는 것이 아니라 부분적으로 금지한다 하더라도 행형의 기능이나 목적이 저해되지 않는 경우,[1] 태아의 성별고지를 전면적으로 금지하는 것이 아니라 낙태불가능 시까지 부분적으로 금지한다 하더라도 태아의 생명을 효과적으로 보호할 수 있는 경우,[2] 경찰청장이 일반시민에 대한 전면적인 통행제지가 아니라 시간적·장소적으로 부분적 통행제지를 통해서도 폭력적 시위를 방지할 수 있는 경우,[3] 이러한 수단은 전부 최소침해성의 원칙에 위반된다. 또한, 공정거래위원회가 '법위반사실의 공표'명령을 통해서가 아니라 '법위반으로 인한 시정명령을 받은 사실의 공표'명령에 의해서도 입법목적을 달성할 수 있는 경우도 같은 맥락에 속한다.[4] 마찬가지로, 의료기관이 사무장병원이라는 사실이 수사 결과 확인되기만 하면 의료급여비용의 지급을 보류하도록 규정하는 것은, 지급보류처분 후에 사무장병원에 해당하지 않는다는 사실이 밝혀져서 무죄판결의 선고나 확정 등 사정변경이 발생하는 경우에는 지급보류처분을 취소할 수 있도록 하고 지급보류기간 동안 발생한 재산권 제한상황에 대한 보상을 규정하더라도 입법목적을 달성할 수 있다는 점에서, 최소침해성의 원칙에 위반된다.[5]

(다) '기본권행사의 *方法*'에 관한 규정과 '기본권행사의 *與否*'에 관한 규정

자유권을 제한하는 규정은 '기본권제한의 정도'에 따라, 기본권을 행사할 수 있는 가능성을 개방하면서 기본권의 주체가 어떠한 방법으로 기본권을 행사할 수 있는지를 규율하는 '기본권행사의 *方法*'에 관한 규정과 기본권의 주체가 어떠한 요건 하에서 기본권을 행사할 수 있는지, 즉 국가가 정한 일정조건을 충족시켜야만 비로소 기본권을 행사할 수 있도록 규정함으로써 기본권행사의 가능성을 처음부터 봉쇄하거나 제한하는 '기본권행사의 *與否*'에 관한 규정으로 구분할 수 있고, 후자의 경우는 다시금 '기본권의 주체가 영향을 미칠 수 있는 조건을 규정한 경우'와 '전혀 영향을 미칠 수 없는 조

---

1) 헌재 2005. 2. 24. 2003헌마289(금치수형자에 대한 집필금지), 판례집 17-1, 261, 276.

2) 헌재 2008. 7. 31. 2004헌마1010 등(태아의 성별고지 금지), 판례집 20-2상, 236, [의료법조항이 의료인의 직업수행의 자유와 부모의 태아성별정보에 대한 접근을 방해받지 않을 권리를 침해하는 것인지 여부에 관하여(적극)] "이 사건 규정의 태아 성별 고지 금지는 낙태, 특히 성별을 이유로 한 낙태를 방지함으로써 성비의 불균형을 해소하고 태아의 생명권을 보호하기 위해 입법된 것이다. 그런데 … 성별을 이유로 하는 낙태가 임신 기간의 전 기간에 걸쳐 이루어질 것이라는 전제 하에, 이 사건 규정이 낙태가 사실상 불가능하게 되는 임신 후반기에 이르러서도 태아에 대한 성별 정보를 태아의 부모에게 알려 주지 못하게 하는 것은 최소침해성원칙을 위반하는 것이고, 이와 같이 임신후반기 공익에 대한 보호의 필요성이 거의 제기되지 않는 낙태 불가능 시기 이후에도 의사가 자유롭게 직업수행을 하는 자유를 제한하고, 임부나 그 가족의 태아 성별 정보에 대한 접근을 방해하는 것은 기본권 제한의 법익균형성 요건도 갖추지 못한 것이다. 따라서 이 사건 규정은 헌법에 위반된다 할 것이다."

3) 헌재 2011. 6. 30. 2009헌마406(서울광장 통행제지행위).

4) 헌재 2002. 1. 31. 2001헌바43(법위반사실 공표명령), 판례집 14-1, 49, 50 [과잉금지원칙의 위반여부(적극)] "소비자보호를 위한 이러한 보호적, 경고적, 예방적 형태의 공표조치를 넘어서 형사재판이 개시되기도 전에 공정거래위원회의 행정처분에 의하여 무조건적으로 법위반을 단정, 그 피의사실을 널리 공표토록 한다면 이는 지나치게 광범위한 조치로서 앞서 본 입법목적에 반드시 부합하는 적합한 수단이라고 하기 어렵다. 나아가 '법위반으로 인한 시정명령을 받은 사실의 공표'에 의할 경우, 입법목적을 달성하면서도 행위자에 대한 기본권 침해의 정도를 현저히 감소시키고 재판 후 발생가능한 무죄로 인한 혼란과 같은 부정적 효과를 최소화할 수 있는 것이므로, 법위반사실을 인정케 하고 이를 공표시키는 이 사건과 같은 명령형태는 기본권을 과도하게 제한하는 것이 된다."

5) 헌재 2023. 3. 23. 2018헌바433등(의료기관에 대한 요양급여비용 지급보류); 헌재 2024. 6. 27. 2021헌가19(의료기관에 대한 의료급여비용 지급보류).

건을 규정한 경우'로 구분할 수 있다.[1] 최소침해성의 관점에서, 입법자는 그가 의도하는 공익을 달성하기 위하여 우선 기본권을 보다 적게 제한하는 단계인 기본권행사의 '방법'에 관한 규제로써 공익을 실현할 수 있는가를 시도하고 이러한 방법으로는 공익달성이 어렵다고 판단되는 경우에 비로소 그 다음 단계인 기본권행사의 '여부'에 관한 규제를 선택해야 한다.

예컨대, 허가를 받지 않은 기부금품의 모집을 전면적으로 금지하면서, 다만 입법자가 모집행위의 필요성을 인정한 몇 가지 경우(모집목적)에 한하여 관할관청이 기부금품의 모집을 허가할 수 있도록 규정하고 있는 기부금품모집금지법조항의 위헌여부가 문제된 사건(헌재 1998. 5. 28. 96헌가5)에서, 모집목적에 대한 제한이 아니라 모집과정에서의 통제와 모집된 금품의 사용용도에 대한 통제와 감독을 통해서 입법목적(무분별한 모집행위에 의한 폐해와 부작용의 방지)이 달성될 수 있다면, 모집목적을 제한하는 위 법률규정은 최소침해성원칙의 위반으로 행복추구권을 과도하게 침해하는 위헌적인 규정이다.[2]

(3) 수단의 선택에 있어서 형성의 자유

한편, 입법자에게는 수단의 선택에 있어서도 상당한 형성의 자유가 인정된다. 특히, 입법자가 입법목적의 달성을 위하여 한 가지의 수단만을 선택하는 것이 아니라 여러 가지의 수단을 함께 사용하는 경우, 최소침해성의 원칙은 '수단의 선택은 자의적이어서는 안 된다'는 의미로 축소될 수 있다. 하나의 수단이 다른 수단들을 그 효과에 있어서 서로 보완하고 지지하고 촉진하기 때문에 여러 수단을 체계적으로 함께 투입해야만 입법목적의 달성을 위하여 효과적인 해결책이라고 입법자가 판단한다면, 입법자가 선택한 수단들은 그 상호관계에서 단순히 '보다 강한 수단'과 '보다 약한 수단'의 관계에 있다고 할 수 없다.[3]

라. 법익의 균형성 원칙(좁은 의미의 비례원칙)

사례 1 | 헌재 2003. 10. 30. 2002헌마518(좌석안전띠 착용의무 사건)

자동차 운전자에게 좌석안전띠를 매도록 하고 이를 위반했을 때 범칙금을 부과하는 도로교통법규정은 법익균형성의 원칙에 부합하는가?[4]

1) 헌재 1998. 5. 28. 96헌가5(기부금품 모집금지), 판례집 10-1, 541, 542, "입법자는 공익실현을 위하여 기본권을 제한하는 경우에도 입법목적을 실현하기에 적합한 여러 수단 중에서 되도록 국민의 기본권을 가장 존중하고 기본권을 최소로 침해하는 수단을 선택해야 한다. 기본권을 제한하는 규정은 기본권행사의 '방법'에 관한 규정과 기본권행사의 '여부'에 관한 규정으로 구분할 수 있다. 침해의 최소성의 관점에서, 입법자는 그가 의도하는 공익을 달성하기 위하여 우선 기본권을 보다 적게 제한하는 단계인 기본권행사의 '방법'에 관한 규제로써 공익을 실현할 수 있는가를 시도하고 이러한 방법으로는 공익달성이 어렵다고 판단되는 경우에 비로소 그 다음 단계인 기본권행사의 '여부'에 관한 규제를 선택해야 한다."; 同旨 헌재 2005. 2. 24. 2003헌마289(금치수형자에 대한 집필금지), 판례집 17-1, 261, 274.
2) 헌재 1998. 5. 28. 96헌가5(기부금품 모집금지), 판례집 10-1, 541, 542; 또한 같은 맥락에서 헌재 2005. 2. 24. 2003헌마289(금치수형자에 대한 집필금지), 판례집 17-1, 261, 275, "굳이 집필행위를 제한하고자 하는 경우에도 집필행위 자체는 허용하면서 집필시간을 축소하거나 집필의 횟수를 줄이는 방법 또는 접견이나 서신수발과 같이 예외적으로 집필을 허용할 수 있는 사유를 구체적으로 한정하여 집필을 제한하는 방법 등을 통해서도 규율준수를 꾀하고자 하는 목적은 충분히 달성될 수 있을 것으로 보인다."
3) Vgl. BVerfGE 21, 150, 157.
4) 헌재 2003. 10. 30. 2002헌마518(좌석안전띠 착용의무), 판례집 15-2하, 185, 202, "이 사건 심판대상조항들로 인하여 청구인은 운전 중 좌석안전띠를 착용할 의무를 지게 되는바, 이는 운전자의 약간의 답답함이라는 경미한 부담이고 좌석안전띠미착용으로 청구인이 부담하는 범칙금이 소액인 데 비하여, 좌석안전띠착용으로 인하여 달성하려는 공익인 동승자를 비롯한 국민의 생명과 신체의 보호는 재산적인 가치로 환산할 수 없는 것일 뿐만 아니라 교통사고로 인한 사회적인 비용을

사례 2 헌재 1996. 12. 26. 96헌가18(자도소주 구입명령제도 사건)

구 주세법규정은 "소주의 원거리 판매와 과당경쟁으로 야기되는 물류비증가와 교통량체증의 방지"를 구입명령제도의 입법목적으로 밝히고 있다. '물류비증가와 교통량체증의 방지'를 위하여 자도소주 구입명령제도를 도입하는 것이 법익의 균형성원칙에 부합하는가?[1]

(1) 의 미

법익균형성의 심사단계에서 비로소 수단과 목적이 상호연관관계에 놓이게 됨으로써 법익형량이 이루어지고, 원래 의미에서의 비례의 심사가 행해진다. 법익균형성의 원칙이란, 적합하고 필요한 수단이 초래하는 기본권제한의 정도는 추구하는 목적(공익)의 중요성이나 비중과 적정한 비례관계에 놓여야 한다는 요청이다. 따라서 법익균형성의 단계에서 입법목적의 비중과 기본권제한의 효과를 서로 비교해야 한다. 기본권제한의 효과가 중대할수록 이를 정당화하는 법익으로서 입법목적의 비중이 커야 한다. 양 법익을 저울 위에 놓고 서로 교량하였을 때, 사소한 공익의 실현을 위하여 중대한 기본권제한의 효과가 발생한다면, 이는 법익균형성을 상실한 것이다("대포로 참새를 쏘아서는 안 된다."). 헌법재판소는 '원래 의미의 비례의 심사'를 "법익의 균형성"이라 표현하고, "그 입법에 의하여 보호하려는 공익과 침해되는 사익을 비교형량할 때 보호되는 공익이 더 커야 한다."라고 판시하고 있다.

(2) 상충하는 법익 간의 비교형량

과잉금지원칙의 구성요소 중에서 법익균형성(협의의 비례성) 단계가 상충하는 법익 간의 비교형량이 이루어지는 과정이므로, 과잉금지원칙의 본질적 요소라 할 수 있다.

과잉금지원칙의 첫 번째 및 두 번째 단계에서 입법목적은 선택한 수단을 그 적합성과 최소침해성의 관점에서 판단하기 위하여 설정해야 하는 단순히 형식적인 연관점이라면, 법익균형성의 단계에서는 입법목적 그 자체가 스스로 고려의 대상이 됨으로써 목적의 비중과 기본권제한이 비교형량된다. 따라서 법익균형성의 단계에서 비로소, 입법목적이 어떠한 비중이나 의미를 가지는지가 평가된다.

또한, 과잉금지원칙의 적용단계 중에서 각 개별자유권의 특수한 내용이 고려될 수 있는 단계는 법익균형성의 심사단계이다. 목적의 정당성, 수단의 적합성 및 수단의 최소침해성의 단계에서는 각 개별기본권의 보장내용·의미 및 보호가치가 개입할 여지가 전혀 또는 거의 없다. 목적의 정당성 단계에서는 제한되는 기본권과의 상관관계가 아니라 목적 그 자체를 독립적으로 판단하기 때문에, 제한되는 기본권의 보장내용이 문제될 여지가 전혀 없고, 수단의 적합성 단계와 최소침해성의 단계에서는 '입법자가 선택한 수단이 목적달성을 위하여 적합하고 그 효과에 있어서 기본권을 최소한으로

줄여 사회공동체의 이익을 증진하기 위한 것이므로, 달성하고자 하는 공익이 침해되는 청구인의 좌석안전띠를 매지 않을 자유의 제한이라는 사익보다 크다고 할 것이어서 법익의 균형성도 갖추었다고 하겠다."

1) 헌재 1996. 12. 26. 96헌가18(자도소주 구입명령제도), 판례집 8-2, 680, 694, "구입명령제도가 물류비증가와 교통량체증의 방지에 적정하고 필요한 수단인가 하는 것은 별론으로 하더라도, 구입명령제도의 도입을 통하여 달성하려는 성과가 직업의 자유에 대한 침해의 정도와 현저한 불균형을 이루고 있다. … 따라서 구입명령제도가 물류비증가 및 교통량체증의 방지에 기여하는 정도는 비교적 작은데 반하여 그로 말미암아 특히 소주판매업자의 경우에는 상대적으로 심각한 기본권침해를 가져오므로 침해를 통하여 얻는 성과와 침해의 정도가 합리적인 비례관계를 벗어났다고 아니 할 수 없다."

제한하는지'에 관한 본질적으로 사회현실에 대한 질문으로서, 경제학적·사회학적·자연과학적·기술적 사실분석에 근거하여 판단되기 때문에, 그 판단은 개별기본권의 보장내용에 대하여 중립적이다. 단지 법익균형성의 단계에서, 기본권의 제한을 정당화하는 공익의 비중과 제한되는 구체적 기본권의 특성과 고유한 의미를 교량함으로써, 비로소 제한되는 개별기본권의 보장내용이 고려되는 것이다.

(3) 개별사건과 관련된 구체적인 법익형량

법익의 균형성원칙은 법률을 통하여 달성하려는 목적(공익)과 법률이라는 수단이 초래하는 기본권제한의 정도를 비교형량할 것을 요청한다. 그런데 헌법은 가치나 법익 사이에 명확하고 체계적인 우위관계를 확립하고 있지 않으며, 또한 기본권 사이에도 추상적 우위관계가 없다. 이러한 점에 비추어 볼 때, 제한된 기본권이나 입법목적의 중요성을 추상적으로 비교하는 것은 무의미하므로, 개별사건과 관련하여 구체적으로 법익형량을 해야 한다.

따라서 서로 교량해야 하는 대상은 공익의 추상적인 중요성이나 비중 또는 침해된 당해 기본권이 헌법질서에서 가지는 추상적 의미나 중요성이 아니다. 개별적 사례의 구체적인 상황을 고려하여, 입법적 수단에 의하여 '구체적으로 달성되는 공익적 효과'와 이로 인하여 발생하는 '구체적인 제한의 효과', 즉 구체적으로 제한된 자유행사 가능성의 의미, 보호가치, 중요성을 비교해야 한다.[1] 입법목적인 공익이 추상적으로는 중대할 수 있으나, 입법수단을 통하여 구체적으로 달성되는 공익실현의 효과는 불확실하거나 미미할 수 있다.[2] 법익형량과정에서 구체적 기본권제한의 효과를 판단함에 있어서, 기본권제한이 헌법질서에 대하여 가지는 일반적 의미와 개별적 당사자에 대한 제한효과를 함께 고려할 수 있다.

(4) 법익형량과정에서 기준이 되는 관점

수단과 목적의 법익형량과정에서 기준으로 삼아야 하는 관점은 일차적으로 '제한의 정도 또는 강도'이다. '기본권의 제한효과가 클수록 기본권의 제한을 통해서 실현하려는 목적은 더욱 중대해야 한다'는 일반적 원리에 따라, 제한의 강도가 높아질수록 제한의 목적도 그에 비례하여 중대해야 한다는 것이다. 기본권에 대한 제한이 중대할수록, 제한규정을 정당화하는 법익이 중대해야 하며, 따라서 기본권의 제한은 더욱 엄격히 심사되어야 한다.[3] 법익형량의 지침이 되는 또 다른 관점은 기본권의 제한을 통하여 실현하고자 하는 '공익의 비중과 긴급성'이다. 기본권제한규정을 통하여 추구하고자 하

1) 헌재 2005. 7. 21. 2004헌가30(자동차운전학원 운영정지), 판례집 17-2, 1, 15, "이 사건 조항이 추구하는 입법목적은 과연 이 사건 조항을 통하여 달성될 것인지 여부가 불투명한 반면, 이 사건 조항에 따른 행정제재를 당하는 운전전문학원은 자신이 충실히 운전교육과 기능검정을 하였더라도 피할 수 없는 제재를 당할 수 있게 되고, 지속적 등록과 상시적 운전교육이 이루어지는 운전학원업에 있어서 그러한 제재가 가져오는 영업상의 손실은 매우 큰 것이다. 그렇다면 이 사건 조항은 법익간의 균형성원칙에도 위배되고 있다."; 또한, 헌재 2002. 4. 25. 2001헌마614(경비업의 겸영금지), 판례집 14-1, 410, 411, "이 사건 법률조항으로 달성하고자 하는 공익인 경비업체의 전문화, 경비원의 불법적인 노사분규 개입 방지 등은 그 실현 여부가 분명하지 않은데 반하여, 경비업자인 청구인들이나 새로이 경비업에 진출하고자 하는 자들이 짊어져야 할 직업의 자유에 대한 기본권침해의 강도는 지나치게 크다고 할 수 있으므로, 이 사건 법률조항은 보호하려는 공익과 기본권침해간의 현저한 불균형으로 법익의 균형성을 잃고 있다."

2) 헌재 2023. 9. 26. 2020헌마1724 등(대북 전단 등의 살포 금지·처벌) [대북 전단의 살포를 금지·처벌하는 '남북관계 발전에 관한 법률' 조항이 표현의 자유를 침해하는지 여부와 관련하여] 법익균형성원칙의 위반을 확인하는 판시로, "심판대상조항으로 북한의 적대적 조치가 유의미하게 감소하고 이로써 접경지역 주민의 안전이 확보될 것인지, 나아가 남북 간 평화통일의 분위기가 조성되어 이를 지향하는 국가의 책무 달성에 도움이 될 것인지 단언하기 어려운 반면, 심판대상조항이 초래하는 정치적 표현의 자유에 대한 제한은 매우 중대하다."

3) Vgl. BVerfGE 7, 377; 11, 30, 44f.

는 공익의 비중이 중대하고 긴급성을 가질수록 보다 강력한 기본권제한을 정당화할 수 있다.[1]

(5) 법익균형성에 관한 헌법재판소의 심사

충돌하는 양 법익이 최적의 효력을 발휘할 수 있도록 양자 사이의 경계가 설정되어야 한다는 '최적화(最適化)의 요청'이 실제적 조화의 원칙으로부터 제기되므로, 이러한 법익형량의 과정에서 이론적으로는 단지 유일하게 타당한 헌법적 해결책만이 존재한다. 최적화의 과제는 입법자의 결정에 있어서 최상의 것 또는 가장 이상적인 법익형량의 결과를 요청하기 때문이다. 입법자의 결정이 이러한 요청에 부응하는지에 대한 헌법재판소의 심사에 의하여 최적화의 요청은 궁극적으로 실현되고 관철된다. 그러나 최적화의 요청에 따른 포괄적인 헌법재판소의 심사와 입법자의 형성의 자유는 서로 양립하기 어렵다.

따라서 헌법재판소는 입법자와의 권력분립의 관점에서 입법목적과 기본권제한의 수단이 적정한 비례관계에 있는지에 관한 적극적인 확인이 아니라, 수단과 목적이 적정한 비례관계를 현저하게 일탈하였는지에 관한 소극적인 확인에 그쳐야 한다. 즉, 헌법재판소는 법익균형성을 판단함에 있어서 대립하는 양 법익이 가능하면 그 효력을 발휘하도록 최적의 조화와 균형의 상태에 있는지, 이로써 양 법익의 관계가 이상적인지의 심사를 하지 않는다. 따라서 '헌법재판소의 심사기준으로서 법익균형성원칙'과 '입법자에 대한 요청으로서 법익균형성원칙'은 완전히 일치하지 않는다. 법익균형성의 원칙은 입법자에 대해서는 대립하는 양 법익 사이에 최적의 조화와 균형을 이룰 것(실제적 조화의 원칙)을 요청한다고 볼 수 있으나, 헌법재판소의 심사기준으로서 법익균형성원칙은 입법자의 형성권을 존중하는 관점에서 적정한 비례관계를 현저하게 일탈하였는지에 관한 소극적인 판단을 요청한다.

마. 소결론

(1) 법률조항이 과잉금지원칙의 구성요소인 수단의 적합성·수단의 최소침해성·법익균형성 중에서 어느 하나의 요청에 위반된다는 것은 곧 과잉금지원칙에 대한 위반을 의미한다. 따라서 법률조항이 어느 하나의 요청에 부합하지 않는 경우, 다른 요소의 요청에 부합하는지의 심사는 불필요하다. 그럼에도 헌법재판소는 특정 요소의 요청이 준수되지 않았음을 확인한 경우에도 일반적으로 다른 요소의 위반여부를 보완적으로 판단하고 있다.

(2) 수단의 적합성심사는 국가행위에 대한 일반적 합리성의 요청으로서, 입법자가 선택한 수단이 입법목적의 달성에 어느 정도 기여하는 바가 있다면 수단의 적합성이 인정되므로, '수단의 적합성'은 예외적인 경우에만 부인된다.

한편, 법익균형성의 심사단계에서는 침해된 법익(기본권)과 달성하려는 법익(공익)을 교량하는 과정에서, 법익교량을 위한 합리적이고 구속력 있는 척도가 없고 특히 공익의 중대성을 평가하는 과정에서 주관적 판단의 위험이 있기 때문에, 법익의 비교형량과정에서는 판단하는 자의 주관이나 가치관이 개입할 여지가 크다. 따라서 법익균형성의 심사는 심사주체의 주관적인 가치판단의 영향을 크게 받게 된다. 이러한 점에서, 사소한 공익적 효과를 위하여 중대한 기본권침해효과를 야기하는 등 입법목적의 비중과 기본권제한의 효과가 적정한 비례관계를 현저하게 일탈한 경우에 비로소 법익균형성의 심사는 유용한 기준으로 작용할 수 있다.

---

1) Vgl. BVerfGE 30, 292, 324.

반면에, 두 번째 단계인 최소침해성의 심사는 상대적으로 어느 정도 객관성과 논리적 명확성을 확보할 수 있다. 이러한 관점에서 본다면, 과잉금지원칙의 심사는 실질적으로 대부분의 경우 최소침해성의 심사를 중심으로 이루어진다고 볼 수 있다.

Ⅲ. 과잉금지원칙의 적용범위

헌법 제37조 제2항은 "국민의 모든 자유와 권리"는 법률로써 필요한 경우에 한하여 제한될 수 있다고 규정하고 있다. 여기서 '모든' 기본권이 헌법 제37조 제2항의 의미에서의 '제한'의 대상이 되는 것인지, 이로써 일반적 법률유보조항과 과잉금지원칙의 적용을 받는 것인지의 문제가 제기된다. 학계의 다수견해는 자유권뿐만 아니라 청구권적 기본권, 참정권, 사회적 기본권도 헌법 제37조 제2항에 의하여 제한의 대상이 되는 기본권으로 보고 있다.

1. 헌법 제37조 제2항의 해석

종래 학계의 다수견해는 단지 헌법 제37조 제2항이 규정된 위치와 법문에 근거하여 모든 성격의 기본권에 당연히 적용되는 것으로 이해하여 왔으나, 이는 우리 헌법학의 가장 근본적인 오류에 속한다. 자유권과 그 외의 기본권이 그 본질과 실현방법에 있어서 근본적으로 다르기 때문에 다른 심사기준을 필요로 한다는 관점은 차치하고라도, 우선 학계의 다수의견은 일반적인 법률해석원칙의 관점에서도 그 타당성에 대하여 의문이 제기된다.

가. 문리적 해석

학계의 다수견해는 자신의 주장을 무엇보다도 "국민의 모든 자유와 권리는 … 필요한 경우에 한하여 법률로써 제한할 수 있으며, …"라고 규정하고 있는 헌법 제37조 제2항의 법문에 근거하여 문리적 해석의 중요성을 강조하고 있다.[1] 그러나 문리적 해석은 법률해석의 중요한 출발점이기는 하나, 체계적 해석이나 목적적 해석에 의하여 극복될 수 없는 최종적인 관점이 아니다.

뿐만 아니라, 문리적 해석의 관점에서 보더라도 헌법 제37조 제2항은 '모든 자유와 권리'가 아니라 '법률로써 제한될 수 있는 모든 자유와 권리'만이 과잉금지원칙의 적용을 받음을 규정하고 있는 것으로 볼 수 있다. 바로 이러한 '자유와 권리'에 해당하는 것은 단지 자유권이다. 기본권의 '제한'이란 기본권의 '보호범위에 대한 제한'을 의미하고 '이미 존재하는 것'만이 제한의 대상이 될 수 있으므로, '제한될 수 있는 기본권'이란 기본권 중에서 헌법과 국가 이전에 존재하는 보호범위를 가진 기본권, 즉 자유권을 말한다.

나. 체계적 해석

체계적 해석의 관점에서 본다면, 다음과 같은 다양한 관점이 학계의 다수견해에 대하여 의문을 제기한다.

(1) 헌법 제37조 제2항은 과잉금지원칙과 함께 '본질적 내용의 침해금지원칙'을 규정하고 있는데,

---

1) 우리 헌법이 기본권을 규정한 형식을 보면, 자유권의 경우에는 "… 자유를 가진다."고 하여 '자유'로 표현하고 있으며, 이에 대하여 참정권(선거권, 공무담임권), 청구권(청원할 권리, 재판을 받을 권리 등), 사회적 기본권(교육을 받을 권리, 근로의 권리 등)의 경우에는 '권리'로 표현하고 있다.

기본권제한의 한계 원리로서 '과잉금지원칙'과 기본권제한의 최종적 한계로서 '본질적 내용의 침해금지원칙'은 서로 불가분의 관계에 있다. 그런데 '기본권의 본질적 내용'의 사고란 이미 존재하는 것을 전제로 하여 그 핵심에 대한 침해를 금지하는 것으로 전국가적·자연권적 기본권 사상에 기초하고 있다.[1] 따라서 본질적 내용이 침해될 수 있는 기본권이란 오로지 자유권뿐이다.

(2) 자유권의 경우 "모든 국민은 … 자유를 가진다."고 하여 아무런 법률유보가 없는 반면, 참정권·청구권적 기본권·사회적 기본권은 개별기본권마다 "모든 국민은 법률이 정하는 바에 의하여 … 권리를 가진다."는 형태로 별도로 형성적 법률유보를 가지고 있기 때문에, 형성적 법률유보를 이미 가지고 있는 기본권에 헌법 제37조 제2항의 일반적 법률유보를 적용하는 것은 중복적으로 적용한다는 점에서 불필요할 뿐만 아니라 형성적 법률유보에 기본권제한적 일반적 법률유보를 적용할 수 없다는 근본적인 한계를 안고 있다.

(3) 또한, 헌법 제37조 제2항이 규정된 위치를 문제 삼아 과잉금지원칙이 제36조까지 규정된 모든 기본권을 자동적으로 포괄해야 한다는 주장은, 평등권의 경우 왜 자의금지원칙이라는 다른 심사기준이 적용되는지, 사회적 기본권의 경우 왜 과잉금지원칙이 아니라 과소보장금지원칙이 적용되는지를 전혀 설명할 수 없다. 한편, 헌법 제37조 제2항이 '자유권에 관한 부분'의 바로 뒤가 아니라 '사회적 기본권에 관한 부분'의 뒤에 자리 잡은 것은, 사회적 기본권에 관한 규정 중에는 헌법 제33조의 근로3권, 헌법 제36조 제1항의 혼인과 가족생활에 관한 기본권 등과 같이 본질적으로 자유권적 성격을 가지고 있는 기본권도 일부 있다는 사실에 기인하는 것이다. 따라서 헌법 제37조 제2항이 이러한 자유권도 함께 규율하기 위하여 모든 기본권규정 뒤에 위치한 것은 체계상으로도 타당하다.

따라서 헌법 내에서 헌법 제37조 제2항이 위치하는 장소에 따라서 과잉금지원칙의 적용범위가 결정되는 것이 아니라, 기본권조항의 체계적인 해석과 기본권의 구조와 성격을 고려하는 해석에 의하여 과잉금지원칙의 적용여부가 결정된다는 것을 유념해야 한다.

2. 기본권의 성격에 따른 과잉금지원칙의 적용여부

여기서 제기되는 문제는, 과잉금지원칙이라는 동일한 심사기준을 가지고 국가로부터 부작위를 요청하는 기본권(자유권)과 국가로부터 작위를 요청하는 기본권(그 외의 기본권)의 위반여부를 판단하는 것이 타당한지의 여부이다. 기본권의 성격에 따라 또는 기본권이 국가에 대하여 요청하는 바에 따라 기본권위반여부를 판단하는 기준이 달라야 한다는 것은, 그 동안 헌법재판소의 판례에서 기본권의 보호의무나 사회적 기본권과 관련하여 별도의 기준들(가령, 과소금지원칙)이 확립되었다는 것에서도 확연하게 드러나고 있다.

입법자의 행위에 의하여 기본권이 제한되는지 또는 형성되는지의 관점은 기본권위반여부의 판단을 위한 심사기준을 결정하는 가장 중요한 관점이다. 기본권을 제한하는 법률의 위헌성판단은 기본권을 형성하는 법률의 위헌성판단과는 그 구조상 방법을 달리해야 하는 것이다. 따라서 헌법 제2장에 규정된 기본권은 입법자에 의한 별도의 형성을 필요로 함이 없이 그 자체로서 구체적 권리로서 기능하는 자유권과 구체적 권리로 형성되기 위하여 입법자의 사전적 입법행위를 필요로 하는 그 외

---

1) 독일 헌법학에서 유래하는 '본질적 내용의 침해금지원칙'은 과잉금지원칙과 함께 자유권을 제한하는 공권력행사에 대한 헌법적 요청으로서 오로지 자유권과의 관계에서 형성된 것이다.

의 기본권인 청구권적 기본권, 참정권, 사회적 기본권으로 크게 나누어 볼 수 있다.

가. 자유권의 본질

자유권은 역사적으로나 그 본질에 있어서나 개인의 자유영역을 국가의 부당한 침해로부터 보호하고자 하는 방어권적 성격의 기본권으로서 개인의 자유가 원칙이고 이에 대한 국가적 제한은 예외라는 사고가 바탕에 깔려있다. 따라서 자유권은 개인의 자유영역을 제한하는 국가행위에 대하여 별도의 정당성을 요구한다. 개인의 자유행사는 국가에 대하여 정당화할 필요가 없는 반면, 국가에 의한 자유의 제한은 항상 별도로 자유권의 관점에서 정당화되어야 한다. 입법자가 자유권의 영역에서 입법을 한다면, 이는 원칙적으로 자유권에 우호적인 입법이 아니라 자유권을 제한하는 입법이다. 이러한 자유권의 성격과 구조에 부합하는 심사기준이 바로 과잉금지원칙이다. 과잉금지원칙은 자유권이 그의 자유보장기능을 이행하기 위하여 필수적인 헌법적 요청으로서, 이미 자유권의 본질에 내재하는 것이다. '기본권은 필요한 경우에 한하여 제한될 수 있다'고 규정하는 헌법 제37조 제2항의 법문에서도 드러나는 바와 같이, 과잉금지원칙은 기본권이 원칙이고 이에 대한 제한이 예외임을 전제로 하고 있다. 즉, 과잉금지원칙은 그 헌법적 근거에 있어서나 그리고 구조와 본질에 있어서 자유권과 그에 대한 제한을 전제로 하여 수단(기본권제한)과 목적(기본권제한을 통하여 실현하고자 하는 법익)간의 상관관계를 심사하는 것이다.

나. 참정권·청구권적 기본권·사회적 기본권의 본질

(1) 입법자의 광범위한 형성의 자유

이에 대하여, 참정권·청구권적 기본권·사회적 기본권은 특정한 생활영역을 보호하기 위하여 기본권을 제한하는 입법을 금지하는 것이 아니라, 국민에 의하여 구체적 권리로서 행사되기 위하여 오히려 입법자에 의한 입법을 필요로 한다. 이러한 기본권의 경우 입법자의 입법은 본질적으로 기본권의 실현을 위한 국가행위로서 기본권에 우호적인 입법이다. 가령, 재판의 관할을 정하고 재판의 절차를 규정하는 법원조직법이나 개별소송법이 없이는 국민이 헌법 제27조의 재판청구권을 행사할 수 없고, 누가 선거를 할 수 있는지에 관하여 선거연령 등 선거권의 행사범위를 정하고 비례대표제 또는 다수대표제 등 구체적인 선거의 절차와 방법을 정하는 선거법의 규율 없이는 국민은 헌법 제24조의 선거권을 행사할 수 없으며, 생계보조비의 지급을 규정하는 입법자의 법률 없이는 국민은 헌법 제34조의 인간다운 생활을 할 권리를 행사할 수 없다. 국민이 기본권을 실제로 행사하기 위하여 입법자의 입법에 의존하고 있다는 점에 바로 이러한 성격의 기본권의 특성과 본질이 있는 것이며, 자유권을 제한하는 경우와 비교할 때, 이러한 기본권을 형성함에 있어서는 입법자에게 보다 광범위한 형성의 자유가 주어지는 것이다.

(2) 원칙과 예외 관계의 不在

입법을 통하여 비로소 국민이 헌법상 보장된 기본권을 실제로 행사할 수 있고 추상적인 헌법의 보장내용이 구체적 권리로 형성되는 경우에는 자유권에서 전제되는 기본권과 국가행위 사이에 '원칙과 예외의 관계'가 존재하지 아니한다. 가령, 헌법 제27조의 재판청구권의 경우 국민이 모든 법적 분쟁의 경우에 무한한 심급을 통하여 아무런 기간의 제한 없이 모든 형태의 재판을 청구할 수 있는 권리가 원칙적으로 보장되고, 소송법에 의한 입법자의 규율이 재판청구권에 대한 예외적 제한이 아닌 것이다. 마찬가지로 사회적 기본권의 경우에도 사회적 기본권의 실현을 위한 모든 국가적 행위와 급부를 요구할 수 있는 것이 원칙이고 사회입법에 의한 규율이 이에 대한 제한이 아니라, 사회적 기본권은 입법자의 구체적 형성에 의하여 비로소 실현되고 보장되는 것이다. 그러므로 자유권의 본질과 구조인 '원칙과 예외의 관계' 및 '수단과 목적의 상관관계'에 맞추어진 과잉금지원칙은 위와 같은 성격의 기본권에게는 그대로 적용될 수 없다.

다. 헌법상 규정형식의 차이

우리 헌법도 기본권을 규정함에 있어서 규정형식에 차이를 둠으로써 자유권과 그 외의 기본권 사이에 존재하는 이와 같은 근본적인 차이를 명시적으로 표현하고 있다. 자유권의 경우 입법자의 입법을 필요로 함이 없이 그 존재 자체로서 국가의 부당한 행위를 배제하는 주관적 공권으로서 완전한 기능을 하기 때문에, 헌법은 자유권의 규정형식으로서 단지 "모든 국민은 … 자유를 가진다."(헌법 제12조, 제14조, 제15조, 제19조, 제20조, 제21조, 제22조) 또는 "모든 국민은 … 자유를 침해받지 아니한다."(헌법 제16조, 제17조, 제18조), "… 보장된다."(헌법 제23조)는 표현을 사용하고 있다.

이에 대하여 헌법은 참정권(헌법 제24조, 제25조), 청구권(제26조, 제27조, 제28조, 제29조, 제30조), 사회적 기본권(제31조 내지 제36조)의 경우에는 규정형식으로 "법률이 정하는 바에 의하여", "법률이 정하는" 또는 "법률에 의한" 등의 표현을 사용함으로써 자유권과는 달리 입법자에 의한 구체적 형성을 필요로 한다는 것을 분명히 밝히고 있다.

라. 형성적 법률유보와 제한적 법률유보의 관계

(1) 형성적 법률유보와 제한적 법률유보의 차이

기본권이 입법을 통하여 비로소 그 내용이 형성되거나 또는 기본권의 현실적인 행사가 가능한 경우, 이와 같은 기본권들은 법률에 의한 구체적인 형성을 필요로 하는데, 헌법이 이와 같은 권한을 입법자에게 부여하는 것을 기본권형성적 법률유보라 한다. 이에 대하여 기본권제한유보란, 헌법이 입법자에게 기본권을 제한할 수 있는 권한을 부여함으로써 법률로써 기본권의 제한이 가능한 경우를 말한다.

우리 헌법은 자유권과 그 외 기본권 사이의 본질적인 차이를 인식하여 이러한 차이를 헌법의 법문을 통하여 표현하고 있다. 즉, 자유권의 경우 자유권을 규정하는 개별 헌법규범에서는 입법자에 의한 제한가능성을 언급하지 아니하고, 대신 헌법 제37조 제2항에서 모든 자유권에 대하여 일괄적으로 그에 대한 제한가능성을 규정하고 있다. 이에 대하여, 참정권, 청구권, 사회적 기본권의 경우에는 이를 규정하는 각 개별 헌법규범에서 스스로 "법률이 정하는 바에 의하여", "법률이 정하는", "법률에 의한" 등의 표현을 통하여 입법자에게 기본권을 구체적으로 형성할 권한을 부여하고 있다.

(2) 기본권형성유보에 의한 헌법 제37조 제2항의 적용 배제

이러한 관점에서 볼 때, 헌법 제24조 내지 제36조의 규정들은 각 규정마다 개별적으로 독자적인 기본권형성적 법률유보조항을 두고 있기 때문에 기본권형성유보를 가지고 있는 기본권에 부가적으로 헌법 제37조 제2항의 일반적 법률유보조항을 적용하는 것이 불필요할 뿐만 아니라, 나아가 기본권제한유보와 기본권형성유보는 그 성격이 전혀 다른 것으로 상호배제의 관계에 있다는 점에서, 독자적인 기본권형성유보를 가지는 기본권들은 기본권제한유보규정의 적용을 배제하고 있다고 보아야 한다. 기본권의 제한이란 기본권의 보호범위에 대한 제한을 의미하며 '이미 존재하는 것'만이 제한될 수 있다. 그러나 법질서에 의하여 비로소 형성되고 생성되는 것은 법률로써 제한될 수 없으며, 이러한 법률을 기본권에 대한 제한으로 이해할 수 없다. 따라서 헌법 제37조 제2항을 자유권 외의 기본권에 적용하는 것은 이미 이러한 이유로 타당하지 않은 것으로 보인다.

마. 기본권의 성격에 따른 심사기준의 차이

(1) 기본권형성적 법률에 대하여 제기되는 헌법적 문제

입법자에 의한 구체적인 형성을 필요로 하지 않는 자유권의 경우에는, 보호영역에 대한 제한이 과잉금지원칙에 부합하는지의 심사이다. 이에 대하여, 입법자에 의한 구체적인 형성을 필요로 하는 기본권의 경우, 자유권과는 달리 보호범위가 존재하지 아니하고, 이에 따라 입법자의 입법은 보호범위에 대한 제한의 문제가 아니다. 자유권 외의 기본권의 경우 제기되는 헌법적 문제는 '입법자에 의한 규율이 과잉제한인지'의 문제가 아니라 '입법자가 입법형성권을 제대로 행사했는지'의 문제이다. 즉, 헌법이 기본권을 보장한 정신과 이와 상충하는 법익과의 법익교량의 문제, 실제적 조화의 문제인 것이다. 이러한 기본권의 경우, 한편으로는 입법자가 헌법규범인 기본권의 구속을 받으면서 다른 한편으로는 입법자가 기본권의 구체적 내용을 형성한다는 점에서, 여기서 제기되는 핵심적인 문제는 입법자가 기본권에 의하여 어떠한 구속을 받는지의 문제이다.

(2) 기본권의 성격에 따른 위헌성 판단의 심사구조

법률의 위헌성 판단은 구체적인 사건에서 적용되는 기본권의 성격에 따라 그 구조를 달리한다.

(가) 자유권이 적용되는 경우에는 자유권의 제한이 헌법적으로 정당화되는지에 관한 것이므로, 자유권을 제한하는 법률의 위헌성심사는 '보호범위', '그에 대한 제한', '제한의 정당성'의 3 단계의 심사로 이루어진다. 여기서 위헌성심사는, 보호영역에 대한 제한이 과잉금지원칙에 부합하는지의 심사이다.

(나) 평등권이 적용되는 경우에는 보호영역에 대한 제한이 아니라 국가에 의한 불평등취급이 문제되기 때문에, 차별대우가 존재하는지, 차별대우가 헌법적으로 정당화되는지의 2 단계심사로 그치게 된다.

(다) 이에 대하여, 광의의 청구권(보호청구권, 사회적 기본권, 청구권적 기본권)이 적용되는 경우에는 개인이 자유의 제한이나 차별취급을 문제 삼는 것이 아니라, '일정한 입법행위가 청구권에 근거하여 요구될 수 있는지'의 여부를 묻게 되므로, 법률의 위헌심사는 '입법자가 기본권보장의 정신에 부합하게 구체적으로 형성하였는지'를 판단하는 단일 단계의 심사로 이루어진다. 따라서 여기서 기본권위반의 심사는 기본권보장의 기본정신과 이와 상충하는 다른 법익(공익 및 제3자의 법익)과의 법익형량의 문제로 귀결된다. 여기서 제기되는 헌법적 문제는 입법자에 의한 제한이 과잉제한인지의 문제가 아니라 입법자에 의한 구체적인 형성이 헌법상 부여된 형성권의 범위를 일탈하였는지의 여부이다. 이는 형성적 법률유보를 가진 선거권이 적용되는 경우에도 마찬가지이다.

(3) 형성적 법률유보를 가진 기본권에 과잉금지원칙을 적용하는 것의 문제점

기본권형성적 법률유보를 가진 기본권에 기본권제한적 법률유보조항을 적용하는 것은 기본권의 제한과 형성 사이에 존재하는 본질적인 차이를 극복할 수 없기 때문에, 헌법재판소의 일부 판례에서 드러나는 바와 같이, 과잉금지원칙에 의한 위헌심사는 때로는 과잉금지원칙의 외형에 맞춘 형식적인 심사, 때로는 아무런 내용도 없는 무의미한 심사의 형태를 띠게 될 것이다. 특히, 선거권의 위반여부가 문제되는 사건에서 과잉금지원칙에 따라 형식적으로 심사하는 것은, 입법자가 선거권을 구체적으로 형성함에 있어서 지침으로 삼아야 하는 헌법상의 실체적 내용을 심판대상조항의 위헌성심사에서 제대로 고려하지 못하는 치명적인 단점을 안고 있다. 따라서 기본권형성적 법률유보를 가진 기본권의 경우, 제한적 법률유보에 맞추어진 과잉금지원칙을 기계적으로 적용할 것이 아니라, 그러한 기본권의 본질과 구조에 적합한 심사기준을 채택해야 할 것이다.

Ⅳ. 審査의 密度를 결정하는 實體的 觀點(법익교량의 일반적 지침)

과잉금지원칙을 적용하여 법률의 내용적 위헌성을 심사하는 과정에서 심사의 밀도를 결정하는 실체적 관점의 기본사고는 '자유 중에서 보다 근본적인 자유는 더욱 보호되어야 하고 이에 대한 제한은 보다 엄격하게 심사되어야 하며, 덜 근본적인 자유에 대해서는 공익상의 이유로 보다 광범위한 제한이 가능하므로, 완화된 심사가 요청된다'고 하는 것이다. '어떠한 자유가 보다 근본적이기 때문에 더욱 보호되어야 하는지, 따라서 입법자의 형성권이 보다 제한되는지'를 판단하는 관점으로는 미국의 이중기준이론과 독일의 개인연관성·사회연관성 이론이 고려된다. 이러한 이론들은 개별사건의 구체적 법익형량과정에서 '법익교량의 일반적 지침'으로 기능한다.[1]

1. 미국의 二重基準理論

헌법재판소는 지금까지 일부 결정에서, 그것도 주로 소수의견에서 경제적 자유와 정신적 자유를 구분하고 이를 제한하는 법률의 심사에 있어서 서로 다른 기준이 적용될 수 있는 가능성을 제시한 바 있다.[2] 기본권의 성격에 따라 상이한 심사밀도를 적용하려는 이와 같은 시도는 미국 연방대법원에 의하여 형성된 '위헌심사의 이중기준이론'의 영향을 받은 것으로 보인다.

가. 내 용

미국의 이중기준이론은 자유권을 경제적 자유권과 정신적 자유권으로 구분하여, 경제적 자유권을 제한하는 경우에는 완화된 심사를, 정신적 자유권을 제한하는 경우에는 엄격한 심사를 함으로써 제한되는 기본권의 성격에 따라 심사기준을 달리 하는 이론이다.[3] 이중기준이론은 과잉금지원칙을 적용하는 과정에서 심사의 밀도를 결정하는 실체적인 관점을 제공한다.

---

1) 이중기준이론을 적용하는 경우에도 개별사건에서 구체적인 법익형량이 이루어지고 이중기준이론은 법익형량의 일반적 지침으로 작용하지만, 이중기준이론의 경직성으로 말미암아 개별사건의 구체적 상황을 충분히 고려하기 어렵기 때문에 개별사건에서 실질적 정의를 실현하는 데 한계가 있다.

2) 헌재 1990. 9. 3. 89헌가95, 판례집 2, 262, "국회의 입법활동에 있어서 재산권 기타 경제적 활동의 자유규제는 다른 정신적 자유규제에 비하여 보다 넓은 입법재량권을 가진다."고 다수의견에서 방론으로 언급한 바 있다. 그 외 소수의견에서 이중기준이론을 언급한 예로는 헌재 1990. 6. 25. 89헌가98 등, 판례집 2, 162; 헌재 1991. 6. 3. 89헌마204, 판례집 3-286.

3) 미연방대법원은 법률의 위헌성을 심사함에 있어서 소위 "합리성의 심사(rational basis test)"와 "엄격한 심사(strict scrutiny test)"의 2가지의 심사기준을 적용하고 있다. 합리성의 심사는, 입법자가 수단과 목적 사이의 합리적인 고려에 기초한 입법을 하였는가에 대한 최소한의 심사에 제한된다. 이 기준에 의하면, 법률이 정당한 공익을 실현하기 위한 조치이고 공익실현에 있어서의 수단의 적합성을 배제할 수 없다면, 법률규정은 합헌적인 규정으로 판단된다. 이에 대하여 엄격한 심사는, 중대하고 긴급한 공익에 의하여 법률의 필요성이 정당화되고 입법자가 선택한 수단으로서의 법률이 필요하고 적합한가를 판단한다.

나. 역사적 생성배경

(1) 1905년 미연방대법원의 Lochner 판결

1905년의 Lochner 판결 이전까지 미연방대법원은 경제정책적 입법의 위헌성을 판단함에 있어서 상당히 자제하였다. 그러나 1905년 Lochner 판결을 계기로 하여[1] '계약의 자유에 대한 침해는 중대한 공익에 의하여 정당화되어야 한다'는 엄격한 기준을 적용하여 경제정책적 입법을 심사함으로써 1937년까지 거의 200개의 경제·사회입법을 위헌으로 판단하였다.

위 판결에서 미연방대법원은 적법절차조항에서의 '자유'의 개념을 실체적으로 넓게 이해하여 계약의 자유와 직업의 자유도 이에 포함되는 것으로 간주하고, 한편으로는 국가공권력의 조치를 정당화하는 공익의 개념을 좁게 해석하여 순수한 노동법적·사회법적 목적은 이러한 공익에 속하지 않는 것으로 판단하였다. 이로써 사용자와 근로자의 '계약의 자유'는 실체적으로 파악된 적법절차조항의 한 부분으로서 자연히 사회국가적 입법목적인 '근로자의 건강보호'에 대하여 우위를 차지하게 되었다. 경제적 자유를 강조하는 고전적 자유주의에 기초하는 미연방대법원의 이러한 해석은 계약당사자 간의 세력불균형을 조정하려는 사회·노동입법이나 재분배적 성격을 갖는 사회국가적 경제정책을 거의 모두 봉쇄하는 결과를 초래하였다.

(2) 1930년대 미연방대법원 판례의 변화

그러나 1930년대 경제공황과 함께 고전적 자유주의에 대한 믿음이 흔들리고 미연방대법원의 판례에 대한 비판과 정치적 압력이 거세지면서, 판례의 완전한 변화를 가져오게 되었다. 1934년과 1937년의 판결에서[2] 연방대법원은 경제정책적 법률에 대한 심사밀도를 크게 완화하였다.

이로써, 연방대법원은 1930년대 중반부터 경제입법이 자의적이거나 또는 입법목적의 달성에 명백히 부적합한 경우에 한하여 위헌으로 판단한다는 소위 합리성심사의 기준을 도입하였고, 동시에 '계약당사자간의 세력균형을 목적으로 하는 입법조치는 공익을 목적으로 하는 것이 아니다'라는 견해를 포기함으로써 사회국가적 입법조치의 정당성을 인정하였다. 이러한 판례의 변화는 경제입법의 분야에서 적법절차조항을 실체적으로 해석하는 것의 포기, 즉 법원에 의한 위헌심사의 실질적 포기를 결과로 가져왔으며, 1937년 이후 연방대법원은 적법절차조항의 해석을 통해서는 한 개의 법률도 위헌으로 선언하지 않았다. 단지, 경제입법이 특정 헌법규정이나 헌법적으로 인정된 기본권에 위반된다든지 아니면 '의심스러운 차별'을 수단으로 사용하는 경우에만 법률의 위헌성이 고려될 수 있을 뿐이다.

(3) 판례의 변화에 따른 이중기준의 성립

미연방대법원이 경제정책적 입법의 통제에 있어서 사법적으로 자제하는 방향으로 판례를 전환함으로써 1930년대에 형성된 것이 바로, 경제적 자유권과 정신적 자유권을 구분하여 경제적 자유를 제한하는 입법에 대하여 완화된 심사기준을 적용하는 이중기준이론이다. 1930년대 이전에는 경제적 자유와 비경제적 자유의 구분 없이 동일한 기준으로 위헌심사가 이루어졌다고 볼 수 있다.

---

1) Lochner v. New York, 198 U.S. 45(1905), 근로자의 건강을 보호하기 위하여 제과점 종업원의 작업시간을 하루 10시간, 주당 60시간으로 제한하는 New York 州의 법률을 연방대법원은 위헌으로 판단하였다.
2) Nebbia v. New York, 291 U.S. 502, 539(1934); West Coast Hotel Co. v. Parrish, 300 U.S. 379, 399(1937).

다. 이론적 배경 및 헌법적 근거

(1) 민주주의의 구성요소이자 조건으로서 정신적 자유(민주주의의 논거)

미국의 이중기준이론에서 자유권을 차등화 하여 그에 대한 제한에 있어서 서로 다른 기준을 적용하는 근거는, 어떠한 자유가 다른 자유보다 더 근본적인지, 즉 다른 자유권이 실효성을 갖기 위하여 그의 근거이자 조건으로서 어떠한 자유가 우선적으로 보장되어야 하는지의 사고에 있다. 미국의 소위 '우월적 자유'(preferred freedoms) 이론에는 표현의 자유와 같이 수정 제1조에 규정된 정신적 자유는 자유민주적 국가질서의 구성 요소이며, 이로써 모든 자유의 근거라고 하는 민주주의의 논거가 그 바탕에 깔려 있다.

모든 국민이 자유롭게 자신의 의견을 표현하고 단체와 정당의 형태로 타인과 결합하고 집회를 가질 수 있다는 것을 민주주의는 그 조건으로 하며, 민주주의는 이러한 정신적 자유에 크게 의존하고 있는 반면, 경제적 자유에는 같은 정도로 의존하고 있지 않으며, 재산권이나 직업의 자유와 같은 경제적 자유는 민주주의에 대한 큰 손상 없이 보다 강화된 사회적 구속을 받을 수 있다는 것이다.

(2) 미연방헌법의 규범적 표현

표현의 자유와 같은 정신적 자유가 민주주의의 근거이자 조건으로서 다른 모든 자유의 토대가 된다는 '민주주의의 논거'는 미국 연방헌법의 명시적인 규범적 표현에 의하여 뒷받침 되고 있다. 미국 연방헌법의 경우에는 수정 제1조부터 제10조까지의 10개 인권조항에 명시된 이익이 그렇지 않은 이익보다 더욱 중요하다는 해석이 가능하다. 또한 경제적 자유와 재산권에 관하여는 수정 제5조가 "누구든지 적법절차에 의하지 아니하고는 생명·자유·재산을 박탈당하지 아니 한다."고 규정함으로써 적법절차가 준수되는 한 경제적 이익이 제한될 수 있다는 것을 시사하고 있는 반면에, 수정 제1조[1] 에 규정된 종교, 언론, 출판, 집회의 자유에 관하여는 헌법 스스로가 침해금지의 뜻을 명백히 밝힘으로써 이러한 기본적 자유는 절대적 자유로 파악될 여지가 있다.

라. 미국의 이중기준이론에 대한 비판

(1) 경제적 자유의 중요성에 대한 간과

경제적 자유권도 자유영역에 따라서는 자유실현의 물질적 기초로서 또는 개성신장의 불가결한 요소로서 정신적 자유권에 못지않게 중요하고, 적지 않은 경우 경제적 자유에 대한 제한의 효과가 정신적 자유에 대한 제한과 유사하게 중대할 수 있다는 점을 이중기준원칙은 간과하고 있다. 그러므로 처음부터 경제적 자유를 소위 근본적인 자유로부터 분리하여 상이한 심사기준을 적용하는 것은 타당하지 않다.

(2) 자유권의 성격에 따라 심사의 기준과 결과가 결정된다는 경직성

이중기준이론의 경우, 제한되는 자유권의 성격에 따른 구분에 의하여 심사기준이 선택되고, 심사기준의 선택은 대부분의 경우 이미 위헌성심사의 실체적 결과를 결정하게 된다. 미연방대법원의 판례를 살펴보면, 연방대법원이 엄격한 기준을 적용하는 경우에는 거의 대부분 법률의 위헌성확인에 이르고, 최소한의 합리성심사에 그치는 경우에는 거의 예외 없이 법률의 합헌성을 인정하게 된다는

---

1) 미연방헌법 수정 제1조: "연방의회는 국교를 정하거나 또는 자유로운 신앙행위를 금지하는 법률을 제정할 수 없다. 또한 언론·출판의 자유나 국민이 평화로이 집회할 수 있는 권리 및 불만 사항의 구제를 위하여 정부에게 청원할 수 있는 권리를 제한하는 법률을 제정할 수 없다."

것을 확인할 수 있다. 따라서 경제적 자유권과 그 외의 자유권의 구분에 따른 심사기준의 결정은 곧 규범의 운명을 결정하게 된다.

심사기준의 유용성은 심사기준을 형성하는 관점의 타당성에 절대적으로 의존하고 있다는 점에서, 일정한 심사기준을 확립한다는 것은 그 기준이 심사대상을 구성하는 모든 관점을 포괄하지 않는 한, 항상 형식에 의하여 내용이 결정될 수 있다는 위험을 지니고 있다. 경제적·비경제적 기본권의 구분과 그에 따른 심사기준의 차별화는 구분의 기준을 형성하는 관점의 경직성 때문에, 적지 않은 경우 심사기준이란 형식에 의하여 위헌심사의 결과가 이미 결정될 수 있다.

(3) 경제·사회관련 입법에 대한 위헌심사의 실질적 포기

뿐만 아니라, 연방대법원이 이중기준을 적용한 이래 경제규제입법에 대하여 경제적 자유의 침해를 이유로 위헌으로 판단한 것은 찾아 볼 수 없으므로, 이중기준이론의 적용은 경제입법에 대한 위헌심사의 실질적인 포기를 의미한다.

(4) 실질적 정의 실현의 한계

이중기준과 같이 단순·명쾌한 심사기준의 적용은 모든 당사자에 대하여 헌법재판소가 어떻게 결정하리라는 예측이 가능하고, 엄격한 심사기준을 적용하지 않는 경우에는 정치적 형성의 과제를 입법기관에 귀속시킴으로써 헌법재판소와 입법자간의 명쾌한 권한배분이 이루어진다는 장점이 있다. 그러나 이중기준이론은 다양한 관점을 모두 파악하기에는 너무 제한적이며 헌법재판에서 실질적 정의의 실현을 제한하기 때문에, 헌법재판소의 심사기준은 경제적 자유를 비경제적 자유로부터 분리하는 관점이 아니라 자유의 모든 영역을 포함하는 포괄적인 관점에 의하여 형성되어야 한다.

한편, 아래에서 다룰 독일·한국의 개인연관성·사회연관성 이론을 적용하는 경우에는 개별사건마다 구체적으로 상충하는 법익을 형량하게 되어 헌법재판의 예측성이 감소하지만, 심사기준은 그 자체가 목적이 아니라 헌법재판을 통한 정의의 실현에 있어서 어느 정도의 헌법재판소결정의 일관성과 예측성을 확보하기 위한 수단이므로, 헌법재판소결정의 예측가능성보다는 구체적인 경우마다 헌법의 수호와 기본권의 보호를 통한 실질적 정의의 실현이 더욱 중요하다.

2. 한국·독일의 個人聯關性·社會聯關性 理論

미국의 고유한 헌법규정과 미연방대법원의 판례에 기초하는 '이중기준의 원칙'이 우리 헌법체계에 그대로 도입될 수 있으며, 법률에 대한 위헌심사의 기준으로서 유용한지의 의문이 제기된다.

가. 한국 헌법상의 규범적 표현

우리 헌법상의 규범적 표현에서는 '정신적 자유가 경제적 자유보다 더욱 보호되어야 하고 정신적 자유가 제한된 경우에는 입법자의 형성권이 더욱 엄격하게 심사되어야 한다'는 일반적 원칙을 이끌어낼 수 없다. 헌법은 개별자유권마다 각 상이한 개별적 법률유보를 규정하는 것이 아니라 제37조 제2항에서 모든 자유권에 대하여 일괄적으로 적용되는 일반적인 법률유보조항을 두고 있으므로, 법률유보의 정도를 기준으로 개별적 기본권의 근본성이나 중요성을 판단할 여지도 없고, 그밖에 우리 헌법에서 경제적 자유권에 대한 정신적 자유권의 우위를 암시하는 어떠한 표현도 찾을 수 없다. 오히려, 헌법은 대표적 정신적 자유인 표현의 자유와 관련하여 제21조 제4항에서 헌법적 한계를 명시적으로 제시함으로써, 다른 모든 자유권과 마찬가지로 다른 법익의 보호를 위하여 제한될 수 있음을 밝히고 있다.

따라서 헌법 내에서 기본권간의 일정한 위계질서가 존재하지 않으며, '헌법의 통일성'의 관점에서 기본권은 원칙적으로 상호관계에서 동등한 지위를 차지하고 있다. 다만 '인간 존엄성의 보장'은 헌법의 존재이유이자 기본이념으로서 헌법상 최고의 가치이므로, 단지 예외적으로 인간존엄성보장에 대하여 다른 기본권에 대한 우위가 인정될 수 있을 뿐이다.

나. '인간의 존엄성'의 논거

우리 헌법구조에서 보다 중요한 자유영역 또는 보다 덜 중요한 자유영역이 있다면, 이를 판단하는 유일한 근거는 '인간의 존엄성'의 논거에 있다. 모든 기본권보장의 목적이자 출발점은 인간존엄성의 실현이고, 바로 인간의 존엄성이 '자유 중에서 보다 근본적인 자유', '다른 자유의 근거이자 전제조건으로서의 자유'를 판단하는데 있어서 유일한 헌법적 기준이라고 할 수 있다. 따라서 인간의 존엄성을 실현하는데 있어서 불가결하고 근본적인 자유는 더욱 보호되어야 하고 이에 대한 제한은 더욱 엄격히 심사해야 하며, 그 반면에 인간의 존엄성의 실현에 있어서 부차적이고 잉여적인 자유는 공익상의 이유로 보다 광범위한 제한이 가능하다.

다. 개인연관성 · 사회연관성 이론

(1) 구체적으로 제한되는 자유영역이 개인과 사회에 대하여 가지는 의미

인간존엄성의 논거에 기초한 이론이 바로 개인연관성 · 사회연관성 이론이다. 국가공권력의 행사에 의하여 구체적으로 제한되는 자유영역이 한편으로는 기본권의 주체인 개인에 대하여, 다른 한편으로는 사회에 대하여 어떠한 의미를 가지는지에 따라 보호의 정도와 심사의 강도가 달라질 수 있다는 것이 바로 개인연관성 · 사회연관성 이론이다. 이러한 이론에 의하면, 동일한 자유권 내에서도 구체적으로 제한되는 자유 영역의 의미에 따라 기본권보호의 정도가 다르고 상이한 강도(밀도)의 심사가 가능하다.

제한되는 자유의 의미가 개인의 핵심적 자유영역(개인의 인간존엄성실현과 자유로운 인격발현)에 대하여 크면 클수록 자유권에 대한 보호는 더욱 강화되고, 이에 대한 제한은 보다 중대한 공익에 의하여 정당화되어야 하며 이로써 보다 엄격하게 심사되어야 하는 한편, 개인이 기본권행사를 통하여 타인과 사회적 연관관계에 위치함으로써 타인의 자유영역과 접촉하고 충돌할수록 입법자가 타인과 공동체의 이익을 위하여 개인의 자유를 제한하는 것을 보다 수인해야 한다.[1]

(2) 제한되는 자유영역의 성격에 따른 보호의 差等化

이러한 소위 '개인연관성'의 관점은 자유권의 보호에 있어서 무엇보다도 생명권, 건강권, 신체의

---

1) 헌재 2002. 10. 31. 99헌바76 등(요양기관 강제지정제), 판례집 14-2, 410, 433, "법률이 개인의 핵심적 자유영역(생명권, 신체의 자유, 직업선택의 자유 등)을 침해하는 경우 이러한 자유에 대한 보호는 더욱 강화되어야 하므로, 입법자는 입법의 동기가 된 구체적 위험이나 공익의 존재 및 법률에 의하여 입법목적이 달성될 수 있다는 구체적 인과관계를 헌법재판소가 납득하게끔 소명 · 입증해야 할 책임을 진다고 할 것이다. 반면에, 개인이 기본권의 행사를 통하여 일반적으로 타인과 사회적 연관관계에 놓여지는 경제적 활동을 규제하는 사회 · 경제정책적 법률을 제정함에 있어서는 입법자에게 보다 광범위한 형성권이 인정되므로, 이 경우 입법자의 예측판단이나 평가가 명백히 반박될 수 있는가 아니면 현저하게 잘못되었는가 하는 것만을 심사하는 것이 타당하다고 본다. 이러한 한계까지는 입법자가 무엇을 공익으로 보는가, 공익을 어떠한 방법으로 실현하려고 하는가는 입법자의 형성권에 맡겨져야 한다."; 헌재 2024. 2. 28. 2019헌마500(주 52시간 상한제), 판례집 36-1상, 148, 158, "주 52시간 상한제조항과 같은 근로시간법제는 개인의 본질적이고 핵심적인 자유 영역에 관한 것이라기보다 사회적 연관관계에 놓여 있는 경제 활동을 규제하는 사항에 해당한다고 볼 수 있다. 그러므로 그 위헌성 여부를 심사함에 있어서는 완화된 심사기준이 적용된다."

자유, 개인적인 사적 영역의 보호, 개인의 성향과 인생관에 따라 자신의 인격을 발현하고 행동할 자유를[1] 근본적인 자유, 즉 다른 모든 자유의 근거이자 조건으로 파악하고 이러한 자유에 대한 국가의 제한을 보다 엄격하게 심사할 것을 요청하고 있다. 학계의 일부에서 '생명권 우위의 원칙'이나 '인격권 우위의 원칙' 등이 주장된다면, 이는 헌법적 법익간의 추상적인 우열관계(가령, 기본권간의 서열)에 관한 확정적인 확인이 아니라, 위에서 서술한 의미에서 법익교량과정에서 고려될 수 있는 일반적 지침의 의미로 이해해야 한다.

뿐만 아니라 개인연관성의 관점은 개별적 자유권에 대해서도 일괄적으로 일정한 정도의 보호를 요청할 수 없으며, 동일한 자유권이 제한되는 때에도 그 보호범위 내에서 구체적으로 제한되는 자유영역의 의미에 따라 보호의 정도가 다르고 상이한 강도의 심사가 이루어질 수 있음을 의미한다. 가령, 대표적인 경제적 자유인 직업의 자유와 재산권에 있어서 구체적으로 제한되는 자유영역의 성격에 따라 입법자에게 인정되는 입법형성권의 정도가 달라지고 그 결과 위헌심사의 강도가 달라질 수 있는 것이다.

라. 헌법재판소의 판례에서 심사밀도를 결정하는 관점

헌법재판소는 법익교량의 지침으로서 미국 연방대법원에 의하여 형성된 이중기준이론이 아니라, 동일한 자유권이라도 구체적으로 제한된 자유의 의미에 따라 심사밀도를 달리하며 개별 사건마다 상충하는 법익간의 별도의 구체적 형량을 필요로 한다는 태도를 취하고 있다. 헌법재판소는 특히 다음과 같은 관점을 법익교량의 지침, 즉 입법형성권의 정도 또는 심사의 강도(밀도)를 판단하는 기준으로 삼고 있다.

(1) 제한되는 자유영역의 의미와 중요성에 따른 基本權制限의 效果

헌법재판소는 법률의 위헌여부를 어느 정도 엄격하게 심사할 수 있는지 역으로 입법자에게 형성권을 어느 정도로 폭넓게 인정할 수 있는지를 판단함에 있어서 무엇보다도 '제한되는 자유영역의 의미와 중요성에 따른 기본권제한의 효과'를 기준으로 삼고 있다. 여기서 제한되는 자유영역의 중대성·근본성을 결정하는 유일한 헌법적 근거는 인간의 존엄성실현에 있어서 침해된 자유의 의미이므로,[2] 개인적 자유의 핵심영역에 대한 공권력의 침해는 더욱 중대한 공익에 의하여 정당화되어야 하는 반면, 침해된 자유영역이 사회적 기능 및 사회적 연관성을 가질수록 입법자는 폭넓은 규율권한을 갖는다.[3] 결국, 헌법재판소는 '제한된 자유영역이 한편으로는 기본권의 주체(개인)에 대하여, 다른 한

---

1) Vgl. BVerfGE 7, 377(약국 결정: 객관적 사유에 의한 직업선택의 자유에 대한 제한); 39, 1(낙태죄 결정: 태아의 생명권에 대한 국가의 보호의무); 45, 187(종신자유형의 합헌성: 신체의 자유에 대한 제한).

2) 헌재 1999. 4. 29. 94헌바37 등(택지소유상한제), 판례집 11-1, 289, 320, "기본권을 보장하는 목적은 인간의 존엄성을 실현하기 위한 것이다. 그러므로 우리 헌법구조에서 보다 더 중요한 자유영역과 덜 중요한 자유영역을 나눌 수 있다면, 이를 판단하는 유일한 기준은 '인간의 존엄성'이다. 따라서 인간의 존엄성을 실현하는 데 있어서 불가결하고 근본적인 자유는 더욱 강하게 보호되어야 하고 이에 대한 제한은 더욱 엄격히 심사되어야 하는 반면에, 인간의 존엄성의 실현에 있어서 부차적이고 잉여적인 자유는 공익상의 이유로 보다 더 광범위한 제한이 가능하다고 할 것이다."; 또한, 독일 연방헌법재판소의 판례도 어떠한 자유가 더 근본적인가를 판단함에 있어서 '민주주의 논거'보다는 오히려 기본권의 목적으로서의 '인간의 존엄성'을 주된 논거로 삼고 있다.

3) 헌법재판소는 헌재 2002. 10. 31. 99헌바76 등(요양기관 강제지정제)에서 의료행위의 사회적 기능이나 사회적 연관성이 매우 크기 때문에 입법자의 광범위한 예측판단권을 인정하였다, 판례집 14-2, 410, 411, "비록 강제지정제에 의하여 의료인의 직업활동이 포괄적으로 제한을 받는다 하더라도 강제지정제에 의하여 제한되는 기본권은 '직업선택의 자유'가 아닌 '직업행사의 자유'이다. 직업선택의 자유는 개인의 인격발현과 개성신장의 불가결한 요소이므로, 그 제한은 개인의 개성신장의 길을 처음부터 막는 것을 의미하고, 이로써 개인의 핵심적 자유영역에 대한 침해를 의미하지만, 일단 선택한 직업의 행사방법을 제한하는 경우에는 개성신장에 대한 침해의 정도가 상대적으로 적어

편으로는 사회에 대하여 어떠한 의미를 가지는지'에 따라 상이한 심사밀도가 적용될 수 있다는 소위 개인연관성·사회연관성의 관점을 기준으로 삼아, 침해된 법익이 개인연관성을 가질수록 더욱 보호되어야 하며, 사회연관성을 가질수록 입법자에 의한 광범위한 규율을 받을 수 있다고 판단하고 있다.[1]

(2) 規律對象의 特性

헌법재판소가 입법형성권의 정도를 판단하는 또 다른 부차적 기준은 규율대상의 특성에 따라 심사밀도를 달리한다는 관점이다. 사실관계의 판단이 헌법재판소에 의하여 쉽게 수집·평가될 수 없는 기술적·전문적 자료에 달려있는 경우나 규율대상이 매우 복잡하여 객관적으로 조감할 수 없는 경우에는 확실한 판단을 내릴 수 있는 현실적 가능성의 정도가 감소하므로, 헌법재판소의 기능적 한계로 말미암아 입법형성권에 대한 존중이 요청된다.

V. 本質的 內容의 侵害禁止

사례 | 국가공권력의 사살행위 및 사형제도

테러범 甲이 체포될 위험에 처하자 몇 사람을 인질로 잡고 경찰과 대치하면서 인질의 생명을 위협한다면, 국가공권력이 인질을 구출하기 위하여 불가피한 경우, 그를 사살해도 되는가 아니면 사살행위는 그의 생명권의 본질적 내용을 침해하는 위헌적인 행위인가? 사형제도는 생명권의 본질적 내용을 침해하는 위헌적인 제도인가?

헌법 제37조 제2항은 "… 제한하는 경우에도 자유와 권리의 본질적인 내용을 침해할 수 없다."고 하여 '본질적 내용의 침해금지 원칙'을 규정하고 있다. '본질적 내용의 침해금지'의 사고는, 자유권이 국가 이전에 이미 존재한다는 것을 전제로 하여 그 핵심에 대한 침해를 금지하는 것이므로, 우리 헌법상 자연법사상의 또 다른 직접적 표현이다. 본질적 내용은 모든 자유권에 대하여 일괄적으로 파악될 수 있는 것이 아니라, 각 자유권마다 개별적으로 판단되어야 한다. 개별자유권에 있어서 그 본질적 내용이 무엇인지, 언제 침해되는지에 대해서는 의견을 달리하는데, 이에 관해서는 크게 상대설과 절대설로 나누어 볼 수 있다. 상대설과 절대설은 생명권의 제한과 같이 기본권의 본질적 내용에 대

핵심적 자유영역에 대한 침해로 볼 것은 아니다. 의료인은 의료공급자로서의 기능을 담당하고 있고, 의료소비자인 전 국민의 생명권과 건강권의 실질적 보장이 의료기관의 의료행위에 의존하고 있으므로, '의료행위'의 사회적 기능이나 사회적 연관성의 비중은 매우 크다고 할 수 있다."

1) 헌재 1998. 12. 24. 89헌마214 등(그린벨트), 판례집 10-2, 927, 945, "재산권에 대한 제한의 허용정도는 재산권행사의 대상이 되는 객체가 기본권의 주체인 국민 개개인에 대하여 가지는 의미와 다른 한편으로는 그것이 사회전반에 대하여 가지는 의미가 어떠한가에 달려 있다. 즉, 재산권 행사의 대상이 되는 객체가 지닌 사회적인 연관성과 사회적 기능이 크면 클수록 입법자에 의한 보다 광범위한 제한이 정당화된다. 다시 말하면, 특정 재산권의 이용이나 처분이 그 소유자 개인의 생활영역에 머무르지 아니하고 일반국민 다수의 일상생활에 큰 영향을 미치는 경우에는 입법자가 공동체의 이익을 위하여 개인의 재산권을 규제하는 권한을 더욱 폭넓게 가진다고 하겠다."; 헌재 1999. 4. 29. 94헌마37 등(택지소유상한제), 판례집 11-1, 289, 303; 헌재 1999. 10. 21. 97헌바26(도시계획시설 지정), 판례집 11-2, 383, 406; 헌재 2003. 4. 24. 99헌바110 등(국립공원지정), 판례집 15-1, 371, 394-395; 헌재 2003. 11. 27. 2001헌바35(부실금융기관에 대한 자본금감소명령 I), 판례집 15-2하, 222, 237; 헌재 2004. 10. 28. 99헌바91(부실금융기관에 대한 자본감소명령 II), 판례집 16-2, 104, 127; 헌재 2005. 9. 29. 2002헌바84 등(도시계획시설결정의 실효제도), 판례집 17-2, 98, 117.

한 침해가 불가피한 경우 서로 다른 결과를 가져올 수 있다.

1. 相對說

상대설은 각 자유권마다 본질적 내용이 무엇을 의미하는가를 파악하는 것은 사실상 불가능하며, 본질적 내용은 각 개별적인 경우의 구체적 상황과 관련하여 판단되어야 한다는 관점에서 출발한다. 상대설에 의하면, 본질적 내용은 각 기본권마다 '확정된 객관적인 실체'로서 존재하는 것이 아니라 구체적인 경우에 관계된 공익과 기본권을 서로 비교형량함으로써 본질적 내용이 침해되었는지의 여부를 판단할 수 있을 뿐이다. 법익의 교량과정에서 기본권보다 공익에 더욱 큰 비중을 두어야 한다면, 즉 기본권의 제한이 우위를 차지하는 법익에 의하여 정당화된다면, 본질적 내용의 침해를 부정하게 된다. 결국, 상대설에서 주장하는 본질적 내용의 침해금지란 좁은 의미의 비례의 원칙(법익의 균형성)을 의미하게 된다. 우위를 차지하는 법익의 보호를 위해서는 경우에 따라 기본권의 완전한 박탈도 허용된다.

상대설은 모든 사건을 만족스럽게 해결할 수 있는 것으로 보인다. 특히 상대설은 생명권과 같이 기본권의 제한 후에는 아무 것도 남는 것이 없는 기본권의 경우에도 해결책을 제시할 수 있다. 한편, 상대설에 따라 본질적 내용의 침해여부를 판단하는 것은 과잉금지원칙의 위반여부에 관한 심사의 반복이라는 점에서, 과잉금지원칙과 본질적 내용을 명시적으로 분리하여 규정하고 있는 헌법 제37조 제2항의 법문에 비추어, 상대설을 수용하기에는 무리가 있다고 볼 수 있다. 또한 상대설은 본질적 내용의 침해금지를 단지 법익교량의 문제로 간주하기 때문에, 다른 법익의 실현을 위하여 기본권보장이 광범위하게 상대화될 수 있다는 비판이 가능하다.

2. 絶對說

이에 대하여, 절대설은 본질적 내용을 개별사건의 구체적인 경우와 관계없이 각 자유권마다 확정된 실체로 파악하고, 이를 '기본권의 핵', '본질적인 핵', '기본권의 실체' 등으로 표현하고 있다. 절대설에 의하면, 본질적 내용의 보장이란 개별사건의 구체적 상황과 무관하게 기본권제한 후에도 남아 있어야 하는 '자유의 최소한'의 보장을 의미한다. 자유권의 침해될 수 없는 최소한의 내용으로서 본질적 내용이 무엇인지는 각 개별자유권마다 기본권체계 내에서 차지하는 의미와 기능에 의하여 규명되어야 한다. 본질적 내용을 구성하는 내용적 요소는 기껏해야 개별자유권에 내재하는 인간존엄성의 내용은 침해되어서는 안 된다는 일반적 사고에 의하여 어느 정도 구체화될 수 있을 뿐이다. 결국, 절대설은 '본질적인 내용이 무엇인가 존재한다'는 것만을 주장할 뿐, 본질적 내용의 실체가 무엇인지, 무엇이 침해되어서는 안 되는 것인지에 대한 최소한의 명확한 대답을 제시하지 못하고 있다.

뿐만 아니라, 절대설에 의하면, 본질적 내용이 침해되지 않으려면 자유권의 제한에도 불구하고 무엇인가 '기본권의 핵'으로서 남아 있어야 한다는데, 여기서 '본질적 내용이 누구에게 남아야 하는지'의 문제가 제기된다. 즉, 자유권을 침해당한 개인이 자유권의 침해 후에도 자유권을 행사할 수 있어야 하는지, 아니면 일반적으로 기본권행사의 가능성이 남아 있기만 하면 되는지의 문제이다.

가. 客觀說

객관설은 기본권을 본질적 내용에 있어서 '객관적 규범'으로 파악하는 입장이다(자유권의 이중적 의미). 이러한 입장에서는 기본권의 침해로 말미암아 사회공동체에서 기본권에 더 이상 의미가 부여될 수 없을 때, 이로써 개별기본권에 내재된 객관적 가치질서가 사회공동체에서 유명무실해지는 경우, 즉 일반국민의 관점에서 기본권의 제한 이후 기본권에 아무 것도 더 이상 남아 있지 않을 때 비로소 본질적 내용의 침해를 인정한다.

이에 따르면, 한국에 적어도 충분한 사람이 살아남아 있는 한 생명권의 본질적 내용을 침해하는 것이 아닌 것이 된다. 이러한 결과는 상대설보다도 한층 더 기본권의 효력을 상대화하게 된다. 그러나 기본권이란 궁극적으로 개인의 권리로서 사회를 보호하기 위한 것이 아니라 각 개인의 생활영역을 보호하기 위한 것이므로, 그의 주체에게 귀속될 수 있는 경우에만 비로소 의미와 법적 효력을 갖는다.

나. 主觀說

주관설은 본질적 내용과 관련하여 기본권을 '개인의 주관적 공권'으로서 개인적 관점에서 파악하려는 입장이다. 이러한 견해는 기본권의 제한 후에도 당사자인 기본권의 주체에게 있어서 기본권이 어떠한 의미를 가지는지가 결정적인 기준이 되어야 한다고 본다. 이에 따르면, 기본권의 주체가 기본권적 자유를 더 이상 행사할 수 없거나 개인에게 기본권을 보장한 의미가 전혀 없게 된다면, 기본권은 본질적 내용에 있어서 침해당한 것이 된다. 따라서 減刑의 가능성을 배제한 終身刑이나 국가공권력에 의한 생명권의 박탈(가령, 사형제도나 경찰의 살인사격 등)은 신체의 자유나 생명권 등의 본질적 내용의 침해금지원칙에 위반된다.

3. 헌법재판소 판례의 경향

헌법재판소가 헌법 제37조 제2항의 과잉금지원칙과 본질적 내용의 침해금지원칙의 관계를 어떻게 이해하고 있는가 하는 것은 분명하지 않다.

가. 헌법재판소는 다수의 결정에서 과잉금지원칙의 위반여부만을 판단하고 본질적 내용침해금지의 위반여부를 별도로 판단하지 아니하였다. 이는, 헌법재판소가 제한되는 기본권과 그 제한을 정당화하는 법익의 비교형량을 통하여 본질적 내용이 침해되었는지를 판단함으로써 본질적 내용의 침해금지원칙과 과잉금지원칙을 동일시하는 상대설을 따르고 있다는 것을 암시한다고 볼 수도 있다. 그러나 다른 한편으로 헌법재판소의 이러한 태도는, 과잉금지원칙에 의한 심사를 통하여 일단 공권력행위의 위헌성을 확인한 이상 본질적 내용의 침해여부에 관하여 별도로 판단해야 할 실익이 없다는 사고에 기인한다고 할 것이다.

나. 한편, 헌법재판소는 종래 일련의 결정에 있어서 과잉금지원칙과 본질적 내용의 침해여부를 분리하여 별도로 심사하였다. 헌법재판소는 본질적 내용을 "당해 기본권의 핵이 되는 실체"로 표현하고, 본질적 내용의 침해는 "그 침해로 인하여 당해 기본권이 유명무실해지고 형해화되어 헌법이 기본권을 보장하는 궁극적 목적을 달성할 수 없게 되는 지경에 이르는 경우"라고 판시하였다.[1]

---

1) 가령, 헌재 1989. 12. 22. 88헌가13, 판례집 1, 357, 373, "토지재산권의 본질적인 내용이라는 것은 토지재산권의 핵이 되는 실질적 요소 내지 근본요소를 뜻하며, 따라서 재산권의 본질적인 내용을 침해하는 경우라고 하는 것은 그 침해로 사유재산권이 유명무실해지고 사유재산제도가 형해화(形骸化)되어 헌법이 재산권을 보장하는 궁극적인 목적을 달성할 수 없게 되는 지경에 이르는 경우라고 할 것이다."

이로써 헌법재판소는 '기본권의 제한에도 불구하고 입법자가 임의로 처분할 수 없는 무엇인가가 기본권의 핵으로서 남아 있어야 한다'는 소위 절대적인 입장을 취하고 있다고 볼 수 있다. 한편, 헌법재판소로서는 기본권의 본질적인 핵 또는 기본권의 실체가 무엇인가를 개별기본권마다 밝히는 것은 매우 어려운 문제이므로, 헌법재판소가 본질적 내용침해금지의 위반여부를 언급한다 하더라도, 단지 형식적인 확인에 지나지 아니하였다.

다. '사형제도가 생명권의 본질적 내용을 침해하는 것이므로, 기본권의 본질적 내용침해를 금지하고 있는 헌법 제37조 제2항에 위반된다'라는 주장으로 사형제도에 대한 헌법소원이 제기됨으로써, 이 사건에서 본질적 내용에 관한 헌법재판소의 근본적인 입장표명을 기대하게 하였다. 그러나 헌법재판소는 본질적 내용에 관한 직접적인 언급을 회피한 채, '생명권도 최소한 동등한 가치가 있는 다른 법익을 보호하기 위하여 불가피한 경우에 한하여 법률유보의 대상이 될 수밖에 없다'고 밝힘으로써 헌법상의 생명권의 보장은 국가권력이 어떠한 경우에도 절대로 국민의 생명권을 박탈해서는 안된다는 것을 의미하는 것은 아니라고 판시하였다.[1] 이어서 헌법재판소는 사형제도가 이러한 보장내용을 과도하게 침해하는 것인가를 심사하였는데, 사형제도가 지니는 사회적 기능과 국민의 법감정에 비추어 당장 폐지하기에는 시기 상조라는 판단 아래 사형제도의 합헌성을 인정하였다. 그러나 사형제도가 시대상황의 변화에 따라 위헌으로 판단될 수 있다는 가능성을 암시하였다.

4. 私見 및 헌법재판실무에서 실질적 의미

가. 절대설의 한계

(1) 규범적 심사가 불가능하다는 점

절대설이 많은 지지를 받고 있으나, 절대설은 우선 각 기본권마다 본질적 내용이 무엇인지에 관하여 서술하지 못한다는 결함을 안고 있다. 기본권의 본질적 내용이 존재한다면 본질적 내용이 무엇인지, 기본권의 제한 후 무엇이 남아야 하는지를 제시해야만 규범적 심사가 가능하다. 또한, 기본권에 따라서는 제한이 불가피하고 제한하고 나면 아무 것도 남는 것이 없는 기본권, 즉 본질적 내용이 침해될 수밖에 없는 기본권이 있는데, 이러한 문제를 해결할 수 없다는 단점이 있다.

(2) 일관된 적용이 불가능하다는 점

절대설을 따르는 경우, 본질적 내용의 보장은 원칙적으로 국민 일반에 대한 것이 아니라 개인에 대한 것으로 판단해야 한다. 기본권의 주체는 개인이다. 기본권은 국민 전체에게 귀속된 것이 아니라 개인에게 귀속된 것이며, 당사자인 자신은 기본권을 행사할 수 없지만 타인이 기본권을 아직도 행사할 수 있다는 의미의 기본권보장은 무의미하다. 대부분의 자유권에서는 기본권의 '보호범위'와 '본질적 내용'이 일치하지 않기 때문에 제한 후에도 무엇인가 남아있는 경우에는 '개인의 관점에서' 본질적 내용을 판단하는 것이 가능하다.

그러나 예외적으로 자유권의 보호범위와 본질적 내용이 일치하는 생명권의 경우에는, 생명권에

1) 헌재 1996. 11. 28. 95헌바1, 판례집 8-2, 537, 546, "생명권에 대한 제한은 곧 생명권의 완전한 박탈을 의미한다 할 것이므로, 사형이 비례의 원칙에 따라서 최소한 동등한 가치가 있는 다른 생명 또는 그에 못지아니한 공공의 이익을 보호하기 위한 불가피성이 충족되는 예외적인 경우에 적용되는 한, 그것이 비록 생명을 빼앗는 형벌이라고 하더라도 헌법 제37조 제2항 단서에 위반되는 것으로 볼 수는 없다 할 것이다."

대한 침해는 항상 생명의 박탈을 의미하며, 이는 곧 본질적 내용의 침해를 의미하는 것이다. 절대설에 의하면, 국가가 개인의 생명을 박탈하는 행위는 그 이유를 막론하고 금지된다. 이로써 생명권은 어떠한 경우에도 침해될 수 없는 절대적으로 보호되는 기본권으로 이해된다. 그러나 가령, 인질범의 생명권과 인질의 생명권이 서로 대치하는 경우에는 절대설을 따를 수 없다. 사형제도의 위헌여부는 차치하고라도, 국가가 공동체와 법질서의 수호를 위하여 불가피하게 개인의 생명을 박탈해야 하는 상황(가령, 인질의 생명을 위협하는 인질범을 사살해야 하는 상황)을 배제할 수 없으므로, 생명권에 있어서 본질적 내용은 '국민 일반에 대한 보장'으로 보아야 한다.

결국, 절대설을 따르더라도, 누구에게 기본권의 핵이 남아 있어야 하는지를 판단함에 있어서 각 개별기본권마다 그 성질을 고려하여 심사해야 하므로, 이를 일관되게 적용할 수 없다.

나. 헌법재판실무에서 실질적 의미

생명권과 같은 예외적인 경우를 제외한다면, 공권력행위의 위헌심사에 있어서 과잉금지원칙이 준수되었다면, 기본권의 제한은 입법목적에 비추어 적정하다는 것을 의미하기 때문에 일반적으로 본질적 내용이 침해되지 않은 것으로 간주될 수 있다. 과잉금지원칙이 준수되었다는 것은 개인의 자유를 가장 적게 제한하는 수단을 선택하였다는 것을 의미한다. 이러한 점에서, 기본권의 제한이 과잉금지원칙에 부합하지만 본질적 내용을 침해하는 경우는 상정하기 어렵다.

한편, 공권력행위가 과잉금지원칙에 위반되는 경우 비로소 본질적 내용이 침해되었는지를 판단해야 할 필요성이 있는데, 이 경우 이미 과잉금지원칙의 위반으로 인하여 기본권제한행위의 위헌성이 확인되었으므로 결과적으로 더 이상 본질적 내용의 침해여부를 밝힐 실익이 없다. 이러한 이유에서, 헌법재판소도 지금까지 대부분의 경우 본질적 내용의 침해여부에 관한 판단을 굳이 할 필요가 없었다.

본질적 내용의 침해금지원칙은 공권력행위의 위헌성을 판단하기 위하여 불가결한 최소한의 규범적 기준을 제시할 수 없기 때문에, 심사기준으로서 사실상 기능할 수 없다. 따라서 위 원칙은 단지 관념상의 위헌심사기준으로서 헌법실무에서 아무런 역할을 하지 못한다. 결국, 본질적 내용의 침해금지원칙은 입법자가 기본권을 제한하는 경우에도 본질적 내용을 침해해서는 안 된다는 의미에서 입법자에게 호소하고 경고하는 기능을 가진다고 할 것이다.

제 9 절   基本權의 競合과 衝突

I. 기본권의 競合

사례 | 헌재 1998. 4. 30. 95헌가16(음란물출판사 등록취소 사건)

구 '출판사 및 인쇄소의 등록에 관한 법률' 제5조의 2 제5호는 음란 또는 저속한 간행물이나 아동에 유해한 만화 등을 출판하여 공중도덕이나 사회윤리를 침해하였다고 인정되는 경우 등록청이 당해 출판사의 등록을 취소할 수 있도록 규정하고 있었다. 위 법률조항에 의하여 제한되는 기본권으로서 언론·출판의 자유, 직업선택의 자유, 재산권 등이 고려된다면, 헌법재판소는 어떠한 기본권을 판단근거로 하여 위 법률조항의 위헌성을 심사해야 하는가?[1]

1. 기본권 경합의 의미

基本權의 競合이란, 구체적 사건에서 하나의 기본권의 주체가 여러 기본권의 침해를 주장할 수 있는 경우를 말한다. 동일한 기본권의 주체가 국가공권력에 의하여 여러 가지 기본권이 침해당했다는 주장을 하는 경우, 헌법재판소는 '어떠한 기본권을 판단근거로 삼아 공권력행위의 위헌성을 심사해야 하는지', 즉, 사안에 가장 가까운 기본권, 아니면 가장 강한 기본권 또는 가장 약한 기본권, 아니면 모든 기본권을 심사기준으로 삼을 것인지의 문제가 생긴다.

이러한 문제는 헌법재판에서 일상적으로 발생하는 문제이다. 헌법소송의 실무에 있어서 대부분의 경우 헌법소원심판 청구인이나 제청법원은 하나의 기본권이 아니라 제한의 가능성이 있는 모든 기본권의 침해를 주장하기 때문에, 기본권의 경합은 헌법소송에서 거의 예외 없이 발생한다.

2. 진정한 의미에서 기본권경합

가. 기본권경합의 발생

진정한 의미에서 기본권경합의 문제는 '어떠한 기본권을 판단근거로 삼는지에 따라 위헌심사의 결과가 달라지는 경우'에 발생한다. 여기서 위헌심사의 결과가 달라지는 경우란, 기본권 중에서 강한 기본권과 약한 기본권의 구분이 가능하기 때문에, 약한 기본권을 근거로 위헌성을 심사하는 경우에는 공권력행위가 합헌일 수 있고, 강한 기본권을 근거로 위헌성을 심사하는 경우에는 공권력행위가 위헌일 수 있는 경우이다. 그런데 '언제 강한 또는 약한 기본권의 구분이 가능한지'를 살펴보면, 헌법이 개별적 법률유보를 채택한 경우가 이에 해당한다.

나. 개별적 법률유보를 설정한 기본권체계에서 기본권경합

기본권의 경합이 특별히 문제되는 것은, 공권력행위와 관련된 여러 기본권이 각 다른 개별적 법률유보의 형태를 가지고 있는 경우이다. 헌법이 개별기본권마다 제한가능성과 제한의 정도를 각 다르게 정하고 있다면, '어느 기본권의 효력을 얼마만큼 인정하고, 어느 기본권을 위헌심사의 기준으로 적용할 것인가'의 문제가 생긴다.

즉, 독일 기본법에 규정된 기본권의 경우처럼, 각 기본권에 대한 제한가능성이 서로 다른 경우, 어떤 기본권을 근거로 공권력의 위헌성을 심사하는가에 따라 심사의 결과가 다를 수 있다. 예컨대, 제한된 여러 기본권 중에서 하나의 기본권은 단순법률유보의 형태를 띠므로 단순한 공익에 의하여 정당화될 수

---

1) 헌재 1998. 4. 30. 95헌가16(음란물출판사 등록취소), 판례집 10-1, 327, 337, "이 사건 법률조항은 언론·출판의 자유, 직업선택의 자유 및 재산권을 경합적으로 제약하고 있다. 이처럼 하나의 규제로 인해 여러 기본권이 동시에 제약을 받는 기본권경합의 경우에는 기본권침해를 주장하는 제청신청인과 제청법원의 의도 및 기본권을 제한하는 입법자의 객관적 동기 등을 참작하여 사안과 가장 밀접한 관계에 있고 또 침해의 정도가 큰 주된 기본권을 중심으로 해서 그 제한의 한계를 따져 보아야 할 것이다. 이 사건에서는 제청신청인과 제청법원이 언론·출판의 자유의 침해를 주장하고 있고, 입법의 일차적 의도도 출판내용을 규율하고자 하는 데 있으며, 규제수단도 언론·출판의 자유를 더 제약하는 것으로 보이므로 언론·출판의 자유를 중심으로 해서 이 사건 법률조항이 그 헌법적 한계를 지키고 있는지를 판단하기로 한다."

있다면 제한이 가능하고, 또 하나의 기본권은 헌법이 스스로 정하는 특별한 조건 하에서만 제한이 가능하고, 또 다른 기본권은 법률유보 없는 기본권으로서 오로지 헌법적 법익이나 제3자의 기본권에 의해서만 제한될 수 있는 경우, 대체 어떤 기본권을 기준으로 하여 심사해야 하는가의 문제가 발생한다.

3. 기본권경합의 효과

가. 기본권보호의 효과를 판단하는 기준

하나의 행위가 기본권보호의 효과에 있어서 차이가 있는 둘 이상의 기본권(강한 기본권과 약한 기본권)에 의하여 보호되는 경우, 기본권보호의 효력은 어느 정도인지의 문제가 제기된다. 이 경우, 기본권보호의 효과를 판단하는 기준으로 최약효력설과 최강효력설이 있다.

(1) 最弱效力說이란, 둘 이상의 기본권이 서로 경합하는 경우, 기본권보호의 효력은 헌법상 제한의 가능성이 가장 큰 기본권, 즉 가장 약한 기본권의 효력만큼 나타난다고 하는 견해이다. 이에 따르면, 가장 약한 기본권이 위헌성판단의 기준으로 적용되어야 한다.

(2) 이에 대하여, 最强效力說은 헌법상 제한의 가능성이 가장 작은 기본권, 즉 가장 강한 기본권에 의하여 기본권보호의 효력이 나타난다고 한다고 한다. 이에 따르면 가장 강한 기본권이 위헌성판단의 기준이 되어야 한다.

나. 최강효력설에 따른 기본권보호의 효과

개인의 행위가 일반·특별관계에 있지 않은 2개의 기본권의 보호영역에 속하는 경우, 그 행위에 대한 보호는 가장 강한 기본권, 즉 제한가능성이 가장 적은 기본권에 의하여 이루어져야 할 것이다. 이는 개인의 기본권은 가능하면 보호되어야 한다는 당연한 사고에서 비롯되는 것이다. 개인의 행위가 가장 약한 기본권에 의하여 보호되어야 한다면, 두 개의 기본권에 의한 이중적인 보호가 무의미할 것이다. 따라서 법률에 의한 제한이 '보다 강한 보호를 제공하는 기본권'에 대해서도 정당화될 때에만, 그 제한은 정당화될 수 있다.

4. 한국헌법에서 기본권경합

가. 일반적 법률유보체계에서 기본권경합의 문제

독일과 달리, 한국의 헌법재판에서는 '어떠한 기본권을 판단기준으로 삼는지에 따라 위헌심사의 결과가 달라진다는 의미에서의 기본권경합'은 전혀 문제가 되지 않는다. 개별적 법률유보를 두고 있지 않은 우리 헌법질서에서, 소위 '최강효력설'을 근거로 기본권간의 효력의 우열을 밝히려는 시도는 한국헌법의 기본권질서에서는 무의미하다.

우리 헌법이 기본권에 관한 부분에서 각 자유권마다 상이한 개별적 법률유보를 채택하지 않고 헌법 제37조 제2항에서 모든 자유권에 대하여 포괄적으로 적용되는 일반적인 법률유보조항을 두고 있으므로, 법률유보의 정도를 기준으로 헌법상 제한가능성이 큰 기본권과 작은 기본권, 즉 약한 기본권과 강한 기본권을 구분할 근거가 없다. 따라서 우리의 경우, 어떠한 기본권을 심사기준으로 삼는지에 따라 위헌심사의 결과가 달라지지 않는다.

나. 헌법재판소의 판례

(1) 우선, 헌법재판소는 침해되었다고 주장하는 기본권 중에서 그 보호범위가 실제로 제한된 기본

권을 선별한다. 이어서, 공권력에 의하여 제한된 여러 기본권 중에서 기본권의 침해를 주장하는 기본권주체의 의도와 기본권을 제한하는 공권력의 동기(법률의 경우, 규율목적 등) 등을 고려하여 사안과 가장 밀접한 관계에 있는 기본권을 중심으로 판단하거나[1] 또는 제한된 여러 기본권의 事案 密接性이 유사한 경우에는 보호범위가 저촉된 모든 기본권을 심사기준으로 언급하고 있다.

(2) 다만, 하나의 행위가 일반·특별의 관계에 있는 2개의 기본권의 보호영역에 속하는 경우, 그 행위에 대한 보호는 전적으로 특별기본권에 의하여 이루어진다. 따라서 특별기본권을 심사기준으로 삼아 공권력행위의 위헌여부를 판단해야 한다. 이는 특별규범이 일반규범에 대하여 우선한다는 원칙으로부터 나온다.

일반·특별의 관계에 있는 기본권으로는 보충적 자유권으로서의 행복추구권과 다른 개별적 자유권의 관계, 결사의 자유와 근로3권·정당의 자유 및 일반평등규정과 특별평등규정의 관계를 들 수 있다. 헌법재판소는 일부 결정에서 특별규범인 개별적 자유권이 적용됨에도 불구하고 일반규범인 행복추구권을 심사기준으로 언급하고 있는데, 이는 시정되어야 할 필요가 있다.

II. 기본권의 衝突[2]

> **사례 1** 헌재 1991. 9. 16. 89헌마165(정정보도청구 사건)
>
> 파스퇴르유업 주식회사는 중앙일보사가 발행하는 중앙일보의 특정 기사가 자신과 관련된다고 주장하면서 위 법률에 근거하여 법원에 그 기사내용에 대한 정정보도게재청구소송을 제기하여 승소하였다. 이에 중앙일보사는 항소를 제기하면서 정정보도청구권을 규정한 법률조항이 언론의 자유를 침해한다는 이유로 법원에 위헌법률심판제청을 신청하였으나 기각되자, 헌법재판소에 헌법소원심판을 청구하였다.[3]

---

1) 헌재 1998. 4. 30. 95헌가16(음란물출판사 등록취소), 판례집 10-1, 327, 337; 같은 취지로 헌재 2002. 4. 25. 2001헌마614(경비업의 겸영금지), 판례집 14-1, 410, 426, "이 사건의 경우 청구인들의 주장취지 및 앞에서 살펴본 입법자의 동기를 고려하면 이 사건 법률조항으로 인한 규제는 직업의 자유와 가장 밀접한 관계에 있다고 할 것이다. 따라서 이 사건 법률조항이 직업의 자유를 제한함에 있어 그 헌법적 한계를 지키고 있는지를 먼저 살핀다."; 헌재 2004. 5. 27. 2003헌가1 등(학교정화구역 내 극장시설 금지), 판례집 16-1, 670, 683, "이 사건 법률조항에 의한 표현 및 예술의 자유의 제한은 극장 운영자의 직업의 자유에 대한 제한을 매개로 하여 간접적으로 제약되는 것이라 할 것이고, 입법자의 객관적인 동기 등을 참작하여 볼 때 사안과 가장 밀접한 관계에 있고 또 침해의 정도가 가장 큰 주된 기본권은 직업의 자유라고 할 것이다. 따라서 이하에서는 직업의 자유의 침해여부를 중심으로 살피는 가운데 표현·예술의 자유의 침해여부에 대하여도 부가적으로 살펴보기로 한다."

2) 기본권의 충돌에 관하여 한수웅, 헌재 2004. 8. 26. 2003헌마457 결정(금연구역지정 사건)에 대한 판례평석 - 기본권의 충돌과 그 해결방안을 중심으로 -, 헌법논총 22집(2011) 참조.

3) 헌법재판소는 위 결정에서 인격권과 언론의 자유 사이의 '기본권 충돌 상황'을 확인한 후 해결방안으로서 '실제적 조화의 원칙'을 제시하였고, 이어서 '과잉금지원칙'을 적용하여 다음과 같이 합헌결정을 하였다, 헌재 1991. 9. 16. 89헌마165(정정보도청구), 판례집 3, 518, 529, "… 보도기관이 누리는 언론의 자유에 대한 제약의 문제는 결국 피해자의 반론권과 서로 충돌하는 관계에 있는 것으로 보아야 할 것이다. 이와 같이 두 기본권이 서로 충돌하는 경우에는 헌법의 통일성을 유지하기 위하여 상충하는 기본권 모두가 최대한으로 그 기능과 효력을 나타낼 수 있도록 하는 조화로운 방법이 모색되어야 할 것이고, 결국은 이 법에 규정한 정정보도청구제도가 과잉금지의 원칙에 따라 그 목적이 정당한 것인가 그러한 목적을 달성하기 위하여 마련된 수단 또한 언론의 자유를 제한하는 정도가 인격권과의 사이에 적정한 비례를 유지하는 것인가의 여부가 문제된다 할 것이다."; 판례집 3, 518, 535, "현행 정정보도청구권제도는 그 명칭에 불구하고 피해자의 반론게재청구권으로 해석되고 이는 언론의 자유와는 비록 서로 충돌되는 면이 없지 아니하나 전체적으로는 상충되는 기본권 사이에 합리적인 조화를 이루고 있는 것으로 판단된다."

사례 2 헌재 2004. 8. 26. 2003헌마457(금연구역지정 사건)

국민건강증진법은 공중이 이용하는 시설 중 시설관리자가 당해 시설의 전체를 금연구역으로 지정하거나 당해 시설을 금연구역과 흡연구역으로 구분하여 지정하여야 하는 시설을 보건복지부령에 의하여 정하도록 규정하고 있고, 이에 근거하여 보건복지부령인 국민건강증진법시행규칙은 시설관리자가 금연구역으로 지정해야 하는 각 해당시설을 구체적으로 규정하고 있으며, 국민건강증진법은 시설이용자가 이와 같이 지정된 금연구역에서 흡연하는 것을 금지하고 있다. 흡연자인 甲은 위 국민건강증진법시행규칙조항이 자신의 기본권을 침해한다고 주장하며 헌법소원심판을 청구하였다.[1]

1. 기본권의 충돌

가. 개 념

기본권의 충돌은, 하나의 동일한 사건에서 복수의 기본권주체가 서로 대립적인 이익을 가지고 국가에 대하여 각자 자신의 기본권을 주장하는 경우를 말한다.[2] 기본권의 경합이 동일한 기본권주체에 있어서 다양한 기본권의 병존에 관한 것이라면, 기본권의 충돌은 복수의 기본권주체가 동일한[3] 또는 상이한 기본권을 서로 대립적으로 주장함으로써 상호간의 관계에서 기본권의 보호범위 사이의 충돌이 발생하고 이로 인하여 일방 기본권주체의 기본권에 대한 제한 효과가 발생하는 상황을 말한다.

기본권의 충돌은, 하나의 기본권주체가 자신의 기본권을 행사함으로써 다른 기본권주체의 법익을 침해하거나 기본권행사를 저해하는 상황에서 국가가 이를 규율하고자 시도하는 경우에 발생한다. 이를 구체적으로 살펴보면, 기본권의 충돌이 존재하기 위해서는 첫째, 하나의 기본권주체의 기본권행사가 다른 기본권주체의 희생 하에서 이루어지는 경우, 즉 다른 기본권주체의 법익을 침해하거나 기본권행사를 저해하는 경우가 발생해야 한다. 가령, 언론기관이 언론의 자유를 행사함으로써 개인의 인격권을 침해하는 경우(위 사례 1)나 흡연자가 흡연의 자유를 행사함으로써 비흡연자의 건강권 등의 법익을 침해하는 경우(위 사례 2), 산모가 인공임신중절행위를 통하여 태아의 생명권을 위협하는 경우 등을 그 예로 들 수 있다. 둘째, 국가가 이러한 상황에 직면하여 한 기본권주체의 기본권을 보호하기 위하여 다른 기본권주체의 기본권을 제한하는 방향으로 규율하고자 시도하는 경우에 비로소 기본권충돌의 상황이 발생한다. 이로써, 양(兩) 기본권주체가 국가에게 서로 자신의 기본권을 고려해 줄 것을 요청함으로써, '국가공권력과 양 기본권주체의 3자 관계'가 발생하는 것이다.

---

1) 헌법재판소는 위 결정에서 흡연권과 혐연권 사이의 '기본권 충돌 상황'을 확인한 후 해결방안으로서 '상위기본권 우선의 원칙'을 제시하였고, 이어서 '과잉금지원칙'을 적용하여 다음과 같은 이유로 합헌결정을 하였다, 헌재 2004. 8. 26. 2003헌마457(금연구역지정), 판례집 16-2상, 355, 362, "이 사건 조문은 국민의 건강을 보호하기 위한 것으로서 목적의 정당성을 인정할 수 있고, 흡연자와 비흡연자가 생활을 공유하는 곳에서 일정한 내용의 금연구역을 설정하는 것은 위 목적의 달성을 위하여 효과적이고 적절하여 방법의 적정성도 인정할 수 있다. 또한 이 사건 조문으로 달성하려고 하는 공익(국민의 건강)이 제한되는 사익(흡연권)보다 크기 때문에 법익균형성도 인정된다."
2) 헌재 2005. 11. 24. 2002헌바95 등(Union Shop 협정), 판례집 17-2, 392, 401, "기본권의 충돌이란 상이한 복수의 기본권주체가 서로의 권익을 실현하기 위해 하나의 동일한 사건에서 국가에 대하여 서로 대립되는 기본권의 적용을 주장하는 경우를 말하는데, 한 기본권주체의 기본권행사가 다른 기본권주체의 기본권행사를 제한 또는 희생시킨다는 데 그 특징이 있다."
3) 복수의 기본권주체가 상이한 기본권뿐만 아니라 동일한 기본권을 서로 대립적으로 주장하는 경우(가령, 집회와 반대집회의 경우)에도 기본권충돌이 존재한다.

가령, 입법자가 사법규정을 통하여 채권자의 이익을 보호하기 위하여 채무자의 이익을 제한하는 경우 채권자의 기본권과 채무자의 기본권이 충돌한다.[1] 뿐만 아니라, 입법자가 형법이나 행정법규정 등을 통하여 사인에 의한 기본권침해로부터 사인의 기본권을 보호하기 위하여 보호입법을 하는 경우에도 기본권충돌의 상황이 발생한다. 예컨대, 입법자가 낙태죄를 통하여 인공임신중절이 형법적으로 허용되는 범위를 정하는 경우, 산모의 행복추구권과 태아의 생명권이 서로 충돌하게 된다. 또한, 비흡연자의 건강권을 보호하기 위하여 흡연자의 권리를 제한하는 경우에도 흡연자의 일반적 행동자유권(행복추구권)과 비흡연자의 건강권이 서로 충돌하게 된다. 또한, 구체적 소송을 담당하는 법관이 기본권의 대사인적 효력으로 인하여 적용법규의 해석과 적용에 있어서 양 당사자의 기본권을 고려해야 하는 경우도 기본권의 충돌이 발생하는 대표적인 경우이다. 예컨대, 작가가 문학작품에서 개인의 명예를 훼손하는 내용을 언급함으로써 손해배상청구가 문제되는 경우, 작가의 예술의 자유와 피해자의 인격권이 충돌하게 된다.

나. 진정한 의미의 기본권충돌과 단지 외견상의 기본권충돌

진정한 의미의 기본권충돌이란, 복수의 기본권주체가 서로 대립적인 이익을 가지고 기본권을 행사하는 경우 기본권의 보호범위가 서로 충돌하는 것을 말한다. 그러므로 기본권충돌의 해결방법을 찾기 전에, 당해 사건에서 기본권의 충돌이 실제로 존재하는지 아니면 단지 외견상의 기본권충돌(Scheinkollision)인지에 관하여 확인해야 한다. 기본권충돌이란 기본권 보호범위의 충돌을 의미하므로, 기본권충돌의 문제는 일차적으로 기본권의 보호범위를 인식하고 확정하는 문제이다. 그러므로 구체적 사건에서 문제되는 개별기본권의 보호범위를 규명하는 것이 필요하다. 개별자유권의 보호범위를 넓게 이해할수록 기본권충돌의 상황을 폭넓게 인정하게 되며, 역으로 개별자유권의 보호범위를 협소하게 확정할수록 진정한 의미의 기본권충돌은 감소하게 된다. 가령, 개인의 행위에 의하여 타인의 기본권행사 가능성이 저해되거나 법익이 침해되는 경우, 타인의 기본권을 제한하는 개인의 행위가 기본권의 보호범위에 포함되지 않는다면, 기본권충돌은 발생하지 않는다.[2] 기본권충돌이 존재하지 않는다면, 양 기본권 사이의 법익형량의 필요성이 없고, 이에 따라 법익형량(기본권충돌)의 해결방법을 찾는 것도 불필요하다.

2. 기본권충돌의 해결방안

가. 일반이론

기본권의 충돌은 헌법적 법익간의 충돌이 발생하는 상황의 대표적인 경우에 해당한다. 따라서 기

---

1) 헌재 2007. 10. 25. 2005헌바96(채권자취소권), 판례집 19-2, 467.
2) 예컨대, 일반적 행동자유권의 보호범위가 인간의 생명을 박탈할 자유를 포함하지 않는다는 견해를 취한다면, 살인범과 그의 희생자의 관계에서 살인범의 일반적 행동자유권과 범죄피해자의 생명권 사이의 충돌이 존재하지 않는다. 따라서 형법상 살인죄의 위헌여부가 문제되는 경우, 기본권충돌의 상황이 발생하지 않는다. 마찬가지로, 세입자가 임대주택의 외벽에 공직선거운동을 위한 벽보를 붙이고자 하는 경우, 세입자의 의견표명의 자유와 임대인(소유자)의 재산권이 서로 충돌하는 것처럼 보이지만, 이는 단지 외견상의 기본권충돌일 뿐이다. 의견표명의 자유는 의견표명의 수단으로서 타인의 재산권을 사용할 권리를 보호하지 않기 때문이다. 또한, 집회의 자유를 행사하는 과정에서 폭력적 행위로 타인의 재물을 손괴한 경우, 폭력의 사용은 기본권적 자유를 행사하는 수단이 될 수 없다는 점에서 폭력적 행위는 집회의 자유에 의하여 보호되지 않기 때문에, 집회의 자유와 재산권 사이의 기본권충돌은 존재하지 않는다.

본권충돌의 해결방안은 곧 법익충돌의 해결방안을 의미한다. 아래에서 기본권충돌과 관련하여 서술하고 확인하는 모든 관점은 헌법적 법익간의 충돌에도 그대로 적용된다.

기본권충돌의 해결방안은 크게 '기본권의 서열이론'과 '실제적 조화의 원칙'으로 나누어 살펴볼 수 있다. 양자 사이의 근본적인 차이점은, 헌법이 상충하는 법익간의 충돌 문제를 법익간의 위계질서의 확정을 통하여 스스로 해결하는지 아니면 이를 개별 상황마다 구체적 법익교량을 통하여 해결하도록 입법자에게 위임하는지에 있다.[1] '서열이론'은 기본권충돌의 문제를 개별사건의 구체적 상황을 고려함이 없이 기본권 사이의 일반적인 위계질서를 통하여 '추상적으로' 해결하고자 하는 반면, '실제적 조화의 원칙'은 개별사건의 모든 구체적 상황을 고려하는 법익교량을 통하여 기본권충돌의 문제를 해결하고자 한다. 실제적 조화의 원칙은 가치 사이에 확정된 절대적 위계질서를 거부하고 법익교량의 상대성과 상황구속성을 강조한다. 충돌하는 모든 가치를 가능하면 최대한으로 실현해야 한다는 최적화의 사고는 가치간의 절대적 위계질서의 사고를 필연적으로 부정한다. 실제적 조화의 원칙은 구체적 상황에 따라 실현되어야 하는 헌법적 법익과 가치가 다를 수 있다고 하는 사고에서 출발한다.

나. 헌법재판소의 판례와 학계의 견해

(1) 헌법재판소의 판례

헌법재판소는 헌재 1991. 9. 16. 89헌마165 결정(정정보도청구제도 사건)에서 인격권과 언론의 자유 사이의 '기본권 충돌 상황'을 확인한 후 해결방안으로서 '실제적 조화의 원칙'(규범조화적 해석)을 제시하였다.[2] 또한, 헌법재판소는 헌재 2007. 10. 25. 2005헌바96 결정(채권자취소권 사건)에서도 채권자와 채무자 및 수익자의 기본권들이 충돌하는 상황을 실제적 조화의 원칙에 따라 해결해야 한다고 판시하고 있다.[3] 반면에, 헌재 2004. 8. 26. 2003헌마457(금연구역지정 사건)에서는 헌법적 법익간의 우위관계를 판단할 수 있다는 소위 '서열이론'에 기초하여 흡연권에 대한 혐연권의 우위를 확인하고 있다.

한편, 이와 같이 일관되지 않은 판시내용의 영향을 받은 것으로 판단되는 헌재 2005. 11. 24. 2002헌바95 등 결정(Union Shop 협정 사건)에서는 '서열이론, 법익형량의 원리, 실제적 조화의 원리 중에서 그때그때마다 적절한 해결방법을 선택해야 한다'고 판시함으로써 매우 혼란스런 모습을 보이고 있다.[4] 그럼에도, 헌법재판소는 위 결정에서 최종적으로는 실제적 조화의 원리에 따라 기본권의

1) 물론, 입법자가 헌법적 법익간의 충돌문제를 입법을 통하여 확정적으로 해결하지 아니하고 개괄조항 등 해석을 필요로 하는 법규범의 형태로 규율하는 경우에는, 법익형량을 통하여 법익충돌의 문제를 해결하는 과제는 입법자에서 법원으로 전이된다.
2) 판례집 3, 518, 529.
3) 판례집 19-2, 467, 473-474, "이 사건 법률조항은 채권자에게 채권의 실효성 확보를 위한 수단으로서 채권자취소권을 인정함으로써, 채권자의 재산권과 채무자와 수익자의 일반적 행동의 자유 내지 계약의 자유 및 수익자의 재산권이 서로 충돌하게 되는바, 위와 같은 채권자와 채무자 및 수익자의 기본권들이 충돌하는 경우에 기본권의 서열이나 법익의 형량을 통하여 어느 한 쪽의 기본권을 우선시키고 다른 쪽의 기본권을 후퇴시킬 수는 없다고 할 것이다. … 따라서 이러한 경우에는 헌법의 통일성을 유지하기 위하여 상충하는 기본권 모두가 최대한으로 그 기능과 효력을 발휘할 수 있도록 조화로운 방법을 모색하되(규범조화적 해석), 법익형량의 원리, 입법에 의한 선택적 재량 등을 종합적으로 참작하여 심사하여야 할 것이다."
4) 판례집 17-2, 392, 401, "이와 같이 두 기본권이 충돌하는 경우 그 해법으로는 기본권의 서열이론, 법익형량의 원리, 실제적 조화의 원리(규범조화적 해석) 등을 들 수 있다. 헌법재판소는 기본권 충돌의 문제에 관하여 충돌하는 기본권의 성격과 태양에 따라 그때그때마다 적절한 해결방법을 선택, 종합하여 이를 해결하여 왔다. 예컨대, 국민건강증진법시행규칙 제7조 위헌확인 사건에서 흡연권과 혐연권의 관계처럼 상하의 위계질서가 있는 기본권끼리 충돌하

충돌 문제를 해결하고자 시도하고 있다.[1]

(2) 학계의 견해

학계에서는 기본권충돌의 해결방안으로서 독일에서 형성된 이론인 '기본권의 서열이론, 법익형량의 이론, 실제적 조화의 원칙'의 3가지 가능성을 일반적으로 소개하고 있다. 기본권의 서열이론이란, 기본권 사이에 확정된 위계질서가 존재한다는 것을 전제로 기본권이 충돌하는 경우 그 서열을 기준으로 하여 하위의 기본권은 상위의 기본권의 실현을 위하여 희생되어야 한다는 이론으로 이해되고 있다. 실제적 조화의 원칙은 헌법의 통일성의 관점에서 상충하는 기본권을 모두 최대한으로 실현시키기 위하여 조화의 방법을 찾는 시도로 이해되고 있다.[2] 한편, 법익형량의 이론은 그 의미하는 바가 불분명하여, 학자에 따라서는 실제적 조화의 원칙과 근본적으로 동일한 내용으로 이해하는 견해도 있고, 일부 학자의 경우에는 기본권의 서열이론과 동일한 것으로 이해함으로써 이념적으로 실제적 조화의 원칙과 대립관계에 있는 해결방법으로 간주하기도 한다. 한편, 이러한 해결방안 중에서 어떠한 이론을 궁극적으로 채택해야 할 것인지에 관하여는 분명한 입장을 취하고 있지 않다.

다. 序列理論

(1) 의 미

기본권의 서열이론(Rangordnung der Grundrechte)이란, 기본권 사이의 서열과 위계질서를 확정할 수 있다는 것을 전제로 하여 서로 충돌하는 기본권 중에서 서열이 높은 기본권, 보다 중요하고 보호가치가 큰 기본권을 우선시킨다는 이론이다. 서열이론에 대하여 제기되는 가장 큰 의문점은 헌법이 스스로 법익간의 우열관계를 추상적으로 확정하고 있는지에 관한 것이다.

(2) 문제점

(가) 법익충돌의 해결방안으로서 '서열이론' 아니면 '실제적 조화의 원칙'을 따를 것인지의 문제는 본질적으로 헌법과 입법자의 관계, 즉 헌법과 정치(공동체의 형성)의 관계를 어떻게 이해할 것인지의 문제와 밀접한 관계에 있다.

민주국가의 헌법은 헌법적 법익간의 우열관계를 확정함으로써 스스로 사회를 형성하는 것이 아니라, 사회형성의 과제를 입법자에게 위임하고 있다. 다만, 헌법은 헌법적 가치와 법익을 규정함으로써 입법자에게 사회형성의 과제를 이행하기 위한 지침과 방향만을 제시할 뿐이다. 가령, 헌법은 다양한 국가과제를 제시할 뿐, 국가과제 사이의 우열관계를 확정함으로써 이행의 우선순위에 있어서 입법자를 구속하지 않는다. 마찬가지로, 헌법은 자유권의 보장을 통하여 자유권을 존중하고 보호해야

는 경우에는 상위기본권우선의 원칙에 따라 하위기본권이 제한될 수 있다고 보아서 흡연권은 혐연권을 침해하지 않는 한에서 인정된다고 판단한 바 있다(헌재 2004. 8. 26. 2003헌마457, 판례집 16-2, 355, 361 참조). 또, 정기간행물의등록등에관한법률 제16조 제3항 등 위헌 여부에 관한 헌법소원 사건에서 동법 소정의 정정보도청구권(반론권)과 보도기관의 언론의 자유가 충돌하는 경우에는 헌법의 통일성을 유지하기 위하여 상충하는 기본권 모두가 최대한으로 그 기능과 효력을 발휘할 수 있도록 하는 조화로운 방법이 모색되어야 한다고 보고, 결국은 정정보도청구제도가 과잉금지의 원칙에 따라 그 목적이 정당한 것인가 그러한 목적을 달성하기 위하여 마련된 수단 또한 언론의 자유를 제한하는 정도가 인격권과의 사이에 적정한 비례를 유지하는 것인가의 관점에서 심사를 한 바 있다(헌재 1991. 9. 16. 89헌마165, 판례집 3, 518, 527-534 참조)."

1) 판례집 17-2, 392, 403, "이와 같이 개인적 단결권과 집단적 단결권이 충돌하는 경우 기본권의 서열이론이나 법익형량의 원리에 입각하여 어느 기본권이 더 상위기본권이라고 단정할 수는 없다. … 따라서 이러한 경우 헌법의 통일성을 유지하기 위하여 상충하는 기본권 모두가 최대한으로 그 기능과 효력을 발휘할 수 있도록 조화로운 방법을 모색하되(규범조화적 해석), 법익형량의 원리, 입법에 의한 선택적 재량 등을 종합적으로 참작하여 심사하여야 한다."

2) 학자에 따라서는 '규범조화적 해석'으로 표현하기도 한다, 가령, 허영, 한국헌법학, 2010, 273면.

할 의무와 과제를 부과할 뿐, 어떠한 자유권이 우선적으로 보호되어야 하는지에 관하여 결정하지 않는다. 그러나 서열이론은 헌법적 차원에서 법익간의 우열관계를 추상적으로 확정함으로써 입법자를 구속하고자 한다. 수시로 변화하는 사회현상에 끊임없이 대처해야 하는 현대의 사회국가에서, 헌법적 법익간의 우열관계를 확정하는 헌법이 기능할 수 없으며, 사회현상의 변화에 적응할 수 없다는 것은 두말할 필요가 없다.

(나) 서열이론의 또 다른 문제점은 기본권 사이의 추상적인 우열관계를 통하여 소위 하위의 기본권을 일방적으로 희생시키면서 소위 상위의 기본권을 전적으로 실현한다는 데 있다. 서열이론에 따른다면, 후순위 헌법적 법익이나 헌법적 과제는 법익간의 충돌상황이나 과제실현을 위한 경합과정에서 항상 선순위 헌법적 법익이나 과제에 대하여 양보하거나 후퇴해야 하는데, 이는 후순위 헌법적 법익이나 헌법규정이 헌법질서에서 사실상 제거되는 효과를 초래한다. 이러한 상황이 모든 헌법규범을 하나의 통일체로 이해하는 '헌법의 통일성'의 사고와 부합하지 않는다는 것은 두말할 필요가 없다. 뿐만 아니라, 복수의 기본권주체가 '동일한 기본권'을 주장하는 기본권충돌의 상황에서는, 가령 집회의 자유와 반대집회의 자유가 서로 충돌하는 경우에는 서열이론은 전혀 기능할 수 없다는 한계를 안고 있다.

(다) 헌법은 헌법적 가치나 법익 사이에 명확하고 체계적인 우열관계를 확립하고 있지 않으며, 또한 기본권 사이에도 추상적인 우열관계가 존재하지 않는다. 헌법에 보장된 개별기본권은 특정 상위 기본권으로부터 도출되는 권리가 아니라, 각자 그 자체로서 역사적으로 형성된 독자적인 보장이다. 헌법의 통일성의 사고에 비추어 개별기본권은 원칙적으로 상호간에 동등한 지위를 가진다. 다만, 헌법의 최고 가치이자 최고의 구성원리로서 인간존엄성만이 다른 기본권에 대하여 예외적으로 우위를 인정받을 수 있을 뿐이다. 결국, 기본권사이의 서열을 일원적이고 체계적으로 확정하는 것은 불가능하다.

학계의 일부에서는 기본권충돌의 해결을 위한 하나의 방안으로서 서열이론을 제시하면서, 생명권이 다른 기본권보다 상위에 있다는 주장이나 인격적 가치나 정신적 가치를 보호하기 위한 기본권이 재산적 가치를 보호하기 위한 기본권보다 우위에 있다는 주장 등을 하기도 한다.[1] 그러나 이러한 주장들은 모든 헌법적 근거를 결여하고 있을 뿐만 아니라, 헌법재판에서 한 번도 실현된 적이 없다.[2]

---

[1] 가령, 대표적으로 권영성, 헌법학, 2010, 342면; 허영, 한국헌법론, 2010, 272면.

[2] ① 생명권의 경우, 생명권이 절대적으로 보장되는 기본권이 아니라 생명권도 특수한 상황에서는(가령, 사형제도에 의하여 생명권을 박탈하는 경우나 국가권력이 인질의 건강이나 생명을 보호하기 위하여 인질범의 생명권을 박탈하는 경우) 공익의 관점에서 또는 타인의 기본권과의 충돌관계에서 제한될 수 있다는 것에 대해서는 이론의 여지가 없다. 가령, 인공임신중절행위에 의하여 태아의 생명권이 위협받는 경우, 태아의 생명권과 산모의 기본권이 충돌하는 상황에서 생명권우위의 원칙에 따라 추상적으로 태아의 생명권에 일방적인 우위가 부여되는 것이 아니라, 임신중절의 시기와 계기, 산모의 상황 등 구체적인 상황을 고려하여 일정한 조건 하에서는 태아의 생명권에 대하여 산모의 자기결정권이나 건강권 등이 우위를 차지함으로써 법적으로 낙태가 허용될 수도 있다. 낙태가 법적으로 허용될 수 있다는 것은 특정한 상황에서는 태아의 생명권이 산모의 기본권에 대하여 양보해야 한다는 것을 의미한다. 따라서 개별적 상황의 구체적 법익형량 없이 생명권이 추상적으로 다른 기본권에 대하여 우위를 차지한다는 이론은 헌법에 그 근거를 찾을 수도 없고, 헌법재판에서 한 번도 적용된 적이 없다. 독일연방헌법재판소가 낙태결정에서 산모의 기본권에 대하여 생명권에 우위를 부여하였다면, 이는 기본권간의 추상적인 우열관계를 전제로 하는 서열이론에 따른 결과가 아니라 실제적 조화의 이론에 따른 구체적 법익형량의 결과인 것이다(가령, BVerfGE 39, 1; 86, 390). ② 마찬가지로, 정신적 자유가 경제적 자유에 우선한다거나 인격권이 비인격권에 대하여 우선한다는 '정신적 자유의 우위원칙' 또는 '인격권우선의 원칙' 등은 헌법상 그 근거를 찾을 수도 없을 뿐만 아니라, 헌법재판에

학계의 일부에서 주장하는 이러한 우위원칙들은 기껏해야 개별사건의 구체적 법익형량과정에서 고려될 수 있는 '법익교량의 일반적 지침'으로서의 의미를 가질 수 있을 뿐이다.[1]

(라) 한편, 헌법재판소는 헌재 2004. 8. 26. 2003헌마457(금연구역지정 사건)에서 기본권의 서열이론에 따라 혐연권이 흡연권에 대하여 상위의 기본권이라고 판시함으로써 기본권 사이의 위계질서를 추상적으로 확인하였는데,[2] 이러한 판시내용은 기본권 사이의 우열관계를 추상적으로 확인할 수 없다는 점에서 중대한 오류에 속한다. 위 결정의 또 다른 문제점은, 서열이론에 따라 기본권간의 우열관계를 추상적으로 확인한 다음, 이어서 다음 단계에서 과잉금지원칙에 따라 개별사건에서의 구체적 상황을 고려하는 법익형량을 시도함으로써 상충하는 법익간의 실제적 조화의 여부를 판단하고 있다는 점이다. 헌법재판소가 기본권충돌상황에서 서열이론에 따라 기본권간의 우열관계를 추상적·절대적으로 확인하였다면, 구체적 상황과 관계없이 하위의 기본권은 상위의 기본권의 실현을 위하여 후퇴해야 할 것이다. 따라서 헌법재판소가 서열이론을 따른다면, 상위의 기본권을 위하여 하위의 기본권을 후퇴시킨 심판대상조항에 대한 위헌심사는 이미 이 단계에서 종결되어야 한다. 그러나 헌법재판소는 위 결정에서 '서열이론'과 '실제적 조화의 원칙이 구체화된 형태인 과잉금지원칙'을 단계적으로 함께 적용하는 중대한 논리적 모순을 보이고 있다.

라. 실제적 조화의 원칙

(1) 헌법적 법익간의 충돌을 해결하는 유일한 합헌적 방법

실제적 조화의 원칙(Prinzip der praktischen Konkordanz)이란, 헌법규범간의 충돌관계를 헌법규범간의 우열관계로 해결하는 것이 아니라 헌법의 통일성의 관점에서 상충하는 헌법규범 모두가 최적의 효력을 발휘할 수 있도록 양 헌법규범을 조화시켜야 한다는 원칙을 말한다. 실제적 조화의 원칙은 헌법의 통일성으로부터 나오는 당연한 원칙이며, 헌법적 법익간의 조정을 입법자에게 위임하는 민주적 헌법의 태도로부터 나오는 당연한 요청이다. 헌법이 하나의 통일체를 형성한다는 것은, 헌법적 법익들이 서로 충돌하는 경우 양자 중 하나를 배제해야 하는 것이 아니라 서로 조화시켜야 한다는 것을 의미한다. 일견하여 다른 헌법규정들과 충돌을 일으키는 헌법규정도 헌법제정자에 의하여 의도적

---

1) 법익교량의 일반적 지침에 관하여 제3편 제1장 제8절 IV. 참조.

서 한 번도 그러한 추상적 원칙에 근거하여 법익형량이 이루어진 적이 없다. 가령, 정신적 자유와 경제적 자유가 충돌하는 경우, '정신적 자유의 우선원칙'에 따라 모든 상황에서 경제적 자유가 정신적 자유에 대하여 양보해야 하는 것이 아니라, 개별사건의 구체적 상황을 고려하여 상충하는 경제적 자유와 정신적 자유가 개인의 인격발현과 인간존엄성실현 또는 민주주의의 실현 등에 대하여 가지는 구체적인 의미와 중요성에 따라 구체적인 법익형량이 이루어질 수 있을 뿐이다. 헌법재판소도 종래 일관되게 추상적인 우위원칙이 아니라 구체적 법익형량의 원칙에 따라 결론에 이르고 있다.

2) 헌재 2004. 8. 26. 2003헌마457(금연구역지정), 판례집 16-2상, 355, 361, "흡연자들의 흡연권이 인정되듯이, 비흡연자들에게도 흡연을 하지 아니할 권리 내지 흡연으로부터 자유로울 권리가 인정된다(이하 이를 '혐연권'이라고 한다). 혐연권은 흡연권과 마찬가지로 헌법 제17조, 헌법 제10조에서 그 헌법적 근거를 찾을 수 있다. 나아가 흡연이 흡연자는 물론 간접흡연에 노출되는 비흡연자들의 건강과 생명도 위협한다는 면에서 혐연권은 헌법이 보장하는 건강권과 생명권에 기하여서도 인정된다. 흡연자와 비흡연자가 함께 생활하는 공간에서의 흡연행위는 필연적으로 흡연자의 기본권과 비흡연자의 기본권이 충돌하는 상황이 초래된다. 그런데 흡연권은 위와 같이 사생활의 자유를 실질적 핵으로 하는 것이고 혐연권은 사생활의 자유뿐만 아니라 생명권에까지 연결되는 것이므로 혐연권이 흡연권보다 상위의 기본권이라 할 수 있다. 이처럼 상하의 위계질서가 있는 기본권끼리 충돌하는 경우에는 상위기본권우선의 원칙에 따라 하위기본권이 제한될 수 있으므로, 결국 흡연권은 혐연권을 침해하지 않는 한에서 인정되어야 한다." 헌법재판소는 이어서 공공복리(국민의 건강)를 위하여 흡연권 제한의 필요성을 강조하면서, 과잉금지원칙에 따른 심사를 하고 있다.

으로 헌법에 수용된 것이며, 이로써 헌법을 구성하는 하나의 요소인 것이다. 따라서 헌법제정자에 의하여 의도적으로 수용된 헌법규정을 헌법 내의 위계질서를 근거로 다시 제거하는 효과를 초래해서는 안 된다.

헌법의 통일성으로부터 헌법규범간의 최적화 또는 조화의 과제가 도출된다. 헌법이 스스로 헌법규범 사이의 일정한 위계질서를 확정하고 있지 않은 한, 어느 한 헌법규범을 다른 헌법규범의 일방적인 희생 하에서 우위가 인정되는 것으로 간주해서는 안 된다. '실제적 조화의 원칙'은 충돌하는 법익의 양자택일이 아니라 병립(竝立)가능성을 모색하고자 한다. 헌법규범간의 충돌이 발생하는 경우, 하나의 규범을 일방적으로 우대하여 다른 규범의 희생 하에서 실현해서는 안 되고, 양 헌법규범이 상호 관계에서 서로를 제약한다 하더라도, 양자가 가능하면 최적의 효과를 얻을 수 있도록 양 헌법규범의 경계가 설정되어야 한다. 따라서 기본권이 서로 충돌하는 경우 양자택일적으로 하나의 기본권만을 실현하고 다른 하나의 기본권을 희생시켜서는 안 되고, 헌법의 통일성의 관점에서 양 기본권이 모두 최대한으로 실현될 수 있도록, 조화의 방법을 찾아야 한다.

예컨대, 입법자가 형법을 통하여 낙태행위를 규율함에 있어서도 임신 후 일정기간 동안 낙태행위를 정당화하는 특정요건 하에서만 낙태를 허용함으로써, 한편으로는 산모의 행복추구권을 존중하면서, 다른 한편으로는 태아의 생명권을 보호할 수 있다. 바로 이러한 경우가 서로 충돌하는 기본권 사이의 조화로운 경계를 설정하는 대표적인 경우에 속한다.[1]

(2) 구체적이고 개별적인 법익형량의 원칙

기본권의 충돌은 개별사건의 모든 구체적인 상황을 고려하는 법익형량을 통하여 해결되어야 하고, 이러한 법익형량의 방법이 바로 '실제적 조화의 원칙'이다. 기본권충돌의 경우 문제가 되는 것은, 기본권 사이의 일반적이고 추상적인 우열관계가 아니라, 개별사건의 구체적인 상황을 고려하여 어떠한 기본권이 후퇴하는지 또는 우선하는지를 판단하는 구체적이고 개별적인 법익형량에 관한 것이다. 실제적 조화의 원칙은 헌법적 법익이 서로 충돌하는 경우 최적화의 과제를 제시하며, 최적화의 과제란 개별적인 경우 구체적인 상황을 고려하여 양 법익이 최대한으로 효력을 발휘할 수 있도록 상충하는 법익사이의 경계가 설정되어야 한다는 것을 의미한다. 즉, 법익형량의 작업이란, 추상적으로 동등한 헌법적 법익 중에서 구체적인 경우 어떠한 법익에 보다 큰 비중이 부여되는지의 확인에 관한 것이다. 기본권의 충돌은 개별사건의 구체적 상황을 고려하여 상충하는 기본권간의 '조건부 우열관계'를 확인함으로써, 즉 구체적 사건과 관련하여 특정한 상황에서 하나의 법익이 다른 법익에 우선한다는 것의 확인을 통하여 해결된다.

예컨대, 범죄행위가 발생한지 상당한 기간이 지난 후 언론(TV 방송)이 범죄인의 실명과 사진을 사용하여 반복적으로 범죄사실을 보도하는 것이 허용되는지를 판단함에 있어서 추상적으로 언론의 보도의 자유·국민의 알권리와 범죄인의 인격권 중에서 무엇이 우선하는지를 판단하는 것이 아니라, 언론이 보도를 하고자 하는 구체적 시점에서 '보도의 필요성과 중요성' 및 '인격권보호의 필요성과 중요성'을 구체적으로 형량하여 판단하게 된다.[2] 법익형량을 하기 위해서는 우선 관련당사자의 어떠한

---

1) 한편, 계희열, 헌법학(中), 2004, 128면 이하, "낙태의 경우 그 성질상 예외적으로 상충하는 기본권을 모두 실현시킬 수 없고 그 중 하나를 희생시킬 수밖에 없다, 즉 양자택일적 방법으로 해결할 수밖에 없다."고 주장한다. 그러나 이러한 주장은 타당하지 않다.

기본권들이 문제되는지, 기본권이 어떠한 방법으로 어떠한 강도로 침해되었는지, 구체적으로 침해된 자유영역이 인간존엄성실현과 자유로운 인격발현 또는 민주주의의 실현에 대하여 가지는 의미와 중요성이 어느 정도인지, 어떻게 해야 기본권침해가 방지되거나 적어도 완화될 수 있는지 등의 관점이 구체적 사건의 판단을 위한 사실적 기초로서 규명되어야 한다. 구체적 사건의 판단은 실제적 조화의 원칙에 따라 양 기본권에 의하여 보호되는 자유행사나 법익이 각 기본권주체에 대하여 가지는 의미와 중요성에 부합하게 귀속되거나 또는 우열관계가 결정됨으로써 이루어진다. 따라서 헌법재판소의 결정이유에서 '어떠한 기본권이 다른 기본권에 대하여 양보해야 한다'고 판단함으로써 기본권의 우열관계를 확인한다면, 이는 헌법적으로 확정된 추상적인 우열관계의 확인이 아니라, 언제나 구체적인 충돌상황과 연관된 우열관계의 확인, 즉 개별적인 법익형량을 통한 우열관계의 확인인 것이다.

마. 법익형량의 이론

(1) 독일연방헌법재판소는 류트(Lüth) 결정(BVerfGE 7, 198)에서 기본권충돌을 해결하는 방법으로서 법익형량의 이론을 제시한 이래, 지금까지도 이를 확고한 입장으로 견지하고 있다. 법익형량이론이란, 개별사건의 모든 본질적인 상황을 고려하는 구체적 법익형량을 통하여[1] 가능하면 양 법익을 조화시키고자 시도하고 이것이 실현될 수 없다면 어떠한 법익이 후퇴해야 하는지를 밝힘으로써 법익충돌을 해결하고자 하는 이론을 말한다.[2] 연방헌법재판소는 '법원의 재판에 의하여 개인의 기본권이 침해당했다는 주장으로 제기되는 재판소원'에서, 법원이 구체적 소송사건에서 상충하는 헌법적 법익을 고려하여 양 법익을 최대한으로 실현하고자 하였는지, 즉 법익형량의 위헌여부를 판단하는 과정에서 기본권충돌을 확인하고 법익형량의 이론에 따라 법익형량이 이루어졌는지를 심사하고 있다.

여기서 연방헌법재판소가 법익간의 우열관계를 언급한다면, 이는 서열이론에 따른 추상적인 우열

---

2) 독일연방헌법재판소의 레바하(Lebach) 결정(BVerfGE 35, 202, 226ff.)은 구체적이고 개별적인 법익형량이 어떻게 이루어지는지를 보여주는 좋은 예이다. 공영TV 방송은 독일 레바하 市에서 다수의 군인이 살해된 사건에 관하여 위 사건의 공범인 헌법소원청구인에게 형이 선고되고 2년이 지난 후, 청구인의 사진과 실명을 사용하여 실화 드라마를 제작·방영할 것을 계획하였다. 청구인의 방영금지가처분신청을 기각한 법원의 판결에 대하여 제기된 헌법소원사건에서 연방헌법재판소는 "언론이 범죄인의 실명과 사진을 사용하여 범죄사실을 보도하는 것은 범죄인의 인격권에 대한 중대한 침해이나, 발생한 범죄사실에 대하여 알아야 할 일반 국민의 이익과 이를 보도해야 할 언론의 공적 과제가 있기 때문에, 양 법익을 비교형량하는 경우 '중대한 범죄가 발생한 당시'에는 범죄에 관한 사실을 보도해야 할 이익 및 국민의 알고자 하는 이익이 범죄인의 인격권에 대하여 원칙적인 우위를 차지한다."고 확인한 후, "그러나 범죄행위 후 시간이 경과할수록 범죄사실에 관하여 보도해야 할 이익이 감소하는 반면, 범죄인이 형을 치르고 출소의 시기에 접근할수록 범죄인의 인격권과 사회에 복귀할 권리의 비중이 커진다. 범죄행위가 발생한 후 몇 년이 경과하여 국민의 알고자 하는 이익이나 이에 관한 보도의 이익이 거의 존재하지 않음에도 다시 반복적으로 범죄행위에 관하여 보도하는 것은 범죄인의 사회복귀의 가능성을 위협하기 때문에 허용되지 않는다. 이 경우 사회에 복귀하고자 하는 범죄인의 이익과 범죄인의 사회복귀를 가능케 하고자 하는 국가공동체의 이익이 범죄행위를 다시 상기시키고자 하는 보도의 이익에 대하여 원칙적인 우위를 차지한다."고 판시하였다.

1) Vgl. BVerfGE 7, 198, 229(Lüth), "민사법원은 표현의 자유의 의미를 사법상의 불법행위규정에 의하여 보호되는 법익(재산권)의 가치와 형량해야 하는데, 그 결정은 모든 본질적 상황을 고려하여 개별사건의 전체모습을 고찰해야만 내려질 수 있다."; BVerfGE 30, 173, 195(Mephisto), 예술의 자유와 인격권이 충돌하는 상황에서 "결정은 단지 개별사건의 모든 상황을 형량함으로써만 내려질 수 있다."; BVerfGE 35, 202, 203(Lebach), 범죄자의 인격권과 언론의 보도의 자유가 충돌하는 상황에서 "양 헌법적 법익 중에서 어떠한 것도 원칙적으로 절대적 우위를 주장할 수 없다. 개별사건에서 인격권에 대한 침해의 정도는 대중의 알고자 하는 이익과 형량해야 한다."

2) BVerfGE 35, 202, 225(Lebach), "헌법의 의사에 의하면 양 법익은 모두 헌법의 자유민주적 기본질서를 구성하는 본질적 요소이므로, 어떠한 법익도 원칙적인 우위를 주장할 수 없다. … 그러므로 양 법익은 충돌상황에서 가능하면 조화의 상태로 이끌어져야 하고, 이것이 실현될 수 없다면 개별사건의 구체적 상황을 고려하여 어떠한 법익이 후퇴해야 하는지를 판단해야 한다."

관계가 아니라 개별사건마다 구체적인 법익형량의 결과로서 밝혀지는 우열관계라는 것에 유의해야 한다.[1] 연방헌법재판소가 법익형량의 원칙에 따라 헌법적 법익간의 충돌문제를 해결한다는 것은 개별사건의 모든 구체적 상황을 고려하여 각 헌법적 법익을 지지하는 관점의 형량을 통하여 해결한다는 것을 의미하므로, 법익형량의 이론은 필연적으로 실제적 조화의 원칙과 만나게 된다.[2] 따라서 여기서 법익형량은 '실제적 조화의 원칙에 따른 법익형량'을 의미한다. 실제적 조화의 원칙에 따른 비례적 이익조정의 결과로서 충돌하는 법익간의 경계가 설정되고, 이로써 어떠한 법익이 우선하는지 또는 후퇴하는지가 밝혀진다.

(2) 학계에서는 기본권충돌의 해결방안으로서 '법익형량의 이론'을 별도로 언급하고 있으나, 법익형량의 이론은 기본권충돌을 해결하기 위한 별개의 독자적 방안이 아니라, 개방적 헌법의 적용방법 또는 헌법적 결정에 이르는 방법이 '법익형량'임을 표현하고 강조하는 것에 지나지 않는다. 기본권충돌을 비롯하여 헌법적 법익간의 충돌은 법익형량을 통하여 해결할 수밖에 없고, 헌법적 법익간의 충돌을 해결하는 유일하게 합헌적인 법익형량의 방법이 바로 실제적 조화의 원칙이므로, 법익형량이란 충돌하는 법익간의 실제적 조화를 추구하는 법익형량, 즉 비례적 법익형량만을 의미할 수 있을 뿐이다. 결국, 헌법적 법익간의 형량은 실제적 조화의 원칙에 따른 법익형량 외에 다른 것을 의미할 수 없다. 이러한 점에서, 법익형량의 이론은 실제적 조화의 원칙과 사실상 동일한 의미를 가진다.

3. 언제 기본권충돌의 상황을 확인하는 것이 필요한지의 문제

그렇다면, 헌법재판소가 법률의 위헌여부를 판단함에 있어서 '기본권충돌상황'을 확인하는 것이 사안의 해결을 위하여 필요한 것인지, 어떠한 의미를 가지는 것인지의 문제가 제기된다. 헌법재판소는 법률의 위헌여부가 문제된 대부분의 사건에서 기본권충돌의 문제를 전혀 언급하지 아니하고 과잉금지원칙에 따라 판단하였다.[3]

가. 입법단계에서 제기되는 문제로서 기본권충돌

기본권충돌의 상황이란, 입법자가 법률을 통하여 일정 생활영역을 규율함에 있어서 서로 대립적인 이익을 가지는 양 기본권주체의 기본권을 함께 고려해야 하는 경우, 양 기본권주체가 국가에 대하여 자신의 기본권을 주장함으로써 언제나 발생하는 현상이다.[4] 따라서 입법에서 기본권충돌의 문제는 상충하는 기본권을 함께 고려하여 이익조정을 해야 하는 '입법과정'에서 일반적으로 발생하는 일상적인 현상이다. 입법자가 특정 생활영역을 규율함에 있어서 상충하는 기본권을 고려하여 이익조

---

1) 국내의 일부 학자(가령, 계희열 헌법학 中, 2004, 126면)가 법익형량의 이론을 서열이론과 유사한 것 또는 동일한 것으로 간주한다면, 이는 독일연방헌법재판소의 결정이유에서 헌법적 법익간의 충돌상황을 법익형량을 통하여 해결하면서 법익형량의 결과로서 하나의 법익에 우위를 부여하는 것을 헌법적 법익간의 '추상적 우열관계의 확인'으로 잘못 이해한 것에서 기인한다고 본다.

2) 기본권의 충돌은 구체적 사건에서의 법익형량을 통하여 해결되며, 기본권충돌의 해결방법으로서 실제적 조화의 원칙에 따라 구체적인 법익형량이 이루어져야 한다는 것은 독일연방헌법재판소의 일관되고도 확립된 판례이다.

3) 가령, 헌법재판소는 교통사고처리특례법 사건(헌재 1997. 1. 16. 90헌마110 등)이나 미국산 쇠고기수입의 위생조건에 관한 고시 사건(헌재 2008. 12. 26. 2008헌마419) 등에서 입법자가 기본권보호의무를 제대로 이행하였는지의 여부가 문제되었음에도 불구하고 기본권충돌의 문제를 언급조차 하지 아니하였다.

4) 가령, 입법자가 행정법이나 형법 등을 통하여 사인에 의한 기본권침해로부터 사인의 기본권을 보호하기 위하여 입법을 하는 경우(보호의무의 이행) 또는 입법자가 사법을 통하여 사인간의 이익을 조정하면서 일방의 이익을 위하여 일방의 이익을 후퇴시키는 경우, 예외 없이 기본권충돌의 문제가 발생한다.

정을 하는 경우 실제적 조화의 원칙에 따라 법익형량을 하게 되는데, 상충하는 기본권간의 조정을 시도하는 바로 이러한 입법단계에서 기본권충돌과 그 해결방법은 문제되는 것이다.

나. 입법결과에 대한 위헌심사의 기준으로서 과잉금지원칙 및 과소보호금지원칙

특정 생활영역에서 기본권충돌이 발생하는 경우, 입법자는 기본권충돌을 확정적으로 해결하는 구체적인 입법을 할 수도 있고, 또는 개괄조항의 형태(가령, 사법상의 불법행위조항)로 규율하면서 개별 소송사건에서 발생하는 기본권충돌의 궁극적인 해결을 법원에 맡길 수도 있으며, 아니면 전혀 규율하지 않을 수도 있다. 입법자가 하나의 기본권을 위하여 다른 기본권을 제한하는 형태로 입법을 통하여 기본권충돌을 규율하는 경우, 헌법재판에서 문제되는 것은 기본권충돌을 해결하고자 시도한 결과인 법률의 위헌여부이다. 법익형량의 결과인 입법자의 결정(법률)이 위헌심사의 대상이 되는 경우, 여기서 문제되는 것은 '기본권충돌'이 아니라 '법률에 의한 기본권제한'이므로, 기본권충돌을 언급하고 그 해결방법을 확인하는 것은 불필요하다.

기본권이 서로 대립적인 이해관계를 가지고 충돌하는 상황에서 입법자가 하나의 기본권을 위하여 다른 기본권을 제한하기로 결정하는 경우에는 입법에 의하여 보호되는 개인의 기본권이 공익으로 전환됨으로써, '기본권충돌'이 '공익과 기본권의 충돌'로 전환된다. 공익을 실현하기 위하여 자유권이 제한되는 경우, '자유와 공익 사이의 실제적 조화'를 구현하는 방법이 바로 과잉금지원칙이다. 그렇다면, 법률의 위헌심사는, 입법자가 제3자의 기본권보호를 이유로 개인의 기본권을 과도하게 침해하는지의 판단, 즉 과잉금지원칙에 의한 심사로 귀결된다.[1]

헌법재판소는 헌법소원을 제기하는 청구인이 피해자 또는 가해자인지에 따라 그에 상응하여 과소보호금지원칙이나 과잉금지원칙에 따라 판단하고 있다. 가령, 피해자가 헌법소원을 제기한 교통사고처리특례법 사건이나 미국산 쇠고기수입의 위생조건에 관한 고시 사건에서는 보호의무의 위반이 문제되었기 때문에 과소보호금지원칙에 따라 위헌여부를 판단하였고, 반면에 가해자가 헌법소원을 제기한 금연구역지정 사건에서는 가해자의 기본권에 대한 과잉제한의 여부가 문제되었기 때문에 과잉금지원칙에 따라 판단하였다.

다. 헌법재판에서 기본권충돌이 문제되는 경우

헌법재판에서 기본권충돌이 문제되고 그 해결방법이 논의되어야 하는 경우란, 입법자가 구체적인 입법을 통하여 상충하는 법익간의 관계를 확정적으로 규율하지 않았기 때문에, 법관이 개괄조항 등 해석을 요하는 사법조항의 해석과 적용의 과정에서 대립하는 양 당사자의 기본권을 고려해야 하고 이로써 스스로 법익형량을 통하여 상충하는 기본권간의 조화를 시도해야 하는 경우이다. 따라서 헌법재판에서 기본권충돌이 문제된다면, 이는 구체적 소송사건에서 법관의 법익형량의 결과인 재판이 헌법소원의 형태로 또는 상소에 의하여 헌법재판소나 상급심법원에 의한 위헌심사의 대상이 되는 경

---

1) 이와 같은 입장을 명시적으로 취하고 있는 최근의 헌법재판소결정으로는 헌재 2011. 8. 30. 2009헌바42(불법취득된 타인간의 대화내용공개/'안기부X파일'), 공보 제179호, 1250, 1253, "이 사건 법률조항에 의하여 대화자의 통신의 비밀과 공개자의 표현의 자유라는 두 기본권이 충돌하게 된다. 이와 같이 두 기본권이 충돌하는 경우 헌법의 통일성을 유지하기 위하여 상충하는 기본권 모두 최대한으로 그 기능과 효력을 발휘할 수 있도록 조화로운 방법이 모색되어야 하므로, 과잉금지원칙에 따라서 이 사건 법률조항의 목적이 정당한 것인가, 그러한 목적을 달성하기 위하여 마련된 수단이 표현의 자유를 제한하는 정도와 대화의 비밀을 보호하는 정도 사이에 적정한 비례를 유지하고 있는가의 관점에서 심사하기로 한다."

우이다.[1] 헌법재판소가 일부 결정에서 법원의 재판이 아니라 입법자의 법률에 대한 위헌심사를 하면서 기본권충돌과 그 해결방법을 언급한 것은 불필요하고 무의미할 뿐만 아니라, '기본권충돌이 어느 곳에서 언급되고 논의되어야 하는지'에 관하여 제대로 인식하지 못하고 있음을 드러내고 있다.

4. 기본권의 충돌과 기본권의 對私人的 效力의 관계

위에서 살펴본 바와 같이, 기본권의 충돌은 첫째, 입법자가 사법규정을 통하여 사인간의 관계를 규율하는 경우, 둘째, 민사법원이 공서양속조항 등 사법조항의 해석에 있어서 기본권을 해석의 지침으로 고려함으로써 사인간의 관계에서 기본권이 간접적으로 적용되는 경우(기본권의 대사인적 효력), 셋째, 입법자가 공법규정을 통하여 가해자인 사인에게 법적 의무를 부과함으로써 보호의무를 이행하는 경우 등 다양한 상황에서 발생한다. 기본권의 대사인적 효력은 기본권의 충돌과 서로 배제하는 관계에 있는 것이 아니라, 기본권이 충돌하는 다양한 상황 중의 하나인 것이다.

학자에 따라서는 '기본권의 대사인적 효력은 사인 상호간에 기본권을 주장하는 문제인데 반하여 기본권의 충돌은 쌍방 당사자가 국가에 대하여 기본권을 주장하는 것이기 때문에 양자는 구분되어야 한다'고 주장하나, 누구에 대하여 기본권을 주장하는지에 따른 구분기준은 타당하지도 않을 뿐만 아니라 이러한 구분은 기본권의 충돌이나 대사인적 효력을 이해하는 데 전혀 기여하지 않는 무익한 것이다. 기본권의 대사인적 효력은 민사법원이 사법조항을 해석함에 있어서 양 당사자의 기본권을 해석의 지침으로 고려함으로써 발생한다. 이러한 점에서 기본권의 대사인적 효력의 경우에도 사인이 상호간에 기본권을 주장하는 것이 아니라 양 당사자가 국가(민사법원)에 대하여 자신의 기본권을 고려해 줄 것을 주장하는 것이다. 법원이 사법규정의 해석에 있어서 양 당사자의 기본권을 고려함으로써 비로소 사인간의 관계에 기본권이 간접적으로 효력을 미칠 수 있다는 점에서, 법원을 배제한 상태에서 사인이 상호간에 서로 기본권을 주장한다는 것은 아무런 의미가 없다. 뿐만 아니라, 위 견해는 '기본권의 대사인적 효력'이 '기본권충돌'이 이루어지는 대표적인 상황이라는 것을 간과하고 있다.

---

[1] 독일의 헌법재판에서도 상충하는 기본권간의 법익형량이 문제된 것은 예외 없이 법원의 재판에 대한 헌법소원에서 법원의 법익형량의 위헌여부가 심판대에 오른 경우이며, 독일연방헌법재판소에 의하여 형성된 소위 '법익형량의 이론'도 법원의 재판에 대한 헌법소원에서 법원의 법익형량의 타당성을 판단하기 위한 것이다. 가령, 사법상의 불법행위규정의 해석에 있어서 재산권과 표현의 자유가 충돌하는 경우에 관하여 BVerfGE 7, 198, 229(Lüth); 예술의 자유와 인격권이 충돌하는 경우에 관하여 BVerfGE 30, 173, 195(Mephisto); 인격권과 보도의 자유가 충돌하는 경우에 관하여 BVerfGE 35, 202, 203(Lebach); 예술의 자유와 인격권이 충돌하는 경우에 관하여 BVerfGE 67, 213, 228 (Anachronistischer Zug),

제2장 人間의 尊嚴과 價値 및 幸福追求權

제1절 人間의 尊嚴과 價値

I. 서 론[1]

1. 인간존엄성 사고의 역사적·철학적 근거

인간존엄성 사고의 역사적·철학적 근거를 살펴보자면, 서양에서 인간존엄성의 이념은 기독교사상에 그 뿌리를 두고 있다. 기독교사상은, 인간이란 신의 형상과 같은 모습으로 창조된 신의 복사판으로서 인간에게 그의 신체적·정신적·도덕적 성향의 완전한 발현을 가능하게 하는 것을 공동체의 과제로 이해한다.

이미 고대에 인간의 존엄성은 자기 자신에 대한 자율적이고 이성적 지배에 근거한다는 사고가 존재하였다. 칸트(I. Kant)는 이러한 사고를 이어받아 다음과 같이 체계화하였다. "인간의 존엄성은 理性에 의하여 인도되는 도덕적 자율성에 그 근거를 두고 있다. 도덕적 인식을 찾고자 하는 우리의 노력이 도달하는 최종적 근원은 외부로부터 타율적으로 제시되는 또는 사전에 정해진 도덕적 진리가 아니라, 각 개인의 내면적 審級인 양심이다. 그러므로 인간은 누구나 다른 사람과 동등하게 존중받아야 하는 도덕적 주체이다. 개인이 독자적인 양심상의 결정을 내릴 수 있는 능력에 있어서 존중받지 못한다면, 그의 인간존엄성은 침해되는 것이다. 그러므로 인간은 누구나 그 자체로서 목적으로 존중되어야 하고, 목적을 위한 단순한 수단으로서 사용되어서는 안 된다."[2]

2. 인간존엄성조항의 헌법에의 수용

인간존엄성조항이 일부 국가의 헌법에 수용된 것은 제2차 세계대전 이후의 일이다. 독일 나치정권과 일본 군국주의에 의하여 자행된 대량학살, 강제노동, 박해와 탄압, 인간의 노예화, 고문과 테러 등 인간존엄성의 침해에 대한 역사적 반성으로서 독일 기본법과 일본 헌법에서 인간존엄성의 보호를 헌법에 명시적으로 규정하게 되었다. 우리 헌법도 1962년 헌법에서 처음으로 인간존엄성의 보호를 규정하였다.[3]

---

1) 인간존엄성보장에 관하여 한수웅, 헌법 제10조의 인간의 존엄성, 헌법학연구, 제13권 제2호, 2007. 6, 239면 이하 참조.
2) Vgl. R. Zippelius, Geschichte der Staatsideen, 1985, S.146ff.
3) 우리 헌법이 인간존엄성조항을 사후적으로 수용함으로써 헌법의 근본적 성격이 달라진 것은 아니다. 건국헌법에서

3. 문제의 제기

헌법은 제10조 전문에서 "모든 국민은 인간으로서의 존엄과 가치를 가지며, 행복을 추구할 권리를 가진다."고 하여 인간의 존엄성을 보장하고 있다. 오늘날 대부분의 헌법은 지향하는 고유한 가치질서나 기본정신을 담고 있으며, 우리 헌법은 인간존엄성을 최고의 헌법적 가치로서 규정함으로써 '인간존엄성을 최고의 목적으로 하는 가치질서'를 선택하였다. 이로써 인간존엄성은 헌법의 근본적 성격을 결정하고 개인과 공동체의 관계를 규정하는 핵심적 개념이므로, 헌법체계 내에서 인간존엄성의 구체적인 의미와 기능은 무엇인가 하는 것은 헌법학의 중대한 문제에 속한다.

인간존엄성조항은 다음과 같은 일련의 의문을 제기한다. 인간존엄성조항은 단지 헌법의 객관적 가치인가 아니면 독자적인 기본권으로서의 성격도 가지는가? 최고의 헌법적 가치로서 인간존엄성의 보장은 헌법적으로 어떠한 의미와 기능을 가지는가? 인간존엄성조항에 독자적인 기본권으로서의 성격을 인정한다면, 기본권으로서의 인간존엄성의 보호범위 또는 보장내용은 무엇인가? 기본권체계 내에서 인간존엄성은 어떠한 기능을 하는가?

4. 헌법재판에서 인간존엄성조항의 의미

헌법재판 실무에서 인간존엄성조항이 가지는 의미는 상대적으로 적다. 지금까지 헌법재판에서 인간존엄성을 직접적인 심사기준으로 하여 공권력행위의 위헌성을 판단한 경우는 매우 드물고, 인간존엄성조항이 문제된다면, 이는 대부분의 경우 일반적 인격권에 관한 것이었다. 헌법재판의 실무에서도 드러나는 바와 같이, 인간존엄성조항의 주된 헌법적 의미와 기능은 개인의 주관적 권리로서의 기능에 있는 것이 아니라 최고의 헌법적 가치로서 객관적 기능에 있다.

II. 인간존엄성 보장의 법적 성격

인간의 존엄성은 최고의 헌법적 가치이자 헌법을 구성하는 최고의 원리이며, 동시에 '인간과 국가의 관계'에 관한 핵심적인 헌법적 표현이다. 또한, 인간존엄성 조항은 객관적 헌법규범으로서 인간존엄성을 실현해야 할 국가의 목표와 과제를 의미한다. 나아가, 인간존엄성 조항은 인간존엄성의 침해를 주장할 수 있는 개인의 권리를 보장하는 기본권이며, 국가에게 개인의 존엄성을 제3자나 사회적 세력에 의한 침해로부터 보호해야 할 의무를 부과한다.

1. 最高의 憲法的 價値

가. 모든 국가기관을 구속하는 최고의 객관적 헌법규범

헌법은 제10조에서 인간의 존엄성을 천부인권으로서 선국가적인 자연권으로 선언하고 있다. 인간존엄성이 헌법에 실정법적으로 규정됨으로써 헌법의 구성부분이 되었고, '인간존엄성을 모든 국가행위의 최고원칙으로 삼아야 한다'는 요청이 헌법적 가치로서 보장되었다. 이로써 헌법이란 '인간의 존

도 인간존엄성을 구체화하고 실현하는 일련의 헌법규정들을 통하여 헌법의 최고의 가치이자 궁극적 목적이 인간존엄성의 실현임을 간접적으로 표현하였으나, 1962년 헌법에서 인간존엄성조항을 규정함으로써 최고의 헌법적 가치가 인간존엄성임을 명시적으로 밝히고 있다.

엄성을 최고의 목적으로 하는 가치질서'라고 할 수 있다. 인간이란 그 자체로서 궁극적 목적이자 최고의 가치로서, 인간에 대하여 우위를 주장하는 어떠한 가치나 목적도 인정할 수 없으며, 어떠한 경우에도 인간이 다른 가치나 목적, 법익을 위하여 수단으로서 간주되어서는 안 된다는 것을 의미한다.

인간존엄성조항은 윤리적으로 바람직한 것을 단순히 선언한 조항이 아니라, 최고의 헌법적 가치이자 모든 국가기관을 구속하는 최고의 객관적 헌법규범으로서 국가행위의 방향을 결정하는 지침이다. 인간존엄성 조항은 모든 국가기관을 구속하는 행위지침으로서 인간존엄성을 실현해야 할 국가의 의무와 과제를 의미한다. 이러한 관점에서 인간존엄성 조항은 국가의 기본원리나 다른 목표규범과 그 성격을 같이 하는 국가목표규범이라고 할 수 있다. 따라서 인간존엄성 조항은 입법자에게는 입법지침으로서 입법을 통하여 인간존엄성을 실현해야 할 의무를 부과하며, 법적용기관에게는 해석의 지침으로서 모든 법규범의 해석과 적용에 있어서 또는 재량을 행사함에 있어서 인간존엄성의 정신을 고려하고 실현해야 할 의무를 의미한다.

나. 국가와 인간의 관계 및 국가의 존재의미·정당성에 관한 기본결정

동시에 헌법 제10조 제1문 전단은 국가와 인간의 관계, 국가의 존재 의미, 국가권력행사의 정당성에 관한 헌법의 기본결정을 담고 있다. 인간이 국가를 위하여 존재하는 것이 아니라 국가가 공동체로 결합한 개인을 위하여, 즉 개인의 인간다운 생존의 기본조건으로서 존재하는 것이다. 국가의 기능은 국가공동체에 속하는 인간을 보호하고 지원하는 것이다. 인간존엄성조항에는 '인간이 모든 국가행위의 이념적 출발점이자 모든 국가행위가 봉사해야 하는 마지막 가치'라는 의미에서 '人間中心的 思考'가 그 바탕을 이루고 있다. 헌법의 이러한 인간중심적 사고로부터, 국가·국가조직 및 모든 국가행위는 인간의 이익, 발전과 유지에 기여하는지의 관점에서 정당화되어야 한다는 요청이 나온다. 인간존엄성의 실현이 모든 국가권력의 궁극적인 목적이자 그의 행사를 정당화하는 이유인 것이다.

이로써 인간존엄성조항은 스스로를 목적으로 이해하는 국가권력의 행사에 대한 명백한 부정을 의미한다. 국가는 그 자체로서 독자적 가치나 목적이 아니다. 인간의 이익으로부터 독립된 독자적인 국가이익은 존재하지 않는다. 국가는 인간의 이익을 보다 잘 실현하기 위한 '인간의 도구'로서 그의 가치를 가질 뿐이다. 이로써 국가는 단지 인간에 봉사하는 도구적 기능을 가진다. 그러므로 국가는 스스로를 위하여 그의 권력을 행사해서는 안 된다. 인간의 운명을 도외시하는 정치, 인간 외의 다른 목적을 위하여 인간을 희생하고자 하는 정치, 타국과의 전쟁의 승리에서 국가의 가치를 인정하는 정치는 헌법의 인간중심적 사고에 반한다. 모든 정치는 단지 인간의 상황을 개선하는 의미, 개인의 자유와 행복에 기여하는 의미만을 가질 수 있을 뿐이다.

2. 개인의 기본권이자 국가의 보호의무

가. 기본권

인간존엄성조항은 단지 객관적인 헌법규범에 지나지 않는 것이 아니라, 국가권력에 의하여 인간존엄성을 침해당하거나 또는 보호받지 못한 경우 개인에게 침해의 배제나 적극적인 보호를 요구할 수 있는 주관적 권리를 부여하는 기본권이다.[1] 인간존엄성의 침해에 대하여는 이미 다른 기본권에

---

1) 기본권으로서의 인간존엄성은 일차적으로 인간존엄성을 국가의 침해로부터 보호하고자 하는 방어권적 성격을 가지고 있으며, 이를 넘어서 국가권력에게 인간존엄성을 사인의 침해로부터 보호해야 할 의무를 부과하고, 나아가 생존

근거하여 충분한 보호를 받을 수 있기 때문에 헌법 제10조 전문의 인간존엄성조항을 기본권으로 인정하는 것이 불필요하다는 견해가 있으나, 오늘날 모든 권리의 침해에 대하여 거의 완벽한 구제절차를 제공하는 법치국가에서, 국민은 가치질서의 정점에 있는 최고의 헌법적 가치의 침해에 대해서도 직접 방어할 수 있는 가능성을 부여받아야 하기 때문에, 인간의 존엄성은 헌법소원을 통하여 관철할 수 있는 개인의 기본권으로 간주하는 것이 타당하다.[1] 헌법재판소도 인간의 존엄성을 개인의 기본권으로 인정하고 있다.[2]

무엇보다도 인간존엄성조항의 법문, 헌법체계 내에서 규정된 위치, 다른 헌법규범과의 연관관계 등을 고려하여 볼 때, 인간존엄성조항의 기본권적 성격은 인정되어야 한다. 인간존엄성조항의 법문은 '모든 국민은 인간의 존엄과 가치를 가진다'고 하여 다른 기본권과 근본적으로 동일한 규정형식을 취함으로써 '인간의 존엄과 가치'를 개인에게 귀속되는 주관적인 것으로 표현하고 있다. 또한, 헌법 내에서 인간존엄성조항이 규정된 장소가 객관적 원칙이나 기본원리를 규정하는 '제1장 총강' 부분이 아니라 '제2장 국민의 권리와 의무' 부분이라는 점도 인간존엄성이 주관적 권리로서의 성격을 가진다는 것을 말해주고 있다. 나아가, "국가는 개인이 가지는 불가침의 기본적 인권을 확인하고 이를 보장할 의무를 진다."고 규정하는 헌법 제10조 후문과의 연관관계에서 보더라도, 여기서 말하는 '기본적 인권의 보장의무'는 헌법 제11조 이하의 규정뿐만 아니라 제10조 전문에서 언급하는 인간존엄성과 행복추구권에도 연관되는 것으로 보아야 한다는 점에서, 인간존엄성은 인간이면 누구나가 가지는 '기본적 인권'에 속하는 것으로 판단해야 한다.

요컨대, 헌법 제10조에 따라 모든 개인이 인간의 존엄과 가치를 가지고 있다면, 개인은 인간존엄성조항에 근거하여 국가공권력에 의한 인간존엄성의 침해를 스스로 주장하고 방어할 수 있어야 한다. 헌법이 명시적으로 인간의 존엄성을 개인에게 귀속시키고 있음에도 불구하고, 인간존엄성조항은 주관적 기본권이 아니라 단지 객관적 가치로서 존재한다는 것은 납득하기 어렵다. 따라서 인간존엄성은 최고의 헌법적 가치일 뿐 아니라 개인에게 귀속되는 '불가침의 인권'으로 보아야 한다. 인간존엄성에 대하여 기본권적 성격을 인정하는 경우에는 사법적 심사기준으로서 '보장내용'을 확정하는 어려움이 있는데, 이러한 관점이 기본권으로서의 법적 성격을 부인하는 이유가 될 수는 없다.

나. 국가의 보호의무

(1) 인간존엄성을 실현해야 할 국가의 의무

인간의 존엄성은 최고의 헌법적 가치이자 국가목표규범으로서 모든 국가기관을 구속하며, 이로써 인간존엄성을 실현해야 할 국가의 의무와 과제를 의미한다. 이러한 과제에 속하는 것이 일차적으로 국가의 보호의무이다. 따라서 인간의 존엄성은 '국가권력에 대한 한계'로서 인간의 존엄성을 국가에 의한 침해로부터 보호하는 개인의 방어권이자, '국가권력의 과제'로서 사인에 의하여 인간존엄성을

을 위한 최저생계의 보장을 위한 사회급부를 요구할 수 있는 급부권적 내용을 포함하고 있다. 따라서 국가가 보호의무를 이행하지 않은 경우나 국민의 최저생계보장을 위한 급부를 제공하지 않은 경우에도 인간존엄성은 침해될 수 있다.

1) 인간존엄성 규정의 독자적인 기본권성을 인정하는 견해로 예컨대 계희열, 헌법학(中), 2004, 208면; 기본권적 성격을 부인하는 견해로는 권영성, 헌법학원론, 2010, 378면; 인간존엄성 규정을 행복추구권과 함께 포괄적인 주기본권으로 이해하는 견해로는 김철수, 헌법학개론, 2007, 486면.

2) 헌재 2016. 12. 29. 2013헌마142(구치소 내 과밀수용행위 위헌확인).

위협받는 국민을 보호할 국가의 의무를 의미한다.

기본적인 인권 중 가장 중요한 기본권인 인간의 존엄성과 관련하여, 국가는 인간의 존엄성을 존중해야 하고 공권력의 행사를 통하여 침해해서는 안 되는 것은 물론이고, 사인에 의한 침해에 대해서도 인간의 존엄성을 보호해야 할 의무를 부과 받는 것이다. 국가 보호의무의 이행은 일차적으로 입법자의 과제라는 점에서, 인간존엄성의 보호도 형법 등 입법적 활동에 의하여 이루어진다. 나아가, 국가가 사인간의 법률관계를 형성함에 있어서 사인에 의한 인간존엄성의 침해가 발생하지 않도록 또는 허용되지 않도록 규율해야 할 의무를 지는 것이다.

(2) 인간존엄성을 유지해야 할 국민의 의무?

인간의 존엄성을 실현해야 할 국가의 과제와 관련하여, 개인으로 하여금 자신의 인간존엄성을 실현하고 유지하도록 강요할 수 있는 국가의 과제나 권한이 도출될 수 있는지 또는 개인이 자신의 존엄성의 보호를 자발적으로 포기할 수 있는지의 문제가 제기된다.

인간의 존엄성은 개인의 권리이지 의무가 아니므로, 인간존엄성에 부합하게 행동하고 생활해야 할 국민의 의무는 존재하지 않는다. 인간존엄성은 국민을 도덕적으로 개선해야 할 국가과제의 근거 조항이 아니다. 헌법 제10조에 근거하여 인간존엄성을 유지해야 할 국민의 의무가 인정된다면, 개인은 더 이상 자신의 삶을 자기책임 하에서 스스로 결정하는 주체가 아니라 '인간존엄성'에 관한 다수의 가치관에 따라 행해지는 교육적·후견적 조치의 대상이 될 것이다. 개인이 인간의 존엄성을 어떻게 이해하고 어떠한 방법으로 개인적인 삶을 형성하고자 하는가는, 국가나 사회가 결정할 문제가 아니라 각자의 판단과 책임에 맡겨져야 하며, 바로 이러한 요청이 인간존엄성 보장의 핵심적 내용이다. 인간존엄성의 핵심에 속하는 것이 바로 자신 및 개인적 생활영역에 대한 자율적인 결정을 보장하는 자기결정권이다. 모든 사람은 자신의 고유한 가치관에 따라 무엇이 자신의 존엄성에 상응하는지를 스스로 결정할 수 있는 권리를 가져야 한다. 그러므로 개인의 행위가 인간존엄성에 부합하지 않는다는 이유로 국가가 국민에 대하여 제재를 가하는 경우, 이러한 국가의 조치를 정당화하는 헌법적 근거로서 인간존엄성 조항이 고려될 수 없다. 가령, 개인이 자발적으로 스트립쇼를 하는 경우, 국가는 이를 인간존엄성이 침해된다는 이유로 금지해서는 안 된다.[1]

III. '인간의 존엄과 가치'의 의미

1. 인간의 존엄성

'인간의 존엄성'이란 인간을 그 본질에 있어서 규정하는 헌법적인 표현이므로, 인간존엄성의 개념은 오로지 인간의 본질로부터 밝혀질 수 있다. 따라서 인간의 존엄성을 정의하려면, 우선 '인간이 무엇이기 때문에 존엄한가', '인간의 특성과 본질을 이루는 것은 무엇인가' 라는 질문을 던져야 한다. 인간은 이성을 근거로 자신을 윤리적으로 인식하고 스스로 결정하며 자신과 외부환경을 자율적으로 형성하는 능력을 부여받은 理性的 存在이다. '이성적 존재'라는 인간의 특성이 이미 인간을 그 자체

---

1) 따라서 국가가 스트립쇼를 금지한다면, 스트립쇼가 사회의 미풍양속이나 청소년의 보호를 이유로 금지되어야지, 스트립쇼를 하는 여성의 인간존엄성이 침해된다는 이유로 금지되어서는 안 된다.

로서 목적으로 만든다. '그 자체로서 스스로 목적일 수 있는 것'은 내적인 고유한 가치를 가지며, 이것이 바로 '존엄성'이다. 자율성과 윤리성은 이성적 존재가 그 자체로서 목적일 수 있는 조건이다. 인간은 이성에 바탕을 둔 자율적이고 윤리적인 인격의 주체인 것이며, 인간의 본질은 자율적이고 윤리적인 인격의 주체성이라 할 수 있다. 바로 여기에 인간존엄성의 근거가 있는 것이다.

그러므로 '인간의 존엄과 가치'란, 인간이면 누구나가 독자적 인격체로서 그의 인격을 근거로 지니는 고유한 가치라 할 수 있고,[1] 헌법적 의미에서 '인간의 존엄성'이란 공동체 내에서의 자율적 인격체로서 인간의 독자적 가치의 보장 또는 인격체로서 사회적으로 존중받을 개인의 권리를 말한다.

2. 憲法의 人間像

인간존엄성을 최고의 가치로 삼는 헌법은 '자유와 사회정의'를 동시에 실현하고자 하는 헌법이다. 헌법은 인간존엄성 및 자유권, 사회적 기본권 등 다양한 성격의 기본권 보장, 기본권의 사회적 기속성 및 헌법 제37조 제2항의 일반적 법률유보조항, 헌법 제119조 등 헌법규범을 통하여 일정한 人間像을 전제로 하고 있음을 표현하고 있다. '개인의 자유'와 '공익상의 요청에 의한 사회적 기속' 간의 대립·긴장관계는 오늘날 모든 헌법적 질서의 기초를 이루고 있다. 현대 헌법이 '자유와 사회적 기속'이라는 2개의 기본가치에 기초하고 있듯이, 우리 헌법도 2개의 근본적 가치에 의하여 지배되고 있다. 사회적 법치국가의 핵심적 문제는 국가의 사회적 과제와 개인의 자유 사이의 긴장관계를 정치적 형성을 통하여 조화시키는 것이다. 이에 따라 헌법은 자유와 구속의 이중성을 가진 인간을 '헌법의 인간상'으로 예정하고 있다. 인간은 '개인적 인격체'로서 대체·교환될 수 없는 一回的 정체성과 개성을 가지고 자신의 삶을 스스로 결정하고 형성하면서, 다른 한편으로는 '사회적 인격체'로서 공동체 내에서 생활하면서 타인과의 접촉과 교류를 통한 상호영향 하에서 자신의 외부세계를 형성하는 것이다.

이러한 관점에서 보건대, 헌법의 인간상은 사회공동체 내에서 생활하며 사회에 의하여 구속을 받으면서도 독자적 인격의 주체로서 자신의 인격을 발현하고 개인의 고유한 가치를 유지하는 인간을 바탕으로 하고 있다. 다시 말하자면, 자기결정권과 자유로운 인격발현의 가능성을 가진 '자주적 인간'이자 동시에 사회공동체와의 관계에서 구속을 받는 '사회공동체 구성원'이 바로 헌법의 인간상인 것이다. 헌법재판소도 "헌법상의 인간상은 자기결정권을 지닌 창의적이고 성숙한 개체로서의 국민이다. 우리 국민은 자신이 스스로 선택한 인생관·사회관을 바탕으로 사회공동체 안에서 각자의 생활을 자신의 책임 하에 스스로 결정하고 형성하는 민주적 시민이다."라고 판시하고 있다.[2]

---

1) 학자마다 '인격성 내지 인격주체성'(권영성, 헌법학원론, 2010, 377면), '인격의 내용을 이루는 윤리적 가치'(허영, 한국헌법론, 2010, 330면), '인간의 인격과 평가'(김철수, 헌법학개론, 2007, 489면) 등 다양한 표현을 사용하고 있으나, 그 내용에 있어서는 본질적으로 유사하다고 볼 수 있다.

2) 헌재 1998. 5. 28. 96헌가5, 판례집 10-1, 541, 555; 또한, 헌재 2003. 10. 30. 2002헌마518(좌석안전띠 착용의무), 판례집 15-2하, 185, 201, "우리 헌법질서가 예정하는 인간상은 '자신이 스스로 선택한 인생관·사회관을 바탕으로 사회공동체 안에서 각자의 생활을 자신의 책임 아래 스스로 결정하고 형성하는 성숙한 민주시민'인바, 이는 사회와 고립된 주관적 개인이나 공동체의 단순한 구성분자가 아니라, 공동체에 관련되고 공동체에 구속되어 있기는 하지만 그로 인하여 자신의 고유가치를 훼손당하지 아니하고 개인과 공동체의 상호연관 속에서 균형을 잡고 있는 인격체라 할 것이다."

Ⅳ. 최고의 헌법적 가치로서 인간존엄성 보장

1. 기본권 및 헌법의 기본원리의 目的이자 理念的 出發點

인간존엄성조항은 헌법을 구성하는 최고의 원리로서 개별 헌법규범을 구체적으로 형성함에 있어서 결정적인 영향을 미친다. 인간존엄성을 최고의 가치로 하는 헌법의 가치체계에서 개별 헌법규범은 인간의 존엄성을 실현할 수 있도록 그 내용에 있어서 구체적으로 형성되어야 한다. 그러므로 헌법은 인간존엄성을 실현하기 위한 불가결한 요소로 구성되어 있다. 기본권과 헌법의 기본원리는 인간의 존엄성을 실현하기 위한 구체적 수단이며, 인간의 존엄성은 개별 헌법규범을 통하여 구체화되고 실현된다. 이로써 인간의 존엄성과 이를 구체화하는 헌법규범은 '목적과 수단의 관계'에 있다.

인간존엄성을 최고의 가치로 선언하는 헌법은 이미 어떠한 구성요소에 의하여 자신이 구체적으로 실현되어야 하는지를 스스로 豫定하고 있다. 헌법에 규정된 개별 기본권과 헌법의 기본원리는 모두 '인간존엄성'이라는 건축물을 짓기 위한 건축자재이며 건축물의 구성부분이다. 인격의 자유로운 발현을 위하여 필수적인 일련의 기본적 자유가 보장되어야 한다는 사고(자유권과 법치국가), 모든 인간이 원칙적으로 동등한 가치와 존엄을 가진다는 사고(평등권), 인간이 사실상 자유롭기 위해서는 국가가 자유행사의 실질적 조건을 적극적으로 형성해야 한다는 사고(사회적 기본권 및 사회국가), 국가에 의한 정치적 지배가 민주적으로 정당화되어야 한다는 사고(참정권과 민주주의)는 모두 그 이념적 출발점과 정신적 뿌리를 인간존엄성의 보장에 두고 있는 것이다.

가. 자유권·법치국가원리와 인간의 존엄성

모든 인간은 인간의 존엄성을 근거로 개인적 자유를 가진다. 인간은 '자유'를 통해서만 스스로를 결정하고 자율적으로 외부세계를 형성할 수 있다. 자유란 개인의 행위와 사고에 있어서 '타인에 의한 결정으로부터의 자유', 즉 자기결정을 의미한다. 개인이 인간의 존엄을 유지하기 위해서는 자신의 생활영역을 스스로 규율할 수 있는 자기결정권을 가져야 한다. 개인의 자기결정권에 기초한 자유로운 인격발현의 가능성이야말로 인간으로서 존엄을 유지하기 위하여 요청되는 불가결한 전제조건이다. 헌법에 보장된 개별자유권이란, 각 생활영역에서 자기결정권의 실현과 개인의 자유로운 인격발현을 위하여 포기할 수 없는 자유를 규정한 것이다.

결국, 자유권의 보장이란 인간존엄성에 관한 헌법적 가치결정으로부터 나오는 필연적 결과이다. 자유는 인간존엄성에 내재된 것으로, 국가가 인간의 존엄성을 실현하기 위하여 보장해야 할 기본적인 인권에 속한다. 또한, 개인의 자유를 보장하기 위하여 국가권력을 제한하고 통제하고자 하는 헌법원리인 법치국가원리도 자유권의 보장을 핵심적 내용으로 한다는 점에서, 인간존엄성을 실현하기 위한 불가결한 수단이다.

나. 평등권과 인간의 존엄성

모든 인간이 인간의 존엄성을 지닌 인격체로서 자유를 행사할 능력이 있고 인격을 발현할 수 있기 때문에, '인간의 존엄성을 지니는 모든 인간은 동등한 권리를 가져야 한다'는 평등원칙은 인간존엄성에서 나오는 당연한 결과이다. 모든 인간에게 그의 존엄성을 근거로 자유가 귀속된다면, 이는 또한 동등한 자유여야 한다. 이러한 점에서 인간은 자유와 함께 또한 평등도 생래적으로 부여받았다.

물론, 인간의 평등이란 자유를 행사할 수 있는 기회의 평등을 말하는 것이지, 결코 자유를 행사한 결과의 평등을 의미하지 않는다. 각자가 자유를 행사한 결과는 항상 인간 사이의 불평등으로 나타난다. 평등은 자유행사의 기회와 연관된 것으로서, 자유행사에서의 평등, 즉 기본권적 자유의 평등이다. 단지 자유행사의 가능성에 있어서만 모든 인간은 평등하다. 이러한 이유로 '자유권'의 보장과 함께 '자유의 평등'을 보장하는 평등권이 인간의 존엄성 실현의 기본조건으로서 헌법에 보장되는 것이다.

다. 사회적 기본권·사회국가원리와 인간의 존엄성

인간은 '법적으로' 자유롭고 평등할 뿐만 아니라, 자유행사의 '실질적' 조건을 갖춘 경우에만 사실상 자유롭다. 헌법은 자유권의 보장을 통하여 개인이 자유를 행사함으로써 필연적으로 발생하는 사회 내에서의 불평등을 인정하면서, 다른 한편으로는 사회국가원리와 사회적 기본권의 보장을 통하여 국민 누구나가 자력으로 자신의 자유를 행사할 수 있는 실질적 조건을 형성해야 할 국가의 의무를 부과하고 있다. 오늘날의 사회국가는 모든 국민에게 자유행사 및 인격발현의 '실질적 조건'을 마련해 주는 것을 국가의 주요한 과제로 삼고 있다.[1] 사회국가란 단지 형식적인 법적 자유와 평등의 보장이 아니라 실질적인 자유와 평등을 실현하고자 하는 국가이다. 이로써 사회국가원리는 궁극적으로 인간의 존엄성과 기본권적 자유를 실현하고자 하는 국가원리이다.

오늘날 인간존엄성과 자유의 보장은 국가권력으로부터 개인의 자유영역을 보호하는 '국가로부터의 자유'뿐 아니라, 자유행사의 실질적인 조건을 형성하고 유지하는 국가의 적극적인 활동, 즉 '국가에 의한 자유'도 또한 필요로 한다. 이러한 의미에서 국민의 생존과 복지를 배려하는 적극적인 국가활동을 요청하는 사회국가원리 또는 사회적 기본권은 인간존엄성 실현을 위한 불가결한 요소이다.

라. 참정권·민주주의원리와 인간의 존엄성

인간의 존엄성은 참정권의 보장을 통해서만 실현될 수 있다. 민주주의는 정치적 공동체 내에서 타인과의 공동생활과 정치적 지배가 불가피하다는 것을 전제로 하여 개인의 자유와 자기결정의 사고를 국가 내에서 실현하고자 하는 원리이다.[2] 민주주의의 출발점은 모든 국민의 자유로운 자기결정의 이념이다. 그러므로 민주주의국가에서 국가공동체의 정치질서는 그 안에서 생활하고 그의 구속을 받는 개인에 의하여 형성되고 구체적으로 확정되어야 한다.

이러한 관점에서 보건대, 국민이 국가권력과 법의 지배를 받는다는 사실로 인하여 인간이 국가권력의 단순한 대상이 되는 것은 아니다. 모든 국민이 정치적 기본권(참정권, 표현의 자유 등)의 보장을 통하여 국가기관의 구성 및 국가의 정치적 의사형성에 참여할 기회를 부여받았고, 이로써 각자가 국가의사형성에 스스로 참여하고 동의했기 때문에 민주적으로 정당화된 국가권력에 복종하는 것이고, 이는 결국 자기가 스스로 정한 것에 대한 복종, 즉 자기결정에 대한 복종을 의미하는 것이다. 따라서 인간의 존엄성은 참정권의 보장과 민주주의원리를 통하여 '자신이 참여하고 결정한 것에 구속을 받고 복종한다'는 구체적인 형태로 실현되는 것이다. 그러므로 인간존엄성은 정치적 판단능력을 갖춘

1) 이에 관하여 자세하게 제2편 제6장 제1절 Ⅱ. 참조.
2) 이에 관하여 자세하게 제2편 제4장 제1절 Ⅰ. 참조.

모든 국민은 원칙적으로 참정권의 주체가 될 것을 요청한다. 정당한 사유 없이 국민의 일부로부터 참정권을 박탈하는 것은 이들을 국가행위의 단순한 객체로 전락시키는 것으로 인간의 존엄성에 반한다.

2. 기본권을 비롯한 모든 헌법규범의 解釋基準

헌법상 최고의 가치로서 인간존엄성은 헌법을 비롯한 모든 법규범의 해석에 있어서 해석의 지침으로서 작용한다. 인간존엄성은 헌법규범, 특히 개별기본권을 해석함에 있어서 중대한 의미를 가진다. 인간의 존엄과 가치는 모든 기본권의 이념적 출발점이자 목적이고 기본권의 보장은 인간존엄성 보장의 구체화된 헌법적 표현이므로, 기본권은 인간존엄성의 관점에서 해석되어야 한다.

가. 보다 근본적인 자유를 판단하는 해석기준

인간의 존엄성은 자유 중에서 보다 근본적인 자유, 보다 보호되어야 할 자유를 판단함에 있어서 유일한 헌법적 기준을 제시한다. 인간의 존엄성을 실현하는데 있어서 불가결하고 근본적인 자유는 더욱 보호되어야 하고, 이에 대한 제한은 더욱 엄격히 심사되어야 하며, 그 반면에 인간존엄성 실현에 있어서 부차적이고 잉여적인 자유는 공익상의 이유로 보다 광범위한 제한이 가능하다. 즉 제한되는 구체적인 자유영역이 인간의 존엄성 실현에 대하여 중요한 의미를 가질수록, 자유권에 대한 보호는 더욱 강화되고, 공권력의 침해는 더욱 중대한 공익에 의하여 정당화되어야 한다. 이에 따라 인간의 존엄성은 기본권이 제한되는 경우 심사밀도를 결정함에 있어서 중요한 지침을 제공한다.

나. 개별기본권의 구체적 보장내용의 해석기준

나아가, 인간존엄성은 개별기본권의 구체적 보장내용을 밝히는 과정에서 해석의 기준으로 작용함으로써 기본권의 보장내용을 구체화하고 강화한다.

예컨대, 헌법 제10조 전문 후단의 행복추구권으로부터 인간존엄성과의 연관관계에서 '일반적 인격권'이 도출된다. 이로써 행복추구권은 인간존엄성과의 연관관계를 통하여 그 보장내용에 있어서 일반적 인격권으로 구체화되고 강화되었다.[1] 또한, 헌법 제27조의 재판청구권도 인간존엄성과의 연관관계에서 해석되고, 그 보장내용에 있어서 '聽聞請求權'으로 구체화되고 강화되었다. 청문청구권(의견진술권)은 법치국가적 사고의 필연적인 산물로서 인간존엄성의 실현에 있어서 중요한 의미를 갖는다. 소송당사자가 국가공권력의 단순한 대상이 아니라 소송의 주체로서 자신의 권리와 관계되는 결정에 앞서서 자신의 견해를 진술함으로써 소송절차와 그 결과에 대하여 영향을 미칠 수 있어야, 비로소 인간의 존엄성이 보장된다. 따라서 인간이 사법절차의 일방적 대상이 되는 것을 금지하는 인간존엄성의 정신에 비추어 재판청구권으로부터 개인의 진술할 권리인 청문청구권이 도출되는 것이다.

다. 헌법 제37조 제1항의 '열거되지 아니한 자유'의 해석기준

뿐만 아니라, 인간존엄성은 헌법 제37조 제1항의 '열거되지 아니한 자유'의 의미를 밝히는데 있어서 결정적 역할을 한다. 헌법 제37조 제1항의 '헌법에 열거되지 아니한 자유로서 경시되어서는 아니될 자유'라 함은, 헌법 제10조의 인간의 존엄과 가치를 실현하기 위하여 불가결한 수단으로서 국가가 헌법에 수용하였는지 여부와 관계없이 헌법적으로 보장되어야 할 개인의 자유를 말한다.

여기서 인간존엄성조항은 기본권해석의 지침이지, 헌법에 열거되지 아니한 기본권을 도출하는 직

---

1) 이에 관하여 보다 자세하게 아래 V. 3. 마. '인간존엄성과 행복추구권의 관계' 참조.

접적인 헌법적 근거조항이 아니다.[1] 마찬가지로 헌법 제37조 제1항도 헌법에 열거되지 아니한 기본권을 도출하는 근거조항이 아니라, '헌법에 명시적으로 규정되지 아니한 자유도 헌법해석을 통하여 보장되어야 한다'는 내용의 헌법해석의 지침을 담고 있는 객관적인 규정이다. 헌법에 열거되지 아니한 자유권을 도출하는 근거조항은 일반적 자유권인 행복추구권을 비롯한 다른 자유권이다.

3. 不可侵的 價値로서 헌법개정의 한계

최고의 헌법적 가치로서 인간존엄성보장은 다음의 2가지를 의미한다.

첫째, 인간존엄성은 최고의 가치로서 不可侵이다. 이로써 인간존엄성은 다른 법익과의 비교형량을 거부하며 다른 법익과의 관계에서 상대화되는 것을 배제한다. 인간존엄성이 불가침이라는 것은, 어떠한 공익에 의해서도 인간존엄성에 대한 침해는 정당화될 수 없다는 것을 의미한다. 그러므로 인간존엄성에 대한 침해는 곧 헌법위반을 의미한다.[2] 둘째, 인간존엄성보장은 헌법의 정체성을 결정하는 최고의 원리로서 憲法改正의 限界를 의미한다. 이로써 인간존엄성에 반하는 행위나 조치는 헌법개정을 통해서도 허용될 수 없다.

V. 기본권으로서 인간존엄성 보장

1. 문제의 제기

인간존엄성의 보장을 기본권으로 이해한다면, 기본권으로서 인간존엄성 보장은 다음과 같은 일련의 의문을 제기한다. 인간존엄성도 헌법 제37조 제2항에 의하여 제한될 수 있는가 아니면 불가침의 절대적 기본권인가? 헌법 제10조 전문에서 함께 언급하고 있는 '인간의 존엄성'과 '행복추구권'의 관계는 무엇인가? 양자를 함께 통합하여 하나의 기본권으로 간주하는 것이 가능한가? 인간존엄성의 보장내용과 헌법 제37조 제2항의 '기본권의 본질적인 내용'은 일치하는가?

인간존엄성조항은 헌법에 명시적으로 규정되지 아니한 기본권을 도출하는 근거조항인가? 인간존엄성조항으로부터 헌법에 열거되지 아니한 기본권을 도출하면서 이러한 기본권이 제한될 수 있다고 하는 견해는 타당한가? 인간존엄성조항을 단지 객관적 가치나 규범으로 이해하여 기본권으로서의 성격을 부인하면서 한편으로는 헌법에 열거되지 아니한 기본권을 도출하는 헌법적 근거로 파악하는 것이 가능한가?[3]

2. 기본권의 주체

모든 인간은 개인의 능력이나 특성, 사회적 지위, 윤리적 인식능력 등과 관계없이 단지 이 세상에

---

1) 아래 V. 3. 마. '인간존엄성과 행복추구권의 관계' 참조.
2) 인간존엄성의 불가침적 성격에 관하여 보다 자세하게 아래 V. 3. 나. 참조.
3) 인간존엄성 조항에 대하여 기본권적 성격을 부인하면서 한편으로는 헌법에 열거되지 아니한 기본권을 도출하는 헌법적 근거로 파악하고자 하는 시도는 그 자체로서 모순이다. 법치국가원리나 민주주의원리와 같은 객관적 헌법규범으로부터 직접 개인의 주관적 공권을 이끌어 낼 수 없는 것과 마찬가지로, 객관적 가치로서 인간존엄성조항은 개인의 주관적 권리의 직접적인 헌법적 근거가 될 수 없다. 주관적 권리를 도출할 수 있는 헌법적 근거조항은 역시 주관적 권리를 규정하고 있는 기본권조항이며, 객관적 헌법규범은 주관적 권리를 도출하는 직접적인 근거조항이 될 수는 없고 단지 해석의 지침으로서 기능할 뿐이다.

태어남으로써 인간으로서의 존엄과 가치를 지닌다. 개인이 인간의 존엄성을 의식하고 있는지 또는
인간존엄성을 유지할 능력이 있는지 하는 것은 중요하지 않다. 정신적·육체적 결함으로 말미암아
자신의 인격을 발현할 수 없는 사람(정신적·신체적 장애인)에게도 인간의 존엄성은 그가 단지 인간이
라는 이유만으로 귀속된다. 또한 인간의 존엄성에 반하는 행위를 통해서도 인간의 존엄성은 박탈되
지 않는다. 인간의 존엄성은 그 본질상 자연인을 전제로 하기 때문에, 법인은 인간존엄성의 주체가
될 수 없다. 인간존엄성은 인권으로서 체류의 적법성과 관계없이 외국인에게도 부여된다.

3. 기본권의 보장내용

사례 1 헌재 2016. 12. 29. 2013헌마142(구치소 내 과밀수용행위 위헌확인 사건)

甲은 업무방해죄 등으로 벌금형이 확정되었으나 벌금의 납부를 거부하여 노역장 유치명령에 따라
2012. 12. 8.부터 2012. 12. 18.까지 구치소 방실(면적 8.96㎡, 정원 6명)에 수용되었다가 형기만료로 석
방된 사람이다. 甲이 이 사건 방실에 수용된 기간 동안 1인당 실제 개인사용가능면적은, 6인이 수용된
2일 16시간 동안에는 1.06㎡, 5인이 수용된 6일 5시간 동안에는 1.27㎡였다. 甲은 2013. 3. 구치소장이
이 사건 방실에 수용한 행위가 인간의 존엄과 가치 등 기본권을 침해한다고 주장하면서 그 위헌확인을
구하는 헌법소원심판을 청구하였다.[1]

사례 2 BVerfGE 115, 118ff.(독일 항공안전법 사건)

2005년 독일 의회는 다수인의 생명에 대한 위협을 달리 방지할 수 있는 방법이 없는 경우에는 테러
범에 의하여 납치된 항공기를 격추시킬 수 있도록 규정하는 항공안전법을 제정하였다. 국가가 다수인
의 생명을 구하기 위하여 무고한 탑승객을 살해하는 것이 허용되는가?[2]

가. 보호범위 확정의 문제

인간존엄성이 객관적인 헌법적 가치에 그치는 것이 아니라 국가에 의하여 침해되는 경우 사법적
으로 다룰 수 있는 개인의 기본권이라면, 인간존엄성의 보장내용은 사법적 심사의 헌법적 기준이 될
수 있도록 객관적으로 정해져야 한다. 다른 기본권이 예술, 직업, 주거, 집회, 언론 등 특정 생활영역
을 보장하는 반면, 인간존엄성 조항은 그 규범구조상 특정한 생활영역과 연관되는 것이 아니라 모
든 인간의 행위를 포괄적으로 망라하는 일반조항이라는 점에서 그 보장내용을 규정하는 어려움이

---

1) 헌법재판소는 위 결정에서 '제한되는 기본권'으로 개별기본권이 아니라 인간의 존엄과 가치를 언급함으로써, 인간
의 존엄과 가치가 최고의 헌법이념이자 동시에 개인의 기본권임을 처음으로 명시적으로 확인하였다. 헌법재판소는
'객체설'에 근거하여 "인간의 존엄과 가치는 모든 인간을 그 자체로서 목적으로 존중할 것을 요구하고, 인간을 다른
목적을 위한 단순한 수단으로 취급하는 것을 허용하지 아니하는바, 이는 특히 국가의 형벌권 행사에 있어 매우 중
요한 의미를 가진다. … 그러므로 인간의 존엄과 가치는 국가가 형벌권을 행사함에 있어 사람을 국가행위의 단순한
객체로 취급하거나 비인간적이고 잔혹한 형벌을 부과하는 것을 금지하고, 행형(行刑)에 있어 인간 생존의 기본조건
이 박탈된 시설에 사람을 수용하는 것을 금지한다."고 하여 '인간의 존엄과 가치에서 비롯하는 국가형벌권 행사의
한계'를 확인한 다음, "청구인이 인간으로서의 최소한의 품위를 유지할 수 없을 정도로 과밀한 공간에서 이루어진
이 사건 수용행위는 청구인의 인간으로서의 존엄과 가치를 침해하여 헌법에 위반된다."고 판단하였다.
2) 독일 연방헌법재판소는 '객체설'에 근거하여 "국가가 납치된 승객을 타인의 보호를 위한 국가적 조치의 단순한 객
체로 만드는 것은 인간존엄성에 위반된다."고 판시하여 위 항공안전법규정을 위헌으로 판단하였다.

있다.[1]

또한, 인간존엄성에 대한 이해는 공동체의 문화적·윤리적·법적 질서를 함께 고려하여 판단되어야 할 문제이고, 시간적·장소적 상황에 따라 변화하는 것이다. 사회의 문화적 상황과 문명화의 정도에 따라 인간존엄성에 대한 이해와 그 실현가능성은 다를 수밖에 없다. 따라서 '무엇이 인간의 존엄성에 부합하는가'의 판단은 구체적 상황에 따라 다를 수밖에 없고 단지 구체적 상황과 관련하여 판단할 수 있기 때문에, '인간의 존엄성'을 추상적으로 정의하는 것은 불가능하다. 인간존엄성을 정의하고자 하는 시도는 마치 개별기본권의 본질적 내용이 무엇인지를 서술하는 것과 동일한 어려움을 가진다.

따라서 인간존엄성의 보호범위를 적극적으로 정의하는 것이 사실상 불가능하므로, '어떠한 경우에 인간의 존엄성이 침해되는가' 하는 소극적 관점에서 인간존엄성의 보장내용을 파악할 수밖에 없다. 다시 말하자면, 인간존엄성의 개념은 그를 부정하는 사례를 통하여 비로소 구체적인 형태를 갖추게 되며, '어떠한 상황에서 인간의 존엄성이 침해될 수 있는가'의 확인을 통하여 기본권의 보호범위가 정해진다. 그러므로 인간존엄성의 경우, 침해행위에 의하여 비로소 기본권의 보호범위가 정해진다는 점에서 '보호범위'와 '그에 대한 제한'이라는 단계적 구분이 사실상 존재하지 않는다. 인간존엄성의 보호범위를 그에 대한 침해를 통하여 파악하려는 시도로서, '인간이 국가행위의 단순한 객체나 수단 또는 대체·교환될 수 있는 것으로 격하되거나 인격적 주체로서의 성격을 의문시하는 취급을 받는다면, 인간의 존엄성은 침해된다'는 소위 '國家行爲 客體說'(Objekttheorie)[2]은 비록 불명확하기는 하나, 침해여부를 판단하는 중요한 지침을 제공한다.

나. 인간존엄성의 제한 여부

인간의 존엄성도 다른 기본권과 마찬가지로 '헌법 제37조 제2항에 의하여 공익상의 이유로 제한될 수 있는가' 하는 문제가 제기된다.

인간의 존엄성은 최고의 헌법적 가치이자 헌법과 국가의 존재이유로서 법익교량과정을 통하여 공익과 부합하는 상태로 축소되거나 그 내용이 변질될 수 있는 성격의 법익이 아니다. 객관적 가치로서 인간존엄성이 불가침적인 것이라면, 이에 상응하여 기본권으로서의 인간존엄성도 불가침적인 것이다. 기본권으로서 인간의 존엄성은 어떠한 경우에도 국가권력에 의하여 침해되어서는 안 되는 절대적 권리로서 다른 법익과의 비교형량의 가능성을 배제한다. 인간의 존엄성은 그 자체로서 보장되어야 하는 것으로서 다른 법익과의 교량의 대상, 즉 기본권의 보호범위와 기본권제한의 사유를 서로 대치시키고 상충하는 법익이 서로 조화와 균형의 상태에 있는가를 심사하는 과정의 대상이 될 수 없으며, 이에 따라 상충하는 법익에 의하여 제한이 정당화될 수 없다. 인간의 존엄성은 다른 기본권과는 달리, 헌법 제37조 제2항에 의하여 국가안전보장이나 공공복리의 이유로 제한될 수 있는 기본권이 아니다.[3]

---

1) 물론 인간존엄성 조항의 개방성과 불확실성은 다른 기본권 규정과 근본적인 차이를 가져오는 것은 아니다. 모든 기본권조항이 해석을 통하지 않고서는 적용을 할 수 없는 정도의 불명확성을 지니고 있다는 당연한 사실 외에도, 헌법 제10조 전문 및 제11조 제1항에 보장된 일반적 자유인 행복추구권과 일반적 평등권도 독자적인 보호영역이 없이 인간의 모든 생활영역과 연관될 수 있는 일반조항의 성격을 띠고 있다.

2) 독일 연방헌법재판소는 '인간이 국가행위의 단순한 객체가 된다면, 인간존엄성에 위반된다'는 Dürig의 이론을 채택하여 인간존엄성의 침해여부를 판단하는 기준으로 삼고 있다(BVerfGE 50, 125, 133; 96, 375, 399f.).

3) 인간존엄성은 헌법 제37조 제2항에 의하여 제한될 수 없다고 보는 견해로 권영성, 헌법학원론, 2010, 379면(그러나 인간존엄성조항의 기본권적 성격을 부인하면서 한편으로는 인간존엄성이 헌법 제37조 제2항에 의하여 제한될 수 없다고 하는 것은, 헌법 제37조 제2항에 의한 제한가능성에 관한 언급이 인간존엄성조항의 기본권적 성격을 전제

다. 보장내용

위에서 확인한 바와 같이, 인간존엄성이 불가침적 가치이자 제한될 수 없는 기본권이라면, 이와 같은 절대적 기본권의 보호범위는 필연적으로 협소하게 확정될 수밖에 없다. 또한, 인간존엄성이 헌법개정금지사항이라는 점도 그 보호대상을 좁게 해석해야 한다는 것을 말해주고 있다. 따라서 인간존엄성 조항에 의하여 보호되는 것은 인간 생존의 절대적인 핵심영역에 제한된다고 보아야 한다. 즉 문화국가에서 금기시되는 침해, 예컨대 고문, 잔혹한 형벌, 노예제도, 인종적·종교적 차별과 박해 등과 같은 국가행위에 대한 보호를 비롯하여 자기결정 및 인격발현의 불가결한 요건에 대한 중대한 침해(예컨대 최저생계의 박탈, 혼인의 강제)에 대해서만 보호를 제공한다고 보아야 한다. 결국 인간존엄성의 기능이란, 문화국가에서 일반적으로 금기시되는 비인간적인 국가행위의 한계를 정하는 기능, 다시 말하자면 국가공권력이 개인과의 관계에서 더 이상 넘어서는 안 되는 경계선이 어디에 있는가를 정하는 기능이라고 할 수 있다. 인간존엄성 조항은 국가권력으로부터 개인의 자기결정과 인격발현을 위하여 불가결한 최소한의 요건 또는 인간 생존의 절대적 요건을 보호하는 것이다.

인간존엄성 조항이 구체적인 규범적 기준을 제시하지 않기 때문에, 이와 같은 명백한 침해의 경우를 넘어서 일상다반사에서 인간존엄성의 침해를 인정함으로써 인간존엄성 조항을 이상적 사회의 실현을 요청하는 근거조항으로 해석하는 것은 타당하지 않다. 마찬가지로 유전자공학의 허용정도나 핵발전소의 폐지 여부 등 사회공동체의 중요한 논쟁에서 인간존엄성 조항을 근거로 그 해결책을 찾으려는 시도도 규범적 기준의 결여로 말미암아 무리한 헌법해석의 위험이나 또는 헌법해석자의 가치관을 헌법의 객관적 내용으로 주장할 수 있는 위험을 내포하고 있다. 결국, 바람직한 사회의 실현을 입법자에게 맡겨 정치적, 즉 입법적으로 해결하는가 아니면 헌법재판소의 헌법해석을 통하여 헌법적으로 해결하는가의 문제에 관한 것이다. 모든 것을 헌법적으로 해결하려는 시도는 필연적으로 헌법재판소에 의한 헌법해석, 때로는 무리한 헌법해석에 의존하게 되고, 이로써 입법자의 정치적 형성권을 부당하게 축소하여 헌법재판소의 권한을 확대하는 결과를 가져온다.

라. 인간존엄성과 헌법 제37조 제2항의 '기본권의 본질적인 내용'의 관계

인간존엄성은 절대적으로 보장되는 헌법적 가치로서 침해될 수 없다는 점에서 '기본권의 본질적인 내용'과 외형상의 공통점을 가지고 있다. 이러한 점에서, 인간존엄성의 내용을 기본권제한의 한계로서의 '기본권의 본질적 내용'과 동일시하고자 하는 견해도 있다.[1] 그러나 인간존엄성과 기본권의 본질적인 내용은 그 의미와 성격에 있어서 일치하지 않는다.

인간존엄성은 헌법을 구성하는 최고의 원리로서 헌법개정의 한계를 의미하나, 모든 개별기본권이 헌법개정의 한계를 의미하지는 않으므로 모든 개별기본권의 본질적 내용이 헌법개정의 한계에 해당하는 것은 아니다. 뿐만 아니라 인간존엄성의 보장내용이 개별기본권의 본질적 내용의 '총합'에 해당하는 것은 아니므로, 인간존엄성의 내용과 개별기본권의 본질적 내용은 일치하는 것도 아니다. 가령, 재산권의 본질적 내용이나 직업의 자유의 본질적 내용이 인간존엄성의 보장내용에 해당하는 것은 아니다.

로 한다는 점에서 상호모순이다); 계희열, 헌법학(中), 2004, 213면; 허영, 한국헌법론, 2010, 335면; 이에 대하여 김철수, 헌법학개론, 2007, 514면은 인간의 존엄성을 행복추구권과 동일시하여 보충적 기본권으로 간주함으로써 헌법 제37조 제2항에 의한 제한이 가능하다고 한다.

1) 가령, 허영, 한국헌법론, 2010, 335면; 권영성, 헌법학원론, 2010, 379면.

결국, '인간존엄성'과 '기본권의 본질적 내용'은 단지 침해될 수 없다는 점에서만 외관상 유사함을 보일 뿐, 그 실체와 법리에 있어서는 다르다고 할 수 있다. '기본권의 본질적 내용의 불가침성'이란 개별기본권이 제한될 수 있다는 것을 전제로 하여 국가권력에 의한 기본권제한의 최종적 한계에 관한 원칙이며, 이에 대하여 '인간존엄성의 불가침성'은 처음부터 불가침적인 가치를 출발점으로 하여 이에 대한 제한이 곧 위반으로 이어진다는 법리인 것이다.

마. 인간존엄성과 행복추구권의 관계

헌법 제10조 전문은 인간존엄성과 행복추구권을 함께 규정하고 있다.[1] 그러나 인간존엄성과 행복추구권은 각 상이한 성격과 보장내용을 가진 독자적 기본권으로서 서로 구분되어야 한다. 인간존엄성이 헌법상 최고의 가치이자 그에 상응하는 기본권으로서 성격을 가지며 절대적 가치이자 기본권으로서 불가침의 것이라면, 행복추구권은 개별자유권이 적용되지 않는 경우에 비로소 적용되는 보충적·일반적 자유권으로서 헌법 제37조 제2항에 의하여 공익상의 사유로 제한될 수 있는 것이다.

행복추구권은 헌법에 구체적으로 규정된 개별자유권에 의하여 보호될 수 없는 인간의 행위나 법익에 대하여 보충적으로 기본권적 보호를 제공하는 일반적 자유권으로서, 헌법에 열거되지 아니한 자유권을 도출하는 실정법적 근거이다. 이에 대하여, 인간존엄성은 협소하지만 나름대로 독자적인 보호범위를 가지고 있다는 점에서 개별기본권이 적용되지 않는 경우에 적용되는 보충적 기본권도 아니고, 헌법에 명시적으로 보장되지 않은 기본권을 도출하는 직접적인 헌법적 근거도 아니다. 생명권이나 인격권 등은 인간존엄성으로부터 직접 도출되는 기본권이 아니라, 그 헌법적 근거를 다른 기본권에 두고 있다. 인간존엄성은 행복추구권과 같은 다른 기본권의 보장내용을 밝히는 과정에서 해석의 지침으로 작용함으로써 기본권의 내용을 구체화하고 강화하지만, 헌법에 명시적으로 보장되지 않은 기본권을 도출하는 직접적인 헌법적 근거는 아니다.[2]

따라서 인간존엄성과 행복추구권은 각 '절대적 기본권'과 '보충적 기본권'으로서 또는 '제한될 수 없는 것'과 '제한될 수 있는 것'으로서 근본적으로 상이한 성격을 가지고 있으므로, 하나의 기본권으로 통합될 수 없는 것이다.[3]

---

1) 헌법이 양 기본권을 하나의 문장에서 함께 언급하고 있다는 것은 양 기본권을 하나의 통합된 기본권으로 이해해야 한다는 근거가 될 수 없음은 물론이다. 가령, 헌법 제21조 제1항에서 언론·출판의 자유와 집회·결사의 자유를 함께 언급하고 있다고 하여 위 기본권들을 하나의 통합된 기본권으로 볼 수 없다고 하는 것은 별론을 요하지 아니한다.
2) 가령, 일반적 인격권은 행복추구권에 의하여 보장되는 것으로 그 일차적이고 직접적인 헌법적 근거를 행복추구권에 두고 있다. 다만, 일반적 인격권은 사생활의 보호를 비롯하여 '인간의 존엄성과 밀접한 연관관계를 보이는 자유로운 인격발현의 기본조건'을 포괄적으로 보호하고자 하는 것이고 개인에게 독자적인 인격형성을 위한 자율적 영역이 보장되지 않는다면 인간의 존엄성은 실현될 수 없으므로, 이러한 의미에서 인간존엄성과 밀접한 연관관계에 있는 것이다. 따라서 행복추구권은 인간존엄성과의 연관관계에서 그 보장내용에 있어서 일반적 인격권으로 구체화되고 강화되었다. 요컨대, 일반적 인격권의 일차적이고 주된 헌법적 근거는 인간존엄성조항이 아니라 행복추구권인 것이다. 절대적인 기본권인 인간존엄성으로부터 도출되는 기본권도 그 모체(母體)와 마찬가지로 불가침적인 성격을 가질 수밖에 없다는 점에서, 인간존엄성은 제한될 수 있는 기본권인 인격권의 직접적인 헌법적 근거조항이 될 수 없다. 또한, 생명권이나 신체를 훼손당하지 아니할 권리는 그 헌법적 근거를 인간존엄성조항에 두고 있는 것이 아니라, 보충적 자유권인 행복추구권이나 또는 그 보호법익의 성질에 있어서 가장 인접한 권리인 제12조의 신체의 자유로부터 인간존엄성보장 및 제37조 제1항을 해석의 지침으로 하여 도출되는 기본권이다.
3) 그러나 인간존엄성에 기본권적 성격을 인정하는 학계의 일부 견해(가령, 김철수, 헌법학개론, 2007, 486면)는 인간존엄성을 행복추구권과 구분하지 아니하고 양자를 불가분의 관계에 있는 '통합적 기본권'으로 보아, 인간존엄성도 그 보장내용에 있어서 행복추구권과 동일한 것으로 간주하고 있다. 이러한 견해는 한편으로는 인간존엄성을 헌법상 최고의 가치로 이해하면서, 다른 한편으로는 주관적 공권의 성격에 있어서는 행복추구권과 마찬가지로 다른 개

4. 인간존엄성 위반의 구체적인 예

역사적 경험에 비추어 인간의 존엄성이 특별히 위협받는 영역에 따라, 인간존엄성에 대한 전형적인 침해를 다음과 같이 구체화할 수 있다.

가. 근본적인 법적 평등의 위반

모든 인간의 법적 평등은 인간존엄성을 실현하기 위한 기본요소이므로, 모든 인간이 자주적 인격체로서 동등하게 존중받을 권리에 대한 중대한 침해는 평등권에 대한 침해일 뿐만 아니라 또한 인간존엄성의 위반을 의미한다. 이러한 관점에서 노예제도, 농노제도, 인종차별, 인신매매, 종교적·인종적 이유 등으로 인한 박해나 추방 등은 인간존엄성의 관점에서 허용되지 않는다.

나. 비인간적인 국가형벌권의 행사

인간존엄성은 법치국가적 절차보장의 정신적 뿌리로서 특히 형사절차에서 매우 중요한 의미를 가진다. 국가형벌권의 행사는 인간존엄성의 보호를 위하여 국가가 취하는 가장 단호한 조치이자 동시에 피의자나 수형자의 인간존엄성에 대한 중대한 위협을 의미한다.

인간존엄성은 국가형벌권을 관철하는 과정에서 피의자가 국가행위의 단순한 객체가 되는 것을 금지한다. 따라서 피고인의 진술권과 진술거부권은 형사절차에 적극적으로 참여하고 자신을 방어할 수 있는 권리로서 보장되어야 한다. 또한, 형사절차에서 실체적 진실을 밝힐 목적으로 고문이나 최면, 약물 등을 사용하는 것은 피의자를 범죄 퇴치나 진실발견의 단순한 수단이나 대상으로 삼는 것이므로, 피의자의 의사결정과 의사형성의 자유를 침해하는 신문수단은 금지된다. 헌법 제12조 제2항에 규정된 '고문의 금지' 및 '불리한 진술의 강요 금지'는 형사절차에서 인간존엄성의 요청이 구체화된 표현이라 할 수 있다.

나아가, 인간존엄성은 비인간적이거나 잔인한 형벌을 금지한다. 또한, 인간존엄성은 행형의 영역에서 受刑의 조건과 관련하여 중요한 의미를 가진다. 인간생존의 기본조건이 박탈된 비인간적인 상황에서 이루어지는 재소자의 수감(가령 비인간적인 수형조건에서 지나치게 과도한 인원의 수용)은 인간존엄성의 위반에 해당될 수 있다.[1] 뿐만 아니라, 입법자가 특히 비난받을만한 중대한 범죄행위에 대하여 종신형을 규정할 수는 있으나, 종신형의 선고를 받은 자가 형의 집행 중 자신의 인격이 구체적으로 어떻게 형성되고 발전되는지와 관계없이 다시 자유를 회복할 수 있는 모든 가능성과 희망을 포기하도록 규정하는 것은 인간존엄성의 핵심을 건드리는 것이다. 따라서 '감형의 가능성을 배제한 終身刑'은 인간존엄성에 위반된다.

다. 최저생계의 박탈

최저생계의 보장은 인간다운 생존을 위한 근본요건에 속한다. 국가가 과세를 통하여 개인의 최저생계의 가능성을 박탈함으로써 인간다운 생존의 기본조건을 위협해서도 안 되며, 한편으로는 자력으

별기본권이 적용되지 않는 경우 비로소 적용되는 보충적 기본권으로서 간주하여 헌법 제37조 제2항에 의하여 제한될 수 있다고 한다. 그러나 헌법상 최고의 가치가 그 주관적 성격에 있어서는 단지 보충적으로 기능한다는 점도 납득하기 어려울 뿐만 아니라, 최고의 가치인 인간의 존엄성이 주관적 권리로서의 성격에 있어서는 '침해될 수 있다'는 것은 그 자체로서 모순이라 할 수 있다. 이러한 결과는 서로 통합될 수 없는 완전히 상이한 성격과 내용을 가진 두 기본권을 구분하지 아니하고 하나의 '주기본권'으로 통합한 것에 기인한다.

1) 헌재 2016. 12. 29. 2013헌마142(구치소 내 과밀수용행위 위헌확인).

로 자신의 생계를 유지할 능력이 없는 국민에게 최저생계를 보장해야 한다. 국가에 의한 과세는 원칙적으로 최저생계를 초과하는 소득에 대해서만 가능하다. 국가가 과세를 통하여 국민으로부터 생존의 기본조건인 최저생계를 박탈한다면, 이는 인간존엄성을 침해하는 것이다. 뿐만 아니라, 개인이 달리 자신의 생계를 유지할 수 없다면, 국가는 인간다운 생존을 위한 최소한의 조건으로서 최저생계를 적극적인 급부를 통하여 보장해야 할 의무가 있다.[1]

5. 다른 기본권과의 관계

모든 기본권은 인간존엄성을 실현하기 위하여 헌법에 보장된 것이고, 인간의 존엄성은 다른 개별 기본권에 의하여 구체화되었다. 자유권과 평등권은 인간존엄성 보장의 '완성된 표현'이다. 자유와 평등을 보장하는 개별 기본권의 규범내용은 비교적 구체적인 반면, 인간존엄성의 보호범위는 상대적으로 불명확하기 때문에, 위헌심사의 경우 우선적으로 개별기본권을 기준으로 하여 심사해야 한다. 즉, 다른 개별기본권과의 관계에서 인간존엄성은 심사기준으로서 맨 마지막에 고려된다.

그러나 개별자유권과의 관계에서 보충적으로 적용되는 일반적 자유권인 행복추구권과는 달리, 위헌심사에서 우선적으로 다른 기본권을 기준으로 하여 심사한다는 것은 인간존엄성 조항이 보충적으로 적용된다는 것을 의미하는 것은 아니다. 개별기본권이 침해된 경우 동시에 인간의 존엄성이 침해될 수 있다.[2] 인간의 생존이나 인격발현의 기본조건을 박탈하거나 금지하는 중대한 기본권침해는 개별기본권뿐만 아니라 또한 인간존엄성에 대한 위반을 의미하므로, 인간존엄성이 문제될 정도로 중대한 침해가 인정된다면, 개별기본권의 침해를 확인한 후 부가적으로 인간존엄성의 침해여부를 확인할 수 있다. 물론, 다른 개별기본권의 침해로 인하여 공권력의 위헌성이 이미 확인된 후에 비로소 인간존엄성이 부가적인 심사기준으로서 고려되기 때문에, 기본권으로서 인간존엄성은 헌법재판의 실무에 있어서는 독자적인 의미가 없다고 할 것이다. 특히, 인간존엄성은 기본권으로서 보호범위가 매우 협소하기 때문에, 주관적인 보호기능을 거의 하지 못한다.

제 2 절 幸福追求權[3]

Ⅰ. 서 론

헌법은 제10조 전문에서 "모든 국민은 인간으로서의 존엄과 가치를 가지며, 행복을 추구할 권리를 가진다."고 규정하고 있다. '행복을 추구할 권리'는 1980년 헌법에 삽입된 이래, 그의 법적 성격과

---

1) '최저생계'란 시간과 상황의 구속을 받는 개념으로서, 무엇이 최저생계에 해당하는가의 문제는 일반적으로 확정될 수 없고, 특정 시점에서 사회가 보유하는 경제적 능력과 '최저생계'에 대한 일반적 이해에 달려 있다. 따라서 최저생계란 아사(餓死)를 방지하기 위하여 반드시 필요한 것에 제한되는 것도 아니고, 사회국가 또는 문화국가의 관점에서 바람직하거나 요청되는 모든 것이 인간존엄성을 유지하기 위한 조건이 되는 것도 아니다.
2) 다른 기본권이 침해되지 않은 경우 인간존엄성이 독자적으로 최후의 방어벽으로서 기능할 수 있는지에 관하여 보건대, 일반적 자유권인 행복추구권의 포괄적인 보충적 기능에 비추어 그 개연성이 없다고 판단된다.
3) 행복추구권에 관하여 전반적으로 한수웅, 헌법상의 人格權, - 특히 헌법 제10조의 幸福追求權, 一般的 人格權 및 헌법 제17조의 私生活의 保護에 관하여 -, 헌법논총 제13집(2002), 623면 이하 참조.

보장내용에 관하여 많은 논란을 가져 온 기본권 조항이며, 아직도 그 내용이 완전히 해명되지 않은 헌법규정에 속한다. 헌법재판소는 이미 초기의 판례에서 행복추구권의 내용을 '일반적 행동자유권'과 '일반적 인격권'을 포함하는 것으로 해석하였으나, 행복추구권의 2가지 측면의 구체적 내용이 무엇인지, 특히 일반적 인격권의 보장내용이 무엇인지에 관하여는 충분히 규명되지 않은 상태이다.

헌법상의 인격권은 주로 헌법 제10조에서 도출되는 일반적 인격권의 범주에서 논의되고 있으나, 헌법 제17조의 '사생활의 비밀과 자유'를 비롯하여 '사생활을 보호하는 개별적 기본권'을 두고 있는 우리 헌법에서 이러한 개별적 기본권과 일반적 인격권의 보호범위는 무엇인지, '사생활을 보호하는 개별적 기본권'의 존재에 비추어 헌법해석을 통하여 일반적 인격권을 인정할 필요가 있는지, 일반적 인격권과 '사생활을 보호하는 개별 기본권'과의 관계는 어떠한지에 관하여 의문이 제기된다.

II. 幸福追求權의 법적 성격 및 헌법적 의미

1. 헌법적 가치이자 기본권으로서 행복추구권

가. 憲法的 槪念으로서 행복추구권

'행복'이란 지극히 주관적이고 상대적인 개념으로서, 무엇이 행복이고 어떠한 방법으로 행복을 추구할 수 있는가에 관하여는 개인의 가치관과 인생관에 따라 그 대답을 달리한다. 행복추구의 문제는 궁극적으로 자기만족과 자기실현의 문제이다. 그러나 '행복을 추구할 권리'가 헌법에 실정법적으로 규정됨으로써 '행복의 추구'는 더 이상 일상적 개념이나 형이상학적·철학적·종교적 범주의 개념이 아니라 헌법적 개념으로 전환되었고, 이로써 헌법의 구성부분이자 헌법적 가치가 되었다.[1] 타 학문의 용어나 일상용어가 헌법적으로 규범화됨으로써 개념의 의미전환이 이루어지는 것이다. 즉, '행복추구'라는 그 자체로서 비규범적 용어가 헌법에 수용됨으로써 고유한 가치질서를 담고 있는 헌법적 질서의 통일체 내에 위치하게 되었고, 이와 동시에 모든 기본권의 규정이 인간존엄성의 실현을 위하여 존재한다는 의미에서 '목적상의 변환'이 이루어진 것이다.

헌법이 다른 개별기본권에 관한 규정에 앞서, 제10조 전문에서 최고의 헌법적 가치이자 국가와 인간의 관계에 관한 헌법의 기본결정인 '인간의 존엄성' 조항에 이어서 '행복추구권'을 규정하였고, 같은 조 후문에서 국가에게 '기본적 인권을 확인하고 보장할 의무'를 부과하고 있다면, 이와 같은 헌법규정은 헌법의 중대한 가치결정이자 국가 내에서의 개인의 지위에 관한 근본적인 헌법적 결정이며 또한 중요한 기본권이라는 해석 외에는 달리 파악될 수 없는 것이다.

나. 행복추구권의 人權史的 由來 및 그 內容

(1) 행복추구권에 관한 실정법적 규정

인권을 실정법화 하는 과정을 역사적으로 보더라도, 이미 세계 각국에서 다수의 헌법이 個人의 一般的 自由를 보장하는 규정을 수용하고 명문화하였다는 사실을 확인할 수 있다. 1776년의 버지니

---

1) 따라서 '행복추구는 그 상대성과 세속성 때문에 규범적 가치로서의 성격을 인정하기 어렵고, 처음부터 규범화의 대상이 되기 어렵다'는 주장으로 행복추구권의 기본권성은 물론 규범적 성격마저도 부인하는 견해(허영, 한국헌법론, 2010, 337면)는, 비규범적인 표현도 헌법에 규범화된 이상, 헌법규정의 규범적 내용을 밝히는 작업이 헌법학자의 과제라는 것을 간과하고 있다.

아 권리장전이 제1조에서 '행복과 안전을 추구할 권리'를 개인의 천부적 인권으로 선언하였고, 1789
년의 프랑스 인권선언은 제4조에서 자유를 '타인을 해하지 않는 한 모든 것을 할 수 있는 권리'로 규
정하였다. 1794년 프로이센의 일반법전[1] 序章(Allgemeines Landrecht Einleitung) 제83조는 '타인의 권
리를 침해함이 없이 자신의 행복을 찾고 추구할 수 있는 자유에 인간의 일반적인 권리가 기초하고
있다'고 규정하였다. 1949년의 독일 기본법 제2조 제1항은 최종적으로는 '인격의 자유로운 발현권'의
형태로 규정되었지만, 원래 헌법제정회의(Parlamentarischer Rat)에서 '행복을 추구할 권리'와 유사한
표현인 '하고 싶은 대로 하거나 하지 않을 권리'라는 형태의 초안을 고려하였다가 그 표현이 너무 통
속적이고 비규범적이라고 하여 현재와 같은 법문의 형태를 갖추게 되었다.

(2) 개인의 一般的 自由의 보장

위와 같이 인권을 규범화한 역사를 보더라도, 독일 헌법상의 '인격의 자유로운 발현권'은 결국 버
지니아 권리장전에 규정된 '행복추구권'의 독일적 표현이라고 볼 수 있으며, 미국의 '행복추구권'이든
독일의 '인격발현권'이든 간에 모두 이러한 헌법적 규정을 통하여 개인의 一般的 自由를 보장하고자
시도한 것이다. 이러한 관점에서 '행복의 추구'를 규범적인 개념으로 전환하여 표현하자면, 이는 '각
자의 개성과 인생관에 따른 자유롭고 독자적인 인격발현'을 의미하는 것이다. 따라서 행복추구권이
란, '개인의 인격을 자유롭게 발현할 수 있는 권리' 또는 '자신의 삶을 스스로 결정할 수 있는 자기결
정권'을 보장하는 포괄적인 기본권이다.[2]

다. 自由 原則의 헌법적 표현

행복추구권은 개인의 一般的 自由, 즉 '누구나 자신의 인격을 자유롭게 발현할 수 있고 자신의 삶
을 스스로 결정할 수 있는 권리, 특히 누구나 자기가 원하는 대로 행동할 수 있는 권리'를 보장함으
로써, 개인의 자유와 국가권력의 관계를 규정하고 '개인의 자유가 국가권력에 대하여 우선한다'는 중
대한 헌법적 결정을 표현하고 있다. 행복추구권은 '국가권력과 개인의 자유'의 관계 및 '국가와 개인
중 자신의 행위를 정당화해야 하는 책임이 누구에게 있는지'에 관한 핵심적인 헌법적 표현이다.

이로써 헌법이 행복추구권을 통하여 표현하고자 하는 바는, '인간의 행동가능성을 제한하는 모든
국가행위는 정당화되어야 한다'는 것이다. 즉, 개인은 자유의 행사를 국가에 대하여 정당화해야 할
필요가 없는 반면, 국가는 자유의 제한을 언제나 정당화해야 한다. 자신의 행위를 정당화해야 하는
책임이 국가에 있기 때문에, 국가가 자신의 행위를 정당화할 수 없다면, 이는 국가의 위험부담으로
돌아가고, 공권력행사의 위헌성을 결과로 가져온다.

2. 불가침의 기본적 인권을 확인하고 보장할 의무의 헌법적 의미

가. 기본적 인권을 確認할 의무

헌법은 제10조 후문에서 "국가는 개인이 가지는 불가침의 기본적 인권을 확인하고 이를 보장할

---

1) 프로이센에서 약 19,000개의 조문을 집대성하여 편찬한 법전으로 1794년 시행되어 독일 민법전이 제정될 때까지
유효하였다.
2) 학자에 따라서는 행복추구권의 개념을 '모든 국민의 당위적인 삶의 지표를 분명히 밝혀놓은 것'(허영, 한국헌법론,
2010, 337면), '안락하고 풍요로운 삶을 추구할 수 있는 권리'(권영성, 헌법학원론, 2010, 383면) 등으로 이해하고
있다. 허영 교수를 제외하고는 대부분의 학자가 행복추구권의 독자적인 기본권성을 인정하고 있다. 반면에 헌법재
판소는 초기의 결정부터 행복추구권의 기본권성을 일관되게 인정하고 있다.

의무를 진다."라고 규정하여, 국가에게 '기본적 인권을 확인할 의무' 및 '이를 보장할 의무'를 부과하고 있다. 헌법은 '人權의 確認'이란 표현을 통하여 인권, 즉 개인의 자유와 평등은 헌법에 의하여 비로소 창설된 것이 아니라 先國家的·超實定法的 秩序의 구성부분이라는 것을 밝히고 있다. 헌법 제10조 후문은 같은 조 전문의 '인간의 존엄과 가치', '행복추구권'과 함께 우리 헌법상 자연법사상, 천부인권사상의 실정법적 표현이다.

즉 인권의 '確認'이란, 인권이 국가에 의하여 부여되는 것이 아니라 국가 이전에 이미 존재하는 것으로서 단지 인간이 인간이기 때문에 누리는 천부적 또는 생래적 권리라는 것을 전제로 하여, 국가는 선국가적 인권을 단지 인정하고 다시 확인함으로써 헌법적 권리로 전환하고 헌법질서의 구성부분으로 수용한다는 것을 뜻한다. 인권(생래적인 자유와 평등)은 인간이 만든 어떠한 질서나 심급에 의하여 부여되는 것이 아니라, 단지 인간으로 태어남으로써 모든 개인에게 귀속되는 것이다. 그러나 인권이 국가 내에서 관철되기 위해서는 법적인 보장을 필요로 한다. 따라서 '인권을 확인할 국가의 의무'란 국가가 기본적 인권을 헌법상 기본권으로 실정법화하여 헌법적으로 규정해야 할 의무를 말한다.

나. 기본적 인권을 保障할 의무[1]

'인권을 保障할 의무'란, 일차적으로 국가가 스스로 개인의 자유를 존중하고 침해하지 않음으로써 자유를 보장해야 한다는 것을 뜻한다. 그러나 국가가 개인에게 단지 자유공간을 보장하는 것만으로는 개인의 자유가 충분히 보장되지 않으며, 이를 넘어서 국가는 변화하는 상황에 따라 새로이 발생하는 인권에 대한 위협에 대하여 적극적으로 대처하여 개인의 자유를 보장해야 할 의무를 진다. 오늘날 인권이 국가뿐만 아니라 사회에 의하여도 위협을 받는다는 것을 고려할 때, '인권을 보장할 의무'란 국가가 인권을 침해하는 행위를 해서도 안 될 뿐만 아니라, 사인이나 사회적 세력으로부터 발생하는 인권침해나 위협에 대하여도 개인을 보호해야 할 국가의 의무를 뜻한다.

3. 헌법에 열거되지 아니한 자유권의 실정법적 근거[2]

행복추구권은 헌법에 구체적으로 규정된 자유권에 의하여 보호될 수 없는 인간의 행위나 법익에 대하여 보충적으로 기본권적 보호를 제공하는 일반적 자유권으로서, 헌법에 열거되지 아니한 자유권을 도출하는 실정법적 근거이다.[3] 이로써, 행복추구권에 의하여 헌법적으로 기본권적 자유가 빈틈없이 보장되는 것이다. 한편, 학계에서는 행복추구권을 자유권뿐만 아니라 사회적 기본권에 관한 일반조항으로 보는 견해가 있으나, 행복추구권을 선국가적 자연법상의 권리라고 이해하면서, 한편으로는 국가에 의하여 비로소 부여되고 형성되는 사회적 기본권에 관한 일반조항으로 파악하는 것은 그 자

1) 이에 관하여 자세한 것은 제3편 제1장 제5절 '국가의 보호의무' 부분 참조.
2) '헌법에 열거되지 아니한 기본권의 의미'에 관하여 자세한 것은 제3편 제1장 제2절 '헌법에 열거되지 아니한 자유' 부분 참조.
3) 헌법재판소도 행복추구권을 자유권의 일반조항으로 이해하고 있다, 헌재 1995. 7. 21. 93헌가14(국가유공자예우 등에 관한 법률), 판례집 7-2, 1, 32, "헌법 제10조의 행복추구권은 국민이 행복을 추구하기 위하여 필요한 급부를 국가에게 적극적으로 요구할 수 있는 것을 내용으로 하는 것이 아니라, 국민이 행복을 추구하기 위한 활동을 국가권력의 간섭 없이 자유롭게 할 수 있다는 포괄적인 의미의 자유권으로서의 성격을 가지므로 국민에 대한 일정한 보상금의 수급기준을 정하고 있는 이 사건 규정이 행복추구권을 침해한다고 할 수 없다."; 같은 취지로 헌재 2000. 6. 1. 98헌마216, 판례집 12-1, 622, 648; 헌재 2002. 12. 18. 2001헌마546, 판례집 14-2, 890, 902; 헌재 2007. 3. 29. 2004헌마207(무공명예수당의 지급), 판례집 19-1, 276, 286; 헌재 2006. 7. 27. 2004헌바20(임금채권의 우선변제), 판례집 18-2, 52, 63.

체로서 논리적 모순이다.[1] 헌법은 제34조에서 "인간다운 생활을 할 권리"를 사회적 기본권에 관한 일반조항으로서 명시적으로 규정하고 있다.

헌법 제10조의 행복추구권과 제37조 제1항 사이의 관계에 관하여, 위 두 조항 모두를 헌법에 열거되지 아니한 기본권을 도출하는 근거조항으로 보고자 하는 일부 견해도 있다. 그러나 헌법에 열거되지 아니한 자유권을 국민의 주관적 권리로서 보장하는 헌법규정은 단지 헌법 제10조의 행복추구권이며, 반면에 헌법 제37조 제1항은 국민의 권리를 직접적으로 보장하는 기본권조항이 아니다. 기본권체계 내에서 헌법 제37조 제1항의 위치, 객관적인 성격의 법문, 개인의 자유를 제한하는 국가권력을 다시금 제한하는 '자유제한의 조건'(법률유보·비례의 원칙·본질적 내용의 침해금지)을 규정한 헌법 제37조 제2항과의 관계에서 볼 때, 헌법 제37조 제1항은 '헌법에 명시적으로 규정되지 아니한 자유도 헌법해석을 통하여 보장되어야 한다'는 헌법해석의 지침을 담고 있는 객관적인 규정으로 이해하는 것이 타당하다.

4. 一般的·補充的 自由權으로서 행복추구권

행복추구권은 다른 개별자유권과의 관계에서 일반·특별관계에 있는 일반적 자유권이자, 다른 자유권에 의하여 보호되지 않는 자유영역을 그 보호범위로 하는 보충적 자유권이다. 공권력행위의 합헌성 심사의 경우, 행복추구권은 다른 기본권과의 관계에서 단지 보충적으로만 기능한다.[2] 즉 다른 개별자유권의 보호범위가 제한되는 경우, 다른 개별자유권을 심사기준으로 판단하여 그 결과 공권력행위가 위헌인 경우뿐만 아니라 합헌인 경우에도, 행복추구권은 더 이상 적용되지 않는다. 국가가 다른 개별 자유권에 의하여 보호되지 않는 자유영역을 제한하는 경우, 비로소 행복추구권은 헌법적으로 기능한다.

행복추구권의 보호범위는 '인격의 자유로운 발현'을 위하여 필요한 인간의 모든 행위와 상태에 대한 보장이다. 개별 기본권의 보장내용을 보완하는 보충적 기본권의 본질은 바로 보호범위의 광범위함·불확정성 및 개방성에 있다. 보호범위가 구체적으로 특정되지 않은 경우에만 사회현실의 변화 및 자유를 위협하는 상황의 변화에 대처할 수 있다는 의미에서 보충적 기본권으로서의 기능을 이행할 수 있다.

5. 헌법소원 제기 가능성의 확대

헌법재판소가 행복추구권에 '일반적 자유권'의 성격을 부여함으로써 '행복추구권'의 보호범위를 개별기본권에 의하여 보호되지 않는 모든 자유영역에 확대하였고, 그 결과 개인의 모든 행위가능성과 인격발현의 기본조건이 기본권에 의한 보호를 받게 되었다. 이로 인하여, 국가의 공권력행위에 의하여 국민이 받는 모든 형태의 부담이 곧 기본권의 제한을 의미하고, 이로써 기본권의 침해를 전제

1) 예컨대, 권영성, 헌법학원론, 2010, 384-385면.
2) 예컨대, 헌재 2002. 10. 31. 99헌바76(요양기관 강제지정제), 판례집 14-2, 410, 428, "'일반적 행동의 자유'는 이른바 보충적 자유권이다. … 따라서 직업의 자유와 같은 개별 기본권이 적용되는 경우에는 일반적 행동의 자유는 제한되는 기본권으로서 고려되지 아니한다."; 헌재 2000. 12. 14. 99헌마112(교육공무원의 정년 단축), 판례집 12-2, 399, 408, "행복추구권은 다른 기본권에 대한 보충적 기본권으로서의 성격을 지니므로, 공무담임권이라는 우선적으로 적용되는 기본권이 존재하여 그 침해여부를 판단하는 이상, 행복추구권 침해 여부를 독자적으로 판단할 필요가 없다."; 동일한 내용으로 헌재 2002. 8. 29. 2000헌가5 등, 판례집 14-2, 106, 123, 한편, 헌법재판소는 일반적 행동 자유권의 보충적 성격에 대한 인식이 불분명하여 다른 개별적 자유권과 행복추구권을 함께 심사기준으로 언급하는 것을 자주 확인할 수 있다, 예컨대 헌재 1997. 11. 27. 95헌바14 등, 판례집 9-2, 575, 587, 직업의 자유와 행복추구권을 제한된 기본권으로서 함께 언급하고 있다.

로 하는 헌법소원의 제기 가능성을 확대하였다. 행복추구권의 이와 같은 확장적 해석은 헌법소원절차에서 기본권의 침해를 확인하는 헌법재판소의 권한을 현저하게 확대하였다.

Ⅲ. 행복추구권의 보장내용

1. 一般的 行動自由權과 一般的 人格權

一般的 自由權인 행복추구권의 보장내용은 개별자유권이 보장하고자 하는 바와 근본적으로 동일하다. 자유권이 '개인의 행위를 보호하는 기본권'과 '개인의 상태를 보호하는 기본권'으로 구성되어 있는 것과 마찬가지로, '일반적 자유권'으로서 행복추구권도 적극적인 행위를 통하여 인격을 발현할 수 있는 자유인 '일반적 행동자유권'과 개인이 인격을 자유롭게 발현하고 유지할 수 있는 조건이나 상태를 보장하는 '일반적 인격권'을 그 구성요소로 한다. 즉, 인격의 자유로운 발현은 그의 기본조건으로서, '인간의 행위에 대한 보호'와 '인간의 사실적·법적 존재 또는 상태에 대한 보호'라는 이중적인 보호를 필요로 하는 것이다. 따라서 행복추구권은 인격발현의 적극적인 요소인 '일반적 행동의 자유'와 인격발현의 소극적 요소로서 '일반적 인격권'을 그 보장내용으로 하고 있다.[1]

2. 자유로운 인격발현의 구체적 조건으로서 보장내용

개인이 인격을 자유롭게 발현하기 위해서는, 국가권력의 방해나 간섭을 받지 않고 자유롭게 자신이 원하는 대로 행동하고 원치 않는 것은 하지 않을 자유인 '일반적 행동의 자유'가 보장되어야 함은 물론이고, 한편으로는 외부로부터 은거하여 자기를 발견하고 자신의 고유한 개성을 유지하고 발전시킬 수 있는 개인적 생활영역, 국가나 외부세계의 간섭·관찰로부터 차단된 사생활영역에 대한 보호를 필요로 한다. 또한, 개인의 인격은 외부세계의 영향을 배제하는 사생활영역뿐만 아니라 사회 내에서 외부세계와의 접촉과 교류를 통하여 형성되고 발현되므로, 개인을 외부와의 관계에서도 보호하는 다른 요소로서 자신이 외부세계와 제3자에 대하여 어떻게 묘사될 것인지에 관하여 스스로 결정할 권리가 부가적으로 보장되어야 한다.[2] 따라서 일반적 인격권은 사생활영역에서 인격발현을 위한 기본조건의 보호(사생활의 보호) 및 사회적 영역에서 인격발현을 위한 기본조건의 보호(사회적 인격상에 관한 자기결정권)라는 2가지 요소로 구성된다.

---

1) 헌법재판소는 종래 다수의 결정(가령, 헌재 1991. 6. 3. 89헌마204, 판례집 3, 268, 275)에서 행복추구권의 구체적인 내용으로서 '일반적 행동자유권과 개성의 자유로운 발현권'을 언급하면서, 한편으로는 일부 결정(헌재 1990. 9. 10. 89헌마82, 판례집 2, 306, 310; 헌재 1997. 7. 16. 95헌가6 등, 판례집 9-2, 1, 16; 헌재 1997. 3. 27. 95헌가14 등, 판례집 9-1, 193, 204)에서 '개인의 인격권 및 행복추구권'이라고 표현하여 인격권과 행복추구권을 병렬적으로 언급함으로써 '행복추구권', '일반적 행동자유권', '개성의 자유로운 발현권', '인격권'이 서로 어떠한 관계에 있는지 명확히 밝히고 있지 않다. 행복추구권의 규범적 내용이 바로 '개성의 자유로운 발현권'이며, 이러한 권리로부터 '일반적 행동자유권'과 '인격권'이 구체적인 내용으로 도출된다는 의미로, 위 개념들 사이의 상호관계가 법리적으로 정리될 것이 요청된다.
2) 예를 들자면, 개인의 사진이 본인의 동의 없이 특정 상품의 광고물에 이용되는 경우, 개인의 이름이 사회적으로 물의를 일으키는 단체의 후원자나 구성원으로 언급되는 경우, 이러한 모든 경우 외부사회에 대하여 자신의 인격상이 왜곡된다.

Ⅳ. 一般的 行動自由權

1. 보호범위

개별자유권은 예술, 직업, 집회, 표현 등 특정 생활영역을 보호하는 반면, 일반적 자유권인 행복추구권은 구체적으로 제한된 독자적인 보호영역이 없이 모든 생활영역과 연관될 수 있는 일반조항적 성격을 지니고 있다. 기본권의 보호범위와 관련하여, 일반적 행동자유권이 보장하고자 하는 바가 원칙적으로 인간의 모든 행위인지 아니면 인격발현에 있어서 적어도 다른 개별기본권에 의하여 보호되는 정도의 중요성을 가지는 행위에 제한되는지의 문제가 제기된다.

가. 개인의 인격발현에 있어서 중요한 행위의 보호?

물론, 헌법이 역사적 경험상 공권력에 의한 침해가 우려되고 인격발현에 있어서 중요한 자유영역을 개별기본권의 명시적 보장을 통하여 특별히 강조하고 보호하고자 한다는 점이나 인간의 모든 행위가 인격발현에 있어서 동일한 중요성을 가지는 것은 아니라는 점은 부인할 수 없다.

그러나 다른 한편으로는, 개별 기본권이 인격발현의 중요한 영역을 보호하고 있다는 것이 인격발현에 덜 중요한 영역이 행복추구권에 의하여 보호될 수 없다는 것을 의미하는 것은 아니며, 기본권에 의한 보호여부가 인격발현의 중요성의 정도에 의하여 결정되는 것도 아니다. 개별기본권의 보호범위를 보더라도, 개별기본권은 인격발현에 있어서 일반적으로 중요한 자유영역뿐만 아니라 큰 의미가 없는 생활영역 또는 인간의 사소한 행위도 보호한다. 예컨대, 국민의 알 권리는 사회 전반에 연관되는 본질적 사안에 관하여 알 권리뿐 아니라 연예인의 사생활이나 선정적인 기사에 관해서도 알 권리를 함께 보호하며, 직업의 자유는 일반인의 시각에서 의미 있는 직업뿐 아니라 무의미하거나 사회적으로 무익한 모든 직업활동을 보호한다.

뿐만 아니라, 어떠한 행위가 개인의 인격발현에 있어서 중요하고 중요하지 않은지에 관한 객관적인 판단이 불가능하다. 자유권의 본질에 속하는 것은 바로, 어떠한 방법으로 자유를 행사할 것인지에 관하여 각자가 스스로 자율적으로 결정할 수 있다는 것이다. 자유행사의 여부와 그 목적 및 방법에 관하여는 기본권의 주체에게 맡기고 있다는 데에 바로 자유권의 본질이 있는 것이다. 가치관이 다원화된 오늘날, 무엇이 자신의 인격발현에 있어서 중요하고 본질적인지의 문제는 각 개인이 자신의 인생관과 가치관에 따라 스스로 결정할 문제이지, 국가기관, 궁극적으로 헌법해석에 관한 최종적인 결정권을 가진 헌법재판소에 의하여 결정될 문제가 아니다.

나. 원하는 대로 하거나 하지 않을 권리

따라서 일반적 행동자유권은 광범위한 의미에서의 행동의 자유, 즉 원하는 바대로 하거나 하지 않을 권리를 보호한다.[1] 행복추구권이 특정 생활영역이 아니라 인간의 모든 행위를 보호한다는 보호

---

1) 헌재 2003. 10. 30. 2002헌마518(좌석안전띠 착용의무), 판례집 15-2하, 185, 199-200, "일반적 행동자유권에는 적극적으로 자유롭게 행동을 하는 것은 물론 소극적으로 행동을 하지 않을 자유 즉, 부작위의 자유도 포함되며, 포괄적인 의미의 자유권으로서 일반조항적인 성격을 가진다. 즉 일반적 행동자유권은 모든 행위를 할 자유와 행위를 하지 않을 자유로 가치 있는 행동만 그 보호영역으로 하는 것은 아닌 것으로, 그 보호영역에는 개인의 생활방식과 취미에 관한 사항도 포함되며, 여기에는 위험한 스포츠를 즐길 권리와 같은 위험한 생활방식으로 살아갈 권리도 포함된다."

범위의 포괄성·불명확성·개방성에 바로 보충적 기본권으로서의 본질이 존재하는 것이다.

2. 일반적 행동자유권의 구체적인 적용영역

헌법재판소는 종래의 결정에서 개별 자유권에 의하여 보호되지 않는 자유영역 중 다음과 같은 영역을 일반적 행동자유권에 의하여 보호되는 것으로 판단하였다.

가. 생활형성에 관한 자기결정권

사례 1 | 헌재 1998. 5. 28. 96헌가5(기부금품모집 금지 사건)

舊 기부금품모집금지법은 허가를 받지 않은 기부금품의 모집을 전면적으로 금지하면서, 다만 입법자가 모집행위의 필요성을 인정한 몇 가지 경우(모집목적)에 한하여 관할관청이 기부금품의 모집을 허가할 수 있도록 규정하였다. 위 규정에 의하여 제한되는 기본권은 무엇인가?[1]

사례 2 | 헌재 2002. 1. 31. 2001헌바43(법위반사실 공표명령 사건)

사단법인 대한병원협회는 사단법인 대한의사협회와 함께 보건복지부정책에 대하여 항의하는 의사대회를 개최하였다. 이에 공정거래위원회는 대한병원협회의 위 행위가 구성사업자들로 하여금 휴업 또는 휴진을 하게 함으로써 구성사업자의 사업내용 또는 활동을 부당하게 제한하는 행위로 보아 독점규제및공정거래에관한법률 제26조 제1항 제3호에 해당한다는 이유로 대한병원협회에게 위 행위를 금지함과 동시에 4대 중앙일간지에 위 법위반사실을 공표하도록 명령하는 처분을 하였다. 대한병원협회는 공정거래위원회를 상대로 위 처분의 무효 또는 취소를 구하는 소송을 제기하고, 그 소송 계속중 위 처분의 근거조항인 독점규제및공정거래에관한법률 제27조의 '법위반사실 공표명령'이 양심의 자유, 인격권, 진술거부권 등을 침해한다고 주장하며 위헌여부심판의 제청신청을 하였다.[2]

---

(1) 개인의 생활방식·취미생활·여가형성·외관에 대한 규제

일반적 행동자유권은 '자신이 원하는 대로 행동할 자유'로서, 자신의 생활방식·취미생활·여가형성·외관 등에 관하여 스스로 결정할 권리를 보호한다. 따라서 국가가 금지명령의 형태로 개인에게 특정 행위를 금지함으로써 개인의 생활방식, 취미생활, 여가형성이나 외관 등을 규제하는 경우, 일반적 행동자유권이 제한된다. 가령, 국가가 결혼식 하객에게 음식물을 제공하는 행위,[3] 공공장소에서의 흡연,[4] 기부금품의 모집행위,[5] 타인에 대한 기부행위,[6] 야간의 수상레저활동,[7] 자동차 운전

---

1) 헌재 1998. 5. 28. 96헌가5(기부금품모집), 판례집 10-1, 541, 549, "행복추구권은 그의 구체적인 표현으로서 일반적인 행동자유권과 개성의 자유로운 발현권을 포함하기 때문에, 기부금품의 모집행위는 행복추구권에 의하여 보호된다."; vgl. BVerfGE 10, 55, 59.

2) 헌재 2002. 1. 31. 2001헌바43(법위반사실 공표명령), 판례집 14-1, 49, 57, [제한된 기본권] "행위자가 자신의 법위반 여부에 관하여 사실인정 혹은 법률적용의 면에서 공정거래위원회와는 판단을 달리하고 있음에도 불구하고 불합리하게 법률에 의하여 이를 공표할 것을 강제당한다면 이는 행위자가 자신의 행복추구를 위하여 내키지 아니하는 일을 하지 아니할 일반적 행동자유권과 인격발현 혹은 사회적 신용유지를 위하여 보호되어야 할 명예권에 대한 제한에 해당한다고 할 것이다."

3) 헌재 1998. 10. 5. 98헌마168(결혼식 하객에 대한 음식물접대 금지), 판례집 10-2, 586, 596.

4) 헌재 2004. 8. 26. 2003헌마457(금연구역지정), 판례집 16-2상, 355, 360.

5) 헌재 1998. 5. 28. 96헌가5(기부금품모집), 판례집 10-1, 541, 549.

중 휴대전화의 사용,[1] 금융기관에게 금융거래정보를 요구하는 것을[2] 금지하는 경우, 일반적 행동자유권이 제한된다. 이외에도 공원에서 비둘기 모이를 주는 행위 등을 금지하거나 또는 자신의 이름을 자유롭게 선택할 권리나 자신의 外觀(두발이나 복장, 수염 등)에 관하여 스스로 결정할 권리를 제한하는 경우, 일반적 행동자유권이 제한된다.

나아가, '임의의 장소를 방문할 자유' 및 '임의의 장소에 체류할 자유'도 일반적 행동자유권에 의하여 보호된다.[3] 따라서 미성년자에 대한 술집·유흥업소 등의 출입금지와 같이 특정 장소의 방문을 금지하는 경우[4] 또는 교통사고의 사고처리를 방해하는 구경꾼에게 사고 현장을 떠날 것을 명령하는 경우 일반적 행동자유권이 제한되는 기본권으로 고려된다.

(2) 국가가 개인이 하기 싫은 일을 강요하는 경우

일반적 행동자유권은 '자신이 원치 않는 것은 하지 않을 자유'를 보호하므로, 국가가 법적 의무의 부과를 통하여 개인이 하기 싫은 일이나 내키지 않는 일을 강요하는 경우, 즉 국가가 행위명령의 형태로 개인에게 특정 행위를 해야 할 법적 의무를 부과하고 의무의 이행을 처벌조항 등을 통하여 강제하는 경우에도 일반적 행동자유권이 제한된다. 예컨대, 국가가 자동차운전자에게 좌석안전띠를 매야 할 의무,[5] 음주측정에 응해야 할 의무,[6] 법위반사실을 공표해야 할 의무,[7] 마약류 관련 수형자에 대하여 소변채취에 응해야 할 의무,[8] 교통사고 시 신고의무,[9] 보안관찰대상자에게 출소 후 신고의무[10] 등을 부과하는 것은 일반적 행동자유권을 제한하는 것이다.

나아가, '국가기관의 소환에 응하지 않을 자유'도 일반적 행동자유권에 의하여 보호된다.[11] 따라서 국가가 출석의무의 부과 등을 통하여 기본권의 주체에게 특정 장소로 이동하여 그 곳에 머물 것을 명령하는 경우, 예컨대 증인소환, 행정청의 출두명령, 교통법규 위반자에 대한 교통안전교육에 참석할 의무의 부과 등의 경우에는 일반적 행동자유권이 제한되는 기본권으로 고려된다.

(3) '사생활의 자유'와 '사생활에 관련된 행동의 자유'의 구분

헌법 제17조에 의하여 보호되는 '사생활의 자유'와 일반적 행동자유권에 의하여 보호되는 '사생활에 관련된 행동의 자유'의 구분은 어려우나, '사생활의 자유'는 개인의 전체적 인격과 생존에 관계되

---

6) 헌재 2014. 2. 27. 2013헌바106(타인에 대한 기부행위), 판례집 26-1상, 272, 286.
7) 헌재 2008. 4. 24. 2006헌마954(야간수상레저활동의 금지), 판례집 20-1상, 689, 694.
1) 헌재 2021. 6. 24. 2019헌바5(자동차 운전 중 휴대전화 사용금지).
2) 헌재 2022. 2. 24. 2020헌가5(금융거래정보의 요구).
3) 신체의 자유의 보호범위와 경계설정에 관하여 아래 제3편 제4장 제3항 II. 1. 다. (1) 참조.
4) 헌재 1993. 5. 13. 92헌마80(미성년자 당구장 출입금지), 판례집 5-1, 365, 383; 헌재 1996. 2. 29. 94헌마13(미성년자 노래연습장 출입금지), 판례집 8-1, 126, 145.
5) 헌재 2003. 10. 30. 2002헌마518(좌석안전띠 착용의무), 판례집 15-2하, 185, 199-200.
6) 헌재 1997. 3. 27. 96헌가11(음주측정에 응할 의무의 부과), 판례집 9-1, 245, 264, "이 사건 법률조항이 하기 싫은 일(음주측정에 응하는 일)을 하지 아니할 수 없도록 하는 속박의 요소가 있으므로 하기 싫은 일을 강요당하지 아니할 권리, 즉 행복추구권에 포함되어 있는 일반적 행동의 자유를 침해하는 것은 아닌지 여부를 본다."
7) 헌재 2002. 1. 31. 2001헌바43(법위반사실 공표명령), 판례집 14-1, 49, 57.
8) 헌재 2006. 7. 27. 2005헌마277(마약류 관련 수형자에 대한 소변채취), 판례집 18-2, 280, 286.
9) 헌재 1990. 8. 27. 89헌가118(교통사고 신고의무), 판례집 2, 222, 헌법재판소는 위 결정에서 단지 진술거부권의 침해여부만을 판단하였다.
10) 헌재 2001. 7. 19. 2000헌바22(보안관찰대상자의 출소 후 신고의무), 판례집 13-2, 18, 헌법재판소는 위 결정에서 제한된 기본권이 무엇인지 분명히 밝히고 있지 않다.
11) 신체의 자유의 보호범위와 경계설정에 관하여 아래 제3편 제4장 제3항 II. 1. 다. (2) 참조.

는 사생활의 기본조건에 관한 자기결정권을 보호하고자 하는 것이고, '사생활에 관련된 행동의 자유'
는 포괄적인 행동의 자유 중 하나의 개별적 측면인 사생활관련 행위가능성을 보호하는 것이다.[1]

나. 경제적 활동의 자유

(1) 계약의 자유와 소비자의 자기결정권

일반적 행동자유권은 경제활동의 영역에서 '사적 자치의 자유'로 나타난다. '사적 자치의 자유'란
자유로운 의사에 따라 법률관계를 자율적으로 결정하고 형성할 자유를 말한다. 사적 자치의 자유의
핵심적 내용에 속하는 것이 계약의 자유와 소비자의 자기결정권이다. 따라서 계약의 자유와 소비자
의 자기결정권은 일반적 행동자유권에 의하여 보호된다.

계약의 자유는 사적 자치의 한 부분이다. 사적 자치의 핵심적 내용으로서 계약의 자유는 '경제영
역에서 개인의 자유로운 결정'을 가능하게 한다.[2] 계약의 자유란 계약체결의 여부, 계약의 상대방,
계약의 방식과 내용 등을 당사자의 자유로운 의사로 결정하는 자유를 말한다.[3]

또한, 물품 및 용역의 구입·사용에 있어서 거래의 상대방, 구입장소, 가격, 거래조건 등을 자유
로이 선택할 '소비자의 자기결정권'도 다른 개별기본권에 의하여 보호되지 않으므로, 행복추구권에
의하여 보호된다.[4]

(2) 특별 자유권의 적용 가능성

개인의 경제활동의 자유가 제한되는 경우, 보충적 자유권인 일반적 행동자유권에 우선하는 특별
자유권으로서 직업의 자유나 재산권보장의 보호범위가 문제되는가를 고려하여야 한다.

예컨대, '임대차계약은 최소한 2년의 기간으로 계약해야 한다'고 규정하는 주택임대차보호법에 의
하여 '계약의 자유'가 제한된다면, 이러한 경제활동의 자유에 대한 제한은 우선적으로 재산권보장에
의하여 보호되는 토지재산권의 자유로운 이용권한을 제한하는 것이다. 따라서 '계약의 자유'나 '경쟁
의 자유'와 같은 경제적 활동의 자유는, 그와 같은 경제활동이 구체적으로 직업의 행사나 재산권의
행사에 해당하지 않는 경우에 한하여 헌법 제10조의 행복추구권에 의하여 보충적으로 보호를 받는다

---

1) 이에 관하여 자세하게 아래 일반적 인격권 중 '사생활의 자유' 부분 참조.

2) 헌재 2003. 5. 15. 2001헌바98(하도급대금 직접지급제도), 판례집 15-1, 534, 546, "이른바 사적 자치의 원칙이란 자
신의 일을 자신의 의사로 결정하고 행하는 자유뿐만 아니라 원치 않으면 하지 않을 자유로서 우리 헌법 제10조의
행복추구권에서 파생되는 일반적 행동자유권의 하나이다. 이런 사적 자치의 원칙은 법률행위의 영역에서는 계약자
유의 원칙으로 나타나는데 계약자유의 원칙은 … "

3) 헌재 1991. 6. 3. 89헌마204(화재보험 강제가입), 판례집 3, 268, 276, "일반적 행동자유권에는 적극적으로 자유롭게
행동을 하는 것은 물론 소극적으로 행동을 하지 않을 자유 즉 부작위의 자유도 포함되는 것으로, 법률행위의 영역
에 있어서는 계약을 체결할 것인가의 여부, 체결한다면 어떠한 내용의, 어떠한 상대방과의 관계에서, 어떠한 방식
으로 계약을 체결하느냐 하는 것도 당사자 자신이 자기의사로 결정하는 자유뿐만 아니라 원치 않으면 계약을 체결
하지 않을 자유 즉 원치 않는 계약의 체결은 법이나 국가에 의하여 강제 받지 않을 자유인 이른바 계약자유의 원칙
도, 여기의 일반적 행동자유권으로부터 파생되는 것이라 할 것이다."

4) 헌재 1996. 12. 26. 96헌가18(자도소주 구입명령제도), 판례집 8-2, 680, 691, "구입명령제도는 비록 직접적으로는
소주판매업자에게만 구입의무를 부과하고 있으나 … 소비자가 자신의 의사에 따라 자유롭게 상품을 선택하는 것을
제약함으로써 소비자의 행복추구권에서 파생되는 자기결정권도 제한하고 있다. … 소비자는 물품 및 용역의 구
입·사용에 있어서 거래의 상대방, 구입장소, 가격, 거래조건 등을 자유로이 선택할 권리를 가진다."; 또한 의료소
비자의 자기결정권에 관하여 헌재 2002. 10. 31. 99헌바76 등(요양기관 강제지정제), 판례집 14-2, 410, 429, "강제
지정제는 모든 의료기관을 요양기관으로 지정함으로써 의료기관으로 하여금 국가가 정하는 기준에 따라 모든 국민
에게 원칙적으로 동일한 수준의 의료서비스를 제공하도록 규정하고 있다. 이로써 의료소비자인 국민이 의료행위의
질, 범위, 보수 등을 자유롭게 결정할 수 있는 자유를 제한받으므로, 강제지정제는 헌법 제10조의 행복추구권에서
파생하는 국민의 의료행위 선택권을 제한하는 규정이다."

고 보아야 한다.[1]

다. 自己危害의 자유(자신의 건강과 생명을 위험하게 할 자유)

사례 │ 헌재 2003. 10. 30. 2002헌마518(좌석안전띠 착용의무 사건)

甲은 자동차 운전자에게 좌석안전띠를 매도록 하고 이를 위반했을 때 범칙금을 부과하는 도로교통
법규정에 대하여 헌법소원심판을 청구하였다.

(1) 문제의 제기

국가가 국민을 타인에 의한 법익 침해로부터 보호하는 것은 의문의 여지없이 국가의 정당한 과제
이자 의무에 속한다. 그러나 국민이 스스로 자발적으로 자신을 위험에 처하게 하는 경우, 가령 자신
의 행위를 통하여 자신의 건강과 생명을 위험하게 하는 경우, 국가는 개인이 자신을 스스로 위태롭
게 하는 행위로부터 보호해야 할 의무나 권한을 가지고 있는지, 개인이 주어진 자유를 자신에게 해
로운 방향으로 행사하는 것을 막을 수 있는 권한이 국가에게 인정되는지, 자신의 생명과 건강을 위
험하게 하는 행위에 대하여 국가가 개입하는 것이 허용된다면, 이러한 국가의 권한은 어떠한 관점에
서 정당화되는지의 문제가 제기된다. 이러한 문제는 한 걸음 더 나아가면, 결국 국가가 국민을 도덕
적으로 개선해야 할 의무나 권한을 가지고 있는지의 문제로 귀결된다.

(2) 자신의 건강과 생명을 위험하게 할 자유로서 일반적 행동자유권

자유권이란 국가의 침해로부터 개인의 자유란 법익을 보호하고자 하는 것이므로, 어떠한 자유권
도 개인을 자신으로부터 보호하지 않는다. 국가의 보호의무도 타인의 침해로부터 기본권을 보호해야
할 의무를 뜻하므로, 국가는 개인을 자신으로부터 보호해야 할 의무를 지지 않는다.[2] 자유권의 본질
이 기본권의 주체 스스로가 자유행사의 방법을 자율적으로 결정한다는데 있고 행위가능성을 보장하
는 자유권이 궁극적으로 보장하고자 하는 바가 개인의 자기결정이므로, 자신의 의사에 반하여 국가
로부터 강요된 기본권의 보호란 있을 수 없다.

이러한 관점에서 일반적 행동의 자유는 자신의 건강과 생명을 위험하게 할 자유도 포함한다. 따
라서 자동차를 타면서 좌석안전띠를 매지 않을 자유, 오토바이를 타면서 헬멧을 착용하지 않을 자유,
공공장소에서 흡연의 자유, 음주의 자유, 암벽등반·낙하산 등 위험한 취미활동을 할 자유는 행복추
구권에 의하여 보호를 받는다.[3]

---

1) 한편, 헌법재판소는 주택 임차인에게 계약갱신요구권을 부여하고 계약갱신 시 보증금과 차임의 증액 한도를 제한
   한 주택임대차보호법 조항의 기본권침해 여부가 문제된 사건에서(헌재 2024. 2. 28. 2020헌마1343등), 임대인의 계
   약의 자유와 재산권을 침해하지 않는다고 판단함으로써, 보충적 자유권인 '계약의 자유'를 '제한된 기본권'으로 함
   께 언급하고 있다.
2) 단지 자살의 경우, 국가는 사회국가적 연대 및 생존배려의 측면에서 그리고 자유행사의 모든 가능성을 궁극적으로
   종식시킨다는 측면에서, 자살을 기도하는 자에 대하여 개입할 수 있다. 특히, 자살을 기도하는 상황에서는 일반적
   으로 당사자의 판단력과 자기결정능력에 의문의 여지가 있으므로, 국가는 경찰법에 근거하여 개인의 자살을 일단
   방지하기 위하여 개입할 수 있다.
3) 헌재 2003. 10. 30. 2002헌마518(좌석안전띠 착용의무), 판례집 15-2하, 185, 199, "일반적 행동자유권에는 … 위험
   한 스포츠를 즐길 권리와 같은 위험한 생활방식으로 살아갈 권리도 포함된다."

(3) 개인의 自己危害 행위에 대한 제한을 정당화하는 법익

자신의 건강과 생명을 위험하게 하는 행위도 기본권에 의하여 보호되기 때문에, 자동차나 오토바이의 운전자에게 좌석안전띠를 매거나 헬멧을 착용해야 할 의무를 부과하는 법규정이 운전자의 건강과 생명의 보호를 목적으로 한다면, 이는 국가가 개인에게 자신에 대한 보호를 강요하는 것으로, 자기결정에 따라 각자의 생활을 형성하고 자기의 위험부담을 스스로 결정할 자유와 부합하지 않는다.

따라서 일반적 행동자유권의 보장내용에 비추어, 자신의 생명과 건강을 위험하게 하는 행위에 대한 제한은 자신에 대한 보호를 목적으로 해서는 안 되고, 자신의 행위에 의하여 타인의 법익(가령, 건강이나 생명)이나 사회공동체의 법익이 위협을 받는 경우에 비로소 정당화될 수 있다.[1] 따라서 개인이 자신의 사생활을 위험하게 형성한 결과를 사회공동체가 함께 부담해야 하는 경우에는 자신을 위험하게 하는 자유에 대한 제한이 정당화될 수 있다. 오늘날 각종 사회보험을 통하여 개인의 건강과 생계에 대하여 사회공동체가 연대적으로 책임을 지는 사회에서는, 사회보험 비용의 관점도 사회공동체의 법익으로서 개인의 자해행위에 대한 제한을 정당화할 수 있는 법익이라 할 수 있다.

라. 공법상 단체에의 강제가입

> **사례** | 헌재 2003. 10. 30. 2000헌마801(국민건강보험에의 강제가입 사건)
>
> 甲은 국민건강보험 가입자로서, '국민건강보험법이 국민에게 건강보험에의 가입여부에 대한 선택권을 주지 않고 강제로 가입하게 하여 소득재분배를 목적으로 한 보험료를 내도록 하므로 행복추구권 및 재산권을 침해한다'는 주장으로 헌법소원심판을 청구하였다.

일반적 행동자유권은 공법상의 단체에 강제로 가입을 당하지 아니할 자유를 보장한다. 국가는 법이 정한 기준에 따라 설정된 인적 집단을 구성원으로 하여 단체를 결성하고 그로 하여금 특정한 행정 과제를 자치적으로 이행하도록 하기 위하여, 국민에게 공법상 단체에의 강제가입의무를 부과할 수 있다.[2]

공법인에의 가입이 강제되거나 또는 공법인이 해산되는 경우, 기본권인 결사의 자유가 적용되지 않는다.[3] 헌법 제21조 제1항의 결사의 자유는, 개인이 자유의사에 기하여 사적으로 단체를 결성할

---

1) 헌법재판소는 헌재 2003. 10. 30. 2002헌마518(좌석안전띠 착용의무)에서 운전자가 좌석안전띠를 매도록 한 입법목적과 관련하여 '운전자의 보호'가 아니라 '교통사고로 인한 공동체의 불이익과 비용부담의 감소'를 주된 입법목적으로 제시하고 있다(판례집 15-2하, 185, 200).; 또한, 헌재 2014. 9. 25. 2013헌마411등(금연구역 지정); 헌재 2024. 4. 25. 2022헌바163(금연구역 지정), 금연구역으로 지정된 장소에서 금연의무를 부과하고 있는 국민건강증진법조항은 다수인이 왕래할 수 있는 공간에서 흡연을 금지하여 비흡연자의 간접흡연을 방지하고 국민 건강을 증진시키기 위한 것으로, 과잉금지원칙에 반하여 흡연자의 일반적 행동자유권을 침해한다고 볼 수 없다고 판단하였다.

2) 헌재 2000. 6. 29. 99헌마289(의료보험통합), 판례집 12-1, 913, 942-943, "사회보험의 목적은 국민 개개인에게 절실히 필요한 의료보험을 제공하고 보험가입자간의 소득재분배효과를 거두고자 하는 것이며, 이러한 목적은 동일위험집단에 속한 구성원에게 법률로써 가입을 강제하고 소득재분배를 하기에 적합한 방식으로 보험료를 부과함으로써 달성될 수 있는 것이다." 판례집 12-1, 913, 945, "의료보험법상의 조합은 국가에 의하여 설립되어 공권력을 행사할 수 있는 권한을 부여받아 위임받은 국가행정의 과제를 국가의 감독 하에서 이행하는 법인이므로, 공법상의 사단법인에 해당한다. 국민건강보험법에 의하여 신설되는 공단도 마찬가지로 공법인이다."

3) 헌재 1996. 4. 25. 92헌바47(축협복수조합 설립금지), 판례집 8-1, 370, 377, "헌법 제21조가 규정하는 결사의 자유라 함은 다수의 자연인 또는 법인이 공동의 목적을 위하여 단체를 결성할 수 있는 자유를 말하는 것으로 … , 위에서 말하는 결사란 자연인 또는 법인의 다수가 상당한 기간 동안 공동목적을 위하여 자유의사에 기하여 결합하고

수 있는 자유를 말하는 것으로서, 사적 단체의 결성에 대한 국가의 간섭을 배제하고자 하는 것이다. '결사의 자유'에 의하여 보호되는 '결사'의 개념에는 단지 私法上의 단체만이 포함되므로, 결사의 자유는 개인이 타인과 함께 公法上의 단체를 결성할 자유를 보호하지 아니하며, 이에 따라 공법상의 단체에 가입하지 아니할 소극적인 자유도 또한 보호하지 아니한다. 소극적 자유의 보호범위는 적극적으로 보호되는 범위에 상응하는 것으로서, 소극적 자유에 의한 보호가 적극적인 자유가 보호하는 범위를 넘어설 수 없는 것이다.

따라서 공법인의 설립과 해산의 경우 결사의 자유가 적용되지 않으므로, 행복추구권으로부터 파생하는 '일반적 행동의 자유'에 의하여 공법상의 단체에 강제로 가입하지 아니할 자유가 보충적으로 보호된다.[1]

마. 自己責任의 原理

사례 헌재 2004. 6. 24. 2002헌가27(면세담배에 대한 가산세 부과 사건)

한국담배인삼공사는 담배제조자로서 담배소매업자와 특수용 제조담배(외항선 및 원양어선의 선원에 대한 판매용 면세담배) 공급계약을 체결하고, 제조담배를 공급하였다. 부산세관은, 위 담배소매업자가 특수용 제조담배를 선박에 적재하지 않고 모두 시중에 불법 유통시켰다며, 이를 부산광역시장에게 통보하였다. 부산광역시장은 위 통보내용에 따라 지방세법규정에 의하여 한국담배인삼공사에게 위 담배소매업자가 불법 유통시킨 담배의 수량에 해당하는 담배소비세와 가산세 등의 부과처분을 하였다. 한국담배인삼공사는 법원에 위 부과처분의 취소를 구하는 소송을 제기하면서 그 소송 계속 중 '면세용으로 반출된 담배를 당해 용도에 사용하지 아니한 경우 제조자에게 가산세가 부가된 담배소비세의 납부의무를 부담시키는 지방세법규정이 헌법에 위반된다'고 주장하면서 위헌여부심판의 제청신청을 하였다.

(1) 자기책임원리의 헌법적 근거 및 한계

헌법상 보장된 개별자유권은 모두 일정 생활영역에서 개인의 자기결정권을 보장하고자 하는 것이다.[2] 개인이 기본권적 자유를 행사하는 경우, 기본권의 행사는 바로 자기결정이고, 자기결정은 항상 자기책임과 자신의 위험부담이라는 결과를 초래한다. 개인은 자기결정권을 행사한 필연적인 결과로서 기본권의 행사에 대하여 자기책임을 진다. 따라서 자기가 결정한 것에 대하여 책임을 진다는 '자기책임의 원리'란 독자적인 헌법적 원리가 아니라, 개별자유권이 보장하는 자기결정권에 내재되어 그로부터 파생하는 원리이다. 이러한 의미에서, 자기결정권은 자기책임원리의 헌법적 '근거'이자 동시에 '한계'를 의미한다.[3] 즉, 자기가 자유의사에 따라 스스로 결정한 것에 대하여 책임을 져야 한다

조직화된 의사형성이 가능한 단체를 말하는 것으로 공법상의 결사는 이에 포함되지 아니한다."; 또한 헌재 2000. 11. 30. 99헌마190(농지개량조합), 판례집 12-2, 325, 326, "결사의 자유에서의 결사란 자연인 또는 법인이 공동목적을 위하여 자유의사에 기하여 결합한 단체를 말하는 것으로 공적책무의 수행을 목적으로 하는 공법상의 결사는 이에 포함되지 아니한다."

1) 헌재 2003. 10. 30. 2000헌마801(국민건강보험에의 강제가입), 판례집 15-2하, 106, "국가가 국민을 강제로 건강보험에 가입시키고 경제적 능력에 따라 보험료를 납부하도록 하는 것은 행복추구권으로부터 파생하는 일반적 행동의 자유의 하나인 공법상의 단체에 강제로 가입하지 아니할 자유와 정당한 사유 없는 금전의 납부를 강제당하지 않을 재산권에 대한 제한이 되지만, … "

2) 이에 관하여 제3편 제4장 제1절 Ⅳ. 자유권적 기본권과 자기결정권의 관계 참조.

3) 헌재 2004. 6. 24. 2002헌가27(면세담배에 대한 가산세 부과), 판례집 16-1, 706, 714, "법적 제재가 위반행위에 대

는 의미에서 자기결정권은 자기책임원리의 헌법적 근거이며, 자기가 결정할 수 없는 것이나 결정하지 않은 것에 대해서는 책임을 지지 않는다는 의미에서 자기책임원리의 헌법적 한계를 의미한다.

그러므로 개인이 스스로 자유롭게 결정을 내릴 수 있을 때에만 원칙적으로 자기결정에 따른 책임과 위험부담이 부과될 수 있다. 개인이 스스로 결정하지 않은 것 또는 결정할 수 없는 것에 대하여 책임과 위험부담을 겨야 한다면, 개인은 자신의 삶을 스스로 결정하고 형성하는 가능성, 즉 자기결정권의 자유로운 행사에 있어서 큰 제약을 받게 된다. 자유는 개인의 생활형성에 관한 자기결정을 의미하고 자기결정은 자기책임과 스스로의 위험부담으로 이어지는 반면, 자신이 결정할 수 없는 것에 대해서는 책임과 위험부담이 수반되지 않는다는 것은 자유권의 핵심적 내용이자 자기결정권이 실질적으로 기능하기 위한 본질적 전제조건이다. 자신이 스스로 결정할 수 없는 영역에 대해서도 개인이 책임과 위험부담을 겨야 한다면, 이는 개인의 결정과 활동의 자유를 현저하게 제한하는 것일 뿐만 아니라, 나아가 자유의 전제 그 자체를 위협하는 것이다.

(2) 일반적 행동자유권과 자기책임원리

한편, 헌법재판소는 자기결정권에서 파생하는 '자기책임의 원리'와 관련하여, 구체적으로 제한되는 생활영역을 보호하는 자유권이 무엇인지와 관계없이, 자기결정권의 헌법적 근거를 일반적 자유권인 행복추구권으로 언급함으로써, 일반적 자유권뿐만 아니라 개별자유권도 궁극적으로 개인의 자기결정권을 보장한다는 것을 인식하지 못하고 있다. 일반적 행동자유권은 보충적·일반적 자유권으로서, 개별자유권에 의하여 보호되지 않는 경우에 한하여 자유로운 행위가능성을 통하여 자신의 삶을 스스로 형성하고 결정할 수 있는 자유인 자기결정권을 보호한다. 마찬가지로 자기책임의 원리와 관련해서도 일반적 행동자유권은 개별자유권에 의하여 보호되지 않는 경우에 한하여 단지 보충적으로 기본권적 보호의 기능을 이행할 수 있다.

따라서 개별자유권에 의하여 보호되는 영역에서 자기책임의 원리가 문제되는 경우에는 보충적 자유권인 일반적 행동자유권이 아니라, 구체적으로 제한되는 생활영역에서 자기결정권을 보장하는 개별자유권이 적용되어야 한다. 예컨대, 기업이 결정할 수 없고 영향력을 행사할 수 없는 업무영역에 대하여 책임과 위험부담을 지게 한다는 것은, 기업의 결정과 활동의 자유를 현저하게 제한하고 기업의 존립 그 자체를 위협하는 것으로 영업(기업)의 자유에 대한 매우 중대한 제한을 의미한다.[1]

한 책임의 소재와 전혀 상관없이 이루어지도록 법률이 규정하고 있다면 이는 자기책임의 범위를 벗어나는 제재로서 헌법위반의 문제를 일으킨다. 헌법 제10조가 정하고 있는 행복추구권에서 파생되는 자기결정권 내지 일반적 행동자유권은 이성적이고 책임감 있는 사람의 자기의 운명에 대한 결정·선택을 존중하되 그에 대한 책임은 스스로 부담함을 전제로 한다. 자기책임의 원리는 이와 같이 자기결정권의 한계논리로서 책임부담의 근거로 기능하는 동시에 자기가 결정하지 않은 것이나 결정할 수 없는 것에 대하여는 책임을 지지 않고 책임부담의 범위도 스스로 결정한 결과 내지 그와 상관관계가 있는 부분에 국한됨을 의미하는 책임의 한정원리로 기능한다. 이러한 자기책임의 원리는 인간의 자유와 유책성, 그리고 인간의 존엄성을 진지하게 반영한 원리로서 그것이 비단 민사법이나 형사법에 국한된 원리라기보다는 근대법의 기본이념으로서 법치주의에 당연히 내재하는 원리로 볼 것이고 헌법 제13조 제3항은 그 한 표현에 해당하는 것으로서 자기책임의 원리에 반하는 제재는 그 자체로서 헌법위반을 구성한다고 할 것이다."

1) 헌법재판소는 헌재 2004. 6. 24. 2002헌가27(면세담배에 대한 가산세 부과) 결정에서 "제조자는 면세담배를 공급받은 자가 이를 용도 외로 사용하는지 여부에 관하여 이를 관리하거나 감독할 수 있는 법적 권리나 의무가 없음에도 불구하고, 공급받은 면세담배를 용도 외로 처분한 데에 대한 책임이 누구에게 있는지에 대한 고려 없이 징세절차의 편의만을 위해 무조건 원래의 납세의무자였던 제조자에게 담배소비세와 가산세를 부과하는 것은 자신의 통제권 내지 결정권이 미치지 않는 데 대하여까지 책임을 지게 하는 것이다. … 용도 외의 처분에 관하여 제조자에게 귀책사유가 있다는 등의 특별한 사정이 없는 한 그 책임을 제조자에게 묻는 것은 자기책임의 원리에 반한다."고 하여 위

V. 一般的 人格權

1. 일반적 인격권의 헌법적 의미 및 근거

일반적 인격권은 사적 생활형성을 위한 자율적 영역인 사생활영역의 보호를 비롯하여 '인간의 존엄성과 밀접한 연관관계를 보이는 자유로운 인격발현의 기본조건'을 포괄적으로 보호하고자 하는 기본권으로서, 그 헌법적 기초를 인격의 자유로운 발현을 보장하는 '행복추구권'과 '인간의 존엄과 가치'에 두고 있다.[1] 물론, 일반적 인격권의 일차적이고 주된 헌법적 근거는 보충적 자유권인 행복추구권이며, 행복추구권은 인간존엄성과의 연관관계에서 그 보장내용에 있어서 일반적 인격권으로 구체화되고 강화되었다.

일반적 인격권을 행복추구권과 인간존엄성으로부터 도출한 것은 헌법제정자가 인식할 수 없었고 인식하지 못하였던 현상, 즉 '인격발현의 기본조건에 대한 새로운 위협'에 대처하기 위한 것이다. 자신의 삶을 스스로 결정할 수 있는 생존의 가능성, 즉 자유로운 인격발현의 기본조건이 위협받는 경우, 일반적 인격권에 의한 헌법적 보호가 필요하다. 이러한 의미에서 일반적 인격권이란, 개인의 사생활 영역을 비롯하여 독자적인 생활형성을 위하여 필요한 기본조건을 보장하는 기본권이다. 따라서 일반적 인격권은 국가에 의한 사생활의 침해나 사인의 명예훼손적인 발언에 대한 헌법적 보호에 그치는 것이 아니라, 사회현상의 발전에 따라 발생하는 새로운 위험에 대하여 대처할 수 있도록 그 보호범위에 있어서 변화하는 개방적 기본권이다. 일반적 인격권의 구체적 보호법익으로는, 사생활영역의 비밀유지와 자유로운 형성, 개인의 명예보호,[2] 사회적 인격상의 형성에 관한 결정권, 초상권, 성명권 및 자기가 한 말에 관한 권리, 개인관련 정보의 공개와 이용에 관하여 스스로 결정할 수 있는 권리인 개인정보자기결정권을 들 수 있다.

2. 일반적 인격권과 개별적 인격권의 관계

가. '헌법상 인격권'의 보호와 관련하여 일반적 인격권은 헌법에 규정된 개별적 인격권에 대하여 보충적으로 적용되는 기본권이다. 우리 헌법은 일반적 인격권의 보호범위 중에서 '사생활의 보호'에 관한 부분에 관하여는 사생활 영역을 보호하는 개별적 기본권인 '주거의 자유'(제16조), '사생활의 비밀과 자유'(제17조), '통신의 비밀'(제18조)를 통하여 직접 구체적으로 규범화하였다. 따라서 '사생활의 보호'에 관한 한, 일반적 인격권이 아니라 그에 대하여 일반·특별관계에 있는 개별적 기본권이 적용되어야 한다. 그러나 위 개별 기본권들은 인격발현의 모든 요소를 포괄하는 것이 아니라 '사생활의 보호'라

헌으로 판단하였다(판례집 16-1, 706). 그러나 헌법재판소는 위 결정에서 침해된 기본권이 일반적 자유권인 행복추구권이 아니라 영업 및 기업의 자유라는 것을 간과하고 있다.

1) 헌재 1991. 4. 1. 89헌마160, 판례집 3, 149, 158, '인격의 자유로운 발현을 위하여 보호받아야 할 인격권', '인간의 존엄과 가치를 바탕으로 하는 인격권'이라고 판시하여, 인격권의 근거조항이 인격의 자유로운 발현권 및 인간의 존엄성임을 시사하고 있다.

2) 헌법 제10조로부터 도출되는 일반적 인격권에는 개인의 명예에 관한 권리도 포함된다는 판시내용으로 헌재 1999. 6. 24. 97헌마265, 판례집 11-1, 768, 774; 헌재 2005. 10. 27. 2002헌마425, 판례집 17-2, 311, 319; 헌재 2011. 3. 31. 2008헌바111(반민족행위 진상규명), 공보 제174호, 541, 544.

는 부분적인 측면만을 보호하는 것이므로, 인격권의 포괄적인 보호, 특히 사회적 영역에서 인격발현의 기본조건의 보호('사회적 인격상에 관한 자기결정권')는 헌법에 명시적으로 규정되지 아니한 인격권을 보장하는 '일반적 인격권'에 의하여 이루어진다. 그러므로 헌법이 별도로 개별기본권을 통하여 인격권을 규정하고 있다 하더라도, 헌법해석을 통하여 일반적 인격권을 인정할 필요가 있다.

나. 물론, 헌법 제17조의 '사생활의 비밀과 자유'의 보호범위를 어떻게 설정할 것인지에 따라 '일반적 인격권'의 존재 의미에 대한 대답이 달라질 수 있다. 즉, 헌법 제17조의 기본권을 사생활의 영역을 넘어서 포괄적으로 인격권을 보호하는 기본권으로 이해한다면, 헌법 제10조의 행복추구권으로부터 일반적 인격권을 도출할 필요가 없으며, 그 결과 행복추구권의 주된 보장내용은 일반적 행동자유권으로 축소된다. 반면, 헌법 제17조의 보호범위를 법문의 문의에 부합하게 사생활영역의 보호에 제한되는 것으로 이해한다면, 일반적 인격권을 인정해야 할 필요가 있다.

3. 일반적 인격권의 보장내용

가. 자유로운 인격발현의 기본조건

(1) '사생활의 보호' 및 '사회적 인격상에 관한 자기결정권'

개인의 인격발현의 영역이 사생활영역인지 아니면 사회적 영역인지에 따라, 일반적 인격권의 보장내용은 사생활영역에서 인격발현의 기본조건의 보호(사생활의 보호) 및 사회적 영역에서 인격발현의 기본조건의 보호(社會的 人格像에 관한 자기결정권)로 나누어 볼 수 있다.

인격의 자유로운 발현이 가능하기 위해서는, 한편으로는 인간이 독자적인 개성을 자율적으로 형성할 수 있는 개인적 생활영역인 '사생활의 보호'를 필요로 한다. 다른 한편으로는, 개인의 인격은 무엇보다도 사회 내에서 외부세계와의 접촉과 교류를 통하여 형성되고 발현되므로, 인격의 자유로운 발현을 위해서는 '사생활의 보호' 외에도 개인이 외부 세계와의 관계에서 사회적으로 활동하면서 자신의 인격을 발현하기 위한 기본조건이 부가적으로 보장되어야 한다. 따라서 일반적 인격권은 단지 사생활영역을 외부로부터 차단하는 것에 제한되는 것이 아니라, 외부세계에 묘사되는 자신의 사회적 인격상을 스스로 결정할 수 있는 권리를 포함해야 한다.

(2) 일반적 인격권의 핵심적 내용으로서 個人情報自己決定權

한편, 일반적 인격권을 '개인정보의 보호'의 관점에서 파악한다면, '사생활의 비밀'이란 개인이 자신의 사생활영역을 외부에 공개할 것인지에 관하여 결정할 권리, 즉 '사생활정보의 공개(수집)에 관한 자기결정권'을 의미하고, '사회적 인격상에 관한 자기결정권'이란 개인정보가 사회적으로 어떻게 처리되는지에 관하여 결정함으로써 외부세계에 묘사되는 자신의 사회적 인격상에 관하여 스스로 결정할 권리, 즉 '개인정보의 사회적 공개와 이용에 관한 자기결정권'을 의미한다.[1]

'사생활의 비밀'의 경우, 개인의 사생활 영역에 관하여 무엇이 공개되어도 되는지에 관하여 결정

---

1) 헌재 2005. 5. 26. 99헌마513(지문날인제도), 판례집 17-1, 668, 683, "청구인들은 … 침해되는 기본권으로서 인간의 존엄과 가치, 행복추구권, 인격권, 사생활의 비밀과 자유 등을 들고 있으나, 위 기본권들은 모두 개인정보자기결정권의 헌법적 근거로 거론되는 것들로서 청구인들의 개인정보에 대한 수집·보관·전산화·이용이 문제되는 이 사건에서 그 보호영역이 개인정보자기결정권의 보호영역과 중첩되는 범위에서만 관련되어 있다고 할 수 있으므로, 특별한 사정이 없는 이상 개인정보자기결정권에 대한 침해 여부를 판단함으로써 위 기본권들의 침해 여부에 대한 판단이 함께 이루어지는 것으로 볼 수 있어 그 침해 여부를 별도로 다룰 필요는 없다."

할 권리에 관한 것이고 당사자의 의사에 반하여 사생활에 관한 정보를 '수집'하는 것에 그 전형적인 침해행위가 있다면, '사회적 인격상에 관한 결정권'의 경우, 정보의 수집이 아니라 정보를 '처리'(공개와 이용)하는 방법에 의하여 인격권이 침해된다. 전자의 경우, 수집한 정보를 가지고 무엇을 하는지와 관계없이, 국가나 제3자가 사생활영역을 들여다보고 사생활정보를 수집함으로써 사생활을 침해하는 것이 특징이라면, 후자의 경우, 개인정보를 어떠한 방법으로 수집하는지와 관계없이, 얻은 정보를 처리하는 방법에 의하여 인격권이 침해된다는 데 그 특징이 있다.

이러한 관점에서 볼 때, 인격권보호의 핵심적 내용은 개인정보의 보호에 있으며, 일반적 인격권으로부터 그 핵심적 보장내용으로서 '개인정보의 공개와 이용에 관하여 스스로 결정할 권리'인 個人情報自己決定權이 도출된다.

나. 私生活의 保護

개인의 사생활영역이 보호됨으로써 비로소 개성의 독자적인 형성이 가능하다. 개별성·고유성·다양성으로 표현되는 문화는 사회의 자율영역이나 자유공간이 없이는 생길 수 없고, 사회의 자유공간은 무엇보다도 바로 개인의 사생활영역으로부터 출발한다. 사생활영역의 보호는 견해와 사상의 다양성을 그 본질로 하는 문화국가를 실현하기 위한 필수적인 조건이다. 사생활의 보호는, 사생활영역을 외부로부터 차단하는 '사생활의 秘密'과 자유로운 사생활 형성의 권리로서 '사생활의 自由'로 구성된다.[1]

(1) 사생활의 秘密

사례	헌재 2007. 5. 31. 2005헌마1139(공직자 병역공개 사건)

'공직자 등의 병역사항신고 및 공개에 관한 법률'은 4급 이상의 공무원에 대하여 최종병역처분을 할 때의 질병명 및 처분사유를 병역사항에 포함시켜 신고하도록 하고 이를 국민들이 보다 쉽게 확인할 수 있도록 관보와 인터넷을 통하여 공개토록 규정하였다. 甲은 한쪽 눈 실명으로 병역면제처분을 받은 공무원으로서, 위 법률의 해당 조항들이 사생활의 비밀과 자유를 침해한다고 주장하면서 헌법소원심판을 청구하였다.

(가) 보장내용

'사생활의 비밀'이란, 개인의 사생활 영역이 당사자의 의사에 반하여 공개되지 아니 할 권리, 즉 사생활영역으로부터 당사자의 의사에 반하여 정보를 수집하는 것에 대한 보호를 제공하는 기본권이다. 사생활의 비밀이란, 사생활정보의 보호에 관한 것이고, 궁극적으로 사생활정보의 공개에 관한 자

---

1) 헌재 2003. 10. 30. 2002헌마518(좌석안전띠 착용의무), 판례집 15-2하, 185, 206, "사생활의 비밀은 국가가 사생활 영역을 들여다보는 것에 대한 보호를 제공하는 기본권이며, 사생활의 자유는 국가가 사생활의 자유로운 형성을 방해하거나 금지하는 것에 대한 보호를 의미한다. … 우리 재판소는 '사생활의 자유'란 사회공동체의 일반적인 생활규범의 범위 내에서 사생활을 자유롭게 형성해 나가고 그 설계 및 내용에 대해서 외부로부터의 간섭을 받지 아니할 권리이며, 사생활과 관련된 사사로운 자신만의 영역이 본인의 의사에 반해서 타인에게 알려지지 않도록 할 수 있는 권리인 '사생활의 비밀'과 함께 헌법상 보장되고 있는 것이라고 판시한 바 있다. 즉, 헌법 제17조가 보호하고자 하는 기본권은 '사생활영역'의 자유로운 형성과 비밀유지라고 할 것이며, 공적인 영역의 활동은 다른 기본권에 의한 보호는 별론으로 하고 사생활의 비밀과 자유가 보호하는 것은 아니라고 할 것이다."; 同旨 헌재 2007. 5. 31. 2005헌마1139(공직자 병역공개).

기결정권의 문제이다.

'사생활의 비밀'의 특징적 요소는 외부에 대한 사생활영역의 차단과 가족·친구·친척과의 관계에서의 상호행위의 내밀성이다. 외부의 방해·간섭·관찰을 받지 않고 '혼자 있을 개인의 권리', '그냥 내버려 둘 것을 요구할 수 있는 권리'는 현대 산업사회에서 정신적·육체적 측면에서 개인의 생존을 위한 기본조건이다. 각자가 외부로부터 분리되어 자기만의 세계에 은거할 수 있고, 아무런 방해를 받지 않고 그냥 내버려 둘 것을 요구할 수 있고, 고독할 권리를 누릴 수 있는 내적 공간의 보호 없이는, 인간의 존엄성이 실현될 수 없다. 개인이 원하지 않는 외부의 영향을 받지 않고 자유롭게 개성을 유지하고 발전시키고 복원할 수 있는 상태가 인격형성과 자유행사의 기본조건이자 근원으로서 보장되어야 한다. 어느 누구도 외부 세계로부터 자신만의 세계로 은거하는 기회나 외부의 방해를 받지 않고 혼자 있을 수 있는 기회 없이는, 사회가 그에게 요구하는 바를 끊임없이 이행할 수 없다. 이러한 의미에서 사생활의 보호는 기본적인 물질적 생존에 관한 권리와 마찬가지로 중요하다.

(나) 국가에 의한 침해의 예

1) 당사자의 의사에 반한 사생활정보의 수집·공개

사생활의 비밀에 대한 전형적인 침해행위는 당사자의 의사에 반하여 사생활정보를 수집·공개하는 행위이다. 예컨대, 국가기관이 당사자 몰래 대화내용을 녹취하는 행위, 공무원의 징계절차에서 이혼소송기록을 참조하거나, 피고인의 사사로운 일기를 형사소송절차에서 유죄의 증거로 사용하는 것, 환자의 진료기록을 열람하는 것, 국가가 개인에게 법률로써 사생활의 공개의무를 부과하고 강제적으로 사생활관련 정보를 수집하는 경우(國勢調査, 통계조사, 호구조사 등) 등이 국가에 의한 침해의 대표적인 예에 해당한다.

2) 사회국가의 과제이행을 위한 개인정보 수집의 필요성

사회국가의 생존적 배려의 의무, 일반 국민의 알고자 하는 욕구의 증대, 정보가 다른 재화나 에너지와 같은 중요한 재원으로 간주되는 정보기능의 변화, 정보관련 기술의 발전, 국가와 사회의 정보화로 인하여 개인의 사생활은 새로운 형태의 위험에 처하게 되었다.

현대 산업사회는 국가의 생존적 배려 및 국가에 의한 계획과 조정을 필요로 한다. 국민에 대한 생존배려의 의무가 있는 국가는 미래에 대하여 계획적으로 대처해야 한다. 오늘날의 국가행위는 얻을 수 있는 모든 정보를 바탕으로 합리적인 질서를 체계적으로 수립한 안, 즉 계획에 따라 추진된다. 국가는 국민의 복지와 생존을 확보하기 위하여 계획을 세워야 하고, 이를 위해서는 필연적으로 국민의 사생활영역과 관계되는 정보와 자료를 수집하고 분석해야 한다. 통계조사, 호구조사, 국세조사 등은 국가행위의 바탕이 되는 계획을 수립하기 위한 기본조건이다. 특히 사회급부의 영역, 전기·가스·수도의 공급 및 하수처리, 병원, 학교 등과 같은 국민보건시설 및 교육시설의 설치 등은 장기적인 계획에 근거해야 하고, 이러한 계획은 개인생활에 대한 파악을 전제로 한다. 이러한 점에서 본다면, 국가가 국민의 복지와 생존을 성공적으로 확보할수록, 역설적으로 개인의 사생활영역은 더욱 위험을 받게 되었다.

뿐만 아니라, 국가에 의한 생존적 배려의 과제는 점점 더 행정의 현대화·기술화, 특히 자료처리의 전산화를 통하여 이행되고 있다. 현대 산업사회의 기술의 발전은 복지향상의 기회를 제공하면서도, 동시에 국가가 생존배려의 과제수행을 위하여 전산화된 자료처리의 방법을 사용함으로써 점점 더 개인의 사적 영역에 깊숙이 파고든다는 위험을 내포하고 있다.

(다) 제한과 그 정당성

1) 사생활의 비밀과 공익의 교량

모든 기본권과 마찬가지로, 사생활정보에 관한 개인의 자기결정권도 무제한으로 보장되는 것이 아니라 공익상의 이유로 제한될 수 있다. 사생활의 비밀에 대한 국가의 침해행위가 존재하는 경우, 사생활정보를 얻고자 하는 국가의 이익(예컨대, 형사재판에서 실체적 진실의 규명, 생존적 배려의 의무 이행 등)과 사생활영역을 외부로부터 차단함으로써 사적인 생활관계를 비밀로 유지하려는 개인의 이익, 즉 사생활정보에 관한 개인의 자기결정권이 서로 대치하는데, 양 법익은 법익형량 과정을 통하여 균형과 조화의 상태로 이끌어져야 한다. 사생활에 대한 국가의 침해행위가 중대한 공익(예컨대, 중범죄의 규명)의 달성을 위하여 필요할수록 사생활영역에 대한 보다 광범위한 제한을 정당화하며, 국가의 행위에 의하여 발생하는 사생활영역의 침해가 민감할수록 그러한 제한은 보다 중대한 공익에 의하여 정당화되어야 하고, 이에 따라 사생활의 비밀을 제한하는 국가적 조치는 엄격하게 심사되어야 한다.[1] 여기서 특히 수집·공개되는 사생활정보의 성격이 중요한 의미를 가진다.[2]

2) 법익교량의 지침으로서 領域理論

국가의 이익 또는 언론의 보도이익(사인에 의한 침해의 경우)과 개인의 이익이 서로 충돌하는 경우, 보호되는 사생활영역을 영역별로 구분하여 그 보호의 정도를 달리하는 소위 '영역이론'은 법익형량의 중요한 지침으로서 고려될 수 있다.[3] 영역이론이란, '보호되는 생활관계 또는 개인정보가 자기결정의 핵심적 영역 또는 인격적 핵심과의 어느 정도로 밀접한 관계에 있는지'에 따라 침해된 사생활영역의 비중을 판단하려는 시도이다. 영역이론은 원칙적으로 사생활비밀의 보호가 존재하지 않는 '公的 領域'에 대하여, 私生活 領域을 보호의 정도에 따라 內密한 私的 영역(Intimsphäre), 私的 영역(Privatsphäre), 社會的 영역(Sozialsphäre)이란 3 가지 영역으로 구분한다. '내밀한 사적 영역'이란, 인간존엄성의 핵심과 일치하는 본질적 내용으로서 원칙적으로 침해될 수 없는 사적 생활형성의 핵심적 영역을 의미하며, '사적 영역'의 경우 비례원칙의 엄격한 적용 하에서 중대한 공익상의 이유로 또는 언론의 보도이익이

---

1) '형사절차에서 일기장의 내용을 증거로 사용할 수 있는지'의 문제에 관하여, 연방통상법원은 첫 번째 일기장 판결(BGHSt 19, 325)의 경우 僞證罪 사건에서 일기장을 증거로 사용하는 것은 허용되지 않는다고 판단하였고, 위 판결은 연방헌법재판소에 의하여 지지를 받았다(BVerfGE 18, 146). 두 번째 일기장 판결(BGHSt 34, 397)의 경우 연방통상법원은 殺人罪 사건에서 일기장을 증거로 사용하는 것을 허용하였고, 위 판결에 대하여 제기된 헌법소원사건에서 연방헌법재판소도 살인 사건과 관련하여 일기장을 증거로 사용하는 것을 허용하였다(BVerfGE 80, 367, 373ff.).

2) 헌재 2007. 5. 31. 2005헌마1139(공직자 병역공개), 판례집 19-1, 711, 724-725, "사람의 육체적·정신적 상태나 건강에 대한 정보, 성생활에 대한 정보와 같은 것은 인간의 존엄성이나 인격의 내적 핵심을 이루는 요소이다. 따라서 외부세계의 어떤 이해관계에 따라 그에 대한 정보를 수집하고 공표하는 것이 쉽게 허용되어서는 개인의 내밀한 인격과 자기정체성이 유지될 수 없다. 이 사건 법률조항에 의하여 그 공개가 강제되는 질병명은 내밀한 사적 영역에 근접하는 민감한 개인정보이다. 인간이 아무리 공동체에서 어울려 살아가는 사회적 존재라 할지라도 개인의 질병명은 외부세계와의 접촉을 통하여 생성·전달·공개·이용되는 것이 자연스럽거나 필요한 정보가 아니다. 오히려 특별한 사정이 없는 한 타인의 지득(知得), 외부에 대한 공개로부터 차단되어 개인의 내밀한 영역 내에 유보되어야 하는 정보인 것이다. 공무원의 질병명 정보 또한 마찬가지이다. 이 사건에서 문제되고 있는 것은 병역면제 처분의 사유인 질병명으로서 이는 해당 공무원의 공적 활동과 관련하여 생성된 정보가 아니라 그 이전에, 그와 무관하게 개인에게 부과된 것으로서 극히 사적인 정체성을 드러내는 정보이다. … 이러한 성격의 개인정보를 공개함으로써 사생활의 비밀과 자유를 제한하는 국가적 조치는 엄격한 기준과 방법에 따라 섬세하게 행하여지지 않으면 아니 된다."

3) 독일 연방통상법원(BGH)의 민사판례가 최초로 영역이론을 전개하여 절대적인 보호를 받는 내밀 영역을 구성하였고, 연방헌법재판소(BVerfG)도 일찍이 위의 견해에 합류하여[BVerfGE 6, 32, 41(Elfes); 6, 389, 433(Homosexualität)] 국가가 침해할 수 없는 핵심영역을 인정하였다. 그러나 연방통상법원의 형사판례는 영역에 따라 구분하지 않고 처음부터 개인의 인격권과 국가의 형벌소추의 이익을 법익형량의 문제로 다루고 있다(BGHSt 19, 325ff; 34, 397ff).

우위를 차지하는 경우에 그에 대한 제한이 정당화되며, '사회적 영역'에서는, 직업상의 활동이나 공적 활동과 같이 개인이 외부세계와의 관계에서 처음부터 타인과의 접촉을 통하여 인격을 발현한다는 점에서 국가에 의한 제한에 있어서 덜 엄격한 기준이 적용되며 언론보도가 일반적으로 허용된다.

따라서 사생활영역에 대한 제한이 어느 정도로 허용되는지의 문제는 사생활의 보호를 주장하는 개인이 자신의 행위와 존재를 통하여 타인에게 어느 정도로 작용하고 이로써 타인의 자유영역 및 공동체의 이익과 어느 정도로 접촉하고 충돌하는지의 '사회적 연관성'의 정도와[1] 다른 한편으로는 제한되는 사생활영역이 어느 정도로 개인의 인격발현과 존엄성실현에 대하여 중대한 의미를 가지는가 하는 '개인적 연관성'의 정도(인격적 핵심에의 인접성)에 달려있다.[2]

(라) 사생활의 비밀에 관한 개별기본권

우리 헌법은 제16조, 제17조 및 제18조에서 '주거의 자유'와 '사생활의 비밀', '통신의 비밀'을 보장함으로써 일반적 인격권에 대하여 특별규정으로서 사생활영역을 차단하는 과제를 이행하는 개별기본권을 두고 있다.

(2) 사생활의 自由

사례 1 헌재 1997. 3. 27. 95헌가14 등(친생부인의 소 제소기간제한 사건)

민법 제847조 제1항은 '친생부인의 소는 子 또는 그 친권자인 母를 상대로 하여 그 출생을 안 날로부터 1년 내에 제기하여야 한다.'고 규정하고 있었다. 甲은 자신의 처로부터 출생한 子가 자신의 친생자가 아니라는 이유로 제소기간이 지난 다음에야 법원에 친생부인의 소를 제기하였고, 그 소송 계속 중에 위 민법조항이 친생부인의 소의 제소기간을 '그 출생을 안 날로부터 1년 내'로 규정하고 있는 것은 위헌이라는 주장으로 법원에 위 법률조항에 대한 위헌심판제청신청을 하였다.

사례 2 헌재 2005. 12. 22. 2003헌가5 등(父姓主義 사건)

민법 제781조 제1항 본문은 "子는 父의 성(姓)과 본(本)을 따르고 부가(父家)에 입적한다."고 규정하고 있었다. 甲은 父와 母 사이에서 출생하여 父의 호적에 입적되었다. 그 후 父가 사망하고 母는 乙과 재혼하면서, 乙은 甲을 입양하였다. 甲은 養父인 乙의 성(姓)을 따르기를 원하면서 법원에 호적정정신청을 하고 그 사건 계속 중 민법 제781조 제1항 본문이 헌법에 위반된다고 주장하며 위헌법률심판제청을 신청하였다.

사례 3 헌재 2008. 7. 31. 2004헌마1010 등(태아의 성별고지 금지 사건)

甲은 자신의 처가 임신을 하자 담당의사에게 태아의 성별을 알려줄 것을 요청하였다. 그러나 담당의사는 "의료인은 태아 또는 임부에 대한 진찰이나 검사를 통하여 알게 된 태아의 성별을 임부 본인, 그 가족 기타 다른 사람이 알 수 있도록 하여서는 아니된다."는 의료법규정으로 인하여 태아의 성별을 알

---

1) 가령, 사생활의 보호를 요청하는 개인이 유명 연예인, 정치인과 같은 시사적 인물인 경우에는 일반인과 비교할 때 보다 사생활영역에 대한 제한을 수인해야 한다.
2) Vgl. BVerfGE 27, 344, 351f.; 35, 202, 220(Lebach).

려줄 수 없다는 이유로 이를 거절하였다. 이에 甲은 위 의료법규정이 자신의 기본권을 침해하였다고
주장하며, 헌법소원심판을 청구하였다.

(가) 보장내용

사생활의 자유란 '사생활 정보에 관한 자기결정권'이 아니라 '사생활의 형성 그 자체에 관한 자기
결정권'을 보장하고자 하는 기본권으로서, 개인의 인격발현의 기본조건에 관하여 독자적으로 결정함
으로써 사생활을 스스로 자율적으로 형성할 자유를 말한다.[1] 즉, 사생활의 자유는 개인의 인격발현
및 개인적 생존의 근본조건의 자율적 형성에 관한 것이다.

사생활의 자유는, 국가가 사생활영역을 들여다보고 사생활 정보를 수집하는 것에 대하여 사생활
영역을 보호하고자 하는 것이 아니라, 사생활의 자유로운 형성을 방해하거나 금지하는 것에 대한 보
호에 관한 것이다.

(나) 일반적 행동자유권과의 관계 및 구분

'자기결정에 따라 사생활을 형성할 권리'로서 사생활의 자유가 일반적 행동자유권에 의하여 보호
되는 것으로 볼 수도 있으나, 사생활의 자유가 보호하고자 하는 것은, 포괄적인 행동의 자유 중 하나
의 개별적 측면인 사생활에 관련된 '행동의 자유'가 아니라 개인의 전체적 인격과 생존에 관계되는
'사생활의 기본조건에 관한 자기결정'이라는 점에서, 사생활의 자유는 '일반적 인격권'의 한 내용인
것이며, 이에 따라 일반적 행동자유권으로서의 행복추구권이 보호하고자 하는 측면과 차이가 있는
것이다.[2] 사생활의 자유는 일반적 행동자유권과는 달리, 적극적으로 개인의 행위가능성을 보장하고
자 하는 것이 아니라, 인격을 자유롭게 발현하기 위하여 필수적인 기본조건과 상태를 확보하고자 하
는 것이다. 사생활의 자유는 부모와 자식의 관계, 혼인 및 부부·가족관계, 성적 영역 등과 같이 인
격권의 핵심영역에 속하는 사생활을 스스로 형성할 권리를 보호함으로써, 사생활의 영역에서 인격발
현을 위한 기본조건을 보장하는 것이다.

(다) 국가에 의한 침해의 예

사생활의 자유에 대한 제한은, 국가가 자율적인 사생활의 형성을 방해하거나 금지함으로써 이루
어진다.

'친자확인의 소', '친생부인의 소'(친자관계를 의심하거나 부인하는 父의 소)나 '인지청구의 소'(혼인외
출생자가 부모와 친자관계가 존재함을 인정해 줄 것을 부모를 상대로 제기하는 소)의 제기 가능성을 제한하
는 민법규정은 사생활의 자유에 대한 중대한 제한을 의미한다.[3] 혼인 종료 후 300일 이내에 출생한

---

1) 헌재 2003. 10. 30. 2002헌마518(좌석안전띠 착용의무), 판례집 15-2하, 185, 206, "사생활의 비밀은 국가가 사생활
영역을 들여다보는 것에 대한 보호를 제공하는 기본권이며, 사생활의 자유는 국가가 사생활의 자유로운 형성을 방
해하거나 금지하는 것에 대한 보호를 의미한다."

2) 따라서 취미생활이나 여가생활의 형성, 두발과 복장을 결정할 자유는 사생활의 자유가 아니라 일반적 행동자유권
에 의하여 보호된다.

3) 헌재 1997. 3. 27. 95헌가14 등(친생부인의 소 제소기간제한), 판례집 9-1, 193, 204, "헌법 제10조는 모든 국민은
인간으로서의 존엄과 가치를 가지며 행복을 추구할 권리가 있다고 규정하고 있는바, 이로써 모든 국민은 그의 존엄
한 인격권을 바탕으로 하여 자율적으로 자신의 생활영역을 형성해 나갈 수 있는 권리를 가지는 것이다. 그런데 이
사건의 경우 친생부인의 소의 제척기간을 일률적으로 자의 출생을 안 날로부터 1년으로 규정함으로써 부가 자의
친생자 여부에 대한 의심도 가지기 전에 그 제척기간이 경과하여 버려 결과적으로 부로 하여금 혈연관계가 없는

자를 전남편의 친생자로 추정하는 민법조항도 자녀와 생부가 진실한 혈연관계를 회복하는 데 장애가 되므로, 사생활형성의 자유를 제한한다.[1] 사생활의 자유에는 '자신의 태생에 관하여 알 권리' 또는 '친생자관계를 확인할 권리', '부모와 자식의 관계를 스스로 결정할 권리'가 포함된다. 자신의 태생에 관하여 안다는 것은 자신에 관한 확실한 정체성의 바탕 위에서 개성을 발전시킨다는 면에서 인격의 자유로운 발현에 있어서 대단히 중요한 의미를 가진다. 자신의 태생을 아는 것 또는 부모와 자식의 관계를 스스로 결정하는 것과 같이 인격발현에 있어서 대단히 중요한 문제의 경우, 개인의 인격권은 원칙적으로 가정의 평화나 모(母)의 명예, 소의 제한을 정당화하는 법적 안정성 등 법익에 대하여 우위를 차지한다.

태어난 즉시 '출생등록될 권리'는 출생 후 아동의 출생과 관련된 기본적인 정보를 국가가 관리할 수 있도록 등록할 권리로서, 개인의 인격발현과 개인적 생존의 기본조건에 속한다. 국가가 자녀의 출생신고가 현저하게 곤란하도록 출생신고의무자를 규정하는 경우에는 출생한 자녀의 인격권이 침해될 수 있다.[2]

'아이를 가질 것인지 또는 부모가 될 것인지에 관하여 결정할 자유'도, 개인의 인격발현과 생존의 기본조건에 속하는 것으로서 사생활의 자유에 의하여 보호된다. 따라서 국가가 낙태죄의 처벌을 통하여 낙태행위를 금지하는 경우에는 사생활형성의 자유가 제한된다.

또한, '자신이 선택한 배우자와 혼인을 할 자유(혼인의 자유)'도 자주적인 인격발현의 근본조건에 속하는 것으로서 사생활형성의 자유에 의하여 보호를 받는다. 국가가 동성동본금혼제도를 통하여 동성동본간의 혼인을 금지하는 것은 사생활형성의 자유에 대한 제한에 해당한다.[3]

입양이나 재혼 등과 같은 가족관계의 근본적인 변동에 있어서 동일한 성(姓)의 사용을 통하여 새로 형성된 가족의 구성원임을 대외적으로 나타낼 권리 또는 장래 가족의 구성원이 될 태아의 성별에 관하여 정보를 얻을 권리도 개인의 삶을 스스로 형성할 수 있는 자율영역의 핵심적 보장에 포함된다. 가령, 국가가 가족관계의 근본적인 변화가 발생했음에도 부성주의에 근거하여 부성의 사용을 강요하는 경우나[4] 국가가 임산부를 비롯한 가족에게 태아의 성별을 고지해서는 안 되는 의무를 의료

친자관계를 부인할 수 있는 기회를 극단적으로 제한하고 또 자의 출생 후 1년이 지나서 비로소 그의 자가 아님을 알게 된 부로 하여금 당사자의 의사에 반하면서까지 친생부인권을 상실하게 하는 것이다. 이는 인간이 가지는 보편적 감정에도 반할 뿐 아니라 자유로운 의사에 따라 친자관계를 부인하고자 하는 부의 가정생활과 신분관계에서 누려야 할 인격권 및 행복추구권을 침해하고 있는 것이다."; 또한, 헌재 98헌바9(부모의 사망시 인지청구의 소의 제소기간을 1년으로 제한하는 민법 제864조의 위헌여부); BVerfGE 79, 256, 270ff.

1) 헌재 2015. 4. 30. 2013헌마623, 판례집 27-1하, 107, 108, "이미 혼인관계가 해소된 이후에 자가 출생하고 생부가 출생한 자를 인지하려는 경우마저도, 아무런 예외 없이 그 자를 전남편의 친생자로 추정함으로써 친생부인의 소를 거치도록 하는 심판대상조항은 입법형성의 한계를 벗어나 모가 가정생활과 신분관계에서 누려야 할 인격권, 혼인과 가족생활에 관한 기본권을 침해한다."

2) 헌법재판소는 '혼인 중 여자와 남편 아닌 남자 사이에서 출생한 자녀에 대한 출생신고' 사건에서, 태어난 즉시 '출생등록될 권리'가 헌법상 보장되는 기본권으로서 자유권과 사회권의 성격을 동시에 갖는 독자적 기본권이고, 혼인 외 출생자에 대한 출생신고의무자를 모와 그 남편으로 한정하는 심판대상조항들이 혼인 외 출생자의 태어난 즉시 '출생등록될 권리'를 침해한다는 이유로 헌법불합치결정을 하였다(헌재 2023. 3. 23. 2021헌마975).

3) 헌재 1997. 7. 16. 95헌가6 등(동성동본금혼), 판례집 9-2, 1, 16-17, "개인의 인격권·행복추구권은 개인의 자기운명결정권을 그 전제로 하고 있으며, 이 자기운명결정권에는 성적(性的)자기결정권 특히 혼인의 자유와 혼인에 있어서 상대방을 결정할 수 있는 자유가 포함되어 있다."

4) 헌재 2005. 12. 22. 2003헌가5 등(父姓主義), 판례집 17-2, 544, 559-560, "이러한 구체적인 사정들에 있어서 양부 또는 계부의 성을 사용함으로써 비록 혈통관계는 존재하지 않으나 동일한 성(姓)의 사용을 통해 새로 형성된 가족의 구성원임을 대외적으로 나타내고자 하는 것은 개인의 인격적 이익과 매우 밀접한 관계를 가지는 것이다. 한편

인에게 부과하는 경우,[1] 사생활형성의 자유가 제한된다.

性的 自己決定權도 자주적 인격발현의 기본조건으로서 사생활의 자유에 의하여 보호된다. 인격권은 개인에게 자신의 성적 가치관을 스스로 결정하고 이에 따라 성적 영역에서의 생활을 독자적으로 형성할 권리를 보장한다. '누구와 성관계를 가질 것인가'에 관하여 스스로 결정할 권리는 자신의 삶을 스스로 결정하는 생존의 기본조건에 속하는 것이다. 성적 자기결정권은 혼인 중의 성관계뿐만 아니라 혼인 외의 성관계도 보호한다. 따라서 국가가 간통죄의 처벌을 통하여 배우자 외의 자와 성관계를 가지는 것을 금지하는 경우, 사생활형성의 자유가 제한된다.[2]

뿐만 아니라, 자신이 결정한 성에 따라 성전환수술을 할 권리, 자신이 결정한 성에 따라 생활할 권리, 여기서 도출되는 '호적공부상 성별정정청구권(戶籍公簿上 性別訂正請求權)'도 성적인 자기결정의 문제로서 사생활형성의 자유의 핵심영역에 속하는 것이다. 따라서 국가가 성전환자에게 성별의 정정을 허용하지 않는 경우, 사생활형성의 자유가 제한된다.

(라) 사생활의 자유에 관한 개별기본권

사생활의 자유도 일반적 인격권에 대하여 특별조항인 헌법 제17조에 구체적으로 규정되었다. 헌법재판소는 종래 결정에서 '친생자관계를 확인할 권리', '성적 자기결정권' 등을 '인격권'에 의하여 보호된다고 판시하고 있다. 그러나 사생활의 보호에 관한 별도의 규정을 두고 있지 않는 독일의 기본법과는 달리, 제17조에 '사생활의 비밀과 자유'를 명시적으로 규정하고 있는 우리 헌법에서는 '일반적 인격권'과 '사생활의 자유'가 일반·특별의 관계에 있으므로, 헌법 제17조가 '자율적으로 사생활을 형성할 권리'의 우선적 근거조항이다.

다. 社會的 人格像에 관한 自己決定權

(1) 보장내용

인격권은 주로 국가나 사인의 사생활침해에 대하여 개인의 사생활영역을 보호하기 위한 헌법적 근거로 이해되어 왔지만, '인격권'과 '사생활의 보호'가 일치하는 것은 아니다. 인격권의 침해는 사생활영역에 대한 침해 없이도 가능하다.

이와 같은 경우에도 개인의 생활관계에 실질적으로 아무런 의미를 갖지 못하는 생물학적 부의 혈통을 성으로 상징하도록 강요함으로써 새로이 형성된 가족이 사용하는 성을 사용하지 못하게 되어 … 개인의 인격권을 침해하는 것이라 하지 않을 수 없다."

[1] 헌재 2008. 7. 31. 2004헌마1010 등(태아의 성별고지 금지), 판례집 20-2상, 236, 251, [위 의료법조항이 인격권을 제한하는지의 여부에 관하여] "장래 가족의 구성원이 될 태아의 성별 정보에 대한 접근을 국가로부터 방해받지 않을 부모의 권리는 이와 같은 일반적 인격권에 의하여 보호된다고 보아야 할 것인바, 이 사건 규정은 일반적 인격권으로부터 나오는 부모의 태아 성별 정보에 대한 접근을 방해받지 않을 권리를 제한하고 있다고 할 것이다." 또한, 위 헌법불합치결정의 취지를 반영하여 '임신 32주 이전에는 태아의 성별고지 행위를 금지'하는 내용으로 개정된 의료법조항에 대한 위헌결정으로 헌재 2024. 2. 28. 2022헌마356등 참조.

[2] 헌법재판소는 형법상 간통죄조항에 대하여 4차례 합헌결정을 한 바 있으나, 최근의 결정에서 재판관 7:2의 의견으로 위헌결정을 하였다. 헌재 2015. 2. 26. 2009헌바17 등, 판례집 27-1상, 20, [재판관 5인의 위헌의견] "간통죄의 보호법익인 혼인과 가정의 유지는 당사자의 자유로운 의지와 애정에 맡겨져야, 형벌을 통하여 타율적으로 강제될 수 없는 것이며, … 형사정책상 일반예방 및 특별예방의 효과를 거두기도 어렵게 되었다. … 결국 심판대상조항은 과잉금지원칙에 위배하여 국민의 성적 자기결정권 및 사생활의 비밀과 자유를 침해하는 것으로서 헌법에 위반된다."; 또한 헌재 2009. 11. 26. 2008헌바58(혼인빙자간음죄), 판례집 21-2하, 520, 521, "이 사건 법률조항은 … 헌법 제37조 제2항의 과잉금지원칙을 위반하여 남성의 성적자기결정권 및 사생활의 비밀과 자유를 과잉제한하는 것으로 헌법에 위반된다."

(가) 사회적 인격상을 형성할 수 있는 개인정보에 관한 자기결정권

사회는 개인에 관한 정보로부터 그에 대한 일정한 사회적 인격상을 형성하게 된다. 따라서 어떠한 개인정보가 어떠한 연관관계에서 사회적으로 공개되는지, 즉 개인정보가 어떠한 방법으로 처리되고 사용되는지의 문제는 매우 중요하다. 자유로운 인격발현을 위해서는 개인은 자신이 외부세계에 대하여 어떻게 묘사되는지에 관하여 스스로 결정할 수 있어야 한다. 일반적 인격권의 보호범위는 단지 사생활영역을 외부로부터 차단하는 것에 제한되는 것이 아니라, 타인의 눈에 비칠 자신의 모습(사회적 인격상)을 형성하는 정보에 관하여 스스로 결정할 수 있는 권리를 포함한다.

(나) 사회적 인격상에 관한 자기결정권과 명예보호의 관계

사회적 인격상에 대한 자기결정권은 '명예보호'의 개념보다 광의의 개념이다. 자신이 하지도 않은 발언을 했다고 제3자가 주장하는 경우, 그러한 주장이 당사자의 명예를 훼손하였는지와 관계없이, 외부에 전달하려는 자신의 모습이 타인에 의하여 방해를 받음으로써 외부세계에 대한 자기묘사의 결정권이 침해된다. 특정한 내용의 발언을 했다고 하는 주장이나 특정 집회에 참여했다고 하는 주장 또는 특정인을 만났다고 하는 주장이 당사자의 명예를 손상시키는지에 관하여 결정하는 것은, 다양한 가치관이 존재하는 다원적 사회에서 객관적인 판단의 기준이 없기 때문에 더 이상 법원의 과제가 아니다. 그 대신, 개인 각자에 의하여 정의된 자신의 사회적 인격상이 판단의 기준이 된다. 자신이 하지도 않은 발언을 하였다고 제3자가 주장하는 경우 그러한 주장이 그의 인격상을 왜곡하는지를 판단함에 있어서, 법원이 개인에 대하여 설정한 인격상(사회적 평가)을 기준으로 삼는다면, 개인의 사회적 인격상이 자신에 의해서가 아니라 국가에 의하여 결정되는 결과에 이르게 되므로, 이는 헌법상 보장된 인격권과 합치하지 않는다.

(다) 구체적 내용

사회적 인격상에 관한 자기결정권에 속하는 것으로서, 초상권,[1] 성명권[2] 및 자기가 한 말에 대한 권리,[3] 언론보도에 의한 인격상의 왜곡에 대하여 방어할 수 있는 반론보도청구권,[4] 명예의 보호, 사회에 복귀할 전과자의 권리 등을 들 수 있다.[5]

---

1) 개인이 얼굴을 드러내고 다니는 이상, 얼굴은 '노출된 개인정보'로서 사생활의 비밀에 속하는 요소가 아니며, 개인이 공공장소에 머무는 것은 사생활의 비밀에 속하는 것이 아니기 때문에, 개인이 공공장소에서 타인에 의하여 사진이 찍히는 경우 문제되는 것은 사생활의 비밀이 아니다. 이 경우, 개인이 우려하는 것은 사진을 찍혔다는 사실이 아니라, 그 사진이 어떠한 연관관계에서 사용될 것인지 하는 점이다. 따라서 타인에 의하여 자신의 사진이 찍혔으나 그 사진이 사회적으로 유포되거나 사용되지 않는 경우에는 인격권보호의 문제가 발생하지 않는다. 즉 '정보의 수집'이 아니라 '정보의 처리'가 문제인 것이다. 이는 CCTV에 의한 촬영의 경우에도 마찬가지로 제기되는 문제이다.

2) 성명권의 경우에도, 이름이란 타인과의 식별을 위한 징표이고 타인에 의하여 불리기 위하여 존재하는 것이므로, 그 자체로서 사생활의 비밀에 속하는 요소가 아니다. 단지 문제가 되는 것은 이와 같이 이미 타인에게 노출된 '개인의 정보가 사회적으로 어떻게 사용되는가' 하는 것이다.

3) 헌재 1995. 12. 28. 91헌마114(공판정녹취 불허), 판례집 7-2, 876, 885, "모든 진술인은 원칙적으로 자기의 말을 누가 녹음할 것인지와 녹음된 자기의 음성이 재생될 것인지 여부 및 누가 재생할 것인지 여부에 관하여 스스로 결정할 권리가 있다. 왜냐하면 사람의 말과 음성이 녹음되어 진술인의 동의 없이 임의로 처리된다면 사람들은 자연스럽게 의사를 표현할 수 없게 될 것이며 언제나 자신의 무의식적인 발언이나 잠정적인 의견, 순간적인 감정상태에서의 언급 등이 언제나 재생가능한 상태로 보관되고 다른 기회에 자기 자신의 의사와는 무관하게 재생될 수도 있다는 점에서 진술인의 인격이 현저히 침해될 수 있는 위험이 따르기 때문이다."

4) 반론권은 '사회적 인격상에 관한 자기결정권'에서 파생되는 권리로서, 언론보도에 의하여 개인의 사회적 인격상이 왜곡되는 것에 대하여 보호를 제공하고자 하는 것이다.

5) 초상권, 성명권, 명예 등을 사생활의 비밀로 파악하고자 하는 견해도 있으나, 이러한 요소는 사생활의 비밀과는 관계가 없는 것이다.

(2) 침해의 예

(가) 私人에 의한 침해

개인과 관련하여 허위사실이 주장되는 경우, 예컨대 자신이 하지도 않은 발언이나 행동을 했다고 제3자가 주장하거나, 언론사가 하지도 않은 인터뷰를 허구로 조작하여 보도하거나, 자신이 한 이야기가 부정확하게 인용되거나 또는 자신의 작품이 왜곡되어 묘사되는 경우, 외부사회에 대하여 개인의 인격상이 왜곡되고 이로써 자신의 삶을 스스로 결정하고 형성하는 가능성이 제한될 수 있다. 이 경우, 허위사실의 주장이나 왜곡된 보도 등이 사생활의 비밀에 속하는 것인지 또는 타인의 인격에 대한 사회적 평가를 저하시키는 행위로서 명예훼손적인 내용의 것인지 하는 것은 중요하지 않다.

가령, 특정 정치인이 하지도 않은 정치적 발언을 하였다고 언론이 그러한 내용의 보도를 하는 경우, 보도의 내용이 개인의 사생활에 관한 보도나 명예훼손적인 내용이 아니기 때문에 비록 정치인의 사생활이나 명예에 대한 침해는 없다 하더라도, 잘못된 보도로 인하여 사회적으로 그에 관하여 왜곡된 상이 형성되기 때문에 정치인은 '외부세계에 대하여 자신의 사회적 인격상을 스스로 결정하는 권리'를 침해받게 된다. 또는, 유명인의 사진을 본인의 동의 없이 상업적 광고에 사용하는 경우, 유명인의 사진은 사생활관련 정보는 아니나, 그의 사진이 특정 광고의 내용과 연관되어 유포됨으로써 그에 관한 사회적 인격상이 그의 의사와 관계없이 형성되고, 이로써 인격의 자유로운 발현이 저해된다. 마찬가지로, 개인의 성명이 자신의 의사와 관계없이 특정단체의 회원이나 후원자로 언급되는 경우, 여기서 문제되는 것은 사생활의 비밀이 아니라 외부세계에 비추어지는 자신의 인격상을 스스로 형성하는 자유가 제한된다는 것이다.

(나) 國家에 의한 침해

정치적 집회나 시민운동단체에 참여하는 행위가 국가에 의하여 빠짐없이 자료로 등록되고 이로써 자신에 관한 사회적 인격상이 일방적으로 국가에 의하여 형성됨으로써 불이익이나 위험이 발생할 수 있다고 예상하는 자는 자신의 기본권인 집회의 자유나 결사의 자유를 행사하는 것을 주저하거나 포기할 수도 있다. 이러한 점에서 국가가 보유하는 정보나 자료를 무제한적으로 활용하여 개인에 대한 사회적 인격상을 형성하는 경우, 자기결정에 따라 계획하고 행동하는 자유, 즉 인격의 자유로운 발현이 현저하게 저해될 수 있다.

또한, 국가는 개인의 사회적 인격상의 형성에 중대한 영향을 미치는 개인정보(가령, 범죄사실, 정당이나 노동조합에의 가입 등)를 공개함으로써, 사회의 영역에서 개인의 자유로운 인격발현을 저해할 수 있다.[1] 가령, 국가가 범죄인의 사진, 성명, 주소 등을 사용하여 범죄사실을 공적으로 공개하는 것은 자신에 관하여 무엇이 어떠한 관계에서 사회적으로 공개되어야 할 것인지에 관하여 스스로 결정할 권리를 제한하는 것으로서, 일반적 인격권에 대한 제한에 해당한다. 뿐만 아니라, 국가기관이 '알코

---

1) 교원의 "교원단체 및 노동조합 가입 현황(인원 수)"만을 공시정보로 규정하고 있는 '교육관련기관의 정보공개에 관한 특례법' 시행령조항이 학부모의 알 권리를 침해한다는 주장으로 제기된 헌법소원심판사건(헌재 2011. 12. 29. 2010헌마293)에서 헌법재판소는 "교원의 교원단체 및 노동조합 가입에 관한 정보는 '개인정보 보호법'상의 민감정보로서 특별히 보호되어야 할 성질의 것이고, 인터넷 게시판에 공개되는 '공시'의 특성상 그로 말미암아 발생할 교원의 개인정보 자기결정권에 대한 중대한 침해의 가능성을 고려할 때, 이 사건 시행령조항은 학부모 등 국민의 알 권리와 교원의 개인정보 자기결정권이라는 두 기본권을 합리적으로 조화시킨 것이라 할 수 있으므로, 알 권리를 침해하지 않는다."고 판시하였다.

올 중독으로 인한 '禁治産宣告의 公告'와 같이 개인의 인격을 비하하는 정보를 일반에 공개함으로써 개인의 인격권을 침해할 수 있다. 마찬가지로, 공영방송이 범죄인의 실명과 사진을 사용하여 범죄사실을 보도하는 것도 범죄인의 인격권에 대한 제한을 의미한다. 또한, 사법경찰관이 기자들의 취재 요청에 응하여 피의자가 경찰서 조사실에서 조사받는 모습을 촬영할 수 있도록 허용한 행위도 피의자의 일반적 인격권을 제한하는 것이다.[1]

(3) 국가의 개인정보 수집·처리행위

사례 1 헌재 2005. 5. 26. 99헌마513(지문날인제도 사건)

甲은 주민등록증을 발급받기 위해서는 열손가락의 지문을 날인하도록 규정하고 있는 주민등록법시행령 조항 및 이렇게 수집된 지문정보를 경찰청장에게 송부하도록 규정하고 있는 주민등록법시행규칙조항, 경찰청장이 지문정보를 보관·전산화하고 이를 범죄수사목적에 이용하는 공권력행사가 자신의 기본권을 침해한다고 주장하면서 헌법소원심판을 청구하였다. 국가공권력이 17세 이상 모든 국민의 지문정보를 수집하여 보관·전산화하고, 수사목적으로 사용하는 것이 개인의 기본권을 침해하는가?

사례 2 헌재 2005. 7. 21. 2003헌마282(교육정보시스템 사건)

교육인적자원부장관은 교육정보시스템(NEIS)이라는 컴퓨터 네트워크 시스템을 전국적으로 구축·운영하였다. 甲은 고등학교를 졸업한 자로서, 교육인적자원부장관과 서울특별시 교육감이 위 시스템을 통하여 자신의 성명, 주민등록번호, 생년월일, 졸업학교명, 졸업연월일에 관한 정보를 수집하고 이에 대한 정보파일을 보유하고 있는 것이 자신의 기본권을 침해한다고 주장하면서 헌법소원심판을 청구하였다.

(가) 기본권적 보호의 필요성 및 개인정보자기결정권

1) 자유에 대한 위협으로서 국가의 개인정보 수집·처리행위

'사회적 인격상에 관한 자기결정권'의 경우, 국가가 주거에 대한 압수나 수색, 전화통화의 도청 등의 형태로 사생활 영역에 침입하는 것이 아니라, 개인관련 정보에 관한 처분권한을 장악하고 임의로 개인에 관한 사회적 인격상을 형성하는 방법으로 개인의 인격권을 침해하게 된다.

비록 국가가 개인의 사생활영역을 침해하는 것은 아니라 하더라도 개인의 행위를 단지 관찰하고 그에 관한 정보를 수집·처리하는 행위가 개인의 자유와 무관한 것은 아니다. 국가가 관심을 가지고 개인의 행동을 파악한다는 그 자체가 심리적 압박으로 작용하여 자유를 행사하려는 개인의 의사에 영향을 미치고, 이러한 방법으로 개인의 자유로운 기본권의 행사를 저해하거나 심지어 마비시킬 수 있다. 또한, 자신과 관련된 정보 중에서 어떠한 것이 외부에 알려져 있는지 제대로 파악할 수 없고 상대방이 자신에 관하여 무엇을 알고 있는지 전혀 예측할 수 없는 자는 자신의 결정을 근거로 계획하고 행동하는 자유에 있어서 크게 제약을 받게 된다.

---

[1] 헌재 2014. 3. 27. 2012헌마652(피의사실 언론공표), 판례집 26-1상, 534, 541, "사람은 자신의 의사에 반하여 얼굴을 비롯하여 일반적으로 특정인임을 식별할 수 있는 신체적 특징에 관하여 함부로 촬영당하지 아니할 권리를 가지고 있으므로, 촬영허용행위는 헌법 제10조로부터 도출되는 초상권을 포함한 일반적 인격권을 제한한다고 할 것이다."

2) 현대 정보처리기술의 발달로 인한 위협의 증가

더욱이 국가의 자동화된 정보처리는 개인관련 개별정보가 서로 결합될 수 있다는 새로운 가능성을 열어 놓았다. 분산된 상태에서는 그 자체로서 특별한 의미가 있는 것도 아니고 특별히 보호될 필요성도 없는 개별정보도 다른 정보와의 결합을 통하여 개인의 전체적 또는 부분적인 인격상(실존인격과는 분리된 또 하나의 가상의 인격상)을 형성할 수 있게 되었고, 이로써 개인의 행위를 예측하고 조종할 수 있는 기준을 얻게 되었다. 수작업에 의하여 자료목록이나 기록을 처리하였던 과거와는 달리, 오늘날 정보의 전산처리과정으로 인하여 개인관련 정보가 무제한적으로 저장될 수 있고, 언제든지 다시 불러 낼 수 있으며, 개인관련 정보들은 수집된 다른 정보들과 함께 통합되어 개인에 관한 거의 완벽한 인격상을 형성하도록 결합될 수 있는 반면, 당사자는 그의 타당성이나 사용을 충분히 통제할 수 없게 되었다.

정보 처리기술이 점점 더 완벽하게 발전할수록, 개인의 '사회적 인격상에 관한 자기결정권'은 국가의 개인정보 수집·처리행위에 의하여 위협을 받게 되었고, 이에 따라 개인정보 보호의 필요성은 더욱 증가하였다.

3) 자유를 위협하는 새로운 현상에 대한 헌법적 대응으로서 개인정보자기결정권

이와 같이 변화한 현대의 상황에서 인격발현의 기본조건을 위협하는 국가의 개인정보 수집·처리행위에 대하여 기본권적 보호를 제공해야 할 필요성이 제기되었고, 이에 따라 일반적 인격권으로부터 그의 핵심적 보장내용인 개인정보자기결정권을 개인의 기본권으로 도출하게 되었다. 개인정보자기결정권이란, 개인정보의 공개와 이용에 관하여 스스로 결정할 권리를 말하는데, 이를 통하여 개인은 궁극적으로 '누가 자신에 관하여 어떠한 사회적 인격상을 형성해도 되는지'에 관하여 결정할 수 있는 권리를 확보하게 되었다.[1]

국가에 의한 개인정보의 수집 및 처리에 대한 보호는 특정한 개별기본권의 보호범위에 귀속시킬 수 있는 문제가 아니라, 인격 전체의 자유로운 발현에 관한 문제이며, 자주적 인격의 자유로운 생존과 인격발현의 근본조건에 관한 문제이다. 따라서 국가의 개인정보 수집·처리행위로 인하여 발생하는 위험에 대하여 보호를 제공하는 기능은 헌법적으로 보충적 기본권인 일반적 인격권이 담당하게 되었다. 무엇을 할 것인지 또는 하지 않을 것인지를 결정할 자유뿐 아니라 이러한 결정에 따라 실질적으로 행동할 수 있는 가능성이 개인에게 주어져야만, 개인의 자기결정권은 그 현실적인 의미를 가진다는 점에서, 개인정보 보호의 주된 목적은 자유의 행사를 실질적으로 가능하게 하는 상황의 유지라고 할 수 있다.

4) 기본권의 제한으로서 국가의 개인정보 수집·처리행위

그러므로 국가에 의한 개인정보의 수집과 처리는 개인정보자기결정권에 대한 제한을 의미한다. 여기서 개인정보가 어떠한 방법으로 얻어졌는지, 개인정보가 어떠한 종류의 것인지 하는 것은 중요하지 않으며, 결정적인 것은 '개인정보가 개인의 사회적 인격상을 형성함에 있어서 유용하고 이용가능한

---

1) 헌재 2005. 7. 21. 2003헌마282(교육정보시스템), 판례집 17-2, 81, 90, "인간의 존엄과 가치, 행복추구권을 규정한 헌법 제10조 제1문에서 도출되는 일반적 인격권 및 헌법 제17조의 사생활의 비밀과 자유에 의하여 보장되는 개인 정보자기결정권은 자신에 관한 정보가 언제 누구에게 어느 범위까지 알려지고 또 이용되도록 할 것인지를 그 정보 주체가 스스로 결정할 수 있는 권리이다. 즉 정보주체가 개인정보의 공개와 이용에 관하여 스스로 결정할 권리를 말한다."

지'의 문제이다. 따라서 원칙적으로 모든 개인관련 정보가 개인정보자기결정권의 보호대상이 된다.[1]

가령, 개인의 고유성, 동일성을 나타내는 지문은 그 정보주체를 타인으로부터 식별가능하게 하는 개인정보이므로, 국가가 개인의 지문정보를 수집하고 이를 보관·전산화하여 범죄수사목적에 이용하는 것은 모두 개인정보자기결정권을 제한하는 것이다.[2] 국가가 졸업생의 성명, 생년월일, 졸업일자를 NEIS라는 전산시스템에 보유하는 것은 개인정보자기결정권을 제한하는 행위에 해당한다.[3]

성폭력범죄자에게 신상정보를 제출해야 할 의무를 부과하고 법무부장관으로 하여금 제출받은 신상정보를 등록하여 보존·관리하게 하면서 등록정보를 범죄 예방 및 수사에 활용하기 위하여 국가기관에게 배포할 수 있도록 규정하는 법률조항은 개인정보자기결정권을 제한한다.[4] 성범죄자에 대한 위치추적 전자장치의 부착은 피부착자의 위치정보를 수집·이용할 수 있도록 하므로 사생활의 비밀과 인격권 외에도 개인정보자기결정권을 제한한다.[5] 주민등록번호 변경에 관한 규정을 두고 있지 않은 주민등록법규정은 주민등록번호의 불법유출 등을 이유로 자신의 주민등록번호를 변경하고자 하는 자의 개인정보자기결정권을 제한한다.[6] 또한, 국가가 인구주택총조사를 실시하는 것은 조사대상 국민의 개인정보자기결정권을 제한하는 것이고,[7] 개인을 알아볼 수 있는 '영상정보'도 '개인정보'의 범위에 포함되므로, 보호자가 CCTV 영상정보 열람을 할 수 있도록 규정한 영유아보육법조항은 어린이집 보육교사의 개인정보자기결정권에 대한 제한에 해당한다.[8]

한편, 국가가 직접 개인정보를 수집·처리하는 경우뿐만 아니라, 법률로써 정보통신서비스제공자에게 본인확인(인증)조치의무를 부과하여 서비스이용자로 하여금 본인확인(인증)절차를 거쳐야만 서비스를 이용할 수 있도록 규율함으로써 사실상 자신의 개인정보(주민등록번호 등)를 제3자에게 제공하도록 강제하는 경우도, 국가의 영향을 받은 제3자에 의하여 야기된 불리한 효과는 국가에게 귀속되어야 한다는 점에서(소위 '사실적 기본권제한'), 개인정보자기결정권에 대한 제한에 해당한다.[9]

(나) 국가의 개인정보 수집·처리행위가 헌법적으로 정당화되기 위한 요건

공권력에 의한 개인정보의 수집 및 처리는 개인의 기본권인 개인정보자기결정권에 대한 제한을 의미하므로, 기본권의 제한이 정당화되기 위하여 법률유보의 원칙과 과잉금지원칙이 준수되어야 한다.[10] 종래 공권력이 법적인 근거 없이 개인정보를 자유롭게 수집·처리해 온 관행은 이제 더 이상

1) 헌재 2005. 5. 26. 99헌마513(지문날인제도), 판례집 17-1, 668, 682, "개인정보자기결정권의 보호대상이 되는 개인정보는 개인의 신체, 신념, 사회적 지위, 신분 등과 같이 개인의 인격주체성을 특징짓는 사항으로서 그 개인의 동일성을 식별할 수 있게 하는 일체의 정보라고 할 수 있고, 반드시 개인의 내밀한 영역이나 사사(私事)의 영역에 속하는 정보에 국한되지 않고 공적 생활에서 형성되었거나 이미 공개된 개인정보까지 포함한다. 또한 그러한 개인정보를 대상으로 한 조사·수집·보관·처리·이용 등의 행위는 모두 원칙적으로 개인정보자기결정권에 대한 제한에 해당한다."
2) 헌재 2005. 5. 26. 99헌마513(지문날인제도), 판례집 17-1, 668; 헌재 2024. 4. 25. 2020헌마54.
3) 헌재 2005. 7. 21. 2003헌마282(교육정보시스템), 판례집 17-2, 81, 91.
4) 헌재 2016. 3. 31. 2014헌마457; 헌재 2018. 3. 29. 2017헌마396.
5) 헌재 2012. 12. 27. 2011헌바89, 판례집 24-2하, 364, 379.
6) 헌재 2015. 12. 23. 2013헌바68, 헌법재판소는 위 결정에서 과잉침해를 이유로 헌법불합치결정을 하였다.
7) 헌재 2017. 7. 27. 2015헌마1094.
8) 헌재 2017. 12. 28. 2015헌마994.
9) 헌재 2012. 8. 23. 2010헌마47 등(인터넷게시판 본인확인제), 판례집 24-2상, 590, 602; 헌재 2015. 3. 26. 2013헌마517(인터넷게임 본인인증제), 판례집 27-1상, 342, 358.
10) 헌재 2005. 5. 26. 99헌마513(지문날인제도), 판례집 17-1, 668, 685, "심판대상인 이 사건 시행령조항 및 경찰청장의 보관 등 행위와 같이 헌법상의 기본권으로 인정되는 개인정보자기결정권을 제한하는 공권력의 행사는 반드시

용인되지 않는다.

법률유보와 관련하여 개인정보의 수집과 처리를 허용하는 수권법률이 어느 정도로 명확해야 하는지의 문제는 개인정보의 성격·수집목적·이용형태·처리방식에 따르는 위험성의 정도, 즉 기본권 제한의 강도에 따라 판단해야 한다는 일반이론이 여기에도 그대로 적용된다. 특히 개인정보의 성격은 중요한 의미를 가진다.[1] 공권력에 의한 수집과 처리의 대상이 되는 개인정보가 개인적 인격의 핵심적 영역에 속할수록 수권법률은 보다 명확해야 하고 보다 중대한 공익에 의하여 정당화되어야 하며, 반면에 개인정보가 공적 영역에 접근할수록 수권법률의 명확성에 대한 요청 및 기본권의 제한을 정당화하는 공익의 중대성에 대한 요청이 약화된다.[2]

나아가, 공권력의 정보수집·처리행위가 정당화되기 위해서는 '필요한 경우에 한하여 필요한 만큼만 기본권이 제한되어야 한다'는 과잉금지원칙이 준수되어야 한다. 공권력이 개인정보를 수집하고 처리함에 있어서 준수해야 하는 개별적 원칙(소위 '정보처리의 원칙')은 정보영역에서 헌법 제37조 제2항의 과잉금지원칙이 구체화된 표현에 지나지 않는다.[3] 따라서 우선, 수집목적이 헌법적으로 정당해야 하고(목적의 정당성), 정보의 수집범위가 수집목적을 달성하기 위하여 꼭 필요한 최소한의 정도에 그쳐야 한다(수단의 최소침해성). 뿐만 아니라, 수단의 최소침해성의 관점에서, 특정된 수집목적에 부합하는 정보의 이용과 처리가 보장되어야 한다. 그러므로 수집목적은 수집 당시에 명확히 특정되어 있어야 하고, 수집된 자료의 이용은 특정된 수집목적과 일치해야 한다(소위 '목적구속의 원칙'). 이러한 목적구속의 원칙은 필연적으로 '정보분리의 원칙'을 수반하게 된다.[4] 정보분리의 원칙이란, 특정목적

법률에 그 근거가 있어야 한다."; 헌재 2005. 7. 21. 2003헌마282(교육정보시스템), 판례집 17-2, 81, 91, "피청구인들이 청구인의 성명, 생년월일, 졸업일자를 NEIS라는 전산시스템에 보유하는 것은 위 청구인의 개인정보자기결정권을 제한하는 행위에 해당하므로 그것이 기본권 제한의 한계원리인 헌법 제37조 제2항에 따라 법률로써 필요한 경우에 한하여 이루어진 제한인지 본다."

1) 헌재 2005. 7. 21. 2003헌마282(교육정보시스템), 판례집 17-2, 81, 92, "일반적으로 볼 때, 종교적 신조, 육체적·정신적 결함, 성생활에 대한 정보와 같이 인간의 존엄성이나 인격의 내적 핵심, 내밀한 사적 영역에 근접하는 민감한 개인정보들에 대하여는 그 제한의 허용성은 엄격히 검증되어야 할 것이다. 반면, 성명, 직명(職名)과 같이 인간이 공동체에서 어울려 살아가는 한 다른 사람들과의 사이에서 식별되고 전달되는 것이 필요한 기초정보들도 있다. 이러한 정보들은 사회생활 영역에서 노출되는 것이 자연스러운 정보라 할 것이고, 또 국가가 그 기능을 제대로 수행하기 위해서도 일정하게 축적·이용하지 않을 수 없다. 이러한 정보들은 다른 위험스런 정보에 접근하기 위한 식별자(識別子) 역할을 하거나, 다른 개인정보들과 결합함으로써 개인의 전체적·부분적 인격상을 추출해 내는데 사용되지 않는 한 그 자체로 언제나 엄격한 보호의 대상이 된다고 하기 어렵다."

2) 헌재 2005. 7. 21. 2003헌마282(교육정보시스템), 판례집 17-2, 81, [개인정보보유 행위의 법률유보원칙 위배 여부에 관하여] "개인정보자기결정권을 제한함에 있어서는 개인정보의 수집·보관·이용 등의 주체, 목적, 대상 및 범위 등을 법률에 구체적으로 규정함으로써 그 법률적 근거를 보다 명확히 하는 것이 바람직하나, 개인정보의 종류와 성격, 정보처리의 방식과 내용 등에 따라 수권법률의 명확성 요구의 정도는 달라진다 할 것인바, 피청구인 서울특별시 교육감과 교육인적자원부장관이 … 개인의 인격에 밀접히 연관된 민감한 정보라고 보기 어려운 졸업생의 성명, 생년월일 및 졸업일자만을 교육정보시스템(NEIS)에 보유하는 행위에 대하여는 그 보유정보의 성격과 양(量), 정보보유 목적의 비침해성 등을 종합할 때 수권법률의 명확성이 특별히 강하게 요구된다고는 할 수 없으며, 따라서 "공공기관은 소관업무를 수행하기 위하여 필요한 범위 안에서 개인정보화일을 보유할 수 있다."고 규정하고 있는 공공기관의개인정보보호에관한법률 제5조와 같은 일반적 수권조항에 근거하여 피청구인들의 보유행위가 이루어졌다 하더라도 법률유보원칙에 위배된다고 단정하기 어렵다."

3) 개인정보보호법은 이러한 요청을 '개인정보 보호원칙'으로 표현하고 있다. 제3조(개인정보 보호 원칙) ① 개인정보처리자는 개인정보의 처리 목적을 명확하게 하여야 하고 그 목적에 필요한 범위에서 최소한의 개인정보만을 적법하고 정당하게 수집하여야 한다. ② 개인정보처리자는 개인정보의 처리 목적에 필요한 범위에서 적합하게 개인정보를 처리하여야 하며, 그 목적 외의 용도로 활용하여서는 아니 된다.

4) 공권력이 특정목적을 위하여 수집된 개인정보를 다른 목적으로 수집된 개인정보와 통합하는 경우에는 수집된 자료의 이용과 처리가 원래의 목적과 일치하지 않으므로 목적구속의 원칙에 위반하게 된다.

을 위하여 수집된 개인정보는 다른 기관에서 다른 목적을 위하여 수집된 개인정보와 통합되지 않고 분리된 상태로 유지되어야 한다는 요청이다. 따라서 국가가 포괄적인 개인정보통합시스템을 구축하는 것은 헌법적으로 허용되지 않는다.

(다) 自己情報公開請求權

개인은 자기관련 개인정보의 공개와 이용에 관하여 스스로 결정할 권리인 개인정보자기결정권을 가지고 있다. 한편, 자신에 관하여 어떠한 국가기관이 무엇을 언제 어떠한 기회에 알고 있는지를 당사자가 파악할 수 있어야만, 개인은 개인정보자기결정권을 현실적으로 행사할 수 있다. 방어권으로서의 개인정보자기결정권은 그의 실질적인 보장을 위하여 '자기관련 개인정보에 접근할 수 있는 권리'(자기정보공개청구권)에 의한 보완을 필요로 하며, 이로써 청구권적 요소를 포함하는 것이다. 즉, 개인정보자기결정권에는 스스로를 관철하기 위한 조건으로서 절차형성적 요소가 내재되어 있는 것이다. 따라서 입법자는 개인정보자기결정권의 실질적인 행사가 가능하기 위한 전제조건으로서, 자기관련 자료에 관한 정보의 공개를 청구할 수 있도록 절차를 법률로써 형성해야 한다. '개인정보 보호법'은 개인의 자기정보열람청구권($_조^{제35}$) 및 자기정보정정청구권($_조^{제36}$)을 규정하고 있다.

개인정보자기결정권이 제한될 수 있는 것과 마찬가지로, 자기정보공개청구권도 공익이나 제3자의 이익을 이유로 제한될 수 있으나, 개인은 원칙적으로 국가기관이 보유하는 모든 자기관련 기록을 열람할 권리가 있다.[1] 물론, 정보의 공개가 국가과제의 원활한 수행을 저해하거나 또는 국가이익에 해가 되거나, 정보가 제3자의 정당한 이익을 위하여 비밀로 취급되어야 하는 경우, 열람권의 제한이 가능하지만, 열람권을 제한하는 법규정의 합헌성여부는 자기관련 개인정보에 접근하려는 당사자의 이익과 정보제공의 거부를 통하여 달성하고자 하는 국가의 이익을 서로 교량하여 판단하여야 한다.

국가는 자신이 보유하는 자료로 인하여 개인에 대한 잘못된 인격상이 형성되지 않도록 노력해야 하며, 개인에 관하여 왜곡된 상이 형성된 경우에는 이를 정정 또는 삭제해야 할 의무가 있고, 개인은 이에 상응하여 자신에 관한 개인정보를 열람한 결과 정보의 내용이 잘못된 경우 그의 정정 또는 삭제를 요구할 수 있는 권리를 자기정보공개청구권의 부수적 권리로서 가지고 있다.

(4) 국가에 의한 범죄사실 등 개인정보의 공개

> **사례** 헌재 2003. 6. 26. 2002헌가14(청소년 성매수자 신상공개 사건)
>
> 2000년 시행된 '청소년의 성보호에 관한 법률' 제20조는 청소년의 성을 사는 행위를 한 자의 성명, 연령, 직업 등의 신상과 범죄사실의 요지를 형이 확정된 후 게재하여 공개할 수 있도록 하였고, 위 법 시행령 제3조 제2항에서는 범죄자의 주소(시, 군, 구) 및 생년월일도 공개하도록 규정하였다. 甲은 청소년에게 6만원을 주고 1회 성교행위를 하여 위 법을 위반하였다는 혐의로 유죄판결을 받았고, 청소년보호위원회는 위 법에 근거하여 甲의 성명, 연령, 생년월일, 직업, 주소 등과 범죄사실의 요지를 관보

---

[1] [자신의 주민등록에 관한 개인정보를 열람·복사하는 것에 수수료를 부과하는 규정이 개인정보자기결정권을 침해하는지 여부(소극)] 헌재 2013. 7. 25. 2011헌마364, 공보 제202호, 1002, 1004, "개인정보를 제공한 주체는 그 정보의 수집·이용·제공의 각 단계에서 그 정보에 대한 통제권을 가지고 있어야 하고, 해당 정보에의 자유로운 접근권, 정정청구권 등이 보장되어야 하는데, 이 사건 심판대상조항은 개인정보가 기재된 주민등록표를 열람하거나 그 등·초본을 교부받으려고 하는 청구인들에게 수수료를 부과하고 있으므로, 청구인들의 개인정보자기결정권을 침해하는지 여부가 문제된다."

에 게재하고 청소년보호위원회의 홈페이지에 6개월간, 중앙정부청사 및 16개의 특별시·광역시·도의 본청 게시판에 1개월간 게시하기로 하는 결정을 하였다. 이에 甲은 청소년보호위원회의 위 결정의 취소를 구하는 행정소송을 제기한 후, 위 법 제20조에 대한 위헌여부심판제청을 신청하였다.

(가) 일반적 인격권과 개인정보자기결정권에 대한 제한으로서 개인정보의 공개

국가기관이 개인의 사생활과 관련된 정보는 아니라 하더라도 범죄사실과 같이 개인의 사회적 인격상의 형성에 중대한 영향을 미치는 정보를 일반에게 공개하는 행위는, '자신이 사회적으로 어떻게 묘사되어야 하는지에 관하여 스스로 결정할 권리'를 제한하는 것이다.[1] 따라서 국가가 범죄사실, 정당이나 노동조합에의 가입사실,[2] 국가자격시험의 합격여부[3] 등을 공개하는 행위는 당사자의 인격상을 임의로 형성할 수 있다는 점에서 '사회적 인격상에 관한 자기결정권' 즉 일반적 인격권을 제한하고, 개인정보 공개의 관점에서는 개인정보자기결정권을 제한한다.[4]

(나) 청소년 성매수자 신상공개제도의 위헌여부

헌법재판소는 2003년 '청소년 성매수자 신상공개 사건'에서 재판관 9인 중 4인이 합헌의견을 밝힘으로써 성범죄자 신상공개제도를 합헌으로 판단하였다. 헌법재판소는 2013년에 선고한 결정에서도 아동·청소년에 대하여 성폭력범죄를 저지른 경우 재범의 위험성을 불문하고 신상정보를 공개하도록 규정한 '아동·청소년의 성보호에 관한 법률' 조항에 대해서도 과잉금지원칙에 위반되지 않는다고 판단하였다.[5]

---

1) 헌재 2003. 6. 26. 2002헌가14(청소년 성매수자 신상공개), 판례집 15-1, 624, 627(위헌의견), "사회활동을 통한 개인의 자유로운 인격발현을 위해서는, 타인의 눈에 비치는 자신의 모습을 형성하는 데 있어 결정적인 인자가 될 수 있는 각종 정보자료에 관하여 스스로 결정할 수 있는 권리, 다시 말하여 사회적 인격상에 관한 자기결정권이 보장되어야 한다. 그런데 이 사건 신상공개제도는 이러한 사회적 인격상에 관한 자기결정권을 현저하게 제한함으로써 범죄인의 인격권에 중대한 훼손을 초래한다."

2) 교원의 '교원단체 및 노동조합 가입 현황(인원 수)'만을 공시정보로 규정하고 있는 '교육관련기관의 정보공개에 관한 특례법' 시행령조항이 학부모의 알 권리를 침해한다는 주장으로 제기된 헌법소원심판사건에서, "교원의 교원단체 및 노동조합 가입에 관한 정보는 '개인정보보호법'상의 민감정보로서 특별히 보호되어야 할 성질의 것이고, 인터넷 게시판에 공개되는 '공시'의 특성상 그로 말미암아 발생할 교원의 개인정보자기결정권에 대한 중대한 침해의 가능성을 고려할 때, 이 사건 시행령조항은 학부모 등 국민의 알 권리와 교원의 개인정보자기결정권이라는 두 기본권을 합리적으로 조화시킨 것이라 할 수 있으므로, 알 권리를 침해하지 않는다."고 판시한 바 있다(헌재 2011. 12. 29. 2010헌마293).

3) 법무부장관으로 하여금 변호사시험 합격자의 성명을 공개하도록 하는 변호사시험법조항이 개인정보자기결정권을 침해하는지 여부에 관하여 5인 재판관의 위헌의견(헌재 2020. 3. 26. 2018헌마77 등, 판례집 32-1상, 268, 269).

4) 헌재 2003. 6. 26. 2002헌가14(청소년 성매수자 신상공개)에서 헌법재판소의 법정(합헌)의견은 '일반적 인격권' 외에도 '사생활의 비밀'을 제한된 기본권으로 언급하고 있으나(판례집 15-1, 624, 646), 여기서 문제되는 것은 사생활의 비밀에 대한 침해가 아니라 범죄인이 사회적으로 활동할 수 있는 기본조건의 보호에 관한 것이다. 위헌의견은 여기서 제한되는 기본권은 '사생활의 비밀'이 아니라 오로지 '사회적 인격상에 관한 자기결정권', 즉 일반적 인격권임을 밝히고 있다(판례집 15-1, 624, 650); 또한 헌재 2013. 10. 24. 2011헌바106 등, 판례집 25-2하, 156, 161, "심판대상조항에 따라 아동·청소년 대상 성폭력범죄자의 신상정보가 공개되면, 공개대상자의 사회적 평가가 침해되어 헌법 제10조에서 유래하는 일반적 인격권이 제한된다고 할 수 있다. 또 본인의 동의 없이 신상정보를 대중에게 공개하도록 규정하고 있는 심판대상조항은 공개대상자의 개인정보자기결정권도 제한한다."

5) 헌재 2013. 10. 24. 2011헌바106 등, 판례집 25-2하, 156, "심판대상조항은 아동·청소년의 성을 보호하고 사회방위를 도모하기 위한 것으로서 목적의 정당성 및 수단의 적합성이 인정된다. 한편, 심판대상조항에 따른 신상정보 공개제도는, 그 공개대상이나 공개기간이 제한적이고, 법관이 '특별한 사정' 등을 고려하여 공개 여부를 판단하도록 되어 있으며, 공개로 인한 피해를 최소화하는 장치도 마련되어 있으므로 침해의 최소성이 인정되고, 이를 통하여 달성하고자 하는 '아동·청소년의 성보호'라는 목적이 침해되는 사익에 비하여 매우 중요한 공익에 해당하므로 법

위 사례의 심판대상인 '청소년의 성보호에 관한 법률'의 신상공개제도는 '청소년의 성 보호'를 입법목적으로 표명하고 있다. 그러나 신상공개제도는 성범죄 발생의 구체적 개연성이나 재범의 위험성과 관계없이 단지 일회적으로 청소년의 성을 사는 행위를 한 자도 공개대상자에 포함시키고 있으며, 신상공개의 방법에 있어서도 구체적으로 위협받는 청소년과 그 보호자 또는 국가의 보호기관에 대하여 범죄인의 공개가 이루어지는 것이 아니라 일반 국민을 향하고 있고, 신상공개의 내용에서도 범죄인의 주거지 공개가 시·군·구에 그치고 있어 구체적인 성범죄의 예방을 위하여 적합하지 않다. 이러한 점에서 입법자가 신상공개제도를 통하여 실질적으로 의도하는 바는, 청소년의 성을 사는 자는 신상공개를 통하여 그 신상이 파악될 수 있고 이로써 사회적으로 매장될 수 있다는 것을 경고함으로써 대한민국 전체 남성에 대한 위협적 효과를 노리고, 이러한 방법으로 '청소년 성매매'라는 잘못된 사회현상을 개선하고자 하는 것이다.

'수단의 적합성'의 관점에서 볼 때, 입법자가 채택한 신상공개제도는 공개의 대상자·내용·방법에 비추어 보호법익에 대한 구체적 위험성에 근거하여 위협받는 법익을 보호하고자 하는 것이 아니므로, 구체적인 성범죄의 예방에 부적합하다. 이러한 점에서 위 신상공개제도가 '청소년의 성보호'란 입법목적을 달성하기에 실효적인 수단인지의 의문이 제기된다.

'수단의 최소침해성'의 관점에서 볼 때, 성범죄자의 신상공개는 그로부터 발생하는 구체적 위험에 대처하기 위하여 필요한 최종적인 수단에 해당하는 경우에 한하여 최소침해성원칙을 충족시킴으로써 법치국가적으로 용인될 수 있는 수단이다.[1] 그러나 타인의 법익에 대한 구체적인 위험이 존재하지 않음에도 국가가 잘못된 사회현상을 시정하고 국민의 도덕성을 회복하기 위하여 성매매를 한 자를 공개하는 것은, 일벌백계의 효과를 노려 당사자를 범죄퇴치의 단순한 대상으로 격하시킴으로써 인간의 존엄성에 반하는 국가행위이다. 입법자가 보호법익에 대한 구체적인 위험성에 근거하여 신상공개의 요건·내용·방법을 보다 정교하게 규율함으로써 범죄인의 기본권을 보다 적게 침해하는 다른 수단을 채택할 수 있음에도(가령, 재범의 위험이 있는 경우에 한하여 일정 범위의 인근 청소년과 그 보호자 또는 국가의 보호기관에 대한 성범죄자의 주거사실, 성향, 범죄양식 등의 고지) 위와 같은 포괄적인 신상공개제도를 채택한 것은 최소침해성의 원칙에 반한다.

나아가, '법익균형성'의 관점에서도, 위와 같은 신상공개제도를 통하여 달성될 수 있는 '범죄예방의 효과'는 불확실하고 작은 반면에, 신상공개제도를 통하여 범죄인이 입는 피해는 매우 중대하다. 개인이 외부 세계와의 관계에서 사회적으로 활동하면서 자신의 인격을 발현하기 위한 기본조건에 속하는 것이 바로 '사회에 복귀할 범죄인의 권리'이다. 범죄인에게는 형의 집행이 종료된 후 다시 사회에 복귀할 수 있는 가능성이 주어져야 하는데, 신상공개제도는 범죄인의 신상을 공개함으로써 당사자를 사회적으로 낙인찍고 사회로 복귀하는 것을 어렵게 하고 있다. 결국, 신상공개로 인하여 공개대상자의 인격권이 심대하게 제한되는 데 비해, 그 범죄억지의 효과가 미미하거나 불확실하므로, 법익의 균형성을 현저히 일탈하고 있다.

익의 균형성도 인정된다. 따라서 심판대상조항은 과잉금지원칙을 위반하여 청구인들의 인격권, 개인정보 자기결정권을 침해한다고 볼 수 없다."

[1] 미국의 '메간 법'에서 의도하는 바와 같이, 상습적인 청소년 상대 성범죄자에 의한 재범의 우려가 크기 때문에 청소년의 생명, 건강, 성적 자결권 등 중요한 보호법익에 대한 고도의 구체적 위험성이 있는 경우에 범죄인의 신상공개가 범죄방지를 위한 적합하고도 필요한 수단으로서 고려될 수 있다.

(5) 사회적 인격상에 관한 자기결정권에 대하여 특별관계에 있는 개별기본권의 존부

국가가 개인관련 정보를 처리하는 경우, 개인의 인격권은 헌법 제17조의 '사생활의 비밀과 자유'에 의해서는 보호될 수 없고, 단지 일반적 인격권의 한 요소인 '사회적 인격상에 관한 자기결정권'에 의해서만 보장될 수 있다.

제3장 平等權[1]

I. 서 론

헌법은 제11조 제1항에서 "모든 국민은 법 앞에 평등하다. 누구든지 성별·종교 또는 사회적 신분에 의하여 정치적·경제적·사회적·문화적 생활의 모든 영역에 있어서 차별을 받지 아니한다."고 규정함으로써 평등권을 보장하고 있다. 인류의 역사에서 국가에 대한 정의의 요청은 항상 두 가지의 요청, 즉 국가행위는 자의적이어서는 안 되고 과도해서는 안 된다는 것이었다. 평등원칙은 과잉금지원칙과 더불어, 정의를 지향하는 헌법국가의 핵심적 행위원칙이자 전체 법질서의 지도적 원칙이다. 예로부터 평등의 실현은 정의의 요청으로 간주되었으며, 평등은 '정의의 정신'이다.

국가의 침해적 행위에 의하여 개인의 자유영역이 제한되는 경우에 적용되는 자유권과는 달리, 평등권은 국가의 침해적 행위뿐만 아니라 시혜적 행위 또는 급부행위에 있어서도 적용되기 때문에, 기본권 중에서 가장 넓은 적용범위를 가진 기본권이자 헌법재판에서 가장 빈번하게 사용되는 심사기준이다.

평등권을 '법적용의 평등'을 넘어서 법률 스스로 평등원칙에 부합해야 한다는 '법제정의 평등'으로 파악한다면, 입법을 통하여 평등원칙을 일차적으로 실현하는 입법자를 헌법재판소가 어느 정도로 통제할 수 있는지 하는 어려운 문제를 제기한다. 헌법은 어떠한 인적 집단이 또는 어떠한 사실관계가 같기 때문에 입법자가 같게 취급해야 할 것인지에 관하여 아무런 구체적 표현을 하고 있지 않다. 따라서 입법자가 '본질적으로 같다 또는 다르다'고 판단한 주관적 평가를 헌법재판소가 어느 정도로 심사할 수 있는지 또는 자신의 주관적 평가로 대체할 수 있는지의 문제가 제기되는 것이다. 입법자와 헌법재판소 모두 국가기관으로서 평등원칙의 구속을 받으나, 헌법상의 권력분립질서 내에서 부여받은 기능이 서로 다르기 때문에, 평등원칙을 근거로 한 헌법재판소의 심사에 있어서 규범심사의 한계가 어디에 있으며 헌법재판소가 취할 수 있는 평등심사의 기준은 무엇인가 하는 것이 평등권의 핵심적 문제이다.

---

1) 한수웅, 平等權의 구조와 심사기준, 헌법논총 제9집(1998), 41면 이하 참조.

II. 법 앞에서의 평등

1. 자유와 평등의 조화

가. '법 앞에서의 평등'으로서 自由의 平等

헌법은 자유와 평등을 어떻게 조화시킬 것인지, 자유와 평등의 요청을 어떻게 동시에 보장할 것인지의 문제를 '법적 평등'이라는 방법을 통하여 해결하고 있다. 헌법상 평등권에 근거하여 국가가 실현해야 하는 평등은 '법적인 평등'이지 '사실상의 평등'이 아니다. 헌법 제11조의 평등권은 인간 사이에 존재하는 사실상의 불평등을 제거하여 사실상의 평등을 실현해야 할 의무를 부과하는 국가목표조항이 아니다. 여기서 '법적 평등'이란 자유를 전제로 하는 평등, 즉 '자유행사에 있어서 법적 기회의 평등', 즉 정적인 평등이나 형식적 평등을 의미하는 것이지, 자유행사 '결과의 평등'이나 사실상의 평등을 의미하지 않는다.

기본권주체의 능력과 적성이 서로 다르기 때문에 자유를 행사한 결과는 항상 인간 사이의 불평등으로 나타난다. 헌법은 행복추구권을 비롯한 일련의 자유권을 보장함으로써, 인간 사이의 사실상의 불평등을 인정하고 이로부터 출발하고 있다. 평등권은 자유행사의 결과를 평준화하거나 자유행사의 실질적 기회균등을 꾀하고자 하는 기본권이 아니라, 단지 자유를 행사하는 법적 기회의 평등을 보장하고자 하는 기본권이다. 헌법 제11조는 "모든 국민은 법 앞에 평등하다."란 표현을 통하여 평등권의 형식적 성격을 밝히고 있다. 이에 따라, 개인이 처한 구체적 상황(가령, 경제적 상황, 사회적 지위, 교육 등)이나 사실상 존재하는 불평등을 전혀 고려함이 없이, 동일한 사실관계는 법적으로 동일하게 취급된다.

따라서 헌법적 차원에서 자유권과 평등권 사이에 긴장과 대립의 관계가 발생하지 않는다. 여기서 평등이 단지 '법적 평등'을 의미한다면, 평등은 자유행사의 기회에 있어서 평등, 즉 자유를 전제로 하는 '자유의 평등'을 의미하기 때문에, 자유와 평등은 서로 대립하지 않는다.

나. '법에 의한 평등'으로서 實質的 平等

헌법 제11조의 평등권은 단지 형식적인 법적 평등을 의미하는 것이므로, 실질적 평등이나 사실상의 평등을 추구하는 적극적인 국가적 조치의 헌법적 근거가 될 수 없다. 실질적인 자유와 평등을 실현하고자 하는 것은 헌법 제11조의 평등권이 아니라 사회적 기본권을 비롯한 사회국가원리이다. 사회국가는 자유를 실제로 행사할 수 있는 자유행사의 실질적 조건을 마련해 주는 것을 국가의 과제로 삼고 있다. 인간은 자유를 행사할 수 있는 기회를 법적으로 평등하게 보장받을 뿐만 아니라 자유를 행사할 수 있는 실질적 기회에 있어서도 평등해야만, 사실상 평등하다고 할 수 있다.

평등을 '법적 평등'이 아니라 '실질적 평등'(자유를 행사할 수 있는 실질적 기회의 평등)으로 이해한다면, 자유와 평등이 서로 대립하는 것이 아니라 '자유'와 실질적 평등을 실현하기 위하여 국가에 대하여 적극적인 행위와 자유에 대한 제한을 요청하는 '사회국가원리'가 대립하는 것이다. 실질적 평등은 실질적 기회균등에 대한 요청으로서, 존재하는 사회적·경제적 차이를 조정하고 완화하고자 시도한다. 가령, 학비의 국가적 지원을 통하여 교육에서의 사실상의 기회균등을 꾀하거나 또는 세금에 의하여 지원되는 국민연금제도를 통하여 노후에 있어서 모든 국민의 균등한 생활수준의 최소한을 확보하고자 시도하는 것이다. 여기서의 평등이란, '법 앞에서의 평등'이 아니라 '법에 의한 평등'이다. 실질적 기회균등의 관점에서 법에 의하여 사회 내에서 인격발현의 기회가 어느 정도 균등하게 배분되는 것이다.

2. 法 內容上의 평등과 法適用의 평등

가. 법 내용상의 평등

"법 앞"이라는 명시적인 헌법적 표현에도 불구하고, 오늘날 기본권은 모든 국가권력을 구속하므로, '법 앞에서의 평등'이란 법적용기관인 행정청과 법원에 대한 요청인 '법적용의 평등'만을 의미하는 것이 아니라, 동시에 입법자에 대한 요청으로서 법률의 내용도 평등원칙에 부합해야 한다는 법제정의 평등(법 내용상의 평등)을 의미한다.[1]

헌법에서 다루는 평등권의 핵심적 문제는 행정이나 사법에 대한 평등권의 효력이 아니라 입법에 대한 평등권의 효력이다. 즉, 평등권의 주된 문제는 법률 스스로 평등원칙에 부합해야 한다는 '법제정의 평등'에 관한 것이며, 입법을 통하여 평등권을 실현하는 입법자와 헌법재판을 통하여 평등권을 실현하는 헌법재판소의 관계에서 평등권을 실현하는 과제의 배분에 관한 것이다.

나. 법적용의 평등

법적용의 평등이란, 행정청이나 법원이 법적용대상자의 지위·신분·권위 등과 관계없이 법규범의 요건을 충족시키는 경우 누구에게나 적용해야 한다는 당연한 법치국가적 요청을 의미한다. 이러한 측면은 오늘날 이미 법률의 개념적 요소인 일반·추상성에 포함되어 있다. 법적용의 평등은 집행부와 사법부는 법률의 구속을 받고 입법자의 의사에 근거하여 행위해야 한다는 법치국가적 원칙에 의하여 일차적으로 확보된다. 따라서 입법자가 법률로써 특정 생활영역을 평등원칙에 부합하게 규율한 경우, 이러한 법률을 적용하고 집행하는 행위는 그 자체로서 평등원칙위반의 문제를 야기하지 않는다.

다만, 법적용기관인 행정청과 법원이 법규범의 적용과정에서 독자적으로 결정할 수 있는 여지를 가지고 있는 경우에만 스스로 평등한 대우 또는 불평등한 대우를 할 수 있고, 이에 따라 법적용기관의 독자적인 평등위반이 문제될 수 있다. 법규범이 집행관청에게 스스로 판단할 수 있는 여지를 전혀 부여하고 있지 않은 경우(소위 기속행위) 평등권위반의 문제가 발생한다면, 여기서 제기되는 문제는 법적용기관의 행위를 구속하는 법규범이 평등권에 위반되는지의 여부이다. 행정청은 재량권을 행사할 수 있는 영역 및 불확정 법개념을 해석하고 적용하는 영역에서 독자적 결정공간을 가지며, 법원은 행정작용을 통제하는 과정에서 행정청의 독자적 결정을 교정할 수 있는 결정의 여지를 가진다.

행정청의 평등권위반여부는 특히 행정청이 스스로 자신의 재량행사의 지침을 정하는 행정규칙을 제정하여 그에 따라 재량을 행사한 경우나 행정청이 장기간 일정한 방향으로 재량을 행사함으로써 행정관행이 확립된 경우에 문제된다. 따라서 행정청에게 재량권이 부여된 영역이나 불확정 법개념의 해석과 관련하여 독자적인 판단의 여지가 부여된 영역에서도, 행정작용이 재량행사에 관한 행정규칙

---

1) 헌재 1992. 4. 28. 90헌바24, 판례집 4, 225, 231-232; 헌재 1995. 10. 26. 92헌바45, 판례집 7-2, 397, 408, "우리 헌법이 선언하고 있는 '인간의 존엄성'과 '법 앞에 평등'(헌법 제10조, 제11조 제1항)이란 행정부나 사법부에 의한 법 적용상의 평등을 뜻하는 것 외에도 입법권자에게 정의와 형평의 원칙에 합당하게 합헌적으로 법률을 제정하도록 하는 것을 명령하는 이른바 법 내용상의 평등을 의미하고 있기 때문에 … "

이나 확립된 행정관행으로부터 정당한 사유 없이 벗어나지 못하기 때문에, 행정청이 평등원칙의 구속을 받는다는 것은 행정의 자기구속으로 나타난다.

한편, 법률에 위반되는 행정규칙 또는 행정관행이 형성된 경우 행정청이 다시 합법적인 행정관행으로 전환하여 종래와는 다른 결정을 내린다 하더라도 평등원칙에 대한 위반은 존재하지 않는다. 개인은 '불법 앞에서의 평등'(keine Ungleichheit im Unrecht)을 주장할 수 없다. 행정실무나 행정규칙이 위법한 것일 때에는 법치국가원리에 비추어 수정이 요구된다. 그러므로 행정청에게 하자를 반복할 것을 요구할 수 없고, 이에 따라 불법의 평등, 즉 하자반복청구권은 인정되지 않는다.

Ⅲ. 평등권과 자유권의 구조적인 차이

1. 평등권의 구조적 특징으로서 三者關係

국가의 침해를 방어하는 자유권이나 국가로부터 급부나 행위를 요구하는 청구권의 경우,[1] 기본권의 주체인 '개인'과 기본권의 구속을 받는 '국가' 사이의 양자(兩者)관계에 관한 것으로, 개인과 국가의 관계에서 자유권이나 청구권의 위반이 주장된다. 이에 대하여 평등권의 경우, 자신의 평등권을 주장하는 기본권의 주체, 평등권의 구속을 받는 국가 그리고 기본권주체와 비교의 대상이 되는 제3자(인적 집단이나 사실관계)라는 3자관계가 특징적이다. 평등권의 경우, 기본권의 주체가 주장하는 위헌성은 국가작용의 과잉(자유권의 경우)이나 국가의 부작위(청구권의 경우)에 있는 것이 아니라 국가작용의 차별성에 있다. 따라서 평등권이 적용되기 위해서는 비교의 대상을 전제로 하며, 평등권위반의 주장은 기본권주체와 비교되는 제3자와의 연관관계에서만 가능하다. 평등권의 위반여부는 개인과 국가의 관계 그 자체만을 파악함으로써 판단할 수 있는 것이 아니라 제3자와의 비교를 통하여 판단할 수 있다는 점에서, 평등권은 그 본질상 상대적이다.

평등권이 적용되기 위해서는 두 개의 사실관계의 차별대우와 같이 국가의 적극적인 행위가 존재해야 한다. 국가의 모든 행위는 평등원칙을 준수해야 하기 때문에, 일단 국가가 일정 내용의 적극적인 활동을 해야만 비로소 국가의 사전적 행위에서 비롯되는 평등권의 문제가 발생할 수 있다.[2] 일단 입법자가 일정 내용의 입법을 하는 경우, 평등원칙은 본질적으로 같은 것은 같게 다른 것은 다르게 취급할 것을 요구함으로써, '입법'이라는 사전적 행위에서 유래하는 규범력을 가지게 된다.

2. 평등권과 보호범위

자유권은 각 그의 고유한 보호범위가 존재하고 그 기능에 있어서 일차적으로 대국가적 방어권으로서 보호범위에 대한 국가의 부당한 침해를 배제한다. 그러나 평등원칙은 특정한 생활영역, 인간의 행위나 법익을 국가로부터 보호하려는 것이 아니라, 국가의 행위지침으로서 정의에 부합하는 국가행위를 할 것을 요청한다. 평등권에 있어서는 국가의 침해로부터 보호하려는 고유한 보호범위가 존재

---

1) 청구권적 기본권의 개념에 관하여 아래 제6장 제1절 I. 참조.
2) 자유권의 경우, 방어권적 성격에 있어서는 국가의 적극적인 침해행위가 있어야만 자유권이 비로소 적용될 수 있지만, 한편으로는 자유권의 객관적 가치질서적 측면으로부터 도출되는 국가의 보호의무가 존재할 수 있으며 국가가 보호의무를 이행하지 않는다면 자유권의 침해가 인정될 수 있다. 따라서 반드시 적극적인 국가작용이 있어야만 자유권이 침해되는 것은 아니다.

하지 않으며, 이로써 보호범위에 대한 침해 또한 있을 수 없다.

따라서 평등권의 위반여부를 판단하는 심사구조도 자유권의 경우와 다를 수밖에 없다. 자유권의 경우, 기본권위반여부의 심사가 '보호범위의 확인', '보호범위에 대한 제한', '제한의 헌법적 정당성'이 라는 3단계로 이루어지나, 평등권의 경우에는 '차별대우의 확인'과 '차별대우의 헌법적 정당성'이라는 2단계로 이루어진다.

3. 相對的 基本權으로서 평등권

가. 평등권은 국가의 부작위를 요구하는 방어권적 성격이나 국가의 작위를 요구하는 청구권적 성 격을 가진 기본권이 아니라, 다양한 사실관계의 비교를 통하여 비로소 그 내용이 결정되고 기능하는 '상대적 기본권'이다.

평등권은 자유권과는 달리 국가작용 그 자체를 금지하는 것이 아니라, 국가작용이 평등원칙에 합 치하는 한 모든 국가작용을 허용한다. 즉, 국가가 자유를 제한한다면 누구에게나 평등하게 자유를 제 한할 것을, 부담을 부과한다면 누구에게나 평등한 부담을 부과할 것을 평등권은 요구할 뿐이다. 바로 이러한 이유에서 자유권을 제한하는 법률이 평등원칙에 합치한다고 하여 곧 합헌적인 법률이 아니 라, 자유권을 침해할 가능성은 언제나 있는 것이다. 예컨대, 국민 모두에게 '균등하게' '과도한' 조세 부담을 부과하는 세법규정의 경우, 재산권침해의 가능성이 있는지의 여부는 별론으로 하고, 부담이 평등하게 부과된 이상 평등권의 관점에서는 헌법적으로 하자가 없다.

또한, 평등권은 청구권과는 달리 국가로부터 적극적인 행위나 급부를 요청하는 것이 아니라, 국가가 혜택을 부여한다면 누구에게나 평등한 혜택을 부여할 것을 요구할 뿐이다. 따라서 개인은 평등권을 근 거로 하여 일정 급부를 국가로부터 요구할 수는 없고, 단지 국가가 이미 일정 인적 집단에게 혜택이나 급부를 제공한 경우에 한하여 평등권의 위반을 주장하여 '급부에의 참여'를 요구할 수 있을 뿐이다.

나. 따라서 평등권은 부담이나 혜택·기회를 분배하는 모든 문제에 있어서 중요한 의미를 가진다. 평등권이 적용되는 주요영역으로는 특히 급부행정의 영역(급부의 균등한 분배), 교육영역(교육기회의 균등), 세법의 영역(조세평등주의), 노동법의 영역(근로조건이나 취업기회에 있어서의 남녀평등) 등을 들 수 있다.

Ⅳ. 평등권의 위반여부를 판단하는 審査構造

사례 | 헌재 1990. 10. 8. 89헌마89(교원채용 차별 사건)

甲은 사립 사범대학교를 졸업한 사람으로서 교육공무원으로의 채용을 희망하고 있으나, "교사의 신 규채용에 있어서는 국립 또는 공립의 교육대학, 사범대학 기타 교원양성기관의 졸업자 또는 수료자를 우선하여 채용하여야 한다."고 규정하는 교육공무원법 제11조 제1항 때문에 교원적체가 심한 요즈음 사실상 채용이 불가능한 상태에 있다고 주장하면서 위 법률조항에 대하여 헌법소원심판을 청구하였다.[1]

---

1) 헌재 1990. 10. 8. 89헌마89(교원채용 차별), 판례집 2, 332, 344, "국·공립 사범대학 출신자에 대한 우선채용제도

평등권은 '본질적으로 같은 것은 같게 본질적으로 다른 것은 다르게 취급할 것'을 요청한다.[1] 따라서 평등권위반여부의 심사는 다음의 두 단계로 이루어진다. 첫째, 본질적으로 동일한 것을 다르게 취급하고 있는가 하는 차별대우의 확인과 둘째, 차별대우가 헌법적으로 정당화되는가의 판단이다.

1. 본질적으로 같은 것의 차별대우

평등권이 적용되기 위해서는 2개 이상의 사실관계나 인적 집단을 서로 비교해야 한다. 여기서 어떠한 사실관계나 인적 집단과 비교해야 하는지, 즉 비교대상을 설정하는 문제가 발생한다.

가. '본질적으로 같은 것'의 의미

평등심사의 첫 번째 단계로서, 사실관계의 비교를 통하여 '본질적으로 같은 것'을 다르게 취급하고 있는지를 확인해야 한다. 이를 확인하기 위해서는 비교되는 집단 간의 '본질적인 동일성'이 존재하는지 여부를 밝혀야 한다.

그러나 비교의 대상은 모든 관점에서 동일한 것이 아니라 단지 일정한 관점에서만 동일할 뿐이고 그 외의 관점에서는 서로 다르기 때문에, '두개의 비교대상이 같다'고 하는 판단은 서로 일치하는 요소를 본질적인 것으로, 그 외의 서로 상이한 요소를 비본질적인 것으로 간주함으로써 두 비교대상 간에 필연적으로 존재하는 상이함을 도외시한 결과이다. 따라서 평등권의 적용은 부분적으로 일치하는 사실관계의 비교에서 출발한다.

나. 비교기준의 선정에 의하여 결정되는 비교대상의 본질적 동일성

두 개의 비교대상이 모든 관점에서 서로 일치하는 것이 아니기 때문에, '무엇이 같은지 또는 다른지'의 질문은 단지 일정한 비교의 관점에서만 제기될 수 있다. 여기서 '무엇을 기준으로 하여 비교되는 두 집단을 본질적으로 동일한 것으로 판단해야 하는지'의 문제가 제기된다. 다수의 사실관계를 서로 같은 것 또는 다른 것으로 간주해야 하는지의 판단은 '어떠한 관점에서 비교가 이루어져야 하는지' 하는 '비교기준' 또는 '공통의 상위개념'을 선정해야만 가능하다.

예컨대, 「경찰공무원」인 청구인이 경찰공무원의 보수를 「군인」 및 「일반직공무원」에 비해 낮게 규정하여 청구인의 평등권을 침해한다고 주장하는 경우, '공무원'을 비교기준으로 삼는다면, 경찰공무원, 군인, 일반직공무원 모두 '본질적으로 같은 것'으로 간주되지만, '위험한 업무를 수행하는 공무원'을 비교기준으로 삼는다면 경찰공무원과 일반직공무원은 '본질적으로 다른 것'이 되고, 경찰공무

는 졸업후 인정된 취업기회를 미리 보장함으로써 우수한 인력을 국·공립의 사범대학에 유치하여 교육공무원으로 양성·채용하려는 제도이다. 그러나 이러한 입법목적이 비록 정당하다 하더라도 그 자체만으로는 국·공립 중등학교의 교사를 신규채용함에 있어 국·공립 사범대학 출신의 교사자격자에게 우선채용의 특혜를 부여함으로써 위에서 본 바와 같이 본질적으로는 차이가 없는 사립 사범대학 출신의 교사자격자를 차별하는 데 대한 합리적인 근거가 될 수는 없다. 나아가 이러한 차별은 오히려 그 입법목적에 반하여 결과를 낳을 수도 있다."; 판례집 2, 332, 348, "법 제11조 제1항은 우수교사를 확보한다는 당초의 입법목적에 기여하지 못하고 있음은 물론 오히려 교원의 자질저하라는 결과를 초래할 가능성이 있으며, 교직과정이수자에 대하여는 그 차별의 정도가 지나쳐서 비례의 원칙에 어긋난다. … 따라서 법 제11조 제1항의 우선채용제도에 의하여 사립 사범대학 졸업자와 교직과정이수자들을 차별하는 것은 이를 정당화할 합리적 근거가 없다 하겠다."

1) 헌재 1994. 2. 24. 92헌바43, 판례집 6-1, 72, 75; 헌재 1996. 8. 29. 93헌바57, 판례집 8-2, 46, 56, "헌법 제11조 제1항의 평등의 원칙은 일체의 차별적 대우를 부정하는 절대적 평등을 의미하는 것이 아니라 입법과 법의 적용에 있어서 합리적 근거 없는 차별을 하여서는 아니 된다는 상대적 평등을 뜻하고 따라서 합리적 근거 있는 차별 내지 불평등은 평등의 원칙에 반하는 것이 아니다."

원과 군인은 '본질적으로 같은 것'이 된다.

따라서 비교기준의 선정에 따라 비교대상의 범위가 달라진다. 비교기준의 의미·내용이 부정확하고 포괄적일수록(위의 예에서 '공무원') '본질적으로 같은 것'으로 간주해야 할 사실관계의 범위가 넓어지고, 반대로 비교기준의 내용이 정확하고 협소할수록(위의 예에서 '위험한 업무를 수행하는 공무원') '본질적으로 같은 것'으로 보아야 할 비교대상의 범위가 축소된다.

다. 비교기준 선정의 의미

본질적 동일성을 결정하는 비교기준은 비교의 대상을 많이 포함하도록 넓게 설정될 수도 있고, 아니면 단지 의미 있는 비교에 그치도록 근본적인 동일성에 제한될 수도 있다. 비교기준을 넓게 잡을수록 다른 것을 다르게 취급할 가능성이 많음으로써 차별대우가 자의적인지의 심사가 무의미한 것이 될 가능성이 크다. 임의의 관점에서 부분적 동일함을 확인하고 이어서 두 사실관계 사이에 차별을 정당화할 정도의 충분한 상이함이 존재한다는 것을 확인하는 것은 불필요한 작업이다. 따라서 전반적인 관점에서 보아 동등한 취급을 해야 할 입법자의 의무가 어느 정도 문제될 수 있는 경우에 한하여 두 사실관계를 동일한 것으로 간주하는 것이 바람직하다.

결국, '본질적으로 같은 것의 차별대우'란 헌법적으로 정당화될 필요가 있는 차별대우를 말한다. 다시 말하자면, 비교대상 사이에 법적으로 의미 있는 연관관계가 있기 때문에 차별이 정당화될 필요성이 있는 것으로 보인다면, 비로소 차별대우의 정당성에 관한 심사가 의미를 가진다. '본질적으로 동일한 것의 차별대우'를 확인하는 작업은 비교의 기준을 선정하는 작업이며, 이는 법적으로 의미 있는 심사를 가능하게 하기 위한 사전적(事前的) 준비 작업이다. 비교의 대상은 비교의 관점에 따라 여러 형태로 설정될 수 있고, 다른 비교대상이 선정되었다면 경우에 따라서는 다른 결과에 도달할 수 있으므로, 어떠한 비교대상이 선정되는가는 비교의 결과에 큰 영향을 미칠 수 있다.

라. 비교대상의 본질적 동일성을 판단하는 관점

비교대상의 선정은 대부분의 경우 청구인의 주장 등 사실관계의 확인을 통하여 큰 어려움이 없이 이루어진다. 그러나 이에 관하여 의문이 있는 경우, 비교집단이 본질적으로 동일한지의 판단, 즉 비교기준의 선정은 일반적으로 심판대상인 당해 법률규정의 의미와 목적을 고려함으로써 이루어진다.[1]

(1) 예컨대, 입법자가 환경보호를 이유로 「도로교통에서 발생하는 배기가스의 감축」이라는 목표를 설정하고 '배기가스가 적은 화물차량'에게 세제감면혜택을 부여한다면, '배기가스가 적은 화물차량'과 무엇을 비교할 것인지의 문제가 제기된다. 여기서 '모든 차량'이나 '배기가스를 적게 배출하는 공장이나 기업'을 비교대상으로 삼아 평등심사를 한다면, 근본적으로 서로 다른 것을 비교하고 서로 다르기 때문에 합리적인 차별이라는 무의미한 작업을 하게 된다.

입법목적(도로교통에서 배기가스의 감축)의 관점에서 '배기가스를 적게 배출하는 차량'은 본질적으로 같기 때문에, 입법자가 '배기가스가 적은 화물차'에게만 세제혜택을 부여하고 '배기가스가 적은 승

---

1) 헌재 1996. 12. 26. 96헌가18(자도소주 구입명령), 판례집 8-2, 680, 701; 헌재 2001. 11. 29. 99헌마494(중국국적동포의 재외동포 제외), 판례집 13-2, 714, 727-728, "서로 비교될 수 있는 사실관계가 모든 관점에서 완전히 동일한 것이 아니라 단지 일정 요소에 있어서만 동일한 경우에, 비교되는 두 사실관계를 법적으로 동일한 것으로 볼 것인지 아니면 다른 것으로 볼 것인지를 판단하기 위하여는 어떠한 요소가 결정적인 기준이 되는가가 문제된다. 두 개의 사실관계가 본질적으로 동일한가의 판단은 일반적으로 당해 법률조항의 의미와 목적에 달려있다."

용차'에게는 세제혜택을 부여하지 않는다면, 본질적으로 같은 것을 달리 취급하는 것이 된다. 본질적으로 같은 것의 차별대우가 평등원칙에 부합하기 위해서는 합리적인 이유(가령, 화물차의 우대를 정당화할 수 있는 또 다른 부가적 입법목적)에 의하여 정당화되어야 한다.

(2) 또 하나의 예를 들자면, 고령인 산파의 조산행위로 인하여 산모의 건강에 발생할 수 있는 위험을 방지할 목적으로 조산원의 정년을 60세로 제한하는 조산원법에 대하여, 조산원 甲이 평등권의 침해를 주장하는 경우, 입법목적이 「조산행위에 있어서의 위험방지」이므로, 법의 목적으로부터 '조산의 직업적 행사'가 비교의 기준으로 형성된다. '조산의 직업적 행사'는 산파뿐만 아니라 또한 산부인과의사의 직업영역에 해당하므로, 이러한 관점에서 '산파'와 '산부인과의사'는 본질적으로 동일한 비교집단이 된다.

그러나 다른 직업(가령, 교원, 공무원 등)은 조산원의 직업과 의미 있는 비교의 대상이 되지 않는다. 만일 '직업'을 비교기준으로 삼아 평등심사를 한다면, 각 직업마다 업무의 성격이 다르고 업무의 성격에 따라 정년이 다를 수밖에 없으므로, 차별을 정당화하는 합리적인 이유가 예외 없이 존재한다. 여기서 차별대우의 정당성(합리성) 심사는 무의미하다.

마. 차별대우

(1) 직접적 차별(법적 차별)

일반적으로 입법자를 비롯한 국가기관은 특정한 목표를 달성하기 위하여 또는 비교대상 간에 존재하는 사실상의 차이를 반영하여 '법규범의 적용을 받는 집단'과 '그렇지 않은 집단'으로 나누어 차별적으로 규정함으로써 법적으로 불리하게 대우하게 된다. 침해적 규정의 경우에는 '법규범의 적용을 받는 집단'이 불리한 대우를 받게 됨으로써 차별대우가 존재하고, 시혜적 규정의 경우에는 '법규범의 적용을 받지 않는 집단'이 불리한 대우를 받게 됨으로써 차별대우가 존재한다.

가령, 「국공립학교 대학교원」과 「초중등학교 교원」은 모두 '교육공무원'이라는 측면에서는 본질적으로 같은데도, 정당가입금지규정은 국공립학교 대학교원에게는 정당가입을 허용하면서 초중등학교 교원에게는 이를 금지함으로써 초중등학교 교원을 불리하게 대우하고 있으므로, 차별대우가 존재한다.

(2) 간접적 차별(사실상의 차별)

(가) 간접적 차별이란, 법규범이 모든 집단(가령, 남성과 여성)에 대하여 동일하고 중립적인 기준을 적용하였으나 사회적 고정관념이나 사실상의 차이로 인하여 주로 일부 집단에 대하여 불리한 효과를 초래함으로써 결과적으로 불평등한 대우가 발생한 경우를 말한다. 성별에 대하여 그 자체로서 중립적인 규정이 주로 여성들에게 불리한 효과를 야기하고, 이것이 양성간의 자연적 또는 사회적 차이에 기인하는 것이라면, 성별에 근거한 간접적인 차별이 인정된다.

여기서 법규범이 성별을 직접적으로 차별의 기준으로 삼았는지 여부는 중요하지 않다. 법규범이 성별을 직접적 차별의 근거로 삼거나 또는 성별에 의한 차별을 목적으로 하는 경우뿐만 아니라, 어떠한 관점을 형식적으로 차별의 기준으로 삼고 있는지와 관계없이 남성과 여성에게 서로 다른 차별적 효과를 현저하게 초래하는 경우에도 성별에 의한 차별을 인정해야 한다. 물론, 입법자의 결정이 항상 모든 집단에 대하여 동일한 효과를 발생시키는 것은 아니고 어느 정도 불평등한 효과를 초래하기 때문에, 사실상의 차별대우가 존재하는지를 파악하는 것은 쉽지 않다. 성별에 의한 차별금지의 헌법적 요청이 무한정으로 확대되는 것을 막기 위하여, 특정한 성별에서 발생하는 불이익은 어느 정도 중대한 비중을 가져야 한다.

(나) 헌법재판소는 '제대군인 가산점 결정'에서 '심판대상조항이 성별에 의한 차별인지 여부'를 판단함에 있어서, 가산점제도의 입법목적은 제대군인의 사회복귀를 지원하고자 하는 것이며, 이에 따라 심판대상조항은 차별의 기준을 형식적으로는 '성별'이 아니라 '제대군인'인지 여부에 두고 있지만, 전체 여성 중의 극히 일부분만이 제대군인에 해당될 수 있는 반면에, 남자의 대부분은 제대군인에 해당하므로, 가산점제도는 '실질적으로 성별에 의한 차별'이라고 판시한 바 있다.[1]

바. 본질적으로 다른 것의 차별대우

평등권은 '본질적으로 같은 것은 같게 본질적으로 다른 것은 다르게 취급할 것'을 요청하므로, 본질적으로 다른 것을 같게 대우하는 경우에도 차별대우가 존재한다.

예컨대, 국가공무원 공채시험에서 '경중시각장애인'을 '비장애인'과 동등하게 대우하여 시험시간 연장의 편의를 제공하고 있지 않은 경우, 동등한 조건에서 응시할 수 있는지의 관점에서 '경중시각장애인'은 '비장애인'과 본질적으로 다른 것임에도 양자를 같게 취급하고 있기 때문에, 경중시각장애인에 대한 차별대우가 존재한다.

2. 차별대우의 헌법적 정당성

본질적으로 같은 것을 다르게 취급하였다고 하여 그것이 곧 평등권에 위반되는 것은 아니고, 차별대우가 헌법적인 정당성을 갖지 못하는 경우에 평등권에 위반된다. 평등권의 심사기준, 차별대우가 헌법적으로 정당화되는지를 판단하는 기준은 크게 자의금지원칙과 비례의 원칙으로 나누어 볼 수 있다.

V. 평등권의 위반여부를 판단하는 審査基準

1. 恣意禁止原則에 따른 심사

가. 자의금지원칙의 내용

(1) 차별을 정당화하는 합리적 이유의 *存否*

자의금지원칙은 입법자에게 본질적으로 같은 것을 자의적으로 다르게, 본질적으로 다른 것을 자의적으로 같게 취급하는 것을 금지한다. 여기서 '자의적'이란 '차별을 정당화하는 합리적인 이유의 결여'를 의미한다. 따라서 자의금지원칙에 따른 심사의 경우, 단지 '차별의 합리적인 이유가 존재하는지'의 여부만을 판단한다. 차별대우를 정당화하는 객관적이고 합리적인 관점이 존재한다면, 차별대우는 자의적이 아닌 것으로 판단된다. 차별을 정당화하는 어떠한 합리적인 이유도 발견할 수 없는 경우, 차별대우는 평등원칙에 위반된다.

(2) 법적 차별의 이유

여기서 '차별을 정당화하는 합리적인 이유로서 어떠한 관점이 고려되는지'의 문제가 제기된다. 이

---

1) 헌재 1999. 12. 23. 98헌마363(제대군인 가산점), 판례집 11-2, 771, 785.

러한 문제는 '입법자가 법률로써 차별대우를 하는 이유가 무엇인지'의 문제와 직결된 문제이다. 입법자는 첫째, 차별을 통하여 구체적인 공익을 실현하고자 하거나, 둘째, 규율대상의 특성이나 비교대상 간의 사실상의 차이를 단지 반영함으로써 법적으로 차별하게 된다. 따라서 차별을 정당화하는 합리적인 이유로 고려되는 관점은, '비교대상 간에 존재하는 사실상의 차이'와 '입법자가 차별대우를 통하여 달성하려고 하는 입법목적'으로 크게 나누어 볼 수 있다.

입법자에 의한 법적 차별은 규율목적의 관점에서 보아 합리적인 고려에 기인하거나 또는 사물의 본성으로부터 나오는 합리적인 이유에 의하여 정당화되어야 한다. 따라서 차별이유의 합리성을 심사함에 있어서 '아무런 이유'가 아니라 사물의 본성으로부터 나오는 또는 규율목적의 관점에서 보아 '합리적인 이유'가 있는지를 판단하게 된다. 차별이유와 차별대우 사이의 관계를 살피지 않고서는 차별이유의 합리성을 판단할 수 없으므로, 자의금지원칙에 의한 심사는 필연적으로 '비교대상간의 사실상의 차이가 차별대우를 정당화하는지' 또는 '입법목적이 차별대우를 정당화하는지, 즉 차별대우가 입법목적을 달성하기에 적정한지'에 대한 판단을 내포하고 있다.

(가) 입법자가 차별을 통하여 달성하고자 하는 差別目的

입법자는 차별을 통하여 무엇인가를 달성하고자 한다. 입법자는 정치적 결정을 통하여 일정한 목표를 설정하고, 이 목표를 실현하기 위하여 규율대상인 일정 생활영역이 차별적으로 규율되어야 한다는 판단을 하게 되며, 이에 따라 그에 부합하는 차별기준을 선정한다. 이로써 그 법률의 적용을 받는 집단과 그렇지 않은 집단을 법적으로 차별하게 된다. 따라서 국가에 의한 차별의 배후에는 일반적으로 차별을 통하여 달성하려는 일정한 목표가 있으며, 이러한 차별목적은 대부분의 경우 법률 그 자체, 즉 법률의 의미와 목적으로부터 얻을 수 있다. 따라서 입법목적은 곧 차별목적이다.[1]

(나) 비교대상 간에 존재하는 事實上의 差異

이와는 달리, 입법자는 이미 존재하는 법현실, 전통, 관습 등을 합리적으로 법률에 수용하거나 사물의 본성으로부터 나오는 차이를 입법을 통하여 반영함으로써 법적 차별을 가져올 수 있다(예컨대, 여성의 생리휴가). 이 경우 법률요건은 입법자의 의도나 법적 논리가 아니라 현실에 의하여 결정된다.[2] 물론, 법률은 많은 경우 위의 2가지 성격을 동시에 가지고 있다.

---

1) 예컨대, 국가가 사인의 투자를 촉진하기 위하여 일정요건을 충족시키는 집단에게 보조금이나 조세감면혜택을 제공하는 경우 또는 대기오염을 방지하기 위하여 배기가스를 적게 배출하는 차량에게 조세감면혜택을 부여하는 경우가 이에 해당한다.

2) 초·중등학교 교원에게는 교육위원직 겸직을 금하면서 대학교원에게는 겸직을 허용하는 지방교육자치에관한법률의 평등권위반여부를 판단함에 있어서(헌재 1993. 7. 29. 91헌마69, 판례집 5-2, 145, 154), '교육법에서 양자의 직무를 달리 규정하였고 양자간의 직무의 본질이나 태양이 다른 것을 고려할 때 합리적 차별'이라고 하여 초·중등학교 교원과 대학교원 사이에 존재하는 사실상의 차이를 '합리적인 이유'로 고려하였다. 공탁금에 대하여 일반예금 중에서 가장 금리가 낮은 별단예금의 금리만 지급되도록 규정한 공탁금의이자에관한규칙 규정에 대한 헌법소원사건(헌재 1995. 2. 23. 90헌마214, 판례집 7-1, 245, 261)에서 '공탁과 예금은 그 제도의 본질을 달리하는 것이므로 위 규정은 본질이 다른 것을 다르게 취급하는 것'이라고 하여 차별을 정당화하는 합리적인 이유로서 비교대상간의 사실상의 차이를 들었다. 도시재개발사업의 시행자를 공법인으로 제한한 것의 위헌여부가 문제된 도시재개발법 규정에 대한 위헌소원사건(헌재 1996. 3. 28. 95헌바47, 판례집 8-1, 213, 224)에서, '우선적으로 공익을 추구하는 공법인과 이윤을 추구하는 일반건설회사간의 본질적 차이가 차별을 정당화한다'고 하여 이 결정에서도 비교대상간의 차이가 차별을 정당화하는 합리적인 이유가 되었다. 이 외에도 헌재 1997. 3. 27. 96헌바86, 판례집 9-1, 325, 334; 헌재 1998. 4. 30. 96헌마7, 판례집 10-1, 465, 477; 헌재 1998. 5. 28. 96헌가4 등, 판례집 10-1, 522, 539.

나. 자의금지원칙의 이론적 배경

(1) 평등을 실현하는 입법자에 대한 司法的 審査 가능성의 모색

헌법상의 평등권은 '어떠한 것이 같기 때문에 입법자가 같게 취급해야 하는지'를 판단할 수 있는 평가의 기준을 전혀 제시하지 않는다. 한편, 평등원칙을 실현함에 있어서 입법자에게 무제한적으로 형성권이 인정될 수 없다. 따라서 헌법재판소가 권력분립원칙을 고려하여 입법자에게 부여된 입법형성권을 존중하면서도 '입법자가 평등원칙을 준수하였는지'에 관하여 어느 정도로 심사할 수 있는지의 문제가 제기된다.

(2) 독일에서 자의금지원칙의 생성 배경

독일의 라이프홀쯔(Leibholz) 교수는 바이마르 공화국 당시 '입법자도 평등권의 구속을 받는다'는 미국과 스위스 판례의 영향을 받아, 평등권의 위반여부를 판단하는 기준으로서 자의금지원칙을 제시하였는데, 그가 헌법재판관으로 활동한 초기의 연방헌법재판소에 의하여 그의 이론은 그대로 수용되었다.

그의 이론에 의하면, '법 앞에서의 평등'이란 '올바른 법에 대한 요청'으로서, 올바른 법은 정의의 개념을 전제로 하기 때문에 같게 또는 다르게 취급하는 것이 정의로워야 한다는 것을 의미한다. 그러나 정의란 내용적으로 규정될 수 없으며, 정의의 개념은 다른 도덕적 가치와 마찬가지로 인간의 생활관계와의 연관성으로 말미암아 인간 공동체와 함께 끊임없이 변화한다. 그는 정의 개념의 이러한 상대성 때문에 정의를 근거로 한 절대적 가치판단은 불가능하지만, 정의에 대한 인식은 공동체의 법의식에서 나타난다고 보았다. 물론 법공동체에서도 일원적이고 통일적인 법의식이 존재하지 않으므로, '무엇이 정의에 부합하는지'의 적극적인 판단은 불가능하지만, '무엇이 정의에 반하는가' 하는 것은 거의 확실하게 판단할 수 있다고 생각하였다.

따라서 그는 정의를 극단적이고 절대적으로 부정하는 개념인 '자의'의 개념을 설정하여 이 반대개념을 통하여 평등권에서의 판단기준, 즉 입법자를 기속할 수 있는 기준을 제시하려고 시도하였다. 결국 비교나 평가의 아무런 기준을 제시하지 못한다는 소위 평등권의 내용적 개방성으로 인하여, 평등권을 기준으로 판단될 수 있는 것은 최소한의 내용인 '자의의 여부', 즉 명백히 정의에 반하는 것인지의 여부라는 것이다. 결론적으로, 그는 비교되는 사실관계를 같게 또는 달리 취급한 입법자의 평가가 '자의적'이어서는 안 된다는 것에서 평등의 심사기준을 찾았다.

(3) 명백히 正義에 반하는 것의 금지로서 자의금지

이러한 이론적 배경을 이해한다면, 평등심사의 기준으로서 자의금지원칙이 무엇을 요구하는가는 자명해 진다. 법률에 의한 차별에 있어서 어떠한 합리적인 이유도 찾아 볼 수 없기 때문에 그 규정을 자의로 볼 수밖에 없는 경우, 즉 차별의 불합리성이 명백한 경우에 한하여 평등원칙에 대한 위반은 확인될 수 있다. 그러므로 자의금지원칙에 의하면, 차별을 정당화하는 합리적인 이유를 더 이상 인식할 수 없기 때문에 입법자의 결정을 용인하는 것이 일반적인 정의감정에 반한다고 판단되는 경우에 비로소, 헌법재판소는 입법자의 판단에 이의를 제기하게 된다.

따라서 헌법재판소는 입법자의 결정이 가장 합목적적이고 이상적인 해결방법인가 하는 것은 판단하지 아니하고, 단지 최종적인 헌법적 한계로서 '자의금지'의 준수만을 심사하게 된다. 결국, 자의금지원칙에 의하면 입법자에게 광범위한 형성의 자유가 인정된다.

다. 입법형성권에 대한 존중의 표현으로서 자의금지원칙

(1) 司法的 自制의 표현으로서 자의금지원칙

자의의 개념은 '무엇이 같은 것인가'에 관한 입법자의 평가를 헌법재판소가 권력분립질서의 관점에서 합헌적인 것으로 인정해야 하는 명확한 한계를 설정한다. '비교되는 두 사실관계가 같게 또는 다르게 취급되어야 하는지'에 관하여 아무런 기준을 제시해 주지 못하는 평등원칙의 내용적 개방성은 권력분립의 관점과 결합하여 '명백하게 정의에 반하는 것의 금지'로 축소되었다. 이로써 자의금지원칙을 기준으로 한 심사는 헌법재판소에 의한 심사의 자제를 가져오게 되므로, 자의금지원칙은 사법적 자제의 중요한 표현이다.

자의금지원칙에 의하여 법률이 '정의로운지'가 아니라 '단지 명확하게 정의에 반하는지'의 관점이 헌법재판소의 심사기준이 되었다. 평등권을 위헌심사의 기준으로서 자의금지원칙으로 축소시킨 것의 의미는 입법자와의 관계에서 헌법재판소의 권한을 제한하려는 데 있다. 결국, 평등권은 헌법재판소의 통제규범으로서 기능하기 위하여 자의금지원칙으로 축소된 것이다. 법적 차별이나 평등대우를 통하여 정의를 실현하는 것은 헌법질서에서 일차적으로 입법자의 관할이자 책임이며, 자의금지원칙을 기준으로 한 헌법재판소의 심사는 국가행위에 있어서 최소한의 정의를 보장하는데 그친다.

(2) 行爲規範과 統制規範의 구분의 의미

자의금지원칙의 기초를 이루는 사고는 입법자의 형성권에 대한 존중이며, 평등권이 헌법재판소와 입법자 중 누구를 수범자로 하는가, 즉 누구를 기속하는가에 따른 행위규범·통제규범으로서의 기능상의 구분이다. 헌법재판소의 심사기준이 되는 통제규범으로서의 평등원칙은 단지 자의금지의 원칙으로서 입법·집행·사법기관에게 자의적인 공권력의 행사를 금지한다. 즉, 헌법재판소는 입법자의 결정에서 차별을 정당화할 수 있는 아무런 합리적인 이유를 찾아 볼 수 없는 경우에만 평등원칙의 위반을 확인하게 된다. 그러나 평등원칙은 행위규범으로서 입법자에게, 본질적으로 같은 것은 같게 다른 것은 다르게 규범의 대상을 실질적으로 평등하게 규율할 것을 요구함으로써 자의금지 이상의 훨씬 많은 것을 의미한다. 이로써 평등원칙은 입법자에 대해서는 평등의 실현의무를, 헌법재판소에 대하여는 단지 자의금지원칙을 의미하게 된다. 평등원칙의 실체적 내용과 심사권한의 문제를 분리하여 행위규범과 통제규범으로 구분하는 관점은 헌법재판소와 입법자의 관계를 권력분립원칙의 관점에서 기능과 권한의 문제로 부각시키고, 이로써 헌법재판소가 입법자의 형성권을 원칙적으로 존중해야 한다는 것을 강조한다는 점에서, 그 의미와 타당성이 있다.[1]

---

1) 헌재 1997. 1. 16. 90헌마110 등(교통사고처리특례법), 판례집 9-1, 90, 115, "헌법재판소와 입법자는 모두 헌법에 기속되나, 그 기속의 성질은 서로 다르다. 헌법은 입법자와 같이 적극적으로 형성적 활동을 하는 국가기관에게는 행위의 지침이자 한계인 행위규범을 의미하나, 헌법재판소에게는 다른 국가기관의 행위의 합헌성을 심사하는 기준으로서의 재판규범 즉 통제규범을 의미한다. 평등원칙은 행위규범으로서 입법자에게, 객관적으로 같은 것은 같게 다른 것은 다르게, 규범의 대상을 실질적으로 평등하게 규율할 것을 요구하고 있다. 그러나 헌법재판소의 심사기준이 되는 통제규범으로서의 평등원칙은 단지 자의적인 입법의 금지기준만을 의미하게 되므로 헌법재판소는 입법자의 결정에서 차별을 정당화할 수 있는 합리적인 이유를 찾아 볼 수 없는 경우에만 평등원칙의 위반을 선언하게 된다. 즉 헌법에 따른 입법자의 평등실현의무는 헌법재판소에 대하여는 단지 자의금지원칙으로 그 의미가 한정 축소된다. 따라서 헌법재판소가 행하는 규범에 대한 심사는 그것이 가장 합리적이고 타당한 수단인가에 있지 아니하고 단지 입법자의 정치적 형성이 헌법적 한계 내에 머물고 있는가 하는 것에 국한시켜야 하며, 그럼으로써 입법자의 형성의 자유와 민주국가의 권력분립적 기능질서가 보장될 수 있다.", 또한 같은 취지로 헌재 1998. 9. 30. 98헌가7 등, 판례집 10-2, 484, 504.

라. 자의금지원칙에 대한 비판

(1) 差等化된 평등심사의 가능성

자의금지원칙은 '합리적인 이유'의 존부만을 기준으로 삼기 때문에, 입법자에게 광범위한 형성의 자유를 부여하고, 그 결과 자의금지원칙에 의한 심사는 헌법재판소의 지나친 사법적 자제를 가져오게 된다.

따라서 비록 아무런 평가의 기준을 제시하지 않는 평등원칙의 가치개방성을 고려하더라도, 평등원칙을 단지 자의금지원칙으로 이해하는 것은 기본권의 효력을 과도하게 축소하는 것은 아닌지, 왜 평등권에 있어서는 헌법재판소의 심사기준이 자유권의 경우에 비하여 무제한적으로 완화되어야 하는지 하는 의문이 제기된다. 이러한 배경에서 헌법이 스스로 입법자의 형성권을 제한하는 경우에는 평등권위반여부에 관하여 자의금지원칙보다 엄격한 심사가 이루어질 수 있다는 사고가 제시되었는데. 이러한 사고에 바탕을 두고 있는 것이 바로 '과잉금지원칙(비례의 원칙)에 따른 심사'이다.

(2) 미연방대법원의 차등화된 평등심사기준

평등심사의 심사밀도가 규율대상의 영역에 따라 다를 수 있다고 하는 것은 미국 연방대법원의 판례가 보여주고 있다. 미연방대법원은 차별대우의 위헌여부를 평등권을 기준으로 심사함에 있어서 '의심스러운' 차별(인종, 국적, 기본적 권리의 침해), '거의 의심스러운' 차별(성별, 사생아), '의심스럽지 않은' 차별(경제, 사회분야의 입법)로 분류하고 있다. 이에 따라, 일정 인종집단의 권리를 제한하는 법률의 경우 평등권의 관점에서 위헌의 의심이 있는데, 물론 이러한 규정이 곧 위헌이라는 것을 의미하지는 않지만 연방대법원은 그러한 의심스러운 차별에 대해서는 '차별대우는 긴급한 입법목적을 실현하는데 기여하고 불가피한 것이라는 것을 입법자는 입증해야 한다'는 엄격한 기준을 적용하여 심사하는 한편, 경제·사회영역에서의 입법에 대해서는 '합리적인 이유에 의하여 차별이 정당화될 수 있는지'에 관한 단순한 합리성의 심사(명백성의 심사)에 그치는 방법으로 심사밀도를 달리하고 있다. 엄격한 심사기준을 적용하는 경우 일반적으로 법규정의 위헌확인을, 합리성의 심사기준을 적용하는 경우 일반적으로 법규정의 합헌확인을 결과로 가져오기 때문에, 어떠한 등급의 기준을 적용하는지의 문제는 위헌성판단에 있어서 중요한 의미를 가진다.

(3) 기본권제한의 효과에 따른 차등화된 심사기준

또한, 독일 연방헌법재판소도 일찍이 규율영역의 특성과 기본권제한의 효과에 따라 입법자에게 인정되는 입법형성권의 범위가 달라지고 심사밀도를 달리한다는 원칙을 자유권의 영역에서 확립하였다. 이에 의하면, 침해적 법률에 대해서는 수혜적 법률에 비하여 보다 엄격한 기준이 적용된다. 헌법재판소는 침해된 법익의 의미, 즉 기본권제한의 효과에 따라 심사의 밀도를 달리하는데, 개인적 자유의 핵심영역에 대한 공권력의 침해는 더욱 중대한 공익에 의하여 정당화되어야 하는 반면, 침해된 자유영역이 사회적 기능 및 사회적 연관성을 가질수록 입법자는 폭넓은 규율권한을 갖는다. 즉 침해된 법익이 개인연관성을 가질수록 더욱 보호되어야 하며, 사회연관성을 가질수록 입법자에 의한 광범위한 규율을 받을 수 있다.

2. 過剩禁止原則(비례의 원칙)에 따른 심사

가. 내 용

비례의 원칙에 따른 심사는 '차별대우가 헌법적으로 정당화되는지'를 판단하기 위하여 '차별대우'와 '차별목적' 사이의 상호관계를 비례의 원칙에 따라 심사한다. 자유권침해여부의 심사는 우선 보호범위에 대한 제한을 확인하고 제한의 헌법적 정당성의 문제로서 자유권의 제한(수단)과 입법목적간의 상관관계에 대한 심사이지만, 평등권의 경우에는 차별대우를 확인한 후 차별대우가 헌법적으로 정당화되는지의 문제로서, 여기서는 수단으로서 차별대우와 입법(차별)목적간의 상관관계를 비례의 원칙에 의하여 아래와 같이 심사하게 된다.

평등권에 과잉금지원칙을 적용함에 있어서 유의해야 할 것은, 과잉금지원칙은 수단과 목적의 상관관계를 전제로 하기 때문에 차별을 통하여 달성하고자 하는 구체적인 차별목적이 존재하는 경우에만 차별목적의 정당성·차별의 적정성·차별의 필요성은 심사될 수 있다는 점이다. 그러나 입법자가 차별을 통하여 구체적인 목적을 달성하고자 하는 것이 아니라 규율대상의 특성이나 다른 비교대상과의 '사실상의 차이'를 단지 반영하여 규정하는 경우에는, 차별목적을 전제로 한 '목적의 정당성', '수단의 적합성', '수단의 필요성'의 심사는 모두 이루어질 수 없다. 이 경우, 비례의 심사는 '사실상의 차이'와 '차별대우'사이의 상관관계의 타당성을 묻는 법익균형성의 심사로 제한된다.

(1) 정당한 차별목적

차별을 통하여 정당한 목적을 추구하는 경우에만 입법자는 법규정을 통한 차별을 할 수 있다. 따라서 개별적인 경우마다 입법자가 차별을 통하여 어떠한 목적을 추구하는지를 살펴보아야 하고, 이러한 목적의 추구가 헌법적으로 문제가 없는지를 심사해야 한다. 차별이 실현하려는 정당한 목적을 인식할 수 없거나 차별목적 스스로가 위헌적이라면, 차별 자체가 이미 평등원칙에 위반된다. 물론, 헌법소송의 실무에서 차별목적의 위헌성이 확인되는 경우는 거의 없다고 할 것이다.

(2) 차별대우의 적합성

차별대우는 입법자가 추구하는 입법목적을 달성하는데 적합해야, 즉 차별목적을 촉진하는데 기여해야 한다.

(3) 차별대우의 필요성 또는 불가피성

차별대우의 필요성은 '똑같이 유효한 수단 중에서 가장 평등권을 적게 침해하는 수단'이라는 의미에서 자유권의 최소침해성원칙을 의미하지 않는다. 차별대우가 입법목적을 달성하기에 불가피한지 또는 불가결한 것인지의 문제이다. 즉, 입법자의 차별목적은 차별대우 없이는 달성될 수 없어야 한다. 그러나 차별대우가 자유권에 불리한 영향을 미치는 경우에는 '차별은 최소한의 부담을 가져오는 수단이어야 한다'는 의미에서 차별효과의 최소침해성을 의미한다.

(4) 법익균형성 또는 비례성

법익균형성은 평등권심사의 핵심적 부분이다. 차별을 정당화하는 이유와 차별대우 사이의 상관관계의 타당성·비례성에 관한 것이다. 비례의 원칙을 기준으로 한 헌법재판소의 심사는 주로 이 부분에 한정되고 있다. 법익균형성은, '비교대상 사이의 사실상의 차이'나 '입법목적'이 그 성질과 비중에 있어서 차별대우를 정당화할 정도로 과연 그 만큼 현저하고 중대한 것인지의 문제에 관한 것이다. 이로써 사실상의 차이의 정도 또는 차별대우를 통하여 달성하려는 입법목적의 비중은 법적인 차별대우의 정도(효과)와 적절한 균형관계를 이루어야 하고, 양자가 적정한 비례관계를 현저하게 일탈해서는 안 된다. 입법목적의 비중과 차별대우의 효과를 교량함에 있어서, 여기서도 법익교량의 대상은 '차별목적의 추상적인 비중이나 중요성' 또는 차별대우로 인하여 불리한 효과가 발생하는 영역인 '관련자유권이 헌법질서에서 가지는 추상적인 의미나 중요성'이 아니다. 개별적 사건의 구체적 상황을 고려하여 '차별대우로 인하여 구체적으로 달성할 수 있는 차별목적 실현의 효과'와 '차별대우로 인하여 발생하는 구체적인 차별효과'를 비교해야 한다.

나. 자의금지원칙과 비례의 원칙의 차이점

심사의 기준으로서 '자의금지원칙'과 '비례의 원칙'의 본질적인 차이는, 자의금지원칙은 단지 차별을 정당화하는 합리적 이유의 존부만을 확인하는데 비하여, 비례원칙은 '차별을 정당화하는 이유'와 '차별대우' 사이의 상관관계의 타당성·비례성을 심사하는 데 있다. 자의금지원칙이 적용되는 경우에는 단지 납득할만한 합리적인 이유가 존재하는 것으로 평등권위반을 부인하기에 충분하지만, 비례원칙이 적용되는 경우에는 보다 설득력 있는 강력하고 결정적인 이유가 존재해야 한다. 즉, 비례심사의 경우에는, 차별대우가 당사자에 미치는 효과에 비추어 차별대우를 정당화할 정도로 비중이 있는 중대한 이유가 있는지를 판단하는 것이다.[1]

과잉금지원칙을 적용하는 경우, 차별목적이 정당한가는 거의 예외 없이 인정되고, 차별의 적정성도 차별이 입법목적의 실현에 조금이라도 기여한다면 인정되므로, 이 단계까지의 비례심사는 자의금지원칙에 의한 심사와 크게 다르지 않다고 할 것이다. 이와는 달리, 법익균형성의 심사단계에서 차별을 정당화하는 '이유의 성질과 비중'을 '차별의 정도'와 비교형량하게 되므로, 이로 인하여 헌법재판소가 평등에 관한 입법자의 평가를 배척하고 자신의 평가를 관철하려고 시도할 가능성이 높다. 따라서 바로 이 단계에서 사실상 비례심사와 자의심사간의 근본적인 차이가 있고, 바로 주관적 법익형량의 가능성 때문에 헌법재판소가 입법자의 판단을 헌법적으로 허용되지 않는 것으로 판단할 가능성이 높은 것이다.

VI. 평등권 위반여부의 엄격한 심사가 헌법상 요청되는 경우

1. 입법형성권의 정도와 심사밀도의 관계

사례 | 헌재 1999. 12. 23. 98헌마363(제대군인 가산점 사건)

재대군인지원에관한법률은 제대군인이 6급 이하의 공무원 또는 공·사기업체의 채용시험에 응시한 때에 필기시험의 각 과목별 득점에 각 과목별 만점의 5퍼센트 또는 3퍼센트를 가산하도록 규정하고 있다. 청구인들은 7급 또는 9급 국가공무원 공개경쟁채용시험에 응시하기 위하여 준비 중에 있는 여성

---

[1] 헌재 2001. 2. 22. 2000헌마25(국가유공자 및 가족 가산점), 판례집 13-1, 386, 403, "자의심사의 경우에는 차별을 정당화하는 합리적인 이유가 있는지만을 심사하기 때문에 그에 해당하는 비교대상간의 사실상의 차이나 입법목적(차별목적)의 발견·확인에 그치는 반면에, 비례심사의 경우에는 단순히 합리적인 이유의 존부 문제가 아니라 차별을 정당화하는 이유와 차별간의 상관관계에 대한 심사, 즉 비교대상간의 사실상의 차이의 성질과 비중 또는 입법목적(차별목적)의 비중과 차별의 정도에 적정한 균형관계가 이루어져 있는가를 심사한다."

또는 신체장애가 있는 남성인데, 위 법률조항이 자신들의 헌법상 보장된 평등권, 공무담임권 등을 침해하고 있다고 주장하면서 헌법소원심판을 청구하였다.[1]

가. 엄격한 평등심사를 정당화하는 헌법적 근거

헌법재판소의 심사밀도(엄격한 또는 완화된 심사)를 결정하는 중요한 기준은 입법자에게 인정되는 형성권의 정도이다. 평등권을 기준으로 하는 위헌심사에 있어서도 헌법재판소의 심사밀도는 입법자에게 인정되는 입법형성권의 정도에 따라 달라질 수밖에 없다. 따라서 입법자가 평등권을 입법을 통하여 구체적으로 실현함에 있어서 '헌법이 언제 어느 정도로 입법형성권을 제한하는지'의 관점에 의하여 심사밀도가 결정된다. 헌법이 스스로 평등권을 구체화하는 표현을 통하여 입법자에게 준수해야 하는 지침을 제시하는 경우, 입법자의 형성권은 축소되고, 이에 따라 보다 엄격한 심사가 요청된다.

단순한 자의심사를 넘는 엄격한 심사는 헌법에 직접적이든 간접적이든 근거가 있는 경우에만 허용될 수 있다. 헌법이 스스로 차별금지조항을 통하여 직접 평등권을 구체화하고 있거나 또는 법률에 의한 차별대우가 자유권에 영향을 미침으로써 평등권의 내용이 자유권을 통하여 구체화될 수 있는 경우, 입법자의 형성권은 축소됨으로써 보다 엄격한 심사가 정당화된다.[2]

이러한 관점에서 본다면, 엄격한 평등심사가 정당화되는 경우는 구체적으로 다음과 같다. 첫째, 헌법이 특별히 평등을 요청하는 경우(특별히 차별을 금지하는 경우), 즉 헌법이 스스로 차별의 근거로 삼아서는 안 되는 기준이나 차별이 이루어져서는 안 되는 영역을 특별히 제시하고 있는 경우, 그러한 기준을 근거로 한 차별이나 그러한 영역에서의 차별에 대하여 헌법재판소가 이러한 헌법적 요청이 준수되는지의 여부를 보다 엄격하게 심사하는 것이 정당화된다. 둘째, 입법자에 의한 차별대우가 자유권에 중대한 제한을 초래하는 경우, 자유권에 대한 중대한 제한은 보다 중대한 사유에 의하여 정당화되어야 하므로, 이러한 경우에도 보다 엄격한 심사가 정당화된다. 예외적으로 엄격한 심사기준이 적용되는 위의 경우가 아니라면, 그 외의 경우에는 자의금지원칙이 적용된다.

---

1) 헌재 1999. 12. 23. 98헌마363(제대군인 가산점), 판례집 11-2, 770, 771, "평등위반 여부를 심사함에 있어 엄격한 심사척도에 의할 것인지, 완화된 심사척도에 의할 것인지는 입법자에게 인정되는 입법형성권의 정도에 따라 달라지게 될 것이나, 헌법에서 특별히 평등을 요구하고 있는 경우와 차별적 취급으로 인하여 관련 기본권에 대한 중대한 제한을 초래하게 된다면 입법형성권은 축소되어 보다 엄격한 심사척도가 적용되어야 할 것인바, 가산점제도는 헌법 제32조 제4항이 특별히 남녀평등을 요구하고 있는 '근로' 내지 '고용'의 영역에서 남성과 여성을 달리 취급하는 제도이고, 또한 헌법 제25조에 의하여 보장된 공무담임권이라는 기본권의 행사에 중대한 제약을 초래하는 것이기 때문에 엄격한 심사척도가 적용된다." 헌법재판소는 위 결정에서 엄격한 비례심사를 한 결과, "차별취급을 통하여 달성하려는 입법목적의 비중에 비하여 차별로 인한 불평등의 효과가 극심하므로 가산점제도는 차별취급의 비례성을 상실하고 있다."고 하여 평등권을 침해한다고 판단하였다.

2) 헌재 1999. 12. 23. 98헌마363(제대군인 가산점), 판례집 11-2, 770, 787-789; 헌재 1999. 12. 23. 98헌바33, 판례집 11-2, 732, 749; 헌재 2000. 8. 31. 97헌가12(부계혈통주의에 의한 국적취득), 판례집 12-2, 167, 181; 헌재 2002. 4. 25. 98헌마425 등(준법서약서), 판례집 14-1, 351, 367, "헌법에서 특별히 평등을 요구하고 있는 경우 엄격한 심사척도가 적용될 수 있다. 헌법이 스스로 차별의 근거로 삼아서는 아니 되는 기준을 제시하거나 차별을 특히 금지하고 있는 영역을 제시하고 있다면 그러한 기준을 근거로 한 차별이나 그러한 영역에서의 차별에 대하여 엄격하게 심사하는 것이 정당화된다. 다음으로 차별적 취급으로 인하여 관련 기본권에 대한 중대한 제한을 초래하게 된다면 입법형성권은 축소되어 보다 엄격한 심사척도가 적용되어야 할 것이다. … 엄격한 심사를 한다는 것은 자의금지원칙에 따른 심사, 즉 합리적 이유의 유무를 심사하는 것에 그치지 아니하고 비례성 원칙에 따른 심사, 즉 차별취급의 목적과 수단간에 엄격한 비례관계가 성립하는지를 기준으로 한 심사를 행함을 의미한다."

나. 평등권을 구체화하는 헌법규범의 유형

(1) 헌법은 일련의 규정에서 차별을 금지하거나 명령하는 등 구체적 표현을 통하여 평등원칙을 실현하는 입법자의 형성권을 제한하고 있다. 평등권을 구체화하는 헌법규범은 '불리한 차별을 금지하는 규정'과 '유리한 차별을 명령하는 규정'으로 나누어 볼 수 있다. 차별금지규정과 차별명령규정은 각 차별을 금지함으로써 또는 차별을 명령함으로써 입법자의 형성권을 제한하는 규정이다.

(2) 입법자의 형성권을 제한하는 위의 규정들과 구분해야 하는 것은 '유리한 차별을 허용하는 헌법규정'이다. 차별허용규정은 입법자의 형성권을 제한하는 헌법규정이 아니라, 단지 유리한 '차별을 위한 합리적 이유'로 고려될 수 있는 헌법적 근거를 제공하는 규정에 불과하다. 가령, 헌법 제32조 제4항 전단(여자의 근로 보호), 헌법 제32조 제5항(연소자의 근로 보호), 헌법 제34조 제3항 내지 제5항 등은 사회적·경제적 약자인 여자, 노인, 청소년, 신체장애자, 생활능력이 없는 국민 등에 대하여 유리한 차별(우대)을 허용하고 있다.

위 조항들은 사회적·경제적 약자에게도 자유행사의 실질적 조건을 마련해 주고자 하는 사회국가원리의 구체적 표현으로서, 그들에 대한 유리한 차별의 헌법적 근거를 제공하는 규범들이다. 사회국가원리를 실현하기 위하여 차별을 허용하는 위 규정들에 의하여 사회적 약자에 대한 유리한 차별이 곧 정당화되는 것은 아니므로, 차별이 평등원칙의 관점에서 정당화되는지는 별도로 심사되어야 한다. 한편, 입법자는 헌법이 허용하는 한계 내에서 국가목표나 구체적인 입법목적을 실현하기 위하여 원칙적으로 자유로이 차별기준을 설정하고 이에 따라 차별을 할 수 있으므로, 헌법은 위의 '차별허용규정' 외에도 광범위하게 입법자에게 차별을 허용하고 있다.

2. 헌법이 스스로 차별대우를 금지하는 경우

가. 차별금지규정의 헌법적 의미

'차별금지규정(특별평등조항)'이란, 무엇을 같게 또는 다르게 취급해야 하는지에 관하여 아무런 기준을 제시하지 않는 '일반적 평등조항'(헌법 제11조 제1항 전문)과는 달리, 특수한 방법으로 차별을 금지한다든지 또는 평등을 요청함으로써 일반적 평등원칙의 내용을 구체화하고 입법을 통하여 평등원칙을 실현하는 입법자의 형성권을 제한하는 헌법상의 규정을 말한다.

차별금지규정은 입법자의 형성권을 제한하고 있기 때문에, 일반적 평등조항과 비교할 때 보다 강화된 평등보호를 제공하고, 이로써 차별대우의 정당성에 대하여 보다 강화된 요구를 한다. 차별금지규정은 입법자가 모든 경우에 동등한 대우를 해야 한다는 것은 아니지만, 명시적으로 차별을 금지함으로써 차별대우의 경우에는 특별한 정당성을 필요로 한다는 것을 의미한다. 따라서 입법자가 헌법상 차별금지의 요청에도 불구하고 차별을 하는 경우에는 헌법재판소가 이러한 헌법적 요청이 준수되는지를 엄격하게 심사하는 것이 정당화된다.

차별금지규정은 헌법 제11조 제1항 전문의 '일반적 평등조항'에 대한 특별규정인 '특별평등조항'으로서 일반적 평등조항의 적용을 배제한다. 일반적 평등조항은 특별평등조항이 적용되지 않는 경우에 비로소 보충적으로 적용된다. 따라서 평등심사의 기준으로 특별평등조항이 고려되는 경우에는 우선적으로 특별평등조항을 심사기준으로 하여 평등권위반여부를 판단해야 한다.

나. 엄격한 평등심사를 요청하는 특별평등조항

(1) 헌법 제11조 제1항 후문(성별·종교 또는 사회적 신분에 의한 차별금지)

사례 │ 헌재 2010. 11. 25. 2006헌마328(남성에 국한된 병역의무의 부과 사건)

甲은 병무청으로부터 육군 모집병 입영통지서를 수령한 후 입대하였다. 甲은 남성에게만 병역의무를 부과하는 구 병역법조항이 자신의 평등권 등을 침해하여 헌법에 위반된다고 주장하며 위 조항의 위헌 확인을 구하는 헌법소원심판을 청구하였다.[1]

(가) 일반적 평등조항에 대한 특별평등조항

평등권을 구체화하는 헌법규정 중에서 가장 중요한 것은 "성별·종교 또는 사회적 신분"에 의한 차별을 금지하는 헌법 제11조 제1항 후문이다. 헌법 제11조 제1항 후문은 "누구든지 성별·종교 또는 사회적 신분에 의하여 정치적·경제적·사회적·문화적 생활의 모든 영역에 있어서 차별을 받지 아니한다."고 규정하고 있다. 헌법 제11조 제1항 전문의 일반적 평등조항이 국가에 대하여 단지 평등원칙에 부합하는 행위를 요구할 뿐이라면, 후문은 구체적으로 어떠한 징표(표지)가 차별을 정당화하는 사유로 고려될 수 없는지에 관하여 규정하고 있다. 이로써 헌법 제11조 제1항 후문은 전문의 일반적 평등조항을 구체화하는 특별평등조항이다.[2]

성별에 의한 차별금지는 다시 헌법 제32조 제4항에서 근로영역에서 성별을 이유로 한 차별금지로, 헌법 제36조 제1항에서는 혼인과 가족생활에서 성별에 의한 차별금지로 구체화되고 있다. 또한, 종교에 의한 차별금지도 헌법 제20조 제2항에서 국교를 이유로 한 종교의 차별금지로 구체화되고 있고, 사회적 신분에 의한 차별금지도 헌법 제11조 제2항의 '사회적 특수계급제도의 불인정 및 창설금지' 규정에 의하여 구체화되고 있다.

(나) 역사적·민족적 체험의 반영

건국헌법의 제정자는 과거의 역사적 경험에 비추어 성별·종교·사회적 신분에 의한 차별을 헌법규정을 통하여 금지하는 것이 필요하고, 일반적인 평등원칙만으로는 효율적으로 성별 등에 의한 차별을 배제할 수 있을 만큼 아직 국민 일반의 법의식이나 인식이 확고하지 않다고 판단하였기 때문에, 차별의 기준이 될 수 없는 위 세 가지 특징을 특별히 명시적으로 언급하였다(건국헌법제8조).

---

1) 헌재 2010. 11. 25. 2006헌마328(남성에 국한된 병역의무의 부과), 판례집 22-2하, 446, [재판관 4인의 기각의견(법정의견)], "이 사건 법률조항은 헌법이 특별히 양성평등을 요구하는 경우나 관련 기본권에 중대한 제한을 초래하는 경우의 차별취급을 그 내용으로 하고 있다고 보기 어려우며, 징집대상자의 범위 결정에 관하여는 입법자의 광범위한 입법형성권이 인정된다는 점에 비추어 이 사건 법률조항이 평등권을 침해하는지 여부는 완화된 심사기준에 따라 판단하여야 한다. 집단으로서의 남자는 집단으로서의 여자에 비하여 보다 전투에 적합한 신체적 능력을 갖추고 있으며, 개개인의 신체적 능력에 기초한 전투적합성을 객관화하여 비교하는 검사체계를 갖추는 것이 현실적으로 어려운 점, 신체적 능력이 뛰어난 여자의 경우에도 월경이나 임신, 출산 등으로 인한 신체적 특성상 병력자원으로 투입하기에 부담이 큰 점 등에 비추어 남자만을 징병검사의 대상이 되는 병역의무자로 정한 것이 현저히 자의적인 차별취급이라 보기 어렵다. … 결국 이 사건 법률조항이 성별을 기준으로 병역의무자의 범위를 정한 것은 자의금지원칙에 위배하여 평등권을 침해하지 않는다." 이러한 판시내용에 대한 비판으로 아래 다. 참조.
2) 독일에서도 기본법 제3조 제2항 제1문("남성과 여성은 동등하다.") 및 제3조 제3항 제1문("어느 누구도 그의 성별, 출신, 인종, 언어, 출생지와 혈통, 신앙, 종교적 내지 정치적인 견해 때문에 차별받거나 우대받지 아니한다.")은 일반적 평등조항인 제3조 제1항("모든 인간은 법 앞에 평등하다.")에 대한 특별규정으로서 일반적 평등조항의 적용을 배제하는 것으로 이해하고 있다.

각국의 헌법은 그 나라의 역사적·민족적 체험과 고유한 정치적·사회적 배경을 반영하여 평등원칙의 구체적 내용을 헌법이나 판례를 통하여 형성하였다. 미국의 경우에는 이민국가 또는 다인종·다민족국가라는 고유한 상황에서 인종이나 국적에 의한 차별,[1] 독일의 경우 나치정권에 의한 인권유린의 과정에서 인종, 민족, 혈통, 언어, 신앙 등에 따른 차별[2]이 역사적으로 문제가 되었고, 이러한 경험이 평등권의 구체적 형성에 영향을 미쳤다면, 우리 헌법은 평등권을 규정함에 있어서 다른 민족적 체험에 기초하고 있다. 따라서 한국 헌법이 차별의 기준으로 고려해서는 안 되는 특징으로 열거한 "성별·종교·사회적 신분"은 위와 같은 의미에서 해석되어야 한다.

1) 헌법 제11조 제1항 후문이 차별의 근거로 삼아서는 안 되는 사유로서 '성별'을 언급한 것은 유교적 전통에 바탕을 둔 男尊女卑 사상에 대한 명시적인 부정을 의미한다. 헌법제정 당시 우리 사회에서 아직도 전통적인 남존여비사상과 가부장적 사고가 팽배하였고 혼인과 가정에서 남녀의 평등이 실현되고 있지 않았기 때문에, 헌법은 특별히 성별을 차별의 기준으로 삼아서는 안 되는 징표로 강조하고 있는 것이다.

헌법 제11조의 차별금지규정에 언급된 특징 중에서 특히 '성별'이 현실적으로 중요한 법적 의미를 가지고 있다. 성별에 의한 차별이란 성별을 이유로 한 차별을 뜻하는데, '성별'이란 표지와 '차별' 사이에 인과관계가 있어야 한다. 즉 성별에 의한 차별이란 '누가 여자 또는 남자라는 사실 때문에 바로 그 이유로 인하여 받는 차별'을 말한다.

헌법상 남녀차별금지의 요청에도 불구하고, 성별에 의한 모든 차별대우가 평등권에 위반되는 것은 아니고, 사물의 본질상 단지 남자나 여자에게서만 발생할 수 있는 문제의 해결을 위하여 필연적으로 차별이 요구되는 경우에는, 차별을 정당화하는 예외적 사유가 인정되기 때문에 남녀를 차별하는 규정이 허용된다. 따라서 남녀를 차별하는 법률규정은 단지 임신, 출산, 신체적 능력 등 '생리적 차이'에 그 차별의 근거를 두고 있는 경우에만 정당화된다. 가령, 출산 전 일정 기간 동안 産母에게만 휴가를 부여하는 규정은 성질상 단지 여성에게만 발생할 수 있는 문제의 해결을 위한 규정으로서, 父가 될 자에게 휴가를 부여하지 않는다고 하여 자신이나 태아의 건강에 위험이 발생하는 것은 아니므로, 헌법상 남녀차별금지의 요청에도 불구하고 차별을 정당화하는 예외적 사유가 존재한다.

이에 대하여, 단지 남녀 간의 사회적 역할분담에 기인하는 '기능상의 차이'는 성별에 의한 차별대우를 정당화할 수 없다.[3] 과거 전통적으로 남녀 간의 생활관계 또는 사회적 역할분담이 일정한 형태

---

1) 미국의 헌법은 평등권에 관한 구체적인 표현을 하고 있지 않으나, 미연방대법원이 해석을 통하여 인종, 국적과 같은 징표를 차별금지기준으로 제시하는 판례를 확립하였다.
2) 헌법 제11조 제1항 후문에 해당하는 독일 기본법 제3조 제3항 제1문("어느 누구도 그의 성별, 출신, 인종, 언어, 출생지와 혈통, 신앙, 종교적 내지 정치적인 견해 때문에 차별받거나 우대받지 아니한다.") 참조.
3) 독일 연방헌법재판소는 초기에는 성별의 생리적 차이뿐만 아니라 기능적 차이도 차별을 정당화하는 이유로서 인정하였으나, 근래에는 단지 생리적인 차이를 이유로 한 차별만을 허용하고 있다. 남녀차별을 위헌으로 판단한 연방헌법재판소의 대표적 판례를 살펴보면, 다음과 같다. ① 독립세대를 구성하는 여성근로자에게만 한 달에 하루 家事를 돌볼 수 있는 유급휴가를 부여하는 규정은 동일한 상황에 있는 남성근로자를 정당한 이유 없이 배제하였기 때문에 평등권에 위반된다고 하였다(家事休暇日 결정, BVerfGE 52, 369, 376). 헌법재판소는 위 규정은 가사를 돌보는 것이 여성의 역할이라는 전통적인 사고에 기인하고 있고 그 외의 차별을 정당화할 수 있는 다른 이유를 찾을 수 없다고 하였다. ② 남성 생산직 근로자와는 달리 여성 생산직 근로자에게만 야간작업을 금지시킨 규정에 대하여 연방헌법재판소는 야간작업이 남성보다 여성에 있어서 더 건강에 해롭다는 의학적 인식이 존재하지 않기 때문에 남녀 간에 존재하는 근본적인 생리적인 차이가 없고, 여성의 경우 가사와 근로의 이중적 부담이 있다고 하는 기능적 차이는, 남성에게도 이중적 부담의 가능성이 충분히 있기 때문에, 차별을 정당화하는 이유가 될 수 없다고 하여, 평등권

로 형성되었다는 사실만으로는 남녀차별이 정당화될 수 없을 뿐만 아니라, 바로 이러한 사고는 헌법이 명시적인 차별금지규정을 통하여 극복하려고 하는 전래적 사고이다. 기존에 형성된 사회적 현상과 그에 따른 남녀 간의 차이를 계속 감수해야 한다면, 장래에 있어서 남녀의 법적 평등을 실현하려는 헌법규정은 그 의미와 기능을 상실하고 말 것이다.

2) 헌법이 제11조 제1항 후문에서 차별금지사유로서 '종교'를 언급한 것은 국가가 특정 종교나 세계관과 일체감을 가지지 않는다는 종교적·세계관적 중립성을 표방한 것이고, 헌법 제20조 제2항의 정교분리의 원칙과 함께 국가의 세계관적 중립성을 실현하기 위한 필수적 요건을 규정한 것이다. 종교적·세계관적 중립성은 국가가 '모든 국민의 국가'로서 기능하기 위하여 불가결한 요건이다.

3) 헌법 제11조 제1항 후문이 차별금지사유로서 '사회적 신분'을 언급한 것은, 헌법제정 당시 아직도 우리 사회에 잔존하고 있던 유교적 전통으로서 반상제도(班常制度)와 같은 사회적 계급·신분제도에 대한 명시적인 부정을 표현하고 있는 것이다. 1948년 건국헌법의 제정 당시, 우리 사회에서 유교적 전통에 기인한 사회적 신분에 의한 차별이 아직도 완전히 폐지되지 않았고, 이에 의한 차별이 특별히 우려되었기 때문에, 헌법은 차별금지기준으로서 '사회적 신분'을 명문으로 수용한 것이다.

따라서 '사회적 신분'에 의한 차별이란, 조선시대의 반상제도와 같은 사회적 신분제도에 기초하여 신분적 차이를 이유로 한 차별을 말한다.[1] "사회적 특수계급의 제도는 인정되지 아니하며, 어떠한 형태로도 이를 창설할 수 없다."고 규정하는 헌법 제11조 제2항도 위와 같은 헌법해석의 타당성을 뒷받침하고 있다.

(다) 학계의 견해

1) 학계에서는 헌법 제11조 제1항 후문은 전문의 '법 앞의 평등'의 내용을 단지 예시한 규정으로 이해해야 한다고 주장하는 '예시적 규정설'과 전문과 후문을 각 고유한 헌법적 의미와 기능을 가진 일반적 평등조항과 특별평등조항으로 이해하면서 후문에 규정된 차별금지사유를 열거적인 것으로 보아야 한다고 주장하는 '열거적 규정설'이 서로 대립하고 있다.

여기서 '열거적'이란, 헌법 제11조 제1항 후문에 규정된 차별금지사유에 의한 차별의 경우에 한하여 특별평등조항인 후문의 규정이 적용되고, 그 외의 사유에 의한 차별의 경우에는, 예외적으로 다른 특별평등조항이 적용되지 않는 한, 일반적 평등조항을 적용하여 평등권위반여부를 심사해야 한다는

의 위반을 확인하였다(여성 근로자의 야간작업금지 결정, BVerfGE 85, 191, 207 ff). ③ 남성만이 의용소방대의 역무의무를 지도록 한 규정도 전통적인 사회적 통념에 기초한 것이라는 이유로 평등권위반을 확인하였다(BVerfGE 92, 91).

1) 한편, 헌법재판소는 누범의 가중처벌을 규정하는 형법규정에 대한 위헌소원에서 "여기서 사회적 신분이란 사회에서 장기간 점하는 지위로서 일정한 사회적 평가를 수반하는 것을 의미한다 할 것이므로, 전과자도 사회적 신분에 해당된다고 할 것이며, 누범을 가중처벌하는 것이 전과자라는 사회적 신분을 이유로 차별대우를 하는 것이 되어 헌법상의 평등의 원칙에 위배되는 것이 아닌가 하는 의문이 생길 수 있다."고 판시한 바 있다(헌재 1995. 2. 23. 93헌바43, 판례집 7-1, 222, 235). ① '사회적 신분'을 위와 같이 이해한다면, 개인마다 사회적으로 점하는 지위와 사회적 평가가 상이하기 때문에 모든 인간 사이의 차별대우는 필연적으로 '사회적 신분'에 의한 차별에 해당하게 된다. 그렇다면, 결국 인간 사이의 모든 차별대우가 사회적 신분에 의한 차별의 문제를 의미하므로, 헌법 제11조 제1항 후문의 '사회적 신분'은 아무런 고유한 의미를 지니지 못하는 공허한 개념에 불과한 것이 된다. ② 뿐만 아니라, 헌법재판소의 위 결정에서 문제된 것은 '누범과 누범 아닌 자를 차별대우 하는 것이 합리적인 이유로 정당화되는 것인지'의 여부이므로, 위 결정에서 '전과자도 사회적 신분에 해당한다'고 언급한 것은 문제의 해결에 아무런 기여를 못하는 무의미한 확인에 지나지 않는 것이다. 전과자가 '사회적 신분'에 해당하는지의 확인은, 이로부터 특별한 별도의 법적 결과(가령, 심사밀도의 차이 등)를 이끌어내는 경우에만 의미를 가진다. 단지 차별대우의 존재를 확인하기 위하여 '사회적 신분'을 언급하고 그 의미를 밝히는 것은 무의미하다.

것을 의미한다. 반면에, '예시적 규정설'에 의하면 성별·종교·사회적 신분에 의한 차별의 경우 및 그 외의 사유에 의한 차별의 경우 모두 헌법 제11조 제1항 전문의 일반적 평등조항을 적용하여 위헌여부를 판단하게 된다.

'예시적 규정설'에 의하면, 위 후문 규정은 고유한 의미와 기능을 부여받음이 없이 전문 규정에 종속되어 단지 일반적 평등조항의 내용을 예시하는 규정으로, 헌법이 굳이 규정하지 않아도 될 당연한 사실을 규정한 조항, 즉 헌법 내에서 존재의미가 없는 조항으로 전락하게 된다. 그러나 개별 헌법규범은 '헌법의 통일성'의 관점에서 헌법 내에서 그에게 부여된 고유한 의미를 갖도록 해석되어야 한다는 것은 헌법해석의 기본적인 출발점이다. 뿐만 아니라, 헌법 제11조 제1항 후문을 예시적 규정으로 본다면, 전문의 일반적 평등원칙을 구체화하고 있는 일련의 특별평등조항들(가령, 헌법 제32조 제4항 후단 등)도 모두 헌법적으로 특별한 의미가 없는 예시적 규정으로 보아야 하는데, 다수의 헌법규정을 무의미하게 만드는 이러한 해석이 타당할 수 없다. 따라서 헌법 제11조 제1항 후문은 전문에 대한 특별규정으로서 차별의 기준으로 삼아서는 안 되는 특징을 '열거적으로' 규정한 것으로 이해해야 한다.

2) '예시적 규정설'은 성별·종교·사회적 신분 외에도 입법자가 차별의 근거로 삼아서는 안 되는 기준은 다양하게 존재하기 때문에 헌법 제11조 제1항 후문을 단지 예시적인 규정으로 보아야 한다고 주장하나, 다음과 같은 관점을 간과하고 있다.

물론, 개인의 주관적 관점에서 볼 때 헌법 제11조 제1항 후문이 제시하는 기준 외에도 이에 버금가게 중요하기 때문에 人的 差別의 기준으로 삼아서는 안 되는 다양한 기준, 가령 인종이나 출생 등을 제시하는 것이 가능할 것이다. 그러나 다수 국가의 헌법은 각국의 고유한 민족적 또는 역사적 체험을 바탕으로 명문으로 또는 최고법원의 판례를 통하여 특별히 차별의 기준으로 삼아서는 안 되는 관점을 제시하고 있는데, 헌법이 제시하는 기준이 구속력을 가지는지 여부는 그 기준이 적정한지에 관한 개인의 주관적 가치판단에 의하여 결정될 문제가 아닌 것이다.[1]

우리 헌법은 제11조 제1항 후문 외에도, 아래에서 살펴보는 바와 같이 일반적 평등원칙을 구체화하는 다수의 특별평등조항을 가지고 있다. 나아가 '헌법에서 특별히 평등을 요청하는 경우'에 해당하지 않기 때문에 '일반적 평등조항'이 적용되는 경우라 하더라도, 헌법에 열거되지 아니한 사유(가령, 인종, 출신, 혈통 등)로 인한 차별이 개인의 인격발현에 중대한 영향을 미치는 경우에는 헌법재판소의 확립된 판례에 따라 이러한 차별은 자유권의 행사에 미치는 중대한 제한효과로 인하여 '차별이 기본권에 대한 중대한 제한을 초래하는 경우'에 해당하게 되어 예외 없이 엄격한 심사가 이루어진다.

(2) 헌법 제25조(공직취임에서 능력 외의 기준에 의한 차별금지)

헌법 제25조의 공무담임권은 공직취임에 있어서 '능력' 외의 기준에 의한 차별을 금지함으로써 특별히 평등을 요구하고 있는 특별평등권이다. 평등민주주의의 관점에서 볼 때 공직배분에 있어서 평등원칙에 부합할 수 있는 유일한 기준은 해당 공직에의 적격성, 즉 지원자의 능력과 적성이므로, 공무담임권은 공직취임에 관한 한, '모든 국민은 능력에 따라 균등하게 공직취임의 기회를 가진다'는

---

1) 특히, 헌법 제11조 제1항 후문에 규정된 징표가 단지 3개에 불과하여 너무 적기 때문에 헌법의 구속력 있는 결정이 아니라 단지 예시적이라는 견해는 '만일 헌법이 차별의 근거로 삼아서는 안 되는 기준을 (주관적 관점에서 보아) 적정한 수로 제시하는 경우에는 이를 구속력 있는 지침으로 간주할 수 있다는 견해'와 다름 아닌데, 헌법의 객관적 의사와 그 구속력여부가 헌법이 제시하는 차별금지기준의 수에 의하여 판단될 수 없음은 당연하다.

의미로 이해되어야 한다. 헌법은 비록 '능력주의'를 명시적으로 언급하고 있지 않지만, 공무담임권의 보장을 통하여 동시에 능력주의를 보장하고 있는 것이다. 따라서 입법자가 공직자의 선발에 있어서 능력 이외의 다른 요소를 고려하는 것은 원칙적으로 금지되며, 이러한 경우 엄격한 평등심사가 정당화된다.

그러므로 공무원시험에서 제대군인이나 국가유공자에게 가산점을 부여하는 경우, 특별평등권인 공무담임권을 심사기준으로 하여 위헌여부를 판단해야 하며, 공무담임권이 공직취임에 있어서 특별히 평등을 요청하기 때문에 비례의 원칙에 의한 엄격한 평등심사를 해야 한다.[1]

(3) 헌법 제31조 제1항(교육의 영역에서 능력 외의 기준에 의한 차별금지)

헌법은 제31조 제1항에서 "모든 국민은 능력에 따라 균등하게 교육을 받을 권리를 가진다."고 규정하고 있다. 헌법은 "능력에 따라 균등하게"라는 표현을 통하여 교육영역에서 일반적 평등조항을 구체화하고 있다. 헌법 제31조 제1항은 교육시설에 입학함에 있어서 고려될 수 있는 유일한 차별기준으로서 '능력(수학능력)'의 요건을 스스로 제시함으로써, 능력 이외의 다른 요소에 의한 차별을 원칙적으로 금지하고 있다. 이로써 교육시설의 입학에서 능력 외의 다른 요소를 고려하여 취학기회를 제한하는 것은 위헌의 의심을 강하게 불러일으키는 차별로서 보다 엄격하게 심사되어야 한다.

(4) 헌법 제32조 제4항 후단(근로의 영역에서 성별에 의한 차별금지)

헌법은 제32조 제4항에서 "여자의 근로는 특별한 보호를 받으며, 고용·임금 및 근로조건에 있어서 부당한 차별을 받지 아니한다."고 규정하고 있다. 위 헌법규정은 근로의 영역에서 성별에 의한 차별을 금지함으로써 특별히 남녀평등을 요구하고 있으므로, 엄격한 평등심사가 요청된다. 근로의 영역에서 양성의 평등을 요청하는 헌법 제32조 제4항 후단은 헌법 제11조 제1항 전문의 일반적 평등권을 구체화하는 특별평등조항이자, 나아가 성별에 의한 차별을 모든 생활영역에서 금지하는 헌법 제11조 제1항 후문을 근로의 영역에서 다시 강조하고 확인하는 규정이다.

(5) 헌법 제36조 제1항(혼인과 가족생활에서 성별에 의한 차별금지 및 혼인과 가족생활에 대한 차별금지)

헌법은 제36조 제1항에서 "혼인과 가족생활은 개인의 존엄과 양성의 평등을 기초로 성립되고 유지되어야 하며, 국가는 이를 보장한다."고 규정하고 있다. 위 헌법규정은 입법자가 혼인과 가족생활을 형성함에 있어서 준수해야 하는 헌법적 지침으로 '양성의 평등'을 제시함으로써 혼인과 가족생활에서 성별에 의한 차별을 특별히 금지하고 있다. 혼인과 가족생활에서 '양성의 평등'은 전통적인 남존여비사상과 가부장적 사고에 대한 명시적인 부정을 의미한다. 헌법 제36조 제1항은 성별에 의한 차별을 금지하는 헌법 제11조 제1항 후문을 혼인과 가족생활의 영역에서 다시 강조하고 확인하는 규정이다.

나아가, 헌법 제36조 제1항은 혼인을 하였다는 이유로 또는 가족을 구성하였다는 이유로 누구도 불리한 차별을 받아서는 안 된다는 요청을 함으로써, 헌법 제11조의 일반적 평등원칙에 대한 특별조항에 해당한다. 국가가 헌법 제36조 제1항에 의하여 혼인과 가족생활을 보장해야 한다면, 국가에 대한 가장 소극적이고 일차적인 요청은 혼인과 가족에 대한 불리한 차별의 금지이다. 따라서 국가가 혼인과 가족에 대하여 차별을 하는 경우에는 엄격한 심사가 요청된다.[2]

---

1) 이에 관하여 자세하게 제3편 제5장 제3절(공무담임권) Ⅱ. 2. 및 3. 참조.
2) 헌재 2002. 8. 29. 2001헌바82(부부자산소득 합산과세제도), 판례집 14-2, 170.

(6) 헌법 제39조 제2항(병역의무의 이행으로 인한 차별금지)

헌법 제39조 제2항은 병역의무의 이행을 이유로 하는 불리한 '법적' 차별을 명시적으로 금지하고 있다.[1] 가령, 입법자가 특정 자격시험의 응시연령을 제한함에 있어서 병역의무의 이행으로 인한 시간적 지체를 고려하지 아니하고 응시연령을 확정하는 경우에는 입법자의 형성권을 제한하는 위 헌법규정에 위반될 수 있다.

(7) 헌법 제41조 제1항, 제67조 제1항의 보통·평등선거원칙(정치적 참여의 평등)

헌법은 제41조 제1항 및 제67조 제1항에서 보통·평등선거원칙을 규정하고 있다. 보통·평등선거원칙은 모든 국민으로 하여금 국정에 평등하게 참여하도록 하기 위한 선거원칙으로서 평등원칙이 참정권의 영역에서 구체화된 헌법적 표현이다. 참정권의 영역에서의 평등은 국민주권과 민주주의의 관점에서 '엄격하고도 형식적인 평등'을 의미한다. 따라서 참정권의 영역에서 차별이 정당화되기 위해서는 불가피한 사유가 존재해야 한다. 한편, 헌법재판소는 보통·평등선거원칙이 참정권의 영역에서의 특별평등조항이라는 것을 제대로 인식하지 못하고 있다.[2]

(8) 헌법 제116조 제1항(선거운동에서의 기회균등)

헌법은 제116조 제1항에서 "선거운동은 각급 선거관리위원회의 관리 하에서 법률이 정하는 범위 안에서 하되, 균등한 기회가 보장되어야 한다."고 규정하고 있다. 위 헌법규정은 선거운동에서의 기회균등을 보장함으로써, 선거의 공정을 실현할 수 있도록 입법자에게 선거운동의 자유를 제한할 수 있는 권한을 부여하는 규범이자, 선거에서의 기회균등을 요청하는 평등선거원칙을 다시 한 번 명시적으로 확인하고 강조하는 규범이다. 헌법 제116조 제1항은 선거운동의 영역에서 평등원칙이 구체화된 형태로서, 선거운동과 관련하여 특별히 평등을 요청함으로써, 선거운동에서의 차별대우는 특별한 정당성을 필요로 한다는 것을 표현하고 있다. 따라서 선거운동에서의 기회균등의 위반이 문제되는 경우에는 엄격한 심사가 정당화된다.

다. 특별평등조항에 관한 헌법재판소 판례

무엇보다도 헌법재판소는, 특별히 평등을 요청하는 헌법규정들이 헌법 제11조 제1항 전문의 일반적 평등조항에 대한 특별평등조항으로, 일반적 평등조항의 적용을 배제한다는 것을 인식하지 못하고 있다. 그 결과, 헌법이 특별히 평등을 요구함에도 입법자가 이에 반하여 차별대우를 하는 경우에, 헌법재판소는 법률조항의 위헌여부를 특별평등조항이 아니라 일반적 평등조항을 심사기준으로 하여 판단하면서, 특별평등조항에 담겨있는 차별금지의 요청을 단지 '엄격한 심사를 정당화하는 하나의 관점'으로 이해하고 있다. 뿐만 아니라, 헌법재판소는 '제대군인 가산점 결정'에서 '언제 엄격한 평등심사가 요청되는지'의 기준을 제시하였으나, 이러한 기준을 개별 사건에서 구체적으로 적용함에 있어서 매우 혼란스럽고 일관되지 못한 모습을 보이고 있다.

(1) 헌법재판소는 근로영역에서 남녀평등을 요청하는 헌법 제32조 제4항 후단 및 혼인과 가족생활의 영역에서 남녀평등을 요청하는 헌법 제36조 제1항에 대하여 헌법에서 특별히 양성의 평등을 요청하고 있으므로 엄격한 심사가 정당화된다고 판시하였다.[3] 한편, 헌법 제36조 제1항의 경우, 헌법

---

1) 헌재 1999. 12. 23. 98헌마363(제대군인 가산점), 판례집 11-2, 771, 784, "이 조항에서 금지하는 '불이익한 처우'라 함은 단순한 사실상, 경제상의 불이익을 모두 포함하는 것이 아니라 법적인 불이익을 의미하는 것으로 보아야 한다."
2) 이에 관하여 제2편 제4장 제6절 II. 3. 엄격하고 형식적인 정치적 평등 참조.

이 법문상 명시적으로 차별을 금지하는 것은 아님에도 헌법해석을 통하여 혼인과 가족생활에 대한 차별금지를 도출함으로써 엄격한 심사기준을 적용하고 있다.[1] 나아가, 헌법재판소는 교육의 영역에서 능력 외의 기준에 의한 차별을 금지하는 헌법 제31조 제1항이 헌법 제11조의 일반적 평등조항에 대한 특별규정이며 교육의 영역에서 능력주의를 보장하고 있다는 것을 명시적으로 밝힌 바 있다.[2]

(2) 반면에, 대한민국 국민인 남자에 한하여 병역의무를 부과하고 있는 병역법조항의 평등권 침해 여부가 문제된 결정(헌재 2010. 11. 25. 2006헌마328)에서, 재판관 4인의 기각의견은 성별 등에 의한 차별을 금지하는 헌법 제11조 제1항 후문은 '헌법이 특별히 평등을 요청하는 경우'에 해당하지 않는다는 이유로 '평등권 위반여부는 완화된 심사척도인 자의금지원칙에 따라 판단해야 한다'고 확인한 다음, '남녀 간에 존재하는 신체적·생리적 차이에 비추어 남자만을 병역의무자로 정한 것이 현저히 자의적인 차별취급이라 보기 어렵다'고 판단하였다.[3]

(가) 위 기각의견은 헌법 제11조 제1항 후문을 '특별히 평등을 요청하는 조항'(특별평등조항)으로 파악하는 경우에는 특별평등조항이 성별에 의한 차별대우를 '절대적으로 금지'하는 것으로, 심지어 임신이나 출산과 관련된 신체적 차이 등을 이유로 한 차별취급까지 절대적으로 금지하는 것으로 이해함으로써 '특별평등조항의 헌법적 의미'를 완전히 오해하고 있다.[4] 그러나 특별평등조항의 의미는 차별의 절대적 금지가 아니라, 헌법이 차별을 원칙적으로 금지하고 있기 때문에 국가가 차별대우를 특별히 정당화해야 한다는 것에 있다. 헌법재판소는 위 결정에서 헌법 제11조 제1항 후문을 특별평등조항으로 파악하고 성별에 의한 차별에 대하여 엄격한 평등심사를 하였다 하더라도, 남녀 간의 생리적·신체적인 차이는 성별에 의한 차별을 정당화하는 예외적인 사유에 해당하기 때문에, 마찬가지로 합헌판단에 이를 수 있었다.

(나) 나아가, 위 기각의견은 '헌법 제32조 제4항 후단, 제36조 제1항의 양성평등 보호규정은 헌법이 특별히 양성평등을 요구하는 경우에 해당하지만, 헌법 제11조 제1항 후문은 그에 해당한다고 보기 어렵다'고 판시하고 있는데, 이러한 판시내용은 '헌법에서 특별히 평등을 요구하는 경우'에 대한 자의적인 해석이자, 모든 생활영역에서 성별에 의한 차별을 명시적으로 금지하는 헌법 제11조 제1항 후문의 객관적 규범내용에도 반한다. 위 기각의견이 스스로 밝히고 있는 바와 같이, 성별에 의한 차별이 우리 사회에서 오랜 기간을 두고 고착화되었고, 이러한 불합리한 차별을 극복해야 할 절실한 필요에 의하여 우리 헌법이 이를 차별금지사유로 규정하였다면,[5] 이러한 차별금지조항이 국가에 대

---

3) 헌법 제32조 제4항과 관련하여 헌재 1999. 12. 23. 98헌마363 결정(제대군인 가산점 사건) 참조; 헌법 제36조 제1항과 관련하여 헌재 2010. 11. 25. 2006헌마328 결정(남성에 국한된 병역의무 부과 사건) 참조.

1) 헌재 2002. 8. 29. 2001헌바82(부부자산소득 합산과세제도) 참조.

2) 헌재 2017. 12. 28. 2016헌마649.

3) 헌법재판소는 위 사건에서 재판관 6인의 기각의견에 따라 심판청구를 기각하는 결정을 하였는데, 그중에서 재판관 4인만이 기각의견에서 '헌법 제11조 제1항 후문의 법적 성격'을 언급하고 평등권위반여부를 판단하였다. 한편, 헌재 2023. 9. 26. 2019헌마423 등(남성에 대한 병역의무 부과)에서는 '헌법 제11조 제1항 후문의 법적 성격'에 관한 별도의 언급이 없이 단지 '합리적 이유 있는 차별취급인지 여부'의 관점에서만 판단하였는데, 차별취급을 정당화할 합리적 이유가 인정되므로 남성에게 병역의무를 부과한 병역의무조항이 평등권을 침해하지 아니한다고 재판관 전원일치의 의견으로 결정하였다.

4) 헌재 2010. 11. 25. 2006헌마328(남성에 국한된 병역의무의 부과), 판례집 22-2하, 446, 454, "헌법 제11조 제1항 후문의 위와 같은 규정은 불합리한 차별의 금지에 초점이 있고, 예시한 사유가 있는 경우에 절대적으로 차별을 금지할 것을 요구함으로써 입법자에게 인정되는 입법형성권을 제한하는 것은 아니다. … 이와 같은 헌법규정이 남성과 여성의 차이, 예컨대 임신이나 출산과 관련된 신체적 차이 등을 이유로 한 차별취급까지 금지하는 것은 아니며, …"

하여 아무런 특별한 헌법적 의미를 가지지 않는 '단지 예시적인 조항'이라고 주장할 수는 없다.

(3) 헌법재판소는 '선거방송토론회 결정'(^{헌재 2011. 5. 26.}_{2010헌마451})에서 '선거운동에서의 기회균등'을 명시적으로 요구하는 헌법 제116조 제1항의 규정이 '특별히 평등을 요구하는 경우'에 해당하지 않는다고 하여 평등권위반여부를 자의금지원칙을 적용하여 판단하였다.[1] 그러나 헌법에서 이와 같이 명시적으로 선거운동에서의 평등을 요청하고 있음에도 이러한 경우가 '헌법이 스스로 평등을 요청하고 있는 경우'에 해당하지 않는다면, 대체 어떠한 경우가 이에 해당하는지 근본적인 의문이 제기된다.

(4) 헌법재판소는 다수 결정에서 '공무담임권은 공직취임에서 능력 외의 기준에 의한 차별을 특별히 금지하고 있다'고 판시하면서도,[2] 공무담임권이 특별평등조항임을 인식하지 못하고 있다. 그 결과, 특별평등조항인 공무담임권의 위반여부가 문제되는 일련의 결정에서 공무담임권 대신 일반적 평등조항을 심사기준으로 삼아 평등권위반여부를 판단하고 있다.

가령, 헌법재판소는 '제대군인 가산점 결정'(^{헌재 1999. 12.}_{23. 98헌마363})에서 '헌법 제32조 제4항 후단이 근로의 영역에서 특별히 성별에 의한 차별을 금지하고 있고 또한 차별대우가 공무담임권이라는 기본권행사에 중대한 제약을 초래하고 있기 때문에 가산점제도는 엄격한 심사척도를 적용하여야 하는 위 두 경우에 모두 해당한다'고 확인한 다음, 헌법 제11조 제1항 전문의 일반적 평등조항을 심사기준으로 삼아 '가산점제도에 의하여 여성, 신체장애자 등의 평등권이 침해되는지 여부'를 판단하였고, 이어서 '가산점제도에 의하여 여성, 신체장애자 등의 공무담임권이 침해되는지 여부'를 판단하였다.

헌법재판소가 '제대군인 가산점 결정'에서 '평등권 위반여부'와 '공무담임권 침해여부'로 나누어 이중적으로 위헌여부를 판단한 것은, 공무담임권이 그 자체로서 특별평등권이라는 것을 간과한 것이다. 위 사건에서 엄격한 심사척도가 적용되는 이유는 일차적으로, 공직취임에 있어서 능력 외의 요소에 의한 차별을 특별히 금지하는 특별평등조항인 공무담임권이 심사기준으로 적용되기 때문이다.

(5) 또한, 헌법재판소는 헌법 제41조 제1항 및 제67조 제1항의 보통·평등선거원칙이 참정권의 영역에서 특별히 평등을 요청하는 특별평등조항이며 '피선거권의 제한'이나 '선거운동에서의 기회균등'의 문제가 보통·평등선거원칙의 문제라는 것을 인식하지 못하고, 피선거권의 제한이나 선거에서의 기회균등이 문제되는 일련의 결정에서 엄격한 심사가 아니라 자의금지원칙에 따른 완화된 심사를 하고 있다.[3]

3. 차별대우가 개인의 자유권 행사에 중대한 영향을 미치는 경우

가. 단순한 자의심사를 넘어서 엄격한 심사가 요청되는 또 다른 경우는, '차별대우가 개인의 자유

---

5) 판례집 22-2하, 446, 454.

1) 헌재 2011. 5. 26. 2010헌마451(선거방송토론회), 판례집 23-1하, 237, 246-247, "헌법 제116조 제1항에서 선거운동에 관하여 균등한 기회가 보장되어야 한다고 규정하고 있으나, 이를 두고 헌법이 특별히 차별을 금지하고 있는 영역으로 볼 수 없고, …"

2) 헌재 2001. 2. 22. 2000헌마25(국가유공자 가산점), 판례집 13-1, 386, "헌법 제25조가 보장하고 있는 비선거직 공직에 대한 공직취임권은 모든 국민에게 누구나 그 능력과 적성에 따라 공직에 취임할 수 있는 균등한 기회를 보장한다는 뜻으로 보아야 할 것이므로, 원칙적으로 공직자선발에 있어 해당 공직이 요구하는 직무수행능력과 무관한 요소인 성별·종교·사회적 신분·출신지역 등을 이유로 하는 어떠한 차별도 허용되지 않는다."; 헌재 2006. 2. 23. 2004헌마675 등(국가유공자 가산점), 판례집 18-1상, 269, 286; 헌재 1999. 12. 23. 98헌바33, 판례집 11-2, 732, 755.

3) 헌재 2011. 5. 26. 2010헌마451(선거방송토론회) 참조.

권 행사에 중대한 영향을 미치는 경우'이다. 이러한 경우란, 차별대우가 자유권의 행사에 영향을 미침으로써 평등권의 내용이 자유권을 통하여 구체화되는 경우를 말한다. 이러한 경우에는 '헌법에서 특별히 평등을 요청하는 경우'가 아니기 때문에 '일반적 평등조항'을 심사기준으로 하여 평등권위반 여부를 판단하지만, 입법자의 형성권이 제한되므로 엄격한 심사가 정당화된다.

자유권을 제한하는 입법자의 형성권은 언제나 동일하게 인정되는 것이 아니라 자유권제한의 효과에 따라 그 정도를 달리한다. 자유권에 대한 제한의 효과가 클수록 자유권의 제한을 정당화하는 공익이 중대해야 하며, 이에 따라 자유권의 제한은 더욱 엄격하게 심사되어야 한다. 따라서 자유권의 영역에서 제한된 자유가 개인의 핵심적 자유영역에 속하는 것인지 아니면 사회적 기능이나 사회적 연관성을 가지는 것인지에 따라 기본권보호에 차등을 두고 이로써 입법자에게 인정되는 형성권의 범위를 달리하는 것과 마찬가지로, 평등권의 영역에서도 차별대우가 당사자의 자유권에 대하여 미치는 의미와 효과에 따라 입법형성권의 정도가 달라지고 헌법재판소에 의한 심사의 강도가 달라진다.

입법자에 의한 차별대우가 자유권에 중대한 제한을 초래하는 경우, 자유권에 대한 중대한 제한은 보다 중대한 사유에 의하여 정당화되어야 하므로, 이러한 경우에도 엄격한 평등심사가 정당화된다.[1] 입법자가 차별대우를 통하여 자유권의 핵심적인 영역을 제한할수록, 입법형성권은 축소되고 엄격한 심사가 정당화된다. 따라서 인간의 존엄성실현 및 인격의 자유로운 발현을 위하여 중대하고도 불가결한 자유행사의 기회가 입법자의 차별대우로 인하여 위협받는 경우에는, 헌법재판소가 자의심사에 만족할 것이 아니라 엄격한 심사를 할 것이 요청된다. 이러한 관점에서 볼 때, '차별대우가 개인의 자유권행사에 중대한 영향을 미치는 경우'란, 차별대우에 의하여 생명권, 신체불가침권, 신체의 자유, 인격권, 사생활의 자유, 직업선택의 자유 등 인간존엄성실현과 자유로운 인격발현의 핵심적 영역에 대한 중대한 제한이 초래되는 경우를 말한다.

나. 헌법재판소는 '제대군인 가산점 결정'에서 엄격한 평등심사가 요청되는 두 가지 경우를 언급한 바 있는데, 두 번째 경우인 "차별적 취급으로 인하여 관련 기본권에 대한 중대한 제한을 초래하는 경우"가 '차별대우로 인하여 개인의 자유행사에 대한 중대한 제한을 초래하는 경우'라는 한정적인 의미를 가진다는 것을 제대로 이해하지 못하고 있다. 헌법재판소의 판시내용에 의하면 차별대우로 인하여 모든 기본권이 관련될 수 있고 관련된 기본권에 대한 제한이 중대하다고 판단되면 엄격한 심사를 해야 한다는 것인데, '관련기본권에 대한 중대한 제한'이라 하더라도 자유권에 대한 중대한 제한이 초래되지 않는 경우에는 입법형성권의 제한을 정당화하는 헌법적 근거가 존재하지 않는다.

헌법재판소는 엄격한 평등심사가 요청되는 두 번째 경우를 위와 같이 잘못 이해한 결과, 차별대우로 인하여 자유권의 행사가 아니라 가령 절차적 기본권인 '재판절차진술권'과 같이 실체적인 보호범위를 가지고 있지 않기 때문에 '제한의 중대성'에 대한 판단이 사실상 불가능할 뿐만 아니라 개인의 인격발현에 있어서 부차적인 기본권의 행사가 제한되는 경우에도 '완화된 또는 엄격한 평등심사를 해야 하는지'에 관하여 논란을 벌이는 잘못을 범하고 있다.[2]

---

1) 미국의 연방대법원은 이미 1960년대 엄격한 기준에 의한 평등심사를 인종, 종교, 국적에 의한 차별에 국한시키지 아니하고 '기본적 권리'가 침해당한 경우에까지 확대하였고, 독일의 연방헌법재판소의 제1재판부도 1980년 이래 평등권의 심사에 있어서 차별이 다른 자유권에 미치는 영향을 고려하여 차별의 효과가 자유권의 행사에 불리하게 나타나는 경우에는 엄격한 심사를 하고 있다. vgl. BVerfGE 98, 365, 389, 차별이 기본권적 자유의 행사에 부정적인 영향을 강하게 미칠수록 입법자의 형성권은 제한된다.

4. 유리한 차별을 명령하는 특별규정의 헌법적 문제

사례 헌재 2006. 2. 23. 2004헌마675 등(제2차 국가유공자 가산점 사건)

'국가유공자 등 예우 및 지원에 관한 법률'조항은, 국가기관·지방자치단체 등이 그 직원을 채용하기 위하여 채용시험을 실시하는 경우 국가유공자와 그 가족 등 취업보호대상자의 득점에 만점의 10%를 가산하도록 규정하였다. 甲은 국가공무원시험을 준비하던 중, 위 법률조항이 자신의 평등권, 공무담임권 등을 침해하는 것이라며 헌법소원심판을 청구하였다.

가. 차별명령규정의 헌법적 의미

헌법 제32조 제6항은 "국가유공자·상이군경 및 전몰군경의 유가족은 법률이 정하는 바에 의하여 우선적으로 근로의 기회를 부여받는다."고 하여, 근로의 기회에 있어서 국가유공자 등에 대하여 차별(우대)을 명령함으로써, 평등원칙을 실현하는 입법자의 형성권을 제한하고 있다. 헌법 제32조 제6항은 공직자의 선발에 있어서 국가유공자 등을 우대해야 할 헌법적 의무를 입법자에게 부과하는 '헌법위임'이자 공직자의 선발과 관련하여 국가유공자 등을 보호하고 우대해야 하는 과제를 부과하는 '국가과제조항'이다. 헌법 제32조 제6항은 동시에 직업공무원제도의 '능력주의에 대한 예외'를 명시적으로 허용하고 있는 헌법규범이다.

이로써 입법자는 공직자의 선발에 있어서 국가유공자 등을 우대하는 입법을 해야 할 의무를 진다. 위 헌법규정은 입법자의 형성권을 제한하기는 하지만, 입법자에게 헌법적으로 확정된 입법내용을 제시함으로써 입법자를 무조건적으로 구속하는 것은 아니다. 모든 국가과제조항과 마찬가지로, 헌법 제32조 제6항의 국가적 과제를 이행함에 있어서도 입법자에게는 단지 과제의 방향만이 제시되었을 뿐, 이러한 보호과제를 어떠한 방법으로 이행할 것인지에 관하여는 광범위한 형성권이 인정된다.

위 헌법규정은 공직자 선발의 모든 경우에 대하여 국가유공자 등을 우대할 것을 명령하는 것이 아니라, "법률이 정하는 바에 의하여"의 표현을 통하여 밝히고 있는 바와 같이, 어떠한 경우에(가령 6급 이하에 한하여 또는 5급 이상을 포함하여) 어느 정도로(가산점의 비율) 어느 인적 범위에서(국가유공자 본인 또는 그 가족을 포함하여) 국가유공자 등에게 우선적인 근로 기회를 부여할 것인지에 관하여 결정할 수 있는 형성의 자유를 입법자에게 부여하고 있다.

나. 충돌하는 헌법적 법익간의 조화의 문제

능력주의를 그 본질로 하는 직업공무원제도를 보장하는 헌법 제7조 제2항과 국가유공자에 대하여 우선적 근로의 기회제공을 명령하는 헌법 제32조 제6항은 서로 모순되는 내용을 가지고 있으므로, 충돌하는 양 헌법규범은 헌법의 통일성의 관점에서 능력주의에 기초하는 직업공무원제도의 근간

2) 예컨대, 헌재 2011. 2. 24. 2008헌바56, 자기 또는 배우자의 직계존속을 고소하지 못하도록 규정한 형사소송법규정이 비속을 차별취급하여 평등권을 침해하는지의 여부가 문제된 위 사건에서 헌법재판소는 재판관 4(합헌):5(위헌)의 의견으로 헌법에 위반되지 않는다는 결정을 선고하였는데, 4인의 재판관은 '이 사건 법률조항이 재판절차진술권의 중대한 제한을 초래하지 않는다'고 하여 완화된 자의심사를 해야 한다는 입장이고, 5인의 재판관은 '재판절차진술권의 중대한 제한이 초래되므로, 엄격한 비례심사를 해야 한다'는 입장을 취하고 있다. 그러나 위 사건의 경우는 '차별대우로 인하여 자유행사에 중대한 제한을 초래하는 경우'에 해당하지 않으므로, 엄격심사가 처음부터 고려되지 않는 경우로서, 자의금지원칙에 의한 평등심사를 해야 한다.

도 유지하면서 국가유공자도 배려할 수 있도록, 즉 서로 조화와 균형의 상태에 이르도록 해석되어야 한다. 뿐만 아니라, 입법자가 헌법 제32조 제6항과 같이 '차별을 명령하는 헌법규정'을 근거로 특정 인적 집단을 우대하는 경우에는 필연적으로 '차별을 받는 제3자의 기본권'과 충돌하는 문제가 발생한다.

따라서 헌법 제32조 제6항은 입법자에게 '헌법이 허용하는 범위 내에서', 즉 헌법 제7조의 직업공무원제도 및 다른 경쟁자의 기본권과 조화를 이룰 수 있는 범위 내에서 국가유공자 등에게 우선적 근로기회를 제공해야 할 의무를 부과하는 규정이다. 이러한 해석 하에서만, 직업공무원제도에 대한 예외를 허용하는 헌법 제32조 제6항은 직업공무원제도를 규정하는 헌법 제7조 및 다른 경쟁자의 기본권과 동일한 헌법질서 내에서 공존할 수 있다.

이로써, 국가유공자 등을 우대하는 입법과 관련하여 헌법적으로 제기되는 문제는, 한편으로는 이러한 법률이 다른 지원자의 공무담임권 및 직업공무원제도와 부합할 수 있는지의 문제이고, 다른 한편으로는 입법자가 위 헌법위임(국가의 보호과제)을 적절하게 이행하였는지의 문제이다. 입법자는 국가유공자 등을 우대하는 입법을 함에 있어서 한편으로는 능력주의에 대한 예외를 명령하는 헌법 제32조 제6항의 헌법위임을 고려해야 하고, 다른 한편으로는 능력주의를 근간으로 하는 직업공무원제도의 정신 및 다른 지원자의 공무담임권을 존중해야 한다.

다. 헌법재판소의 판례

(1) 헌법재판소는 '제1차 국가유공자 가산점 사건'에서 다른 지원자의 공무담임권과 헌법 제32조 제6항 사이의 충돌상황을 '완화된 비례심사'라는 방법으로 해결하고자 시도하였고, 그 결과 국가유공자 가산점제도가 평등권을 침해하지 않는다고 판단하였다.[1]

(2) 한편, 헌법재판소는 '제2차 국가유공자 가산점 사건'에서는 헌법 제32조 제6항에서 언급하는 '국가유공자 등'의 인적 범위를 제한적으로 해석하여,[2] 가족이 아니라 국가유공자에 대해서만 헌법이 명시적으로 능력주의에 대한 예외를 허용하고 있다고 판시함으로써, 충돌하는 양 법익간의 조화를 꾀하고자 시도하였다.

이에 따라, '국가유공자'에 대해서는 헌법이 명시적으로 능력주의에 대한 예외를 허용하고 있으므로 제1차 국가유공자 가산점 결정의 판시내용대로 '완화된 비례심사'가 정당화되지만, '국가유공자 가족'도 근로의 기회에 있어서 우대할 것인지 여부는 단지 입법정책의 문제이므로 그 가족에게도 가

---

1) 헌재 2001. 2. 22. 2000헌마25(제1차 국가유공자 가산점), 판례집 13-1, 386, "평등권의 침해 여부에 대한 심사는 그 심사기준에 따라 자의금지원칙에 의한 심사와 비례의 원칙에 의한 심사로 크게 나누어 볼 수 있는데, … 국가유공자와 그 유족 등 취업보호대상자가 국가기관이 실시하는 채용시험에 응시하는 경우에 10%의 가점을 주도록 하고 있는 이 사건의 경우는 비교집단이 일정한 생활영역에서 경쟁관계에 있는 경우로서 국가유공자와 그 유족 등에게 가산점의 혜택을 부여하는 것은 그 이외의 자들에게는 공무담임권 또는 직업선택의 자유에 대한 중대한 침해를 의미하게 되므로, … 원칙적으로 비례심사를 하여야 할 것이나, 구체적인 비례심사의 과정에서는 헌법 제32조 제6항이 근로의 기회에 있어서 국가유공자 등을 우대할 것을 명령하고 있는 점을 고려하여 보다 완화된 기준을 적용하여야 할 것이다."

2) 헌재 2006. 2. 23. 2004헌마675 등(제2차 국가유공자 가산점), 판례집 18-1상, 269, 270, 『종전 결정에서 헌법재판소는 헌법 제32조 제6항의 … 규정을 넓게 해석하여, 이 조항이 국가유공자 본인뿐만 아니라 가족들에 대한 취업보호제도(가산점)의 근거가 될 수 있다고 보았다. 그러나 오늘날 가산점의 대상이 되는 국가유공자와 그 가족의 수가 과거에 비하여 비약적으로 증가하고 있는 현실과, 취업보호대상자에서 가족이 차지하는 비율, 공무원시험의 경쟁이 갈수록 치열해지는 상황을 고려할 때, 위 조항의 폭넓은 해석은 필연적으로 일반 응시자의 공무담임의 기회를 제약하게 되는 결과가 될 수 있으므로 위 조항은 엄격하게 해석할 필요가 있다. 이러한 관점에서 위 조항의 대상자는 조문의 문리해석대로 "국가유공자", "상이군경", 그리고 "전몰군경의 유가족"이라고 봄이 상당하다.』

산점을 부여하는 법률조항에 대해서는 '엄격한 비례심사'가 요청된다고 판시하였다. 헌법재판소는 비례원칙을 적용하여 엄격한 평등심사를 한 결과, 국가유공자 가족에게 가산점을 부여하는 것은 공직시험 응시자들의 평등권을 침해한다고 판단함으로써, 이 사건 결정의 견해와 저촉되는 한도 내에서 종전의 판례를 변경하였다.

Ⅶ. 과잉금지원칙을 통한 평등심사의 의미

1. 평등권에서 과잉금지원칙 적용의 한계

가. 과잉금지원칙이 적용되기 위한 전제조건의 不在
(1) 평등심사와 과잉금지원칙의 본질적인 構造的 差異
평등심사는 기본권주체와 제3자와의 비교를 통하여 국가작용의 자의성을 판단하고자 하는 절차이고, 과잉금지원칙은 기본권주체와 국가와의 관계에서 국가작용의 과잉성을 판단하는 절차이다. 과잉금지원칙은 그 구조상 법익의 충돌 및 수단과 목적의 관계를 전제로 하고 있다. 평등권의 문제는 국가와 개인의 대립 또는 공익과 사익의 충돌의 문제, 즉 법익충돌의 문제가 아니다. 평등심사는 수단과 목적의 상호관계를 통하여 목적의 관점에서 투입된 수단이 과도한지를 판단하고자 하는 것이 아니라, 둘 이상의 기본권주체의 법적 지위를 서로 비교하고자 하는 것이다. 평등권에서 문제되는 것은 서로 다르게 취급되는 사실관계에 대한 비교적 평가이지, 과잉금지원칙에서 문제되는 목적과 수단의 관계가 아니다. 따라서 국가와 개인이라는 양자관계에 맞추어진 구조를 가지고 있는 과잉금지원칙을 3자관계를 전제로 하는 평등심사에 적용하는 것은 한계가 있을 수밖에 없다.

(2) 원칙과 예외의 관계의 不在
뿐만 아니라, 과잉금지원칙이 '자유가 원칙이고 이에 대한 제한이 예외'라는 사고에 그 바탕을 두고 있다는 관점에서 보더라도, 평등권의 경우에는 이와 같은 '원칙과 예외의 관계'가 일반적으로 성립하지 않는다. 예컨대, 평등권의 경우 모든 사실관계와 기본권주체를 동일하게 취급해야 한다는 형식적 평등을 전제로 하여 '형식적 평등이 원칙이고 차별은 예외'라고 하는 관계가 성립하지 않는다. 평등권이란 정의에 부합하게 같은 것은 같게 다른 것은 다르게 취급할 것을 요청하는 그 본질상 상대적 평등이다. 다만, 헌법이 특정 생활영역과 관련하여 스스로 명시적으로 차별을 금지하는 경우에 한하여(예컨대 헌법 제32조 제4항의 근로영역에서의 여성에 대한 차별금지) 예외적으로 '평등이 원칙이고 차별이 예외'라는 관계가 형성됨으로써, 과잉금지원칙이 변형된 형태로나마 적용될 여지가 있다.

나. 평등권의 구조를 자유권의 구조로 전환하는 것의 한계
과잉금지원칙이 그 구조상 법익충돌을 전제로 하고 그의 헌법적 기능이 자유권의 보호에 있으므로, 평등심사의 경우에도 과잉금지원칙이 적용되기 위해서는 상충하는 법익의 관계, 즉 수단과 목적의 관계가 형성되어야 한다. 즉, 이는 평등권의 구조를 자유권의 구조로 전환해야 한다는 것을 의미한다. 따라서 '정의의 기준에 부합하는 대우'를 평등권의 보호범위로 의제하고, '외견상의 차별대우'를 평등권에 대한 제한으로 간주함으로써, 평등권에 대한 제한(차별대우)과 제한목적(차별목적)간의 상관관계가 구성되고, 이로써 과잉금지원칙이 적용되기 위한 전제조건으로서 법익형량이 가능하게 된다.

그러나 자유권의 심사구조는 '보호범위, 그에 대한 제한, 제한의 정당성'의 심사구조로 구성되지만, 평등권은 처음부터 합리적인 이유 없는 차별로부터 보호하려고 한다. 평등권에서는 실체적 보호범위의 결여로 말미암아 '보호범위'와 '제한'의 구분이 있을 수 없으며, 단지 '합리적인 이유가 있는 차별'과 '합리적인 이유가 없는 차별'만이 있을 뿐이다. 그런데 '합리적인 이유가 있는 차별'은 처음부터 평등원칙에 부합되는 것이므로, 이 경우 평등권이 제한된 적도 없고 제한될 수도 없다. 따라서 외견상의 차별대우를 '평등권의 제한'으로 의제하는 것도 평등권의 본질과 부합하기 어렵다.

설사 평등권에 헌법 제37조 제2항을 적용하기 위하여 보호범위와 그에 대한 제한을 의제하더라도, 평등권에 대한 '과도한' 제한은 존재하지 않는다. 평등권에는 '관념상의' 보호범위만 있을 뿐 '실체적' 보호범위가 없으므로, 그 제한이 과도한지 미약한지 하는 것은 있을 수 없으며, 단지 합리적인 차별이유가 있기 때문에 '평등원칙에 부합하는 제한'과 합리적인 이유가 없기 때문에 '평등원칙에 위반되는 제한'만 있을 뿐이다.[1] 따라서 평등권과 자유권의 본질적인 구조적 차이 및 기능에 비추어, 그리고 평등권은 보호범위를 가지고 있지 않다는 점에 비추어, 평등권에 과잉금지원칙을 적용하는 것은 한계가 있을 수밖에 없다.

2. 평등권 및 자유권을 기준으로 하는 審査의 一元化

차별대우로 인하여 자유권의 행사에 불리한 효과가 발생하는 경우, 헌법재판소는 과잉금지원칙에 따른 평등심사를 통하여 자유권의 침해여부를 함께 심사함으로써 평등권과 자유권을 기준으로 한 심사가 일원화되는 결과가 발생한다. 과잉금지원칙에 따른 평등심사의 경우, 평등심사에서의 '정당한 차별목적'의 존재란 바로 자유권을 기준으로 하는 심사에서의 '입법목적의 정당성'을 의미하고, '차별대우의 적합성'이란 '수단의 적합성'을 의미하며, 차별의 '필요성'도 '차별은 그 효과에 있어서 최소한의 부담을 가져오는 수단이어야 한다'는 의미에서의 '최소침해성'을 뜻한다. 여기서 최소한의 부담이란 당연히 '자유권제한에 있어서의 최소한'을 의미하기 때문이다. 또한, 자유권에 있어서의 법익균형성의 심사는 기본권침해의 효과로서의 제한의 정도와 입법목적을 비교형량하는 것이지만, 평등권에서의 비례심사는 차별의 정도와 입법목적을 비교형량하는 것이다. 그런데 여기서 차별의 정도란 차별로 인하여 초래되는 자유권의 행사에 있어서의 불리한 효과로서 결국 자유권적 효과를 의미한다.

따라서 헌법재판소가 과잉금지원칙을 적용하여 평등위반여부를 심사한다면, 이는 곧 평등심사를 통하여 자유권제한의 효과와 입법목적을 서로 교량함으로써 자유권에 의한 심사가 동시에 이루어진다는 것을 뜻한다. 이러한 의미에서 '차별이 자유권의 행사에 불리한 효과를 가져오는 경우'의 평등심사는 실질적으로 평등권이 아니라 자유권을 기준으로 한 심사이다. 따라서 비례원칙에 의한 평등심사 이후에 별도로 자유권을 기준으로 한 위헌심사는 사실상 불필요하다.[2] 요컨대, 과잉금지원칙을

---

1) '과도한 제한'이 있다면 그것은 평등권에 대한 과도한 제한이 아니라, 차별이 자유권에 불리한 영향을 미치는 경우 문제되는 '자유권에 대한 과도한 제한'이다. 평등권에서는 평등원칙에 대한 '위반여부'만이 문제이고, 자유권에서는 제한의 '정도'가 문제된다. 따라서 엄밀한 의미에서 평등권에 대한 '제한이나 침해'라는 표현보다는 평등권의 '위반'이라는 표현이 더욱 타당하다고 할 수 있다.

2) 그 결과, 헌법재판소도 헌재 1999. 12. 23. 98헌마363(제대군인 가산점) 결정에서 '가산점제도가 공무담임권을 침해하는지의 여부'를 판단하는 단계에서는 "가산점제도에 의한 공직취임권의 제한은 위 평등권침해 여부의 판단부분에서 본 바와 마찬가지 이유로 그 방법이 부당하고 그 정도가 현저히 지나쳐서 비례성원칙에 어긋난다."고 하여(판례집 11-2, 771, 799), 자유권인 직업선택의 자유의 특별조항으로서의 공무담임권에 대한 과도한 침해를 단지 확인

적용하여 평등심사를 한다는 것은 평등권의 고유한 관점에 의해서가 아니라 자유권의 관점에서 위헌
여부를 판단하게 된다는 것을 의미하는 것이다. 이러한 경우, 위헌심사의 기준으로서 평등권의 헌법
상 고유한 기능은 사실상 상실된다고 보아야 한다.

3. 과잉금지원칙과 자의금지원칙에 의한 차등화된 심사의 필요성

평등권과 자유권의 헌법상 구조와 본질 및 기능이 다르다는 점에 비추어, 평등심사와 자유권에
의한 심사의 기준이 일치할 필요는 없다. 평등심사의 과정에서 자유권에 의한 심사를 함께 하지 아
니하고 평등심사와 자유권의 심사를 각각 독자적인 기준인 자의금지원칙과 과잉금지원칙에 의하여
한다고 하더라도, 법률의 위헌성에 대한 판단은 마찬가지로 가능하고, 또한 동시에 평등권과 자유권
의 본질과 차이점도 고려할 수 있는 것이다. 한편, 평등심사에 과잉금지원칙을 도입한다면, 평등심사
는 다음과 같은 관점에서 차등화 될 수 있다.

가. 과잉금지원칙이 적용되는 경우

헌법재판소가 헌법의 해석을 통하여 평등심사에 있어서 보다 정확한 기준을 얻을 수 있다면, 입
법자의 헌법적 기능과 권한을 존중한다는 이유로 평등위반의 심사를 자의금지원칙에 제한해야 할 필
요는 없다. 따라서 헌법 스스로가 평등권을 직접 구체화하고 있거나 차별이 자유권에 불리한 영향을
미침으로써 평등권의 내용이 자유권을 통하여 구체화될 수 있는 경우(인격의 자유로운 발현을 위하여
중요하고도 불가결한 자유행사의 기회가 차별대우로 인하여 위협받는 경우)에는 입법자의 권한을 침해함이
없이 헌법에 근거하여 입법형성권을 제한할 수 있다.

나. 자의금지원칙이 적용되는 경우

그러나 그 외의 경우에는 '무엇이 같은 것이기 때문에 같게 취급되어야 하는지'에 관하여 유일하
게 타당한 기준을 제시하지 못하는 평등원칙의 내용적 개방성으로 말미암아, 원칙적으로 법률에 대
한 헌법재판소의 평등심사는 자의금지원칙에 제한되어야 한다. 따라서 차별대우로 인하여 자유권이
제한되지만 기본권적 자유의 행사에 미치는 불리한 효과의 정도가 적은 경우나 자유권제한의 문제가
발생하지 않는 수혜적 국가행위(급부행위)의 경우에는 입법자에게 광범위한 형성권이 인정되어야 하
고, 이에 따라 자의금지원칙이 적용된다.[1]

만 하고 있다. 마찬가지로 헌재 2001. 2. 22. 2000헌마25(국가유공자 및 가족 가산점); 헌재 2006. 2. 23. 2004헌마
675 등(국가유공자가족 가산점).

[1] 직업의 자유의 영역에서 [직업수행의 자유에 대한 제한과 관련하여 자의금지원칙을 적용한 판례로서 헌재 2002. 9.
19. 2000헌바84(법인의 약국개설 금지), 판례집 14-2, 268, 285, "이 사건 법률조항에 관하여 보건대, 이 사건 법률
조항은 헌법에서 특별히 평등을 요구하는 부분에 대한 것이 아니고, 직업수행의 자유는 공익을 위하여 상대적으로
넓은 규제가 가능하다고 인정되기 때문에 이 사건 법률조항에 의하여 직업수행의 자유가 일부 제한된다고 하여 관
련기본권에 대한 중대한 침해가 있다고 볼 수 없으므로, 완화된 심사기준 즉, 차별기준 내지 방법의 합리성여부가
헌법적 정당성여부의 판단기준이 된다고 하겠다."; 헌재 2001. 6. 28. 2001헌마132(셔틀버스 운행금지), 판례집
13-1, 1441, 1464, "이 사건의 경우는 위와 같이 평등위반심사에 있어 엄격한 심사척도가 적용되는 영역의 어디에
도 해당하지 않는다. 따라서 이 사건에는 완화된 심사기준, 즉 차별기준 내지 방법의 합리성 여부가 헌법적 정당성
여부의 판단기준이 된다고 하겠다."; [시혜적 법률]과 관련하여 자의금지원칙을 적용한 판례로서 헌재 2005. 6. 30.
2003헌마841(연합뉴스 국가보조), 판례집 17-1, 996, 1009, "뉴스통신사의 권한을 제한하거나 새로이 의무를 부과
하는 것이 아니라 국내 뉴스통신시장의 진흥을 위하여 뉴스통신사에 대한 재정지원 등 혜택을 부여하는 것을 내용
으로 하는 시혜적 법률의 경우에는 그 입법형성권의 범위가 더욱 넓어진다고 하겠다. 따라서 이하에서는 자의금지
원칙에 입각하여 비교집단으로서 청구인 회사와 연합뉴스사가 국가기간뉴스통신사의 지정 및 뉴스통신사의 진흥을

VIII. 積極的인 平等實現措置

1. 개 념

적극적 평등실현조치란, 역사적으로 사회적 차별을 받아 온 특정 집단에 대하여 차별로 인한 불이익을 보상해 주기 위하여 그 집단의 구성원에게 취업·입학 등의 영역에서 직접 또는 간접적으로 이익을 부여함으로써 잠정적으로 우대하는 국가의 정책을 말한다.[1] 적극적 평등실현조치는 미국에서 형성된 이론이다.

2. 헌법적 근거

헌법 제11조의 평등권은 단지 형식적 평등, 즉 자유행사의 법적 기회에 있어서의 평등을 의미하는 것이므로, 실질적 평등(사실상의 기회균등) 또는 결과의 평등을 추구하는 적극적 평등조치에 관한 헌법적 근거가 될 수 없다. 적극적 평등조치는 종래 사회적으로 차별을 받아 온 특정 집단을 위하여 국가의 적극적인 정책을 요구하는 것으로 사회국가원리 및 사회적 기본권에 그 헌법적 근거를 두고 있다. 따라서 실질적 양성평등의 구현을 위한 조치를 정당화하는 헌법적 근거는 헌법 제11조의 평등권이 아니라, 사회국가원리의 구체화된 표현으로서 양성의 실질적 평등을 요청하는 헌법 제34조 제3항("국가는 여자의 복지와 권익의 향상을 위하여 노력하여야 한다.")에서 찾아야 한다.

헌법 제34조 제3항은 혼인과 가족생활의 영역에서 양성의 평등을 요청하는 헌법 제36조 제1항과 함께, 사회의 모든 영역에서 사실상의 남녀평등을 실현해야 할 구속력 있는 헌법위임을 의미한다. 이로써 국가는 남성과 여성의 생활관계가 법적으로뿐만 아니라 실제로 사회적 현실에서도 평등을 기초로 성립하도록 노력해야 할 의무를 진다. 헌법 제34조 제3항은 국가에 대하여 성별에 의한 기존의 사실상의 불이익을 제거해야 할 의무를 부과하고, 나아가 평등을 사실상으로 관철하기 위한 지원조치를 요청한다. 성별에 의한 사실상의 불이익은 여성의 경우 임신과 출산, 남성의 경우 군복무로 인하여 발생할 수 있다. 국가의 불이익제거의 의무가 과거연관적인 교정적 국가작용이라면,[2] 지원의무는 미래지향적인 형성적 국가작용이라고 할 수 있다. 사실상의 남녀평등에 대한 요청은 결과의 평등이 아니라 사실상의 기회균등을 요청하는 것이다. 나아가, 헌법 제34조 제3항은 모든 생활영역에서 양성이 동등하게 대표되어야 한다는 의미에서 남성 집단과 여성 집단의 동등성을 요구하는 '집단적

위한 우선적 처우와 관련하여 본질적으로 어떻게 구별되고, 그러한 차이점이 심판대상조항이 정한 차별취급을 정당화할 정도의 합리적 이유를 가지고 있는지 여부에 관하여 본다."; 헌재 2007. 2. 22. 2005헌마548(공익근무요원의 제2국민역 편입), 판례집 19-1, 169, 180, "이 사건은 제2국민역편입의 대상 및 범위에 관한 것으로 현역병이나 공익근무요원에 대한 제2국민역편입처분은 병역의무와 관련된 일종의 시혜적인 조치라고 할 것이고, 헌법재판소는 시혜적인 법률의 경우 넓은 입법형성의 자유를 인정하고 있다. … 제2국민역편입처분은 광범위한 입법형성권이 부여된 영역으로서 자의성 여부만 심사하면 족하다고 봄이 타당하다."

1) 헌재 1999. 12. 23. 98헌마363(제대군인가산점), 판례집 11-2, 770, 795, 적극적 평등실현조치로 간주되는 여성공무원채용목표제와 관련하여 다음과 같이 판시하고 있다, "채용목표제는 이른바 잠정적 우대조치의 일환으로 시행되는 제도이다. … 잠정적 우대조치의 특징으로는 이러한 정책이 개인의 자격이나 실적보다는 집단의 일원이라는 것을 근거로 하여 혜택을 준다는 점, 기회의 평등보다는 결과의 평등을 추구한다는 점, 항구적 정책이 아니라 구제목적이 실현되면 종료하는 임시적 조치라는 점 등을 들 수 있다."

2) 기존의 불이익의 제거는 매우 다양한 조치를 통하여 가능하다. 예컨대, 자녀의 양육기간을 연금에 산입하거나, 파트타임 근로를 인정하거나, 자녀보호시설을 설치하거나, 남성의 군복무기간을 산입하는 등의 조치를 취할 수 있다.

기회균등'이 아니라, 여성 개인의 기회균등이 실현되는 '개인적 기회균등'을 요청하는 것이다.

3. 女性割當制의 헌법적 한계

국가의 적극적인 우대조치는 필연적으로 다른 집단의 불이익 및 그들의 기본권에 대한 제한을 수반하므로, 양성평등을 적극적으로 실현하고자 하는 국가의 조치가 어느 정도로 헌법적으로 허용되는지는 별도로 판단되어야 한다. 여기서 특히 직업생활에서 여성의 능력과 역할에 대한 편견과 고정관념에 기인하는 불리한 효과를 조정하고 시정하고자 하는 여성할당제가 문제된다. 여성할당제란 공무원의 임용에 있어서 여성이 일정 비율에 이를 때까지 여성을 남성에 비하여 우대하는 제도이다.

가. '능력주의에 대한 예외'이자 '성별에 의한 차별'로서 여성할당제

국가의 적극적인 평등실현조치는 공무원임용의 영역에서 직업공무원제도의 본질을 구성하는 능력(성적)주의에서 그 한계를 발견한다. 여성할당제는 직업공무원제도의 능력주의에 대한 중대한 예외를 의미한다. 뿐만 아니라, 여성할당제는 헌법상 차별의 기준으로 삼아서는 안 되는 성별을 근거로 차별함으로써 남성지원자의 자유행사에 중대한 제한을 초래한다는 점에서, 강한 위헌성의 의심을 불러일으키고 헌법재판소에 의한 엄격한 심사를 요청한다.[1]

나. 헌법적 근거로서 헌법 제34조 제3항?

이에 대하여, 국가에게 여자의 복지와 권익의 향상을 위하여 노력해야 할 일반적 의무를 부과하는 헌법 제34조 제3항은 '여성할당제의 도입'과 같은 구체적인 헌법적 의무를 부과하지도 않을 뿐만 아니라, 여성 개인의 실질적 평등실현을 위한 것으로 집단적 평등을 추구하는 여성할당제의 헌법적 근거가 아니다. 한편, 국가는 사회국가원리를 실현함에 있어서 자유권을 과잉으로 제한하거나 평등권에 위반해서는 안 되는 등 법치국가원리를 준수해야 한다. 따라서 양성간의 사실상의 평등을 실현해야 한다는 사회국가적 과제는 헌법상 명시적으로 규정된 차별금지의 요청을 준수해야 한다는 헌법적 구속을 받는다. 이러한 점에서 '성별에 의한 차별금지'와 '양성간의 실질적 평등을 실현해야 할 국가의 과제' 사이에 헌법적 차원에서 충돌이 발생하지 않는다. 국가는 양성간의 사실상의 평등을 실현함에 있어서 평등원칙에 부합하는 수단을 사용해야 한다는 구속을 받기 때문이다. 따라서 헌법 제34

---

[1] 여성할당제의 위헌여부에 관해서도 헌재 2006. 2. 23. 2004헌마675(국가유공자가족 가산점) 사건에서 판시한 동일한 논거가 그대로 적용될 수 있다, 판례집 18-1상, 269, 270, 285-287, "공무원시험에서 국민들은 공무담임에 있어서 평등한 기회를 보장받아야 하므로, 특정 집단에게 가산점을 주어 공직시험에서 우대를 하기 위해서는 헌법적 근거가 있거나 특별히 중요한 공익을 위하여 필요한 경우에 한하여야 할 것이다. … 그러나 '국가유공자의 가족'의 경우 그러한 가산점의 부여는 헌법이 직접 요청하고 있는 것이 아니다. 다만 보상금급여 등이 불충분한 상태에서 국가유공자의 가족에 대한 공무원시험에서의 가산점제도는 국가를 위하여 공헌한 국가유공자들에 대한 '예우와 지원'을 확대하는 차원에서 입법정책으로서 채택된 것이라 볼 것이다. 그러한 입법정책은 능력주의 또는 성과주의를 바탕으로 하여야 하는 공직취임권의 규율에 있어서 중요한 예외를 구성하며, 이는 능력과 적성에 따라 공직에 취임할 수 있는 균등한 기회를 보장받는 것을 뜻하는 일반 국민들의 공무담임권을 제약하는 것이다. 헌법적 요청이 있는 경우에는 합리적 범위 안에서 능력주의가 제한될 수 있지만, 단지 법률적 차원의 정책적 관점에서 능력주의의 예외를 인정하려면 해당 공익과 일반응시자의 공무담임권의 차별 사이에 엄밀한 법익형량이 이루어져야만 할 것이다. 이 사건 조항으로 인한 공무담임권의 차별효과는 앞서 본 바와 같이 심각한 반면, 국가유공자 가족들에 대하여 아무런 인원제한도 없이 매 시험마다 10%의 높은 가산점을 부여해야만 할 필요성은 긴요한 것이라고 보기 어렵다. … 무엇보다도 그러한 입법정책이 국가유공자들의 '예우와 보상'을 충실히 하는 필수적인 수단이 아니며, 그들의 생활안정을 위해서라면 국가는 재정을 늘려 보상금급여 등을 충실히 하는 방법을 택하여야 하고, 다른 일반 응시자들의 공무담임권을 직접 제약(차별)하는 방법을 택하는 것은 되도록 억제되어야 할 것이다."

조 제3항은 국가공무원의 채용과 승진에 있어서 여성 집단에 대한 적극적인 우대를 요구하는 여성할당제의 헌법적 근거가 될 수 없다.

다. 여성할당제의 헌법적 허용 여부

(1) 수단과 목적의 불균형

사회적 활동이나 직업생활에서 과거의 편견과 사실상의 불이익에 기인하는 불균형을 조정하고자 하는 여성할당제의 목적은 다양한 방법으로 실현가능하고 지속적으로 실현되어야 하는 반면,[1] 여성할당제로 인하여 발생하는 차별이나 기본권제한은 남성지원자의 인격발현의 기회에 대한 중대한 제한을 의미한다. 결국, 여성할당제가 여성의 사회적 불이익을 제거하고 사회적 지위를 개선하는 유일하고도 필수적인 수단이 아니며, 입법자는 남성의 인격발현을 일방적으로 제한하는 방법이 아니라 여성에 대한 다양한 지원조치를 통하여 양성의 실질적 평등을 실현하고자 시도해야 한다. 결국, 여성할당제가 추구하는 목적이 그 정도로 중대하고 긴급하여 남성에 대한 중대한 차별효과를 정당화하는지의 관점에서 본다면, 그 대답은 부정적일 수밖에 없다.

(2) 헌법의 人間像과 지기책임의 원리

또한, 수 세기에 걸쳐 역사적으로 형성되었고 오늘날에도 여전히 여성에게 불리한 형태로 자리 잡고 있는 사회적 현상에 대하여 그 모든 책임을 단지 시대의 단면에 존재하는 남성지원자에게 집단적으로 지게 한다는 것은, 역사적 차원에서의 시대적 결산을 의미하고, 이러한 집단적 책임성은 개인의 자기결정과 자기책임을 전제로 하는 헌법의 인간상과도 부합하지 않는다. 이러한 관점에서도 역사적으로 누적된 사회적 발전에 대한 모든 책임을 남성지원자에게 일괄적으로 전가시키는 방법으로, 여성의 불리한 사회적 상황을 고려할 수 없는 것이다. 여성과 남성을 집단적으로 대치시키고 여성이 당한 역사적 불이익에 대하여 남성에게 집단적으로 시대적 결산을 요구하는 것은 자유권의 본질인 자기결정권에 내재하는 자기책임의 원리에도 부합하지 않는다.

(3) '硬性 여성할당제'의 위헌성

따라서 공무원의 임용에 있어서 일정한 백분율에 이를 때까지 여성에게 자동적으로 혜택을 부여하는 '여성할당제'(소위 '硬性 여성할당제')는 허용되지 않는다.[2] 가령, 남성보다 여성이 현저하게 적게 진출한 공직의 영역에서 공직에 보다 적합한 남성지원자보다 여성지원자를 임용과 승진에 있어서 우대하는 것은 직업공무원제도의 본질인 능력주의에 부합하지 않는다. 다만, 남성지원자와 여성지원자가 동등한 자격과 능력을 보이는 경우, 남성지원자에게 사회적으로 고려해야 하는 중대한 개인적 사유(가령, 자녀부양, 부양가족, 장애, 질병 등)가 없는 한, 여성을 임용과 승진에서 우대하는 것은 허용될 수 있다(소위 '軟性 여성할당제').[3]

---

1) 여성에 대한 직업상 불이익을 제거하고 여성을 지원하며 가정과 직업활동을 조화시키기 위한 방안으로서, 모든 관청의 여성지원계획의 수립, 일정 규모 이상의 관청에서 여성문제 전권위원의 임명, 파트타임 근로의 개선, 가사로 인한 휴가, 직장 내 성희롱으로부터의 보호, 공직위원회에 여성의 동등한 참여, 육아시설의 설치, 양육비의 세금공제혜택, 가정에 알맞은 근로시간 및 근로조건, 육아휴직 후의 복직지원 등을 예로 들 수 있다.

2) Vgl. EuGH, NJW 1995, 3109(Kalanke).

3) Vgl. EuGH, NJW 1997, 3429(Marschall), 이러한 경우에도 사회국가적 관점 등에서 고려해야 할 남성지원자의 개인적 사유가 우위를 차지하지 않는 경우에 한하여 여성지원자의 우대가 허용될 수 있다. 한편, 헌법재판소는 국공립학교 채용시험에서 국가유공자 및 그 유·가족을 동점자 처리에서 우대하는 규정에 대하여 합헌결정을 하였다, 헌재 2006. 6. 29. 2005헌마44(동점자처리에서 국가유공자가족에 대한 우선권).

제4장 自由權的 基本權

제1절 一般理論

I. 자유권적 기본권의 법적 성격

자유권은 그 기능에 있어서 일차적으로 대국가적 방어권으로서 자유영역에 대한 국가의 부당한 침해를 배제한다. 자유권은 국가가 개인의 자기결정의 영역을 단지 존중하고 침해하지 않음으로써 보장되는 소극적 성격을 가지고 있다. 자유권은 본질적으로 국가의 강제와 간섭으로부터의 자유, 국가로부터의 자유를 의미한다. 그러므로 자유권은 국가로부터 부당한 침해행위를 하지 말 것을 요구하는 부작위청구권(不作爲請求權)이다. 원칙적으로 개인은 자유권을 행사하기 위하여 입법자에 의한 매개를 필요로 하지 않는다. 자유권적 기본권은 그 자체로서 직접 효력을 가지는 제소가능한 주관적 공권으로서, 단순히 존재함으로써 그 자체로서 국가행위에 대한 방어적 기능을 하게 된다.

한편, 자유권은 국가의 모든 행위를 절대적으로 배제하는 것이 아니라, 자유권의 제한이 헌법적으로 정당화되어야 한다는 조건 하에서 자유에 대한 제한을 허용한다. 따라서 국가가 자유권의 제한을 정당화할 수 있다면, 개인은 자신의 자유권에 대한 제한을 수인해야 한다. 단지 헌법적으로 정당화되지 않은 '제한'만이 기본권의 '침해'를 가져온다. 헌법은 제37조 제2항에서 "국민의 모든 자유와 권리는 … 법률로써 제한할 수 있으며, 제한하는 경우에도 자유와 권리의 본질적인 내용을 침해할 수 없다."고 하여, 위와 같은 의미에서 기본권의 '제한'과 '침해'를 구분하여 사용하고 있다.[1]

II. 先國家的 自由로서 자유권적 기본권

자유권이 보호하고자 하는 것은 인간의 본질에 속하는 것이다. 인간의 존엄, 생명, 양심 등은 국가나 헌법에 의하여 부여되는 것이 아니며, 표현과 집회의 자유, 양심과 예술의 자유, 거주·이전의 자유 등은 모든 인간에게 내재된 고유한 행위가능성이다. 자유권에 의하여 보호되는 대상은 인간생존의 전제조건으로서 또는 행위를 통하여 환경을 변화시킬 수 있는 인격체의 가능성으로서 인간 자

---

1) 이에 대하여 헌법은 제16조, 제17조, 제18조에서 주거의 자유, 사생활의 비밀과 자유, 통신의 비밀과 관련하여 "침해받지 아니한다."는 표현을 사용하고 있다. 그러나 여기서의 '침해'란 기본권에 대한 '위헌적인 제한'을 의미하는 것이 아니라, 위 기본권의 보호범위의 성격이 개인의 '행위가능성'이 아니라 생명이나 건강과 같이 실체를 가진 객관적 보호법익(사생활영역)임을 표현하고자 한 것이다.

체에게 고유한 것이며 이로써 인간이 살고 있는 국가공동체의 형태나 헌법의 내용과 관계없이 존재하는 것이다. 자유권의 보장내용이 헌법에 의하여 창설되는 것이 아니라 헌법 이전에 존재한다는 의미에서 자유권의 보호대상은 自然的 自由 또는 先國家的 自由로 달리 표현할 수 있다. 헌법은 제10조 후문에서 '개인이 가지는 불가침의 기본적 인권을 확인하고 보장해야 할 국가의 의무'를 규정함으로써, 기본적 인권으로서 인간의 자유와 평등은 국가에 의하여 부여되는 것이 아니라 단지 확인됨으로써 실정법인 기본권규정으로 전환된다는 것을 밝히고 있다. 따라서 헌법상 자유권적 기본권의 보장은 단지 '국가에 의한 자유의 확인'에 지나지 않기 때문에, 국가가 선국가적인 자유권을 제대로 확인하지 아니함으로써 실정헌법규범으로 전환하지 않은 경우에는, 그러한 자유권은 헌법적으로 보장되지 않는 것이 아니라 헌법 제37조 제1항에 의하여 "헌법에 열거되지 아니한" 자유권으로서 보장된다.

자유권적 기본권의 기본사고는 법치국가적 분할원칙에 따라 개인의 자유영역을 국가 이전에 존재하는 것으로 이해하여 원칙적으로 무제한적인 것으로 간주하는 반면, 이에 대하여 개인의 자유영역을 제한하는 국가의 권한은 원칙적으로 제한적이라고 하는 것이다. 이로써, 자유권적 기본권은 개인의 자유영역을 제한하는 국가의 행위에 대하여 특별한 정당성을 요청한다. 따라서 국가는 개인의 자유를 제한하는 자신의 행위를 항상 자유권의 관점에서 정당화해야 한다. 헌법 제37조 제2항은 개인의 자유는 공공복리를 위하여 제한될 수 있으나 "필요한 경우에 한하여" 제한될 수 있다고 규정함으로써, 자유를 제한하는 국가행위가 헌법적으로 정당화되어야 한다는 것을 표현하고 있다.

Ⅲ. 보장내용에 따른 자유권적 기본권의 區分

1. 주관적 행위가능성과 객관적 보호법익을 보장하는 자유권

자유권의 보호법익은, 일정 생활영역에서 자기결정에 기초한 주관적 행위가능성(표현·종교·직업·양심·예술의 자유 등)과 인간의 존엄, 생명이나 신체불가침권, 주거나 통신의 비밀, 사생활영역과 같은 객관적 실체를 가지고 그 자체로서 보호되는 객관적 보호법익으로 나누어 볼 수 있다. 이와 같은 구분은 '행위가능성'을 보호하는 자유권과 '법익의 불가침성'을 보호하는 자유권으로 달리 표현할 수 있다.

가. 法益의 不可侵性을 보호하는 기본권

일련의 자유권은 보호법익의 원칙적인 불가침성을 전제로 하고 있다. 이러한 자유권은 원칙적으로 국가의 영향이나 작용을 배제하는 개인적·사적 영역에 귀속시킬 수 있는 보호법익을 가진 기본권이다. 이러한 자유권들의 보호대상은 그 자체로서 보호되는 물질적·정신적 실체로서, 행위가능성을 통한 자기결정권의 대상이 아니라 자기결정권을 행사하기 위한 전제로서(예컨대, 생명권, 건강권, 신체의 자유) 또는 자기결정권을 행사하기 위한 조건이나 상태로서(예컨대, 사생활의 보호) 보호되는 것이다. 이러한 기본권은 무엇을 보유하는 정적인 권리이지, 무엇을 해도 되는 동적인 권리가 아니다. 생명권, 신체불가침권, 통신의 비밀, 주거의 자유 등은 살 권리, 신체적으로 훼손됨이 없이 생존할 권리, 서신을 쓰고 전화를 할 권리, 주택에서 살 권리 등과 같이 '무엇을 해도 되는 자유'를 보호하는 것이 아니라, 생명, 신체, 통신과 주거의 비밀 등 개인에게 전적으로 귀속되는 특정 법익의 불가침성을 국가의 침해로부터 보호함으로써 기본권의 주체가 보호법익을 보유하고 유지하는 것을 가능하게 한다.

인간의 존엄성, 생명권, 신체불가침권, 신체의 자유, 주거·통신의 비밀, 사생활의 보호, 개인의 명예를 비롯한 인격권 등은 전적으로 개인적 영역에 속하는 것으로 그 자체로서는 다른 법익과의 충돌가능성이 없으므로 원칙적으로 불가침이며, 정상적인 상황에서는 공익상의 이유로 제한을 해야 할 필요나 계기가 없다. 이러한 법익들은 소극적·수동적 법익으로서 국가의 공권력행사나 타인의 자유행사에 의하여 일방적으로 침해받는 법익이지, 다른 법익을 침해하는 법익이 아니다. 물론, 위 법익도 제한될 필요가 있으나, 이러한 법익에 대한 제한의 필요성은 위 자유권의 존재 자체로 인하여 발생하는 것이 아니라, 기본권주체가 행위가능성을 보장하는 자유권을 잘못 행사한 결과 기본권주체의 범죄행위와 같은 다른 이유에 의하여 주거나 통신의 비밀, 사생활의 비밀 또는 건강권이나 생명권에 대한 제한을 요청하는 계기가 발생하는 것이다.

따라서 이러한 기본권에 대한 제한은 지속적인 제한이 아니라 일시적 또는 일회적, 국부적이며 (예컨대, 음주운전여부의 판단을 위한 혈액의 채취, 범죄 혐의로 인한 체포·구속, 주거에 대한 수색, 통신의 감청 등), 단지 법관의 영장과 같이 특별하고 엄격한 요건 하에서만 허용될 수 있다. 이러한 기본권에 대한 제한은 명령과 강제라는 고전적인 제한의 형태가 아니라 국가의 사실행위를 통하여 이루어진다. 위 자유권의 경우, 제한을 정당화하는 특수한 상황이 사라진 후에는 보호법익은 다시 완전무결성과 불가침성을 회복한다. 우리 헌법은 "… 침해받지 아니한다."는 표현을 통하여(헌법 제16조, 제17조, 제18조) 이러한 자유권의 소극성과 불가침성을 표현하고 있다.

한편, 헌법은 인간의 존엄(제10조)이나 신체의 자유(제12조)의 경우에는 "… 가진다."는 표현을 사용하고 있으나, 불가침성을 전제로 하는 "침해받지 아니한다."란 표현을 사용하는 것이 보다 타당하다.[1] 인간의 존엄과 신체의 자유는 다른 자유권을 행사하기 위한 조건이나 전제로서 전적으로 개인적 영역에 귀속되는 것이며, 적극적인 행위가능성을 보장하는 기본권이 아니라 국가나 사인에 의하여 일방적으로 침해받는 소극적인 법익이다.

나. 行爲可能性을 보호하는 기본권

이에 대하여, 그 외의 자유권은 직업의 자유, 표현의 자유, 예술의 자유, 결사의 자유, 집회의 자유 등과 같이 자기결정에 따른 행위가능성을 보호대상으로 하고 있다. 이러한 기본권들은 '무엇을 해도 되는 권리'로서 서술할 수 있다. 이러한 기본권들이 보호하고자 하는 것은 특정 생활영역에서 행위를 통한 자기결정권으로, 가령 종교나 표현 그 자체가 보호되는 것이 아니라 신앙생활을 할 자유나 의견을 표명할 자유가 보호된다.

개인에게 전적으로 귀속될 수 있는 생명·신체·주거의 비밀·통신의 비밀·사생활의 비밀 등의 법익은 소극적·수동적 법익으로서 원칙적으로 불가침적인 반면, 사회공동체 내에서 개인의 행위가능성은 처음부터 타인과의 상호관계에 있고 타인과의 연관관계에서 파악해야 하므로, 타인과 공동체

---

1) 독일 기본법의 경우, 인간의 존엄성, 신체의 자유, 주거의 자유, 통신의 비밀 등의 기본권과 관련하여 '불가침의'("unantastbar" 또는 "unverletzlich")란 표현을 사용하고 있다.

의 법익과 충돌할 가능성이 있고, 이에 따라 제한이 필요하다. 법익의 불가침성을 보장내용으로 하는 자유권의 경우 그에 대한 제한은 비정상적 상황에서 특별한 요건 하에서만 개별적인 경우 일회적으로 가능하다면, 행위가능성에 대한 제한과 규율은 자유권과 이에 대립하는 법익이 양립할 수 있도록 상시적·지속적으로 유지되어야 한다.[1] 이러한 기본권에 대한 제한은 주로 명령과 강제라는 고전적인 제한의 형태로 이루어진다. 우리 헌법은 행위가능성을 보호하는 기본권에 대하여 "… 자유를 가진다." 는 표현을 사용하여 규정하고 있다.

다. 行爲와 法益을 보호하는 기본권

헌법 제23조의 재산권보장은 법익의 불가침성과 행위가능성을 동시에 보호한다. 재산권보장은 개인의 주관적 권리로서 구체적 재산권의 존속보장, 즉 보유에 그치는 것이 아니라, 나아가 재산권에서 구현되는 재산권자의 행위가능성으로서 재산권을 사용하고 처분하는 가능성을 보호한다. 따라서 재산권의 경우 '주관적 행위가능성'으로서 재산권의 자유로운 사용과 처분가능성 및 '법적 지위'로서 법질서에 의하여 개인에게 귀속된 구체적 재산권의 존속을 동시에 보장한다는 특수성이 있으므로, 헌법은 "… 보장된다."는 제3의 표현을 사용하고 있다.

2. 자유로운 인격발현의 조건인 人間의 狀態와 行爲를 보호하는 자유권

한편, 자유권은 크게 '개인의 상태를 보호하는 기본권'과 '개인의 행위를 보호하는 기본권'으로 구분할 수 있다. 모든 자유권은 인간존엄성의 실현과 자유로운 인격발현을 위하여 보장되는 것이며, 이러한 목적을 위하여 헌법은 특정한 영역을 국가의 침해로부터 차단함으로써 자유로운 인격발현을 위하여 필요한 상태나 법적 지위를 보장하는 자유권(예컨대 사생활의 보호, 주거의 자유와 통신의 비밀의 보장, 재산권의 존속보장 등)과 자유로운 인격발현을 위한 적극적인 행위를 보호하는 자유권(예컨대 언론, 집회의 자유, 직업의 자유, 재산권의 이용과 처분 등)을 함께 보장하고 있다. 즉 인격의 자유로운 발현은 그의 기본조건으로서, 인간의 행위에 대한 보호와 인간의 사실적·법적 존재 또는 상태에 대한 보호라는 이중적인 보호를 필요로 한다.

Ⅳ. 자유권적 기본권과 자기결정권의 관계

헌법상 보장된 개별자유권은 모두 일정 생활영역에서 개인의 自己決定權을 보장하고자 하는 것이다. 자유란 개인의 행위와 사고에 있어서 '타인에 의한 결정으로부터의 자유', 즉 자기결정을 의미한다. 따라서 자유권이 궁극적으로 보장하고자 하는 바는 자기결정에 따라 각자의 생활을 자기 책임 하에서 독자적으로 형성할 자유, 즉 자기결정권 및 인격의 자유로운 발현가능성이다. 모든 개별자유권들은 각 생활영역에서 자기결정과 자유로운 인격발현을 위하여 불가결한 자유를 보장하는 것이다. 그러므로 자기결정권 또는 인격의 자유로운 발현가능성은 자유권의 또 다른 이름에 지나지 않는다.

가령, 양심의 자유는 양심형성과 양심실현에 관한 자기결정권, 집회의 자유는 집회의 시간·장

---

1) 가령, 직업의 자유는 이를 규율하는 다양한 법률에 의하여, 집회의 자유는 집시법에 의하여 상시적으로 직업의 자유나 집회의 자유 및 이와 상충하는 법익간의 경계가 설정된다.

소·목적·방법에 관한 자기결정권, 재산권보장은 재산권의 이용과 처분에 관한 자기결정권, 사생활의 비밀은 사생활정보의 공개에 관한 자기결정권, 주거의 자유는 주거의 불가침성에 관한 자기결정권, 신체불가침권은 신체의 불가침성에 관한 자기결정권, 통신의 비밀은 통신정보의 공개에 관한 자기결정권을 의미한다. 마찬가지로, 개인정보에 관한 자기결정권, 성적(性的) 자기결정권, 소비자의 자기결정권 등도 일반적 자유권인 행복추구권으로부터 파생하는 자유의 구체적 내용에 불과하다.[1]

제 2 절 人身의 保護

제1항 生 命 權

I. 헌법적 근거

생명권을 헌법에 명문으로 규정하고 있는 독일, 일본 등 일부 국가와는 달리, 우리 헌법에는 생명권에 관한 명문의 규정이 없다.[2] 그러나 생명권은 '신체를 훼손당하지 아니할 권리'(신체불가침권) 및 신체적 이동의 자유를 보장하는 헌법 제12조의 '신체의 자유'와 함께, 인간의 존엄성을 실현하기 위하여 필수적인 기본조건, 즉 인간 생존의 신체적 기본조건을 보호하는 기본권이다.[3] 인간의 신체적 생존이 정신적 생존의 근거이자 다른 기본권을 행사하기 위한 전제조건이라는 점에서, 생명권, 신체를 훼손당하지 아니할 권리, 신체의 자유의 특별한 의미가 있다. 생명권, 신체불가침권 및 신체의 자유는 모두 인신의 보호에 기여하는 기본권으로, 인간존엄성실현 및 개인의 인격발현에 있어서 불가결한 핵심적 자유영역에 속한다.

생명권과 신체를 훼손당하지 아니할 권리는 헌법 제37조 제1항의 의미에서 헌법에 열거되지 아니한 이유로 경시되어서는 아니 될 자유에 속하는 것으로, 인간의 존엄과 가치를 실현하기 위하여 불가결한 수단으로서 국가가 실정법화 했는지의 여부와 관계없이 헌법적으로 보장되어야 할 개인의 자유이다. 신체의 자유가 개인의 생명과 건강을 전제로 하고 있다는 점에서, 그리고 생명권, 신체불가침권 및 신체의 자유가 인신의 보호에 기여하는 기본권이라는 공통점을 가지고 있다는 점에서, 생명권과 신체를 훼손당하지 아니할 권리는 그 성질에 있어서 가장 인접한 권리인 제12조의 '신체의 자유'에 헌법적 근거를 두면서, 인간존엄성과의 연관관계에서 신체의 자유로부터 도출되는 기본권이다.[4] 즉, 헌법 제12조의 신체의 자유는 인간존엄성과의 연관관계에서 생명권과 신체를 훼손당하지

---

1) 그러나 일부 학자는 자기결정권이 마치 독자적인 성격이나 유형의 기본권인 것처럼 서술함으로써, 자유권과 자기결정권의 同一性을 간과하고 있다(가령, 김철수, 헌법학개론, 2007, 497면 이하 참조).

2) 독일과 일본에서는 개인의 생명을 자의적으로 말살하고 희생시켰던 독일 나치정권과 일본 제국주의의 경험에 대한 반성에서 생명권을 헌법에 명시적으로 수용하였다.

3) 헌재 1996. 11. 28. 95헌바1(사형제도), 판례집 8-2, 537, 545, "인간의 생명은 고귀하고, 이 세상에서 무엇과도 바꿀 수 없는 존엄한 인간 존재의 근원이다. 이러한 생명에 대한 권리, 즉 생명권은 비록 헌법에 명문의 규정이 없다 하더라도 인간의 생존본능과 존재목적에 바탕을 둔 선험적이고 자연법적인 권리로서 헌법에 규정된 모든 기본권의 전제로서 기능하는 기본권 중의 기본권이다."

4) 기본권으로서 '인간존엄성의 보장'은 그 불가침성으로 인하여 절대적으로 보호되는 기본권인 반면, 생명권이나 신

아니할 권리의 근거규범으로 강화되는 것이다.

II. 主 體

1. 人權으로서 생명권

자연인만이 생명권의 주체가 될 수 있고, 법인은 기본권의 성질상 생명권을 향유할 수 없다. 생명권은 모든 인간에게 주어진 육체적 생존을 절멸(絶滅)로부터 보호한다. 생명권은 오직 살아있는 사람만의 기본권이다. 생명권은 국적과 관계없이 보장되는 인권으로서, 내국인뿐만 아니라 외국인도 그 주체가 된다. 인간의 존엄성과 마찬가지로, 생명권은 인간의 존엄과 가치를 가진 모든 인간에게 인정되는 기본권이다. 모든 인간의 생명은 동등한 가치를 가지고 동등하게 보호된다. 따라서 개인의 정신적·윤리적·육체적 상황과 관계없이 가령, 정신병자나 식물인간 또는 반인륜적 흉악범에게도 인정되며, '생존가치 없는 생명'이란 있을 수 없다.

2. 생명권의 개시·종료 및 胎兒의 生命權 主體性

생명권은 출생에 의하여 비로소 보호되는 것이 아니라 이미 난자와 정자가 결합하는 시점부터 보호된다. 생명권의 보호는 뇌파가 종국적으로 소멸하는 시점, 즉 腦死와 함께 종료된다.

한편, 태아도 생명권의 주체가 될 수 있는지에 관하여 논란이 있다. 태아의 생명을 보호하기 위하여 반드시 태아의 기본권주체성이 인정될 필요는 없다. 국가는 생명의 보존을 위하여 노력해야 할 의무를 지며, 생명에 대한 국가의 보호의무는 태아와의 관계에서 산모 등 사인에 의한 낙태를 방관해서는 안 된다는 의무로 구체화된다. 따라서 태어나지 않은 생명도 생명권의 객관적 가치질서로부터 파생하는 국가의 보호의무에 의하여 보호받는 것이다.

여기서 논란이 되는 것은, 한 걸음 더 나아가 태아에게 기본권주체성을 인정함으로써 태아를 주관적 의미에서도 보호해야 하는지, 즉 태아가 생명의 보호란 헌법상 객관적 가치결정의 단순한 수혜자인지 아니면 독자적인 권리주체인지에 관한 것이다. 태아의 권리주체성을 인정하는 것이 태아의 법익을 부모의 일방적인 처분권에 일임하는 것을 방지함으로써 태아의 생명에 대한 보호를 강화할 수 있다는 점에서, 헌법질서가 객관적으로 태아의 생명을 보호할 뿐만 아니라 주관적으로도 태아에게 독자적인 기본권주체성을 인정하는 것이 바람직하다. 헌법재판소도 태아의 생명권 주체성을 인정하고 있다.[1]

체불가침권의 경우에는 제한이 가능하므로, 생명권과 신체불가침권의 직접적인 헌법적 근거는 절대적 기본권인 '인간존엄성'이 아니라 제한이 가능한 '신체의 자유'이다. 한편, 헌법에 명시적으로 규정되지 아니한 기본권인 생명권과 신체불가침권의 헌법적 근거는 일반적 자유권인 행복추구권에서 찾는 것도 가능하지만, 인신을 보호하는 기본권인 신체의 자유에서 찾는 것이 보다 타당하다.

1) 헌재 2008. 7. 31. 2004헌바81(태아의 손해배상청구권), 판례집 20-2상, 91, 101, "태아도 헌법상 생명권의 주체가 되며, 국가는 헌법 제10조에 따라 태아의 생명을 보호할 의무가 있다."

Ⅲ. 법적 성격과 내용

1. 대국가적 방어권

모든 자유권이 그러하듯이, 생명권도 일차적으로 생명에 대한 모든 형태의 국가적 침해를 방어하는 개인의 권리이다. 생명권은 공권력에 의한 직접적인 살인으로부터 그 목적과 관계없이 인간의 생명을 보호한다.[1] 생명권은 국가에 대하여 고의적 살인을 원칙적으로 금지하고, 사형을 선고하고 집행하는 국가의 법적 가능성을 제한한다. 물론, 생명권의 보장으로부터 곧 사형제도의 금지나 폐지의 요청이 도출되는 것은 아니다. 경찰에 의한 인질범의 사살, 국가가 생존의 가치가 없는 생명의 범위를 정하여 특정 집단을 말살하는 행위 등도 생명권에 대한 국가의 침해에 해당한다. 국가가 가령 인구억제 정책의 일환으로서 법으로 낙태를 명령하고 임산부의 의사에 반하여 스스로 낙태를 시행하거나 또는 위탁하는 것도 생명권을 침해하는 것이다.

한편, 국가에게 개인의 죽음을 방지해야 할 의무가 있고 국가가 인간의 죽음을 방지하는 조치를 취하지 않는다면(가령, 수감자의 餓死 방치), 공권력의 부작위에 의한 살인은 적극적인 살인과 법적으로 동일하게 평가된다.

2. 생명에 대한 국가의 보호의무와 개인의 보호청구권

사례 │ 헌재 2008. 7. 31. 2004헌바81(태아의 손해배상청구권 사건)

甲과 乙은 부부인데, 乙은 아이를 임신한 후 丙이 근무하는 산부인과의원에서 정기적으로 검진을 받았다. 丙은 태아가 기형인지를 확인하기 위한 양수검사를 실시하였고, 양수검사의 합병증으로 인하여 그 다음날 태아는 태내에서 사망하였다. 甲과 乙은 丙을 상대로 손해배상청구소송을 제기하였으나 1심 및 2심에서 모두 기각되었고, 대법원에 상고하여 상고심 계속중 민법 제3조("사람은 생존한 동안 권리와 의무의 주체가 된다.") 및 제762조("태아는 손해배상의 청구권에 관하여는 이미 출생한 것으로 본다.")에 대하여 위헌법률심판제청신청을 하였으나 기각되자 헌법소원심판을 청구하였다. 한편, 법원은 위 민법조항을 적용함에 있어서 태아가 살아서 출생하는 경우에 한하여 소급적으로 권리능력을 가지는 것으로 해석함으로써 태아 상태에서 입은 신체적 손해에 대한 손해배상청구권을 인정하면서, 살아서 출생하지 않은 태아에 대해서는 태아 상태에서 생명이 침해된 경우임에도 손해배상청구권을 부정하고 있다. 법원의 이러한 해석을 내용으로 하는 위 민법조항은 태아의 생명권을 침해하는 규정인가?

가. 생명에 대한 보호의무의 의미와 중요성

오늘날 민주적 법치국가에서 국가가 적극적으로 생명권을 침해하는 것은 예외적 현상에 속하므로, 생명에 대한 국가의 책임, 즉 타인의 침해나 위협으로부터 생명을 보호해야 할 국가의 의무가 생명권의 방어기능보다 더욱 중요한 의미를 가진다. 최고의 가치를 가지는 법익인 생명권이 침해된 경

---

[1] 예컨대, 개인으로부터 유발된 위험의 방어를 위하여 개인이 국가에 의하여 살해되더라도(인명을 구조하기 위하여 인질범을 살해하는 경우), 개인의 생명은 기본권의 보호를 받고, 이로써 국가에 의한 살인은 이 경우에도 헌법적으로 정당화되어야 한다는 것을 의미한다.

636 제3편 基本權論

우 그 침해는 회복이 불가능한 결과를 초래하기 때문에, 생명에 대한 보호의무의 의미와 중요성이 현저하게 드러난다.[1]

보호의무는 국가가 인간의 생명에 대한 위험을 직접 초래하지 않은 상황에서 문제된다. 모든 국가권력은 법규범의 제정과 적용을 통하여, 특히 형법과 질서행정의 영역에서 국민의 생명을 위협하고 침해하는 개인의 행위를 방지하고 통제함으로써 생명을 보호해야 한다. 낙태가 임산부의 자유로운 결정에 기인하는 것이라면, 태아의 생명권에 대한 국가의 침해는 존재하지 않는다. 그러나 이 경우, 국가는 태어나지 않은 생명에 대한 보호의 책임을 지게 된다. 인질납치의 경우, 국가는 인질범에 의한 생명의 위협으로부터 인질의 생명을 보호해야 할 책임을 진다.[2] 뿐만 아니라, 생명권은 사회국가원리와의 연관관계에서 생명의 유지에 필요한 최소생계비를 지급해야 할 국가의 의무와 이에 대응하는 급부청구권의 근거규범이 될 수 있다.

나. 보호의무의 이행방법에 관한 광범위한 형성권

한편, 국가는 어떠한 방법으로 보호의무를 이행할 것인지에 관하여 광범위한 형성의 자유를 가진다. 보호의무의 위반은 공권력이 보호조치를 전혀 취하지 않았거나 또는 취한 조치가 완전히 부적합하거나 불충분한 것으로 드러난 경우에만 인정될 수 있다. 자유권의 포괄적인 방어기능으로 인하여 국가에 의한 제한이 엄격하게 금지되어야 한다면, 보호의무의 이행은 국가기관에게 선택의 여지를 허용한다. 비록, 어떠한 조치가 생명의 보호에 최상으로 기여한다는 것이 명백하게 밝혀질 수 있다고 하더라도, 다른 조치가 허용될 수 있다. 자유권의 보호기능은 보호의무의 이행에 있어서 국가의 재량을 제한하고 정당화의 책임을 부과하지만 국가가 어떠한 보호조치를 취해야 하는지에 관하여 그 결정의 결과를 미리 규정하지는 않는다. 따라서 국가가 보호의무를 이행하기 위하여 내린 결정에 대해서는 사법적 심사가 제한적으로만 이루어진다.[3]

다. 보호의무의 이행방법으로서 형법적 수단

생명권은 생명을 침해하는 구체적 행위방식에 대하여 일정한 범위 내에서 형법적 처벌을 요청한다. 그러므로 살인에 대한 처벌을 폐지하는 것은 보호의무의 위반으로서 위헌이 될 것이다. 한편, 국

---

[1] 이러한 이유에서, 독일 연방헌법재판소는 생명권 및 신체를 훼손당하지 아니할 권리가 사인에 의하여 위협받는 상황을 기본권적 보호의무를 도출하는 계기로 삼았다.
[2] 생명을 위협하는 인질범의 경우, '인질의 생명'라는 법익과 '인질범에 의하여 잠재적으로 위협받는 모든 국민의 기본권적 법익'이 서로 충돌한다. 독일연방헌법재판소는 테러범에 의하여 피랍된 독일 사용자대표자단체의 회장인 '슐라이어'의 생명에 대한 보호의무가 문제된 사건에서(BVerfGE 46, 160, 164, Schleier), 납치범의 요구를 들어주는 경우 더욱 테러의 위험에 처하게 될 '국민의 생명에 대한 보호의무'와 '납치된 자의 생명에 대한 국가의 보호의무'가 충돌하는데, 관할 국가기관이 어떠한 보호조치가 효과적인 생명 보호의 목적에 기여할 수 있는지를 독자적인 책임을 지고 결정할 수 있어야 한다고 판시하였다.
[3] 헌재 2008. 7. 31. 2004헌바81(태아의 손해배상청구권), 판례집 20-2상, 91, 93, [민법 제3조 및 제762조가 태아의 생명권을 보호하는데 미흡하여 국가의 기본권보호의무를 위반하고 있는지 여부에 관하여] "태아는 형성 중의 인간으로서 생명을 보유하고 있으므로 국가는 태아를 위하여 각종 보호조치들을 마련해야 할 의무가 있다. 하지만 그와 같은 국가의 기본권 보호의무로부터 태아의 출생 전에, 또한 태아가 살아서 출생할 것인가와는 무관하게, 태아를 위하여 민법상 일반적 권리능력까지도 인정하여야 한다는 헌법적 요청이 도출되지는 않는다. … 입법자는 형법과 모자보건법 등 관련규정들을 통하여 태아의 생명에 대한 직접적 침해위험을 규범적으로 충분히 방지하고 있으므로, 이 사건 법률조항들이 태아가 사산한 경우에 한해서 태아 자신에게 불법적인 생명침해로 인한 손해배상청구권을 인정하지 않고 있다고 하여 단지 그 이유만으로 입법자가 태아의 생명보호를 위해 국가에게 요구되는 최소한의 보호조치마저 취하지 않은 것이라 비난할 수 없다."

가가 생명에 대한 보호의무를 이행하기 위하여 반드시 형법적 수단을 동원해야 하는지의 문제가 제기된다. 형법은 보호의무의 이행을 위하여 고려되는 여러 조치 중에서 단지 하나의 수단에 불과하며, 국가에게는 보호의무의 이행에 있어서 광범위한 재량이 인정된다. 이러한 문제는 특히 인공임신중절의 처벌가능성과 관련하여 논란이 되고 있다.

형법적 제재는 기본권의 보호기능을 실현하기 위한 다양한 결정가능성 가운데 하나의 방법으로 간주된다. 낙태에 관한 상담, 사전예방 및 사회적 지원 등의 수단이 종합적으로 투입된다면, 임신초기의 단계에서는 낙태에 대한 처벌이 없이도 생명의 보호가 충분히 이루어질 수 있다는 판단이 가능할 것이다. 입법자가 임신초기에는 형벌에 의하여 효과적인 생명보호가 실현되기 어렵고, 국가적 상담과 조력이 보다 나은 가능성을 제공한다고 판단한다면, 이러한 입법자의 결정은 국가보호의무의 이행으로 간주되어야 한다.

Ⅳ. 생명권의 제한

1. 제한의 가능성과 조건

생명권의 제한은 곧 생명권의 박탈을 의미하므로, 생명권을 법률로써 제한할 수 있는지의 문제가 제기되지만, 둘 이상의 생명의 가치가 충돌하는 경우 하나의 생명을 보호하기 위하여 필요한 경우에는 다른 생명을 부정하는 입법이 가능하다는 것을 부득이 인정하지 않을 수 없다. 생명권은 인간생존의 기본조건으로서 헌법질서 내에서 매우 중요한 법익이므로, 법적 제한의 가능성에 대하여 엄격한 요건이 제시된다. 생명권의 중요성에 비추어, 인간의 생명에 대한 제한은 형식적 의미의 법률로써 이루어져야 할 뿐만 아니라, 과잉금지원칙의 관점에서 정당화되기 위해서는 타인 생명의 보호나 타인 건강에 대한 중대한 침해로부터의 보호 등 중대한 법익의 보호를 위한 불가피한 수단이어야 한다.

그러므로 인질 등 제3자를 구출하기 위한 경찰의 射殺은 제3자의 생명에 대한 국가적 보호의무의 이행이자 동시에 피살자의 생명에 대한 침해이기 때문에 '형식적으로는' 법률적 근거를 필요로 하고, '실체적으로는' 다른 방법으로는 방어할 수 없는 인간의 생명에 대한 위험이나 신체적 완전성에 대한 중대한 위험을 방어하기 위한 최후의 수단으로서만 허용된다. 즉, 인질의 생명과 건강에 대한 절박한 위험으로부터 인질을 구하기 위한 최후의 수단으로서, 인질범의 사살 외에는 인질의 생명과 건강을 보호할 수 있는 다른 가능성이 없는 경우에만, 국가에 의한 인질범의 살해는 과잉금지원칙의 관점에서 정당화될 수 있다. 또한, 형벌에 있어서도 종신형으로 국가형벌권행사의 목적을 달성할 수 있다면, 사형선고는 피해야 한다.

2. 제한의 형태

가. 사형제도

사례 | 헌재 1996. 11. 28. 95헌바1(사형제도 사건)

甲은 살인 등의 혐의로 기소되어 1심 및 2심에서 사형을 선고받고, 대법원에 상고를 함과 동시에 살인죄에 대하여 사형을 규정한 형법 제250조 제1항에 대한 위헌법률심판제청을 신청하였으나, 대법원이 이를 기각하자 헌법소원심판을 청구하였다. 사형제도는 생명권을 침해하는 위헌적인 제도인가?

사형이란, 범죄인의 생명을 박탈하는 방법으로 그를 사회로부터 영구히 제거시키는 형벌이다. 사형제도의 목적은 형벌의 일반적인 목적과 마찬가지로, 범죄에 대한 응보(應報)와 일반적 예방효과(억지효과)에서 찾을 수 있다. 한편, 사형이란, 국가공동체가 범죄인을 더 이상 '인간의 존엄과 가치'를 가진 인격체로서 인정하지 않겠다고 하는 것의 명시적인 표현이다. 그러나 헌법상 보장되는 '인간의 존엄과 가치'는 인격체를 사회로부터 제거하고 인간의 생명을 범죄퇴치의 수단으로 사용하는 것을 국가에 대하여 금지하므로, 인간존엄성을 최고의 가치로 삼는 헌법질서에서 사형제도가 헌법적으로 허용되는지의 문제가 제기된다.

헌법재판소는 이에 대하여 이미 두 차례에 걸쳐 합헌결정을 한 바 있다.[1] 헌법재판소의 견해에 의하면, 사형제도 그 자체는 헌법상 허용되나, 사형은 과잉금지원칙의 엄격한 조건 하에서 불가피한 예외적인 경우("다른 생명 또는 그에 못지아니한 공공의 이익을 보호하기 위한 불가피성이 충족되는 예외적인 경우")에 한하여 적용되어야 한다. 헌법도 제110조 제4항 단서에서 "사형을 선고한 경우"를 예로 언급함으로써, 간접적이나마 사형제도를 인정하는 태도를 취하고 있다.[2] 헌법이 사형제도를 예정하고 용인하고 있는 것으로 본다면, 이러한 헌법적 상황에서 사형제도의 존폐 문제는 헌법적 문제가 아니라 입법정책의 문제이며, 결국 우리나라의 실정, 법문화, 국민의 법감정과 법의식 등을 반영하여 판단되어야 할 문제이다. 유럽에서는 전반적으로 사형제도가 폐지된 반면, 미국에서는 연방대법원의 판례에 의하여 합헌적인 것으로 유지되고 있다.

나. 人工姙娠中絶

(1) 胎兒의 생명권과 産母의 기본권의 충돌

인공임신중절의 경우, 국가가 한편으로는 태아의 생명권을 어느 정도로 보호해야 하고, 다른 한편으로는 산모의 자기결정권을 어느 정도로 존중해야 하는지의 문제, 즉 양 법익간의 조화를 이루는 문제가 제기된다. 낙태행위의 처벌은 기본권의 충돌을 야기한다. 이 경우, 보호기능을 수행하는 태아의 생명권과 방어기능을 수행하는 산모의 자기결정권(일반적 행동의 자유 및 일반적 인격권), 경우에 따라 산모 자신의 생명권 등이 서로 충돌한다. 기본권충돌의 경우 실제적 조화의 원칙에 따라 양 기본

---

1) 헌재 1996. 11. 28. 95헌바1(사형제도), 판례집 8-2, 537, [사형제도가 헌법에 위반되는지 여부에 관하여] "생명권 역시 헌법 제37조 제2항에 의한 일반적 법률유보의 대상이 될 수밖에 없는 것이나, 생명권에 대한 제한은 곧 생명권의 완전한 박탈을 의미한다 할 것이므로, 사형이 비례의 원칙에 따라서 최소한 동등한 가치가 있는 다른 생명 또는 그에 못지아니한 공공의 이익을 보호하기 위한 불가피성이 충족되는 예외적인 경우에만 적용되는 한, 그것이 비록 생명을 빼앗는 형벌이라 하더라도 헌법 제37조 제2항 단서에 위반되는 것으로 볼 수는 없다.", "인간의 생명을 부정하는 등의 범죄행위에 대한 불법적 효과로서 지극히 한정적인 경우에만 부과되는 사형은 죽음에 대한 인간의 본능적 공포심과 범죄에 대한 응보욕구가 서로 맞물려 고안된 '필요악'으로서 불가피하게 선택된 것이며 지금도 여전히 제 기능을 하고 있다는 점에서 정당화될 수 있다. 따라서 사형은 이러한 측면에서 헌법상의 비례의 원칙에 반하지 아니한다 할 것이고, 적어도 우리의 현행 헌법이 스스로 예상하고 있는 형벌의 한 종류이기도 하므로 아직은 우리의 헌법질서에 반하는 것으로 판단되지 아니한다."; 또한 이와 유사한 취지로 헌재 2010. 2. 25. 2008헌가23(사형제도), 판례집 22-1상, 36, 37-38 참조.

2) 헌재 2010. 2. 25. 2008헌가23(사형제도), 판례집 22-1상, 36, 37, [사형제도의 헌법적 근거에 관하여] "헌법 제110조 제4항은 … 문언의 해석상 사형제도를 간접적으로나마 인정하고 있다."

권의 최적화를 실현해야 한다.

(2) 산모의 생명권과 태아의 생명권이 충돌하는 경우

산모의 생명과 건강을 보호하기 위하여 이루어지는 낙태는 기간의 제한 없이 언제든지 허용되어야 한다. 임신에 의하여 산모의 생명과 건강이 위협받는 경우, 산모의 생명과 태아의 생명이 대립하는 상황에서 산모의 생명을 희생하여 임신을 유지할 것을 요구할 수 없다.

(3) 산모의 자기결정권과 태아의 생명권이 충돌하는 경우

한편, 범죄에 의한 임신(강간의 결과로서 임신)의 경우, 산모의 인간존엄성과 자기결정권은 일정한 기간 내에서 낙태의 허용을 요청한다. 또한, 산모의 사회적·경제적 상황이나 태아의 우생학적·유전적 질환가능성을 이유로 낙태를 하는 경우에도 마찬가지의 상황이 전개된다.

그러나 산모의 자기결정권을 이유로 하는 낙태는 시간적으로 무제한적으로 허용될 수는 없다. 산모의 자기결정권의 보호는 적정한 기간 내에서 주장되어야 한다. 태아의 생명이 성장을 지속하여 어느 시점에 이르게 되면 더 이상 박탈될 수 없는 태아의 생명권으로 강화된다. 태아의 일정한 생명지속의 시기부터는 태아의 생명권이 산모의 기본권에 대하여 우위를 차지하고, 산모의 생명과 건강의 보장을 위해서만 태아의 생명이 박탈될 수 있으며, 다른 이유에 의해서는 더 이상 박탈될 수 없다. 물론, 모든 기한의 설정과 마찬가지로, 어떠한 시점부터 산모의 자기결정권에 대하여 태아의 생명권에 우위를 부여할 것인지를 정하는 것은 입법자의 과제로서 상당히 광범위한 형성권이 인정될 수밖에 없다.

헌법재판소는 임부의 낙태를 원칙적으로 금지하고 이를 형사처벌하고 있는 자기낙태죄조항($^{형법 제269}_{조 제1항}$)이 임부의 자기결정권을 과도하게 침해하는 것이 아니라고 판단하였으나,[1] 헌재 2019. 4. 11. 2017헌바127 결정에서 재판관 7인의 위헌의견으로 기존의 판례를 변경하여, 태아의 생명을 보호하기 위하여 낙태를 금지하고 형사처벌하는 것 자체가 헌법에 위반된다고 볼 수는 없으나, 자기낙태죄 조항이 모자보건법에서 정한 사유에 해당하지 않는다면 임신 초기의 낙태나 사회적·경제적 사유에 의한 낙태를 예외 없이 전면적으로 금지하면서 이를 위반한 경우 형사처벌하는 것은 과잉금지원칙에 위반하여 임신한 여성의 자기결정권을 침해하는 위헌적인 규정이라고 판단하였다.

---

1) 헌재 2012. 8. 23. 2010헌바402(자기낙태죄), 판례집 24-2상, 471, 472, "낙태를 처벌하지 않거나 형벌보다 가벼운 제재를 가하게 된다면 현재보다도 훨씬 더 낙태가 만연하게 되어 자기낙태죄 조항의 입법목적을 달성할 수 없게 될 것이고, 성교육과 피임법의 보편적 상용, 임부에 대한 지원 등은 불법적인 낙태를 방지할 효과적인 수단이 되기에는 부족하다. 나아가 입법자는 일정한 우생학적 또는 유전학적 정신장애나 신체질환이 있는 경우와 같은 예외적인 경우에는 임신 24주 이내의 낙태를 허용하여(모자보건법 제14조, 동법 시행령 제15조), 불가피한 사정이 있는 경우에는 태아의 생명권을 제한할 수 있도록 하고 있다. … 따라서 자기낙태죄 조항이 임신 초기의 낙태나 사회적·경제적 사유에 의한 낙태를 허용하고 있지 아니한 것이 임부의 자기결정권에 대한 과도한 제한이라고 보기 어려우므로, 자기낙태죄 조항은 헌법에 위반되지 아니한다."; 이에 대하여 [재판관 4인의 반대의견] 판례집 24-2상, 471, 473, "국가는 생명을 보호하는 입법적 조치를 취함에 있어 인간생명의 발달단계에 따라 그 보호정도나 보호수단을 달리할 수 있다. … 임신 초기에는 임부의 자기결정권을 존중하여 낙태를 허용해 줄 여지가 크다. 따라서 임신 초기의 낙태까지 전면적, 일률적으로 금지하고 처벌하고 있는 자기낙태죄 조항은 침해의 최소성원칙에 위배된다."

다. 安樂死

甲은 지속적 식물인간상태에 있으면서 병원의 중환자실에서 연명치료를 받았다. 甲의 子인 乙은 연명치료의 중단을 요청하였으나, 병원 주치의는 위 요청을 거부하였다. 이에 甲과 乙은 "甲과 같이 죽음이 임박한 환자로서 무의미한 연명치료 거부에 관한 본인의 의사를 확인할 수 있는 경우 헌법상 기본권으로서 '무의미한 연명치료에서 벗어나 자연스럽게 죽음을 맞이할 권리'가 있다 할 것인데, 국회가 이를 보호하기 위한 입법의무를 이행하지 아니한 것은 甲과 乙의 인간의 존엄과 가치, 행복추구권 등을 침해한다."고 주장하면서 입법부작위의 위헌확인을 구하는 헌법소원심판을 청구하였다.

(1) 안락사의 헌법적 한계

안락사란 의사가 환자의 고통과 괴로움을 종료시키기 위하여 환자의 생명을 단축시키거나 연장하지 않는 것을 말하는데, 안락사는 의사가 적극적으로 생명을 단축시키는 '積極的 安樂死'와 생명을 연장할 수 있는 조치를 취하지 않거나 중단함으로써 사망을 초래하는 '消極的 安樂死'로 구분된다.[1]

인간존엄성과 생명권은 안락사의 문제와 관련하여 모든 형태의 적극적인 안락사에 대한 원칙적인 부정의 형태로서 헌법적 기본지침을 제시한다. 적극적 안락사와 소극적 안락사 간의 경계와 구분이 유동적이라는 것을 인정한다 하더라도, 인간의 죽음을 목표로 하는 적극적인 조치를 법적으로 승인하는 것은 인간존엄성과 생명권이란 헌법상 최고의 가치를 지키는 제방을 무너뜨리는 것이다. 따라서 적극적 안락사는 그 법적 성격에 있어서 인간의 생명을 박탈하는 살인행위에 해당하며, 인간존엄성과 생명권을 보장하는 헌법의 가치결정에 정면으로 반하는 것이므로, 헌법적으로 허용될 수 없다. 반면에, 소극적 안락사는 헌법적으로 허용될 여지가 있으며, 나아가 인간존엄성의 관점에서 경우에 따라서는 헌법적으로 요청될 수도 있다.

(2) 尊嚴死의 헌법적 문제

소극적 안락사와 관련하여 특히 '존엄사'의 문제가 제기되면서 불치의 환자의 '인간답게 또는 존엄하게 죽을 권리'가 주장되고 있다. 죽음에 임박한 환자는 의식적으로 안락사를 요청할 수 있고 사전에 이에 동의할 수도 있다. 환자는 자신의 정신적·신체적 完全性에 대하여 자기결정권을 가지며, 환자의 자기결정권은 자신의 죽음에 관한 자기결정권, 이로써 '존엄한 죽음을 스스로 결정하고 선택할 권리', 연명치료의 중단여부에 관한 자기결정권도 포함한다. 따라서 불치의 병에 걸린 환자의 명시적인 또는 추정적인 의사에 반하여 생명을 연장하거나 유지하는 조치를 취하는 것은 죽어가는 환자를 현대의학의 客體로 만드는 것으로 인간존엄성에 반한다.

의료기관이 환자의 의사에 반하여 무의미한 생명연장조치를 취하는 것은, 사인에 의하여 환자의 기본권('존엄한 죽음을 스스로 결정할 권리')이 침해되는 상황에 해당하므로, 국가의 보호의무 이행의 문제가 제기된다. 헌법재판소는 '연명치료 중단 입법부작위 사건'에서 첫째, 환자의 자기결정권과 인간

---

1) 적극적 안락사란, 가령 생명을 단절시키는 약물을 투여하는 것과 같은 방법 등으로 환자를 사망에 이르게 하는 것을 말하며, 반면에 소극적 안락사란 인공호흡기구와 같은 생명연장장치를 더 이상 가동시키지 않음으로써 환자를 사망에 이르게 하는 것을 말한다.

의 존엄성의 연관관계에서 헌법해석을 통하여 '연명치료 중단에 관한 자기결정권'이라는 환자의 기본권을 도출하였고, 둘째, 이러한 기본권과 관련하여 국가에게는 사인(의료기관)에 의한 침해로부터 환자의 기본권을 보호해야 할 보호의무가 발생한다는 것을 전제로 하여, 셋째, 국가가 이러한 보호의무를 어떻게 이행해야 할 것인지, 국가의 보호의무 이행이 반드시 입법자에 의한 보호입법의 형태로 이루어져야 하는지를 판단하였다.[1]

한편, 환자의 의식이 없는 경우 그의 승낙을 추정할 수 있는지의 문제가 제기되는데, 여기서 법적으로 파악할 수 있는 한계영역에 부딪힌다. 인간존엄성과 생명권은 한편으로는 당사자의 개인적 자기결정권을 존중할 것을 요청하면서도, 다른 한편으로는 스스로 결정할 능력이 없는 환자에 대하여 추정적 의사를 가정함으로써 인간을 客體化하고 인간의 생명에 관하여 임의로 처분하는 것으로부터 보호할 것을 요청한다. 스스로 결정할 능력이 없는 무의식 상태의 환자에 대하여 '생존의 가치가 있는 또는 없는 생명'을 위한 객관적인 기준을 찾는 경우에는 인간이 객체화될 위험이 있다.

제 2 항   身體不可侵權

I. 보호범위와 법적 성격

1. 보호범위

신체불가침권 또는 신체를 훼손당하지 아니할 권리는 그 성질상 오로지 자연인의 권리이고 국적과 관계없이 인정되는 인권이다. 헌법상 모든 인간에게 존엄과 생명이 보장되는 것과 마찬가지로 신체의 불가침도 모든 인간에게 보장된다.

신체불가침권이란 개인의 건강(身體의 完全性)을 보호하고자 하는 기본권으로서, 생체학적 의미의 건강 및 정신적 의미의 건강을 함께 보호법익으로서 포함한다. 즉, 신체를 훼손당하지 아니할 권리란 개인의 건강권이라 할 수 있다. 여기서 '건강'이란 '질병이 없는 상태'라는 좁은 의미가 아니라 신체적·정신적 건강을 모두 포함하는 포괄적인 개념이기 때문에, 건강을 해치거나 위협하는 행위는 물론이고 신체의 고통을 가하는 조치를 비롯하여 정신적 학대, 생체학적 건강을 해치지 않는 신체에 대한 침해까지도 포함한다.

---

1) 헌재 2009. 11. 26. 2008헌마385(연명치료 중단 입법부작위), 판례집 21-2하, 647, ['연명치료 중단에 관한 자기결정권'이 헌법상 보장된 기본권인지 여부] "비록 연명치료 중단에 관한 결정 및 그 실행이 환자의 생명단축을 초래한다 하더라도 이를 생명에 대한 임의적 처분으로서 자살이라고 평가할 수 없고, 오히려 인위적인 신체침해 행위에서 벗어나서 자신의 생명을 자연적인 상태에 맡기고자 하는 것으로서 인간의 존엄과 가치에 부합한다 할 것이다. 그렇다면 환자가 … 죽음에 임박한 상태에서 인간으로서의 존엄과 가치를 지키기 위하여 연명치료의 거부 또는 중단을 결정할 수 있다 할 것이고, 위 결정은 헌법상 기본권인 자기결정권의 한 내용으로서 보장된다 할 것이다."; [헌법해석상 '연명치료 중단 등에 관한 법률'에 관한 입법의무가 인정되는지 여부] "죽음에 임박한 환자에 대한 연명치료 중단에 관한 다툼은 법원의 재판을 통하여 해결될 수 있고, 법원의 재판에서 나타난 연명치료 중단의 허용요건이나 절차 등에 관한 기준에 의하여 연명치료 중단에 관한 자기결정권은 충분하지 않을지는 모르나 효율적으로 보호될 수 있으며, … '연명치료 중단에 관한 자기결정권'을 보장하는 방법으로서 '법원의 재판을 통한 규범의 제시'와 '입법' 중 어느 것이 바람직한가는 입법정책의 문제로서 국회의 재량에 속한다 할 것이다. 그렇다면 헌법해석상 '연명치료 중단 등에 관한 법률'을 제정할 국가의 입법의무가 명백하다고 볼 수 없다. 결국 환자 본인이 제기한 '연명치료 중단 등에 관한 법률'의 입법부작위의 위헌확인에 관한 헌법소원 심판청구는 국가의 입법의무가 없는 사항을 대상으로 한 것으로서 … 부적법하다."

신체의 완전성(건강권)을 제한하는 국가의 행위에는 예컨대, 국가기관에 의한 신체적·정신적 고문, 신체에 대한 강제적 의학실험, 강제거세나 강제불임시술, 체형이나 체벌, 전염병예방을 위한 강제접종, 수술 등 치료를 위한 신체적 침해, 음주측정을 위한 혈액의 채취, 두발이나 수염 모양의 강제변경(군인의 두발형태에 대한 규제) 등이 속한다.

2. 법적 성격

가. 대국가적 방어권

신체불가침권은 일차적으로 방어권으로서 국가의 침해로부터 신체의 불가침성을 보호한다. 여기서 국가의 침해란, 국가 자신의 행위로 귀속될 수 있는 행위, 즉 국가가 그 기관을 통하여 스스로 행한 행위에 의한 침해이다.

나. 국가의 보호의무

사례 │ 헌재 1997. 1. 16. 90헌마110 등(교통사고처리특례법 사건)

교통사고특례법은 중대한 과실로 인한 교통사고의 8가지 유형을 규정하면서, 위 8가지 유형에 해당하지 아니하는 중대한 과실로 인한 교통사고로 말미암아 피해자에게 중상해(重傷害)에 이르게 한 경우에도 단순히 자동차종합보험 등에 가입하였다는 것만으로 공소제기조차 하지 못하도록 규정함으로써 가해자에 대한 형사처벌 가능성을 처음부터 배제하고 있다. 이러한 위 법률조항은 개인의 신체불가침권에 대한 위헌적인 침해인가?

(1) 보호의무의 내용

생명권과 마찬가지로, 신체불가침권에서도 대국가적 방어권의 기능보다는 오히려 국가의 보호기능이 더욱 중요한 의미를 가진다. 따라서 신체불가침권은 객관적인 보호규범으로서, 사인으로부터 발생하는 신체불가침권에 대한 침해, 나아가 산업사회에서 건강을 위협하는 산업시설과 국경 외부로부터 유입되는 오염물질 등 환경영역에서의 잠재적 위험원(危險原)으로부터 발생하는 침해에 대하여 개인의 건강을 보호해야 할 국가의 의무를 포함한다. 흡연으로부터 비흡연자의 건강을 보호하는 것도 국가의 보호의무가 문제되는 대표적인 경우이다.

이러한 국가의 보호의무는 일반적으로 국민 전체에 대하여 존재하지만, 국가가 경찰공무원과 같은 특정 인적 집단에게 특별히 직무상의 의무를 부과함으로써 이들이 건강을 위협받는 전형적인 상태에 놓이는 경우에는 특정 인적 집단에 대한 보호의무로서 구체화될 수 있다. 국가가 특정 인적 집단에게 공무를 위하여 자신의 건강과 생명을 투입할 것을 요청하면서 공무수행에서 발생하는 위험으로부터 건강을 보호하기 위한 최소한의 적절한 조치를 취하지 않는 것은 보호의무를 위반하는 것이다.[1]

---

[1] 가령, 국가가 경찰공무원으로부터 범죄인의 검거나 폭력시위의 해산 등을 위하여 자신의 생명과 건강을 투입할 것을 요구하면서, 이 과정에서 발생하는 위험으로부터 생명과 건강을 보호하기 위한 최소한의 적절한 조치를 취하지 않는다면, 이는 국가의 보호의무위반이 될 수 있다.

(2) 보호의무의 이행여부를 판단하는 기준

특정 기술적 설비의 허가와 운영(예컨대, 원자력 발전소 또는 항공소음) 또는 환경을 파괴하는 행위가 개인의 건강을 침해할 수 있다면, 신체불가침권은 국가에 대하여 위험을 저지하고 위험발생을 예방하기 위하여 이러한 행위를 사전에 규제하고 통제할 것을 요청한다. 가령, 원자력발전을 통한 핵에너지의 이용은 인간의 생명과 건강에 대하여 매우 중대한 잠재적 危險原으로 간주된다. 따라서 국가는 원자력의 이용으로부터 발생하는 위험에 대하여 적절하게 대응해야 한다.

물론, 오늘날의 산업사회에서 기술적 설비의 운영으로부터 발생하는 어느 정도의 위험은 '현대인의 불가피한 생존조건'으로서 수인되어야 한다. 기술적 설비의 허가와 운영으로부터 발생할 수 있는 국민건강에 대한 위협을 절대적으로 예방하고 제거하는 규정을 입법자에게 요구하는 것은 인간의 인식능력의 한계성을 간과하는 것이고, 나아가 현대 사회에서 불가결한 모든 기술의 이용을 저해할 것이다. 따라서 위험의 발생을 저지하고 예방하기 위한 입법적 조치가 건강의 보호에 있어서 현저하게 불충분한 것이 아니라면, 국가의 보호의무를 이행한 것으로 보아야 한다.

(3) 보호의무의 이행방법으로서 형법적 수단

생명권과 마찬가지로 신체불가침권과 관련해서도, 국가가 보호의무를 이행하기 위하여 반드시 형법적 수단을 동원해야 하는지의 문제가 제기된다. 여기서도 형법적 제재는 기본권의 보호기능을 실현하기 위한 다양한 가능성 가운데 하나의 방법이므로, 일반적으로 보호의무의 이행방법이 반드시 '형법적 수단'으로 축소되지 않는다.[1]

Ⅱ. 제한과 법률유보

신체불가침권에 대한 제한은 당사자의 동의나 법률에 의하여 정당화될 수 있다. 본질성이론에 비추어 생명에 대한 제한이나 신체의 완전성에 대한 중대한 제한은 입법자의 법률에 의하여 규율되어야 하며, 신체불가침권에 대한 현저하지 않은 제한은 실질적 의미의 법률로 규율하도록 위임하는 것이 가능하다.[2] 물론, 제한이 법률에 근거하여 이루어지는 경우, 과잉금지원칙이 엄격하게 준수되어야 한다.

환자의 치료를 위한 의학적 조치도 신체불가침권에 대한 제한에 해당하므로, 환자의 동의를 필요로 한다. 동의에 관한 환자의 의사결정은 자유롭고 의식적으로 이루어져야 한다. 두발이나 수염의 변경과 같이 강제적인 신체 변화도 신체불가침권에 대한 제한을 의미하므로, 당사자의 동의를 필요로

---

1) 헌재 1997. 1. 16. 90헌마110 등(교통사고처리특례법), 판례집 9-1, 90, 123, "개인의 생명이나 신체에 대한 보호의무에서 기계적으로 형법조문을 제정할 국가의 의무나 아니면 국가형벌권을 행사할 의무가 나오는 것은 결코 아니다. … 국가의 형벌권은 사회공동체의 가치실현이나 법적 평화유지를 위한 보충적, 최후적 수단으로서 행사되어야 한다. 따라서 형벌이 법익보호를 위한 유일한 효율적이고 적절한 수단일 때에만 비로소 국가의 보호의무는 형벌권을 행사해야 할 국가의 의무로 구체화되고, 국가가 이러한 경우에도 형벌권을 포기할 때에만 보호의무를 위반하는 것이 된다. 국가의 신체와 생명에 대한 보호의무는 교통과실범의 경우 발생한 침해에 대한 사후처벌뿐이 아니라, 무엇보다도 우선적으로 운전면허취득에 관한 법규 등 전반적인 교통관련법규의 정비, 운전자와 일반국민에 대한 지속적인 계몽과 교육, 교통안전에 관한 시설의 유지 및 확충, 교통사고 피해자에 대한 보상제도 등 여러 가지 사전적·사후적 조치를 함께 취함으로써 이행된다."
2) 가령, 군인의 두발 형태에 대한 규제는 신체의 완전성에 대한 중대하지 않은 제한으로서 법규명령으로 규율할 수 있다.

하거나 당사자의 동의가 없는 경우에는 법적인 근거가 필요하다. 학생에 대한 교사의 체벌도 학생의 신체불가침권을 침해하므로, 법적인 근거를 필요로 한다.[1] 따라서 체벌이 교육적으로 효과가 있고 교사 체벌권이 인정되어야 한다는 것이 교육학적으로 증명될 수 있다면, 그러한 인식은 입법을 통하여 규범화되어야 한다.

제 3 항 身體의 自由

헌법 제12조 제1항 제1문은 "모든 국민은 신체의 자유를 가진다."고 하여 신체의 자유를 보장하고 있다. 신체의 자유는 기본권의 보장 중에서 가장 역사가 오래된 기본권에 속한다. 신체의 자유는 1679년 영국의 인신보호법(Habeas Corpus Act)에서 개인을 국가의 자의적이고 불법적인 체포에 대하여 보호하려는 목적으로 규정된 이래, 미국의 버지니아 권리장전 및 미연방헌법, 프랑스 인권선언에 규정되었고, 제2차 세계대전 이후에는 거의 모든 국가의 헌법이 신체의 자유를 기본권으로 규정하고 있다.

I. 헌법적 의미

신체적 이동의 자유를 그 보장내용으로 하는 '신체의 자유'는 생명권 및 신체를 훼손당하지 아니할 권리와 함께 인간 생존의 신체적 기본조건을 보호하는 기본권이다. 우리 헌법이 신체의 자유를 다른 개별자유권에 앞서서 규정한 것은 우연한 것이 아니라, 인간생존의 기본적 조건이자 다른 기본권행사의 전제조건으로서의 의미를 표현하고자 한 것이다.[2] 신체의 자유가 보장되지 않으면 다른 기본권은 사실상 행사될 수 없으며 그 보장은 무의미해진다.[3] 따라서 신체의 자유는 인간의 존엄성실현과 인격의 자유로운 발현을 위한 핵심적 자유영역에 속한다.

다른 기본권행사의 전제조건이자 근거로서의 신체의 자유의 중요성에 비추어, 신체의 자유에 대한 제한은 형식적 법률에 근거해야 하고 과잉금지원칙을 엄격하게 준수해야 한다. 우리 헌법은 신체의 자유가 기본권의 주체에 대하여 가지는 근본적 의미를 고려하여, 헌법 제12조 제1항 내지 제7항에 특별한 절차적 보장을 위한 상세한 규정을 두고 있다.

---

1) 헌재 2000. 1. 27. 99헌마481(교사의 체벌사건), 판례집 12-1, 90, "초·중등교육법 제20조 제3항, 제18조 제1항, 동 법시행령 제31조 제7항 등의 규정들의 취지에 의하면 비록 체벌이 교육적으로 효과가 있는지에 관하여는 별론으로 하더라도 교사가 학교장이 정하는 학칙에 따라 불가피한 경우 체벌을 가하는 것이 금지되어 있지는 않다고 보여진 다." 그러나 이러한 조항들이 법치국가적 법률유보의 요청을 충족시키는지에 관하여는 의문의 여지가 있다.

2) 헌재 1992. 4. 14. 90헌마82, 판례집 4, 194, 206, "신체의 자유는 정신적 자유와 더불어 헌법이념의 핵심인 인간의 존엄과 가치를 구현하기 위한 가장 기본적인 자유로서 모든 기본권 보장의 전제조건이다."

3) 구속된 자나 형의 집행을 받는 자에게, 신체의 자유를 기본권행사의 조건으로 하는 다른 기본권의 보장, 즉 직업의 자유나 거주·이전의 자유, 주거의 자유, 사생활의 비밀과 자유, 집회·결사의 자유 등의 기본권적 보장은 사실상 무의미하다.

II. 보호범위 및 법적 성격

사례 현재 2008. 1. 10. 2007헌마1468(이명박 후보 특검법 사건)

'한나라당 대통령후보 이명박의 주가조작 등 범죄혐의의 진상규명을 위한 특별검사의 임명 등에 관한 법률'은 특별검사가 참고인에게 지정된 장소까지 동행할 것을 명령할 수 있게 하고 참고인이 정당한 이유 없이 위 동행명령을 거부한 경우 천만 원 이하의 벌금형에 처하도록 규정하고 있다. 이러한 동행명령조항은 영장주의 또는 과잉금지원칙에 위배하여 신체의 자유를 침해하는가?

1. 보호범위

가. 문제의 제기

신체의 자유와 관련하여 일차적으로 제기되는 문제는 '신체의 자유가 무엇을 보호하고자 하는지', 즉 적극적인 신체활동의 자유인지 아니면 소극적인 신체이동의 자유인지 또는 신체불가침권까지도 포함하는지의 문제이다. 헌법재판소는 초기의 판례에서 "신체의 자유를 보장하고 있는 것은, 신체의 안정성이 외부로부터의 물리적인 힘이나 정신적인 위험으로부터 침해당하지 아니할 자유와 신체활동을 임의적이고 자율적으로 할 수 있는 자유를 말하는 것"이라고 판시함으로써, 신체의 자유가 신체불가침권과 신체활동의 자유를 포괄적으로 보호하는 것으로 파악하고 있다.[1] 최근의 판례에서도 이러한 입장은 그대로 유지되고 있다.[2]

그러나 신체를 훼손당하지 않을 권리인 신체불가침권은 신체의 자유에 의하여 보호되는 것이 아니라, 생명권과 마찬가지로 헌법에 열거되지 아니한 기본권으로서 신체의 자유에 근거하여 이로부터 도출되는 '독자적인 기본권'이다. 나아가, 위 판시내용은 신체활동의 자유와 관련해서는 '일반적 행동의 자유'와의 구분이 불가능하다는 문제점을 안고 있다.

신체의 자유의 보호범위에 대한 헌법재판소의 불명확한 이해는, '이명박 후보 특검법 사건'에서 동행명령제도에 의하여 제한되는 기본권이 일반적 행동자유권인지 아니면 신체의 자유인지의 문제를 판단함에 있어서 매우 혼란스런 모습으로 나타나고 있다.[3]

---

[1] 현재 1992. 12. 24. 92헌가8, 판례집 4, 853, 874. 헌법재판소는 위 결정에서 '신체의 안정성'이라 언급하고 있으나, 이는 '신체의 완전성'을 잘못 표현한 것으로 보인다.

[2] 신체불가침권이 신체의 자유의 보호범위에 속한다고 판시한 결정으로 가령, 현재 2014. 8. 28. 2011헌마28 등, 판례집 26-2상, 337, 361, [디엔에이감식시료를 채취할 수 있도록 규정한 법률조항에 의하여 제한된 기본권에 관하여] "디엔에이감식시료의 채취행위는 신체의 안정성을 해한다고 볼 수 있으므로 이 사건 채취조항들은 신체의 자유를 제한한다."

[3] 이명박 후보 특검법 사건(헌재 2008. 1. 10. 2007헌마1468)에서 재판관 5인의 위헌의견은 "참고인에 대한 동행명령제도는 참고인의 신체의 자유를 사실상 억압하여 일정 장소로 인치하는 것과 실질적으로 같으므로 헌법 제12조 제3항이 정한 영장주의원칙이 적용되어야 한다."고 하여 일반적 행동자유권과 신체의 자유의 보호범위를 전혀 구분하지 못하고 있다(판례집 20-1상, 1, 4). 또한, 재판관 2인의 위헌의견도 신체의 자유를 제한하는 경우를 영장주의가 적용되는 경우와 적용되지 않는 경우로 구분하여 판단함으로써(판례집 20-1상, 1, 39), 일반적 행동자유권과 신체의 자유의 보호범위를 제대로 파악하지 못하고 있다(판례집 20-1상, 1, 5). 이에 대하여 재판관 1인의 위헌의견은 국가공권력의 직접적 강제가 존재하는 경우에 한하여 신체의 자유가 적용되는 것으로 이해함으로써, 신체의 자유의 보호범위를 정확하게 서술하고 있다(판례집 20-1상, 1, 41).

나. 直接的 强制에 의한 신체이동의 자유 제한에 대한 보호

(1) 자유로운 인격발현의 조건이나 상태에 대한 보호로서 신체의 자유

신체의 자유의 보호범위를 파악함에 있어서 출발점은, 신체의 자유란 인권보장의 역사에 있어서나 헌법 내에서의 기능에 있어서나 개인의 주관적인 행위가능성을 보장하고자 하는 것이 아니라 개인에게 전적으로 귀속되는 객관적 보호법익을 보장하는 기본권이라는 점이다. 신체의 자유란 기본권의 주체에 의하여 적극적으로 행사됨으로써 타인의 법익이나 공익과 충돌을 야기하는 자유가 아니라, 마치 개인의 명예나 사생활 또는 생명권 · 건강권과 마찬가지로 국가나 타인에 의하여 일방적으로 침해되는 수동적인 법익인 것이다. 이러한 의미에서 신체의 자유는 '자유로운 인격발현을 위한 행위가능성을 보장하는 기본권'이 아니라 '자유로운 인격발현을 위한 조건이나 상태를 보장하는 기본권'에 속하는 것이다. 신체의 자유는 그 자체로서 행사되는 것이 아니라 다른 자유권을 행사하기 위한 전제조건인 것이다.

(2) 헌법해석을 통한 보호범위의 확정

신체의 자유와 관련해서도 헌법해석을 통하여 그 보호범위를 확정하는 문제가 제기된다. 헌법이 스스로 자유권에 대한 특정한 제한형태나 제한수단을 언급하고 있다면, '무엇으로부터 자유권을 보호하고자 하는 것인지'를 직접적으로 표현하는 제한형태, 즉 자유권의 제한에 관한 규정을 체계적 연관관계에서 고려하여 보호범위를 확정해야 한다.

헌법 제12조 제1항 내지 제7항에서 신체의 자유에 대한 제한의 형태로서 체포 · 구속 · 신체에 대한 압수 · 수색과 같은 물리적 강제력을 사용하는 제한 형식을 언급하고 있는 것에 비추어, 신체이동의 자유가 공권력의 직접적 강제에 의하여 제한되는 경우에 한하여 보호범위가 문제된다고 보아야 한다. 또한, 신체의 자유가 역사적으로도 불법적 체포에 대하여 개인을 보호하려는 목적의 인신보호법에 그 뿌리를 두고 있다는 관점에서도, 그리고 헌법 제12조에서 법률유보의 의미를 다시 한 번 강조하고 적법절차 등 일련의 절차적 보장을 통하여 신체의 자유를 보다 강하게 보호하고자 한다는 측면에서도, 보호범위를 위와 같이 제한하는 것이 타당하다.

(3) 수동적 · 소극적 자유로서 신체적 이동의 자유

이러한 관점에서 본다면, '자유로운 신체적 활동'은 일반적 활동의 자유로서 일반적 행동자유권을 그 보장내용으로 포함하는 헌법 제10조의 행복추구권에 의하여 보호되는 반면, 신체의 자유가 보호하고자 하는 고유한 보장내용은 개인의 신체적 이동의 자유, 즉 현재 체류하는 일정 '장소에서(장소로부터)' 임의로 이동할 수 있는 자유라고 할 수 있다. 따라서 신체의 자유는 자유로운 신체적 활동을 제한하는 국가행위가 존재하는 모든 경우가 아니라, 단지 신체적으로 작용하는 직접적 강제를 통하여 신체적 이동의 자유가 제한되는 경우, 예컨대 체포 · 구속 등과 같이 신체이동의 자유를 억압하는 직접적 강제가 존재하는 경우에 비로소 문제된다. 즉, 개인이 현재 머무는 장소를 떠나는 것이 공권력의 직접적 강제에 의하여 방해를 받는 경우, 신체의 자유에 대한 제한이 존재하는 것이다. 그 결과, 신체의 자유를 보호하고자 하는 영장주의도 국가공권력이 직접적이고 현실적인 물리적 강제력을 행사하는 경우로 제한된다.

(4) 신체의 자유가 이미 제한된 상태에서 이루어지는 부가적인 行刑上의 조치

한편, 신체의 자유가 이미 제한된 상태에서 이루어지는 부가적인 행형상의 조치, 가령 검사조사

실에서의 포승과 수갑 등 계구의 사용,[1] 금치수용자에 대한 운동금지,[2] 금치수용자에 대한 집필금지[3] 등이 신체의 자유를 제한하는 것인지에 대하여 의문이 있다. 금치수용자에게 운동을 금지하는 것은 이미 제한된 신체의 자유를 다시 제한하는 것이 아니라 수용자의 신체불가침권(건강권)에 대한 제한이고, 금치수용자에게 집필을 금지하는 것은 표현의 자유에 대한 제한이며, 검사가 피의자신문을 하는 절차에서 이미 구속된 피의자로 하여금 포승과 수갑으로 신체가 결박된 채 신문을 받도록 하는 것은 이미 박탈된 신체의 자유에 대한 또 다른 제한이라기보다는 피의자의 자기방어권(공정한 법치국가적 절차를 요구할 권리 또는 공정한 재판을 받을 권리)에 대한 제한이라고 보는 것이 보다 타당하다.

다. 일반적 행동자유권에 의하여 보호되는 행위

(1) 임의의 장소를 방문하거나 임의의 장소에 체류할 자유

신체의 자유는 '임의의 장소를 방문하는 자유'를 보호하지 않는다. 청소년에 대한 술집·유흥업소·도박장 등의 출입금지와 같이, 특정 장소의 방문을 금지하는 것은 신체의 자유에 대한 제한이 아니다. 또한, 신체의 자유는 '임의의 장소에 체류할 수 있는 자유'를 보호하고자 하는 것이 아니다. 따라서 교통사고의 사고처리를 방해하는 구경꾼에게 사고 현장을 떠날 것을 명령하는 것도 신체의 자유에 대한 제한이 아니다. 교통사고현장을 떠나지 않고 구경할 자유, 유흥업소를 방문할 자유 등은 일반적 행동의 자유에 의하여 보호된다.

(2) 소환에 응하지 아니할 자유

국가가 출석의무의 부과 등을 통하여 기본권의 주체에게 특정 장소로 이동하여 그 곳에 머물 것을 명령하는 경우, 예컨대 증인소환, 행정청의 출두명령, 교통법규 위반자에 대한 교통안전교육에 참석할 의무의 부과 등의 경우에는 국가기관이 기본권주체에 대하여 신체이동의 자유를 직접적으로 제약하는 물리적 강제력을 행사하는 것이 아니라, 단지 당사자에게 법적 의무를 부과하고 이를 이행하지 않는 경우 처벌 등의 방법을 통하여 의무이행을 강제하고자 하는 것이다. 국가에 의한 이러한 법적 의무의 부과로부터 개인의 행동의 자유를 보호하고자 하는 기본권이 바로 '일반적 행동자유권'이다.

마찬가지로 이명박 후보 특검법상의 동행명령조항도 '참고인에게 지정된 장소에 출석할 의무'를 부과하는 것으로, 신체의 자유가 아니라 일반적 행동자유권을 제한하는 것이다.[4] 이와 같이 법적 의무를 부과하는 법률조항과 구분해야 하는 것은, 의무위반의 경우 적용되는 벌칙규정이다. 법적 의무

---

1) 헌재 2005. 5. 26. 2004헌마49(검사조사실에서의 계구사용), 판례집 17-1, 754, 755, "검사가 검사조사실에서 피의자 신문을 하는 절차에서는 피의자가 신체적으로나 심리적으로 위축되지 않은 상태에서 자기의 방어권을 충분히 행사할 수 있어야 하므로 계구를 사용하지 말아야 하는 것이 원칙이고 다만 도주, 폭행, 소요, 자해 등의 위험이 분명하고 구체적으로 드러나는 경우에만 예외적으로 계구를 사용하여야 할 것이다.", "검사실에서의 계구사용을 원칙으로 하면서 심지어는 검사의 계구해제 요청이 있더라도 이를 거절하도록 규정한 계호근무준칙의 이 사건 준칙조항은 원칙과 예외를 전도한 것으로서 신체의 자유를 침해하므로 헌법에 위반된다."
2) 헌재 2004. 12. 16. 2002헌마478(금치수형자에 대한 운동금지), 침해된 법익으로 '수형자의 신체적·정신적 건강'을 언급하면서, 신체의 자유가 '신체의 안전성이 훼손당하지 아니할 자유'를 포함하는 것으로 판시하고 있다.
3) 헌재 2005. 2. 24. 2003헌마289(금치수형자에 대한 집필금지), 제한되는 기본권으로 표현의 자유를 언급하고 있다.
4) 同旨, 헌재 2008. 1. 10. 2007헌마1468(이명박 후보 특검법), 판례집 20-1상, 1, 41, [재판관 조대현의 위헌의견] "특별검사의 동행명령을 받은 참고인에게 형벌로써 동행을 강제하는 것이므로 그의 행동의 자유를 제한하는 것이다. 이 사건 법률 제18조 제2항은 참고인의 신체를 직접적·물리적으로 강제하여 동행시키는 것이 아니라, 형벌을 수단으로 하여 일정한 행동을 심리적·간접적으로 강제하는 것이므로, 신체의 자유를 제한하는 것이 아니라 일반적 행동의 자유를 제한하는 것이라고 봄이 상당하다."

의 부과에 의하여 제한되는 기본권은 신체의 자유가 아니며, 다만 의무위반 시 적용되는 형사처벌규정에 의하여 비로소 신체의 자유가 제한될 수 있을 뿐이다.[1)]

라. 거주이전의 자유와 구분의 문제

거주이전의 자유도 국내 어느 곳에서나 체류하고 거주지를 정할 수 있는 자유로서 신체적 이동의 자유를 보호하기 때문에, 양 기본권간의 경계설정의 문제가 제기된다.

우선, 신체의 자유의 보호범위가 직접적 강제에 의한 신체이동의 자유의 박탈과 제한에 국한된다는 점에서 구분된다. 거주이전의 자유에 의하여 보호되는 체류는 어느 정도의 지속성이나 의미를 지녀야 하며, 거주이전의 자유에서 장소의 변경이란 생활권의 변경을 의미한다.

2. 법적 성격

신체의 자유는 그 법적 성격에 있어서 국가권력의 침해에 대한 방어권이자, 신체의 자유를 私人에 의한 불법적 침해로부터 보호해야 할 국가의 의무이다.

국가가 보호의무를 이행하는 수단은 형법, 행정법, 민법상의 규정이다. 신체의 자유는 행정법, 특히 경찰법상 생명, 건강, 명예, 재산 등과 함께 경찰법상의 '공공의 안녕'의 개념에 의하여 보호되는 법익에 속하므로, 사인에 의하여 신체의 자유가 침해되는 경우 신체의 자유를 침해하는 자에 대한 경찰의 개입의무가 원칙적으로 존재한다. 인간 생존에 있어서 불가결한 신체의 자유의 중요성에 비추어, 당연히 형법은 여러 규정을 통하여 신체의 자유에 대한 침해를 사후적으로 처벌함으로써 신체의 자유를 보호하고 있다. 또한, 신체의 자유는 민법상의 불법행위에 관한 규정 등을 통하여 보호된다.

Ⅲ. 기본권의 制限

1. 신체의 자유에 대한 제한행위

가. 신체적 이동의 자유를 제한하는 直接的 強制

신체적 이동의 자유를 제한하는 직접적 강제에 해당하는 모든 공권력의 조치는 신체의 자유에 대한 제한을 의미한다.[2)] 공권력의 조치가 신체의 자유에 대한 제한에 해당하는가의 여부는 침해의 강도나 침해가 지속되는 기간의 정도에 달려 있는 것이 아니라, 단지 기본권의 주체가 '자기 결정에 따라 현재 머무는 장소에서 이동할 수 있는 자유'를 가지고 있는지의 여부에 달려 있다.

나. 신체의 자유에 대한 제한의 전형적 예

헌법은 신체의 자유에 대한 제한의 전형적 예로서, 체포·구속·압수·수색·심문 및 처벌·보안처분·강제노역을 들고 있다(헌법 제12조 제1항).

---

1) 이명박 후보 특검법 사건(헌재 2008. 1. 10. 2007헌마1468)에서 재판관 2인의 위헌의견은 "이 사건 동행명령조항은 영장주의에 위반된다고 볼 수 없다. 그러나 이 사건 동행명령조항은 정당한 사유 없이 동행명령을 거부한 자를 형사처벌하도록 규정함으로써 침해의 최소성에 반하여 청구인들의 신체의 자유를 침해하였다."는 입장을 밝힘으로써 (판례집 20-1상, 1, 5) 출석의무를 부과하는 '동행명령조항'과 의무이행을 강제하는 '형사처벌조항'을 구분하지 아니하는 오류를 범하고 있다.
2) 개인의 체포나 구속을 허용하는 법규정의 집행행위에 의하여 비로소 신체의 자유가 제한되는 것이 아니라, 이미 그 법규정도 신체의 자유에 대한 제한을 의미한다.

신체의 자유에 대한 특별히 중대한 침해에는 신체의 자유의 완전한 박탈에 해당하는 체포와 구속이 속한다. '체포'란 수사기관이 피의자의 신체를 실력으로 구속하여 일정 기간 유치하는 것을 말하며, 형사소송법상의 체포, 구인 및 구류를 포함한다. '구속'이란, 신체를 일정한 장소에 계속 구류하여 장소적 이동을 불가능하게 하는 것을 말한다.

일반적으로 압수와 수색은 신체의 자유와 직접적 연관성이 없으나, 헌법은 신체에 대한 압수·수색으로 인하여 신체의 자유가 일시적으로 제한될 수 있기 때문에, 제12조 제1항에서 신체의 자유와 관련하여 압수·수색을 언급한 것이다. '압수'란 강제로 소지품(증거물 또는 몰수할 것으로 판단되는 물건)의 점유를 취득하는 행위를 말한다. '수색'이란 목적물을 발견하기 위하여 신체를 실력으로 검색하는 것을 말한다. 또한 심문(審問)의 경우도 신체의 자유가 일시적으로 제한되는 경우에 해당한다. '심문'이란 사실의 진술을 강요하는 것을 말한다.

'처벌'이란 형사상의 처벌뿐만 아니라 질서벌이나 집행벌 등 신체의 자유를 제한하는 일체의 제재를 말한다. '보안처분'이란 범죄자 또는 사회적으로 위험한 행위를 할 우려가 있는 자를 사회로부터 격리하여 그 위험성을 교정하는 것을 목적으로 하는 범죄예방처분을 말한다. 형벌만으로는 사회를 보호하기에 불충분하므로 형벌을 보완하는 제도이다. 대표적인 것으로 사회보호법상의 보호처분을 들 수 있다. '강제노역'이란 공권력이 본인의 의사에 반하여 노역을 강제하는 것을 말한다.

2. 형식적 의미의 법률의 요건

헌법 제12조 제1항 제2문은 "누구든지 법률에 의하지 아니하고는 체포·구속·압수·수색 또는 심문을 받지 아니하며, 법률과 적법한 절차에 의하지 아니하고는 처벌·보안처분 또는 강제노역을 받지 아니한다."고 규정하고 있다. 이로써 신체의 자유를 제한하는 모든 조치는 법률과 적법절차에 의해서만 가능하다.

가. 本質性理論의 표현으로서 법률유보

자유에 대한 모든 제한은 법적 근거를 필요로 한다는 것은 당연하다는 점에서(헌법 제37조 제2항의 법률유보원칙), 헌법 제12조 제1항 제2문이 "법률"을 별도로 언급한 것은 특별한 의미를 가진다. 신체의 자유가 다른 기본권의 전제조건이며 인간생존에 있어서 지니는 특별히 중요한 의미에 비추어, 신체의 자유에 대한 제한은 원칙적으로 입법자가 제정한 형식적 의미의 법률에 의해서만 가능하며, 기본권의 제한에 있어서 본질적인 것은 입법자가 스스로 규율해야 한다는 것을 표현하고자 한 것이다. '입법자는 기본권의 영역에서 모든 중요한 문제를 스스로 규율해야 한다'는 소위 '본질성이론'이 가장 우선적으로 적용되어야 하는 영역이 있다면, 이는 바로 신체의 자유에 대한 제한의 경우이다. 입법자가 신체의 자유를 제한하는 경우 모든 것을 스스로 정해야 하고 행정부에 아무 것도 위임할 수 없다는 것을 의미하는 것은 아니지만, 헌법은 법률유보를 다시 한 번 강조함으로써 신체의 자유의 제한에 관한 본질적인 사항은 입법자가 행정부에 위임해서는 안 되고 스스로 규율해야 한다는 것을 밝히고 있는 것이다.

나. 입법위임의 한계

한편, 신체의 자유를 제한하는 경우 입법자가 행정부에 입법권을 위임하는 것이 전혀 허용되지 않는 것은 아니다. 그러나 입법자는 신체의 자유의 중대한 의미에 비추어 스스로 무엇이 처벌받는 행위인지를 규정하고 형벌의 종류와 범위를 확정하면서, 단지 범죄구성요건에 관한 중요하지 않은 세부적인 규율만을 행정부에 위임해야 한다.[1]

따라서 어떠한 경우에 신체의 자유에 대한 제한이 허용되는가 하는 침해의 조건은 입법자가 법률로써 직접 정해야 하며, 행정부에 위임할 수 없다. 입법자는 법률로써 신체의 자유에 대한 '제한의 조건' 및 '형법의 종류와 범위'를 직접 규정해야 한다. 신체의 자유를 박탈하는 조건을 직접 규정하지 않고 이를 하위법규에 위임하는 법률은 허용되지 않는다.[2] 요컨대, 처벌법규의 위임에 있어서, 위임법률의 명확성에 대하여 보다 엄격한 요건이 요구되는 것이다.[3]

3. 기본권 제한의 목적

어떠한 목적을 위하여 개인의 자유를 제한할 수 있는가의 문제는 원칙적으로 입법자가 자유롭게 결정할 문제이므로, 입법자는 일반적으로 입법 당시의 구체적 정치·경제·사회적 상황을 고려하여 기본권의 제한을 정당화하는 공익을 스스로 결정할 수 있다. 그러나 개인의 인격발현에 있어서 신체의 사유가 가지는 근본성과 중대성에 비추어, 입법자가 기본권의 제한을 통하여 추구하는 목적도 제한을 받아야 한다.

신체의 자유는 매우 중대한 법익이기 때문에 이에 상응하여 매우 중대한 사유에 의해서만, 즉 중대한 공익이 신체의 자유에 대한 제한을 필수적으로 요청하는 경우에만 제한될 수 있다. 신체의 자유에 대한 제한을 정당화하는 공익은, 정치적 관점이나 사회·경제적 상황에 따라 그 의미가 수시로 달라지고 상황의 변화에 따라 등장하고 소멸하는 상대적 공익이 아니라, 정치적·사회적 상황의 변화와 관계없이 기본적으로 보호되어야 하는 소위 '절대적 공익'(가령, 개인의 생명이나 건강)[4]이나 헌법에 스스로 표현된 보호법익(가령, 국가형벌권의 행사)[5]에 제한되어야 한다. 즉, 신체의 자유는 정치적·사회적·경제적 이유로 인하여 제한될 수 없는 것이다.

---

1) 새마을금고 임원의 선거와 관련하여 '금고의 정관으로 정하는 기간 중에' 회원을 호별로 방문하는 행위를 한 자를 처벌하는 새마을금고법조항이 죄형법정주의에 위배되는지 여부에 관하여, 헌재 2019. 5. 30. 2018헌가12, 판례집 31-1, 594, 599, "심판대상조항에서 '정관으로 정하는 기간'은 범죄구성요건의 중요부분에 해당한다. … 형사처벌에 관련되는 주요사항을 헌법이 위임입법의 형식으로 예정하고 있지도 않은 특수법인의 정관에 위임하는 것은 사실상 그 정관 작성권자에게 처벌법규의 내용을 형성할 권한을 준 것이나 다름없다. 따라서 정관에 구성요건을 위임하고 있는 심판대상조항은 범죄와 형벌에 관하여는 입법부가 제정한 형식적 의미의 법률로써 정하여야 한다는 죄형법정주의에 비추어 허용되기 어렵다."; vgl. BVerfGE 14, 174, 187; 14, 245, 251.

2) BVerfGE 14, 245, 252.

3) 헌재 1991. 7. 8. 91헌가4(사형행위처벌 포괄위임), 판례집 3, 336, 336-337, [처벌법규의 위임여부와 위임의 범위] "위임입법에 관한 헌법 제75조는 처벌법규에도 적용되는 것이지만 처벌법규의 위임은 특히 긴급한 필요가 있거나 미리 법률로써 자세히 정할 수 없는 부득이한 사정이 있는 경우에 한정되어야 하고 이 경우에도 법률에서 범죄의 구성요건은 처벌대상인 행위가 어떠한 것일 것이라고 이를 예측할 수 있을 정도로 구체적으로 정하고 형벌의 종류 및 그 상한과 폭을 명백히 규정하여야 한다."; [단속법 제9조의 위헌여부] "단속법 제9조는 벌칙규정이면서도 형벌만을 규정하고 범죄의 구성요건의 설정은 완전히 각령(閣令)에 백지위임하고 있는 것이나 다름없어 위임입법의 한계를 규정한 헌법 제75조와 죄형법정주의를 규정한 헌법 제12조 제1항, 제13조 제1항에 위반된다."

4) Vgl. BVerfGE 13, 97, 101.

5) Vgl. BVerfGE 30, 1, 20.

Ⅳ. 자유박탈의 대표적 경우

신체의 자유에 대한 전형적인 침해행위로는, 자유형의 집행, 미결구금(수사·재판단계에서의 구속), 경찰에 의한 체포, 국외추방을 위한 구속, 강제구인, 치료시설에의 수용 등을 들 수 있다.

1. 수사·재판단계에서의 拘束

> **사례** | 헌재 2003. 11. 27. 2002헌마193(구속기간연장 허용 사건)
>
> 형사소송법은 판사가 발부한 영장에 의해서만 피의자를 구속할 수 있도록 규정하면서, 검사, 司法警察官은 각 10일의 기간 동안 피의자를 구속할 수 있고, 검사에 한하여 1회 판사의 허가를 받아 구속기간을 연장할 수 있으며, 사법경찰관에게는 구속기간의 연장을 허용하지 않고 있다. 그런데 군사법원법은 형사소송법의 규정과는 달리 군 사법경찰관에게도 구속기간의 연장을 허용함으로써, 군사법원법의 적용을 받는 피의자는 경찰단계에서 최대한 20일을 구속당할 수 있게 되었다. 甲은 공군대령으로 복무하던 중 직무와 관련하여 군사기밀을 누설하고 뇌물을 수수한 혐의로 구속되어 군 사법경찰관으로부터 수사 받으면서 군사법원법에 따라 구속기간이 10일 연장되었다. 이에 甲은 위 군사법원법규정이 자신의 기본권을 침해하는 것이라고 주장하면서 헌법소원심판을 청구하였다.

가. 無罪推定의 原則

(1) 의 미

헌법은 제27조 제4항에서 "형사피고인은 유죄의 판결이 확정될 때까지는 무죄로 추정된다."고 하여 무죄추정의 원칙을 규정하고 있다. 오늘날 무죄추정의 원칙은 법치국가의 일반적 원칙으로서 인정되고 있다. 무죄추정의 원칙이란, 형사절차의 피의자나 피고인은[1] 유죄의 판결이 확정될 때까지는 원칙적으로 죄가 없는 자로 취급되어야 하며, 형사절차로 인한 불이익은 필요한의 최소한에 그쳐야 한다는 것을 말한다. 여기서 유죄의 판결이란, 실형의 판결, 형의 면제, 선고유예와 집행유예 등이 모두 포함된다.

(2) 형사절차의 형성에 있어서 무죄추정의 원칙

무죄추정의 원칙은 형사절차의 형성에도 결정적인 영향을 미친다. 무죄추정의 원칙에 따라, 유죄의 입증책임은 공소를 제기한 국가에 있으며, 어떠한 경우에도 피고인은 자신의 무죄를 입증할 책임을 지지 않는다.[2] 범죄에 대한 확증이 없는 경우, 법관은 '의심스러울 때에는 피고인에게 유리하게'(in dubio pro reo)라는 원칙에 따라 재판을 해야 한다. 헌법 제27조 제4항에서는 단지 "형사피고인"

---

1) '형사피의자'란 범죄혐의가 있어 수사기관에 의하여 수사의 대상이 된 자로서 수사개시 이후 공소제기 전단계에 있는 자이고, '형사피고인'이란 검사에 의하여 공소가 제기된 자로서 공소제기 이후 확정판결 전단계에 있는 자를 말한다.

2) 헌재 2001. 11. 29. 2001헌바41(증인으로서 수사담당 경찰관의 신문), 판례집 13-2, 699, 703, "무죄추정의 원칙은, 인간의 존엄성을 기본권질서의 중심으로 보장하고 있는 헌법질서 내에서 형벌작용의 필연적인 기속원리가 될 수밖에 없고, 이러한 원칙이 제도적으로 표현된 것으로는, 공판절차의 입증단계에서 거증책임(擧證責任)을 검사에게 부담시키는 제도, 보석 및 구속적부심 등 인신구속의 제한을 위한 제도, 그리고 피의자 및 피고인에 대한 부당한 대우 금지 등이 있다."

만을 언급하고 있으나, 피고인이 무죄추정을 받는다면, 피의자도 물론 당연히 무죄추정을 받는다고 해석된다.[1]

(3) 구체적 요청으로서 不拘束搜查의 원칙

(가) 단지 범죄의 혐의가 있다는 이유로 구속을 하는 것은 신체의 자유를 보장하는 헌법 제12조 제1항 및 무죄추정의 원칙에 정면으로 반한다.[2] 따라서 수사단계에서의 구속은 신체의 자유뿐만 아니라 무죄추정의 원칙의 관점에서도 정당화되어야 한다.[3] 무죄추정의 원칙으로 말미암아, 단지 범죄의 혐의가 있는 피의자를 유죄확정판결을 받은 범죄인과 동일하게 취급하는 것은 금지되며, 특히 범죄의 혐의가 있는 자에 대하여 형벌에 앞서서 자유형과 그 효과에 있어서 동일한 조치(가령 구속수사)를 취하는 것은 원칙적으로 금지된다. 법치국가에서 구속의 형태로 신체의 자유를 완전히 박탈하는 것은, 원칙적으로 피의자가 유죄의 확정판결을 받은 다음에야 비로소 가능하다. 따라서 무죄추정의 원칙에 따라, 수사기관과 재판기관은 원칙적으로 불구속수사 또는 불구속재판을 해야 한다.

(나) 나아가, 가령 수사기관이 피의자의 피의사실을 함부로 공표함으로써 명예를 훼손시킨다거나, 미결수를 기결수와 동일하게 형행을 하는 것은 허용되지 않는다.[4] 또한, 무죄추정의 원칙은 형사사건으로 기소된 자에 대하여 확정판결도 없이 필요적으로 직위해제처분을 하는 것도 금지한다.[5]

나. 구속여부 및 구속기간의 결정에 있어서 법익형량

(1) '신체의 자유'와 '효과적인 형사소추의 요청'의 충돌의 문제

구속수사·재판은 헌법상 신체의 자유와 무죄추정원칙에서 파생하는 불구속수사원칙에 대한 예외이다. 한편, 구속수사나 구속재판이 형벌소추기관에 예외 없이 금지된다면, 효과적인 형사소추가 불가능할 수 있다. 구속수사의 여부를 결정함에 있어서 개인의 신체의 자유와 효과적인 형사소추의 요청(형사사법에 의한 정의실현)이 서로 충돌하는데, 이러한 경우 피의자의 구속여부는 무엇보다도 유죄확정판결을 받지 않은 피의자의 신체의 자유를 고려하여 판단되어야 한다. 이는 곧 구속에 관한

---

1) 헌재 2003. 11. 27. 2002헌마193(구속기간연장 허용), 판례집 15-2하, 311, 320, "헌법이 신체의 자유를 철저히 보장하기 위하여 … 무죄추정의 원칙 내지 被告人의 무죄추정권을 규정하고 있는데 이러한 무죄추정권은, 공판절차에 선행하는 수사절차의 단계에 위치한 被疑者에 대하여도 당연히 인정된다. 무죄추정의 원칙은 증거법에 국한된 원칙이 아니라 수사절차에서 공판절차에 이르기까지 형사절차의 전과정을 지배하는 지도원리로서 인신의 구속 자체를 제한하는 원리로 작용한다."

2) 헌재 2003. 11. 27. 2002헌마193(구속기간연장 허용), 판례집 15-2하, 311, 320, "신체의 자유를 최대한으로 보장하려는 헌법정신 특히 무죄추정의 원칙으로 인하여 수사와 재판은 불구속을 원칙으로 한다. 그러므로 구속은 예외적으로 구속 이외의 방법에 의하여서는 범죄에 대한 효과적인 투쟁이 불가능하여 형사소송의 목적을 달성할 수 없다고 인정되는 경우에 한하여 최후의 수단으로만 사용되어야 하며 구속수사 또는 구속재판이 허용될 경우라도 그 구속기간은 가능한 한 최소한에 그쳐야 하는 것이다."; 同旨 헌재 1992. 4. 14. 90헌마82(국가보안법상 구속기간연장), 판례집 4, 194, 206, 210.

3) Vgl. BVerfGE 74, 358, 370ff.; BVerfGE 82, 106, 144f.

4) 헌재 1999. 5. 27. 97헌마137 등(미결수용자 재소자용 수의착용), 헌법재판소는 미결수용자에게 수사 또는 재판을 받을 때에도 재소자용 의류를 입게 한 교도소장의 행위를 무죄추정의 원칙, 인격권 및 공정한 재판을 받을 권리에 대한 위반으로서 위헌으로 선언하였다.

5) 헌재 1994. 7. 29. 93헌가3 등(공소제기된 사립학교교원에 대한 직위해제), 판례집 6-2, 1, 12, "교원에 대해 형사사건으로 공소가 제기되었다는 사실만으로 직위해제처분을 행하게 하고 있는 것은 아직 유무죄가 가려지지 아니한 상태에서 유죄로 추정하는 것이 되며 이를 전제로 한 불이익한 처분이라 할 것이다. 공소의 제기가 있는 피고인이라도 유죄의 확정판결이 있기까지는 원칙적으로 죄가 없는 자에 준하여 취급하여야 하고, 불이익을 입혀서는 안 된다고 할 것이고 가사 그 불이익을 입힌다 하여도 필요한 최소한도에 그치도록 비례의 원칙이 존중되어야 하는 것이 헌법 제27조 제4항의 무죄추정의 원칙이며, 여기의 불이익에는 형사절차상의 처분뿐만 아니라 그 밖의 기본권 제한과 같은 처분도 포함된다고 할 것이다."

결정과 그 집행이 과잉금지원칙을 엄격하게 준수해야 한다는 것을 의미한다.

(2) 구속여부의 결정에 있어서 과잉금지원칙의 준수

(가) 구속수사·재판이 과잉금지원칙에 부합하기 위해서는, 신체의 자유는 효과적인 범죄소추를 위하여 반드시 필요한 경우에 한하여 제한되어야 한다. 충분한 범죄혐의를 근거로 피의자의 무죄에 대한 현저한 의심이 있으며, 범죄의 신속하고 완벽한 규명을 요청하는 공익이 피의자를 구속을 명하지 않고서는 달리 확보될 수 없는 경우에만, 수사·재판단계에서의 구속은 허용된다.

이러한 관점에서 볼 때, 도피 및 증거인멸의 위험을 이유로 하는 구속은 신체의 자유를 보다 적게 침해하는 다른 유효한 수단이 없는 경우에만 정당화된다. 입법자는 수사절차의 단계에서 구속을 정당화하는 위험에 대처할 수 있는 다른 법적 수단으로서 保釋制度를 마련해야 한다. 한편, 범죄예방적 관점에서 또 다른 범죄행위로부터 국민일반을 보호하기 위하여 재범의 위험을 이유로 하는 구속은, 또 다른 중대하고 임박한 범죄행위를 우려할만한 구체적인 근거가 있는 경우에 한하여 정당화된다.[1]

(나) 또한, 구속의 여부를 결정함에 있어서 '범죄행위의 경중'과 '예상되는 형벌의 정도'가 중대한 의미를 가진다. 피의자에 대한 형벌로서 벌금형이나 집행유예 또는 단기의 자유형이 예상되는 경우, 이러한 형벌에서 표현되는 미소한 형사정책적 의미에 비추어 범인의 도피우려나 증거인멸의 위험이 있는 경우라 하더라도 국가형벌권을 관철할 목적으로 수사단계에서 피의자를 구속하는 것은 불필요 하다. 가령, 타인의 명예를 훼손한 혐의로 기소된 사건에서 구속영장을 발부하는 것은 과잉금지원칙에 위반되는 전형적인 경우이다.

(3) 구속기간의 결정에 있어서 과잉금지원칙의 준수

또한, 구속의 期間과 관련해서도 과잉금지원칙을 준수해야 한다. 구속기간은 효과적인 범죄소추를 위하여 반드시 필요한 최소한의 기간에 한정되어야 한다. 수사를 위하여 구속기간의 연장이 필요한 경우가 있다고 하더라도, 범죄행위의 경중과 관계없이 모든 범죄에 대하여 일률적으로 구속기간을 연장하는 것은 과잉금지원칙에 위반될 수 있다.[2] 구속기간은 예상되는 자유형의 기간을 원칙적으로 초과해서는 안 된다. 사건이 신속하게 규명되고 이로써 구속기간이 단축되도록 형벌소추기관과 법원은 취할 수 있는 가능한 모든 조치를 강구해야 한다.[3] 그러므로 형벌소추기관이나 법원의 업무과중은 장기의 구속기간을 정당화하는 사유가 될 수 없다. 이 경우 조직상의 조치나 인력의 보충을 통하여 시정해야 한다.

---

1) Vgl. BVerfGE 3, 185, 191f.
2) 헌재 2003. 11. 27. 2002헌마193(구속기간연장 허용), 판례집 15-2하, 311, 312, "군사법원법의 적용대상 중에 특히 수사를 위하여 구속기간의 연장이 필요한 경우가 있음을 인정한다고 하더라도, 이 사건 법률규정과 같이 군사법원법의 적용대상이 되는 모든 범죄에 대하여 수사기관의 구속기간의 연장을 허용하는 것은 그 과도한 광범성으로 인하여 과잉금지의 원칙에 어긋난다고 할 수 있을 뿐만 아니라, 국가안보와 직결되는 사건과 같이 수사를 위하여 구속기간의 연장이 정당화될 정도의 중요사건이라면 더 높은 법률적 소양이 제도적으로 보장된 군검찰관이 이를 수사하고 필요한 경우 그 구속기간의 연장을 허용하는 것이 더 적절하기 때문에, 군사법경찰관의 구속기간을 연장까지 하면서 이러한 목적을 달성하려는 것은 부적절한 방식에 의한 과도한 기본권의 제한으로서, 과잉금지의 원칙에 위반하여 신체의 자유 및 신속한 재판을 받을 권리를 침해하는 것이다."; 또한, 헌재 1992. 4. 14. 90헌마82(국가보안법상 구속기간연장), 판례집 4, 194, 206, 210, "국가보안법 제19조가 제7조 및 제10조의 범죄에 대하여서까지 형사소송법상의 수사기관에 의한 피의자 구속기간 30일보다 20일이나 많은 50일을 인정한 것은 국가형벌권과 국민의 기본권과의 상충관계 형량을 잘못하여 불필요한 장기구속을 허용하는 것이어서 … 신체의 자유, 무죄추정의 원칙 및 신속한 재판을 받을 권리를 침해하는 것임이 명백하다."
3) Vgl. BVerfGE 19, 342, 347f.; 53, 152, 15f.

한편, 헌법재판소는 법관으로 하여금 미결구금일수를 형기에 산입하되 그 산입범위는 재량에 의하여 결정하도록 규정하고 있는 형법조항에 대해서도 헌법상 무죄추정의 원칙 및 적법절차의 원칙 등을 위배하여 신체의 자유를 침해하는 것으로 판단하였다.[1]

2. 自由刑과 과잉금지원칙

> **사례** 헌재 2003. 11. 27. 2002헌바24(마약소지죄에 대한 가중처벌 사건)
>
> 甲은 마약인 아편을 매수하고 매도목적으로 소지한 죄로 기소되자 매도목적으로 마약을 소지한 행위를 사형·무기 또는 10년 이상의 징역에 처하도록 가중처벌하는 '특정범죄가중처벌 등에 관한 법률' 조항에 대하여 위헌법률심판제청신청을 하였으나 기각되자 헌법소원심판을 청구하였다.

자유형은 신체의 자유에 대한 대표적인 중대한 제한에 속한다. 입법자는 형벌의 종류와 범위를 정함에 있어서 광범위한 형사정책상의 형성권을 가진다.[2] 그러나 입법자는 자유형을 법정형으로 정함에 있어서 형벌에 관한 형사법의 기본원리인 '책임원칙', 즉 '책임과 형벌 간의 비례원칙'을 준수해야 한다.[3]

인간의 존엄성과 법치국가원리로부터 파생하는 형법상의 책임원칙은 형벌과 관련하여 과잉금지원칙이 구체화된 형태이다. 형법상의 책임원칙은 책임 없이 형벌이 부과되어서는 안 되며("책임 없이 형벌 없다."), 나아가 부과되는 형벌은 범죄행위의 불법내용 및 행위자의 책임의 정도에 대한 적정한 비례관계를 유지해야 하고 형벌이 책임의 정도를 넘어서는 과도한 것이어서는 안 된다는 것을 의미한다. 따라서 어느 범죄에 대한 법정형이 행위자의 책임에 비하여 지나치게 가혹한 것이어서 그러한 유형의 범죄에 대한 형벌 본래의 기능과 목적을 달성함에 있어 필요한 정도를 일탈하는 경우에는 과잉금지의 원칙에 위반된다.[4]

---

1) 헌재 2009. 6. 25. 2007헌바25(판결선고전 구금일수의 일부산입), 판례집 21-1하, 784, "미결구금을 허용하는 것 자체가 헌법상 무죄추정의 원칙에서 파생되는 불구속수사의 원칙에 대한 예외인데, 형법 제57조 제1항 중 "또는 일부 부분"은 그 미결구금일수 중 일부만을 본형에 산입할 수 있도록 규정하여 그 예외에 대하여 사실상 다시 특례를 설정함으로써, 기본권 중에서도 가장 본질적인 신체의 자유에 대한 침해를 가중하고 있다. … 헌법상 무죄추정의 원칙에 따라 유죄판결이 확정되기 전에 피의자 또는 피고인을 죄 있는 자에 준하여 취급함으로써 법률적·사실적 측면에서 유형·무형의 불이익을 주어서는 아니 되고, 특히 미결구금은 신체의 자유를 침해받는 피의자 또는 피고인의 입장에서 보면 실질적으로 자유형의 집행과 다를 바 없으므로, 인권보호 및 공평의 원칙상 형기에 전부 산입되어야 한다. 따라서 형법 제57조 제1항 중 "또는 일부 부분"은 헌법상 무죄추정의 원칙 및 적법절차의 원칙 등을 위배하여 합리성과 정당성 없이 신체의 자유를 침해한다."
2) 형벌의 종류와 범위를 정하는 입법형성권의 헌법적 한계에 관하여 제2편 제5장 제8절 Ⅲ. 3. 참조.
3) 형법상의 책임원칙 또는 책임과 형벌 간의 비례원칙에 관하여 제2편 제5장 제8절 Ⅲ. 참조.
4) 헌재 1992. 4. 28. 90헌바24, 판례집 4, 225, 230-231. 또한, 헌재 2003. 11. 27. 2002헌바24(마약소지죄에 대한 가중처벌), 판례집 15-2하, 242, [법정형에 대한 입법형성권의 한계에 관하여] "법정형의 종류와 범위를 정할 때는 헌법 제37조 제2항이 규정하고 있는 과잉입법금지의 정신에 따라 형벌개별화 원칙이 적용될 수 있는 범위의 법정형을 설정하여 실질적 법치국가의 원리를 구현하도록 하여야 하며, 형벌이 죄질과 책임에 상응하도록 적절한 비례성을 지켜야 한다. 그러므로 그 입법취지에서 보아 중벌(重罰)주의로 대처할 필요성이 인정되는 경우라 하더라도 범죄의 실태와 죄질의 경중, 이에 대한 행위자의 책임, 처벌규정의 보호법익 및 형벌의 범죄예방효과 등에 비추어 전체 형벌체계상 지나치게 가혹한 것이어서, 그러한 유형의 범죄에 대한 형벌 본래의 기능과 목적을 달성함에 있어 필요한 정도를 현저히 일탈함으로써 입법재량권이 헌법규정이나 헌법상의 제원리에 반하여 자의적으로 행사된 것으로 평가되는 경우에는 이와 같은 법정형을 규정한 법률조항은 헌법에 반한다고 보아야 한다."

3. 자유박탈적 보안처분 및 정신질환자 보호입원

사례 / 헌재 1989. 7. 14. 88헌가5 등(보호감호 사건)

구 사회보호법 제5조 제1항은 동종 또는 유사한 죄로 3회 이상 전과가 있는 자나 감호처분을 선고받은 자가 일정한 법정형 이상의 동종 또는 유사한 죄를 다시 범한 때에는 법관이 재범의 위험성 유무와 관계없이 그 죄에 따른 형사처벌 외에 별도로 10년의 보호감호를 의무적으로 선고하도록 규정하였다. 구 사회보호법 제5조 제1항은 신체의 자유를 침해하는 위헌적 법률조항인가?[1]

사례 2 헌재 2016. 9. 29. 2014헌가9(정신질환자 보호입원 사건)

甲은 2013년 11월경 정신보건법 제24조에 따라 자녀 2인의 동의와 정신과 전문의의 입원 진단에 의하여 정신의료기관에 강제입원되었다. 甲은 정신의료기관에서 입원치료를 받을 만한 정도의 정신질환에 걸려 있지 않았음에도 강제입원되었다고 주장하면서, 법원에 인신보호법 제3조에 따른 구제청구를 하였고, 인신보호사건의 심리 계속 중 정신질환자 등의 강제입원 여부를 오로지 보호의무자의 동의와 정신과전문의 1인의 판단에 맡기고 있는 정신보건법 제24조가 신체의 자유 등을 침해한다고 주장하면서 위헌법률심판제청을 신청하였고, 법원은 이를 받아들여 위헌법률심판을 제청하였다.[2]

가. 자유박탈적 보안처분

'자유박탈적 보안처분'이란, 재범의 위험성이 있는 정신장애자나 범죄자를 사회로부터 격리하여 수용시설에 수용함으로써 재범의 위험성을 방지하고 사회의 안전을 도모하고자 하는 범죄예방처분이다. 자유박탈적 보안처분에는 보호감호와 치료감호가 있다.

보안처분은 책임에 따른 제재가 아니므로 형법상 책임원칙의 제한을 받지 않지만, 그 대신에 보안처분이 초래하는 기본권침해의 중대성에 비추어, 보안처분의 허용요건은 과잉금지원칙을 준수해야 한다.[3] 나아가 신체의 자유에 대한 침해가 최소화될 수 있도록, 입법자는 보안처분의 집행절차를 형

---

1) 헌재 1989. 7. 14. 88헌가5(보호감호), 판례집 1, 69, 84-85, "보안처분은 재범의 위험성이 있는 자를 치료·보호·개선·격리하여 피감호자의 '재범의 위험성'을 방지하거나 예방하고, 이로써 공공의 안전과 이익을 보호하고자 하는 특별예방적 목적처분이다. … 행위자의 재범의 위험성은 보안처분의 핵심이며, 헌법 제12조 제1항 … 에서 구현된 죄형법정주의의 보안처분적 요청은 '재범의 위험성이 없으면 보안처분은 없다'는 뜻을 내포한다고 하겠다. … 보호감호처분이 가진 신체의 자유를 박탈한다는 내용에 따라 재범의 위험성을 위에서 본 바와 같이 엄격히 해석하여야 할 헌법상의 요청에 비추어 볼 때 법 제5조 제1항 각호의 1의 요건에 해당된다는 것만으로 바로 재범의 위험성이 증명된다고 볼 수 없다 할 것이다. … 결국 법 제5조 제1항은 헌법 제12조 제1항 후문에 정한 적법절차에 위반됨은 물론 헌법 제37조 제2항에 정한 과잉금지원칙에 위반된다고 할 것이며, 나아가 법원의 판단재량의 기능을 형해화(形骸化)시켜 헌법 제27조 제1항에 정한 국민의 법관에 의한 정당한 재판을 받을 권리를 침해하였다 할 것이다."
2) 헌재 2016. 9. 29. 2014헌가9(정신질환자 보호입원), 공보 제240호, 1457, "보호입원은 정신질환자의 신체의 자유를 인신구속에 버금가는 수준으로 제한하므로 그 과정에서 신체의 자유 침해를 최소화 … 해야 한다. 그러나 현행 보호입원 제도가 입원치료·요양을 받을 정도의 정신질환이 어떤 것인지에 대해서는 구체적인 기준을 제시하지 않고 있는 점, 보호의무자 2인의 동의를 보호입원의 요건으로 하면서 보호의무자와 정신질환자 사이의 이해충돌을 적절히 예방하지 못하고 있는 점, 입원의 필요성이 인정되는지 여부에 대한 판단권한을 정신과전문의 1인에게 전적으로 부여함으로써 그의 자의적 판단 또는 권한의 남용 가능성을 배제하지 못하고 있는 점, … 보호입원 절차에서 정신질환자의 권리를 보호할 수 있는 절차들을 마련하고 있지 않은 점, … 등을 종합하면, 심판대상조항은 침해의 최소성 원칙에 위배된다."
3) 헌재 2005. 2. 3. 2003헌바1(치료감호기간), 판례집 17-1, 70, 78, "치료감호는 재범의 위험성이 있는 정신장애 범죄

성해야 하고, 법적용기관은 법률에 규정된 집행절차를 준수해야 한다.

나. 구 사회보호법상의 보호감호[1]

국가가 보호감호를 명령하는 경우, 신체의 자유를 박탈하는 요건과 그 절차의 형성에 있어서 과잉금지원칙이 엄격하게 준수되어야 한다.

(1) 보호감호의 허용요건

보호감호제도의 목적은 재범의 위험성이 있는 범죄인으로부터 사회를 보호하고자 하는 것이므로, 보호감호처분의 요건은 재범(再犯)의 위험성이다. 따라서 구 사회보호법에서 재범의 위험성 여부와 관계없이 보호감호처분을 명하도록 규정한 것은 신체의 자유를 과도하게 침해하는 것이다.

나아가, 일반국민의 중대한 법익에 대한 위험이 존재하는 경우에만 보호감호로 인하여 신체의 자유를 박탈당하는 중대한 침해효과를 정당화할 수 있다. 따라서 사소한 범죄의 재범가능성을 이유로 신체의 자유를 박탈하는 것은 과잉금지원칙에 위반된다. 그러나 구 사회보호법상의 보호감호제도는 사소한 범죄의 경우에도 누범의 경우 보호감호의 대상이 될 수 있도록 규정하고 있다는 점에서도, 위헌의 소지가 있다.

(2) 보호감호의 집행에 있어서 절차의 형성

보호감호의 집행과 관련하여, 보호감호의 필요성에 관하여 '주기적인 심사'가 가능하도록, 보호감호제도의 절차가 형성되어야 한다. 나아가, 보호감호처분의 요건인 '재범의 위험성'에 대한 판단은 불확실성을 수반한다는 점에서, 국가는 재범의 위험성 판단에 있어서 불확실성을 최소화할 수 있는 절차를 형성해야 할 의무를 진다. 입법자는 재범의 위험성을 가능하면 확실하게 판단할 수 있도록, 이로써 불필요하게 사전에 보호감호처분을 내리지 않도록 절차를 형성해야 한다. 형의 집행기간 중에 재범의 위험성에 대한 판단이 달라질 수 있는 가능성을 배제할 수 없으므로, 재범의 위험성 판단은 시기적으로 형의 선고시점이 아니라 형의 집행 종료시점에 이루어져야 한다. 입법자가 이미 형의 선고 시점에 형의 선고와 함께 감호를 선고하도록 규정한다면, 적어도 형의 집행 종료시점에 재범의 위험성과 관련하여 '보호감호의 필요성 여부'를 다툴 수 있는 절차를 마련해야 한다.

구 사회보호법은 법원으로 하여금 형의 집행 종료시점이 아니라 이미 형의 선고 시점에 재범의 위험성에 관하여 판단하여 형의 선고와 함께 감호를 선고하도록 규정하고 있는데, 이러한 보호감호제도는 '보호처분의 시기'와 관련하여 헌법적 문제점을 제기한다.[2]

자를 치료감호시설에 수용하여 치료・개선하고 이로써 사회의 안전을 도모하는 조치로서 대인적・자유박탈적 보안처분의 일종이다. 보안처분의 경우에는 보안처분을 정당화하고 한계지우는 지도원리로서 비례의 원칙이 특히 강조된다. 형벌은 책임주의에 의하여 제한을 받지만 보안처분은 책임에 따른 제재가 아니어서 책임주의의 제한을 받지 않는다. 그러므로 보안처분에 있어서는 형벌에 대해 책임주의가 기능하는 바와 같은 역할을 하는 것이 바로 비례의 원칙이다. … 비례의 원칙은 보안처분의 선고 여부를 결정할 때 뿐만 아니라 보안처분을 종료할 것인지 여부를 판단할 때에도 적용된다."

1) 사회보호법은 2005년 8월 전면 폐지되었고, 종전 사회보호법에서 규정하고 있던 치료감호제도를 존치시키기 위하여 치료감호법이 제정되었다.

2) 성폭력범죄를 저지른 성도착증 환자로서 재범의 위험성이 있다고 인정되는 성인에 대하여 법원이 검사의 청구에 의하여 '성폭력범죄사건의 판결과 동시에 약물치료명령을 선고'할 수 있도록 규정한 법률조항에 대하여 약물치료 집행시점에서 치료의 필요성이 없게 된 경우를 배제할 수 없기 때문에 재범의 위험성 판단에 관한 절차적 하자를 이유로 치료대상자의 신체불가침권을 침해하였다고 확인한 결정으로 헌재 2015. 12. 23. 2013헌가9, 판례집 27-2하, 391, 392.

다. 치료감호

치료감호는 재범의 위험성이 있는 정신장애 범죄자를 치료감호시설에 수용하여 치료함으로써 사회의 안전을 도모하는 조치로서 자유박탈적 보안처분의 일종이다.

(1) 치료감호의 허용요건에 관하여 보자면, 병적 상태(예컨대 중증의 정신병, 알코올 중독 또는 마약중독 등)의 성격과 정도가 수용을 정당화할 정도로 중대해야 하며, 전문의의 객관적 진단에 의하여 치료감호의 필요성이 신빙성 있게 입증되어야 하며, 당사자로부터 발생하는 위험이 국민일반의 사소한 보호법익이 아니라 생명이나 건강과 같은 중대한 보호법익에 대한 위험이어야 하며, 치료감호시설에의 수용을 통해서만 위험의 방지가 보장될 수 있는 경우이어야 한다.[1]

(2) 치료감호의 집행절차와 관련하여, 치료감호의 지속여부는 당사자의 위험이 어느 정도 지속되는지의 여부에 달려있기 때문에, 적정한 시간적 간격을 두고 주기적으로 치료감호의 종료여부를 심사해야 한다.

라. 정신질환자 보호입원

(1) 정신질환자를 정신의료기관에 강제로 입원시키는 것은 '치료감호'와 법적 성격을 달리 하나, 신체의 자유를 박탈한다는 점에서는 동일한 효과를 가진다. 정신질환자 강제입원은 정신질환자를 치료하고, 사회의 안전을 위협하는 정신질환자로부터 사회를 보호하거나 또는 자해(自害)의 위험이 있는 정신질환자 자신을 보호하기 위한 것이다. 정신질환자 보호입원의 요건은 위에서 언급한 '치료감호의 허용요건'과 근본적으로 동일하다.

(2) 보호입원의 집행과 관련하여 절차적 관점에서는, 정신질환자의 신체의 자유에 대한 제한이 최소화될 수 있도록 보호입원의 절차가 형성되어야 한다. '정신질환자 보호입원 사건'(위 사례 2)은 신체의 자유의 보장에 있어서 '절차의 형성'이 얼마나 중요한지를 잘 보여주고 있다.

당사자의 상태가 허락하는 한, 당사자에게 강제입원에 대하여 이의를 제기할 수 있는 '청문(의견진술)의 기회'를 부여해야 하고, 강제입원의 결정 당시에 의사소통이 불가능한 경우 의사소통이 다시 가능해진 시점에서 사후적으로 청문의 기회를 부여해야 한다.[2] 또한, 당사자에게 강제입원에 대하여 불복하고 사법적 심사를 요구할 수 있는 절차가 마련되어야 한다. 나아가, 적정한 시간적 간격을 두고 주기적으로 퇴원여부를 심사해야 할 뿐 아니라, 심사를 해야할만한 특별한 계기가 있는 경우에도 퇴원여부를 심사할 수 있도록 절차규정이 마련되어야 한다.

V. 헌법 제12조의 절차적 보장

1. 適法節次

헌법 제12조 제1항 제2문은 "법률에 의하지 아니하고는 체포·구속·압수·수색 또는 심문을 받

---

1) 헌재 2005. 2. 3. 2003헌바1(치료감호기간), 판례집 17-1, 70, 71, [치료감호기간의 상한을 정하지 아니한 사회보호법 제9조 제2항이 과잉금지의 원칙에 위반하여 신체의 자유를 침해하는지 여부에 관하여] "치료감호의 기간을 미리 법정하지 않고 계속 수용하여 치료할 수 있도록 하는 것은 정신장애자의 개선 및 재활과 사회의 안전에 모두 도움이 되고 이로서 달성되는 사회적 공익은 상당히 크다고 할 수 있다."고 판시하여 신체의 자유를 침해하지 않는다고 판단하였다. 이에 대하여 [재판관 3인의 반대의견] 참조(판례집 17-1, 70, 72).

2) Vgl. BVerfGE 66, 191, 196f.

지 아니하며, 법률과 적법한 절차에 의하지 아니하고는 처벌·보안처분 또는 강제노역을 받지 아니
한다."고 규정하고 있다. 또한 헌법 제12조 제3항 제1문도 "체포·구속·압수 또는 수색을 할 때에
는 적법한 절차에 따라 검사의 신청에 의하여 법관이 발부한 영장을 제시하여야 한다."고 하여 적법
절차를 언급하고 있다. '적법절차'의 규정은 헌법 제10조의 '행복을 추구할 권리'와 함께 영미법적 요
소로서 우리 헌법체계에서는 이질적인 것이다.

가. 적법절차의 연혁과 영미법계의 적법절차

(1) 연 혁

적법절차(due process of law)의 기원은 '자유인은 국법에 의하지 아니하고는 체포·구금·추방 …
되어서는 안 된다'고 선언한 1215년 영국의 대헌장(Magna Charta)에서 찾을 수 있다. 1791년 미국 수
정헌법 제5조는 "누구도 … 적법절차에 의하지 아니하고는 생명·자유·재산을 박탈당하지 아니한
다."고 규정하여 연방차원에서 적법절차의 원칙이 채택되었고, 1868년 수정헌법 제14조에서 "어떠한
州도 적법절차에 의하지 아니하고는 어떠한 사람으로부터도 생명·자유·재산을 박탈할 수 없으며
… "라고 규성함으로써 적법절치조항의 적용이 모든 州에 대하여 확대되었다. 이와 같이 적법절차원
칙은 영미를 중심으로 발전하여 제2차 세계대전 이후 여러 국가에 영향을 미쳤으며, 1947년 일본헌
법이 이를 수용하였고, 우리 헌법은 1987년 헌법개정에서 처음으로 인신보호를 위한 헌법상의 원리
로 도입하였다.[1]

(2) 節次的 의미 및 實體的 의미의 적법절차

적법절차조항의 내용은 미연방대법원의 판례를 통하여 형성되면서 시대적 상황에 따라 변화하고
확대되었다. 미국 수정헌법 제5조와 제14조의 적법절차조항은 오랫동안 국가공권력이 생명, 자유 또
는 재산권을 침해하는 경우 적법한 절차를 준수해야 한다는 절차적 성격을 갖는 규정으로 이해되었
다. 적법절차조항이 법문상으로는 원래 절차적 통제에 제한되는 것임에도 불구하고, 미연방대법원은
적법절차조항을 절차의 준수만을 요청하는 절차적인 것으로 해석하지 아니하고, 국가권력행사의 내
용적 한계로서 실체적으로 파악하였다. 이로써 적법절차원칙은 절차를 법률로 정하고 이에 따라야
한다는 절차적 공정성을 요청할 뿐만 아니라 법률의 실체적 내용까지도 합리성과 정당성을 갖춘 적
정한 것이어야 한다는 원리로 발전하였다.

(3) 기본권제한에 있어서 준수되어야 하는 핵심적 헌법원리

적법절차원칙이란 공권력에 의한 국민의 생명·자유·재산의 침해는 반드시 합리적이고 정당한
법률에 의거해서 정당한 절차를 밟은 경우에만 유효하다는 원리로서, 영미법계의 나라에서는 인권보
장의 가장 핵심적인 헌법상의 원리로 기능하고 있다. 적법절차는 원래 신체의 자유보장을 위한 원리
또는 刑事司法的 원리로 출발하였으나, 오늘날 단순히 신체의 자유에 한정되는 원리가 아니라 모든
공권력작용에 있어서 준수해야 하는 기본원리 또는 기본권의 제한에 있어서 준수되어야 하는 일반원

---

1) 헌재 1992. 12. 24. 92헌가8(중형구형 시 석방제한), 판례집 4, 853, 876, "헌법 제12조 제1항 후문과 제3항은 …
적법절차의 원칙을 헌법상 명문규정으로 두고 있는데 이는 … 현행헌법에서 처음으로 영미법계의 국가에서 국민의
인권을 보장하기 위한 기본원리의 하나로 발달되어 온 적법절차의 원칙을 도입하여 헌법에 명문화한 것이며, … 미
국 수정헌법 제5조 제3문과 1868년 미국 수정헌법 제14조에 명문화되어 미국헌법의 기본원리의 하나로 자리잡고
모든 국가작용을 지배하는 일반원리로 해석·적용되는 중요한 원칙으로서, 오늘날에는 독일 등 대륙법계의 국가에
서도 이에 상응하여 일반적인 법치국가원리 또는 기본권제한의 법률유보원리로 정립되게 되었다."

리로 자리 잡았고, 법률이 정한 절차의 준수를 요구하는 절차적 의미에서뿐만 아니라 법률의 내용이 합리성과 정당성을 갖춘 것이라야 한다는 실체적 의미로 확대되었다. 결국, 입법·행정·사법의 모든 국가작용은 절차적으로 적법해야 할뿐만 아니라 공권력행사의 근거가 되는 법률의 실체적 내용도 합리성과 정당성을 갖추어야 한다는 헌법의 일반원리이다.

(4) 절차적 적법절차원리의 핵심적 내용으로서 聽聞의 보장

오늘날 미국에서 '절차적 의미에서의 적법절차조항'의 내용은, 헌법에 보장된 국민의 권리가 행정 작용에 의하여 침해된 경우에 대한 사법적 심사의 보장, 행정절차에서의 청문 및 고지절차의 보장, 형사절차에서의 변호인의 조력을 받을 권리 및 공판절차에서의 반대신문권의 보장 등을 포괄하는 것으로 이해되고 있다. 적법절차원칙의 핵심적 내용은 무엇보다도 의견진술의 기회, 즉 청문 기회의 제공이라 할 수 있다.[1] 이러한 의미에서 적법절차원칙이란, 국가공권력이 국민에 대하여 불리한 결정을 하기에 앞서 국민은 자신의 견해를 진술할 기회를 가짐으로써 절차의 진행과 그 결과에 대하여 영향을 미칠 수 있어야 한다는 원리를 말한다. 국민은 국가공권력의 단순한 대상이 아니라 절차의 주체로서, 자신의 권리와 관계되는 결정에 앞서서 자신의 견해를 진술할 수 있어야만 객관적이고 공정한 절차가 보장될 수 있고 당사자 간의 절차적 지위의 대등성이 실현될 수 있다는 것이다. 적법절차원리가 요청하는 청문의 기회의 보장은 사법절차는 물론이고 행정절차 및 입법절차에도 준수되어야 한다.

나. 헌법 제12조의 적법절차의 의미

(1) 문제의 제기

적법절차의 내용이 이와 같이 광범위하고 다양하기 때문에, 우리 헌법 제12조에 규정된 적법절차의 내용이 무엇인가 하는 문제가 제기된다. 이에 관한 국내 학계의 견해는 아직 정리되지 못한 상태이다. 일부 학자는 우리 헌법체계에서 적법절차조항이 미국의 그것과 동일할 수 없다고 보고 있고, 일부 학자는 미국의 적법절차와 동일하게 해석해도 무방하다고 한다. 한편, 헌법재판소는 헌법 제12조의 적법절차의 요청을 신체의 자유와 관련한 영역뿐 아니라 입법과 행정의 영역으로 확대함으로써 영미법상의 포괄적인 적법절차조항으로 이해하고 있는데,[2] 우리 헌법의 기본원리인 법치국가원리, 이를 구체화하는 일련의 기본권규정 및 비례의 원칙을 규정하는 헌법 제37조 제2항, 효과적인 권리구제를 요청하는 헌법 제27조의 재판청구권이 존재하는 한국의 헌법질서 내에서 이와 본질적으로 동일한 내용을 가지는 적법절차조항이 중복적으로 인정될 필요가 있는지, 있다면 어떠한 이유와 연관관계에서 가능한 것인지에 관하여 규명해야 한다.

---

1) 헌재 2006. 5. 25. 2004헌바12(형사기소된 국가공무원의 임의적 직위해제), 판례집 18-1하, 58, 66, "적법절차원칙에서 도출할 수 있는 가장 중요한 절차적 요청 중의 하나로, 당사자에게 적절한 고지를 행할 것, 당사자에게 의견 및 자료 제출의 기회를 부여할 것을 들 수 있겠으나, … "

2) 헌재 1998. 5. 28. 96헌바4(통고처분), 판례집 10-1, 610, 617-618, "현행 헌법에 규정된 적법절차의 원칙을 어떻게 해석할 것인가에 대하여 표현의 차이는 있지만 대체적으로 적법절차의 원칙이 독자적인 헌법원리의 하나로 수용되고 있으며 이는 절차의 적법성뿐만 아니라 절차의 적정성까지 보장되어야 한다는 뜻으로 이해하는 것이 마땅하다. 다시 말하면 형식적인 절차뿐만 아니라 실체적 법률내용이 합리성과 정당성을 갖춘 것이어야 한다는 실질적인 의미로 확대 해석하고 있다. 이러한 적법절차의 원리가 형사절차 이외 행정절차에도 적용되는가에 관하여 우리 헌법재판소는 이 적법절차의 원칙의 적용범위를 형사소송절차에 국한하지 않고 모든 국가작용에 대하여 문제된 법률의 실체적 내용이 합리성과 정당성을 갖추고 있는지 여부를 판단하는 기준으로 적용된다고 판시하고 있다."

헌법재판소는 헌법 제12조의 '적법절차'를 신체의 자유를 제한하는 공권력행위에 대한 헌법의 특수한 요청으로 제한적으로 해석하는 것이 아니라, 영미법에서의 적법절차조항과 같은 일반적 헌법원리로 해석하고 있다. 그러나 헌법 내에서 적법절차의 요청이 자리 잡고 있는 곳은 헌법 제37조와 같이 일반조항적 성격을 가지는 장소가 아니라 신체의 자유란 개별기본권이다. 헌법 제12조로부터 그와 같은 포괄적인 일반적 헌법원리를 도출하는 것은, 그와 같은 일반조항에 의하여 보장되는 내용이 헌법의 개별규범에 의하여 보장되지 않거나 또는 적어도 그와 같은 내용의 헌법적 원리가 존재하지 않기 때문에 포괄적인 헌법원리를 도출하는 시도가 불가피한 경우에 비로소 정당화된다. 그러나 헌법재판소가 헌법 제12조의 적법절차로부터 도출한 포괄적인 보장내용이 이미 헌법의 개별규정에 의하여 보장되고 있다면, 이러한 시도는 불필요할 뿐만 아니라 헌법해석의 한계를 넘어서는 것이다.

(2) **實體的** 적법절차원리와 과잉금지원칙의 관계

영미법의 적법절차원리를 '법률의 내용도 합리성과 정당성을 갖춘 적정한 법률이어야 한다는 요청, 나아가 국가권력행사의 내용적 한계이자 기본권제한에 있어서 준수되어야 하는 헌법상의 원리'로 이해한다면, 이러한 적법절차원리는 기본권의 제한에 있어서 준수되어야 하는 일반원리로서, 과잉금지원칙과 그 내용에 있어서 본질적으로 동일하다고 볼 수 있다. 과잉금지원칙은 우리 헌법에서 제37조 제2항에 의하여 이미 보장되고 있으며, 헌법 제37조 제2항의 과잉금지원칙을 일차적으로 입법자에 대한 것으로 간주하여 기본권제한입법의 한계에 관한 것으로 이해한다면,[1] 자유권을 제한하는 모든 국가권력에 대한 한계로서 포괄적인 의미의 과잉금지원칙은 자유권의 본질과 법치국가원리로부터 나오는 것이다. 따라서 적법절차원리가 요청하는 실체적 적정성의 측면은 헌법 제37조 제2항을 비롯하여 법치국가적 과잉금지원칙에 의하여 이미 확보되고 있다. 헌법재판소가 가령, 신체의 자유와 관련하여 적법절차를 언급한다면, 이는 신체의 자유에 대한 제한은 과잉금지원칙에 위반되어서는 안 된다는 의미로 사용하고 있는 것이다.[2]

(3) **節次的** 적법절차원리와 '공정한 절차에 관한 법치국가적 요청'의 관계

한편, 적법절차원리를 '공권력에 의한 국민의 생명·자유·재산의 침해는 반드시 합리적이고 정당한 법률에 의거해서 정당한 절차를 밟은 경우에만 유효하다는 원리'로 이해한다면, 적법절차원리가 요청하는 절차적 적정성의 측면은 공정한 절차에 관한 법치국가적 요청에 의하여 이미 보장되고 있다. 재판절차에서의 청문의 기회는 헌법상 공정한 재판을 받을 권리인 재판청구권에 의하여 보장되고 있으며, 징계절차에서의 청문의 기회의 보장 등 행정절차 등에서의 공정한 절차의 보장은 공정

---

1) 헌재 1992. 12. 24. 92헌가8(중형구형 시 석방제한), 판례집 4, 853, 876-878, [적법절차와 과잉금지원칙의 관계에 관하여] "법률이 정한 절차와 그 실체적인 내용이 합리성과 정당성을 갖춘 적정한 것이어야 한다는 것으로 이해한 다면, 그 법률이 기본권의 제한입법에 해당하는 한 헌법 제37조 제2항의 일반적 법률유보조항의 해석상 요구되는 기본권제한법률의 정당성 요건과 개념상 중복되는 것으로 볼 수도 있을 것이나, 현행 헌법이 명문화하고 있는 적법 절차의 원칙은 단순히 입법권의 유보제한이라는 한정적인 의미에 그치는 것이 아니라 모든 국가작용을 지배하는 독자적인 헌법의 기본원리로서 해석되어야 할 원칙이라는 점에서 입법권의 유보적 한계를 선언하는 과잉입법금지 의 원칙과는 구별된다고 할 것이다."

2) 예컨대, 헌재 1993. 12. 23. 93헌가2(보석허가결정에 대한 검사의 즉시항고 허용), 판례집 5-2, 578, 599-603, "보석 허가결정에 대하여 검사의 즉시항고를 허용하여 그 즉시항고에 대한 항고심의 재판이 확정될 때까지 그 집행이 정 지되도록 한 형사소송법 제97조 제3항의 규정은 … 그 내용에 있어 합리성과 정당성이 없으면서 피고인의 신체의 자유를 제한하는 것이므로 적법절차의 원칙에 반하며, 기본권제한입법의 기본원칙인 방법의 적정성, 피해의 최소 성, 법익의 균형성을 갖추지 못하여 과잉금지의 원칙에도 위반된다."

한 절차를 요청하는 법치국가원리에 의하여 보장되고 있다. 공정한 절차에 대한 요청은 법치국가적 절차의 본질적인 원칙에 속한다. 개인은 국가가 개설한 절차의 단순한 객체나 대상이 되어서는 안 되고 자신의 의견을 진술함으로써 절차의 진행과 결과에 영향을 미칠 수 있는 가능성을 가져야 한다는 것이 바로 '공정한 절차에 관한 법치국가적 요청'이다.

헌법재판소는 초기의 결정에서 '공정한 재판을 받을 권리의 침해 여부'와 '적법절차원리의 위반 여부'를 구분하여 이중적인 관점에서 중복적으로 판단하였으나,[1] 근래에는 위 두 가지 기준이 근본적으로 동일하다는 것을 인식하여 '적법절차원리의 위반 여부'는 별도로 판단하지 않고 있다.[2]

(4) 영미법의 적법절차원리와 법치국가원리의 근본적인 同一性

결국, 영미법의 적법절차원리는 우리 헌법의 법치국가원리에 상응하는 개념으로서, 우리 헌법에서 법치국가원리는 기본권의 보장, 과잉금지원칙, 권력분립원리, 사법절차의 보장 등 일련의 개별규범을 통하여 구체화되고 있다. 법치국가원리는 헌법재판소의 판례를 통해서도 일찍이 헌법의 기본원리로서 자리 잡았고, 법치국가원리를 구체화하는 헌법상의 개별규정에 의하여 보장되지 않는 내용을 보장하는 일반조항으로서 인정되고 있다. 영미법상의 적법절차원리가 보장하고자 하는 바가 우리 헌법에서는 이미 개별규정과 이로부터 도출되는 헌법원리인 법치국가원리에 의하여 보장되고 있으므로, 헌법 제12조의 신체의 자유와의 연관관계에서 언급되는 '적법한 절차'를 영미법상의 적법절차원리와 동일한 내용을 가진 일반원칙으로 무리하게 해석해야 할 필요가 없다. 헌법재판소가 종래 다수의 결정에서 '과잉금지원칙과 적법절차원리' 또는 '공정한 재판을 받을 권리와 적법절차원리'를 동시에 언급하면서 양자를 모두 심판대상인 공권력행위의 위헌성을 판단하는 심사기준으로 삼는 것은, 단지 심사기준의 명칭만을 달리 하여 동일한 심사의 관점과 기준을 근거로 중복적으로 판단한다는 것을 의미한다. 따라서 헌법 제12조의 '적법한 절차'는 영미법의 적법절차조항과 동일시될 수 없고, 신체의 자유와의 특수한 관계에서 한국 헌법 내에서의 고유한 의미가 발견되고 부여되어야 한다.

(5) 헌법 제12조 제1항 및 제3항의 "적법한 절차"의 고유한 의미

헌법 제12조 제1항 및 제3항의 "적법절차"는 '법률에 규정된 절차', '법률상의 절차규정'으로서 이해되어야 한다. 이에 따라 체포·구속·압수·수색이나 처벌·보안처분·강제노역에 의한 신체의 자유에 대한 제한은 단지 형식적 법률에 근거하여 법률에 규정된 절차를 준수하는 경우에만 허용된다. 이로써 헌법은 '신체의 자유는 절차에 의한 보호를 필요로 하며, 절차의 위반에 의하여 침해될 수 있다'는 것을 표현하고 있는 것이다. 절차에 의한 보호가 가장 요청되는 기본권이 있다면, 이는 바로 신체의 자유이다.

---

1) 헌재 1996. 1. 25. 95헌가5(중형사건에 대한 궐석재판 허용), 판례집 8-1, 1, 2, "중형에 해당되는 사건에서 피고인이 자신을 방어하기 위해 변호인도 출석시킬 수 없고, 증거조사도 없이 실형을 선고받는 것은 공격·방어의 기회를 원천적으로 봉쇄당하는 것이므로 적법절차의 원칙에 반하고, 특조법의 입법목적 달성에 필요한 최소한도의 범위 이상으로 재판청구권을 침해하는 것이다."; 또한 헌재 1998. 7. 16. 97헌바22(소송촉진등에관한특례법의 궐석재판제도), 판례집 10-2, 218.
2) 헌재 2011. 3. 31. 2009헌바351, 판례집 23-1상, 347, 353; 헌재 2012. 5. 31. 2010헌바403, 판례집 24-1하, 419, 425; 헌재 2018. 8. 30. 2016헌마344 등, "형사소송절차에서의 적법절차원리는 형사소송절차의 전반을 기본권 보장의 측면에서 규율하여야 한다는 기본원리를 천명하고 있는 것으로 이해하여야 하므로, 결국 포괄적, 절차적 기본권으로 파악되고 있는 재판청구권의 보호영역과 사실상 중복되는 것이어서, 공정한 재판을 받을 권리의 침해 여부에 대한 판단 속에는 적법절차원리 위반 여부에 대한 판단까지 포함되어 있다. 따라서 … 적법절차원리에 위반되는지 여부는 따로 판단하지 아니하기로 한다."

헌법 제12조 제1항 및 제3항이 법률에 규정된 절차의 준수를 헌법적으로 요청함으로써, 법률에 규정된 절차의 준수가 국가의 헌법적 의무로 승격되었다. 따라서 국가공권력이 법률에 규정된 절차를 지키지 않는다는 것은 단순한 법률위반에 그치는 것이 아니라 신체의 자유를 부당하게 침해하는 헌법위반이며, 이로써 헌법 및 헌법재판소법의 범주 내에서 헌법소원을 제기할 수 있는 가능성이 부여된다. 신체의 자유를 제한하는 법률상의 절차는 헌법상의 절차적 보장이 되었고, 신체의 자유에 의한 기본권적 보호를 받게 되는 것이다.[1]

헌법이 위 조항에서 "적법한 절차"를 언급한 것은, 신체의 자유를 제한하는 법률이 형식·절차 및 관할에 관한 규정을 담고 있다면 국가기관은 이를 반드시 준수해야 하며, 이러한 절차의 준수도 신체의 자유에 의한 기본권적 보호를 받는다는 것을 의미한다. 예컨대, 정신장애자를 치료시설에 수용하는 절차에서, 법관이 정신장애자를 치료시설에 수용하는 결정을 하기 전에 당사자에게 청문의 기회를 부여해야 한다는 법규정상의 절차를 준수하지 않았다면, 법관의 결정은 적법절차에 대한 위반으로서 신체의 자유를 침해하는 위헌적 조치이다. 따라서 신체의 자유를 제한하는 경우 법률이 정한 절차의 위반은 단순히 법률위반이나 영장주의 등 객관적 헌법원칙의 위반을 넘어서 동시에 주관적 권리인 신체의 자유의 침해를 의미하는 것이다. 다른 자유권의 경우 일반적으로 자유권의 실체적 보장내용에 대한 위반의 경우에만 자유권의 침해가 인정되는 반면, 신체의 자유는 절차적 위반에 의해서도 침해될 수 있으며, 그 결과 법률에 규정된 절차의 위반에 대하여 기본권침해를 이유로 헌법소원을 제기할 수 있는 것이다.

2. 고문을 받지 아니할 권리와 불리한 진술의 거부권(제2항)

헌법 제12조 제2항은 "모든 국민은 고문을 받지 아니하며, 형사상 자기에게 불리한 진술을 강요당하지 아니한다."고 하여 고문의 금지와 불리한 진술의 강요금지를 규정하고 있다.

가. 고문을 받지 아니할 권리(고문의 금지)

고문이란 자백을 강제하기 위하여 가해지는 폭력을 말한다. 헌법 제12조 제2항은 고문을 금지함으로써, 국가가 신체의 자유를 제한함에 있어서 취해서는 안 되는 행위에 관하여 스스로 명확한 선을 긋고 있다. 고문의 금지는 형사절차에서 헌법 제10조의 인간존엄성의 요청이 구체화된 표현이다. 인간존엄성은 잔인하고 비인간적이며 굴욕적인 형벌을 금지할 뿐만 아니라, 인간을 국가적 절차의 단순한 객체로 격하시키는 것을 금지한다. 형사절차에서 실체적 진실을 밝힐 목적으로 고문의 방법을 사용하는 것은 피의자를 범죄 퇴치나 진실발견의 단순한 수단으로 삼는 것으로, 인간존엄성을 침해하는 것이다.[2]

---

1) 헌재 1998. 7. 16. 97헌바22(소송촉진등에관한특례법의 궐석재판제도), 판례집 10-2, 218, 225-226, "적법절차원칙은 … 특히 형사소송절차와 관련하여 보면 형벌권의 실행절차인 형사소송의 전반을 규율하는 기본원리로서, 형사피고인의 기본권이 공권력에 의하여 침해당할 수 있는 가능성을 최소화하도록 절차를 형성·유지할 것을 요구하고 있다."

2) BVerfG NJW 2005, 656, 독일 프랑크푸르트 市의 경찰 副署長은 2002년 인질의 생명을 구하기 위하여 인질범에게 고문의 위협을 가함으로써 인질을 감금한 장소를 알아내고자 시도하였다. 이 사건을 계기로 법치국가가 인간의 생명을 구하기 위하여 불가피한 경우에 고문하거나 고문의 위협을 가할 수 있는지의 문제가 제기되었다. 연방헌법재판소는 고문의 위협을 받은 인질범이 제기한 헌법소원을 각하하면서, 방론으로 '고문은 혐의자를 단순히 범죄퇴치의 객체로 만들기 때문에 고문은 인간존엄성의 보장과 이로부터 나오는 절대적인 고문금지의 원칙에 반한다'고 확

나. 陳述拒否權

도로교통법은 교통사고를 일으켜 사람을 사상하거나 물건을 손괴한 때에는 그 차의 운전자 등은 경찰공무원이나 경찰관서에 지체 없이 사고지점, 사상자수 및 부상정도, 손괴한 물건 등을 신속히 신고하도록 하면서, 이러한 신고의무를 위반한 경우 처벌하도록 규정하고 있다. 甲은 법원에 도로교통법위반 등의 죄로 기소되었는데 그 기소된 내용 중 도로교통법위반의 요지는 甲이 자동차를 운전하다가 교통사고를 일으키고도 그 사고내용을 경찰에 신고하지 아니하였다고 하여 도로교통법 위반의 죄에 해당한다는 것이었다. 법원은 甲의 신청에 따라 위 법률조항에 대하여 위헌법률심판을 제청하였다. 위 도로교통법규정은 헌법 제12조 제2항의 진술거부권을 침해하는가?

(1) 의미와 내용

진술거부권이란, 피의자 또는 피고인이 수사절차 또는 공판절차에서 수사기관이나 법원의 신문에 대하여 자신에게 불리한 진술을 거부할 수 있는 권리를 말한다. 진술거부권은, 미국 수정헌법 제5조의 자기부죄거부(自己負罪拒否)의 특권(privilege against selfincrimination)에서 유래하는 권리로서, 묵비권(Schweigerecht)이라고도 한다.[1]

진술거부권의 대상은 "형사상 자기에게 불리한 진술"이므로, 진술거부권은 유죄판결의 기초가 되는 사실이나 형량에 불리하게 작용할 수 있는 사실 등의 진술을 거부할 수 있는 권리이다. 따라서 진술의 내용이 기소 또는 유죄의 증거가 될 가능성이 전혀 없는 경우에는 묵비권이 인정되지 않는다.[2] 진술거부권의 대상인 '진술'은 구술에 의한 진술뿐만 아니라 서면에 의한 진술의 기재도 포함한다. 그러나 '진술'에 해당하지 않는 지문의 채취나 주취측정 등에 대해서는 진술거부권이 미치지 않는다. 진술거부권은 피의자나 피고인뿐만 아니라, 아직 피의자의 지위에 이르지 아니한 자에 대해서도 인정된다.[3]

헌법이 진술거부권을 기본적 권리로서 보장하는 것은 형사피의자나 피고인의 인권을 형사소송의 목적인 실체적 진실의 발견이나 구체적 사회정의의 실현이라는 국가적 이익보다 우선적으로 보호함으로써, 인간의 존엄성과 생존가치를 보장하고, 나아가 비인간적인 자백의 강요와 고문을 근절하려는데 있다.[4] 국가가 진술을 강요함으로써 범죄의 혐의를 받고 있는 자로 하여금 스스로 유죄임을 입

인하였다. 물론, 이와 구분해야 하는 것은 위와 같은 상황에서 고문의 위협을 가한 당사자가 처벌되어야 하는지의 문제이다. 이러한 경우 초법적인 책임조각사유를 고려할 수 있다.

1) 헌재 2001. 11. 29. 2001헌바41(증인으로서 수사담당 경찰관의 신문), 판례집 13-2, 699, 705.
2) 한편, 형사책임에 관련되는 진술인 한, 범죄사실 자체뿐만 아니라 간접사실 또는 범죄사실의 발견에 단서를 제공하는 사항에 관한 진술도 포함한다.
3) 헌재 1990. 8. 27. 89헌가118(교통사고 신고의무), 판례집 2, 222, 229, "진술거부권은 형사절차에서만 보장되는 것은 아니고 행정절차이거나 국회에서의 질문 등 어디에서나 그 진술이 자기에게 형사상 불리한 경우에는 묵비권을 가지고 이를 강요받지 아니할 국민의 기본권으로 보장된다. 따라서 현재 형사피의자나 피고인으로서 수사 및 공판절차에 계속중인 자 뿐만 아니라 교통사고를 일으킨 차량의 운전자 등과 같이 장차 형사피의자나 피고인이 될 가능성이 있는 자에게도 그 진술내용이 자기의 형사책임에 관련되는 것일 때에는 그 진술을 강요받지 않을 자기부죄(自己負罪)거절의 권리가 보장되는 것이다."
4) 헌재 1990. 8. 27. 89헌가118(교통사고 신고의무), 판례집 2, 222, 229; 헌재 2002. 1. 31. 2001헌바43(공정거래위원회의 법위반사실 공표명령), 판례집 14-1, 49, 59.

증하게 하는 것은, 국가의 형사소추로부터 스스로를 보호하고자 하는 인간의 본능에 반하여 가장 고
통스럽고 잔인한 갈등상황에 처하게 하는 것으로 인간존엄성에 위반되는 행위이고,[1] 나아가 피고인
은 자신의 무죄를 입증해야 할 책임이 없다는 무죄추정의 원칙에도 반하는 것이다.

피의자에게 진술거부권을 인정하지 않는 경우에는 피의자가 국가기관의 신문에 응해야 하고 그
진술을 증거로 삼음으로써 피의자는 형사절차의 단순한 객체로 전락하게 된다. 그러나 피의자에게
진술거부권을 인정함으로써, 진술거부권이 보장된 상태에서 임의로 행해진 피의자의 진술만이 증거
로 사용될 수 있기 때문에, 피의자가 국가절차의 단순한 객체로 전락하는 것을 방지하고 형사절차의
주체로서의 지위를 확보할 수 있는 것이다. 그러므로 진술거부권의 보장은 형사절차에서 인간존엄성
보장의 구체적 요청이기도 하다.

진술거부권의 헌법적 보장은 필연적으로 '진술거부에 대한 불이익의 금지'를 요청한다. 진술거부
가 피고인에게 불리한 증거로 사용되는 것을 허용한다면, 헌법상 진술거부권의 보장은 사실상 무의
미하기 때문이다. 따라서 피의자가 묵비권을 행사하는 경우 법원은 진술거부를 피의자에게 불리한
증거로 삼을 수 없다는 점에서, 진술거부권은 법관의 자유심증주의를 제한하고 있다.

(2) 헌법재판소의 판례

진술거부권이 문제된 사건에서 헌법재판소는 다음과 같이 판단하였다.

교통사고 시 신고의무의 부과가 진술거부권을 침해하는지의 여부와 관련하여, 교통사고를 일으킨
운전자에게 신고의무를 부담시키고 있는 도로교통법규정은 범죄발각의 단서를 제공하는 등 진술거
부권을 침해할 소지가 없지 않지만, 피해자의 구호 및 교통질서의 회복을 위한 조치가 필요한 범위
내에서 교통사고의 객관적 내용만을 신고하도록 한 것으로 해석하고 형사책임과 관련되는 사항에는
적용되지 아니하는 것으로 해석하는 한, 헌법에 위반되지 아니한다.[2] '정당의 불법정치자금의 수수
금지'라는 입법목적을 달성하기 위하여 정당의 회계책임자에게 모든 정치자금의 수입·지출에 관한
기록을 작성할 의무를 부과하고 이를 위반할 경우 형사처벌하도록 규정하는 정치자금법조항은 기재
행위도 불리한 진술의 범위에 포함된다는 점에서 불리한 진술을 강요하는 규정이지만 과잉금지원칙
에 부합하므로 진술거부권을 침해하지 않는다.[3]

한편, 군무이탈자에 대한 복귀명령이 진술거부권을 침해하는지의 여부와 관련하여, 군형법상의
군무이탈자 복귀명령은 자수의무를 부과하는 결과가 될 수 있다 하더라도 복귀명령이 군무이탈자에
대하여 불리한 진술을 거부할 권리를 침해하는 것은 아니다.[4] 주취 운전의 혐의자에 대하여 주취측

---

1) Vgl. BVerfGE 38, 105, 113.
2) 헌재 1990. 8. 27. 89헌가118(교통사고 신고의무), 판례집 2, 222, 235, "동 조항은 경찰공무원으로 하여금 교통사고
의 발생을 신속하게 알게 하여 사상자의 구호나 교통질서 회복에 대한 적절한 조치를 취하도록 하고 교통사고로
인하여 빚어지는 도로상의 소통장해를 제거하고 피해자가 늘어나는 것을 방지하며 교통질서의 유지 및 안전을 도
모한다는 교통행정상의 필요에서 불가피하게 제정된 규정이라고 하지 않을 수 없다. 따라서 동 규정을 이러한 도로
교통법의 취지와 목적에 한정하여 해석하고 적용하는 한 동 조항은 필요하고 합리적인 것으로 헌법에 합치하는 것
이라고 하지 않을 수 없다."
3) 헌재 2005. 12. 22. 2004헌바25(정치자금에 관한 허위기재), 판례집 17-2, 695, 706.
4) 헌재 1995. 5. 25. 91헌바20(군무이탈자 복귀명령), 판례집 7-1, 615, 627, "복귀명령을 준수하지 아니한 행위를 형
사처벌함으로써 군무이탈죄를 범한 자에게 자수의무를 부과하는 결과가 될 수 있다고 하더라도 이는 군 병력 유지
를 주된 목적으로 하는 복귀명령의 부수적인 효과에 불과하므로 위 복귀명령이 군무이탈자에 대하여 형사상 자기
에게 불리한 진술을 강요당하지 아니할 권리의 본질적 내용을 침해하는 것이라고 할 수도 없다."

정에 응할 의무를 부과하는 것이 '형사상 불리한 진술을 강요하는 것에 해당하는지'의 여부와 관련하여, 생각이나 사실을 언어를 통하여 표출하는 '진술'의 강요가 아닌 호흡측정기에 의한 음주측정에 응할 법적 의무의 부과는 불리한 진술의 강요가 아니다.[1] 국가보안법상의 불고지죄가 진술거부권을 침해하는지의 여부와 관련하여, 불고지죄는 자신의 범죄사실이 아니라 타인의 범죄사실을 고지의 대상으로 하는 것이므로, 진술거부권이 침해될 여지가 없다.[2]

3. 事前令狀主義(제3항)

사례 1 헌재 1992. 12. 24. 92헌가8(重刑 求刑 時 석방제한 사건)

형사소송법 제331조는 "무죄, 면소, 형의 면제, 형의 선고유예, 형의 집행유예, 공소기각 또는 벌금이나 과료를 과하는 판결이 선고된 때에는 구속영장은 효력을 잃는다. 단 검사로부터 사형, 무기 또는 10년 이상의 징역이나 금고의 형에 해당한다는 취지의 의견진술이 있는 사건에 대하여는 예외로 한다."고 규정하고 있다. 따라서 구속된 피고인이 1, 2심의 재판에서 무죄선고를 받았다 하더라도 검사의 구형량이 사형, 무기 또는 10년 이상의 징역이나 금고인 경우에는 대법원의 확정판결 시까지 석방을 할 수 없었다. 甲은 강도상해 및 특수강도의 죄로 구속되고 법원에 공소 제기되어 검사로부터 징역 장기 10년, 단기 7년의 형의 해당한다는 취지의 구형을 받았다. 법원은 형사소송법 제331조 단서의 규정이 헌법에 위반된다고 보아 직권으로 위헌여부의 심판을 제청하였다. 구속영장의 효력이 검사의 구형에 의하여 좌우되도록 규정한 위 법률조항은 헌법에 부합하는가?

사례 2 헌재 2004. 9. 23. 2002헌가17 등(범죄피의자에 대한 지문채취 거부 사건)

甲은 집회에 참석하였는데, 관할 경찰서장은 위 집회가 시위가 금지된 장소에서 신고 없이 개최된 것이라는 이유로 위 집회를 해산하고 甲을 비롯한 참가자들을 연행하였다. 연행된 甲은 집회및시위에관한법률 위반혐의로 피의자로서 조사를 받던 중 인적 사항 및 범죄사실의 신문에 대하여 묵비로 일관하였고 신원을 확인하기 위한 십지지문채취를 요구받았으나 이를 거부하였다. 이에 경찰서장은 甲에 대하여 경범죄처벌법 제1조 제42호에 해당한다는 이유("범죄의 피의자로 입건된 사람에 대하여 경찰공무원이나 검사가 지문조사 외의 다른 방법으로 그 신원을 확인할 수 없어 지문을 채취하려고 할 때 정당한 이유없이 이를 거부한 사람")로 법원에 즉결심판을 청구하였고, 甲은 이에 불복하여 법원에 정식재판을 청구하였다. 甲은 재판계속 중 경범죄처벌법 제1조 제42호가 헌법 제12조에 의한 영장주의 및 진술거부권 등을 침해한다고 주장하면서 위 법원에 위헌제청신청을 하였다.

---

1) 헌재 1997. 3. 27. 96헌가11(음주측정에 응할 의무), 판례집 9-1, 245, 257-258, "도로교통법 제41조 제2항에 규정된 음주측정은 호흡측정기에 입을 대고 호흡을 불어 넣음으로써 신체의 물리적, 사실적 상태를 그대로 드러내는 행위에 불과하므로 이를 두고 '진술'이라 할 수 없고, 따라서 주취운전의 혐의자에게 호흡측정기에 의한 주취 여부의 측정에 응할 것을 요구하고 이를 불응할 경우 처벌한다고 하여도 이는 형사상 불리한 '진술'을 강요하는 것에 해당한다고 할 수 없으므로 헌법 제12조 제2항의 진술거부권이 제한되는 것은 아니다."
2) 헌재 1998. 7. 16. 96헌바35(국가보안법 불고지죄), 판례집 10-2, 159, 168, "불고지죄가 성립하기 이전의 단계 즉, 불고지의 대상이 되는 죄를 범한 자라는 사실을 알게 되어 고지의무가 발생하였으나 아직 상당한 기간이 경과하지 아니한 단계에 있어서는 고지의무의 대상이 되는 것은 자신의 범죄사실이 아니고 타인의 범죄사실에 대한 것이므로 자기에게 불리한 진술을 강요받지 아니할 진술거부권의 문제가 발생할 여지가 없는 것이다."

가. 사전영장주의의 원칙

(1) 헌법적 의의

(가) 헌법 제12조 제3항 제1문은 "체포·구속·압수 또는 수색을 할 때에는 적법한 절차에 따라 검사의 신청에 의하여 법관이 발부한 영장을 제시하여야 한다."고 하여, 신체의 자유에 대한 가장 중대한 침해인 자유박탈(체포·구속)은 물론이고 압수·수색의 경우에도 이에 관한 법관의 사전적 결정을 요청함으로써 사전영장주의를 규정하고 있다.[1]

사전영장주의는 공정하고 독립적 지위를 가진 사법기관으로 하여금 체포·구속의 필요성여부를 판단하게 함으로써 수사기관에 의한 체포·구속의 남용을 방지하려는 데 그 의의가 있다.[2] 이로써 체포·구속·압수·수색을 통한 신체의 자유의 제한에 관한 결정은 법관이 직접 해야 하며, 이러한 절차적 보장에 대한 위반은 곧 신체의 자유에 대한 위헌적 침해를 의미한다. 요컨대, 헌법은 제12조 제3항의 영장주의와 법관유보원칙을 통하여 '신체의 자유에 대한 제한의 허용여부와 지속여부에 관해서는 오로지 법관만이 결정할 수 있다'는 것을 밝히고 있는 것이다.

따라서 검사의 10년 이상 구형의 경우 무죄판결에도 불구하고 구속영장이 효력을 지속하도록 규정하고 있는 형사소송법규정이나[3] 법원의 보석허가결정 또는 구속집행정지결정에 대하여 검사의 즉시항고를 허용하여 그 즉시항고에 대한 항고심의 재판이 확정될 때까지 그 집행이 정지되도록 한 형사소송법규정은 영장주의에 반한다.[4]

(나) 한편, "검사의 신청"을 요구한 취지는, 모든 영장 발부의 경우 검사의 신청이 필요하다는 데 있는 것이 아니라, 수사단계에서 영장의 발부를 신청할 수 있는 자를 검사로 한정함으로써 검사 아닌 다른 수사기관의 영장신청에서 오는 인권유린의 폐해를 방지하려는 것이다. 따라서 법관이 공판단계에서 직권으로 구속영장을 발부할 수 있도록 규정한 것은 헌법 제12조 제3항에 위반되지 않

---

1) 현행 형사소송법은 체포 시에도 영장을 발부하도록 의무화하고(체포영장제도), 영장 없이 긴급체포한 경우에는 사후에 구속영장을 청구하도록 하고 있으며, 체포영장에 의하여 체포된 경우에도 구속이 필요하고 도주 또는 증거인멸의 우려가 있는 경우에는 구속영장을 청구할 수 있도록 규정하고 있다(구속영장제도). 뿐만 아니라, 형사소송법은 구속영장을 발부함에 있어서 필수적으로 피의자심문절차를 거치도록 규정하고 있다(영장실질심사제도).

2) 헌재 1997. 3. 27. 96헌바28 등(법원의 직권영장발부), 판례집 9-1, 313, 320, [형사절차에 있어서의 영장주의의 의의에 관하여] "형사절차에 있어서의 영장주의란 체포·구속·압수 등의 강제처분을 함에 있어서는 사법권 독립에 의하여 그 신분이 보장되는 법관이 발부한 영장에 의하지 않으면 아니 된다는 원칙이고, 따라서 영장주의의 본질은 신체의 자유를 침해하는 강제처분을 함에 있어서는 중립적인 법관이 구체적 판단을 거쳐 발부한 영장에 의하여야만 한다는 데에 있다."

3) 헌재 1992. 12. 24. 92헌가8(중형구형 시 석방제한), 판례집 4, 853, 885, [검사의 10년 이상 구형의 경우 무죄판결에도 불구하고 구속영장이 효력을 지속하도록 규정하고 있는 구 형사소송법 제331조의 위헌여부에 관하여] "헌법에 명문으로 규정된 영장주의는 구속의 개시시점에 한하지 않고 구속영장의 효력을 계속 유지할 것인지 아니면 취소 또는 실효시킬 것인지의 여부도 사법권 독립의 원칙에 의하여 신분이 보장되고 있는 법관의 판단에 의하여만 결정되어야 한다는 것을 의미하고 그밖에 검사나 다른 국가기관의 의견에 의하여 좌우되도록 하는 것은 헌법상의 적법절차의 원칙에 위배된다."

4) 헌재 1993. 12. 23. 93헌가2(보석허가결정에 대한 검사의 즉시항고 허용제도), 판례집 5-2, 578, 599-603, "보석허가결정에 대하여 검사의 즉시항고를 허용하여 그 즉시항고에 대한 항고심의 재판이 확정될 때까지 그 집행이 정지되도록 한 형사소송법 제97조 제3항의 규정은 당해 피고인에 대한 보석허가결정이 부당하다는 검사의 불복을 그 피고인에 대한 구속집행을 계속할 필요가 없다는 법원의 판단보다 우선시킨 것이어서 구속의 여부와 구속을 계속시키는 여부에 대한 판단을 사법권의 독립이 보장된 법관의 결정에만 맡기려는 영장주의에 위반되고, 그 내용에 있어 합리성과 정당성이 없으면서 피고인의 신체의 자유를 제한하는 것이므로 적법절차의 원칙에 반하며, 기본권제한입법의 기본원칙인 방법의 적정성, 피해의 최소성, 법익의 균형성을 갖추지 못하여 과잉금지의 원칙에도 위반된다."; 헌재 2012. 6. 27. 2011헌가36(구속집행정지결정에 대한 검사의 즉시항고 허용제도).

는다.1)

(2) 영장주의가 적용되는 경우

형사절차에 있어서의 영장주의란 체포·구속·압수·수색 등의 강제처분을 하는 경우 법관이 발부한 영장에 의하도록 하는 원칙이다.2) 따라서 법관이 발부한 영장에 의하지 아니하고는 수사에 필요한 강제처분을 하지 못한다. 신체의 자유를 보호하고자 하는 영장주의는 신체의 자유가 제한되는 경우, 즉 신체에 대하여 직접적이고 현실적인 물리적 강제력이 행사되는 경우에 비로소 적용된다.

직접적이고 현실적인 강제력의 행사가 아니라 사후적인 제재를 통하여 심리적·간접적인 강제를 수단으로 사용하는 경우, 영장주의가 적용되지 않는다.3) 개인에게 불리한 법적 의무가 부과되는 모든 경우에 대하여 법관이 발부한 영장을 요구하는 것은 현실적으로 불가능할 뿐 아니라 헌법적으로 요청되지도 않는다. 개인에게 국가기관에 의하여 직접 물리적 강제력이 행사되는 것이 아니라 불리한 의무가 부과되는 경우에는, 당사자는 이를 거부하고 법치국가적 권리구제절차를 통하여 의무부과의 합헌성과 합법성을 물을 수 있는 가능성을 가지고 있다. 이에 대하여, 개인에게 직접적으로 물리적 강제력이 행사되는 경우에는, 신체의 자유를 제한함으로써 기본권침해의 정도가 중대하고 이러한 침해가 사후적으로 효과적으로 제거될 수도 없다. 따라서 이러한 경우에 한하여 기본권보장의 특수한 보호장치로서 영장주의를 두고 있는 것이다.

지문채취나 음주측정에 응하지 않을 자유는 일반적 행동자유권에 의하여 보호되는 것으로, 일반적 행동자유권의 제한에 대해서는 영장주의가 적용되지 않는다.4) 따라서 법률이 범죄피의자에게 지문채취나 음주측정에 응해야 할 의무를 부과하고 처벌 등을 통하여 의무의 이행을 강제하는 경우, 신체의 자유에 대한 제한에 해당하지 않기 때문에 법관의 영장을 필요로 하지 않는다.

---

1) 헌재 1997. 3. 27. 96헌바28 등(법원의 직권영장발부), 판례집 9-1, 313, 322-323, 헌법재판소는 위와 같은 이유로 "공판단계에서 법원이 직권에 의하여 구속영장을 발부할 수 있음을 규정한 구 형사소송법조항은 헌법 제12조 제3항에 위반되지 아니한다."고 판시하였다.
2) 영장주의는 이를 규정하는 헌법 제12조 제3항의 법문이나 그 생성사에 비추어 적법절차원리가 형사절차와 관련하여 구체화된 특수한 제도로서 형사절차에 국한된다. 형사절차 외의 행정상 징계절차에서 신체의 자유를 박탈하는 경우(가령, 군인사법상 징계처분으로서 영창처분)에는 영장주 대신에 '공정한 절차에 관한 법치국가적 요청'(영미법상 적법절차원리)이 적용된다. 2020년 군인사법의 개정으로 폐지된 '영창제도'에 대하여 사전영장주의가 적용되는지 여부를 둘러싼 논의에 관하여 헌재 2016. 3. 31. 2013헌바190; 헌재 2020. 9. 24. 2017헌바157 참조.
3) 同旨, 헌재 2008. 1. 10. 2007헌마1468(이명박 후보 특검법), 판례집 20-1상, 1, 5.
4) 헌재 2004. 9. 23. 2002헌가17(범죄피의자에 대한 지문채취 거부), 판례집 16-2상, 379, [범죄의 피의자로 입건된 사람들에게 경찰공무원이나 검사의 신문을 받으면서 자신의 신원을 밝히지 않고 지문채취에 불응하는 경우 형사처벌을 통하여 지문채취를 강제하는 경범죄처벌법규정이 영장주의의 원칙에 위반되는지 여부에 관하여] "이 사건 법률조항은 수사기관이 직접 물리적 강제력을 행사하여 피의자에게 강제로 지문을 찍도록 하는 것을 허용하는 규정이 아니며 형벌에 의한 불이익을 부과함으로써 심리적·간접적으로 지문채취를 강요하고 있으므로 피의자가 본인의 판단에 따라 수용여부를 결정한다는 점에서 궁극적으로 당사자의 자발적 협조가 필수적임을 전제로 하므로 물리력을 동원하여 강제로 이루어지는 경우와는 질적으로 차이가 있다. 따라서 이 사건 법률조항에 의한 지문채취의 강요는 영장주의에 의하여야 할 강제처분이라 할 수 없다. 또한 수사상 필요에 의하여 수사기관이 직접강제에 의하여 지문을 채취하려 하는 경우에는 반드시 법관이 발부한 영장에 의하여야 하므로 영장주의원칙은 여전히 유지되고 있다고 할 수 있다."; 헌재 1997. 3. 27. 96헌가11(음주측정 거부), 판례집 9-1, 245, 258, [주취 운전의 혐의자에 대한 주취 여부 측정에 응할 의무가 강제처분으로서 법관의 영장을 필요로 하는지에 관하여] "도로교통법 제41조 제2항에 의한 음주측정은 호흡측정기에 의한 측정의 성질상 강제될 수 있는 것이 아니며 또 실무상 숨을 호흡측정기에 한두 번 불어넣는 방식으로 행하여지는 것이므로 당사자의 자발적 협조가 필수적인 것이다. 따라서 당사자의 협력이 궁극적으로 불가피한 측정방법을 두고 강제처분이라고 할 수 없을 것이다. 이와 같이 음주측정을 두고 영장을 필요로 하는 강제처분이라 할 수 없는 이상 이 사건 법률조항은 헌법 제12조 제3항의 영장주의에 위배되지 아니한다."

나. 사전영장제도에 대한 예외

(1) 헌법상 예외규정

헌법 제12조 제3항 제2문은 "다만, 현행범인인 경우와 장기 3년 이상의 형에 해당하는 죄를 범하고 도피 또는 증거인멸의 염려가 있을 때에는 사후에 영장을 청구할 수 있다."고 하여 사전영장주의에 대한 예외를 인정하고 있다. 헌법 제12조 제3항의 제1문과 제2문의 관계에서 볼 때, 법관의 사전적 결정이 원칙이고 이에 대하여 사후적 결정은 예외여야 한다. 현행범인인 경우와 긴급체포의 경우("장기 3년 이상의 형에 해당하는 죄를 범하고 도피 또는 증거인멸의 염려가 있을 때")는 법관의 사전영장 없이 범인을 체포하더라도 기본권의 침해가 문제될 여지가 없는 명백한 경우에 해당하거나, 법관의 사전영장을 기다리다가는 국가형벌권의 행사가 불가능하거나 심히 곤란하게 될 것이 분명한 경우이기 때문에, 헌법이 스스로 예외를 인정하고 있다.

또한, 헌법 제77조 제3항은 "비상계엄이 선포된 때에는 … 영장제도 … 에 관하여 특별한 조치를 할 수 있다."고 하여 사전영장주의에 대한 예외를 허용하고 있는데, 이는 국가적 위기상황의 극복을 위하여 불가피한 상태라는 점에서 예외가 인정된다.

한편, 입법자는 사전영장주의에 대한 예외를 인정하는 입법을 임의로 할 수 없고, 헌법이 스스로 인정하는 예외의 경우에 국한해야 한다. 헌법은 소위 '法官留保原則'을 헌법적 원칙으로 규정함으로써, 신체의 자유의 침해에 관한 절차적 영역에서 입법자의 임의적 형성권을 배제하고 있다.

(2) 행정상 즉시강제

행정상 즉시강제의 경우에도 영장주의가 적용되는지의 문제가 제기된다. 사전영장주의는 형사절차는 물론이고 행정절차에서도 존중되어야 한다. 다만, 사전영장주의를 고수하다가는 도저히 행정목적을 달성할 수 없는 경우에는 형사절차에서와 같은 예외가 인정된다고 할 것이다. 행정상 즉시강제는 행정강제의 일종으로서, 목전의 급박한 행정상 장해를 제거할 필요가 있는 상황에서 미리 의무를 명할 시간적 여유가 없거나 또는 의무를 명하는 경우에는 목적달성이 곤란한 때에 직접 국민의 신체 또는 재산에 실력을 가하여 행정상 필요한 상태를 실현하는 행정작용이므로, 그 본질상 급박성을 요건으로 하고 있어 원칙적으로 사전영장주의가 적용되지 않는다.[1]

4. 辯護人의 助力을 받을 권리(제4항)

사례 7 헌재 1992. 1. 28. 91헌마111(변호인접견 방해 사건)

甲은 국가보안법 위반 등 피의사건으로 국가안전기획부에 의하여 구속되어 수감되어 있던 중 국가안

---

1) 헌재 2002. 10. 31. 2000헌가12(불법게임물의 강제수거), 판례집 14-2, 345, 359, [등급분류를 받지 아니한 게임물의 수거·폐기와 관련하여] "영장주의가 행정상 즉시강제에도 적용되는지에 관하여는 논란이 있으나, 행정상 즉시강제는 상대방의 임의이행을 기다릴 시간적 여유가 없을 때 하명 없이 바로 실력을 행사하는 것으로서, 그 본질상 급박성을 요건으로 하고 있어 법관의 영장을 기다려서는 그 목적을 달성할 수 없다고 할 것이므로, 원칙적으로 영장주의가 적용되지 않는다고 보아야 할 것이다. 만일 어떤 법률조항이 영장주의를 배제할 만한 합리적인 이유가 없을 정도로 급박성이 인정되지 아니함에도 행정상 즉시강제를 인정하고 있다면, 이러한 법률조항은 이미 그 자체로 과잉금지의 원칙에 위반되는 것으로서 위헌이라고 할 것이다. 이 사건 법률조항은 앞에서 본바와 같이 급박한 상황에 대처하기 위한 것으로서 그 불가피성과 정당성이 충분히 인정되는 경우이므로, 이 사건 법률조항이 영장 없는 수거를 인정한다고 하더라도 이를 두고 헌법상 영장주의에 위배되는 것으로는 볼 수 없다."

전기획부 면회실에서 그의 처 및 변호인과 접견을 하게 되었다. 그 때 국가안전기획부 수사관이 접견에 참여하여 그들의 대화내용을 듣고 또 이를 기록하기도 하므로, 변호인이 이에 항의하여 변호인과 피의자의 접견은 비밀이 보장되어야 하니 甲과 변호인이 따로 만날 수 있도록 해 줄 것과 대화내용의 기록을 하지 말 것을 요구하였으나, 수사관들은 변호인의 요구를 거절하였다. 구 행형법은 미결수용자와 변호인의 접견에 교도관이 참여하도록 규정하고 있었다. 이에 甲은 국가안전기획부 수사관들의 위와 같은 행위는 변호인의 조력을 받을 권리를 침해한 것이라고 주장하면서 헌법소원심판을 청구하였다.[1]

사례 2 헌재 1997. 11. 27. 94헌마60(변호인의 수사기록열람 사건)

甲은 국가보안법위반죄로 구속기소 되었는데, 변호인이 甲을 위한 변론을 준비하기 위하여 서울지방검찰청에 경찰 및 검찰에서의 청구인의 자술서 및 피의자신문조서, 참고인들의 진술조서 등이 포함된 서울지방검찰청의 수사기록 일체를 열람·등사하겠다는 신청을 하였으나, 서울지방검찰청은 거부사유를 일체 밝히지 아니한 채 이를 거부하였다. 이에 甲은, 변호인의 열람·등사를 거부한 서울지방검찰청의 행위는 변호인의 조력을 받을 권리 및 신속하고 공정한 재판을 받을 권리 등 헌법상 보장된 청구인의 기본권을 침해한다고 주장하면서 헌법소원심판을 청구하였다.[2]

사례 3 헌재 2004. 9. 23. 2000헌마138(불구속피의자신문 시 변호인참여거부 사건)

甲은 국회의원 총선거를 앞두고 결성된 시민단체 간부인데, 위 시민단체는 정당들에 대하여 공천을 반대하는 후보자 명단을 공개하였다. 검사는 甲의 이러한 행위에 범죄혐의가 있다면서 甲을 소환하였다. 甲은 자신이 피의자로서 조사받을 때 변호인의 참여를 허용해 줄 것을 검사에게 요청하였으나, 검사는 이를 거부하였다. 이에 甲은 위 거부행위가 변호사의 조력을 받을 권리 등을 침해하였다고 주장하면서 헌법소원심판을 청구하였다.[3]

---

1) 헌법재판소는 이 사건에서 변호인과의 자유로운 접견은 신체구속을 당한 사람에게 보장된 변호인의 조력을 받을 권리의 가장 중요한 내용이기 때문에 어떠한 명분으로도 제한될 수 없다고 하여 국가기관이 청구인의 변호인 접견에 참여하는 것은 위헌임을 확인하고, 나아가 이러한 위헌적인 공권력행위가 위헌법률에 기인한 것임을 인정하여 헌법재판소법 제75조 제5항에 의하여 미결수용자의 변호인접견에 교도관을 참여하도록 한 행형법규정(근거법률조항)에 대해서도 위헌결정을 하였다. 위헌적인 공권력행사가 위헌법률에 기인한 것이라 인정하여 당해 법률조항에 대하여 위헌선언을 한 또 다른 사례로는 헌재 1995. 7. 21. 92헌마144(미결수용자의 서신검열), 판례집 7-2, 94, 95, "구 행형법 제62조는 형이 확정된 수형자에 대하여 서신검열을 규정한 같은 법 제18조 제3항 및 시행령 제62조를 미결수용자에 대하여도 준용하도록 규정하고 있고, 피청구인의 위 검열행위도 위 규정에 따른 것이므로, 위 검열행위가 위헌임을 확인함에 있어서, 구 행형법 제62조의 규정 중 앞서 본 변호인과의 서신검열이 허용되는 조건을 갖추지 아니한 경우에도 검열을 할 수 있도록 준용하는 부분에 대하여는 헌법재판소법 제75조 제5항에 따라 위헌을 선언한다."

2) 헌법재판소는 7인 재판관의 다수의견으로, 변호인의 조력을 받을 권리는 변호인과의 자유로운 접견교통권뿐만 아니라 변호인을 통한 피고인의 소송기록열람권을 포함하기 때문에 변호인의 기록열람에 대한 지나친 제한은 변호인의 조력을 받을 권리를 침해한다고 하여, 검사가 변호인의 수사기록의 열람·등사신청에 대하여 국가기밀의 누설이나 증거인멸 등 정당한 사유를 밝히지 아니한 채 거부한 것은 피고인의 공정한 재판을 받을 권리와 변호인의 조력을 받을 권리를 침해한 것으로 위헌이라고 결정하였다. 한편, 헌법재판소는 알권리를 근거로 정보공개청구권을 인정하였던 '형사소송기록의 복사신청거부사건'(헌재 1991. 5. 13. 90헌마133)과는 달리, 위 결정에서는 제한된 기본권이 알권리가 아니라 변호인의 조력을 받을 권리와 공정한 재판을 받을 권리임을 밝히고 있다. 또한, 유사한 결정으로 헌재 2003. 3. 27. 2000헌마474(수사기록 비공개결정).

3) 헌법재판소는 이 사건에서 6인 재판관의 다수의견으로 '불구속 피의자나 피고인의 경우'에도 변호인의 조력을 받을 권리가 인정된다는 것을 확인한 다음, 변호인의 조력을 받을 권리의 내용 중에서 '변호인과 상담하고 조언을 구할

가. 형사절차에서 변호인의 조력을 받을 권리의 헌법적 근거

(1) 헌법 제12조 제4항의 변호인의 조력을 받을 권리

헌법은 제12조 제4항에서 "누구든지 체포 또는 구속을 당한 때에는 즉시 변호인의 조력을 받을 권리를 가진다. 다만, 형사피고인이 스스로 변호인을 구할 수 없을 때에는 법률이 정하는 바에 의하여 국가가 변호인을 붙인다."고 규정하고, 제12조 제5항 제1문에서 "누구든지 체포 또는 구속의 이유와 변호인의 조력을 받을 권리가 있음을 고지받지 아니하고는 체포 또는 구속을 당하지 아니한다."고 하여 '변호인의 조력을 받을 권리'를 헌법상 기본권으로서 명시적으로 언급하고 있다. 헌법 제12조 제4항의 변호인의 조력을 받을 권리는 '형사절차'에 국한되는 것으로 이해해야 한다.[1]

그러나 헌법 제12조 제4항은 그 법문이나 규정된 위치에 비추어 볼 때 '형사절차에서' 변호인의 조력을 받을 권리를 포괄적으로 보장하는 일반규정이 아니라, '체포·구속과 같이 신체의 자유를 제한당한 경우에 대하여' 변호인의 조력을 받을 권리를 기본권으로 보장하는 규정이다. 즉, 헌법 제12조 제4항은 형사절차에서 변호인의 조력을 받을 권리가 구속여부를 불문하고 국민의 기본권으로 포괄적으로 보장된다는 것을 전제로 하여, 신체구속을 당한 사람에 대하여 변호인의 조력을 받을 권리의 중요성을 강조하고 있는 특별조항인 것이다. 따라서 피의자·피고인의 구속여부와 관계없이 '형사절차에서 변호인의 조력을 받을 포괄적인 권리'는 다른 헌법규범에 그 근거를 두고 있다.[2]

(2) 재판청구권과 공정한 절차의 이념

(가) 공정한 재판과 절차에 대한 법치국가적 요청

헌법 제27조의 재판청구권이 국민에게 효과적인 권리보호를 제공하기 위해서는 법원에 의한 재판이 공정해야 한다는 것은 당연하므로, '재판을 받을 권리'는 바로 '공정한 재판을 받을 권리'를 의미한다. 또한, 공정한 절차의 요청은 법치국가적 절차의 기본원칙에 속하는 것으로서 그 헌법적 근거를 법치국가원리에 두고 있다. 공정한 절차는 피의자·피고인을 형사절차의 단순한 객체로 삼는 것을 금지할 뿐만 아니라, 피의자·피고인이 자신을 방어하기 위하여 형사절차의 진행과정과 결과에

권리'는 입법형성이 필요한 다른 권리의 필수적 전제조건으로서 입법자에 의한 구체적인 형성 없이도 변호인의 조력을 받을 권리로부터 막바로 도출된다고 판시하였다. 이로써 다수의견은, 형사소송법상 특별한 명문의 규정이 없더라도 불구속 피의자가 피의자 신문 시 변호인의 참여를 요구한다면 위법한 조력의 우려 등 특별한 사정이 없는 한 수사기관은 피의자의 요구를 거절할 수 없다고 하여, 아무런 이유 없이 변호인의 참여하에 피의자신문을 받을 수 있도록 해 달라는 청구인의 요구를 거부한 행위는 변호인의 조력을 받을 권리를 침해한다는 이유로 위헌결정을 하였다. 이에 대하여 반대의견은 변호인의 참여요구권은 입법자의 구체적 형성 없이는 개별사건에 직접 적용될 수 없는 절차적 또는 청구권적 기본권이라는 점을 지적하였다.

1) 한편, 헌법재판소는 헌법 제12조 제4항 본문에 규정된 변호인의 조력을 받을 권리는 형사절차에서 피의자 또는 피고인의 방어권을 보장하기 위한 것으로서 출입국관리법상 보호 또는 강제퇴거의 절차에도 적용된다고 보기 어렵다고 판시한 바 있으나(헌재 2012. 8. 23. 2008헌마430), 헌재 2018. 5. 31. 2014헌마346 결정에서는 "헌법 제12조 제4항 본문에 규정된 변호인의 조력을 받을 권리는 행정절차에서 구속을 당한 사람에게도 즉시 보장된다."고 판례를 변경하였다. 행정절차나 행정소송, 헌법재판 등에서 변호인의 조력을 받을 권리는 헌법 제12조 제4항 본문이 아니라 공정한 재판을 보장하는 헌법 제27조의 재판청구권에 그 헌법적 근거를 두고 이로부터 도출될 수 있으므로, 무리한 헌법해석을 통하여 헌법 제12조 제4항 본문의 보장내용을 형사절차를 넘어서 행정절차나 행정소송 등에까지 확대해야 할 필요가 없다.

2) 헌재 2004. 9. 23. 2000헌마138(불구속피의자신문 시 변호인참여거부), 판례집 16-2상, 543, 544, "우리 헌법은 변호인의 조력을 받을 권리가 불구속 피의자·피고인 모두에게 포괄적으로 인정되는지 여부에 관하여 명시적으로 규율하고 있지는 않지만, 불구속 피의자의 경우에도 변호인의 조력을 받을 권리는 우리 헌법에 나타난 법치국가원리, 적법절차원칙에서 인정되는 당연한 내용이고, 헌법 제12조 제4항도 이를 전제로 특히 신체구속을 당한 사람에 대하여 변호인의 조력을 받을 권리의 중요성을 강조하기 위하여 별도로 명시하고 있다."

적극적으로 영향을 미칠 수 있도록 그에 필요한 절차적 권리의 최소한이 보장될 것을 요청한다.

(나) 공정한 절차를 실현하기 위한 조건으로서 변호인의 조력

그런데 공정한 재판과 절차가 실현되기 위해서는 무엇보다도 수사·공소기관과 피의자간의 절차법상의 '무기 대등 및 절차적 지위의 대등'이 이루어져야 한다. 현행 형사법 체계를 보면, '무기 대등의 원칙'을 실현하기 위하여 법적으로 대등한 관계를 형성하여 형사피의자·피고인으로 하여금 절차의 주체로서 자신의 권리를 적극적으로 행사하게 함으로써 국가권력의 형벌권행사에 대하여 적절하게 방어할 수 있는 기회를 보장하고 있다. 그러나 피의자·피고인은 일반적으로 법률적 소양이 부족하고 더구나 구금상태에 있는 경우 심리적 압박감이나 공포감으로 인하여 자신을 스스로 방어하는데 한계가 있는 등 거대한 국가권력에 단독으로 맞선 상황에서는 현저히 열등한 위치에 놓이게 된다. 그러므로 피의자·피고인이 법률전문가의 조력을 받게 함으로써 '무기 대등의 원칙'을 실질적으로 실현하고, 이로써 공정한 재판을 받을 권리를 구현하고자 하는 것이 바로 '변호인의 조력을 받을 권리'이다.

즉, 변호인의 조력을 받을 권리를 통하여 어느 정도 피의자·피고인과 국가권력 사이의 실질적 대등이 이루어지고, 이로써 공정한 재판과 절차가 실현될 수 있는 것이다. 요컨대, 공정한 절차의 이념은 법치국가적 절차의 불가결한 요소로서 법치국가원리의 구체화된 요청에 해당하는 것이며, 변호인의 조력을 받을 권리는 다시금 공정한 형사절차를 실현하기 위한 구체적 요청인 것이다.

(3) 형사절차에서 변호인의 조력을 받을 권리의 헌법적 근거

헌법은 '형사절차에서' 변호인의 조력을 받을 권리를 포괄적으로 보장하는 조항을 두고 있지 않지만, 이러한 권리는 '체포·구속당한 자의 변호인의 조력을 받을 권리'를 개인의 기본권으로서 명시적으로 언급하는 헌법 제12조 제4항과 헌법 제27조의 '공정한 재판을 받을 권리', 법치국가원리의 본질적 요소인 '공정한 절차의 이념'과의 연관관계에서 파생되는 기본권이다.

나. 법적 성격과 보장내용

(1) 실체적 기본권의 보장과 관철을 위한 절차적 기본권

변호인의 조력을 받을 권리란 국가권력의 일방적인 형벌권행사에 대항하여 자신에게 부여된 헌법상·소송법상의 권리를 효율적이고 독립적으로 행사하기 위하여 변호인의 도움을 얻을 피의자·피고인의 권리를 의미한다.

변호인의 조력을 받을 권리는 재판청구권과 마찬가지로 실체적 기본권의 보장과 관철을 위한 절차적 기본권으로서 공정한 재판과 절차를 실현하기 위한 헌법적 요청이다. 이로써 변호인의 조력을 받을 권리는 입법자에게 공정한 절차를 실현하기 위하여 변호인의 조력에 관하여 절차적으로 형성해야 할 의무를 부과한다. 따라서 변호인의 조력을 받을 권리는 입법자에 의한 구체적인 형성을 필요로 하며, 구체적으로 형성된 소송법의 범위 내에서 보장된다.

(2) 입법형성권의 헌법적 한계로서 '效果的인 辯護의 要請'

변호인의 조력을 받을 권리가 헌법상의 기본권으로서 보장된다는 것은 형사절차의 '모든 단계에서' '모든 형태로' 자유롭게 변호인의 조력을 받을 권리가 보장된다는 것을 의미하는 것은 아니다. 변호인의 조력을 받을 권리나 재판청구권과 같은 절차적·청구권적 기본권의 경우, 실체적 자유권의 경우와는 달리 '효과적인 권리보호'나 '효과적인 변호'를 위하여 필요한 절차가 마련되어야 한다는 점에서 입법자의 광범위한 형성권이 인정된다. 이러한 의미에서 '변호인의 조력을 받을 권리'는 단지

'효과적인 변호를 위한 절차적 형성을 요구할 권리'를 의미한다.

입법자는 형사절차를 구체적으로 형성함에 있어서 한편으로는 '변호인의 조력을 통한 공정한 형사절차의 실현'이라는 법익과 다른 한편으로는 '효과적인 형사소추'의 법익을 함께 고려하여, 형사절차에서 변호인의 조력이 어떠한 방법으로 어느 정도로 요청되는지를 규율하게 된다. 예컨대, 입법자는 변호인의 조력을 받을 수 있는 가능성에 있어서 수사절차와 공판절차를 구분하여 수사단계에서는 효과적인 형사소추의 관점에서 '변호인을 통한 피의자의 기록열람권'을 제한할 수도 있으며, 수사단계에서 변호인의 참여권과 관련하여 수사기관에 의한 피의자신문이나 증인신문의 경우 변호인의 참여를 허용할 것인지에 관하여 규율할 수 있다.

물론, 입법자의 형성권은 무제한적인 것이 아니라 헌법 제12조 제4항, 제27조 제1항 등에 내재하는 헌법적 결정, 즉 '효과적인 변호의 요청'에 의하여 제한된다.[1] 즉, 입법자는 절차법을 형성함에 있어서 효과적인 변호가 가능하도록, 궁극적으로 이를 통하여 공정한 절차가 실현될 수 있도록 규율해야 할 의무가 있다. 그 결과, '변호인의 조력을 받을 권리'는 단지 형식적으로 변호인을 선임할 권리의 보장을 넘어서, 효과적인 변호를 보장하기 위하여 필요한 절차적 요건을 형성할 것을 요청한다. 이로써 '효과직인 변호'의 요청은, 입법자가 형사절차를 구체적으로 형성함에 있어서 고려해야 할 중요한 기준이자 동시에 입법형성권의 한계를 의미한다.

또한, 변호인의 조력을 받을 권리는 법적용기관에게는 법의 해석과 적용에 있어서 해석의 지침으로서 작용한다. 따라서 법적용기관은 변호인의 조력을 제한하는 조치를 취함에 있어서 이러한 조치를 정당화하는 법익(실체적 진실발견을 통한 국가형벌권의 행사, 국가기밀의 유지, 타인의 명예나 사생활의 비밀, 타인의 안전 등)뿐만 아니라 동시에 변호인의 조력이 피의자·피고인에 대하여 가지는 의미와 중요성(변호인의 조력을 받을 권리)도 함께 고려하여 양 법익의 조화점을 찾고자 시도해야 한다.[2]

(3) 구체적인 보장내용

한편, '변호인의 조력을 받을 권리가 구체적으로 어떠한 내용을 포함하는지'의 문제는 형사절차에서 변호인의 역할과 기능의 관점에 의하여 판단된다. 형사절차에서 변호인의 역할은 피의자가 수사·공소기관과 대립하는 당사자의 지위에서 스스로 방어하는 것을 지원하고 피의자에게 유리하게 형사절차에 영향력을 행사하는 조력자로서의 기능, 피의자의 권리가 준수되는지를 감시·통제하는 기능을 포괄한다.

변호인이 피의자에게 소송과 관련된 중요한 정보를 얻어주고 피의자에게 유리한 사실을 주장함으로써 이러한 방법으로 실체적 진실의 발견에 기여하는 역할을 이행하기 위해서는, 피의자가 변호

---

[1] 헌재 1992. 1. 28. 91헌마111(변호인접견 방해), 판례집 4, 51, "헌법 제12조 제4항이 보장하고 있는 신체구속을 당한 사람의 변호인의 조력을 받을 권리는 무죄추정을 받고 있는 피의자·피고인에 대하여 신체구속의 상황에서 생기는 여러 가지 폐해를 제거하고 구속이 그 목적의 한도를 초과하여 이용되거나 작용하지 않게끔 보장하기 위한 것으로 여기의 변호인의 조력은 변호인의 충분한 조력을 의미한다."

[2] 헌재 1997. 11. 27. 94헌마60(변호사의 수사기록열람), 판례집 9-2, 675, 676, [검사보관의 수사기록에 대한 열람·등사권의 제한 및 다른 기본권과의 조화에 관하여] "수사기록에 대한 열람·등사권이 헌법상 피고인에게 보장된 신속·공정한 재판을 받을 권리와 변호인의 조력을 받을 권리 등에 의하여 보호되는 권리라 하더라도 무제한적인 것은 아니며, 또한 헌법상 보장된 다른 기본권과 사이에 조화를 이루어야 한다. 즉, 변호인의 수사기록에 대한 열람·등사권도 기본권제한의 일반적 법률유보조항인 국가안전보장·질서유지 또는 공공복리를 위하여 제한되는 경우가 있을 수 있으며, 검사가 보관중인 수사기록에 대한 열람·등사는 당해 사건의 성질과 상황, 열람·등사를 구하는 증거의 종류 및 내용 등 제반 사정을 감안하여 그 열람·등사가 피고인의 방어를 위하여 특히 중요하고 또 그로 인하여 국가기밀의 누설이나 증거인멸, 증인협박, 사생활침해, 관련사건 수사의 현저한 지장 등과 같은 폐해를 초래할 우려가 없는 때에 한하여 허용된다고 할 것이다."

인과 자유롭게 접촉하고 조언과 상담을 받을 수 있는 권리(접견교통권), 피의자를 위하여 수사기록을 포함한 소송관계서류를 열람·등사하고 이를 토대로 공격과 방어의 준비를 할 수 있는 권리(열람등사권), 형사절차의 결과가 확정되기 전에 진술을 통하여 결과에 영향을 미칠 수 있는 권리(진술권), 형사절차에 직접 참여할 수 있는 권리(참여권) 등을 가져야 한다. 이러한 권리들은 형사절차에서 변호인의 역할과 기능을 수행하기 위한 전제조건으로서 '변호인의 조력을 받을 권리'의 구체적인 내용이다.

(가) 접견교통권(接見交通權)

우선, 피의자의 조력자로서의 기능은 무엇보다도 피의자에 대한 조언과 상담을 통하여 이루어진다. 피의자를 위한 변호인의 활동이 충분히 보장되기 위해서는, 효과적인 변호의 필수적 전제조건으로서 피의자가 변호인과 자유롭게 접촉하고 조언과 상담을 받을 수 있는 가능성이 보장되어야 한다. 이러한 의미에서 피의자의 '변호인과의 접견교통권'은 변호인의 조력을 받을 권리의 가장 핵심적인 내용으로서 변호 및 방어의 준비를 위하여 불가결한 권리이다. 피의자의 접견교통권이란, 피의자가 변호인과의 대화내용 등 교통내용의 비밀이 보장된 상태에서 국가기관의 부당한 방해나 감시를 받지 아니하고 변호인과 자유롭게 접촉하고 조언과 상담을 받을 수 있는 권리를 말한다.[1]

접견교통권은 구속의 여부와 관계없이 보장되는 피의자의 기본권으로, 불구속 피의자에게도 보장된다. 피의자가 변호인의 조력을 받기 위해서는 변호인을 선임해야 하고, 변호인의 선임은 '변호인이 되려는 자'와의 접견교통을 사실상의 전제로 하므로, 피의자의 '변호인과의 접견교통권'은 '변호인이 되려는 자'와의 접견교통권을 포함한다.[2] 접견교통권은 변호인과 '구두로 또는 서면으로' 교통할 피의자의 권리를 의미하므로, 접견의 경우뿐만 아니라 변호인과 피의자간의 서신이나 전기통신에 대해서도 마찬가지로 교통내용의 비밀에 대한 보호를 제공한다. 따라서 교도관이 미결수용자의 변호인접견에 참여하는 것이 허용되지 않음은 물론이고, 국가기관이 미결수용자와 변호인간의 서신을 검열하거나 불구속피의자와 변호인간의 전화통화를 감청하는 것도 허용되지 않는다.[3]

피의자의 접견교통권은 원칙적으로 제한될 수 없다. 헌법재판소도 접견교통권의 절대성을 강조하고 있다.[4] 그러나 변호인과의 접견교통권은 절대적으로 보장되는 것이 아니라 다른 법치국가적 법익

---

1) 헌재 1992. 1. 28. 91헌마111(변호인접견 방해), 판례집 4, 51, 52, "변호인의 조력을 받을 권리의 필수적 내용은 신체구속을 당한 사람과 변호인과의 접견교통권이며 이러한 접견교통권의 충분한 보장은 구속된 자와 변호인의 대화내용에 대하여 비밀이 완전히 보장되고 어떠한 제한·영향·압력 또는 부당한 간섭 없이 자유롭게 대화할 수 있는 접견을 통하여서만 가능하고 이러한 자유로운 접견은 구속된 자와 변호인의 접견에 교도관이나 수사관 등 관계공무원의 참여가 없어야 가능하다."

2) 헌재 2019. 2. 28. 2015헌마1204, 판례집 31-1, 141, 153, "아직 변호인을 선임하지 않은 피의자 등의 변호인 조력을 받을 권리는 변호인 선임을 통하여 구체화되는데, 피의자 등의 변호인선임권은 변호인의 조력을 받을 권리의 출발점이자 가장 기초적인 구성부분으로서 법률로써도 제한할 수 없는 권리이다(헌재 2004. 9. 23. 2000헌마138 참조). 따라서 변호인 선임을 위하여 피의자 등이 가지는 '변호인이 되려는 자'와의 접견교통권 역시 헌법상 기본권으로 보호되어야 한다."

3) 헌재 1995. 7. 21. 92헌마144(미결수용자의 서신검열), 판례집 7-2, 94, 95, "헌법 제12조 제4항 본문은 신체구속을 당한 사람에 대하여 변호인의 조력을 받을 권리를 규정하고 있는바, 이를 위하여서는 신체구속을 당한 사람에게 변호인과 사이의 충분한 접견교통을 허용함은 물론 교통내용에 대하여 비밀이 보장되고 부당한 간섭이 없어야 하는 것이며, 이러한 취지는 접견의 경우뿐만 아니라 변호인과 미결수용자 사이의 서신에도 적용되어 그 비밀이 보장되어야 할 것이다."

4) 헌재 1992. 1. 28. 91헌마111(변호인접견 방해), 판례집 4, 51, 52, [변호인과의 접견교통권과 헌법 제37조 제2항과의 관계에 관하여] "변호인과의 자유로운 접견은 신체구속을 당한 사람에게 보장된 변호인의 조력을 받을 권리의 가장 중요한 내용이어서 국가안전보장, 질서유지, 공공복리 등 어떠한 명분으로도 제한될 수 있는 성질의 것이 아니다."

과의 비교형량을 통하여 보호되는 것이며, 다만 지극히 예외적인 경우를 제외한다면 피의자의 접견교통권이 일반적으로 다른 공익에 대하여 우위를 차지한다는 점에서, 접견교통권은 원칙적으로 제한될 수 없다고 보는 것이 보다 타당하다.[1] 한편, 변호인과의 자유로운 접견교통 자체는 원칙적으로 제한될 수 없으나, 접견이 허용되는 빈도와 시간, 장소, 방법 등은 수용시설의 질서유지나 원활한 기능의 관점에서 제한이 가능하다.[2]

(나) 소송서류 열람등사권(閱覽謄寫權)

소송서류 열람등사권은 접견교통권과 함께 변호인의 조력을 받을 권리의 또 다른 핵심적 내용에 속한다.[3] 열람등사권이란, 피의자가 변호인을 통하여 소송서류를 열람·등사할 수 있는 권리를 말한다. 열람등사권은 피의자의 방어와 변호를 위하여 불가결한 권리이지만, 피의자는 열람등사권을 직접 행사할 수는 없고, 대신 변호인이 피의자를 위하여 행사하게 된다.[4] 변호인은 소송서류의 열람과 등사를 통하여 국가기관이 수집한 각종 증거에 관한 정보를 획득함으로써 수사기관과 어느 정도 무기의 대등을 이루어 피의자를 위한 방어 전략을 마련할 수 있고, 이로써 궁극적으로 공정한 재판의 실현에 기여할 수 있다. 이러한 점에서, 열람등사권은 '변호인의 조력을 받을 권리'뿐 아니라 '공정한 재판을 받을 권리'로부터도 도출된다.[5] 한편, 아직 수사가 종결되지 아니한 경우 수사기록의 열람이 효과적인 수사를 저해할 구체적인 위험이 존재한다면, 변호인을 통한 피의자의 열람등사권이 제한될 수 있다.

(다) 변호인의 형사소송법적 권리의 헌법적 의미

형사절차에서의 변호인의 기능과 역할을 제대로 이행할 수 있는 가능성이 변호인에게 보장된 경우에만 변호인의 조력은 효과적일 수 있으므로, 변호인의 기능을 수행하기 위한 전제조건인 변호인의 접견교통권·열람등사권·진술권·참여권은 '변호인의 조력을 받을 권리'의 구체적인 내용이자

---

1) Vgl. BVerfGE 49, 24ff., 연방헌법재판소는 제3자의 생명 및 신체의 안전이 우려되는 경우 구속피의자인 테러범이 변호인을 포함한 외부와 접견하는 것을 제한한 소위 접견금지법(§ 31ff. EG GVG, Kontaktsperregesetz)에 대하여 합헌으로 판단하였다. 또한, 독일 형사소송법 제148조 제2항 제2문도 테러단체의 조직과 가입에 관한 범죄에 관해서는 피의자와 변호인간의 서신왕래에 대하여 검열을 허용하고 있는데, 이 조항의 합헌성여부는 아직 연방헌법재판소에 의하여 판단된 바 없으나 연방헌법재판소의 종래의 판시내용에 비추어 합헌으로 간주된다.

2) 헌재 2011. 5. 26. 2009헌마341(미결수용자 변호인 접견불허), 판례집 23-1하, 201; 헌재 2009. 10. 29. 2007헌마992(구속피고인 변호인 접견불허), 판례집 21-2하, 288, "구속피고인 변호인 면접·교섭권은 독자적으로 존재하는 것이 아니라 국가형벌권의 적절한 행사와 피고인의 인권보호라는 형사소송절차의 전체적인 체계 안에서 의미를 갖고 있는 것이다. 따라서 구속피고인의 변호인 면접·교섭권은 최대한 보장되어야 하지만, 형사소송절차의 위와 같은 목적을 구현하기 위하여 제한될 수 있다. 다만 이 경우에도 그 제한은 엄격한 비례의 원칙에 따라야 하고, 시간·장소·방법 등 일반적 기준에 따라 중립적이어야 한다."

3) 헌재 1997. 11. 27. 94헌마60(변호사의 수사기록열람), 판례집 9-2, 675, 676, "변호인의 조력을 받을 권리는 변호인과의 자유로운 접견교통권에 그치지 아니하고 더 나아가 변호인을 통하여 수사서류를 포함한 소송관계 서류를 열람·등사하고 이에 대한 검토결과를 토대로 공격과 방어의 준비를 할 수 있는 권리도 포함된다고 보아야 할 것이므로 변호인의 수사기록 열람·등사에 대한 지나친 제한은 결국 피고인에게 보장된 변호인의 조력을 받을 권리를 침해하는 것이다."; 헌재 2010. 6. 24. 2009헌마257, 판례집 22-1하 621, 622, "변호인의 수사서류 열람·등사권은 피고인의 신속·공정한 재판을 받을 권리 및 변호인의 조력을 받을 권리라는 헌법상 기본권의 중요한 내용이자 구성요소이며 이를 실현하는 구체적인 수단이 된다."

4) 피의자에게 직접 기록열람을 허용하지 않는 것은, 피의자에 의한 파괴와 손상으로부터 기록을 보호하고 소송기록의 내용 중에는 피의자가 인식해서는 안 되는 정보가 담겨있을 수 있다는 사고에 기인하는 것이다.

5) 헌재 1997. 11. 27. 94헌마60(변호사의 수사기록열람), 판례집 9-2, 675, 676, "검사가 보관하는 수사기록에 대한 변호인의 열람·등사는 실질적 당사자대등을 확보하고, 신속·공정한 재판을 실현하기 위하여 필요불가결한 것이며, 그에 대한 지나친 제한은 피고인의 신속·공정한 재판을 받을 권리를 침해하는 것이다."

구성요소이며, 변호인의 조력을 받을 권리를 실현하는 구체적 수단이다. 따라서 입법자는 형사소송법의 형성에 있어서 이러한 법적 수단을 통하여 변호인의 조력을 받을 권리를 구체화하고 실현하게 된다.

(4) 입법형성 없이 직접 도출되는 권리로서 '변호인과 상담하고 조언을 구할 권리'?

헌법재판소는 근래에 선고된 결정에서 '변호인의 조력을 받을 권리'의 내용을 '변호인선임권'·'변호인과 상담하고 조언을 구할 권리'와 그 외의 권리로 구분하여, 후자의 경우에는 입법자에 의한 구체적인 입법형성이 필요하지만, 전자의 경우에는 별도의 사전적 입법형성 없이 '변호인의 조력을 받을 권리'로부터 곧바로 도출된다고 판시한 바 있다.[1] 그러나 헌법재판소의 이러한 판시내용의 타당성에 대하여 헌법이론적인 관점과 권력분립원리의 관점에서 근본적인 의문이 제기된다.

(가) 자유권으로서 변호인선임권

변호인선임권은 변호인의 조력을 받을 권리의 출발점이고 사실적 전제이기는 하지만, 변호인의 조력을 받을 권리의 구체적 내용에 해당하는 것은 아니다. 변호인선임권은 국가의 방해나 간섭을 받지 않고 자유롭게 자신의 결정에 따라 변호인을 선임할 권리로서 그 자체로서 국가의 조력이나 사전적 입법행위를 필요로 하지 않는다는 점에서, 자유권적 성격을 가지고 있다.

(나) '변호인과 상담하고 조언을 구할 권리'의 법적 성격

1) 자유권적 기본권

'변호인과 상담하고 조언을 구할 권리'는 국가의 수사·재판절차와 무관하게 이루어지는 경우에는 위의 '변호인선임권'과 마찬가지로 국가의 간섭이나 방해를 받지 않고 자유롭게 상담과 조언을 구할 권리로서 자유권적 성격을 띠게 된다. '변호인과 상담하고 조언을 구할 권리'를 이와 같이 자유권적 의미로 이해한다면, 이러한 권리는 입법자에 의한 별도의 입법형성행위 없이 그 자체로서 방어권적 기능을 하게 된다. '변호인과 상담하고 조언을 구할 권리'가 헌법으로부터 직접 도출된다면, 이러한 내용은 필연적으로 국가의 간섭과 방해를 배제하는 자유권적 성격의 것이다.

2) 절차적 기본권

그러나 변호인의 상담과 조언을 구할 권리가 국가의 수사·재판절차 내에서 이루어지는 경우에는 입법자에 의한 구체적인 형성을 필요로 한다. 즉, 변호인의 조력이 국가절차의 범주 내에서 이루어지는 한, 변호인의 조력을 받을 권리는 입법자에 의한 구체적인 형성을 필요로 하며, 구체적으로 형성된 소송법의 범위 내에서 보장된다. 변호인의 조력을 받을 권리란, 형사절차의 형성에 있어서 변호인의 효과적인 조력을 받을 수 있는 절차의 보장을 의미한다. 따라서 국가절차 내에서 변호인의 기능과 역할이 문제되는 한, 입법자는 헌법상 기본권인 '변호인의 조력을 받을 권리'의 가치결정을 존중하여 국가절차 내에서 변호인의 지위와 역할을 함께 규율해야 한다. 따라서 수사기관의 피의자신문 시 변호인의 참여와 관련하여 문제되는 변호인의 조력을 받을 권리는 본질적으로 절차적 기본권의 성격을 가지는 것으로, 입법자에 의한 매개없이 헌법상 기본권으로부터 직접 도출될 수 없는

---

1) 헌재 2004. 9. 23. 2000헌마138(불구속피의자신문 시 변호인참여거부), 판례집 16-2상, 543, 544, [불구속피의자의 '변호인의 조력을 받을 권리'의 헌법적 근거 및 별도의 입법형성 없이 직접 도출되는 범위에 관하여] "피의자·피고인의 구속 여부를 불문하고 조언과 상담을 통하여 이루어지는 변호인의 조력자로서의 역할은 변호인선임권과 마찬가지로 변호인의 조력을 받을 권리의 내용 중 가장 핵심적인 것이고, 변호인과 상담하고 조언을 구할 권리는 변호인의 조력을 받을 권리의 내용 중 구체적인 입법형성이 필요한 다른 절차적 권리의 필수적인 전제요건으로서 변호인의 조력을 받을 권리 그 자체에서 막바로 도출되는 것이다."

성격의 것이다.

(다) 헌법재판소결정의 문제점[1]

헌법재판소결정의 문제점은, 피의자의 변호인참여요구권을 입법자의 입법 없이도 국가기관을 구속하는 직접적인 효력을 가지는 구체적 권리로 이해하고 있다는 것에 있다.[2] 그러나 피의자의 변호인참여요구권은 절차적 기본권인 '변호인의 조력을 받을 권리'의 한 내용으로서 구체적인 입법이 없이는 직접 적용될 수 없는 성질의 권리이다. 피의자가 변호인참여요구권을 행사하기 위해서는 사전에 그 구체적인 내용과 범위를 확정하는 입법자의 법률을 필요로 한다.

따라서 헌법재판소는, 변호인참여요구권이 직접적인 효력을 가지는 구체적인 권리로서 수사기관에 의한 피의자 신문 시 변호인의 참여를 보장하는 것으로 파악함으로써 검사의 거부행위가 변호인의 조력을 받을 권리에 위반되는지의 여부를 직접 판단해서는 안 되고, 입법자가 변호인의 조력을 받을 권리를 구체적으로 형성한 형사소송법규정, 즉 변호사참여거부행위의 근거규범의 위헌여부를 일차적으로 판단해야 한다.[3] 즉, 헌법재판소는 입법자가 입법형성권을 제대로 행사하였는지의 관점에서, 다시 말하자면 수사절차에서의 변호인의 참여가 공정한 재판을 보장하기 위하여 불가결한 최소한의 수준에 해당하는지의 관점에서, 수사단계에서 변호인의 참여를 규율하는 형사소송법규정의 위헌여부를 판단해야 하는 것이다. 헌법재판소가 근거규범의 위헌여부를 판단한 결과, 그 근거규범이 위헌이라면 위헌적인 규범에 근거한 검사의 행위도 위헌인 것이며, 반면에 근거규범이 합헌이라면 검사의 행위가 근거규범에 부합하는지, 특히 재량규정의 경우 재량을 제대로 행사하였는지의 여부를 판단해야 할 것이다.

따라서 위 사건에서, 헌법재판소는 변호인의 참여를 명시적으로 배제하지는 않지만 변호인의 참여여부를 수사기관의 자의적인 판단에 맡기고 있는 형사소송법규정이 변호인의 조력을 받을 권리의 정신과 부합하는 것인지를 일차적으로 판단했어야 하고, 이 과정에서 수사기관의 피의자신문절차에서 변호인참여권이 수사기관에 의하여 자의적으로 배제되는 경우에는 효과적인 변호인의 조력이 보장될 수 없고, 이로써 공정한 형사절차가 실현될 수 없다는 것을 밝혔어야 한다.[4]

---

1) 청구권을 구체적인 입법없이 직접 적용하는 것의 문제점에 관하여는 제3편 제4장 제7절 제4항 알 권리 V. 참조.
2) 헌재 2004. 9. 23. 2000헌마138(불구속피의자신문시 변호인참여거부), 판례집 16-2상, 543, 544, [불구속 피의자가 피의자신문을 받을 때 변호인의 참여를 요구할 권리가 있는지 여부에 관하여] "불구속 피의자나 피고인의 경우 형사소송법상 특별한 명문의 규정이 없더라도 스스로 선임한 변호인의 조력을 받기 위하여 변호인을 옆에 두고 조언과 상담을 구하는 것은 수사절차의 개시에서부터 재판절차의 종료에 이르기까지 언제나 가능하다. 따라서 불구속 피의자가 피의자신문시 변호인을 대동하여 신문과정에서 조언과 상담을 구하는 것은 신문과정에서 필요할 때마다 퇴거하여 변호인으로부터 조언과 상담을 구하는 번거로움을 피하기 위한 것으로서 불구속 피의자가 피의자신문장소를 이탈하여 변호인의 조언과 상담을 구하는 것과 본질적으로 아무런 차이가 없다. 형사소송법 제243조는 피의자 신문시 의무적으로 참여하여야 하는 자를 규정하고 있을 뿐 적극적으로 위 조항에서 규정한 자 이외의 자의 참여나 입회를 배제하고 있는 것은 아니다. 따라서 불구속 피의자가 피의자 신문시 변호인의 조언과 상담을 원한다면, 위법한 조력의 우려가 있어 이를 제한하는 다른 규정이 있고 그가 이에 해당한다고 하지 않는 한 수사기관은 피의자의 위 요구를 거절할 수 없다."
3) 형사소송법 제243조(피의자신문과 참여자) "검사가 피의자를 신문함에는 검찰청수사관 또는 서기관이나 서기를 참여하게 하여야 하고 사법경찰관이 피의자를 신문함에는 사법경찰관리를 참여하게 하여야 한다."
4) 헌법재판소 결정의 이러한 문제점은 변호인 접견방해 사건(위 사례 1) 및 변호인의 수사기록열람 사건(위 사례 2)에서도 마찬가지로 드러나고 있다. 헌법재판소는 위 사건들에서 변호인접견을 방해하는 국가기관의 행위나 수사기록의 열람을 거부한 검사의 행위가 변호인의 조력을 받을 권리에 위반되는지의 여부만을 직접 판단해서는 안 되고, 입법자가 입법을 통하여 변호인의 조력을 받을 권리를 잘못 형성하였기 때문에 그 결과 법률을 집행하는 국가기관에 의하여 접견교통권이나 소송서류열람권이 침해되는 상황이 발생하고 있는지의 여부를 우선적으로 판단해야 한

다. 기본권의 主體

(1) 형사사건으로 수사 또는 재판을 받고 있는 피의자나 피고인

'체포・구속당한 자의 변호인의 조력을 받을 권리'를 개인의 기본권으로 보장하는 헌법 제12조 제4항 및 구속여부와 관계없이 형사절차에서 변호인의 조력을 받을 권리를 포괄적으로 보장하는 헌법 제27조의 재판청구권으로부터 파생하는 기본권인 '변호인의 조력을 받을 권리'는 '형사절차에서 피의자나 피고인'의 변호인의 조력을 받을 권리를 의미한다. '변호인의 조력을 받을 권리'가 형사절차에서 공정한 재판을 위한 전제조건으로서 보장된다는 점에서, 형사절차가 종료되어 교정시설에 수용 중인 수형자는 원칙적으로 '변호인의 조력을 받을 권리'의 주체가 될 수 없다.[1]

또한, 수형자나 미결수용자가[2] 형사사건의 변호인이 아닌 민사재판, 행정재판, 헌법재판 등에서 변호사와 접견하는 경우에는 헌법상 '변호인의 조력을 받을 권리'의 주체가 될 수 없다. 그러나 이러한 경우에도 수형자나 미결수용자는 소송당사자로서 국가기관 등과 어느 정도의 대등성을 확보하기 위하여 변호인의 조력을 필요로 하는 상황에 처하게 되는데, 여기서 '변호사의 도움을 받을 권리'의 헌법적 근거는 헌법 제12조 제4항이 아니라 공정한 재판을 보장하는 헌법 제27조의 재판청구권이다.[3] 형사재판을 비롯하여 모든 재판에서 '변호사의 도움을 받을 권리'는 공정한 재판을 받을 권리의 구성요소이자 이를 실현하기 위한 수단이다.[4] 따라서 가령, 수용자가 소송대리인인 변호사와의 접견을 원칙적으로 접촉차단시설이 설치된 장소에서 하도록 규정하는 경우[5] 또는 수형자와 소송대리인인 변호사의 접견을 일반 접견에 포함시켜 접견시간과 횟수를 제한하는 경우에는[6] 헌법 제12조 제4

다. 따라서 헌법재판소는 일차적으로, 위 행위들의 근거규범이 변호인의 조력을 받을 권리에 위반되는지의 관점에서 근거규범의 위헌여부를 판단한 다음, 근거규범이 위헌인 경우에는 위헌적인 규범에 근거한 국가기관의 행위가 위헌임을 확인해야 하고, 근거규범이 합헌적인 것으로 국가기관에 재량을 부여하고 있는 경우에는 국가기관이 변호인의 조력을 받을 권리를 고려하여 재량을 제대로 행사하였는지를 판단해야 한다. 그러나 헌법재판소는 위 사건들에서 국가기관 행위의 근거가 된 법률조항의 위헌여부를 우선적으로 판단해야 한다는 것을 완전히 간과하고, 단지 심판대상인 국가기관의 행위의 위헌여부만을 판단하는 오류를 범하고 있다.

1) 헌재 1998. 8. 27. 96헌마398(수형자의 서신검열), 판례집 10-2, 416, 430, "원래 변호인의 조력을 받을 권리는 형사절차에서 … 피고인이나 피의자의 인권을 보장하려는데 그 제도의 취지가 있는 점에 비추어 보면, 형사절차가 종료되어 교정시설에 수용중인 수형자는 원칙적으로 변호인의 조력을 받을 권리의 주체가 될 수 없다."

2) '수형자'란 징역형, 금고형 등의 선고를 받아 그 형이 확정되어 형의 집행으로서 교정시설에 수용되어 있는 자를 말하고, '미결수용자'란 형사피의자 또는 형사피고인으로서 체포되거나 구속영장의 집행을 받은 사람을 말하며, '수용자'란 수형자, 미결수용자 등 일정한 사유로 교정시설에 수용된 자를 말한다(형집행법 제2조).

3) 헌재 2004. 12. 16. 2002헌마478(금치수형자에 대한 운동금지 및 접견불허), 판례집 16-2하, 548, 564, "형의 집행 중에 있는 수형자에게 행형법 제18조에 의하여 변호인과의 접견교통권이 인정된다고 하더라도, … 이 사건에서 청구인에 대한 접견의 제한은 헌법 제12조의 변호인의 조력을 받을 권리에 대한 제한이 아니라 헌법 제27조의 재판청구권의 내용으로서 변호사의 도움을 받을 권리에 대한 제한으로 보아야 한다."

4) Vgl. BVerfGE 38, 105, 111; 65, 171, 174f.

5) 헌법재판소는 "형사절차가 종료되어 교정시설에 수용 중인 수형자나 미결수용자가 형사사건의 변호인이 아닌 민사재판, 행정재판, 헌법재판 등에서 변호사와 접견할 경우에는 원칙적으로 헌법상 변호인의 조력을 받을 권리의 주체가 될 수 없다. … 결국 이 사건 접견조항에 따라 접촉차단시설에서 수용자와 변호사가 접견하도록 하는 것은 재판청구권의 한 내용으로서 법률전문가인 변호사의 도움을 받을 권리에 대한 제한이라고 할 것이다."라고 확인한 다음(판례집 25-2상, 494, 503-504), "이 사건 접견조항에 따르면 수용자는 효율적인 재판준비를 하는 것이 곤란하게 되고, 특히 교정시설 내에서의 처우에 대하여 국가 등을 상대로 소송을 하는 경우에는 소송의 상대방에게 소송자료를 그대로 노출하게 되어 무기대등의 원칙이 훼손될 수 있다."는 이유로 수용자의 재판청구권을 침해한다고 판단하였다(헌재 2013. 8. 29. 2011헌마122).

6) 헌법재판소는 수형자와 소송대리인인 변호사의 접견을 일반 접견에 포함시켜 시간은 30분 이내로, 횟수는 월 4회로 제한하는 시행령조항에 대하여 "수형자의 재판청구권을 실효적으로 보장하기 위해서는 소송대리인인 변호사와의 접견 시간 및 횟수를 적절하게 보장하는 것이 필수적이다. 심판대상조항들은 법률전문가인 변호사와의 소송상

항의 '변호인의 조력을 받을 권리'가 아니라 헌법 제27조의 재판청구권이 제한된다.

(2) 국선변호인의 조력을 받을 권리

헌법은 제12조 제4항 단서에서 "다만, 형사피고인이 스스로 변호인을 구할 수 없을 때에는 법률이 정하는 바에 의하여 국가가 변호인을 붙인다."고 하여 국선변호인의 조력을 받을 권리를 규정하고 있다. 법치국가에서 변호인의 조력을 받을 권리를 단지 기본권으로 보장하는 것만으로는 충분하지 않은 경우가 있다. 법치국가적 관점에서 공정한 재판을 보장하기 위하여 변호인의 조력이 요청되지만, 피의자나 피고인이 경제적인 이유에서 변호인을 선임할 수 없거나 또는 사회적 무경험이나 변호인의 조력을 필요로 하지 않는다는 개인적 확신 등으로 인하여 변호인을 선임하지 않는 경우에는 국선변호인을 제공해야 할 국가의 의무가 발생할 수 있다. 국선변호인제도의 헌법적 의미는, 일차적으로, 변호인의 조력을 받지 않고서는 공정한 재판절차를 기대할 수 없는 경우 변호인의 조력을 제공함으로써 공정한 재판절차를 보장하고자 하는 것이고,[1] 나아가 사회국가적 관점에서 재력이 없는 사회적 · 경제적 약자도 형사절차에서 변호인의 조력을 받을 권리를 실질적으로 행사할 수 있도록 하고자 하는 것이다.

한편, 헌법은 문언상으로는 국선변호인의 조력을 받을 권리를 '형사피고인'에게만 인정하고 있다. 그러나 피의자의 경우에도 법치국가적 관점에서 공정한 재판을 보장하기 위하여 변호인의 조력이 요청되는 경우에는 국선변호인의 조력을 받도록 하는 것이 헌법이 규정하는 국선변호인제도의 취지에 보다 부합한다.[2]

(3) 변호인의 기본권으로서 '피의자 · 피고인을 조력할 변호인의 권리'?

변호인이 구속된 피의자의 의뢰를 받아 피의자에 관한 수사기록의 열람 · 등사를 신청하였으나 관할 수사기관이 이를 공개하지 않기로 결정한 경우, 변호인이 비공개결정에 대하여 자신의 '변호권'의 침해를 이유로 헌법소원심판을 청구할 수 있는지의 문제가 제기된다.[3]

변호인이 구속된 피의자에 관한 수사기록의 열람을 신청하는 경우, 피구속자는 변호인을 통하여 수사기록의 열람 · 등사를 신청함으로써 변호인의 조력을 받을 권리를 행사하는 것이다. 즉, 변호인은 자신을 위해서가 아니라 피구속자의 조력자로서 피구속자를 위하여 그의 '변호인의 조력을 받을 권리'를 행사하는 것이다. 변호인의 '피구속자를 조력할 권리'는 자신의 독자적인 기본권이 아니라 피

담의 특수성을 고려하지 않고 소송대리인인 변호사와의 접견을 그 성격이 전혀 다른 일반 접견에 포함시켜 접견시간 및 횟수를 제한함으로써 청구인의 재판청구권을 침해한다."고 판단하였다(헌재 2015. 11. 26. 2012헌마858).

1) 특히, 변호인만이 원칙적으로 소송기록을 열람할 수 있다는 점에서, 피의자는 특정한 상황에서는 효과적인 방어를 위하여 변호인의 조력에 의존하고 있다.

2) 한편, 헌재 2008. 9. 25. 2007헌마1126(피의자의 국선변호인), 판례집 20-2상, 628, "일반적으로 형사사건에 있어 변호인의 조력을 받을 권리는 피의자나 피고인을 불문하고 보장되나, 그 중 특히 국선변호인의 조력을 받을 권리는 피고인에게만 인정되는 것으로 해석함이 상당하다."

3) 이를 인정한 결정으로, 헌재 2003. 3. 27. 2000헌마474(피의자신문조서의 비공개결정), 판례집 15-1, 282, 288, "헌법 제12조 제4항은 … 변호인의 조력을 받을 권리를 헌법상의 기본권으로 격상하여 이를 특별히 보호하고 있거니와 변호인의 '조력을 받을' 피구속자의 권리는 피구속자를 '조력할' 변호인의 권리가 보장되지 않으면 유명무실하게 된다. 그러므로 피구속자를 조력할 변호인의 권리 중 그것이 보장되지 않으면 피구속자가 변호인으로부터 조력을 받는다는 것이 유명무실하게 되는 핵심적인 부분은, '조력을 받을 피구속자의 기본권'과 표리의 관계에 있기 때문에 이러한 핵심부분에 관한 변호인의 조력할 권리 역시 헌법상의 기본권으로서 보호되어야 한다." 나아가, 헌법재판소는 '변호인이 되려는 자'의 피의자 접견교통권을 헌법상 기본권으로 인정하고 있다(헌재 2019. 2. 28. 2015헌마1204, 판례집 31-1, 141, 142).

구속자의 권리를 기본권으로 인정한 결과 발생하는 간접적이고 부수적인 효과이다. 변호인의 권리는, 입법자가 '변호인의 조력을 받을 권리'라는 피의자·피고인의 절차적 기본권을 절차법을 통하여 구체적으로 형성한 결과로서 인정되는 법률상의 권리이다. 변호인의 조력을 받을 권리는 공정한 재판을 보장하기 위한 것이므로, 수사기록의 열람을 거부하는 등 국가공권력에 의하여 공정한 재판을 위한 전제조건이 저해되는 경우에는 변호인이 아니라 소송당사자가 공권력행위의 위헌성여부를 다투어야 한다. 따라서 조력자로서 변호인의 권리를 별도의 기본권으로서 인정할 필요가 있는지 의문이 든다.[1]

5. 拘束理由 등을 告知받을 권리 및 가족 등에 대한 通知 의무(제5항)

헌법 제12조 제5항은 "누구든지 체포 또는 구속의 이유와 변호인의 조력을 받을 권리가 있음을 고지 받지 아니하고는 체포 또는 구속을 당하지 아니한다. 체포 또는 구속을 당한 자의 가족 등 법률이 정하는 자에게는 그 이유와 일시·장소가 지체 없이 통지되어야 한다."고 하여 국가기관에게 체포·구속을 당한 형사피의자에 대한 고지의무와 가족 등에 대한 통지의무를 부과하고 있다.

구속이유 등의 고지제도는 소위 '미란다(Miranda) 원칙'으로 널리 알려진 미연방대법원의 헌법판례를 우리 헌법이 수용한 것이라고 볼 수 있다.[2] 국가의 고지의무는 헌법상 보장된 피의자의 기본권(진술거부권, 변호인의 조력을 받을 권리 등)을 실제로 행사하기 위한 전제조건이다. 피의자가 헌법상 보장된 권리를 실제로 행사하기 위해서는, 자신에게 어떠한 권리가 있는지를 알아야 한다. 체포나 구속을 당한 경우 구속이유나 변호인의 조력을 받을 권리가 있음을 알지 못한다면, 변명의 기회가 부여되지 아니하고 적절한 방어수단을 강구할 수 없다. 수사기관이 고지의무를 이행하지 아니하고 수집한 증거(가령, 피의자신문조서)에 대해서는 증거능력이 부인된다.

가족 등에 대한 통지의무는 일차적으로 체포·구속된 자가 흔적도 없이 사라지는 것을 방지하기 위한 것이고, 나아가 피의자 가족의 입장에서도 구속의 이유와 구속의 시기·장소 등에 관하여 알지 못한다면 그 불안감은 극도에 달할 것이므로, 통지의무를 통하여 피의자 가족의 불안감을 덜어주고자 하는 것이다. 가족 등에 대한 통지의무는 당사자의 신청에 의해서가 아니라 직무상 이행해야 하는 국가기관의 의무이자 동시에 피의자의 주관적 권리이다.[3] 통지받을 자의 선정은 법관이 재량권의 합법적 행사를 통하여 결정할 문제이므로, 피의자는 특정인에게 통지할 것을 요구할 권리는 없다. 물론, 법관이 피의자의 요구와 달리 결정해야 할 합리적인 이유가 없는 경우에는 피의자의 요구에 따라야 한다.

---

1) 같은 취지로, 헌재 1991. 7. 8. 89헌마181(변호인 자신의 접견교통권), 판례집 3, 356, 368, "헌법상의 변호인과의 접견교통권은 체포 또는 구속당한 피의자·피고인 자신에게만 한정되는 신체적 자유에 관한 기본권이고, 변호인 자신의 구속된 피의자·피고인과의 접견교통권은 헌법상의 권리라고는 말할 수 없으며 단지 형사소송법 제34조에 의하여 비로소 보장되는 권리임에 그친다."
2) 미란다원칙은, 사법경찰관이 피의자를 신문하기 전에 피의자가 헌법상 보장된 일련의 권리를 가지고 있다는 것, 즉 피의자가 묵비권을 가지고 있다는 것, 피의자의 진술이 그에게 불리한 증거로 사용될 수 있다는 것, 피의자가 변호인의 조력을 받을 수 있다는 것 등을 고지해야 한다는 요청이다. 미란다원칙을 준수하지 아니하고 피의자신문을 통하여 획득한 일체의 증거는 피고인에게 불리한 증거로 사용될 수 없다.
3) 통지를 받을 권리는 오로지 피의자의 권리이지 가족 등 법률이 정하는 자의 권리가 아니다, vgl. BVerfGE 16, 119, 122.

6. 逮捕·拘束適否審査 請求權(제6항)

사례 | 헌재 2004. 3. 25. 2002헌바104(전격기소된 피고인의 체포구속적부심사 청구 사건)

형사소송법은 피의자에 대하여는 구속적부심사제도를, 피고인에 대하여는 구속취소제도를 두고 있다. 甲은 법위반혐의로 구속영장에 의하여 구속된 다음, 구속적부심사를 청구하였으나, 검사는 같은 날 청구인에 대한 공소를 제기하였다. 피의자가 구속적부심사를 청구한 이후 검사의 전격기소가 이루어지면, 형사소송법 제93조에 의하여 피고인의 신분으로 다시 구속취소신청을 할 수는 있으나, 그 과정에서 상당한 시간이 소요될 수밖에 없다. 이에 甲은 구속적부심사청구적격을 피의자로 한정한 형사소송법 제214조의2 제1항이 헌법 제12조 제6항에 위반된다고 주장하면서 위헌제청신청을 하였다.

가. 의의 및 기능

헌법 제12조 제6항은 "누구든지 체포 또는 구속을 당한 때에는 적부의 심사를 법원에 청구할 권리를 가진다."고 하여 구속적부심사제도를 규정하고 있다. 구속적부심사제도는 원래 영미법계 국가의 인권보장제도인 인신보호영장제도에서 출발한 것으로서, 1679년에 제정된 영국의 인신보호법(Habeas Corpus Act)이 미국을 비롯하여 각국의 헌법에 계수되었고, 우리나라에서는 1948년의 건국헌법에서 헌법상 제도로서 채택되었다.

구속적부심사제도는 피구속자 또는 관계인의 청구가 있을 경우, 법관이 즉시 구속의 적부를 밝히도록 하고, 구속의 이유가 부당하거나 적법한 것이 아닐 때에는 법관이 직권으로 피구속자를 석방하는 제도를 말한다.[1] 즉, 검사가 수사단계에서 법관으로부터 발부받은 구속영장의 헌법적 정당성에 대하여 법원이 다시 심사하는 것이다. 이로써 헌법은 구속의 필요성 및 헌법적 정당성과 관련하여 법원에 의한 이중적인 보호를 제공하고 있다. 사전영장주의가 수사기관의 수사권남용으로 인한 불법 체포·구속으로부터 신체의 자유를 보호하려는 사전·예방적 제도라면, 구속적부심사제도는 사후구제적 제도로서 대표적인 것이다. 이미 법관에 의하여 발부된 구속영장에 대하여 영장을 발부한 법관이 아닌 다른 법관이 구속의 적부를 심사하기 때문에, 구속적부심사제도는 사전영장제도를 보완하는 기능을 한다.

나. 법적 성격 및 입법형성권의 한계

(1) 재판청구권의 헌법적 요청으로서 체포·구속적부심사청구권

헌법 제12조 제6항에 규정된 체포·구속적부심사청구권은 헌법 제27조의 재판청구권이 체포·구속의 적부심사와 관련하여 구체화된 형태로서 재판청구권의 일종이다. 헌법은 체포·구속적부심사청구권을 명시적으로 보장함으로써 재판청구권을 구체적으로 형성하는 입법자의 형성권을 제한하고, 체포·구속적부심사제도를 법률로써 형성하도록 입법자를 구속하고 있다.

헌법 제12조 제3항의 사전영장주의에 따라 법관이 수사기관의 행위를 사전적으로 통제한다는 것

---

1) 헌재 2004. 3. 25. 2002헌바104(전격기소된 피고인의 체포구속적부심사 청구), 판례집 16-1, 386, 387, "헌법 제12조 제6항의 본질적 내용은 당사자가 체포·구속된 원인관계 등에 대한 최종적인 사법적 판단절차와는 별도로 체포·구속자체에 대한 적부 여부를 법원에 심사 청구할 수 있는 절차를 헌법적 차원에서 보장하는 규정으로 봄이 상당하다."

만으로는 헌법상 재판청구권의 요청을 충족시키지 못한다. 법관이 수사기관의 신청에 의하여 구속영 장을 발부하는 경우, 구속된 자는 당사자의 지위를 가지고 법원의 절차에 영향력을 행사할 수 있는 가능성을 가지고 있지 않다. 그러므로 헌법 제12조 제6항은 법관에 의한 사전적 통제에도 불구하고, 체포·구속 자체의 적법성을 확인할 수 있는 법원의 사후적 절차를 요청하는 것이다. 따라서 체포· 구속적부심사청구권은 헌법에 명시적으로 규정되어 있는지의 여부에 관계없이 재판청구권으로부터 나오는 헌법적 요청이라고 할 수 있다.

(2) 입법형성권의 헌법적 한계로서 '효과적인 적부심사의 요청'

따라서 체포·구속적부심사청구권은 재판청구권과 마찬가지로 절차적 기본권으로서, 입법자에 의한 구체적인 형성을 필요로 한다.[1] 즉, 입법자가 체포·구속적부심사청구권의 구체적 내용을 법률 로써 형성해야만, 개인은 비로소 이를 실질적으로 행사할 수 있다. 입법자에게는 절차적 기본권을 구 체적으로 형성함에 있어서 광범위한 입법형성권이 인정된다. 그러나 입법자의 형성권이 무제한적인 것은 아니고, 입법자는 헌법 제12조 제6항에 내재하는 헌법적 결정, 즉 '효과적인 적부심사의 요청' 에 의하여 제한을 받는다. 따라서 체포·구속적부심사청구권은 입법자에 대하여 효과적인 적부심사 를 위한 절차적 형성을 요구할 권리를 의미한다.[2] 따라서 입법자는 체포·구속적부심사제도를 형성 함에 있어서 효과적인 적부심사가 가능하도록 규율해야 할 의무가 있다.[3] 이러한 효과적인 적부심사 에는 적어도 최소한 1번의 효과적인 적부심사를 받을 권리가 포함된다.

7. 自白의 證據能力制限 원칙(제7항)

헌법은 제12조 제7항에서 "피고인의 자백이 고문·폭행·협박·구속의 부당한 장기화 또는 기망 (欺罔) 기타의 방법에 의하여 자의로 진술된 것이 아니라고 인정될 때 또는 정식재판에 있어서 피고 인의 자백이 그에게 불리한 유일한 증거일 때에는 이를 유죄의 증거로 삼거나 이를 이유로 처벌할

---

1) 헌재 2004. 3. 25. 2002헌바104(전격기소된 피고인의 체포구속적부심사 청구), 판례집 16-1, 386, 387, "위 규정은 '체포·구속을 당한 때'라고 하는 매우 구체적인 상황에 관련하여 헌법적 차원에서 '적부의 심사를 법원에 청구할 권리'라는 구체적인 절차적 권리를 보장하고 있지만, 입법자의 형성적 법률이 존재하지 아니하는 경우 현실적으로 법원에서 당사자의 '체포·구속적부심사청구권'에 대하여 심리할 방법이 없기 때문에, 입법자가 법률로써 구체적인 내용을 형성하여야만 권리주체가 실질적으로 이를 행사할 수 있는 경우에 해당하는 것으로서, 이른바 헌법의 개별 규정에 의한 헌법위임(Verfassungsauftrag)이 존재한다고 볼 수 있다. 나아가 이러한 체포·구속적부심사청구권의 경우 헌법적 차원에서 독자적인 지위를 가지고 있기 때문에 입법자가 전반적인 법체계를 통하여 관련자에게 그 구 체적인 절차적 권리를 제대로 행사할 수 있는 기회를 최소한 1회 이상 제공하여야 할 의무가 있다고 보아야 한다."
2) 헌재 2004. 3. 25. 2002헌바104(전격기소된 피고인의 체포구속적부심사 청구), 판례집 16-1, 386, 388, [형사소송법 에 규정된 피의자에 대한 구속적부심사제도와 피고인에 대한 구속취소제도가 전반적으로 헌법 제12조 제6항의 요 구를 충족시키는지 여부에 관하여] "우리 형사소송법은 피의자에 대하여는 제214조의2에서 구속적부심사제도를, 피고인에 대하여는 제93조에서 구속취소제도를 두어 당해 구속의 근거인, 검사가 수사단계에서 판사로부터 발부 받은 구속영장의 헌법적 정당성에 대하여 법원이 다시 심사할 수 있도록 하면서, 만일 그 구속영장 자체에서 명백한 하자 등이 발견되는 경우 법원이 당사자를 즉시 석방할 수 있도록 규정하고 있기 때문에, 입법자는 헌법 제12조 제3 항 및 형사소송법 제201조의 적용영역에 관하여 그 입법형성의무 중 대부분을 일단 이행하였다고 보아야 한다."
3) 헌재 2004. 3. 25. 2002헌바104(전격기소된 피고인의 체포구속적부심사 청구), 판례집 16-1, 386, 388, "다만, 우리 형사소송법상 구속적부심사의 청구인적격을 피의자 등으로 한정하고 있어서 청구인이 구속적부심사청구권을 행사 한 다음 검사가 법원의 결정이 있기 전에 기소하는 경우(이른바 전격기소), 영장에 근거한 구속의 헌법적 정당성에 대하여 법원이 실질적인 판단을 하지 못하고 그 청구를 기각할 수밖에 없다. 그러나 … 기소이전단계에서 이미 행 사된 적부심사청구권의 당부에 대하여 법원으로부터 실질적인 심사를 받을 수 있는 청구인의 절차적 기회를 완전 히 박탈하여야 하는 합리적인 근거도 없기 때문에, 입법자는 그 한도 내에서 적부심사청구권의 본질적 내용을 제대 로 구현하지 아니하였다고 보아야 한다."

수 없다."고 하여 자백의 증거능력을 제한하고 있다.

가. 헌법적 의미와 기능

신체의 자유를 보호하기 위한 또 하나의 중요한 헌법상의 원리가 바로 자백의 증거능력의 제한이다. '자백'이란 자기의 범죄사실을 시인하는 것을 말한다. 헌법 제12조 제7항에서 불법적인 방법을 동원해서 받아낸 이른바 '任意性이 없는 자백'과 피고인의 자백이 그에게 불리한 유일한 증거로서 이를 뒷받침해주는 다른 보강증거가 없는 한, 자백을 유죄의 증거로 삼거나 이를 이유로 처벌할 수 없도록 규정하고 있는 것은, 자백을 받아 내기 위하여 신체의 자유에 대한 부당한 침해를 가하는 것을 방지하고자 하는 것이다. 헌법이 자백의 증거능력을 이와 같이 제한하는 것은, 수사기관이 '불법적인 방법으로 자백을 받아 봐야 소용이 없다'는 것을 명시적으로 선언함으로써 자백을 받기 위하여 불법적인 방법을 사용하는 유혹에 빠지는 것을 처음부터 차단하고자 하는 것이다. 즉, 헌법은 불법적인 방법에 의한 자백의 강제를 금지하기 위한 실효적 수단으로서 임의성이 없는 자백의 증거능력을 제한하고 있는 것이다.

이처럼 자백의 승거능력을 제한하지 않으면, 자백을 얻어내기 위하여 불리한 진술을 강요하고 고문 등을 자행할 위험이 있다. 따라서 처음부터 자백의 증거능력을 제한함으로써 피고인을 불리한 진술을 강요하는 고문 등으로부터 보호하고자 하는 것이다. 이러한 점에서, 자백의 증거능력의 제한은 헌법 제12조 제2항에 규정된 '고문을 받지 아니할 권리' 및 '불리한 진술거부권'과 긴밀한 내적인 연관관계에 있다. 자백의 강제를 금지하는 것은 자기부죄금지의 필연적 요청이다.

나. 자백의 證據能力과 證明力

임의성이 없는 자백(자의로 진술된 것이 아닌 자백)은 처음부터 증거능력을 갖지 못한다.[1] 자백의 임의성이란 증거수집과정에서 고문·폭행 등 위법성이 없는 것을 말한다.

자백의 임의성은 인정되지만 자백이 유일한 범죄의 증거일 때에는 그 증거능력은 인정하되 그 증명력을 약화시킴으로써 법관의 自由心證主義를 제한하고 있다. 즉, 법관이 충분한 유죄의 심증을 가지더라도 그 자백이 유일한 증거일 때에는 범죄사실을 인정할 수 없게 하여 법관의 자유심증주의를 제한하고 있는 것이다. 따라서 이러한 경우에는, 임의성 있는 자백이 보강증거에 의하여 뒷받침될 때에만 그 증명력을 인정해서 이를 유죄의 증거로 삼도록 하고 있다.

---

1) 證據能力은 증명의 자료로서 사용될 수 있는 자격으로서 형식적으로 법정되어 있기 때문에 법관의 자유판단이 허용되지 않으나, 證明力에 관한 한 법관의 자유심증주의가 적용된다.

제 3 절 居住·移轉의 自由

I. 역사적 생성배경과 헌법적 의미

1. 체류장소와 거주지에 관한 자기결정권의 의미

헌법은 제14조에서 "모든 국민은 거주·이전의 자유를 가진다."고 하여 거주·이전의 자유를 보장하고 있다. 거주·이전의 자유는 자신의 생활장소를 스스로 선택하고 결정하는 권리이자, 다른 기본권을 효과적으로 행사하기 위한 조건이다.[1] 생활장소의 선택은 동시에 다른 기본권의 행사가 이루어지는 장소의 선택을 의미한다. 개인은 주거, 가족, 직업, 재산 등을 아무런 장소가 아니라, 스스로 선택한 장소에서 가지고자 하는 것이다. 사인의 창의에 의존하는 경제체제와 현대산업사회는 고도의 이동성에 의존하고 있으며, 개인의 이동가능성은 단지 거주·이전의 자유가 최대한으로 보장되는 경우에만 생각할 수 있다. 또한, 정치적·문화적 관점에서 다원적인 사회는 지속적으로 발전하고 사회통합을 이루기 위하여 개인의 거주·이전의 자유를 필요로 한다.

2. 거주·이전의 자유의 역사적 출발점

역사적으로 거주·이전의 자유는 신앙의 자유와 밀접한 관계에 있다. 거주·이전의 자유는 유럽에서 군소국가가 난립하고 신앙이 분열된 상황에서 군주의 신앙을 따르지 않는 신민들에게 출국(이민)의 자유를 보장하는 것으로부터 출발하였다. 군주가 국교를 정할 수 있다는 것을 전제로 국가에 의하여 강요된 국교로부터 벗어날 수 있는 가능성을 보장하고자 하는 기본권이 바로 거주·이전의 자유였다. 1555년 아우구스부르크의 宗敎 和議에서 군주의 신앙을 따르고자 하지 않는 신민을 위하여 移住의 權利가 인정되었다.

3. 國家思想史에서 거주·이전의 자유

국가사상사의 관점에서도 移民의 自由는 거주·이전의 자유의 가장 중요한 측면에 속한다. '개인은 자신의 자유로운 결정에 근거해서만 국가권력의 지배를 받을 수 있다'는 사고가 사회계약(지배계약)의 사상으로부터 파생되었다. 이러한 사상에 의하면, 누구나 자신이 속한 정치체제를 더 이상 인정할 수 없다면, 개인의 자유로운 결정에 의하여 이러한 국가를 떠날 수 있는 자유, 국가권력을 벗어날 수 있는 자유를 가져야 한다는 것이다. 오늘날 자유민주국가가 국민들에게 出國의 自由를 부여한다면, 이는 헌법사적으로 '국가공권력이 인간을 마치 소유물처럼 지배하고 착취의 대상으로 취급하는 정치질서'에 대한 명시적인 부정을 의미한다.

이러한 의미에서, 거주·이전의 자유의 보장여부는 국가의 성격을 결정짓는 본질적인 요소이다. 국가에 의하여 모든 것이 조정되고 계획되는 정치체제에서 거주·이전의 자유는 필연적으로 제한될

---

1) 헌재 2004. 10. 28. 2003헌가18(추징금 미납자에 대한 출국금지), 판례집 16-2하, 86, "거주·이전의 자유는 국가의 간섭 없이 자유롭게 거주와 체류지를 정할 수 있는 자유로서 정치·경제·사회·문화 등 모든 생활영역에서 개성 신장을 촉진함으로써 헌법상 보장되고 있는 다른 기본권들의 실효성을 증대시켜주는 기능을 한다."

수밖에 없다. 거주·이전의 자유는 자유민주국가의 특징적 요소이다. 개인의 정치적 자기결정권의 근본적인 요소로서 '개인이 부정하는 정치체제로부터 결별할 자유'가 국가에 의하여 존중되는지를 판단하는 가장 기본적인 척도가 바로 해외이주의 자유이다. 출국과 해외이주의 자유를 인정하지 않았던 사회주의국가에서 조국을 떠날 수 있는 자유를 거부당한 사람들에게 거주·이전의 자유는 특별한 의미를 가진다.

4. 거주·이전의 자유가 위협받는 상황

자유민주국가에서 거주·이전의 자유는 주로 중대한 변혁의 시기에 위협을 받는다. 특히 전쟁 직후 난민을 수용하는 문제를 극복해야 하는 상황에서 거주·이전의 자유는 특별한 의미를 가진다. 그러나 자유민주국가에서 거주·이전의 자유는 정상적인 정치적 상황에서는 거의 현실적인 의미를 가지지 못한다.[1] 헌법재판소의 판례에서 거주·이전의 자유가 거의 아무런 역할을 하지 못하였다면, 이는 바로 이러한 이유에 기인하는 것이다. 거주·이전의 자유에 대한 제한은 주로 추방, 피난, 소개 (疏開) 등을 특징으로 하는 전쟁의 결과로서 발생하는 피난민이나 망명자의 문제 및 주거의 부족으로 인하여 발생하는 주거공간의 강제적 관리의 문제와 관련하여 이루어지기 때문에, 거주·이전의 자유는 세계적으로 소위 '40·50년대의 기본권'으로서 전후의 혼란상황을 극복한 오늘의 정상적 상황에서는 큰 의미를 가지지 못한다.

우리의 경우, 남·북한의 통일로 인하여 북한지역으로부터 다수의 북한주민이 동시에 남한지역으로 이주함으로써 주거공간의 부족과 기간시설의 과도한 부담 등 국내의 위험상황을 초래할 수 있다. 이러한 현실에 직면하여 입법자는 잠정적이나마 거주·이전의 자유를 제한하는 문제를 고려할 수 있을 것이고, 이로써 거주·이전의 자유의 헌법정책적 의미가 비로소 새롭게 인식될 것이다. 한편, 장래에 있어서 장기적으로는 국가 내에서 지역의 균형발전으로 인하여 지역간에 거의 동일한 생활조건이 확보됨으로써 일정 지역으로의 과도한 이주현상이 근본적으로 방지되는 경우에만, 거주·이전의 자유는 국가에 의한 규제로부터 위협을 받지 않을 것이다.[2]

II. 보호범위

거주·이전의 자유는 대한민국 영토 내의 모든 장소에 임의로 체류하고 거주하는 자유, 이러한 목적을 위하여 대한민국으로 입국하는 자유(귀국의 자유) 및 해외여행과 해외이주를 위하여 출국할 수 있는 자유를 보호한다.[3]

---

1) 독일의 경우, 제2차 세계대전 직후 나치정권의 붕괴와 함께 난민을 수용하는 과제를 해결하는 과정에서 거주·이전의 자유가 문제되었고, 거주·이전의 자유에 관한 연방헌법재판소의 기본결정도 이 시기에 나온 것이었다. 역사적으로 보면, 거주·이전의 자유는 50년대의 기본권이었으며, 그 이후에는 국가에 의한 침해의 대상도 되지 않았고, 이에 따라 사법기관의 판결의 대상도 되지 않았다.

2) 헌재 1996. 3. 28. 94헌바42(대도시내 법인의 부동산등기에 대한 중과세) 참조.

3) 헌재 2004. 10. 28. 2003헌가18(추징금 미납자에 대한 출국금지), 판례집 16-2하, 86, "구체적으로는 국내에서 체류지와 거주지를 자유롭게 정할 수 있는 자유영역뿐 아니라 나아가 국외에서 체류지와 거주지를 자유롭게 정할 수 있는 '해외여행 및 해외 이주의 자유'를 포함하고 덧붙여 대한민국의 국적을 이탈할 수 있는 '국적변경의 자유' 등도 그 내용에 포섭된다고 보아야 한다. 따라서 해외여행 및 해외이주의 자유는 필연적으로 외국에서 체류 또는 거

1. 체류와 거주의 자유

가. 내 용

거주·이전의 자유란, 국내 어느 곳에서나 체류하고 거주할 수 있는 자유, 즉 국가의 간섭이나 방해를 받지 않고 체류장소와 거주지를 임의로 선택할 수 있는 자유를 말한다. 여기서 '거주'란, 한 장소에 잠시 머무르려는 의사가 아니라 한 장소를 생활의 중심지로 삼으려는 의사를 가지고 계속적으로 정주하는 것을 말하고, '체류'란 어떤 장소에 잠정적으로 머무는 것을 의미한다. 거주·이전의 자유는 당연히 거주지와 체류장소를 이전할 자유, 즉 거주지와 체류장소를 변경하기 위한 이동의 자유를 포함한다. 여기서 거주지와 체류장소를 선택하거나 변경하는 동기는 중요하지 않다. 뿐만 아니라, 소극적 자유로서 체류장소와 거주지를 변경하지 아니할 자유, 한 장소에 머물 수 있는 자유도 함께 보호된다. 선택한 체류장소와 거주지에서 머물 수 있는 자유가 함께 보장되지 않는다면, 체류장소와 거주지를 선택할 자유로서 거주·이전의 자유는 무의미할 것이다. 소극적인 거주·이전의 자유는 국가의 강제이주조치로부터 보호한다.

나. 다른 개별자유권의 보호범위와 경계설정의 문제

체류와 관련하여 거주·이전의 자유, 일반적 행동의 자유 및 신체의 자유의 보호범위의 경계를 설정하는 문제가 발생한다. 거주·이전의 자유는 임의의 장소를 방문하고 체류할 수 있는 자유를 보호하는 반면, 신체의 자유는 현재의 체류장소를 언제든지 떠날 수 있는 자유에 대한 직접적이고 강제적인 침해로부터 보호한다.

체류장소의 변경이 전반적인 상황을 고려하였을 때 거주·이전의 자유의 보호범위에 포함되지 않는다면, 일반적 행동의 자유는 여기서도 보충적인 기능을 담당한다. 거주·이전의 자유에 의하여 보호되는 체류는 어느 정도의 지속성과 의미를 필요로 한다. 즉, 체류는 그냥 지나가는 것 이상의 것이어야 한다. 이에 대하여, 어떤 장소를 잠시 방문할 자유나 어떤 장소에서 잠시 체류할 자유 등과 같은 일시적인 신체적 활동의 자유는 일반적 행동자유권에 의하여 보호된다.

2. 入國과 出國의 자유

가. 입국의 자유

대한민국 영역으로의 입국의 자유는 대한민국 영역 내에서의 거주·이전을 위한 전제로서 거주·이전의 자유에 의하여 보호된다. 대한민국 국민은 누구나 국가의 방해를 받지 않고 귀국할 수 있는 권리를 가진다. 국내에 입국할 수 있는 국민만이 비로소 국내에서 거주·이전의 자유를 행사할 수 있기 때문이다.

나. 출국의 자유

> **사례** | 헌재 2008. 6. 26. 2007헌마1366(해외 위난지역 방문 및 체류의 금지 사건)
>
> 甲은 한의사로서 아프가니스탄에서 의료봉사를 하다가 한국대사관으로부터 교민철수명령을 받고 일

주하기 위해서 대한민국을 떠날 수 있는 '출국의 자유'와 외국체류 또는 거주를 중단하고 다시 대한민국으로 돌아올 수 있는 '입국의 자유'를 포함한다."

시 귀국하였는데, 2007. 9.경 다시 아프가니스탄으로 출국하려 하였으나 여권법 제9조의2(여권의 사용제한 등)에 근거한 외교통상부장관의 '여권의 사용제한 등에 관한 고시'에 의하여 그 뜻을 이루지 못하였다. 뿌은, 자신이 봉사활동을 위하여 아프가니스탄으로 가려고 하였음에도 위 지역의 테러위험을 이유로 출국을 금지하는 것은 거주・이전의 자유, 종교의 자유 및 평등권을 침해하는 것이라고 주장하면서 헌법소원심판을 청구하였다.[1]

(1) 해외여행과 해외이주의 자유

한편, 출국의 자유도 거주・이전의 자유에 의하여 보호되는지의 문제가 제기된다. 학계의 일부 견해는 독일의 다수견해를 따라[2] 출국의 자유는 거주・이전의 자유가 아니라 일반적 행동의 자유에 의하여 보호된다고 주장하나, 이러한 견해는 거주・이전의 자유와 관련하여 독일기본법과 한국헌법의 구조 및 기본권조항의 법문이 근본적으로 다르다는 것을 간과하고 있다. 독일의 학설과 판례가 출국의 자유를 거주・이전의 자유의 보호범위로부터 배제하는 것은, 독일 기본법 제11조의 법문 및 다른 헌법규범과의 관계로부터 나오는 불가피한 해석의 결과이다.[3]

그러나 우리의 경우 거주・이전의 자유로부터 출국의 자유를 배제해야 할 아무런 합리적인 이유가 없다. 1948년의 세계인권선언은 제13조에서 "국가 내에서 자유롭게 이주할 권리 및 주거를 자유롭게 선택할 권리"와 "자신의 국가를 포함하여 모든 국가를 떠날 수 있는 권리 및 자신의 국가에 다시 돌아올 수 있는 권리"를 규정하고 있다는 점도 거주・이전의 자유에 출국의 자유가 포함된다는 것을 지지하고 있다. 따라서 출국의 자유도 거주・이전의 자유의 역사적 출발점으로서 거주・이전의 자유에 의하여 보호된다고 보는 것이 타당하다.

따라서 출국의 자유는 국가의 방해를 받지 않고 자유롭게 해외로 여행할 수 있는 자유인 '해외여행의 자유'와 국외에 영주나 장기적 해외거주의 목적으로 이주할 수 있는 자유로서 '해외이주의 자유'를 포함한다.

(2) 국적이탈의 자유

나아가, 출국의 자유는 국적이탈의 자유를 포함한다. 이로써 대한민국 국적을 가진 사람은 누구나 자신의 자유로운 결정에 근거하여 한국 국적을 포기하고 외국 국적을 가질 수 있는 자유를 가진다. 국적이탈의 자유는 출국의 자유와 해외이주의 자유를 보장한 것의 부수적 산물이다.[4]

---

1) 헌재 2008. 6. 26. 2007헌마1366(해외 위난지역 방문 및 체류의 금지), 판례집 20-1하, 472, 481, "거주・이전의 자유에는 국내에서의 거주・이전의 자유뿐 아니라 국외 이주의 자유, 해외여행의 자유 및 귀국의 자유가 포함되는바, 아프가니스탄 등 일정한 국가로의 이주, 해외여행 등을 제한하는 이 사건 고시로 인하여 청구인들의 거주・이전의 자유가 일부 제한된 점은 인정된다. 그러나 … 이 사건 고시가 과잉금지원칙에 위배하여 청구인들의 거주・이전의 자유를 침해하였다고 볼 수 없다."

2) Vgl. BVerfGE 6, 32, 34ff.(Elfes).

3) 독일 기본법 제11조 제1항은 "모든 독일인은 연방의 전체 영토 내에서 거주・이전의 자유를 누린다."고 하여, '영토 내에서'의 표현으로부터 출국의 자유를 도출할 수 없다는 해석을 가능하게 한다. 또한, 기본법 제11조 제2항의 기본권 제한에 관한 규정도 '국내에서의 이주의 자유'를 전제로 하고 있으며, 기본법 제73조 제3호가 '외국으로의 이민'이라고 하여 명시적으로 '거주・이전의 자유'와 별도로 언급하고 있다는 점도 이러한 해석을 뒷받침하고 있다.

4) 헌법재판소는 대한민국 남성인 복수국적자가 18세가 되는 해의 3월 31일이 지나면 병역의무를 해소하기 전에는 국적이탈을 할 수 없도록 규정하는 국적법조항에 대하여 종래 합헌으로 판단하였으나(헌재 2006. 11. 30. 2005헌마739; 헌재 2015. 11. 26. 2013헌마805 등), 그 후 판례를 변경하여 가혹한 경우에 대하여 어떠한 예외도 인정하지 않고 일률적으로 제한하는 것은 국적이탈의 자유를 지나치게 제한한다고 판단하였다(헌재 2020. 9. 24. 2016헌마

Ⅲ. 기본권의 주체 및 법적 성격

1. 기본권의 주체

거주·이전의 자유의 주체는 한국국적을 가진 모든 자연인과 國內私法人이다. 외국인은 거주·이전의 자유의 주체가 아니다(학계의 다수설).[1]

2. 법적 성격

거주·이전의 자유는 그 기능에 있어서 일차적으로 국가에 대한 개인의 防禦權이다. 또한, 헌법 제14조는 국가행위에 대하여 지침을 제공하는 客觀的 價値決定이다. 객관적 가치결정으로서의 기본권의 기능은 사법상의 관계에서 간접적인 대사인적 효력의 이론에 따라 사법상의 개괄조항을 해석함에 있어서 의미를 가질 수 있다. 예컨대, 이혼한 부부가 계약으로 일정 지역에서 주거지를 선택해서는 안 되는 일방의 의무를 합의하는 경우, 이와 같은 금지 조항의 무효 여부를 민법상의 공서양속조항을 근거로 판단함에 있어서 헌법 제14조의 가치결정이 해석의 지침으로서 고려된다.

Ⅳ. 제 한

1. 제한의 형태

거주·이전의 자유에 대한 제한은 일차적으로 일정 장소에서 체류나 거주 또는 출국 등을 명령하거나 금지하는 소위 고전적 의미의 제한형태(강제이주의무나 근무지 거주의무의 부과, 주거이전의 금지, 출국의 금지 등)로 이루어진다. 나아가, 법률조항이 거주·이전의 자유를 직접적으로 규율하고자 의도하지는 않지만, 거주·이전의 자유에 대하여 상당한 비중의 간접적 제한효과를 가지기 때문에 거주·이전의 자유를 규율하는 객관적 성격을 인정할 수 있는 경우(가령, 대도시 내 법인의 부동산등기에 대한 중과세)에는, 거주·이전의 자유에 대한 제한이 인정된다. 그러나 다른 기본권을 제한하는 국가행위에 의하여 거주·이전의 자유에 대한 불리한 효과가 간접적이고 부수적으로 발생하는 것으로는 충분하지 않다(가령, 피선거권의 자격으로서 90일 이상의 주민등록요건).

2. 제한이 인정되는 경우

사례 | 헌재 1996. 3. 28. 94헌바42(대도시 내 법인의 부동산등기에 대한 중과세 사건)

甲은 제품판매업을 목적으로 하여 설립된 법인으로서, 서울 소재 대지를 취득하여 근린생활시설을

---

889). 한편, '직계존속이 외국에서 영주할 목적 없이 체류한 상태에서(가령, 해외유학 등) 출생한 자'에 대하여 병역의무를 이행해야 국적이탈을 허용하는 국적법조항이나 복수국적자가 외국에 주소가 있는 경우에만 국적이탈을 허용하는 국적법조항은 국적이탈의 자유를 침해하지 않는다고 판단하였다(헌재 2023. 2. 23. 2019헌바462; 헌재 2023. 2. 23. 2020헌바603).

1) 헌재 2014. 6. 26. 2011헌마502, 공보 213, 72.

신축하고 그에 대한 소유권보존등기를 경료하였다. 이에 서울 관악구청장은 甲의 위 신축건물과 부속토지에 대하여 법인이 그 설립 이후에 대도시 내에서 하는 부동산등기에 대하여는 통상세율의 5배에 해당하는 등록세를 중과할 수 있도록 규정하고 있는 지방세법 규정에 따라 등록세를 부과하였다. 위 지방세법규정은 甲의 거주·이전의 자유를 제한하는가?

가. 고전적 의미의 제한

공무원에게 그에게 부과된 과제의 원활한 이행을 위하여 근무지에 거주지를 택해야 할 의무(근무지 거주의무)를 부과하는 것은 거주·이전의 자유에 대한 고전적 의미의 제한에 해당한다. 여권 없이는 출국이 불가능하고 여권의 발급은 사실상 출국의 허가에 해당한다는 점에서, 특정 요건 하에서는 여권의 발급을 금지할 수 있도록 규정하는 여권법조항은 해외여행의 자유(출국의 자유)를 제한한다. 또한, 국민을 보호하기 위하여 특정 국가의 방문과 체류를 금지하는 여권법규정도 출국의 자유를 제한하는 규정이다. 추징금을 미납한 국민에 대하여 출국을 금지할 수 있도록 규정한 출입국관리법규정도 출국의 자유를 제한한다.[1] 병역의무자의 출국을 제한하는 것도 출국의 자유에 대한 제한에 해당한다.

나. 간접적 제한

대도시의 인구집중을 방지할 목적으로 대도시 내에서의 부동산 등기에 대하여 중과세하는 세법규정도 거주·이전의 자유를 규율하는 객관적 성격을 인정할 수 있으므로, 거주·이전의 자유에 대한 제한에 해당한다.[2]

그러나 거주지의 선택이나 변경에 대하여 세금을 부과하는 경우, 이주를 이유로 해서가 아니라 단지 이주를 계기로 하여, 즉 이주를 방지하기 위해서가 아니라 다른 입법목적을 실현하기 위하여 단지 이주의 사실에 대하여 조세가 징수되거나 감면되는 것이라면, 이러한 조세의 부과나 감면은 거주·이전의 자유를 제한하지 않는다.[3]

3. 제한이 부정되는 경우

이에 대하여, 지방자치단체장의 피선거권자격요건으로서 90일 이상의 주민등록을 요구하는 공직선거법규정,[4] 거주지를 기준으로 중·고등학교의 입학을 제한하는 교육법시행령규정,[5] 농지소재지

1) 헌재 2004. 10. 28. 2003헌가18(추징금 미납자에 대한 출국금지), 판례집 16-2하, 86, 87.
2) 헌재 1996. 3. 28. 94헌바42(대도시 내 법인의 부동산등기에 대한 중과세), 판례집 8-1, 199, 200, [법인의 직업수행의 자유와 거주·이전의 자유를 침해하는지의 여부에 관하여(소극)].
3) 아래 헌재 2003. 11. 27. 2003헌바2(자경농지에 대한 양도소득세 면제) 참조.
4) 헌재 1996. 6. 26. 96헌마200(피선거권의 자격으로서 90일 이상의 주민등록요건), 판례집 8-1, 550, "그러한 조치에 의하여 직업의 자유 내지 공무담임권이 제한될 수는 있어도 거주·이전의 자유가 제한되었다고 볼 수는 없다. 그러므로 선거일 현재 계속하여 90일 이상 당해 지방자치단체의 관할구역 안에 주민등록이 되어 있을 것을 입후보의 요건으로 하는 이 사건 법률조항으로 인하여 청구인이 그 체류지와 거주지의 자유로운 결정과 선택에 사실상 제약을 받는다고 하더라도 청구인의 공무담임권에 대한 위와 같은 제한이 있는 것은 별론으로 하고 거주·이전의 자유가 침해되었다고 할 수는 없다."
5) 헌재 1995. 2. 23. 91헌마204(거주지를 기준으로 한 입학제한), 판례집 7-1, 267, 279, "이 사건 규정이 적용되는 학교에 자녀를 입학시키고자 하는 학부모는 생활상 발생할 수 있는 여러 가지 불이익을 감수하면서라도 당해 학교 소재지로 거주지를 이전하여야 한다. 그러나 학부모는 원하는 경우 언제든지 자유로이 거주지를 이전할 수 있으므로 그와 같은 생활상의 불이익만으로는 이 사건 규정이 거주·이전의 자유를 제한한다고는 할 수 없고, 설혹 이 사

에 거주하는 거주자에 한하여 자경농지의 양도에 대한 양도소득세를 면제해 주는 세법규정,[1] 일반인은 31세가 되면 입영의무가 면제되는데 반하여 해외체재자에 대해서는 36세가 되어야 병역의무가 면제되도록 규정하는 병역법규정[2] 등은 거주·이전의 자유를 제한하지 않는다. 위와 같은 규정들에 의하여 초래되는 거주·이전의 자유에 대한 불리한 효과는 다른 기본권을 제한함으로써 발생한 간접적이고 부수적인 효과이므로, 이러한 경우 거주·이전의 자유가 아니라 공무담임권, 교육을 받을 권리·부모의 교육권, 평등권 등 다른 기본권을 심사기준으로 하여 판단해야 한다.

또한, 전입·전출의 신고의무는 스스로 선택한 장소에서 생활을 형성할 권리를 제한하는 것이 아니라 이주가 실행된 사실에 비로소 결부되기 때문에, 거주·이전의 자유에 대한 제한이 아니다. 主居住地에서 선거권을 행사해야 한다는 원칙도 거주·이전의 자유에 대한 제한이 아니다. 또한, 노숙자에게 숙소의 사용의무를 부과하지 아니하고 숙소를 배정해 주는 국가의 조치는 거주·이전의 자유에 대한 제한을 의미하지 않는다.

제 4 절   職業의 自由[3]

I. 서 론

헌법은 제15조에서 "모든 국민은 직업선택의 자유를 가진다."고 하여 직업의 자유를 보장하고 있다. 직업의 자유와 관련해서는 다음과 같은 문제들이 제기된다.

1. 직업의 자유는 기본권의 체계 내에서 어떠한 의미를 가지고 있고, 어떠한 기능을 하는가? 특히 개인의 인격발현과 직업의 자유는 어떠한 관계에 있는가? 직업의 개념적 요소는 무엇인가? 사회적으로 유해한 직업활동은 직업의 자유에 의하여 처음부터 보호되지 않는가? 직업의 자유의 구체적인 보장내용은 무엇인가? 직업의 자유의 보장내용을 어떻게 분류할 수 있는가? 직업의 자유에 대한 제한이 허용되는 정도는 어떠한 관점에 의하여 결정되는가?

2. 3단계이론의 의미와 기능은 무엇인가? 3단계이론과 과잉금지원칙의 관계는 무엇인가? 3단계이론은 과잉금지원칙을 대체하는 독자적인 이론인가 아니면 과잉금지원칙을 보완하는 이론인가? 3단계

건 규정이 거주·이전의 자유를 다소 제한한다고 하더라도 … 청구인의 거주·이전의 자유를 침해하는 것이라고는 할 수 없다."

1) 헌재 2003. 11. 27. 2003헌바2(자경농지에 대한 양도소득세 면제), 판례집 15-2하, 281, 282, "위 규정은 자경농민이 농지소재지로부터 거주를 이전하는 것을 직접적으로 제한하는 내용의 규정이라고 볼 수 없고, 다만 8년 이상 농지를 자경한 농민이 농지소재지에 거주하는 경우 양도소득세를 면제함으로써 농지소재지 거주자가 농지에서 이탈되는 것이 억제될 것을 기대하는 범위 내에서 간접적으로 제한되는 측면이 있을 뿐이며, 따라서 양도세의 부담을 감수하기만 한다면 자유롭게 거주를 이전할 수 있는 것이므로 거주·이전의 자유를 형해화할 정도로 침해하는 것은 아니라 할 것이다."

2) 헌재 2004. 11. 25. 2004헌바15(해외체재자의 병역의무 면제), 판례집 16-2하, 373, "위 조항에 관계없이 청구인은 자유롭게 해외에 거주하거나 해외로 이전할 수 있는바, 거주·이전의 자유의 보호범위를 '거주·이전을 이유로 국방의 의무를 면할 수 있는 혜택의 시기가 다른 사람보다도 늦어지지 않을 것'까지 포함하는 것으로 볼 수 없으므로, 해외에 체재한 사실 때문에 입영의무 등 감면연령이 31세부터가 아닌 36세부터 적용된다고 해서 이를 거주·이전의 자유의 제한이라고 할 수 없다."

3) 직업의 자유에 관하여 한수웅, 직업의 자유와 3단계이론, 중앙법학, 2010. 10. 참조.

이론은 과잉금지원칙의 어떠한 단계에서 유용할 수 있는가? 3단계이론의 문제점이나 한계는 무엇인가? 3단계이론은 어느 정도로 유용한가? 나아가, 헌법재판소가 資格制度의 위헌여부를 심사함에 있어서 문제점은 무엇인가?

3. 대국가적 방어권으로서 직업의 자유의 주된 기능은 무엇인가? 방어권으로서 직업의 자유는 독립된 형태의 직업활동(자영업)이나 종속적 형태의 직업활동(고용직)에 대하여 동등한 의미를 가지고 있는가? 직업의 자유와 근로의 권리의 관계는 무엇인가?

Ⅱ. 직업의 자유의 의미와 내용

1. 헌법적 의미

직업의 자유는 직업을 개인의 생계기반과 자아실현의 근거로 삼을 권리를 보장한다. 직업은 일차적으로 생활의 기본적인 수요를 충족시키고 개인의 생계를 가능케 하는 경제적 소득활동의 기반이다. 직업은 소득활동을 통하여 개인에게 독자적인 생계유지를 가능하게 함으로써 다른 자유권을 행사하기 위한 물질적 기반을 보장한다.

그러나 직업은 개인의 생계기반이라는 경제적인 측면을 넘어서 개인의 인격발현과 정체성에 대하여 매우 중요한 의미를 가진다. 여기에 직업의 자유의 보다 중요한 헌법적 기능이 있다. 직업활동이 수반하는 정신적·육체적 노동은 자기실현의 가장 고귀한 표현이며, 개인은 직업활동을 통하여 인격을 발현하고 형성한다. 직업은 자신이 원하는 삶을 살기 위한 중요한 수단이자 인생에 있어서 매우 중요한 자아실현의 수단이다. '직업'과 '개인의 인격발현'의 밀접한 연관관계가 직업의 자유를 이해하는 출발점이다. 직업의 자유는 직업의 영역에서 개인의 자유로운 인격발현과 자기결정권을 보장하고자 하는 기본권이다.

2. 직업의 자유와 재산권보장의 관계

직업의 자유와 재산권보장은 개인의 경제적 자유, 즉 경제적 영역에서의 개인의 자기결정권을 보장하는 2개의 중요한 기본권이다. 직업의 자유는 재산권보장과 함께 개인이 자율적으로 형성할 수 있는 경제영역을 보장한다. 재산권의 보장은 재화의 사용과 처분에 관한 개인의 자율적인 결정을 가능하게 함으로써 경제과정의 분권화를 가져오고 사법질서(私法秩序)에 근거한 경제질서를 보장한다는 점에서 경제질서의 형성에 결정적인 영향을 미친다. 또한 직업의 자유도 개인의 자유로운 직업활동을 보장함으로써 경쟁질서에 입각한 경제질서를 형성한다는 점에서 경제질서의 형성에 있어서 매우 중요한 의미를 가진다.

사인의 경제활동에 대한 국가의 간섭이나 개인·기업의 경제활동을 일정 방향으로 유도하려는 국가의 경제조정적 조치에 의하여 가장 빈번하게 제한되는 기본권은 일반적으로 직업의 자유나 재산권의 보장이다. 공권력에 의한 기본권 제한이 주로 (경제)활동과 연관된 것인가 아니면 목적물 또는 대상과 연관된 것인가에 따라 직업의 자유나 재산권보장이 위헌심사기준으로서 적용되는데, 직업의 자유는 '소득활동 그 자체'를 보호하는데 반하여 재산권보장은 이미 취득한 것, '소득활동의 결과물'을 보호한다는 점에서, 재산권보장과 직업의 자유의 관계에 있어서 그 보호범위의 경계가 설정된다.

3. 직업의 자유의 보호범위

가. 직업의 개념

(1) 개념적 요소

직업의 자유와 같이 인간의 행위가능성을 보호하고자 하는 기본권의 경우, 보호범위는 '인간행위의 어떠한 형태'를 보호되는 법익으로 간주할 것인지의 관점에 의하여 결정된다. 이로써 '직업의 개념'은 직업의 자유의 핵심적인 문제이다. 직업의 자유를 가능하면 최대한으로 보장하기 위하여, 직업의 개념은 기본권보장의 실효성의 관점에서 광의로 해석되어야 하고 미래의 발전에 대하여 개방적이어야 한다. 직업에는 기존에 전통적으로 형성된 전형적인 직업뿐만 아니라 사회현상의 변화에 따라 새롭게 발생하는 비전형적인 경제활동도 속한다.

이에 따라 직업이란, 어느 정도의 지속성을 가지고(계속성) 개인의 생계에 기여하는 모든 경제적 소득활동(생활수단성)을 말한다.[1] 직업의 개념에 속하는 활동은 어느 정도 지속적이어야 하므로, 일회적인 소득활동은 직업에 속하지 않는다. 직업은 경제적 생활기반을 마련하고 유지하는데 기여해야 하므로 무상의 활동이나 취미활동은 직업에 속하지 않지만, 제2의 직업(이중직업)이나 부업도 직업에 포함된다. 또한 직업활동이 독립된 형태(가령, 자유업이나 자영업)로 또는 종속된 형태(고용직)로 이루어지는지와 관계없이 모든 경제적 활동이 보호된다.

(2) 직업의 개념적 요소로서 公共無害性?

> **사례** | 윤락행위도 직업인지의 여부
>
> 성매매를 하여 생계를 영위하던 윤락여성 甲은 윤락행위를 금지하는 윤락행위등방지법의 시행으로 인하여 생계를 위협받게 되었다. 甲은 위 법률에 의하여 달리 생계유지능력이 없는 자신의 직업선택의 자유를 침해당하였다고 주장한다. 윤락행위도 헌법 제15조에 의하여 보호되는 '직업'의 개념에 속하는가?

한편, 학계에서는 직업의 개념적 요소로서 일반적으로 生活手段性·繼續性·公共無害性의 3 요소를 언급함으로써, 공동체에 대하여 또는 사회적으로 유해한 행위는 처음부터 직업의 개념에서 배제하고 있는데,[2] 공공무해성이 직업의 개념적 요소인지의 문제가 제기된다.

(가) 개념적 요소로서 '법적으로 허용되는 소득활동'?

법적으로 금지되지 아니한 소득활동만이 직업의 자유의 보호를 받는다면, 입법자가 입법을 통하여 소득활동의 허용여부를 결정함으로써 직업의 자유의 보호범위를 스스로 확정할 수 있는 가능성을 가지게 된다. 직업의 자유의 기능이 직업의 자유를 제한하는 국가행위에 대한 방어권에 있다는 것을

---

1) 헌재 2003. 9. 25. 2002헌마519(학원강사의 자격제한), 판례집 15-2상, 454, 471, "직업의 자유에 의한 보호의 대상이 되는 '직업'은 '생활의 기본적 수요를 충족시키기 위한 계속적 소득활동'을 의미하며 그러한 내용의 활동인 한 그 종류나 성질을 묻지 아니한다(헌재 1993. 5. 13. 92헌바80, 판례집 5-1, 365, 374). 이러한 직업의 개념표지들은 개방적 성질을 지녀 엄격하게 해석할 필요는 없는바, '계속성'과 관련하여서는 주관적으로 활동의 주체가 어느 정도 계속적으로 해당 소득활동을 영위할 의사가 있고, 객관적으로도 그러한 활동이 계속성을 띨 수 있으면 족하다고 해석되므로 휴가기간 중에 하는 일, 수습직으로서의 활동 따위도 이에 포함된다고 볼 것이고, 또 '생활수단성'과 관련하여서는 단순한 여가활동이나 취미활동은 직업의 개념에 포함되지 않으나 겸업이나 부업은 삶의 수요를 충족하기에 적합하므로 직업에 해당한다고 말할 수 있다."
2) 가령, 권영성, 헌법학원론, 2010, 574면; 허영, 한국헌법론, 2010, 475면.

감안한다면, 자유권의 제한을 정당화해야 하는 입법자가 스스로 자유권의 보호범위를 확정할 수 있다는 것은 직업의 자유의 헌법적 보장을 무의미하게 만든다.

법적으로 허용된 활동만이 직업의 자유의 보호를 받는다면, 법적인 직업금지조항은 직업의 자유에 대한 제한에 해당하지 않기 때문에, 헌법적으로, 즉 직업의 자유의 관점에서 정당화될 필요가 없다는 결론에 이른다. 입법자가 법률로써 특정 경제활동(가령, 윤락행위나 도박장의 개설)을 금지한다면, 이러한 금지규정은 직업의 자유를 제한하는 것이고, 이로써 입법자의 결정은 직업의 자유의 관점에서 정당화되어야 한다. 그런데 특정 경제활동을 보호범위에서 처음부터 제외하는 것은, 기본권제한규정이 헌법적으로 정당화되어야 한다는 요청으로부터 면제되는 결과를 초래한다. 따라서 법적으로 금지된 모든 경제활동 또는 허가를 받아야만 합법적으로 행사할 수 있는 모든 경제활동도 직업의 개념에 속한다. 소득활동이 '법적으로 허용되는지의 여부'가 직업의 자유의 보호범위를 결정하는 기준이 될 수 없다.

(나) 公共無害性의 기준

'社會的 無害性' 또는 '公共無害性'의 기준을 직업의 개념적 요소에 포함시키는 것도 마찬가지의 이유에서 직업의 자유의 헌법적 보장을 무의미하게 만들 위험이 있다. 직업의 자유의 보호범위가 소득활동의 공공무해성 여부를 판단하는 국가기관에 의하여 확정된다는 점에서, 공공무해성의 기준도 '법적으로 허용되는 소득활동'의 기준과 근본적으로 동일한 헌법적 문제점을 안고 있다. 단지, 사회적 무해성 여부를 궁극적으로 판단하는 국가기관이 입법자가 아니라 사법기관이라는 점에서 차이가 있을 뿐이다.

사회적 무해성의 여부는 해석의 주체마다 그 판단을 달리할 수 있는 근본적으로 주관적 가치평가의 문제로서, 직업활동이 사회공동체에 무해한지의 여부는 다수의 가치관에 의하여 결정된다는 점에서 근본적인 문제를 안고 있으며, 상충하는 법익간의 비교형량을 통하여 비로소 밝혀지는 문제라 할 수 있다.

(다) 소 결

'사회적 무해성'이나 '법적으로 허용된 소득활동' 등의 특징을 직업의 개념적 요소로 인정하는 것은 직업의 자유의 보호범위를 부당하게 축소할 위험이 있다. 따라서 생활수단성·계속성 외의 다른 부가적인 요소를 직업개념적 요소로 인정함에 있어서 주의가 요청된다. 특정 활동을 허용되지 않는 것으로 또는 사회적으로 무가치한 것으로 직업의 개념으로부터 제외한다면, 이로써 직업의 자유를 심사기준으로 하는 판단이 불가능하게 된다. 법적으로 금지된 것이나 사회적으로 무가치한 것으로 낙인찍는 공권력행사가 직업의 자유와 부합하는지의 여부가 헌법적으로 심사될 수 있어야 하고, 이러한 심사를 헌법적으로 가능하게 하고자 하는 것이 바로 '직업의 자유'의 보장이다. 그러므로 법적으로 금지된 활동이나 사회적으로 무가치한 활동도 직업의 개념에 포함시킴으로써 이러한 국가의 조치가 직업의 자유의 관점에서 정당화되는 것인지의 심사를 가능하게 해야 한다. 따라서 경제활동은 법률에 의하여 금지되거나 또는 형사처벌의 대상이 됨으로써 '직업'의 성격을 상실하지 않는다. 헌법재판소는 학계의 다수 견해와는 달리, 이미 초기의 판례부터 직업 개념의 개방성을 인식하여 직업활동의 공공무해성이나 사회적 유해성의 여부 등의 요소를 직업의 개념적 요소로 언급하고 있지 않다.[1]

---

1) 헌법재판소는 "헌법 제15조에서의 '직업'이란 생활의 기본적 수요를 충족시키기 위해서 행하는 계속적인 소득활동을 의미하며, 이러한 내용의 활동인 한 그 종류나 성질을 묻지 않는다."고 하여 직업의 개념적 요소로서 공공무해

나. 보장내용

(1) 포괄적인 기본권으로서 직업의 자유

헌법은 제15조에서 '직업선택의 자유'만을 언급하고 있지만, 제15조는 직업 영역에서 자기결정권을 보장하는 기본권으로서, 개인이 국가의 간섭이나 방해를 받지 아니하고 원하는 직업을 자유롭게 선택할 권리인 '직업선택의 자유'뿐만 아니라 선택한 직업을 자유롭게 행사할 권리인 '직업행사(직업수행)의 자유'도 보장하는 포괄적인 기본권이다.[1] 직업의 선택은 그 자체가 목적이 아니라 선택한 직업에 종사하는 것이 궁극적인 목적이기 때문에, 선택한 직업의 행사를 보장하지 않는 직업선택의 자유는 무의미하다.

직업선택과 직업행사를 개념적으로 구분한다 하더라도, 직업의 선택과 행사는 불가분적으로 함께 하나의 전체를 이루고 있다. 외부로 표명된 특정 직업의 결정은 직업선택의 행위이자 동시에 직업행사의 개시이고, 역으로 지속적인 직업행사에서 표현되는 직업유지의 의사는 동시에 지속적인 직업결정의 행위이다. 통일적인 기본권으로서 직업의 자유는 직업행사의 영역뿐만 아니라 직업선택의 영역에서도 입법자에 의하여 제한될 수 있지만, 여기서 직업의 자유의 양 측면의 차이는 허용되는 제한의 정도에 있어서 본질적인 의미를 가진다. 직업의 자유의 보장내용을 직업선택의 자유와 직업행사의 자유로 구분하여 직업의 자유에 대한 제한의 허용 정도가 서로 다르다는 인식이 바로 독일 연방헌법재판소에 의하여 형성된 단계이론의 출발점이다.

(가) 직업선택(직업결정)의 자유

직업선택의 자유는 특정 직업을 선택할 것인지에 관하여 결정할 자유로서, 특정 직업활동의 '여부'에 관한 것이다. 직업선택의 자유는, 이미 선택하여 종사하는 직업을 포기(종료)할 것인지 아니면 계속 영위할 것인지 또는 기존의 직업을 변경할 것인지에 관하여 결정할 자유를 '직업선택의 자유를 행사하기 위한 사실적 전제조건'으로서 당연히 포함한다. 학자에 따라서는 직업의 자유를 '직업선택의 자유'와 '직업행사의 자유' 외에도, '轉業의 자유', '직업포기(종료)의 자유', '직업변경의 자유' 등으로 다양하게 분류하고 있으나, 이러한 자유들은 모두 직업선택의 자유를 행사하기 위한 전제조건으로서 직업선택의 자유에 포함되는 것이므로, 별도의 분류는 불필요할 뿐만 아니라 직업의 자유의 보장내용을 이해하는데 오히려 혼란만 가져올 수 있다.

(나) 직업행사(직업수행)의 자유

직업행사의 자유는 특정 직업을 어떠한 방법으로 행사할 것인지, 즉 직업활동의 형태, 수단, 범위, 내용 등에 관하여 결정할 자유로서, 특정 직업활동의 '방법'에 관한 것이다. 따라서 국가는 영업의 시간, 장소, 내용, 보수, 선전, 자격의 사용 등을 규율함으로써 직업행사를 제한하게 된다. 직업행사의 자유에는 직업과 관련하여 취득한 자격을 진실에 부합하게 그리고 적절한 방법으로 외부에 공표할 권리(가령, 專門醫 자격의 사용)도 포함되고, 특히 의사, 약사, 변호사 등 자유업의 경우 직업활동을 광고할 권리도 포함된다.

성을 언급하고 있지 않다(헌재 1993. 5. 13. 92헌마80, 판례집 5-1, 365, 374; 헌재 1998. 3. 26. 97헌마194, 판례집 10-1, 302, 314; 헌재 2002. 5. 30. 2000헌마81, 판례집 14-1, 528, 541).

1) 헌재 1995. 7. 21. 94헌마125, 판례집 7-2, 155, 162, "헌법 제15조에 의한 직업선택의 자유라 함은 자신이 원하는 직업 내지 직종을 자유롭게 선택하는 직업의 선택의 자유뿐만 아니라 그가 선택한 직업을 자기가 결정한 방식으로 자유롭게 수행할 수 있는 직업의 수행의 자유를 포함한다고 할 것이다."

(다) 職業敎育場選擇의 자유

나아가, 직업교육을 받을 장소를 선택하는 가능성은 직업교육 후의 직업선택과 밀접한 관계에 있기 때문에, 원하는 직업에 종사하기 위하여 필요한 전문지식을 습득하거나 자격을 취득하는 직업교육장을 자유롭게 선택할 수 있는 권리(직업교육장선택의 자유)도 직업선택의 자유에 포함된다. 즉, 특정 직업을 선택하기 위하여 사전에 특정 직업교육을 받아야 한다면, 이러한 직업교육장을 선택할 자유도 직업선택의 자유에 의하여 보호되는 것이다.

직업교육장이란, 일반교양을 전달하는 것을 넘어서 직업교육에 기여하는 직업관련시설을 말한다. 따라서 직업관련 자격의 획득을 목표로 하는 교육시설, 예컨대 전문대학, 대학교, 사법연수원 등은 직업교육장에 속하나, 일반교양의 전달을 목표로 하는 초·중·고등학교는 일반적으로 직업활동과 직접적인 연관성이 없기 때문에 이에 포함되지 않는다.

(2) 소극적 자유의 보장

직업의 자유는 특정 직업을 선택하고 행사하는 적극적인 가능성뿐만 아니라 소극적인 자유도 보장한다. 소극적인 직업의 자유는, 특정 직업이나 직장, 직업교육장을 선택하지 않거나 또는 특정 직업을 행사하지 않을 자유를 말한다. 뿐만 아니라, 소극적인 직업의 자유는 어떠한 직업도 선택하지 않고 행사하지 않을 자유도 포함한다. 소극적 자유의 행사 결과 자신의 생계를 독자적으로 해결할 수 없는 경우 국가로부터 부양을 요구할 수 있는 급부권이 인정되지 않음은 물론이다.

4. 직업행사의 주체에 따른 구체적 보장내용

직업의 자유를 '직업활동의 여부와 방법'에 따라 직업선택의 자유와 직업행사의 자유로 구분할 수 있다면, 직업의 자유를 '누가 행사하는지'에 따라, 즉 근로자가 행사하는지 아니면 자영업자가 행사하는지, 개인이 행사하는지 또는 기업이 행사하는지에 따라 다음과 같은 구체적인 보장내용으로 나누어 볼 수 있다. 아래에서 언급하는 구체적 보장내용은 직업선택과 직업행사의 측면을 모두 포함하는 포괄적 자유이다.

가. 영업의 자유와 기업의 자유

(1) 영업의 자유란, 상업, 수공업, 자유업, 자영업, 농업 등 독립된 형태의 직업을 선택하고 행사할 자유를 말한다. 기업의 자유란, 중소기업, 대기업 등 기업을 설립하여 경영할 자유를 말한다.

(2) 직업의 자유가 가지는 個人聯關的 性格에도 불구하고, 법인도 직업의 자유의 주체가 될 수 있다. 이로써 직업의 자유는 '기업의 자유로운 설립과 운영'을 그 내용으로 하는 기업의 자유를 포함한다. 즉, 직업의 자유는 개인의 영업활동뿐만 아니라, 직업의 자유가 원래 보호하고자 하는 개인연관적 요소(자유로운 인격발현)가 많이 상실된 중소기업 또는 심지어 대기업의 설립과 활동도 보호하는 것이다.

그러나 기업의 경우, 직업의 자유의 개인연관적 성격이 감소하고 대신 기본권행사의 사회적 성격이 뚜렷하게 나타나므로, 직업의 자유를 제한하는 입법자의 권한이 개인연관적 성격이 뚜렷한 '영업의 자유'보다 일반적으로 광범위하다. 대기업에서는 기본권의 개인연관적 성격이 거의 상실된 반면 사회연관성 및 사회적 기능이 뚜렷하므로, 기본권의 개인적 성격이 상당히 실현되는 중소기업에 비하여 침해의 중대성이 작다. 따라서 대기업의 직업의 자유에 대해서는 중소기업에 비하여 입법자에

의한 보다 광범위한 규율이 정당화된다.[1]

나. 경쟁의 자유

경쟁의 자유란, 누구나 영업의 자유와 기업의 자유를 행사하여 국가의 간섭이나 방해를 받지 않고 경쟁할 자유로서, 직업의 자유로부터 파생하는 기본권이다.[2]

다. 직장선택의 자유

사례 헌재 2013. 10. 24. 2010헌마219 등(기간제근로자 사건)

甲은 2008. 3.부터 비정규직 생산직 사원으로 업무에 종사하여 오던 중 2010. 2. 계약갱신이 거절되자, 사용자가 기간제근로자를 사용하는 경우 최장 2년까지만 사용할 수 있도록 규정하고 있는 '기간제 및 단시간근로자 보호 등에 관한 법률' 제4조가 자신의 기본권을 침해한다고 주장하며 헌법소원심판을 청구하였다.[3]

직장선택의 자유란, 선택한 직업을 어떠한 직장에서 행사할 것인지에 관하여 결정할 자유, 즉 구체적 직장을 선택·유지·포기할 자유를 말한다. 그런데 독립적 형태의 직업활동의 경우, 직장선택의 자유는 직업적 활동의 장소 및 환경과 연관된 것이고 사실상 '직업활동이 수행되는 장소를 결정할 자유'를 의미하므로, 이는 '직업행사의 방법에 관하여 결정할 자유'에 속하는 것으로 이미 직업행사(수행)의 자유에 의하여 보호되는 것이다.

이러한 점에서 직장선택의 자유는 단지 고용직 근로자의 종속적인 직업활동에 대해서만 실질적으로 고유한 의미를 가진다. 따라서 직장선택의 자유란, 고용된 형태의 종속적 직업활동을 선택하고 행사할 자유, 즉 '근로자의 직업의 자유'를 의미한다.[4] 구체적으로, 국가의 간섭을 받지 아니하고 자신의 노동력을 제공하여 직장을 선택하고 선택한 근로활동을 사용자와 합의된 조건하에서 수행할 자유이다.[5] 종래 직장선택의 자유에 대한 국가의 제한이 거의 발생하지 않았기 때문에, 헌법재판소의 판례에서 직장선택의 자유는 아무런 역할을 하지 못하였다.[6] 최근 '기간제근로자 사건'에서 처음으로 근로자가 자신을 보호하는 입법에 대하여 이의를 제기함으로써 근로자의 직업의 자유(직장선택의

---

1) Vgl. BVerfGE 30, 334; 50, 290, 362ff.

2) 헌재 1996. 12. 26. 96헌가18(자도소주 구입명령), 판례집 8-2, 680, 691. 경쟁의 자유에 관하여 자세하게 아래 Ⅶ. 참조.

3) 헌재 2013. 10. 24. 2010헌마219 등, 판례집 25-2하, 248, "사용자로 하여금 2년을 초과하여 기간제근로자를 사용할 수 없도록 한 심판대상조항으로 인해 경우에 따라서는 개별 근로자들에게 일시 실업이 발생할 수 있으나, 이는 기간제근로자의 무기계약직 전환 유도와 근로조건 개선을 위해 불가피한 것이고, 심판대상조항이 전반적으로는 고용불안 해소나 근로조건 개선에 긍정적으로 작용하고 있다는 것을 부인할 수 없으므로 기간제근로자의 계약의 자유를 침해한다고 볼 수 없다."

4) 헌재 2002. 11. 28. 2001헌바50(한국보건산업진흥원의 고용승계배제), 판례집 14-2, 668, 677, "직업의 자유는 독립적 형태의 직업활동뿐만 아니라 고용된 형태의 종속적인 직업활동도 보장한다. 따라서 직업선택의 자유는 직장선택의 자유를 포함한다. 헌법재판소도 일찍이 직업선택의 자유에 직장선택의 자유가 포함된다고 설시한바 있다(헌재 1989. 11. 20. 89헌마102, 판례집 1, 329, 336). 직장선택의 자유는 특히 근로자들에게 큰 의미를 지닌다."

5) 헌재 2002. 11. 28. 2001헌바50(한국보건산업진흥원의 고용승계배제), 판례집 14-2, 668, 678, "직장선택의 자유는 개인이 그 선택한 직업분야에서 구체적인 취업의 기회를 가지거나, 이미 형성된 근로관계를 계속 유지하거나 포기하는 데에 있어 국가의 방해를 받지 않는 자유로운 선택·결정을 보호하는 것을 내용으로 한다."

6) 이에 관하여 아래 Ⅵ. 1. '방어권으로서 직업의 자유의 주된 기능' 참조.

자유)가 문제되었는데, 헌법재판소는 이 사건에서 제한된 기본권이 특별자유권인 '직장선택의 자유'라는 것을 인식하지 못하고, 보충적 자유권인 행복추구권으로부터 파생하는 '계약의 자유'를 심사기준으로 삼아 판단하였다.

Ⅲ. 직업의 자유에 대한 제한

1. 제한의 형태

직업의 자유는 직업에 대한 모든 불리한 간접적 효과가 아니라, 직업활동과 직접 연관되거나 또는 객관적으로 직업규율적 성격을 가지는 공권력행위에 대하여 개인의 자유를 보호하고자 하는 것이다. 따라서 직업의 자유에 대한 제한이 인정되기 위해서는 다음과 같은 공권력행위가 존재해야 한다.

가. 명령적 형태

직업의 자유의 경우에도 기본권제한은 주로 직업의 선택이나 행사가 명령적 규정에 의하여 규율되거나 제한되는 형태로 이루어진다. 직업의 자유에 대한 제한에 해당하는 국가행위는 '주관적으로' 또는 적어도 '객관적으로' 직업을 규율하는 성격을 갖고 있어야 한다. 여기서 '主觀的'이란 국가가 직업의 규율을 의도하거나 목표로 하고 있는 경우를 말하는 것이고, '客觀的'이란 국가에 의한 규율이 직업에 대하여 중립적이기 때문에 국가가 직업을 규율하고자 의도하지는 않지만 직업활동에 대하여 상당한 비중의 간접적인 효과를 가지는 경우를 말한다. 법률조항이 '객관적으로 직업규율적 성격을 가지는지'의 여부는 입법자의 주관적 의도나 입법목적이 아니라 '직업의 자유에 미치는 규율의 효과'에 의하여 판단해야 한다. 따라서 직업규율의 의도가 없는 법률조항에 '객관적으로 직업규율적 성격'을 인정하기 위해서는 어느 정도 비중을 가지는 간접적인 제한효과가 존재해야 한다.[1]

(1) 主觀的으로 직업을 규율하는 명령적 규정

국가가 '주관적으로' 특정 직업을 규율하고자 의도하는 경우에는 일반적으로 직업활동에 대한 금지명령과 행위명령의 수단을 사용한다. 특정 직업활동에 대한 '금지'의 예로는, 직업활동을 할 수 있는 한계연령규정, 특정 직업활동에 대한 국가의 독점, 특정 요건을 충족시켜야만 직업활동을 할 수 있도록 허가의 유보 하에서 직업활동을 금지하는 것을 들 수 있다. 또한, 특정 직업활동을 일정 인적집단에 의해서만 행사될 수 있도록 국가가 직업상을 규율하고 확정하는 경우에도 일정 인적집단에 속하지 않는 그 외의 기본권주체에게는 직업활동의 금지에 해당한다. 가령, 입법자가 법률상담을 변호사의 활동영역으로 유보한 경우, 법적 영역에서의 조력행위는 다른 기본권주체에게는 금지되는 것이다. 그 외에도, 기본권주체에게 직업활동의 특정한 방법을 금지하는 모든 경우(가령, 백화점 셔틀버스의 운행금지, 택시의 합승금지 등)가 이에 해당한다.

기본권주체에게 특정 직업활동을 하도록 의무를 부과하는 경우, 이를 '행위명령'으로 이해할 수 있다. 이에 속하는 것으로는, 택시회사의 승객운송의무(승차거부의 금지), 변호사의 국선변호의 의무, 연간 일정 기간 국산영화를 상영해야 할 상영관의 의무, 정유수입업자의 정유비축의무, 경고문을 표

---

1) Vgl. BVerfGE 38, 61ff., 가령, 적자에 허덕이는 국영철도의 경영합리화와 도로교통의 원활한 흐름을 목적으로 도로를 이용한 화물의 장거리운송에 대하여 과세를 하는 세법규정은 화물운송업자의 직업행사의 자유를 제한하는 규정으로 보아야 한다.

시해야 할 담배제조업자의 의무 등을 들 수 있다.
  (2) **客觀的**으로 직업을 규율하는 명령적 규정

  법인이 대도시 내에서 부동산등기를 하는 경우 통상세율의 5배에 해당하는 등록세를 부과하는 지방
세법 규정은 직업의 자유를 제한하는가?

  세법규정이 직업활동을 직접 그 규율대상으로 삼는 경우, 당연히 직업의 자유를 심사기준으로 하
여 그의 위헌성을 판단하게 된다. 직업의 허가나 그의 존속이 납세여부에 달려 있다면, 그러한 세법
규정은 직업의 자유를 직접 제한하는 규정이다.[1] 그러나 직업을 규율하고자 하는 것이 아니라 직업
에 대하여 중립적인 입법목적을 가진 규정이 단지 특정한 경우에 직업의 자유와 연관성을 가지는 경
우, 이러한 규정을 직업의 자유를 제한하는 규정으로 간주해야 하는지의 문제가 제기된다. 특히, 납
세의무를 부과하는 세법규정이 직업활동에 대해서는 명령이나 금지의 형태로 직접 작용하지는 않지만
납세의무자의 내적 동기에 간접적으로 작용하는 경우, 이러한 세법규정이 직업의 자유를 제한하는지
의 문제가 발생한다. 예컨대, 조세의 부과를 통하여 특정 직업을 선택하고자 하는 자로 하여금 다른
직업을 선택하도록 유도하거나 또는 기존의 직업종사자로 하여금 특정한 방향으로 직업을 행사하도록
유도하는 방법으로 세법규정은 직업의 자유에 있어서 동기결정적(動機決定的)으로 작용할 수 있다.
  직접적으로 직업을 규율하는 성격을 지니고 있지는 않더라도 그의 사실적인 효과 때문에 직업의
자유를 간접적으로 제한하는 규정에 의하여도 직업의 자유는 제한될 수 있다. 이 경우, 세법규정이
직업활동과 밀접한 연관관계에 있고 '객관적으로' 확인할 수 있는 직업규율적 성격을 가지고 있다면,
그 규정은 직업의 자유를 위헌심사기준으로 하여 판단해야 한다.[2]
  한편, 직업행사규정으로 간주되는 세법규정에 의하여 제한을 받는 당사자들이 선택한 직업을 자
신의 생계의 근거나 기업의 이윤획득의 근거로 삼는 것이 경제적으로 불가능할 정도로 조세부담이
과도하여 그 직업을 선택하는 것을 사실상 배제하는 경우에는 직업선택의 자유에 미치는 과세의 효
과가 인정되고, 이로써 '직업선택의 자유'를 제한하는 규정으로 판단될 수 있다. 그러나 직업선택의
자유에 미치는 위와 같은 과세의 영향이 확인될 수 없는 일반적인 경우에는, 세법규정은 전적으로
'직업행사의 자유'를 제한하는 규정으로 파악되어야 한다. 따라서 과세가 그의 경제적인 효과에 있어

---

1) Vgl. BVerfGE 13, 181ff.(주점면허세에 대한 결정), 가령, 주점의 증가와 그에 따른 알코올 소비의 증가를 방지할 목
  적으로 주점의 면허발부시에 부과하는 주점면허세는 특정 직업에 대한 특별세로서 직업활동의 개시를 제한하고자
  하는 '주관적으로' 직업규율적 성격의 규범이다.
2) 인구의 대도시 집중을 억제할 목적으로 법인이 대도시 내에서 부동산등기를 하는 경우 통상세율의 5배에 해당하는
  등록세를 부과하는 지방세법 규정에 대한 헌법소원결정(헌재 1996. 3. 28. 94헌바42, 판례집 8-1, 199)에서, 헌법재
  판소는 이 규정의 위헌성을 직업수행의 자유를 기준으로 심사하여 합헌결정을 하였다. 위 지방세법규정은 법인의
  직업활동을 명령과 금지를 통하여 직접적으로 규율하고자 하는 규정은 아니나, 중과세를 통하여 대도시에서의 법
  인의 직업활동을 억제하고자 함으로써 직업행사의 자유를 제한하는 규정이다. 또한, 법인을 제외하고 개인만을 대
  상으로 1가구당 1대 초과 비영업용 승용차를 취득하는 경우에 대하여 취득세와 등록세를 2배로 중과하는 지방세법
  규정에 대한 헌법소원에서 '법인이 아닌 개인사업자로 자동차부품 제조업에 종사하고 있는 청구인이 위 제조업을
  수행할 수 없을 정도로 비용부담이 커서 청구인이 개인기업의 형태로 위 직업에 종사하는 것이 제한받고 있다고
  보기 어렵다'고 결정하였다(1998. 5. 28. 95헌바18, 판례집 10-1, 583).

서 어느 정도로 직업허가요건에 접근하는가의 관점이 실질적인 판단기준이 된다.

나. 사실행위

직업의 자유를 제한하는 사실행위의 대표적인 예로는, 국가기관이 특정 제품의 유해성이나 위험성을 일반 국민에게 경고하는 홍보활동이나 계몽활동을 들 수 있다. 이러한 경우, 국가기관은 특정 제품의 생산자나 판매자에 대하여 법적 명령이나 강제의 형태로 직접적으로 작용하는 것이 아니라, 정보제공의 형태로 소비자의 결정과 행위에 대하여 영향력을 행사함으로써 특정 제품의 판매기회에 부정적으로 작용하게 된다. 국가기관의 이러한 홍보활동은 직업의 자유의 관점에서 헌법적으로 정당화되어야 하는 기본권 제한에 해당한다. 한편, 기본권의 제한은 법률에 근거해야 한다는 점에서 정보제공을 통한 국가의 간접적인 기본권제한도 법적 근거를 필요로 하나, 이러한 영역에서 국가 행위를 위한 법률적 근거가 어느 정도로 필요하고 구체적이어야 하는지는 논란의 여지가 있다.

2. 제한의 허용 정도

직업의 자유의 보호영역 중에서도, 공권력행위에 의하여 구체적으로 제한되는 자유영역이 개인의 인격발현에 대하여 어떠한 의미를 가지는지에 따라, 직업의 자유에 대한 제한의 허용정도가 달라진다. 즉, 직업의 자유를 제한하는 국가공권력의 조치가 개인의 인격발현에 어느 정도로 영향을 미치는가에 따라, 입법자의 형성권이 달라진다.[1] 직업의 자유에 대한 제한이라 하더라도, 직업선택 그 자체에 대한 제한은 직업에서 인생의 과제를 찾으려는 개인의 인격발현의 길을 처음부터 봉쇄하는 것이므로 개인의 핵심적인 자유영역에 대한 침해를 의미한다. 그러므로 기본권의 주체가 아무런 영향을 미칠 수 없는 소위 객관적 사유(예컨대, 동일업종 수의 제한)에 의한 직업선택의 자유에 대한 제한은 매우 엄격한 요건을 갖춘 예외적인 경우에만 허용된다. 이에 대하여 소위 주관적 사유에 의한 직업선택의 자유의 제한과 직업행사의 자유에 대한 제한은 기본권의 주체가 허가요건의 충족에 스스로 영향을 미칠 수 있거나 아니면 일단 선택한 직업의 행사방법을 제한하는 것이므로, 개인의 자유로운 인격발현에 대한 침해의 정도가 작다고 볼 수 있다. 따라서 이러한 경우, 입법자에 의한 보다 광범위한 규율이 정당화된다.

---

1) 헌재 2003. 9. 25. 2002헌마519(학원강사의 자격제한), 판례집 15-2상, 454, 472-473, "직업의 자유에 대한 제한이라고 하더라도 그 제한사유가 직업의 자유의 내용을 이루는 직업수행의 자유와 직업선택의 자유 중 어느 쪽에 작용하느냐에 따라 그 제한에 대하여 요구되는 정당화의 수준이 달라진다. 그리하여 직업의 자유에 대한 법적 규율이 직업수행에 대한 규율로부터 직업선택에 대한 규율로 가면 갈수록 자유제약의 정도가 상대적으로 강해져 입법재량의 폭이 좁아지게 되고, 직업선택의 자유에 대한 제한이 문제되는 경우에 있어서도 일정한 주관적 사유를 직업의 개시 또는 계속수행의 전제조건으로 삼아 직업선택의 자유를 제한하는 경우보다는 직업의 선택을 객관적 허가조건에 걸리게 하는 방법으로 제한하는 경우에 침해의 심각성이 더 크므로 보다 엄밀한 정당화가 요구된다."; 헌재 2002. 12. 18. 2000헌마764(교통수단이용 광고제한), 판례집 14-2, 856, 870, "직업의 자유를 구체적으로 어느 정도까지 제한할 수 있는지에 관하여 우리재판소는 직업결정의 자유나 전직의 자유에 비하여 직업종사의 자유에 대하여는 상대적으로 더욱 폭 넓은 법률상의 규제가 가능하다고 판시한 바 있다."

IV. 3段階理論

1. 단계이론의 개요

가. 제한의 강도에 따른 제한형태의 구분

독일의 연방헌법재판소는 소위 '약국 결정'(BVerfGE 7, 377)에서 직업의 자유에 대한 제한의 형태를, 제한의 강도에 따라 직업행사(직업수행)의 자유에 대한 제한(직업행사에 관한 규정), 주관적 사유 및 객관적 사유에 의한 직업선택의 자유의 제한(직업허가규정)으로 구분하여, 제한의 강도가 높아짐에 따라 입법자의 형성의 자유는 축소되고 직업의 자유에 대한 제한은 보다 엄격한 요건 하에서 정당화 된다는 소위 '3단계 이론'을 구성하였다.[1] 여기서 '3단계'란 세 가지 제한단계를 말한다.

나. 제한의 정당성 요건의 차등화

단계이론에 의하면, 직업선택의 자유는 단지 '중대한 법익'의 보호를 위하여 제한될 수 있다. 직업의 행사를 규율하는 경우, '합리적인 공익상의 이유'만으로도 충분한 반면, 자유로운 직업선택을 입법적으로 제한하는 것은 중대한 공익의 보호를 위하여 반드시 필요한 것이어야 한다. 뿐만 아니라, 객관적 직업허가요건의 형태로 직업선택의 자유를 제한하는 경우에는 입법자의 형성권은 다시 제한된다. 이 경우, 직업의 자유에 대한 제한은 월등하게 중대한 법익에 대한 입증할 수 있는 또는 고도의 개연성이 있는 위험의 방지를 위하여 불가결한 것이어야 한다.[2]

다. 직업선택의 자유에 대한 제한에 있어서 주관적·객관적 허가요건의 구분

직업선택의 자유에 대한 제한은 직업활동의 허가에 관한 것이므로, '직업허가요건'으로 부르기도 한다. 주관적 허가요건이란 허가여부를 기본권주체의 개인적 특징에 결부시키는 경우로서, 허가요건이 기본권주체의 책임범위 내에 존재한다. 기본권주체의 개인적 특징으로서 그의 책임범위에 귀속될 수 있는 특징이라면, 기본권주체가 요건의 충족여부에 영향을 미칠 수 없는 특징이라 하더라도(가령, 연령이나 신장), 주관적 허가요건에 속한다.[3] 이에 대하여 객관적 허가요건이란 허가여부를 기본권주

---

1) 독일연방헌법재판소의 '약국 결정'의 내용은 다음과 같다(BVerfGE 7, 377, 404ff.). '약국 결정'에서 심판의 대상은 바이에른 州의 '약국법' 조항이었는데, 위 심판대상규정은 새로운 약국의 개설을 약국에 대한 수요가 있는 경우에 한하여 허가함으로써 소위 객관적 허가요건을 규정하고 있었다. 입법자가 약국개설을 제한한 목적은 국민의 건강 유지였다. 입법자는 지나치게 많은 약국이 자유롭게 경쟁하게 되면 법률에 의하여 부과된 의무의 이행해태, 경솔한 의약품판매, 의약품의 소비를 조장하는 의약품광고, 건강을 해치는 의약품 남용현상이 발생할 것을 우려하였다. 연방헌법재판소는 위와 같은 입법목적을 직업수행에 대한 규율, 의약품생산에 대한 국가의 통제, 광고의 자유 및 매매의 자유에 대한 제한을 통해서 달성할 수 없는지를 검토하였는데, 그 결과 직업의 자유를 보다 적게 제한하는 다른 방법으로도 입법목적을 달성할 수 있다고 판단함으로써 위 심판대상조항에 대하여 위헌결정을 하였다.

2) BVerfGE 7, 377, 404ff., "객관적 허가요건은 기본권의 정신에 정면으로 반한다. 왜냐하면, 심지어 주관적 허가요건을 충족시킴으로써 직업을 사실상 선택한 사람까지도 직업의 허가로부터 배제될 수 있기 때문이다. 직업교육이 長期的이고 전문적일수록, 즉 직업교육의 선택과 동시에 이미 구체적인 직업이 선택되었다는 것이 명백할수록, 이러한 형태의 자유제한은 보다 중대하게 느껴진다. 게다가, 전문적으로 교육을 받은 지원자가 특정 직업을 행사하는 것이 국민일반에 대하여 어떠한 손해를 초래할 것인지가 명확하지 않기 때문에, 이러한 자유제한과 의도하는 목표 사이의 연관관계가 그 효과에 있어서 충분히 납득할 수 있도록 서술될 수 없는 것이 일반적이다. 그러므로 비합리적인 동기가 침투할 위험이 특히 크다. 무엇보다도 직업에의 진입을 제한하는 것이 '이미 직업을 행사하고 있는 사람들'을 경쟁으로부터 보호하는 데 기여한다는 생각이 들게끔 한다. 그러나 이러한 동기는 결코 직업선택의 자유에 대한 제한을 정당화할 수 없는 동기이다. … 그러므로 이와 같이 중대한 자유제한의 필요성을 입증함에 있어서 특별히 엄격한 요건이 제시되어야 한다."

3) 여기서 결정적인 것은, 개인이 주관적 요건의 충족에 영향력을 행사할 수 있는지의 여부가 아니라 주관적 허가요건

체의 개인적 특성과 무관한 요건에 결부시키는 경우로서, 허가요건이 기본권주체의 책임영역 밖에 존재한다.[1]

주관적 허가요건의 경우, 입법자는 규율하고자 하는 생활관계로부터 스스로 제기되는 요청을 단지 구체화하는 것이다. 개인에게는 당해 직업을 정상적으로 수행하기 위하여 사물의 본질상 원칙적으로 수인해야 하는 것만이 주관적 허가요건의 형태로 요구된다.[2] 주관적 허가요건은 사물의 본성, 즉 직업활동의 요청으로부터 스스로 나오는 것이고, 기본권주체가 일반적으로 충족시킬 수 있는 개인적 특성으로 자신의 책임범위 내에 존재하는 것이기 때문에, 직업의 자유의 관점에서도 헌법적으로 큰 의문이 제기되지 않지만, 객관적 허가요건은 직업활동의 요청에 의하여 정당화되지 않으며 기본권주체가 요건의 충족여부에 영향을 미칠 가능성이 없다는 점에서, 직업의 자유에 대한 보다 강력한 제한에 해당한다. 객관적 허가요건은 직업의 정상적인 수행을 위하여 요구되는 모든 주관적 요건을 충족시킨 사람에 대해서도 자신의 힘으로 극복할 수 없는 진입장벽을 의미한다.

2. 단계이론의 구체적 내용

가. 직업행사(직업수행)의 자유의 제한

> **사례** 헌재 2001. 6. 28. 2001헌마132(셔틀버스운행금지 사건)
>
> 1990년대 후반부터 백화점 등이 고객유치를 위하여 무상셔틀버스를 경쟁적으로 운행함에 따라 이들과 중소유통업체 및 여객운송업사업계와의 사이에 분쟁이 발생하기 시작하였다. 그리하여 입법자는 2000년 여객자동차운수사업법에 백화점이나 대형 할인매장 등의 셔틀버스운행을 금지하는 조항을 신설하였다. 이에 백화점등의 경영자들은 위 법률조항이 자신들의 영업의 자유를 침해한다고 주장하면서 헌법소원심판을 청구하였다.[3]

(1) '직업행사(직업수행)의 자유에 대한 제한'이란, 직업의 선택을 금지하거나 직업에의 접근 자체를 봉쇄하는 것이 아니라, 일단 선택한 직업을 구체적으로 행사하는 방법에 대하여 제한하는 경우를 말한다. 직업행사의 자유를 제한하는 법률은 '합리적이고 이성적인 공익'에 의하여 정당화되어야 한다.[4] 직업행사규정에서 입법자는 가장 광범위한 제한권한을 가진다. 여기서 기본권의 보호는 합리적

이 당사자의 개인적 생활영역·책임영역에 그 기반을 두고 있는지의 여부이다.
1) 객관적 허가요건은 직업지원자의 개인적 생활영역·책임영역에 그 기반을 두고 있는 것이 아니라, 일반국민의 이익, 즉 국가와 사회의 영역으로부터 발생하는 것이다.
2) Vgl. BVerfGE 7, 377, 404ff., "그러므로 이러한 자유제한은 발생할 수 있는 손해나 위험의 방지를 위한 적합한 수단으로 간주된다. 또한, 주관적 요건이 모든 직업지원자에 대하여 평등하게 적용되고, 모든 지원자가 주관적 요건의 존재를 사전에 알고 있어서 그 요건을 충족시키는 것이 가능한지를 직업선택 전에 판단할 수 있으므로, 이러한 자유제한은 부당하지 않다. 여기서는 정해진 주관적 요건이 직업의 정상적인 수행이라는 목적과 비례관계를 벗어나서는 안 된다는 의미에서 과잉금지원칙이 적용된다."
3) 헌재 2001. 6. 28. 2001헌마132(셔틀버스운행금지), 판례집 13-1, 1441, 1464, "셔틀버스운행을 규제하는 이 사건 법률조항은 상대적으로 폭 넓은 규제가 가능한 영업의 자유 영역 중에서도 기본권에 미치는 침해의 강도가 더욱 약한 부분을 규율하는 것이다. 그러므로 셔틀버스운행이 금지되는 경우에 청구인들이 입을 수 있는 매출액 감소라는 사익과, 여객자동차운송사업에 관한 질서를 확립하고 여객의 원활한 운송과 여객자동차운송사업의 종합적인 발달을 도모하고자 하는 이 법의 입법목적, 나아가 균형 있는 국민경제의 성장과 안정, 경제주체간의 조화를 통한 경제의 민주화라는 우리 헌법상 경제조항이 표방하는 사회적 시장경제질서의 확립이라는 공익을 비교할 때, 이 사건 법률조항은 법익의 균형성을 잃지 않고 있다."

인 공익상의 고려에 의하여 정당화되지 않는 법률규정의 방어에 제한된다. 직업행사의 자유에 대한 제한의 예로는 상점이나 식당의 영업시간의 제한과 같은 방법적 제한 및 특정 장소에서의 영업 제한과 같은 장소적 제한 등을 들 수 있다.

(2) 직업행사(직업수행)에 대한 방법적 제한으로는 가령, 국산영화의 연간상영일수에 관한 규정, 백화점 바겐세일의 횟수 및 기간의 제한, 상점이나 식당의 영업시간의 제한, 택시의 합승행위 금지, 소주판매업자에게 자도소주의 구입의무를 부과하는 자도소주구입명령제도(헌재 1996. 12. 26. 96헌가18), 노래방에서 주류판매·제공의 금지(헌재 2006. 11. 30. 2004헌마431 등), 찜질방에의 청소년 출입제한(헌재 2008. 1. 17. 2005헌마1215), 법무사 사무원 수의 제한(헌재 1996. 4. 25. 95헌마331), 법무사 보수의 제한(헌재 2003. 6. 26. 2002헌마3), 부동산중개업 수수료의 法定化(헌재 2002. 6. 27. 2000헌마642 등), 모든 의료기관을 의료보험의 保險醫로 강제지정하는 것(헌재 2002. 10. 31. 99헌바76 등), 상품에 관한 광고의 제한(헌재 2000. 3. 30. 97헌마108),[1] 백화점 셔틀버스의 운행금지(헌재 2001. 6. 28. 2001헌마132), 약국 셔틀버스의 운행금지(헌재 2002. 11. 28. 2001헌마596), 의료광고의 규제(헌재 2005. 10. 27. 2003헌가3)[2]를 비롯하여 자유업의 직업활동에 대한 광고제한, 전자상거래 등을 통한 콘택트렌즈 판매 금지(헌재 2024. 3. 28. 2020헌가10) 등을 예로 들 수 있다. 또한, 자연인만이 특정 직업을 행사할 수 있다고 규정함으로써 직업행사의 주체로서 법인을 배제하는 것도 개인이 법인을 구성하는 방법으로 직업을 수행하는 자유를 제한하는 것이다.[3]

(3) 직업행사(직업수행)에 대한 장소적 제한(영업지 제한)으로는 가령, 변호사의 개업지 제한(헌재 1989. 11. 20. 89헌가1), 영업을 양도한 경우 종래 영업활동이 행해지던 행정구역단위에서 10년간 경업의 금지(헌재 1996. 10. 4. 94헌가5), 의료기관시설에서 약국개설 금지(헌재 2003. 10. 30. 2001헌마700 등), 학교환경정화구역 내에서 당구장시설 금지(헌재 1997. 3. 27. 94헌마196 등) 또는 극장시설 금지(헌재 2004. 5. 27. 2003헌가1 등) 또는 여관시설 금지(헌재 2006. 3. 30. 2005헌바110), 특정 장소에서 LPG 충전소의 설치 금지(헌재 2004. 7. 15. 2001헌마646), 액화석유가스의 판매지역 제한(헌재 2007. 6. 28. 2004헌마540), 의약품의 판매장소 제한(헌재 2008. 4. 24. 2005헌마373), 액화석유가스 판매사업소의 장소적 제한(헌재 2008. 4. 24. 2007헌마243) 등을 예로 들 수 있다.

나. 주관적 사유에 의한 직업선택의 자유의 제한

사례 | 헌재 2003. 6. 26. 2002헌마677(운전면허 적성기준으로서 시력 사건)

甲은 우안(右眼)의 시력을 상실하였으나, 좌안(左眼)의 시력은 1.0인 자로서, 제1종 운전면허를 취득하

---

4) 헌재 2002. 9. 19. 2000헌바84(법인의 약국개설금지), 판례집 14-2, 268, 277, "기본권인 직업행사의 자유를 제한하는 법률이 헌법에 저촉되지 아니하기 위하여는 그 기본권의 침해가 합리적이고 이성적인 공익상의 이유로 정당화될 수 있어야 한다."

1) 헌법재판소는 위 결정에서, 식품의 약리적 효능에 관한 광고의 금지는 영업의 자유와 표현의 자유를 제한하는 것이라고 판시하고 있다.

2) 상업광고는 표현의 자유 및 직업수행의 자유에 의하여 보호된다. 소비자보호의 목적이나 부정한 영업방식의 방지를 목적으로 직업활동의 광고를 제한하는 모든 조치는 직업행사의 자유에 대한 제한으로서 개별적인 경우마다 헌법적으로 정당화되어야 한다. 가령, 약사광고의 제한은 일반국민의 과도한 의약품소비를 방지하기 위하여 필요한 경우에 한하여 허용되며, 변호사광고의 제한은 국가의 제한된 사법자원을 과도하게 사용하는 것을 방지하기 위하여 필요한 경우에 허용될 수 있을 것이다.

3) 헌재 2002. 9. 19. 2000헌바84(법인의 약국 개설금지), 판례집 14-2, 268, 279, "이 사건 법률조항에 의하여 약사가 아닌 자연인 및 이들로 구성된 법인은 물론 약사들로만 구성된 법인의 약국설립 및 경영이라는 직업수행도 제한되고, 따라서 약사 개인들이 법인을 구성하는 방법으로 그 직업을 수행하는 자유도 제한된다고 하겠다."; 또한 헌재 2021. 6. 24. 2017헌가31(법인의 안경업소 개설금지)

려고 하였으나, 도로교통법시행령에서 제1종 운전면허 적성기준으로 양쪽 눈의 시력이 각각 0.5 이상일 것을 규정하고 있어서 제1종 운전면허를 취득할 수 없게 되었는바, 위 조항이 과도하게 자신의 직업선택의 자유를 침해할 뿐만 아니라, 불합리하게 차별하여 위헌이라고 주장하면서 헌법소원을 제기하였다.[1]

(1) 주관적 사유에 의한 직업선택의 자유의 제한(주관적 허가요건)이란, 특정 직업이 그 성질상 일정한 전문성이나 기술성 등을 요구하는 경우, 그 직업의 정상적인 수행을 보장하기 위하여 직업선택의 여부를 직업지원자가 스스로 충족시킬 수 있는 일정한 조건, 즉 개인적 특성(일정 연령, 신장, 시력, 신뢰성 등), 능력, 일정한 과정의 이수, 시험의 합격, 일정한 학력이나 경력, 자격 등의 요건에 결부시키는 경우를 말한다. 주관적 허가요건의 특징은 직업을 선택하려는 자가 본인의 노력에 의하여 그 요건을 충족시킬 수 있고, 이로써 그 제한으로부터 벗어날 수 있다는 것이다.

주관적 요건에 의한 직업선택의 자유 제한이 과잉금지원칙의 관점에서 정당화되기 위해서는, 주관적 허가요건과 '직업의 정상적인 수행'이라는 목적 사이에 합리적인 관계가 성립해야 한다. 즉, 오늘날 다수의 직업이 그 직업의 정상적인 수행을 위하여 전문성과 특정한 개인적 특성을 요청한다는 상황에 비추어, 주관적 요건의 제한 없이 누구나 직업에 종사할 수 있도록 한다면 직업의 정상적인 수행을 보장할 수 없거나 국민일반에 대한 위험이나 손해가 발생할 우려가 있는 경우, 입법자는 주관적 허가요건을 도입할 수 있다.[2] 주관적 허가요건을 정당화하는 중대한 공익으로는 가령, '직업의 정상적인 수행'을 비롯하여 국민건강, 소비자의 보호, 도로교통에서의 안전 등이 고려된다.

(2) 주관적 허가요건에 관한 예로는, 일정 직업에 있어서 그 직업의 정상적인 수행을 보장하기 위하여 요구되는 최소한의 요건(예컨대 학력, 경력, 일정 자격요건 등)을 규정하는 각종 자격제도와 면허제도(의사, 약사, 변호사, 변리사, 건축사, 세무사, 공인중개사 등)를 들 수 있다.

의료인이 아닌 자의 문신시술업을 금지하고 처벌하는 경우,[3] 차량을 운전하는 직업에 종사하기 위하여 필요한 제1종 운전면허 적성기준으로서 일정 시력 이상을 규정하는 경우,[4] 군법무관으로 임명된 후 일정 기간 이상 복무해야만 비로소 변호사자격을 취득할 수 있도록 규정하는 경우도[5] 주관적 요건에 의한 직업선택의 자유에 대한 제한에 해당한다. 또한, 가령 사법시험의 응시자격을 4년제 법과대학 졸업자로 제한하는 것도 주관적 사유에 의한 직업선택의 자유에 대한 제한에 속한다. 사법

---

1) 헌재 2003. 6. 26. 2002헌마677(운전면허 적성기준으로서 시력), 판례집 15-1, 823, 832, "이 사건 조문에서 정한 시력기준에 미달하는 자는 제1종 운전면허를 취득할 수 없어 그 대상 차량을 운전하는 직업에 종사할 수 없게 되는바, 이는 일정한 직업을 선택함에 있어 기본권 주체의 능력과 자질에 의한 제한으로서 이른바 '주관적 요건에 의한 좁은 의미의 직업선택의 자유의 제한'에 해당하는 것이라 할 수 있다."

2) Vgl. BVerfGE 7, 377, 407; 同旨 헌재 1995. 6. 29. 90헌바43(군법무관의 복무기간), 판례집 7-1, 854, 868; 헌재 2003. 6. 26. 2002헌마677(운전면허 적성기준으로서 시력), 판례집 15-1, 823, 833, "일반적으로 직업선택의 자유를 제한함에 있어, 어떤 직업의 수행을 위한 전제요건으로서 일정한 주관적 요건을 갖춘 자에게만 그 직업에 종사할 수 있도록 제한하는 경우에는, 이러한 주관적 요건을 갖추도록 요구하는 것이, 누구에게나 제한 없이 그 직업에 종사하도록 방임함으로써 발생할 우려가 있는 공공의 손실과 위험을 방지하기 위한 적절한 수단이고, 그 직업을 희망하는 모든 사람에게 동일하게 적용되어야 하며, 주관적 요건 자체가 그 제한목적과 합리적인 관계가 있어야 한다는 비례의 원칙이 적용되어야 할 것이다."

3) 헌재 2016. 10. 27. 2016헌바322 등(비의료인 문신시술 금지).

4) 헌재 2003. 6. 26. 2002헌마677(운전면허 적성기준으로서 시력).

5) 헌재 1995. 6. 29. 90헌바43(군법무관의 복무기간).

시험에 응시할 수 있어야 사법연수원의 수료가 가능하며, 사법연수원은 법조인으로서의 직업을 선택하기 위한 직업교육장의 성격을 가진다. 따라서 응시자격의 제한은 주관적 사유에 의한 직업교육장 선택의 자유에 대한 제한에 해당한다. 나아가, 변호사시험의 응시기간과 응시횟수를 제한하는 변호사시험법조항도 변호사라는 직업을 선택하기 위하여 충족시켜야 하는 주관적 요건을 규율하는 것이므로, 주관적 사유에 의한 직업선택의 자유에 대한 제한에 속한다.[1] 또한, 성범죄 등으로 형을 선고받아 확정된 자에 대하여 일정 기간 동안 특정 직종에의 취업을 제한하는 법률조항도 특정 직업의 선택여부를 기본권주체의 개인적 특성에 결부시키는 경우로서, 주관적 사유에 의한 직업선택의 자유의 제한에 해당한다.[2] 공무원의 퇴직일로부터 일정 기간 특정 유관단체에의 취업을 제한하는 법률조항도 마찬가지이다.[3]

다. 객관적 사유에 의한 직업선택의 자유의 제한

사례 1 | 헌재 2008. 10. 30. 2006헌마1098(제3차 안마사자격 사건)

헌법재판소는 헌재 2006. 5. 25. 2003헌마715 결정에서 시각장애인에 한하여 안마사자격을 인정받을 수 있도록 하는 이른바 비맹제외기준(非盲除外基準)을 설정하고 있는 '안마사에 관한 규칙'조항이 법률유보원칙이나 과잉금지원칙에 위배된다는 이유로 위헌으로 선언하였다. 그러나 국회는 비맹제외기준을 그대로 유지한 채 의료법을 개정함으로써, 시각장애인만 안마사자격를 취득할 수 있는 법률상의 근거를 마련하였다. 甲은 마사지 또는 지압을 직업으로 삼으려는 사람인데, 개정의료법이 자신의 직업선택의 자유를 침해한다고 주장하면서 헌법소원심판을 청구하였다.[4]

1) 헌법재판소는 헌재 2016. 9. 29. 2016헌마47 등, 헌재 2018. 3. 29. 2017헌마387 등 및 헌재 2020. 9. 24. 2018헌마739 등 결정에서 변호사시험 응시한도를 '5년 내 5회'로 정한 변호사시험법조항에 대하여 직업선택의 자유를 침해하지 않는다고 판단한 바 있다.
2) 헌재 2016. 3. 31. 2013헌마585등(성범죄 의료인의 의료기관 취업제한), 판례집 28-1상, 453, 464, 재범의 위험성과 범죄의 경중에 대한 고려 없이 10년 동안 일률적으로 취업을 금지한다는 점에서 과잉금지원칙에 위반되어 직업선택의 자유를 침해한다고 판단하였다. 같은 취지의 위헌결정으로, 헌재 2018. 6. 28. 2017헌마130등(아동학대관련 범죄자 학교 취업제한); 헌재 2022. 9. 29. 2019헌마813(아동학대관련 범죄자 어린이집 취업제한).
3) 헌재 2014. 6. 26. 2012헌마331(금융감독원 직원 취업제한); 헌재 2024. 3. 28. 2020헌마1527(국민권익위원회 공무원 취업제한).
4) 헌법재판소는 시각장애인 안마사 독점과 관련하여 3차례에 걸쳐 다음과 같이 결정하였다. ① 헌법재판소는 헌재 2003. 6. 26. 2002헌가16 결정에서 시각장애인에 한해 안마사의 자격을 인정하는 근거를 직접 법률에 규정하지 아니하고 '안마사에 관한 규칙'에 위임하는 [의료법조항]이 의회유보원칙 및 포괄위임입법금지원칙을 위반한 것인지 여부에 관하여 합헌으로 결정하였다(재판관 4인의 합헌의견). ② 그 후 헌법재판소는 헌재 2006. 5. 25. 2003헌마715 결정에서 이른바 비맹제외기준(非盲除外基準)을 설정하고 있는 ['안마사에 관한 규칙'조항]이 법률유보원칙이나 과잉금지원칙에 위배하여 일반인의 직업선택의 자유를 침해하는지 여부에 관하여 위헌으로 판단하였다(재판관 7인의 위헌의견). 그러나 국회는 비맹제외기준을 그대로 유지한 채 의료법을 개정함으로써, 시각장애인만 안마사자격를 취득할 수 있는 법률상의 근거를 마련하였다. ③ 헌법재판소는 [개정된 의료법조항]에 대한 헌법소원(헌재 2008. 10. 30. 2006헌마1098)에서 이른바 비맹제외기준을 설정하고 있는 의료법조항의 위헌여부에 관하여, "이 사건 법률조항은 시각장애인에게 삶의 보람을 얻게 하고 인간다운 생활을 할 권리를 실현시키려는 데에 그 목적이 있으므로 입법목적이 정당하고, 다른 직종에 비해 공간이동과 기동성을 거의 요구하지 않을 뿐더러 촉각이 발달한 시각장애인이 영위하기에 용이한 안마업의 특성 등에 비추어 시각장애인에게 안마업을 독점시킴으로써 그들의 생계를 지원하고 직업활동에 참여할 수 있는 기회를 제공하는 이 사건 법률조항의 경우 이러한 입법목적을 달성하는 데 적절한 수단임을 인정할 수 있다. 나아가 시각장애인에 대한 복지정책이 미흡한 현실에서 안마사가 시각장애인이 선택할 수 있는 거의 유일한 직업이라는 점, 안마사 직역을 비시각장애인에게 허용할 경우 시각장애인의 생계를 보장하기 위한 다른 대안이 충분하지 않다는 점, 시각장애인은 역사적으로 교육, 고용 등 일상생활에서 차별을 받아온 소수자로서 실질적인 평등을 구현하기 위해서 이들을 우대하는 조치를 취할 필요가 있는 점 등에 비추어 최소침해성

사례 2 | 헌재 2002. 4. 25. 2001헌마614(경비업의 겸영금지 사건)

甲은 경비업 허가를 받은 후 시설경비업, 기계경비업 등을 영위하고 있는 회사로서, 그동안 경비업을 영위하면서 갖추게 된 사업설비, 경영능력 등을 바탕으로 안전·설비기기판매업, 도난차량회수사업 등 다른 영업을 함께 영위하고 있다. 그런데 2001년 전문개정된 경비업법은 경비업자에게 경비업 이외의 영업을 금지하고, 이를 위반할 경우 경비업 허가를 취소하도록 하면서, 다만 기존에 경비업 허가를 받은 자에 대하여는 위 법 시행일부터 1년까지만 종전의 규정에 의하여 다른 영업을 겸영할 수 있도록 규정하고 있다. 이에 甲은 개정된 경비업법에 의하여 직업의 자유를 침해당했다고 주장하며 헌법소원 심판을 청구하였다.[1]

(1) 객관적 사유에 의한 직업선택의 자유의 제한(객관적 허가요건)이란, 직업선택의 여부를 직업을 선택하려는 자의 개인적인 능력이나 자격과는 하등의 관계가 없는 요건에 결부시키는 경우, 즉 개인이 그 요건의 충족여부에 아무런 영향을 미칠 수 없는 경우를 말한다. 기본권주체의 책임영역 외부에 존재하는 객관적 허가요건은 직업수행에 적합한 지원자의 진입을 차단하는 극단적인 수단으로서 개인의 인격발현에 대한 제한의 정도가 매우 크기 때문에, 엄격한 요건을 갖춘 예외적인 경우에만 허용된다. 즉, '월등하게 중대한 공익'에 대한 '명백하고 현존하는 위험'(입증할 수 있거나 고도의 개연성이 있는 중대한 위험)을 방어하기 위한 경우에 한하여, 기본권의 주체가 자력으로 충족시킬 수 없는 객관적인 사유에 의한 제한이 정당화될 수 있다.[2]

(2) 객관적 허가요건에 속하는 것으로, 국가의 독점, 직업의 금지(가령, 윤락행위의 금지 등), 동일 업종에 있어서 사업자 수의 제한이나 수요의 심사 등을 들 수 있다.[3] 가령, 시내 택시의 수를 제한하는 것은, '지역 대중운송체계의 생존과 기능의 확보'라는 중대한 공익을 위하여 불가결한 경우에 한하여 정당화될 수 있다. 또한, 국가가 일정한 경제활동영역을 스스로 독점하거나 또는 일정 인적 집단에 의한 독점을 규정하는 경우(가령, 시각장애인에 의한 안마사 직업의 독점)도 객관적 사유에 의한 허가요건에 해당한다.

헌법재판소는 경비업자에게 경비업 이외의 영업을 금지하는 것을 객관적 허가요건에 의한 제한으로 판단하였다. 또한, 행정사에게 모든 겸직을 금지하고 그 위반행위에 대하여 형사처벌을 하도록 하는 법률조항을 위헌으로 판단하였다.[4] 의사와 한의사의 복수면허 의료인도 한방이든 양방이든 하

원칙에 반하지 아니하고, 이 사건 법률조항으로 인해 얻게 되는 시각장애인의 생존권 등 공익과 그로 인해 잃게 되는 일반국민의 직업선택의 자유 등 사익을 비교해 보더라도, 공익과 사익 사이에 법익 불균형이 발생한다고 단정할 수도 없다."고 하여 합헌으로 판단하였다(판례집 20-2상, 1089, 1090).

1) 헌재 2002. 4. 25. 2001헌마614(경비업의 겸영금지), 판례집 14-1, 410, "이 사건 법률조항은 청구인들과 같이 경비업을 경영하고 있는 자들이나 다른 업종을 경영하면서 새로이 경비업에 진출하고자 하는 자들로 하여금 경비업을 전문으로 하는 별개의 법인을 설립하지 않는 한 경비업과 그 밖의 업종 간에 택일하도록 법으로 강제하고 있다. 이와 같이 당사자의 능력이나 자격과 상관없는 객관적 사유에 의한 제한은 월등하게 중요한 공익을 위하여 명백하고 확실한 위험을 방지하기 위한 경우에만 정당화될 수 있고, 따라서 헌법재판소가 이 사건을 심사함에 있어서는 헌법 제37조 제2항이 요구하는바 과잉금지의 원칙, 즉 엄격한 비례의 원칙이 그 심사척도가 된다."

2) Vgl. BVerfGE 7, 377, 408.

3) 이 경우, 기존업체의 보호의 관점에서 과잉경쟁을 방지하고자 하는 목적은 그 자체로서 위헌의 소지가 있다. 기존 업체를 경쟁으로부터 보호하고자 하는 목적은 객관적 사유에 의한 제한을 정당화하는 중대한 공익이 될 수 없다.

4) 헌재 1997. 4. 24. 95헌마90(행정사의 겸직금지), 판례집 9-1, 474, 482, "행정사법 제35조 제1항 제1호는 행정사의

나의 의료기관만을 개설할 수 있도록 규정하는 의료법조항도 나머지 면허에 따른 직업선택의 자유를 전면적으로 금지하는 것으로서 위헌으로 판단하였다.[1] 그러나 겸영이나 겸직의 금지를 객관적 허가요건에 의한 제한으로 판단하여 엄격한 기준을 적용하는 것에 대하여 의문이 제기된다.[2]

3. 단계이론과 과잉금지원칙의 관계

가. 단계이론의 의미

독일 연방헌법재판소는 직업의 자유의 영역에서 과잉금지원칙을 적용함에 있어서 단계이론을 통하여 정확성과 합리성을 제고하고 기본권보장의 실효성을 강화하고자 시도하였다. 3단계이론은 직업의 자유에 내재하는 독특한 구조, 즉 직업의 자유를 '직업선택의 자유'와 '직업행사(직업수행)의 자유'로 구분하는 것이 가능하다는 구조를 이용하여 과잉금지원칙을 보다 합리적으로 적용하고자 하는 것이다. 따라서 3단계이론은 그 자체로서 독자적으로 기능하는 이론이 아니라, 과잉금지원칙에 의한 보완을 필요로 하고 과잉금지원칙의 틀 안에서 적용되는 이론이다.

단계이론을 적용하기 위해서는 일차적으로 입법자가 선택한 입법적 수단이 3단계 중에서 어떠한 단계에 해당하는지를 확정해야 하고, 이어서 입법자가 선택한 단계에서 과잉금지원칙을 준수하고 있는지의 여부, 즉 각 단계에서 구체적으로 선택한 수단이 입법목적의 달성을 위하여 적합하고 필요하며 법익균형성을 유지하는지의 여부를 별도로 판단해야 한다. 가령, 직업행사의 자유를 제한하는 법률조항의 위헌여부를 판단함에 있어서 직업행사의 자유는 '합리적인 공익상의 이유'로 제한될 수 있다는 관점에서 이를 단지 형식적으로 확인하는 것에 그친다면, 직업행사의 자유의 보장은 사실상 무의미해질 수 있다. 모든 합리적인 공익이 직업행사의 자유를 제한하는 규정을 자동적으로 정당화할 수 있다면, 직업행사의 자유는 입법자에 의한 임의의 제한에 거의 무방비로 노출된다. 따라서 직업행사의 자유를 규율하는 조치의 합헌성을 판단함에 있어서도, 이러한 조치를 정당화해야 할 필요성의 정도는 구체적인 직업규율조치의 침해강도와 실질적 효과에 따라 달라져야 한다.

나. 단계이론에 의한 과잉금지원칙의 심사

3단계이론은, 직업의 자유를 제한하는 공권력행위의 위헌성이 문제되는 경우 과잉금지원칙의 적용을 용이하게 하기 위하여 개발된 이론으로서, 무엇보다도 최소침해성과 법익균형성의 심사 단계에서 제한의 과잉여부를 판단하는 유용한 기준을 제시한다. 입법자가 선택한 수단이 3단계 중에서 어떠한 단계에 해당하는지를 우선 확인한 다음, 단계이론에 의한 과잉금지원칙의 심사는 아래와 같이 이루어진다.

(1) 첫째, 직업의 자유에 대한 제한이 정당한 목적을 추구하는지, 나아가 입법목적이 각 단계에서 공익에 대하여 제기되는 추상적 요청('합리적 공익', '중대한 공익', '월등하게 중대한 공익')에 부합하는지를 판단해야 한다. 가령, 객관적 허가요건의 위헌여부가 문제되는 경우에는 입법목적이 '월등하게 중대한 공익'에 해당해야 한다.

모든 겸직을 금지하고, 그 위반행위에 대하여 모두 징역형을 포함한 형사처벌을 하도록 하는 내용으로 규정하고 있으므로 공익의 실현을 위하여 필요한 정도를 넘어 직업선택의 자유를 지나치게 침해하는 위헌적 규정이다."

1) 헌재 2007. 12. 27. 2004헌마1021(한방·양방 복수 의료기관 개설금지).
2) 이에 관하여 아래 V. 1. 참조.

(2) 둘째, 입법자가 채택한 수단이 입법목적을 달성하기에 적합한지를 판단한다. 수단의 적합성의 단계에서 3단계이론은 공권력행위의 위헌성을 판단하는 아무런 별도의 지침을 제공하지 않는다. 이 단계에서의 심사는 다른 기본권이 제한되는 경우와 차이가 없다.

(3) 셋째, 최소침해성 원칙의 관점에서, 3단계이론은 우선 직업의 자유를 가장 적게 제한하는 방법으로 입법목적의 달성을 시도해 보고, 그 방법으로는 추구한 목적의 달성이 어려운 경우에 다음 단계, 즉 직업의 자유를 더욱 제한하는 방법을 사용할 것을 요청한다. 최소침해성원칙의 위반여부를 판단하기 위해서는 문제되는 공권력행위에 대한 '대안'으로서 '기본권을 보다 적게 제한하는 수단'을 제시해야 하는데, 3단계이론은 직업의 자유에 대한 제한의 강도에 따른 代案 가능성을 제시하고 있다. 최소침해성 위반여부를 판단하기 위해서는 보다 낮은 단계에서의 제한을 통해서도 마찬가지로 입법목적을 달성할 수 있는지를 판단해야 한다. 한편, 공권력행위가 '직업행사의 자유'를 제한하는 경우에는 이러한 제한은 3단계 중에서 가장 낮은 단계의 제한에 해당하므로, 3단계이론이 제공하는 대안이 고려될 여지가 없다. 이 경우에는 문제되는 공권력행위에 대한 대안을 일반적인 최소침해성의 관점에시 스스로 찾아 제시해야 한다.[1]

(4) 넷째, 법익균형성원칙의 관점에서 볼 때, '기본권의 제한효과가 클수록 기본권의 제한을 통해서 실현하려는 목적은 더욱 중대해야 한다'는 일반적 원리에 따라, 3단계이론은 직업의 자유에 대한 제한의 강도가 높아질수록 제한의 목적도 그에 비례하여 중대해야 할 것을 요청한다. 이에 따라, 객관적 허가요건은 직업의 자유에 대한 중대한 제한효과에 비추어 '월등하게 중대한 법익'에 대한 '명백하고 현존하는 위험'의 방지를 위하여 필요한 경우에만 정당화된다. 주관적 허가요건은 일정한 요건을 충족시키지 아니하고 직업을 정상적으로 수행하는 것이 불가능하거나 일반국민에 대한 위험이나 피해를 초래할 경우, 즉 '중대한 공익'에 의하여 요청되는 경우에만 정당화된다. 직업행사에 관한 규율은 '공익상의 합리적인 이유'로 직업행사에 대한 규율이 필요한 경우에 정당화된다.

4. 단계이론과 명확성원칙·본질성이론의 관계

사례 1 | 헌재 2003. 6. 26. 2002헌가16(제1차 안마사자격 사건)

의료법은 안마사의 자격인정에 관하여 직접 규율하지 아니하고 보건복지부령에 위임하였고, 보건복지부장관은 '안마사에 관한 규칙'에서 시각장애인에 한하여 안마사의 자격을 인정하도록 규정하였다. 시각장애인에 한하여 안마사의 자격을 인정하는 근거를 법률에 규정하지 않은 의료법규정은 의회유보원칙에 위반되는가?[2]

---

[1] 예컨대, 의료보험 요양기관 강제지정제 사건(헌재 2002. 10. 30. 99헌바76)에서 심판대상조항인 강제지정제는 제한의 단계 중 가장 기본권에 우호적인 단계인 '직업행사의 자유에 대한 제한'에 해당하기 때문에, 3단계이론은 최소침해성의 판단을 위한 대안을 제시하지 못한다. 따라서 최소침해성의 판단을 위하여 기본권을 보다 적게 제한하는 대안을 스스로 제시해야 한다. 이에 따라 헌법재판소는 '계약지정제가 아니라 강제지정제를 택한 것의 최소침해성 위반여부', '강제지정제를 택하면서 예외를 두지 않은 것의 최소침해성 위반여부' 등의 대안을 제시하여 판단하였다. 이러한 사례가 보여주는 바와 같이, 문제되는 공권력행위가 '직업행사의 자유'를 제한하는 것이 과잉인지를 묻는 경우에는, 3단계이론은 대안을 제시하지 못하기 때문에 스스로 대안을 찾아야 한다.

[2] 헌재 2003. 6. 26. 2002헌가16(제1차 안마사자격), 판례집 15-1, 663, 664, [재판관 5인의 위헌의견] "안마사에관한규칙 제3조 제1항이 시각장애인 아닌 사람은 안마사자격을 원천적으로 받을 수 없도록 하고 있는 것은 국민들의 직

사례 2 헌재 2006. 5. 25. 2003헌마715 등(제2차 안마사자격 사건)

의료법은 안마사의 자격인정에 관하여 직접 규율하지 아니하고 보건복지부령에 위임하였고, 보건복지부장관은 '안마사에 관한 규칙'에서 시각장애인에 한하여 안마사 자격인정을 받을 수 있도록 규정하였다. 이에 甲은 스포츠마사지 시술방법을 가르치는 학원 등에서 관련교육을 받고서 스포츠마사지 등 직종에서 일하고자 하나, 위 규칙조항으로 인하여 안마사자격을 원천적으로 받을 수 없게 되자, 시각장애인이 아닌 일반국민의 직업선택의 자유를 침해한다고 주장하면서 헌법소원심판을 청구하였다.[1]

가. 직업의 자유를 규율하는 법규범의 명확성의 정도

직업의 자유는 헌법 제37조 제2항에 따라 법률로써 제한될 수 있다. 입법자가 법률로써 직접 직업의 자유를 제한하는 경우 규율의 효과가 중대할수록 법률의 명확성에 대하여 보다 엄격한 요청을 하게 되므로, 입법자가 '직업선택의 자유'를 규율하는 경우에는 '직업행사(직업수행)의 자유'를 규율하는 경우에 비하여 보다 명확하게 규정해야 한다.

나아가, 법률의 위임에 근거하여 제정된 행정입법이나 조례도 3단계이론의 취지에 비추어 3단계 중 제한의 강도가 강한 단계에서 규율할수록 보다 명확해야 한다.

나. 직업의 자유에 대한 규율을 행정부에 위임하는 수권법률의 명확성의 정도

마찬가지로, 입법자가 직업의 자유에 대한 상세한 규율을 행정입법이나 조례에 위임하는 경우에도, 개인의 인격발현에 중대한 효과를 가져오는 영역인 직업선택의 자유를 규율하는 경우에는, 직업행사의 자유를 규율하는 경우와 비교할 때 보다 명확하게 규율함으로써, 행정입법이나 조례의 제정에 있어서 준수해야 할 기본적인 지침을 제공해야 한다. 헌법은 제75조에서 입법자가 행정청에 입법권을 위임하는 경우에 준수해야 하는 명확성원칙을 규정하고 있다. 헌법 제75조는 '국가공동체의 본질적인 결정은 입법자에 유보되어야 한다'는 소위 '본질성이론'이 입법권을 행정입법에 위임하는 과정과 관련하여 구체화된 헌법적 표현이라 할 수 있다.[2] 기본권제한의 효과가 중대할수록 입법자가 보다 명확하게 규율해야 한다면, 이는 곧 중대한 기본권제한을 야기하는 사안에 관해서는 입법자가 그 규율을 행정입법이나 조례에 위임해서는 안 되고 스스로 규율해야 한다는 것을 의미한다.

따라서 비록 구체적 사안에 관한 규율이 행정입법이나 조례 또는 행정행위에 의하여 이루어진다

업선택의 자유를 제한하는 것으로 이는 기본권의 제한과 관련된 중요하고도 본질적인 사항이어서 마땅히 법률로 정하는 것이 원칙이고 하위법규에 그 입법을 위임할 수 없는 문제이다. 그러므로 이는 의회유보원칙을 위반한 것이다. 또한 이 조항은 하위법규에 입법을 위임하면서 아무런 기준과 범위를 설정하지 아니하여, 비맹제외기준 같은 것을 시사하는 규정은 이를 발견하기 어렵다. 그러므로 이는 포괄위임을 금지한 헌법 제75조에 위반된다."

1) 헌재 2006. 5. 25. 2003헌마715 등(제2차 안마사자격) 판례집 18-1하, 112, 113, [위헌의견 7인 중 재판관 3인의 위헌의견] "안마사 자격인정에 있어서 비맹제외기준은 기본권의 제한과 관련된 중요하고도 본질적인 사항임에도 불구하고, 이 사건 규칙조항은 모법으로부터 구체적으로 범위를 정하여 위임받지 아니한 사항을 기본권 제한사유로 설정하고 있으므로, 위임입법의 한계를 명백히 일탈한 것으로서 법률유보원칙에 위배된다. 또한 비맹제외기준은 시각장애인을 보호하고 이들의 생계를 보장하기 위한 것으로서 입법목적이 정당하다고 하더라도, 특정 지역에 대한 일반인의 진입 자체를 원천적으로 봉쇄하고 있어 합리적이고 적절한 수단이라 할 수 없고, 시각장애인 중에서도 일부에 불과한 등록안마사를 위하여 나머지 신체장애인 나아가 일반 국민의 직업선택의 자유를 지나치게 침해함으로써 기본권침해의 최소성원칙에도 어긋나며, 이를 통해 달성하려는 시각장애인의 생계보장 등 공익에 비하여 비(非)시각장애인들이 받게 되는 기본권침해의 강도가 지나치게 커서 법익의 균형성을 상실하고 있다."

2) 이에 관하여 상세하게 제4편 제3장 제2절 제3항 Ⅲ. 4. 마. 참조.

하더라도, 입법자는 기본권제한의 본질적인 사안을 형식적 법률로써 스스로 규율해야 한다. 이에 따라 '직업선택의 자유'에 대한 제한은 원칙적으로 형식적 법률에 의하여 규율되어야 하고, '직업행사의 자유'에 대해서는 그 상세한 규율을 원칙적으로 행정입법이나 조례에 위임할 수 있다. 조례에 위임하는 경우에는 헌법 제75조의 직접적인 적용을 받지 않으나, 일반원칙인 '본질성이론'에 따라 입법자는 직업선택의 자유를 규율하는 경우에는 스스로 본질적인 것을 정해야 하고 직업활동의 전체상(全體像)을 그 대강에 있어서 규정해야 한다는 요청이 나온다.

5. 단계이론의 문제점

> **사례** | 헌재 2008. 11. 27. 2006헌마352(방송광고 판매대행 사건)
>
> 甲은 국내외 지상파 방송광고 판매대행 사업 및 국내외 CATV, 위성방송, DMB 등의 방송광고 판매대행 사업 등을 목적으로 설립된 주식회사이다. 그런데 구 방송법 및 시행령은 한국방송광고공사와 이로부터 출사를 받은 회사가 아니면 지상파방송사업자에 대해 방송광고 판매대행을 할 수 없도록 규정하고 있다. 따라서 한국방송광고공사의 출자 없이 설립된 甲 회사는 위 방송법 및 시행령에 의해 지상파방송사에는 방송광고 판매대행 사업을 할 수 없다. 이에 甲은 위 규정들이 자신의 직업선택의 자유와 평등권 등을 침해한다고 주장하며, 헌법소원심판을 청구하였다.[1]

가. 단계 사이의 구분의 모호함

단계이론에 대하여 제기되는 중대한 비판은 단계들 사이의 경계가 모호하다는 점이다. 직업선택과 직업행사의 구분은 경우에 따라 불명확하다. 법률에 의한 기본권제한이 어느 단계에 귀속되는지에 따라 양 영역에 대한 제한의 가능성이 다르고 법률의 위헌여부가 달리 판단될 수 있다는 점에서, 양자의 구분은 중요한 의미를 가진다. 특정 직업활동을 금지하는 경우, 자유롭게 선택할 수 있는 직업의 활동영역 중 단지 특정한 일부 활동영역이 금지되었기 때문에 이러한 금지가 단지 직업행사(직업수행)의 자유에 대한 규율로 보아야 하는지 아니면 금지가 특정 직업의 활동영역 전체를 포괄하기 때문에 직업선택의 자유에 대한 규율로 보아야 하는지의 문제가 제기된다. 직업의 활동범위를 좁게 확정할수록 직업선택의 자유에 관한 규정이 인정될 수 있는 가능성이 크고, 이를 넓게 확정할수록 직업행사의 자유에 관한 규정이 인정될 수 있는 가능성이 크다.[2]

---

1) 헌재 2008. 11. 27. 2006헌마352(방송광고 판매대행), 판례집 20-2하, 367, 381, [한국방송광고공사와 이로부터 출자를 받은 회사가 아니면 지상파방송사업자에 대해 방송광고 판매대행을 할 수 없도록 규정하고 있는 구 방송법 및 시행령규정이 방송광고판매대행업자인 청구인의 직업수행의 자유를 침해하는지 여부(적극)], "그런데 방송이라는 매체를 통해 광고를 판매할 수 있는 곳이 지상파방송 이외에도 존재하지만, 지상파 방송광고가 전체 방송광고 시장의 대부분을 차지하고 있는 우리나라 광고시장의 현실을 감안할 때, 지상파방송사업자에 대한 방송광고 판매대행을 한국방송광고공사나 이로부터 출자를 받은 방송광고 판매대행사만 하도록 하는 것은 청구인과 같은 민영 방송광고 판매대행사의 직업수행의 자유를 유명무실하게 할 우려가 있다. 이와 같이 직업수행의 자유에 대한 제한이지만 그 실질이 직업수행의 자유를 형해화시키는 경우에는 그것이 직업선택이 아닌 직업수행의 자유에 대한 제한이라고 하더라도 엄격한 심사기준이 적용된다 할 것이다."

2) 헌재 2002. 12. 18. 2000헌마764(교통수단이용 광고제한), 판례집 14-2, 856, 870-871, "이 사건의 경우, 이 사건 시행령조항에 의한 제한이 청구인들의 인격발현과 개성신장에 미치는 비교적 경미한 효과를 고려할 때, '비영업용 차량을 광고매체로 이용하는 광고대행업'은 하나의 독립된 직업이 아니라 단지 '광고대행업'을 행사하는 방법의 하나라고 판단되므로, 위 시행령조항은 '광고대행업'이란 직업의 행사방법을 제한하는 규정이다."

따라서 법률이 직업선택 또는 직업행사를 제한하는지의 판단은 적지 않은 경우 職業像의 구체적 확정과 경계설정에 달려있다. 가령, 법률이 保險醫의 허가요건을 규율하는 경우, 보험의를 독자적인 직업으로 이해한다면, 위 법률은 직업선택의 자유를 제한하는 법률일 것이고, 이에 대하여 보험의를 단지 '開業醫'라는 직업을 행사하는 하나의 방법으로 이해한다면, 위 법률은 직업행사의 자유를 제한하는 법률일 것이다. 이러한 예는 특정 경제활동을 직업상에 귀속시키는 것이 상당히 불확실하고 자의적일 수 있음을 보여주고 있다.[1]

뿐만 아니라, 직업활동이 법질서에 위반되는 경우 이로 인한 면허나 등록의 취소는 직업에의 진입 자체를 막는 것이 아니라 단지 일정 기간 직업활동을 할 수 없도록 한다는 점에서 직업행사의 자유에 대한 제한에 해당한다고 볼 수도 있고, 면허나 등록의 취소로 인하여 일정 기간 직업행사를 할 수 없는 경우 그 실질적 효과에 있어서 사실상 직업선택의 자유를 제한한다고 볼 수도 있다.[2]

나. 단계이론의 硬直性과 形式性

단계이론의 또 다른 문제점은 '낮은 단계에서의 제한'도 그 실질적 제한효과에 있어서 '높은 단계에서의 제한'과 유사한 제한의 강도를 가질 수 있다는 점이다.

예컨대, 開業醫를 保險醫의 허가로부터 배제하는 것은 단지 직업행사(직업수행)의 자유에 대한 제한으로 볼 수 있으나, 사회보험에 가입한 환자가 지배적인 상황에서 단지 私保險 환자만을 진료할 수 있는 개업의는 일반적으로 존속이 어렵다는 점에서 경제적인 효과의 측면에서는 객관적인 허가요건과 동일하다고 볼 수 있으므로, 이에 상응하는 엄격한 요건을 제기하는 것이 정당화된다. 마찬가지로, 위 '방송광고 판매대행 사건'의 경우, 그 규율형식에 있어서는 '직업행사의 자유에 대한 제한'에 귀속시킬 수 있으나, 청구인이 한국방송광고공사의 출자여부에 관하여 영향을 미칠 수 없다면, 그 제한의 효과와 강도는 사실상 '객관적 허가요건에 의한 직업선택의 자유에 대한 제한'과 유사한 것이다.[3] 또한, 주관적 허가요건은 침해강도나 침해의 실질적 효과에 있어서 객관적인 진입장벽과 사실상 마찬가지로 작용할 수 있다. 이러한 점에서, 단계이론에 의한 형식적인 경계설정과 귀속은 제한입법의 사실상의 침해강도를 모든 경우에 정확하게 표현할 수 없다.

다. 직업의 자유의 제한을 정당화하는 公益의 差等化의 문제

단계이론은 직업의 자유에 대한 제한을 정당화하는 법익으로서 공익의 多樣性(합리적 공익 · 중대

---

1) 또한, 퇴직공직자에 대하여 퇴직 후 일정 기간 동안 퇴직 전 근무하였던 부서의 업무와 밀접한 관련이 있는 有關 사기업체에의 취업을 제한하는 것이 직업선택의 자유에 대한 제한인지 아니면 직업행사의 자유에 대한 제한인지 불명확하다. 퇴직공무원이 일정 기간 동안 유관 사기업체의 취업이 불가능하다는 점에서 직업선택의 자유에 대한 제한으로 볼 수도 있지만, 모든 사기업체에의 취업 자체를 금지하는 것이 아니라 단지 특정 유관사기업체에의 취업을 제한한다는 점에서는 직업행사의 자유에 대한 제한으로 볼 수 있다.

2) 직업행사를 규율하는 규정이 특히 법적으로 규정된 제재조항과 결합하여 직업선택의 자유를 제한하는 효과를 발생시키는 경우, 가령, 직업행사와 관련되어 부과되는 의무의 위반에 대하여 영업허가의 취소를 규정하고 있는 경우, 직업행사규정은 직업선택에 대한 제한의 경우와 마찬가지로 엄격한 헌법적 요건을 충족시켜야 한다, vgl. BVerfGE 72, 26, 33.

3) 헌재 2008. 11. 27. 2006헌마352(방송광고 판매대행), 판례집 20-2하, 367, "이 사건 규정은 지상파 방송광고 판매대행 시장에 제한적 경쟁체제를 도입함과 동시에 방송의 공정성과 공익성, 그리고 다양성을 확보하기 위해 한국방송광고공사와 이로부터 출자를 받은 회사에게만 지상파 방송광고 판매대행을 할 수 있도록 하고 있으나 아직까지 한국방송광고공사가 지상파 방송광고 판매대행을 할 수 있도록 출자를 한 회사는 한 곳도 없어 여전히 한국방송광고공사의 독점체제가 유지되고 있는바, 이는 지상파 방송광고 판매대행 시장에 제한적으로라도 경쟁체제를 도입한 것이라고 볼 수 없다."

한 공익·월등하게 중대한 공익)을 전제로 하고 있다. 그런데 단계이론의 또 다른 문제점은, 직업제한입법이 추구하는 입법목적을 그 중대성에 있어서 판단하여 합리적 공익·중대한 공익·월등하게 중대한 공익으로 차등화된 단계에 귀속시키는 것이 매우 어렵다고 하는 점이다. 헌법은 공익의 위계질서나 우위관계에 관한 어떠한 표현도 하고 있지 않으며, 공익을 '합리적 공익', '중대한 공익' 또는 '월등하게 중대한 공익'으로 평가하는 것에 대한 어떠한 내용적 기준도 제시하고 있지 않다. 물론, 독일의 경우에는 공익을 그 중대성과 비중에 따라 상대적 공익·절대적 공익 등으로 차등화 하는 관점이 학계와 판례에서 제시되고는 있지만,[1] 이러한 기준이 어느 정도로 합리적인 기준이 될 수 있는지에 관하여 의문이 제기될 뿐만 아니라 공익의 중대성에 대한 평가는 헌법재판소의 주관적 평가와 가치판단에 달려있다고 하는 비판이 끊이지 않고 있다.

라. 실체적 관점에 의한 단계이론의 보완 필요성

단계이론에 의하면, 직업규율규정을 제한의 3단계 중에서 하나의 단계에 귀속시킴으로써 직업의 자유의 보호 강도가 결정된다. 단계이론의 목적이자 법리적 기여는 바로 심판대상조항인 직업규율규정이 어느 단계에 해당하는지의 확인을 통하여 직업의 자유가 보호되는 강도 또는 입법자가 제한할 수 있는 권한의 정도를 결정하고자 하는 것에 있는데, 바로 단계에 따라 보호강도를 형식적으로 확정하는 것에 단계이론의 문제점이 있다. 직업행사와 직업선택의 구분은 그 자체가 목적이 아니라 제한되는 기본권영역의 확인을 통하여 기본권침해의 강도를 표현하는 하나의 중요한 징표에 불과하므로, 입법자의 제한입법을 아무런 비판적 심사 없이 형식적으로 귀속시키는 것은 배제되어야 한다.

이러한 관점에서 볼 때, 특정 단계에의 귀속이 보호 강도를 확정적·최종적으로 결정할 수 없으므로, 단계이론의 형식성은 '제한의 실체적 중대함'이라는 관점에 의하여 보완되고 수정되어야 한다. 따라서 '낮은 단계에서의 제한'이 그 실질적 효과에 있어서 '높은 단계에서의 제한'과 유사한 제한강도를 보이는 경우에는, 심판대상조항을 3단계 중에서 특정 단계에 일단 형식적으로 귀속시킨 후, 확정된 단계에 따른 비례심사 대신에 실질적 침해의 강도에 상응하는 '강화된 정당성의 요건'에 의한 심사가 이루어진다. 이로써 다음 단계의 법익교량의 기준이 적용되는 것이다. 그러므로 형식적인 관점에서는 '직업행사에 관한 규율'로 귀속시킬 수 있는 제한도 실질적인 침해의 강도에 있어서 '직업선택의 자유에 대한 제한'에 상응한다면, 그러한 제한규정은 '직업선택의 자유의 제한'에 있어서 요구되는 헌법적 요건을 준수해야 한다.

6. 단계이론의 유용성

직업의 자유를 제한하는 법률조항의 위헌여부를 판단하기 위하여 단계이론이 반드시 필요한 것

1) 어떠한 목적을 위하여 개인의 자유를 제한할 것인지는 원칙적으로 입법자가 자유롭게 결정할 문제이므로, 입법자는 일반적으로 입법 당시의 구체적 정치·경제·사회적 상황을 고려하여 기본권의 제한을 정당화하는 공익을 스스로 결정할 수 있는데, 이러한 공익을 '상대적 공익'이라 한다. 이에 대하여 정치적 관점이나 사회·경제적 상황에 따라 그 의미가 수시로 달라지고 상황의 변화에 따라 등장하는 상대적 공익이 아니라, 정치적·사회적 상황의 변화와 관계없이 기본적으로 보호되어야 하는 법익(가령, 개인의 생명이나 건강)이나 헌법에 스스로 표현된 보호법익(가령, 국가형벌권의 행사)이 있는데, 이를 '절대적 공익'이라 한다(BVerfGE 13, 97, 101; BVerfGE 30, 1, 20). 직업행사에 관한 규정이나 주관적 허가요건의 경우, 입법자는 절대적인 공익뿐만 아니라 헌법이 허용하는 범위 내에서 정치적 판단에 의하여 추구하는 목표를 자유롭게 확정할 수 있다. 이에 대하여, 객관적 허가요건에 의하여 추구하는 목표는 상황의 구속을 받는 정치와 무관하게 일반적으로 인정되는 '절대적 공익'이어야 한다.

은 아니다.[1] 모든 자유권을 제한하는 공권력행위의 위헌여부를 판단하는 심사기준은 과잉금지원칙이므로, 직업의 자유의 경우에도 직접 과잉금지원칙을 기준으로 하여 직업규율규정의 위헌여부를 판단할 수 있음은 물론이다.

그러나 단계이론은 위와 같은 문제점에도 불구하고 직업의 자유의 영역에서 헌법재판의 예측성과 객관성을 확보하는 데 상당 부분 기여할 수 있다. 3단계이론이 요구하는 단계의 확정은 이미 그 자체만으로도 큰 의미가 있다. 3단계이론은 기본권제한입법이 기본권제한의 효과에 있어서 어느 단계에 해당하는 것인지(단계의 확정)에 관한 판단을 요구함으로써, 이를 통하여 기본권제한의 정도와 실질적 효과를 가늠할 수 있고, 이로써 직업을 규율하는 법률에 대하여 이에 상응하여 헌법적으로 정당화할 것을 요구할 수 있기 때문이다. 헌법재판소가 직접 과잉금지원칙을 적용하는 경우에는 다른 기본권제한의 경우와 마찬가지로 법익형량의 일원적이고 추상적인 구조를 벗어날 수 없다. 그러나 단계이론은 기본권제한의 효과를 3단계로 구체화함으로써, 자유제한의 정당성을 판단함에 있어서 논증의 합리성과 정확성을 제고할 수 있는 것이다. 설사, 입법목적의 정당성의 단계에서 단계이론의 원형에 따라 공익의 중대성을 추상적으로 판단하는 것을 포기한다 하더라도, 수단의 최소침해성과 법익균형성의 단계에서 보다 구체적으로 과잉금지원칙을 적용할 수 있다는 점을 부인할 수 없다.

V. 헌법재판소의 판례 경향 및 문제점

1. 단계이론의 적용에 있어서 문제점

가. 단계이론과 과잉금지원칙의 관계에 관한 불명확성

독일 연방헌법재판소와 마찬가지로, 헌법재판소도 직업의 자유를 제한하는 법률의 위헌여부를 판단함에 있어서 2가지 상이한 경향을 보이고 있다. 헌법재판소는 다수의 결정에서 3단계이론에 의한 단계를 언급조차 하지 아니하고 일반적인 과잉금지원칙을 적용하여 판단하고 있는 반면, 일련의 결정에서는 '직업의 자유에 대한 제한'을 '직업행사(직업수행)의 자유에 대한 제한'과 '직업선택의 자유에 대한 제한'으로 구분하여 기본권제한의 효과에 따라 헌법적 정당화의 요건을 달리할 뿐만 아니라 나아가 명시적으로 3단계이론을 적용하고자 시도하고 있다.[2] 한편, 헌법재판소는 일부 결정에서 3단계이론을 적용하는 경우에도, 단계이론과 과잉금지원칙의 관계를 명확하게 인식하고 있지 못하기 때문에, 과잉금지원칙의 위반여부를 판단하는 과정에서는 3단계이론을 제대로 적용하지 못하고 있다.[3]

나. 단계이론의 적용에 있어서 경직성

(1) 단계이론을 적용함에 있어서 기본권제한입법을 어느 단계에 귀속시키는지에 따라 기본권제한의 정당성에 대한 요청이 형식적으로 결정되므로, 단계의 확정은 위헌심사의 결과와 타당성을 좌우

---

1) 독일의 학계에서는 '단계이론의 경직성과 상대성을 고려하여 적용한다면 과잉금지원칙을 기준으로 하는 위헌심사에 있어서 단계이론을 출발점으로 삼는 것은 유용하고 의미가 있으며, 단계이론을 불필요한 이론으로 비난하는 것은 부적절하다'는 견해와 '과잉금지원칙으로도 동일한 결과에 이를 수 있기 때문에, 단계이론을 포기하고 대신 과잉금지원칙을 적용해야 한다'는 견해가 대립하고 있다.
2) 헌재 2003. 9. 25. 2002헌마519(학원강사의 자격제한), 판례집 15-2상, 454, 472-473; 헌재 2002. 12. 18. 2000헌마764(교통수단이용 광고제한), 판례집 14-2, 856, 870.
3) 가령, 경비업의 겸영금지 사건(헌재 2002. 4. 25. 2001헌마614)에서 과잉금지원칙에 따라 심판대상조항의 위헌여부를 판단함에 있어서 3단계이론을 제대로 적용하지 못하는 문제점을 보이고 있다.

하는 결정적인 요소이다. 따라서 단계이론이 과잉금지원칙을 보완하는 관점으로서 기여하기 위해서는, 단계이론이 제공하는 '형식성'의 장점은 기본권제한입법의 실질적 제한효과를 고려하는 실체적 관점에 의하여 보완되어야 한다. 이러한 경우에만, 단계의 확정을 통하여 과잉금지원칙에 의한 심사의 정확성과 합리성을 제고하려는 단계이론의 본래 의도가 달성될 수 있다.

(2) 한편, 헌법재판소는 헌재 2002. 4. 25. 2001헌마614(경비업의 겸영금지 사건)에서 경비업자에게 경비업 이외의 영업을 금지하는 것을 객관적 허가요건에 의한 제한으로 판단하였는데, 단계이론을 형식적으로 적용한 대표적인 사례라고 할 수 있다.[1] 개인이 원하는 특정 직업에 대한 진입을 입법적으로 금지하는지 또는 단지 제2의 직업에 대한 진입장벽을 설정하는지는 근본적으로 다르다. 2가지의 직업을 동시에 행사하는 것을 금지하는 겸직(겸영)금지규정의 경우, 특정 직업의 선택을 금지한다는 점에서 형식적으로는 객관적 사유에 의한 직업선택의 자유에 대한 제한에 해당하나, 직업을 선택하고자 하는 자가 2가지 직업 중에서 적어도 한 가지 직업을 자유롭게 선택할 수 있다는 점에서는 일반적으로 객관적 허가요건과 동일하게 엄격한 요청을 할 수 없다. 겸직금지규정의 적용을 받는지의 여부는, 기본권의 주체가 스스로 2가지 직업 중 다른 직업을 동시에 행사하는지에 달려있으므로, 이는 결국 기본권주체의 내부 영역에서 발생하는 요건으로 볼 수 있고, 이로써 주관적 허가요건으로 평가할 수 있다. 따라서 이러한 경우에는 겸직금지규정이 기본권의 주체에 초래하는 실질적 효과를 기준으로 삼아 판단해야 할 것이다.

2. 資格制度의 위헌심사에 있어서 문제점

가. 입법자에 의한 職業像의 확정

(1) 오늘날 경제활동의 기능적 분화와 전문화의 과정에서 어느 사회에서나 존재하는 직업제도가 발생하였고, 직업의 사회적 중요성에 비추어 차별화되고 적정한 직업허가요건과 직업행사방법에 관한 합리적인 규율의 필요성이 제기되었다. 나아가, 민주국가에서 공동체의 중요한 사안에 관하여 입법자의 결정을 요구하는 본질성이론의 관점에서도, 입법자가 직업요건의 본질적인 것에 관하여 스스로 규율해야 한다는 요청이 나온다. 입법자는 전형적인 직업의 職業像을 법적으로 확정하는 권한, 즉 직업활동의 내용 및 직업행사의 자격요건(직업교육, 시험 등 주관적 허가요건)을 규범화하는 권한을 가진다. 주관적 허가요건은 입법자가 직업상을 법적으로 규율한 것의 한 부분이다. 오늘날 입법자에 의하여 규율되지 않은 직업활동을 거의 찾아 볼 수 없을 정도로, 입법자는 대부분의 전형적인 직업활동을 법적으로 규율하고 있다.

(2) 입법자가 職業像을 類型化·規格化·體系化를 통하여 확정하는 것은 다음과 같은 효과를 가진다. 첫째, 특정 직업상의 법적인 확정은 필연적으로 당해 직업의 獨占化를 초래한다. 규범적으로 확정된 개인적·전문적·경제적 요건을 충족시키는 직업지망자에 의해서만 당해 직업은 선택될 수 있다. 입법자가 직업상을 확정한다는 것은 직업허가요건을 충족시키지 못한 집단을 직업선택(진입)으로부터 배제한다는 것을 의미하고, 직업선택과 직업행사에 대한 특정한 요건을 확정함으로써 특정 경제적 활동을 하나의 직업집단에게 독점시킨다는 것을 의미한다. 둘째, 직업을 선택하고자 하는 사람은 입법자가 법적으로 형성한 형태로만 직업을 선택할 수 있고, 이러한 생활영역에서 비전형적인

---

1) 헌재 2002. 4. 25. 2001헌마614(경비업의 겸영금지), 판례집 14-1, 410.

직업활동의 가능성은 배제된다. 이로써 '직업선택의 자유'는 입법자에 의하여 '유형화·규격화·체계화를 통하여 형성되고 확정된 직업의 자유로운 선택'에 제한된다. 개인이 비전형적인 직업을 선택할 기본권적 자유는 입법자가 직업상을 확정하지 않은 경우에만 존재한다.

나. 職業像의 확정에 있어서 헌법적 한계

비록, 직업상을 법률로써 확정해야 할 필요성이나 당위성은 규율대상인 직업활동 그 자체, 즉 직업활동으로 인한 법익충돌의 가능성으로부터 나오는 것이고, 이로써 입법자에 의한 규율의 필요성은 사물의 본성으로부터 나오는 요청이라 하더라도, 이는 입법자가 공익상의 이유로 직업의 자유를 제한할 수 있다는 것을 의미하는 것일 뿐, 무제한적으로 제한할 수 있다는 것을 의미하는 것은 아니다. 따라서 입법자가 법률에 의하여 직업상을 확정하였다고 하여, 단계이론이나 과잉금지원칙을 근거로 하는 구체적인 심사가 불필요하게 되는 것은 아니다. 단순히 법률에 의하여 확정된 職業像을 언급함으로써, 직업허가나 직업행사에 대한 제한이 정당화될 수 없다.

직업상을 법적으로 확정하는 한계가 어디에 있는지는 일반적으로 서술할 수 없으나, 입법자가 규율하고자 하는 직업활동영역으로부터 사물의 본질상 스스로 나오는 것을 법률로써 그대로 반영하는지 아니면 충분한 합리적인 이유 없이 직업활동의 본질에 의하여 이미 정해진 것과는 다른 규율을 자의적으로 강요하는지를 구분함으로써 규율의 한계에 관한 일차적인 기준을 찾을 수 있다.[1] 입법자는 직업지망자에 대하여 사물의 본성으로부터 나오는 것 이상으로 직업교육과 직업허가요건 등을 원칙적으로 요구해서는 안 된다. 입법자는 직업의 分化와 專門化를 충분히 고려하여 일정한 범주의 경제적 활동영역을 하나의 직업으로 통합해야 하고 이러한 기반 위에서 하나의 통일된 요건을 제시해야 한다. 입법자는 경제활동영역을 유형화할 수밖에 없고, 이러한 기반 위에서 평균적으로 요청되고 정당화되는 자격요건에서 출발할 수밖에 없기 때문에, 여기서 입법자에게는 어느 정도 형성공간이 인정된다.

그럼에도, 직업상의 확정은 직업허가요건을 충족시키는 집단에게 당해 직업활동을 독점시키는 효과를 초래하기 때문에, 직업상의 법적 확정에 의하여 규율된 활동영역이 반드시 일정 직업집단에 독점되어야 하는지에 관한 심사를 요청한다. 직업상을 규격화하고 유형화하는 입법자의 권한은 직업의 자유의 보장의 관점에서 정당화되어야 한다. 따라서 직업의 자유를 제한하는 입법의 헌법적 허용여부를 판단하는 기준인 과잉금지원칙과 단계이론은 직업상을 확정하고 형성하는 경우에도 마찬가지로 적용되어야 한다. 독점적 효과를 가진 직업상의 확정은 직업선택의 자유에 대한 제한으로서 평가되어야 하고, 이러한 제한은 단계이론에 따라 중대한 공익의 관점에서만 정당화될 수 있다.

다. 자격제도의 위헌심사에 있어서 헌법재판소 판례의 문제점

헌법재판소는, 입법자가 일정한 전문분야의 자격제도나 자격시험을 규율하는 경우에는 광범위한 입법형성권을 인정하고 있다.[2] 헌법재판소는 "입법부가 일정한 전문분야에 관한 자격제도를 마련

---

1) Vgl. BVerfGE 13, 97, 106(수공업자의 匠人 資格 결정), "입법자는 직업상의 법적 형성을 통하여 당해 직업의 영역에서 전통적으로 형성된 그리고 사실상 존재하는 관계를 왜곡해서는 안 된다. 입법자는 직업상을 확정함에 있어서 당해 활동의 '사전에 정해진 사실관계'를 고려해야 하고, 나아가 사실상의 관습, 전통, 합리성을 기준으로 삼아야 한다."

2) 헌재 2000. 4. 27. 97헌바88(세무사자격의 제한), 판례집 12-1, 495, 501-502; 헌재 2001. 9. 27. 2000헌마152(세무사 자격 자동취득제도 폐지), 판례집 13-2, 338, 345,; 동일한 취지로 헌재 2007. 4. 26. 2003헌마947 등(영어대체시험 제도); 헌재 2006. 4. 27. 2005헌마997(변호사자격의 결격사유); 헌재 2007. 5. 31. 2003헌마422(군법무관의 차별);

함에 있어서는 그 제도를 마련한 목적을 고려하여 정책적인 판단에 따라 자유롭게 제도의 내용을 구성할 수 있고, 그 내용이 명백히 불합리하고 불공정하지 아니하는 한 원칙적으로 입법부의 정책적 판단은 존중되어야 한다."고 하면서 "입법자에게는 그 자격요건을 정함에 있어서 광범위한 입법재량이 인정되는 만큼, 자격요건에 관한 법률조항은 합리적인 근거 없이 현저히 자의적인 경우에만 헌법에 위반된다고 할 수 있다."고 판시하고 있다. 나아가, 헌법재판소는 "과잉금지의 원칙을 적용함에 있어, 어떠한 직업분야에 관하여 자격제도를 만들면서 그 자격요건을 어떻게 설정할 것인가에 관하여는 국가에게 폭넓은 입법재량권이 부여되어 있으므로, 다른 방법으로 직업의 자유를 제한하는 경우에 비하여 보다 유연하고 탄력적인 심사가 필요하다."고 판시하고 있다.[1] 이로써 헌법재판소는 자격제도의 위헌여부를 판단함에 있어서 과잉금지원칙에 의한 심사가 아니라, 단지 그 내용이 명백히 불합리하고 자의적인지의 여부만을 판단하는 합리성심사(자의심사)에 그치고 있다. 그러나 자격시험이나 자격요건 등은 직업선택의 자유에 대한 제한으로서 과잉금지원칙의 관점에서 정당화되어야 한다.

입법자가 자격요건을 규정하는 경우 왜 광범위한 입법형성권이 인정되는지에 관하여 헌법재판소는 아무런 근거를 제시하지 않고 있다. 헌법재판소의 이러한 판례는 직업을 형성할 수 있는 입법자의 원칙적인 권한을 인정함으로써 직업상을 확정하는 법률에 대한 위헌심사를 단지 자의심사에 국한하고자 하는 독일 연방헌법재판소의 '수공업자의 匠人 資格 결정'(BVerfGE 13, 97)의 영향을 받은 것으로 보인다. 그러나 연방헌법재판소의 위 결정은 독일 학계의 비판의 대상이 되고 있으며, 입법자가 직업상을 확정하는 경우에는 왜 직업의 자유를 제한하는 다른 법률과 비교할 때 특별대우를 받아야 하는지, 왜 위헌심사가 자의심사에 한정됨으로써 사실상 위헌심사가 포기되어야 하는지에 관하여 설득력 있는 대답을 제시하지 못하고 있다.

VI. 직업의 자유와 근로의 권리의 관계

1. 방어권으로서 직업의 자유의 주된 기능

가. 영업·기업의 자유의 보호

헌법 제15조는 일차적으로 독립적 형태의 직업활동(상업, 수공업, 농업, 자유업 등)을 직업으로서 보호함으로써 무엇보다도 영업의 자유를 보장한다. 한편, 현대 산업사회에서 피용자의 수는 점점 증가하고 있고, 고용직도 당연히 직업으로서 행사될 수 있다. 따라서 직업의 자유는 독립적 형태의 직업활동(영업의 자유)뿐만 아니라 고용된 형태의 종속적인 직업활동도 보장한다.[2] 이로써 직업의 자유는 근로자를 포함한 모든 사회계층과 모든 직업형태에 대하여 헌법적 의미를 가지고 있다. 그럼에도 왜 헌법재판의 실무에서 직업의 자유의 침해를 주장하여 제기된 사건들이 모두 영업이나 기업의 자유에 관한 것이었는가 하는 의문이 제기된다.

헌재 2008. 5. 29. 2005헌마195(건축사자격의 제한); 헌재 2008. 9. 25. 2007헌마419(공인중개사자격의 제한).
1) 헌재 2003. 9. 25. 2009헌마519, 판례집 15-2상, 454, 473; 헌재 2008. 9. 25. 2007헌마419(공인중개사자격의 제한), 판례집 20-2상, 616, 623.
2) 헌재 2002. 11. 28. 2001헌바50(한국보건산업진흥원의 고용승계배제), 판례집 14-2, 668, 677.

헌법 제15조가 자영업뿐 아니라 고용직도 보호하지만, 그럼에도 불구하고 국가의 간섭이나 강제를 받음이 없이 자유롭게 직업을 선택하고 행사할 권리로서의 방어권적 성격은 근로자에게는 사실상 큰 의미가 없다. 특히 헌법재판의 실무에 있어서 직업의 자유의 해석과 적용은 지금까지 거의 일방적으로 자영업의 직업의 자유에 관한 것이었다. 이러한 현상은 직업의 자유가 고용직을 자영업에 비하여 보다 적게 보호하기 때문이 아니라, 입법자가 직업과 관련하여 법률로써 규율하는 대상이 주로 상업, 수공업, 중소기업 및 대기업, 자유업 등 자영업과 기업의 직업활동에 관한 것이었다는 사실에 기인한다. 반면에, 입법자가 근로자의 직업활동을 규율한다면, 이는 근로자의 직업의 자유를 제한하고자 하는 것이 아니라, 오히려 근로기준법 등 사회국가적 관점에서 사회적 약자인 근로자를 사용자와의 관계에서 보호하기 위하여 규율하는 경우(가령, 야간작업의 금지, 과도한 근무시간의 제한, 근로자의 안전을 위한 행위제한 등)가 대부분이다. 그러므로 근로자가 이러한 근로자 보호입법에 대하여 자신의 직업의 자유를 침해한다는 주장을 할 이유가 없었고, 따라서 헌법재판의 대상이 될 계기가 없었다. 즉, 국가가 직장선택의 자유를 제한하지 않기 때문에 방어권으로서의 기능이 현실적으로 문제되지 않으며, 이러한 이유에서 고용직에 있어서 방어권으로서 직장선택의 자유는 큰 의미가 없다.

나. 근로자의 직장선택의 자유의 보호

물론, 근로자도 직업의 자유를 근거로 하여 '국가의 간섭을 받지 아니하고 자신의 노동력을 제공하여 직장을 선택하고 선택한 근로활동을 사용자와 합의된 조건하에서 수행할 권리'가 있으므로, 근로자와의 관계에서도 직업의 자유의 방어권적 기능은 헌법적으로 의미가 전혀 없는 것은 아니다. 그러나 입법자가 근로자의 직장이탈을 곤란하게 하는 입법을 통하여 근로자를 강제로 사용자에게 묶어두려고 하는 경우나 또는 노동관청이 실업보험급여를 지급받는 실업자에게 국가가 제공하는 특정 직장에 취업할 것을 강제하는 경우에 비로소 근로자의 직업의 자유에 대한 침해의 문제가 제기되는데, 이러한 상황은 현실적으로 상정하기 어려울 뿐 아니라 큰 의미를 가지지도 못한다.

따라서 직업의 자유는 그의 방어권적 성격으로 말미암아 법적 의미에 있어서나 실제의 적용에 있어서 영업·기업·경쟁의 자유와 같은 경제적 자유로 축소되었다고 볼 수 있다.

2. 고용직의 경우, 근로의 권리의 중요성

가. 상대적 완전고용의 중요성

고용직의 경우, 직장을 자유롭게 선택하고 행사하는 자유보다 더욱 중요한 것은 선택할 수 있는 직장의 제공이다. 자영업의 경우 대국가적 방어권으로서의 직업의 자유가 영업의 자유를 보장하는 기능을 충분히 이행하고 있는 반면에, 고용직의 경우에는 직장을 자유롭게 선택하는 자유를 국가로부터 보호하는 방어권적 성격만으로는 부족하고, 직장의 선택을 비로소 가능하게 하는 완전고용이 함께 보장되어야 하는데, 이러한 보장의 측면, 즉 '직장을 요구할 권리'로서 급부적 측면은 직업의 자유의 보호범위에 포함되지 아니한다.

근로자가 고용될 직장이 없다면 직장선택의 자유의 헌법적 보장은 기본권의 주체에게 아무런 소용이 없으므로, 국가는 소극적으로 직장선택의 자유를 보장해야 할 뿐만 아니라 적극적으로 근로자가 고용될 수 있는 실질적 조건을 마련해 주어야 한다. 이러한 관계에서 '상대적 완전고용'은 자유행사의 실질적 조건으로서 중요한 의미를 가진다. 오늘날의 현대적 산업사회에서 근로자의 비율이 점점 증가하는 것에 비추어 볼 때, 헌법상의 직업의 자유가 근로자에 대하여 실질적으로 공허하게 되고 그 의미를 상실하는 것을 막을 수 있는 방법은 오로지 높은 고용상태를 유지하는 길밖에 없다.

나. 근로의 권리의 헌법적 의미

이러한 이유에서 헌법은 제32조 제1항에서 '근로의 권리'를 규정하면서, '국가는 사회적 · 경제적 방법으로 근로자의 고용의 증진과 적정임금의 보장에 노력하여야 하며'라고 하여 '근로의 권리'의 내용을 스스로 구체화하고 있다. '근로의 권리'란 이를 근거로 하여 직접 국가로부터 일자리를 요구할 수 있는 개인의 주관적 권리가 아니라, 근로자가 직업의 자유를 실제로 행사할 수 있도록 그에 필요한 경제적 · 사회적 조건을 형성할 국가의 의무를 뜻하고, 이로써 국가경제정책의 중요한 목표인 '상대적 완전고용'을 규정하고 국가에게 목표의 실현을 위하여 사경제에 영향을 미치는 것을 허용하는 국가목표조항이다.

이러한 의미에서 오늘날 직업의 자유, 특히 직장선택의 자유는 '자유권'만의 문제가 아니기 때문에, 대국가적 방어권으로서의 직업의 자유가 가지는 보장의 한계를 보완하기 위하여, 우리 헌법은 근로의 권리($\frac{제32}{조}$)를 함께 보장하고 있는 것이다.

VII. 경쟁의 자유와 국가의 경제활동

1. 경쟁의 자유

경쟁의 자유란 다른 사인간의 경쟁에서 국가의 간섭이나 방해를 받지 않고 국가에 의하여 자유경쟁이 왜곡됨이 없이 경제활동을 할 수 있는 자유를 말한다. 직업의 자유는 개인의 자유로운 영업활동과 '기업을 설립하여 경영할 자유'를 보장하고, 이러한 영업의 자유와 기업의 자유를 근거로 누구나 자유롭게 경쟁에 참여할 수 있기 때문에, 경쟁의 자유는 기본권의 주체가 직업의 자유를 실제로 행사하는 데에서 나오는 필연적 결과로서 직업의 자유에 의하여 보장된다.[1] 그러므로 개인은 그 누구도 직업의 자유를 주장하여 경쟁으로부터 자유롭거나 보호해 줄 것을 국가에 대하여 요구할 수 없다. 직업의 자유는 '경쟁'을 보호하는 것이지, '경쟁으로부터의 보호'를 보장하지 않는다. 헌법상의 재산권보장이 '경쟁이 없는 상태에서 기업활동을 통하여 이윤을 추구할 기회'를 보호하지 않으므로 사인이나 국가의 경쟁에 대하여 재산권보장의 침해를 주장할 수 없는 것과 마찬가지로, 직업의 자유도 경쟁으로 인한 이윤획득 가능성의 감소나 영업활동의 축소로부터 개인을 보호하지 않는다.

가. 私人간의 경쟁

따라서 국가는 입법적 · 행정적 조치 등 공권력의 행사를 통하여 새로운 경쟁자가 시장에 진입하는 것을 막아야 할 의무가 없을 뿐 아니라, 기존의 영업자를 경쟁으로부터 보호할 목적으로 적정수요의 심사 등과 같은 객관적 허가요건을 설정함으로써 직업선택의 자유를 제한하는 것은 직업의 자유의 관점에서 명백히 헌법에 위반된다. 직업의 자유가 그의 보장내용에 경쟁의 자유를 포함하기 때

---

1) 헌재 1996. 12. 26. 96헌가18(자도소주 구입명령), 판례집 8-2, 680, 691, "직업의 자유는 영업의 자유와 기업의 자유를 포함하고, 이러한 영업 및 기업의 자유를 근거로 원칙적으로 누구나가 자유롭게 경쟁에 참여할 수 있다. 경쟁의 자유는 기본권의 주체가 직업의 자유를 실제로 행사하는 데에서 나오는 결과이므로 당연히 직업의 자유에 의하여 보장되고, 다른 기업과의 경쟁에서 국가의 간섭이나 방해를 받지 않고 기업활동을 할 수 있는 자유를 의미한다."

문에, 객관적 허가요건을 의미하는 국가에 의한 적정수요의 심사나 동일업종의 수 제한은 단지 '경합자 보호'의 목적만을 위해서는 헌법적으로 정당화될 수 없다.

나. 국가가 경제활동을 통하여 사인과 경쟁하는 경우

한편, 국가나 지방자치단체가 공기업의 설립과 운영을 통하여 사인과 경쟁하는 경우, 직업의 자유가 국가의 기업활동에 대하여 사기업을 어느 정도로 보호할 수 있는지의 문제가 제기된다. 국가의 경제활동에 의하여 사기업의 경제활동에 있어서 법적인 제한이나 행위의무, 금지가 부과되는 것은 아니지만, 국가라는 또 다른 경쟁자가 등장함으로써 사기업은 영업활동이 축소되고 이윤획득의 가능성이 감소한다는 사실상의 경제적 불이익을 입는다. 더욱이 국가의 공기업이 국가재정의 투입이나 보조금을 통하여 경쟁에서의 우위를 차지할 수 있다는 점에서 더욱 그러하다.

그러나 직업의 자유와 재산권보장은 '공기업과의 경쟁이 없는 상태에서 기업활동을 할 자유'와 같은 단순한 이윤추구의 기회나 유리한 경제적 상황의 존속을 보호하지 아니한다. 따라서 직업의 자유나 재산권보장은 사인뿐만 아니라 공권력에 의한 경쟁으로부터도 개인의 직업활동을 보호하지 아니한다.[1] 다만, 국가의 경제활동이 사인의 경쟁을 불가능하게 만들기 때문에 일정 영역에서의 사인의 경제활동이 경제적으로 더 이상 의미가 없는 경우, 즉 국가의 기업활동이 일정 영역에서 사경제를 배제함으로써 사실상 독점을 형성하는 경우, 국가의 이러한 형태의 경제활동은 직업의 자유의 관점에서 헌법적으로 정당화되어야 한다. 이 경우 국가의 경쟁이 자유로운 직업활동에 대하여 가져오는 사실적인 불리한 효과는, 국가가 법규범으로써 기업독점을 도입하는 경우와 법적으로 동일하게 취급되어야 한다.

2. 국가에 의한 독점

국가나 지방자치단체의 독점적인 경제활동은 국가재정을 충당할 목적으로 사인을 일정 영역의 경제활동으로부터 배제하는 財政獨占(예컨대, 전매사업이나 카지노 영업의 독점)과 국가가 공적인 과제를 효율적으로 이행하기 위하여 특정한 경제활동을 독점하는 경우(行政獨占)로 크게 나누어 볼 수 있다. 헌법이 명시적으로 국가의 전매사업 등 재정독점을 언급함으로써 스스로 직업선택의 자유에 대한 제한을 허용하는 경우가 아니라면, 재정적인 이유에 근거한 국가의 독점적인 경제활동은 직업선택의 자유를 제한하기 위하여 갖추어야 하는 엄격한 요건을 일반적으로 충족시키지 못하기 때문에 원칙적으로 직업의 자유에 위반된다. 이에 대하여, 공적 과제의 이행을 위한 국가의 독점적 경제활동은 '객관적인 사유에 의한 직업선택의 자유의 제한'으로서 특별히 중요한 공익에 의하여 정당화되어야 한다. 행정독점의 경우 설립 당시뿐만 아니라 그 이후에도 객관적 허가요건을 정당화하는 사유가 계속 존재해야 하므로, 행정독점의 지속적인 유지도 중대한 공익의 보호를 위하여 불가결하다는 것이 정기적인 심사를 통하여 입증되어야 한다.

---

1) 공기업과의 경쟁에 대한 적절한 보호는 사법, 특히 공정거래에 관한 법률 등 경쟁법상의 개별규정이나 일반 조항의 해석·적용을 통하여 달성될 수 있다고 본다. 공기업은 경영실패를 항상 국가재정에 의하여 다시 충당할 수 있는 등 기업경영의 위험부담을 지지 않으며 공공재정을 이용하여 경쟁에서의 잠재적 우위를 현실화하고 악용할 수 있는 가능성을 가지고 있다. 만일 공기업이 공공재정(예컨대, 국가의 보조금)을 투입하여 자신이 제공하는 재화나 용역의 가격을 낮춤으로써 사기업이 더 이상 경쟁을 할 수 없게끔 만든다면, 이는 불공정행위로서 허용되지 않는다.

3. 국가에 의한 보조금 지급의 문제

사인의 경제활동에 대한 국가의 간섭이 침익적 행정의 형태로만 이루어지는 것이 아니라 급부행정의 형태로 이루어진다는 것은 오늘날의 사회국가 또는 급부국가에서 점점 더 빈번하게 나타나는 현상이다. 국가는 개인과 기업의 행위를 일정한 방향으로 유도하기 위하여 강제나 명령의 수단보다는 조세의 감면혜택이나 보조금의 지급과 같은 간접적인 수단을 사용한다. 국가가 사기업에 보조금을 지급함으로써 발생하는 문제는, 보조금의 지급 대상에서 제외됨으로써 경쟁에 있어서 상대적으로 불리함을 입는 경쟁자의 기본권이 제한되는지의 여부이다.

보조금을 받지 못하는 경쟁자의 시각에서는, 국가가 다른 경쟁자나 경쟁기업을 보조금의 지급을 통하여 지원함으로써 자신의 경쟁의 자유를 침해하는가 하는 문제가 제기될 수 있다. 직업의 자유는 다른 사인과의 경쟁에서 국가의 간섭이나 방해를 받지 않고 국가에 의하여 자유경쟁이 왜곡됨이 없이 경제활동을 할 수 있는 경쟁의 자유를 함께 보장하므로, 국가의 보조금 지급에 의하여 경쟁에서 불리하게 된 사인은 행정소송(경합자소송)이나 헌법소원을 통하여 경쟁의 자유에 대한 침해를 주장할 수 있다.

그러나 대부분의 경우, 국가에 의한 보조금 지급과 그에 따른 차별은 공익상의 이유(가령, 투자의 유도, 중소기업의 육성 등)에 의하여 정당화될 수 있으므로, 국가의 보조금지급에 대한 소송은 일반적으로 본안판단에서 이유 없으므로 기각될 가능성이 많다. 단지, 경쟁과정에 대한 국가의 개입이 자의적인 경우나 개인에게 수인을 요구할 수 없을 정도의 중대한 침해에 대해서만, 경쟁의 자유는 실질적인 보호를 제공한다고 할 수 있다.

제 5 절 私生活保護의 自由權

제 1 항 私生活保護 自由權의 體系

I. 사생활의 보호에 관한 특별규정으로서 헌법 제16조·제17조 및 제18조

헌법은 자유로운 인격발현을 위한 요소 중에서 '사생활의 보호'에 관한 부분에 관하여는 사생활영역을 보호하는 개별기본권인 '주거의 자유'(제16조), '사생활의 비밀과 자유'(제17조), '통신의 비밀'(제18조)을 통하여 직접 구체적으로 규범화하였다. 따라서 일반적 인격권의 보호범위 중에서 '사생활의 보호'에 관한 부분은 헌법 제10조의 행복추구권에 대하여 특별규정인 개별기본권에 의하여 규율되었다.

'주거의 자유'는 '주거'라는 사적 영역의 공간적 보호를 통하여 개인의 존엄성실현과 인격발현을 위하여 불가결한 생활공간을 사생활의 일부로서 확보해 주고자 하는 기본권이고, '통신의 비밀'은 사적 영역에 속하는 개인 간의 의사소통을 사생활의 일부로서 보호하고자 하는 기본권이다. '주거의 자유', '통신의 비밀', '사생활의 비밀'과 같은 사생활의 보호에 관한 기본권의 보장기능은 우선적으로 사생활 영역을 외부로부터 차단하고자 하는 것이며, 사생활영역으로부터 정보를 수집하는 것에 대하여 보호하고자 하는 것이다. 이러한 점에서 사생활 영역의 보호는 '사생활에 관한 정보의 보호'로 그 성격을 규정할 수 있다. '주거의 자유'와 '통신의 비밀'이 그 보호범위에 있어서 제한적이기 때문에 단지 사생활 영역에 대한 부분적인 보호를 제공하는 반면, '사생활의 비밀'은 사회현상의 변화에 따라 발생하는 새로운 위험에 대처할 수 있도록 그 보장내용이 변화하는 기본권으로서 위의 전통적인 기본권으로는 보호되지 않는 사생활영역을 포괄적으로 보호하는 기본권이다.

II. 사생활영역에 대한 침해가능성의 증가에 따른 헌법적 대응

사생활영역이란, '주거'와 같이 보호대상에 있어서 그 범위가 공간적으로 제한된 개념이 아니라는 것에 유의해야 한다. 역사적으로 보면, 사생활영역이란 일반적으로 가족, 친척, 친지 등 친밀한 사람과의 관계에서, 특히 가정적인 범위 내에서 이루어지는 사적 생활을 의미하였다. 따라서 '주거'라는 보호범위가 이웃의 호기심이나 세상의 관심으로부터 사생활영역을 보호하는데 충분하였고, 이러한 의미에서 적어도 19세기까지는 '주거의 자유'가 사생활보호의 기능을 충분히 담당하고 있었다.

그러나 과학기술의 발달에 따라 출판기술이 발전하고 새로운 통신기술이 출현함에 따라, 사생활영역에 대한 침해가능성이 양과 질에서 증가함으로써 사생활의 보호는 새로운 국면을 맞이하게 되었다. 전화나 마이크를 이용한 도청가능성, 녹음기, 사진기 등의 출현은, 모든 장소에서 사적인 대화를 도청할 수 있고 또는 사생활관련 사진을 은밀히 촬영하여 당사자의 동의 없이 유포할 수 있는 등, 완전히 새로운 형태의 침해가능성을 열어 놓았다. 이러한 형태의 침해는 '공간적으로 제한된 영역'인 '주거'에 대한 침해라는 차원에서는 더 이상 파악될 수 없는 성질의 것이다. 이러한 변화로 인하여, 사생활의 공간적인 보호로서 '주거의 보호'가 불필요해진 것이 아니라, 이에 대한 보호는 예나 지금이나 불가결하고 중요하지만, '주거의 자유'와 '통신의 비밀'은 오늘날의 변화한 현실에 비추어 사생활의 단지 부분적인 측면만을 보호할 수 있게 되었다.

사생활영역에 대한 침해의 가능성이 전면적으로 확대됨에 따라, 국민이 기본권을 주장함으로써 이를 방어할 수 있는 가능성도 전면적으로 확대되어야 할 필요성이 있다. 헌법은 사생활을 위협하는 새로운 현상에 대하여 적절한 보호를 제공할 수 있도록, 제17조에서 '사생활의 비밀과 자유'를 규정함으로써 사생활영역을 포괄적으로 보장하고자 하는 것이다.

제 2 항 住居의 自由

I. 헌법적 의미

1. 주거의 헌법적 의미

이미 18세기 최초의 인권보장에 관한 문서들이 주거의 불가침성을 선언한 이래, 오늘날 유럽을 비롯한 거의 모든 국가의 헌법은 주거의 불가침성을 기본권으로 보호하고 있다. 우리 헌법도 제16조에서 "모든 국민은 주거의 자유를 침해받지 아니한다. 주거에 대한 압수나 수색을 할 때에는 검사의 신청에 의하여 법관이 발부한 영장을 제시하여야 한다."고 하여 주거의 不可侵性을 기본권으로 확인하고 있다.

인간은 특정 공간을 외부의 접근으로부터 배제하여 혼자만을 위하여 또는 제한된 범위의 인간을 위하여 다른 사람이 출입할 수 없고 엿볼 수 없으며 엿들을 수 없는 공간을 형성한다. 이러한 공간이 바로 '住居 생활공간'이다. 이러한 공간은 수면과 휴식의 필요를 비롯하여 개인의 기본적 필요를 충족시키기 위하여 불가결한 것이며, 독자적인 개성을 형성하고 유지하기 위하여 필수적인 생활공간이자 가장 사적인 활동이 이루어지는 공간이다. 주거의 자유는 주거를 개인의 은신처로서 외부의 간섭과 침해로부터 보호하려고 한다. 개인은 개성과 인격의 자유로운 발현을 위하여 자신의 주거공간에 가만히 내버려 둘 것을 요구할 수 있는 권리를 가져야 한다.

2. 주거의 不可侵性

헌법은 제16조에서 "모든 국민은 주거의 자유를 침해받지 아니한다."이라고 표현하고 있으나, 헌법 제16조에 의하여 보호되는 것은 엄밀한 의미에서 '주거의 自由'가 아니라 '주거의 不可侵性'이다. 이러한 점에서, 헌법 제16조는 "모든 국민의 주거는 침해받지 아니한다."라고 이해하는 것이 보다 타당하다. 주거의 자유는 기본권주체의 적극적인 행위가능성을 보장하는 것이 아니라 주거라는 법익의 불가침성을 수동적으로 보호하고자 하는 것이기 때문이다.

Ⅱ. 법적 성격

1. 소극적 방어권

주거의 자유는, 국가권력에 의한 침해로부터 주거를 보호하고자 하는 개인의 대국가적 권리이다. 대국가적 방어권으로서 주거의 자유는 국가에 대하여 개인의 사적인 생활공간에 침입하는 것을 금지한다. 주거의 자유는 소유관계를 고려하지 아니하고 모든 종류의 주거를 보호한다. 그러나 주거의 자유는 다른 자유권과 마찬가지로, 이미 주거를 획득하고 있는 자를 보호할 뿐, 국가로부터 적절한 주거공간을 요구할 수 있는 청구권을 부여하지 않는다. 주거의 자유를 근거로 하여, 주택을 청구할 수 없다.

2. 객관적 가치질서

헌법 제16조는 다른 자유권과 마찬가지로, 국가기관의 행위에 있어서 고려해야 하고 실현해야 하는 헌법적 가치결정을 포함하고 있다. 주거는 국가뿐만 아니라 사인에 의해서도 침해될 수 있으므로, 국가는 개인의 주거를 사인의 침해로부터 보호해야 할 의무를 진다. 국가의 보호의무는 일차적으로 입법자에 의하여 이행되는데, 입법자는 사법상의 점유를 보호하는 사법규정이나 주거침입죄를 처벌하는 형벌규정 등, 주거를 보호하는 사법규정 및 형법규정을 제정해야 할 의무를 진다. 또한, 법원은 구체적인 소송사건에 적용되는 법규범의 해석에 있어서 헌법 제16조의 가치결정을 고려해야 한다. 그러므로 주택임대인에게 무제한적으로 언제든지 주거에 출입할 수 있는 권리를 부여하는 임대인과 임차인 사이의 계약은 유효하게 성립될 수 없을 것이다.

Ⅲ. 보호법익

1. 공간적인 사생활영역으로서 住居

주거의 자유는 주거라는 사적인 생활공간을 외부의 간섭이나 방해, 관찰로부터 차단하고 보호함으로써 인간존엄성 실현과 인격발현의 관점에서 불가결한 생활공간을 확보해주고자 하는 것이다. 헌법 제16조는 주거에 대한 신체적 침입을 방지하고 주거에서 발생하는 사생활관련 정보를 보호하고자 하는 것이다. 혼인과 가족생활도 주거에 그 장소적 근거를 두고 있으므로, 주거의 자유는 혼인과 가족생활의 공간적 생활영역을 보장함으로써 헌법 제36조 제1항의 혼인과 가족생활의 기본권을 강화하는 기능을 한다.

따라서 소음이나 진동, 대기오염 등 외부로부터 주거에 대한 불리한 영향이 발생하는 경우나 주거의 사용을 제한하는 것은 주거의 자유의 문제가 아니라 신체불가침권(건강권)이나 재산권보장의 문제이다. 연립주택 등에 대한 재건축의 결의가 있는 때에는 재건축에 반대하는 주민에 대하여 구분소유권을 매도할 것을 청구할 수 있도록 한 법률조항에 의하여 제한되는 기본권은 주거의 자유가 아니다.[1]

2. 주거의 概念

가. 私的 住居 및 事務·營業空間

주거의 개념은 매우 광의로 이해된다. 개인이 체류와 활동의 장소로 삼으면서 공간적으로 외부와 구분되는 모든 생활공간이 이에 속한다. 주거에 속하는지를 판단하는 기준은 현재의 거주 여부 및 공간의 외형적 상태와 관계없이, 공간이 주거의 목적이면서 외부와의 공간적 구분을 통하여 주거의 목적을 객관적으로 외부에 알리는지의 여부에 달려있다.

주거를 인정하기 위하여 건축물이 있을 필요도 없고 어떤 장소에 고정될 필요도 없다. 가령, 천막, 별장, 주거용 차량(캠핑용 자동차)이나 선박(예컨대, 승무원에게 배정된 선실) 등도 주거에 포함된다. 주된 주거공간뿐만 아니라 그에 딸린 부속적 주거공간(가령 창고, 지하실, 복도, 베란다, 차고 등) 및 직접 주거에 인접한 공간이나 울타리, 담장 등으로 둘러싸인 공간(가령 정원, 안마당)도 주거에 속한다. 나아가, 사무공간이나 영업공간도 주거의 한 부분을 이루는 한, 예컨대 주택과 붙어있는 의사의 진료실이나 작가의 작업공간도 주거에 포함된다. 뿐만 아니라, 순수한 사무공간, 작업공간 및 영업공간도 주거에 속한다.

나. 주거개념을 廣義로 이해하는 이유

주거의 개념을 이와 같이 광범위하게 이해하는 것은, 개인의 직업적 활동도 인격발현의 중요한 요소로서 공간적으로 보호될 필요가 있다는 인식에 기초하고 있다. 직업적 사적 공간과 개인적 사적 공간을 구분하는 것이 어렵고, 사무공간을 보호범위에서 제외한다면, 법인은 주거의 자유의 보호를

---

1) 헌재 1999. 9. 16. 97헌바73(재건축불참자의 구분소유권에 대한 매도청구권), 판례집 11-2, 285, 304, "이 사건 법률조항으로 인하여 청구인들은 그 의사에 관계없이 거주를 이전하게 되고, 이는 청구인들의 행복추구권·거주이전의 자유·주거의 자유에 영향을 미치게 됨은 분명하다고 할 것이다.", 헌법재판소는 위 규정에 의하여 제한된 기본권으로서 '주거의 자유'도 함께 판단하였는데, 주거의 자유는 주민 다수결에 의하여 재건축을 허용하는 법률조항에 의하여 제한될 수 있는 성격의 기본권이 아니므로, 위 결정은 주거의 자유의 보호범위를 오해한 것이다.

받지 못하며, 개인의 경우에도 사무실이나 영업장소에 대한 압수와 수색에 있어서 제16조 후문의 특별한 보호(법관의 영장)를 받지 못한다. 결국, 주거라는 공간에서 이루어지는 사적 활동이 사실상 사적인지와 관계없이, 개인이 자신의 결정에 의하여 외부에 공개하고 싶지 않은 모든 활동이나 정보와 관련하여 보호받을 필요가 있다. 따라서 주거의 개념은 식당이나 상점과 같이 일반인이 출입할 수 있는 공간도 포함한다. 그러한 공간도 압수·수색에 대하여 주거의 자유에 의한 보호를 필요로 한다.

물론, 순수한 작업공간을 보호범위에 포함시킨다는 것은, 순수한 작업공간과 개인의 주택이 헌법상 동일한 보호를 받는다는 것을 의미하지는 않는다. 순수한 작업공간은 그 성격상 개인적 연관성이 적은 반면 강한 사회적 연관성을 가진다는 사실은 기본권에 의한 보호의 정도를 결정함에 있어서 고려된다.[1]

Ⅳ. 기본권의 主體

1. 기본권의 주체는 국적을 불문하고 모든 자연인이다. 권리능력 없는 사단과 재단을 포함하여 사법상의 법인에게도 기본권주체성이 인정된다. 주거의 개념을 사무공간과 영업공간도 포함하는 것으로 넓게 이해하는 경우, 개인으로서 상인이 보호를 받는다면, 마찬가지로 기본권보호의 관점에서 동일한 상황에 처해있는 유한회사도 보호를 받아야 할 것이다.

2. '누가 주거에서 보호를 받는지'의 관점에서 보건대, 누가 주거의 불가침성을 주장할 수 있는지의 문제는 주거에 대한 소유관계가 아니라 단지 누가 사실상 거주하고 있는지, 즉 누가 인식할 수 있는 주거의사를 가지고 주거를 직접 점유하고 있는지의 판단에 달려있다. 따라서 보호를 받는 것은 주거에 대한 직접적인 점유이며, 가령 임대인의 간접적인 점유는 보호를 받지 못한다. 또한, 합법적인 점유만이 주거의 자유의 보호를 받는다. 타인의 주택을 불법으로 점유하는 자나 도둑은 주거의 자유의 보호를 받지 못한다.

Ⅴ. 주거의 자유의 制限

1. 주거의 침해

주거의 침해란, 거주자의 동의 없이 주거에 출입하거나 또는 거주자의 의사에 반하여 주거에 체류하는 행위를 말한다. 즉, 거주자의 의사에 반하는 출입과 체류만이 주거의 침해로서 고려된다. 거주자가 동의하는 한, 주거의 침해는 존재하지 않는다. 따라서 주거에 출입하는 것은 그 자체로서 이미 주거에 대한 침해가 아니다. 주택의 경우, 거주자의 사전적 동의를 얻어야 출입할 수 있는 반면, 사업공간이나 작업공간은 일반적으로 외부인에게 개방되어 있다. 그러므로 사인의 주택에 동의 없이 출입하는 것은 항상 주거에 대한 침해이지만, 특별한 통제조치 없이 일반인에게 개방된 사업공간의 경우에는 사업자의 의사에 반하여 체류하는 경우에만 주거의 침해라 할 수 있다. 일반적으로 출입할

---

1) 독일연방헌법재판소는 좁은 의미의 주거의 경우에는 주거의 자유에 의한 보호의 필요성을 완전히 인정한 반면, 순수한 작업장의 경우에는 '감소된' 보호의 필요성을 인정하였다.

수 있는 사무공간도 무제한적으로 일반인에게 개방되어 있는 것은 아니다.

거주자의 동의는 동의의 사실적 기초가 되는 중요한 상황을 충분히 인식하고("아는 경우에만 동의할 수 있다.") 자유롭게 이루어진 경우에만 유효하다. 동의가 사기에 의하여 얻어지거나 협박에 의하여 강요되어서는 안 된다. 동의는 반드시 구두로 표시될 필요는 없으나 의심이 없을 정도로 분명해야 한다. 거주자는 일단 동의를 한 경우라도 언제든지 자유롭게 동의를 철회할 수 있으며, 그러한 경우 지체 없이 주거에서 철수하지 않는다면, 주거의 침해에 해당한다.

2. 공권력에 의한 침해의 예

일차적으로, 국가공권력이 가령 주택 내에 도청기를 부착할 목적 등으로 물리적으로 주거에 침입하는 경우 주거의 침해가 인정된다. 나아가, 주거 내에 음성녹취기구나 사진촬영기구를 설치하고 사용하는 것도 주거 내에서 이루어지는 사생활정보에 관한 자기결정권을 침해한다는 점에서 주거의 침해에 해당한다.

이에 대하여, 외부에서 주거를 관찰함으로써 주택 내에서 일어나는 일에 대한 정보를 수집하는 행위, 거주자가 주택을 출입하는 상황, 방문자·방문시기·방문횟수 등을 기록하는 행위도 주거의 침해에 해당하는지, 또는 벽에 귀를 대고 엿듣는 행위, 주택의 외벽에 도청기를 부착하는 행위도 주거의 침해에 해당하는지에 관하여는 의문이 있다. 주거의 자유를 사생활정보의 보호로서 주거에서 발생하는 일들에 대한 정보를 얻기 위한 행위로부터 포괄적으로 보호하는 것으로 이해할 것인지 아니면 주거라는 공간적 영역에서 보호범위가 끝나는 것으로 좁게 이해할 것인지에 따라 대답을 달리하게 된다. 후자의 경우와 같이 주거의 보호범위를 좁게 파악함으로써 주거의 자유가 적용되지 않는다면, 일반적 인격권이나 사생활의 비밀에 의한 보호가 이루어진다.

Ⅵ. 침해가 正當化되는 경우

주거의 자유도 절대적으로 보장되는 것은 아니다. 헌법 제16조 후문은 주거의 자유를 제한할 수 있는 가능성을 규정하고 있다. 국가권력이 자신에게 허용된 제한가능성을 사용하는 경우에는 거주자의 의사에 반하여 주거에 침입하고 체류할 수 있다.

1. 주거에 대한 수색

주거에 대한 수색이란, 거주자가 스스로 공개하려고 하지 않거나 내놓으려고 하지 않는 것을 탐색하기 위하여 사람이나 물건을 찾는 것을 말한다. 압수란 강제적으로 물건의 점유를 취득하는 것을 말한다. 헌법 제16조 후문의 '수색'이란 형사소송법상의 수색뿐만 아니라 행정법 및 강제집행법상의 수색 등 모든 종류의 수색을 포함한다. 헌법 제16조 후문은 법관의 영장을 요구함으로써, 수색은 원칙적으로 사전에 법관이 발부한 영장을 필요로 한다(법관유보). 형사절차에서 수색명령의 조건은 구체적 사실에 기초하는 범죄의 객관적 혐의이다. 수색명령에 있어서 과잉금지원칙을 준수해야 한다. 즉, 수색은 형사소추나 위험의 방지를 위하여 적합하고 최소한의 침해를 가져오는 수단이어야 하며, 주거의 불가침성에 대한 침해와 범죄의 경중·위험의 중대성이 적절한 비례관계에 있어야 한다.

헌법 제16조 후문은 압수·수색과 관련하여 영장주의에 대한 예외를 명문화하고 있지 않지만, 신체의 자유에 대한 제한의 경우와 마찬가지로(제12조 제3항 단서), 지체의 위험이 있는 경우 영장주의에 대한 예외가 허용될 수 있다.[1] 그러나 헌법적으로 규정된 법관의 원칙적인 관할이 유지되도록 '지체의 위험'은 엄격하게 해석되어야 한다. 법관의 사전적 영장을 구하는 경우 수색의 목적(가령, 증거수단의 발견)이 달성될 수 없다는 가정적 판단이 구체적 사실에 의하여 정당화되어야 한다. 법관이 아닌 자에 의한 수색명령과 수색처분에 대해서는 수색이 종료된 후 사후적으로 그 위법성여부를 확인할 수 있는 권리구제절차가 제공되어야 한다.

2. 수색이 아닌 그 외의 제한

입법자가 공공의 안녕과 질서유지 및 위험방지를 위하여 순수한 사업장에 대한 출입권을 행정청에 부여하는 경우(예컨대, 행정공무원에게 위생검사나 청소년의 보호 등 행정감독의 목적으로 음식점이나 유흥업소 등 영업장소에 출입하는 권한을 부여하는 경우), 이러한 규정이 헌법적으로 허용되는지의 여부를 판단함에 있어서 헌법 제16조 후문의 영장주의가 적용되지 않는다. 행정공무원이 경찰, 소방, 위생, 세무, 영업감독 등의 목적으로 순수한 사업공간에 들어가는 것은 법률에 근거가 있고 과잉금지원칙을 준수하는 경우, 즉, 행위가 행정상의 목적달성을 위하여 필요한 경우에 한하여 필요한 범위 내에서 이루어지는 경우에 허용된다.

뿐만 아니라, 생명과 신체에 대한 위해가 급박한 때(가령, 화재위험·붕괴위험·폭발위험·방사선누출·전염병의 위험 등), 공권력이 그 위해를 방지하기 위하여 사적 주거를 포함하여 타인의 주거에 침입하는 경우, 주거의 침해가 정당화된다.

제3항 私生活의 秘密과 自由

헌법은 제17조에서 "모든 국민은 사생활의 비밀과 자유를 침해받지 아니한다."고 규정하고 있다. 헌법 제17조는 사생활과 관련하여 서로 상이한 두 가지 영역인 '사생활의 秘密'과 '사생활의 自由'를 보호하고 있다. 사생활의 비밀은 사생활영역을 외부로부터 차단함으로써 사생활영역을 보호하고자 하는 것으로 사생활정보의 보호에 관한 것이고 궁극적으로 사생활정보에 관한 자기결정권의 문제인 반면, 사생활의 자유란 개인의 자율적인 사생활형성에 대한 국가의 간섭과 방해를 막고자 하는 것으로 사생활형성에 관한 자기결정권이다.

---

1) 헌법재판소는 [압수·수색과 관련하여 영장주의에 대한 예외가 허용되는지 여부에 관하여] "헌법 제12조 제3항과 헌법 제16조의 관계, 주거 공간에 대한 긴급한 압수·수색의 필요성, 주거의 자유와 관련하여 영장주의를 선언하고 있는 헌법 제16조의 취지 등을 종합하면, 헌법 제16조의 영장주의에 대해서도 그 예외를 인정하되, 이는 ① 그 장소에 범죄혐의 등을 입증할 자료나 피의자가 존재할 개연성이 소명되고, ② 사전에 영장을 발부받기 어려운 긴급한 사정이 있는 경우에만 제한적으로 허용될 수 있다고 보는 것이 타당하다."고 판시한 다음, [체포영장을 집행하는 경우 필요한 때에는 타인의 주거 등에서 피의자 수사를 할 수 있도록 한 형사소송법조항이 영장주의에 위반되는지 여부에 관하여] "이는 체포영장이 발부된 피의자가 타인의 주거 등에 소재할 개연성은 소명되나, 수색에 앞서 영장을 발부받기 어려운 긴급한 사정이 인정되지 않는 경우에도 영장 없이 피의자 수색을 할 수 있다는 것이므로, 헌법 제16조의 영장주의 예외 요건을 벗어나는 것으로서 영장주의에 위반된다."고 판단하였다(헌재 2018. 4. 26. 2015헌바370 등, 판례집 30-1상, 563, 564).

사생활의 자유는 취미생활이나 여가생활의 자유로운 형성을 보호하는 일반적 행동자유권과는 달리, '사생활과 관련된 행동의 자유'를 보장하고자 하는 것이 아니라, 부모와 자식의 관계·혼인 및 부부가족관계·성적 관계 등과 같이 사생활의 기본조건에 관한 자기결정권으로서 개인적 인격을 자유롭게 발현하기 위하여 필수적인 '상태'를 확보하고자 하는 것이다. 이러한 점에서 사생활의 자유는 일반적 인격권의 한 내용을 구성하는 것이며, 바로 이러한 이유에서 헌법 제17조는 '사생활의 비밀' 뿐만 아니라 '사생활의 자유'에 대해서도 "… 침해받지 아니한다."고 규정하고 있는 것이다.

사생활의 비밀과 자유에 관해서는 이미 행복추구권의 보장내용으로서 일반적 인격권을 다루면서 서술한 바 있다.[1]

제 4 항 通信의 秘密

I. 헌법적 의미와 기능

헌법 제18조는 "모든 국민은 통신의 비밀을 침해받지 아니한다."고 하여 통신비밀의 불가침성을 보장하고 있다. 통신의 비밀이란, 서신·우편·전신의 통신수단을 통하여 개인 간에 의사나 정보의 전달과 교환(의사소통)이 이루어지는 경우, 통신의 내용과 통신이용의 상황이 개인의 의사에 반하여 공개되지 아니할 자유를 의미한다. 역사적으로, 통신의 비밀은 통치목적을 위한 국가의 정보수집에 대하여 개인의 사적인 통신을 보호하기 위하여 보장된 고전적인 자유권에 해당한다. 19세기 유럽의 국가는 포괄적으로 정보를 얻기 위하여 우편을 독점하였고, 개인은 이로써 정보의 전달을 위하여 우체국을 이용하도록 강요받게 되었다. 개인의 사적인 통신이 국가를 경유해야 하기 때문에, 개인이 우체국에 자신의 서신을 맡김으로써 발생하는 위험한 상태(私的인 통신의 노출)로부터 개인의 통신을 보호하고자 하는 기본권이 '통신의 비밀'이었다.

1. 통신영역에서 사생활의 비밀보호

통신수단에 의한 개인 간의 의사소통이 공간적으로 거리를 두고 이루어지기 때문에, 의사소통의 과정이 우편물의 검열이나 전화통화의 감청 등 국가의 침해에 노출되어 있다.[2] 통신의 비밀은 공간적으로 거리를 두고 통신수단에 의하여 이루어지는 개인간의 의사소통과정의 비밀을 사생활의 일부로서 보호하고자 하는 것이다.

통신의 비밀은 개인의 통신이란 사생활의 영역을 국가에 의한 정보수집으로부터 보호함으로써,

---

1) 제3편 제2장 제2절 V. 일반적 인격권 관련 부분 참조.
2) 헌재 2001. 3. 21. 2000헌바25(감청설비에 대한 인가), 판례집 13-1, 652, 658, "헌법 제18조에서는 '모든 국민은 통신의 비밀을 침해받지 아니한다'라고 규정하여 통신의 비밀보호를 그 핵심내용으로 하는 통신의 자유를 기본권으로 보장하고 있다. 통신의 자유를 기본권으로서 보장하는 것은 사적 영역에 속하는 개인간의 의사소통을 사생활의 일부로서 보장하겠다는 취지에서 비롯된 것이라 할 것이다. 그런데 개인과 개인간의 관계를 전제로 하는 통신은 다른 사생활의 영역과 비교해 볼 때 국가에 의한 침해의 가능성이 매우 큰 영역이라 할 수 있다. 왜냐하면 오늘날 개인과 개인간의 사적인 의사소통은 공간적인 거리로 인해 우편이나 전기통신을 통하여 이루어지는 경우가 많은데, 이러한 우편이나 전기통신의 운영이 전통적으로 국가독점에서 출발하였기 때문이다. 사생활의 비밀과 자유에 포섭될 수 있는 사적 영역에 속하는 통신의 자유를 헌법이 별개의 조항을 통해서 기본권으로 보호하고 있는 이유는, 이와 같이 국가에 의한 침해의 가능성이 여타의 사적 영역보다 크기 때문이라고 할 수 있다."

통신이라는 특정 영역과 관련된 사생활정보에 관한 자기결정권, 즉 개인정보자기결정권을 보장한다. 이러한 점에서, 통신의 비밀은 일반적 인격권으로부터 도출되는 일반적 개인정보자기결정권에 대한 특별규정이다. 통신의 비밀은 헌법 제16조의 주거의 자유와 더불어 '사생활의 비밀'을 보호하는 기본권이다.

2. 자유로운 의사소통의 보호

통신의 비밀은 서신·우편·전신이란 의사소통의 경로 및 전달과정을 보호함으로써, 표현의 자유 및 집회의 자유와 더불어 자유로운 의사소통을 위한 중요한 기본권이다. 통신의 비밀은 개인적 의사소통의 과정을 국가의 침해로부터 보호함으로써, 자유로운 의사소통의 조건을 유지하려고 한다. 국가기관이 개인간의 의사소통과정에 개입하여 사적 통신의 내용과 상황에 관한 정보를 얻을 것을 우려한다면, 가령 국가기관이 우편물을 검열하거나 전화통화를 도청한다고 생각한다면, 개인은 이러한 통신수단을 이용한 의사소통을 포기하거나 또는 다른 방법으로 의사소통을 하고자 시도할 것이고, 이로써 자유로운 의사소통이 이루어질 수 없다. 따라서 통신의 비밀은 자유로운 의사소통을 위한 전제조건이다.

이러한 점에서, 통신의 비밀은 표현의 자유에 대해서도 보완관계에 있다. 표현의 자유가 발언 내용 자체를 보호한다면, 통신의 비밀은 발언내용과 발언과정이 공개되지 않는 것(은밀성)을 보호한다. 통신의 비밀은 우편물의 발송인이나 전기통신의 송신인을 출발하여 아직 수취인이나 수신인에게 도착하지 않은 발언을 탐지하는 것을 금지하는 반면, 국가가 발언을 탐지하여 그 내용을 이유로 발언을 억압하는 경우에는 표현의 자유가 문제된다.

II. 법적 성격 및 보장내용

1. 법적 성격

가. 주관적 방어권

(1) 통신을 이용한 개인적인 의사소통과정의 비밀 보호

통신의 비밀은 일차적으로 개인의 주관적 방어권으로서, 개인적 의사소통과정에 대한 국가의 침해를 금지한다. 통신의 비밀이 보호하고자 하는 것은 사적 영역의 보호, 즉 국가의 방해를 받지 않는 私的인 통신가능성이다.

통신의 비밀은 통신을 이용한 개인적인 의사소통과정의 비밀을 보호한다. 통신의 내용이 사적인 것인지 은밀한 것인지 비밀인지 또는 개인적인지, 영업적인지, 정치적인지 하는 것은 중요하지 않다. 은밀한 사생활의 비밀뿐만 아니라 사적 또는 직업상 통신의 비밀도 보호한다. 통신의 비밀은 통신의 내용뿐만 아니라 통신이용의 전반적 상황(통신형태, 통신의 당사자, 장소, 시간, 기간, 횟수 등), 나아가 획득한 정보의 사용과 그 전달을 포괄적으로 보호한다.

(2) 통신서비스의 제공 또는 배제의 문제

통신의 비밀은 급부권적 요소를 포함하지 않으므로, 우체국의 서비스제공을 요구할 권리는 통신의 비밀에 의하여 보호되지 않는다. 또한 우편서비스의 배제도 통신의 비밀에 대한 침해가 아니다.

나. 객관적 가치질서

(1) 私法의 解釋指針

통신의 비밀에는 다른 모든 기본권과 마찬가지로 전체 법질서에 영향을 미치는 객관적인 원칙이 내재되어 있다.[1] 통신의 비밀은 가치결정적 근본규범으로서 私法의 해석에 영향을 미친다. 가령, '부모가 자녀의 서신의 비밀을 침해하는 것이 허용되는지'의 문제와 관련하여, 자녀의 기본권으로서 '통신의 비밀'은 부모와 자녀의 관계를 규율하는 민법상의 규정을 해석하고 적용함에 있어서 헌법적 지침으로 고려되어야 한다.

(2) 국가의 保護義務

객관적 가치질서로서 통신의 비밀은, 개인 간의 의사소통과정은 국가기관이든 아니면 사인이든 간에 원칙적으로 타인의 침해로부터 보호되어야 한다는 것을 요청함으로써 국가에게 사인에 의한 침해로부터 통신의 비밀을 보호해야 할 의무를 부과한다. 국가의 보호의무에 의하여 일차적으로 의무를 부과 받는 것은 입법자이다. 입법자는 사인에 의한 침해로부터 통신의 비밀을 보호하는 규정, 예컨대 형법상 비밀침해의 죄, 통신비밀보호법상의 처벌규정 등을 통하여 보호의무를 이행하고 있다.[2]

나아가, 이러한 객관적인 가치결정으로부터 사기업인 통신서비스 제공자(전기통신사업자)에 의하여 중개되는 의사소통과정에 대한 국가의 보호의무가 도출될 수 있다. 통신의 비밀이 국가기관에 의하여 또는 통신서비스를 제공하는 사기업에 의하여 침해되든 간에 위협받는 상황이 근본적으로 유사하다는 점에 비추어, 입법자는 본질적으로 동일한 보호의 수준을 제공하기 위하여 노력해야 할 과제를 진다. 따라서 전기통신사업자가 통신의 비밀을 존중하고 준수하도록 법률로써 의무를 부과해야할 국가의 보호의무가 존재한다. 통신시설의 民營化로 인하여 통신의 비밀에 의하여 보장되는 기본권보호의 수준이 저하되어서는 안 되기 때문이다.

2. 구체적 보장내용

통신의 비밀은 서신의 비밀·우편의 비밀·전신의 비밀을 포함하는 포괄적 개념이다. 그러나 3가지 보장내용의 보호범위를 엄격하게 구분하는 것은 보장내용이 서로 중복된다는 점에서 불가능하고, 또한 보호의 정도에 있어서 차이가 없다는 점에서 큰 의미가 없다.

가. 書信의 비밀

서신이란 구두전달을 대신하는 개인의 書面上 소식이나 통지를 말한다. 서신의 비밀에 의하여 보호되는 것은 우체국을 통하지 않은 서신왕래이다. 우체국을 통한 서신의 경우, 편지가 우체국의 (사무)범위 밖에 머무는 동안만 서신의 비밀의 보호를 받으며, 그 외의 기간에는 우편의 비밀의 보호를

---

[1] 일부 교과서에서는 통신의 비밀이 마치 직접적인 대사인적 효력을 가지는 것처럼 서술되고 있으나, 이는 오해의 소지가 있다.

[2] 헌재 2011. 8. 30. 2009헌바42(불법취득된 타인간의 대화내용공개/'안기부X파일'), 공보 제179호, 1250, [공개되지 아니한 타인간의 대화를 녹음 또는 청취하여 지득한 대화의 내용을 공개하거나 누설한 자를 처벌하는 통신비밀보호법조항이 과잉금지원칙에 반하여 대화의 내용을 공개한 자의 표현의 자유를 침해하는지 여부(소극)] "이 사건 법률조항이 불법 취득한 타인간의 대화내용을 공개한 자를 처벌함에 있어 형법 제20조(정당행위)의 일반적 위법성조각사유에 관한 규정을 적정하게 해석 적용함으로써 공개자의 표현의 자유도 적절히 보장될 수 있는 이상, 이 사건 법률조항에 형법상의 명예훼손죄와 같은 위법성조각사유에 관한 특별규정을 두지 아니하였다는 점만으로 기본권제한의 비례성을 상실하였다고는 볼 수 없다."

받는다.

서신의 비밀에 의하여 보호되는 것은 서신내용의 비밀뿐 아니라 서신왕래 그 자체이다. 따라서 누가 언제 누구로부터 얼마나 빈번하게 서신을 받는지 또는 누구에게 서신을 보내는지를 관찰하는 것도 금지된다. 이러한 이유에서, 서신이 밀봉되어 또는 개봉된 채(가령, 엽서의 형태로서) 발송되는지에 관계없이 보호를 받는다.

나. 郵便의 비밀

우편의 비밀의 보호를 받는 것은 우편을 통하여 전달되는 모든 우편물이다. 즉, 편지, 우편엽서, 소포, 인쇄물, 서적 및 상품견본, 전보 등과 같은 전통적인 우편서비스가 이에 속한다. 우편의 내용뿐만 아니라, 우편사용의 구체적 상황, 즉 우편사용의 방법, 시간, 장소, 수신자, 발신자 등도 보호된다. 우편의 비밀은 우편물의 내용을 탐색하거나, 제3자에게 우편물에 관하여 정보를 전달하거나, 우편물에 관하여 우편사용의 주체, 장소, 시간, 방법 및 횟수에 따라 기록하는 것을 금지한다.

다. 電氣通信의 비밀

전기통신(전신)의 비밀은 장소적으로 거리를 두고 무형의 신호를 통하여 전송되는 개인적 의사소통을 보호한다. 전통적인 통신수단인 전화, 전보, 무선통신뿐 아니라, 텔렉스, 팩스, 이동전화와 인터넷과 같은 새로운 매체에 의한 통신도 보호를 받는다. 전신의 비밀은 개인적인 통신의 내용은 물론이고, 대화 당사자의 번호, 대화시간, 대화시각 등을 비롯하여 통신의 상황도 포괄적으로 보호된다. 전신의 비밀은 정보의 획득, 획득한 정보의 사용 및 자료처리의 과정에도 확대된다.

III. 통신의 비밀에 대한 제한

1. 침해행위

가. 침해행위의 유형

(1) 개인정보의 수집·처리·전달

통신의 비밀은 사생활정보에 관한 자기결정권으로서, 개인정보자기결정권의 특수한 형태에 해당한다. 개인정보자기결정권에 대한 제한이 국가공권력에 의한 개인정보의 수집과 처리의 형태로 이루어지는 것과 마찬가지로, 통신의 비밀에 대한 제한도 통신내용과 통신이용 상황에 관한 정보의 수집과 처리에 의하여 발생한다. 따라서 통신의 비밀에 대한 제한은, 국가공권력이 직접 통신내용이나 통신이용 상황에 관한 정보를 인지하거나 전기통신사업자로부터 통신관련 정보를 얻는 경우(정보의 수집), 그와 같이 얻은 정보를 집적하고 처리하거나 전달하는 경우(정보의 처리)에 발생한다. 범죄의 규명을 위하여 수집된 통신관련 정보와 자료를 다른 국가기관에게 다른 사용목적을 위하여 전달하는 것도 통신의 비밀에 대한 제한에 해당한다. 통신제한조치의 집행으로 인하여 취득된 통신의 내용은 통신제한조치의 원래 목적 외에는 원칙적으로 사용할 수 없다.[1] 수집된 자료의 저장과 사용은 원칙적으로 정보를 수집할 수 있는 권한을 부여한 법률이 확정한 목적에 의하여 구속을 받는다. 수집된 정보의 사용목적의 변경은 통신의 비밀에 대한 새로운 제한으로서 별도의 법적 근거를 필요로 한다.

---

1) 통신비밀보호법 제12조 (통신제한조치로 취득한 자료의 사용제한) 참조.

통신의 비밀에 대한 전형적인 침해행위에 속하는 것은, 우편물의 내용을 파악하는 검열행위, 전화통화를 감청하는 행위, 우편사용의 상황을 탐색하는 행위, 검사가 법원의 허가에 의하여 전기통신사업자로부터 전화통화에 관한 정보를 요청하는 행위 등이다. 통신의 비밀은 당사자의 의사에 반한 침해를 금지한다. 따라서 당사자의 동의는 통신의 비밀에 대한 제한을 배제한다. 물론, 구체적인 경우와 관련된 명시적 동의가 필요하다.

(2) 국가기관의 監聽과 盜聽

통신의 비밀에 대한 제한은 특히 국가안전보장을 위하여 또는 중대범죄에 대처하기 위하여 국가기관에 의한 감청이 행해지는 경우에 존재한다. '감청'이라 함은, 국가기관이 관계법률에 따라 합법적으로 전기통신에 대하여 당사자의 동의 없이 전자장치·기계장치 등을 사용하여 그 내용을 지득하는 것을 말한다(통신비밀보호법 제2조 제7호). 이에 대하여, '도청'이란 불법적으로 타인의 전기통신의 내용을 몰래 지득하는 것을 말한다. 한편, 통신의 비밀에 대한 제한으로서 통신감청조치와 구분되는 것은, 전신설비에 감청장치를 설치하는 것이 아니라 주거에 감청장치를 설치하는 이른바 주거감청조치이다. 이러한 방법으로 주거 내의 대화를 엿듣는 행위는 주거의 침해로서 주거의 자유에 의하여 판단하여야 한다. 통신의 비밀은 통신기술을 이용하는 통신의 과정만을 보호하기 때문이다.

나. 제한에 있어서 과잉금지원칙 및 재판청구권의 요청

사례 1 | 헌재 2010. 12. 28. 2009헌가30(통신제한조치기간의 연장)

甲은 국가보안법 위반혐의로 구속기소되어, 현재 재판 계속 중이다. 검사는 법원에 甲의 유죄를 입증하기 위한 증거로 수사기관이 통신제한조치를 통하여 수집한 자료들을 신청하였는데, 이에 甲은 위 증거자료들 대부분이 총 14회(총 30개월)에 걸쳐 연장된 통신제한조치를 통하여 수집된 것으로서, 이와 같이 통신제한조치기간의 연장을 허가함에 있어 제한을 두고 있지 않는 통신비밀보호법 제6조 제7항 단서가 자신의 통신의 비밀을 침해한다는 이유로 법원에 위헌법률심판제청신청을 하였고, 법원은 이를 받아들여 위헌법률심판제청을 하였다.[1]

사례 2 | 헌재 2022. 7. 21. 2016헌마388 등(수사기관 등에 의한 통신자료 제공요청)

甲은 전기통신사업자가 제공하는 전기통신역무를 이용하는 사람이다. 검사는 전기통신사업자에게 수사를 위하여 甲의 '성명, 주민등록번호, 주소, 전화번호, 가입일' 등의 통신자료 제공을 요청하였고, 전기통신사업자은 검사에게 甲의 통신자료를 제공하였다. 이에 甲은 '검사 등 수사기관이 범죄 수사를 위하여 전기통신사업자에게 통신자료의 제공을 요청하면 전기통신사업자가 그 요청에 따를 수 있다'고 규정하고 있는 전기통신사업법 제83조 제3항에 대해 헌법소원심판을 청구하였다.[2]

---

1) 헌재 2010. 12. 28. 2009헌가30(통신제한조치기간의 연장), "통신제한조치가 연장될 수 있는 총기간이나 연장횟수를 제한하는 방식으로 통신제한조치 기간의 연장이 허가될 수 있는 기간을 한정하는 것은 통신제한조치의 연장이 남용되는 것을 막고 개인의 통신의 비밀을 덜 제한하면서도 충분히 수사목적을 달성할 수 있는 수단이 된다. … 그럼에도 통신제한조치의 총연장기간이나 총연장횟수를 제한하지 않고 계속해서 통신제한조치가 연장될 수 있도록 한 이 사건 법률조항은 최소침해성원칙을 위반한 것이다."
2) 헌법재판소는 [수사기관이 수사를 위하여 통신자료의 제공을 요청하는 것 그 자체는, 제공요청을 할 수 있는 사유나 정보의 범위가 한정적이라는 점에서 과잉금지원칙에 위배되지 않는다고 판단하였다. 그러나 [수사기관이 통신자

(1) 과잉금지원칙의 요청

기본권의 제한이 공익상의 이유로 불가결하다면, 입법자는 국가기관에 의한 통신의 비밀의 제한을 허용할 수 있다. 그러나 통신의 비밀에 대한 제한은 과잉금지원칙을 준수해야 한다.[1] 개인의 자유로운 의사소통과 자유로운 인격발현에 대하여 가지는 통신의 비밀의 중대성에 비추어, 통신의 비밀을 제한하는 법률은 이에 상응하여 중대한 공익을 추구해야 한다. 그와 같은 중요한 공익에는 자유민주적 기본질서 및 국가의 존속에 대한 위협으로부터의 보호, 나아가 중대한 범죄에 대한 효과적인 형사소추의 이익 및 형사절차에서 진실규명의 이익이 속한다. 우편물의 검열이나 전기통신의 감청(통신제한조치)이 정당화되기 위해서는 피의자가 중대한 범죄를 범하였거나 범하리라는 구체적인 혐의를 필요로 한다. 물론, 계획된 범죄에 의하여 침해되는 법익이 중대할수록, 혐의사실의 구체성과 개연성에 대한 요청이 완화된다. 결국, 통신제한조치는 단지 중대한 특정 범죄행위에 대해서만, 특정한 사실에 의하여 뒷받침되는 강력한 혐의가 인정되는 경우에 한하여, 범죄를 효과적으로 규명할 수 있는 수단 중에서 기본권을 적게 침해하는 대안적 수단이 없는 경우에만 허용된다.[2]

헌법재판소는 단지 '수사의 필요성'만 있으면 수사기관으로 하여금 법원의 허가를 얻어 전기통신사업자에게 전기통신가입자의 위치정보 추적자료나 특정 기지국에서 발신된 모든 전화번호 등 통신사실 확인자료의 제공을 요청할 수 있도록 규정하는 통신비밀보호법조항은 과잉금지원칙에 반하여 개인정보자기결정권과 통신의 비밀을 침해한다고 판단하였다.[3]

(2) 재판청구권의 요청

(가) 은밀하게 이루어진 통신제한조치가 종료된 후에는 당사자가 권리구제절차를 밟을 수 있도록 사후적으로 통신제한조치를 집행한 사실을 통지해야 할 수사기관의 의무(통지의무)가 존재한다. 이로써 통신의 비밀에 대한 제한조치에 대하여 사후적으로 법관에 의한 사법적 통제가 가능해야 한다. 당사자에게 통지하는 것이 통신제한조치의 목적을 위태롭게 하지 않는 경우에도 사후적인 사법적 통제를 배제하는 것은 재판청구권을 침해하는 것이다. 그러므로 통신제한조치의 목적이 달성된 후에는 통신제한조치를 집행한 사실이 당사자에게 통지되어야 한다.[4] 통지를 통하여 당사자에게 비로소 기

료 제공요청을 함에 있어서 사후적 통지절차를 두지 않은 것은 적법절차원칙에 위배되어 개인정보자기결정권을 침해한다는 이유로 헌법불합치결정을 내렸다.

1) 통신비밀보호법 제3조 "② 우편물의 검열 또는 전기통신의 감청(이하 "통신제한조치"라 한다)은 범죄수사 또는 국가안전보장을 위하여 보충적인 수단으로 이용되어야 하며, 국민의 통신비밀에 대한 침해가 최소한에 그치도록 노력하여야 한다." 또한 위 법 제5조 및 제6조의 요건 참조.

2) 통신비밀보호법 제5조 "① 통신제한조치는 다음 각호의 범죄를 계획 또는 실행하고 있거나 실행하였다고 의심할만한 충분한 이유가 있고 다른 방법으로는 그 범죄의 실행을 저지하거나 범인의 체포 또는 증거의 수집이 어려운 경우에 한하여 허가할 수 있다."

3) 헌재 2018. 6. 28. 2012헌마191(위치정보 추적자료 제공요청), 판례집 30-1하, 564, 579, "이 사건 요청조항은 수사기관이 범인의 발견이나 범죄사실의 입증에 기여할 개연성만 있다면, 모든 범죄에 대하여, 수사의 필요성만 있고 보충성이 없는 경우(필자 보완: 다른 방법으로도 범죄수사가 가능한 경우)에도, 피의자·피내사자뿐만 아니라 관련자들에 대한 위치정보 추적자료 제공요청도 가능하도록 하고 있다. 따라서 이 사건 요청조항은 입법목적 달성을 위해 필요한 범위를 벗어나 광범위하게 수사기관의 위치정보 추적자료 제공요청을 허용함으로써, 정보주체의 기본권을 과도하게 제한하고 있다."; 헌재 2018. 6. 28. 2012헌마538(통신사실 확인자료 제공요청), 판례집 30-1하, 596, "기지국수사의 허용과 관련하여서는 유괴·납치·성폭력범죄 등 강력범죄나 국가안보를 위협하는 각종 범죄와 같이 피의자나 피해자의 통신사실 확인자료가 반드시 필요한 범죄로 그 대상을 한정하는 방안 또는 다른 방법으로는 범죄수사가 어려운 경우(보충성)를 요건으로 추가하는 방안 등을 검토함으로써 수사에 지장을 초래하지 않으면서도 불특정 다수의 기본권을 덜 침해하는 수단이 존재하는 점을 고려할 때, 이 사건 요청조항은 과잉금지원칙에 반하여 청구인의 개인정보자기결정권과 통신의 자유를 침해한다."

본권의 제한에 대하여 권리구제절차를 밟을 수 있는 가능성이 열린다.

(나) 한편, 헌법재판소는 위 [사례2]에서 이 사건 법률조항의 규율내용인 통신제한조치에 의하여 제한되는 기본권이 '일반적 개인정보자기결정권'이 아니라 이에 대한 특별기본권인 '통신의 비밀'임을 간과하고 있다. 통신의 비밀에 대한 제한은 '통신내용'뿐만 아니라 '통신이용 상황'에 관한 정보의 수집과 처리에 의하여 발생하므로, 이 사건 법률조항의 위헌여부는 첫째, 이 사건 법률조항의 통신제한조치가 과잉금지원칙에 위반되어 통신의 비밀을 침해하는지 여부, 둘째, 이 사건 법률조항이 통신제한조치를 규정하면서 당사자에 대한 사후적 통지의무를 규정하지 않은 것이 재판청구권을 침해하는지 여부의 두 가지 관점에서 판단되어야 한다.

헌법재판소는 위 [사례2]에서 당사자에 대한 사후적 통지절차를 두지 않은 것은 적법절차원칙에 위배되어 개인정보자기결정권을 침해한다고 판시하고 있는데, 여기서 적법절차원칙이란 바로 헌법 제27조의 재판청구권을 의미하는 것이다(제3편 제4장 제3항 V. 1. '적법절차' 나. 참조). 통신제한조치의 정당성 여부를 다툴 수 있는 사실적 전제조건인 '당사자에 대한 사후적 통지절차'를 두지 않은 것은 기본권제한에 대하여 권리구제절차를 밟을 수 있는 가능성을 배제하는 것이므로, 여기서 제한되는 기본권은 일차적으로 개인정보자기결정권이 아니라 재판청구권이다.

다. 통신비밀보호법에 의한 제한

통신의 비밀에 대한 제한을 허용하면서 그 요건과 절차를 엄격하게 규율함으로써 통신의 비밀을 보호하고자 하는 대표적인 법률이 '통신비밀보호법'이다. 통신비밀보호법에 의하면, 범죄수사를 위하여 불가피한 경우와 국가안전보장에 대한 위해를 방지할 필요가 있는 경우에는 법원의 허가를 얻어 우편물의 검열과 전기통신의 감청이 허용될 수 있다(제5조 및 제7조). 검사 또는 사법경찰관이 수사를 위하여 전기통신사업자로부터 통신사실 확인자료의 열람이나 제출을 요청할 수 있으며, 이러한 경우 법원의 허가를 받도록 규정하고 있다(제13조).

헌법은 통신의 비밀과 관련하여 법관유보의 원칙을 명시적으로 규정하고 있지 않지만, 통신의 비밀의 기본권적 중요성과 통신제한조치에 의한 침해의 중대성에 비추어, 통신제한조치에 대해서도 법관유보원칙이 적용되어야 한다. 따라서 우편물의 검열이나 전기통신의 감청은 법관의 사전적 허가를 필요로 한다. 그러나 검사, 사법경찰관 또는 정보수사기관의 장은 국가안보를 위협하는 음모행위, 직접적인 사망이나 심각한 상해의 위험을 야기할 수 있는 범죄 또는 조직범죄 등 중대한 범죄의 계획이나 실행 등 긴박한 상황에 있고 법원의 허가절차를 거칠 수 없는 긴급한 사유가 있는 때에는 법원의 허가 없이 통신제한조치를 할 수 있다(통비법 제8조).

---

4) 통신비밀보호법 제9조의2(통신제한조치의 집행에 관한 통지)의 규정에 의하면, 검사·사법경찰관·정보수사기관의 장은 통신제한조치를 집행한 후 일정한 기간 내에 우편물 검열의 경우에는 그 대상자에게, 감청의 경우에는 그 대상이 된 전기통신의 가입자에게 통신제한조치를 집행한 사실과 집행기관 및 그 기간 등을 서면으로 통지하도록 규정하고 있다.

2. 특별권력관계에서 통신의 비밀에 대한 제한

> **사례**   헌재 1998. 8. 27. 96헌마398(수형자의 서신검열 사건)
>
> 甲은 국가보안법위반죄로 징역 1년이 확정되어 안양교도소에 수용 중 변호인에게 보내는 서신의 발송을 안양교도소장에게 의뢰하였으나, 안양교도소장은 행형법 제18조 제3항 본문("수용자의 접견과 서신수발은 교도관의 참여와 검열을 요한다.")에 따라 서신을 검열한 다음 그 발송을 거부하였다. 甲은 수형자의 서신을 검열하도록 규정한 행형법규정은 위헌이라고 주장하면서 헌법소원심판을 청구하였다. 위 행형법규정은 통신의 비밀을 침해하는가?

가. 기본권제한의 요건

특별권력관계에서 통신의 비밀을 제한하는 경우에도 마찬가지로 법률에 근거해야 한다. 특별권력관계의 기능과 목적에 비추어 특별권력관계에서는 일반국민과의 관계에 비하여 보다 강한 제한이 정당화된다. 특별권력관계의 목적을 달성하기 위하여 통신의 비밀에 대한 제한을 필요로 하는 한, 통신의 비밀은 특별권력관계에서 현저한 제한을 받는다. 그러나 특별권력관계에서도 수형자의 기본권은 단지 법률에 의하여 또는 법률에 근거해서만 제한될 수 있다.

나. 受刑者에 대한 서신검열

(1) 행형법이 교도소장으로 하여금 수형자의 서신 교환을 금지할 수 있도록 규정하는 경우, 이러한 행형법조항에 의하여 제한되는 기본권은 통신의 비밀이 아니라 표현의 자유나 일반적 행동의 자유이다. 통신의 비밀은 수형자가 자유롭게 서신을 수발할 권리, 즉 국가의 간섭을 받지 않고 외부세계와 자유롭게 소통할 자유를 보장하는 것이 아니라, 서신내용의 비밀을 보호한다.

한편, 헌법재판소는 일부 결정에서 수형자에 대한 서신수발이나 전화통화의 금지에 의하여 수형자의 '통신의 자유'가 제한된다고 판시함으로써, 헌법상 존재하지 않는 기본권을 언급하는 중대한 오류를 범하고 있다.[1] '통신의 자유'를 '외부세계와 소통할 자유'로 이해한다면, 이러한 '통신의 자유'는 헌법 제18조의 통신의 비밀이 아니라, 헌법 제21조의 표현의 자유나 헌법 제10조로부터 파생하는 일반적 행동의 자유에 의하여 보호되는 것이다.

표현의 자유는 본질상 타인과의 의사소통을 위한 자유로서, 집필이나 서신의 작성 등 표현행위 그 자체만을 보호하는 것이 아니라, 나아가 자신을 타인에게 표현하고 타인에게 정신적 영향을 미치며, 통상적으로 언어와 문자를 매체로 하여 이루어지는 인간 상호간의 정신적인 교류를 보장하고자 하는 것이다. 만일 헌법재판소의 견해에 따라 표현의 자유의 보호범위가 사적 공간에서의 집필이나

---

1) 가령, 헌재 2016. 5. 26. 2013헌바98, 판례집 28-1하, 234, 241, 수형자가 작성한 집필문의 외부반출을 금지한 법률조항의 위헌여부를 판단함에 있어서, 헌법재판소는 '심판대상조항은 집필문을 표현하는 것을 금지하는 것이 아니라 이미 표현된 집필문을 외부세계에 발송할 수 있는지의 여부를 규율하는 것이므로, 헌법 제18조의 통신의 자유가 제한된다'고 판시하고 있다. 또한, 금치 수용자에 대한 서신수발의 금지가 '통신의 자유'를 제한한다고 판시한 결정으로 헌재 2004. 12. 16. 2002헌마478, 판례집 16-2하, 548 참조. 수형자에 대한 전화통화의 금지가 '통신의 자유'를 제한한다고 판시한 결정으로 헌재 2016. 4. 28. 2012헌마549 등, 판례집 28-1하, 48, 65. '휴대전화 가입계약 시 본인확인제'가 개인정보자기결정권 외에도 '익명으로 통신수단을 이용하여 의사소통할 자유'(익명통신의 자유)를 제한한다고 판시한 결정으로 헌재 2019. 9. 26. 2017헌마1209 참조.

서신의 작성에 그친다면, 표현의 자유는 타인이 아니라 자신에 대하여 표현할 자유, 독백의 자유를 의미할 것이다. 국가에 의한 표현의 자유의 제한은 통상, 국가가 개인에게 사적 공간에서의 집필을 금지하는 형태가 아니라, 표현물이 외부세계와 접촉하는 것을 금지하는 형태(가령, 사전검열이나 사후 제한 등)로 이루어진다.

(2) 통신의 비밀에 대한 제한이 발생하는 경우는, 行刑法이 교정시설의 안전과 질서유지를 이유로 서신의 검열을 허용하거나 명령하는 경우이다. 여기서 제기되는 문제는, 행형법이 수형자의 서신에 대한 포괄적인 검열을 허용함으로써 헌법상 보장된 통신의 비밀을 다시 완전히 폐지해도 되는지, 이러한 행형법규정이 통신의 비밀을 과잉으로 침해하는 것은 아닌지에 관한 것이다. 아무런 구체적인 계기 없이, 개별적인 경우에 대한 구체적인 심사 없이 포괄적으로 수형자의 서신에 대한 검열이 이루어진다면, 기본권의 보장이 다시 폐지되는 결과를 가져올 수 있다. 따라서 개별 수감자의 개별적인 상황이나 개별 교도소의 구체적 상황을 고려하여 교정시설의 안전과 질서유지에 대한 교란의 우려를 뒷받침할 만한 구체적인 근거가 있는 경우 서신의 검열을 하도록 행형법을 규정하는 것이 기본권보장의 정신에 보다 부합하는 것이다.[1] 물론, 개별 교도소의 구체적 상황이 교정시설의 안전과 질서유지를 위협하는 특징적 요소를 보이기 때문에 (예컨대, 장기형을 선고받은 자들이 집중적으로 수용되어 있다든지, 교도소가 정원을 초과하여 과다로 수용하고 있다든지 등의 특수한 상황), 모든 수형자에 대한 전반적인 서신검열이 요청될 수 있다는 것도 배제할 수 없다.

헌법재판소는 헌재 1998. 8. 27. 96헌마398(수형자의 서신검열) 결정에서 행형법이 수형자의 서신수발의 자유를 원칙적으로 보장하면서 서신수발은 교도관의 검열을 요하도록 규정하고 있는 것은 통신의 비밀에 대한 일부 제한이라는 이유로 합헌으로 판단하였다.[2] 그러나 통신의 비밀은 서신수발의 자유를 보장하는 것이 아니라 서신내용의 비밀을 보호하는 것이므로, 서신에 대한 포괄적인 검열은 통신의 자유를 일부 제한하는 것이 아니라 사실상 전면적으로 폐지한다는 점을 간과하고 있다. 한편, 헌법재판소는 수형자가 밖으로 내보내는 모든 서신을 봉함하지 않은 상태로 교정시설에 제출하도록 규정하고 있는 '형의 집행 및 수용자의 처우에 관한 법률 시행령' 조항은 수용자의 발송 서신 모두를 사실상 검열 가능한 상태에 놓이도록 하는 것으로 통신의 비밀을 침해한다고 판단하였다.[3]

---

1) 현행 '형의 집행 및 수용자의 처우에 관한 법률' 제43조 제4항은 "수용자가 주고받는 서신의 내용은 검열받지 아니한다."고 검열금지를 원칙으로 하면서, 서신의 상대방이 누구인지 확인할 수 없거나 서신검열의 결정이 있는 때 또는 시설의 안전 또는 질서를 해칠 우려가 있는 내용이 기재되어 있다고 의심할 만한 상당한 이유가 있는 때 등에 한하여 검열을 허용하고 있다.

2) 헌재 1998. 8. 27. 96헌마398(수형자의 서신검열), 판례집 10-2, 416, 429, "법 제18조 제2항에서 "수용자의 서신수발은 교화 또는 처우상 특히 부적당한 사유가 없는 한 이를 허가하여야 한다."고 규정하여 수형자의 서신수발의 자유를 원칙적으로 보장하고, 구금의 목적상 수용자의 서신수발은 교도관의 검열을 요하도록 하되(같은 조 제3항), 서신의 검열이나 발송 및 교부를 신속하게 하도록 규정하고 있으며(같은 조 제4항), 나아가 교도관집무규칙 제78조와 재소자계호근무준칙 제284조 등은 서신검열의 기준 및 검열자의 비밀준수의무 등을 규정하고 있다. 그러므로 이러한 현행법령과 제도 하에서 수형자가 수발하는 서신에 대한 검열로 인하여 수형자의 통신의 비밀이 일부 제한되는 것은 국가안전보장・질서유지 또는 공공복리라는 정당한 목적을 위하여 부득이 할 뿐만 아니라 유효적절한 방법에 의한 최소한의 제한이며 통신의 자유의 본질적 내용을 침해하는 것이 아니므로 헌법에 위반된다고 할 수 없다."

3) 헌재 2012. 2. 23. 2009헌마333, 판례집 24-1상, 280, 281.

제 6 절 良心과 宗敎의 自由

제 1 항 良心의 自由[1]

I. 서 론

헌법은 제19조에서 "모든 국민은 양심의 자유를 가진다."고 하여 명문으로 양심의 자유를 보장하고 있다. 이로써 민주적 다수의 정치적 의사가 법적으로 표현된 법질서와 개인의 내적·윤리적 심급인 양심이 서로 충돌하는 경우, 헌법은 개인의 양심을 보장할 것을 규정하고 있다. 소수의 국민이 다른 견해를 주장하는데 그치는 것이 아니라 소위 우위의 규범이나 도덕률의 이름으로 다수에 의하여 결정된 법질서에 대하여 복종을 거부한다면, 국가의 법질서와 개인의 양심 사이의 충돌은 항상 발생할 수 있다.

헌법상 보장된 양심의 자유는 법적으로 여러 가지 어려운 문제를 제기한다.

첫째, 양심의 자유의 보호범위와 관련하여, '헌법상 기본권의 체계 내에서 양심의 자유가 보호하고자 하는 것이 무엇인지'의 문제가 제기된다. 이는 곧 '어떠한 경우에 양심의 자유가 국가공권력의 위헌성여부를 판단하는 심사기준이 될 수 있는지'의 문제, 즉 양심의 자유와 다른 개별자유권의 보호범위의 경계설정의 문제를 의미한다. 개인이 양심의 자유의 침해를 주장하는 모든 경우에, 양심의 자유가 문제되는가? 예컨대, 주취운전의 혐의자에게 음주측정에 응할 의무를 부과하는 것이 양심의 자유에 대한 제한에 해당하는가? 또는 타인에 대한 명예훼손으로 인하여 법원이 언론사에 사죄광고를 명하는 경우, 이러한 공권력의 행사가 양심의 자유에 대한 제한인가?

둘째, 구체적인 보장내용과 관련하여, 양심의 자유가 단지 개인의 내심의 영역에서 이루어지는 '양심형성의 자유'만을 보호하는가 아니면 그를 넘어서 양심에 따라 살 권리, 즉 '양심을 집행하고 실현할 자유'까지도 보호하는가?

셋째, 양심의 자유가 내심의 영역에서 이루어지는 양심형성의 자유뿐만 아니라 양심을 외부로 실현하는 자유도 보장한다면, 양심실현의 자유가 어떠한 경우 어떠한 방법으로 보장될 수 있는가? 양심실현의 자유가 보장된다는 것은 국가로 하여금 개인의 양심에 반하는 행위를 강요해서는 아니 된다는 것을 의미하는가? 국가는 자신의 존립과 법질서를 포기하지 않으면서도 어느 정도까지 양심실현의 자유를 보장할 수 있는가?

---

1) 양심의 자유에 관하여 한수웅, 헌법 제19조의 良心의 自由, 헌법논총 제12집(2001), 387면 이하 참조.

Ⅱ. 헌법적 의미와 보호범위

1. 헌법적 의미

가. 역사적 배경

역사적으로 볼 때, 양심의 자유는 국가에 의한 신앙의 강제에 대하여 개인의 자유를 보호하고자 하는 방어권으로 출발하였고, 종교와 관련하여 보장된 양심의 자유는 개인에게 인정된 최초의 기본권이었다. 국가가 국교결정권을 가지고 있다는 것을 전제로 하여 국가로부터 종교를 강요받지 아니할 개인의 자유를 보장하려고 했던 것이 양심의 자유의 출발점이었다. 따라서 초기의 양심의 자유는 종교와 관련되어 보장되었으며, 양심의 자유의 범위도 특정한 종교를 받아들이거나 유지해야 하는 국가적 강제로부터의 자유 또는 신앙을 자유롭게 행사하기 위하여 '이민을 갈 자유'에 제한되었다.

그 후, 국가가 국교결정권을 포기함으로써 양심의 자유는 신앙과의 상호 연관관계에서 해방되어 고유한 보호영역을 가진 독자적인 기본권으로 발전하였고, 이에 따라 양심의 자유의 보호범위도 더 이상 종교적 양심에 국한되지 않고 세속적 양심으로 확대되었다. 그 결과, 양심이란 종교적 양심이 아니라 자주적·도덕적 인격의 최상의 또는 최종적 심급으로 이해되었고, 종교적 믿음에 근거한 양심은 물론이고 종교적 동기가 없는 모든 양심상의 결정이 양심의 자유에 의하여 보호를 받게 되었다.

나. 법적 성격

(1) 개인의 방어권

일차적으로, 양심의 자유는 국가에 대한 소극적 방어권, 즉 국가가 양심의 형성과정 및 실현과정에 대하여 부당한 간섭이나 강요를 '하지 말 것'을 요구하는 국가에 대한 '부작위 청구권'이다. 따라서 양심의 자유는 국가의 간섭이나 방해를 받지 않고 자유롭게 양심을 형성하고 실현할 권리를 개인의 주관적 공권으로서 보장한다.

(2) 객관적 가치질서

(가) 객관적 가치질서로서 양심의 자유

양심의 자유는 개인의 주관적 공권일 뿐만 아니라, 객관적 가치질서로서의 성격을 가지고 있다. 헌법은 양심의 자유를 개인의 기본권으로 보장함으로써 동시에 특정한 내용의 가치결정을 내리고 있다. 양심의 자유가 객관적 규범으로서 국가기관을 구속한다면, 그 객관적 성격은 무엇보다도 '국가의 중립의무'와 '관용의 원칙'으로 나타난다.

국가의 중립의무와 관용의 원칙이 준수되지 않는다면 양심의 자유는 실질적으로 보장될 수 없다는 점에서, 국가의 중립의무와 관용의 원칙은 양심의 자유가 보장되기 위한 객관적 조건이다. 양심의 자유는 '국가가 특정 종교나 세계관과 일치시켜서는 안 된다'는 국가의 중립의무의 표현이자 '국가가 다수의 사회구성원과 달리 생각하고 다른 윤리적 가치관을 가진 소수의 국민에 대하여 관용을 베풀어야 한다'는 '관용의 원칙'의 헌법적 표현이다.

(나) 국가의 중립의무

양심의 자유가 개인적 자유의 시초라면, 국가의 세계관적 중립의무는 현대국가 형성의 시초를 이루었다고 할 수 있다. 국가가 특정 종교나 세계관과 일치시키는 태도를 포기함으로써 모든 국민에게 각자의 종교나 세계관과 관계없이 국가 내에서의 안전과 보호를 제공하는 국가, 즉 모든 국민의 국가, 관용의 국가가 되었고, 이로써 국가의 정당성이 보다 강화되었다.

(다) 寬容의 原則

또한, 양심의 자유는 국민 누구에게나 적용되는 법적 의무에 대한 예외를 허용해 줄 것을 국가로부터 요구하는 기본권으로서 국가적 관용의 산물이다. 국가의 법질서가 감당할 수 있는 범위 내에서 민주적 다수가 소수의 국민에게 양심에 따른 법적 의무의 거부를 어느 정도 허용함으로써 양심의 자유가 궁극적으로 실현하고자 하는 관용을 실천하는 것이다. 국가는 이러한 방법을 통하여 달리 사고하는 소수 국민에 대하여 자신의 관대함과 강력함을 보이고, 국가권력의 보다 강력한 정당성을 이끌어 내는 것이다. 국가는 양심의 자유를 보장함으로써 양심과 법질서가 충돌하는 경우 국민에게 가능한 범위 내에서 법적 의무를 면제하는 방법으로 피난처를 제공하고, 이로써 법치국가가 감당할 수 있는 최종적 한계까지 국가권력의 행사를 자제하는 것이다.

2. 보호범위

가. 보호범위의 확정

(1) 기본권체계 내에서 양심의 자유의 기능

양심의 자유의 보호범위의 문제는 헌법상 보장된 다른 기본권과의 관계에서 보호범위의 경계설정에 관한 것이다. 양심의 자유의 보호범위는 양심의 자유에 부여된 헌법상의 고유한 목적 및 의미에 의하여 확정되어야 한다. 헌법의 기본권체계 내에서 양심의 자유의 기능은 개인적 인격의 정체성을 유지하는데 있다.[1] 양심의 자유가 보호하고자 하는 법익은 양심의 불가침성, 즉 개인의 윤리적 정체성과 동질성이다.[2] 따라서 양심의 자유를 제한하는 행위는 개인의 윤리적 정체성을 침해하는 행위이다. 양심은, 自我가 그 정체성을 상실하지 않도록 감독하고 통제하는 심급으로서 일상적으로 표출되는 것이 아니라 인격의 동질성을 유지하는 가능성이 심각하게 위협받고 있는 상황, 소위 존재의 정체성의 위기상황에서 비로소 활동한다.

(2) 양심의 자유의 고유한 보장내용

양심의 자유가 양심을 내적으로 형성하는 자유뿐만 아니라 또한 양심을 외부로 실현하는 자유도 보장한다면, '언제 개인의 행위가 양심의 자유에 의하여 보호를 받는가' 하는 것은 '언제 양심상의 결정이 존재하는가'의 문제에 달려 있다. 그러나 개인이 자신의 행위의 근거가 되는 내적 동기를 '양심상의 결정'이라고 주장하는 모든 경우에 양심의 자유가 문제된다면, 양심의 자유란 자신의 내적 결정

---

1) 학계에서는 양심의 의미를 포괄적으로 내심의 자유로 이해하는 '사회적 양심설'과 내심의 자유 중 윤리적 성격에 국한하는 '윤리적 양심설'이 주장되고 있는데, 후자가 타당하다. 여기서 '윤리적 양심설'은 양심의 내용이 윤리적이거나 도덕적이어야 한다는 것을 의미하는 것이 아니라, 양심의 자유가 보호하고자 하는 것이 '윤리적 관점에서 내려진 결정과 그에 근거한 행위'라는 것을 의미하는 것으로, 여기서 '윤리적'이란 다른 기본권의 보호범위와 경계설정을 위한 징표이다.

2) 헌재 2002. 4. 25. 98헌마425(준법서약서), 판례집 14-1, 351, 363, "이른바 개인적 자유의 시초라고 일컬어지는 이러한 양심의 자유는 인간으로서의 존엄성 유지와 개인의 자유로운 인격발현을 위해 개인의 윤리적 정체성을 보장하는 기능을 담당한다. 그러나 내심의 결정에 근거한 인간의 모든 행위가 헌법상 양심의 자유라는 보호영역에 당연히 포괄되는 것은 아니다. 따라서 양심의 자유가 침해되었는지의 여부를 판단하기 위하여는 먼저 양심의 자유의 헌법적 보호범위를 명확히 하여야 하는바, 이를 위해서는 양심에 따른 어느 행위(또는 불행위)가 실정법의 요구와 서로 충돌할 때 과연 어떤 요건하에 어느 정도 보호하여야 하는가의 측면에서 고찰되어야 할 것이다."

에 따라 자율적으로 행동할 자유, 가령 자신의 결정에 따라 표현하고 집회에 참가하고 예술활동과 학문활동을 할 자유 등을 의미하게 되고, 이로써 모든 개별자유권의 보호범위를 포괄하는 일반적 자유권의 성격을 가지게 된다. 그렇다면 양심의 자유는 이미 다른 개별자유권이나 헌법 제10조의 일반적 행동자유권에 의하여 보호되는 것으로 고유한 보호범위나 의미·기능을 결여한 기본권으로 전락하고, 이로써 헌법적으로 별도의 보호를 필요로 하지 않는다.[1]

헌법이 양심의 자유를 통하여 보장하고자 하는 것은 개인의 일반적 행동의 자유가 아니라 인격적·정신적 정체성의 유지이며, 양심의 자유에 의하여 인간의 모든 행위가 보호받는 것이 아니라 '양심상의 결정에 근거한 행위'만이 보호된다. 그러므로 양심의 자유가 보호하고자 하는 바는 양심과 관련된 영역, 즉 개인의 인격적·윤리적 정체성을 형성하고 유지하고 외부세계에 대하여 관철하는 영역이지, 모든 생활영역에서의 자기결정권과 그에 근거한 행위가 아니다.

(3) 思想의 自由?

이러한 의미에서, 양심의 자유는 사상의 자유를 보호하지 않는다. 양심의 자유는 인격적 정체성을 지키고자 하는 소극적인 성격의 기본권인 반면, 사상의 자유는 외부세계에 정신적으로 작용하고자 하는 적극적인 성격의 기본권이라는 점에서, 양자 사이에는 근본적인 차이가 있다. 사상의 자유는 내면의 세계에서 이루어지는 한 기본권에 의한 보호를 필요로 하지 않으며, 외부세계에서 이루어지는 '사상 실현의 자유'는 표현의 자유나 집회·결사의 자유 등 외부세계에 정신적 영향력을 행사하고자 하는 다른 개별기본권에 의하여 또는 보충적으로 일반적 행동자유권에 의하여 보호된다.

개인에게 자신의 사상과 내적 결정에 따라 외부세계에 영향을 미치고 사회를 적극적으로 형성하는 가능성을 보호하고자 하는 것은 양심의 자유의 헌법적 기능이 아니다. 양심이란 그 본질상 개인의 인격적 정체성과 행동을 감독하고 통제하는 심급이므로, 양심의 자유의 보호범위도 마찬가지로 기본권의 주체가 인격적 정체성을 유지하고 자신의 행동을 규율하는 영역에 국한되는 것이다. 반면에, 타인이나 사회공동체에 대하여 자신의 사상과 가치관을 실현하고 정신적 영향력을 행사하려는 적극적 행동은 양심의 자유에 의하여 보호되지 않는다. 양심의 자유는 그 본질상 양심상의 이유로 국가 법질서의 명령을 거부할 수 있는 권리를 부여함으로써 인격의 정체성을 보호하고자 하는 소극적인 것이다. 이러한 의미에서 소위 '시민불복종'의 형태로 이루어지는 법적 의무의 위반은 양심의 자유에 의하여 보호되지 않는다.

나. 良心上의 決定
(1) 양심상 결정의 개념

(가) 양심의 자유가 보호하고자 하는 것은 '양심상의 결정' 및 '그에 근거한 행위'이다. '양심상의 결정'이란, 선과 악의 기준에 따른 모든 진지한 윤리적 결정으로서, 구체적인 상황에서 개인이 이러한 결정을 자신을 구속하고 무조건적으로 따라야 하는 것으로 받아들이기 때문에, 양심상의 심각한 갈등이 없이는 그에 반하여 행동할 수 없는 것을 말한다.[2] 즉, 양심상의 결정이란 진지한 윤리적 결

---

1) 이러한 관점에서 볼 때, '양심의 자유가 보장되지 아니하면 종교, 학문, 예술의 자유는 물론 정치적 활동의 자유까지도 실질적으로 보장될 수 없기 때문에, 양심의 자유는 최상급 기본권이다'라고 하는 견해는 기본권의 보호범위와 관련하여 근본적인 문제를 안고 있다.

2) 헌재 2004. 8. 26. 2002헌가1(양심적 병역거부), 판례집 16-2상, 141, 151, "'양심상의 결정'이란 선과 악의 기준에

정이며, 이러한 윤리적 결정의 특징은 심각한 양심상의 갈등을 초래한다는 것에 있다.[1]

여기서 말하는 '윤리적 결정'이란, 도덕적 인격체로서 인생을 영위함에 있어서 개인의 내면적·윤리적 심급의 당위적 요청에 근거하여 내려지는 결정을 말하며, 윤리적 결정의 '진지성'이란 인격의 정체성·동질성을 상실하지 않고 유지하기 위하여 양심의 결정이 반드시 필요하다는 인식을 말하는데, 국가나 외부세계의 관점에서 객관적으로는 '양심상 결정을 주장하여 법질서에 위반하는 개인이 이로 인한 불이익까지도 감수할 자세가 있는지'의 관점을 통해서 간접적으로 파악될 수 있다. '무조건적 준수'라 함은, 양심상의 단순한 회의가 아니라 고유한 인격의 동질성을 유지하기 위해서는 양심상의 명령에 따르는 것 외에는 달리 가능성이 없는 경우를 말한다.

(나) 따라서 법질서가 요구하는 특정 행위에 대하여 마음이 내키지 않는 감정이나 이를 마지못해 하는 것은 양심상의 결정이라고 할 수 없다. 그러므로 단순한 의심이나 회의는 '도덕적 인격체로서의 개인의 정체성에 대한 중대한 위기'에 의하여 규정되는 '양심상의 갈등' 단계에 이르지 못한다. 또한 정치적·사회적 상황에 대한 단순한 비판이나 불만은 양심의 자유의 문제라 할 수 없다.

에컨대, 주취운전의 혐의자에게 음주측정에 응할 의무를 지우고 이에 불응하는 사람을 처벌하는 법률조항에 의하여 제한되는 것은 양심의 자유가 아니다.[2] 마찬가지로, 공정거래법 위반사실에 대하여 법원에서 유죄로 확정되기 전에 공정거래위원회로 하여금 법위반사실의 공표를 명하도록 규정하는 법률조항에서 문제되는 기본권은 양심의 자유가 아니다.[3] 또한, 공직선거에서 투표용지에 후보자들에 대한 '전부 거부' 표시방법을 마련하지 않은 공직선거법조항은 양심의 자유와 무관하다.[4] 주민등록발급을 위하여

따른 모든 진지한 윤리적 결정으로서 구체적인 상황에서 개인이 이러한 결정을 자신을 구속하고 무조건적으로 따라야 하는 것으로 받아들이기 때문에 양심상의 심각한 갈등이 없이는 그에 반하여 행동할 수 없는 것을 말한다. 인간의 존엄성 유지와 개인의 자유로운 인격발현을 최고의 가치로 삼는 우리 헌법상의 기본권체계 내에서 양심의 자유의 기능은 개인적 인격의 정체성과 동질성을 유지하는 데 있다."

1) 양심의 개념에 관하여 헌재 1997. 3. 27. 96헌가11(음주측정에 응할 의무), 판례집 9-1, 245, 263, "헌법이 보호하려는 양심은 어떤 일의 옳고 그름을 판단함에 있어서 그렇게 행동하지 아니하고는 자신의 인격적인 존재가치가 허물어지고 말 것이라는 강력하고 진지한 마음의 소리이지, 막연하고 추상적인 개념으로서의 양심이 아니다."; 동일한 취지로 헌재 2002. 4. 25. 98헌마425(준법서약서), 판례집 14-1, 351, 363; 또한 헌재 2004. 8. 26. 2002헌가1(양심적 병역거부), 판례집 16-2상, 141, 151; 한편, 헌재 1998. 7. 16. 96헌바35(불고지죄), 판례집 10-2, 159, "여기서 말하는 양심이란 세계관·인생관·주의·신조 등은 물론 이에 이르지 아니하여도 보다 널리 개인의 인격형성에 관계되는 내심에 있어서의 가치적·윤리적 판단도 포함된다."라고 하여 양심의 개념을 넓게 보고 있다.
2) 헌재 1997. 3. 27. 96헌가11(음주측정에 응할 의무), 판례집 9-1, 245, 246, "음주측정요구에 처하여 이에 응하여야 할 것인지 거부해야 할 것인지 고민에 빠질 수는 있겠으나 그러한 고민은 선과 악의 범주에 관한 진지한 윤리적 결정을 위한 고민이라 할 수 없으므로 그 고민 끝에 어쩔 수 없이 음주측정에 응하였다 하여 내면적으로 구축된 인간양심이 왜곡·굴절된다고 할 수 없다. 따라서 이 사건 법률조항을 두고 헌법 제19조에서 보장하는 양심의 자유를 침해하는 것이라고 할 수 없다."
3) 헌재 2002. 1. 31. 2001헌바43(공정거래위원회의 법위반사실 공표명령), 판례집 14-1, 49, "헌법 제19조에서 보호하는 양심은 옳고 그른 것에 대한 판단을 추구하는 가치적·도덕적 마음가짐으로, 개인의 소신에 따른 다양성이 보장되어야 하고 그 형성과 변경에 외부적 개입과 억압에 의한 강요가 있어서는 아니되는 인간의 윤리적 내심영역이다. 따라서 단순한 사실관계의 확인과 같이 가치적·윤리적 판단이 개입될 여지가 없는 경우는 물론, 법률해석에 관하여 여러 견해가 갈리는 경우처럼 다소의 가치관련성을 가진다고 하더라도 개인의 인격형성과는 관계가 없는 사사로운 사유나 의견 등은 그 보호대상이 아니다."
4) 헌재 2007. 8. 30. 2005헌마975(공직선거에서 '전부 거부' 표시), 판례집 19-2, 331, 340, "청구인들은 이 사건 조항이 양심의 자유를 침해한다고 주장하나, '전부 불신'의 표출방법을 보장하지 않아 청구인들이 투표를 하거나 기권할 수밖에 없다고 하더라도, 이는 양심의 자유에서 말하는 인격적 존재가치로서의 '양심'과 무관하다. 그러한 행위는 진지한 윤리적 결정에 관계된 것이라기보다는 공직후보자에 대한 의견의 표현행위에 관한 것이며 양심의 자유의 보호영역에 포함된다고 볼 수 없다. 따라서 이 사건 조항은 양심의 자유를 제한하지 않는다."

열 손가락의 지문을 날인케 하는 것도 양심의 자유를 제한하지 않는다.[1]

한편, 헌법재판소는 타인의 명예를 훼손한 자에 대하여 법원으로 하여금 명예회복에 적당한 처분을 명할 수 있도록 규정한 민법규정의 "명예회복에 적당한 처분"에 '언론기관의 사죄광고'를 포함시키는 것이 양심의 자유를 침해하는 것으로 판단하였다.[2] 그러나 사죄광고의 게재에 의하여 제한되는 기본권은, 언론의 자유로운 보도활동을 위축시킨다는 점에서 언론기관의 '언론의 자유' 또는 언론기관의 사회적 평가를 저하시킨다는 점에서 '인격권' 아니면 개인이 하기 싫은 일을 강요한다는 점에서 보충적으로 '일반적 행동자유권'인 것이지, 양심의 자유가 아닌 것이다.[3]

헌법재판소는 언론사나 방송사에 대한 사과 명령이 문제된 후속결정들에서는 위 오류를 인식하여, 방송사업자가 방송법상의 심의규정을 위반한 경우 방송통신위원회로 하여금 '시청자에 대한 사과'를 명할 수 있도록 규정한 방송법규정이나 선거기사심의위원회가 불공정한 선거기사를 보도하였다고 인정한 언론사에 대하여 언론중재위원회를 통하여 '사과문의 게재'를 명하도록 하는 공직선거법조항은 방송사나 언론사의 '인격권'을 침해하여 헌법에 위반된다고 판단하였다.[4]

(2) 양심상 결정의 내용[5]

양심의 자유에 의하여 개인의 양심이 보호되기 위한 법적 전제조건은, 양심의 개념이 타인이나 사회적 다수가 타당하다고 생각하는 것으로부터 내용적으로 독립하는 것이다. 양심상의 결정이 어떠한 종교관·세계관 또는 그 외의 가치체계에 기초하고 있는가와 관계없이, 모든 양심상의 결정이 양심의 자유에 의하여 보장된다. 양심의 자유에서 항상 현실적으로 문제가 되는 것은 사회적 다수의 양심이 아니라, 국가의 법질서나 사회의 도덕률에서 벗어나는 소수의 양심이다. 일반적으로 민주적 다수는 법질서와 사회질서를 그의 정치적 의사와 도덕적 기준에 따라 형성하기 때문에, 그들이 국가의 법질서나 사회의 도덕률과 양심상의 갈등을 일으키는 것은 예외에 속한다.

---

1) 헌재 2005. 5. 26. 99헌마513(지문날인), 판례집 17-1, 668, 684, "지문을 날인할 것인지 여부의 결정이 선악의 기준에 따른 개인의 진지한 윤리적 결정에 해당한다고 보기는 어려워, 열 손가락 지문날인의 의무를 부과하는 이 사건 시행령조항에 대하여 국가가 개인의 윤리적 판단에 개입한다거나 그 윤리적 판단을 표명하도록 강제하는 것으로 볼 여지는 없다고 할 것이므로, 이 사건 시행령조항에 의한 양심의 자유의 침해가능성 또한 없는 것으로 보인다."

2) 헌재 1991. 4. 1. 89헌마160(사죄광고), 판례집 3, 149.

3) 양심의 자유가 보장하고자 하는 것이 '고유한 인격의 정체성 유지'라는 점에 비추어 볼 때, 언론기관에 대한 사죄광고 명령은 언론의 공적 과제의 이행을 위한 보도활동의 범주 내에서 이루어지는 것으로서, 신문사의 사죄광고 게재로 인하여 그 기사를 작성한 언론인의 윤리적 정체성이 진지하게 위협받을 가능성은 없다. 사죄광고가 법인인 신문사의 이름으로 게재되며 사죄광고의 실질적 주체도 타인의 명예를 훼손하는 기사를 작성한 언론인이 아니라 신문사라는 점도 사죄광고의 문제가 개인적 양심의 문제가 아니라는 것을 뒷받침한다. 나아가, 양심의 자유의 주체는 오로지 자연인으로서 사죄광고의 주체인 신문사는 양심의 자유를 주장할 수 없다.

4) 헌재 2012. 8. 23. 2009헌가27(시청자에 대한 사과명령); 헌재 2015. 7. 30. 2013헌가8(사과문 게재 명령). 한편, 위 결정들에서 인격권도 제한된 기본권으로 고려될 수 있으나, 위 규정들이 방송사업자의 자유로운 방송활동(프로그램 편성의 자유)이나 언론의 자유로운 보도활동을 제한한다는 점에서 '방송의 자유'나 '언론의 자유'가 보다 사안에 인접한 기본권은 아닌지 의문이 제기된다.

5) 헌재 2004. 8. 26. 2002헌가1(양심적 병역거부), 판례집 16-2상, 141, 151, "'양심의 자유'가 보장하고자 하는 '양심'은 민주적 다수의 사고나 가치관과 일치하는 것이 아니라, 개인적 현상으로서 지극히 주관적인 것이다. 양심은 그 대상이나 내용 또는 동기에 의하여 판단될 수 없으며, 특히 양심상의 결정이 이성적·합리적인가, 타당한가 또는 법질서나 사회규범, 도덕률과 일치하는가 하는 관점은 양심의 존재를 판단하는 기준이 될 수 없다. 일반적으로 민주적 다수는 법질서와 사회질서를 그의 정치적 의사와 도덕적 기준에 따라 형성하기 때문에, 그들이 국가의 법질서나 사회의 도덕률과 양심상의 갈등을 일으키는 것은 예외에 속한다. 양심의 자유에서 현실적으로 문제가 되는 것은 사회적 다수의 양심이 아니라, 국가의 법질서나 사회의 도덕률에서 벗어나려는 소수의 양심이다. 따라서 양심상의 결정이 어떠한 종교관·세계관 또는 그 외의 가치체계에 기초하고 있는가와 관계없이, 모든 내용의 양심상의 결정이 양심의 자유에 의하여 보장된다."

따라서 '양심의 자유'가 보장하고자 하는 '양심'은 민주적 다수의 사고나 가치관과 일치하는 것이 아니라, 개인적 현상으로서 지극히 주관적인 관점에서 판단되어야 한다. '양심의 자유'의 이와 같은 순수한 주관적인 기준으로 말미암아, 양심상 결정의 존재여부는 그 대상이나 내용 또는 동기나 근거에 의하여 판단될 수 없으며, 양심상의 결정이 이성적이고 합리적인지, 보편타당한지 또는 법질서나 사회규범, 도덕률과 합치하는지 하는 관점은 양심상 결정의 존재를 판단하는 기준이 될 수 없다. 그러므로 양심의 내용과 방향을 미리 확정하고 개인의 양심상의 결정을 그 내용에 따라 평가하려는 개념 정의는 헌법상 양심의 자유와 부합할 수 없다.

(3) 양심의 자유에 대한 제한이 문제되는 전형적인 경우

(가) 그렇다면 언제 양심상의 결정 또는 양심상의 심각한 갈등이 존재하는가? 양심의 자유를 위협하는 상황이란 양심의 갈등에 빠진 개인의 예외적 상황이며, 이러한 정신적 갈등에 직면하여 자신의 인격적 정체성을 유지하기 위하여 법질서에 대한 복종을 거부하는 개체의 상황이다. 양심의 자유란 개인에게 그가 스스로 초래하지 않은 갈등 상황에서 그의 양심의 목소리를 따를 수 있는 가능성을 부여함으로써, 국가에 의하여 강요된 양심상의 갈등상황을 방어할 수 있는 권리를 부여하는 기본권이다. 개인의 기본권으로서의 '양심의 자유'의 핵심적 내용은 국가에 의하여 강요된 갈등상황에 대한 방어적 기능이다.

양심의 자유는 전형적으로 '양심의 명령'과 '법질서의 명령'이 서로 충돌하는 상황에서 문제된다. 따라서 상이한 내용을 가진 2개의 명령, 즉 특정 행위에 대한 행위명령과 금지명령이 서로 충돌하는 경우에 비로소 양심의 자유가 문제될 수 있다.[1] 무조건적 준수를 요구하는 양심상 결정과 법적용의 예외를 허용하지 않는 법규범이 서로 충돌하는 경우. 비로소 양심의 자유에 대한 제한이 존재하는 것이다. 우리의 현실에서 볼 때, '여호와의 증인'과 같이 종교적인 이유로 병역의무의 이행을 거부하는 경우(소위 '집총거부')가 양심의 자유가 제한당하는 대표적인 예이다.

(나) 따라서 종교적 규율이나 법질서가 특정 행위를 금지하거나 명령하는 것이 아니라 단지 허용한다면, 양심의 자유에 대한 제한이 존재하지 않고, 이에 따라 양심의 문제는 발생하지 않는다.[2]

뿐만 아니라, 양심의 자유는 각자의 개인적 책임 영역에 귀속될 수 있는 개인적 양심상의 결정 및 그에 따른 행위를 보호하고자 하는 것이므로, 개인이 소속된 단체가 그의 개인적 양심에 반하는 행동을 하기 때문에 그 단체에 소속된 사람으로서 공동책임을 느끼고 이로 인하여 양심상의 갈등에 빠지는 경우, 그 개인은 양심의 자유를 주장할 수 없다. 단체의 그러한 행위에 대한 책임은 전적으로 그 단체에 있는 것이기 때문에, 단체의 각 구성원에게 그의 행위로서 귀속될 수 없다. 예컨대, 그가 속한 의료보험조합이 자신의 양심에 반하는 낙태행위를 보험급여의 범위에 포함시켰다는 이유로 보험료의 납부를 거부하는 행위는 양심의 자유의 보호를 받지 못한다. 마찬가지로 국가가 자신이 낸 세금을 군비확장에 사용하고 있다는 이유로 조세의 납부를 거부하는 행위도 양심의 자유에 의하여 보호받는 범위에 포함되지 않는다.[3]

---

1) 헌재 2002. 4. 25. 98헌마425(준법서약서), 판례집 14-1, 351, 364, "양심의 자유는 내심에서 우러나오는 윤리적 확신과 이에 반하는 외부적 법질서의 요구가 서로 회피할 수 없는 상태로 충돌할 때에만 침해될 수 있다."
2) 예를 들자면, 모르몬교는 그 신자에게 일부다처제를 허용하는 것이지 명령하는 것이 아니기 때문에, 모르몬 교도는 二重婚을 금지하는 법질서와의 충돌상황에 빠질 수 없고, 따라서 양심의 문제를 일으킬 수 없다.
3) Vgl. BVerfG, NJW 1993, 455f., 독일의 연방헌법재판소는 '납세의 의무를 이행할 것인지에 관한 결정은 개인의 양

또한, 양심의 자유가 보호하고자 하는 것은 '인격상의 양심'이기 때문에, 헌법 제46조 제2항, 제103조에 규정된 국회의원이나 법관의 양심은 헌법 제19조의 의미에서의 양심이 아니라 '직무상의 양심'이다. 여기서 말하는 국회의원과 법관의 '직무상 양심'이란 직무의 독립성을 보장하고자 하는 것으로, 의원의 자유위임성과 사법기관의 직무상 독립성을 의미한다. 직무상의 양심은 개인의 기본권으로 보장되는 것이 아니라 국가기관에게 부여된 법적 지위로서, 직무상의 양심이 침해된 경우에는 헌법소원이 아니라 권한쟁의로 다투어야 한다.

3. 기본권의 주체

양심의 자유의 보호법익이 '개인의 윤리적 정체성·동질성'이라는 점에 비추어, 양심의 자유의 주체는 오로지 자연인이다. 양심의 자유는 그 성격상 인간 누구에게나 인정되는 인권으로서 외국인도 기본권의 주체가 된다. 양심이란 항상 자주적 인격체의 단독적인 윤리적 결정이기 때문에, 단체에 의하여 집단적으로 행사될 수 있는 종교의 자유와는 달리 양심의 자유는 고도의 개인적 권리이며, 따라서 단체나 법인은 기본권의 주체가 될 수 없다.[1]

III. 양심의 자유의 보장내용

양심의 자유의 구체적 보장내용은 개인의 내면세계에서 양심상의 결정을 형성하고 내리는 자유(양심형성의 자유), 내적으로 형성된 양심을 보유하고 유지하는 자유(양심유지의 자유) 및 양심을 외부세계에서 실현하고 관철하는 자유(양심실현의 자유)로 구분할 수 있다.[2]

1. 良心形成의 自由

가. 의미와 내용

양심형성의 자유란, 외부로부터의 어떠한 간섭이나 압력·강제를 받지 아니하고 내적으로 양심을 형성하고 양심상의 결정을 내리는 자유로서 '양심상의 문제에서의 사고의 자유'를 의미한다. 그러나 개인의 내면적·윤리적 통제심급인 양심은 외부와의 사상적 교류 없이는 형성되지 않으며 그 형성과정에서 국가와 사회에 의하여 다양하게 영향을 받기 때문에,[3] 양심형성의 자유가 외부로부터의 일체

심상 결정과 아무런 관계가 없다'고 판시하였다. '국민에 의한 조세의 납부와 의회의 예산사용에 관한 결정권을 엄격하게 분리함으로써, 국가는 그를 재정적으로 지원하는 납세자로부터 예산사용에 관한 독립성을 확보하고, 한편으로 납세자는 이로 인하여 국가의 재정지출 결정에 대한 책임을 면제받으므로, 납세의 의무는 양심의 자유의 보호범위에 속하지 않는다'고 결정하였다.
1) 헌재 1991. 4. 1. 89헌마160(사죄광고) 결정에서 헌법재판소는 청구인인 '주식회사 동아일보사'에게도 양심의 자유와 관련하여 기본권주체성을 인정하고 있으나, 사죄광고의 주체인 신문사는 양심의 자유를 주장할 수 없다.
2) 헌재 2004. 8. 26. 2002헌가1(양심적 병역거부), 판례집 16-2상, 141, 151, "헌법 제19조의 양심의 자유는 크게 양심형성의 내부영역과 형성된 양심을 실현하는 외부영역으로 나누어 볼 수 있으므로, 그 구체적인 보장내용에 있어서도 내심의 자유인 '양심형성의 자유'와 양심적 결정을 외부로 표현하고 실현하는 '양심실현의 자유'로 구분된다. 양심형성의 자유란 외부로부터의 부당한 간섭이나 강제를 받지 않고 개인의 내심영역에서 양심을 형성하고 양심상의 결정을 내리는 자유를 말하고, 양심실현의 자유란 형성된 양심을 외부로 표명하고 양심에 따라 삶을 형성할 자유, 구체적으로는 양심을 표명하거나 또는 양심을 표명하도록 강요받지 아니할 자유(양심표명의 자유), 양심에 반하는 행동을 강요받지 아니할 자유(부작위에 의한 양심실현의 자유), 양심에 따른 행동을 할 자유(작위에 의한 양심실현의 자유)를 모두 포함한다."
3) 특히, 국가는 헌법 제31조(포괄적인 교육책임)에 근거하여 학교교육을 통하여 개인의 사고형성에 광범위한 영향력

의 영향을 배제하려는 것이 아님은 물론이다. 양심형성의 자유는 단지, 국가가 개인의 윤리적 통제심급을 마음대로 조종할 목적으로 개인이 윤리적으로 독자적인 결정을 내리는 것을 방해하는 것을 막으려는 것이다. 양심형성의 자유란 개인의 양심형성에 대한 국가의 결정권을 배제하려는 것이다.

한편, 양심형성의 자유는 원칙적으로 국가에 의하여 제한될 수도 없고 제한될 필요도 없다. 외부세계로 나타나는 인간의 행위만이 국가의 간섭과 제한의 대상이 될 수 있으며 인간의 내심영역은 그 본질상 국가가 간섭할 수 없고 국가의 영향권 밖에 있기 때문에, 인간의 내적 결정영역을 보호하고자 하는 양심형성의 자유는 국가에 의하여 제한될 수 없다는 점에서 사실상 기본권에 의한 별도의 보호를 필요로 하지 않는다. 따라서 양심형성의 자유에 대한 침해는 현실적으로 큰 의미가 없다. 또한, 양심형성의 자유는 오로지 개인의 내면 세계에서 이루어지는 양심형성의 과정을 보호하고자 하는 것이므로 외부세계와의 충돌가능성이 없고, 이에 따라 양심형성의 자유에 대한 제한의 필요성이 없다. 이러한 점에서 양심형성의 자유는 절대적으로 보호되는 기본권이다.[1] 그러므로 양심형성의 자유에 부당한 간섭을 하고자 하는 국가기관의 시도는 이미 그 자체로서 위헌적이다.

나. 양심형성의 자유가 문제되는 경우

양심형성의 자유가 침해될 수 있는 경우로는 매우 예외적이기는 하나, 국가가 최면, 세뇌, 마취분석, 마약 등의 수단을 사용하여 양심의 형성과정에 부당한 영향을 미치거나, 개인의 내적인 심급을 제거하여 개인을 굴복시키고 윤리적으로 침묵시키고자 시도하는 경우를 생각해 볼 수 있다. 이러한 경우에는 양심형성의 자유가 개인의 내심 영역을 국가권력으로부터 보호해야 할 필요성이 있다. 특히, 교정시설이나 군대와 같은 특별권력관계에서 양심형성의 자유가 침해될 가능성이 있다. 양심형성의 자유를 침해하는 이러한 국가행위는 어떠한 법익의 보호에 의해서도 정당화될 수 없으므로, 위헌임은 물론이다.

2. 良心維持의 自由(良心表明의 自由)

사례 | 헌재 2002. 4. 25. 98헌마425 등(준법서약서 사건)

구 가석방심사등에관한규칙 제14조 제2항은 국가보안법위반 및 집시법위반 등의 수형자에 한하여 가석방 결정전에 '출소 후 대한민국의 국법질서를 준수하겠다'는 내용의 서약서(준법서약서)를 제출하게 하여 준법의지가 있는지를 확인하도록 규정하고 있다. 甲은 국가보안법 위반으로 구속되어 무기징역형이 확정된 후 교도소에서 복역하던 중 당국의 준법서약서 제출요구를 거절하여 가석방에서 제외되었다. 이에 甲은 가석방 심사시에 준법서약서를 요구하는 위 규칙조항이 양심의 자유를 침해한다고 주장하여 헌법소원을 제기하였다. 준법서약서제도는 양심의 자유를 침해하는 위헌적인 제도인가?

을 행사할 수 있는 권한을 위임받았다.

1) 헌재 1998. 7. 16. 96헌바35(불고지죄), 판례집 10-2, 159, "헌법 제19조가 보호하고 있는 양심의 자유는 양심형성의 자유와 양심적 결정의 자유를 포함하는 내심적 자유(forum internum) 뿐만 아니라, 양심적 결정을 외부로 표현하고 실현할 수 있는 양심실현의 자유(forum externum)를 포함한다고 할 수 있다. 내심적 자유, 즉 양심형성의 자유와 양심적 결정의 자유는 내심에 머무르는 한 절대적 자유라고 할 수 있지만, 양심실현의 자유는 타인의 기본권이나 다른 헌법적 질서와 저촉되는 경우 헌법 제37조 제2항에 따라 국가안전보장·질서유지 또는 공공복리를 위하여 법률에 의하여 제한될 수 있는 상대적 자유라고 할 수 있다."

가. 의미와 내용

(1) 양심표명의 자유의 궁극적 보장내용으로서 양심의 유지

양심유지의 자유는 개인의 내면세계에서 형성된 양심을 국가의 간섭이나 방해를 받지 아니하고 그대로 보유하고 유지할 수 있는 자유, 양심을 포기하도록 강요받지 아니할 자유를 말한다. 국가가 특정 내용의 양심상 결정에 대하여 적대적인 태도를 취하고 이를 징계함으로써 국민들로 하여금 양심상 결정을 포기하도록 강요하는 상황에서는 국민은 자신의 양심을 자유롭게 외부로 표명할 수 없다. 양심유지의 자유는 현실에서는 일반적으로 양심표명의 자유의 형태로 나타난다. 양심표명의 자유는 내적으로 형성된 양심을 국가로부터 간섭이나 불이익을 받지 않고 외부로 표명할 자유를 말한다. 양심표명의 자유는 양심상의 결정을 자유롭게 외부에 표명함으로써 표현행위를 통하여 외부세계에 정신적 영향을 행사하고자 하는 표현의 자유를 의미하지 않는다. 양심표명의 자유는 단지 양심유지와의 연관관계에서 보호되는 것이다.

양심의 보유 그 자체 또는 양심의 단순한 표명에 대하여 국가가 처벌·징계 등 불이익을 가하는 것은 양심유지 또는 양심표명의 자유에 대한 제한이다. 국가가 특정 이념이나 종교를 탄압하거나 일제 때 기독교인을 가리기 위하여 강요한 '십자가 밟기'와 같이 행동을 통하여 양심을 간접적으로 표명하도록 강요하는 상황과 같이, 개인이 양심을 보유하고 있는 것 그 자체에 대하여 국가가 간섭하거나 불이익을 가하는 경우가 양심표명의 자유가 적용되는 전형적인 예이다. 세계관과 종교에 대하여 중립의무를 지는 민주적 법치국가에서 양심표명의 자유가 침해당할 가능성은 희박하므로, 양심형성의 자유와 마찬가지로 양심표명의 자유는 현실적으로 큰 의미가 없다.

양심표명의 자유가 보호하고자 하는 것은 양심 보유 자체이고, 양심표명의 자유가 문제되는 상황이란 국가가 양심을 포기하도록 강제하는 상황이라는 점에서, 양심표명의 자유가 보호하고자 하는 것은 궁극적으로 양심의 유지이다. 양심을 단지 보유하고 유지하는 것에 의하여 법익충돌이 발생할 가능성이 없다는 점에서, 양심유지의 자유는 양심형성의 자유와 함께 절대적으로 보장되는 자유로 간주된다. 또한, 양심을 단순히 외부로 표명하는 것으로 인하여 법익충돌이 야기될 가능성이 거의 없으므로, 양심표명의 자유도 거의 절대적으로 보호되는 기본권의 범주에 속한다고 보아야 한다.[1]

(2) 양심표명의 자유의 소극적인 측면으로서 '침묵의 자유'나 '양심추지의 금지'

'양심을 외부로 표명하도록 강요받지 않을 자유'인 소위 '침묵의 자유'나 '양심추지의 금지'란 양심표명의 자유의 소극적인 측면, 소극적 자유에 지나지 않는다.[2] 모든 자유권이 적극적 자유(… 할 자유)와 소극적 자유(… 하지 아니할 자유)의 양 측면을 보장하고 있는 것과 마찬가지로, 양심표명의 자유는 '양심을 표명할 자유'와 '양심을 표명하지 아니할 자유 또는 표명하도록 강요받지 아니할 자유'를 모두 포함한다. 이러한 점에서 양심표명의 자유를 단지 소극적 자유의 측면만을 포함하는 '침묵의 자유'나 '양심추지의 금지'로 표현하는 것은 문제가 있다.

---

1) 다만, 특정한 상황에서 종교적 양심을 외부로 표명하는 경우(가령, 학교수업에서 국공립교사의 종교적 상징물의 착용 등)에는 법익충돌의 가능성이 있으므로, 이러한 경우 제한이 가능하다. 이에 관하여 아래 제2항 종교의 자유 IV. 2. '신앙고백의 자유에 대한 제한' 참조.

2) 학계의 일부에서 '침묵의 자유'란 '양심을 언어에 의해서 표명하도록 강요당하지 않을 자유'의 의미로서, '양심추지의 금지'란 '양심을 일정한 행동을 통해 간접적으로 표명하도록 강요당하지 않을 자유'의 의미로서 사용하고 있다.

나. 양심유지의 자유가 문제되는 경우

양심유지의 자유가 문제되는 대표적인 경우로는 사상전향서나 준법서약서의 제출을 가석방의 조건으로 하는 사상전향제도나 준법서약서제도 등을 들 수 있다.[1]

헌법재판소는 '준법서약서 결정'(헌재 2002. 4. 25. 98헌마425)에서 '양심유지의 자유는 양심을 포기하도록 국가가 강요하는 상황에서 비로소 제한될 수 있는 것인데, 준법서약서제도는 양심을 포기하도록 강요하는 제도가 아니라 단지 가석방의 조건으로서 준법의지의 여부를 심사하는 제도로서 수형자 각자가 양심의 유지여부에 관하여 여전히 자유롭게 결정할 수 있기 때문에, 양심유지의 자유에 대한 제한이 존재하지 않는다'고 판시하였다.[2] 즉, 헌법재판소의 견해에 의하면, 양심유지의 자유는 국가가 특정 사상의 보유에 대하여 불이익을 주고 이를 포기하도록 강제하는 상황에서 문제가 되는 것인데, 준법서약서제도는 양심의 포기를 강제하는 것이 아니므로, 양심의 자유를 제한하는 공권력행위에 해당하지 않는다는 것이다.[3] 따라서 준법서약서제도는 기본권의 제한에 해당하지 않으므로, 법률유보가 적용되지 않아 법률상의 근거 없이 규칙(실판대상조항인 가석방규칙 제14조 제2항)으로도 시행될 수 있다. 이에 대하여 반대의견은 '준법서약서제도는 개인의 내심의 신조를 사실상 강요하여 고백하게 한다는 점에서 양심의 자유에 대한 제한이 존재한다'고 보아야 한다는 견해이다.[4]

3. 良心實現의 自由

가. 양심보호의 핵심적 영역으로서 양심실현의 자유

(1) 외부영역에서 양심을 실현할 자유

양심의 자유는 '양심형성의 과정에서 국가의 간섭이나 강요를 받지 아니할 자유'뿐 아니라 내적으로 자신을 구속하고 반드시 따라야 하는 양심상의 명령에 따라 행동하거나 행동하지 아니 할 자유, 양심에 따라 삶을 형성할 자유, 즉 양심을 실현할 자유를 보호한다. 양심의 자유는 양심실현의 자유를 포함하며, 양심실현의 자유는 헌법이 개인의 양심과 관련하여 보장하고자 하는 핵심적 영역이다.

양심실현의 자유는 양심형성의 내부영역을 넘어서, 양심을 외부영역에서 실현하고 집행하기 위하

---

1) 준법서약서제도가 기본권의 제한에 해당하는지에 관하여 제3편 제1장 제7절 Ⅲ. '사실적 기본권제한의 유형' 관련 부분 참조.

2) 헌재 2002. 4. 25. 98헌마425(준법서약서), 판례집 14-1, 351, "당해 실정법이 특정의 행위를 금지하거나 명령하는 것이 아니라 단지 특별한 혜택을 부여하거나 권고 내지 허용하고 있는 데에 불과하다면, 수범자는 수혜를 스스로 포기하거나 권고를 거부함으로써 법질서와 충돌하지 아니한 채 자신의 양심을 유지, 보존할 수 있으므로 양심의 자유에 대한 침해가 된다 할 수 없다."

3) 헌재 2002. 4. 25. 98헌마425(준법서약서), 판례집 14-1, 351, 365, "이 사건에서는 특히 정치적 신조나 이데올로기가 달라 대한민국의 법질서에 순응할 수 없다는 신념을 가진 일부 장기수들에게 그 신념과는 다르게 법질서 준수의 서약을 하게 하면서, 비록 그 서약여부에 처벌이나 새로운 불이익을 부과하는 등으로 강제하는 것은 아니지만, 인간의 본능적 욕구에 다름아닌 가석방의 은전을 미끼로 하여 만약 서약을 하지 않으면 가석방의 혜택을 주지 않겠다는 것과 다름없는 이 사건 규칙조항이 실질적으로 양심의 자유를 침해할 소지가 있는 것이 아니냐 하는 데에 모아진다. 그러나 자유의사에 따른 행위, 불행위와 이에 기한 혜택부여 관계가 사실상 조건화 되었다하여 이를 들어 양심의 자유를 침해하는 법적 강제로 보는 것은 잘못된 시각이다."

4) 헌재 2002. 4. 25. 98헌마425(준법서약서), 판례집 14-1, 351, 354, "… 자유민주주의 체제 하에서는, 그들의 '행위'를 법적으로 처벌할 수는 있어도, 그들로 하여금 여하한 직·간접적인 강제수단을 동원하여 자신의 신념을 번복하게 하거나, 자신의 신념과 어긋나게 대한민국 법의 준수의사를 강요하거나 고백시키게 해서는 안 될 것이다. … 비록 준법서약서라는 '표현된 행위'가 매개가 되지만 이는, 국가가 개인의 내심의 신조를 사실상 강요하여 고백시키게 한다는 점에서, 양심실현 행위의 측면이라기보다는, 내심의 신조를 사실상 강요하는 것에 다름 아니다."

여 필요한 모든 자유영역을 포함한다. 양심은 소극적인 부작위 및 적극적인 작위에 의해서 실현될
수 있으므로, 양심실현의 자유는 구체적으로는 양심에 반하는 행동을 강요받지 아니할 자유(부작위에
의한 양심실현의 자유) 및 양심에 따른 행동을 할 자유(작위에 의한 양심실현의 자유)를 포함한다. 양심의
자유는 양심을 가지지 아니할 자유나 양심에 따라 행동하지 아니할 자유와 같은 소위 '소극적 자유'
도 보장한다.

(2) 양심의 자유의 보장내용에 '내심의 자유'만을 포함시키는 견해의 문제점

양심의 자유의 보장내용으로서 내심의 자유인 양심에 따라 결정할 권리만을 인정하고 양심상의
결정에 따라 행동할 권리를 부정하는 것은 헌법상 양심의 자유의 보장을 사실상 무의미하게 하는 것
이다. 만일 내심의 자유로서 양심형성의 자유만이 보장된다면, 양심의 명령과 법질서의 명령이 법현
실에서 서로 충돌하는 경우 양심에 반하는 행위를 강요받지 아니할 자유는 헌법상 아무런 보장을 받
을 수 없게 되며, 이에 따라 양심의 자유는 사실상 기본권적 보호의 필요성이 거의 없는 내심의 자유
의 보호에 제한되어 결과적으로는 국가권력으로부터 개인의 양심을 보호하는 아무런 역할을 할 수
없게 된다. 그렇다면 왜 헌법이 양심의 자유를 명문으로 보장하고 있는지 묻지 않을 수 없다.

양심의 자유에 양심실현의 자유를 포함시키는 경우, 물론 다른 법익과 충돌할 수 있고 타인의 권
리를 침해할 수도 있기 때문에 '양심실현의 자유를 어떻게 제한해야 하는가' 하는 어려운 헌법적 문
제가 발생한다. 그러나 양심실현의 자유와 국가의 법질서를 양립시키는 것이 어렵다는 것을 이유로
양심의 자유의 보호범위를 처음부터 내심의 영역에 제한해야 한다는 견해는, '기본권제한의 문제를
법리적으로 해결할 수 있는가의 여부가 기본권의 보장내용을 결정한다'는 주장과 다름없을 뿐 아니
라, 한편으로는 다른 법익과의 충돌을 비례의 원칙을 통하여 조화와 균형의 상태로 조정하는 것이
모든 기본권에 있어서 일반적으로 나타나는 자유제한의 문제라는 것을 간과하고 있다. 역사적으로
보더라도, 양심이 종교적 양심만을 의미하던 때에도 양심의 자유란 단지 신앙을 가지는 자유뿐만 아
니라 종교적 확신에 따라 행동할 자유, 특히 자신의 종교를 가정에서 예배의 형태로 실현할 자유를
당연히 포함하였다. 자주적인 인격체에 있어서 사고와 행동은 분리되어 판단될 수 없으며, 개인에게
사고와 결정의 자유를 보장하면서 사고와 결정에 따른 행동의 자유를 부인하는 것은 인간의 존엄과
인격의 자유로운 발현을 기초로 하는 헌법의 인간상과도 부합하지 않는다.

나. 작위 및 부작위에 의한 양심실현의 자유

(1) 부작위에 의한 양심실현의 자유

양심이란 그 본질상 외부로부터의 강제에 대하여 소극적·수동적으로 반응하는 내적인 통제심급
이지, 자발적·능동적으로 법적 금지명령에 반하여 행동함으로써 국가의 법질서와 갈등상황을 야기
하는 것이 아니다. 이러한 점에서 볼 때, 양심의 명령은 일반적으로 외부로부터의 행위요구에 대한
부작위("… 행위는 해서는 안 된다")의 명령이다. 양심실현의 자유가 일차적으로 보호하고자 하는 바
는, 법적 의무의 면제를 통하여 기본권의 주체에게 양심에 반하는 행위를 강요하지 않으려는 데 있
다. 따라서 양심실현의 자유는 우선적으로, '법질서에 의하여 양심에 반하는 행동을 강요당하지 아니
할 자유', '양심에 반하는 법적 의무를 이행하지 아니할 자유', 즉 부작위의 자유이다.[1] 구체적으로

---

1) 헌재 2004. 8. 26. 2002헌가1(양심적 병역거부), 판례집 16-2상, 141, 152, "자신의 종교관·가치관·세계관 등에 따
라 전쟁과 그에 따른 인간의 살상에 반대하는 진지한 양심이 형성되었다면, '병역의무를 이행할 수 없다.'는 결정은

양심실현의 자유란 양심에 반하는 병역의무, 고지의무, 선서의무 또는 계약이행의무 등의 이행을 거부할 권리이다.

국가의 행위명령에 대한 거부가 양심의 자유와 관련하여 전형적이고 가장 빈번하게 발생하는 경우라는 점에서, 양심의 자유는 법이 요구하는 특정 행위를 하지 아니할 자유를 부여하는 것이다. 이 경우에도 양심의 자유가 양심에 반하는 국가적 강제로부터 개인의 양심상의 결정을 보호하려는 것이지 법적 의무 그 자체를 면제하려는 것이 아니기 때문에, 국가가 법적 의무의 부과를 통하여 실현하려는 목적을 달성하기 위하여 양심을 보호하는 다른 대체의무를 부과하는 것은 양심의 자유에 반하지 아니한다. 예를 들면, 양심상의 이유로 병역의무를 거부하는 자에게 그 대신 대체복무의 의무를 부과하는 것이다.

(2) 작위에 의한 양심실현의 자유

한편, 양심의 자유의 고유한 기능이 국가에 의하여 강요된 갈등상황에 대한 방어에 있고, 강요된 갈등상황이란 법적 행위의무뿐만 아니라 금지명령의 부과에 의해서도 발생할 수 있기 때문에, 법적 금지명령에 대한 양심상의 방어로서 '양심의 명령에 따른 적극적인 행위', 즉 작위의 자유도 보호된다. 그러나 특정 행위를 할 것을 요청하는 양심상의 행위명령과 그러한 행위에 대한 법적인 금지명령이 서로 충돌하는 것은 매우 드문 경우이다.[1] 적극적인 행위를 통하여 국가의 금지명령을 위반할 자유는, 바로 이러한 행위를 하는 것만이 양심상 명령의 무조건적인 요청에 해당하는 경우, 즉 개인이 스스로 선택하거나 야기하지 아니한 구체적인 상황에서 양심의 목소리를 따르기 위해서는 법적 금지명령을 위반하는 것 외에는 달리 아무런 행위가능성이 없는 경우에 한하여 양심실현의 자유에 의하여 보호된다.

그러나 양심상의 명령은 대부분의 경우 적극적인 행위를 통해서는 여러 가지 방법으로 구현될 수 있으며, 한편으로는 "… 행위는 해서는 안 된다"는 법적인 금지는 금지된 행위 외에는 다른 행위가능성을 전반적으로 허용하고 있으므로, 처음부터 양심실현의 방법에 있어서 다양한 행위가능성이 개방되어 있다.[2]

(3) 양심실현의 자유와 양심유지의 자유의 구분

양심실현의 자유란 내적으로 형성된 양심을 단지 보유하고 유지하고자 하는 자유가 아니라, 나아

양심상의 갈등이 없이는 그에 반하여 행동할 수 없는 강력하고 진지한 윤리적 결정인 것이며, 병역의 의무를 이행해야 하는 상황은 개인의 윤리적 정체성에 대한 중대한 위기상황에 해당한다. 이와 같이 상반된 내용의 2개의 명령 즉, '양심의 명령'과 '법질서의 명령'이 충돌하는 경우에 개인에게 그의 양심의 목소리를 따를 수 있는 가능성을 부여하고자 하는 것이 바로 양심의 자유가 보장하고자 하는 대표적인 영역이다. 이 사건 법률조항은 형사처벌이라는 제재를 통하여 양심적 병역거부자에게 양심에 반하는 행동을 강요하고 있으므로, '국가에 의하여 양심에 반하는 행동을 강요당하지 아니 할 자유', '양심에 반하는 법적 의무를 이행하지 아니 할 자유' 즉, 부작위에 의한 양심실현의 자유를 제한하는 규정이다."

1) 양심상의 행위명령과 그러한 행위에 대한 법적인 금지명령이 서로 충돌하는 예로는, 예컨대 휴일에도 일하라는 종교적 명령과 휴일작업 금지법이 충돌하는 경우, 치유가능성이 없는 환자를 그의 간곡한 요구에 의하여 양심상의 결정에 따라 살해하는 경우 또는 직무상의 기밀을 양심상의 이유로 누설하는 경우, 보안사의 민간인 정치사찰을 폭로하기 위하여 부대를 빠져 나간 군인의 양심의 자유가 군무이탈금지명령과 충돌하는 경우(대법원 1993. 6. 8. 93도766 판결)를 들 수 있다.

2) 예를 들자면, "가난한 자를 도우라"는 양심상의 명령은 '부자에게서 재물을 빼앗아 가난한 자에게 나누어 주는 방법' 외에도 다양한 행위형태로 실현될 수 있으므로, "가난한 자를 도우라"는 양심상의 행위명령은 '부자에게서 재물을 빼앗는 행위'의 명령과 일치하지 않는다. 따라서 '가난한 자를 도우라'는 양심상의 행위명령과 '도둑질을 하지 말라'는 형법상의 금지명령의 충돌이 존재하지 않고, 이에 따라 양심상의 갈등 상황은 일반적으로 발생하지 않는다.

가 양심상의 결정을 외부 세계에서 실현하고 관철하고자 하는 자유이다. 이로써 양심실현의 자유가 다른 법익이나 법질서와 충돌할 수 있다는 것이 예정되어 있다.

학계의 일부 견해는 부작위에 의한 양심실현의 자유 또는 양심에 반하는 행위를 강제당하지 아니할 자유를 양심유지의 자유에 포함시켜 양심실현의 자유를 양심유지의 자유의 한 부분으로 파악하기도 하나, 양심유지의 자유와 양심실현의 자유는 법익충돌의 가능성에 있어서나 금지하고자 하는 공권력행위의 성격에 있어서 근본적으로 상이하기 때문에, 양자를 분리하여 파악하는 것이 타당하다. 또한, 일부 견해는 양심유지의 자유의 내용의 일부로서 '양심에 반하는 행위의 금지'를 들면서, 한편으로는 양심실현의 자유의 내용으로서 '양심의 결정을 작위·부작위로 실현하는 자유'로 설명하고 있는데, '양심의 결정을 부작위로 실현하는 자유'란 '양심에 반하는 행위를 강제당하지 아니할 자유'를 의미하고, '양심에 반하는 행위를 강제당하지 아니할 자유'란 곧 이에 대응하는 국가기관의 의무로서 '양심에 반하는 행위의 금지'를 의미한다는 점에서 동일한 내용의 자유를 이중적으로 '양심유지의 자유'와 '양심실현의 자유'에 귀속시키는 오류를 범하고 있다.

IV. 양심실현의 자유의 보장 문제

1. 헌법적 질서의 일부분으로서 양심실현의 자유

양심의 자유의 보장내용을 단지 개인의 내면세계에서 이루어지는 양심형성의 자유로 제한한다면, 법질서에 의한 제한의 필요성이 없지만, 양심의 자유가 또한 양심실현의 자유를 포함하는 한, 양심의 자유는 법질서나 타인의 법익과 충돌할 수 있고 이로써 필연적으로 제한을 받는다. 양심의 자유가 보장된다는 것은, 곧 개인이 양심상의 이유로 법질서에 대한 복종을 거부할 수 있는 권리를 부여받는다는 것을 의미하지는 않는다. 만일 그렇다면, 법질서는 '법적 명령이 개인의 양심에 반하지 않는 한, 국가의 법질서는 유효하다'는 의미의 양심유보의 원칙하에 있게 된다. 이는 법질서의 해체, 국가와 헌법의 해체를 의미한다.

양심의 자유는 헌법상의 기본권에 의하여 보호되는 자유로서 실정법적 질서의 한 부분이다. 기본권적 자유는 법적 자유이며, 법적 자유는 절대적 또는 무제한적으로 보장될 수 없다. 어떠한 헌법규범도 헌법 스스로를 파괴하는 근거가 될 수 없으며, 이러한 의미로 해석될 수 없다. 기본권의 행사가 국가공동체 내에서의 타인과의 공동생활을 가능하게 하고 국가의 법질서를 위태롭게 하지 않는 범위 내에서 이루어져야 한다는 것은 모든 기본권의 원칙적인 한계이며, 양심의 자유가 다른 헌법적 법익과 마찬가지로 헌법적 질서 내에 자리 잡음으로써 모든 헌법적 법익을 구속하는 한계가 이미 설정되었다.[1]

국가의 존립과 법질서는 국가공동체의 모든 구성원이 자유를 행사하기 위한 기본적 전제조건이다. 양심의 자유는 국가의 법질서를 무시할 수 있는 법적 권한이 될 수 없으며, 자유민주적 기본질서는 양심의 자유를 주장하는 기본권 주체의 자유로운 처분에 맡겨 질 수 없다. 만일 양심의 자유가 위와 같은 헌법적 한계를 극복하는 파괴력을 가진다면, 국가의 법질서는 양심의 자유를 주장하는 세력

---

1) 헌재 2004. 8. 26. 2002헌가1(양심적 병역거부), 판례집 16-2상, 141, 154.

에 의하여 붕괴되고 말 것이며, 결국 양심의 자유는 자유민주적 질서를 구성하는 기본권이 아니라 국가와 헌법을 제거하는 기본권이 될 것이다.

2. 법익교량과정의 특수성

양심실현의 자유의 보장 문제는 '양심의 자유'와 '공익이나 국가의 법질서' 사이의 조화의 문제이며, 양 법익간의 법익형량의 문제이다. 그런데 수단의 적합성, 최소침해성을 심사한 후 법익형량을 통하여 어느 정도까지 기본권이 공익상의 이유로 양보해야 하는가를 밝히는 비례원칙의 일반적 심사과정은 양심의 자유에 있어서는 그대로 적용되지 않는다. 양심의 자유의 경우, 비례의 원칙을 통하여 양심의 자유를 공익과 교량하고 공익을 실현하기 위하여 양심을 상대화하는 것은 양심의 자유의 본질과 부합할 수 없다. 양심상의 결정이 법익교량과정에서 공익에 부합하는 상태로 축소되거나 그 내용에 있어서 왜곡·굴절된다면, 이는 이미 '양심'이 아니다.[1] 예컨대, 종교적 양심상의 이유로 병역의무의 이행을 거부하는 자에게 병역의무의 절반을 면제해 주거나 아니면 유사시에만 병역의무를 부과한다는 조건 하에서 병역의무를 면제해 주는 것은, 국방을 책임진 국가의 관점에서나 또는 병역의무 거부자의 양심의 관점에서나 채택될 수 없는 해결책이다. 마찬가지로 평화주의자인 인쇄소직원이 자신의 양심에 반한다는 이유로 전쟁을 예찬하는 서적을 인쇄하는 작업을 거부하는 경우, 인쇄소직원의 양심상의 갈등은 인쇄할 서적의 양을 반으로 줄이거나 근무시간을 반으로 줄인다고 하여 해소되지 않는다.

이러한 관점에서 볼 때, 비례의 원칙을 통하여 기본권제한의 정도와 한계를 확정하려는 작업은 양심의 자유의 본질에 비추어 독특한 형태를 가진다. 양심의 자유의 경우에는 법익교량을 통하여 양심의 자유와 공익을 조화와 균형의 상태로 이루어 양 법익을 함께 실현하는 것이 아니라, 단지 '양심의 자유'와 '공익' 중 양자택일, 즉 양심에 반하는 작위나 부작위를 법질서에 의하여 '강요받는지 아니면 강요받지 않는지'의 문제가 있을 뿐이다.

3. 양심실현의 자유의 보장(구현) 방법

사례 1 | 헌재 1998. 7. 16. 96헌바35(불고지죄 사건)

구 국가보안법 제10조는 간첩행위를 한 자를 알면서도 이를 국가기관에 고지하지 않은 경우에는 처벌을 받도록 하면서 다만 본범과 친족관계가 있는 때에는 그 형을 감경 또는 면제할 수 있도록 규정하고 있다. 甲은 그의 아들인 乙이 간첩활동을 하였다는 것을 알면서도 이를 국가기관에 고지하지 아니하였다는 이유로 기소되어 집행유예의 형을 선고받았다. 구 국가보안법 제10조는 양심의 자유를 침해하는 위헌적 법률조항인가?[2]

---

1) 헌재 2004. 8. 26. 2002헌가1(양심적 병역거부), 판례집 16-2상, 141, 155.
2) 헌재 1998. 7. 16. 96헌바35(불고지죄), 판례집 10-2, 159, 160, [국가보안법상의 불고지죄가 양심의 자유를 침해하는지 여부에 관하여] "여러 가지 국내외 정세의 변화에도 불구하고 남·북한의 정치·군사적 대결이나 긴장관계가 여전히 존재하고 있는 우리의 현실, 구 국가보안법 제10조가 규정한 불고지죄가 보호하고자 하는 국가의 존립·안전이라는 법익의 중요성, 범인의 친족에 대한 형사처벌에 있어서의 특례설정 등 제반사정에 비추어 볼 때 구 국가보안법 제10조가 양심의 자유를 제한하고 있다 하더라도 그것이 헌법 제37조 제2항이 정한 과잉금지의 원칙이나

사례 2 | 헌재 2004. 8. 26. 2002헌가1(양심적 병역거부 사건)

병역법은 현역입영 또는 소집통지서를 받은 사람이 정당한 사유 없이 입영하지 아니하거나 소집에
불응하는 경우 징역형 등에 의하여 처벌하도록 규정하고 있다. 甲은 '여호와의 증인' 신도인데, 현역입
영대상자로서 현역병으로 입영하라는 병무청장의 현역입영통지서를 받고도 이에 응하지 아니하여 병역
법위반으로 기소되었다. 甲은 공소사실에 적용된 병역법조항이 종교적 양심에 따른 입영거부자들의 양
심의 자유 등을 침해한다고 주장하면서 법원에 위헌제청신청을 하였고, 법원은 이를 받아들여 헌법재
판소에 위헌여부심판을 제청하였다. 위 병역법조항은 양심의 자유를 침해하는 위헌적인 규정인가?[1][2]

가. 양심의 갈등을 해소할 수 있는 代案의 存否

양심실현의 자유의 보장 문제는 법공동체가 개인의 양심을 존중하는 방법을 통하여 양심상의 갈
등을 덜어줄 가능성을 가지고 있는가의 여부에 관한 문제이다. 결국, 양심실현의 자유의 보장 문제
는, '국가가 소수의 국민을 어떻게 배려하는지'의 문제, 소수에 대한 국가적·사회적 관용의 문제이
며, '국가가 법질서를 유지하면서도 또한 양심도 보호하는 대안을 제시할 수 있는지'의 문제이다.[3]

기본권의 본질적 내용에 대한 침해금지의 원칙에 위반된 것이라고 볼 수 없다."

1) ① 헌법재판소는 2004년 결정에서 "이 사건 법률조항이 양심의 자유를 침해하는지의 문제는 '입법자가 양심의 자유
를 고려하는 예외규정을 두더라도 병역의무의 부과를 통하여 실현하려는 공익을 달성할 수 있는지' 여부를 판단하
는 문제이다. 입법자가 공익이나 법질서를 저해함이 없이 대안을 제시할 수 있음에도 대안을 제시하지 않는다면,
이는 일방적으로 양심의 자유에 대한 희생을 강요하는 것이 되어 위헌이라 할 수 있다."고 확인한 다음(헌재 2004.
8. 26. 2002헌가1, 판례집 16-2상, 141, 156), "한국의 안보상황, 징병의 형평성에 대한 사회적 요구 ⋯ 등을 감안할
때, 대체복무제를 도입하더라도 국가안보라는 중대한 헌법적 법익에 손상이 없으리라고 단정할 수 없는 것이 현재
의 상황이라 할 것인바, ⋯ 이러한 선행조건들이 충족되지 않은 현 단계에서 대체복무제를 도입하기는 어렵다고 본
입법자의 판단이 현저히 불합리하다거나 명백히 잘못되었다고 볼 수 없다."고 판단하여 합헌결정을 하였다(판례집
16-2상, 141, 142). ② 헌법재판소는 위 2004년 결정에서 입법자에 대하여 '국가안보라는 공익의 실현을 확보하면서
도 병역거부자의 양심을 보호할 수 있는 대안'이 있는지 검토할 것을 권고하였는데, 그로부터 14년이 경과하도록
입법적 진전이 이루어지지 않자, 2018년 결정에서 병역의 종류에 양심적 병역거부자에 대한 대체복무제를 규정하
지 아니한 병역법상 병역종류조항에 대하여 "⋯ 대체복무제를 도입하더라도 우리나라의 국방력에 의미 있는 수준
의 영향을 미친다고 보기는 어렵다. ⋯ 대체복무제를 도입하면서도 병역의무의 형평을 유지하는 것은 충분히 가능
하다. 따라서 대체복무제라는 대안이 있음에도 불구하고 군사훈련을 수반하는 병역의무만을 규정한 병역종류조항
은 침해의 최소성 원칙에 어긋난다. ⋯ 그렇다면 양심적 병역거부자에 대한 대체복무제를 규정하지 아니한 병역종
류조항은 과잉금지원칙에 위배하여 양심적 병역거부자의 양심의 자유를 침해한다."고 판단하여 헌법불합치결정을
선고하면서, 입법자가 대체복무제의 도입을 통하여 기본권 침해 상황을 제거할 의무가 있다고 확인하였다. 한편,
양심적 병역거부자의 처벌 근거가 된 병역법상 처벌조항에 대해서는 헌법에 위반되지 아니한다는 결정을 선고하였
다(헌재 2018. 6. 28. 2011헌바379등, 판례집 30-1하, 370, 371-374).

2) 병역의 종류에 양심적 병역거부자에 대한 대체복무제를 규정하지 아니한 병역법조항에 대한 헌법불합치결정(헌재
2018. 6. 28. 2011헌바379등)에 따라 '대체역의 편입 및 복무 등에 관한 법률'(이하 '대체역법')이 제정·시행되었는
데, 대체역법은 대체복무요원의 복무기간을 '36개월'로 정하고 대체복무요원으로 하여금 '합숙'하여 복무하도록 규
정하였고, 같은 법 시행령은 대체복무기관을 '교정시설'로 한정하였다. 위 조항들의 위헌여부가 문제된 '대체복무제
사건'에서, 헌법재판소는 '위 조항들이 대체복무요원에게 과도한 복무 부담을 주고 대체역을 선택하기 어렵게 만드
는 것으로서, 이들의 양심의 자유를 침해하는지 여부'를 판단하였는데, "복무기관조항, 기간조항 및 합숙조항으로
인한 고역의 정도가 지나치게 과도하여 양심적 병역거부자가 도저히 대체복무를 선택하기 어렵게 만드는 것으로
볼 수는 없다. 따라서 위 조항들은 과잉금지원칙을 위반하여 청구인들의 양심의 자유를 침해한다고 볼 수 없다."고
판시하여(재판관 5인의 다수의견) 합헌결정을 하였다(헌재 2024. 5. 30. 2021헌마117등).

3) 헌재 2004. 8. 26. 2002헌가1(양심적 병역거부), 판례집 16-2상, 141, 154, 155, "국가가 양심실현의 자유를 보장하
는가의 문제는 법공동체가 개인의 양심을 존중하는 방법을 통하여 양심상의 갈등을 덜어줄 가능성을 가지고 있는
가의 여부에 관한 문제이다. 결국 양심실현의 자유의 보장문제는 '국가가 민주적 공동체의 다수결정과 달리 생각하
고 달리 행동하고자 하는 소수의 국민을 어떻게 배려하는가.'의 문제, 소수에 대한 국가적·사회적 관용의 문제이

국가와 양심의 조화를 이루게 하는 원칙은 관용의 원칙이며, 양심의 자유는 양심과 법질서의 갈등문제를 국가적 관용을 통하여 해결하고자 하는 것이다. 즉 국가가 양심의 자유를 주장하여 법적 의무의 이행을 거부하는 자에게 법적 의무를 면제해 주는 것을 감당할 수 있고 의무면제를 대신하는 다른 가능성이 있다면, 양심의 자유는 국가공권력에게 법적인 대체가능성을 제공할 의무를 부과하는 것이다. 이러한 점에서 볼 때, 법률의 위헌성심사에 있어서 다른 기본권의 침해여부를 우선적으로 심사해야 하며, 법률이 다른 헌법적 관점에서 합헌이라는 것을 전제로 하여, 양심의 자유의 문제는 최종적으로 판단되어야 한다.

'어떠한 경우에 양심의 자유가 다른 헌법적 법익에 대하여 양보해야 하는가'의 문제는 '개인에게 양심실현의 자유를 허용하는 경우, 국가 및 그의 법질서가 어느 정도로 이를 견디어 낼 수 있는가'의 문제와 표리관계에 있다. 국가가 개인의 양심실현의 자유를 존중할 수 있는가의 문제는, 양심의 실현이 작위에 의하여 아니면 부작위에 의하여 이루어지는지, 양심실현의 자유를 존중하여 법질서의 위반에 대하여 예외를 허용하는 것이 국가공동체와 법질서의 존속을 근본적으로 문제 삼는지, 법질서와의 충돌에서 발생하는 양심상 갈등의 강도 등의 관점에서 판단되어야 한다.

나. 양심의 자유를 고려해야 할 입법자의 의무

(1) 양심의 자유를 보호하는 법질서 형성의 의무

양심의 자유는 일차적으로 입법자에 대한 요청으로서, 가능하면 양심의 자유가 보장될 수 있도록 법질서를 형성해야 할 의무를 부과하는 기본권이다. 법적 의무와 개인의 양심이 충돌하는 경우, 법질서를 위태롭게 함이 없이 법적 의무를 대체하는 다른 가능성이나 법적 의무의 개별적 면제와 같은 대안을 제시함으로써 양심상의 갈등이 제거될 수 있다면, 입법자는 이와 같은 방법을 통하여 개인의 양심과 국가 법질서의 충돌가능성을 최소화해야 할 의무가 있다. 입법자는 공익상의 이유로 법적 의무로부터 면제하거나 또는 이를 대체할 수 있는 다른 가능성을 제공할 수 없다면, 법적 의무에 위반한 경우 가해지는 처벌이나 징계에 있어서 적어도 그의 경감이나 면제를 허용함으로써 양심의 자유를 보호할 수 있는가를 살펴보아야 한다.[1]

며, '국가가 자신의 존립과 법질서를 유지하면서도 또한 개인의 양심도 보호하는 대안을 제시할 수 있는가.'의 문제이다. 양심의 자유는 일차적으로 입법자에 대한 요청으로서 가능하면 양심의 자유가 보장될 수 있도록 법질서를 형성해야 할 의무를 부과하는 기본권이다. 법적 의무와 개인의 양심이 충돌하는 경우 법적 의무의 부과를 통하여 달성하고자 하는 공익의 실현과 법질서를 위태롭게 함이 없이 법적 의무를 대체하는 다른 가능성이나 법적 의무의 개별적 면제와 같은 대안을 제시함으로써 양심상의 갈등이 제거될 수 있다면, 입법자는 이와 같은 방법을 통하여 개인의 양심과 국가 법질서의 충돌가능성을 최소화해야 할 의무가 있다."

1) 가령, 불고지죄 결정에서 '불고지죄가 양심의 자유를 침해하는지'의 문제는 구체적으로 '입법자가 양심의 자유를 고려하는 특례규정을 두더라도 고지의무의 부과를 통하여 실현하려는 공익을 달성할 수 있는가'를 판단하는 문제이다. 불고지죄의 보호법익이 국가의 존립·안전이나 자유민주적 기본질서와 같은 중대한 법익이라 하더라도, 친족관계에 있는 자의 범행을 고지할 의무를 부과하는 것은 국가가 보호해야 할 혼인과 가정생활(헌법 제36조 제1항)의 사실적 성립기초를 뒤흔드는 것이자 인간의 본성에 반하는 것으로서 행위의 기대가능성이 없으며, 본범과 친족관계에 있는 자에게 예외를 허용하더라도 국가공동체나 법질서의 존립이 근본적으로 문제되지 않는다는 점에서, 적어도 친족의 범행에 대한 고지의무의 부과는 입법과정에서나 개별적인 범죄에 대한 법관의 책임성 및 양형의 판단과정에서 달리 취급될 것이 요청된다. 따라서 이러한 경우 입법자는 친족의 양심의 자유를 보장하기 위하여 고지의 무로부터의 면제나 아니면 적어도 고지의무 위반의 경우 가해지는 처벌의 경감이나 면제의 가능성을 규정해야 한다. 그런데 국가보안법상의 불고지죄는 그 단서조항에서 "다만, 본범과 친족관계에 있을 때에는 그 형을 감경 또는 면제할 수 있다."는 특례규정을 통하여 친족의 양심상 갈등을 특별히 배려하는 대안적 규정을 두고 있으므로, 양심실현의 자유를 침해하는 규정이라고 볼 수 없다.

반대로 국민 개인의 입장에서 본다면, 법률에 의하여 양심의 자유를 침해당했다고 주장하는 경우는 법률이 국민 누구에게나 적용되는 법적 의무를 부과하면서 자신의 고유한 윤리적 갈등상황을 특별히 배려해 주지 않는다는 것, 즉 개인의 양심상의 갈등 상황을 고려하는 의무면제규정이나 대체의무규정과 같은 특례규정을 두고 있지 않다는 것을 문제 삼는 경우이다.[1]

(2) 양심의 자유의 특수성

그러나 양심은 지극히 주관적인 현상으로서 언제 법규범의 제정이 국가공동체의 구성원에게 양심상 갈등을 가져오는지 양심갈등의 발생여부를 사전에 예측하기 어려울 뿐 아니라, 양심과 법질서가 충돌할 수 있는 상황은 그 대상에 있어서 제한되어 있지 않기 때문에 모든 법규범의 경우 개인적 양심갈등의 현상이 발생할 수 있다. 그렇다고 하여 입법자에게 법률의 제정시 양심상 갈등의 여지가 발생할 수 있는 모든 사안에 대하여 사전에 예방적으로 양심의 자유를 고려하는 일반조항을 둘 것을 요구할 수는 없다. 따라서 조감할 수 없는 무수한 개별적 양심갈등 발생의 가능성에 비추어 법적 의무를 대체하는 다른 대안을 제공해야 할 입법자의 의무는 원칙적으로 부과될 수 없다. 그러므로 입법자가 법률의 제정 당시 양심의 자유와 법질서가 충돌할 가능성을 예견하지 못하였기 때문에 이러한 가능성을 규범화하지 않았다면, 개별적 경우 법률을 구체적으로 적용한 결과가 양심의 자유에 대한 침해로 나타난다고 하더라도, 법률이 이로 인하여 위헌적 법률이 되는 것이 아니다.

이러한 점에서 양심의 자유는 다른 기본권과 근본적인 차이가 있다. 생명, 재산권, 표현의 자유, 집회의 자유, 직업의 자유 등은 기본권 주체의 개인적·주관적인 내적 상황과 관계없이 보장되고 또한 국가권력에 의하여 침해될 수 있다는 특징이 있다. 그러므로 어떤 법규정이 한 개인의 기본권을 침해한다면, 이 법규정이 다른 개인에 적용되는 경우에는 또한 다른 개인의 기본권도 침해하게 된다. 법률이 누구에게나 모든 경우에 대하여 일반·추상적인 효력을 가진다는 것은, 이 법률에 의하여 누구나가 일반적으로 기본권을 침해당할 수 있다는 것을 의미한다. 따라서 개별적 경우 법률에 의한 기본권의 침해가 확인된다면, 그 법률을 구체적 사건의 당사자에 한하여 적용하지 않는 것에 그치는 것이 아니라 법률의 일반적 효력 때문에 당해 법률을 위헌결정을 통하여 법질서에서 제거하는 것이 정당화된다.

그러나 양심은 그 본질상 지극히 주관적이기 때문에 양심상 결정과 국가 법질서의 충돌, 이로 인하여 발생할 수 있는 양심의 자유에 대한 침해는 필연적으로 개인적이며, 이로써 법규정이 한 개인의 양심의 자유를 침해하였다고 하여 다른 개인의 양심의 자유가 침해된다는 일반적 효과가 존재하지 않는다. 이러한 관점에서도 누군가의 양심의 자유를 침해하는 법률에 대하여 위헌결정을 함으로써 그 법률을 법질서에서 제거하는 것은 적절치 않다. 뿐만 아니라 모든 생활영역에서 양심상의 갈등이 발생할 수 있고 이에 따라 모든 법규범의 경우 양심의 자유에 대한 위반이 확인될 수 있기 때문에, 만일 누군가의 양심의 자유를 침해하는 법규정이 법질서에서 제거되어야 한다면, 이는 곧 개별적으로 발생할 수 있는 단 하나의 양심상 갈등이 법질서의 대부분을 마비시킬 수 있다는 것을 의미한다.

---

1) 예컨대, 병역법이 병역의무를 부과하면서 종교적인 이유 등으로 양심상의 갈등에 처하게 되는 일부 국민에게 이러한 갈등을 완화할 수 있는 민간복무와 같은 다른 가능성을 규정하지 않는 경우가 법률에 의한 양심의 자유의 침해를 주장하는 전형적인 예이다.

(3) 언제 입법자가 양심의 자유를 침해하는지의 문제

설사, 입법자가 법률의 제정 당시 양심의 자유와 법질서가 충돌할 가능성을 예견하였거나 또는 법시행 이후 양심의 갈등상황이 집단적으로 나타나기 때문에 이를 충분히 인식할 수 있음에도 법적 의무로부터 면제하거나 또는 양심을 고려하는 다른 대안을 제시하는 규정을 두지 않는다 하더라도, 그로 인하여 법규정이 양심의 자유에 위반되기 때문에 위헌인 것은 아니다. 양심의 자유는 개별적으로 발생할 수 있는 무수한 양심상 갈등에 대하여 입법자가 구체적 경우마다 어떠한 방법으로 개인의 양심을 배려해야 하는가에 관하여는 아무런 구체적인 지침을 제시하지 않는다. 마치 헌법 제11조의 일반적 평등원칙이 입법자에게 '정의로운 법질서의 형성을 위하여 객관적으로 같은 것은 같게 다른 것은 다르게 규범의 대상을 평등하게 규율해야 할 일반적 의무'를 부과하는 것과 같이, 양심의 자유는 입법자에게 단지 양심의 자유의 객관적 내용인 '관용의 원칙을 실천할 것', 즉 '양심의 자유를 보호하는 법질서를 형성할 것'을 위임하고 있을 뿐이다.

따라서 양심의 자유에서 파생하는 입법자의 의무는 단지 입법과정에서 양심의 자유를 고려할 것을 요구하는 일반적 의무이지 구체적 내용의 대안을 제시해야 할 헌법적 입법의무가 아니므로, 헌법재판소는 원칙적으로 양심의 자유가 부과하는 입법자의 추상적 의무를 근거로 대안을 부여하지 않는 법률에 대하여 위헌판단을 하거나 또는 입법부작위 위헌확인을 할 수 없다. 다시 말하자면, 양심의 자유는 입법자로부터 구체적 법적 의무의 면제를 요구하거나 법적 의무를 대체하는 다른 가능성의 제공을 요구할 수 있는 주관적 권리, 즉 자신의 주관적 윤리적 상황을 다른 국민과 달리 특별히 배려해 줄 것을 요구하는 권리를 원칙적으로 부여하지 않는다.[1]

단지, 예외적으로 헌법이 스스로 대안을 제공할 것을 규정하고 있거나,[2] 또는 입법자가 양심갈등의 발생 가능성을 사전에 충분히 예측할 수 있었고 공익실현이나 법질서를 저해함이 없이도 대안의 제시가 가능하다는 것이 명백한 경우에 한하여,[3] 양심을 보호하는 대안을 제시해야 할 구체적인 입법자의 의무가 인정된다. 즉, 입법자가 공익이나 법질서를 저해함이 없이 양심의 자유를 보호하는 대안을 제시할 수 있음에도 대안을 제시하지 않는다면, 이러한 경우 입법자는 양심의 자유를 위헌적으로 침해하게 되는 것이다. 그러나 법익교량과정에서 법적 의무를 대체하는 다른 가능성을 허용하더라도 실현하고자 하는 공익의 달성이 명백한 경우는 사실상 예외에 해당한다고 보이므로, 입법과정

---

1) 헌재 2004. 8. 26. 2002헌가1(양심적 병역거부), 판례집 16-2상, 141, 154, "양심의 자유가 보장된다는 것은, 곧 개인이 양심상의 이유로 법질서에 대한 복종을 거부할 수 있는 권리를 부여받는다는 것을 의미하지는 않는다. … 이 사건의 경우 헌법 제19조의 양심의 자유는 개인에게 병역의무의 이행을 거부할 권리를 부여하지 않는다. 양심의 자유는 단지 국가에 대하여 가능하면 개인의 양심을 고려하고 보호할 것을 요구하는 권리일 뿐, 양심상의 이유로 법적 의무의 이행을 거부하거나 법적 의무를 대신하는 대체의무의 제공을 요구할 수 있는 권리가 아니다. 따라서 양심의 자유로부터 대체복무를 요구할 권리도 도출되지 않는다. 우리 헌법은 병역의무와 관련하여 양심의 자유의 일방적인 우위를 인정하는 어떠한 규범적 표현도 하고 있지 않다. 양심상의 이유로 병역의무의 이행을 거부할 권리는 단지 헌법 스스로 이에 관하여 명문으로 규정하는 경우에 한하여 인정될 수 있다."

2) 우리 헌법에는 법적 의무를 대체하는 가능성을 명시적으로 제시하는 규범이 없으나, 독일 기본법은 양심상의 이유로 병역의무를 거부할 권리를 명문으로 인정하면서(제4조 제3항) 병역의무에 대한 대안으로서 '대체복무'(제12조 제2항)를 규정하고 있고, 연방대통령 등의 취임선서와 관련하여 '종교적 내용 없는' 선서를 할 수 있다고(제56조 제2문) 대안을 명문으로 제시하고 있다.

3) 또한 법제정 당시에는 입법자가 양심갈등의 발생 가능성을 예측할 수 없었으나, 법적용기관이 법률을 적용한 결과 양심의 자유에 대한 과도한 침해가 발생한다는 것이 확인되었고 입법자도 이를 장기간에 걸쳐 충분히 인식할 수 있으며 대안을 제시하더라도 법질서나 공익을 위태롭게 하지 않는다는 것이 명백하다면, 대안을 제시하는 방향으로 법률을 개선해야 할 의무를 인정할 수 있다.

에서 양심의 자유를 고려해야 할 입법자의 의무는 예외적으로 확인될 수 있는 것으로 판단된다.

어떠한 기본권도 법질서에 대하여 개별적인 '예외의 허용'을 요구하지 않는다는 점에서, 양심의 자유의 이러한 특수성은 양심의 자유를 이해하는 출발점이자 그 보장의 한계이다. 법질서에 대하여 '예외의 허용' 또는 '관용의 실천'을 요구하는 양심의 자유의 특수성에 비추어, 결국 '법률이 양심의 자유를 침해하는지'의 문제는 '법률이 양심의 자유를 과잉으로 침해하는지의 문제'가 아니라 '입법자가 양심의 자유를 고려해야 할 의무를 제대로 이행했는지'의 문제로 귀결된다. 자유권에서 파생하는 '기본권 보호의무'와 마찬가지로, 입법자에 의한 '양심 보호의무'의 이행은 '관용의 원칙의 실현 여부'에 관한 것이기 때문에, 권력분립과 민주주의원칙의 관점에서 입법자에게 의무이행과 관련하여 광범위한 형성권이 부여되며, 그 결과 입법자의 의무이행은 헌법재판소에 의하여 매우 제약적으로만 심사될 수 있다. 소위 '명백성의 이론'은 입법자가 헌법의 객관적 내용을 실현하는 영역에서 일반적으로 적용될 수 있는 심사기준이므로, 입법자에 의한 양심보호의무의 이행여부를 판단함에 있어서도 이러한 기준이 적용된다.[1]

다. 양심의 자유를 고려해야 할 법적용기관의 의무

양심의 자유를 고려해야 할 입법자의 의무가 헌법소송으로 관철하기 어려운 일반적 의무라 한다면, 결국 양심의 자유를 보호하는 과제는 입법자가 아니라 사실상 법을 적용하는 법원과 행정청으로 전이되었으며, 양심의 자유와 법질서간의 법익교량의 문제는 양심의 갈등이 발생한 개별 사건의 구체적인 법적용과정에서 해결해야 할 문제가 되었다.[2]

헌법적으로 아무런 하자가 없는 합헌적 법률을 적용하는 경우에도 개인에 따라 양심상의 갈등을 일으킬 수 있으므로, 양심의 자유는 법률을 적용하는 국가기관인 법원과 행정청에 대하여 합헌적 법률을 개별적인 경우에 적용하는 과정에서 발생하는 양심상의 강제에 대한 보호를 요청한다. 모든 법규범은 다양한 생활관계를 일반·추상적으로 규율해야 하기 때문에, 입법자의 법익형량의 결과인 법률의 내용이 구체적인 경우의 고유하고 특수한 상황, 특히 개인에 따라서는 양심상의 갈등을 불러일으킬 수 있다는 것을 충분히 고려하지 못한다. 따라서 개별적인 경우의 구체적인 상황을 고려하여 법관이 다시 한 번 양심의 자유와 공익간의 법익형량을 해야 한다. 이러한 의미에서 양심의 자유는 법관에 대한 요청, 구체적으로 법률의 양심우호적 적용에 대한 요청이다.[3]

---

1) 헌재 2004. 8. 26. 2002헌가1(양심적 병역거부), 판례집 16-2상, 141, 159, "'국가가 대체복무제를 채택하더라도 국가안보란 공익을 효율적으로 달성할 수 있기 때문에 이를 채택하지 않은 것은 양심의 자유에 반하는가.'에 대한 판단은 '입법자의 판단이 현저하게 잘못되었는가.'하는 명백성의 통제에 그칠 수밖에 없다."

2) 헌재 2004. 8. 26. 2002헌가1(양심적 병역거부), 판례집 16-2상, 141, 161, "입법자는 양심의 자유와 국가안보라는 법익의 갈등관계를 해소하고 양 법익을 공존시킬 수 있는 방안이 있는지, 국가안보란 공익의 실현을 확보하면서도 병역거부자의 양심을 보호할 수 있는 대안이 있는지, 우리 사회가 이제는 양심적 병역거부자에 대하여 이해와 관용을 보일 정도로 성숙한 사회가 되었는지에 관하여 진지하게 검토하여야 할 것이며, 설사 대체복무제를 도입하지 않기로 하더라도, 법적용기관이 양심우호적 법적용을 통하여 양심을 보호하는 조치를 취할 수 있도록 하는 방향으로 입법을 보완할 것인지에 관하여 숙고하여야 한다."

3) Vgl. BVerfGE 23, 127, 134; 33, 23, 32ff., 독일의 연방헌법재판소는 이 결정에서 '법적 근거없이 증언이나 선서를 거부하는 행위를 징계하는 규정(독일 형사소송법 제70조 제1항)을 해석함에 있어서, 형사소송법에 명시적으로 열거된 이유 외에도 또한 기본법 제4조 제1항의 양심·종교의 자유가 선서의 거부를 정당화하는 법적 근거로서 고려될 수 있도록, 헌법합치적으로 해석해야 한다'고 판시하였다.

(1) 국가와 개인의 관계에서 良心友好的 규범적용의 요청

법률이 법적용기관에 재량을 부여하고 있다면, 법적용기관은 입법목적을 실현하면서도 양심의 자유를 고려하는 방향으로 재량을 행사해야 한다. 또는 법규범이 해석을 요하는 일반조항이나 불확정개념을 담고 있는 경우, 법관은 양심우호적으로, 즉 개인이 양심을 유지할 수 있도록 대체의무나 대체행위 가능성을 제공할 수 있는 방향으로 법규범을 해석해야 한다. 이는, '국민 모두에게 적용되는 법률에 대하여 예외를 허용하여 양심상의 결정을 가능하면 그대로 유지하도록 하면서, 한편으로는 법적 의무를 대체할 수 있는 다른 의무를 이끌어낼 수 있는가'를 판단하는 작업이다. 물론 전제조건은, 법률을 그러한 방법으로 해석하는 것이 가능하고 그러한 해석에도 불구하고 법률이 의도하는 공익의 실현이 가능하며, 또한 양심상의 갈등을 주장하는 개인에게도 그러한 해결책을 받아들일 것을 요구할 수 있는 경우이다. 이러한 조건이 성립될 수 없다면, 양심상의 이유로 법적 의무의 이행을 거부하는 자는 의무위반에 대하여 가해지는 법률상 규정된 불이익이나 징계를 감수해야 한다. 양심의 갈등을 피할 수 있는 대안이 있고 대안을 제시해도 공익과 법의 목적이 충분히 실현될 수 있음에도 법관이 이와 같은 양심우호적인 해석을 하지 않는다면, 법관의 이러한 결정은 양심의 자유를 침해하는 것이다.

(2) 사인간의 분쟁의 경우 良心友好的 규범적용의 요청

양심의 자유도 국가에 대한 방어기능 외에 사인의 강제에 대하여 개인의 양심을 보호해야 할 국가의 의무를 부과하며, 이는 구체적으로, 채무자가 양심상의 이유로 계약의 이행을 거부하는 경우, 민사법원이 양심상의 갈등이라는 항변사유를 존중하고 고려해야 한다는 것을 의미한다. 민사법원은 '양심의 자유'와 이를 제한하는 사적 자치의 원칙의 구체적 표현으로서 '계약준수의 원칙'을 교량해야 하는데, 이러한 법익교량의 장소는 일반조항이나 불확정개념이다.

법관에 대한 양심우호적 규범해석의 요청은 사인간의 분쟁에 있어서, 특히 노동법상 근로자가 양심상의 이유로 작업을 거부하는 경우에 문제된다. 이 경우, 법관은 우선 다른 대체 작업가능성을 타진해 보고 이러한 가능성을 제공하는 것이 불가능한 경우에 비로소 근로자의 해고가 정당화된다고 판단해야 한다.

계약의 효력은 채무자의 양심상의 갈등에 의하여 원칙적으로 문제될 수 없다. 민사법원이 양심의 자유를 고려하기 위해서는 양 당사자에게 제시할 수 있는 대안이 있는지를 판단해야 하는데, 이는 구체적으로 양심을 유지시킬 수 있는 다른 가능성이 있고 이를 채권자에게 요구하는 것이 가능한지에 달려 있다. 만일 이러한 가능성이 없다면, 양심상의 갈등으로 말미암아 계약을 위반하는 자, 즉 채무자가 계약의무이행의 거부에 대한 책임을 져야 한다.

(3) 良心犯의 문제

양심우호적 규범적용의 또 다른 중요한 적용영역은 소위 양심범에 대한 양형이다. 법규정이 법관에게 양형의 가능성을 부여한다면, 법관은 양형에 있어서 범죄인의 양심의 자유를 고려해야 한다. 국가의 법적 평화와 타인의 법익의 보호의 관점에서 형법의 효력이 개인의 양심의 동의여부에 달려 있을 수 없음은 물론이다. 따라서 양심범도 원칙적으로 처벌받아야 하나, 법관은 개별적인 경우의 구체적인 상황을 고려하여 양심의 자유와 국가의 형벌권 사이의 법익형량을 해야 한다. 즉 법관은 형벌권의 행사에 있어서 가능하면 개별적인 경우마다 범행동기에 해당하는 양심상 결정의 윤리성을 고려해야 한다.

타인의 생명, 신체의 자유, 재산권 또는 헌법적으로 보호되는 제3자의 법익 등을 보호하는 형법규범에 대한 위반은 양심에 따른 행위의 경우에도 그 위법성이 조각되지 않는다. 그러나 범죄행위의 동기로서 양심상 결정이 행위의 책임성이나 양형의 범주에서 고려될 수 있다. 법규범에 합치하는 행위를 기대할 수 있는 가능성이 전혀 없는 특수한 상황에서는, 양심상 결정을 고려하는 것이 예외적으로 책임성 조각사유로 인정될 수 있다. 그러나 일반적으로 행위의 주관적 비난가능성으로서 책임이 조각되는 것은 아니나, 범인의 의사와 관계없이 발생한 갈등상황에서 행한 범죄의 경우, 특히 부작위범의 경우 형의 감경이 고려될 수 있다.

양심의 자유와 법적 의무의 충돌이 법질서에 미치는 영향이 제한적일수록, 범인의 범행동기의 윤리성이 높을수록, 범인이 자신의 의도와 관계없이 양심상의 갈등상황에 처하고 갈등상황의 발생에 대하여 아무런 영향을 미칠 수 없을수록, 형법상의 책임성 판단이나 양형에 있어서 양심상 결정이 피고인에게 유리한 요소로서 고려되어야 한다. 이러한 점에서 볼 때, '여호와 증인'의 병역의무 거부에 대하여 개인의 양심의 자유를 전혀 고려하지 않고 법정최고형을 선고한다면, 이러한 판결은 법률의 적용에 있어서 기본권의 의미를 완전히 간과한 것으로서 위헌이다.

제 2 항 宗敎의 自由

I. 헌법적 의미 및 개념

1. 종교의 자유의 연혁 및 헌법적 의미

헌법은 제20조 제1항에서 "모든 국민은 종교의 자유를 가진다."고 하여 종교의 자유를 보장하고 있다. 종교의 자유는 양심의 자유 및 신체의 자유와 함께 인권보장의 역사에서 가장 오래된 기본권에 속한다. 종교·양심의 자유는 이미 버지니아 권리장전(제16조) 및 프랑스 인권선언(제10조)에서 보장되었고, 오늘날 대부분의 민주국가에서 인간의 존엄성과 정신적 영역에서 개인의 자유로운 인격발현을 보호하는 기본권으로서 보장되고 있다.

그러나 국가가 개인적 신앙의 자유를 인정함으로써 종교의 문제를 개인의 자주적인 결정에 맡기는 것이 인류의 역사에서 당연한 것은 아니었다. 역사적으로 오랫동안 종교는 국가와 공동생활의 기초로서 간주되었고, 국가 내에 다양한 종교가 혼재하는 것을 방치하는 것은 중요한 공동체형성적 요소를 포기하는 것을 의미하였다. 유럽에서 종교개혁과 종교전쟁을 거치면서 종교의 문제는 국가의 과제영역으로부터 분리되었고, 종교의 자유가 개인의 권리로서 인정되었다. 이로써 인간의 영혼구제와 세계의 의미에 대한 형이상학적 해명의 시도는 더 이상 국가의 과제가 아니라 개인적 사안이 되었다. 종교의 자유의 특별한 헌법적 의미는 종교적 동기에 기인하는 행동에 대하여 종교적 동기가 없는 행동과는 달리 차별화하여 보호해 줄 것을 요청하는 것에 있다.[1]

헌법이 종교의 자유를 보장함으로써, 동시에 국가와 종교의 관계가 결정된다. 종교의 자유의 보장과 그로 인한 종교적 다원주의는 국가에 대해서는 중립성을, 사회에 대해서는 관용을 요구한다. 국

---

1) 가령, 누군가가 집에서 매시 타종(打鐘)을 하는 경우 이는 단지 개인적 인격발현의 수단으로서 원칙적으로 인근주민들에 의하여 수인될 필요가 없는 반면, 교회나 사원의 타종은 종교의식으로서 일정한 범위 내에서 인근주민들에 의하여 수인되어야 한다. 이러한 점에서 종교단체의 종소리는 일반인이나 두부 장수의 종소리와 차별화된다.

가는 다양한 종교에 대하여 중립을 지켜야 하며, 사회는 다양한 종교적 진리를 수인해야 하고, 종교단체와 그 구성원은 정신적 논쟁의 방법으로 서로 경쟁하고 평화적으로 공존해야 한다.

2. 개 념

종교의 자유의 보호대상은 종교의 개념 정의에 의하여 결정된다. 종교는 세계 및 그 안에서 살고 있는 인간의 존재의미, 특히 인간의 삶과 죽음의 의미 및 올바른 삶에 대한 대답을 추구한다. 종교란 세계 및 인간존재에 대한 형이상학적 해명의 시도이다. 종교의 내용은 인간의 형이상학적인 신앙이며, 신앙이란 신과 피안(彼岸)에 대한 내적 확신이다.

종교와 세계관(世界觀)은 개념적으로 명확하게 구분되는 것은 아니지만, 종교는 인간의 인식능력의 범위를 초월하여 세계의 의미를 해명하고자 시도한다. 종교적 의미체계의 중심에는 일반적으로 인간이 처분할 수 없는 것, 신성한 것, 초월적인 것, 특히 신과의 연관성이 있다. 반면에, 세계관은 일반적으로 인간의 인식능력의 범위 내에 있고, 그 의미체계는 어느 정도 학문적인 합리성에 의하여 특징된다. 종교는 초월적인 존재에 대한 귀의로서 내세지향적인 반면, 세계관은 주로 현세와 연관된다.

종교의 개념은 지금까지 알려진 전통적인 종교에만 국한되는 것이 아니라 종교의 다양한 현상에 대하여 개방적인 개념이다. 종교의 자유가 기본권보호의 실효성을 가지기 위해서는, 종교의 개념은 종교의 내용에 대한 모든 평가를 거부하는 중립적이고 개방적인 개념이어야 한다. 따라서 종교의 자유는 세계의 거대종교나 기성종교뿐만 아니라 작은 또는 신생의 신앙공동체에게도 보장된다. 종교공동체의 수적인 규모나 사회적 중요성은 문제되지 않는다.[1]

II. 법적 성격

1. 대국가적 방어권

종교의 자유는 일차적으로 소극적 성격의 기본권, 즉 종교적 확신의 형성과 표명 및 그에 따른 행동에 대하여 국가의 부당한 간섭과 침해를 금지하는 방어권의 성격을 가진다. 종교의 자유는 특정 신앙에 대한 국가의 제재와 차별 및 신앙문제에 대한 국가의 영향력행사를 금지한다. 종교의 자유로부터는 급부권이 도출되지 않는다.

2. 객관적 가치질서

가. 종교의 자유는 객관적 가치질서로서 국가에게 국가공동체 내에서 종교의 자유를 실현하고 보호해야 할 의무를 부과한다. 종교의 자유는 국가 내에서 실현되기 위하여 필연적으로 종교의 다원주의와 종교에 대한 관용 및 국가의 종교적 중립성을 요청한다. 종교의 자유는 국가에게 무엇보다도 종교적 중립성이라는 객관적 의무를 부과한다. 종교의 자유의 보장에 상응하는 객관적 가치질서가 바로 국가의 중립의무이며, 국가의 중립의무는 종교의 자유가 보장되기 위한 필수적 조건이다.

나. 종교의 자유는 개인이나 종교공동체의 자유로운 종교적 행위(종교행사)를 제3자나 경쟁하는

---

1) 인간의 문화권에 이질적인 종교단체로부터 발생하는 문제는 보호범위의 축소를 통해서가 아니라 종교의 자유에 대한 제한이 정당화되는지를 판단하는 단계에서 법익교량을 통하여 해결되어야 할 문제이다.

종교공동체의 방해나 공격으로부터 보호하기 위하여 국가가 적극적으로 개입할 것을 요청한다(국가의 보호의무). 한편, 제3자가 종교적으로 영향력을 행사하고자 하는 행위에 대한 국가의 보호의무는 원칙적으로 존재하지 않는다. 제3자의 이러한 행위는 신앙고백의 자유를 비롯한 종교의 자유에 의하여 보호받기 때문이다. 그러나 일반적으로 수인해야 하는 범위를 넘는 영향력의 행사가 존재하는 경우, 국가의 보호의무가 발생한다.

다. 뿐만 아니라, 종교의 자유는 객관적인 가치질서로서 법규범의 해석과 적용에 있어서 지침으로 기능한다. 법원은 사법규정의 해석에 있어서 사법규정에 미치는 종교의 자유의 효력을 고려해야 한다.

Ⅲ. 구체적 보장내용

신앙의 자유는 이미 초기부터 신앙의 표명과 신앙에 따른 행위를 포괄하는 것으로 이해되었다. 개인이 종교적 확신을 자유롭게 형성할 수 있다면, 내면에서 형성된 종교적 확신은 자연스럽게 외부에 표출되고 나아가 종교적 신념에 따른 행위를 수반하게 된다. 따라서 종교의 자유는 내면의 세계에서 종교적 확신을 형성하고 이를 외부세계에 대하여 표명하며 그에 따라 행동할 자유를 포괄한다. 이러한 관점에서 종교의 자유의 보장내용은 신앙(형성)의 자유, 신앙고백의 자유, 신앙실행의 자유로 나뉘어진다.[1] 물론, 신앙고백의 자유와 신앙실행의 자유는 모두 외부세계에서 신앙을 실현하는 자유(forum externum)로서 개념적으로 명확하게 구분되기 어렵다.[2] 구체적 사건의 해결에 있어서 종교의 자유의 위 두 가지 측면을 개념적으로 구분하는 실익은 크지 않다. 뿐만 아니라, 종교의 자유는 신앙을 가지지 아니할 자유, 신앙을 고백하지 아니할 자유(침묵할 자유), 신앙에 따라 살지 아니할 자유와 같은 소극적 자유도 함께 보호한다.

1. 신앙의 자유

신앙고백의 자유와 신앙실행의 자유가 외부로 나타나는 일정한 행위를 보호하는 반면, 신앙의 자유의 보호대상은 종교적 신념, 그 자체이다. 신앙의 자유는 종교적 믿음을 형성하고 가지는 것, 즉 내적인 영역(forum internum)을 보호한다. 이러한 의미에서 신앙의 자유는 신념에 대한 보호로서, 신앙형성·신앙보유의 자유라고 할 수 있다. 신앙(형성)의 자유는 국가가 개인의 신앙형성에 대하여 영향력을 행사하는 것을 금지함으로써, 종교적 확신을 수용하거나 거부함에 있어서 개인을 국가의 영향으로부터 보호한다.

신앙의 자유는 '종교적 확신으로서 사회적으로 공유하는 의미체계'를 그 보호법익으로 한다. 이러

---

1) 한편, 헌법재판소는 종교의 자유의 보장내용을 다음과 같이 분류하고 있다. 헌재 2001. 9. 27. 2000헌마159(사법시험 일요일 시행), 판례집 13-2, 353, 360, "종교의 자유의 구체적 내용에 관하여는 일반적으로 신앙의 자유, 종교적 행위의 자유 및 종교적 집회·결사의 자유의 3요소를 내용으로 한다고 설명되고 있다."

2) 일부 학자(가령, 허영, 한국헌법론, 2010, 419면; 성낙인, 헌법학, 2010, 497면)는 신앙고백의 자유를 신앙의 자유에 포함시키고 있는데, 신앙고백의 자유는 내심의 자유인 신앙형성의 자유와는 달리 외부세계와의 관계에서 신앙을 표명하거나 표명하지 않을 권리이므로, 외부영역에서 이루어지는 신앙고백의 자유를 내면의 자유인 신앙의 자유에 귀속시키는 것은 타당하지 않다. 개인은 모든 상황에서 자신의 신앙을 마음대로 외부에 표명할 수 없다는 점에서(가령, 국공립학교 교사의 수업시간중 신앙표명의 금지), 신앙고백의 자유도 경우에 따라 제한될 수 있으므로, 오로지 내심의 영역에 머무르는 절대적 기본권이 아니다.

한 점에서 신앙의 자유는 객관적으로 파악할 수 있는 대상을 가지고 있으며, 종교적 자유를 주장하는 사람에게 종교적 신념의 소명을 용이하게 한다. 한편, 개인적인 종교적 신념이 각 종교의 의미체계에 비추어 예외적으로 납득할 수 없을 때에는 양심의 자유 및 표현의 자유에 의한 보호를 받을 수 있다.

2. 신앙고백의 자유

신앙고백의 자유는 외부에 대하여 종교적 신념을 공개적으로 표명하는 것, 나아가 자신의 종교를 선전하는 것을 보호한다. '고백'이란, 외부세계에 자신의 신념을 공개하고 표명하는 행위를 말한다. 따라서 신앙고백의 자유는 종교적 신념을 공개하고 표명할 자유를 보호한다. 이러한 의미에서, 신앙고백의 자유는 표현의 자유에 대한 특별규정이라 할 수 있다.[1]

종교적 확신의 표명은 '신앙공동체의 소속'을 언어나 그 외의 표현형식으로 표명하는 것뿐만 아니라 '종교적 신념의 내용'을 표현하고 설명하는 것도 포함한다. 신앙고백의 자유는 종교소속 및 종교적 신념의 표명에 관한 자기결정권이다. 따라서 신앙고백의 자유는 신앙을 선전하고 전파하는 포교나 선교의 자유 및 다른 종교를 비판하고 다른 신앙을 가진 사람에게 개종을 권고하는 자유도 포함한다.[2] 신앙고백의 자유는 절대적 진리를 주장하고 신도를 얻기 위하여 정신적 논쟁의 수단으로 이루어지는 종교 간의 경쟁과 투쟁도 보호한다. 그러나 투쟁의 수단은 표현의 자유와 마찬가지로 오로지 정신적 소통의 수단에 국한되어야 하고, 협박이나 폭력을 사용하여 종교를 전파하는 행위는 보호되지 않는다. 신앙고백의 자유는 신앙을 고백할 것인지에 관한 자기결정권으로서 자신의 종교적 신념을 고백할 자유뿐만 아니라 이에 관하여 침묵할 자유(소극적 고백의 자유)도 포함한다.

3. 신앙실행의 자유

신앙실행의 자유는 종교적 교리를 행위의 지침으로 삼고 종교적 확신에 따라 행동할 자유를 말한다. 신앙고백의 자유와 신앙실행의 자유는 모두 외부세계에서 종교적 확신(신앙)을 실현할 자유라는 점에서 그 구분이 명확한 것은 아니지만, 양자는 다음과 같은 점에서 구분될 수 있다. 신앙고백은 주로 '다른 사람과의 관계'에서 행해지는 것인 반면, 신앙실행은 일반적으로 '신과의 관계'에서 행해지는 것으로 초월적인 것을 숭배하는 것이 주된 목적인 행위이다. 신앙실행의 자유는 신앙고백을 제외한 그 외의 종교적 행위가능성을 포괄적으로 보호한다. 따라서 신앙실행의 자유는 다음과 같은 다양한 측면으로 구성되는데, 이러한 다양한 측면은 서로 명확하게 구분되기 어렵거나 서로 중복될 수 있다. 신앙실행의 자유는 소극적 자유도 보장한다.

가. 종교의식의 자유

종교의 자유는 무엇보다도 종교의식의 형태로 종교적 신념을 실행하는 것을 보호한다. 종교의식의 자유는 예배 등 종교의식에 참여할 자유를 보호한다. 그러나 이러한 자유로부터 특정한 종교적 휴일을 휴무일로 정해야 할 국가의 의무가 나오는 것은 아니다. 또한, 종교적 휴일을 휴무일로 유지해야 할 국가의 의무도 존재하지 않는다.

---

1) 대법원 1996. 9. 6. 선고 96다19246 판결; 대법원 2007. 4. 26. 선고 2006다87903 판결.
2) Vgl. BVerfGE 12, 1, 4; 24, 236, 245.

종교의식의 자유는 기도, 예배, 세례, 종교행렬, 타종(打鐘) 등 전통적인 종교의식에 국한되지 않고, 이를 넘어서 종교공동체의 자기이해에 따라 종교적 확신에 기인하는 그 외의 활동, 가령 구제활동(사회봉사활동)이나 자선활동도 포괄한다.[1] 종교행사에 사용되는 건물이나 장소도 종교의식의 자유에 의하여 보호된다. 그 외에 어떠한 행동이 종교행사에 포함되는지는 각 종교의 자기이해에 달려있다. 이러한 점에서 납골시설도 종교의식의 자유에 의하여 보호될 수 있다.[2]

나. 종교에 따른 생활형성의 자유

종교의 자유는 종교에 따라 자신의 생활을 형성할 자유를 보호한다. 일상생활을 위한 종교적 지침에 속하는 것으로는 가령 식사, 복장, 휴일의 준수, 의료행위의 이용 등에 관한 규정을 들 수 있다. 행위양식이 진정으로 종교적 확신에 의하여 요청되는 것이기 때문에 종교의 자유에 의하여 보호되는 것인지 아니면 일반적 행동자유권의 보호범위에 속하는 것인지에 관하여 그 구분이 때때로 어려울 수 있다. 특정 행위를 종교적 동기에 의한 행위로 주장하는 모든 경우가 종교의 자유의 보호를 받는 것은 아니고, 종교의 자유를 주장하는 개인이 종교공동체의 계율이나 의무를 제시함으로써 자신의 행위를 종교적 동기에 의한 행위로 소명할 수 있어야 한다.

다. 종교교육의 자유

종교의 자유는 자녀에게 종교관을 전달하고 종교교육을 실시할 부모의 권리를 포함한다. 부모의 종교교육은 부모의 신앙실행의 자유의 한 표현이자 부모교육권의 행사이기도 하다. 부모의 종교교육권은 가정에서 자신의 종교관에 따라 자녀를 교육시킬 권리 및 종교교육을 실시하는 사립학교에 자녀를 취학시킬 수 있는 권리를 포함한다. 사립학교의 자유는 종교적 중립성의 의무가 있는 국공립학교에 대한 대안으로, 부모의 종교관에 부합하는 사립학교를 설립하고 선택할 수 있는 자유를 보호한다. 가정에서의 종교교육은 자녀의 종교적 자기결정권과 부모의 교육권이 서로 조화를 이룰 수 있도록 실시되어야 한다. 자녀가 성장함에 따라 부모의 종교교육권이 감소하는 반면, 자녀의 종교적 자기결정권이 증가한다.

종교이념에 입각하여 설립된 사립학교(종립학교)에서 종교교육을 실시하는 것은 신앙고백의 자유와 신앙실행의 자유를 행사하는 것으로 원칙적으로 허용된다. 그러나 학교가 강제로 배정되는 현재의 입시제도에서 종립학교에 입학한 모든 학생에 대하여 종교교육을 강제하는 것은 학생의 종교의 자유와 부모의 자녀교육권을 침해하는 것이다. 한국의 이러한 특수한 상황에서 사립학교의 종교교육이나 학교예배는 학생과 학부모가 자유롭게 종교교육의 참여여부나 예배참가여부를 결정할 수 있는 경우에만 소극적 고백의 자유에 위반되지 않는다.[3] 국가가 학생을 사립학교에 강제로 배정하는 이상, 사립학교의 종교교육에 의하여 학생과 학부모의 기본권이 침해되지 않도록 적합한 조치를 취해

---

1) Vgl. BVerfGE 24, 236, 247; 53, 366, 392f.
2) 헌재 2009. 7. 30. 2008헌가2(학교정화구역 내 납골시설 금지), 판례집 21-2상, 46, 55, "종교 의식 내지 종교적 행위와 밀접한 관련이 있는 시설의 설치와 운영은 종교의 자유를 보장하기 위한 전제에 해당되므로 종교적 행위의 자유에 포함된다고 할 것이다. … 종교단체의 납골시설은 사자의 죽음을 추모하고 사후의 평안을 기원하는 종교적 행사를 하기 위한 시설이라고 할 수 있다. 따라서 종교단체가 종교적 행사를 위하여 종교집회장 내에 납골시설을 설치하여 운영하는 것은 종교행사의 자유와 관련된 것이라고 할 것이고, 그러한 납골시설의 설치를 금지하는 것은 종교행사의 자유를 제한하는 결과로 된다."
3) Vgl. BVerfGE 52, 223, 241ff.

야 할 보호의무를 진다.

라. 종교적 집회·결사의 자유

종교의 자유는 다른 사람과 공동으로 종교적 행위를 위하여 집회할 자유(종교적 집회의 자유)를 보장한다. 종교적 동기에 의한 집회의 경우, 집회의 자유에 대한 특별규정으로서 종교의 자유가 적용된다. 또한, 종교의 자유는 공동으로 종교를 실행할 목적으로 다른 사람과 종교단체를 결성하고 조직할 자유(종교적 결사의 자유)를 포함한다. 종교적 결사의 자유는 종교단체 결성의 자유 및 내부조직의 자유, 고유사무에 관한 자기결정권을 보장한다.

Ⅳ. 제　한

내면의 세계에서 신앙을 형성하고 결정할 자유인 신앙의 자유는 다른 법익과의 충돌가능성이 없기 때문에, 절대적으로 보호되는 기본권이다. 신앙의 자유와는 달리, 외부세계에서 신앙을 실현하는 자유인 '신앙고백의 사유'와 '신앙실행의 자유'는 공익이나 제3자의 법익 보호를 위하여 제한될 수 있다(헌법 제37조 제2항).

1. 신앙의 자유에 대한 제한

국가가 종교적 확신의 형성과 존속에 대하여 사상주입이나 교화 등의 방법으로 영향력을 행사하는 경우, 신앙(형성)의 자유가 제한된다. 신앙의 자유는 신앙과 무관한 사람과의 관계에서도 특별한 의미를 가진다. 가령, 국가가 종교적 상징물을 화폐의 도안이나 공공건축물에 사용하는 경우, 신앙형성의 자유에 대한 제한이 인정된다. 개인의 신앙형성에 대한 국가의 영향력행사는 주로 국가의 종교적 중립성이라는 객관적 원칙의 관점에서만 파악되었으나, 이러한 객관적 측면에는 국가의 중립을 요구할 수 있는 개인의 주관적 권리로서 신앙형성의 자유가 대응한다. 한편, 국가가 특정 종교적 신념을 보유하는 것을 금지하거나 명령하는 것은 비록 현실적으로 큰 의미는 없으나, 신앙의 자유에 대한 대표적인 고전적 제한에 해당한다.

2. 신앙고백의 자유에 대한 제한

국가가 신앙을 고백하는 것을 방해 또는 금지하거나(침묵의 의무의 부과) 또는 고백할 것을 강제하는 경우(고백의 의무의 부과), 신앙고백의 자유가 제한된다. 국가가 국공립학교 교사에게 수업시간에 특정 종교의 상징물이나 복장을 착용하는 것을 금지하는 것, 국공립학교에서 이슬람교도인 여학생에게 종교적 확신의 표현인 두건의 착용을 금지하는 것은 신앙고백의 자유에 대한 대표적인 제한의 예이다.

국공립학교의 교사가 수업시간중 특정 종교의 고유한 의복이나 상징물 등을 통하여 종교적 소속을 표시하는 경우, 언어나 행동으로 종교소속이나 종교적 신념을 외부세계에 알리고자 하는 교사의 신앙고백의 자유와 학부모의 자녀교육권·학생의 신앙형성의 자유·국가의 종교적 중립의무가 서로 대치한다.[1] 국가의 종교적 중립의무는 교육현장에서 교육과제를 담당하는 교사에 의하여 구체적으

---

1) 국가의 중립의무는 헌법 제20조 제2항 외에도 자신의 종교관에 따라 자녀를 교육시킬 수 있는 학부모의 교육권 및 신앙형성에 대한 국가의 모든 영향력 행사를 배제하는 학생의 신앙형성의 자유에도 그 헌법적 근거를 두고 있다.

로 실현되어야 하므로, 교사는 직무상의 지위와 권위를 이용하여 자신의 종교를 표명하고 선전할 수 없다. 따라서 상충하는 법익의 보호를 위하여 교사의 신앙고백의 자유를 제한하는 것은 헌법적으로 정당화된다.

또한, 국가가 종교의 보유나 소속 여부를 묻는 것도 신앙고백의 자유에 대한 제한이다. 물론, 법률에 근거하여 종교에 관한 통계조사가 이루어지는 경우 국가기관이 종교의 보유 및 소속여부를 묻는 것은 헌법적으로 정당화된다. 종교의 자유는 종교적인 확신에서 모든 선서형식을 거부하는 자에게 선서를 강요하는 것을 금지한다.[1] 뿐만 아니라, 국가기관이 특정 종교의 사회적 위험성을 일반국민에 대하여 경고하거나 사인을 지원함으로써 특정 종교에 대하여 투쟁하는 경우도 신앙고백(선교와 포교)의 자유에 대한 제한에 해당한다.

3. 신앙실행의 자유에 대한 제한

사례 | 헌재 2001. 9. 27. 2000헌마159(사법시험 일요일 시행 사건)

행정자치부장관은 사법시험 제1차 시험을 2000. 2. 20. 일요일에 시행한다는 공무원임용시험시행계획을 공고하였다. 甲은 사법시험 제1차 시험에 응시원서를 접수하였으나, 甲이 신봉하는 기독교의 교리상 일요일에는 교회에 출석하여 예배행사에 참석하는 것이 신앙적 의무이기 때문에 일요일에 시행하는 위 사법시험 제1차 시험에 응시할 수 없었다. 이에 甲은 시험일자를 일요일로 한 행정자치부장관의 위 공고가 자신의 종교의 자유, 공무담임권 등을 침해한다는 이유로 헌법소원심판을 청구하였다.[2]

가. 국가가 개인에게 종교행사 참석을 강제하는 경우,[3] 종교의 교리에 반하는 행위를 강제하거나 (가령, 종교의 교리에 위반되는 직업활동을 강제하는 경우) 종교적 확신에 반하는 행위를 강제하는 법적 의무를 부과하는 경우[4] 또는 종교적 행위에 불이익을 결부시킴으로써 기본권의 주체가 종교의 자유를 행사할 수 없도록 위협하는 경우가 대표적인 제한의 예에 해당한다. 또한, 국가가 예배 등 종교의식에 참여하는 것을 방해하는 경우에도 신앙실행의 자유가 제한된다.

나. 한편, 종교의 자유는 제3자의 생명과 건강 보호의 관점에 의하여 제한될 수 있다. 종교의 자유는 헌법에 의하여 보호되는 법익을 위협하는 행위를 허용하지 않는다. 가령, 종교적 확신에 의하여 인간을 제물로 바치는 행위는 살인죄로 처벌된다.

---

1) Vgl. BVerfGE 33, 23, 30f.
2) 헌재 2001. 9. 27. 2000헌마159(사법시험 일요일 시행), 판례집 13-2, 353, 360-361, "사법시험 제1차 시험 시행일을 일요일로 정하여 공고한 이 사건 공고와 관련하여 문제되는 종교의 자유는 위 3요소 중 종교적 행위의 자유와 관련이 된다. … 다만 일요일에 예배행사 참석과 기도, 봉사행위 이외의 다른 업무를 일체 금지한다는 교리에 위반하지 않으면 사법시험 응시가 불가능하게 되어 청구인의 종교적 확신에 반하는 행위를 강요하는 결과가 된다는 것이므로 그 점에서 종교적 행위의 자유에 제한이 될 수 있다. … 피청구인이 사법시험 제1차 시험 시행일을 일요일로 정하여 공고한 것은 국가공무원법 제35조에 의하여 다수 국민의 편의를 위한 것이므로 이로 인하여 청구인의 종교의 자유가 어느 정도 제한된다 하더라도 이는 공공복리를 위한 부득이한 제한으로 보아야 할 것이고 그 정도를 보더라도 비례의 원칙에 벗어난 것으로 볼 수 없고 청구인의 종교의 자유의 본질적 내용을 침해한 것으로 볼 수도 없다."
3) 헌재 2022. 11. 24. 2019헌마941(육군훈련소 내 종교행사 참석 강제).
4) 가령, 국가가 실업자에게 직업을 소개하면서 소개받은 직업활동이 실업자의 종교적 신념에 위반된다 하더라도 소개된 직업을 거부하는 경우 더 이상 실업급여를 제공하지 않는 경우를 예로 들 수 있다.

　종교의 자유는 종교적 의식으로부터 발생하는 소음(가령, 종소리) 등에 대하여 일반 주민에게 일정 범위 내에서 수인할 것을 요청하지만, 빈도나 시각, 소음의 정도에 있어서 제한될 수 있다. 이 경우, 종교적 행위도 가능하게 하면서 타인의 기본권도 보호할 수 있도록, 상충하는 양 법익을 함께 실현하는 조화로운 상태가 모색되어야 한다. 뿐만 아니라, 종교의 자유는 타인의 종교의 자유에서 그 한계를 발견한다. 종교의 자유는, 종교인이 자신의 종교에 대하여 요구하는 것과 동일한 정도의 관용과 인내를 다른 종교에 대해서도 보여줄 것을 요청한다.[1]

V. 국가의 종교적 중립성

사례 | 대법원 2009. 5. 28. 선고 2008두16933 판결(천주교성당 문화관광지 조성 사건)

　횡성군은 유서 깊은 천주교회인 풍수원 성당 일대를 문화관광지로 조성하고자 상급 단체로부터 문화관광지 조성계획을 승인받은 후, 甲의 토지에 대한 협의매수가 성립되지 않음에 따라 수용절차를 진행하여 강원도 지방토지수용위원회의 수용재결을 얻어내자, 甲은 토지수용재결처분의 취소를 구하는 소송을 제기하였다.

1. 국교부인과 정교분리의 원칙

　헌법 제20조 제2항은 "국교는 인정되지 아니하며, 종교와 정치는 분리된다."고 하여 國敎否認의 원칙과 政敎分離의 원칙을 규정하고 있다. 국교부인의 원칙은 정교분리의 원칙의 당연한 결과이다. 헌법 제20조 제2항은 국가의 종교적 중립성을 전제로 하여, '정치와 종교의 분리'는 종교적으로 중립적인 국가의 기본제도임을 확인하고 있다. 정교분리의 원칙은 정치가 종교에 간섭하거나 종교가 정치에 개입하는 것을 금지한다. 1797년의 미국혁명과 1789년의 프랑스혁명의 과정에서 탄생한 정교분리의 제도는, 다양한 종교의 평화로운 공존의 형태로부터 모든 종교에 대한 억압과 적대적 태도(구소련 등 공산주의국가)에 이르기까지 역사적으로 다양한 모습으로 나타나고 있다.

　국가 문화질서의 본질적 요소에 속하는 것이, 국가 내에서 종교와 종교단체에게 어떠한 과제와 지위가 인정되는지에 관한 결정이다. 정치와 종교를 분리하는 헌법체계 내에서 종교단체는 사법상의 단체로서 사법의 범주 내에서 기본권적 자유를 누리며, 정당이나 노동조합 등과 비견할만한 거대한 사회단체로서 기능한다. 다원적 민주주의에서 사회 내에 존재하는 종교적 사상과 세력은 사회 내의 다른 모든 사상과 세력과 마찬가지로, 민주적 의사형성과 민주적 이익조정을 위한 개방적인 과정에 자신의 몫을 가지고 참여할 수 있는 가능성을 가져야 한다. 따라서 사회적 대표성에 따라 구성되는 국가의 각종 위원회(가령, 청소년유해여부를 심의하는 위원회 등)의 구성에 있어서 거대 종교단체의 대표자를 고려하는 것은 정교분리의 원칙에 위반되지 않는다.

---

1) Vgl. BVerfGE 15, 134, 137.

2. 종교적 중립성의 헌법적 의미

가. 헌법 제20조의 종교의 자유, 국교부인의 원칙 및 정교분리의 원칙, 제19조의 양심의 자유, 헌법 제11조 제1항 후문의 종교에 의한 차별금지 등 일련의 헌법규정으로부터 국가의 종교적 중립성의 의무가 도출된다. 국가의 세계관적·종교적 중립성은 다원적이고 개방적인 사회를 지지하고 보장하고자 하는 국가의 특징적 요소이다. 국가의 세계관적·종교적 중립성은 종교의 자유가 보장되고 실현되기 위한 필수적인 전제조건이자 국가가 모든 국민의 국가로 기능하기 위하여 필수적으로 요청되는 것이다.

국가는 특정 종교를 금지하거나 강요해서는 안 되고, 나아가 특정 종교를 차별하거나 우대해서도 안 된다. 국민으로서의 권리를 향유하는지의 여부나 공직에의 취임여부가 종교에 달려있어서는 안 된다. 국가는 특정 세계관이나 종교와 일체감을 가져서는 안 된다.[1] 또한, 종교적 상징물이 객관적으로 특정 신앙의 표현으로서 이해되는 한, 이러한 상징물을 국가의 자기묘사의 수단으로서 가령, 國歌, 國旗, 화폐 등에 사용하는 것은 국가의 중립의무와 부합하지 않는다. 국가는 자신이 교육주체로서 기능하는 국공립학교에서 특정 종교를 위한 종교교육을 실시할 수 없음은 물론이고, 학교를 강제로 배정하는 현행 교육제도에서는 종립학교의 강제적 종교교육으로부터 학생과 학부모의 기본권을 보호해야 할 의무를 진다.

나. 그러나 종교적 중립성의 요청이 종교와 관련된 모든 사안을 국가의 과제영역에서 배제할 것을 요청하는 것은 아니다. 특정 신앙공동체로부터 사회적 해악이 명백하게 우려되는 경우, 국가가 특정 신앙공동체에 대하여 비판적 태도를 취하고 그 위험성을 국민에게 경고하는 것은 중립성의 요청에 위반되지 않는다.[2] 또한, 국가의 문화적 책임은 종교적 기념물을 국가 기념물 보호대상으로 정하여 보호하는 것을 금지하지 않는다. 오히려 문화국가의 관점에서 종교적 기념물의 보호는 헌법적으로 요청될 수 있다.[3]

국가의 중립의무는 모든 종교와 세계관에 대하여 원칙적으로 동등한 권리와 기회를 보장해야 할 국가의 의무를 부과한다. 국가가 특정한 종교를 우대하는 것은 금지되지만, 국가는 평등원칙에 따라 합리적인 이유에 의하여 정당화되는 차별을 할 수 있다. 국가가 종교단체를 지원하는 것은 그 동기가 종교에 대하여 중립적인 경우에만 허용된다.

---

1) 학자에 따라서는 이를 '불편부당의 원리'(Prinzip der Nichtidentität)로 표현하기도 한다.
2) 대법원 2007. 4. 26. 선고 2006다87903 판결, "공군참모총장이 전 공군을 지휘·감독할 지위에서 수하의 장병들을 상대로 단결심의 함양과 조직의 유지·관리를 위하여 계몽적인 차원에서 군종장교로 하여금 교계에 널리 알려진 특정 종교에 대한 비판적 정보를 담은 책자를 발행·배포하게 한 행위가 특별한 사정이 없는 한 정교분리의 원칙에 위반하는 위법한 직무집행에 해당하지 않는다."
3) 대법원 2009. 5. 28. 선고 2008두16933 판결, [지방자치단체가 유서 깊은 천주교 성당 일대를 문화관광지로 조성하기 위하여 상급 단체로부터 문화관광지 조성계획을 승인받은 후 사업부지 내 토지 등을 수용재결한 것이 헌법의 정교분리원칙에 위배되는지에 관하여] "어떤 의식, 행사, 유형물 등이 비록 종교적인 의식, 행사 또는 상징에서 유래되었다고 하더라도 그것이 이미 우리 사회공동체 구성원들 사이에서 관습화된 문화요소로 인식되고 받아들여질 정도에 이르렀다면, 이는 정교분리원칙이 적용되는 종교의 영역이 아니라 헌법적 보호가치를 지닌 문화의 의미를 갖게 된다. 그러므로 이와 같이 이미 문화적 가치로 성숙한 종교적인 의식, 행사, 유형물에 대한 국가 등의 지원은 일정 범위 내에서 전통문화의 계승·발전이라는 문화국가원리에 부합하며 정교분리원칙에 위배되지 않는다."

제 7 절   言論·出版의 自由

헌법 제21조 제1항은 언론·출판의 자유, 집회의 자유 및 결사의 자유를 동일한 조항에서 규정하고 있다. 위 3 가지 기본권은 모두 사회 내에서 개인 간의 '의사소통을 위한 기본권, 또는 의견교환을 위한 기본권'으로서의 성격을 지니고 있다. 언론·출판의 자유는 자신의 사상과 의견을 표현하는 자유를 의미한다는 점에서 '표현의 자유'라고 부르기도 한다.[1]

학계의 일부 견해는 언론·출판의 자유와 집회·결사의 자유를 총괄하여 '표현의 자유'라는 개념을 사용하면서, 언론·출판의 자유를 '개인적 의사표현'의 자유로, 집회·결사의 자유를 '집단적 의사표현'의 자유로 구분하기도 한다. 그러나 집회·결사의 자유는 그 자체로서 타인과 모이는 개인의 자유를 보장하는 독자적인 기본권으로서 '집단적 의견표명'만을 보호하는 것은 아니므로, 집회·결사의 자유를 표현의 자유와의 연관관계에서만 파악한다든지 또는 언론·출판의 자유 외에도 집회의 자유와 결사의 자유를 '표현의 자유'라는 상위 개념에 포함시킴으로써 집회·결사의 자유를 표현의 자유의 하부 개념으로 이해한다든지 하는 것은 타당하지 않다. 언론·출판의 자유를 규정하는 헌법 제21조 각 항의 내용을 살펴보면, 제1항은 언론·출판(표현)의 자유의 보장, 제2항은 허가제 및 사전검열의 금지, 제3항은 언론기관시설 법정주의, 제4항은 언론의 사회적 책임을 규정하고 있다.

제1항   意思表現의 自由

I. 헌법적 의미

헌법 제21조 제1항은 "모든 국민은 언론·출판의 자유 … 를 가진다."고 하여 표현의 자유를 보장하고 있다. 의사표현의 자유는 개인의 자기결정 및 인격발현의 기본적 요소이자 동시에 자유민주적 국가질서를 구성하는 요소이다.[2]

1. 개인적 인격발현의 요소

표현의 자유가 보장하고자 하는 바는, 누구나 자신의 생각을 자유롭게 표현할 수 있어야 한다는 것이다. 자신이 생각한 바를 자유롭게 표현한다는 것은 인간의 가장 기본적인 욕구에 속하는 것이므

---

1) 헌재 1992. 2. 25. 89헌가104(군사기밀보호법상의 군사기밀), 판례집 4, 64 93, "헌법 제21조에 언론·출판의 자유 즉, 표현의 자유를 규정하고 있는데 이 자유는 전통적으로는 사상 또는 의견의 자유로운 표명(발표의 자유)과 그것을 전파할 자유(전달의 자유)를 의미하는 것으로서 … "

2) '표현의 자유의 헌법적 보장이 개인적인 自己決定의 사고 또는 집단적인 國民主權이나 自己統治의 사고에 그 근거를 두고 있는지'의 문제는 미국에서 현재까지 계속되는 논쟁이다. 그러나 표현의 자유를 위와 같이 이중적인 의미로 이해한다면, 그러한 논쟁은 불필요하다. 또한 헌법재판소도 표현의 자유의 헌법적 의미로서 개인의 자유로운 인격발현과 국민주권의 실현을 언급하고 있다, 헌재 1992. 2. 25. 89헌가104(군사기밀보호법상의 군사기밀), 판례집 4, 64 93, "헌법 제21조에 언론·출판의 자유 즉, 표현의 자유(는) … 개인이 인간으로서의 존엄과 가치를 유지하고 행복을 추구하며 국민주권을 실현하는데 필수불가결한 것으로 오늘날 민주국가에서 국민이 갖는 가장 중요한 기본권의 하나로 인식되고 있는 것이다."

로, 표현의 자유는 인간존엄성의 보장과 인격발현을 위한 기본조건이자 개인적 인격의 직접적인 표현으로서 가장 존엄한 기본권 중의 하나이다. 표현의 자유는 일차적으로, 개인이 의견의 자유로운 표명과 전파를 통하여 자신을 타인에게 표현하고 타인에게 정신적 영향을 미치는 가능성 및 통상적으로 언어를 매체로 하여 이루어지는 인간 상호간의 정신적인 교류를 보장하고자 하는 것이다. 표현의 자유를 보장한 기본권의 정신은 인간의 모든 표현과 전달의 욕구에 대한 보호에 있다.

2. 자유민주적 국가질서를 구성하는 요소

표현의 자유에 의하여 다양한 사상과 의견의 자유로운 교환과정이 보호된다. 사회구성원 누구나가 자신의 생각과 의견을 자유롭게 표현함으로써, 공개토론과 비판이 가능하고 다양한 견해의 자유로운 경합이 이루어진다. 공개토론과 자유로운 비판은 민주주의의 본질적 요소이다. 표현의 자유는 자유로운 정신적인 논쟁과 의견의 경합을 가능하게 함으로써 민주적 의사형성과정에서 본질적인 의미를 가지며, 정신적 논쟁을 그 본질로 하는 헌법상의 자유민주적 국가질서를 구성하는 요소이다.

II. 보호범위

1. 의견의 표명·전파의 자유

표현의 자유가 보장하고자 하는 바는, 누구나 자신이 생각한 바를 자유롭게 표현할 수 있어야 한다는 것, 즉 사고와 견해의 자유로운 표명과 전파이다.[1] 따라서 표현의 자유의 보호법익은 일차적으로 '意見의 表明'이다.

의견표명은 생각할 수 있는 모든 형태로 이루어질 수 있다. 헌법 제21조는 언론과 출판이란 전통적으로 전형적이고 중요한 표현수단을 언급하고 있다. 일반적으로, 언론이라 함은 구두에 의한 표현을, 출판이라 함은 문자 또는 상형에 의한 표현을 말한다. 그러나 언론·출판의 자유는 표현의 자유를 포괄적으로 보장하는 기본권으로서 구두와 인쇄의 수단을 통한 표현에 제한되지 않는다. 헌법이 언급한 표현수단은 단지 예시적인 것일 뿐 열거적인 의미를 가지지 않는다. 따라서 의견을 표명하고 전파하는 모든 수단, 즉 방송, 영화, 음악, 문서, 도화, 사진, 조각 등이 표현의 자유에 의하여 보호된다.[2] 인터넷게시판도 의견을 형성·전파하는 매체로서의 역할을 하므로, 의견의 표명·전파의 형식의 하나로서 표현의 자유에 의하여 보호된다.[3]

가. 의견표명과 사실주장의 구분

의견이란, 모든 사물과 인간에 대하여 평가적인 사고의 과정을 거친 개인의 평가적 가치판단 또는 입장표명으로서, 의견의 경우 발언자와 발언내용과의 주관적 관계가 특징적이다. 반면에, 사실주

---

1) 헌법재판소는 때로는 의사표현·전파의 자유란 표현을 사용하기도 한다. 가령, 헌재 2002. 4. 25. 2001헌가27(청소년이용 음란물), 판례집 14-1, 251, 265 참조.

2) 헌재 2002. 4. 25. 2001헌가27(청소년이용 음란물), 판례집 14-1, 251, 265, "언론·출판의 자유의 내용 중 의사표현·전파의 자유에 있어서 의사표현 또는 전파의 매개체는 어떠한 형태이건 가능하며 그 제한이 없으므로, 담화·연설·토론·연극·방송·음악·영화·가요 등과 문서·소설·시가·도화·사진·조각·서화 등 모든 형상의 의사표현 또는 의사전파의 매개체를 포함한다."

3) 헌재 2010. 2. 25. 2008헌마324 등(인터넷 언론사 실명확인제), 판례집 22-1상, 347, 362.

장의 경우, 무엇인가가 객관적으로 존재하는 것으로서 주장되기 때문에, 발언자의 주관적 견해와는 관계없이 발언의 내용과 객관적인 현실과의 관계가 우선적으로 표현된다. 이에 따라 사실주장은 주장의 진위여부를 객관적인 사실을 근거로 하여 밝힐 수 있는 것으로 진실이거나 허위인 반면에, 의견은 진실 또는 허위인 것이 아니라 가치 있거나 가치 없는 것 또는 합리적이거나 감정적인 것이다.

발언이 의견표명인지 사실주장인지 그 성격에 있어서 불확실한 경우에는 해석을 통하여 확인되어야 한다. 발언이 내용에 있어서 빈약하거나 또는 구체적으로 파악할 수 있는 상황을 내용으로 하고 있는 것이 아니라면, 이는 가치판단이 존재한다는 것을 말하는 것이다.[1] 법질서가 '언론보도에 의한 인격권침해의 방어수단으로서의 반론권'을 사실주장에 대해서만 인정하는 경우, 의견표명과 사실주장의 구분은 특히 그 실질적 의미와 중요성을 가진다.

나. 보호범위

(1) 모든 내용의 의견표명

헌법상 표현의 자유는 의견의 內容이나 質과 관계없이 의견의 표명을 보호한다.[2] 의견의 표명이 타인의 권리를 침해하는지, 공익을 위협하는지 아니면 국가공동체의 기본질서를 문제 삼는지 또는 가치가 있는지의 여부와 관계없이 기본권의 보호를 받는다. 표현의 자유에 의하여 침해되는 법익은 표현의 자유의 보호범위의 차원에서가 아니라 '제한의 헌법적 정당화' 단계에서 고려된다. 즉 보호영역의 단계에서는 의견의 내용에 따른 차별이 이루어지지 않는 것이다. 만일 의견을 그 내용에 따라 표현의 자유의 보호범위에서 배제한다면, 국가는 표현의 내용에 따라 기본권의 보호범위를 결정하는 권한을 가지게 된다. 의견을 도덕적 또는 윤리적 성격에 따라 또는 가치 있는 의견과 가치 없는 의견을 구분하여 아니면 다른 사람에 미치는 영향에 따라 차별하는 것은 기본권적 보장의 포괄적인 보호요청을 현저하게 상대화할 것이다. 따라서 음란물도 표현의 자유에 의하여 보호된다.[3]

(2) 의견표명의 내용이 고려되는 단계

한편, 의견표명의 내용이 표현의 자유가 보장하고자 하는 핵심적 영역에 속하는지의 여부에 따라 표현의 자유와 상충하는 법익과의 교량과정에서 표현의 자유에 대한 보호의 요청을 달리할 수 있다는 것은 보호범위의 확정과는 별개의 문제이다. 표현의 자유를 공익이나 제3자의 기본권과 교량하는 과정에서 표현의 자유의 행사가 개인의 인격발현이나 민주주의의 실현에 대하여 가지는 의미와 중요성이 고려된다.[4] 헌법이 표현의 자유를 보장하고 있는 의미와 목적에 비추어, 표현의 자유가 개인의

---

1) 예컨대, "군인은 살인자이다."라는 발언을 통하여 모든 또는 특정 군인이 살인죄를 범하였다는 사실을 주장하고자 하는 것이 아니라, 군인이 전쟁 상황에서 적군을 살해해야만 하는 사실을 지극히 극적이고 비판적으로 평가한 것이다(BVerfGE 93, 266, 289f.).

2) BVerfGE 30, 336, 347; 90, 241, 247.

3) 이러한 관점에서, 음란물을 표현의 자유의 보호범위에서 제외하는 헌법재판소의 판례(헌재 1998. 4. 30. 95헌가16)는 문제가 있다. 이와는 달리, 헌재 2002. 4. 25. 2001헌가27(청소년이용 음란물) 결정에서는 음란물도 표현의 자유에 의하여 보호되는 의사표현으로 간주하고 있다(판례집 14-1, 251, 265). 음란표현은 언론·출판의 자유의 보호영역에 해당하지 아니한다는 취지로 판시한 선례를 명시적으로 변경한 결정으로 헌재 2009. 5. 28. 2006헌바109(정보통신망을 통한 음란표현), 판례집 21-1하, 545.

4) 언론의 자유와 헌법적으로 보호되는 다른 법익과의 형량에 있어서 "언론이 구체적인 경우 공적인 관심사를 진지하고 객관적으로 논의하는지. 이로써 대중의 알권리를 충족시키고 여론의 형성에 기여하는지 아니면 언론이 단지 피상적인 즐거움을 찾고자 하는 일부 독자층의 욕구와 호기심을 충족시키는지의 상황이 고려되어야 한다."(BVerfGE 34, 269[283] - 이란의 '소라야' 왕비에 관한 날조된 인터뷰).

인격발현에 있어서 가지는 의미가 중대할수록 또는 공적인 여론형성에 기여하는 의미가 중대할수록, 다른 법익과의 충돌상황에서 보다 보호될 것을 요청하고 있다. 의견표명이 개인의 인격발현에 기여한다는 개인연관성도 적으면서 공적 토론이나 여론형성에 기여하는 공적 연관성도 없는 경우에는, 가령 단지 대중의 호기심을 충족시키는 선정성의 보도나 사생활을 폭로하는 기사의 경우, 표현의 자유의 보호영역 중에서 단지 주변영역이 제한되는 것이므로, 다른 법익과의 충돌상황에서 표현의 자유는 보다 적게 보호된다.

(3) 소극적 표현의 자유

> **사례** │ 헌재 2004. 1. 29. 2001헌마894(청소년유해매체물의 표시의무 부과 사건)
>
> 甲은 '엑스존'이라는 동성애관련 웹사이트를 개설하여 운용하여 왔는데, 정보통신윤리위원회는 엑스존을 청소년유해매체물로 결정하였고, 청소년보호위원회는 엑스존을 청소년유해매체물로 고시하였다. 그 후 정보통신위원회는 甲에게 '정보통신망 이용촉진 및 정보보호 등에 관한 법률' 및 동법 시행령에 따라 "19세 미만의 자는 이용할 수 없다."는 취지를 표시하고, 동법 시행령 및 정보통신부고시에 따라 "청소년유해매체물 필터링 소프트웨어가 인식할 수 있도록 전자적 표시를 해야 한다."고 통보하였다. 이에 甲은 위 법령들이 표현의 자유를 침해한다고 주장하여 헌법소원심판을 청구하였다.

표현의 자유는 국가의 간섭이나 방해를 받지 않고 자신의 의견을 표명하고 전파할 자유뿐만 아니라 자신의 의견을 표명하지 아니할 자유도 보장한다(소위 '소극적 표현의 자유'). 따라서 국가가 특정한 의견을 표명하는 것을 금지하는 경우뿐만 아니라 특정한 의견을 표명해야 할 의무를 부과하는 경우에도 표현의 자유가 제한될 수 있다.

한편, 소극적 표현의 자유는 '자신의 의견'을 표명하지 아니할 자유를 보호하므로, 국가에 의하여 부과되는 표시의무의 대상이 '자신의 의견'이 아니라 '타인의 의견'이라는 것이 명백하다면, 타인의 의견을 표시하도록 강요받는 경우에는 제한되는 기본권으로서 표현의 자유가 아니라 일반적 행동의 자유가 고려된다. 가령, 담배 등 상품포장에 경고 문구를 표기해야 할 의무가 기업에게 부과되는 경우[1] 또는 청소년유해매체물로 표시해야 할 의무가 부과되는 경우, 자신의 의견이 아니라 국가가 제시한 의견을 표시하도록 강요하는 것이므로, 국가가 법적 의무를 부과하는 경우 문제되는 기본권인 '일반적 행동의 자유'가 제한된다. 이러한 관점에서, 표현의 자유가 제한되는 것으로 판시한 위 헌법재판소결정은 문제가 있다.[2]

---

1) Vgl. BVerfGE 95, 173, 182, 독일연방헌법재판소는 그 경고 문구에서 타인 견해의 표명이라는 것이 명백하게 인식될 수 있다면, 소극적 표현의 자유는 제한되지 않는다고 한다.

2) 헌재 2004. 1. 29. 2001헌마894(청소년유해매체물의 표시의무 부과), 판례집 16-1, 114, 115, "청소년유해매체물로 결정된 매체물 혹은 인터넷 정보라 하더라도 이들은 의사형성적 작용을 하는 의사의 표현·전파의 형식 중의 하나이므로 언론·출판의 자유에 의하여 보호되는 의사표현의 매개체에 해당된다. 그런데 이 사건 고시는 청소년유해매체물에 해당된 인터넷 정보제공자에 대하여 전자적 표시를 하도록 요구하고 있어 표현의 자유를 제한하는 것이므로, 그러한 제한이 헌법 제37조 제2항에서 인정되는 과잉금지의 원칙에 위배되는지가 문제된다."

(4) 익명표현의 자유

甲은 인터넷 사이트인 '유튜브' 등의 게시판에 익명으로 댓글 등을 게시하려고 하였으나, 위 게시판의 운영자가 게시자 본인임을 확인하는 절차를 거쳐야만 게시판에 댓글 등을 게시할 수 있도록 조치를 함으로써 댓글 등을 게시할 수 없었다. 이에 甲은 인터넷게시판을 운영하는 정보통신서비스 제공자에게 게시판 이용자가 본인임을 확인할 조치를 취할 의무를 부과하고 있는 '정보통신망 이용촉진 및 정보보호 등에 관한 법률' 조항이 표현의 자유 등을 침해한다고 주장하면서 헌법소원심판을 청구하였다.

의견의 표명·전파의 자유에는 자신의 신원을 누구에게도 밝히지 아니한 채 익명 또는 가명으로 자신의 사상이나 견해를 표명하고 전파할 익명표현의 자유도 포함된다.[1] 따라서 인터넷 게시판에 글을 게시하는 경우 본인확인 또는 실명확인을 거치도록 하는 '본인확인제'는 게시판 이용자의 익명표현의 자유 및 개인정보의 이용과 보관에 관하여 스스로 결정할 권리인 개인정보자기결정권을 제한한다.[2]

헌법재판소는 인터넷게시판을 설치·운영하는 '정보통신서비스 제공자'에게 본인확인조치의무를 부과하여 게시판 이용자로 하여금 본인확인절차를 거쳐야만 게시판을 이용할 수 있도록 하는 본인확인제를 규정한 법률조항에 대하여 게시판 이용자의 표현의 자유와 개인정보자기결정권을 침해한다고 판단하였다.[3] 한편, '공공기관'으로 하여금 정보통신망 상에 게시판을 설치·운영하려면 게시판 이용자의 본인확인조치를 하도록 규정한 법률조항에 대하여, 헌법재판소는 '위와 같은 게시판의 경우 누구나 이용할 수 있는 공간이므로 공공기관이 아닌 주체가 설치·운영하는 게시판에 비하여 공동체 구성원으로서의 책임이 더욱 강하게 요구된다'는 이유로 게시판 이용자의 익명표현의 자유를 침해하지 않는다고 판단하였다.[4]

다. 상업광고

안과의사인 甲은 자신의 인터넷 홈페이지에 자신의 진료모습이 담긴 사진과 함께 외국에서 연수한

---

1) 헌재 2010. 2. 25. 2008헌마324 등(인터넷 언론사 실명확인제), 판례집 22-1상, 347, 363.
2) 헌재 2012. 8. 23. 2010헌마47(인터넷 게시판 본인확인제), 판례집 24-2상, 590, 602.
3) 헌재 2012. 8. 23. 2010헌마47(인터넷 게시판 본인확인제), 판례집 24-2상, 590, "이 사건 법령조항들이 표방하는 건전한 인터넷 문화의 조성 등 입법목적은, 인터넷 주소 등의 추적 및 확인, 당해 정보의 삭제·임시조치, 손해배상, 형사처벌 등 인터넷 이용자의 표현의 자유나 개인정보자기결정권을 제약하지 않는 다른 수단에 의해서도 충분히 달성할 수 있음에도, 인터넷의 특성을 고려하지 아니한 채 본인확인제의 적용범위를 광범위하게 정하여 법집행자에게 자의적인 집행의 여지를 부여하고, 목적달성에 필요한 범위를 넘는 과도한 기본권 제한을 하고 있으므로 침해의 최소성이 인정되지 아니한다."; 또한, 헌재 2021. 1. 28. 2018헌마456 등(인터넷 언론사 실명확인제), 인터넷언론사에 대하여 선거운동기간 중 게시판·대화방 등에 정당·후보자에 대한 지지·반대의 글을 게시할 수 있도록 하는 경우 실명을 확인받도록 하는 조치를 취해야 할 의무를 부과한 공직선거법조항의 위헌여부에 대하여, 실명확인제가 선거의 공정성이란 입법목적을 실현하기 위하여 개인의 익명표현의 자유와 개인정보자기결정권 및 언론사의 언론의 자유를 과잉으로 제한한다는 이유로 위헌으로 판단하였다.
4) 헌재 2022. 12. 22. 2019헌마654(공공기관 등 게시판 본인확인제).

약력, 라식수술에 대한 진료방법을 게재하는 등 광고를 하였다는 이유로 기소되어 재판을 받던 중 특정의료기관이나 특정의료인의 기능·진료방법 등에 관하여 광고를 하지 못하도록 규정한 의료법규정에 대하여 위헌여부심판의 제청신청을 하였다.

상품이나 용역의 잠재적인 구매자나 고객으로 하여금 구매하도록 유도하는 것을 목적으로 하는 상업광고도 표현의 자유에 의하여 보호를 받는다. 정치적인 영역이나 문화적인 영역에서 뿐만 아니라 경제적인 영역에서도, 자유로운 의사소통을 목적으로 하는 표현의 자유에 의하여 개인의 행위가 보호되는지의 여부는 개인이 어느 정도로 공익적인 목적 또는 이기적인 목적을 추구하는지에 달려있을 수 없다. 영리를 목적으로 하는 행위라는 이유로 상업적 광고를 보호범위에서 배제하는 것은, '국가가 의견표명을 그 동기·대상·내용이나 형태에 따라 평가해서는 안 된다는 요청'에 반하는 것이다.

따라서 상업적인 광고도 평가적·의견형성적 내용을 담고 있거나 의견형성에 기여하는 사실을 전달하는 이상, 의견을 표명하는 것으로서 보호되어야 한다.[1) 상업광고의 표현이 전형적으로 객관적인 주장과 평가적인 주장이 혼합되는 형태로 나타나기 때문에 이러한 요건은 일반적으로 충족된다. 한편, 경제적 이익 또는 사적인 경쟁상의 이익이 의견표명의 바탕을 이루고 있다는 점을 표현의 자유와 상충하는 법익과의 교량과정에서 고려할 수 있는지의 여부는 이와는 별개의 문제이다. 요컨대, 상업광고도 표현의 자유에 의하여 보호되지만, 의견표명의 내용과 동기, 목적의 관점에서 보다 광범위하게 제한될 수 있다.[2)

라. 不買運動

사례 | 헌재 2011. 12. 29. 2010헌바54(광고중단 압박운동 사건)

甲은 광우병 파동으로 시작된 촛불집회에 대하여 부정적으로 보도하는 조선·중앙·동아일보(이하 '조중동')의 보도 논조에 불만을 품고 2008년 인터넷 포털사이트 內 카페인 '조중동 폐간 국민캠페인'을 중심으로 위 카페회원들에게 집단적으로 전화걸기를 하도록 정보를 게시하고 활동을 권유하며 본인도 전화걸기에 직접 참여하는 등의 방식으로 조중동 광고주들에 대한 광고중단 압박운동을 전개하였다. 이에 甲은 조중동 3개 신문사와 조중동에 광고를 실어 오던 8개 광고주들에 대한 업무방해의 혐의로 기소되었고, 위 사건이 항소심에 계속중 허위사실을 유포하거나 기타 위계 또는 위력으로써 사람의 업무를 방해한 자를 처벌하도록 규정하는 형법 제314조 제1항(업무방해죄)에 대하여 위헌법률심판제청신청을 하였으나 기각되자, 헌법소원심판을 청구하였다.[3) 광고중단 압박운동을 전개한 '광고주 압박

---

1) 헌재 2002. 12. 18. 2000헌마764(교통수단이용 광고제한), 판례집 14-2, 856, 867, "광고가 단순히 상업적인 상품이나 서비스에 관한 사실을 알리는 경우에도 그 내용이 공익을 포함하는 때에는 헌법 제21조의 표현의 자유에 의하여 보호된다. … 광고물도 사상·지식·정보 등을 불특정다수인에게 전파하는 것으로서 언론·출판의 자유에 의한 보호를 받는 대상이 됨은 물론이다."; 또한, 헌재 2000. 3. 30. 97헌마108(의약품으로 혼동할 우려가 있는 식품광고 금지), 판례집 12-1, 375, 390.
2) 아래 제3항 '제한' Ⅱ. 1. 다. 참조.
3) 헌법재판소는 위 결정에서 '업무방해죄조항을 소비자들이 집단적으로 벌이는 소비자불매운동에 적용하더라도 헌법이 소비자보호운동을 보장하는 취지에 반하지 않으므로, 헌법에 위반되지 아니한다'고 판단하였다. "소비자불매운동은 모든 경우에 있어서 그 정당성이 인정될 수는 없고, 헌법이나 법률의 규정에 비추어 정당하다고 평가되는 범위에 해당하는 경우에만 형사책임이나 민사책임이 면제된다고 할 수 있다. 우선, ⅰ) 객관적으로 진실한 사실을 기

카페운영자'의 행위는 표현의 자유에 의하여 보호되는가?

(1) 표현의 자유의 보호범위로서 타인의 의견형성에 대한 영향력행사

의견표명이란 외부세계에 대하여 정신적으로 작용한다는 것, 즉 정신적 영향력을 행사한다는 것을 의미한다. 의견표명은 그 자체로서 목적이 아니라 그 본질상 외부세계에 정신적으로 작용하는 것을 목적으로 한다. 일반적으로 의견표명의 목적이 자신의 견해를 표명함으로써 타인의 의견형성에 영향을 미치고 자기 의견의 우월함과 장점에 관하여 상대방을 설득시키고자 하는 것이므로, 의견표명을 통하여 외부세계에 정신적으로 작용하고자 하는 것도 당연히 함께 보호된다.

그러나 표현의 자유에 의하여 보호되는 행위는 논리의 설득력을 근거로 하여 자신의 견해를 관철하고자 하는 표현행위에 제한된다. 따라서 논리를 제시하여 자신의 견해에 동조하도록 타인을 설득하는 것에 그치지 아니하고, 타인이 자유로운 상태에서 자신의 의견을 형성할 수 있는 가능성을 제한하거나 배제하는 압력수단을 사용하는 것은 표현의 자유에 의하여 보호되지 않는다.[1] 표현의 자유는 자신의 의견을 타인에게 강요하는 행위를 보호하지 않는다. 표현의 자유는 의견의 표명을 단지 '의견 간의 정신적인 투쟁'의 수단으로서 보호하며, 이로써 평화적인 방법에 의한 의견표명만을 보호한다.

(2) 불매운동이 표현의 자유에 의하여 보호되는지의 문제

(가) 의견표명으로서 불매운동

이러한 관점에서 볼 때, 불매(거부)운동에 동참할 것을 호소하는 행위도 거부하는 상품이나 인물에 대한 부정적 평가와 가치판단을 담고 있으므로 '의견표명'의 성격을 가진다. 불매운동의 호소는 그 목적과 관계없이, 즉, 불매운동의 호소가 사적인 경쟁상의 이익을 추구하기 위한 수단으로 사용되었는지 아니면 경쟁의 목적이 없는 이타적인 것인지에 관계없이 일단 표현의 자유에 의하여 보호된다. 불매운동을 호소하는 이유와 동기는 법익형량과정에서 고려되어야 하는 문제이기 때문이다.

(나) 불매운동의 목적과 동기에 따른 기본권보호의 정도

경쟁의 목적이 없는 불매운동뿐만 아니라 경쟁의 목적을 가진 불매운동도 표현의 자유에 의하여 보호되지만, 불매운동의 목적과 동기는 법익형량과정에서 고려될 수 있다. 불매운동이 단지 경제적인 경쟁의 이익을 추구하기 위해서가 아니라 일반국민과 본질적으로 관련되는 문제에서 사회의 정신적 논쟁을 촉발하는 수단으로서 사용된다면, 불매운동을 호소하는 사람의 표현의 자유는 보다 강한 헌법적 보호를 요청한다.[2] 이에 대하여, 불매운동의 호소가 단지 특정 경쟁자의 경제적 이익을 침해

초로 행해져야 하고, ⅱ) 소비자불매운동에 참여하는 소비자의 의사결정의 자유가 보장되어야 하며, ⅲ) 불매운동을 하는 과정에서 폭행, 협박, 기물파손 등 위법한 수단이 동원되지 않아야 하고, ⅳ) 특히 물품등의 공급자나 사업자 이외의 제3자를 상대로 불매운동을 벌일 경우 그 경위나 과정에서 제3자의 영업의 자유 등 권리를 부당하게 침해하지 않을 것이 요구된다.";"헌법이 보장하는 소비자보호운동에도 위에서 본 바와 같은 헌법적 허용한계가 분명히 존재하는 이상, 헌법과 법률이 보장하고 있는 한계를 넘어선 소비자불매운동 역시 정당성을 결여한 것으로서 정당행위 기타 다른 이유로 위법성이 조각되지 않는 한 업무방해죄로 형사처벌할 수 있다고 할 것이다."

1) Vgl. BVerfGE 25, 256, 265(Blinkfüer-Beschuß).
2) 가령, 독일연방헌법재판소의 'Lüth 결정'의 사실관계가 그 예가 될 수 있다. Lüth는 나치정권 당시 反유태인적 선전영화를 감독한 V. Harlan을 공적으로 비판하면서, 영화배급사, 극장주 및 관객에게 그의 영화를 배급·상영·관람하지 말 것을 호소하였다(BVerfGE 7, 198). 이에 영화배급사는 Lüth를 상대로 손해배상청구소송을 제기하였고 민사법원은 청구를 인용하는 판결을 하였다. Lüth가 법원의 판결에 대하여 제기한 헌법소원에서, 연방헌법재판소는 처음으로 자유권의 이중적 성격, 즉 객관적 가치질서로서 자유권의 성격을 언급함으로써 민사법원이 불법행위여부

하는 데 기여하고 오로지 사적인 경쟁상의 이익을 촉진하는 데 사용된다면, 불매운동을 호소하는 사람의 표현의 자유는 헌법적 보호를 크게 요청할 수 없을 것이다.

(3) 불매운동의 헌법적 한계

불매운동을 위하여 사용하는 수단은 헌법적으로 허용되는 것이어야 한다. 자신이 주장하고 관철하고자 하는 불매(거부)운동의 타당성을 설득시킴으로써 일반대중의 의견형성에 영향력을 행사하고 이로써 타인의 동참을 구하고자 하는 범위 내에서, 불매운동은 표현의 자유에 의한 보호를 받는다.

그러나 불매운동이 논리의 설득력과 정신적 논쟁에 제한하지 아니하고, 이를 넘어서 일반대중이 자유롭게 결정을 내릴 수 있는 가능성을 제한하는 수단을 사용한다면, 이러한 불매운동은 의견표명의 자유에 의하여 보호되지 않는다. 가령, 일반대중을 불매운동에 동참케 하고자 불매운동의 과정에서 경제적인 압력 등 부당한 압력이 행사된다면, 이러한 압력행사는 타인의 자유로운 의견형성의 가능성을 현저하게 제한하는 수단으로서 표현의 자유에 의하여 보호되는 의견표명에 해당하지 않는다.[1] 이러한 부당한 압력의 행사는 타인에게 자신의 의견을 강요하는 것으로 '의견형성과정에 참여하는 기회의 균등'에 위반되고, 궁극적으로는 다양한 의견 사이의 정신적 투쟁을 보장하고자 하는 표현의 자유의 의미와 본질에 반하는 것이다.[2] 따라서 특정 신문에 대한 불매운동을 벌이면서, 신문의 광고주에게 광고를 중단할 것을 강요하고 협박하는 행위는 표현의 자유에 의하여 보호되지 않는다.[3]

헌법재판소는 '광고중단 압박운동 사건'에서 '소비자불매운동에 참여하는 소비자의 의사결정의 자유가 보장되어야 하고 불매운동을 하는 과정에서 폭행, 협박 등 부당한 수단이 동원되어서는 안 된다는 헌법적 한계가 있기 때문에, 이러한 헌법적 한계를 넘은 소비자불매운동은 업무방해죄로 형사처벌할 수 있다'고 판시하였다.

마. 인간존엄성을 침해하거나 타인을 전적으로 비하하고 비방하는 발언

타인의 명예를 훼손하는 발언도 표현의 자유에 의하여 보호된다. 그러나 발언이 인간의 존엄성을 침해하거나 또는 전적으로 타인의 비방을 목적으로 하는 경우, 법익형량과정에서 인격권의 보호가 표현의 자유에 대하여 우위를 차지한다. 발언이 사안에 관한 논쟁을 위한 것이 아니라 전적으로 개인의 비하에 그치는 경우, 이러한 발언은 다양한 견해의 자유로운 경합과 공적 토론을 위한 것이 아니라, 개인을 비하함으로써 상대방을 공적 토론에서 배제하려는 것을 목적으로 한다. 즉, 상대방의 비하를 통하여 그의 명예를 손상시키고 그의 견해가 사회적으로 정당한 평가를 받을 기반을 박탈함으로써 다른 견해를 가진 사람을 공적 토론의 장과 자유로운 의견교환과정에서 추방하고자 하는 것이다. 따라서 이러한 유형의 표현행위는 공적 토론과 이를 통한 진리발견에 기여하는 바가 전혀 없으므로, 공공의 이익을 위한 것으로 인정될 여지가 없고, 이에 따라 원칙적으로 표현의 자유가 제한

를 판단함에 있어서 표현의 자유가 불법행위조항에 미치는 영향을 고려해야 한다고 판시하여 법원의 판결을 파기환송하였다.

1) 가령, 독일연방헌법재판소의 'Blinkfüer 결정'의 사실관계가 그 예가 될 수 있다. Springer 출판사를 비롯한 몇 출판사가 함부르크의 신문판매상에게 동독의 방송 프로그램을 게재하는 주간지 "Blinkfüer" 같은 잡지의 불매운동에 동참할 것을 호소하면서, 불매운동에 동참하지 않는 경우에는 거래관계를 중단할 것이라고 위협하였다(BVerfGE 25, 256).
2) Vgl. BVerfGE 25, 256, 263ff.(Blinkfüer).
3) 가령, 특정 신문에 광고를 낸 광고주의 명단을 인터넷 카페에 올려 네티즌들로 하여금 광고를 중단할 것을 압박하는 전화를 조직적으로 걸도록 유도하여 업무를 방해하도록 하는 소위 '광고중단 압박운동'을 주도한 '광고주압박 카페운영자'의 행위는 표현의 자유에 의하여 보호되는 범위를 벗어난 것이다.

되어야 한다.

2. 사실주장

한편, 표현의 자유의 보호범위와 관련하여, 사실의 주장이나 전달이 표현의 자유에 의하여 보호되는지의 여부 및 보호된다면 어느 정도로 보호되는지의 문제가 제기된다.[1]

가. 보장내용

전달되는 사실의 선별과 제시에는, 즉 사실을 전달함에 있어서 어떠한 것은 상세하게 전달하거나 강조하고 어떠한 것은 중요하지 않은 것으로 생략하는 것에는 일반적으로 이미 평가적 입장표명이 존재한다. 수많은 사실 중에서 특정 사실을 언급한다는 것은 특정 사실의 선별을 의미하고, 이로써 사실을 주장하는 자의 판단과 평가가 전제된다는 점에서 사실주장을 통해서도 개인의 견해가 표명된다고 볼 수 있다.[2]

또한, 사실의 전달이 의견형성의 조건에 해당하는 경우, 사실전달은 표현의 자유의 보호범위에 속한다. 의견은 현실과 아무런 관계없이 표명되는 것이 아니라 판단·평가의 대상이나 근거가 되는 현실과 연관된다. 의견은 사실을 대상으로 삼는 등 사실과 연관되고, 사실은 견해를 뒷받침하거나 반박하는 수단으로 사용된다. 즉, 의견표명이나 사실주장이 보통 각각 순수한 형태로 이루어지는 것이 아니라, 하나의 발언에 있어서 주관적인 평가적 요소와 사실적 요소가 혼합되는 것이 일반적이다. 그러므로 발언이 의미의 변질 없이는 의견표명과 사실주장의 분리가 불가능하다면, 발언은 그 전체로서 의견표명으로 판단되어야 하고, 기본권의 보호범위에 포함되어야 한다. 이로써 사실주장은 그 자체로서 표현의 자유의 보호를 받는 것이 아니라, 의견과의 연관관계를 통하여, 즉 의견형성에 기여하는 한, 기본권의 보호를 받는다. 그러므로 통계조사에 응하여 단순히 사실을 진술하는 행위는 의견형성에 기여하지 않는 순수한 사실전달로서 표현행위라 할 수 없다.

나. 허위사실 등

의견표명에 있어서 견해의 타당성 또는 부당성을 구분하지 아니하고 오로지 평가의 주관성 자체를 보호하는 반면, 객관적으로 명백하게 입증된 허위사실의 주장은 표현의 자유의 보호범위에 속하지 않는다.[3] 사실주장은 의견형성에 기여하는 한 표현의 자유에 의한 보호를 받으며 허위사실은 의견형성에 기여할 수 없다는 점에서, 표현의 자유는 진실이 아닌 사실주장이나 사실전달을 보호하지 않는다. 설사, 허위사실을 표현의 자유에 포함시킨다 하더라도, 법익형량의 과정에서 충돌하는 다른 법익에 원칙적인 우위가 인정된다.[4] 그러나 사실주장의 진실성과 관련하여 그 정확성이 지나치게 엄격하게 요구되어서는 안 되며, 전체적으로 보도내용이 진실이라면 사소한 부정확함은 문제가 되지

---

1) 학계의 다수견해도 표현의 자유는 가치판단에 따른 표현뿐만 아니라 사실보도도 포함하는 것으로 보고 있다.

2) BVerfGE 12, 205, 260, 방송 프로그램의 경우 보도사실의 선정과 구체적인 형성도 평가적 요소를 담고 있다고 판시하였다.

3) 그러나 헌재 2010. 12. 28. 2008헌바157 등(허위통신의 형사처벌) 결정에서 재판관 5인의 보충의견은 객관적으로 명백한 허위사실도 표현의 자유에 의하여 보호된다는 견해를 밝히고 있다.

4) 헌재 2021. 2. 25. 2018헌바223(공직선거법상 허위사실공표금지); 헌재 2023. 7. 20. 2022헌바299; 헌재 2024. 6. 27. 2023헌바78, "허위사실공표금지조항은 선거의 공정성을 보장하기 위한 것으로 금지되는 행위의 유형이 제한되고 다른 대안을 상정하기도 어려우므로, 정치적 표현의 자유를 침해한다고 볼 수도 없다."

않는다.[1]

한편, 제3자의 내밀영역에 관한 보도는 그것이 진실이라 하더라도 이를 보도해야 할 정당한 이익이 없다. 공적으로 관심이 있는 영역이라도, 표현의 자유는 범죄인의 사회복귀의 관점 등에서 예외적으로 양보해야 하는 경우가 있다.[2]

제 2 항 言論(報道)의 자유(신문·방송의 자유)

Ⅰ. 일반이론

1. 언론기관시설 · 기능 法定主義

언론(보도)의 자유는 신문·잡지·방송 등 대중언론매체의 자유를 말한다. 헌법은 제21조 제3항에서 "통신·방송의 시설기준과 신문의 기능을 보장하기 위하여 필요한 사항은 법률로 정한다."고 하여 언론기관의 시설과 기능에 관한 법정주의를 규정하고 있다. 이로써, 헌법은, 입법자가 언론의 기능을 확보하기 위하여 언론의 영역을 규율하거나 구체적으로 형성해야 한다는 것을 밝히고 있다.[3] 이에 따라 입법자는 '신문 등의 진흥에 관한 법률'(과거 '정기간행물의 등록 등에 관한 법률', '신문 등의 자유와 기능보장에 관한 법률'), '방송법' 및 '뉴스통신진흥에 관한 법률'을 제정하여, 언론기관의 설립에 있어서 정기간행물의 등록제, 방송의 허가제, 신문과 방송의 겸영금지, 뉴스통신의 허가제 등 일정한 제한규정을 두고 있다. 신문·방송·통신의 겸영금지는 언론기관의 독과점으로 인하여 언론의 다양성이 저해되고 여론형성이 왜곡되는 것을 방지하고자 하는 입법조치이다.[4]

2. 민주국가에서 '대중매체'의 영향력

대중매체란 정기간행물을 비롯한 인쇄(출판)매체와 방송매체(라디오 및 TV)를 말한다. 오늘날 언론보도의 자유가 보장된 사회에서 대중매체가 강력한 권력을 가지고 있다는 것은 모든 민주국가에서 확인할 수 있는 공통적 현상이다. 언론매체가 여론의 형성에 있어서 결정적인 영향력을 행사한다는 것에 바로 '대중매체(언론)의 권력화 현상'이 있다. 오늘날 언론매체는 정당과 함께 국민과 국가 사이

---

1) 헌재 1999. 6. 24. 97헌마265(김일성 애도편지), 판례집 11-1, 768, "신속한 보도를 생명으로 하는 신문의 속성상 허위를 진실한 것으로 믿고서 한 명예훼손적 표현에 정당성을 인정할 수 있거나, 중요한 내용이 아닌 사소한 부분에 대한 허위보도는 모두 형사제재의 위협으로부터 자유로워야 한다. … 그러나 허위라는 것을 알거나 진실이라고 믿을 수 있는 정당한 이유가 없는데도 진위를 알아보지 않고 게재한 허위보도에 대하여는 면책을 주장할 수 없다."; 헌재 2021. 2. 25. 2018헌바223(공직선거법상 허위사실공표금지); 헌재 2023. 7. 20. 2022헌바299, "공표된 사실의 전체 취지를 살펴 중요한 부분이 객관적 사실과 합치되면 세부에 있어서 진실과 약간 차이가 나거나 다소 과장되더라도 이를 허위의 사실로 볼 수 없다."; vgl. BVerfGE 60, 234, 242(Kredithaie).
2) Vgl. BVerfGE 35, 202(Lebach), 방송사가 보도하려는 것이 사실임에도 불구하고, 당사자의 출옥이 임박한 시점에서 실화 드라마의 방영을 범죄인의 사회복귀의 관점에서 금지하였다. 만일 실화 드라마가 범행 후 얼마 안되어 방영되는 경우에는 법익교량의 결과가 달랐을 것이다.
3) 헌재 2006. 6. 29. 2005헌마165 등(신문법), 판례집 18-1하, 337, 385, "통신·방송의 시설기준 법정주의와 나란히 신문기능 법정주의를 정한 것은 우리 헌법이 방송뿐만 아니라 신문에 대하여도 그 공적 기능의 보장을 위한 입법형성, 즉 입법적 규율의 가능성을 예정하고 있음을 의미한다."
4) 헌재 2006. 6. 29. 2005헌마165 등(신문법), 판례집 18-1하, 337, 386, "신문법 제15조가 규율하는 겸영금지나 소유제한은 신문시장의 건전한 경쟁과 신문의 다양성 제고를 위한 경제적 차원의 독과점 방지를 일차적이고 직접적인 목적으로 하는 것이지 신문의 내용에 대한 규제를 직접적인 목적으로 하고 있지 않기 때문이다."

에서 정치적 의사형성과정을 지배하는 세력으로서 개입하여 여론형성을 주도하고 있다.

언론매체에서 논의되고 다루어지는 주제가 일차적으로 공적인 관심과 공적 토론의 대상이 된다는 점에서, 언론매체의 영향력은 공적으로 논의되어야 할 '주제의 선별'에서부터 시작된다. 따라서 자신 또는 자신이 공적 논의에 붙이고 싶은 주제를 공론화하려는 자는 언론의 주목을 받아야 한다. 나아가, 언론매체는 논의되는 주제에 관하여 제공되는 '정보의 선별'을 통하여 영향력을 행사한다. 일반국민은 언론이 선별하여 제공하는 정보를 일방적으로 받아들이는 수동적인 정보소비자의 역할을 벗어나기 어렵다. 한마디로, 언론은 막대한 전파력을 가지는 강력한 공표수단을 보유함으로써 여론을 형성하고 조종할 수 있는 힘을 가지고 있다. 대중매체가 그의 권력을 남용하는 경우 나타나는 결과는 바로 여론의 조작이다.

국가는 사상과 견해의 다양성을 유지하고 보장하기 위하여 언론의 영역을 법적으로 규율함으로써 대중매체에 의한 여론 조작에 대처해야 한다. 한편, 언론매체의 특성 또는 출판과 방송의 영역에 내재하는 구조적 기본조건에 따라, 여론 조작에 대한 법적인 대응책, 즉 규제의 법리도 달라진다. 아래에서는 국가가 출판과 방송의 영역에서 각 어떠한 법적 대응책을 채택하고 있는지에 관하여 살펴보기로 한다.

II. 出版의 自由

사례 헌재 2006. 6. 29. 2005헌마165 등(신문법 사건)

국회는 2005. 1. 27. 종전의 정기간행물등에관한법률을 '신문등의자유와기능보장에관한법률'(이하 '신문법')로 변경하면서 전문 개정·공포하였고, 같은 날 '언론중재및피해구제등에관한법률'(이하 '언론중재법')도 제정·공포하였다. 신문법 제15조 제2항은 일간신문이 뉴스통신이나 방송사업을 겸영하는 것을 금지하고 있고, 동법 제15조 제3항은 일간신문의 지배주주는 다른 일간신문 또는 뉴스통신을 경영하는 법인이 발행한 주식 또는 지분의 2분의 1 이상을 취득 또는 소유할 수 없도록 규정하고 있다. 신문법 제17조는 일간신문을 경영하는 신문사 중 1개 사업자의 시장점유율이 전년 12개월 평균 전국 발행부수의 100분의 30 이상이거나 3개 이하 사업자의 시장점유율의 합계가 전년 12개월 평균 전국 발행부수의 100분의 60 이상인 자를 시장지배적 사업자로 추정하도록 규정하고 있고, 신문법 제34조 제2항 제2호는 제17조의 시장지배적 사업자를 신문발전기금의 지원 대상에서 배제하고 있다. 일간신문을 발행하는 법인인 신문사들은 위 신문법조항들이 신문사의 기본권을 침해한다고 주장하며 헌법소원심판을 청구하였다.

1. 기본구조

가. 인쇄·출판매체의 특성과 外部的 多元主義

출판의 자유는 19세기 활자 또는 유형적인 형태에 의한 의견표명을 보호하는 기본권, 즉 의사표현의 자유의 일부분으로서 발생하였다. 누구나 자신의 견해를 구두로 자유롭게 표현할 수 있는 것과 마찬가지로, 누구나 인쇄매체를 통하여 자신의 의견을 자유롭게 표명할 수 있다는 사실적 가능성이 출판의 자유의 출발점이다. 출판의 자유를 행사하기 위하여 개인은 국가의 조력을 필요로 하지 않으며 누구나 자력으로 출판의 자유를 행사할 수 있으므로, 국가는 출판의 영역에 간섭하거나 구조적으로 형성하고자 시도할 필요가 없다.

출판의 영역에서 견해의 다양성은 다양한 성격을 가진 다수 출판물의 자유경쟁, 즉 '다양한 목소리의 합주(合奏)'에 의하여 보장된다(소위 '外部的 多元主義'). 인쇄매체의 경우, 국가의 관여나 도움이 없더라도 다양한 견해의 자유로운 경쟁이 확보되어 소위 '사상의 자유시장'이 형성될 수 있는 것이다. 출판의 자유는 정치적인 좌익성향부터 우익성향까지 모든 경향을 포함하고, 사회의 모든 중요한 견해가 표현되는 것을 보장한다. 그러므로 경향성(傾向性)을 가진 편향적인 출판물도 기본권의 보호를 받는다. 출판물의 경향성은 '다양한 목소리의 합주'가 기능하기 위한 당연한 전제이다. 따라서 어떠한 신문도 정치적·세계관적·종교적으로 중립적인 입장을 취해야 할 의무가 없다.[1]

인쇄매체를 통하여 사회에 존재하는 다양한 견해가 표현되고 전달됨으로써 견해의 다양성과 자유로운 경합이 보장되는 경우, 여론은 조작될 수 없다고 본다. 모든 견해가 표현될 수 있고 관철될 수 있는 기회를 가진다면 민주국가에서 이상적인 것으로 전제된 '견해의 자유경쟁'이 보장된다. 일방적인 견해나 여론의 조작은 다양한 견해의 경쟁 속에서 다른 견해에 의하여 수정되고 제거됨으로써 스스로 정화된다. 이러한 淨化的 競爭을 위하여 필요한 견해의 다양성이 존재하지 않는 경우에만, 예컨대 신문의 폐간으로 인하여 경쟁자가 현저히 감소한다든지 아니면 신문마다 의견의 차이가 없기 때문에 특정인이나 특정 사건에 대한 추적·박해의 분위기가 조성된다든지 하는 경우에만, 이러한 구조는 위험하다.

출판의 경우, 견해의 다양성은 '다양한 목소리의 합주'로부터 스스로 나오는 것으로서, 출판매체의 수가 감소한다는 사실을 제외하고는, 원칙적으로 국가의 도움을 필요로 하지 않는다. 출판의 영역에서 다양한 견해의 자유로운 경합이 이루어지는 이상, 국가가 '자유언론'을 실현하기 위하여 출판의 영역에 개입할 권한이 인정되지 않는다. 따라서 국가의 개입은 출판의 영역에서 다양성의 보장과 유지라는 입법목적에 의하여 정당화되어야 한다.[2]

나. 사상의 자유로운 경합을 위한 기본조건

여론 조작에 대한 보호가 이루어지기 위해서는 다양한 견해의 자유로운 경쟁을 통한 사상의 자유시장이 확보되어야 한다. 이를 실현하기 위하여 불가결한 조건은 다음과 같다.

---

1) 헌재 2006. 6. 29. 2005헌마165 등(신문법), 판례집 18-1하, 337, 386, "청구인들은 방송과 달리 신문의 경우에 다양성 보장은 국가의 간섭으로부터 자유로운 다수의 신문들이 그 논조와 경향으로써 자유로이 경쟁하는 가운데 저절로 보장되는 것이므로, 신문의 다양성 보장을 명분으로 국가가 개입하는 것 자체가 위헌이라고 주장한다. 그러나 신문기업의 경향보호라는 것을 청구인들이 주장하는 바대로 이해한다 하더라도, 신문의 독과점 또는 집중화현상과 경향보호가 결합할 경우 정치적 의견의 다양성을 전제로 하는 다원주의적 민주주의체제에 중대한 위험이 될 것이기 때문에, 개별 신문기업이 각자의 경향보호를 주장하기 위해서는 신문의 다양성 확보가 필수적인 전제가 된다고 할 것이다. 신문의 다양성을 보장하기 위한 국가의 적절한 규율은 경향보호와 모순된다기보다는 상호보완적인 것이라고 보아야 한다."
2) 헌재 2006. 6. 29. 2005헌마165 등(신문법), 판례집 18-1하, 337, 387, "신문기업 활동의 외적 조건을 규제하는 신문법 조항에 대한 위헌심사는 신문의 내용을 규제하여 언론의 자유를 제한하는 경우에 비하여 그 기준이 완화된다. 한편, 신문시장의 건전한 경쟁기능을 보호하기 위하여 국가가 신문기업의 외적 활동에 개입하는 것은 세계 각국에서 보편적으로 인정되고 있다. … 다수 신문의 존재와 경쟁은 신문의 다양성을 유지하기 위한 중요한 요소가 되고, 신문시장의 독과점과 집중을 방지함으로써 신문의 다양성을 확보하고자 신문기업 활동의 외적 조건을 규율하는 것은 정당하고 또 필요하다."

(1) 검열의 금지

출판의 영역에서 다양한 견해의 자유로운 경합이 이루어지기 위해서는 '모든 내용'의 견해와 사상이 '사상의 자유시장'에 참여할 수 있어야 한다. 따라서 '표현내용'에 대한 검열금지는 출판영역에서 다양한 목소리의 합주가 이루어지기 위한 불가결한 조건이다. 헌법은 제21조 제2항에서 '언론·출판에 대한 검열의 금지'를 규정하고 있다.

(2) 출판기업의 설립의 자유

사상의 자유시장이 형성되기 위해서는 누구나 인쇄매체를 이용하여 자신의 견해를 표명하고 전파할 수 있는 가능성, 즉 사상의 자유시장에 참여할 수 있는 가능성이 보장되어야 한다. 따라서 출판의 영역에서 다양한 견해의 경합이 이루어지기 위한 조건으로서 출판영역에 진입하는 것을 막는 장벽이 철폐되어야 하고, 누구나 자유롭게 출판기업을 설립할 수 있어야 한다. 바로 이러한 이유에서 헌법은 제21조 제2항에서 '언론·출판에 대한 허가제'를 금지하고 있다. 위 헌법조항에서 언급하는 '검열금지'가 표현물의 내용에 대한 허가제의 금지를 의미한다면, 여기서 '허가금지'린 출판기업의 설립에 대한 허가제의 금지를 의미하는 것이다.

(3) 출판물 경향에 관한 자율성 및 편집권의 보장

출판의 자유는 국가의 간섭을 받지 않고 출판물의 내용적 방향을 결정할 자유, 즉 출판물의 경향에 관한 발행인의 결정권을 보호한다. 사상의 자유시장에서 다양한 견해의 자유경쟁을 보장하기 위해서는 출판의 영역에서 서로 대립하는 다양한 견해가 존재해야 하며, 이는 인쇄매체의 傾向保護와 편집권의 보장에 의하여 실현된다. 편집권이란, 무엇을 어느 정도로 어떠한 방향으로 보도하고 보도하지 않을 것인지에 관하여 결정하는 발행인의 권리를 말한다.

2. 법적 성격

출판의 자유는 한편으로는 주관적 공권으로서 개인의 자유이자, 다른 한편으로는 '자유 언론'이란 제도의 보장이라는 법적 성격을 가지고 있다.

가. 개인의 주관적 공권

출판의 자유는 일차적으로 언론사에 종사하는 개인과 언론기업에게 국가의 간섭과 강제에 대하여 방어할 수 있는 주관적 권리를 보장한다. 출판의 자유는 국가의 간섭과 방해를 받지 않고 자유롭게 출판과 관련된 모든 활동을 할 권리(출판기업의 설립의 자유, 취재와 보도의 자유 등)이다. 원래, 출판의 자유는 역사적으로 국가의 침해에 대한 고전적 방어권으로서 쟁취된 것이다. 오늘날에도 국가에 의하여 출판의 자유가 위협받을 수 있는 가능성은 상존하고 있으므로, 방어권으로서 법적 성격은 근본적인 의미를 가지고 있다.

나. 제도보장

출판의 자유에는 제도보장으로서 '自由 言論'(freie Presse)이라는 객관적 의미가 부여된다.[1] 대의민주제에서 언론은 정치적 의사형성에 있어서 국민과 국가 사이의 매개체 역할을 하는 기관이자 국가권력의 행사를 감시하는 통제기관이다. 언론의 자유는 국가에 의하여 통제되지 않는 자유롭고 개

---

1) BVerfGE 20, 162, 174f.(Spiegel 결정).

방적인 의사소통을 보장하는 기능을 한다. 언론의 자유가 보장하고자 하는 바는 개인의 자유로운 의사형성 및 여론의 자유로운 형성이다. 민주주의에서 언론의 이러한 지위와 기능으로부터 언론의 공적 과제가 인정되며, 언론의 공적 과제는 민주주의의 기본조건인 국가로부터 자유로운 의견형성과정을 보장하는 데 있다.[1]

출판의 자유는 언론사가 이러한 공적 과제를 이행할 수 있도록 하기 위하여 '자유 언론'이란 제도를 보장한다. 자유언론의 제도보장은 언론사의 私法上 조직, 私經濟的 구조 및 '국가로부터의 자유'라는 하부원칙에 의하여 구체화된다.[2] 언론의 공적 과제는 국가가 아니라 오로지 사회에 의해서만 이행될 수 있으므로, 언론사는 사회의 영역에서 자유롭게 설립될 수 있어야 한다. 이로써 언론사는 사경제적 원칙과 사법상의 조직형태로 활동한다. 뿐만 아니라, 언론사는 그 경향과 활동에 있어서 국가의 간섭과 방해로부터 자유로워야 하며, 국가의 간섭 없이 자유롭게 다른 언론사와 경쟁할 수 있어야 한다. 언론사는 상호간에 경제적·정신적 경쟁관계에 있으며, 국가는 이러한 경쟁에 원칙적으로 간섭해서는 안 된다.

자유언론의 제도보장은 국가에 대하여 자유언론을 보장해야 할 과제를 부과한다. 자유언론의 제도보장으로부터 법질서의 형성을 통하여 자유언론을 유지하고 보장해야 할 국가의 의무가 도출된다. 이러한 의미에서, 자유언론을 보장하기 위한 '언론집중화의 방지'는 헌법적으로 허용될 뿐만 아니라 요청되는 것이다.

3. 보호범위

가. 출판의 개념

'출판'의 개념은 정보와 의견을 전달하기에 적합하고 전달을 목적으로 하는 모든 인쇄물 및 영화와 방송의 개념에 속하지 않는 모든 정보매체를 포함한다. 따라서 신문, 잡지 및 그 외 정기적으로 간행되는 인쇄물뿐만 아니라 서적, 포스터, 전단, 광고지, CD-ROM, 디스켓 등도 보호된다. 또한, 녹음 테이프나 비디오 테이프와 같이 시청각적 저장매체 및 음반이나 비디오 디스크도 전달을 목적으로 정보를 유형적(有形的)으로 담고 있기 때문에 출판의 자유에 의하여 보호된다.

나. 인쇄물의 내용

출판의 개념에 있어서 '인쇄물의 내용'은 중요하지 않다. 인쇄물의 내용을 기준으로 출판의 자유에 의하여 보호되는 부분과 보호되지 않는 부분이 구분되는 것은 아니다. 신문의 광고부분은 유형의 정보를 담고 있기 때문에, 출판의 자유는 광고도 보호한다.[3] 출판사의 편집부분이 없는 순수한 광고지도

---

1) 헌재 2006. 6. 29. 2005헌마165 등(신문법), 판례집 18-1하, 337, 385, "신문의 기능이란 주로 민주적 의사형성에 있고, 그것은 다원주의를 본질로 하는 민주주의사회에서 언론의 다양성 보장을 불가결의 전제로 하는 것이므로, '신문의 기능을 보장하기 위하여'란 결국 '신문의 다양성을 유지하기 위하여'란 의미도 포함하고 있다고 할 것이다."

2) 헌재 2006. 6. 29. 2005헌마165 등(신문법), 판례집 18-1하, 337, 385, "신문의 자유는 개인의 주관적 기본권으로서 보호될 뿐만 아니라, '자유 신문'이라는 객관적 제도로서도 보장되고 있다. 객관적 제도로서의 '자유 신문'은 신문의 사경제적·私法的 조직과 존립의 보장 및 그 논조와 傾向, 정치적 색채 또는 세계관에 있어 국가권력의 간섭과 검열을 받지 않는 자유롭고 독립적인 신문의 보장을 내용으로 하는 한편, 자유롭고 다양한 의사형성을 위한 상호 경쟁적인 다수 신문의 존재는 다원주의를 본질로 하는 민주주의사회에서 필수불가결한 요소가 된다."

3) 신문은 원칙적으로 광고를 게재해야 할 의무가 없다. 광고계약에 대해서는 출판의 자유에 의하여 강화되는 계약자유의 원칙이 적용된다(BVerfGE 21, 271, 278). 신문이 사실상 독점적 지위를 누리고 있는 경우, 광고계약의 체결을 자의적으로 또는 이유 없이 거절하는 것은 독점적 지위의 남용에 해당할 수 있다. 이익형량의 결과 광고의 게재를

출판의 자유에 의하여 보호된다. 그러나 광고부분은 편집부분 만큼 동일하게 보호될 필요는 없다.

다. 구체적 보호범위

(1) 출판작업과 본질적으로 관련된 모든 활동

출판의 자유의 보호범위는 정보의 획득으로부터 뉴스와 의견의 전파에 이르기까지 출판 작업과 본질적으로 관련된 모든 활동을 포함한다.[1] 출판기업의 자유로운 설립과[2] 출판업 직종에 대한 자유로운 선택의 가능성도 출판의 자유에 의하여 보호된다. 특히 정보의 수집, 편집의 비밀, 편집상의 작업, 기사의 작성, 인쇄, 판매 및 그와 분리될 수 없는 기술적·경제적·조직상의 조건(예컨대 기계와 용지의 구입, 인력의 고용, 고용관계의 형성, 회계 등)이 출판의 자유에 의하여 보호된다.

(2) 보도의 자유

보도의 자유는 출판의 자유의 핵심적 영역에 속한다. 보도의 자유의 보호범위에 속하는 것은 출판기업의 설립의 자유, 보도를 위한 준비작업, 편집의 비밀, 뉴스의 자유로운 전파 등이다. 출판매체가 민주적 의사형성이라는 공적 과제를 자유롭고 효과적으로 이행할 수 있도록, 편집의 비밀은 외부로부터의 침해에 대하여 보호된다. 그러나 편집의 비밀은 법치국가적 司法의 보장, 효과적 형사소추의 이익 등 중대한 법익에 의하여 제한될 수 있다.

압수와 관련하여 언론사는 형사절차에서 특권을 누리지 못한다. 다만, 압수의 조치를 취할 것인지를 결정하는 법익형량의 과정에서 단지 언론의 자유를 고려할 것을 요청할 수 있을 뿐이다. 마찬가지로, 언론의 자유는 언론종사자와 언론사의 공간에 대한 수색을 배제하지 않는다. 다만, 편집의 비밀은 자유언론이 기능하기 위한 본질적인 구성요소라는 점에서, 중대한 범죄가 다른 방법으로는 규명될 수 없는 경우에 한하여 비로소 언론사의 수색이 허용될 수 있다는 등 수색의 요건에 대하여 보다 강화된 요구를 할 수 있을 것이다.

(3) 취재의 자유

출판의 자유는 정보의 수집도 보장하기 때문에, '취재의 자유'를 포함한다. 취재의 자유는 보도의 자유의 사실적 전제조건으로서 중요한 의미를 가진다. 출판매체는 정치적 의사형성과정에 효과적으로 참여하기 위하여, '민주적 통제에 있어서 중요한 정보'에 원칙적으로 자유롭게 접근할 수 있어야 한다. 신문·잡지는 모든 사람에게 적용되는 조건 하에서 공개적 행사에 접근할 권리, 즉 알권리를 가진다.[3] 그러나 언론보도의 자유는 '일반적으로 접근할 수 있는 情報源'에 제한된 정보공개를 넘어서, 일반적으로 접근할 수 없는 국가기관의 정보에 대한 공개청구권을 언론에게 부여하지는 않는다.

여론의 자유로운 형성에 기여한다는 출판매체의 민주적 기능은 민주적 통제의 관점에서 공개원칙의 구속을 받는 국가영역의 사건(가령, 국회의 회의나 법원의 재판)에 관한 보도를 가능하게 해줄 것을 요청한다. 따라서 언론매체는 법원의 공개재판에 접근할 수 있다. 그러나 법정 안에서 녹화·촬영·

그 신문사에 요구할 수 없는 경우에는, 광고계약의 체결거부는 자의적이거나 독점적 지위의 남용이 아니다.

1) 헌재 2006. 6. 29. 2005헌마165 등(신문법), 판례집 18-1하, 337, 386, "신문의 자유에 의하여 보호되는 것은 정보의 획득에서부터 뉴스와 의견의 전파에 이르기까지, 언론으로서의 신문의 기능과 본질적으로 관련되는 모든 활동이다. 이러한 측면에서 신문법 제15조 제2항·제3항에 규정된 일간신문과 뉴스통신사업, 방송사업 등과 같은 異種 매체 간의 겸영금지나 소유제한, 또는 일간신문 상호 간의 소유제한제도는 신문의 기능과 관련성을 가지는 것이다."
2) 헌재 1992. 6. 26. 90헌가23(정기간행물 등록제); BVerfGE 20, 162, 175f.
3) Vgl. BVerfGE 50, 234, 239, 241f.

중계방송 등은 법원의 허가 없이는 허용되지 않는다. 언론매체의 취재의 자유에 대하여 소송당사자의 인격권, 공정한 재판을 받을 권리, 외부의 방해로부터 자유로운 진실 규명, 사법의 원활한 기능 등이 대치한다. 입법자는 '법정의 공개'를 '대중매체에 의한 공개'로 확대해야 할 의무를 지지 않는다.

취재의 자유와 관련하여 취재원에 대한 진술거부권이 인정되는지의 문제가 제기된다.[1] 설사, 언론종사자에게 증언거부권이 인정된다 하더라도, 일반국민에 대한 이러한 예외는 일반적이고 포괄적으로 인정되는 것이 아니라 자유언론의 보장의 관점에서 불가피한 경우에 한하여 예외적으로 인정되는 것으로 보아야 한다. 언론의 자유는 정보의 수집과 전파에 기여하는 모든 행위에 대한 특권이 아니기 때문이다.

4. 구체적 문제

가. 言論集中化 현상

언론의 자유는 언론이 다양한 견해를 제공할 수 있는 가능성을 전제로 한다. 과도한 언론집중으로 인하여 위와 같은 가능성이 제거되는 경우, 자유로운 여론형성을 보장하고자 하는 언론의 자유는 그 핵심에 있어서 위험을 받게 된다. 그러므로 신문의 독과점 및 집중화현상으로 인하여 자유로운 의견형성(자유언론)이 위협을 받고 있다면, 언론집중에 의하여 발생할 수 있는 위험을 방지하고 신문시장의 기능을 유지하고 회복하기 위한 입법 조치는 헌법적으로 허용될 뿐만 아니라 요청되는 것이다.

자유언론의 기능을 유지하기 위한 전제조건으로서 필요한 '다수의 정기간행물'을 확보하기 위하여 헌법적으로 가장 하자가 없는 방법으로는 경쟁법상의 독과점규제나 기업결합에 대한 규제가 고려된다.[2] 한편, 특정 신문에 대한 발행부수의 제한은 어떠한 헌법적 관점에서도 허용될 수 없다. 또한, 신문의 시장점유율만을 근거로 특정 신문에 대하여 불리한 조치를 취하거나 차별하는 것은 허용되지 않는다.[3]

---

1) 미국과 일본의 판례는 공정한 재판작용의 이익을 중시하여 원칙적으로 취재원에 대한 묵비권(취재원 비닉권)을 인정하지 않는 입장이다. 한편, 독일 연방헌법재판소는 취재원에 대한 묵비권을 취재의 자유의 내용으로 인정하고 있다. 언론과 정보제공자간의 신뢰관계를 보장하는 언론종사자의 증언거부권이 없이는 정보제공자를 확보하는 것이 매우 어렵기 때문에, 정기간행물에 종사하는 언론인의 경우 증언거부권이 언론의 자유에 의하여 보장된다고 한다 (BVerfGE 20, 162, 176, 187ff.).

2) 헌재 2006. 6. 29. 2005헌마165 등(신문법), 판례집 18-1하, 337, 390, "그런데 제15조 제3항은 … 일간신문 상호 간의 복수소유를 규제하고 있다. 신문의 다양성을 보장하기 위하여 동일한 지배주주가 복수의 일간신문을 지배하는 것을 규제하여 신문시장의 독과점과 집중을 방지할 필요가 있다는 점에서 신문기업의 복수신문 소유를 제한하는 것은 원칙적으로 헌법에 위반된다고 할 수 없지만, 모든 일간신문의 지배주주에게 신문의 복수소유를 일률적으로 금지하고 있는 것은 지나치게 신문의 자유를 침해하는 것이라 아니할 수 없다. 신문법 제15조 제3항의 취지가 언론의 다양성 보장에 있다면, 신문의 복수소유가 언론의 다양성을 저해하지 않거나 오히려 이에 기여하는 경우도 있을 수 있는데, 위와 같이 일간신문 지배주주의 신문 복수소유를 일률적으로 금지하는 것은 정당하다고 보기 어렵다."

3) 헌재 2006. 6. 29. 2005헌마165 등(신문법), 판례집 18-1하, 337, 345, "신문법 제17조는 신문사업자를 일반사업자에 비하여 더 쉽게 시장지배적 사업자로 추정되도록 규정하고 있는데, 이러한 규제는 신문의 다양성 보장이라는 입법목적 달성을 위한 합리적이고도 적절한 수단이 되지 못한다. … 따라서 신문법 제17조는 신문사업자인 청구인들의 평등권과 신문의 자유를 침해하여 헌법에 위반된다."; 판례집 18-1하, 337, 399, [시장지배적 사업자를 기금지원의 대상에서 배제하는 신문법 제34조 제2항 제2호의 위헌여부에 관하여] "첫째로, 시장점유율만을 기준으로 신문사업자를 차별하는 것은 합리적인 것이라고 볼 수 없다. 발행부수가 많다는 것은 다른 특별한 사정이 없는 한 독자의 선호도가 높은 데 기인한다. 그렇다면 시장지배적 사업자가 받는 차별의 주된 이유는 제3자라고 할 독자들의 자율적인 선호라는 것인데 그러한 차별 사유가 불합리한 일임은 설명을 요하지 아니한다. 둘째로, … 지배력의 남용 유무를 묻지 않고 오직 발행부수가 많다는 한 가지 사실을 이유로 발행부수가 많은 신문사업자에게 기금지원배제의 제재를 한다는 것은 공정거래법의 취지에 어긋나는 불합리한 일이고 지배력의 남용이 있을 때 비로소 제재를 받는 일반사업자와 비교할 때에도 신문사업자를 불합리하게 차별하는 것이다."

나. 언론기관에 대한 국가의 보조

(1) 언론의 자유는 국가에게 의견의 내용에 따른 모든 차별을 금지하는 내용적 중립의무를 부과한다. 언론의 자유의 주체는 국가의 이러한 중립의무에 대응하는 주관적 권리로서, 언론의 내용에 따른 보조금지급에 대하여 방어할 수 있는 권리 및 언론기관 사이의 경쟁에서 동등한 취급을 받을 권리를 가진다. 이러한 관점에서, 언론기관에 대한 국가의 보조가 허용되는지의 문제가 제기된다. 언론의 자유는 언론에 대하여 내용중립적인 기준에 따라 국가가 보조하는 것을 처음부터 금지하는 것은 아니다. 그러나 개별 간행물의 내용에 대한 국가의 영향력행사 및 언론사간의 경쟁에 대한 왜곡이 전반적으로 방지되는 경우에만 언론에 대한 국가의 육성·지원적 조치는 언론의 자유와 합치될 수 있다.[1] 언론에 대한 보조금지급의 허용여부는, 보조금이라는 국가의 개입에 의하여 언론의 자유경쟁시장에서 경제적 선별기능이 방해되는지, 즉 경쟁이 왜곡되는지의 판단에 달려있다.[2]

(2) 언론의 영역에서도 '경쟁으로부터의 보호'는 원칙적으로 존재하지 않는다. 언론사는 서로 정신적·경제적 경쟁관계에 있고, 국가의 공권력은 이러한 관계에 원칙적으로 간섭해서는 안 된다. 따라서 특정 언론사의 생존이 위협받는 경우에도, 국가가 생존의 위협을 받고 있는 언론사만을 보조하는 것은 언론사간의 경쟁에 개입하여 경쟁을 왜곡하는 것이기 때문에 허용되지 않는다. 자유언론의 제도보장은 단지 의견형성에 기여하는 자유로운 사경제적 '정기간행물 전체'를 그 대상으로 하는 것이지, 이러한 정기간행물의 '특정한 형태'의 존속이나 '특정한 신문이나 잡지'의 존속을 그 대상으로 하는 것이 아니다.

다. 국가에 의한 정기간행물의 발행

언론기업은 사경제적 원칙에 따라 私法上의 조직형태로 활동한다. 사법적으로 조직된 언론사 외에, 국가가 공기업의 형태로써 신문사를 경영할 수 있는지의 문제가 제기된다. 언론의 자유는 본질적으로 국가로부터 자유로운 의견표명과 의견형성의 자유이다. 언론의 자유란 국가로부터 자유로운 가운데 스스로 책임지는 언론기관의 자유이므로, 국가에 의한 정기간행물의 발행은 헌법적으로 문제가 있다는 것을 말해주고 있다. 국가나 지방자치단체가 신문의 발행을 통하여 여론의 형성에 주도적으로 작용한다는 것은 국가로부터 자유로운 국민의사형성의 원칙과 부합하지 않는다.

다만, 국가가 언론기업에 의하여 발행되는 일간지 등 정기간행물과 비교할 때 단지 협소한 범위 내에서 여론의 형성에 영향을 미치고 제한적인 주제만을 다루는 정기간행물(예컨대 議會紙, 관보, 정부나 지방자치단체의 홍보물 등)을 출판하는 것은 국가과제의 이행에 기여하거나 국가의 홍보활동에 해당하는 경우에는 허용되는 것으로 볼 수 있다.

---

1) BVerfGE 80, 124, 133f.(Postzeitungsdienst), 독일연방체신국이 저렴한 우편배달서비스(Postzeitungsdienst)를 특정한 목적을 충족시키는 출판물(신문과 잡지)에 대하여 제공한 사건에서, 연방헌법재판소는 언론사간의 경쟁이 왜곡되어서는 안 된다는 전제하에서, 상호 경쟁관계에 있는 모든 간행물이 동일하게 취급되었다는 이유로 경쟁의 왜곡효과를 부정하였다.

2) 헌재 2006. 6. 29. 2005헌마165 등(신문법), 판례집 18-1하, 337, 400, "신문의 자유는 개별 신문의 존재와 내용에 영향을 주는 것뿐만 아니라 신문의 경쟁을 왜곡하지 말 것까지 요구한다. 발행부수만을 기준으로 특정 신문사업자를 정부가 기금지원에서 배제하고 다른 사업자에게만 기금을 지원하는 차별적 규제를 행하는 것은 자유롭고 공정한 경쟁을 통해 형성될 신문시장의 구도를 국가가 개입하여 인위적으로 변경시키는 것이고 이것은 헌법이 보장하려는 자유로운 신문제도에 역행하며 자유와 창의를 존중함을 기본으로 삼는 헌법상의 시장경제질서에 어긋난다."

라. 언론기관 내부의 자유(내부적 언론의 자유)

일반적으로는 내부적 언론의 자유란, 정기간행물이 다양한 의견의 형성에 기여하는 것을 보장하고 기자와 편집인의 자유를 보장하기 위하여, 신문사의 발행인과의 관계에서 편집인에게 보다 독립성을 부여해야 한다는 요청에 관한 것이다.[1] 내부적 언론의 자유 또는 신문의 내적 자유와 관련해서는 법적 논의가 아직 종결되지 아니 한 채, 다양한 견해가 주장되고 있다.

(1) '신문 등의 진흥에 관한 법률' 제4조의 의미

'신문 등의 진흥에 관한 법률' 제4조는 제1항에서 "신문 및 인터넷신문의 편집의 자유와 독립은 보장된다."고 하여 편집의 자유와 독립을 선언적으로 보장하면서, 제2항에서 "신문사업자 및 인터넷신문사업자는 편집인의 자율적인 편집을 보장하여야 한다."고 하여 신문기업 내부에서 발행인과 편집종사자의 관계를 규율하고 있다. '신문의 내적 자유'에 관하여 규정하는 '신문 등의 진흥에 관한 법률' 제4조 제2항은 편집인 또는 기자들에게 독점적으로 '편집권'이라는 법적 권리를 부여한 것이 아니라, 단지 편집인의 편집활동의 보장에 관한 선언적인 규정이다.[2]

(2) 정기간행물의 私經濟的 構造

정기간행물의 사경제적 구조를 '제도보장'의 한 요소로 이해한다면,[3] 사경제적 구조의 본질적인 요소는 무엇보다도 발행인이 간행물에 대한 경제적인 위험부담을 지는 것이다. 그런데 발행인이 신문과 잡지의 경향과 성격을 결정할 수 있고 자신의 견해에 상응하게 형성할 수 있을 때에만, 즉 경향에 관한 자율성이 보장되는 경우에만 그는 경제적 위험부담을 질 수 있다. 위와 같은 전제에서 출발한다면, 발행인이 재정적인 책임과 간행물의 편집상의 방향에 관하여 결정할 권한을 통합적으로 보유하는 것은 사경제적으로 활동하는 언론의 본질적 요소로 간주해야 할 것이다.

발행인은 신문·잡지의 원칙과 방침에 관하여 결정할 권한을 가지고 있으며, 다른 한편으로는 기자와 편집인의 신념과 양심의 보호, 그리고 발행인과의 관계에서 인정되는 자유로운 편집활동의 최소한의 공간이 발행인의 권리에 대하여 일정한 한계를 설정할 수 있다. 어떠한 언론종사자도 그의 신념이나 양심에 반하는 기사를 작성할 것을 강요받아서는 안 되며, 편집작업의 고유법칙성 및 자유언론제도의 기능으로부터 자유로운 편집활동을 위한 최소한의 공간에 대한 요청이 나오고, 이로써 발행인의 지휘권한을 제한하는 기자와 편집인의 권리가 제한적이나마 인정된다.

---

1) 독일에서도 발행인과 편집인의 관계에 관하여 다음과 같은 상이한 견해가 주장되고 있다. 1. 내부적 언론(편집인)의 자유는 발행인에게 보장되는 언론의 자유에 대한 침해로서 헌법에 위반된다. 2. 내부적 언론의 자유는 언론의 자유, 알권리 및 민주주의원리로부터 도출되는 헌법적 요청이다. 3. 헌법은 내부적 언론의 자유에 대하여 중립적이므로, 입법자에 의한 형성의 문제이다.

2) 헌재 2006. 6. 29. 2005헌마165 등(신문법), 판례집 18-1하, 337, 375, "제2항 위반행위는 신문법 제39조 제1호에 의하여 형사제재가 뒤따르지만, 제3항 위반행위에 관하여는 아무런 처벌규정이 없다. 그 이유는 편집의 자유에 대한 국가적·외부적 침해는 연혁적으로도 언론의 자유에 대한 심각한 침해로 인정되었던 반면에, 발행인과 편집인의 관계에 관하여는 국내·외를 막론하고 이론상이나 실정법상 아직 그 법적 논의가 정리되지 않은 채 다양한 주장이 제기되고 있는 단계에 불과하기 때문이다. … 신문법 제3조 제3항은 청구인들과 같은 신문사업자로 하여금 동법이 정하는 바에 따라 편집인의 자율적인 편집을 보장하도록 규정하고 있다. 그런데, 이 조항이 편집인 또는 기자들에게 독점적으로 '편집권'이라는 법적 권리를 부여하였다거나 신문편집의 주체가 편집인 또는 기자들이라는 것을 명시한 것으로 볼 수 없을 뿐만 아니라, 이 조항 위반에 대한 제재규정도 없다. 그러므로 이 조항은 기본적으로 선언적인 규정으로서 이와 같은 조항 자체에 의하여서는 기본권침해의 가능성 내지 직접성을 인정할 수 없다."

3) 헌재 2006. 6. 29. 2005헌마165 등(신문법), 판례집 18-1하, 337, 385; 또한, 독일연방헌법재판소는 내부적 언론의 자유를 입법적으로 규정하는 것이 헌법적으로 허용되는지에 관하여 판단한 바는 없지만, 그간의 확립된 판례를 통하여 정기간행물의 사경제적 구조를 '제도적 보장'의 한 요소로서 이해하고 있다(BVerfGE 20, 162, 175; 66, 116, 133).

(3) 편집인의 자유를 보호해야 할 국가의 보호의무?

국가의 관점에서 보더라도, 언론기업의 내부에서 발행인과 편집인을 서로 분리하여 대치시키고 편집인을 발행인과의 관계에서 기본권적으로 보호해야 할 필요성이나 당위성이 존재하지 않는다. 기자와 편집인의 작업도 국가와의 관계에서 언론의 자유에 의하여 보호되지만, 이로부터 발행인에 대한 기본권적 지위가 인정될 여지는 없으며, 설사 언론사 내부에서의 작업분할의 관점에서 보더라도 마찬가지이다. 편집인과 기자가 자유의사에 의하여 언론사에 입사하였다는 것은 언론사의 경향을 존중하고 이에 동의하였다는 것을 의미하는 것이며, 자유로운 계약의 형성에 의한 자기구속을 의미하는 것이다. 자유의 한 내용이자 인격발현의 중요한 요소가 바로 자유로운 계약형성을 통하여 법적 의무를 질 자유이다. 자신의 자유로운 결정에 의하여 스스로에게 구속을 부과할 자유는 사적 자치의 내용이자 자기결정권의 중요한 구성부분이다.

발행인에 대하여 편집인의 자유가 강화되어야 하고 편집의 자유가 보장되어야 한다면, 이는 발행인에 의한 기본권침해로부터 편집인의 자유를 보호해야 할 국가의 보호의무 또는 자유언론이나 간행물의 다양성보장을 위하여 편집인의 지유를 강화해야 힐 헌법적 요청에 기인해야 하는데, 양자 모두 인정되기 어렵다. 첫째, 근로자를 기업경영에 참여시켜야 하는 것이 헌법적 요청이나 국가의 보호의무의 내용이 아닌 것과 마찬가지로, 언론기업의 경우에도 헌법으로부터 편집인이 신문의 경영과 경향의 자율성에 참여해야 할 권리가 인정되지 않는다. 둘째, 자유언론의 다양성이 유지되는 한, 언론사 내부에서 발행인과 편집인을 분리하여 발행인에 대하여 편집인을 보호해야 할 당위성이 존재하지 않으며, 설사 언론의 다양성이 위협받고 있는 경우라 하더라도 편집권이 단지 발행인으로부터 편집인으로 옮겨감으로써 다양성이 회복되는 것은 아니다. 편집인의 편집권을 인정한다는 것은 발행인이 아니라 편집인에게 신문의 경향에 관하여 결정할 수 있는 권리를 부여하는 것이므로, 편집권의 전이 자체는 자유언론에 기여하는 바가 없다.

III. 放送의 自由

사례 *1*	헌재 2003. 12. 18. 2002헌바49(방송사업자의 협찬고지 사건)

방송법은 "방송사업자는 대통령령이 정하는 범위 안에서 협찬고지를 할 수 있다."고 규정하고 있고, 방송법시행령은 담배 등 방송광고가 금지된 상품을 제조·판매하는 자가 협찬하는 경우 협찬고지를 할 수 없도록 규정하고 있다. 경인방송은 민영방송사업자로서 '문화유산을 지키자'라는 프로그램에서 한국담배인삼공사를 협찬주로 고지한 내용을 방송하였다. 이에 방송위원회는 위 협찬고지가 방송법규정에 위반되었음을 사유로 경인방송에게 과태료를 부과하였다. 위 방송법규정은 방송사업자의 방송의 자유를 침해하는가?[1]

---

1) 헌재 2003. 12. 18. 2002헌바49(방송사업자의 협찬고지), 판례집 15-2하, 502, 503, "형성법률에 대한 위헌성 판단은 기본권 제한의 한계 규정인 헌법 제37조 제2항에 따른 과잉금지 내지 비례의 원칙의 적용을 받는 것이 아니라, 그러한 형성법률이 그 재량의 한계인 자유민주주의 등 헌법상의 기본원리를 지키면서 방송의 자유의 실질적 보장에 기여하는지 여부에 따라 판단된다. 이 사건 법률조항은 여타의 법익을 위한 방송의 자유에 대한 제한이 아니라 방송사업의 운영을 규율하는 형성법률로서, 협찬고지를 민영방송사업의 운영에 필수적인 재원조달수단의 하나로 보

사례 2 헌재 2001. 5. 31. 2000헌바43(중계유선방송의 보도 · 논평 · 광고 금지 사건)

종합유선방송의 경우에는 방송국채널의 구성과 운영에 있어서 다양성이 보장되고, 방송프로그램의 편성의 자유와 책임이 인정될 뿐만 아니라 광고방송이 허용되는 등 방송범위가 광범위하게 보장됨에 비하여, 유선방송관리법이 규율하는 중계유선방송의 경우에는 극히 제한된 채널수만 허용하고 보도, 논평 등 프로그램 편성의 자유를 제한하며, 광고방송을 금지하고 있다. 중계유선방송사업자가 방송의 중계송신업무만 수행하고 보도 · 논평 · 광고는 할 수 없도록 규정하는 유선방송관리법조항들이 방송의 자유와 직업수행의 자유를 침해하는가?[1]

1. 방송의 개념 및 방송의 자유의 보호범위

가. 방송의 개념

방송이라 함은, 방송프로그램을 기획, 편성 또는 제작하여 시청자에게 전기통신설비에 의하여 송신하는 것을 말한다. 지상파방송, 종합유선방송, 위성방송을 포괄한다(방송법제2조). 방송의 개념은 라디오와 텔레비전의 상위개념으로 이해된다. 그러나 '방송'이라는 일원적인 헌법적 개념은 방송의 兩大 영역이 법적으로 항상 동일하게 취급되어야 한다는 것을 의미하는 것은 아니다. 방송매체의 효과가 상이하다면, 상이한 효과의 정도를 제한의 기준으로 삼아, 예컨대 폭력의 묘사와 관련하여 법적으로 상이한 규율을 정당화할 수 있다.

나. 방송의 자유의 보호범위

(1) 방송의 자유는 출판의 자유와 마찬가지로, 방송 보도와 관련되는 모든 행위 및 정보의 수집행위를 포함한다. 정보제공과 정치적 보도에 속하지 않는 프로그램도 자유로운 의견형성에 기여하므로, 프로그램의 정치적 성격 여부와 관계없이 모든 종류의 프로그램(드라마, 광고, 오락, 스포츠 등)이 방송의 자유에 의하여 보호된다.

(2) 방송의 자유는 프로그램 편성의 자유로서, 프로그램의 선정, 내용 및 형성을 외부의 영향으로부터 보호하는 데 그 핵심적 의미가 있다. 방송에서 상업적 광고가 어느 정도로 보호되는지에 관하여 견해의 다툼이 있으나, 방송의 자유를 프로그램 편성의 자유로 이해한다면, 광고방송을 해야 할 것인지에 관한 결정도 프로그램 편성의 자유에 속한다. 적어도 광고가 프로그램 편성기능을 실질적으로 보장하는 재정조달에 기여하는 한, 방송의 자유에 의하여 보호되는 것으로 간주해야 한다.

장하는 한편 그 허용범위를 제한함으로써 방송사업자뿐 아니라 시청자 및 방송관련종사자 등 각 이해관계를 고려하여 헌법상 방송의 자유를 실질적으로 보장하기 위하여 필요한 규제이며, 그것이 방송의 자유의 객관적 보장영역으로서 필수적 요소인 민영방송사업의 수익성을 부인할 정도로 영업활동에 대한 제한을 가하거나, 민영방송사업자의 사적 자치에 의한 형성이나 결정의 기본적 요소를 박탈하는 정도에 이르지 아니하므로 헌법상 기본원리를 준수하면서 그 입법형성의 재량의 범위 내에서 행해졌다고 볼 수 있어 헌법에 합치되며, … ."

1) 헌재 2001. 5. 31. 2000헌바43(중계유선방송의 보도 · 논평 · 광고 금지), 판례집 13-1, 1167, 1168, "중계유선방송사업자가 방송의 중계송신업무만 할 수 있고 보도, 논평, 광고는 할 수 없도록 하는 심판대상조항들의 규제는 방송사업허가제, 특히 종합유선방송사업의 허가제를 유지하기 위해서, 본래적 의미에서의 방송을 수행하는 종합유선방송사업의 허가를 받지 아니한 중계유선방송사업에 대해 부과하는 자유제한이다. 중계유선방송사업자가 자체적인 프로그램 편성의 자유와 그에 따르는 책임을 부여받지 아니한 이상 이러한 제한의 범위가 지나치게 넓다고 할 수 없고, 나아가 업무범위 외의 유선방송관리법에 의한 중계유선방송사업에 대한 각종 규제는 전반적으로 종합유선방송사업에 대한 각종 규제보다 훨씬 가벼운 점, 그리고 중계유선방송사업자도 요건을 갖추면 종합유선방송사업의 허가를 받을 수 있었던 점, 업무범위 위반시의 제재내용 등을 종합하여 볼 때, 규제의 정도가 과도하다고 보기도 어렵다."

2. 허가제와 內部的 多元主義 모델

과거 방송영역에서의 상황은 출판영역과는 크게 달랐다. 출판의 분야에서는 다양한 견해의 경쟁원칙이 지배하고 다양한 목소리의 합주가 견해의 다양성을 보장하고 여론의 조작에 대한 보호를 제공하였다. 출판영역에서는 누구나 자유롭게 출판기업을 설립할 수 있고 이로써 사상의 자유시장에 참여할 수 있다면, 방송영역에서는 과거 주파수의 희소성이라는 기술적 특수상황과 소유와 경영에 거액의 자금이 소요되는 경제적 특수상황으로 말미암아 소수만이 방송매체를 소유할 수 있다는 특징이 있었다. 방송영역에서의 기술적·경제적 특수상황으로 인하여 누구나 방송매체를 통하여 자신의 의견을 표명하는 것은 처음부터 불가능하였기 때문에, 제한된 주파수를 배분하는 '허가제'가 헌법적으로 정당화되었다.[1] 그 결과, 방송의 영역에서는 다양한 목소리의 합주를 통한 외부적 다원주의 모델은 고려의 대상이 될 수 없었고, 처음부터 내부적 다원주의 모델을 통하여 견해의 다양성을 확보하는 가능성만이 존재하였다. 그러므로 견해의 다양성을 확보하기 위한 국가의 개입은 불가피하였다. 허가제 및 공영방송 또는 소수에 의한 방송의 독점은 그 당시 방송의 특수상황, 즉 누구나 기본권을 행사할 수 있는 가능성이 방송의 영역에서 제한되어 있다고 하는 특수상황을 극복하기 위한 불가피한 수단이었다.

방송의 경우, 견해의 다양성은 자연적으로 주어지는 것이 아니라, 각 방송사의 내부에서 프로그램편성에 있어서 '보도의 균형성'이라는 지침 아래 인위적으로 달성되어야 하는 것이었다.[2] 이에 따라 견해의 다양성을 확보하기 위하여 방송사의 편집권을 제한하는 것이 원칙적으로 허용된다. 각 방송사는 시청자와 청취자가 다양한 정보와 견해를 제공받을 수 있도록 사회 내에 존재하는 다양한 견해를 공정하고 균형 있게 일반대중에 전달해야 할 의무를 지고 있는 것이다.

3. 법적 성격

가. 제도로서 방송의 자유

방송의 자유는 다른 자유권과는 달리, 처음부터 그 보호목적에 있어서 개인적 자유의 보장이 아니라, '자유 방송'이라는 제도의 보장, 즉 자유로운 민주적 여론형성을 위한 특정한 규율상태의 보장으로 이해되었다. 이에 따라 방송의 자유는 '방송에 의한 자유롭고 광범위한 의견형성의 보장'이라는 과제에 기여하는 기본권, 즉 특정 목적에 봉사하는 기본권이 되었다.[3] 이로써 오로지 '자유 방송'이

---

1) 헌재 2001. 5. 31. 2000헌바43(중계유선방송사업자의 보도·논평·광고 금지), 판례집 13-1, 1167, 1180-1181, "종합유선방송사업허가의 요건은 기술적·물적 또는 인적인 것으로서 구성되어 있고 그 대체적 내용은 뒤에서 살펴보는 바와 같다. 구조적 규제의 일종인 진입규제로서의 이 허가제는 방송의 기술적·사회적 특수성을 반영한 것으로서 정보와 견해의 다양성과 공정성을 유지한다는 방송의 공적 기능을 보장하는 것을 주된 입법목적으로 하는 것이고, 표현내용에 대한 가치판단에 입각한 사전봉쇄를 위한 것이거나 그와 같은 실질을 가진다고는 볼 수 없으므로 위의 금지된 "허가"에는 해당되지 않는다고 할 것이다. … 적어도 현재로서는 이러한 방송매체로서의 특징들을 무시할 수 있는 단계는 아니며, 한편 방송시설기준을 법률로 정하도록 한 헌법 제21조 제3항이 규정하는 바에 비추어 보더라도 이에 대한 진입규제로서의 사업허가제를 두는 것 자체는 허용된다고 본다."

2) 방송프로그램의 편성지침에 관한 방송법 제69조의 규정내용 참조.

3) 헌재 2001. 5. 31. 2000헌바43(중계유선방송사업자의 보도·논평·광고 금지), 판례집 13-1, 1167, 1177, "방송의 자유는 주관적인 자유권으로서의 특성을 가질 뿐 아니라 다양한 정보와 견해의 교환을 가능하게 함으로써 민주주의의 존립·발전을 위한 기초가 되는 언론의 자유의 실질적 보장에 기여한다는 특성을 가지고 있다. 방송매체에 대한 규제의 필요성과 정당성을 논의함에 있어서 방송사업자의 자유와 권리뿐만 아니라 수신자의 이익과 권리도 고

라는 객관적 보장에 따라 개인의 주관적 권리가 인정될 수 있다. 특히 초기에는 주파수자원의 유한성이라는 기술적인 특수상황으로 인하여 '개인의 기본권'으로서 방송의 자유는 사실상 의미가 없었다. 따라서 방송의 자유는 일차적으로 조직의 문제로서, 의견의 다양성이 가능하면 최대한으로 확보될 수 있도록 방송은 조직되어야 한다는 요청으로 이해되었다. 그러나 방송의 자유에 대한 이러한 '제도적 이해'는 사설방송이 정착한 후에도 변하지 않고 있다.[1]

나. 입법자에 의한 적극적인 규율의 필요성

방송의 자유의 이와 같은 객관적 보장내용은 일차적으로 국가의 지배와 영향력으로부터 자유로운 방송을 요청하고, 나아가 견해의 다양성을 보장하기 위한 입법자의 적극적인 규율을 요청한다. 그러므로 방송의 자유는 법적인 형성에 의존하고 있다. 방송의 자유란, 방송은 일차적으로 국가공권력과의 관계에서 국가로부터 자유로워야 하고 독립적이어야 한다는 것을 의미한다. 나아가, 방송이 정치적·경제적·언론적 권력에 의하여 도구화되거나 남용되는 것을 방지해야 할 국가의 과제도 방송의 자유로부터 나온다. 이는 무엇보다도 방송이 정치적·경제적 의존성으로부터 독립하여 헌법적으로 전제된 과제(민주적 여론형성에의 기여)의 이행을 보장하는 방송법을 형성할 것을 요청한다.

4. 공영방송과 민영방송이 공존하는 二元的 放送秩序

가. 현대의 기술발전으로 인한 방송영역의 변화

종래, 방송은 주파수자원의 독점적 사용에 기초한 공영방송체제 또는 소수에 의한 매체독점체제로 출발하였으나, 오늘날 방송매체가 발전함에 따라 위성방송의 시대로의 대전환이 이루어지고 있다. 그 사이 기술적인 문제는 현대의 통신기술의 발달로 인하여 극복되었고, 민영방송을 위한 재정수요도 신문사의 설립과 운영과 비교할 때 반드시 현저한 차이가 있다고 할 수 없으므로, 방송사에 대한 특별취급을 정당화하는 요인이 사실상 사라졌다고 할 수 있다. 방송의 특수상황이 제거된 오늘날의 새로운 상황에서 방송의 자유를 개인의 주관적 권리로서의 성격을 거의 배제한 채 제도적으로 이해하는 것이 타당한지의 의문이 제기되고 있다.

새로운 기술발전으로 인하여 방송사의 수가 증가하였고 방송분야에서 공영방송과 민영방송의 이원적 제도가 정착한 이래 법적인 상황은 근본적으로 바뀌었지만, 아직은 내부적 다원주의의 이념에서 외부적 다원주의의 이념으로 완전히 전환하였다고 볼 수 없는 과도기적 단계에 있는 것으로 판단된다. 그러므로 민영방송에 대해서도 내부적 다원주의 요청이 불필요하게 되었다고 단정할 수는 없

려되어야 하는 것은 방송의 이와 같은 공적 기능 때문이다."
1) 헌재 2003. 12. 18. 2002헌바49(방송사업자의 협찬고지), 판례집 15-2하, 502, "방송의 자유는 주관적 권리로서의 성격과 함께 자유로운 의견형성이나 여론형성을 위해 필수적인 기능을 행하는 객관적 규범질서로서 제도적 보장의 성격을 함께 가진다. 이러한 방송의 자유의 보호영역에는, 단지 국가의 간섭을 배제함으로써 성취될 수 있는 방송프로그램에 의한 의견 및 정보를 표현, 전파하는 주관적인 자유권 영역 외에 그 자체만으로 실현될 수 없고 그 실현과 행사를 위해 실체적, 조직적, 절차적 형성 및 구체화를 필요로 하는 객관적 규범질서의 영역이 존재하며, 더욱이 방송매체의 특수성을 고려하면 방송의 기능을 보장하기 위한 규율의 필요성은 신문 등 다른 언론매체보다 높다. 그러므로 입법자는 자유민주주의를 기본원리로 하는 헌법의 요청에 따라 국민의 다양한 의견을 반영하고 국가권력이나 사회세력으로부터 독립된 방송을 실현할 수 있도록 광범위한 입법형성재량을 갖고 방송체제의 선택을 비롯하여, 방송의 설립 및 운영에 관한 조직적, 절차적 규율과 방송운영주체의 지위에 관하여 실체적인 규율을 행할 수 있다. 입법자가 방송법제의 형성을 통하여 민영방송을 허용하는 경우 민영방송사업자는 그 방송법제에서 기대되는 방송의 기능을 보장받으며 형성된 법률에 의해 주어진 범위 내에서 주관적 권리를 가지고 헌법적 보호를 받는다."

다.[1) 그럼에도 방송의 영역은 언젠가는 출판의 자유와 같이 '다양한 목소리의 合奏'에 이르게 될지 모르는 전환기의 단계에 있는 것으로 보인다. 방송의 영역에서도 독자적인 경향과 정치적 색깔을 가지고 서로 경쟁하는 다수의 방송사업자가 존재하는 상황을 배제할 수 없다. 앞으로, '민영방송의 영역에서는 외부적 다원주의에 의해서도 마찬가지로 견해의 다양성을 확보할 수 있다'는 이유로 내부적 다원주의에 기초한 법적 규율로부터 완전히 결별할 것을 요구하는 목소리가 점차 커질 것으로 예상된다. 언론매체의 특성이 변화함에 따라 이에 상응하여 견해의 다양성을 확보하기 위한 법질서도 변화해야 한다.

나. 공영방송에 대한 방송의 자유의 요청

國家基幹放送으로서 공영방송에 대하여 방송의 자유는 입법자에 대하여 다음과 같은 관점을 고려하여 법적으로 형성할 것을 요청한다.[2) 공영방송의 경우, 견해의 다양성의 보장은 법적으로 규율되는 프로그램원칙에 의한 내용적 구속 및 다원적으로 구성된 위원회(가령, 한국방송공사의 이사회)의 형태로 이루어지는 자치행정에 의하여 확보된다. 방송프로그램의 정치적·세계관적 균형성 및 주제싱의 균형성의 요청(프로그램 상의 내부적 다원주의) 및 내부적으로 견해의 다양성을 확보하기 위하여 확립된 요청인 방송사 내 위원회에서 사회의 모든 중요한 세력이 대표되어야 한다는 요청(조직상의 내부적 다원주의)은 공영방송을 헌법적으로 정당화하는 기초이다.[3) 프로그램상·조직상의 다원주의의 요청은 국가기간방송이 그 기능을 이행하기 위한 불가결한 조건이다.

공영방송의 경우, 모든 중요한 사회적 세력이 방송의 조직과 프로그램 편성에 있어서 영향력을 행사해야 하고, 방송프로그램의 내용적 균형성·객관성·다양성을 보장하도록 노력해야 한다. 내부적 다원주의에 의한 국가로부터의 자유는 사회세력의 대표자로 구성된 위원회가 공영방송의 지도·감독기능을 담당할 것을 요구한다. 방송이 국가로부터 자유로워야 한다는 요청은, 국가가 방송조직의 내부에서 지배적인 영향력을 가져서는 안 된다는 것을 의미한다. 뿐만 아니라, 공영방송이 국민에게 기본적인 방송프로그램을 공급하는 과제를 이행할 수 있도록 재정이 확보되어야 한다. 이는 곧 시청율과 광고수입으로부터 자유로운 재정의 조달(방송수신료 징수에 의한 재정조달)을 요청한다.

다. 민영방송에 대한 방송의 자유의 요청

입법자는 민영방송을 허용할 수 있으나, 민영방송으로 하여금 '민주적 여론형성'이라는 방송의 공

---

1) 헌재 2001. 5. 31. 2000헌바43(중계유선방송사업자의 보도·논평·광고 금지), 판례집 13-1, 1167, 1177-1178, "종래 전자적 대중매체는 가용주파수가 제한되어 있고 방송시설의 설치·운영에는 많은 비용이 드는 관계로 소수의 기업이 매체를 독점하여 정보의 유통을 제어하는 것이 가능한 구조였다. 따라서 소수에 의한 매체독점을 방지하고 다양한 정보와 견해의 교환을 활성화하기 위해서는 국가가 매체시장에 개입하는 것이 허용되고 또한 필요하다고 인정되어 왔다. 최근에는 매체산업과 기술의 급속한 발달에 힘입어 이른바 '다미디어·다채널' 시대가 도래함에 따라 기술적 측면에서의 방송매체독점의 요인은 사라져 가는 추세이고 이 사건에서 문제되고 있는 유선방송의 경우에도 예외가 아니다. 그러므로 정보와 견해의 다양성을 확보하기 위한 규제의 필요성은 점차 감소되는 추세임이 분명하다. 그러나 아직까지는 정보유통 통로의 유한성이 완전히 극복되었다고 할 수 없으므로 매체시장에서의 독점을 방지하여 정보와 견해의 다양성과 공정성을 보장하기 위한 국가의 규제가 허용될 수 없는 단계에까지 이르렀다고는 보기 어렵다."

2) Vgl. BVerfGE 12, 206 LS80. 또한, 헌재 2024. 5. 30. 2023헌마820등(수신료 분리징수), "청구인이 공영방송사로서 다양한 의견과 정보를 균형 있고 공정하게 방송하는 공적 기능을 수행하면서도 아울러 언론자유의 주체로서 방송의 자유를 향유하기 위하여서는 국가권력 및 특정한 사회 세력으로부터 그 독립성이 보장되어야 한다."

3) 이에 관하여 BVerfGE 57, 295, 325f.; BVerfGE 73, 118, 152ff.; BVerfGE 83, 238, 296ff.

적 과제를 이행하도록 하기 위하여 사전에 충분한 법적 조치를 취해야 한다. 입법자가 민영방송을 허용한다면, 입법자는 민영방송을 완전히 시장의 자유에 맡겨서는 안 된다. 입법자는 소수의 견해를 포함하여 사회 내의 모든 중요한 견해가 민영방송에서 표현될 수 있는 가능성을 보장해야 하며, 개별 민영방송사나 프로그램이 여론의 형성에 일방적인 영향을 미치는 것이 배제되도록, 특히 지배적인 여론형성권력이 생성되지 않도록 보장해야 한다.[1] 이러한 목적을 위하여 민영방송은 국가의 허가와 감독을 받아야 한다.

민영방송의 경우, 견해의 다양성의 보장은 민영방송의 설립에 대한 감독기관의 허가제와 프로그램의 내용에 대한 감독권한을 통하여 확보된다. 특히, 언론집중을 사전에 방지하는 조치(소유제한 등)를 통하여 지배적인 여론형성세력이 생기는 것이 방지되어야 한다. 민영방송을 규율하는 법률은 방송의 공적 과제에 관한 특정한 이념에 따라 민영방송을 도구화해서는 안 되며, 경향성을 가진 민영방송사에 대하여 '균형적 보도의 최소한'만을 요구해야 하고, 민영방송의 설립과 운영이 불가능하거나 과도하게 곤란하도록 조직과 재정 등에 관한 규범적 기준을 확정해서는 안 된다.

라. 공영방송과 민영방송의 관계

이원적인 방송질서에서 공영방송과 민영방송의 관계는 다음과 같다.[2] 공영방송은 국가기간방송으로서 기본적 프로그램을 제공하는 과제, 즉 폭넓고 다양한 프로그램의 균형 있는 편성을 통하여 모든 국민에게 포괄적으로 정보를 제공해야 하는 과제를 가진다. 국가기간방송은 오늘날의 국경 없는 범세계적인 정보사회에서 국가의 정치적·사회적·문화적 특성을 유지하는 '국민 문화방송'으로서의 기능을 가진다. 국가기간방송의 이러한 과제는 모든 시청자에게 방송의 수신을 보장하는 중계기술을 요구한다. 뿐만 아니라, 조직상의 내부적 다원주의를 통하여 사회 내의 상이한 견해가 동등한 비중을 가지고 전달될 수 있도록 보장해야 한다.

공영방송의 이러한 기능이 보장된다면, 민영방송은 보다 완화된 법적 규율의 대상이 될 수 있다. 시장경제의 원리에 따라 재정을 조달하는 민영방송의 경우, 프로그램 편성이 상업적 영향력에 대하여 취약하므로, 프로그램제공의 광범성과 다양성에 있어서 공영방송과 동일하게 엄격한 요구를 할 수 없다. 그럼에도 불구하고 전체 프로그램의 내용과 관련하여 내용적 균형성과 객관성의 최소한이 요청된다.[3]

5. 공영방송의 수신료 문제

가. 공영방송의 재정조달은 이중적인 방송질서에서 공영방송에 부여된 기능과 과제에 부합해야 하고, 방송의 자유에 의하여 보호되는 프로그램의 자율성을 위협해서는 안 된다. 국민에게 기본적인 방송프로그램을 제공해야 할 공영방송의 과제로부터 공영방송에 대한 국가의 재정적 책임이 도출된다. 입법자는 공영방송에게 그의 과제이행을 위하여 필요한 재원을 제공해야 할 의무가 있다. 이 경우, 원칙적으로 시청료와 광고수입에 의한 혼합적 재정조달의 가능성이 있다. 그러나 공영방송과 민영방송이 병존하는 이원적 방송질서의 체계에서 공영방송이 이행해야 하는 특별한 과제에 비추어,

1) BVerfGE 57, 295, 322ff.; 73, 118, 160.
2) Vgl. BVerfGE 83, 238, 296ff.
3) Vgl. BVerfGE 57, 295, 325f.; 73, 118, 157ff.; 83, 238, 297.

시청료에 의한 재정조달이 공영방송의 기능에 부합하는 재정조달의 방법에 해당한다.[1] 물론, 공영방송에게는 광고수입의 형태로 재정조달을 할 수 있는 가능성이 열려있으며 이를 통하여 공영방송의 독립성이 강화될 여지도 있다. 그러나 입법자는 이를 보장할 의무는 없으므로, 광고를 시기, 시간, 빈도에 있어서 제한할 수 있다.

나. 국가기간방송으로서 공영방송의 기능에 부합하는 재정조달은 방송수신료를 확정하는 법률에 의하여 이루어지나,[2] 방송수신료의 확정은 국가의 영향력을 가능하면 배제하는 절차에서 이루어져야 한다.[3] 시청료에 의한 재정조달은 법률을 필요로 하기 때문에, 공영방송이 재정적으로 국가의 결정에 의존하게 될 위험이 있다. 따라서 방송의 자유는 공영방송 스스로가 요금을 확정하는 것까지 요구하는 것은 아니지만, 요금의 확정과 관련하여 공영방송에게 그의 과제이행을 위하여 필요한 재원을 보장하고 프로그램 편성에 대한 국가의 영향력행사로부터 공영방송을 효과적으로 보호할 수 있는 절차를 요구한다.[4]

다. 방송수신료는 방송수신기의 보유를 근거로 납부해야 하는 특별부담금으로서 급부에 대한 반대급부기 이니다.[5] 수신료의 납부의무를 공영방송의 시청 여부와 관계없이 수신기의 보유 여부에 결부시키는 것은 헌법적으로 하자가 없다.

---

1) BVerfGE 87, 181, 198ff.; 90, 60, 90f.
2) 헌법재판소는 텔레비전방송수신료의 금액에 대하여 국회가 스스로 결정함이 없이 한국방송공사로 하여금 결정하도록 한 한국방송공사법규정이 의회유보원칙에 위반된다고 하여 위헌으로 판단한 바 있다, 헌재 1999. 5. 27. 98헌바70(텔레비전 방송수신료), 판례집 11-1, 633, 645, "공사가 공영방송사로서의 공적 기능을 제대로 수행하면서도 아울러 언론자유의 주체로서 방송의 자유를 제대로 향유하기 위하여서는 그 재원조달의 문제가 결정적으로 중요한 의미를 지닌다. 공사가 그 방송프로그램에 관한 자유를 누리고 국가나 정치적 영향력, 특정 사회세력으로부터 자유롭기 위하여는 적절한 재정적 토대를 확립하지 아니하면 아니 되는 것이다. 이 법은 수신료를 공사의 원칙적인 재원으로 삼고 있으므로 수신료에 관한 사항은 공사가 방송의 자유를 실현함에 있어서 본질적이고도 중요한 사항이라고 할 것이므로 의회 자신에게 그 규율이 유보된 사항이라 할 것이다."
3) 헌재 1999. 5. 27. 98헌바70(텔레비전 방송수신료), 판례집 11-1, 633, 645-646, "… 수신료금액의 결정은 입법자인 국회가 스스로 행하여야 할 것이다. 물론 여기서 입법자의 전적인 자의가 허용되는 것은 아니어서, 입법자는 공사의 기능이 제대로 수행될 수 있으며 방송프로그램에 관한 자율성이 보장될 수 있도록 적절한 규모의 수신료를 책정하여야 하고, 공사에게 보장된 방송의 자유를 위축시킬 정도의 금액으로 결정하여서는 아니 된다."
4) [수신료의 징수방식을 종래 '수신료와 전기요금의 통합징수'에서 '수신료의 분리징수'로 변경한 방송법 시행령조항이 방송운영의 자유를 침해하는지 여부에 관하여] 헌재 2024. 5. 30. 2023헌마820등(수신료 분리징수), "심판대상조항은 수신료의 통합징수를 금지할 뿐이고, 수신료의 금액이나 납부의무자, 미납이나 연체 시 추징금이나 가산금의 금액을 변경하는 것은 아니므로, … 공영방송의 기능을 위축시킬 만큼 청구인의 재정적 독립에 영향을 끼친다고 볼 수 없다."; vgl. BVerfGE 90, 60, 90ff.
5) 헌재 1999. 5. 27. 98헌바70(텔레비전 방송수신료), 판례집 11-1, 633, 641, "수신료는 공영방송사업이라는 특정한 공익사업의 경비조달에 충당하기 위하여 수상기를 소지한 특정집단에 대하여 부과되는 특별부담금에 해당한다고 할 것이다."

제3항 制 限

I. 事前制限

1. 허 가

'정기간행물의 등록 등에 관한 법률'은 정기간행물을 발행하려면 윤전기 1대 이상 및 대통령령이 정하는 조판시설과 제판시설을 공보처장관에게 등록하도록 하면서, 동 법 시행령규정은 윤전기 1대 이상 및 조판시설과 제판시설이 자기의 소유임을 증명하는 서류를 공보처장관에게 제출해야만 위 등록을 할 수 있도록 규정하고 있다. 甲은 해당시설의 등록을 하지 아니하고 '전민련신문'을 발행하였다는 이유로 기소되었고, 이에 '위 법률조항이 일반주간신문 발행의 시설기준을 너무 엄격하게 제한하는 것으로서 언론출판의 자유를 침해하고 헌법이 금하고 있는 허가제에 위반된다'고 주장하면서 법원에 위헌법률심판제청을 신청하였다.[1]

헌법 제21조 제2항은 '언론·출판에 대한 허가나 검열은 인정되지 아니한다.'고 규정하고 있다. 여기서 헌법 제21조 제2항에서 금지하는 '언론·출판에 대한 허가나 검열'이 무엇을 의미하는지 의문이 제기된다. 허가와 검열의 관계에 관해서는 다음과 같은 2가지 해석이 가능하다.

첫째, 헌법이 "허가나 검열"이라고 하여 '허가'와 '검열'을 구분하여 언급한 이상, 허가와 검열의 의미는 다르다고 보는 입장에서는, '허가'란 '언론·출판기업의 설립'에 대한 허가제를 의미하는 것이고, '검열'이란 '표현물의 내용'에 대한 허가제를 의미하는 것으로 이해할 수 있다. 이러한 견해에 의하면, 헌법은 제21조 제2항에서 언론·출판에 대한 허가제를 명시적으로 금지함으로써 언론기업의 설립에 대하여 국가의 허가절차를 도입하는 것을 금지하고 있다. 언론·출판의 영역에서 다양한 사상의 자유로운 경합이 이루어지기 위해서는 누구에게나 언론 시장의 자유로운 진입이 허용되어야 하고 누구나 자유롭게 출판기업을 설립할 수 있어야 한다는 것이다. 그러나 방송과 통신에 대해서는 허가제가 완전히 배제될 수 없다는 법적 상황을 고려한다면, 위 견해의 문제점은 헌법 제21조 제2항의 '언론·출판'의 의미를 방송과 통신을 제외한 고전적 의미의 언론(신문·출판)으로 협소하게 해석해야 한다는 점이다.

둘째, 허가와 검열을 동일한 의미로 이해하는 견해이다.[2] 이러한 견해에 의하면, 허가와 검열은

---

1) 헌법재판소는 "해당시설을 자기소유이어야 하는 것으로 해석하여 필요이상의 등록사항을 요구하는 한 형사처벌의 구성요건에 해당하는 사항을 임의로 해석하는 것으로 헌법 제12조의 죄형법정주의의 원리에 반하고, 헌법 제21조 제3항에서 규정한 신문의 기능을 보장하기 위하여 필요한 사항을 과잉해석한 위헌적인 법령이라고 아니할 수 없어 이 사건 법률의 해당시설을 자기소유이어야 하는 것으로 해석하는 한 헌법상 금지되고 있는 과잉금지의 원칙이나 비례의 원칙에 반하는 법률이라 아니할 수 없다."고 판시하여(판례집 4, 300, 315), 심판대상조항에 대하여 한정위헌결정을 하였다. 심판대상조항은 언론출판의 자유에 의하여 함께 보호되는 언론기업 설립의 자유를 과도하게 제한하는 규정인 것이다.

2) 가령, 헌재 2001. 5. 31. 2000헌바43(중계유선방송의 보도·논평·광고 금지) 결정에서 허가와 검열을 동일한 것으

모두 '표현물의 내용'에 대한 허가제를 의미한다. 즉, 언론·출판에 대한 허가란, 국가기관이 발표나 언론보도를 전면적으로 금지하고 발표나 언론보도 전에 그 내용을 심사하여 허가요건에 해당하는 경우에 한하여 금지를 해제하는 것을 말한다. 이로써 허가는 '허가받지 않은 것의 발표를 금지'하는 것으로 검열과 동일한 의미를 가진다. 이러한 견해의 문제점은 허가와 검열을 동일한 것으로 간주함으로써 허가와 검열을 구분하여 표현하는 헌법 제21조의 법문("허가나 검열")에 부합하지 않는다는 점이다.

2. 검 열

사례 1 헌재 1996. 10. 4. 93헌가13 등(영화검열 사건)

구 영화법은 영화상영 전에 공연윤리위원회의 사전 심의를 받도록 하고 이에 위반하는 경우 처벌을 받도록 규정하고 있다. 甲은 해직교사의 문제를 다룬 영화를 공연윤리위원회의 사전심의 없이 상영하여 법원에 영화법위반으로 기소되자, 해당 영화법조항이 헌법상의 검열금지원칙(헌법 제21조 제2항)에 위반된다고 하여 위헌법률심판제청을 신청하였다.[1]

사례 2 헌재 2008. 6. 26. 2005헌마506(텔레비전 방송광고의 사전심의제 사건)

구 방송법은, 텔레비전 방송광고를 하고자 하는 자는 방송국에 이에 대한 청약을 하기 전에 먼저 방송위원회의 사전심의를 받도록 하면서, 방송위원회는 방송광고물의 사전심의에 관한 업무를 민간기구에 위탁하도록 규정하였고, 방송사업자는 방송위원회의 심의를 받지 않은 방송광고의 방송을 하여서는 안 되며 방송사업자가 이에 위반하는 경우에는 과태료에 처하도록 규정하였다. 甲은 乙 방송국으로부터 방송법에 의한 사전심의를 받지 않았다는 이유로 방송청약을 거절당하였다. 이에 甲은 방송법규정이 자신의 기본권을 침해한다고 주장하며 헌법소원심판을 청구하였다.[2]

가. 의 미

헌법 제21조 제2항이 검열금지를 규정하고 있는 것은, 표현의 자유는 검열의 방법으로는 법률로

로 보고 있다, 판례집 13-1, 1167, 1179, "헌법재판소는 위 제21조 제2항의 검열금지원칙이 적용되는 '검열'에 관하여 '행정권이 주체가 되어 사상이나 의견 등이 발표되기 이전에 예방적 조치로서 그 내용을 심사, 선별하여 발표를 사전에 억제하는, 즉 허가 받지 아니한 것의 발표를 금지하는 제도'라고 의미 규명한 바 있는데, 언론의 내용에 대한 허용될 수 없는 사전적 제한이라는 점에서 위 조항 전단의 '허가'와 '검열'은 본질적으로 같은 것이라고 할 것이며 위와 같은 요건에 해당되는 허가·검열은 헌법적으로 허용될 수 없다."

1) 헌법재판소는 위 결정에서 "영화법 제12조 제1항, 제2항 및 제13조 제1항이 규정하고 있는 영화에 대한 심의제의 내용은 심의기관인 공연윤리위원회가 영화의 상영에 앞서 그 내용을 심사하여 심의기준에 적합하지 아니한 영화에 대하여는 상영을 금지할 수 있고, 심의를 받지 아니하고 영화를 상영할 경우에는 형사처벌까지 가능하도록 한 것이 그 핵심이므로 이는 명백히 헌법 제21조 제1항이 금지한 사전검열제도를 채택한 것이다."라고 판시하여 위헌으로 판단하였다(판례집 8-2, 212, 213). 위 결정과 근본적으로 동일한 헌법적 쟁점을 가지고 있는 결정으로 헌재 1996. 10. 31. 94헌가6(음반 사전심의에 대한 위헌제청); 헌재 2001. 8. 30. 2000헌가9(영화의 등급분류보류제도); 헌재 2008. 10. 30. 2004헌가18(비디오물의 등급분류보류제도); 헌재 2005. 2. 3. 2004헌가8(외국비디오물 수입추천제도); 헌재 2006. 10. 26. 2005헌가14(외국음반 수입추천제도) 참조. 헌법재판소는 위 사건들에서 모두 사전검열에 해당한다는 이유로 위헌결정을 하였다.
2) 헌법재판소는 위 결정에서 방송위원회로부터 위탁을 받은 한국광고자율심의기구로 하여금 방송광고에 대하여 방송 전에 그 내용을 심의하여 방송여부를 결정하도록 규정하고 있는 '방송광고 사전심의제'에 대하여 사전검열에 해당한다고 하여 위헌으로 판단하였다(판례집 20-1하, 397).

써도 제한될 수 없다는 것을 의미하는 것이다.[1] 헌법 제21조 제2항의 의미에서의 검열은 단지 사전검열, 즉 사상이나 견해의 발표 이전에 행해지는 '표현물의 내용에 대한 허가제'를 말한다. 역사적으로 검열이란, 국가나 교회가 자신에게 불리한 사상·견해의 발생이나 전파를 사전에 방지하기 위하여 국민의 정신생활을 계획적으로 감시·감독하는 행위, 특히 서적의 내용에 대한 사전적 통제를 의미하였다. 사전검열이 국민의 정신생활과 민주주의의 실현에 대하여 미치는 해악이 심대하기 때문에, 헌법은 사전검열을 절대적으로 금지하고 있는 것이다. 국가가 사전검열을 통하여 국민이 접촉할 수 있는 견해와 사상의 내용을 결정함으로써, 국민의 정신생활과 문화생활을 국가가 의도하는 일정한 방향으로 유도할 수 있고, 나아가 정치적 영역에서 국민의 여론형성을 주도하고 정치적 의사형성 과정을 지배할 수 있기 때문이다.

검열이란, "행정권이 주체가 되어 사상이나 의견 등이 발표되기 이전에 예방적 조치로서 그 내용을 심사, 선별하여 발표를 사전에 억제하는, 즉 허가를 받지 아니한 것의 발표를 금지하는 제도를 뜻한다. 그러므로 검열은 일반적으로 허가를 받기 위한 표현물의 제출의무, 행정권이 주체가 된 사전심사절차, 허가를 받지 아니한 의사표현의 금지 및 심사절차를 관철할 수 있는 강제수단 등의 요건을 갖춘 경우에만 이에 해당하는 것이다."[2]

나. 검열의 요건

(1) 검열의 주체로서 행정권

검열의 주체는 국가기관이 아니라 행정권이다. 행정기관인지의 여부는 기관의 형식이 아니라 그 실질에 따라 판단되어야 한다.[3] 사인에 의한 자기검열은 금지되는 검열에 해당하지 않는다.

검열금지의 원칙은 모든 형태의 사전적인 규제를 금지하는 것이 아니라, 단지 의사표현의 발표 여부가 오로지 행정권의 허가에 달려있는 사전심사만을 금지한다. 법원의 가처분결정에 의하여 예방적으로 의견표명을 금지하는 것(가령, 법원에 의한 방영 금지가처분 또는 서적발행판매반포등 금지가처분)은 비록 사전에 그 내용을 심사하여 금지하는 것이기는 하지만 행정권에 의한 사전심사가 아니어서

---

1) 헌재 1996. 10. 4. 93헌가13(영화검열), 판례집 8-2, 212, 222, "이러한 검열제가 허용될 경우에는 국민의 예술활동의 독창성과 창의성을 침해하여 정신생활에 미치는 위험이 클 뿐만 아니라 행정기관이 집권자에게 불리한 내용의 표현을 사전에 억제함으로써 이른바 관제의견이나 지배자에게 무해한 여론만이 허용되는 결과를 초래할 염려가 있기 때문에 헌법이 직접 그 금지를 규정하고 있는 것이다. 그러므로 헌법 제21조 제2항이 언론·출판에 대한 검열금지를 규정한 것은 … 언론·출판의 자유에 대하여는 검열을 수단으로 한 제한만은 법률로써도 허용되지 아니 한다는 것을 밝힌 것이다."

2) 헌재 1996. 10. 4. 93헌가13(영화검열), 판례집 8-2, 212.

3) 헌재 1996. 10. 4. 93헌가13(영화검열), 판례집 8-2, 212, 213, "검열을 행정기관이 아닌 독립적인 위원회에서 행한다고 하더라도 행정권이 주체가 되어 검열절차를 형성하고 검열기관의 구성에 지속적인 영향을 미칠 수 있는 경우라면 실질적으로 검열기관은 행정기관이라고 보아야 한다. 그러므로 공연윤리위원회가 민간인으로 구성된 자율적인 기관이라고 할지라도 영화법에서 영화에 대한 사전허가제도를 채택하고, 공연법에 의하여 공연윤리위원회를 설치토록 하여 행정권이 공연윤리위원회의 구성에 지속적인 영향을 미칠 수 있게 하였으므로 공연윤리위원회는 검열기관으로 볼 수밖에 없다."; 헌재 2008. 6. 26. 2005헌마506(텔레비전 방송광고의 사전심의제), 판례집 20-1하, 397, "한국광고자율심의기구는 행정기관적 성격을 가진 방송위원회로부터 위탁을 받아 이 사건 텔레비전 방송광고 사전심의를 담당하고 있는바, 한국광고자율심의기구는 민간이 주도가 되어 설립된 기구이기는 하나, 그 구성에 행정권이 개입하고 있고, 행정법상 공무수탁사인으로서 그 위탁받은 업무에 관하여 국가의 지휘·감독을 받고 있으며, 방송위원회는 텔레비전 방송광고의 심의 기준이 되는 방송광고 심의規程을 제정, 개정할 권한을 가지고 있고, 자율심의기구의 운영비나 사무실 유지비, 인건비 등을 지급하고 있다. 그렇다면 … 한국광고자율심의기구가 행하는 이 사건 텔레비전 방송광고 사전심의는 행정기관에 의한 사전검열로서 헌법이 금지하는 사전검열에 해당한다."

사전검열에 해당하지 않는다.[1] 법원의 가처분결정의 경우, 허가를 받기 위한 제출의무가 없을 뿐만 아니라, 국가와 사인의 관계에서 이루어지는 '표현물의 내용에 대한 허가'의 문제가 아니다. 법원의 가처분결정은 개인의 인격권과 표현의 자유가 서로 충돌하는 경우 인격권의 보호를 위하여 사인간의 법률관계에서 사법상의 권리에 근거하여 이루어지는 것이다. 가령, 표현내용이 진실이 아니고 피해자에게 중대하고 현저하게 회복하기 어려운 손해를 입힐 우려가 있는 경우에는 피해자의 명예의 보호가 가해자의 표현의 자유에 대하여 우위를 차지하는 것이 명백하므로, 이에 대한 유효적절한 구제수단으로서 예외적으로 사전금지가 허용되는 것이다.

(2) 표현물에 대한 내용적 심사

검열의 개념은 표현물의 내용적 심사를 전제로 한다. 그러므로 표현물의 내용과 관계없이 단지 의견표명의 특정한 형태나 방식에 의하여 발생하는 위험에 대하여 대처하고자 하는 허가절차는 검열이 아니다. 가령, 교통안전에 대한 위험을 이유로 항공기 등을 이용하여 전단을 뿌리는 행위를 금지하는 '광고물에 대한 규제'의 경우, 규제의 목적이 표현물 내용의 규제가 아닌 한, 검열에 해당하지 않는다. 마찬가지로 기술적인 이유에 근거하는 표현물의 제출의무 및 신고의무는 그의 사실싱의 효과에 있어서 국가의 검열과 동일하지 않은 이상, 검열이 아니다.

심의기관에서 허가절차를 통하여 영화의 상영 여부를 종국적으로 결정할 수 있도록 하는 것은 검열에 해당하나, 예컨대 영화의 상영으로 인한 실정법위반의 가능성을 사전에 막고, 청소년 등에 대한 상영이 부적절할 경우 이를 유통단계에서 효과적으로 관리할 수 있도록 미리 등급을 심사하는 '영화상영등급분류제도'는 사전검열이 아니다.[2] 그러나 등급분류보류의 횟수제한이 없는 '영화상영등급분류보류제도'는 실질적으로 사전검열에 해당한다.[3]

표현물의 내용에 따라 검열금지원칙의 적용여부를 달리 판단해야 하는지, 가령 영리목적의 상업광고에도 검열금지원칙이 적용되는지의 문제가 제기된다. 헌법재판소는 '텔레비전 방송광고의 사전심의제'가 사전검열에 해당하여 위헌이라고 판단한 바 있으나, '건강기능식품 광고 사전심의제 결정'에서는 '검열금지원칙의 절대성에 비추어 검열금지원칙이 적용될 대상도 헌법이 언론·출판의 자유를 보장하고 사전검열을 금지하는 목적에 맞게 한정하여 적용해야 할 것'이라고 하면서, '건강기능식품 광고에 관한 사전심의절차는 헌법이 절대적으로 금지하는 사전검열에 해당하지 않는다'라고 하여 상업광고를 검열금지원칙의 적용대상으로부터 배제하고자 시도하였다.[4] 그러나 헌법재판소는 '의료

---

1) 헌재 2001. 8. 30. 2000헌바36(PD 수첩 방영금지가처분), 판례집 13-2, 229, "헌법 제21조 제2항에서 규정한 검열금지의 원칙은 모든 형태의 사전적인 규제를 금지하는 것이 아니고 단지 의사표현의 발표 여부가 오로지 행정권의 허가에 달려있는 사전심사만을 금지하는 것을 뜻하므로, 이 사건 법률조항에 의한 방영금지가처분은 행정권에 의한 사전심사나 금지처분이 아니라 개별 당사자간의 분쟁에 관하여 사법부가 사법절차에 의하여 심리, 결정하는 것이어서 헌법에서 금지하는 사전검열에 해당하지 아니한다."

2) 또한, 헌법재판소는 헌재 2007. 10. 4. 2004헌바36(비디오물의 등급분류제)에서, 등급분류를 받지 아니한 비디오물의 유통을 금지하는 비디오물 등급분류제도는 표현물의 공개나 유통 그 자체의 당부를 결정하는 절차가 아니므로 사전 검열에 해당하지 않는다고 판시하였다.

3) 헌재 2001. 8. 30. 2000헌가9(영화의 등급분류보류제도), "영화진흥법 제21조 제4항이 규정하고 있는 영상물등급위원회에 의한 등급분류보류제도는, 영상물등급위원회가 영화의 상영에 앞서 영화를 제출받아 그 심의 및 상영등급분류를 하되, 등급분류를 받지 아니한 영화는 상영이 금지되고 만약 등급분류를 받지 않은 채 영화를 상영한 경우 과태료, 상영금지명령에 이어 형벌까지 부과할 수 있도록 하며, 등급분류보류의 횟수제한이 없어 실질적으로 영상물등급위원회의 허가를 받지 않는 한 영화를 통한 의사표현이 무한정 금지될 수 있으므로 검열에 해당한다."; 동일한 취지로 헌재 2008. 10. 30. 2004헌가18(비디오물의 등급분류보류제도).

광고 사전심의제 결정'에서 '상업광고도 표현의 자유의 보호대상이 되며, 표현의 자유의 보호를 받는 모든 표현물에 대하여 사전검열이 예외 없이 금지된다'는 종래의 입장으로 판례를 변경하였고,[1] '건강기능식품 기능성광고 사전심의제 결정'에서 이를 다시 확인하였다.[2]

Ⅱ. 事後的 制限

1. 표현의 내용에 대한 제한

> **사례**　헌재 2005. 10. 27. 2003헌가3(의료광고규제 사건)
>
> 안과의사인 甲은 자신의 인터넷 홈페이지에 자신의 진료모습이 담긴 사진과 함께 외국에서 연수한 약력, 라식수술에 대한 진료방법을 게재하는 등 광고를 하였다는 이유로 기소되어 재판을 받던 중 특정의료기관이나 특정의료인의 기능·진료방법 등에 관하여 광고를 하지 못하도록 규정한 의료법규정에 대하여 위헌여부심판의 제청신청을 하였다.

가. 사후적 제한의 위헌여부를 판단하는 기준

검열금지원칙은 사상이나 견해의 발표 이후에 비로소 취해지는 사후적인 규제를 금지하지 않는다. 표현의 자유에 대한 사후적 제한의 경우, 다른 기본권에 대한 제한의 경우와 마찬가지로 헌법 제37조 제2항에 의하여 과잉금지원칙의 적용을 받는다. 따라서 사전검열에 해당하지는 않지만 표현의 자유를 제한하는 모든 공권력행위의 위헌여부는 과잉금지원칙에 따라 판단되어야 한다.

나. 표현의 자유에 대한 제한을 정당화하는 법익

헌법은 제21조 제4항에서 스스로 표현의 자유에 대한 제한을 정당화하는 법익으로서 타인의 명예와 권리, 공중도덕과 사회윤리 등을 언급하고 있다(아래 제4장 제7절 제3항 Ⅴ. 참조). 여기서 언급하고 있는 법익은 표현의 자유와 전형적으로 충돌할 수 있는 법익으로서, 열거적인 것이 아니라 예시적인 것으로 보아야 한다. 따라서 헌법에서 명시적으로 언급하고 있는 법익 외에도 아동과 청소년의 보호,[3] 국민의 건강[4] 등 다른 중대한 법익의 보호를 위해서도 표현의 자유는 제한될 수 있다.

---

4) 헌재 2010. 7. 29. 2006헌바75(건강기능식품 광고 사전심의제), 판례집 22-2상, 232, 233.

1) 헌재 2015. 12. 23. 2015헌바75(의료광고 사전심의제), 판례집 27-2하, 627, "헌법이 특정한 표현에 대해 예외적으로 검열을 허용하는 규정을 두지 않은 점, 이러한 상황에서 표현의 특성이나 규제의 필요성에 따라 언론·출판의 자유의 보호를 받는 표현 중에서 사전검열금지원칙의 적용이 배제되는 영역을 따로 설정할 경우 그 기준에 대한 객관성을 담보할 수 없다는 점 등을 고려하면, 헌법상 사전검열은 예외 없이 금지되는 것으로 보아야 하므로 의료광고 역시 사전검열금지원칙의 적용대상이 된다."

2) 헌재 2018. 6. 28. 2016헌가8 등, 판례집 30-1하, 313; 또한 헌재 2020. 8. 28. 2017헌가35 등(의료기기 광고 사전심의제).

3) 헌재 2002. 4. 25. 2001헌가27(청소년이용 음란물); 헌재 2022. 10. 27. 2021헌가4(아동학대행위자의 식별정보 보도금지).

4) 헌재 2000. 3. 30. 97헌마108(의약품과 혼동할 우려가 있는 식품광고금지), 헌법재판소는 식품의 약리적 효능에 관한 광고를 금지하는 식품위생법규정을 '국민건강의 보호'라는 법익에 근거하여 합헌으로 판단하였다.

다. 표현물의 내용에 따른 보호의 차등화

표현의 자유의 헌법상 목적과 기능에 비추어, 표현의 자유와 이와 상충하는 다른 법익을 비교형량하는 과정에서 표현의 자유의 행사가 개인의 인격발현 또는 공동체의 의사형성과정에 있어서 가지는 의미와 비중을 고려할 수 있다. 따라서 표현물의 내용이 개인의 인격발현이나 공동체의 의사형성에 있어서 중요한 의미를 가질수록, 이를 제한하는 법익은 더욱 중대해야 한다. 이러한 관점에서 볼때, 영리목적의 상업광고는 개인의 인격발현이나 공동체의 의사형성에 있어서 차지하는 비중이 상대적으로 작으므로, 상업광고의 규제에 있어서 입법자에게 보다 광범위한 형성권이 인정된다. 헌법재판소가 상업광고 규제의 위헌심사에서 완화된 심사를 언급하고 있다면, 이는 이러한 의미로 이해되어야 한다.[1]

라. 헌법재판소의 판례

헌법재판소는 국가가 교과서의 저작·발행·공급을 독점하는 국정교과서제도는 교사들의 출판의 자유를 제한하지 않는 것으로 판단하였다.[2] 반면, 행형법상 징벌의 일종인 금치처분을 받은 자에 대하여 집필의 내용과 목적 등을 묻지 않고, 대상자에 대한 교화 또는 처우상 필요한 경우까지도 금치기간 중 예외 없이 일체의 집필행위를 금지하는 것이 표현의 자유를 침해한다고 하여 위헌결정을 하였다.[3]

2. 표현의 수단·방법에 대한 제한

> **사례** | 헌재 2002. 12. 18. 2000헌마764(교통수단이용 광고제한 사건)
>
> 구 옥외광고물등관리법시행령은 "교통수단을 이용한 광고는 교통수단 소유자에 관한 광고에 한하여 할 수 있다."고 규정하고 있다. 甲 주식회사는 의뢰받은 업체의 광고를 자가용에 부착하는 방식으로 자가용 등 비영업용 차량을 광고매체에 활용하는 신종 광고대행업을 목적으로 설립된 법인으로서, 위 시행령조항에 의하여 표현의 자유를 침해당했다고 주장하면서 헌법소원심판을 청구하였다. 위 시행령조항은 甲 주식회사의 표현의 자유를 침해하는가?

표현의 수단과 방법도 표현의 자유에 의하여 보호되지만, 표현의 자유는 표현물의 내용 또는 형식이 제한되는지에 따라 그 보호의 정도를 달리한다. 국가가 개인의 표현행위를 규제하는 경우, 표현내용에 대한 규제는 원칙적으로 중대한 공익의 실현을 위하여 불가피한 경우에 한하여 엄격한 요건

---

1) 헌재 2005. 10. 27. 2003헌가3(의료광고규제), 판례집 17-2, 189, 198, "상업광고는 표현의 자유의 보호영역에 속하지만 사상이나 지식에 관한 정치적, 시민적 표현행위와는 차이가 있고, 한편 직업수행의 자유의 보호영역에 속하지만 인격발현과 개성신장에 미치는 효과가 중대한 것은 아니다. 그러므로 상업광고 규제에 관한 비례의 원칙 심사에 있어서 '피해의 최소성' 원칙은 같은 목적을 달성하기 위하여 달리 덜 제약적인 수단이 없을 것인지 혹은 입법목적을 달성하기 위하여 필요한 최소한의 제한인지를 심사하기 보다는 '입법목적을 달성하기 위하여 필요한 범위 내의 것인지'를 심사하는 정도로 완화되는 것이 상당하다."; 同旨 헌재 2008. 5. 29. 2007헌마248(세무사명칭의 사용제한), 판례집 20-1하, 287, 296.
2) 헌재 1992. 11. 12. 89헌마88(국정교과서제도), 판례집 4, 739, 760, "청구인이 중학교 국어교과의 내용으로 합당하다고 연구한 것이 있다면 그 내용을 정리하여 일반 저작물로 출판할 수 있는 것은 헌법 제21조 제1항의 출판의 자유에 의해 보장되고 있고, 그 점은 현행 국어교과서 국정제도에 의해 아무런 영향을 받지 아니한다."
3) 헌재 2005. 2. 24. 2003헌마289(금치수형자에 대한 집필금지).

하에서 허용되는 반면, 표현내용과 무관하게 표현의 방법을 규제하는 것은 합리적인 공익상의 이유로 폭넓은 제한이 가능하다.[1] 표현의 자유가 보호하고자 하는 핵심적인 것은, 누구나 자신의 생각을 자유롭게 표현할 수 있어야 한다는 것, 즉 표현물의 내용이기 때문이다. 헌법 제21조 제1항의 집회의 자유는 집회란 방법을 통하여 공동으로 의견을 표명할 수 있는 가능성을 '표현의 자유를 행사하는 다양한 방법의 하나'로서 특별히 보호하고 있다.

Ⅲ. 법익충돌의 경우 법익교량의 문제

표현의 자유를 제한하는 법규정의 해석과 적용에 있어서, 제한되는 표현의 자유와 그 법규정에 의하여 실현되는 법익 사이의 비교형량이 이루어진다. 표현의 자유와 충돌하는 법익은 명예의 보호뿐만 아니라 청소년 보호, 재산권, 직업의 자유, 행형, 기업 내의 평화 등 다양하다. 표현의 자유와 다른 보호법익이 서로 충돌하는 경우, 헌법상 양 법익간의 우위관계가 존재하는지 또는 법익교량의 일반적 기준이 존재하는지의 문제가 제기된다.

1. 한국 헌법에서 표현의 자유

가. 미연방헌법과의 근본적인 차이

일부 학자는 표현의 자유를 제한하는 법률의 합헌성심사의 기준으로서 우월적 지위 이론, 명백하고 현존하는 위험의 원칙, 현실적 악의의 원칙, 명확성의 이론 등을 언급하고 있다. 이러한 이론들은 모두 미연방대법원에 의하여 형성된 '표현의 자유의 우월적 지위 이론'에 그 바탕을 둔 것이다. '표현의 자유의 우월적 지위'는 기본권체계 내에 일정한 위계질서가 있는 경우에만 인정될 수 있다. 미연방대법원은 헌법상의 특정한 단어나 문구를 절대적인 의미로 해석함으로써,[2] 상충하는 다른 법익의 희생 하에서 표현의 자유와 같은 특정 자유를 일방적으로 지나치게 강조하는 경향이 있다.

이에 대하여, 우리 헌법은 기본권 간의 일정한 위계질서를 규정하고 있지 않으며, 나아가 헌법 스스로 제21조 제4항에서 표현의 자유의 일방적인 우위를 명시적으로 부정하고 있다. 헌법은 언론의 자유의 행사로 인하여 발생할 수 있는 위험을 인식하여, 제21조 제4항에서 언론의 자유의 헌법적 한계를 명백히 밝히고 언론의 사회적 책임을 강조하고 있다. 언론의 자유의 한계를 규정하는 위 조항에 비추어 보더라도, 우리 헌법은 표현의 자유의 일반적 우위에 대하여 부정적인 입장을 취하고 있으며, 이러한 이유만으로도 미연방대법원에 의하여 형성된 법리는 수용되기 어렵다.

한국의 헌법이 '人間尊嚴性의 헌법'이라면, 미국의 헌법은 '自由의 헌법'이라고 특징적으로 표현할 수 있다. 인간의 존엄성을 헌법의 최고의 가치이자 국가의 존재이유로 삼는 한국 헌법의 가치체계에서, 인간존엄성실현에 기여하는 다른 모든 자유는 '표현의 자유'와 동등한 지위와 중요성을 가진다. 따라서 미국 헌법과 한국 헌법의 근본적인 차이 및 헌법재판에서 나타나는 헌법에 대한 이해의 차이에 비추어, 미연방대법원에 의하여 형성된 여러 가지 원칙, 예컨대 자유권 사이의 위계질서를 인정하

---

1) 헌재 2002. 12. 18. 2000헌마764(교통수단이용 광고제한), 판례집 14-2, 856, 869.
2) 미국의 연방헌법 수정 제1조는 '의회는 언론 또는 출판의 자유를 제한하는 법률을 제정하지 못한다'고 규정하고 있는데, 미연방대법원은 표현의 자유에 대한 제한을 허용하지 않는 법문의 文意대로 표현의 자유를 절대시하고 있다.

는 '이중기준의 원칙', '공적 인물과 사인'의 구분, 표현의 자유를 제한하는 공권력행위에 대한 심사기준으로서 '명백하고 현존하는 위험의 원리'[1] 등은 한국 헌법학에 수용되기 어렵다. 결국, 표현의 자유의 우월적 지위 이론이 수용될 수 없다면, 이로부터 파생하는 법익형량에 관한 일반적 기준도 존재하지 않는다.

나. 개별적인 경우 구체적인 법익교량의 원칙

헌법재판소는 일부 소수의 결정에서 표현의 자유나 언론의 자유의 우위를 언급하고 있다.[2] 그러나 표현의 자유가 다른 기본권에 대하여 우위를 차지한다면, 표현의 자유가 인격권 등 다른 법익과 충돌하는 경우 법익형량과정에서 이러한 원칙이 어떠한 형태로든 고려되고 관철되어야 하는데, 헌법재판소는 표현의 자유의 우위를 단지 선언적으로만 언급할 뿐, 이로부터 아무런 구체적인 법적 결과를 이끌어내지 않고 있다. 오히려 헌법재판소는 인격권과 표현의 자유 중 어떠한 기본권도 일반적인 우위를 차지하는 것이 아니라 개별적 경우마다 구체적인 법익형량을 할 것을 요청하고 있다.[3] 그러나 헌법재판소가 일단 '표현의 자유의 우위'를 언급한다면, 우선 이러한 원칙의 헌법적 근거가 납득할 수 있도록 논증되어야 하고, 뿐만 아니라 법익형량과정에서 그러한 원칙이 어떠한 형태로든 반영되어야만, 논리적으로 일관된 자세라 할 수 있다. 결국, 헌법재판소는 비록 소수의 결정에서 '표현의 자유의 우위'를 언급하고 있으나, '표현의 자유의 우위 원칙'에 근거해서가 아니라 실질적으로 개별적 경우마다 구체적인 법익형량을 통하여 심판대상행위의 위헌성을 판단하고 있다는 점에서, 모든 기본권적 자유가 원칙적으로 동등한 지위와 중요성을 가진다는 사고에서 출발하고 있다고 보아야 한다.

헌법상 자유의 보장이란, '國家 對 個人의 自由'의 관점에서만 파악되어서는 아니 되고, 기본권주체간의 自由의 衝突의 관점에서도 조명되어야 한다. 개인의 자유가 서로 충돌하는 경우, 한 개인의 자유의 확장은 다른 개인의 자유의 축소를 의미하며, 이러한 점에서 자유는 적정한 배분의 문제이다. 따라서 사인과 사인의 기본권이 충돌하는 경우, 국가가 일방적으로 표현의 자유를 보호한다는 것은 다른 사인의 기본권의 희생 하에서만 가능한 것이며, 이는 국가가 개인의 명예도 적절하게 보호해야 한다는 의무에 대한 위반을 의미한다.

2. 미국의 '표현의 자유의 優越的 地位' 이론

가. 우월적 자유 이론

미국의 소위 優越的 自由(preferred freedoms) 이론은, 표현의 자유와 같이 수정 제1조에 규정된 정신적 자유는 민주주의의 근거이자 조건으로서 경제적 자유를 비롯한 다른 자유보다 더 근본적이며 우선적으로 보장되어야 한다는 이론이다. '우월적 자유' 이론은, 자유권을 경제적 자유권과 정신적

---

1) "명백하고 현존하는 위험의 원리"도 기본권의 구조 내에서 표현의 자유의 우월적 지위를 전제로 하여 자유권제한의 일반원칙인 비례의 원칙이 표현의 자유와 관련하여 구체화된 원칙으로서, 위 원칙의 논리적 기반인 '표현의 자유의 우월적 지위'가 부인되는 이상, 한국 헌법에서는 그 존립근거를 상실한 원칙이다.

2) 헌재 1991. 9. 16. 89헌마165(정정보도청구), 판례집 3, 518, 524, "언론의 자유는 바로 민주국가의 존립과 발전을 위한 기초가 되기 때문에 특히 우월적인 지위를 지니고 있는 것이 현대 헌법의 한 특징이다."; 헌재 1992. 2. 25. 89헌가104(군사기밀보호법상의 군사기밀), 판례집 4, 64, 95, "표현의 자유가 다른 기본권에 우선하는 헌법상의 지위를 갖는다고 일컬어지는 것도 그것이 단순히 개인의 자유인데 그치는 것이 아니고 통치권자를 비판함으로써 피치자가 스스로 지배기구에 참가한다고 하는 자치정체(自治政體)의 이념을 그 근간으로 하고 있기 때문인 것이다."

3) 헌재 1991. 9. 16. 89헌마165(정정보도청구), 판례집 3, 518, 524, 526-527.

자유권으로 구분하여 제한되는 기본권의 성격에 따라 심사기준을 달리 하는 '이중기준 이론'을 필연적인 결과로 가져왔다.[1]

나. 思想의 自由市場 理論

미국 연방대법원의 '표현의 자유의 우위 원칙'은 소위 '思想의 自由市場 理論'에 그 사상적 바탕을 두고 있다. 어떠한 견해나 사상이 옳고 그른지 또는 가치 있고 가치 없는 것인지를 평가하고 결정하는 것은 일차적으로 국가권력이나 특정 심급이 아니라 누구에게나 개방되어 있는 사상의 자유시장이며, 비록 유해한 사상이나 표현이라도 그 해악의 교정은 국가의 개입에 의해서가 아니라 우선적으로 다양한 의견의 경합을 통하여 이루어져야 한다는 믿음이 바로 '사상의 자유시장 이론'이다.[2] 이에 따라 '사상의 자유시장 이론'에는 다양한 견해의 자유경쟁이 진실을 발견하고 공익을 실현하는 방향으로 발전한다는 확고한 신념이 기초되어 있다. 표현의 자유에 대한 위험에 대처하는 유일한 처방은 '강요된 침묵'이 아니라 '보다 다양한 발언'이라는 것이다.

결국, 사상의 자유시장 이론은 '자유를 통한 진리발견'의 사고이다. 진리란 국가권력, 특히 사법절차를 통하여 밝혀지는 것이 아니라, 사상의 자유시장에서 진리발견을 위한 투쟁과정인 다양한 사상 간의 자유경쟁을 통하여 실현된다는 사고이다. 진리와 자유는 상호의존관계에 있으며, 국가의 규제가 없는 상태에서 가장 잘 실현될 수 있고, 자유·진리·정의를 보장하는 것은 일차적으로 법원이 아니라 사회 스스로이며, 법원의 판결은 단지 진리와 정의를 위한 투쟁의 한 경기규칙일 뿐이라는 것이다. 이러한 사고는 당연히 진리의 발견과정에 있어서, 진리발견을 위한 사법적 절차보다는 여론과 공개토론에 보다 큰 의미를 부여한다.

그러므로 개인의 법익이 표현의 자유에 의하여 침해되는 경우에도, 개인 스스로가 다시금 표현의 자유의 잠재적 수익자이며 국가에 의하여 표현의 자유가 규제되는 사회에서는 더욱 나쁜 상황에 처하게 되리라는 점에서, 개인은 타인에 의한 표현의 자유의 행사를 수인해야 한다는 것이다. 그 결과, '사상의 자유시장 이론'은, '표현의 자유는 인격권과 충돌하는 경우 일반적인 우위를 누린다'는 '표현의 자유의 우위 원칙'으로 구체화된다.

다. 명백하고 현존하는 위험의 원칙

表現의 自由가 公益과 충돌하는 경우, 즉 공익상의 이유로 표현의 자유가 제한되는 경우 미연방대법원은 Schenck 사건 이후 '명백하고 현존하는 위험'(clear and present danger)의 기준을 적용하고 있다.[3] 이 기준에 의하면, 표현이 행해진 구체적 상황을 고려할 때 그 표현에 의하여 입법자가 방지하려는 해악이 발생할 수 있는 명백하고도 현존하는 위험이 초래된다면, 표현의 자유에 대한 제한이 허용된다. 즉, 위 원칙은 공익에 대한 명백하고 현존하는 위험이 존재하는 경우에만 표현의 자유에 대한 제한을 허용함으로써 표현의 자유에 대한 보호를 강화하고 있다.

헌법재판소는 반국가단체의 활동을 찬양·고무하는 자를 처벌하는 국가보안법 제7조 제1항 및

---

1) 이중기준이론에 관하여 제3편 제1장 제8절 Ⅳ. 1. 참조.
2) 헌재 1998. 4. 30. 95헌가16(음란물출판사등록취소), 판례집 10-1, 339-340.
3) Schenck v. U.S., 249 U.S. 47(1919), 1차 세계대전 중 징병제 반대를 주장하는 전단지를 배포한 자가 기소된 사건에서, 공익상의 이유로 표현의 자유가 어느 정도로 제한될 수 있는가에 관하여 연방대법원이 근본적인 입장을 밝힌 판결이다.

제5항에 대하여 위 규정들이 국가의 존립·안전을 위태롭게 하거나 자유민주적 기본질서에 실질적 해악을 미칠 명백한 위험성이 있는 행위에 대해서만 적용된다고 선언하여 한정합헌결정을 내린 바 있는데, 위 원칙의 영향을 받은 것으로 보인다.[1]

라. 現實的 惡意의 原則

표현의 자유가 명예보호와 충돌하는 경우, 즉 기본권과 기본권이 서로 충돌하는 경우에는 미연방대법원은 '명백하고 현존하는 위험의 원칙'을 적용하지 않고, 그 대신 현실적 악의의 원칙을 적용하고 있다. 미연방대법원은 판례를 통하여 '공적 인물이나 공적 토론의 경우, 표현의 자유가 명예의 보호에 대하여 우위를 차지한다'는 원칙(현실적 악의의 원칙)을 확립하였다.[2] '현실적 악의의 원칙'에 의하면, 언론이 현실적 악의를 가지고 허위사실을 주장하였다는 것을 공적 인물이 입증하는 경우에만, 인격권의 보호가 이루어진다.

마. 명확성의 이론

명확성의 이론은 불명확한 법률로써 표현의 자유를 제한할 수 없고, 불명확한 법률은 막연하기 때문에 무효라는 이론이다.[3] 그러나 법률의 명확성원칙은 표현의 자유를 제한하는 법률에 대해서만 제기되는 요청이 아니라 기본권을 제한하는 모든 법률이 준수해야 하는 형식적 요건에 해당하므로, 헌법재판소가 법치국가원리로부터 도출하고 있는 '법률의 명확성원칙'은 표현의 자유의 영역에서 형성된 미연방대법원의 명확성이론에 의하여 대체될 수도 없고 보완될 필요도 없다.

Ⅳ. 언론기관에 의한 권리 침해와 그에 대한 구제

사례 *1* 헌재 1991. 9. 16. 89헌마165(정정보도청구 사건)

'정기간행물의 등록 등에 관한 법률'은 정기간행물의 보도에 의하여 인격권 등의 침해를 받은 피해자에게 정정보도의 게재를 요구할 수 있는 정정보도청구권을 인정하고 정정보도청구에 관한 소송에서 민사소송법의 가처분절차에 의하여 재판하도록 규정하고 있었다. 파스퇴르유업 주식회사는 중앙일보사가 발행하는 중앙일보의 특정 기사가 자신과 관련된다고 주장하면서 위 법률에 근거하여 법원에 그

---

1) 헌재 1990. 4. 2. 89헌가113(국가보안법상 찬양·고무죄).
2) 연방대법원은 1964년 판결[New York v. Sullivan, 376 U.S. 254(1964)]에서 '公職者(public official)에 대하여 그의 직무와 관련되어 명예훼손적인 허위사실이 주장된다면, 언론이 그 사실이 허위인 것을 알면서 또는 진위여부에 관한 무모할 정도의 무관심을 가지고("actual malice") 보도하였다는 것을 공직자가 입증하는 경우에만 손해배상을 받을 수 있다'고 판시하였다. 연방대법원은 현실적 악의("actual malice")의 요건을 공직자(공무원과 공직에 출마한 후보자)뿐 아니라 일반적으로 公的 人物("public figure"), 즉 그의 지위나 특정 사건으로 인하여 공적 관심의 대상이 된 모든 사람에게도 확대하여 적용하였다. 또한, 헌재 1999. 6. 24. 97헌마265(김일성 애도편지), 판례집 11-1, 768, 공적 인물의 공적 활동에 관한 신문보도가 명예훼손적 표현을 담고 있는 경우 언론자유와 명예보호의 이익조정의 기준에 관하여, "신문보도의 명예훼손적 표현의 피해자가 공적 인물인지 아니면 사인인지, 그 표현이 공적인 관심 사안에 관한 것인지 순수한 사적인 영역에 속하는 사안인지의 여부에 따라 헌법적 심사기준에는 차이가 있어야 한다."
3) 헌법재판소는 헌재 2002. 6. 27. 99헌마480(불온통신의 단속) 결정에서 표현의 자유와 명확성원칙에 관하여 불명확한 규범에 의한 표현의 자유에 대한 규제는 자유행사(표현)에 대한 위축적 효과를 초래하므로, 필연적으로 과잉으로 규제할 위험이 있다고 하여 과잉금지원칙에 대한 위반도 확인하였다. 그러나 명확성원칙과 과잉금지원칙은 구분되어야 하며, 명확성원칙의 위반을 이유로 자동적으로 과잉금지원칙의 위반을 인정하는 것은 법리적으로 문제가 있다.

기사내용에 대한 정정보도게재청구소송을 제기하여 승소하였다. 이에 중앙일보사는 항소를 제기하면서 정정보도청구권을 규정한 법률조항이 언론의 자유와 재판청구권을 침해한다는 이유로 법원에 위헌법률심판제청을 신청하였다.[1)]

사례 2 헌재 2006. 6. 29. 2005헌마165 등(신문법 사건)

'언론중재및피해구제등에관한법률'(이하 '언론중재법') 제14조는 '사실적 주장에 관한 언론보도 등이 진실하지 아니함으로 인하여 피해를 입은 자는 당해 언론보도가 있음을 안 날부터 3개월 이내에 그 보도내용에 관한 정정보도를 언론사에 청구할 수 있으며, 정정보도의 청구에는 언론사 등의 고의·과실이나 위법성을 요하지 아니 한다'고 규정하고 있다. 언론중재법 제26조 제6항 본문 전단은 정정보도청구의 소를 민사집행법상의 가처분절차에 의하여 재판하도록 규정하고 있다. 그 결과, 정정보도청구의 소에서는 그 청구원인을 구성하는 사실의 인정을 증명 대신 소명으로 할 수 있게 되었다. 일간신문을 발행하는 법인인 신문사들은 위 법률조항들이 신문사의 기본권을 침해한다고 주장하며 헌법소원심판을 청구하였다.

1. 권리구제수단

헌법 제21조 제4항 제2문은 "언론·출판이 타인의 명예나 권리를 침해한 때에는 피해자는 이에 대한 피해의 배상을 청구할 수 있다."고 하여 언론의 사후책임을 명시하고 있다. 명예 등 개인의 인격권을 침해하는 언론보도에 대한 구제제도로서, 민사소송법상 가처분에 의한 사전금지청구, 언론중재및피해구제등에관한법률(이하 '언론중재법')상의 언론고충처리인제도·반론권제도, 정정보도청구등의 소, 손해배상청구가 있다.

"언론사 등의 언론보도 또는 그 매개로 인하여 침해되는 명예 또는 권리나 그 밖의 법익에 관한 다툼이 있는 경우 이를 조정하고 중재하는 등의 실효성 있는 구제제도를 확립함으로써 언론의 자유와 공적 책임을 조화함을 목적으로"($\frac{제1}{조}$) 2005년 언론중재법이 제정되었다. 여기서 "언론"이라 함은 방송, 신문, 잡지 등 정기간행물, 뉴스통신 및 인터넷신문을 포괄한다($\frac{언론중재법}{제2조 제1호}$). 사법적 구제제도는 소송제도의 성질상 신속한 구제를 기대하기 어렵고, 금전적 배상만으로는 피해자의 권리구제에 미흡한 점이 있으며, 귀책사유를 전제로 하고 손해에 대한 구체적 입증이 필요하므로, 이에 대한 보완으로서 언론중재법은 반론권제도로서 정정보도청구·반론보도청구·추후보도청구의 제도를 규정하고 있다.

2. 反論權

가. 연혁과 비교법적 관점[2)]

반론권은 표현의 자유와 마찬가지로 프랑스 혁명의 산물이다. 반론권은 역사적 발생에 있어서 검

---

1) 위 법률조항은 비록 '정정보도'이라는 표현을 쓰고 있기는 하나, 그 내용을 보면 명칭과는 달리 언론기관의 사실적 보도에 의한 피해자가 그 보도내용에 대한 반박의 내용을 게재해 줄 것을 청구할 수 있는 권리인 이른바 '반론보도청구권'을 입법화한 것이다. 헌재 1991. 9. 16. 89헌마165(정정보도청구), 판례집 3, 518, 525, 526.

2) 영미법에서 반론권은 매스미디어에 대한 접근권(right of access)으로 이해되고 있다. '광의의 액세스권'은 개인이 언론매체를 이용하여 자신의 의견을 표명할 수 있는 권리를 말하며, '협의의 액세스권'은 언론매체에 의하여 명예훼

열금지와 밀접한 관계가 있는데, 언론에 대한 사전 검열이 폐지된 후 발생하는 언론보도의 부작용에 대처하기 위하여 도입된 제도이다. 언론에 의하여 인격권이 침해된 경우, 미국과 영국에서는 엄중한 손해배상책임을 지우는 방법을 택한 반면, 프랑스와 독일에서는 반론권제도를 채택하였다. 프랑스는 사실주장뿐만 아니라 가치판단적 발언(의견표명)에 대해서도 반론권을 허용하는 반면, 독일의 반론권은 가치판단과 사실주장을 구분하여 단지 사실주장에 대해서만 반론권을 인정하고 있다.[1] 한국의 반론권은 독일의 반론권제도를 모델로 삼아, 가치판단에 대해서는 반론권을 행사할 수 없도록 제한하면서 정기간행물이나 방송에 공표된 사실적 주장에 대해서만 반론권을 인정하고 있다.

나. 헌법적 근거

반론권은 언론에 의한 개인의 인격권 침해에 대한 보호를 제공하기 위한 언론법상의 수단이다.[2] 반론권의 헌법상 보장은 바로 개인적 인격의 주체적 성격에 따른 필연적 결과이다. 언론 보도를 통하여 인격권을 침해당한 자가 자기의 표현을 통하여 그 보도 내용에 대처할 수 있는 법적 가능성을 가져야만, 인격권에 부합한다. 그렇지 않다면, 개인은 언론보도의 단순한 대상이나 공적 토론의 단순한 객체로 전락한다. 따라서 반론권은 헌법 제10조의 행복추구권으로부터 파생하는 일반적 인격권에 그 헌법적 근거를 두고 있다. 반론권은 개인의 인격권의 구성부분인 '사회적 인격상에 관한 자기결정권'에서 도출되는 기본권이다.

다. 사상의 자유시장을 유지하기 위한 필수적 조건

개인과 일반 국민을 언론의 일방적인 보도로부터 보호하고, '언론'과 '그에 의하여 법익이 침해당한 피해자' 간의 무기의 대등을 확보하며, 인격권의 침해시 민·형사적 구제수단의 미흡함을 보완하고자 하는 것이 반론권의 기능이다. 표현의 자유가 언론의 독점물이 아니라 언론 보도에 의하여 인격권이 침해당한 피해자가 동일한 언론매체의 수단을 사용하여 스스로를 방어할 수 있다는 점에서, 반론권은 무기의 대등성을 어느 정도 보장한다.

언론에 의하여 명예가 침해되는 경우, '사상의 자유시장'에서 강력한 언론단체와 명예가 침해당한 자의 경쟁조건의 차이는 현저하며, 여기서 경쟁의 왜곡을 교정할 수 있는 반론보도청구권의 근본적인 의미가 뚜렷하게 드러난다. 언론에 의하여 명예를 손상당한 자는 진리의 발견을 위한 공정한 경쟁의 관점에서 반론보도를 청구할 수 있는 권리를 가져야 한다. 반론보도청구권이 주어지지 않는 경우, 자유로운 의견형성의 과정이 저해될 뿐만 아니라, 명예가 침해된 자는 인격 및 자기결정권의 주

손이나 공격을 당한 개인이 반론을 요구할 수 있는 권리를 말한다. 반론권이란 액세스권의 하위 개념으로서 협의의 액세스권을 의미한다.

1) 헌재 1991. 9. 16. 89헌마165(정정보도청구), 판례집 3, 518, 525.

2) 헌재 1991. 9. 16. 89헌마165(정정보도청구), 판례집 3, 518, 527, [반론권의 헌법적 근거에 관하여] "반론권으로서의 정정보도청구권은 바로 헌법상 보장된 인격권에 그 바탕을 둔 것으로서, 피해자에게 보도된 사실적 내용에 대하여 반박의 기회를 허용함으로써 피해자의 인격권을 보호함과 동시에 공정한 여론의 형성에 참여할 수 있도록 하여 언론보도의 객관성을 향상시켜 제도로서의 언론보장을 더욱 충실하게 할 수도 있을 것이라는 취지 아래 헌법의 위에 든 각 조항들을 근거로 하여 제정된 것이다."; 판례집 3, 518, 531, [반론권의 과잉금지원칙의 위반여부에 관하여] 정정보도청구제도가 반론의 대상을 사실적인 주장에 국한시키고 있으며, 일정한 경우에 정정보도문의 게재를 거부할 수 있도록 하여 반론권의 행사범위를 축소시키고 있고, 반론권의 행사에 대하여 단기의 제척기간을 두고 있다는 점, 정정보도가 언론기관의 이름이 아니라 피해자의 이름으로 해명한다는 점 등에서, "현행의 정정보도청구권은 언론의 자유를 일부 제약하는 성질을 가지면서도 반론의 범위를 필요·최소한으로 제한함으로써 양쪽의 법익 사이의 균형을 도모하고 있다 할 것이다."

체가 아니라 의견형성과정의 단순한 객체로 전락한다.

라. 언론중재법상 반론권 제도

언론중재법은 반론권 제도로서 정정보도청구제도, 반론보도청구제도, 추후보도청구제도를 두고 있다. 언론중재법에서 "언론보도"라 함은 언론의 사실적 주장에 관한 보도를 의미한다($\frac{제2조}{제15호}$). "정정보도"라 함은 언론의 보도내용의 전부 또는 일부가 진실하지 아니한 경우 이를 진실에 부합되게 고쳐서 보도하는 것을 말하며, "반론보도"라 함은 보도내용의 진실 여부에 관계없이 그와 대립되는 반박적 주장을 보도하는 것을 말한다($\frac{제2조\ 제16호}{및\ 제17호}$).

언론중재법은 언론 등의 보도 또는 매개로 인한 분쟁조정·중재 및 침해사항을 심의하기 위하여 언론중재위원회를 두도록 하면서($\frac{제7}{조}$), 정정보도청구 등과 관련하여 분쟁이 있는 경우 피해자 또는 언론사 등은 중재위원회에 조정을 신청할 수 있다고 규정하고 있다($\frac{제18}{조}$). 당사자 쌍방은 정정보도청구 등 또는 손해배상의 분쟁에 관하여 중재부의 종국적 결정에 따르기로 합의하고 중재를 신청할 수 있다($\frac{제24}{조}$). 피해자는 중재위원회의 절차를 거치지 아니하고도 법원에 정정보도청구 등의 소를 제기할 수 있고($\frac{제26}{조}$), 손해배상을 청구할 수 있다($\frac{제30}{조}$). 정정보도청구의 소에 대하여는 민사소송법의 소송절차에 관한 규정에 따라 재판하고, 반론보도청구 및 추후보도청구의 소에 대하여는 민사집행법의 가처분절차에 관한 규정에 따라 재판한다($\frac{제26조}{제6항}$).[1]

(1) 정정보도청구제도

정정보도청구제도란, 사실적 주장에 관한 언론보도 등이 진실하지 아니함으로 인하여 피해를 입은 자는 해당 언론보도 등이 있음을 안 날부터 3개월 이내에 그 언론보도 등의 내용에 관한 정정보도를 언론사·인터넷뉴스서비스사업자 및 인터넷 멀티미디어 방송사업자에게 청구할 수 있는 제도를 말한다($\frac{언론중재법}{제14조}$). 다만, 해당 언론보도 등이 있은 후 6개월이 경과한 때에는 그러하지 아니하다. 정정보도의 청구에는 언론사 등의 고의·과실이나 위법성을 요하지 아니한다.[2]

---

1) 헌재 2006. 6. 29. 2005헌마165 등(신문법), 판례집 18-1하, 337, 346, "언론중재법 제26조 제6항 본문 전단은 정정보도청구의 소를 민사집행법상의 가처분절차에 의하여 재판하도록 규정하고 있다. … 이러한 정정보도청구의 소에서, 승패의 관건인 '사실적 주장에 관한 언론보도가 진실하지 아니함'이라는 사실의 입증에 대하여, 통상의 본안절차에서 반드시 요구하고 있는 증명을 배제하고 그 대신 간이한 소명으로 이를 대체하는 것인데 이것은 소송을 당한 언론사의 방어권을 심각하게 제약하므로 공정한 재판을 받을 권리를 침해한다. 정정보도청구를 가처분절차에 따라 소명만으로 인용할 수 있게 하는 것은 나아가 언론의 자유를 매우 위축시킨다. … 이러한 언론의 위축효과는 중요한 사회적 관심사에 대한 신속한 보도를 자제하는 결과를 초래하고 그로 인한 피해는 민주주의의 기초인 자유언론의 공적 기능이 저하된다는 것이다. 이와 같이 피해자의 보호만을 우선하여 언론의 자유를 합리적인 이유 없이 지나치게 제한하는 것은 위헌이다."

2) 헌재 2006. 6. 29. 2005헌마165 등(신문법), 판례집 18-1하, 337, 346, "언론중재법 제14조에서 규정하고 있는 정정보도청구권은 반론보도청구권이나 민법상 불법행위에 기한 청구권과는 전혀 다른 새로운 성격의 청구권이다. 허위의 신문보도로 피해를 입었을 때 피해자는 기존의 민·형사상 구제제도로 보호를 받을 수도 있지만, 신문사 측에 고의·과실이 없거나 위법성조각사유가 인정되는 등의 이유로 민사상의 불법행위책임이나 형사책임을 추궁할 수 없는 경우도 있다. 이러한 경우 피해자에 대한 적합한 구제책은 신문사나 신문기자 개인에 대한 책임추궁이 아니라, 문제의 보도가 허위임을 동일한 매체를 통하여 동일한 비중으로 보도·전파하도록 하는 것이다. 더욱이 정정보도청구권은 그 내용이나 행사방법에 있어 필요 이상으로 신문의 자유를 제한하고 있지 않다. 일정한 경우 정정보도를 거부할 수 있는 사유도 인정하고 있고, 제소기간도 단기간으로 제한하고 있으며, 정정보도의 방법도 동일 지면에 동일 크기로 보도문을 내도록 하여 원래의 보도 이상의 부담을 지우고 있지도 않다. 따라서 언론중재법 제14조 제2항이 신문의 자유를 침해하는 것이라고 볼 수 없으며, 언론중재법 제31조 후문은 그 위치에도 불구하고 제14조 제2항과 동일한 내용을 명예훼손에 관하여 재확인하는 규정으로 보아야 할 것이므로 역시 헌법에 위반되지 않는다."

(2) 반론보도청구제도

반론보도청구제도란, 사실적 주장에 관한 언론보도 등으로 인하여 피해를 입은 자는 그 보도내용에 관한 반론보도를 언론사 등에 청구할 수 있는 제도를 말한다(언론중재법). 반론보도의 청구에는 언론사 등의 고의·과실이나 위법함을 요하지 아니하며, 보도내용의 진실 여부를 불문한다. 반론보도청구에 관하여는 따로 규정된 것을 제외하고 정정보도에 관한 규정을 준용한다.

(3) 추후보도청구제도

추후보도청구제도란, 언론 등에 의하여 범죄혐의가 있거나 형사상의 조치를 받았다고 보도 또는 공표된 자는 그에 대한 형사절차가 무죄판결 또는 이와 동등한 형태로 종결된 때에는 그 사실을 안 날부터 3월 이내에 언론사 등에 이 사실에 관한 추후보도의 게재를 청구할 수 있는 제도이다(언론중재법).

V. 언론의 자유의 한계

1. 헌법 제21조 제4항과 제37조 제2항의 관계

헌법은 제21조 제4항에서 "언론·출판은 타인의 명예나 권리 또는 공중도덕이나 사회윤리를 침해하여서는 아니된다. 언론·출판이 타인의 명예나 권리를 침해한 때에는 피해자는 이에 대한 피해의 배상을 청구할 수 있다."고 하여, 언론·출판의 자유가 타인의 명예나 권리, 공중도덕, 사회윤리라는 법익을 위하여 제한될 수 있음을 명시적으로 밝히고 있다. 헌법은 제37조 제2항에서 모든 기본권이 공공복리 등의 공익상의 이유로 제한될 수 있다는 것을 규정하고 있으므로, '제21조 제4항과 제37조 제2항은 서로 어떠한 관계에 있는지'의 문제가 제기된다.

제21조 제4항은 표현의 자유에 대한 제한을 정당화하는 특정한 법익을 명시적으로 언급함으로써 제37조 제2항의 일반적 법률유보를 표현의 자유와 관련하여 구체화하는 규정으로 이해해야 한다. 표현의 자유는 제21조 제4항에 언급된 3 가지 법익의 보호를 이유로 해서만 제한될 수 있는 것이 아니라 원칙적으로 그 외의 공익상의 사유로도 제한될 수 있으나, 헌법은 제21조 제4항에서 표현의 자유와 전형적으로 충돌할 수 있기 때문에 특별히 보호의 필요성이 있는 법익을 구체적으로 언급함으로써 그 보호의 필요성을 강조하고 있는 것이다. 이러한 이유에서, 제21조 제4항을 개별적 법률유보의 일종으로서 '가중적 법률유보'로 파악함으로써 제21조 제4항에서 언급된 법익을 근거로 해서만 표현의 자유를 제한할 수 있다고 보는 견해는 타당하지 않다.

2. 타인의 명예와 권리[1]

헌법은 제21조 제4항에서 개인의 명예를 표현의 자유에 대하여 한계를 설정하는 헌법상의 법익으로 명시함으로써 명예와 명예보호의 위상을 강조하고, 법익충돌의 경우 하나의 법익만을 일방적으로 고려하는 법익형량은 부적절하다는 것을 표현하고 있다.

---

1) 한수웅, 표현의 자유와 명예의 보호 -한국, 독일과 미국에서의 명예훼손법리에 관한 헌법적 고찰과 비판을 겸하여-, 저스티스 2005. 4. 참조.

가. 표현의 자유와 명예 보호의 관계

(1) 兩 기본권의 차이점

명예란, 표현의 자유·직업의 자유·종교의 자유 등과 같이 개인의 행위가능성이나 자기결정의 영역을 국가의 간섭과 침해로부터 보호하는 기본권이 아니라, 인간의 생명권이나 신체권과 유사하게 객관화될 수 있는 실질적 보호법익을 가진 기본권이다. 그러나 다른 한편으로는, 인간의 생명이나 신체의 불가침성은 기본권의 주체가 존재함으로써 그 자체로서 존재하는 반면, 개인의 명예는 사회적 접촉을 통하여 타인과의 관계에서 형성되는 것으로서, 자신의 인격에 대한 타인의 평가 및 그 표현을 통하여 오로지 타인과의 관계에서만 존재하는 것이다. 즉 명예란, 자신의 인격에 대한 사회적 평가라고 말할 수 있고, 명예훼손이란 사회적 평가를 저하시키는 행위를 말한다.

명예는 타인의 기본권행사에 의하여 침해되거나 위협받는 경우에 비로소 법적으로 문제되고 의미를 가지게 된다. 이러한 관점에서 볼 때, '표현의 자유'와 '명예' 사이에는 근본적인 차이가 있다. 표현의 자유의 경우, 기본권의 주체는 이를 적극적으로 행사하는 반면, 명예의 경우 기본권의 주체는 소극적으로 보호되고 방어된다. 명예는 행사하는 것이 아니라 보호받는 법익이기 때문에, 자신의 명예를 주장하는 자는 필연적으로 수동적·방어적 위치에 있게 된다. 국가가 직접 공권력의 행사를 통하여 개인의 명예를 침해하는 예외적인 경우를 제외한다면, 개인의 명예에 대한 침해는 일반적으로 사인에 의한 침해이다. 그러므로 표현의 자유의 행사에 의하여 타인의 명예가 침해되는 경우, 기본권 충돌의 문제가 발생한다.

(2) 방어권과 보호의무

타인의 명예를 침해하는 자는 가능하면 국가의 간섭을 받지 않고 자신의 생각과 의견을 자유롭게 표현하려고 하는 반면, 피해자는 국가로 하여금 자신의 명예를 보호하고 침해자가 그의 자유행사에 있어서 헌법적으로 허용된 범위를 넘지 않도록 제재해 줄 것, 즉 국가의 개입과 보호를 요구하는 것이다.

방어권으로서의 '표현의 자유'는 법률의 매개 없이 그 자체로써 국가권력을 직접 구속하지만, 이에 대하여 '명예의 보호'라는 국가의 기본권 보호의무의 이행은 법률에 의한 매개를 필요로 한다. 법률은 방어권인 '표현의 자유'에 대하여는 기본권의 한계로서 작용하지만, 보호의무로서의 '명예 보호'에 대하여는 기본권 보호의 수단으로서 작용한다. 즉, 명예에 관한 기본권이 표현의 자유에 대한 한계로서 기능하기 위하여 법률을 필요로 하는 것이다. 따라서 명예보호는 일차적으로 명예를 보호하는 법률을 제정하는 입법자와 그 법률을 해석·적용하는 법적용기관의 과제이다. 명예를 보호하는 입법은 명예훼손죄, 모욕죄와 같은 형법규정, 불법행위로 인한 손해배상청구권, 명예훼손적 발언의 취소를 구하는 청구권, 명예침해행위를 사전적으로 방지하는 부작위청구권과 같은 사법적 규정, 반론보도청구권과 같은 언론법적 규정 등으로 나타난다.[1]

---

1) 정보통신망을 통해 일반에게 공개된 정보로 사생활 침해, 명예훼손 등 타인의 권리가 침해된 경우 그 침해를 받은 자가 삭제요청을 하면 정보통신서비스 제공자는 권리의 침해 여부를 판단하기 어렵거나 이해당사자 간에 다툼이 예상되는 경우에는 30일 이내에서 해당 정보에 대한 접근을 임시적으로 차단하는 조치를 하여야 한다고 규정한 법률조항의 위헌여부가 문제된 사건에서, 헌법재판소는 위 법률조항은 개인의 명예와 사생활의 비밀을 보호하기 위한 것으로 과잉금지원칙에 위반되어 표현의 자유를 침해하지 않는다고 판단한 바 있다(헌재 2012. 5. 31. 2010헌마 88; 헌재 2020. 11. 26. 2016헌마275 등). 나아가, 공연히 사실을 적시하여 사람의 명예를 훼손한 자를 처벌하도록 규정한 '사실 적시 명예훼손죄'(형법 제307조 제1항)가 표현의 자유를 침해하는지 여부가 문제된 사건에서, 헌법재판소는 형법 제307조 제1항은 과잉금지원칙에 반하여 표현의 자유를 침해하지 않는다고 판단하였다(헌재 2021. 2.

나. 민주주의에서 명예보호의 헌법적 의미

(1) 표현의 자유의 제한으로 인한 위축적 효과

공적 토론의 경우, 자유로운 발언이 허용되어야 한다는 견해의 핵심적 논거는, 정치적 영역에서의 표현의 자유가 민주주의에 대하여 가지는 중대한 의미에 비추어, 공적 토론과 관련된 표현의 자유에 대한 제한은 민주주의의 바탕인 자유로운 의견교환과정과 공적 토론을 위축시킬 수 있다는 것이다. 공적인 발언의 허용여부에 관하여 엄격한 기준을 적용하여 개별적 경우에 대하여 강력한 제재를 가한다면, 이는 당해 사건만을 규율하는 것이 아니라 자유로운 의견교환과정 전체에 대한 위축적 효과, 즉 표현의 자유행사에 대한 일반적인 위협적 효과가 있기 때문에, 지나친 표현만이 감소하는 것이 아니라 자유로운 의견교환과정 전체가 위축된다는 견해이다.[1] 이로써 일반적으로 징계에 대한 두려움 때문에 비판을 하지 않는 상황이 우려되고, 그 결과 민주주의가 손상을 입게 된다고 한다.

(2) 민주주의가 기능하기 위한 기본조건으로서 명예보호

명예의 보호는 사회 내에서 개인의 인격을 발현하기 위한 기본조건을 보장함으로써 인격의 자유로운 발현과 인간의 존엄성보장에 기여하는 기본권일 뿐만 아니라, 또한 민주주의의 실현에 기여하는 기본권이다.

일반 국민의 관심 사안에 관하여 공적으로 입장을 밝힘으로써 공적 토론에 참여하는 자는 그의 입장표명에 대하여 언론이나 타인으로부터 공적인 반응이 나오리라는 것을 예상해야 한다. 그런데 이와 같은 공적 반격에 의하여 명예가 침해되는 경우 법공동체에 의하여 개인의 명예가 보호되리라는 것을 신뢰할 수 있다면, 개인은 이러한 위험을 감수하고 공동체의 여론 형성에 참여하려고 할 것이다. 그러나 개인이 법질서에 의한 명예보호를 신뢰할 수 없다면, 그는 공적 토론에 참여함으로써 예측할 수 없는 위험에 처하게 된다. 명예가 제대로 보호받지 못하는 사회에서는, 많은 사람이 자신의 솔직한 발언을 꺼리거나 포기하든지 또는 사회의 다수가 요구하는 바를 고려하여 자기 내부의 검열을 거쳐 발언을 하게 된다. 국가가 자신의 명예를 보호해 주리라는 믿음이 존재하지 않는 사회에서, 개인이 공적 토론에 참여하는 것이나 다수의 의견과 다른 견해를 공적으로 표명하는 것은 용기를 필요로 할 뿐 아니라 큰 위험부담을 안고 있기 때문에, 공적 토론에 적극적으로 참여할 의사가 있는 많은 사람들이 민주적 의사형성과정에 참여하는 것을 주저하게 되며, 결국 다양한 사고의 자유로운 경합을 통하여 진리를 발견하고자 하는 민주적 의견형성과정이 크게 저해된다. 이러한 사회에서는 정치적 영역에서의 표현의 자유가 타인의 법익을 고려하지 않고 자신의 견해를 관철하고자 하는 개인이나 강력한 언론, 사회단체의 전유물이 될 위험이 있다.

그렇다면, 명예훼손적 표현에 대하여 엄격한 기준을 적용하여 제재를 가하는 경우에만 민주주의의 불가결한 요소인 자유로운 의견교환과정에 대한 위축적 효과가 있는 것이 아니라, 명예보호가 제

---

25. 2017헌마1113 등). 또한 헌법재판소는 '허위사실 적시 명예훼손죄'(형법 제307조 제2항)에 대해서도 "개인의 인격권을 충실히 보호하고 민주사회의 자유로운 여론 형성을 위한 공론의 장이 제 기능을 다 할 수 있도록 하기 위하여 허위사실을 적시하여 타인의 명예를 훼손하는 표현행위를 형사처벌을 통해 규제할 필요가 있다."고 판시하여 표현의 자유를 침해하지 않는 것으로 합헌으로 판단하였다(헌재 2021. 2. 25. 2016헌바84). 뿐만 아니라, 헌법재판소는 공연히 사람을 모욕한 자를 처벌하는 '모욕죄'(형법 제311조)에 대해서도 죄형법정주의의 명확성원칙 및 과잉금지원칙에 위배되지 않으므로 표현의 자유를 침해하지 않는다고 판단하였다(헌재 2013. 6. 27. 2012헌바37).

1) Vgl. BVerfGE 43, 130, 136; 54, 129, 136ff.(Kunstkritik).

대로 이루어지지 않는 경우에도 자유로운 의견교환과정에 대한 동일한 위축적 효과가 있는 것이다. 개인의 명예에 대하여 표현의 자유를 과도하게 보호하는 것은 역설적으로 표현의 자유가 위축되는 역효과를 가져오는 것이다. 따라서 효과적인 명예보호도 표현의 자유와 동등하게 민주주의가 제대로 기능하기 위한 기본조건에 속한다.[1] 민주주의가 제대로 기능하기 위해서는, 한편으로는 자유로운 의 사형성과정과 이를 가능하게 하는 표현의 자유의 보장을, 다른 한편으로는 개인의 명예가 침해당한 경우 국가에 의한 효과적인 명예보호를 필요로 한다.

3. 공중도덕 및 사회윤리

헌법은 제21조 제4항에서 표현의 자유에 대한 한계로서 '공중도덕이나 사회윤리'를 명시적으로 규정함으로써, 표현의 자유의 행사에 의하여 도덕적·윤리적 영역에서 발생할 수 있는 법익충돌의 위험을 언급하고 있다.

표현의 자유의 행사에 의하여 공중도덕이나 사회윤리가 침해될 수 있는 경우란, 출판물, 음반 및 영상물 등의 표현매체가 폭력과 범죄를 찬미하거나, 인종간의 증오를 조장하거나, 전쟁을 찬양하거나 또는 수치심을 크게 손상하는 방법(음란·외설적인 표현)으로 성행위를 묘사함으로써 도덕적인 영역에서 중대한 또는 회복이 불가능한 부작용을 가져올 수 있는 위험이 발생하는 경우이다.

그러나 표현의 자유와 알 권리에 관한 헌법의 근본적 가치결정 및 자신의 삶을 독자적으로 결정하고 형성하는 성숙한 시민을 출발점으로 삼는 헌법상 인간상에 비추어, 국가권력이 도덕과 윤리를 근거로 표현의 자유의 허용여부를 결정하고 사법적으로 판단하는 것은 가능하면 자제해야 한다. 표현의 자유에 의하여 도덕과 윤리가 침해되는 경우, 무엇보다도 보호되어야 하는 것은 일반 국민의 윤리와 도덕이 아니라, 바로 청소년이다. 정서적으로 안정되지 않은 청소년이 그의 인격발전에 대한 위협으로부터 보호되어야 한다는 점에서, 표현의 자유에 의하여 침해될 수 있는 공동체의 중요한 법익은 바로 청소년의 보호이다.

따라서 입법자는 청소년의 보호를 위한 법률을 제정할 수 있으며, 청소년에 유해한 서적, 음반과 영상물 등에 관하여 금지(금서)목록을 작성하도록 할 수 있고, 청소년에 유해한 텔레비전 영화의 상영시간을 규율할 수 있으며, 판매상에게 청소년에 대한 청소년유해물의 판매금지의무를 부과하는 등 유포과정에 대한 제한을 가할 수도 있다.[2] 그러나 사전검열의 개념을 충족시키는 영화검열은 허용되지 않는다.

---

1) 헌재 2013. 12. 26. 2009헌마747, 판례집 25-2하, 745, 752, "명예의 보호도 표현의 자유와 마찬가지로 민주주의를 구성하는 요소로서, 명예의 보호가 제대로 이루어지지 않는 경우에도 표현의 자유에 대한 위협적 효과가 있다."
2) 헌법재판소는 청소년을 이용하여 음란물을 제작하는 행위를 처벌하는 '청소년의 성보호에 관한 법률' 조항 및 언론 기관에 대하여 아동학대행위자의 식별 정보의 보도를 금지하는 '아동학대처벌법' 조항은 '청소년의 보호'나 '피해아동의 보호'라는 법익을 위하여 표현의 자유나 언론·출판의 자유를 과잉금지원칙에 부합하게 제한하는 것으로 판단하였다(헌재 2002. 4. 25. 2001헌가27; 헌재 2022. 10. 27. 2021헌가4).

제 4 항 알 權利[1]

I. 서 론

알 권리란 세계적으로 제2차 세계대전 전까지는 그 전례를 찾아 볼 수 없는 새로운 기본권에 속한다.[2] 우리 헌법은 알 권리를 명시적으로 보장하고 있지 않으나, 헌법재판소는 이미 초기의 결정에서 알 권리를 헌법상의 기본권으로 인정하였고 현재까지 그 견해를 그대로 유지하고 있다. 헌법재판소는 무엇보다도 헌법 제21조의 표현의 자유를 헌법적 근거로 삼아 헌법해석을 통하여 '국가의 방해를 받지 않고 자유롭게 정보를 얻을 권리'(정보의 자유)를 도출하였고, 한 보 더 나아가 '국가로부터 정보의 공개를 청구할 수 있는 적극적 권리'(정보공개청구권)도 알 권리에 포함되는 것으로 판단하였다. 이에 따라, '알 권리'란 학계와 판례에서 일반적으로 자유권적 성격의 '정보의 자유'와 청구권적 성격의 '정보공개청구권'을 포함하는 포괄적인 의미로 사용되고 있다.

그러나 이러한 헌법재판소의 판례는 일련의 의문을 제기한다. 자유권으로서 정보의 자유와 청구권으로서 정보공개청구권을 구분하는 기준은 무엇인가? 알권리가 청구권적 성격을 포함한다면, 알권리의 헌법적 근거인 표현의 자유라는 '자유권'으로부터 '청구권'을 도출할 수 있는가? 표현의 자유로부터 청구권으로서의 알권리를 도출한다면 국민은 입법자의 구체적인 입법이 없음에도 청구권을 직접 행사할 수 있는가? 동일한 맥락에서, 헌법재판소는 청구권으로서 알권리의 위반을 주장하는 구체적인 헌법소송사건에서 청구권을 구체화하는 입법이 없음에도 청구권을 직접 적용할 수 있는가? 청구인이 국가기관에 대하여 자신과 이해관계가 있는 특정 정보에 대한 공개를 구하는 헌법소송사건에서 헌법재판소가 국가기관이 보유하는 모든 정보에 대하여 일반국민이 공개를 요구할 수 있는 일반적 정보공개청구권을 인정하는 것이 타당한가?

II. 알 권리의 헌법적 근거

알 권리와 같이 헌법해석을 통하여 헌법규정으로부터 도출되는 기본권이 그 근거조항의 보장내용 이상을 보장할 수 없으며, 헌법상 근거조항의 법적 성격에 따라 그로부터 파생되는 기본권인 알 권리의 법적 성격이 결정된다는 점에서, 알 권리의 헌법적 근거와 그의 법적 성격은 불가분의 연관관계에 있다.

알 권리의 헌법적 근거를 판단하는 기준은 일차적으로 '기본권체계 내에서 알 권리의 고유한 기능'이므로, 우선 알 권리의 헌법적 기능을 확인해야 하는데, 알 권리는 표현의 자유의 전제조건이라

---

1) 한수웅, 헌법상의 '알 권리', -헌법재판소 주요결정에 대한 判例評釋을 겸하여-, 법조 2002. 8, 35면 이하 참조.
2) 알 권리를 명시적으로 규정하고 있는 대표적인 헌법으로는 독일의 기본법을 들 수 있다. 독일 기본법은 제5조 제1항 제1문 후단에서 "일반적으로 접근 가능한 정보원으로부터 정보를 수집할 수 있는 권리"라고 규정하여 알 권리(Informationsfreiheit)를 명문으로 보장하고 있다. 물론 여기서 보장되는 '알 권리'란 단지 정보의 자유, 즉 정보수집 방해배제청구권만을 의미하는 것으로서 전적으로 자유권적 성격을 가진다. 위 기본법규정은 나치정권 하에서의 국가에 의한 정보의 제한, 여론형성의 조작, 외국 방송의 청취 금지 등 부정적인 역사적 경험에 대한 반성의 표현으로서 도입된 것이다.

는 측면과 개인의 인격발현의 요소라는 2 가지 본질적인 헌법적 기능을 가지고 있다.[1]

1. 표현의 자유의 전제조건으로서 알 권리

개인이 알아야만 자유로운 의견형성과 의견표명이 가능하므로, 알 권리는 그 헌법적 근거를 일차적으로 헌법 제21조의 표현의 자유에 두고 있다. 의견표명의 과정은 '정보의 수령 - 의견의 형성 - 의견의 표명 및 전파'란 단계로 구성되며, 다양한 정보원이 제공하는 충분한 정보만이 개인과 사회의 자유로운 의견형성과 의견표명을 가능하게 한다는 점에서, 정보의 수령을 그 보장내용으로 하는 알 권리는 의견표명에 선행하는 의견형성의 조건인 것이다.

충분한 정보를 제공받는 개인과 사회에 의한 자유로운 여론의 형성 없이는 민주주의가 기능할 수 없으므로, '알 권리'는 '자유로운 의견표명의 자유'와 함께 민주주의의 본질적 요소에 속한다. 개인은 다양한 정보를 충분히 제공받음으로써, 공동체의 정치적 현상을 파악하여 각자의 정치적 결정을 내리고 국가행위를 비판하기 위한 필수적인 조건을 갖추게 되며, 이로써 성숙한 민주시민으로서 행동할 수 있게 된다. 한편, 알 권리의 경우, 민주주의와의 연관관계에서 가지는 정치적 또는 공적 의미만이 중요한 것이 아니라, 사적 또는 비정치적 사안에서의 의견형성 및 의견표명에 기여한다는 의미도 마찬가지로 중요하다.

2. 자기결정 및 인격발현의 전제조건으로서 알 권리

개인이 가능하면 다양한 정보원으로부터 충분한 정보를 얻음으로써 지식과 이해의 폭을 넓히고, 이를 통하여 자신의 인격을 발현하고자 하는 것은 인간의 근본적인 욕구에 속한다. 특히 현대 정보사회에서 정보를 소유한다는 것은 개인의 인격발현과 사회적 지위에 있어서 중요한 의미를 가진다.

개인이 알아야만 기본권에 의하여 보장된 자유를 일반적으로 의미 있게 행사할 수 있고 이로써 궁극적으로 인격을 자유롭게 발현할 수 있다. 예컨대, 알아야만 재산권을 제대로 행사할 수 있고 집회에 참가할 수 있으며 단체의 구성원이 되어 활동할 수 있고 학문, 예술 또는 직업의 자유를 제대로 행사할 수 있는 등, 개인의 알 권리는 '표현의 자유'와의 연관관계에서 뿐만 아니라 생활의 모든 영역에서 자기결정과 자기실현의 중요한 전제조건이다. 따라서 '알고자 하는 이익'이 표현의 자유에 의하여 보호되는 '의견표명'이라는 표현행위와 직접적인 연관관계가 있는지와 관계없이, 알 권리는 개인의 자기결정과 인격발현에 대하여 일반적으로 중대한 의미를 가진다.

개인의 자기결정권과 인격의 자유로운 발현은 필요한 정보를 얻지 못하는 상황에 의해서도 제한될 수 있기 때문에, 국민의 '알 권리'는 헌법 제10조의 행복추구권에서 파생하는 인격권에 의하여 보충적으로 보장된다. 알고자 하는 이익의 구체적인 성격에 따라 자유행사의 일반적 조건으로서의 알 권리를 각 개별기본권의 보호범위에 포함시키는 것도 생각해 볼 수 있으나, 알고자 하는 대상정보와

---

[1] 헌법재판소는 헌재 1989. 9. 4. 88헌마22 결정(임야조사서 열람신청)의 경우 '알 권리'의 헌법적 근거를 자유권적 측면과 청구권적 측면으로 구분하여 각 헌법 제21조(표현의 자유) 및 헌법 제10조의 인간의 존엄과 가치·행복추구권에서 찾고 있다. 그러나 헌법재판소는 헌재 1991. 5. 13. 90헌마133 결정(형사확정기록 등사신청)에서는 더 이상 알 권리의 자유권적 측면과 청구권적 측면을 분리하여 그의 헌법적 근거를 밝히지 아니하고, 알 권리가 표현의 자유와 표리일체의 관계에 있다고 함으로써 알 권리가 전체로서 '표현의 자유'를 보장하는 헌법 제21조에 근거하는 것으로 판단하고 있다.

개별기본권의 보호범위와의 귀속관계가 불분명하고, 알 권리가 궁극적으로 보장하고자 하는 바가 개별기본권에 의하여 보호되는 특정 행위나 법익이 아니라 일반적이고 포괄적인 의미에서의 개인의 자기결정권과 인격발현의 가능성이라는 점에 비추어, 헌법 제21조에 의하여 보장되지 않는 '그 외의 알고자 하는 이익'은 인격권에 의하여 보충적으로 보장되는 것으로 보는 것이 타당하다.

Ⅲ. 자유권으로서 알 권리(情報의 自由)

사례 │ 헌재 1998. 10. 29. 98헌마4(미결수용자 일간지구독금지 사건)

甲은 법위반혐의로 구속되어 구치소에 수용되었는데, 구치소장에게 '하루인권소식'과 한겨레신문 등의 일간지 구독을 신청하였으나 구치소장은 '하루인권소식'의 구독을 불허하였고, 그 외 일간지의 경우 구독을 허용하였으나 수시로 특정 기사를 삭제하였다. 이에 甲은 구치소장의 이러한 처분이 알권리를 침해한다고 주장하여 헌법소원심판을 청구하였다.[1]

헌법 제21조의 표현의 자유와 헌법 제10조의 인격권으로부터 '알 권리'를 도출한다면, 헌법해석을 통하여 도출되는 기본권이 그 근거조항의 보장내용 이상을 보장할 수 없으므로, 알 권리는 일차적으로 그의 모체인 '표현의 자유 및 인격권'과 같은 법적 성격을 지니는 것이다. 표현의 자유와 인격권이 국가권력에 대한 국민의 방어권으로서의 기능을 하는 자유권인 것과 마찬가지로, 일차적으로 알 권리도 자유롭게 정보를 얻을 개인의 권리, 즉 국가에 대하여 부작위를 요구하는 대국가적 방어권이다.

1. 자유권적 알 권리의 성격

가. 일반적으로 접근할 수 있는 情報源으로부터 자유롭게 정보를 얻을 권리

자유권으로서 알 권리는 국가의 방해를 받지 않고 자유롭게 정보를 얻을 권리로서, 국민이 정보를 얻는 것을 법적 또는 사실적으로 방해하거나 곤란하게 하는 모든 국가행위를 금지하는 방어권이다. 자유권적 방어권으로서 알 권리의 필연적 결과는, 모든 정보가 알 권리의 보호를 받는 것이 아니라, '일반적으로 접근할 수 있는' 정보, 즉 국가나 제3자의 조력 없이도 자력으로 얻을 수 있는 정보만이 기본권적 보호를 받는다는 것이다. 알 권리에 의한 보호가 일반적으로 접근할 수 있는 정보에 제한된다는 것은 알 권리의 방어권적 성격에 내재된 기본권적 보호의 한계이다. 마치 마을의 공동우물로부터 누구나 자유롭게 물을 떠갈 수 있듯이, 알 권리란, 개인 누구나 일반적으로 접근할 수 있는 정보의 우물(情報源)로부터 정보를 떠갈 수 있는 상황을 전제로 하여 국가가 정보를 얻는 국민의 행

---

1) 헌법재판소는 위 결정에서 '신문구독을 불허한 처분에 대한 청구부분'은 부적법한 것으로 각하하였고, '신문기사 삭제행위에 대한 청구부분'은 과잉금지원칙에 위반되지 않는다고 하여 기각하였다. 헌재 1998. 10. 29. 98헌마4(미결수용자 일간지구독금지), 판례집 10-2, 637, 638, [수용소에서의 신문구독이 알 권리에 포함되는지 여부에 관하여] "국민의 알 권리는 정보에의 접근·수집·처리의 자유를 뜻하며 그 자유권적 성질의 측면에서는 일반적으로 정보에 접근하고 수집·처리함에 있어서 국가권력의 방해를 받지 아니한다고 할 것이므로, 개인은 일반적으로 접근가능한 정보원, 특히 신문, 방송 등 매스미디어로부터 방해받음이 없이 알 권리를 보장받아야 할 것이다. 미결수용자에게 자비(自費)로 신문을 구독할 수 있도록 한 것은 일반적으로 접근할 수 있는 정보에 대한 능동적 접근에 관한 개인의 행동으로서 이는 알 권리의 행사이다."

위를 방해해서는 안 된다는 것을 의미한다. 자유권으로서의 알 권리란, 일반적으로 접근할 수 있는 정보원을 국가의 방해를 받지 않고 이용할 권리인 것이다.

그러나 자유권으로서 알 권리는 국가나 제3자에 대하여 정보제공을 요구할 권리를 부여하지 않으며, 법적으로 보호된 타인의 자유, 예컨대 개인의 사생활이나 언론기관의 편집비밀을 침해하는 권리를 부여하지 않는다. 자유권적 알 권리의 내용이 개인 누구나가 접근할 수 있는 정보원으로부터 자유롭게 정보를 얻을 권리에 있다면, 정보공개청구권은 '일반적으로 접근할 수 없는' 정보에의 접근을 가능하게 하는 권리를 의미한다.[1] 정보의 공개란, 개인이 정보에 자유롭게 접근할 수 없다는 것을 전제로 하여, 그가 자유롭게 접근할 수 없기 때문에 정보에의 접근, 즉 공개를 요구하는 것이다.

나. 정보의 자유와 정보공개청구권의 구분 기준

자유권으로서 '알 권리'와 청구권으로서 '알 권리'를 구분하는 기준은 '개인이 정보원에 일반적으로 접근할 수 있는지'의 여부, 즉 정보의 성격이다. 자유권으로서 알 권리는, 국가나 제3자의 조력 없이도 스스로 자력으로 얻을 수 있는 정보, 즉 '일반적으로 접근할 수 있는' 정보를 국가의 방해를 받지 않고 자유롭게 얻을 권리, 소위 정보의 자유를 의미한다. 이에 대하여 정보공개청구권은 '일반적으로 접근할 수 없는' 정보에의 접근을 가능하게 하는 권리를 의미한다.

정보를 소극적으로 수령하는가 아니면 적극적으로 수집하는가에 따라 헌법상 알 권리의 내용을 자유권과 청구권으로 구분하려는 학계의 일부 견해가 있으나, 자유권으로서의 '알 권리'는 일반적으로 접근할 수 있는 정보를 소극적으로 수령하고 적극적으로 수집할 수 있는 자유를 모두 포함한다는 점에서 '정보를 얻는 행위의 적극성 여부'에 따라 구분하는 것은 그 기준이 모호할 뿐이 아니라, 알권리의 자유권적 측면과 청구권적 측면의 본질과 차이를 제대로 이해하지 못한 것에 기인하는 것이다.[2]

2. 자유권적 알 권리의 구체적 내용

가. 일반적으로 접근할 수 있는 情報源

(1) 情報源

정보원이란, 모든 사안과 관련하여 의견이나 사실을 표현하기에 적합한 대상뿐 아니라 정보를 받아들이는 자에게 정신적으로 영향을 행사하고 그 결과 그의 의견형성에 기여할 수 있는 모든 인식의 대상이다. 여기서 정보를 받아들이는 자의 인식행위는 인식기관인 5관 중에서 무엇을 사용하는가, 즉 듣든지 보든지 읽든지 느끼든지 냄새를 맡든지 간에 관계없다. 또한 대중매체와 같은 '정보원으로부터' 정보를 얻는 행위 뿐 아니라, 재해, 교통사고, 범죄 등 사건을 스스로 인식하거나 공적 행사, 전시회 등을 방문함으로써 '정보원에서' 직접적·적극적으로 정보를 얻는 행위도 보호된다.[3] 따라서

---

1) 헌재 2010. 10. 28. 2008헌마638(군내 불온서적 차단), 판례집 22-2하, 216, 228, "알 권리가 공공기관의 정보에 대한 공개청구권을 의미하는 경우에는 청구권적 성격을 지니지만, 일반적으로 접근할 수 있는 정보원으로부터 자유롭게 정보를 수집할 수 있는 권리를 의미하는 경우에는 자유권적 성격을 지니는 것으로서, 이 경우 그러한 권리는 별도의 입법을 할 필요도 없이 보장되는 것이므로, 일반적으로 정보에 접근하고 수집·처리함에 있어 알 권리는 별도의 입법이 없더라도 국가권력의 방해를 받음이 없이 보장되어야 한다."

2) 예컨대 주문하지 않은 신문이 배달된 경우 이를 단순히 수령하여 인식하는 행위는 소극적인 수령이고, 별도로 주문한 신문을 구독하는 행위는 정보를 구하려는 노력을 하였다는 점에서 적극적인 정보수집행위에 해당하는지, 아니면 대중매체를 통하여 정보를 얻는 행위는 정보를 간접적으로 전달받는다는 점에서 정보의 소극적인 수령이고, 이에 대하여 현장을 방문하여 직접 정보를 얻는 행위가 적극적인 정보의 수집인지 등 구분이 불명확할 뿐 아니라 구분의 실익이 없다.

정보원은, 신문, 잡지, 서적, 영화, 라디오, TV 방송, 강연회, 음반, 기호, 그림, 사건 등을 포함한다.

(2) 일반적으로 접근할 수 있는 정보원

(가) 그러나 모든 정보원이 자유권으로서의 '알 권리'의 보호를 받는 것이 아니라, '일반적으로 접근할 수 있는' 정보원만이 자유권에 의한 보호를 받는다. 여기서 기본권적 보호의 결정적인 기준은, 정보원이 개인적으로 확정될 수 없는 인적 범위인 일반국민에게 정보를 제공하기에 기술적으로 적합하고, 또한 이를 목적으로 하고 있는가, 즉 정보원의 '일반적 접근가능성'의 기준이다. 모든 국민이 전부 현실적으로 정보원의 이용자일 필요는 없고, 누구나 기술적으로 정보를 제공받을 수 있는 가능성이 있다면, 이는 일반적 정보원에 속한다. 예컨대 누구나 특정한 기술적 조건을 충족시키는 경우 (위성방송을 청취하기 위한 안테나 등 기술적 장치의 설비) 정보를 제공받을 수 있다면, 단지 국민의 일부만이 정보원을 이용하는 것이 현실이라 하더라도 이는 일반적 정보원인 것이다. 일반적으로 접근할 수 있는 정보원의 예로서, 특히 신문, 방송, 영화 등 대중매체, 전시회, 박물관, 공개 강연, 공개 행사 등을 들 수 있다. 또한 정보원이 어디에 있는가 하는 것은 중요하지 않다. 국경을 넘는 정보나 외국 신문·방송도 당연히 일반적으로 접근할 수 있는 정보원이다.

(나) 그러므로 정보원의 '일반적 접근가능성'의 여부는, 국민이 정보에 접근하는 것이 사실적으로 또는 법적으로 가능한지에 달려있지 않다. 만일 '사실적' 접근가능성이 '일반적 정보원'을 판단하는 주된 기준이라면, 국가는 외국 서적의 수입금지, 외국 방송의 청취금지 등과 같은 알 권리를 제한하는 조치를 통하여 사실상의 정보수령의 가능성과 이로써 국민이 얻을 수 있는 정보의 정도를 결정하며, 결국 기본권으로서의 '알 권리'의 보호범위를 스스로 확정하게 된다. 외국방송은 그의 청취를 금지하는 국가행위의 존부와 관계없이 그 개념상 이미 알 권리에 의하여 보호되는 '일반적으로 접근할 수 있는 정보원'에 해당하는 것이다. 마찬가지로 입법자가 입법을 통하여 정보원에의 접근을 법적으로 금지한다 하더라도, 외국 방송은 '일반적으로 접근할 수 있는 정보원'으로서의 성격을 그대로 유지한다.

(3) 일반적으로 접근할 수 없는 정보원

이에 대하여 '일반적으로 접근할 수 없는 정보원'은, 특정인 또는 개인적으로 특정될 수 있는 인적 집단을 수신인으로 하는 정보, 예컨대 특정인을 수신인으로 하는 사적 편지, 사적 대화, 전화 통화, 사적인 메모, 국가정보기관의 정보 등이다.

또한 국가기관의 정보도 불특정의 국민 다수에게 정보를 제공하기에 기술적으로 적합하고 이를 목적으로 하는 영역, 즉 일반적으로 접근할 수 있는 정보원에 속하지 않는다. 따라서 국가가 이해관계인 등 특정인의 개별적인 열람을 허용하는 개별법률이나 또는 공공기관의 정보공개법과 같이 국민 누구나의 일반적인 열람권을 규정하는 법률에 의하여 스스로 열람을 허용하거나 정보를 제공할 수는 있으나, 헌법상 자유권으로서의 알 권리는 국가로부터 정보를 요구할 권리를 포함하지 않는다.

비록 국가가 '공공기관의 정보공개에 관한 법률'을 제정하여, 그 결과 일반 국민이 공공기관으로부터 정보의 공개를 요청할 수 있게 되었다 하더라도, 공공기관이 보유하는 정보는 '일반적으로 접근할 수 있는 정보원'에 해당하지 않는다. 국가기관의 일부 영역이 사실상 일반적 정보원이 된 것은, '공공기관 정보공개법'이라는 입법자의 활동에 의한 것이지, 헌법상 자유권의 요청이 아닌 것이다.

---

3) 알 권리의 헌법적 기능에 비추어, 신문이나 방송을 통하여 자연재해나 사고 등에 대하여 정보를 얻는 것은 '알 권리'에 의하여 보장하면서, 직접 사건 현장에서 눈이나 몸으로 정보를 얻는 것을 보장하지 않을 이유가 없다.

나. 자유롭게 정보를 얻을 권리

알 권리에 의하여 보호되는 행위는 자유롭게 정보를 얻을 권리이며, 정보란 항상 그 본질상 다양한 정보 중에서의 선별과 여과를 전제로 한다는 점에서, 이 권리의 핵심은 결국 국민의 자유로운 정보선별권이다. 국민은 정보의 선별에 있어서 국가의 영향이나 방해를 받아서는 안 된다. 알 권리는 정보를 수집하는 적극적인 행위(예컨대 적극적으로 사건 현장을 방문하여 사건을 인식하는 행위나 박물관, 공적 행사를 방문하는 행위 등)뿐만 아니라, 정보를 구하려는 노력이 없이 이를 소극적으로 단순히 받아들이는 행위도 보호한다. 예컨대 정보가 우편물을 통해서 오는 경우, 주문하지 않은 우편물이나 광고전단을 단순히 수령하고 그 내용을 인식하는 행위 또는 우연히 사건현장에서 사건을 체험하는 행위 등도 알 권리에 의하여 보호된다.

알 권리는 국가통제에 의하여 정보에의 접근이 단지 시간적으로 지연됨으로써도 제한될 수 있다. 개인의 인격발현과 민주주의의 실현에 대하여 가지는 알 권리의 의미와 그 보장목적에 비추어, 알 권리란 '언젠가' 알 권리가 아니라, '개인의 인격발현과 민주주의의 실현을 위하여 필요하고 적정한 때'에 알 권리이다. 특히 일간신문의 경우, 사건의 발생시점, 이를 보도하는 기사의 작성시점, 동시에 출판되는 다른 일간신문 등 다른 출판물과의 비교가 본질적인 의미를 가진다. 일간신문이 발행된 후 몇 주가 경과한 뒤에 독자에게 배달된다면, 보도되는 기사는 이미 현실성을 잃었거나 다른 신문의 보도내용과의 비교가 어렵고, 따라서 신문이 담고 있는 정보의 의미 있는 수용이 불가능하다.

IV. 청구권으로서 알 권리(情報公開請求權)

사례 1 헌재 1989. 9. 4. 88헌마22(임야조사서 열람신청 사건)

甲은 6.25 직후 아버지로부터 상속받은 토지가 자신도 모르게 국유화된 사실을 알고 소유권을 회복하고자 그에 필요한 경기도 이천 군청 보유의 임야대장, 임야조사서, 토지조사부 등의 열람·복사를 신청하였으나 이천 군수가 토지조사부와 임야조사서에 대하여 아무런 조치도 취하지 아니한 채 불응하자, 그 부작위가 甲의 재산권을 침해하였다고 하여 헌법소원심판을 청구하였다.[1]

---

[1] 헌재 1989. 9. 4. 88헌마22(임야조사서 열람신청), 판례집 1, 176, 189-190, "알 권리의 생성기반을 살펴볼 때 이 권리의 핵심은 정부가 보유하고 있는 정보에 대한 국민의 알권리 즉, 국민의 정부에 대한 일반적 정보공개를 구할 권리(청구권적 기본권)라고 할 것이며, 또한 자유민주적 기본질서를 천명하고 있는 헌법 전문과 제1조 및 제4조의 해석상 당연한 것이라고 봐야 할 것이다. '알 권리'의 법적 성질을 위와 같이 해석한다고 하더라도 헌법 규정만으로 이를 실현할 수 있는가 구체적인 법률의 제정이 없이는 불가능한 것인가에 대하여서는 다시 견해가 갈릴 수 있지만, 본건 서류에 대한 열람·복사 민원의 처리는 법률의 제정이 없더라도 불가능한 것이 아니라 할 것이고, … 이러한 관점에서 청구인의 자기에게 정당한 이해관계가 있는 정부 보유 정보의 개시(開示) 요구에 대하여 행정청이 아무런 검토 없이 불응하였다면 이는 청구인이 갖는 헌법 제21조에 규정된 언론 출판의 자유 또는 표현의 자유의 한 내용인 '알 권리'를 침해한 것이라 할 수 있으며, … 알 권리에 대한 제한의 정도는 청구인에게 이해관계가 있고 공익에 장해가 되지 않는다면 널리 인정해야 할 것으로 생각하며, 적어도 직접의 이해관계가 있는 자에 대하여서는 의무적으로 공개하여야 한다는 점에 대하여서는 이론의 여지가 없을 것으로 사료된다."

사례 2 헌재 1991. 5. 13. 90헌마133(형사확정기록 등사신청 사건)[1]

甲은 자신에 대한 무고죄의 유죄판결이 확정된 후 서울지방검찰청에 형사확정소송기록의 복사신청을 하였으나, 이에 대한 구체적인 검토 없이 형사확정소송기록의 복사는 허용되지 않는다는 이유로 거절당하였다. 이에 甲은 복사신청을 거절한 행위는 자신의 알 권리를 침해한 것이므로 위헌이라고 주장하면서 헌법소원심판을 청구하였다.[2]

1. 일반적 정보공개청구권

정보공개청구권은 국가공권력이 보유하는 모든 정보에 대하여 일반국민이 공개를 요구할 수 있는 '일반적 정보공개청구권'과 특정의 정보에 대하여 이해관계가 있는 특정 개인이 공개를 요구할 권리인 '개별적 정보공개청구권'으로 나누어 볼 수 있다. 헌법재판소는 헌재 1989. 9. 4. 88헌마22 결정(임야조사서 열람신청 사건)에서 '알 권리의 핵심은 정부가 보유하고 있는 정보에 대한 국민의 알 권리, 즉 정부에 대하여 일반적 정보공개를 구할 국민의 권리'라고 하여 공권력이 보유하는 모든 정보에 대하여 일반국민이 그 공개를 요구할 권리인 '일반적 정보공개청구권'을 헌법상 보장된 국민의 기본권으로서 인정하였다.

2. 일반적 정보공개청구권을 도출할 수 있는지의 문제

가. 자유권을 청구권으로 해석하는 것의 문제점

'알아야만 표현할 수 있기 때문에, 표현의 자유에 정보공개청구권이 포함된다.'는 헌법재판소의 견해에는 '자유권으로서 표현의 자유는 단순한 소극적 자유의 보장만으로는 무의미하므로, 표현의 자유를 행사하기 위한 실질적 조건으로서 정보의 공개를 청구할 권리를 그 보장내용으로서 함께 포함해야 한다'는 논거가 그 바탕을 이루고 있다.

그러나 자유권의 보장내용에 자유권을 행사하기 위한 실질적 조건의 보장도 함께 포함되는 것으로 본다면, 모든 자유권은 동시에 국가로부터 자유권행사의 전제조건을 형성하는 적극적인 행위를 요구할 수 있는 개인의 주관적 권리인 청구권을 의미한다. 예컨대 재산권의 보장은 구체적 재산권을 취득하고 취득한 재산권을 자유롭게 이용, 처분할 수 있는 법적 자유의 보장을 넘어서 재산권을 실질적으로 행사할 수 있는 조건의 형성, 즉 재산이 없는 자의 재산형성을 요구할 권리를 포함할 것이

---

1) 유사한 결정으로서 2003. 3. 27. 2000헌마474(구속적부심과정에서 변호인에게 고소장과 피의자신문조서를 공개하지 않는 것이 변호인의 알권리를 침해하는지의 여부).

2) 헌재 1991. 5. 13. 90헌마133(형사확정기록 등사신청), 판례집 3, 234, 246, "알 권리는 표현의 자유와 표리일체의 관계에 있으며 자유권적 성질과 청구권적 성질을 공유하는 것이다. 자유권적 성질은 일반적으로 정보에 접근하고 수집·처리함에 있어서 국가권력의 방해를 받지 아니한다는 것을 말하며, 청구권적 성질은 의사형성이나 여론 형성에 필요한 정보를 적극적으로 수집하고 수집을 방해하는 방해제거를 청구할 수 있다는 것을 의미하는 바 이는 정보수집권 또는 정보공개청구권으로 나타난다. … 헌법상 입법의 공개(제50조 제1항), 재판의 공개(제109조)와는 달리 행정의 공개에 대하여서는 명문규정을 두고 있지 않지만 "알 권리"의 생성기반을 살펴볼 때 이 권리의 핵심은 정부가 보유하고 있는 정보에 대한 국민의 "알 권리", 즉 국민의 정부에 대한 일반적 정보공개를 구할 권리(청구권적 기본권)라고 할 것이며, 이러한 "알 권리"의 실현은 법률의 제정이 뒤따라 이를 구체화시키는 것이 충실하고도 바람직하지만, 그러한 법률이 제정되어 있지 않다고 하더라도 불가능한 것은 아니고 헌법 제21조에 의해 직접 보장될 수 있다고 하는 것이 헌법재판소의 확립된 판례인 것이다."

며, 예술의 자유는 국가의 간섭 없이 자유롭게 예술행위를 할 수 있는 소극적 자유를 넘어서 예술의 자유를 실제로 행사할 수 있는 조건의 형성, 즉 화가의 경우라면 그림을 그리는데 필요한 붓, 물감 등과 같은 물질적 요건의 보장을 함께 포함할 것이며, 학문의 자유는 이를 실제로 가능하게 하는 실험기구나 연구비와 같이 '연구 가능한 현실의 보장'을 포함할 것이다. 따라서 헌법재판소의 이러한 견해는 모든 자유권이 청구권으로 해석될 수 있다는 위험성을 내포하고 있다.

나. 언제 자유권에서 청구권을 도출하는 것이 헌법적으로 정당화되는지의 문제

'헌법에 규정된 자유권에서 청구권적 요소를 도출할 수 있는지'의 여부 및 한계의 문제를 파악하기 위하여, 우선 그에 선행하여 '개인의 어떠한 이익이 기본권으로서의 보장을 필요로 하는지'의 근본적인 문제가 제기된다. 일반적으로 기본권이란, 인간의 존엄성을 실현하기 위하여 개인의 법적 지위에 대한 헌법적인 보장이 대단히 중요하기 때문에, 그 보장여부가 입법자의 형성권에 달려 있어서는 아니 되고 입법자를 구속하는 헌법적인 보장을 필요로 하는 개인의 권리이다.

자유권의 보장내용으로서 청구권적 요소를 인정할 수 있는가의 문제도 마찬가지로, '개인의 청구권적 지위를 기본권으로서 인정하는 것이 인간의 존엄성 실현 및 인격발현의 관점에서 대단히 중요하기 때문에 그 보장여부를 입법자에게 위임해서는 아니 되고 기본권적 보장을 필요로 하는지'의 관점에 의하여 판단되어야 한다. 결국 자유권에서 청구권적 요소를 도출한다면, 청구권이 의도하는 사실적 자유의 헌법적 보장이 자유권에 의하여 보장되는 법적 자유를 실현하기 위한 전제조건으로서 불가결할 뿐 아니라, 한편으로는 자유권에 청구권적 요소를 인정한다 하더라도 입법자와 헌법재판소 간의 권력분립구조 및 기본권에 의하여 보호되는 타인의 자유를 크게 저해하지 않는 경우에 한하여 이러한 시도는 정당화된다고 보아야 한다.

뿐만 아니라 청구권의 보장내용이 불확실하다는 점에서 볼 때 헌법재판소가 기본권의 해석을 통하여 자유권으로부터 청구권적 요소를 도출할 수 있는 경우는, 헌법 스스로가 그와 같은 해석의 여지를 직·간접적으로 언급하거나[1] 또는 입법자가 입법을 한 경우와 유사하게 그 청구권의 보장내용이 상당히 제한적이고 명확한 경우에 한정되어야 한다.

이러한 관점에서 볼 때, 헌법이 시사하고 있지 않는 청구권적 요소를 자유권으로부터 도출할 수 있는 기준은, '청구권적 요소를 자유권의 보호범위에 포함시키는 것이 자유권적 기본권의 실질적 보장을 위한 필수조건인가' 하는 것이다. 이 경우, 자유권으로부터 도출되는 청구권의 보장내용은 '자유권을 실현하기 위한 필수조건'이라는 의미로 구체화되고 축소된다. 즉 청구권적 요소의 보장내용은 그의 헌법적 근거인 자유권의 내용으로부터 스스로 나오고 이에 의하여 제한되기 때문에, 일반적으로 헌법 차원에서 청구권이 인정되는 경우 발생하는 보장내용의 불확실함이 상당 부분 제거된다. 헌법재판소는 입법자와의 권한배분의 관계를 고려할 때, 원칙적으로 기본권의 해석을 통하여 자유권에서 청구권적 요소를 인정함에 있어서 매우 신중해야 하지만, 부득이 인정해야 한다면, 이는 자유권을 현실적으로 행사하기 위한 필수조건이거나 또는 자유권을 실질적으로 보장하기 위한 절차형성에

---

1) 예컨대, 헌법은 청원권에 관하여 제26조 제1항에서 "모든 국민은 법률이 정하는 바에 의하여 국가기관에 문서로 청원할 권리를 가진다."고 하여 국가기관에 자유롭게 청원을 할 수 있는 自由權으로서의 청원권을 보장하면서, 제2항에서 "국가는 청원에 대하여 심사할 의무를 진다"고 규정함으로써, 헌법 스스로 청원권이 자유권적 측면뿐만 아니라 국가기관의 청원심사를 청구할 수 있는 請求權的 要素를 지니고 있음을 밝히고 있다.

관한 경우에 제한되어야 한다.[1]

다. 일반적 정보공개청구권을 도출한 것의 문제점

결국, 표현의 자유나 인격권으로부터 청구권적 요소를 도출하는 것이 헌법적으로 허용되는가의 문제는, '일반적 정보공개청구권이 표현의 자유나 인격권을 현실적으로 행사하기 위한 전제조건으로서 불가결한지'의 판단에 달려 있다. 그러나 국민이 일반적으로 접근할 수 있는 다양한 정보원으로부터 자유롭게 정보를 얻을 수 있는 상황에서 '일반적 정보공개청구권'은 민주주의 실현을 위하여 보다 이상적일 수는 있으나, 이러한 권리가 기본권으로 보장되지 않는다고 하여 표현의 자유와 인격권의 헌법적 보장이 사실상 무의미해진다고 볼 수는 없다. 이러한 점에서 정보공개청구권은 표현의 자유와 인격권의 실질적 보장을 위하여 반드시 함께 보장되어야 하는 불가결한 요소라고 할 수 없다. 즉, 정보공개청구권은 자유권의 실질적인 보장을 위하여 반드시 필요한 것이 아니라, 존재한다면 보다 이상적인 하나의 잉여분이다.

결국 일반적으로 접근할 수 없는 정보에의 접근은 기본권에 의한 보호를 필요로 하지 않으며, 국가가 어느 정노로 자신의 영역을 일반국민에게 공개하는가의 결정은 국민주권 및 민주주의의 원리를 고려하여 입법자가 결정할 문제이다.[2] 따라서 헌법재판소가 자유권인 표현의 자유로부터 일반적 정보공개청구권을 도출한 것은 허용되는 헌법해석의 한계를 넘은 것이라고 생각된다.

3. 헌법상의 개별적 정보공개청구권

헌법으로부터 일반적 정보공개청구권을 도출할 수 없다고 하여, 특정 정보에 대하여 이해관계가 있는 특정 개인이 공개를 요구할 권리인 소위 개별적 정보공개청구권이 헌법상 인정될 수 없다는 것을 의미하지는 않는다.[3] 예외적으로 청구권적 요소를 자유권의 보호범위에 포함시키는 것이 자유권적 기본권의 실질적 보장을 위하여 불가결한 경우에 한하여, 자유권에 의하여 함께 보장되는 청구권적 요소를 인정할 수 있다. 이에 따라 헌법상 인정되는 개별적 정보공개청구권으로는, 인격권의 한 내용인 개인정보자기결정권에서 파생하는 '자기정보공개청구권'을 들 수 있다. 또한, 청구권적 기본권인 재판청구권에서 파생하는 '소송기록열람청구권'이 있다.

가. 自己情報公開請求權

개인정보의 공개와 사용에 관하여 스스로 결정할 권리인 개인정보자기결정권이 실질적으로 보장

---

1) 이에 관한 대표적인 예가, 인격권으로부터 파생하는 개인정보자기결정권으로부터 청구권적 요소인 자기정보공개청구권을 도출한 것이다.
2) 비교법적으로 보더라도, 일반적인 정보공개청구권을 헌법적으로 규정하거나 헌법해석을 통하여 인정하는 국가는 세계 어디에도 없는 것으로 보인다. 예컨대 스웨덴 외에 미국의 경우에도, 1963년 "Freedom of Information Act"를 제정하여, 모든 국민에게 그가 이해관계인인가의 여부와 관계없이 원칙적으로 모든 행정과정에 대하여 정보를 제공하고 문서의 열람을 허용하도록 연방관청에게 의무를 부과하고 있으나, 이는 헌법적 권리로서 인정된 것이 아니라 입법자의 결정에 근거하는 것이다.
3) 정보공개의 청구와 관련하여 헌법재판소가 판단해야 했던 사안들은, 공공기관이 보유하는 모든 정보에 대하여 일반국민들이 공개를 요구하는 '일반적 정보공개청구'에 관한 것이 아니라 국가기관이 보유하고 있는 개인관련정보에 대한 '개별적 정보공개청구'에 관한 것이었다. 따라서 헌법재판소는 헌법규범으로부터 일반적 정보공개청구권을 도출하려고 시도하기 이전에, 청구인의 정보공개청구의 이익을 충족시킬 수 있는 개별적 정보공개청구권을 헌법적으로 구성할 수 있는가를 판단하는 것이 보다 적절했으리라고 생각된다. 이러한 지적으로는 이미 헌재 1991. 5. 13. 90헌마133, 판례집 3, 234, 250(한병채 재판관의 소수의견) 참조.

대 4 장 自由權的 基本權 **815**

되기 위해서는, 이를 절차적으로 통제할 수 있는 권리, 즉 국가가 자신에 관하여 어떠한 정보를 보유하고 있는가를 확인하기 위하여 자기정보를 열람할 수 있는 권리(자기정보공개청구권)가 함께 보장되어야 한다. 자기정보공개청구권이 보장되지 않고서는 개인정보자기결정권의 헌법적 보장은 공허하기 때문에, 인격권에서 연원하는 개인정보자기결정권으로부터 예외적으로 청구권적 요소인 자기정보공개청구권이 도출될 수 있다.

나. 소송기록열람청구권[1]

공정한 재판절차가 가능하기 위하여 소송당사자가 자신의 권리와 관계되는 법원의 결정에 앞서서 자신의 견해를 진술할 수 있는 기회를 가져야 하며, 당사자가 소송절차에서 의미 있는 진술을 하기 위해서는 소송과 관련된 모든 중요한 사실에 관한 정보를 얻을 수 있어야 한다. 그러므로, 당사자의 소송기록 열람청구권은 청문청구권과 공정한 재판을 받을 권리를 그 보장내용으로 하는 재판청구권을 실현하기 위한 필수적 전제조건으로서 인정될 수 있다.

V. 일반적 정보공개청구권을 인정한 헌법재판소 판례의 문제점

1. 자유권으로부터 청구권을 도출한 헌법이론적 흠결

헌법재판소 판례의 일차적인 헌법이론적 흠결은 표현의 자유란 자유권으로부터 일반적 정보공개청구권이라는 청구권을 도출한 것이다. 알아야만 표현할 수 있기 때문에 표현의 자유에서 알 권리가 도출되어야 한다면, 자유권인 표현의 자유로부터 도출될 수 있는 것은 자유권적 측면인 정보의 자유, 즉 국가의 간섭이나 방해를 받지 않고 알 권리에 제한되어야 한다. 그러나 헌법재판소가 이를 넘어 자유권으로부터 포괄적인 정보공개청구권을 도출한 것은, 모든 자유권이 그 보장내용으로서 자유행사의 실질적 조건을 함께 포함함으로써 청구권으로 변질될 위험이 있다. 헌법재판소의 견해는 '자유권의 보장내용'과 '자유권을 행사하기 위한 실질적 조건의 보장'을 동일시하는 것이며, 모든 자유권이 청구권으로 해석될 수 있다는 위험을 안고 있다. 헌법재판소는 청구권의 보장내용의 불확실성, 입법자와의 권한배분의 관점 등을 고려하여 기본권의 해석을 통하여 자유권에서 청구권적 요소를 인정함에 있어서 매우 신중해야 한다.

2. 청구권적 기본권에 관한 근본적 이해의 부족

가. 청구권을 구체적인 입법 없이 개별사건에 직접 적용한 것의 문제점

헌법재판소가 범한 또 다른 오류는, 설사 표현의 자유로부터 일반적 정보공개청구권이란 청구권을 도출한다 하더라도, 입법자의 구체적인 입법이 없이는 청구권을 직접 적용할 수 없다는 점을 인식하지 못한 것이다. 헌법상 청구권은 그 자체로서 적용될 수 있는 것이 아니라, 국민이 청구권을 행사하기 위해서는 사전에 청구권의 구체적 내용과 범위를 확정하는 입법자의 법률을 필요로 한다.

청구권의 이러한 속성은 자유권 외의 다른 성격의 기본권에 공통적인 것이다. 가령, 재판청구권은 누가 어디에 어느 기간 내에 어떠한 절차를 거쳐 소송을 제기할 수 있는지에 관한 재판의 관할과

---

1) 이에 관하여 제3편 제6장 제3절 재판청구권 V. 관련부분 참조.

절차를 정하는 법원조직법이나 소송법이 없이는 행사될 수 없는 것이며, 선거권도 누가 어떠한 선거제도(비례대표제 또는 다수대표제 등)에 따라 선거할 수 있는지를 정하는 선거의 주체와 절차에 관한 입법이 없이는 행사될 수 없다. 마찬가지로 사회적 기본권의 경우에도 국민이 헌법상 기본권을 근거로 직접 국가로부터 특정 행위나 급부를 요구하는 것은 불가능하고, 국민이 사회적 기본권을 구체적 권리로서 행사하기 위해서는 사전에 국민이 구체적으로 어떠한 경우에 무엇을 국가로부터 요구할 수 있는지를 정하는 입법자의 입법을 필요로 한다. 이러한 점에서, 헌법재판소가 정보공개청구권을 구체적 권리로 이해한 것은, 마치 사회적 기본권에 대하여 구체적 권리성을 인정한 것과 같다.

그러므로 헌법재판소의 판례에 따라 일반적 정보공개청구권이 헌법상 기본권이라면, 입법자는 입법을 통하여 누가 어떠한 경우 어떠한 정보를 어떠한 제약을 받으며 청구할 수 있는지에 관하여 권리의 구체적 내용과 범위를 확정해야 한다. 따라서 헌법재판소가 기본권으로서 정보공개청구권을 인정하였다면, 행정청의 정보공개거부가 정보공개청구권에 위반되는지를 판단할 것이 아니라, 입법자가 청구권을 구체화하는 아무런 입법조치를 취하지 않은 입법의 不在를 문제 삼아 입법부작위의 위헌성을 확인하는 것에 그쳤어야 한다. 물론, 입법부작위의 확인이 개인의 권리구제에 직접적인 기여는 할 수 없으나, 청구권의 속성상 헌법재판소가 할 수 있는 최대한의 것이다.

나. 행정청에 의한 정보공개청구권 실현의 문제점

그러나 헌법재판소는 정보공개청구권이 입법자의 입법이 없이도 국가기관을 구속하는 직접적인 효력을 가지는 구체적 권리로 이해함으로써 행정청이 국민의 정보공개청구에 대하여 개별적으로 헌법적 법익간의 형량을 통하여 정보공개여부를 판단해야 한다는 결론에 이르렀다. 그러나 입법의 不在로 말미암아 행정청이 헌법적 법익을 스스로 교량하여 개별적인 경우마다 정보의 공개여부를 판단해야 한다는 것은, 법적용기관인 행정청이 감당하기 어려운 과제일 뿐만 아니라, 자의적인 판단의 위험을 초래함으로써 법치국가에서 용인할 수 없는 법적 상황을 야기한다. 입법자가 일차적으로 법익형량을 통하여 법률로써 법적용기관에게 행위지침을 제시해야 하고 행정청은 입법자의 법익형량의 결과인 법률을 적용해야 한다는 것이 법치국가의 요청이다.

3. 개별적 정보공개청구권의 간과

위 사례 1 및 2에서 청구인은 자신과 이해관계가 있는 특정 정보의 공개를 구하고 있으나, 헌법재판소는 국가가 보유하는 모든 정보에 대하여 모든 국민이 공개를 요구할 수 있는 일반적 정보공개청구권을 인정하였다. 청구인이 자신과 이해관계가 있는 특정 정보를 구하는 상황과 특정정보의 공개를 요청한 이유는 소유권의 회복을 위하여 자신의 권리행사나 권리구제를 위한 사전단계로서 또는 형사확정판결에 대하여 경우에 따라 재심을 청구하기 위하여 기록의 열람을 구하고자 하는 것이다. 이러한 상황이나 동기는 표현의 자유의 전제조건으로서 알권리 또는 민주주의나 국민주권의 실현수단으로서 알 권리와는 하등의 관계가 없는 것이다.

이러한 점에서 볼 때, 자신의 권리행사의 사전단계로서 이해관계가 있는 기록의 열람을 구하는 청구인들에게 표현의 자유나 민주주의를 근거로 정보공개청구권을 인정한 것은 東問西答이라는 인상을 지울 수 없다. 청구인이 자신의 권리행사와 권리구제를 위하여 국가가 보유하는 기록의 열람을 구하고 있다는 점에서, 헌법재판소는 재판청구권을 행사하기 위한 전제조건으로서 특정의 정보에 대하여 이해관계가 있는 개인이 공개를 요구할 권리인 개별적 정보공개청구권을 인정할 수 있는지를 판단했어야 한다.

4. 정보의 자유와 정보공개청구권의 본질과 차이에 대한 오해

알 권리의 자유권적 성격은 정보수집방해배제청구권으로서 국민 누구나 일반적으로 접근할 수 있는 정보에의 접근을 방해하는 국가의 행위를 금지한다. 이에 대하여 알 권리의 청구권적 성격은 일반적으로 접근할 수 없는 정보에의 접근을 가능하게 하는 것에 있다. 헌법재판소는 헌재 1991. 5. 13. 90헌마133 결정(형사확정기록 등사신청 사건)에서 "알 권리는 표현의 자유와 표리일체의 관계에 있으며 자유권적 성질과 청구권적 성질을 공유하는 것이다. 자유권적 성질은 일반적으로 정보에 접근하고 수집·처리함에 있어서 국가권력의 방해를 받지 아니한다는 것을 말하며, 청구권적 성질은 의사형성이나 여론 형성에 필요한 정보를 적극적으로 수집하고 수집을 방해하는 방해제거를 청구할 수 있다는 것을 의미하는 바 이는 정보수집권 또는 정보공개청구권으로 나타난다."고 판시하고 있다. 그러나 헌법재판소는 위 판시내용에서 자유권으로서 정보의 자유와 청구권으로서 정보공개청구권의 본질을 제대로 이해하지 못하고 있다는 것을 드러내고 있다.

가. 헌법재판소가 알 권리의 자유권적 내용을 "일반적으로 정보에 접근하고 수집·처리함에 있어서 국가권력의 방해를 받지 아니한다는 것을 말한다."고 판시하고 있는데, 여기서 '일반적으로 정보에 접근'하는 것이 아니라 '일반적으로 접근할 수 있는 정보에 접근'하는 것으로 보장내용이 수정되어야 한다.

나. 헌법재판소는 알 권리의 청구권적 성질을 "의사형성이나 여론 형성에 필요한 정보를 적극적으로 수집하고 수집을 방해하는 방해제거를 청구할 수 있다는 것을 의미한다."고 설명하고 있는데, 첫째, 어떠한 정보인지, 즉 국가나 사인의 조력이 없이 누구나 일반적으로 접근할 수 있는 정보인지 하는 '정보의 성격'이 자유권 또는 청구권으로서 알 권리 성격을 결정짓는 중요한 요소이지, 정보를 적극적으로 수집하는지 또는 소극적으로 수령하는지는 알 권리의 법적 성격을 규정하는 요소가 될 수 없다는 점에서 알 권리의 청구권적 성격을 제대로 표현하고 있지 못하며, 둘째, '정보의 수집을 방해하는 방해제거를 청구할 수 있다'는 것은 바로 정보수집방해배제청구권으로서 알 권리의 자유권적 성격의 본질을 표현하는 것이다.[1] 결국, 어떠한 기준을 근거로 알 권리의 자유권적 성격과 청구권적 성격이 구분되는지에 관하여 헌법재판소는 명확한 이해를 하지 못하였고, 그 결과 알 권리의 청구권적 성격을 서술하는 부분에서도 알 권리의 자유권적 성격을 서술하는 오류를 범하였다.

---

1) 국가가 정보의 수집을 방해할 수 있기 때문에 그 방해를 배제한다는 것은, 국민 누구나가 자유롭게 정보에 접근할 수 있다는 것, 국가나 제3자의 조력 없이도 정보를 스스로 자력으로 얻을 수 있다는 것을 전제로 하는 것이다. 즉, 방해제거청구권은 '일반적으로 접근할 수 있는 정보'를 그 필연적인 전제로 하는 것이다. 결국 국가로부터 방해제거를 청구한다는 것은 국민이 일반적으로 접근할 수 있는 정보에의 접근을 방해하는 국가행위를 하지 말 것을 요구한다는 것이다. 그런데 이러한 내용은 알 권리의 청구권적 성격이 아니라 방어권적 성격에 속한다. 自由權의 또 다른 표현이 바로 '(자유행사)방해제거청구권'이고, 자유란 국가의 도움을 받지 않고서도 행사할 수 있다는 것이 자유권의 전제가 되는 것이며, 국민의 자유행사를 방해하는 국가행위를 하지 말 것을 청구하는 것, 즉 국가에 대한 '부작위청구권'이 바로 자유권의 본질적 내용인 것이다. 이에 대하여 請求權으로서의 '알 권리'란, 방해제거를 청구하는 것이 아니라 국가의 조력, 즉 국가가 보유하는 정보의 공개란 국가의 일정 행위를 청구하는 것이다.

제8절 集會·結社의 自由

제1항 集會의 自由[1]

I. 서 론

1. 민주국가에서 집회의 의미

헌법은 제21조에서 "모든 국민은 … 집회 … 의 자유를 가진다."고 하면서($\frac{제}{1}$), "… 집회 … 에 대한 허가는 인정되지 아니한다."($\frac{제}{2}$)고 규정하고 있다. 헌법은 집회의 자유를 기본권으로 보장함으로써, '평화적 집회 그 자체는 공공의 안녕질서에 대한 위험으로 간주되어서는 안 되고, 개인이 집회의 자유를 행사함으로써 필연적으로 발생하는 일반대중에 대한 불편함이나 보호법익에 대한 위험은 충돌하는 법익과 조화를 이루는 범위 내에서 국가와 제3자에 의하여 수인되어야 한다'는 것을 밝히고 있다. 집회의 자유의 행사에 의하여 일반국민에게 발생하는 어느 정도의 불편함은 자유민주국가가 지불해야 하는 '민주주의 비용'이다. 집회와 시위는 민주국가의 일상에 속하는 것이며, 살아 숨 쉬는 민주사회의 뚜렷한 징표라고 할 수 있다. 민주국가는 공적인 토론을 필요로 하고, 집회는 공적 토론의 계기를 제공한다. 따라서 집회의 자유를 공공의 안녕질서에 대한 잠재적 위험으로 간주하여 이를 단지 용인하는 사고에서 벗어나, 공적 토론과 자유민주주의를 활성화하는 바람직한 것으로 파악해야 한다. 그러나 다른 한편으로는, 집회의 자유는 그 본질상 다수인에 의하여 집단적으로 행사됨으로써 타인의 법익이나 공익과 충돌할 위험이 크기 때문에, 다른 법익의 보호를 위하여 집회의 자유에 대한 제한이 불가피하다.

2. 문제의 제기

집회의 자유와 관련하여 다음과 같은 일련의 의문이 제기된다.

첫째, 집회의 자유는 헌법의 기본권체계 내에서 어떠한 기능을 하는가? 집회의 자유는 표현의 자유와 어떠한 관계에 있는가? 집회의 자유는 집단적으로 의견을 표명하는 자유로서 표현의 자유를 행사하기 위한 하나의 수단인가?

둘째, 헌법상 집회의 개념은 무엇인가? 헌법상 집회로 보호받기 위하여 개인은 어떠한 공동의 목적을 추구해야 하는가? 공동의 의견표명이나 정치적 사안과 관련된 의견표명이 없는 종교적·예술적·학문적 영역에서의 모임이나 친목과 오락을 위한 모임도 집회의 자유에 의하여 보호되는가?

'집회 및 시위에 관한 법률'(이하 '집시법')상의 다양한 개념, 가령 시위, 행진 및 옥외집회, 옥내집회의 개념은 무엇인가? 시위가 '움직이는 집회'인가? 옥외집회의 경우, 집회의 자유의 행사방법과 절

---

1) 한수웅, 集會의 自由와 '集會 및 示威에 관한 法律', 저스티스 제77호, 2004. 2, 5면 이하; 헌법 제21조 제2항의 '집회에 대한 허가 금지'의 의미 - '제2차 야간옥외집회금지 결정'에 대한 판례 평석을 겸하여 - , 인권과 정의 제419호 (2011. 8.), 6면 이하 참조.

차에 관하여 규율하는 이유는 무엇인가?

셋째, 헌법 제21조 제2항의 '집회에 대한 허가제 금지'의 의미는 무엇인가? 입법자는 집회의 자유와 다른 보호법익을 조화시킬 수 있는지의 여부에 관하여 사전에 판단할 수 있는 사전적 통제조치로서 허가제를 도입할 수 없는가? 입법자는 사실상 허가제의 기능을 하는 신고제를 도입할 수 있는가?

집시법상의 신고제도의 취지와 의미는 무엇인가? 신고제도와 관련된 일련의 규정, 즉 신고의무규정 및 신고하지 아니한 집회의 금지, 해산, 처벌 등을 통하여 신고의무를 관철하고자 하는 규정들이 신고제를 도입한 목적에 부합하게 해석되어야 한다면, 우발적 집회의 경우 신고를 하지 않았다는 이유로 집회의 해산이나 신고의무의 위반으로 인한 처벌이 정당화되는가? 신고의무를 이행할 수 있음에도 이행하지 아니한 집회가 법익충돌이 없이 평화적으로 이루어지는 경우 '집회에 대한 해산'과 '신고의무의 위반으로 인한 처벌'이 정당화되는가?

넷째, 집회의 자유가 다른 법익과 충돌하는 경우 집회의 자유는 어느 정도로 보호되어야 하는가? 집회로 인한 교통소통의 장애나 소음을 일반국민이 어느 정도로 수인해야 하는가? 합법적 시위와 평화적 시위는 일치하는가? 물리적 폭력을 사용하지 않는 평화적 시위라면 시위참가자는 아무런 제한 없이, 즉 자신이 원하는 장소에서 원하는 시간에 원하는 방법으로 집회의 자유를 행사할 수 있는가?

Ⅱ. 헌법적 의미와 기능

집회의 자유는 개인의 인격발현의 요소이자 민주주의를 구성하는 요소라는 이중적인 헌법적 기능을 가지고 있다.[1]

1. 개인의 인격발현의 요소

역사적으로 볼 때 집회의 자유는 정치·사회현상에 대하여 불만을 가진 자의 전통적 기본권으로서 형성되었고, 오늘날도 집단행동에 의한 표현수단으로서 강한 정치적 색채를 띠고 있다. 그러나 인간의 존엄성과 자유로운 인격발현을 최고의 가치로 삼는 우리 헌법질서 내에서, 집회의 자유도 다른 모든 기본권과 마찬가지로 일차적으로는 개인의 자기결정과 인격발현에 기여하는 기본권이다. 인간이 타인과의 접촉을 구하고 서로의 생각을 교환하며 공동으로 인격을 발현하고자 하는 것은 사회적 동물인 인간의 가장 기본적인 욕구에 속하는 것이다. 집회의 자유는 타인과의 의견교환을 통하여 공동으로 인격을 발현하는 자유를 보장하는 기본권이자, 동시에 국가에 의하여 개인이 타인과 사회공동체로부터 고립되는 것으로부터 보호하는 기본권이다. 즉 공동의 인격발현을 위하여 타인과 함께 모인다는 것은 이미 그 자체로서 기본권에 의하여 보호될 만한 가치가 있는 개인의 자유영역인 것이다. 집회의 자유는 결사의 자유와 더불어 '타인과 함께 모이는 자유'를 보장한다.[2]

---

1) 같은 취지로 헌재 2003. 10. 30. 2000헌바67(외교기관 앞 옥외집회금지), 판례집 15-2하, 41, 52-53, "집회의 자유는 개인의 인격발현의 요소이자 민주주의를 구성하는 요소라는 이중적 헌법적 기능을 가지고 있다. 인간의 존엄성과 자유로운 인격발현을 최고의 가치로 삼는 우리 헌법질서 내에서 집회의 자유도 다른 모든 기본권과 마찬가지로 일차적으로는 개인의 자기결정과 인격발현에 기여하는 기본권이다. 뿐만 아니라, 집회를 통하여 국민들이 자신의 의견과 주장을 집단적으로 표명함으로써 여론의 형성에 영향을 미친다는 점에서, 집회의 자유는 표현의 자유와 더불어 민주적 공동체가 기능하기 위하여 불가결한 근본요소에 속한다."

2) 다만, 집회의 자유는 다수인의 일시적인 모임을 보장하는 반면, 결사의 자유는 다수인의 지속적인 결합을 보장한다

2. 민주주의 실현의 기본조건

집회의 자유는 표현의 자유와 함께 민주적 공동체가 기능하기 위하여 불가결한 근본요소에 속한다. 개인은 집회를 통하여 자신의 의견과 주장을 집단적으로 표명하고 이로써 여론의 형성에 영향을 미칠 수 있다는 점에서, 집회의 자유는 집단적 의견표명의 중요한 수단으로서 민주국가에서 정치적 의사형성에 참여할 수 있는 기회를 제공한다. 직접민주주의를 배제하고 대의민주제를 선택한 우리 헌법에서 국민은 선거권의 행사, 정당이나 사회단체에 참여하여 활동하는 가능성, 청원권의 집단적 행사 등 몇 가지 가능성 외에는 단지 집회의 자유를 행사하여 시위의 형태로써 공동으로 정치적 의사형성에 영향력을 행사하는 가능성밖에 없다.

집회의 자유는 사회·정치현상에 대한 불만과 비판을 공개적으로 표출케 함으로써 정치적 불만이 있는 자를 사회에 통합하고 정치적 안정에 기여하는 기능을 한다. 특히 집회의 자유는 집권정치세력에 대한 정치적 반대의사를 공동으로 표명하는 효과적인 수단으로서 현대사회에서 언론매체에 접근할 수 없는 소수집단에게 그들의 권익과 주장을 옹호하기 위한 적절한 수단을 제공한다는 점에서, 소수의 의견을 국정에 반영하는 창구로서 그 중요성을 더해 가고 있다. 즉 집회의 자유는 소수의 보호를 위한 중요한 기본권인 것이다. 소수가 공동체의 의사형성과정에 충분히 영향을 미칠 수 있는 가능성이 보장될 때, 다수결에 의한 공동체의 의사결정은 보다 정당성을 가지며 다수의 결정에 의하여 압도당한 소수에 의하여 보다 잘 수용될 수 있다. 헌법이 집회의 자유를 보장한 것은 '다수에 의한 독재'에 대한 부정의 표현이며, 관용과 다양한 견해가 공존하는 다원적인 '열린 사회'에 대한 헌법적 결단인 것이다.[1]

3. 집회의 자유와 표현의 자유의 관계

가. 독자적 기본권으로서 집회의 자유

집회의 자유는 표현의 자유에 포함되거나 또는 그에 대하여 종속적·하위적 기본권이 아니라, 양 기본권 모두 고유한 보호범위를 가진 독자적인 기본권이다. 집회의 자유와 표현의 자유의 연관성은 정치적 성격을 가진 집회의 경우 크게 두드러지지만, 집회의 자유를 단지 표현의 자유와의 연관관계에서 이해하여 '집단적 의사표명의 자유'로 그 의미를 축소하는 것은 집회의 자유의 헌법적 의미와 기능에 부합하지 않는다.[2] 집회의 자유는 표현의 자유에 종속된 기본권이 아니라, '집회'란 생활영역에서 '자유로운 인격발현권'과 '자기결정권'을 보장하고자 하는 독자적인 기본권이다. 집회의 자유가

는 차이가 있다.

1) 같은 취지로 헌재 2003. 10. 30. 2000헌바67(외교기관 앞 옥외집회금지), 판례집 15-2하, 41, 52-53.
2) 집회의 자유와 표현의 자유를 독자적인 기본권으로 명시적으로 보장하는 우리 헌법구조에 집회의 자유를 표현의 자유에 포함되는 권리로서 이해하는 미국 헌법이론을 그대로 적용하는 것은 문제가 있다. 언론·출판의 자유가 개별적인 표현행위를 보호하고 집회의 자유가 집단적 표현행위를 보호하는 것으로 이해하여 집회의 자유를 언론·출판의 자유에 대한 특별규정으로 본다면, 첫째, 집회의 자유에 의하여 보호되는 대상이 '공동의 의견표명'을 목적으로 하는 정치적 집회에 축소되어, 학문·예술·체육·종교 등을 위한 집회는 국가의 규율(가령, 신고제나 허가제의 도입)에 대하여 보호를 받지 못하게 되며, 둘째, 집회의 자유에도 표현의 자유에 대한 제한과 관련하여 확립된 원칙, 가령 사전검열금지원칙, 명백하고 현존하는 위험의 원리 등이 적용되어 신고제에 근거한 집회금지통고도 사전검열에 해당하는 결과에 이르게 된다. 이러한 결과는 집회의 자유는 표현의 자유와 별개의 기본권으로서, 집회의 자유가 보장하고자 하는 바는 '집단적 의견표명' 자체가 아니라, 단지 타인과 함께 모이는 것임을 간과한 것에 기인한다.

보장하고자 하는 바는 '집단적 의견표명' 자체가 아니라 단지 '타인과 함께 모이는 것'이라는 점에서, 집회의 자유는 표현의 자유와는 별개의 보호범위를 가지는 독자적 기본권이다. 타인과의 접촉을 통하여 의견을 교환하고자 하는 개인의 이익은 정치적 영역뿐 아니라 종교적, 예술적, 학문적, 직업적 영역, 친목이나 오락의 영역에서도 인정될 수 있고, 집회의 자유의 행사가 반드시 공동의 의견표명 또는 집단적 표현행위에 이르는 것은 아니다.

나. 集會의 측면과 意見表明의 측면의 구분

집회를 통하여 의견이 형성되고 표명되는 경우, 기본권의 주체는 집회의 자유와 함께 표현의 자유를 행사하는 것이며, 이러한 경우 '집회의 측면'과 '의견표명의 측면'을 구분해야 한다. 집회의 자유에 의해서는 다수인이 공동으로 의견을 표명하기 위하여 '다수인이 모이는 것'이 보호되고, 의견표명의 내용과 그 표현수단(글, 그림, 언어 등)은 표현의 자유에 의하여 보호된다.[1] 따라서 특정한 '표현내용' 때문에 의견표명이 금지되어야 한다면, 표현의 자유를 헌법적 기준으로 삼아 국가행위의 위헌성을 판단해야 하고, '다수인이 모인 것의 위험성' 때문에, 즉 다수인의 집단적 행위로 인한 법익충돌의 가능성을 이유로 국가가 간섭해야 한다면, 집회의 자유가 심사기준이 된다.

집회의 자유는 집단적인 의견표명을 집회의 목적으로 요구하지는 않지만, 집단적인 의견표명은 집회의 전형적인 현상인 '시위'의 개념적 요소이다. 즉 '시위'는 집단적인 의견표명을 그 목적으로 하는 집회라는 점에서, 공동의 의견표명을 위한 수단, 즉 표현의 자유를 공동으로 행사하기 위한 수단인 것이다. 따라서 시위의 자유는 집회의 수단을 통한 집단적인 의견표명의 자유로서, 그 헌법적 근거를 집회의 자유 및 표현의 자유에 두고 있다.

Ⅲ. 집회의 자유의 법적 성격

1. 개인의 主觀的 公權

집회의 자유는 일차적으로 국가공권력의 부당한 침해에 대한 방어를 가능하게 하는 자유권으로서, 개인이 집회에 참가하는 것을 방해하거나 또는 집회에 참가할 것을 강요하는 국가행위를 금지하는 기본권이다.[2] 공권력이 정권에 비우호적인 집회를 금지하거나 또는 대중집회의 개최를 명령하고 국민을 강제로 동원하는 것은 집회의 자유에 대한 대표적인 침해행위이다.

집회의 자유는 집회의 목적·시간·장소·방법에 관하여 스스로 결정할 권리를 보장하는 기본권이다. 집회의 자유에 의하여 보호되는 구체적인 행위는, 집회에 참가하는 행위뿐 아니라, 집회장소로의 이동을 비롯하여 집회를 준비하는 일련의 행위(집회의 계획, 조직, 지휘 등), 집회의 해산 후 집회장

---

1) 헌법재판소도 "집회·시위의 규제에는 집회에 있어서의 의사표현 자체의 제한의 경우와 그러한 의사표현에 수반하는 행동 자체의 제한 두 가지가 있을 수 있다. 전자의 경우에는 제한되는 기본권의 핵심은 집회에 있어서의 표현의 자유라고 볼 것이다."라고 하여 이러한 기준에 따라 판단하고 있다(헌재 1992. 1. 28. 89헌가8, 판례집 4, 4, 17-18).

2) 같은 취지로 헌재 2003. 10. 30. 2000헌바67(외교기관 앞 옥외집회금지), 판례집 15-2하, 41, 53-54, "집회의 자유는 집회의 시간, 장소, 방법과 목적을 스스로 결정할 권리를 보장한다. 집회의 자유에 의하여 구체적으로 보호되는 주요행위는 집회의 준비 및 조직, 지휘, 참가, 집회장소·시간의 선택이다. 따라서 집회의 자유는 개인이 집회에 참가하는 것을 방해하거나 또는 집회에 참가할 것을 강요하는 국가행위를 금지할 뿐만 아니라, 예컨대 집회장소로의 여행을 방해하거나, 집회장소로부터 귀가하는 것을 방해하거나, 집회참가자에 대한 검문의 방법으로 시간을 지연시킴으로써 집회장소에 접근하는 것을 방해하는 등 집회의 자유행사에 영향을 미치는 모든 조치를 금지한다."

소로부터 귀가하는 행위 등 자유로운 집회가 가능하기 위하여 필요한 모든 과정을 보호한다. 따라서 집회참가자에 대한 지연적 검색을 통하여 집회장소에 접근하는 것을 방해하는 국가행위도 집회의 자유에 대한 제한에 해당한다.

또한, 국가가 개인의 집회참가행위를 감시하고 그에 관한 정보를 수집하는 행위도 집회의 자유에 대한 제한을 의미한다. 집회의 자유는 집회에 참가하는 자유뿐 아니라 '집회에 참가할 것인지에 관하여 자유롭게 결정할 자유'를 포함하는데, 국가에 의한 감시와 정보수집은 집회에 참가하고자 하는 자로 하여금 불이익을 두려워하여 집회참가의사를 약화시키거나 집회참가를 포기하게 하거나 아니면 적어도 집회에서 자유롭게 의견을 표명하는 것을 억제하는 소위 '위협적 효과'가 있기 때문에, 집회의 자유의 행사를 제한하는 효과가 있다.

2. 헌법의 客觀的 價値

가. 국가의 보호의무

헌법의 객관적 가치로서 집회의 자유는 '집회의 자유행사를 가능하게 해야 할 국가의 의무'를 부과하고, 이로부터 '집회를 제3자의 방해로부터 보호해야 할 국가의 의무'가 나온다. 입법자는 이와 같은 내용의 보호의무를 집시법 제1조의 입법목적에 관한 조항("적법한 집회 및 시위를 최대한으로 보장하고") 및 제3조("집회 및 시위에 대한 방해금지"), 제8조 제2항(뒤에 신고된 반대시위의 금지가능성)을 통하여 규정하고 있다. 제3자에 의한 집회방해로 인하여 공공의 안녕질서에 대한 위험이 우려되는 경우, 관할관청은 '집회의 자유행사가 방해를 받지 않고 가능해야 한다'는 헌법적 결단에서 출발하여 우선적으로 집회방해자에 대하여 조치를 취해야 하며, 지극히 예외적인 경우에 한하여 기본권에 의하여 보호되는 집회행위에 대하여 조치를 취할 수 있다.[1]

나. 법률의 해석·적용에 있어서 헌법적 지침

또한, 법적용기관은 법률을 해석하고 재량을 행사함에 있어서 집회의 자유의 기본정신을 고려해야 한다. 특히 집회의 자유를 제한하는 특별행정법인 집시법의 해석과 관련하여, 헌법상 객관적 가치질서로서의 집회의 자유는 중요한 의미를 가진다. 또한, 법원과 행정청은 형벌규정과 손해배상책임에 관한 규정을 확대 해석하는 경우에는 집회의 자유가 과도하게 제한될 우려가 있으므로, 제한적으로 해석·적용함으로써 집회의 자유에 표현된 헌법적 결정을 고려해야 한다.

특히 私法의 영역에서 집회의 자유가 법률에 미치는 영향은 손해배상규정의 해석과 관련하여 중요성을 가진다. 집회의 과정에서 행해지는 불법행위(예컨대, 재물손괴 등)가 집회의 자유에 의하여 정당화되지 않는다는 것은 당연하지만, 손해배상규정의 불확정개념을 해석함에 있어서 집회의 자유에 대한 과도한 제한을 결과로 가져오지 않도록 유의해야 한다. 시위로 인하여 발생한 손해배상책임(가령, 민법 제760조의 공동불법행위자의 책임)에 관한 판단에서 다른 시위참가자의 폭력행위에 대하여 손해배상책임을 인정할 수 있는 공범이나 종범의 범위를 너무 넓게 정함으로써, 집회의 자유가 과도하

---

1) 예컨대, 평화적인 시위에 대한 반대시위로 인하여 폭력적 충돌이 우려되는 경우, 공공의 안녕질서에 대한 위험이 시위자가 아닌 반대시위자로부터 발생하므로, 국가의 조치는 원칙적으로 반대시위에 대하여 행해져야 하며, 다만 공공의 안녕질서에 대한 급박한 위해가 다른 방법으로 방지될 수 없는 예외적인 경우(가령, 경찰상 긴급상태)에 한하여 경찰책임이 없는 제3자인 시위자에 대하여 조치를 취할 수 있다.

게 제한되어서는 안 된다.[1]

Ⅳ. 헌법상 '집회'의 개념

1. 憲法上 '집회' 개념과 集示法上 '집회' 개념

헌법과 집시법은 집회의 개념에 관한 정의규정을 두고 있지 않다. 집회의 자유에 의하여 보호되는 행위인 헌법상 '집회'의 개념과 집회의 자유를 규율하고 제한함으로써 집회의 자유와 다른 법익을 병존시키고자 제정된 집시법상의 '집회'의 개념이 반드시 일치해야 하는 것은 아니다. 집시법은 규율되어야 할 필요가 있는 집회만을 대상으로 할 수 있으며, 그 결과 집시법상의 '집회' 개념이 헌법상의 '집회' 개념보다 좁을 수 있다.[2]

한편, 집시법은 제15조에서 "학문·예술·체육·종교·의식·친목·오락·관혼상제 및 국경행사에 관한 집회에는 제6조부터 제12조까지의 규정을 적용하지 아니한다."고 규정함으로써, 위와 같은 목적의 집회에는 옥외집회에 관한 규정을 적용하지 아니하고 그 외의 규정만을 적용한다는 것을 밝히고 있다. 이로써 집시법은 헌법과 마찬가지로 넓은 의미의 집회 개념에서 출발하고 있다.[3]

집시법은 제2조 제2호에서 옥외집회의 특수한 형태로서 '시위'의 개념을 "여러 사람이 공동의 목적을 가지고 … 위력 또는 기세를 보여, 불특정한 여러 사람의 의견에 영향을 주거나 제압을 가하는 행위"로 정의하고 있는데, 이와 같은 시위의 개념에는 헌법상 보호되는 '집회'의 개념적 요소가 전부 언급되어 있다. 즉, 집회란 '공동의 목적을 가진 다수인의 일시적 모임'을 말한다.

2. '집회'의 개념적 요소

집회의 개념은 '다수인의 모임'이란 객관적 요소와 '공동의 목적'이란 주관적 요소의 2가지 요소로 구성된다.

가. 객관적 요소로서 多數人의 모임

집회는 '다수인이 모이는 것'을 전제로 하는데, '다수인'이란 2인 이상을 의미한다. 국가에 의하여 개인이 고립되는 것으로부터 보호하고 타인과의 접촉을 통하여 서로의 의견을 교환하고 이로써 공동으로 인격을 발현하는 자유로서 집회의 자유를 이해한다면, 2인이 모이는 것으로도 집회의 자유의 행사가 가능하며, 보다 많은 인간(3인 이상 등)의 참가를 기본권보호의 요건으로 하는 것은 정당화되지 않는다. 그러나 1인의 시위는 집회의 자유가 아니라 표현의 자유에 의하여 보호된다.

---

1) 대규모 시위에서 발생하는 손해에 대한 민사상 책임을 수동적인 참가자에게도 확대한다면 시위참가자는 예측할 수 없고 감당할 수 없는 위험부담을 안게 되고, 이로써 집회의 자유행사 뿐만 아니라 그 사전단계로서 집회에 참가할 것인가의 결정에 있어서 큰 제약을 받게 된다. 따라서 폭력행위에 적극적으로 가담함이 없이 단지 그 현장에 머물면서 방관한 시위자들에 대하여 그러한 이유로 공범이나 종범으로 취급하는 것은 집회의 자유의 헌법적 의미를 고려하지 않는 법률 해석으로서 집회의 자유를 침해하는 것이라 할 수 있다.

2) 독일의 '집회 및 행진에 관한 법률'의 경우가 이러하다.

3) 왜냐하면 집시법 제15조(적용의 배제)는 위와 같은 목적의 집회에 대해서는 그 외의 집시법규정이 적용된다는 것을 간접적으로 표현하고 있고, 입법자가 위와 같은 목적의 집회가 집시법상의 집회에 그 개념상 이미 포함되지 않는다고 판단하였다면, 집시법 일부 규정의 적용을 배제하는 조항을 두는 것은 불필요하기 때문이다. 결국, 우리의 경우 헌법상의 '집회'의 개념과 집시법상의 '집회'의 개념이 일치하는 것으로 볼 수 있다.

나. 주관적 요소로서 共同의 目的

'다수인의 모임'이란 객관적 요소 외에, 집회의 개념을 충족시키기 위한 주관적 요소로서 다수인이 집회참가를 통하여 '공동의 목적'을 추구해야 한다. 따라서 다수인이 단지 우연히 모인 것, 즉 군집만으로는 집회의 개념을 충족시키지 않는다.[1] 집회의 개념을 충족시키기 위해서는 다수인이 공동의 목적을 추구한다는 내적 유대관계가 있어야 한다. 바로 이러한 내적인 유대관계가 일정 장소에 모인 다수인을 집회의 '참가자'로 만드는 것이다. 한편, 다수인이 우연히 모인 경우라도, 모임의 진행과정에서 처음에 결여된 내적인 유대관계가 생긴다면, 언제라도 집회의 성격을 가질 수 있다.[2]

3. '共同의 目的'의 의미

가. 공동의 목적에 관한 다양한 견해

'공동의 목적'을 어떻게 이해하는지에 따라 집회의 자유의 보호범위를 확장하거나 축소할 수 있다. '공동의 목적'이 무엇이어야 하는가에 관하여는 크게 3가지 견해로 나뉘어 있다. 첫째, '공동의 목적을 위하여 타인과 함께 하려는 의사, 즉 내적인 유대관계가 존재하는 한, 공동으로 추구하는 목적의 내용이 무엇인가 하는 것은 중요하지 않다'고 하여, '집회'의 개념을 취미활동, 예술활동, 사교모임까지 포함하는 것으로 가장 넓게 이해하려는 견해, 둘째, '집회의 개념이 충족되기 위해서는 공동의 목적을 추구한다는 내적인 유대관계 외에도 공동의 의견형성과 의견표명이라는 목적이 존재해야 한다고 주장하는 견해, 셋째, 나아가 '집회의 요건으로서 공동의 의사형성과 의견표명은 공적 사안에 관한 것이어야 한다'고 주장하여 사교적, 종교적, 학문적, 상업적 목적의 집회를 배제함으로써 집회의 개념을 사실상 정치적인 집회에 제한하고자 하는 견해가 있다.

나. 공동의 목적으로서 공동의 인격발현

두 번째 견해에 관하여 보건대, '집회의 자유가 표현의 자유에 대하여 보충적 기능을 한다'는 점을 논거로 삼고 있으나, 집회의 자유는 그 헌법적 기능에 있어서 표현의 자유와의 연관관계에서만 그 효력을 가지거나 표현의 자유에 종속된 기본권이 아니라, 결사의 자유와 함께 집단의 형태로 공동으로 인격을 발현하는 것을 보장하려는 기본권으로서 임의의 목적을 위하여 모이는 자유를 보호하는 독자적인 기본권으로 이해되어야 한다. 이러한 점에서 두 번째 견해는 집회의 자유의 보호범위를 부당하게 '공동의 의견표명'으로 축소시킨다는 문제점을 안고 있다.

세 번째 견해에 관하여 본다면, 물론 공적인 사안에 관하여 논의되는 집회가 경험적으로 국가에 의하여 가장 위협을 받고 있고, 이로써 특히 기본권에 의한 보호를 필요로 한다는 점은 타당하나, 그렇다고 하여 국가에 의하여 보다 적게 위협을 받고 있는 집회가 기본권의 보호범위에서 배제되어야 하는 것은 아니다. 집회의 개념을 공적 사안을 다루는 집회에 제한하고자 하는 견해는, 기본권의 행사가 민주주의에 기여하는 한 헌법상 보장된 기본권의 보호를 제공하려는 견해이며, 기본권의 행사가 민주주의에 미치는 영향에 따라 기본권보호의 여부를 판단하고자 하는 견해이다. 그러나 헌법상

---

1) 예컨대 교통사고의 현장이나 쇼우 윈도우 앞에 다수인이 군집한 경우, 각자의 목적만이 있을 뿐 공동의 목적이 존재하지 않는다. 연극이나 축구경기 등을 관람하는 관중은 일정 장소에 함께 있으나 참가자 간의 정신적 유대관계가 없기 때문에, 집회라 볼 수 없다. 그러나 축구팀의 열성응원단의 경우에는 집회의 의사를 인정할 수 있을 것이다.
2) 교통사고 현장에 우연히 함께 한 다수인의 모임이 운전자의 경각심을 촉구하는 집회로 발전하는 경우가 하나의 예가 될 수 있다.

의 기본권은 민주주의의 실현을 위해서가 아니라 인간의 존엄성실현 및 인격의 자유로운 발현을 위하여 보장된 것이다. 뿐만 아니라, 자유의 본질에 속하는 것은, 기본권의 주체인 개인이 기본권행사의 방법과 목적을 스스로 결정한다는 것이므로, 다른 자유권과 마찬가지로 집회의 자유도 국가에 의한 목적상의 제한, 수단상의 제한을 받지 않고 보장되어야 한다.

따라서 '공동의 인격발현'이라는 목적 이외에 다른 특별한 목적을 요구함으로써 집회의 목적적 요건을 좁히고자 하는 견해는 개인의 인격발현에 대한 집회의 자유의 의미를 간과하게 되며, 보다 광의의 목적은 다수인의 단순한 모임과의 경계설정을 불가능하게 한다. 이러한 점에서 집회의 자유의 보호범위를 가장 넓게 파악하는 첫 번째 견해가 타당하다고 본다.[1] 따라서 공동의 의견표명을 목적으로 하는 정치적 시위뿐만 아니라 공동의 의견표명에 이르지 않는 학문·예술·체육·종교·의식·친목·오락·관혼상제 및 국경행사에 관한 집회도 당연히 헌법에 의하여 보호되는 집회에 속한다.

4. 평화적 또는 비폭력적 집회

가. 보호대상으로서 평화적 집회

(1) 비록 헌법이 명시적으로 밝히고 있지는 않으나, 집회의 자유에 의하여 보호되는 것은 단지 '평화적' 또는 '비폭력적' 집회이다. 폭력의 사용은 기본권적 자유를 행사하는 방법이 될 수 없다. 집회의 자유는 민주국가에서 정신적 대립과 논쟁의 수단으로서, 이러한 수단을 이용한 의견표명은 헌법적으로 보호되지만, 폭력을 사용한 의견의 강요는 헌법적으로 보호되지 않는다.[2]

일부 소수 참가자의 폭력행위가 예상되더라도, 집회가 그 전체로서 폭력적으로 진행되리라고 우려되지 않는 한, 평화적으로 시위를 하고자 하는 다수의 기본권행사는 보호되어야 한다.[3] 소수의 폭력행위가 집회의 성격을 임의로 변질시키고 다수의 의사에 반하여 집회를 불법적인 것으로 만들 수 있다면, 폭력적인 소수가 자신들뿐만 아니라 평화적 시위자들의 기본권행사 여부를 결정하게 된다. 그러나 집회의 자유는 비록 타인과 공동으로 행사하는 기본권이지만, 단체에 귀속되는 자유가 아니라 개인적 자유인 것이다. 따라서 원칙적으로 평화적 시위자는 타인의 폭력행위로 말미암아 자신의

---

[1] 만일, 집회의 개념으로서 공동의 목적을 이와 같이 좁게 이해한다면, 친목·오락모임이나 종교·예술행사는 헌법상 집회가 아닌 것으로 집회의 자유에 의한 보호를 받지 못한다. 집시법도 제15조에서 밝히고 있는 바와 같이, 最廣義의 집회 개념에서 출발하고 있다. 또한, 헌재 2009. 5. 28. 2007헌바22(옥외집회 사전신고의무), 판례집 21-1하, 578, ['집회'개념이 불명확하여 옥외집회의 사전신고의무를 규정한 집시법조항이 명확성원칙에 위배되는지 여부에 관하여] "일반적으로 집회는, 일정한 장소를 전제로 하여 특정 목적을 가진 다수인이 일시적으로 회합하는 것을 말하는 것으로 일컬어지고 있고, 그 공동의 목적은 '내적인 유대 관계'로 족하다고 할 것이다. … 구 집시법상 '집회'의 개념이 불명확하다고 할 수 없다."

[2] 같은 취지로 헌재 2003. 10. 30. 2000헌바67(외교기관 앞 옥외집회금지), 판례집 15-2하, 41, 42, "집회의 자유에 의하여 보호되는 것은 단지 '평화적' 또는 '비폭력적' 집회이다. 집회의 자유는 민주국가에서 정신적 대립과 논의의 수단으로서, 평화적 수단을 이용한 의견의 표명은 헌법적으로 보호되지만, 폭력을 사용한 의견의 강요는 헌법적으로 보호되지 않는다. 헌법은 집회의 자유를 국민의 기본권으로 보장함으로써, 평화적 집회 그 자체는 공공의 안녕질서에 대한 위험이나 침해로서 평가되어서는 아니 되며, 개인이 집회의 자유를 집단적으로 행사함으로써 불가피하게 발생하는 일반대중에 대한 불편함이나 법익에 대한 위험은 보호법익과 조화를 이루는 범위 내에서 국가와 제3자에 의하여 수인되어야 한다는 것을 헌법 스스로 규정하고 있는 것이다."

[3] 소수의 폭력행위를 우려하여 평화적 시위자의 기본권행사의 기회를 처음부터 박탈하는 집회금지는, 위험성의 예측판단에 대한 엄격한 기준을 적용한 결과 사후적 해산으로는 적절하게 대처할 수 없는 경우에 제한되어야 하며, 가능하면 사후적 해산을 우선적으로 고려해야 한다. 폭력시위자의 구분과 분리가 불가능하거나 다른 법익에 대한 중대한 손상을 가져올 경우, 집회의 해산은 허용된다.

기본권을 상실해서는 안 된다.

(2) 집회의 자유의 보호대상과 관련하여, 연좌시위(連坐示威)가 평화적 집회에 해당하는가 하는 논란이 있을 수 있다. 연좌시위를 통하여 일정 장소에의 출입을 봉쇄하는 것은 형법상의 '폭력' 개념을 충족시킬 수는 있으나, 헌법상 보호되는 집회를 판단하기 위한 '폭력'의 개념과 형법상의 '폭력' 개념이 일치하는 것은 아니며, 폭력의 개념을 넓게 이해함으로써 처음부터 기본권의 보호범위를 제한해야 할 필요성도 없다. 따라서 집회의 자유에 의하여 배제되는 폭력이란, 공격적·적극적 폭력행위(소위 물리적 폭력)를 의미하는 것으로 제한적으로 해석하여야 하고, 이로써 수동적 저항에 그치는 소극적 폭력(소위 심리적 폭력)인 연좌시위는 평화적 시위에 해당한다.

나. 평화적 집회와 합법적 집회의 구분

한편, 평화적 집회가 곧 합법적 집회를 의미하는 것은 아니며, 평화적 집회와 합법적 집회는 엄격하게 구분되어야 한다. 평화적 집회는 합법적 집회인지와 관계없이 단지 물리적 폭력을 사용하지 않고 평화적으로 진행되는 집회이다. 신고하지 않은 평화적 집회는 관할 행정청에 의한 법익충돌의 가능성에 관한 사전적 판단을 거치지 아니하였으므로, 현재 비록 평화적으로 진행된다 하더라도 법익충돌의 잠재적 가능성을 가지고 있는 집회이다. 따라서 평화적 집회라 하더라도 사전신고를 하지 않았던지 또는 집회가 신고한 내용대로 진행되지 않는다면, 불법적 집회에 해당하는 것이고, 법익충돌을 야기하는 경우에는 해산 등의 방법으로 제한하는 것이 불가피하다. 이에 대하여 합법적 집회란, 집시법에 따라 사전에 신고하여 신고한 내용에 따라 진행되는 집회를 말한다. 합법적 집회는 관할행정청에 의하여 법익충돌의 가능성에 관하여 사전적 판단을 거친 집회이므로, 법익충돌의 가능성이 최소화된 집회이다.

V. 헌법 제21조 제2항의 許可制 禁止의 의미

사례 | 헌재 2009. 9. 24. 2008헌가25(제2차 야간 옥외집회금지 사건)[1]

집시법은 제10조에서 원칙적으로 야간의 옥외집회를 금지하면서("누구든지 해가 뜨기 전이나 해가 진후에는 옥외집회 또는 시위를 하여서는 아니 된다. 다만, 집회의 성격상 부득이하여 주최자가 질서유지인을 두고 미리 신고한 경우에는 관할경찰관서장은 질서 유지를 위한 조건을 붙여 해가 뜨기 전이나 해가 진후에도 옥외집회를 허용할 수 있다."), 제23조 제1호에서 이를 위반한 경우에는 처벌하도록 규정하고 있다. 甲은 야간에 옥외집회를 주최하였다는 이유로 집시법위반 등 혐의로 기소되었다. 甲은 1심 계속중 자신에게 적용된 집시법 제10조, 제23조 제1호가 헌법상 금지되는 집회의 사전허가제를 규정한 것으로서 헌법에 위반된다고 주장하며 위헌법률심판 제청신청을 하였고 법원은 이를 받아들여 위헌법률심판제청을 하였다.[2]

헌법 제21조 제2항은 "… 집회·결사의 자유에 대한 허가는 인정되지 아니한다."고 규정하여 다

---

1) 또한, 헌재 1994. 4. 28. 91헌바14(제1차 야간 옥외집회) 참조.
2) 위 결정에서 [재판관 5인의 위헌의견]은, '집시법 제10조는 헌법상 절대적으로 금지되는 허가제에 해당하기 때문에,

른 기본권조항과는 달리, 기본권을 제한하는 특정 국가행위를 명시적으로 배제하고 있다. 그런데 여기서 말하는 '집회의 자유에 대한 허가'가 무엇을 의미하는지의 문제가 제기된다.[1]

1. 허가제와 신고제의 필요성 및 그 차이

집회의 자유의 행사는 다수인의 집단적인 행동을 수반하기 때문에, 특히 옥외집회의 경우 공익이나 타인의 법익과 충돌할 가능성이 크다. 따라서 어떠한 방식으로든 행정청으로 하여금 사전에 집회의 자유와 다른 법익을 조화시킬 수 있는지의 여부에 관하여 판단할 수 있도록 하는 사전적 통제조치가 필요하다. 집회로 인하여 법익충돌이 우려되는 경우 행정청으로 하여금 적시에 사전적·예방적 심사를 가능하게 하는 조치로서, 허가제와 신고제가 고려된다. 한편, 옥내집회의 경우 법익충돌의 위험성이 적기 때문에, 옥내집회에 대하여 전반적으로 허가제나 신고제를 도입하는 것은 과잉제한으로서 위헌으로 판단된다.

입법자는 옥외집회를 일반적으로 금지하면서 국민의 신청에 의하여 허가요건이 충족되거나 금지요건에 해당하지 않는 경우 집회를 허가하는 허가제를 취할 수도 있고, 옥외집회에 대해서는 사전신고를 의무화하고, 신고내용으로 보아 법적으로 금지되는 요건에 해당하는 경우에는 사전에 이를 금지하는 신고제를 채택할 수도 있다. 그런데 허가제의 경우 허가요건이 법률로써 명확하게 규정되어 행정청의 자유재량을 배제하면서, 허가제의 집회금지요건과 신고제의 집회금지요건이 내용적으로 상응한다면, 허가제와 신고제 모두 법적으로 금지되는 집회를 사전에 금지한다는 점에서 근본적으로 큰 차이가 없다. 허가제와 신고제 사이에 차이가 있다면, 신고제의 경우 옥외집회를 하기 위하여 신고서를 제출하는 것만으로 충분하지만, 허가제에 있어서 행정청이 허가여부에 관한 결정을 하지 않거나 지연시키는 경우, 행정청의 해태가 신고제와 비교할 때 집회허가를 신청한 국민에게 불리하게 작용한다는 점인데, 이러한 불리함도 허가여부에 관한 결정기간을 단기로 확정하고 결정기간의 도과와 더불어 허가를 한 것으로 간주하는 규정을 둠으로써 상당 부분 해소될 수 있다.

위 조항이 집회의 자유를 과잉으로 제한하는지에 관하여 실체적으로 판단할 필요도 없이, 이미 이러한 形式的인 이유로 위헌'이라고 판단하였다. 반면에, [2인의 헌법불합치의견은, 심판대상조항은 헌법 제21조 제2항에서 금지하는 허가제에 해당하지 않는다는 입장에서 출발하여, 야간에 이루어지는 옥외집회의 특성에 비추어 입법목적의 정당성과 수단의 적합성은 인정되지만, 심판대상조항에서 옥외집회가 원칙적으로 금지되는 야간시간대를 너무 광범위하게 정하고 있으므로 입법목적의 달성을 위하여 필요한 정도를 넘는 과도한 제한이라는 實體的인 이유로 위헌이라고 판단하였다. 한편, 헌재 2014. 4. 24. 2011헌가29 결정에서는 [재판관 전원의 일치된 의견]으로 집시법 제10조가 헌법 제21조 제2항이 규정하는 허가제 금지에 위반되지 않는다고 판단하였다. 공보 제211호, 714, 716, "헌법 제21조 제2항의 '허가'는 '행정청이 주체가 되어 집회의 허용 여부를 사전에 결정하는 것'으로서 행정청에 의한 사전허가는 헌법상 금지되지만, 입법자가 법률로써 일반적으로 집회를 제한하는 것은 헌법상 '사전허가금지'에 해당하지 않는다. … 물론 이러한 법률적 제한이 실질적으로는 행정청의 허가 없는 옥외집회를 불가능하게 하는 것이라면 헌법상 금지되는 사전허가제에 해당되지만, 그에 이르지 않는 한 헌법 제21조 제2항에 반하는 것이 아니라, 위 법률적 제한이 헌법 제37조 제2항에 위반하여 집회의 자유를 과도하게 제한하는지 여부만이 문제된다고 할 것이다."

1) 독일의 경우, 기본법 제8조 제1항은 "모든 독일인은 신고나 허가 없이 평온하게 그리고 무기를 휴대하지 아니하고 집회할 권리를 가진다."고 규정하여 허가제와 신고제를 금지하고 있으나, 1953년 제정되어 1978년 전면개정된 '집회 및 행진에 관한 법률(Gesetz über Versammlungen und Aufzüge)'은 신고의무를 규정하고 있다(제14조). 독일 헌법이 신고제와 허가제를 모두 금지하고 있음에도 불구하고, 학계의 다수의견과 판례(BVerfGE 69, 315; 85, 69)는 신고제를 합헌적인 것으로 간주하고 있다.

828 제 3 편 基本權論

2. 內容과 目的에 대한 규제와 行使方法에 대한 규제의 근본적인 차이

집회의 자유가 그 보장내용에 있어서 집회의 목적뿐만 아니라 집회의 자유의 행사방법도 포괄하는 것이라고 하여, 모든 보장내용에 대하여 동일한 정도의 헌법적 보장을 해야 한다는 주장은 타당하지 않다.[1] 기본권이 어느 정도로 보장되어야 하는지는 구체적으로 제한되는 자유영역의 성격에 달려있으며, 구체적으로 제한되는 자유영역이 기본권주체의 인격발현과 공동체에 대하여 가지는 의미와 중요성에 따라 보장의 정도도 달라진다.

'집회의 내용과 목적에 대한 국가의 규제'와 '집회의 자유의 행사방법에 대한 국가의 규제'는 기본권제한의 효과와 공동체에 대하여 미치는 영향에 있어서 근본적으로 다른 것이다. 집회의 자유의 행사방법에 대한 국가의 규제는 집회의 자유와 이와 상충하는 다른 보호법익을 조화시키고 양립시키기위하여 필요불가결한 법치국가적 수단으로서 궁극적으로 집회의 자유의 행사를 가능하게 하기 위한 것이다. 따라서 집회의 자유의 행사방법에 대한 규제는 기본권주체에 대하여 집회를 통한 공동의 인격발현에 미치는 효과가 경미할 뿐만 아니라 공동체의 법익을 보호하고 다른 기본권주체의 기본권행사를 가능하게 하기 위하여 요청되는 것이다. 이에 대하여, 집회의 내용과 목적에 따른 규제는 집회의 자유와 다른 기본권주체의 자유를 병존시키기 위한 수단이 아니라 자의적인 국가공권력의 행사에 해당하는 것으로, 어떠한 헌법적 관점에서도 정당화되지 않는 것이다. 이러한 규제가 집회의 자유를 행사하고자 하는 기본권주체에 대하여 중대한 제한효과를 초래함은 물론이고, 집회를 통한 집단적인 의견표명을 그 내용에 따라 선별적으로 억제할 수 있다는 점에서도 민주주의를 구성하는 요소로서 집회의 자유의 기능을 제거하는 효과를 가진다.

3. 허가제 금지의 의미

헌법은 제21조 제2항에서 '집회에 대한 허가'를 금지함으로써 첫째, 집회의 내용과 목적에 따라 국가기관으로 하여금 집회의 허용여부를 판단하게 하는 허가제를 絶對的으로 금지하는 것이며, 둘째, 집회의 내용이나 목적이 아니라 단지 집회행사의 방법을 규율하는 허가로서, 허가관청의 자의적인 재량행사를 배제할 정도로 허가여부의 판단에 관한 명확한 기준을 법률로써 정하는 허가제는 헌법 제21조에 의하여 절대적으로 금지되는 것이 아니라, '신고제와의 관계에서 相對的으로' 금지되는 것이다.

가. 집회의 내용과 목적에 대한 허가의 絶對的 禁止

헌법 제21조 제2항은 타인과의 의견교환을 위한 기본권인 표현의 자유, 집회·결사의 자유에 대

---

1) 헌재 2009. 9. 24. 2008헌가25(제2차 야간 옥외집회금지)에서 [재판관 5인의 위헌의견은 집회의 내용에 따른 허가제와 집회의 행사방법(시간, 장소, 방법 등)을 규율하는 허가제를 구분하지 아니하고, 일률적으로 허가제를 절대적으로 금지되는 것으로 판단하고 있다, 판례집 제21-2상, 427, 441, "집회의 자유에 대한 허가금지를 규정한 이 사건 헌법규정의 취지는, 집회의 내용 그 자체를 기준으로 한 허가뿐만 아니라 집회의 시간·장소·방법을 기준으로 한 허가도 이 사건 헌법규정에 의하여 금지되는 허가에 해당하는 것으로 볼 수밖에 없는 것이다. 따라서 옥내·외의 집회나 주·야간의 집회를 막론하고 집회 전반에 걸쳐 집회에 대한 허가는 모두 이 사건 헌법규정에 의하여 금지되는 것이다. 이에 대하여 2인 재판관의 반대 견해는, 집회의 내용에 관한 규제와 집회의 시간·장소에 관한 규제를 구분하여, 집회의 내용 규제가 아닌 시간·장소에 관한 허가는 내용 중립적인 것이어서, 헌법에서 금지하고 있는 허가에 해당하지 않는다고 보아야 하며, 이렇게 해석하는 것이 언론·출판에 대한 허가나 검열금지에 관한 우리 재판소의 기존 선례와도 부합할 것이라고 주장한다."

하여 공통적으로 허가제를 금지하고 있는데, 이와 같은 허가제의 금지는 표현물의 내용이나 집회·결사의 목적과 내용에 따른 자의적인 금지가능성을 배제하려는 것을 그 목적으로 한다고 이해될 수 있다. 따라서 집회의 자유의 경우, 헌법 제21조 제2항의 허가제의 금지는 국가에게 달갑지 않은 집회를 그 내용과 목적에 따라 자의적으로 금지하거나 허용하는 것을 방지하고자 하는 것이다. 여기서 집회의 내용과 목적이란, 바로 집회주최자와 집회참가자가 집회라는 수단을 통하여 달성하고자 하는 목적, 즉 집회를 통하여 집단적으로 표명되는 견해의 내용이라고 할 수 있고, 이로써 결국 표현의 자유에 대한 제한과 동등한 비중과 중요성을 가진다. 이러한 의미에서, 집회의 내용과 목적에 따른 허가는 '표현물에 대한 허가'와 동일한 의미를 가진다고 할 수 있고, 이로써 '표현물에 대한 검열'이 절대적으로 금지되는 바와 같이, 집회의 내용과 목적에 대한 검열도 절대적으로 금지된다고 할 수 있다.

따라서 헌법 제21조 제2항에서 절대적으로 금지하고 있는 '허가'란 집회의 내용과 목적에 따라 행정청의 자의적인 결정을 가능하게 하는 허가제를 의미하는 것이고, 이에 대하여 집회의 내용과 관계없이 단지 자유행사의 방법을 법치국가적으로 규율하는 허가제를 포함하는 것은 아니다. 즉, 헌법이 집회와 관련하여 절대적으로 금지하는 허가란 집회의 내용에 따라 국가기관이 집회의 허용여부를 자의적으로 결정할 수 있는 그러한 허가에 제한되는 것이다. 바로 이러한 경우에 한하여, 집회허가에 대한 절대적 금지가 헌법적으로 정당화되는 것이다.

나. 집회의 자유의 행사방법에 대한 허가의 相對的 禁止
(1) 최소침해성 원칙의 관점에서 허가제의 相對的 禁止
여기서 문제가 되는 것은, '헌법 제21조 제2항의 허가제금지가 집회의 자유의 행사방법을 허가절차를 통하여 규율하는 것도 금지하고 있는지'에 관한 것이다. 헌법 제21조 제2항의 허가금지를 집회의 자유의 행사방법에 대해서도 확대한다면, 이러한 허가금지는 '집회에 대한 내용적 심사에 의하여 정당화되는 절대적 허가금지'에 그 헌법적 근거를 둘 수 없다. 집회의 자유도 모든 자유권과 마찬가지로 절대적으로 보장되는 기본권이 아니라 공익상의 이유로 제한될 수 있으며, 집회의 자유와 공동체의 다른 보호법익을 양립시키기 위하여 집회의 자유의 행사방법을 사전적으로 규율하는 예방적 절차가 헌법적으로 요청된다면, 집회의 자유의 행사방법을 규율하는 사전적 절차로서 허가제와 신고제 사이에 본질적인 차이가 없다는 점에 비추어, 집회의 자유의 행사방법을 규율하는 허가제는 신고제와의 관계에서 단지 상대적인 성격의 것이다. 비교법적으로 살펴보더라도, 미국, 일본 등 다수의 선진외국에서는 위와 같은 형태의 허가제를 합헌적인 것으로 판단하고 있다.

따라서 집회의 자유의 행사방법을 규율하는 허가제의 위헌성은 집회의 자유의 행사방법을 규율하는 또 다른 규율형식으로서 '신고제와의 관계에서' 논증되어야 한다. 집회의 자유의 행사방법을 사전에 효과적으로 규율하는 수단으로서 허가제와 신고제가 고려된다면, 국가는 공익을 실현하기 위하여 고려되는 여러 수단 중에서 국민의 기본권을 가장 존중하는 수단을 선택해야 한다는 의미에서, 헌법이 허가제를 금지한 것이라 볼 수 있다.

(2) 집회의 자유를 보다 적게 제한하는 수단으로서 신고제
허가제와 신고제는 기본권적 자유에 대한 서로 상이한 이해에서 출발하고 있다. 신고제는 계획한 집회에 관한 정보를 관할관청에 제공하는 절차로서, 기본권의 행사가 원칙이고 그에 대한 금지가 예외라는 사고에 바탕을 둔 반면, 허가제는 관할관청에 집회에 대한 사전적 동의를 구하는 절차로서,

설사 금지가 사전적·예방적 허가절차의 준수를 확보하기 위한 형식적인 금지라 하더라도, 자유의 행사에 대한 금지가 원칙이고 그에 대한 허가가 예외라는 형식을 취하고 있는 것이다.

또한 신고제의 경우 집회의 자유를 행사하기 위하여 단지 집회의 신고만이 필요한데 반하여 허가제의 경우 개인의 허가신청과 행정청의 허가결정이 필요하다는 점에서, 허가제가 그 성격에 있어서 신고제에 접근하도록 아무리 허가요건을 법률로써 명확히 규정하여 행정청의 재량을 제한한다 하더라도, 국민에게는 절차적으로도 집회의 자유를 보다 제한하는 불리한 제도라 할 수 있다. 따라서 집회의 자유에 대하여 보다 경미한 제한을 가져오는 신고제에 의해서도 달성하려는 공익을 실현할 수 있음에도 허가제를 취하는 것은 과잉제한금지의 원칙에 위반되어 집회의 자유를 과잉으로 제한하는 것이다. 이러한 관점에서는, 입법자가 집회의 내용이나 목적과 관계없이 단지 자유행사의 방법을 법치국가적으로 규율하는 허가제를 선택하는 경우에도 위헌인 것이다.

(3) 특수한 상황에서 허가제의 예외적 허용

물론, 이 경우 허가제가 어떠한 경우에도 허용되지 않는다는 의미에서 절대적으로 금지되는 것이 아니라, 신고제와의 관계에서 상대적으로 금지되는 것이다. 즉, 허가제의 상대적 금지는 입법자가 신고제와 허가제 중에서 어떠한 규율방식을 집회의 자유의 행사방법을 규율하는 '원칙적인 방식'으로 삼을 것인지를 판단함에 있어서 입법자를 구속하는 것이지만, 입법자가 특수한 상황에 대처하기 위하여 '예외적으로' 허가제를 도입하는 것을 절대적으로 금지하는 것은 아니다. 입법자가 집회의 자유의 행사와 관련하여 전반적으로 허가제를 취하는 것은 과잉금지원칙에 위반된다고 할 수 있으나, 특수한 상황에서의 옥외집회가 공공의 안녕질서에 미칠 영향을 고려하여 이와 같은 특수한 상황에 대하여 부분적으로 허가제를 도입하는 것은 헌법적으로 허용된다. 예컨대, 특정 장소에서의 집회나 야간집회에 대하여 원칙적으로 금지하면서 예외적으로 일정 요건 하에서 집회를 허가하도록 규정하는 경우이다.

야간옥외집회를 금지하는 규정의 위헌성이 문제된다면, 이는 특정 장소에서의 집회를 금지하는 규정의 위헌성판단과 마찬가지로, 첫째, 집시법이 신고제를 원칙으로 하면서 집회로부터 발생하는 법익충돌의 위험에 대처하기 위하여 다양한 법적 수단(집회의 금지·해산·제한통고 등)을 갖추고 있다는 점에서, 야간집회에 대해서도 이와 같은 일반규정으로 해결하지 아니하고 허가제라는 특별규정을 둔 것이 과도한 제한인지, 둘째, 옥외집회가 금지되는 야간시간대를 정한 것이 너무 광범위하기 때문에 최소침해성의 원칙에 반하는지의 여부에 관한 것이다.[1]

---

1) 이와 같은 취지로 [재판관 2인의 헌법불합치의견], 판례집 제21-2상, 427, 429, "옥외집회는 그 속성상 공공의 안녕질서, 법적 평화 및 타인의 평온과 마찰을 빚을 가능성이 크다. … 또한 행정관서 입장에서도 야간옥외집회는 질서를 유지시키기가 어렵다. 집시법 제10조는 야간옥외집회의 위와 같은 특징과 차별성을 고려하여, 원칙적으로 야간옥외집회를 제한하는 것이므로, 그 입법목적의 정당성과 수단의 적합성이 인정된다. 한편 집시법 제10조에 의하면 낮 시간이 짧은 동절기의 평일의 경우에는 직장인이나 학생은 사실상 집회를 주최하거나 참가할 수 없게 되어, 집회의 자유를 실질적으로 박탈하거나 명목상의 것으로 만드는 결과를 초래하게 된다. … 집시법 제10조는 목적달성을 위해 필요한 정도를 넘는 지나친 제한이다. 나아가 우리 집시법은 제8조, 제12조, 제14조 등에서 국민의 평온과 사회의 공공질서가 보호될 수 있는 보완장치를 마련하고 있으므로, 옥외집회가 금지되는 야간시간대를 집시법 제10조와 같이 광범위하게 정하지 않더라도 입법목적을 달성하는데 큰 어려움이 없다. … 따라서 집시법 제10조는 침해최소성의 원칙에 반하고, 법익균형성도 갖추지 못하였다."

VI. 집시법의 주요개념

1. 屋外集會의 개념

집시법은 옥외집회와 옥내집회를 구분하여, 제6조 내지 제12조의 규정을 옥외집회 및 시위의 경우에만 적용하도록 하고 있다. 따라서 옥내집회의 경우 신고를 하지 않고도 집회가 가능하나, 옥외집회의 경우에는 집시법 제6조에 의하여 신고를 해야 한다. 집시법은 제2조에서 "옥외집회란 천장이 없거나 사방이 폐쇄되지 않은 장소에서 여는 집회를 말한다."(제1호)고 규정하고 있다.

집시법이 옥외집회와 옥내집회를 구분하는 이유는, 옥외집회의 경우 외부세계, 즉 다른 기본권주체와의 직접적인 접촉가능성으로 인하여 옥내집회와 비교할 때 법익충돌의 위험성이 크기 때문이다.[1] 옥외집회는 집회장소로서 도로 등 공공장소의 사용을 필요로 한다는 점에서 교통소통장애 등 일반인에게 불편을 주게 되고, 다수인에 의한 집단적 행동을 수반한다는 점에서 질서유지에 대한 위험을 가져올 수 있다. 즉, 옥외집회의 경우 외부와의 직접적인 접촉가능성으로 인하여 집회의 자유의 행사방법과 절차에 관하여 보다 자세하게 규율할 필요가 있는 것이다.

따라서 옥내·옥외집회를 구분하는 기준은 '구분의 목적과 의미'에 의하여 결정되는데, '옥외집회'란, 불특정 다수인과의 우연한 접촉가능성으로부터 차단되지 않은 집회를 의미하는 것이며, '옥외인가 아닌가'의 구분은 집회참가자와 그 외의 자를 차단하는 4면의 벽이 있는지의 여부에 달려있다.[2] 이에 대하여 '천장이 있는지'의 여부는 결정적인 기준이 아니다.[3] 그러므로 집시법 제2조 제1호에서 옥외집회를 판단하는 기준으로서 '사방의 폐쇄' 외에 '천장'을 독자적인 기준으로서 언급한 것은 옥내·옥외집회의 구분의 목적과 의미에 완전히 부합되는 것이라 볼 수 없다. 입법목적을 고려함이 없이, 단지 천장이 없다는 이유로 자동적으로 옥외집회로 간주하여 다양한 규율을 가하는 것은 헌법에 합치하지 않으므로, 집시법 제2조 제1호의 정의규정은 입법목적에 부합하게 합헌적으로 해석하여야 한다.

2. 示威 및 行進의 개념

집시법 제2조 제2호는 "시위란 여러 사람이 공동의 목적을 가지고 도로·광장·공원 등 일반인이 자유로이 통행할 수 있는 장소를 행진하거나 위력 또는 기세를 보여, 불특정한 여러 사람의 의견에 영향을 주거나 제압을 가하는 행위를 말한다."고 규정하고 있다. 위 규정의 정의에 의하면, 시위

---

1) 같은 취지로 헌재 2003. 10. 30. 2000헌바67(외교기관 앞 옥외집회금지), 판례집 15-2하, 41, 55, "집시법이 옥외집회와 옥내집회를 구분하는 이유는, 옥외집회의 경우 외부세계, 즉 다른 기본권의 주체와 직접적으로 접촉할 가능성으로 인하여 옥내집회와 비교할 때 법익충돌의 위험성이 크다는 점에서 집회의 자유의 행사방법과 절차에 관하여 보다 자세하게 규율할 필요가 있기 때문이다. 이는 한편으로는 집회의 자유의 행사를 실질적으로 가능하게 하기 위한 것이고, 다른 한편으로는 집회의 자유와 충돌하는 제3자의 법익을 충분히 보호하기 위한 것이다."
2) 헌법재판소는 "… 설사 그 곳이 공중이 자유로이 통행할 수 있는 장소가 아닐지라도 그 장소의 위치, 넓이 또는 형태, 참가인원의 수, 그 집회의 목적, 성격 및 방법 등에 따라서는 시위와 마찬가지로 공공의 안녕질서에 해를 끼칠 우려가 있어 규제의 필요가 있다고 보고 … "라고 판시하여, '공중이 자유로이 통행할 수 있는 장소'라는 장소적 개념은 옥외집회의 개념적 요소가 아니라고 판단하였다(헌재 1994. 4. 28. 91헌바14, 판례집 6-1, 281, 296).
3) 4면의 벽을 통하여 외부로부터 완전히 차단되어 출입구만으로 정상적인 출입이 가능한 가옥내부에 위치한 정원에서의 집회는 비록 천장이 없지만 옥내집회이고, 대형 파라솔만을 설치한 장소에서 개최되는 집회는 천장이 있음에도 불구하고 사방이 개방된 천막에서의 집회이므로 옥외집회이다.

란 그 목적에 있어서 '여러 사람이 공동의 목적을 가지고 불특정한 다수인의 의견에 영향을 주고자 하는 행위'인데, 시위의 구체적인 방법으로서 '도로 등 공중이 자유로이 통행할 수 있는 장소를 행진'하는 행위(소위 '행진') 또는 '위력이나 기세를 보이는 행위'를 언급하고 있다. 그런데 시위의 방법인 '행진'과 '위력과 기세를 보이는 행위'의 관계가 어떠한가 하는 문제가 제기되는데, '위력이나 기세를 보이는 행위'는 일반대중의 이목을 끌기 위하여 사용하는 다양한 시위 방법을 포괄하는 상위개념으로 보아야 하고, '행진'은 '위력이나 기세를 보이는 행위'의 전형적인 하나의 예로서 이해해야 한다.

즉, '시위'란, 다수인이 공공의 장소에서 일반 대중의 이목을 끄는 방법으로 공동으로 의견을 표명하고 이로써 타인의 의견형성에 영향을 미치려는 '옥외집회의 한 형태'로서, 한 마디로 '공동의 의견표명을 목적으로 하는 옥외집회'를 의미한다.[1] 시위에서 공동으로 표명되는 의견은 대부분의 경우 정치적인 주제에 관한 것이지만, 공동의 의견표명은 반드시 정치적인 것에 국한될 필요는 없다. 오늘날 대부분의 옥외집회가 집단적인 의견표명을 그 목적으로 한다는 점에서 시위의 요건을 충족시키지만, '집회'와 '시위'가 일치하는 것은 아니다. 모든 시위는 집회에 해당하지만, 모든 집회가 시위인 것은 아니다.

한편, '시위'를 '움직이는 집회'로 파악하는 견해도 있으나, 이는 시위와 행진을 혼동하는 것으로,[2] 시위의 일반적인 어의에 부합하지 않을 뿐만 아니라 집시법의 규정내용에도 반하는 것이다. '행진'이란 단지 집회참가자들이 표명하고자 하는 의견을 제3자에게 효과적으로 전달하고자 하는 시위방법의 하나로서, '장소이동적 시위'를 의미한다.[3] 행진의 본질적 요소는, 집회에서 표명하고자 하는 의견을 보다 광범위한 일반대중에게 전달할 목적으로 장소이동의 방법을 택하는 것이다. 따라서 장소이동적 시위뿐만 아니라 장소고정적 시위도 함께 포함하는 '시위'의 개념과 '장소이동적 시위'를 의미하는 '행진'의 개념은 일치하지 않는다.

Ⅶ. 집시법의 申告制

사례 헌재 2009. 5. 28. 2007헌바22(옥외집회 사전신고의무 사건)

甲은 시민운동단체 소속회원들과 함께 한나라당 前 대표인 박근혜의 사택 앞에서 미신고 옥외집회를 주최하여 집시법상의 신고의무조항을 위반하였다는 이유로 기소되어 제1심에서 벌금형을 선고받고 항소하였다. 甲은 항소심 계속중 "구 집시법은 어떤 행위가 집회에 해당하여 미리 신고하지 않으면 미

1) 헌법재판소는 "집회의 자유는 집회를 통하여 형성된 의사를 집단적으로 표현하고 이를 통하여 불특정 다수인의 의사에 영향을 줄 자유를 포함하므로 이를 내용으로 하는 시위의 자유 또한 집회의 자유를 규정한 헌법 제21조 제1항에 의하여 보호되는 기본권이다."라고 하여, 시위를 위와 같은 의미로 이해하고 있다(헌재 2005. 11. 24. 2004헌가17, 판례집 17-2, 360, 366).
2) 독일이 집회를 규율하는 법률을 '집회 및 행진에 관한 법률'로 명명한 것과는 달리, 우리의 경우 '집회 및 시위에 관한 법률'로 법률의 명칭을 정하였는데, 이로 인하여 '행진'과 '시위'의 개념에 있어서 혼동이 있지 않은가 생각된다. 헌법재판소의 초기 결정(헌재 1992. 1. 28. 89헌가8, 판례집 4, 4, 16)에서 "이동하는 집회를 뜻하는 시위"라고 하여 '시위'를 '행진'과 동일시하고 있다.
3) '행진 그 자체는 시위자가 시위집단 이외의 불특정 다수인에 대하여 위력 또는 위세를 보이는 가장 전형적인 방법의 하나로 예시하고 있는 것에 불과하다.'고 하여 행진과 시위의 관계를 적절하게 정의하고 있는 판시내용으로는 헌재 1994. 4. 28. 91헌바14, 판례집 6-1, 281, 306(조규광 재판관의 반대의견).

신고 집회로 처벌되는지 여부에 대하여 명확하게 규정하고 있지 않으므로 명확성원칙에 위반되고, 신고제를 원칙으로 하면서도 신고된 집회라 하더라도 집시법이 금지하는 집회의 경우에는 그 금지를 통고할 수 있도록 하여 신고제가 행정당국에 의하여 사실상 허가제로 운영되는 결과를 야기하고 있는바, 이는 과잉금지원칙에 위배될 뿐 아니라 집회에 대한 허가제를 금지하고 있는 헌법 제21조 제2항에도 위배된다."고 주장하면서 위헌법률심판제청신청을 하였으나 기각되자 헌법소원심판을 청구하였다.

1. 신고제의 목적

집시법은 옥외집회에 대하여 신고제를 채택하였는데, 신고제를 채택한 집시법의 기본 정신에 비추어 집시법의 개별규정을 해석·적용하여야 한다. 따라서 신고제의 기본취지를 이해하는 것은 매우 중요하다.

가. 신고제의 불가피성

집시법은 제6조 제1항에서 옥외집회를 하고자 하는 경우 신고서를 집회의 48시간 전에 관할 경찰관서장에게 제출해야 할 신고의무를 부과하고 있다.[1] 현행 집시법상의 신고제가 단순히 행정청이 신고서를 접수하는데 그치는 '완전한 의미의 신고제'가 아니라 그 내용상 실질적으로 사전적 허가제에 해당한다는 이유로 신고제의 위헌성을 주장하는 견해가 있으나, 집회의 자유는 다른 기본권과 마찬가지로 공익상의 이유로 제한이 가능함은 물론이고, 다른 기본권과 비교할 때 기본권의 '행사과정'에서 법익충돌의 위험이 크기 때문에, 법익충돌의 가능성을 사전에 방지하기 위하여 집회의 자유의 '행사방법'을 규율하는 것은 불가피하다.

나. 집회에 관한 정보제공과 대화·협력의 수단으로서 신고제

(1) 신고제의 목적은 집회를 사전에 제한하거나 금지하고자 하는 것이 아니라, 집회의 자유와 다른 보호법익이 양립할 수 있는 가능성을 모색함으로써 집회를 가능하게 하고자 하는 것이다. 신고의무는, 관할행정청이 원활한 집회의 진행과 제3자의 법익·공익의 보호를 위하여 어떠한 조치를 취해야 하며, 서로 상충하는 법익을 어떻게 조화시킬 수 있는지에 관하여 사전에 준비할 수 있도록, 그에 필요한 정보를 얻게 하는 데 그 목적이 있다. 즉 신고의무는 집회로 인하여 발생할 수 있는 법익충돌의 위험에 대하여 사전에 적절하게 대처할 수 있는 기회를 관할관청에 부여함으로써, 한편으로는 계획된 집회의 원활한 진행을 가능하게 하면서, 다른 한편으로는 공공의 안녕질서에 대한 위험을 최소화하는 조치를 사전에 준비할 수 있도록 하는 것이다. 이로써 집회신고는 제3자의 법익이나 공익뿐 아니라, 동시에 집회주최자의 이익에도 기여하는 것이다.[2]

---

1) 1989년 전면개정된 집시법은 독일의 1978년 전면개정된 '집회 및 행진에 관한 법률'을 모델로 삼아 옥외집회에 대해서 사전신고를 의무화하고 신고내용으로 보아 법적으로 금지되는 요건에 해당하는 집회의 경우에는 사전에 이를 금지하거나 사후적으로 해산을 명하는 체제를 취하고 있다. 그런데 독일의 경우 위 법 제14조는 '집회의 48시간 전'이 아니라 '집회의 공고(Bekanntgabe der Versammlung) 48시간 전'에, 즉 주최자가 계획된 집회를 그 시간, 장소, 주제 등에 관하여 일반에 알리기 48시간 전에 관할관청에 신고하도록 규정하고 있다. 집회의 공고 당시에 이미 집회의 시간과 장소가 함께 공고될 수 있고, 경우에 따라서는 관할관청이 공공의 안녕질서를 이유로 집회를 금지하거나 다른 집회장소나 시간을 조건으로 하여 집회를 허용할 수 있기 때문에, 이와 같은 결과가 일반에 대한 집회 공고 전에 주최자에 의하여 고려될 수 있도록, 신고기간을 공고 48시간 전으로 규정한 것이다.

2) 헌재 2009. 5. 28. 2007헌바22(옥외집회 사전신고의무), 판례집 21-1하, 578, 590, [사전신고제도의 목적에 관하여] "위 법률조항은, 당해 집회가 방해받지 않고 개최될 수 있도록 개최 전 단계에서 집회 개최자와 제3자, 일반 공중

(2) 신고단계에서 행정관청과 주최자간의 접촉을 통하여 정보를 교환하고 대화와 협력이 가능해지며, 예상할 수 있는 분쟁상황과 어느 정도까지 상호 양보할 수 있는지가 밝혀진다. 주최자와 행정청이 함께 집회를 준비하고 서로 협력한다면, 시위가 폭력적으로 진행될 위험이 감소한다. 이러한 의미에서 신고의무를 통하여 형성되는 '신뢰에 기초한 협력관계'는 헌법과 집시법이 예정하는 '평화적 시위'의 구현에 크게 기여하는 것이다. 주최자가 신고를 통하여 스스로 신뢰를 형성하는 조치를 취하거나 평화적 시위를 하기 위하여 행정관청과 협력할 용의를 보이는 경우, 행정관청이 공공의 안녕질서를 이유로 집회를 제한하는 요건이 보다 엄격해진다.

그러나 신고를 하지 않거나 신고의무를 제대로 이행하지 않고 집회를 하는 경우,[1] 관할관청은 집회에 관한 정보를 얻지 못하게 되어, 집회로부터 발생하는 위험성에 관하여 예측하고 판단할 근거가 부족하기 때문에, 집회를 해산하는 조치를 취함에 있어서 집회의 위험성을 판단하는 기준이 완화된다. 이 경우, '외관상의 위험성'과 '실질적 위험상황'과의 괴리는 집회주최자의 부담으로 돌아가기 때문에, 집회가 해산될 가능성이 높아진다. 결국, 집회의 주최자는 신고의무를 위반함으로써 관할관청으로 하여금 다른 보호법익과의 충돌상황을 조정하고 이에 따른 준비를 할 기회와 시간을 박탈하기 때문에, 공공의 안녕질서를 침해할 위험이 있는 집회를 주최할 가능성이 커지는 것이다.

(3) 따라서 신고의무의 주된 취지가 집회의 자유와 다른 보호법익이 양립할 수 있는 가능성을 모색하고자 하는 것이므로, 신고의무규정이 신고제를 도입한 목적에 부합하게 해석·적용되는 한, 신고의무를 규정한 것 자체는 헌법적으로 하자가 없다고 할 것이다.[2] 집시법은 신고의무를 위반한 경우 집회 해산의 가능성과 처벌을 규정함으로써 신고의 의미를 강조하고 있다.

2. 신고의무 관련규정의 합헌적 해석

신고의무규정과 신고하지 아니한 집회의 금지·해산·처벌 등을 통하여 신고의무를 관철하고자 하는 규정은 신고제를 도입한 목적에 부합하게 해석·적용되어야 한다. 즉, 신고의무의 취지에 비추어, 첫째, 신고의무가 모든 집회에 대하여 예외 없이 적용되어서는 아니 되고, 둘째, 신고의무의 위반

사이의 이익을 조정하여 상호간의 이익충돌을 사전에 예방하고, 집회에 대한 사전신고를 통하여 행정관청과 주최자가 상호 정보를 교환하고 협력함으로써 집회가 평화롭게 구현되도록 하는 한편, 옥외집회로 인하여 침해될 수 있는 공공의 안녕질서를 보호하고 그 위험을 최소화하고자 하는 것으로, 입법목적의 정당성이 인정된다."

1) 신고를 일부러 하지 않은 경우뿐만 아니라 신고의무를 이행할 수 없는 경우(후술하는 '우발적 집회' 및 '긴급집회')에도 마찬가지이다.

2) 헌재 2009. 5. 28. 2007헌바22(옥외집회 사전신고의무), 판례집 21-1하, 578, 590, [사전신고제도가 헌법 제21조 제2항이 금지하는 허가제에 해당하는지 여부에 관하여] "이러한 사전신고는 경찰관청 등 행정관청으로 하여금 집회의 순조로운 개최와 공공의 안전보호를 위하여 필요한 준비를 할 수 있는 시간적 여유를 주기 위한 것으로서, 협력의무로서의 신고라고 할 것이다. 결국, 구 집시법 전체의 규정 체제에서 보면 법은 일정한 신고절차만 밟으면 일반적·원칙적으로 옥외집회 및 시위를 할 수 있도록 보장하고 있으므로, 집회에 대한 사전신고제도는 헌법 제21조 제2항의 사전허가금지에 반하지 않는다고 할 것이다."; 판례집 21-1하, 578, [옥외집회의 사전신고의무를 규정한 집시법조항이 과잉금지원칙에 위배하여 집회의 자유를 침해하는지 여부에 관하여] "구 집시법 제6조 제1항은 평화적이고 효율적인 집회를 보장하고, 공공질서를 보호하기 위한 것으로 그 입법목적이 정당하고, 집회에 대한 사전신고를 통하여 행정관청과 주최자가 상호 정보를 교환하고 협력하는 것은 위와 같은 목적 달성을 위한 적절한 수단에 해당하며, 위 조항이 열거하고 있는 신고사항이나 신고시간 등은 지나치게 과다하거나 신고불가능하다고 볼 수 없으므로 최소침해성의 원칙에 반한다고 보기 어렵다. 나아가 위 조항이 정하는 사전신고의무로 인하여 집회개최자가 겪어야 하는 불편함이나 번거로움 등 제한되는 사익과 신고로 인해 보호되는 공익은 법익균형성 요건도 충족하므로 위 조항 중 '옥외집회'에 관한 부분이 과잉금지원칙에 위배하여 집회의 자유를 침해한다고 볼 수 없다."

이 바로 자동적으로 집회의 금지나 해산을 결과로 가져와서는 안 된다.

가. 신고의무의 예외

(1) 신고의무의 대상으로서 '사전에 계획된 집회'

집시법은 사전에 계획되고 단일 주최자에 의하여 조직되고 지휘되는 집회를 가장 일반적이고 전형적인 집회의 유형으로 삼아, 주최자에게 사전신고의무($\frac{제6}{조}$)를 부과하고, 주최자 및 질서유지인의 준수사항($\frac{제16조}{제17조}$)을 규정하고 있다. 즉 신고의무란, 주최자에 의하여 사전에 계획된 집회를 전제로 하고 있는 것이다.

따라서 미리 계획되지 않고, 즉석에서의 동기부여(예컨대, 정치적 지도자의 암살, 전쟁발발 등)로 인하여 우발적으로 이루어지는 자연발생적 집회(우발적 집회)의 경우, 신고의무의 이행이 불가능하므로, 집시법의 사전신고의무는 이러한 집회에 대하여는 그대로 적용될 수가 없다.[1] 만일 신고의무의 규정을 자연발생적 집회에 대해서도 적용하여 신고의무를 위반했다는 이유로 형사처벌을 하거나 집회를 금지·해산할 수 있다면, 집시법은 신고제를 취함으로써 자연발생적 집회를 처음부터 금지하는 것이 된다. 헌법상 집회의 자유는 집회의 유형과 관계없이 모든 집회를 보장하는데 반하여, 입법자가 법률로써 특정 유형의 집회를 집회의 정형으로 설정하고 신고의무를 도입함으로써 '신고의무를 이행할 수 없는 집회'를 기본권의 보호로부터 배제하는 결과가 발생하는 것이다. 집회의 자유는 법률로써 제한될 수 있으나, 법률에 의한 제한이 특정 유형의 집회를 완전히 집회의 자유의 보호범위에서 제외할 수는 없으며, 오히려 집회의 자유는 이러한 집회에 대하여 집시법의 적용을 배제한다. 집회의 자유는 입법자가 집시법의 제정 당시 모델로 삼은 집회의 형태를 넘어서 보장되는 것이다.

(2) 偶發的 集會 및 緊急集會

따라서 신고의무가 모든 유형의 집회에 대하여 예외 없이 적용되어서는 안 된다. 신고의무의 이행을 요구한다면 집회를 통하여 추구되는 목적이 달성될 수 없는 '우발적 집회'의 경우, 신고의무규정은 이러한 유형의 집회에 대하여 적용되지 않는다. 또한, 사전에 계획되었지만 사안의 긴급성 때문에 규정된 48시간 전에 신고가 불가능한 '긴급집회'의 경우에도[2] 신고의무가 제한적으로 적용된다고 해석해야 한다. 이 경우, 법률에 규정된 신고의무는 '가능한 한 조속하게 신고해야 할 의무'로 변형된다.[3]

따라서 집회의 성격상 신고의무의 이행이나 신고기간의 준수가 불가능하다면, 집시법 제6조 제1항을 합헌적으로, 즉 '사전에 계획된 집회'를 규율대상으로 삼는 규정으로 해석하여 신고의무가 배제되거나 단기의 신고기간으로도 충분한 것으로 보아야 한다. 신고의무에 대한 예외가 인정된다면, 신고의무를 관철하고자 하는 규정도 적용될 수 없다. 그 결과, 신고의무를 위반했다는 이유로 집회의 금지나 해산이 정당화되지 않는다. 또한, 신고의무의 이행이나 신고기간의 준수가 불가능한 자연발

---

1) 자연발생적 집회의 경우, 신고의무의 예외를 인정해야 할 필요성은 독일법과 미국법에서 일반적으로 인정하고 있다.
2) 예컨대, 불법체류노동자의 강제추방이 내일로 임박했음이 오늘에서야 알려진 경우, 이를 반대하는 시민단체의 시위가 관할관청의 결정에 영향을 행사하고 이로써 의미를 가지기 위해서는 신고기간의 준수가 불가능하다.
3) 헌재 2014. 1. 28. 2011헌바174 등, 판례집 26-1상, 34, 35, "미리 계획도 되었고 주최자도 있지만 집회시위법이 요구하는 시간 내에 신고를 할 수 없는 옥외집회인 이른바 '긴급집회'의 경우에는 신고가능성이 존재하는 즉시 신고하여야 하는 것으로 해석된다. 따라서 신고 가능한 즉시 신고한 긴급집회의 경우에까지 심판대상조항을 적용하여 처벌할 수는 없다."

생적 집회나 긴급집회에 대해서는 신고의무의 위반을 징계하는 벌칙규정이 적용되어서는 안 된다.[1]

(3) 대규모 집회

대규모 집회의 경우에도 신고의무가 적용되는가 하는 문제가 있다. 집시법의 체계는 '단일한' 집회주최자의 존재를 전제로 하여 개최자와 참가자 간의 위계질서적 구조에서 출발하고 있는데, 다수의 개별적 단체가 조직적인 결속력이 없이 동일한 계기에서(환경보호나 反戰 등) 공동의 시위를 개최하는 대규모집회의 경우, 모든 참가단체가 집회의 준비와 진행에 있어서 원칙적으로 동등하기 때문에, 집시법상 주최자와 질서유지인 등의 규정을 그대로 적용하는데 어려움이 있다. 그러나 다수의 단체가 참가하는 대규모집회의 경우에도 조건을 붙여 집회를 허용하는 경우 그 수령자를 필요로 하고 신고를 통하여 이루어지는 행정청과 시위자간의 대화와 협력관계가 폭력시위의 위험을 최소화하므로, 우발적 집회와는 달리 신고의무가 면제되지 않는다.

나. 신고의무위반에 관한 규정

(1) 질서유지적 규정으로서 신고의무

신고의무규정은 집시법상의 질서유지적 규정이다. 이와 같은 질서유지적 규정은 집회의 자유를 기본권으로 보장한 헌법의 정신에 비추어 해석·적용되어야 한다. 즉 신고의무는 그 자체를 실현하기 위하여 규정된 것이 아니라, 집회의 자유와 다른 법익과의 충돌상황을 사전에 방지함으로써 궁극적으로 집회를 가능하게 하기 위하여 도입된 것이다. 따라서 질서유지적 규정에 대한 위반이 자동적으로 집회의 금지나 해산이라는 실체적 결과를 가져와서는 안 된다.

(2) 집회의 금지와 해산을 정당화하는 사유

집시법에 의하면, 신고의무를 이행하지 않는 경우, 그 집회는 해산될 수 있고(제20조 제1항 제2호), 집회를 개최한 자는 처벌되며(제22조 제2항), 신고는 하였으나 신고서 보완요구에 응하지 않은 경우에는(제7조 제1항) 그 집회는 금지될 수 있고(제8조 제1항 제2호), 금지된 집회를 하는 경우에는 해산될 수 있으며(제20조 제1항 제2호), 금지된 집회를 주최한 자는 처벌된다(제22조 제2항).

그러나 신고의무의 취지에 비추어 볼 때, 단지 신고를 하지 않았거나 또는 신고서 보완요구에 응하지 않았다는 이유만으로는 집회의 금지나 해산이 정당화되지 않는다. 이와 같이 단지 질서유지적 규정에 위반된 경우에는, 이러한 위반으로 인하여 집회가 공공의 안녕질서에 대한 직접적인 위험에 해당하는지, 집회의 금지와 해산이 중대한 법익의 보호를 위하여 반드시 필요한 것인지를 항상 별도로 판단해야 한다.[2] 따라서 집회의 금지나 해산은 신고의무의 이행을 강제하는 수단이 될 수 없으며, 금지와 해산에 관한 규정들은 신고의무의 위반과 더불어 공공의 안녕질서에 대한 직접적 위협이 존재한다는 조건 하에서만 정당화되는 것이고, 이러한 헌법합치적 해석 하에서만 그 합헌성을 유지할 수 있다.[3]

---

1) 벌칙규정은 자연발생적 집회에 대해서는 적용될 여지가 없고, 긴급집회의 경우 늦게나마 신고가 사실상 가능함에도 불구하고 신고를 해태한 경우에는 벌칙규정에 의한 처벌이 정당화된다.

2) 헌재 2016. 9. 29. 2014헌바492, 공보 제240호, 1500, [미신고 시위에 대한 해산명령에 불응하는 자를 처벌하도록 규정한 집시법조항이 집회의 자유를 침해하는지 여부(소극)] "집시법상 해산명령은 미신고 시위라는 이유만으로 발할 수 있는 것이 아니라, 미신고 시위로 인하여 타인의 법익이나 공공의 안녕질서에 대한 위험이 명백하게 발생한 경우에만 발할 수 있고, …"

3) 관할관청은 계획된 집회의 진행에 관하여 가능하면 정확한 정보를 얻고 이를 근거로 하여 집회가 공공의 안녕질서와 충돌할 가능성을 예측하기 위하여, 불완전·불충분한 신고의 경우 신고서의 보완을 요구할 수 있다. 그러나 신

비록 신고의무를 위반하였으나 집회가 다른 보호법익에 대한 침해 없이 평화적으로 진행되는 경우, 이와 같이 법익충돌이 없는 상태 또는 상충하는 법익간의 조화가 이루어진 상태가 바로 집시법이 신고의무를 통하여 실현하고자 하는 상황이므로, 이러한 집회를 해산해야 할 아무런 정당한 사유가 없다. 관할관청이 집회의 금지나 해산여부를 판단함에 있어서 사전에 신고하지 않은 집회나 규정대로 신고하지 않은 집회를 관용할 수 있는 가능성을 고려하지 않는다면, 이는 행정청의 재량남용에 해당한다. 다만, 집시법은 신고의무를 위반한 경우 벌칙규정($^{제22조}_{제2항}$)을 두고 있는데, 이는 신고의무의 이행을 강제하기 위한 것으로서, 그 형벌의 부과가 신고의무규정의 목적을 달성하기 위하여 적합하고 필요한 이상, 헌법적으로 허용된다.[1] 따라서 신고의무를 이행할 수 있음에도 이를 이행하지 아니한 경우에는 벌칙규정의 적용을 받는다.

한편, 집시법은 조건을 붙여 허용된 집회의 경우 그 조건이 이행되지 않는다면, 해산을 명할 수 있도록 규정하고 있는데($^{제20조}_{제3호}$ 제1항), 집회에 조건을 붙인 것(제한통고)은 원래 허용될 수 없는 집회를 가능하게 하기 위한 것이고, 조건이 준수되는 경우에야 공공의 안녕질서에 대한 직접적인 위험이 배제될 수 있는 것이다. 따라서 조건이 이행되지 않은 집회는 일반적으로 공공의 안녕질서에 대한 직접적 위험을 초래할 것이므로, 집회의 해산은 원칙적으로 정당화된다고 판단된다. 그러나 이 경우에도 단지 조건이 이행되지 않았다는 형식적인 이유만으로 집회의 해산이 자동적으로 정당화되는 것은 아니고, 조건을 이행하지 않음으로써 구체적으로 공공의 안녕질서에 대한 위험이 발생한 경우에 비로소 집회의 해산이 정당화될 수 있는 것으로 해석해야 한다.

Ⅷ. 집회의 자유에 대한 제한

1. 제한의 수단

가. 集會禁止 · 集會解散 · 集會制限通告

집회의 자유를 제한하는 수단은 사전적 집회금지, 사후적 집회해산, 사전적 또는 사후적 제한통고[2]이다. 집회의 자유에 대한 제한은 다른 법익의 보호를 위하여 반드시 필요한 경우에 한하여 정당화되는 것이며, 집회의 금지와 해산은 집회의 자유를 보다 적게 제한하는 다른 수단, 즉 조건을 붙여

고서 보완요구에 응하지 않은 경우 집회를 금지할 수 있도록 한 규정은, '기재사항의 미비로 인하여 집회로부터 발생하는 위험성을 예측할 수 없고, 이로 인하여 공공의 안녕질서에 대한 직접적인 위협이 우려되는 경우에 한하여 집회의 금지가 가능하다'고 합헌적으로 해석해야만, 합헌성을 유지할 수 있다.

1) 헌재 2009. 5. 28. 2007헌바22(옥외집회 사전신고의무), 판례집 21-1하, 578, 579, [미신고 옥외집회 주최자를 형사처벌하도록 규정한 집시법조항이 과잉형벌을 규정한 것인지 여부에 관하여] "옥외집회에 대한 사전 신고는 집회가 공공질서에 주는 영향력을 예측하는 자료가 되는데, 미신고 집회의 경우 행정관청으로서는 해당 집회가 공공질서에 미치는 영향을 예측하기 어렵고, 이 경우 사전에 집회의 개최로 인한 관련 이익의 조정이 불가능하게 되어 신고제의 행정목적을 직접 침해하고, 공공의 안녕질서에 위험을 초래할 개연성이 높으므로, 이에 대하여 행정제재가 아닌 형사처벌을 통하여 엄정한 책임을 묻겠다는 입법자의 결단이 부당하다고 볼 수 없다. 한편 옥외집회의 신고의무는 집회 자체를 보호하고, 무엇보다 타인이나 공동체와의 이익충돌을 피하기 위해 요구하는 사전적 협력의무라는 점에서 결과적으로 미신고 집회가 평화롭게 진행되었다거나 공공의 안녕 질서를 침해하지 않았다는 사정만으로 신고의무의 해태가 정당화될 수는 없으므로, 그러한 사정을 처벌 여부에 반영하지 않은 것이 입법재량의 범위를 넘은 것이라 볼 수도 없다."

2) 집시법에서는 집회의 '사전적 조건부허용'을 '제한통고'로 규정하고 있으나(집시법 제8조), 여기서는 해산명령에 앞서 고려되는 '사후적 조건부허용', 즉 '제한명령'도 일괄적으로 '제한통고'로 부르기로 한다.

집회를 허용하는 가능성(제한통고)을 모두 소진한 후에 비로소 고려될 수 있는 최종적 수단이다.[1] 조건을 붙여 집회를 허용할 수 있음에도 불구하고 집회를 금지하거나 해산하는 것은 과잉금지원칙에 위반된다. 조건부 허용의 경우, 조건은 집회와 직접적인 연관관계에 있어야 하고, 주최자에 의하여 계획된 집회가 원래의 의도대로 행해지는 경우에는 법적인 이유로 허용될 수 없음에도 이를 가능하게 하고자 하는 목적을 가져야 한다. 즉, 제한통고는 원래 허용될 수 없는 집회에 조건을 붙임으로써 집회를 가능하게 하고 동시에 공공의 안녕질서와 조화를 이루도록 하는 기능을 하는 것이다.

집회의 금지와 해산은 제한통고에 비하여 집회의 자유를 보다 중대하게 제한하는 수단으로서, 원칙적으로 공공의 안녕질서에 대한 직접적인 위협이 명백하게 존재하는 경우에 한하여 허용될 수 있다.[2] 집회의 금지와 해산은 개별적인 경우마다 구체적인 위험성에 대한 예측을 전제로 하는데, 이러한 판단은 단순한 의심이나 추측이 아니라 구체적인 사실에 근거해야 한다. 특히 행정청이 사전적으로 집회를 금지하는 경우에는 집회의 위험성에 대한 예측판단을 함에 있어서 보다 신중해야 한다. 왜냐하면 행정청이 집회의 위험성에 관하여 잘못 예측판단을 한 경우라도, 집회를 사후적으로 해산할 수 있는 가능성이 남아있기 때문이다. 따라서 사전적 금지는 위험성에 대한 엄격한 예측판단의 결과 사후적 해산으로는 적절하게 대처할 수 없는 경우에 비로소 허용된다.

나. 금지와 해산을 규정하는 집시법 제8조 및 제20조의 합헌적 해석

(1) 집시법 제8조는 제5항의 경우 '집회금지' 외에도 '집회제한통고'의 가능성을 두고 있으나, 제1항 및 제3항의 경우에는 오로지 금지의 가능성만을 규정하고 있다.[3] 그러나 조건을 붙여 집회를 허용할 수 있음에도 불구하고 집회를 금지하는 것은 과잉금지원칙에 위반되므로, 제8조 제1항 및 제2항의 경우에도 금지통고뿐 아니라 제한통고(조건부 허용)도 할 수 있는 것으로 합헌적으로 해석해야 한다.

즉, 집회의 전면적인 '금지'는 부분적인 금지인 '제한통고'를 포함하는 것이므로, 입법자가 행정청에게 집회를 전면적으로 금지할 수 있는 권한을 부여하였다면, 행정청은 당연히 집회를 부분적으로 금지할 수 있는 권한도 부여받은 것으로 보아야 하며, 이러한 해석 하에서만 집시법 제8조는 과잉금지원칙에 부합하여 합헌성을 유지할 수 있다. 집회로 인하여 공공의 안녕질서에 대한 위험이 우려된다면, 집회참가자 수의 제한, 집회의 시기나 기간의 제한, 집회장소나 행진경로의 변경, 시위대상건물로부터의 거리제한, 확성기사용의 제한 등 집회의 시간, 장소, 방법을 제한하는 조건을 부과하여 집회를 허용함으로써, 집회의 사전적 금지와 사후적 해산의 방법 외에도 집회의 자유와 보호법익을 양립시킬 수 있는 다양한 방법이 있다. 따라서 조건부 허용을 통하여 공공의 안녕질서에 대한 위험

---

1) 같은 취지로 헌재 2003. 10. 30. 2000헌바67(외교기관 앞 옥외집회금지), 판례집 15-2하, 41, 55-56, "집회의 자유를 제한하는 대표적인 공권력의 행위는 집시법에서 규정하는 집회의 금지, 해산과 조건부 허용이다. 집회의 자유에 대한 제한은 다른 중요한 법익의 보호를 위하여 반드시 필요한 경우에 한하여 정당화되는 것이며, 특히 집회의 금지와 해산은 원칙적으로 공공의 안녕질서에 대한 직접적인 위험이 명백하게 존재하는 경우에 한하여 허용될 수 있다. 집회의 금지와 해산은 집회의 자유를 보다 적게 제한하는 다른 수단, 즉 조건을 붙여 집회를 허용하는 가능성을 모두 소진한 후에 비로소 고려될 수 있는 최종적인 수단이다."

2) 이러한 의미에서 일반적인 금지사유를 규정하는 집시법 제5조 제1항 제2호도 "공공의 안녕 질서에 직접적인 위험을 끼칠 것이 명백한 집회 또는 시위"라고 하여 집회금지요건을 매우 엄격하게 규정하고 있다.

3) 그 외에도, 집시법은 야간집회의 경우(제10조 단서) 및 교통소통을 위하여 제한하는 경우(제12조 제1항)에 제한통고의 가능성을 규정하고 있다.

성을 제거할 수 있음에도, 이러한 가능성을 고려하지 아니하고 집회를 금지하는 것은 과잉금지원칙에 위반된다.[1]

(2) 집회의 해산과 관련하여, 집시법은 집회금지와는 달리 조건부 허용에 관한 명문의 규정을 두고 있지 않다. 그러나 집회해산의 경우에도, 조건부 허용은 집회해산과 비교할 때 집회의 자유를 보다 존중하는 조치이므로, 행정청에 '집회의 해산'을 명할 권한을 부여한 집시법 제20조의 규정은 기본권을 보다 적게 제한하는 조치인 '조건부 허용'을 포함하는 것으로 보아야 한다. 따라서 조건부 허용은 사전적 금지의 경우뿐만 아니라, 이미 집회가 진행 중인 경우에도 최종적 수단인 사후적 해산의 조치를 취하기에 앞서 우선적으로 고려해야 할 조치로서 허용된다.[2]

2. 집회의 자유를 제한하는 공익적 사유로서 公共의 安寧秩序

현행 집시법상 집회의 자유에 대한 제한을 정당화하는 가장 중요한 사유는 집시법 제5조 제1항 제2호가 규정하고 있는 '공공의 안녕질서'이다. 물론 집회금지 및 제한통고를 규정하는 제8조나 집회해산을 규정하는 제20조는 그 외에도 다양한 사유를 언급하고 있으나, 이미 위에서 서술한 바와 같이, 집회의 금지나 해산은 신고의무와 같은 질서유지적 규정에 위반하였다는 이유만으로 허용되는 것이 아니라, 공공의 안녕질서에 대한 직접적 위협이 존재한다는 조건 하에서 비로소 정당화되는 것이므로, 그 외 금지·해산사유의 경우에도 궁극적으로 공공의 안녕질서에 대한 위반 여부를 판단해야 하는 결과에 이르는 것이다.

'공공의 안녕질서'는 불확정 법개념으로서 법률의 명확성원칙에 위반되는 것은 아닌지 문제가 제기될 수도 있으나, 법률해석을 통하여 법적용기관의 자의적인 적용을 배제할 수 있는 객관적 기준을 얻을 수 있고, 이로써 법률의 불명확성을 해소할 수 있으므로, 헌법적으로 하자가 없다.[3]

3. 집회의 자유를 제한하는 경우, 법익형량의 문제

집회의 자유를 제한하는 경우, 집회의 금지·해산의 권한을 부여하는 집시법상의 수권규범은 자유민주국가에서 집회의 자유의 의미와 중요성에 비추어 해석되어야 하고, 관할관청의 조치는 제3자의 법익이나 공익의 보호를 위하여 반드시 필요한 것에 제한되어야 한다. 어떠한 경우에 집회에 의한 법익침해가 제3자에 의하여 수인되어야 하고, 어떠한 경우에 다른 법익의 보호의 관점에서 집회

---

1) 이에 대하여, 행정청에 제한통고를 할 수 있는 권한을 부여한다면 집회의 자유에 대한 자의적인 제한이 우려된다는 목소리가 있으나, 법치국가에서 행정청의 재량행사는 법원에 의하여 통제될 수 있을 뿐만 아니라, 행정청에 의한 자의적인 재량행사의 위험이 우려된다면, 입법자는 추상적인 불확정 법개념인 '공공의 안녕질서'란 개념 대신에 보다 구체적인 법개념을 통하여 제한통고의 요건을 구체화함으로써 행정청의 재량행사에 대한 구체적인 지침을 제공할 수 있다.

2) 예컨대, 현재 진행 중인 집회가 과다한 소음이나 교통장애를 유발하여 타인의 법익을 지나치게 침해하기 때문에 해산되어야 한다면, 관할관청은 해산의 조치를 취하기에 앞서 확성기사용의 제한이나 중지 또는 교통방해의 중지를 명령함으로써 집회가 계속 허용될 수 있는지를 판단해야 한다.

3) 집시법 제5조 제1항 제2호는 구체적으로 '집단적인 폭행·협박·손괴·방화 등'을 공공의 안녕질서에 직접적인 위협을 가할 수 있는 대표적이고 극단적인 수단으로 언급함으로써 '공공의 안녕질서'의 개념을 구체화하고 있다. '공공의 안녕질서'란 집회의 자유의 집단적 행사로 인하여 집회의 자유와 충돌할 수 있는 타인의 법익이나 공익 등 다른 보호법익을 의미하는 것이다. '공공의 안녕질서'란 일차적으로 헌법적 법익을 비롯하여 생명, 신체, 재산, 명예, 자유 등과 같은 법익의 보호, 국가공동체와 국가기관의 존속과 기능 및 법질서의 보호를 의미한다. 따라서 '공공의 안녕질서에 대한 위험'이란 '법익침해의 위험'을 의미하는 것이다.

의 자유가 제한되어야 하는지의 문제는 개별적인 경우마다 모든 구체적 상황을 고려하여 판단되어야 한다. 집회의 자유행사에 의하여 제3자의 법익이 침해되는 법익충돌의 경우, 양 법익이 가능하면 최대한으로 효력을 유지할 수 있도록 서로 균형과 조화의 상태가 이루어져야 한다. 즉, 집회의 자유를 제한하는 경우, 법익형량의 문제는 '집회의 자유를 지나치게 제한함이 없이, 즉 집회의 자유를 최대한으로 보장하면서, 다른 법익에 대한 침해를 최소화할 수 있는지'에 관한 문제인 것이다.

공공의 장소에서 집회의 자유를 집단적으로 행사함으로써 필연적으로 발생하는 일반에 대한 불편함(예컨대 교통장애, 소음발생, 영업이나 업무의 방해 등)은 집회의 목적을 달성하기 위하여 불가피한 것이라면, 일반적으로 제3자에 의하여 수인되어야 한다. 물론, 이 경우에도 관할관청은 집회의 시간, 장소, 방법에 대하여 변경을 권유하거나 제한을 가함으로써 충돌하는 법익간의 조화를 이룰 수 있는 가능성이 있는지를 판단해야 한다. 그러나 집회목적 달성을 위하여 불가피하지 않거나 일반국민의 주의를 끌기 위하여 집회참가자에 의하여 의도적으로 유발되는 불편함이나 법익침해에 대해서는 관할관청은 제3자의 법익침해를 방지하거나 적어도 최소화하는 조치를 취해야 한다.[1]

4. 集會禁止場所에 관한 특별규정의 위헌여부

사례 1 헌재 2003. 10. 30. 2000헌바67 등(외교기관 앞 옥외집회금지 사건)

시민운동단체인 甲은 서울 광화문에서 옥외집회를 개최하고자 관할경찰서장에게 옥외집회 신고서를 제출하였으나, 관할경찰서장은 '집회장소가 미국대사관의 경계로부터는 97m, 일본대사관 영사부의 경계로부터는 35m 밖에 떨어져 있지 않으므로, 집회및시위에관한법률(이하 '집시법') 제11조에 의한 옥외집회의 금지장소에 해당한다'는 이유로, 위 장소에서 집회를 금지하는 내용의 옥외집회 금지통고를 하였다. 이에 甲은 위 처분의 취소를 구하는 행정소송을 제기하고, 외교기관의 청사로부터 반경 1백미터 이내의 장소에서 집회를 금지하고 있는 집시법 제11조 제1호가 헌법에 위반된다고 주장하면서 위 법률조항에 대하여 위헌여부심판의 제청신청을 하였으나, 기각되자 헌법소원심판을 청구하였다.

사례 2 헌재 2005. 11. 24. 2004헌가17(법원 앞 옥외집회금지 사건)

甲은 지방법원 정문 앞에서 다른 시민단체회원들과 함께 항의집회에 참석하였고, 집회금지장소에서 옥외집회를 하였다는 이유로 벌금 30만원의 약식명령을 받았다. 甲은 위 약식명령에 대하여 정식재판을 청구하여 재판 계속중, 각급법원의 경계지점으로부터 100미터 이내의 장소에서의 옥외집회를 금지한 집시법 제11조 제1호 중 '각급법원' 부분이 위헌이라고 주장하면서 법원에 위헌법률심판제청신청을 하였고 법원은 이를 받아들여 위헌법률심판제청을 하였다.

---

1) 마찬가지로 확성기를 비롯하여 소음을 유발하는 도구의 사용이 어느 정도까지 허용되어야 하는지의 문제도 위와 동일한 기준에 의하여 판단되어야 한다. 확성기의 사용 없이는 그 개최가 불가능한 집회, 예컨대 대형집회의 경우, 집회의 자유는 공동의 의견표명을 물리적으로 가능하게 하는 보조도구의 사용을 함께 보장하므로, 확성기의 사용은 집회의 자유에 의하여 보장된다. 그러나 확성기의 사용은 과다한 소음발생으로 인하여 제3자의 법익을 침해한다는 점에서, 무제한적으로 허용될 수 있는 것이 아니라, 집회목적의 효과적인 달성을 위하여 필요한 정도에 제한되어야 한다. 따라서 관할관청은 집회의 효과적인 개최와 목적달성을 가능하게 하면서도, 동시에 제3자의 법익에 대한 침해를 최소화하기 위하여 확성기사용의 정도와 시간을 제한할 수 있다(집시법 제14조 참조).

가. 특정 장소에서 원칙적인 집회금지의 헌법적 문제점

집회장소는 집회의 목적과 효과에 대하여 중요한 의미를 가지기 때문에, 누구나 '어떤 장소에서' 자신이 계획한 집회를 할 것인가를 원칙적으로 자유롭게 결정할 수 있어야만 집회의 자유가 비로소 효과적으로 보장될 수 있다. 집회의 자유는 집회의 장소에 관하여 자유롭게 결정할 권리를 포함하는 기본권으로서, 다른 법익의 보호를 위하여 정당화되지 않는 한, 집회를 장소적으로 항의의 대상으로부터 분리시키는 것을 금지하고 있다.[1] 따라서 특정 장소에서의 집회를 전면적으로 금지하는 집시법 규정이 집회의 자유와 부합하는지의 문제가 제기된다.[2]

舊 집시법 제11조는 국회의사당, 각급 법원 및 헌법재판소, 주요 국가기관의 장의 관저나 공관, 국내주재 외국의 외교기관의 청사로부터 반경 1백 미터 이내의 장소에서의 집회를 금지하였다. 위 규정은 개별적인 경우의 구체적인 위험상황과 관계없이, 단지 특정한 장소에서 집회가 행해진다는 것만으로 추상적인 위험성이 존재한다는 예측판단에서 출발하여, 위 장소에서의 집회를 일괄적으로 금지한 것이다. 입법자는 주요 헌법기관 인근에서의 집회를 일반적으로 헌법기관의 기능수행에 반하는 것으로 간주하여, 이 지역에서의 집회를 전면적으로 금지해야만 헌법기관에 대한 효과적인 보호가 이루어질 수 있다고 판단한 것이다.

특정 장소에서의 전면적인 집회금지와 관련해서는 과잉금지원칙, 특히 최소침해성 원칙의 관점에서 다음과 같은 문제가 제기된다. 첫째, 집시법은 일정한 신고절차만 밟으면 원칙적으로 집회를 할 수 있도록 보장하면서 집회로부터 발생하는 법익충돌의 위험에 대처하기 위하여 집회의 금지·해산·제한통고 등 다양한 법적 수단을 갖추고 있다는 점에서, 법익충돌이 특별히 우려되는 장소에서의 집회에 대해서도 이와 같은 일반규정으로 해결하지 아니하고 집회금지장소에 관한 특별규정을 둔 것이 과도한 규제인지 여부이다.[3] 둘째, 입법자가 집회의 자유를 규율함에 있어서 특정 장소를 보호하는 별도의 특별규정을 두는 경우 예외를 허용하지 않는 전면적인 집회금지가 반드시 필요한지 여부에 관한 것이다.[4]

---

1) 같은 취지로 헌재 2003. 10. 30. 2000헌바67(외교기관 앞 옥외집회금지), 판례집 15-2하, 41, 54, "집회의 목적·내용과 집회의 장소는 일반적으로 밀접한 내적인 연관관계에 있기 때문에, 집회의 장소에 대한 선택이 집회의 성과를 결정짓는 경우가 적지 않다. 집회장소가 바로 집회의 목적과 효과에 대하여 중요한 의미를 가지기 때문에, 누구나 '어떤 장소에서' 자신이 계획한 집회를 할 것인가를 원칙적으로 자유롭게 결정할 수 있어야만 집회의 자유가 비로소 효과적으로 보장되는 것이다. 따라서 집회의 자유는 다른 법익의 보호를 위하여 정당화되지 않는 한, 집회장소를 항의의 대상으로부터 분리시키는 것을 금지한다."
2) '집시법'뿐만 아니라 '지방자치단체의 조례'가 특정 장소에서의 집회를 전면적으로 금지하는 경우에도 동일한 헌법적 문제가 제기된다. 가령, 헌재 2023. 9. 26. 2019헌마1417(잔디마당의 사용을 제한하는 인천광역시 조례) 참조.
3) 헌재 2003. 10. 30. 2000헌바67(외교기관 앞 옥외집회금지), 판례집 15-2하, 41, 43, [집회금지장소에 관한 특별규정을 둔 것이 과도한 규제인지의 여부에 관하여] "특정 장소가 그 기능수행의 중요성 때문에 특별히 보호되어야 하고 중요한 기관에 대한 효과적인 보호가 그 장소에서의 집회를 원칙적으로 금지함으로써 이루어질 수 있다고 입법자가 판단하였다면, 이러한 입법자의 판단이 현저하게 잘못되었다고 할 수 없다. 입법자는 야간의 옥외집회나 특정 장소에서의 옥외집회의 경우와 같이 법익침해의 고도의 개연성이 있는 특수한 상황에 대해서는 집회가 공공의 안녕질서에 미칠 영향이나 법익충돌의 위험성의 정도에 따라 그에 상응하는 규제를 할 수 있다."
4) 헌재 2003. 10. 30. 2000헌바67(외교기관 앞 옥외집회금지), 판례집 15-2하, 41, 44, [외교기관 인근의 옥외집회에 대하여 예외를 허용하지 않는 전면적인 집회금지가 비례의 원칙에 위반되는지 여부에 관하여] "입법자가 '외교기관 인근에서의 집회의 경우에는 일반적으로 고도의 법익충돌위험이 있다'는 예측판단을 전제로 하여 이 장소에서의 집회를 원칙적으로 금지할 수는 있으나, 일반·추상적인 법규정으로부터 발생하는 과도한 기본권제한의 가능성이 완화될 수 있도록 일반적 금지에 대한 예외조항을 두어야 할 것이다. 그럼에도 불구하고 이 사건 법률조항은 전제된 위험상황이 구체적으로 존재하지 않는 경우에도 이를 함께 예외 없이 금지하고 있는데, 이는 입법목적을 달성하

842 제3편 基本權論

나. 국가기관의 헌법적 기능에 따른 국가기관과 집회의 관계

(1) 국가기관의 헌법적 기능으로부터 국가기관과 집회의 관계가 결정된다. 의회는 국민의 대의기관으로서 국민의 다양한 의견과 이익을 수렴하여 정치적으로 결정하는 국가기관이며, 의회에서의 의사결정과정은 국민의 다양한 견해와 이익을 인식하고 교량하여 공개적 토론을 통하여 국민 대표로 구성된 다원적 인적 구성의 합의체에서 결정하는 과정이다. 헌법으로부터 부여받은 기능상, 입법부는 외부로부터의 영향을 배제하는 것이 아니라 오히려 수용하는 것이다. 그렇다면 의사당 앞에서의 시위는 입법이라는 의회기능의 본질에 반하는 것이 아니라, 오히려 입법자에 의하여 입법대상과 관련된 모든 중요한 이익과 관점이 고려되고 상충하는 이익간의 정당한 조정이 이루어지도록 함으로써 모든 국민을 위한 올바른 결정, 즉 공익의 발견에 기여하는 것이다.

이에 대하여, 의사당 인근에서의 집회금지로 인하여 민주국가에서 집회의 자유의 고유한 기능이 크게 저해된다. 정치적 의사형성과정에 참여하는 기본권으로서의 집회의 자유는 정치적 결정권을 가진 국가기관인 의회에 대하여 항의나 동조의 의사를 표명함으로써 특별한 의미를 부여받는다. 의사당 앞에서의 시위의 경우, 국민이 기본권의 행사를 통하여 정치적 의사형성에 참여하는 효과가 극대화되는 것이다. 결국, 법익교량과정에서 국회의 기능을 저해하지 않는 평화적 집회를 의사당 인근에서 금지해야 할 공익의 비중은 작은 반면, 집회의 자유에 대한 제한의 의미는 중대하다는 결과에 이른다.

(2) 정치적 결정기관인 입법자와는 달리, 사법기관은 의견수렴이나 이익조정을 통하여 정치적으로 결정하는 기관이 아니라 헌법과 법률에 근거하여 규범적으로 판단하는 기관이다. 사법기관의 과제는 헌법과 법률의 해석·적용에 의한 사법적 판단이며, 그의 본질은 사법의 독립성·공정성·객관성이다. 이러한 점에서 사법기관은 헌법이 부여한 그 기능상 외부로부터의 모든 영향을 배제한다. 즉 법원 앞에서의 시위를 통하여 법원의 결정에 영향력을 행사하려는 시도는 사법의 본질에 반하는 것이다. 또한, 의회와 같은 정치적 기관 앞에서의 시위와는 달리, 법원 앞에서의 시위를 통하여 법원의 규범적 판단에 영향을 미치려고 시도하는 한, 민주국가에서 정치적 의사형성에 참여하는 국민의 기본권으로서 집회의 자유의 기능은 크게 인정될 여지가 없다.

다. 헌법재판소의 판례

헌법재판소는 국내주재 외교기관 청사로부터 반경 1백 미터 이내의 장소에서의 옥외집회를 전면적으로 금지하고 있는 집시법 제11조 관련부분의 위헌여부가 문제된 사건에서, 입법자는 야간의 옥외집회나 특정 장소에서의 옥외집회의 경우와 같이 법익침해의 고도의 개연성이 있는 특수한 상황에 대해서는 그에 상응하는 규제를 할 수 있으므로, 집회금지장소에 관한 특별규정을 둔 것 자체는 과도한 규제가 아니라고 확인한 다음, 그러나 이 사건 법률조항은 전제된 위험상황이 구체적으로 존재하지 않는 경우(가령, 외교기관이 아니라 다른 항의대상에 대한 집회, 소규모 집회, 공휴일에 행해지는 집회 등)에도 이를 예외 없이 금지하고 있다는 점에서 과도한 제한이라고 하여 위헌으로 판단하였고,[1] 입법자는 헌법재판소결정의 판시내용을 반영하여 집회금지에 대한 예외를 허용하는 단서규정을 신설

기에 필요한 조치의 범위를 넘는 과도한 제한인 것이다. 그러므로 이 사건 법률조항은 최소침해의 원칙에 위반되어 집회의 자유를 과도하게 침해하는 위헌적인 규정이다."

1) 헌재 2003. 10. 30. 2000헌바67(외교기관 앞 옥외집회금지), 판례집 15-2하, 41, 43-44.

하였다.

헌법재판소는 국회의사당으로부터 반경 1백 미터 이내에서의 집회금지에 대하여 "국회의 기능이나 역할에 비추어 예외를 두지 아니한 것이 침해의 최소성원칙에 반한다고 볼 수도 없다."고 하여 합헌으로 판단하였으나,[1] 그 후 입장을 변경하여, 전제되는 위험 상황이 구체적으로 존재하지 않는 경우(소규모 집회, 공휴일이나 휴회기 등에 행하여지는 집회, 국회의 활동을 대상으로 하지 않는 집회 등)까지도 예외 없이 집회를 금지하는 것은 과잉금지원칙을 위반하여 집회의 자유를 침해한다고 판단하였다.[2]

마찬가지로, 헌법재판소는 법원청사로부터 반경 1백 미터 이내에서의 집회금지에 대해서도 종래 합헌으로 판단한 바 있으나,[3] 그 후 선례를 변경하여, 법원 업무를 저해하거나 재판에 영향을 미칠 우려가 없는 집회까지도 전면적으로 금지하는 것은 위헌이라고 판단하였다.[4] 또한, 국무총리 공관으로부터 반경 1백 미터 이내에서의 집회금지에 대해서도, 국무총리 공관의 기능과 안녕을 보호하는 데 필요한 범위를 넘어 집회를 일률적·전면적으로 금지함으로써 과잉금지원칙에 위반된다는 이유로 위헌으로 판단하였다.[5] '대통령 관저' 인근 및 '국회의장 공관' 인근에서의 집회를 금지하는 집시법조항에 대해서도 위 결정과 동일한 이유로 과잉금지원칙에 위배되어 집회의 자유를 침해한다고 판단하였다.[6]

제 2 항 結社의 自由

I. 헌법적 의미 및 기능

1. 자유권적 측면과 민주적 측면

헌법은 제21조 제1항에서 "모든 국민은 … 결사의 자유를 가진다."고 하면서, 같은 조 제2항에서

---

1) 헌재 2009. 12. 29. 2006헌바20 등(국회의사당 앞 옥외집회금지), 판례집 21-2하, 745.
2) 헌재 2018. 5. 31. 2013헌바322 등(국회의사당 앞 옥외집회금지), 판례집 30-1하, 88-89, "국회의 헌법적 기능은 국회의사당 인근에서의 집회와 양립이 가능한 것이며, 국회는 이를 통해 보다 충실하게 헌법적 기능을 수행할 수 있다. … '민의의 수렴'이라는 국회의 기능을 고려할 때 국회가 특정인이나 일부 세력의 부당한 압력으로부터 보호될 필요성은 원칙적으로 국회의원에 대한 물리적인 압력이나 위해를 가할 가능성 및 국회의사당 등 국회 시설에의 출입이나 안전에 위험을 가할 위험성으로부터의 보호로 한정되어야 한다. … 한편 국회의사당 인근에서의 집회가 심판대상조항에 의하여 보호되는 법익에 대한 직접적인 위험을 초래한다는 일반적 추정이 구체적인 상황에 의하여 부인될 수 있는 경우라면, 입법자로서는 예외적으로 옥외집회가 가능할 수 있도록 심판대상조항을 규정하여야 한다. … 심판대상조항은 입법목적을 달성하는 데 필요한 최소한도의 범위를 넘어, 규제가 불필요하거나 또는 예외적으로 허용하는 것이 가능한 집회까지도 이를 일률적·전면적으로 금지하고 있으므로 침해의 최소성 원칙에 위배된다."
3) 헌재 2005. 11. 24. 2004헌가17(법원 앞 옥외집회금지), 판례집 17-2, 360, 361.
4) 헌재 2018. 7. 26. 2018헌바137(법원 앞 옥외집회금지), 공보 제262호, 1259, "심판대상조항의 입법목적은 법원 앞에서 집회를 열어 법원의 재판에 영향을 미치려는 시도를 막으려는 것이다. 이런 입법목적은 법관의 독립과 재판의 공정성 확보라는 헌법의 요청에 따른 것이므로 정당하다. … 법원 인근에서 옥외집회나 시위가 열릴 경우 해당 법원에서 심리 중인 사건의 재판에 영향을 미칠 위협이 존재한다는 일반적 추정이 구체적 상황에 따라 부인될 수 있는 경우라면, 입법자로서는 각급 법원 인근일지라도 예외적으로 옥외집회·시위가 가능하도록 관련 규정을 정비하여야 한다. … 심판대상조항은 입법목적을 달성하는 데 필요한 최소한도의 범위를 넘어 규제가 불필요하거나 또는 예외적으로 허용 가능한 옥외집회·시위까지도 일률적·전면적으로 금지하고 있으므로, 침해의 최소성 원칙에 위배된다."
5) 헌재 2018. 6. 28. 2015헌가28 등(국무총리 공관 앞 옥외집회금지), 판례집 30-1하, 297.
6) 헌재 2022. 12. 22. 2018헌바48(대통령 관저 인근 집회금지); 헌재 2023. 3. 23. 2021헌가1(국회의장 공관 인근 집회금지).

"… 결사에 대한 허가는 인정되지 아니한다."고 규정하고 있다.

가. 개인의 인격발현의 중요한 요소

결사의 자유는 개인의 인격발현의 근본적인 표현양식으로서, 임의의 목적을 위하여 타인과 모든 형태의 결사로 결합할 권리를 보장한다. 기본권을 어떠한 목적으로 행사하는지에 따라 기본권보호의 여부나 정도가 달리 판단되지 않는 것과 마찬가지로, 결사의 자유도 정치적 목적을 위한 행사와 그 외의 목적을 위한 행사를 모두 보호한다. 결사의 자유는 단체의 목적에 대하여 중립적이므로, 이기적이거나 이타적인 목적의 추구 또는 정치적이거나 비정치적인 목적의 추구를 모두 보호한다. 따라서 민주적 의사형성과정에 참여하고자 하는 목적을 가진 결사만이 기본권에 의하여 보호받거나 또는 특별히 보호받는 것이 아니라, 결사의 목적과 관계없이 모든 단체의 결성이 보호된다.[1] 단체가 국가에 의하여 결성된 것이 아니며 자유롭고 평등한 개인에 의하여 자발적으로 결성된 단체로서 확인될 수 있다면, 그 단체는 결사의 자유의 보호를 받는다는 것이 헌법의 가치결정인 것이다.

나. 자유민주적 기본질서를 구성하는 요소

결사의 자유가 국민의 정치적 의사형성과정에 참여하는 정치직 목적을 위하여 행사되는 경우에는, 결사의 자유는 표현의 자유, 집회의 자유와 함께 자유민주적 기본질서를 구성하는 기본권에 해당한다. 결사의 자유가 사회적 집단의 자유로운 형성을 보장함으로써 동일한 목적과 의견을 가진 사람들의 집단적인 의견형성과 의견표명에 기여한다는 점에서, 자유권적 측면과 민주적 측면을 동시에 가지고 있다.

2. 일반적 결사의 자유

헌법 제21조의 결사의 자유는 '一般的' 결사의 자유를 의미하기 때문에, 이에 대한 특별규범으로서 '特殊한' 결사의 자유가 적용되는 경우에는 일반규범으로서 헌법 제21조는 적용되지 않는다.

종교적 단체는 결사의 자유와 관련하여 특별규범으로서 헌법 제20조의 종교의 자유에 의하여 보호된다. 정당을 결성할 수 있는 자유는 특별규범으로서 헌법 제8조에 의하여 보장되고 있다. 물론, 정당의 경우 '결사의 자유'와 '정당규정'을 서로 보완적으로 작용하는 규범으로 이해함으로써 양 규범이 모두 적용되는 것으로 보는 것이 보다 타당하다. 또한, 헌법 제33조의 근로3권은 일반적 결사의 자유에 대한 특별규범으로서 근로조건의 향상을 위한 결사(노동조합 등 근로자단체)를 결성할 권리를 보호하고 있다.

II. 법적 성격

결사의 자유는 일차적으로 개인의 자유영역을 침해해서는 안 된다는 국가의 부작위의무를 내용으로 하는 개인의 방어권이다. 결사의 자유에 의하여 보장되는 자유영역은 그 내용에 있어서, 독자적

---

1) 헌재 2002. 9. 19. 2000헌바84(법인의 약국개설금지), 판례집 14-2, 268, 288, "헌법재판소는 결사의 자유에서 말하는 '결사'란 자연인 또는 법인의 다수가 상당한 기간 동안 공동목적을 위하여 자유의사에 기하여 결합하고 조직화된 의사형성이 가능한 단체를 말하는 것이라고 정의하여 공동목적의 범위를 비영리적인 것으로 제한하지는 않았고, [중략] 연혁적 이유 이외에는 달리 영리단체를 결사에서 제외하여야 할 뚜렷한 근거가 없는 터이므로, 영리단체도 헌법상 결사의 자유에 의하여 보호된다고 보아야 할 것이다."

인 의사결정에 따라 스스로 선택한 시점에 스스로 선택한 목적을 위하여 자율적으로 결정된 조건(단체규약, 단체의 이름, 회원범위 등)에 따라 타인과 결합하고 단체를 결성하는 개인의 권리이다. 결사의 자유는 급부권이 아니므로, 개인은 국가로부터 보조금지급이나 조세법상의 감면혜택 등을 통하여 단체를 지원해 줄 것을 요구할 수 없다. 물론, 국가가 일단 단체를 지원하는 경우, 단체는 평등원칙의 관점에서 국가의 급부에 균등하게 참여할 권리를 가진다.

뿐만 아니라, 결사의 자유는 객관적 가치결정으로서 법규범의 해석과 적용에 있어서 고려해야 할 헌법적 지침으로 기능한다.

Ⅲ. 結社의 개념

'결사'란 자연인 또는 법인의 다수가 상당한 기간 동안 공동목적을 위하여 자유의사에 기하여 결합하고 조직화된 의사형성이 가능한 단체를 말하는 것으로, 공법상의 결사는 이에 포함되지 아니한다.[1] 따라서 공동의 목적을 지속적으로 추구하기 위하여 자발성에 기초하여 결성되었고, 조직화된 의사형성을 보이는 자연인이나 법인의 결합체에 해당하는 한, 결사의 자유의 보호를 받는다.

1. 多 數 人

단체를 결성하기 위한 최소한의 구성원의 수가 2인인지 아니면 3인인지의 문제가 제기된다. 단체 구성원의 수가 3인 미만인 경우에는 단체의 결정을 위하여 필요한 다수결이 불가능하고 단체의 전체적 의사를 형성할 수 없기 때문에, 2인으로는 충분하지 않다는 견해가 가능하다. 한편, 이에 대하여 결사의 자유를 타인과 공동의 인격발현을 위하여 단체를 결성하는 자유로 이해하면서 반드시 다수결에 의하여 일원적인 결정이 이루어질 필요가 없다는 입장에서 본다면, 2인의 결사도 기본권에 의하여 보호받아야 한다는 견해에 이른다.

2. 지 속 성

단체는 상당한 기간 동안 공동의 목적을 지속적으로 추구하기 위하여 결성되어야 한다. 지속성의 요소는 결사를 '일시적인 모임으로서 집회'와 구분하는 기준으로서 작용한다.

3. 自 發 性

개인의 자유의사에 기초하여 자발적으로 결성되지 않은 단체는 헌법 제21조의 결사의 개념에 포함되지 않는다. 결사의 자유에 의하여 보호되는 것은 '자유로운 사회적 집단형성'이란 사회적 구성원칙이다.[2] 그러므로 공법상의 강제결사는 결사의 개념에 속하지 않는다.

4. 공동의 목적

단체의 결합이 공동의 목적을 위한 것이어야 한다. 공동의 목적과 관련해서는 아무런 제한도 없

---

1) 헌재 1996. 4. 25. 92헌바47(축협 복수조합 설립금지), 판례집 8-1, 370, 377.
2) BVerfGE 38, 281, 303.

으며, 공동의 목적은 전적으로 자유롭게 확정될 수 있다. 예컨대 정치, 학문, 예술, 자선, 사교, 체육 등의 목적 또는 경제적(영리적) 목적도 공동의 목적으로 고려될 수 있다.

5. 조직화된 의사형성

특정한 인적 집단을 일시적 모임인 '집회'와 구분되는 단체로서 확인하기 위해서는 어느 정도 '조직상의 안정성'이 요청된다. 단체가 그의 구성원을 어느 정도 파악할 수 있고 회원은 스스로를 단체의 구성원으로 인식하며 단체가 전체적 의사형성의 목표를 가지는 경우에만, 조직화된 의사형성이 존재한다고 할 수 있다. 조직화된 의사형성을 인정하기 위하여, 반드시 다수결에 의한 결정이 이루어질 필요는 없다. 마찬가지로 단체의 기관이나 정관이 반드시 필요한 것은 아니며, 단체가 반드시 정기적으로 집회해야 하는 것도 아니다.

Ⅳ. 보장내용

사례 | 헌재 1996. 4. 25. 92헌바47(축협 복수조합 설립금지 사건)

甲은 이천군을 조합구역으로 하여 설립중에 있는 업종별축산업협동조합으로서 설립요건을 갖추어 설립신청을 하였으나, 농림수산부장관은 위 조합구역인 이천군이 이미 인가를 받은 서울우유협동조합의 구역과 중복되므로 조합구역이 같은 경우 같은 업종조합의 복수설립을 금하는 취지의 축협법조항("조합의 구역 내에서는 같은 업종의 조합을 2개 이상 설립할 수 없다.")에 반한다는 이유로 위 신청에 대한 거부처분을 하였다. 甲은 법원에 위 거부처분취소의 소를 제기하면서 헌법재판소에 위헌법률인지 여부의 제청을 하여 줄 것을 신청하였으나 기각되자, 헌법소원심판을 청구하였다.

결사의 자유는 개인의 기본권이자 단체의 기본권으로서의 성격을 가지는 소위 '이중적 기본권'이다. 결사의 자유는 단체를 결성하는 개인의 권리 외에 결성된 단체의 권리도 보장한다.[1] 여기서 개인의 권리로서 결사의 자유는 자연인뿐만 아니라 사법상 내국법인에게도 인정된다. 사법상의 내국법인이 단체를 결성하거나 단체에 가입하거나 또는 단체로부터 탈퇴하는 한, 결사의 자유는 이러한 사법인에도 적용된다.

1. 개인적 자유로서 결사의 자유

결사의 자유는 타인과 결합하여 단체를 결성하는 개인의 권리를 보장한다. 단체결성의 자유는 결사의 설립시점, 목적, 법적 형태, 명칭, 정관, 소재지에 대한 결정권을 포함한다. 결사의 자유에 의하여 보호되는 것은 단지 단체의 결성뿐만 아니라, 기존의 단체에 가입할 자유, 가입한 단체에 머무를

---

1) 헌재 1996. 4. 25. 92헌바47(축협 복수조합 설립금지), 판례집 8-1, 370, 377, "헌법 제21조가 규정하는 결사의 자유라 함은 다수의 자연인 또는 법인이 공동의 목적을 위하여 단체를 결성할 수 있는 자유를 말하는 것으로 적극적으로는 ① 단체결성의 자유, ② 단체존속의 자유, ③ 단체활동의 자유, ④ 결사에의 가입·잔류의 자유를, 소극적으로는 기존의 단체로부터 탈퇴할 자유와 결사에 가입하지 아니할 자유를 내용으로 하는바, 위에서 말하는 결사란 자연인 또는 법인의 다수가 상당한 기간 동안 공동목적을 위하여 자유의사에 기하여 결합하고 조직화된 의사형성이 가능한 단체를 말하는 것으로 공법상의 결사는 이에 포함되지 아니한다."

자유(단체잔류의 자유), 단체구성원으로서 단체 내에서의 활동 및 단체를 통한 활동을 포함하는 포괄적인 자유이다.[1] 또한, 사법상 단체로부터 탈퇴할 자유 및 사법상 단체에 가입하지 아니할 자유와 같이, 소극적 결사의 자유도 보호된다.

국가가 일정 인적 집단으로 하여금 특정한 행정 과제를 자치행정으로 수행하도록 하기 위하여 공법상의 단체에의 강제가입의무를 부과하는 경우에는 결사의 자유가 아니라 헌법 제10조의 행복추구권이 적용된다.[2]

2. 단체의 자유로서 결사의 자유

가. 구체적 보장내용

개인이나 법인에 의하여 결성된 단체 자체도 결사의 자유에 의하여 보호된다. 결성된 단체의 자유를 보호범위에 포함시켜야 비로소 결사의 자유가 효과적으로 보호될 수 있기 때문이다. 단체의 자유는 '단체의 존속'뿐만 아니라 단체의 조직, 의사형성의 절차, 구성원의 가입 및 제명, 업무수행에 관한 자기결정을 의미하는 '내부적 단체자치의 자유'를 포함하고, 나아가 외부적 활동을 통하여 단체목적을 추구하는 '단체활동의 자유'도 포함한다.[3]

나. 내부적 단체자치의 자유

결사의 자유는 단체의 내부적 생활을 스스로 결정하고 형성할 권리를 단체의 내부질서에 관한 자기결정권으로서 보호한다.[4] 단체는 행정청의 허가를 받지 않고 정관을 만들거나 이를 변경할 권리를 가진다. 그러나 입법자는 단체구성원간의 이익을 조정하거나 사회적으로 강력한 조직에 대하여 단체구성원의 이익을 보호하기 위하여 단체의 내부조직을 규율할 수 있다.

내부적 단체자치의 자유는, 국가가 어떠한 특정의 內部的 秩序 類型도 단체에게 지침으로 제시해서는 안 된다는 것을 의미한다. 그러므로 입법자가 모든 단체에 대하여 '민주적 원칙에 따라' 내부질서를 형성해야 할 의무를 부과한다면, 이러한 법규범은 위헌이다. 한편, 입법자가 정당에 대하여 제기되는 내부적 민주주의의 요청(헌법 제8조 제2항)을 '공적과제의 수행에 기여하고 정치적 의사형성에 영향력을 행사하는 시민운동단체'에 대해서도 입법을 통하여 확대할 수 있는지의 문제가 제기된다. 국가영역에 진출하여 국가기능에 직접 참여할 수 있는 가능성에 있어서 정당과 사회단체 사이에는 근본적인 차이점이 있으므로, 정치적 사회단체에도 內部 民主化의 지침을 부과하기 위해서는 헌법개정이 필요할 것이다.[5]

---

1) 단체내부질서에 관한 자기결정(내부적 단체자치)은 단체구성원 개인 및 단체 자체에게 귀속되는 권리이다.
2) 헌재 1996. 4. 25. 92헌바47(축협 복수조합 설립금지), 판례집 8-1, 370; 헌재 2001. 2. 22. 99헌마365(강제가입에 관한 국민연금법규정); 헌재 2003. 10. 30. 2000헌마801(건강보험에의 가입의무를 강제로 부과하는 국민건강보험법조항).
3) 한편, 단체활동의 자유가 결사의 자유에 의하여 보호되는 것인지에 대하여 의문이 제기될 수 있다. 헌법 제21조의 표현인 '결사의 자유'는 단지 단체의 결성과 연관되는 것이기 때문에, 단체활동의 자유를 결사의 자유의 보호범위에 속하는 것으로 보는 것은 지나치게 헌법 제21조의 보호범위를 확대하는 것이라는 이유로, 외부적 활동을 통하여 단체목적을 실현하는 것은 각 개별 자유권에 의하여 그리고 보충적으로 행복추구권에 의하여 보호된다는 견해가 있다. 그러나 학계의 다수견해와 헌법재판소의 판례는 단체활동의 자유도 보호범위에 속하는 것으로 간주하고 있다.
4) 헌법재판소는 "결사의 자유에는 '단체활동의 자유'도 포함되는데, 단체활동의 자유는 단체 외부에 대한 활동뿐만 아니라 단체의 조직, 의사형성의 절차 등의 단체의 내부적 생활을 스스로 결정하고 형성할 권리인 '단체 내부 활동의 자유'를 포함한다."고 함으로써, '내부적 단체자치의 자유'를 '단체 내부 활동의 자유'로 표현하고 있다(헌재 2012. 12. 27. 2011헌마562 등, 판례집 24-2하, 617, 624).

다. 제3자효와 가입강제

결사의 자유가 공권력 외에도 사인을 구속하는지의 문제(기본권의 제3자효)와 관련하여, 특히 '가입희망자를 가입시켜야 할 단체의 의무가 있는지'의 문제가 제기된다. 내부적 단체자치의 자유는 가입희망자를 단체에 가입시킬 것인지의 여부에 관하여 단체에게 자유로운 결정권을 보장한다. 따라서 단체에의 가입을 요구할 수 있는 개인의 권리는 원칙적으로 인정되지 않으며, 단체는 새로운 구성원의 가입여부에 관하여 자유롭게 결정할 수 있다.

그러나 국가(법원)에 의하여 가입강제가 인정되는 경우, 가입여부에 관한 원칙적인 자치는 예외적으로 제한된다. 물론, 가입을 신청하는 자가 허용되는 회원조건을 충족시키지 못하는 경우에는 가입강제가 처음부터 고려되지 않는다. 다만, 첫째, 단체가 독점적 지위를 가지고 있거나 또는 단체가 경제적·사회적 영역에서 거대한 권력적 지위를 가지고 있기 때문에, 단체와 그에 가입하고자 하는 개인 사이에 세력에 있어서 현저한 차이가 존재하며, 둘째, 가입하고자 하는 사람에게 단체에 가입해야 할 중요한 이익이 인정되는 반면, 단체에게 그를 가입시킬 것을 요구하는 것이 단체가 수인할 수 있는 범위에 속하며, 셋째, 단체가입 외에 합리적인 대안이 존재하지 않는 경우에 한하여, 개인의 결사의 자유가 단체의 결사의 자유에 대하여 우위를 차지함으로써 예외적으로 가입강제가 인정될 수 있다. 이러한 경우, 단체가 국가의 지원을 받으면서 공적인 과제를 수행하는지의 관점도 함께 고려되어야 한다.

V. 제 한

사례 | 헌재 2002. 8. 29. 2000헌가5(상호신용금고 임원과 과점주주의 연대책임 사건)

상호신용금고법은 금고의 부실경영에 대한 책임을 물음으로써 책임경영을 실현하고 부실경영을 방지하여 예금주를 보호하기 위하여, 임원과 과점주주에게 상호신용금고의 예금 등과 관련된 채무에 대한 연대변제책임을 부과하였다. 甲은 A 상호신용금고의 임원으로, 乙은 B 상호신용금고의 과점주주로 있던 자들인데, A 및 B 상호신용금고를 비롯한 부실 상호신용금고의 정리를 위하여 설립된 한아름상호신용금고는 예금자들에게 예금액을 지급하고 위 예금자들로부터 위 예금채권을 양수받아 甲을 상대로 예금채권 양수금 청구소송을 제기하였고, 乙은 B 상호신용금고의 예금자로부터 정기예금에 대한 이자지급청구소송을 제기 당하였다. 이에 甲과 乙은 '자신들은 경영에 관여한 바도 없고 부실경영에 기여한 바도 없는데 임원과 과점주주에 대하여 상호신용금고의 예금 등과 관련된 채무에 대하여 연대책임을 지도록 하는 상호신용금고법조항이 헌법상 보장된 평등권과 재산권에 위반된다'고 주장하면서 법원에 위헌여부심판의 제청신청을 하였다.[1]

---

5) 가령, 독일 부란덴부르크 州 헌법 제20조 제4항에 의하면, 공적과제의 수행에 기여하고 공적 의사형성에 영향을 행사하는 시민운동단체는 정당의 경우와 같이 민주적 내부구조를 갖추어야 한다.

1) 헌재 2002. 8. 29. 2000헌가5(상호신용금고 임원과 과점주주의 연대책임), 판례집 14-2, 106, 107, [위 법률조항이 비례의 원칙에 위반되는지 여부에 관하여] "위 상호신용금고법 제37조의3이 달성하고자 하는 바가 금고의 경영부실 및 사금고화로 인한 금고의 도산을 막고 이로써 예금주를 보호하고자 하는 데에 있다면, 이를 실현하기 위한 입법적 수단이 적용되어야 하는 인적 범위도 마찬가지로 '부실경영에 관련된 자'에 제한되어야 한다. 부실경영을 방지하는 다른 수단에 대하여 부가적으로 민사상의 책임을 강화하는 이 사건 법률조항은 원칙적으로 '최소침해의 원

1. 입법자에 의한 규율(형성)의 필요성

가. 법률에 의한 구체적 형성

(1) 결사의 자유는 본질상 자유권이므로, 개인은 법적으로 규정된 특정 법적 형식과 관계없이 임의로 자유롭게 단체를 결성할 수 있다. 그러나 일정한 생활영역에서는 개인이 결사의 자유를 법적으로 의미 있게 행사하기 위해서는 입법자에 의한 구체적인 형성을 필요로 한다. 입법자는 경우에 따라 결사가 특정 목적을 달성할 수 있도록 이에 적합한 법적 형식을 제공해야 한다. 가령, 주식회사법, 유한회사법 등은 특정 목적을 위한 결사의 설립과 운영을 가능하게 하는 법규범이다. 단체의 유형(주식회사, 유한회사 등)을 확정하는 법규범은 특정한 형식으로 결사의 자유를 사용하는 것을 비로소 가능하게 하는 규정으로서, 단체를 결성하는 가능성을 어렵게 만들고자 하는 것이 아니라 단지 특정한 법적 형태의 결사를 사용할 수 있는 조건을 규율하는 것이다. 여기서 적합한 법적 형식의 존재는 단체의 목적을 달성하기 위한 조건, 즉 결사의 자유를 행사하기 위한 조건에 해당하는 것이다.

예컨대, 단체의 구성원들이 그들에 의하여 결성된 단체가 권리와 의무의 주체가 되는 것을 원한다면, 이러한 것은 단지 법질서를 통해서만 이루어질 수 있다. 또한, 단체와 단체구성원 및 제3자의 관계를 법적으로 규율함으로써 비로소 회원의 지위는 법적 권리가 된다. 이러한 영역에서는 입법자의 법적 형성에 의하여 비로소 기본권적 자유의 행사가 가능하게 된다. 그러한 점에서 특정 형태의 단체를 설립하기 위하여 특정한 요건을 충족시킬 것을 규정한 법률(예컨대, 최소자본금 규정)은, 한편으로는 입법자가 결사의 자유를 행사하기 위한 전제조건으로서 단체제도를 법적으로 형성하는 규정이자, 동시에 어떠한 조건하에서 단체를 결성할 것인가에 관하여 자유롭게 결정하는 결사의 자유를 제한하는 규정이다.[1]

(2) 결사의 자유에 근거하여 결성되는 단체와 관련하여 특정한 법적 형태를 제공해야 할 국가의 의무가 있는 것은 아니므로, 국가는 단체의 법적 형태를 형성함에 있어서 광범위한 입법형성권을 가진다. 그럼에도 입법자의 형성권은 무제한적인 것이 아니라, 입법자는 단체와 그 기관의 최소한의 기능이 보장될 수 있도록 단체제도를 규율해야 한다는 구속을 받는다.[2] 입법자는 한편으로는 결사의 자유의 객관적 가치결정으로서 '자유로운 단체형성'과 '조직·의사형성 및 사무집행에 관한 자기결정(자율성)'과, 다른 한편으로는 단체에 대한 규율을 요청하는 법익으로서 법적 거래의 안전성의 보장, 단체구성원의 권리의 보장, 제3자의 이익 보호, 공익 등을 비교형량하여 서로 균형과 조화를 이루도록 형성해야 한다. 여기서 기준이 되는 관점은 단체와 기관이 그 기능을 발휘할 수 있어야 한다는 것이다.

이러한 점에서, 입법자는 모든 중요한 생활영역에서 결사의 자유를 의미 있게 행사하기 위하여 필요한 최소한의 법적 형식을 제공해야 할 의무가 있다. 그러므로 입법자가 특정 생활영역에서 단체

칙'에 부합하나, 부실경영에 아무런 관련이 없는 임원이나 과점주주에 대해서도 연대변제책임을 부과하는 것은 입법목적을 달성하기 위하여 필요한 범위를 넘는 과도한 제한이다."

1) 헌재 2002. 8. 29. 2000헌가5(상호신용금고 임원과 과점주주의 연대책임), 판례집 14-2, 106, 122, "입법자가 회사법 등과 같이 단체의 설립과 운영을 가능하게 하는 법규정을 마련해야 비로소 개개의 국민이 헌법상 보장된 결사의 자유를 법질서에서 실질적으로 행사할 수 있으므로, 결사의 자유는 입법자에 의한 형성을 필요로 한다. 특정 형태의 단체를 설립하기 위하여 일정 요건을 충족시킬 것을 규정하는 법률은, 한편으로는 결사의 자유를 행사하기 위한 전제조건으로서 단체제도를 입법자가 법적으로 형성하는 것이자, 동시에 어떠한 조건 하에서 단체를 결성할 것인가에 관하여 자유롭게 결정하는 결사의 자유를 제한하는 규정이다."

2) BVerfGE 50, 290, 354f.

결성을 위하여 적합한 법적 제도를 제거하는 경우, 이는 결사의 자유에 대한 침해를 의미한다. 뿐만 아니라, 입법자는 단체제도를 법적으로 형성함에 있어서 지나친 규율을 통하여 단체의 자유로운 설립과 운영을 현저하게 곤란하게 해서도 안 된다.[1] 예컨대, 입법자가 주식회사법을 개정하여 개인적 책임의 한계를 정하는 규정을 폐지함으로써 주식회사의 설립과 운영을 사실상 곤란하게 한다면, 이는 결사의 자유의 객관적 보장내용에 대한 위반이자 동시에 결사의 자유에 대한 제한을 의미한다.

나. 허용되는 規律의 密度

입법자가 어느 정도로 단체제도를 법률로써 규율할 수 있는지의 규율의 밀도는 구체적인 '규율 및 보호의 필요성'에 따라 다르다. 허용되는 규율의 밀도는 다른 기본권의 경우와 마찬가지로, 단체의 사회적 연관성에 달려있는데, 단체가 어느 정도로 사회적 세력 또는 공적 연관성을 가지고 있는지의 관점이 중요한 요소로 고려될 수 있다. 이러한 경우 일반적으로 단체의 내부질서에 대한 법적인 규율의 문제, 개별구성원에 대한 단체의 이익과 단체에 대한 개별구성원의 이익을 조화시키는 문제가 제기된다.

영리법인은 입법자에 의하여 보다 상세하게 규율되고 있다. 한편, 단체가 비영리법인으로서 중요한 사회적 의미를 가지지 않는 경우에는 민법 외의 별도의 규범에 의한 규율을 필요로 하지 않는다. 단체제도를 규율의 필요성을 넘어서 지나치게 구체적으로 규율하는 경우에는 단체기능의 장애를 가져옴으로써 결사의 자유에 위반될 수 있다.

2. 제한의 예

가. 허가제의 금지

헌법 제21조 제2항은 "… 결사에 대한 허가는 인정되지 아니한다."고 하여 단체설립에 대한 허가제를 금지하고 있다. 따라서 단체결성을 전면적으로 금지하면서 법률이 정한 일정한 허가요건을 갖춘 경우에 한하여 단체결성을 허용하는 허가제는 사전적·예방적 통제로서 인정되지 않는다. 그러나 등록제나 신고제는 허용된다.

나. 개인적 결사의 자유에 대한 제한

(1) 국가는 무엇보다도 개인의 자유로운 단체설립을 금지함으로써, 개인적 결사의 자유를 제한한다. 조합의 구역 내에서는 같은 업종의 조합을 2개 이상 설립할 수 없다고 하여 복수조합설립을 금지하는 경우,[2] 독자적인 상공회의소가 설립될 수 있는 관할구역을 획정함에 있어서 광역시에 속해있는

---

1) 헌재 2002. 8. 29. 2000헌가5(상호신용금고 임원과 과점주주의 연대책임), 판례집 14-2, 106, 122, "입법자는 결사의 자유에 의하여, 국민이 모든 중요한 생활영역에서 결사의 자유를 실제로 행사할 수 있도록 그에 필요한 단체의 결성과 운영을 가능하게 하는 최소한의 법적 형태를 제공해야 한다는 구속을 받을 뿐만 아니라, 단체제도를 법적으로 형성함에 있어서 지나친 규율을 통하여 단체의 설립과 운영을 현저하게 곤란하게 해서도 안 된다는 점에서 입법자에 의한 형성은 비례의 원칙을 준수해야 한다. 이 사건의 경우, 주식회사의 형태로서 금고의 원활한 설립과 운영이 가능하기 위해서는 기업활동의 위험부담이 적정하게 나누어 분산되고 주주와 임원의 책임이 한정되어야 할 필요가 있는데, 이 사건 법률조항이 규정하고 있는 바와 같이 임원과 특정주주 등 개인이 법인과 연대하여 기업의 위험을 부담케 하는 경우, 사업에 필요한 자금을 제공할 주주의 모집 및 회사의 기관인 이사회의 구성이 어렵고, 소유와 경영의 분리를 전제로 하여 적임자에게 기업의 경영·관리를 맡기는 방식으로 기업을 운영하는 것이 곤란하다. 따라서 이 사건 법률조항은 임원과 과점주주의 연대변제책임이란 조건 하에서만 금고를 설립할 수 있도록 규정함으로써 사법상의 단체를 자유롭게 결성하고 운영하는 자유를 제한하는 규정이다."

2) 헌재 1996. 4. 25. 92헌바47(축협복수조합 설립금지).

군을 제외함으로써 광역시의 군에서 상공회의소의 설립을 금지하는 경우[1] 등이 이에 해당한다. 한편, 약사 또는 한약사 개인에게만 약국개설을 허용하고 법인에게는 약국개설을 허용하지 않는 것이 결사의 자유를 제한하는 것인지에 대해서는 의문의 여지가 있다.[2]

(2) 또한, 국가가 단체의 가입이나 단체에의 잔류를 방해하거나 또는 단체의 가입을 강제하는 경우, 개인적 결사의 자유에 대한 제한이 인정된다. 가령, 농협과 축협을 당사자의 의사에 반하여 해산시키고 신설기관으로 합병하는 경우가 이에 해당한다.[3]

다. 단체의 결사의 자유에 대한 제한

(1) 단체의 정관에 대하여 국가의 허가를 받도록 하거나 회원모집을 위한 선전활동을 규제하는 경우 단체의 결사의 자유에 대한 제한이 존재한다. 사법인의 조합장이나 임원 등의 선거에서 특정한 방법의 선거운동을 금지하는 것은 결사의 자유에 대한 제한에 해당한다.[4]

(2) 단체의 금지는 단체의 존재를 제거하는 심각한 효과로 인하여 가장 강력한 제한의 형태에 해당하므로, 단지 최종적 수단으로서 고려되어야 한다. 그러나 단체가 국가의 존립을 위태롭게 하거나 자유민주적 기본질서에 위반하거나 형법에 위배되는 경우, 결사의 위험으로부터 국가를 보호하기 위하여 단체는 사후적으로 금지될 수 있다.

특히, 자유민주적 기본질서에 적대적인 결사는 금지될 수 있다. 敵對性을 인정하기 위해서는 현행 헌법질서에 대한 단순한 비판이나 부인(否認)만으로는 충분하지 않고, 헌법적 질서를 침해하거나 제거하고자 하는 공격적·투쟁적 태도가 필요하다. 또한, 단체의 목적과 활동이 형법에 위반되는 결사는 금지될 수 있는데, 여기서 형법이란 결사의 자유를 제한하기 위하여 제정된 특별형법이 아니라 일반적으로 다른 법익을 보호하기 위한 형법규정만을 의미한다. 이와 같이 형법의 개념을 제한하지 아니하는 경우에는 결사의 자유에 의한 헌법적 보호의 여부가 입법자의 처분에 맡겨지게 된다.

---

1) 헌재 2006. 5. 25. 2004헌가1(상공회의소 설립 제한).
2) 헌재 2002. 9. 19. 2000헌바84(법인의 약국개설금지), 판례집 14-2, 268, 288, "이 사건 법률조항은 합리적 이유 없이 모든 법인에 의한 약국의 개설을 금지함으로써 법인을 설립하여 약국을 경영하려는 약사 개인들과 이러한 법인의 단체결성 및 단체활동의 자유를 제한하고 있으므로, 결국 이들의 결사의 자유를 침해하고 있다."; 그러나 이 사건 법률조항은 자유로운 단체의 결성을 금지하거나 방해하는 법규정이 아니라는 점에서 결사의 자유에 대한 불리한 효과는 단지 간접적이고 부수적인 효과이다. 이 사건 법률조항은 약사가 법인을 구성하는 방법으로 직업을 수행하는 자유를 제한하는 규정이다.
3) 헌재 2000. 6. 1. 99헌마553(농협·축협 합병).
4) 사법인의 조합장이나 임원 등의 선거에서 특정한 방법의 선거운동을 금지하는 법률조항은 공직선거에 한정되는 '선거운동의 자유'가 아니라, 단체의 내부적 활동을 스스로 결정하고자 하는 결사의 자유 및 선거공약 등을 자유롭게 표현할 표현의 자유를 제한한다고 판시하고 있다(헌재 2017. 6. 29. 2016헌가1; 헌재 2018. 2. 22. 2016헌바364).

제 9 절 學問과 藝術의 自由

제 1 항 學問의 自由

I. 헌법적 의미

1. 학문의 자유의 起源

헌법 제22조 제1항은 "모든 국민은 학문과 예술의 자유를 가진다."고 규정하고 있다. 헌법이 학문과 예술을 하나의 조항에서 함께 언급하고 있는 것은 독일 바이마르헌법이나 기본법의 규정형식을 반영한 것이다.[1] 헌법은 학문의 자유 외에도 제31조 제4항에서 '대학의 자율성'을 언급하고 있다.

학문의 자유는 미국이나 프랑스의 헌법에서 그 前身을 찾아볼 수 없는 기본권에 속한다. 학문의 자유의 정신적 뿌리는 독일 인문주의와 계몽주의로 거슬러 올라간다. 인문주의와 계몽주의가 진리를 탐구하고자 하는 인간의 합리적 사고를 종교적 교리의 구속으로부터 해방시켰다. 학문의 자유는 19세기 초 독일에서 싹트기 시작하여, 1849년의 프랑크푸르트 제국헌법에 최초로 헌법적 지위로서 보장되었다.

2. 학문의 자유의 이중적인 헌법적 의미

가. 개인과 국가에 대한 헌법적 의미

자유로운 학문은 '개인의 인격발현'과 '국가 전반의 발전'에 대하여 중요한 의미를 가진다. 학문의 자유는 개인적으로는 목적에 구애받음이 없이 진리에 대한 자유로운 탐구로서 학자 개인의 자유로운 인격발현을 보장하는 정신적 자유의 중요한 요소이다. 다른 한편으로, 학문의 자유는 현대산업사회에서 국가공동체에 대하여 매우 중요한 의미를 가진다. 학문의 자유는 국가적으로는 새로운 인식의 제시와 발전을 통하여 문화를 창조하고 문화국가의 기초를 형성하는 기능을 하며, 모든 국민의 복지에 기여한다. 유용한 학문 활동은 현대산업사회에서 경제적·사회적 발전의 필수적 요소에 해당한다. 이로써, 국가와 사회 전체의 발전에 있어서 학문이 가지는 공익적 의미는 점차 증가하고 있다. 따라서 학문의 자유는 개인의 자기실현의 수단으로서의 성격을 넘어서, 국가가 현대산업사회의 조건 하에서 자신의 발전 때문에 지원하고 육성해야 하는 일차적인 공적 관심사가 되었다. 이러한 관점에서, 국가는 문화를 적극적으로 지원하고 육성하는 문화국가적 과제 및 국민의 복지와 경제성장을 요청하는 사회국가적 과제에 근거하여 자유로운 학문을 육성해야 한다. 학문의 자유는 자유로운 학문의 지원을 요청하는 문화국가적·사회국가적 국가목표를 포함하고 있는 것이다.

학문의 자유의 이와 같은 공익적 측면을 인식하고 인정하는 것은, 목적의 구속을 받지 아니하고 진리탐구를 통하여 인격을 자유롭게 발현한다는 '고전적 학문개념'에서 공리주의적 관점에서 목적상 구속을 받는 '도구화된 학문개념'으로의 전환을 의미하는 것은 아니다. 그러나 국가가 학문을 지원하

---

[1] 독일 바이마르헌법은 제142조에서, 기본법은 제5조 제3항에서 예술과 학문의 자유를 함께 규정하고 있다.

는 경우, 학문의 자유의 공익적 측면은 국가적 지원의 방향을 결정하는 기준으로서 고려될 수 있다.

나. 주관적 공권이자 객관적 가치결정

학문의 자유의 이와 같은 이중적인 憲法的 意味에 상응하는 것이 바로 학문의 자유의 이중적인 法的 性格이다. 헌법은 학문의 자유를 보장함으로써 학자 개인에게 국가공권력에 대한 주관적인 보호를 제공하는 것에 그치는 것이 아니라, 국가가 적극적으로 자유로운 연구와 교수를 보호하고 보장해야 한다는 객관적인 가치결정을 내리고 있다. 학문의 자유는 그 법적 성격에 있어서 주관적 방어권이자 객관적 가치결정이다. 국가는 가능하면 자유로운 학문적 과정에 간섭하지 말아야 하며(소극적인 측면), 나아가 국가는 학문의 발전을 위하여 학문적 활동이 이루어질 수 있는 외부적 조건을 특히 재정적 지원 등을 통하여 형성해야 한다(적극적인 측면). 오늘날 국가공동체의 관점에서 중요한 연구가 사실상 국가의 지원에 의해서만 가능하기 때문에, 학문의 자유를 학문에 대한 국가의 조직상·재정적 지원에 있어서 객관적인 지침으로 이해해야만, 비로소 학문의 자유는 보장될 수 있다.

3. 국가의 보호의무와 對私人的 效力

가. 사회세력에 대한 학문의 보호, 특히 과거 서양에서 교회의 영향력행사로부터 진리탐구와 학문적 활동을 보호하는 국가의 과제는 학문의 자유라는 독자적 보장을 헌법에 수용하게끔 하는 역사적으로 중요한 계기가 되었다. 서양사에서 학문의 자유란 국가의 간섭에 대한 것이라기보다는, 인간의 이성을 신학적 교리와 독단으로부터 해방시키기 위한 것이었다. 학문이 외부의 방해를 받지 않고 진리탐구를 할 수 있도록, 학문은 국가와 사회의 타율적인 결정으로부터 자유로운 자율적 책임의 영역으로 선언되었다.

오늘날의 변화한 상황에서도 학문의 자유의 대사인적 효력 및 국가의 보호과제는 중요한 의미를 가진다. 특히, 교수·학생·직원이 대학행정에 참여하는 소위 '다양한 집단으로 구성된 대학'의 모델에서, 학문의 자유는 학교행정에 참여하는 학생 및 직원의 집단에 대하여 교수의 학문적 활동을 보호하는 새로운 기능을 가진다. 뿐만 아니라, 우리의 경우와 같이 대학교육이 주로 사립대학에 의하여 제공되는 경우에는 학문의 자유가 사학의 설립자나 재단에 의하여 침해될 위험이 있다는 점에서도, 사회세력에 대한 학문의 자유의 의미는 중요하다. 따라서 입법자는 사인과 사회세력으로부터도 학문의 자유와 대학의 자치를 보호하는 입법을 해야 한다. 특히 사립학교에서 교수재임용과 관련하여, 입법자는 대학자치의 요건으로서 사립학교교원의 최소한의 신분보장을 확보할 수 있도록 재임용절차를 절차적으로 형성해야 할 의무를 진다.

나. 학문의 자유는 일차적으로 학문의 연구와 교수에 대한 국가의 간섭이나 영향, 방해를 배제하는 방어권으로서 대국가적 효력을 가진다. 뿐만 아니라, 학문의 자유는 전체 법질서에 미치는 객관적 원칙으로서 사인간의 관계에서도 간접적인 효력을 가진다.

II. 개념 및 보호범위

1. 學問의 兩大 支柱로서 硏究와 敎授

가. 학문의 개념

학문이란 '그 내용과 형식에 있어서 진리의 탐구를 위한 진지하고도 계획적인 모든 시도', 보다 간결하게 '단지 객관적인 것을 기준으로 삼는 인식의 노력'을 말한다.[1] 이와 같은 광의의 학문 개념은 학문적 인식의 원칙적인 미완결성(未完結性)과 미완전성(未完全性)으로부터 나오는 필연적인 것이다. 따라서 학문의 자유는 특정한 학문적 견해나 이론을 보호하지 않는다. 학문의 본질은 진리의 인식에 있으며, 직관적·경험적·주관적으로 진리를 인식하고자 하는 다른 모든 시도와 학문을 구분하는 것은 바로 '학문적 방법론에 기초한 진리의 탐구'이다. 학문적 진리탐구의 과정은 기존의 인식과 방법론에 정신적으로 대치하고 이를 비판하는 방법으로 새로운 인식과 문제를 제기함으로써 객관적으로 논증되고 논의될 수 있어야 한다. 따라서 기존의 인식을 전혀 고려하지 아니하고 이에 대한 논쟁과 비판을 배제한 채 일방적으로 자신의 견해를 서술하는 행위는 학문적 방법론에 기초한 진리탐구의 시도로 간주할 수 없으므로, 학문의 자유가 아니라 표현의 자유에 의하여 보호된다.[2]

나. 하위개념으로서 연구와 교수

학문의 개념은 '연구와 교수'라는 하위개념을 통하여 서술되고 구체화된다.[3] 학문적 활동은 본질적으로 연구와 교수를 통하여 이루어지므로, 학문의 자유는 연구와 교수의 자유를 그 내용으로 한다. 즉, 학문의 자유란 학문적 연구와 학문적 교수의 자유이다.

연구와 교수는 서로 밀접한 관계에 있다. 연구는 새로운 인식을 얻고자 하는 정신적 활동으로서 끊임없이 새로운 문제의 제기를 통하여 학문의 발전을 가져온다. 연구는 연구결과를 발표하고 학문적으로 전달하는 교수가 가능하기 위하여 선행되어야 하는 필수적 작업이다, 다른 한편으로, 연구는 연구결과의 발표와 강의(교수)를 전제로 한다. 연구결과의 발표와 교수를 통하여 학술적 대화와 토론이 이루어짐으로써 연구는 비로소 그 결실을 맺게 되고, 동시에 새로운 연구 작업을 위한 자극과 계기를 제공한다. 연구의 본질에 속하는 것이자 궁극적 목적은 연구결과의 발표와 교수를 통하여 외부세계와 접촉하고 교류함으로써 외부세계에 정신적으로 영향력을 행사하고자 하는 것이다.

학자에 따라서는 학문의 자유의 보장내용을 연구의 자유, 연구결과발표의 자유, 교수의 자유로 구분하기도 하나, 교수의 자유란 대학 내에서의 교수에 국한되는 것이 아니라 연구결과의 발표와 교수를 의미한다는 점에서, 연구결과발표의 자유는 독자적인 보장내용이 아니라 교수의 자유에 포함되는 것이다.

---

1) Vgl. BVerfGE 35, 79, 113.
2) Vgl. BVerfGE 90, 1, 14.
3) 헌재 2001. 2. 22. 99헌마613(세무대학 폐지), 판례집 13-1, 367, 380, "헌법 제22조에 의해서 보호되는 학문의 자유는 진리를 탐구하는 자유를 의미하는바, 단순한 진리탐구에 그치지 않고 탐구한 결과에 대한 발표의 자유 내지 가르치는 자유 등을 포함한다."

2. 研究의 자유

연구의 자유란 진리탐구의 자유로서 연구의 과제, 방법, 기간, 장소 등을 자유롭게 결정할 수 있는 자유, 즉 연구와 관련된 모든 과정에서 국가로부터 간섭이나 영향, 방해를 받지 않을 자유를 말한다.

학문의 자유의 핵심은 연구의 자유로서, 연구 없는 학문은 생각할 수 없다. 연구는 '비판적 방법을 통한 새로운 인식의 추구' 또는 '객관적으로 새로운 학문적 인식의 독자적인 규명'을 의미한다. 연구가 학문의 자유에 의하여 보호되는지는 방법론의 타당성이나 연구결과가 진리에 부합하는지의 여부에 달려있지 않다. 소수견해 또는 오류나 결함이 있는 것으로 밝혀진 학문적인 시도도 연구의 자유에 의하여 보호된다. 연구의 결과는 교수를 통하여 반드시 표현될 필요는 없다. 그러므로 발표되지 않은 연구결과나 교수활동이 없는 순수한 연구기관도 학문의 자유에 의하여 보호된다.

3. 敎授의 자유

교수의 자유는 학문적인 인식을 국가의 방해나 영향을 받지 않고 전달할 수 있는 자유로서, 구체적으로 교수의 대상, 형식, 방법, 내용, 시간, 장소에 관한 자유로운 결정권을 말한다. 교수는 대학에서 강의를 통한 전달뿐만 아니라, 대학 내 및 대학 외에서 학문적 인식을 교육적으로 전달하거나 또는 자기책임 하에서 발표하는 모든 형태를 포함한다.[1] 따라서 교수의 자유는 저서의 출판, 논문의 발표, 학술강연, 학술대회에서의 토론 등을 통하여 연구결과를 발표하는 자유를 포함하는 것이다.

敎授의 자유는 연구의 자유와 불가분의 관계에 있으므로, 자신의 연구를 근거로 하여 이루어지는 학문적인 교수만이 교수의 자유에 의하여 보호된다. 즉, 교수는 연구를 통하여 얻은 결과를 전달하는 행위를 말한다. 따라서 연구하는 사람만이 교수의 자유를 주장할 수 있다. 교수의 자유는 연구의 자유의 결과인 것이다. 학문의 자유가 탄생한 19세기 독일의 이상주의적 사고에 의하면, 대학에서는 보편적인 기성(旣成)의 지식이 전달되는 것이 아니라 대학교수가 독자적이고 자유로운 연구를 수행하여 그 결과를 강의에 삽입하고, 이러한 방법으로 대학생들을 학문적 사고와 정신적 독자성의 과정으로 인도해야 한다. 물론, 현대 학문의 양적 팽창, 전문성, 분업화로 인하여 이러한 것이 오늘날 단지 부분적으로만 가능하다 하더라도, 교수의 자유는 예나 지금이나 연구의 자유와의 이러한 연관성에 기초해서만 자신의 헌법적 보호를 요청할 수 있는 정당성을 가지는 것이다. 초중등교육단계에서의 수업이 교수에 속하지 않는 이유가 바로 여기에 있다. 따라서 초중등학교의 교사는 학문의 자유를 주장하여 수업과 관련된 국가의 지침과 지시를 무시할 수 없다.

Ⅲ. 학문의 자유의 주체

교수와 연구의 자유는 대학에서 학문 활동이나 대학교수의 학문 활동에 제한되지 않는다.

학문의 자유는 학문적으로 활동하거나 활동하고자 하는 모든 사람에게 보장된다.[2] 따라서 진리를 탐구하고자 하는 모든 사람이 학문의 자유의 주체가 될 수 있다. 자연인뿐 아니라 법인도 공법인

---

1) BVerfGE 35, 79, 113.
2) BVerfGE 35, 79, 112.

이든 사법인이든 관계없이, 학문의 자유의 주체가 된다. 따라서 학문의 자유의 주체는 대학, 연구인력을 가진 연구기관, 모든 연구자, 대학생 등이다.

그러나 대학에서 대학생의 수학(受學)은 학문의 자유에 의하여 보호되지 않는다. 물론, 대학생이 연구에 참여하는 가능성을 배제할 수 없으므로, 이러한 점에서 학문의 자유의 주체가 될 수 있지만, 대학에서의 수학은 학문의 개념을 충족시키지 못한다.

Ⅳ. 학문의 자유의 법적 성격

학문의 자유는 이중적 성격을 가진다. 학문의 자유는 학문영역에서 활동하는 모든 사람에게는 개인적인 자유권이자 국가와 학문의 관계를 규율하는 가치결정적인 근본규범이다.

1. 주관적 방어권

학문의 자유는 일차적으로 個人의 대국가적 방어권으로서 연구와 교수에 있어서 개인의 학문적 활동(학자의 자유)을 국가의 간섭이나 영향력행사로부터 보호하며, 나아가 학문적 활동이 대학에서 이루어지는 경우 이에 불가결한 大學의 자치를 보호한다. 개인의 주관적 방어권으로서의 학문의 자유는 개별 학자의 학문적 자유공간을 보장함으로써, 동시에 전통적으로 학문 활동이 주로 이루어지는 장소인 '대학'이라는 자율적 영역(대학의 자치)을 법적으로 보장한다.

가. 개인의 자유

(1) 학문의 자유는 개인의 주관적 방어권으로서, 국가의 타율적 결정으로부터 개인의 자유로운 학문적 영역을 보호한다. 학문의 자유는 자유로운 연구와 교수를 할 수 있는 기본권으로서 개별 학자가 학문적 인식을 획득하고 전달하는 과정에 대하여 국가가 영향력을 행사하는 것으로부터 보호한다.[1]

(2) 한편, 연구의 목적을 위하여 국가의 지원을 요구하는 개인의 권리는 학문의 자유로부터 도출할 수 없다. 또한, 연구목적을 위하여 관공서의 기록을 열람할 권리, 즉 행정관청이 보유하는 정보의 공개를 청구할 권리도 학문의 자유에 근거하여 직접 도출되는 헌법적 권리로서 인정되지 않는다. 그러나 행정관청은 연구목적으로 기록의 열람을 허용할 것인지를 결정함에 있어서 학문의 자유라는 기본권이 헌법 내에서 가지는 의미를 고려해야 한다.

마찬가지로, 대학이나 연구기관의 인적·물적 시설과 재정적 지원은 학문의 자유의 보호대상이 아니다. 학문의 자유로부터 '특정한 시설을 요구할 수 있는 대학교수의 권리'나 '대학교수의 개인적 필요를 기준으로 하여 기본시설을 요구할 수 있는 권리'가 도출되지 않는다. 다만, 국가가 일단 재정적 지원을 한다면, 학문의 자유와 평등원칙의 연관관계로부터 국가에 의하여 제공된 재원을 분배함에 있어서 적절한 고려를 요구할 수 있는 대학교수의 권리가 인정된다.

---

1) 헌법재판소는 국립대학 교원에 대하여 성과급적 연봉제를 규정한 공무원보수규정이 학문의 자유를 제한하나 과잉금지원칙에 위반되지 않는다고 판시하였다(헌재 2013. 11. 28. 2011헌마282).

나. 大學의 自治

사례 1 헌재 1992. 10. 1. 92헌마68 등(서울대학교 입시요강 사건)

교육부는 1994학년도부터 적용될 새로운 대학입학시험제도를 확정하고 대학입학시험제도개선안을 작성하여 1991년 4월 각 대학에 통보하였다. 이에 따라 서울대학교는 1992년 4월 2년간의 유예기간을 두어 '1994학년도 대학입학고사 주요요강'을 발표하면서 인문계열의 선택과목 가운데 일본어를 제외하였다. 甲은 고등학교 2학년에 재학 중인 학생으로서 1994년도 대학입학고사에 응시할 예정이었는데 서울대학교가 일본어를 제외한 것은 대학입학시험을 준비하고 있던 수험생의 기본권을 침해하는 것이라고 주장하면서 헌법소원심판을 청구하였다.[1]

사례 2 헌재 2001. 2. 22. 99헌마613(세무대학 폐지 사건)

국회는 1998년 8월 '세무대학설치법 폐지법률안'을 의결하고 대통령은 같은 달 위 폐지법률을 공포하였다. 甲은 세무대학의 교수로서, 위 폐지법률이 세무대학의 자율권과 세무대학 교수들의 교수의 자유를 침해한다고 주장하면서 헌법소원심판을 청구하였다.[2]

사례 3 헌재 2006. 4. 27. 2005헌마1047 등(국립대학의 장 후보자추천 사건)

甲은 국립대학교의 교수로서 교수평의회의 의장으로 재직중이고, 乙은 해당 대학의 교수를 구성원으로 하여 설치된 교수평의회이다. 甲과 乙이 소속된 대학에서는 대학의 장 추천을 위한 선거가 실시될 예정인데, 甲과 乙은 대학의 장 후보자의 선정과 관련하여 해당 대학 교원의 합의된 방식에 따른 선출방식

---

1) 헌재 1992. 10. 1. 92헌마68 등(서울대학교 입시요강), 판례집 4, 659, 669-671, "헌법 제31조 제4항은 … 교육의 자주성·대학의 자율성을 보장하고 있는데 이는 대학에 대한 공권력 등 외부세력의 간섭을 배제하고 대학구성원 자신이 대학을 자주적으로 운영할 수 있도록 함으로써 대학인으로 하여금 연구와 교육을 자유롭게 하여 진리탐구와 지도적 인격의 도야라는 대학의 기능을 충분히 발휘할 수 있도록 하기 위한 것이며, 교육의 자주성이나 대학의 자율성은 헌법 제22조 제12항이 보장하고 있는 학문의 자유의 확실한 보장수단으로 꼭 필요한 것으로서 이는 대학에게 부여된 헌법상의 기본권이다. … 여기서 대학의 자율은 대학시설의 관리·운영만이 아니라 학사관리 등 전반적인 것이라야 하므로 연구와 교육의 내용, 그 방법과 그 대상, 교과과정의 편성, 학생의 선발, 학생의 전형도 자율의 범위에 속해야 하고 따라서 입학시험제도도 자주적으로 마련될 수 있어야 한다. … 그러므로 대학별 고사를 실시키로 한 서울대학교가 대학별 고사과목을 어떻게 정할 것인가 … 는 고등학교 교과과목의 범위 내에서 서울대학교의 자율에 맡겨진 것이므로 서울대학교가 인문계열의 대학별 고사과목을 정함에 있어, … 일본어를 선택과목에서 제외시킨 것은 … 적법한 자율권행사라 할 것이다."

2) 헌재 2001. 2. 22. 99헌마613(세무대학 폐지), 판례집 13-1, 367, 379-380, "헌법 제31조 제4항이 보장하는 대학의 자율성이란 대학의 운영에 관한 모든 사항을 외부의 간섭 없이 자율적으로 결정할 수 있는 자유를 말한다. 국립대학인 세무대학은 공법인으로서 사립대학과 마찬가지로 대학의 자율권이라는 기본권의 보호를 받으므로, 세무대학은 국가의 간섭 없이 인사·학사·시설·재정 등 대학과 관련된 사항들을 자주적으로 결정하고 운영할 자유를 갖는다. 그러나 대학의 자율성은 그 보호영역이 원칙적으로 당해 대학 자체의 계속적 존립에까지 미치는 것은 아니다. 즉, 이러한 자율성은 법률의 목적에 의해서 세무대학이 수행해야 할 과제의 범위 내에서만 인정되는 것으로서, 세무대학의 설립과 폐교가 국가의 합리적인 고도의 정책적 결단 그 자체에 의존하고 있는 이상 세무대학의 계속적 존립과 과제수행을 자율성의 한 내용으로 요구할 수는 없다고 할 것이다. 따라서 이 사건 폐지법에 의해서 세무대학을 폐교한다고 해서 세무대학의 자율성이 침해되는 것은 아니다. … 국가가 세무대학과 같은 국립대학을 설치·조직·폐지하는 등의 조직권한은 원칙적으로 당해 대학에 재직 중인 자들의 기본권에 의해서 제한되지 아니한다. … 이 사건 폐지법에 의한 세무대학의 폐교로 인하여 곧바로 청구인 자신의 진리탐구와 연구발표 및 교수의 자유가 침해되는 것은 아니다."

외에 '대학의장임용추천위원회'에서 간접선출방식으로 선정할 수 있도록 규정하고 있는 교육공무원법조항 및 대학의 장 후보자추천을 위한 선거사무를 관할선거관리위원회에 위탁하도록 규정하고 있는 교육공무원법조항이 대학의 자율 및 학문의 자유를 침해한다고 주장하면서 헌법소원심판을 청구하였다.

(1) 大學自治의 의미와 내용

대학의 자유란 대학의 자율성의 보장, 국가에 대한 대학의 학문적 자치의 보호, 즉 대학의 自治를 의미한다. 전통적으로, 학문의 자유는 주로 대학에서의 연구·교수와 연관된 것이었고, 이에 따라 일차적으로 대학의 자유를 의미하였다. 헌법은 제31조 제4항에서 '대학의 자율성'을 언급함으로써 학문의 자유에 '대학의 자유'가 포함됨을 다시 한 번 확인하고 강조하고 있다.

대학의 자유란 학문적 자치를 실현하기 위하여 대학의 운영에 관한 모든 사항을 외부의 간섭 없이 자율적으로 결정할 수 있는 자유를 말한다. 즉, 대학이 인사(교수의 임용과 보직), 학사(연구와 교수의 내용과 방법, 교과과정의 편성, 학생의 선발과 전형, 하점의 인정, 학위의 수여), 시실, 재정(시설의 관리·운영 및 재정의 배정) 등 대학과 관련된 모든 사항을 자주적으로 결정하고 운영할 자유를 말한다.[1] 그러나 대학의 자유는 '역사적으로 형성된 특정한 형태'의 제도적 보장을 의미하지는 않는다. 국가는 대학의 구조와 조직을 형성함에 있어서 광범위한 형성권을 가지고 있다.

(2) 대학자치의 본질

대학의 자유의 본질은 바로 대학의 자치, 즉 대학의 자치입법과 자치행정이다. 대학에게는 학문의 연구와 교수라는 부여된 과제와 기능의 범위 내에서 자치가 부여된다.[2] 대학의 자치는 연구와 교수라는 대학의 기능을 수행하는 데 필요한 사항을 자주적으로 결정하는 것이기 때문에, 연구와 교수의 영역에서 대학의 자유로운 활동을 위하여 불가결한 것 이상의 것은 학문의 자유에 의하여 보호되지 않는다. 예컨대, 박사학위와 교수자격을 수여할 권리, 대학교수초빙에 관하여 결정할 권리가 대학의 자유에 의하여 보호되는 자치행정권에 속한다. 헌법재판소는 '국립대학의 장 후보자 선정에 교수나 교수회가 참여할 권리'를 대학자치의 보호범위에 포함시키고 있다.[3] 한편, 대학의 자치는 객관적으로 합리적인 이유에서 대학을 폐지하는 것에 대하여 개별 대학의 존속을 보호하는 것은 아니다.[4]

---

1) [교육부장관이 학교법인 이화학당에게 법학전문대학원 설치인가를 하면서 여성만을 입학자격요건으로 하는 입학전형계획을 인정한 것이 남성인 청구인의 직업선택의 자유를 침해하는지 여부(소극)] 헌재 2013. 5. 30. 2009헌마514, 판례집 25-1, 337, 338, "학생의 선발, 입학의 전형도 사립대학의 자율성의 범위에 속한다는 점, 여성 고등교육기관이라는 이화여자대학교의 정체성에 비추어 여자대학교라는 정책의 유지 여부는 대학 자율성의 본질적인 부분에 속한다는 점, 이 사건 인가처분으로 인하여 남성인 청구인이 받는 불이익이 크지 않다는 점 등을 고려하면, 이 사건 인가처분은 청구인의 직업선택의 자유와 대학의 자율성이라는 두 기본권을 합리적으로 조화시킨 것이며 양 기본권의 제한에 있어 적정한 비례관계를 유지한 것이라고 할 것이다. 따라서 이 사건 인가처분이 청구인의 직업선택의 자유를 침해한다고 할 수 없다."

2) 헌재 2001. 2. 22. 99헌마613(세무대학 폐지), 판례집 13-1, 367, 380, "이러한 자율성은 법률의 목적에 의해서 세무대학이 수행해야 할 과제의 범위 내에서만 인정되는 것으로서, …."

3) 헌재 2006. 4. 27. 2005헌마1047 등(국립대학의 장 후보자추천), 판례집 18-1상, 601, 602, "전통적으로 대학자치는 학문활동을 수행하는 교수들로 구성된 교수회가 누려오는 것이었고, 현행법상 국립대학의 장 임명권은 대통령에게 있으나, 1990년대 이후 국립대학에서 총장 후보자에 대한 직접선거방식이 도입된 이래 거의 대부분 대학 구성원들이 추천하는 후보자 중에서 대학의 장을 임명하여 옴으로써 대통령이 대학총장을 임명함에 있어 대학교원들의 의사를 존중하여 온 점을 고려하면, 청구인들에게 대학총장 후보자 선출에 참여할 권리가 있고 이 권리는 대학의 자치의 본질적인 내용에 포함된다고 할 것이므로 결국 헌법상의 기본권으로 인정할 수 있다."

4) 헌재 2001. 2. 22. 99헌마613(세무대학 폐지), 판례집 13-1, 367, 379, "대학의 자율성은 그 보호영역이 원칙적으로

(3) 대학자치의 주체

누가 대학의 자치를 주장할 수 있는지의 문제가 제기된다. 대학의 자치가 학문의 자유의 보장내용의 일부분이라는 점에서, 국가를 비롯한 외부세력에 대하여 대학자치의 침해를 주장할 수 있는 주체는 대학의 구성원이며, 이는 무엇보다도 학문의 자유의 주체인 대학교수이다.[1] 대학의 자치가 학문의 자유에서 파생하는 자유라는 점에서, 대학자치의 일차적 주체는 대학교수이나, 이러한 관점이 대학자치행정에서 학생이나 교직원 등 다른 집단을 배제할 것을 요청하는 것은 아니다. 따라서 헌법상 학문의 자유에 의하여 보장되는 대학의 자치는 대학교수만이 주체가 되는 대학자치의 법적 형태를 반드시 요청하지 않는다. 이러한 점에서 대학의 전(全)구성원이 대학자치의 주체가 될 수 있으나, 다만 학문의 자유와 연관성이 있는 사안에 있어서는 대학교수의 집단에게 결정적인 영향력이 확보되어야 한다. 학계에서는 대학자치의 주체가 교수의 조직이라는 '교수 주체설'과 학생과 교직원을 포함한 대학의 모든 구성원이라는 '전구성원 주체설'이 대립하고 있으나, 두 가지 주장 모두 위와 같은 관점에서 보완을 필요로 한다.

대학의 자치란 대학과 외부세력(국가나 사학재단 등) 사이의 외부적 관계에 관한 것이므로, 단지 국가를 비롯한 외부세력의 규율이나 지시에 의하여 침해될 수 있을 뿐이다. 따라서 대학의 장 등에 의하여 대학 내부적으로 침해될 수 있는 기본권은 '대학의 자치'가 아니라 대학교수의 '학문의 자유'이다.[2]

(4) 대학에 의한 연구평가와 강의평가의 허용여부

대학교수의 '개인적인 학문의 자유'와 대립하는 '대학의 학문의 자유'는 인정되지 않는다. 대학의 일차적 기능은 대학교수의 개인적 학문의 자유를 특히 국가의 침해로부터 보호하고 대학교수로 하여금 학문의 자유를 최대한으로 행사할 수 있도록 보장하는 것이다. 대학의 자치는 학문 활동의 실질적 주체인 대학교수의 학문의 자유에 기여하는 자유인 것이다. 따라서 개별 대학교수의 학문의 자유에 대립하는 동등한 권리로서 대학이나 학과의 독자적인 권리를 학문의 자유로부터 도출할 수 없으며, 이러한 권리를 근거로 교수의 연구를 그 결과와 작업방식의 관점에서 전문적으로 평가·비판하거나 그에 관하여 공식적인 입장을 표명하거나 심지어 학자로부터 특정한 조치를 요구하는 대학이나 대학기관의 권한은 인정될 수 없다.

연구와 교수의 밀접한 관계로 말미암아, 위에서 확인한 내용은 연구성과의 전달 작업인 교수에 대해서도 마찬가지로 적용된다. 강의의 개선을 위한 강의평가는 학문의 자유가 허용하는 한계 내에서 이루어져야 한다. 학생들에 의한 강의평가의 결과를 교수에게 전달하는 것은 강의개선을 위한 조치로서 허용된다. 그러나 학과의 위원회 또는 다른 대학기관이 대학생들의 평가를 고려하여 강의의

당해 대학 자체의 계속적 존립에까지 미치는 것은 아니다."
1) 헌재 2006. 4. 27. 2005헌마1047 등(국립대학의 장 후보자추천), 판례집 18-1상, 601, [국립대학 교수나 교수회가 대학의 자율과 관련하여 기본권 주체성이 있는지 여부에 관하여] "헌법재판소는 대학의 자율성은 헌법 제22조 제1항이 보장하고 있는 학문의 자유의 확실한 보장수단으로 꼭 필요한 것으로서 대학에게 부여된 헌법상의 기본권으로 보고 있다. 그러나 대학의 자치의 주체를 기본적으로 대학으로 본다고 하더라도 교수나 교수회의 주체성이 부정된다고 볼 수는 없고, 가령 학문의 자유를 침해하는 대학의 장에 대한 관계에서는 교수나 교수회가 주체가 될 수 있고, 또한 국가에 의한 침해에 있어서는 대학 자체 외에도 대학 전구성원이 자율성을 갖는 경우도 있을 것이므로 문제되는 경우에 따라서 대학, 교수, 교수회 모두가 단독, 혹은 중첩적으로 주체가 될 수 있다고 보아야 할 것이다."
2) 헌법재판소는 헌재 2006. 4. 27. 2005헌마1047 등(국립대학의 장 후보자추천)에서 "가령 학문의 자유를 침해하는 대학의 장에 대한 관계에서는 교수나 교수회가 주체가 될 수 있"다고 하여 대학의 자치가 대학의 장과 교수와의 관계에서도 침해될 수 있는 것으로 보는 오류를 범하고 있다(판례집 18-1상, 601, 602).

질을 독자적으로 평가하는 것은 허용되지 않는다.

2. 객관적 성격

가. 학문에 대한 국가의 지원·육성의무

헌법의 객관적 가치결정으로서 학문의 자유는 헌법적 가치결정을 적극적인 행위를 통하여 실현해야 할 국가의 의무, 즉 학문을 적극적으로 보호하고 육성해야 할 국가의 의무를 부과한다.[1] 객관적 가치질서로서 학문의 자유는 크게 다음과 같은 두 가지 내용의 의무를 국가에게 부과하고 있다.

(1) 하나는 인적·재정적·조직상의 지원을 통하여 학문의 육성과 그의 전파를 가능하게 하고 지원해야 하는 국가의 의무, 즉 자유로운 학문 활동을 위하여 필요한 제도를 제공해야 할 의무이다. 국가는 자유로운 학문 활동이 가능하기 위한 실질적 조건을 형성해야 한다. 학문의 자유는 다양한 물질적 지원을 필요로 한다. 오늘날 대부분의 학문영역에서, 특히 자연과학의 영역에서(가령, 우주공학) 독립적인 연구와 학문적 교수는 학문에 적합한 조직과 그에 상응하는 재정적 지원 없이는 사실상 이루어질 수 없기 때문에, 국가의 지원의무에 특별한 의미가 부여된다. 국가는 독립적인 연구의 재정적 지원에 있어서 사실상 독점적 지위에 있으므로, 학문의 자유의 행사는 국가급부에의 참여를 전제로 한다. 국가급부에의 참여는 오늘날 학문의 자유를 실제로 행사하기 위한 필수적 조건이다. 이러한 사고로부터 적합한 지원 조치를 통하여 학문 활동의 원활한 기능을 확보해야 할 국가의 의무가 나온다. 따라서 연구의 자유는 원활한 연구 활동을 위하여 필요한 수단을 지원해야 할 국가의 의무를 부과한다.

학문의 자유의 이러한 객관적 성격은 개인에게 '국가급부에 참여할 수 있는 권리'를 부여하는 방향으로 학문의 자유의 효력을 강화한다.[2] 그러나 자유로운 연구를 재정적으로 지원해야 할 국가의 의무로부터 이에 대응하여 '연구를 위하여 필요한 수단을 요구할 수 있는 개별연구자의 주관적 권리'가 파생되는 것은 아니다. 입법자는 다양한 공익 중에서 어떠한 공익을 우선적으로 실현해야 할 것인지를 결정함에 있어서 광범위한 형성권을 가지고 있으며, 예산의 분배에 있어서 우선순위의 결정은 입법자의 권한으로 유지되어야 한다. 따라서 입법자가 특정 연구를 재정적으로 지원해야 할 의무를 명백하게 위반함으로써 입법형성권을 일탈하는 것은 사실상 상정할 수 없다. 다만, 국가가 일단 재정적 지원을 하는 경우 개별연구자는 급부의 분배에 있어서 고려될 것을 요구할 수 있을 뿐이다. 뿐만 아니라, 특정한 대학이나 공공연구기관을 유지해야 할 국가의 의무는 존재하지 않는다.

(2) 국가의 또 다른 의무는, 학문의 자유가 주로 행사되는 대학의 자유로운 학문 활동이 가능하도록 이에 적합한 조직상의 조치를 통하여 학문의 자유를 배려해야 할 의무이다.[3] 이로써 입법자는 대학에서 학문의 자유가 충분히 보호되도록, 대학의 조직상의 구조를 형성해야 할 의무를 진다. 학문의 자유는 대학의 모든 구성원을 대학의 자치행정에 참여시키는 소위 '다원적으로 구성된 대학'의 형태도 허용하지만, 대학의 자치를 보장하는 헌법적 근거가 학문의 자유라는 점에서 대학교수가 아닌 대

---

1) BVerfGE 35, 79, 114.
2) BVerfGE 35, 79, 114f., 개인의 이러한 참여권적 성격은, 한편으로는 공적인 급부제공에 참여하는 것이 학문의 자유의 행사를 위한 필수적 조건이 된다는 사고와, 다른 한편으로는 학문적으로 활동하는 개인이 창조적으로 발현할 수 있다는 것은 개인의 인격발현뿐만 아니라 공동체의 이익에 가장 부합한다는 사고에 의하여 정당화된다.
3) BVerfGE 35, 79, 114f.; BVerfGE 88, 129, 137; 93, 85, 95.

학구성원이 대학자치행정에 참여하는 권리는 제한된다.

나. 국가의 학문육성정책의 헌법적 지침

국가는 연구를 지원함에 있어서 다음과 같은 것을 고려해야 한다. 첫째, 진리를 탐구하고자 하는 모든 시도, 즉 모든 학문영역에서 다양한 방법론적 시도가 국가의 연구지원에 참여할 수 있는 기회를 가질 수 있도록, 연구에 대한 지원이 다원주의적으로 조직되어야 한다. 둘째, 국가는 모든 연구를 균등하게 지원해야 할 필요가 없고, 내용적으로 헌법의 정신에 부합하는 연구를 지원해야 한다. 국가가 연구를 지원함에 있어서 고려해야 하는 헌법적 관점으로는 인간의 존엄성, 국민의 복지와 경제성장을 요청하는 사회국가원리, 문화국가원리, 환경보호 등을 들 수 있다. 국가의 연구지원은 인간의 존엄성을 존중하고, 사회국가원리와 문화국가원리, 환경보호를 지향하고 그 실현에 기여해야 한다.

학문의 자유는 국가나 공공단체가 중점을 정해서 선별적으로 지원하는 연구지원정책을 배제하지 않는다. 물론, 국가의 연구지원정책과 관련하여, 연구참여에 대한 원칙적인 자발성이 유지되고 지원의 분배가 학문적으로 중요한 기준에 의하여 학문적 전문가의 적정한 참여 하에서 이루어질 것이 요청된다. 국가가 구속력 있는 확정된 지침을 제시함으로써 학문의 과정을 내용적으로 조종하고자 하는 것은 학문의 자유에 의하여 허용되지 않는다.

다. 대학의 의사결정에서 교수·학생·직원의 共同決定의 문제점

(1) 대학의 구조와 조직형태의 개방성

학문의 자유가 대학의 자치행정(의사결정)에 교수 외의 다른 집단인 학생과 직원이 참여하는 것을 허용하는지, 만일 이들의 참여가 허용된다면 어떠한 형태로 교수·학생·직원의 공동결정이 이루어져야 하는지의 문제가 제기된다. 입법자는 대학을 조직상으로 형성함에 있어서 원칙적으로 광범위한 형성권을 가지고 있다. 학문의 자유의 헌법적 보장은 대학의 특정한 구조적 모델을 예정하고 있지 않으며, 대학에서 학문적 활동을 위한 특정한 조직상의 형태를 요청하지도 않는다.[1] 대학조직을 통하여 자유로운 학문적 활동이 가능한지의 여부만이 대학조직의 합헌성을 판단하는 기준이 될 수 있다.[2]

(2) 다원적으로 구성된 대학에서 공동결정의 헌법적 한계

입법자는 대학의 구조적 형태로서 '다원적으로 다양한 집단으로 구성된 대학'의 유형을 채택할 수 있고, 대학의 자치행정(의사결정)에 교수 외에도 학생과 직원을 참여시킬 수 있다. 학문의 자유는 입법자에 대하여 학문의 자유에 가장 부합하는 대학조직, 학문의 자유에 비추어 가장 합목적적인 대학조직의 형태를 실현해야 할 것을 요청하지 않는다. 입법자는 대학의 다른 과제와 대학 내 다른 구성원의 이익을 고려하여 대학의 조직을 형성할 수 있으며, 대학의 의사결정에 연구조교나 대학생뿐만 아니라 비학문적인 대학종사자(직원)를 참여시킬 수 있다.

학문의 자유의 헌법적 보장은 대학에서 행해지는 학문적 활동과 관련해서는 대학교수에게 우월적 지위를 부여할 것을 요청한다. 학문의 자유와 직접적으로 관련된 결정에 있어서는 대학교수의 결정적인 영향력이 확보되어야 한다. 따라서 교수와 연구의 영역에서 대학교수의 집단에게 결정적인 영향력이 유보되어야 하며, 교수초빙에 관한 사안에 있어서는 비학문적 종사자의 공동결정은 허용되

---

1) BVerfGE 35, 79, 116; BVerfGE 43, 242, 267; BVerwGE 45, 39, 44.
2) BVerfGE 35, 79, 117; 또한 BVerfGE 93, 85, 95.

지 않는다.

라. 교수의 신분보장[1]

교수의 신분보장은 대학에서 자유로운 학문적 활동이 이루어지기 위한 필수적인 전제조건으로서, 대학자치의 요건이다. 따라서 입법자는 대학의 자치가 가능하도록 교수의 신분을 법률로써 보장해야 한다. 물론, 학문의 자유는 대학교수에게 무제한적으로 대학에 소속될 권리나 직위를 보유할 권리를 부여하지 않는다. 그러나 교수재임용제도와 관련하여 국가나 사학재단에 의하여 교수가 부당하게 그 신분을 박탈당하는 일이 없도록, 입법자는 제도적·절차적 요건을 규정해야 할 의무를 진다.

V. 학문의 자유에 대한 제한

1. 개인의 자유에 대한 제한

가. 제한의 필요성

학문의 자유는 다른 헌법적 법익의 보호를 위하여 제한될 수 있다. 학문의 자유는 타인의 권리나 자유 및 법공동체 내에서의 평화적 공존의 기본조건을 존중해야 한다. 그러므로 학문적 연구는 인간존엄성을 존중해야 하고, 인간생명을 경시해서는 안 되며, 타인의 건강을 위협해서도 안 된다. 자연적 삶의 근거로서 자연과 환경의 보호도 학문적 활동을 제한할 수 있다.

연구의 자유는 다른 보호법익과의 충돌가능성이 적기 때문에, 국가에 의한 규율의 필요성이 적지만, 오늘날 연구의 방법이나 장소 등과 관련하여 다른 법익과 충돌할 수 있는 가능성을 배제할 수 없으므로, 국가에 의한 규율이 요청되는 경우도 있다. 가령, 유독물질이나 방사능물질, 유전자변형물질 등을 가지고 하는 실험은 금지되거나 특별한 허가절차를 통하여 규율될 수 있다.

나. 교수의 자유의 한계로서 자유민주적 기본질서

교수는 헌법적대적인 사상의 주입을 위하여 대학 강단을 남용할 수 없다. 교수의 자유가 자유민주적 기본질서에 대한 투쟁의 수단으로 남용될 수 없으며, 이로써 헌법을 파괴하는 수단이 될 수 없다는 것은 모든 기본권에 내재하는 헌법적 한계이다. 물론, 교수가 헌법이나 헌법적 상황에 대하여 객관적으로 비판하는 것은 허용된다.

2. 대학의 자치에 대한 제한

가. 대학정책관련 입법형성권의 정도

입법자는 대학제도를 조직상으로 형성하는 영역에서 자신의 대학정책을 실현할 수 있는 광범위한 형성의 공간을 가지고 있다. 그러나 입법자의 형성권은 학문적 연구와 교수의 영역에 접근할수록 축소되고, 이에 대하여 학문적 활동과 연관성이 적을수록 보다 광범위하게 인정된다.[2]

---

1) 이에 관하여 제3편 제7장 제2절 교육을 받을 권리 Ⅶ. 참조.

2) 그러나 헌법재판소는 학문의 자유에서 파생하는 '대학의 자치'와 '입법형성권'의 관계를 제대로 인식하지 못하고 있다, 헌재 2006. 4. 27. 2005헌마1047 등(국립대학의 장 후보자추천), 판례집 18-1상, 601, 602, [대학의 자율을 제한하는 법률에 대한 위헌심사기준에 관하여] "대학의 자율도 헌법상의 기본권이므로 기본권제한의 일반적 법률유보의 원칙을 규정한 헌법 제37조 제2항에 따라 제한될 수 있고, 대학의 자율의 구체적인 내용은 법률이 정하는 바에 의하여 보장되며, 또한 국가는 헌법 제31조 제6항에 따라 모든 학교제도의 조직, 계획, 운영, 감독에 관한 포괄적인

따라서 학문의 자유와 연관성이 없는 대학행정의 영역에서 국가의 규율권한은 학문의 자유를 보호하고자 하는 대학의 자치에 의하여 제한을 받지 않는다. 입법자가 대학구성원의 자유로운 학문적 활동에 영향을 미치는 것이 아니라, 단지 대학의 일반적인 행정업무가 누구에 의하여 어떠한 방법으로 해결되어야 하는지 만을 결정하는 조직상의 규정을 제정하는 경우에는, 입법자는 아무런 제한을 받지 않는다.

반면에, 학문적으로 중요한 대학의 사안, 즉 연구 및 교수와 직접적으로 관련되는 사안의 경우, 입법자의 형성권은 학문의 자유의 보장내용인 대학의 자치에 의하여 제한된다.[1] 이러한 사안에는, 특히 무엇을 연구할 것인지에 관한 연구계획, 무엇을 가르칠 것인지에 관한 교안 및 교수과목의 확정, 교수의 과제와 연구계획을 조화시키는 작업, 연구계획과 강의의 시행을 위한 조직상의 지원(특히 재원의 분배를 포함하여 예산상의 지원), 대학생이 이수해야 할 교과과정에 관한 규정 및 시험에 관한 규정의 확정과 시행 및 대학교수와 조교에 관한 인사결정 등이 속한다.

연구와 교수의 조직과 관련하여 어느 정도로 법적인 규율이 허용되는지의 문제에 관하여 보건대, 교수의 자유는 강의의 내용과 방법에 관한 원칙적인 결정권을 포함하지만, 입법자는 대학생이 이수해야 할 교육과정에 관한 규정이나 시험에 관한 규정을 제정함으로써, 연구와 교수의 자유를 그 조직에 있어서 전반적으로 형성할 수 있다.

나. 헌법재판소의 관련판례

헌법재판소는 대학의 장 후보자 선정 방식의 하나로서 '대학의장임용추천위원회에서의 선정'이라는 간선제의 방식을 규정하고 있는 교육공무원법규정에 대하여 대학의 자율을 침해하는 것이 아니라고 판단하였다.[2] 또한, 대학의 장 후보자 선정을 직접선거의 방법으로 실시하는 경우, 국립대학에서 선거관리를 공정하게 하기 위하여 중립적 기구인 선거관리위원회에 선거관리를 위탁하는 교육공무원법규정에 대해서도 대학의 자율성을 침해하는 것이 아니라고 판단하였다.[3] 대학총장의 직무가 학문적 연관성을 가진다는 점에서[4] 국립대학에서 장의 선출에 대학교수가 참여해야 하는지의 문제는

권한 즉, 학교제도에 관한 전반적인 형성권과 규율권을 부여받았다고 할 수 있고, 다만 그 규율의 정도는 그 시대의 사정과 각급 학교에 따라 다를 수밖에 없는 것이므로 교육의 본질을 침해하지 않는 한 궁극적으로는 입법권자의 형성의 자유에 속하는 것이라 할 수 있다."

1) BVerfGE 35, 79, 122f.; 93, 85, 95.

2) 헌재 2006. 4. 27. 2005헌마1047 등(국립대학의 장 후보자추천), 판례집 18-1상, 601, 602-603, "대학의장임용추천위원회에서의 선정은 원칙적인 방식이 아닌 교원의 합의된 방식과 선택적이거나 혹은 실제로는 보충적인 방식으로 규정되어 있는 점, 대학의 장 후보자 선정과 관련하여 대학에게 반드시 직접선출 방식을 보장하여야 하는 것은 아니며, 다만 대학교원들의 합의된 방식으로 그 선출방식을 정할 수 있는 기회를 제공하면 족하다고 할 것인데, 교육공무원법 제24조 제4항은 대학의 장 후보자 선정을 위원회에서 할 것인지, 아니면 교원의 합의된 방식에 의할 것인지를 대학에서 우선적으로 결정하도록 하여 이를 충분히 보장하고 있는 점 … 을 고려하면, … 위 규정이 매우 자의적인 것으로서 합리적인 입법한계를 일탈하였거나 대학의 자율의 본질적인 부분을 침해하였다고 볼 수 없다."

3) 헌재 2006. 4. 27. 2005헌마1047 등(국립대학의 장 후보자추천), 판례집 18-1상, 601, 604, "국립대학에서 선거관리를 공정하게 하기 위하여 중립적 기구인 선거관리위원회에 선거관리를 위탁하는 것은 선거의 공정성을 확보하기 위한 적절한 방법인 점, 선거관리위원회에 위탁하는 경우는 대학의 장 후보자를 선정함에 있어서 교원의 합의된 방식과 절차에 따라 직접선거에 의하는 경우로 한정되어 있는 점, 선거에 관한 모든 사항을 선거관리위원회에 위탁하는 것이 아니라 선거관리만을 위탁하는 것이고 그 외 선거권, 피선거권, 선출방식 등은 여전히 대학이 자율적으로 정할 수 있는 점, … 을 고려하면, 교육공무원법 제24조의3 제1항이 매우 자의적인 것으로서 합리적인 입법한계를 일탈하였거나 대학의 자율의 본질적인 부분을 침해하였다고 볼 수 없다."

4) BVerfGE 54, 363, 385f.; 61, 260, 283ff.; 47, 327, 409.

학문의 자유와의 연관성을 인정할 수 있으나, 국립대학에서 장이 어떠한 방법으로 선출될 것인지, 직접선거가 실시되는 경우 선거관리를 어떻게 할 것인지는 학문의 자유와 직접적인 연관성이 없기 때문에, 입법자의 규율권한에 맡겨져 있다.

제 2 항   藝術의 自由

I. 헌법적 의미

1. 예술의 자유의 起源

헌법 제22조 제1항은 예술의 자유를 보장하고 있다. 역사적으로, 예술의 자유는 국가와 사회세력으로부터 끊임없이 위협을 받아왔다. 인간의 역사에서 그 시대를 지배하는 정치적·종교적 이념이나 도덕관에서 벗어나는 예술 활동이 금지되거나 탄압을 받은 많은 예를 찾아볼 수 있다. 예술의 자유는 1919년 독일 바이마르 공화국헌법에 처음으로 기본권으로서 수용되었고, 우리 헌법도 1948년 건국헌법 이래 예술의 자유를 규정하고 있다. 다수의 국가에서 예술의 자유는 헌법에 별도로 규정되지 아니하고 일반적 표현의 자유를 통하여 보호되고 있다(예컨대, 미국이나 일본).

2. 예술의 자유의 헌법적 보장의 의미

예술의 자유는 예술이라는 생활영역에서 개인의 자유로운 인격발현의 가능성을 보장하는 기본권이다. 학문의 자유와 마찬가지로, 객관적 가치결정으로서 예술의 자유는 자유로운 예술생활을 유지하고 지원해야 할 국가의 과제를 제시한다. 자유로운 예술 활동의 보장은 문화를 창조하고 문화국가의 기초를 형성하는 기능을 한다.

예술의 자유는, 일차적으로 예술가의 자유로운 창작활동과 예술가가 자신의 창작물을 통하여 대중에 접근하고 작용하는 가능성을 보장하고자 하는 것이고, 나아가 이러한 과정에서 예술의 자유가 다른 법익과 충돌하는 경우에는 예술이라는 특성을 별도로 고려할 것을 요청하고 있는 것이다. 예술과 법은 서로 긴장관계에 있다. 법은 필연적으로 규율을 목표로 하고, 이에 대하여 예술은 그 본질상 모든 제약을 부정하고 모든 금기를 깨고자 한다. 법질서는 이러한 도전에 대하여 때로는 엄격하게 때로는 관대하게 반응하는데, 예술의 자유와 다른 법익이 서로 충돌하는 경우 예술가의 이익과 제3자의 법익 및 공익을 교량해야 한다. 예술의 자유는 바로 이러한 법익형량과정에서, 예술작품을 가능하면 예술 특유의 관점에서 이해함으로써 예술의 자유로 인하여 다른 법익에 대한 침해를 인정하는 것은 가능하면 최소화되어야 한다는 요청을 하는 것이다.[1] 즉, 예술의 자유는 법질서에 대하여 가능하면 '예술을 그냥 예술로서 보아줄 것', '예술을 예술의 관점에서 판단해 줄 것'을 요청하는 것이다.

---

1) Vgl. BVerfGE 75, 369, 376ff.; 예컨대, 풍자의 경우 다른 상징적·은유적 해석가능성이 있음에도 불구하고, 풍자의 의미를 단지 소위 '건강한 상식'으로 판단함으로써 타인의 명예나 국가의 권위 등에 대한 침해를 인정하는 것으로부터 보호하고자 하는 것이다.

Ⅱ. 예술의 개념[1]

1. 국가에 의한 예술 개념의 정의

예술이 무엇인지 그 개념을 정의하는 것은 매우 어렵다. 예술은 항상 새로운 것을 창조하고자 시도하고, 경우에 따라서는 심지어 스스로를 새롭게 정의하고 '예술과 예술 아닌 것'의 경계를 허물음으로써 자신을 실현하기 때문이다. 그럼에도, 헌법은 단지 서술할 수 있고 보호범위를 확정할 수 있는 대상만을 법적으로 보호할 수 있다. 예술의 자유의 헌법적 보장은, 특정한 행위나 그 산물이 예술이라는 속성을 가진다는 것을 판단할 수 있는 기준을 전제로 한다. 헌법은 정의되지 않은 보호대상을 법적으로 보호할 수 없기 때문에, 예술의 개념도 헌법적으로 존재해야 한다. 따라서 예술의 자유의 보호대상을 확정하기 위하여 예술의 개념에 대한 정의는 불가피하다.

여기서 제기되는 일차적인 문제는 '누가 예술의 개념을 정의할 것인가' 하는 것이다. 예술의 자유가 국가에 대하여 예술의 개념을 정의하는 것을 금지한다는 견해나 예술가가 예술의 개념을 정의하는 독점권을 가지고 있다는 견해는, 자신의 행위가 기본권의 보호를 받을 수 있는지의 여부에 관하여 개인이 최종적으로 결정한다는 납득하기 어려운 결과에 이른다. 예술가에게 예술을 주관적으로 정의할 수 있는 독점권을 인정한다는 것은 예술 개념의 해체를 가져올 수 있다. 따라서 예술의 개념을 확정하는 권한은 국가에게 부여될 수밖에 없고, 이는 궁극적으로 사법기관의 과제이다. 헌법재판소를 비롯한 법원은 '예술'과 '예술이 아닌 것'의 경계를 설정하는 과제를 피할 수 없다.

한편, 국가가 예술의 개념을 확정하는 경우에는 자유권의 구속을 받는 국가가 스스로 자유권의 보호범위를 정한다는 문제점을 안고 있다. 따라서 국가가 자유권의 보호범위를 자의적으로 확정하는 위험을 방지하고 세계관적 중립의무와 사회적 다원주의의 요청에 부합하기 위하여, 국가는 예술의 개념을 예술의 자유가 보호하고자 하는 모든 주관적 실현가능성을 포함하는 '개방적이고 그 내용에 있어서 가치중립적인 기준'에 의하여 객관적으로 확정해야 한다. 즉, 국가는 예술을 이해하고 정의함에 있어서 다원주의에 기초한 중립과 관용의 요청을 준수해야 하는 것이다.

2. 다양한 관점에 의한 예술 개념의 정의

가. 실질적·내용적인 개념

내용적인 개념에 의하면, 헌법상 예술 개념은 예술의 고유한 구조적 특징인 '창조적인 것의 주관성'에 의하여 결정된다. 예술적 활동의 본질적인 것은, 예술가의 인상·체험·경험이 특정한 표현형식이란 매개체를 통하여 직접적인 표상으로 나타나는 자유로운 창조적 형성이다.[2] 예술적 창작은 예술가의 직관·상상력 및 예술에 대한 이해 등 예술가의 개인적 인격의 직접적인 표현이다. 실질적

---

1) 헌법이 의도하는 보호의 정도가 기본권마다 다른 독일의 기본권보장체계에서는 예술의 자유나 학문의 자유와 같이 아무런 법률유보 없이 보장된 기본권의 보호범위를 확정하는 것은 실질적인 의미를 가진다. 법률유보 없이 보장되는 기본권은 법률유보를 허용하는 다른 기본권과 비교할 때 보다 헌법에 의한 강력한 보호를 받기 때문이다. 예컨대, 예술의 자유의 보호범위에 속하지 않는 행위는 표현의 자유나 일반적 행동자유권과 같이 법률유보를 허용하는 다른 기본권에 의하여 보호를 받을 것이고, 이 경우 개인의 행위에 대한 제한이 보다 폭넓게 허용될 수 있다.

2) BVerfGE 30, 173, 188f.(Mephisto 결정).

예술 개념은 소재나 기술의 객관화를 통하여 예술적 주관성을 최소화하고자 하는 새로운 방향의 예술을 포함하지 못한다는 한계를 안고 있다.

나. 형식적인 개념

형식적인 예술 개념이란, 예술을 내용적으로 정의하는 것이 불가능하다고 보고 형식적으로만 정의하고자 하는 시도이다. 즉 하나의 작품을 형식적이고 유형적으로 고찰하였을 때 특정한 작품유형의 부문별 요건이 충족되어 특정한 작품유형(예컨대 회화, 조각, 詩, 소설 등)으로 분류될 수 있다면, 예술의 개념을 인정하는 견해이다. 형식적 개념에 따르면, 하나의 작품을 특정한 작품유형에 귀속시킬 수 있는지의 여부가 예술작품인지를 결정한다. 형식적 예술 개념은 대부분의 경우 큰 어려움 없이 유형화와 분류가 가능하다는 장점을 가지고 있으나, 유형화의 사고는 시대의 발전에 따른 새로운 유형의 예술을 수용하는 데 어려움이 있으며, 기존의 범주를 깨고자 하는 예술을 보호하지 못한다는 한계를 안고 있다.

다. 개방적인 개념

개방적 예술 개념은, 예술의 의사소통적 요소를 출발점으로 삼아 예술의 결정적인 특징이 예술의 다의성(多意性)에 있다고 한다. 여기서 예술이란, 다양한 의미가 부여될 수 있는 의사소통과정의 수단이다. 예술행위가 예술적 표현의 다양한 의미 때문에 항상 지속적으로 새로운 해석과 의미 부여를 허용하고, 그의 일상적인 표현기능을 넘어서 사실상 무한적이고 다층적인 의미의 전달을 가져온다는 데에 예술가의 표현행위의 특징적 요소가 있다고 본다.[1]

라. 사 견

(1) 국가는 예술의 개념 정의를 통하여 예술의 자유의 보호범위를 확정함에 있어서 실질적·내용적 개념, 형식적 개념, 개방적 개념 등 다양한 관점들을 모두 함께 고려해야 한다. 어떠한 관점도 예술의 개념을 확정적으로 정의할 수는 없지만, 위 3가지 관점을 함께 고려하는 경우에는 일반적으로 만족할만한 결과에 이를 수 있다. 대부분의 경우 예술 활동은 위 3가지 관점을 모두 충족시킬 것이지만, 예술성을 인정함에 있어서는 하나의 관점을 충족시키는 것으로 족하다.

기본권의 보호범위를 일차적으로 기본권 주체의 관점에서 설정해야 한다는 사고는 기본권행사에 대한 기본권 주체의 자기이해를 함께 고려할 것을 요청한다. 개인이 자신의 창작물을 예술로서 이해한다는 주관적인 관점은 결정적인 의미를 가지는 것은 아니지만, 예술작품으로서 인정해야 하는지의 여부를 판단함에 있어서 창작자 자신의 주관적 주장도 고려되어야 한다. 물론, 자신의 창작물이 예술에 해당한다는 창작자의 단순한 주장만으로는 부족하고, 창작자는 왜 또는 어떠한 관점에서 전통적인 예술 개념이 확대되어야 하는지를 납득할 수 있도록 소명해야 한다. 예술에 해당하는지가 의심스러운 경우에는 예술문제에 관하여 권위 있는 제3자의 견해도 고려할 수 있다.

(2) 예술에 해당하는지 여부를 판단함에 있어서 예술의 수준이나 내용, 목적은 아무런 의미를 가지지 못한다. 예술인지의 여부는 수준 또는 내용에 대한 국가의 평가에 달려있어서도 안 되고, '외부세계에 미치는 작품의 효과'에 의하여 판단되어서도 안 된다. 작품의 수준이나 내용, 작품의 효과 등

---

1) BVerfGE 67, 213, 224f.(시대착오적 행진 결정), 독일연방헌법재판소는 브레히트의 시를 극화한 위 사건에서 실질적인 개념 외에, 형식적인 개념과 개방적 개념을 함께 병용하여 예술의 개념을 정의하고자 하였다.

은 '예술의 자유가 상충하는 다른 헌법적 법익에 양보해야 하는지'를 판단함에 있어서 비로소 고려되는 관점이다.

따라서 만화, 풍자, 심지어 음란물도 예술에 속한다.[1] 예술과 음란물은 서로 배제하지 않는다. 가령, 소설이 음란물로 간주된다는 사실은 소설로부터 예술의 성격을 박탈하지 않는다. 음란소설은 작가의 인상·경험 및 상상이 소설이란 문학적인 형태로 표현된 '자유로운 창조적 형성의 결과'로서, 예술의 고유한 구조적 특징을 보이기 때문이다.

Ⅲ. 예술의 자유의 법적 성격 및 주체

1. 법적 성격

예술의 자유는 일차적으로 개인의 주관적 방어권으로서, 국가의 간섭이나 방해를 받지 않고 자유롭게 예술작품을 창작하고 창작품을 자유롭게 전시·상연·보급할 수 있는 개인의 권리를 보장한다. 뿐만 아니라 예술의 자유는 객관적 가치결정으로서, 스스로를 문화국가로 이해하는 국가에게 자유로운 예술생활을 유지하고 적극적으로 지원해야 할 과제를 부과한다.[2] 그러나 예술의 자유로부터 국가에 대하여 경제적 지원을 요구할 수 있는 개인의 주관적 권리가 나오는 것은 아니다. 한편, 국가가 예술의 특정한 방향을 우대하거나 불이익을 주는 조치를 통하여 예술가의 자유로운 활동을 저해하는 것은 허용되지 않는다.

국가가 예술에 대하여 조세감면혜택 등 경제적인 지원조치를 취하는 경우, 경제정책적·재정정책적 관점을 고려할 수 있다. 따라서 예술에 대한 국가의 지원조치가 예술의 모든 영역에서 균등하게 배분되어야 하는 것은 아니다. 오히려 국가는 문화정책의 일환으로 지원조치를 구체적으로 형성함에 있어서 광범위한 자유를 가지고 있다. 국가는 조세감면혜택과 같은 경제적인 지원조치에 있어서도 문화영역 각 분야의 경제적 능력을 적절하게 고려할 수 있으며, 조세가 납세자의 상이한 담세능력을 고려해야 하는 것과 마찬가지로, 모든 예술영역에 대하여 일괄적으로 평등한 지원을 해야 하는 것은 아니다.[3]

2. 주 체

예술의 자유는 전문예술인만의 자유가 아니라 예술창작을 통하여 인격을 발현하고자 하는 모든 개인의 자유이다. 누구나 취미로 시를 쓰거나 그림을 그리는 등 예술가가 될 수 있다. 개인은 예술의

---

1) Vgl. BVerfGE 83, 130, 138(Mutzenbacher 결정).

2) 예술의 자유를 행사할 목적으로 또는 예술작품을 전시할 목적으로 공공도로를 사용하는 행위에 대하여 허가를 받도록 하는 규정은 예술의 자유에 위반되지 않는다. 예술의 자유는 거리예술을 도로의 '공중의 이용'으로 판단할 것을 요청하는 것은 아니다. 그러나 거리예술의 경우 특별사용의 허가를 구할 청구권이 일반적으로 존재한다.

3) 다른 문화상품(출판물, 서적 등)에 대해서는 부가가치세를 감면하는 반면, 음반에 대해서는 정상적인 부가가치세율을 적용하는 것이 조세정의의 관점에서 합리적인 이유로 정당화될 수 있는지의 문제에 관하여 독일연방헌법재판소는 "음반은 강한 시장적 위치를 구축한 경제적으로 건강한 예술·표현매체이기 때문에, 예술의 자유에 담겨진 가치결정의 관점에서도 국가의 경제적 지원을 필요로 하지 않는다. 한편, 국가가 부가가치세율을 통하여 판매에 대한 과세를 상이하게 규정함으로써 일정 예술매체를 다른 매체와의 관계에서 경쟁력에 있어서 현저하게 영향을 줄 수 있다면, 이는 헌법적으로 문제가 있다. 그러나 부가가치세의 차별적 부과로 인하여 음반의 경쟁력이 저하된다는 것도 확인할 수 없다."고 판시하였다(BVerfGE 36, 321, 332 - 음반에 대한 부가가치세).

자유를 누리기 위하여 예술가로서 인정받거나 예술을 직업으로 삼거나 또는 자신의 작품을 전시, 공연할 필요가 없다. 따라서 예술의 자유의 주체는 예술적으로 활동하는 또는 활동하고자 하는 모든 사람이다. 예술의 자유는 외국인과 무국적자에게도 인정되는 인간의 권리이다.

뿐만 아니라, 예술의 자유는 예술작품을 창작하는 예술가뿐만 아니라 예술작품의 전시와 보급에 참여하는 모든 사람을 보호한다. 따라서 예술창작이 예술가와 일반대중 사이의 관계를 형성하기 위하여 보급하는 매체를 필요로 한다면, 그와 같은 중개적 활동을 하는 사람(가령, 영화제작자, 출판자 등)도 예술의 자유에 의하여 보호된다. 가령, 소설이 출판자에 의한 발표와 보급 없이는 대중에게 접근할 수 없고 출판자도 예술가와 대중 사이의 불가결한 중개역할을 담당하므로, 예술의 자유는 출판자의 활동도 보호한다. 예술의 자유가 예술작품의 발표와 보급에 의존하고 있다는 점에서, 자연인뿐만 아니라 예술작품의 보급에 참여하는 사법상의 법인(가령, 음반제작사, 출판사 등)도 예술의 자유의 주체가 될 수 있다.

IV. 예술의 자유의 보호범위

예술의 자유는 예술의 영역에서 포괄적인 자유, 즉 예술을 창작하는 영역에서의 자유(예술창작의 자유) 및 예술이 작용하는 영역에서의 자유(예술적 작용의 자유 또는 예술표현의 자유)를 보장한다. 이로써 예술의 자유는 예술적 활동 그 자체 및 예술작품의 전시·상연·보급의 자유를 포괄한다.[1]

예술창작의 영역과 예술적 작용의 영역은 분리될 수 없는 하나의 통일체를 구성한다. 대중이 예술작품과 만나기 위해서는 예술창작뿐만 아니라 예술작품의 전시와 공연, 발표, 보급도 필수적이다. 대중으로 하여금 예술작품에 접근하는 것을 가능하게 하는 '작용의 영역'이야말로 역사적으로 예술의 자유에 대한 헌법적 보장의 직접적인 계기를 제공한 현실적 기반이다. 일반적으로, 예술의 자유에 대한 국가공권력의 침해가 화실이나 작업실에서 예술작품을 창작하는 것을 금지하는 형태로 이루어지는 것이 아니라, 창작된 예술작품이 일반대중과 접촉하는 것을 방해하고 금지하는 형태로 이루어진다는 것을 감안한다면, 예술의 자유에 의한 보호가 예술작품의 작용영역으로 확대되지 않고서는 예술의 자유의 보장은 공허할 뿐이다.

1. 예술창작의 자유

예술창작의 자유란 예술작품의 전체적인 창작과정이 국가의 간섭과 영향력행사로부터 자유로워야 한다는 것을 의미한다. 예술창작의 자유는 그 핵심적 내용으로서 창작소재를 선택하고 선택한 소재를 구체적으로 형성할 자유(창작소재 및 창작형태에 관한 결정권)를 포함한다. 예술가가 현실연관적인 소재를 다루는 경우에도 마찬가지로 보호된다('사회참여적 예술'). 예술창작의 자유는 창작과정의 진

---

1) 헌법재판소는 일부 결정에서 예술의 자유의 보장내용을 '예술창작의 자유'와 '예술표현의 자유'로 서술하고 있다, 가령, 헌재 1993. 5. 13. 91헌바17(음반제작자 등록제), 판례집 5-1, 275, 283, "예술창작의 자유는 예술창작활동을 할 수 있는 자유로서 창작소재, 창작형태 및 창작과정 등에 대한 임의로운 결정권을 포함한 모든 예술창작활동의 자유를 그 내용으로 한다. 따라서 음반 및 비디오물로써 예술창작활동을 하는 자유도 이 예술의 자유에 포함된다. 예술표현의 자유는 창작한 예술품을 일반대중에게 전시·공연·보급할 수 있는 자유이다. 예술품보급의 자유와 관련해서 예술품보급을 목적으로 하는 예술출판자 등도 이러한 의미에서의 예술의 자유의 보호를 받는다고 하겠다. 따라서 비디오물을 포함하는 음반제작자도 이러한 의미에서의 예술표현의 자유를 향유한다고 할 것이다."

행, 창작을 위한 준비와 연습 및 창작된 작품의 보호에까지 미친다.

2. 예술표현의 자유

예술표현의 자유란 예술작품을 통하여 일반대중에 접근하고 작용하는 자유(예술적 작용의 자유)를 말한다. 예술의 자유는 예술작품의 자유로운 창작뿐만 아니라 창작된 예술작품을 발표·전시·상연·보급 등의 방법으로 일반대중에 접근시키는 모든 활동도 보장한다. 예술작품이 일반대중과 접촉하고 이에 작용하는 가능성이 보장되지 않는다면, 예술창작은 대부분의 경우 무의미하다. 예술가가 창작물을 통하여 일반대중과 교류하고 대중에 정신적으로 작용하고자 하는 것이 모든 예술 창작의 본질적 요소이자 궁극적 목적이기 때문에, 예술작품의 전시(발표)와 보급은 예술의 자유에 의하여 보호된다.

예술은 일반대중과의 교류 및 대중에 의하여 인식되는 것에 의존하고 있기 때문에, 예술작품의 선전도 예술적 창작이 작용하는 영역으로서 예술의 자유에 의하여 보호된다. 한편, 예술작품의 판매나 저작권 등 예술적 성과를 법적·경제적으로 이용하는 것은 예술의 자유가 아니라 재산권보장에 의하여 보호된다.

V. 예술의 자유에 대한 제한

1. 제한의 형태

예술의 자유에 대한 제한은 명령과 금지의 고전적 형태 및 사실상의 조치에 의하여 이루어진다. 예컨대, 일정한 예술장르를 타락한 예술로 금지하는 행위, 소설의 내용이 포르노라는 이유로 예술성을 부인하는 행위, 전위예술적 창작물의 형태로 정치인을 묘사한 것을 명예훼손 등으로 처벌하는 행위, 특정인의 인격권을 침해한다는 이유로 소설의 출판이나 판매를 금지하는 행위 등을 예로 들 수 있다. 예술에 대한 국가의 수준심사, 즉 수준이 높거나 낮은 예술, 좋거나 나쁜 예술을 구분하는 것은 헌법적으로 허용되지 않는 내용심사에 해당한다.

2. 보호영역에 따른 제한의 정도

예술의 자유의 보호범위를 예술창작의 자유와 예술표현의 자유로 구분한다면, 예술의 자유의 경우에도 보호되는 정도 또는 제한이 허용되는 정도는 개인연관성·사회연관성의 관점에 따라 달리 판단된다. 예술의 자유가 보장하고자 하는 바는 일차적으로 예술을 통한 인격발현을 의미하는 예술창작활동이며, 이에 대하여 예술작품의 전시·공연행위는 이에 봉사하는 기능을 가지고 있기 때문에, 예술창작의 영역은 예술가와 외부세계 사이의 의사소통의 영역에 비하여 보다 강하게 보호되어야 한다.[1] 뿐만 아니라, 외부세계에 정신적으로 작용하고자 하는 예술작품의 전시·상연과는 달리, 예술창작활동 그 자체는 사물의 본성상 제3자의 법익이나 다른 헌법적 법익을 침해하기에 부적합하다. 예술작품의 창작이 이루어지는 고도로 개인적이고 사적인 영역은 원칙적으로 제한을 허용하지 않는다. 그러므로 문제되는 행위가 예술의 자유의 핵심에 접근할수록, 즉 예술창작의 영역에서 이루어질

---

1) Vgl. BVerfGE 77, 240, 253f.

수록, 국가에 의한 제한은 보다 엄격한 요건 하에서 허용된다.

3. 제한의 경우 법익형량의 문제

예술의 자유도 다른 법익과의 충돌가능성으로 말미암아 무제한적으로 보장되지 않는다. 헌법적으로 보호되는 다른 법익, 즉 제3자의 재산권, 명예를 비롯한 인격권, 청소년의 보호 등을 위하여 헌법상 요청되는 경우에는 예술의 자유는 제한될 수 있다. 예술의 자유와 다른 헌법적 법익이 충돌하는 경우, 양 법익 중에서 어떠한 법익도 다른 법익에 대하여 우위를 차지하지 않으며, 상충하는 양 법익은 개별사건의 구체적인 상황을 고려하여 비례적 법익교량의 원칙에 따라 조정되어야 한다.

가. 예술작품에 부합하는 해석의 요청

법이 예술작품을 어떻게 이해해야 할 것인지의 문제와 관련하여, 예술의 자유는 예술작품에 부합하는 해석을 할 것을 요청한다. 이러한 요청은 특히 풍자적 묘사를 법적으로 판단할 때 문제된다.[1] 이미 독일제국법원은 형사판례에서 예술작품에 부합하는 해석방법을 제시한 바 있다.

예술의 자유와 다른 법익이 서로 충돌하는 경우, 당해 예술부문의 고유한 구조적 특징에 비추어 예술작품이 표현하고자 하는 바를 밝혀내야 한다. 따라서 예술작품에 대한 다양한 해석가능성이 존재하는 경우, 이를 법적으로 평가함에 있어서 가능하면 예술작품을 바르게 이해하는 해석, 즉 다른 법익의 침해를 최소화하는 해석을 기준으로 삼아야 한다.[2]

가령, 대상을 왜곡하거나 변형하는 것을 특징으로 하는 정치적 예술인 '풍자나 풍자화'의 경우, 다른 상징적·은유적 해석가능성을 배제한 채 풍자와 역설에 담긴 의미를 '건전한 인간오성'이라는 기준을 가지고 판단하는 것은 허용되지 않는다. 이러한 방법으로 예술의 자유는 표현내용의 다양성을 특징으로 하는 예술에 내재할 수 있는 도발적인 측면을 보호한다.

예술의 자유는, 문제되는 예술행위를 법적으로 판단함에 있어서 각 예술부문에 고유한 구조적 특징을 고려하고 '예술작품에 부합하는' 기준을 적용할 것을 요청한다. 예술작품이 표현하는 바를 밝혀내기 위해서는, 각 예술부문의 구조적 특징, 문제되는 예술부문을 형성하는 고유성을 파악해야 한다. 이미 이러한 과정에서, 다른 헌법적 법익에 대한 침해가 처음부터 존재하지 않거나 또는 예술의 구조적 특성상 수인되어야 하는 것으로 밝혀질 수 있다. 예술작품에 부합하는 기준을 적용하였음에도 불구하고, 헌법적으로 보호되는 제3자의 법익이나 다른 법익이 침해된 경우에 비로소 법익형량은 필요하다.

따라서 예술의 자유는 예술작품을 통하여 표현하고자 하는 내용과 관련하여 표현의 자유에 대한 특별규정이다. 가령, 풍자화를 통한 예술적 표현이 명예훼손적 내용을 담고 있는 경우, 이러한 내용이 구두나 문자 등의 수단으로 표현된다면 표현의 자유의 관점에서는 더 이상 허용되지 않는 것으로 판단될 수 있으나, 풍자화가 예술적으로 어느 정도로 변형과 왜곡을 시도하고 있는지의 정도에 따라 예술작품의 부수적 효과로는 수인될 수 있다. 이러한 점에서 예술작품을 통하여 표현하고자 하는 내용과 관련하여 예술의 자유가 표현의 자유보다 더 두텁게 보호된다고 볼 수 있다.

---

1) Vgl. BVerfGE 81, 278, 294f.(聯邦國旗 모독 사건).
2) Vgl. BVerfGE 67, 213, 230; 75, 369, 376ff.; 81, 298, 307.

나. 예술의 자유와 청소년보호가 충돌하는 경우

예술 개념의 광범성과 일반대중에 정신적으로 작용하고자 하는 예술의 속성으로 인하여 법익충돌의 가능성이 예정되어 있다. 전형적인 법익충돌의 영역 중 하나가 바로 예술의 자유와 청소년보호가 충돌하는 영역이다.

청소년유해물의 판매, 배포, 선전에 대한 제한은 청소년의 인격권과 부모의 자녀교육권에 의하여 정당화된다. 예술의 자유는 청소년보호를 위하여 예술작품을 청소년유해물로 분류하는 것을 원칙적으로 금지하지 않는다. 그러나 특정 예술작품이 아동과 청소년의 자유로운 인격발현을 위협하더라도, 국가기관이 예술작품을 청소년유해물로 분류하기 위해서는 개별적 경우마다 예술의 자유와 청소년의 보호라는 상충하는 법익을 구체적으로 교량해야 하고, 이러한 법익교량과정에서 다음과 같은 몇 가지 관점을 고려해야 한다.[1]

첫째, 예술의 자유와 다른 보호법익이 충돌하는 경우, 일차적으로 예술작품에 부합하는 해석을 통하여 양 법익 사이의 충돌이 최소화되고 이로써 양자간의 조화가 이루어질 수 있는지를 판단해야 한다. 그런데 예술의 자유가 청소년보호와 충돌하는 경우, 예술작품에 부합하는 해석을 통하여 이미 이 단계에서 양자가 조화를 이룰 수 있는 가능성은 거의 없다고 보아야 한다. 아동과 청소년은 일반적으로 예술작품의 완전한 내용과 진정한 의미를 파악할 수 없기 때문이다.

둘째, 그렇다고 하여 양자가 충돌하는 경우 언제나 청소년보호의 법익에 일방적인 우위를 부여해야 하는 것은 아니고, 문제되는 '작품의 예술적 가치'와 '청소년에 대한 작품의 유해성의 정도'를 함께 고려하여 개별적인 경우마다 구체적으로 법익형량을 해야 한다. 청소년보호와 관련해서는, 문제되는 예술작품이 청소년에 대하여 어떠한 해로운 영향을 미치는지에 관하여 구체적으로 확인해야 한다. 예술의 자유의 비중(작품의 예술성)과 관련해서는, 문제되는 작품이 해당 예술부문의 고유한 구조 내에서 어느 정도로 확고하게 자리 잡고 있는지를 판단해야 한다. 법익형량과정에서 예술의 자유에 부여되어야 하는 비중을 결정함에 있어서 문제되는 작품에 대한 일반대중의 평판 및 비평가·학계의 반향과 평가도 함께 고려해야 한다. 따라서 문제되는 작품에서 청소년에 유해한 묘사가 해당 예술부문의 고유한 구조에 따라 이루어짐으로써 예술성이 인정될수록, 일반대중의 좋은 평판과 비평가·학계의 높은 평가를 받을수록, 법익형량과정에서 예술의 자유는 우위를 주장할 수 있다. 요컨대, 청소년의 인격발현에 대한 유해성의 정도가 낮은 반면, 고도의 예술적 가치가 인정된다면, 예술의 자유가 청소년의 보호에 대하여 우위를 차지할 수 있다.

---

[1] Vgl. BVerfGE 83, 130, 147f.(Mutzenbacher 결정).

제 10 절 財産權의 保障 [1]

I. 서 론

인간이 지구를 경작하기 시작한 이래로, 재산권을 둘러싼 정치적 투쟁이 끊이지 않았다. 인류 역사에서 정치적 투쟁은 통상 '권리 투쟁'의 이름으로 전개되었으나, 실제로는 '재산권 투쟁'이라 해도 과언이 아니다. 존 로크(John Locke)에 의하면, 인간이 국가공동체로 결합한 가장 중요한 목적은 바로 생명과 재산권의 보장이었다. 사유재산의 정당성과 그 분배에 관한 철학적 문제는 오랫동안 국가철학에서 논쟁의 대상이었으며, 재산권은 근대 역사에서도 150년 이상 전 세계적으로 정치적·이념적 대립의 중심에 있었다.

모든 사람이 생래적으로 평등하다는 관점에서 본다면, 지구는 누구에게도 속하지 않으며, 지구상에서 열리는 모든 과실은 모두에게 속한다. 이러한 관점을 재산권에 대한 이해의 출발점으로 삼는다면, 사유재산의 불평등한 배분은 물론이고, 나아가 사유재산 자체에 대하여 의문을 제기할 수 있다. 대표적으로 루소는, 사유재산권의 도입은 인간의 원죄이고, 범죄와 살인, 전쟁과 빈곤, 참혹함의 원인이라고 주장하였다. 사유재산과 공유재산이라는 두 가지 상반된 재산권 이념 간의 대결은 사회주의국가의 붕괴로 인하여 사유재산의 승리로 일단락되었으나, 사유재산의 정당성에 관한 논의가 종식된 것은 아니다. 우리 헌법은 재산권의 보장을 통하여 개인의 사유재산의 우위를 천명하면서, 시행 당시에 존재하는 '국가 내의 재산권 배분 상태'를 출발점으로 삼아 개인의 기득재산권을 보장하고 있다.

재산권보장은 여러 관점에서 법리적인 해명을 요하는 어려운 문제를 제기한다. 헌법 제23조 제1항은 전문에서 "모든 국민의 재산권은 보장된다."고 하면서 이어서 후문에서 "그 내용과 한계는 법률로 정한다."고 하여 일견(一見) 서로 모순되는 내용을 규정하고 있다. 입법자가 스스로 재산권의 내용을 정한다면, 법률에 의하여 그 내용이 결정되는 기본권이 어떻게 입법자를 구속할 수 있는지 하는 의문을 제기한다. 이러한 의문은, 입법자가 재산권보장의 구속을 받는다면, 입법자는 헌법적으로 어떠한 내용의 구속을 받는지, 입법자가 재산권의 내용을 정한다면, 어떠한 기준으로 입법자가 형성한 법률의 위헌여부를 판단할 수 있는지 하는 또 다른 의문으로 이어진다. 결국, '헌법'과 '입법자'의 관계, 즉 '재산권보장'과 '입법형성권'의 관계는 재산권의 핵심적인 헌법적 문제이다.

뿐만 아니라, 헌법 제23조의 재산권보장은 또 다른 의문을 제기한다. "그 내용과 한계는 법률로 정한다."(제1항)에서 내용과 한계의 의미 및 관계는 무엇인가? "재산권의 행사는 공공복리에 적합하도록 하여야 한다."고 규정하는 제2항의 헌법적 의미는 무엇인가? 헌법 제23조 제1항에 의하여 재산권의 내용과 한계를 정하는 규정과 헌법 제23조 제3항의 공용침해는 어떠한 관계에 있으며 구분하는 기준은 무엇인가?

---

1) 한수웅, 財産權의 내용을 새로이 형성하는 법규정의 헌법적 문제, 저스티스 제52호, 1999. 6, 29면 이하 참조.

II. 헌법적 의미와 기능

1. 재산권의 자유보장적 기능

재산권과 자유는 서로 불가분의 관계이자 상호보완관계에 있다. 자유로부터 재산권이 나오며(자유에 의한 재산권), 재산권은 자유에 기여한다(재산권에 의한 자유). 재산권은 자기 노력의 결과로서 '자유의 산물'이다. 사유재산권의 정당성은 자유의 행사를 통한 개인의 노력에 있다. 사유재산권의 보장이란, 사적인 창의와 노력에 의한 경제적 성과를 개인에게 귀속시키고 이를 자유롭게 이용하고 처분할 수 있는 개인의 권리를 보장한다는 것을 의미한다.

재산권은 '잠재적인 자유'이다. 재산권이 곧 개인을 자유롭게 하는 것은 아니지만, 재산권 없이는 자유를 행사하고 인격을 발현하는 가능성에 있어서 큰 제약을 받게 된다. 개인은 자유롭기 위하여 자유실현의 물질적 기초로서 재산권을 필요로 한다("재산권 없이 자유 없다."). 가령, 재산이 없는 사람은 취미활동이나 교육·연구·집회 등의 활동에 있어서 제약을 받으며, 심지어 타인과의 교제에 있어서도, 나아가 인간의 존엄성을 유지함에 있어서도 제약을 받는다. 재산권은 개인에게 경제적 독립성을 부여하고, 자유를 실제로 행사할 수 있는 가능성을 제공한다.

헌법질서 내에서 재산권보장의 기능은, 개인이 각자의 인생관에 따라 자신의 생활을 자기책임 하에서 형성하도록 그에 필요한 물질적·경제적 조건을 보장해 주는 데 있다.[1] 사유재산이 개인에게 각자의 인생관에 따른 자율적인 생활형성과 경제적 독립성을 가능하게 하기 때문에, 재산권보장은 자유로운 인격발현을 위한 경제적 전제조건이다. 재산권보장은 자유로운 인격발현을 위하여 필요한 물질적 조건을 기본권으로 보장함으로써, 다른 자유권과 마찬가지로 궁극적으로 개인의 자유로운 인격발현과 자기결정을 위한 것이다. 헌법은 재산권을 개인적 자유를 위하여 보장하는 것이다.

2. 객관적 가치질서로서 재산권보장

객관적 가치질서로서의 재산권보장이란, 국가공동체 내에서 사유재산권은 가능하면 보장되어야 한다는 헌법적 가치결정을 의미한다. 이러한 헌법상의 가치결정은 국가기관을 구속하며, 모든 국가기관에게 기본권에 내재하는 가치결정을 실현해야 할 의무를 부과한다. 즉, 입법자는 입법을 통하여 사유재산권의 보장을 실현해야 하며, 법적용기관은 법의 해석과 적용에 있어서 사유재산권의 보장을 고려해야 할 의무를 진다.

또한, 사유재산권의 보장은 재화의 사용과 거래에 관한 개인의 자율적인 결정을 가능하게 함으로써 경제과정의 분권화를 가져오고 사법질서에 근거한 경제질서를 보장한다는 점에서, 경제질서의 형성에 결정적인 영향을 미친다.

---

1) 헌재 1998. 12. 24. 89헌마214(그린벨트), 판례집 10-2, 927, 945, "현실적으로 재산권은 기본권의 주체로서의 국민이 각자의 인간다운 생활을 자기 책임 하에 자주적으로 형성하는데 필요한 경제적 조건을 보장해 주는 기능을 한다. 그러므로 재산권의 보장은 곧 국민 개개인의 자유실현의 물질적 바탕을 의미한다고 할 수 있고, 따라서 자유와 재산권은 상호보완관계이자 불가분의 관계에 있다고 하겠다. 재산권의 이러한 자유보장적 기능은 재산권을 어느 정도로 제한할 수 있는가 하는 사회적 의무성의 정도를 결정하는 중요한 기준이 된다."

Ⅲ. 헌법상 재산권의 개념

헌법상 재산권의 개념은 헌법 스스로로부터 헌법해석을 통하여 얻어져야 한다.[1] 재산권의 내용과 한계는 입법자가 정하지만, 헌법상 재산권의 개념은 입법자에 의해서가 아니라 헌법 스스로에 의하여 독자적으로 결정된다. 다만, 헌법상 재산권의 개념이 구체화되어 재산권의 보호범위가 확정되는 것은 재산권의 내용을 정하는 입법자의 형성에 의한 것이다.

헌법상 재산권의 개념적 요소가 무엇인지 하는 것은 헌법 내에서 재산권보장의 기능과 과제의 관점에서 파악되어야 한다. 헌법 내에서 재산권보장의 목적이란, 개인에게 재산적 영역에서 자유공간을 확보하여 그로 하여금 자신의 생활을 자기책임 하에서 독자적으로 형성하도록 하는 것이다. 따라서 재산권이 자유실현의 물질적 기초로서 기능하기 위해서는, 재산적 가치가 개인에게 전적으로 귀속되어 사적 이익을 위하여 사용·수익할 수 있어야 하고 이에 대한 원칙적인 처분권이 인정되어야 한다.

이러한 관점에서 본다면, 헌법상 재산권은 그의 법적 내용에 있어서 '私的 有用性'과 '原則的 處分權'에 의하여 규정된다. 사적 유용성과 원칙적 처분권은 기본권의 주체에게 재산영역에서의 자유공간을 자유실현의 물질적 기초로서 보장해 주기 위하여 불가결한 요건이다. 그러므로 헌법상의 재산권은 개인에게 귀속되어 사적 이익을 위하여 사용·수익할 수 있고 원칙적인 처분권한이 인정되는 모든 재산적 가치를 말한다.[2]

Ⅳ. 재산권보장의 보호대상

1. 法秩序의 産物로서 재산권

가. 보호대상에 있어서 재산권과 다른 자유권의 차이점

인간은 누구나 법질서에 의한 매개를 필요로 함이 없이 생명과 신체, 양심과 믿음을 가지고 있으며 자신의 의견을 자유롭게 표명하고 예술활동을 할 수 있다. 생명, 신체의 자유, 신앙, 양심, 학문, 예술, 표현 등 대부분의 자유권이 보호하고자 하는 대상이란, 법질서에 의한 구체화를 필요로 함이 없이 원래부터 존재하는 '자연적인' 자유공간이다. 그러나 기본권에 따라서는 그의 보호대상이 법질서에 의하여 비로소 형성되는 것이 있는데, 바로 재산권이 그 대표적인 예이다.

재산권의 내용과 한계는 입법자가 법률로써 정하게 된다(헌법 제23조 제1항 후문). 입법자는 법률로써 무엇이 헌법상 재산권보장의 의미에서의 재산권에 해당하는지를 정함으로써 재산권보장의 보호대상이 비로소 입법자에 의하여 형성된다. 이러한 입법자의 형성행위는 그 자체로서는 재산권에 대한 제한이 아닌 것이다. 기본권이 입법을 통하여 비로소 그 내용이 형성되거나 또는 기본권의 현실적인 행사가 가능한 경우, 이와 같은 기본권들은 법률에 의한 구체적인 형성을 필요로 하는데, 헌법이 이와 같은 권한

---

1) BVerfGE 58, 300, 335.
2) 헌법 제23조의 의미에서의 헌법적 재산권의 본질적 특징은 재산적 가치 있는 권리가 사적인 이용과 임의적 처분을 할 수 있도록 물적 재산권과 같이 전적으로 권리의 주체에게 귀속되는 것인데, 주거에 대한 임차인의 점유권의 경우 이러한 요건을 충족시키기 때문에 헌법적 재산권으로 인정된다(BVerfGE 89, 1, 6ff.; 83, 201, 208ff.).

을 입법자에게 부여하는 것을 '기본권형성적 법률유보'라 한다.[1]

나. 입법자에 의한 법적 형성의 필요성

권리의 주체와 객체 간의 귀속관계를 규율하는 입법자의 활동 없이는, 재산권은 생각할 수 없다. 공동체 내에서 내 것과 네 것의 규범적 확정, 즉 사인 간에 재산영역의 경계설정이 필요할 뿐 아니라, 공동체에 대한 재산권자의 관계도 법적으로 규율되어야 한다. 누가, 어떠한 객체를, 어떠한 형태로, 어떠한 조건 하에서, 어떠한 범위 내에서 자기의 것으로 할 수 있는지 하는 '구체적 권리의 내용'과 제3자 및 사회공동체와의 관계에서 '권리행사의 가능성'은 언제나 전적으로 법질서에 의하여 확정된다. 재산권은 오로지 법질서에 의하여 취득·사용·양도 될 수 있을 뿐이다. 예컨대, 입법자가 저작권법이나 특허법의 제정을 통하여 창작물이나 발명에 관한 재산적 가치를 구체적인 권리로 형성하고 권리의 내용과 범위를 정하여 개인에게 귀속시킨 후에야 비로소, 개인은 자신의 저작권이나 특허권을 재산권으로서 주장할 수 있다. 그러나 입법자가 지적 재산권을 규율하는 법률을 제정하기 전에는, 그 누구도 직접 헌법상의 재산권을 근거로 하여 자신의 저작권이나 특허권에 대한 침해를 주장할 수 없는 것이다.

재산권은 법질서의 산물로서 법질서 내에서 인정되고 보호받기 위하여 법적인 형성을 필요로 하며, 법질서의 매개 없이는 재산에 대한 사실적인 지배만이 있을 뿐이다.[2] 재산권을 자연권 또는 선국가적 권리로 이해한다면, 이는 인간 누구나에게 사유재산을 소유할 권리가 인정된다는 관점에서 타당한 것일 뿐, 재산권이 자연적으로 존재하는 것은 아니다.

2. 입법에 의한 보호대상의 확정

가. 재산권보장의 보호대상으로서 구체적 법적 지위

> **사례** | 헌재 1997. 11. 27. 97헌바10(약사의 한약제조금지 사건)
>
> 甲은 약사면허를 받은 후 약국을 개설한 이래 현재까지 이를 운영하고 있는 약사로서 한약을 조제하여 왔으나, 약사법이 개정·시행됨으로 인하여 한약사가 아닌 약사의 한약조제가 원칙적으로 금지되고, 위 개정법률 시행당시에 1년 이상 한약을 조제해 온 약사는 그 시행일로부터 2년간만 한약을 조제할 수 있게 되었다(부칙조항). 이에 甲은 위 2년간의 유예기간 이후에도 한약조제권이 있다고 주장하며 서울고등법원에 한약조제면허권의 존재확인을 구하는 행정소송을 제기함과 아울러 그 재판의 전제가 된 위 부칙 조항이 소급입법에 의한 재산권박탈이라고 주장하며 위헌제청신청을 하였다.[3]

---

1) 헌재 1993. 7. 29. 92헌바20, 판례집 5-2, 36, 44, "우리 헌법상의 재산권에 관한 규정은 다른 기본권규정과는 달리 그 내용과 한계가 법률에 의해 구체적으로 형성되는 기본권 형성적 법률유보의 형태를 띠고 있으므로, 재산권의 구체적 모습은 재산권의 내용과 한계를 정하는 법률에 의하여 형성되고, 그 법률은 재산권을 제한한다는 의미가 아니라 재산권을 형성한다는 의미를 갖는다."

2) 같은 취지로 헌재 1998. 12. 24. 89헌마214(그린벨트), 판례집 10-2, 927, 944, "재산권이 법질서 내에서 인정되고 보호받기 위하여는 입법자에 의한 형성을 필요로 한다. 즉, 재산권은 이를 구체적으로 형성하는 법이 없을 경우에는 재산에 대한 사실상의 지배만 있을 뿐이므로 다른 기본권과는 달리 그 내용이 입법자에 의하여 법률로 구체화됨으로써 비로소 권리다운 모습을 갖추게 된다."

3) 헌재 1997. 11. 27. 97헌바10(약사의 한약제조금지), 판례집 9-2, 651, "헌법 제23조 제1항 및 제13조 제2항에 의하여 보호되는 재산권은 사적유용성 및 그에 대한 원칙적 처분권을 내포하는 재산가치 있는 구체적 권리이므로 구체적인 권리가 아닌 단순한 이익이나 재화의 획득에 관한 기회 등은 재산권 보장의 대상이 아니라 할 것인바, … 약

(1) '헌법상 재산권'과 '재산권보장의 보호대상'의 구분

헌법은 '재산권의 내용과 한계는 법률로 정한다'고 규정함으로써, 입법자로 하여금 변화하는 사회·경제상황과 공동체의 법문화를 고려하여 '무엇이 그 시대에 구체적으로 재산권보장의 보호를 받을 것인가'에 관하여 결정하도록, 법률에 위임하고 있다. 즉 헌법은 헌법상 재산권의 개념을 스스로 정하면서, 변화하는 사회현상을 반영하여 법률로써 헌법상 재산권개념을 구체화하도록 입법자에게 위임하고 있는 것이다. '헌법상의 재산권'과 '재산권보장의 보호를 받는 대상'은 구분되어야 하며, 서로 일치하는 것이 아니다.

(2) 재산적 가치 있는 구체적 권리

법질서에 의하여 보호되는 재산권은 헌법으로부터 직접 나오는 권리가 아니라 입법자에 의하여 비로소 매개되는 권리이므로, 헌법상 재산권의 개념을 구체화하는 입법자의 매개행위 없이는 개인에게 귀속될 수 있는 어떠한 구체적인 권리도 발생하지 않는다. 따라서 입법자가 특정 재산적 가치를 법률로써 구체적인 권리로 형성한 경우에만, 개인은 비로소 재산권보장의 보호를 받을 수 있다. 이러한 의미에서 헌법상 재산권은 '헌법과 합지하는 법률에 따라 보장되는 기본권'이라고 할 수 있다. 따라서 헌법상 재산권보장의 보호대상은 특정 시점에 법률이 재산권으로 정의한 모든 것을 포함한다.[1]

(3) 영리획득의 기회?

재산권의 내용과 한계를 정하는 합헌적 법률로써 구체적으로 형성되어 개인에게 개별적으로 귀속된 법적 지위만이 주관적 권리로서 보호받는 것이며, 이러한 구체적 지위에 대한 침해의 경우 재산권보장의 보호를 받는 것이다. 따라서 개인은 법률로써 구체적인 권리로 형성되지 아니 한 재산적 가치를 막연히 헌법상의 재산권이라고 주장하여 재산권보장의 보호를 요청할 수 없다. 구체적인 권리가 아닌 영리획득의 단순한 기회나 기업활동에 유리한 경제적·법적 상황이 지속되리라는 일반적인 기대나 희망은 재산권보장의 보호대상이 아니다.[2]

예컨대, 정년단축으로 기존 교원이 경제적 불이익을 입는 경우,[3] 과거 구 약사법상 약사에게 인정된 한약제조권을 폐지하는 경우, 구법에 의하여 허가된 업무범위가 축소되는 경우,[4] 종래 적법하

사의 한약조제권이란 그것이 타인에 의하여 침해되었을 때 방해를 배제하거나 원상회복 내지 손해배상을 청구할 수 있는 권리가 아니라 법률에 의하여 약사의 지위에서 인정되는 하나의 권능에 불과하고, 더욱이 의약품을 판매하여 얻게 되는 이익 역시 장래의 불확실한 기대이익에 불과한 것이므로, 구 약사법상 약사에게 인정된 한약조제권은 위 헌법조항들이 말하는 재산권의 범위에 속하지 아니한다."

1) Vgl. BVerfGE 58, 300, 336.

2) 헌재 2002. 7. 18. 99헌마574, 판례집 14-2, 29, 44, "헌법상 보장된 재산권은 사적 유용성 및 그에 대한 원칙적인 처분권을 내포하는 재산가치 있는 구체적인 권리이므로, 구체적 권리가 아닌 영리획득의 단순한 기회나 기업활동의 사실적·법적 여건은 기업에게는 중요한 의미를 갖는다고 하더라도 재산권보장의 대상이 아니다."

3) 헌재 2000. 12. 14. 99헌마112 등, 판례집 12-2, 399, 408, "재산권은 사적유용성 및 그에 대한 원칙적 처분권을 내포하는 재산가치 있는 구체적 권리이므로 구체적인 권리가 아닌 단순한 이익이나 재화의 획득에 관한 기회(단순한 기대이익·반사적 이익 또는 경제적인 기회) 등은 재산권보장의 대상이 아닌바, 교원의 정년단축으로 기존 교원이 입는 경제적 불이익은 계속 재직하면서 재화를 획득할 수 있는 기회를 박탈당한다는 것인데 이러한 경제적 기회는 재산권보장의 대상이 아니라는 것이 우리 재판소의 판례이다."

4) 헌재 2002. 8. 29. 2001헌마159, 판례집 14-2, 203, 214, "단순한 이윤추구의 측면에서 자신에게 유리한 경제적·법적 상황이 지속되리라는 일반적인 기대나 희망은 원칙적으로 헌법에 의하여 보호되는 재산권의 범위에 속하지 않는다. 그러므로 청구인이 폐기물관리법시행규칙이 부여한 영업허가의 기회를 활용하고 있던 상태에서 그 허가된 업무범위의 축소변경으로 말미암아 그 영업의 기회 내지 이윤획득의 기대가 다소 줄어들었다고 하더라도, 이를 가리켜 재산권의 침해라고 보기는 어렵다."

게 운영해 온 게임업 영업을 폐쇄하게 된 경우,[1] '감염병 예방을 위한 집합제한 조치'로 일반음식점의 영업이익이 감소한 경우[2] 등이 이에 해당한다.

나. 재산권의 보호대상을 정하는 입법형성권에 대한 헌법적 구속

> **사례** │ 헌재 1999. 11. 25. 98헌마456(포락토지불보상 등 위헌확인 사건)
>
> 한국토지공사는 국가공업단지사업의 시행자로서 甲으로부터 사업지구에 편입될 토지를 매수하였는데, 한국토지공사가 매입한 토지를 측량한 결과 매매계약 당시에 이미 토지의 일부가 해수에 매몰된 상태였다. 이에 한국토지공사는 甲을 상대로 해수에 매몰된 토지('자연해몰지') 부분에 대한 대금반환소송을 제기하여 승소하였다. 이에 甲은 국가가 자연해몰지(自然海沒地)를 재산권으로 보장하지 않은 부작위가 자신의 재산권을 침해하는 것이라고 주장하면서 헌법재판소에 헌법소원을 제기하였다.

위에서 서술한 바와 같이, '헌법상의 재산권'과 '재산권보장의 보호를 받는 대상'이 서로 일치하지 않으며, 입법자가 사전에 법률로써 재산권으로 인정한 것만이 비로소 헌법상 재산권에 해당하고 이에 따라 재산권보장의 보호를 받기 때문에, 재산권의 보호대상을 정하는 입법자의 형성권이 어떠한 헌법적인 구속을 받는지의 문제가 제기된다. 다른 기본권의 경우 기본권 스스로가 그 보호대상을 정하는 것과는 달리, 재산권보장의 경우 헌법이 스스로 그의 보호대상을 결정하는 것이 아니라 입법자가 법률로써 인정하는지에 따라 그 보호대상의 범위가 결정된다면, 보호대상을 구체적으로 정하는 입법자의 형성권에 의하여 헌법상의 재산권보장이 상대화되고 약화될 수 있기 때문이다.

(1) '헌법상 재산권의 개념'과 '사유재산권보장에 관한 헌법적 가치결정'에 의한 구속

'입법자가 재산권의 내용과 한계를 정한다.'고 규정하는 헌법 제23조 제1항 후문은 입법자에게 헌법적 한계 내에서 재산권을 형성할 '권한'을 부여할 뿐만 아니라, 헌법상 재산권의 개념인 사적 유용성과 원칙적인 처분권이 인정되는 재산적 가치를 법률로써 구체적인 재산권으로 형성할 '의무'를 부과한다. 헌법은 헌법상 보장되어야 하는 재산권의 개념을 제시함으로써 '어떠한 대상을 헌법상 재산권으로 간주하여 기본권적 보호를 제공할 것인지'에 관하여 입법자에게 지침을 제시하고 있다. 또한, 헌법 제23조 제1항 전문은 사유재산권에 관한 가치결정을 담고 있으므로, 입법자는 입법을 통하여 사유재산권을 적극적으로 실현해야 할 의무를 진다. 이에 따라, 입법자는 헌법 제23조 제1항 후문의 헌법위임에 의하여 헌법상 재산권개념 및 사유재산권보장에 관한 헌법적 가치결정을 지침으로 삼아 재산권보장의 범위에 포함시켜야 할 재산적 가치를 재산권으로 형성해야 할 '일반적' 의무가 있다.

만일 입법자가 헌법상의 재산권에 해당하는 재산적 가치를 법률로써 재산권으로 형성하지 않은 경우, 입법자가 헌법 제23조 제1항의 헌법위임을 이행하지 않았다는 소위 입법부작위를 이유로 개인

---

1) 헌재 2002. 7. 18. 99헌마574, 판례집 14-2, 29, 44, "위 법률에 의한 등록과 등급분류가 사실상 불가능하여 지난 30여 년간 적법하게 운영해 온 아케이드이큅프멘트 영업을 폐쇄하게 되는 데서 재산적 손실이 생겨도 이는 헌법 제23조의 재산권의 범위에 속하지 아니한다."

2) 헌재 2023. 6. 29. 2020헌마1669, "… 집합제한 조치로 인하여 청구인들의 일반음식점 영업이 제한되어 영업이익이 감소되었다 하더라도, 청구인들이 소유하는 영업 시설·장비 등에 대한 구체적인 사용·수익 및 처분권한을 제한받는 것은 아니므로, 보상규정의 부재가 청구인들의 재산권을 제한한다고 볼 수 없다."

이 헌법재판소에 헌법소원을 제기할 수 있다.[1] 그러나 헌법 제23조 제1항의 헌법위임은 특정 재산적 가치를 법률로서 재산권으로 형성해야 할 입법자의 '구체적인' 의무를 그 내용으로 하지 않는다. 따라서 입법부작위에 대한 헌법소원은 구체적인 헌법적 입법의무의 결여로 말미암아 원칙적으로 각하될 것이다.

(2) 사유재산제도의 보장에 의한 구속

헌법상 재산권개념을 구체화하는 입법자의 형성권은 재산권보장의 내용인 사유재산제도보장의 구속을 받는다. 그러나 제도보장의 내용이 사유재산권의 취득·사용·양도를 가능하게 하는 법규범을 형성할 입법자의 최소한의 의무를 의미하기 때문에, 사유재산제도의 보장은 '무엇을 재산권보장의 보호범위에 포함시킬 것인가'를 결정하는 입법자의 형성권을 거의 구속하지 못한다고 할 것이다. 따라서 입법자는 재산권의 제도보장적 요청을 준수하는 한, 헌법상 재산권개념을 구체화하는 광범위한 권한 또는 재산권보장의 보호대상에 대하여 구체적으로 결정할 광범위한 입법형성권을 가지고 있다.

다. 구체적 보호대상

(1) 보호대상의 변화

(가) 헌법상 재산권보장이 특정 시점에 법률로써 형성된 구체적인 권리를 그 보호대상으로 하기 때문에, 사회현상과 법문화의 변화를 수용하는 법질서의 변화에 따라 재산권의 기능과 보호범위도 변할 수밖에 없다. 자본주의적 산업사회의 발전과 함께 개인의 경제적 생활기반이 더 이상 소유물이 아니라 임금이나 그로부터 파생하는 연금과 같이 사회보장적 성격의 권리 등이 되었고, 재산권보장의 헌법적 목적에 비추어 재산권보장의 보호대상은 필연적으로 자유실현의 물질적 바탕이 될 수 있는 모든 권리로 점점 더 확대되었다.

따라서 헌법 제23조의 재산권은 민법상의 소유권에 국한되는 것이 아니라 소유권을 비롯한 모든 종류의 물권 및 채권(가령, 급료청구권, 이익배당청구권, 주주권) 등 재산적 가치 있는 사법상의 모든 권리, 나아가 일부 공법상의 권리(가령, 군인연금법상의 연금수급권, 국가유공자의 보상수급권)를 포함한다.[2]

지적 재산권(저작권, 발명권, 특허권, 상표권, 의장권 등)도 헌법상 재산권에 속한다. 지적 재산권은 문학·예술·발명·과학 등 인간의 정신적 창작활동의 결과로서 얻어지는 무형의 산물에 대한 배타적 권리를 말한다. 헌법은 제22조 제2항에서 "저작자·발명가·과학기술자·예술가의 권리는 법률로써 보호한다."고 하여 지적 재산권을 보호하고 있다.

1) 헌재 1999. 11. 25. 98헌마456(포락토지불보상 등 위헌확인), 판례집 11-2, 634, 635, [자연해몰지(自然海沒地)를 법률로써 재산권으로 보호하고 있지 않은 것이 재산권보장정신에 반하는 것인지 여부에 관하여] "자연해몰지가 일정한 이용가능성과 그에 따른 지배가능성을 가지는 경우를 전혀 배제할 수는 없다 할지라도 자연해몰지에 대한 그러한 사실상의 이용가능성 및 지배가능성을 재산권으로 인정하여 보호할 것인가는 역사적·사회적·경제적 여건에 따라 달라질 수 있고, 자연해몰지를 사유재산권으로 인정할 경우에도 자연해몰지의 특성상 그 시기, 범위 및 보호정도에 관하여 입법자는 광범위한 선택·결정의 재량권을 가지는바, 우리나라 현행 법체계상 자연해몰지를 재산권으로 법률로써 보장하고 있지 않는데, 이는 입법자가 해면의 공공성, 해면에 대한 경제적 이용가능성, 바다와 육지의 기술적 구분가능성 등 여러 가지 자연적·사회적·경제적 사정을 고려하여 결정한 것으로서, 헌법 제23조 제1항의 재산권보장정신이나 사유재산제에 반하는 것이라 할 수 없다."고 판시하여 입법부작위 위헌확인을 구하는 심판청구를 각하하였다.
2) 헌재 1998. 7. 16. 96헌마246, 판례집 10-2, 283, 309, "우리 헌법이 보장하고 있는 재산권은 경제적 가치가 있는 모든 공법상·사법상의 권리를 뜻한다. 이러한 재산권의 범위에는 동산·부동산에 대한 모든 종류의 물권은 물론, 재산가치 있는 모든 사법상의 채권과 특별법상의 권리 및 재산가치 있는 공법상의 권리 등이 포함되나, 단순한 기대이익·반사적 이익 또는 경제적인 기회 등은 재산권에 속하지 않는다고 보아야 한다."

또한, 상속권도 재산권에 포함된다.[1] 자신의 재산을 유산으로 남기고자 하는 피상속인의 권리 및 상속개시 후의 상속인의 권리는 헌법상 재산권보장에 의한 보호를 받는다. 상속권은 피상속인의 재산을 그가 사망한 후에도 상속인의 수중에서 계속 존속하도록 하기 때문에, 재산권과 상속권 사이에는 밀접한 연관관계가 있다. 헌법은 상속권을 보장함으로써, 재산의 사용과 처분에 관한 개인적 자유를 그가 사망한 후에도 보장한다. 상속재산의 처분에 관하여 스스로 결정할 피상속인의 권리는 상속권보장에 있어서 핵심적인 의미를 가지므로, 피상속인의 '유언의 자유'는 상속권보장의 핵심적 구성요소로 간주된다.[2]

(나) 재산권과 자유보장·인격발현의 밀접한 관계는 헌법상 재산권에 의하여 보호되는 대상을 '개인적 인격발현에 기여하는 재산권'으로 축소할 것을 요청하는 것은 아니다. 그러나 재산권의 자유보장적 기능은 보호의 강도와 효력을 정함에 있어서 결정적인 의미를 가진다. 즉, 문제되는 재산권이 개인의 자유보장과 인격발현에 기여할수록, 헌법 제23조에 의한 보호는 보다 강화된다.

따라서 헌법상 보호되는 재산권은 '개인적' 재산, 즉 개인의 생계유지나 작업에 기여하는 재산에 국한되지 않는다. 재산권보장은 기업에 대한 재산권도 포함한다. 기업재산권의 경우, 기업의 경영과 재산이 분리된 자본주의 사회에서 기업의 지분소유자가 '기업 내의 기업가'로서 간주될 수 없으며 이로써 재산권의 개인적 연관성이 매우 미약하다는 사실은 기업재산권을 보호범위에서 배제하는 것이 아니라 기업재산권의 사회적 구속성을 강화하는 근거이다.

(2) 재산권으로서 公法上의 權利

헌법상 재산권보장은 국가로부터의 일방적인 급부가 아니라 자기 노력이나 자본의 투자 등 특별한 희생을 통하여 얻은 공법상의 권리도 보호한다. 공법상의 권리의 경우, 모든 공법상의 권리가 아니라, 사법상의 재산권에 버금가는 강력한 법적 지위가 개인에게 부여되는 경우에 한하여 재산권보장의 보호를 받는다. 헌법재판소는 종래의 결정에서 군인연금법상의 연금수급권, 공무원연금법상의 연금수급권, 국가유공자의 보상수급권 등을 재산권보장의 보호범위에 포함시켰다.[3] 공법상의 권리가

---

1) 헌재 1998. 8. 27. 96헌가22(상속승인간주), 판례집 10-2, 339, 356, "상속권은 재산권의 일종이므로 상속제도나 상속권의 내용은 입법자가 입법정책적으로 결정하여야 할 사항으로서 원칙적으로 입법자의 입법형성의 자유에 속한다고 할 것이지만, 입법자가 상속제도와 상속권의 내용을 정함에 있어서 입법형성권을 자의적으로 행사하여 헌법 제37조 제2항이 규정하는 기본권제한의 입법한계를 일탈하는 경우에는 그 법률조항은 헌법에 위반된다고 할 것이다."; 판례집 10-2, 339, "상속인이 귀책사유 없이 상속채무가 적극재산을 초과하는 사실을 알지 못하여 상속개시 있음을 안 날로부터 3월내에 한정승인 또는 포기를 하지 못한 경우에도 단순승인을 한 것으로 보는 민법 제1026조 제2호는 기본권제한의 입법한계를 일탈한 것으로 재산권을 보장한 헌법 제23조 제1항, 사적자치권을 보장한 헌법 제10조에 위반된다."; 헌재 2001. 7. 19. 99헌마9등(상속회복청구권의 행사기간); 헌재 2014. 8. 28. 2013헌바119(사실혼 배우자의 상속권).

2) 피상속인이 증여 또는 유증으로 자유로이 재산을 처분하는 것을 제한하여 일정한 범위의 법정상속인에게 법정상속분의 일부가 귀속되도록 보장하는 '유류분제도'의 재산권 침해여부가 문제된 사건에서, 헌법재판소는 유류분제도 자체는 오늘날에도 유족들의 생존권을 보호하고 가족의 긴밀한 연대를 유지하기 위하여 필요하고 유류분권리자와 유류분을 획일적으로 규정한 것은 헌법에 위반되지 않으나, 패륜적인 상속인에 대하여 유류분상실사유를 별도로 규정하지 아니한 것, 상속재산형성에 대한 기여 등이 거의 인정되지 않는 피상속인의 형제자매에게까지 유류분을 인정하는 것, 기여분에 관한 민법조항을 유류분에 준용하는 규정을 두고 있지 않은 것은 재산권을 침해한다고 판단하였다(헌재 2024. 4. 25. 2020헌가4등).

3) 헌재 1995. 7. 21. 94헌바27, 판례집 7-2, 82, 90, "공무원의 퇴직급여청구권은 공무원 개인의 노력과 금전적 기여를 통하여 취득되고 자신과 그 가족의 생활비를 충낭하기 위한 경제적 가치가 있는 권리로서 헌법 제23조에 의하여 보장되는 재산권으로서의 성격을 갖는 것임에 틀림없다."; 헌재 1996. 10. 4. 96헌가6, 판례집 8-2, 308, 323, "연금수급권은 사회보장수급권의 하나로서 인간다운 생활을 보장하기 위한 사회적 기본권의 성격과 아울러, 연금의 주

사법상의 권리와 유사하게 보호받기 위해서는 다음과 같은 요건을 충족시켜야 한다.

(가) 사적 유용성

공법상의 권리가 헌법상 재산권보장의 보호를 받는지의 여부는 일차적으로 헌법상 재산권개념을 기준으로 하여 판단된다. 재산적 가치 있는 모든 권리가 곧 재산권보장의 보호를 받는 것은 아니고, 헌법상 재산권의 독자적인 개념의 표지인 재산권의 사적 유용성 요건을 충족시키는 경우에 비로소 보호를 받는다. 그러므로 공법상의 권리가 헌법상 재산권보장의 보호를 받기 위해서는 권리주체에게 귀속되어 개인의 이익을 위하여 이용 가능해야 한다. 한편, 공법상의 권리의 경우 그 권리의 성질상 사법상의 권리와는 달리 권리주체가 자유롭게 처분할 수 없다는 점에서, 헌법상 재산권개념의 또 다른 요소인 '원칙적인 처분권'의 요건이 충족될 것을 요구할 수 없다.

(나) 수급자의 자기기여 및 수급자의 생존확보에의 기여

국가에 대한 급부청구권이 사법상의 재산권과 동일한 것으로 인정되기 위해서는, 사적 유용성의 요건 외에도 별도의 특별한 요건을 필요로 한다. 재산권보장이란 사적인 창의와 노력에 의한 경제적 성과를 개인에게 귀속시키고자 하는 것이므로, 사회부조와 같이 국가의 일방적인 급부인 생존배려적 급부에 대한 권리는 재산권의 보호대상에서 제외되고, 단지 사회보험법상의 지위가 피보험자의 상당한 자기기여에 기인하고 자기기여에 대한 등가물에 해당하며 피보험자의 생존보장을 위한 경우에만, 사법상의 재산권과 유사한 정도로 보호받아야 할 공법상의 권리가 인정된다.[1]

(다) 법률로써 구체적으로 형성된 주관적 권리

국민은 법률로써 주관적 권리의 형태로 구체적으로 형성되지 않은 재산적 가치를 막연히 헌법상의 재산권이라고 주장할 수 없으며, 이는 공법상의 재산적 가치에 관한 경우에도 마찬가지이다. 따라서 공법상의 재산적 가치 있는 지위가 헌법상 재산권보장의 보호를 받기 위해서는 그 최소한의 전제조건으로서, 입법자에 의하여 수급요건, 수급자의 범위, 수급액 등 구체적인 사항이 법률에 규정됨으로써 구체적인 법적 권리로 형성되어 개인의 주관적 공권의 형태를 갖추어야 한다.[2]

요재원인 연금보험료의 일부를 수급권자 자신이 부담한다는 점과 이는 재산적 가치가 있는 권리라는 점에서 헌법 제23조에 의하여 보장되는 재산권의 성격을 갖는…."; 연금수급자가 지방의회의원에 취임한 경우, 공무원으로서 받는 보수가 기존의 연금에 미치지 못하는 경우에도 연금 전부의 지급을 정지하도록 규정한 공무원연금법 및 군인연금법은 과잉금지원칙에 위반하여 연금수급자의 재산권을 침해한다고 판단하였다(헌재 2022. 1. 27. 2019헌바161; 헌재 2024. 4. 25. 2022헌가33).

1) 헌재 2000. 6. 29. 99헌마289(직장·지역가입자의 재정통합), 판례집 12-1, 913, 948-949, "공법상의 권리가 헌법상의 재산권보장의 보호를 받기 위해서는 다음과 같은 요건을 갖추어야 한다. 첫째, 공법상의 권리가 권리주체에게 귀속되어 개인의 이익을 위하여 이용가능해야 하며(사적 유용성), 둘째, 국가의 일방적인 급부에 의한 것이 아니라 권리주체의 노동이나 투자, 특별한 희생에 의하여 획득되어 자신이 행한 급부의 등가물에 해당하는 것이어야 하며 (수급자의 상당한 자기기여), 셋째, 수급자의 생존의 확보에 기여해야 한다. 이러한 요건을 통하여 사회부조와 같이 국가의 일방적인 급부에 대한 권리는 재산권의 보호대상에서 제외되고, 단지 사회법상의 지위가 자신의 급부에 대한 등가물에 해당하는 경우에 한하여 사법상의 재산권과 유사한 정도로 보호받아야 할 공법상의 권리가 인정된다. 즉 공법상의 법적 지위가 사법상의 재산권과 비교될 정도로 강력하여 그에 대한 박탈이 법치국가원리에 반하는 경우에 한하여, 그러한 성격의 공법상의 권리가 재산권의 보호대상에 포함되는 것이다."; 헌재 1995. 7. 21. 94헌바27 등, 판례집 7-2, 82, 90, 공법상의 권리가 재산권보장의 보호를 받기 위해서는 '개인의 노력과 금전적 기여를 통하여 취득되고 자신과 그의 가족의 생활비를 충당하기 위한 경제적 가치가 있는 권리'여야 한다는 것을 처음으로 밝혔다.; 또한 BVerfGE 4, 219, 240; 16, 94, 112; BVerfGE 69, 272, 300ff. 참조.

2) 헌재 1995. 7. 21. 93헌가14, 판례집 7-2, 1, 20, 22, "국가보훈 내지 국가보상적 수급권도 법률에 규정됨으로써 비로소 구체적인 법적 권리로 형성된다. … 보상금수급권 발생에 필요한 절차 등 수급권 발생요건이 법정되어 있는 경우에는 이 법정요건을 갖추기 전에는 헌법이 보장하는 재산권이라고 할 수 없다."

재산권으로서의 공법상의 권리가 문제되는 대부분의 경우는, 일단 법률로써 규정된 사회법적 지위가 국가의 정책적 필요(대부분의 경우 비용절감의 이유)에 의하여 사후적으로 축소되거나 제거되는 경우, 기존의 사회법적 지위에 대한 신뢰를 어느 정도로 보호할 것인가의 문제에 관한 것이다.

V. 재산권을 형성하는 입법자에 대한 재산권보장의 二重的 拘束

입법자가 스스로 재산권을 형성하면서 동시에 헌법상 재산권보장의 구속을 받기 때문에, '재산권을 형성하는 입법자가 어떠한 헌법적 구속을 받는지의 문제가 제기된다. 재산권보장의 이중적 의미에 따라, 재산권의 내용과 한계를 정하는 입법자는 이중적으로 재산권보장의 구속을 받는다.

1. 재산권보장의 이중적 의미

헌법 제23조 제1항 전문은 "모든 국민의 재산권은 보장된다."고 규정하고 있다. 여기서 "보장"의 의미는 개인의 구체적인 재산권을 기본권으로서 보호한다는 주관적 보장과 재산권을 구체적으로 형성하는 입법자에 대한 객관적인 보장이라는 2가지 측면을 가지고 있다.

첫째, 입법자가 법률에 의하여 형성되어 이미 존재하는 구체적인 재산권을 박탈하거나 그 내용을 재산권자에게 불리하게 변경하는 경우, 재산권보장은 각 재산권자에게 귀속된 구체적인 권리의 존속을 보장함으로써 법적으로 형성된 구체적인 주관적 권리를 보호한다(주관적 보장).

둘째, 재산권보장은 입법자에게 재산권을 형성함에 있어서 재산권보장의 객관적 가치결정(정신)을 준수할 것을 요청함으로써, 입법자가 법률로써 재산권을 위헌적으로 형성하는 것에 대하여 객관적인 보호를 제공한다(객관적 보장).

2. 재산권보장의 이중적 구속

가. 개인의 구체적인 재산권에 대한 주관적 보장(存續保障)

> **사례** 헌재 1998. 12. 24. 89헌마214 등(그린벨트 사건)
>
> 도시계획법 제21조는 건설교통부장관으로 하여금 도시계획으로 개발제한구역(소위 '그린벨트')을 지정할 수 있도록 하면서, 개발제한구역 내에서는 구역지정의 목적에 위배되는 건축물의 건축 등을 할 수 없도록 규정하고 있다. 甲은 개발제한구역으로 지정된 토지 위에 관할관청의 허가를 받지 아니하고 건축물을 건축하여 소유하고 있다는 이유로 관할 구청장으로부터 위 건축물에 대한 철거대집행계고처분 등을 받고, 법원에 위 구청장을 상대로 위 건축물철거대집행계고처분 등의 취소를 구하는 행정소송을 제기하였고, 소송계속중 법원에 도시계획법 제21조에 대하여 위헌심판제청을 신청하였으나 위 신청이 기각되자, 헌법소원심판을 청구하였다.

존속보장은 각 기본권의 주체에게 귀속된 구체적인 사유재산권의 존속과 사용·처분을 보장한다. 주관적 권리로서 재산권은 개인의 재산권을 박탈하거나 침해하는 부당한 공권력의 행위를 방어하는 권리를 부여한다. 개인의 구체적인 재산권에 대한 제한은 헌법 제23조 제1항 및 제2항에 의한 재산권내용규정이 기득재산권의 내용을 불리하게 변경하는 경우 및 헌법 제23조 제3항에 의한 공용침해의 형태로 나타난다. 특히, 재산권의 사용을 제한함으로써 기득재산권의 내용을 불리하게 변경하는 경우, 어떠한 경우에 보상을 요하는 재산권의 침해가 존재하는지, 즉 사회적 제약과 수용적 침해의 구분 및 보상필요성의 여부가 재산권의 존속보장의 핵심적인 문제로서 제기된다.

(1) 헌법 제23조 제3항의 공용침해

재산권보장의 일차적인 의미는 재산권의 주체가 소유하고 있는 구체적인 재산적 권리의 '존속보호'에 있으며, 단지 공공의 필요에 의하여 재산권에 대한 침해가 불가피한 경우 존속보호는 헌법 제23조 제3항에 의하여 '가치보호'로 전환된다. 공용수용의 형태로 재산권을 제한하는 경우에는 수용규정은 헌법 제23조 제3항에 규정된 요건을 충족시켜야 하는데, 합법적인 수용의 경우 존속보장은 재산권의 가치에 대한 보장으로 전환된다.

(2) 재산권내용규정이 기득재산권의 내용을 불리하게 변경하는 경우

입법자가 법률에 의하여 형성되어 이미 존재하는 구체적인 재산권(기득재산권)을 제거하거나 그 내용을 재산권자에게 불리하게 변경하는 경우, 주관적 공권의 보호의 관점에서 구체적 재산권의 존속보장의 구속을 받는다. 예컨대, 토지거래허가제로 인하여 토지의 자유로운 처분이 제한되는 경우, 종래 지목이 '대지'인 토지가 개발제한구역(그린벨트)으로 묶이는 경우 또는 종래 500평의 택지를 소유하고 있는 자에게 200평으로 택지의 소유를 제한하는 경우를 예로 들 수 있다.

재산권의 존속보장은 합법적으로 취득한 구체적인 재산권이 존속하리라는 것에 대한 신뢰보호를 의미한다. 따라서 입법자는 특별히 보호되어야 하는 개인의 신뢰이익이 인정되는 경우에는 경과기간에 관한 규정이나 보상규정 등을 통하여 재산권자의 신뢰이익을 고려해야 하며, 이러한 방법으로 법률개정이 가져오는 기득권에 대한 침해가 합헌적으로 이루어지도록 해야 한다. 따라서 입법자가 법률개정을 통하여 기득권을 침해하는 경우에는 재산권에 내재한 신뢰보호에 의한 구속을 받는다.

나. 재산권을 구체적으로 형성하는 입법자에 대한 객관적 보장

사례 | 헌재 2004. 11. 25. 2002헌바52(산재보험법상의 최고보상제도 사건)

甲은 乙의 사업장에서 근무하던 중 작업을 하다가 감전되어 사망하였다. 乙은 甲의 유족에게 甲의 평균임금을 금 250,000원으로 계산하여 지급한 후 근로복지공단(이하 "공단")에게 甲의 유족을 대위하여 유족보상일시금을 청구하였는데, 공단은 甲의 평균임금을 산업재해보상보험법(이하 "산재법")에 의한 최고보상기준금액에 의하여 계산한 뒤 유족보상일시금을 지급하였다. 乙은 자신이 甲의 유족에게 지급한 금액과의 차액을 지급해 줄 것을 공단에 청구하였으나, 공단은 이를 거절하는 부지급결정처분을 하였다. 이에 대하여 乙은 공단을 상대로 법원에 위 처분의 취소를 구하는 소송을 제기하였고 위 소송의 계속 중 '보험급여의 산정에 있어서 당해 근로자의 평균임금이 최고보상기준금액을 초과하는 경우에는 최고보상기준금액을 당해 근로자의 평균임금으로 하는 산재법규정'에 대하여 재해근로자의 재산권을 침해한다는 주장으로 위헌법률심판제청을 신청하였으나, 위 법원이 제청신청을 기각하자 헌법소원심판을 청구하였다.

입법자가 재산권의 내용을 장래에 있어서 새롭게 규율하는 경우, 입법자는 재산권의 형성에 있어서 사유재산권에 관한 헌법적 가치결정을 존중해야 하기 때문에, 헌법상 재산권보장의 정신에 의하여 객관적으로 구속을 받는다. 예컨대, 입법자가 법률로써 택지소유의 상한을 정하면서, 장래에 택지를 취득하는 경우에 한하여 위 법률을 적용하는 경우이다. 이 경우, 과거에 택지를 취득한 자에 대해서는 위 법률이 적용되지 않기 때문에, 개인의 구체적인 재산권의 보호 문제인 주관적 보장의 문제는 제기되지 않는다. 다만, 위 법률의 객관적인 위헌여부만이 문제될 뿐이다. 마찬가지로, '산재보험법상의 최고보상제도 사건'에서 최고보상제도의 시행 이후 업무상 재해를 입은 재해근로자의 경우에도 산재보험수급권이란 구체적 재산권에 대한 주관적 보장의 문제는 제기되지 않는다.[1] 이러한 경우, 재산권의 주관적 보장은 재산권의 내용을 형성하는 입법자에 대하여 아무런 보호를 제공하지 못한다. 따라서 재산권보장은 장래에 발생하는 사실관계를 규율하는 입법자에 대해서도 보호를 제공해야 하는데, 이러한 기능을 이행하는 것이 바로 객관적 보장이다.[2]

재산권의 객관적 보장은 종래 주로 '법제도로서 사유재산제도의 보장'으로 이해되었으나, 제도보장의 사고는 입법자가 헌법의 구속을 받지 않는다는 것을 전제로 하는 바이마르공화국 당시 헌법학의 산물로서 헌법상 재산권보장의 구속을 받지 않는 입법자를 최소한이나마 재산권보장의 핵심적 내용에 구속시키고자 하는 것이었다. 그러나 입법자를 비롯하여 모든 국가권력이 헌법의 구속을 받는 오늘날의 헌법질서에서, 제도보장의 사고는 재산권을 형성하는 입법자에 대한 헌법적 구속의 단지 하나의 측면만을 서술하고 있을 뿐이다. 오늘날의 헌법국가에서 입법자를 구속하는 것은, 무엇보다도 헌법이 사유재산권을 보장한 것의 정신, 즉 사유재산권에 관한 객관적 가치결정이다. 그러므로 재산권의 객관적 보장이란, 입법자가 재산권을 구체적으로 형성함에 있어서 '사유재산제도의 보장'을 넘어서 무엇보다도 '사유재산권에 관한 헌법적 가치결정'에 의하여 구속을 받는다는 것을 의미한다. 이러한 점에서, 재산권의 객관적 보장과 제도보장을 동일시하거나 재산권보장의 객관적 측면을 제도보장으로 축소시키는 종래의 사고는 극복되어야 한다.

(1) 법제도로서 사유재산제도의 보장(制度保障)

법제도로서의 재산권보장은 재산권을 형성하는 입법자에 대한 요청으로서, 사유재산권의 취득·사용·양도를 가능하게 하는 법질서를 형성할 의무, 즉 개인으로 하여금 사유재산권의 행사를 가능하게 하는 법제도를 형성해야 할 의무 및 사유재산권을 형성하는 법질서의 본질적인 부분을 폐지해서는 아니 된다는 의무를 입법자에게 부과한다.[3] 입법자는 지배권·이용권·처분권 등 사유재산권

---

1) 헌재 2004. 11. 25. 2002헌바52(산재보험법상의 최고보상제도), 판례집 16-2하, 297, 307-308, [재해근로자의 평균임금이 높은 경우 보험급여를 제한하기 위하여 최고보상기준금액을 규정한 산업재해보상보험법규정이 재산권을 침해하는지 여부(소극)], "당해사건의 재해근로자는 최고보상제도가 시행된 이후인 2000. 7. 23. 업무상재해를 입었으므로 그가 가지는 산재보험수급권은 최고보상기준금액을 한계로 확정된다. 따라서 위 재해근로자로서는 이 사건 법률조항으로 인해 이미 획득한 산재보험수급권의 제한을 받는 것이 아니라 이 사건 법률조항에 의하여 비로소 최고보상기준금액을 한계로 한 산재보험수급권을 획득하게 되므로 재산권 침해를 주장할 지위에 있지 않다."

2) 한편, 헌재 2004. 11. 25. 2002헌바52 결정(산재보험법상의 최고보상제도)에서 문제되는 것은 재해근로자의 기득재산권에 대한 침해가 위헌인지의 여부가 아니라 입법자가 최고보상제도를 도입한 것이 헌법상 재산권보장의 정신에 부합하는지의 여부이므로, 헌법재판소는 위 결정에서 최고보상제도의 위헌여부를 심사함에 있어서 당해 재해근로자의 재산권침해 여부를 판단해서는 안 되며, 입법자가 최고보상제도를 도입함에 있어서 사유재산권에 관한 헌법적 가치결정과 재산권의 사회적 구속성을 함께 고려하여 양 법익의 조화를 시도하였는지를 판단해야 한다. 그러나 헌법재판소는 위 결정에서 '입법자에 대한 재산권의 객관적 보장의 측면'을 인식하지 못하고 단지 재해근로자의 기본권침해만을 부정하는 오류를 범하였다.

3) 헌재 1993. 7. 29. 92헌바20, 판례집 5-2, 36, 44, "재산권보장은 개인이 현재 누리고 있는 재산권을 개인의 기본권으로 보장한다는 의미와 개인이 재산권을 향유할 수 있는 법제도로서의 사유재산제도를 보장한다는 이중적 의미를 가지고 있다."

을 형성함으로써 재산영역에서의 개인의 자유공간을 보장해야 할 의무가 있다. 법제도로서 재산권의 핵심적 구성내용은 재산권의 사적 유용성과 원칙적인 처분권이며, 이는 헌법상 재산권의 보장내용 또는 개념과 일치한다. 입법자는 재산권을 법제도로서 형성함에 있어서 재산권보장의 핵심적 내용인 재산권객체에 대한 사적 유용성과 원칙적인 처분권을 유지해야 한다. 제도보장은 재산권을 형성하는 입법자를 구속하나, 입법자에 대한 최소한의 요청으로서 구체적인 지침을 제시할 수 없다.

개인이 구체적 권리로서 재산권을 행사하기 위해서는 사유재산제도의 존재를 전제로 한다는 점에서, 재산권의 제도보장은 궁극적으로 개인의 기본권인 재산권의 보장을 위하여 존재하는 것이고, 이러한 의미에서 재산권보장을 보조하고 강화하는 역할을 한다고 볼 수 있다.

(2) 사유재산권에 관한 헌법적 가치결정

헌법 제23조 제1항 전문은 "모든 국민의 재산권은 보장된다."고 함으로써, 사유재산권에 관한 헌법의 근본적인 가치결정을 담고 있다. 이에 따라 입법자는 단순히 사유재산제도의 보장을 넘어서, 재산권의 내용을 정하는 입법을 통하여 사유재산권을 적극적으로 실현해야 할 의무를 진다.

따라서 입법자는 당해 재산적 가치가 개인적 자유에 대하여 가지는 의미를 고려하여 자유실현의 물질적 기초로서 기능할 수 있도록, 재산적 가치를 권리의 주체인 개인에게 그가 사용·수익·처분할 수 있도록 원칙적으로 귀속시켜야 한다. 재산권은 권리의 주체에게 귀속되어 사용, 수익을 통하여 사적으로 유용하도록 형성되어야 하며(사적 유용성), 재산권의 객체에 대한 원칙적인 처분권한이 권리의 주체에게 보장되어야 한다(임의적 처분권).

Ⅵ. 헌법 제23조 제2항의 의미

1. 입법자에 대한 헌법적 지침으로서 사회적 구속성

헌법 제23조 제2항은 "재산권의 행사는 공공복리에 적합하도록 하여야 한다."고 규정하여 재산권의 사회적 구속성을 규정하고 있다. 헌법은 제23조 제1항에 의하여 보장되는 '사적 유용성'의 기능 외에 '공공복리에 기여한다는 또 다른 기능'을 재산권에 부여하고 있다. 이로써 헌법은 입법자가 재산권질서를 형성함에 있어서 추구하고 실현해야 하는 또 다른 방향과 지침을 제시하고 있다. 헌법 제23조 제2항은 사회적으로 정당한 재산권질서의 실현, 즉 사회국가적 사회·경제정책의 요청에 대하여 개방되어 있는 재산권질서의 실현을 목표로 하고 있는 것이다.

헌법 제23조 제2항은 마치 재산권의 구체적인 행사에 있어서 재산권자가 준수해야 하는 의무인 것처럼 표현하고 있지만, 개인에게 공공복리에 부합하는 방향으로 재산권을 행사해야 하는 의무를 부과하는 규정이 아니다. 헌법 제23조 제2항의 규정은 일차적으로 입법자에 대한 헌법적 위임으로서 법률로써 재산권의 내용을 형성함에 있어서 헌법상의 '재산권보장'뿐 아니라 또한 '공공복리'를 고려해야 할 입법자의 의무를 규정하고 있다. 이로써 헌법 제23조 제2항은 제23조 제1항의 재산권보장과 함께 재산권의 내용과 한계를 정하는 입법자를 구속하는 기본지침으로서 사회국가원리가 재산권의 영역에서 구체화된 형태라고 할 수 있다.

2. 개인의 對社會的 責任으로서 사회적 구속성

헌법 제23조 제2항이 전적으로 입법자만을 향하고 있는 것은 아니다. 헌법 제23조 제2항은 재산권의 사회적 구속성을 언급함으로써 공공복리의 실현을 위하여 재산권이 제한될 수 있다는 것, 즉 개인의 사회적 책임성을 표현하고 있다. 헌법 제23조 제2항에서 표현되는 개인의 대사회적 책임이란 공공복리에 부합하게 재산권을 행사해야 할 개인의 헌법적 의무를 의미하는 것이 아니라, 사회국가가 실질적 자유와 평등을 실현하기 위하여 불가피하게 개인의 재산권을 제한하는 경우 개인은 이를 수인해야 한다는 것을 말하는 것이다.

자유권이란 임의적 자유이지, 무엇을 위한 자유, 예컨대 공익실현을 위한 자유가 아니며, 이러한 자유권의 본질은 재산권보장의 경우에도 마찬가지로 유효하다. 기본권적 자유가 공익실현의 목적에 종속됨으로써 개인이 국가공동체에 바람직한 방향으로 자신의 자유를 행사해야 한다면, 그것은 이미 자유가 아니다. 헌법은 공공복리에 기여하는 자유행사에 대해서만 기본권적인 보호를 제공하는 것이 아니라, 기본권의 제한을 통하여 공공복리를 실현하는 구조를 취하고 있다($^{헌법\ 제37}_{조\ 제2항}$). 공공복리는 단지 기본권적 자유의 한계이지 자유행사의 지침이 아닌 것이다. 공공복리는 입법자의 법익교량과정에서 개인의 자유권과 함께 고려되어야 하는 '반대 추'인 것이지, 개인의 자유행사가 추구해야 하는 방향이 아니다.

3. 헌법 제23조 제1항 후문에서 '재산권의 내용과 한계'의 의미 및 관계

가. 헌법은 제23조 제1항 후문에서 "그 내용과 한계는 법률로 정한다."고 하고 제2항에서 "재산권의 행사는 공공복리에 적합하도록 하여야 한다."고 규정함으로써, 재산권의 내용과 한계는 재산권의 사회적 기속을 고려하는 법률에 의하여 정해진다는 의미에서 헌법 제23조 제1항 후문 및 제2항은 하나의 통일적인 형성적 법률유보를 형성하고 있다.

나. 여기서 '재산권의 내용과 한계'에서 내용과 한계의 의미가 무엇이며 양자의 관계가 어떠한지 의문이 제기된다. 이에 관하여는 다음과 같은 2가지 견해가 가능하리라고 본다.

(1) 첫째, 입법자는 재산권을 형성함에 있어서 헌법상 사유재산의 보장과 재산권의 사회적 구속이라는 상충하는 법익을 함께 고려해야 하기 때문에, 사회적 구속성에 근거하여 공익의 실현을 위하여 재산권에 한계를 설정함으로써 재산권의 내용을 확정하며, 역으로 재산권의 내용을 형성하는 규정은 필연적으로 재산권의 사회적 구속성을 고려함으로써 한계를 반영하고 있다. 이러한 견해에 의하면, 재산권의 내용과 한계는 불가분적이고 상호의존의 관계에 있으므로, 양자를 개념적으로 명확하게 구분하는 것은 불가능하다.

(2) 둘째, 헌법 제23조 제1항 후문은 "그 내용과 한계는 법률로 정한다."고 규정함으로써, 재산권의 내용을 형성하는 '내용규정'이 동시에 재산권을 제한하는 '한계규정'이 될 수 있음을 표현하고 있다고 볼 수도 있다. 즉, 재산권을 형성하는 규정은 대부분의 경우 기득재산권을 제한하는 규정이라는 점에서, 재산권의 내용을 새롭게 형성하는 규정이 동시에 기득재산권을 제한한다는 것을 의미하는 것이라고 볼 여지도 있다.

(3) 재산권의 내용을 확정하는 것이 곧 재산권의 사회적 기속성에 근거하여 재산권에 한계를 설

정하는 것이므로, 내용과 한계의 상호연관성과 일체성을 강조하는 첫 번째 견해가 타당하다고 판단된다. 한편 두 번째 견해에 대해서는, 재산권을 단지 장래에 있어서만 형성하는 규정의 경우 기득재산권의 제한이 발생하지 않는다는 점, 재산권의 내용과 한계의 상호연관성을 인식하지 못한다는 점에서, 그 타당성에 대하여 의문이 있다.

4. 사회적 구속성의 정도

가. 재산권의 자유보장적 기능에 의한 사회적 구속의 차등화

개인적 자유와 밀접한 관계가 있는 '인권으로서 재산권보장'에 대한 이해는 필연적으로 재산권의 사회적 구속의 차등화를 가져온다. 즉, 재산권의 자유보장적 기능은 사회적 구속성의 정도를 결정하는 중요한 기준이 되는 것이다. 재산권의 객체가 사회적 연관성과 사회적 기능을 가질수록 입법자에게 폭넓은 규율권한이 인정되고, 이에 대하여 개인적 자유를 보장하는 요소로서의 재산권의 기능이 문제될수록 재산권은 더욱 보호를 받아야 한다.

따라서 재산권객체의 개인적 기능, 즉 재산권객체가 기본권 주체의 인격발현에 대하여 가지는 의미 및 사회적 기능, 즉 재산권의 행사가 타인과 사회전반에 대하여 가지는 의미에 따라, 사회적 구속성의 정도가 다르다.[1] 생산재에 관한 재산권, 기업, 투기용 부동산, 임대용 건물 등과 같이, 재산권의 이용과 처분이 소유자의 개인적 영역에 머무르지 않고 타인의 자유행사에 영향을 미치거나 타인이 자신의 자유를 행사하기 위하여 문제되는 재산권에 의존하고 있는지 아니면 재산권이 개인의 인격발현을 위하여 필요불가결한 것으로서 개인적 자유를 보장하기 위한 물질적 바탕으로서 기능하는지에 따라 입법자의 형성권, 즉 재산권에 대한 제한의 허용(사회적 구속성) 정도가 달라진다. 가령, 회사법적으로 매개된 지분에 대한 재산권에 있어서 재산권의 개인연관성은 상당히 희박한데 반하여 사회적 연관성이나 사회적 기능이 뚜렷하므로, 보다 강화된 사회적 기속을 정당화한다.[2]

나. 토지재산권의 경우

토지는 증식이 불가능하고 모든 국민이 주거와 생산의 기반으로서 토지의 합리적인 이용에 의존하고 있기 때문에, 토지의 경우 다른 재산권에 비하여 보다 강하게 공동체의 이익을 관철할 것이 요구된다.[3] 토지재산권의 강화된 사회적 구속성으로 말미암아, 토지재산권은 재산권의 내용과 한계를

---

1) 같은 취지로 헌재 1998. 12. 24. 89헌마214(그린벨트), 판례집 10-2, 927, 945, "재산권에 대한 제한의 허용정도는 재산권행사의 대상이 되는 객체가 기본권의 주체인 국민 개개인에 대하여 가지는 의미와 다른 한편으로는 그것이 사회전반에 대하여 가지는 의미가 어떠한가에 달려 있다. 즉, 재산권 행사의 대상이 되는 객체가 지닌 사회적인 연관성과 사회적 기능이 크면 클수록 입법자에 의한 보다 광범위한 제한이 정당화된다."; 헌재 2005. 5. 26. 2004헌가10(건물에 대한 환매권 불인정), 판례집 17-1, 608, "재산권의 제한에 대하여는 재산권 행사의 대상이 되는 객체가 지닌 사회적인 연관성과 사회적 기능이 크면 클수록 입법자에 의한 보다 광범위한 제한이 허용되며, 한편 개별 재산권이 갖는 자유보장적 기능, 즉 국민 개개인의 자유실현의 물질적 바탕이 되는 정도가 강할수록 엄격한 심사가 이루어져야 한다."

2) 헌재 2003. 11. 27. 2001헌바35(부실금융기관에 대한 자본금감소명령 I), 판례집 15-2하, 222, 237, "다른 모든 기본권과 마찬가지로 재산권도 공익상의 이유로 제한될 수 있음은 물론이며, 특히 대형금융기관과 같은 대기업의 주식의 경우 입법자에 의한 보다 광범위한 제한이 가능하다. … 이러한 관점에서 볼 때, 대기업의 자본지분인 '주식'에 대한 재산권의 경우 재산권이 개인의 인격발현에 대하여 지니는 의미는 상당히 미소한데 반하여 사회적 연관성이나 사회적 기능이 뚜렷하므로, 국가에 의하여 보다 폭넓게 제한될 수 있다." 동일한 내용으로 헌재 2004. 10. 28. 99헌바91(부실금융기관에 대한 자본금감소명령 II), 판례집 16-2하, 104, 126-127; 또한, vgl. BVerfGE 50, 342ff., 348.

3) 헌재 1989. 12. 22. 88헌가13(토지거래허가제), 판례집 1, 357, 372; 헌재 1998. 12. 24. 89헌마214 등(그린벨트), 판례집 10-2, 927, 945-946; 헌재 1999. 4. 29. 94헌바37(택지소유상한제), 판례집 11-1, 289, 303-304, "재산권 행사의

설정하는 입법자의 가장 중요한 활동영역이 되었다. 가령, 다수의 국민이 주거로서 타인의 토지를 사용하고 있다는 사실에 비추어, 임차인의 법적 지위를 보호하는 사회국가적 주택임대차법에 의하여 주택소유권자를 구속하는 것이 정당화된다. 나아가, 토지재산권의 사용·개발 및 건축의 가능성은 공법질서에 의하여 포괄적으로 규율되고 있다.[1] 이에 따라 재산권자는 공법상의 사용질서 내에서 자신의 토지를 사용하고 개발할 권리를 가진다.[2]

같은 토지재산권 중에서도 토지재산권이 '기본권의 주체가 스스로 주거하는 장소'로서 자신의 인격과 존엄성의 실현에 있어서 불가결하고 중대한 의미를 갖는가 아니면 상거래, 부동산투기, 임대, 그 외의 영업적 용도로 이용되는가에 따라 사회적 기속의 정도가 달라진다.[3]

Ⅶ. 재산권의 내용과 한계를 정하는 법률규정의 위헌심사

사례 1 | 헌재 1999. 4. 29. 94헌바37 등(택지소유상한제 사건)

'택지소유상한에 관한 법률'은 개인에 대하여 그 소유시기와 상관없이 서울 등 대도시에서 택지소유의 상한을 200평으로 제한하고, 허용된 소유상한을 넘는 택지에 대해서는 처분 또는 이용·개발의무를 부과하여 이러한 의무를 이행하지 아니하였을 때에는 부담금을 부과하면서, 법 시행 이전부터 택지를 소유하고 있는 사람에게도 일률적으로 택지소유상한제를 적용하고 처분·이용·개발의무를 부과하였다. 甲은 대도시에 소유상한을 초과하여 택지를 소유하고 있는 사람인데, 택지초과소유부담금 부과처분에 대하여 취소소송을 제기하고 위 소송 계속중에 위헌심판제청신청을 하였다.

대상이 되는 객체가 지닌 사회적인 연관성과 사회적 기능이 크면 클수록 입법자에 의한 보다 더 광범위한 제한이 허용된다고 할 것이다. 토지는 원칙적으로 생산이나 대체가 불가능하여 공급이 제한되어 있고, 우리나라의 가용 토지 면적은 인구에 비하여 절대적으로 부족한 반면에, 모든 국민이 생산 및 생활의 기반으로서 토지의 합리적인 이용에 의존하고 있으므로, 그 사회적 기능에 있어서나 국민경제의 측면에서 다른 재산권과 같게 다룰 수 있는 성질의 것이 아니므로 공동체의 이익이 보다 더 강하게 관철될 것이 요구된다고 할 것이다."

1) 헌재 1998. 12. 24. 89헌마214 등(그린벨트), 판례집 10-2, 927, 928, [토지를 종전의 용도대로 사용할 수 있는 경우에 개발제한구역 지정으로 인한 지가의 하락이 토지재산권에 내재하는 사회적 제약의 범주에 속하는지 여부에 관하여] "개발제한구역의 지정으로 인한 개발가능성의 소멸과 그에 따른 지가의 하락이나 지가상승률의 상대적 감소는 토지소유자가 감수해야 하는 사회적 제약의 범주에 속하는 것으로 보아야 한다. 자신의 토지를 장래에 건축이나 개발목적으로 사용할 수 있으리라는 기대가능성이나 신뢰 및 이에 따른 지가상승의 기회는 원칙적으로 재산권의 보호범위에 속하지 않는다. 구역지정 당시의 상태대로 토지를 사용·수익·처분할 수 있는 이상, 구역지정에 따른 단순한 토지이용의 제한은 원칙적으로 재산권에 내재하는 사회적 제약의 범주를 넘지 않는다."

2) 헌재 1998. 12. 24. 89헌마214(그린벨트), 판례집 10-2, 927, [토지재산권의 사회적 의무성에 관하여] "헌법상의 재산권은 토지소유자가 이용가능한 모든 용도로 토지를 자유로이 최대한 사용할 권리나 가장 경제적 또는 효율적으로 사용할 수 있는 권리를 보장하는 것을 의미하지는 않는다. 입법자는 중요한 공익상의 이유로 토지를 일정 용도로 사용하는 권리를 제한할 수 있다. 따라서 토지의 개발이나 건축은 합헌적 법률로 정한 재산권의 내용과 한계 내에서만 가능한 것일 뿐만 아니라 토지재산권의 강한 사회성 내지는 공공성으로 말미암아 이에 대하여는 다른 재산권에 비하여 보다 강한 제한과 의무가 부과될 수 있다."

3) 헌재 1999. 4. 29. 94헌바37 등(택지소유상한제), 판례집 11-1, 289, 320, "개인이 소유하는 택지라고 하더라도, 그것이 택지소유자가 스스로 주거하는 장소로서 자신의 인격과 존엄성의 실현에 있어서 불가결하고 중대한 의미를 갖는가 아니면 상거래, 부동산투기, 임대, 그 외의 영업적 용도로 이용되는 것인가에 따라 재산권의 자유보장적 기능의 관점에서 사회적 제약의 정도가 달라진다. 다시 말하면 개인이 택지를 소유하고 있는 경위와 그 목적에 따라 택지가 소유자 및 사회 전반에 대하여 가지는 의미가 다르므로, 법이 헌법상의 재산권 보장과 평등원칙에 합치하기 위하여서는 이러한 본질적인 차이를 고려하여 규율하여야 한다."

사례 2 헌재 2009. 5. 28. 2005헌바20 등(산재보험법상 최고보상제도의 소급적용 사건)

甲은 1991년 외국계 회사의 부사장으로 근무하던 중 쓰러져, 1993년 근로복지공단(이하 '공단')으로부터 장해등급 제3급을 판정받아 2003. 1. 경에는 월 평균임금의 70%에 해당하는 월 약 7백6십만 원의 장해보상연금을 수령하고 있었다. 그런데 1999. 12. 31. 산업재해보상보험법이 개정되어 이른바 '최고보상제도'가 시행됨에 따라, 공단은 2003년부터 甲에게 약 2백만 원으로 감액한 장해보상연금만을 지급하였다. 이에 甲은 서울행정법원에 공단을 상대로 소를 제기하고 그 소송 계속중 '최고보상제도를 규정하면서 2년 6월의 유예기간이 경과한 후에는 이를 기존의 장해보상연금 수급자에 대해서도 적용하도록 하는 구 산업재해보상보험법규정'에 대한 위헌법률심판제청신청을 하였으나, 위 법원이 위 신청을 기각하자, 헌법소원심판을 청구하였다.[1)]

재산권의 내용과 한계를 정하는 입법자의 권한은 장래에 발생할 사실관계에 대하여 재산권의 내용을 형성할 권한뿐만 아니라, 그를 넘어서 과거에 이미 형성된 권리에 대해서도 새로운 내용을 부여할 권한을 포함한다. 가령, 입법자가 법률로써 택지소유의 상한을 정하면서 위 법률을 장래에 택지를 취득하는 사람뿐만 아니라 이미 택지를 취득한 사람에 대해서도 적용하는 경우 또는 저작권법을 개정하여 저작권의 보호기간을 종래 50년에서 25년으로 축소하면서 개정법률을 장래에 저작권을 취득하는 사람뿐만 아니라 이미 저작권을 취득한 사람에 대해서도 적용하는 경우, 이러한 법률의 위헌여부를 어떠한 관점에서 판단해야 하는지의 문제가 제기된다.

입법자는 재산권의 내용을 형성함에 있어서 재산권보장에 의하여 이중적으로 구속을 받기 때문에, 재산권의 내용을 형성하는 법률이 합헌적이기 위해서는 '장래에 있어서' 적용될 법률이 기존의 법적 지위의 침해여부와 관계없이 그 자체로서 헌법에 합치해야 할 뿐 아니라, 또한 '종래의' 법적 상태에 의하여 부여된 구체적 권리에 대한 제한도 재산권보장의 관점에서 정당화되어야 한다. 따라서 재산권의 내용을 형성하는 법률의 위헌여부는 '법률이 장래에 있어서 재산권을 규율하는 것이 헌법에 합치하는지'와 '법률이 구법상태에서 취득한 재산권을 제한하는 것이 헌법에 합치하는지'의 2가지 관점에서 심사되어야 한다.[2)]

---

1) 헌법재판소는 위 결정에서 우선, 장래에 있어서 적용되는 법률이 헌법에 합치하는지의 관점에서 [최고보상제도를 규정하는 산재법규정의 위헌여부에 관하여] 판단하였는데, 이에 관하여는 이미 2004. 11. 25. 선고한 2002헌바52결정(산재보험법상 최고보상제도)에서 합헌으로 판단한 바가 있음을 확인한 다음(판례집 21-1하, 446, 456), 이어서 [최고보상제도의 시행 전에 장해사유가 발생하여 장해보상연금을 수령하고 있던 수급권자에게도 2년6월의 유예기간 후 2003. 1. 1.부터 적용하는 산재법 부칙이 신뢰보호원칙에 위배하여 재산권을 침해하는지 여부(적극)에 관하여] 다음과 같이 판시하였다(판례집 21-1하, 446, 458), "기존의 법질서에 대한 당사자의 신뢰가 합리적이고 정당한 반면, 법률의 제정이나 개정으로 야기되는 당사자의 손해가 극심하여 새로운 입법으로 달성코자 하는 공익적 목적이 그러한 당사자의 신뢰가 파괴되는 것을 정당화할 수 없는 경우, 그러한 새 입법은 허용될 수 없다는 것이다. … 따라서 신뢰보호원칙의 위반 여부를 판단함에 있어서는, 첫째, 보호가치 있는 신뢰이익이 존재하는가, 둘째, 과거에 발생한 생활관계를 현재의 법으로 규율함으로써 달성되는 공익이 무엇인가, 셋째, 개인의 신뢰이익과 공익상의 이익을 비교 형량하여 어떠한 법익이 우위를 차지하는가를 살펴보아야 할 것이다."
2) 헌재 1999. 4. 29. 94헌바37(택지소유상한제), 판례집 11-1, 289, 306, "재산권이 헌법 제23조에 의하여 보장된다고 하더라도, 입법자에 의하여 일단 형성된 구체적 권리가 그 형태로 영원히 지속될 것이 보장된다고까지 의미하는 것은 아니다. 재산권의 내용과 한계를 정할 입법자의 권한은, 장래에 발생할 사실관계에 적용될 새로운 권리를 형성하고 그 내용을 규정할 권한뿐만 아니라, 과거의 법에 의하여 취득한 구체적인 법적 지위에 대하여까지도 그 내용을 새로이 형성할 수 있는 권한을 포함하고 있는 것이다. 이 경우 입법자는 재산권을 새로이 형성하는 것이 구법에

1. 장래에 대한 재산권 형성의 위헌심사

가. 입법형성의 헌법적 지침과 구속

재산권의 내용과 한계는 입법자가 정하지만, 입법자의 형성권은 무제한적인 것은 아니다. 헌법 제23조는 제1항 및 제2항에서 각 '사유재산권의 보장'과 '사회적 구속성'을 규정함으로써, 입법자가 재산권을 형성함에 있어서 고려해야 하는 기본적 지침을 제시하고 있다. 재산권보장의 구속을 받는 입법자가 스스로 재산권의 내용을 확정한다는 외견상의 모순은 입법자가 사유재산권을 보장하는 헌법 제23조의 기본정신에 구속을 받음으로써 해소된다.

입법자는 재산권의 형성에 있어서 일차적으로 헌법 제23조 제1항에 표현된 '사유재산에 관한 헌법적 결정'의 구속을 받는다. 사유재산에 관한 헌법적 결정의 핵심적 내용은 바로 사적 유용성과 임의적 처분권이다. 그러므로 입법자는 재산권을 형성함에 있어서 개인이 자신에게 귀속되는 재산적 가치를 적정하게 사용하고 처분할 수 있도록 형성해야 할 의무가 있다. 뿐만 아니라, 입법자는 재산권의 또 다른 형성원칙으로서 제23조 제2항이 요청하는 재산권의 사회적 구속성을 동시에 고려해야 한다.

나. 법익교량의 요청

이에 따라, 입법자는 사적 유용성과 원칙적인 처분권을 그 본질로 하는 '헌법상의 재산권보장'(제23조 제1문)과 재산권의 제한을 요청하는 '재산권의 사회적 구속성'(제23조 제2항)을 함께 고려하여 양 법익이 조화와 균형을 이루도록 하여야 한다.[1) 이는 사유재산권의 보장에 의하여 원칙적으로 인정된 재산권자의 추상적 이익(당해 재산권이 재산권자의 개인적 자유에 대하여 가지는 의미)과 공익적 사유(당해 재산권에 관한 국민 일반의 이익)를 비교형량하는 결과를 가져온다. 장래를 향하여 재산권을 형성하는 법률조항이 재산권보장과 사회적 구속성이라는 상충하는 법익간의 조화와 균형을 꾀하는 경우, 재산권의 사회적 의무성(공익)과 교량되어야 하는 법익은 '개인의 구체적인 권리'로서의 재산권(기득재산권)이 아니라 헌법상 재산권을 구성하는 '추상적 내용'으로서의 재산권, 즉 재산권보장의 정신이다.

예컨대, 입법자는 창작활동이나 발명의 결과에 대한 '재산적 가치'를 법률을 통하여 구체적인 재산권으로 형성함에 있어서, 창작물이나 발명의 재산적 가치가 저작자나 발명자에게 원칙적으로 귀속되도록 형성할 것을 요청하는 헌법상 재산권보장의 구속을 받을 뿐 아니라, 한편으로는 창작물이나 발명이 국민일반에 대하여 가지는 사회적 의미를 동시에 고려하여 양 법익을 조화와 균형의 상태에 이르도록 형성해야 하다.[2) 따라서 입법자가 지적 재산권의 보호범위, 내용, 보호기간 등을 정함에 있어서 헌법상의 재산권보장 또는 재산권의 사회적 의무성을 일방적으로 고려한다면, 이러한 법률조항

의하여 부여된 구체적인 법적 지위에 대한 침해를 의미한다는 것을 고려하여야 한다. 따라서 재산권의 내용을 새로이 형성하는 규정은 비례의 원칙을 기준으로 판단하였을 때 공익에 의하여 정당화되는 경우에만 합헌적이다. 즉, 장래에 적용될 법률이 헌법에 합치하여야 할 뿐만 아니라, 또한 과거의 법적 상태에 의하여 부여된 구체적 권리에 대한 침해를 정당화하는 이유가 존재하여야 하는 것이다."

1) 헌재 1998. 12. 24. 89헌마214(그린벨트), 판례집 10-2, 927, 944, "입법자는 재산권의 내용을 구체적으로 형성함에 있어서 헌법상의 재산권보장(헌법 제23조 제1항 제1문)과 재산권의 제한을 요청하는 공익 등 재산권의 사회적 기속성(헌법 제23조 제2항)을 함께 고려하고 조정하여 양 법익이 조화와 균형을 이루도록 하여야 한다."; BVerfGE 52, 1, 29; 58, 300, 338.

2) 지식재산권을 구체적으로 형성함에 있어서 입법형성권의 한계를 일탈하였는지 여부에 관하여, 헌재 2023. 7. 20. 2020헌바497(신규성 상실의 예외를 제한하는 디자인보호법조항) 참조.

은 위헌일 수 있다.

2. 과거에 발생한 기득재산권 제한의 위헌심사

가. 신뢰보호원칙에 대한 특별규정으로서 재산권보장

입법자는 재산권을 새로이 형성하는 경우 구법에 의하여 부여된 구체적인 법적 지위를 침해할 수 있다는 것을 항상 고려해야 한다.[1] 재산권보장의 중요한 기능은 재산권에 의하여 보호되는 법적 지위에 관하여 국민에게 법적 안정성을 보장하고 합헌적인 법률에 의하여 형성된 구체적 재산권의 존속에 대한 신뢰를 보호하고자 하는데 있다. 재산권자가 자신의 권리의 존속을 원칙적으로 신뢰할 수 있어야만 비로소 재산권보장은 그 기능을 할 수 있는 것이다.

이러한 의미에서 법치국가적 신뢰보호원칙은 재산권적 법적 지위에 관한 한, 재산권보장을 통하여 고유하게 형성되고 헌법적으로 구체적으로 표현되었다고 할 수 있다. 재산적 가치 있는 법적 지위가 제한되는 경우, 재산권보장은 일반적인 신뢰보호원칙에 대한 특별조항으로서 신뢰보호의 기능을 이행하고 있는 것이다. 과거의 법질서에 의하여 합법적으로 취득한 재산권적 지위에 대한 제한은 공익에 의하여 정당화되어야 하고, 기득재산권의 제한을 정당화하는 공익은 구법에 의하여 부여된 재산권적 지위가 존속하리라는 개인의 신뢰에 대하여 우위가 인정될 정도로 중대해야 한다.

나. 기득재산권의 내용을 불리하게 변경하는 법률의 경우 신뢰보호의 문제

따라서 기득재산권의 내용을 불리하게 변경하는 법률은 소위 '부진정소급효'를 가지는 법률이라는 점에서 신뢰보호의 문제가 제기된다. 입법자는 재산권의 내용을 새로이 규율할 수는 있으나, 법률개정으로 말미암아 장래에 있어서 허용되지 않는 재산권적 지위를 과거에 이미 적법하게 획득한 사람들의 신뢰이익을 경과규정을 통하여 적절히 고려하여야 한다. 여기서 경과규정은 법률개정이 추구하는 공익과 개인의 신뢰이익이란 상충하는 법익을 이상적으로 조화시키는 기능을 한다.[2]

---

[1] 예컨대, 저작권법에서 창작물의 보호기간을 종래 50년에서 30년으로 변경하는 경우, 도시계획법상의 개발제한구역의 지정으로 인하여 지목이 '대(垈)'인 토지에 더 이상 건축이 허용되지 않는 경우, 택상법의 시행으로 법 시행 이전에 취득한 토지에 대해서도 초과분을 처분하도록 강제하는 경우 등을 생각할 수 있다.

[2] 예컨대, 그린벨트 사건에서, 개발제한구역의 지정에도 불구하고 토지를 원칙적으로 규정당시의 지목과 토지현황에 의한 이용방법에 따라 사용할 수 있는 경우, 즉 종래대로 사용할 수 있는 경우(가령 임야, 농지, 잡종지의 경우)에는 비록 개발제한구역의 지정으로 인하여 개발가능성이 소멸하고 지가가 하락한다 하더라도 이는 사회적 제약의 범주에 속하는 것으로 보상 없이 감수해야 하지만, 이에 대하여 토지를 종래의 용도대로도 사용할 수 없는 경우에는 (가령, 지목이 垈인 경우), 신뢰이익에 대한 중대한 손상이 인정되고 이에 따라 신뢰이익을 고려하는 경과규정을 두어야 하는데, 경과규정을 두지 않은 것은 위헌이다. 여기서 경과규정으로는 금전보상뿐 아니라 개발제한구역지정의 해제, 토지매수청구권의 부여 등 다양한 형태가 고려될 수 있다; 택지소유상한제 사건에서, 법시행 이전부터 택지를 초과하여 소유하는 사람에게도 200평 이상의 소유금지와 초과분 택지의 처분강제를 부과하는 경우, 택지를 자신의 주거용으로 사용하는 선의의 경우와 택지를 자신의 주거와 관계없이 과다하게 보유하고 있는 경우를 동일하게 규율하는 것은 과도한 제한이고, 이를 합헌적으로 규율하기 위해서는 선의의 택지소유자를 위한 예외규정을 두어야 하는데, 예외규정의 형태로는 소유상한제의 적용으로부터 제외하는 방법, 택지소유 용도에 따라 소유상한을 달리 정하는 방법, 보다 장기의 유예기간을 부여하는 방법 등 다양한 방법이 있을 것이다.

Ⅷ. 재산권의 내용과 한계를 정하는 규정(內容規定)과 公用侵害의 구분

사례 | 헌재 2024. 5. 30. 2021헌가3(가축 살처분 보상금 사건)

주식회사 甲은 계약사육농가에 사육경비를 지급하여 가축을 사육하게 하고, 사육된 가축을 계약사육농가로부터 다시 출하 받는 사업인 '축산계열화사업'을 영위하는 법인이다. 乙은 주식회사 甲과 돼지 위탁사육계약을 체결한 축산업자이고, 丙은 乙의 채권자이다. 한편, '가축전염병 예방법'은 살처분의 경우 살처분한 가축의 소유자에게 보상금을 지급하도록 하면서, 다만 가축의 소유자가 축산계열화사업자인 경우에는 계약사육농가의 수급권 보호를 위하여 살처분 보상금을 계약사육농가에 지급하도록 규정하고 있다.

파주시는 2019. 10.경 아프리카돼지열병 발생을 이유로 乙이 사육하던 돼지에 대하여 살처분 명령을 하였고, 위 조항에 따라 계약사육농가인 乙에게 보상금의 수급권이 인정되었다. 그런데 乙의 채권자인 丙이 보상금 수급권에 대하여 乙을 채무자로 하여 채권압류 및 추심명령을 받아, 위 추심명령이 파주시에 송달되었다. 이에 甲은 파주시에 대한 보상금 수급권이 자신에게 귀속됨을 주장하며 丙을 상대로 보상금 수급권에 대한 강제집행의 불허를 구하는 제3자이의 소를 제기하였다. 법원은 위 재판 계속 중 "위 가축전염병 예방법조항이 보상금 수급자에서 축산계열화사업자인 가축의 소유자를 일률적으로 배제한 것은 축산계열화사업자의 재산권을 침해한다."는 이유로 위 조항에 대하여 위헌법률심판을 제청하였다.[1)]

1. 재산권 제한의 2가지 형태

헌법 제23조는 재산권제한의 형태로서, 재산권의 내용과 한계를 정함에 있어서 재산권의 사회적 기속을 고려하여 재산권을 형성하는 내용규정(제1항 후문 및 제2항)에 의한 기득재산권의 제한과 공용침해(제3항)의 2 종류를 규정하고 있다.[2)]

재산권의 내용과 한계를 정하는 법률이 재산권을 새로이 형성함으로써 과거에 구법에 의하여 형성된 재산권의 행사가능성을 축소하거나 폐지하는 경우, 재산권을 새로이 형성하는 법률은 동시에

---

1) 헌재 2024. 5. 30. 2021헌가3(가축 살처분 보상금), 판례집 36-1하, 18, 26-29, "가축의 살처분으로 인한 재산권의 제약은 헌법 제23조 제3항에 따라 보상을 요하는 수용에 해당하지 않고, 가축의 소유자가 수인해야 하는 사회적 제약의 범위에 속한다. 그러나 헌법 제23조 제1항 및 제2항에 따라 재산권의 사회적 제약을 구체화하는 법률조항이라 하더라도 권리자에게 수인의 한계를 넘어 가혹한 부담이 발생하는 예외적인 경우에는 이를 완화하는 보상규정을 두어야 한다. … 축산계열화사업자가 가축의 소유자라 하여 살처분 보상금을 오직 계약사육농가에게만 지급하는 방식은 축산계열화사업자에 대한 재산권의 과도한 부담을 완화하기에 적절한 보상조치라고 할 수 없다. 따라서 심판대상조항은 입법형성재량의 한계를 벗어나 가축의 소유자인 축산계열화사업자의 재산권을 침해한다."; 헌재 2014. 4. 24. 2013헌바110(살처분 보상금), 판례집 26-1하, 88, 94, "재산권의 사회적 제약을 구체화하는 법률조항이라 하더라도 권리자에게 수인의 한계를 넘어 가혹한 부담이 발생하는 예외적인 경우에는 이를 완화하는 보상규정을 두어야 하는바, 심판대상조항은 살처분 명령에 의하여 가축에 대한 재산권에 제약을 받게 된 가축 소유자에게 그 부담을 완화하기 위하여 보상금을 지급하도록 한 것이다."
2) 헌재 1999. 4. 29. 94헌바37(택지소유상한제), 판례집 11-1, 289, 305, "헌법 제23조에 의하여 재산권을 제한하는 형태에는, 제1항 및 제2항에 근거하여 재산권의 내용과 한계를 정하는 것과, 제3항에 따른 수용·사용 또는 제한을 하는 것의 두 가지 형태가 있다. 전자는 '입법자가 장래에 있어서 추상적이고 일반적인 형식으로 재산권의 내용을 형성하고 확정하는 것'을 의미하고, 후자는 '국가가 구체적인 공적 과제를 수행하기 위하여 이미 형성된 구체적인 재산적 권리를 전면적 또는 부분적으로 박탈하거나 제한하는 것'을 의미한다."

구법에 의하여 형성된 기득재산권을 제한하는 효과를 가진다.[1] 이러한 의미에서 재산권제한의 2가지 형태는 '재산권 내용규정'과 '공용침해'이다.

2. 내용규정이 수용적 효과를 초래하는 경우에 대한 해결방법

도시계획, 자연보호, 문화재보호 등의 공익상의 사유로 현 상태의 유지의무 및 개발금지의무를 부과함으로써 토지재산권의 사용을 제한하는 법률은 원칙적으로 토지재산권의 사회적 구속성을 구체화하는 내용규정이지만,[2] 경우에 따라 토지소유자에게 수인할 수 없는 과도한 부담을 부과하는 경우가 발생할 수 있다. 그런데 재산권의 내용과 한계를 정하는 규정(내용규정)이 이와 같이 사회적 제약의 범위를 넘어서 수용적 효과를 발생시키는 경우, 이를 어떻게 해결할 것인지의 문제가 제기된다.

종래 우리에게 친숙한 收用理論에 의하면, 내용규정이 재산권의 사회적 제약의 범위를 넘는 과도한 침해를 가져오는 경우 이를 보상을 요하는 공용침해로 보아 헌법 제23조 제3항에 근거하여 법규정의 위헌성을 심사하였고, 이에 따라 재산권제한의 법적 성격이 공용침해에 해당함에도 보상규정을 두지 않았다면 이를 위헌적인 규정으로 판단하였다.

그러나 내용규정이 수용적 효과를 초래하는 경우, 헌법재판소는 다수의 결정에서 이러한 수용적 효과를 초래하는 내용규정을 헌법 제23조 제3항의 의미에서의 공용침해로 보지 아니하고, 헌법 제23조 제1항 및 제2항에 근거하여 그 위헌성을 확인함으로써 '위헌적인 내용규정'으로 이해하였다.[3] 이로써, 헌법재판소는 헌법 제23조 제1항 및 제2항의 재산권의 내용규정과 제3항의 수용을 별개의 독

---

1) 가령, 저작권법이 저작권을 사용할 수 있는 기간을 기득재산권에 대해서도 50년에서 25년으로 축소하는 경우, 이와 같은 저작권법의 개정은 저작권의 내용을 장래에 있어서 새롭게 형성하는 것일 뿐만 아니라, 동시에 또한 저작권자에게 귀속된 구체적 권리(50년 동안 저작권을 행사할 수 있는 권리)에 대한 제한을 의미한다.
2) 가령, 헌재 1998. 12. 24. 89헌마214(그린벨트), 판례집 10-2, 927, "개발제한구역을 지정하여 그 안에서는 건축물의 건축 등을 할 수 없도록 하고 있는 도시계획법 제21조는 헌법 제23조 제1항, 제2항에 따라 토지재산권에 관한 권리와 의무를 일반·추상적으로 확정하는 규정으로서 재산권을 형성하는 규정인 동시에 공익적 요청에 따른 재산권의 사회적 제약을 구체화하는 규정인바, …"; 헌재 1999. 4. 29. 94헌바37(택지소유상한제), 판례집 11-1, 289, 306, "… 위와 같은 규정은 헌법 제23조 제1항 및 제2항에 의하여 토지재산권에 관한 권리와 의무를 일반·추상적으로 확정함으로써 재산권의 내용과 한계를 정하는 규정이라고 보아야 한다."; 헌재 2003. 4. 24. 99헌바110(국립공원지정), 판례집 15-1, 371, 395, [국립공원지정에 따른 토지재산권의 제한에 대하여 손실보상규정을 두지 않은 자연공원법 조항이 재산권 수용규정인지의 여부에 관하여]; 헌재 2003. 8. 21. 2000헌가11 등(공공시설의 무상 국가귀속), 판례집 15-2상, 186; 헌재 2005. 4. 28. 2003헌바73(공유수면불법매립지의 국유화), 판례집 17-1, 496; 헌재 2014. 4. 24. 2013헌바110, 판례집 26-1하, 88, [가축전염병예방법상 살처분의 법적 성격에 관하여].
3) 가령, 헌재 1998. 12. 24. 89헌마214(그린벨트), 판례집 10-2, 928, [도시계획법 제21조의 위헌 여부에 관하여] "도시계획법 제21조에 의한 재산권의 제한은 개발제한구역으로 지정된 토지를 원칙적으로 지정 당시의 지목과 토지현황에 의한 이용방법에 따라 사용할 수 있는 한, 재산권에 내재하는 사회적 제약을 비례의 원칙에 합치하게 합헌적으로 구체화한 것이라고 할 것이나, 종래의 지목과 토지현황에 의한 이용방법에 따른 토지의 사용도 할 수 없거나 실질적으로 사용·수익을 전혀 할 수 없는 예외적인 경우에도 아무런 보상 없이 이를 감수하도록 하고 있는 한, 비례의 원칙에 위반되어 당해 토지소유자의 재산권을 과도하게 침해하는 것으로서 헌법에 위반된다."; 헌재 1999. 4. 29. 94헌바37(택지소유상한제), 판례집 11-1, 289, 290, "… 택지는 소유자의 주거장소로서 … 단순히 부동산투기의 대상이 되는 경우와는 헌법적으로 달리 평가되어야 하고 … 더 강한 보호를 필요로 하는 것이므로, 택지를 소유하게 된 경위나 그 목적 여하에 관계없이 법 시행 이전부터 택지를 소유하고 있는 개인에 대하여 일률적으로 소유상한을 적용하도록 한 것은, 입법목적을 달성하기 위하여 필요한 정도를 넘는 과도한 침해이자 신뢰보호의 원칙 및 평등원칙에 위반된다."고 판시하여, 법 시행 이전에 200평 이상 취득한 선의의 택지소유자에 대한 200평 이상 소유금지와 초과분 택지의 처분강제는 재산권에 대한 과도한 제한으로서 수용적 효과가 있다고 판단하였다; 헌재 2024. 5. 30. 2021헌가3(가축 살처분 보상금), 판례집 36-1하, 18, 26-29, 가축전염병 예방법조항이 재산권의 내용을 형성하는 규정이지만, 살처분 명령에 의하여 '축산계열화사업자에게 발생하는 수용적 효과'를 완화하기 위한 적절한 조치를 취하고 있지 않기 때문에 재산권을 침해한다고 판단하였다.

자적인 제도로 이해하는 독일연방헌법재판소의 分離理論을 채택하였고, 이에 따라 내용규정이 재산권을 과도하게 제한하여 수용적 효과가 발생하는 경우, 내용규정이 수용으로 전환되는 것이 아니라 단지 '위헌적인 내용규정'으로서 입법자에 대하여 합헌성의 회복을 위한 조치(과도한 재산권침해를 조정하는 조치)를 요구하는 '보상의무 있는 내용규정'이라고 판단하였다.[1]

3. 收用理論(境界理論)

수용이론 또는 경계이론에 의하면, 내용규정이나 공용침해 모두 재산권에 대한 제한을 의미하며, 내용규정은 공용침해보다 재산권에 대한 제한의 정도가 적은 경우로서 재산권에 내재하는 사회적 제약을 구체화하는 규정으로 보상 없이 감수해야 하는 반면, 공용침해는 재산권의 사회적 제약의 범주를 넘어서는 것으로 보상을 필요로 하는 재산권에 대한 제한을 의미하기 때문에, 내용규정과 공용침해는 별개의 것이 아니라 단지 재산권제한의 정도의 차이로서 '재산권제한의 정도'에 의하여 구분된다. 따라서 보상을 요하지 않는 사회적 제약은 '재산권제한의 효과'가 일정한 강도를 넘음으로써 자동적으로 보상을 요하는 공용침해로 전환된다.

그 결과, 수용이론에 의하면 공용침해의 범위가 헌법 제23조 제3항의 요건 하에서 이루어지는 형식적인 공용침해에 한정되지 아니하고, 재산권의 내용규정의 경우에도 실질적으로 수용적 효과를 가지고 있다면 헌법 제23조 제3항의 요건을 갖추지 못했음에도 불구하고 공용침해를 인정하여 법률효과(보상)에 관해서는 제3항을 적용하게 된다.

수용이론의 핵심적 내용은, 입법자가 보상에 관한 규정을 두지 않은 경우에도 재산권의 제한이 수용적 효과를 초래한다면 법원이 독자적으로 직접 보상에 관한 결정을 할 수 있다는 것이며, 국민의 입장에서는 위헌적 법률을 근거로 한 행정청의 처분이나 법률 그 자체에 대해서만 대항해야 하는 것은 아니고, 위헌적인 법률과 행정처분을 수인하고 대신 사후적으로 보상을 요구할 수 있는 것이다.

4. 수용이론에 대한 비판

가. 헌법상 재산권보장의 법문 및 구조

(1) 헌법은 제23조 제1항과 제2항에 재산권의 내용규정을, 제3항에 공용침해를 각각 규정함으로써 재산권제한의 2가지 형태를 별개의 독립된 법제도로 파악하여 재산권의 제한의 합헌성과 관련하여 서로 다른 헌법적 요청을 하고 있다. 즉, 재산권의 내용규정은 다른 모든 기본권에 대한 제한 법률의 합헌성심사와 마찬가지로 비례의 원칙, 평등원칙 등을 준수해야 하지만, 공용침해는 제23조 제3항이 스스로 정하는 요건 하에서만 허용된다.[2]

1) 헌재 1998. 12. 24. 89헌마214(그린벨트), 판례집 10-2, 927, 929, [보상입법의 의미 및 법적 성격에 관하여] "입법자가 도시계획법 제21조를 통하여 국민의 재산권을 비례의 원칙에 부합하게 합헌적으로 제한하기 위해서는, 수인의 한계를 넘어 가혹한 부담이 발생하는 예외적인 경우에는 이를 완화하는 보상규정을 두어야 한다. 이러한 보상규정은 입법자가 헌법 제23조 제1항 및 제2항에 의하여 재산권의 내용을 구체적으로 형성하고 공공의 이익을 위하여 재산권을 제한하는 과정에서 이를 합헌적으로 규율하기 위하여 두어야 하는 규정이다. 재산권의 침해와 공익간의 비례성을 다시 회복하기 위한 방법은 헌법상 반드시 금전보상만을 해야 하는 것은 아니다. 입법자는 지정의 해제 또는 토지매수청구권제도와 같이 금전보상에 갈음하거나 기타 손실을 완화할 수 있는 제도를 보완하는 등 여러 가지 다른 방법을 사용할 수 있다."
2) 헌재 2006. 7. 27. 2003헌바18(재래시장 재건축 매도청구권), 판례집 18-2, 32, 47, [재산권에 대한 제약, 수용과 위헌심사기준에 관하여] "요컨대, 재산권에 대한 제약이 비례원칙에 합치하는 것이라면 그 제약은 재산권자가 수인하

따라서 재산권제한의 효과에 따라 재산권의 내용규정이 자동적으로 공용침해로 전환된다는 견해
는, 서로 다른 요건 하에서 재산권의 제한을 허용하고 있는 헌법의 결정에 부합하지 아니한다. 재산
권의 내용과 한계를 정하는 규정에 있어서 발생하는 문제의 본질은 수용의 문제가 아니라 헌법 제23
조 제1항의 재산권보장에 위반되는지의 문제이다.

(2) 뿐만 아니라, 헌법 제23조 제3항의 공용침해를 광의로 해석한다면, 수용규정과 보상규정이 불
가분의 관계로서 결부되어야 한다는 것을 규정하는 헌법 제23조 제3항의 불가분조항이 엄격하게 적
용될 수 없다. 따라서 '축소된 수용개념과 불가분조항의 엄격한 적용' 또는 '확장된 수용개념과 불가
분조항의 포기' 중 양자택일을 할 수밖에 없는데, 헌법은 제23조 제3항에서 불가분조항을 명시적으
로 규정함으로써 공용침해가 협의의 의미로 이해되어야 한다는 것을 밝히고 있다. 이러한 점에서도
'공용침해'의 의미를 광의로 이해하는 수용이론은 헌법 제23조 제3항의 불가분조항에도 반한다.[1]

나. 헌법상 재산권보장의 기능과 과제

경계이론은 헌법상의 재산권보장의 기능과도 합치하지 아니한다. 재산권보장의 일차적 기능은 보
상 없는 재산권의 박탈을 방지하려는 것이 아니라 기본권주체의 수중에 있는 구체적인 재산권의 존
속을 보장하려는 데 있다. 즉, 재산권의 헌법적 기능은 단순히 재산적 가치를 보장해주는 데 그치는
것이 아니라, 기본권의 주체가 재산권을 자유실현의 물질적 바탕으로 행사하게끔 재산권객체와 기본
권주체간의 귀속관계의 존속보장에 있다.

그런데 재산권에 대한 종래의 이해(수용이론)는, 재산권이 수인의 한계를 넘는 정도로 제한되는
경우 재산권보장의 내용이 존속보장에서 가치보장으로 전환되는 것으로 파악함으로써, 법률의 위헌
여부와는 관계없이 재산권의 제한을 수인한 후 보상을 받을 수 있다면, 재산권은 그 기능을 다하는
것으로 판단하였다. 수용이론은 재산권의 제한으로 인하여 발생한 재산적 손실을 보상을 통하여 보
완해 주기만 하면 그것이 위헌적인 재산권제한인 경우에도 그 위헌성이 치유된다는 견해로서, 재산
권에 대한 이러한 이해는 재산권제한의 경우에 보상을 약속하는 것에 중점을 둔 소위 '가치보장'의
사고에 기초하고 있다.

개인이 위헌적인 법률에 의한 재산권의 침해를 우선 수인하고 대신 사후적으로 그에 대한 보상으
로 만족한다는 것은, 구체적인 재산권적 지위의 존속을 일차적으로 보장하고 합법적인 수용의 경우
에만 비로소 재산권의 존속보장이 가치보장으로 전환하는 것을 허용하는 헌법상 재산권보장의 내용
과 합치하지 아니한다. 재산권을 침해당한 개인은 우선 행정소송과 헌법재판을 통하여 침해행위의
위헌성을 제거하도록 시도해야 하며, 법률의 위헌적 요소는 법적으로 규정되지 아니한 법원의 보상
판결을 통하여 다시 합헌성을 회복할 수는 없다.

여야 하는 사회적 제약의 범위 내에 있는 것이고, 반대로 재산권에 대한 제약이 비례원칙에 반하여 과잉된 것이라
면 그 제약은 재산권자가 수인하여야 하는 사회적 제약의 한계를 넘는 것이며, … 한편, 헌법 제23조 제3항은 …
재산권행사의 사회적 의무성의 한계를 넘는 재산권의 수용·사용·제한과 그에 대한 보상의 원칙을 규정하고 있
다. 따라서 공공필요에 의한 재산권의 공권력적, 강제적 박탈을 의미하는 공용수용은 국민의 재산권을 그 의사에
반하여 강제적으로라도 취득해야 할 공익적 필요성이 있을 것, 수용과 그에 대한 보상은 모두 법률에 의거할 것,
정당한 보상을 지급할 것의 요건을 갖추어야 합헌적인 것이라고 할 수 있다."

1) 수용이론에 의하면, 입법자가 보상에 관한 규정을 두지 않은 경우에도 국민이 보상을 요구할 수 있고 법원은 독자
적으로 보상에 관한 결정을 할 수 있다.

다. 헌법상의 권력분립질서

입법자가 보상규정을 두지 않은 경우에도 법원 스스로가 독자적으로 직접 보상에 관한 결정을 할 수 있다는 종래의 견해는 헌법상의 권력분립질서에 부합하지 아니한다. 헌법 제107조 제1항에 의하여, 법원이 구체적인 소송사건에서 재산권의 내용규정을 위헌으로 간주한다면 헌법 제23조 제3항의 수용규정을 확대해석하여 보상을 제공해서는 아니 되고, 법률조항의 위헌여부에 대하여 헌법재판소에 제청해야 한다. 재산권의 내용규정에 대한 위헌성판단은 헌법재판소에 유보된 것으로서, 법원이 보상판결을 통하여 보상규정의 흠결을 보완한다고 하여 위헌적인 법률이 합헌적인 것으로 전환되는 것은 아니다. 법원이 보상판결을 통하여 위헌적인 법률에 합헌성을 부여함으로써 법률의 위헌여부를 궁극적으로 결정한다면, 이는 법률의 위헌성판단에 관한 최종적인 결정권을 가진 헌법재판소의 관할을 침해하는 것이다.

5. 分離理論

가. 분리이론의 내용

분리이론은 재산권의 내용규정과 공용침해를 서로 독립된 별개의 법제도로 이해하고 그 위헌성을 심사하는 기준도 서로 다르다고 보는 견해이다. 즉, 재산권의 내용규정이란 '입법자가 장래에 있어서 추상적이고 일반적인 형식으로 재산권의 내용, 즉 재산권자의 권리와 의무를 형성하고 확정하는 것'이며, 이에 대하여 공용침해는 '국가가 구체적인 공적 과제를 이행하기 위하여 이미 형성된 구체적인 재산권적 지위를 의도적으로 전면적 또는 부분적으로 박탈하려고 하는 것'이다.[1] 내용규정은 재산권의 내용을 확정하는 일반·추상적인 규정이고, 수용은 국가의 재화조달의 목적으로 개별적·구체적으로 재산권적 지위를 박탈하는 것이다.[2]

독일 연방헌법재판소는 수용의 개념을 위와 같이 정의함으로써 과거 연방최고법원(BGH)에 의하여 확대된 수용개념을 다시 '원래의 고전적인 수용개념'인 협의의 개념으로 축소하였다. 따라서 '수용'이란, '수용법률로써 직접' 특정한 또는 특정할 수 있는 인적 범위의 구체적인 재산권을 박탈하거나 아니면 '수용법률에 근거하여' 행정처분으로써 개인의 재산권을 박탈하는 것에 국한된다. '수용규정'이란 위에서 정의한 좁은 의미의 수용을 직접 법률로써 가져오거나 아니면 행정청에게 위임하는 법률규정, 즉 직접 재산권을 박탈하거나 아니면 행정청으로 하여금 재산권을 박탈할 수 있게끔 그에 관한 수권을 부여하는 규정이다.[3] 분리이론은 우선 '내용규정'과 '수용'을 일반·추상적 규율과 개별·구체적 침해로 구분하여 그 형식과 목적에 있어서 서로 다른 독립된 법제도로 파악함과 동시에 헌법상의 '수용' 개념을 협의의 수용으로 정의하고, 이러한 구분을 통하여 협의의 수용을 가능하게 하는 법률만을 수용법률로 이해하는 것이다.[4]

---

1) BVerfGE 58, 300, 330f.; 72, 66, 76.
2) 수용의 본질적 요소로서의 개별·구체성은 법률에 의하여 직접 수용이 이루어지는 경우('법률에 의한 수용')에도 인정된다. 수용이 수용법률에 근거한 행정청의 구체적인 처분에 의하지 아니하고 법률에 의하여 직접 수용이 이루어지는 경우, 이는 '법률에 의한 행정'으로서 처분적 법률에 해당하므로 그 법적 성격에 있어서 개별적·구체적 침해로서 수용에 해당한다.
3) BVerfGE 58, 300, 332.
4) 만일 형식설에 따라 단지 일반·추상 및 개별·구체의 기준만으로 구분하는 것에 어려움이 있다면, 법규정이 일반·추상적으로 재산권의 내용을 확정하려고 하는 것인지 아니면 수용을 가능하게 하기 위하여 그에 관한 수권을

나. 보상의무 있는 재산권내용규정

재산권의 내용규정이 경우에 따라 기득재산권에 대한 과도한 침해를 가져온다면, 이러한 점에 한하여 내용규정은 사유재산권(기득재산권의 존속보장)과 공익의 비교형량과정에서 지나치게 공익에 비중을 두어 재산권자에게 일방적인 희생을 강요하는 것이므로, 비례의 원칙에 위반되어 위헌이다. 이에 따라 재산권의 내용규정이 경우에 따라 기득재산권에 대한 과도한 침해(수용적 효과)를 가져오더라도 이로 인하여 '내용규정'이 '공용침해'로 전환되는 것이 아니라, 내용규정은 단지 내용규정일 뿐이며, 수용적 효과를 초래하는 경우에 대하여 보상규정(과도한 침해를 조정하는 규정)을 두지 않았다면 단지 위헌적인 내용규정일 뿐이다.[1] 재산권보장에 위반되는 내용규정은 공용침해로 전환되는 것은 아니지만, 그 위헌성은 보상규정을 통하여 제거될 수 있는데, 이러한 경우 내용규정은 '보상을 요하는 내용규정'이 된다.[2] 여기서 '보상'이란 금전보장에 국한되는 것이 아니라, 기득재산권의 존속보장과 공익 사이의 조화와 균형을 다시 회복하기 위하여 기득재산권에 대한 과도한 침해를 조정하는 모든 조치(법률의 적용 배제, 유리한 경과규정의 제공 등)를 말한다.

'위헌적인' 내용규정의 가능성으로부터 '보상의무 있는 내용규정'이란 재산권제한의 새로운 유형이 탄생하였다. 헌법 제23조 제3항의 공용침해의 경우 보상은 국가에 의한 재산권박탈의 '결과'이지만, 헌법 제23조 제1항 및 제2항의 내용규정에 있어서의 보상은 재산권의 내용을 합헌적으로 규율하기 위한 '조건'이자 '구성요소'이다. 도시계획, 자연보호, 문화재보호, 풍치보호에 관한 법률 등에서 사용제한으로 인하여 토지소유자에게 수용적 효과가 발생한다면, 이는 헌법 제23조 제3항에 의한 공용침해가 아니라 제1항 및 제2항에 의한 '보상의무 있는 내용규정'에 해당한다.

다. 사회적 제약과 수용적 침해의 경계설정의 문제

분리이론의 경우에도 '언제 수인의 정도를 넘는 과도한 침해가 존재하는지'의 문제는 마찬가지로 제기되므로, 종래 재산권의 내용규정과 공용침해를 구분하는데 사용된 기준(예컨대, 형식적 기준설, 실질적 기준설 등)은 '보상이 필요 없는 재산권 내용규정'과 '보상의무 있는 재산권 내용규정'을 구분하는 기준으로서 여전히 그 의미를 가지고 있다. 구법에 의하여 형성된 구체적인 재산권적 지위, 즉 기득재산권에 대한 침해가 사회적 제약의 범위를 넘는다면, 입법자는 재산권의 내용을 비례의 원칙에 부합하게 합헌적으로 규율하기 위하여 가혹한 부담을 완화하는 보상규정 등 경과규정을 두어야 한다.

라. 신뢰보호의 관점에 의한 토지재산권의 사회적 제약과 수용적 침해의 구분

이 경우 사회적 제약과 수용적 침해의 경계설정의 문제는, 법률개정을 통하여 공익을 실현하려는 입법자에 대하여 어떠한 경우에 이미 취득한 재산권적 지위의 존속을 요구할 수 있는가 하는 신뢰보호의 문제를 의미하므로, '내용규정이 기득재산권에 대한 과도한 침해를 초래하는지'를 판단함에 있어서 신뢰보호의 관점이 중요한 기준을 제시한다.

즉, 법률조항이 수용적 성격을 가지고 있는지의 판단은 과거의 법적 상태와 현재의 법적 상태의 비교, 즉 재산권제한 '이전의 상태'와 '이후의 상태'의 비교를 통하여 이루어지며, 헌법상 재산권보장에 내재하는 신뢰보호의 기능으로부터 재산권보장이 보호하려는 최소한의 신뢰이익의 범위를 설정

부여하는 규정인지의 관점에서 법규정의 객관적인 의미 및 목적에 대한 해석을 통하여 보완할 수 있다.

1) BVerfGE 52, 1, 27f.
2) 헌재 1998. 12. 24. 89헌마214(그린벨트), 판례집 10-2, 927, 929, [보상입법의 의미 및 법적 성격에 관하여]

하고, 이러한 신뢰이익을 부인하는 법률조항을 수용적 성격을 가지는 재산권의 제한으로 파악하는 것이 가능하다.

헌법재판소는 '그린벨트 사건'에서 보상의 필요성 문제를 특별희생설이나 침해중대설 등을 직접적인 기준으로 삼아 판단하지 아니하고 '신뢰보호'의 관점에서 접근하였고, 신뢰보호의 사고에 기초하여 '종래의 용도로도 토지를 사용할 수 없거나 아니면 사적으로 사용할 수 있는 가능성이 완전히 배제된 경우'에는 기득재산권에 대한 과도한 침해로서 수용적 성격을 인정하였다.[1]

6. 분리이론과 수용이론의 차이

가. 존속보장과 가치보장의 차이

분리이론과 수용이론의 근본적인 차이는 '헌법상 재산권보장을 어떻게 이해하는지'에 있다. 분리이론에는 존속보장의 사고가 바탕에 깔려 있고, 수용이론에는 가치보장의 사고가 그 기저를 이루고 있다. 존속보장이란 일차적으로 부당한 재산권침해에 대한 방어를 그 목적으로 하는 반면, 가치보장은 재산권에 대한 과도한 침해는 금전보상으로 해결될 수 있다는 것이다.

수용이론이 기득재산권에 대한 과도한 제한의 경우 사후적으로 금전적 보상을 받는 것으로 충분하다는 견해인 반면, 분리이론은 재산권의 내용과 한계를 정하는 규정이 사회적 제약의 범위를 넘어 기득재산권에 대한 과도한 제한을 초래하는 경우에는 일차적으로 이와 같은 재산권제한규정에 대하여 그 위헌성을 다툼으로써 재산권에 대한 위헌적 침해 자체를 제거할 수 있어야 하고, 합헌성을 회복하는 방법으로는 금전보상 외에도 재산권제한규정의 성격에 따라 다양한 방법이 있다고 하는 견해이다.

우리 헌법에서 재산권보장의 내용은 구체적 재산권의 존속을 우선적으로 보호하고자 하는 것이고 이러한 정신에 비추어 헌법 제23조는 해석되어야 한다는 점에서, 재산권내용규정과 수용규정은 별개의 제도로서 이해되어야 한다. 따라서 수용이론이 아니라 분리이론이 우리 헌법상 재산권보장의 규정형식이나 그 정신에 보다 부합한다.

나. 기득재산권과 공익 사이의 조화와 균형을 다시 회복하는 방법의 차이

기득재산권을 제한하는 경우 발생하는 수용적 효과는 수용이론에 의하면 헌법 제23조 제3항의 수용에 해당하여 보상법률을 요구하게 되고, 분리이론에 의하면 재산권을 과도하게 제한하는 위헌적 내용규정으로서 합헌성을 회복하기 위한 입법자의 조치를 요구하게 된다. 즉, 수용이론에 따라 수용적 효과를 헌법 제23조 제3항의 수용으로 보는 경우에는 합헌성을 회복하기 위한 방법으로서 단지 금전보상만이 고려될 수 있으나, 분리이론에 따라 재산권내용규정으로 파악한다면, 기득재산권의 존속보장과 공익 사이의 조화와 균형을 다시 회복하는 방법으로서 금전보상뿐 아니라 일차적으로 위헌적 침해의 배제를 비롯하여 다양한 가능성이 고려될 수 있다.[2] 여기서 말하는 보상규정이란, 기득재산

---

1) 헌재 1998. 12. 24. 89헌마214등(그린벨트), 판례집 10-2, 927, 928; 헌재 1999. 4. 29. 94헌바37(택지소유상한제), 판례집 11-1, 289, 290, [택지소유상한에관한법률 시행 이전부터 택지를 소유하고 있는 사람에게도 일률적으로 택지소유상한제를 적용하는 것이 신뢰이익을 해하는지 여부에 관하여].

2) 예컨대, '그린벨트 사건'의 경우, 토지를 종래의 용도대로 사용할 수 있는 경우에는 재산권의 제한(현재 상태의 유지의무 및 개발금지의무)은 사회적 제약에 해당하지만, 종래의 용도로도 사용하지 못하는 경우에는 재산권의 제한은 비례의 원칙에 위반되어 재산권의 과도한 침해이므로 이러한 점에서 위헌이라고 판단하였는데, 이 경우 기득재산권에 대한 과도한 침해를 조정하여 기득재산권의 존속보장과 공익 사이의 조화와 균형을 다시 회복하는 방법으로는, 금전보상 외에도 재산권의 제한 자체를 제거할 수 있는 그린벨트 지정의 해제를 비롯하여 토지매수청구권 등의

권에 대한 과도한 침해를 다시 합헌적으로 조정할 수 있는 모든 조치를 의미하는 것이다. 재산권을 제한하는 법률조항의 위헌성을 다투는 국민이 일차적으로 얻고자 하는 바는, 그린벨트지정의 해제나 택지소유상한규정의 적용배제와 같이 국가에 의한 재산권침해의 제거이지 금전적 보상이 아닌 것이다.

IX. 재산권의 제한형태로서 公用侵害(헌법 제23조 제3항)

사례 *1* 헌재 1994. 2. 24. 92헌가15 등(환매기간제한 사건)

甲은 창원시에 토지를 소유하고 있었는데, 청원공업기지 조성사업의 시행자인 산업기지개발공사는 공공사업의 철도부지로 필요하다고 하여 '공공용지의 취득 및 손실보상에 관한 특례법'(이하 '특례법') 에 근거하여 1978년경 甲으로부터 토지를 협의 취득하여 1979년경 소유권이전등기를 경료하였으나, 위 토지 중 일부토지가 공공사업에 사용되지 않은 채로 1990년 공공사업은 준공되었다. 이에 甲은 산업기지개발공사를 피고로 하여 공공사업에 필요 없게 된 토지의 환매를 청구하는 민사소송을 제기하면서, 환매기간을 토지 등의 취득일로부터 10년 이내로 제한하는 특례법 조항은 재산권을 침해하는 위헌적인 조항이라는 주장으로 위헌법률심판제청을 신청하였다.

사례 *2* 헌재 1998. 3. 26. 93헌바12(하천 제외지 국유화 사건)

이 사건 토지들은 양천제(陽川堤)라는 제방과 한강의 하심(河心) 사이에 위치하고 있는 토지들로서, 공부상 甲의 소유로 등재되어 있었다. 그런데 서울특별시는 이 사건 토지들이 하천법 제2조 제1항 제2호 다 목에서 정하는 이른바 제외지(堤外地)로서 동법 제3조("하천은 이를 국유로 한다.")에 따라 국유화된 것이라고 하면서 甲에게 수차례 손실보상금을 수령할 것을 통고하였다. 이에 甲은 이 사건 토지들에 대한 소유권확인소송을 제기하였고, 그 소송 계속중 '제외지를 하천구역에 포함시키면서 하천구역을 포함하여 하천을 국유로 한다는 것을 규정하고 있는 하천법조항이 헌법 제23조에 위배된다'는 이유로 위헌여부심판제청신청을 하였다.

사례 *3* 헌재 2006. 7. 27. 2003헌바18(재래시장 재건축 매도청구권 사건)

甲 조합은 ○○시장 각 동의 건축물 구분소유자 126명 중 113명(동의율 89.6%)으로부터 재건축사업 시행에 관한 동의를 받아 재건축조합 설립인가신청을 하였고, 성북구청장으로부터 설립인가를 받았다. 乙은 위 재건축사업 시행구역 내에 토지를 소유하고 있었는데, 甲 조합은 乙과 사이에 협의매수가 이루어지지 않자 乙을 상대로 乙 지분에 관하여 중소기업의구조개선과재래시장활성화를위한특별조치법

방법이 있다. 또한, '택지소유상한제 사건'을 보더라도, '택지소유상한에 관한 법률'은 200평 이상의 택지 소유를 금지하면서, 법 시행 이전에 이미 취득한 택지 소유자의 경우에도 200평 이상을 소유할 수 없도록 하여 그 초과분을 일정 기간 내에 처분해야 할 의무를 부과하였는데, 이러한 법률도 택지소유자의 재산권을 과도하게 제한하는 것으로 위헌으로 판단하였다. 이 사건에서 법 시행 이전에 200평 이상 취득한 선의의 택지소유자에 대한 200평 이상 소유금지와 초과분 택지의 처분강제는 재산권에 대한 과도한 제한으로서 수용적 효과가 있는데, 분리이론에 의하면 합헌성을 회복하는 방법으로서 200평 이상 소유금지에 대한 예외를 허용하는 방법, 기득권자에게 처분을 위한 충분한 유예기간을 부여하는 방법, 금전보상 등이 고려된다.

에 기하여 매도청구권을 행사하였음을 이유로 소유권이전등기청구소송을 제기하였다. 乙은 위 소송계속 중 사업시행구역 토지면적의 3/5 이상에 해당하는 토지소유자의 동의와 토지소유자 총수 및 건축물 소유자 총수의 각 3/5 이상의 동의가 있는 경우에 시장재건축사업 시행자가 사업에 반대하는 부동산의 소유자에 대하여 매도청구권을 행사할 수 있도록 한 법률조항이 청구인의 재산권 등을 침해한다고 주장하면서 위헌제청신청을 하였다.

사례 4 | 헌재 2009. 9. 24. 2007헌바114(민간기업에 의한 토지수용 사건)

甲 전자(주식회사)는 아산시장에게 '산업입지 및 개발에 관한 법률'(이하 '산업입지법')에 의하여 충청남도 아산시 탕정면 소재 토지에 대하여 '산업단지 지정승인 요청서'를 제출하였고, 이에 충청남도지사는 甲 전자를 사업시행자로 하여 아산시 탕정면 소재 토지를 '탕정 지방산업단지'로 지정 승인한 후, 이를 고시하였다. 乙은 위 산업단지 내에 토지를 소유하고 있는 토지소유자인바, 위 산업단지 내에 위치한 乙 소유의 토지가 위 고시에 따라 수용대상토지로 지정되었다. 甲 전자는 乙과 위 토지의 취득 등에 대하여 협의를 하였으나 협의가 성립되지 아니하여 토지수용위원회에게 재결을 신청하였고, 위 위원회는 위 토지에 대하여 수용재결하였다. 이에 乙은 대전지방법원에 위 위원회를 상대로 수용처분의 취소를 구하는 소를 제기하였고, 위 소송계속 중 '민간기업에게 산업단지개발사업에 필요한 토지를 수용할 수 있도록 규정한 산업입지법 제22조 제1항'에 대하여 위헌법률심판제청신청을 하였으나 기각되자, 헌법소원심판을 청구하였다.

1. 공용침해의 개념 및 구분

가. 헌법 제23조 제3항은 "공공필요에 의한 재산권의 수용·사용 또는 제한 및 그에 대한 보상은 법률로써 하되, 정당한 보상을 지급하여야 한다."고 하여 공용침해 또는 공용제한을 규정하고 있다. 공용침해는 특정한 공적 과제의 이행을 위하여 구체적 재산권을 전부 또는 부분적으로 박탈하는 고권적 행위(법률 또는 행정행위)이다.[1] 일반적으로 공용침해는 토지재산권의 박탈이나 물권적 부담을 의미한다.

(1) 공용수용이란, 국가나 지방자치단체가 개인의 재산권을 그의 의사에 반하여 강제적으로 취득하는 것을 말한다. 공용수용은 재화조달의 과정으로서 수용의 주체로의 재산권 이전을 초래한다.

(2) 공용사용이란, 국가나 지방자치단체가 개인의 재산권을 그의 의사에 반하여 일시적으로 사용하는 것, '토지재산권 중 사용권의 부분적 박탈'을 말한다. 공용제한이란, 국가나 지방자치단체가 개인의 재산권에 대하여 과하는 그 외의 공법상 제한으로서 물적 공용부담을 의미한다.

(3) 독일 기본법 제14조 제3항은 단지 "수용"만을 규정한 반면에[2] 우리 헌법은 제23조 제3항에

---

1) 헌재 2006. 7. 27. 2003헌바18(재래시장 재건축 매도청구권), 판례집 18-2, 32, "이 사건 법률조항에 따른 매도청구권을 헌법 제23조 제1항·제2항의 재산권의 제한으로 볼 것인지, 아니면 헌법 제23조 제3항의 공용수용으로 볼 것인지 문제되나, 위 매도청구권의 행사로 재건축불참자는 그 의사에 반하여 재산권이 박탈당하는 결과에 이른다는 점에서 실질적으로 헌법 제23조 제3항의 공용수용과 같은 것으로 볼 수 있고, 이 경우 헌법 제23조 제3항에 따라 보상적조치가 있어야 비로소 허용되는 범주 내에 있게 되는바, 이 사건 법률조항은 매도청구권행사에 의하여 시가에 따른 매매계약체결의 효과를 주고 있어 일응 정당한 보상요건은 갖춘 것으로 볼 수 있으므로 이러한 점에서는 특별히 위헌의 의심은 없다."
2) 독일기본법 제14조 제3항 "수용은 공공복리를 위해서만 허용된다. 수용은 보상의 종류와 범위를 정한 법률에 의하

서 "수용·사용 또는 제한"이라고 규정하기 때문에, 헌법재판소가 독일의 분리이론을 택한 것에 대하여 '분리이론에 의한 구분이 우리의 법제에도 타당한지'의 의문이 제기될 수 있다. 그러나 우리 헌법은 "수용, 사용 및 제한"이란 표현을 통하여 '수용'의 여러 형태를 구체적으로 열거하였을 뿐이다. 독일연방헌법재판소가 기본법 제14조 제3항의 "수용"의 개념을 정의한 바와 같이, 헌법 제23조 제3항의 "수용·사용·제한"을 협의의 형식적 개념으로 이해하면서, '수용'을 '토지재산권을 전면적으로 박탈하여 다른 소유권자에게 이전하는 경우', '사용'을 '토지재산권 중 사용권의 부분적 박탈', '제한'을 '토지재산권 중 분리될 수 있는 다른 부분적 권리의 박탈이나 그 외의 제한'이라고 해석한다면, 독일 기본법과 한국헌법상의 법문의 차이는 분리이론의 수용을 가로막는 요인이 될 수 없다. 한국 헌법이 '제한'을 규정한 것은, 예컨대 국가가 사유지에 대하여 출입권을 확보하고자 하는 경우 국가의 출입에 대한 수인의무를 부과하는지 아니면 지역권의 형태로 제한하는지 하는 것은 단지 법기술적인 문제라는 점에 비추어, '제한'을 통하여 사실상 부분적 권리의 박탈이 이루어지는 경우를 포함하려고 한 것이다.

나. 공용수용은 재산권의 내용과 한계에 관한 규정과 구분되고, 고권적 조치의 단순한 간접적 결과인 '수용적 침해'[1] 및 재산가치 있는 권리에 대한 위법적 침해인 '수용유사적 침해'와도[2] 구분된다. 경지(耕地) 정리 등에 따른 토지교환절차는 수용이 아니다. 수용은 공적 과제의 이행에 기여하는 구체적인 계획의 시행을 위하여 토지를 조달하는 것인 반면, 경지 정리는 재산권이 사인 간의 이익 조정을 위하여 박탈되고 종전의 재산권관계에 따라 새로운 토지를 얻는 것이다.

2. 수용의 방법

수용은 "법률로써" 이루어져야 한다. 따라서 수용은 형식적 법률에 의하여 직접 이루어질 수도 있고 또는 법률에 근거하여 행정청의 행정행위에 의해서도 이루어질 수 있다. 일반적으로 수용은 법률에 근거한 행정청의 수용처분에 의하여 이루어진다.

법률에 의한 직접적인 수용(입법수용)은 처분적 법률(법률에 의한 행정)을 의미하고, 나아가 개별적인 경우에 대하여 법률로써 재산권을 박탈하고 부담을 부과하는 것이 일반적이기 때문에 입법수용은 개별사건법률에 해당할 가능성이 크다. 헌법이 개별사건법률을 금지하고 있지는 않지만, 개별사건법률에 대하여 평등원칙의 관점에서 헌법적인 의문이 제기되고 법률은 가능한 한 원칙적으로 일반적으로 적용되는 법률로서 제정되어야 한다는 점에서, 법률에 의한 직접적인 수용은 예외적으로만 허용되고 이를 위한 특별한 근거를 필요로 한다.[3]

여 또는 법률에 근거해서만 행해진다. 보상은 공공의 이익과 관계자의 이익을 공정하게 형량하여 정해져야 한다. 보상에 대해서는 일반법원에서 소송으로 다툴 수 있다."

1) 收用的 侵害란 그 자체로서 합법적인 행정행위가 초래하는 예외적이고 예기치 못한 부수적 효과로 인한 재산권의 침해를 말하는데, 예컨대 합법적인 도로공사로 인하여 고객이 상점에 접근할 수 있는 가능성이 봉쇄되는 경우에 도로 주변의 상점 주인이 입는 재산적 손해가 이에 해당한다.

2) 收用類似侵害란 재산권에 대한 위법적 침해로서 침해가 합법적으로 이루어 졌다면 그의 내용과 효과에 있어서 수용에 해당하고 당사자에게 특별한 희생을 가져오는 경우를 말하는데, 예컨대 보상규정을 두지 않은 재산적 침해로서 그 실질적 내용에 있어서는 수용적 효과를 가져오는 경우가 이에 해당한다.

3) 한편, 헌법재판소는 입법수용의 문제점에 관하여 전혀 언급하고 있지 않다. '하천 제외지 국유화 사건'에서 수용은 법률에 의하여 직접 이루어지기 때문에 '처분적 법률'에 해당하나, 하천법조항이 모든 하천을 일반·추상적으로 국유화한다는 점에서 '개별사건법률'에 해당하지는 않는다. 헌재 1998. 3. 26. 93헌바12(하천 제외지 국유화), 판례집

3. 수용의 요건

헌법은, 제23조 제3항의 요건 하에서는 불가피하게 재산권의 존속보장이 가치보장으로 전환됨으로써 개인이 정당한 보상의 지급을 전제로 공공필요에 의한 재산권의 박탈을 수인해야 한다는 것을 밝히고 있다. 재산권보장의 헌법적 의미와 기능은 가치보장이 아니라 존속보장이므로, 재산권의 존속보장을 가치보장으로 전환시키는 수용의 허용요건은 엄격하게 해석되어야 한다.[1] 헌법은 수용의 요건으로 '공공필요'를 명시적으로 언급함으로써, 수용은 공공복리를 위하여 필요한 경우에만 허용된다는 것을 밝히고 있다. '공공필요'의 개념은 공익적 필요성을 의미하는 것으로 공공복리(공익성)와 필요성이라는 요소로 구성된다. 나아가, 헌법은 '수용과 그에 대한 보상은 법률에 의거할 것' 및 '정당한 보상을 지급할 것'을 명시하고 있다.

가. 공공복리

(1) 수용의 목적

수용의 목적은 오로지 공공복리이다. 헌법 제23조 제1항 및 제2항에 근거한 재산권의 내용규정에 의한 재산권제한 효과와 비교할 때, 헌법 제23조 제3항에 의한 재산권제한은 일반적으로 재산권의 박탈로서 그 제한의 효과가 중대하므로, 침해의 중대성에 비추어 수용은 보다 중대한 공익에 의하여 정당화되어야 한다.

수용이 공공복리의 구속을 받기 때문에, 단지 국고적인 이유에서 이루어지는 수용은 허용되지 않는다. 수용은 국가자산을 증식시키기 위한 도구가 될 수 없다. 또한, 사인의 재산권과 사인의 재산권이 서로 대립하고 있는 경우 일방의 재산권이 더 보호되어야 한다고 하더라도, 단지 사익을 증가시키기 위한 수용은 허용되지 않는다.

(2) 私人을 위한 수용의 문제

문제가 되는 것은 '私人을 위한 수용'이 허용되는지 하는 것이다.[2] 가령, 국가나 지방자치단체가

10-1, 226, 246, [입법적 수용의 허용여부에 관하여] "입법적 수용은 법률에 근거하여 일련의 절차를 거쳐 별도의 행정처분에 의하여 이루어지는 소위 '행정적' 수용과 달리 법률에 의하여 직접 수용이 이루어지는 것이다. 그러므로 제외지를 국유화함에 있어 토지수용법에서 규정하는 정도의 절차규정도 없이 바로 국유화하는 것이 위헌이라는 청구인들의 주장은 입법적 수용과 행정적 수용의 법리를 혼동한 데에서 기인한 것으로서 더 나아가 살펴볼 것 없이 이유 없다."

1) 헌재 1994. 2. 24. 92헌가15(환매기간제한), 판례집 6-1, 38, 57, "공공필요에 의한 재산권의 공권력적, 강제적 박탈을 의미하는 공용수용(公用收用)은 헌법상의 재산권 보장의 요청상 불가피한 최소한에 그쳐야 한다. 즉 공용수용은 헌법 제23조 제3항에 명시되어 있는 대로 국민의 재산권을 그 의사에 반하여 강제적으로라도 취득해야 할 공익적 필요성이 있을 것, 법률에 의거할 것, 정당한 보상을 지급할 것의 요건을 모두 갖추어야 한다."; 同旨 헌재 1998. 3. 26. 93헌바12(하천 제외지 국유화), 판례집 10-1, 226, 243.

2) 헌재 2009. 9. 24. 2007헌바114(민간기업에 의한 토지수용), 판례집 21-2상, 562, [민간기업을 수용의 주체로 규정한 '산업입지 및 개발에 관한 법률'조항이 헌법 제23조 제3항에 위반되는지 여부에 관하여] "헌법 제23조 제3항은 정당한 보상을 전제로 하여 재산권의 수용 등에 관한 가능성을 규정하고 있지만, 재산권 수용의 주체를 한정하지 않고 있다. 위 헌법조항의 핵심은 당해 수용이 공공필요에 부합하는가, 정당한 보상이 지급되고 있는가 여부 등에 있는 것이지, 그 수용의 주체가 국가인지 민간기업인지 여부에 달려 있다고 볼 수 없다. … 그렇다면 민간기업을 수용의 주체로 규정한 자체를 두고 위헌이라고 할 수 없으며, …"; [민간기업에게 산업단지개발사업에 필요한 토지 등을 수용할 수 있도록 규정한 이 사건 수용조항이 헌법 제23조 제3항의 공공필요에 위반되는지 여부에 관하여] "이 사건 수용조항은 산업입지의 원활한 공급과 산업의 합리적 배치를 통하여 균형있는 국토개발과 지속적인 산업발전을 촉진함으로써 국민경제의 건전한 발전에 이바지하고자 하고, 나아가 산업의 적정한 지방 분산을 촉진하고 지역경제의 활성화를 목적으로 하는 것이다. … 또한, 산업입지법상 규정들은 산업단지개발사업의 시행자인 민간기업이 자신의 이윤추구에 치우친 나머지 애초 산업단지를 조성함으로써 달성, 견지하고자 한 공익목적을 해태하지 않도

지역경제의 활성화나 고용창출의 목적으로 사기업을 위하여 대규모 산업단지를 조성하고 이러한 과
정에서 사인의 토지를 수용하는 경우이다. 공공복리와 사익추구는 상호 배제하는 것이 아니라는 점
에서, 수용이 허용되는지의 판단에 있어서 수용의 직접적인 수혜자가 누구인지는 결정적인 의미를
가지지 않는다. 따라서 사인을 위한 수용이 원칙적으로 배제되는 것은 아니다. 그러나 국가를 위한
수용과 사인을 위한 수용 사이에는 다음과 같은 근본적인 차이점이 있고, 이러한 차이점으로 말미암
아 사인을 위한 수용은 그 허용여부에 관하여 입법자의 명시적인 결정을 필요로 하고 매우 엄격한
요건 하에서만 예외적으로 허용될 수 있다.[1]

국가나 공공단체를 위한 수용의 경우에는 국가와 공공단체가 공익실현의 의무가 있고 이에 구속
을 받기 때문에, 국가나 공공단체에 의한 수용은 일반적으로 공공복리에 기여하리라는 추정을 가능
하게 한다.[2] 그러나 사인을 위한 수용의 경우에는 사인은 법질서에 의하여 부여된 사적 자치를 사용
하여 사익을 추구하는 것에 일차적인 목표를 두고 있고, 사인을 위한 수용은 단지 간접적으로 공공
복리에 기여하는 효과가 있을 뿐이며 일방적으로 경제적 약자에게 희생을 강요하는 방법으로 남용될
우려가 있다.[3] 사인을 위한 수용은 직접적으로 공공복리에 기여하는 것이 아니라 단지 공공복리에
기여하는 간접적인 효과를 기대할 수 있을 뿐이므로, 입법자가 스스로 사인을 위한 수용이 허용되는
지의 여부 및 허용된다면 어떠한 조건 하에서 어떠한 목적을 위하여 허용되는지를 명확하게 확정해
야 한다.[4]

록 규율하고 있다는 점도 함께 고려한다면, 이 사건 수용조항은 헌법 제23조 제3항의 '공공필요성'을 갖추고 있다
고 보인다."; 이에 대하여 [재판관 김종대의 반대의견] "민간기업이 수용의 주체가 되는 경우는 국가가 수용의 주체
가 되어 그 수용의 이익을 공동체 전체의 것으로 확산시키는 역할을 자임하는 경우와 비교하여 수용의 이익이 공
적으로 귀속될 것이라는 보장이 힘들다는 점에서, 그와 같은 수용이 정당화되기 위해서는 당해 수용의 공공필요성
을 보장하고 수용을 통한 이익을 공공적으로 귀속시킬 수 있는 더욱 심화된 입법적 조치가 수반되어야만 한다. …
이러한 법적·제도적 보완이 행하여 지지 않는 한, 이 사건 조항들에 따른 민간기업에 의한 수용은 우리 헌법상 재
산권 보장의 가치와 부합되기 어렵다."
1) 헌재 2014. 10. 30. 2011헌바172 등, 판례집 26-2상, 639, "'공공필요'의 개념은 '공익성'과 '필요성'이라는 요소로 구
성되어 있는바, '공익성'의 정도를 판단함에 있어서는 공용수용을 허용하고 있는 개별법의 입법목적, 사업내용, 사
업이 입법목적에 이바지 하는 정도는 물론, 특히 그 사업이 대중을 상대로 하는 영업인 경우에는 그 사업 시설에
대한 대중의 이용·접근가능성도 아울러 고려하여야 한다. 그리고 '필요성'이 인정되기 위해서는 공용수용을 통하
여 달성하려는 공익과 그로 인하여 재산권을 침해당하는 사인의 이익 사이의 형량에서 사인의 재산권침해를 정당
화할 정도의 공익의 우월성이 인정되어야 하며, 사업시행자가 사인인 경우에는 그 사업 시행으로 획득할 수 있는
공익이 현저히 해태되지 않도록 보장하는 제도적 규율도 갖추어져 있어야 한다."
2) 공적인 행정과제를 사법상의 형식으로 이행하는 행정사법의 영역에서 또는 사인에게 공적 과제가 위탁되는 경우
(공무수탁사인), 사인을 위한 수용이 허용된다는 것에 대해서는 다툼이 없다. 행정사법의 경우는 실질적으로 사인
을 위한 수용이 아니라 사인의 배후에 있는 국가나 공공단체를 위한 수용이기 때문이다.
3) 헌재 2014. 10. 30. 2011헌바172 등, 판례집 26-2상, 639, 640, [행정기관이 개발촉진지구 지역개발사업으로 실시계
획을 승인하고 이를 고시하기만 하면 고급골프장 사업과 같이 공익성이 낮은 사업에 대해서까지도 시행인 민간
개발자에게 수용권한을 부여하는 법률조항이 헌법 제23조 제3항에 위배되는지 여부(적극)], "이 사건에서 문제된
지구개발사업의 하나인 '관광휴양지 조성사업' 중에는 고급골프장 등의 사업과 같이 입법목적에 대한 기여도가 낮
을 뿐만 아니라, 대중의 이용·접근가능성이 작아 공익성이 낮은 사업도 있다. 또한 고급골프장 등 사업은 그 특성
상 사업 운영 과정에서 발생하는 지방세수 확보와 지역경제 활성화는 부수적인 공익일 뿐이고, 이 정도의 공익이
그 사업으로 인하여 강제수용 당하는 주민들의 기본권침해를 정당화할 정도로 우월하다고 볼 수는 없다. 따라서 이
사건 법률조항은 공익적 필요성이 인정되기 어려운 민간개발자의 지구개발사업을 위해서까지 공공수용이 허용될
수 있는 가능성을 열어두고 있어 헌법 제23조 제3항에 위반된다."
4) Vgl. BVerfGE 74, 264, 284ff.(Boxberg), 입법자는 사인을 위한 수용이 허용되는지의 결정이 행정청의 자의적인 판
단에 맡겨지지 않도록 허용되는 수용목적을 명확하게 규정해야 하고, 나아가 개별적인 수용결정에 있어서 사인을
위한 수용이 '공공복리-수혜를 입는 사인-수용당하는 사인'이라는 이해의 3각관계의 상황에서 과잉금지원칙과 평등

한편, 수용조항 입법목적의 '공공성'을 부인하기 어렵고, 나아가 과잉금지원칙에 따른 '공공필요성의 심사'(아래 '나. 공공복리에 필요한 경우')에 있어서도 일반적으로 공익의 우월성이 인정되기 때문에, 사인에 의한 수용을 가능하게 하는 법률조항에 대한 실체적 심사가 매우 제한적으로 이루어질 수밖에 없다. 따라서 피수용자의 재산권을 효과적으로 보호하기 위해서는 실체적 심사의 한계는 절차적 통제를 통하여 보완되어야 한다. 헌법재판소는 사인에 의한 수용을 허용하는 규정에 대한 위헌심사의 초점을 '공익적 필요성에 관한 실체적 심사'가 아니라, '공공복리를 확보하기 위하여 적합한 절차적 규정을 두고 있는지, 공익을 사후적으로 담보하는 제도적 규율을 갖추고 있는지 여부'에 맞추는 것이 보다 바람직하다.[1]

나. 공공복리를 위하여 필요한 경우("공공필요")

(1) 수용의 허용여부를 판단하는 심사기준으로서 과잉금지원칙

공공복리에 의하여 요청되는 수용만이 허용되기 때문에, 수용은 과잉금지원칙의 구속을 받는다.[2] 헌법은 제23조 제3항에서 "공공필요에 의한 재산권의 수용"이라는 표현을 통하여 이를 밝히고 있다. 여기서 "공공필요"란 공공복리를 위하여 필요한 경우를 말한다. 이로써, 과잉금지원칙은 수용법률에 근거한 행정청의 개별적 수용뿐만 아니라 수용을 가능하게 하는 수용법률의 위헌여부를 판단하는 중요한 기준으로 기능한다.

수용은 공공복리의 목적을 달성하기 위하여 적합한 수단이어야 하며, 수용의 목적이 수용 외의 방법으로 달리 실현될 수 있다면, 수용은 최소침해성의 원칙에 위반되어 허용되지 않는다. 수용이 불가피한 경우에도 여러 선택가능성 중에서 가장 완화된 수단을 채택해야 한다. 가령, 완전수용이 아니라 부분수용이나 물권적 부담으로도 공공복리의 달성이 가능하다면, 보다 재산권을 적게 제한하는 수단을 채택해야 한다. 나아가, 법익균형의 관점에서 수용에 대한 공공의 이익이 수용에 의하여 침해되는 재산권자의 이익을 압도해야 한다.

(2) 還買權

환매권이란 공용수용의 목적물이 공익사업의 폐지 등의 사유로 불필요하게 된 경우에 그 목적물의 피수용자가 일정한 대가를 지급하고 그 목적물의 소유권을 다시 취득할 수 있는 권리를 말한다. 수용은 오로지 공공복리에 의하여 요청되는 경우에만 허용되기 때문에, 수용의 목적이 사후적으로 사라진 경우에는 재산권보장은 이전의 재산권자에게 환매권을 부여할 것을 요청한다. 즉, 헌법은 공공복리를 위하여 필요한 경우에 한하여 재산권의 존속보장이 가치보장으로 전환되는 것을 허용하므로, 공공필요의 요청이 더 이상 존재하지 않는 경우에는 재산권의 존속보장이 다시 부활하는 것이다.

원칙의 준수 하에서 이루어질 수 있도록 구체적인 실체적·절차적 규정을 마련해야 하고, 수용시점 이후에도 지속적으로 기업활동의 공공복리 연관성이 담보될 수 있도록 사기업을 공공복리에 효과적으로 구속시키는 법적 조치를 취해야 한다. 사인을 위한 수용에 있어서 특히 문제되는 것은, 수용이 '지역경제의 활성화'나 '고용창출'과 같은 공공복리에 대한 단지 간접적인 효과를 기대할 수 있게 할 뿐이므로, 수용을 허용하는 결정적인 근거가 된 '공익성'을 수용 후에도 어떻게 담보하고 사후적으로 통제할 수 있는지에 관한 것이다.

1) 사인에 의한 공용수용의 경우 절차에 의한 재산권보장의 중요성에 관하여 제3편 제1장 제5절 II. 4. '절차와 조직에 의한 자유권의 보장' 참조.

2) 헌재 2006. 7. 27. 2003헌바18(재래시장 재건축 매도청구권), 판례집 18-2, 32, 33, [공공의 필요성의 심사기준으로서 과잉금지원칙에 관하여] "청구인은 시장재건축에 있어서 다소 완화된 요건하에서 부여되는 매도청구권 자체의 위헌성을 묻고 있으므로 이는 헌법 제23조 제3항 공용수용의 요건 중 '공공의 필요성'을 갖추었는지에 대한 의문이라고 볼 수 있고, 이에 대한 심사는 실질적으로 헌법 제37조 제2항의 과잉금지원칙에 따라 이루어져야 할 것이다."

피수용자가 재산권의 박탈을 수인해야 하는 헌법상 의무는 오로지 재산권의 목적물이 공공사업에 이용되는 것을 전제로 하기 때문에, 가령 수용된 토지가 당해 공익사업에 필요 없게 되거나 또는 이용되지 아니하였을 경우에는 피수용자가 그 토지소유권을 다시 회복할 수 있는 권리인 환매권이 헌법상 재산권보장으로부터 나온다. 이로써 환매권은 헌법이 보장하는 재산권에 포함된다.[1] 한편, 공권력이 공공사업에 필요한 재산권을 수용의 형태로 강제로 취득하였는지 또는 사법상의 매매계약의 형태로 협의 취득하였는지의 여부와 관계없이 환매권이 인정된다.[2]

입법자는 환매권에 관하여 권리의 내용, 성립요건, 행사기간·방법 등을 규정할 수 있는데, 이러한 규정은 입법자가 헌법 제23조 제1항 및 제2항에 따라 헌법상 보장되는 재산권에 해당하는 환매권의 내용과 한계를 형성하는 것에 해당한다.[3] 따라서 환매권의 내용과 한계를 규정하는 법률조항의 위헌성이 문제되는 경우에는 위에서 서술한 '재산권의 내용과 한계를 정하는 법률규정의 위헌심사'의 법리가 여기서도 그대로 적용된다. 입법자는, 공용수용이 이루어진 경우에도 환매권의 형태로 재산권을 보호하고자 하는 재산권보장의 기본정신(존속보장)과 이에 대치하는 반대법익(가령, 법적 안정성, 공익사업의 효율적인 수행 등)을 조화시키는 입법을 해야 하며, 입법자가 환매권의 구체적 내용을 형성함에 있어서 '헌법상의 재산권보장'과 '재산권의 사회적 구속성' 중에서 하나의 법익만을 일방적으로 고려한다면, 이러한 법률조항은 헌법에 위반된다.[4]

다. 보상법률

(1) 不可分條項

헌법은 제23조 제3항에서 "… 재산권의 수용·사용 또는 제한 및 그에 대한 보상은 법률로써 하되, 정당한 보상을 지급하여야 한다."고 규정하여, '공용침해에 관한 규정'과 '보상에 관한 규정'을 결부시킬 것을 요청하고 있다(소위 '不可分條項' 또는 '結付條項'). 이로써 헌법은 공용침해규정과 보상규

---

1) 헌재 1994. 2. 24. 92헌가15(환매기간제한), 판례집 6-1, 38, 57, [토지수용법상의 환매권이 헌법상 재산권 보장규정으로부터 직접 도출되는 권리인지 여부에 관하여] "수용된 토지가 당해 공익사업에 필요 없게 되거나 이용되지 아니하였을 경우에 피수용자가 그 토지소유권을 회복할 수 있는 권리 즉 토지수용법 제71조 소정의 환매권은 헌법상의 재산권 보장규정으로부터 도출되는 것으로서 헌법이 보장하는 재산권의 내용에 포함되는 권리라고 할 수 있다. 또 이 권리는 피수용자가 수용 당시 이미 정당한 손실보상을 받았다는 사실로 말미암아 부정되지 않는다. 왜냐 하면 피수용자가 정당한 손실보상을 받는 것은 단지 수용요건 중의 하나에 불과한 것으로서, 피수용자가 손실보상을 받고 소유권의 박탈을 수인(受忍)할 의무는 그 재산권의 목적물이 공공사업에 이용되는 것을 전제로 하기 때문이다."; vgl. BVerfGE 38, 175, 179ff.
2) 헌재 1994. 2. 24. 92헌가15(환매기간제한), 판례집 6-1, 38, 39.
3) 헌재 2006. 11. 30. 2005헌가20(환매대금의 선이행의무), 판례집 18-2, 417, 425, "이 사건 법률조항이 환매의 의사표시와 함께 환매대금의 선이행의무를 규정한 것은 입법자가 헌법 제23조 제1항 및 제2항에 따라 헌법상 보장되는 재산권에 해당하는 환매권의 내용과 한계를 형성한 것이라고 봄이 상당하다. 따라서 이 사건에서는 … 환매권의 내용과 한계가 비례의 원칙에 부합하는지 여부가 문제된다고 할 것이다."; 또한 헌재 1994. 2. 24. 92헌가15 등(환매기간제한), 판례집 6-1, 38, 62 참조.
4) [환매기한을 "토지 등의 취득일부터 10년 이내"로 제한한 법률조항이 재산권을 침해하는지의 여부(소극)] 헌재 1994. 2. 24. 92헌가15 등(환매기간제한), 판례집 6-1, 38; [건물을 배제하고 토지에 대해서만 환매권을 인정하는 법률조항이 구 건물소유자의 재산권을 침해하는지 여부(소극)] 헌재 2005. 5. 26. 2004헌가10, 판례집 17-1, 608; [환매권의 행사에 있어 환매대금의 선이행의무를 규정하고 있는 법률조항이 환매권자의 재산권을 침해하는지 여부(소극)] 헌재 2006. 11. 30. 2005헌가20(환매대금의 선이행의무), 판례집 18-2, 417; [환매권의 행사기간을 수용일로부터 10년 이내로 제한한 구 토지수용법조항이 환매권자의 재산권을 침해하는지 여부(소극)] 헌재 2011. 3. 31. 2008헌바26, 공보 제174호, 531. 한편, 헌법재판소는 2020년 기존의 판례를 변경하여 토지보상법상 환매권의 발생기간(환매기한)을 일률적으로 토지의 취득일이나 수용일로부터 10년으로 제한한 것이 국민의 재산권을 과도하게 침해하기 때문에 헌법에 위반된다고 결정하였다(헌재 2020. 11. 26. 2019헌바131).

정은 불가분임을 명시적으로 언급하고 있다. 불가분조항은 헌법 제23조 제3항의 공용침해를 원래의 고전적인 수용개념인 협의의 개념으로, 즉 국가의 재화조달의 목적으로 개별적·구체적으로 재산권적 지위를 박탈하는 국가행위로 이해해야 한다는 것을 말해주고 있다.

(2) 불가분조항의 기능

불가분(결부)조항은 다음과 같은 2가지 목표와 기능을 가진다. 첫째, 입법자가 수용법률을 제정함에 있어서 보상에 관하여 동시에 규율함으로써 수용법률이 국가예산에 대하여 특별한 부담을 의미한다는 것을 인식해야 하며, 둘째, 보상의 문제가 사전에 법적으로 규율됨이 없이 개인의 재산권이 수용을 당하는 것으로부터 보호되어야 한다.

이에 따라 불가분조항은, 한편으로는 입법자가 수용의 전제조건으로서 보상 문제에 관해서도 이미 결정한 경우에만 수용을 허용함으로써 개인의 재산권을 보장하는 기능을 하며, 다른 한편으로는 법률의 예기치 못한 결과에 의하여 국가예산이 부담을 받아서는 안 된다는 의미에서 입법자의 예산권을 보호하는 기능을 한다. 그러므로 불가분조항의 이러한 경고기능은 피수용자의 이익뿐만 아니라 보상의 의무가 있는 국가공동체의 이익의 관점에서도 공용수용을 어렵게 하고자 하는 것이다.

따라서 보상규정을 두지 않거나 보상의 방법과 정도를 충분히 명확하게 규율하지 아니하고 개괄적인 보상조항만을 두는 수용법률은 위헌적 법률로서 무효이다. 물론, 수용법률에 대하여 요구되는 원칙적인 명확성의 요청에도 불구하고, 입법자가 수용절차의 시행을 위하여 일반법으로서 '수용법'을 적용하도록 규정하는 것은 허용된다.

라. 정당한 보상

(1) '정당한 보상'의 의미

헌법 제23조 제3항은 "… 정당한 보상을 지급하여야 한다."고 규정하고 있다. 여기서 '정당한 보상'이 무엇인지의 문제가 제기된다. '정당한 보상'이란, 국민일반의 이익과 피수용자의 이익이란 상충하는 양 법익의 '정당한 법익형량의 결과'로서 나오는 보상, 즉 '정당한 이익조정의 결과'에 따른 보상을 의미한다. 그러므로 정당한 보상을 지급해야 할 입법자의 의무는 단지 명목적인 보상을 허용하지않는다.

(2) 完全報償의 원칙과 그에 대한 예외

재산권의 가치보장의 원칙 및 부담평등의 원칙에 비추어, 정당한 보상은 원칙적으로 피수용재산의 시장가치(객관적인 재산가치)를 완전하게 보상할 것을 요청한다(소위 '完全報償').[1] 한편, 시장가치의 부분적 보상이 적정한 보상으로 간주되는 경우도 배제할 수 없으므로, 입법자는 경우에 따라 시장가치 이하의 보상을 규정할 수 있다. 입법자는 보상의 정도를 정함에 있어서 '재산권자(피수용자)의 자기기여의 사고'나 '재산권의 사회적 구속성'을 고려할 수 있다.

피수용자의 자기기여의 사고에 의하면, 재산가치가 자기기여에 기인할수록 보다 완전한 보상을 받아야 하고, 재산가치가 국가의 개발조치 등에 의하여 발생하였거나 일반국민에게 귀속되어야 할수

---

[1] 헌재 1990. 6. 25. 89헌마107(정당보상원리에 의한 보상액산정), 판례집 2, 178, "헌법 제23조 제3항에서 규정한 '정당한 보상'이란 원칙적으로 피수용재산의 객관적인 재산가치를 완전하게 보상하여야 한다는 완전보상을 뜻하는 것이지만, 공익사업의 시행으로 인한 개발이익은 완전보상의 범위에 포함되는 피수용토지의 객관적 가치 내지 피수용자의 손실이라고는 볼 수 없다."

록 보상은 보다 축소될 수 있다. 따라서 공익사업의 시행으로 인하여 비로소 발생하는 개발이익은 피수용토지의 객관적 재산가치 또는 토지수용으로 인하여 피수용자가 입는 손실이라고 볼 수 없으므로, 토지수용에 따른 손실보상액을 산정함에 있어서 개발이익을 배제하는 것은 정당보상의 원칙에 반하지 않는다.[1] 또한, 헌법재판소는 수용된 토지에 대한 보상액을 공시지가를 기준으로 산정하는 것이 정당보상의 원칙에 위반되지 않는다고 판시하였고,[2] 나아가, 손실보상액 산정의 기준이 되는 공시지가는 사업인정고시일 전의 시점을 공시기준일로 하는 공시지가로 규정한 조항에 대해서도, 이는 공시지가에 개발이익이 포함되는 것을 방지하기 위한 것으로 헌법에 위반되지 않는다고 판시하였다.[3]

뿐만 아니라, 사회적 구속성은 경우에 따라 재산가치를 축소시키는 국가적 조치를 보상 없이 수인할 것을 요구하기 때문에(가령, 도시계획법상의 사용제한 등), 특별한 상황기속성으로 인하여 토지를 수용 당하게 된 피수용자는 상대적으로 하락한 가격을 수인해야 한다.

---

1) 헌재 1990. 6. 25. 89헌마107(정당보상원리에 의한 보상액산정), 판례집 2, 178, 190, [토지수용에 따른 손실보상을 산정함에 있어서 개발이익을 배제하는 것이 재산권을 침해하는지의 여부에 관하여] "공익사업의 시행으로 지가가 상승하여 발생하는 개발이익은 기업자의 투자에 의하여 발생하는 것으로서 피수용자인 토지소유자의 노력이나 자본에 의하여 발생한 것이 아니다. 따라서 이러한 개발이익은 형평의 관념에 비추어 볼 때, 토지소유자에게 당연히 귀속되어야 할 성질의 것은 아니고, 오히려 투자자인 기업자 또는 궁극적으로는 국민 모두에게 귀속되어야 할 성질의 것이다. 또한 개발이익은 공공사업의 시행에 의하여 비로소 발생하는 것이므로 그것이 피수용토지가 수용당시 갖는 객관적 가치에 포함된다고 볼 수도 없다. … 따라서 개발이익은 그 성질상 완전보상의 범위에 포함되는 피수용자의 손실이라고는 볼 수 없으므로, 개발이익을 배제하고 손실보상액을 산정한다 하여 헌법이 규정한 정당보상의 원리에 어긋나는 것이라고는 판단되지 않는다."
2) 헌재 1995. 4. 20. 93헌바20 등, 판례집 7-1, 519; 헌재 1999. 12. 23. 98헌바13 등, 판례집 11-2, 721; 헌재 2001. 4. 26. 2000헌바31, 판례집 13-1, 932; 헌재 2002. 12. 18. 2002헌가4(정당한 보상의 원칙), 판례집 14-2, 762, 769, "여기서 '정당한 보상'이란 '원칙적으로' 피수용재산의 객관적인 재산가치를 완전하게 보상하는 것이어야 한다는 완전보상을 뜻하는 것으로서, 재산권의 객체가 갖는 객관적 가치란 … 시가에 의하여 산정되는 것이 '보통이다'. 그러나 헌법 제23조 제3항에 규정된 '정당한 보상'의 원칙이 모든 경우에 예외없이 개별적 시가에 의한 보상을 요구하는 것이라고 할 수 없다. 헌법재판소는 거듭, … 토지수용으로 인한 손실보상액의 산정을 '공시지가'를 기준으로 한 것이 헌법상의 정당보상의 원칙에 위배되는 것이 아니라고 하였다."
3) 헌재 1999. 12. 23. 98헌바13 등, 판례집 11-2, 721.

제5장 參政權

제1절 一般理論

참정권이란 국민이 국가의사형성에 참여하는 권리를 말한다.[1] 선거권이 국가의사형성에 간접적으로 참여하는 권리(간접적 참정권)라면, 국민투표권은 국가의사형성에 직접적으로 참여하는 권리(직접적 참정권)이다. 선거는 대의제를 실현하기 위한 방법이고, 국민투표는 직접민주주의를 실현하기 위한 수단이다.[2] 선출직 또는 비선출직 공무원으로서 국가의사형성에 직접 참여하는 가능성을 제공하는 공무담임권도 대의제를 실현하기 위한 방법에 속한다. 대의제를 원칙으로 하면서 예외적으로 직접민주주의적 요소를 가미하고 있는 현행 헌법체계에서, 선거는 국민이 국가의사형성에 참여하는 가장 중요한 수단이다.

옐리네크(Georg Jellinek)의 지위이론에 의하면, 참정권은 국가생활에 정치적으로 참여하는 권리로서 국민의 능동적 지위에 해당한다. 참정권은 국가의 존재를 전제로 하는 기본권으로서 모든 인간이 아니라 국가의 구성원인 국민에게만 귀속되는 기본권이다. 헌법은 제24조(선거권) 및 제25조(공무담임권)에서 참정권을 규정하고 있다. 또한, 대통령이 국민투표 부의권을 행사하는 경우 인정되는 임의적 국민투표(헌법 제72조)와 헌법개정에 관한 필수적 국민투표(제130조)도 참정권에 속한다. 헌법은 참정권(헌법 제24조, 제25조)의 규정형식으로 "법률이 정하는 바에 의하여"의 표현을 사용함으로써, 자유권과는 달리 입법자에 의한 구체적 형성을 필요로 한다는 것을 밝히고 있다. 참정권의 특징은 입법자의 입법에 의하여 기본권의 내용이 구체적으로 확정된다는 것에 있다.

참정권은 국민의 주관적 공권으로서 국민의 권리이지 의무가 아니다. 따라서 선거권과 국민투표권 및 공무담임권으로부터 선거나 투표를 해야 할 의무나 공무를 담임해야 할 의무는 도출되지 않는다. 이와 구분해야 하는 문제는, 국가가 법률로써 선거의무를 도입하여 국민의 선거참여를 강제할 수 있는지의 문제이다. 이는 '자유선거의 원칙'을 어떻게 이해하는지에 따라 달리 판단될 수 있는 문제이다.

---

1) 참정권에 관하여 제3편 제1장 제2절 관련부분 참조.
2) 이에 관하여 제2편 제4장 제1절 '민주주의' 참조.

제2절 選 擧 權

헌법은 제24조에서 "모든 국민은 법률이 정하는 바에 의하여 선거권을 가진다."고 하여 참정권의 하나로서 선거권을 규정하고 있다. 선거권에 관하여는 이미 제2편 제4장 제6절 '선거제도'에서 상술한 바 있으므로, 여기서는 그 개요만을 서술하기로 한다.

I. 입법에 의한 선거권의 구체적 형성

"법률이 정하는 바에 의하여"의 표현에서 드러나듯이, 선거권은 입법자에 의한 구체적인 형성을 필요로 하고, 선거권의 구체적인 내용은 법률에 의하여 비로소 확정된다. 국민은 선거권을 실제로 행사하기 위하여 입법자의 입법에 의존하고 있다. 선거연령, 국적, 주거지 등 선거권을 행사할 수 있는 인적 범위를 확정하고 비례대표제 또는 다수대표제 등 구체적인 선거의 절차와 방법을 정하는 선거법의 규율 없이는 국민은 선거권을 행사할 수 없다. 이러한 점에서 자유권을 제한하는 경우와 비교할 때, 선거권을 형성함에 있어서는 입법자에게 보다 광범위한 형성의 자유가 인정된다.

II. 입법형성권의 한계

1. 그러나 입법자의 형성권은 무제한적인 것이 아니라, 무엇보다도 헌법 제41조 및 제67조의 선거원칙에 의하여 구속을 받는다. 입법자가 헌법상 선거원칙에 위반되게 선거권을 구체적으로 형성하는 경우, 국민은 헌법 제24조의 선거권을 침해받게 된다. 선거권과 관련하여 제기되는 헌법적 문제는 입법자에 의한 규율이 과잉제한인지의 문제가 아니라 헌법상 부여된 입법형성권의 범위를 일탈하였는지의 여부이다. 따라서 선거권의 침해여부는 과잉금지원칙이 아니라 선거원칙의 위반여부를 기준으로 하여 판단하게 된다.

2. 현행 헌법은 국민이 선거를 할 수 있는 가능성으로 대통령선거권($\frac{헌법 제67}{조 제1항}$) 및 국회의원선거권($\frac{헌법 제41}{조 제1항}$)을 명시적으로 규정하고 있다.[1] 따라서 입법자는 위 헌법규정에 따라 국민이 선거권을 행사할 수 있도록 선거법을 구체적으로 형성해야 하는 구속을 받는다. 국민은 헌법이 명시적으로 규정하고 있는 위의 선거가능성을 넘어서 국민주권원리나 민주주의원리 등에 입각하여 '다른 국가기관을 선출할 수 있는 선거권'을 주장할 수 없다. 국민은 선거를 통하여 국가권력을 행사하게 되며, 선거는 국민에 의한 국가권력 행사방법의 하나로서 명시적인 헌법적 근거를 필요로 한다. 국회의원이나 대통령을 선출하는 선거권은 헌법 제24조에 보장된 기본권인 선거권으로부터 직접 나오는 것이 아니라, 별도의 수권규범을 필요로 하고, 이러한 수권규범이 바로 국회의원과 대통령의 선거권을 규정하는 헌법 제41조와 헌법 제67조인 것이다.

---

1) 헌법은 제118조 제2항에서 지방자치를 위한 '지방의회의원선거권'을 규정하고 있으나, 이는 '국가권력의 행사'에 관한 것이 아니라 '지역주민의 자치행정'에 관한 것이다. 지방자치의 영역에서는 헌법이 명시적으로 도입을 명령하는 지방의회의원의 선거 외에도, 입법자가 지방자치단체장의 선임방법으로서 선거를 도입할 것인지에 관하여 결정할 수 있다.

Ⅲ. 선거권의 행사요건

일반적으로 각국의 선거법은 선거권을 행사하기 위한 최소한의 요건을 규정하고 있다. 즉, 선거권을 배제하는 특별한 결격사유(피성년후견인, 수형자 등)가 없는 한, 일정 연령에 도달하고 일정기간 국내에 체류한 국민에게 선거권을 인정하고 있다. 선거권을 국민에 제한하는 것은, 선거권이 국민의 권리로서 국적을 가진 사람에게만 부여된다는 사고에 기인한다. 피선거권의 경우에도 마찬가지이다.

제 3 절   公務擔任權

Ⅰ. 서   론[1)]

헌법 제25조는 "모든 국민은 법률이 정하는 바에 의하여 공무담임권을 가진다."고 규정하고 있다. 헌법 제25조의 공무담임권은 선거직 이외의 공직에 임명될 수 있는 '공직취임권'뿐만 아니라 각종 선거에 입후보하여 당선될 수 있는 '피선거권'을 포괄하는 기본권이다.[2)] 이로써 '공직취임권'과 '피선거권'이라는 상이한 보장내용을 망라하는 공무담임권은 헌법재판의 실무에서 빈번하게 적용되는 중요한 기본권으로 부상하였다.

공무담임권은 공직취임권과 관련하여 일반적으로 '공직취임의 기회균등'을 보장하는 기본권으로 이해되어 왔으나, 헌법재판소가 2000년대에 들어와 공무담임권의 보장내용을 공무원신분의 부당한 박탈과 공무원직무의 부당한 정지로부터 공무원을 보호하는 기본권으로 파악함으로써, 공무담임권의 법적 성격과 보장내용이 무엇인지, 공무담임권의 보장내용을 이와 같이 확대하는 것의 헌법적 근거는 무엇인지에 대한 근본적인 의문이 제기되었다. 공무담임권과 관련하여 제기되는 근본적인 문제는 다음과 같다.

첫째, '공직취임권'이 '직업의 자유' 및 '평등권'과 어떠한 관계에 있는지의 문제이다. 직업의 자유에 의하여 보장되는 '직업'과 공직취임권에서 문제되는 '공직'의 차이점에 비추어, 공직에서도 직업의 자유가 적용되는지, 적용될 수 있다면 어느 정도로 직업의 자유가 그 의미를 가지는지의 문제이다. 이러한 문제는 결국 공직취임권이 직업의 자유와 같은 자유권적 성격을 가지는지의 여부를 확인하는 작업이다. 나아가, 공직취임권이 공직취임에서의 기회균등을 보장하는 기본권이라면, 공직취임권과 평등권의 관계가 규명되어야 한다.

둘째, 공무담임권이 그 보장내용으로서 '피선거권'을 포함한다면, 입법자가 법률로써 피선거권을 제한하거나 박탈하는 경우 이러한 법률조항의 위헌여부를 어떠한 관점에서 판단해야 하는지의 문제

---

1) 공무담임권에 관하여 한수웅, 공무담임권의 보장내용 −공무담임권에 관한 헌법재판소결정의 판례평석을 겸하여−, 중앙법학 제16집 제3호, 2014. 9, 7면 이하 참조.

2) 헌법은 제24조에서 단지 '선거권'을 보장하고 있을 뿐이고, 그 외에 다른 조항에서 피선거권을 명시적으로 언급하고 있지 않으므로, 헌법재판소의 판례와 학계의 다수견해는 공무담임권의 보장내용에 '피선거권'도 포함시키고 있다. 헌재 1996. 6. 26. 96헌마200, 판례집 8-1, 550, 557.

이다. 피선거권을 제한하는 법률에 대한 심사기준을 파악하기 위해서는, 피선거권 제한의 문제가 특정한 보호범위에 대한 과잉제한의 문제인지 아니면 비교를 통하여 확인해야 하는 차별의 문제인지, 나아가 피선거권 제한의 문제가 '자유가 아니라 평등'의 문제라면 여기에 일반적인 평등원칙이 적용되는지 아니면 선거에서 평등을 요청하는 헌법적 원칙인 보통·평등선거원칙이 적용되는지의 문제가 규명되어야 한다.

셋째, 공무담임권을 그 보장내용에 있어서 '공무원이 되고자 하는 국민에게 평등을 보장하는 차원'을 넘어서 '공무원의 신분이나 직무를 보호하는 권리'로 확대함으로써 국가에 대하여 관철할 수 있는 '자유권과 유사한 권리'를 공무원에게 인정할 수 있는지, '국민의 기본권'을 이와 같이 '공무원의 기본권'으로 확대하는 것이 헌법적으로 정당화될 수 있는지의 문제이다. 공무원은 직무수행에 있어서 기본권의 주체가 될 수 없다는 점에서, 어느 정도로 공무원에게 직무수행과 관련하여 헌법소원을 통하여 다툴 수 있는 주관적 권리를 인정할 수 있는지, 이를 인정한다면 그 헌법적 근거는 무엇이며, 공무원에게 인정되는 헌법상 권리의 범위는 무엇인지의 문제가 밝혀져야 한다.

Ⅱ. 公職就任權

사례 1 헌재 1999. 12. 23. 98헌마363(제대군인 가산점 사건)

'제대군인지원에 관한 법률'은 제대군인이 6급 이하의 공무원시험 등에 응시한 때에 필기시험의 각 과목별 득점에 가산점을 부여하도록 규정하고 있다. 청구인들은 7급 또는 9급 국가공무원 공개경쟁채용시험에 응시하기 위하여 준비 중에 있는 여성 또는 신체장애가 있는 남성인데, 위 법률조항이 자신들의 헌법상 보장된 평등권, 공무담임권 등을 침해하고 있다고 주장하면서 헌법소원심판을 청구하였다.

사례 2 헌재 2006. 5. 25. 2005헌마11(9급공무원 임용시험의 응시연령제한 사건)

甲은 국가공무원 9급 일반행정직 공무원시험을 준비하는 자인바, 위 시험의 응시연령의 상한을 28세까지로 제한하고 있는 공무원임용시험령 제16조 [별표 4]가 헌법상 보장된 평등권, 공무담임권, 직업선택의 자유를 침해한다며 헌법소원심판을 청구하였다.

사례 3 헌재 2022. 11. 24. 2020헌마1181(아동 성적 학대행위자에 대한 공무원 결격사유 사건)

甲은 아동에게 문자메시지를 전송하여 성적수치심을 주는 성희롱 등 성적 학대행위를 하였다는 공소사실로 기소되어, 형을 선고받아 그 형이 확정되었다. 甲은 아동에 대한 성희롱 등 성적 학대행위를 저질러 형을 선고받아 그 형이 확정된 경우를 일반직공무원 임용의 결격사유로 규정하고 있는 심판대상조항이 공무담임권 등을 침해한다고 주장하면서 헌법소원심판을 청구하였다.

1. 공직취임권과 직업의 자유의 관계

가. 공직의 영역에서 직업의 자유의 의미

공직취임권과 관련하여 일차적으로 제기되는 헌법적 문제는 공직취임권과 직업의 자유의 관계이다. 공직도 하나의 직업으로서 개인에 의하여 자유롭게 선택될 수 있고, 국가가 개인에게 공직의 선택을 금지하거나 강요해서는 안 된다. 그러나 공직이 직업의 일종이라고 하여 직업의 자유가 공직에 자동적으로 적용되는 것은 아니다. 공직에 대하여 직업의 자유를 적용하는 것은 다음과 같은 문제점을 가진다.

(1) 첫째, '공직에 있어서 직무수행'과 '직업행사의 자유'는 서로 양립할 수 없다. 공직은 기능적으로 국가권력의 행사이며 국가과제의 이행이다. 공직자는 직무수행에 있어서 국민의 기본권을 존중해야 하고 기본권의 구속을 받는 것이지, 스스로 기본권을 주장할 수 없다. 위임된 국가권력으로서의 공직의 특징적 요소는 그에 귀속된 객관적 과제와 이에 수반되는 공직자의 객관적 의무이다. 공직은 국민에 대한 봉사이지 개인의 자기실현의 수단이 아니다. 공직자가 직무수행에 있어서 기본권적 자유를 주장할 수 있다면, 공직은 주관적 독단과 자기실현의 수단으로 변질될 것이며, 자의적인 공권력 행사를 가능하게 함으로써 법치국가의 종말을 의미할 것이다. 그러므로 국가과제의 수행을 의미하는 '공직'과 '개인의 기본권적 자유'는 원칙적으로 양립할 수 없으며 동시에 실현될 수 없다.

공직자는 개인의 직업의 자유가 아니라 위임된 국가권력을 행사하는 것이다. 공직자는 국가에 대하여 직업의 자유에 의해서는 파악될 수 없는 특별한 권리·의무관계에 있게 된다. 따라서 선택한 직업을 어떠한 방법으로 행사할 것인지에 관하여 자유롭게 결정할 수 있는 자유인 '직업행사의 자유'는, 직무수행에 있어서 공익의 구속을 받고 공익을 실현해야 할 의무가 있는 공직에서는 사실상 아무런 의미가 없다. 공직에서 직업행사의 자유가 인정된다면, 공직은 개인의 자의와 이기를 실현하는 수단으로 변질될 것이다. 공직의 자유로운 행사는 공직의 본질에 반하는 것이므로, 이를 보장하는 직업행사의 자유는 공직에 적용될 여지가 없다.

(2) 둘째, 공직의 경우 '직업선택의 자유'는 '국가가 과제의 이행을 위하여 필요한 만큼만 공직을 제공하고 이와 같이 한정된 공직을 능력과 적성이라는 기준에 따라 배분한다는 특수한 상황'에 의하여 그 의미에 있어서 근본적으로 수정되고 변형된다. 구체적으로, 공직과 관련하여 직업선택의 자유는 두 가지 요소에 의하여 제한된다. 한편으로는, 국가는 어떠한 방법으로 과제를 이행할 것인지에 관하여 조직상의 광범위한 형성권을 가진다. 국가는 조직권한을 근거로 국가과제를 이행하는 기관인 공직의 수급(需給)에 관하여 결정한다. 공직은 단지 국가인력수급의 범위 내에서 개인에 의하여 자유롭게 선택될 수 있다. 다른 한편으로는, 여러 지원자가 한정된 공직을 가지고 경쟁하는 경우에는 평등원칙에 그 바탕을 둔 능력주의(성적주의)에 따라 최적격자가 선발된다.

나. 직업선택의 자유에 대한 특별기본권으로서 공직취임권

(1) 공직의 경우, 직업의 자유로운 선택은 처음부터 국가의 조직권한에 의하여 배제되기 때문에, 직업에의 '자유로운 접근'이 보장되지 않는다. 직업으로 제공되는 공직의 수는 오로지 국가에 의하여 결정되며, 그러한 범위 내에서 공직은 직업으로서 선택될 수 있다. 공직의 경우, 국가의 간섭이나 방해를 받지 아니하고 직업을 자유롭게 선택할 수 있는 '자유권적 측면'은 사실상 존재하지 않는 것이

다. 공직과 관련하여 직업선택의 자유는 '누구나 자유롭게 공직을 선택할 권리'가 아니라, '국가에 의하여 제공되는 한정된 공직을 누구나 균등하게 담당할 수 있는 권리'로 축소된다.[1] 이로써 공직의 영역에서 직업선택의 자유는 실질적으로 '공직에 균등하게 접근할 권리'를 의미하게 된다. 요컨대, 공직이란 직업과 관련하여 누구나 '자유롭게' 공직에 취임할 권리란 존재하지 않으며, 단지 누구나 '균등하게' 공직에 취임할 권리만이 존재할 뿐이다.

결국, 공직과 관련하여 '직업선택의 자유'라는 자유권은 직업으로서의 공직의 특수성으로 인하여 '균등한 공직취임권'이라는 평등권으로 전환되는 것이다. 이러한 점에서 공직과 관련하여 직업선택의 자유는 원칙적으로 독자적인 의미를 가지지 못한다. '자유로운 공직취임의 권리'가 아니라 '균등한 공직취임의 권리'를 그 보장내용으로 하는 공직취임권은 직업선택의 자유에 대한 특별기본권으로서 직업선택의 자유의 적용을 원칙적으로 배제한다. 헌법재판소도 2000년대에 들어서 부터는 이러한 입장을 취하고 있다.[2]

(2) 직업의 자유와 공무담임권은 그 역사적 출발점에 있어서나 기본권의 체계상으로나 안전히 상이하나는 섬에서도 원칙적으로 '상호배제의 관계'에 있다. 직업의 자유는 역사적으로 '영업의 자유'에서 유래하는 기본권이다.[3] 반면에, 평등원칙에 기초한 공무담임권은 행정인력의 선발에 있어서 귀족과 퇴역군인을 우대한 절대군주시대의 실무에 대한 반작용으로 보장된 것이었다.[4] 또한, 기본권의 체계상으로 보더라도, 직업의 자유는 직업의 영역에서 '개인'의 자유로운 인격발현과 자기결정권을 보장하고자 하는 '자유권'인 반면, 공무담임권은 제24조의 선거권과 함께 '국민'이 국가의사형성에 동등하게 참여하는 권리를 보장하는 '참정권'이다.

다. 공직과 관련하여 예외적으로 직업선택의 자유가 적용되는 경우

공직에 있어서 직업선택의 자유는 특별기본권인 공무담임권에 의하여 원칙적으로 배제된다. 다만, 국가가 개인에게 직업으로 공직의 선택을 강요하는 경우 또는 국가가 공직자에게 근무시간 외에 부업으로서의 영리활동을 금지하는 경우에 예외적으로 직업선택의 자유가 독자적 의미를 가지고 적용될 수 있다. 이러한 경우, 공직취임의 기회균등을 보장하는 참정권인 '공무담임권'이 아니라, 국가의 방해나 강요를 받지 않고 자유롭게 직업을 선택할 권리인 '직업선택의 자유'가 제한된다.

2. 공직취임권과 평등권의 관계

가. 공직취임권의 보장내용

(1) 공직취임의 기회균등

공직취임권은 누구나 공직에 취임할 수 있는 권리를 부여하는 것이 아니라. 단지 공직의 배분에 있어서 모든 국민을 평등원칙에 부합하게 균등하게 고려할 것을 요구할 수 있는 권리이다.[5] 국민은

---

1) Vgl. BVerfGE 16, 6, 21.
2) 헌재 2000. 12. 14. 99헌마112(교육공무원 정년단축), 판례집 12-2, 399, 409, "공직의 경우 공무담임권은 직업선택의 자유에 대하여 특별기본권이어서 후자의 적용을 배제하므로, ⋯ 직업선택의 자유는 문제되지 아니한다."
3) 원래 직업의 자유는 상업·수공업·자유업 등 독립적 형태의 직업활동을 보호하는 기본권으로 출발하였으나, 현대 산업사회에서 피용자의 수가 점점 증가하고 고용직도 직업으로서 행사될 수 있게 됨에 따라 고용된 형태의 종속적인 활동도 보장하는 기본권으로서 그 보호범위가 확대되었다.
4) 이미 프랑스 인권선언은 제6조에서 "모든 국민은 단지 그의 능력에 따라, 덕망과 재능 외의 다른 차이를 두지 아니하고 공직에 임명되어야 한다."고 규정하고 있었다.

공직취임권을 근거로 하여 국가로부터 공직의 제공을 요구할 수 없다. 공직의 제공여부는 국가의 결정에 달려있으나, 국가가 일단 공직을 제공하는 경우에는 국가는 급부를 제공하는 경우와 마찬가지로 평등원칙의 구속을 받기 때문에, 공직의 배분에 있어서 평등원칙을 준수해야 한다. 따라서 공직취임권은 '공직취임의 기회균등'에 관한 것으로 국가에 대한 평등실현의 요청이다.

(2) 능력주의의 보장[1]

헌법 제25조의 공무담임권은 공무원선발의 구체적 기준을 제시하고 있지 않지만, 평등원칙의 관점에서 능력주의를 기준으로 삼을 것을 필연적으로 요청한다.[2] 공무담임권의 헌법적 보장은 곧 능력주의의 헌법적 보장을 의미한다. 능력주의란, 공무원의 임용과 승진에 있어서[3] 단지 공무원의 '능력과 적성'만이 유일한 기준으로서 고려될 수 있다는 원칙이다.[4] 다수의 국민이 제한된 공직을 가지고 경쟁하는 경우, 평등민주주의의 관점에서 볼 때 직업공무원의 선발에서 고려될 수 있는 유일한 합헌적 기준은 '공직에의 적격성(適格性)', 즉 지원자의 '능력과 적성'일 수밖에 없다. 능력주의에 기초한 공무담임권은 민주적 평등의 산물이며, 직업공무원제도가 기능하기 위한 불가결한 전제조건이다.

따라서 헌법 제25조의 공무담임권은 적어도 직업공무원의 임용에 관한 한, 헌법해석을 통하여 "모든 국민은 능력에 따라 균등하게 공무담임권을 가진다."의 의미로 이해되어야 한다.[5] 공무담임권은 공무원선발에 있어서 고려될 수 있는 유일한 차별기준으로서 '능력'을 제시함으로써, 능력 이외의 다른 요소에 의한 차별을 원칙적으로 금지하고 있다. 이로써 공무원선발에 있어서 능력 외의 다른 요소를 고려하여 공직에의 접근을 제한하는 것은 원칙적으로 금지된다. 그러므로 공무원의 선발에 있어서 지원자의 능력 외에도 다른 요소(가령, 제대군인인지 또는 국가유공자인지의 여부 등)를 함께 고려하는 제도는 원칙적으로 능력에 의한 차별만을 허용하는 헌법 제25조의 요청에 반하는 것이므로, 위헌의 의심을 강하게 불러일으키는 차별로서 보다 엄격하게 심사되어야 한다.

나. 특별평등권으로서 공직취임권

(1) 법률조항의 위헌여부를 심사함에 있어서 심사기준으로서 공직취임권과 평등권이 고려되는 경우, 공직취임의 기회균등에 관한 한, 공직취임권은 평등권에 대한 특별규정으로서 헌법 제11조의 일반적 평등권의 적용을 배제한다. 공무담임권은 공직취임에 있어서 '능력' 외의 기준에 의한 차별을

5) 헌재 2002. 8. 29. 2001헌마788 등(선고유예 받은 공무원의 당연퇴직), 판례집 14-2, 219, 224, "공무담임권이란 입법부, 집행부, 사법부는 물론 지방자치단체 등 국가, 공공단체의 구성원으로서 그 직무를 담당할 수 있는 권리를 말한다. 여기서 직무를 담당한다는 것은 모든 국민이 현실적으로 그 직무를 담당할 수 있다고 하는 의미가 아니라, 국민이 공무담임에 관한 자의적이지 않고 평등한 기회를 보장받음을 의미하는바, …"
1) 능력주의에 관하여 제4편 제3장 정부 제3절 행정부 제7항 공무원제도 Ⅲ. 4. 능력주의 참조.
2) 한편, 독일 기본법 제33조 제2항은 "모든 독일인은 적성, 능력과 전문성에 따라 균등하게 공직에 취임할 권리를 가진다."고 하여 공직선발에 있어서 구체적인 기준을 스스로 제시하고 있다.
3) 헌재 2018. 7. 26. 2017헌마1183, 판례집 30-2, 184, "공무담임권은 공직취임의 기회균등뿐만 아니라 취임한 뒤 승진할 때에도 균등한 기회제공을 요구한다."
4) 헌재 1999. 12. 23. 98헌마363(제대군인 가산점제도), 판례집 11-2, 770, 797, "헌법 제25조의 공무담임권 조항은 모든 국민이 누구나 그 능력과 적성에 따라 공직에 취임할 수 있는 균등한 기회를 보장함을 내용으로 하므로, 공직자 선발에 관하여 능력주의에 바탕한 선발기준을 마련하지 아니하고 해당 공직이 요구하는 직무수행능력과 무관한 요소를 기준으로 삼는 것은 국민의 공직취임권을 침해하는 것이 되는바, …"
5) 이는 헌법 제31조 제1항에서 "모든 국민은 능력에 따라 균등하게 교육을 받을 권리를 가진다."고 하여 교육을 받을 권리를 '개인적 능력의 유보' 하에 둔 것과 그 맥락을 같이 한다.

금지함으로써 특별히 평등을 요구하고 있는 특별평등권이다.[1]

따라서 공무원시험에서 제대군인이나 국가유공자 등에게 가산점을 부여하거나 공무원시험의 응시연령 등 응시자격을 제한함으로써 특정 응시자집단을 차별대우하는 경우(위 사례 1 및 2) 또는 공무원으로 임용될 수 없는 결격사유를 규정하는 경우(위 사례 3)에는 공직취임의 기회균등이 문제되므로, 오로지 특별평등권인 공무담임권이 적용된다.[2]

(2) 한편, 공무담임권이 '능력' 외의 기준에 의한 차별을 금지함으로써 특별히 평등을 요구하고 있기 때문에, 특별평등권인 공무담임권을 적용하는 경우라 하더라도, 국가가 공직자선발에 있어서 해당 공직이 요구하는 직무수행능력과 무관한 요소를 기준으로 삼는 것인지 아니면 헌법상 능력주의의 요청을 입법을 통하여 구체화하는 것인지에 따라 헌법재판소의 '심사밀도'가 달라질 수 있다.

입법자가 '제대군인 또는 국가유공자 가산점제도'의 같이 '능력' 외의 요소인 '제대군인이나 국가유공자'를 선발기준으로 삼은 경우(위 사례 1)에는 '능력'과 무관한 다른 요소를 선발기준으로 함께 고려하는 것이므로, 이러한 요소의 도입이 헌법적으로 정당화되는지 여부를 판단함에 있어서 비례원칙에 따른 엄격한 평등심사가 요청된다. 또한 공무원으로 임용될 수 없는 결격사유로서 범죄행위나 당원 경력 등을 규정하는 경우(위 사례 3)에도 일반적으로 '능력'과 무관한 요소를 선발기준으로 삼은 경우에 해당한다고 볼 수 있으므로 엄격한 평등심사가 정당화된다.

이에 대하여, 응시연령 등 '응시자격요건'을 통하여 공직취임권을 제한하는 경우(위 사례 2)에는, 입법자가 헌법상 능력주의의 요청을 응시자격요건을 통하여 구체화함에 있어서 입법형성권을 제대로 행사하였는지, 응시자격요건이 지원자의 능력과 적성을 판단하기에 적합한 합리적인 기준인지 여부를 심사해야 한다.[3] 또한, 입법자가 공무원임용시험에서 '관련분야에서 전문성이 인정되는 특정 자격증 소지자'에게 가산점을 부여하는 경우도 헌법상 능력주의의 요청을 구체화하는 경우에 해당하므로, 이러한 가산점제도가 지원자의 능력과 적성을 판단하기에 적합한 합리적인 기준인지 여부를 심사하는 '완화된 평등심사'가 이루어진다.[4] 이러한 경우는 '제대군인 또는 국가유공자 가산점제도'가 능력주의의 요청과 무관한 요소를 선발기준으로 삼는 것과는 근본적으로 그 성격을 달리하는 것이다.

---

1) 불리한 차별을 금지하는 특별평등권에 관하여 제3편 제3장 Ⅵ. 2. 가. (1) 참조.

2) 그러나 문제되는 공무원집단과 다른 인적 집단을 비교한다든지 아니면 공무원임용시험에 있어서 7급 공무원과 9급 공무원의 응시연령을 다르게 규정하는 경우에는 공직자의 선발에 있어서 기회균등을 요청하는 공무담임권이 적용될 여지가 없으므로, 이러한 경우에는 헌법 제11조의 일반적 평등원칙이 적용된다.

3) 헌재 2006. 5. 25. 2005헌마11(9급공무원임용시험의 응시연령제한), 판례집 18-1하, 134, "공무원 시험에서 응시연령의 제한은 국민들의 공무담임권을 제한하는 것이고, 공무담임권의 행사를 연령에 따라 차별하는 것이므로, 헌법적 한계 내에서 이루어져야 한다. … 이러한 점을 종합하면 이 사건 조항이 응시연령 상한을 그와 같이 규정한 것이 비합리적이거나 불공정한 것이라 할 수 없고, 달리 입법자의 재량범위를 벗어난 것이라 단정할 수 없다."

4) 세무직 국가공무원 공개경쟁채용시험에서 세무사 등 관련 자격증 소지자에게 일정한 가산점을 부여하는 법령이 청구인의 공무담임권을 침해하는지 여부를 판단함에 있어서, 헌법재판소는 과잉금지원칙을 기계적으로 적용하면서 "관련 자격증 소지자에게 세무직 국가공무원 공개경쟁채용시험에서 일정한 가산점을 부여하는 제도는 가산 대상 자격증을 소지하지 아니한 사람들에 대하여는 공직으로의 진입에 장애를 초래하여 공무담임권을 제한하는 측면이 있지만, 전문적 업무 능력을 갖춘 사람을 우대하여 직업공무원제도의 능력주의를 구현하는 측면이 있으므로 과잉금지원칙 위반 여부를 심사할 때 이를 고려할 필요가 있다."고 판시하여 완화된 심사를 하고 있다(헌재 2020. 6. 25. 2017헌마1178).

3. 공직취임권에 관한 헌법재판소결정의 문제점

가. 판례의 경향

(1) 헌법재판소는 일부 결정에서 '공직의 영역에서는 자유권인 직업선택의 자유가 적용되지 않으며 특별평등권인 공무담임권이 일반적 평등권의 적용을 배제한다'는 것을 인식하여, 오로지 공무담임권만을 심사기준으로 하여 판단하고 있다.

가령, 헌법재판소는 9급 공무원 임용시험의 응시연령 제한이 문제된 사건(위 사례 2)에서 응시연령의 제한을 평등의 문제로 파악하였다. 이에 따라, 응시연령을 이유로 하는 응시자 사이의 차별로 인하여 '제한되는 기본권'은 특별평등권인 공무담임권이고, 7급 공무원시험 응시연령과의 관계에서 발생하는 차별로 인하여 '제한되는 기본권'은 헌법 제11조의 일반적 평등권임을 각 확인하였고, 이어서 평등심사의 기준에 따라 위헌여부를 판단하였다.

공무원으로 임용될 수 없는 결격사유를 규정하는 법률조항의 위헌여부가 문제된 사건(위 사례 3)에서도, 제한된 기본권이 특별기본권인 공무담임권임을 확인하면서, 여기서는 평등심사가 아니라 과잉금지원칙을 적용하여 공무담임권 침해 여부를 판단하였다.[1] 그러나 공무담임권의 법적 성격이 본질적으로 '특별평등권'이라는 점에서, 심사기준으로 평등심사의 기준이 아니라 과잉금지원칙을 기계적으로 적용하는 것은 문제가 있다.[2]

(2) 한편, 헌법재판소는 공직취임의 기회균등이 문제되는 다수의 결정에서 '과잉금지원칙에 따른 공무담임권의 과잉제한 여부의 심사' 및 '평등권을 기준으로 하는 평등심사'를 나누어 이중적으로 하고 있다. 가령, 제대군인 가산점 사건(위 사례 1)에서 헌법재판소는 평등권을 기준으로 하는 심사를 한 다음, 공무담임권이 '자유권'임을 전제로 과잉금지원칙에 따라 공무담임권을 과잉으로 제한하는지 여부를 심사하였다.[3]

나. 평등권과 자유권에 의한 이중적 심사의 문제점

헌법재판소는 일련의 결정에서 심판대상조항이 '공무담임권을 과잉으로 제한하는지 여부' 및 '평등권에 위반되는지 여부'의 이중적인 관점에서 판단하고 있다. 여기서 헌법재판소가 과잉금지원칙을 적용하여 그 위반여부를 심사하고 있는 '공무담임권'의 실체가 무엇인지에 대하여 의문이 제기된다.

헌법재판소는 자유권으로서의 '공무담임권'의 보장내용이 무엇인지에 관하여 한 번도 스스로 의문을 제기한 적도 없고 이를 밝히고자 시도한 바도 없으나, '누구나 자유롭게 공직에 임명되거나 선출될 권리'를 보장내용으로 상정하지 않은 이상, 과잉금지원칙을 적용하여 공무담임권의 침해여부를 심사하는 헌법재판소의 판시내용을 이해하는 것은 불가능하다. 그러나 이미 위에서 확인한 바와 같

---

1) 헌재 2022. 11. 24. 2020헌마1181(아동 성적 학대행위자에 대한 공무원 결격사유) 판례집 34-2, 618; 헌재 2023. 6. 29. 2020헌마1605(아동·청소년이용음란물소지죄로 형이 확정된 자에 대한 공무원 결격사유); 헌재 2024. 7. 18 2021헌마460(과거 3년 이내의 당원 경력을 가진 자에 대한 법관임용 결격사유).

2) 공무담임권 침해여부의 심사에 있어서 과잉금지원칙을 기계적으로 적용하는 것의 문제점에 관하여 아래 II. 3. 나. 서술 참조.

3) 헌법재판소는 위 결정에서 '가산점제도로 여성, 신체장애자 등의 평등권이 침해되는지 여부'를 판단한 다음(판례집 11-2, 770, 785면 이하), 이어서 '가산점제도로 여성, 신체장애자 등의 공무담임권이 침해되는지 여부'를 판단하였다 (판례집 11-2, 770, 798면 이하). 또한, 헌법재판소는 5급 공무원 임용시험의 응시연령 제한이 문제된 사건(헌재 2008. 5. 29. 2007헌마1105)에서도 응시연령의 제한을 차별의 문제가 아니라 직업의 자유에 대한 과잉제한의 문제로 보아 공무담임권을 과잉으로 제한하는지의 관점에서 판단하였다.

이, '누구나 자유롭게 공직에 임명되거나 선출될 권리를 보장하는 기본권'이란 헌법상 존재하지 않는다.

공무담임권은 그것이 공직취임권이든 피선거권이든 간에, 오로지 '공직에의 접근과 배분에 있어서의 평등'을 보장할 뿐이다. 헌법재판에서 공무담임권이 문제된다면, 공무담임권에 대한 과잉제한의 문제가 아니라 평등의 문제이다. 헌법재판소는 종래 다수의 결정에서 공무담임권의 법적 성격이 평등에 대한 요청이라는 것을 간과한 채, 공무담임권을 직업의 자유와 유사한 자유권으로 오해함으로써, 헌법상 존재하지 않는 보호범위('누구나 자유롭게 공직에 취임할 권리')를 가진 '가상의 자유권'을 전제로 하여 과잉금지원칙에 따른 위헌심사를 하여 왔다.

공무담임권은 '자유로운 공직취임의 권리'가 아니라 '동등한 공직취임의 권리'로서 직업선택의 자유와 일반적 평등권의 적용을 배제하는 특별조항이므로, 공직취임의 기회균등이 문제되는 경우에는 오로지 특별조항인 공무담임권만이 심사기준으로서 적용되어야 한다. 그러므로 공무원시험에서 제대군인이나 국가유공자에게 가산점을 부여하는 경우, 헌법재판소는 특별평등권인 공무담임권을 심사기준으로 하여 위헌여부를 판단해야 하며, 공무담임권이 공직취임에 있어서 '능력' 외의 기준에 의한 차별을 금지함으로써 특별히 평등을 요청하기 때문에 가산점제도의 위헌여부를 판단함에 있어서 비례의 원칙에 의한 엄격한 평등심사를 해야 한다. 헌법재판소가 '제대군인 가산점 사건'에서 '평등권 위반여부'와 '공무담임권 침해여부'로 나누어 이중적으로 위헌여부를 판단한 것은, 공무담임권이 그 자체로서 특별평등권이라는 것을 간과한 것이다.[1]

Ⅲ. 被選擧權

사례 1 헌재 1999. 5. 27. 98헌마214(지자체장 입후보금지 사건)

甲은 1998년도 지방자치단체장 선거에서 당선된 서울특별시의 구청장이다. 甲은 지방자치단체의 장으로 하여금 임기 중 공직선거에의 입후보를 할 수 없도록 규정하고 있는 공직선거및선거부정방지법 조항이 자신의 기본권을 침해하고 있다며, 헌법소원심판을 청구하였다.[2]

사례 2 헌재 1995. 3. 23. 95헌마53(선거일 前 사퇴의무조항)

甲은 자치구의회의 의원으로서 시·도의회의원선거에 입후보하고자 하는바, 공직선거및선거부정방지법에 의하면 자치구의회의 의원이 시·도의회의원선거에 입후보하고자 할 때에는 선거일 전 90일까지 그 자치구의회 의원의 직을 그만두어야 한다고 규정하고 있다. 甲은 위 법률조항이 자신의 평등권과 공무담임권을 침해하는 것이라고 주장하면서 헌법소원심판을 청구하였다.[3]

---

1) '제대군인 가산점' 결정의 문제점에 관하여 상세하게 제3편 제3장 Ⅵ. 2. 가. (1) 참조.
2) 판례집 11-1, 675, 707, 헌법재판소는 지자체장의 입후보금지에 대하여 보통선거원칙에 위반되어 청구인들의 피선거권을 침해하는 위헌적인 규정이라고 판단하였다.
3) 판례집 7-1, 463, "공무원으로서 공직선거의 후보자가 되고자 하는 자는 선거일 전 90일까지 그 직을 그만 두도록한 것은 선거의 공정성과 공직의 직무전념성을 보장함과 아울러 이른바 포말후보(泡沫候補)의 난립을 방지하기 위

1. 공직선거에서 선출의 기회균등

공직취임권이 '누구나 자유롭게 공직을 선택할 권리'가 아니라 단지 '공직취임의 기회균등'을 보장하는 것과 마찬가지로, 피선거권도 '누구나 자유롭게 선출직 공직을 선택할 권리'가 아니라 '공직선거에서 선출의 기회균등'을 보장하는 기본권이다. 위 사례에서 드러나는 바와 같이, 심판대상조항이 제기하는 문제는 '공직선거에서 선출될 자유'를 과도하게 제한하는지의 여부가 아니라, 공직선거에서 '선출의 기회균등'에 위반되는지의 문제이다. 요컨대, 위 결정들에서 제기되는 문제는 '자유의 문제'가 아니라 '평등의 문제'인 것이며, 구체적으로 입후보의 가능성이나 선출의 기회에 있어서 발생하는 불평등의 문제이다.

'지자체장 입후보금지' 사건, '선거일 전 사퇴의무조항' 사건, '후보자의 기탁금제도' 사건 등에서 문제되는 것은 누구나 선거에 입후보할 수 있어야 하고 선거에서 입후보의 기회균등이 보장되어야 하는데, 입후보금지규정, 사퇴의무조항이나 기탁금제도에 의하여 입후보의 가능성에 있어서 불평등이 발생한다는 것이다. 이러한 경우에는 공직선거에서 선출의 기회균등을 보장하는 피선거권이 적용된다.

2. 피선거권과 선거원칙의 관계

여기서 '피선거권'과 '보통·평등선거원칙'이 어떠한 관계에 있는지, 피선거권 제한의 위헌여부는 일반적 평등원칙을 적용하여 판단해야 하는지 아니면 특별규정인 헌법상 보통·평등선거원칙의 관점에서 판단해야 하는지의 문제가 제기된다.

가. 피선거권에 대한 헌법상 선거원칙의 의미

헌법은 제41조 제1항 및 제67조 제1항에서 선거의 기본원칙을 명시적으로 규정하고 있다. 선출된 대의기관에 민주적 정당성을 부여하기 위해서는 국민의 의사가 대의기관의 구성에 제대로 반영되는 선거가 실시되어야 하는데, 이를 확보하기 위한 수단이 바로 선거의 기본원칙이다. 헌법상 선거원칙은 선거의 이러한 기능을 이행하기 위한 필수적 조건을 규정하고 있다.

한편, 선거원칙이 그 기능을 이행하기 위해서는 선거원칙은 선거권뿐만 아니라 피선거권 및 선거에서의 경쟁에 대해서도 적용되어야 한다.[1] 종래 선거원칙이 일방적으로 유권자의 권리인 '선거권'의 관점에서 파악되었으나, 오늘날 정당국가의 현실에서 선거와 선거원칙은 경쟁민주주의의 배경 하에서 이해되어야 한다. 대의제 민주주의는 한시적으로 정권을 획득하고자 하는 정당 간의 경쟁을 사실적 전제로 하는 '경쟁민주주의'이다. 경쟁민주주의에서 선거원칙은 정당과 후보자에 대해서는 정권획득을 위한 경쟁에서 '공정한 경쟁의 규칙'으로서 의미를 가진다.

보통선거원칙에 의하여 누구나 선거에 입후보하여 경쟁에 참여하는 것이 보장되며, 평등선거원칙에 의하여 경쟁에서의 기회균등(선거에서 정당과 후보자의 기회균등)이 보장된다. 자유선거와 비밀선거는 선거에 대한 국가의 부당한 영향력행사를 금지함으로써 정당과 후보자 간의 기회균등에 기여한다.

한 것으로서 그 필요성과 합리성이 인정되며, 그것이 공무담임권의 본질적 내용을 침해하였다거나 과잉금지의 원칙에 위배된다고 볼 수 없다."고 하여 공무담임권의 침해를 부정한 다음, "이 사건 법률조항은 입법자가 동질적인 대상을 자의적으로 다르게 취급한 것이 아니라 여러 가지 사정을 고려하여 합리적으로 차등을 둔 것으로서 헌법상의 평등원칙에 위배되지 아니한다."

1) 헌법상 선거원칙이 선거권과 피선거권 및 선거에서의 경쟁을 포괄하는 헌법적 요청이라는 것에 관하여 상세하게 제2편 제4장 제6절 선거제도 Ⅱ. '선거원칙의 의미와 선거권과의 관계' 참조.

나. 피선거권에 대한 보통·평등선거원칙의 요청[1]

'정치적 권리의 평등'은 민주주의의 핵심적 요소로서, '민주적 의사형성에 동등하게 참여하는 국민의 권리'는 가능하면 엄격하게 보장될 것을 요청한다. 따라서 정치적 권리의 평등은 단순히 자의적인 차별을 금지하는 의미가 아니라, 차별사유에 대하여 보다 엄격한 요청을 하는 형식적 평등의 의미로 이해된다.

보통·평등선거원칙은 원칙적으로 모든 국민의 평등한 정치적 참여를 요구하고, 이로써 선거권과 피선거권의 영역에서 모든 국민의 원칙적인 평등을 요청한다. 그러므로 모든 국민은 동수의 투표권을 가지며 모든 투표는 가능하면 동등한 비중을 가져야 한다. 이러한 요청은 피선거권에 대해서도 마찬가지로 적용되어, 모든 국민은 선거에 입후보하여 공직에 취임할 수 있는 동등한 권리를 가져야 한다는 요청으로 구체화된다. 이러한 의미에서 보통·평등선거원칙은 엄격하고도 형식적인 평등을 요청한다. 보통·평등선거원칙의 경우에는 평등대우가 원칙이고 차별대우가 예외이므로, 보통·평등선거원칙에 대한 예외는 불가피한 합리적인 사유에 의하여 특별히 정당화되어야 한다. 보통·평등선거원칙은 헌법 제11조 제1항의 일반적 평등원칙에 대한 특별규정이다.

3. 피선거권 제한의 경우 헌법적 판단기준[2]

가. 특별평등권으로서 보통·평등선거원칙

(1) 헌법은 제25조에서 모든 국민은 '법률이 정하는 바에 의하여' 피선거권을 가진다는 것을 규정하고 있다. 입법자는 입법을 통하여 피선거권을 구체적으로 형성함에 있어서 헌법상의 선거원칙을 준수하고 실현해야 한다. 이러한 점에서, 헌법 제25조의 피선거권은 그 내용에 있어서 헌법상의 선거원칙에 의하여 본질적으로 결정된다. 헌법 제25조에서 보장하는 피선거권이란 '헌법상 선거원칙에 부합하는 피선거권'이며, 이로써 모든 국민은 무엇보다도 보통·평등선거원칙에 부합하는 피선거권을 가진다. 따라서 입법자가 헌법상 선거원칙에 위반되게 피선거권을 구체적으로 형성한 경우, 입법자는 헌법 제25조의 피선거권을 침해하게 된다.

따라서 피선거권 제한의 위헌여부는 일반적 평등원칙에 대한 특별규정인 헌법상 보통·평등선거원칙의 위반여부의 관점에서 판단해야 한다. 피선거권을 제한하는 규정은 보통·평등선거원칙에 대한 위반의 의심을 불러일으키므로, 엄격한 평등심사가 요청되며 불가피한 합리적인 사유에 의하여 정당화되어야 한다.

(2) 피선거권을 박탈하는 경우에는 보통선거원칙에 부합하는지의 여부를 판단해야 한다. 예컨대, 국회의원 피선거권의 연령을 18세 이상으로 정한 경우나[3] 지방자치단체장이 임기 중 공직선거에 입후보하는 것을 법적으로 금지하는 경우(위 사례 1)가 이러한 경우에 속한다.

한편, '선거일 前 사퇴의무조항'(위 사례 2)이나 '기탁금제도' 등을 통하여 공직선거에 입후보하는 것을 제한하는 규정은 '선거에서 입후보의 기회균등'의 관점에서 판단되어야 한다. 여기서 문제되는 것은 피선거권 박탈의 문제가 아니라, 피선거권은 인정되나 입후보의 가능성에 있어서 발생하는 불

---

1) 보통·평등선거원칙의 헌법적 요청에 관하여 제2편 제4장 제6절 선거제도 Ⅲ. 선거의 기본원칙 참조.
2) 제2편 제4장 제6절 선거제도 Ⅲ. 1. 및 2. 서술내용 참조.
3) 2022년 공직선거법 개정으로 국회의원, 지방자치단체의 장 및 지방의회의원의 피선거권 제한 연령이 종래 25세에서 18세로 하향 조정되었다(제16조 제2항 및 제3항).

평등의 문제이기 때문에, 보통선거원칙이 아니라 평등선거원칙의 관점에서 판단되어야 할 문제이다.

나. 헌법재판소결정의 문제점

헌법재판소는 일부 결정에서는 피선거권 제한의 문제를 평등의 문제로 이해하여 보통·평등선거원칙의 위반여부를 판단하였다. 가령, 헌법재판소는 '지자체장 입후보금지 사건'에서 지자체장의 입후보금지조항이 보통선거원칙에 위반되어 청구인들의 피선거권을 침해하는 위헌적인 규정이라고 판단한 바 있다(헌재 1999. 5. 27. 98헌마214).[1]

그러나 헌법재판소는 대부분의 결정에서 공직취임의 기회균등이 문제되는 경우와 마찬가지로, 피선거권의 제한이 '공무담임권을 과잉으로 제한하는지 여부' 및 '평등권에 위반되는지 여부'의 이중적인 관점에서 판단하고 있다. 예컨대, 공무원으로서 공직선거의 후보자가 되고자 하는 자는 선거일 전 90일까지 그 직을 그만 두도록 한 법률조항의 위헌여부가 문제된 '선거일 전 사퇴의무조항 사건'에서, 과잉금지원칙에 위배된다고 볼 수 없다고 하여 공무담임권의 침해를 부정한 다음, 이어서 평등원칙에도 위배되지 아니한다고 판단하고 있다(헌재 1995. 3. 23. 95헌마53). 또한, 사립학교교원이 국회의원으로 당선된 경우 그 직을 사직하도록 규정하는 국회법조항의 위헌여부가 문제된 '당선된 경우 사립학교교원의 사직규정 사건'(헌재 2015. 4. 30. 2014헌마621) 및 지역구 국회의원선거의 기탁금액수 및 그 반환기준을 정한 기탁금조항과 반환조항의 위헌여부가 문제된 사건(헌재 2017. 10. 26. 2016헌마623)에서, 헌법재판소는 심판대상조항이 '공무담임권을 과잉으로 침해하는지 여부' 및 '평등권을 침해하는지 여부'로 나누어 판단하고 있다. 나아가, 국회의원 피선거권의 연령을 25세 이상으로 정한 공직선거법조항의 위헌여부가 문제된 사건에서도 '보통선거원칙에 위배되어 피선거권을 침해하는지'의 관점이 아니라 보통선거원칙을 언급조차 하지 않고 '공무담임권과 평등권'의 관점에서 판단하고 있다(헌재 2017. 10. 26. 2016헌마623).

요컨대, 헌법재판소는 피선거권의 법적 성격이 '공직에의 접근에 있어서의 평등'에 대한 요청이라는 것을 간과한 채, 피선거권을 '누구나 자유롭게 공직에 선출될 권리'라는 자유권으로 오해함으로써 헌법상 존재하지 않는 '가상의 자유권'을 기준으로 하여 과잉금지원칙에 의한 심사를 하고 있다. 뿐만 아니라, 평등권의 위반여부를 판단함에 있어서도 보통·평등선거원칙이 특별히 평등을 요청하는 특별평등권이라는 것을 간과하고, 일반적 평등권을 심사기준으로 하여 판단하고 있다.

IV. 공무원의 자유권 유사적 권리

사례 1 헌재 2002. 8. 29. 2001헌마788 등(선고유예 받은 공무원의 당연퇴직 사건)

甲은 지방공무원으로 채용된 이후 부산고등법원에서 징역 6월의 선고유예 판결을 받고 대법원에 상고하였다가 상고가 기각됨으로써 위 선고유예의 원심판결이 확정되었다. 이로써 甲은 금고 이상의 형

---

1) 헌법재판소는 이미 초기의 결정에서 "현대 선거제도를 지배하는 보통, 평등, 직접, 비밀, 자유선거의 다섯 가지 원칙은 … 선거인, 입후보자와 정당은 물론 선거절차와 선거관리에도 적용되며, 선거법을 제정하고 개정하는 입법자의 입법형성권 행사에도 당연히 준수하여야 한다는 원리이다."라고 판시하여, 헌법상 선거원칙이 선거인(유권자)뿐만 아니라 후보자와 정당에 대해서도 적용된다는 것을 명시적으로 확인하고 있다(헌재 1989. 9. 8. 88헌가6, 판례집 1, 199, 211).

의 선고유예의 판결이 확정된 경우에 해당되어 지방공무원법에 따라 공무원직으로부터 당연퇴직 당하게 되었다. 이에 甲은 위 지방공무원법규정에 의하여 평등권 및 공무담임권 등이 침해되었다고 주장하면서 헌법소원심판을 청구하였다.

사례 2 헌재 2005. 5. 26. 2002헌마699 등(지방자치단체장 직무정지 사건)

甲은 지방선거에서 구청장에 당선되어 2002. 7.부터 구청장으로 재직 중이다. 甲은 2002. 9. 대전지방법원으로부터 1999년경 업무상 횡령죄 및 업무상 배임죄를 저질렀다는 이유로 징역 8월에 집행유예 2년을 선고받았다. 甲은 위 판결이 선고되자, '지방자치단체의 장이 금고 이상의 형의 선고를 받고 그 형이 확정되지 않은 경우 부단체장이 그 권한을 대행한다'고 규정하고 있는 지방자치법조항에 의하여 구청장으로서의 직무 수행이 정지되었다. 이에 甲은 위 법률규정이 공무담임권 및 평등권을 침해한다는 이유로 헌법소원심판을 청구하였다.

1. 헌법재판소의 판례

헌법재판소는 신분의 박탈이나 직무의 정지를 통하여 현재 공무를 담임하고 있는 자를 그 공무로부터 배제하는 경우에도 공무원은 공무담임권의 보호를 받는다고 판시함으로써, 공무담임권의 보장내용을 '공직에의 접근에 있어서의 기회균등'을 넘어서 '공무원 신분과 직위의 유지'에까지 확대하였다.

가. 공무원의 신분보장에 관한 주관적 권리

헌법재판소는 금고 이상의 형의 선고유예를 받은 경우에는 공무원직에서 당연히 퇴직하는 것으로 규정한 지방공무원법조항의 위헌여부가 문제된 사건에서(위 사례 1), 구체적인 논증의 제시 없이 공무담임권의 보장내용을 '공직취임의 기회균등' 뿐만 아니라 '공무원신분의 부당한 박탈의 금지'도 포함하는 것으로 확대하였고,[1] 나아가 헌법에 위반되지 아니한다고 판시한 종래의 판례($\binom{헌재 1990. 6. 25.}{89헌마220 결정}$)를 변경하여 과잉금지원칙에 위반되어 공무담임권을 침해한다고 판단하였다.[2]

또한, 헌법재판소는 공무원의 정년규정이나 정년을 단축하는 규정에 의하여 공무담임권이 제한된다는 입장을 취하고 있다. 헌법재판소는 종래의 일부 결정에서 공무원의 정년제도와 관련하여, 침해

---

1) 헌재 2002. 8. 29. 2001헌마788 등(선고유예 받은 공무원의 당연퇴직), 판례집 14-2, 219, 224, "공무담임권의 보호영역에는 공직취임의 기회의 자의적인 배제 뿐 아니라, 공무원 신분의 부당한 박탈까지 포함되는 것이라고 할 것이다. 왜냐하면, 후자는 전자보다 당해 국민의 법적 지위에 미치는 영향이 더욱 크다고 할 것이므로, 이를 보호영역에서 배제한다면, 기본권 보호체계에 발생하는 공백을 막기 어려울 것이며, 공무담임권을 규정하고 있는 위 헌법 제25조의 문언으로 보아도 현재 공무를 담임하고 있는 자를 그 공무로부터 배제하는 경우에는 적용되지 않는다고 해석할 수 없기 때문이다."

2) 헌재 2002. 8. 29. 2001헌마788 등(선고유예 받은 공무원의 당연퇴직), 판례집 14-2, 219, "공무원이 금고 이상의 형의 선고유예를 받은 경우에는 공무원직에서 당연히 퇴직하는 것으로 규정하고 있는 이 사건 법률조항은 금고 이상의 선고유예의 판결을 받은 모든 범죄를 포괄하여 규정하고 있을 뿐 아니라, 심지어 오늘날 누구에게나 위험이 상존하는 교통사고 관련 범죄 등 과실범의 경우마저 당연퇴직의 사유에서 제외하지 않고 있으므로 최소침해성의 원칙에 반한다." 또한, 금고 이상의 형의 선고유예를 받은 예비군지휘관의 당연퇴직(헌재 2005. 12. 22. 2004헌마947), 자격정지 이상의 형의 선고유예를 받은 군무원의 당연퇴직(헌재 2007. 6. 28. 2007헌가3), 자격정지 이상의 형의 선고유예를 받은 경찰공무원의 당연퇴직(헌재 2004. 9. 23. 2004헌가12)이 문제된 사건에서 마찬가지로 동일한 이유로 각 위헌결정을 하였다. 또한, 헌재 2022. 12. 22. 2020헌가8(피성년후견인이 된 국가공무원의 당연퇴직).

가 고려되는 기본권으로서 '공무담임권'과 '직업의 자유'를 함께 언급하였으나,[1] 근래에는 '공무담임권과 직업의 자유'의 관계를 '공무담임권을 직업선택의 자유에 대한 특별기본권'으로 확정하면서, 침해가 고려되는 기본권으로서 직업의 자유를 더 이상 언급하지 아니하고 오로지 공무담임권의 침해여부를 판단하고 있다.[2]

나. 공무원의 직위유지에 관한 주관적 권리

지방자치단체의 장이 금고 이상의 형을 선고받고 그 형이 확정되지 아니한 경우 부단체장이 그 권한을 대행하도록 규정한 지방자치법조항의 위헌여부가 문제된 사건(위 사례 2)에서, 헌법재판소는 아무런 부가적인 설명 없이 '직무의 부당한 정지의 금지'도 공무담임권의 보장내용에 포함된다고 일방적으로 확인하였다.[3] 나아가, 헌법재판소는 위 결정에서 직업공무원이 아닌 '선출직 공무원'의 직무가 정지된 경우에 대해서도 공무담임권의 적용범위를 확대함으로써, 공무담임권은 직업공무원의 신분을 보장하는 기능을 넘어서, 선출직 공무원의 직위도 보장하는 기능을 담당하게 되었다.

2. 직무수행에 있어서 공무원의 기본권주체성[4]

공무원은 국가조직의 일부로서 국가권력을 행사하고 국가기능을 이행하는 것이므로, 국가과제를 수행함에 있어서 국가에 대하여 기본권을 주장할 수 없다. 개인이 국가와의 관계에서 기본권에 의하여 보호되는 자유를 행사하는 반면, 국가는 개인과의 관계에서 기본권이 아니라 권한과 관할에 근거하여 활동한다. 공직자가 직무수행을 통하여 국가의 기능과 과제를 이행하는 경우, 공직자는 국가조직의 일부로서 기본권이 아니라 권한과 관할을 행사하는 것이다. 공직자는 공적 과제를 수행하는 영역에서 사인으로서 국가와 대치하고 있지 않으므로, 기본권이 보호하고자 하는 전형적인 위험상황에 처할 수 없고, 이로써 기본권에 의한 보호를 필요로 하지 않는다. 즉, 공직자가 국가조직 내에서 국가의 기관으로서 활동하는 경우에는 국가로부터 개인의 영역을 보호하고자 하는 기본권은 기능하지 않는다.[5]

3. 공무원의 주관적 권리의 인정필요성 및 헌법적 근거

가. 공무원의 주관적 권리의 인정 필요성

국가와 공무원 사이에 존재하는 법적 관계의 특수성에 비추어, 제한된 범위 내에서 개별공무원에

1) 가령, 헌재 1997. 3. 27. 96헌바86, 판례집 9-1, 325, 332-333.
2) 헌재 2000. 12. 14. 99헌마112 등(교육공무원 정년단축), 판례집 12-2, 399, 414, "초·중등교원의 정년을 62세로 하향조정한 것이 입법형성권의 한계를 벗어난 것이라 할 수 없을 뿐만 아니라, 기존 교원들의 신뢰이익을 지나치게 침해한 것이라고도 보기 어렵다. 그렇다면 이 사건 법률조항은 헌법 제37조 제2항 또는 신뢰보호원칙에 위반하거나, 공무원의 신분보장 정신에 위반하여 공무담임권을 침해하는 것이라 할 수 없다."
3) 헌재 2005. 5. 26. 2002헌마699 등(지방자치단체장 직무정지), 판례집 17-1, 734, 743, "국민이 공무담임에 관한 자의적이지 않고 평등한 기회를 보장받음을 의미하는 바, 공무담임권의 보호영역에는 공직취임 기회의 자의적인 배제 뿐 아니라, 공무원 신분의 부당한 박탈이나 권한(직무)의 부당한 정지도 포함된다고 할 것이다."; 한편, 헌법재판소는 위 결정에서 합헌으로 판단하였으나(4인의 합헌의견과 4인의 위헌의견), 헌재 2010. 9. 2. 2010헌마418 결정에서 판례를 변경하여 심판대상조항의 위헌성을 확인하는 헌법불합치결정을 하였다.
4) 공무원의 기본권주체성에 관하여 상세하게 제4편 제3장 제3절 제7항 IV. 서술 부분 참조.
5) 헌재 2008. 1. 17. 2007헌마700(대통령의 선거중립의무 준수요청 조치), 판례집 20-1상, 139, 159, "심판대상 조항이나 공권력 작용이 넓은 의미의 국가 조직영역 내에서 공적 과제를 수행하는 주체의 권한 내지 직무영역을 제약하는 성격이 강한 경우에는 그 기본권 주체성이 부정될 것이지만, …."

게 헌법적으로 보장된 지위의 침해에 대하여 헌법소원을 제기할 수 있는 '기본권과 유사한 주관적 권리'를 부여해야 할 필요성이 인정된다. 공무원은 권리와 의무의 형성에 있어서 자신의 고용주인 국가와 대치하는 관계에 있지만, 고용주체인 국가는 동시에 입법자로서 공무원의 근무관계를 일방적으로 규율하는 권한을 가지고 있다. 입법자는 법률로써 일방적으로 공무원의 급여와 후생에 관하여 결정한다. 개별공무원은 급여수준을 포함하여 근무관계의 구체적인 형성에 대하여 영향을 미칠 수 있는 아무런 법적 가능성을 가지고 있지 않다. 마찬가지로 공무원은 직업상의 공동이익을 추구하기 위하여 집단적으로 투쟁할 수 있는 권리(단체행동권)도 가지고 있지 않다. 공무원에 대한 국가의 인사권은 공무원노조 등의 공동결정을 배제한다. 결국, 공무원은 그의 고용주체인 국가가 입법을 통하여 내린 결정에 일방적으로 의존하고 있는 것이다.

이러한 관점에서, 헌법이 제7조 제2항에서 공무원의 신분보장을 비롯하여 입법자에게 직업공무원제도가 기능할 수 있도록 그에 필요한 요건을 규율해야 할 의무를 부과하고 있다면, 공무원이 헌법적으로 보장된 지위(신분보장)를 지킬 수 있도록 직접적인 당사자인 공무원에게 이에 상응하는 주관적 권리를 부여하는 것이 요청된다. 공무원이 그의 고용주인 국가가 자신의 권리·의무관계를 구체적으로 형성하는 것에 대하여 아무런 영향력을 행사할 수 없다면, 적어도 국가에 의하여 일방적으로 형성된 공직근무관계의 법적 타당성에 대하여 헌법상 명시적으로 규정된 신분보장의 관점에서 의문을 제기하고 그의 수정을 요구할 수 있는 가능성을 가져야 한다. 이로써 공무원은 직업공무원제도의 기능유지의 관점에서 입법자에게 제시된 헌법적 요청을 준수하는지의 여부를 헌법소원의 형태로 다툴 수 있는 가능성을 가지는 것이다.

나. 헌법적 근거

(1) 헌법 제7조 제2항의 직업공무원제도의 보장

헌법 제7조 제2항은 직업공무원제도를 '헌법적 제도'로서 보장한다는 의미에서 일차적으로 객관적 규범이다. 위 헌법규정은 공무원의 주관적 권리를 보호하는 것이 아니라, 공익(안정적이고 효율적인 국가행정의 확보)을 위하여 직업공무원제도를 보장하고 유지하고자 하는 것이다. 직업공무원제도를 헌법에 부합하게 형성함에 있어서 입법자에게 광범위한 형성의 자유가 인정된다. 이러한 점에서, 직업공무원제도의 헌법적 보장으로부터 입법자의 구체적 입법의무를 도출할 수 없고, 그 결과 국가의 구체적 입법의무에 대응하는 개인의 주관적 권리를 도출하는 것은 원칙적으로 불가능하다.

한편, 개별공무원의 이익을 위해서가 아니라 공익의 관점에서 직업공무원제도를 보장하는 헌법 제7조 제2항으로부터 구체적인 입법의무 및 이에 대응하는 공무원의 구체적 권리를 도출하는 것은 어렵다 하더라도, 입법자에 대하여 공무원의 법적 지위를 헌법 제7조 제2항의 요청에 부합하게 형성할 것을 요구할 수 있는 주관적 권리를 인정하는 것은 가능하다. 헌법 제7조 제2항은 '공무원의 신분보장'을 입법적으로 형성해야 할 의무를 부과하고 있으므로, 이에 대응하여 '직업공무원제도가 기능할 수 있도록 신분보장에 관하여 규율할 것을 입법자에 대하여 요구하고 입법자가 이러한 형성의무를 제대로 이행하고 있지 않는 경우에는 이를 헌법소원을 통하여 다툴 수 있는 공무원의 주관적 권리'를 인정할 수 있다.

공무원에게 이러한 내용의 주관적 권리를 인정하는 것은, 헌법 제7조 제2항의 객관적인 규율내용

(신분보장)을 입법자에 대하여 보장하고 관철하기 위하여 필요하다. 제도보장은 자신이 위협받는 경우에 적절하게 방어할 수 있는 가능성을 함께 보유한 경우에만 그 헌법적 의미와 가치를 가진다. 공무원에 대한 주관적 보호는 직업공무원제도의 특성에 그 바탕을 두고 있기 때문에, 공무원이 헌법소원을 통하여 관철할 수 있는 주관적 권리를 도출할 수 있는 헌법적 근거는 직업공무원제도를 규정하는 헌법 제7조 제2항이다.[1]

(2) 헌법 제25조의 공무담임권?

여기서, '신분보장에 관한 공무원의 주관적 권리'를 공무담임권의 보장내용에 포함시킬 수 있는지의 문제가 제기된다. 공무담임권은 개인의 기본권인 반면, '신분보장에 관한 헌법적 권리'는 국가와 특수한 관계에 있는 특정한 집단인 직업공무원에게만 인정되는 일종의 특권에 해당하는 것으로 국민의 기본권이 아니다. 공무원은 공익실현의 주체이고 공무원에게 인정되는 주관적 권리는 공무원 개인의 인격발현이 아니라 직업공무원제도의 기능보장을 위해서 부여되는 것이므로, 공무원의 주관적 권리는 모든 개인에게 자기결정과 인격발현을 위하여 인정되는 '기본권'의 성격을 가지지 않는다. 공직에 취임하기 이전의 단계에서는 국가와의 관계에서 개인에게 보장된 기본권을 주장하고 관철하는 문제, 즉 기본권의 문제이지만, 일단 공직에 취임함으로써 국가영역에 들어온 다음에는 공무원의 신분보장의 문제는 더 이상 국가와 대립하는 개인의 문제가 아니라 직업공무원제도가 기능하기 위한 조건의 문제인 것이다.

공무원의 주관적 권리는 헌법소원을 통하여 그 침해여부를 다툴 수 있다는 점에서만 기본권과 유사하다. 공무원의 주관적 권리는 국가에 대한 공무원의 특수한 관계에서 나오는 특권인 '신분보장'을 관철하기 위한 헌법적 권리로서, 기본권과는 전혀 다른 성격의 권리이다. 공무원의 주관적 권리는 개별공무원의 이익을 위하여 그 자체로서 보장되는 것이 아니라 직업공무원제도의 기능을 보장하기 위한 수단으로 인정되는 것이며, 제도의 헌법적 보장에 대하여 종속적인 것이므로, 직업공무원제도와의 연관관계에서만 도출될 수 있는 것이다. 이러한 관점에서 볼 때, '신분보장에 관한 공무원의 주관적 권리'를 기본권인 공무담임권의 보장내용에 포함시킨 헌법재판소의 판례는 재고해야 할 필요가 있다.

4. 공무원의 주관적 권리의 범위

공무원의 주관적 권리는 직업공무원제도의 특성에 바탕을 두고 있는 고유한 성격의 것이므로, 공무원의 주관적 권리가 인정될 수 있는 범위도 직업공무원제도의 본질과 구조적 원칙으로부터 나온다.[2] 공무원은 단지 헌법적으로 보장된 자신의 법적 지위(신분보장)와 관련해서만 입법자에 대하여 직업공무원제도를 구성하는 구조적 원칙의 준수를 요구할 수 있는 주관적 권리를 가지므로, 공무원의 주관적 권리는 '신분보장에 관한 주관적 권리'로 한정된다. 공무원의 지위가 법적으로 그리고 경제적으로 보장되는 경우에만 직업공무원제도는 헌법상 부여된 기능을 이행할 수 있으므로, 공무원의 신분보장과 국가의 부양의무는 직업공무원제도의 구체적 형성에 있어서 입법자를 구속하는 핵심적

---

1) 독일의 연방헌법재판소 판례와 학계의 다수 견해는 직업공무원제도를 보장하는 기본법 제33조 제4항 및 제5항의 객관적 규정을 근거로 하여 공무원에게 헌법소원을 통하여 다툴 수 있는 '기본권과 유사한 주관적 권리'를 인정할 수 있다고 한다, vgl. BVerfGE 8, 1, 17; 43, 154, 167; 130, 263, 292.

2) 직업공무원제도의 구조적 원칙에 관하여 상세하게 제4편 제3장 제3절 제7항 Ⅱ. 3. 서술 부분 참조.

구조원칙이다. 따라서 공무원은 자신의 법적 지위와 직접적으로 연관되는 헌법적 보장(신분보장)과 관련하여 헌법소원을 통하여 다툴 수 있는 주관적 권리를 가지며, 이로써 신분박탈이나 정년의 단축, 적정한 급여지급의무의 위반 등을 이유로 자신의 주관적 권리의 침해를 주장할 수 있다.[1]

따라서 입법자가 자의적으로 또는 공익에 의하여 정당화되지 않는 불합리한 이유로 공무원의 신분을 박탈하도록 규정하는 경우, 공무원은 헌법 제7조 제2항로부터 도출되는 '공무원의 신분보장에 관한 주관적 권리'를 주장하여 헌법소원을 제기할 수 있다. 뿐만 아니라 헌법 제7조 제2항에 의하여 보장하는 직업공무원제도의 본질적 요소인 '공무원의 신분보장'은 원칙적으로 종신제 임용을 의미하는 것이므로, 정년에 관한 규율은 공무원의 신분보장과 직결되는 사안이다. 정년의 확정이나 단축은 직업공무원제도의 특성에 기초한 고유한 내용이므로,[2] 입법자가 정년규정을 통하여 공무원의 신분을 불리하게 변경하는 경우에는 공무원은 '공무원의 신분보장에 관한 주관적 권리'를 주장하여 헌법소원을 제기할 수 있다. 나아가, 직업공무원의 신분보장은 경제적 보장 없이는 실현될 수 없기 때문에, 직업공무원제도를 구성하는 중요한 요소 중 하나가 '국가의 부양원칙'이다. 따라서 입법자가 적정한 급여를 지급하지 않는 경우, 공무원은 신분보장에 관한 주관적 권리를 주장하여 헌법소원을 제기할 수 있다.

5. 헌법재판소결정의 문제점

가. 첫째, 헌법재판소의 판례는 '공직'과 '기본권'을 구분하지 못한다는 문제점을 드러내고 있다. 헌법재판소는 헌재 2002. 8. 29. 2001헌마788 등 결정(위 사례 1)에서 헌법 제25조의 해석상 공무원의 권리를 도출하는 것이 가능하다고 하나("헌법 제25조의 문언으로 보아도 현재 공무를 담임하고 있는 자를 그 공무로부터 배제하는 경우에는 적용되지 않는다고 해석할 수 없기 때문이다."), 국민의 기본권으로부터 기본권을 준수해야 하는 공직자의 권리를 도출할 수 없다는 것은, 문리해석 이전에 이미 기본권의 본질과 기능으로부터 나오는 헌법해석의 한계이다.

공직자는 위임받은 국가권력을 행사하는 국가의 조직이자 기관으로, 직무수행에 있어서 기본권이 아니라 권한과 관할의 주체가 될 수 있을 뿐이다. 국가의 도구로서 국가과제를 이행하는 공직자를 국가로부터 보호하는 기본권이란 있을 수 없다. 공무담임권의 보장내용을 헌법재판소의 판례와 같이 '공무원 신분과 직위에 관한 주관적 권리'에까지 확대한다면, 공무담임권은 '공직자가 되고자 하는 국민의 기본권'을 넘어서, 헌법상 존재하지 않는 기본권인 '공무를 담임하고 있는 공직자의 기본권'으로 변질된다. 공무원의 주관적 권리는 직업공무원관계의 특수성으로부터 나오는 것이므로, 이를 도출할 수 있는 헌법적 근거는 국민의 기본권인 '공무담임권'이 아니라 직업공무원제도를 보장하는 '헌법 제7조 제2항'이다.

나. 둘째, 헌법재판소가 헌재 2005. 5. 26. 2002헌마699 등 결정(위 사례 2)에서 '공무원의 주관적

---

1) Vgl. BVerfGE 8, 1, 17; 12, 81, 87.
2) 헌재 1997. 3. 27. 96헌바86, 판례집 9-1, 325, "국가공무원법상의 공무원정년제도는 공무원에게 정년까지 계속 근무를 보장함으로써 그 신분을 보장하는 한편 공무원에 대한 계획적인 교체를 통하여 조직의 능률을 유지·향상시킴으로써 직업공무원제를 보완하는 기능을 수행하고 있는 것이므로 이 사건 심판대상조항은 공무원의 신분보장과 직업공무원제도를 규정한 헌법 제7조에 위반되지 아니한다."

권리'의 보장내용을 '신분보장'을 넘어서 '직무와 권한의 유지'에까지 확대한 것은 헌법적으로 별도의 논증을 요하는데, 헌법재판소는 이에 관하여 아무런 설명을 하고 있지 않다. 직업공무원의 신분보장과 관련하여 이를 다툴 수 있는 주관적 권리를 인정하는 것 외에, '현재 보유하고 있는 공직을 유지할 권리', '일단 담당한 공직에 대한 공직자의 권리'는 헌법적으로 도출할 수 없으므로, 헌법적 권리로서 존재하지 않는다.[1) 여기서 헌법재판소는 행정소송을 통하여 다툴 수 있는 '공무원의 법률상의 지위'와 헌법소원을 통하여 다툴 수 있는 '기본권 또는 헌법상 권리'를 혼동하고 있다. 그 결과, 공무원의 법률상 지위에 변동을 가져오는 모든 행정행위(가령, 전직이나 전보, 직위해제 등)의 경우에도 공무원의 기본권침해를 인정하게 될 위험이 있다. 공무원의 직무수행권이나 직위보유권은 기껏해야 법률상의 지위(주관적 공권)일 뿐, 기본권이 아님은 물론이고 공무원에게 귀속되는 헌법상 지위도 아니다.

다. 셋째, '공무원의 주관적 권리'를 직업공무원의 범위를 넘어서 '선출직 공무원'에까지 확대하여 인정할 수 있는지에 대하여 의문이 제기된다. 직업공무원의 경우에는 공무원의 신분보장을 명시적으로 언급하고 있는 헌법상 직업공무원제도의 보장과의 연관관계에서 '신분보장에 관한 주관적 권리'를 인정할 여지가 있으나, 선출직 공무원의 경우에는 이러한 방법으로 주관적 권리를 이끌어내는 것이 불가능하다. 그렇다면, 선출직 공무원의 직위보장과 관련해서는 다른 헌법적 근거가 필요한데, 헌법재판소는 이에 관하여 아무런 논증을 제시하고 있지 않다.

한편, 선출직 공무원의 직위 보장에 관한 주관적 권리를 헌법상 도출할 수 있는지의 문제와 관계없이, 다시 한 번 확인하고 넘어가야 하는 것은 선출직 공무원의 직위박탈이나 직무정지로 인하여 제기되는 문제는 기본권행사가 아니라 권한행사의 문제라는 점이다. 예컨대, 특정한 요건 하에서(가령, 비례대표 국회의원이 당적을 변경하는 경우 등) 국회의원이 의원직을 상실한다는 법률조항에 의하여 의원직을 상실하는 경우에 제기되는 문제는 기본권침해가 아니라 권한침해의 문제이므로, 국회의원은 위 법률조항에 대하여 헌법소원을 제기할 수는 없고,[2) 위 법률조항에 의한 국회의원의 권한 침해를 주장하여 권한쟁의심판을 청구해야 한다. 또한, 지방자치단체장의 직무수행이 정지되어야 하는지의 문제도 지방자치단체 장의 기본권의 문제가 아니라 권한행사의 문제이다. 이러한 문제는 권한대행을 규정하는 법률조항에 의하여 지방자치단체 장의 권한이 침해되는지의 문제로서 헌법소원으로 다툴 수 있는 기본권침해의 문제가 아니다.[3)

---

1) 같은 취지로, 헌재 2005. 5. 26. 2002헌마699 등, 판례집 17-1, 734, 737(재판관 권성의 별개의견), "공무원이 직무를 수행할 수 있는 것은 법령이 당해 공무원에게 부여한 '권한'이지 공무원 개인에게 부여된 '권리', 즉 주관적 공권이 아니다. 국가는 그 과제를 효율적으로 수행하기 위하여 조직을 구성하고 국가권력을 배분한다. 공무원의 직무수행권은 바로 위와 같은 국가의 객관적 권한배분 내지 조직구성권의 행사의 결과로 주어진 '권한'(Kompetenz)이며 공무원 개인이 국가에 대하여 요구할 수 있는 주관적 공권이라고 볼 수 없다. 비록 이 사건 권한대행규정으로 말미암아 단체장의 권한이 정지된다고 하더라도 이는 공무원 개인의 자유를 제한한 것이 아니라 객관적 권한배분 내지 객관적 권한질서의 문제이므로 당해 단체장이 자신의 주관적 공권인 공무담임권이 침해되었음을 이유로 위헌임을 주장할 수는 없는 것이다."

2) Vgl. BVerfGE 6, 445, 447ff.

3) 현행법상 지방자치단체의 장이 입법자를 상대로 권한쟁의심판을 청구하는 것이 허용되지 않는다면, 지방자치단체의 장은 행정소송을 제기하고 소송계속 중에 재판의 전제가 되는 법률조항에 대하여 법관의 위헌제청을 기대하거나 또는 제청신청이 기각된 후 지방자치제도의 헌법적 보장에 위반된다는 이유로 직접 헌법재판소법 제68조 제2항에 의한 헌법소원을 제기할 수 있을 뿐이다.

제6장 請求權的 基本權

제1절 一般理論

I. 청구권적 기본권의 槪念

일반적으로 헌법학에서 청구권적 기본권이란 표현을 사용한다면, 광의의 청구권과 협의의 청구권이란 2가지 의미로 사용된다. '광의의 청구권'이란, 개인이 사실적 급부, 법률의 제정(입법행위) 등 국가로부터 적극적인 행위를 요구할 수 있는 권리로서, 재판청구권과 같은 '협의의 청구권'뿐만 아니라 제3자에 의한 기본권침해로부터 국가에 대하여 보호를 요구할 권리(보호청구권), '사회적 기본권' 등을 모두 포함하는 광의의 개념으로 사용된다. 이에 대하여 협의의 청구권이란 권리의 보장과 구제를 위하여 국가로부터 일정한 행위를 적극적으로 요구할 수 있는 권리로 이해된다.

여기서 다루고자 하는 청구권이란 바로 권리구제를 위한 기본권 또는 기본권보장을 위한 기본권으로서 '협의의 청구권'을 말한다. 따라서 아래에서 청구권적 기본권을 언급한다면, 이는 협의의 청구권을 말하는 것이다.

II. 청구권적 기본권의 法的 性格

1. 적극적 성격의 기본권

자유권이 국가행위를 배제하고 금지하는 소극적인 성격을 가지고 있다면, 청구권은 국가로부터 작위를 요구하는 적극적인 성격을 가지고 있다. 자유권의 보장내용은 '국가의 간섭을 받지 않고 … 할 자유'로서 일반적으로 입법자의 형성행위와 관계없이 이미 존재하는 것이며, 입법자에 의하여 그 보장내용이 제한될 뿐이다. 그러나 국가로부터 작위를 요구하는 청구권은 단지 내용적으로 확정된 범위 내에서만 보장될 수 있으므로, 청구권이 법적으로 관철될 수 있는 개인의 주관적 권리로서 보장되기 위해서는 무엇을 청구할 수 있는지가 그 내용과 범위에 있어서 확정되어야 한다. 따라서 청구권은 그 본질상 입법자에 의한 구체적인 형성을 필요로 한다. 청구권에 있어서 법률이란 청구권을 제한하는 성격을 가지는 것이 아니라 청구권을 구체화하고 실현하는 성격을 가진다.

2. 직접 효력을 가지는 기본권

청구권은 당연히 다른 모든 기본권 및 헌법규범과 마찬가지로 직접 효력을 가진다. 국내 문헌에서 청구권적 기본권을 '직접 효력을 가지는 규정'이라고 서술한다면, 이러한 서술은 '청구권이 헌법상 기본권으로서 입법자를 비롯한 국가기관을 직접 구속하는 효력을 가진다'는 것을 의미하는 것이다. 그러나 오늘날 모든 헌법규정이 단지 입법방침을 제시하는 선언적 규정이 아니라 규범력을 가지고 국가기관을 헌법적으로 구속한다는 점에서, 오로지 이러한 내용을 서술하기 위하여 '직접효력규정'이라는 표현을 사용하는 것은 사실상 불필요하고 무의미하다. 이러한 의미에서는 모든 헌법규정이 직접효력규정이기 때문이다. 뿐만 아니라, '직접효력규정'이란 용어는, 국민이 헌법상 청구권을 근거로 직접 무엇을 청구할 수 있는 현실적인 권리라는 의미로 오해될 수도 있다.

3. 입법자에 의한 형성을 필요로 하는 기본권

청구권은 이를 구체화하는 입법이 있을 때에 비로소 행사할 수 있는 기본권이다. 개인은 헌법상 보장된 청구권을 근거로 직접 무엇을 청구할 수 없고, 청구권을 행사하기 위해서는 입법자에 의한 사전적 형성을 필요로 한다. 청구권은 헌법에 의하여 보장되지만, '법률이 정하는 바에 의하여' 행사되는 것이다.[1]

따라서 청구권적 기본권을 '직접 효력을 발생하는 현실적인 권리'라고 이해하는 것은 타당하지 않다. 헌법상 모든 기본권이 직접 효력을 발생하는 현실적인 권리가 아니라, 단지 자유권만이 그 자체로서 입법자에 의한 매개행위 없이 직접 효력을 발생하는 현실적인 권리이다. 그 외의 기본권은 헌법상 기본권으로서 입법자를 비롯한 국가기관을 구속하지만, 입법에 의한 매개 없이 직접 효력을 발생할 수 있는 현실적인 권리가 아니다. 여기에 바로 자유권과 그 외 기본권 사이에 존재하는 근본적인 차이점이 있다.

4. 청구권적 기본권에 의한 입법형성권의 制限

청구권적 기본권은 입법자에 의한 구체화와 실현에 의존하고 있지만, 입법자의 형성권은 무제한적인 것이 아니라 청구권적 기본권을 보장한 헌법적 결정(헌법적 정신)에 의하여 제한되고 구속을 받는다.

입법자에 대한 헌법적 구속은 첫째, 국민이 헌법상 보장된 청구권적 기본권을 행사할 수 있도록 이를 가능하게 하는 입법을 해야 할 의무에서 표현된다. 따라서 입법자가 청구권적 기본권을 구체적으로 형성하는 법률을 전혀 제정하지 않은 경우 입법자의 부작위는 헌법적으로 허용되지 않는 것이므로, 주관적 헌법소원심판절차를 통하여 입법부작위의 위헌여부를 司法的으로 다툴 수 있다. 둘째, 입법자는 청구권적 기본권을 구체적으로 형성함에 있어서 이러한 기본권을 보장한 헌법의 정신과 가치결정을 존중하고 준수해야 하는 의무를 진다. 따라서 입법자가 청구권적 기본권을 구체화하는 법률을 제정하였으나 법률의 구체적 내용이 청구권적 기본권을 보장한 헌법적 정신에 부합하지 않는 경우에는 주관적 헌법소원심판절차 또는 객관적 규범통제절차를 통하여 법률의 위헌성을 확인할 수

---

1) 일부 학자는 '입법권은 헌법상 청구권적 기본권의 구속을 받으며, 입법자가 법률로써 헌법상 청구권의 부여 여부를 결정할 수 없기 때문에, 청구권적 기본권을 규율하는 법률은 기본권형성적 유보가 아니다'라고 주장한다(가령 김철수, 헌법학개론, 2006, 901면, 이를 따라 성낙인, 헌법학, 2010, 752면). 그러나 이러한 견해는 기본권형성적 법률유보의 경우에도 입법자가 기본권의 구속을 받는다는 것을 간과하고 있다. 기본권형성유보란 단지 당해 기본권의 구체적 내용이 입법자에 의하여 비로소 형성된다는 것을 의미할 뿐, 입법자가 기본권의 구속을 받지 않는다는 것을 의미하지는 않는다. 입법자는 헌법의 구속을 받고, 이로써 모든 기본권의 구속을 받는다는 것은 지극히 당연한 것이다.

있는 가능성이 부여된다.

Ⅲ. 헌법상 규정된 청구권적 기본권의 類型

헌법은 공권력행위에 의하여 개인의 기본권이 침해당한 경우 이에 대한 구제를 구할 수 있는 가능성을 기본권의 형태로 보장하고 있다. 이에 해당하는 기본권이 바로 청원권(제26조), 재판청구권(제27조), 형사보상청구권(제28조), 국가배상청구권(제29조), 범죄피해자구조청구권(제30조)이다. 이러한 기본권들은 국가로부터 권리구제의 가능성을 요구하는 청구권의 성격을 가지고 있다.

헌법 제26조 내지 제30조의 기본권들은 모두 헌법상 권리구제제도를 구성하는 요소이다. 공권력행위에 의한 권리침해에 대하여 재판청구권은 위법행위의 제거를 목적으로 하는 일차적인 권리구제의 가능성을 제공하고, 국가배상청구권은 위법행위로 인한 손해배상을 목적으로 하는 이차적인 권리구제의 가능성을 제공하며, 형사보상청구권은 형사소추의 과정에서 발생한 인신구속에 대하여 불법행위를 전제로 하는 국가배상청구권의 한계를 보완하는 무과실책임의 손실보상을 제공한다. 청원권은 다른 권리구제절차의 존재여부와 관계없이 행사될 수 있고 다른 권리구제절차에 대하여 부가적·보완적으로 부여되는 비정규적 구제절차를 제공한다. 한편, 범죄피해자구조청구권은 공권력의 권리침해에 대한 권리구제가 아니라 범죄피해에 대한 국가구조를 제공한다는 점에서 권리구제를 위한 청구권과는 약간 성격을 달리 한다.

제 2 절　請　願　權[1]

Ⅰ. 청원권의 헌법적 의미 및 기능

1. 非形式的·非正規的 권리구제절차

헌법은 제26조 제1항에서 "모든 국민은 법률이 정하는 바에 의하여 국가기관에 문서로 청원할 권리를 가진다."고 하여 청원권을 국민의 기본권으로 보장하면서, 제2항에서 "국가는 청원에 대하여 심사할 의무를 진다."고 규정함으로써 청원권의 보장내용을 스스로 구체적으로 밝히고 있다. 청원권은 다른 권리구제절차의 존재여부와 관계없이 행사될 수 있는, 즉 행정적·사법적 권리구제절차에 대하여 부가적·보완적으로 부여되는 비정규적 권리구제절차이다. 청원권이 형식이나 청원대상에 있어서 원칙적으로 제한을 받지 않고 그냥 하소연을 할 수 있는 가능성을 국민에게 부여한다는 의미에서, 청원권은 국민의 최종적인 '탄원(歎願)의 壁' 또는 '非常的 救助要請權'이라고 할 수 있다.

이와 같은 청원권의 헌법적 기능에 비추어 볼 때, 청원권의 특성은 그의 비형식적 성격에 있다. 청원권은 관할과 절차에 관한 현대 행정·사법체제의 복잡함과 불투명성으로 인한 국민의 고충을 덜어주고, 절차적 하자나 관할의 착오로 인한 권리의 상실가능성을 완화해 주고자 하는 것이므로, 청원

---

1) 청원권에 관하여 한수웅, 議會請願 紹介節次의 위헌여부, 저스티스 제67호, 2002. 6, 5면 이하 참조.

권의 행사는 형식이나 기간 등 절차적 요건이나 관할에 관한 규정의 제한을 받지 않으며, 청원절차의 비용을 부담할 필요도 없다. 또한 청원권은 자신의 권리나 이익이 현재·직접 침해당하는 것과 관계없이 행사할 수 있으며, 개인적 이익의 보호뿐 아니라 사적 또는 공적 이익과 관계되는 모든 사안에 대하여 청원을 할 수 있는 가능성을 부여하므로, 환경보호나 자연보호와 같은 일반적인 이익을 추구하는 것도 가능하다.

또한, 청원권은 법질서가 권리보호절차를 제공하지 않는 곳에서 사법적 구제절차의 빈틈을 메우는 기능을 하며, 권리구제수단이 있는 경우라도 사법적 심사의 대상이 되지 않는 사안에 대한 심사를 가능하게 한다. 예컨대 사법적 권리구제절차와는 달리, 청원을 접수한 국가기관은 청원사항에 대한 합법성을 심사할 뿐만 아니라 합목적성의 관점도 고려할 수 있다. 권리구제절차가 일반적으로 권리의 침해를 전제로 하고 있다는 점에서, 청원권은 권리의 침해가 없는 경우에도 국가의 행위에 대한 비판을 가능하게 한다.

2. 국민과 국가 간의 대화 및 유대관계의 유지

청원권은 국가공권력과 국민 간의 접촉을 강화하기 위한 수단으로서, 국민과 국가 사이의 대화를 보장하는 기능을 한다. 국가권력이 일방적으로 공권력을 행사하는 것이 아니라, 청원에 의하여 국민의 목소리와 반응에 귀를 기울이고 국민의 관심사와 이해관계, 의견을 고려할 여지가 있는지를 살핀다는 것은, 국민과 국가 사이의 갈등을 줄이고 이해와 화합을 통한 국민통합에 기여할 수 있다. 오늘날 국가행정의 민주화, 국가행정에의 참여가능성, 주민근거리행정 등과 같은 국민에 대한 개방의 노력에도 불구하고, 아직도 많은 국민이 국가 공권력을 접근할 수 없는 거대한 조직으로 인식한다는 점을 고려할 때, 청원권은 국가적 통합과 융화를 저해하는 이러한 요소를 제거하는데 기여하는 수단으로서 국가의 문을 모든 국민에게 개방하는 것이다.

3. 행정부에 대한 통제

청원권은 對行政府 통제기능 및 행정부 내부의 통제기능을 가지고 있다. 의회에의 청원은 의회에게 정보를 제공하는 기능을 하고 행정부에 대한 의회의 통제기능을 효과적으로 이행하게 하며, 소관기관에의 청원은 상급관청으로 하여금 하급관청의 행위를 심사하는 계기를 부여한다.

의회는 청원을 통하여 법집행의 과정에서 어디에 문제와 어려움이 있는지, 행정청이 그에게 부여된 재량을 제대로 행사하는지, 법규정이 법현실에 맞는 것인지, 법규정이 국민에 의하여 정당한 것으로 받아들여지는지 등에 관하여 정보를 얻을 수 있고, 이러한 법집행의 상황과 법의 효과에 관한 입법정보를 토대로 입법상의 하자를 제거하고 행정부에 대한 통제기능을 행사할 수 있다.

4. 민주적 정치의사 형성과정에의 참여

국민은 청원권을 집단으로 행사하는 방법을 통하여 여론을 형성하고 민의를 국가기관에 전달함으로써 구체적인 정치적 사안과 관련하여 국가기관의 의사결정과정에 영향력을 행사할 수 있다. 국민이 청원을 통하여 구체적인 정치적 요구를 국가기관, 특히 국민의 대표자인 의회에 대하여 하는 것은 국가의사형성과정에 참여하는 하나의 형태라고 볼 수 있다.

II. 청원권의 법적 성격

1. 자유권적 성격

청원권은 일차적으로 공권력의 침해에 대한 방어권적 성격을 가지고 있다. 자유권으로서의 청원권은 국가의 간섭이나 방해를 받지 않고 자유롭게 개인 또는 공동으로 국가기관에 청원을 할 권리이다. 자유권으로서의 청원권은, 청원의 제출 시까지 청원권의 행사를 방해하거나 곤란하게 하는 '사전적 조치의 금지'와 청원을 했다는 이유로 법적 또는 사실적으로 불이익을 주는 '사후적 조치의 금지'를 그 구체적인 내용으로 한다. 예컨대, 청원에 대한 사전심사, 검열, 허가의무, 청원절차비용의 도입 등은 청원권의 행사를 방해하는 사전적인 조치로서 원칙적으로 헌법상 허용되지 않는다.

역사적으로 원래 청원권의 핵심적 보장내용은, 개인이 청원의 형태로써 국가행위를 비판하였다는 이유로 불이익이나 처벌, 징계를 받지 아니할 자유의 보장에 있었다.[1] 법치국가의 성립과 함께 국가권력의 행시가 법적으로 엄격한 제한을 받게 됨에 따라 위와 같은 방어권적 내용은 점차 그 의미를 잃게 되었다. 그러나 오늘날의 법치국가에서도 청원권의 방어권적 측면은 항상 침해받을 가능성이 있으며, 특히 請願人이 청원을 하였다는 이유로 불이익을 받을 위험이 상존하는 군대 및 교도소와 같은 특별권력관계에서 방어권으로서의 청원권은 여전히 중요한 의미를 지닌다.

2. 청구권적 성격

청원권의 성격은 자유권에 그치는 것이 아니라 국가로부터 적극적인 행위, 즉 청원의 처리를 요구하는 청구권적 성격을 가진다. 헌법 제26조 제2항은 청원에 대한 국가의 심사의무를 규정함으로써 청원권의 보장내용에 청구권적 성격이 포함된다는 것을 스스로 밝히고 있다. 개인이 청구권적 기본권으로서의 청원권을 행사하기 위해서는 입법자에 의한 구체적인 형성을 필요로 한다. 따라서 입법자는 개인으로 하여금 헌법상 보장된 청원권의 행사가 가능하도록 청원절차를 법률로써 구체적으로 형성해야 할 의무를 진다.

만일 청원권의 내용이 '국가의 방해를 받지 않고 또는 불이익을 두려워함이 없이 자유롭게 국가에 청원을 할 권리'에 지나지 않는다면, 단지 '자유롭게 … 청원해도 된다'는 자유권적 내용은 결과적으로 '청원의 형태로 자유롭게 국가기관에 의견을 표명할 수 있다'는 의미에서 표현의 자유의 한 내용에 불과하다. 따라서 청원권이 기본권 체계 내에서 헌법상 고유한 기능과 의미를 부여받기 위해서는, 국가기관의 청원처리의무, 즉 그 구체적인 내용으로서 청원의 수리·심사 및 결과의 통지의무가 발생하고, 이에 대응하여 이러한 의무의 이행을 적극적으로 요구할 수 있는 청원인의 권리가 보장되어야 한다. 청원인이 궁극적으로 바라는 바는 국가기관이 청원을 수리하고 내용을 심사하여 그 결과를 통지하는 것이기 때문에, 국가의 청원처리의무와 이에 대응하는 청원인의 적극적인 권리는 청원권의 본질을 구성하는 요소로서, 오늘날 청원권의 청구권적 성격은 방어권적 성격보다도 더욱 큰 비중을 차지한다.

---

1) 청원법 제12조는 "누구든지 청원을 하였다는 이유로 차별대우를 받거나 불이익을 강요당하지 아니한다."고 규정하고 있다.

3. 참정권적 성격[1]

적극적인 시민의식의 성장, 청원의 형태로써 국가의사형성에 영향을 미치려는 시민운동의 출현이라는 정치적 현실의 변화와 함께, 청원권의 의미도 변화하였다. 국민은 청원권을 공동으로 행사함으로써 대중언론매체나 거대한 정당 또는 이익단체에 의하여 여과·조정·수정되지 않은 국민의 의견을 직접 건의할 수 있는 가능성이 있으며, 이로써 청원권은 민주국가에서 '시민운동의 중요한 표현수단'이 되었다. 청원권을 집단적으로 행사하는 현상이 빈번해 짐에 따라, 청원권은 개인의 비정규적인 권리구제절차라는 차원을 넘어서 적극적인 민주시민의 집단적인 정치적 건의권이라는 성격을 띠게 되었다. 선거권, 정당을 통한 활동, 정치적 시위와 시민운동에의 참여 외에도, 청원권의 행사는 의회와 정부에 대하여 국민이 정치적 영향력을 행사하는 중요한 수단이 되었다. 특히 직접민주주의적 요소가 결여된 우리 헌법구조에서 청원권을 공동으로 행사한다는 것은 일상적인 정치적 상황에 대한 '여론의 반영'이라는 의미를 가지게 되었다.

Ⅲ. 청원권의 보장내용 및 법적 구제절차

1. 청원권의 주체

청원권은 인권으로서 국적과 관계없이 모든 자연인에게 보장되며, 외국인과 무국적자도 청원권의 주체가 될 수 있다. 사법상의 법인도 청원권의 주체가 될 수 있다.

특별권력관계에서도 개인은 기본권의 보호를 받으며, 단지 특별권력관계의 기능 확보라는 관점에서 정당화될 수 있는 보다 광범위한 제한의 가능성이 있을 뿐이다. 특히 수형자의 경우, 행형의 특성상 인권침해의 가능성이 높고 비상적 구조요청권으로서의 청원권에 대한 의존도가 크므로, 국가기관에 청원을 할 수 있는 권리가 보장되어야 한다.

2. 국가기관에 자유롭게 청원서를 제출할 권리

사례 1 헌재 2005. 11. 24. 2003헌바108(유상 로비활동의 처벌 사건)

'특정범죄가중처벌등에 관한 법률' 제3조는 누구든지 공무원의 직무에 속한 사항에 관해 알선을 명목으로 금품 등을 수수하면 형사처벌을 하고 있다. 甲은 ○○경영연구소 고문으로 재직중이던 자인바, 乙 주식회사 대표 丙으로부터 체육진흥투표권 발행사업과 관련하여 위 주식회사가 사업자로 선정될 수 있도록 관계기관에 청탁하여 달라는 부탁을 받고 금품을 수수한 혐의 등으로 '특정범죄가중처벌등에 관한 법률' 제3조 위반으로 공소제기되어 소송계속중 대법원에 위 규정에 대하여 위헌제청신청을 하였으나 기각되자, 헌법소원심판을 청구하였다.[2]

---

[1] 그러나 청원권은 국민에게 단지 정치적 의사형성과정에 참여할 수 있는 사실적 기회만을 부여할 뿐, 개인적 청원이든 집단적 청원이든 간에 의회나 정부는 청원의 내용을 정치에 고려하고 반영해야 할 의무가 없다는 점에서, 청원권의 정치참여적 효과는 국가의사형성에 직접 또는 간접적으로 참여한다는 의미에서의 參政權과는 다르다.

[2] 헌재 2005. 11. 24. 2003헌바108(유상 로비활동의 처벌), 판례집 17-2, 409, "이 사건 규정이 공무의 공정성과 그에 대한 사회의 신뢰성 등을 보호하기 위해 알선 명목의 금품수수행위를 형사처벌하고 있다고 하더라도 이것이 입법

사례 2 헌재 2001. 11. 29. 99헌마713(수형자의 청원 사건)

甲은 현재 교도소에 수감중인 자로서, 교도소장의 허가 없이 甲에 대한 교도소 내의 폭행가혹행위 등을 조사하여 달라는 서신을 국무총리실, 국민고충처리위원회, 감사원 등에 제출하여 위 민원에 대한 처리 회신을 받았으나, 교도소는 위 서신의 내용에 대한 진상을 조사하는 과정에서 교도소장의 허가 없이 서신을 다른 사람에게 발송한 혐의가 인정된다는 이유로 2월의 금치처분을 하였다. 이에 甲은 서신의 검열에 관하여 규정한 행형법시행령 제62조가 자신의 기본권을 침해하였다고 주장하면서 헌법소원심판을 청구하였다.

가. 국가기관에 자유롭게 접근할 권리

청원권의 자유권적 요소는, 원칙적으로 모든 사안과 관련하여 국민이 방해를 받지 않고 직접 국가기관에 청원의 형태로써 접근할 수 있다는 데 있다. 모든 국민이 청원을 통하여 자신이 원하는 방향으로 국가기관의 의사형성과정에 영향을 행사할 수 있는 기회를 가질 수 있도록, 국가기관에 청원의 형태로써 접근하는 권리는 원칙적으로 '자유롭고, 직접적으로, 조건 없이' 보장되어야 한다.[1] 국민이 청원을 통하여 국가기관에 자유롭게 접근할 수 있는 가능성의 보장은, 헌법체계에서 청원권에 부여된 기능, 즉 비형식적 권리구제수단이자 국민과 국가 간의 대화수단으로서의 청원권의 헌법적 기능을 이행하기 위한 필수적 전제조건이다. 따라서 청원을 할 수 있는 국민의 권리는 재판청구권과는 달리, 절차적·소송법적 규정의 구속을 받지 아니하며, 국민이 가능하면 자유롭게 국가기관에 접근할 수 있도록 국가는 최소한의 형식적 요건을 설정해야 한다.

수형자의 청원권이 실질적으로 보장되기 위해서는 청원서가 검열을 받아서는 안 되므로, 청원권은 청원서의 검열금지를 요청한다. 따라서 수형자의 청원권은 청원서의 검열금지를 규정하는 법규범에 의하여 보장되어야 한다. 한편, 입법자는 행형의 목적을 달성하기 위하여 특정 국가기관을 수신인으로 하는 청원의 경우에만 청원에 대한 검열금지를 규정함으로써 수형자의 청원권을 제한할 수 있다.[2] 나아가, 공동청원의 경우에는 청원권의 제한이 가능하고, 특히 수형자간의 접촉이 수형목적에

의 한계를 일탈한 것이라고 볼 수 없다. … 금전적 대가를 받는 알선 내지 로비활동을 합법적으로 보장할 것인지 여부는 그 시대 국민의 법 감정이나 사회적 상황에 따라 입법자가 판단할 사항으로, 우리의 역사에서 로비가 공익이 아닌 특정 개인이나 집단의 사익을 추구하는 도구로 이용되었다는 점이나 건전한 정보제공보다는 비합리적인 의사결정을 하게 하여 시민사회의 발전을 저해하는 요소가 되었다는 점을 감안하여 청원권 등의 구체적인 내용 형성에 폭넓은 재량을 가진 입법부가 대가를 받는 로비제도를 인정하지 않고, 공무원의 직무에 속한 사항의 알선에 관하여 금품 등을 수수하는 모든 행위를 형사처벌하고 있다고 하더라도 이것이 청원권이나 일반적 행동자유권을 침해하는 것으로 볼 수 없다."; 위 결정과 동일한 내용의 결정으로 헌재 2012. 4. 24. 2011헌바40 참조.

[1] 헌재 2005. 11. 24. 2003헌바108(유상 로비활동의 처벌), 판례집 17-2, 409, 415-416, "청원권은 국민적 관심사를 국가기관에 표명할 수 있는 수단으로서의 성격을 가진 기본권으로 국민은 누구나 형식에 구애됨이 없이 그 관심사를 국가기관에 표명할 수 있다. … 따라서 국민이 여러 가지 이해관계 또는 국정에 관해서 자신의 의견이나 희망을 해당 기관에 직접 진술하는 외에 그 본인을 대리하거나 중개하는 제3자를 통해 진술하더라도 이는 청원권으로서 보호될 것이다. 그런데 이 사건 규정은 공무원의 직무에 속한 사항의 알선 관련 금품 수수행위를 형사처벌하고 있으므로 국회의 입법이나 정부의 정책결정 및 정책집행 등에 관한 로비 내지 알선 행위를 제한하게 되고, 이것은 공권력과의 관계에서 일어나는 여러 가지 이해관계 또는 국정에 관해서 그 의견이나 희망을 해당 기관에 진술할 자유를 제한하게 되므로 이는 청원권 제한 문제를 일으킨다."

[2] 현행 '형의 집행 및 수용자의 처우에 관한 법률' 제117조(청원)는 수용자는 법무부장관·순회점검공무원 또는 관할 지방교정청장에게 청원할 수 있으며(제1항), 소장은 청원서를 개봉하여서는 아니 되며, 이를 지체 없이 법무부장

반하는 한, 헌법 제26조의 청원권은 공동청원을 목적으로 수형자간에 접촉의 기회를 제공할 것을 요구할 수 있는 권리를 보장하지 않는다.

나. 청원의 형식

(1) 국민이 청원의 형태로써 국가기관에 가능하면 자유롭게 접근할 수 있도록, 청원권은 최소한의 형식적 요건의 구속을 받는다. 헌법 제26조 제1항은 "문서로 청원할 권리"라고 규정함으로써, 헌법 스스로 형식적 요건을 정하고 있다. 물론 헌법상의 "문서"요건이 구두로 하는 청원을 금지하는 것은 아니지만, 구두청원은 헌법 제26조에 의한 기본권적인 보호를 받지 못하므로, 구두로 청원을 한 자는 국가로부터 청원에 대한 심사 및 통지의무를 이행할 것을 요구할 수 없다. 청원의 '문서 요건'의 목적은 청원의 원활하고도 순조로운 처리를 통하여 청원절차의 효율성을 높이고자 함에 있으므로, 헌법은 궁극적으로 청원인의 이익을 위하여 문서 요건을 직접 정하고 있는 것이다.

청원의 '문서 요건'에는 청원인이 청원서에 서명하는 것을 포함한다.[1] 청원인이 밝혀지는 경우에만 청원처리 결과의 통지의무의 이행이 가능하기 때문에, '서명' 요건은 청원권의 보장내용인 심사 및 통지의무를 실현하기 위하여 필수적이다. 따라서 익명의 청원은 청원의 개념적 요소를 충족시키지 못하기 때문에, 부적법한 청원이다. 그러나 소관기관에 청원을 해야 한다는 것은 청원의 적법요건이 아니다. 국민은 관할의 구애를 받지 않고 '모든' 국가기관에 청원을 할 수 있다.

(2) 청원은 국가기관에 대한 '구체적인 요구 사항'을 담고 있어야 한다. 이러한 요구는 간청, 항의, 건의, 신청 등의 다양한 형태로 표현될 수 있으므로, 청원인이 자신의 청원을 어떻게 명명하는가와 관계없이 국가로 하여금 실체적 문제를 다루고 심사할 것을 요구한다면, 이는 청원으로 판단되어야 한다. 그러나 단순한 정보제공의 요구, 사실관계의 전달·확인이나 국가기관에 대한 충고 등은 구체적 요구사항의 결여로 말미암아 청원이 아니다.[2]

청원이 사실적 또는 법적으로 이행이 불가능한 것 또는 법적으로 금지된 것(예컨대, 법원 판결에 대한 청원, 공권력이 조치를 취할 법적 근거가 없음에도 사인 간의 다툼에 개입할 것을 요구하는 것, 범죄구성요건을 충족시키는 국가행위 등)을 요구하거나 명예훼손적 내용을 지니고 있다면, 청원은 부적법하다.[3] 대부분의 청원이 청원인의 관점에서 국가행위의 부당성을 주장하고 이를 극적으로 비난하는 형태로 작성되며, 이에 따라 어느 정도 명예훼손적 성격을 띨 수 있다는 점을 감안한다면, 청원이 명백히 법적으로 금지된 행위를 요구하거나 또는 구체적인 요구사항을 결여하고 있는 것이 아닌 한, 국가기관

관·순회점검공무원 또는 관할 지방교정청장에게 보내거나 순회점검공무원에게 전달하여야 한다고(제3항) 규정하고 있다. 헌법재판소는 헌재 2001. 11. 29. 99헌마713(수형자의 청원) 결정에서 '수형자가 발송하는 서신이 법무부장관이 아닌 다른 국가기관을 수신인으로 하는 교도행정에 관한 청원서인 경우, 교도소장이 이를 검열하도록 규정한 것은 청원권을 침해하지 않는다'고 판시하였다, 판례집 13-2, 739, 740, "헌법상 청원권이 보장된다 하더라도 청원권의 구체적 내용은 입법활동에 의하여 형성되며 입법형성에는 폭넓은 재량권이 있으므로 입법자는 수용 목적 달성을 저해하지 않는 범위 내에서 교도소 수용자에게 청원권을 보장하는 합리적인 수단을 선택할 수 있다고 할 것인바, 서신을 통한 수용자의 청원을 아무런 제한 없이 허용한다면 수용자가 이를 악용하여 검열 없이 외부에 서신을 발송하는 탈법수단으로 이용할 수 있게 되므로 이에 대한 검열은 수용 목적 달성을 위한 불가피한 것으로서 청원권의 본질적 내용을 침해한다고 할 수 없다."

1) 청원법 제6조 제1항은 "청원인의 성명과 주소 또는 거소를 기재하고 서명한 문서"로 하여야 한다고 규정하고 있다.
2) 그런데 헌법재판소는 "공권력과의 관계에서 일어나는 여러 가지 이해관계, 의견, 희망 등에 관하여 적법한 청원"이라고 언급함으로써(헌재 1994. 2. 24. 93헌마213 등, 판례집 6-1, 183, 190), 단순히 의견이나 희망을 진술하는 것도 적법한 청원으로 오해할 소지가 있다.
3) 청원의 불수리사항에 관하여 청원법 제5조 및 제11조, 국회법 제123조 제3항, 지방자치법 제74조 참조.

이 청원의 적법성을 판단함에 있어서 관대한 처리가 요청된다.[1]

3. 청원에 대하여 심사 및 통지받을 권리

사례 | 헌재 1994. 2. 24. 93헌마213 등(종교시설 이전부지 사건)

신도시개발지역의 사업시행자인 한국토지개발공사는 당해지역 내의 종교시설물 소유자인 甲 교회로부터 협의취득한 토지 등에 대한 보상으로 보상금 외에 대체토지로서 종교시설 이전부지를 공급함에 있어서 그 공급조건을 결정하고 통보하였다. 이 과정에서 甲 교회는 건설부장관에게 피해구제를 요청하는 청원을 한 바 있는데, '건설부장관은 이를 직접 조사하여 해결해 주어야 할 것임에도 불구하고 분쟁당사자이고 청원심사권도 없는 한국토지개발공사에게 이송하여 처리하게 하고 있는바, 건설부장관이 한국토지개발공사로 하여금 甲의 청원사항에 대하여 민원회신의 형식으로 처리하게 하는 것은 甲의 청원권을 침해한다'고 주장하면서 헌법소원심판을 청구하였다.

가. 청원권의 보장내용이 단지 '청원서를 자유롭게 제출하는 권리'의 보장에 지나지 않는다면, 국민의 청원은 제출되자마자 곧장 국가기관의 휴지통으로 들어가는 휴지조각에 불과할 것이고, 그렇다면 헌법상 청원권의 보장은 공허할 수밖에 없다. 청원권의 보장은 단지 청원서를 제출하고 청원의 수리를 확인받는 권리를 넘어서 청원의 내용에 관하여 실질적인 심사를 받고 그 결과를 통지받을 권리를 포함한다. 우리 헌법은 제26조 제2항에서 청원에 대한 국가의 심사의무를 규정함으로써, 청원권의 보장내용에 '심사받을 권리'가 포함된다는 것을 명시적으로 밝히고 있다. 따라서 청원권이란, 청원을 수리할 뿐 아니라 청원의 처리를 요구할 수 있는 권리, 즉 청원을 심사하여 청원인에게 그 처리결과를 통지할 것을 요구할 수 있는 권리를 말한다.[2]

나. 한편, 청원권이 청원의 처리결과에 대하여 이유를 명시할 의무까지를 포함하는가 하는 문제가 제기된다. 헌법재판소는 이유명시의 의무를 부정하고 있으나,[3] 국민의 입장에서는 어떠한 형태이든 이유명시를 통해서만 국가기관이 청원에 관하여 과연 내용적으로 심사하였는가를 알 수 있고, 청원의 처리결과를 납득하고 수용할 수 있다. 또한, 청원인은 국가기관의 이유명시를 근거로 해서만 경우에 따라 소송의 제기를 통하여 국가의 심사의무의 이행여부를 다툴 것인지에 관하여 판단할 수 있다. 결국, 국가기관의 이유명시의무를 통해서만 헌법 제26조 제2항에 규정된 국가의 심사의무의 이

---

[1] 청원권은 청원사안을 청원인의 시각에서 판단하고 주관적으로 서술할 수 있는 권리를 당연히 포함한다. 약간의 명예훼손적 표현이나 신중하지 못한 표현을 이유로 청원을 부적법한 것으로 판단한다면, 국민의 최종적 권리구제수단이자 국민과 국가 간의 대화를 통한 국민통합적 수단으로서의 청원권의 기능은 약화될 수밖에 없다.

[2] 헌재 1994. 2. 24. 93헌마213 등(종교시설 이전부지), 판례집 6-1, 183, 190, "헌법상 보장된 청원권은 공권력과의 관계에서 일어나는 여러 가지 이해관계, 의견, 희망 등에 관하여 적법한 청원을 한 모든 국민에게, 국가기관이(그 주관관서가) 청원을 수리할 뿐만 아니라, 이를 심사하여, 청원자에게 적어도 그 처리결과를 통지할 것을 요구할 수 있는 권리를 말한다."; BVerfGE 2, 225, 230.

[3] 헌재 1994. 2. 24. 93헌마213 등(종교시설 이전부지), 판례집 6-1, 183, 190, "청원권의 보호범위에는 청원사항의 처리결과에 심판서나 재결서에 준하여 이유를 명시할 것까지를 요구하는 것은 포함되지 아니한다고 할 것이다. 왜냐하면 국민이면 누구든지 널리 제기할 수 있는 민중적 청원제도는 재판청구권 기타 준사법적 구제청구와는 완전히 성질을 달리하는 것이기 때문이다. 그러므로 청원소관서는 청원법이 정하는 절차와 범위 내에서 청원사항을 성실·공정·신속히 심사하고 청원인에게 그 청원을 어떻게 처리하였거나 처리하려 하는지를 알 수 있을 정도로 결과통지함으로써 충분하다고 할 것이다."; 동일한 내용으로 BVerfGE 2, 225, 230.

행이 실질적으로 보장된다는 점에서, '이유명시를 요구할 권리'는 '청원의 심사를 요구할 권리'의 필수적인 부속적 권리라고 할 수 있다. 뿐만 아니라 청원권의 국민통합적 기능의 관점에서도, 국가기관이 가능하면 처리결과에 대하여 간단하면서도 납득할만한 이유를 명시하는 것이 바람직하다.[1]

4. 청원처리에 대한 법적 구제절차

청원권이 기본권으로서 개인의 주관적인 공권을 보장하므로, 이에 대한 침해의 경우 행정법원에 의한 구제의 가능성이 있다. 그러나 청원사항의 처리는 국가기관의 자유재량행위로서 그에 대한 소구권은 인정할 수 없다는 것이 대법원의 입장이다.[2] 따라서 국가기관의 청원처리에 의하여 청원권의 침해가 있는 경우, 헌법소원을 제기하는 수밖에 없다.

국가기관의 청원처리는 단지 청원권의 보장내용의 범위 내에서만 사법적으로 심사될 수 있다. 청원권이 국가기관에 의한 청원의 수리, 심사 및 처리결과에 대하여 통지 받을 권리를 보장하므로, 청원인이 청원권의 침해를 이유로 헌법소원을 제기하는 경우에도, 사법적 심사의 대상은 청원의 수리, 내용적 심사 및 그 결과에 대한 통지의 의무를 이행했는지의 여부에 제한된다. 국가기관이 위와 같은 헌법적 의무를 제대로 이행하지 않는다면, 이로써 청원인의 헌법상 보장된 청원권을 침해하게 된다. 그러나 청원권은 단지 국가기관으로부터 청원을 처리할 것을 요구할 수 있는 권리만을 보장하므로, 국가기관에 의한 청원처리의 결과가 내용적으로 타당한지에 대한 판단은 사법적 심사의 대상이 아니다.[3] 즉 청원인은 청원권에 의하여 보장되는 절차적 권리의 준수를 사법적으로 소구할 수 있을 뿐, 본안에 있어서의 실체적 결정의 당부에 대하여는 다툴 수 없다.

또한, 청원권은 국가기관에게 청원처리와 관련하여 특정한 절차를 밟을 의무를 부과하지 않는다. 따라서 국가기관이 청원을 절차적으로 특정한 방법으로 처리할 것을 요구할 권리는 청원권에 의하여 보장되지 않는다. 국가기관이 청원을 어떠한 절차적 방법을 통하여 처리하고 청원의 내용적 심사를 위하여 어떠한 조치가 필요하다고 판단하는가에 관한 것은 국가기관의 자유재량이기 때문에, 이는 헌법소원의 심사대상이 아니다.

IV. 현행 청원제도의 문제점

1. 청원관련법률

청원권이 헌법상 보장된 비정규적 권리구제수단이자 모든 국민에게 부여된 비상구조요청권이라면, 이러한 구제수단이 효과적이기 위해서는, 직무상 청원사항과 직접 관계되는 소관관청보다는 청원에 관하여 중립적이고 객관적으로 판단할 수 있는 다른 국가기관이나 또는 국가로부터 독립된 제3

---

[1] 한편, 2020년 전부개정된 청원법은 처리결과를 알리는 방식을 대통령령에 위임하고 있고(제21조 제4항), 해당 시행령에서 청원기관의 장에게 이유명시의무를 부과하고 있다(령 제16조).
[2] 대법원 1990. 5. 25. 선고 90누1458 판결.
[3] 헌재 1994. 2. 24. 93헌마213 등(종교시설 이전부지), 판례집 6-1, 183, 190, [청원처리결과에 대한 내용적 심사는 더 이상 헌법소원의 대상이 되지 않는다는 것에 관하여] "적법한 청원에 대하여 국가기관이 수리, 심사하여 그 처리결과를 청원인 등에게 통지하였다면 이로써 당해 국가기관은 헌법 및 청원법상의 의무이행을 필한 것이라 할 것이고, 비록 그 처리내용이 청원인 등이 기대한 바에 미치지 않는다고 하더라도 더 이상 헌법소원의 대상이 되는 공권력의 행사 내지 불행사라고는 볼 수 없다."

의 기관이 국민의 청원을 심사해야 할 필요가 있다. 청원권이 단지 소관기관의 형식적인 재심사의무만을 의미한다면, 행정적·사법적 권리구제절차가 완비된 법치국가에서 청원권은 헌법적으로 고유한 기능을 상실하고 결국 사문화되는 기본권으로 전락하고 말 것이다.

그러나 청원권을 구체화하는 법률인 '청원법'과 '국회법', '지방자치법'의 규정에 의하면, 청원의 심사는 원칙적으로 소관 관청의 관할이며, 국회나 지방의회는 단지 예외적으로 청원을 심사하도록 규정하고 있다. 소관 관청에의 청원의 경우에도, 상급기관이 아니라 처분기관이 직접 청원을 처리하도록 규정하여 권리구제절차로서의 실효성을 의심케 하고 있으며,[1] 의회청원의 경우, 적어도 2019년 국회법 개정 전까지는 의원의 소개(紹介)를 받아야만 의회에 청원할 수 있기 때문에, 국민이 의회에 자유롭게 접근할 수 있는 길은 사실상 막혀 있었다.[2] 청원에 관한 법률이 실효성 있는 권리보호를 제공하지 못하기 때문에, 헌법상 청원권은 그 본연의 기능을 상실하였으며, 그 결과 청원절차의 실효성을 높이기 위하여 국민권익위원회(구 국민고충처리위원회)와 같은 제도가 도입되었다.

2. 의회청원 소개절차의 문제점

> **사례** │ 헌재 1999. 11. 25. 97헌마54(지방의회에 대한 청원 사건)
>
> 甲은 주차장 무료화에 관한 청원을 하기 위하여 주민 500여명의 서명을 받은 청원서를 의왕시의회에 제출하였으나 紹介議員이 없다는 이유로 반려되어, 의원 전원(9인)을 찾아다니며 소개를 받으려고 하였으나 뜻을 이루지 못하였다. 또한, 행정구역 개편에 관하여 의왕시 주민 10,000여명의 서명을 받아 의왕시의회에 청원하려고 하였으나 의원의 소개를 얻는데 실패하였다. 이에 청구인은 지방의회에 청원할 때 의원의 소개를 얻도록 규정한 지방자치법 제65조 제1항은 청원권을 보장하고 있는 헌법 제26조에 위반된다는 이유로 헌법소원심판을 청구하였다.

의회청원의 소개절차(紹介節次)에 관하여 보건대, 지방의회에 대한 청원의 경우 여전히 지방의회 의원의 紹介를 받아야만 지방의회에 청원할 수 있고, 국회에 대한 청원의 경우에도 2019년 국회법 개정 전까지는 의원의 소개를 필요적으로 요구하였기 때문에, 종래에는 의원 모두가 소개를 거부하면 청원권을 행사할 수 없었다. 헌법재판소는 헌재 1999. 11. 25. 97헌마54(지방의회에 대한 청원) 및 헌재 2006. 6. 29. 2005헌마604(국회에 대한 청원)에서 의회청원의 소개절차에 대하여 합헌으로 판단하였으나,[3] 다음과 같은 관점에서 헌법적 문제가 제기된다.

---

1) 청원법 제7조 제1항 및 제9조 제1항 참조.
2) 2019년 국회법 개정에서 의원의 소개를 받거나 일정한 수 이상의 국민의 동의를 받아 청원서를 제출하도록 규정하였다(제123조).
3) 헌재 1999. 11. 25. 97헌마54(지방의회에 대한 청원), 판례집 11-2, 583, "지방의회에 청원을 할 때에 지방의회 의원의 소개를 얻도록 한 것은 의원이 미리 청원의 내용을 확인하고 이를 소개하도록 함으로써 청원의 남발을 규제하고 심사의 효율을 기하기 위한 것이고, 지방의회 의원 모두가 소개의원이 되기를 거절하였다면 그 청원내용에 찬성하는 의원이 없는 것이므로 지방의회에서 심사하더라도 인용가능성이 전혀 없어 심사의 실익이 없으며, 청원의 소개의원도 1인으로 족한 점을 감안하면 이러한 정도의 제한은 공공복리를 위한 필요·최소한의 것이라고 할 수 있다."; 헌재 2006. 6. 29. 2005헌마604(국회에 대한 청원), 판례집 18-1하, 487, "의회에 대한 청원에 국회의원의 소개를 얻도록 한 것은 청원 심사의 효율성을 확보하기 위한 적절한 수단이다. 또한 청원은 일반의안과 같이 처리되므로 청원서 제출단계부터 의원의 관여가 필요하고, 의원의 소개가 없는 민원의 경우에는 진정으로 접수하여 처리하

가. 헌법재판소는 '청원권의 구체적인 내용은 입법활동에 의하여 형성되며, 입법형성에는 폭넓은 재량권이 있다'고 하여 입법자의 폭넓은 형성권을 강조하나,[1] 의회청원의 소개절차의 경우, 청원권의 청구권적 측면이 아니라 '국가의 간섭이나 방해를 받지 않고 자유롭게 국가기관에 청원을 할 권리'로서 청원권의 자유권적 측면에 관한 문제라는 것을 간과하고 있다.

청원제출의 적법요건으로서 의원의 소개를 얻도록 한 것은 그 실질적 내용에 있어서 청원권을 행사하기 위하여 청원의 내용에 관한 국가의 허가를 얻어야 한다는 것을 의미하며, 청원의 내용에 관한 국가의 사전심사절차에 해당한다. 그러나 국민이 중개인을 거치지 않고 또는 국가나 제3자의 허가를 받을 필요가 없이 직접 국가기관과 접촉하고 자신의 의견을 진술할 수 있다는 데에 바로 청원권의 핵심적 보장내용이 있으므로, 이와 같은 보장내용에 비추어 청원권은 제3자의 동의나 국가의 허가절차를 원칙적으로 허용하지 않는다.

나. 의회청원 소개절차는 어떠한 조건 하에서 의원의 소개를 구할 수 있는가에 관하여 아무런 규정을 두지 아니하고 소개여부를 완전히 의원 개인의 임의에 맡기고 있기 때문에, 청원권의 행사여부가 법률에 의하여 아무런 구속을 받지 않는 의원 개인의 동의에 달려 있다. 소개절차가 기본권제한의 조건을 스스로 정함이 없이 청원권의 행사여부를 완전히 의원 개인의 자의, 즉 국가기관의 재량에 맡기고 있다는 관점에서도 소개절차의 헌법적 문제점이 드러난다. 기본권을 행사하기 위하여 국가의 동의를 얻어야 한다면, 그것은 이미 기본권이 아닌 것이다.

다. 소개절차가 '청원남발의 규제'란 입법목적을 달성하기 위하여 '의원의 소개'란 수단을 사용한 것은 청원권의 자유권적 측면을 과도하게 침해하는 것이다. 소개절차에 의하여 발생한 청원권제한의 효과와 위 법률조항에 의하여 실현되는 공익의 비중을 서로 비교하여 보더라도, '청원남발의 규제'라는 행정편의적 목적을 위하여 국민의 청원권을 사실상 유명무실하게 하는 조치를 취한 것은 입법목적과 입법수단 사이의 적정한 균형관계를 완전히 상실하고 있는 것이다.

청원권의 보장내용과 기능에 비추어 국민의 청원을 규제할 수 있는 방법은 단지 부적법한 청원을 걸러내는 형식적 심사절차를 도입하는 것이며, 국가기관의 동의나 청원의 성공가능성 등 청원의 내용에 따른 심사를 하는 것은 허용되지 않는다. 의회청원의 소개절차를 제거하는 경우 의회청원의 엄청난 증가로 인하여 청원처리의 어려움이 예상된다면, 이는 의회 내 청원위원회 또는 의회에 의하여 임명된 옴부즈만의 설치 등을 통하여 의회의 청원처리기능이 강화되어야 한다는 것을 요청하는 것이지, 소개절차와 같이 청원권을 형해화하는 절차의 도입을 정당화하는 것은 아니다.[2]

고 있으며, 청원의 소개의원은 1인으로 족한 점 등을 감안할 때 이 사건 법률조항이 국회에 청원을 하려는 자의 청원권을 침해한다고 볼 수 없다."
1) 헌재 1999. 11. 25. 97헌마54(지방의회에 대한 청원), 판례집 11-2, 583, 588, "청원권의 구체적 내용은 입법활동에 의하여 형성되며 입법형성에는 폭넓은 재량권이 있으므로 입법자는 지방의회에 제출되는 청원서에 대하여 청원의 내용과 절차는 물론 청원의 심사·처리를 공정하고 효율적으로 행할 수 있게 하는 합리적인 수단을 선택할 수 있는 것이다."
2) 독일의 경우, 국민이 의회에 매우 빈번하게 청원을 하기 때문에(1997년 독일 연방의회가 수리한 청원의 수는 약 2만 건에 달한다) 연방의회의 청원위원회가 엄청난 청원에 시달린다고 생각하기 쉬우나, 오히려 청원위원회는 청원의 증가를 의회에 대한 국민의 신뢰의 표시로 이해하고, 심지어 국민들이 보다 적극적으로 청원이란 구제수단을 활용하게끔 의회청원에 관하여 홍보해 줄 것을 언론기관에 요청하고 있으며, 스스로 홍보책자를 발행하여 청원위원회의 활동을 알림으로써 국민들에게 청원권의 사용을 권장하는 실정이다.

3. 의회 청원의 의미 및 중요성

가. 청원권의 효과적 보장기관

청원권을 효과적으로 보장하고 국민과 국가의 관계를 개선하기 위하여 누가 국민의 최종적인 '탄원의 벽'이 되어야 하는지의 문제가 제기된다. 청원권을 실질적으로 보장하고 청원제도의 실효성을 높이기 위한 방법으로서, 독일과 같이 의회 내에 청원위원회를 설치하고 위원회에 효율적인 청원처리를 위하여 필요한 권한을 부여하는 등의 방법으로 의회의 청원처리기능을 강화하는 방법 및 의회에 의하여 임명되고 청원의 처리를 위임받은 독립된 기관으로서 스칸디나비아 식의 옴부즈만(Ombudsmann) 제도를 도입하는 방법이 고려될 수 있다.

청원처리의 기능을 국가기관이 아니라 국가로부터 독립된 제3의 기관(옴부즈만)에게 맡기는 경우, 이를 옴부즈만 제도라 한다. '옴부즈만'을 채택하는 모든 국가의 경우 예외 없이 의회가 옴부즈만을 임명하고, 국가에 따라서는 옴부즈만이 의회에 대하여 책임을 진다는 점에서, 옴부즈만이란 일반적으로 의회에 의하여 임명되고 위임받는 기관을 말한다. 옴부즈만 제도란 '청원권의 한 유형'이 아니라 '청원권 실현의 한 방법'으로서 '청원권을 보나 잘 실현하기 위하여 누가 청원처리의 주체가 되어야 하는가'에 관한 것이다.

우리의 경우, 청원을 담당하는 기관으로서 대통령이 임명하는 위원으로 구성되는 '국민고충처리위원회'가 국무총리산하에 설치되었고, 2008년 국민권익위원회로 통합되었다.[1] '옴부즈만'을 '의회에 의하여 임명되고 의회로부터 청원업무를 담당하도록 위임받은 자'라고 정의한다면, '국민고충처리위원회' 또는 '국민권익위원회'는 엄밀한 의미의 옴부즈만이라고 할 수 없다. 위 위원회가 대통령에 의하여 구성되고 행정부 산하에 위치함으로써, 그 기능이 대행정부 통제기능이 아니라 행정부 내의 감독기능 또는 시정기능에 제한되기 때문이다.

나. 국회 청원처리기능의 强化 필요성

우리의 경우, 새로운 청원담당기관으로서 옴부즈만 제도를 도입하는 것보다는, 그 대신 국회의 청원심사기능을 강화하는 것이 바람직하다고 판단된다. 국민과 그의 대의기관인 국회간의 긴밀한 유대관계와 국회의 대행정부 통제기능을 강화하기 위해서라도, 국회가 중립적이고 객관적인 국가기관으로서 청원심사기능을 효과적으로 행사할 수 있는 가능성이 강화되어야 한다. 의회의 청원처리기능을 옴부즈만에 맡기는 것은 의회의 대행정부 통제기능을 약화시키고, 의회가 입법과 행정의 하자를 개선하는데 유용한 정보를 청원을 통하여 얻는 기회를 박탈한다. 그러므로 국회에 청원만을 담당하는 청원위원회나 또는 소관위원회 내에 청원소위원회를 두고 효율적인 청원처리를 위하여 필요한 권한(예컨대, 행정기관에 대한 의견제출요청권, 정보 및 자료의 요청권, 문서열람권, 청원이송권한 등)을 부여하는 방법으로 국회의 청원기능을 강화하고, 국회청원의 가능성을 일반국민에게 널리 홍보함으로써 국회청원제도를 활성화하는 것이 바람직하다.[2]

---

1) 민원사무처리에 관한 법률에 의하여 국무총리 소속하에 설치된 '국민고충처리위원회'는 대통령이 임명하는 10인 이내의 위원으로 구성되어 국민들로부터 고충민원을 접수하여 조사하고 이를 위하여 관계인등의 출석이나 의견진술, 관계자료·서류의 제출을 요청할 수 있으며, 잘못이 발견되면 관계기관에 시정조치를 권고할 수 있다. 국민고충처리위원회는 2008년 2월 29일에 국가청렴위원회, 국무총리 행정심판위원회와 합쳐져 국민권익위원회가 되었다(부패방지 및 국민권익위원회의 설치와 운영에 관한 법률 제11조).
2) 청원이 헌법상 국회에 부여된 권한과 관할에 관한 것인 한, 국회는 청원의 소관기관으로서 청원에 관하여 스스로

제 3 절   裁判請求權[1]

I. 법적 성격 및 보장내용

헌법 제27조 제1항은 "모든 국민은 헌법과 법률이 정한 법관에 의하여 법률에 의한 재판을 받을 권리를 가진다."고 규정함으로써 재판청구권을 보장하고 있다. 법치국가는 기본권의 보장, 권력분립, 사법을 통한 권리구제절차 등을 통하여 구체화되고 실현된다. 재판청구권은 법치국가의 실현을 위한 중요한 요소로서 국민의 모든 권리, 즉 법률상의 권리와 헌법상의 기본권의 효력이 법원의 재판절차에서 실제로 관철되는 것을 보장한다. 개인의 권리가 국가공권력에 의하여 침해된 경우는 물론이고 *私法* 및 형법의 영역에서도 권리구제절차를 제공하는 것은 법치국가의 중요한 요소에 속한다.[2]

1. 법적 성격
가. 청구권적 기본권
청구권적 기본권은 개인이 국가로부터 적극적인 행위를 요구할 수 있는 주관적 공권을 말한다. 재판청구권은 자유권과 같이 일정한 보호영역을 국가의 침해로부터 방어하고자 하는 기본권이 아니라, 실체적 권리의 구제를 위하여 국가로부터 적극적인 행위, 즉 권리구제절차의 제공을 요구하는 청구권적 기본권이다. 청구권적 기본권으로서 재판청구권의 속성상, 개인은 재판청구권을 행사하기 위하여 사전에 입법자에 의한 구체적인 형성을 필요로 한다. 입법자가 법원조직법이나 소송법 등을 통하여 재판청구권을 구체적으로 형성함으로써 재판의 관할과 절차를 확정해야만, 개인은 비로소 권리구제절차를 밟고 권리보호를 구할 수 있다. 헌법 제27조 제1항은 "법률에 의한 재판을 받을 권리"란 표현을 통하여 이를 밝히고 있다.

나. 절차적 기본권
실체법이란 국가와 개인 또는 개인과 개인 사이의 권리와 의무에 관하여 규율하는 법을 말하며, 절차법이란 절차와 조직에 관하여 규율하는 법을 말한다. 일반적으로 절차법은 실체법을 관철하고 실현하는 과제를 이행하며, 이로써 실체법에 봉사하는 기능을 한다. 절차적 기본권의 대표적인 것이 바로 재판청구권이다. 재판청구권은 실체적 기본권의 보호에 있어서 중요한 의미를 갖는 기본권으로서, 기본권의 보장과 관철에 기여하는 절차적 기본권이다.

결정할 수 있는 권한을 가진다. 법률의 제정·개정·폐지와 같은 입법, 국무위원·법관 등에 대한 탄핵의 소추, 예산의 심의 등이 헌법에 의하여 부여받은 국회의 권한에 속하므로, 이러한 사항에 관한 청원은 국회가 소관기관으로서 처리한다. 국회가 청원의 소관기관이 아닌 한, 국회는 청원을 내용적으로 심사하고 그 결과를 통지할 권한만 있는 것이지, 청원사항에 대하여 결정함으로써 청원인의 요구를 들어 주거나 직접 시정할 권한을 가진 것은 아니다. 따라서 국회의 청원심사(처리)권한과 청원시정권한은 구분되어야 한다. 국회는 정부나 행정청에 대하여 단지 정치적 영향력을 행사하여 시정을 건의할 수 있을 뿐이다. 따라서 국회의 청원처리기관으로서의 과제를 이행하기 위한 필수적 요건으로서, 소관기관에 '정보를 요청할 권한'과 의견서를 첨부하여 '청원을 이송할 권한'이 국회의 청원처리권한으로부터 파생된다.

1) 재판청구권에 관하여 한수웅, 헌법 제27조의 裁判請求權, 헌법논총 제10집(1999), 339면 이하 참조.
2) '권리구제절차의 헌법적 의미'에 관하여 제2편 제5장 제7절 I. 참조.

재판청구권은 실체적 기본권을 비롯하여 개인의 권리가 법원의 재판절차에서 실제로 관철되고 실현되는 것을 보장한다. 개인의 권리는 헌법과 법률에 단지 규정되는 데 그쳐서는 아니 되고 사법절차를 통하여 실제로 보장되고 관철되어야만 비로소 그 의미가 있다. 재판청구권은 개인에게 권리의 침해를 주장하고 그에 대한 보호를 요청할 수 있는 권리, 즉 권리구제절차를 요청할 수 있는 권리를 보장한다.

2. 보장내용

헌법이 재판청구권을 규정한 목적은 효과적인 권리보호를 보장하고자 하는 것이다. 재판청구권이 보장하는 '재판'이란 '아무런 재판'이 아니라 '효과적인 권리보호를 제공하는 재판'이다. '효과적인 권리보호의 요청'은 재판청구권의 객관적 가치결정이자 헌법적 정신으로서, 입법자가 재판청구권을 입법을 통하여 구체적으로 형성함에 있어서 입법자를 구속하는 헌법적 지침이다.

재판청구권이 효과적인 권리보호를 제공하기 위해서는, 첫째 권리구제절차가 개설되어야 하고(아래 Ⅲ), 둘째 개설된 권리구제절차에의 접근이 용이해야 하며(아래 Ⅳ), 셋째 사법절차가 공정하고도 신속한 권리구제를 보장하도록 형성되어야 한다(아래 Ⅴ). 바로 이러한 다양한 요청이 재판청구권의 보장내용이다. 구체적인 보장내용에 관해서는 아래에서 자세하게 서술하기로 한다.

3. 기본권의 주체

재판청구권의 주체는 일차적으로 국민이다. 외국인과 사법인도 실체적 기본권을 주장할 수 있는 범위 내에서 재판청구권의 주체가 된다. 외국인과 사법인에게도 일정한 범위 내에서 실체적 기본권의 주체성이 인정된다면, 이러한 실체적 기본권의 침해를 주장하고 권리보호를 구할 수 있는 가능성도 함께 보장되어야 한다.

국가기관은 원칙적으로 재판청구권의 주체가 될 수 없다. 다만, 국가기관에게 예외적으로 실체적 기본권의 주체성이 인정되는 경우(가령, 국공립대학과 공영방송사)에 한하여 국가기관도 재판청구권의 주체가 될 수 있다. 나아가, 개인이 제기한 소송에 의하여 국가기관이 재판의 당사자가 된 경우, 공정한 재판을 실현하기 위하여 불가결한 범위 내에서 청문청구권이나 공정한 재판을 받을 권리와 같은 사법절차상의 기본권도 국가기관에게 인정된다.

Ⅱ. "헌법과 법률이 정한 *法官*"

중립적이고 독립된 법원만이 공정한 재판을 보장하고 법이 준수되고 정의가 지배하는 것을 보장함으로써, 사법기능을 이행할 수 있다. 사법기능의 유지와 보장은 법치국가원리의 중요한 구성부분이다. 사법의 본질은 독립성과 중립성에 있으며, "헌법과 법률이 정한 법관"의 보장은 사법의 독립성과 중립성의 보장에 기여하는 중요한 규정이다. 따라서 "헌법과 법률이 정한 법관"의 의미는 사법의 본질인 '독립성과 중립성의 관점'에서 해석되고 이해되어야 한다.

1. 憲法이 정한 법관

'헌법이 정한 법관'이란, 법관의 자격을 갖추고(헌법 제101조 제3항), 헌법 제103조 및 제106조에 의하여 직무상의 독립성과 신분상의 독립성을 보장받은 법관을 뜻한다. '직무상의 독립'은 사법의 본질적 요소로서 누구의 간섭이나 지시도 받지 않고 사법기능을 수행하는 것을 그 내용으로 하는데, 사법의 중립성과 객관성을 확보하기 위한 헌법상의 핵심적 표현이다. 즉, 법관은 그의 재판작용에 있어서 단지 헌법과 법률의 구속을 받을 뿐이다.

또한, 법관이 재판의 내용으로 인하여 인사상의 개인적 불이익을 받을 위험이 있다면 직무상의 독립은 사실상 공허하게 될 수 있으므로, 사법권의 독립은 자의적인 파면이나 불리한 처분 등으로부터 법관을 보호하려는 '신분상의 독립'을 통하여 더욱 강화된다.

2. 法律이 정한 법관

'법률이 정한 법관'이란, 개별 사건을 담당할 법관이 법규범에 의하여 가능하면 명확하게 사전에 규정되어야 한다는 것을 의미한다. 외부나 법원내부의 압력·영향 등에 의하여 사건마다 임의로 법원을 구성하거나 사건을 특정 법원 또는 법관에게 맡긴다면, 사법의 독립성과 중립성은 보장될 수 없다. 이러한 이유로, 헌법은 '법률이 정한 법관'이 사건을 담당하게 함으로써, 법원의 관할과 업무분담을 조작하는 방법으로 사법의 공정성을 저해할 위험을 사전에 방지하고자 하는 것이다. 따라서 누가 개별사건을 '법률이 정한 법관'으로서 담당하게 되는가 하는 것이 법원조직법, 소송법상의 재판관할규정 및 그에 보완하여 법원의 직무분담계획표에 근거하여 사전에 일반·추상적으로 확정되고 예측될 수 있어야 한다. 이러한 방법으로 담당법관이 일반적으로 사전에 정해지는 것이 보장됨으로써, 사건에 따라 또는 소송당사자에 따라 법관이 사후에 임의적으로 정해지는 것이 방지되는 것이다. 즉 '법률이 정한 법관'이란, 근본적인 재판관할질서는 입법자 스스로가 형식적 법률로써 정해야 한다는 요청으로서, 법관의 직무상·신분상의 독립과 함께 사법의 공정성을 확보하려는 또 하나의 중요한 안전장치이다.[1)]

3. 憲法과 法律이 정한 법관

따라서 "헌법과 법률이 정한 법관"이란, 헌법상 규정된 직무상·신분상의 독립이 보장되고, 재판관할을 규정하는 법률에 의하여 재판을 담당하도록 사전에 정해진 법관을 말한다.[2)] 이로써 "헌법과

---

1) 한편, '법률이 정한 법관'의 헌법적 목적이 재판관할질서를 무시하고 자의적인 재판을 하는 것을 방지하고자 하는 것이므로, 법률이 정한 법관 이외의 자가 재판을 하였다고 하여 모든 경우에(예컨대, 절차상의 착오) 재판청구권을 침해하는 것은 아니고, 법관의 지정이 명백히 불합리한 사고에 기인하는 등 자의가 존재하는 경우에 한하여 재판청구권의 위반이 인정된다.

2) 헌법재판소는 "헌법 제27조 제1항은 '모든 국민은 헌법과 법률이 정한 법관에 의하여 법률에 의한 재판을 받을 권리를 가진다'라고 규정하고 있는 바, 그 전단 부분인 '헌법과 법률이 정한 법관에 의하여' 재판을 받을 권리라 함은 헌법과 법률이 정한 자격과 절차에 의하여 임명되고, 물적 독립과 인적 독립이 보장된 법관에 의한 재판을 받을 권리를 의미하는 것이며, … "라고 판시하여(헌재 1993. 11. 25. 91헌바8, 판례집 5-2, 396), '헌법과 법률이 정한 법관'의 요건이 사법의 독립성과 중립성을 보장하기 위한 요청임을 제대로 인식하지 못하였다. 그러나 최근의 결정에서는 "여기서 '헌법'이 정한 법관이란, 법관의 자격을 갖추고(헌법 제101조 제3항), 물적 독립(헌법 제103조)과 인적 독립(헌법 제106조)이 보장된 법관을 의미하며(헌재 2000. 6. 29. 99헌가9), '법률'이 정한 법관이란 개별 사건을 담당할 법관이 법규범에 의하여 가능하면 명확하게 사전에 규정되어야 한다는 것을 의미하는 것으로서, 이는 근본적인 재판 관할 질서는 입법자 스스로가 형식적 법률로써 정해야 한다는 것을 의미한다."고 판시함으로써 '헌법과 법

법률이 정한 법관"은 법질서에 의하여 사건을 담당하는 법관이 사전에 정해질 것을 요청할 뿐만 아니라, 사법의 기능을 이행하기 위한 최소한의 요건을 갖출 것을 요청한다. 즉, "헌법과 법률이 정한 법관"은 사전에 정해진 법관일 뿐만 아니라, 직무상·신분상의 독립을 통하여 사법기능의 이행을 위하여 필수적인 독립성과 중립성을 갖춘 법관을 말한다.

4. 헌법적 요청으로서 법관의 제척·기피·회피에 관한 법적 규정

그러므로 소송을 담당하는 법관이 독립성과 중립성을 갖추고 있지 않다면, 헌법과 법률이 정한 법관의 요청에 위반되는 것이다. "헌법과 법률이 정한 법관"은 궁극적으로 사법의 공정성과 객관성을 보장하기 위한 제도이므로, 관할규범에 따라 정해진 법관이 사건과의 이해관계나 편파의 우려로 말미암아 재판의 공정성을 보장할 수 없다면, 구체적 사건에서 공정성과 중립성을 잃은 법관을 제척·기피·회피할 수 있는 가능성이 국민에게 주어져야만 '헌법과 법률이 정한 법관'이 보장될 수 있다. 따라서 법관의 제척·기피·회피에 관한 법적 규정은 재판청구권의 관점에서 헌법적으로 요청되는 것이다.

Ⅲ. "裁判을 받을 권리"

사례 1 헌재 2000. 6. 29. 99헌가9(변호사징계절차 위헌 사건)

변호사법에 의하면, 대한변호사협회 변호사징계위원회는 변호사에게 일정한 징계사유가 있는 경우 징계를 행할 수 있고, 이 결정에 대하여 불복이 있는 징계혐의자는 법무부변호사징계위원회에 이의신청을 할 수 있다. 한편, 법무부변호사징계위원회의 결정에 대해서는 그에 영향을 미친 헌법·법률·명령 또는 규칙의 위반이 있음을 이유로 하는 때에 한하여 대법원에 즉시항고를 할 수 있도록 규정하고 있다. 변호사인 甲은 대한변호사협회 변호사징계위원회로부터 과태료 300만원의 징계결정을 받았고, 이에 불복하여 법무부변호사징계위원회에 이의신청을 제기하였으나 기각되자, 서울행정법원에 위 징계결정의 취소를 구하는 행정소송을 제기하였다. 서울행정법원은 변호사법규정이 헌법에 위반된다는 의문이 있다고 하여 직권으로 위헌법률심판을 제청하였다.

사례 2 헌재 2006. 2. 23. 2005헌가7 등(학교법인 재심불복금지 사건)

甲은 대학교를 설치·운영하는 학교법인으로, 이 대학소속 교수인 乙을 재임용하지 않기로 의결하였다. 그러자 乙은 교육인적자원부 교원징계재심위원회에 재임용거부처분의 취소를 구하는 재심을 청구하였고, 위원회는 재임용거부행위에 잘못이 있음을 이유로 위 거부처분을 취소하는 결정을 하였다. 이에 甲은 위 재심결정의 취소를 구하는 행정소송을 제기하면서, 위원회의 재심결정에 대한 제소권한을 교원으로 한정함으로써 징계권자인 학교법인이 불복하는 경우에도 행정소송을 제기하지 못하도록 규정하는 교원지위향상을위한특별법조항에 대하여 위헌제청신청을 하였고, 법원은 이를 받아들여 위헌법률심판을 제청하였다.

률이 정한 법관'의 의미를 분명히 밝히고 있다(헌재 2019. 7. 25. 2018헌바209 등, 공보 제274호, 843, 852).

1. 재판절차의 제공

가. 司法節次의 제도적 보장

개인이 재판청구권을 행사하기 위해서는, 즉 권리구제절차를 밟고 권리보호를 구할 수 있기 위해서는, 그 전에 법원이 설립되고 재판관할과 재판절차가 확정되어야 한다. 즉, 재판청구권은 법원조직법이나 절차법과 같은 입법자의 구체적인 형성을 전제로 한다. 재판청구권은 보장되기 위하여 입법자의 구체적인 입법활동에 의존하고 있고, 재판절차의 개설과 관련하여 입법자에게 특히 광범위한 형성권이 인정된다. 따라서 재판절차의 개설과 관련하여 국민의 권리보호를 위한 최소한의 정도는 보장되어야 한다는 의미에서 재판청구권은 '사법절차의 제도적 보장'이라고도 일컬어진다.[1] 헌법이 특별히 달리 규정하고 있지 않는 한, 재판청구권은 '법적 분쟁 시 독립된 법원에 의하여 사실관계와 법률관계에 관하여 포괄적으로 적어도 한 차례의 심리검토의 기회를 제공받을 권리'를 그 보장내용으로 하고 있다.[2] 즉, 재판청구권은 '적어도 한 번의 재판을 받을 권리'이다.

따라서 법관에 의한 심사는 적어도 한 번 사실관계에 대한 심사를 포함해야 하기 때문에, 국민에게 제공된 구제절차가 상고심과 같은 법률심에 제한되는 경우에는 이러한 절차법규정은 재판청구권에 위반된다. 입법자가 법원을 배제하고 事實審 재판을 행정청으로 하여금 하도록 규정하는 것은, 주관적으로는 법관에 의하여 사실확정과 법률적용을 받을 기회를 박탈한 것으로 개인의 재판청구권을 침해하는 것이며, 객관적으로는 사법작용은 오로지 법원만이 담당할 수 있도록 사법권을 법원에 귀속시킨 헌법 제101조의 결정에도 위반되는 것이다.[3]

나. 헌법재판소의 판례

(1) 대한변호사협회징계위원회에서 징계를 받은 변호사는 법무부변호사징계위원회에서의 이의절차를 밟은 후 곧바로 대법원에 즉시항고토록 하고 있는 변호사법조항 및 특허청의 항고심판의 심결 또는 각하결정에 대하여는 곧바로 대법원에 상고하도록 규정하고 있는 특허법조항은 법원에 의한 사

---

1) 헌재 2005. 5. 26. 2003헌가7, 판례집 17-1, 558, 567; 헌재 1998. 9. 30. 97헌바51, 판례집 10-2, 541, 550; 헌재 1998. 12. 24. 94헌바46, 판례집 10-2, 842, 851, "재판청구권과 같은 절차적 기본권은 원칙적으로 제도적 보장의 성격이 강하기 때문에, 자유권적 기본권 등 다른 기본권의 경우와 비교하여 볼 때 상대적으로 광범위한 입법형성권이 인정되므로, 관련 법률에 대한 위헌심사기준은 합리성원칙 내지 자의금지원칙이 적용된다."

2) 헌법재판소는 소액사건에서는 통상의 민사사건과 달리 상고나 재항고를 엄격히 제한하는 소액사건심판법 제3조에 대한 위헌소원에서, "재판이란 사실확정과 법률의 해석적용을 본질로 함에 비추어 법관에 의하여 사실적 측면과 법률적 측면의 한 차례의 심리검토의 기회는 적어도 보장되어야 할 것이며, 또 그와 같은 기회에 접근하기 어렵도록 제약이나 장벽을 쌓아서는 안 된다고 할 것으로, 만일 그러한 보장이 제대로 안되면 재판을 받을 권리의 본질적 침해의 문제가 생길 수 있다고 할 것이다. 그러나 모든 사건에 대해 똑 같이 세 차례의 법률적 측면에서의 심사의 기회의 제공이 곧 헌법상의 재판을 받을 권리의 보장이라고는 할 수 없을 것이다. … 헌법 제27조에서 규정한 재판을 받을 권리에 모든 사건에 대해 상고법원의 구성법관에 의한, 상고심 절차에 의한 재판을 받을 권리까지도 포함된다고 단정할 수 없을 것이고, 모든 사건에 대해 획일적으로 상고할 수 있게 하느냐 않느냐는 특단의 사정이 없는 한 입법정책의 문제라고 할 것으로, 결국 재판을 받을 권리의 침해라는 논지는 받아들일 수 없다."고 하여 처음으로 재판청구권의 헌법상의 의미와 보장내용을 분명히 밝히는 중요한 결정을 하였다(헌재 1992. 6. 26. 90헌바25, 판례집 4, 343, 349-350).

3) 헌재 1995. 9. 28. 92헌가11 등(특허쟁송절차), 판례집 7-2, 264, 280, "특허법 제186조 제1항이 이러한 행정심판에 대한 법원의 사실적 측면과 법률적 측면에 대한 심사를 배제하고 대법원으로 하여금 특허사건의 최종심 및 법률심으로서 단지 법률적 측면의 심사만을 할 수 있도록 하고 재판의 전심절차로서만 기능해야 할 특허청의 항고심판을 사실확정에 관한 한 사실상 최종심으로 기능하게 하고 있는 것은, 앞서 본 바와 같이 일체의 법률적 쟁송에 대한 재판기능을 대법원을 최고법원으로 하는 법원에 속하도록 규정하고 있는 헌법 제101조 제1항 및 제107조 제3항에 위반된다고 하지 아니할 수 없다."

실심 재판을 박탈하므로, 재판청구권에 위반된다.¹⁾ 또한, 대학의 교수재임용결정에 대한 재심위원회의 재심결정에 대하여 제소권한을 학교법인을 배제한 채 교원으로 한정하고 있는 '교원지위향상을 위한 특별법'조항도 재판청구권에 위반된다.²⁾

(2) 한편, 재정범이나 교통법규위반자에 대한 행정관청의 통고처분은,³⁾ 당사자가 이에 불응하는 경우 권리구제절차로서 정식재판의 절차가 제공되므로 재판청구권을 침해하지 않는다.⁴⁾

2. 심급제도 및 上訴의 제한, 대법원의 재판을 받을 권리의 문제

가. 심급제도에 관한 입법자의 광범위한 형성권

권리구제절차를 한 단계 또는 여러 단계의 심급으로 구성할 것인지에 관하여 입법자는 광범위한 형성의 자유를 가지고 있다. 헌법 제101조 제2항은 "법원은 최고법원인 대법원과 각급법원으로 조직된다."고 하고, 헌법 제102조, 제104조, 제105조, 제107조 제2항, 제108조 등은 대법원의 조직, 구성, 관할 등을 규정함으로써, 법적 통일성을 유지하고 법의 발전에 기여하는 상고법원의 기능을 하는 '대법원의 존속과 기능' 및 대법원과 하급법원으로 구성되는 '심급제도'를 제도적으로 보장하고 있다. 심급제도의 제도적 보장이란, 입법자가 상소가능성을 전반적으로 폐지하든지 또는 국민 법생활의 중요한 영역에서 전반적으로 배제하는 것은 헌법에 위반된다는 것을 뜻한다. 따라서 입법자의 형성권은 단지 심급제도의 제도적 보장에 의하여 제한을 받을 뿐이다. 그러나 헌법 제101조 이하의 규정들이 3심제도와 같은 특정한 심급을 보장하는 것은 아니며, 이에 따라 그에 대응하는 개인의 권리도 인정될 수 없다.

따라서 심급제도는 모든 구제절차나 법적 분쟁에서 보장되는 것이 아니라 단지 그 핵심적 내용에 있어서 제도적으로 보장되는 것이며, 뿐만 아니라 그 심급제도가 몇 개의 심급으로 구성되어야 하는지에 관하여 헌법이 전혀 규정하는 바가 없으므로, 심급제도의 구체적 형성도 입법자의 광범위한 형성권에 맡겨져 있다. 입법자가 심급제도를 구체적으로 형성하는 경우 제한된 사법 자원의 효율적 활용과 합리적인 분배의 관점에서 '신중하고 타당한 결정에 관한 이익'과 '신속하고 최종적인 결정에

---

1) 헌재 2000. 6. 29. 99헌가9(변호사징계절차 위헌), 판례집 12-1, 753, 754, "대한변호사협회변호사징계위원회나 법무부변호사징계위원회의 징계에 관한 결정은 비록 그 징계위원 중 일부로 법관이 참여한다고 하더라도 이를 헌법과 법률이 정한 법관에 의한 재판이라고 볼 수 없으므로, 법무부변호사징계위원회의 결정이 법률에 위반된 것을 이유로 하는 경우에 한하여 법률심인 대법원에 즉시항고할 수 있도록 한 변호사법 제81조 제4항 내지 제6항은, 법관에 의한 사실확정 및 법률적용의 기회를 박탈한 것으로서 헌법상 국민에게 보장된 '법관에 의한' 재판을 받을 권리를 침해하는 위헌규정이다." 또한, 헌재 1995. 9. 28. 92헌가11 등(특허쟁송절차), '특허청의 심판절차는 특허청의 행정공무원에 의한 것으로서 국민들이 특허사건의 불복과정에서 법원에 의한 사실심 재판을 박탈당하고 있으므로 재판청구권의 본질적 내용을 침해한다'고 특허법조항의 위헌성을 확인하였다.
2) 헌재 2006. 2. 23. 2005헌가7 등(학교법인 재심불복금지), 판례집 18-1상, 58, 75-77, "이 사건 법률조항은 사립학교 교원의 징계 등 불리한 처분에 대한 권리구제절차를 형성하면서 분쟁의 당사자이자 재심절차의 피청구인인 학교법인에게는 효율적인 권리구제절차를 제공하지 아니하므로 학교법인의 재판청구권을 침해한다."; 유사판례로서 헌재 2006. 4. 27. 2005헌마1119(재임용 재심사결정에 대한 학교법인의 제소 배제).
3) 헌재 1998. 5. 28. 96헌바4(관세법상의 통고처분), 판례집 10-1, 610, 615, "통고처분이라 함은 법원에 의하여 자유형 또는 재산형에 처하는 과벌제도에 갈음하여 행정관청이 법규위반자에게 금전적 제재를 통고하고 이를 이행한 경우에는 당해 위반행위에 대한 소추를 면하게 하는 것을 말한다."
4) 헌재 2003. 10. 30. 2002헌마275(도로교통법의 통고처분), 판례집 15-2하, 175, "도로교통법상의 통고처분은 처분을 받은 당사자의 임의의 승복을 발효요건으로 하고 있으며, 행정공무원에 의하여 발하여 지는 것이지만, 통고처분에 따르지 않고자 하는 당사자에게는 정식재판의 절차가 보장되어 있다."; 헌재 1998. 5. 28. 96헌바4(관세법상의 통고처분), 판례집 10-1, 610.

관한 이익'이란 서로 대치하는 법익을 고려하여 각 영역마다 사건 유형의 성질과 경중에 따라 상이하게 규율할 수 있다.

나. 上訴의 제한

(1) 결국, 재판청구권은 특정한 형태의 권리구제절차(가령, 배심제나 참심제 또는 헌법소원제도)나 심급제도(가령, 3심제)를 보장하지 않으며, 이에 따라 그에 대응하는 개인의 권리로서 '상소를 제기할 수 있는 권리'나 '대법원의 재판을 받을 권리'는 헌법적으로 보장되지 않는다. 재판청구권은 법문("법관에 의하여 재판을 받을 권리") 그대로 '법원에 의한' 보호를 구하는 것이지 '법원에 대한' 보호를 보장하는 것이 아니므로, 재판청구권을 근거로 해서는 제2심과 제3심에서의 구제절차를 요구할 수 없다. 따라서 입법자는 종래 존재하던 심급을 축소하거나, 특별한 허가, 소송물가액, 법률사건의 의미, 특별한 상소이유 등을 조건으로 상소를 허용할 수 있다.[1]

(2) 재판청구권은 2심이나 3심을 요구하는 것은 아니지만, 최소한 한 번의 권리구제절차가 제공되어야 한다면, 이러한 권리구제절차는 효과적인 권리구제절차일 것을 요청한다. 입법자는 심급의 형성에 있어서는 자유이지만, 적어도 한 번의 효과적인 권리구제절차를 제공해야 한다는 점에서 권리구제절차의 구체적 형성에 있어서 구속을 받는다.

이러한 관점에서 볼 때, 법원이 일단 한 번 판단했음에도 불구하고, 또 다른 심급을 필연적으로 요구하는 상황이 있을 수 있다. 제1심이 사안의 본질상 또는 구조적인 이유에서 그 심급에서는 제거될 수 없는 법치국가적 결함을 내포하고 있는 경우, 가령 신체의 자유의 박탈(헌법제12조제3항)이나 주거에 대한 압수·수색(헌법제16조)의 경우와 같이 일반적으로 청문의 기회를 제공함이 없이 즉시 이루어져야 하고 매우 심각한 기본권침해를 초래할 수 있는 법관의 예방적 통제(사전영장주의)가 바로 그러한 경우이다. 법원이 영장을 발부하는 단계에서, 개인은 당사자의 지위를 가지고 법원절차에 영향력을 행사할 수 있는 가능성을 일반적으로 가지지 못하기 때문에, 법원이 영장의 발부를 통하여 행정청의 행위를 통제하는 것은 효과적인 권리보호의 요청을 충족시키지 못한다. 그러므로 위와 같은 경우에는 법관에 의한 사전적 통제에도 불구하고 그러한 조치의 적법성을 확인할 수 있는 법원의 사후적 절차를 요청한다.[2]

마찬가지로, 경미한 범죄에 대하여 정식재판절차를 거치지 아니하고 법관이 형을 선고하는 약식절차나 즉결심판절차는 그 자체로서 재판청구권의 요청을 충족시키지 못하므로, 입법자는 이에 대하

---

1) 헌법재판소는 상고심재판을 받을 권리에 관하여, '심급제도는 사법에 의한 권리보호에 관한 한정된 법 발견 자원의 합리적인 분배의 문제인 동시에 재판의 적정과 신속이라는 서로 상반되는 두가지의 요청을 어떻게 조화시키느냐의 문제로서 원칙적으로 입법자의 형성의 자유에 속하는 사항이므로, 헌법상 재판을 받을 권리가 사건의 경중을 가리지 않고 모든 사건에 대하여 상고심 재판을 받을 권리를 의미하는 것은 아니다'라는 이유로, 상고심리불속행제도를 규정한 상고심절차에관한특례법 규정을 헌법에 위반되지 아니한다고 판시하였다(헌재 1997. 10. 30. 97헌바37). 마찬가지로, 헌법재판소는 상고이유를 제한하는 구 소송촉진등에관한특례법 제11조와 상고허가제를 규정하는 동법 제12조(헌재 1995. 1. 20. 90헌바1) 및 상고심절차에관한특례법 제4조(헌재 1998. 2. 27. 96헌마92)에 대해서도 위 결정과 동일한 논리로 합헌으로 판단하였다. 헌법재판소는 상소의 제한과 관련하여, 강제집행정지신청에 대한 재판에 대해서는 불복을 신청하지 못한다는 내용의 민사소송법규정에 대하여 상급심에서의 재판을 받을 권리를 박탈하는 것으로서 재판청구권에 위반된다는 주장으로 제기된 위헌소원사건에서 '어느 정도까지 상급심의 판단을 받을 기회를 부여할 것인가의 문제는 각 사건 유형의 성질과 경중에 따라 입법자가 법률로써 형성할 문제인데, 이 사건에서는 상급심을 제한하는 합리성이 인정된다 할 것이므로 헌법 제27조에 위반되지 않는다'고 판시하였다(헌재 1993. 11. 25. 91헌바8, 판례집 5-2, 396).

2) 이에 관하여 제3편 제4장 제2절 제3항 신체의 자유 V. 6. 관련부분 참조.

여 정식재판절차를 청구할 수 있는 가능성을 규정해야 한다.

3. 재판청구권으로서 헌법재판을 받을 권리(헌법소원심판청구권)?

가. 학계의 일부 견해는 헌법소원심판청구권의 헌법적 근거에 관한 아무런 구체적인 논의 없이 헌법소원심판청구권을 재판청구권에 당연히 포함되는 것으로 간주함으로써 기본권으로서의 헌법소원심판청구권을 인정하고 있다. 그러나 이러한 견해가 타당한지에 대해서는 강한 의문이 든다.

재판청구권은 공권력에 의한 기본권의 침해에 대하여도 권리구제절차를 제공할 것을 요구한다. 헌법 제27조의 재판청구권이 최소한 한 번의 재판을 받을 기회를 보장하기 때문에, 기본권의 보호에 있어서도 마찬가지로, 적어도 한 번 국민이 기본권의 침해를 주장하고 그의 보호를 요청할 수 있는 구제절차를 요구할 뿐, 그 구제절차가 반드시 헌법소원의 형태로 독립된 헌법재판기관인 헌법재판소에 의하여 이루어질 것을 보장하지는 않는다. 재판청구권은 헌법소원과 같은 특정한 형태의 구제절차를 보장하는 것이 아니라, 단지 효과적인 권리구제를 요청할 뿐이다. 그런데 법원의 재판절차가 법률상 권리의 구제절차이자 동시에 기본권의 구제절차를 의미하므로, 법원에 의한 기본권의 보호가 이미 기본권의 영역에서의 재판청구권을 충족시키고 있다.[1] 바로 이러한 이유에서, 재판소원을 배제하는 헌법재판소법 제68조 제1항은 헌법상의 재판청구권을 침해하지 않는다.

나. '헌법소원심판청구권'이란 재판청구권에서 당연히 도출되는 것이 아니라 헌법소원제도를 규정하는 별도의 헌법적 결정에 의하여만 인정될 수 있는 것이다. 한국 헌법에 헌법소원제도가 도입되기 이전의 법적 상태에서는 그 누구도 재판청구권을 근거로 하여 헌법소원심판을 청구할 수 없었던 것도 이 때문이다. 만일 재판청구권이 '헌법소원을 제기할 수 있는 권리'를 당연히 포함하는 것이라면, 헌법이 헌법소원제도를 도입하는지 여부와 관계없이 국민은 이미 '헌법상 재판청구권'을 근거로 하여 국가로부터 헌법소원제도의 도입을 요청할 수 있고, 이에 따라 헌법소원을 제기할 수 있어야만 한다. 그러나 헌법이 스스로 헌법소원제도를 도입하고 규정해야만 비로소 국민이 헌법소원을 제기할 수 있다는 사실은 아무도 부정할 수 없는 것이다.

따라서 '헌법재판을 받을 권리', 즉 '개인이 헌법소원을 제기할 권리'는 재판청구권에서 파생하는 것이 아니라, 헌법소원을 규정하는 별도의 헌법규정에 의하여 비로소 부여되는 것이다. '헌법소원심판'이 헌법재판소의 권한을 규정한 관할규범인 헌법 제111조 제1항에 그 헌법적 근거를 두고 있듯이, '헌법소원심판을 청구할 권리'도 헌법재판소의 권한을 규정하는 헌법규범에 근거하고 있다. 물론 헌법이 헌법재판소의 관할로서 헌법소원심판을 도입함으로써 이에 대응하여 헌법소원심판을 청구할 수 있는 주관적 권리가 어떠한 형태로든 존재한다는 것은 자명한 일이나, 이러한 주관적 권리가 곧 '기본권'을 의미하는 것은 아니다. 헌법이 헌법소원제도를 도입함으로써 비로소 이에 대응하여 헌법소원을 제기할 수 있는 개인의 주관적 권리가 부여되는 것이다.

요컨대, 헌법소원심판청구권은 그 헌법적 근거를 헌법 제27조의 재판청구권이 아니라, 헌법소원심판을 규정하는 헌법 제111조 제1항 제5호에 두고 있다. 헌법소원심판청구권은 헌법소원심판에 관한 헌법규정에 근거하여 이로부터 파생하는 주관적 권리이다. 헌법소원심판청구권은 그 법적 근거를

---

1) 헌재 1997. 12. 24. 96헌마172 등, 판례집 9-2, 842, 857-858.

헌법에 두고 있다는 점에서 '헌법상 권리'이지만, 헌법상 권리가 곧 '기본권적 권리'인 것은 아니다. 헌법소원심판청구권은 재판청구권에 의하여 보장되는 기본권적 권리가 아니라, 단지 헌법적으로 보장되는 헌법소원제도에 근거하여 입법자의 구체적인 형성의 결과인 헌법재판소법을 통하여 비로소 현실화되는 '헌법상 권리'이다. 따라서 개인은 입법자가 헌법의 위임(제111조 제1항 제5호)에 따라 "법률이 정하는 헌법소원에 관한 심판"을 구체화한 헌법재판소법의 규정을 근거로 헌법소원심판을 청구할 수 있을 뿐이다. 위와 같은 이유에서, '헌법소원심판을 청구할 권리'는 재판청구권의 보장내용에 포함되지 않는다.

다. 헌법소원제도는 비록 '법치국가 실현의 정점(頂點)'이라고 말할 수는 있으나 법치국가의 실현에 있어서 불가결한 것이 아니기 때문에, 헌법개정권자의 결정에 따라 언제든지 다시 폐지될 수 있다는 관점에서도, 헌법소원심판청구권은 기본권이 아니다. 헌법개정권자는 언제든지 헌법개정을 통하여 헌법소원제도를 폐지하든지 또는 헌법소원의 대상을 축소하는 등 그 내용을 변경할 수 있는데, 만일 헌법개정권자가 헌법소원제도의 내용을 변경하든지 아니면 아예 폐지한다면, 기본권으로서의 헌법소원심판청구권의 내용은 개정된 헌법의 내용에 따라 변경되거나 소멸할 수밖에 없다. 그러나 기본권의 본질은 헌법개정과 관계없이 일정한 보장내용을 보유하고 있다는 것에 있으므로, 매번 헌법개정권자의 의사에 따라 그 내용이 수시로 변화하는 주관적 공권은 기본권이라고 할 수 없다. 요컨대, 헌법소원심판청구권은 헌법소원제도를 규정하는 헌법규범의 존부에 따라 발생할 수도 있고 소멸할 수도 있는 권리, 즉 '제도에 종속적인 권리'로서 개인의 기본권이 아니다.

Ⅳ. "法律에 의한" 재판을 받을 권리

1. 입법자에 의한 절차법의 형성

헌법 제27조 제1항은 "모든 국민은 … 법률에 의한 재판을 받을 권리를 가진다."고 규정하여 법원이 법률에 기속된다는 당연한 법치국가적 원칙을 확인하고, '법대로의 재판, 즉 절차법이 정한 절차에 따라 실체법이 정한 내용대로 재판을 받을 권리'를 보장하고 있다.[1] 이로써 "법률에 의한" 재판청구권은 원칙적으로 입법자에 의하여 형성된 현행소송법의 범주 안에서 권리구제절차를 보장한다는 것을 밝히고 있다. 재판청구권의 실현이 법원의 조직과 절차에 관한 입법에 의존하고 있기 때문에 입법자에 의한 재판청구권의 구체적 형성은 불가피하며, 따라서 당사자능력, 소송능력, 변호사강제, 제소기간, 인지첨부 등의 소송법적 규정에 의하여 침해될 수 있는 자연법적 권리는 존재하지 않는다. 그러므로 입법자는 청구기간이나 제소기간과 같은 일정한 기간의 준수, 소송대리, 변호사 강제제도, 소송수수료규정 등을 통하여 원칙적으로 소송법에 규정된 형식적 요건을 충족시켜야 비로소 법원에 제소할 수 있도록, 소송의 주체, 방식, 절차, 시기, 비용 등에 관하여 규율할 수 있다.

---

1) 헌재 1993. 11. 25. 91헌바8(상고심의 재판을 받을 권리), 판례집 5-2, 396, "법률에 의한 재판을 받을 권리라 함은 법관에 의한 재판은 받되 법대로의 재판 즉 절차법이 정한 절차에 따라 실체법이 정한 내용대로 재판을 받을 권리를 보장하자는 취지라고 할 것이고 이는 재판에 있어서 법관이 법대로가 아닌 자의와 전단에 의하는 것을 배제한다는 것이다."; 또한, 헌재 1992. 6. 26. 90헌바25, 판례집 4, 343, 349.

2. 군사법원의 재판을 받지 않을 권리

헌법 제27조 제2항은 "군인 또는 군무원이 아닌 국민은 대한민국의 영역 안에서는 중대한 군사상 기밀·초병·초소·유독음식물공급·포로·군용물에 관한 죄중 법률이 정한 경우와 비상계엄이 선 포된 경우를 제외하고는 군사법원의 재판을 받지 아니한다."고 하여 '군사법원의 재판을 받지 않을 권리'를 규정하고 있다. 이로써 헌법은 입법자를 구속하는 헌법적 지침을 제시함으로써 재판을 받을 권리를 구체적으로 형성하는 입법자의 형성권을 제한하고 있다.[1] 이에 따라 입법자는 헌법 제27조 제2항에서 정한 경우를 제외하고는 일반국민은 원칙적으로 군사법원의 재판을 받지 않도록 절차법을 형성해야 한다는 구속을 받는다. 헌법은 제110조에서 군사법원을 특별법원으로 설치하도록 허용하고 있으나, 입법자가 일반국민에게 군사법원의 재판을 제공하는 것을 원칙적으로 금지하고 있는 것이다.

3. 效果的 權利保護의 要請

헌법 제27조 제1항은 권리구제절차에 관한 구체적 형성을 완전히 입법자의 형성권에 맡기지는 않는다. 입법자가 단지 법원에 제소할 수 있는 형식적인 권리나 이론적인 가능성만을 제공할 뿐 권 리구제의 실효성이 보장되지 않는다면 권리구제절차의 개설은 사실상 무의미할 수 있다. 그러므로 재판청구권은 법적 분쟁의 해결을 가능하게 하는 적어도 한 번의 권리구제절차가 개설될 것을 요청 할 뿐만 아니라, 그를 넘어서 소송절차의 형성에 있어서 실효성 있는 권리보호를 제공하기 위하여 그에 필요한 절차적 요건을 갖출 것, 특히 개설된 권리구제절차에의 접근이 용이해야 할 것을 요청 한다. 즉, 권리구제절차의 개설은 권리보호를 구하는 자에게 실제로 보호를 제공할 수 있어야 비로소 그 의미가 있으므로, '효과적인 권리보호의 요청'은 권리구제절차를 입법자가 구체적으로 형성함에 있어서 중요한 기준이자 동시에 입법형성권의 한계를 의미하며, 또한 재판청구권에 내재된 본질적인 요소로서 그의 존재의미이자 헌법적 목적이다. 비록 재판절차가 국민에게 개설되어 있다 하더라도, 절차적 규정들에 의하여 법원에의 접근이 합리적인 이유로 정당화될 수 없는 방법으로 어렵게 된다 면, 재판청구권은 사실상 형해화될 수 있으므로, 바로 여기에 입법형성권의 한계가 있다.[2]

국가는 소송법의 제정과 적용에 있어서 합리적인 이유로 정당화되지 않는 한, 국민이 법원절차에 접근하는 것을 방해하는 부당한 절차법적 장애요소를 형성해서는 안 된다. 그러므로 사법기능의 보 장이나 법적 안정성 등 합리적 공익에 의하여 정당화됨이 없이 국민의 제소권을 부당하게 제한하는 소송법상의 규정은 재판청구권에 대한 침해를 의미하며, 마찬가지로 법원이나 행정청이 재판청구권 의 헌법적 의미를 전혀 고려하지 않거나 또는 제대로 파악하지 못하여 절차법의 해석과 적용을 통하 여 정당한 사유 없이 권리구제절차에의 접근을 어렵게 한다면, 이 또한 재판청구권에 대한 위반이다.

---

1) 일부 교과서에서는 '군사법원의 재판을 받지 않을 권리'를 재판청구권의 보장내용으로 서술하고 있으나, 헌법 제27 조 제2항은 재판청구권의 보장내용의 일부가 아니라 재판청구권을 구체적으로 형성하는 입법자에 대한 명시적인 헌법적 지침이다. 또한, 유사한 취지로 헌재 2013. 11. 28. 2012헌가10, "일반 국민에 대한 군사법원의 재판은 … 재판을 받을 권리의 예외이며, … 일반 국민에 대한 군사법원의 재판권 범위를 규정한 헌법 제27조 제2항은 엄격하 게 해석하여야 할 것이다. … 따라서 이 사건 법률조항은 헌법 제27조 제2항에 위반되어, … 재판을 받을 권리를 침해한다." 헌법재판소는 위 결정에서 민간인에 대한 군사법원의 재판권 행사의 근거인 헌법 제27조 제2항("군용 물에 관한 죄")은 군사시설에 관한 죄를 포함하지 아니하므로, '전투용에 공하는 시설'을 손괴한 일반 국민이 군사 법원에서 재판받도록 규정하고 있는 군사법원법규정은 헌법에 위반된다고 판단하였다.

2) 同旨 헌재 2006. 2. 23. 2005헌가7 등(학교법인 재심불복금지 사건), 판례집 18-1상, 58.

4. 節次法의 형성에 대한 效果的 權利保護의 要請

효과적인 권리보호의 요청은 입법자에 의한 절차법의 형성에 대하여 구체적으로 다음과 같은 영역에서 특히 문제된다.

가. 행정청의 前審節次

사례 │ 헌재 2001. 6. 28. 2000헌바30(지방세부과에 대한 필요적 행정심판전치주의 사건)

고양시 덕양구청장은 甲에게 토지에 대한 취득세를 부과하였고, 甲은 위 부과처분의 취소를 구하는 행정소송을 제기하여 승소하였으나, 덕양구청장은 이에 불복, 항소한 후 甲이 전심절차인 심사청구를 함에 있어서 60일의 청구기간을 준수하지 않았다고 주장하였다. 이에 甲은 전심절차를 거치지 아니하면 예외 없이 행정소송을 제기할 수 없도록 규정하고 있는 지방세법규정에 대하여 위헌여부심판의 제청신청을 하였다.

재판청구권에 내재된 '효과적인 권리보호'의 요청은 행정심판절차의 구체적인 형성에도 영향을 미치는데, 재판의 필요적 전심절차로서 행정심판절차가 법원의 권리구제절차에의 접근을 불가능하게 하거나 또는 국민에게 요구할 수 없을 정도로 제소가능성을 막고 있다면, 이는 재판청구권을 침해하는 것이다. 가령, 행정심판법상의 청구기간에 관한 규정이 단기이거나 불명확한 경우, 이러한 규정은 행정심판절차를 밟는 것을 곤란하게 함으로써 결과적으로 재판절차에의 접근을 어렵게 하는 효과가 있으므로, 재판청구권을 심사기준으로 하여 판단해야 한다.[1]

한편, 행정청의 결정에 불복하여 법원에 권리구제를 구할 수 있는 길이 열려져 있는 한, 재판청구권은 법원절차에 우선하여 행정청이 결정하는 사전절차를 두는 것을 금지하지도 않으며, 이를 요청하지도 않는다. 그러나 필요적 전치주의는 행정청의 전심절차를 거치게 함으로써 재판절차에의 접근을 어렵게 하는 측면이 있으므로, 재판절차에의 용이한 접근을 요청하는 재판청구권에 부합하는지의 문제가 제기되나, 합리적인 공익에 의하여 정당화되는 한 재판청구권에 위반되지 않는다. 따라서 입법자는 조세부과처분, 도로교통법상의 처분 등과 같이 대량적으로 행해지는 처분으로서 행정의 통일을 기해야 할 필요가 있거나 행정처분의 특성상 전문적·기술적 성질을 가지는 등 합리적인 이유가 있는 경우에는 필요적 전치주의를 도입할 수 있다.[2] 다만, 행정심판제도의 취지를 살릴 수 없음에도 전적으로 무용하거나 그 효용이 지극히 미미한 경우에까지 무조건적으로 전심절차를 강요하는 것은

---

1) 헌법재판소는 행정심판청구기간과 관련하여 행정심판법상의 일반규정과는 달리 표준지공시지가에 대한 이의신청 기간을 '공시일로부터 60일 이내'라고 규정하여 행정심판청구기간을 제한하는 지가공시법 제8조 제1항에 대하여, '표준지공시지가가 가지는 특성상 이를 조속히 그리고 이해관계인 모두에 대해서 일률적으로 확정할 합리적인 필요에 기인하는 것으로서, 이는 재판청구권을 침해하는 조항이라 할 수 없다'고 판시하였다(헌재 1996. 10. 4. 95헌바11).

2) 헌재 2002. 10. 31. 2001헌바40(도로교통법의 필요적 행정심판전치주의), 판례집 14-2, 473, 475, [행정심판 전치주의규정에 의하여 재판청구권이 침해되는지의 여부에 관하여] "이 사건 법률조항에 의하여 달성하고자 하는 공익과 한편으로는 전심절차를 밟음으로써 야기되는 국민의 일반적인 수고나 시간의 소모 등을 비교하여 볼 때, 이 사건 법률조항에 의한 재판청구권의 제한은 정당한 공익의 실현을 위하여 필요한 정도의 제한에 해당하는 것으로 헌법 제37조 제2항의 비례의 원칙에 위반되어 국민의 재판청구권을 과도하게 침해하는 위헌적인 규정이라 할 수 없다."; 같은 취지로 헌재 2007. 1. 17. 2005헌바86(교원징계에 대한 필요적 행정심판전치주의); 헌재 2000. 2. 24. 99헌바17(국가배상청구소송에 있어서 필요적 배상결정 전치주의).

재판청구권을 침해하는 것이다.[1]

나. 소송수수료와 訴訟救助制度

사례 헌재 1994. 2. 24. 93헌바10(항소장 印紙 사건)

甲은 부산지방법원의 1심 판결에 불복하여 항소를 제기하였으나, 같은 법원으로부터 '甲이 항소장에 붙여야 할 인지의 부족을 보정하라는 명령을 받고도 이를 보정하지 아니하였다'는 이유로 항소장각하명령을 받았다. 이에 甲은 부산고등법원에 위 항소장각하명령에 대한 즉시항고를 제기한 후 그 항고사건에서 '항소장에는 1심 소장 인지액의 배액의 인지를, 상고장에는 1심 소장 인지액의 3배액의 인지를 붙여야 한다'고 규정하고 있는 민사소송등인지법 제3조가 재력이 부족한 당사자의 재판청구권을 침해한다고 주장하면서 위헌제청신청을 하였다.

(1) 소송수수료

소송수수료규정은 권리보호를 구하는 국민에게 소송비용의 부담을 부과함으로써 법원절차에의 접근을 어렵게 하는 측면이 있으므로, 재판청구권의 위반여부가 문제된다. 소송수수료규정이 재판청구권에 위반되는지의 여부는, 누구나 소송비용의 큰 부담 없이 법원절차에 접근해야 한다는 요청(효과적인 권리보호의 요청)과 소송수수료제도의 도입을 정당화하는 법익(남소의 방지 및 수익자부담의 원칙)을 교량하여, 제소를 곤란하게 하는 소송수수료규정이 합리적인 이유로 정당화될 수 있는지를 판단하는 문제이다.

입법자가 소송수수료를 규정하는 경우, 권리보호가 경제적 능력의 여부에 달려있을 정도로 無資力者의 권리구제를 막는 효과를 가져와서는 안 된다. 따라서 국민이 법원에 제소하는 것을 불가능하게 할 정도로 소송비용이 너무 높게 책정되어 있다면, 이는 효과적인 권리보호를 요청하는 재판청구권에 위반된다. 소송수수료 규정이 재판청구권을 침해하는가의 문제는 특히 인지제도와 관련하여 문제되는데, 인지제도는 법원의 재판에 대한 수익자부담을 의미하고 濫(上)訴를 억제함으로써 한정된 사법자원의 효율적인 이용을 가능하게 하고자 하는 것이므로, 소송구조제도가 마련되어 있다는 점에 비추어 법원에 접근할 수 있는 권리를 지나치게 제약하는 것으로 볼 수 없다.[2] 또한, 변호사보수를

---

1) 헌재 2001. 6. 28. 2000헌바30(지방세부과에 대한 필요적 행정심판전치주의), 판례집 13-1, 1326, 1342, "이 사건 법률조항은 명시적으로 이러한 행정소송법 제18조 제2항, 제3항의 적용을 배제함으로써, 위 조항에 해당하는 사유가 발생하더라도 예외 없이 이의신청·심사청구 절차를 거치지 않고서는 행정소송을 제기할 수 없도록 하고 있는바, … 이와 같이 행정의 자기통제나 신속하고 효율적인 권리구제라는 행정심판제도의 본래의 취지를 거의 살릴 수 없어 전적으로 무용하거나 그 효용이 극히 미미한 경우에까지 무조건적으로 전심절차를 강요하는 것은 행정심판의 필요성과 납세자 권리의 사법적 구제라는 요청을 합리적으로 형량한 가운데 설정되어야 할 행정심판전치제도의 법치주의적 한계를 벗어나 국민의 재판청구권을 침해하는 것이라 아니할 수 없다."

2) 헌법재판소는 헌재 1994. 2. 24. 93헌바10(항소장 印紙)에서 '소송구조제도가 마련되어 있는 현행 민사소송제도 하에서, 이를 자력이 부족한 당사자에 대하여 소송의 기회를 제대로 이용할 수 없을 정도로 어렵게 하거나 차단하는 규정이라고 볼 수 없으므로, 그들의 재판청구권이 침해되거나 불합리한 차별을 받고 있다고 할 수 없다'고 이 사건 조항을 합헌으로 선언하였다(판례집 6-1, 79, 86-87). 같은 이유로, 헌법재판소는 소장에 미리 일정액의 인지를 붙이도록 규정하는 민사소송등인지법 제1조에 대하여 합헌결정을 하였고(헌재 1996. 8. 29. 93헌바57; 同旨 헌재 1996. 10. 4. 95헌가1 등), 경매절차에서 항고권을 남용함으로써 강제집행절차를 고의적으로 지연시키는 폐단을 시정하기 위하여 경락대금의 10분의 1에 해당하는 금액을 항고보증금으로 공탁하도록 규정한 민사소송법 제642조 제4항에 대하여 합헌결정을 하였다(헌재 1996. 4. 25. 92헌바30). 한편, 금융기관의 연체대출금에 관한 경매절차의 경락허가절차에 대하여 항고를 하고자 하는 자는 담보로서 경락대금의 10분의 5에 해당하는 금액을 공탁해야 한다고

소송비용에 산입시켜 패소한 당사자의 부담으로 하도록 규정하는 민사소송법규정은 남소를 방지하고 정당한 권리행사를 위하여 제소하거나 응소하려는 당사자에게 실효적인 권리구제를 보장하고자 하는 것으로 재판청구권을 침해하지 않는다.[1] 형사재판절차에서 형의 선고를 하는 때에 소송비용의 전부 또는 일부를 피고인이 부담하게 하도록 정한 형사소송법조항은 재판청구권을 침해하지 않는다.[2]

(2) 訴訟救助制度

국가가 개인에게 자력구제를 금지하고 자신이 제공하는 권리구제절차를 통해서만 침해된 권리의 보호를 구하도록 강제하고 있다면, 개인이 국가적 권리구제절차의 이용을 통하여 발생하는 소송비용을 감당할 수 없기 때문에 권리구제를 포기하도록 해서는 안 된다. 이러한 경우, 국가는 권리보호를 구하는 자의 재력 여부에 따라 권리보호의 불평등이 발생하지 않도록 무자력자도 재판절차에 접근할 수 있는 가능성을 제공해야 한다. 소송구조제도가 무자력자에게 재판절차에의 접근을 비로소 가능하게 하기 때문에, 소송구조제도를 입법적으로 마련하는 것은 효과적인 권리보호를 요청하는 재판청구권의 관점에서 이미 헌법적으로 요청되고 보장되는 것이다.

한편, 소송구조제도가 구조의 범위를 일체의 소송비용으로 하지 아니하고 재판비용 등 일부에 한정하는 것은 자력이 없는 자에 의한 남소를 방지하기 위한 것으로, 무자력자의 재판청구권을 침해하지 않는다.[3]

다. 변호사 강제주의

변호사 강제주의는 변호사보수라는 소송의 위험부담을 증가시킴으로써 법원절차에의 접근을 어렵게 하는 측면이 있으므로, 재판청구권에 부합하는지의 문제가 제기된다. 변호사 강제주의가 헌법적으로 허용되는가의 문제는 재판청구권에 내재하는 효과적인 권리보호의 요청과 변호사에 의한 당사자 권리보호의 필요성, 원활한 사법기능 등의 대치하는 법익을 서로 비교형량하여 판단하여야 한다.[4] 자력이 없는 당사자의 경우에 재판청구권이 국선변호인을 선임해야 할 국가의 의무를 포함하고 있는지에 관해서는 논란의 여지가 있으나, 적어도 변호사 강제주의가 도입된 절차에서는 국선변호인의 선임이 헌법적으로 요청된다.

규정한 금융기관의연체대출금에관한특별조치법 5조의2는 '담보공탁금의 비율이 과중하여 자력이 없는 항고권자에게 과다한 경제적 부담을 지게 함으로써 부당하게 재판청구권을 제한하는 내용이므로 제27조 제1항 및 제37조 제2항에 위반된다'고 판시하였다(헌재 1989. 5. 24. 89헌가37 등, 판례집 1, 48).

1) 헌재 2002. 4. 25. 2001헌바20(변호사보수의 소송비용산입).
2) 헌법재판소는 '형사소송비용 피고인 부담 사건'에서, '피고인의 방어권 행사의 남용을 방지함으로써 사법절차의 적정을 도모할 수 있고, 피고인이 부담하는 소송비용의 범위가 제한적이며, 경제적 사정을 고려하여 정하도록 되어 있는 점 등을 고려할 때 재판청구권을 침해하지 않는다'고 판단하였다(헌재 2021. 2. 25. 2018헌바224).
3) 헌재 2002. 5. 30. 2001헌바28(소송구조제도의 구조범위 한정), 판례집 14-1, 490, "만약 자력이 부족하여 소송구조를 받은 자에 대하여 소송에서 패소하는 경우에도 일체의 소송비용을 부담하지 않도록 하고 국가에서 이를 부담한다면, 자력이 부족한 자는 본안소송에서의 승패에 대한 부담이 없으므로 언제든지 소송을 제기할 수 있게 되는 결과를 가져오게 되어 자력이 부족한 자에 의한 남소를 초래할 우려가 있을 뿐만 아니라 일반국민이 납부하는 세금인 국고로 자력이 없는 자의 재판을 받을 권리를 자력이 있는 자에 비하여 오히려 지나치게 보장하게 되어 불공평하다 하지 않을 수 없다."
4) 일반 국민이 스스로 헌법소원심판청구를 못하고 반드시 변호사를 통해서만 헌법소원을 제기할 수 있게 함으로써 국민의 재판청구권을 부당하게 제한한다는 주장으로 변호사강제주의를 취하고 있는 헌법재판소법규정에 대하여 제기된 헌법소원심판사건에서, 헌법재판소는 변호사강제주의가 실현하려는 공익상의 법익(소송의 질적 향상, 사법의 원활한 운영, 재판심리의 부담경감 등)과 국민의 재판청구권을 비교형량하여 공익에 우위를 부여함으로써 합헌결정을 하였다(헌재 1990. 9. 3. 89헌마120 등).

라. 제소기간

> **사례** | 헌재 1998. 6. 25. 97헌가15(불변기간 명확성의 원칙 사건)
>
> 서울특별시장으로부터 하천점용료 등의 징수에 관한 업무를 위임받은 한강관리사업소장은 甲에 대하여 하천점용료 상당의 부당이득금을 부과하였다. 甲은 관리사업소장을 상대로 서울고등법원에 부과처분 취소소송을 제기하였고, 위 법원은 위 사건을 심리하던 중 '지방자치단체의 장은 이의신청을 받은 날로부터 60일 이내에 이를 결정·통보해야 하며, 이의를 신청한 자는 지방자치단체의 장이 위 기간 내에 결정을 하지 아니할 때에는 그 기간이 종료된 날로부터 60일 이내에 또는 그 결정에 대하여 불복이 있는 때에는 그 결정통지를 받은 날로부터 60일 이내에 관할 고등법원에 소를 제기할 수 있다'고 규정하고 있는 지방자치법조항이 재판청구권에 위반된다고 주장하면서 위헌심판을 제청하였다.

제소기간의 확정은 제소기간 내에서만 제소를 허용함으로써 제소를 어렵게 하는 측면이 있으므로, 제소기간도 재판청구권에 부합하는지의 문제가 제기되지만, 법원절차에의 용이한 접근을 요구하는 재판청구권의 요청과 법률관계의 조속한 확정을 요구하는 법적 안정성의 관점을 조화시킴에 있어서 입법자에게는 광범위한 형성권이 인정된다.

따라서 입법자는 원칙적으로 기한규정에 의하여 제소할 수 있는 가능성을 제한할 수 있다.[1] 다만, 합리적인 이유에 의하여 정당화됨이 없이 제소기간을 너무 짧게 확정한다든지[2] 또는 제소기간에 관한 규정을 불명확하게 규정한다든지 하여 국민이 구제절차를 밟는 것을 현저히 곤란하게 하는 경우에는 재판청구권이 침해된다.[3] 뿐만 아니라, 법원도 소송법규정의 해석과 적용에 있어서 헌법상의

---

1) 헌법재판소는 '출소기간의 제한은 재판청구권에 대하여 직접적인 제한을 가하는 것이지만, 그 제한이 출소를 사실상 불가능하게 하거나 매우 어렵게 하여 사실상 재판의 거부에 해당할 정도로 재판청구권의 본질적인 내용을 침해하지 않는 한, 구체적인 법률관계의 성질에 비추어 그 법률관계를 조속히 확정할 합리적인 필요가 인정되는 경우에는 헌법 제37조 제2항에 따라 상당한 범위 내에서 입법재량으로 허용되는 것이다'고 판단하였고(헌재 1996. 8. 29. 95헌가15), '상소기간의 기산점과 관련하여 형사소송법 제343조 제2항이 상소기간을 재판서 송달일이 아닌 재판선고일로부터 계산하는 것이 과잉으로 국민의 재판청구권을 제한한다고 할 수 없다'고 판시하였다(헌재 1995. 3. 23. 92헌바1).

2) 즉시항고의 제기기간을 3일로 제한하고 있는 형사소송법조항에 대하여 헌법재판소는 두 차례에 걸쳐 합헌결정을 한 바 있으나(헌재 2011. 5. 26. 2010헌마499; 헌재 2012. 10. 25. 2011헌마789), 헌재 2018. 12. 27. 2015헌바77 결정에서 선례를 변경하여 "심판대상조항은 즉시항고 제기기간을 지나치게 짧게 정함으로써 실질적으로 즉시항고 제기를 어렵게 하고, 즉시항고 제도를 단지 형식적이고 이론적인 권리로서만 기능하게 하므로, 입법재량의 한계를 일탈하여 재판청구권을 침해한다."고 판단하였다. 또한, 법원의 구제청구 기각결정에 대한 피수용자의 즉시항고 제기기간을 3일로 규정한 인신보호법조항에 대해서도, 인신보호법상 즉시항고의 제기기간을 지나치게 짧게 정하여 위 즉시항고를 제기하는 것을 매우 어렵게 하고 있으므로 피수용자의 재판청구권을 침해한다고 판단하였다(헌재 2015. 9. 24. 2013헌가21, 판례집 27-2상, 461). '상속분가액지급청구권에 대한 10년 제척기간'이 재판청구권을 침해하는지 여부에 관하여 헌재 2010. 7. 29. 2005헌바89(합헌); 헌재 2024. 6. 27. 2021헌마1588(위헌).

3) 헌재 1998. 6. 25. 97헌가15(불변기간 명확성의 원칙), 판례집 10-1, 726, "원래 제소기간과 같은 불변기간은 늘일 수도 줄일 수도 없는 기간이며, 국민의 기본권인 재판을 받을 권리행사와 직접 관련되기 때문에 그 기간계산에 있어서 나무랄 수 없는 법의 오해로 재판을 받을 권리를 상실하는 일이 없도록 쉽게 이해되게, 그리고 명확하게 규정되어야 하는데, "지방자치단체의 장이 제4항의 기간(즉, 이의신청을 받은 날로부터 60일)내에 결정을 하지 아니할 때에는 그 기간이 종료된 날로부터 60일 이내에 … 관할고등법원에 소를 제기할 수 있다"고 규정한 지방자치법 제131조 제5항 전단은 통상의 주의력을 가진 이의신청인이 제소기간에 관하여 명료하게 파악할 수 없을 정도로 그 규정이 모호하고 불완전하며 오해의 소지가 많으므로 법치주의의 파생인 불변기간 명확성의 원칙에 반할 뿐만 아니라 헌법 제27조 제1항의 재판청구권을 침해하는 위헌규정이다."; 헌재 1992. 7. 23. 90헌바2 등(국세기본법상의 불명확한 제소기간규정), '제소기간과 같은 불변기간은 국민의 기본권인 재판을 받을 권리행사와 직접 관련되기 때

재판청구권을 존중해야 하므로, 예컨대 우체국에 의한 배달지연 등 당사자가 책임을 질 수 없는 이유로 제소기간을 준수할 수 없다면, 법원은 소송행위의 추완을 인정해야 한다.

마. 가처분제도

본안절차를 밟는다면 본안절차의 진행 중 다시 돌이킬 수 없는 상태의 발생으로 말미암아 본안절차에서의 권리보호가 사실상 무의미하게 될 수 있다. 이러한 점에서 법원의 최종적인 결정 이전에 발생하는 회복할 수 없는 손해를 방지하고자 하는 가처분제도에 중요한 의미가 부여된다. 따라서 재판청구권은 '효과적인 권리보호'의 관점에서 가처분제도를 요청한다.

사후적 구제절차의 일종으로서 가처분결정에 의한 권리보호와 구분해야 하는 것은 예방적 권리보호이다. 법원에 의한 권리보호는 일반적으로 권리침해가 발생한 뒤에 이루어지는 사후적인 권리구제이다. 그러나 당사자에게 사후적 권리구제절차를 밟도록 한다면 다시 회복할 수 없는 손해의 발생으로 인하여 권리보호가 너무 늦어지는 경우, 국가는 이에 대하여 예방적·사전적 권리보호를 제공해야 한다.

5. 實體法規定에 의한 재판청구권의 침해?[1]

재판청구권은 '권리보호절차의 개설'과 '개설된 절차에의 접근의 효율성'에 관한 절차법적 요청이므로 재판청구권은 절차법에 의하여 구체적으로 형성되고 실현된다. 따라서 입법자가 절차법의 형성에 있어서 입법형성권을 잘못 행사함으로써 재판청구권을 위반할 수 있으나, 재판청구권이 보장하려는 헌법적 내용이 절차법적 성격을 가지기 때문에, 재판청구권은 그 본질상 실체법적 규정에 의하여 침해될 수 없다.[2] 실체적 기본권은 재판청구권과 충돌하는 헌법적 법익으로서 고려되지 않는다. 실체법과 절차법은 동일한 기준으로 계량할 수 없는 서로 다른 차원에 존재하는 것이다. 실체적 권리를 관철하고자 하는 재판청구권이 타인의 실체적 권리와 충돌하는 것은 사실상 상정할 수 없다.

그러나 헌법재판소는 신체의 자유를 제한하는 형벌규정과 같이 실체법적 규정이라 하더라도, 입법자가 법관의 量刑決定權을 박탈하거나 제한하는 경우에는 재판청구권이 침해될 수 있다고 판시하고 있다.[3] 이러한 견해에 의한다면, 재판청구권은 국가에 대한 개인의 기본권이라기보다는 오히려

문에 국민이 그 기간계산에 있어서 나무랄 수 없는 법의 오해로 재판을 받을 권리를 상실하는 일이 없도록 쉽고 명확하게 규정되어야 함에도 불구하고 이 사건조항이 불명확하고 모호하게 규정되어 기산점의 계산에 혼선을 일으키고 있으므로 헌법 제27조의 재판을 받을 권리에 위반된다'고 하여 위헌결정을 하였다.

1) 이에 관하여 또한 제4편 제4장 '법원의 量刑決定權의 문제' 부분 참조.
2) 헌재 2002. 10. 31. 2000헌가12(불법게임물의 강제수거), 판례집 14-2, 345, 346, [관계행정청이 등급분류를 받지 아니한 게임물을 수거·폐기하게 할 수 있도록 한 구 음반·비디오물및게임물에관한법률조항이 재판청구권을 침해하는지 여부에 관하여] "재판청구권은 권리보호절차의 개설과 개설된 절차에의 접근의 효율성에 관한 절차법적 요청으로서, 권리구제절차 내지 소송절차를 규정하는 절차법에 의하여 구체적으로 형성·실현되며, 또한 이에 의하여 제한되는 것인바, 이 사건 법률조항은 행정상 즉시강제에 관한 근거규정으로서 권리구제절차 내지 소송절차를 규정하는 절차법적 성격을 전혀 갖고 있지 아니하기 때문에, 이 사건 법률조항에 의하여는 재판청구권이 침해될 여지가 없다."; 헌재 2023. 3. 23. 2018헌바433등(의료기관에 대한 요양급여비용 지급보류), 판례집 35-1상, 671, 682, "이 사건 지급보류조항은 요양급여비용의 지급보류처분에 관한 실체법적 근거규정으로서 권리구제절차 내지 소송절차에 관한 규정이 아니므로, 이로 인하여 재판청구권이 침해될 여지는 없다."
3) 헌재 1989. 7. 14. 88헌가5 등, 판례집 1, 69, 85, 헌법재판소는 '일정한 요건이 갖추어지면 재범의 개연성과는 관계없이 반드시 보호감호를 선고해야 할 의무를 법관에게 부과하는 구 사회보호법 제5조 제1항의 필요적 보호감호규정은 법관의 판단재량을 박탈하여 법관에 의한 공정한 재판을 받을 권리를 침해하였다'고 판시하였다.

법원의 사법기능을 입법자로부터 보호하려는 국가기관 사이의 권력분립적 기능을 가지는데, 재판청구권에 대한 이러한 이해는 타당하지 않다. 개인의 신체의 자유를 제한하는 실체법적 규정은 법원절차의 개설이나 개설된 절차를 구체적으로 형성하는 것이 아니므로, 개인에게 효과적인 법원절차를 보장하려는 재판청구권에 위반될 수 없다.

입법자가 형사정책상의 고려에서 법관의 양형가능성을 제한한다면, 범죄인의 책임에 상응하는 형벌을 요청하는 형법상의 책임원칙의 관점에서 위헌성이 제기될 수는 있다고 하더라도, 이러한 입법자의 결정은 헌법상의 권력분립질서에 따라 헌법이 부여한 입법권을 정당하게 행사한 결과로서 법원과의 관계에서 사법기능을 침해하는 것은 아니다. 법원의 양형결정권을 제한하는 형벌규정에 의하여 침해될 수 있는 기본권이 있다면, 이는 개인의 재판청구권이 아니라 형법상의 책임원칙에 위반되어 과도하게 제한되는 신체의 자유이다.

V. 재판절차에 대한 요청으로서 司法節次上의 基本權

헌법이 재판청구권을 규정한 궁극적 목적은 효과적인 권리보호를 보장하고자 하는 것이므로, 재판청구권은 재판절차의 개설 및 개설된 재판절차에 용이하게 접근하는 것을 보장할 뿐만 아니라, 그를 넘어 법원절차에서의 효과적인 권리보호를 보장하기 위한 일련의 개별적 요청을 포함한다.[1] 헌법도 제27조 제3항에서 "모든 국민은 신속한 재판을 받을 권리를 가진다."고 하여 법원절차의 형성과 관련된 기본권을 규정함으로써, '일단 권리구제절차가 제공된 이상, 그 절차는 효과적인 권리보호를 제공하는 공정하고 신속한 절차여야 한다'는 포괄적인 의미로 이해해야 한다는 것을 스스로 명시적으로 밝히고 있다. 여기서 '재판'이란 당연히 '공정한 재판'을 의미한다. 공정하지 아니한 재판은 재판으로서의 기능을 이행할 수 없다. 사법의 본질은 객관성과 공정성에 있는 것이며, 공정한 재판만이 법적 분쟁의 궁극적인 종식과 법적 평화의 회복에 기여할 수 있고 분쟁당사자에 대하여 승복을 기대할 수 있다.

이에 따라, 재판청구권은 재판절차에의 접근을 통한 권리보호(국민에게 법원절차가 열려있는지의 문제) 및 계속 중인 법원절차에서의 권리보호(사법절차가 효율적인 권리보호를 제공하기 위하여 어떻게 형성되어야 하는지의 사법절차의 형성에 관한 문제)를 포함한다. 즉, 재판청구권은 효과적인 권리보호의 관점에서, 법원에의 접근을 법적이나 사실적으로 불가능하게 하거나 아니면 현저하게 곤란하게 하는 것을 금지하는 것 외에도 신속한 재판을 받을 권리, 청문청구권, 공정한 재판을 받을 권리와 같은 재판절차상의 기본권을 포함한다.

---

1) 헌법재판소도 '헌법 제27조가 보장하는 공정한 재판을 받을 권리에는 형사피고인의 공격·방어권이 충분히 보장되는 재판을 받을 권리가 포함된다'고 판시함으로써(헌재 1996. 12. 26. 94헌바1; 헌재 1996. 1. 25. 95헌가5), 헌법 제27조 제1항의 재판청구권이 사법절차에의 접근뿐만 아니라 공정한 재판을 받을 권리, 즉 사법절차상의 기본권을 포함하는 포괄적인 권리임을 밝히고 있다.

1. 신속한 재판을 받을 권리

사례 헌재 1999. 9. 16. 98헌마75(재판지연 사건)

甲은 무기징역형을 선고받고 복역하다가 1995년 8월 형집행정지로 가석방되었다. 그런데 법무부장 관은 1995년 12월 甲에 대하여 보안관찰처분을 하였다. 甲은 이에 불복하여 서울고등법원에 위 보안관 찰처분의 취소를 구하는 소를 제기하였으나, 서울고등법원은 1998년 '위 보안관찰처분의 효력기간인 2 년이 이미 경과하여 소의 이익이 없게 되었다'는 이유로 위 청구를 각하하였다. 이에 甲은 서울고등법 원이 처분취소사건들에 대하여 심리와 판결선고를 부당하게 지연하여 보안관찰처분들의 효력이 만료 되기 전에 판결을 선고하지 아니함으로써 공정하고 신속한 재판을 받을 권리를 침해하였다고 주장하 면서, 재판지연의 위헌확인을 구하는 헌법소원심판을 청구하였다.[1]

가. 효과적인 권리보호와 적정한 기간 내의 권리구제

효과적인 권리보호의 요청은 시간적인 관점에서 적정한 기간 내에 권리구제가 이루어질 것을 요 청한다.[2] 따라서 헌법은 제27조 제3항에서 "모든 국민은 신속한 재판을 받을 권리를 가진다."고 규 정하고 있다. 장기간의 재판절차는 권리보호를 무가치한 것으로 만들 수 있으므로, 효과적인 권리보 호에 큰 장애가 되는 요소는 바로 장기간의 소송절차이다. 판결의 실체적 타당성의 중요성에도 불구 하고 신속한 재판절차만이 진정한 의미의 권리보호를 제공한다.

장기간의 소송은 일반적으로 사회적·경제적 약자에게 상대적으로 보다 과중한 경제적·정신적 부담을 안겨 줌으로써 소송을 통하여 권리구제를 받을 균등한 기회의 보장을 저해한다. 장기간의 소 송으로 말미암아 당사자와 증인의 기억이 흐려지고 결국 중요한 사실관계의 해명이 저해된다면, 장 기간의 소송은 경우에 따라서는 '판결의 실체적 타당성'마저도 실현할 수 없게 한다. 이와 같은 이유 로, 과도하게 장기간의 재판절차는 재판청구권에 내재하는 효과적인 권리보호의 요청에 반한다. 재 판의 신속성은 판결절차뿐만 아니라 집행절차에서도 요청된다.[3]

---

1) 헌재 1999. 9. 16. 98헌마75(재판지연), 판례집 11-2, 364, [국민의 재판청구행위에 대하여 법원이 헌법 및 법률상으 로 신속한 재판을 해야 할 작위의무가 존재하는지 여부에 관하여] "법원은 민사소송법 제184조에서 정하는 기간 내 에 판결을 선고하도록 노력해야 하겠지만, 이 기간 내에 반드시 판결을 선고해야 할 법률상의 의무가 발생한다고 볼 수 없으며, 헌법 제27조 제3항 제1문에 의거한 신속한 재판을 받을 권리의 실현을 위해서는 구체적인 입법형성 이 필요하고, 신속한 재판을 위한 어떤 직접적이고 구체적인 청구권이 이 헌법규정으로부터 직접 발생하지 아니하 므로, 보안관찰처분들의 취소청구에 대해서 법원이 그 처분들의 효력이 만료되기 전까지 신속하게 판결을 선고해 야 할 헌법이나 법률상의 작위의무가 존재하지 아니한다."; 판례집 11-2, 364, 371, "신속한 재판을 받을 권리의 실 현을 위해서는 구체적인 입법형성이 필요하며, 다른 사법절차적 기본권에 비하여 폭넓은 입법재량이 허용된다. 특 히 신속한 재판을 위해서 적정한 판결선고기일을 정하는 것은 법률상 쟁점의 난이도, 개별사건의 특수상황, 접수된 사건량 등 여러 가지 요소를 복합적으로 고려하여 결정되어야 할 사항인데, 이때 관할 법원에게는 광범위한 재량권 이 부여된다. 따라서 법률에 의한 구체적 형성없이는 신속한 재판을 위한 어떤 직접적이고 구체적인 청구권이 발생 하지 아니한다."
2) 헌법재판소는 사건의 성격상 증거수사 등에 많은 시간이 소요되지 않는 사건들에까지 구속기간을 최장 50일까지 연장할 수 있도록 규정한 국가보안법규정에 대하여 피의자의 신체의 자유, 신속한 재판을 받을 권리를 침해하므로 위헌이라고 결정하였고(헌재 1992. 4. 14. 90헌마82[국가보안법상의 구속기간연장]), 검사를 거쳐서 원심소송기록을 항소법원에 송부하도록 규정한 형사소송법 규정(소송기록의 검사경유송부)에 대하여는 송부지연으로 신속한 재판 을 받을 권리를 침해하는 위헌적 규정이라고 판단하였다(헌재 1995. 11. 30. 92헌마44[소송기록의 송부지연]).
3) 헌재 2007. 3. 29. 2004헌바93(부동산 강제집행절차에서 경매취소), 판례집 19-1, 199, 206, [부동산강제집행절차에 서 남을 가망이 없는 경우의 경매취소를 규정하고 있는 민사집행법조항의 위헌여부에 관하여] "헌법 제27조 제3항

'신속한 재판을 받을 권리'의 경우에도 청구권적 기본권의 성질상, 개인이 헌법 제27조 제3항을 직접적인 근거로 하여 법원으로부터 신속한 재판을 요구할 수 없다. 개인이 '신속한 재판을 받을 권리'를 행사하기 위해서는 입법자가 이러한 기본권을 사전에 법률로써 구체적으로 형성해야 한다. 입법자가 '신속한 재판을 받을 권리'를 구체화한 결과인 소송법규정을 근거로 하여 개인은 신속한 재판을 요구할 수 있다. 입법자는 신속한 재판을 요청하는 헌법적 결정을 존중하여 신속한 재판이 이루어질 수 있도록 재판절차를 형성해야 할 의무를 진다. 한편, 입법자는 '신속한 재판을 받을 권리'를 구체적으로 형성함에 있어서, 헌법에 명시적으로 표현된 '신속한 재판에 대한 요청'과 실질적 정의에 부합하는 타당한 결정에 이르기 위하여 요구되는 '신중한 재판에 대한 요청'을 대치하는 법익으로서 함께 고려해야 한다. 또한, 소송기간의 적정성은 개별 법원의 구체적 상황(가령, 사건의 접수량), 개별 사건의 특수한 상황(가령, 사건의 난이도나 경중) 등을 고려하여 결정해야 할 문제이므로, 신속한 재판을 받을 권리를 법률로써 구체화함에 있어서 입법자에게는 광범위한 형성권이 인정된다.

입법자는 신속한 재판을 받을 권리를 실현하기 위하여 법원에게 가능하면 일정한 기간 내에 판결을 선고하도록 노력해야 할 의무를 부과할 수 있고, 당사자나 법원에 의한 절차지연에 대하여 실기한 공격·방어방법의 각하규정이나 변론의 집중심리절차 등 소송촉진에 기여하는 제도를 도입하거나 또는 적시의 권리보호를 보장하기 위하여 구제절차의 심급을 축소할 수 있다.[1] 물론 소송촉진에 기여하는 수단은 당사자의 청문의 기회를 과도하게 박탈함으로써 당사자에게 권리보호를 다시 제한하는 효과를 가져 와서는 안 된다.

나. 신속한 재판과 旣判力

신속한 재판의 관점에서, 적정한 기간 내에 기판력과 집행력을 갖춘 법관의 결정을 얻을 수 있는 가능성이 권리보호를 구하는 국민에게 보장되어야 한다. 법원의 결정이 기판력을 얻을 때에만 실제로 효과적인 권리구제가 가능하므로, 입법자는 법원의 권리구제절차가 적정한 기간 내에 종결되고 그 기판력이 원칙적으로 유지될 수 있도록 규율해야 한다. 이는 법치국가원칙의 본질적 요소인 법적 안정성의 헌법적 요청이다.

물론 헌법차원에서 기판력의 한계에 관하여 자세한 것이 이미 정해져 있는 것은 아니고, 이 또한 입법자의 형성의 자유에 속하는 것이다. 그러므로 입법자는 재심규정을 통하여 예외적으로 법적 안정성의 관점보다 실질적 정의의 관점에 우위를 부여할 수도 있다.[2] 물론 이 경우에도 기판력 있는

의 신속한 재판을 받을 권리의 적용범위에는 판결절차 외에 집행절차도 포함되고, 민사상의 분쟁해결에 있어서 판결절차가 권리 또는 법률관계의 존부의 확정, 즉 청구권의 존부의 관념적 형성을 목적으로 하는 절차라면 강제집행절차는 권리의 강제적 실현, 즉 청구권의 사실적 형성을 목적으로 하는 절차이므로 강제집행절차에서는 판결절차에 있어서보다 신속성의 요청이 더욱 강하다."

1) 배당기일에 이의한 사람이 배당이의의 소의 첫 변론기일에 출석하지 아니한 때에는 소를 취하한 것으로 보도록 한 민사집행법규정이 이의한 사람의 재판청구권을 침해하는지 여부에 관하여(소극), 헌재 2005. 3. 31. 2003헌바92(최초변론기일 불출석시 소취하 의제), 판례집 17-1, 396. 전자문서 등재사실을 통지한 날부터 1주 이내에 확인하지 아니하는 때에는 통지한 날부터 1주가 지난 날에 송달된 것으로 보는 '민사소송 전자적 송달 간주' 조항이 재판청구권을 침해하는지 여부에 관하여(소극), 헌재 2024. 7. 18. 2022헌바4.

2) 헌법재판소는 '재심을 청구할 권리가 헌법 제27조에서 규정한 재판을 받을 권리에 당연히 포함된다고 할 수 없고, 어떤 사유를 재심사유로 정하여 재심이나 준재심을 허용할 것인가는 입법자가 확정된 판결이나 화해조서에 대한 법적 안정성, 재판의 신속·적정성, 법원의 업무부담등을 고려하여 결정하여야 할 입법정책의 문제이다'라고 판시하였다(헌재 1996. 3. 28. 93헌바27).

판결을 사후적으로 제거하는 가능성은 절대적인 예외로 머물러야 한다. 개별적인 경우 법원의 결정이 위법하거나 부당하더라도, 법원의 판결은 효율적인 권리구제 및 법적 안정성의 관점에서 수인되어야 하고, 원칙적으로 기판력이 유지되어야 한다.

2. 공정한 재판을 받을 권리

사례 | 헌재 1996. 1. 25. 95헌가5(반국가행위자 궐석재판 사건)

'반국가행위자의 처벌에 관한 특별조치법' 제7조는 피고인이 정당한 이유 없이 재판기일에 출석하지 아니하면 피고인의 출석 없이 개정하여야 한다고 규정하면서(제5항), 궐석한 피고인을 위하여 변호인 또는 보조인은 공판절차에 출석할 수 없고(제6항), 법원은 최초의 공판기일에 공소사실의 요지와 검사의 의견만을 듣고 증거조사 없이 피고인에 대한 형을 선고하여야 한다고(제7항) 규정하고 있었다. 전 중앙정보부장 김형욱은 이 법률에 따라 1982년 궐석재판으로 징역 7년, 자격정지 7년 및 전 재산의 몰수형을 선고 받았다. 상소를 제한하던 법률조항에 대한 헌법재판소의 위헌결정(헌재 1993. 7. 29. 90헌바35)으로 1993년 상소가 재개되자, 김형욱의 처는 항소심재판 계속 중 김형욱을 제청신청인으로 하여 위 법률조항에 대하여 위헌심판제청신청을 하였고, 법원은 그 신청을 받아들여 위헌법률심판을 제청하였다.

가. 재판의 본질로서 '공정한 재판'
(1) 법치국가적 절차의 본질적 요소
헌법에 '공정한 재판'에 관한 명문의 규정은 없지만, 재판청구권이 국민에게 효과적인 권리보호를 제공하기 위해서는 법원에 의한 재판이 공정해야 한다는 것은 당연하므로, '공정한 재판을 받을 권리'는 헌법 제27조의 재판청구권에 의하여 함께 보장된다.[1] 헌법재판소도 헌법 제27조 제1항의 내용을 '공정한 재판을 받을 권리'로 해석하고 있다.[2] 공정한 재판은 법치국가적 절차의 본질적 원칙에 속한다. 공정한 재판을 받을 권리는 공정한 절차를 요청하는 법치국가원리에 근거하고 있고, 개인을 국가절차의 단순한 객체로 간주하는 것을 금지하는 인간존엄성에도 그 정신적 뿌리를 두고 있다.

공정한 재판을 받을 권리는 청문청구권, 변호인의 조력을 얻을 권리 등과 같은 재판절차에서의 기본권을 포함하면서, 한편으로는 이들에 의하여 구체화되는 포괄적이고 일반적·보충적인 절차적 기본권이다. 공정한 재판에 대한 요청은 입법자에게는 입법지침으로서, 형사소추기관이나 법원에게는 모든 당사자에게 공정한 절차가 보장될 수 있도록 절차법을 해석·적용하라는 해석지침으로서 기능한다.

(2) 형사절차에서 공정한 재판을 받을 권리의 구체화된 헌법적 표현
공정한 재판을 받을 권리는 모든 재판절차에 적용되는 기본원칙이지만, 형사절차의 경우 국가의 형벌권행사에 대하여 개인의 방어가능성이 상당히 제한되어 있다는 점에서 특히 형사소송에서 그 특별한 의미를 가진다. 헌법은 형사절차에 관한 일련의 규정들을 통하여 공정한 재판을 받을 권리를 스스로 구체화하고 있다. 재판절차에서의 법관의 예단이나 편견으로부터 피의자·피고인을 보호하는

---
1) 同旨 헌재 2002. 7. 18. 2001헌바53, 판례집 14-2, 20, 24-25 참조.
2) 헌재 1996. 12. 26. 94헌바1(공판기일 전 증인신문제도), 판례집 8-2, 808, 820.

무죄추정의 원칙(제27조), 누구나 자기에게 불리한 진술이나 증언을 거부할 수 있는 권리(제12조), 고문 등에 의한 자백의 증거능력을 제한하는 규정(제12조), 변호인의 조력을 받을 권리(제12조) 등이 그에 해당한다.

(3) 형사절차에서 공정한 재판을 받을 권리의 구체적 내용

공정한 재판을 받을 권리는 피고인을 형사절차의 단순한 객체로 격하시키는 것을 금지할 뿐만 아니라, 형사피고인이 자신을 방어하기 위하여 형사절차의 진행과정과 결과에 적극적으로 영향을 미칠 수 있도록 그에 필요한 절차적 권리의 최소한이 보장될 것을 요청한다. 이로써 적극적 권리를 갖춘 소송주체로서의 피고인의 지위는 법원과 소추기관의 행위방식뿐만 아니라 재판절차의 성격에도 큰 영향을 미친다. 공정한 재판을 받을 권리는 소송당사자간의 절차법상의 무기대등, 특히 형사소송에서 검사와 피고인 사이의 절차법적 무기대등을 요청하고, 이로써 유죄확정시까지 무죄추정을 받는 피의자의 보호에 특별히 기여한다. 또한, 공정한 재판을 받을 권리는 진실에 부합하는 사실관계를 규명해야 할 형사절차법적 의무, 소송에서 자신이 선택한 변호인의 조력을 받을 권리, 재력이 없는 경우 국선변호인의 변호를 받을 권리, 공판에 출석하여 스스로 방어할 피고인의 권리 등 다양한 형태로 구체화되고 있다.

(4) 공정한 재판을 받을 권리를 침해하는 형사소송법상의 규정

따라서 실체적 진실을 밝히는 것을 피고인에게 불리하게 방해하는 형사소송법상의 규정은 공정한 재판을 받을 권리를 침해하는 것이다. 예컨대, 피고인 등을 증인신문절차에서 배제함으로써 피고인의 참여권과 반대신문권을 제한하는 것은 실체적 진실발견에 중대한 지장을 초래할 수 있으므로, 공정한 재판을 받을 권리를 침해하는 것이다.[1] 헌법재판소는 재판청구권에 '정당한 법치국가적 형사절차'를 구할 권리가 포함되는 것으로 이해하고, '공판에 출석하여 스스로 방어할 형사피고인의 권리' 및 피고인의 방어권행사의 중요한 자료가 되는 기록의 열람권을 공정한 재판을 받을 권리로부터 도출하였다. 따라서 피고인이 출석하지 않은 상태에서 궐석재판을 할 수 있도록 규정하는 법률조항은 공정한 재판을 받을 권리를 침해하는 것이다.[2]

---

1) 헌재 1996. 12. 26. 94헌바1(공판기일 전 증인신문제도), 판례집 8-2, 808, '공판기일 전 증인신문제도'란, 검찰이 수사 단계에서 혐의사실을 입증할 수 있는 중요 증인을 법관 앞에 세워 진술하도록 한 뒤 그 증인신문조서를 피고인의 유죄증거로 법원에 제출하는 것을 말한다. 증인신문에서 피고인의 참여권과 반대진술권을 보장하지 않음에도 불구하고 그 증인신문조서에 대하여 증거능력을 부여하고 있는 형사소송법규정의 위헌여부가 문제된 사건에서, 헌법재판소는 '위 형사소송법규정은 피고인들의 공격·방어권을 과도하게 제한하므로, 청구인의 공정한 재판을 받을 권리를 침해하고 있다'고 판단하였다. 또한, 헌재 2021. 12. 23. 2018헌바524(영상물에 수록된 성폭력범죄 미성년 피해자 진술에 관한 증거능력 특례), 성폭력범죄 사건의 피해자가 미성년자인 경우 영상물에 수록된 피해자 진술에 대하여 증거능력이 인정될 수 있도록 규정함으로써 피고인의 반대신문권을 제한하는 '성폭력범죄의 처벌 등에 관한 특례법' 조항의 위헌여부가 문제된 사건에서, 헌법재판소는 심판대상조항이 피고인의 반대신문권을 보장하면서도 미성년 피해자를 보호할 수 있는 조화적인 방법을 상정할 수 있음에도, 영상물에 수록된 미성년 피해자 진술에 대한 피고인의 반대신문권을 실질적으로 배제하는 것은 피고인의 방어권을 과도하게 제한하는 것으로 공정한 재판을 받을 권리를 침해한다고 판단하였다. 한편, 성폭력 피해아동의 진술이 수록된 영상녹화물의 증거능력을 인정하는 구 '아동·청소년의 성보호에 관한 법률' 조항에 대하여 합헌으로 판단한 기존의 결정으로 헌재 2013. 12. 26. 2011헌바108 참조.

2) 헌재 1996. 1. 25. 95헌가5(반국가행위자 궐석재판), 판례집 8-1, 1, 1-2, [특조법 제7조 제5항이 헌법에 위반되는지 여부에 관하여] "특조법 제7조 제5항은 검사의 청구에 의하여 법원으로 하여금 처음부터 의무적으로 궐석재판을 행하도록 하고 있으며, 재판의 연기도 전혀 허용하지 않고 있어, 중형에 해당하는 사건에 대하여 피고인의 방어권이 일절 행사될 수 없는 상태에서 재판이 진행되도록 규정한 것이므로 그 입법목적의 달성에 필요한 최소한의 범위를 넘어서 피고인의 공정한 재판을 받을 권리를 과도하게 침해한 것이다."; [특조법 제7조 제6항 및 제7항이 헌법

나. 재판절차에서 聽聞 기회의 보장(의견진술권)

(1) 聽聞請求權의 의미

소송당사자가 국가공권력의 단순한 대상이 아니라 소송의 주체로서 자신의 권리와 관계되는 결정에 앞서서 자신의 견해를 진술함으로써 소송절차와 그 결과에 대하여 영향을 미칠 수 있어야, 비로소 인간의 존엄성이 보장될 수 있다. 따라서 청문청구권은 인간의 존엄성의 실현에 있어서 중요한 의미를 갖는다.

또한, 청문청구권은 법원에 의한 권리보호에 있어서 '공정한 절차'를 요청하는 법치국가적 사고의 필연적인 산물로서 공정한 재판절차가 가능하기 위한 불가결한 요소이다. 청문의 기회가 보장되어야만, 객관적이고 공정한 재판절차와 소송당사자간의 무기 및 절차적 지위의 대등성이 실현될 수 있다. 청문청구권은 그 자체가 목적이 아니라, 객관적이고 공정한 절차를 통하여 타당하고도 공정한 결과에 이르게 하려는 목적을 위한 중요한 수단이다.

(2) 청문청구권의 헌법적 근거

헌법은 청문청구권을 명시적으로 규정하고 있지 않으나, 청문청구권은 인간의 존엄성과 공정한 절차를 요청하는 법치국가원리에 그 헌법적 근거를 두고 이로부터 도출되는 기본권이다.

재판절차에서 청문기회의 보장에 관한 한, 청문청구권은 공정한 재판을 보장하기 위한 불가결한 조건이므로, 재판절차에서의 청문청구권은 법치국가원리나 인간존엄성으로부터 도출할 것이 아니라 재판청구권에 의하여 보장되는 것으로 보아야 한다. 한편, 재판청구권은 법원절차에만 적용되기 때문에, 행정절차나 수사단계에서의 청문청구권은 법치국가원리와 인간의 존엄성에서 그 근거를 찾아야 한다.

(3) 재판절차에서 청문청구권의 구체적 내용

청문청구권은 '재판절차에서의' 청문의 기회를 보장하는 권리로서, 법적 분쟁의 당사자가 법원의 결정 이전에 판단의 근거가 된 사실관계와 법률관계에 관하여 진술할 기회를 가질 권리를 그 내용으로 한다. 당사자가 소송절차에서 의미 있는 진술을 하기 위해서는, 그에 필요한 정보를 얻을 수 있어야 한다. 소송수행에 필요한 충분한 정보를 얻지 못한 상태에서는 의미 있는 진술이 불가능하다. 다른 한편으로는, 법원이 당사자가 진술한 내용을 그의 판단에 있어서 고려해야 할 의무가 없다면, 당사자에게 진술의 기회를 부여하는 것은 무의미하다. 따라서 법원은 당사자가 진술한 내용을 그의 결정에 있어서 고려해야 한다.

청문청구권은 진술권이 효과적으로 행사되기 위한 사실적인 전제조건을 포함하기 때문에, 정보를 구할 권리, 진술할 권리, 진술한 내용의 고려를 요구할 권리의 3가지 실현단계로 구성되어 있다. 이로써 청문청구권은, 소송당사자가 적정한 조건하에서 법원의 결정에 기초된 사실관계에 관하여 충분히 진술할 기회를 얻고 법원으로 하여금 그 진술을 인식하고 법원의 결정에 있어서 고려할 것을 요구하는 권리이다.

(가) 진술할 권리

청문청구권은 법원판단의 근거가 되는 사실관계와 법률관계에 관하여 진술할 권리이므로, 소송당사자가 입장을 밝히지 않은 사실과 증거에 기초하여 법원의 결정이 내려져서는 안 될 것을 요청한

에 위반되는지 여부에 관하여] "중형에 해당되는 사건에서 피고인이 자신을 방어하기 위해 변호인도 출석시킬 수 없고, 증거조사도 없이 실형을 선고받는 것은 공격·방어의 기회를 원천적으로 봉쇄당하는 것이므로 적법절차의 원칙에 반하고, 특조법의 입법목적 달성에 필요한 최소한도의 범위 이상으로 재판청구권을 침해하는 것이다."; 또한, 유사한 결정으로 헌재 1998. 7. 16. 97헌바22(소송촉진등에관한특례법의 궐석재판), 판례집 10-2, 218.

다. 진술할 권리에는 법적 관계와 사실관계에 관하여 적어도 서면으로 진술할 권리,[1] 공격·방어할 수 있는 기회의 보장, 방어를 준비하기 위하여 변론기일의 변경을 신청할 권리 등이 속한다. 청문청구권은 당사자가 단지 진술할 기회를 가질 권리를 의미할 뿐 당사자가 실제로 진술하는 것을 보장하지는 않는다. 따라서 당사자가 진술할 기회를 활용하지 아니하고 그냥 지나쳐 버린 경우 의견진술권을 실효시키는 '실기한 공격방어방법의 각하'에 관한 규정은 소송촉진의 관점에서 청문청구권에 위반되지 아니한다. 마찬가지로, 당사자에게 진술할 기회가 부여된다면, 입법자가 민사소송에서 당사자 일방이 불출석한 경우 불이익을 주는 절차를 도입하더라도 청문청구권의 관점에서 아무런 헌법적 하자가 없다.

(나) 정보를 구할 권리

당사자가 진술하기 위해서는 소송자료에 관한 정확한 정보가 필요하다. 따라서 법원에게는 소송과 관련된 모든 중요한 사실, 특히 상대방의 진술에 관하여 당사자에게 알릴 의무가 있다. 정보를 구할 권리와 관련하여 특히 문제되는 것은, 이 권리의 구체화된 형태로서 당사자의 재판기록·수사기록 열람청구권이다.

표현의 자유가 제대로 행사되기 위해서는 알 권리가 전제가 되어야 하는 것과 마찬가지로 청문청구권을 제대로 행사하기 위해서는 기록열람권이 전제가 되어야 한다. 따라서 기록열람권은 표현의 자유에 포함되는 알 권리에서 파생하는 것이 아니라 청문청구권, 공정한 재판을 받을 권리, 결국 재판청구권에서 파생한다.[2] 알 권리는 헌법적으로 표현의 자유에 그 근거를 두고 있으며 표현의 자유에 기여하는 기본권이므로, 알 권리의 보호범위는 민주국가에서의 자유로운 의사형성에 기여하는 범위로 제한되어야 한다. 이러한 이유에서 재판·수사기록열람권을 헌법상의 알 권리에 포함시키는 것은 법리적으로 문제가 있다.[3]

(다) 진술한 내용의 고려를 요구할 권리(법원의 판결이유 기재의 의무)

당사자의 주장을 고려해야 할 법원의 의무는, 법원이 당사자의 주장을 인식하고 고려했다는 것이 충분히 드러나도록 판결에 이유를 제시할 의무에서 구체적으로 표현되고 있다. 법원이 당사자가 주장한 내용을 그의 판단에 있어서 실제로 고려하는 것은 오로지 이유제시의 의무를 통해서만 보장될 수 있기 때문에, 법원의 이유제시의무는 청문청구권을 관철하기 위한 필수적 요건이다. 물론 법원은 판결이유에서 당사자의 모든 주장에 대하여 자신의 견해를 밝힐 필요는 없지만, 법원이 당사자의 주

---

1) 청문청구권은 꼭 구두변론을 통하여 진술할 권리를 보장하지 않는다.
2) 헌재 1997. 11. 27. 94헌마60(수사기록에 대한 변호사의 열람·등사 제한), 판례집 9-2, 675, 693-696, 검사의 수사기록 열람·등사거부행위와 관련하여 '검사가 보관하는 수사기록에 대한 변호인의 열람·등사는 실질적 당사자대등을 확보하고 신속·공정한 재판을 실현하기 위하여 필요불가결한 것이며, 그에 대한 지나친 제한은 피고인의 신속·공정한 재판을 받을 권리를 침해하는 것이다'고 판단하였다. 한편, 피고인의 방어권 행사에 중요한 자료가 되는 공판조서열람권과 관련하여, '형사소송법 제55조 제1항이 변호인이 있는 피고인에게 변호인과는 별도로 공판조서열람권을 부여하지 않는다고 하여 피고인의 공정한 재판을 받을 권리가 침해된다고 할 수 없다'고 판시하였다(헌재 1994. 12. 29. 92헌바31).
3) 헌법재판소는 일부 결정에서(헌재 1989. 9. 4. 88헌마22; 헌재 1991. 5. 13. 90헌마133) 표현의 자유에 헌법적 근거를 둔 알권리의 보호범위를 확대하여 형사피고인의 형사소송기록 등 행정·사법문서에 대한 열람·등사신청도 알권리에 의하여 보호되는 것으로 파악하였다. 그러나 헌재 1997. 11. 27. 94헌마60; 헌재 1994. 12. 29. 92헌바31 결정에서는 소송기록이나 수사기록에 대한 피고인의 열람신청에 있어서는 알권리보다는 재판청구권이 보다 사안에 밀접한 기본권임을 밝히고 있다.

장을 전혀 인식하지 못했거나 그의 판결에서 전혀 고려하지 않았다는 것이 명백하게 드러나는 경우에 한하여, 청문청구권의 침해가 인정된다.

판결이유를 요구하는 일반적인 목적은 당사자에게 법원의 판단과정을 납득시키고 불복수단을 강구하도록 하려는 것이다. 소액사건심판의 경우 판결이유를 기재하지 아니할 수 있도록 규정한 소액사건심판법조항은 '이유기재의 생략을 정당화하는 합리적인 사유가 명백히 존재하는 예외적인 경우에 한하여 판결이유를 기재하지 아니할 수 있다'고 제한적으로 해석하지 않는다면, 소송당사자의 재판청구권을 침해하는 위헌적 법률조항이라고 판단된다. 소액사건심판의 경우 소송목적의 값이 소액이라고는 하나, 소송목적의 값의 고하에 따라 국민의 권리보호의 필요성에 있어서 그 보호의 정도나 가치가 달라지는 것은 아니며, 법원의 과중한 업무량을 경감하고자 하는 취지도 재판청구권에 대한 침해를 정당화하는 합리적인 사유가 될 수 없다. 법원이 재판을 통하여 궁극적으로 법적 분쟁을 종식시키고 법적 평화에 기여하기 위해서는 소송당사자가 법원의 결정에 승복할 수 있도록 판결이유를 기재해야 할 뿐만 아니라, 판결에 불복하는 경우에는 판결이유를 알아야만 비로소 항소여부를 판단할 수 있다는 점에서도 어떠한 형태로든 판결이유의 기재는 재판청구권과 법치국가적 관점에서 불가결하다.[1]

3. 공개재판을 받을 권리

헌법 제27조 제3항 후문은 "형사피고인은 상당한 이유가 없는 한 지체없이 공개재판을 받을 권리를 가진다."고 규정하여 형사재판과 관련하여 공개재판의 중요성을 다시 한 번 강조하고 있다. 재판의 공개주의는 사법의 본질인 공정성과 객관성을 확보하기 위한 또 다른 중요한 수단이다. 따라서 재판의 공정성을 확보하기 위한 공개재판의 요청은 형사재판에만 국한된 것이 아니고 모든 재판에 대하여 요구되는 것이다. 헌법은 제109조에서 "재판의 심리와 판결은 공개한다."고 하여 재판의 공개주의를 일반적으로 규정함으로써 이를 확인하고 있다.

4. 형사피해자의 裁判節次陳述權

헌법 제27조 제5항은 "형사피해자는 법률이 정하는 바에 의하여 당해 사건의 재판절차에서 진술할 수 있다."고 하여 형사피해자의 재판절차진술권을 규정하고 있다. 형사피해자의 재판절차진술권은 범죄로 인한 피해자가 당해 사건의 재판절차에 증인으로 출석하여 자신이 입은 피해의 내용과 사건에 관하여 의견을 진술할 수 있는 권리를 말하는데, 형사소추권을 검사에게 독점시키고 있는 현행 형사소송법상 기소독점주의를 보완하기 위하여 1987년 헌법에서 도입된 것이다.[2] 여기서

---

[1] 한편, 헌재 2007. 7. 26. 2006헌마551, 판례집 19-2, 164, [심리불속행 상고기각판결의 경우 판결이유를 생략할 수 있도록 규정한 특례법 제5조 제1항이 재판청구권 등을 침해하는지 여부(소극)] "심리불속행 상고기각판결에 이유를 기재한다고 해도, 당사자의 상고이유가 법률상의 상고이유를 실질적으로 포함하고 있는지 여부만을 심리하는 심리불속행 재판의 성격 등에 비추어 현실적으로 특례법 제4조의 심리속행사유에 해당하지 않는다는 정도의 이유기재에 그칠 수밖에 없고, 나아가 그 이상의 이유기재를 하게 하더라도 이는 법령해석의 통일을 주된 임무로 하는 상고심에게 불필요한 부담만 가중시키는 것으로서 심리불속행제도의 입법취지에 반하는 결과를 초래할 수 있으므로, 이 사건 제5조 제1항은 재판청구권 등을 침해하여 위헌이라고 볼 수 없다."

[2] 헌재 2003. 9. 25. 2002헌마533(형사미성년자의 형사책임면제), 판례집 15-2상, 479, 485, "형사피해자의 재판절차진술권은 … 피해자 등에 의한 사인소추를 전면 배제하고 형사소추권을 검사에게 독점시키고 있는 현행 기소독점주의의 형사소송체계 아래에서 형사피해자로 하여금 당해 사건의 형사재판절차에 참여하여 증언하는 이외에 형사

형사피해자란, 형사실체법상의 보호법익을 기준으로 한 피해자 개념에 한정되지 아니하고, 당해 범죄행위로 말미암아 법률상 불이익을 받게 된 자를 포함하는 넓은 의미로 이해된다.[1] 헌법소송의 측면에서, 재판절차진술권은 검사의 불기소처분이 헌법소원의 대상이 되는 데 크게 기여하였다. 헌법재판소는 이미 초기의 판례에서 검사의 자의적인 불기소처분에 의하여 평등권과 함께 형사피해자의 재판절차진술권이 침해될 수 있다고 밝힘으로써 검사의 불기소처분을 헌법소원의 대상으로 삼았다.[2]

그러나 형사재판절차에서 기본권보호의 중심은 형사피해자의 보호가 아니라 형사피의자의 보호에 있는 것이며, 형사피해자의 이익은 검사의 형사소추권의 행사에 의하여 전반적으로 충분히 반영되고 있다는 점에 비추어, 형사피해자의 재판절차진술권의 헌법적 의미는 기본권적 주관적 보장이라고 하기보다는 입법자가 형사절차법을 형성함에 있어서 형사피해자가 재판절차에서 진술할 수 있는 이익도 함께 고려해야 한다고 하는 헌법적 지침으로서의 성격을 가진다는 데 있다. 물론, 입법자는 형사절차의 구체적 형성에 있어서 형사피해자의 재판절차진술권을 어느 정도로 고려할 것인지에 관하여 광범위한 형성의 자유를 가진다.[3]

VI. 재판청구권과 과잉금지원칙

1. 과잉제한의 문제가 아니라 과소보장의 문제

학계의 다수견해 및 헌법재판소의 일부 판례는 재판청구권도 헌법 제37조 제2항에 의하여 제한될 수 있다고 한다. 그러나 법률에 의한 구체적인 형성을 필요로 하는 재판청구권이 제한될 수 있는지에 대하여 의문이 제기된다. 재판청구권은 방어적 성격을 가진 선국가적(先國家的) 보호범위를 가지고 있지 않다. 절차적 기본권으로서 재판청구권은 그 본질상 국가에 대한 개인의 급부(작위)청구권으로 권리구제절차의 보장을 요구할 권리이다. 재판청구권에서 굳이 방어적 성격을 찾아야 한다면, 재판청구권은 자유권으로부터 나오는 방어적 권리를 관철하도록 한다는 점에서만 방어적 기능을 가지고 있을 뿐이다.

재판청구권은 자유권과 같이 일정한 보호영역을 국가의 침해로부터 방어하고자 하는 부작위청구

사건에 관한 의견진술을 할 수 있는 청문의 기회를 부여함으로써 형사사법의 절차적 적정성을 확보하기 위하여 이를 기본권으로 보장하는 것이다."; 헌재 2024. 6. 27. 2020헌마468등, [재산범죄의 가해자와 피해자 사이에 일정한 친족관계가 있는 경우 일률적 형 면제("親族相盜例")의 위헌여부] 심판대상조항이 일률적 형 면제로 인하여 형사피해자의 재판절차진술권을 형해화한다는 이유로 위헌으로 판단하였다.

1) 헌재 1992. 2. 25. 90헌마91, 판례집 4, 130, [위증으로 인하여 불이익한 재판을 받게 되는 당사자가 위증의 피의사실에 대한 불기소처분에 대하여 헌법소원적격이 있는지 여부에 관하여] "위증죄가 직접적으로 개인적 법익에 관한 범죄가 아니고 그 보호법익은 원칙적으로 국가의 심판작용의 공정이라 하여도 이에 불구하고 위증으로 인하여 불이익한 재판을 받게 되는 사건당사자는 재판절차진술권의 주체인 형사피해자가 된다고 보아야 할 것이고 따라서 검사가 위증의 피의사실에 대하여 불기소처분을 하였다면 헌법소원을 제기할 수 있는 청구인적격을 가진다고 할 것이다."

2) 헌재 1989. 4. 17. 88헌마3, 판례집 1, 31, 36.

3) 헌재 2003. 9. 25. 2002헌마533(형사미성년자의 형사책임면제), 판례집 15-2상, 479, 485, "헌법 제27조 제5항이 정한 법률유보는 법률에 의한 기본권의 제한을 목적으로 하는 자유권적 기본권에 대한 법률유보의 경우와는 달리 기본권으로서의 재판절차진술권을 보장하고 있는 헌법규범의 의미와 내용을 법률로써 구체화하기 위한 이른바 기본권형성적 법률유보에 해당한다. 따라서 헌법이 보장하는 형사피해자의 재판절차진술권을 어떠한 내용으로 구체화할 것인가에 관하여는 입법자에게 입법형성의 자유가 부여되고 있으며, 다만 그것이 재량의 범위를 넘어 명백히 불합리한 경우에 비로소 위헌의 문제가 생길 수 있다."

권이 아니라, 실체적 권리의 구제를 위하여 국가로부터 적극적인 행위를 요구하는 기본권이다. 재판청구권은 입법자에 의한 구체적 형성을 필요로 하는 기본권으로서, 국가로부터 효과적인 권리구제절차의 제공을 요구할 권리, 즉 효과적인 권리보호를 위한 구제절차의 형성을 요구할 권리이다. 재판청구권에서 문제되는 것은, 국민이 재판청구권을 근거로 하여 '국가로부터 특정한 내용의 권리구제절차를 요구할 수 있는지'에 관한 것이다. 국민이 국가로부터 어느 정도로 권리구제절차를 요구할 수 있는지의 문제는 '효과적인 권리보호를 요청하는 재판청구권의 정신'과 '이에 대립하는 다른 법익'과의 형량과정을 통하여 결정된다.

가령, 국민이 3 심급의 권리구제절차, 소송비용을 지불하지 않는 권리구제절차 또는 변호사의 대리를 필요로 하지 않는 권리구제절차, 어느 정도로 신속하고 공정한 권리구제절차를 요구할 수 있는지 등에 관한 것이다. 여기서 문제되는 것은, 국가에 의한 과잉제한의 여부가 아니라 '국민이 적극적으로 요구할 수 있는 국가행위의 범위'에 관한 것이다. 예컨대, 국가가 인지제도를 규정한다면, 여기서 문제되는 것은, 인지제도가 '소송비용 없이 자유롭게 재판받을 권리'를 과잉으로 제한하는지의 여부가 아니라, 효과적인 권리구제절차를 보장하는 재판청구권의 요청(개설된 권리구제절차에 용이하게 접근할 수 있어야 한다는 요청)과 소송비용의 도입을 요청하는 반대법익(가령, 제한된 사법자원의 남용 방지)을 함께 고려할 때 '국민이 어느 정도로 소송비용의 부담 없는 권리구제절차를 요구할 수 있는지'의 문제인 것이다.[1]

따라서 국민이 마음대로(예컨대 제소기간이나 소송수수료의 제한을 받음이 없이) 모든 심급(예컨대 3심제 또는 4심제) 또는 모든 형태의 재판(예컨대, 배심제나 참심제, 대법원이나 헌법재판소의 재판 등)을 받을 권리로서 재판청구권은 존재하지도 않고 상정할 수도 없다. 재판청구권의 위반여부는 보호범위에 대한 제한이 과잉인지의 문제가 아니라, 입법자가 헌법상 부여된 형성권의 범위를 일탈하였는지의 문제이다. 구체적으로, 입법자가 재판청구권을 소송법 등 입법을 통하여 구체적으로 형성함에 있어서 한편으로는 재판청구권의 헌법적 요청인 '효과적인 권리보호의 요청'이란 법익과 다른 한편으로는 이에 대립하는 법익(가령, '원활한 사법기능'이나 '법적 안정성', 재판의 신속성, 재판의 공정성 등)을 비교형량을 통하여 조화와 균형을 이루는 문제인 것이다.[2] 결국, 재판청구권과 관련하여 기본권보장의 문제가 제기된다면, 이는 '과잉제한의 문제'가 아니라, 오히려 입법자가 구체적으로 형성한 절차법이 재판청구권의 정신을 제대로 보장하지 못하고 있는지의 판단을 구하는 문제인 것이다.

---

[1] 마찬가지로, 신속한 재판이 문제된다면, '당장 재판받을 권리'에 대한 과잉제한인지의 여부가 아니라 신속한 재판과 공정한 재판의 법익을 교량하여 조화를 이루는 문제이며, 심급의 문제가 제기된다면, '3심급이나 무제한 심급의 재판을 받을 권리'에 대한 과잉제한의 문제가 아니라 재판청구권을 근거로 어느 정도로 심급을 요구할 수 있는지의 문제이며, 청구기간이 문제가 되는 경우, '제소기간의 제한 없이 언제나 재판받을 권리'에 대한 과잉제한의 문제가 아니라 법률관계의 조속한 확정을 요구하는 법적 안정성의 관점과 법원절차에의 용이한 접근을 요구하는 재판청구권의 요청을 조화시키는 문제이다.

[2] 예컨대, 헌법재판소는 헌법소원청구와 심판수행에 있어서 변호사강제주의를 취하고 있는 헌법재판소법 제25조 제3항에 대하여 제기된 헌법소원심판사건에서, 변호사강제주의가 실현하려는 공익상의 법익(소송의 질적 향상, 사법의 원활한 운영, 재판심리의 부담경감 등)과 국민의 재판청구권을 비교형량하여 공익에 우위를 부여함으로써 합헌결정을 하였다(헌재 1990. 9. 3. 89헌마120 등). 또한 유사한 취지로 헌재 2001. 9. 27. 2001헌마152, 판례집 13-2, 447, 452-453 참조.

제 3 편 基本權論

2. 과잉금지원칙을 적용하는 경우의 특수성

설사 '효과적인 권리보호'의 요청을 재판청구권의 '보호범위'로 의제하고, 심급의 제한이나 법원절차에의 접근을 어렵게 하는 소송수수료나 제소기간 등 소송법규정 등을 이에 대한 '제한'으로 본다 하더라도, 제한의 정당성을 심사하는 기준으로 과잉금지원칙을 적용하기에는 근본적인 어려움이 있다.

재판청구권에 내재한 '효과적인 권리보호'의 요청은 '절차법규정은 재판청구권이 효과적으로 실현되도록 형성되어야 한다'는 요청을 의미할 뿐, '무엇이 효과적인 권리보호인지'에 관하여는 아무런 내용적 지침을 제시할 수 없다. 재판청구권 스스로가 실체적 기본권을 관철하려는 절차적 기본권으로서 내용적 기준을 결여하고 있기 때문에, 재판청구권에 내재한 효과적인 권리보호의 요청으로부터 소송비용, 기간규정 등 절차법규정의 형성에 관한 구체적인 지침이나 기준을 얻는 것은 불가능하다.

재판청구권은 특정한 생활영역이나 법익을 '실체적' 보호범위로 하는 자유권과는 본질적으로 다른 '형식적' 보장내용('효과적인 권리보호')을 가지고 있기 때문에, 법익형량을 하기 위하여 필요한 실체적 근거를 제공하지 아니한다. 과잉금지원칙을 적용하여 절차법규정의 위헌성을 판단하더라도, 재판청구권이 절차적 기본권으로서 실체적인 보장내용을 지니고 있지 않기 때문에, '재판청구권의 제한이 기본권주체에게 어느 정도로 중대한 효과를 초래하는지'를 판단할 수 있는 아무런 실체적 근거를 제시하지 아니한다. 이러한 이유에서, 기본권제한 효과에 대한 판단을 전제로 하여 '기본권제한의 효과'와 '공익의 비중'을 교량하는 '법익균형성'의 심사는 사실상 불가능하다. 마찬가지로, 기본권을 보다 적게 제한하는 대안을 찾는 '수단의 최소침해성'의 심사도 형식적인 심사에 그칠 수밖에 없다.

이로써 과잉금지원칙에 의한 심사는 사실상 '목적의 정당성' 및 '수단의 적합성'에 관한 심사에 국한되는 '최소한의 합리성심사'를 의미하게 된다. 결국, 이러한 심사는 재판청구권의 제한을 정당화하는 반대법익을 확인하고, '제소를 곤란하게 하는 절차법규정이 합리적인 이유로 정당화될 수 있는지 여부'를 판단하는 작업에 해당한다. 결과적으로 자유권과 비교할 때 위헌심사에 있어서 보다 광범위한 입법형성권이 인정될 수밖에 없다. 이러한 판단기준은 과잉금지원칙과 유사한 것이 아니라, 오히려 자의금지원칙의 의미에서 국가행위에 대한 일반적 합리성의 요청에 접근한다고 볼 수 있다.[1]

바로 이러한 이유에서, 헌법재판의 실무에서는 절차법규정이 재판청구권에 위반되는지 여부를 심사함에 있어서 합리적인 또는 비합리적인 제한인지의 관점에 따라 판단하여 현저하게 불합리한 절차법규정이 아닌 한, 재판청구권에 대한 위반을 부정하게 된다. 헌법재판소도 이를 인식하여 재판청구권을 형성하는 절차법의 위헌여부를 판단하는 기준으로서 합리성원칙이나 자의금지원칙 또는 완화된 비례의 원칙을 언급하고 있다.[2]

---

1) 수단의 적합성이란 국가행위에 대한 일반적 합리성의 요청으로서 실질적 효과에 있어서는 자의금지원칙과 유사하다고 할 수 있다.
2) 헌재 2005. 5. 26. 2003헌가7, 판례집 17-1, 558, 567, "재판청구권과 같은 절차적 기본권은 원칙적으로 제도적 보장의 성격이 강하기 때문에, 자유권적 기본권 등 다른 기본권의 경우와 비교하여 볼 때 상대적으로 광범위한 입법형성권이 인정되므로, 관련 법률에 대한 위헌심사기준은 합리성원칙 내지 자의금지원칙이 적용된다."(같은 취지로 헌재 1998. 9. 30. 97헌바51, 판례집 10-2, 541, 550; 헌재 1998. 12. 24. 94헌바46, 판례집 10-2, 842, 851); 헌재 2001. 6. 28. 2000헌바77, 판례집 13-1, 1358, 1372, "헌법 제27조 제1항이 규정하는 '법률에 의한' 재판청구권을 보장하기 위해서는 입법자에 의한 재판청구권의 구체적 형성이 불가피하므로 입법자의 광범위한 입법재량이 인정되기는 하나, 그러한 입법을 함에 있어서는 비록 완화된 의미에서일지언정 헌법 제37조 제2항의 비례의 원칙은 준수되어야 한다."

제 4 절   刑事補償請求權

헌법 제28조는 "형사피의자 또는 형사피고인으로서 구금되었던 자가 법률이 정하는 불기소처분을 받거나 무죄판결을 받은 때에는 법률이 정하는 바에 의하여 국가에 정당한 보상을 청구할 수 있다."고 하여 형사보상청구권을 규정하고 있다.

사례 │ 헌재 2010. 7. 29. 2008헌가4(보상청구의 기간 사건)

甲은 무죄판결이 확정된 때로부터 약 8년여가 지나서, 재심에서 무죄재판을 받았다는 이유로 서울고등법원에 유죄판결에 의하여 집행된 기간인 941일에 대하여 형사보상금 청구를 하였다. 서울고등법원은 위 재판계속중 형사보상법 제7조가 청구인의 귀책사유 없이 무죄재판 확정일로부터 1년이 경과한 경우에도 아무런 예외를 두지 않고 일률적으로 형사보상 청구기간을 제한하는 것은 형사보상청구권자의 기본권을 침해한다며 위헌법률심판제청을 하였다.

I. 헌법적 의미와 법적 성격

1. 헌법적 의미

국가는 범죄를 규명하고 형사소추의 과제를 이행하는 과정에서 소추기관의 귀책사유의 여부와 관계없이, 형사책임을 추궁당할 이유가 없는 자를 구금하는 과오를 범할 수 있다. 범인이 아닌 자가 범죄혐의자나 범죄인으로 취급되어 구금을 당한 경우, 형사보상청구권은 이로 인하여 입은 물질적·정신적 피해에 대한 보상을 국가에 청구할 수 있는 권리이다. 물론, 형사소추기관에게 귀책사유가 인정되는 경우에는 국가배상제도가 고려될 수 있으나, 형사소추기관이 실체적 진실을 규명하고자 시도하는 과정에서 불가피하게 국가의 과오가 발생하는 경우에는 소추기관의 위법행위나 고의·과실이 입증되기 어렵고, 이에 따라 국가의 불법행위가 사실상 인정되기 어렵다. 이러한 점에서도, 헌법 제28조의 형사보상청구권은 인신구속과 관련하여 국가행위에 대한 국가배상청구권의 한계를 보완하고자 하는 헌법적 시도이다.

국가행위의 위법성·고의나 과실을 전제로 하는 헌법 제29조의 국가배상제도와는 달리, 형사보상제도는 국가의 정당하고 적법한 행위로 구속되었으나 사후적으로 불기소처분이나 무죄판결이 있는 경우에는 인신구속으로 인하여 발생한 손실을 보상하여 주는 무과실의 결과책임으로서 손실보상제도이다.

2. 법적 성격

형사보상청구권은 국가에 대하여 '형사보상'이라는 적극적인 행위를 요구한다는 점에서 청구권적 기본권의 일종이다. 따라서 개인이 형사보상청구권을 행사하기 위해서는 입법자에 의한 구체적인 형성을 필요로 한다. 헌법 제28조는 "법률이 정하는 바에 의하여"라는 표현을 통하여 형사보상청구권을 법률을 통하여 구체화해야 할 의무를 부과하고 있다. 또한, 형사보상청구의 대상이 되는 불기소처분과 관련해서도 "법률이 정하는 불기소처분"이라는 표현을 통하여 헌법은 입법자에게 '불기소처분의 범위'를 구체적으로 법률로써 규율할 것을 위임하고 있다.

따라서 입법자가 형사보상청구권을 구체화하는 입법을 하지 않는 경우에는 개인은 입법부작위 위헌확인을 구하는 헌법소원의 형태로 국가에 대하여 입법을 요구할 수 있다. 입법자는 '형사보상 및 명예회복에 관한 법률'(이하 '형사보상법')의 제정을 통하여 헌법 제28조의 헌법위임을 이행하였다. 형사보상법은 형사보상청구의 대상, 절차 및 내용에 관하여 규율하고 있다. 입법자는 형사보상청구권을 법률로써 구체적으로 형성함에 있어서 형사보상에 관한 헌법적 정신을 고려하고 존중해야 한다.[1]

II. 형사보상청구권의 주체

형사보상청구권의 주체는 '형사피의자'(범죄의 혐의를 받아 수사기관에 의하여 수사의 대상이 되어 있는 자로서 아직 공소의 제기가 없는 자)와 '형사피고인'(검사에 의하여 공소를 제기당한 자)이다. 한편, 형사보상법은, 본인이 청구를 하지 아니하고 사망하거나 사형이 집행된 경우에는 상속인이 청구할 수 있도록 규정하고 있다.

III. 형사보상청구권의 내용

1. 형사보상청구권의 성립요건

가. 피의자 보상과 피고인 보상

헌법 제28조는 형사보상을 청구할 수 있는 요건으로서 '형사피의자로서 구금되었던 자가 법률이 정하는 불기소처분을 받는 경우'(피의자 보상) 및 '형사피고인으로서 구금되었던 자가 무죄판결을 받는 경우'(피고인 보상)의 2가지 상황을 규정하고 있다.

나. 구 금

형사보상청구권이 성립하기 위한 일차적 요건은 국가에 의한 '구금', 즉 인신의 구속이다. 형사보상청구권은 본질상 '구금으로 인한 피해에 대한 보상'이므로, 불구속된 자는 형사보상을 청구할 수 없음은 물론이다. '구금'이란 형사소송법상의 구금으로서 未決拘禁과 형집행을 말한다.

---

1) 헌재 2010. 7. 29. 2008헌가4(보상청구의 기간), 공보 제166호, 1258, "형사보상청구권은 이미 신체의 자유를 침해받은 자에 대하여 사후적으로 구제해 주는 기본권이므로, 그 실효적인 구제를 요청할 수 있는 권리가 충분히 보장되지 않는다면 헌법상 천명된 기본권 보장의 정신은 요원해질 수 있다. 이러한 점에서 형사보상청구의 구체적 절차에 관한 입법은 단지 형사보상을 청구할 수 있는 형식적인 권리나 이론적인 가능성만을 허용하는 것이어서는 아니되고, 상당한 정도로 권리구제의 실효성이 보장되도록 하는 것이어야 한다. 따라서 형사보상청구에 관하여 어느 정도의 제척기간을 둘 것인가의 문제는 원칙적으로 입법권자의 재량에 맡겨져 있는 것이지만, 그 청구기간이 지나치게 단기간이거나 불합리하여 무죄재판이 확정된 형사피고인이 형사보상을 청구하는 것을 현저히 곤란하게 하거나 사실상 불가능하게 한다면 이는 입법재량의 한계를 넘어서는 것으로서 헌법이 보장하는 형사보상청구권을 침해하는 것이라 하지 않을 수 없다."

다. 불기소처분이나 무죄판결

형사보상청구권이 성립하기 위한 또 다른 요건은 국가의 불기소처분이나 무죄판결이다.

(1) 헌법 제28조는 "법률이 정하는 불기소처분"이라고 하여, 피의자보상의 경우에는 입법자로 하여금 형사보상청구권의 헌법적 정신을 존중하여 불기소처분의 범위를 정할 수 있도록, 즉 다양한 유형의 불기소처분 중에서 각 불기소처분의 성격을 고려하여 형사보상청구권의 가능성을 제한할 수 있도록 규정하고 있다.

검사가 사건을 수사한 결과 피의자가 재판을 받을 필요가 없다고 판단한 경우에 기소하지 않고 사건을 종결하는데, 이를 '불기소처분'이라 한다. 광의의 불기소처분에는 무혐의처분[1]·기소중지처분[2]·기소유예처분[3] 등이 있다. 형사보상법은 구금된 이후에 비로소 불기소처분을 할 사유가 생긴 경우, 불기소처분이 종국적인 것이 아니거나 정상을 참작하여 불기소처분을 한 경우에 대해서는 피의자보상을 하지 않도록 규정하고 있다(제27조 제1항 단서). 따라서 기소편의주의에 따른 불기소처분인 기소중지처분이나 기소유예처분의 경우에는 형사보상을 청구할 수 없도록 규정하고 있다.

(2) 피고인보상의 경우에는 형사피고인으로 구금되었던 자가 무죄판결을 받아야 한다. 여기서 무죄판결이란 확정판결에 의하여 무죄를 선고받은 경우를 말하는데, 당해절차에서의 무죄확정판결뿐만 아니라 재심 또는 비상상고절차에 의한 무죄판결을 포함한다.[4] 면소(免訴)나 공소기각(公訴棄却)의 재판[5]도 실질적인 재판효과에서는 무죄판결에 해당하기 때문에 형사보상법은 이러한 경우에도 형사보상을 청구할 수 있도록 규정하고 있으며, 형사소송법은 무죄판결의 경우에는 피고인이 지출한 비용까지도 보상받을 수 있도록 하고 있다.

2. 형사보상청구의 절차

형사보상법에 의하면, 형사보상의 청구는 불기소처분의 통지를 받은 날 또는 무죄재판이 확정된 사실을 안 날로부터 3년, 무죄재판이 확정된 때로부터 5년 이내에 불기소처분을 한 검사가 소속하는 지방검찰청의 피의자보상심의회 또는 무죄판결을 한 법원에 해야 한다.[6] 형사보상의 청구에 대하여

---

1) 무혐의처분이란, 검사가 수사를 한 결과 범죄를 인정할 만한 증거가 없거나 기소하여 유죄판결을 받기에 증거가 부족한 경우에 내리는 결정을 말한다.

2) 기소중지처분이란, 피의자의 소재불명 등의 이유로 수사를 종결할 수 없을 경우에 검사가 피의자에 대한 기소를 중지하는 처분을 말한다.

3) 기소유예처분이란, 범죄혐의가 인정되고 소송조건도 갖추어졌으나 피의자의 개인적 상황과 범행의 동기 등 정상을 참작하여 기소하지 않는 것을 말한다.

4) 헌재 2022. 2. 24. 2018헌마998 등, 피고인이 무죄판결을 받지는 않았으나 원판결보다 가벼운 형으로 유죄판결이 확정됨에 따라, 원판결에 따른 구금형 집행이 재심판결에서 선고된 형을 초과하게 된 경우, 재심판결에서 선고된 형을 초과하여 집행된 구금에 대하여 보상요건을 규정하지 아니한 형사보상법조항의 위헌여부에 관하여, 형사보상 대상으로 규정하지 아니한 것은 현저히 자의적인 차별로서 평등원칙을 위반하여 청구인들의 평등권을 침해한다고 판단하였다.

5) '免訴'란 실체적 소송조건이 충분하지 않아 소송을 진행하는 것이 부적법하다고 하여 소송을 마치는 재판을 말한다. '공소기각'이란 형식적 소송조건이 충분하지 않아 소송 진행을 마치는 재판을 말한다.

6) 한편, 헌법재판소는 형사보상의 청구는 무죄재판이 확정된 때로부터 1년 이내에 하도록 규정하고 있는 구 형사보상법 제7조에 대하여 다음과 같은 이유로 헌법불합치결정을 선고하였다, 헌재 2010. 7. 29. 2008헌가4(보상청구의 기간), 공보 제166호, 1258, "권리의 행사가 용이하고 일상 빈번히 발생하는 것이거나 권리의 행사로 인하여 상대방의 지위가 불안정해지는 경우 또는 법률관계를 보다 신속히 확정하여 분쟁을 방지할 필요가 있는 경우에는 특별히 짧은 소멸시효나 제척기간을 인정할 필요가 있으나, 이 사건 법률조항은 위의 어떠한 사유에도 해당하지 아니하는 등 달리 합리적인 이유를 찾기 어렵고, 일반적인 사법상의 권리보다 더 확실하게 보호되어야 할 권리인 형사보상청

는 보상심의회가 결정하거나 법원합의부에서 재판한다. 보상심의회의 결정과 법원의 청구기각결정에 대해서는 각 불복할 수 있는 절차가 마련되어 있다.[1]

구금에 이르게 한 본질적인 사유가 형사피의자나 형사피고인 본인의 영역에 있다고 판단되는 경우, 가령 허위자백이나 다른 유죄의 증거를 만듦으로써 자신의 구금에 스스로 기여한 경우 또는 단지 형사미성년자나 심신장애자의 행위라는 이유 때문에 무죄판결이 내려진 경우에는 형사보상법은 형사보상청구제도의 본질에 부합하게 보상청구의 전부 또는 일부를 기각할 수 있도록 규정하고 있다 (제4조).

3. 형사보상의 내용

헌법 제28조는 "… 국가에 정당한 보상을 청구할 수 있다."고 하여 '정당한 보상'을 요청하고 있다. 따라서 입법자는 정당한 보상을 구현하고자 노력해야 하는데, 형사보상청구권자가 입은 물질적·정신적 손실에 대하여 어떠한 보상이 정당한지에 관하여 입법자에게는 광범위한 형성권이 인정된다. 형사보상법은 구금에 대한 보상과 그 외의 형집행에 대한 보상을 구분하여 규정하고 있다.

제 5 절　國家賠償請求權

헌법 제29조는 제1항에서 "공무원의 직무상 불법행위로 손해를 받은 국민은 법률이 정하는 바에 의하여 국가 또는 공공단체에 정당한 배상을 청구할 수 있다. 이 경우 공무원 자신의 책임은 면제되지 아니한다."고 하여 국가배상청구권을 규정하면서, 제2항에서 "군인·군무원·경찰공무원 기타 법률이 정하는 자가 전투·훈련 등 직무집행과 관련하여 받은 손해에 대하여는 법률이 정하는 보상 외에 국가 또는 공공단체에 공무원의 직무상 불법행위로 인한 배상은 청구할 수 없다."고 하여 국가배상청구권의 주체를 제한하고 있다.

I. 헌법적 의미

1. 유럽국가에서 국가배상제도의 발전

국가배상제도란, 위법한 국가작용에 의하여 발생한 손해에 대한 구제수단이다. 근대초기까지도 '위법한 국가작용에 의한 가해행위'와 관련하여 西歐 諸國의 지배적인 사고는 절대국가의 군주주권

구권의 보호를 저해하고 있다."

1) 한편, 헌법재판소는 형사보상의 청구에 대하여 한 보상의 결정에 대하여는 불복을 신청할 수 없도록 하여 형사보상의 결정을 단심재판으로 규정한 형사보상법 제19조 제1항을 다음과 같은 이유로 위헌으로 선언하였다, 헌재 2010. 10. 28. 2008헌마514(보상결정에 대한 불복금지), 공보 제169호, 1910, "보상액의 산정에 기초되는 사실인정이나 보상액에 관한 판단에서 오류나 불합리성이 발견되는 경우에도 그 시정을 구하는 불복신청을 할 수 없도록 하는 것은 형사보상청구권 및 그 실현을 위한 기본권으로서의 재판청구권의 본질적 내용을 침해하는 것이라 할 것이고, 나아가 법적안정성만을 지나치게 강조함으로써 재판의 적정성과 정의를 추구하는 사법제도의 본질에 부합하지 아니하는 것이다. 또한, 불복을 허용하더라도 즉시항고 절차가 신속히 진행될 수 있고 사건수도 과다하지 아니한데다 그 재판내용도 비교적 단순하므로 불복을 허용한다고 하여 상급심에 과도한 부담을 줄 가능성은 별로 없다고 할 것이어서, 이 사건 불복금지조항은 형사보상청구권 및 재판청구권을 침해한다고 할 것이다."

사상에 바탕을 둔 國家無責任思想 또는 국가면책사상이었다. 근대 영미법적 국가관을 상징적으로 표현하는 "국왕은 악을 행할 수 없다."는 법리가 이를 대표적으로 말해 주고 있다. 공무원은 국가로부터 적법한 행위에 대한 위임만을 부여받았기 때문에, 공무원이 위법하게 직무를 수행하는 경우에는 공무원의 불법행위는 국가의사에 반하는 행위로서 국가에 귀속될 수 없으며, 공무원이 개인적으로 이에 대하여 책임을 져야 한다는 사고가 국가무책임사상의 바탕을 이루고 있었다. 따라서 공무원의 하자있는 직무수행으로 인하여 개인에게 손해가 발생한 경우, 이에 대하여 국가가 책임진다는 것은 인정될 수 없으며, 공무원은 모든 사인과 마찬가지로 타인에게 입힌 손해에 대하여 민법에 따라 사법상으로 책임을 져야 했다. 19세기까지도 유럽국가에서 공무원의 위법적인 직무행위에 대한 배상책임은 주로 사법상의 문제로 간주되었다.

그러나 20세기에 들어와 국가의 성격이 사회·복지국가로 전환되면서 국가의 과제와 기능이 확대됨에 따라 국가의 간섭과 규제가 증가하였고, 그 결과 공무원의 직무상 불법행위로 인하여 개인에게 손해를 입히는 빈도나 규모도 현저하게 증가하게 되었다. 이로써 공무원의 개인적 배상책임이 인정된다 하더라도, 배상능력의 부족으로 만족할만한 배상이나 충분한 구제를 기대할 수 없게 되었다. 이에 따라, 1918년의 독일 바이마르헌법 제131조 및 이를 계수한 1949년의 독일기본법 제34조는 '代位責任構造의 국가책임제도'를 규범화하였다. 이러한 국가배상제도는 공무원의 위법한 직무행위의 결과는 오로지 공무원 개인에 대해서만 발생하나, 법률의 규정에 의하여 재정능력이 있는 국가로 이전된다는 '면책적 채무인수의 성격'을 가지고 있다. 이와 더불어 고의·중과실이 있는 경우에만 위법행위를 한 공무원에게 내부적으로 구상할 수 있도록 함으로써 공무원의 원활한 직무수행을 도모하였다.

독일의 경우, 1981년 국가배상제도를 근본적으로 개혁하는 '국가배상법'을 제정하였는데, 그 핵심은 국가배상의 성격을 더 이상 '단순한 대위책임구조의 채무인수'가 아니라 '국가의 직접적인 자기책임'으로 전환하고자 하는 것이었다. 그러나 그 당시의 독일기본법에 의하면 연방에게 국가배상법의 제정을 위한 입법권이 인정되지 않았기 때문에 위 국가배상법은 연방헌법재판소에 의하여 위헌으로 선언되었다.[1] 그 후 헌법개정에서 연방에게 국가배상법의 제정을 위하여 필요한 입법권이 부여되었으나, 현재까지도 통일적인 국가배상법이 제정되지 않고 있다.

우리의 경우, 1948년 건국헌법에서 국가배상청구권을 명문으로 규정하였다(제27조 제3문).

2. 국가배상제도의 이념적 기초로서 법치국가원리

국가배상제도는 재판청구권과 마찬가지로 그 정신적 뿌리를 법치국가원리에 두고 있다. 실체적 기본권을 비롯한 법적 권리의 절차적 관철을 보장하는 재판청구권은 헌법 제29조의 국가배상청구권의 보장에 의하여 보완된다. 공권력행위에 대한 권리구제제도의 체계에서 재판청구권은 일차적 권리구제의 기능을, 국가배상청구권은 이차적 권리구제의 기능을 하고 있다. 이미 더 이상 교정할 수 없는 사실관계가 완성되었기 때문에 불법의 제거를 목적으로 하는 일차적 권리구제가 기능하지 못하는 경우에는 손해배상, 즉 2차적 권리구제를 보장하는 헌법 제29조가 기능한다. 이러한 관점에서 국가배상청구권도 헌법상 권리구제제도의 한 부분을 구성하는 것이다.

---

1) Vgl. BVerfGE 61, 149.

Ⅱ. 법적 성격

1. 청구권적 기본권

국가배상청구권은 헌법상 보장된 기본권으로서 국가와 개인의 관계를 규율하는 주관적 공권이다. 국가배상청구권은 국가에 대하여 '국가배상'이라는 적극적인 행위를 요구하는 청구권적 기본권이다. 헌법 제29조 제1항은 "법률이 정하는 바에 의하여"라는 표현을 통하여, 입법자로 하여금 배상청구권의 요건·내용·절차에 관하여 구체적으로 정하도록 위임하고 있다. 입법자는 헌법상 국가배상청구권을 구체적으로 형성함에 있어서 국가배상에 관한 헌법적 정신을 존중해야 한다.

한편, 국가배상청구권의 법적 성격을 재산권의 일종으로 보는 견해가 있는데, 이러한 견해는 '헌법상 국가배상청구권'의 성격과 국가배상법에 의하여 발생한 '구체적인 배상청구권'의 성격을 혼동하고 있다. 입법자가 국가배상법을 통하여 헌법상 국가배상청구권을 구체화하였고, 개인에게 국가의 불법행위로 인하여 손해가 발생한 경우 국가에 대하여 배상을 청구할 수 있는 구체적 권리가 개인에게 인정되는데, 개인의 이러한 법적 지위는 재산적 가치를 가지는 구체적 권리로서 재산권의 성격을 가지는 것이다.[1]

2. 과잉금지원칙의 적용?

국가배상청구권은 청구권적 기본권으로서, 모든 청구권과 마찬가지로 법률에 의하여 제한되는 것이 아니라 구체적으로 형성된다. 그러므로 기본권의 제한을 전제로 하는 헌법 제37조 제2항의 과잉금지원칙이 그대로 적용되지 않는다. 학계의 다수견해는 청구권적 기본권인 국가배상청구권에 대해서도 기계적으로 과잉금지원칙이 적용된다고 보고 있다.[2] 그러나 국민은 헌법상 국가배상청구권을 근거로 직접 국가에 대하여 구체적인 손해배상을 청구할 수 없으며, 이를 위해서는 사전에 입법자가 입법을 통하여 국가배상책임의 내용·범위 및 배상청구절차를 구체적으로 형성하고 확정해야 한다. 이와 같이 입법자의 입법을 통하여 구체화된 배상청구권이 개별적인 경우 손해발생으로 인하여 개인에게 구체적으로 귀속되는 경우에는 채권적 성격을 가지는 재산권의 일종이 된다.

입법자는 헌법상의 국가배상청구권을 입법을 통하여 구체적으로 형성해야 할 의무를 부과 받으며, 나아가 법률로써 구체화함에 있어서 헌법이 국가배상청구권을 도입한 취지와 정신을 존중하고 고려해야 할 의무를 진다. 따라서 입법자에 의하여 구체화된 국가배상법의 개별규정이 헌법에 위반되는지의 여부는 이러한 규정이 헌법 제29조의 국가배상청구권을 과잉으로 침해하는지의 관점이 아니라, 헌법상 국가배상제도의 정신에 부합하게 헌법상 국가배상청구권을 형성하였는지의 관점에 따라 판단된다.

---

1) 헌재 1996. 6. 13. 94헌바20(제2차 국가이중배상금지), 판례집 8-1, 475, 484, [국가배상법 제2조 제1항 단서가 향토예비군대원의 국가배상청구권을 인정하지 아니하는 것과 관련하여] "국가배상청구권은 그 요건에 해당하는 사유가 발생한 개별 향토예비군대원에게는 금전청구권으로서의 재산권임이 분명하므로, 심판대상조항부분은 결국 헌법 제23조 제1항에 의하여 향토예비군대원에게 보장되는 재산권을 제한하는 의미를 갖는다."
2) 가령, 허영, 한국헌법론, 2010, 610면; 권영성, 헌법학원론, 2010, 627면.

III. 국가배상책임의 본질[1]

1. 학계의 논의

국가배상책임의 본질에 관해서는 학계에서 다음과 같은 견해가 대립하고 있다. 代位責任說은 국가의 배상책임은 원래 공무원 개인이 지는 책임을 국가가 대신하여 지는 책임이라고 한다. 손해배상청구권은 일단 공무원 개인에 대하여 발생하나, 배상능력이 없는 공무원 대신에 재정능력이 있는 국가가 책임을 진다고 하는 견해이다. 이에 대하여, 自己責任說은 국가의 배상책임은 공무원을 대신하여 지는 책임이 아니라 국가가 공무원을 자기의 기관으로 사용한 것에 대하여 자기책임을 진다는 견해이다. 즉, 국가는 그의 기관인 공무원을 통하여 행위를 하기 때문에 공무원의 직무행위는 그 효과에 있어서 국가에게 귀속되어야 한다는 것이다. 한편, 折衷說은 공무원의 고의·중과실에 대한 국가의 배상책임은 대위책임이지만, 경과실에 대한 국가의 책임은 자기책임의 성격을 가진다고 한다. 국가배상법이 고의·중과실의 경우에만 공무원에 대한 구상권을 인정하고 있다는 것을 그 근거로 들고 있다.

2. 법치국가에 부합하는 국가배상책임이론으로서 자기책임설

가. 자기책임설이 학계의 다수설이다.[2] 대위책임설은 그 출발점에 있어서 '국가는 불법을 행할 수 없으며, 공무원이 책임져야 하는 것을 재정적인 이유로 국가가 대신 책임을 진다는 國家無責任思想'에 그 바탕을 두고 있는데, 오늘날 국가도 불법을 행할 수 있기 때문에 국가행위를 사법적으로 통제하기 위하여 헌법재판제도를 비롯하여 거의 완벽한 사법제도를 갖추고 있는 법치국가적 헌법에서는 유지하기 어려운 이론이다. 또한, 대위책임설의 경우에는 원래 공무원이 져야 하는 책임을 국가가 대신 지는 '채무인수'의 결과로서, 필연적으로 국가배상책임이 공무원의 고의·과실을 배상책임의 요건으로 하는 과실책임에 제한될 수밖에 없다는 법치국가적 한계를 안고 있다.

한편, 절충설은 국가배상법이 정하는 구상권의 유무에 따라 국가배상책임의 성격이 다르다고 하는 견해인데, 법률의 내용에 의하여 헌법규범의 성격이 규정될 수 없는 것은 물론이고, 공무원의 주관적 요소인 고의·과실의 정도에 따라 국가배상책임의 성격이 달라진다는 것도 납득하기 어렵다.

나. 자기책임설이 오늘날 고의·과실의 여부와 관계없이 국가의 위법적인 행위에 대하여 전반적으로 책임을 져야 한다는 법치국가적 요청에 부합하는 이론이다.[3] 자기책임설은 대위책임설에 내재하는 채무인수의 성격에서 벗어남으로써 공무원의 고의·과실여부를 불문하고 국가의 배상책임이

---

1) 국가배상은 행정법총론의 한 구성부분으로서 행정법 교과서에서 상세하게 다루고 있으므로, 여기서는 주로 헌법적인 관점의 논의에 국한하기로 한다.

2) 가령, 권영성, 헌법학원론, 2010, 624면; 허영, 한국헌법론, 2010, 605면; 정하중, 행정법총론, 2005, 514면 이하.

3) 국가배상청구권의 성립 요건으로서 공무원의 고의 또는 과실을 규정함으로써 무과실책임을 인정하지 않은 국가배상법조항이 헌법상 국가배상청구권을 침해하는지 여부에 관하여, 헌법재판소는 "공무원의 고의 또는 과실이 없는데도 국가배상을 인정할 경우 피해자 구제가 확대되기는 하겠지만 현실적으로 원활한 공무수행이 저해될 수 있어 이를 입법정책적으로 고려할 필요성이 있다. … 이러한 점들을 고려할 때, 이 사건 법률조항이 … 입법형성의 범위를 벗어나 헌법 제29조에서 규정한 국가배상청구권을 침해한다고 보기는 어렵다."고 판시하고 있다(헌재 2015. 4. 30. 2013헌바395, 판례집 27-1상, 564).

성립하게 된다(국가배상책임의 無過失責任化).

뿐만 아니라, 자기책임설은 공법상의 법률관계의 구조에도 부합한다.[1] 공법상의 외부적 법률관계는 공법상의 법인격을 가지는 국가 등의 행정주체와 개인 사이에 성립하는 것이지, 국가 등 행정주체를 위하여 기관으로서 활동하는 공무원과 개인 사이에서 성립하지 않는다. 공권력과 개인과의 관계에서 이루어지는 법률관계의 상대방은 언제나 국가이지, 그 기관인 공무원이 아니다. 공무원은 단지 국가권력의 집행자로서 외부에 등장하며, 공무원 행위의 법적 효과는 모두 국가에 귀속되는 것이다.

3. 국가배상청구의 상대방(배상책임자)

손해배상청구의 상대방에 관하여 국가나 공공단체에 대하여 청구해야 한다는 견해와 국가 · 공공단체나 가해공무원 중에서 선택할 수 있다는 견해가 있다. 그러나 국가배상책임의 본질을 국가의 자기책임으로 이해한다면, 국민에 대한 배상책임자는 국가이어야 하고, 국민은 국가에 대해서만 배상청구를 할 수 있다고 할 것이다. 공법상의 법률관계에서 국민의 상대방은 항상 국가나 공공단체이며, 공무원은 단지 내부적 관계에서 국가에 대하여 징계책임을 지거나 고의 · 중과실로 개인에게 손해를 입힌 경우에는 구상책임을 지는 등 국가기관 내부의 책임추궁을 당하게 되는 것이다. 자기책임설에 의하면, 국민에 대한 국가의 단독적이고 직접적인 책임이 인정되며, 국민과의 관계에서 공무원의 외부적 책임은 부인된다.

다만, 공무원의 선임 · 감독권자와 공무원의 비용부담자가 다른 경우에는 국민은 양자에 대하여 선택적으로 손해배상을 청구할 수 있다.

Ⅳ. 국가배상청구권의 주체

국가배상청구권의 주체는 원칙적으로 대한민국 국민이며, 자연인과 법인을 가리지 아니한다. 한편, 헌법 제29조 제2항은 군인 · 군무원 · 경찰공무원 등에 대해서는 이중배상을 방지한다는 취지에서 법정보상만을 인정하고 국가배상청구권을 부인하고 있다.

외국인의 경우, 상호보증주의에 따라 한국국민에 대하여 국가배상책임을 인정하는 국가의 국민에 대해서만 국가배상청구권이 인정된다(국가배상법 제7조). 한편, 주한미국군대 및 한국군증원군(카투사)의 직무행위로 인한 손해에 대해서는 국가배상법에 따라 한국정부에 손해배상을 청구할 수 있다(한미행정협정 제23조 제5항).

Ⅴ. 국가배상청구권의 성립요건

국가배상책임이 성립하기 위해서는 공무원의 직무상 불법행위로 타인에 대한 손해가 발생해야 한다.

---

1) 정하중, 행정법총론, 2005, 515면.

1. 공 무 원

국가배상청구에 있어서 공무원이라 함은, 국가공무원법이나 지방공무원법에 의하여 공무원으로서의 신분을 가진 자에 국한하지 아니하고 널리 공무를 위탁받아 실질적으로 공무에 종사하고 있는 모든 자를 포함하는 '기능적 의미의 공무원'을 말한다.[1] 따라서 공무수탁사인뿐만 아니라 공의무부담사인도 공무원에 포함된다.[2]

2. 직무상 행위

공무원의 직무행위에는 행정작용과 입법작용 및 사법작용을 포함한다. 입법작용과 사법작용에 의하여 개인에게 손해가 발생한 경우 그 배상책임의 여부에 관하여는 논란이 있다. 국가의 입법작용과 사법작용도 '직무상 행위'로서 원칙적으로 국가배상의 대상이 된다고 할 것이나, 어느 정도로 입법작용과 사법작용이 그 특수성에 비추어 국가배상의 대상이 될 수 있는지에 관해서는 논쟁이 계속되고 있다.[3]

행정작용에 있어서 직무상 행위는 일방적인 명령과 강제로 이루어지는 '권력작용'뿐만 아니라 오늘날 개인의 생존배려를 목적으로 하는 급부행정국가에서 주요한 영역을 차지하는 '관리작용'도 포함하는 모든 공행정작용이다. 이에 대하여 私法上의 행위인 국가의 사경제작용은 국가와 사인이 대등한 입장에서 하는 행위로서 사인상호간의 행위와 그 성질을 같이 하는 것이므로, 그러한 경우에 발생한 손해에 대해서는 일반법리인 민법의 적용을 받아 민사상 배상책임을 지게 된다. '직무상 행위'에는 사법상의 행위를 제외한 공행정작용인 권력행위와 비권력적 관리행위만이 포함된다고 하는 것이 현재의 다수설이다.[4]

공무원의 행위가 직무상 행위에 속한다면, 법적 행위인지 사실행위인지 또는 작위인지 부작위인지를 가리지 않는다.

3. 불법행위

불법행위란, 고의나 과실로 인하여(책임성) 법령에 위반한(위법성) 행위를 말한다. 불법행위는 '위법성'이란 객관적 요소와 '책임성'이란 주관적 요소로 구성되어 있다. 여기서 '법령의 위반'이라 함은 법률·명령 등 성문법과 관습법 등 불문법의 위반을 모두 포함한다. 불법행위는 공무원의 적극적 행위뿐만 아니라 일정한 작위에 대한 법적 의무가 있음에도 이를 행하지 않는 부작위에 의해서도 성립한다. 불법행위의 입증책임은 피해자에게 있다.

국가배상청구권은 불법행위를 요건으로 한다는 점에서, 불법행위를 요건으로 하지 않는 '공공시

---

1) 대법원 1991. 7. 9. 선고 91다5570 판결.
2) 대법원 판례는 통장, 소집중인 예비군, 시청소차의 운전사, 교통할아버지 등을 공무원에 포함시키고 있다.
3) 가령, 위헌적인 법률의 제정으로 인하여 개인의 권리가 직접 침해되어 손해가 발생한 경우, 위헌적인 법률제정과 관련하여 국회의원의 고의·과실을 인정하거나 재판작용에 있어서 법관의 고의·과실을 인정하는 데에는 한계가 있을 수밖에 없다. 이러한 취지의 판례로 대법원 1997. 6. 13. 선고 96다56115 판결(국회의원의 입법행위에 대한 국가배상청구); 대법원 2003. 7. 11. 선고 99다24218 판결(법관의 재판작용에 대한 국가배상청구).
4) 가령, 권영성, 헌법학원론, 2010, 623면; 허영, 한국헌법론, 2010, 604면; 정하중, 행정법총론, 2005, 517면; 국가배상제도를 일찍부터 발전시킨 독일·프랑스의 경우에도 연혁상으로 그리고 실정법적으로 국가배상의 대상인 직무상 행위는 권력작용과 관리작용을 포함하는 공행정작용에 제한되고 있다, 정하중, 행정법총론, 2005, 518면 참조.

설의 하자로 인한 손해배상청구권' 및 헌법 제28조의 형사보상청구권과 구별된다.

4. 타인에 대한 손해의 발생

여기서 '타인'이라 함은 가해자인 공무원과 그의 위법한 직무행위에 가담한 자 이외의 모든 사람을 의미하며, 자연인·법인을 가리지 않는다. 공무원도 다른 공무원의 가해행위로 인하여 손해를 입은 경우에는 '타인'에 해당한다. 헌법 제29조는 군인·군무원·경찰공무원 등의 직무집행과 관련하여 받은 손해에 대해서는 이중배상을 방지하기 위하여 공무원의 직무상 불법행위로 인한 배상을 청구할 수 없도록 규정함으로써, 이들을 사실상 여기서 말하는 '타인'의 범위에서 제외하고 있다.

'손해'란 법익침해로 인한 불이익을 말하며, 재산적 손해·정신적(비재산적) 손해 또는 적극적 손해·소극적 손해를 모두 포함한다. 국가는 공무원의 직무상 행위로 인하여 발생한 손해를 배상할 책임을 지는 것이므로, 공무원의 직무상 불법행위와 손해의 발생 사이에는 인과관계가 있어야 한다. 판례는 일반적인 경험칙에 비추어 일정한 선행사실이 있으면 후행사실이 발생하는 경우에 인과관계를 인정하는 相當因果關係說을 따르고 있다.[1]

VI. 국가배상의 절차

헌법 제29조 제1항은 "법률이 정하는 바에 의하여"라고 하여 배상책임의 구체적 내용과 범위 및 배상청구절차에 관하여 법률로 정하도록 하고 있는데, 국가배상법이 이를 규정하고 있다.

1. 배상청구절차

국가배상의 청구절차는 행정상의 전심절차로서 배상심의회의 결정절차와 법원에 의한 사법절차가 있다. 현행 국가배상법은 종래의 필요적 전치주의를 임의적 전치주의를 전환하여, 피해자는 본인이 원하는 경우에만 민사소송을 제기하기 전에 배상심의회의 결정을 신청할 수 있게 되었다.

2. 배상의 기준과 범위

헌법 제29조 제1항은 배상의 기준과 범위에 관하여 단지 "정당한 배상"이라고만 규정하고 있는데, 여기서 '정당한 배상'이란 공무원의 불법행위와 상당인과관계에 있는 모든 손해의 배상을 말한다. 따라서 헌법상 '정당한 배상'을 이와 같이 이해하는 경우, 손해배상액의 산정은 원칙적으로 민법상의 불법행위에 있어서의 배상액의 산정방법에 따라 산정되어야 할 것을 요청한다.[2] 국가배상법은 신체·생명의 침해와 물건의 멸실·훼손에 대하여 민법과는 별도의 배상기준을 정하고 있는데(제3조 및 제3조의2), 이러한 경우에도 민법상의 불법행위책임에 따른 배상의 정신을 존중해야 한다.

3. 求 償 權

헌법 제29조 제1항 제2문은 "이 경우 공무원 자신의 책임은 면제되지 아니한다."고 하여 국가에

---

1) 대법원 2003. 2. 14. 선고 2002다62678 판결.
2) 정하중, 행정법총론, 2005, 533면.

대한 공무원의 내부적 책임, 특히 국가 등이 내부관계에서 가해공무원에게 구상할 수 있는 가능성을 규정하고 있다.

국가배상법에 의하면, 공무원의 직무행위에 있어서 고의 또는 중대한 과실이 있는 때에는 국가 또는 지방자치단체는 그 공무원에게 구상권을 행사할 수 있다(제2조). 결국, 고의·중과실이 있는 경우 공무원은 국가 등에 의하여 구상을 당하기 때문에, 궁극적으로 배상책임은 공무원에게 돌아간다. 경과실의 경우에는 구상권을 행사할 수 없다. 경과실의 경우 구상을 배제한 것은 공무원의 사기저하와 직무수행의 위축으로 인한 사무정체를 방지하기 위한 정책적 고려에 기인하는 것이다.

가해공무원을 선임·감독하는 자와 비용을 부담하는 자가 동일하지 않은 경우에는 손해를 배상한 자가 내부관계에서 손해를 배상할 책임이 있는 자에 대하여 구상권을 행사할 수 있다(국가배상법 제6조 제2항). 가해공무원의 선임·감독을 맡은 자가 궁극적인 배상책임을 진다고 하는 관리주체설이 다수설이다.

Ⅶ. 헌법 제29조 제2항에 의한 국가배상청구권의 제한

1. 1967년 국가배상법의 전면개정

헌법상 규정된 국가배상청구권을 구체화하는 '국가배상법'이 1951년 제정되었고, 1967년에는 국가배상법의 전면적인 개정이 이루어졌다. 1967년 법개정에서 주목할 만한 것은, 군인·군무원에 대하여 국가배상청구권을 제한하는 규정을 도입한 것이다(제2조 단서 제1). 군인·군무원에 대한 국가배상청구권을 제한한 것은, 이들의 직무수행 중에 발생한 사고에 대해서는 국가보상제도에 의하여 별도의 보상을 받기 때문에 국가배상법에 따라 배상을 받는 것은 이중배상이 된다는 이유에서였다. 그러나 이들이 국가보상제도에 의하여 받는 보상금은 사회보장적인 성격을 가지는 반면, 국가배상법에 의한 배상금은 국가의 불법행위에 대한 손해배상의 성격을 가지기 때문에, 국가보상과 국가배상은 그 성격이 다르다는 점에서 이중배상이 아니며, 군인 등에 대해서만 국가배상청구권을 제한하는 것은 다른 공무원과의 관계에서 형평의 문제가 있다는 비판이 제기되었다. 대법원은 1971년의 판결에서 국가배상법 제2조 제1항 단서규정을 위와 같은 이유로 위헌으로 판단하였다.[1]

2. 1972년 유신헌법에서 이중배상금지의 수용

그런데 1972년 유신헌법은 명문으로 군인·군무원·경찰공무원 기타 법률이 정하는 자에 대하여 국가배상청구권을 제한하는 규정(제26조 제2항)을 두었고, 이러한 이중배상금지조항은 현행 헌법까지 그대로 유지되고 있다.[2] 유신헌법이 위와 같은 내용의 국가배상청구권을 제한하는 규정을 수용한 것은, 당

---

1) 대법원 1971. 6. 22. 선고 70다1010 판결.

2) 헌재 2001. 2. 22. 2000헌바38(제3차 국가이중배상금지), 판례집 13-1, 289, 296-297, [이 사건 헌법조항의 입법연혁에 관하여] "이 사건 헌법조항과 같은 특별유보조항은 당초에는 없다가 유신헌법에서 처음 도입된 규정으로 그 이전까지는 헌법 제29조 제1항과 같은 취지의 기본권 규정만 있었다(제헌헌법 제27조). 그런데 5.16 군사혁명이후 제정된 구 국가배상법(1967. 3. 3. 법률 제1899호) 제2조 제1항 단서가 군인 등에 대한 국가배상청구권의 제한을 규정하고, 대법원이 1971. 6. 22. 동 단서의 규정은 구 헌법 제26조에 의하여 보장된 국가배상청구권을 구 헌법 제9조의 평등의 원칙, 구 헌법 제8조의 인간으로서의 존엄과 가치 및 국가의 기본권최대보장규정에 위반하고, 구 헌법 제32조 제2항에 의한 한계를 넘어 기본권의 본질적 내용을 침해한 것이라며 위헌판결(70다1010)을 선고하자, 1972. 12. 27. 유신헌법(제26조 제2항)은 위헌시비를 제거하려는 의도에서 이 사건 헌법조항과 같은 취지의 규정을 헌법전으

시 법률에 대한 위헌심사권을 가진 대법원에 의하여 위헌성이 확인된 법률을 헌법의 차원으로 승격시킴으로써 그 위헌성을 제거하고자 시도한 것이었다. 그러나 이러한 시도는 여러 관점에서 매우 이례적인 것이었다. 첫째, 군인과 경찰공무원 등 일부 집단에 대한 이중배상금지의 원칙이 헌법적으로 규율되어야 할 정도로 중대한 사안인 것인지 의문이다. 이중배상의 문제는 국가배상금으로부터 보상금을 공제하는 방식으로 충분히 해결될 수 있고, 이미 헌법개정 당시 판례에 의하여 그러한 방식으로 해결되어 왔다는 점에서도 불필요한 규정의 도입이라는 의문이 든다. 둘째, 헌법재판기관에 의하여 위헌성을 확인받은 법률조항을 그 내용의 위헌성을 극복하기 위하여 헌법에 수용하였다는 점에서도 그 유례를 찾아보기 어려운 경우이다. 한편, 헌법 제29조 제2항은 이러한 비정상성에도 불구하고, 헌법개정의 한계인 '자유민주적 기본질서'에 위배되지 아니하므로, 위헌적인 헌법규정이라 할 수 없다.

3. 헌법 제29조 제2항의 위헌여부에 관한 헌법재판소의 결정

가. 헌법재판소의 발족과 더불어 헌법재판이 활성화되면서, 다시 현행 헌법 제29조 제2항의 위헌성이 문제되었고, 위 헌법조항의 위헌여부를 묻는 헌법소원이 여러 차례 제기되었다.[1] 여기서 문제가 된 것은 첫째, 위헌적인 헌법규정이 존재할 수 있는지, 이와 관련하여 헌법의 개별규정 간에 효력상의 차이나 우열관계가 존재하는지, 헌법개정의 한계를 인정할 수 있는지의 여부, 둘째, 헌법의 개별규정이 위헌법률심판이나 헌법소원심판의 대상이 될 수 있는지의 문제였다.[2] 헌법재판소는 헌법의 개별규정에 대한 위헌심사는 허용되지 않으며, 특정 규정의 효력을 전면적으로 부인할 수 있을 정도로 헌법의 개별규정 간에 효력상의 차이나 우열관계가 존재하지 않는다는 이유로 헌법 제29조 제2항에 대한 심판청구는 각하하였고,[3] 국가배상법 제2조 제1항 단서는 헌법규범의 내용에 부합하는 규범이므로 헌법에 위반되지 않는다고 판단하였다.[4]

나. 한편, 헌법재판소는 일반국민이 직무집행 중인 군인과 공동불법행위로 직무집행 중인 다른 군인에게 공상을 입힌 후 그 피해자에게 배상한 경우에, 공동불법행위자인 군인의 부담부분에 관하여 국가에 대한 구상권을 인정함으로써 국가배상법 제2조 제1항 단서조항의 적용범위를 축소적으로 해석하였다.[5]

로 끌어올려 명문화함과 동시에 위헌판결된 구 국가배상법 제2조 제1항 단서를 1973. 2. 5. 법률 제2459호로 개정하였다. 그 후 1980. 10. 27 제8차 개헌(제5공화국 헌법)과 1987. 10. 29 제9차 개헌(제6공화국 헌법)에서도 조문의 순서만 바뀌었을 뿐 지금까지 그대로 유지되고 있다."

1) 헌재 1995. 12. 28. 95헌바3(제1차 국가이중배상금지); 헌재 1996. 6. 13. 94헌바20(제2차 국가이중배상금지); 헌재 2001. 2. 22. 2000헌바38(제3차 국가이중배상금지).
2) 이에 관하여 제1편 제3장 Ⅳ. '위헌적인 헌법규정의 문제' 참조.
3) 헌재 1995. 12. 28. 95헌바3(제1차 국가이중배상금지), 판례집 7-2, 841.
4) 헌재 1995. 12. 28. 95헌바3(제1차 국가이중배상금지), 판례집 7-2, 841, 848, "국가배상법 제2조 제1항 단서는 헌법 제29조 제1항에 의하여 보장되는 국가배상청구권을 헌법 내재적으로 제한하는 헌법 제29조 제2항에 직접 근거하고, 실질적으로 그 내용을 같이하는 것이므로 헌법에 위반된다고 할 수 없다."
5) 헌재 1994. 12. 29. 93헌바21(국가에 대한 구상권), 판례집 6-2, 379, "국가배상법 제2조 제1항 단서 중 군인에 관련되는 부분을, 일반국민이 직무집행 중인 군인과의 공동불법행위로 직무집행 중인 다른 군인에게 공상을 입혀 그 피해자에게 공동의 불법행위로 인한 손해를 배상한 다음 공동불법행위자인 군인의 부담부분에 관하여 국가에 대하여 구상권을 행사하는 것을 허용하지 않는다고 해석한다면, 이는 위 단서 규정의 헌법상 근거규정인 헌법 제29조가 구상권의 행사를 배제하지 아니하는데도 이를 배제하는 것으로 해석하는 것으로서 합리적인 이유 없이 일반국민을 국가에 대하여 지나치게 차별하는 경우에 해당하므로 헌법 제11조, 제29조에 위반되며, 또한 국가에 대한 구상권은

Ⅷ. 국가배상법상 국가배상청구의 2가지 유형

국가배상법은 '공무원의 불법행위로 인한 손해배상청구권' 외에도 '공공시설의 하자로 인한 손해배상청구권'을 규정하고 있다. 국가배상법 제5조 제1항은 "도로·하천, 그 밖의 공공의 영조물의 설치나 관리에 하자가 있기 때문에 타인에게 손해를 발생하게 하였을 때에는 국가나 지방자치단체는 그 손해를 배상하여야 한다. … "고 규정하고 있다. 공공시설의 설치·관리를 담당하는 공무원의 고의·과실의 유무를 불문한다는 점에서 직무상 불법행위로 인한 배상책임과는 달리 무과실책임이다. 따라서 국가 등의 배상책임이 성립하기 위해서는 공공의 영조물일 것, 설치·관리에 하자가 있을 것, 타인에게 손해가 발생하였을 것의 요건만 충족되면 된다.

제 6 절   범죄피해자의 救助請求權

헌법 제30조는 "타인의 범죄행위로 인하여 생명·신체에 대한 피해를 받은 국민은 법률이 정하는 바에 의하여 국가로부터 구조를 받을 수 있다."고 하여 범죄피해자의 救助請求權을 규정하고 있다.

사례 | 구조금지급의 범위 제한

헌법 제30조에 규정된 '범죄피해자의 구조청구권'을 구체적으로 실현하기 위하여 제정된 범죄피해자보호법은 제3조 제1항 제4호에서 '범죄피해'의 범위를 '대한민국의 영역 안에서 행하여진 범죄행위로 인한 사망 또는 장해나 중상해'로 한정하고 있다. 나아가, 위 법은 제19조에서 '구조금을 지급하지 아니할 수 있는 경우'로서 '피해자와 가해자간에 친족관계가 있는 경우'(제1항) 및 '피해자가 범죄행위를 유발하였거나 당해 범죄피해의 발생에 관하여 피해자에게 귀책사유가 있는 경우'(제3항)를 규정하고 있다.[1] 구조금지급의 범위를 위와 같이 제한하는 범죄피해자구조법규정들은 헌법 제30조의 구조청구권에 부합하는가?

Ⅰ. 헌법적 의미와 법적 성격

1. 헌법적 의미

가. 구조청구권의 제도적 의미

범죄피해자의 구조청구권이란, 사람의 생명이나 신체를 해하는 범죄행위로 인하여 피해를 당하였

헌법 제23조 제1항에 의하여 보장되는 재산권이고 위와 같은 해석은 그러한 재산권의 제한에 해당하며 재산권의 제한은 헌법 제37조 제2항에 의한 기본권제한의 한계 내에서만 가능한데, 위와 같은 해석은 … 일반국민의 재산권을 과잉 제한하는 경우에 해당하여 헌법 제23조 제1항 및 제37조 제2항에도 위반된다."

1) 각 법률조항의 내용은 필자 나름대로 축약하였음.

으나 가해자로부터 피해에 대한 배상을 기대하기 어려운 경우, 피해자 또는 유족이 국가에 대하여 구조를 청구할 수 있는 권리이다. 범죄피해자는 민사상 불법행위로 인한 손해배상책임제도나 '소송촉진 등에 관한 특례법'의 형사배상명령제도에[1] 의하여 가해자에 대하여 손해배상을 청구할 수 있으나, 가해자가 밝혀지지 않거나 無資力인 경우에는 위와 같은 배상제도는 큰 실효성을 기대하기 어렵다. 따라서 타인의 범죄행위로 인하여 피해를 입었으나 가해자로부터 피해를 배상받지 못하여 생계유지가 곤란한 국민을 구조하기 위하여 마련한 제도가 바로 범죄피해자의 구조제도이다. 이러한 구조제도는 이미 1960년대부터 영국·미국·독일 등 일부 선진국에서 법제화하여 실시하고 있는 제도로서, 우리의 경우에는 1987년 헌법에서 처음으로 도입하였다.

나. 국가 보호의무 및 사회국가원리의 산물

범죄피해자의 구조청구권은 한편으로는 국민에 대한 국가의 보호의무의 산물이자, 다른 한편으로는 사회국가원리의 산물이기도 하다.

(1) 국가 보호의무의 이행으로서 구조청구권

구조청구권은 국민에 대한 국가의 보호의무 이행의 한 방법으로서 보호의무 이행의 연장선상에 있다. 국가는 국민의 생명과 신체를 타인의 침해행위로부터 보호해야 할 의무를 지는데, 개인의 생명과 신체를 보호하는 형법·행정법 등의 제정과 경찰제도 등의 운영을 통하여 이러한 보호의무를 이행한다. 그러나 국가가 자신의 보호의무를 이행하고자 시도하였음에도 불구하고, 범죄의 발생으로 인하여 개인의 생명과 신체에 대한 피해가 발생하였고 가해자로부터 배상을 받지 못하는 경우에는 국가가 적어도 범죄피해자에 대하여 보호의무를 제대로 이행하지 못한 책임의 일부를 지고 이를 국가구조의 형태로 부담하는 것이다.

(2) 社會扶助의 일환으로서 구조청구권

현대의 사회국가는 사회보장과 사회부조를 통하여 사회적 안전을 확보해야 하는 책임을 진다. 사회국가는 국민의 질병, 사고, 노령, 실업 등의 경우에 발생하는 위험에 대하여 사회보장제도를 통하여 사회적 안전망을 제공해야 하고(헌법 제34조 제2항), 나아가, 자력으로 생계를 유지할 수 없는 국민 또는 재난상황에 처한 국민에 대한 사회부조도 국가의 과제에 속한다. 대부분의 경우 범죄자는 피해를 배상할 재력이 없다는 점에 비추어, 국가구조제도는 타인의 범죄행위로 인하여 생계유지가 곤란한 경우 사회보장적 측면에서 범죄피해자의 피해를 구조해 주고자 하는 것이다. 즉, 이러한 구조제도는 본인의 귀책사유 없이 재해를 당한 국민에 대한 사회적 연대감의 표현인 것이다. 이로써 국가는 자연재해뿐만 아니라 인공적 재해(범죄행위)로 인하여 자력으로 생계를 유지할 수 없는 국민에 대해서도 국가구조를 제공하는 것이다.

2. 법적 성격

가. 청구권적 기본권

범죄피해자의 구조청구권은 국가로부터 '범죄피해의 구조'라는 일정한 행위를 요구할 수 있는 청

---

1) 형사배상명령제도란, 형사사건의 피해자가 형사재판과정에서 간편한 방법으로 민사적인 손해배상명령까지 받아 낼 수 있는 제도로서, 소송촉진등에관한특례법은 일정한 범죄에 대하여 유죄판결을 선고할 경우 법원이 피고인에게 범죄행위로 인하여 발생한 직접적인 물적 피해 및 치료비의 손해배상을 명할 수 있도록 규정하고 있다.

구권적 기본권이다. 범죄피해자가 헌법상 구조청구권을 실제로 행사하기 위해서는, 사전에 입법자가 구조청구권을 법률로써 구체적으로 형성해야 한다. 입법자가 구조청구권의 구체적 청구요건과 내용, 청구절차 등을 확정하기 전에는 어느 누구도 헌법 제30조를 근거로 하여 국가로부터 구체적인 급부인 구조금의 지급을 요구할 수 없다.[1] 다만, 입법자가 구조청구권을 행사하기 위하여 필요한 법률을 제정하지 않는 경우, 국민은 입법부작위를 이유로 헌법소원심판을 청구할 수 있을 뿐이다. 헌법 제30조는 구조청구권을 법률로써 형성해야 할 입법자의 의무를 "법률이 정하는 바에 의하여"라는 표현을 통하여 부과하고 있다. 입법자는 이러한 헌법적 위임을 '범죄피해자보호법'의 제정을 통하여 이행하였다.

나. 구조청구권을 구체화하는 입법에 대한 위헌심사기준

일부 학자는 구조청구권이 헌법 제37조 제2항에 의하여 제한될 수 있다고 하면서 과잉금지원칙이 존중되어야 한다고 주장한다.[2] 그러나 모든 청구권적 기본권과 마찬가지로 구조청구권도 그 본질상 입법에 의하여 제한되는 것이 아니라 구체적으로 형성되는 것이다. 가령, 입법자가 법률로써 구조청구권을 구체적으로 형성하면서 구조를 받을 수 있는 범죄피해의 범위를 '사망 또는 장해나 중상해'로 한정한다면, 여기서 문제되는 것은 입법자에 의한 구조청구권의 과잉제한의 문제가 아니라, 입법자가 헌법 제30조의 정신에 부합하게 입법형성권을 행사하였는지의 여부이다. 가령, 입법자가 법률로써 '친족간의 범죄행위'를 제척사유로 정하여 피해자의 구조청구권을 배제한다면, 여기서 문제되는 것은, 이러한 제척사유가 구조청구권을 과도하게 침해하는지의 여부가 아니라, 이러한 경우에 대하여 구조청구권을 배제하는 것이 국가구조제도의 정신에 부합하는지의 여부이다.

Ⅱ. 구조청구권의 주체

청구권의 주체는 "타인의 범죄행위로 인하여 생명·신체에 대한 피해를 받은 국민"이다. 타인의 범죄행위로 인하여 생명에 대한 피해가 발생하여 피해자가 사망한 경우에는 사망 당시 피해자의 수입에 의해 생계를 유지하고 있던 '유족'이 청구하고, 신체에 대한 피해가 발생한 경우에는 '본인'이 청구한다. 이에 따라 범죄피해자보호법은 청구권의 주체 또는 지급대상자에 따라 구조금을 유족구조금과 장해·중상해 구조금의 2가지 유형으로 구분하고 있다.

---

1) 이에 대하여 권영성, 헌법학원론, 2010, 641면은 "헌법 제30조는 직접 효력을 발생하는 규정이므로 범죄피해자구조청구권도 구체적이고 현실적인 권리를 의미한다."고 한다. 그러나 헌법 제30조의 구조청구권은, 헌법이 구조청구권을 도입한 정신에 부합하게 이를 구체적으로 형성해야 할 헌법적 의무를 부과한다는 점에서 입법자를 당연히 구속하지만, 입법의 매개 없이 직접 적용될 수 있는 권리는 아니다. 성낙인, 헌법학, 2010, 793면에서도 이를 오인하고 있는 것으로 보인다.
2) 가령, 허영, 한국헌법론, 2010, 615면 이하, 한편으로는 헌법 제30조의 법률유보를 기본권형성적 법률유보임을 강조하면서(615면), 다른 한편으로는 과잉금지원칙에 따라 제한될 수 있다고 하는 모순을 보이고 있다.

Ⅲ. 내 용

1. 구조청구권의 성립요건

가. 타인의 범죄행위에 의한 생명과 신체에 대한 피해의 발생

(1) 구조청구권을 행사하기 위한 첫 번째 요건은 폭행·상해·살인 등 생명과 신체를 해하는 타인의 범죄행위로 인하여 사망 또는 장해나 중상해 등 생명과 신체에 대한 피해가 발생하는 것이다. 구조청구권의 요건으로서 범죄행위로 인하여 발생한 신체에 대한 피해의 범위를 어떻게 정할 것인지에 관하여 입법자는 형성권을 가지고 있으며, 헌법 제30조의 취지에 비추어 '피해의 범위'를 생계유지를 곤란하게 하는 '장해나 중상해'로 제한하는 것은 헌법적으로 하자가 없다.

(2) 또한, 입법자는 구조청구권의 요건으로서 '대한민국의 주권이 미치는 영역 내에서만 발생한 범죄행위로 인한 피해'로 제한할 수 있다. 헌법이 구조청구권을 도입한 정신적 배경이 국가의 보호의무의 연장에 있다면, 대한민국의 주권이 미치지 않는 곳에서는 국가가 보호의무를 이행할 수 없기 때문에, 구조의 대상을 위와 같이 제한하는 것은 헌법적으로 문제가 없다. 따라서 입법자가 대한민국 국민이 외국에서 범죄행위로 인하여 입은 피해에 대하여 구조청구권을 배제하는 것은 헌법 제30조에 부합한다.[1]

(3) 헌법이 구조청구권을 도입한 주된 이유가 국가가 국민의 생명과 신체에 대한 보호의무를 다하지 못하였다는 것에 대하여 일부 책임을 지겠다는 것에 있으므로, 피해자에게 범죄발생에 관한 귀책사유가 인정되는 경우에는 국가의 보호의무가 배제되거나 축소되며, '친족간의 범죄'와 같이 상호간에 보호의무가 인정되는 사인간의 관계에서 범죄행위가 발생하는 경우에는 국가가 보호의무를 이행하는 것이 사실상 불가능하다. 그러므로 이러한 경우에는 비록 타인의 범죄행위에 의하여 피해가 발생하였다 하더라도, 국가는 구조금을 지급하지 않을 수 있도록 규정할 수 있다.

나. 구조청구권의 보충성

국가의 구조책임은 보충적 성격을 가지는 재해보상(사회보장)제도이다. 따라서 범죄피해자의 구조청구권이 성립하기 위한 또 다른 요건은 '가해자에 의한 피해배상 가능성의 不在'와 '그로 인한 생계유지의 곤란'이다.

(1) 국가에 대한 구조청구권은 달리 배상을 받을 수 없는 경우에 비로소 고려되는 보충적인 수단이다. 범죄행위로 인한 피해에 대하여 일차적으로 책임을 져야 하는 것은 가해자이다. 따라서 가해자의 不明이나 무자력 등으로 피해배상을 기대할 수 없는 경우에 비로소 구조청구권이 고려될 수 있다.

(2) 뿐만 아니라 국가구조제도가 국가의 보호의무이행에 대한 책임뿐만 아니라 타인의 재해에 대

---

1) 헌재 2011. 12. 29. 2009헌마354, "국가의 주권이 미치지 못하고 국가의 경찰력 등을 행사할 수 없거나 행사하기 어려운 해외에서 발생한 범죄에 대하여는 국가에 그 방지책임이 있다고 보기 어렵고, 상호보증이 있는 외국에서 발생한 범죄피해에 대하여는 국민이 그 외국에서 피해구조를 받을 수 있으며, 국가의 재정에 기반을 두고 있는 구조금에 대한 청구권 행사대상을 우선적으로 대한민국의 영역 안의 범죄피해에 한정하고, 향후 해외에서 발생한 범죄피해의 경우에도 구조를 하는 방향으로 운영하는 것은 입법형성의 재량의 범위 내라고 할 것이다. 따라서 범죄피해 자구조청구권의 대상이 되는 범죄피해에 해외에서 발생한 범죄피해의 경우를 포함하고 있지 아니한 것이 현저하게 불합리한 자의적인 차별이라고 볼 수 없어 평등원칙에 위반되지 아니한다."

하여 사회공동체가 연대적 책임을 지는 사회보장제도의 정신에도 그 이론적 바탕을 두고 있으므로, 타인의 범죄행위로 인하여 자력으로 생계를 유지하기 어려운 상황이 존재해야 한다. 따라서 범죄행위로 인한 피해에도 불구하고 생계유지에 어려움이 없는 경우에는 구조금을 청구할 수 없다.

2. 구조금의 지급절차

범죄피해자보호법에 의하면, 범죄피해자구조금을 지급받고자 하는 사람은 범죄피해의 발생을 안 날로부터 3년 이내 또는 범죄피해가 발생한 날로부터 10년 이내에 주소지 또는 범죄발생지를 관할하는 지방검찰청에 설치된 범죄피해구조심의회에 신청해야 한다. 구조금의 금액은 피해자 또는 유족의 생계유지상황과 장해나 중상해의 정도를 고려하여 대통령령으로 정하도록 규정하고 있다. 구조금은 보충적 성격의 것이므로, 범죄피해를 원인으로 하여 다른 방법으로 급여 등을 지급받을 수 있는 경우나 손해배상을 받을 수 있는 경우에는 구조금을 지급하지 않거나 삭감할 수 있다.

제 7 장   社會的 基本權

제 1 절   一般理論[1]

I. 문제의 제기

우리 헌법의 기본원리인 사회국가원리는 헌법적 차원에서 다양한 방법으로 실현될 수 있다. 가령, 사회국가원리는 구체적인 사회국가적 목표와 과제를 제시하는 규정(국가목표규정)을 통하여 또는 이러한 구체적인 목표를 실현해야 할 의무를 국가에게 부과하는 규정(헌법위임)을 통하여 아니면 개인의 주관적 권리의 형식(사회적 기본권)을 통하여 구체화될 수 있다. 사회국가원리가 사회적 기본권이라는 주관적 권리의 형식으로 구체화되는 경우, 무엇보다도 다음과 같은 문제가 제기된다.

첫째, 사회적 기본권의 법적 성격은 무엇인가? 사회적 기본권이 주관적 권리의 성격을 가지고 있는가 아니면 근본적으로 객관적인 성격을 가지고 있는가? 주관적 권리로서의 성격이 인정된다면 어느 정도로 인정될 수 있는가?

둘째, 사회적 기본권의 법적 성격에 관한 판단은 본질적으로 '사법적 심사를 통한 관철의 가능성'에 달려있으므로,[2] 여기서 제기되는 문제는, 개인이 어느 정도로 헌법재판을 통하여 사회적 기본권을 사법적으로 관철할 수 있는지, 국가에 의한 사회적 기본권의 실현을 강제할 수 있는지에 관한 것이다. 이와 관련해서는 다음과 같은 문제가 제기된다.

사회적 기본권이 제시하는 국가목표가 다른 국가목표와의 관계에서 국가에 대하여 우선적인 이행을 요구할 수 있는가? 개인이 국가에 대하여 사회적 기본권을 사법적으로 관철하기 위해서는 사회적 기본권이 사법적 심사를 위한 규범적 기준을 제시해야 하는데, 헌법해석을 통하여 사회적 기본권의 구체적 보장내용을 어느 정도로 밝혀낼 수 있는가? 이로써 사회적 기본권이 국가에 의한 실현 여부를 규범적으로 판단할 수 있는 사법적 심사기준으로 어느 정도로 기능할 수 있는가? 나아가, 헌법재판소의 결정과정은 본질적으로 상충하는 법익 간의 교량과정인데, 사회적 기본권의 실현여부가 문제되는 경우 법익교량을 통한 사법적 심사가능성이 어느 정도로 존재하는가? 헌법재판소가 입법자에 의한 사회적 기본권의 실현여부를 어느 정도로 심사할 수 있으며, 사법적 심사를 통하여 사회적 기본권을 실현함에 있어서 입법자와의 관계에서 어떠한 헌법적 한계에 부딪히는가?

---

1) 한수웅, 憲法訴訟을 통한 社會的 基本權 實現의 限界 -법적 권리설로부터의 결별-, 인권과 정의 1997. 1, 70면 이하; 사회복지의 헌법적 기초로서 사회적 기본권, 헌법학연구, 제18권 제4호, 2012. 12, 51면 이하 참조.

2) 기본권을 비롯하여 모든 주관적 권리의 특징은, 주관적 권리가 국가에 의하여 침해당하는 경우 권리구제절차를 통하여 사법적으로 관철되고 보장된다는 데 있다. 주관적 권리성을 판단하는 결정적인 기준은 바로 사법적 심사를 통한 관철의 가능성이다.

Ⅱ. 사회적 기본권의 특성 및 개념

사회적 기본권이란, 헌법 제2장 "국민의 권리와 의무"에 관한 부분에 자유권, 참정권, 청구권 등에 이어서 제31조부터 제36조까지 규정되어 있는 기본권을 말한다.[1] 예컨대 교육을 받을 권리, 근로의 권리, 인간다운 생활을 할 권리, 쾌적한 환경에서 생활할 권리 등이 이에 속한다. 헌법재판소의 결정을 보면 일부 결정에서는 '사회적 기본권'이라는 용어를, 일부의 결정에서는 '생존권' 또는 '생존권적 기본권'이라는 용어를 사용하는 등, 용어의 통일이 이루어지지 않고 있다.

용어사용의 통일성의 관점에서 '사회적 기본권'이란 표현이 보다 적절하다고 생각한다. 사회적 기본권이란 사회국가원리를 실현하기 위한 하나의 중요한 수단이자 사회국가원리의 구체적인 헌법적 표현이란 점에 비추어, '사회국가원리'의 '사회'와 일치하는 개념인 '사회적'이란 용어가 '사회적 기본권'의 의미를 보다 잘 말해 주기 때문이다. 사회적 기본권의 객관적 보장내용이 생존적 측면에 국한된 것은 아니므로, '생존권'이란 용어는 이러한 점에서 부적절하다. 우리 학계나 실무에서 '사회국가원리'라는 용어가 보편적인 국가원리로서 자리 잡았다고 판단되므로, 이에 상응하여 사회적 기본권이란 표현을 사용하는 것이 바람직하다고 생각된다.

1. 사회적 기본권의 특성

가. 국가로부터 작위를 요청하는 기본권의 특징

국가로부터 작위를 요청하는 기본권(청구권적 기본권·사회적 기본권·참정권)은, 국가로부터 부작위를 요구하는 자유권과는 근본적으로 다른 구조와 특징을 가지고 있다. 개인이 기본권을 실제로 행사하기 위하여 입법자의 입법에 의존하고 있다는 점에 바로 이러한 성격의 기본권의 특성과 본질이 있다.

사회적 기본권도 그 본질상 입법자에 의한 구체적인 형성, 즉 입법자에 의한 실현에 의존하고 있다. 사회적 기본권은 그 자체로서 개인에게 국가로부터 구체적인 급부를 요구할 수 있는 권리를 부여하지 않는다. 교육을 받을 권리, 근로의 권리, 인간다운 생활을 할 권리 등은 그 자체로서 집행될 수 없다. 가령, 생계보조비의 지급을 규정하는 입법자의 법률 없이는 국민은 헌법 제34조의 인간다운 생활을 할 권리를 행사할 수 없다.[2] 사회적 기본권은 급부의 조건과 범위를 규율하고 그에 필요한 재정을 확보하는 법률에 의한 구체화와 형성을 필요로 한다. 개인은 사회적 기본권을 근거로 해서는 국가로부터 원칙적으로 아무 것도 요구할 수 없으며, 입법자가 법률로써 '누가 어떠한 조건 하에서 무엇을 요구할 수 있는지'에 관하여 구체적으로 형성한 경우에 비로소 국가로부터 특정한 급부를 요

---

[1] 물론, 위 기본권 중에는 자유권과 사회권의 성격 등을 가지고 있는 복합적인 기본권도 있다. 헌법 제33조의 근로3권은 일차적으로 자유권으로서 사회권적 성격 보다는 자유권적 성격이 강하다. 따라서 근로3권은 그 규정장소에 있어서 결사의 자유와 함께 규율할 수도 있다. 제36조의 경우에도 국가의 침해로부터 혼인과 가족생활의 보호라는 측면에서 자유권적 성격도 인정된다.

[2] 또한, 헌법 제32조 제1항에 규정된 '근로의 권리'는, 개인이 국가로부터 '직장을 제공해 줄 것을 요구할 수 있는 개인의 주관적 권리'가 아니다. 따라서 헌법 제32조 제1항의 '근로의 권리'는 같은 조 제1항 제2문에서 스스로 구체화하고 있듯이, 사회적·경제적 방법으로 고용증진을 해야 할 국가의 의무, 즉 '상대적 완전고용'을 실현하기 위하여 그에 필요한 경제적·사회적 조건을 형성해야 할 국가의 의무를 뜻한다.

구할 수 있다.

이러한 점에서 사회적 기본권은 헌법에 보장된 것만으로는 불완전하고, 입법자가 사회적 기본권을 실현하는 입법을 함으로써 비로소 구체적인 권리로 형성된다. 사회적 기본권은 그 본질상 구체적 권리가 되기 위하여 사전에 입법에 의한 구체적 형성을 필요로 한다.[1] 사회적 기본권은 입법자의 활동에 의하여 비로소 구체화되고 실현되기 때문에, 사회적 기본권으로부터 원칙적으로 사법적으로 관철할 수 있는 개인의 주관적인 권리가 나오지 않는다.

나. 사회적 기본권과 다른 기본권의 차이점

첫째, 사회적 기본권을 다른 기본권과 구분하는 근본적인 특징은, 사회적 기본권의 보장이 국가의 경제적 급부능력에 의존하고 있다는 점이다. 사회적 기본권은 국가가 제공하는 급부의 배분 및 급부에의 참여에 관한 것으로, 국가재정상 현실적으로 가능한 것의 유보(재정유보) 하에서만 그리고 다른 국가과제와의 조정 및 우선순위결정을 통해서만(계획유보) 헌법적으로 보장될 수 있다.[2]

그러나 법치국가나 민주주의를 실현하는 기본권의 경우에는 사회국가를 실현하는 기본권과는 달리, 국가과세의 실현에 관한 문제가 아니기 때문에, 국가의 재정능력의 한계나 다른 국가과제와의 조정의 문제가 발생하지 않는다. 자유권의 보장은 그 자체로서 국가에 대하여 별도의 비용을 유발하지 않는다. 또한, 재판청구권 등 청구권적 기본권은 법치국가를 실현하기 위한 기본권으로서, 선거권 등 참정권은 민주주의를 실현하기 위한 기본권으로서 근본적으로 그 실현여부가 국가재정에 달려 있지 않다.

둘째, 사회적 기본권과 다른 기본권의 또 다른 근본적인 차이점은, 기본권을 사법적으로 관철할 수 있는 가능성의 차이에 있다. 청구권적 기본권과 선거권도 사회적 기본권과 마찬가지로, 개인이 기본권을 행사하기 위해서는 입법자에 의한 사전적 형성을 필요로 한다. 그러나 사회적 기본권의 경우 사법적 심사를 위한 규범적 기준이 존재하지 않기 때문에 사회적 기본권을 사법적으로 관철할 수 있는 가능성이 매우 제한적인 반면,[3] 청구권적 기본권이나 선거권의 경우에는 헌법적으로 비교적 명확한 사법적 심사기준이 존재하고, 입법자가 기본권을 구체적으로 형성함에 있어서 헌법에 의하여 제시되는 지침을 준수하였는지의 판단에 의하여 사법적 심사가 이루어지기 때문에, 청구권적 기본권이나 선거권은 사법적으로 광범위하게 관철될 수 있다.[4]

---

1) 헌재 1995. 7. 21. 93헌가14, 판례집 7-2, 1, 30-31; 헌재 2004. 10. 28. 2002헌마328(2002년 최저생계비 고시), 공보 제98호, 1187, 1191, "헌법 제34조 제1항이 보장하는 인간다운 생활을 할 권리는 사회권적 기본권의 일종으로서 인간의 존엄에 상응하는 최소한의 물질적인 생활의 유지에 필요한 급부를 요구할 수 있는 권리를 의미하는데, 이러한 권리는 국가가 재정형편 등 여러 가지 상황들을 종합적으로 감안하여 법률을 통하여 구체화할 때에 비로소 인정되는 법률적 권리라고 할 것이다."

2) 급부는 국가의 제한된 재정능력 및 다양한 국가과제의 관점에서 오로지 계획된 급부로만 가능하다. 사회국가의 핵심적 문제는 다양한 국가과제를 인식하고 조화시키고 우선순위를 결정하는 데 있다.

3) 이에 관하여 상세한 것은 아래 III. 3. 부분의 서술내용 참조.

4) 헌법은 제24조에서 선거권의 구체적 내용을 입법을 통하여 형성하도록 입법자에게 위임하고 있다. 그러나 입법자의 형성권은 무제한적인 것이 아니라, 민주주의원리를 비롯한 헌법규범에 의하여 제한된다. 입법자는 선거관련입법을 통하여 국민의 선거권을 구체적으로 형성함에 있어서 헌법상의 선거원칙을 준수하고 실현해야 한다. 이러한 의미에서 헌법 제24조의 선거권은 헌법상 선거원칙에 의하여 그 내용에 있어서 이미 본질적으로 결정된다. 즉, 헌법 제24조의 선거권이란 '헌법상 선거원칙에 부합하는 선거권'이며, 이로써 모든 국민은 보통·평등·직접·비밀선거원칙에 부합하는 선거권을 가진다. 마찬가지로, 청구권적 기본권도 입법자에 의한 구체화와 실현에 의존하고 있지만, 입법자의 형성권은 무제한적인 것이 아니라 청구권적 기본권을 보장한 헌법적 결정(헌법적 정신)에 의하여 제한되

2. 사회적 기본권의 헌법적 의미 및 개념

가. 사회적 기본권의 개념을 파악하기 위해서는, 우선 사회적 기본권의 헌법적 이념, 즉 헌법이 사회적 기본권을 수용한 이유와 의미를 이해해야 한다. '사회국가'가 사회정의의 이념을 헌법에 수용한 국가이며 사회정의의 실현을 목표로 하는 국가라면, 사회국가원리의 구체화된 헌법적 표현인 '사회적 기본권'도 우리 헌법 내에서 사회정의의 실현을 위한 수단이자 구체적인 구조적 계획이다. 사회국가가 추구하는 '사회정의의 실현'이란 무엇보다도 국민 누구나 법적인 자유를 실제로 행사할 수 있는 사회적 상황의 실현을 의미하는 것이다.

자유권은 헌법적으로 보장된 자유를 실제로 행사할 수 있는 사실상의 가능성을 가지지 못한 개인에게는 공허하고 무의미하다. 바로 이러한 관점에서 사회적 기본권은 자유를 행사할 수 있는 사실상의 조건을 형성하고 자유행사에 있어서 실질적인 기회균등을 꾀함으로써, 자유를 실현하고자 하는 것이다. 사회적 기본권이 없이는, 진정한 자유는 존재하지 않는다.

사회적 기본권은 오늘날 개인이 국가의 도움 없이는 더 이상 자신의 자유를 제대로 실현할 수 없다는 인식에 기초하고 있다. 현대 산업사회의 조건 하에서 개인은 자유를 행사하기 위한 사회적·경제적 조건을 스스로 형성할 수 없기 때문에, 국민 다수의 실질적 자유는 국가의 적극적인 급부와 활동에 의존하고 있다. 오늘날 국민 다수의 중요한 경제적·사회적 생활근거가 '고용된 직장'과 '교육'이라는 점에서, 개인의 이러한 생활근거는 국가에 의하여 형성되고 제공되어야 한다. 따라서 국가는 자유실현의 사실적·사회적 조건을 형성해야 할 책임과 의무를 지며, 바로 사회적 기본권은 자유를 행사하기 위하여 필요한 사회적 조건을 보장하고자 하는 것이다.

가령, 직업의 자유와 자유로운 인격발현권은 이를 실제로 행사할 수 있는 사회적·경제적 조건으로서 대량실업의 방지와 상대적 완전고용의 실현을 요청한다. 대량실업을 방지하고 국민에게 일자리를 제공해야 하는 사회국가적 목표(근로의 권리)는 직업의 자유와 자유로운 인격발현권을 행사하기 위한 사실적 조건이다. 또한, 직업의 자유와 자유로운 인격발현권은, 이를 실제로 행사할 수 있는 사실적 조건으로서 누구나 능력에 따라 균등하게 교육을 받을 수 있는 사회적 상황의 형성(교육을 받을 권리)을 요청한다.[1] 뿐만 아니라, 인간다운 생존이 비로소 개인적 자유의 행사를 가능하게 하기 때문에, '인간다운 생활을 할 권리'는 사회보장을 비롯하여 사회적·경제적 약자를 보호하고 지원해야 할 국가의 적극적 활동을 요청한다. '혼인과 가족생활의 보장'은 이를 실제로 행사할 수 있는 조건으로서 국가가 혼인과 가족생활로 인하여 발생하는 특별한 부담을 완화하고 혼인과 가족생활을 지원할 것을 요청한다.

나. 이러한 관점에서, 사회적 기본권은 '자유권을 실제로 행사하기 위하여 필요한 사실적 조건을 형성해야 할 국가의 의무'를 기본권의 형태로 수용한 것이다. 사회적 기본권을 개인의 관점에서 주관

고 구속을 받는다. 입법자는 청구권적 기본권을 구체적으로 형성함에 있어서 이러한 기본권을 보장한 헌법의 정신과 가치결정을 존중하고 준수해야 하는 의무를 진다. 가령, 헌법이 재판청구권을 규정한 목적은 효과적인 권리보호를 보장하고자 하는 것이다. '효과적인 권리보호의 요청'은 재판청구권의 객관적 가치결정이자 헌법적 정신으로서, 입법자가 재판청구권을 입법을 통하여 구체적으로 형성함에 있어서 입법자를 구속하는 헌법적 지침이다.

1) 교육이란 헌법상 보장된 개인의 자유를 행사하기 위한 필수적 요건에 속한다. 직업의 자유를 행사하기 위하여 그 전제조건으로서 직업교육을 비롯한 교육을 받아야 하며, 나아가 직업행사와 관계없이 전반적으로 인격을 자유롭게 발현하고 자기결정권을 의미 있게 행사하기 위해서도 최소한의 지식과 교양을 갖추어야 한다.

적으로 정의하자면, 사회적 기본권이란, 국민 누구나 법적으로 보장된 자유를 행사할 수 있도록 국가에 대하여 그 사실적 조건을 형성하는 적극적인 행위(사실적 급부나 국가의 규범제정행위와 같은 규범적 급부)를 요구할 수 있는 권리이다.

Ⅲ. 사회적 기본권의 법적 성격

1. 학계의 견해

사회적 기본권의 법적 성격에 관한 학계의 견해는, 국가에 대하여 사법적으로 관철할 수 있는 개인의 주관적 측면을 강조하는지 아니면 사회적 기본권에 의하여 부과된 국가의 의무적 성격을 강조하는지에 따라, 크게 주관설과 객관설로 나누어 볼 수 있다. 사회적 기본권의 법적 성격에 관한 논의의 본질은, 헌법상의 사회적 기본권을 근거로 국가로부터 직접 구체적・현실적인 급부를 청구할 수 있는지에 관한 견해의 대립이 아니라, 사회적 기본권을 근거로 하여 입법자를 어느 정도로 구속할 수 있는지의 문제에 관한 것이다.

가. 客觀說

(1) 프로그램설

프로그램설에 의하면, 사회적 기본권은 실현되기 위하여 그 내용을 구체화하는 입법자의 법률을 예정하고 있으므로, 재판상 청구할 수 있는 구체적인 권리가 아니라 단지 입법자의 입법방향을 제시하는 선언적 규정, 즉 사회적 기본권의 실현에 관한 구속력 없는 국가의도의 선언에 불과하다. 이로써 사회적 기본권의 실현은 국가기관을 구속하는 헌법적 의무가 아니라 단지 정치적・도덕적 의무에 지나지 않는다고 한다. 그러나 헌법국가에서 모든 헌법규범이 국가기관을 구속하는 규범력을 가진다는 점에서 볼 때, 프로그램설은 오늘날 이미 극복된 이론에 속한다.

(2) 객관적 규범설

객관적 규범설은 사회적 기본권을 개인의 주관적 권리가 아니라, 국가에게 사회국가적 목표를 제시하고 이를 실현해야 할 의무를 부과하는 객관적 규범(국가목표조항, 헌법위임이나 입법위임 등)으로 이해하는 견해이다. 객관적 규범설은, 개인이 사회적 기본권을 구체화하는 입법을 통하여 비로소 사회적 기본권을 행사할 수 있다는 점에서는 프로그램설과 견해를 같이 하나, 법적 구속력을 가지고 국가기관을 구속하는 헌법규범으로 사회적 기본권을 이해한다는 점에서, 프로그램설과 근본적인 차이가 있다.

나. 主觀說(權利說)

권리설이란, 사회적 기본권이 헌법에 '권리'의 형식으로 규정되어 있기 때문에 개인의 주관적 권리로 이해해야 한다는 입장이다. 과거에는 추상적 권리설이 다수설이었으나, 현재는 구체적 권리설이 지배적 견해로 자리 잡은 것으로 보인다.

(1) 추상적 권리설

추상적 권리설은, 개인이 사회적 기본권을 직접 행사할 수는 없고 사회적 기본권을 행사하기 위해서는 사회적 기본권을 구체화하는 법률이 제정되어야 한다고 한다. 추상적 권리설은 입법자의 법률 없이는 사회적 기본권이 구체적 권리가 될 수 없다는 점에 있어서는 객관설과 실질적인 차이가 없으나, 헌법에서 사회적 기본권을 권리로 규정하고 있기 때문에 사회적 기본권은 법적 권리로서의 성격을 가지며, 입법자의 활동에 의하여 비로소 구체화되는 권리라는 의미에서 사회적 기본권을 '추상적 권리'로 이해하고 있다.

(2) 구체적 권리설

구체적 권리설은, 입법 없이는 개인의 구체적인 급부청구권이 존재하지 않는다는 의미에서 사회적 기본권의 법적 성격을 근본적으로 추상적 권리로 파악하나, '추상적 권리설'과는 달리 사회적 기본권의 내용을 구체화하는 입법이 존재하지 않거나 불충분한 경우에는 사회적 기본권의 실현여부를 소송을 통하여 다툴 수 있다는 것이고, 바로 이러한 점에서 사회적 기본권을 '구체적 권리'로 이해한다. 추상적 권리설과 비교할 때, 구체적 권리설은 사회적 기본권에 재판규범성을 인정한다는 점에서 차이가 있다.

(3) 원칙모델에 따른 권리설

독일 법학자인 알렉시(Alexy)의 원칙모델(Prinzipienmodel)에 따른 권리설은, 사회적 기본권은 일단 잠정적으로 개인에게 주관적 권리를 부여하지만, 이러한 권리는 법익형량을 거친 후에야 비로소 확정적 권리가 될 수 있다고 한다.[1] 즉, 사회적 기본권에 의하여 일단 잠재적으로(prima facie) 개인이 국가에 대하여 사회적 기본권의 실현을 위한 행위를 요구할 수 있는 포괄적인 권리를 가진다는 것으로 간주하고, 개인이 최종적으로 어떠한 확정적인 권리를 가지는지에 관하여는 상충하는 법익 간의 교량을 통하여 판단한다고 한다. 이에 따라, 개인이 어떠한 사회적 기본권을 최종적으로 가지는지의 문제는 상충하는 법익 간의 교량을 통하여 밝혀진다.

2. '권리'라는 규정형식에 의하여 법적 성격이 결정되는지의 문제

가. 우선, 사회적 기본권이 헌법에 '권리'의 형식으로 규정되어 있다는 이유로 사회적 기본권을 개인의 주관적 권리의 관점에서 파악해야 하는지의 문제가 제기된다. 물론, 헌법규범의 해석에 있어서 그 출발점은 법문을 근거로 하는 문리적 해석이라 할 수 있으나, 문리적 해석방법은 규범해석에 있어서 극복될 수 없는 절대적 한계가 아니며, 그 외에도 고려해야 하는 다양한 관점과 해석방법이 있다는 것을 감안할 때, "권리로 규정되어 있기 때문에 권리"라고 하는 주장이 얼마나 설득력을 가지는지 의문이다.

첫째, 체계적 해석의 관점에서 볼 때, 헌법이 규정하는 사회적 기본권의 규정형식이 각조의 제1항에서 예컨대 "근로의 권리", "인간다운 생활을 할 권리"라고 규정하면서, 이어서 권리의 내용을 국가의 의무를 통하여 상세하게 구체화하고 있는 점을 감안할 때, 사회적 기본권을 규정하는 각 조항의 서두에서 '국민의 권리'로 표현한 것은 입법기술상의 문제로 보아야 할 것이지, 이를 통하여 사회적 기본권의 법적 성격을 규정하고자 하는 헌법제정자의 객관적 의사로 볼 수 없다.[2]

---

1) Vgl. R. Alexy, Theorie der Grundrechte, 1986, S.465ff.
2) 사회적 기본권을 헌법에 수용함에 있어서 여러 가지 규정형식이 고려됨에도 불구하고, 헌법이 사회적 기본권을 자유권과 동일하게 '권리'의 형식으로 규정한 것은 그 법적 성격을 표현하고자 한 것이 아니라, 인간존엄성과 자유의 실현에 있어서 사회적 기본권이 자유권과 동등한 의미와 중요성을 갖고 있다는 것을 헌법정책적으로 표현하고자 한 것으로 이해해야 한다.

둘째, 역사적 해석의 관점에서 볼 때, 우리 헌법이 독일 바이마르헌법을 모델로 삼아 사회적 기본권을 수용하였고 독일 바이마르헌법에 규정된 사회적 기본권이 단지 선언적 성격을 가졌다는 점을 감안한다면, 헌법제정자가 사회적 기본권을 권리의 형태로 규정하면서 청구권의 특징적인 요소인 기본권형성적 법률유보("법률이 정하는 바에 의하여")조차 언급하지 않은 것은, 사회적 기본권의 '권리'로서의 성격이 처음부터 고려의 대상이 될 수 없음을 표현한 것이라고 볼 수 있다.

셋째, 비교법적인 관점에서 볼 때, 사회적 기본권에 의하여 부과된 국가의 과제와 목표는 헌법적 차원에서 사회적 기본권, 제도보장, 국가목표규정, 헌법위임 등 다양한 법적 형식으로 규정될 수 있다는 것이 오늘날 범세계적으로 공유하는 법적 인식이라는 점에서, 사회적 기본권의 규정형식은 그 법적 성격과는 무관하다는 것을 확인할 수 있다. 이러한 이유에서 사회적 기본권의 규정형식에 의하여 법적 성격이 자동적으로 결정되지 않는다는 점에서, 사회적 기본권이 단지 헌법에 권리의 형식으로 규정되어 있기 때문에 권리라는 주장은 그 자체로서 타당할 수 없고, 별도의 논증을 필요로 한다.

나. 한편, 사회적 기본권뿐만 아니라 선거권, 청구권 등 국가내적인 기본권의 경우 모두 공통적으로 개인이 기본권을 실제로 행사하기 위해서는 입법자에 의한 사전적 형성행위를 필요로 하기 때문에, 사회적 기본권이 실현되기 위하여 입법자에 의한 구체적인 형성을 필요로 한다는 관점도 마찬가지로 사회적 기본권의 법적 성격을 판단함에 있어서 결정적인 기준을 제시하지 않는다.

3. 사회적 기본권을 司法的으로 어느 정도로 관철할 수 있는지의 문제

가. 주관적 權利性을 판단하는 결정적 기준으로서 사법적 관철 가능성의 정도

헌법상의 기본권이란 국가에 대하여 작위나 부작위를 요구할 수 있는 개인의 주관적 공권으로서, 모든 국가기관을 구속하면서 기본권의 주체인 개인에 의하여 사법적으로 관철할 수 있는 권리를 말한다. 기본권을 비롯하여 모든 주관적 권리의 특징은, 주관적 권리가 국가에 의하여 침해당하는 경우 권리구제절차를 통하여 사법적으로 관철되고 보장된다는 데 있다. 따라서 사회적 기본권의 법적 성격을 서술하는 견해로 주관설과 객관설 중에서 무엇이 보다 타당한지에 관한 판단은, 개인이 어느 정도로 헌법재판을 통하여 사회적 기본권을 사법적으로 관철할 수 있고 국가에 의한 사회적 기본권의 실현을 강제할 수 있는지의 판단에 달려있다.

개인이 국가에 대하여 사회적 기본권을 사법적으로 관철하기 위해서는 사회적 기본권이 사법적 심사를 위한 규범적 기준을 제시해야 한다. 그러나 사회적 기본권의 경우, 헌법이 스스로 보장내용을 구체화하는 명시적인 지침을 제시하지도 않을 뿐만 아니라 헌법해석을 통해서도 보장내용이 구체화될 수 없다는 점에서, 사회적 기본권의 내용을 밝히는 것이 거의 불가능하다.[1] 국가에 의한 사회적 기본권의 실현 여부를 규범적으로 판단할 수 있는 사법적 심사기준이 존재하지 않으므로, 헌법재판소에 의한 사법적 심사의 가능성은 매우 제한적일 수밖에 없다.

뿐만 아니라, 사회적 기본권의 실현은 국가과제의 실현 및 급부의 제공에 관한 것인데, 이는 제한된 국가의 재정능력 및 실현되어야 하는 다양한 국가과제를 함께 고려하고 조정하여 우선순위를 결정하는 국가의 계획절차 내에서만 가능하다. 헌법재판소의 결정과정을 의미하는 법익교량과정은, 자

---

1) '헌법해석을 통한 사회적 기본권의 구체화의 한계'에 관하여 자세한 것은 아래 V. 1. 참조.

유권의 경우에는 국가의 간섭을 배제하는 자유권적 요청과 개인의 자유를 제한하는 공익상의 이유를 인식하고 조화시키고 우위를 부여하는 작업을 의미하고 이는 사익과 공익간의 '일차원적' 법익교량 과정이다. 이에 대하여 사회적 기본권은 국가의 형성·계획·조정의 범주 내에서 실현되는 것이기 때문에, 여기서 법익교량과정은 국가의 다른 모든 목표와 과제 및 사회적 기본권의 실현을 위하여 제한되는 자유권 등 다양한 헌법적 법익을 복합적으로 고려하여야 하는 '다층적·다차원적'인 것이다. 사회적 기본권의 실현여부에 관한 헌법재판소의 판단은 상충하는 법익 간의 교량을 통해서만 가능한데, 사회적 기본권의 경우 교량대상법익의 다양성과 다원성으로 말미암아 법익교량이 사실상 불가능하다. 이는 곧 사회적 기본권의 실현여부에 대한 사법적인 심사가능성이 근본적인 한계에 부딪친다는 것을 의미한다. 결국, 개인이 헌법재판을 통하여 국가에 의한 사회적 기본권의 실현을 사실상 관철할 수 없다는 점에서, 사회적 기본권의 권리성은 거의 존재하지 않는다.

나. 주관설의 문제점

(1) 주관설의 일반적 문제점은, 개인이 사회적 기본권을 근거로 하여 국가로부터 원칙적으로 특정한 급부나 행위를 요구할 수 없고 이를 사법적으로 거의 관철할 수 없음에도 사회적 기본권을 주관적 권리로 이해함으로써, 주관적 권리의 성격이 희박한 것에 대하여 '권리'라는 법적 성격을 부여하고 있다는 점이다.

'추상적 권리설'은, 사회적 기본권이 법률의 제정에 의하여 비로소 구체적 권리가 된다고 한다는 점에서 객관설과 다를 바 없으며, '구체적 권리설'도 사회적 기본권의 재판규범성을 강조하기는 하지만 그 내용은 입법자가 입법형성권을 잘못 행사한 경우에 대하여 이를 다툴 수 있는 소극적인 권리에 지나지 않으며, 입법에 의하여 비로소 현실적·구체적 권리가 된다는 점에서 객관설과 근본적으로 다르지 않다.[1] '권리설'은 우리 헌법이 사회적 기본권을 규정하고 있는 형식에 집착하여 '권리'로서 파악하려고 하나, 실질적으로 '권리'의 내용은 사회적 기본권을 실현해야 하는 국가의 의무가 단순히 정치적 의무가 아닌 헌법적 의무라는 것을 표현하고 있을 뿐이다. 결국, 우리 학계의 '구체적 권리설'은 사회적 기본권의 본질을 '사회국가적 목표를 실현해야 할 국가의 의무'로 보고 있다는 점에서 그 실체는 '객관설'이라고 할 수 있다.

그렇다면, 추상적·구체적 권리설과 객관적 규범설은 '동일한 대상'을 단지 명칭을 달리 하여 표현하고 있을 뿐이며, 문제는 어떠한 것이 사회적 기본권의 법적 성격을 보다 잘 표현하고 있는지의 선택의 문제인데, 객관설이 사회적 기본권의 법적 성격을 보다 잘 표현하고 있다고 판단된다. '구체적 권리설'에서 말하는 '권리'란, 사회적 기본권을 실현해야 할 입법자의 의무가 헌법적 입법의무라는 것으로부터 파생하는 권리, 즉 '입법자에 대하여 사회적 기본권의 실현을 요구하고 사회적 기본권의 실현여부를 헌법재판을 통하여 다툴 수 있는 권리'에 지나지 않는다.[2] 그러나 개인이 사회적 기본권

---

1) 사회적 기본권의 내용을 구체화하는 입법이 존재하지 않는 경우 '구체적 권리설'이 입법부작위에 대하여 헌법소원을 제기할 수 있는 가능성을 강조하는 것도, 구체적 권리설이 비록 사회적 기본권을 권리로 파악한다고 주장하지만 실제에 있어서는 국가의 과제와 목표를 실현해야 할 입법자의 의무로 파악하고 있다는 것을 말해주고 있다. 왜냐하면, 입법부작위나 불충분한 입법에 대한 헌법소원의 가능성은 입법자에 대한 헌법위임, 즉 헌법적 입법의무를 전제로 하기 때문이다.

2) 이러한 주관적 권리는 국가로부터 특정 내용의 입법이나 특정 급부를 요구할 수 있는 '적극적인' 권리가 아니라, 사회적 기본권의 실현에 있어서 입법자에게 주어진 형성권을 사회적 기본권의 객관적 내용에 합치하게 사용할 것을

을 근거로 국가에 대하여 거의 아무것도 요구할 수 없고 관철할 수 없음에도 불구하고, 단지 사회적 기본권의 실현여부를 헌법재판을 통하여 다툴 수 있는 가능성을 강조하기 위하여 그 법적 성격을 '권리'로 표현하는 것은 사회적 기본권의 본질을 왜곡하는 것이다.

따라서 사회적 기본권의 법적 성격을 '구체적 권리'로 규정하는 것은, 사회적 기본권이 경우에 따라 재판규범으로서 작용할 수 있다는 가능성만을 지나치게 부각시킴으로써, 본질적으로 객관적·의무적 성격을 가지는 사회적 기본권을 그 법적 성격에 있어서 제대로 표현하지 못하고 있다. 결국 '권리설'은 원칙적으로 객관적인 측면을 국민의 관점에서 주관적 권리로 설명하려고 시도함으로써, 사회적 기본권의 본질을 포착할 수 없는 한계를 지니고 있다.

(2) 한편, Alexy의 원칙모델에 따른 권리설은 처음부터 사회적 기본권을 주관적 권리로 상정한다는 점에서 진정한 의미의 주관설이라 할 수 있다. 그러나 위 견해는 다양한 법리적 문제점을 안고 있으며, 특히 이러한 법익형량의 모델에 의해서는 교량대상법익의 다양성과 다원성으로 인하여 법익형량 자체가 현실적으로 불가능하다는 중대한 결함을 가지고 있다.[1] 이러한 법익형량의 모델은 사법적 심사기준이라고 하기보다는, 헌법재판소에 의한 사법적 심사가능성의 규범적·사실적 한계에 관한 또 다른 서술에 지나지 않는다.

4. 국가목표규정이자 헌법위임으로서 사회적 기본권

가. 사회적 기본권은 국가의 객관적 헌법원칙인 사회국가원리가 일정 생활영역과 관련하여 구체화된 헌법적 표현으로서, 그 모체(母體)와 마찬가지로 근본적으로 객관적인 성격을 갖고 있다. 사회적 기본권이란, 사회국가의 실현을 위하여 헌법에 기본권의 형식으로 규정된 국가목표규정이자, 동시에 사회적 기본권에 의하여 구체화된 국가과제를 실현해야 하는 헌법적 의무를 국가기관에게 부과하는 헌법위임, 특히 입법자에 대한 입법위임이다.

사회적 기본권은 국가에게 특정 목표를 지속적으로 이행해야 할 의무를 부과하는 국가목표규정으로서, 국가행위에 대하여 지속적인 방향과 지침을 제시한다. 입법자는 입법을 통하여, 법적용기관은 법규범의 해석과 적용을 통하여 사회적 기본권에 담겨있는 국가목표를 지속적으로 실현해야 할 의무를 진다. 뿐만 아니라, 사회적 기본권은 입법과 행정에 대하여 사회국가적 목표를 실현해야 할 의무를 부과하는 헌법위임의 성격을 가지고 있다. 헌법위임이란, 사회적 기본권에 표현된 국가목표를 적합한 조치를 통하여 실현하여야 할 국가기관의 의무, 무엇보다도 입법자의 의무(입법위임)를 의미한다. 사회적 기본권의 실현은 일차적으로 입법자의 과제이다. 사회적 기본권은 입법자에게 입법

요구하고, 입법부작위나 불충분한 입법으로 인하여 헌법상 부여된 입법형성권의 범위를 현저하게 일탈한 경우 이를 헌법재판을 통하여 다툴 수 있는 '소극적인' 권리이다.

1) 법익교량의 과정에서 저울의 한 편에는 '사회적 기본권이 실현하고자 하는 실질적 자유의 요청'을 올려놓고, 저울의 다른 한편에는 '형식적 요청'으로서 사법기관의 기능적 한계를 제시하는 민주주의원리와 권력분립원리의 요청, 나아가 '실체적 요청'으로서 사회적 기본권에 의하여 제한되는 자유권, 그 외의 사회적 기본권 및 국가의 과제와 공익 등 상충하는 법익을 올려놓는 경우, 상충하는 법익이 매우 다양할 뿐만 아니라 서로 다른 (형식적 및 실체적) 차원에 위치하고 있기 때문에, 이와 같이 다양한 법익을 함께 고려하여 다층적·다차원적으로 형량하는 작업이 사실상 기능할 수 없다는 것을 말해준다. 이러한 법익형량의 모델은 현실적으로 그 실행이 불가능하다. 결국, 위 모델은 법익교량의 형식을 빌려서 헌법재판소에 의한 사회적 기본권실현의 한계를 서술하고 이를 스스로 인정하는 것에 불과하다.

과정에서 고려하여야 할 구속력 있는 국가목표를 부과하고 이러한 국가목표를 입법을 통하여 실현해야 할 의무를 부과하고 있다. 따라서 입법자에 의한 부작위나 의무의 명백한 해태는 헌법적으로 허용되지 않는다. 입법자가 형성권을 현저하게 잘못 행사한 경우, 객관설은 입법자의 객관적 의무에 대응하는 개인의 주관적 권리가 인정될 수 있다는 것을 배제하지 않는다.[1]

나. 사회적 기본권은 본질상 국가의 과제와 목표를 담고 있기 때문에, 그 형식이나 장소에 있어서 다양한 방법으로 규정될 수 있다. 사회적 기본권은 기본권의 형식뿐만 아니라 국가목표규정이나 입법위임규정의 형식으로 헌법에 수용될 수도 있으며,[2] 그 규정장소와 관련해서도 기본권에 관한 장(章) 뿐만 아니라 경제에 관한 장, 또는 별도의 사회질서에 관한 장에 규정될 수도 있다.[3] 이 모두 헌법적 美學이나 헌법정책의 문제이지, 규정 형식과 규정장소에 따라 사회적 기본권의 법적 성격이 달라지는 것은 아니다.

5. 헌법소원의 가능성

가. '구체적 권리설'을 포함하여 '객관설'의 문제점

사회적 기본권의 법적 성격이 본질적으로 개인의 주관적 권리가 아니라 국가의 객관적 의무라면, 국가가 사회적 기본권의 실현의무를 이행하지 않는 경우 이를 헌법소원의 형태로써 다툴 수 있는지의 문제가 제기된다. 개인은 헌법상 보장된 기본권이 침해되었음을 이유로 헌법재판소에 헌법소원을 제기할 수 있기 때문이다. 위에서 확인한 바와 같이, '구체적 권리설'도 그 실체에 있어서는 사실상 객관설로서, 입법자의 의무불이행의 경우에 대하여 헌법소원을 제기할 수 있는 가능성을 단지 주장만 할 뿐, 객관적 성격의 사회적 기본권을 근거로 하여 어떻게 개인이 입법자의 의무이행을 다툴 수 있는지에 관하여 설명하지 못하고 있다.[4] '헌법이 사회적 기본권을 권리의 형태로 규정하고 있기 때문에 권리'라는 주장만으로는 사회적 기본권의 실현여부를 다툴 수 있는 가능성으로서의 '권리성'을 논증할 수 없다.

나. 사회적 기본권의 실현여부를 다툴 수 있는 권리의 헌법적 도출

사회적 기본권은 입법자에게 '사회적 기본권을 입법을 통하여 실현해야 할 의무'를 부과하고 있다. 사회적 기본권이 법적 구속력 있는 입법위임이라는 것은, 입법위임의 이행여부가 사법적으로 심사될 수 있다는 것을 의미한다. 헌법국가에서 '헌법적 구속'은 곧 '사법적 심사의 가능성'을 의미한다.

---

1) 또한, 객관설은 조감할 수 있는 특정한 부분적 영역에서 사회적 기본권을 주관적 권리로 규정한 경우(가령, 헌법 제31조 제2항의 무상의 초등교육청구권, 실업급여청구권 등)에는 이러한 구체적인 입법의무에 대응하여 구체적 입법을 요구할 수 있는 개인의 주관적 권리가 인정된다는 것을 배제하지 않는다.

2) 예컨대, 독일의 기본법에 환경보호에 관한 조항이 신설될 당시, 이를 사회적 기본권의 형태로 아니면 국가목표조항의 형식으로 규정할 것인지에 관하여 논란이 있었고, 결국 주관적 권리가 아닌 국가의 의무를 '기본권'의 형식으로 규정하는 것은 바람직하지 않다는 지배적인 견해에 따라 환경보호조항은 기본법 제20a조에 국가목표의 형식으로 규정되었다.

3) 예컨대, 근로의 권리는 "모든 국민은 근로의 권리를 가진다."라고 사회적 기본권의 형태로써 '제2장 국민의 권리와 의무'에 규정될 수도 있고, 또는 "국가는 근로자의 고용증진에 노력하여야 한다."는 등의 국가의무·목표조항의 형식으로 '제9장 경제'에 규정될 수도 있다. 헌법 제35조의 환경권도 마찬가지로 국가목표조항의 형태로 '제9장 경제' 부분에 규율될 수 있다. 역으로, 헌법 제9장 제124조에 규정된 '소비자의 보호의무'는 '소비자의 권리'의 형태로 사회적 기본권으로 규정될 수 있다.

4) 본질적으로 객관적 성격의 사회적 기본권에 '구체적 권리'란 이름의 옷을 입힌다고 하여, 사회적 기본권의 실체가 객관적 성격에서 주관적 성격으로 변하는 것은 아니기 때문이다.

따라서 입법을 통하여 사회적 기본권을 실현해야 할 의무의 이행여부도 사법적 심사의 대상이 되어야 한다. 여기서 제기되는 문제는, '입법을 통하여 사회적 기본권을 실현해야 할 입법자의 의무'에 대응하는 개인의 주관적 권리로서 '입법자에 대하여 의무이행을 요구할 수 있는 권리'가 어떻게 도출될 수 있는지에 관한 것이다.

헌법상의 사회적 기본권규정은 입법자에게 입법을 통하여 사회적 기본권을 실현해야 할 객관적 의무를 부과하고 있고, 사회적 기본권규정이 이러한 의무를 부과하는 목적은 국가의 급부와 활동을 통하여 개인의 실질적인 자유행사를 가능하게 함으로써 인간의 존엄성을 실현하는데 있으므로, 사회적 기본권규정은 궁극적으로 개인의 이익을 위하여 존재한다. 그러므로 사회적 기본권규정으로부터 '입법자에 대하여 의무의 이행을 요구할 수 있는 개인의 주관적 권리'가 '사회적 기본권을 실현해야 할 입법자의 객관적 의무'에 대응하는 권리로서 나온다.[1] 사회적 기본권은 그 법적 성격에 있어서 국가의 객관적 의무이지만, 사회적 기본권규정으로부터 국가의 객관적 의무에 대응하는 개인의 주관적 권리가 도출되는 것이다. 즉, 사회적 기본권규정은 국가에 대하여 객관적 의무를 부과하면서, 동시에 이에 대응하는 개인의 주관적 권리를 부여하는 것이다. 따라서 입법자가 사회적 기본권의 실현의무를 제대로 이행하고 있지 않다고 판단되는 경우, 개인은 사회적 기본권규정을 근거로 위 규정으로부터 도출되는 주관적 권리인 '사회적 기본권의 실현을 요구할 수 있는 권리'가 침해되었다는 주장으로 헌법소원을 제기할 수 있는 것이다.

6. 사회적 기본권과 과잉금지원칙

가. 과잉금지원칙이 사회적 기본권에 적용되는지의 문제

사회적 기본권의 법적 성격을 '주관적 권리'로 파악하는 소위 '구체적 권리설'의 입장에서는 헌법 제37조 제2항의 일반적 법률유보조항이 사회적 기본권에도 적용된다고 주장한다. 즉 사회적 기본권이 국가안전보장, 질서유지 또는 공공복리를 위하여 필요한 경우에 법률로써 제한될 수 있다는 것이다. 그러나 이러한 견해는 사회적 기본권과 자유권의 근본적인 구조적 차이를 간과하고 있다.

첫째, 사회적 기본권은 법률에 의하여 제한되는 것이 아니라, 비로소 구체적 권리로서 형성되는 것이다.[2] 즉, 사회적 기본권의 영역에서 법률은 '권리제한적' 기능을 하는 것이 아니라 '권리형성적' 기능을 하는 것이다. 아직 입법에 의하여 구체적 권리로 형성되지 않은 헌법상의 사회적 기본권이 어떻게 국가안전보장이나 질서유지, 공공복리의 이유로 법률로써 제한될 수 있는지 납득할 수 없다.[3]

---

1) 기본권의 구조는 객관적 법규범(기본권규정), 국가의 객관적 의무(기본권존중의무), 개인의 주관적 권리(기본권)의 상관관계에서 보아야 이해가 가능하다. 기본권규정은 국가에게 객관적 의무를 부과하면서 개인에게는 주관적 권리를 부여하는 객관적 법규범이다. 개인이 특정 상대방으로부터 작위나 부작위를 요구할 수 있는 법적 권리를 가지고 있는 경우, '주관적 권리'가 인정된다. 주관적 권리는 이에 대응하는 '상대방의 법적 의무'를 전제로 하며, 이러한 법적 의무는 '객관적 법규범'에 의하여 부과된다. 한편, 공법상의 주관적 권리는, 객관적 법규범이 국가에게 특정한 법적 의무를 부과하고, 국가의 법적 의무를 규정하는 법규범이 공적 이익뿐만 아니라 개인의 이익을 위해서도 존재하는 경우에 인정될 수 있다.

2) 학계에서는 흔히 "사회적 기본권의 침해"라는 표현을 적지 않게 사용하고 있으나, '사회적 기본권이 침해될 수 있는지'의 문제가 제기된다. '침해'란 공권력에 의하여 침해될 수 있는 현존하는 개인의 구체적인 법적 지위, 즉 구체적 권리의 보호범위의 존재를 전제로 하는데, 헌법차원에서의 사회적 기본권은 개인의 이러한 구체적인 보호영역을 구성하지 못한다. 따라서 헌법상의 사회적 기본권은 '침해'되는 것이 아니라, 헌법적 의무의 불이행으로 인하여 '실현'되지 못할 뿐이다.

3) 물론, 사회적 기본권이 일단 입법에 의하여 주관적 권리로 형성된 경우 국가로부터 일정 급부를 요구하는 구체적

둘째, 사회적 기본권의 본질적 내용이 정의로운 사회질서를 형성하기 위한 국가의 과제라는 점에서, 사회적 기본권은 '공공복리'에 의하여 제한되는 것이 아니라 역으로 '공공복리'를 실현하고자 하는 것이며, 그 실현수단은 일반적으로 자유권에 대한 제한으로 나타난다. 입법자가 개인의 자유권을 제한하는 경우 공익상의 사유로 정당화되어야 하는데, 사회적 기본권에 담겨진 국가의 헌법상 의무와 과제는 '자유권의 제한을 정당화하는 헌법적 근거'로 기능함으로써 스스로 헌법 제37조 제2항의 의미에서의 '공공복리'의 일부를 구성하는 것이다.

셋째, 사회적 기본권에 헌법 제37조 제2항의 규정을 적용할 수 없다는 것을 지지하는 또 다른 헌법적 근거는, 만일 사회적 기본권에 일반적 법률유보조항을 적용한다면 이와 불가분의 관계에 있는 '본질적 내용의 침해금지조항'이 함께 적용된다는 점이다. 그러나 '기본권의 본질적 내용의 침해금지'의 사고란 이미 존재하는 것을 전제로 하여 그 핵심에 대한 침해를 금지하는 것으로 전국가적, 자연권적 기본권 사상에 기초하고 있다는 점에서, 사회적 기본권과 같이 국가의 입법에 의하여 '비로소 구체적으로 형성되는 것'에는 관련될 수 없다.

나. 사회적 기본권과 관련하여 입법자의 법률에 대하여 제기되는 문제

사회적 기본권은 사회국가원칙의 구체화된 헌법적 표현으로서, 기본권의 형식으로 표현된 국가목표를 적합한 조치를 통하여 실현하여야 할 국가기관, 무엇보다도 입법자의 헌법적 의무를 뜻한다. 따라서 사회적 기본권과 관련하여 입법자의 입법에 의하여 제기되는 문제는, 법률이 사회적 기본권을 과잉으로 제한하는지의 문제가 아니라, 입법자가 사회적 기본권의 실현의무를 제대로 이행하였는지의 여부이다.

헌법재판소는 이미 '1994년 생계보호기준' 사건에서 입법자의 입법이 사회적 기본권에 부합하는지의 여부는 과잉금지원칙이 아니라, 국가가 사회적 기본권의 실현을 위하여 적어도 적절하고 효율적인 최소한의 조치를 취하여야 할 국가의 기본의무를 이행하였는지의 관점, 즉 '과소(보장)금지원칙' 또는 '최소한 보장의 원칙'에 따라 판단해야 한다고 판시한 바 있다.[1]

다. 綜合的 基本權으로서 사회적 기본권?

학계의 일부 견해는 사회적 기본권을 사회권적 요소와 자유권적 요소를 모두 포함하는 종합적 기본권으로 이해하여, "사회적 기본권의 자유권적 또는 방어권적 측면"이란 표현을 사용하고 있다. 이처럼, 하나의 개별적 기본권에 사회적 요소와 자유적 요소를 모두 부여하여 종합적으로 파악하는 것이 마치 학계의 유행처럼 되어 있으나, 자유권과 사회적 기본권을 서로 구분하여 보장하고 있는 우리 헌법체계에서, 기본권의 자유적 내용과 사회적 내용은 원칙적으로 분리되어 각각 자유권과 사회적 기본권에 귀속시켜야 한다.

사회적 기본권에 내재되어 있다고 주장하는 소위 '자유권적 요소'는 이미 자유권에 의하여 충분히 보호되고 있는 것이므로, 이를 사회적 기본권이 중복적으로 보호하여야 할 아무런 필요성이 없다.[2]

권리가 국가의 재정능력이나 다른 공공복리의 목적으로 다시 법률로써 축소·제한될 수 있다. 그러나 헌법상의 사회적 기본권은 그 본질상 헌법 제37조 제2항의 법률유보조항으로는 제한될 수 없는 성질의 것이다.

1) 헌재 1997. 5. 29. 94헌마33(생계보호기준), 판례집 9-1, 543.
2) 가령, 환경권이 포함한다는 소위 "자유권적 요소"(환경파괴로 인한 건강의 침해)는 생명권 및 신체불가침권·건강권과 같은 자유권에 의하여 보호되는 것이다.

그러므로 사회적 기본권의 소위 '자유권적 내용'은 사회권적 내용에서 분리하여 헌법상의 개별적인 자유권에 귀속시켜야 하며, 사회적 기본권의 보장내용에 이미 자유권에 의하여 보호되고 있는 자유권적 요소를 굳이 포함시킴으로써 사회적 기본권에 대한 이해에 있어서 혼란을 초래해야 할 아무런 이유를 찾아볼 수 없다. 뿐만 아니라, 자유권과 사회적 기본권이 그 구조에 있어서 근본적으로 다르고 그에 따라 헌법적 심사의 기준도 서로 다르기 때문에, 하나의 기본권에 가능하면 다양한 의미를 담으려고 하는 시도나 심지어 자유권과 사회적 기본권의 구분을 부정하려는 시도는 명확한 헌법적 논리를 통한 구체적인 헌법문제의 해결의 관점에서도 배척되어야 한다.

Ⅳ. 사회적 기본권과 국가의 다른 목표·과제의 관계

사례 │ 헌재 2002. 12. 18. 2002헌마52(저상버스 도입의무 불이행 사건)

정구인 '장애인 이동권 쟁취를 위한 연내회의'는 보건복지부장관에게 장애인이 편리하게 승차할 수 있는 저상버스의 도입을 청구하였으나 보건복지부장관은 건설교통부와 협의해야 한다는 등의 이유를 들며 이를 이행하지 않자, 보건복지부장관을 상대로 저상버스를 도입하지 않은 부작위가 청구인의 행복추구권, 인간다운 생활을 할 권리 등을 침해한다는 주장으로 헌법소원심판을 청구하였다.[1]

1. 국가과제이행의 우선순위에 관한 입법자의 결정권

가. 국가과제이행에 있어서 최우선적 배려의 요청으로서 사회적 기본권?

사회적 기본권이 국가에게 어느 정도 이행을 강제할 수 있는 헌법적 과제를 부과하기 위해서는, 국가의 다른 과제보다도 사회적 기본권에 의하여 부과된 과제를 우선적으로 실현하여야 한다는 '국가과제 간의 우열관계'가 전제되어야 한다. 그러나 사회적 기본권에 의하여 지지되고 강조된 국가과제와 그 외의 국가과제 사이에는 그 실현에 있어서 입법자가 준수해야 하는 일정한 순위관계가 없다. 즉, 사회적 기본권은 입법과정이나 정책결정과정·예산책정과정에서 다른 국가과제에 대하여 우선적 이행을 요구할 수가 없는 것이다.[2]

이는 사회적 기본권의 상호 관계에서도 마찬가지이다. 모든 사회적 기본권을 균등하게 실현하여야 하는지 아니면 특정 사회적 기본권을 우선적으로 실현하여야 하는지에 관하여 헌법은 아무것도 제시하지 않는다. 또한 '근로의 권리와 환경권의 관계' 또는 '경제성장의 과제와 환경권의 관계'에서

---

1) 헌재 2002. 12. 18. 2002헌마52(저상버스 도입의무 불이행), 판례집 14-2, 904, 911, "국가에게 헌법 제34조에 의하여 장애인의 복지를 위하여 노력해야 할 의무가 있다는 것은, 장애인도 인간다운 생활을 누릴 수 있는 정의로운 사회질서를 형성해야 할 국가의 일반적인 의무를 뜻하는 것이지, 장애인을 위하여 저상버스를 도입해야 한다는 구체적 내용의 의무가 헌법으로부터 나오는 것은 아니다. … 국가가 장애인의 복지를 위하여 저상버스를 도입하는 등 국가재정이 허용하는 범위 내에서 사회적 약자를 위하여 최선을 다하는 것은 바람직하지만, 이는 사회국가를 실현하는 일차적 주체인 입법자와 행정청의 과제로서 이를 헌법재판소가 원칙적으로 강제할 수는 없는 것이며, 국가기관간의 권력분립원칙에 비추어 볼 때, 다만 헌법이 스스로 국가기관에게 특정한 의무를 부과하는 경우에 한하여, 헌법재판소는 헌법재판의 형태로써 국가기관이 특정한 행위를 하지 않은 부작위의 위헌성을 확인할 수 있을 뿐이다. 이 사건의 경우 저상버스를 도입해야 한다는 구체적인 내용의 국가 의무가 헌법으로부터 도출될 수 없으므로, 이 사건 심판청구는 부적법하다."

2) 同旨, 헌재 2002. 12. 18. 2002헌마52(저상버스 도입의무 불이행), 판례집 14-2, 904, 909-910.

볼 수 있듯이, 사회적 기본권은 상호 경쟁관계에 있으며, 적지 않은 경우 하나의 사회적 기본권은 또 다른 사회적 기본권의 희생 하에서 실현될 수 있다.

나. 헌법에 의한 국가과제 우선순위 확정의 문제점

헌법이 스스로 다양한 국가과제의 실현과 관련하여 일정한 순위관계를 정함으로써 입법자를 이미 헌법적 차원에서 특정한 방향의 사회·경제정책에 구속한다면, 그러한 헌법은 끊임없이 변화하는 사회상황에 직면하여 사회국가의 실현을 위하여 불가결한 유연성과 개방성을 스스로 포기하게 된다. 사회정의의 실현을 위하여 구체적으로 '지금 어떠한 국가과제가 우선적으로 이행되어야 하는지'의 문제는 매 상황마다 개별적으로 사회질서의 형성에 참여한 모든 사회구성원의 논의에 의하여 결정되어야 할 사안이고, 이는 결국 의회민주주의에서는 일차적으로 사회형성의 주체인 입법자의 관할이다. 사회국가에서 실현되어야 하는 국가목표의 우선순위에 관한 결정은 끊임없이 변화하는 사회상황에 적응되어야 하며, 사회국가원리가 사회적 기본권에 의하여 구체화되었다고 하더라도, 사회국가의 실현방법에 있어서 근본적인 개방성이 달라질 수 없다.

2. 국가정책결정에서 사회적 기본권의 의미

입법자는 사회·경제정책을 결정함에 있어서 서로 경쟁하고 충돌하는 여러 국가목표를 균형 있게 고려하여 서로 조화시키려고 시도하고, 매 사안마다 그에 적합한 실현의 우선순위를 부여하게 된다. 국가는 사회적 기본권에 의하여 제시된 국가과제를 언제나 국가의 현실적인 재정·경제능력의 범위 내에서 다른 국가과제와의 조화와 우선순위결정을 통하여 이행할 수밖에 없다. 그러므로 사회적 기본권은 입법과정이나 정책결정과정에서 사회적 기본권에 의하여 부과된 국가목표의 무조건적이고 최우선적 배려가 아니라, 모든 정치적 결정과정에서 단지 적절하게 고려될 것을 요청하고 있다. 이러한 의미에서 사회적 기본권은 국가의 모든 정책결정과정에서 사회적 기본권이 제시하는 국가목표를 적절하게 고려하여야 할 국가의 의무를 의미한다.[1]

V. 헌법소송을 통한 사회적 기본권 실현의 한계

현행 헌법재판제도에서 사회적 기본권을 구체화하는 입법이 존재하지 않거나 불충분한 경우에는 헌법소송을 통하여 사회적 기본권의 실현여부를 다툴 수 있는 가능성이 존재한다. 입법자가 사회적 기본권을 실현하는 입법을 전혀 하지 않은 경우에는 예외적으로 입법부작위에 대한 헌법소원이 가능할 것이며, 입법은 하였으나 입법의 내용이 불충분한 경우에는 그러한 법규범이 헌법소원이나 위헌법률심판의 대상이 될 수 있다. 국가가 사회적 기본권의 실현의무를 이행하였는지의 여부가 헌법소송의 대상이 된 경우, 헌법재판소가 사법적 심사를 통하여 어느 정도로 국가의무의 이행을 강제할 수 있는지가 문제된다.

---

1) 헌재 2002. 12. 18. 2002헌마52(저상버스 도입의무 불이행), 판례집 14-2, 904, 910, "사회적 기본권은 입법과정이나 정책결정과정에서 사회적 기본권에 규정된 국가목표의 무조건적인 최우선적 배려가 아니라 단지 적절한 고려를 요청하는 것이다. 이러한 의미에서 사회적 기본권은, 국가의 모든 의사결정과정에서 사회적 기본권이 담고 있는 국가목표를 고려하여야 할 국가의 의무를 의미한다."

1. 헌법해석을 통한 사회적 기본권의 구체화의 한계

가. 헌법해석을 통한 구체화의 정도에 있어서 자유권과 사회권의 차이

헌법재판소의 심사기준은 헌법규범이므로, 헌법규정의 규범적 명확성이 약한 경우에는 그만큼 헌법재판소에 의한 헌법적 심사의 가능성이 제한되어 있다. 사회적 기본권이 비교적 구체적으로 국가과제를 규정하고 있음에도 불구하고, 사회적 기본권에서 구체적인 국가과제의 이행의무를 도출하기에는 사회적 기본권의 규범적 표현은 너무 추상적이다.

물론, 자유권의 경우에도 기본권규정의 추상성 때문에 헌법재판소에 의한 해석을 필요로 하지만, 해석의 대상규범이 '국가권력의 한계'를 결정하는 자유권인지 또는 '국가과제의 실현'을 요구하는 사회적 기본권인지에 따라, 헌법재판소가 헌법해석을 통하여 기본권의 보장내용을 구체화하는 정도에 있어서 근본적인 차이가 있다. 자유권의 경우 헌법해석은 과거에 발생한 기본권침해에 대한 통제에 관한 것으로 국가행위에 대하여 소극적으로 헌법적 한계를 제시하는 것이지만, 사회적 기본권의 경우 헌법해석은 미래지향적인 적극적 형성에 관한 것으로 입법자의 정치적 형성권을 침해할 위험이 있다.

나. 규범적 심사기준으로서 자유권의 구체적 요청

자유권은 일차적으로 대국가적 방어권으로서 자유권에 대한 구체적인 침해의 제거를 목적으로 하는 '과거연관적'인 것이나, 사회적 기본권은 '미래지향적'으로 국가의 적극적인 형성을 목적으로 하고 있다. 자유권의 경우 국가행위의 소극적인 배제에 관한 것이지 적극적인 국가의무의 실현에 관한 것이 아니기 때문에, 자유권을 심사기준으로 하는 국가행위의 통제는 국가행위의 한계에 관한 소극적인 결정인 것이다. 자유권에서는 헌법이 실현하려고 하는 상태와 실현방법이 이미 헌법에 의하여 '보호법익에 대한 구체적인 침해의 조속한 제거를 통한 자유영역의 원상복구'라는 구체적인 형태로 예정되어 있다.

다. 규범적 심사기준으로서 사회적 기본권의 추상적 요청

이에 대하여, 사회적 기본권과 같이 헌법의 객관적 내용이 실현되어야 하는 경우에는 헌법이 단지 일정 국가과제만을 부과하고 있을 뿐, 헌법이 실현하려고 하는 상태 및 그 실현방법과 실현시기에 관한 구체적인 표현이 없다. 사회적 기본권에서는 구체적인 보호영역에 대한 침해의 소극적인 배제가 아니라 국가과제의 적극적인 실현에 관한 문제이기 때문에, 이 경우 헌법재판소가 해석을 통하여 사회적 기본권의 헌법적 내용을 구체화하는 것은 규범해석의 범위를 벗어나는 주관적인 헌법해석과 정치적 형성의 위험을 안고 있다. 그러므로 사회적 기본권이 헌법재판소에게 규범적 심사기준을 제공하기 위해서는, 헌법이 스스로 개별규정에 의하여 입법의무의 내용과 범위를 본질적으로 규정하고 있어야 한다. 그러나 사회적 기본권이 '어떠한 상태가 언제 어떻게 실현되어야 하는지'에 관하여 구체적으로 규정하고 있지 않으므로, 사회적 기본권은 규범적 심사기준으로서 단지 제한적으로 작용할 수밖에 없다.

2. 헌법재판소에 의한 사회적 기본권 실현의 헌법적 한계

헌법재판소에 의한 사회적 기본권의 실현가능성은 일차적으로 국민경제의 수준, 즉 국가의 재정능력 및 급부능력이라는 사실적 요인에 좌우된다는 현실적인 한계 외에도, 민주주의원리와 권력분립원리로부터 나오는 헌법적 한계에 의한 제약을 받는다.

가. 권력분립원리

(1) 권력분립질서 내에서 입법자와 헌법재판소의 상이한 헌법적 기능

헌법재판소와 입법자는 헌법적으로 부여된 기능에 있어서 서로 상이하다. 입법자는 헌법의 한계 내에서 정치적 결정을 통하여 공동체를 형성하는데 중심적 역할을 하는 반면, 헌법재판소는 헌법에서 입법형성권의 한계를 도출해 냄으로써 입법자의 정치적 형성에 대하여 헌법적 한계를 제시한다.

헌법재판소는 헌법소송을 통하여 사회적 기본권을 적극적으로 실현함으로써 사회형성에 있어서 주도적 역할을 하기에는 기능적으로 부적합하다. 어떠한 급부를 어떠한 수준으로 제공할 것인지는 사회형성의 주체인 입법자의 관할이며, 입법자는 다른 국가과제와의 조정과 우선순위결정을 통하여 사회적 기본권의 실현의무를 이행할 수밖에 없다. 이는, 다원적 민주주의사회에서 여러 상이한 사회적 요청과 이익을 인식하여 이익조정을 하고 우선순위를 정하기에는 헌법재판소가 기능적으로 부적합하다는 것을 의미한다.[1]

(2) 입법자와 헌법재판소에 대한 사회적 기본권의 상이한 요청

헌법재판소와 입법자 모두 헌법의 구속을 받지만, 그 구속의 성질은 서로 다르다. 입법자나 집행부와 같이 적극적으로 형성적 활동을 하는 국가기관에게는 헌법은 행위의 지침으로 작용하는 '행위규범'을 의미하나, 헌법재판소에게는 다른 국가기관의 행위의 합헌성을 심사하는 기준으로서의 '통제규범'을 의미한다.[2] 헌법이 입법자와 헌법재판소 중 누구를 수범자로 하는가, 즉 누구를 구속하는가에 따라 행위규범과 통제규범으로 구분하는 것은, 헌법적 권한과 기능에 있어서 입법자와 헌법재판소의 근본적인 차이점과 양 국가기관에 대한 사회적 기본권의 헌법적 요청이 상이하다는 것을 한 눈에 보여준다.

이러한 관점에서, 헌법재판소가 입법자의 행위에 대한 심사를 단지 '입법자의 정치적 형성권이 헌법적 한계 내에 머물고 있는지'의 여부에 국한시켜야만, 입법자의 형성의 자유, 궁극적으로 헌법상 권력분립적 기능질서가 보장될 수 있다. 만일 행위규범과 통제규범으로서의 구분이 폐지되어 '입법자에 대한 헌법의 요청'과 '헌법재판소의 심사기준'이 일치한다면, 입법자가 헌법의 구속을 받는다는 것은 결과적으로 사회형성에 대한 헌법재판소의 현실 판단에 구속을 받는다는 것을 의미한다. 이는, 공동체의 형성이 헌법재판소의 사법적 판단에 의하여 결정되고 이로써 헌법재판소가 정치적 형성의 최종적 주체가 되는 司法國家를 의미하게 된다.

---

1) 헌법재판소의 결정과정을 의미하는 법익교량과정은, 자유권의 경우에는 국가의 간섭을 배제하는 자유권적 요청과 개인의 자유를 제한하는 공익상의 이유를 인식하고 조화시키고 우위를 부여하는 사익과 공익의 일차원적 비교이지만, 이에 대하여 사회적 기본권은 국가의 형성·계획·조정의 범주 내에서 실현되는 것이기 때문에, 여기서 법익교량과정은 다른 모든 국가의 과제와 의무를 고려하여야 하는 다층적·다차원적인 것이다. 이는 곧 사회적 기본권의 실현여부에 대한 사법적인 접근이 한계에 부딪친다는 것을 의미한다.

2) 예컨대 '인간다운 생활을 할 권리'를 보장하기 위하여 일반적으로 사회보장제도의 유지와 확대가 요구되는데, 한국의 경제력이 크게 신장한 오늘날 국가가 제공하는 급부의 내용이 사회적 기본권을 실질적으로 보장할 수 있는 정도에 미치는가의 문제의 판단에 있어서, 행위규범으로서의 사회적 기본권은 입법자에게 국민소득이나 전반적인 국가의 급부능력, 경쟁하는 다른 국가과제와의 관계에서 보아 실질적으로 보장할 수 있는 것을 보장할 의무를 부과하고 있다. 그러나 헌법재판소의 심사기준이 되는 통제규범으로서의 사회적 기본권은, 국가가 사회적 기본권의 객관적인 내용을 실현하기 위하여 필요한 적어도 최소한의 조치를 취하였는지의 여부만을 심사할 것을 요청한다. 이에 관하여 헌재 1997. 5. 29. 94헌마33(생계보호기준); 헌재 2004. 10. 28. 2002헌마328(2002년 최저생계비 고시) 참조.

나. 민주주의원리

사회적 기본권의 실현과 관련하여 민주주의원리는, '정치적 논의과정이 민주국가의 근본적인 의사결정방법이므로, 사회형성에 관한 결정은 헌법재판소에 의한 사법적 판단에 의해서가 아니라, 원칙적으로 정치적 논의과정에서 이루어져야 한다'는 요청을 하고 있다.

'어떠한 범위의 급부가 헌법이념이나 국가의 재정능력에 비추어 요청되는지'에 관하여 논란이 있다면, 이를 결정하는 적합한 형태는 민주적 의사형성과정에서 정치적 논의를 통한 다수의 결정이다. 민주국가에서의 정치적 의사는 다원적·분쟁적 과정을 통하여 형성되고, 정치적 논쟁을 거쳐서 다수결로 매 사안마다 공익을 정의하게 된다. 따라서 사회적 기본권의 실현가능성에 관한 판단은 자신의 결정에 대하여 정치적 책임을 지는 국민의 대표자로 구성된 합의체에서 토론과 이익조정을 통하여 결정되어야 할 사안이지, 헌법재판소의 사법적 심사과정에 맡겨질 결정이 아닌 것이다. 헌법재판소의 결정은 민주적인 합의체 내에서의 이익조정과 논의를 통한 것이 아니라 헌법의 해석을 통하여 헌법적으로 타당한 결정을 이끌어내는 사법적 법인식작용이다.

다. 司法積極主義에 의한 사회적 기본권 실현의 위험성

개인의 자유영역을 침범한 입법자에게 그의 헌법적 한계를 제시하는 자유권의 경우에는 정치적 형성과정이 헌법재판소의 헌법해석으로 대체될 위험성이 적으나, 사회적 기본권과 같은 개방적인 국가목표 또는 국가과제의 실현에 있어서 헌법재판소가 해석을 통하여 헌법규범의 내용을 확정하는 권한을 적극적으로 사용한다면, 정치적 형성과정이 크게 저해될 위험이 있다.

(1) 헌법소원의 立法請願化

헌법재판소가 헌법해석을 통하여 사회적 기본권으로부터 입법자의 구체적 의무를 광범위하게 인정한다는 것은 결국 자신을 정치적 형성의 주체인 입법자로 만드는 것이고, 국가의 급부제공을 요구하면서 입법자에 의한 사회적 기본권의 실현여부를 다투는 헌법소원이나 위헌법률심판은 사실상 '입법청원'의 성격으로 변질될 것이다.

(2) 입법자의 예산결정권에 대한 침해

사회적 기본권의 실현이 국가재정의 확보를 전제로 한다는 점에서, 헌법소송을 통하여 사회적 기본권을 관철하고 실현할 수 있는 여지를 광범위하게 인정한다는 것은, 입법자의 예산정책이 본질적인 부분에서 헌법적으로 선결된다는 것을 의미한다. 따라서 입법자가 사회적 기본권에 의하여 부과된 국가과제를 제대로 이행하였는지에 대한 헌법재판소의 포괄적인 통제는, 헌법재판소가 입법자의 예산결정권을 박탈하여 실질적으로 자신의 관할로 만드는 결과를 가져온다.

(3) '한시적인 것'을 헌법적 내용으로 확정

또한, 헌법재판소가 해석을 통하여 사회적 기본권으로부터 구체적인 국가과제를 도출하고 입법자에게 구체적인 입법의무를 부과함으로써 사회적 기본권을 주관적·구체적인 권리로 강화하는 것의 위험성을 인식해야 한다. 어떤 범위의 급부가 현실적으로 가능한지의 판단에 있어서 헌법재판소는 현재의 경제상황과 국가재정능력을 기준으로 삼게 되므로, 장래에 다른 중요한 국가과제가 출현할 가능성이 있고 국민경제의 발전과 경기변동을 예측할 수 없다는 관점에서 보면, 결국 '한시적인 것', '현재 가능한 것'을 헌법의 내용으로 확정하게 된다. 그러나 사회국가의 실현은 헌법재판소의 결정에 의하여 고착화될 수 없는 미래지향적이고 동적인 것이며, 시간의 흐름과 사회현상의 발전에 따라 지속적인 수정과 변화에 개방되어있는 과정인 것이다. 헌법재판소가 그의 결정을 통하여 '현시점에서 현실적으로 실현가능한 법적 상태'를 헌법의 내용으로 확정한다면, 헌법에 요구되는 기본적인 안정성과 항구성을 상실하게 된다.

라. 司法積極主義를 요청하는 견해의 문제점

입법자가 사회적 기본권을 제대로 실현하는지에 관하여 헌법재판소가 보다 엄격하게 심사해야 한다는 견해가 있으나, 이러한 견해는 민주주의에서 사회정치적 현실 판단과 사회형성의 주체를 입법자에서 헌법재판소로 대체할 위험이 있다. 사회국가 실현의 주체이자 원동력은 입법자이며, 사회국가를 실현할 입법자의 의지와 사회적 약자에 대한 국민의 사회적 관심과 배려가 결여된 곳에서, 사회국가의 실현은 헌법재판소의 결정에 의하여 강제될 수 없다. 사회적 기본권의 궁극적 실현은 무엇보다도 사회정책을 담당하는 입법자의 의지에 달려 있는 것이지, 사회적 기본권으로부터 구체적인 국가과제를 도출해내는 헌법재판소의 헌법해석을 통하여 이루어지는 것이 아니다.

사회국가의 실현이 자유권의 보호와 사법절차의 보장을 통한 법치국가의 실현과 근본적으로 다른 길을 걷고 있기 때문에, 사회국가실현에 대한 헌법재판소의 법치국가적 심사는 그 자체로서 제한적일 수밖에 없다. 이러한 법치국가적 통제의 不足分과 결함은 정치적 형성권을 입법자에게서 헌법재판소로 이전함으로써 치유될 수 있는 것이 아니라, 국가의사결정과정과 계획수립과정에서 사회적 기본권에 의하여 부과된 국가과제가 적절하게 고려될 수 있고 사회적·경제적 약자의 이익이 적절하게 고려될 수 있는 절차의 형성을 통하여 보완되어야 한다. 헌법재판제도가 활성화됨에 따라 법치국가적 심사를 사회적 기본권에까지도 광범위하게 확장하려는 시도가 있으나, 사회적 기본권은 일차적으로 사법적 절차가 아닌 司法外的 절차를 통하여, 즉 사회적 기본권에 의하여 강조된 이익과 과제가 이익조정과정과 정책결정과정에 효과적으로 참여하는 방법을 통하여 실현된다는 것을 인식하여야 한다.

3. 사회적 기본권 실현의무의 이행여부에 대한 헌법재판소의 심사기준

> **사례** │ 헌재 1997. 5. 29. 94헌마33(생계보호기준 사건)[1]
>
> 청구인들은 부부인데 생활보호법에 의한 '거택보호대상자'로서, 1994. 1.경 보건복지부장관이 고시한 1994년 생활보호사업지침상의 '94년 생계보호기준'에 의하여 생계보호급여를 받고 있는바, 이 보호급여 수준은 최저생계비에도 훨씬 미치지 못하여 헌법상 보장된 청구인들의 행복추구권과 인간다운 생활을 할 권리를 침해하고 있다는 이유로 '94년 생계보호기준'에 대한 헌법소원심판을 청구하였다.[2]

---

1) 유사한 결정으로 헌재 2004. 10. 28. 2002헌마328(2002년 최저생계비 고시), 위 결정에서도 헌재 1997. 5. 29. 94헌마33(생계보호기준) 결정과 동일한 이유로 심판청구를 기각하였다.

2) 헌재 1997. 5. 29. 94헌마33(생계보호기준), [보건복지부장관이 고시한 생활보호사업지침상의 '94년 생계보호기준'이 헌법상의 행복추구권과 인간다운 생활을 할 권리를 침해하는 것인지의 여부에 관하여] 판례집 9-1, 543, "국가가 인간다운 생활을 보장하기 위한 헌법적인 의무를 다하였는지의 여부가 사법적 심사의 대상이 된 경우에는, 국가가 생계보호에 관한 입법을 전혀 하지 아니하였다든가 그 내용이 현저히 불합리하여 헌법상 용인될 수 있는 재량의 범위를 명백히 일탈한 경우에 한하여 헌법에 위반된다고 할 수 있다."; 판례집 9-1, 543, 544, "이 사건 생계보호기

가. 과소보장금지의 원칙 또는 최소한 보장의 원칙

결국, 위에서 서술한 다양한 관점을 고려할 때, 헌법재판소는 사회적 기본권 실현의무의 이행여부를 매우 제약적으로만 심사할 수 있다는 결론에 이른다. 입법자는 사회적 기본권을 실현함에 있어서 상충하고 경쟁하는 다양한 법익을 고려하여 결정할 수 있는 광범위한 형성의 자유를 가진다. 국가가 사회적 기본권을 어떻게 실현할 것인지의 문제(사회적 기본권 실현의 정도와 수단 및 시기의 문제)는 권력분립원리와 민주주의원리에 근거하여 원칙적으로 입법자의 관할범위에 속한다. 그러므로 사회적 기본권으로부터 특정조치를 취하여야 할 국가의 의무나 특정법률을 제정하여야 할 구체적인 입법의무를 원칙적으로 이끌어 낼 수 없다. 이러한 입법형성의 자유에 비추어, 헌법재판소는 '입법자가 사회적 기본권을 실현해야 할 의무를 제대로 이행하였는지의 여부'를 '과소보장금지의 원칙' 또는 '최소한 보장의 원칙'을 기준으로 단지 제한적으로만 심사할 수 있다. 즉, 헌법재판소는 사법적 심사에 있어서 단지 국가가 사회적 기본권의 실현을 위한 최소한의 조치를 취하였는지의 여부만을 판단하게 된다.[1] 이러한 의미에서의 '최소한 보장의 원칙'은, 사회적 기본권의 경우 헌법재판의 결정과정으로서의 법익교량이 교량대상법익의 다양성과 다원성으로 말미암아 사실상 불가능하다는 인식에 기초하고 있다.

만일 헌법재판소가 입법형성권의 일탈여부를 심사함에 있어서 헌법적 한계의 명백한 일탈에 관한 심사에만 국한하지 않는다면, 사회현실에 대한 헌법재판소의 판단과 일치하지 않는 입법자의 판단을 실질적으로 부정하는 결과를 가져오며, 이는 헌법적 심사기준의 결여로 말미암아 자의적일 수밖에 없다. 이러한 이유에서 헌법재판소는 "국가가 사회적 기본권을 실현하기 위한 아무런 조치를 취하지 않았던지, 아니면 취한 조치가 사회적 기본권의 객관적 내용을 실현하기에 명백하게 부적합하거나 불충분할 때에만 헌법재판소는 국가의 의무이행의 위반을 확인할 수 있을 뿐"이라고 하여 의무위반의 명백성을 요구하고 있다.[2]

나. 헌법재판에서 '주관적 권리'의 의미

대부분의 경우, 사회적 기본권 실현의무의 위반이 그 명백성의 결여로 인하여 거의 예외 없이 부정되기 때문에, 사회적 기본권의 실현여부를 다툴 수 있는 '주관적 권리'는 단지 헌법소원의 가능성만을 열어놓을 뿐, 헌법재판을 통하여 국가의 의무이행을 강제할 수 있는 효과는 거의 없다고 보아야 한다. 이러한 점에서, 사회적 기본권의 주관적 권리로서의 성격은 사회적 기본권의 실현여부를 헌법재판을 통하여 다툴 수 있는 이론상의 가능성, 사실상 거의 의미가 없는 것으로 축소된다.

준이 청구인들의 인간다운 생활을 보장하기 위하여 국가가 실현해야 할 객관적 내용의 최소한도의 보장에도 이르지 못하였다거나 헌법상 용인될 수 있는 재량의 범위를 명백히 일탈하였다고는 보기 어렵고, 따라서 비록 위와 같은 생계보호의 수준이 일반 최저생계비에 못 미친다고 하더라도 그 사실만으로 곧 그것이 헌법에 위반된다거나 청구인들의 행복추구권이나 인간다운 생활을 할 권리를 침해한 것이라고는 볼 수 없다."

1) 헌재 1997. 5. 29. 94헌마33(생계보호기준), 판례집 9-1, 543, "모든 국민은 인간다운 생활을 할 권리를 가지며 국가는 생활능력 없는 국민을 보호할 의무가 있다는 헌법의 규정은 입법부와 행정부에 대하여는 국민소득, 국가의 재정능력과 정책 등을 고려하여 가능한 범위 안에서 최대한으로 모든 국민이 물질적인 최저생활을 넘어서 인간의 존엄성에 맞는 건강하고 문화적인 생활을 누릴 수 있도록 하여야 한다는 행위의 지침 즉 행위규범으로서 작용하지만, 헌법재판에 있어서는 다른 국가기관 즉 입법부나 행정부가 국민으로 하여금 인간다운 생활을 영위하도록 하기 위하여 객관적으로 필요한 최소한의 조치를 취할 의무를 다하였는지의 여부를 기준으로 국가기관의 행위의 합헌성을 심사하여야 한다는 통제규범으로 작용하는 것이다."

2) 헌재 1997. 5. 29. 94헌마33(생계보호기준), 판례집 9-1, 543.

다. 절차에 의한 사회적 기본권의 보장

사회적 기본권의 실현여부를 판단하는 기준이 '과소보장금지의 원칙'이므로, 사회국가적 급부를 제공하는 입법에 대한 헌법재판소의 실체적 심사는 국가의 급부가 명백하게 불충분한지의 여부에 관한 심사에 국한된다. 입법자가 사회적 기본권을 사회보장입법을 통하여 구체화하는 경우에 '입법내용'에 대한 사법적 통제가 제한적이라면, '입법자가 결정에 이르게 된 절차'에 대한 통제를 통하여 실체적 통제의 부족분을 보완할 수 있고, 이러한 방법으로 실체적 기본권의 실현을 어느 정도 보장할 수 있다.[1] 국가공권력의 결정내용에 대한 통제가 제대로 기능하지 않는 경우에는 결정에 이르는 절차에 대한 통제가 요청되는 것이며, 이러한 사고는 사회적 기본권을 실현하는 법률의 위헌여부를 판단하는 경우에도 적용된다.

Ⅵ. 한국 헌법에서 사회적 기본권의 헌법적 의미

1. 사회국가원리의 헌법적 수용

사회적 기본권은 우리 헌법에서 사회국가원리의 가장 중요하고도 뚜렷한 표현으로서 한국 헌법이 무엇보다도 사회적 기본권을 통하여 사회국가원리를 수용하고 있으며 동시에 사회국가원리가 사회적 기본권을 통하여 구체화되었다는 것에서, 사회적 기본권의 일차적 의미를 찾을 수 있다.

사회적 기본권은 사회국가원리의 구체화된 헌법적 표현으로서 입법자에게 보다 구체적인 내용의 과제와 의무를 부과하고 있고 이에 따라 그 이행여부에 관한 헌법재판소의 심사를 일정 범위 내에서 가능하게 하지만, 다른 한편으로는 바로 이러한 구체성 때문에 헌법개정을 통하여 사회적 기본권의 목록을 수정하고 보완함으로써 사회현상의 변화에 적응해야 한다.

2. 인간의 존엄성 실현을 위한 불가결한 요소로서 '국가에 의한 자유'

사회적 기본권을 헌법에 규정하는데 있어서 여러 가지 다른 형식과 장소가 고려됨에도 불구하고, 헌법이 사회적 기본권을 자유권과 동일한 형식("권리")으로 "기본권부분"에 위치하게 한 것은, 우리 헌법의 최고의 가치이자 궁극적 목적인 인간의 존엄성의 실현에 있어서 사회적 기본권이 '자유권과 동등한 의미와 중요성'을 갖고 있다는 것을 표현하고자 한 것이다.

나아가, 헌법의 기본권부분에 자유권과 나란히 사회적 기본권을 병렬함으로써, 헌법은 오늘날 자유보장 및 인간의 존엄성 실현을 위한 불가결한 2 가지 요소를 표현하고 있다. 오늘날의 자유의 보장은 국가권력으로부터 개인의 자유를 보호하는 자유권, 즉 '국가로부터의 자유'뿐만 아니라, 개인의

---

1) Vgl. BVerfGE 125, 175, 225f. 독일 연방헌법재판소는 실업자에게 제공되는 기본급여의 금액(독일 사회법전 제2권)이 문제된 'Hartz Ⅳ 결정'에서 국가의 급부가 인간존엄성보장, 생명권, 사회국가원리의 연관관계로부터 도출되는 '인간다운 최저생계의 보장을 요구할 권리'에 부합하는지의 판단에 있어서 실체적 심사는 국가의 급부가 명백하게 불충분한지의 여부에 관한 심사에 국한된다는 것을 전제로, 헌법이 최저생계의 산정에 관하여 스스로 지침을 제시하지 않기 때문에 입법자에게 광범위한 형성권이 인정될 수밖에 없고, 그 결과 생계보조금액 자체는 명백하게 불충분하다고 볼 수 없다고 확인하였다. 그러나 '인간다운 최저생계의 보장을 요구할 권리'는 급부산정의 근거와 방법에 대하여 이러한 헌법적 권리를 실현하고자 하는 정신에 부합하는지에 관한 통제를 요구한다고 판시하였다. 그 결과, 입법자가 최저생계비를 밝히기 위하여 선택한 절차가 현실과 수급자의 기본수요를 적절하게 고려하는 절차에 해당하지 않는다고 확인함으로써, 절차위반을 시정하기 위하여 최저생계비를 새롭게 산정할 것을 촉구하였다.

자유행사의 실질적인 조건을 형성하고 유지하여야 할 국가의 적극적인 활동, 즉 '국가에 의한 자유'도 또한 필요로 한다는 것이다. 따라서 헌법 제2장 기본권 부분에 규정된 자유권과 사회권은 오늘날 '자유의 두 가지 의미'를 헌법적 차원에서 규범적으로 표현한 것이다.

3. 다원주의적 민주주의의 정치적 의사형성과정에 대한 보완

사회적 기본권이 여자, 노인, 청소년, 신체장애자 등 특정 사회적 약자의 보호 및 환경보전 등을 명시적으로 규정한 것은(헌법 제34조 및 제35조), 오늘날 다원적 민주주의국가에서 정치적 의사형성과정에 대한 헌법의 불신(不信)이 표현되어 있다. 즉, 헌법은 사회적 기본권을 수용함으로써 "오늘의 민주국가에서는 사회구성원의 모든 중요한 이익이 빠짐없이 이익단체로 조직되어 정치적 영향력을 행사하고 스스로 알아서 부분·특수이익을 관철하려는 노력을 한다."는 낙관론에 대하여 부정적인 입장을 취하고 있는 것이다.

사회적·경제적 약자의 경우, 특히 이익단체로 조직되기 어렵고 자신의 이익을 관철할 힘이 약한 여자, 노인, 청소년, 신체장애자 등의 경우, 이들은 국민경제에 중요한 기여를 하지 못하므로, 사회에 대한 그들의 기여분(寄與分)을 거부함으로써 정치적 압력을 행사할 수 있는 잠재적 투쟁능력이 결여되어 있다. 또한, 사회 내에서 실질적인 보호세력을 갖기 어려운 장기적이고도 일반적인 이익인 환경보전(헌법 제35조)이나 소비자보호(제124조)에 있어서도 마찬가지이다. 이러한 이익은 국민 누구에게나 관계되기 때문에 특수이익으로서의 매력이 적고 단체의 소속과 관계없이 누구나 단체가 획득한 성과에 참여할 수 있기 때문에, 이익을 유효적절하게 대변할 수 있는 단체가 조직되기 어렵다.

그러므로 부분이익간의 자유경쟁에서 정치적 영향력을 행사하기 힘든 사회적 약자의 이익 또는 전체 국민과 관련되는 일반적 이익이 국가의 정책결정과정에서 함께 고려될 수 있도록, 헌법은 사회적 기본권을 통하여 정치적 세력다툼에서 불리한 입장에 있는 이러한 이익들을 강조하고 헌법적으로 지지하고 있는 것이다. 여기서 사회적 기본권은 모든 정책결정과정에서 사회적 기본권이 담고 있는 국가목표를 고려하여야 할 국가의 의무를 의미한다. 따라서 사회적 기본권의 헌법적 의미는 다원주의적 민주주의의 정치적 의사형성과정에서 발생하는 전형적인 결함을 보완하여야 할 국가의 의무에서 찾을 수 있다.

4. 자유권의 해석에 미치는 영향

사회적 기본권의 또 다른 헌법적 의미는 자유권의 해석에 미치는 영향에 있다. 헌법은 사회적 기본권을 수용함으로써 자유권을 사회적 기본권으로 해석하는 것이 불필요할 뿐 아니라, 원칙적으로 자유권을 동시에 사회권적·급부적 측면으로 파악하려는 기본권의 해석에 대하여 부정적인 태도를 취하고 있다.

사회적 기본권이 헌법에 규정됨으로써, 자유권으로부터 '제도적 기본권이론'이나 '사회적 기본권이론'과 같은 기본권해석을 통하여 '자유를 행사할 수 있는 실질적 조건'으로서 특정한 국가의무나 목표를 도출하고자 하는 시도가 불필요해진다.[1] 헌법상 사회적 기본권의 존재는, 오늘날 자유보장의

---

1) 독일 기본법과 같이 자유권만 보장할 뿐 사회적 기본권이 결여된 경우에는, 자유권적 기본권의 객관적 질서로서의 측면을 사회국가원리와 결부시켜 자유권으로부터 국가의 의무와 목표 등의 구체적인 내용의 사회권적 요소를 이끌

두 가지 요소가 자유적 내용과 사회적 내용으로 나뉘어 각 자유권과 사회적 기본권에 귀속된다는 것을 의미한다. 이러한 이유에서 한국헌법의 체계에서는 해석을 통한 '자유권의 사회권화 또는 생활권화'는 무의미할 뿐만 아니라, 사회적 기본권을 명시적으로 규정하고 있는 헌법의 정신에 반한다.[1]

실질적 자유의 보장 또는 자유실현의 문제는 자유권해석의 문제가 아니라 일차적으로 사회정책의 문제이며 사회국가원리, 민주주의원리 등과 같은 헌법상의 객관적 원칙이 담당해야 할 문제이다. 따라서 설사 한국헌법에서 사회적 기본권이 그의 광범위한 목록에도 불구하고 실질적인 자유보장을 위한 모든 관점을 다 포함하고 있지 않는다 하더라도, 사회적 기본권에 규정되지 않은 국가의 의무와 과제는 자유권의 해석을 통하여 보완될 것이 아니라 사회적 기본권의 모체인 사회국가원리에서 직접 도출되어야 한다.

제 2 절 敎育을 받을 權利[2]

I. 서 론

1. 헌법 제31조의 교육을 받을 권리와 관련하여 제기되는 일차적인 문제는 '교육을 받을 권리'의 헌법적 의미와 법적 성격이 무엇인가 하는 것이다. 이와 관련해서는 교육을 받을 권리가 '국가의 간섭이나 방해를 받지 아니하고 자유롭게 교육을 받을 자유권적 측면'도 포함하는 기본권인지, 나아가 학교선택권과 같은 '학부모의 권리'를 도출하는 헌법적 근거인지의 문제가 제기된다.

2. 학교교육에는 국가, 학부모, 학생, 교사라는 일련의 당사자가 관련되어 있다.[3] 국가는 의무교육을 비롯한 공교육의 운영자이자 학교교육의 주체로서, 학교제도를 조직하고 교육과정, 교육목표, 교육내용과 교육방법을 규율하는 포괄적인 권한을 가진다. 교사는 국가의 위임에 의하여 교육현장에서 교육과제를 실질적으로 담당하는 교육자로서, 교육활동을 위하여 불가결한 독자적 책임과 자율성

어내려는 끊임없는 시도가 학계 일부에서 있어왔다. 물론, 독일 기본법에는 이러한 모든 개별적 국가목표를 총합하는 '사회국가원리'란 대원칙이 헌법에 명문으로 규정되어 있으나, 사회국가원리가 제시하는 국가목표의 내용이 너무 추상적이기 때문에, 헌법에서 유일하게 구체적으로 각 생활영역(문화, 경제, 노동 등)을 표현하는 자유권에 사회국가원리를 결부시킴으로써 각 생활영역에 상응하는 구체적인 국가의 의무를 도출하고자 시도한 것이었다. 예컨대, 선택할 직장이 없다면 직업의 자유라는 자유권적 내용은 공허하기 때문에, 직업선택의 자유로부터 그의 실질적인 행사를 비로소 가능케 하는 '근로의 권리'(즉 '상대적 완전고용을 실현해야 할 국가의 의무')를, 재산권보장으로부터 그의 현실적 전제조건으로서 '모든 국민의 재산권형성을 위하여 노력할 국가의 의무'를, 직업의 자유에 의하여 보장되는 직업교육장선택의 자유로부터 '교육의 권리'(즉, 교육시설을 최대한으로 활용하고 확충할 국가의 의무)를, 생명권과 신체의 불가침권으로부터 국가의 '최저생계보장의 의무'나 '환경권'을 도출하려고 시도하였다.

1) 독일 기본법처럼 사회국가조항이란 일반원칙만 있고, 그 내용에 관한 구체적인 헌법규범적 표현이 없는 경우에는, 자유권이 그의 구체적 보호범위를 통하여 제공하는 각 생활영역에서 그에 상응하는 기본권실현의 국가의무를 도출하려는 소위 '자유권의 사회권화'의 시도가 이해되지만, 한국 헌법처럼 모든 사회영역을 거의 빠짐없이 망라하는 광범위하고도 상세한 사회적 기본권 조항이 헌법에 명문으로 보장되어 있는 한, 자유권으로부터 해석을 통하여 사회적 기본권의 내용을 도출하여야 할 하등의 이유가 없다. 그러므로 '자유권의 사회권화'는 이미 헌법이 명문으로 보장하고 있는 사회권을 불필요한 해석을 통하여 단지 다시 확인하는 결과에 이를 뿐이다.

2) 교육을 받을 권리에 관하여 한수웅, 교육의 자주성·전문성·중립성 및 교사의 교육의 자유, 저스티스 2007/12, 36면 이하; 교육을 받을 권리와 국가교육권한의 한계 -교육평준화 및 학교선택권 제한의 헌법적 한계를 중심으로-, 법조 2008. 4, 5면 이하 참조.

3) 교육기본법은 제2장에서 '교육당사자'를 학습자, 보호자, 교원 및 국가·지자체로 구분하고 있다.

의 보장을 요청할 수 있다. 학부모는 자녀교육에 관한 전반적인 계획을 세우고 자신의 가치관과 세계관에 따라 자녀의 교육을 자유롭게 형성할 수 있는 자녀교육권을 가진다. 학생은 교육의 영역에서 능력과 적성을 가능하면 국가의 간섭과 방해를 받지 아니하고 자유롭게 발현할 권리, 즉 개인의 능력과 적성에 부합하는 교육을 통하여 인격을 발현할 권리(학습의 자유)를 가진다. 이에 따라 학교교육에서 제기되는 첫 번째 문제는 국가의 학교교육권한과 부모의 자녀교육권, 학생의 인격발현권 및 교사의 교육의 자유(수업권) 사이의 관계와 경계설정에 관한 것이다.[1]

국가는 헌법 제31조에 의하여 학교교육의 권한과 과제를 부여받았고, 한편으로는 부모는 천부적이고 자연적인 자녀교육권을 가지고 있다는 점에서, '학교교육에서 국가와 부모의 관계'는 국가의 교육권한과 관련하여 규명되어야 하는 핵심적인 문제에 속한다. 국가는 헌법 제31조에 근거하여 어느 정도로 자유롭게 학교교육을 형성할 수 있으며, 국가형성권의 한계는 무엇인가? 부모는 자녀교육권을 근거로 학교교육에 대하여 어느 정도로 영향력을 행사할 수 있으며, 학교의 영역에서 존중되어야 하는 부모교육권의 내용은 무엇인가? 부모와 자녀의 학교선택권의 헌법적 근거는 무엇이며, 국가는 어느 정도로 부모의 학교선택권을 제한할 수 있는가?

3. 헌법 제31조 제4항 및 제6항은 제1항과 함께 '교육을 받을 권리'에 관한 규정 중에서 가장 핵심적인 규정이다. 헌법 제31조 제4항에서 규정하는 '교육의 자주성·전문성·정치적 중립성'의 헌법적 의미는 무엇인가? 보다 근본적인 문제로서, 헌법이 추구하는 교육목표는 무엇인가? 국가의 교육권한과 교사의 교육의 자유는 어떠한 관계에 있는가? 교사의 교육의 자유의 헌법적 근거는 무엇인가? 교사의 자유는 법적 성격에 있어서 헌법적으로 보장되는 기본권인가 아니면 교사직무의 특성에 기초한 객관적인 헌법적 요청인가? 교사의 자유의 헌법적 한계는 어디에 있는가? 교사에게 수업을 통하여 자신의 가치관과 세계관을 학생에게 전달하는 것이 어느 정도로 허용되는가?

4. 또 다른 문제는 교육영역에서 입법자가 규율해야 할 대상과 행정청이 규율할 수 있는 대상의 경계설정의 문제, 즉 의회유보의 문제이다. 헌법 제31조 제6항은 교육의 영역에서 의회유보의 원칙을 명시적으로 밝히고 있는데, 교육의 영역에서 구체적으로 무엇이 입법자에게 유보되어야 하는지의 문제가 제기된다. 교육제도와 관련하여 어떠한 사안이 입법자에 의하여 스스로 규율되어야 하는가? 교원지위 법정주의의 헌법적 의미는 무엇인가?

Ⅱ. 헌법적 의미

1. 헌법 제31조의 구조

헌법 제31조는 국민의 '교육을 받을 권리'를 규정하고 있다. 국민의 관점에서 주관적으로 표현된 '교육을 받을 권리'의 실질적 내용은 객관적으로 표현한다면, 국민에게 실효성 있는 교육을 제공해야 할 국가의 의무나 과제를 뜻한다. 그러므로 헌법 제31조의 각항은 '교육을 받을 권리'를 보장하기 위

---

1) '교육의 자유' 또는 '교육권'이란 용어는, 그 주체가 누구인지에 따라 매우 다양한 의미로 사용되고 있다. 그러나 교육당사자의 권리나 권한을 모두 동일한 용어로 표현하는 것은 혼동의 우려가 있기 때문에, 교육당사자별로 용어를 달리하여 국가의 교육권은 '국가의 학교교육권한'으로, 학부모의 교육권은 '부모의 자녀교육권'으로, 학생의 교육권(학습권)은 '학생의 자유로운 인격발현권'으로, 교사의 교육권(수업권)은 '교육의 자유'로 부르기로 한다.

하여 또는 실효성 있는 교육을 제공할 국가의 의무를 이행하기 위하여 불가결한 전제조건을 규정하는 조항으로서 서로 유기적인 상호연관관계에서 파악되어야 한다.

국가가 국민에게 실효성 있는 교육을 제공할 수 있도록, 헌법 제31조는 제2항 및 제3항에서 자녀에게 최소한의 교육을 받게끔 할 부모의 의무(취학의무)를 규정하고,[1] 제4항에서 학교교육주체의 기능을 확보하기 위하여 꼭 필요한 기본원칙인 교육의 자주성·전문성·정치적 중립성 및 대학의 자율성을 법률로 보장할 의무를 국가에게 부과하고, 제6항에서는 교육제도·교육재정·교원의 지위에 관한 기본적인 제도적·물적·인적 사항을 법률로 정하게 함으로써, 국가가 '교육을 받을 권리'를 실현하기 위하여 필요한 실질적 조건을 법률로써 형성할 국가의 의무를 규정하고 있다.

2. 교육을 받을 권리의 헌법적 의미

교육이 개인의 인격발현과 행복추구에 있어서 가지는 의미와 국가의 미래와 번영에 대하여 가지는 중요성을 감안한다면, 현대의 사회국가 또는 복지국가에서 교육은 문화적 생존배려의 가장 핵심적 영역에 속한다.

가. 개인의 자유를 행사하기 위한 실질적 조건

교육을 받을 권리는 국민이 인간으로서 존엄을 유지하고 자주적 인격체로서 인간다운 생활을 영위하는데 필수적인 전제이자 다른 기본권을 의미 있게 행사하기 위한 기초이다. 이로써 교육이란 헌법상 보장된 개인의 자유를 행사하기 위한 필수적 요건에 속한다. 직업의 자유를 행사하기 위하여 그 전제조건으로서 직업교육을 비롯한 교육을 받아야 하며, 나아가 직업행사와 관계없이 전반적으로 인격을 자유롭게 발현하고 자기결정권을 의미 있게 행사하기 위해서도 최소한의 지식과 교양을 갖추어야 한다. 따라서 개인이 '인격의 자유로운 발현권'과 '직업의 자유'를 실제로 행사할 수 있는 조건을 형성해야 할 과제가 교육제도에 부과된다.

나. 국가의 번영 및 민주주의의 실현을 위한 전제조건

민주국가에서 교육을 통한 국민의 능력과 자질의 향상은 바로 그 나라의 번영과 발전의 토대가 되는 것이므로, 교육은 현대국가의 중요한 과제에 속한다.[2] 뿐만 아니라, 민주주의의 질은 주권자인 국민의 민주적 수준에 의하여 결정되므로, 교육은 민주주의의 수준을 결정하는 중요한 요소이다. 이러한 점에서, 교육기회의 평등은 진정한 민주주의를 실현하기 위한 중요한 전제조건이다. 민주주의는 정치적 평등을 요구하며, 정치적 평등은 실현되기 위하여 선거권과 피선거권의 평등뿐 아니라, 모든 국민이 공동체의 의사형성에 균등하게 참여할 수 있는 실질적 가능성의 평등을 요청한다. 국민의 평등한 정치적 참여를 실질적으로 가능하게 하는 중요한 요건에 속하는 것이 바로 교육이다. 교육기회의 평등으로 인하여, 모든 국민이 여론형성을 비롯하여 국가의 정치적 의사형성과정에 균등하게

---

1) 취학의무 및 의무교육의 무상성에 관하여 제3편 제8장 국민의 기본의무 Ⅶ. 관련부문 참조.
2) 유사한 취지로 헌재 2000. 4. 27, 98헌가16(과외금지), 판례집 12-1, 427, 448; 헌재 1991. 2. 11. 90헌가27(중학교의무교육의 순차적 실시), 판례집 3, 11, 18, "교육을 받을 권리는 우리헌법이 지향하는 문화국가·민주복지국가의 이념을 실현하는 방법의 기초이며, 다른 기본권의 기초가 되는 기본권이다. 교육을 받을 권리가 교육제도를 통하여 충분히 실현될 때에 비로소 모든 국민은 모든 영역에 있어서 각인의 기회를 균등히 하고 능력을 최고도로 발휘하게 되어 국민생활의 균등한 향상을 기할 수 있고, 인간으로서의 존엄과 가치를 가지며, 행복을 추구할 수 있기 때문이다."

참여하는 것이 비로소 보장되는 것이다.

다. 文化國家의 불가결한 조건

국가의 교육과제는 그 이념적 근거를 일차적으로 '다원주의적 사회에서 국가의 통합과제'에 두고 있다. 국가는 학교교육을 통하여 사회공동체의 정신적·문화적 통일성을 다음 세대의 주역인 자녀에게 전달하고 사회적·정치적 공동생활의 기본조건을 교육을 통하여 형성하고 실현하고자 하는 것이다. 문화국가에서 공동체 구성원의 정신적·문화적 통일성은 본질적으로 공교육을 통한 자녀의 공동교육에 기인한다. 따라서 국가에 의한 공교육은 오늘날 문화국가의 불가결한 조건에 속한다.

III. 교육을 받을 권리의 법적 성격 및 내용

1. 平等權으로서 성격

가. 교육의 영역에서 법적 평등의 보장(취학의 기회균등)

헌법은 제31조 제1항에서 "능력에 따라 균등하게"라고 하여 교육영역에서 평등원칙을 구체화하고 있다. 헌법 제31조 제1항은 헌법 제11조의 일반적 평등조항에 대한 특별규정으로서 교육의 영역에서 평등원칙을 실현하고자 하는 것이다.[1] 평등권으로서 교육을 받을 권리는 '취학의 기회균등', 즉 각자의 능력에 상응하는 교육을 받을 수 있도록 교육시설에 입학함에 있어서 자의적 차별이 금지되어야 한다는 차별금지원칙을 의미한다.

나. 교육의 영역에서 능력주의의 보장

헌법 제31조 제1항은 교육시설에 입학함에 있어서 고려될 수 있는 유일한 차별기준으로서 '능력'의 요건을 스스로 제시함으로써, 능력 이외의 다른 요소에 의한 차별을 원칙적으로 금지하고 있다. 여기서 '능력'이란 '수학능력'을 의미한다. 교육제도에서 '수학능력'은 개인의 인격발현과 밀접한 관계에 있는 인격적 요소이며, 교육시설에 입학함에 있어서 고려될 수 있는 합리적인 차별기준을 의미한다. 이로써 교육의 영역에서 '능력주의'가 헌법적으로 확정되었고, 교육시설의 입학에서 능력 외의 다른 요소를 고려하여 취학기회를 제한하는 것은 원칙적으로 금지된다. 교육의 영역에서 능력주의는 입학여부를 결정하는 시험에 있어서 수학능력을 기준으로 하는 평가를 요구한다. 따라서 가령, 수학능력이 아니라 다른 기준에 의한 학생선발제도나 입학시험제도는 위헌의 의심을 강하게 불러일으키는 차별로서 보다 엄격하게 심사되어야 한다.

2. 社會的 基本權으로서 성격

가. 공교육제도를 제공해야 할 국가의 의무

교육을 받을 권리는 단순히 소극적으로 취학의 기회균등, 즉 교육영역에서의 '법적 평등'의 실현에 그치는 것이 아니라, 적극적으로 국민 누구나 자유권, 즉 개인의 자기결정권과 자유로운 인격발현

---

1) 헌법재판소는 뒤늦게나마 이를 인식하여, 최근의 판례에서 '교육을 받을 권리가 헌법 제11조의 일반적 평등조항에 대한 특별규정이며 교육의 영역에서 능력주의를 보장하고 있다'는 것을 명시적으로 밝히고 있다(헌재 2017. 12. 28. 2016헌마649, 판례집 29-2하, 537, 544).

권을 실제로 행사할 수 있도록, 그에 필요한 실질적 조건을 교육의 영역에서 형성해야 할 국가의 의무를 부과하는 사회적 기본권으로서의 성격을 가지고 있다.[1] 이에 따라, 교육을 받을 권리는 교육의 영역에서 자유행사의 실질적 조건을 형성해야 할 국가의 의무, 즉 모든 국민이 그의 능력에 따라 교육을 받을 수 있도록 공교육제도를 제공해야 할 국가의 의무와 과제를 의미한다. 국가는 수학능력에 따른 교육을 가능하게 하는 교육제도를 제공·정비하고 교육기관을 설립해야 할 의무가 있다. 오늘날 현대국가에서 교육이 가지는 의미와 중요성에 비추어, 교육은 사회의 자율에 맡겨질 수 있는 영역이 아니라 국가가 주체가 되어 적극적으로 급부를 제공해야 할 영역에 속한다.

나. 교육의 영역에서 실질적 기회균등을 실현해야 할 국가의 의무

나아가, 사회적 기본권으로서 교육을 받을 권리는 수학능력이 있음에도 경제적 이유로 교육을 받을 수 없는 국민도 능력에 따른 교육을 받을 수 있도록 '교육영역에서의 실질적 기회균등'을 꾀할 국가의 의무를 부과하고 있다. 경제력의 차이 등으로 말미암아 교육의 기회에 있어서 사인 간에 불평등이 존재한다면, 국가는 의무교육의 확대 등 적극적인 급부활동을 통하여 사인 간의 교육기회의 불평등을 해소해야 할 의무가 있다.[2]

따라서 헌법 제31조의 '교육을 받을 권리'는 국가에 의한 교육제도의 제공 외에도 개인의 경제적 능력과 관계없이 수학능력에 따른 교육을 받을 수 있도록 실질적 조건을 형성해야 할 국가의 의무, 무엇보다도 무상의무교육의 도입 및 확대(헌법 제31조 제2항 및 제3항), 국가장학금을 비롯한 교육비의 보조나 학자금의 융자 등 교육영역에서의 사회적 급부의 확대와 같은 국가의 적극적인 활동을 통하여 교육기회의 불평등을 완화해야 할 국가의 의무를 규정한 것이다.

3. 自由權으로서 성격?

가. 교육을 통하여 인격을 자유롭게 발현할 子女의 權利의 헌법적 근거?

(1) 자유권적 요소를 포함시키는 견해의 문제점

헌법 제31조의 '교육을 받을 권리'에 자유권적 요소, 즉 국가의 간섭이나 방해 등을 받지 않고 교육을 받을 자녀의 자유가 포함되는지의 문제가 제기된다. 학계의 일부에서는 헌법 제31조 제1항을 이와 같은 자유권적 내용을 포함하는 포괄적이고 종합적인 교육기본권으로 파악하고자 하나, 이러한 견해는 헌법 제31조 제1항의 법문, 제31조 제2항 내지 제6항과의 체계적 연관관계, 헌법 제31조가 위치하는 규정장소('사회적 기본권') 등에 비추어 볼 때 수긍하기 어렵다. 또한, 헌법 제31조 제1항은 "능력에 따라 균등하게"라는 수식어를 통하여 '교육을 받을 권리'를 자유권으로서 해석할 수 있는 여지를 배제하고 있다고 보아야 한다.[3] 설사, 헌법 제31조의 '교육을 받을 권리'에 자유권적 측면을 포

---

1) 헌재 2000. 4. 27, 98헌가16(과외금지), 판례집 12-1, 427, 448-449, "교육을 받을 권리란, 국민이 위 헌법규정을 근거로 하여 직접 특정한 교육제도나 학교시설을 요구할 수 있는 권리라기보다는 모든 국민이 능력에 따라 균등하게 교육을 받을 수 있는 교육제도를 제공해야 할 국가의 의무를 규정한 것이다. 즉, '교육을 받을 권리'란, 모든 국민에게 저마다의 능력에 따른 교육이 가능하도록 그에 필요한 설비와 제도를 마련해야 할 국가의 과제와 아울러 이를 넘어 사회적·경제적 약자도 능력에 따른 실질적 평등교육을 받을 수 있도록 적극적인 정책을 실현해야 할 국가의 의무를 뜻한다."; 유사한 취지로 또한 헌재 1992. 11. 12. 89헌마88(국정교과서제도), 판례집 4, 739, 750-751.

2) 헌재 2000. 4. 27, 98헌가16(과외금지), 판례집 12-1, 427, 452.

3) 헌법재판소는 일부 결정에서 교육을 받을 권리가 '능력에 따라 균등하게 교육받을 것을 국가로부터 방해받지 않을 권리'라는 자유권적 측면을 포함한다고 판시하고 있으나, 이러한 측면은 평등권의 내용을 단지 자유권의 보장형식

함시킨다 하더라도, 헌법 제31조가 단지 공교육만을 규율한다는 점에 비추어 이러한 자유권적 측면은 '公敎育의 영역에서 국가의 간섭과 방해를 받지 않고 인격을 자유롭게 발현할 권리'의 측면만을 포함할 뿐, '私敎育의 영역에서 국가의 간섭과 방해를 받지 않고 인격을 자유롭게 발현할 권리'를 포함할 수 없으므로, 결국 '교육을 받을 권리'의 자유권적 측면은 공교육과 관련된 '반쪽의 자유권'일 뿐이다.

(2) 사회권적 측면과 자유권적 측면의 구분의 요청

'개인이 국가의 간섭과 방해를 받지 않고 교육을 통하여 자유롭게 자신의 인격을 발현할 자유'인 학습의 자유는 본질적으로 사회적 기본권과 평등권의 성격을 가진 '교육을 받을 권리'에 의하여 보호되는 측면이 아니라 자유권에 의하여 보호되는 것이다. 헌법재판소도 '과외금지결정'에서 사교육(과외)을 금지하는 국가의 조치로 인하여 제한되는 기본권을 헌법 제31조의 '교육을 받을 권리'가 아니라 헌법 제10조의 '자녀의 인격발현권'이라고 판단하였다.[1]

사회권으로서 '교육을 받을 권리'는 국가교육권한의 헌법적 근거규범인 반면, 자유권으로서 '교육을 통한 인격발현권'(학습의 자유)은 국가교육권한의 헌법적 한계규범이라는 근본적으로 상이한 성격을 가지고 있기 때문에, 이와 같이 상충하는 기본권을 하나의 기본권으로 통합하여 '교육을 받을 권리'의 범주에 포함시키는 것은 헌법이론적으로 정당화될 수 없을 뿐만 아니라, 상이한 내용을 하나의 용어로 표현하고자 한다는 점에서 학문적 의사소통의 어려움과 혼동의 우려가 있다.[2]

나. 學父母 權利의 헌법적 근거?

헌법재판소의 일부 판례 및 학계의 일부 견해는 '교육을 받을 권리'를 '교육을 통하여 인격을 자유롭게 발현할 자녀의 권리'뿐만 아니라 학교선택권과 같이 '자녀의 교육을 자유롭게 형성할 학부모 권리'의 헌법적 근거로 이해하고 있다.[3] 그러나 이러한 견해는 '교육을 받을 권리'가 개인의 주관적

으로 바꾸어 서술한 것이라는 점을 간과하고 있다. 가령, 헌재 2008. 4. 24. 2007헌마1456(검정고시 응시자격의 제한), 판례집 20-1상, 720, 731, "헌법 제31조 제1항의 교육을 받을 권리는, 국민이 능력에 따라 균등하게 교육받을 것을 공권력에 의하여 부당하게 침해받지 않을 권리와, 국민이 능력에 따라 균등하게 교육받을 수 있도록 국가가 적극적으로 배려하여 줄 것을 요구할 수 있는 권리로 구성되는바, 전자는 자유권적 기본권의 성격이, 후자는 사회권적 기본권의 성격이 강하다고 할 수 있다. 그런데 이 사건 규칙조항과 같이 검정고시응시자격을 제한하는 것은, 국민의 교육받을 권리 중 그 의사와 능력에 따라 균등하게 교육받을 것을 국가로부터 방해받지 않을 권리, 즉 자유권적 기본권을 제한하는 것이므로, 그 제한에 대하여는 헌법 제37조 제2항의 비례원칙에 의한 심사, 즉 과잉금지원칙에 따른 심사를 받아야 할 것이다."

1) 헌재 2000. 4. 7. 98헌가16(과외금지), 판례집 12-1, 427, 456, "과외교습을 금지하는 심판대상조항에 의하여 제한되는 기본권은, 배우고자 하는 아동과 청소년의 인격의 자유로운 발현권, 자녀를 가르치고자 하는 부모의 교육권, 과외교습을 하고자 하는 개인의 직업선택의 자유 및 행복추구권이다."

2) 따라서 용어의 사용에 있어서도 자유권적 측면과 사회권적 측면을 구분하여, 교육영역에 있어서 사회적 기본권적 측면과 평등권적 측면을 포함하는 권리는 '교육을 받을 권리'로, 국가의 방해를 받지 아니하고 학습과 교육을 통하여 개인의 적성과 능력을 자유롭게 발현할 권리는 '학습의 자유' 또는 '교육을 통한 자유로운 인격발현권'으로 표현하는 것이 바람직하다.

3) 헌재 1995. 2. 23. 91헌마204(거주지를 기준으로 한 중고등학교 입학제한), 판례집 7-1, 267, 274-275, "부모는 아직 성숙하지 못하고 인격을 닦고 있는 초·중·고등학생인 자녀를 교육시킬 교육권을 가지고 있으며, 그 교육권의 내용 중 하나로서 자녀를 교육시킬 학교선택권이 인정된다. 이러한 부모의 학교선택권은 미성년인 자녀의 교육을 받을 권리를 실효성 있게 보장하기 위한 것이므로, 미성년인 자녀의 교육을 받을 권리의 근거규정인 헌법 제31조 제1항에서 헌법적 근거를 찾을 수 있을 것이다." 또한, 권영성, 헌법학원론, 2010, 666면, 광의의 교육을 받을 권리에는 그 자녀에게 적절한 교육의 기회를 제공해 주도록 요구할 수 있는 '교육기회제공청구권'이라는 학부모의 권리도 포함된다고 한다.

공권으로서의 성격보다는 국가에게 교육과제를 부과하는 객관적 성격을 가지고 있다는 점을 간과하는 것이다. '학부모의 교육권'과 같은 자유권적 요소의 헌법적 근거는 역시 헌법의 자유권에서 찾아야 할 것이며, 혼인과 가족생활을 보장하는 헌법 제36조 제1항에 헌법적 근거를 두고 있다고 보아야 한다.[1]

헌법 제31조 제1항은 국가에게 학교교육의 과제와 의무를 부과하는 규정인 반면, 학부모의 기본권은 이러한 국가의 교육권한에 대하여 한계를 설정하는 헌법규범이라는 점에서도, 헌법 제31조의 '교육을 받을 권리'를, 한편으로는 학부모의 자유를 제한할 수 있는 수권규범인 국가의 과제와 의무로서, 다른 한편으로는 국가에 대한 학부모의 방어권으로서 이해함으로써 동일한 헌법규정에 상반된 내용을 부여하는 것은 법리적으로 문제가 있다.

4. 參與權으로서 성격?

학계의 일부에서는 '교육을 받을 권리'에 참여권으로서의 성격을 부여하고 있다. 그러나 한국의 헌법체계에서 교육을 받을 권리에 대하여 평등권과 사회권의 성격 외에 참여권으로서의 성격을 인정하는 것은 불필요할 뿐만 아니라 헌법이론적으로 문제가 있다.

독일 기본법과 같이 '직업선택의 자유', '자유로운 인격발현권' 등 자유권적 기본권만을 규정하고 '교육을 받을 권리'와 같은 사회적 기본권 규정을 두고 있지 않은 헌법 체계에서는, 이러한 자유권으로부터 평등원칙 및 사회국가원리와의 연관관계에서 '국가가 제공하는 교육시설에 균등하게 입학할 권리', 즉 '공교육시설이라는 국가의 급부에 균등하게 참여할 권리'인 참여권을 도출하고자 시도하고 있다.[2] 이로써 독일 기본법은 '교육을 받을 권리'를 사회적 기본권으로 명시적으로 보장하고 있지 않으나, 헌법해석을 통하여 자유권인 '직업의 자유' 또는 '자유로운 인격발현권'으로부터 '교육을 받을 권리'라는 사회권적 요소를 도출하는 결과에 이르게 된다.

이에 대하여, 한국 헌법은 제31조에서 '교육을 받을 권리'를 통하여 참여권이 보장하고자 하는 바를 명문으로 보장하고 있으므로, 참여권을 자유권으로부터 도출하거나 또는 '교육을 받을 권리'의 성격으로 언급하는 것은 불필요하다. 나아가, 우리 헌법은 사회적 기본권의 명시적 보장을 통하여, 자유권으로부터 사회적 기본권의 내용을 도출하는 해석에 대하여 부정적인 입장을 취하고 있다고 보아야 한다.

1) 헌법재판소는 헌재 2001. 11. 29. 2000헌마278(사립학교 운영위원회의 의무적 설치) 결정, 헌재 2000. 4. 27. 98헌가16 등(과외금지) 결정에서는 부모의 자녀교육권의 헌법적 근거를 헌법 제36조 제1항 및 제10조 등에 있다고 하면서, 한편으로는 헌재 1995. 2. 23, 91헌마204(거주지를 기준으로 한 중고등학교 입학제한) 결정에서는 자녀교육권의 한 요소인 학교선택권의 헌법적 근거를 헌법 제31조 제1항에 있다고 판시함으로써, 상호모순을 보이고 있다.
2) 독일연방헌법재판소는 소위 제1차 대학정원결정(Numerus-Clausus-Urteil)에서 직업교육장선택의 자유를 포함하는 직업선택의 자유가 평등원칙 및 사회국가원리와 결합하여 교육을 받을 권리의 요소를 담고 있다고 판시하였다(BVerfGE 33, 303, 330ff.). 자유로운 인격발현권도 직업선택의 자유와 마찬가지로 평등원칙 및 사회국가원리와 결합하여 국가교육시설에 참여할 권리, 즉 인격발현을 위한 균등한 기회의 보장을 요구할 권리로 그 의미가 확대된다.

Ⅳ. 國家의 敎育權限

1. 헌법적 근거

가. 헌법 제31조 제1항

헌법은 제31조 제1항에서 '교육을 받을 권리'를 규정함으로써 모든 국민에게 그의 능력에 상응하는 교육가능성을 제공해야 할 의무와 과제를 국가에 부과하고 있다. 이로써 국가는 수학능력에 따른 교육을 가능하게 하는 공교육제도를 제공·정비하고 교육기관을 설립해야 할 의무가 있다. 국가의 교육과제는 학교제도가 기능할 수 있도록 이를 유지하고, 또한 재정적으로 적정하게 지원해야 할 국가의 의무(재정확보의 의무)를 뜻한다.

나. 헌법 제31조 제6항

나아가, 헌법은 제31조 제6항에서 입법자로 하여금 학교교육에 관한 교육제도를 법률로 정하도록 위임함으로써 학교교육에 관한 포괄적 책임과 규율권한을 국가에 부여하고 있다.[1] 헌법은 '경제에 관한 장($\frac{제9}{장}$)'에서 국가가 국민경제 전반에 대하여 포괄적인 책임을 지고 있다는 점을 밝히고 있는 바와 같이, 마찬가지로 제31조에서 교육에 대한 국가의 포괄적인 책임을 규정하고 있는 것이다.

2. 헌법의 敎育目標

가. 헌법의 人間像

국가에 의한 학교교육은 무엇보다도 교육의 내용적 목표와 가치에 의하여 결정되며, 학교교육의 목표와 가치는 헌법에 의하여 형성된다. 학교교육에 관한 포괄적 규율권한을 가진 입법자가 헌법의 구속을 받는다는 것은, 입법자가 교육의 기본이념을 정함에 있어서 헌법의 기본정신에 의하여 구속을 받는다는 것을 의미한다. 교육제도에 있어서도 헌법적 지도이념은 헌법이 추구하는 인간상이다.

오늘날 현대국가의 모든 헌법을 구성하는 2가지 기본적 가치가 '자유와 구속'인 것과 마찬가지로, 우리 헌법의 인간상도 '자유와 구속'의 양면성, 즉 '개인이자 사회공동체 구성원'이라는 양면성을 가진 인간이다. 다시 말하자면 자기결정권과 자유로운 인격발현의 가능성을 가진 자주적 인간이자 동시에 사회공동체와의 관계에서 구속을 받는 사회공동체 구성원이 바로 헌법의 인간상인 것이다.

나. 헌법의 교육목표

(1) 自由와 自己決定權

이러한 관점에서 볼 때, '자유'와 '자기결정권'은 교육영역에서도 구현되어야 하는 가장 중요한 가치에 속한다. 자신의 개인적 생활을 자율적으로 형성하고자 하는 자는 독자적 인생관을 형성하고 자신의 삶을 계획하고 유지하기 위하여 기본적인 교양과 지식을 필요로 한다. 개인은 교육을 통해서만 자신의 삶을 자기책임 하에서 독자적으로 결정할 수 있는 능력을 갖추게 되고, 이로써 자유로울 수

---

[1] 헌재 2000. 4. 27, 98헌가16(과외금지), 판례집 12-1, 427, 449, "특히 같은 조 제6항은 … 학교교육에 관한 국가의 권한과 책임을 규정하고 있다. 위 조항은 국가에게 학교제도를 통한 교육을 시행하도록 위임하였고, 이로써 국가는 학교제도에 관한 포괄적인 규율권한과 자녀에 대한 학교교육의 책임을 부여받았다. 따라서 국가는 헌법 제31조 제6항에 의하여 모든 학교제도의 조직, 계획, 운영, 감독에 관한 포괄적인 권한, 즉, 학교제도에 관한 전반적인 형성권과 규율권을 가지고 있다."

있다. 자유란 '구속과 의존성의 不在'를 의미하고, 이는 곧 '자기결정영역의 확대'로 이어진다. 개인은 교육을 통해서만 지식과 정보의 우위에서 비롯되는 타인의 결정권한과 외부에 대한 의존성으로부터 벗어날 수 있다. 이러한 의미에서 교육목표의 확정에 있어서 그 방향을 결정하는 가장 중요한 내용적 근본규범은 학생의 '자유로운 인격발현권'이다. 이로부터 학생이 비판적이고 자주적인 인간으로 성장할 수 있도록 교육목표를 설정하고 교육제도를 형성해야 할 국가의 의무가 나온다.

(2) 社會的 拘束과 寬容의 原則

(가) 교육영역에서 추구되어야 하는 또 다른 중요한 가치는 바로 자유와 불가분의 관계에 있는 '구속'의 측면이다. 헌법상의 자유란 언제나 동시에, 공익의 관점에서 어느 정도의 구속, 즉 자유에 대한 제한을 수인해야 한다는 것을 의미한다. '구속'은 사회공동체가 유지되고 개인이 사회공동체 내에 존재하기 위한 불가결한 조건이다.

(나) 독자적 인격체로서 개인과 사회공동체의 조화와 공존은 타인과의 공동생활을 가능하게 하는 '관용의 원칙'을 통하여 이루어진다. 교육목표로서 '관용'이란 자유민주적 사고의 기초로서, 달리 생각하는 다른 사회구성원에 대한 이해와 관용을 교육을 통하여 실현해야 할 국가의 의무를 뜻한다. 관용의 원칙은 종교의 자유, 양심의 자유, 표현의 자유 등에서 헌법적으로 구체적으로 표현되고 있다. 종교의 자유와 양심의 자유는 국가공동체로부터 타인의 종교와 양심상의 결정에 대한 관용을 요청하며, 표현의 자유는 사상의 다원주의와 자유시장을 전제로 타인의 의견에 대한 존중과 관용을 요청한다. 이러한 의미에서 관용의 원칙은 일련의 기본권적 자유가 기능하기 위한 사실적 전제조건이다. 헌법의 평화주의원칙($\frac{제5}{조}$)은 교육목표로서 평화주의와 인류공영을 요청한다. 결국, 관용의 원칙은 사회 내에서 구성원 사이의 평화로운 공존과 민주적 토론을 가능하게 하는 민주국가의 핵심적 요소이다.

(다) 또한, 민주주의원리도 학교의 교육목표에 있어서 중요한 의미를 가진다. 학생은 미래의 유권자로서 국가의 진로를 결정하게 되므로, 학교는 학생을 성숙하고 비판적인 민주시민으로 교육시켜야 할 과제를 진다. 민주주의원리로부터 공동체의 형성에 참여하고 정치적 책임을 담당함으로써 민주주의를 실현할 용의가 있는 인간, 독자적으로 사고하고 비판적으로 판단할 능력을 가진 인간이라는 교육목표가 나온다. 뿐만 아니라, 헌법 제11조 및 제36조의 양성의 평등원칙은 전통적인 역할분담에 기초한 교육을 금지하고 개인적·사회적 영역에서 양성의 평등을 실현할 자세를 기르는 것을 교육목표로서 요청한다.

(3) 헌법으로부터 도출되는 교육이념

결국, 헌법으로부터 도출되는 교육이념은 '관용을 바탕으로 사회 및 지구공동체 내에서 타인과의 평화로운 공동생활을 가능하게 하는 자율적이고 독자적인 민주시민'으로 형성하고자 하는 것이다. 입법자는 교육기본법 제2조(교육이념)에서 "교육은 홍익인간의 이념 아래 모든 국민으로 하여금 인격을 도야하고 자주적 생활능력과 민주시민으로서 필요한 자질을 갖추게 함으로써 인간다운 삶을 영위하게 하고 민주국가의 발전과 인류공영의 이상을 실현하는 데에 이바지하게 함을 목적으로 한다."고 규정하여 헌법상의 교육이념을 구체화하였다.

3. 국가교육권한의 의미와 내용

가. 부모와 자녀의 기본권제한을 정당화하는 헌법규범

학교에서 공동으로 이루어지는 자녀의 집단교육은 경우에 따라 자녀의 교육과 복리에 관한 부모의 주관적·개인적 의사를 배제해야 하는 것이 불가피하고, 이러한 범위 내에서, 국가의 교육과제는 부모의 교육권과 자녀의 기본권에 대한 제한을 수반한다. 다원주의적 사회에서 부모의 의사는 다원적인 반면, 학교교육은 국가에 의하여 일원적으로 조직되고 유지되어야 한다. 부모의 교육권이 학교교육의 영역에서 제한을 수인해야 한다면, 이러한 제한은 모든 집단교육이 필연적으로 수반하는 통일성(일원성)과 평준화의 결과, 즉 학교교육이 학부모의 다양한 견해와 가치관 및 학생의 개별적 능력과 적성을 완전하게 반영하고 수용할 수 없다는 현실적 제약의 결과이다.

이로써 국가의 교육권한은 부모와 자녀의 기본권에 대한 제한을 정당화하는 헌법규범이다. 가령, 국가는 법률로써 취학의무를 확정하고 자녀에게 어느 연령에서 취학의무가 부과되는지에 관한 구체적인 것을 규정할 수 있는데, 자녀의 취학의무의 부과와 취학연령의 확정을 통하여 부모의 권리를 제한하는 것은 그 헌법적 정당성을 국가의 교육권한에 두고 있다.[1]

나. 학교제도의 원칙적인 국·공립화에 관한 헌법적 결정

헌법은 제31조에서 학교교육에 관한 포괄적인 권한과 책임을 국가에 부여함으로써, 학교교육의 비중에 있어서 국공립학교가 원칙이고 사립학교가 예외라는 '원칙과 예외'의 관계를 표현하고 있다.[2] 국가에 의한 공교육의 제공은 인격의 자유로운 발현과 직업교육의 자유를 행사하기 위한 조건의 실현에 관한 것이므로, 오늘날의 사회국가에서 인격발현의 필수적 조건에 관한 한 이를 실현해야 할 국가의 의무가 존재한다. 현대국가에서 교육이 가지는 이러한 중요한 기능에 비추어, 적어도 초·중등교육에 관한 한, 원칙적으로 국가에 의한 공교육이 될 수밖에 없으며, 헌법 제31조는 학교제도의 원칙적인 국·공립화에 관한 헌법적 결정이라 할 수 있다. 종교적·세계관적·교육학적 관점에서 대안교육을 제공하는 사립학교는 공립학교를 대체해서는 안 되고, 단지 이를 보완하는 부수적 역할에 그쳐야 한다.

다. 구체적 내용

국가의 교육권한은 교육과정, 교육목표, 교육내용, 교육방법 등에 관련된 모든 사안에 있어서 규율하고, 지도하고, 통제하는 기능, 즉 학교제도의 조직, 계획, 지도 및 감독에 관한 모든 권한을 포괄한다. 이로써 국가의 교육권한은 학교제도에 관한 전반적인 형성권과 규범제정권 및 학교감독권을 포함한다.

구체적으로 살펴보면, 국가의 교육권한에 일차적으로 속하는 것은 모든 청소년에게 그의 능력에 따른 교육 가능성을 제공하기 위하여 학교제도를 계획하고 조직할 권한이다. 학교를 조직상으로 분

---

1) 특히, 헌법 제31조 제2항은 의무교육을 받게 할 의무를 학부모에 부과함으로써 부모교육권에 대한 제한가능성을 명시적으로 규정하고 있다. 부모가 그의 자녀를 취학연령 이전에 학교에 입학시키는 것이나 임의로 취학을 연기하는 것 또는 취학의무로부터 면제받는 것에 관하여 자유롭게 결정할 수 없다는 법적 상황은 부모의 교육권에 대한 위반이라 할 수 없다. 연령과 관계없이 재능에 따른 취학의 문제에 관하여 헌재 1994. 2. 24. 93헌마192(의무교육 취학연령), 판례집 6-1, 173, 180.

2) 그러나 우리의 교육현실은 헌법의 규범적 내용과는 달리, 초등학교를 제외하고는 사학에 대한 의존도가 매우 높은 편이다.

류하는 것뿐 아니라 또한 교육내용에 관한 결정권, 즉 교육과정·교육목표 및 수업목표를 확정하고 수업교재를 결정(교과서의 선정)하는 것도 국가의 형성영역에 속한다. 국가는 원칙적으로 학부모로부터 독립하여 학교의 교육목표를 확정할 수 있다.

학교감독권은 학교행정에 대한 법규감독은 물론이고, 학교와 교사의 수업·교육활동에 대하여 법규정이 준수되고 수업과 교육이 내용과 방법에 있어서 하자가 없는지에 관한 감독도 포함한다. 예컨대, 교사가 자신의 정치적 견해를 학생들에게 주입하기 위하여 자신의 직위와 영향력을 남용하는지를 감독하는 것도 국가의 학교감독권에 속한다. 국가는 사립학교에 대해서도 감독권한을 가진다.[1] 물론, 국가가 사립학교에 대하여 학교감독권을 행사하는 경우, 사립학교의 헌법적 자유를 존중해야 하기 때문에, 국가의 영향력은 국립학교와 사립학교의 경우 그 정도에 있어서 동일한 것은 아니다.

V. 국가교육권한의 한계

국가는 헌법상 부여된 학교교육의 과제를 이행함에 있어서 광범위한 형성의 자유를 가지고 있으나, 국가의 형성권은 무제한적인 것은 아니다. 국가교육권한의 한계는 무엇보다도 부모의 자녀교육권과 자녀의 자유로운 인격발현권에 있다.[2]

1. 부모의 자녀교육권

가. 헌법적 근거

부모의 교육권이란, 자녀교육에 관한 전반적인 계획을 세우고 자신의 인생관·사회관·세계관에 따라 자녀의 교육을 자유롭게 형성할 부모의 권리를 말한다.[3] 헌법은 부모의 자녀교육권을 명문으로 규정하고 있지 않으나, 부모의 교육권은 헌법에서 이를 명시적으로 규정하고 있는지 여부와 관계없이 보장되는 자연적·선국가적 권리로서, 혼인과 가족생활을 보장하는 헌법 제36조 제1항으로부터 도출되는 기본권이다.[4]

부모의 교육권은 무엇보다도 자녀교육의 목표와 수단에 관하여 결정할 수 있는 자율권을 포함한다.[5] 부모는 자녀교육의 목표를 확정함에 있어서 원칙적으로 자유이며, 국가에 의하여 정해진 교육

---

1) 헌재 1991. 7. 22. 89헌가106(사립학교교원에 대한 근로3권의 제한), 판례집 3, 387, 409, "사립학교가 공교육의 일익을 담당한다는 점에서 국·공립학교와 본질적인 차이가 있을 수 없기 때문에 공적인 학교제도를 보장하여야 할 책무를 진 국가가 일정한 범위 안에서 사립학교의 운영을 감독·통제할 권한과 책임을 지는 것 또한 당연하다 할 것이다."

2) 헌재 2000. 4. 27. 98헌가16(과외금지), 판례집 12-1, 427, 449-450, "학교교육의 영역에서도 부모의 교육권이 국가의 교육권한에 의하여 완전히 배제되는 것은 아니다. 학교교육을 통한 국가의 교육권한은 부모의 교육권 및 학생의 인격의 자유로운 발현권, 자기결정권에 의하여 헌법적인 한계가 설정된다."

3) 헌재 2000. 4. 27. 98헌가16(과외금지), 판례집 12-1, 427, 447.

4) 헌재 2000. 4. 27. 98헌가16 등(과외금지), 판례집 12-1, 427, 446-448; 헌재 2001. 11. 29, 2000헌마278(사립학교 운영위원회의 의무적 설치), 판례집 13-2, 762, 769.

5) 헌재 2000. 4. 27. 98헌가16(과외금지), 판례집 12-1, 427, 447-448, "자녀교육권은 부모가 자녀교육에 대한 책임을 어떠한 방법으로 이행할 것인가에 관하여 자유롭게 결정할 수 있는 권리로서 교육의 목표와 수단에 관한 결정권을 뜻한다. 즉, 부모는 어떠한 방향으로 자녀의 인격이 형성되어야 하는가에 관한 목표를 정하고, 자녀의 개인적 성향·능력·정신적, 신체적 발달상황 등을 고려하여 교육목적을 달성하기에 적합한 교육수단을 선택할 권리를 가진다. 부모의 이러한 일차적인 결정권은, 누구보다도 부모가 자녀의 이익을 가장 잘 보호할 수 있다는 사고에 기인하는 것이다."

목표에 의하여 제한을 받지 않는다.

나. 자녀의 전체 교육에서 국가와 부모의 관계

자녀의 전체적인 교육과 관련하여, 헌법은 제31조에서 국가에게 학교교육에 관한 독자적 과제를 위임함으로써, 학교는 부모교육의 단순한 보조기관이 아니며 국가는 부모의 교육권으로부터 독립된 독자적인 교육권한을 부여받았다는 것을 밝히고 있다.[1] 이로써 헌법 제31조는 학교의 조직과 구조에 관한 원칙적인 결정권을 국가에게 귀속시키고 있다. 국가는 학교의 제도, 조직, 학교유형, 교육목표, 수업의 내용 및 방법에 관하여 결정할 수 있는 광범위한 형성권을 가진다. 따라서 학교교육은 원칙적으로 국가교육권한에 귀속되는 영역인 반면, 가정교육과 사교육의 영역은 원칙적으로 부모의 자녀교육권에 속한다.

한편, 국가와 부모의 교육과제가 영역별로, 즉 가정에서의 교육은 전적으로 부모의 교육권에 귀속되고 학교에서의 교육은 전적으로 국가의 교육권한에 귀속된다는 형태로 엄격하게 분할된 것이 아니다. 국가의 교육권한과 부모의 교육권 사이에는 상호 영향을 미치는 관계가 존재한다. 부모에게 원칙적으로 유보된 가정교육의 영역에서도 국가가 부모교육권의 남용을 방지해야 할 감독자적 지위를 가지는 것과 마찬가지로, 부모의 교육권이 헌법 제31조에 의하여 학교교육의 영역으로부터 완전히 배제된 것은 아니며, 부모의 권리는 학교영역에서도 존중되어야 한다. 부모와 학교의 교육은 동일한 자녀의 인격발현을 위한 것이고, 교육의 주체로서 부모와 학교는 아무런 연관성 없이 병렬적으로 존재한다든지 아니면 서로 대립하는 것이 아니라, 부모와 학교의 '공동의 교육과제'가 존재하는 것이다.[2]

다. 사교육에서 국가와 부모의 관계[3]

사례 1 | 헌재 2000. 4. 27. 98헌가16 등(과외금지 사건)

청구인들은 P.C. 통신업체를 통하여 개설한 교육사이트에 회원으로 가입한 학생들에게 과외교습을 하거나 전문음악인으로서 음악에 재능이 있는 어린들에게 과외교습을 하는 자들로서, 학원·교습소·대학(원)생에 의한 과외교습을 허용하면서 그 밖에 고액과외교습의 가능성이 있는 개인적인 과외교습을 광범위하게 금지하고 이를 위반한 자를 처벌하는 '학원의 설립·운영에 관한 법률'규정이 기본권을 침해한다고 주장하면서 헌법소원심판을 청구하였다.[4]

---

1) 헌재 2000. 4. 27. 98헌가16(과외금지), 판례집 12-1, 427, 450, "학교교육에 관한 한, 국가는 헌법 제31조에 의하여 부모의 교육권으로부터 원칙적으로 독립된 독자적인 교육권한을 부여받았고, 따라서 학교교육에 관한 광범위한 형성권을 가지고 있다."

2) 헌재 2000. 4. 27. 98헌가16(과외금지), 판례집 12-1, 427, 450, "자녀의 교육은 헌법상 부모와 국가에게 공동으로 부과된 과제이므로 부모와 국가의 상호연관적인 협력관계를 필요로 한다. 자녀의 교육은 일차적으로 부모의 권리이자 의무이지만, 헌법은 부모 외에도 국가에게 자녀의 교육에 대한 과제와 의무가 있다는 것을 규정하고 있다. 국가의 교육권한 또는 교육책임은 무엇보다도 학교교육이라는 제도교육을 통하여 행사되고 이행된다."

3) 이에 관하여 제3편 제7장 제7절 '혼인과 가족생활의 보장' 3. 나. 관련부분 참조.

4) 헌재 2000. 4. 27. 98헌가16 등(과외금지), 판례집 12-1, 427, 428-429, "과외교습을 금지하는 법 제3조에 의하여 제기되는 헌법적 문제는 교육의 영역에서의 자녀의 인격발현권·부모의 교육권과 국가의 교육책임의 경계설정에 관한 문제이고, 이로써 국가가 사적인 교육영역에서 자녀의 인격발현권·부모의 자녀교육권을 어느 정도로 제한할 수 있는가에 관한 것이다. 학교교육에 관한 한, 국가는 교육제도의 형성에 관한 폭넓은 권한을 가지고 있지만, 과외교습과 같은 사적으로 이루어지는 교육을 제한하는 경우에는 특히 자녀인격의 자유로운 발현권과 부모의 교육권을 존중해야 한다는 것에 국가에 의한 규율의 한계가 있으므로, 법치국가적 요청인 비례의 원칙을 준수하여야 한다.

사례 2 헌재 2009. 10. 29. 2008헌마635(학원 심야교습 제한 사건)

청구인들은 학교교과교습학원의 학원운영자, 강사, 학생, 학부모인데, '서울특별시 학원의 설립·운영 및 과외교습에 관한 조례'에서, 학교교과교습학원 및 교습소의 교습시간을 05:00부터 22:00까지로 제한함으로써, 직업수행의 자유, 인격의 자유로운 발현권, 부모의 자녀교육권을 각 침해하였다고 주장하면서, 헌법소원심판을 청구하였다.[1]

부모는 사교육과 가정교육의 영역에서 자녀교육에 관한 원칙적인 결정권을 가지고 있다.[2] 사교육의 영역에서 자녀의 복리에 관한 결정은 일차적으로 부모의 과제이다. 다만, 국가는 감독자적 지위에서 부모교육권의 남용을 방지해야 할 의무를 진다. 부모의 자녀교육에 대한 국가의 간섭은 부모가 교육책임을 이행하지 않거나 이행할 수 없는 경우, 즉 자녀의 복리가 위협받는 경우에 국한되어야 한다. 따라서 정상적인 상황에서는 국가가 과외교습과 같은 사교육을 금지하거나 제한해야 할 공익적 사유가 원칙적으로 존재하지 않는다.

헌법재판소는 과외금지 사건에서 개인적인 과외교습을 금지하는 심판대상조항의 입법목적이 헌법적으로 허용되는 것인지에 대하여 진지한 의문을 제기하면서, 깊은 고뇌 끝에 입법목적의 정당성을 '잠정적으로' 인정하고 있다.[3] 한편, 헌법재판소는 학원 심야교습제한 사건에서 "학생의 수면 및

… 법 제3조는 원칙적으로 허용되고 기본권적으로 보장되는 행위에 대하여 원칙적으로 금지하고 예외적으로 허용하는 방식의 '원칙과 예외'가 전도된 규율형식을 취한데다가, 그 내용상으로도 규제의 편의성만을 강조하여 입법목적달성의 측면에서 보더라도 금지범위에 포함시킬 불가피성이 없는 행위의 유형을 광범위하게 포함시키고 있다는 점에서, 입법자가 선택한 규제수단은 입법목적의 달성을 위한 최소한의 불가피한 수단이라고 볼 수 없다."

1) 헌재 2009. 10. 29. 2008헌마635(학원 심야교습 제한), 공보 제157호, 2083, "학원의 교습시간을 제한하여 학생들의 수면시간 및 휴식시간을 확보하고, 학교교육을 정상화하며, 학부모의 경제적 부담을 덜어주려는 이 사건 조례의 입법목적의 정당성 및 수단의 적합성이 인정되고, 원칙적으로 학원에서의 교습은 보장하면서 심야에 한하여 교습시간을 제한하면서 다른 사교육 유형은 제한하지 않으므로 청구인들의 기본권을 과도하게 제한하는 것이라고 볼 수 없으며, 이 사건 조항으로 인하여 제한되는 사익은 일정한 시간 학원이나 교습소에서의 교습이 금지되는 불이익인 반면, 이 사건 조항이 추구하는 공익은 학생들의 건강과 안전, 학교교육의 충실화, 부차적으로 사교육비의 절감이므로 법익 균형성도 충족하므로 이 사건 조항이 학교교과교습학원 및 교습소의 교습시간을 제한하였다고 하여 청구인들의 인격의 자유로운 발현권, 자녀교육권 및 직업수행의 자유를 침해하였다고 볼 수 없다."

2) 헌재 2000. 4. 27. 98헌가16 등(과외금지), 판례집 12-1, 427, 428, "자녀의 양육과 교육에 있어서 부모의 교육권은 교육의 모든 영역에서 존중되어야 하며, 다만, 학교교육에 관한 한, 국가는 헌법 제31조에 의하여 부모의 교육권으로부터 원칙적으로 독립된 독자적인 교육권한을 부여받음으로써 부모의 교육권과 함께 자녀의 교육을 담당하지만, 학교 밖의 교육영역에서는 원칙적으로 부모의 교육권이 우위를 차지한다."

3) 헌재 2000. 4. 27. 98헌가16 등(과외금지), 판례집 12-1, 427, 461, "헌법이 부모의 자녀에 대한 교육권 및 재산의 자유로운 사용과 처분을 보장하는 재산권조항을 통하여 부모가 자신의 인생관·교육관과 경제적 능력에 따라 자녀의 교육을 위하여 서로 다른 정도의 금전적 부담을 하는 것을 당연히 보장하고 있다는 점에 비추어, 고액과외교습을 방지하여 사교육에서의 과열경쟁으로 인한 학부모의 경제적 부담을 덜어주고 나아가 국민이 되도록 균등한 정도의 사교육을 받도록 하려는 법 제3조의 입법목적이 과연 헌법이 허용하는 정당한 공익이 될 수 있는가에 대하여 강한 의문이 제기된다. 개인의 경제적인 능력에 따라 '고액'의 개념에 대한 이해가 서로 다를 수 있기 때문에 경제력이 있는 자에게는 이른바 '고액과외교습'은 '고액'이 아닐 수 있으나, 저소득층에게는 법 제3조가 허용하는 학원과외교습도 '고액'일 수 있다. …학부모 각자가 자신의 인생관·교육관 및 경제력에 따라 자녀의 사교육에 대하여 어느 정도 부담을 할 것인가를 스스로 결정하고 이에 대한 책임과 위험을 지게끔 하는 것이 헌법의 정신에 부합한다. 뿐만 아니라 '누구나가 거의 같은 수준과 내용의 사적인 교육을 받게 하는 것은, 창의와 개성, 최고도의 능력발휘를 교육의 이념으로 삼고 국민 개개인의 개별성과 다양성을 지향하는 헌법상의 문화국가원리에도 위배되는 측면이 없지 아니하다. 그러나 …사교육의 영역에 관한 한, 우리 사회가 불행하게도 이미 자정능력이나 자기조절능력을 현저히 상실했고, 이로 말미암아 국가가 부득이 개입하지 않을 수 없는 실정이므로 위와 같이 사회가 자율성을 상실한 예외적인 상황에서는 법 제3조가 의도하는

휴식시간의 확보", "학부모의 경제적 부담을 덜어주려는 목적", "공교육의 정상화"를 입법목적으로 확인하면서 아무런 의문의 제기 없이 이러한 입법목적의 정당성을 인정하고 있는데, 이러한 입법목적이 헌법적으로 허용되는 정당한 목적인지에 대하여 강한 의문이 제기된다.[1]

라. 학교교육에서 국가와 부모의 관계

사례 1 헌재 1999. 3. 25. 97헌마130(사립학교 운영위원회의 임의적 설치 사건)

甲은 사립학교에 재학중인 아들을 둔 학부모인데. 지방교육자치에관한법률 제44조의2가 신설되어 국·공립학교는 강제적으로 학교운영위원회를 두어야 하는 반면(제1항), 사립의 초·중·고등학교는 그 재량에 따라 학교운영위원회를 두지 아니할 수도 있게 됨에 따라(제2항) 위 사립학교가 학교운영위원회를 설치하지 아니하자, 甲은 "사립의 초등학교·중학교·고등학교에는 학교운영위원회를 둘 수 있다."고 규정하는 위 법률 제44조의2 제2항이 평등권과 헌법 제31조 제1항이 보장하는 교육권을 침해한다고 주장하면서 헌법소원심판을 청구하였다.[2]

사례 2 헌재 2009. 5. 28. 2006헌마618(표준어 규정 사건)

甲은 중학교에 재학중인 학생이고 乙은 자녀에게 초중등교육을 받게 할 의무가 있는 학부모이다. 甲과 乙은 교과용 도서를 편찬하거나 검정 또는 인정하는 경우에는 표준어에 의하도록 규정하고 있는 국어기본법규정에 대하여 자신들의 행복추구권 및 자녀교육권 등을 침해한다며 그 위헌확인을 구하는 헌법소원심판을 청구하였다.[3]

입법목적도 입법자가 '잠정적으로' 추구할 수 있는 정당한 공익이라고 하겠다."

1) 미성년자인 학생의 수면이나 휴식시간 등 사생활의 형성에 관하여 결정하는 것은 일차적으로 부모의 권리이자 책임이므로, 학원심야교습의 제한과 관련하여 언제 국가가 부모의 자녀교육권에 개입하여 자녀의 복리에 관한 부모의 결정을 배척하고 자신의 결정으로 대체할 수 있는지의 문제가 제기된다. 국가가 자녀에 대한 사교육에 개입할 수 있는 상황이란, 부모가 자녀에 대한 교육책임을 제대로 이행하지 못하기 때문에 자녀의 복리가 심각하게 위협받고 있는 상황이다. 따라서 심야교습의 제한이 학생의 복리에 의하여 정당화된다고 하는 헌법재판소의 결정은, 대한민국 학부모가 집단적으로 자녀의 복리에 관한 합리적이고 정상적인 결정을 내리지 못한다는 것의 표현으로서 부모의 자녀교육권에 대한 '파산선고'라 할 수 있다. 뿐만 아니라, 누구나 자신의 경제생활을 스스로 형성하고 결정할 수 있으며, 경제적 지출의 여부 및 방법, 우선순위에 관한 결정권을 가지고 있다는 점에서, "학부모의 경제적 부담을 덜어주려는 목적"으로 학부모의 자유를 제한하는 것은 국가가 후견인적 지위에서 국민을 유아시하는 것으로, 경제생활에서 자기결정권을 보장하는 기본권의 정신에 정면으로 반하는 것이다. "공교육의 정상화"란 입법목적은 입법자가 추구할 수 있는 정당한 목적이기는 하나, 학원교습시간의 제한을 통하여 공교육이 정상화될 수 없다는 점에서 수단의 적합성이 부정된다.

2) 헌재 1999. 3. 25. 97헌마130(사립학교 운영위원회의 임의적 설치), 판례집 11-1, 233, 국·공립학교와는 달리 사립학교의 경우에 학교운영위원회의 설치를 임의적인 사항으로 규정하고 있는 지방교육자치에관한법률의 해당조항이 학부모의 교육참여권을 침해하는지 여부에 관하여, "사립학교에도 국·공립학교처럼 의무적으로 운영위원회를 두도록 할 것인지, 아니면 임의단체인 기존의 육성회 등으로 하여금 유사한 역할을 계속할 수 있게 하고 법률에서 규정된 운영위원회를 재량사항으로 하여 그 구성을 유도할 것인지의 여부는 입법자의 입법형성영역인 정책문제에 속하고, 그 재량의 한계를 현저하게 벗어나지 않는 한 헌법위반으로 단정할 것은 아니다. 청구인이 위 조항으로 인하여 사립학교의 운영위원회에 참여하지 못하였다고 할지라도 그로 인하여 교육참여권이 침해되었다고 볼 수 없다."

3) 헌재 2009. 5. 28. 2006헌마618(표준어 규정), 판례집 21-1하, 746, 762, "학교제도에 관한 국가의 규율권한과 부모의 교육권이 서로 충돌하는 경우, 어떠한 법익이 우선하는가 하는 문제는 구체적인 경우마다 법익의 형량을 통해 판단해야 할 것이나, 원칙적으로 국가는 교육목표, 학습계획, 학습방법, 학교제도의 조직 등을 통하여 학교교육의 내용과 목표를 정할 수 있는 포괄적인 규율권한을 가지고 있다 할 것이다. 이 사건 법률조항들 중 학교의 교과용 도서를 표준어 규정에 의하도록 한 부분은 국가의 학교교육의 내용과 목표를 정할 수 있는 포괄적인 규율권한 내

학교교육은 원칙적으로 국가교육권한의 영역으로, 국가는 학교교육에 관한 포괄적인 규율권한을 가진다. 그러나 학교교육에서 부모의 자녀교육권과 국가의 학교교육권한은 서로 긴장관계에 있다. 특히 국가와 부모가 자녀의 학교교육과 관련하여 서로 다른 것을 원하는 경우, 국가의 교육권한과 부모의 자녀교육권은 충돌할 수 있다. 부모는 자녀의 교육에 관한 전반적인 계획을 세울 자연적 권리를 가지고 있으며 학교교육이 자녀의 전체 교육에 중대한 영향을 미치기 때문에, 부모가 학교교육에 일정 부분 영향력을 행사할 수 있어야 하고 학교교육에서 부모의 자녀교육권이 존중되어야 한다. 무엇보다도 다음과 같은 3가지 관점에서 부모의 자녀교육권은 학교교육의 영역에서 존중될 것을 요청한다.

(1) 세계관적으로 중립적인 학교교육에 대한 요청

(가) 다양한 세계관에 기초한 부모의 자녀교육권을 존중해야 할 국가의 의무

성교육, 종교교육,[1] 윤리교육 등 자녀의 가치관과 세계관의 형성에 관한 개별교육은 자신의 가치관과 세계관에 따라 자녀의 교육을 형성하고자 하는 부모 교육의 전반적 기초에 해당하고 국가는 세계관적 중립의무가 있기 때문에, 이러한 영역은 일차적으로 부모교육권에 속하는 것이다. 한편, 가치관과 세계관의 영역에서도 국가의 교육권한이 완전히 배제된 것은 아니다. 가령, 인간의 性과 倫理는 일차적으로 부모의 개별교육의 영역이지만, 또한 사회적 행위의 일부로 다양한 사회적 연관성을 가진다는 점에서 자녀 전체교육의 중요한 구성부분으로 간주될 수 있고, 이에 따라 학교에서 수업의 대상으로 삼을 수 있다. 따라서 국가는 헌법 제31조의 위임에 따라 원칙적으로 학부모로부터 독립하여 학교의 교육목표, 수업목표, 교육과정을 정하고 교과목을 확정할 수 있다. 가치관과 세계관에 관한 교육은 부모의 교육영역에 보다 인접하기 때문에 일차적으로 부모의 자연적인 교육권에 속하지만, 교과목의 도입이 부모의 동의나 공동결정을 필요로 하는 것은 아니다. 그럼에도 교과목의 성격이 개인의 가치관·세계관과 충돌할 가능성이 있는 경우, 국가는 교육의 목표와 내용을 정함에 있어서 부모의 다양한 가치관을 고려하고 존중함으로써 세계관적으로 중립적인 학교교육을 실시해야 한다.[2]

(나) 사립학교에서 宗敎敎育의 문제

국가는 종교적 중립성(헌법제20조)으로 말미암아 특정한 신앙공동체의 교리를 전달하는 종교교육을 실시할 수 없음은 물론이고, 설사 교육시설의 부족 등 부득이한 공익상의 사유로 인하여 종교교육을 실시하는 사립학교에 학생을 배정해야 하는 경우에는 부모의 자녀교육권 및 자녀의 종교의 자유를 존중하여 사립학교에서 종교교육이 강제로 이루어지지 않도록 규율해야 할 의무를 진다. 학부모와 사립학교 사이의 취학계약이 학부모의 자유의사에 기초한 것이 아니라 국가의 강제배정에 기인한다

의 문제라 할 것으로서, 국가는 이를 통하여 국가 공동체의 통합과 원활한 의사소통을 위하여 표준어 규정으로 교과용 도서를 제작하는 것을 선택한 것이고, 앞서 행복추구권 부분에서 언급한 이유에 비추어, 이와 같은 입법자의 판단은 학교교육에 관한 입법재량의 범위를 넘는 것이라고 보기 어렵다. 결국, 이 사건 심판대상조항 중 초·중등학교의 교과용 도서를 편찬하거나 검정 또는 인정하는 경우에 표준어 규정에 의하도록 한 부분은 부모의 자녀 교육권을 침해하는 것이라 보기 어렵다."

1) 여기서의 '종교교육'이란 특정한 신앙공동체의 신앙적 내용을 전달하는 수업이 아니라, 인류의 모든 주요 종교의 교리를 객관적으로 전달하고 비교하는 비교종교수업을 말한다. 수업의 내용이 단지 내용적으로 종교와 연관된다고 하여 국가에게 금지되는 종교수업이 되는 것은 아니다.

2) Vgl. BVerfGE 47, 46, 78f., '국가는 성교육수업을 통하여 일정한 방향의 견해를 주입시키려는 시도나 특정한 성적 태도를 취하도록 영향을 행사해서는 안 되며, 부모는 성교육의 시행에 있어서 사세와 관용을 요구할 수 있다. 국가가 이러한 원칙을 준수한다면, 학교에서 성교육의 실시여부는 부모의 동의에 달려있지 않다. 그러나 부모는 학교에서 실시하는 성교육의 내용과 방법에 관하여 적시에 정보를 제공받을 권리를 가진다.'는 취지로 판시하였다.

면, 국가는 사립학교로부터 학부모의 자녀교육권과 자녀의 '소극적 종교의 자유'를 보호해야 할 의무를 지는 것이다. 사립학교에서 종교교육은 사학설립의 자유와 종교의 자유에 의하여 헌법적으로 보장되는 것이나, 자녀는 취학의무를 근거로 하여 종교수업에의 참가를 강요받아서는 안 되며, 부모는 자녀교육권을 근거로 그의 자녀가 종교수업에 참가할 것인지에 관하여 결정할 수 있어야 한다. 따라서 입법자는 이러한 보호의무를 이행하기 위하여 종교교육을 거부하는 학생에 대하여 종교수업을 면제하거나 대체수업(가령, 윤리·철학 등)을 제공하도록 규율해야 한다.

(2) 자녀의 능력과 적성에 부합하는 다양한 교육가능성을 요구할 권리

국가는 학교제도를 구체적으로 형성함에 있어서 부모의 자녀교육권을 고려하고 존중하여야 한다. 학교제도와 조직에 관한 기본결정은 학부모와 자녀의 기본권 행사와 실현에 있어서 중대한 의미를 가진다. 교육과정과 학교유형 등 교육진로와 관련된 기본결정은 자녀교육에 관한 전반적인 계획을 세우고 자녀의 진로를 결정하는 부모의 자녀교육권과 밀접한 관련이 있고, 뿐만 아니라 자녀의 직업교육장선택의 자유 및 능력과 적성에 부합하는 교육을 통한 인격발현권과 밀접한 연관성을 가진다. 따라서 학교제도와 조직에 관한 기본결정의 경우, 부모가 자녀의 능력과 적성에 따라 학교교육에 관한 계획을 세울 수 있도록, 국가에게는 이에 대응하는 의무로서 '자녀의 능력과 적성에 부합하는 다양한 교육가능성을 제공해야 할 의무'가 부과된다. 여기서 무엇보다도 아래에서 다룰 학부모의 '학교선택권'이 문제된다.

(3) 학교교육에 관하여 정보를 제공받을 권리

학교교육의 구체적 문제, 학교의 조직과 구조, 학교유형, 수업의 내용과 방법, 특히 학교 내부적 영역(가령, 수업계획, 징계 등)에 관한 결정은 원칙적으로 국가의 교육권한에 속한다. 부모는 학교의 조직과 유형에 관하여 국가와 함께 결정할 수 있는 공동결정권을 가지고 있지 않다. 마찬가지로 부모에게는 학교행정에 참여할 수 있는 권리도 인정되지 않는다. 입법자는 법률로써 학부모에게 학교행정에의 참여권을 부여할 수는 있으나, 학부모의 참여권이 부모의 자녀교육권을 근거로 하여 헌법적으로 요청되는 것은 아니다.

다만, 부모는 자녀교육권에 근거하여 학교영역에서 일어나는 일에 관하여 정보를 제공받을 권리를 가지고 있다.[1] 부모가 자녀의 학교교육에 관하여 적시에 충분한 정보를 제공받는 경우에만, 비로소 부모와 학교가 자녀의 교육을 위하여 서로 협력할 수 있고, 학교교육에 의하여 부모의 자녀교육권이 침해받는지를 확인할 수 있으며, 학교교육에 대한 학부모의 건의나 비판, 시정요구 등이 가능하기 때문이다.[2] '학교교육에 관한 정보를 제공받을 권리'는 학부모가 학교교육을 통제할 수 있는 유일

---

1) 헌재 2011. 12. 29. 2010헌마293(교원의 개인정보공개 금지), 판례집 23-2하, 879, 887, "부모는 자녀의 교육에 관하여 전반적인 계획을 세우고 자신의 인생관·사회관·교육관에 따라 자녀의 교육을 자유롭게 형성할 권리, 즉 자녀교육권을 가진다. 그리고 자녀교육권을 실질적으로 보장하기 위해서는 자녀의 교육에 필요한 정보가 제공되어야 하는바 학부모는 교육정보에 대한 알 권리를 가진다. … 그러므로 개별 교원이 어떤 교원단체나 노동조합에 가입해 있는지에 대한 정보 공개를 제한하고 있는 이 사건 법률조항 및 이 사건 시행령조항은 학부모인 청구인들의 알 권리를 제한하는 것이며, 학부모는 그런 알 권리를 통해 자녀교육을 행하게 되므로 위 조항들은 동시에 교육권에 대한 제약도 발생시킨다고 할 수 있다."
2) 헌법재판소는 '학교가 학생에 대해 불이익 조치를 할 경우 해당 학생의 학부모가 의견을 제시할 권리'도 자녀교육권의 일환으로 보호된다고 판시하고 있다. 헌재 2013. 10. 24. 2012헌마832, 공보 제205호, 1559, 1562, "학교폭력 가해학생에 대해 일정한 조치가 내려졌을 경우 그 조치가 적절하였는지 여부에 대해 의견을 제시 할 수 있는 권리 또한 … 학부모의 자녀교육권의 내용에 포함된다."

한 가능성이다. 학부모는 '학교에서 무엇을 어떻게 가르치는지'를 알아야만 자신의 자녀교육권 및 자녀의 자유로운 인격발현권에 대한 침해가 발생하는지를 알 수 있고 이로써 침해를 방지할 수 있다. 따라서 '정보를 제공받을 권리'는 학부모의 자녀교육권을 행사하기 위한 필수적 전제조건으로서 헌법적으로 요청되는 것이다. 이로써 학교교육에 참여할 학부모의 권리는 헌법적 차원에서는 '정보를 제공받을 권리'에 제한된다.

마. 私立學校의 自由

(1) 헌법적 근거로서 부모의 자녀교육권

사립학교의 자유는 부모의 자녀교육권과 밀접한 연관관계에 있다. 부모의 자녀교육권이 자신의 가치관·세계관에 따라 자녀의 교육을 자유롭게 형성할 권리를 의미하는 것이라면, 이러한 자유는 '자신의 가치관에 부합하는 교육가능성이 국가에 의하여 제공되지 않는 경우, 사립학교의 설립과 선택을 통하여 자녀교육에서 자신의 종교관과 세계관을 실현할 자유'를 포함한다. 따라서 사립학교의 자유는 부모의 자녀교육권에 그 헌법적 근거를 두고 있다.[1]

부모에게는 사립학교의 설립이나 선택을 통하여 자신의 특별한 교육관이나 가치관을 실현하는 가능성이 주어진다.[2] 사립학교는 사적인 주도에 의하여 설립되고 운영되며, 세계관적 기초, 교육목표, 수업내용 및 수업방법에 관하여 독자적으로 형성된 수업을 제공하는 것에 그 본질이 있다. 사립학교의 자유는 세계관적 중립의무가 있는 국공립학교에 대하여 세계관적으로 형성된 대안교육의 가능성을 보장하고, 교육학적 관점에서 개혁이나 대안, 독자적 시도를 실현할 수 있는 자유공간을 확보해 주고자 하는 것이다. 사립학교의 보장은 교육의 영역에서 다원주의 및 관용의 원칙의 산물이다.

사립학교가 보장되고 헌법적으로 정당화되는 이유가 바로 이와 같이 부모와 자녀의 기본권을 실현하고 촉진하는 기능에 있다. 자녀가 성장함에 따라 '부모의 자녀교육권'은 감소하고 '교육에 있어서 자녀의 자기결정권과 자유로운 인격발현권'이 증가한다는 점에서, 사립학교의 자유는 학생인 자녀에 대해서도 '자신의 가치관에 부합하는 교육을 선택할 권리', 즉 자신의 가치관에 부합하는 학교교육의 가능성이 국가에 의하여 제공되지 않는 경우, 자신의 종교관과 세계관에 부합하는 교육을 통하여 인격을 자유롭게 발현할 권리인 교육에 관한 자기결정권을 보장한다. 따라서 학교설립에 관한 국가의 독점권은 인정되지 않는다.

한편, 사립학교가 공교육의 일부를 담당하고 국가의 교육과제의 이행을 보완한다는 점에서, 국가에게는 사립학교와 관련해서도 교육이 이루어지는 전반적인 기본 틀을 형성해야 할 의무가 부과된다. 국가는 사립학교법의 제정과 사립학교의 허가 및 지도·감독 등을 통하여 학교제도에 관한 책임

---

1) 한편, 헌법재판소는 일부 결정에서 사학의 자유의 헌법적 근거를 헌법 제10조의 행복추구권 및 헌법 제31조에서 찾고 있으나, 그 타당성에 대하여 의문이 제기된다, 가령, 헌재 2001. 1. 18. 99헌바63, 판례집 13-1, 60, 68, "설립자가 사립학교를 자유롭게 운영할 자유는 비록 헌법에 독일기본법 제7조 제4항과 같은 명문규정은 없으나 헌법 제10조에서 보장되는 행복추구권의 한 내용을 이루는 일반적인 행동의 자유권과 모든 국민의 능력에 따라 균등하게 교육을 받을 권리를 규정하고 있는 헌법 제31조 제1항 그리고 교육의 자주성·전문성·정치적 중립성 및 대학의 자율성을 규정하고 있는 헌법 제31조 제4항에 의하여 인정되는 기본권의 하나라 하겠다."
2) 헌재 2001. 11. 29. 2000헌마278(사립학교 운영위원회의 의무적 설치), 판례집 13-2, 762, 768, "다양한 교육기회의 제공을 위해서는 사학 설립의 자유와 사학의 교육방향의 자유가 일반적으로 인정되어야 한다. 공교육 제도가 지배적인 현대 사회에서도 사학을 인정하는 이유는 공립학교에서 제공하지 못하는 다양성을 사립학교가 제공할 수 있기 때문이다." 또한 유사한 취지로 헌재 1991. 7. 22. 89헌마106(사립학교교원에 대한 근로3권의 제한), 판례집 3, 387, 408.

을 이행한다.

(2) 사립학교선택의 자유에 대한 제한의 문제점

사립학교의 자유가 보장되는 이유가 궁극적으로 학부모와 자녀의 기본권보장에 있다면, 사립학교 '선택의 자유'가 전제되지 않는 사립학교 '설립의 자유'는 무의미하다. 따라서 사립학교설립의 자유로부터 '자녀를 사립학교에 보낼 수 있는 부모의 권리'가 나온다. 사립학교설립의 자유는 허용하면서, 국공립 또는 사립의 여부를 막론하고 강제로 학교를 배정함으로써 학부모로 하여금 자신의 교육관·가치관에 부합하는 사립학교를 선택할 권리를 인정하지 않는다면, 세계관적 중립의무가 있는 국공립학교에 대한 대안으로서 사립학교제도의 헌법적 의미는 소멸할 것이다.[1] 부족한 공교육시설을 단지 보완하는 기능만을 사립학교제도에 부여하는 현재의 이러한 교육 실상은 위헌적 교육현실이 아닌지의 의문을 제기한다.

2. 부모의 학교선택권

> **사례** | 헌재 1995. 2. 23. 91헌마204(거주지를 기준으로 한 중고등학교 입학제한 사건)
>
> 甲은 전북에 거주하는 자로서 현재 국민학교와 중학교에 재학 중인 자녀를 두고 있고, 장래 자녀들을 도시에 있는 중·고등학교에 진학시키기를 원하지만 교육법시행령규정이 거주지를 기준으로 중·고등학교 입학을 제한하고 있어서 거주지를 도시로 이전하지 아니하고는 자녀를 도시에 있는 중·고등학교에 입학시킬 수 없으므로, 위 규정은 청구인의 기본권을 침해하여 위헌이라고 주장하면서 헌법소원심판을 청구하였다.[2]

가. 학교선택권의 헌법적 근거

부모와 자녀는 국가와 사인에 의하여 제공되는 교육과정 중에서 원칙적으로 자유롭게 선택할 수 있는 학교선택권을 가진다. 학교선택권은 그 헌법적 근거를 주관적 측면에서는 부모의 자녀교육권과 자녀의 자유로운 인격발현권에 두고 있으며, 객관적 측면에서는 '능력에 따라' 교육받을 권리를 실현해야 할 국가의 의무($\frac{헌법 제31}{조 제1항}$)에 두고 있다.[3]

(1) 부모의 자녀교육권

학교선택권은 일차적으로 부모의 자녀교육권으로부터 나온다. 학교영역에서 부모의 교육권은, 부

---

1) 현행 학군별 강제배정방식은 부모의 사립학교선택의 자유와 사립학교의 학생선택의 자유를 전면적으로 배제함으로써, 사립학교의 자유를 사실상 부정하고 있다.

2) 헌재 1995. 2. 23. 91헌마204(거주지를 기준으로 한 중고등학교 입학제한), 판례집 7-1, 267, "거주지를 기준으로 중·고등학교의 입학을 제한하는 교육법시행령규정은 과열된 입시경쟁으로 말미암아 발생하는 부작용을 방지한다고 하는 입법목적을 달성하기 위한 방안의 하나이고, 도시와 농어촌에 있는 중·고등학교의 교육여건의 차이가 심하지 않으며, 획일적인 제도의 운용에 따른 문제점을 해소하기 위한 여러 가지 보완책이 위 시행령에 상당히 마련되어 있어서 그 입법수단은 정당하므로, 위 규정은 학부모의 자녀를 교육시킬 학교선택권의 본질적 내용을 침해하였거나 과도하게 제한한 경우에 해당하지 아니한다."; 유사한 판례로 헌재 2009. 4. 30. 2005헌마514(고교평준화 정책), 판례집 21-1하, 185 참조.

3) 헌법재판소는 초기의 일부 결정에서 부모의 학교선택권의 헌법적 근거를 헌법 제31조 제1항의 '교육을 받을 권리'에서 찾고 있으나, 이는 타당하지 않다. 가령, 헌재 1995. 2. 23. 91헌마204(거주지를 기준으로 한 중고등학교 입학제한), 판례집 7-1, 267, 275.

모가 자녀의 개성과 능력을 고려하여 자녀의 학교교육에 관한 전반적 계획을 세운다는 것에 기초하고 있으며, 이로써 부모의 교육권은 자녀 개성의 자유로운 발현을 위하여 자녀의 능력과 적성에 부합하는 교육과정을 선택할 권리, 즉 자녀의 교육진로에 관한 결정권(학교선택권)으로 구체화된다.[1]

(2) 학생의 자유로운 인격발현권

마찬가지로, 학교선택권은 학생의 자유로운 인격발현권(헌법 제10조의 행복추구권)에서도 도출된다.[2] 학생의 인격발현권은 개인의 능력과 적성에 적합한 교육을 통한 인격발현의 가능성을 보장한다. 그런데 학생마다 적성과 능력이 다르므로, 학생의 인격발현권은 자신의 능력과 적성에 부합하는 학교를 선택할 권리를 포함한다.[3]

(3) 헌법 제31조 제1항

뿐만 아니라, 헌법 제31조 제1항의 규범내용("능력에 따라")에 비추어, 국가는 재정적으로 그리고 조직상 가능한 범위 내에서, 개인의 상이한 능력과 적성을 고려하여 자녀의 다양한 능력과 성향의 자유로운 발현을 가능하게 하는 학교제도를 제공해야 할 의무가 있다.

나. 학교선택권의 내용

부모의 학교선택권은 국가에 의하여 제공된 현존하는 학교유형과 교육과정 중에서 선택할 권리를 의미한다. 학교선택권은 국·공립학교와 사립학교 중에서 선택할 권리 및 공교육제도 내의 다양한 학교유형과 교육과정 중에서 선택할 권리를 포함한다. 부모의 교육관 및 자녀의 능력·적성이 매우 다양하다는 점에서, 부모의 학교선택권은 국가에게 부모의 교육적 소망에 부합하는 특정한 학교유형을 설립할 의무를 부과하거나 특정한 학교유형을 정규학교로서 규정할 의무를 부과하는 것은 아니다. 부모의 교육관에 부합하는 특정 유형의 학교를 선택할 권리는 사립학교의 설립 및 선택의 자유에 의하여 실현된다. 그러나 국가에 의하여 제공된 학교 또는 학교유형 중에서 선택하는 부모의 권리는 필요 이상으로 제한되어서는 안 된다.[4] 다양한 학교유형 중에서 선택할 수 있는 부모의 권리가 합리적인 관점에서 요청되는 것 이상으로 과도하게 제한된다면, 국가가 입학을 규율할 수 있는 한계를 넘은 것이다.

다. 학교제도에 관한 국가형성권의 한계

(1) 학교선택권을 가능하게 하는 최소한의 다양성의 보장

(가) 헌법은 어떠한 학교제도가 교육학적으로 바람직한지에 관해서는 아무런 지침을 제시하고 있지 않다. 그러므로 학교형태와 교육과정에 관한 조직과 구조의 문제에 있어서는 국가에게 광범위한 형성의 자유가 인정된다. 그러나 제공된 학교형태가 유일하기 때문에 국가에 의하여 일방적으로 확정된 수업목표를 가진 유일한 교육가능성만이 부모에게 제공된다면, 이로써 부모의 학교선택권이 사

---

1) 同旨 헌재 2009. 4. 30. 2005헌마514(고교평준화 정책), 판례집 21-1하, 185, 191.
2) 자녀의 인격발현권에 기초한 학교선택권과 부모의 교육권에 기초한 학교선택권은 국가와의 관계에서 동일한 내용과 성격을 가진 것으로, 여기서도 '부모의 자녀교육권과 자녀의 권리의 관계'에 관한 일반적 사고가 그대로 적용된다.
3) 헌재 2012. 11. 29. 2011헌마827, 판례집 24-2하, 250, 261, "헌법은 … 학생에게도 자신의 교육에 관하여 스스로 결정할 권리, 즉 자유롭게 교육을 받을 권리를 부여하고, 학생은 국가의 간섭을 받지 아니하고 자신의 능력과 개성, 적성에 맞는 학교를 자유롭게 선택할 권리를 가진다. 그렇다면 이 사건 법령조항에 의하여 학생인 청구인 … 에 대하여는 헌법 제10조에 의하여 인정되는, 자신의 능력과 개성, 적성에 맞는 학교를 선택할 권리가 제한된다."
4) 헌법재판소는 거주지를 기준으로 중고등학교의 입학을 제한하는 것을 합헌으로 판단하였다(헌재 1995. 2. 23. 91헌마204).

실상 유명무실하게 된 경우에는 헌법적으로 허용된 국가형성권의 한계를 명백하게 일탈한 것이다.[1]

그러므로 국가는 교육과정을 제공함에 있어서 학교선택권의 실질적인 행사를 가능하게 하는 조건으로서 최소한의 다양성을 보장해야 한다. 부모와 자녀의 학교선택권은 다양한 유형과 수준의 교육과정 중에서 선택할 수 있는 가능성을 사실적 전제로 하며, 이러한 경우에만, 자녀의 능력과 적성에 부합하는 교육가능성을 선택할 부모의 권리와 학교교육을 통하여 자신의 능력과 적성을 자유롭게 발현할 수 있는 자녀의 인격발현권은 비로소 보장될 수 있다. 그러므로 국가는 부모와 자녀에게 다양한 교육과정, 적어도 두 가지 이상의 상이한 수준의 교육과정 중에서 스스로 선택할 수 있는 가능성을 제공해야 한다. 이러한 선택가능성의 제한을 정당화하는 합리적 사유가 인정되는 경우에만(가령, 교육수요가 현저하게 적은 도서지역의 경우), 학교선택권의 제한은 정당화될 수 있다.

(나) 헌법은 모든 학생이 동일한 수준의 교육을 받아야 하는 교육과정의 시간적 한계에 관하여 아무런 구체적 지침을 제시하고 있지 않지만, 국가의 형성권은 이러한 점에서도 무제한적인 것은 아니다. 교육제도에 관한 국가의 형성권은 자신의 능력과 적성에 부합하는 교육을 통하여 자신의 인격을 발현하고자 하는 학생의 기본권에 의하여 헌법적인 구속을 받는다. 물론, 모든 자녀가 일정 기간 동일한 수준의 의무교육을 하는 초등학교에 다닌다는 것을 전제로 하더라도, 이를 넘어서 모든 학생을 '과도하게 장기간' 동일한 수준의 수업을 제공하는 학교에 다니게 하는 것은 부모의 교육권 및 자녀의 인격발현권과 부합하지 않는다.[2] 그러므로 모든 학생이 거의 성년에 이를 때까지 동일한 수업목표를 가진 학교에 다니게 하는 것은 위헌으로 간주된다.

(2) 교육의 다양성과 차별화의 요청으로서 헌법 제31조 제1항

(가) 능력과 적성에 상응하는 교육가능성의 보장

헌법 제31조 제1항은 '균등하게'란 표현에도 불구하고 교육평준화를 요청하거나 또는 정당화하는 근거규범이 아니다. 헌법 제31조에서 언급하는 '균등하게'란 표현은 '능력'(수학능력)에 종속된 개념으로서, '능력에 관계없이 균등하게'의 의미에서 평준화가 아니라 '능력에 따라 균등하게'란 의미에서 다양성과 차별화를 요청하고 있는 것이다. 헌법 제31조는 궁극적으로 학생의 자유로운 인격 발현에 기여하고자 하는 규범으로서 그 보장내용도 또한 개인의 자유 실현의 관점에서 파악되어야 한다. 즉, 헌법 제31조는 개인의 자유로운 인격 발현을 위한 실질적 조건을 교육의 영역에서 보장하고자 하는 것이며, 이러한 조건 중에서 본질적인 것은 바로 '능력과 적성에 상응하는 교육가능성'이다.

(나) 平準化된 教育의 헌법적 문제점

평준화된 교육은 개인의 상이한 수학능력과 적성을 무시하고 모든 학생에게 단일화된 수준의 교육을 강요함으로써 개인의 인격발현을 저해한다는 점에서 자유로운 인격발현에 대한 중대한 제한을 의미한다. 그러므로 교육평준화정책은 그 헌법적 근거를 헌법 제31조에서 구할 수 없는 것은 물론이

---

1) 물론, 국가는 학교형태를 반드시 독일의 학교제도와 같이 초등학교 졸업 후 진학이 가능한 다양한 학교유형(Hauptschule, Realschule, Gymnasium)으로 분류할 필요는 없다. 동일한 학교유형 내에서도 교과과정의 차별화를 통하여 교육과정의 다양성과 수학능력에 따른 교육이 실현될 수 있다면, 부모의 선택권의 최소한이 보장될 수 있다.

2) Vgl. BVerfGE 34, 165, 186f., 연방헌법재판소는 위 결정에서 모든 학생이 공통적으로 취학해야 하는 단일화된 교육과정의 시간적 한계가 어디에 있는지, 이러한 시간적 한계 이후에 부모의 교육권과 자녀의 인격발현권의 보장을 위하여 교육과정의 제공에 있어서 어느 정도로 다양성과 차별성이 보장되어야 하는지의 문제에 관하여는 판단을 유보하였다.

고, 나아가 개인의 능력과 적성을 고려하는 최소한의 다양성과 수준별 교육가능성을 요청하는 헌법 제31조의 정신과도 부합하지 않는다. 뿐만 아니라, 개인의 상이한 능력과 적성을 고려하는 교육가능성의 제공은 공교육제도가 기능하기 위한 필수적인 조건이다. 개인의 개성과 능력을 고려하지 않는 획일적인 공교육제도는 필연적으로 별도의 사교육에 의한 보완을 필요로 하게 되고, 결국 자녀의 능력과 적성을 고려하는 사교육에 의하여 공동화(空洞化)될 수 있는 위험을 안고 있기 때문이다.

3. 자녀의 자유로운 인격발현권(학습의 자유)

가. 내용 및 헌법적 근거

(1) 내 용

자녀는 학습과 교육에 있어서 자신의 적성과 능력을 가능하면 국가의 간섭과 방해를 받지 아니하고 자유롭게 발현할 권리(학습의 자유)를 가진다. 교육의 영역에서 자녀의 인격발현권은 교육을 통한 인격발현권 또는 교육에 관한 자기결정권, 즉 자신의 교육에 관하여 스스로 결정할 권리를 의미하고, 이는 언제, 무엇을 누구로부터 어떻게 배울 것인지에 관하여 스스로 결정할 권리를 말한다.[1]

(2) 헌법적 근거

학습과 교육에 있어서 자유로운 인격발현권은 헌법 제15조의 '직업의 자유' 또는 보충적으로 일반적 자유권인 '행복추구권'에 의하여 보호된다. 직업선택의 자유는 '직업교육장선택의 자유'를 직업을 선택하기 위한 전제조건으로서 포함하는데, 직업교육장선택의 자유는 단지 직업과 연관된 교육을 보호하므로, 교육장소가 직업과 직접적인 연관성이 없는 초·중등교육의 경우에는 직업선택의 자유가 아니라 일반적·보충적 자유권인 자유로운 인격발현권(헌법 제10조의 행복추구권)에 의하여 보호된다. 물론, 자녀는 미성숙한 인격체로서 그의 성장과 함께 완전한 판단능력과 인식능력을 갖추게 된다는 사실은, 학교영역에서 자녀의 기본권행사에 있어서 고려되어야 한다. 자녀의 기본권은 초기에는 부모에 의하여 행사되고, 성년이 가까워 옴에 따라 자녀는 자신의 기본권을 스스로 행사하게 된다.

(3) 제한의 예

자녀의 학습의 자유가 침해될 수 있는 경우로는, 국가가 과외 등 사교육을 금지하는 경우, 학교행정에 의하여 정학이나 퇴학 등 징계조치가 내려짐으로써 학교교육을 통하여 자신의 인격을 발현할 가능성이 제한을 받는 경우, 국가가 정치적·세계관적으로 편향적인 교과서를 채택하거나 교사가 수업을 통하여 사상주입교육을 하는 경우 등을 들 수 있다.[2]

---

1) 헌재 2000. 4. 27. 98헌가16(과외금지), 판례집 12-1, 427, 455-456, "과외교습금지에 의하여 학생의 '인격의 자유로운 발현권'이 제한된다. 학습자로서의 아동과 청소년은 되도록 국가의 방해를 받지 아니하고 자신의 인격, 특히 성향이나 능력을 자유롭게 발현할 수 있는 권리가 있다."; 또한 헌재 2012. 11. 29. 2011헌마827, 판례집 24-2하, 250, 260.

2) 헌법재판소는, 과외교습을 금지하는 법률조항은 교육의 영역에서의 자녀의 인격발현권과 부모의 자녀교육권 등을 제한하며(헌재 2000. 4. 27. 98헌가16 등), 학교의 정규교과에서 영어나 한자를 배제하는 교육과학기술부 고시는 학생들의 '자유로운 인격발현권'을 제한하며(헌재 2016. 2. 25. 2013헌마838; 헌재 2016. 11. 24. 2012헌마854), 나아가 대학수학능력시험의 문항 수 기준 70%를 EBS 교재와 연계하여 출제한다는 내용의 '대학수학능력시험 시행기본계획'에 의하여 제한되는 기본권은 헌법 제31조 제1항의 '교육을 받을 권리'가 아니라, 대학수학능력시험을 준비하는 학생들의 '교육을 통한 자유로운 인격발현권'이라고 판시하고 있다(헌재 2018. 2. 22. 2017헌마691).

나. 부모의 자녀교육권과 자녀의 인격발현권의 관계

(1) 자녀의 인격발현을 위한 불가결한 조건으로서 부모의 자녀교육권

부모의 교육권은 자녀를 사회공동체 내에서 자립적이고 스스로 책임지는 인격체로 발전시키기 위하여 부여된 것이다. 부모 교육권의 실질적 내용인 자녀에 대한 보호와 양육·교육은 자녀의 기본권을 제한하는 것이 아니라, 자녀가 자기결정과 자기실현의 능력이 결여된 인생과정에서 자신의 인격을 발현할 수 있도록 돕는 것이다. 즉, 부모의 교육권 행사는 자녀의 자기결정권에 대한 제한이 아니라, 자녀의 자유로운 인격발현과 자유의 실현을 위한 불가결한 조건이다. 부모의 교육권은 자유로운 인격발현권을 가진 자녀의 보호필요성에 의하여 헌법적으로 정당화되는 것이다. 따라서 자녀가 성년에 이르러 완전한 기본권행사능력을 획득할 때까지, 자녀의 기본권은 부모에 의하여 신탁적으로 행사된다.

(2) 자녀의 성장에 따른 부모 교육권의 감소

자녀가 성장함에 따라 그의 권리가 증가한다는 점에서, 교육의 영역에서 자녀의 권리(학습의 자유)는 시간적 관점에서 볼 때 부모교육권과 표리관계에 있다. 부모교육의 궁극적 목적이 자녀를 자기결정과 자기책임의 능력을 갖춘 자주적인 인격체로 교육시키고자 하는 것이므로, 자녀가 성장하여 성년에 접근함에 따라 부모가 교육과 관련하여 결정해야 할 대상이 축소한다는 결과가 나온다. 이에 따라, 자녀가 부분적인 신체적·정신적 성숙도에 도달하는 일정한 시점까지는 단지 부모의 교육권만이 존재하고, 그 이후에는 부모의 교육권이 감소하는 만큼 자녀의 권리는 증가하여, 자녀가 성년에 이른 후에는 단지 자녀의 독자적 권리로서 인격발현권만이 존재하게 된다. 즉, 자녀의 성장과 함께 자녀의 보호필요성이 감소하고 자기결정능력이 증가함에 따라 부모의 권리는 감소하고, 그에 비례하여 자유로운 인격발현권에 기초한 자녀의 권리는 증가하게 되어, 자녀가 성년이 되면 부모교육권의 바탕을 이루는 근거를 상실하게 되어 부모의 권리는 소멸하는 것이다.[1]

(3) 부모와 자녀의 기본권과 국가의 교육권한의 관계

국가와의 관계에서 학교교육권한에 대하여 한계를 설정하는 '기본권주체'의 관점에서 본다면, 자녀가 성장함에 따라 국가의 형성권(교육권한)에 한계를 설정하는 비중이 부모의 교육권에서 자녀의 인격발현권으로 옮겨간다. 따라서 감소하는 부모의 교육권과 증가하는 자녀의 인격발현권의 총합(總合)으로부터 나오는 기본권의 비중은 국가의 교육권한에 한계를 설정하는 요소로서 언제나 동일하다고 보아야 한다. 자녀의 인격발현권은 국가의 형성권을 제한하는 요소로서 부모의 교육권과 근본적으로 동일한 내용과 성격을 가지고 있기 때문에, 자녀의 인격발현권과 국가의 형성권의 경계는 부모의 교육권과 국가의 형성권의 경계와 일치한다. 그러므로 학교영역에서 국가의 형성권은 부모의 교육권에 의하여 제한되는 것 이상으로, 자녀의 인격발현권을 존중해야 할 국가의 의무에 의하여 제한되지 않는다.

Ⅵ. 교육의 自主性·專門性·政治的 中立性 및 교사의 교육의 자유(授業權)

헌법은 제31조 제4항에서 "교육의 자주성·전문성·정치적 중립성 및 대학의 자율성은 법률이

---

1) 부모의 보호와 교육에 대한 필요성이 자녀의 성장과 함께 점진적으로 약해짐에도 불구하고 자녀가 성년이 될 때까지 부모의 친권이 원칙적으로 존속하는 것은, 입법자가 자녀의 증가하는 자기결정권을 보호하기 위한 안전장치를 규정하는 한, 헌법적으로 하자가 없다.

정하는 바에 의하여 보장된다."고 하여 교육의 자주성·전문성·정치적 중립성을 교육의 기본원칙으로서 규정하고 있다.[1]

사례 1 헌재 1992. 11. 12. 89헌마88(국정교과서제도 사건)

甲은 국어과목을 담당하는 중학교 교사로서, "국어교육을 위한 교사모임"에서 다른 교사들과 함께 가까운 장래에 새로운 형태의 중학교 국어교과서를 저작·출판하기로 하고 그에 관하여 연구·토론하며 저작·출판을 모색하여 왔다. 그런데 교육법 제157조와 대통령령인 교과용도서에관한규정 제5조가 중학교 국어교과서를 1종도서로 정하여 교육부가 저작, 발행, 공급하도록 규정하고 있어, 甲은 중학교 국어교과서의 저작·출판이 원천적으로 불가능함을 알고, '위 법률 및 대통령령의 각 조항이 교육의 자주성·전문성·중립성, 출판의 자유 및 학문의 자유를 침해한다'고 주장하면서, 헌법소원심판을 청구하였다.[2]

사례 2 헌재 2001. 11. 29. 2000헌마278(사립학교 운영위원회의 의무적 설치 사건)

甲은 사단법인 한국사립중·고등학교법인협의회의 구성원인 학교법인인데, 초·중등교육법이 "국·공립 및 사립의 초등학교·중학교·고등학교 및 특수학교에 학교운영위원회를 구성·운영하여야 한다."고 규정하여 사립학교에도 학교운영위원회 설치를 의무화하고 있는 것은 사학의 독립성과 본질을 침해하여 헌법 제31조의 교육의 자주성과 전문성 등에 위반된다며, 초·중등교육법의 해당조항에 대하여 헌법소원심판을 청구하였다.[3]

1. 교육의 기본원칙의 헌법적 의미

가. 헌법적 의미

교육의 기본원칙은 학교교육이 제대로 기능하기 위한 최소한의 요건이자 학부모와 자녀에 대하

---

1) 헌재 1992. 11. 12. 89헌마88(국정교과서제도), 판례집 4, 739, 762, "교육의 자주성·전문성·정치적 중립성을 헌법이 보장하고 있는 이유는 교육이 국가의 백년대계의 기초인 만큼 국가의 안정적인 성장 발전을 도모하기 위해서는 교육이 외부세력의 부당한 간섭에 영향 받지 않도록 교육자 내지 교육전문가에 의하여 주도되고 관할되어야 할 필요가 있다는 데서 비롯된 것이라고 할 것이다."

2) 헌재 1992. 11. 12. 89헌마88(국정교과서제도), 판례집 4, 739, 769, "국민의 수학권과 교사의 수업의 자유는 다 같이 보호되어야 하겠지만 그 중에서도 국민의 수학권이 더 우선적으로 보호되어야 한다. … 국정교과서제도는 교과서라는 형태의 도서에 대하여 국가가 이를 독점하는 것이지만, 국민의 수학권의 보호라는 차원에서 학년과 학과에 따라 어떤 교과용 도서에 대하여 이를 자유발행제로 하는 것이 온당하지 못한 경우가 있을 수 있고 그러한 경우 국가가 관여할 수밖에 없다는 것과 관여할 수 있는 헌법적 근거가 있다는 것을 인정한다면 그 인정의 범위 내에서 국가가 이를 검·인정제로 할 것인가 또는 국정제로 할 것인가에 대하여 재량권을 갖는다고 할 것이다. 따라서 중학교의 국어교과서에 관한 한, 교과용도서의 국정제는 학문의 자유나 언론·출판의 자유를 침해하는 제도가 아님은 물론 교육의 자주성·전문성·정치적 중립성과도 무조건 양립되지 않는 것이라 하기 어려우므로 청구인의 심판청구를 기각하기로 하여 주문과 같이 결정한다."

3) 헌재 2001. 11. 29. 2000헌마278(사립학교 운영위원회의 의무적 설치), 판례집 13-2, 762, 763, "헌법 제31조가 보호하는 교육의 자주성·전문성·정치적 중립성은 국가의 안정적인 성장 발전을 도모하기 위하여서는 교육이 외부세력의 부당한 간섭에 영향받지 않도록 교육자 내지 교육전문가에 의하여 주도되고 관할되어야 할 필요가 있다는 데서 비롯된 것인 바, 비록 심판대상조항에 의하여 사립학교 교육의 자주성·전문성이 어느 정도 제한된다고 하더라도, 그 입법취지 및 학교운영위원회의 구성과 성격 등을 볼 때, 사립학교 학교운영위원회제도가 현저히 자의적이거나 비합리적으로 사립학교의 공공성만을 강조하고 사립학교의 자율성을 제한한 것이라 보기 어렵다."

여 국가의 교육권한을 정당화하기 위한 필수적 요건이다. 교육의 기본원칙은 국민의 '교육을 받을 권리'를 효과적으로 보장하기 위한 요건을 규정한 것이자, 나아가 국가의 교육권한과 교육관련자의 법적 지위, 즉 학부모의 자녀교육권, 자녀의 자유로운 인격발현권 및 교사의 교육의 자유가 서로 조화를 이루기 위한 불가결의 조건을 규정한 것이다.

교육의 3대 기본원칙은 국가가 교육제도를 확립함에 있어서 기본방향을 제시하는 중요한 지침이자 입법자를 비롯한 국가기관을 구속하는 헌법적 요청이다. 입법자는 교육관련 법제를 통하여 교육제도를 구체적으로 형성함에 있어서 교육의 기본원칙을 고려하고 존중하여 입법을 통하여 위 원칙을 실현해야 할 의무가 있으며, 행정부와 사법부는 법적용기관으로서 위 원칙에 비추어 법률조항을 해석하고 적용해야 한다.

나. 초중등교육에 대한 헌법적 요청

헌법 제31조 제4항은 '교육의 자주성·전문성·중립성'을 '대학의 자율성'과 함께 언급함으로써 소위 '교육의 3대원칙'과 '대학의 자율성'의 관계가 무엇인가 하는 의문을 자아낸다. 특히, 교육원칙이 학교교육 중에서 초중등교육에 적용되는 원칙인지 아니면 대학교육의 영역에서도 적용되는 원칙인지의 문제가 제기되는 것이다.

학문의 자유에 의하여 보호되는 대학교육의 영역에서 교육의 자주성과 전문성의 요청은 지극히 당연한 요청으로서 이를 별도로 언급하는 것은 무의미할 뿐만 아니라 '대학의 자율성'에 의하여 특수한 형태로 표현되고 있는 반면, 학문의 자유의 보호를 받지 못하는 초중등교육의 수업에 있어서 비로소 고유한 의미를 가지는 것이다. 뿐만 아니라, 진리탐구의 작업이자 새로운 인식의 추구인 '연구'와 그 결과의 전파 작업인 '교수'가 정치적·세계관적으로 중립적으로 이루어질 것을 요청하는 것은 학문의 본질과 부합할 수 없는 것이므로, 교육의 정치적, 세계관적 중립성의 요청은 학문의 자유가 지배하는 대학의 영역에서는 적용될 수 없는 원칙인 것이다.[1] 따라서 헌법 제31조 제4항의 교육의 기본원칙은 일차적으로 초중등교육에 대한 헌법적 요청으로 이해해야 한다.

2. 교육의 자주성 및 전문성

가. 교육활동 및 교사직무의 특수성

교육의 자주성과 전문성은 교육활동과 교사직무의 특수성의 관점에서 이해되어야 한다.[2] 국가의 교육과제는 교육현장에서 수업을 담당하는 교사에 의하여 이행된다. 학교에서의 수업과정이란, 구체

---

1) 대학교육과 학문적 활동의 영역에서는, '학문의 자유' 및 헌법 제31조 제4항의 '대학의 자율성'이 국가의 간섭과 영향력행사에 대하여 보호를 제공한다.

2) 교원직무의 특수성에 관하여 헌재 1991. 7. 22. 89헌가106(사립학교교원에 대한 근로3권의 제한), 판례집 3, 387, 405, "교원은 그의 수업 및 교육활동에 있어서는 종속된 행정집행자나 법규의 적용자가 아니며, 국가나 지방자치단체 또는 사립학교의 설립·경영자나 학생들의 부모 및 그들에게 영향을 미칠 수 있는 제삼자들의 지시에 단순히 복종하는 사람도 아니다. 교원은 미래지향적, 가치창조적 입장에서 홍수같이 밀려드는 정보를 학생들이 정리할 수 있도록 도와주고, 학생들에게 사고의 방식을 길러주며, 학생들로 하여금 이해력과 통찰력을 개발하도록 하여 지적인 흥미를 유발시킬 수 있는 능력을 배양하도록 하고, 학생들이 사물에 대한 자기 나름의 견해를 가질 수 있도록 가치적인 문제들에 대하여 학생을 지도하는 사람인 것이다. … 따라서 교원의 이러한 직무수행과 관련하여 교원에게는 감정이입능력, 반응능력 및 형성능력이 있어야 하고, 더불어 교육환경에 따른 자유로운 재량이 보장되어야 하지만, 이와 함께 개개 교원들의 정상을 벗어난 행동으로부터 학생들이 보호되어야 하며, 그 밖에 일반적인 질서기준과 국가의 교육이념의 기준 또한 지켜지지 않으면 아니 된다."

적 상황에서 특정 교사와 특정 학생들이 만나는 일회적이고 개별적 과정이다. 수업은 학교의 교육적 상황과 학생의 정신적 상황 및 교사의 능력에 적합하게 형성되어야 한다. 교사의 자유는 그 근거와 정당성을 학생과 교사 간의 자유로운 정신적 교류로서 수업의 특성에 두고 있다.

교육활동은 법적인 규율을 필요로 하면서도 다른 한편으로는 단순히 법규범과 지시에 의하여 이행될 수 없다는 특수함이 있다. 학교의 수업에서는 '교육이라는 규율대상에 내재한 고유 법칙성과 그에 기초한 자율성' 및 '국가에 의한 규제' 사이의 긴장관계가 존재한다. 교육은 학교와 개별학생의 구체적 상황에 적합하게 이루어져야 하며, 교육에 내재하는 고유 법칙성과 자율성은 국가의 규범과 지시에 의하여 대체될 수 없다. 교육활동이란 법규범이나 감독관청의 지시를 단지 집행하는 것 이상의 것이다. 이러한 관점은 구체적 교육상황의 특수함을 고려하는 유연성 있는 국가의 규율과 수업의 대상과 방법을 결정함에 있어서 어느 정도 자율성을 요청한다.

개별 학생의 자유로운 인격발현을 궁극적 목적으로 하는 교육목표는 피교육자인 개별 학생의 능력과 적성을 고려하는 개별적으로 형성된 수업을 통하여 실현될 수 있다는 점에서도 어느 정도 교사의 자율적 활동이 요청된다. 또한, 교사에게 자주적 교육 책임이 부과된다면, 책임이란 독자적 결정의 자유가 인정되는 경우에만 의미 있게 부과될 수 있기 때문에, 그에 대응하여 어느 정도 교육의 자유와 독자적 결정권도 인정되어야 한다.

나. 교육의 '자주성'과 '전문성'의 의미 및 관계

교육의 자주성과 전문성은 학교교육의 본질과 교사직무의 특수성으로부터 나오는 당연한 헌법적 요청이다. 교육의 자주성은 국가행정과 관료주의에 대한 것으로 그 핵심에 있어서 교사의 '교육의 자유'와 '독자적 책임'을 의미하며, 나아가 문화의 한 영역인 교육영역에서 국가와 정치로부터 학교의 자율성에 대한 요청, 즉 '자치행정적 학교'의 사고를 담고 있다.[1] 후자의 경우, 학교운영의 자율성을 실현하기 위하여 해당학교나 해당지역의 학부모, 교사, 학생을 학교운영에 참여시키는 다양한 가능성이 고려된다.

교육의 전문성이란 일차적으로 교육활동에서 요구되는 교원의 전문적 능력에 대한 요청이라 할 수 있다.[2] 특히 교사직무의 특성에 비추어, 교사의 교육과제를 원활하게 수행할 수 있는 기본조건으로서 학생의 학습심리와 성장·발달단계에 대한 이해와 교수방법에서의 전문성 및 교사로서의 자질과 품성이 요구된다. 이에 따라 국가는 교육의 전문성을 실현하기 위하여 필요한 기본제도를 마련할 의무를 진다. 교육의 전문성을 보장하기 위한 제도로서, 전문직으로서 교직의 수행에 요구되는 소양과 자질을 갖추기 위한 전문적 교원양성제도, 교원자격제도, 교원의 신분보장제 등을 들 수 있다.

교육의 자주성과 전문성은 서로 분리하여 독립적으로 이해되어서는 아니 되고, 상호보완의 밀접

---

1) 학계와 판례는 일반적으로 '교육의 자주성'을 교육내용과 교육방법이 교육자에 의하여 자주적으로 결정되고 행정권력에 의한 규제가 배제되어야 한다는 의미로 이해하고 있다. 헌재 2001. 11. 29. 2000헌마278(사립학교 운영위원회의 의무적 설치), 판례집 13-2, 762, 773, "일반적으로, 교육의 자주성이란 교육내용과 교육기구가 교육자에 의하여 자주적으로 결정되고 행정권력에 의한 통제가 배제되어야 함을 의미한다. 이는 교사의 교육시설 설치자·교육감독권자로부터의 자유, 교육내용에 대한 교육행정기관의 권력적 개입의 배제 및 교육관리기구의 공선제 등을 포함한다."; 또한 권영성, 헌법학원론, 2010, 269면.

2) '교육의 전문성'과 관련하여, 학계의 일부 견해와 판례는 '교육정책이나 그 집행은 가급적 교육전문가가 담당하거나, 적어도 그들의 참여하에 이루어져야 함'을 의미하는 것으로 이해하고 있다. 헌재 2001. 11. 29. 2000헌마278(사립학교 운영위원회의 의무적 설치), 판례집 13-2, 762, 773; 헌재 1992. 11. 12. 89헌마88.

한 관계에 있는 하나의 통일적 개념으로 해석해야 한다. 교육의 자주성과 전문성은 교육과 수업이란 전문분야의 자율성을 표현하고자 하는 것이며, 교육영역이 교육의 고유법칙성과 자율성의 지배를 받는다는 것, 이로써 교육학에서 중시하는 '교육의 전문적 자율성'을 표현하고자 한 것이다.

3. 교육의 중립성

가. 헌법적 의미

(1) 외부와의 관계에서 교육의 정치적 중립성의 요청

학계에서는 교육의 '정치적 중립성'을 주로 '외부세력으로부터 교육에 대한 간섭을 배제하고자 하는 의미' 또는 '교육이 정치영역에 개입하는 것을 배제하고자 하는 의미'로 파악하고 있다. 위와 같은 견해에 의하면 교육의 정치적 중립성이란 '교육'과 '국가를 비롯한 외부세력' 사이의 관계에 관한 문제로서 '외부로부터의' 또는 '외부에의' 정치적 영향력행사를 배제하고자 하는 헌법적 요청으로 이해된다.

(2) 교육 자체의 정치적 중립성에 대한 요청

그러나 이러한 견해는 '외부와의 관계에서 교육의 정치적 중립'이라는 부차적인 관점만을 강조할 뿐, '교육 자체가 정치적으로 중립적이어야 한다'는 정작 중요한 관점(교육내부적 중립성)을 간과하고 있다. 교육의 중립성이란 교육이 국가 등 외부세력으로부터 부당한 정치적 간섭과 영향을 받아서는 안 된다고 하는 요청일 뿐만 아니라, 나아가 학교교육의 과제를 헌법상 위임받은 국가를 비롯하여 이러한 과제를 교육현장에서 직접 이행하는 학교와 교원에 대한 헌법적 요청이다.[1]

교육의 중립성이란 무엇보다도 학교교육이 정치적·이념적 또는 세계관적 주입교육의 수단으로 사용되어서는 안 된다는 것을 의미한다. 국가는 교과서의 허용여부를 결정함에 있어서 교육에 있어서의 국가의 중립성과 관용의 원칙을 준수해야 한다.[2] 따라서 국가는 예컨대 교과서의 선정에 있어서 특정 사상을 주입하고자 하는 교과서의 사용을 스스로 배제해야 하며, 나아가 교사가 자신의 정치적 견해를 그의 영향 하에 있는 학생들에게 일방적으로 강조하고 전달하기 위하여 자신의 지위, 권위 및 신뢰를 남용하지 않도록 감독해야 할 의무가 있다. 이러한 국가감독권한은 교사에 의한 모든 일방적인 정치적 선전을 금지함으로써 교육의 중립성을 확보해야 할 국가의 의무로부터 나온다.

나. 교육의 중립성과 자녀의 인격발현권·부모의 자녀교육권의 관계

(1) 학교교육을 정당화하기 위한 필수적 요건으로서 교육의 중립성

헌법은 제31조 제4항에서 교육의 기본원리로서 '정치적 중립성'을 언급하고 있으나, 이는 교육의 정치적 중립뿐 아니라 문화적·세계관적 중립을 요청하는 것으로 이해해야 한다. 교육의 중립성이란 교육의 정치적·문화적·종교적·세계관적 중립을 의미하고, 이는 곧 관용과 다원주의의 요청이라

---

1) 이와 같은 취지로 헌재 1991. 7. 22. 89헌가106(사립학교교원에 대한 근로3권의 제한), 판례집 3, 387, 418, "교원, 특히 보통교육과정에 종사하는 교원은 앞서 교원의 의의에서 본 바와 같이 그 직책상 불편부당한 중립적 가치를 제시하여 다양한 가치 및 세계관 가운데 배우는 학생들이 스스로 정당한 가치관과 세계관을 세워나가도록 도와주어야 하는 책무를 부담하고 있다. 따라서 교원은 교육의 본질에 위배되는 정치적·사회적·종교적 세력 등에 의한 부당한 영향을 받지 않도록 신분이 보장되어야 하는 한편 이러한 영향을 거부하고 중립성을 지켜야 할 의무도 함께 지고 있는 것이다."
2) 헌재 1992. 11. 12. 89헌마88(국정교과서제도), 판례집 4, 739, 756, 교과서의 국정제도는 교육의 자주성·전문성 및 교사의 자유에 대한 침해가 아니라고 판시하고 있다; 또한 vgl. BVerfGE 79, 298ff.

할 수 있다.

교육이란 피교육자인 청소년을 헌법의 인간상에 부합하는 인간으로 형성하고자 하는 것이며, 이로써 필연적으로 가치연관적 성격을 가진다. 교육은 학생에게 특정 가치관이나 사회적 생활양식을 전달하고 학생을 기존의 사회질서에 적응시키고 동화시키고자 하는 것이고 궁극적으로 타인에 의한 형성을 의미한다는 점에서, 국가에 의한 학교교육은 부모의 자녀교육권 및 자녀의 자유로운 인격발현권과 충돌할 수 있다. 바로 이러한 점에서 국가의 세계관적 중립성의 요청 및 다원주의의 요청은 국가의 교육과제와 자녀의 자유로운 인격발현권·부모의 교육권이 서로 조화를 이루고 국가의 학교교육을 정당화하기 위하여 요청되는 필수적인 것이다.

(2) 교육의 중립성을 요청하는 학생과 부모의 기본권

학생의 자유로운 인격발현권과 부모의 교육권은 학교교육에 있어서 정치적·세계관적 중립성과 관용을 요청한다.

(가) 자녀는 자신의 인격, 즉 능력과 적성을 가능하면 방해받지 않고 자유롭게 발현할 권리를 가진다. 국가가 개인의 인격발현에 영향력을 강력하게 행사할 수 있는 공교육영역에서 자녀의 '자유로운 인격발현권'은 중요한 의미를 가진다. 자녀의 인격발현권은 국가에 대하여 개인의 인격발현에 영향력을 행사할 수 있는 학교교육의 가능성을 남용해서는 아니 되고, 가능하면 인격의 자유롭고 자율적 발전을 촉진할 것을 요청한다. 자녀의 인격발현권은 국가에 대하여 일방적 견해나 편향적으로 선별된 지식의 전달을 금지하고 모든 중요한 정신적 흐름을 균형 잡힌 개관으로서 제공할 것을 요청한다. 학교는 사회의 모든 중요한 가치관과 세계관을 '중립적인 중개자'로서 자녀에게 전달해야 한다.

(나) 뿐만 아니라, 국가는 '자신의 가치관과 세계관에 따라 자녀의 교육을 자유롭게 형성할 수 있는 부모의 교육권'을 학교교육에 있어서 존중해야 한다. 국가는 교육과제의 수행에 있어서 다양한 가치관에 대하여 개방적이어야 하며 부모의 교육권과 종교적·세계관적 신념을 전반적으로 고려해야 한다. 따라서 국가의 학교교육은 문화적·세계관적 중립성의 의무를 지며, 학교는 학생에게 사상주입의 어떠한 시도도 해서는 안 된다.

(다) 교육의 중립성원칙이 이미 부모와 학생의 기본권으로부터 도출되는 것임에도, 헌법은 제31조 제4항에서 국가의 학교교육을 정당화하기 위한 필수적 요건으로서 '교육의 중립성'을 다시 한 번 확인하고 강조하고 있다.

(3) 교육의 중립성을 요청하는 그 외 헌법규범

나아가, 세계관적·종교적 영역에서는 종교의 자유와 양심의 자유가 학교교육의 종교적·세계관적 중립성을 요청한다. 종교의 자유와 양심의 자유는 국가에 의한 특정 종교교육을 금지하는 등 국가의 학교교육 형성권에 대하여 본질적인 한계를 설정한다. 사회적·정치적 영역에서는 민주주의원리와 표현의 자유가 학교교육의 정치적 중립성을 요청한다. 민주주의의 실현은 독자적으로 사고하고 비판적으로 판단할 수 있는 성숙한 민주시민을 전제로 한다는 점에서, 민주주의원리는 국가에 의한 일방적인 정치적 사상주입교육을 금지한다. 표현의 자유는 국가로부터 자유로운 개인의 의견형성을 가능하게 하고자 하는 기본권이므로, 국가가 학교교육을 통하여 학생의 의견형성에 일방적으로 정치적인 영향력을 행사하고자 하는 것은 표현의 자유와 부합하지 않는다. 이와 같이 다양한 헌법규범으로부터 학교의 객관적 의무로서 정치적·세계관적 중립성의 원칙이 도출된다.

4. 교사의 敎育의 自由(授業權)

교사의 교육의 자유(이하 '교사의 자유')란, 교사에게 어느 정도로 수업의 형성에 관한 자율성이 인정될 수 있는지의 문제에 관한 것이다. 학자에 따라서는 교사의 '교육의 자유'를 교사의 '교육권', '수업권' 또는 '수업의 자유'로 표현하기도 한다.[1] 교사의 자유는 첫째, 교사의 자유가 누구로부터 교사를 자유롭게 하고자 하는지, 둘째, 교사의 자유가 교사 자신을 위한 개인적 자유인지 아니면 교사의 기능과 과제로부터 파생하는 부수적 산물인지의 문제를 제기한다.

가. 의의와 내용

교사는 그 지위에 있어서 국가의 감독을 받는 자이면서, 동시에 교육현장에서 수업을 담당하는 교육자로서 기능한다는 점에서 이중적 지위를 가진다. 국·공립학교의 교사는 공무원으로서 직무상의 지시에 따라야 하는 복종의무를 지며, 사립학교의 교원도 국가의 감독을 벗어날 수 없다. 바로 교사의 이중적 역할, 즉 '국가의 감독을 받는 지위'와 '교육에 내재하는 고유법칙성의 지배를 받는 교육자로서의 기능'의 불일치는 교사의 지위와 관련하여 긴장상황을 야기하며, 이러한 긴장관계는 법적으로 '교사의 자유'의 문제로 나타난다.

교사의 자유는 교육활동이 국가에 의하여 과도하게 규율되어서는 안 되고, 교육활동을 위하여 불가결한 독자적 책임과 자율성이 보장되어야 한다는 요청이다. 교사의 자유란, 교사의 교육활동이 법규정과 감독기관의 지시에 의하여 경직되는 것으로부터 보호하고자 하는 것이며, 교사가 수업에서 자신의 교육적 능력을 이상적으로 발휘할 수 있도록 자유공간을 확보해 주고 불필요한 구속을 배제하고자 하는 것이다. 이로써 교사의 자유는 개별학교의 특수한 상황, 개별학생과 개별교사의 인격적 요소를 고려하여 구체적 교육상황에 적합하고 학생의 능력과 적성에 부합하는 교육과제의 이행을 보장하고자 하는 것이다.

교사의 자유의 목적이 교사와 학생의 개별성과 구체적 상황을 고려하는 교육활동을 외부의 지시와 통제로부터 보호하고자 하는 것이라면, 이러한 간섭과 영향력의 행사는 무엇보다도 입법자와 학교감독관청으로부터 나온다. 따라서 교사의 자유는 교사의 교육활동을 규범화하고 규율하는 입법자와 학교감독기관에 대한 것이다.

나. 법적 성격 및 헌법적 근거
(1) 개인적 자유가 아니라 교사 직무의 본질적 요소

교사의 자유는 교사 자신의 인격발현을 위하여 교사를 자유롭게 하고자 하는 것이 아니라 수업에서 교사에게 맡겨진 학생을 가능하면 최상으로 교육시키기 위한 것이다. 즉, 교사의 자유는 교사의 개인적 자유가 아니라 학교의 기능과 목적, 이로써 궁극적으로 학생의 이익과 연관된 자유이다. 그러므로 교사의 자유는 학생의 '학습을 통한 자유로운 인격발현권'에 봉사하는 자유, 이에 종속적인 자

---

1) 가령, 헌법재판소는 학교교육에 있어서 교사의 가르치는 권리를 '수업권'이라고 표현하고 있다, 헌재 1992. 11. 12. 89헌마88(국정교과서제도), 판례집 4, 739, 756, "학교교육에 있어서 교사의 가르치는 권리를 수업권이라고 한다면 그것은 자연법적으로는 학부모에게 속하는 자녀에 대한 교육권을 신탁받은 것이고, 실정법상으로는 공교육의 책임이 있는 국가의 위임에 의한 것이다. 그것은 교사의 지위에서 생기는 학생에 대한 일차적인 교육상의 직무권한(직권)이지만, 학생의 수학권의 실현을 위하여 인정되는 것으로서 양자는 상호협력관계에 있다고 하겠으나, 수학권은 헌법상 보장된 기본권의 하나로서 보다 존중되어야 하며, 그것이 왜곡되지 않고 올바로 행사될 수 있게 하기 위한 범위 내에서는 수업권도 어느 정도의 범위 내에서 제약을 받지 않으면 안될 것이다."

유이며 학생의 기본권을 존중해야 할 의무를 포함하는 자유이다.

따라서 교사의 자유는 교사의 개인적 이익을 위하여 임의로 행사할 수 있는 어떠한 권리도 부여하지 않는다. 교사의 자유는 교사신분을 근거로 부여되는 주관적 권리가 아니라 수업의 목적 및 기능과 연관된 객관적 요청이다. 교사의 자유는 기본권적 지위가 아니라 교사라는 직무의 본질적 요소이며 학교의 교육목적과 학생의 이익을 구현하기 위한 수단이다.[1] 교사의 지위는 공교육의 책임이 있는 국가의 위임에 의한 것이고 이러한 위임에 근거하여 국가는 교사에 대한 포괄적인 감독권을 가지고 있다는 점에서도 교사의 자유를 기본권으로 파악하기 어렵다.

(2) 학문의 자유와 교사의 자유[2]

교사의 자유는 학문의 자유에 의하여 보장되지 않는다. 학문의 자유는 대학에서의 학문 활동에 제한되지 않으며 학문적으로 활동하는 모든 사람에게 보장되는 기본권으로, 진리를 탐구하고자 하는 모든 사람이 학문의 자유의 주체가 될 수 있다. 따라서 교사도 개인적으로 진리를 탐구하고 연구한 결과를 학술적으로 발표한다면, 연구와 교수의 자유의 주체가 될 수 있다.

그러나 교사가 학교수업을 주된 과제로 하는 교직과 관련하여 교수의 자유를 주장할 수 있는지의 문제는 전혀 별개의 문제이다. 대학에서 교수의 자유가 완성된 인격체인 대학생을 상대로 연구결과를 발표하는 자유를 포함하는데 반하여, 아직 인격형성의 과정에 있으며 충분한 비판능력을 갖추지 못한 미성년 학생을 대상으로 실시되는 초중등학교에서의 수업은 보통교육의 범주 내에서 일반적 지식을 전달한다는 점에서 교수의 자유에 의하여 보장되는 것으로 보기 어렵다. 또한, 초중등교육단계에서는 교육의 기회균등을 실현하기 위하여 합리적인 범위 내에서 어느 정도 교육내용과 방법에 관한 통일성과 균등성이 요구된다는 점에서도, 교사가 개인적인 연구결과를 발표하는 장으로 학교수업을 활용하는 것은 교사의 직무와 부합하지 않는다. 이러한 이유로, 초중등학교에서의 수업은 교수로 간주되지 않으며, 이에 따라 교사의 교육의 자유는 헌법 제22조 제1항의 학문의 자유에 의하여 보호되지 않는다고 보는 것이 타당하다.

(3) 교육의 자주성·전문성으로부터 파생하는 객관적인 헌법적 요청
(가) 교육의 내용과 방법을 규율함에 있어서 고려되어야 하는 헌법적 요청

교사의 자유란 기본권에 의하여 보장되는 개인적 자유가 아니라, 교육 및 수업의 본질과 교사직무의 특성에 비추어 교육의 자주성·전문성으로부터 파생하는 하나의 구체화된 헌법적 요청을 의미한다. 교육의 자주성·전문성에 헌법적 근거를 둔 교사의 자유는 헌법 제31조 제6항에 기초하는 국가의 포괄적 규율권한에 대립하면서 이에 대하여 한계를 제시하는 법익이다. 따라서 국가에 의한 규율은 교육의 자주성의 요청에 비추어 정당화되어야 하며, 필요하고 합리적인 범위 내에서만 교육의 내용과 방법에 관한 교사의 자유로운 결정권은 제한되어야 한다. 이로써 교사의 자유는 입법자와 감독관청이 교육의 내용과 방법을 규율함에 있어서 고려되어야 하는 헌법상의 객관적 요청인 것이다.

1) 헌재 1992. 11. 12. 89헌마88(국정교과서제도), 판례집 4, 739, 757-758, "교사의 수업권은 전술과 같이 교사의 지위에서 생겨나는 직권인데, 그것이 헌법상 보장되는 기본권이라고 할 수 있느냐에 대하여서는 이를 부정적으로 보는 견해가 많으며, 설사 헌법상 보장되고 있는 학문의 자유 또는 교육을 받을 권리의 규정에서 교사의 수업권이 파생되는 것으로 해석하여 기본권에 준하는 것으로 간주하더라도 수업권을 내세워 수학권을 침해할 수는 없으며 국민의 수학권의 보장을 위하여 교사의 수업권은 일정범위 내에서 제약을 받을 수밖에 없는 것이다."
2) 이에 관하여 제3편 제4장 제9절 제1항 학문의 자유 관련부분 참조.

교사의 자유는 입법자에 대해서는 입법의 지침으로서, 학교감독기관에 대해서는 법규범의 해석지침으로서 작용하며, 나아가 모든 법규범과 학교감독기관의 지시는 교사의 자유란 헌법적 요청에 비추어 해석되어야 한다.

(나) 교육활동에 대한 과도한 규율과 감독의 금지

이에 따라 교사의 자유는 입법자에 대하여 수업의 세부적인 것까지 상세하게 규범화하는 것을 금지한다. 입법자는 교육활동을 규범화함에 있어서도 규율대상인 교사직무와 수업의 고유법칙성을 존중해야 하고, 특히 교육활동을 입법적으로 규율하고 유도할 수 있는 한계를 인식해야 한다. 교육활동은 교육자의 자유공간을 필요로 하며, 과도한 법적 규율은 교육활동을 마비시키고 교육목표의 달성을 저해할 수 있다. 이는 입법자뿐만 아니라 행정청이 입법자의 위임에 의하여 행정입법으로써 교육활동을 규범화하는 경우에도 마찬가지이다.

또한, 교사의 자유는 학교감독기관으로 하여금 감독권을 행사함에 있어서 적정한 자제를 요청한다. 교육의 자유의 관점에서 교사는 일반공무원과는 달리 무제한적인 국가의 감독과 통제를 받아서는 안되며, 그의 교육자적 책임을 이행할 수 있도록 수업의 형성에 있어서 필요한 자유공간을 가져야 한다.

다. 교사의 教育의 自由의 限界

(1) 국가의 감독권과 학부모·학생의 기본권

(가) 교사의 자유의 한계와 국가교육권한의 한계의 일치

국가교육권한의 한계는 부모의 자녀교육권과 자녀의 인격발현권에 있으며, 마찬가지로 국가로부터 학교교육의 과제를 위임받은 교사의 자유도 부모와 자녀의 기본권에 의하여 헌법적 한계가 설정되는 것이다.[1] 국가는 학교감독기관으로서 교육현장에서 수업을 담당하는 교사에 대하여 학부모의 교육권과 학생의 자유로운 인격발현권에 의하여 설정되는 국가교육권한의 한계를 제시하고, 이러한 한계의 준수를 감독하고 관철해야 한다.[2] 국가가 학교교육의 과제를 교사에게 위임하여 교사로 하여금 교육현장에서 교육과제를 실질적으로 수행하게 한다면, 국가는 이러한 위임에 근거하여 교사에 대한 포괄적인 감독권한을 보유해야 하는 것이다.

(나) 학생과 학부모의 기본권을 보호하기 위한 수단으로서 국가의 감독권

국가가 의무교육을 도입하여 일정 기간 강제교육을 실시하고 나아가 공교육의 주체로서 기능하기 때문에 학부모가 그의 자녀를 학교교육에 맡겨야 한다면, 국가는 교육현장에서 실제로 수업을 담

---

1) [교육의 자유의 한계에 관하여] 헌재 1991. 7. 22. 89헌가106(사립학교교원에 대한 근로3권의 제한), 판례집 3, 387, 415, "교육제도의 특수성과 교원직무의 전문성·자주성은 바로 교원이 일반근로자와는 달리 교육권이라고 하는 권리를 갖는 사람으로 파악되어야 할 실질적인 근거를 이루는 것으로서 이와 같은 교원의 직무를 수행함에 있어서는 그 직무의 자주성이 보장될 때에 비로소 창의적으로 학생을 지도할 수 있다 할 것이다. 그러나 여기에는 위에서 본 바와 같은 교육제도의 구조적 특성, 교육의 전문성·자주성에 내재하는 두 가지 전제조건이 있다. 하나는 교원직무의 자주성이 교육을 받을 기본권을 가진 피교육자인 학생들의 권익과 복리증진에 저해가 되어서는 아니 된다는 것이고, 다른 하나는 그가 속한 한 시대의 국가와 사회 공동체의 이념과 윤리라는 테두리 안에서 직무의 자주성은 제약을 받게 된다는 것이다. 즉, 교원의 자주성은 그 자체가 책임을 수반하는 것으로서 그것이 피교육자인 학생의 권익과 복지증진에 공헌할 것인가와 그 시대의 국가 또는 사회공동체의 공동 이념 또는 윤리와 조화될 수 있는가라는 상대적 관계에서 그 범위가 정해지는 것이다."

2) 국가교육권한의 이러한 한계에 속하는 것은 무엇보다도 '교육의 중립성'이며, 교육의 중립성에 대한 요청은 부모와 학생의 기본권으로부터 나온다는 것은 이미 위에서 상술한 바와 같다. [학교교육권한의 한계에 관하여] 헌재 2000. 4. 27. 98헌가16(과외금지), 판례집 12-1, 427, 449-450, "학교교육을 통한 국가의 교육권한은 부모의 교육권 및 학생의 인격의 자유로운 발현권, 자기결정권에 의하여 헌법적인 한계가 설정된다."

당하는 학교와 교사에 대하여 헌법정신에 부합하는 교육이념과 이를 구체화하고 실현하고자 하는 입법자의 객관적 의사, 이를 집행하는 감독관청의 지시에 따라 교육이 제대로 이루어지고 있는지에 대하여 감독해야 할 의무와 책임이 있다. 학교와 교사에 대한 국가의 감독은 학생과 학부모의 기본권을 보호하기 위하여 불가결한 국가적 통제를 의미하며, 바로 이러한 이유에서 정당화되는 것이다. 따라서 국가의 교육권한은 국가에 의하여 통제받지 않는 세력에 학교교육을 맡겨서는 안 된다는 요청을 당연한 전제로서 포함한다. 개별교사의 통제되지 않은 무제한적인 자유공간(수업권)은 그에게 맡겨진 학생의 기본권 및 학부모의 교육권에 대한 침해로 이어질 수 있다는 점에서 허용될 수 없다.

  (다) 교사의 사상주입교육의 헌법적 문제점

  교사에게 수업을 형성할 수 있는 '교육의 자유'가 인정된다고 하여, 교사가 사상주입교육을 할 권한을 부여받은 것은 아니다. '교육의 자주성과 전문성'에 그 헌법적 근거를 두고 있는 교사의 교육의 자유(수업권)는 무엇보다도 '교육의 중립성' 원칙에 의하여 제한을 받는다. 물론, 교사도 다른 국민과 마찬가지로 기본권의 주체로서, 자신의 견해와 사상을 자유롭게 타인에게 표명하고 타인의 의견형성에 영향을 미치고자 시도할 수 있다. 그러나 학교교육이라는 국가과제를 담당하는 '교직'과 '개인으로서의 기본권적 자유'는 양립할 수 없는 것으로,[1] 교직에서 정치적 표현의 자유가 행사되어서는 안 된다.[2] 교사가 학교수업을 정치적 표현의 장으로 개인적으로 남용하는 경우, 교직은 자기실현의 수단이자 사적인 사상주입의 수단으로 변질될 것이다.[3]

  교사가 자신의 영향력과 지위를 남용하여 정신적으로 성숙하지 않은 학생에게 편향적인 세계관이나 특정 이념을 주입하는 것은, 청소년들이 다양한 사고와 정신세계에 접할 기회를 박탈하는 것이다. 편향적 사고는 다양한 사고와 가치·문화에 대한 열린 눈과 가슴을 가리고, 이로써 궁극적으로 자신의 인격을 자유롭게 발현하는 가능성을 제한한다. 교사가 특정 정치관과 세계관을 일방적으로 학생에게 심어주는 것이 국가에 의하여 방치된다면, 학교교육의 중립성은 보장될 수 없고, 국가는 학교교육의 주체로서의 자격을 상실하게 될 것이다. 학부모가 그들의 자녀를 학교에 맡길 수 있는 것은, 학교에서의 교육이 다양한 가치관과 세계관에 대하여 개방적으로 이루어지며 그들의 자녀가 일방적인 이념교육의 희생물이 되지 않으리라는 믿음이 있기 때문이다. 학교교육의 근간이 되는 이러한 신뢰가 흔들린다면, 국가교육의 정당성이 의문시된다. 교육의 정치적·세계관적 중립성은 국가의 교육권한을 정당화하기 위한 필수적인 조건이기 때문이다.

  교사에게는 일상적으로 수업을 형성할 수 있는 어느 정도의 자유공간이 인정되기 때문에, 교사의 자질은 더욱 중요하며, 자신에게 맡겨진 학생을 헌법의 정신에 부합하게 교육시킬 수 있는 자만이

---

1) 공무원의 기본권제한에 관하여 상세하게 제4편 제3장 제3절 제7항 공무원제도 Ⅱ. 4. 참조.
2) 이는 국공립학교 또는 사립학교를 막론하고 학교교육이라는 국가과제를 담당하는 모든 학교의 교사에게 해당하는 것이다.
3) 물론, 교사는 학생을 그의 정신적 성숙도에 걸맞게 사회현실에 접근시킬 수 있다. 교사는 사회적으로 논쟁이 되는 사안에 관해서도 가르칠 권리가 있으며, 이러한 의미에서 소위 '계기수업'이나 '정치교육'이 실시될 수도 있다. 그러나 이러한 경우에도 교사의 정치관을 일방적으로 선전하는 계기로 삼아서는 안 되고, 모든 세계관적 견해에 대하여 합리적으로 논의하는 기회를 제공함으로써 학생 스스로 자신의 견해를 취할 수 있도록 해야 한다. 교사의 기능과 지위는 이념적 문제에서 자제를 요청한다. 가령, 교사는 정치적, 종교적 문제에 관하여 입장을 밝힐 수는 있으나, 이러한 경우에도 학생들이 교사의 입장으로부터 독립하여 자신의 독자적 의견을 형성할 수 있도록 중립적인 방법으로 문제를 다루어야 한다.

교사가 되어야 한다. 교사의 자유란 헌법정신을 배척하거나 헌법에 대한 충성을 거부하는 권리가 아니라, 교사 스스로 헌법을 인정하고 존중하며 자신에게 맡겨진 학생을 헌법정신에 부합하게 교육시킨다는 것을 당연한 전제로 하여 인정되는 자유이다.

(2) 수업의 내용과 방법에 관한 국가의 규율권한

감독관청의 규율을 받지 아니하고 수업의 내용과 방법을 결정할 수 있는 자유를 어느 정도로 교사에게 인정할 수 있는지의 문제가 제기된다.

(가) 학교교육에서 최소한의 통일성과 균등성의 확보

모든 교육활동의 개별성과 일회성을 인정한다 하더라도, 학교교육은 국가에 의한 법적 규율을 벗어날 수 없다. 국가는 학교교육의 과제를 부여받음으로써 동시에 학교교육에서 최소한의 통일성과 균등성을 확보해야 할 의무가 있다. 국가가 학생의 기회균등과 교육수준의 균등성의 관점에서 교육과정을 규율해야 한다면, 교사는 교육의 자유에 대한 제한을 수인해야 한다. 교육목표에 관한 한, 국가에 의하여 통일적으로 확정되어야 한다는 것은 당연하다. 또한, 교육목표를 실현하기 위한 본질적 수단에 해당하는 교과내용에 관하여 국가가 규율할 수 있다. 수업목표, 교과편성(커리큘럼), 수업내용은 교육의 통일성의 관점, 학생평가의 일원성의 관점에서 국가에 의하여 규율될 필요가 있다. 그러나 국가는 수업내용의 모든 구체적인 것을 확정적으로 결정할 수 없으며, 교과내용을 확정함에 있어서 '교사에게 그의 교육자적 책임을 이행하기 위하여 수업에서 필요한 자유공간이 부여되는지의 관점'을 고려해야 한다.

(나) 교과서의 선정과 사용

국가는 교과서의 선정과 사용에 관하여 결정하고, 교육의 중립성요청에 부합하면서 수업목표와 교육목표에 의하여 제시된 요건을 충족시키는 교과서만을 수업에서 사용하도록 감독할 권한을 가진다.[1] 어떠한 교과서가 수업에서 사용되어도 되는지에 관한 결정에 있어서, 학교감독청은 광범위한 재량권을 가지고 있다. 그러나 교과서를 선정하는 국가의 형성권은 무제한적인 것은 아니고, 국가는 교과서의 선정에 있어서 국가의 중립성 및 관용의 요청을 준수해야 한다. 그러므로 특정 정치적·세계관적 견해를 주입하고자 하는 교과서는 학교교재로 허용되어서는 안 된다. 지정된 교과서를 사용해야 하는 의무로 인하여 교사의 '교육의 자유'가 제한을 받으나, 이는 교육내용에 있어서 교육의 중립성을 유지하고 객관성·통일성·균등성을 확보함으로써 궁극적으로 부모와 자녀의 기본권을 보호하기 위한 것으로서, 헌법적으로 정당화된다.[2] 따라서 교사의 교육의 자유는 지정된 교과서를 사용해야 한다는 지시 및 그에 따라야 하는 교사의 의무에 의하여 제한될 수 있다.

---

1) Vgl. BVerfGE 31, 229, 245, 위 결정에서 연방헌법재판소는 적합한 교과서를 선정할 학교감독청의 권한을 인정하고 있다.

2) 유사한 취지로 헌재 1992. 11. 12. 89헌마88(국정교과서제도), 판례집 4, 739, 765, "공교육제도를 시행하는 의무와 책임을 지고 있는 국가가 교육정책의 입안 및 실현에 방관자적인 위치에 안주할 수는 없는 것이며, 교육의 내용 내지 교과서 문제에 대하여서도 어떤 형태로 간여하는 것은 부득이하다고 아니할 수 없는 것이다. 환언하면 교과서는 심신이 미숙한 학생으로 하여금 그 사용을 의무화하고 있는 것이므로, 그 내용에 있어서 일정수준의 유지와 아울러 학생의 지능이나 연령에 상응하는 교육적 배려가 불가피하며 학생들의 수학권의 내실 있는 보장, 교육내용의 객관성·전문성·적정성의 유지, 공교육에 대한 기준설정과 운영에 대한 국가의 책임과 의무를 완수하기 위하여 국가는 교과용도서의 발행에 어떠한 형태로 관여할 수밖에 없는 것이고, 관여의 방법의 하나로서 검·인정제도 외에 국정교과서제도를 채택할 수도 있다고 할 것이다."

(다) 수업방법에 대한 규율의 필요성

또한, 교사는 수업방법에 관해서도 규정이나 지침에 구속을 받을 수 있다. 물론, 수업내용의 영역보다는 수업방식과 관련하여 교사의 자율권이 보다 인정될 여지가 있는 것은 사실이지만, 그렇다고 하여 교사가 수업내용을 어떠한 방법으로 실현할 것인지에 관하여 전적인 결정권을 가지는 것은 아니다.

감독관청은 보다 중대한 공익상의 이유로, 가령 필수적으로 요청되는 교육의 통일성의 관점이나 학생과 학부모의 기본권보호를 위하여 수업방법(예컨대, 성교육의 실시방법)을 규율할 수 있다. 물론, 이 경우 감독관청은 교육의 자주성의 요청에 비추어 수업방식에 대한 규율을 정당화해야 하므로, 필요하고 합리적인 범위 내에서만 지침을 통하여 수업방법을 구체화하는 것이 정당화된다. 또한, 교사의 교육의 자유는 학생의 학업성적에 대한 평가권을 포함하나, 평등원칙의 관점에서 학생에 대한 균일한 평가를 해야 할 헌법적 요청에 의하여 제한될 수 있다.

VII. 教育制度・教育財政・教員地位 法定主義

헌법은 제31조 제6항에서 "학교교육 및 평생교육을 포함한 교육제도와 그 운영, 교육재정 및 교원의 지위에 관한 기본적인 사항은 법률로 정한다."고 하여 소위 '교육제도·교육재정·교원지위 법정주의'를 규정하고 있다.

1. 교육제도 법정주의(교육영역에서 議會留保)

사례 헌재 1991. 2. 11. 90헌가27(중학교 의무교육의 순차적 실시 사건)

甲의 자녀인 乙은 서울특별시에서 중학교에 다니고 있는 바, "3년의 중등교육에 대한 의무교육은 대통령령이 정하는 바에 의하여 순차적으로 실시한다."고 규정한 교육법 제8조의 2에 근거하여 제정된 '중학교 의무교육 실시에 관한 규정'에 의하면 서울특별시는 중학교의무교육 실시지역으로 지정되어 있지 않다. 이에 甲은 자신의 자녀인 乙도 무상 의무교육의 혜택을 받아야 한다고 주장하면서 이미 납부한 乙의 중학교 수업료의 반환을 구하는 소를 제기하였고, 법원은 甲의 신청을 받아들여 교육법 제8조의 2에 대하여 위헌여부심판을 제청하였다.

가. 헌법적 의미

교육제도 법정주의는 소극적으로는 교육의 영역에서 본질적이고 중요한 결정은 입법자에게 유보되어야 한다는 의회유보의 원칙을 규정하면서, 적극적으로는 헌법이 국가에게 학교제도를 통한 교육을 시행하도록 위임하고 있다는 점에서 학교제도에 관한 포괄적인 국가의 규율권한을 부여하고 있다.[1] 교육의 영역과 같이 본질적으로 급부적 성격이 강한 국가행정의 영역에서 고전적 침해유보는 단지 제한적으로만 기능할 수밖에 없기 때문에, 헌법은 교육의 영역에서 의회유보의 요청을 명시적으로 언급하고 있는 것이다.[2]

1) 同旨 헌재 2012. 11. 29. 2011헌마827, 판례집 24-2하, 250, 262.
2) 헌재 1991. 2. 11. 90헌가27(중학교의무교육의 순차적 실시), 판례집 3, 11, 27, "입법자는 교육에 관한 법제의 전부

나. 교육영역에서 고전적인 **侵害留保**

물론, 교육영역에서도 법률유보는 부분적으로는 고전적인 침해유보를 통하여 이루어진다. 국가가 의무교육을 도입하여 취학의무를 부과하는 경우, 이는 학부모의 자녀교육권과 자녀의 자유로운 인격발현권에 대한 제한을 의미한다. 뿐만 아니라, 학생을 퇴학시키거나 유급시키는 조치는 의심의 여지 없이 학생의 기본권을 침해하는 국가행위에 해당한다.

그러나 고전적 법률유보의 원칙은 단지 '국가의 침해적 행위는 법률에 근거해야 한다'는 것을 요구하므로, 이 경우 입법자는 스스로 규율할 수도 있고 아니면 수권법률을 통하여 그 규율을 행정부에 위임할 수도 있다. 이에 대하여 의회유보는 국가작용의 성격과 관계없이 본질적인 것은 입법자가 스스로 정할 것을 요구하므로, 기본권에 대한 중대한 제한의 경우에는 입법자가 스스로 규율해야 한다.[1]

다. 교육제도의 기본결정에 있어서 **議會留保**

(1) 급부행정으로서 교육의 영역

그 외에 교육의 영역에서 문제되는 것은 교육제도의 기본결정에 관한 것이다. 학교제도, 교육목적의 확정, 교과목의 확정, 주5일제 수업의 도입, 교과목으로서 제2 외국어의 도입 등에 관한 문제는 개인의 기본권에 대한 침해라 하기보다는 국가의 교육방침과 기본적인 학교조직에 관한 문제이다. 교육제도에 관한 기본결정의 경우 급부적 성격이 강하거나 또는 침해적 요소와 급부적 요소가 서로 혼재하고 있기 때문에, 여기서 제기되는 문제는 일차적으로 개인의 기본권침해의 문제가 아니라, 이러한 것들을 시행령으로 규율해도 되는지 아니면 입법자의 형식적 법률을 필요로 하는지의 문제인 것이다.

본질적으로 급부적 성격을 가진 교육의 영역에서 고전적 침해유보원칙으로부터는 '입법자가 정치적 기본결정에 관하여 행정부에 위임해서는 안 되고 스스로 결정해야 한다'는 요청의 이행을 기대할 수 없으므로, 바로 이러한 이유에서 헌법 제31조 제6항은 의회유보의 원칙을 명시적으로 밝히고 있는 것이다.

(2) 교육의 영역에서 본질적 사항

학교교육의 급부적 성격에도 불구하고, 학교교육은 학생과 학부모의 기본권과 충돌할 수 있기 때문에, 기본권의 관점에서 매우 민감한 영역이다. 국가는 학교조직, 학교수업의 내용, 이를 전달하는 수업방식 등을 통하여 개인의 기본권행사에 중대한 영향을 미칠 수 있다. 따라서 기본권의 구체적인 침해가능성과 관계없이, 기본권의 행사와 실현에 있어서 본질적인 것은 입법자에게 유보되어야 한다. 교육의 영역에서 구체적으로 무엇이 입법자에게 유보되어야 하는 것인지의 문제가 제기되는데, 교육제도에 관한 결정이 학부모의 자녀교육권 및 학생의 기본권의 행사와 실현에 대하여 가지는 의미와 중요성에 의하여 의회유보의 범위가 결정된다. 입법자가 스스로 정해야 하는 본질적 사항은 다

가 아니라 그 기본골격을 수립할 책무가 있으므로 본질적인 사항에 대하여는 반드시 스스로 기본적인 결정을 내려야 하고, 그러한 기본적 사항의 결정을 행정부에 위임하여서는 아니 되는 것이며 이 원칙을 선언하고 있는 것이 헌법 제31조 제6항이다."

1) 독일 연방헌법재판소는 '학칙위반으로 인한 징계조치로서 취하는 퇴학조치는 법률에 근거해야 한다'고 하여 학교영역에서의 기본권침해도 법적인 근거로서 '형식적 법률'을 필요로 한다는 것을 확인하였다(BVerfGE 41, 251, 259ff.). 연방헌법재판소는 한 보 더 나아가, 학업부진으로 인하여 퇴학조치를 취하는 경우, '퇴학은 장래 특정한 직업에 접근하는 가능성을 박탈하고 직업선택의 자유를 현저하게 제한하기 때문에 입법자가 퇴학의 조건에 관하여 직접 규율해야 하지만, 유급의 경우 기본권의 제한이 중대하지 않기 때문에 그에 관한 규율을 행정입법에 위임할 수 있다'고 판시하였다(BVerfGE 58, 257, 275ff.).

음과 같다.[1)]

첫째, 입법자는 기본적인 교육목표를 스스로 확정해야 한다. 교육의 내용과 방향을 근본적으로 결정하는 교육목표는 자녀의 인격형성과 자녀교육의 방향을 결정하는 부모의 교육권에 대하여 중대한 의미를 가지므로, 국가에 의한 교육목표의 확정은 자녀와 부모의 기본권의 실현에 있어서 본질적인 것이다. 따라서 입법자는 교육방향에 관한 내용적 기본결정을 스스로 법률로써 내려야 한다.

둘째, 학교제도와 조직에 관한 기본결정은 학부모와 학생의 생활영역, 즉 기본권의 행사와 실현에 있어서 중대한 의미를 가진다. 특히 교육과정, 학교조직의 근본적인 개혁은 자녀교육에 관한 전반적인 계획을 세우고 자녀의 진로를 결정하는 부모의 자녀교육권과 관련되고, 자녀의 직업교육장선택 또는 직업선택의 자유 및 능력에 부합하는 교육을 통한 인격발현권과 관련될 수 있다.[2)]

셋째, 입법자는 학부모의 자녀교육권과 학생의 기본권과 충돌할 수 있는 교과목의 도입과 수업내용에 관하여 스스로 결정해야 한다. 이는 특히 성교육이나 윤리 등과 같이 세계관·가치관의 영역을 다루는 수업에서 문제된다. 가령, 생물학적 사실을 단순히 그대로 전달하는 교과목의 성격을 넘는 성교육과목의 도입은 일차적으로 부모에게 귀속되는 성적 영역에 관한 자녀교육권에 대하여 중대한 의미를 가지는 것이다.

(3) 중등의무교육에 있어서 본질적 사항

헌법재판소는 중등의무교육을 대통령령에 의하여 순차적으로 실시하도록 위임한 교육법규정에 대한 위헌심판사건에서 중학교의무교육의 실시여부와 그 연한은 교육제도의 수립에 있어서 본질적인 내용이므로 국회입법에 유보되어야 하나, 그 실시의 시기와 범위 등 구체적 실시에 필요한 세부사항에 관해서는 행정입법에 위임할 수 있다고 판단하였다.[3)] 헌법재판소는 위 결정에서 '왜 중학교의무교육의 실시여부와 그 연한은 입법자에 의하여 스스로 결정되어야 하는 본질적인 내용인지' 그 이유에 관하여 구체적으로 판시하지 않았으나, 중학교의무교육의 실시는 취학의무의 연장을 의미하고, 취학의무의 연장은 학부모의 자녀교육권과 학생의 자유로운 인격발현권에 대한 제한이자 학부모와 학생의 기본권실현에 있어서 중대한 의미를 가지는 사안이기 때문에, 의무교육의 실시여부와 그 연한은 입법자에 의하여 결정되어야 하는 것이다. 즉, 취학의무의 연장은 개인의 자유권에 대한 제한이자 동시에 개인이 자유권을 행사할 수 있는 실질적 가능성을 교육의 영역에서 확대한다는 점에서 이중적으로 기본권적 중요성을 가지는 것이다.

---

1) 연방헌법재판소는 성교육을 학교과목으로 포함시킨 것에 관한 '性敎育 決定'에서 성교육과목의 도입을 교육영역에서 입법자가 스스로 정해야 할 본질적 문제로 간주하였다(BVerfGE 47, 46, 79). 또한, 고등학교 上級學年의 改革(Oberstufenreform)에 관해서도 입법자가 본질적인 결정을 스스로 해야 하며 문교행정에 위임해서는 안 된다고 판단하였다(BVerfGE 45, 400, 418ff.). 한편, '맞춤법표기에 관한 개혁'(BVerfGE 98, 218, 251)이나 '週 5일 등교제'(BVerwGE 47, 201, 205ff.) 등은 입법자에 의한 결정을 필요로 하지 않는 비본질적인 사안이라고 판단하였다.

2) 예컨대, 상이한 수준의 학교형태를 통합하는 경우에는 수준별 교육을 받을 기회가 제한되기 때문에, 상이한 수준의 교육과정 중에서 선택할 학부모와 학생의 기본권행사에 있어서 중대한 의미를 가진다.

3) 헌재 1991. 2. 11. 90헌가27(중학교의무교육의 순차적 실시), 판례집 3, 11, 12, [중학교 의무교육의 단계적 실시를 대통령령에 위임한 것이 포괄위임금지원칙에 위반되는지의 여부에 관하여] "교육법 제8조의 2는 교육법 제8조에 정한 의무교육으로서 3년의 중등교육의 순차적인 실시에 관하여만 대통령령이 정하도록 하였으므로 우선 제한된 범위에서라도 의무교육을 실시하되 순차로 그 대상을 확대하도록 되어 있음은 교육법의 각 규정상 명백하고, 다만 그 확대실시의 시기 및 방법만을 대통령령에 위임하여 합리적으로 정할 수 있도록 한 것이므로 포괄위임금지를 규정한 헌법 제75조에 위반되지 아니한다."

2. 교육재정 법정주의

교육이란 막대한 재원을 필요로 하는 본질적으로 급부행정에 속하는 것이므로, 재정적인 뒷받침이 없이는 교육이 이루어질 수 없다. 교육재정의 확보는 교육과제의 수행을 위한 실질적 전제조건이다. 교육에 있어서 차지하는 재정의 중요한 의미 때문에, 헌법은 제31조 제6항에서 입법자가 스스로 교육재정에 관한 기본적 사항을 법률로 정하도록 규정하고 있다.

3. 교원지위 법정주의

사례	헌재 2003. 2. 27. 2000헌바26(대학교수 기간임용제 사건)

甲은 사립대학교 교원으로 10년간 기간을 정하여 임용되었으나 임용기간 만료 전 직권면직되자, 소송을 제기하여 '학교법인은 甲을 복직시킬 때까지의 임금을 지급하라'는 내용의 일부승소판결이 확정되었으나, 학교법인이 甲을 복직시키지 않았기 때문에 위 임용기간의 만료로 교수로서의 신분회복이 불가능하게 되었다. 이에 甲은 학교법인의 사신에 대한 무효의 면직처분 및 복직불조치의 위법을 이유로 손해배상 또는 위자료를 청구하는 소송을 제기하였고, 상고심 계속중에 "대학교육기관의 교원은 당해 학교법인의 정관이 정하는 바에 따라 기간을 정하여 임면할 수 있다."고 규정한 사립학교법조항에 대하여 위헌제청신청을 하였으나 기각되자 헌법소원심판을 청구하였다.

가. 헌법적 의미

헌법 제31조 제6항은 "… 교원의 지위에 관한 기본적인 사항은 법률로 정한다."고 하여 소위 '교원지위 법정주의'를 규정하고 있다. 입법자가 교원의 지위를 형식적 법률로 정하도록 한 것은, 교원지위의 법적 확정 및 이를 통한 법적 보호는 교육의 자주성·전문성·정치적 중립성 및 대학의 자율성을 확보하기 위한 중요한 전제조건이기 때문이다.[1] 교육의 영역에서 자주성·전문성·중립성 및 대학의 자율성이 확보되기 위해서는, 입법자는 교원의 법적 지위가 자의적으로 침해되지 않도록 입법을 통하여 교원의 지위에 관한 기본적인 사항을 규율해야 할 필요가 있다. 이러한 이유에서 헌법 제31조 제6항은 입법자에게 교원의 지위를 확정하고 보호하는 최소한의 입법을 해야 할 의무를 부과하고 있다.

나. 대학교원의 기간임용제

교육제도의 확립, 그에 필요한 재정의 확보와 교육의 주체로서의 교원지위의 확정은 교육이 실질적으로 가능하기 위한 요소로서 입법자에 의한 구체적인 형성을 필요로 한다. 헌법 제31조 제6항의

---

1) 헌재 2003. 2. 27. 2000헌바26(대학교수 기간임용제), 판례집 15-1, 176, 188, "교원의 지위에 관한 '기본적인 사항'은 다른 직종의 종사자들의 지위에 비하여 특별히 교원의 지위를 법률로 정하도록 한 헌법규정의 취지나 교원이 수행하는 교육이라는 직무상의 특성에 비추어 볼 때 교원이 자주적·전문적·중립적으로 학생을 교육하기 위하여 필요한 중요한 사항이라고 보아야 한다. 그러므로 입법자가 법률로 정하여야 할 기본적인 사항에는 무엇보다도 교원의 신분이 부당하게 박탈되지 않도록 하는 최소한의 보호의무에 관한 사항이 포함된다."; 헌재 1998. 7. 16. 96헌바33(대학교수 기간임용제 제1차 결정), 판례집 10-2, 116, "헌법 제31조 제6항이 규정한 교원지위 법정주의는 단순히 교원의 권익을 보장하기 위한 규정이라거나 교원의 지위를 행정권력에 의한 부당한 침해로부터 보호하는 것만을 목적으로 한 규정이 아니고, 국민의 교육을 받을 기본권을 실효성 있게 보장하기 위한 것까지 포함하여 교원의 지위를 법률로 정하도록 한 것이다."

이러한 의미에 비추어, '교원지위 법정주의'로부터 모든 교원에 대하여 정년보장제를 도입할 국가의 의무를 도출할 수 없다. 대학교원의 정년보장제 또는 기간임용제를 택할 것인지에 관하여 헌법은 스스로 규정하지 아니하고 이를 입법자의 광범위한 형성권에 위임하고 있다. 따라서 입법자가 기간임용제를 허용하고 있는 것 자체는 헌법 제31조 제6항에 위반되지 않는다.[1]

헌법 제31조 제6항은 교육이 제대로 기능하기 위하여 필요한 최소한의 요건을 법률로써 형성해야 할 입법자의 의무를 규정함으로써, 교원의 지위에 관해서도 헌법 제31조 제4항에 규정된 "교육의 자주성·전문성·정치적 중립성 및 대학의 자율성"을 확보하기 위하여 불가결한 기본적인 사항을 법률로 정할 의무를 부과하고 있다. 그러나 입법자가 기간임용제를 허용하면서 재임용의 거부사유·재임용절차·재임용거부에 대한 구제절차 등을 전혀 규정하지 않음으로써 재임용여부를 전적으로 임용권자의 자의나 재량에 맡기고 있다면, 국가의 교육행정이 기능하기 위하여 필요한 요소의 하나로서 교원지위의 법적 보호에 대한 요청이 공동화될 우려가 있다. 따라서 입법자가 기간임용제를 허용하면서 제도의 남용과 자의적 운영을 방지할 수 있는 최소한의 법적 안전장치를 마련하지 않은 경우에는 헌법 제31조 제6항에 위반된다.[2]

제 3 절 勤勞의 權利

I. 헌법적 의미

헌법 제32조 제1항 제1문은 "모든 국민은 근로의 권리를 가진다."고 하여 근로의 권리를 규정하고 있다. 근로의 권리는 헌법 제15조의 직업의 자유와의 연관관계에서 보아야만 그 헌법적 의미를 제대로 이해할 수 있다. 헌법 제15조의 직업의 자유는 독립적 형태의 직업활동(영업의 자유)뿐만 아니라 고용된 형태의 종속적인 직업활동도 보장한다.[3] 고용직의 경우, 직장을 자유롭게 선택하고 행사하는 자유보다 더욱 중요한 것은 선택할 수 있는 직장의 제공이다. 근로자가 고용될 직장이 없다면 직장을 선택하는 자유의 헌법적 보장은 기본권의 주체에게 아무런 소용이 없으므로, 국가는 소극적

---

1) 헌법재판소는 헌재 1998. 7. 16. 96헌바33(대학교수 기간임용제 제1차 결정)에서 [교원의 기간임용제가 교원지위 법정주의에 위반되는지 여부에 관하여] 합헌으로 판단하였다, 판례집 10-2, 116, "대학교원의 기간임용제를 규정한 구 사립학교법 제53조의2 제3항은 전문성·연구실적 등에 문제가 있는 교수의 연임을 배제하여 합리적인 교수인사를 할 수 있도록 하기 위한 것으로 그 입법목적이 정당하고, 대학교육기관의 교원에 대한 기간임용제와 정년보장제는 국가가 문화국가의 실현을 위한 학문진흥의 의무를 이행함에 있어서나 국민의 교육권의 실현·방법 면에서 각각 장단점이 있어서, 그 판단·선택은 헌법재판소에서 이를 가늠하기보다는 입법자의 입법정책에 맡겨 두는 것이 옳으므로, 위 조항은 헌법 제31조 제6항이 규정한 교원지위 법정주의에 위반되지 아니한다."
2) 헌재 2003. 2. 27. 2000헌바26(대학교수 기간임용제), 판례집 15-1, 176, 177, "이 사건 법률조항은, 정년보장으로 인한 대학교원의 무사안일을 타파하고 연구분위기를 제고하는 동시에 대학교육의 질도 향상시킨다는 기간임용제 본연의 입법목적에서 벗어나, 사학재단에 비판적인 교원을 배제하거나 기타 임면권자 개인의 주관적 목적을 위하여 악용될 위험성이 다분히 존재한다. … 객관적인 기준의 재임용 거부사유와 재임용에서 탈락하게 되는 교원이 자신의 입장을 진술할 수 있는 기회 그리고 재임용거부를 사전에 통지하는 규정 등이 없으며, 나아가 재임용이 거부되었을 경우 사후에 그에 대해 다툴 수 있는 제도적 장치를 전혀 마련하지 않고 있는 이 사건 법률조항은, 현대사회에서 대학교육이 갖는 중요한 기능과 그 교육을 담당하고 있는 대학교원의 신분의 부당한 박탈에 대한 최소한의 보호요청에 비추어 볼 때 헌법 제31조 제6항에서 정하고 있는 교원지위법정주의에 위반된다고 볼 수밖에 없다."
3) 이에 관하여 제3편 제4장 직업의 자유 관련부분 참조.

으로 직장선택의 자유를 보장해야 할 뿐만 아니라 적극적으로 근로자가 고용될 수 있는 실질적 조건을 마련해 주어야 한다. 이러한 이유에서 헌법은 제32조에서 '근로의 권리'의 형태로 국민 누구나 직장선택의 자유를 실제로 행사할 수 있도록 사회적·경제적 상황을 형성해야 할 국가의 의무를 규정하고 있는 것이다. 근로자에게 보장된 '직업의 자유'가 실효적인 것이 될 수 있기 위해서는 헌법 제32조의 '근로의 권리'에 의한 보완이 필수적이다.

근로의 권리는 독일 바이마르헌법에서 처음으로 "모든 독일국민에게는 경제적 노동에 의하여 자신의 생계비를 획득할 수 있는 기회가 부여되어야 한다."는 제한적이고 간접적인 형태로 규정되었고 (제163조 제2항), 제2차 세계대전 이후 독일의 일부 州에서 근로의 권리를 헌법에 명시적으로 규정하였다. 1970년대에 그리스, 포르투갈, 스페인, 네덜란드, 스위스 헌법 등에서 근로의 권리를 국가목표조항으로서 수용하였다.

II. 법적 성격

사례 | 헌재 2002. 11. 28. 2001헌바50(한국보건산업진흥원의 고용승계배제 사건)

정부는 "경영혁신 추진계획"에 의하여 식품연구원과 의료연구원을 통폐합하여 한국보건산업진흥원(이하 "진흥원")을 설립하였고, 이에 따라 한국보건산업진흥원법이 제정되었다. 진흥원은 인사위원회에서 직원 선정기준을 설정하고, 甲을 포함한 식품연구원 소속 직원 일부를 선정에서 배제하였다. 甲은 중앙노동위원회로부터 부당해고에 대한 구제명령을 받았으나, 서울행정법원은 중앙노동위원회의 판정을 취소한다는 판결을 선고하였다. 중앙노동위원회 위원장은 이에 불복하여 서울고등법원에 항소하였으며, 甲은 위 소송에 참가하여 위 법 부칙 제3조에 대하여 "재산상의 권리·의무만 승계시키고, 근로관계의 당연승계 조항을 두지 아니한 것은 근로의 권리 및 직업의 자유를 침해한다."고 주장하면서 위헌여부심판의 제청신청을 하였는데, 서울고등법원이 이를 기각하자 헌법소원심판을 청구하였다.[1]

1. 자유권적 기본권?

학자에 따라서는 근로의 권리를 '개인이 자유롭게 일할 기회를 가지는 것을 국가의 간섭과 방해로부터 보호한다는 의미에서 자유권적 성격'과 '근로의 기회를 제공하여 줄 것을 국가로부터 요구할

---

1) 헌재 2002. 11. 28. 2001헌바50(한국보건산업진흥원의 고용승계배제), 판례집 14-2, 668, [국가에 대한 직접적인 직장존속보장청구권이 근로자에게 인정되는지 여부에 관하여] "헌법 제15조의 직업의 자유 또는 헌법 제32조의 근로의 권리, 사회국가원리 등에 근거하여 실업방지 및 부당한 해고로부터 근로자를 보호하여야 할 국가의 의무를 도출할 수는 있을 것이나, 국가에 대한 직접적인 직장존속보장청구권을 근로자에게 인정할 헌법상의 근거는 없다."; [법률로 국가보조 연구기관을 통폐합함에 있어 재산상의 권리·의무만 승계시키고, 근로관계의 당연승계 조항을 두지 아니한 것이 위헌인지 여부에 관하여] "우리 헌법상 국가에 대한 직접적인 직장존속보장청구권을 인정할 근거는 없으므로 근로관계의 당연승계를 보장하는 입법을 반드시 하여야 할 헌법상의 의무를 인정할 수 없다. 따라서 한국보건산업진흥원법 부칙 제3조가 기존 연구기관의 재산상의 권리·의무만을 새로이 설립되는 한국보건산업진흥원에 승계시키고, 직원들의 근로관계가 당연히 승계되는 것으로 규정하지 않았다 하여 위헌이라 할 수 없다." 헌법재판소는 위 결정에서 '국가(입법자)는 근로관계의 존속보호를 위하여 최소한의 보호를 제공하여야 할 의무를 지고 있다'는 것을 확인한 다음, '국가가 근로관계의 존속을 보호하기 위한 최소한의 보호조치를 취하고 있는지의 여부'를 판단하였는데, 이를 긍정함으로써 심판대상조항을 합헌으로 판단하였다.

수 있다는 의미에서 사회권적 성격'을 아울러 가지고 있는 기본권으로 이해하고 있다.[1] 그러나 근로의 권리를 자유권적 성격을 포함하고 있는 것으로 이해하는 것은 타당하지 않다.

직업의 자유는 고용된 형태의 종속적 직업활동을 선택하고 행사할 자유, 즉 근로자의 직장선택의 자유도 보장한다.[2] 따라서 근로자가 국가의 간섭이나 방해를 받지 아니하고 자신의 노동력을 제공하여 직장을 선택하고 선택한 근로활동을 사용자와 합의된 조건 하에서 수행할 자유는 헌법 제15조의 자유권인 직업의 자유에 의하여 보장되는 것이다.[3] 그러므로 헌법 제32조의 근로의 권리에 직업선택의 자유에 의하여 보장되는 자유권적 내용을 포함시키는 것은 보장내용의 중복을 초래한다는 점에서 불필요할 뿐만 아니라 법리적으로 문제가 있다. 무엇보다도 비교법적으로나 헌법사에 있어서나 '근로의 권리'가 고전적인 사회적 기본권의 유형에 속한다는 것을 감안한다면, 근로의 권리에 직업의 자유라는 자유권의 기능을 부여하는 것은 납득하기 어렵다.

근로를 통한 개인의 인격발현을 부당하게 방해하거나 간섭해서는 안 된다는 '국가에 대한 금지'와 모든 근로자에게 근로를 통한 인격발현의 실질적 조건을 제공해야 한다는 '국가에 대한 명령' 사이에는 근본적인 차이가 있으며, 헌법은 직업의 자유와 근로의 권리의 근본적인 차이를 고려하여 각 자유권적 부분과 사회권적 부분에 분리하여 위치시키고 있는 것이다. 따라서 헌법 제15조의 직업의 자유로부터 근로의 권리를 도출하는 것이 불필요할 뿐만 아니라 헌법 제32조의 존재에 비추어 헌법적으로 허용되지 않는 것과 마찬가지로, 헌법 제32조의 근로의 권리의 보장내용에 직업의 자유를 포함시키는 것은 헌법 제15조의 자유권의 존재에 비추어 헌법적으로 허용되지 않는다.

2. 사회적 기본권

가. 구속력 있는 국가목표조항

헌법 제32조 제1항에 규정된 '근로의 권리'는, 국가로부터 '직장을 제공해 줄 것을 요구할 수 있는 개인의 주관적 권리'가 아니다. 국가가 이러한 내용의 주관적 권리를 보장하는 것은, 모든 생산재의 국유화 및 국가에 의한 경제계획을 전제로 국가가 경제의 모든 조건을 마음대로 처분할 수 있고 헌법상 보장된 기업의 자유와 재산권보장을 폐지할 수 있는 사회주의적 계획경제체제에서만 가능하다. '근로기회의 제공을 요구할 수 있는 권리'는 필연적으로 국가가 직장에 관한 처분권한을 가지고 있다는 것을 전제로 한다. 모든 사람이 국가로부터 직장을 요구할 수 있는 주관적 권리를 가지고 있다면, 이를 이행하기 위하여 국가는 필연적으로 노동시장, 나아가 전반적인 경제활동에 관한 결정권한을 가져야 할 것이고, 이는 곧 직업의 자유, 재산권의 보장 및 근로3권의 종말을 의미한다. 따라서 헌법 제32조 제1항의 '근로의 권리'는 같은 조 제1항 제2문에서 스스로 구체화하고 있듯이, 사회적·경제적 방법으로 고용증진을 해야 할 국가의 의무, 즉 '상대적 완전고용'을 실현하기 위하여 그에 필요한

1) 가령, 권영성, 한국헌법론, 2010, 673면; 성낙인, 헌법학, 2010, 719면.

2) 헌재 2002. 11. 28. 2001헌바50(한국보건산업진흥원의 고용승계배제), 판례집 14-2, 668, 677, "직업의 자유는 독립적 형태의 직업활동뿐만 아니라 고용된 형태의 종속적인 직업활동도 보장한다. 따라서 직업선택의 자유는 직장선택의 자유를 포함한다. 헌법재판소도 일찍이 직업선택의 자유에 직장선택의 자유가 포함된다고 설시한바 있다(헌재 1989. 11. 20. 89헌가102, 판례집 1, 329, 336). 직장선택의 자유는 특히 근로자들에게 큰 의미를 지닌다."

3) 헌재 2002. 11. 28. 2001헌바50(한국보건산업진흥원의 고용승계배제), 판례집 14-2, 668, 678, "직장선택의 자유는 개인이 그 선택한 직업분야에서 구체적인 취업의 기회를 가지거나, 이미 형성된 근로관계를 계속 유지하거나 포기하는 데에 있어 국가의 방해를 받지 않는 자유로운 선택·결정을 보호하는 것을 내용으로 한다."

경제적·사회적 조건을 형성해야 할 국가의 의무를 뜻한다.[1] 이러한 의미에서 헌법 제32조 제1항은 국가경제정책의 중요한 목표의 하나로서, '상대적 완전고용'을 국가의 목표로 설정하고, 이러한 목표의 달성을 위하여 경제에 영향력을 행사할 수 있는 권한을 부여하고 있다.[2]

나. 주관적 권리?

학자에 따라서는 근로의 권리의 법적 성격을 소위 '구체적 권리설'에 따라 '국가에 대하여 근로의 기회를 제공하여 줄 것을 요구할 수 있는 구체적이고 현실적 권리' 또는 '국가에 대하여 근로의 기회를 제공하여 주도록 요구할 수 있는 불완전하나마 구체적 권리'로 이해하고 있다.[3]

그러나 이러한 견해는 소위 '구체적 권리설'에 따르더라도, 구체적 권리설의 내용으로부터 스스로 벗어나는 것이다. '구체적 권리설'에서 말하는 '권리'란, 국가로부터 근로기회의 제공과 같은 특정 급부를 요구할 수 있는 적극적이고 현실적인 권리가 아니라, 국가에 대하여 근로의 권리를 실현할 것을 요구하고 입법부작위로 인하여 국가의 의무를 명백하게 해태한 경우에는 입법을 요구할 수 있는 소극적인 권리, 즉 '근로의 권리의 실현여부를 헌법재판을 통하여 다툴 수 있는 권리'에 지나지 않는다. 따라서 근로의 권리를 '현실적 권리'로 이해하는 것은 구체적 권리설과도 부합하지 않는다.

한편, 근로의 권리를 '불완전하나마 구체적 권리'라고 규정하는 것은 그 내용의 모호함과 불명확성의 비판을 피할 수 없다. 근로기회의 제공과 관련하여 '불완전하나마 구체적 권리'가 대체 무엇을 의미하는지 이해할 수 없을 뿐만 아니라, 설사 이를 '근로기회의 제공을 위한 입법을 하지 않은 경우 입법부작위의 위헌여부를 다툴 수 있는 권리' 또는 '근로의 기회를 제공하는 입법을 통하여 비로소 구체화되는 권리'로 이해한다 하더라도, 자유주의적 경제체제에서 근로의 기회를 제공하는 완전고용의 상태는 일차적으로 사기업의 경쟁력과 더불어 경제성장과 경제안정을 실현하려는 총체적인 국가경제정책의 결과로서 실현되는 것이지, 근로자에게 일자리를 제공하는 입법을 통하여 실현되는 것이 아니다. 따라서 이러한 점에서도 구체적 권리설에 근거하여 근로의 권리를 주관적으로 파악하는 것은 한계에 부딪힐 수밖에 없다.

3. 인간존엄성을 보장하는 근로조건을 형성해야 할 국가의 의무로서 근로의 권리

가. 일할 자리에 관한 권리 및 일할 환경에 관한 권리로서 근로의 권리

헌법재판소는 "헌법상 근로의 권리는 '일할 자리에 관한 권리'만이 아니라 '일할 환경에 관한 권리'도 의미하는데, '일할 환경에 관한 권리'는 인간의 존엄성에 대한 침해를 방어하기 위한 권리로서 외국인에게도 인정되며, 건강한 작업환경, 일에 대한 정당한 보수, 합리적인 근로조건의 보장 등을

---

1) 헌재 2002. 11. 28. 2001헌바50(한국보건산업진흥원의 고용승계배제), 판례집 14-2, 668, 678, "근로의 권리의 보장은 생활의 기본적인 수요를 충족시킬 수 있는 생활수단을 확보해 주며, 나아가 인격의 자유로운 발현과 인간의 존엄성을 보장해 주는 의의를 지닌다. 근로의 권리는 사회적 기본권으로서, 국가에 대하여 직접 일자리(직장)를 청구하거나 일자리에 갈음하는 생계비의 지급청구권을 의미하는 것이 아니라, 고용증진을 위한 사회적·경제적 정책을 요구할 수 있는 권리에 그친다. 근로의 권리를 직접적인 일자리 청구권으로 이해하는 것은 사회주의적 통제경제를 배제하고, 사기업 주체의 경제상의 자유를 보장하는 우리 헌법의 경제질서 내지 기본권규정들과 조화될 수 없다."
2) 독일의 경우, '근로의 권리'는 연방헌법인 기본법이 아니라 일부 州의 헌법에서 규정되고 있는데, 독일 학계와 판례는 州 헌법상의 근로의 권리의 법적 성격을 국가과제로서 완전고용의 목표를 규정한 것으로 간주하고 있으며, 설사 연방차원의 헌법개정을 통하여 기본법에 근로의 권리가 수용된다 하더라도 국가목표조항의 의미를 넘어서는 효력을 가질 수 없다는 것이 학계의 지배적인 견해이다.
3) 가령, 권영성, 한국헌법론, 2010, 674면.

요구할 수 있는 권리 등을 포함한다."고 하여,¹⁾ 근로의 권리의 내용을 '일할 자리에 관한 권리'를 넘어서 '일할 환경에 관한 권리'도 포함하는 것으로 확대하고 있다. 여기서 '일할 환경에 관한 권리'란, 인간존엄성을 보장하는 최소한의 근로조건을 요구할 수 있는 권리로 이해된다.

그러나 엄밀한 의미에서, '일할 자리에 관한 권리'는 근로의 권리의 구체적 내용을 '국가의 고용증진의무'로 객관적으로 서술하고 있는 헌법 제32조 제1항에 의하여 보장되는 것이고, '일할 환경에 관한 권리'는 헌법 제32조 제1항이 아니라 국가에게 '인간존엄성을 보장하는 근로조건의 기준을 정해야 할 의무'를 부과하고 있는 헌법 제32조 제3항으로부터 나오는 것이다. 따라서 근로조건을 규율하는 규정이 '인간존엄성을 보장하는 최소한의 근로조건'에 부합하는지 여부가 문제되는 경우에는 헌법 제32조 제1항이 아니라 헌법 제32조 제3항이 특별조항으로서 심사기준으로 적용되어야 한다.

헌법 제32조 제3항에서 나오는 '인간존엄성을 보장하는 최소한의 근로조건을 요구할 권리'가 외국인 근로자에게도 인정된다면, 이는 위 권리가 자유권적 성격을 가져서가 아니라, 헌법 제32조 제3항은 근로의 영역에서 인간의 존엄성을 실현하기 위한 규정이고 인간존엄성은 국민뿐만 아니라 모든 인간에게 귀속되어야 하는 '인권'에 속하기 때문이다.²⁾ '일할 자리에 관한 권리'가 사회적 기본권인 것과 마찬가지로, '일할 환경에 관한 권리'도 단지 기본권의 주체성과 관련하여 인간존엄성과 연관성을 가질 뿐, '인간의 존엄성에 부합하는 근로조건을 형성해야 할 국가의 의무와 과제'를 그 본질적 내용으로 하는 사회적 기본권이다.

나. 인간존엄성을 보장하는 최소한의 근로조건을 요구할 권리의 헌법적 근거

'일할 환경에 관한 권리', 즉 '인간존엄성을 보장하는 최소한의 근로조건을 요구할 권리'는 헌법 제32조 제3항뿐만 아니라, 부차적으로 근로자의 직업의 자유인 '직장선택의 자유'로부터도 나온다. 근로자의 자유권으로서 '직장선택의 자유'는 직장을 자유롭게 선택하고 근로관계의 유지와 종료에 관하여 자유롭게 결정할 권리, 나아가 근로활동을 국가의 간섭 없이 자유롭게 수행할 권리를 포함한다.

한편, 자유권은 그 효력에 있어서 국가에 의한 기본권침해의 방어에 국한되지 아니하고, 기본권의 주체가 법적인 자유를 실제로 행사하기 위하여 필요한 '자유실현의 기본조건'이 위협받는 경우에도 기본권적 법익과 자유를 보장해야 할 의무를 국가에게 부과한다. 이로써 근로자의 자유권이 근로의 영역에서 무의미하게 되거나 공허하게 되는 것으로부터 근로자를 보호해야 할 국가의 '기본권 보호의무'가 근로자의 '직업의 자유'로부터 나온다. 입법자는 근로관련법의 형성을 통하여 사용자와의 근로관계에서 근로자의 직업의 자유를 보호해야 할 의무, 즉 근로관계에서 근로자의 인격발현을 현저하게 저해하는 비인간적인 근로조건으로부터 근로자를 보호해야 할 의무를 진다.

---

1) 헌재 2016. 3. 31. 2014헌마367, 판례집 28-1상, 471.
2) 그러나 '인간존엄성을 보장하는 최소한의 근로조건을 요구할 권리'의 성격을 자유권적 기본권으로 잘못 판단한 결정으로 헌재 2007. 8. 30. 2004헌마670(외국인산업기술연수생), 판례집 19-2, 297, [근로의 권리에 관한 외국인의 기본권 주체성에 관하여] "근로의 권리의 구체적인 내용에 따라, 국가에 대하여 고용증진을 위한 사회적·경제적 정책을 요구할 수 있는 권리는 사회권적 기본권으로서 국민에 대하여만 인정해야 하지만, 자본주의 경제질서 하에서 근로자가 기본적 생활수단을 확보하고 인간의 존엄성을 보장받기 위하여 최소한의 근로조건을 요구할 수 있는 권리는 자유권적 기본권의 성격도 아울러 가지므로 이러한 경우 외국인 근로자에게도 그 기본권 주체성을 인정함이 타당하다."

따라서 국가가 근로자의 인간존엄성을 보장하기 위한 근로조건의 기준을 정하는 것은 헌법 제32조 제3항의 위임을 이행하는 것이자 동시에 사용자와의 근로관계에서 근로자의 직장선택의 자유를 보호해야 할 의무를 이행하는 것이다. '인간존엄성 보장을 위한 최소한의 근로조건을 요구할 권리'는 헌법 제32조 제3항에 근거하는 '사회적 기본권'이자 동시에 자유권인 직업의 자유로부터 파생하는 '국가의 기본권 보호의무'에 대응하는 '근로자의 보호청구권', 즉 국가에게 보호의무의 이행을 요구할 수 있는 근로자의 권리이다.

다. 사용자의 해고로부터 근로자를 보호해야 할 입법자의 의무의 헌법적 근거

(1) 여기서 '사용자의 해고로부터 근로자를 보호해야 할 입법자의 의무'의 헌법적 근거가 무엇인지, 이러한 의무도 근로의 권리로부터 나오는 것인지의 문제가 제기된다.

'해고'란, 사용자가 일방적으로 근로계약을 해지하는 행위를 말한다. 국가가 사용자에 대하여 해고를 제한할 수 있는지의 문제는 일차적으로 국가의 보호의무, 즉 부당한 해고로부터 근로자를 보호해야 할 의무의 이행에 관한 것이다. 국가에 의한 해고의 제한은 사회국가적 관점에서 근로자의 직업의 자유를 사용자에 의한 부당한 침해로부터 보호하기 위하여 사회입법의 일환으로서 이루어지는 것이고, 이러한 입법은 필연적으로 사용자의 기본권에 대한 제한을 수반하게 된다. 따라서 사용자에 의한 해고로부터 근로자를 보호해야 할 의무는 일차적으로 자유권인 '직업의 자유'로부터 파생하는 것으로 파악할 수 있다.[1]

입법자는 근로자에 대한 보호의무를 이행함에 있어서 모든 관련당사자의 이익을 고려하여 법익형량을 통하여 조화와 균형의 상태를 실현해야 한다. 입법자는 근로자의 이익뿐만 아니라 사용자의 이익도 고려해야 하며, 나아가 '아직 일자리를 구하지 못한 근로자'의 이익도 적절하게 고려해야 한다. 해고의 과도한 제한, 즉 직장존속보장의 지나친 확장은 사용자의 직업의 자유와 재산권보장을 과도하게 침해하고 나아가 직장을 구하는 근로자의 기회를 제한할 수 있다. 따라서 근로관계를 유지할 수 없을 정도의 귀책사유가 근로자에게 있는 경우나 부득이한 경영상의 필요가 있는 경우에는 근로자의 해고가 가능해야 한다.

(2) 한편, '근로관계의 존속보호'나 '직장의 존속보장'을 근로조건에 포함되는 것으로 광의로 해석한다면, '국가에 의한 해고의 제한'도 사회적 기본권인 헌법 제32조 제3항의 '일할 환경에 관한 권리'에 의하여 보호되는 것으로 이해할 수도 있다. 헌법재판소는 일부 결정에서 '일할 환경에 관한 권리'에 '해고로부터 근로자의 보호'가 포함된다고 이해하여, '해고로부터 보호'를 근로의 권리의 내용으로 판시하고 있다.[2]

---

1) 헌재 2002. 11. 28. 2001헌바50(한국보건산업진흥원의 고용승계배제), 판례집 14-2, 668, 678, [직업의 자유와 근로관계의 존속보호에 관하여] "직장선택의 자유는 특히 근로자들에게 큰 의미를 지닌다. … 그러나 이 기본권은 원하는 직장을 제공하여 줄 것을 청구하거나 한번 선택한 직장의 존속보호를 청구할 권리를 보장하지 않으며, 또한 사용자의 처분에 따른 직장 상실로부터 직접 보호하여 줄 것을 청구할 수도 없다. 다만 국가는 이 기본권에서 나오는 객관적 보호의무, 즉 사용자에 의한 해고로부터 근로자를 보호할 의무를 질뿐이다."; [근로의 권리와 근로관계의 존속보호에 관하여] 판례집 14-2, 668, 679, "근로의 권리로부터 국가에 대한 직접적인 직장존속청구권을 도출할 수도 없다. 단지 위에서 본 직업의 자유에서 도출되는 보호의무와 마찬가지로 사용자의 처분에 따른 직장 상실에 대하여 최소한의 보호를 제공하여야 할 의무를 국가에 지우는 것으로 볼 수는 있을 것이나, 이 경우에도 입법자가 그 보호의무를 전혀 이행하지 않거나 사용자와 근로자의 상충하는 기본권적 지위나 이익을 현저히 부적절하게 형량한 경우에만 위헌 여부의 문제가 생길 것이다."

2) 헌재 2017. 5. 25. 2016헌마640, 판례집 29-1, 234, 237, "근로의 권리에는 '일할 자리에 관한 권리'뿐만 아니라 '일

Ⅲ. 구체적 내용

1. 국가의 고용증진의무(相對的 完全雇用의 실현의무)

헌법 제32조 제1항 제2문 전단은 "국가는 사회적·경제적 방법으로 근로자의 고용의 증진 … 에 노력하여야 하며, … "라고 하여, 국가의 고용증진의무를 규정하고 있다. 주관적인 관점에서 표현된 '근로의 권리'에 대응하는 객관적 의무가 바로 국가의 고용증진의무이다. 헌법은 이로써 국가에 대하여 '높은 고용수준' 또는 '상대적 완전고용'을 실현해야 할 의무를 부과하고 있다. '높은 고용수준'은 헌법상 보장된 직업선택의 자유가 사실상 무의미하게 되는 것을 방지한다.

국가의 고용증진의무는 국가의 영역에서 창출할 수 있는 일자리를 극대화하라는 소극적인 의무가 아니라 상대적 완전고용이라는 국민경제적 과제이므로, 국가에 의한 고용확대를 의도하는 특정 입법이 아니라 국가경제정책 전반에 의하여 이행되는 것이다. 따라서 국가의 고용증진의무란 상대적 완전고용상태의 실현을 의미하는 일반적이고 추상적인 의무이므로, 이에 대응하여 고용증진을 위하여 국가의 특정 경제정책이나 노동정책 등을 요구할 수 있는 개인의 주관적 권리는 인정되지 않는다.

2. 적정임금을 위하여 노력해야 할 의무 및 최저임금제를 시행해야 할 의무

가. 一元的 義務로서 적정임금보장 및 최저임금제시행의 의무

(1) 헌법 제32조 제1항 제2문은 "국가는 … 적정임금의 보장에 노력하여야 하며, 법률이 정하는 바에 의하여 최저임금제를 시행하여야 한다."고 규정하고 있다. 최저임금제란, 국가가 근로자의 최소한의 생계보호를 위하여 임금의 최저한도를 확정하여 사용자로 하여금 최저임금 이상의 임금을 지급하도록 법적으로 강제하는 제도이다.

일부 학자는 '헌법 제32조 제1항 제2문은 적정임금의 보장에 관한 국가의 의무를 규정하고 있기 때문에 국가는 임금이 적정수준의 것이 되도록 입법조치를 강구해야 한다'고 주장하나, 위 헌법규정은 적정임금을 보장해야 할 국가의 의무를 규정하는 것은 아니며, 단지 적정임금이 보장되도록 노력해야 할 국가의 의무를 언급하면서 이러한 결과가 적어도 최저임금제의 시행이라는 형태로 구체화되어야 함을 강조하고 있는 것이다. '적정임금의 보장에 노력해야 할 의무'와 '최저임금제를 시행해야 할 의무'는 서로 별개의 의무로서 분리하여 판단해서는 안 되고, 상호 밀접한 연관관계에 있는 '하나의 통일적인 의무'로서 이해되어야 한다.

(2) 헌법은 근로3권을 보장함으로써 노사간의 집단적 자치에 의하여 임금을 스스로 결정하도록 노사단체에 위임하고 있으며, 헌법의 이러한 결정은 '어떠한 임금이 적정한지에 관하여 국가가 합리적으로 결정할 수 없다'는 사고에 기초하고 있다. 입법자는 '근로에 대한 정당한 가격'을 파악할 수 없으며, 협약당사자 간에 사적 자치에 의하여 근로에 대한 적정한 임금을 발견하는 절차 외에 보다

할 환경에 관한 권리'도 포함되고, 일할 환경에 관한 권리는 인간의 존엄성에 대한 침해를 막기 위한 권리로서 건강한 작업환경, 정당한 보수, 합리적 근로조건의 보장 등을 요구할 수 있는 권리까지를 포함하는 것인데(헌재 2007. 8. 30. 2004헌마670 등 참조), 근로기준법에 마련된 해고예고제도는, 근로관계 종료 전 사용자로 하여금 근로자에게 해고예고를 하도록 하는 것으로서 사용자와 근로자 사이의 근로조건을 이루는 중요한 사항에 해당하므로 근로의 권리의 내용에 포함된다(헌재 2015. 12. 23. 2014헌바3 참조)."

실체적 타당성을 보장하는 합리적인 규율절차나 어떠한 다른 대안적 절차도 생각할 수 없다. 따라서 임금에 관한 결정은 근로3권의 보장에 의하여 노사단체의 사적 자치에 맡겨져 있다. 이러한 헌법적 상황에서 헌법이 '적정임금의 보장에 노력하여야 한다'고 언급한다면, 이는 노사단체에게 보장된 임금에 관한 결정권을 다시 부분적으로 박탈하여 국가에게 부여하는 규정이 아니라 노사정위원회 등의 수단을 통하여 적정한 임금이 보장될 수 있도록 노사간에 이루어지는 사적 자치에 간접적으로 영향력을 행사하고 무엇보다도 최저임금제의 시행을 통하여 국가가 최소한의 임금을 보장해야 할 의무를 규정하고 있는 것이다.

비록 헌법은 '적정임금의 보장에 노력해야 한다'고 언급하고 있으나, 헌법 스스로 '적정임금이 무엇인지는 국가에 의하여 파악될 수 없다'는 것에서 출발하고 있으므로, '그 자체로서 파악될 수 없는 것을 보장해야 한다'는 모순을 안고 있다. 헌법이 근로3권을 보장한다는 것은, 국가가 임금에 관한 규율권한을 포기한다는 것을 의미하는 것이다. 따라서 적정임금의 보장은 단지 국가에 대한 선언적인 호소이며, 결국 적정임금의 보장에 관한 국가의 노력은 최저임금제의 시행에서 구체화되고 표현될 수밖에 없다.

나. 헌법재판소의 판례

한편, 헌법재판소는 근로자의 퇴직금 전액에 대하여 담보물권에 앞선 우선변제권을 규정하는 구 근로기준법규정을 질권이나 저당권의 본질적 내용을 침해한다고 하여 위헌으로 판단하였고,[1] 이에 따라 최종 3년간의 퇴직금에 대하여 최우선변제권을 인정하는 방향으로 근로기준법이 개정되었다. 헌법재판소는 개정된 근로기준법규정의 위헌여부가 심판대상이 된 결정에서 근로자의 임금확보를 위한 최우선변제조항이 담보물권자의 재산권을 과도하게 침해하는 것으로 볼 수 없다고 하여 합헌으로 판단하였다.[2]

다. 근로의 권리의 내용으로서 無勞動·無賃金의 原則?

학자에 따라서는 '적정임금을 위하여 노력해야 할 국가의 의무'와 관련하여 무노동·무임금의 원칙을 언급하기도 하나, 이러한 원칙은 파업기간중의 임금지급에 관한 문제로서 근로의 권리의 내용이라기보다는 근로3권의 단체행동권에 관한 문제이다. 무노동·무임금의 원칙은 근로자의 임금이 적정한지의 관점에서 파악되어야 할 문제가 아니라, 쟁의행위에 있어서 노사간의 대등성의 원칙에서 파생하는 원칙인 것이다. 따라서 무노동·무임금의 원칙을 적정임금과 관련하여 언급하는 것은 적절치 않으며, 이는 근로3권 부분에서 다루어야 할 문제이다.

3. 인간존엄성을 보장하는 근로조건의 기준을 정할 의무

헌법 제32조 제3항은 "근로조건의 기준은 인간의 존엄성을 보장하도록 법률로 정한다."고 규정하고 있다. 입법자는 무엇보다도 '근로기준법'의 제정을 통하여 이와 같은 헌법위임을 이행하였다. 이에 따라, 사용자와 근로자는 근로기준법이 정하는 기준에 미달하는 근로조건을 합의할 수 없으며, 근로기준법의 규정에 위반되는 내용의 합의는 무효이다.

---

1) 헌재 1997. 8. 21. 94헌바19 등(퇴직금채권의 우선변제).
2) 헌재 2008. 11. 27. 2007헌바36(사용자 파산시 퇴직금에 대한 최우선변제권).

한편, 헌법은 근로3권을 보장함으로써 국가의 간섭과 영향을 받음이 없이 노사 간의 단체협약을 통하여 근로조건에 관하여 자율적으로 결정할 권리를 노사단체에 부여하고 있다. 그러나 헌법이 노사단체에게 근로조건에 관한 자율적인 결정을 위임한 것은, 국가가 노동영역에서 근로조건에 관하여 독자적인 규율을 전혀 할 수 없다는 것을 의미하지 않는다. 정의로운 경제질서와 노동생활의 합리적인 규율을 실현해야 할 입법자의 사회국가적 책임은 노사의 협약자율권에 의하여 면제되지도 배제되지도 않는다.[1] 물론, 근로3권의 보장에 의하여 근로조건에 관한 일차적이고 우선적인 규율권한은 노사단체에 있으나, 국가는 사회국가적 관점에서 보충적인 규율권한, 즉 근로자의 인간존엄성보장을 위한 근로조건의 최저한을 규율하는 권한을 가지는 것이다.[2] 따라서 노사단체가 헌법상 위임받은 자율적 과제를 제대로 이행하리라는 것을 기대할 수 없고, 근로자의 사회적 보호필요성이나 다른 중대한 공익이 국가의 간섭을 불가피한 것으로 요청한다면, 국가는 사회국가적 책임 및 기본권에 의하여 부과된 보호의무를 이행하기 위하여 보충적으로 개입하여 강행적인 근로조건의 최저기준을 설정해야 한다.

인간존엄성을 보장하기 위하여 어떠한 수준의 근로조건을 규정해야 하는지에 관하여 입법자는 광범위한 형성권을 가지고 있다. 입법자는 헌법 제32조 제3항에 의하여 인간존엄성에 부합하는 근로조건의 기준을 정해야 할 의무를 지지만, 헌법으로부터 입법자가 취해야 할 구체적인 조치나 정책의 내용이 나오는 것은 아니다. 따라서 근로자는 헌법 제32조 제3항에 근거하여 입법자로부터 구체적인 특정 근로정책의 실현이나 특정한 기준의 근로조건의 확정을 요구할 수 없다. 입법자가 입법재량의 한계를 명백히 일탈하여 인간의 존엄을 보장하기 위한 최소한의 근로조건을 마련하지 않은 경우에 비로소 근로의 권리에 대한 침해가 인정될 수 있다.[3]

4. 여성과 연소자의 근로에 대한 보호의무

헌법 제32조는 제4항에서 "여자의 근로는 특별한 보호를 받으며, 고용·임금 및 근로조건에 있어서 부당한 차별을 받지 아니한다."고 하면서, 제5항에서 "연소자의 근로는 특별한 보호를 받는다."고 하여 사회적·경제적 약자인 여자와 연소자의 근로에 대한 보호필요성을 특별히 강조하고 있다. 여성은 신체적으로 열세에 있을 뿐만 아니라 임신·출산·육아의 부담 등으로 인하여 직장생활에서 많은 제약을 받고 있으며, 연소자는 아직 신체적·정신적으로 성장기에 있으므로, 여성 근로자와 미성년 근로자에 대해서는 특별한 보호가 필요하다.

1) 헌재 1998. 10. 29. 97헌마345(택시사납금제 금지), 판례집 10-2, 621, 633 참조.
2) 헌재 2024. 2. 28. 2019헌마500(주 52시간 상한제), 판례집 36-1상, 148, 149, "입법자는 … 근로자의 휴식을 보장하는 것이 무엇보다 중요하다는 인식을 정착시켜 장시간 노동이 이루어졌던 왜곡된 노동 관행을 개선해야 한다고 판단했다. 따라서 이러한 입법자의 판단이 합리성을 결여했다고 볼 수 없으므로 주 52시간 상한제조항은 과잉금지원칙에 반하여 상시 5명 이상 근로자를 사용하는 사업주인 청구인의 계약의 자유와 직업의 자유, 근로자인 청구인들의 계약의 자유를 침해하지 않는다."
3) '근로의 권리' 침해 여부를 판단하는 심사기준에 관하여 헌재 2008. 9. 25. 2005헌마586, 판례집 20-2상, 556, 563, "연차유급휴가권의 내용이 현저히 불합리하여 헌법상 용인될 수 있는 재량의 범위를 명백히 일탈한 경우에 한하여 헌법에 위반된다고 할 수 있다."; 헌재 2016. 3. 31. 2014헌마367, 판례집 28-1상, 471, 484, "구체적 입법이 헌법상 용인될 수 있는 재량의 범위를 명백히 일탈하여 근로의 권리에 관한 국가의 최소한의 의무를 불이행한 경우가 아닌 한, 헌법위반 문제가 발생한다고 보기 어렵다. 즉, … 입법 내용이 인간의 존엄을 유지하기 위한 최소한 합리성을 담보하고 있으면 위헌이라고 볼 수 없다."

헌법 제32조 제4항은 여성 근로자의 사회적 부담과 제약을 완화하고 신체적·생리적 특수성을 고려하는 근로조건을 보장해야 할 국가의 의무, 나아가 사인으로부터 여자의 근로를 보호해야 할 의무를 규정하고 있다. 여자의 근로를 보호하기 위한 조치로서는, 일차적으로 여성 근로자의 혼인·임신·출산 등을 퇴직사유로 정하는 근로계약으로부터의 보호 및 임신과 출산으로 인한 해고로부터의 보호, 나아가 모성보호를 위한 다양한 제도들, 가령 생리휴가, 임산부 근로의 보호, 산전후 휴가, 육아휴직 등을 언급할 수 있다. 뿐만 아니라, 고용에 있어서 남녀평등을 보장하고 근로조건에 있어서 차별적 대우를 금지하며 동일한 사업 내 동일한 가치의 근로에 대하여 동일한 임금을 지급하도록 하는 것도 여자의 근로에 대한 중요한 보호조치에 속한다. 한편, 미성년 근로자에 대한 특별한 보호는 근로기준법에서 근로시간의 제한, 야간근로 및 휴일근로의 금지, 도덕상 또는 보건상 위험한 직종에서의 고용금지 등으로 구체화되고 있다.

5. 국가유공자 등에 대한 근로기회를 우선적으로 제공해야 할 의무[1]

헌법 제32조 제6항은 "국가유공자·상이군경 및 전몰군경의 유가족은 법률이 정하는 바에 의하여 우선적으로 근로의 기회를 부여받는다."고 하여 국가유공자 등의 근로기회를 우선적으로 보장하고 있다. 이는 국가와 민족을 위하여 헌신한 공로에 대한 국가적 보상조치이다. 헌법재판소는 최근의 결정에서 종래 판례를 변경하여 헌법 제32조 제6항의 대상자의 범위를 조문의 문리해석대로 "국가유공자", "상이군경", "전몰군경의 유가족"으로 엄격하게 해석함으로써 근로의 기회를 가지고자 하는 다른 국민의 기본권과 조화를 이루고자 시도한 바 있다.[2]

제 4 절   勤勞三權[3]

Ⅰ. 서   론

헌법 제33조 제1항은 "근로자는 근로조건의 향상을 위하여 자주적인 단결권·단체교섭권 및 단체행동권을 가진다."라고 규정하여 근로자의 근로3권을 보장하고 있다. 근로3권은 헌법 제21조의 일반적 결사의 자유에 대한 특별규정으로서 노동생활영역에서 특수한 결사의 자유를 보장한다.

헌법은 근로3권을 결사의 자유와 완전히 분리하여, 기본권에 관한 장에서 자유권의 부분이 아니라 사회권의 부분에 별도의 조항으로 규정하고 있다. 그러나 근로자의 단결권이 결사의 자유의 특별법적 규정이라는 점을 감안한다면, 이러한 보장의 형태는 독일이나 미국의 경우와 비교할 때 상당히 독특한 것이다. 독일 기본법의 경우 결사의 자유를 규정한 조항 내에서($^{기본법}_{제9조}$) 단지 항을 달리하여 단체교섭권이나 단체행동권에 관하여는 전혀 아무런 언급이 없이 단결권만을 규정하면서($^{제3}_{항}$), 단결권

---

1) 이에 관하여 상세한 것 제3편 제3장 평등권 Ⅵ. 관련부분 참조.
2) 헌재 2006. 2. 23. 2004헌마675 등.
3) 한수웅, 勤勞三權의 法的 性格과 限界, 법과 인간의 존엄(정경식 박사 화갑기념논문집), 1997, 216면 이하; 經濟的 基本權의 새로운 문제점과 그 전망, 헌법학연구 제5권 제2호, 1999. 10, 54면 이하 참조.

의 주체도 근로자에만 국한된 것이 아니라 사용자의 단결권도 동시에 보장하고 있다. 미국의 경우 헌법에서는 결사의 자유만이 규정되어 있을 뿐이고 근로3권은 법률의 차원에서 보장된다. 따라서 우리 헌법에서 근로3권의 규정장소와 규정형식은 근로3권의 법적 성격과 근로3권 상호간의 관계에 관하여 의문을 제기한다.

일부 학자나 판례는 근로3권을 주로 사회적 기본권으로 이해하기도 하나, 근로3권의 주된 기능은 예나 지금이나 자유권적 기능에 있다. 근로3권은 일차적으로 노사라는 사회단체에 의한 사적 자치를 가능하게 하려는 기본권이므로, 노사의 자치영역에 대한 국가의 규율은 항상 근로3권의 자유권적 측면, 즉 대국가적 방어권의 측면을 제한하게 된다. 종래 근로3권과 관련하여 헌법재판소의 심판대상이 된 사건들은 예외 없이 노사의 협약자율권에 대한 침해를 이유로 제기된 것으로서, 일차적으로 자유권에 관한 문제였다.

근로자의 단결권은 결사의 자유와 마찬가지로 '개인의 자유' 및 '결성된 단체의 자유'를 포괄하는 이중적 성격의 자유권이므로, 단체활동의 핵심적 권리로서 단체교섭권과 단체행동권을 함께 보장한다. 따라서 헌법이 단체교섭권과 단체행동권을 명시적으로 규정하지 않는다 하더라도, 단체교섭권과 단체행동권은 단결권의 보장내용으로서 근로자의 단결권으로부터 파생하는 것이다. 이러한 의미에서, 헌법이 '근로3권' 대신에 '근로자의 단결권'만을 보장한다 하더라도, 그 보장내용에 있어서 본질적으로 달라지는 것은 없다. 아래에서 '근로3권의 보장 또는 제한'이라는 표현을 사용한다면, 이는 '단결권의 보장 또는 제한'과 실질적으로 동일한 의미를 가지는 것이다. 다만, 헌법 제33조 제1항은 단결권과 함께 단체교섭권과 단체행동권을 명시적으로 규정함으로써, '근로조건의 향상'이라는 단결권의 헌법적 목적을 달성하기 위한 제도인 단체협약제도를 헌법적으로 보장한다는 것에 근로3권의 특징이 있다.

II. 헌법적 의미 및 기능

1. 協約自律權의 헌법적 보장

가. 勞使의 임금정책적 결정권한

근로3권에 의하여 임금과 근로조건에 관한 원칙적인 사적 자치가 노사단체에게 보장되었다. 이러한 점에서 근로3권은 직업의 자유, 재산권의 보장과 함께 헌법상의 경제질서에 있어서 중요한 의미를 갖는 기본권이다.

임금과 근로조건에 관한 결정은 헌법 제33조 제1항의 근로3권에 의하여 노동자 및 사용자 단체의 사적 자치에 맡겨져 있다. 이에 따라 국가가 사적 자치에 근거한 노사의 임금결정에 대하여 영향력을 행사하는 것은 원칙적으로 금지된다. 노사단체는 헌법상 보장된 협약자율권을 근거로 임금과 관련하여 직접 공동체의 중요한 결정을 내리는 권한, 즉 정치적 결정권한을 가지고 있다. 노사단체는 헌법상 보장된 기본권을 행사함으로써 경제의 안정과 성장이란 국가과제의 이행을 위하여 불가결한 구성부분인 임금에 관한 결정권한을 가지고 있는 것이다. 기본권에 의하여 보장된 노사단체의 협약자율권은, 노사단체가 임금에 관한 결정을 통하여 국가경제정책을 국가와 함께 적극적으로 형성한다는 것을 뜻한다.

나. 임금을 비롯한 근로조건에 관한 국가규율권한의 원칙적인 포기

오늘날 민주국가에서 입법자는 그 규율대상에 있어서 원칙적으로 어떠한 제한도 받지 않는다. 그러나 헌법은 제33조에서 근로자의 근로3권을 기본권으로 보장함으로써 노동생활영역에서는 입법자의 규율권한을 원칙적으로 포기한다는 것을 밝히고 있다. 이러한 헌법적 결정에는, 입법자는 '근로에 대한 정당한 가격'을 파악할 수 없으며 의회의 규율절차는 적정한 임금에 대한 대답을 제시하기에는 기능적으로 적합하지 않다는 사고가 그 바탕을 이루고 있다. 협약당사자 간의 사적 자치에 의하여 근로조건을 규율하는 절차 외에 보다 실체적 타당성을 보장하는 합리적인 규율절차나 어떠한 대안적 절차도 근로조건의 영역에서는 생각할 수 없기 때문이다. 헌법은 사용자와 근로자단체 간의 합의에 의하여 임금을 비롯한 근로조건을 결정하는 자율적 규율절차가 근로에 대한 정당한 대가를 발견하는 합목적적 절차임을 신뢰하고 있다.

즉, 헌법의 이와 같은 객관적 의사에 의하면, 사용자와 근로자 사이의 기업이윤의 배분은 자유롭게 결성된 단결체에 의하여 단체협약체결의 형태로 이루어져야지, 국가에 의하여 일방적인 명령의 형태로 이루어져서는 안 된다. 대신, 국가는 '조세'라는 수단을 가지고 재분배를 통하여 사회정의를 실현하고자 시도한다.

2. 헌법적 관점에서 勞使政委員會 도입의 필요성

가. 국민경제에 대한 국가의 책임을 이행하기 위한 수단

노사에 의한 임금과 근로시간 등 근로조건의 결정은 국민경제적으로 대단히 중요한 의미를 가진다. 과도한 임금인상은 가계의 소비수요의 증가와 소비재 생산가의 인상을 가져오고, 이는 국민경제에 유해한 과도한 물가인상으로 이어지는 효과가 있다. 임금의 과도한 인상으로 인한 제품생산가의 인상은 대부분의 산업분야에서 기업의 가격경쟁력을 약화시키고 이로써 수출경쟁여건의 악화, 대외무역의 불균형, 결국 균형 있는 국민경제의 발전을 저해한다. 뿐만 아니라 과도한 임금인상은 물가안정과 높은 고용상태를 목표로 하는 국가의 통화·재정정책을 망칠 우려가 있다.

국가가 헌법에 의하여 국민경제의 안정과 성장, 소득의 분배를 통한 사회적 균형의 회복, 사회복지, 완전고용 등을 달성하고 유지해야 할 의무를 지고 있다면, 국가는 경제·사회전반에 대하여 결정하고 이를 조정할 권한과 그에 필요한 수단을 가져야 한다. 그런데 이러한 결정권한의 일부가 국가에 속하지 아니하고 노사단체에 기본권의 형태로서 귀속된다면, 이는 국가가 그의 사회국가적 의무와 과제를 이행하기 위하여 필요한 모든 권한을 가지고 있지 않다는 것을 의미한다.

노사단체가 헌법적으로 보장된 방법으로 정치적 결정권한을 스스로 행사한다는 점에서, 노사의 협조와 지원 없이는 국가의 경제정책이 효율적으로 추진될 수 없고, 국가의 경제정책의 성공여부는 노사단체의 지지에 달려있다고 볼 수 있다. 헌법이 국가에게 '국민경제의 안정과 성장'이라는 사회국가적 책임과 과제를 부과하면서 이에 상응하는 관할과 수단을 부여하고 있지 않다는 관점에서, 국가의 과제와 그를 이행하기 위한 수단 사이의 불일치가 존재한다. 바로 이러한 헌법적 상태에 노사정위원회를 도입해야 하는 헌법적 이유가 있다.

나. 노사정위원회의 목적

따라서 국가는 노사단체와의 협력을 통하여 국민경제의 경기조건과 성장조건에 부합하는 임금정

책을 추구해야 할 절박한 필요성이 있고, 이러한 배경 하에서 국가가 대화와 협의를 통하여 노사단체의 의사형성에 영향력을 행사하고자 마련한 것이 바로 노사정위원회이다. 노사정위원회의 주된 목적은, 국가와 노사단체가 분배정책적인 관점에서 가능한 조치와 경제의 안정과 성장의 관점에서 필요한 조치에 관한 정보의 교환과 대화·협의를 통하여 국민경제적 연관관계에 대한 공동의 인식을 형성함으로써, 노사단체 일방의 무리한 요구나 국민경제에 유해하고 불필요한 노사분규의 가능성을 사전에 방지하여 궁극적으로 국민경제의 발전과 산업평화를 도모하고자 하는 것이다.

III. 법적 성격

1. 사회적 보호목적을 가진 자유권

근로3권은 그 본질상 일차적으로 국가공권력에 대하여 부당한 침해를 하지 말 것을 요구하는 자유권적 기본권이다. 근로3권의 보장은 역사적으로 근로자가 단체를 결성함에 있어서 국가나 사용자에 의한 방해를 금지하고자 하는 것에서 출발한다. 그러나 고전적인 자유권이 국가와 개인 사이의 양자관계를 규율하는 반면에, 근로3권은 국가-근로자-사용자의 3자 관계를 규율대상으로 하므로, 고전적인 자유권에 있어서 전제되는 '개인의 자유와 공익상의 요청에 의한 자유의 제한'이라는 국가와 개인 간의 대립관계로는 완전히 파악될 수 없다.

근로3권은 국가공권력에 대하여 근로자 권리의 방어를 일차적인 목표로 하지만, 그보다 더욱 중요한 헌법적 의도는, 근로자단체라는 사회적 반대세력의 창출을 가능하게 함으로써 노동생활의 형성에 있어서 사회적 세력균형을 이루어 근로조건에 관한 노사단체의 사적 자치를 보장하려는 데 있다.[1] 사회적 약자인 개별근로자는 노동조합과 같은 근로자단체로의 결성을 통하여 집단으로 사용자에 대항함으로써만이 비로소 사용자와 대등한 세력을 이루어 근로조건의 형성에 영향을 미칠 수 있는 기회를 갖게 된다. 이러한 의미에서 근로3권은 '사회적 보호기능을 담당하는 자유권' 또는 '사회권적 성격을 띤 자유권'이라고 할 수 있다.[2]

2. 자유권으로서 단결권(근로3권)

헌법 제33조 제1항의 법문("근로자는")에 의하면 단결권의 주체는 단지 개인인 것처럼 표현되어 있지만, 자유권으로서의 단결권은, 결사의 자유와 마찬가지로, 근로자 개인의 권리와 결성된 단체의 권리를 포함하는 이중적 성격의 기본권이다. 이에 따라 근로자의 단결권은, 개인의 권리로서 근로자가 국가의 간섭이나 영향을 받지 아니하고 자유롭게 근로자단체를 결성하거나 기존의 단체에 자유롭게 가입하고 단체의 활동에 자유롭게 참여할 자유를 보장하고, 나아가 단체의 권리로서 단체활동을

---

1) 헌재 1990. 1. 15. 89헌가103, 판례집 2, 4, 16, "헌법이 근로자에게 단결권·단체교섭권·단체행동권을 인정한 취지는 경제적 약자인 근로자가 사용자와 대등한 입장에서 단체협약을 체결할 수 있게 하자는 데 있다."
2) 헌재 1998. 2. 27. 94헌바13(노동조합 대표자의 단체협약체결권), 판례집 10-1, 32, "근로3권은 국가공권력에 대하여 근로자의 단결권의 방어를 일차적인 목표로 하지만, 근로3권의 보다 큰 헌법적 의미는 근로자단체라는 사회적 반대세력의 창출을 가능하게 함으로써 노사관계의 형성에 있어서 사회적 균형을 이루어 근로조건에 관한 노사간의 실질적인 자치를 보장하려는 데 있다. 근로자는 노동조합과 같은 근로자단체의 결성을 통하여 집단으로 사용자에 대항함으로써 사용자와 대등한 세력을 이루어 근로조건의 형성에 영향을 미칠 수 있는 기회를 가지게 되므로 이러한 의미에서 근로3권은 '사회적 보호기능을 담당하는 자유권' 또는 '사회권적 성격을 띤 자유권'이라고 말할 수 있다."

통하여 단체의 목적을 집단으로 추구할 권리를 보장한다.

가. 근로자 개인의 권리

> **사례** 헌재 2005. 11. 24. 2002헌바95 등(Union Shop 협정 사건)
>
> 甲은 여객운송업을 하는 교통회사 소속 택시기사로서, 위 회사 소속 택시기사 대부분이 가입한 乙
> 택시노조가 위 교통회사 측의 단체교섭권을 위임받은 택시운송사업조합과 단체협약을 체결하여 왔는
> 데, 乙 택시노조는 택시운송사업조합과 1998년도 단체협약을 체결하면서 '회사는 종업원이 노동조합
> 가입을 거부하거나 탈퇴할 때는 즉시 해고하여야 한다'는 이른바 유니언 샵(Union Shop) 조항을 포함
> 시켰다. 그 후 甲은 乙 택시노조를 탈퇴하였는데, 소속 회사로부터 위 유니온 샵 조항을 이유로 해고를
> 당하게 되자, 법원에 해고무효확인소송을 제기하였고, 그 상고심 계속중 '당해 사업장에 종사하는 근로
> 자의 3분의 2 이상을 대표하는 노동조합의 경우 단체협약을 매개로 한 조직강제(이른바 유니언 샵 협
> 정의 체결)를 용인하고 있는 노동조합및노동관계조정법 제81조 제2호 단서가 근로자의 단결권을 보장
> 한 헌법 제33조 제1항 등에 위반된다'고 주장하여 헌법소원심판을 청구하였다.[1]

우선 단결권은 근로자 개인의 권리로서 각 근로자가 노동조합과 같은 단체를 조직하고 가입하고
탈퇴함에 있어서 국가의 부당한 개입 또는 간섭을 받지 아니할 권리와 노동조합에 가입하지 않을 수
있는 소극적인 단결권을 그 내용으로 한다.

(1) 결성 및 가입·활동의 자유

근로자의 개인적 단결권은 국가의 간섭과 방해를 받지 아니하고 근로자가 노동조합을 결성할 수
있는 권리와 기존의 노동조합 중에서 그가 원하는 노동조합을 선택하여 가입하고 그 조합에 머물면
서 조합의 활동에 참여할 수 있는 권리를 말한다. 개인의 단결권은 국가의 간섭 없이 노동조합 내에
서 단체의 목적실현을 위하여 활동하고 외부적으로 노동조합의 작업에 참여하는 개인의 권리를 포함
한다.

(2) 노동조합에 가입하지 아니 할 권리(소극적 단결권)

근로자의 단결권은 노동조합에 가입하지 아니 할 권리도 소극적인 권리로서 보호한다. 자유의 본
질에 속하는 것이 자유의 행사여부에 관하여 결정할 수 있다는 것이므로, 근로자의 단결권도 자유권
으로서 적극적인 자유행사와 소극적인 자유행사의 양면을 모두 포함한다.[2] 근로자의 단결권이 단순

---

1) 헌재 2005. 11. 24. 2002헌바95 등(Union Shop 협정), 판례집 17-2, 392, [당해 사업장에 종사하는 근로자의 3분의
2 이상을 대표하는 노동조합의 경우 단체협약을 매개로 한 조직강제(이른바 유니언 샵 협정의 체결)를 용인하고 있
는 노동조합및노동관계조정법규정이 헌법 제33조 제1항에 위반되는지 여부에 관하여] "이 경우 근로자의 단결하지
아니할 자유와 노동조합의 적극적 단결권(조직강제권)이 충돌하게 되나, 근로자에게 보장되는 적극적 단결권이 단
결하지 아니할 자유보다 특별한 의미를 갖고 있고, 노동조합의 조직강제권도 이른바 자유권을 수정하는 의미의 생
존권(사회권)적 성격을 함께 가지는 만큼 근로자 개인의 자유권에 비하여 보다 특별한 가치로 보장되는 점 등을 고
려하면, 노동조합의 적극적 단결권은 근로자 개인의 단결하지 않을 자유보다 중시된다고 할 것이고, 또 노동조합에
게 위와 같은 조직강제권을 부여한다고 하여 이를 근로자의 단결하지 아니할 자유의 본질적인 내용을 침해하는 것
으로 단정할 수는 없다. 이 사건 법률조항은 단체협약을 매개로 하여 특정 노동조합에의 가입을 강제함으로써 근로
자의 단결선택권과 노동조합의 집단적 단결권(조직강제권)이 충돌하는 측면이 있으나, 이러한 조직강제를 적법·
유효하게 할 수 있는 노동조합의 범위를 엄격히 제한하고 지배적 노동조합의 권한남용으로부터 개별근로자를 보
호하기 위한 규정을 두고 있는 등 전체적으로 상충되는 두 기본권 사이에 합리적인 조화를 이루고 있고 그 제한에
있어서도 적정한 비례관계를 유지하고 있으며, 또 근로자의 단결선택권의 본질적인 내용을 침해하는 것으로도 볼
수 없으므로, 근로자의 단결권을 보장한 헌법 제33조 제1항에 위반되지 않는다."

히 자유권에 그치는 것이 아니라 사회적 보호기능을 가진 자유권이라는 측면을 고려하더라도, 모든 자유권의 경우 보장되는 소극적 자유를 부정해야 할 헌법적 사유를 발견할 수 없다. 노동조합에 가입하지 아니할 소극적 단결권의 헌법적 근거를 헌법 제33조의 근로3권이 아니라 헌법 제10조의 행복추구권이나 제21조의 결사의 자유에서 찾고자 하는 견해도 있으나,[1] 이러한 견해는 아무런 헌법적 근거를 제시함이 없이 노동조합에 가입한 근로자에게 유리하게 차별대우를 할 수 있는 헌법적 가능성을 확보하고자 하는 것이다.

소극적 단결권에 의하여 보호되는 것은 노동조합에 가입하는 행위의 자발성이다. 이러한 점에서 가입여부의 결정에 대하여 허용되지 않는 현저한 압력이 행사되는 경우, 소극적 단결권의 침해 여부가 문제된다. 소극적 단결권은 국가에 의해서도 침해될 수 있으나, 대부분의 경우 노동조합과 사용자의 합의 등 사인에 의하여 침해되므로, 소극적 단결권의 제한은 기본권의 제3자효의 문제를 제기한다.[2]

나. 조직된 근로자단체의 권리

만일 헌법이 개인의 단결권만을 보장하고 결성된 단체의 권리를 보장하지 않는다면, 즉 국가가 임의로 단체의 존속과 활동을 억압할 수 있다면, 개인의 단결권보장은 무의미하기 때문에, 헌법은 개인적 단결권뿐만 아니라 조직된 단체 자체의 자유도 보장하고 있다. 헌법이 개별근로자의 단결권을 보장한 목적은 결성된 근로자단체의 활동을 통하여 노사간의 사적 자치를 가능하게 하기 위한 것이다. 조직된 단체의 권리는 그 내용상 크게 단체존속의 권리, 단체자치의 권리와 단체활동의 권리의 세 가지 형태로 나누어 볼 수 있다.[3]

(1) 단체존속의 권리

단결체가 향유하는 단결권은 일차적으로 근로자단체의 존속, 유지, 발전, 확장 등을 국가공권력의 간섭과 침해로부터 보호한다.

(2) 단체자치의 권리

단체자치의 권리는 근로자단체의 조직 및 의사형성절차에 관하여 규약의 형태로써 자주적으로 결정하는 것을 보장한다. 우선, 노동조합은 어떠한 형태로 법적으로 존재할 것인지에 관하여 결정할 자유를 가진다. 그러므로 노동조합은 '권리능력 없는 사단'의 형태를 선택하는 것이 허용된다. 또한 가입, 제명, 탈퇴와 관련하여 규약자치도 보장된다.

---

2) Vgl. BVerfGE 50, 290, 367.

1) 헌재 2005. 11. 24. 2002헌바95 등(Union Shop 협정), 판례집 17-2, 392, 401, "헌법상 보장된 근로자의 단결권은 단결할 자유만을 가리킬 뿐이고, 단결하지 아니할 자유 이른바 소극적 단결권은 이에 포함되지 않는다고 보는 것이 우리 재판소의 선례라고 할 것이다(헌재 1999. 11. 25. 98헌마141, 판례집 11-2, 614, 623-624 참조). 그렇다면 근로자가 노동조합을 결성하지 아니할 자유나 노동조합에 가입을 강제당하지 아니할 자유, 그리고 가입한 노동조합을 탈퇴할 자유는 근로자에게 보장된 단결권의 내용에 포섭되는 권리로서가 아니라 헌법 제10조의 행복추구권에서 파생되는 일반적 행동의 자유 또는 제21조 제1항의 결사의 자유에서 그 근거를 찾을 수 있다."

2) 아래 Ⅶ. 근로3권의 대사인적 효력 참조.

3) 헌재 1999. 11. 25. 95헌마154(노동단체에 대한 정치자금의 기부금지), 판례집 11-2, 555, 573, "헌법 제33조 제1항은 근로자 개인의 단결권만이 아니라 단체 자체의 단결권도 보장하고 있는 것으로 보아야 한다. 즉, 헌법 제33조 제1항의 단결권은 조직된 단체의 권리이기도 하므로, 동 규정은 근로자단체의 존속, 유지, 발전, 확장 등을 국가공권력으로부터 보장하고(단체존속의 권리), 근로자단체의 조직 및 의사형성절차에 관하여 규약의 형태로 자주적으로 결정하는 것을 보장하며(단체자치의 권리), 근로조건의 유지와 향상을 위한 근로자단체의 활동, 즉 단체교섭, 단체협약 체결, 단체행동, 단체의 선전 및 단체가입의 권유 등을 보호한다(단체활동의 권리)고 보아야 한다."

(3) 단체활동의 권리

甲은 교회의 목사로 재직하면서 택시 근로자들의 노동쟁의에 영향을 미칠 목적으로 개입하였다고 하여, 노동쟁의에 대한 제3자 개입금지를 규정한 노동쟁의조정법 제13조의 2의 위반으로 기소되었다. 이에 甲은 노동쟁의조정법 제13조의 2("직접 근로관계를 맺고 있는 근로자나 당해 노동조합 또는 사용자 기타 법령에 의하여 정당한 권한을 가진 자를 제외하고는 누구든지 쟁의행위에 관하여 관계당사자를 조종·선동·방해하거나 기타 이에 영향을 미칠 목적으로 개입하는 행위를 하여서는 아니 된다. 다만, 총연합 단체인 노동조합 또는 당해 노동조합이 가입한 산업별 연합단체인 노동조합의 경우에는 제3자 개입으로 보지 아니한다.") 및 그의 벌칙규정의 위헌여부에 대하여 위헌법률심판의 제청을 신청하였고, 법원은 그 신청을 받아들여 위헌법률심판을 제청하였다.[1]

교육공동체시민연합은 초등학교 교사인 甲이 무단결근하여 "전교조 교육행정정보시스템(NEIS) 폐기촉구를 위한 대회"에 다른 전교조 소속교사와 같이 집단적으로 참석하여 학교의 정상적인 운영을 저해하는 쟁의 행위를 하였다는 주장으로 교원의노동조합설립및운영등에관한법률위반으로 고발하였다. 서울지방검찰청 검사는 위 고발사건을 수사한 후, 甲의 범죄혐의는 인정되나 정상을 참작하여 기소유예의 불기소처분을 하였다. 이에 甲은 검사의 기소유예의 불기소처분을 취소해 달라고 헌법소원심판을 청구하였다.

(가) 구체적 내용

단체활동의 자유는 근로조건의 유지와 향상을 위한 근로자단체의 활동, 즉 단체교섭, 단체협약체결, 단체행동, 단체의 선전 및 단체가입의 권유 등을 포괄한다.

1) 단체교섭권 및 단체협약체결권

국가의 간섭을 받지 아니하고 노사간에 자율적으로 단체교섭을 통하여 단체협약에 이르는 자유는 단체활동의 자유 중에서 가장 핵심적인 자유에 속한다. 단결권·단체교섭권·단체행동권은 모두 궁극적으로 단체협약체결을 위한 수단이다. 헌법 제33조 제1항은 단체교섭권과 단체행동권을 명시적으로 언급함으로써 소위 단체협약자치를 보장하고 있다.[2] 단체협약자치의 보장 없이 노사단체는 노

---

1) 헌법재판소는 위 결정에서 "제삼자개입금지는 헌법이 인정하는 노동삼권의 범위를 넘어 분쟁해결의 자주성을 침해하는 행위를 규제하기 위한 입법일 뿐, 노동자가 단순한 상담이나 조력을 받는 것을 금지하고자 하는 것은 아니므로, 노동자 등의 위 기본권을 제한하는 것이라고는 볼 수 없다."고 하여 노동쟁의의 자주성을 이유로 심판대상조항을 합헌으로 판단하였다.; 헌재 1990. 1. 15. 89헌가103, 판례집 2, 4, 15, "노동관계 당사자가 노동쟁의에 있어서 자주적으로 의사를 결정할 수 있으려면 국가·특정정당·사회단체나 경쟁기업 등 제3자의 개입이나 지시로부터도 독립되어야만 한다. … 그러므로 노동관계 당사자 사이의 쟁의행위에 제3자가 의사결정을 조종·선동·방해할 정도로 끼어들게 되면, 쟁의행위는 노동관계 당사자의 위험부담 아래 진행되면서도 근로자의 임금 및 근로조건의 향상과는 관계없는 목적에 의하여 왜곡될 수 있다. 그와 같이 왜곡된 쟁의행위는 사용자나 근로자의 어느 편의 이익은 물론 산업평화의 유지에도 도움이 되지 아니할 뿐만 아니라, 나아가서는 국민경제 발전의 걸림돌이 되게 된다."

2) 헌재 1998. 2. 27. 94헌바13 등(노동조합 대표자의 단체협약체결권), 판례집 10-1, 32, [헌법 제33조 제1항의 '단체교섭권'에 '단체협약체결권'이 포함되어 있는지 여부에 관하여] "헌법 제33조 제1항이 … 근로자에게 "단결권, 단체교섭권, 단체행동권"을 기본권으로 보장하는 뜻은 근로자가 사용자와 대등한 지위에서 단체교섭을 통하여 자율적으로 노

동생활영역을 자율적으로 규율하는 기능을 이행할 수 없다.

단체협약에 의하여 형성된 일반적인 효력이 있는 규범이 기본권이나 그 외의 헌법에 부합한다면, 입법자는 단체협약의 효력을 단체협약의 직접적인 구속을 받지 않는 근로자나 사용자에 대해서도 확대할 수 있다.[1]

2) 단체의 선전 및 홍보의 권리

단체의 선전과 홍보를 통하여 새로운 조합원을 모집할 자유는 근로자 개인의 권리일 뿐만 아니라 동시에 근로자단체의 활동의 자유이기도 하다. 노사단체의 홍보는 제3자의 법익에 대한 침해 없이 이루어져야 하기 때문에, 작업시간 중에 이루어져서는 안 되며 또한 타인의 재산을 이용해서도 안 된다.

3) 단체행동권

단체행동권이란, 노동쟁의가 발생한 경우 쟁의행위를 할 수 있는 권리를 말한다. 노동쟁의란 단체협약 당사자 간의 견해의 불일치로 인하여 자주적 교섭에 의한 합의의 여지가 없는 분쟁상태를 말하며, 쟁의행위는 노사의 주도 하에서 자신의 주장을 관철하기 위하여 업무의 정상적인 운영을 저해하는 행위, 즉 근로관계의 방해를 의미한다.[2] 대표적인 쟁의행위는 근로자단체의 파업과 사용자의 직장폐쇄이다. 근로자와 사용자 사이의 개별적 권리관계에서의 분규는 노동쟁의의 대상이 아니다.

노동쟁의 및 쟁의행위도 '단체협약'이란 목적을 위한 수단으로서 헌법적으로 보호되는 활동에 속한다. 쟁의행위는 단체협약의 체결을 목표로 하는 행위로서 단체협약자치의 기능을 유지하기 위하여 필요한 범위 내에서 보장된다. 따라서 쟁의행위는 단체협약에 의하여 규율될 수 있는 대상만을 투쟁목표로 삼을 수 있으며, 쟁의행위의 주체는 오로지 단체협약을 체결할 수 있는 당사자이다.[3] 뿐만 아니라, 쟁의행위는 '최종적 수단의 원칙'에 의하여 구속을 받는다. 단체협약의 당사자가 합의에 이르고자 하는 모든 시도를 하였음에도 협상이 결렬된 경우, 즉 협상의 가능성을 완전히 소진한 후에, 쟁의행위는 비로소 허용된다.

(나) 근로3권의 헌법적 목적에 의한 보호범위의 확정

근로자단체는 '근로조건의 향상'이라는 헌법적 목적을 추구하는 한, 헌법 제33조에 의하여 보호를 받는다. 마찬가지로, 단체활동의 자유의 보호범위도 근로3권의 헌법적 목적("근로조건의 향상")에 의

로 임금 등 근로조건에 관한 단체협약을 체결할 수 있도록 하기 위한 것이다. 비록 헌법이 위 조항에서 '단체협약체결권'을 명시하여 규정하고 있지 않다고 하더라도 근로조건의 향상을 위한 근로자 및 그 단체의 본질적인 활동의 자유인 '단체교섭권'에는 단체협약체결권이 포함되어 있다고 보아야 한다."

1) 노동조합 및 노동관계조정법 제35조(일반적 구속력) 하나의 사업 또는 사업장에 상시 사용되는 동종의 근로자 반수 이상이 하나의 단체협약의 적용을 받게 된 때에는 당해 사업 또는 사업장에 사용되는 다른 동종의 근로자에 대하여도 당해 단체협약이 적용된다.

2) 노동조합 및 노동관계조정법 제2조의 정의에 의하면, "노동쟁의"라 함은 노동조합과 사용자 또는 사용자단체(이하 "노동관계 당사자"라 한다)간에 임금·근로시간·복지·해고 기타 대우등 근로조건의 결정에 관한 주장의 불일치로 인하여 발생한 분쟁상태를 말한다. 이 경우 주장의 불일치라 함은 당사자간에 합의를 위한 노력을 계속하여도 더 이상 자주적 교섭에 의한 합의의 여지가 없는 경우를 말한다(제5호). "쟁의행위"라 함은 파업·태업·직장폐쇄 기타 노동관계 당사자가 그 주장을 관철할 목적으로 행하는 행위와 이에 대항하는 행위로서 업무의 정상적인 운영을 저해하는 행위를 말한다(같은 조 제6호).

3) 헌재 1990. 1. 15. 89헌가103(노동쟁의에 대한 제3자 개입금지), 판례집 2, 4, 14, "쟁의행위는 노동관계 당사자가 임금 및 근로조건 등을 정하는 단체협약을 체결함에 있어서 보다 유리한 결과를 자신에게 가져오게 하기 위하여 행사하는 최후의 강제수단이다. 따라서 쟁의행위는 주로 단체협약의 대상이 될 수 있는 사항을 목적으로 하는 경우에만 허용되는 것이고, 단체협약의 당사자가 될 수 있는 자에 의하여서만 이루어져야 하는 것이다. 이 점에서 쟁의행위에는 원칙적으로 제3자가 개입하여서는 아니 된다는 성질상의 한계가 있게 되는 것이다."

하여 확정되고 제한된다. 근로3권은 근로조건의 유지와 향상이란 단결목적의 달성에 기여하는 활동만을 보호한다.[1]

여기서 헌법 제33조 제1항에서 언급하는 '근로조건의 향상'의 의미가 무엇인지의 문제가 제기된다. 근로조건이란 일차적으로 근로관계에 관한 것으로 임금·근로시간·휴가 등이 이에 속한다. 그러나 자본과 근로의 관계가 시대 흐름의 발전에 따라 변화한다는 점에서, '근로조건의 향상'이라는 개념도 사회현상의 변화에 따라 그 내용을 달리하는 개방적인 개념이다. 이러한 관점에서 볼 때, '근로조건의 향상'이란 단순히 임금과 근로조건의 형성 '이상의 것'을 의미한다고 볼 수 있다.[2] 그러나 위 개념을 광의로 이해한다 하더라도, '근로조건의 향상'이란 정치적 또는 경제정책적 목표가 아니라 노동법이나 사회법의 영역과 연관된 목표로서 이해되어야 한다는 데 그 해석의 한계가 있다. 그러므로 일반적인 정치적 목표, 근로자와 사용자 간의 사적인 사안, 기업의 투자결정, 기업경영구조에 관한 결정, 국가의 구조정책을 비롯한 경제정책적 조치 등은 '근로조건의 향상'이란 개념에 속하지 않는다.

그러므로 노동조합의 선거운동은 그의 활동영역과 관련된 노동조합 선거의 경우에는 근로3권에 의하여 보호되나, 가령 국회의원선거와 같은 정치적 선거에서 선거운동을 하는 것은 단체목적에 기여하지 않는 활동으로서 헌법 제33조 제1항의 보호범위에 속하지 않는다. 이러한 정치적 활동은 모든 개인과 단체를 똑같이 보호하는 일반적인 기본권(의사표현의 자유 등)의 보호를 받는다.[3] 마찬가지로, 단체행동권도 단결목적의 실현에 기여하는 범위 내에서만 보호를 받는다.

(다) 파 업

쟁의행위의 대표적 수단인 근로자단체의 '파업'은 노동쟁의의 범주 내에서 단체협약의 체결을 목적으로 협약당사자간의 균형적 상황을 실현하는 기능을 가진 쟁의수단으로서 근로자단체 활동의 자유의 한 부분으로서 보장된다. '파업'은 단체협약의 체결을 강제할 목적으로 근로자에 의하여 계획적이고 공동으로 행해지는 노무제공의 거부로 정의된다. 파업으로 인하여 노사 양측의 급부제공의무가

---

1) 헌재 2004. 7. 15. 2003헌마878(전교조 교사의 NEIS 반대집회참가), 공보 제95호, 775, [쟁의행위가 근로조건의 유지 또는 향상을 주된 목적으로 하지 않는 것까지 포함하는지 여부에 관하여] "근로조건의 유지 또는 향상을 주된 목적으로 하지 않는 쟁의행위는 노동조합및노동관계조정법의 규제대상인 쟁의행위에 해당하지 않는다고 할 것이다. 전교조 조합원들이 다수 조합원들과 함께 집단 연가서를 제출한 후 수업을 하지 않고 무단결근 내지 무단조퇴를 한 채 교육인적자원부가 추진하고 있는 교육행정정보시스템(NEIS) 반대집회에 참석하는 등의 쟁의행위는 NEIS의 시행을 저지하기 위한 목적으로 이루어진 것인바, 청구인들의 행위는 직접적으로는 물론 간접적으로도 근로조건의 결정에 관한 주장을 관철할 목적으로 한 쟁의행위라고 볼 수 없어 노동조합및노동관계조정법의 적용대상인 쟁의행위에 해당하지 않는다고 할 것이다." 헌법재판소는 위 결정에서 '교원노조법 제8조의 쟁의행위에 해당하지 아니함에도 이에 해당하는 것으로 보아 청구인들에게 교원노조법위반죄를 인정하고 기소를 유예한 피청구인의 이 부분 불기소처분은 교원노조법 제8조의 쟁의행위에 관한 법리해석에 위법이 있다'는 이유로 불기소처분을 취소하였다.

2) 노동조합 및 노동관계조정법은 제1조(목적)에서 "이 법은 헌법에 의한 근로자의 단결권·단체교섭권 및 단체행동권을 보장하여 근로조건의 유지·개선과 근로자의 경제적·사회적 지위의 향상을 도모하고, 노동관계를 공정하게 조정하여 노동쟁의를 예방·해결함으로써 산업평화의 유지와 국민경제의 발전에 이바지함을 목적으로 한다."고 규정하여 '근로자의 경제적·사회적 지위의 향상'을 언급하고 있다. 위 개념은 근로조건의 유지와 향상을 통한 경제적·사회적 지위의 향상으로 이해되어야 한다.

3) 헌재 1999. 11. 25. 95헌마154(노동단체에 대한 정치자금의 기부금지), 판례집 11-2, 555, [노동단체가 정치활동을 하는 경우 보호받는 기본권에 관하여], "노동조합이 근로자의 근로조건과 경제조건의 개선이라는 목적을 위하여 활동하는 한, 헌법 제33조의 단결권의 보호를 받지만, 단결권에 의하여 보호받는 고유한 활동영역을 떠나서 개인이나 다른 사회단체와 마찬가지로 정치적 의사를 표명하거나 정치적으로 활동하는 경우에는 모든 개인과 단체를 똑같이 보호하는 일반적인 기본권인 의사표현의 자유 등의 보호를 받을 뿐이다."

일시적으로 중지되는 것이다.[1] 그러나 이를 넘어서 노사 상호간에 손해를 입히는 것은 근로3권의 보호범위에 더 이상 포함되지 않는다.[2] 그러므로 근로자단체에 의한 기업의 점거나 기업의 봉쇄는 보호되지 않는다.[3]

근로자단체의 파업은 단체협약에 의하여 규율될 수 있는 대상을 투쟁목표로 해야 한다. 이는 특히, '근로조건의 향상'이란 달성하고자 하는 요구의 상대방이 사용자단체이거나 개별 사용자이어야 한다는 것을 의미한다. 법적인 권리의 존부 또는 사용자에 의한 권리행사(가령, 근로자의 해고)의 정당성이 문제된다면, 이에 관한 결정은 법원의 관할이지 협약당사자의 관할이 아니다. 따라서 근로자의 해고를 철회하도록 사용자를 강요할 목적으로 파업을 할 수 없다.[4]

국회나 정부에 의하여 추진되는 국가정책의 변경을 목표로 하는 '정치적 파업'은 사용자에 대한 것이 아니라 정치적 헌법기관에 대한 것이며, 단체협약에 의하여 규율될 수 있는 대상을 목표로 하지 않기 때문에, 헌법 제33조의 보장범위에서 배제된다. 정치적 파업은 대의민주제의 관점에서도 허용되지 않는다. 대의민주제는 국민대표자의 무기속(자유)위임을 그 본질로 하는 것이며, 자유위임은 국가기관에게 특정한 결정을 강요하거나 부당한 압력을 행사하는 모든 시도를 금지한다. 또한, 다른 노동조합을 지원하기 위하여 이루어지는 '연대적 파업'도 파업의 상대방인 사용자가 파업의 형태로 연대적으로 지지된 다른 노동조합의 요구를 이행할 수 없기 때문에 원칙적으로 배제된다.

근로3권은 단체협약을 체결하고자 하는 목적을 가진 노동조합에 의한 파업만을 보호한다. 파업이 단체협약의 체결을 강제하고자 하는 '근로자단체'의 독점권이기 때문에, 노동조합에 의하지 않은 소위 '불법적 파업'은 헌법의 보호를 받지 못한다.[5]

(라) 職場閉鎖

사용자의 쟁의수단으로서 직장폐쇄가 헌법적으로 보호를 받는지의 문제에 관하여 다툼이 있다. 학계에서는 직장폐쇄의 헌법적 허용여부에 대하여 合憲說과 違憲說이 갈리고 있고, 합헌설도 그 헌법적 근거를 기업의 재산권을 보장하는 헌법 제23조에서 찾는 所有權說과 노사간의 세력균형에서 찾는 勞使均衡說로 나뉜다. 노사간의 세력균형은 단체협약제도가 기능하기 위한 본질적 요소이므로, 노사균형설은 단체협약제도를 보장하는 헌법 제33조 제1항에 그 헌법적 근거를 두고 있다. 노사균형

1) 노동조합 및 노동관계조정법 제3조(손해배상 청구의 제한) 사용자는 이 법에 의한 단체교섭 또는 쟁의행위로 인하여 손해를 입은 경우에 노동조합 또는 근로자에 대하여 그 배상을 청구할 수 없다. 같은 법 제44조(쟁의행위 기간 중의 임금지급 요구의 금지) ① 사용자는 쟁의행위에 참가하여 근로를 제공하지 아니한 근로자에 대하여는 그 기간 중의 임금을 지급할 의무가 없다; 헌재 1990. 1. 15. 89헌가103(노동쟁의에 대한 제3자 개입금지), 판례집 2, 4, 14, "쟁의행위에 의하여 사용자로서는 기업의 정상적인 운영을 방해받게 되고, 근로자로서는 쟁의기간 중 보수에 관한 불이익을 받게 된다. 노동관계 당사자가 자신의 주장을 관철하기 위하여 쟁의행위를 함으로써 입게 되는 이러한 손해의 위험은 스스로가 부담하는 것이기 때문에 쟁의행위를 할 것인지의 여부와 그 방법·정도의 선택 또한 노동관계 당사자의 책임 아래 자주적으로 이루어지지 않으면 아니 된다."
2) 헌재 1990. 1. 15. 89헌가103(노동쟁의에 대한 제3자 개입금지), 판례집 2, 4, 14; "노동관계 당사자가 쟁의행위를 함에 있어서는 그 목적·방법 및 절차상의 한계를 존중하지 않으면 아니 되며, 그 한계를 벗어나지 아니하는 범위 안에서 관계자들의 민사상 및 형사상의 책임이 면제되는 것이다."
3) 노동조합 및 노동관계조정법 제42조(폭력행위등의 금지) ① 쟁의행위는 폭력이나 파괴행위 또는 생산 기타 주요업무에 관련되는 시설과 이에 준하는 시설로서 대통령령이 정하는 시설을 점거하는 형태로 이를 행할 수 없다.
4) 그러나 노동조합 및 노동관계조정법 제2조 제5호는 '해고'를 노동쟁의의 대상으로 언급하고 있다.
5) 노동조합 및 노동관계조정법 제37조(쟁의행위의 기본원칙) ② 조합원은 노동조합에 의하여 주도되지 아니한 쟁의행위를 하여서는 아니 된다.

설이 타당하다.

여기서 헌법적 논의의 출발점은, 노동쟁의 및 쟁의행위가 협약당사자간의 협약자치를 실현하기 위한 수단으로서 기능한다는 사고이다. 단체협상에서 어느 쪽도 세력의 우위를 차지하지 않는 경우에만(실질적 대등성의 이념), 노사단체간의 협약자치는 기능할 수 있고, 단체협약의 내용이 타당하다는 '타당성보장의 추정'을 받는 것이다. 이러한 점에서 단체교섭에서 협약당사자간의 세력균형과 실질적인 대등성을 확보하기 위한 수단으로서, 파업뿐만 아니라 직장폐쇄도 헌법적으로 보장되어야 한다. 그러므로 직장폐쇄를 전반적으로 금지하는 법률은 위헌으로 간주된다.

따라서 사용자는 자신의 협상능력의 유지를 위하여 필요하다면, 직장폐쇄를 할 권리가 있다. 물론, 파업이 근로조건의 협상에 있어서 개별 근로자의 구조적 열세를 비로소 제거하기 때문에, 근로자의 파업에 대하여 자동적으로 직장폐쇄의 수단이 투입될 수 있다는 것을 의미하지는 않는다. 그러나 파업의 구체적 진행에 의하여 협상에서의 균형이 저해되고, 이로써 협약자치의 원활한 기능이 저해된다면, 직장폐쇄는 비례의 원칙을 준수하는 범위 내에서 사용될 수 있다. 그러므로 소위 '방어적 직장폐쇄'는 쟁의당사자간의 균형상태가 저해된 경우 단체협약의 체결을 목적으로 교섭의 대등성을 회복하기 위한 쟁의행위로서 헌법적으로 보호된다.

문제는, 노동조합이 쟁의행위를 개시하기 이전에 사용자가 주도적으로 실시하는 '공격적 직장폐쇄'도 헌법적으로 허용되는지 하는 것이다. 사용자가 변화한 경제적 상황에 비추어 현재의 근로조건의 수준을 현저하게 낮추어야만 한다는 입장을 취하는 반면, 노동조합 측에서 이러한 협상에 응할 용의가 없는 경우에는, 공격적 직장폐쇄도 쟁의수단으로서 허용되어야 할 것이다. 왜냐하면 공격하는 사용자로서는 직장폐쇄라는 압력행사 없이는 노동조합으로 하여금 그와 같은 단체교섭의 목적에 귀를 기울이게 할 수 없을 것이기 때문이다. 이러한 상황에서는 직장폐쇄도 예외적으로 공격수단으로서 헌법적으로 보호된다.[1]

3. 사회권으로서 단결권(근로3권)

사례 | 헌재 2002. 12. 18. 2002헌바12(사용자의 단체교섭거부 사건)

甲은 乙주식회사의 대표이사인데, 정당한 이유 없이 단체교섭을 거부하였다는 등의 사유로 기소되어 법원에서 벌금형을 선고받고 항소한 뒤, 노동조합의 대표자와의 단체교섭을 정당한 이유없이 거부하는 행위를 부당노동행위로 규정하고 있는 노동조합및노동관계조정법 규정에 대하여 위헌제청신청을 하였으나 기각되자, '위 법률조항이 사용자에게 노사협의를 강제함으로써 협상에 응하지 아니할 사용자의 자유와 같은 기본권을 침해한다'는 주장으로 헌법소원심판을 청구하였다.[2]

---

1) 그러나 노동조합 및 노동관계조정법 제46조(직장폐쇄의 요건)는 제1항에서 "사용자는 노동조합이 쟁의행위를 개시한 이후에만 직장폐쇄를 할 수 있다."고 규정하여 공격적 직장폐쇄를 금지하고 있다.
2) 헌재 2002. 12. 18. 2002헌바12(사용자의 단체교섭거부), 판례집 14-2, 824, "이 사건 법률 조항은 헌법상 보장된 단체교섭권을 실효성 있게 하기 위한 것으로서 정당한 입법목적을 가지고 있다. 입법자는 이 사건 조항으로써 사용자에게 성실한 태도로 단체교섭 및 단체협약체결에 임하도록 하는 수단을 택한 것인데, 이는 위와 같은 입법목적의 달성에 적합한 것이다. 한편 이 사건 조항은 사용자로 하여금 단체교섭 및 단체협약체결을 일방적으로 강요하는 것은 아니며 "정당한 이유 없이 거부하거나 해태"하지 말 것을 규정한 것일 뿐이고, 어차피 노사간에는 단체협약을

가. 사회국가원리의 구체화된 헌법적 표현

헌법 제33조 제1항이 기본권의 주체로서 단지 근로자만을 언급하고, 단결권·단체교섭권·단체행동권을 근로자의 권리로만 보장하고 있는 것은, 위의 권리가 근로자와 사용자에 대해서 갖는 의미의 현저한 차이를 잘 표현하고 있다. 즉 개인으로서의 근로자는 근로조건의 개선에 있어서 단체결성을 통한 근로자 이익의 주장과 관철에 의존하고 있지만, 사용자에 있어서 단결권은 단지 그에게 이미 주어져 있는 가능성을 약간 개선하는 효과만을 가져온다. 이러한 관점에서 근로3권은 사회적 약자인 개별근로자를 보호하는 성격을 가지고 있다. 근로3권은 그의 기본권주체에 있어서나 헌법 내에서의 위치로 보나 재산권보장과 직업의 자유에 기초하는 사용자의 경제적 세력우위에 대한 '대립적 기본권'으로서 헌법에 삽입되었다.

그러므로 헌법 제33조 제1항에서 나타나는, 사용자와 근로자간의 기본권보호에서의 헌법적 차별은 노동생활영역에서 실질적 평등과 사회적 정의를 실현하려는 수단이다. 헌법 제33조 제1항은 노동생활영역에서 사회국가원칙이 구체화된 규범적 표현이다.[1] 이러한 이유에서 우리 헌법은 근로3권을 "국민의 권리와 의무"에 관한 장에 삽입하면서 자유권이 아닌 사회적 기본권의 부분에 자리 잡게 하였다. 한편, 사용자의 단결권은 결사의 자유에 의하여 보호된다.[2]

나. 사회권적 성격의 구체적 의미

근로3권의 사회권적 성격은 입법조치를 통하여 근로자의 헌법적 권리를 보장해야 할 국가의 의무, 즉 근로3권을 실제로 행사할 수 있는 조건을 마련해야 할 의무에 있다. 예컨대, 근로자가 단결함으로써 사용자와 대등한 지위를 확보하였으나 사용자가 단체교섭에 응하지 않는다면, 헌법상 단결권의 보장은 무의미하다. 따라서 입법자는 단체교섭권을 실효성 있게 보장하기 위하여 사용자가 정당한 이유 없이 단체교섭을 거부하는 것을 부당노동행위로서 금지하고 이를 처벌할 수 있다.[3]

근로3권의 사회권적 요소는 국가로부터 일정 급부를 요구할 수 있는 주관적 권리가 아니라, 근로자단체와 사용자간의 근로조건에 관한 사적 자치가 실제로 이루어질 수 있도록 법적 조건을 형성하고 특히 단체협약제도를 구체적 입법을 통하여 제공하고 단체협약자치가 기능할 수 있도록 수정·보완조치를 해야 할 국가의 의무, 무엇보다도 입법자의 의무를 뜻한다.[4]

체결할 의무가 헌법에 의하여 주어져 있는 것이므로, 이 사건 조항이 기본권 제한에 있어서 최소침해성의 원칙에 위배된 것이라고 단정할 수 없다. 또한 이 사건 조항은 노동관계 당사자가 대립의 관계로 나아가지 않고 대등한 교섭주체의 관계로서 분쟁을 평화적으로 해결하게 함으로써 근로자의 이익과 지위의 향상을 도모하고 헌법상의 근로3권 보장 취지를 구현한다는 공익을 위한 것인데 비해, 이로 인해 제한되는 사용자의 자유는 단지 정당한 이유 없는 불성실한 단체교섭 내지 단체협약체결의 거부 금지라는 합리적으로 제한된 범위 내의 기본권 제한에 그치고 있으므로, 법익간의 균형성이 위배된 것이 아니다. 따라서 이 사건 조항이 비례의 원칙에 위배하여 청구인의 계약의 자유, 기업활동의 자유, 집회의 자유를 침해한 것이라 볼 수 없다."

1) 헌재 1993. 3. 11. 92헌바33(제3자개입금지조항), 판례집 5-1, 29, "노동관계당사자가 상반된 이해관계로 말미암아 계급적 대립·적대의 관계로 나아가지 않고 활동과정에서 서로 기능을 나누어 가진 대등한 교섭주체의 관계로 발전하게 하여 그들로 하여금 때로는 대립·항쟁하고 때로는 교섭·타협의 조정과정을 거쳐 분쟁을 평화적으로 해결하게 함으로써, 근로자의 이익과 지위의 향상을 도모하는 사회복지국가 건설의 과제를 달성하고자 함에 있다."

2) 헌재 2006. 12. 28. 2004헌바67(사립학교법인의 개별교섭 금지), 판례집 18-2, 565, [사립학교의 설립·경영자들은 교원노조와 개별적으로 단체교섭을 할 수 없고 반드시 연합하여 단체교섭에 응하도록 규정한 교원의 노동조합설립 및 운영등에 관한 법률조항이 사립학교의 설립·경영자의 결사의 자유를 침해하는지 여부에 관하여] 과잉금지원칙에 부합하게 결사의 자유를 제한하는 규정으로 합헌으로 판단하였다.

3) 헌재 2002. 12. 18. 2002헌바12(사용자의 단체교섭거부).

4) 헌재 1998. 2. 27. 94헌바13(노동조합 대표자의 단체협약체결권), 판례집 10-1, 32, [근로3권의 사회권적 성격의 의

이는 곧, 근로자단체의 조직, 단체교섭, 단체협약, 노동쟁의 등에 관한 노동조합관련법의 제정을 통하여 헌법상의 근로3권을 실현할 의무, 즉 노사간의 세력균형이 이루어지고 근로3권이 실제로 기능하도록 근로자 및 그의 단체가 헌법적으로 보장된 자유를 실제로 행사하기 위하여 필요한 법적 제도와 법규범을 마련할 국가의 의무를 의미한다. 기본권적인 자유를 실제로 행사할 수 있는 이러한 조건이 충족되지 않고서는 헌법상의 근로3권은 실질적으로 보장될 수 없다. 다른 사회적 기본권과 마찬가지로, 근로3권의 실현은 입법자에 의한 구체적인 입법형성에 의존하고 있다.

Ⅳ. 團體協約制度의 헌법적 보장

근로3권의 사회권적 성격은 근로3권의 절차적 또는 제도적 보장으로서의 성격과 밀접한 연관관계에 있다.

1. 구체적 목적을 추구하는 기본권으로서 근로3권

우리 헌법상의 자유권은 자연법적 기본권사상에 기초하고 있고, 이로써 기본권적 자유란 자유 그 자체이지 일정 방향이나 목적을 위한 자유가 아니다. 이는 곧 자유의 내용과 행사방법이 처음부터 국가권력의 결정권한 밖에 있으며, 각자가 자신의 고유한 주관적 가치관에 따라 행위의 목적과 수단을 스스로 결정할 수 있다는 것을 의미한다. 헌법 제21조 제1항의 결사의 자유도 다른 모든 자유권과 마찬가지로 자유 그 자체가 목적이며 그 외의 다른 목적을 추구하지 않는다. 이와 같이 자유권은 일반적으로 '인간의 존엄성 실현'이란 목적 외에는 다른 아무런 구체적인 목적을 가지고 있지 않으나, 근로3권은 "근로조건의 향상"이라는 헌법이 의도하는 구체적인 사회적 목적을 추구하는 자유권이다.

2. 단결권의 목적을 실현하기 위한 수단으로서 단체협약제도

가. 단결권의 목적을 실현하기 위한 수단의 제도적 보장

근로3권의 특징은 근로자의 단결권과 함께 "근로조건의 향상"이라는 헌법적 목적을 달성하기 위한 제도와 절차가 동시에 헌법적으로 보장된다는 데 있다. 단체협약제도는 노사 간의 사적 자치가 이루어지기 위한 불가결한 제도이다. 헌법 제33조 제1항은 단결권과 함께 단체협약제도의 본질적 구성부분인 단체교섭권과 단체행동권을 명시적으로 보장함으로써 동시에 단결권의 목적을 실현하기 위한 절차인 단체협약제도를 헌법적 차원에서 보장하고 있다.

임금과 근로조건의 자율적인 형성을 위한 단체교섭과 단체협약은 단결권의 목적으로부터 기능적으로 도출되는 구성부분으로서 단결권의 실질적인 보장을 위한 제도이다. 뿐만 아니라, 국가가 중립을 지킨다는 전제 하에서는 노사단체에 의한 집단적 사적 자치는 쟁의행위 없이는 관철될 수 없으므

미에 관하여] "이러한 근로3권의 성격은 국가가 단지 근로자의 단결권을 존중하고 부당한 침해를 하지 아니함으로써 보장되는 자유권적 측면인 국가로부터의 자유뿐이 아니라, 근로자의 권리행사의 실질적 조건을 형성하고 유지해야 할 국가의 적극적인 활동을 필요로 한다. 이는 곧, 입법자가 근로자단체의 조직, 단체교섭, 단체협약, 노동쟁의 등에 관한 노동조합관련법의 제정을 통하여 노사 간의 세력균형이 이루어지고 근로자의 근로3권이 실질적으로 기능할 수 있도록 하기 위하여 필요한 법적 제도와 법규범을 마련하여야 할 의무가 있다는 것을 의미한다."

로, 단체교섭이 원만하게 이루어지지 않은 경우 단체교섭 당사자의 주장을 관철시키기 위한 단체행동권도 단체협약제도의 기능보장을 위하여 필수적인 부속적 제도로서 헌법적으로 보장된다. 이로써 쟁의행위는 단체협약체결이란 목적을 위한 수단으로서 기능한다.

따라서 헌법이 근로자의 단결권만을 규정하는지 아니면 단체교섭권과 단체행동권도 함께 명시적으로 보장하는지와 관계없이, 단체교섭권과 단체행동권은 단결권의 목적으로부터 이를 실현하기 위한 필수적 수단으로서 헌법적으로 도출되고 보장되는 제도적 현상이다.

나. 제도보장적 기본권으로서 근로3권

이로써 헌법 제33조 제1항은 단결권의 목적을 어떠한 제도와 절차를 통하여 실현할 것인가를 헌법이 직접 규정하는 제도보장적 또는 절차보장적 기본권의 성격을 가진다. 근로3권을 보장함으로써 우리 헌법은 노사 간의 관계를 근본적으로, 근로자들이 노동조합을 조직하여 단체교섭과 단체협약을 통해서 근로조건을 집단적으로 개선하는 관계, 즉 대립적·투쟁적 관계로 이해하고 있다. 이러한 노사 간의 대립적·투쟁적 관계를 구현하는 대표적인 제도가 바로 단체협약제도이다.[1]

헌법 제33조 제1항의 목적과 단체협약제도의 헌법적 보장으로부터 근로3권 상호간의 관계가 밝혀진다. 근로3권 모두 헌법적 목적을 실현하기 위한 수단이지만, 근로3권 중에서도 단결권과 단체행동권의 궁극적인 목적은 사용자와의 단체교섭을 통한 단체협약의 체결에 있으므로, 단결권·단체행동권과 단체교섭권은 다시금 수단과 목적의 관계에 있다.

3. 입법형성권을 구속하는 헌법적 지침

근로3권의 헌법적 목적성("근로조건의 향상")과 이를 실현하는 수단으로서의 단체협약제도의 헌법적 보장은 입법자의 형성권을 구속하는 헌법적 결정으로서, 헌법은 입법자에게 단체협약제도가 기능하기 위한 법적인 기본구조를 입법으로 보장해야 할 의무를 부과한다.[2] 단체협약제도의 헌법적 보장은 입법자에 대하여 무엇보다도 다음의 2가지 내용적 지침을 제시한다. 단체협약의 당사자인 근로자단체의 자주성과 독립성, 국가의 중립의무와 협약당사자의 대등성의 원칙은 단체협약제도가 기능하기 위한 최소한의 조건으로서 헌법적으로 보장되는 단체협약제도의 핵심적 내용이다.

가. 근로자단체의 자주성과 독립성

사례 | 헌재 2014. 5. 29. 2010헌마606(노조전임자 급여지급 금지 사건)

甲은 전국 단위 노동조합 총연맹이고 乙은 노조전임자로서 위 연맹의 위원장이다. 2010년 개정된 노동조합 및 노동관계조정법(이하 '노조법'이라 한다)은 노조전임자가 사용자로부터 급여를 지급받는 것을 전면 금지하는 한편, 노동조합 업무에 대하여 일정한 한도 내에서 유급처리가 가능하도록 근로시간

---

1) 그러나 단체협약제도의 헌법적 보장은, 노사단체가 꼭 단체교섭과 단체협약의 방법으로 활동해야 한다는 것을 뜻하지는 않는다. 따라서 대립적·투쟁적 관계가 아니라 협력적·참여적 관계에 기초한 새로운 제도를 입법으로 도입하는 것을 금지하지 않는다.

2) 노동조합 및 노동관계조정법은 단체협약을 체결할 수 있는 노동조합의 최소한의 요건과 단체협약의 체결과 효력을 규정하고 단체협약에 이르는 절차, 특히 노동쟁의 및 조정절차를 확정함으로써 단체협약제도가 기능하기 위한 최소한의 질서를 형성하였다.

면제를 인정하는 이른바 '근로시간 면제제도'를 도입하면서, 이를 위반하는 요구를 하고 그 요구를 관철할 목적으로 쟁의행위를 하는 것을 금지하였다. 甲과 乙은 "노조전임자에 대한 급여지급은 노사자치의 원칙에 따라 단체교섭에 의하여 해결되어야 하는데, 위 노조법조항은 노조전임자에 대한 급여지급 및 이를 위한 쟁의행위를 금지함으로써 노동조합의 활동을 위축시키고 노사자치를 침해한다."고 주장하면서, 위 노조법조항의 위헌확인을 구하는 헌법소원심판을 청구하였다.[1]

단체협약제도가 기능하기 위한 최소한의 요건에 속하는 것이, 근로자단체와 사용자가 자주적이고 독립적인 협약당사자로서 서로 대치해야 한다는 것이다. 따라서 입법자는 그 구성, 조직, 목적에 있어서 협약당사자로서의 기능을 이행할 수 있는 단체만이 단체교섭권 및 단체협약체결권을 갖도록 규율해야 한다. 단체협약제도에 의하여 추구되는 근로3권의 헌법적 목적("근로조건의 향상")에 비추어, 입법자는 단체협약을 체결할 수 있는 근로자단체의 요건을 구체적으로 규정해야 한다.

노동조합의 목적이 사용자와 대립적 관계에서 조합원인 근로자의 이익을 대변하고 관철하는 데 있기 때문에, 근로자단체의 이러한 목적을 달성하기 위해서는 단체협약의 상대방인 사용자의 참여와 영향력을 배제함으로써 노동조합의 자주성과 독립성이 보장되어야 한다는 헌법적 요청이 나온다.[2] 따라서 노사단체에는 단지 근로자 또는 사용자만이 참여해야 한다는 '단체구성에 있어서 순수성' 및 '상대방으로부터의 독립성'이 보장되어야 한다. 헌법 제33조 제1항도 "자주적인 단결권·단체교섭권 및 단체행동권을 가진다."고 언급하고 있는데, 근로3권을 자주적으로 행사하기 위한 전제조건이 바로 근로자단체의 자주성과 독립성이다.

사용자측이 노동조합의 조합원이 되어서 조합 내부에서 영향력을 행사한다면, 노동조합의 독립성은 크게 위협을 받기 때문에, 노동조합은 사용자에 대하여 조합원인 근로자의 이익을 대변하려는 단결체의 기능을 제대로 이행할 수 없다. '구성의 순수성'이 결여된다면, 단체교섭과 협상을 가능하게 하는 노사단체의 대립관계가 저해되고, 이로써 단체협약제도의 원활한 기능이 저해된다. 따라서 그 구성원에 있어서 순수하게 근로자만으로 결성된 단체가 헌법상 근로3권의 보호를 받으며, 근로자와 사용자가 혼합된 단체는 헌법 제33조 제1항의 '단체'가 아니다.[3]

---

1) 헌재 2014. 5. 29. 2010헌마606, 판례집 26-1하, 354, 355, "이 사건 노조법 조항들은 노조전임자에 대한 비용을 원칙적으로 노동조합 스스로 부담하도록 함으로써 노동조합의 자주성 및 독립성 확보에 기여하는 한편, 사업장 내에서의 노동조합 활동을 일정 수준 계속 보호·지원하기 위한 것이다. … 따라서 이 사건 노조법 조항들이 과잉금지원칙에 위반되어 노사자치의 원칙 또는 청구인들의 단체교섭권 및 단체행동권을 침해한다고 볼 수 없다." 한편, 사용자가 노동조합의 운영비를 원조하는 행위를 부당노동행위로 금지하는 노조법상의 운영비원조금지조항의 위헌여부가 문제된 사건에서, 헌법재판소는 사용자로부터 노동조합의 자주성을 확보하고자 하는 입법목적은 정당하나, 운영비원조금지조항은 단서에서 정한 두 가지 예외를 제외한 일체의 운영비 원조 행위를 금지함으로써 노동조합의 자주성을 저해할 위험이 없는 경우까지 금지하고 있으므로, 그 입법목적 달성을 위해서 필요한 범위를 넘어서 노동조합의 단체교섭권을 과도하게 제한하고 있다고 판시하고 있는데(헌재 2018. 5. 31. 2012헌바90), 이러한 판시내용은 운영비원조의 일환인 노조전임자 급여지급을 금지하는 조항에 대한 합헌결정의 판시내용과 모순되는 것으로 일관성이 없다. 사용자가 노조전임자에게 급여를 지원하는 행위를 부당노동행위로 규정하고 이를 형사처벌하는 노동조합법조항은 사용자의 기업의 자유를 과잉으로 침해하지 않는다고 판단한 결정으로 헌재 2022. 5. 26. 2019헌바341 참조.

2) 노동쟁의의 자주적 해결을 강조하여 쟁의행위에 관한 제3자의 개입을 금지한 구 노동쟁의조정법규정의 합헌성을 확인하는 결정으로 헌재 1990. 1. 15. 89헌가103, 판례집 2, 4, 16 참조.

3) 노동조합 및 노동관계조정법은 제2조 제4호에서 "근로자가 주체가 되어 자주적으로 단결하여 근로조건의 유지·개선 기타 근로자의 경제적·사회적 지위의 향상을 도모함을 목적으로 조직하는 단체 또는 그 연합단체"라고 노동조

또한, 근로자단체가 사용자에 재정적으로 의존하고 있다면, 이러한 단체는 노동조합의 개념적 요소인 '상대방으로부터의 독립성' 요건을 충족시키지 못한다.[1] 여기서 요청되는 것은 단지 '상대방으로부터의 독립성'이지, 정당정치적, 종교적 또는 세계관적 관점에서의 중립성이 아니다.[2] 따라서 종교적 또는 정치적으로 유사하게 사고하는 사람들이 그들의 자유로운 의사에 따라 그들의 지도원리 하에서 노사단체로서 활동을 하기 위하여 단결할 것인지의 여부에 관하여 자유롭게 결정할 수 있다. 헌법은 단지 노사단체의 규율대상이 근로조건에 관한 것이어야만 한다는 것을 요청할 뿐, 노사단체의 목표를 질적으로 평가하는 것을 허용하지 않는다.

나아가, 노동조합은 근로조건의 향상을 위하여 단체협약의 수단을 사용하기 때문에, 단체협약체결능력을 갖추어야 한다. 즉 노동조합은 단체협약을 체결할 수 있는 어느 정도의 '사회적 강력함'을 가져야 한다. 단체협약제도가 기능하기 위해서는 일방에 의한 강요가 아니라 노사 간에 이익조정이 이루어져야 하며, 구성원의 이익을 강력하게 대변할 수 있는 능력을 갖춘 협약당사자가 서로를 진지한 상대방으로 간주하면서 서로 대립해야 하고, 단체협약체결을 위하여 서로에게 압력을 행사할 수 있어야 한다.

따라서 노동조합의 자주성과 독립성은 노동조합의 목적을 실현하기 위한 조직의 기본조건이자 단체협약제도가 기능하기 위한 전제조건으로서 헌법 제33조 제1항으로부터 직접 도출된다. 헌법 제33조 제1항은, 자주적으로 조직되고 그 전체구조로 보아 사용자의 참여와 영향력을 배제할 수 있는 충분한 독립성을 유지하여 조합원의 이익을 효율적이고 지속적으로 대변할 수 있는 근로자 단체만을 보호한다.

나. 협약당사자의 對等性 原則 및 국가의 중립의무

(1) 협약당사자의 대등성 원칙

헌법은 근로3권을 보장함으로써 근로조건의 형성을 원칙적으로 근로자단체와 사용자의 사적 자치에 위임하고 있다. 그러나 근로3권에 의하여 보장된 사적 자치는 교섭단체간의 세력균형과 대등한 협상의 기회를 그 전제조건으로 한다. 즉 교섭단체간의 대등성은 헌법적으로 보장된 노사의 집단적

합의 개념을 정의하고, 같은 호에서 "사용자 또는 항상 그의 이익을 대표하여 행동하는 자의 참가를 허용하는 경우"(가목)에는 노동조합으로 보지 아니한다고 규정함으로써, 헌법적으로 요청되는 노동조합의 '구성의 순수성' 또는 '구성에 있어서 상대방의 배제'를 입법으로 구체화하였다. 또한, 근로자가 노동조합을 조직 또는 운영하는 것을 지배하거나 이에 개입하는 사용자의 행위를 부당노동행위로 금지하고 있다(제81조 제1항 제4호).

1) 노동조합 및 노동관계조정법(이하 '노조법') 제2조 제4호 단서는 나목에서 "경비의 주된 부분을 사용자로부터 원조받는 경우"에는 노동조합으로 보지 아니한다고 규정함으로써, '상대방으로부터의 독립성'을 입법으로 구체화하였다. 또한, 2021년 노조법 개정 이전에는 노조전임자에 대한 사용자의 임금지급을 금지하고(제24조 제2항) 사용자가 전임자에게 급여를 지급하거나 노조의 운영비를 원조하는 행위를 부당노동행위로 규정한 것(제81조 제1항 제4호)도 노동조합의 '상대방으로부터의 독립성'을 보장하기 위하여 입법화한 것이었다. 그러나 2021년 개정 노조법은 노조전임자에 대한 임금지급 금지규정 및 사용자가 노조전임자에 대한 임금지급시 이를 형사처벌 하는 규정을 삭제하였다. 대신, 위 개정 노조법은 노조업무에 종사하는 자에 대한 사용자의 임금지급을 허용하면서(제24조 제1항), 사용자로부터 임금을 지급 받으면서 노조업무에 종사하는 자를 '근로시간면제자'로 지칭하고, 근로시간면제자는 근로시간면제한도를 초과하지 아니하는 범위에서 노동조합의 업무를 수행할 수 있도록 규정하였다(제24조 제2항). 그러나 노조전임자에 대한 사용자의 임금지급을 이와 같이 광범위하게 허용하는 노조법규정이 근로3권의 헌법적 요청, 즉 협약당사자의 자주성과 독립성의 요청에 부합하는지에 대하여 의문이 제기된다.

2) 헌재 1999. 11. 25. 95헌마154(노동단체에 대한 정치자금의 기부금지), 판례집 11-2, 555, 557, "노동조합에게 요구되는 '자주성'은 엄격한 정치적 중립이나 종교적 또는 세계관적 관점에서의 중립성을 뜻하는 것이 아니라 사실적인 측면에서 조직상의 독립과 법적 측면에서 의사결정구조의 자주성을 의미하는 것이다."

자치의 조건이자 단체교섭의 결과로서 체결된 단체협약의 실체적 타당성을 보장하는 근거이다. 협약
당사자간의 세력균형이 이루어진 경우에만 근로자와 사용자의 상충하는 이익이 조화와 타협을 거쳐
정당한 결과에 이를 것을 기대할 수 있다. 협약당사자간의 대등성은 또한 단체협약이나 노동쟁의에
있어서 국가중립의무의 조건이기도 하다. 그러므로 헌법 제33조 제1항으로부터 노사에 의한 집단적
자치의 기본조건으로서, 협약당사자의 대등성 원칙과 국가의 중립의무라는 헌법적 요청이 나온다.

(2) 국가의 중립의무

(가) 중립의무의 내용

1) 헌법이 근로3권을 통하여 의도하는 협약당사자간의 협약자치가 제대로 기능하는지 여부는 결
정적으로 협약당사자간의 대등성과 세력균형에 달려있으므로, 국가의 중립의무는, 입법자가 단체협
약제도에 관한 입법을 하는 경우 협약당사자인 노사에 대하여 중립의무를 진다는 요청을 일차적인
내용으로 한다. 그러므로 입법자는 단체협약제도를 규율함에 있어서 어떠한 협약당사자도 다른 당사
자에게 처음부터 자신의 의사를 강요할 수 없으며 가능하면 동등한 협상의 기회가 존재하도록, 협약
당사자의 대등성을 형성하고 보장하는 입법을 하여야 한다.

2) 협약당사자간에 이와 같은 세력의 균형적 상태가 존재한다면, 국가의 중립성에 대한 요청은
무기의 대등성을 갖춘 노사단체의 단체협약과정에 대하여 국가가 간섭해서는 안 된다는 소극적 측면
에 제한된다. 예컨대, 구체적인 개별 노동쟁의의 경우 국가가 어느 일방을 위하여 간섭을 해서는 안 된다.

3) 나아가, 국가는 실질적인 대등성의 기반 위에서 기능하는 단체협약제도를 장기적으로 보장해
야 할 의무, 즉 협약당사자간에 세력의 근본적인 불균형을 명백히 확인할 수 있다면 국가는 협약당
사자간의 대등성을 다시 회복하기 위하여 필요한 법적 규율을 해야 할 의무를 진다. 그러나 균형상
태가 저해되었다는 것을 인정하기 위해서는 단체협약제도의 원활한 기능, 즉 단체협약 결과의 실체
적 타당성에 대한 보장이 위협받을 정도의 강도를 가져야 한다.

(나) 대등성의 의미

여기서의 '대등성'이란 단체협약에 이르는 과정의 구조와 절차에 있어서 추상적인 대등성을 말하
는 것이지 자본과 노동의 실체적·구체적 대등성이 아니다. 개별적인 단체협상에 대하여 구체적으로
실체적 대등성을 요구하는 것은, 국가기관의 임의적 판단에 따라 구체적인 단체교섭과정에 국가가
간섭할 것을 요청하는 것이고, 이는 결국 임금과 근로조건에 대하여 헌법적으로 허용되지 않는 국가
의 전반적 검열을 의미할 것이다. 또한 노사단체 중 일방의 강력함 또는 취약함은 각자 헌법상 기본
권(사용자의 경우 재산권·기업의 자유, 근로자단체의 경우 근로3권)에 의하여 보장된 자유를 행사한 결과
이므로, 입법자는 노사단체 중 일방의 내적인 취약성에 기인하는 비대등성(非對等性), 즉 단체협약과
정의 구조적 요인에 기인하지 않는 비대등성을 조정해야 할 의무와 권한이 없다.

V. 근로3권의 제한

단결권이 근로자 개인의 권리이자 결성된 단체의 권리로서의 이중적 성격을 지니기 때문에, 근로
3권이 입법자에 의하여 어느 정도로 제한될 수 있는지는 개별적으로 살펴보아야 한다. 결성된 단체
의 권리의 구성부분인 단체의 존속, 단체자치, 단체의 활동도 획일적으로 판단될 수 없다. 입법자에

의한 규율의 필요성은, 근로3권의 보장내용인 개별 권리를 행사하는 경우 발생하는 법익충돌의 가능성(정도)에 따라 다르다.

1. 개인적 단결권의 제한

단체의 활동이 아닌 개인의 단결권 그 자체는 일반적으로 제3자의 법익이나 공익과 충돌하는 외부적 효과가 없기 때문에, 근로자 개인의 권리로서 단결권에 대한 제한을 정당화할 수 있는 공익이 원칙적으로 존재하지 않는다.[1] 헌법 제76조 제1항에 근거하여 중대한 재정·경제상의 위기에 있어서 필요한 처분을 하는 경우나 헌법 제77조의 비상계엄선포시와 같은 국가의 위기상황에서도 개인의 단결권을 제한해야 할 공익적 사유가 인식될 수 없다고 보여진다.

2. 단체존속의 권리에 대한 제한

개별근로자가 단체를 결성하고 가입·탈퇴하는 자유가 원칙적으로 제한될 수 없다면, 단체존속의 자유는 개인의 단결권과 불가분의 연관관계에 있고 그 이면을 의미하므로, 결성된 단체의 존속도 입법자에 의하여 원칙적으로 제한될 수 없다. 정상적 상황에서든 예외적 상황에서든 노동조합을 금지·해산·강제병합이나 다른 형태의 탄압을 정당화할 수 있는 공익적 사유를 인식할 수 없다.[2]

3. 단체자치의 권리에 대한 제한

사례 헌재 1998. 2. 27. 94헌바13 등(노동조합 대표자의 단체협약체결권 사건)

甲 노동조합은 노동조합규약을 개정하여, '甲 노동조합의 단체협약 체결권은 위원장에게 있으나 단체교섭위원회가 충분한 교섭 후에 확대간부회의의 심의를 거쳐 조합원의 찬반투표로 결정하여 체결하고, 다만 이미 얻은 근로조건을 저하하는 내용의 협정 및 협약체결은 총회의 결의 없이는 할 수 없다'고 규정하였다. 甲은 관할관청으로부터 당해 노동조합규약이 '노동조합의 대표자는 그 노동조합 또는 조합원을 위하여 사용자나 사용자단체와 교섭하고 단체협약을 체결할 권한을 가진다.'는 구 노동조합법 제33조 제1항 규정에 위배된다고 하여 위 규약의 변경보완 시정명령을 받았다. 이에 甲은 보완명령 취소청구소송을 제기하였고, 위 사건의 재판이 계속되던 중 위 노동조합법규정에 대하여 헌법소원심판을 청구하였다.[3]

---

1) 헌재 2018. 8. 30. 2015헌가38(전국교수노동조합), 대학 교원의 단결권을 인정하지 않는 것의 위헌여부가 문제된 사건에서 '교육공무원 아닌 대학 교원의 단결권 침해 여부'와 관련하여 "일반 근로자 및 초·중등교원과 구별되는 대학 교원의 특수성을 인정하더라도, 대학 교원에게도 단결권을 인정하면서 다만 해당 노동조합이 행사할 수 있는 권리를 다른 노동조합과 달리 강한 제약 아래 두는 방법도 얼마든지 가능하므로, 단결권을 전면적으로 제한하는 것은 필요 최소한 제한이라고 보기 어렵다."고 하여 헌법에 위반된다고 판단하면서, '교육공무원인 대학 교원의 단결권 침해 여부'와 관련해서도 공무원인 대학 교원의 단결권을 전면적으로 부정하고 있는 심판대상조항은 입법형성의 범위를 벗어나 헌법에 위반된다고 판단하였다.

2) 노동조합 및 노동관계조정법 제28조에 규정된 해산사유는 모두 근로자단체의 스스로의 결정에 의한 것으로서 법적인 명확성과 안정성의 관점에서 단지 확인적인 효과만 있을 뿐이다.

3) 헌재 1998. 2. 27. 94헌바13 등(노동조합 대표자의 단체협약체결권), 판례집 10-1, 32, 33, "노동조합의 대표자 또는 노동조합으로부터 위임을 받은 자에게 단체교섭권과 함께 단체협약체결권을 부여한 이 사건 법률조항의 입법목적은 노동조합이 근로3권의 기능을 보다 효율적으로 이행하기 위한 조건을 규정함에 있다 할 것이다. 따라서 비록 이 사건 법률조항으로 말미암아 노동조합의 자주성이나 단체자치가 제한되는 경우가 있다고 하더라도 이는 근로3권의

　단체자치의 권리는 근로자의 단체가 스스로 규약의 형태로 그의 조직, 내부운영, 의사형성절차 등을 외부로부터의 간섭을 받지 않고 자주적으로 결정하는 것을 그 내용으로 한다. 단체자치는 자기 조직권 또는 내부적 형성권으로서 그 효과가 원칙적으로 단체 내부에 그치므로, 사용자를 대상으로 하는 외부적 활동과는 달리 국가에 의한 규율의 필요성이 크게 부각되지 않는다. 그러나 단체자치는 노동조합의 개념과 단체협약체결의 조건이 문제가 되는 한, 입법자에 의하여 제한될 수 있다.

　근로3권의 목적과 단체협약제도의 기능에 비추어, 입법자는 모든 근로자단체에게 단체협약체결 능력을 부여할 수 없으며, 단체협약체결권을 인정하기 위하여 근로자단체가 충족시켜야 하는 최소한의 요건을 규율하는 것은 불가결하다. 그러므로 입법자는 '단체의 목적과 기능이 조합원인 근로자의 이익을 대변하는 데 있고, 자발적으로 조직되어 상대방의 참여와 영향력을 배제하는 독립성을 가지는 근로자단체'만이 단체협약을 체결하도록 규정함으로써, '노동조합의 정의규정'을 통하여 단체자치를 제한할 수 있다.[1] 이러한 점에서, 가령 '교원의 노동조합 설립 및 운영 등에 관한 법률'(교원노조법)은 교원노조의 자주성을 확보하기 위하여 '정의' 규정에서 교원노조의 조합원을 '재직 중인 교원'으로 한정하고 있다.[2]

　또한, 입법자는 단체협약제도의 원활한 기능을 위하여 단체협약체결권의 구체적 행사에 관하여 규율할 수 있다. 노동조합및노동관계조정법 제29조는 노동조합의 대표자가 단체교섭권과 단체협약 체결권을 가진다고 규정함으로써, 노동조합이 규약의 형태로 단체협약내용에 대한 노조총회의 의결 가능성을 규정하는 것을 금지하고 있다.[3]

기능을 보장함으로써 산업평화를 유지하고자 하는 중대한 공익을 위한 것으로서 그 수단 또한 필요·적정한 것이라 할 것이므로 헌법에 위반된다고 할 수 없다."

1) 헌재 2012. 3. 29. 2011헌바53, 판례집 24-1상, 538, 539, [노동조합을 설립할 때 행정관청에 설립신고서를 제출하게 하고 그 요건을 충족하지 못하는 경우 설립신고서를 반려하도록 하고 있는 '노동조합 및 노동관계조정법' 제12조 제3항 제1호가 근로자의 단결권을 침해하고 있는지 여부(소극)] "노동조합 설립신고에 대한 심사와 그 신고서 반려는 근로자들이 자주적이고 민주적인 단결권을 행사하도록 하기 위한 것으로서 … 노동조합이 그 설립 당시부터 노동조합으로서 자주성 등을 갖추고 있는지를 심사하여 이를 갖추지 못한 단체의 설립신고서를 반려하도록 하는 것은 과잉금지원칙에 위반되어 근로자의 단결권을 침해한다고 볼 수 없다."

2) 고용노동부 장관이 '해고된 교원도 조합원 자격을 유지한다'고 규약으로 정한 전교조에 대하여 교원노조법 '정의'규정에 맞게 시정을 요구하자, 전교조가 위 법률조항에 대하여 그 위헌확인을 구하는 헌법소원심판을 청구한 사건에서, 헌법재판소는 "이 사건 법률조항은 대내외적으로 교원노조의 자주성과 주체성을 확보하여 교원의 실질적 근로 조건 향상에 기여한다는 데 그 입법목적이 있는 것으로 그 목적이 정당하고, 교원노조의 조합원을 재직 중인 교원으로 한정하는 것은 이와 같은 목적을 달성하기 위한 적절한 수단이라 할 수 있다. … 이 사건 법률조항으로 인하여 교원 노조 및 해직 교원의 단결권 자체가 박탈된다고 할 수는 없는 반면, 교원이 아닌 자가 교원노조의 조합원 자격을 가질 경우 교원노조의 자주성에 대한 침해는 중대할 것이어서 법익의 균형성도 갖추었으므로, 이 사건 법률조항은 청구인들의 단결권을 침해하지 아니한다."고 판단하였다(헌재 2015. 5. 28. 2013헌마671 등, 판례집 27-1하, 336, 337).

3) 위 규정에서 노동조합의 대표자에게 단체교섭권과 함께 단체협약체결권을 부여한 것은 단체협약제도가 원활하게 기능하기 위한 조건을 규정한 것으로서 이로 인하여 노동조합의 자주성이 제한된다면, 이는 단체협약제도의 기능 보장이란 중대한 공익에 의하여 정당화되는 합헌적인 제한이다. 입법자가 노동조합에게 규약의 형태로 노조대표자의 단체협약체결권을 제한하는 것을 허용한다면, 사용자가 결정권한이 없는 노조대표와 성실하고도 진지하게 교섭에 임하리라는 것은 기대하기 어렵고, 교섭한 내용에 대하여 매번 조합원총회의 의사를 물어야 한다면 단체교섭이 원활하게 진행될 수가 없다. 그 결과 근로3권의 헌법적 목적을 실현하기 위한 절차로서의 단체교섭제도의 기능을 크게 저해하고 결국 노동영역에서의 사회적 평화를 위협하게 된다.

4. 단체활동의 자유에 대한 제한

가. 협약자율권 및 입법자의 보충적 규율권

　　甲은 택시회사인데, 일반택시 운송사업자는 운수종사자로부터 운송수입금 전액을 납부받고 운수종사자는 운송수입금 전액을 운송사업자에게 납부하도록 규정한 자동차운수사업법규정이 사기업의 경영의 자유, 단체협약체결권 등을 침해하고 있다는 이유로 헌법소원심판을 청구하였다.[1]

　　국가의 간섭과 영향을 받음이 없이 단체적 활동을 통하여 근로조건에 관하여 자율적으로 결정할 권리는 근로3권의 가장 핵심적인 보호범위에 속한다. 헌법은 근로3권을 보장함으로써 '협약의 자율은 노사단체의 형성의 자유에 속하며 노사에 의한 사회적 자치가 국가에 의한 규율에 대하여 우위를 차지한다'는 것을 밝히고 있다. 헌법상 보장된 협약자율권을 근거로 집단적 합의에 의하여 임금과 근로조건을 자기 책임 하에서 합리적으로 규율할 수 있는 규율의 우선권이 노사단체에게 부여되는 것이다.

(1) 협약자율권과 입법자의 규율권의 관계

　　그렇다면 근로조건의 형성에 있어서 노사단체의 자치적 규율권이 어느 정도로 입법자의 규율권에 대하여 우위를 차지하는지의 문제가 제기된다. 헌법 제33조의 규범내용에 비추어, 입법자와 단체협약당사자는 서로 경쟁하는 상대는 아니다. 그러나 헌법이 노사단체에게 근로조건에 관한 자율적인 결정을 위임한 것은, 국가가 노동영역에서 근로조건에 관하여 독자적인 규율을 할 수 없다는 것을 의미하지 않는다. 정의로운 경제질서와 노동생활의 합리적인 규율을 실현할 입법자의 사회국가적 책임은 노사의 협약자율권에 의하여 면제되지 않기 때문이다.[2] 물론 이 경우 입법자의 규율권한은 보충적이다. 즉, 노사단체가 헌법상 위임받은 과제를 제대로 이행하리라는 것을 기대할 수 없고, 근로자의 사회적 보호필요성이나 다른 중대한 공익이 국가의 간섭을 불가피한 것으로 요청한다면, 국가는 그의 사회국가적 책임 및 기본권에 의하여 부과된 보호의무를 이행해야 한다. 단체협약이 특정 대상에 관하여 규율하지 않은 경우뿐만 아니라 특정 사안을 일정한 방법으로 규율한 경우에도 입법

---

1) 헌재 1998. 10. 29. 97헌마345(택시운송수입금 전액관리제 사건), 판례집 10-2, 621, 633, [사납금제를 금지하기 위하여 택시운송사업자의 운송수입금 전액 수납의무와 운수종사자의 운송수입금 전액 납부의무를 규정한 자동차운수사업법조항이 기업의 자유·계약의 자유 외에 단체협약체결의 자유를 침해하는지 여부에 관하여] "헌법이 제33조 제1항에서 노사단체에게 근로조건에 관한 자율적인 결정을 위임한 것은 국가가 노동영역에서 근로조건에 관하여 독자적인 규율을 할 수 없다는 것을 의미하는 것은 아니다. 오히려 헌법은 근로조건에 관한 노사의 자율결정의 원칙에 대하여 필요한 범위 내에서 수정을 가할 수 있는 가능성을 규정하고 있다. 즉, 헌법은 제32조 제1항에서 국가에게 사회적·경제적 방법을 통해서 근로자에게 적정임금을 보장하도록 노력할 의무 및 최저임금제의 실시의무를 부과하고, 같은 조 제3항에서는 국가에게 인간의 존엄성에 부합하는 근로조건의 기준의 법정의무를 부과하고 있으며, … 그러므로 헌법은 근로조건에 관한 규율을 전적으로 노사단체에 의한 집단적 자치에 맡겨둘 경우 국가가 위와 같은 헌법적 과제를 이행하기 어려운 경우에는 근로조건을 필요한 범위 내에서 규율할 수 있는 권한을 입법자에게 부여하고 있는 것이다. 이 사건 법률조항들은 일반택시운송에 종사하는 근로자의 생활안정을 부수적인 목적으로 하고 있다. 위와 같은 목적의 달성을 위한 이 사건 법률조항들에 의한 단체협약의 자유에 대한 제한은 헌법이 입법자에게 부과한 과제의 이행을 위하여 필요한 범위 안에서 이루어진 것이며, 따라서 이 사건 법률조항들이 노사의 단체협약체결의 자유를 필요이상으로 과도하게 제한하여 헌법에 위반된다고 볼 수는 없다."
2) 헌재 1998. 10. 29. 97헌마345(택시운송수입금 전액관리제 사건), 판례집 10-2, 621, 633 참조.

자가 노사단체의 협약자치를 제한하는 입법을 하는 것은 가능하다. 협약당사자가 특정 사안을 규율하였다는 것은 입법자로 하여금 이와는 다른 내용으로 법적 규율을 하는 것을 배제하지 않으며, 법적 규율은 협약당사자에게 강행적으로 또는 임의적으로 작용할 수 있다.

예컨대, 모든 근로관계에 있어서 일원적이고 통일적인 규율이 필요한 때, 단체협약에 맡겨 둘 수도 있으나 단체교섭의 결과가 국가가 규율하려는 수준에 미치지 못할 때, 노사단체에 의한 집단적 자치가 국가의 관할 및 규율영역인 경제정책, 사회정책, 보건정책, 청소년보호정책 등과 불가분의 연관관계에 있기 때문에 사회단체의 사적 자치에 맡겨둘 수 없을 때에는, 노사에 의하여 자율적으로 규율될 수 있는 대상도 입법자가 독자적으로 규율할 수 있다. 이 경우 입법자는 입법을 통하여 노사관계에 직접 개입하여 때로는 강행적인 근로조건의 최저기준을 설정한다. 입법자가 직접 근로자의 기본적인 근로조건을 규정하여 강제로 시행하는 법률로는, 근로기준법, 최저임금법, 산업재해보상보험법, '남녀고용평등과 일·가정 양립지원에 관한 법률' 등 근로조건에 관련된 법률을 들 수 있다.

(2) 협약자율권을 제한하는 법률의 위헌심사기준으로서 과잉금지원칙

요컨대, 노사단체는 근로조건의 형성에 있어서 단지 우선적 규율권을 가지고 있을 뿐, 국가에 대하여 독점적인 규율권을 주장할 수는 없다. 그러나 입법자는 헌법 제33조의 협약자치의 보장에 비추어 노사단체의 자율적 규율권을 제한하는 입법을 하는 경우, 이를 제3자의 기본권이나 다른 법익에 의하여 정당화해야 하며 나아가 과잉금지원칙을 준수해야 한다.[1]

과잉금지원칙의 적용과 관련하여, 기본권제한의 효과, 즉 제한의 강도에 따라 이를 정당화하는 공익의 비중이 달라진다고 하는 일반적인 법리가 여기서도 그대로 적용된다. 입법자에 의한 규율이 협약당사자에게 강행적으로 또는 임의적으로 작용하는지에 따라, 제한이 상이한 강도를 가질 수 있다. 또한, 규율대상에 따라 침해의 강도는 상이할 수 있다. 단체협약이 통상적으로 규율하는 사안을 입법의 대상으로 삼는지 아니면 단체협약이 아직 규율하지 않은 사안을 입법의 대상으로 삼는지에 따라, 침해의 강도는 상이하게 나타난다. 이로써 강행규정에 의하여 '통상 단체협약에 의하여 규율되는 내용'이 대체된다면, 입법자가 보호하고자 하는 법익의 비중이나 방지하고자 하는 위험의 강도에 대한 요구가 보다 엄격해 진다. 뿐만 아니라, 입법자에 의한 규율대상이 근로3권의 핵심적 영역(가령, 임금의 영역)에 접근할수록, 이를 정당화해야 하는 입법자의 부담은 더욱 커진다. 협약당사자가 상반되는 이해관계를 보다 적절하게 조정하리라는 것이 추정되기 때문에, 임금과 같은 핵심적 영역에서는 입법자의 간섭을 정당화할 수 있는 중대한 사유를 거의 생각할 수 없다.

---

1) 헌재 2012. 4. 24. 2011헌마338(교섭창구단일화제도), 판례집 24-1하, 235, [하나의 사업 또는 사업장에 두개 이상의 노동조합이 있는 경우 단체교섭에 있어 그 창구를 단일화하도록 하고, 교섭대표가 된 노동조합에게만 단체교섭권을 부여하고 있는 '노동조합 및 노동관계조정법' 제29조 제2항, 제29조의2 제1항이 단체교섭권을 침해하는지 여부(소극)] "교섭창구단일화제도는 근로조건의 결정권이 있는 사업 또는 사업장 단위에서 복수 노동조합과 사용자 사이의 교섭절차를 일원화하여 효율적이고 안정적인 교섭체계를 구축하고, 소속 노동조합과 관계없이 조합원들의 근로조건을 통일하기 위한 것으로, 교섭대표노동조합이 되지 못한 소수 노동조합의 단체교섭권을 제한하고 있지만, … 노사대등의 원리 하에 적정한 근로조건의 구현이라는 단체교섭권의 실질적인 보장을 위한 불가피한 제도라고 볼 수 있다. … 따라서 위 '노동조합 및 노동관계조정법' 조항들이 과잉금지원칙을 위반하여 청구인들의 단체교섭권을 침해한다고 볼 수 없다."; 교섭창구 단일화제도의 합헌성을 다시 확인한 결정으로 헌재 2024. 6. 27. 2020헌마237등(교섭창구 단일화).

나. 근로자의 爭議行爲와 국가에 의한 强制仲裁

사례 1 | 헌재 2005. 6. 30. 2002헌바83(사업장의 안전보호시설에 대한 쟁의행위 금지 사건)

한국산업단지공단은 열병합발전소를 운영하는 공법인인데, 甲은 한국산업단지공단 노동조합간부로서 파업을 주도한 혐의로 기소되어 1심에서 유죄를 선고받고, 항소심 계속중 사업장의 안전보호시설에 대하여 쟁의행위를 금지하는 노동조합및노동관계조정법 제42조 제2항에 대하여 명확성원칙에 위배되고 단체행동권을 침해한다며 위헌제청을 신청하였으나, 법원에 의하여 기각되자 헌법소원심판을 청구하였다.1)

사례 2 | 헌재 2003. 5. 15. 2001헌가31(필수공익사업에서 강제중재 사건)

전국보건의료산업노동조합("보건의료노조")은 가톨릭대학교 중앙의료원과 임금협상 및 단체협약 체결을 위한 단체교섭을 실시하였으나 결렬되었고, 이에 보건의료노조는 중앙노동위원회에 노동쟁의조정신청을 하였다. 중앙노동위원회는 조정회의를 개최하였으나 노사간에 합의가 성립하지 못하였고, 이에 중앙노동위원회 위원장은 노동쟁의를 중재에 회부하는 결정을 하였다. 이에 보건의료노조는 직권중재 제도가 위헌이며 보건의료노조가 파업을 실시하기도 전에 이루어진 이 사건 결정은 재량권을 남용한 것이라고 주장하며, 이 사건 결정의 무효확인을 구하는 소송을 서울행정법원에 제기하였다. 서울행정법원은 필수공익사업에서 노동쟁의가 발생한 경우에 노동위원회 위원장이 직권으로 중재회부결정을 할 수 있도록 한 노동조합 및 노동관계조정법 제62조 제3호 등이 위헌으로 해석될 여지가 있다고 보고 위헌법률심판제청을 하였다.2)

(1) 입법자에 의한 단체행동권의 제한

근로자들이 사용자와의 단체교섭이 원만하게 이루어지지 않은 경우 그들의 경제적 지위의 향상을 사실적인 힘을 사용하여 관철시키려는 단체행동권의 행사는 근로자뿐 아니라 사용자, 나아가서는 국민전체의 경제생활에까지도 큰 영향을 미치게 된다. 특히 광범위한 파업은 국민경제를 마비시킬 수 있으며, 이로써 국민경제의 안정과 성장(헌법 제119조 제2항)이란 국가목표의 실현을 크게 저해할 수 있다. 그

---

1) 헌재 2005. 6. 30. 2002헌바83(사업장의 안전보호시설에 대한 쟁의행위 금지), 판례집 17-1, 812, 813, [이 사건 법률조항들이 단체행동권을 과도하게 제한하는지 여부에 관하여] "이 사건 법률조항들이 근로자의 헌법상 기본권인 단체행동권을 제한하는 규정이기는 하지만, 사람의 생명·신체의 안전보호라는 입법목적의 정당성을 인정할 수 있고, 안전보호시설의 유지·운영을 정지·폐지 또는 방해하는 내용의 쟁의행위를 제한하는 것은 위 목적을 달성하기 위한 효과적이고 적절한 수단이어서 방법의 적정성도 인정되며, 그 제한은 안전보호시설의 중요성에 비추어 볼 때 최소한의 제한으로 평가되므로 피해의 최소성도 갖추었고, 추구하는 공익인 '사람의 생명·신체의 안전'과 제한되는 사익인 청구인들의 '단체행동권'을 비교하여 볼 때 법익균형성도 갖추었으므로 청구인들의 단체행동권을 과도하게 침해한다고 할 수 없다."

2) 헌재 2003. 5. 15. 2001헌가31(필수공익사업에서 강제중재), 판례집 15-1, 484, "이 사건 법률조항들에 의한 직권중재의 대상은 도시철도를 포함한 철도, 수도, 전기, 가스, 석유정제 및 석유공급, 병원, 한국은행, 통신의 각 사업에 한정되어 있다. 태업, 파업 또는 직장폐쇄 등의 쟁의행위가 이러한 필수공익사업에서 발생하게 되면 비록 그것이 일시적이라 하더라도 그 공급중단으로 커다란 사회적 혼란을 야기함은 물론 국민의 일상생활 심지어는 생명과 신체에까지 심각한 해악을 초래하게 되고 국민경제를 현저히 위태롭게 하므로, 현재의 우리나라의 노사여건 하에서는 위와 같은 필수공익사업에 한정하여 쟁의행위에 이르기 이전에 노동쟁의를 신속하고 원만하게 타결하도록 강제중재제도를 인정하는 것은 공익과 국민경제를 유지·보전하기 위한 최소한의 필요한 조치로서 과잉금지의 원칙에 위배되지 아니한다."; 또한 유사한 결정으로 헌재 1996. 12. 26. 90헌바19 등(공익사업에 대한 강제중재) 참조.

러므로 단체행동권의 행사는, 근로조건의 향상이라는 근로3권의 헌법적 목적이 유지되고 헌법적 질
서가 저해되지 않는 것을 보장할 수 있도록, 입법자에 의한 규율을 필요로 한다. 근로자의 쟁의행위
가 국민경제에 미치는 부정적 영향에 비추어, 그리고 국가가 경제와 사회의 전반에 대하여 책임을
진다는 사회국가적 관점에서 볼 때, 국가는 단체행동권을 가능하면 '최후의 수단'으로서 사용하게끔
입법을 통하여 쟁의행위에 대한 사전적 예방조치를 취할 수 있다. 따라서 입법자는 파업이 최종적
수단으로서 기능하도록 파업실행의 찬반에 대한 조합원 전원의 투표를 파업의 요건으로 규정할 수
있다.[1]

뿐만 아니라, 입법자는 조정절차를 도입할 수 있다. 물론, 노사 간의 분쟁도 헌법 제33조 제1항이
보장하는 노사자치의 원칙에 따라 자주적으로 해결되어야 한다. 그러나 입법자는 노사 간에 합의한
조정절차(임의적 조정)에 우선권을 부여하는 한, 노사관계 당사자에 의하여 주도되는 임의적 조정절
차뿐 아니라 국가에 의한 법정 조정절차를 규정할 수 있다.[2] 조정은 노사당사자에게 조정안의 수락
을 권고하는 절차로서, 권고가 강제적이 아니라는 점에서 노사의 자주적 해결의 원칙에 합치한다. 또
한 국가는 쟁의행위 이전에 일정한 조정절차를 밟을 노사단체의 의무(조정절차 전치주의)를 규정할 수
도 있다.[3]

그러나 국가에 의한 강제중재는 노사당사자에 의하여 원칙적으로 체결되어야 할 단체협약을 구
속력 있는 중재위원회의 중재재정으로 대체하므로,[4] 가장 강력하게 노사의 협약자율권을 침해하게
된다. 그러므로 노사자치에 의한 근로조건의 형성이란 근로3권의 핵심영역을 침해하는 강제중재는
예외적인 상황을 제외하고는 원칙적으로 허용되지 아니한다. 국가의 중립의무도 국가에 의한 강제중
재를 원칙적으로 금지한다. 노동조합 및 노동관계조정법은 종래 두 가지 유형의 강제중재를 규정하
고 있었다. 하나는 필수공익사업에 있어서[5] 행해지는 강제중재이고, 다른 하나는 "쟁의행위가 공익
사업에 관한 것 또는 그 규모가 크거나 그 성질이 특별한 것으로서 현저히 국민경제를 해하거나 국
민의 일상생활을 위태롭게 할 위험이 현존하는 때"에는 긴급조정의 결정을 할 수 있도록 규정한 것
이다.[6] 현행 노동조합 및 노동관계조정법은 필수공익사업에 대한 직권중재제도를 폐지하고, 대신 필

---

1) 노동조합 및 노동관계조정법 제41조(쟁의행위의 제한과 금지) 제1항은 "노동조합의 쟁의행위는 그 조합원의 직
   접·비밀·무기명투표에 의한 조합원 과반수의 찬성으로 결정하지 아니하면 이를 행할 수 없다."고 규정하고 있다.
   파업이 조합원의 투표를 전제로 하는지의 문제는 민주주의요청의 문제가 아니라 파업의 '최종적 수단의 원칙'으로
   부터 나온다.
2) 노동조합 및 노동관계조정법 제47조도 법정조정절차의 규정이 노사에 의한 노동쟁의의 자율적인 조정의 노력을 방
   해하지 않는다고 밝힘으로써 분쟁의 해결에 있어서 노사간의 사적·자주적 조정이 우선임을 규정하고 있다. 또한
   동법 제52조(사적 조정·중재) 참조.
3) 노동조합 및 노동관계조정법 제45조 제2항은 조정이나 중재 등의 조정절차를 거친 후가 아니면 쟁의행위를 할 수
   없다고 함으로써 조정절차전치주의를 규정하고 있다.
4) 중재재정이 위법이거나 월권에 의한 것이라고 인정되는 경우에 한해서만 중재재정에 대하여 재심신청이나 행정소
   송을 제기할 수 있기 때문에(노동조합 및 노동관계조정법 제69조), 중재결정의 실질적 타당성, 즉 이해관계 조정의
   내용적 타당성에 관하여는 다시 문제 삼을 수 없다.
5) 노동조합 및 노동관계조정법 제71조 제1항은 "공익사업"을 "공중의 일상생활과 밀접한 관련이 있거나 국민경제에
   미치는 영향이 큰 사업"으로 정의하고, 같은 조 제2항은 "필수공익사업"을 "제1항의 공익사업으로서 그 업무의 정
   지 또는 폐지가 공중의 일상생활을 현저히 위태롭게 하거나 국민경제를 현저히 저해하고 그 업무의 대체가 용이하
   지 아니한 다음 각호의 사업을 말한다."고 규정하면서, 철도·도시철도·항공운수사업, 수도·전기·가스 등 공급
   사업, 병원사업, 은행·통신사업 등을 열거하고 있다.
6) '긴급조정'은 쟁의행위의 가능성을 개방하고 사후적·사태대응적으로 쟁의권을 제한하는 절차인데 반하여, '필수공익사업

수공익사업의 업무 중 그 업무가 정지되거나 폐지되는 경우 공중의 생명·건강 또는 신체의 안전이나 공중의 일상생활을 현저히 위태롭게 하는 필수유지업무에 대해서는 필수유지업무의 정당한 유지·운영을 정지·폐지 또는 방해하는 행위는 쟁의행위로서 이를 행할 수 없도록 쟁의행위를 제한하고 있다(제42조).[1]

(2) 강제중재를 정당화하는 헌법적 사유

노사 간의 협약자치가 국민일반의 경제·사회생활에 중대한 영향을 미칠 수 있다는 점에서, 노사가 협약자율권과 단체행동권을 공익을 저해하는 방향으로 명백히 남용하는 경우, 강제중재는 예외적으로 허용될 수 있다. 단체협약의 효과가 노사단체에게만 국한되고 노사간의 쟁의행위가 노사에만 관련되는 단순히 그들 내부의 문제라면, 국가의 사회국가적 책임이 문제될 이유가 없다. 그러나 노사 간의 단체협약의 결과는 물가, 소비자의 구매력, 화폐가치, 사경제의 경쟁력 등에 작용함으로써 그 효과에 있어서 단체협약 당사자의 범위를 넘어서 국민 전체의 경제생활에 큰 영향을 미치며, 특히 쟁의행위는 국민생활에 매우 중요한 기능을 하는 기업이나 시설을 마비시키는 등 국민경제를 파탄으로 몰고 갈 수 있다. 국가가 노사간에 공익을 현저히 저해하는 합의가 이루어지는 것을 그냥 감수해야 한다면 또는 노동쟁의가 국가공동체의 번영을 저해하고 국민경제를 파탄시키는 방향으로 발전하는 것을 그냥 방관해야 한다면, 이는 사회의 모든 부정적 현상에 대하여 적절히 대처해야 할 책임, 즉 사회국가를 실현해야 할 국가의 의무와 부합할 수 없다.

노사단체가 협약자율권을 행사함에 있어서 근로3권의 한계로서 공익을 고려해야 한다는 요청은, 헌법적으로 부여된 협약자율권의 행사가 단체교섭 당사자들의 범위를 넘어서 국민 일반에게 지대한 영향을 미치는 것에 대한 필연적인 결과이다. 노사단체에게 국가 또는 국민경제의 중요한 영역을 자율적으로 규율할 권한을 그에 상응하는 책임 없이 부여한다면, 국가는 경제의 중요한 부분영역에 있어서 노사의 자율권에 내맡겨 지게 된다. 따라서 단체교섭 당사자의 권한과 책임 사이의 불균형은 노사가 단체교섭 및 노동쟁의에 있어서 국민일반과 공익에 미치는 효과를 고려해야 할 의무(사회적 구속성)에 의하여 수정되어야 한다.

(3) 必須公益事業에서 단체행동권 제한의 필요성

공익을 고려해야 할 노사의 의무는 무엇보다도 필수공익사업에서 명백하게 드러난다. 그러므로 노사단체의 사회적 책임은 중요한 공익사업부문에서 강제중재를 정당화한다. 국가에 의한 강제중재는 내우·외환과 같은 헌법적 비상사태뿐 아니라 노동쟁의가 국민의 경제·사회생활을 파멸로 몰고 가거나 아니면 생활에 중대한 재화와 용역의 공급, 의료행위 등과 같이 일반국민의 생활에 있어서

에서의 강제중재제도'의 경우 노동위원회 위원장이 직권으로 중재회부결정을 할 수 있고 직권중재에 회부될 경우에는 그 날로부터 15일간 쟁의행위를 할 수 없으며 그 기간 내에 중재재정이 확정되면 이는 단체협약과 동일한 효력을 가지므로, 이 제도는 그 실질적인 효과에 있어서는 쟁의행위를 처음부터 완전히 봉쇄하는 기능을 하였다. 또한, 헌재 2003. 5. 15. 2001헌가31(필수공익사업에서 강제중재), 판례집 15-1, 484, [필수공익사업에서 강제중재와 긴급조정과의 차이점에 관하예 "법상 별도로 인정되고 있는 긴급조정과 이에 따른 강제중재의 제도는 단체행동권이 행사되어 파업 등이 진행되고 난 이후에만 발동될 수 있으며 이때에는 이미 국민에 대한 필수서비스가 전면 중단되어 사회기능이 마비되고 난 이후일 것이므로 이미 공익과 국민경제에 대한 중대한 타격이 가하여지고 난 다음의 사후 구제책으로서의 기능을 할 뿐이고 이러한 사후적 제도만으로는 국민생활과 국가경제를 안정시키기에 충분하지 못하다."

1) 이로써 입법자는 필수공익사업의 영역에서 쟁의행위를 처음부터 봉쇄하던 종래의 입장을 변경하여 필수공익사업에서도 쟁의행위를 허용하되, 필수공익사업 중에서도 필수적인 업무에 대해서는 처음부터 쟁의행위를 금지함으로써 근로3권과 공익의 요청을 조화시키고자 시도하고 있다.

잠시도 중단되어서는 아니 되는 중요한 기능이 마비되는 경우에도 정당화된다. 그러나 물론 이러한 경우에도 입법자는 헌법상 보장된 협약자율권과 단체행동권을 원칙적으로 존중해야 하며, 그 제한에 있어서 과잉금지원칙을 준수해야 한다. 입법자는 공익상의 필요에 의하여 국가의 개입과 간섭이 불가피한 경우에 한하여 단체행동권을 제한해야 하며, 이 경우 단체행동권의 제한은 각 개별적인 경우마다 단체행동권의 행사가 사회·경제질서에 대하여 가져오는 부정적 효과 및 달성하려는 공익이나 대처해야 할 위험의 중요성과 긴급성에 상응하도록 규율해야 한다. 그러나 노동쟁의로 인하여 발생할 수 있는 국민경제적 손실을 이유로 공익을 저해한다고 하는 단순한 주장은 불충분하다.

(4) 임금에 대한 국가의 간섭

헌법 제33조가 협약자치를 헌법적으로 보장한 것은 무엇보다도 '근로의 대가'를 합리적으로 파악할 수 없다는 입법자의 한계에 그 바탕을 두고 있다는 것을 감안한다면, 임금은 특별히 고도로 보호해야 할 핵심적 요소에 속한다. 따라서 '임금'이란 규율영역에 대한 간섭은 원칙적으로 협약자치와 부합하지 않는다. 기껏해야, 입법자가 극단적인 전경제적·사회적인 비상상황에서 '임금상승의 금지'란 수단을 택하는 것을 생각할 수 있다. 그러나 입법자가 최저임금을 확정하거나 또는 특정한 고용창출조치를 도입하면서 법률로써 임금에 관한 지침을 제시하는 것은 근로3권과 합치한다.

Ⅵ. 기본권의 주체

근로3권은 모든 근로자와 모든 직업(영리적 직업, 비영리적 직업 또는 공무원 등)에 대하여 보장된다. 근로자란 "직업의 종류를 불문하고 임금·급료 기타 이에 준하는 수입에 의하여 생활하는 자를 말한다"(노동조합및노동관계조정법 제2조 제1호). 외국인도 근로3권의 주체가 된다. 미성년자의 경우, 일반적인 원칙에 따라 법질서가 미성년자의 취업능력이 있다고 간주하는 연령부터 미성년자의 근로3권은 인정된다. 내국의 사법인 및 내국의 권리능력 없는 사단도 단결권의 주체이다.

Ⅶ. 근로3권의 對私人的 效力

1. 직접적인 대사인적 효력의 의미와 내용

자유권은 사인과 사인의 관계에서는 원칙적으로 직접 적용되지 아니하고 단지 법규범의 해석과 적용과정에서 간접적으로 적용된다. 헌법은 근로3권의 경우에도 직접적인 제3자효를 명문으로 규정하고 있지 않다. 그럼에도 학계의 지배적인 견해는 근로3권에 대해서는 예외적으로 직접적인 대사인적 효력을 인정하고 있다. 근로3권에 대하여 직접적인 제3자효가 인정되는 이유는, 근로3권에 대한 침해가 예나 지금이나 국가권력뿐만 아니라 노조에 가입하였다는 이유로 고용을 거부하거나 해고하는 형태로 사용자에 의해서도 발생하므로, 사인에 대해서도 근로3권을 보호해야 할 필요성이 있기 때문이다. 사용자로부터의 압력(예컨대, 사용자의 "블랙 리스트")이 역사적인 출발점이었으나, 노동조합도 근로자에 대하여 조직상의 압력을 행사할 수 있다는 것은 오늘날 주지의 사실이다. 따라서 근로3권의 제3자효는 근로자를 사용자로부터 보호하고자 하는 것뿐만 아니라 또한 근로자단체로부터도 보호하고자 하는 것이다. 현행 '노동조합 및 노동관계조정법'은 근로자의 단결권을 제한하는 사용자의 조치 및 근로자의 단결권을 제한하는 사용자와 노동조합간의 합의를 소위 '부당노동행위'로 규정하여 금지하고 있는데(제81조 제1호 및 제2호), 이는 근로3권의 직접적인 제3자효를 입법으로 반영한 것이다.

2. 근로자의 소극적 단결권을 제한하는 사용자와 노동조합간의 합의

소극적 단결권을 제한하는 합의는 대부분의 경우 단체협약의 결과에 비노조원이 무임승차하는 것을 방지하고 노동조합에의 가입을 강제하고자 노동조합의 요구에 의하여 이루어지는데, 이는 근로3권에 대한 위반으로서 원칙적으로 무효이다.

가. 단체협약의 적용을 받는 노조원과 적용을 받지 않는 비노조원을 급부의 제공에 있어서 비노조원에게 불리하게 차별하도록 사용자에게 의무를 부과하는 단체협약상의 차별조항은 노동조합에 가입하도록 비노조원에게 압력을 가하고자 하는 '허용되지 않는 압력행사'가 담겨져 있으므로, 이러한 합의는 원칙적으로 허용되지 않는다.

나. 노동조합에 가입하지 않은 근로자를 고용하지 않거나 더 이상 고용하지 않을 사용자의 의무를 합의하거나(일반적인 노조가입강제조항) 또는 단체협약을 체결하는 노동조합에 가입하지 않은 다른 근로자를 고용해서는 안 된다는 합의를 하는 것(제한적인 노조가입강제조항, 소위 "closed shop")은 소극적인 단결권에 위반된다.

다. 단체협약상의 규정을 통하여 비노조원에게 노동조합을 위한 금전적 급부를 제공할 것을 요구하는 '연대적 분담금'은 소극적인 단결권에 위반된다. 연대적 분담금은 비노조원의 '무임승차'에 대한 대가로서 요구하는 것으로, 비노조원의 무임승차가 경제적으로 매력이 없는 것으로 만듦으로써 노동조합에 가입하도록 압력을 행사하는 것이다.

3. 근로자의 단결권을 제한하는 사용자의 조치

비노조원에게 노동조합에의 가입을 사실상 강제하고자 하는 위와 같은 차별조항이 노동조합에게 허용되지 않는 것과 마찬가지로, 사용자도 근로자에게 노동조합을 탈퇴하도록 강요하거나 유인하는 방향으로 압력을 행사해서는 안 된다.

사용자 조치의 법적 성격과 관계없이 근로자의 단결권을 제한하는 모든 행위는 허용되지 않는다. 가령, 노동조합에 가입한 근로자를 해고하거나, 노동조합에 가입했다는 이유로 근로자의 고용을 거부하거나 또는 노동조합에 소속되어 있다는 이유로 단체협약의 내용을 초과하는 수당을 지급하지 않는 것을 대표적인 예로 들 수 있다. 또한, 단지 노조원만을 겨냥하여 이루어지는 '선별적' 직장폐쇄도 허용되지 않는다.

4. 노동조합에 가입할 권리 및 제명

가. 가 입

기존의 노동조합에 가입할 권리는 새로운 회원을 가입시켜야 할 노동조합의 의무가 인정되는 경우에만 보장된다. 그러나 근로자단체도 규약의 형태로 스스로 구성원의 동질성 조건을 규정함으로써 자신의 고유한 정체성을 개별적으로 결정할 권리를 가진 기본권의 주체라는 점을 감안한다면, 개인적 단결권으로서 가입할 권리는 집단적인 단결권과 긴장과 대립의 관계에 있다. 따라서 노동조합에 가입할 권리는 원칙적으로 인정되지 아니하며, 다만 독점적 근로자단체나 경제적 또는 사회적 영역에서 거대한 권력적 지위를 가진 근로자단체의 경우에는 조합원의 동질성을 보장하는 규약조항의 유보 하에서 예외적으로 가입을 시켜야 할 의무가 인정될 수 있다.

나. 제 명

가입할 권리의 경우와 마찬가지로, 제명의 경우에도 개인의 단결권과 집단적 단결권이 서로 대립관계에 있다. 노동조합이 경제적 또는 사회적 영역에서 거대한 세력을 가지는 단체인 경우, 조합원의 제명을 정당화하는 충분한 비중을 가지는 사유 없이는 제명은 허용되지 않는다. 다른 한편으로는, 노동조합의 구성원은 다수결에 의하여 결정된 노동조합의 목표설정에 부합하게 행동해야 할 '단체에 대한 충성의 의무'가 있다. 제명은 법률이나 규약의 규정에 그 근거를 두고 있어야 하며, 절차상의 하자 없이 이루어져야 하고, 부당해서는 안 된다.

노동조합의 목표와 합치할 수 없는 급진적 성격의 정당에 가입하는 행위는 제명을 정당화할 수 있으며, 자신이 속한 노동조합의 합법적 파업에서 노사단체의 목적을 관철하기 위하여 필요한 연대적 행동을 거부하는 자는 그의 충성의무에 대한 위반으로 인하여 제명될 수 있다. 그러나 노동조합과의 연대의무가 불법적 행위에 참여할 것을 요구할 수는 없고, 이에 따라 '불법적 파업에서 연대'를 거부하였다고 하여 이러한 행위가 제명이라는 형태로 징계되어서는 안 된다.

VIII. 공무원의 근로3권(헌법 제33조 제2항)

사례 *1* | 헌재 1992. 4. 28. 90헌바27 결정(국가공무원의 노동운동금지 사건)

甲은 교육공무원인 국·공립학교의 교원으로 근무하면서 전국교직원노동조합에 가입하여 활동함으로써 국가공무원법 제66조 제1항("공무원은 노동운동 기타 공무 이외의 일을 위한 집단적 행위를 하여서는 아니 된다. 다만, 사실상 노무에 종사하는 공무원은 예외로 한다.") 본문을 위반하여 노동운동을 하였다는 이유로 소속 교육위원회 교육감으로부터 해임 등 처분을 받게 되자 위 교육감을 상대로 하여 관할법원에 해임처분취소 등의 행정소송을 제기하였다. 甲은 위 행정소송사건이 계속 중인 위 고등법원에 위 해임처분의 근거가 된 법률조항인 국가공무원법 제66조 제1항 본문에 대한 위헌심판제청을 신청하였으나 위 신청들이 모두 기각되자, 이에 헌법소원심판을 청구하였다.[1]

---

1) 헌재 1992. 4. 28. 90헌바27, 판례집 4, 255. 267, [사실상 노무에 종사하는 공무원을 예외로 하고 원칙적으로 공무원의 집단행동을 금지하고 있는 국가공무원법 제66조의 위헌여부에 관하여] "위 법률조항이 근로3권이 보장되는 공무원의 범위를 사실상의 노무에 종사하는 공무원에 한정하고 있는 것은, 근로3권의 향유주체가 되는 공무원의 범위를 정함에 있어서 공무원이 일반적으로 담당하는 직무의 성질에 따른 공공성의 정도와 현실의 국가·사회적 사정 등을 아울러 고려하여 사실상의 노무에 종사하는 자와 그렇지 아니한 자를 기준으로 삼아 그 범위를 정한 것으로 보여 진다. 이러한 입법내용은 앞서 본 바와 같이 헌법상 근로자에 대한 근로3권의 실질적 보장이 전제되고 있으면서도 헌법 제33조 제2항이 근로3권이 보장되는 공무원의 범위를 법률에 의하여 정하도록 유보함으로써 공무원의 국민 전체에 대한 봉사자로서의 지위 및 그 직무상의 공공성 등의 성질을 고려한 합리적인 공무원제도의 보장, 공무원제도와 관련한 주권자 등 이해관계인의 권익을 공공복리의 목적아래 통합 조정하려는 의도와 어긋나는 것이라고는 볼 수 없다."

사례 2 헌재 1993. 3. 11. 88헌마5 결정(노무직 공무원의 쟁의행위금지 사건)

甲은 체신부 소속의 공무원인데, "국가·지방자치단체 … 에 종사하는 근로자는 쟁의행위를 할 수 없다."고 하여 국가·지방자치단체에 종사하는 근로자의 쟁의행위를 전면적으로 금지하고 있는 노동쟁의조정법 제12조 제2항의 쟁의금지규정으로 인하여 사실상 노무에 종사하는 공무원인 청구인의 단체행동권이 침해당하고 있다고 주장하여 헌법재판소에 위 법률조항에 대하여 헌법소원심판을 청구하였다.

1. 직업공무원제도와 근로3권

직업공무원제도의 정신에 비추어, 공무원은 근로3권의 제한을 감수해야 한다. 직업공무원제도의 본질적인 특징은 국가에 대한 공법상의 근무·충성관계이다. 공무원관계는 사법상의 사용자와 근로자 사이의 관계와는 근본적으로 법적 성격을 달리하기 때문에, 대립하는 이해당사자 사이의 이익투쟁의 관점에 의해서가 아니라, 조화로운 법익조정을 목표로 하는 입법에 의하여 형성되어야 한다.[1] 공무원관계는 사용자와 근로자 사이에 노무 제공과 임금 지급을 약속하는 근로계약 관계가 아니다. 공무원관계는 공무원에게 독자적인 의무를 부과하며, 이러한 의무는 국가와 공무원 사이의 계약에 의하여 발생하는 것이 아니라 법률에 의하여 일방적으로 정해진다.[2]

따라서 헌법적인 관점에서 볼 때, 단결권은 제한된 범위 내에서 공무원에게 인정될 수 있으나, 공무원의 단체교섭과 단체행동은 공법상의 근무·충성관계의 규율체제에 반하는 것이다.[3] 헌법은 일반근로자에게 근로3권을 보장함으로써, 입법자는 고용된 작업에 대한 정당한 보수를 파악할 수 없으며 의회의 규율절차는 적정한 임금을 발견하기에 기능적으로 적합하지 않다는 인식에 기초하고 있는 반면에, 공무원인 피용자에 대해서는 입법자가 공무원의 직무에 대한 정당한 보수를 인식할 수 있다는 사고에서 출발하고 있다.[4] 직업공무원제도의 관점에서 헌법적으로 허용될 수 있는 것은 공무원의 단결권인데, 설사 공무원에게 단결권이 인정된다 하더라도 공무원의 단결권은 단체협약과 단체행동을 목표로 할 수 없기 때문에 '단체협약자치 없는 단결권의 보장'에 그칠 수밖에 없다.[5] 따라서 공무

[1] 헌재 1992. 4. 28. 90헌바27(국가공무원의 노동운동금지), 판례집 4, 255, 271-272; "단순노무직에 종사하는 공무원이 아닌 공무원의 경우에는 일반적으로 그 직무의 성질이 고도의 공공성·공정성·성실성 및 중립성이 요구되고, … 이에 따라 사용자인 국가 또는 지방자치단체와 공무원은 바람직한 공무원제도의 승계·유지·향상 및 발전을 공동의 목적으로 하여 상호 협력·존중의 관계에 선다는 점을 고려한다면, 공무원의 근로관계는 근로자와 사용자의 이원적 구조아래서 서로 투쟁과 타협에 의하여 발전되어온 노동법관계에 의하여 규율하는 것보다는 오히려 공무원의 지위와 직무의 공공성에 적합하도록 형성·발전되도록 하는 것이 보다 합리적이고 합목적적일 수 있다."
[2] BVerfGE 99, 300, 317.
[3] 헌재 1993. 3. 11. 88헌마5(노무직 공무원의 쟁의행위금지), 판례집 5-1, 59, 71, "국민전체의 봉사자로서 공공의 이익을 위하여 근무하고 직무집행에 있어서 전념의무가 있는 것이 공무원의 신분상의 지위인 것으로 보나 국가기능의 계속성의 확보를 위하여도 일반근로자의 경우와 달리 입법자에 의한 제한은 부득이한 것이고, 따라서 (공무원의 쟁의행위를 전면적으로 금지하고 있는) 위 규정의 원칙적인 타당성은 쉬이 부인할 수 없기 때문이다. 그리하여 비교법상 공무원의 단체행동권을 전면 인정하는 입법례는 없는 것으로 알려져 있다. 특히 공무원의 경우는 그 근로조건은 헌법상 국민전체의 의사를 대표하는 국회에서 법률·예산의 형태로 결정되는 것이고, 노사간의 자유로운 단체교섭에 기한 합의에 기하여 결정될 수 있는 것도 아니므로, 일반 사기업의 경우처럼 단체교섭의 일환으로서의 쟁의권이 헌법상 일반적으로 당연히 보장된다고는 단정할 수 없는 일이기 때문이다."
[4] BVerfGE 8, 1, 18; 44, 249, 264.
[5] 이러한 점에서 볼 때, '되도록 넓은 범위의 공무원이 근로3권을 향유할 수 있도록, 입법권자가 공무원의 근로3권에 관하여 규율해야 한다.'는 견해는(가령, 허영, 한국헌법론, 2010, 535면) 직업공무원제도의 특징 및 헌법 제7조 제2

원의 단결체는 단체협약에 의하여 임금을 형성하는 것으로부터 배제되며, 파업권도 인정되지 않는다. 결국, 공무원의 단결체에게는 통상적인 임금과 근로조건의 규율절차의 범위 밖에서만, 즉 국가나 지방자치단체에 대하여 공무원의 일반적인 이익을 대변하는 영역에서만 헌법적으로 보호되는 활동이 허용될 수 있을 뿐이다. '공무원직장협의회의 설립·운영에 관한 법률'이 제정되어, 6급 이하의 일반직공무원, 특정직공무원 등은 직장협의회를 설립하고 가입할 수 있으며(제3조 및), 직장협의회는 주로 근로환경의 개선이나 업무능률의 향상, 고충처리 등 일반적인 공무원이익을 대변하는 기능을 하고 있다(제5조).

또한, '공무원의 노동조합 설립 및 운영 등에 관한 법률'이 제정되어, 6급 이하의 공무원은 노동조합을 설립하고 가입할 수 있으며 노동조합의 대표자는 정부교섭대표와 교섭하고 단체협약을 체결할 권한을 가진다고 규정하면서, 다른 한편으로는 단체협약의 대상과 효력을 크게 제한하고 쟁의행위를 금지하고 있다. 위 법률에서 공무원의 노동조합에게 단체행동권의 보장 없이 매우 제한적으로 단체교섭권을 인정하는 것은 실질적으로 '단체협약자치 없는 단결권의 보장'과 크게 다르지 않다.

2. 근로3권이 인정되는 공무원의 범위

헌법 제33조 제2항도 "공무원인 근로자는 법률이 정하는 자에 한하여 단결권·단체교섭권 및 단체행동권을 가진다."고 규정함으로써 직업공무원에게는 원칙적으로 근로3권을 부인하면서,[1] 다만, 입법자가 법률로써 일정 범위의 공무원에 한하여 근로3권을 인정할 수 있는 가능성을 개방하고 있는데, 이는 공무원의 공법상 근무관계의 특수성을 고려하여 '헌법 제7조의 규정내용'과 '공무원의 근로3권'의 조화를 도모하고자 하는 헌법적 표현이다. 헌법은 제33조 제1항에서는 모든 "근로자"가 근로3권의 주체라는 것을 밝히고 있는 반면, 같은 조 제2항에서는 공무원의 경우 "법률이 정하는 자"만이 근로3권의 주체가 된다는 것을 규정함으로써 공무원의 근로3권을 원칙적으로 부정하는 입장을 취하고 있다. 따라서 공무원의 경우, 일반근로자에 대한 근로3권의 보장과는 '원칙과 예외'의 관계를 달리하고 있다.

입법자는 어느 범위의 공무원에게 근로3권을 인정할 것인지에 관하여 광범위한 입법형성권을 가지고 있으나, 입법재량이 무제한적인 것은 아니다. 입법자는 근로3권의 주체가 될 수 있는 공무원의 범위를 정함에 있어서, 한편으로는 '위임된 직무의 성격상 공법상의 근무·충성관계를 전제로 하는 직무는 그 본질상 근로3권의 행사와 부합할 수 없다'는 헌법적 결정(헌법 제7조 제2항 및 제33조 제2항)을 존중해야 하며, 다른 한편으로는 '위임된 직무의 성격이 직업공무원관계에 속하는 것이 아니기 때문에 근로3권의 행사와 부합하는 경우에는 가능하면 근로3권을 인정해야 한다'는 헌법 제33조 제1항 및 제2항의 헌법

항의 규율내용을 충분히 고려하지 않는 것으로 오해의 소지가 있다.

1) 한편, 헌법재판소는 헌재 1993. 3. 11. 88헌마5 결정(노무에 종사하는 공무원의 쟁의행위금지)에서 "헌법의 개정경위와 현행 헌법 제33조 제2항의 해석상 구헌법과는 달리 국가공무원이든 지방공무원이든 막론하고 공무원의 경우에 전면적으로 단체행동권이 제한되거나 부인되는 것이 아니라 일정한 범위내의 공무원인 근로자의 경우에는 단결권·단체교섭권을 포함하여 단체행동권을 갖는 것을 전제하였으며, 다만 그 구체적 범위는 법률에서 정하여 부여하도록 위임하고 있는 것이다."고 판시하고 있다(판례집 5-1, 59, 69). 그러나 1980년 구헌법 제31조 제2항에 의하면 "공무원인 근로자는 법률로 인정된 자를 제외하고는 단결권·단체교섭권 및 단체행동권을 가질 수 없다"고 규정하였는데, 헌법개정에도 불구하고 규범내용에 있어서 근본적으로 바뀐 것은 없으며, 현행 헌법 제33조 제1항과 제2항이 '원칙과 예외'의 관계를 달리하고 있음은 부인할 수 없다.

적 결정을 고려해야 한다.[1] 헌법 제33조 제1항 및 제2항의 정신에 비추어 볼 때, 공무원의 근로3권을 전면적으로 부정하는 입법은 허용되지 않는다.

따라서 입법자는 개별적인 업무의 성격에 비추어 직업공무원관계의 특성이 직무수행을 위하여 요구되는지를 판단해야 한다. 행정의 성격이 침해행정인지 또는 급부행정인지의 여부는 근로3권이 인정되는 공직자의 범위를 확정하는 기준이 될 수 없다. 침해행정의 영역뿐만 아니라 합리적인 과제의 이행이 직업공무원제도의 특성에 의해서만 담보될 수 있는 행정의 영역에서는 공직자의 근로3권이 인정될 수 없다. 즉, 국가의 공권력을 행사하거나 국가정책결정과 관계되는 영역이거나 국가와 국민의 관계를 형성하는 영역에서는 공직자에게 근로3권이 인정될 수 없는 것이다.[2] 그러나 국민과 국가의 관계의 형성에 관하여 중요하고 독자적인 결정권한이 없는 공직자는 국가의 공권력을 행사하는 것이라 볼 수 없고, 이에 따라 공법상의 근무·충성관계에 위치할 필요도 없다. 따라서 입법자는 법률로써 주로 단순한 노무(勞務)에 종사하는 공직자에게는 일반적으로 근로3권을 인정할 수 있다.[3]

IX. 주요방위산업체에 종사하는 근로자의 단체행동권 제한

헌법 제33조 제3항은 "법률이 정하는 주요방위산업체에 종사하는 근로자의 단체행동권은 법률이 정하는 바에 의하여 이를 제한하거나 인정하지 아니할 수 있다."고 하여 특정 산업영역에 종사하는 근로자의 단체행동권이 제한될 수 있음을 명시적으로 밝히면서, 이를 구체적으로 법률로써 정하도록 입법자에게 위임하고 있다.

개인의 모든 기본권이 국가안전보장 등 공익상의 사유로 제한될 수 있음을 명시적으로 밝히고 있

---

1) 헌재 1992. 4. 28. 90헌바27(국가공무원의 노동운동금지), 판례집 4, 255, 267, "입법권자가 헌법 제33조 제2항의 규정에 따라 근로3권의 주체가 될 수 있는 공무원의 범위를 정함에 있어서는 근로3권을 보장하고 있는 헌법의 정신이 존중되어야 함은 물론 국제사회에 있어서의 노동관계 법규 등도 고려되어야 한다. 그러나 다른 한편, 근로자인 공무원의 직위와 직급, 직무의 성질, 그 시대의 국가·사회적 상황 등도 아울러 고려하여 합리적으로 결정하여야 한다. 이때에 비로소 헌법상 근로자에 대한 근로3권의 보장을 통하여 실현되어야 할 가치질서와, 합리적인 직업공무원제도의 유지·발전을 통하여 달성되어야 할 주권자인 전체국민의 공공복리의 목적이 적절히 조화될 수 있을 것이기 때문이다."
2) 국가공무원법 제26조의3은 '외국인과 복수국적자의 공무원임용'과 관련하여 유사한 기준을 제시하고 있다; 한편, 헌법재판소는 헌재 1993. 3. 11. 88헌마5 결정(노무직 공무원의 쟁의행위금지)에서 공무원의 쟁의행위를 전면적으로 금지하는 노동쟁의조정법규정에 대하여 헌법불합치결정을 하면서, 단체행동권이 부여되는 공무원의 범위를 정하는 기준으로서, "어떠한 부류의 공무원이 단체행동권을 갖기에 적합한가를 정함에 있어서는 사실상 노무에 종사하는가의 여부와는 다른 기준 즉, 종사하는 업무가 경찰·군인·교도관·소방관과 같은 직접적인 국가안전보장이나 질서의 유지와의 관련성, 국민경제와 국민의 정상생활에 미치게 될 해악의 정도, 환자치료나 간호와 같은 공중보건과의 직결성, 수도·에너지·생필품·쓰레기청소 등 국민의 생존권 문제와 관계되는 본질적인 것인가의 여부 등을 표준으로 하는 방안도 상정할 수 있을 것이다. … 이와 같은 직역에 있어서는 그 소임이 비록 사실상 노무라 하여도 그 종사자들의 파업과 같은 쟁의로 기능이 정지된다면 국민의 안전, 생존과 건강에 결정적인 위협, 국가·사회의 안위에 중대한 영향을 줄 수 있기 때문이다."라고 판시하고 있다(판례집 5-1, 59, 75). 그러나 노무직 근로자에게 근로3권이 인정된다 하더라도 공익상의 필요에 의하여 제한될 수 있다는 점에서, 헌법재판소는 위 판시내용에서 공무원 중 근로3권의 주체가 될 수 있는 범위의 문제와 근로3권의 제한가능성의 문제를 혼동하고 있다.
3) 헌법재판소도 헌재 1993. 3. 11. 88헌마5 결정(노무직 공무원의 쟁의행위금지)에서 공무원의 쟁의행위를 전면적으로 금지하는 노동쟁의조정법규정에 대하여 헌법불합치결정을 하면서, 헌법불합치의 상태를 제거하는 방안으로 "공무원 가운데 사실상 노무에 종사하는 공무원인 근로자에게 그 범위를 한정하여 단체행동권을 부여하는 방안"을 제시하고 있다(판례집 5-1, 59, 73); 또한, 공무원의 집단행위를 금지하는 국가공무원법 제66조도 제1항 단서에서 "다만, 사실상 노무에 종사하는 공무원은 예외로 한다."고 규정하고 있다.

는 헌법 제37조 제2항의 규정에 비추어, 헌법 제33조 제3항은 헌법 제37조 제2항의 일반적 법률유보의 조항을 단지 "주요방위산업체에 종사하는 근로자의 단체행동권"과 관련하여 구체화하고 있는 규정일 뿐이다. 또한, 주요방위산업체의 영역뿐만 아니라 국방이나 국민의 생존배려와 직결되는 영역에서는 단체행동권이 제한될 수 있다는 점에서 볼 때, 헌법 제33조 제3항은 반드시 필요한 조항은 아니라고 볼 것이다.

제 5 절 인간다운 생활을 할 권리

I. 헌법적 의미

헌법은 제34조에서 "① 모든 국민은 인간다운 생활을 할 권리를 가진다. ② 국가는 사회보장·사회복지의 증진에 노력할 의무를 진다. ③ 국가는 여자의 복지와 권익의 향상을 위하여 노력하여야 한다. ④ 국가는 노인과 청소년의 복지향상을 위한 정책을 실시할 의무를 진다. ⑤ 신체장애자 및 질병·노령 기타의 사유로 생활능력이 없는 국민은 법률이 정하는 바에 의하여 국가의 보호를 받는다. ⑥ 국가는 재해를 예방하고 그 위험으로부터 국민을 보호하기 위하여 노력하여야 한다."고 하여 사회적 기본권으로서 '인간다운 생활을 할 권리' 및 이를 구체화하는 일련의 국가의 의무와 과제를 규정하고 있다.

1. 사회적 기본권의 이념적 기초이자 일반조항

인간다운 생활을 할 권리는 사회적 기본권 중에서 가장 핵심적인 규정이자 우리 헌법에서 사회국가원리를 구성하는 핵심적 내용이라 할 수 있다. 인간다운 생활을 할 권리는 사회적 기본권의 이념적 기초이자 일반조항이다. 헌법에서 언급되고 있는 모든 사회적 기본권들은 인간다운 생활을 영위하기 위한 필수적인 요소에 해당한다. 국가에게 교육의 책임과 과제를 부과함으로써 교육을 통하여 국민의 인격발현의 기본조건을 확보해 주고자 하는 '교육을 받을 권리'(헌법제31조), 국가에게 상대적 완전고용의 의무를 부과함으로써 개인의 노력과 노동에 의한 자주적인 생계유지와 생활형성의 가능성을 확보해 주고자 하는 '근로의 권리'(헌법제32조), 국가에게 환경보전의무를 부과함으로써 자연환경과 생활환경을 보전하고자 하는 '건강하고 쾌적한 환경에서 생활할 권리'(헌법제35조) 등은 모두 인간다운 생활을 실현하기 위한 중요한 수단들이다.

모든 사회적 기본권은 궁극적으로 '인간다운 생활'을 실현하기 위하여 존재하는 것이며, '인간다운 생활을 할 권리'는 국가로부터의 자유를 의미하는 '자유권'과 함께 '인간의 존엄성'을 실현하기 위한 불가결한 요소이다. 인간존엄성의 보장은 국가에 대하여 법적인 자유와 평등의 보장뿐만 아니라, 인간존엄성을 유지하고 실현하기 위한 실질적 조건을 적극적으로 형성할 것을 요청한다. 인간존엄성을 실현하기 위한 실질적 조건을 보장하고자 하는 것이 바로 헌법 제34조 제1항의 '인간다운 생활을 할 권리'이다. 행복추구권이 자유권적 기본권의 영역에서 일반적인 자유권에 해당한다면, 인간다운 생활을 할 권리는 사회적 기본권의 영역에서 일반적인 사회권의 역할과 기능을 담당한다. 따라서 국가과제가 헌법에 명시적으로 규정되어 있지 않지만 국민의 인간다운 생활을 실현하기 위하여 요청되는 경우, 이러한 국가과제의 헌법적 근거로서 인간다운 생활을 할 권리가 고려된다.

2. 헌법 제34조에 의한 보장내용의 구체화

인간다운 생활을 할 권리는 위에서 살펴본 바와 같이 사회적 기본권의 일반조항의 의미를 넘어서, 헌법 제34조의 규정내용을 통하여 사회보장·사회복지의 증진을 위하여 노력해야 할 의무, 여자·노인·청소년의 복지향상을 위하여 노력해야 할 의무, 생활능력이 없는 국민을 보호해야 할 의무, 재해의 위험으로부터 국민을 보호해야 할 의무 등과 같은 국가의 구체적인 과제와 의무를 부과하고 있다. 헌법은 제34조 제2항에서 인간다운 생활을 실현하기 위한 효율적이고 중요한 수단인 사회보장·사회복지제도의 도입을 언급하고 있고, 제3항 내지 제5항에서 사회국가에서 특별히 배려하고 지원해야 할 사회적 약자인 여성·노인·청소년·생활능력이 없는 자의 복지향상과 보호를 규정하고 있다.[1]

Ⅱ. 법적 성격[2]

다른 모든 사회적 기본권과 마찬가지로, 헌법 제34조도 제1항에서 '인간다운 생활을 할 권리'를 개인의 주관적인 권리의 형태로 규정하면서, 권리의 구체적 내용을 제2항 내지 제6항에서는 인간다운 생활을 실현하기 위하여 요청되는 국가의 객관적인 의무와 과제를 통하여 구체화하고 있다.[3]

'인간다운 생활을 할 권리'는 비록 헌법에 주관적인 권리의 형태로 규정되어 있으나, 일차적으로 국가의 적극적인 사회국가적 활동과 급부를 통하여 모든 국민의 인간다운 생활을 실현해야 할 국가의 객관적인 목표의 성격을 가진다.[4] '인간다운 생활을 할 권리'와 관련하여 개인의 주관적인 권리가 문제된다면, 이는 단지 국가가 '인간다운 생활을 할 권리'를 실현하고자 하는 노력을 하지 않거나 게을리 한 경우 이를 헌법소송을 통하여 다툴 수 있는지의 관점에서 제기될 수 있을 뿐이다. 이러한 측면에 한하여, 인간다운 생활을 할 권리는 다른 모든 사회적 기본권과 마찬가지로, 국가의무이행의 여부 및 그 정도를 헌법소원을 통하여 다툴 수 있는 소송법적 권리를 내포하고 있다. 일부 학자는 '인간다운 생활을 할 권리'의 법적 성격을 '사회국가실현의 국가적 의무를 내포하는 국민의 구체적 권

---

1) 헌재 2002. 12. 18. 2002헌마52(저상버스 도입의무 불이행 위헌확인), 판례집 14-2, 904, 909, "헌법이 제34조에서 여자(제3항), 노인·청소년(제4항), 신체장애자(제5항) 등 특정 사회적 약자의 보호를 명시적으로 규정한 것은, '장애인과 같은 사회적 약자의 경우에는 개인 스스로가 자유행사의 실질적 조건을 갖추는 데 어려움이 많으므로, 국가가 특히 이들에 대하여 자유를 실질적으로 행사할 수 있는 조건을 형성하고 유지해야 한다'는 점을 강조하고자 하는 것이다."

2) 이에 관하여 제3편 제7장 사회적 기본권 제1절 Ⅱ. 참조.

3) 헌재 2002. 12. 18. 2002헌마52(저상버스 도입의무 불이행), 판례집 14-2, 904, "헌법은 제34조 제1항에서 모든 국민의 '인간다운 생활을 할 권리'를 사회적 기본권으로 규정하면서, 제2항 내지 제6항에서 특정한 사회적 약자와 관련하여 '인간다운 생활을 할 권리'의 내용을 다양한 국가의 의무를 통하여 구체화하고 있다."

4) 헌재 2003. 7. 24. 2002헌바51(산재보험법 적용대상사업의 제외), 판례집 15-2상, 103, "헌법 제34조 제2항, 제6항을 보더라도 이들 규정은 단지 사회보장·사회복지의 증진 등과 같은 국가활동의 목표를 제시하거나 이를 위한 객관적 의무만을 국가에 부과하고 있을 뿐, 개인에게 국가에 대하여 사회보장·사회복지 또는 재해 예방 등과 관련한 적극적 급부의 청구권을 부여하고 있다거나 그것에 관한 입법적 위임을 하고 있다고 보기 어렵다."

리'[1] 또는 '불완전하나마 구체적 권리'[2]로 표현하고 있는데, 이러한 서술이 그 자체로서 모순적이고 이해가 불가능한 내용이라는 것은 이미 사회적 기본권의 법적 성격과 관련하여 상술한 바 있다.

III. 구체적 내용

1. 사회보장·사회복지의 증진을 위하여 노력해야 할 의무

가. 사회국가의 핵심적 과제

헌법 제34조 제2항은 사회보장·사회복지의 증진을 위하여 노력해야 할 의무를 부과하고 있다. 사회국가의 과제 중에서 핵심적인 것이 바로 사회보장 및 사회부조를 통한 '사회적 안전'의 확보이다. 국가는 국민의 질병, 사고, 노령, 실업 등의 경우에 발생하는 위험에 대하여 연금보험, 의료보험, 실업보험 등 사회보장제도를 통한 사회적 안전망을 제공해야 한다. 나아가, 자력으로 생계를 유지할 수 없는 국민 또는 자연적 재난상황에 처한 국민에 대한 사회부조(社會扶助) 또는 공공부조(公共扶助)도 국가의 과제에 속한다.

사회보장·사회복지의 증진이라는 국가과제의 실현의무는 일차적으로 입법자를 구속하는 사회국가적 의무이다. 그러나 입법자는 사회보장·사회복지제도를 어떠한 시기에 어떠한 형태로 도입할 것인지에 관하여 국가의 재정상태 및 다른 국가과제와의 관계 등을 고려하여 결정할 수 있는 광범위한 형성권을 가지고 있다. 따라서 국민은 원칙적으로 입법자로부터 특정한 사회정책이나 사회보장·사회복지제도의 도입을 요구할 수 없다. 다만, 국민은 경우에 따라 국가의 사회보장·사회복지 증진의무의 실현여부를 헌법재판을 통하여 다툴 수 있을 뿐이고, 이러한 경우에 한하여 헌법적 구속력을 가지는 사회적 기본권 실현의무에 대응하는 개인의 주관적 권리가 인정될 수 있을 뿐이다.

나. 사회보장수급권

사례 │ 헌재 1995. 7. 21. 93헌가14(국가유공자에 대한 보상금 지급기간의 제한 사건)

甲은 군복무중 전상(戰傷) 내지 공상(公傷)을 입고 전역한 자인데, 관계법령의 부지(不知)로 당국에 국가유공자로서의 등록신청을 늦게 하여 그 등록신청 후부터는 국가유공자예우등에관한법률(이하 '예우법')이 정하는 보상금을 지급받고 있으나, 보상을 받을 수 있는 권리의 발생시기를 등록신청을 한 날이 속하는 달로 규정하고 있는 예우법 제9조 본문에 의하여 위 등록신청 전의 기간에 대하여는 보상금의 지급을 거절당하고 있다. 이에 甲은 대한민국을 상대로 하여 법원에 보상금의 지급을 구하는 소를 제기하면서 위 법률조항이 인간다운 생활을 할 권리 등에 위배된다는 주장으로 위헌법률심판제청신청을 하였고, 위 법원은 그 신청을 받아들여 위헌법률심판제청을 하였다.[3]

---

1) 허영, 한국헌법론, 2010, 542면.
2) 권영성, 헌법학원론, 2010, 657면.
3) 헌재 1995. 7. 21. 93헌가14(국가유공자에 대한 보상금 지급기간의 제한 사건), 판례집 7-2, 1, "제9조가 정하고 있는 전몰군경의 유족 및 전공사상자의 수급권은 다른 국가보상적 내지 국가보훈적 수급권이나 사회보장수급권과 마찬가지로 구체적인 법률에 의하여 비로소 부여되는 권리라고 할 것이고, 보상금수급권의 내용, 그 발생시기 등도 입법자의 광범위한 입법형성의 자유영역에 속하는 것으로서 기본적으로는 국가의 입법정책에 달려 있는 것이다. 따라서 급여금수급권 발생시기를 예우법 제6조에서 정한 등록을 한 날이 속하는 달로 규정한 것도 원칙적으로 입

(1) 법적 성격

社會保障受給權이란, 입법자가 헌법 제34조 제2항의 헌법위임을 이행하기 위하여 제정한 사회보장법에서 정하는 바에 따라 사회보장급여를 받을 권리를 말한다. 즉, 사회보장수급권이란, 국가가 사회보장·사회복지의 증진이라는 국가과제를 이행한 결과인 법률에 의하여 보장되는 권리이다. 헌법은 제34조 제2항에서 직접 개인에게 사회보장수급권을 보장하고 있는 것이 아니라, 국가에게 사회보장제도를 통하여 인간다운 생활을 할 권리를 실현해야 할 의무를 부과하고 이러한 과제의 구체적인 이행방법에 관하여는 입법자의 형성권에 위임하고 있다. 따라서 사회보장수급권은 입법자가 이러한 과제를 사회보장법의 제정을 통하여 이행함으로써 비로소 발생하는 것이다. 입법자가 사회보장의 과제를 이행하지 않는 경우 개인이 이를 헌법소송을 통하여 다툴 수 있는 주관적 권리를 가지는지의 문제는 사회보장수급권의 법적 성격과는 전혀 별개의 문제이다.

한편, 헌법재판소의 일부 판례는 "사회보장수급권은 헌법 제34조 제1항에 의한 인간다운 생활을 보장하기 위한 사회적 기본권 중의 핵심적인 것이고 의료보험수급권은 바로 이러한 사회적 기본권에 속한다."고 하여 사회보장수급권을 사회적 기본권으로 서술하고 있다.[1] 그러나 이러한 판시내용은 헌법상의 권리와 법률상의 권리를 혼동하는 중대한 오류에 속한다. 사회적 기본권에 속하는 것은 의료보험수급권과 같은 사회보장수급권이 아니라 '인간다운 생활을 할 권리'이며, '인간다운 생활을 할 권리'는 사회보장제도 등을 통하여 모든 국민의 인간다운 생활을 실현해야 할 국가의 과제이자 의무이고, 이러한 보장내용을 가진 사회적 기본권을 실현하기 위한 입법에 의하여 구체적으로 형성된 권리가 바로 사회보장수급권인 것이다.[2] 따라서 사회보장수급권이 구체적 법률에 의하여 비로소 부여되는 권리라고 하면서 동시에 사회적 기본권이라고 하는 것은, 그 자체로서 논리적 모순이다. 사회보장수급권은 구체적인 법률에 의하여 비로소 부여되는 법률상의 권리로서 헌법상의 기본권이 아니다.

(2) 구체적 내용

사회보장제도란, 질병·장애·노령·실업 등의 사회적 위험으로부터 국민을 보호하고 모든 국민이 인간다운 생활을 영위하고 생활수준을 향상시킬 수 있도록 하기 위하여 시행되는 제도로서 사회보험제도·공공부조제도·사회복지서비스 등을 포괄하는 개념이다(사회보장기본법 제2조 및 제3조 제1호 참조).

법재량에 속한다고 할 것이어서 그 구체적 내용이 특히 그 입법재량의 범위를 일탈한 것이 아닌 한 헌법에 위반된다고 할 수 없다."; 판례집 7-2, 1, 3, "예우법이 각종 보호와 지원을 하고 있는 사정과 "인간다운 생활"이라고 하는 개념이 사회의 경제적 수준 등에 따라 달라질 수 있는 상대적 개념이라는 점을 고려하면, 이 사건 법률조항이 헌법 제34조 제1항의 인간의 존엄에 상응하는 "최소한의 물질생활"의 보장을 내용으로 하는 인간다운 생활을 할 권리를 침해하였다거나, 헌법 제34조 제2항 소정의 헌법상의 사회보장, 사회복지의 이념이나 이를 증진시킬 국가의 의무에 명백히 반한다거나 헌법 제32조 소정의 국가유공자에 대한 우선적 보호이념에도 반한다고 할 수 없어 입법재량의 범위를 일탈한 규정이라고 할 수 없다."

1) 가령, 헌재 2003. 12. 18. 2002헌바1(경과실의 범죄행위에 대한 의료보험급여의 배제), 판례집 15-2하, 441, 449; 또한, 헌재 2010. 4. 29. 2009헌바102(유족연금수급권자의 범위 제한), 판례집 22-1하, 37, 46, "헌법 제34조 제1항은 … 규정하고 있는바, 사학연금법상의 연금수급권과 같은 사회보장수급권은 이 규정들로부터 도출되는 사회적 기본권 중의 하나이다."

2) 이를 타당하게 지적하고 있는 헌법재판소의 결정으로는 가령, 헌재 2003. 7. 24. 2002헌바51(산재보험법 적용대상 사업의 제외), 판례집 15-2상, 103, "요컨대 사회보장수급권은 헌법 제34조 제1항 및 제2항 등으로부터 개인에게 직접 주어지는 헌법적 차원의 권리라거나 사회적 기본권의 하나라고 볼 수는 없고, 다만 위와 같은 사회보장·사회복지 증신의무를 포섭하는 이념적 지표로서의 인간다운 생활을 할 권리를 실현하기 위하여 입법자가 입법재량권을 행사하여 제정하는 사회보장입법에 그 수급요건, 수급자의 범위, 수급액 등 구체적인 사항이 규정될 때 비로소 형성되는 법률적 차원의 권리에 불과하다 할 것이다."

사회보험이란, 국민에게 발생하는 사회적 위험을 사회보험의 방식(위험의 분산, 소득의 재분배, 사회연대)으로 대처함으로써 국민의 건강과 소득을 보장하는 제도를 말한다(사회보장기본법 제3조 제2호 참조). 사회보험은 사회적 위험의 유형에 따라 의료보험, 연금보험, 재해보상보험, 실업보험 등으로 나누어진다. 사회보험은 사회연대의 원칙에 기초하여 동일위험집단에 속한 국민에게 법률로써 가입을 강제하고 소득재분배를 하기에 적합한 방식으로 보험료를 부과함으로써, 국민 개개인에게 절실히 필요한 보험을 제공하고 보험가입자간의 소득재분배 효과를 거두고자 하는 것이다.[1] 이에 관한 법률로는 사회보장기본법, 국민건강보험법 등이 있다.

공공부조(公共扶助)란, 생활유지능력이 없거나 생활이 어려운 국민의 최저생활을 보장하고 자립을 지원하는 제도를 말한다(사회보장기본법 제3조 제3호). 이에 관한 법률로는 국민기초생활보장법 등이 있다.

사회복지서비스란, 도움이 필요한 모든 국민에게 상담, 재활, 직업의 소개 및 지도, 사회복지시설의 이용 등을 제공하여 정상적인 사회생활이 가능하도록 지원하는 제도를 말한다(사회보장기본법 제3조 제4호). 이에 관한 법률로는 장애인복지법, 노인복지법 등이 있다.

2. 여자·노인·청소년의 복지향상을 위하여 노력해야 할 의무

가. 사회적 약자에 대한 우대의 허용

사회국가원리는 특히 개인적 또는 사회적 상황으로 말미암아 개인적 인격발현에 있어서 불리함을 입는 개인이나 집단에 대하여 국가가 특별히 배려하고 지원할 것을 요청한다. 이러한 의미에서, 헌법 제34조는 사회적·경제적 약자인 여자, 노인, 청소년, 신체장애자, 생활능력이 없는 국민 등에 대하여 우대를 허용하고 있다. 헌법 제34조는 사회적·경제적 약자에게도 자유행사의 실질적 조건을 마련해 주고자 하는 사회국가원리의 구체적 표현으로서, 그들에 대한 유리한 차별의 헌법적 근거를 제공하는 규범들이다.[2]

나. 실질적인 양성평등을 실현해야 할 국가의 의무[3]

헌법 제34조 제3항은 "여자의 복지와 권익의 향상"을 국가의 과제로 규정함으로써, 혼인과 가족생활의 영역에서 양성의 평등을 요청하는 헌법 제36조 제1항과 함께, 사회의 모든 영역에서 사실상의 남녀평등을 실현할 것을 국가에 대하여 요청하고 있다. 헌법 제11조의 평등권은 단지 형식적 평등, 즉 자유행사의 법적 기회에 있어서의 평등을 요청하는 반면, 헌법 제34조 제3항은 남성과 여성의 생활관계가 법적으로뿐만 아니라 실제로 사회적 현실에서도 남녀평등을 기초로 성립하도록 노력해야 할 국가의 의무를 부과하고 있다. 국가는 성별에 의한 기존의 사실상의 불이익을 제거해야 할 뿐만 아니라, 나아가 남녀평등을 사실상으로 관철하기 위한 지원조치를 취해야 한다. 국가는 소극적인 평등정책에 만족해서는 안 되고, 사실상의 남녀평등을 촉진하기 위한 적극적인 정책을 개발하고 추진해야 한다. 구체적으로, 국가는 여성의 사회참여를 촉진하고 여성에 대한 직업상 불이익을 제거해야 하며, 가정과 직업을 조화시킬 수 있는 지원제도를 마련해야 한다.

---

1) 헌재 2000. 6. 29. 99헌마289(의료보험통합), 판례집 12-1, 913, 942-944 참조.
2) 사회국가원리를 실현하기 위하여 차별을 허용하는 위 규정들에 의하여 사회적 약자에 대한 유리한 차별이 곧 정당화되는 것은 아니므로, 차별이 평등원칙의 관점에서 정당화되는지는 별도로 심사되어야 한다.
3) 이에 관하여 제3편 제3장 평등권 Ⅷ. 적극적인 평등실현조치 부분 참조.

다. 국가정책결정에서 사회적 약자의 이익을 고려해야 할 의무[1]

노인이나 청소년과 같은 사회 내의 일부 계층의 이익은 이익단체로 조직되는 것이 어렵거나 정치적으로 제공할 수 있는 반대급부(유권자로서 선거권, 노동력 등)가 없기 때문에, 다양한 이익간의 자유경쟁에서 적절하게 대변되고 관철되기 어렵다. 헌법은 제34조 제4항에서 노인과 청소년의 복지향상을 특별히 언급함으로써 국가의 정치적 의사형성과정에서 이러한 이익을 고려할 것을 요청하고 있다.

3. 신체장애자 및 생활능력이 없는 국민을 보호해야 할 의무

가. 생활무능력자에 대한 국가의 보호의무

헌법은 제34조 제5항에서 국가에게 신체장애자 및 생활무능력자에 대한 보호의무를 부과하고 있다. 이러한 보호의무를 이행하기 위한 수단 중에서 가장 중요한 것은 생활무능력자에 대한 '최저한의 물질적 급부'의 제공이다. 물론, 헌법 제34조 제5항이 제시하는 국가과제는 최저생계의 보장에 국한되는 것은 아니다. 사회국가는 자유를 행사할 수 있는 사실상의 가능성을 가지지 못한 사회적 약자에게도 자유를 행사할 수 있는 실질적 조건을 형성함으로써 자유행사에 있어서 실질적인 기회균등을 실현해야 할 의무를 진다.[2] 그러나 최저생계의 보장을 넘어서 어떠한 보호조치를 취할 것인지에 관하여는 국가에게 광범위한 형성권이 인정된다.

나. '인간다운 생활을 할 권리'의 '보장내용'에 관한 학계 논의의 문제점

학계에서는 '인간다운 생활을 할 권리'의 '보장내용'이 무엇인지에 관하여 인간답게 생활하는 데 필요한 최소한의 물질적 급부라는 견해, 건강하고 문화적인 최저한도의 생활을 영위하는 데 필요한 급부라는 견해 등 다양한 견해가 주장되고 있다. 그러나 위와 같은 학계의 논의에 대해서는 다음과 같은 의문이 제기된다.

첫째, 여기서 논의의 대상이 되는 것은 엄밀한 의미에서 '인간다운 생활을 할 권리'의 보장내용이 아니라 '생활능력이 없는 국민을 보호해야 할 의무'에 관한 것이라는 점에서, 논의가 이루어지는 방법 또는 장소가 잘못된 것이 아닌가 하는 의문이 든다. 모든 국민의 인간다운 생활을 실현해야 할 국가의 포괄적인 과제를 의미하는 '인간다운 생활을 할 권리'가 보장하고자 하는 바는, 국민 누구나 스스로 기본권적 자유를 행사할 수 있는 상태의 실현이다. 이러한 보장내용은 '최소한의 물질적 급부'나 '건강하고 문화적인 최저한도' 등의 범주에 의하여 파악될 수 없는 전혀 다른 차원의 것이고 보다 포괄적인 것이다. '인간다운 생활을 할 권리'의 보장내용을 '최소한의 인간다운 생존 보장'의 관점에서 파악하고자 하는 학계의 시도는 '인간다운 생활을 할 권리'의 포괄적인 보장내용을 부당하게 '최소한의 생존보장'의 의무로 축소하거나 아니면 적어도 인간다운 생활을 할 권리의 보장내용을 왜곡하는 측면이 있다. 따라서 '인간다운 생활을 위한 최소한이 무엇인지'에 관한 논의는 인간다운 생활을 할 권리의 내용을 구체화하고 있는 개별 헌법규정인 헌법 제34조 제5항에 근거하여 '생활무능력

---

1) 이에 관하여 제3편 제7장 사회적 기본권 제1절 Ⅴ. 3. 참조.
2) 헌재 2002. 12. 18. 2002헌마52(저상버스 도입의무 불이행), 판례집 14-2, 904; 헌재 2009. 5. 28. 2005헌바20 등(산재보험법상 최고보상제도의 도입), 판례집 21-1하, 446, 447, 470, "헌법 제34조 제5항은 … 신체장애자에 대한 특별한 보호를 규정하고 있는바, 장애인과 같은 사회적 약자의 경우에는 개인 스스로가 자유행사의 실질적 조건을 갖추는 데 어려움이 많으므로 국가가 특히 이들에 대하여 자유를 실질적으로 행사할 수 있는 조건을 형성하고 유지해야 한다는 점을 강조하고자 하는 것이다."

자에 대한 국가의 보호의무'와 관련하여 이루어져야 한다.

둘째, 학계의 이러한 논의는 '인간다운 생활을 할 권리'를 마치 자유권처럼 개인의 특정한 상태나 법익을 보호하는 기본권으로 이해하여 주관적 권리의 내용이 무엇인지를 묻는 것으로, 그 출발점부터 잘못된 것이 아닌가 하는 의문이 든다. '인간다운 생활을 할 권리'란 개인의 주관적 관점에서 판단되어야 할 '인간의 특정한 상태의 보장'의 문제가 아니라 인간다운 생활을 실현해야 할 국가의 객관적인 과제의 문제이기 때문이다.

따라서 논의의 출발점은, 인간다운 생활을 할 권리가 '최소한의 인간다운 생존 보장'이라는 구체적인 국가의무를 부과하기 때문에 이에 대응하는 개인의 주관적 권리가 인정될 수 있는지의 관점이어야 한다. 즉, '최소한의 인간다운 생존 보장'의 문제는, '인간다운 생활을 할 권리' 및 이를 구체화하는 헌법 제34조 제5항의 '생활무능력자에 대한 보호의무'로부터 예외적으로 이를 보장해야 할 국가의 구체적인 의무가 도출될 수 있는지의 문제에 관한 것이다. 인간다운 생활을 할 권리로부터는 원칙적으로 국가의 구체적인 의무나 과제를 도출할 수 없으나, 예외적으로 헌법 제34조 제5항과의 관계에서 최소한의 인간다운 생존 보장에 관한 국가의 구체적 의무가 인정될 수 있다.[1] 여기서 '최소한의 인간다운 생존 보장'이란 생계를 위한 최소한의 물질적 급부(최저생계보장)를 말하는 것이고, 최저생계의 보장은 인간다운 생활을 할 권리로부터 직접 도출될 수 있는 유일한 구체적인 국가의무인 것이다.

한편, 개인이 인간다운 생활을 할 권리와 생활무능력자에 대한 국가의 보호의무를 근거로 하여 국가로부터 직접 최저생계를 위한 적극적인 급부를 청구할 수 있는 것인지 아니면 국가의 구체적 의무는 단지 입법자를 직접적으로 구속하는 의무로서 입법자가 최저생계를 보장하는 입법을 해야 할 의무를 지는 것인지의 문제가 제기된다. 법원이 법적인 근거 없이 인간다운 생활을 할 권리를 근거로 하여 직접 국가의 급부를 명령하는 판결을 하는 것에는 헌법적으로 문제가 있을 뿐만 아니라 최저생계를 판단함에 있어서도 현실적으로 어려움이 따르므로, 최저생계를 위한 급부를 요구할 수 있는 개인의 구체적 권리는 입법자에 대하여 이에 관한 구체적 입법을 청구할 수 있는 권리(헌법소송법상의 권리)로 이해하는 것이 타당하다.

다. 헌법재판소의 판례

헌법재판소는 이미 초기의 판례부터 "최소한의 물질적 생활에 필요한 급부를 요구할 수 있는 구체적인 권리가 상황에 따라서는 직접 도출될 수 있다"고 판시함으로써, 최저생계의 급부를 요구할 수 있는 개인의 주관적 권리를 '인간다운 생활을 할 권리'로부터 도출할 수 있는 가능성을 인정하고 있다.[2] 헌법재판소가 이러한 가능성을 언급한다면, 이는 위에서 서술한 의미로 이해되어야 한다.

---

1) 이에 관하여 제2편 제6장 사회국가원리 제1절 Ⅲ. 3. 참조.
2) 헌재 1995. 7. 21. 93헌가14(국가유공자에 대한 보상금 지급기간의 제한 사건), 판례집 7-2, 1, 3, "인간다운 생활을 할 권리로부터는 인간의 존엄에 상응하는 생활에 필요한 '최소한의 물질적인 생활'의 유지에 필요한 급부를 요구할 수 있는 구체적인 권리가 상황에 따라서는 직접 도출될 수 있다고 할 수는 있어도, 동 기본권이 직접 그 이상의 급부를 내용으로 하는 구체적인 권리를 발생케 한다고는 볼 수 없다고 할 것이다."; 同旨 헌재 2000. 6. 1. 98헌마216, 판례집 12-1, 622, 640, 647; 헌재 2003. 7. 24. 2002헌바51(산재보험법 적용대상사업의 제외), 판례집 15-2상, 103.

4. 재해의 위험으로부터 국민을 보호해야 할 의무

사회국가의 과제는 국민에 대한 생존적 배려와 사회적 약자에 대한 사회보장에 그치는 것이 아니라 사회에서 발생하는 모든 부정적 현상에 적절하게 대처해야 할 국가의 포괄적인 의무를 포함한다. 따라서 자연재해를 비롯하여 현대산업사회에서 발생하는 재해의 위험을 방지하고 재해의 위험으로부터 국민을 보호하는 것도 사회국가의 과제에 속한다. 헌법 제34조 제6항은 자연재해, 산업사회에서 생명과 건강을 위협하는 산업시설 및 오염물질 등 환경영역에서의 잠재적 위험원(危險原)으로부터 국민을 보호해야 할 국가의 의무를 부과하고 있다. 입법자는 '재난 및 안전관리 기본법', 재해구호법 등 일련의 법률을 통하여 이러한 의무를 이행하고 있다.

Ⅳ. 인간다운 생활을 할 권리의 실현 한계 및 위헌심사

1. 위헌심사의 기준

모든 사회적 기본권과 마찬가지로, 인간다운 생활을 할 권리도 법률에 의하여 제한되는 것이 아니라 비로소 실현되고 구체적인 권리로 형성되는 것이다. 따라서 헌법 제37조 제2항의 일반적 법률유보조항과 과잉금지원칙이 적용되지 않는다. 헌법재판소는 '최저생계기준 결정'(헌재 1997. 5. 29. 94헌마33) 이래 다수의 결정에서 과소(보장)금지원칙이 사회적 기본권의 이행여부를 판단함에 있어서 적용되는 심사기준임을 명시적으로 밝힌 바 있다.[1]

2. 사회보장수급권의 축소에 대한 위헌심사기준

한편, '인간다운 생활을 할 권리'가 법률에 의하여 제한되는 것이 아니라 구체적으로 형성된다고 하는 것과 명백히 구분되어야 하는 것은, 입법자가 인간다운 생활을 할 권리를 구체화한 결과인 '사회보장법상의 권리'가 사회현상의 변화나 국가재정의 악화 등으로 인하여 다시 제한(축소 또는 폐지)될 수 있는지의 문제이다.[2] 사회보장수급권 제한의 문제는 본질적으로 법률개정이 제기하는 문제와 동일한 것이며, 이는 곧 신뢰보호의 문제를 의미한다. 따라서 이러한 문제는 사회보장수급권이 재산권보장의 보호범위에 속하는지의 여부에 따라 재산권보장 또는 신뢰보호원칙의 관점에서 판단되어야 한다.[3]

---

1) 헌재 2004. 10. 28. 2002헌마328(국민기초생활보장 최저생계비), 판례집 16-2하, 195, "국가가 인간다운 생활을 보장하기 위한 헌법적 의무를 다하였는지의 여부가 사법적 심사의 대상이 된 경우에는, 국가가 최저생활보장에 관한 입법을 전혀 하지 아니하였다든가 그 내용이 현저히 불합리하여 헌법상 용인될 수 있는 재량의 범위를 명백히 일탈한 경우에 한하여 헌법에 위반된다고 할 수 있다."; 헌재 2014. 2. 27. 2012헌바469, 판례집 26-1상, 241, 251, "이 사건 법률조항은 산재법상의 유족급여제도와 관련하여 국가가 실현해야 할 객관적 내용을 최소한도로 보장하는 정도에 이르지 못하였다거나, 헌법상 용인될 수 있는 입법재량의 범위를 명백히 일탈하였다고는 보기 어렵다 할 것이므로, 청구인의 인간다운 생활을 할 권리를 침해하였다고 볼 수 없다."
2) 이에 관하여 또한 제2편 제6장 사회국가원리 제1절 Ⅲ. 3. 나. 참조.
3) 가령, 헌재 2009. 5. 28. 2005헌바20 등(산재보험법상 최고보상제도의 도입), 판례집 21-1하, 446, 447, [장해보상연금을 수령하고 있던 수급권자에게도 2년 6월의 유예기간 후 장해보상연금액을 감액하는 최고보상제도를 적용하는 것이 재산권보장 및 신뢰보호원칙에 위반되는 것인지에 관하여] "입법자의 결단은 최고보상제도 시행 이후에 산재를 입는 근로자들부터 적용될 수 있을 뿐, 제도 시행 이전에 이미 재해를 입고 산재보상수급권이 확정적으로 발생한 청구인들에 대하여 그 수급권의 내용을 일시에 급격히 변경하여 가면서까지 적용할 수 있는 것은 아니라고 보

3. 인간다운 생활을 할 권리의 실현 한계

가. 인간다운 생활을 할 권리는 국가의 재정상태 및 국가의 다른 과제에서 그 실현의 한계에 부딪힌다. 사회보장이나 사회복지, 사회적 약자에 대한 지원과 배려는 국가재정이 허용하는 범위 내에서 다른 국가과제와의 조정을 통하여 실현될 수밖에 없다. 인간다운 생활을 할 권리의 실현은 무엇보다도 국가의 재정에 의존하고 있다. 국가의 급부능력은 인간다운 생활을 실현하기 위한 사실상의 전제조건이며, 국가의 급부능력은 국가의 경제성장에 달려있다.

나. 모든 국민이 인간다운 생활을 할 수 있는 국가적 상태를 실현하는 것은 모든 사회·복지국가의 궁극적인 목적이다. 인간다운 생활을 할 권리는, 모든 국민이 자력으로 자신의 기본권적 자유를 스스로 행사할 수 있고, 이로써 각자 자신의 생활을 자기 책임 하에서 독자적으로 형성할 수 있는 상태를 실현하고자 하는 것이다. 사회국가는 국민에게 자유행사의 실질적 조건과 물질적 바탕을 마련해 줌으로써 개인이 스스로 자유를 행사할 수 있도록 지원하고자 하는 것이고, 모든 국민이 자유행사에 있어서 균등한 출발의 기회를 가질 수 있도록 실질적 기회균등을 실현하고자 하는 것이다. 따라서 사회국가는 급부의 제공을 통하여 개인의 생활을 규율하고 국가에 의존시키는 국가가 아니라, 개인을 보다 자유롭게 하고자 하는 국가이다. 바로 여기에 사회국가의 자유주의적 요소가 있고 사회국가실현의 한계가 있다.

제 6 절 環 境 權

헌법 제35조는 제1항에서 "모든 국민은 건강하고 쾌적한 환경에서 생활할 권리를 가지며, 국가와 국민은 환경보전을 위하여 노력하여야 한다."고 하여 환경권을 규정하면서, 제2항에서 "환경권의 내용과 행사에 관하여는 법률로 정한다."고 하여 환경권의 구체적 내용을 법률로써 정하도록 위임하고 있다. 또한, 헌법 제35조 제3항은 "국가는 주택개발정책 등을 통하여 모든 국민이 쾌적한 주거생활을 할 수 있도록 노력하여야 한다."고 규정하고 있다.

I. 환경권의 法的 性格

1. 國家의 目標로서 환경권

가. 환경보전은 현대산업국가의 숙명적 과제이다. '경제적·기술적 발전은 환경·자연의 조건과 조화를 이루어야 한다'는 환경의식(소위 '지속가능한 발전'의 사고)이 전세계적으로 확산됨에 따라, 다수의 국가에서 '환경보전'의 목표를 헌법에 수용하였거나 수용여부를 논의하고 있다. 우리 헌법도 1980년 개정헌법에서 처음으로 기본권의 형식으로 환경조항을 수용하였다.

환경권은 '건강하고 쾌적한 환경에서 생활할 권리'라는 주관적인 규정형식에도 불구하고 일차적

아야 할 것이다. 따라서 심판대상조항은 신뢰보호의 원칙에 위배하여 청구인들의 재산권을 침해하는 것으로서 헌법에 위반된다."

으로 환경보전을 위하여 노력해야 할 국가목표와 국가과제의 성격을 가진다. 헌법상 환경권은 국가의 환경보호의무의 이행을 통하여 비로소 실현되는 기본권이며, 환경보호를 위하여 개인의 자유권에 대한 제한을 전제로 하는 기본권이다. 따라서 이러한 성격의 기본권규정은 그 본질상 주관적 권리가 아니라 일차적으로 객관적 성격을 가지고 있다.[1]

환경권은 국가의 과제규범 또는 목표조항으로서 입법·행정·사법의 국가기관에 대하여 구속력을 가지고 국가행위의 방향을 제시한다. 환경권은 '환경의 보전'이라는 국가과제를 제시하고 국가기관에게 권력분립원리에 따라 그의 헌법적 기능과 권한에 부합하게 환경보전의 과제를 이행해야 할 의무를 부과하고 있다.[2] 환경권은 국가목표로서 국가행위의 지침이자 법규범의 해석 지침이다.

나. 헌법 제35조의 환경권이 보호하고자 하는 '환경'은 '환경보전'이라는 헌법적 표현을 통하여 밝히고 있는 바와 같이, 일차적으로 '보전되어야 하는 환경', 즉 自然的 環境이다. '자연적 환경'이란 공기, 물, 토양, 기후, 풍광, 동·식물계 등을 포괄하는 개념이다. 그러나 국가는 모든 국민이 건강하고 쾌적한 환경적 조건에서 생활할 수 있도록 노력해야 할 포괄적인 의무를 지기 때문에, 헌법 제35조의 환경에는 '자연적 환경'뿐만 아니라 국민의 일상적 생활이 이루어지는 '生活環境'도 포함된다.[3] 따라서 국가는 자연적 환경을 그대로 보존하고자 노력해야 할 뿐만 아니라, 나아가 인공적 환경과 주거환경을 건강하고 쾌적하게 조성해야 할 의무를 진다.

다. 환경 보전의 과제는 '지속적이고 항구적' 국가과제이다. 국가과제의 이러한 특성에 비추어 국가의 환경보전의 책임은 현재와 미래에 대한 것이고, 환경보전의 과제는 현재 세대뿐만 아니라 미래 세대를 위한 과제이다. 따라서 '미래세대에 대한 책임'을 헌법에서 명시적으로 언급하고 있는지 여부는 환경보전이라는 국가 과제의 범위와 성격에 큰 영향을 미치지 않는다.[4]

헌법 제35조에서 규정하는 환경보전의 의무는 '기후보호의 의무'를 포괄한다. 이러한 점에서 환경보전의 과제는 '全地球的·범세계적 과제'이다. 환경보전 과제의 이러한 특성에 비추어 '기후보호의 과제'는 국가적 차원에 국한되는 것이 아니라, 모든 국가에게 기후문제를 해결하기 위한 국제적 노력과 협력을 다할 의무를 부과한다. '지구온난화의 문제'는 全地球的 현상이고 범세계적 과제이므로, 국가에게 탄소배출로 인한 지구온난화 문제의 해결을 위해 초국가적 차원에서 온실가스를 감축하고 탄소중립을 실현해야 할 의무를 부과한다.[5] 탄소배출로 인한 지구온난화는 원상회복이 불가능하여

---

[1] 그러나 이러한 관점에서 본다면, 헌법 제35조 제2항에서 '환경권의 행사'를 언급한 것은 환경권에 대한 헌법개정자의 이해 부족에 기인하는 것으로 보인다. 환경권은 개인적 권리로서 개인에 의하여 행사되는 것이 아니라, 국가와 개인에 대하여 '환경보전'의 의무를 부과하는 것이기 때문이다.

[2] 대법원 2006. 6. 2. 자 2004마1148 등 결정(천성산 도롱뇽), [환경권에 관한 헌법 제35조 제1항의 취지] "헌법 제35조 제1항은 … 환경권을 헌법상의 기본권으로 명시함과 동시에 국가와 국민에게 환경보전을 위하여 노력할 의무를 부과하므로, 국가는 각종 개발·건설계획을 수립하고 시행함에 있어 소중한 자연환경을 보호하여 그 자연환경 속에서 살아가는 국민들이 건강하고 쾌적한 삶을 영위할 수 있도록 보장하고 나아가 우리의 후손에게 이를 물려줄 수 있도록 적극적인 조치를 취하여야 할 책무를 부담한다."

[3] 환경정책기본법도 환경을 자연환경과 생활환경을 포함하는 의미로 이해하고 있다(제3조 제1호). 또한, 헌재 2008. 7. 31. 2006헌마711(공직선거에서 확성장치 사용), 판례집 20-2상, 345, 358.

[4] 독일기본법상의 환경권조항인 제20조의a는 "국가는 미래세대에 대하여 책임을 진다는 점에서도 헌법적 질서의 범위 내에서 입법을 통하여 그리고 법률과 법에 따라 행정과 사법을 통하여 자연적 생활기반과 동물을 보호한다."고 하여 '미래세대에 대한 책임'을 명시적으로 규정하고 있다.

[5] 헌재 2024. 8. 29. 2020헌마389등(기후위기 대응을 위한 국가 온실가스 감축목표), [국가 온실가스 배출량을 2030년까지 2018년의 국가 온실가스 배출량 대비 35퍼센트 이상의 범위에서 대통령령으로 정하는 비율만큼 감축하는 것

不可逆的이고 지구온난화를 멈추기 위해서는 범세계적인 탄소 감축이 유일한 수단이므로, 입법자는 탄소배출을 감축해야 한다는 헌법적 구속을 받는다.[1]

2. 국가목표의 상대방으로서 國家

가. 입법자

(1) 환경정책의 주체로서 입법자

환경보전의 의무는 일차적으로 입법자에게 부과된다. '환경보전'이란 추상적이고 불명확한 헌법적 과제를 구체화하고 실현하는 것은 일차적으로 입법자의 과제이다. 국가행위의 목표와 방향은 헌법 제35조 제1항에서 '환경보전'으로 확정되었으나, 요청되는 환경보전의 과제를 어떠한 방법으로 어떠한 수준으로 실현할 것인지에 관하여는 입법자의 형성권에 위임하고 있다. 헌법은 제35조 제2항에서 "환경권의 내용과 행사에 관하여는 법률로 정한다."고 하여 이러한 입법자의 과제를 명시적으로 밝히고 있다. 이로써, 입법자는 환경정책의 주체이다.[2]

자연적 생활근거의 침해방지와 보호는 입법자에 의한 지속적인 구체화와 실현에 의존하고 있다. 입법자는 현대과학·기술의 학문적 발전 상태에 부합하게 환경에 대한 위험을 인식하여 예측판단을 하고 적합한 보호조치를 취해야 할 의무를 지고 있다. 환경과 기술의 영역에서 변화가 있는 경우에는 입법자에게는 종래의 환경보호를 위한 입법적 조치를 보완해야 할 입법개선의무가 있다.

그러나 환경권은 헌법적으로 요청되는 환경보호의 수준에 관한 기준을 제시하지 않는다. 여기서 입법자는 광범위한 형성권을 가지고 있다. 또한, 입법자는 환경침해에 대처하는 수단의 선택에 있어서도 다양한 가능성을 가지고 있다. 가령, 입법자는 고전적인 환경질서법에 따라 예방적 또는 사후적인 금지와 명령을 통하여 또는 환경부담금 등 간접적인 유도적 조치를 통하여 아니면 국가가 제시한 지침에 따른 기업의 자기규제의 수단을 통하여 환경보호의 목표를 실현하고자 시도할 수 있다. 뿐만 아니라, 환경정책은 더 이상 한 나라의 입법이나 정책의 대상이 아니라, 국경을 넘어 인근국가와의 공조, 나아가 범세계적인 공조에 의존하고 있다.

(2) 환경정책의 필수적 수단으로서 법률유보

환경보전이라는 국가목표의 실현은 필연적으로 개인의 자유에 대한 제한을 수반한다. 국가의 환경정책은 일차적으로 기업의 활동과 재산권행사를 제한하는 결과를 초래하고, 이로써 기업의 자유와 재산권을 제한하게 된다. 환경보전이라는 국가목표와 개인의 기본권적 자유라는 상호 대립하는 법익을 조정하는 것은 입법자의 과제이다. 따라서 환경보전의 과제는 실현되기 위하여 입법자의 법률을

을 '중장기 국가 온실가스 감축 목표'로 하도록 규정한 '탄소중립기본법' 제8조 제1항이 청구인들의 환경권을 침해하는지 여부에 관하여] '2030년까지의 온실가스 감축목표'를 정한 것은 기후위기라는 위험상황에 상응하는 보호조치로서 필요한 최소한의 성격을 갖추지 못한 것으로 볼 수 없으나, '2031년부터 2049년까지의 감축목표'와 관련하여 탄소중립기본법 제8조 제1항에서는 2030년까지의 감축목표 비율만 정하고 2031년부터 2049년까지 19년간의 감축목표에 관해서는 어떤 형태의 정량적인 기준도 제시하지 않았다는 점에서 과소보호금지원칙 및 법률(의회)유보 원칙에 반하여 기본권 보호의무를 위반하였으므로 청구인들의 환경권을 침해한다고 판단하였다. 또한, 유사한 내용의 독일 '연방기후보호법' 조항에 대한 위헌결정으로 vgl. BVerfGE 157, 30ff.

1) 기후위기의 심각한 영향을 예방하기 위하여 '기후위기 대응을 위한 탄소중립·녹색성장 기본법'을 2021년 제정하여 시행하고 있다.

2) 환경정책에 관한 법률로서 환경보전정책의 기본방침을 제시하는 환경정책기본법, 자연환경보전법, 토양환경보전법, 대기환경보전법, 수질 및 수생태계 보전에 관한 법률 등을 들 수 있다.

필요로 한다.[1] 단지 법률에 의해서만 개인의 기본권이 제한될 수 있고, 이로써 환경보전의 과제가 이행될 수 있다.

(3) 법률에 의한 환경권의 실현

따라서 환경권은 입법에 의하여 '제한'되는 것이 아니라 '실현'되는 것이다. 학자에 따라서는 '제한'의 관점에서 '환경권의 제한이 어느 범위까지 가능한지'의 문제를 제기하기도 하나, 이러한 형태의 문제 제기는 환경권을 국가의 의무이자 과제가 아니라 개인의 주관적 권리로 이해한 결과이다. 환경보전의 국가과제는 다른 국가과제 및 개인의 자유행사와 충돌하고 조화를 이루어야 하기 때문에 환경보전이 완벽하게 실현될 수 없는데, 여기서 문제되는 것은 환경권 '제한의 한계'의 문제가 아니라 '실현의 한계'의 문제인 것이다.

나. 행정청과 법원

행정청은 법률유보원칙의 구속을 받기 때문에, 환경권을 직접적인 근거로 하여 개인의 기본권을 제한할 수 없다. 행정청과 법원은 입법자에 의하여 구체화된 환경정책적 결정을 존중해야 하고, 이에 따라 환경보전의 과제를 이행함에 있어서 법률의 구속을 받는다. 물론, 환경권은 행정과 사법에 대해서는 법률의 해석과 재량행사의 지침으로서 작용하므로, 행정청과 법원은 환경보전에 관한 법률의 해석, 재량의 행사 및 행정계획의 경우 환경권의 객관적 정신을 고려해야 한다.

3. 國民의 環境保全義務

헌법 제35조 제1항 후단은 "… 국가와 국민은 환경보전을 위하여 노력하여야 한다."고 하여 국민도 환경보전의 의무가 있음을 명시함으로써, 환경보전의 과제가 국가만의 과제가 아니라 국가와 국민의 공동과제임을 밝히고 있다. 환경침해가 주로 사인에 의하여 야기된다는 점에 비추어, 국민의 협력 없이 국가의 환경보전의 과제는 실현될 수 없다. 그러나 국민은 헌법적 환경보전의무의 직접적인 상대방이 아니다. 환경보전의무의 직접적인 상대방은 단지 국가, 특히 입법자이며, 국민은 입법자에 의하여 형성된 환경보호관련 법률에 따라 의무를 부과 받게 된다.

Ⅱ. 헌법적 질서 내에서 환경권의 의미

1. 다른 국가과제 · 목표와의 관계

헌법 제35조는 환경보전을 중요한 국가과제이자 지속적으로 실현되어야 하는 국가목표로서 강조하고 있다. 그러나 헌법 제35조는 '다른 국가과제에 대하여 환경보전이 우선적으로 고려되어야 한다'는 의미에서 '의문이 있는 경우 일차적으로 환경보전을 위하여'라는 해석원칙을 제시하는 것은 아니다.

국가는 환경보전 외에도 헌법에 명시된 또는 명시되지 아니한 다양한 국가목표를 추구해야 하고, 이러한 국가목표 사이에는 확정된 우위관계가 존재하지 않는다. 환경보전과 관련하여 제기되는 중요한 헌법적 문제는 '경제성장'(헌법 제119조 제2항)과 '환경보전'이라는 서로 상충하는 국가과제를 조화시키는 문제이다. 환경보전은 적정한 국민경제의 성장과 상대적 완전고용을 요청하는 사회국가적 과제와 동등한

---

1) 입법자는 환경정책을 실현하는 도구로서 환경정책기본법, 자연환경보전법, 해양환경관리법 등을 제정하였다.

헌법적 지위를 가진다. 헌법은 헌법적 법익 사이의 충돌을 법익간의 확정된 우위관계를 통하여 스스로 해결하는 것이 아니라, 헌법적 법익 사이의 조화를 이루는 과제를 입법자에게 위임하고 있다. 따라서 국가가 실현해야 하는 헌법적 법익간의 충돌을 조정하는 것은 입법자의 과제이다. 다만, 입법자는 이러한 법익교량과정에서 적어도 환경보전이란 국가목표의 최소한을 실현해야 한다는 '최소보장원칙'의 구속을 받는다. 그 외에는 입법자는 정치적 형성의 자유를 가진다. 결국, 환경권은 환경보전이라는 국가과제의 최우선적 실현을 요청하는 것이 아니라, 단지 국가정책의 모든 법익교량과정에서 환경보전이라는 법익을 적절하게 고려할 것을 요청하고 있는 것이다.

2. 환경권에 의한 기본권의 제한

환경권은 그 본질적 내용에 있어서 국가의 환경보전의무를 의미하고, 이로써 환경권은 국가의 환경보전정책에 의하여 실현된다. 국가의 환경보전정책은 필연적으로 개인의 기본권행사를 제한하게 된다.

체계적 헌법해석의 원칙으로서 '헌법의 통일성'의 관점에서, 환경권은 기본권의 해석에 영향을 미친다. 한편으로는 '환경의 이용'은 기본권에 의하여 보장된 자유의 필수적 구성부분이자 기본권적 자유를 행사하는 하나의 방법인 반면, 다른 한편으로는 '환경보전'의 과제는 직업의 자유나 재산권의 행사, 일반적 행동자유권에 대한 제한을 요청한다. 물론, 환경권이 자유권을 환경보전의 관점에서 새롭게 해석할 것을 요청하는 것은 아니지만, 환경권은 자유권의 행사에 한계를 제시함으로써 자유권의 제한을 정당화하는 헌법적 법익으로서 고려된다. 특히 재산권보장과 관련하여 환경권은 재산권의 사회적 구속성을 구체화한다. 이로써 환경권은 입법자에게 환경보전을 위하여 자유권을 제한할 수 있는 권한을 부여하는 헌법규범이다.

환경권의 헌법적 보장은 재산권 등 자유권에 대한 환경권의 일방적이고 절대적인 우위를 헌법적 차원에서 규정하고자 하는 것이 아니다. 다만, 환경권은 입법자에 대하여 자유권과 환경보전이라는 상호 대립하는 법익을 조정하는 법익교량과정에서 환경보전이란 법익을 적절하게 고려할 것을 요청한다. 따라서 일부 학자가 주장하는 '재산권에 대한 環境權의 優位 이론'은 헌법적으로 용인될 수 없는 이론이다.[1]

III. 환경권의 내용

1. 국가의 환경침해 금지의무

환경권은 일차적으로 국가가 스스로 환경을 침해하는 행위를 해서는 안 된다는 의미에서 환경침해 금지의무를 부과한다. 따라서 국가는 공기업의 운영 등에 있어서 가능하면 환경오염을 최소화할 수 있는 조치를 취해야 할 의무를 진다. 사회주의국가가 아닌 이상, 국가가 스스로 기업활동을 하는 경우는 예외에 속하는 것이고, 환경의 침해는 일반적으로 사인의 행위에 기인하는 것이므로, 국가에 의한 환경침해는 큰 비중을 차지하지 않는다.

---

1) 가령, 권영성, 헌법학원론, 2010, 704면.

2. 사인에 의한 환경침해의 방지의무

나아가, 국가는 사인에 의한 환경침해를 방지해야 할 의무가 있다. 환경침해는 주로 사인에 의하여 발생하는 것이므로, 국가의 환경침해 방지의무는 매우 중요한 의미를 가진다. 국가는 환경보호의 의무를 이행하기 위하여 환경에 나쁜 영향을 미치는 사인의 행위를 규율하게 되며, 이로써 사인의 기본권행사를 제한하게 된다. 이 경우, 국가는 환경보존이라는 공익의 실현을 위하여 기업의 자유, 재산권 등 기본권을 제한하게 된다.

3. 국가의 포괄적인 환경보전의무

환경권은 소극적으로 국가와 사인에 의한 침해를 금지할 뿐만 아니라, 나아가 적극적으로 환경보전에 관하여 계획하고 환경침해를 사전에 예방하며 환경의 발전상황에 적절하게 대응해야 할 포괄적인 환경보전의무를 국가에게 부과하고 있다. 국가는 환경과 자연을 소중히 여기고 보호해야 하며 스스로 환경을 해쳐서는 안 되는 것은 물론이고, 또한 사인에 대해서도 환경침해를 금지해야 하며, 나아가 미래의 환경발전을 예측하여 사전에 적절한 예방적 조치를 취하고 이에 적합한 법규범을 통하여 환경보전의 과제를 이행해야 한다. 환경오염 피해는 일단 발생하면 원상회복이 어렵기 때문에, 환경오염을 최소화할 수 있는 사전적 예방조치의 중요성은 더욱 크다.

4. 건강하고 쾌적한 환경에서 생활할 권리?

가. 환경권을 '주관적 권리'로 이해하는 견해의 문제점

학자에 따라서는 환경권이 헌법에 '권리'의 형식으로 규정되어 있다는 것에 집착하여, 환경권의 법적 성격을 국가의 객관적 의무가 아니라, 국가의 환경침해에 대한 방어권, 공해배제청구권 등 개인의 주관적 권리로 이해하고 있다.[1] 일부 학자는 환경권의 법적 성격을 여러 가지 성격을 아울러 가진 '總合的 성격의 기본권'으로 이해하기도 한다.

헌법재판소도 일련의 결정에서 환경권의 내용을 '건강하고 쾌적한 환경에서 생활할 권리'라는 주권적 권리로 이해하고 있다. 그 결과, 국가의 보호의무의 헌법적 근거를 '환경권'으로 판단하여 '환경권 보호의무의 위반여부'를 심사하고 있다.[2]

그러나 이러한 견해는 환경권의 헌법적 의미와 기능에 대한 명확한 이해를 어렵게 하고 있다. 특히, 자유권에 의하여 보장되는 내용인 '대국가적 방어권'과 자유권으로부터 파생하는 '사인의 침해에

---

1) 가령, 허영, 한국헌법론, 2010, 460면 이하; 권영성, 헌법학원론, 2010, 705면 이하.
2) 헌재 2008. 7. 31. 2006헌마711(공직선거에서 확성장치 사용), 판례집 20-2상, 345, 357, [환경권의 법적 성격에 관하여] "환경권은 건강하고 쾌적한 생활을 유지하는 조건으로서 양호한 환경을 향유할 권리이고, 생명·신체의 자유를 보호하는 토대를 이루며, 궁극적으로 '삶의 질' 확보를 목표로 하는 권리이다. 환경권을 행사함에 있어 국민은 국가로부터 건강하고 쾌적한 환경을 향유할 수 있는 자유를 침해당하지 않을 권리를 행사할 수 있고, 일정한 경우 국가에 대하여 건강하고 쾌적한 환경에서 생활할 수 있도록 요구할 수 있는 권리가 인정되기도 하는바, 환경권은 그 자체 종합적 기본권으로서의 성격을 지닌다."; 헌재 2024. 4. 25. 2020헌마107(마사토 운동장), 학교의 마사토 운동장에 대하여 유해중금속 등 유해물질의 유지·관리 기준을 두지 아니한 학교보건법 시행규칙의 위헌여부가 문제된 사건에서, 헌법재판소는 "심판대상조항에 마사토 운동장에 대한 기준이 도입되지 않았다는 사정만으로 국민의 환경권을 보호하기 위한 국가의 의무가 과소하게 이행되었다고 평가할 수는 없다. 따라서 심판대상조항은 청구인의 환경권을 침해하지 아니한다."고 판단하였다.; 헌재 2024. 8. 29. 2020헌마389등(기후위기 대응을 위한 국가 온실가스 감축목표), 헌법재판소는 국가의 온실가스 감축목표 설정 행위가 '국민의 환경권'에 관한 보호의무를 위반하였는지 여부를 과소보호금지원칙을 기준으로 판단하였다.

대한 보호청구권'을 환경권의 주된 내용으로 파악함으로써 사회적 기본권인 환경권과 자유권의 헌법적 기능이 중복되는 현상을 초래할 뿐만 아니라, 환경권의 독자적인 헌법적 의미와 기능을 왜곡하고 있다.[1] 환경권은 이미 개별자유권이 보호하고 있는 것을 중복적으로 보호하고자 하는 것이 아니라, 위에서 서술한 바와 같이 독자적인 헌법적 의미를 가지고 있다.

나. '건강하고 쾌적한 환경에서 생활할 권리'의 규범적 실체로서 자유권

헌법재판소가 자신의 판례에서 언급하고 있는 소위 '건강하고 쾌적한 환경에서 생활할 권리'란, 구체적으로 살펴보면 '건강하고 쾌적한 환경에서의 생활이 국가나 사인에 의하여 침해받지 아니할 권리'를 말하는 것이며, 이는 실질적으로 '건강하고 쾌적한 환경에서의 생활을 구성하는 주된 요소인 개인의 건강, 생명, 재산 등을 침해받지 않는 환경에서 생활할 권리', 이로써 '건강, 생명, 재산 등이 침해받지 아니할 권리'를 의미하는 것이다. 그렇다면 헌법재판소가 환경권의 보장내용으로 언급하는 '건강하고 쾌적한 환경에서 생활할 권리'란 건강권, 생명권, 재산권 등에 의하여 보장되는 내용과 다르지 않은 것으로, 그 규범적 실체는 건강권, 생명권, 재산권 등과 같은 개인의 '자유권적 기본권'이다.

이러한 자유권은 국가의 환경침해에 대해서는 개인의 방어권으로, 사인에 의한 환경침해에 대해서는 개인의 보호청구권으로 기능한다. 자유권적 기본권인 생명권, 건강권 또는 재산권은 환경침해로부터도 개인의 법익을 보호함으로써 개인의 생활환경을 보호하고, 이로써 환경보호에 기여하는 기능을 아울러 하고 있다. 가령, 개인의 생명권과 건강권은 생명과 건강을 위협하는 환경으로부터의 보호, 생명과 건강이 위협받지 않는 개인적 생존을 위한 최소한의 환경적 보호를 국가로부터 요구하고 있다. 그렇다면 국민의 건강, 생명, 재산 등 개인적 법익이 환경침해에 의하여 위협받는 경우에 위헌성판단의 심사기준으로 고려되어야 하는 헌법규범은 헌법 제35조의 '환경권'이 아니라 '자유권'인 것이다.

5. 환경권 이행 여부에 대한 사법적 심사의 가능성

가. 국가의 환경보전의무 이행여부를 다툴 수 있는 가능성

환경권이 어느 정도로 사법적 심사의 가능성을 제공하는지의 문제가 제기된다. 국가가 환경보전이라는 국가과제를 전혀 이행하지 않거나 이러한 국가과제의 실현을 위하여 취한 조치가 명백하게 부적합하거나 불충분한 경우에 한하여, 비로소 국가에게 환경보전의 의무를 부과하는 '환경권'을 근거로 하는 사법적 심사의 가능성이 고려될 수 있다. 환경보전의 과제 이행여부를 사법적으로 다툴 수 있는 가능성은 일차적으로 법관의 위헌제청에 의한 '객관적 규범통제'의 형태로 제공된다.

문제는, 국민이 '헌법소원'의 형태로 '환경보전'이라는 국가과제의 이행을 강제하고 관철할 수 있는지의 여부이다. 사법적 권리구제절차는 개인의 주관적 권리 침해를 전제로 침해된 권리의 보호를 구하는 것이므로, 자신의 권리 침해를 이유로 해서만 권리구제절차를 밟을 수 있기 때문이다. 헌법 제35조의 환경권이 보호하고자 하는 것은 개인의 자유영역이나 개인적 법익이 아니라 공기, 물, 토양, 기후, 동·식물계, 경관 등 자연적 생활근거, 즉 자연환경이다. 자연환경은 개인이나 특정 인적 집단에게 전적으로 귀속시킬 수 없는 보호법익이므로, 개인에게 환경보호를 요구할 수 있는 주관적

---

1) 이에 관하여 상세하게 아래 III. 5. 및 IV. 1. 서술 내용 참조.

권리를 부여하지 않는다. 따라서 개인은 환경권을 근거로 하여 환경보전에 관한 구체적인 국가의 행위나 결정을 소송을 통하여 요구할 수 없다.

나아가, 헌법 제35조의 환경권으로부터는 '국가의 환경침해'를 방어할 권리 또는 '사인에 의한 환경침해'로부터 개인의 자유영역이나 법익을 보호할 것을 요구할 수 있는 권리(소위 '보호청구권')는 나올 수 없다. '국가의 환경침해에 대한 방어권' 또는 '사인의 환경침해로부터의 보호청구권'은 환경권이라는 법익이 개인에게 귀속될 수 있는 주관적 법익인 경우에만 가능하다. 그러나 일반적 법익인 '자연적 생활근거'(자연환경)에 대한 침해를 방어하는 주관적 권리는 존재하지 않는다.[1]

나. 환경침해로 인한 개인적 법익 침해에 대한 주관적 권리구제수단

다만, 국가나 사인에 의한 환경침해가 개인의 법익침해로 이어지는 경우, 개인의 법익을 보호하는 개별자유권을 근거로 국가에 대한 방어권이나 보호청구권이 인정될 수 있다. 예컨대, 군부대, 군공항 등 국가기관에 의하여 대기오염이나 소음공해가 발생함으로써 인근주민의 건강권이나 재산권이 손상되는 경우, 국가의 침해에 대한 '방어권'이 인정될 수 있다. 또한, 기업 활동에 의하여 소음이나 대기오염 등이 발생하고 이로 인하여 인근주민의 건강권 등이 침해되는 경우에도 사인의 침해에 대하여 개인의 기본권을 보호해 줄 것을 요청하는 '국가에 대한 보호청구권'이 인정될 수 있다.[2]

그러나 개인이 헌법소원심판을 청구하기 위하여 전제되는 이러한 주관적 권리는 헌법 제35조의 '환경권'이 아니라 개인의 주관적 공권인 '자유권'에 근거하는 것임에 유의해야 한다. 요컨대, 상린관계(相隣關係)에서 발생하는 환경관련 분쟁의 헌법적 문제는 환경권의 문제가 아니라 자유권의 문제인 것이며, 개인에게 보장되는 자유권의 침해로 인하여 주관적 권리구제의 가능성이 열리는 것이다.[3]

학자에 따라서는 환경권을 다른 기본권과의 조화를 전제로 하는 상린관계적 기본권이라고 이해하지만,[4] 이러한 견해는 환경권의 헌법적 의미를 부당하게 자유권의 내용인 대국가적 방어권과 보호청구권으로 축소하고 왜곡하는 것이다. 환경권의 핵심적인 헌법적 의미는 상린관계에서 개인의 법익침해에 대한 방어가 아니라, 인간다운 생활을 영위하기 위하여 필수적인 자연환경의 보전에 있다.

---

1) 그러나 학계의 일부 견해는 국가행위에 의하여 침해되는 법익을 구분함이 없이 개인의 방어권을 인정하고 있다(가령, 허영, 한국헌법론, 2010, 460면).

2) 허영 교수가 환경권의 내용으로서 국가에 대한 방어권과 공해배제청구권을 언급한다면, 이는 모두 상린관계에서 발생하는 권리침해를 말하는 것이다, 한국헌법론, 2010, 460면 이하.

3) 대법원도 상린관계에서 발생하는 환경관련 법적 분쟁의 헌법적 문제를 환경권의 문제가 아니라 자유권의 문제로 파악하고 있다. 대표적으로, 대학교의 교육환경 저해 등을 이유로 그 인접 대지 위의 24층 아파트 건축공사 금지 청구를 인용한 사건인 대법원 1995. 9. 15. 선고 95다23378 판결(부산대학교 판결)에서 [헌법 제35조의 환경권의 법적 성질에 관하여] "환경권에 관한 헌법 제35조의 규정이 개개의 국민에게 직접으로 구체적인 사법상의 권리를 부여한 것이라고 보기는 어렵고, 사법상의 권리로서의 환경권이 인정되려면 그에 관한 명문의 법률규정이 있거나 관계법령의 규정취지 및 조리에 비추어 권리의 주체, 대상, 내용, 행사방법 등이 구체적으로 정립될 수 있어야 한다."고 확인하면서, "인접 대지 위에 건축중인 아파트가 24층까지 완공되는 경우, … 대학교로서의 경관·조망이 훼손되고 조용하고 쾌적한 교육환경이 저해되며 소음의 증가 등으로 교육 및 연구 활동이 방해받게 된다면, 그 부지 및 건물을 교육 및 연구시설로서 활용하는 것을 방해받게 되는 대학교 측으로서는 그 방해가 사회통념상 일반적으로 수인할 정도를 넘어선다고 인정되는 한 … 그 소유권에 기하여 그 방해의 제거나 예방을 청구할 수 있고, …"라고 하여 '소유권에 기한 방해배제청구권'을 인정하고 있다. 동일한 취지로 또한 대법원 1997. 7. 22. 선고 96다56153 판결(봉은사 판결) 참조.

4) 가령 권영성, 헌법학원론, 2010, 708면; 허영, 한국헌법론, 2010, 462면.

Ⅳ. 개인적 법익을 위협하는 환경침해로부터의 보호

1. 국가보호의무의 헌법적 근거로서 자유권

국가과제로서 헌법 제35조의 환경권과 엄격하게 구분해야 하는 것은, 자유권으로부터 파생하는 '국가의 보호의무'와 이에 대응하는 국가에 대한 '개인의 보호청구권'이다. 예컨대, 기업 활동으로 인하여 심각한 환경오염이 발생하여 인근주민의 건강·생명·재산 등의 법익이 침해되는 경우, 인근주민이 국가의 보호의무 이행을 요구할 수 있는 헌법적 근거가 무엇인지 문제된다. 사인에 의한 환경오염으로부터 개인을 보호해야 할 국가의 의무는 헌법적으로 헌법 제35조의 '환경권'이 아니라 개인의 법익을 보호하는 '자유권'에 자리 잡고 있다. 오늘날 환경침해가 국가에 의한 것이 아니라 주로 기업 등 사인에 의한 것이므로, 개인의 기본권침해에 대한 국가의 보호의무는 더욱 중요한 의미를 가진다.

사람의 일상생활과 관계되는 환경으로서 소위 '생활환경' 또는 헌법재판소가 언급하는 소위 '건강하고 쾌적한 환경에서 생활할 권리'가 문제되는 경우는 일반적으로 상린관계에서 발생하는 사인간의 환경관련 분쟁에 관한 것이고, 이러한 문제는 '환경권'의 문제가 아니라 '자유권'의 문제, 즉 자유권을 보호해야 할 국가보호의무의 문제인 것이다. 또한, 지구온난화 등 기후변화로 인한 극단적인 기상사건의 위험(가령, 홍수, 폭염, 가뭄, 산불 등)으로부터 개인의 생명과 건강 및 재산을 보호해야 할 국가의 의무도 헌법상 자유권인 생명권, 건강권 및 재산권보장으로부터 파생하는 것이다.[1]

현대 산업사회에서 불가피하게 수인해야 하는 시설(핵발전소의 시설이나 공항의 소음 등)에 의하여 발생하는 환경오염으로 인해 개인의 건강과 생명이 위협받을 수 있다면, '생명권과 건강권'은 이에 대한 적절한 보호조치를 통하여 생명과 건강을 보호해야 할 의무를 국가에게 부과한다. 뿐만 아니라, 집회의 자유나 선거운동의 자유 등 타인의 기본권행사에 의하여 인근주민의 건강을 위협할 정도의 과도한 소음이 발생한다면, '건강권'은 적절한 보호조치를 통하여 인근주민의 건강을 보호해야 할 의무를 국가에게 부과한다. 또한, 환경오염으로 인하여 私有林을 비롯한 사유재산이 손상을 입는 경우, '재산권보장'은 환경침해에 의하여 재산권의 손해가 발생하는 것으로부터 재산권을 보호해야 할 국가의 의무를 발생시킨다.

2. 헌재 2008. 7. 31. 2006헌마711 결정의 문제점

사례 │ 헌재 2008. 7. 31. 2006헌마711(공직선거에서 확성장치 사용 사건)

甲은 2006년 실시된 전국 동시지방선거의 선거운동 과정에서 후보자들이 확성장치 등을 사용하여 소음을 유발함으로써 정신적·육체적 고통을 받았다고 하면서, 현행 공직선거법이 선거운동시 확성장

---

1) 최근에 범세계적으로 기후관련 소송이 급증하고 있음에도 '환경권'을 개인의 기본권으로 인정하고 있는 국가는 없다. 독일 연방헌법재판소의 결정(BVerfGE 157, 30ff.)을 비롯하여 다수의 환경관련 외국 판례도 국가보호의무의 근거규정으로 생명권, 신체불가침권(건강권), 재산권 등을 언급하고 있다.

치의 출력수 등 소음에 대한 허용기준 조항을 두지 아니하는 등 불충분하여 청구인의 행복추구권 및 환경권을 침해한다는 이유로 헌법소원심판을 청구하였다.[1]

가. 위에서 서술한 관점에서 볼 때, 헌법재판소가 위 결정에서 선거소음으로부터 생명·건강 등 개인의 법익을 보호해야 할 국가의무의 헌법적 근거를 헌법 제35조의 환경권에서 찾은 것은 타당하지 않다. 헌법재판소는 위 결정에서 '환경권의 보호대상이 되는 환경에는 자연 환경뿐만 아니라 인공적 환경과 같은 생활환경도 포함된다'고 확인한 후,[2] '국가는 제3자의 침해로부터 생명·신체와 같은 중요한 기본권적 법익을 보호해야 할 적극적인 보호의무를 진다'는 것을 전제한 다음, '국가는 사인인 제3자에 의한 국민의 환경권 침해에 대해서도 적극적으로 기본권 보호조치를 취할 의무를 진다'고 판시하고 있다.[3] 그러나 이러한 판시내용을 자세히 살펴보면, 헌법재판소는 비록 형식적으로는 '침해되는 기본권'으로 '환경권'을 언급하고 있으나, 제3자에 의하여 침해되는 것은 실질적으로 생명·건강 등 자유권적 법익임을 스스로 시인하고 있다.

선거의 소음에 의하여 위협받고 침해되는 것은 '환경'이 아니라 바로 '인간'이다. 선거의 소음 등 생활소음에 의하여 침해되는 법익은, 헌법 제35조의 의미에서 국가와 국민이 보존해야 하는 '환경'이 아니라 인간의 건강과 신체불가침이라는 '개인적 법익'이다. 헌법 제35조의 '환경권'은 일차적으로 인간이 아니라 자연환경 또는 생활환경을 보호하고자 하는 것이며, '자유권'은 환경이 아니라 일차적으로 인간의 법익이나 자유영역을 보호하고자 하는 것이다. 물론, 환경침해가 생명이나 건강과 같은 기본권적 법익의 침해로 이어질 수 있고, 이에 따라 환경보호가 궁극적으로 인간의 보호로 이어진다는 점을 인정한다 하더라도, 환경권과 자유권 사이에는 '보호하고자 하는 대상'에 있어서 근본적인 차이가 있다. 개인이 소음, 진동, 대기오염, 지구온난화 등에 의한 법익의 침해를 주장하고 국가의 보호를 요청하는 경우에, 여기서 침해되는 법익은 누구에게도 귀속될 수 없는 인간의 생활근거인 '환경'이

1) 헌재 2008. 7. 31. 2006헌마711(공직선거에서 확성장치 사용), 판례집 20-2상, 345, "일정한 경우 국가는 사인인 제3자에 의한 국민의 환경권 침해에 대해서도 적극적으로 기본권 보호조치를 취할 의무를 지나, 헌법재판소가 이를 심사할 때에는 국가가 국민의 기본권적 법익 보호를 위하여 적어도 적절하고 효율적인 최소한의 보호조치를 취했는가 하는 이른바 '과소보호금지원칙'의 위반 여부를 기준으로 삼아야 한다. 이 사건의 경우 청구인의 기본권적 법익이 침해되고 있음이 명백히 드러나지 않고, 공직선거법의 규정을 보더라도 확성장치로 인한 소음을 예방하는 규정이 불충분하다고 단정할 수도 없으며, 기본권보호의무의 인정 여부를 선거운동의 자유와의 비교형량 하에서 판단할 때, 확성장치 소음규제기준을 정하지 않았다는 것만으로 청구인의 정온한 환경에서 생활할 권리를 보호하기 위한 입법자의 의무를 과소하게 이행하였다고 평가할 수는 없다." 한편, 헌법재판소는 헌재 2019. 12. 27. 2018헌마730 결정에서 선례를 변경하여, 소음 규제기준에 관한 규정을 두지 아니한 것은, 국민이 건강하고 쾌적하게 생활할 수 있도록 노력하여야 할 국가의 기본권 보호의무를 과소하게 이행한 것으로서, 위헌이라고 판단하였다.
2) 헌재 2008. 7. 31. 2006헌마711(공직선거에서 확성장치 사용), 판례집 20-2상, 345, 358, [환경권의 보호법익에 관하여] "'건강하고 쾌적한 환경에서 생활할 권리'를 보장하는 환경권의 보호대상이 되는 환경에는 자연 환경뿐만 아니라 인공적 환경과 같은 생활환경도 포함된다. …그러므로 일상생활에서 소음을 제거·방지하여 정온한 환경에서 생활할 권리는 환경권의 한 내용을 구성한다."
3) 헌재 2008. 7. 31. 2006헌마711(공직선거에서 확성장치 사용), 판례집 20-2상, 345, 358, [건강하고 쾌적한 환경에서 생활할 권리를 보장해야 할 국가의 의무에 관하여] "국가는 … 적어도 생명·신체의 보호와 같은 중요한 기본권적 법익 침해에 대해서는 그것이 국가가 아닌 제3자로서의 사인에 의해서 유발된 것이라고 하더라도 국가가 적극적인 보호의 의무를 진다. 그렇다면 … 환경피해는 생명·신체의 보호와 같은 중요한 기본권적 법익 침해로 이어질 수 있다는 점 등을 고려할 때, 일정한 경우 국가는 사인인 제3자에 의한 국민의 환경권 침해에 대해서도 적극적으로 기본권 보호조치를 취할 의무를 진다." 이어서 헌법재판소는 과소보호금지원칙을 심사기준으로 하여 공직선거법이 청구인의 법익보호를 위하여 최소한의 조치를 취하였는지의 여부를 판단하였다.

아니라 개인에게 전적으로 귀속되는 '건강이나 생명, 재산 등'인 것이다.

나. 이러한 법익은 이미 헌법상 보장된 다양한 자유권에 의하여 충분히 보호되고 있다는 점에서, 이러한 측면의 보호를 환경권에 포함시키는 것은 불필요하다. 나아가, 환경권을 소위 '종합적 기본권'으로 이해함으로써, 한편으로는 환경보전을 위하여 개인의 자유권에 대한 제한을 정당화하는 국가의 과제로서, 다른 한편으로는 국가의 환경침해를 금지하는 개인의 방어권으로 그 규범내용을 종합적·포괄적으로 파악하는 것은, 하나의 헌법규정에 '자유 제한의 요청'과 '자유제한의 배제'라는 서로 상반되는 규범내용을 담는다는 점에서 법리적으로 문제가 있다. 헌법 제35조의 환경권은 일차적으로 국가의 객관적 의무로서의 성격을 가지고 있는 반면, 자유권은 일차적으로 개인의 주관적 방어권의 성격을 가지고 있다는 점, 헌법 제35조의 환경권의 경우 최소한의 의무이행을 요청하는 '최소한 보장의 원칙' 또는 '과소보호금지의 원칙'이 적용되는 반면, 자유권이 침해되는 경우에는 가능하면 최대한의 보장을 요청하는 '과잉금지원칙'이 적용된다는 점 등에 비추어, 자유권의 문제를 헌법 제35조의 환경권을 통하여 해결하고자 하는 시도는 큰 문제를 안고 있다.

헌법재판소는 종래의 결정에서 미국산 쇠고기수입을 허용하는 국가행위나 흡연자의 흡연을 규율하는 국민건강증진법의 위헌여부를 판단함에 있어서, 국가가 국민의 건강과 생명을 사인의 침해로부터 보호해야 할 의무를 이행하였는지 여부, 즉 생명권과 건강권의 침해여부를 과소보호금지원칙을 기준으로 하여 심사하였다. 헌법재판소가 '식품이나 흡연에 의한 건강 침해'의 경우에는 국가보호의무의 헌법적 근거를 건강권과 생명권에서 찾았다는 것을 감안한다면, 왜 '소음에 의한 건강 침해'의 경우에는 국가보호의무의 헌법적 근거가 건강권이나 생명권이 아니라 헌법 제35조의 환경권이어야 하는지에 대하여 근본적인 의문을 가지게 한다.

V. 쾌적한 주거생활을 위하여 노력해야 할 국가의 의무

헌법 제35조 제3항은 "국가는 주택개발정책 등을 통하여 모든 국민이 쾌적한 주거생활을 할 수 있도록 노력하여야 한다."고 규정하고 있다. 위 헌법조항은, 사회적 기본권의 고전적 조항인 '국가에 대하여 주거를 요구할 권리'가 환경권조항에 삽입되면서 환경권과의 연관관계에서 변형된 규정이다.

헌법 제35조 제3항은, 국가가 일차적으로 주택개발정책 등을 통하여 모든 국민이 적정한 주거를 보유하도록 노력해야 할 의무를 진다는 것을 전제로, 모든 국민이 쾌적한 주거생활을 할 수 있도록 노력해야 할 과제를 국가에게 부과하고 있다. 모든 국민의 쾌적한 주거생활은 필연적으로 모든 국민이 적정한 주거를 보유하고 있다는 것을 전제로 하기 때문이다. 주거는 인간다운 생활을 영위하기 위한 필수적인 기본요소이므로, 모든 국민에게 삶의 보금자리로서 주거를 확보해 주어야 할 국가의 의무를 규정하고 있는 것이다.

제 7 절   婚姻과 家族生活의 保障

Ⅰ. 혼인과 가족생활의 보장

1. 헌법적 의미

헌법은 제36조 제1항에서 "혼인과 가족생활은 개인의 존엄과 兩性의 평등을 기초로 성립되고 유지되어야 하며, 국가는 이를 보장한다."고 규정함으로써, 혼인과 가족을 국가의 특별한 보호 하에 두고 있다. 혼인과 가족의 보호는 1919년 독일 바이마르 헌법에 최초로 수용되었다.

혼인과 가족생활은 인간생활의 가장 근본적인 私的 領域에 속한다. 개인은 평생 동안 가정이라는 근원적인 보호·운명의 공동체 내에 존재한다. 가족은 모든 인간공동체의 자연적 배세포(胚細胞)이자 동시에 국가의 존립근거이기도 하다. 가족은 사회의 구성단위로서 재생산기능을 통하여 사회의 존속을 보장한다. 뿐만 아니라, 가족은 개인을 사회에 적응시키고 편입시키는 기능을 한다. 가정 내에서 어릴 때부터 '타인을 배려하고 공동체에 편입되고 공동체를 위한 책임을 지고자 하는 자세'로서 공공심(公共心)이나 사회성이 형성되고 훈련된다. 또한, 가정 내에서 모국어를 비롯한 공동체의 문화적 기초가 습득된다. 이러한 이유에서, 혼인과 가족은 국가의 특별한 보호를 필요로 한다.

건국헌법을 제정할 당시만 하더라도 혼인과 가족은 거의 일치하는 현상이었다. 혼인은 가족의 근거로서 여겨졌고, 가족은 혼인의 정상적인 결과였다. 혼인은 일반적으로 자녀의 출생을 가져왔고 이로써 가족의 형성을 준비하는 사전단계였기 때문에, 혼인의 보호와 가족의 보호는 서로 결합된 것이었다. 그러나 부부이혼의 증가, 현대적 피임방법, '혼인 외 생활공동체'라는 공동생활의 새로운 형태는 이러한 연관관계를 파괴하였다. 오늘날의 변화한 사회상황에서 혼인의 보호와 가족의 보호는 분리해서 고찰할 필요가 있다.

2. 개   념

혼인과 가족을 어떻게 해석할 것인지는 일차적으로 헌법에 기초된 婚姻像과 家族像, 즉 문화적·역사적으로 형성된 혼인과 가족에 대한 지도적 이념에 따라 판단되어야 한다. 이에 따라 혼인이란, 남성과 여성간의 자유로운 합의에 기초하여 법이 정한 형식에 따라 결합되고 원칙적으로 평생 지속되는 생활공동체를 말한다. 당사자의 자유의사의 합치, 법질서에 의한 형식화된 결혼(법적인 혼인), '남성과 여성의 공동체' 및 '원칙적으로 평생 지속되는 혼인기간'은 헌법에 의하여 보장되는 혼인의 기본구조에 속한다. 혼인의 형식적 요소를 포기하는 '혼인 외 생활공동체'는 헌법에 의한 특별한 보호를 받지 못한다.[1] 또한 '일부일처제'도 혼인제도의 보장에 있어서 기본요소이다.

가족은 부모의 혼인여부, 자녀의 성년여부, 자녀들이 單一의 혼인에서 출생하였는지와 관계없이, 혼인·혈연 또는 입양에 의하여 결합된 '부모와 자녀의 생활공동체'이다. 헌법상 가족의 개념을 판단

---

[1] 헌법재판소도 법적으로 승인되지 아니한 '사실혼'은 헌법 제36조 제1항의 보호범위에 포함되지 않는다고 판단하고 있다(헌재 2014. 8. 28. 2013헌바119, 판례집 26-2상, 311, 318; 헌재 2024. 3. 28. 2020헌바494등).

하는 결정적인 요소는 단지 자녀의 존재여부이다. 따라서 가족은 미성년자인 자녀뿐만 아니라 성년이 된 자녀와의 관계도 포함한다. 주거공동체는 가족의 필수적인 조건은 아니지만, 일반적으로 강력한 가족적 결속감의 특징이다. 혼인에 근거한 가족뿐만 아니라 '서로 결혼하지 않은 부모와 자녀의 공동체' 및 '부모의 일방과 자녀의 공동체'도 가족에 포함된다. 뿐만 아니라, 부모와 자녀의 관계는 혈연이라는 생물학적인 관계에서만 존재하는 것이 아니라 입양에 의해서도 발생한다.

3. 헌법 제36조 제1항의 法的 性格

가. 헌법 제36조 제1항의 해석의 문제

혼인과 가족생활의 보장은 일차적으로 개인의 사생활을 국가의 간섭이나 영향으로부터 보호하는 사생활관련 기본권에 속하므로, '왜 혼인과 가족생활에 관한 조항이 사회적 기본권 부분에 위치하고 있는지' 의문이 제기된다. 학계의 일부 견해는 헌법 제36조 제1항의 보장내용을 제도보장이나 사회적 기본권으로 이해하고 있다. 그러나 헌법 제36조 제1항은 국가에 대하여 혼인과 가족생활의 특별한 보호를 명령하고 있으며, 혼인과 가족생활에 대한 국가의 특별한 보호는 소극적으로 국가공권력에 의한 혼인과 가족생활의 침해 금지를 의미하고, 적극적으로는 혼인과 가족생활을 다른 외부 세력에 의한 침해로부터 보호하고 나아가 적절한 조치를 통하여 지원해야 할 국가의 의무라는 다양한 내용(자유권, 제도보장 및 객관적 가치결정)을 모두 포괄하는 것으로 이해해야 한다.[1]

헌법 제36조 제1항에서 '개인의 존엄을 기초로 성립되고 유지되는 혼인과 가족생활을 보장한다'는 것은, 국가가 혼인과 가족생활에서 개인의 자기결정권과 자유로운 인격발현의 가능성을 보장한다는 것이고, 이는 '혼인과 가족생활의 형성에 관한 자율적인 결정권'을 존중하고 침해하지 않겠다는 것을 표명하고 있는 것인데, 이는 바로 자유권을 보장하는 것이다.[2] 제도보장이 자유권의 성격을 강화하고 보완하고자 하는 것으로, 자유권적 성격과 제도보장의 성격이 서로 불가분의 관계에 있다는 점을 고려한다면, 헌법 제36조 제1항에 대하여 제도보장의 성격을 인정하면서 자유권적 성격을 부정하는 것은 서로 부합하지 않는다.

한편, 기본권이 규정된 장소를 결정적인 기준으로 삼아, 헌법 제36조 제1항을 단지 사회적 기본권으로 이해해야 한다는 해석에 의하면, 헌법 제36조 제1항의 보장내용은 혼인과 가족생활에 대한 차별금지나 보호의무 등을 배제한 채 단지 국가의 지원의무에 한정된다. 그러나 국가의 지원의무는 '혼인과 가족생활의 보호'라는 자유권의 객관적 가치결정적 성격, 즉 이중적 성격을 인정한 결과이다.

---

1) 헌법재판소는 헌재 2000. 4. 27. 98헌가16(과외금지)에서 헌법 제36조 제1항으로부터 부모의 자녀교육권을 도출함으로써 위 헌법조항의 自由權的 性格을 인정한 이래, 부부자산소득 합산과세제도 사건(헌재 2002. 8. 29. 2001헌바82)에서 [헌법 제36조 제1항의 규범내용에 관하여] "헌법 제36조 제1항은 혼인과 가족생활을 스스로 결정하고 형성할 수 있는 자유를 기본권으로서 보장하고, 혼인과 가족에 대한 제도를 보장한다."고 판시하여 自由權的 性格을 명시적으로 인정하고 있다(판례집 14-2, 170). 또한, 호주제 사건(헌재 2005. 2. 3. 2001헌가9)에서도, "호주제는 혼인·가족생활을 어떻게 꾸려나갈 것인지에 관한 개인과 가족의 자율적 결정권을 존중하라는 헌법 제36조 제1항에 부합하지 않는다."고 하여 自由權的 性格을 인정하고 있다(판례집 17-1, 2). 뿐만 아니라, 동성동본금혼 사건(헌재 1997. 7. 16. 95헌가6 등)에서도 위반되는 헌법규정으로서 헌법 제10조 및 제36조 제1항을 언급함으로써 헌법 제36조 제1항이 自由權的 性格을 가진다는 것을 전제로 하여 판단하고 있다.
2) 헌재 2005. 2. 3. 2001헌가9(호주제), 판례집 17-1, 1, 23, "헌법 제36조 제1항은 혼인과 가족생활은 개인의 존엄을 존중하는 가운데 성립되고 유지되어야 함을 분명히 하고 있다. … 이러한 영역에서 개인의 존엄을 보장하라는 것은 혼인·가족생활에 있어서 개인이 독립적 인격체로서 존중되어야 하고, 혼인과 가족생활을 어떻게 꾸려나갈 것인지에 관한 개인과 가족의 자율적 결정권을 존중하라는 의미이다."

자유권의 객관적 성격은 국가로부터 그의 실현을 요구하며, 그 결과 국가의 자유권 실현의무로서 '사인의 침해로부터의 보호의무'와 '혼인과 가족생활에 대한 지원의무'가 파생하는 것이다. 결국, 헌법 제36조 제1항에 대한 타당한 이해에 의하면, 위 기본권조항이 사회적 기본권에 관한 부분에 규정된 것과 동등한 정당성을 가지고 자유권에 관한 부분에도 규정될 수 있다는 결과에 이른다. 독일 기본법이 제6조 제1항에서 "혼인과 가족은 국가질서의 특별한 보호를 받는다."고 하여 '혼인과 가족의 보호'를 자유권에 관한 부분에 규율하고 있다는 것도 이러한 이해의 타당성을 뒷받침하고 있다.

나. 자유권

자유권으로서 '혼인과 가족생활의 보호'는 혼인과 가족생활에 관한 사적 영역의 자율적 형성을 부부 스스로에게 맡기고 있다.

(1) 혼인의 보호

> **사례** 헌재 2022. 10. 27. 2018헌바115(8촌 이내 혈족 사이의 혼인 금지 및 무효 사건)
>
> 헌법재판소가 구 민법상의 동성동본금혼조항에 대하여 헌법불합치결정(헌재 1997. 7. 16. 95헌가6 등)을 내림에 따라, 입법자는 근친혼 제한의 범위를 다시 조정하여 8촌 이내 혈족 사이의 혼인을 금지하였다(민법 제809조 제1항). 甲과 乙은 혼인신고를 하였는데, 乙은 甲과 6촌 사이임을 이유로 혼인무효의 소를 제기하였고, 가정법원 지원은 위 혼인신고가 8촌 이내 혈족 사이의 혼인신고이므로 민법에 따라 무효임을 확인하였다. 이에 甲은 항소하였고, 위 항소심 계속 중 8촌 이내 혈족 사이의 혼인을 금지하고 이를 혼인의 무효사유로 규정한 민법조항들에 대하여 위헌법률심판 제청신청을 하였으나, 청구인의 위 항소 및 신청이 모두 기각되자, 헌법소원심판을 청구하였다.[1]

자유권으로서 '혼인의 보호'는 구체적으로 혼인의 자유, 혼인생활을 형성할 자유, 혼인제도와 부합하는 범위 내에서 이혼·재혼의 자유에 대한 보장을 의미한다.

혼인의 자유는 헌법의 보호를 받는 생활공동체를 다른 생활공동체와 구분하는 '혼인의 형식과 조건에 관한 법적인 규정'을 전제로 하며, 한편 이러한 규정의 위헌여부는 다시금 혼인의 자유에 의하여 판단된다. 혼인의 자유는 헌법상 혼인 개념의 구조적 요소에서 그 한계를 발견한다. 그러므로 혼인의 자유는, 예컨대 重婚과 관련하여 존재하지 않는다. 혼인의 구조적 요소로서 '자유로운 의사의 합치'는 그에 상응하여 자신의 생활영역을 스스로 결정할 수 있는 능력을 전제로 하므로, 민법에서 혼인연령을 일반적으로 확정한 것은 혼인의 자유에 위반되지 않는다. 입법자가 친척간의 혼인을 금지하는 것은, 근친과 혼인이 부합하지 않는다는 일반적이고 전통적인 견해에 의하여 정당화된다. 어

---

[1] [8촌 이내 혈족 사이의 혼인을 금지하는 '금혼조항'이 혼인의 자유를 침해하는지 여부에 관하여] "이 사건 금혼조항은 근친혼으로 인하여 … 발생할 수 있는 혼란을 방지하고 가족제도의 기능을 유지하기 위한 것으로서 정당한 입법목적 달성을 위한 적합한 수단에 해당한다. 이 사건 금혼조항은, … 우리 사회에서 통용되는 친족의 범위 및 양성평등에 기초한 가족관계 형성에 관한 인식과 합의에 기초하여 혼인이 금지되는 근친의 범위를 한정한 것이므로 그 합리성이 인정되며, … 그렇다면 이 사건 금혼조항은 과잉금지원칙에 위배하여 혼인의 자유를 침해하지 않는다." [금혼조항을 위반한 혼인을 무효로 하는 '무효조항'이 혼인의 자유를 침해하는지 여부에 관하여] "이 사건 무효조항의 입법목적은, 근친혼이 가까운 혈족 사이의 신분관계 등에 현저한 혼란을 초래하고 가족제도의 기능을 심각하게 훼손하는 경우에 한정하여 무효로 하더라도 충분히 달성 가능하고, 위와 같은 경우에 해당하는지 여부가 명백하지 않다면 혼인의 취소를 통해 장래를 향하여 혼인을 해소할 수 있도록 규정함으로써 가족의 기능을 보호하는 것이 가능하므로, … 이 사건 무효조항은 과잉금지원칙에 위배하여 혼인의 자유를 침해한다."

느 정도로 이혼·재혼의 자유가 보장되는지의 문제와 관련하여, 혼인에 의하여 남녀가 원칙적으로 평생 동안 결합된다는 구조적 특징은, 혼인이 객관적으로 회복될 수 없을 정도로 파탄의 상태에 이르지 않은 한 혼인을 유지하도록 규율하는 것을 입법자에게 허용한다.

혼인의 자유는 혼인생활의 형성에 관한 자유를 포함한다. 누가 소득활동 또는 가사와 자녀양육을 맡을 것인지 등 혼인의 내적인 관계에 관하여 결정하는 것은 전적으로 부부의 결정의 자유에 속한다. 따라서 국가가 세법 등을 통하여 혼인의 내적 관계나 부부 사이의 과제분담이 특정한 방향으로 형성되도록 영향력을 행사하는 것은 허용되지 않는다.

(2) 가족생활의 보호

'가족생활의 보장'은 가족생활의 자율적 형성을 국가의 간섭으로부터 보호한다. 그 보호범위는 가족의 구성을 비롯하여 가족생활의 구체적인 형성의 모든 영역에 미치며, 특히 언제 몇 명의 자녀를 가질 것인지에 관한 부모의 결정의 자유를 포함한다. 뿐만 아니라, '가족생활의 보장'은 가족생활에 대한 일반적인 보호를 넘어서 '가족생활 내에서 부모와 자녀의 관계'에 관한 보호를 포함한다. 따라서 헌법 제36조 제1항은 자녀양육에 관한 부모의 자율권(부모의 자녀양육권)을 보장하고, 이로써 국가의 간섭과 침해에 대한 방어권을 부여한다.

(3) 부모의 양육·교육권

부모의 양육·교육권은 일차적으로 대국가적 방어권으로 자녀의 양육과 교육에 있어서 국가가 부당하게 간섭하거나 방해하는 것을 금지하는 기능을 한다. 자녀의 양육과 교육은 부모의 자연적 권리이자 일차적으로 부모에게 부과되는 의무이다. 자녀를 출생한 자는 일차적으로 자녀의 양육과 교육에 대한 책임을 져야 한다. 한편, 부모는 자녀에 대한 책임을 어떻게 이행할 것인지에 관하여 자신의 가치관에 따라 자유롭게 결정할 수 있다.

나아가, 부모의 양육·교육권은 제도보장 또는 객관적 가치질서로서 '자녀의 양육과 교육에 있어서 부모의 자율성'을 보장함으로써, 입법자에게 '가정 내에서의 자녀교육'을 보장할 수 있도록 법적으로 형성해야 할 의무와 과제를 부과하고 있다. 이에 따라 입법자는 부모가 교육권을 자녀와의 관계에서 내부적으로 그리고 제3자에 대하여 외부적으로 행사할 수 있고 국가를 비롯한 제3자의 간섭과 방해를 배제할 수 있도록 부모의 지위를 규율해야 한다. 그러므로 국가에 의하여 이루어지는 '집단적 보육'은 헌법에 위반되며, 입법자가 가령 지나치게 조기에 자녀의 성년을 법적으로 규율함으로써 가정 내에서 부모교육의 가능성을 형해화해서는 안 된다.[1]

(4) 부모의 자녀양육권과 국가의 감독권

사례 | 헌재 2014. 4. 24. 2011헌마659 등('강제적 셧다운제' 사건)

청구인들은 인터넷게임을 즐겨하는 16세 미만의 청소년 및 16세 미만의 청소년을 자녀로 둔 부모들이다. 청구인들은 16세 미만의 청소년에게 오전 0시부터 오전 6시까지 인터넷게임의 제공을 금지하고 이를 위반하는 인터넷게임 제공자를 형사처벌하도록 규정한 구 청소년보호법 조항('강제적 셧다운제')

---

1) 미성년자에 대하여 조기에 기본권행사능력을 인정하는 것은 부모와의 관계에서 자녀의 자기결정권을 강화하고 부모의 결정권을 제한할 수 있다. 따라서 입법자가 성년의 연령을 확정하거나 자녀가 종교의 자유를 독자적으로 행사할 수 있는 연령을 확정함에 있어서, 자녀의 기본권뿐만 아니라 부모의 자녀교육권도 적정하게 고려하여야 한다.

이 청소년의 일반적 행동자유권, 부모의 자녀교육권 등을 침해한다고 주장하면서 그 위헌확인을 구하는 헌법소원심판을 청구하였다.[1]

(가) 부모의 양육·교육권은 한편으로는 가족 내에서 '부모와 자녀의 관계'의 관점에서, 다른 한편으로는 자녀의 양육에 있어서 '부모와 국가의 관계'의 관점에서 살펴보아야 한다. 부모의 양육권은 일차적으로 부모 자신의 자유행사나 인격발현을 위해서가 아니라 자녀를 위하여 보장된 것이다. 부모의 양육권은 본질적으로 자녀의 이익을 위한 권리, 자녀의 복리를 위하여 행사되어야 하는 의무적 성격의 기본권이다.[2] 이러한 점에서, 자녀의 복리는 부모양육권의 한계가 아니라 부모양육권의 본질을 구성하는 요소이다. 부모의 양육권은 '자녀와의 관계에서는' 권리라고 하기보다는 자녀의 복리에 의하여 규정되는 의무이다. 이러한 점에서 부모의 권리를 '의무적 권리' 또는 '부모의 책임'으로 부르기도 한다. 그러나 부모의 양육권은 전적으로 신탁적 권리는 아니다. 부모의 양육권은 국가에 대한 방어권으로서 부모에게 '부모를 위해서도' 부여되기 때문이다. 부모의 양육권은 '국가와의 관계에서' 독자적 권리로서 기본권적 성격을 가진다.

(나) 국가는 학교교육의 영역을 제외한다면, 부모의 양육·교육권과 경쟁하는 독자적인 교육권한을 가지고 있는 것이 아니라 단지 감독자적 지위에서 부모의 양육권의 남용을 방지할 권한과 의무만을 가지고 있다. 따라서 가정 내에서의 양육과 교육은 원칙적으로 부모의 권리에 속한다.

부모의 양육권은 헌법상 부여된 이유와 목적에 의하여, 즉 자녀의 복리에 의하여 제한된다. 그러므로 국가에 대한 방어권으로서 부모의 양육권은 자녀의 복리에 의하여 정당화되는 범위 내에서만 존재할 수 있고 보장된다. 마찬가지로 국가의 감독자적 지위도 단지 자녀의 복리를 위하여 존재하며, 이에 따라 항상 자녀의 복리를 행위의 기준으로 삼아야 하고, 자녀의 복리에 의하여 정당화된다. 그러나 자녀의 복리에 관한 결정에 있어서, 부모는 국가와의 관계에서 원칙적인 우위를 가진다. 즉, 부모는 '구체적 상황에서 무엇이 자녀의 행복과 복리에 부합하는 것인지'를 해석함에 있어서 원칙적인 결정권을 가진다.

---

1) 위 결정에서 다수의견은 '자녀양육에 있어서 부모와 국가의 관계'에 관한 깊은 고민 없이, 심지어 '청소년들의 수면시간 확보'를 입법목적으로 언급하면서 과잉금지원칙을 기계적으로 적용한 결과, '강제적 셧다운제' 조항을 합헌으로 판단하고 있다. 그러나 전세계적으로 어떠한 선진 민주국가에서도 국가가 직접 나서서 게임 등 청소년의 취미생활을 규제하는 경우가 없다는 점에 비추어, 우리가 나아가는 방향이 과연 자유민주적 헌법의 정신에 부합하는 것인지 의문이 든다. 국가가 이러한 방식으로 부모의 자녀교육권을 배척하고 자녀의 양육에 직접 개입하기 시작한다면, 국가는 필연적으로 사회주의국가에서 이루어지는 '집단적 보육'의 길로 들어서게 되기 때문이다. 국가가 청소년의 인터넷사용과 관련하여 '부모'에 대한 '국가의 청소년 보호의무'를 주장하여 개입할 수 있다면(다수의견, 공보 제211호, 830, 837), 국가는 사교육, 여가생활 등 청소년의 모든 생활영역에서 자신의 보호의무를 주장하여 부모 대신에 청소년의 일상을 규율할 수 있을 것이고, 이로써 자녀양육의 일차적인 주체는 더 이상 부모가 아니라 국가가 될 것이다. 이러한 점에서 '강제적 셧다운제는 전근대적이고 국가주의적이며 행정편의적인 발상에 기초한 것'이라는 재판관 2인의 반대의견은 경청할만 하다(공보 제211호, 830, 839, "인터넷게임 과몰입·중독의 문제는 가정과 인터넷게임 제공자들의 자구 노력에 의하여 자율적으로 해결하여야 할 문제이다. … 청소년을 바르게 키우고 잘못된 행동을 통제해야 할 1차적인 책임과 의무는 부모에게 있는 것이다.").

2) 헌재 2000. 4. 27. 98헌가16(과외금지), 판례집 12-1, 427, 447, "부모의 자녀교육권은 다른 기본권과는 달리, 기본권의 주체인 부모의 자기결정권이라는 의미에서 보장되는 자유가 아니라, 자녀의 보호와 인격발현을 위하여 부여되는 기본권이다. 다시 말하면, 부모의 자녀교육권은 자녀의 행복이란 관점에서 보장되는 것이며, 자녀의 행복이 부모의 교육에 있어서 그 방향을 결정하는 지침이 된다."

부모의 양육방향을 정하는 최고의 지침이 자녀의 복리라 할지라도, 국가가 감독자의 지위에서 자녀복리를 최적화하기 위하여 부모의 양육권을 제한할 의무와 권한을 가지고 있지 않다. 부모의 양육권이 空洞化되지 않으려면, 국가의 간섭은 자녀의 복리가 위협받는 경우에 국한되어야 한다. 부모의 양육권에 대한 국가의 감독자적 지위는 자녀의 복리를 스스로 정의하고 이를 최상으로 실현하고자 하는 적극적인 지위가 아니라, 자녀의 복리에 의하여 설정되는 부모 양육권의 한계가 준수되는지, 부모의 의무가 이행되는지를 감시하고 부득이한 경우에 한하여 간섭하는 데 그치는 소극적인 지위이다. 그러므로 부모가 자신의 헌법적 책임을 이행하지 않거나 이행할 수 없는 경우에만 부모의 양육권에 대한 제한은 정당화된다. 요컨대, 국가의 감독자적 지위는 부모의 양육과 교육에 대한 전반적인 통제권한을 의미하는 것이 아니라, 단지 부모양육권의 남용을 방지할 수 있는 권한이다.

다. 제도보장

헌법 제36조 제1항은 혼인과 가족생활이란 생활질서를 제도로서 보장함으로써 제도적 보장의 성격을 가진다. 입법자는 혼인과 가족의 제도를 형성함에 있어서 첫째, 혼인·가족제도의 핵심적 내용이 보장되어야 한다는 점에서, 둘째, '개인의 존엄'과 '양성의 평등'을 입법형성의 헌법적 지침으로 삼아야 한다는 점에서 이중적으로 구속을 받는다.

(1) 혼인제도와 가족제도의 헌법적 보장

제도보장이란, 사유재산제나 혼인·가족제도와 같은 私法上의 제도를 헌법적으로 보장하고자 하는 것이다. 혼인과 가족은 선국가적 개념이 아니라 법률에 의하여 비로소 형성되는 개념이다. 혼인과 가족이 법질서 내에서 보호받기 위해서는 입법자에 의한 구체적인 형성, 즉 혼인과 가족이라는 생활공동체를 법적으로 정의하고 형성하는 구체적인 법률을 필요로 한다. 가령, 입법자가 법률로써 혼인의 성립과 효력을 규율하는 혼인제도를 형성해야, 개인은 비로소 혼인의 자유를 행사할 수 있다.

입법자는 혼인과 가족의 법적 형성에 있어서 광범위한 형성의 자유를 가지고 있다. 제도보장은 혼인과 가족에 관한 법적 제도의 규범적 핵심만을 보장함으로써 혼인과 가족을 단지 그 본질적인 구조에 있어서만 보장한다. 동시에, 헌법 제36조 제1항의 제도보장은 입법자의 형성의 자유에 대하여 헌법적 한계를 제시하고 있다. 입법자는 혼인과 가족생활을 형성함에 있어서 혼인과 가족의 헌법적 개념을 기준으로 삼아야 하고, 이러한 헌법정신에 의하여 구속을 받는다. 입법자는 혼인과 가족의 헌법적 개념으로부터 나오는 본질적인 구조적 원칙(예컨대 혼인의 경우 일부일처제, 남성과 여성 사이의 합의에 의한 형식화된 혼인의 성립, 원칙적으로 평생 동안 계획된 혼인에 의한 생활공동체의 의무 등)을 존중하여야 한다.[1]

---

[1] 헌법재판소는 사실혼 배우자에게 상속권을 인정하지 않는 민법조항이 헌법 제36조 제1항의 혼인제도보장에 위반되는지 여부에 관하여, "헌법 제36조 제1항에서 규정하는 '혼인'이란 양성이 평등하고 존엄한 개인으로서 자유로운 의사의 합치에 의하여 생활공동체를 이루는 것으로서 법적으로 승인받은 것을 말하므로, 법적으로 승인되지 아니한 사실혼은 헌법 제36조 제1항의 보호범위에 포함된다고 보기 어렵다."고 판시하고 있다(헌재 2014. 8. 28. 2013헌바119, 판례집 26-2상, 311, 318). 제도보장의 요소로서 일부일처제에 관하여 "제도보장으로서의 혼인은 일반적인 법에 의한 폐지나 제도 본질의 침해를 금지한다는 의미의 최소보장의 원칙이 적용되는 대상으로서 혼인제도의 규범적 핵심을 말하고, 여기에는 당연히 일부일처제가 포함된다. 그런데 중혼은 일부일처제에 반하는 상태로, 언제든지 중혼을 취소할 수 있게 하는 것은 헌법 제36조 제1항의 규정에 의하여 국가에 부과된, 개인의 존엄과 양성의 평등을 기초로 한 혼인과 가족생활의 유지·보장의무 이행에 부합한다."고 판시하고 있다(헌재 2014. 7. 24. 2011헌바275, 판례집 26-2상, 1, 5).

그러므로 입법자가 혼인과 가족을 폐지할 수 없는 것은 물론이고, 입법자는 혼인과 가족에 관한 법률을 개정할 수는 있지만, 제도의 규범적 핵심을 형해화해서는 안 된다. 따라서 혼인의 핵심적 내용에 해당하는 요소는, 혼인에 대한 근본적 이해가 변화하지 않는 한, 입법자에 의한 처분의 대상이 될 수 없다. '혼인이 해체될 수 없다'는 것은 인간공동체의 불완전성에 비추어 혼인의 기본요소에 속하지 않지만, 다른 한편으로는 '원칙적으로 평생 동안의 결합'으로 이해되는 혼인의 개념에 비추어, 혼인제도의 보장은 '배우자 일방에 의하여 언제든지 혼인이 해체될 수 있는 가능성'의 입법적 도입을 허용하지 않는다. 한편, 책임주의에서 파탄주의로의 전환은 헌법적으로 허용된다.

가족제도와 관련하여 보건대, 가족간의 유대감을 원칙적으로 가능하게 하고 유지하도록 해야 한다는 것이 제도보장의 내용에 속한다. 특히, 가족제도의 보장은 '가족 내에서의 자녀양육' 및 '자녀양육에 있어서 부모의 자율성'을 헌법적으로 보장한다. 나아가, 가족제도의 헌법적 보장은 가족 내에서의 자녀양육을 보장할 수 있도록 법률관계를 구체적으로 형성해야 할 의무를 입법자에게 부과한다. 따라서 입법자는 부모가 자녀양육권을 실제로 행사할 수 있고 제3자를 자녀양육으로부터 배제할 수 있도록 부모의 지위를 규율해야 한다.

(2) 입법형성의 헌법적 지침으로서 個人의 尊嚴과 兩性의 平等

사례 1 | 헌재 2000. 8. 31. 97헌가12(國籍法上 父系血統主義條項 사건)

구 국적법조항은 부계혈통주의에 입각하여 아버지가 대한민국의 국민인 경우에만 그 子가 대한민국의 국적을 취득하도록 규정하고 있었다. 甲은 1955년 평안북도에서 중국국적의 아버지와 조선인 어머니 사이에 출생하여 중국에서 성장한 자로서 1995년 밀입국한 후 귀순하고자 하였으나, 서울외국인보호소장으로부터 강제퇴거명령을 받자, 위 강제퇴거명령의 무효확인을 구하는 소송을 제기하였고, 법원은 위 국적법조항에 대하여 위헌법률심판을 제청하였다.

사례 2 | 헌재 2005. 2. 3. 2001헌가9(戶主制 사건)

여성 甲은 혼인하였다가 이혼하고 일가를 창립한 자로서, 전 夫와의 사이에 태어난 子의 친권행사자이며 양육자인데도 子의 호적은 父인 전 夫가 호주로 있는 家에 편제되어 있어, 子를 자신의 家에 입적시키기 위하여 호적관청에 입적신고를 하였으나, 호적관청은 민법조항을 근거로 입적신고를 거부하였다. 이에 甲은 법원에 호적관청의 처분에 대한 불복을 신청하였고, 그 재판계속 중에 '호주를 정점으로 家라는 관념적 집합체를 구성하고 이러한 家를 직계비속남자를 통하여 승계시키는 제도(호주제)의 핵심적 구성부분을 이루고 있는 민법조항이 위헌'이라고 주장하면서 위헌법률심판제청신청을 하였다.

헌법은 "혼인과 가족생활은 개인의 존엄과 양성의 평등을 기초로 성립되고 유지되어야 하며 … "라고 하여 제도보장 외에도, 입법자가 혼인제도와 가족제도를 형성함에 있어서 준수해야 하는 2가지 중요한 헌법적 지침을 제시하고 있다. '개인의 존엄성'과 '양성의 평등'이라는 2가지 헌법적 지침은 민주적인 혼인·가족제도를 실현하기 위한 불가결한 요소이다.[1]

---

1) 헌재 1997. 7. 16. 95헌가6 등(동성동본금혼), 판례집 9-2, 1, 17, "헌법 제36조 제1항은 … 혼인제도와 가족제도에 관한 헌법원리를 규정한 것으로서 혼인제도와 가족제도는 인간의 존엄성 존중과 민주주의의 원리에 따라 규정되어

(가) '개인의 존엄성'은 혼인과 가족생활에서 개인의 자기결정권과 자유로운 인격발현의 가능성이 보장될 것을 요청한다. 즉, 혼인과 가족생활이 개인의 존엄에 기초해야 한다는 것은, 혼인과 가족생활의 형성에 관한 자기결정권이 보장되도록 혼인·가족제도를 형성해야 한다는 것을 의미한다. 따라서 혼인제도의 형성과 관련하여, 개인의 존엄성은 혼인에 관한 자기결정권을 전제로 하고, 남녀 간의 자유의사에 의하여 혼인을 할 것인지를 자유롭게 결정할 수 있는 自由婚 제도를 요청한다. 뿐만 아니라, 개인의 존엄성에 기초하는 혼인제도는 중혼을 금지하고 일부일처제를 요청한다.

(나) 혼인과 가족생활에서 '양성의 평등'은 전통적인 남존여비사상과 가부장적 사고를 부정한다.[1] 헌법 제36조 제1항의 '양성의 평등'은 성별에 의한 차별을 금지하는 헌법 제11조 제1항 후문이 혼인과 가족생활의 영역에서 구체화된 특별규정이다. 이로써 헌법은 남성과 여성이 혼인과 가정에서도 동등하다는 것에서 출발한다. 여기서 '양성의 평등'은 혼인에서의 평등(남편과 처의 관계) 및 가족생활에서의 평등(아들과 딸의 관계)을 포괄한다. 오늘날 민법규정은 양성의 평등에 기초한 혼인상, 즉 동반자적 관계에 기초한 혼인상에 의하여 형성된다. 양성 중 남성 또는 여성을 우대하는 강행규범만이 위헌인 것이 아니라, 임의규범도 마찬가지로 위헌이다.

헌법재판소는 남계혈통을 중심으로 가(家)라는 가족집단을 구성하고 이를 직계비속남자를 통하여 승계시키는 제도인 호주제도,[2] 부계혈통주의에 입각하여 아버지가 대한민국의 국민인 경우에만 그 子가 대한민국의 국적을 취득하도록 규정하는 구 국적법조항에 대하여 양성평등의 위반 등을 이유로 위헌성을 확인하였다.[3] 한편, 성의 사용기준과 관련하여 子로 하여금 父의 姓을 따르도록 하는 父姓

야 함을 천명한 것이라 볼 수 있다."라고 판시하고 있으나, 민주주의원리는 국가영역에만 적용되는 원리로서 사회의 제도인 혼인제도와 가족제도에는 직접 적용되는 원리가 아니다.

1) 헌재 2005. 2. 3. 2001헌가9(호주제), 판례집 17-1, 1, [헌법과 전통의 관계에 관하여] "헌법은 국가사회의 최고규범이므로 가족제도가 비록 역사적·사회적 산물이라는 특성을 지니고 있다 하더라도 헌법의 우위로부터 벗어날 수 없으며, 가족법이 헌법이념의 실현에 장애를 초래하고, 헌법규범과 현실과의 괴리를 고착시키는데 일조하고 있다면 그러한 가족법은 수정되어야 한다.", "우리 헌법은 제정 당시부터 특별히 혼인의 남녀동권을 헌법적 혼인질서의 기초로 선언함으로써 우리 사회 전래의 가부장적인 봉건적 혼인질서를 더 이상 용인하지 않겠다는 헌법적 결단을 표현하였으며, 현행 헌법에 이르러 양성평등과 개인의 존엄은 혼인과 가족제도에 관한 최고의 가치규범으로 확고히 자리 잡았다. … 가족제도에 관한 전통·전통문화란 적어도 그것이 가족제도에 관한 헌법이념인 개인의 존엄과 양성의 평등에 반하는 것이어서는 안 된다는 한계가 도출되므로, 전래의 어떤 가족제도가 헌법 제36조 제1항이 요구하는 개인의 존엄과 양성평등에 반한다면 헌법 제9조를 근거로 그 헌법적 정당성을 주장할 수는 없다."

2) 헌재 2005. 2. 3. 2001헌가9(호주제), 판례집 17-1, 1, 2, [호주제가 헌법에 위반되는지 여부에 관하여] "호주제는 성역할에 관한 고정관념에 기초한 차별로서, 호주승계 순위, 혼인 시 신분관계 형성, 자녀의 신분관계 형성에 있어서 정당한 이유 없이 남녀를 차별하는 제도이고, 이로 인하여 많은 가족들이 현실적 가족생활과 가족의 복리에 맞는 법률적 가족관계를 형성하지 못하여 여러모로 불편과 고통을 겪고 있다. … 호주제는 당사자의 의사나 복리와 무관하게 남계혈통 중심의 가의 유지와 계승이라는 관념에 뿌리박은 특정한 가족관계의 형태를 일방적으로 규정·강요함으로써 개인을 가족 내에서 존엄한 인격체로 존중하는 것이 아니라 가의 유지와 계승을 위한 도구적 존재로 취급하고 있는데, 이는 혼인·가족생활을 어떻게 꾸려나갈 것인지에 관한 개인과 가족의 자율적 결정권을 존중하라는 헌법 제36조 제1항에 부합하지 않는다."

3) 헌재 2000. 8. 31. 97헌가12(국적법상 부계혈통주의조항), 판례집 12-2, 167, 168, [출생에 의한 국적취득에 있어 부계혈통주의를 규정한 구 국적법조항이 평등의 원칙에 위배되는지 여부에 관하여] "부계혈통주의 원칙을 채택한 구 법조항은 출생한 당시의 자녀의 국적을 부의 국적에만 맞추고 모의 국적은 단지 보충적인 의미만을 부여하는 차별을 하고 있다. 이렇게 한국인 부와 외국인 모 사이의 자녀와 한국인 모와 외국인 부 사이의 자녀를 차별취급하는 것은, 모가 한국인인 자녀와 그 모에게 불리한 영향을 끼치므로 헌법 제11조 제1항의 남녀평등원칙에 어긋난다. 한국인과 외국인 간의 혼인에서 배우자의 한쪽이 한국인 父인 경우와 한국인 母인 경우 사이에 성별에 따른 특별한 차이가 있는 것도 아니고, 양쪽 모두 그 자녀는 한국의 법질서와 문화에 적응하고 공동체에서 흠 없이 생활해 나갈 수 있는 동등한 능력과 자질을 갖추었는데도 불구하고 전체 가족의 국적을 가부(家父)에만 연결시키고 있는 구법조항은 헌법 제36조 제1항이 규정한 '가족생활에 있어서의 양성의 평등원칙'에 위배된다."

主義를 원칙으로 규정한 것에 대하여 헌법재판소의 다수의견은 혼인과 가족생활에 있어서의 양성의 평등에 반하지 않는 것으로 판단하였다.[1]

라. 客觀的 價値決定
(1) 의 미
헌법 제36조 제1항은 단지 혼인과 가족생활을 주관적 방어권이자 제도적으로 보장하는 것에 그치는 것이 아니라, 나아가 모든 국가기관에 대하여 '혼인과 가족생활을 보장해야 할 객관적 의무'를 제시함으로써 혼인과 가족생활의 영역을 규율하는 입법자 및 법규범을 적용하는 법원과 행정청에 대하여 구속력 있는 가치결정을 의미한다. 따라서 헌법 제36조 제1항은 일차적으로 불리한 차별을 통하여 혼인과 가족생활을 방해하는 국가행위를 금지할 뿐만 아니라, 혼인과 가족생활이 이루어지고 유지되도록 이를 지원해야 할 국가의 의무를 부과한다.
(2) 혼인과 가족생활에 대한 차별금지

> **사례** | 헌재 2002. 8. 29. 2001헌바82(부부자산소득 합산과세제도 사건)
>
> 甲은 2000년 자신을 주된 소득자로 하여 1999년도 종합소득세과세표준을 확정신고하면서 배우자 乙의 부동산임대소득금액을 합산하여 산출한 세액을 자진 납부하였다. 그 후 甲은 종합소득세 경정청구를 관할세무서장에게 하였으나, 관할세무서장이 甲의 경정청구를 거부하는 처분을 하자, 위 거부처분의 취소를 구하는 소송을 관할행정법원에 제기하였다. 甲은 이 사건의 계속중에 자산소득의 부부합산과세를 규정한 소득세법 제61조 제1항이 헌법에 위반된다는 이유로 위 법률조항에 대한 위헌제청신청을 하였고, 위 법원이 이를 기각하자 헌법소원심판을 청구하였다.[2]

(가) '혼인과 가족생활의 보장의무'로부터 일차적으로 혼인과 가족생활에 대한 불리한 차별의 금지가 도출된다.[3] 국가가 혼인과 가족생활을 보장해야 한다면, '기혼자 및 가족의 구성원'을 '미혼자 및 가족의 구성원이 아닌 자'에 대하여 불리하게 차별해서는 안 된다는 것은, 국가가 취해야 할 가장 소극적이고도 일차적인 조치인 것이다. 헌법 제36조 제1항은 혼인을 하였다는 이유로 또는 가족을 구성하였다는 이유로 누구도 불리한 차별을 받아서는 안 된다는 요청을 함으로써, 헌법 제11조의 일반적 평등원칙에 대한 특별조항에 해당한다. 따라서 국가가 혼인과 가족에 대하여 차별을 하는 경우에는 엄격한 심사를 받으며 원칙적으로 위헌이다.[4] 부부 또는 가족구성원으로서의 특징에 의무나 부

---

1) 헌재 2005. 12. 22. 2003헌가5 등(父姓主義), 판례집 17-2, 544, 554, [성의 사용에 관한 입법형성의 한계에 관하여] "성에 관한 규율에 대해 폭넓은 입법형성의 자유가 인정된다고 하더라도 그것이 헌법적 이념과 가치에 반하는 것일 수는 없으므로 개인의 인격권을 침해하는 것이거나 개인의 존엄과 양성의 평등에 반하는 내용으로 가족제도를 형성할 수 없다는 한계를 가진다.", 헌법재판소는 위 결정에서 민법 제781조 제1항 본문 중 "자(子)는 부(父)의 성(姓)과 본(本)을 따르고" 부분이 헌법에 위반되는지 여부에 관하여 재판관 7인의 다수의견으로 헌법불합치결정을 하였는데, 재판관 5인은 '성의 사용 기준에 대해 부성주의를 원칙으로 규정한 것은 입법형성의 한계를 벗어난 것으로 볼 수 없지만, 부성의 사용을 강제하는 것이 부당한 것으로 판단되는 경우에 대해서까지 부성주의의 예외를 규정하지 않고 있는 것은 인격권을 침해하고 개인의 존엄과 양성의 평등에 반하는 것이어서 헌법 제10조, 제36조 제1항에 위반된다'는 견해를 피력하였고, 재판관 2인은 '부성주의의 원칙을 규정한 것 자체가 혼인과 가족생활에 있어서의 개인의 존엄을 침해하고 양성의 평등에 반하여 헌법 제36조 제1항에 위반된다'는 견해를 밝혔다.
2) 유사한 결정으로는 헌재 2008. 11. 13. 2006헌바112 등(종합부동산세).
3) 물론, 이러한 것은 이미 규범의 방어권적 성격으로부터 전반적으로 나오는 것이다.
4) 헌재 2002. 8. 29. 2001헌바82(부부자산소득 합산과세제도), 판례집 14-2, 170, [헌법 제36조 제1항의 규범내용에 관

담을 결부시키는 것은 원칙적으로 허용되지 않으며, 예외적으로 허용되기 위해서는 이를 정당화하는 '명백하게 합리적인 이유'를 필요로 한다.

여기서 합리적인 이유란 예컨대, 국가가 자신의 재정적 부담을 덜기 위하여 혼인, 가족구성 및 가족적 결합으로부터 발생하는 연대의무에 근거하여 의무나 부담을 부과하는 경우이다. 그러므로 부양의무의 부과나 遺留分權은 원칙적으로 헌법과 합치한다. 가족에 대한 불리한 처우를 정당화하는 또 다른 합리적 이유는 부부 및 함께 생활하는 가족 사이에 존재하는 '경제공동체'로부터 나올 수 있다. 국가는 급부를 제공하는 경우 원칙적으로 경제공동체 내에서 생활하는 사람들의 수입이나 재산을 제한적이나마 함께 고려할 수 있다. 그러므로 국가가 실업급여와 같은 지원조치를 취하는 경우, 혼인 또는 가족의 경제적 이해공동체로부터 나오는 이익은 보다 적은 급부를 정당화할 수 있다.

(나) 가족으로 인하여 발생하는 사실상의 부양비용은 세법상으로 고려되어야 한다. 동일한 소득을 가진 집단 내에서 부양가족(특히 자녀와 부모)을 가진 사람은 과세의 대상이 되는 소득을 가지고 민법상의 부양의무를 부과 받게 되고, 반면에 부양가족이 없는 사람은 과세의 대상이 되는 소득을 자유롭게 처분할 수 있으므로, 이러한 부담을 조정하지 않는 것에 대한 합리적 이유를 찾아볼 수 없다.

(다) 부부와 가족은 조세 상의 부담을 부과 받음에 있어서 다른 인적 집단에 대하여 불리한 취급을 받아서는 안 된다. 따라서 부부의 소득에 대한 합산과세 및 자녀와 부모의 소득에 대한 합산과세는 위헌이다. 부부나 가족이 합산과세로 인하여 개인의 담세능력에 따라 형성된 누진세율의 적용을 받음으로써 개인 과세되는 독신자 등 다른 사람들보다 더 많은 조세를 부담하게 된다. 혼인 외의 생활공동체에 대해서는 세법상으로 부부공동체와는 달리 규율될 수 있다.

(3) 혼인과 가족생활에 대한 지원의무

국가의 보장의무로부터 불리한 차별의 금지를 넘어서, 혼인과 가족생활에 대한 적극적인 지원의 과제를 도출할 수 있다. 혼인과 가족생활에 대한 지원의무는 국가에 대하여 적극적인 지원행위를 요청하는 것이므로, 이러한 점에서 사회적 기본권적 요소로 간주될 수 있다.[1] 이와 같은 적극적인 지원은 단지 국가의 재정과 과제에 비추어 '가능하고 적정한 것'의 한계 내에서만 국가로부터 기대할 수 있다. 헌법 제36조 제1항은 특정한 지원을 요구할 수 있는 개인의 주관적 권리가 아니라, 단지 객관적으로 법익형량의 과정이나 입법과정에서 혼인과 가족생활의 보호를 함께 고려할 것을 요청하는

하여] "헌법 제36조 제1항은 혼인과 가족생활을 스스로 결정하고 형성할 수 있는 자유를 기본권으로서 보장하고, 혼인과 가족에 대한 제도를 보장한다. 그리고 헌법 제36조 제1항은 혼인과 가족에 관련되는 공법 및 사법의 모든 영역에 영향을 미치는 헌법원리 내지 원칙규범으로서의 성격도 가지는데, 이는 적극적으로는 적절한 조치를 통해서 혼인과 가족을 지원하고 제삼자에 의한 침해 앞에서 혼인과 가족을 보호해야 할 국가의 과제를 포함하며, 소극적으로는 불이익을 야기하는 제한조치를 통해서 혼인과 가족을 차별하는 것을 금지해야 할 국가의 의무를 포함한다. 이러한 헌법원리로부터 도출되는 차별금지명령은 헌법 제11조 제1항에서 보장되는 평등원칙을 혼인과 가족생활영역에서 더욱 더 구체화함으로써 혼인과 가족을 부당한 차별로부터 특별히 더 보호하려는 목적을 가진다. 이 때 특정한 법률조항이 혼인한 자를 불리하게 하는 차별취급은 중대한 합리적 근거가 존재하여 헌법상 정당화되는 경우에만 헌법 제36조 제1항에 위배되지 아니한다."; 또한 헌재 2008. 11. 13. 2006헌바112(종합부동산세), 판례집 20-2하, 1, 2, [종합부동산세의 과세방법을 '인별합산'이 아니라 '세대별 합산'으로 규정한 종합부동산세법규정이 헌법 제36조 제1항에 위반되는 것인지 여부에 관하여] "특정한 조세 법률조항이 혼인이나 가족생활을 근거로 부부 등 가족이 있는 자를 혼인하지 아니한 자 등에 비하여 차별 취급하는 것이라면 비례의 원칙에 의한 심사에 의하여 정당화되지 않는 한 헌법 제36조 제1항에 위반된다 할 것인데, …."

1) 헌재 2008. 10. 30. 2005헌마1156(남성장교의 육아휴직), 판례집 20-2상, 1007, "양육권은 공권력으로부터 자녀의 양육을 방해받지 않을 권리라는 점에서는 자유권적 기본권으로서의 성격을, 자녀의 양육에 관하여 국가의 지원을 요구할 수 있는 권리라는 점에서는 사회권적 기본권으로서의 성격을 아울러 가진다."

헌법적 근거이다.

(가) 첫째, 혼인과 가족생활에 대한 지원의 과제는 혼인과 가족이라는 개인적 공동체를 가능하게 하고 유지해야 할 의무, 존재하는 관계를 지원해야 할 의무를 포함한다.

외국인에게도 원칙적으로 인정되는 혼인과 가족생활의 보호는 특히 가족의 합류 및 국외추방과 관련하여 문제된다. 관할행정청은 가족의 합류 및 국외추방의 결정에 있어서 혼인과 가족생활의 보호에 관한 헌법적 결정을 고려해야 한다. 헌법 제36조 제1항으로부터 원칙적으로 체류허가를 받을 권리나 추방당하지 않을 권리를 도출할 수는 없으나, 국가기관은 당사자인 외국인이 국내에서 생활하는 가족에 대하여 가지고 있는 혼인 및 가족관계에 근거한 결속감을 고려해야 한다. 그러므로 내국인과 외국인 사이의 혼인의 경우 내국인 배우자가 그의 상시적인 거주지를 국내에 두고 있고 가족적인 생활공동체가 유지되고 있다면, 외국인 배우자 및 미성년의 자녀는 일반적으로 체류허가를 받을 권리가 있다. 또한, 단지 중대한 사유가 존재하는 경우에만 외국인 배우자에 대한 강제퇴거(국외추방)의 조치가 취해져야 한다. 외국인 부가 자녀의 내국인 모와 혼인하지 않았지만 자녀에 대하여 긴밀한 관계가 존재하는 경우에도, 동일한 것이 인정될 수 있다.

(나) 둘째, 혼인과 가족의 공동체에 대한 지원은 자녀양육보조금과 같은 국가의 직접적인 재정적 조치나 자녀양육을 지원하기 위한 육아휴가·휴직에 의하여 이루어질 수 있다.[1] 부부와 가족에 대한 부양비용을 세법상 유리하게 고려해야 할 국가의 의무 및 연금보험의 경우 자녀양육의 기간을 산입해야 할 의무는 법적인 부양의무의 이면에 해당하는 것으로서 이미 불리한 차별금지의 원칙으로부터 나온다.

(다) 마지막으로, 국가에게는 사인인 제3자의 침해로부터 혼인과 가족생활을 보호해야 할 의무가 부과된다. 이로써 헌법 제36조 제1항은 사법영역에서도 혼인과 가족생활을 보호하고 지원하기에 적합한 법률을 제정할 의무를 국가에게 부과한다.

(4) 私法關係에 미치는 효과

헌법 제36조 제1항은 직접 사인에 대하여 효력을 가지는 것은 아니지만, 민법의 일반조항을 통하여 사인간의 관계에 간접적으로 영향을 미친다. 혼인을 하면 퇴직할 것을 조건으로 근로계약을 체결하는 소위 '獨身義務條項' 또는 '혼인 퇴직제'는 헌법 제36조의 가치결정에 반하는 것으로 무효이다. 근로자가 혼인을 하지 않을 의무를 자유의사에 의하여 스스로 부담하였다 하더라도 마찬가지이다.

4. 기본권의 주체

자유권으로서 '혼인과 가족생활의 보호'가 국적과 관계없이 모든 자연인에게 인정되는 인권이라면, 혼인과 가족생활에 대한 자유권적 보호를 전제로 이를 보완하고 강화하고자 하는 헌법 제36조 제1항도 인권으로서 이해되어야 한다. 헌법 제36조 제1항은 그 성질상 단지 자연인에게만 적용될 수 있다. 나아가, 혼인과 가족생활의 보호는 인권으로서 다양한 국제법상의 인권보호제도에서도 보장되

---

1) 헌재 2008. 10. 30. 2005헌마1156(남성장교의 육아휴직), 판례집 20-2상, 1007, [남성 단기복무장교를 육아휴직 허용 대상에서 제외하고 있는 구 군인사법조항이 남성 단기복무장교의 양육권을 침해하는지 여부에 관하여] "이 사건 법률조항은 입법자가 육아휴직신청권이 가지는 근로자로서의 권리성, 육아휴직의 허용 대상을 확대할 경우 예산과 인력이 추가로 소요되는 점, 다른 의무복무군인과의 형평성 등을 고려하여 육아휴직의 허용 대상을 정한 것이므로, 국가가 헌법상 용인될 수 있는 재량의 범위를 명백히 일탈함으로써 사회적 기본권으로서의 양육권을 최소한 보장하여야 할 의무를 불이행한 것으로 볼 수 없다."

고 있다(예컨대 국제연합의 인권선언 제12조, 16조, 36조 제2항; 유럽인권협약 제8조, 제12조; 시민적 권리와
정치적 권리에 관한 국제협약 제17조, 제23조 제1항 내지 제3항).

II. 母性의 보호의무

1. 母性保護의 헌법적 의미

가. 헌법적 의미

헌법 제36조 제2항은 "국가는 모성의 보호를 위하여 노력하여야 한다."고 하여 母性에 대한 국가
의 보호의무를 규정하고 있다. 母性이란 함은, 혼인여부와 관계없이 자녀의 출산을 앞두고 있거나 자
녀를 출산한 여성을 말한다. 모성의 보호는 생물학적 모성으로 인하여 발생하는 특별한 부담, 즉 임
신·출산·수유(授乳)와 연관되고 이에 제한되는 것이다. 이에 대하여, 자녀의 양육으로 인하여 발생
하는 일반적인 부담은 헌법 제36조 제1항에 의하여 고려되고 규율되어야 하는 문제이다.

모성 없이는 부모와 가족이 존재할 수 없기 때문에, 모성은 가족을 구성하는 핵심적 요소이며, 모
성의 보호는 가족생활의 전제조건을 보호하는 기능을 한다. 적정한 출산율과 인구증가는 국가의 존
립과 발전의 기본적 요소라는 점에서, 모성은 단지 개인적 사안이 아니라 공동체의 이익과도 직결된
사안이다. 모성의 보호는 특히 우려되는 인구감소의 추세에 비추어 특별한 의미를 가진다.

따라서 국가공동체의 이익의 관점에서도 국가는 모성을 보호하고, 나아가 모성으로 인하여 발생
하는 부담(임신, 출산 등)을 덜어주고 모성을 지원해야 한다. 물론, 자녀의 임신과 출산은 자녀를 가지
고자 하는 개인의 자기결정에 근거하는 것이므로 이로 인한 부담은 일차적으로 부모가 져야 하지만,
헌법 제36조 제2항은 국가와 사회가 모성으로 인한 부담을 어느 정도 나누어 가져야 한다는 요청을
하고 있는 것이다. 그러므로 국가가 모든 부담을 다 질 필요는 없고, 모 또는 다른 사인(사용자)도 부
담을 지도록 할 수 있다.

나. 법적 성격

헌법 제36조 제2항은 단지 선언적 규정, 즉 모성의 보호에 관한 구속력 없는 국가의도의 선언이
아니라, 입법자에 대하여 구속력 있는 헌법위임이자 모든 국가기관을 구속하는 가치결정적 근본규범
이다. 이에 따라, 입법자는 일차적으로 입법을 통하여 모성을 보호해야 할 의무를 지며, 법적용기관
은 법의 해석과 적용의 과정에서 모성 보호의 헌법적 요청을 고려해야 할 의무를 진다. 모성보호는
모성에 대한 보호와 지원이라는 국가의 적극적인 행위를 요구할 수 있다는 점에서 사회적 기본권이
다. 뿐만 아니라, 헌법 제36조 제2항은 모가 될 것인지에 관한 여성의 자기결정권을 국가의 침해에
대하여 방어하는 자유권적 성격도 가진다.

2. 모성보호의 구체적 내용

헌법 제36조 제2항은 국가로부터 모성에 대한 보호와 배려를 요청한다. 모성에 대한 보호와 배려
는 일차적으로 임신이나 출산으로 인하여 모가 불리한 차별을 받는 것을 금지하며, 나아가 국가로부
터 적극적인 지원을 요청한다.

가. 母가 되는 권리에 대한 침해의 금지

모든 여성은 헌법 제10조의 행복추구권 및 제17조의 사생활형성의 자유를 근거로 '모가 되는 권리'를 가지고 있다. 헌법은 모성의 보호를 통하여 이러한 모의 자기결정권을 다시 한 번 강조하면서, 모성에 대한 국가의 침해를 금지하고 있다. 따라서 국가에 의한 출생통제나 강제적 산아제한은 헌법적으로 허용되지 않는다. 강제불임수술과 산모의 동의 없는 임신중절은 단지 예외적으로, 즉 이에 관한 자기결정권을 행사할 가능성이 없거나 그 외에 당사자의 생명 등에 대한 중대한 위험이 야기되는 경우에만 허용된다.

나. 사인의 침해로부터 모성의 보호(모성으로 인한 불리한 취급의 금지)

헌법 제36조 제2항은 사인의 침해로부터 모성을 보호해야 할 국가의 의무를 부과한다. 모성에 대한 사인의 침해는 무엇보다도 모성을 이유로 불리한 차별을 하는 형태로 이루어진다. 그러므로 국가는 모성으로 인하여 고용·해고·임금에 있어서 불리한 차별을 받지 않도록 규율해야 할 책임을 진다. 이에 속하는 것이 무엇보다도 해고 및 수입의 감소에 대한 효과적인 노동법적 보호이다.

다. 국가의 적극적인 지원

(1) 모성보호는 모와 가족에 대한 적극적인 지원과 도움을 요청한다. 국가는 모성에 대하여 산모와 영유아에 대한 건강검진 지원, 출산휴가 등 사회적 지원을 제공함으로써 자녀를 가지고자 하는 여성의 결정을 보호해야 한다. 헌법 제36조 제2항은 모성에게 특정한 보호나 배려의 조치를 요구할 수 있는 주관적 권리를 부여하지 않는다. 입법자가 모성의 특수한 상황을 고려하여 어느 정도의 보호와 배려를 제공해야 하는지는 헌법 제36조 제2항으로부터 도출될 수 없다. 다른 사회적 기본권과 마찬가지로, 모성의 보호는 법률에 의한 실현에 의존하고 있으며, 입법자는 모성의 보호를 실현함에 있어서 광범위한 형성권을 가진다.

(2) 한편, 자녀의 출생이 수반하는 육아의 부담을 출산과 수유기를 넘어서도 감당할 수 있다는 전망이 존재하는 경우에만, 모로부터 임신과 출산을 기대할 수 있다. 그러므로 국가가 혼인과 가족생활의 보장이라는 과제를 진지하게 받아들이고 육아휴가, 육아시설의 제공, 연금법에서의 양육기간의 산입, 자녀의 양육 부담에 대한 세금공제혜택 등의 조치를 통하여 지속적으로 이행하는 경우에만, 비로소 효과적인 모성의 보호는 실현될 수 있다.

Ⅲ. 국민보건에 대한 국가의 보호의무

1. 헌법적 의미

헌법 제36조 제3항은 "모든 국민은 보건에 관하여 국가의 보호를 받는다."고 하여 국민보건에 대한 국가의 보호의무를 규정하고 있다. 1919년의 독일 바이마르헌법에서 최초로 '가족의 순결과 건강에 대한 국가의 지원의무'를 규정한 이래, 일부 국가의 헌법에서 이를 수용하였고, 우리 건국헌법도 '가족의 건강 조항'을 규정하였다. 현행 헌법에서는 국민의 보건에 관한 규정으로 유지되고 있다. 헌법 제36조 제3항이 국가를 구속하는 헌법적 의무와 목표를 규정하고 있다는 점에서 그 본질적 성격은 사회적 기본권이므로, 객관적인 국민보건조항은 '보건에 관한 국민의 권리'라는 '주관적인 권리'의

형태로도 규정될 수도 있다.[1]

헌법 제36조 제3항은 모든 국가기관을 구속하는 헌법적 지침으로서, 국민의 건강을 유지하고 증진시키기 위하여 노력해야 할 의무를 국가에게 부과하고 있다. 개인의 건강이란 행복의 전제조건이자 다른 자유를 행사하기 위한 사실적 기초이므로, 국가의 이러한 의무는 자유를 실제로 행사할 수 있는 실질적 조건을 형성하고자 하는 사회국가적 의무에 속하는 것이다. 건강한 국민만이 행복을 추구하고 자유롭게 인격을 발현할 수 있기 때문이다.

2. 구체적 내용

헌법 제36조 제3항은, 국가가 개인의 건강을 침해해서는 안 된다는 소극적인 성격을 넘어서, 국가가 국민보건을 위하여 필요한 조치를 취해야 한다는 적극적인 성격을 가지고 있다.[2] 헌법 제36조 제3항은 건강에 대한 국가의 침해를 배제하는 방어권적 성격을 포함하는 것으로 볼 수도 있으나, 자유권으로서의 건강권은 헌법적으로 명시적으로 규정되지 아니한 자유로서 다른 자유권에 헌법적 근거를 두고 있다고 보는 것이 더욱 타당하며, 헌법 제36조 제3항은 국민보건이라는 목표를 실현해야 할 국가의 의무, 개인의 건강을 배려하고 급부를 제공해야 할 국가의 의무를 담고 있는 사회적 기본권으로 이해해야 한다.

물론, 국가는 국민보건을 위하여 어떠한 조치를 취할 것인지에 관하여 광범위한 형성권을 가지고 있으므로, 개인은 국가로부터 보건에 관한 특정한 정책이나 조치를 요구할 수 없다.

---

1) 국가목표를 헌법에 규정하는 다양한 형식에 관하여 제3편 제7장 제1절 II. 3. 참조.
2) 헌재 2010. 4. 29. 2008헌마622(피고인의 치료감호 청구), 판례집 22-1하, 126, 135, "헌법 제36조 제3항은 … 국민이 자신의 건강을 유지하는 데 필요한 국가적 급부와 배려를 요구할 수 있는 권리인 이른바 '보건에 관한 권리'를 규정하고 있고, 이에 따라 국가는 국민의 건강을 소극적으로 침해하여서는 아니 될 의무를 부담하는 것에서 한 걸음 더 나아가 적극적으로 국민의 보건을 위한 정책을 수립하고 시행하여야 할 의무를 부담한다(헌재 2009. 2. 26. 2007헌마1285, 공보 149, 502, 504)."

제8장 국민의 基本義務[1]

I. 서 론

1. 오늘날 헌법학은 기본권에 관하여 많은 관심을 가지고 기본권이론을 발전시키는 데 주력하는 반면, 국민의 기본의무는 헌법학의 시야에서 점차 사라지고 있다. 국민의 기본의무는 일반국민의 헌법의식에서도 퇴색하고 있다. 오늘날 국가와 국민의 관계는 일방적으로 국가에 대하여 권리를 요구하는 국민의 자세와 성향에 의하여 지배되고 있다. 심지어, '국가에 대하여 거부하고 요구하는 자세'가 '헌법질서를 존중하고 법질서에 복종하며 국가에 기여하고 봉사하는 자세'보다도 민주화되고 啓蒙化된 시민의식이라는 잘못된 헌법윤리가 확산되고 있다. 이로써 자유민주국가가 정치적으로 통치하기 위한 윤리적 전제조건이 붕괴될 위험에 처해 있다.

법질서에 대한 복종의무를 비롯하여 국방·납세·교육의 의무와 같은 국민의 기본의무는 자유민주국가가 존속하고 기능하기 위한 조건이자 이로써 개인의 자유가 보장되기 위한 필수적 전제조건에 속하는 것이다. 자유민주국가에서도 권리에 대하여 의무가 수반되어야 한다는 인식, 국민이 헌법을 존중하고 법질서에 대한 복종의무를 이행해야만 국가가 항구적으로 자유민주국가로서 유지될 수 있다고 하는 인식이 자리 잡아야 한다.

2. 국민의 기본의무와 관련하여 제기되는 첫 번째 질문은, 헌법에 규정된 기본의무가 자유권을 보장하는 법치국가의 헌법과 어떻게 조화를 이룰 수 있는지의 문제이다. 이는, 국가 내에서 개인의 헌법적 지위를 구성하는 2가지 요소인 기본권과 기본의무 사이에는 밀접한 내용적 상관관계가 있으며, 기본의무는 기본권과의 관계에서 파악되어야 한다는 것을 의미한다. 헌법에 기본의무를 규정한다는 것은 필연적으로 기본권의 주체로서 개인의 헌법적 지위에 대하여 영향을 미친다. 따라서 기본의무가 제기하는 문제의 핵심은 기본권의 영역에 있으며, 기본의무의 문제는 잠재적인 기본권의 문제이다.

이러한 관점에서, 헌법상 국민의 기본의무는 다음과 같은 일련의 의문을 제기한다. 헌법상 기본의무는 국민에게 직접 구속력을 가지고 의무를 부과하는 규정인가? 국민의 기본의무는 법적 의무인가 아니면 윤리적 의무인가? 어떠한 관점에서 법적 의무와 윤리적 의무를 구분해야 할 것인가? 헌법상 기본의무는 헌법 체계 내에서 어떠한 기능을 하며, 법적 성격은 무엇인가? 자유민주국가는 그 구성원인 국민이 헌법적으로 보장된 기본권적 자유를 사용하는 것에 의존하고 있다는 점에서, 자유를 행사해야 할 국민의 의무가 존재하는가? 법질서에 복종해야 할 국민의 의무가 존재하는가? 그러한

---

1) 한수웅, 국민의 기본의무, 저스티스, 2010. 10, 52면 이하 참조.

의무의 헌법적 근거는 무엇인가? 헌법 제32조 제2항의 근로의 의무와 헌법 제15조의 직업의 자유는 어떻게 조화를 이룰 수 있는가? 헌법 제23조 제2항의 '공공복리에 적합하도록 재산권을 행사해야 할 의무'는 무엇을 의미하는가? 공공복리에 부합하게 자유를 행사해야 할 국민의 의무가 존재하는가?

Ⅱ. 國家理論과 憲法史에서 국민의 기본의무

1. '자유의 내재적 한계'로서 理性法의 기본의무

계몽주의시대의 국가이론은 국가공동체 내에서 개인의 지위가 권리와 의무로 구성되는 것으로 이해하였고, 이로써 불가양·불가침의 기본적 인권 외에도 기본의무의 존재를 당연한 것으로 간주하였다. 특히 그로티우스를 비롯한 理性法(Vernunftsrecht)[1] 옹호자들의 自然法論은 인간의 '自然的 義務'에 관한 포괄적인 이론을 담고 있었고, 여기서 인간의 기본의무로서 무엇보다도 '私人 상호간에 평화를 유지해야 하는 의무'가 강조되었다. 이성법에서 기본의무란 '국가공동체와의 관계에서 시민의 의무'가 아니라 '사인간의 관계에서 타인에 대한 인간의 자연적 의무'를 의미하는 것이었다. 이성법은 기본의무를 통하여 개인의 모든 권리행사가 타인의 자유와 조화를 이루어야 할 필요성을 역설하였고, 모든 사람이 동등한 자유를 행사할 수 있는 조건으로서 권리남용의 한계를 제시하고자 하였다.

이성법적 의미에서 기본의무란 '타인의 자유를 침해하지 않는 범위 내에서의 자유' 또는 개인의 자유가 서로 병립할 수 있도록 자유를 행사해야 한다는 요청으로서 인간의 자연적 의무를 말하는 것이었다. 인간의 자연적 의무란, 모든 사람의 동등한 자유행사로 인하여 필연적으로 요청되는 개인적 자유의 내재적 한계로서, '공동체 내에서 자유'의 본질로부터 '內部的으로 부과'되는 의무를 의미하는 것이었다. 이성법에 의하면, 기본의무는 '모든 인간의 자유를 병립·조화시키기 위한 원칙'(상호주의원칙)으로부터 파생하는 '자유의 내재적 한계'와 동일한 의미를 가지는 것이었고, 이로써 '영원불변의 삶의 원칙'과 일치하는 것이었다.

1795년의 프랑스헌법은 시민의 권리뿐만 아니라 의무에 관한 선언도 포함하고 있었고, '사회구성원에 대한 의무'이자 '영원불변의 삶의 원칙'으로서 상호주의원칙을 선언하였다. '타인이 자신에게 행하기를 원하지 않는 것을 타인에게 행하지 않을 의무'가 바로 그것이다.

2. 국가공동체에 대한 시민의 의무로서 기본의무

18세기 후반 이래, 국가와 법에 대한 복종의무·국방의 의무·납세의 의무 등의 형태로 등장한 기본의무는 '理性法의 의미에서 기본의무'와는 그 성격을 달리한다. 기본의무는 '사인 상호간의 관계에서 존재하는 인간의 자연적 의무'에서 '공동체에 대한 시민의 의무', 즉 국가에 대한 급부이행 및 수인의 의무로 변화하였다. 시민의 이러한 의무는 개인의 자유행사를 가능하게 하는 공동체를 유지하기 위한 것으로, '공동체 내에서 자유'의 본질로부터 '내부적으로 부과'되는 의무(자유의 내재적 한계)가 아니라, '외부로부터 부과'되는 공동체에 대한 의무를 의미하는 것이었다. 시민의무의 고전적인

---

1) 법제사에서 이성법이란, 근대에 Grotius(1583-1645), Pufendorf(1632-1694), C. Wolff(1679-1754) 등에 의하여 형성된 '세속화된 자연법이론'으로서 오로지 인간의 이성에 의하여 정당화되고 이성에서 그 근거를 발견하는 법을 말한다.

요소에 속하는 대표적인 것이 법복종의무 및 국방과 납세의 의무이다(소위 '고전적 기본의무').

그러나 19세기 유럽 시민사회의 법치국가적 헌법은 국민의 의무를 명시적으로 규정하지 않았다. 기본의무는 법치국가적 헌법에서 전통적인 요소에 해당하지도 않을 뿐만 아니라, 오히려 이질적인 요소로 간주되었다. 법치국가적 헌법의 주된 목표는 국가권력을 제한하고자 하는 것이므로, 헌법은 국가를 구속하고 국가기관에 대하여 의무를 부과하는 것이지, 국민에게 의무를 부과하는 것은 기본권의 보장을 통하여 개인의 자유영역을 확보하고자 하는 법치국가적 헌법의 경향에 반하는 것이었다. 이미 18세기 후반 미국과 프랑스의 인권선언에서도 인간의 기본적인 정치적·사회적 의무는 당연한 것으로 이해되었다. 그러나 '국가에 대한 의무'라는 사고 자체가 이미 혁명을 통하여 쟁취하려는 자유의 이념에 반하는 것으로 인식되었기 때문에, 기본의무의 목록을 헌법에 수용하는 것은 그 당시 인권선언의 정치적 방향과 부합하지 않는 것이었다. 따라서 19세기 헌법에서는 국민의 기본의무가 헌법적으로 규범화된 것을 거의 찾아볼 수 없다. 독일 바이마르헌법에서 비로소 기본권과 함께 일련의 기본의무가 "독일인의 기본권과 기본의무"의 章에 수용됨으로써, 기본권과 기본의무가 처음으로 체계적 연관관계에서 규율되었다.

이에 대하여, 1949년의 독일 기본법은 개인의 자유를 경시하고 국민의 의무를 강조한 나치정권의 불법통치에 대한 반작용으로 국민의 기본의무를 배제함으로써, 18세기 후반 혁명적 인권선언의 계몽주의적·이성법적 출발점 및 19세기 법치국가적 헌법의 전통으로 다시 回歸하였다. 오늘날 서구민주국가에서 국민의 기본의무의 이념은 퇴색하여 대부분의 국가에서 단지 국가에 대한 국민의 권리만을 규정할 뿐 공동체에 대한 국민의 의무에 대해서는 거의 언급하고 있지 않다. 한편, 1948년 우리 건국헌법은 독일 바이마르헌법을 모델로 삼아 제2장에서 기본권과 함께 국민의 의무를 함께 규율하였고, 이러한 규율체계는 현행 헌법까지도 그대로 유지되고 있다.

III. 개념 및 법적 성격

1. 개   념

가. 狹義의 기본의무

기본의무(Grundpflichten)는 기본권(Grundrechte)의 개념에 대한 '상대 개념'으로 이해된다. 기본의무는 국가에 대한 개인의 헌법적 지위의 兩面(기본권과 기본의무) 중에서 한 면을 서술하고 있다. 이에 따라 기본의무는 헌법적으로 규정된 개인의 의무, 즉 국가에 대한 개인의 헌법적 의무이다. 사인간의 의무나 국가기관의 의무는 기본의무가 아니며, 마찬가지로 헌법적 차원이 아니라 법률에 그 근거를 두고 있는 의무도 기본의무에 속하지 않는다. 일반적으로 '국민의 의무'라 한다면, 국방·납세·교육의 의무와 같은 협의의 기본의무를 말하는 것이다.

기본권에 의하여 보장되는 국민의 지위가 소극적 지위(status negativus), 적극적 지위(status positivus) 및 능동적 지위(status activus)로 구분된다면, 기본의무는 수동적 지위(status passivus)로 서술될 수 있다. 기본권의 주체로서 국민은 국가로부터 작위와 부작위 등 무엇을 요구할 수 있는 반면, 기본의무의 주체로서 국민은 국가에 대하여 무엇인가를 부담하고 수인해야 한다. 헌법이 국가공동체의 유지와 존속을 위하여 국민으로부터 특정한 기여나 희생을 요구하는 것에 기본의무의 본질이 있다. 이러한 의미에서 기본의무는 국가공동체에 대한 국민의 기여의무이다. 기본의무는 공동의 정치적 생존을 유지하기 위하여 개인에게 국가에 대한 급부이행의무·수인의무·부작위의무 등을 부과함으로써 개인의 희생과 부담 등을 요구하는 것이다.[1] 국가에 대한 국민의 기본의무는 자유민주국가를 조직하고 유지해야 하는 필요성에 근거하고 있다.

나. 廣義의 기본의무

광의의 기본의무란, 위에서 서술한 협의의 기본의무 외에 자유권으로부터 파생하는 기본의무(타인에 대한 의무)를 모두 포괄하는 개념이다. 인간의 자유가 서로 충돌하는 공동체 내에서, 개인의 자유는 동등하게 보장된 타인의 자유에서 그 한계를 발견한다. 따라서 자유권에는 국가의 부작위의무뿐만 아니라, 타인의 자유를 존중해야 할 공동체 구성원의 의무가 대응한다. 개인의 자유 사이의 경계설정은 입법자에 의하여 법률로써 이루어진다.

따라서 자유권으로부터 파생하는 국민의 기본의무란, 개인의 자유가 오로지 '공동체 내에서의 자유'로만 가능하다는 자유의 본질로부터 나오는 자유의 한계로서, 자유권에 내재된 개인의 책임을 의미한다.[2] 모든 국민은 개인적 자유를 타인의 자유 및 공동체의 법익과 조화를 이룰 수 있는 범위 내에서 행사해야 한다. 따라서 자유권으로부터 타인의 자유를 존중해야 할 의무가 나오며, 이로써 입법자가 법률로써 개인적 자유의 한계를 확정하는 것을 수인해야 한다. 자유권으로부터 파생하는 기본의무는 '광의의 기본의무'에 해당하는 것으로, 국가가 아니라 타인에 대한 의무이다.

헌법이 명시적으로 이와 같은 내용의 기본의무를 규정하는지와 관계없이, 개인적 자유를 기본권의 형태로 규정한 것은, 필연적으로 개인적 자유가 타인의 자유와 공익을 실현하기 위한 법질서의 구속을 받는다는 것을 의미한다. 개인의 이러한 의무를 전제로 해서만, 헌법은 공존하는 개인적 자유를 보장할 수 있다. 이러한 기본의무는 공동체 내에서 자유의 구속성에 기인한다.

2. 법적 성격

가. 입법자의 입법에 의하여 구체화되는 헌법적 의무

(1) 법치국가적 헌법질서에서 법적 의무의 주체로서 국가

법치국가적 헌법질서에서, 국민은 자유의 주체이고 국가는 법적 의무의 주체이다. 원칙적으로 무제한적인 개인·사회의 자유영역과 필연적으로 제한적인 국가의 지배영역이라는 법치국가적 분할원칙에 따라, 법치국가적 헌법은 국민에게는 자유를 보장하는 반면, 국가에게는 한편으로는 국가목표·헌법위임·국가과제에 관한 규정을 통하여 이를 실현해야 할 행위의무를 부과하고 다른 한편으로는 자유권의 보장을 통하여 이를 존중해야 할 부작위의 의무를 부과한다. 법치국가적 헌법은 국가권력을 제한하고자 하는 것이므로, 헌법에 의하여 구속을 받고 의무를 지는 것은 국가기관이다.

이에 대하여, 헌법은 국민에게 '직접' 의무를 부과하지 않는다. 헌법상 기본의무는 표면상으로는 국민을 수범자로 하여 국민을 향하고 있지만, 실제로는 국가에 대한 요청, 즉 국가행위에 대한 요청

---

1) 계희열, 헌법학(中), 2004, 804면.
2) 이에 관하여 위 II. 1. 참조.; 학자에 따라서는 이를 헌법에 열거되지 아니한 기본의무로 소개하고 있다(가령, 계희열, 헌법학(中), 2004, 817면).

이다. 헌법이 직접 국가에 의하여 강제되고 관철될 수 있는 국민의 의무를 부과하는 것은 법치국가적 헌법과 부합하지 않는다. 개인의 자유영역에 대한 모든 제한과 마찬가지로, 국민에 대한 의무의 부과는 법률을 필요로 한다. 헌법에 의하여 직접 부과되는 국민의 의무는 필연적으로 '예견할 수 없고 불명확한 국민의 의무'를 의미하고, 이는 법치국가적으로 용인할 수 없는 것이다. 그러므로 헌법상 기본의무의 상대방은 실질적 의미에서 언제나 국가이다.

(2) 입법자에 의한 형성의 필요성

헌법은 국민에 대하여 직접 집행할 수 있는 의무를 부과하지 않는다. 헌법적 의무는 관철되고 집행되기 위하여 입법자에 의한 형성과 구체화를 필요로 한다. 기본의무의 실현과 구체화는 입법자의 과제이다. 기본의무는 헌법적 차원에서 규정되고 있으나, 그 구체적 내용과 법적 효력은 법률에 의하여 비로소 획득된다. 국민의 기본의무는 단지 법률을 매개로 하여 개인에 대한 효력을 가진다. 기본의무가 법적인 형성에 의존하고 있다는 것은 기본의무를 규정하는 헌법규범의 법문("법률이 정하는 바에 의하여")에서도 그대로 표현되고 있다.[1] 헌법적 의무의 이러한 특성은 헌법규범의 직접적인 수규자가 국민이 아니라 국가기관이라는 사실에 기인한다. 국민은 "법률이 정하는 바에 의하여" 즉, 기본의무의 내용·범위·의무위반에 대한 제재를 규정하는 법률에 따라 구체적이고 현실적인 의무를 부과 받는다. 국민의 기본의무는 예외적으로 법복종의무를 제외하고는 헌법상 자기집행력을 가질 수 없기 때문에, 헌법에 의하여 직접적인 효력이 인정되고 이로써 개인에게 관철할 수 있는 권리를 부여하는 기본권과는 근본적으로 다른 규범적 성격을 가진다.

헌법상 기본의무의 인정은 개인의 자유에 대한 제한가능성을 의미한다. 그러므로 법치국가적 헌법에서 국민의 의무는 자유제한적 효과로 인하여 법률유보의 구속을 받는다. 따라서 행정청이 입법 없이 직접 기본의무를 적용하는 것은 허용되지 않는다. 행정청은 직접 기본의무를 구체화할 수 없다. 그러나 행정청이 법률의 해석과 적용에 있어서 헌법상 기본의무를 해석의 지침으로 고려하는 것을 배제하는 것은 아니다.

나. 특정 국가목표·과제의 실현을 위하여 자유권의 제한을 허용하는 헌법적 근거

(1) 자유권의 제한을 정당화하는 授權規範

헌법상 기본의무는 입법자에게 법률로써 국민에게 의무를 부과할 수 있는 권한을 부여한다. 입법자에 의한 의무의 부과는 필연적으로 자유권의 제한을 수반한다. 따라서 헌법상 기본의무는 입법자에게 자유권을 제한할 수 있는 권한을 부여하는 규범이다. 이로써 국민의 기본의무는 공동체의 유지를 위하여 필수적인 국가목적·과제의 실현을 위하여 자유권에 대한 제한을 허용하는 헌법적 근거이다. 가령, 국방의 의무는 '국가안보'라는 국가과제를 위하여, 납세의 의무는 '국가재정의 충당'이라는 국가과제를 위하여, 환경보전의무는 '환경의 보전'이라는 국가과제를 위하여, 취학의 의무는 '후세대의 교육'이라는 국가과제를 위하여 국민의 기본권에 대한 제한을 허용하는 것이다.

---

1) 헌법 제38조 및 제39조 제1항은 "법률이 정하는 바에 의하여" 각 납세의 의무와 국방의 의무를 진다고 규정하고 있으며, 헌법 제31조 제2항은 "… 법률이 정하는 교육을 받게 할 의무를 진다."고 규정하고 있으며, 헌법 제32조 제2항은 "국가는 근로의 의무의 내용과 조건을 민주주의원칙에 따라 법률로 정한다."고 규정하고 있다. 또한 환경보전의무와 관련하여 헌법 제35조 제2항 참조.

(2) 특정 국가목표·과제를 제시하는 헌법규범

자유권에 대한 효과의 측면에서, 기본의무는 입법자에게 기본권제한의 가능성을 부여하는 '法律留保'의 기능과 유사하다. 그러나 기본의무는 법률유보의 한 유형이 아니라, 독자적인 헌법적 범주를 구성한다. 헌법 제37조 제2항의 '일반적 법률유보조항'이 개인의 자유를 타인의 자유나 공동체의 법익과 조화시키기 위한 수단이라면, 기본의무는 이와는 달리 국가의 특정한 과제나 목표를 출발점으로 삼아 공동체의 존속과 유지를 위하여 필요한 수단을 확보한다는 성격을 가진다. 기본의무는 개인으로부터 특정한 내용의 부담과 희생을 요구함으로써, 동시에 공동체의 유지를 위하여 불가결한 국가목표와 국가과제를 제시하고 있다. 기본의무는 법적 평화, 국가안보, 헌법의 수호, 후세대의 교육, 국가재정의 충당, 환경보전 등 중요한 국가목표·과제의 실현에 기여한다는 의미에서, 국가목표와 특별한 연관성을 가진다. 이러한 점에서 기본의무는 사회적 기본권이나 국가목표규정과 유사하게 구체적인 국가목표와 국가과제를 제시하는 성격을 가지고 있다.

헌법상 법률유보조항의 목적은 입법자에게 공익실현을 위하여 기본권을 제한할 수 있는 가능성을 제공하는 것에 있는 반면, 헌법상 기본의무의 목적은 개인에게 급부이행의무나 수인의무 등을 부과할 수 있는 가능성을 규정함으로써 국가공동체의 유지와 기능을 위한 최소한의 조건을 확보하는 것에 있다. 이로써 헌법은 공동체의 유지와 기능을 위하여 불가결한 특정 국가목표나 국가과제를 기본방침(Programm)으로서 제시하고 이러한 목적의 달성을 위하여 기본권제한의 가능성을 개방하는 것이다. 여기서 기본권의 제한은 '모든' 공익의 실현을 위한 수단이 아니라, 기본의무조항이 제시하는 '특정' 국가목적·과제의 실현을 위한 수단이다. 또한, 여기서 기본권의 제한은 일반적으로 특정 개별기본권에 대한 제한이 아니라, 병역의 의무 등에서 드러나는 바와 같이, 다수의 기본권영역(가령, 신체의 자유, 거주·이전의 자유, 정치적 표현의 자유 등)을 제한하는 효과를 초래한다.

(3) 기본권적 자유의 주장을 배척하는 강화된 권한규범

헌법상 기본의무가 인정되는 한, 국민은 자신의 기본권을 주장하여 기본의무의 이행을 거부할 수 없다.[1] 이러한 점에서, 기본의무는 기본권적 자유의 주장을 제한적이나마 배척하는 기능을 가진다. 다시 말하자면, 기본의무는 '법률을 통하여 기본의무를 실현하는 입법자의 권한'을 '개인의 기본권'으로부터 지켜주는 역할을 하는 '국가의 강화된 권한규범'이다. 국민은 헌법상 기본의무를 구체화·현실화하는 입법자의 법률에 대하여 의무부과 및 이에 수반되는 기본권제한의 필요성이나 목적에 대하여 이의를 제기할 수 없다. 가령, 국민은 병역의무를 부과하는 국가에 대하여 신체의 자유나 거주·이전의 자유 등 자신의 기본권을 주장하여 병역의무의 도입필요성이나 목적에 대하여 이의를 제기할 수 없다. 다만, 국민은 헌법상 기본의무를 구체화하는 입법자의 법률에 대하여 '병역의무의 부과를 통하여 실현하고자 하는 목적의 달성을 위하여 필요한 정도를 넘어서 자신의 기본권을 과도하게 제한하고 있다'는 이의만을 제기할 수 있을 뿐이다. 이러한 의미에서 헌법상 기본의무는 의무의 부과 그 자체에 대하여 기본권을 주장하는 것을 배척하는 효과를 가진다. '이러한 범위 내에서' 기본권은 기본의무의 유보 하에서 보장된다.

---

1) 1947년 제정된 독일 바덴 州의 헌법 제125조 제1항은 "모든 사람은 헌법 또는 법률에 의하여 부과된 국민의 의무를 이행해야 할 의무를 진다. 누구도 헌법에 의하여 보장된 권리와 자유를 주장하여 의무의 이행을 거부할 수 없다."고 규정하고 있다.

한편, 기본의무는 현실화되기 위하여 입법자에 의한 구체적 형성을 필요로 하며, 입법자에 의한 기본의무의 실현은 법률유보원칙과 과잉금지원칙의 구속을 받는다. 따라서 국민의 기본의무는 기본권과 법치국가원리의 관점에서 정당화되는 범위 내에서만 입법자에 의하여 실현되고 구체화될 수 있다. 국민은 헌법상 기본의무의 존재로 말미암아 국가에 의한 '의무부과 그 자체'에 대해서는 이의를 제기할 수 없지만, 입법자에 의한 구체적인 '의무부과의 내용과 형식'에 대해서는 다른 법률의 경우와 마찬가지로 과잉금지원칙과 명확성원칙 등에 근거하여 이의를 제기할 수 있다.

IV. 기본의무의 주체

1. 자 연 인

기본권은 그 주체에 따라 국민만이 주체가 될 수 있는 '국민의 권리'와 모든 자연인이 주체가 될 수 있는 '인간의 권리'로 구분된다. 이에 대하여, 기본의무는 정치적 공동체의 유지를 위한 의무로서, 정치적 공동체와 밀접한 연관관계에 있다. 그러므로 기본의무는 일차적으로 국민의 의무이지, 국적과 관계없이 모든 인간에게 부과되는 '인간의 의무'가 아니다.

한편, 기본의무는 인간의 의무는 아니지만, 그렇다고 하여 반드시 국적과 결부되는 것은 아니다. 독일 바이마르헌법 당시만 하여도, 국적은 기본의무의 근거로서 인식되었다. 그러나 이미 그 당시에도 이러한 견해의 타당성여부가 문제되었다. 오늘날의 문화국가적 관점에서 볼 때, 부모의 자녀교육의무와 취학의무가 국적여부에 의하여 결정될 수 없다는 것은 명백하다. 또한, 법복종의무와 납세의 의무, 환경보전의 의무가, 비록 이러한 의무의 내용이 내국인과 외국인에 대하여 다를 수 있다고 하더라도, 국민에게만 해당하는 것은 아니다.

그러므로 기본의무는 先國家的 의무로서 인간의 선국가적 성격에 자리 잡고 있는 것도 아니고, 국민의 복종의무로부터 파생하는 것도 아니다. 기본의무는 자유민주국가를 조직하고 유지해야 할 필요성에 기인하는 것이다. 국가는 이러한 필요성으로 인하여 '자신의 존재로부터 이익을 향유하는 원칙적으로 모든 사람'에 대하여 공동체의 유지를 위하여 불가피한 부담을 '부담평등의 원칙'에 따라 분배한다.

2. 법   인

자연인뿐만 아니라 법인도 기본권의 주체가 될 수 있는 것과 마찬가지로, 법인도 기본의무의 주체가 될 수 있다. 기본권과 마찬가지로, 기본의무가 그 본질상 법인에게 적용될 수 있다면, 기본의무는 내국의 사법인에 대해서도 효력을 가진다. 부모의 자녀양육의무 및 취학의무, 병역의 의무, 공무원의 충성의무는 그 본질상 개인과 연관된 것이고, 자연인을 전제로 하고 있다. 이에 대하여, 법복종의무, 납세의 의무, 재산권의 사회적 구속성 등은 그 본질상 법인에게도 적용될 수 있을 뿐만 아니라, 나아가 공동체가 유지되기 위하여 법인에게도 적용되어야 하는 기본의무이다.

V. 기본권(자유권)과의 관계에서 기본의무

1. 타인의 자유를 존중해야 할 국민의 의무

타인의 자유를 존중해야 할 국민의 의무는 자유권으로부터 파생하는 기본의무에 속한다. 이미 위에서 서술한 바와 같이, 자유는 그의 내재적 한계로서 의무적 측면을 포함하고 있다. 타인의 자유를 존중해야 할 개인의 의무는 '국가공동체 내에서 자유란 모든 인간의 자유'라는 공동체와의 관계에서 자유의 구속성으로부터 필연적으로 도출되는 요청이다. 자유권이 권리 외에도 의무적 측면을 포함하고 있다는 것은 오늘날 '헌법의 인간상'에서도 표현되고 있다. 이에 의하면, 인간은 고립된 개체가 아니라 공동체 내에서 인격을 발현하고 자유를 실현하는 공동체의 구성원이다. '모든 사람의 자유'로서 자유는 동시에 책임을 수반하고, 이로써 자유에는 필연적으로 책임이 대응한다. 책임 없는 자유란 생각할 수 없고, 자유질서란 필연적으로 책임질서이다. 모든 기본권의 주체는 자신의 자유를 행사함에 있어서 타인의 자유를 존중하고 침해해서는 안 된다는 책임적 측면은 모든 자유권에 내재하는 기본의무이다.

물론, 헌법은 스스로 개인의 자유에 대한 한계를 설정하는 것이 아니라, 법률유보의 형태로 입법자로 하여금 사인간의 자유의 경계를 설정하도록 위임하고 있다. 입법자의 법률에 의하여 개인의 자유에 대한 법적인 한계가 설정됨으로써 자유행사가 제한되고 통제된다. 결국, 자유와 책임의 귀속의 문제는 자유에 내재하는 책임을 관철하는 수단인 법률을 통하여 해결된다. 즉, 입법자가 입법을 통하여 충돌하는 개인의 자유 사이의 조화를 시도하고 자유의 한계를 확정함으로써, 개인은 타인의 자유를 존중해야 하고 침해해서는 안 된다는 국민의 헌법적 의무성이 구체화되는 것이다.

2. 기본권적 자유를 행사해야 할 국민의 의무?

가. 국민의 윤리적 의무

(1) 자유민주국가는 그 구성원인 국민이 헌법적으로 보장된 기본권적 자유를 의미 있게 사용하는 것에 의존하고 있다. 다수의 국민이 자발적으로 정치적 의사형성과정에 참여하지 않는다면, 민주주의는 기능하지 않는다. 국민이 민주적 의사형성과정에 참여함으로써 비로소 정당한 이익조정을 통하여 공익을 발견하고 실현하는 작업이 가능해진다. 다수의 국민이 직업의 자유와 재산권 등 경제적 자유를 행사하지 않는다면, 국민경제는 물론이고 국민경제의 성장과 안정을 사실적 기초로 하는 사회국가는 붕괴하고 말 것이다. 자유민주국가의 헌법은 국민의 다수가 자유행사의 기회를 활용함으로써 기본권을 적극적으로 행사하고, 나아가 가능하면 기본권을 공익에 부합하는 방향으로 사용하리라는 기대에 기초하고 있다.

그러나 자유민주국가가 국민으로 하여금 기본권을 행사하도록 규율하고 조종할 수 있는 가능성은 매우 제한적이므로, 헌법은 기본권주체의 자발성에 의존하고 있다. 이로써 자유민주국가는 그 존립과 기능에 있어서 개인이 자신의 헌법적 자유를 의미 있게 행사해야 한다는 국민의 倫理的 基本義務를 필수적 전제조건으로 하는 것이다.

(2) 법치국가에서 국민의 윤리적 의무를 법적 의무로 전환하고 국민의 윤리를 법적으로 강제하고

관철하는 것은 허용되지 않는다. 법치국가가 할 수 있는 것은 자신의 생존을 위한 윤리적 조건을 조장하고 조성하는 것뿐이다. 즉, 법치국가는 민주시민의 정신이나 公共心을 강제할 수는 없지만 이를 조성하고자 노력할 수는 있다. 이를 위한 가장 중요하고 효과적인 수단은 바로 학교교육이다. 국가는 학교교육을 통하여 자유민주국가의 존립을 위하여 필수적인 국민의 윤리적 기본의무를 교육목표로 설정하고 이를 후세대의 주체에게 전달하고자 시도할 수 있다.

나. 자유민주국가 헌법의 특징으로서 자유와 의무의 非對稱性

(1) 역사적으로 자유를 동시에 의무로 이해하고자 하는 시도 또는 기본권적 자유를 국민의 기본의무로 변환하려는 시도는 지속적으로 이어져왔다. 칼 마르크스(C. Marx)는 '인권은 단지 개인의 이기주의의 보장'에 불과한 것으로 간주하였고, 약 한 세기 후에는 독일의 공법학자 스멘트(R. Smend)가 이러한 사고를 이어받아 '기본권이란 개인의 사익을 위한 이기적인 권리가 아니라 국민으로서 국가창출을 위한 신분적 권리'라고 주장하여 국민을 국가의 公僕으로 이해하는 소위 '통합이론'을 제시하였다. 이러한 사고에 의하면, 기본권적 자유는 개인의 자유라기보다는 국가창출의 의무로서 기본권을 행사하지 아니할 자유(소극적 자유)는 당연히 부정되며, 언론의 자유는 민주주의에 봉사하는 공적인 과제와 기능에 종속되고, 정치적 기본권의 행사는 경제적·사적 기본권의 행사에 대하여 우위를 차지하며, 선거권은 곧 선거의무를 의미하게 된다.

또한, 사회주의국가의 헌법에서도 국민의 권리와 의무는 一體를 형성하여 자유권과 기본의무의 對稱性을 형성하고 있다. 사회주의국가에서 사회적으로 유용한 자유행사는 모든 국민의 명예로운 의무이고, 이러한 점에서 '근로의 권리'와 '근로의 의무'는 일체를 구성한다. 사회주의국가에서 '권리와 의무의 一體'의 원칙은 첫째, 국민의 헌법상 권리가 인정된다는 것은 이러한 권리를 국가와 사회의 발전과 번영을 위하여 적극적으로 행사해야 할 의무를 수반한다는 것을 의미하고, 둘째, 기본권에는 기본의무가 대응한다는 것을 의미한다. 사회국가적 기본의무의 고전에 속하는 것이 바로 '근로의 의무'이다.[1] 헌법이 근로의 의무를 규정하는 것의 법적 결과는 파업의 금지, 직업선택의 자유의 배제, 임의적 직장변경의 금지, 나태한 자에 대한 처벌과 징계, 강제노역 등으로 나타난다.

(2) 이에 대하여, 모든 법치국가적 헌법의 특징은 자유권과 기본의무의 非對稱性이다. 자유민주국가의 헌법에서 권리와 의무의 관계는 필연적으로 불균형적이고 비대칭적이다. 자유민주국가의 헌법은 자유와 의무의 一體를 규정할 수 없다. 사회주의국가의 헌법이 개인의 자유와 권리의 보장을 의무이행의 유보 하에 두는 반면, 자유민주국가의 헌법은 일단 무조건적으로 개인의 자유를 보장하고, 다만 국민이 기본권적 자유를 행사하리라는 기대와 믿음에 의존하고 있다. 여기서 기본권과 기본의무의 관계는 급부와 반대급부의 관계가 아니다.

자유권은 기본권에 의하여 보장된 자유를 사용할 것인지 또는 어떠한 방법으로 사용할 것인지에 관하여 기본권주체가 스스로 결정하도록 그에게 맡기고 있다. 만일 자유행사에 관한 자기결정권이 보장되지 않는다면, 이는 자유가 아니다. 자유란 자유행사의 여부에 관한 任意性을 포함한다. 단지, 전체주의국가의 헌법만이 개인의 권리와 의무를 일체로서 파악하여 권리와 의무를 서로 대응시킨다. 자유권으로부터 자유행사의 의무를 도출하고자 한다면, 이는 필연적으로 자유의 폐지를 가져온다.

---

1) 가령, 1918년 소련연방헌법은 제18조에서 '근로를 모든 국민의 의무'로서 선언하고 있다.

자유권이 그 기능에 있어서 변질됨이 없이, 자유는 의무로서 이해될 수 없다. 즉, 자유는 의무가 아닌 것이다. 이로써 자유를 행사해야 할 의무는 자유의 본질에 반하는 것이다.[1]

3. 자유민주국가의 기본조건으로서 기본권과 기본의무

국민의 기본의무는 국가의 존속과 기능을 위하여 불가결한 조건에 관한 것이다. 국가는 그 존속과 기능에 있어서 국민이 국가를 방위하고 자녀를 양육하며 조세를 납부하고 법질서에 복종하고 타인과 국가공동체의 이익을 위하여 자신의 자유에 대한 제한을 수인하는 것에 절대적으로 의존하고 있다. 개인에게 헌법상 보장된 '기본권'이 개인의 자유로운 생존을 위한 기본조건에 관한 것이라면, 국민의 '기본의무'는 국가의 생존을 위한 기본조건에 관한 것이며, 이로써 '국가의 기본권'이라 할 수 있다. 국가의 존속과 기능이 보장되지 않고서는 개인의 자유도 있을 수 없다. 이러한 점에서 기본권과 기본의무는 서로 대립관계에 있는 것이 아니라, 기본의무는 궁극적으로 개인이 국가공동체 내에서 자신의 기본권을 행사하기 위한 필수적 조건에 속하는 것이다. 1946년에 제정된 독일 바이에른州 헌법 제117조 제1문은 "모든 사람이 자신의 자유를 방해받지 않고 누리는 것은, 모든 사람이 민족과 헌법, 국가와 법에 대한 충성의무를 이행하는지에 달려있다."고 규정함으로써, 기본권과 기본의무의 상관관계를 적절하게 표현하고 있다.

자유민주국가는 존속하기 위하여 기본권뿐만 아니라 기본의무도 필요로 한다. '국가에 의한 개인의 자유 보장'과 '국가에 대한 개인의 의무'는 자유민주주의가 생존하기 위한 기본조건으로서 동등한 지위와 동등한 가치를 가진다. 헌법은 기본권과 기본의무 중에서 어느 하나에 일방적인 우위를 부여함으로써 양자의 관계를 스스로 확정하고 있는 것이 아니라, 기본권과 기본의무를 동등하게 중요한 것으로 간주하면서 양자의 관계를 구체적으로 형성하는 과제, 즉 기본의무의 실현을 입법자에게 위임하고 있다.[2]

헌법상 국민의 기본의무는 법치국가헌법과 자유에 대한 위협으로 작용할 수 없다. 다만, '자유를 행사해야 할 의무'를 자유권에 대응하는 '기본의무'로 인정함으로써 권리와 의무의 대칭성을 구성하고자 시도하는 경우에만, 기본의무는 자유에 대한 위협이 될 수 있다. 그러나 자유에는 의무가 대응하지 않는다는 법치국가헌법의 非對稱性이 유지되는 한, 기본의무는 자유에 대한 위협이 아니라 자유보장의 필수적 조건이다.

---

1) 소극적 자유에 관하여 제3편 제1장 제2절 참조.
2) 한편, 일부 학자(가령, 홍성방, "국민의 기본의무", 公法研究 34집 4호 1권(2006. 6), 331면)는 기본권과 기본의무의 관계를 '기본의무 우선의 원칙'으로 표현하고 있다. 그러나 헌법이 기본의무를 규정한 것은 기본권에 대한 우위를 인정한 것이 아니다. 헌법은 기본권과 기본의무의 관계를 헌법적 차원에서 이미 우위관계를 확정함으로써 해결하는 것이 아니라, 기본의무의 실현이 법률유보의 형태로 이루어지게 함으로써 입법자로 하여금 구체적인 경우마다 양자의 관계를 조화시키도록 위임하고 있는 것이다.

VI. 헌법상 국민의 기본의무의 유형

1. 고전적·문화국가적·사회국가적 기본의무

가. 근대시민국가의 고전적인 국민의 의무

근대시민국가(입헌군주국가)에서 국민의 의무란, 국가공동체를 유지하기 위하여 국민에게 인정된 최초의 고전적인 의무를 말한다. 이에 속하는 것은 일차적으로 폭력에 의한 자력구제를 금지하는 평화의무를 포함하는 법복종의무를 들 수 있다. 헌법은 법복종의무를 비록 명시적으로 언급하고 있지 않지만, 헌법국가의 전제조건에 속하는 기본의무이다. 또한, 헌법 제38조 및 제39조에서 규정하고 있는 납세의 의무와 국방의 의무도 고전적인 국민의무에 속한다.

나. 문화국가적·사회국가적 국민의 의무

문화국가적 관점에서 국민의 의무에는 헌법 제36조(혼인과 가족생활의 보장)에서 파생하는 부모의 자녀교육의무 및 헌법 제31조 제2항의 의무교육을 받게 할 의무(취학의무)가 속한다.

헌법 제23조 제2항은 재산권자에게 '공공복리에 적합하도록 재산권을 행사해야 할 의무'를 부과함으로써, 재산권에 대한 사회국가적 요청을 구체화하고 있다. 나아가, 헌법 제37조 제2항의 '일반적 법률유보'는 공공복리를 위하여 자유를 제한할 수 있는 가능성을 규정함으로써, 개인이 공동체의 이익을 위하여 자유에 대한 제한을 수인해야 하는 것을 밝히고 있다. 또한, 헌법 제33조 제3항은 주요 방위산업체에 종사하는 근로자의 단체행동권을 제한함으로써 근로자의 사회적 구속성을 표현하고 있다. 또한, 헌법 제35조의 환경보존의무도 '사회적 법치국가'의 헌법에 추가된 국민의 의무에 속한다.

2. 국민의 윤리적 의무 및 법적 의무

'윤리적·법적'의 의미를 어떻게 이해하는지에 따라, 윤리적 의무와 법적 의무의 구분을 달리 할 수 있다.[1] 윤리와 법을 구분하는 기준이 '법적 구속력의 여부'에 있다면, 법적 구속력을 어떻게 이해하는지에 따라 윤리적 의무와 법적 의무의 이해가 다음과 같이 달라진다.

가. 국민의 의무가 '직접적인 법적 구속력을 가지는지의 기준'에 따른 구분

국민의 의무가 '직접적인 법적 효력(구속력)을 가지는지의 기준'에 따라 양자를 구분한다면, 헌법상의 의무가 입법자에 의한 매개 행위 없이 직접 국민을 구속하는 법적 효력을 발휘하는 경우에는 '법적 의무'로 귀속되고, 이에 대하여 헌법상의 의무가 직접 법적 구속력을 가지는 것이 아니라 입법자의 입법행위에 의하여 비로소 구체적인 의무로 형성되고 이로써 국민을 구속하는 직접적인 법적 효력을 가진다면 이는 '윤리적 의무'로 귀속된다. 이러한 구분에 의하면, 예외적으로 자기집행력을 가

---

[1] 학계의 일부 견해(가령, 권영성, 헌법학원론, 2010, 725면; 허영, 헌법학원론, 2010, 625면)는 예컨대, 헌법 제32조 제2항의 근로의 의무를 법적 의무가 아니라 단지 '윤리적 의무'로 이해하고 있다. 그런데 "헌법 제32조 제2항의 근로의 의무는 윤리적·도덕적 의무에 지나지 아니하는 것이라고 할 수밖에 없다. … 그러나 근로의 의무의 내용과 조건이 법률로써 구체적으로 규정될 때에는 그 의무는 법적 의무가 된다."고 하는 서술(권영성, 헌법학원론, 2010, 725면)에서 드러나듯이, 대체 무엇을 기준으로 법적 의무와 윤리적 의무를 구분하고 있는지 대단히 불확실하고 혼란스럽다.

진 국민의 의무로서 법복종의무만이 법적 의무이고,[1] 그 외의 모든 의무는 윤리적 의무로 이해된다.

그러나 이러한 기준에 의한 구분은 사실상 모든 헌법상의 의무를 윤리적 의무로 파악한다는 문제점을 안고 있다. 비록 헌법상의 기본의무는 자기집행력을 가지고 있지는 않다고 하더라도, 헌법적 차원에서 개인의 법적 지위를 구성하고 국가기관에 대하여 수권규범으로 기능한다는 의미에서 규범적인 성격을 가지고 있다. 기본의무의 규범적 효과는 법률에 의하여 비로소 발생하는 것이 아니라, 이미 헌법에 의하여 부여되는 것이다. 헌법상의 기본의무가 직접 법적 구속력을 가지는 것은 아니지만 입법자의 법률을 통하여 법적 구속력을 발휘한다는 점에서, 간접적인 법적 구속력을 가진다고 보아야 한다. 헌법상의 기본의무는 비록 불완전하나마(leges imperfecta) 헌법적 차원에서의 법적 의무이다. 따라서 위와 같은 기준에 의하여 양자를 구분하는 것은 적절치 않은 것으로 판단된다.

나. 국민의 의무가 '법적으로 관철될 수 있는지의 기준'에 따른 구분

국민의 의무가 '법적으로 관철될 수 있는지의 기준'에 따라 양자를 구분한다면, 비록 헌법이 국민에게 직접 의무를 부과하지는 않지만 입법자의 입법을 통하여 구체적 법적 의무로 형성됨으로써 법적으로 관철할 수 있는 의무는 '법적 의무'로 이해하고, 이에 대하여 의무의 성격상 윤리와 도덕의 범주에 자리 잡고 있기 때문에 그 이행을 법적으로 관철하는 것이 부적합하거나 또는 의무의 이행을 법적으로 관철하는 것이 헌법의 기본정신에 위배되는 경우에는 이러한 의무를 '윤리적 의무'로 이해할 수 있다. 따라서 여기서 '법적 의무'라 함은 국가공동체가 법적으로 강제하고 관철할 수 있는 의무인 반면, '윤리적 의무'란 국가공동체가 단지 국민으로부터 그 자발적 이행을 기대할 수밖에 없고 국민에 대하여 그 이행을 호소할 수밖에 없는 그러한 의무를 말한다.

이러한 관점에서 본다면, '기본권적 자유를 행사해야 할 국민의 의무'는 소극적 자유의 헌법적 보장에 비추어 법적으로 강제하고 관철할 수 없는 것이므로, 윤리적 의무라 할 수 있고, 또한 '공익에 부합하게 자유를 행사해야 할 의무'도 자유행사의 여부 및 방법에 관한 결정권이 자유의 본질이라는 점에 비추어 단지 윤리적 의무에 불과하다.[2] 마찬가지로, '헌법에 대한 일반국민의 충성의무'도 윤리적 의무이다.[3] 국가는 국민으로부터 헌법과 국가에 대한 존중과 충성을 기대할 수는 있으나, 이를 법적으로 강제할 수는 없다. 다만, 국가조직의 일부로서 기능하는 직업공무원에 대해서만 법적으로 헌법에 대한 충성의 의무를 부과하고, 헌법적대적인 공직자를 공직으로부터 배제하는 등의 방법을 통하여 이를 법적으로 관철할 수 있다.

Ⅶ. 헌법상 국민의 기본의무의 구체적 내용

1. 法秩序에 대한 服從義務

가. 법률에 복종해야 할 의무

(1) 국민의 기본의무 중에서 가장 근본적인 것은 법률에 복종해야 할 의무('法服從義務'; Gesetzesgehorsamspflicht)이다. 국민의 의무가 국민에 대한 법적 구속력을 발휘하기 위해서는 원칙적으로 법률

---

1) 이에 관하여 아래 Ⅶ. 1. 가. 참조.
2) 이에 관하여 아래 Ⅶ. 7. 참조.
3) 이에 관하여 아래 Ⅶ. 1. 다. 참조.

에 의한 구체적 형성을 필요로 하지만, 이에 대한 예외는 바로 국민의 법복종의무이다. 법복종의무는 입법자의 구체적 법률 없이도 국민을 직접 구속하는 헌법적 기본의무이다. '법복종의무'란 합헌적 법률과 이에 근거한 국가행위에 대한 복종의무이다.

(2) 국민이 법질서에 복종해야 한다는 것은, 국민이 국가의 지배를 받는다는 것의 필연적 결과이다. 국가는 법적으로 조직된 정치적 지배의 단위이다. 국가는 무엇보다도 법적 평화와 법적 안정성을 보장하는 기능을 가지며, 국가의 이러한 기능은 오로지 통일적이고 효과적인 규범질서에 의해서만 이행될 수 있다. 따라서 국가는 공동체 내에서의 행위를 구속력을 가지고 규율하고 나아가 필요한 경우에는 규정된 행위를 물리적 강제력을 동원하여 강제할 수 있는 수단을 가져야 한다. 이는 곧, 국가는 '국가권력'을 가져야 한다는 것을 의미한다.

인간에 대한 모든 정치적 지배에 필수적으로 대응하는 것은 '인간의 복종'이다. 인간에 대한 모든 지배는 필연적으로 지배를 받는 자의 복종을 전제로 하고 있다. 법질서는 이미 국가의 지배가능성으로 말미암아 국가권력의 지배를 받는 자에 대하여 구속력을 가진다. 따라서 법질서에 대한 국민의 복종의무는 국가의 지배가능성, 즉 국가권력으로부터 나오는 것이다.

(3) 이러한 의미에서, 법복종의무는 국가의 지배가 가능하기 위한 전제조건이자 법질서가 기능하기 위한 전제조건이지, 법의 규율대상이 아니다. 법질서에 대한 복종은 법치국가에서 지극히 당연한 것이고 법의 집행에 의하여 관철되기 때문에, 법복종의무는 헌법적으로 명시적으로 규율될 필요가 없다. 법적 공동체로서 국가는 국민의 법복종의무 없이는 존재할 수 없다. 법률에 복종해야 하는 국민의 의무는 법에 의하여 지배되는 법치국가의 당연한 전제조건이다. 법치국가원리가 국가에 대하여 '법에 의한 지배의 의무'를 부과한다면, 이러한 국가의 의무에 대응하는 것이 바로 '법에 복종해야 할 국민의 의무'이다. 법질서와 국가에 대한 존중의무는 국가가 기본권을 보장한 것에 대한 필수적인 대응물이기도 하다.

나. 平和義務[1]

국민의 법복종의무는 사적인 폭력행사와 자력구제의 금지를 의미하는 국민의 평화의무(Friedenspflicht)를 포함한다. 법질서는 곧 평화질서이므로, 국민이 법질서에 복종한다는 것은 평화적으로 행동한다는 것을 의미한다. 국가의 목표와 과제 중에서 가장 근본적인 것이 바로 국가공동체 내에서의 평화질서의 실현과 유지이며, 이는 일차적으로 모든 개인에 대하여 사적인 폭력행사와 자력구제를 금지하고 국가가 물리적 강제력을 독점하는 것을 전제로 한다.

'물리적 강제력의 행사에 관한 국가의 독점권'과 그에 대응하는 '평화적으로 행위를 해야 할 국민의 의무'의 관점에서, 기본권은 처음부터 평화적 자유행사의 유보 하에 있다. 국민의 평화의무는 모든 자유권의 한계이다. 평화의무는 특정 헌법구조의 산물이 아니라 국가의 정치적 지배가 가능하기 위한 필수적 전제조건이다. 따라서 평화의무는 국가로 조직된 모든 공동체에 내재하는 국민의 의무이다. 모든 폭력이 사회로부터 추방되어야만 비로소 정당한 정치적·사회적 질서에 관한 민주적 논의가 가능하다. 국민이 자신의 권리를 자력으로 관철하는 것을 포기한 대가로서, 국가는 법적 분쟁의 평화적 해결을 위한 법치국가적 절차를 제공해야 한다.

---

1) 이에 관하여 제3편 제1장 제6절 Ⅲ. 4. 참조.

다. 헌법에 대한 충성 의무?

국가에 대하여 충성하고 헌법질서를 수호해야 할 국민의 의무는 존재하지 않는다. 헌법상 인정되는 저항권도 헌법질서를 제거하고자 하는 시도에 대하여 헌법질서를 수호해야 할 국민의 의무가 아니다. 저항권은 국민의 저항의무가 아니라 단지 국민의 권리이다. 국민은 규범적으로 헌법을 수호해야 할 의무를 지지 않는다. 헌법의 수호가 국가의 과제·의무라면, 저항권은 국민에게 헌법을 수호할 것을 단지 호소하고 있다.

또한, 자신의 자유를 헌법에 대한 투쟁을 위하여 사용해서는 안 될 국민의 의무도 존재하지 않는다. 헌법은 제8조 제4항에서 정당에 대해서는 헌법질서에 위배되는 정당의 해산가능성을 규정하고 있다. 그러나 헌법 제8조 제4항에 따라 헌법재판소의 결정에 의하여 정당이 금지되는 경우를 제외한다면, 자유민주적 기본질서를 부정하는 세력에 대해서도 헌법에 대한 충성의무를 관철할 수 없다. 국민은 금지되지 않은 정당 내에서 일반적으로 허용된 수단으로 활동하는 한, 헌법적 질서를 부정하고 정치적으로 투쟁할 수 있는 자유를 가진다. 따라서 헌법과 국가에 대한 국민의 충성의무는 법적으로 강제할 수 없는 倫理的 義務이다.[1]

다만, 공무원과 같은 특정 인적 집단에 대해서만 헌법에 대한 충성의무가 존재할 뿐이다. 헌법은 제7조에서 전통적인 직업공무원제도를 보장함으로써 공무원에 대하여 적극적으로 헌법에 대한 충성의무를 부과하고 있다. 자유민주국가가 자신을 파괴하고자 하는 자의 수중에 들어가서는 안 되기 때문이다.[2] 따라서 헌법에의 충성의무는 공무원의 적격여부를 판단하는 중요한 기준이다. 요컨대, 헌법은 일반국민에 대해서는 국가와 헌법에 대한 충성의무를 부과하지 않지만, 공무원에 대해서는 이러한 충성의무를 부과하는 것이다.

2. 납세의 의무

헌법 제38조는 "모든 국민은 법률이 정하는 바에 의하여 납세의 의무를 진다."고 규정하고 있다. 납세의 의무는, 국가가 재정을 조달하기 위하여 반대급부 없이 국민에게 부과하는 금전적 부담인 조세를 납부해야 할 의무를 말한다. 현대국가는 사회국가이며, 사회국가는 조세국가이고, 조세국가는 국민의 납세의무를 전제로 한다. 租稅國家란, 국가의 영리활동이나 준조세의 징수를 통해서가 아니라 조세를 통하여 국가재정을 충당하는 것을 원칙으로 하는 국가를 말한다. 헌법은 조세법률주의($\frac{헌법}{제59조}$)와 납세의 의무($\frac{제}{조}$38)를 규정함으로써, 국가재정수입의 主源泉으로서 조세를 예정하고 있다. 이로써 조세국가는 조세 외의 부담을 원칙적으로 배제하면서 엄격한 요건 하에서만 예외적으로 허용하기 때문에, 조세 외의 공과금의 부과는 별도의 정당성을 필요로 한다.

자유민주국가는 사회주의적 기업국가와는 달리, 생산수단과 임금을 비롯한 작업조건에 관한 결정권을 가지고 있지 않기 때문에, 조세의 형태로 국민의 경제적 産物에 참여하는 것에 의존하고 있다. 조세는 기본권에 의하여 보장되는 재산권의 부분적 박탈이자, 동시에 국가가 개인의 경제적 자유를 보장한 것에 대한 대가이기도 하다. 조세에 의한 국가재정의 충당은 사회국가적 급부와 재분배를 위

---

1) 유사한 취지로, 권영성, 헌법학원론, 2010, 717면, "조국에 대한 충성의 의무와 헌법옹호의 의무는 윤리적 의무일지라도 법률준수의 의무는 법적 의무이다."
2) BVerfGE 39, 334, 349.

한 중요한 전제조건이며, 동시에 헌법이 사경제질서를 채택하였다는 기본결정에 대한 대응물이다. 국민의 납세의무는 사유재산제도와 자유경제질서가 가져오는 필연적인 결과이자, 헌법이 개인의 자유로운 경제활동을 보장한 것에 대하여 치러야 하는 대가이기도 하다. 다시 말하자면, 납세의무 없이는 경제적 자유도 있을 수 없다. 개인의 인격발현을 위한 다양한 조건이 국가에 의하여 제공되고 보장된다는 점에서, 국가공동체의 구성원이 재정적으로 국가과제의 이행에 기여해야 한다는 것은 개인의 공동체기속의 관점에서 요청되는 것이다.[1]

3. 국방의 의무[2]

가. 헌법 제39조는 제1항에서 "모든 국민은 법률이 정하는 바에 의하여 국방의 의무를 진다."고 하여 국방의 의무를 규정하고 있다. 국방의 의무는 납세의 의무와는 달리 국민에 대하여 재산적 희생이 아니라 개인적 희생을 요구한다. 헌법 제39조 제1항은 국민에게 직접 국방의무를 부과하는 규정이 아니라, 국가에게 국방의무를 부과할 수 있는 권한을 부여하는 授權規範이다. 따라서 국가는 국민에게 국방의무를 부과할 수는 있지만, 부과해야 하는 것은 아니다. 국민에 대한 직접적인 의무부과는 헌법이 아니라 법률에 의하여 이루어진다. 법률에 의하여 비로소 국방의무의 조건, 내용, 범위가 규정된다. 따라서 헌법상 국방의무는 국민에 대하여 직접 적용될 수도 없고 집행될 수도 없다.

나. 헌법 제39조 제2항은 "누구든지 병역의무의 이행으로 인하여 불이익한 처우를 받지 아니한다."고 하여, 병역의무의 이행을 이유로 하는 불리한 차별을 금지하는 것은 물론이고, 병역의무의 이행으로 인하여 발생한 사실적 상황에 불리한 차별을 결부시키는 것을 금지하고 있다.[3] '병역의무의 이행'과 '불이익한 처우' 사이에는 인과관계가 있어야 하므로, '병역의무의 이행으로 인한 불이익한 처우'란 '누가 병역의무를 이행하였다는 바로 그 이유 때문에 불이익한 처우를 받는 경우'를 말한다. 여기서 불이익한 처우라 함은 단순한 사실상, 경제상의 이익을 모두 포함하는 것이 아니라 법적인 불이익을 의미하는 것으로 보아야 한다.[4] 따라서 헌법 제39조 제2항은 제대군인가산점제도와 같이 제대군인에게 적극적인 보상조치를 취하는 제도의 헌법적 근거가 될 수 없다.[5] 또한, 병역의무 그 자체를 이행하느라 받는 불이익은 병역의무의 이행으로 인한 불이익한 처우의 금지와는 무관하다.[6]

---

1) BVerfGE 4, 7, 15f.
2) 국방의 의무에 관하여 자세한 것은 제2편 제7장 평화국가원리 관련부분 참조.
3) 가령, 국가공무원 임용연령의 확정함에 있어서 군복무기간을 고려하지 아니하고 그 상한을 너무 낮게 정함으로써 군복무를 이행한 지원자(군필자)의 임용을 사실상 어렵게 하는 경우에는 헌법 제39조 제2항의 위반여부가 문제될 수 있다. 헌재 1999. 2. 25. 97헌바3, 판례집 11-1, 122, 133, "헌법 제39조 제2항 … 의 의미에 관하여는 논란이 있을 수 있겠으나, 병역의무 이행을 직접적 이유로 차별적 불이익을 가하거나, 또는 병역의무를 이행한 것이 결과적, 간접적으로 그렇지 아니한 경우보다 오히려 불이익을 받는 결과를 초래하여서는 아니 된다는 것이 그 일차적이고도 기본적인 의미이다."
4) 헌재 1999. 12. 23. 98헌마363 등(제대군인가산점), 판례집 11-2, 770, 784.
5) 헌재 1999. 12. 23. 98헌마363 등(제대군인가산점), 판례집 11-2, 770, 784, "가산점제도는 이러한 헌법 제39조 제2항의 범위를 넘어 제대군인에게 일종의 적극적 보상조치를 취하는 제도라고 할 것이므로 이를 헌법 제39조 제2항에 근거한 제도라고 할 수 없다."
6) 헌재 1999. 2. 25. 97헌바3 등, 판례집 11-1, 122.

4. 교육을 받게 해야 할 의무

가. 부모의 양육·교육권과 양육·교육의무

(1) 자녀의 양육과 교육은 부모의 자연적 권리이자 일차적으로 부모에게 부과되는 의무이다. 부모의 자녀양육권은 이중적으로 의무의 구속을 받는다. 첫째, 부모는 자녀양육권을 행사할 것인지에 관하여 선택권이 없으며, 둘째, 부모가 자녀양육의 과제를 어떻게 이행할 것인지에 관하여 원칙적인 자유가 부여되지만, 여기서도 '자녀의 복리'라는 자녀양육권의 목표와 지침에 의하여 구속을 받는다. 결국, 자녀양육에 관한 부모의 권리와 의무는 자녀에 대한 부모의 책임으로 수렴된다.

헌법은 자녀양육의무의 부과를 통하여 '자녀를 양육하지 아니할 자유'(소극적 자유)를 부정하고 있다. 부모의 자녀양육의무를 헌법적 의무로 인정하는 것은 예외적으로 자유권의 소극적 측면(소극적 자유)을 배제하는 효과를 가진다. 부모의 자녀양육권은 권리와 의무가 대칭적으로 일치한다는 점에서, 기본권에 있어서 하나의 예외이다. 이러한 예외적 현상은, 부모의 자녀양육권은 자기실현이 아니라 자녀의 인격발현을 위한 것이고, 부모의 자기결정권이 아니라 자신의 자기결정권을 아직 제대로 행사하지 못하는 자녀를 위한 신탁적 권리라는 사실에 기인한다. 즉, 다른 자유권의 경우에는 당연히 인정되는 '자유의 소극적 측면'이 부모의 자녀양육권의 경우에는 인정되지 않는 것은, 자녀양육권의 경우에는 개인(부모)과 국가 사이의 兩者關係가 아니라 부모-자녀-국가의 三者關係에 관한 것이고, 자녀에게 불리하게 행사되어서는 안 되는 부모의 권리에 관한 것이기 때문이다. 이러한 특수한 구조가 '의무와 권리의 예외적인 對稱性'을 정당화하는 것이다.

(2) 국가공동체가 유지되기 위하여 필수적으로 전제되는 중대한 사안에 속하는 것이 바로 자녀양육이다. 국가는 존속하기 위하여 부모에 의한 자녀양육을 필요로 하고 그에 의존하고 있다. 이러한 점에서, 부모의 양육책임은 자녀에 대한 의무일 뿐만 아니라 국가에 대한 의무이기도 하다. 부모가 양육의무를 해태하는 경우 국가의 개입의무가 존재한다는 것에서 국가에 대한 국민의 의무적 성격이 드러난다. 국가는 자녀의 자유로운 인격발현을 보장해야 할 의무를 지고 있다. 국가는 그의 보증인적 지위로 말미암아 부모에게 자녀양육의 의무를 부과해야 하고, 자녀의 양육여부를 전적으로 부모의 자유로운 결정에 맡겨놓을 수 없다. 따라서 국가는 감독자적 지위에서 부모가 양육책임을 이행하는지를 감독하고 자녀양육권의 남용을 방지해야 할 의무를 진다. 물론, 부모의 자녀양육의무는 국민에 대하여 직접 적용되고 집행될 수는 없고, 법률에 의한 구체적 형성을 필요로 한다.

나. 교육을 받게 해야 할 의무

(1) 국민의 취학의무

헌법 제31조는 제2항에서 "모든 국민은 그 보호하는 자녀에게 적어도 초등교육과 법률이 정하는 교육을 받게 할 의무를 진다."고 하여 취학의무를 규정하면서,[1] 제3항에서 "의무교육은 무상으로 한다."고 규정하고 있다. '교육을 받게 해야 할 의무'는 취학아동을 가진 부모 등 보호자가 그 자녀로 하여금 의무교육을 받도록 취학시킬 의무(就學義務)를 말한다. 국민의 취학의무는 이에 대응하여 국가가 이에 필요한 교육시설과 교육제도를 제공해야 한다는 것을 당연한 전제로 하고 있다.

---

1) 이에 따라 교육기본법과 초·중등교육법이 제정되었다.

국가에 의한 학교교육은 문화국가의 본질적 구성부분이다. 학교는 자녀에게 지식·실용적 능력·민주시민의 덕성 등을 전달함으로써 자녀를 기본권에 의하여 보장되는 자기결정권과 민주적 공동결정권(참여권)을 자기책임 하에서 독자적으로 행사하는 민주시민으로 교육한다. 국가의 의무교육제도에 의하여 발생하는 취학의무는 다원적 사회를 '국민'이란 민주적 통일체로 통합하는 데 기여한다. 취학의무는 자유민주국가에서도 불가결한 국민의 정신적·윤리적·문화적 동질성의 기초를 확보하는 데 기여한다. 뿐만 아니라, 취학의무는 사회적 신분이나 개인이 처한 경제적·사회적 상황과 관계없이, 모든 자녀에게 개인의 인격발현과 자기결정권의 행사를 위하여 필요한 교육의 최소한을 제공함으로써, 사회적 불균형을 완화하고 조정하는 사회국가적 과제를 가진다.

취학의무의 경우, 학부모와 자녀는 국가의 급부를 받도록 강제되므로, 국방의 의무나 납세의 의무와는 달리, 공동체를 위한 희생의 성격이 결여되어 있다. 이로써 국가는 국민에게 급부제공의 의무가 아니라 국가가 제공하는 급부의 수령의무 또는 소비의무를 부과한다. 국가의 의무교육으로 인하여 기본권의 제한이 문제된다면, 이는 국가가 자신의 교육과제(헌법제31조)를 이행함으로써 기본권에 의하여 보장되는 부모의 자녀교육권 및 특정한 방향의 종교적·세계관적 교육을 지향하는 사회세력의 교육적 영향력과 경쟁한다는 것에 있다.

(2) 의무교육의 무상성

국민의 취학의무가 취학에 필요한 교육시설과 교육제도의 제공을 당연한 전제로 하고 있다면, 헌법 제31조 제3항에서 '의무교육의 無償性'을 규정한 것도 이의 延長線上에 있다. 국가가 자녀의 보호자(친권자 또는 후견인)에게 자녀의 취학을 강제하면서 취학의무를 이행하지 아니하는 경우에 대하여 법적 제재를 가한다면, 자녀의 취학으로 인하여 발생하는 보호자의 경제적 부담을 원칙적으로 덜어주어야 한다는 요청이 나온다. 따라서 국가가 의무교육의 형태로 국민에게 급부의 수령을 강제한다면, 그 대신 국민으로부터 국가의 급부제공에 대하여 원칙적으로 반대급부를 요구할 수 없다고 하는 것이 바로 '의무교육의 무상성'이다.

따라서 의무교육의 無償의 범위는 국가의 급부제공에 대한 반대급부에 해당하는 것에 제한된다고 이해해야 하며, 반대급부에 해당하는 것은 바로 '수업료'이다.[1] 물론, 국가는 다른 국가과제와 국가재정이 허용하는 범위 내에서 무상의 범위를 교과서 등 교재, 학용품, 급식 등에도 확대할 수는 있으나, 헌법적으로 보장되는 무상교육의 범위, 이로써 헌법의 구속을 받는 국가가 반드시 시행해야 하는 무상제도의 범위는 수업료에 국한되는 것으로 이해하는 것이 타당하다.[2] '헌법이 보장하는 것'과 '국가가 할 수 있는 것'을 혼동해서는 안 된다. 무상교육의 헌법적 보장내용을 지나치게 확대하는 것은, 경제상황의 변화에 따라 국가가 실제로 보장할 수 없는 것을 헌법적 보장내용으로 확정함으로써, 결과적으로 헌법에 대한 국민의 신뢰와 헌법의 권위를 손상시킬 위험이 있다.

헌법재판소는 '학교급식비 사건'에서 의무교육의 무상의 범위는 헌법상 교육의 기회균등을 실현하기 위하여 필수불가결한 비용(수업료를 비롯하여 의무교육과정의 인적·물적 기반을 유지하기 위한 필수적 비용)에 한정된다고 확인하면서, 의무교육으로 운영되는 중학교에서 급식비의 일부를 학부모에게

---

1) 현행 초·중등교육법은 무상의 범위에 관하여 수업료면제만을 규정하고 있다(제12조 제4항).
2) 이에 대하여 수업료면제뿐만 아니라 교과서의 무상배부도 포함된다는 견해로 권영성, 헌법학원론, 2010, 723면; 학용품, 교과서, 급식 등도 무상이어야 한다는 견해로 성낙인, 헌법학, 2010, 801면.

부담하도록 규정한 학교급식법규정은 '의무교육 무상의 원칙'에 위반되지 않는다고 결정하였다.[1] 한편, 헌법재판소는 '학교운영지원비 사건'에서 의무교육으로 운영되는 중학교에서 의무교육과정의 인적기반을 유지하기 위한 비용을 충당하는데 사용되고 있는 학교운영지원비를 징수하는 것은 '의무교육 무상의 원칙'에 위배된다고 판단하였고,[2] '학교용지부담금 사건'에서는 의무교육을 시행하기 위한 물적 기반인 학교용지를 확보하기 위하여 학교용지부담금의 형태로 특정한 집단으로부터 그 비용을 추가로 징수하는 것은 의무교육 무상의 원칙에 위반된다고 판단하였다.[3]

5. 근로의 의무

가. 자유민주국가에서 근로의 권리와 근로의 의무

헌법 제32조 제2항은 "모든 국민은 근로의 의무를 진다. 국가는 근로의 의무의 내용과 조건을 민주주의원칙에 따라 법률로 정한다."고 규정하고 있다. 근로의 의무는 자유민주국가의 헌법에서 매우 이질적인 것이다. 국가가 스스로 일자리와 작업조건에 관한 처분권을 독점적으로 보유하는 사회주의 국가에서는, 국가에 대하여 일자리의 제공을 요구할 수 있는 '근로의 권리'에 대응하여 국가가 제공하는 근로를 이행해야 할 '근로의 의무'가 존재한다. 즉, 국가가 모든 국민에게 일자리를 제공할 수 있는 경우에만 이에 대응하는 근로의 의무가 성립할 수 있는 것이다.

그러나 직업의 자유와 재산권을 보장함으로써 개인의 결정에 의하여 시장에서 본질적인 것이 형성되는 자유주의적 경제질서에서, 국가는 직장에 관한 처분권한을 가지고 있지 않다. 모든 사람이 국가로부터 직장을 요구할 수 있는 주관적 권리를 가지고 있다면, 이를 이행하기 위하여 국가는 필연적으로 노동시장, 나아가 전반적인 경제활동에 관한 결정권한을 가져야 할 것이고, 이는 곧 직업의 자유의 종말을 의미한다. 따라서 자유민주국가에서는 국민의 주관적 권리로서 근로의 권리가 존재하지 않으며,[4] 이를 전제로 하는 근로의 의무도 존재하지 않는다.

---

1) 헌재 2012. 4. 24. 2010헌바164(학교급식비), 판례집 24-1하, 49, "헌법 제31조 제3항에 규정된 의무교육의 무상원칙에 있어서 의무교육 무상의 범위는 원칙적으로 헌법상 교육의 기회균등을 실현하기 위해 필수불가결한 비용, 즉 모든 학생이 의무교육을 받음에 있어서 경제적인 차별 없이 수학하는 데 반드시 필요한 비용에 한한다. 따라서 의무교육에 있어서 무상의 범위에는 의무교육이 실질적이고 균등하게 이루어지기 위한 본질적 항목으로, 수업료나 입학금의 면제, 학교와 교사 등 인적·물적 시설 및 그 시설을 유지하기 위한 인건비와 시설유지비 등의 부담제외가 포함되고, 그 외에도 의무교육을 받는 과정에 수반하는 비용으로서 의무교육의 실질적인 균등보장을 위해 필수불가결한 비용은 무상의 범위에 포함된다. 이러한 비용 이외의 비용을 무상의 범위에 포함시킬 것인지는 국가의 재정상황과 국민의 소득수준, 학부모들의 경제적 수준 및 사회적 합의 등을 고려하여 입법자가 입법정책적으로 해결해야 할 문제이다. 학교급식은 … 의무교육의 실질적인 균등보장을 위한 본질적이고 핵심적인 부분이라고까지는 할 수 없다."
2) 헌재 2012. 8. 23. 2010헌바220(학교운영지원비), 공보 제191호, 1574, "학교운영지원비는 그 운영상 교원연구비와 같은 교사의 인건비 일부와 학교회계직원의 인건비 일부 등 의무교육과정의 인적기반을 유지하기 위한 비용을 충당하는데 사용되고 있다는 점, … 등을 고려해보면 이 사건 세입조항은 헌법 제31조 제3항에 규정되어 있는 의무교육의 무상원칙에 위배되어 헌법에 위반된다."
3) 헌재 2005. 3. 31. 2003헌가20(학교용지부담금), 판례집 17-1, 294, "의무교육에 필요한 학교시설은 국가의 일반적 과제이고, 학교용지는 의무교육을 시행하기 위한 물적 기반으로서 필수조건임은 말할 필요도 없으므로 이를 달성하기 위한 비용은 국가의 일반재정으로 충당하여야 한다. 따라서 적어도 의무교육에 관한 한, 일반재정이 아닌 부담금과 같은 별도의 재정수단을 동원하여 특정한 집단으로부터 그 비용을 추가로 징수하여 충당하는 것은 의무교육의 무상성을 선언한 헌법에 반한다."
4) 헌법 제32조 제1항에 규정된 '근로의 권리'는, 개인이 국가로부터 '직장을 제공해 줄 것을 요구할 수 있는 개인의 주관적 권리'가 아니다. 헌법 제32조 제1항의 '근로의 권리'는 같은 조 제1항 제2문에서 스스로 구체화하고 있듯이, 사회적·경제적 방법으로 고용증진을 해야 할 국가의 의무, 즉 '상대적 완전고용'을 실현하기 위하여 그에 필요한 경제적·사회적 조건을 형성해야 할 국가의 의무를 뜻한다.

나. 근로의 의무에 의한 소극적인 직업의 자유의 부분적 배제

따라서 헌법 제32조의 '근로의 의무'를 헌법의 전체 체계 내에서 어떻게 이해해야 할 것인지의 문제가 제기된다. 특히, 직업선택의 자유와의 연관관계에서 근로의 의무에 어떠한 의미가 부여되는지, 무엇보다도 근로의 의무와 직업선택의 자유를 헌법의 통일성에 비추어 어떻게 조화시킬 수 있는지 의문이 제기된다.

여기서 문제되는 것은 헌법 제32조의 근로의 의무가 '직업을 선택하지 아니할 자유'라는 소극적 직업의 자유를 전반적으로 배제하는 효과를 가지는지의 여부이다. 국민에 대한 직접적인 의무부과가 헌법이 아니라 법률에 의하여 이루어진다 하더라도, 입법자가 법률로써 전반적인 근로활동의 영역에 대하여 현실적인 법적 의무로서 근로의 의무를 발생시키고, 이로써 소극적 자유를 전반적으로 배제하여 근로의 강제를 규정할 수 있다면, 이러한 입법은 소극적인 직업의 자유의 문제를 넘어서 직업선택의 자유를 사실상 폐기하는 것으로 헌법적으로 허용될 수 없을 것이다. 뿐만 아니라, 이와 같이 전반적으로 국민에게 근로를 강제하는 것은, 이를 정당화하는 입법목적(공익)을 발견할 수 없다는 점에서도 과잉금지원칙에 위반되어 직업선택의 자유를 과도하게 침해하는 것이다.

따라서 근로의 의무에 의하여 의도되는 소극적 자유의 배제는 전반적인 것이 아니라, 공익상의 이유로 소극적 자유의 배제가 불가피한 부분적인 영역에 국한되어야 한다.[1] 이러한 경우란, 무엇보다도 국가비상시의 경우 국민에게 예외적으로 법률로써 근로의 의무를 부과하는 상황이다. 국가비상사태의 경우 일련의 기본권은 정상적인 상황에서 헌법적으로 허용되는 정도를 넘어서 제한될 수 있는데, 대표적인 기본권이 바로 직업의 자유이다. 국가비상사태의 경우, 남성에게는 법률에 의하여 방공·방재·구조·복구 및 민간시설이나 군시설에서의 勞力支援 등의 의무가 부과될 수 있고, 여성에게는 민간 위생·치료시설 또는 군병원·야전병원에서의 勞力支援의 의무가 부과될 수 있다. 또한, 사회보험의 기능유지의 관점에서, 실업보험급여 등 국가의 급부를 요구하는 국민에게 직장선택의 자유를 제한하고 국가가 제공하는 일자리를 수인할 것을 강제하는 경우이다.[2] 즉, 근로의 능력이 있으면서 일하고자 하지 않는 자에 대하여 국가가 사회보험적 급부를 제공하는 조건으로서 근로를 강제할 수 있는 것이다. 근로의 의무는 이러한 제한적인 관점에서 소극적 직업의 자유를 배제한다고 보아야 한다.

6. 환경보전의무

헌법 제35조 제1항 후단은 "… 국가와 국민은 환경보전을 위하여 노력하여야 한다."고 하여, 국가뿐만 아니라 국민에 대해서도 환경보전의무를 지우고 있다. 환경보전의 과제는 국가와 국민의 공동의 노력에 의해서만 그 실현이 가능하므로, 의무의 주체로서 국민을 명시적으로 언급한 것이다. 환

---

1) 이러한 영역에서도 과잉금지원칙이 준수되어야 함은 물론이다. 따라서 대체이행의 가능성을 제공하더라도 입법목적의 실현이 가능한 경우에는 대체이행이 허용되어야 하며, 의무불이행에 대한 제재에 있어서도 '보다 약한 제재수단'으로도 입법목적의 실현이 가능하다면 '약한 제재수단'을 택해야 한다. 그러나 반드시 대체이행이 허용되어야 한다든지 아니면 제재수단으로서 자유형이 금지되는 것은 아니다. 이러한 점에서, 과잉금지원칙의 준수를 요청하는 것을 넘어서, '대체이행이 허용되어야 하고 제재수단으로서 자유형이 금지된다'는 학계의 일부 견해(가령, 권영성, 헌법학원론, 2010, 725면; 계희열, 헌법학(中), 2004, 814면)의 타당성에 대하여 의문이 든다.

2) 유사한 취지로 권영성, 헌법학원론, 2010, 725면; 허영, 한국헌법론, 2010, 626면.

경침해행위와 공해유발행위가 주로 사기업 등 국민에 의하여 발생하기 때문에, 환경보전의 과제는 이에 상응하는 국민의 노력 없이는 실현될 수 없다. 환경보전의무는 현대산업국가에서 초래된 환경오염에 대한 필연적인 국가적 대응이다. 국가공동체를 유지하기 위하여 필수적인 자연적 환경의 중요성이 새롭게 인식되고 부각됨에 따라, 환경보전의무는 국민의 의무로서 헌법에 수용되었다.

그러나 국민은 헌법적 환경보전의무의 직접적인 상대방이 아니다. 환경보전의 의무는 일차적으로 입법자에게 부과된다. '환경보전'이란 추상적이고 불명확한 헌법적 과제를 구체화하고 실현하는 것은 일차적으로 입법자의 과제이다. 환경보전이라는 국가목표의 실현은 필연적으로 개인의 자유에 대한 제한을 수반한다. 국가의 환경정책은 일차적으로 기업의 활동과 재산권행사를 제한하는 결과를 초래하고, 이로써 기업의 자유와 재산권보장을 제한하게 된다. 환경보전이라는 국가목표와 개인의 기본권적 자유라는 상호 대립하는 법익을 조정하는 것은 입법자의 과제이다. 따라서 환경보전의 과제가 실현되기 위해서는 입법자의 법률을 필요로 한다. 요컨대, 환경보전의무의 직접적인 상대방은 입법자이며, 국민은 입법자에 의하여 형성된 환경보호관련 법률에 따라 의무를 부과 받게 된다.

7. 재산권의 사회적 구속성(헌법 제23조 제2항)[1]

가. 입법자에 대한 헌법적 지침으로서 재산권의 사회적 구속성

헌법 제23조 제2항은 "재산권의 행사는 공공복리에 적합하도록 하여야 한다."고 규정하여 '재산권의 행사에 관한 국민의 의무'의 형태로 재산권의 사회적 구속성을 표현하고 있다. 헌법 제23조 제2항의 사회적 구속성의 내용에 관하여, 재산권행사의 공공복리적합의무를 법적 의무로 규정한 것이라고 하는 '법적 의무설'과 헌법 제23조 제1항 후문과의 관계에서 공공복리를 실현하기 위하여 재산권을 제한할 수 있는 가능성을 규정한 것이라고 하는 '재산권제한설'이 대립하고 있다.

나. 공공복리에 부합하게 재산권을 행사해야 할 국민의 의무?

사회국가원리의 관점에서, '공익에 부합하게 자유를 행사해야 할 의무'를 국민의 기본의무로서 인정할 수 있는지의 문제가 제기된다. 특히 헌법 제23조 제2항은 "재산권의 행사는 공공복리에 적합하도록 하여야 한다."고 하여 이러한 내용의 의무를 명시적으로 언급하고 있으므로, 이러한 의무가 '법적 의무'인지, 즉 의무의 이행이 법적으로 관철되고 강제될 수 있는지의 문제가 제기된다.[2]

자유행사의 방향과 목적이 공공복리에 의하여 이미 헌법적으로 정해져 있다면, 이는 자유의 종말을 의미한다. 사회국가는 자유행사에 대하여 공공복리적합의무를 부과함으로써 개인의 자유를 폐지하고자 하는 국가가 아니라, 자유와 공익을 조화시키는 과제를 입법자에게 위임함으로써 양자를 조화시키고자 하는 국가이다.

헌법 제23조 제2항은 공공복리적합의무를 마치 재산권의 구체적인 행사에 있어서 재산권자가 준수해야 하는 의무인 것처럼 표현하고 있지만, 공공복리에 부합하는 방향으로 재산권을 행사해야 하는 법적 의무는 존재하지 않는다. 자유행사의 여부와 방법에 관한 자기결정권을 자유의 본질로 이해하는 자유민주국가의 헌법에서, '공공복리에 적합하게 자유를 행사해야 할 의무'는 그 이행을 법적으로 강제하고 관철할 수 있는 '법적 의무'로서 존재할 수 없다.[3] 따라서 재산권행사의 공공복리적합의

---

1) 이에 관하여 자세한 것은 제3편 제4장 제10절 '재산권의 보장' 관련부분 참조.
2) 법적 의무와 윤리적 의무의 구분에 관하여 위 Ⅵ. 2. 참조.

무를 굳이 '국민의 의무'로 이해한다면, 그러한 의무는 국가공동체가 국민으로부터 그 자발적 이행을 기대할 수밖에 없고 국민에 대하여 그 이행을 호소할 수밖에 없는 '倫理的 義務'에 지나지 않는다.

다. 공공복리를 위하여 재산권의 제한을 수인해야 할 의무

한편, 헌법 제23조 제2항이 전적으로 입법자만을 향하고 있는 것은 아니다. 헌법 제23조 제2항은 재산권의 사회적 구속성을 언급함으로써 공공복리의 실현을 위하여 재산권이 제한될 수 있다는 것, 즉 개인의 사회적 책임성을 표현하고 있다. 이로써 모든 국민은 합헌적 법률이 정하는 바에 의하여 재산권행사에 대한 제한을 수인해야 할 의무를 진다. 이러한 의미에서 헌법 제23조 제2항은 개인에게 '공공복리의 실현을 위하여 불가피한 재산권의 제한을 수인해야 할 의무'를 부과하고 있는 것이고, 이러한 의미에서 사회국가적 관점에서 부과되는 이러한 법적 의무를 '국민의 기본의무'로 이해할 수 있다.

같은 맥락에서, 국민의 자유가 공공복리를 위하여 법률로써 제한될 수 있음을 규정하는 헌법 제37조 제2항의 일반적 법률유보조항도 '모든 국민은 법률이 정하는 바에 의하여 자유의 제한을 수인해야 할 의무를 진다'는 의미로 전환하여 표현될 수 있고, 이로써 공공복리를 위하여 자유제한을 수인해야 할 '국민의 사회국가적 기본의무'를 담고 있다.

---

3) 그러나 일부 학자(가령, 성낙인, 헌법학, 2010, 802면)는 "법률로써 재산권행사의 공공복리적합의무를 강제할 수 있다."고 하나, 이러한 견해가 타당할 수 없다.

제 4 편   權力構造

제1장 政府形態

Ⅰ. 서 론

1. 정부형태의 의미 및 유형

대의민주주의를 실현하는 정부형태로서 의원내각제와 대통령제를 구분할 수 있다. 정부형태란, 넓은 의미로는 국가권력구조에 있어서 권력분립원리가 어떻게 실현되고 있는지에 관한 문제이며, 좁은 의미로는 특히 입법부와 그의 결정을 집행하는 집행부의 관계가 어떠한지에 관한 문제이다.

각 나라마다 정부형태가 상이하지만, 이러한 다양한 정부형태는 모두 미국의 대통령제와 영국의 의원내각제를 각국의 정치실정에 맞게 변형한 것으로 볼 수 있다. 정부형태의 기본유형으로는 의원내각제, 대통령제 및 제3의 유형(이원집정부제, 의회정부제 등)으로 나누어 볼 수 있다.

2. 의원내각제와 대통령제의 차이

가. 정부형태의 역사적 기원

정부형태의 역사적 기원을 본다면, 의원내각제는 영국에서 전제적 군주에 대한 정치적 투쟁과정에서 탄생한 역사적 산물이며, 이에 반하여 대통령제는 영국의 식민지로부터 독립한 미국에서 그 당시 시대적 사상을 반영한 결과, 즉 18세기 자연법사상의 산물이라 할 수 있다.

의원내각제의 기본원칙은, 정부가 그 구성에 있어서 의회의 신임에 의존하며 의회에 대하여 지속적으로 정치적 책임을 진다는 것이다. 의원내각제는 군주와 시민계급의 대립을 전제로 하여 시민계급이 의회에 의하여 대표되며 군주의 정부권력이 의회에 의하여 제한되어야 할 필요가 있다는 사고에 기초하고 있다. 의원내각제는 이러한 방법으로 민주주의적 사고를 보다 강하게 실현하고자 한다면, 대통령이 권한행사에 있어서 국민의 대표인 의회에 대하여 책임을 지지 않는 대통령제는 정부의 독자적인 지위를 통하여 권력분립원리를 보다 강하게 실현하고자 한다.

나. 권력분립의 실현정도 및 집행부의 구조

의원내각제와 대통령제의 근본적인 차이점은 '의회와 집행부의 관계에서 권력분립의 실현정도' 및 '집행부의 구조'에서 찾을 수 있다. 권력분립실현의 관점에서 본다면, 의원내각제의 경우에는 권력분립이 완화되어 입법부와 집행부가 협력관계 또는 상호의존관계에 있는 반면, 대통령제의 경우에는 고전적인 권력분립원리에 따라 입법과 행정이 서로 엄격하게 분리되어 입법부와 집행부가 상호독립적인 관계에 있다. 집행부 구조의 관점에서 본다면, 의원내각제는 명목상의 국가원수(대통령이나 군주)와 내각(실질적 집행부)으로 구성되는 이원적 구조를 가지고 있는 반면, 대통령제에서 집행부는 대통령 단독의 일원적 구조를 가진다. 의원내각제와 대통령제의 구분은 일차적으로 집행부에 대한 입법부의 불신임권과 집행부의 의회해산권의 *存否*를 기준으로 삼아 이루어진다.

II. 議員內閣制

1. 개 념

의원내각제는 의회주의와 대의제의 이념에 입각한 책임정치의 실현을 주목적으로 하여, 의회와 내각 사이의 조직 및 기능상의 의존성을 특징으로 하고 있다.

2. 의원내각제의 본질

가. 집행부의 이원적 구조

(1) 역사적 산물로서 이원적 구조

집행부는 국가를 대표하는 상징적이면서 정치적으로 중립적인 명목상의 국가원수인 대통령(공화제의 경우)이나 군주(입헌군주제의 경우) 및 실질적 집행권한을 가지는 내각으로 구성된다. 의원내각제에서 국가원수의 기능은 전통적인 권력분립원리의 틀(도식)에 제대로 삽입되지 않는다. 의원내각제에서 국가원수는 기능적으로 반드시 필요한 국가기관이 아님에도 불구하고 형식적으로 존재하는 것은 다음과 같은 역사적 배경에 기인한다.

의원내각제에서 집행부의 이원적 구조는, 절대군주제에서 입헌군주제로 이행하는 과정에서, 즉 국왕과 의회 간의 권력투쟁으로 인하여 군주의 권력이 제한되는 과정에서 탄생한 역사적 산물이다. 1688년 명예혁명 이후의 영국 헌정사를 '제한적 군주제'의 시대로 규정하고 있는데, 그 당시 권리장전에 의하여 국왕의 권력을 제한하는 의회의 특권이 확립되었다. 또한 이와 함께 국왕의 측근자들로 구성된 내각에 대하여 책임을 묻는 탄핵제도가 등장하였다. 탄핵제도는 초기에는 개인적 책임이나 형사상의 처벌을 의미하였으나, 그 후 의원내각제의 가장 중요한 징표의 하나인 내각의 정치적 책임으로 발전하였다. 이러한 과정에서 내각은 하원에 대하여 정치적 책임을 지는 집행권의 실질적 담당자로 등장하였고, 국왕에게는 '국왕은 과오가 없다'는 의미에서 정치적 무책임(無責任)의 지위가 확립되었다. 절대군주주의 시대에 누리던 군주의 절대적 권한은 시간의 흐름에 따라 점차적으로 제한되어,[1] 결국 오늘날과 같은 형태로 거의 형식적인 권한으로 축소되었다. 그럼에도 절대군주의 지위는 오늘날 영국과 같은 의회군주제에서는 '상징적인 군주'의 형태로, 독일과 같은 의원내각제에서는 '민주적으로 선출된 대통령'의 형태로 존속하고 있다.

(2) 의원내각제에서 국가원수의 지위

의원내각제에서 국가원수는 정상적인 정치적 상황에서는 약간의 통제기능을 담당한다. 가령, 중요한 국가행위에 대하여 법적 효력을 부여하기 위하여 필요한 마지막 승인행위를 한다(가령, 법률의 공포). 또한, 이미 선거나 다른 방법을 통하여 결정된 중요한 국가기관의 임명도 국가원수의 권한에

---

1) 독일의 경우, 17·18세기의 절대군주제에서 모든 국가권력은 군주에게 집중되었고, 군주는 진정한 의미에서 국가원수였다. 19세기의 입헌군주제에서 군주는 여전히 국가권력의 주체였으나, 군주의 권력은 국민대표의 입법참여권과 의회의 정부에 대한 통제권에 의하여 제한되었다.

속한다. 가령, 영국에서는 국가원수인 국왕이 선거의 결과에 따라 수상을 임명하고 수상의 제청으로 내각을 임명한다. 독일에서는 국가원수가 연방의회에 의하여 선출된 수상을 임명하고 그의 제청에 의하여 내각을 임명한다.

의원내각제에서 국가원수는 비정상적인 정치적 상황에서는 위기상황을 위한 有事時 權限을 가지고 있다. 가령, 독일에서는 연방의회에서 다수의 지지를 얻는 수상을 선출할 수 없는 경우나 연방의회가 수상의 신임요청에 대하여 신임을 거부하는 경우에는, 국가원수인 연방대통령이 연방의회의 조기 해산을 결정할 수 있다. 영국에서는 국왕이 수상의 권유에 의하여 의회의 조기 해산을 선언하는데, 이 경우 국왕에게는 정치적 재량이 인정되지 않는다고 한다.

나. 의회에 대한 내각의 의존성 및 의회와 내각간의 밀접한 협조·공화관계

집행부의 장인 '수상'이 의회에서 선출되고, 수상은 각료를 인선하여 내각을 구성하며, 내각은 수상의 정책 지침에 따라 각 분야별로 집행업무를 담당한다. 내각이 의회에 의하여 선출되고 의회에 대하여 정치적 책임을 진다는 것은 의회주의의 직접적인 표현이다. 내각이 의회에 의하여 선출되고 의원들로 구성되기 때문에, 엄격한 권력분립이 이루어지지 않는다. 오히려 양 기관의 밀접한 공화관계가 성립하며, 각료와 의원의 겸직이 가능하고, 내각의 법률안 제출권과 각료의 자유로운 의회출석 발언권이 인정된다. 의원내각제에서는 권력분립이 예외 없이 실질적으로 집권당과 야당의 대립관계로 나타나기 때문에, 대통령제와 비교할 때 소수에 의한 다수의 통제('소수의 보호')가 더욱 중요한 의미를 가진다. 의회와 내각은 서로의 견제수단으로서 내각불신임권과 의회해산권을 가지고 권력적 균형을 유지한다.

3. 의원내각제의 현실적 전제조건

의원내각제에서는 내각의 성립과 존속이 의회에 의존하고 있으므로, 의회 내의 세력분포가 대단히 중요한 의미를 가진다. 따라서 의회 내에 안정적 다수가 확보되어 내각의 존속과 활동을 정치적으로 지지해주는 것이 필요하다. 군소정당의 난립을 피하고 소수의 거대정당이 성립될 수 있는 선거제도가 의원내각제의 현실적 전제조건이다.

Ⅲ. 大統領制

1. 고전적 대통령제의 정신적 기초

가. 자연법사상의 정치철학

미국 연방헌법의 대통령제는 영국의 군주제와 대립하는 공화제에 있어서 최초의 정부형태이다. 대통령제는 영국의 식민지로부터 독립한 미국에서 당시의 시대적 정신을 반영한 제도이며, 미국헌법의 제정은 18세기적 자연법사상의 정치적 총결산을 의미한다. 아무런 국민적 역사나 정치적 전통이 없는 미국에서 정치적 질서를 형성함에 있어서, 특히 독립선언을 비롯한 미국헌법의 제정에 있어서 정신적 기초로 작용한 것은 존 로크의 '자연법적 정치철학'이었다.

나. 몽테스키외의 권력분립

미국헌법에는 처음부터 '권력에 대한 불신'이 바탕에 깔려있었다. 권력에 대한 불신은 국민의 천부적인 자유와 권리의 보호에 기여하는 '제한된 정부'를 만들겠다는 의지로 표현되었고, 미국헌법에서 몽테스키외의 권력분립을 채택하도록 하는 결정적인 요인으로 작용하였다. 이로써, 미국에서 최초로 몽테스키외의 권력분립원리가 현실의 정치질서에 그대로 적용되기 시작하였고, 그러한 의미에서 미국헌법은 '몽테스키외 式 권력분립원리의 실험장소'라 할 수 있다.

미국 연방헌법이 대통령제를 정부형태로 채택한 것은 유럽의 전통적인 군주사상(王權神授說)을 탈피하고자 하는 시도로서 다분히 유럽의 전통군주제에 대항하는 의미를 담고 있다. 영국의 정부형태는 왕권신수설에 입각하여 '국왕은 과오가 없다'는 의미에서 '정치적으로 책임지지 않는 국왕'의 전통을 유지하면서 의회에 대하여 책임을 지는 내각을 두었지만, 미국의 헌법에서는 '책임지지 않는 군주' 대신에 '책임지는 대통령', 즉 국민에 대하여 선거를 통한 정치적 책임을 지고 의회에 대해서는 탄핵심판제도를 통한 법적 책임을 지는 대통령을 국가원수의 자리에 앉혔다.

2. 미국형 대통령제의 본질

대통령제에서는 고전적인 권력분립사상에 입각하여 국가권력간의 엄격한 권력분립이 유지되고, 통치기관의 조직상·기능상의 독립성이 최대로 보장된다. 대통령제의 특징은 입법부와 집행부의 조직과 활동의 상호독립성에 있다.

가. 집행부의 일원적 구조

대통령제에서는 집행부의 구조가 일원화되어, 대통령은 국가원수와 집행부수반의 지위를 겸한다. 부통령제나 각료회의가 있기는 하나, 부대통령제도는 대통령의 궐위시 국정의 계속성과 안정성을 확보하기 위한 수단이며, 각료회의는 의원내각제에서의 내각과는 달리, 최종적인 정치적 책임이 귀속되는 기관이 아니라, 단지 대통령의 자문기관이자 보좌기관에 불과하다.

나. 대통령과 의회의 상호독립성 및 상호견제와 균형

의원내각제에서는 내각의 성립과 존속이 의회에 의존되어 있는 반면, 대통령제에서는 대통령이 국민에 의하여 직접 선출되고, 그 임기 중 정치적 책임을 지지 않는다(대통령의 직선제 및 임기제). 따라서 집행부의 성립과 존속이 의회로부터 완전히 독립되어 있다. 집행부와 입법부 모두 국민으로부터 직접 부여받은 민주적 정당성을 근거로 하여, 임기 동안 서로 독립적으로 각자 자기책임 하에서 자신에게 헌법상 귀속된 국가기능을 담당한다. 이에 따라 대통령과 의회는 상호 정치적 책임을 지지 않으며, 단지 주기적인 선거를 통하여 국민에 대해서만 정치적 책임을 진다. 당연히 집행부의 의회해산권이나 집행부에 대한 의회의 불신임권이 존재하지 않는다. 또한, 의회의 구성원과 집행부의 구성원 사이에 겸직이 허용되지 않고, 정부의 법률안 제출권이나 의회출석발언권도 인정되지 않는다.[1]

---

1) 몽테스키외의 권력분립원리를 실현한 미국 대통령제에서, 대통령은 법률안제출권이 없고, 의회의 요청이 없는 한 의회에 출석·발언할 수 없으며, 단지 교서(敎書)의 형식으로 의견을 진술하고 입법을 요청할 수 있다. 대통령은 법률안 거부권을 행사할 수 있고, 의회를 임시 소집할 수 있다. 이에 대하여, 의회는 상원의 공무원임명동의권, 조약비준동의권, 공무원탄핵심판권, 하원의 탄핵소추권 등을 통하여 집행부를 견제할 수 있다. 대통령 및 각부장관은 의원을 겸할 수 없다. 각부장관은 의원내각제의 내각이나 한국헌법의 국무회의와 같은 합의체를 구성하지 않는다.

대통령과 의회의 상호 독립성은 서로에게 영향을 미치고 작용할 수 있는 견제가능성을 통하여 보완된다. 대통령은 법률안 거부권을 통하여, 의회는 집행부 구성원의 임명에 대한 동의권, 국정조사권, 탄핵소추권을 통하여 상호 견제함으로써, 권력균형이 유지된다.

IV. 대통령제와 의원내각제의 장·단점

의원내각제와 대통령제를 비교할 때, 제도적인 측면에서 무엇이 더 우월하다거나 이상적이라고 일반화할 수 없다. 아래의 장·단점은 각국의 정치문화, 법질서의 구체적 형성(가령, 선거제도 등), 구체적인 정치적 상황 등 다양한 변수에 의하여 변경될 수 있는 매우 상대적인 것이다. 제도의 본질을 존중하여 제도의 정신에 부합하게 운용하는 것이 더욱 중요하다는 것을 유념해야 한다.

1. 정국 및 집행부의 안정성

가. 의원내각제의 경우, 군소정당이 난립하고 정치적 타협이 불가능한 상황에서 연립정권의 수립과 내각에 대한 빈번한 불신임결의로 인하여 정국의 불안정이 우려되며, 내각의 존속이 의회의 신임에 의존하고 있기 때문에 강력한 정치를 추진하는 데 어려움이 있다.

나. 대통령제의 경우, 집행부가 의회의 신임여부와 관계없이 임기제로 재직하기 때문에 집행부의 안정을 꾀할 수 있고, 임기 중 의회의 의사에 구애받지 않는 강력한 정치의 추진이 가능하다.

2. 책임정치 및 독재정치의 가능성

가. 의원내각제의 경우, 내각이 의회에 대하여 책임을 지므로, 책임정치가 구현된다. 그러나 의회의 다수당과 집행부의 정치적 동질성으로 인하여 독재정치의 위험성은 내재되어 있다.

나. 대통령제의 경우, 대통령은 임기중 국민과 의회에 대하여 정치적 책임을 지지 않고 독자적으로 활동할 수 있기 때문에, 독재화의 가능성이 있다.

3. 의회와 정부가 충돌하는 경우, 해결의 가능성

가. 의원내각제의 경우, 내각불신임결의와 의회해산을 통하여 정치적 대립을 신속히 해결할 수 있다. 또한, 의원내각제의 상징적 국가원수(대통령이나 국왕)로부터 중재자적 역할을 기대할 수도 있다. 그러나 단지 상징적인 국가원수가 극한적인 정치적 대립상황에서 어느 정도로 중재적 역할을 할 수 있을지는 의문이다.

나. 대통령제의 경우, 의회가 입법이나 예산의결을 하지 않으면, 국가기능이 마비된다. 중재자적 기능을 담당할 헌법기관이 없기 때문에, 정치적 대립상황에서는 해결의 어려움이 있다. 이로써 국력 소모적 정치투쟁의 가능성(특히, 여소야대의 상황)이 존재하고, 경우에 따라서는 쿠데타의 가능성이 있다.

V. 제3유형의 정부형태

1. 二元執行部制

가. 집행부의 이원적 구성

이원집행부제(zweigeteilte Exekutive)란, 집행부가 대통령과 내각으로 이원적으로 구성되어 대통령과 내각이 각 집행에 관한 실질적인 권한을 나누어 가지는 정부형태를 말한다. 이원집행부제는 학자에 따라 이원적 집행권제(二元的 執行權制), 이원정부제(二元政府制), 반대통령제(半大統領制), 준대통령제(準大統領制) 등 다양한 용어로 불리기도 한다.

집행부가 의원내각제와 같이 대통령과 내각의 2개 기관으로 나뉘어 있으나, 대통령이 단지 명목상의 국가원수가 아니라 국민에 의하여 직접 선출되고 비상시에는 실질적 집행권을 행사한다는 점에서, 의원내각제와 차이가 있다. 이원집행부제는 특히 군소정당이 난립하는 정치 판도에서 의원내각제의 정치적 불안정적 요소를 해결하고자 하는 시도이다.

나. 대통령제와 의원내각제를 혼합한 정부형태

이원집행부제는 대통령제와 의원내각제를 혼합한 정부형태를 의미한다. 평상시에는 내각 수상이 집행권을 행사하며, 의회에 대하여 책임을 지는 의원내각제의 형식으로 운영된다. 그러나 위기시에는 대통령이 행정권을 전적으로 행사하는 대통령제로 전환된다. 독일의 바이마르 헌법이나 프랑스 제5공화국 헌법에서 찾아볼 수 있는 정부형태이다.

다. 대통령과 내각의 기능

이원집행부제에서 대통령은 의원내각제의 대통령처럼 실질적 권한이 없는 명목상의 국가원수가 아니라, 국민에 의하여 직접 선출되어 민주적 정당성을 가진다. 대통령은 전시 등 비상시에는 긴급권을 가지고 수상과 국무위원의 부서 없이도 행정권을 행사할 수 있다. 대통령은 행정권을 행사함에 있어서 의회에 대하여 책임을 지지 않는다.

내각은 의원내각제의 내각과 같은 기능을 한다. 내각은 의회에 대하여 책임을 지며, 의회는 내각에 대한 불신임권을 가진다. 의회가 내각에 대하여 불신임을 의결한 경우, 대통령은 의회를 해산할 수 있다.

2. 議會政府制

의회정부제란, 의회가 집행부에 대하여 절대적 우위를 가짐으로써, 집행부가 의회에 종속되는 정부형태를 말한다. 의회정부제에서 집행부의 성립과 존속은 전적으로 의회에 의존하지만, 집행부는 의회를 해산할 권한이 없다. 중화인민공화국이나 북한의 헌법에서 볼 수 있는 '인민회의제(人民會議制)'가 그 대표적인 예이다.

의회정부제의 특징은 다음과 같다. 집행부의 구성원은 의회에 의하여 선임되고 의회에 대하여 연대책임을 진다. 집행부의 존립은 의회의 존립을 전제로 한다. 따라서 의회가 해산하면, 집행부도 자동으로 퇴진한다. 의회와 집행부의 관계는 위임자와 수임자의 관계에 있게 되며, 의회가 모든 국가기관을 지배함으로써 권력체계가 일원화된다.

Ⅵ. 한국헌법과 정부형태

순수한 형태의 대통령제와 의원내각제는 그 발생지에서만 원형을 찾아 볼 수 있고, 대부분의 국가는 위 두 가지 제도를 변형시키거나 혼합한 정부형태를 취하고 있다. 양 제도의 변형과 혼합의 정도에 따라, 대통령제 중심의 변형 또는 의원내각제 중심의 변형으로 구별할 수 있다.

1. 건국헌법 이래 정부형태

1948년 건국헌법 이래, 한국헌법이 현재까지 채택한 정부형태는 1960년 제2공화국 헌법의 의원내각제를 제외하고는, 대통령제를 기본으로 의원내각제적 요소를 가미하는 정부형태, 즉 대통령제와 의원내각제의 요소를 혼합한 절충형이었다. 1960년 제2공화국 헌법은 4·19 혁명으로 탄생한 헌법으로서, 간선대통령, 양원제, 국무총리를 집행부 수반으로 하는 국무원(내각), 불신임권과 해산권, 헌법재판소 등을 두고 있었다. 그러나 제2공화국은 5·16 군부쿠데타로 말미암아 1년도 존속하지 못하였다.

2. 1987년 개정된 현행 헌법의 정부형태

현행 헌법의 정부형태는 '의원내각제의 요소가 가미된 대통령제'라 할 수 있다.

가. 대통령제의 요소

대통령은 국가를 대표하는 국가원수이며 행정부의 수반이다(집행부의 일원적 구조: 제66조 제1항, 제4항). 대통령은 국민에 의하여 직접 선출되며, 5년의 임기 동안 국회에 대하여 책임을 지지 않는다(대통령의 직선제 및 임기 제: 제67조 제1항, 제70조). 국회는 대통령에 대하여 불신임결의를 할 수 없으며, 대통령도 국회해산권을 가지고 있지 않다(국회와 대통령의 상호독립성). 대통령은 법률안에 대하여 이의가 있을 때에는 국회에 재의를 요구할 수 있으며(법률안 거부권의 행사: 제53조 제2항), 국회는 국무총리임명에 대한 동의권(제86조), 국정감사·조사권(제61조), 탄핵소추권(제65조)을 가진다.

나. 의원내각제의 요소

현행 헌법은 대통령제를 근간으로 하면서도 일련의 의원내각제적 요소를 담고 있다. 의원내각제적 요소로 간주될 수 있는 것으로는, 대통령의 국법상 행위에 대한 국무총리와 관계 국무위원의 부서제도(제82조),[1] 대통령의 국회출석·발언권(제81조), 국무총리·국무위원의 출석·발언권(제62조),[2] 정부의 법률안 제출권(제52조), 국무위원의 의원직 겸직의 허용[3] 등을 언급할 수 있다. 현행헌법이 이와 같은 의원내각제적 요소를 가미하고 있는 것 외에도, 미국형 대통령제와는 달리 부통령제를 설치하고 있지 않다는 점, 대통령이 긴급명령권을 보유한다는 점 등에 비추어, 현행 헌법의 정부형태가 순수한 미국형 대통령제라 할 수 없다.

---

1) 부서제도는 역사적으로 입헌군주국가에서 왕권신수설에 따른 군주의 무책임성을 확보하는 대신, 부서한 내각의 정치적 책임을 묻기 위한 제도이다. 따라서 국민에 대하여 정치적 책임을 지는 미국의 대통령제에서는 부서제도를 두고 있지 않다.

2) 미국의 대통령제에서 대통령은 의회의 요청이 없는 한 의회에 출석·발언할 수 없으며, 단지 교서(教書)를 통하여 의견을 진술할 수 있을 뿐이다.

3) 헌법은 제43조에서 국회의원의 겸직금지에 관한 규율을 법률에 위임하고 있고, 국회법 제29조에서 국무위원의 의원직 겸직을 허용하고 있다.

한편, 현행헌법은 국무회의·국무총리·국무위원의 제도를 두고 있으나, 이러한 제도들은 단지 외형적으로만 의원내각제적 요소일 뿐, 그 실질과 기능에서는 의원내각제적 요소라 할 수 없다. 국무회의는 의원내각제에서의 내각과 같이 의결기관이 아니라 단지 심의기관에 불과하다. 국무총리와 국무위원은 집행에 관한 책임이 독자적으로 귀속되는 기관이 아니라, 단지 대통령의 보좌기관이다 (제86조 제2항). 집행에 관한 최종적인 책임은 대통령에게 귀속된다. 국무총리와 국무위원에게는 정치적 책임을 귀속시킬 수 없기 때문에, 당연히 정치적 책임을 물을 수 없다. 따라서 국무총리나 국무위원에 대한 국회의 해임건의도 단순히 건의에 불과할 뿐, 법적 구속력이 있는 불신임결의가 아니다.

제 2 장 國　會

제 1 절　議會主義

I. 개　념

의회주의(Parlamentarismus)란 국민에 의하여 선출된 대표자로 구성되는 의회에서 국가의사가 결정되고, 의회를 중심으로 국정이 운영되는 정치원리를 말한다. 의회주의의 개념이 형성되고 그에 관한 논의와 비판이 주로 이루어진 곳은 의원내각제의 정부형태를 택한 유럽 국가이다. 물론, 의회가 집행부의 구성에 있어서 모체(母體)로 기능하는 의원내각제에서 의회주의가 가장 순수하고 직접적으로 실현될 수 있으나, 대통령제에서도 의회는 입법을 통하여 실질적으로 국가의사형성을 지배하므로, 의회주의의 기본사고와 그에 관한 논의는 대통령제에서도 마찬가지로 유용하다고 볼 수 있다. 이러한 점에서, 정치원리로서 의회주의는 정부형태를 뜻하는 의원내각제와 동의어가 아니며, 개념적으로 구분되어야 한다.

II. 의회주의의 구조 변화

고전적 의회주의이론은 공동체의 문제에 관한 타당한 해결책을 찾기 위한 공개적인 토론의 사고에 기초하고 있다. 원래 의회주의이론은, 사려 깊고 모든 이해관계로부터 자유로운 가운데 독립적으로 활동하는 의원들이 일반대중 앞에서 논거와 반대논거의 이성적인 토론을 바탕으로 정보와 의견의 교환과정을 통하여 타당한 것, 즉 공익에 부합하는 것을 규명한다는 사고에서 출발한다. 공개적 토론의 결과는 진리와 정의 그 자체여야 한다는 것이다.

이와 같이 理想的 의회주의이론에 의하면, 의회의 정신은 견해의 대립과 논쟁의 과정에 있고, 이로부터 타당한 국가의사가 나온다는 것에 있다. 그러므로 의회의 본질은 논거와 반대논거를 통한 공개적인 토론과 대화이며, 상대방에 의하여 설득당할 수 있다는 자세, 정당에 의한 구속으로부터의 독립성, 이해관계로부터의 자유로움 등은 공개적인 토론이 이루어지기 위한 전제조건에 속하는 것이다. 그러나 이러한 사고는 오늘날 더 이상 정치현실에 부합하지 않는다. 정당과 이익단체의 등장은 이러한 사고의 근간을 박탈하였으며, 의회의 의사형성과정을 근본적으로 변화시켰다.

1. 정당간의 권력투쟁의 장소로서 의회

현대 경쟁민주주의의 핵심은 유권자 다수의 지지를 얻으려는 정당간의 권력투쟁에 있다. 이는 필연적으로 의회의 의사형성과정에 대해서도 영향을 미치게 된다. 정당간의 경쟁은 의회 내에서 교섭단체간의 경쟁의 형태로 계속되며, 정당은 교섭단체를 통하여 의회의 의사형성에 영향력을 행사한다. 그 결과, 정당소속 의원들은 교섭단체를 구성하여 가능하면 단결된 모습을 보이고자 한다.

의회 본회의에서는 여전히 공개적인 발언과 연설이 이루어지지만, 이는 서로 상대방을 설득하기 위한 것이 아니라 일반대중을 의식하여 대중의 동의와 지지를 얻기 위하여 행해지는 것이다. 본회의에서 정당은 진리와 정의에 접근하기 위한 토론을 하는 것이 아니라, 서로 상대방 견해의 약점을 노출시키고 자신이 주장하는 바의 장점을 부각시키고자 시도한다. 결국, 의회가 의원의 합리적인 토론과 학습의 장소라는 고전적 사고는 오늘날 그 핵심에 있어서 변화하였다.

2. 다양한 이익의 경합의 장소로서 의회

의회에서 이해관계자가 서로 투쟁하는 것이 아니라 독립적인 의원이 합리적 토론을 통하여 논쟁을 벌인다는 의미에서 '이익으로부터 자유로운 논쟁'의 사고는 오늘날 더 이상 정치현실에 부합하지 않는다. 의회의 의사형성과정에 대한 이익단체의 영향력은 자명한 것이며, 가령, 위원회에는 대부분 이익단체의 대표자들이 진출해 있다. 이로써 의회는 평화적인 이익투쟁을 가능하게 하고 정당한 이익조정을 위한 기관, 즉 이익조정과 이익통합의 기관으로 변화하였다.

Ⅲ. 의회주의의 약화

의회는 일차적으로 입법기관과 국정통제기관으로서의 기능을 가진다. 그러나 의회주의는 오늘날 다음과 같은 이유에서 약화되었고, 이에 따라 의회의 입법기능과 국정통제기능도 약화되었다.

1. 정당국가화 경향으로 인한 의회주의의 약화

의회가 국정의 중심이 되는 '의회제 민주주의'는 오늘날 정당의 발달에 따라 정당이 국정의 중심이 되는 '정당제 민주주의'로 변질되었다. 이로써 정당이 국가의사를 적극적으로 형성하고 의회의 운영을 주도하는 국정의 실질적 담당자로서 기능한다. 국가의사가 형식적으로는 국가기관(의회나 정부)에 의하여 결정되나, 실질적으로는 그 배후에 있는 정당에 의하여 결정되는 것이다. 정당국가의 특징적 요소는 정당에 의한 의회기능의 약화, 정부에 대한 의회의 국정통제기능의 상실과 의원의 정당에의 기속이다.

가. 정당에 의한 의회기능의 약화

오늘날 정당국가에서 의회의 의사는 의회 내에 교섭단체의 형태로 진출한 정당에 의하여 실질적으로 형성되고 결정된다. 정치적 의사형성과 의사결정의 과정이 의회에서 정당과 교섭단체로 전이되었다. 정당에 의하여 지배된 의회는 더 이상 서로가 이성적 토론을 통하여 상대방을 설득하고자 시도하는 토론의 장소가 아니다. 중요한 정치적 결정은 이미 정당과 교섭단체 지도부와 소위원회에서 내부적으로 내려진다. 그러므로 의회 본회의와 위원회에서의 발언과 심의는 일단 정당에 의하여 내려진 정치적 결정을 일반국민에 대하여 서술하고 설명하는 기능에 일반적으로 제한된다. 정당의 영향 하에서 의회의 본회의와 위원회는 그 기능에 있어서 변화한 것이다.

나. 정부에 대한 의회의 국정통제기능의 상실

집권당이 집행부와 입법부를 함께 지배함으로써, 집권당에 의한 국가권력의 통합현상이 발생하였다. 집권당은 정부를 통제하는 것이 아니라 오히려 의회에서 정부의 정책을 대변하는 기능을 하게 되었다. 이에 따라, 의회는 정부에 대한 국정통제기능을 상실하였고, 의회와 정부 간의 권력분립은 정부·집권당과 야당 사이의 권력분립으로 대체되었다.

이로써 정부에 대한 국정통제기능은 의회가 아니라 야당의 과제가 되었다. 따라서 정부에 대한 국정통제는 다수에 대한 소수의 통제가능성의 문제이고, 소수의 보호와 권한의 문제가 되었다. 예컨대, 소수가 자유롭게 대정부질문을 할 수 있는지, 국정조사를 요구할 수 있는지의 문제이다.

다. 의원의 정당에의 기속

정당정치가 발달함에 따라 의원들의 자유위임적 의정활동이 제약을 받게 되고 정당에의 기속이 강화되었다. 의회의 정책결정권이 실질적으로 정당으로 넘어감으로써 의회는 의원들이 자유토론을 거쳐 국가이익을 우선으로 하여 양심에 따라 스스로 자신의 의사를 결정하는 장소가 아니라, 단지 정당에 의하여 사전에 결정된 합의사항을 추인하는 장소로 전락하였다. 이에 따라, 의원의 자유위임을 강화하고, 정당조직과 정당 내부의 의사결정과정에 있어서 당내 민주화를 강화해야 할 필요성이 대두되었다.

뿐만 아니라, 오늘날 정당제 민주주의의 선거에서 후보자 개인의 능력이나 자질보다는 정당의 정강·정책이 유권자 선택의 주된 기준이 되기 때문에, 선거의 성격이 점차 후보자의 인물을 중심으로 하는 인물의 선택에서 정당과 정당의 지도자에 대한 신임투표로 변화하였다. 이로써 선거가 어느 정당에게 정권을 맡길 것인가 하는 정부선택을 위한 국민투표적 성격을 가지게 되었다. 그 결과, 의원이 개인의 능력이나 자질에 의하여 선출되는 것이 아니라 정당의 대표자로서 소속당의 지원과 배경에 힘입어 선출됨으로써, 정당에의 기속이 강화되었다. 오늘날 정당제 민주주의에서 정당이 공직선거후보자추천에 관한 사실상의 독점권을 가지고 있기 때문에, 정당의 공천은 후보자 당선을 위한 사실상의 전제조건을 의미한다. 따라서 당내 민주화의 중요한 요소로서, 공천절차의 민주성을 확보하는 것의 중요성이 강조되고 있다.

2. 사회국가화·행정국가화의 경향으로 인한 입법기능의 약화

가. 사회국가에서 의회 입법역량의 한계

의회는 원래 그 기원에 있어서 군주와의 관계에서 시민사회를 보호하기 위한 반대세력으로서 출발하였고, 그 당시의 주요과제는 정치적 정책과제를 의결하는 것이었다. 그러나 사회적 법치국가에서 국가기능이 확대되고 입법대상이 증가함에 따라 의회역량이 한계에 부딪히게 되었다. 사회국가의 요청에 따라 국가의 과제가 점점 증가하고 경제·사회·과학·환경분야 등에서 고도의 전문성과 효율성을 요구하는 사안들이 등장하는데, 의회의 조직과 기능은 이러한 요구를 충족시키기에 한계가 있다. 입법과정에서 요구되는 고도의 전문성과 기술성 때문에, 입법과정에서 집행부의 역할이 증대하고, 국회는 집행부에 의하여 준비된 법률안을 통과시키는 '통법부(通法府)로 축소되는 현상'이 나타나고 있다.

나. 대처방안

의회의 운영방식이 본회의 중심인 경우 의사진행의 비능률을 가져오고 국정운영에 대한 의원의 무책임성을 초래하기 때문에, 의회의 운영방식과 의사절차의 효율성을 높이기 위하여 의회의 운영을 본회의 중심에서 상임위원회 중심으로 개편한 것은 오늘날 모든 민주국가의 일반적인 정치현상이다. 또한, 의회의 입법기능을 확보하기 위하여, 의원의 전문성을 강화하고 의원의 자질을 높일 수 있는 방안이 검토되어야 하며, 궁극적으로 후보자의 공천이 중앙당 수뇌부의 하향식 결정이 아니라 민주적 절차에 따라 이루어짐으로써 우수한 인력이 의원으로 선출되도록 해야 한다.

Ⅳ. 오늘날 의회주의의 의미

1. 집권당과 야당 사이의 대립과 논쟁

오늘날 변화한 헌법현실에서 의회주의의 새로운 의미는, 정치적 과정을 조직하는 정당의 역할을 출발점으로 삼아 경쟁민주주의의 전제조건으로서 '집권당과 야당 사이의 대립과 논쟁'에서 찾을 수 있다. 즉, 오늘날 의회주의의 새로운 존립근거는 의회 내 야당의 지위를 향상시켜 정부에 대한 의회의 통제기능을 강화함으로써 확보될 수 있는 것이다.

2. 정부와 야당의 분리·대립 및 소수의 권리로서 야당 권리의 강화

의회주의의 이러한 새로운 의미가 유지되기 위해서는 정부와 야당의 분리·대립 및 야당 권리의 강화가 필수적이다. 즉, 야당은 국가의사형성에의 참여가 아니라 국가권력의 인수를 목표로 해야 하며, 오늘날 실질적으로 정부를 통제하는 기능을 담당하는 야당의 권리가 강화되어야 한다. 그러므로 정부에 대한 의회의 통제권은 가능하면 '소수의 권리'로서 형성되어야 한다. 정부에 대한 통제수단이 단지 의회의 다수에 의해서만 사용될 수 있다면, 이러한 통제수단은 실효성이 없을 것이다.

3. 정치의 합리화를 담보하는 요소로서 의회에서의 논의

비록 의회의 정치적 의사가 본회의에서 토론과 협의를 통하여 형성되는 것이 아니라 정당과 의회위원회에 의하여 사전에 내려진 결정이 본회의에서 일반국민에게 단지 제시된다 하더라도, 이러한 과정은 단순히 하나의 의식(儀式)에 지나지 않는 것이 아니라 다음과 같은 의미를 가진다.

의회에서 국민에 대한 발언과 연설은 집권당과 야당이 주장하는 정책을 유권자에게 전달하고 이해시키는 데 기여한다. 의회에서 논쟁은, 한편으로는 정부에게 자신의 정책에 대하여 공개적으로 그 이유와 근거를 제시하고 이를 정당화해야 하는 강제로 작용하고, 다른 한편으로는 야당에게 정부 정책에 대하여 비판할 수 있는 기회를 부여한다. 이로써 야당은 정부정책의 약점을 강조하고 정부로 하여금 지속적으로 자신의 정책을 정당화할 것을 강제하는 과제를 가진다. 동시에, 야당은 일반국민에 대한 정보의 제공을 통하여 정부정책에 대한 비판적인 논쟁을 촉발하고 정부에 대하여 정치적 책임을 지도록 촉구함으로써, 궁극적으로 차기 선거에서 정권교체의 기회를 강화하고자 한다. 결국, 이러한 요소들은 정부와 집권당에 대하여 정책결정에 있어서 유권자의 의사를 고려해야 하는 강제로 작용한다. 여당과 야당의 대립과 논쟁은 정부로 하여금 여론을 고려하게 하고 정책을 추진함에 있어서 비판의 가능성을 미리 생각하도록 하는 효과를 가진다. 바로 여기에 정부가 정책적 결정에 대하여 합리적으로 논증하고 정당화해야 하고 그 근거를 공표해야 하는 상당한 압력이 존재하는 것이다. 의회에서의 논의는 오늘날의 변화한 조건 하에서 '정치의 합리화'를 담보하는 요소가 되었다.

제 2 절   國會의 憲法的 地位와 機能

Ⅰ. 국민대표기능

의회는 대의제 민주주의에서 핵심적인 대의기관이다. 국회는 헌법상의 국가기관 중에서 대의제의 이념이 가장 직접적으로 표현된 국가기관, 국민대표성이 가장 강한 헌법기관이다. 국회의 국민대표성은 의원에게는 자유로운 의정활동의 보장을 위한 무기속위임으로 표현된다(헌법 제46조 제2항). 그러나 국회가 국민대표성이 가장 강한 국가기관이라고 하여 국가기관 사이의 관계에서 국회가 다른 국가기관의 우위에 있다거나, '의심이 있는 경우 의회권한의 추정원칙'이 존재하는 것은 아니다. 따라서 국회가 헌법상 명시적으로 다른 국가기관에게 위임되지 아니한 권한에 관하여 임의로 처분할 수 있는 것은 아니며, 의회도 다른 국가기능의 영역에 침범하는 것을 금지하는 권력분립원리의 구속을 받는다.

Ⅱ. 입법기능

1. 중심적인 입법기관

국회는 그 기능에 있어서 일차적으로 입법기관으로서의 지위를 가진다. 헌법은 제40조에서 "입법권은 국회에 속한다."고 하여, 국가의 기능 중에서 입법기능을 국회에 귀속시키고 있다. 국회의 입법기능은 국회에게 국정운영과 국가공동체의 형성에 있어서 중심적 지위를 부여한다. 게다가 '의회유보의 원칙'은 공동체의 모든 중요한 결정은 법률의 형태로써 국회에 의하여 규율되는 것을 보장한다.

한편, 국회는 중심적인 입법기관이지만, 독점적이거나 배타적인 입법기관은 아니다. 국회가 입법권을 가진다는 것은, 다른 국가기관이 입법과정에 관여하거나 개입하는 것을 배제한다든지 아니면 국회가 입법권을 독점적으로 행사한다는 것을 의미하는 것은 아니다. 정부의 법률안 제출권, 대통령의 법률공포권이나 행정부의 행정입법권, 지방자치단체의 자치입법권, 헌법기관(헌법재판소, 대법원, 중앙선관위)의 규칙제정권 등에서 볼 수 있듯이, 국회입법의 원칙은 다른 국가기관의 입법과정에의 참여나 입법권을 배제하지 않는다.

2. 입법기능의 헌법적 의미

가. 민주주의와 법치국가의 초석으로서 법률

국가의 정치적 지배를 정당화하는 민주주의는 본질적으로 국민대표의 정치적 의사가 규범화된 형태인 법률로써 실현된다. 국가의 정치적 지배는 곧 법률의 지배이다. 법률은 민주국가의 초석이고, 민주국가는 법률국가이고 입법국가이다. 법률을 통하여 민주주의와 법치국가의 중요한 원칙과 가치가 실현된다.

민주주의의 측면에서, 법률은 국가공동체의 모든 본질적인 사안에 대한 의회의 결정을 의미한다. 법률은 국회의 의사결정에 법적 구속력을 부여하고 이로써 모든 국가기관과 국민을 구속하기 때문에, 국회는 입법을 통하여 다른 국가기관을 지배하고 정치·사회·경제·문화의 모든 생활영역의 형성에 결정적 영향력을 행사한다. 국회는 입법을 통하여 다른 국가기관의 의사형성에 포괄적인 영향력을 행사함으로써 국가의사형성을 실질적으로 지배하는 것이다. 또한, 법률은 개인의 권리와 의무를 구체적으로 형성한다. 법률은 서로 충돌하는 사익과 사익 또는 사익과 공익 사이의 법익형량과 이익조정의 결과로서, 개인의 기본권행사의 가능성을 구체적으로 형성하고 기본권적 자유의 한계를 확정한다.

법치국가적 측면에서, 행정과 사법은 법률의 구속을 받고, 법률은 행정작용과 사법작용의 근거이자 동시에 한계로 기능한다. 법률의 형식으로 이루어지는 국민대표의 동의는 국민의 자유를 보장하며, 법률이 모든 국민에게 동등하게 적용될 것을 요청하는 법률의 일반·추상성은 국민의 평등을 보장한다. 공개와 토론을 특징으로 하는 입법절차는 입법내용의 합리성과 타당성을 보장한다. 나아가, 법률은 법치국가적 명확성과 안정성을 확보하는 데 기여한다.

나. 사회형성의 도구로서 법률

나아가, 법률은 사회적 과정을 조종하고 유도하는 사회형성의 도구이다. 법률은 원래 국가공동체의 지속적인 원칙과 가치관의 표현이자 인간행위에 대한 사회윤리적 또는 법적 평가의 표현이다. 그러나 현대의 사회국가에서 법률의 기능은 크게 변화하였다. 사회국가는 분배하고 계획하고 끊임없이 실험하는 국가, 사회적 과정을 조종하고 유도하고자 시도하는 국가이다. 이러한 사회국가에서 법률은 정치적 형성의 도구로서 그의 도구적 성격에 의하여 특징된다. 국가가 사회·경제적 과정을 조종하고 유도하기 위해서는 계획을 전제로 하며, 국가의 중요한 계획은 법률의 형식에 의하여 법적 구속력을 부여받는다. 이로써 현대산업국가에서 다수의 법률은 더 이상 공동체의 원칙이나 사회윤리적 가치관의 영속적 표현이 아니라, 계획과 조종의 도구이다.

정당국가에서 법률은, 집권당이 의회절차에서 자신의 정책을 일반적 구속력을 가지는 법규범으로 전환한 것이며, 민주적 다수의 정치적 의사가 규범화된 표현인 것이다. 법률이 정치에 의하여 도구화된 결과로서 나타나는 것이 바로 '사회적 실험의 수단으로서의 법률' 또는 '법률로써 실험하는 입법자'의 현상이다. 이러한 점에서 법률은 한 번 제정되면 입법자의 손을 완전히 떠나는 것이 아니라, 입법자는 입법 후에도 지속적으로 관찰·수정·보완해야 할 의무를 진다.

Ⅲ. 정치적 형성과 국정통제의 기능

1. 국가정책의 형성에 참여

국회의 중요한 과제 중의 하나는 국가정책(국내정책 및 외교정책)의 형성에 참여하는 것이다. 물론, 정부 정책의 구체적 내용은 최종적으로 대통령에 의하여 확정되지만, 국회에서 주요정책에 관한 논의와 의결은 정부의 정책결정에 큰 영향을 미친다. 국가정책의 형성에 있어서 국회의 비중은 근본적인 정치적 결정에 관하여 집권당과 야당 사이에서 이루어지는 논쟁에서 드러난다. 국회는 모든 정치적 사안에 관하여 입장을 표명할 수 있다. 가령, 국회는 의결을 통하여 국무총리나 국무위원의 해임을 건의할 수 있고 정부의 정책을 비판할 수 있다. 이러한 국회의 의결은 정부에 대하여 비록 법적으로는 구속력이 없으나 사실상으로는 정부의 정책결정과 국민의 여론형성에 큰 영향력을 행사할 수 있다.

2. 국정의 통제

정부에 대한 의회의 통제는 의회의 고전적 과제에 속한다. 국회의 국정통제기능은 의회주의의 본질에서 나오는 당연한 기능이며, 권력분립원리에 입각한 통치구조 내에서 '견제와 균형'을 위한 불가피한 수단이다. 그러나 의회와 정부의 대립관계를 전제로 하는 19세기의 입헌군주제에서 오늘날의 정당제 민주주의로 발전하면서, 정부에 대한 통제기능은 의회가 아닌 야당의 과제가 되었다. 이에 따라 의회의 통제권은 '소수의 권리'로서 형성되었다.

국정감사·조사권(헌법 제61조), 대정부 출석요구권 및 질문권(헌법 제62조), 집행부와 사법부의 고위공직자에 대한 탄핵소추권(헌법 제65조), 예산심의권(헌법 제54조),1) 결산심사권(헌법 제99조) 등은 국회의 중요한 국정통제수단이다. 또한, 국무총리, 감사원장에 대한 임명동의권, 대법원장과 헌법재판소장에 대한 임명동의권, 헌법재판소 재판관 3인의 선출권, 법원 조직에 관한 법률제정권 등 집행부와 사법부의 구성에 대한 참여권도 대통령의 일방적인 임면을 통제한다는 의미에서, 통제권에 속한다고 볼 수 있다.

한편, 국정통제의 개념은 다른 국가기관의 과제이행에 대한 사후적 감독에 국한되는 것이 아니다. 의회의 통제는 정부행위에 대한 단순한 사후적 반응 이상의 것이다. 정부는 사후적으로 의회의 통제를 받을 뿐만 아니라, 의회의 정치적 의사표현에 의하여 자신의 정책결정에 있어서 영향을 받는다. 의회의 영향력행사는 무엇보다도 입법을 통하여 이루어진다. 이러한 점에서 입법은 행정과 사법에 대하여 사전적으로 기능하는 통제로 이해될 수 있다. 따라서 국정통제란 정부의 행위에 대한 비판과 감시뿐만 아니라 정부의 의사형성에 대한 의회의 영향력행사를 포괄하는 것이다.

---

1) 국회의 예산의결권이 장래에 있어서 정부의 지출과 장래의 정부정책을 결정하는 것이기 때문에 통제권에 속하는 것인지에 관하여 의문이 있으나, 의회에서 예산에 관한 심의과정이 과거의 정부정책을 비판하는 기회로 사용된다는 점에서 예산에 관한 의결은 장래 정부활동에 동의하는 것을 의미할 뿐 아니라 동시에 과거 정부활동에 대한 통제를 의미한다고 볼 수 있다.

제 3 절 國會의 構成과 組織

I. 입법기관의 구성원리(兩院制와 單院制)

1. 개   념

입법기관을 하나 또는 두 개의 합의제기관으로 구성하는지에 따라 단원제와 양원제로 나누어 볼 수 있다.

가. 兩院制

양원제란 입법기관을 상원·하원과 같이 2개의 상호 독립한 합의제기관으로 구성하고(독립조직의 원칙), 서로 독립하여 활동하되(독립의결의 원칙), 두 합의제기관의 일치된 의사만을 입법기관의 의사로 간주하는(의사일치의 원칙)[1] 입법기관의 구성원리이다. 이와 같이 입법기관이 양원으로 구성되어 법률의 제정을 위하여 양원의 찬성을 필요로 하는 경우에는 이를 '엄격한 의미의 양원제'라 한다. 그러나 입법기관이 양원으로 구성되지만, 법률의 제정을 위하여 양원의 일치된 의사를 요구하지 않거나(가령, 영국) 또는 특정 법률의 경우에만 양원의 일치된 의사를 요구하는 형태(가령, 독일)도 있는데, 이러한 형태는 엄격한 의미의 양원제라 할 수 없다.

양원제에서, 하나의 院은 국민의 대표자로 구성되고, 다른 院은 신분적 대표나 연방국가의 경우 주의 대표로 구성된다. 양원제는 특수한 정치상황을 배경으로 하여 탄생한 제도이기 때문에, 다분히 역사적이고 정치전통적인 특성을 가지고 있다. 양원제는 영국과 같은 입헌군주제의 정치전통이나 미국과 같은 연방국가적 구조와 밀접한 관계가 있다. 양원제가 입헌군주제에서는 귀족과 평민이라는 이원적인 신분사회에서 양(兩) 신분의 대의에 적절하고, 연방국가에서는 연방국가의 구조적 특성, 즉 州 고유의 이익과 연방 전체의 이익을 적절하게 대변해야 할 과제를 해결하는데 적합하기 때문이다.

나. 單院制

이에 대하여, 단원제는 입법기관을 하나의 합의제기관으로 구성하는 원리이다. 단원제는 주로 연방국가가 아닌 단일국가나 입헌군주제의 전통이 없는 신생국가에서 흔히 볼 수 있는 입법기관의 구성원리이다. 단원제 의회는 국민에 의하여 선출되는 의원으로 구성되는 것이 원칙이다.

2. 양원제의 유형

가. 身分的 兩院制

신분적 또는 보수적 양원제란, 영국·네덜란드처럼 입헌군주제의 전통이 있는 나라에서 성직귀족이나 세습귀족(왕족 및 공·후·백·자·남작) 등으로 구성된 상원과 국민에 의하여 직접 선출되는 하원으로 구성되는 양원제를 말한다. 상원은 법안심의를 하지만, 의결권이나 이의제기권이 없는 단지 명목적 기능만을 담당하는 것이 일반적이다.[2]

---

1) 물론, 의사일치의 원칙은 일부 양원제국가(가령, 독일이나 오스트리아 등)에서는 완전히 채택되고 있지 않다.

2) 영국의 상원은 신분적 대표로서 1911년까지 하원에 의하여 의결된 법률안에 대하여 동의를 거부함으로써 법률제정

나. 民主的 兩院制

양원제의 또 다른 유형은 민주적 양원제인데, 地域代表型, 職能代表型, 聯邦國家型 등이 이에 속한다. 민주적 양원제는 지역이나 직능에 연관되어 그에 소속된 구성원의 이익을 대변하는 제도이다.

현실적으로 중요한 것은 미국이나 독일, 스위스 등에서 취하고 있는 聯邦國家型 양원제이다. 연방국가에서, 상원은 연방을 구성하는 각 州를 대표하고, 하원은 국민 전체를 대표하게 된다. 미국 등 일부 양원제 국가에서는 법률의 제정을 위하여 양원의 일치된 의사를 요구함으로써 양원에게 대등한 권한을 부여하고 있지만(엄격한 의미의 양원제), 독일, 오스트리아 등 일부 양원제 국가에서는 하원의 권한에 우위를 부여하고 있다.

독일의 경우, 입법기관은 연방과 연방 국민전체의 이익을 대변하는 연방의회(Bundestag)와 州의 이익을 대변하는 연방참사원(Bundesrat)으로 구성된다. 연방의회에서 의결된 법률안은 연방참사원으로 이송되는데, 법률안이 주의 이익과 직접 연관되거나 주의 권한에 관한 사항인 경우에 한하여 연방참사원은 동의권을 가지고, 그 외의 사항에 대하여는 단지 이의를 제기할 수 있는 권한을 가진다. 연방참사원이 동의권을 가지는 경우, 연방참사원의 동의 없이는 연방법률이 제정될 수 없다. 연방참사원이 단지 이의제기권만을 가지는 경우에는 연방의회가 연방참사원의 이의에 대하여 재의결하면, 그 법률안은 법률로서 확정된다. 이러한 점에서, 연방참사원은 연방의회와 동등한 권한을 가지는 입법기관이 아니다.

미국의 경우, 입법기관은 상원과 하원으로 구성되는데, 상원은 각 州를 대표하기 위하여 각 州에서 2명씩 선출된 100명의 상원의원으로 구성되고, 하원은 국민 전체를 대표하는 435명의 하원의원으로 구성된다.

3. 양원제와 단원제의 장·단점

제도의 장·단점을 개괄적으로 서술하는 모든 경우에 그러하듯이, 양원제와 단원제의 장·단점은 단지 양 제도를 추상적으로 비교하는 경우 드러나는 지극히 상대적인 성질의 것이다. 각 제도의 장·단점은 제도의 본질에 내재하는 절대적이고 필연적인 것이 아니라, 각국의 정치적 전통, 정치문화, 국회운영실태 등 구체적인 상황에 의하여 결정된다는 것을 유념해야 한다.

가. 양원제의 장·단점

양원제에서는 의안을 심의함에 있어서 신중을 기할 수 있다. 대신, 중복된 절차로 인하여 의안의 심의가 지연되고 국력을 낭비할 우려가 있다. 양원이 서로에게 책임을 전가함으로써 의회의 책임소재가 불분명할 우려가 있다. 한편, 양원제를 통하여 의회 내에서 권력분립원리를 도입할 수 있다. 특히, 하원의 다수당과 상원의 다수당이 일치하지 않는 경우에는 권력분립의 기능은 뚜렷하게 드러난다.

나. 단원제의 장·단점

단원제는 신속하고 능률적인 의안심의를 기할 수 있고 의회의 책임소재를 분명하게 해준다는 장점이 있으나, 양원제의 장점을 취할 수 없다는 단점이 있다.

을 막을 수 있었으나, 1911년 이후에는 금전지출법안에 대해서는 거부권을 더 이상 가지고 있지 아니하고, 그 외의 법률안에 대해서는 단지 법률제정을 지연시킬 수 있는 거부권만을 가지게 되었다.

Ⅱ. 한국 헌법에서 국회의 구성

건국헌법은 제헌국회를 단원제로 구성하였다. 1952년 제1차 개헌으로 양원제가 규정되었으나 시행되지 못하였고, 1960년 헌법에서 민의원과 참의원으로 구성되는 양원제를 채택하였다. 민의원(民議院)은 1선거구 1대표선출의 원칙에 따라 4년 임기로 선출되는 의원들로 구성되었고, 참의원(參議院)은 도 단위의 대선거구에서 6년 임기로 선출되는 의원들로 구성되었다. 양원의 의견이 일치하지 않을 때에는 민의원의 재의결을 국회의 의결로 하여 참의원에 대한 민의원의 우월성을 인정하였다. 위 양원제는 민주적 양원제, 그 중에서도 지역대표형으로, 한국이 연방국가는 아니지만, 민의원으로 하여금 국민 전체의 이익을, 참의원으로 하여금 각 도의 특수성과 이익을 대변하게 하려는 의도를 엿볼 수 있다.

1962년 헌법에서 다시 단원제로 복귀하였는데, 단원제 국회는 지역구 출신과 전국구 출신 의원으로 구성되었다. 그 이후 헌법개정도 약간의 변화는 있었지만, 지역구와 전국구(또는 비례대표) 의원으로 구성되는 단원제 국회를 고수하고 있다.

현행 헌법은 국회의 구성을 단원제로 하고 있다. 국회는 국민의 선거에 의하여 선출된 국회의원으로 구성되며(헌법 제41조 제1항), 국회의원의 수는 법률로 정하되, 200인 이상으로 한다(헌법 제41조 제2항). 국회의원의 임기는 4년으로 한다(헌법 제42조).

Ⅲ. 국회의 조직

국회의 조직은 결코 우연의 산물이 아니며, 국회가 임의로 형성할 수 있는 것도 아니다. 국회는 자신의 자율권에 근거하여 헌법상 부여받은 과제를 이행할 수 있도록 자신을 조직해야 한다.

상이한 이익과 견해를 가진 국민의 다양성을 국회의 의사형성과정에 반영하기 위해서는 전체로서의 국회만이 국민대표로서 기능할 수 있다. 전체로서의 국회만이 국민의 대의기관으로서 국민에 대하여 구속력 있는 결정을 내릴 수 있으며, 이러한 경우에만 국회의 결정이 민주적으로 정당화될 수 있다.[1] '의원 전체에 의한 대의의 원칙'으로부터 국회의 자율권을 제한하는 중요한 원칙으로서 '의회의 구속력 있는 결정은 선출된 의원 전체로 구성되고 의원 모두가 참여하는 본회의에서 내려져야 한다'는 요청이 나온다. 의회 작업의 효율성 때문에 본회의의 준비 작업이 위원회에서 이루어질 수 있으나, 본회의 결정권한은 헌법에서 명시적으로 이를 허용하지 않는 한, 위원회 등 국회의 부분기관에 위임되어서는 안 되고, 구속력 있는 결정은 본회의에 유보되어야 한다.[2]

본회의의 과제는 무엇보다도 법률안의 심의와 의결인데, 이는 일반적으로 국회의 내부조직에서 준비된다. 국회는 과제이행을 위하여 필수적인 두 가지 내부조직을 가지고 있는데, 하나는 정당정치적으로 구성되는 '교섭단체'이고, 다른 하나는 과제의 효율적인 이행을 위하여 작업영역에 따라 분업

---

1) Vgl. BVerfGE 80, 188, 218.
2) Vgl. BVerfGE 1, 372, 379f.; 44, 308, 316.

적으로 구성되는 '위원회'이다. 오늘날 모든 민주국가는 의회작업에 있어서 교섭단체에게 결정적으로 중요한 역할을 부여하는 작업방식을 채택하고 있고, 우리의 경우도 예외는 아니다. 의회의 정치적 의사가 실질적으로 정당에 의하여 형성되고 의원은 교섭단체를 통해서만 사실상 의회의 의사형성에 영향력을 행사할 수 있는 정당국가의 현실은 필연적으로 의회작업에 있어서 교섭단체의 지배적·우월적 역할과 지위를 수반하였다. 오늘날 '정당국가의 의회'는 곧 '교섭단체로 구성된 의회'로 그 성격을 규정할 수 있다.[1]

1. 의장과 부의장

국회는 1명의 의장과 2명의 부의장을 선거로 선출한다(헌법 제48조). 임기는 모두 2년이며(국회법 제9조), 부의장은 의장의 사고시 직무대리의 역할을 담당한다(국회법 제12조). 의장은 다른 국가기관 및 국민과의 관계에서 국회를 대표하고 의사를 정리하며 질서를 유지하고 사무를 감독하는 권한을 가진다(국회법 제10조).

의원내각제의 국가에서, 의장의 지위는 전통적으로 정당정치적으로 중립적인 것으로 이해되었다. 따라서 영국, 독일 등의 국가에서 의장은 직무수행에 있어서 정당정치적 중립성의 의무를 지며, 의장에 의한 의사의 정리는 불편부당해야 한다. 우리의 경우, 구 국회법에서는 국회의장의 당적에 관한 규정이 없었으나, 현행 국회법에서는 의장은 그 직에 있는 동안 당적을 가질 수 없도록 규정하고 있다(국회법 제20조의2 제1항). 뿐만 아니라, 의장과 부의장은 원칙적으로 의원 외의 직을 겸할 수 없으므로(제20조), 다른 의원과는 달리 국무위원직을 겸할 수 없다.

2. 위 원 회

오늘날 의회는 '발언의 장'으로서 본회의와 '실질적 작업의 장'으로서 위원회로 나뉘어져 기능한다. 본회의에서 공개적 논의는 사안에 관한 정당의 입장을 서술하고 국민에게 전달하는 데 기여한다. 반면, 사안에 관한 실질적 논의는 심의대상의 고도의 전문성과 복잡성 때문에 본회의에 앞서 소수의 전문가로 구성되는 위원회에서 이루어진다.

가. 위원회의 의의와 기능

(1) 의안처리의 전문성과 효율성의 제고

오늘날 의원은 과도한 업무 부담과 심의사안의 전문성과 복잡성으로 인하여 모든 사안에 대하여 독자적인 판단을 내릴 능력이 없다. 위원회는 국회 본회의의 의안심의에 앞서 본회의에서 의안심의를 원활하게 할 목적으로 전문적 지식을 가진 소수의 의원들로 하여금 의안을 예비적으로 심사·검토하게 하는 小會議制를 말한다.[2] 오늘날 현대국가에서 국회 심의사안이 양적으로 증가하고 질적으

---

1) 그럼에도 헌법은 단지 위원회만을 명시적으로 언급할 뿐(제62조), 교섭단체에 관해서는 전혀 언급을 하지 않고 있다.
2) 헌재 2003. 10. 30. 2002헌라1(국회의원과 국회의장간의 권한쟁의), 판례집 제15-2하, 17, 30-31, "상임위원회(Standing Committee)를 포함한 위원회는 의원 가운데서 소수의 위원을 선임하여 구성되는 국회의 내부기관인 동시에 본회의의 심의 전에 회부된 안건을 심사하거나 그 소관에 속하는 의안을 입안하는 국회의 합의제기관이다. 위원회의 역할은 국회의 예비적 심사기관으로서 회부된 안건을 심사하고 그 결과를 본회의에 보고하여 본회의의 판단자료를 제공하는 데 있다. 우리나라 국회의 법률안 심의는 본회의 중심주의가 아닌 소관 상임위원회 중심으로 이루어진다. 소관 상임위원회에서 심사·의결된 내용을 본회의에서는 거의 그대로 통과시키는 이른바 '위원회 중심주의'를 채택하고 있는 것이다. … 의원 전원이 장기간의 회기동안 고도의 기술적이고 복잡다양한 내용의 방대한 안건을 다루기에는 능력과 시간상의 제약이 따른다. 이러한 한계를 극복하기 위한 방안으로 위원회제도가 창설된 것이다."

로 전문화됨에 따라, 입법에서도 고도의 전문성과 효율성이 요구되기 때문에 의안처리의 전문성과 효율성을 높이기 위하여 고안된 것이 바로 위원회제도이다. 위원회는 그 소관에 속하는 의안을 심사하여 본회의에서 의결할 수 있는 의안으로 입안하는 기능을 한다.[1] 위원회의 바로 이러한 기능 때문에, 헌법은 국회뿐만 아니라 위원회도 국무총리와 국무위원 등의 출석과 답변을 요구할 수 있고 의안심사를 위하여 필요한 정보를 요청할 수 있도록 규정하고 있다(헌법 제62조 및 제2항).

(2) 국회운영에 있어서 상임위원회 중심주의

오늘날 위원회가 실질적으로 국회의 과제를 이행하기 때문에, 위원회 작업에 특별한 의미와 중요성이 부여된다. 법안처리, 정보의 요청, 국정통제, 국정조사 등 국회기능의 본질적인 부분이 위원회에 의하여 이행되고 있으며, 국회의 의사형성이 사실상 위원회에서 이루어진다. 의안제출에 관한 위원회의 의결은 본회의에 대하여 구속력을 가지는 것은 아니지만, 본회의에서 의안심의의 근거가 되기 때문에 실질적으로는 본회의의 결정을 사전에 형성하는 효과를 가진다. 본질적인 결정은 이미 사실상 위원회에서 내려지기 때문에, 본회의에서 의결은 대부분 법률안의 경우 단지 형식적인 의미를 가진다.[2] 국회법은 국회운영에 있어서 '상임위원회 중심주의'와 '본회의 결정주의'를 채택하고 있기 때문에, 위원회는 실질적으로 국회의 기능을 대행한다고 보아야 한다.

(3) 위원회제도의 부작용 가능성

그러나 다른 한편으로는 위원회제도의 부작용으로, 이익단체의 로비활동을 용이하게 함으로써 의안처리의 공정성을 해칠 위험이 있으며, 위원회가 소관사무와 관계되는 행정부서와 밀착되어 행정부에 대한 견제기능이 약화될 수도 있다는 점이 지적되고 있다.

위원회구성의 사회적 구조는 위원회마다 다르지만, 특히 일부 위원회의 경우에는 구성원 사이에 특별히 강한 동질성을 보이고 있다. 위원회를 전문적 지식을 가진 의원으로 구성함으로써 행정부의 전문적인 관료주의에 대응하고자 하는 것은 정부에 대한 통제의 효율성을 강화하는 측면이 있다. 그러나 다른 한편으로 위원회를 전문직업인으로 구성하는 것은 위원회에 거대 이익단체의 독자적인 '보호구역'을 설치하는 위험을 초래하고 위원회의 심의과정에서 공익보다는 직업적 이익이나 집단의 이익을 강하게 고려하는 결과를 초래할 수 있다. 따라서 위원회를 전문적인 지식을 가진 의원과 건전한 이성을 가진 인물로 균형 있게 구성하는 것이 정부통제의 기능을 이행하면서도 내부적 로비의 위험도 방지할 수 있을 것이다.

나. 위원회의 구성

(1) 국회의 축소화된 복사판으로서 위원회

오늘날 국회 의사형성과 의사결정의 본질적인 부분이 본회의가 아니라 위원회에서 이루어지기 때문에 국회 활동의 중심이 본회의에서 위원회로 이동하였고, 이로써 국회에 의한 대의의 과정이 사실상 위원회로 전이되었다. 이에 따라 위원회도 '국회에 의한 국민의 代議' 과정에 포함되어야 한다. 이는 곧, 위원회는 국민의 정치적 대의에 있어서 본회의의 축소판이어야 한다는 것을 의미한다. 그러므로 모든 위원회가 원칙적으로 그 구성에 있어서 국회(본회의)의 구성을 그대로 반영할 것이 필수적

---

1) 국회법 제36조(상임위원회의 직무), 제51조(위원회의 제안), 제81조(상임위원회 회부), 제93조(안건심의) 참조.
2) Vgl. BVerfGE 44, 308, 318.

으로 요청된다.[1] 국회의 정당정치적 구성이 위원회의 구성에 거울상처럼 그대로 반영되어야 하는 것이다. 또한, 위원회에서 본회의의 의결을 위한 준비 작업이 이루어진다면, 위원회의 다수관계가 본회의의 다수관계를 그대로 반영함으로써 위원회에서의 준비 작업의 결과가 본회의에서 다수의 지지를 얻을 수 있는 경우에만 본회의의 심의와 의결을 준비하는 위원회의 기능은 비로소 이행될 수 있다. 그 결과, 위원회는 '국회의 축소화된 복사판' 또는 '축소화된 국회'이다.[2] 국회법은 이러한 요청을 반영하여 위원회를 '교섭단체 소속의원 수의 비율'에 따라 구성하고 있다(국회법 제48조 제1항).

(2) 위원회의 구성에 있어서 교섭단체의 역할

교섭단체는 이러한 비례적 대의의 과정에서 중요한 중개역할을 한다. 교섭단체는 '위원회에서 분업적인 과제이행의 가능성'과 '전체 국회의 복사판으로서 위원회'의 요청을 서로 연결하는 매체로 작용한다. 작업분담을 통한 국회의 전문화의 요청에 부응하기 위하여 위원회의 활동이 불가결하고, 다른 한편으로는 국회가 정당정치적인 관점에서 교섭단체로 조직되어 있다면, 위원회의 구성에 있어서 교섭단체의 결집기능을 이용하는 것은 필연적인 것이다. 위원회가 교섭단체 소속의원 수의 비율에 따라 구성되기 때문에, 위원회의 위원은 국회에서 선출되는 것이 아니라, 교섭단체의 요청에 의하여 의장이 선임하고 改選한다(국회법 제48조 제1항).

(3) 위원회에 참여할 의원의 권리

위원회에 참여하는 의원의 권리는 '의원의 헌법적 지위의 본질적인 부분'에 해당한다. 오늘날 의회 작업의 대부분이 위원회에 의하여 처리된다는 상황에 비추어, 개별의원이 자신의 정치적 견해를 의회의 의사형성에 반영하는 기회는 무엇보다도 위원회에서 제공된다. 따라서 모든 의원이 동등하게 위원회에 소속되어 심의·표결권을 가지고 활동해야 하며,[3] 교섭단체에 속하지 않은 의원에게도 '의회의 기능과 과제에 동등하게 참여할 권리'가 인정되어야 한다.[4] 의원이 '자유위임'에 근거하여 다른 의원과 함께 교섭단체를 결성할 수 있는 헌법적 지위가 보장된다면, 마찬가지로 교섭단체에 소속되지 않은 의원이 교섭단체를 구성하지 않았다는 이유로 의회의 작업에 있어서 불리한 취급을 받아서는 안 된다는 것도 헌법상 '자유위임'의 요청이다. 한편, 자신이 원하는 '특정 위원회에 소속되어 활동할 권리'는 위원회의 위원정수가 한정되어 있다는 점에서 의원에게 인정되지 않는다.[5]

다. 위원회의 종류

국회법에 규정된 위원회로는 상임위원회와 특별위원회의 2 종류가 있다(국회법 제35조).

(1) 상임위원회

상임위원회란 소관에 속하는 의안과 청원 등을 예비적으로 심의하기 위하여 상설적으로 설치된 위원회를 말한다(국회법 제36조). 현재 국회운영위원회, 법제사법위원회, 정무위원회, 기획재정위원회, 교육위원회, 과학기술정보방송통신위원회, 외교통일위원회, 국방위원회, 행정안전위원회, 문화체육관광위원회, 농림축산식품해양수산위원회, 산업통상자원중소벤처기업위원회, 보건복지위원회, 환경노동위원

---

1) BVerfGE 84, 304, 323.
2) 비교법적인 관점에서 보더라도, 유럽의 거의 모든 국가에서 위원회의 구성은 본회의에서 교섭단체의 세력관계에 비례하여 이루어지도록 헌법 또는 의회의 의사규칙에서 규정하고 있다.
3) Vgl. BVerfGE 80, 188, 223(Wüppesahl-Urteil); 84, 304, 326(1. PDS- Urteil).
4) Vgl. BVerfGE 96, 264, 280(2. PDS-Urteil).
5) Vgl. BVerfGE 70, 324, 354.

회, 국토교통위원회, 정보위원회, 여성가족위원회 등 17개의 상임위원회가 있다($^{국회법}_{제37조}$). 국회의 위원
회의 분류는 통상적으로 행정각부의 분류에 따른다. 상임위원은 '교섭단체 소속의원 수의 비율'에 따
라 각 교섭단체 대표의원의 요청으로 의장이 선임하고($^{국회법 제48}_{조 제1항}$) 2년간 재임한다($^{국회법 제40}_{조 제1항}$). 의원은 누
구나 2 이상의 상임위원회의 위원이 될 수 있다($^{국회법 제39}_{조 제1항}$).[1] 각 교섭단체 대표의원은 자동적으로 국
회운영위원회와 정보위원회의 위원이 된다($^{국회법 제39조 제2}_{항, 제48조 제3항}$).

(2) 특별위원회

특별위원회란 둘 이상의 상임위원회와 관련된 안건이거나 특히 필요하다고 인정한 안건을 효율
적으로 처리하기 위하여 활동기한을 정하여 본회의 의결로 설치되는 한시적인 위원회($^{국회법}_{제44조}$) 및 국회
법에 따라 명시적으로 특별위원회로 설치되는 위원회($^{국회법 제45조,}_{제46조, 제46조의3}$)를 말한다. 특별위원회 위원도 각
교섭단체의 소속의원 수에 비례하여 국회의장이 선임한다($^{국회법 제48}_{조 제4항}$).

국회법 제44조의 非常設 특별위원회는 심의대상이 지정된 소관사항이 아니라 특별한 안건이고,
존속기간이 한시적이라는 점에서 상임위원회와 구별된다. 국회법에 명시적으로 설치된 특별위원회로
는 예산결산특별위원회, 윤리특별위원회 및 인사청문특별위원회가 있는데, 예산결산특별위원회는 상
설이다.

(3) 連席會議

연석회의는 위원회간의 협의로 열리는 위원회인데, 그 목적이 표결로써 종결되는 심사가 아니라
단지 의견교환에 있으므로($^{국회법}_{제63조}$), 독자적인 위원회가 아니라 위원회간의 의견조율을 위한 장치라고
할 수 있다.

(4) 全院委員會

전원위원회는 위원회의 심사를 거치거나 위원회가 제안한 의안 중에서 주요의안에 대하여 재적
의원 1/4 이상의 요구에 의하여 본회의의 의결 전에 사전적으로 심사할 목적으로 의원전원으로 구성
되는 위원회이다($^{국회법 제}_{63조의2}$). 전원위원회에서는 위원회의 심사를 거친 의안에 대하여 확정적으로 의결
할 수는 없으나, 이에 대한 수정안을 의결할 수는 있다.

라. 위원회의 운영

상임위원회는 본회의의 의결이 있거나 의장 또는 위원장이 필요하다고 인정할 때, 재적위원 1/4
이상의 요구가 있을 때에 개회한다($^{국회법}_{제52조}$).[2] 상임위원회는 국회의 폐회 중 3월·5월의 세 번째 월요
일부터 1주간 정례적으로 개회해야 하는데, 정례회의는 당해 상임위원회에 계류 중인 법률안 및 청
원 기타 안건과 주요현안 등을 심사한다($^{국회법}_{제53조}$).

위원회는 그 소관사항에 관하여 법률안 등 기타 의안을 제출할 수 있는데, 재적위원 과반수의 출
석과 출석위원 과반수의 찬성으로 의결한다($^{국회법 제51}_{조, 제54조}$). 위원회는 필요에 따라 소위원회를 둘 수 있고
상임위원회는 그 소관사항을 분담·심사하기 위하여 상설소위원회를 둘 수 있다($^{국회법 제57}_{조 제2항}$). 소위원회
는 위원회가 정하는 범위 내에서 활동하는데 국회 폐회중에도 활동이 가능하다. 예산결산특별위원회

---

1) 국회법은 "의원은 2 이상의 상임위원회의 위원이 될 수 있다."고 규정하면서(제39조 제1항), "어느 교섭단체에도
   속하지 아니하는 의원의 상임위원선임은 의장이 이를 행한다."고 규정하고 있다(제48조 제2항).
2) 위원회의 운영에 있어서도 본회의와 마찬가지로(헌법 제47조), 재적위원 1/4 이상의 요구가 있을 때 개회하도록 규
   정하고 있다(국회법 제52조).

는 필요에 따라 소위원회 외에 여러 개의 분과위원회로 나눌 수도 있다(국회법 제57조 제8항).

위원회는 중요한 안건 또는 전문지식을 요하는 안건을 심사하기 위하여 공청회를 열어 이해관계자 또는 학식·경험이 있는 자 등으로부터 의견을 들을 수 있고(국회법 제64조), 중요한 안건의 심사에 필요한 경우 증인·감정인·참고인으로부터 증언·진술의 청취와 증거의 채택을 위하여 청문회를 열 수 있다(국회법 제65조). 대통령이 헌법재판소 재판관·중앙선거관리위원회 위원·국무위원·방송통신위원회 위원장·국가정보원장·공정거래위원회 위원장·금융위원회 위원장·국가인권위원회 위원장·국세청장·검찰총장·경찰청장·합동참모의장 또는 한국은행 총재의 후보자에 대한 인사청문을 요청한 경우에는 소관 상임위원회별로 인사청문회를 연다(국회법 제65조의2 제2항).

3. 교섭단체

국회의 또 다른 내부적 조직원칙은 의회작업의 정치적 조직원칙으로서 교섭단체의 구성이다. 국회가 효율적으로 작업하기 위해서는 개별의원을 일정 단위로 묶는 단결체의 존재를 필요로 한다. 국회가 어떠한 관점에서 의원의 결사체를 인정할 것인지, 어떠한 관점에서 의원의 결사체에 특별한 지위를 부여함으로써 이러한 결사체로 하여금 의회활동의 중심적 역할을 이행하도록 할 것인지의 문제가 제기되는데, 국회법은 교섭단체에게 이러한 중심적 역할을 부여하고 있다.

교섭단체가 국회작업에 있어서 불가결한 기능을 수행하므로, 교섭단체의 특별한 지위가 정당화된다. 국회법에서 교섭단체의 지배적 지위는, 한편으로는 국민의 정치적 의사형성에 있어서 정당의 중요한 의미 및 국회 내에서 정당의 대표로서 교섭단체의 기능에 기인하는 것이고, 다른 한편으로는 국회의 원활한 과제이행과 기능의 보장을 위하여 불가결한 교섭단체의 역할에 기인하는 것이다.

가. 개념 및 구성

(1) 개 념

交涉團體(Fraktion)란 원칙적으로 같은 정당의 소속의원으로 구성되는 원내 정치단체를 말한다. 교섭단체는 원칙적으로 동일한 정치적 신념을 가진 의원의 단체, 즉 특정 정치적 목표와 경향을 추구하는 정치단체이다. 교섭단체는 전체 의원의 개별적이고 다양한 의견을 소수의 정치적 대안으로 묶는 기능을 하고, 국회의 작업수행을 분업적으로 조직함으로써 국회의 과제이행에 결정적으로 기여한다.[1]

(2) 정치적 경향의 동질성의 요건

교섭단체의 중요한 기능에 비추어, 국회법이 교섭단체의 지위를 정치적 목표와 경향의 동질성(경향의 순수성)의 요건에 결부시키는 것은 헌법적으로 허용된다. 동일한 정치적 신념을 가지지 않은 의원들도 교섭단체를 구성할 수 있다면, 이러한 교섭단체는 결집력의 약화와 압력행사 가능성의 결여로 말미암아 의회 내에서 자신에게 부여된 기능을 제대로 이행할 수 없을 것이다. 이러한 관점에서, 정치현실적으로 교섭단체의 기능을 이행할 수 없는 의원의 단결체에게 교섭단체의 지위를 부여하지

---

1) 의원은 교섭단체에 가입함으로써 오늘날 의회작업의 전문성과 복잡성에 대하여 대처할 수 있다. 개별의원은 교섭단체의 분업적 업무처리를 근거로 교섭단체의 조력을 받을 수 있고 또한 교섭단체의 분업적 체계 내에서 다른 의원에게 도움을 제공함으로써 정치적 영향력을 행사할 수도 있다. 결국, 의원들은 교섭단체 내에서 상호협력과 상호의존의 관계를 통하여 정치적 영향력을 확대할 수 있다.

않는 것은 헌법적으로 문제되지 않는다. 따라서 국회법은 동일한 정치적 신념을 가진 의원의 단체에게만 교섭단체의 지위를 인정할 수 있다.

한편, 국회법은 국회에 20인 이상의 소속의원을 가진 정당뿐만 아니라 다른 교섭단체에 속하지 않는 20인 이상의 의원이(가령, 여러 정당의 소속의원끼리 아니면 무소속의원끼리) 따로 교섭단체를 구성할 수 있도록 규정함으로써, 정치적 동질성의 요건을 제시하고 있지 않다(제33조 제1항).

(3) 교섭단체를 구성하기 위한 의원의 수

국회는 교섭단체의 지위를 얻기 위한 '의원의 수'를 확정함에 있어서 조직자치에 근거하여 원칙적으로 자유로운 형성권을 가지고 있으나, 이 경우에도 '국회의 원활한 기능의 확보'라는 관점을 기준으로 삼아야 한다.[1] 교섭단체가 그 기능을 이행하기 위해서는 최소한의 규모가 요청된다.[2] 교섭단체를 구성하기 위한 의원의 비율과 선거의 결과에 따라 정당의 의회진출을 저지하는 소위 봉쇄조항의 비율은 일치할 필요가 없다. 정당정치적으로 동질적인 집단이 국회에 진출하였다는 것은 반드시 그러한 집단이 교섭단체의 지위를 얻어야 한다는 것을 의미하지는 않는다. 봉쇄조항은 '의회에의 진입'에 관한 것이고, 교섭단체를 구성하는 규모는 '의회에서의 참여'에 관한 것으로, 서로 다른 연관점을 가지고 있다.

(4) 교섭단체 구성의 헌법적 근거

국회의 의사형성에 있어서 교섭단체가 가지는 중심적 지위에 비추어, 다른 의원과 함께 교섭단체를 구성할 권리를 의원의 헌법적 지위로서 인정하는 것은 필연적이다. 의원은 헌법상 보장된 자유위임을 근거로 다른 의원과 자발적으로 교섭단체를 결성하는 것이므로, 교섭단체의 헌법적 근거는 국회의원의 지위를 포괄적으로 규율하는 헌법규정(헌법 제46조 제2항)이다.[3] 교섭단체의 구성은 개별의원의 자발적인 결정에 기초하는 것이고, 이는 결국 헌법상 보장된 자유위임을 행사한 결과이다. 헌법은 교섭단체를 전혀 언급하고 있지 않지만, 국회의원의 헌법적 지위를 규정하는 일련의 헌법규정(제44조, 제45조, 제46조)에 의하여 교섭단체는 헌법적으로 보장된다.

(5) 교섭단체의 기관

교섭단체의 기관으로는 대표의원과 의원총회가 있다. 교섭단체 대표의원은 통상 원내대표 또는 원내총무라고 불리는데, 정당의 원내 지도자로서 소속의원들의 통일된 의사형성과 행동통일을 위하여 노력한다. 의원총회는 교섭단체의 의사결정을 위하여 원내대표가 소집한다.

나. 과제 및 기능

교섭단체는 국회와의 관계에서 국회의사결정을 용이하게 하는 촉진제로서 기능하고, 정당과의 관계에서 '국회 내의 정당'으로서 의원의 정당기속을 강화하는 수단으로 기능한다.

(1) 국회의사결정의 촉진제로서 헌법생활의 필수적 기구

교섭단체는 '헌법생활의 필수적 기구'이자 정치적 의사형성의 중요한 요소이다. 교섭단체는 다양한 정치적 입장을 합의가능한 통일체로 묶음으로써 국회의 의사형성과정을 유도하고 의사결정을 용이

---

1) Vgl. BVerfGE 96, 264, 278f.
2) 스위스를 제외하고 유럽의 거의 모든 국가가 공동의 정치적 신념, 즉 정당소속을 교섭단체구성의 기준으로 규정하고 있고, 최소한의 규모는 대부분의 국가에서 20인 이하(독일만 26인으로 최고)로 규정되고 있다.
3) 독일의 지배적인 견해도 교섭단체의 헌법적 근거를 의원의 헌법적 지위를 규정하는 헌법 제38조 제1항에서 찾고 있다, vgl. BVerfGE 84, 304, 322.

하게 한다. 이로써 교섭단체는 국회의사결정의 촉진제 역할을 하고 국회의 원활한 기능을 보장한다.

교섭단체는 이러한 과제를 이행하기 위하여 위원회의 위원을 지명하고(^{국회법} _{제48조}) 의안을 발의하며 (^{국회법}_{제79조}) 국무위원 등의 출석요구를 발의(^{국회법}_{제121조})하는 권한을 가진다. 국회에서 다루어지는 모든 의안은 발의되어야 하는데,[1] 국회법상 가능한 모든 발의는 교섭단체에 의하여 이루어질 수 있다. 교섭단체의 구성을 위하여 요구되는 의원의 수는 법률안의 제출 등 의안의 발의, 국무위원 등의 출석요구 등 각종 발의권을 행사하기 위한 요건을 충족시킨다.[2] 교섭단체가 각종 발의권을 가지고 있으므로, 대부분의 절차적 조치는 교섭단체에 의하여 개시된다는 것을 의미한다. 또한, 교섭단체는 소속의원수의 비율에 따라 국회 위원회의 구성과 그 위원장을 결정한다. 교섭단체는 고유한 권한을 부여받은 국회의 조직으로서 권한쟁의심판의 당사자가 될 수 있다.

(2) '국회 내의 정당'으로서 의원의 정당기속을 강화하는 수단

정권획득을 위한 정당간의 자유경쟁을 의미하는 선거의 결과에 따라 국회가 구성되고, 구성된 국회는 정당정치적 관점에서 다시 교섭단체로 분류된다. 교섭단체는 국회 내에서 정당의 대표자이다. 정당은 국회 내에서 교섭단체에 의하여 대변되고, 교섭단체를 통하여 국회의 의사형성에 영향력을 행사한다. 교섭단체는 국가의사형성과정에서 자신의 정책을 관철하고자 하는 정당의 전초기지이며, '의회 내의 정당'으로 서로 경쟁관계에 있다. 선거에서 정당간의 경쟁은 의회 내에서 교섭단체간의 경쟁의 형태로 계속된다. 국민의 시각에서는 교섭단체가 정당의 활동을 비로소 가시적으로 만든다. 교섭단체는 정당국가에서 의원의 정당기속을 강화하는 하나의 수단으로 기능하고, 소속의원들의 원내 행동통일을 기함으로써 의안의 심의에 있어서 정당의 정책을 최대한으로 반영하고자 한다.[3] 이러한 점에서 의원의 교섭단체 기속과 자유위임적 원내 활동의 갈등은 예정되어 있다.

(3) 정당의 조직이 아니라 국회의 조직

한편, 교섭단체는 정당의 조직이 아니라 국회의 조직이다. 사회적 영역에 귀속되는 정당과는 반대로, 교섭단체는 국회의 조직으로서 국가조직의 영역에 귀속된다. 교섭단체와 정당이 그 인적 구성에 있어서나 정치적으로 밀접하게 연관되어 있다는 사실에도 불구하고 교섭단체와 정당은 법적·제도적으로 구분되어야 하며, 이에 따라 정당 내에서의 의원의 지위와 교섭단체 내에서의 의원의 지위는 인적 동일성에도 불구하고 제도적으로 구분되어야 한다. 교섭단체가 정당의 조직이 아니라 국회의 조직이기 때문에, 교섭단체의 헌법적 근거는 헌법 제8조의 정당조항이 아니라 국회의원의 지위를

---

[1] 국회법에 의하면 법률안을 비롯한 모든 의안은 국회의원 10인 이상의 찬성으로 발의된다(제79조).

[2] 교섭단체를 구성하기 위하여 필요한 의원의 수(국회법 제33조의 20인 이상)와 의안의 발의권을 행사하기 위한 의원의 수(국회법 제79조의 10인 이상), 국무위원 등의 출석요구를 발의하기 위한 의원의 수(국회법 제121조의 20인 이상)는 일치하는 것은 아니나(2003. 2. 4. 국회법개정 전에는 발의권의 행사요건과 교섭단체의 구성요건이 모두 의원 20인 이상으로 일치하였음), 교섭단체가 각종 발의권을 행사하기 위한 요건을 충족시키고 있다. 다만, 조사위원회를 구성하기 위한 발의권은 재적의원 4분의 1 이상으로 규정하고 있다(국정감사 및 조사에 관한 법률 제3조).

[3] 헌재 2003. 10. 30. 2002헌라1(국회의원과 국회의장간의 권한쟁의), 판례집 제15-2하, 17, 30, "원내에 의석을 확보한 정당은 정당의 정강정책을 소속의원을 통하여 최대한 국정에 반영하고 소속의원으로 하여금 의정활동을 효율적으로 할 수 있도록 권고·통제할 필요가 있다. 법은 국회에 20인 이상의 소속의원을 가진 정당은 하나의 교섭단체가 되며, 국회 내 상임위원회의 구성은 교섭단체 소속의원수의 비율에 의하여 각 교섭단체대표의원의 요청으로 의장이 선임 및 개선한다고 규정하고 있어(제33조 제1항, 제48조 제1항), 국회운영에 있어 교섭단체의 역할을 제도적으로 보장하고 있다. 교섭단체는 정당국가에서 의원의 정당기속을 강화하는 하나의 수단으로 기능할 뿐만 아니라 정당소속 의원들의 원내 행동통일을 기함으로써 정당의 정책을 의안심의에서 최대한으로 반영하기 위한 기능도 갖는다."

규율하는 헌법규정, 즉 다른 의원과 함께 자발적으로 교섭단체를 결성할 수 있는 권리를 부여하는 헌법규정이다.

(4) 정당·교섭단체·소속의원의 관계

교섭단체와 정당은 법적으로 명확하게 구분되기 때문에 교섭단체는 정당의 집행기관이 아니며 정당의 결정에 구속을 받지 않는다. 나아가, 국회의원에 대한 정당의 법적 구속력 있는 지시는 국회의원의 자유위임으로 말미암아 더욱 더 불가능하다. 교섭단체 내에서도 의결의 수단은 의원총회에서의 민주적 다수결이지만, 의원은 다수의 결정에 복종할 필요가 없다. 의원은 자유위임을 근거로 다수의 결정과 달리 표결하거나 독자적 발의나 발언을 하거나 반대의견을 공적으로 표명할 수 있다.

물론, 이러한 경우 의원은 교섭단체와 정당의 간접적 강제의 수단에 의하여 정치적으로 불이익을 입는 것을 감수해야 한다. 국회의원은 가령 '차기선거에서 공천을 받을 권리', '특정 위원회에 소속되어 활동할 권리', '정당과 교섭단체 내에서 특정한 보직을 담당할 권리' 등을 가지고 있지 않으므로, 공천배제의 위협이나 위원회에서의 소환 등 간접적 강제수단은 헌법적으로 허용된다.[1]

다. 소수의 권리로서 교섭단체의 권리

교섭단체에게 부여되는 권리의 핵심적 의미는, 국정통제기능을 이행하는 소수(야당)의 권리로서 의회 야당의 과제이행을 보장하는 것에 있다. 오늘날 정당국가에서 대의적 통치형태는 사실상 야당의 존재에 의존하고 있음에도 헌법과 국회법은 야당을 명시적으로 언급하고 있지 않다. 야당의 과제는 정부와 의회 다수당의 정치에 대한 비판과 정권교체의 목표를 위한 대안의 제시에 있다. 야당은 교섭단체에게 부여되는 각종 발의권 등 소수의 권리를 행사함으로써, 국정통제기능을 수행하고 자유민주적 기본질서에서 본질적인 의미를 가지는 정권교체의 기회를 구현하는 것이다.

제 4 절 國會의 會議運營과 議事原則

I. 국회의 회의운영

국회법은 국회의 연중 상시운영을 위하여 각 교섭단체 대표의원과의 협의를 거쳐 매년 12월 31일까지 다음 연도의 국회운영 기본일정을 정하도록 규정하고 있다(제5조제2항).

1. 會期와 立法期

가. 회기란, 국회가 의안처리를 위하여 실제로 활동하는 기간, 즉 회의의 소집일(집회일)로부터 폐회일까지의 국회활동기간을 말한다. 국회는 상시로 활동하는 것이 아니라 정기회와 임시회의 회기동안만 활동한다. 헌법은 제47조 제2항에서 정기회의 회기를 100일로, 임시회의 회기를 30일로 제한하고 있다.

---

1) 이에 관하여 아래 제4편 제2장 제6절 I. 2. '자유위임과 정당기속의 관계' 참조.

나. 회기와 구별해야 하는 것은 입법기이다. 입법기란 의회기(議會期)라고도 하는데, '제 몇 대 국회'란 표현처럼 한 번 구성된 국회가 동일한 의원들로 활동하는 전체기간, 즉 임기가 만료될 때까지 또는 국회가 해산될 때까지(의원내각제의 경우)의 기간을 말한다.

2. 정기회와 임시회

가. 정기회

매년 1회 정기적으로 소집되는 국회를 정기회라 한다. 국회의 정기회는 매년 9. 1.에 집회하며 (국회법 제4조), 정기회의 회기는 100일을 초과할 수 없다(헌법 제47조 제2항). 헌법 제54조 제2항에 의하여 정부는 회계연도 개시 90일 전까지 예산안을 편성하여 제출해야 하고 국회는 회계연도 개시 30일 전까지 이를 의결해야 하기 때문에,[1] 정기회의 주된 의안은 일차적으로 다음 회계연도의 예산안처리이다.[2] 국회는 예산안처리를 위한 자료 수집을 목적으로 매년 정기회 집회일 이전에 감사시작일부터 30일 이내의 기간을 정하여 국정 전반에 걸쳐 소관 상임위원회 별로 국정감사를 실시한다(국정감사 및 조사에 관한 법률 제2조 제1항).

나. 임시회

임시회는 국회가 필요에 따라 수시로 집회하는 회의를 말하는데, 임시회의 회기는 30일을 초과할 수 없다(헌법 제47조 제2항). 국회의 임시회는 대통령 또는 국회재적의원 1/4 이상의 요구로 집회하거나(헌법 제47조 제1항) 국회법에 따라 2월·4월·6월의 1일과 8월 16일에 집회한다(국회법 제5조의2 제2항). 대통령이 임시회의 집회를 요구할 때에는 기간과 집회이유를 명시해야 한다(헌법 제47조 제3항). 국회재적의원 1/4 이상이 임시회를 요구할 수 있도록 규정한 것은 소수보호의 관점에서 중요한 의미를 가진다.

II. 국회의 議事原則

국회에서 의안을 심의하고 意思를 결정하는 과정은 민주적이고 효율적이어야 한다. 국회의 議事原則(회의원칙)은 의사결정의 민주성 및 의안처리의 효율성을 확보하기 위한 원칙이다.

1. 會議公開의 원칙

헌법은 제50조 제1항에서 "국회의 회의는 공개한다."고 하여 회의공개 또는 議事公開의 원칙을 규정하면서, 같은 항 단서조항에서 "다만, 출석의원 과반수의 찬성이 있거나 의장이 국가의 안전보장을 위하여 필요하다고 인정할 때에는 공개하지 아니할 수 있다."고 하여 예외를 인정하고 있다.

가. 본회의 회의공개원칙의 의미와 기능
(1) 의정활동에 대한 정보제공과 국민의 통제가능성 확보

본회의 회의공개원칙은 국민의 대표기관으로서 국회의 헌법적 지위로부터 나오는 요청이다. 국회가 국민의 대표기관으로서 국민을 위하여 활동한다면, 국민은 의원의 의정활동과 국회에서 무엇이 논의되는지에 관하여 알아야 한다. 회의공개원칙은 공개적 토론을 통한 의견수렴을 그 바탕으로 하

---

1) 회계연도란 국가의 예산편성과 집행의 기준기간을 말한다. 우리의 회계연도는 매년 1. 1.부터 시작하여 12. 31. 종료되는 '1년 예산주의'를 채택하고 있다.
2) 이러한 이유에서 정기회를 통상적으로 '예산국회' 또는 '감사국회'라 부르기도 한다.

는 자유민주주의 원리에 내재적인 것이다.¹⁾ 회의의 공개는 선출된 대표자의 의정활동에 관하여 국민에게 여과 없는 정보의 전달을 가능하게 하고, 의원의 의정활동에 대한 국민의 통제가능성을 확보하고자 하는 것이다.

정치적 의사의 형성이 아래에서 위로, 즉 국민에서 국가기관으로 이루어지기 위해서는, 국가기관은 국민의 여론형성과 유권자의 결정을 위하여 필요한 정보를 제공해야 한다. 회의공개의 원칙은 특히 대중매체를 통하여 의회에서 법안과 정책의 결정과정에 관하여 정보를 제공함으로써 국민의 정치적 의사형성을 가능하게 하고, 이로써 국회로 하여금 '형성된 국민의사'를 고려하도록 한다. 대의민주제에서 정치적 지배는 주기적으로 실시되는 선거를 통해서 뿐만 아니라, 국가의 의사형성과정에 있어서 국민의 정치적 의사를 고려함으로써 민주적 정당성을 지속적으로 확보해야 한다.

(2) 회의공개원칙의 구체적 요청

(가) 방청과 보도의 허용

회의의 공개는 일반국민에 대한 방청의 허용과 대중매체에 대한 보도의 허용의 형태로 이루어진다.²⁾ 회의의 공개성이란, 일차적으로 국민이면 누구나 방청의 형태로 본회의에 접근할 수 있다는 것을 의미한다. 물론, 질서유지나 장소적 제약의 측면에서 방청인의 수를 제한하거나 방청권을 교부하는 것은 헌법적으로 하자가 없다. 또한, 회의의 공개성은 무엇보다도 TV나 라디오, 신문 등 의회의 활동을 전체 유권자에게 전달하는 대중매체의 보도를 통하여 실현된다.

(나) 구두주의의 요청

회의공개의 원칙은 어느 정도 구두주의(口頭主義)에 근거하여 회의가 진행될 것을 요청한다. 물론, 국회 본회의에서 다루어야 하는 사안의 양과 다양성으로 말미암아, 본회의가 점차 서면주의(書面主義)에 근거하여 이루어지는 경향이 있으나, 국회의 회의가 단지 형식적으로 의결만을 하기 위하여 발언을 서면으로 대체하고 사안을 번호순으로 순차적으로 처리하는 방식으로 진행된다면, 방청객이 그 의미를 이해할 수 없을 것이고, 이로써 회의공개원칙이 의도하는 바에 더 이상 부합하지 않을 것이다. 따라서 회의공개원칙이 그 기능을 하기 위해서는 최소한의 발언이 필수적이다.

(3) 오늘날 정당국가에서 본회의 공개의 의미

한편, 오늘날 의회의 의사형성이 이미 본질적으로 정당과 교섭단체의 내부 및 의회 위원회에서 이루어지기 때문에, 본회의 공개의 의미는 의사결정과정의 공개에 있는 것이 아니라 의사결정과정의 결과를 각 정당의 입장에서 국민에게 설명하고 서술하는 것에 제한된다. 따라서 '결정에 이르는 과정의 공개'와 '결정을 공개적으로 정당화하는 것'은 구분되어야 한다. 결정에 이르는 과정의 공개성이 확보될 수 없다면, 내려진 결정을 공개적으로 정당화하는 것, 즉 결정의 이유와 근거를 공개하는 것은 더욱 중요한 의미를 가진다.

---

1) 헌재 2000. 6. 29. 98헌마443(국회상임위원회 방청불허), 판례집 12-1, 886, 897, "의사공개의 원칙은 의사진행의 내용과 의원의 활동을 국민에게 공개함으로써 민의에 따른 국회운영을 실천한다는 민주주의적 요청에서 유래하는 것으로서 국회에서의 토론 및 정책결정의 과정이 공개되어야 주권자인 국민의 정치적 의사형성과 참여, 의정활동에 대한 감시와 비판이 가능하게 될 뿐더러, 의사의 공개는 의사결정의 공정성을 담보하고 정치적 야합과 부패에 대한 방부제 역할을 하기도 하는 것이다."
2) 헌재 2000. 6. 29. 98헌마443(국회상임위원회 방청불허), 판례집 12-1, 886, 897, "의사공개의 원칙은 방청 및 보도의 자유와 회의록의 공표를 그 내용으로 하는데, …"; 국회법은 의사공개의 원칙의 구체적 내용으로 방청의 자유, 보도의 자유, 중계방송의 자유, 회의록 열람·공표의 자유 등을 언급하고 있다.

나. 위원회 회의의 공개여부

(1) 헌법 제50조 제1항의 해석

여기서 헌법 제50조 제1항의 "국회의 회의는 공개한다."에서 '국회의 회의'는 '본회의'만을 의미하는지 아니면 '위원회의 회의'도 포함하는지의 문제가 제기된다. 헌법 제50조 제1항 본문과 단서조항("의장")의 연관관계에서 볼 때, 단서조항에서 "의장"이란 '국회의장'을 의미하는 것이기 때문에, '국회의 회의'는 본회의를 의미하는 것이다. 또한, '국회와 위원회'를 구분하여 사용하는 헌법 제62조와의 관계에서 보더라도, 헌법 제50조의 '국회의 회의'란 단지 본회의만을 말한다는 것을 알 수 있다. 헌법에서 '국회'라 함은 일반적으로 본회의를 말하는 것이며, 위원회와 국회를 구분함으로써 이는 더욱 분명해진다. 뿐만 아니라, 헌법 제47조 이하의 규정들이 전부 국회 본회의에 관한 규정이라는 점 등을 고려하여 체계적으로 해석한다면, 헌법 제50조의 '국회의 회의'란 단지 본회의만을 의미하는 것임을 알 수 있다. 또한, 역사적인 관점이나 비교법적으로 볼 때, 독일을 비롯한 서구의 국가에서도 회의공개원칙은 단지 본회의에만 국한되고 위원회의 회의를 포함하지 않는 것으로 인식되어 왔다.

(2) 위원회 회의의 공개여부에 관한 찬반 논란

'작업의 효율성'과 '공개성'의 대립에 의하여 표현될 수 있는 위원회 회의의 공개여부의 문제는 오래전부터 논란의 대상이었다.

(가) 회의의 비공개를 찬성하는 견해

위원회 회의의 비공개를 찬성하는 견해에 의하면, 회의의 비공개성을 통하여 위원회에서 자유로운 발언과 토론이 보장되고, 회의가 공개되는 경우에는 실질적인 심의가 비공식적인 협상의 장소로 전이되리라고 한다. 그 결과, 위원회에서는 본회의와 마찬가지로 국민을 의식하는 형식적인 발언만이 이루어질 우려가 있다고 한다(위원회의 본회의化). 공개적인 본회의에서는 일반국민을 의식하여 발언이 이루어지는 반면, 비공개적인 위원회회의에서는 대중을 의식하지 아니하고 발언을 할 수 있기 때문에 회의의 비공개는 이익단체의 압력과 간섭을 배제한 채 모든 국민을 위한 합의와 결정에 도달하는 데 유리하며, 본회의에서 의회의 결정에 관하여 일반국민에게 정보를 제공하는 기회가 주어진다면 의사공개의 원칙은 충족된다는 것이다.[1] 즉, 위원회의 비공개심의에서 보다 효율적인 작업이 이루어질 수 있고, 타협에 이르는 상호양보가 가능하며, 또한 정부에 대한 '여당'의 통제기능도 촉진

---

1) 독일의 경우, 위원회의 회의는 원칙적으로 비공개이다. 개별적인 경우 회의의 공개가 허용된다. 위원회회의의 비공개성은 학계의 끊임없는 비판의 대상이나, 아직까지 유지되고 있다. 국회개혁위원회에서도 비공개성에 대한 보다 폭넓은 예외를 허용할 것을 권고하고 있다.

한다고 주장한다.[1] 헌법이 회의의 공개성을 단지 본회의에 제한한 것도 바로 이러한 이유에서라고 한다.

(나) 회의의 공개를 찬성하는 견해

이에 대하여, 위원회 회의의 공개성을 요청하는 견해는 오늘날 입법 작업이 본질적으로 위원회에서 이루어지기 때문에 위원회 회의의 비공개성은 의회제도의 근간을 구성하는 공개성의 원칙을 사실상 포기하는 것이라고 주장한다. 또한, 회의의 공개성이 위원회의 작업효율성을 저해하는지는 밝혀진 바 없다고 한다. 입법과정에 참여하는 위원이 국민 앞에서 자신의 입장표명에 대하여 책임을 지지 않으려고 하는 것이 아닌 이상, 입법과정이 국민의 눈을 피하여 밀실에서 이루어져야 할 이유가 없다는 것이다.

(3) 헌법재판소의 판례

한편, 헌법재판소는 헌재 2000. 6. 29. 98헌마443 결정(국회상임위원회 방청불허 사건)에서 헌법 제50조의 의사공개원칙을 위원회의 회의에도 직접 적용되는 것으로 판단하였는데, 이러한 해석은 일반적으로 인정된 헌법해석의 한계를 넘어서는 것이다.[2] 헌법 제50조를 다른 헌법규정과의 관계에서 문리적·체계적·역사적으로 해석할 때, 의사공개의 원칙은 단지 본회의만을 규율하고자 하는 것이고, 위원회의 공개여부에 관하여는 헌법이 스스로 확정하지 아니하고 입법자의 규율에 위임한 것으로 이해하는 것이 타당하다.

따라서 위원회에서의 의사공개원칙이 인정된다면 이는 헌법 제50조에 직접 근거하는 것이 아니라, 대의제 민주주의에서 회의공개원칙이 매우 중요한 의미를 가지고 있다는 점, 오늘날 의회의 의사가 실질적으로 위원회에서 결정된다는 점, 오늘날 변화한 정치현실에서 회의공개원칙이 기능하기 위해서는 위원회에 대해서도 적용되어야 한다는 점 등의 연관관계에서 헌법적으로 도출될 수 있는 것이다.

다. 회의공개에 대한 예외

헌법 제50조 제1항 단서조항에 의하면 출석의원 과반수의 찬성이나 의장의 결정으로 회의공개를 배제할 수 있다. 의장의 결정으로 회의의 공개를 배제하는 경우에 대해서는 헌법은 비공개를 정당화하는 사유를 '국가의 안전보장'으로 한정하고 있다. 그러나 출석의원의 의결로 회의공개를 배제하는 경우에 대해서는 헌법에서 비공개를 정당화하는 사유를 명시적으로 언급하고 있지 않지만, 의사공개

---

1) 비공개적인 위원회에서 여당과 야당은 경쟁적으로뿐만 아니라 협력적으로 활동한다고 한다. 본회의에서는 국민을 설득하고자 하는 여당과 야당의 경쟁적 행위가 지배적인 반면, 위원회에서는 다양한 협력이 이루어진다.
2) 헌법재판소는 헌법 제50조 제1항의 의사공개의 원칙을 위원회에도 확대하였다. 헌재 2000. 6. 29. 98헌마443(국회상임위원회 방청불허), 판례집 12-1, 886, "헌법 제50조 제1항은 … 의사공개의 원칙을 규정하고 있는바, 이는 단순한 행정적 회의를 제외하고 국회의 헌법적 기능과 관련된 모든 회의는 원칙적으로 국민에게 공개되어야 함을 천명한 것으로서, 의사공개원칙의 헌법적 의미, 오늘날 국회기능의 중점이 본회의에서 위원회로 옮겨져 위원회중심주의로 운영되고 있는 점, 국회법 제75조 제1항 및 제71조의 규정내용에 비추어 본회의든 위원회의 회의든 국회의 회의는 원칙적으로 공개되어야 하고, 원하는 모든 국민은 원칙적으로 그 회의를 방청할 수 있다."; 또한 헌재 2022. 1. 27. 2018헌마1162, [정보위원회 회의는 공개하지 아니한다고 규정하고 있는 국회법조항이 의사공개원칙에 위배되는지 여부에 관하여] "헌법상 의사공개원칙은 모든 국회의 회의를 항상 공개하여야 하는 것은 아니나 이를 공개하지 아니할 경우에는 헌법에서 정하고 있는 일정한 요건을 갖추어야 한다."고 하면서, "특정 위원회의 회의를 일률적으로 비공개한다고 정하면서 공개의 여지를 차단하는 것은 헌법 제50조 제1항에 부합하지 아니한다."고 판단하였다.

원칙의 근본적인 민주적 의미에 비추어 '매우 중대한 비밀유지의 이익'만이 회의의 비공개를 정당화할 수 있다. 뿐만 아니라, '출석의원 과반수의 찬성'이라는 의결요건이 절차적으로도 비공개 가능성의 남용을 방지한다.

회의공개원칙이 위원회 회의에도 적용된다 하더라도, 비공개회의의 가능성은 존재해야 하는 것이므로, 본회의의 비공개를 허용하는 예외조항(헌법 제50조 제1항 단서)은 위원회에 대해서도 준용되어야 한다. 헌법재판소는 헌재 2000. 6. 29. 98헌마443 결정(국회상임위원회 방청불허 사건)에서 방청불허의 사유를 "회의장의 장소적 제약으로 불가피한 경우, 회의의 원활한 진행을 위하여 필요한 경우 등 결국 회의의 질서유지를 위하여 필요한 경우"로 한정하고 있으나,[1] 방청불허의 사유는 이에 제한되는 것이 아니라 헌법 제50조 제1항 단서조항의 예외사유를 포함하는 것으로 해석해야 한다.[2] 위원회의 회의에 관하여 본회의에 관한 규정을 준용하도록 하는 국회법 제71조 및 본회의 공개에 대한 예외를 규정하는 제75조 제1항 단서조항도 위원회 회의의 비공개 가능성을 규정하고 있다. 따라서 위원회는 개별 심의대상에 관하여 회의의 공개여부를 결정할 수 있다.

2. 會期繼續의 원칙 및 議會期不連續의 원칙

헌법 제51조는 "국회에 제출된 법률안 기타의 의안은 회기 중에 의결되지 못한 이유로 폐기되지 아니한다. 다만, 국회의원의 임기가 만료된 때에는 그러하지 아니하다."고 하여 회기계속의 원칙 및 의회기불연속의 원칙을 규정하고 있다.[3] 위 원칙들은 회기나 의회기 중 의결되지 못한 의안의 폐기 또는 존속의 여부에 관한 것이다.

가. 회기계속의 원칙

회기계속의 원칙이란, 회기중에 의결되지 못한 의안은 폐기되지 아니하고 다음 회기에서 계속 심의할 수 있다는 원칙을 말한다.

나. 의회기불연속의 원칙

의회기불연속의 원칙(Grundsatz der Diskontinuität)이란, 국회의원의 임기 만료와 함께 국회에 제출된 모든 의안은 폐기되고, 의회기 내에서 해결되지 못한 의안은 새로 선출된 의회에 다시 제출되어

---

1) 헌재 2000. 6. 29. 98헌마443(국회상임위원회 방청불허), 판례집 12-1, 886-887, "국회법 제55조 제1항은 위원회의 공개원칙을 전제로 한 것이지, 비공개를 원칙으로 하여 위원장의 자의에 따라 공개여부를 결정케 한 것이 아닌바, 위원장이라고 하여 아무런 제한없이 임의로 방청불허 결정을 할 수 있는 것이 아니라, 회의장의 장소적 제약으로 불가피한 경우, 회의의 원활한 진행을 위하여 필요한 경우 등 결국 회의의 질서유지를 위하여 필요한 경우에 한하여 방청을 불허할 수 있는 것으로 제한적으로 풀이되며, 이와 같이 이해하는 한, 위 조항은 헌법에 규정된 의사공개의 원칙에 저촉되지 않으면서도 국민의 방청의 자유와 위원회의 원활한 운영간에 적절한 조화를 꾀하고 있다고 할 것이므로 국민의 기본권을 침해하는 위헌조항이라 할 수 없다."
2) 헌재 2009. 9. 24. 2007헌바17(국회소위원회 비공개), 판례집 21-2상, 469, [국회 소위원회 회의의 비공개 요건을 규정한 국회법조항의 위헌 여부] "헌법 제50조 제1항 본문에서 천명하고 있는 국회 의사공개의 원칙이 소위원회의 회의에 적용되는 것과 마찬가지로, 출석의원 과반수의 찬성이 있거나 의장이 국가의 안전보장을 위하여 필요하다고 인정할 때에는 국회 회의를 공개하지 아니할 수 있다고 규정한 동항 단서 역시 소위원회의 회의에 적용된다. 국회법 제57조 제5항 단서는 헌법 제50조 제1항 단서가 국회의사공개원칙에 대한 예외로서의 비공개 요건을 규정한 내용을 소위원회 회의에 관하여 그대로 이어받아 규정한 것에 불과하므로, 헌법 제50조 제1항에 위반하여 국회 회의에 대한 국민의 알권리를 침해하는 것이라거나 과잉금지의 원칙을 위배하는 위헌적인 규정이라 할 수 없다."
3) 독일기본법의 경우, 의회기불연속에 관한 명문이 없으나, 헌법관습법으로 간주되고 있다. 이에 대하여 미국은 회기 중에 처리되지 못한 의안은 자동적으로 폐기되는 '회기불계속의 원칙'을 채택하고 있다.

야 하고 모든 절차를 다시 거쳐야 한다는 원칙을 말한다.

의회기불연속의 원칙의 일차적인 취지와 목적은, 새로 구성된 의회에게 지난 의회에서 처리하지 못한 과제의 부담을 덜어주고자 하는 데 있다. 새로 선출된 의회는 지난 의회에서 처리하지 못한 의안에 의하여 부담을 받아서는 안 되고, 어떠한 의안과 과제를 처리할 것인지에 관하여 스스로 결정할 수 있어야 한다. 지난 의회가 임기를 넘어서 차기 의회의 활동을 구속할 수 없다.

의회기불연속의 원칙은, 대의제에서 의회가 선거에 의하여 국가권력을 한시적으로 위임받는다는 것으로부터 나오는 필연적인 결과이다. 새로운 선거에서 표현된 국민의사가 지난 선거에 의하여 구성된 의회의 민주적 정당성을 박탈한다. 의회기의 종료와 함께 의원은 의원직을 상실하고, 임기 중에 임의로 설치된 의회기관은 그 존재의 근거를 상실하며, 처리되지 못한 의안은 폐기된다.[1] 의회기불연속의 원칙은 종료되지 아니한 조사위원회의 작업에 대해서도 적용된다. 국회의원의 임기 만료와 함께 조사위원회의 작업은 종료되며, 새로 선출된 국회에서 조사활동을 하기 위해서는 조사절차를 새롭게 개시하는 새로운 조사위원회가 구성되어야 한다.

의회기불연속의 원칙은 그 효력이 의회 내부적인 영역에만 제한되기 때문에, 외부적 효과를 가지는 법률행위, 소송행위, 국회사무처직원과의 계약 등은 그 효력을 그대로 유지한다. 예컨대 국회의 탄핵소추의결행위 및 탄핵심판청구는 국회의원의 임기만료로 인하여 그 효력을 상실하지 않는다.[2]

3. 一事不再議의 원칙

일사부재의의 원칙이란, 의회에서 한번 부결된 안건은 같은 회기 중에 다시 발의 또는 제출하지 못한다는 원칙을 말한다(국회법
제92조).[3] 의회에서 한번 부결된 의안이 다시 발의(再議)될 수 있다면, 회의의 원활한 운영이 저해되고 특히 소수파에 의하여 의사진행을 방해할 목적으로 남용될 우려가 있다. 그러므로 국회법에서 일사부재의의 원칙을 채택한 것은 의사진행의 효율성을 높이고 소수파에 의한 의사방해를 막기 위한 것이다.[4]

일사부재의 원칙의 이러한 의미와 목적에 비추어 볼 때, 부결되기 전에 철회한 안건의 재의, 회기를 달리 하는 동일한 안건의 재의, 새로 발생한 사유에 의한 해임건의안의 재의, 위원회에서 의결한 사안의 본회의 심의 등과 같이 의도적인 의사방해에 해당하지 않거나 원활한 의사진행을 저해하지

---

1) 의회기불연속의 원칙의 의미와 목적(지난 의회의 미해결 과제의 부담으로부터 면제)에 비추어, 의안이 법률안인 경우 헌법 제51조의 '의안의 의결'이란 '국회에서 법률안처리의 종결'을 의미하는 것으로 해석해야 하며, 이로써 대통령이 거부권을 행사하는 경우에는 '의안의 의결'은 입법절차에서 국회의 재의결을 포함하는 것으로 이해해야 한다. 따라서 대통령이 거부권을 행사하는 경우 법률안의 처리는 국회의 재의결에 의하여 종결되는데, 국회에서 재의결에 이르지 못하고 의회기의 종료를 맞은 경우에, 법률안은 자동으로 폐기된다.

2) 마찬가지로, 의회가 추상적 규범통제를 위한 심판청구권을 가지고 있는 경우, 이러한 심판청구도 의회기의 종료로 인하여 그 효력을 상실하지 않는다.

3) 헌법재판소의 제1차 미디어법 사건(헌재 2009. 10. 29. 2009헌라8, 판례집 21-2하, 14, 21-22)에서 헌법 제49조의 '재적의원 과반수의 출석' 요건을 흠결하는 경우 그 효력이 무엇인지에 관하여 재판관의 의견이 갈렸는데, 5인의 재판관은 '출석의원 과반수의 찬성에 미달한 경우는 물론 재적의원 과반수의 출석에 미달한 경우에도 국회의 의사는 부결로 확정되었다고 보아야 하므로, 이를 무시하고 재표결을 실시한 행위는 일사부재의 원칙(국회법 제92조)에 위배된다.'는 견해이고, 반면에 4인의 재판관은 '재적의원 과반수의 출석이라는 의결정족수는 국회의 의결을 유효하게 성립시키기 위한 전제요건인 의결능력에 관한 규정으로서, 의결정족수에 미달한 국회의 의결은 유효하게 성립한 의결로 취급할 수 없으므로, 재표결을 실시한 것이 일사부재의 원칙에 위배된다고 할 수 없다.'는 견해를 밝혔다.

4) 그 외에도 의사진행의 효율성을 높이기 위한 국회법상의 방안으로서 교섭단체별 발언자 수의 제한(국회법 제104조, 제105조) 및 발언회수 및 발언시간의 제한(국회법 제103조, 제104조) 등을 들 수 있다.

않는 재의는 일사부재의의 원칙의 적용을 받지 않는다.

4. 定足數의 원리

합의제기관에서는 의사 결정이 구성원 전체의 공동작업과 협력을 통하여 발견되고 내려진다. 대표적인 합의제기관으로는 입법기관과 법원의 합의부를 예로 들 수 있다. 정족수란 다수인으로 구성되는 합의체에서 의안을 심의하고 의사를 결정하기 위하여 필요한 최소한의 구성원의 수를 말한다. 정족수는 회의의 개의 또는 의안의 심의를 위하여 필요한 구성원의 수인 의사정족수와 의결에 필요한 구성원의 수인 의결정족수로 구분된다. 정족수의 원리란 국회의 의사결정에 민주적·절차적 정당성을 부여하기 위한 원리이다.

가. 議事定足數(開議定足數)

의사정족수란, 국회의 회의가 개의하여 의안을 심의하기 위하여 필요한 최소한의 출석의원수를 말한다. 국회법은 "본회의는 재적의원 5분의 1 이상의 출석으로 개의한다."고 하여 본회의 의사정족수를 규정하고 있으며(국회법 제73조), "위원회는 재적위원 5분의 1 이상의 출석으로 개회하고, …"라고 하여 위원회의 의사정족수를 규정하고 있다(국회법 제54조).

나. 議決定足數

국회와 같은 합의제기관의 경우, 기관의사의 형성을 위하여 구성원이 어느 정도로 출석해야 하며 어느 정도의 찬성을 필요로 하는지의 문제가 제기된다. 의결정족수는 국회의 의결이 유효하기 위한 최소한의 출석의원 또는 찬성의원의 수를 말하는데, 일반정족수와 특별정족수로 나뉜다.

(1) 일반정족수

일반정족수는 헌법이나 법률에 특별한 규정이 없는 한 적용되는 의결정족수이다. 헌법은 제49조에서 "국회는 헌법 또는 법률에 특별한 규정이 없는 한 재적의원 과반수의 출석과 출석의원 과반수의 찬성으로 의결한다. 가부동수인 때에는 부결된 것으로 본다."고 하여 의결에 관한 일반정족수를 규정하고 있다.

헌법재판소는, 헌법 제49조는 단순히 형식적으로 의결에 관한 일반정족수를 규정한 것을 넘어서 의회민주주의의 기본원리인 다수결의 원리를 선언한 것으로, 다수결의 전제로서 출석과 토론의 기회 보장을 포함하는 실질적 의미로 이해하고 있다. 따라서 국회의원의 출석과 토론이 보장되지 않은 상태에서 의결이 이루어진 경우나 표결의 자유와 공정이 현저히 저해된 상황에서 표결이 이루어진 경우에는 다수결의 원리에 위반될 수 있다.[1]

---

[1] 소수당 소속 상임위원회 위원들의 출입을 봉쇄한 상태에서 상임위원회 전체회의를 개의하여 안건을 상정한 행위가 헌법 제49조의 다수결의 원리에 위반되어 조약비준동의안에 대한 심의권을 침해한 것인지 여부가 문제된 '한미 FTA 비준동의안 사건'에서 "헌법 제49조는 의회민주주의의 기본원리인 다수결의 원리를 선언한 것으로서 이는 단순히 재적의원 과반수의 출석과 출석의원 과반수에 의한 찬성을 형식적으로 요구하는 것에 그치지 않는다. 헌법 제49조는 국회의 의결은 통지가 가능한 국회의원 모두에게 회의에 출석할 기회가 부여된 바탕 위에 재적의원 과반수의 출석과 출석의원 과반수의 찬성으로 이루어져야 한다는 것으로 해석하여야 한다."고 판시하고 있다(헌재 2010. 12. 28. 2008헌라7 등, 판례집 22-2하, 567, 588). 나아가, 헌법재판소는 "헌법 제49조가 천명한 다수결의 원칙은 국회의 의사결정과정의 합리성 내지 정당성이 확보될 것을 전제로 한 것이고, … 따라서 법률안에 대한 표결의 자유와 공정이 현저히 저해되고 이로 인하여 표결 결과의 정당성에 영향을 미칠 개연성이 인정되는 경우라면, 그러한 표결 절차는 헌법 제49조 및 국회법 제109조가 규정한 다수결 원칙의 대전제에 반하는 것으로서 국회의원의 법률안 표결권을 침해한다."고 판시함으로써, 표결의 자유와 공정이 현저히 저해된 상황에서 이루어진 표결의 경우에도

(2) 특별정족수

헌법은 의결대상 사안의 중요성과 의미에 따라 의결의 요건을 달리 규정하고 있는데, 이와 같이 헌법이 일반정족수와는 달리 특별히 정하고 있는 의결정족수를 특별정족수라고 한다. 헌법이 특별정족수를 규정하고 있는 예로는, 법률안의 재의결(재적의원 과반수의 출석과 출석의원 2/3 이상의 찬성), 국무총리 및 국무위원의 해임건의(재적의원 과반수의 찬성), 계엄의 해제요구(재적의원 과반수의 찬성), 헌법개정안의 의결(재적의원 2/3 이상의 찬성), 국회의원 제명처분(재적의원 2/3 이상의 찬성), 탄핵소추의 결(대통령의 경우 재적의원 2/3 이상의 찬성, 그 외 고위공직자의 경우 재적의원 과반수의 찬성) 등을 언급할 수 있다.[1]

제 5 절   國會의 權限

제 1 항   立法에 관한 權限

I. 민주적 법치국가에서 규범제정

1. 立法의 개념

입법(Gesetzgebung)이란 일반적이고 추상적인 법규범을 정립하는 국가작용을 말한다. 여기서 '일반적'이란 불특정 다수인을 대상으로 함을 의미하고, '추상적'이란 불특정 다수의 사건에 적용됨을 의미한다.[2]

입법은 포괄적 개념으로서 제정주체와 관계없이, 국민의 권리와 의무를 규율하는 외부적 효력을 가지는지 아니면 단지 국가기관 내부적 효력을 가지는지와 관계없이, 모든 법규범의 정립작용을 의미한다. 따라서 법률, 명령, 규칙, 조례의 제정이 모두 입법에 포함되고, 입법주체에 따라 국회입법, 행정입법, 사법입법, 자치입법의 개념이 성립할 수 있다. 따라서 헌법 제40조에서 국회가 입법권을 가진다고 규정한 것은 입법에 관한 독점적·배타적 권한을 가진다는 것을 의미하지 않는다.

2. 규범제정의 分權化

현대의 사회·복지국가는 엄청난 規範化의 요청에 직면하여 있다. 국가 내에서 다수의 규범제정의 주체가 분업적으로 활동하는 경우에만 사회국가는 규범의 수요를 충족시킬 수 있다. 이로써 국가 내에서 규범제정의 과제가 어떻게 적절하게 헌법에 부합하는 방법으로 배분될 수 있는지의 문제가 제기된다. 헌법은 입법주체가 누구인지에 따라 법률(제53조), 명령(제75조,제95조), 조례(제117조)등 다수의 상이한

다수결의 원리에 위반될 수 있다는 것을 밝히고 있다(헌재 2009. 10. 29. 2009헌라8, 판례집 21-2하, 14, 18-19).

1) 한편, 국무총리 및 국무위원에 대한 해임건의안의 발의(재적의원 1/3 이상의 찬성), 대통령 이외의 자에 대한 탄핵소추의 발의(재적의원 1/3 이상의 찬성), 대통령에 대한 탄핵소추의 발의(재적의원 과반수의 찬성)는 국회의 회의에서 형식적인 의결절차를 거치는 것이 아니므로 의결정족수의 문제가 아니다.

2) 일반성과 추상성은 단지 '사람' 또는 '사건'을 기준으로 삼는지에 따른 구분일 뿐, 결과적으로 불특정 다수인을 규율한다는 점에서 실질적으로 동일한 의미를 가지는 것이다.

*法源*을 언급하고 있다. *法源*의 이러한 다양성은 무엇보다도 헌법상의 권력분립원리와 자치행정의 보장에 기인한다.

가. 법률과 명령

행정부가 입법자의 수권을 근거로 제정하는 법규명령은 입법의 분권화의 대표적인 표현이다. 의회 입법자는 자신의 입법과제의 부담을 경감하기 위하여 입법권을 부분적으로 행정부에 위임할 수 있다. 행정부는 위임받은 입법권을 명령의 형식으로 행사한다. 법규명령은 의회의 법률을 구체화하고 보완하는 과제를 가진다. 명령이 법률을 대체해서도 안 되고 법률이 너무 상세한 규율에 대한 요청으로 인하여 과도한 부담을 져서도 안 되기 때문에, 법률과 명령의 관계에서 핵심적인 문제는 兩法源에 의한 규율에 있어서 헌법의 의도에 부합하는 균형점을 발견하고 유지하는 것에 있다.

나. 자치단체의 자치입법

(1) 자치행정과 자치입법의 의미

민주적 분권화의 조직원칙에 속하는 것이 국가를 다수의 자율적 단위, 즉 자치단체로 조직하는 것이다. 자치단체를 통하여 자치행정의 사고가 실현된다. 자치행정의 사고는 지방자치행정, 대학의 자치행정, 직종별 자치행정 등 다양한 생활영역에서 발견할 수 있다. 자치행정이란 지역적으로 또는 인적으로 제한된 생활영역에서 당사자들이 자신의 사안을 스스로 규율하는 것을 말한다. 통상적으로 자신의 사안에 관하여 일반·추상적 규정을 제정하는 권한(자치입법권)도 자치행정에 속한다.

자치입법은 자치단체에 소속되어 이의 구속을 받는 당사자에 대한 효력을 가지고 제정될 수 있다. 자치입법을 통하여 자신의 사안, 즉 조감할 수 있는 범위 내에서 스스로 전문적 지식을 가지고 판단할 수 있는 '자신과 관련된 사안'을 자기책임 하에서 규율하는 것이 당사자에게 맡겨진다. 이로써 입법자의 부담이 경감되고 규범제정의 주체와 수규자간의 간격이 축소되며, 지역적 고유성과 특수성 또는 사안적 전문성을 보다 용이하게 고려할 수 있고, 당사자의 참여가 활성화된다. 요컨대, 자치입법은 국가로부터 규범제정 과제의 부담을 덜어주고, 동시에 규범제정 과제의 배분을 통하여 사회의 조직을 활성화하는 것이다.

(2) 자치입법의 한계

한편, 자치입법의 한계는 민주주의 및 법치국가, 기본권의 보장으로부터 나온다. 민주주의의 관점에서 볼 때, 모든 규범의 제정은 궁극적으로 국민의 의사, 즉 민주적으로 정당화된 국가의사결정에 그 授權의 근거를 두고 있을 것을 요청한다. 국가 내에서 모든 자치는 국가의 법규범에서 유래해야 하고 국가의 법규범에 그 근거를 두고 있어야 한다.[1]

법치국가의 관점에서 볼 때, 자치단체에게 명확하게 범위를 정하여 입법권을 위임함으로써 입법권의 남용을 방지해야 한다. 입법자의 수권이 어느 정도로 명확해야 하는지는 입법권의 위임에 의하여 초래되는 기본권제한의 정도에 달려있다. 마찬가지로, 헌법에 의하여 보장된 지방자치단체의 조례제정권(헌법 제117조 제1항)도 지방자치단체에게 법률에 의한 수권이 없이 조례를 통하여 국민의 기본권을 제한하는 권한을 부여하지 않는다. 법률유보의 원칙은 기본권의 제한에 있어서 입법자의 법률을 요청한다.

---

1) 제2편 제2장 제1절 II. 2. 나. '주권의 의미' 참조.

다. 법질서의 통일성과 法源의 우열관계

(1) 법질서의 통일성

위에서 살펴본 바와 같이, 다수의 다양한 *法源*이 국가의 법질서를 구성한다. 이러한 법질서는 하나의 통일체로서 법규범간의 상호모순이 없이 짜 맞추어져야 한다. 그러한 경우에만, 법질서는 정의·법적 평화 및 법적 안정성을 제공하는 과제를 완전히 이행할 수 있다. 한편, 국가 내에서 다수의 규범제정의 주체가 함께 공동으로 작용하는 경우, 규범제정에 있어서 모순이 발생하는 것은 불가피하다. 그러므로 규범간의 모순을 해결하는 특정한 법칙이 존재해야 한다. 이러한 충돌과 모순을 해소하는 기능을 이행하는 것이 바로 법규범간의 순위질서에 관한 규칙이다. 이러한 규칙은 법규범간의 충돌의 경우 규범의 우위를 확정하는 서열을 제시한다.

(2) 法源의 우열관계

(가) 국가의 법은 자치입법에 대하여 우위를 차지한다. 자치입법은 국가의 법에서 유래하고 그에 기원을 두고 있기 때문이다.

국가법 내에서는 '授權의 근거규범'의 순서에 따라 헌법·법률·명령의 순서로 서열이 결정된다. 관습법은 모든 단계에서 형성될 수 있으며, 규범의 서열에 있어서 자신이 형성된 단계의 지위를 차지한다. 서로 다른 단계의 법규범이 충돌하는 경우 높은 단계의 법규범이 우위를 차지하므로 하위규범의 위법 또는 위헌을 결과로 가져온다.

(나) 동일한 단계의 법규범이 충돌하는 경우, 헌법적 차원에서는 원칙적으로 헌법규범 사이의 우열관계가 존재하지 않으므로, '실제적 조화의 원칙'이 적용된다. 법률의 차원에서는 '특별법 우선의 원칙'과 '신법 우선의 원칙'이 적용되는데, 양자 중에서는 '특별법 우선의 원칙'이 우선적으로 적용된다.

II. 법률제정에 관한 권한

헌법은 제40조에서 "입법권은 국회에 속한다."고 하여 국회가 중심적인 입법기관으로서, 특히 헌법 제52조 및 제53조의 절차에 따라 이루어지는 형식적 의미의 법률에 관한 제정권을 가진다는 것을 표현하고 있다. 국회는 입법을 통하여 다른 국가기관의 활동을 자신의 의사에 기속시키고, 입법을 사회형성의 도구로서 사용함으로써 사회형성의 주체로서 기능하게 된다.

1. 형식적 의미의 법률과 실질적 의미의 법률

가. 개 념

형식적 또는 실질적 의미의 법률의 구분은 법규범의 형식 또는 내용을 기준으로 삼는지에 따른 법규범의 분류에 관한 것이다. 형식적 의미의 법률이란, 헌법이 규정하는 입법절차에 따라 의회에 의하여 제정된 법규범, 즉 국회가 제정한 법률을 말한다. 이에 대하여 실질적 의미의 법률이란 대외적 구속력을 가지고 국민의 권리와 의무를 규율하는 모든 법규범(법률, 명령, 조례, 관습법 등)을 말한다. 통상적으로 '법률'이라고 한다면, 이는 형식적 의미의 법률, 즉 의회법률을 말하는 것이다.

헌법상 입법절차에 의하여 의회에서 제정되고 대외적 구속력을 가진 법규범(가령, 민법, 형법 등)은 '형식적 의미'의 법률이자 동시에 '실질적 의미'의 법률에 해당한다. 명령과 조례는 행정주체와 국민의 관계를 규율하는 외부적 효력을 가지고 있는 한 '단지 실질적 의미'의 법률에 해당한다. 한편, 독일과 같이 예산이나 조약에 대한 국회의 동의가 법률로써 이루어지는 경우, 이러한 법률은 일반적 구속력을 가지는 것이 아니라 국가기관에 대해서만 효력을 가지기 때문에, '단지 형식적인 의미'의 법률이다. 또한, 행정각부의 설치·조직·직무범위에 관한 법률 등(헌법
제96조) 순전히 직제에 관한 법률도 행정조직 내부에서만 구속력을 가진다는 점에서 '단지 형식적 의미'의 법률에 속한다.

나. 二元的 法律 槪念이 生成된 역사적 배경

(1) 의회의 권한을 구성하는 개념으로서 법률

형식적 의미의 법률과 실질적 의미의 법률의 구분은 19세기 독일의 입헌적 국가이론에 기인한다. 17세기 및 18세기의 절대군주국가에서 입법권이 전적으로 군주의 권한이었던 반면, 19세기의 입헌주의헌법은 군주가 국민대표기관의 동의를 얻어 법률을 제정하도록 규정하였다. 이로써 어떠한 규율이 '법률로서' 의회의 동의를 필요로 하는지의 문제가 제기되었다. 그 당시 법률의 개념은 헌법적으로 의회의 관할과 권한을 구성하는 개념이었고, 이로써 의회의 참여 하에서만 결정될 수 있는 사안의 범위에 의하여 서술되었다.

(2) 국민의 자유와 재산의 침해에 해당하지 않는 의회행위에 대한 법률 형식의 요청

따라서 입헌군주시대 헌법에서 법률의 개념은 일차적으로 '국민의 자유와 재산의 침해를 규율하는 모든 규정'으로 또는 '대외적 구속력을 가지고 국민의 권리와 의무를 규율하는 모든 일반적 법규범'으로 이해되었다. 뿐만 아니라, 법률이 무엇보다도 '의회의 관할과 권한에 관한 개념'으로 이해되었기 때문에, 국민의 자유와 재산의 침해에 해당하지 않는 의회행위에 대해서도 의회의 관할을 확보하기 위하여 법률의 형식을 요구하였다. 그 고전적인 예가 바로 예산이다. 예산은 위에서 언급한 법률개념에 속하지는 않지만 의회의 권한에 속하는 것이었기 때문에, 법률로써 확정되어야 했다.

(3) 형식과 내용을 구분하는 이원적 법률 개념의 형성

독일에서 이와 같은 고유한 현상이 형식과 내용을 구분하는 이원적 법률 개념을 형성하였다.[1] 형식적 의미의 법률은 법률의 내용, 즉 법률이 개인의 자유와 재산을 규율하는지 또는 대외적 구속력을 가지는지의 여부와 관계없이, 입법자에 의하여 입법절차에서 '법률의 형식'으로 이루어지는 모든 국가행위를 의미하였다. 이에 대하여, 실질적 의미의 법률 개념은 대외적 구속력이라는 '내용'을 기준으로 삼았다. 그러나 대외적인 구속력을 가지는 법규범은 명령이나 조례 등 다른 형식으로도 제정될 수 있었기 때문에, 양 개념은 부분적으로만 일치하는 두 개의 범주를 형성하였다.

이에 따라 형식적이고 실질적인 법률(가령, 민법), 단지 형식적인 법률(가령, 예산법률이나 조약에 대한 동의법률), 단지 실질적인 법률(가령, 명령이나 조례)이라는 3가지 유형의 법률이 존재하게 되었다. 위와 같은 역사적 배경에서 형성된 이원적 법률개념은 헌법적 상황의 변화로 인하여 오늘날 민주국가에서 그 의미를 상실하였으나, 오늘날에도 그대로 사용되고 있다.

---

1) 이원적 법률개념은 1871년 Paul Laband에 의하여 처음으로 형성되었다.

2. 법률의 규율사항

가. 議會留保

(1) 의회의 권한을 구성하는 법률의 기능

법률은 의회의 권한을 구성하는 기능을 하고 있다. 특정 사안이 법률로써 규율되어야만 한다면, 이는 곧 의회가 결정해야 한다는 것을 의미한다. 19세기 입헌적 국가이론을 지배하였던 문제, 즉 무엇이 의회에 의하여 법률로써 규율되어야 하고, 무엇이 집행부에 의하여 규율되어도 되는지의 문제는 오늘날에도 마찬가지로 중요하다. 이 문제는 本質性理論에 의하여 판단된다.

(2) 本質性理論에 의한 의회유보의 원칙

국회입법의 원칙은, 국회가 단지 법률로써 규율해야 한다는 요청뿐만 아니라, 공동체의 본질적인 결정은 다른 국가기관에 위임해서는 안 되고 스스로 해야 한다는 요청(본질성이론)을 포함하고 있다.[1] 이에 따라 공동체에게 중요한 의미를 가지는 본질적인 문제는 의회가 법률의 형태로 직접 결정해야 한다. 즉, 국가의 중요하고도 본질적인 사항에 관한 결정은 국민의 대표기관인 의회에 유보되어야 한다(의회유보의 원칙). 따라서 헌법이 법률로써 규율하도록 입법자에게 명시적으로 위임하고 있는 사항, 즉 국가조직에 관한 기본적이고 본질적인 사항[2] 및 국가의 중요정책사항[3]은 물론이고, 국가공동체의 모든 중요한 사항, 특히 국민의 기본권실현에 있어서 중요하고 본질적인 모든 문제는 입법자가 스스로 법률로써 결정해야 한다.[4]

(3) 법치국가와 민주주의의 요청으로서 의회유보

의회유보는 국민의 자유와 권리에 대한 침해는 의회가 만든 법률의 수권이 있어야만 가능하다고 하는 법치국가적 요청일 뿐만 아니라, 국가의 근본적인 중요결정은 국민의 대표기관인 의회에서 해야 한다는 민주주의원리의 당연한 귀결이기도 하다. 국가의 모든 중요한 사안에 관해서는 공개된 의사형성과정과 토론이라는 의회주의의 절차를 통하여 국민적 합의가 이루어질 필요가 있다. 의회유보는 '본질사항유보'라고도 하는데, 법률유보의 범위를 국민의 자유와 재산을 침해하는 국가행위에 국한시키는 것이 아니라, 국민의 기본권행사나 실현을 위하여 본질적인 사항에까지 확대시키고 있다. 따라서 의회유보의 관점은 의회의 입법과 행정부의 입법이 규율할 수 있는 입법범위의 경계를 확정하는 기준이기도 하다.

나. 권력분립원리의 관점에서 국회입법의 한계

국회입법과 관련하여, 무엇이 법률로써 규율되어야 하는지의 문제(법률유보)뿐 아니라 무엇이 법률로써 규율되어도 되는지, 입법의 한계가 존재하는지의 문제(입법권한의 한계)가 제기된다. 이러한

---

1) 헌재 1998. 5. 28. 96헌가1, 판례집 10-1, 509, 516, "헌법 제40조의 의미는 적어도 국민의 권리와 의무의 형성에 관한 사항을 비롯하여 국가의 통치조직과 작용에 관한 기본적이고 본질적인 사항은 반드시 국회가 정하여야 한다는 것이다."

2) 헌법은 가령, 대통령의 선거(제67조 제5항), 국회의원의 선거(제41조), 국군의 조직·편성(제74조 제2항), 행정각부 조직(제96조), 법원조직(제102조 제3항), 헌법재판소의 조직(제113조 제3항), 선관위의 조직(제114조 제7항) 등에서 입법자에게 법률로써 규율하도록 위임하고 있다.

3) 헌법은 가령, 국적(제2조 제1항), 공무원제도(제7조), 정당제도(제8조), 교육제도(제31조 제6항), 국토의 이용·개발(제120조) 등에서 입법자에게 법률로써 규율하도록 위임하고 있다.

4) 따라서 일부 교과서에서(가령, 권영성, 헌법학원론, 2010, 802면 이하) 입법자가 법률로써 규율할 수 있는 대상을 '국민의 권리·의무에 관한 사항'이라든지 아니면 '헌법에서 법률로 정하도록 명시적으로 위임하고 있는 사항'이라든지 하는 식으로 특정 관점에서 제한적으로 이해하는 것은, 오늘날 의회유보의 요청에 비추어 타당하지 않다.

문제는 입법자와 집행부 및 사법부 사이의 관할의 경계설정에 관한 것이다.

(1) 사법부와의 관계

> **사례** | 헌재 1996. 1. 25. 95헌가5(반국가행위자 궐석재판 사건)
>
> 제청신청인은 반국가행위자의처벌에관한특별조치법(이하 '특조법') 위반으로 공소제기 되어 궐석재판으로 징역 7년, 자격정지 7년 및 재산의 몰수형을 선고 받았다. 제청신청인은 항소심재판 계속중 법원에 특조법조항에 대한 위헌심판제청신청을 하였고, 위 법원은 위 신청을 받아들여 위헌여부의 심판을 제청하였다. 위헌제의 대상인 된 법률조항 중에서 특조법 제7조 제7항 본문은 "법원은 최초의 공판기일에 검사로부터 공소장에 의하여 피고인의 인적사항 및 공소사실의 요지와 의견을 들은 후 증거조사 없이 피고인에 대한 형을 선고하여야 한다."고 규정하고 있다. 법원으로 하여금 증거조사도 하지 말고 형을 선고하도록 하는 법률은 사법권을 침해하는 위헌적인 법률인가?

헌법 제101조 제1항은 "사법권은 법관으로 구성된 법원에 속한다."고 하여 사법권을 전적으로 사법부에 유보하고 있기 때문에, 입법자가 구체적인 사건과 관련하여 입법의 형태로 사법의 영역에 작용하여 직접 영향력을 행사하는 것은 허용되지 않는다(소위 법관유보). 따라서 입법자가 사실상 재판적 기능을 하는 법률(소위 '裁判的 法律')을 제정하는 것은 금지된다.[1] 가령, 법원으로 하여금 증거조사 없이 형을 선고하도록 규정하는 법률은 법원에 유보되는 사법기능의 본질적인 부분을 입법을 통하여 대체하는 것으로, 사법권을 법원에 귀속시키고 있는 헌법의 결정에 위반된다.

(2) 집행부와의 관계

또한, 헌법은 제66조 제4항에서 "행정권은 대통령을 수반으로 하는 정부에 속한다."고 하여 일반적인 집행부유보(정부유보 및 행정청유보)를 규정하고 있다. 따라서 입법자가 집행부와의 관계에서 존중해야 하는 영역이 존재하는데, 국군통수권, 정부의 재정권한(예산편성권을 비롯한 정부의 동의권), 의회동의권의 유보 하에서 외교정책, 집행부 고유책임의 핵심적 영역, 인사권, 법률의 집행 등이 집행부에 유보된 영역이다. 입법자가 입법의 형태로 집행작용의 고유한 영역을 침범하는 것은 허용되지 않는다.

3. 처분적 법률 및 개별사건법률

가. 일반적 법률

법률이란 원래, 일반적이고 추상적인 내용을 가진 일반적 법률(allgemeines Gesetz)로서 일정 생활

---

1) 헌재 1996. 1. 25. 95헌가5(반국가행위자 궐석재판), 판례집 8-1, 1, 18-19, "특조법 제7조 제7항 본문은 나아가 헌법 제101조 제1항에 의해 부여된 법원의 사법권을 과도하게 제약하고 있다. 사법(司法)의 본질은 법 또는 권리에 관한 다툼이 있거나 법이 침해된 경우에 독립적인 법원이 원칙적으로 직접 조사한 증거를 통한 객관적 사실인정을 바탕으로 법을 해석·적용하여 유권적인 판단을 내리는 작용이라 할 것이다. 그런데 특조법 제7조 제7항이 특정 사안에 있어 법관으로 하여금 증거조사에 의한 사실판단도 하지 말고, 최초의 공판기일에 공소사실과 검사의 의견만을 듣고 결심하여 형을 선고하라는 것은 입법에 의해서 사법의 본질적인 중요부분을 대체시켜 버리는 것에 다름 아니어서 우리 헌법상의 권력분립원칙에 어긋나는 것이다. 우리 헌법은 권력 상호간의 견제와 균형을 위하여 명시적으로 규정한 예외를 제외하고는 입법부에게 사법작용을 수행할 권한을 부여하지 않고 있다. 그런데도 입법자가 법원으로 하여금 증거조사도 하지 말고 형을 선고하도록 하는 법률을 제정한 것은 헌법이 정한 입법권의 한계를 유월하여 사법작용의 영역을 침범한 것이라고 할 것이다. 따라서 특조법 제7조 제7항 본문은 사법권의 법원에의 귀속을 명시한 헌법 제101조 제1항에도 위반된다."

영역에 대한 지속적인 규율을 목적으로 한다(대표적으로 민법, 형법, 상법 등). 여기서 '일반적'이란, 법률이 불특정의 다수인을 대상으로 한다는 것을 의미하고, '추상적'이란, 불특정한 다수의 경우를 규율한다는 것을 말한다. 법률의 본질적 특징이 一般性에 있다는 것은 유럽 법제사의 일관된 흐름이다. 一般性은 법률을 다른 국가기관의 작용, 즉 법원의 판결이나 행정행위와 구분하는 특징적 요소이다. 일반적 법률은 통상적으로 집행행위나 사법(재판)작용을 매개로 하여 비로소 구체적으로 개별적 사건에 적용된다.

나. 처분적 법률

사례 전염병으로 인한 공개집회의 금지 법률

위험한 특정 전염병이 전국에 급속도로 확산되자, 국회가 의사협회와 보건복지부의 건의에 따라 법 시행일로부터 4주간 전국의 모든 공개 집회를 금지하는 법률을 제정하였다. 위 법률의 제정으로 인하여 계획한 공개 집회를 할 수 없게 된 甲은 "위 법률은 특정 전염병이란 특정한 사건만을 규율하고 법률로서의 일반적 효력이 없으며 전형적인 행정조치적 성격을 가지고 있기 때문에, 권력분립원리에 위반된다."고 주장한다. 위 법률은 헌법적으로 허용되지 않는가?[1]

(1) 개 념

현대의 사회국가에서는 국민의 생존과 복지를 배려하고 위기상황(경제적·사회적 위기상황, 자연재해 등)에 적절하게 대처하기 위하여, 구체적인 상황이나 사안을 규율의 대상으로 하는 처분적 법률이 불가피하게 되었다. 처분적 법률(Maßnahmegesetz)이란, 집행을 매개로 하지 않고 직접 '구체적이고 개별적인' 처분적 효과를 가지는 조치를 취하는 법률을 말한다. 처분적 법률의 특징적 요소는, 현실의 구체적 상황을 단기적으로 처리하고 극복하기 위한 목적으로 집행행위의 매개 없이 법률로써 직접 구체적인 조치를 취한다는 것에 있다.[2]

학계의 일부 견해는 처분적 법률을 개별사건법률과 동일시하는 오류를 범하고 있는데, 처분적 법률은 구체적 상황을 단기적으로 규율하는 것을 목적으로 하지만, 구체적 상황이나 사안을 규율한다는 것이 곧 개별사건법률을 의미하지는 않는다. 처분적 법률은 그 구성요건을 어떻게 형성하는지에 따라 개별사건법률 또는 일반적 법률일 수도 있기 때문에, 처분적 법률이 곧 개별사건법률을 의미하는 것은 아니다. '일반적 법률'의 반대개념은 '개별사건법률'이지 '처분적 법률'이 아니다.

처분적 법률의 예로는, 국가의 외환위기나 경제위기 등 특정 경제상황을 극복하기 위하여 사경제에 간섭하는 경제입법(긴급금융조치법, 긴급통화조치법, 부실금융기관에 대한 減資措置法), 특정 자연재해에 대처하기 위한 법률, 특정 정치상황에 대처하기 위한 정치적 입법(부정축재처리법, 정치활동정화법)

---

[1] 위 법률은 현실적으로 극복되어야 하는 구체적 상황에 대한 대처를 목적으로 하는 전형적인 처분적 법률이다. 위 법률이 甲이 관련된 집회만을 금지하는 것이 아니라 일정 기간 동안 발생할 수 있는 모든 집회를 금지하는 것이므로, 개별사건법률이 아니다.

[2] 처분적 법률이 기본권을 제한하는 경우 집행행위의 매개 없이 직접 법률로써 기본권을 제한한다는 점에서, 처분적 법률에 대한 헌법소원의 경우 예외 없이 '기본권침해의 직접성요건'이 인정된다. 그러나 집행행위의 매개 없이 직접 기본권을 제한하는 모든 법률이 처분적 법률은 아니다. 예컨대, 공직선거에 입후보하기 위하여 기탁금을 규정하는 법률조항이나 노래연습장에 미성년자의 출입을 금지하는 법률조항은 집행행위의 매개 없이 직접 기본권을 제한하는 법률조항에 해당하나, 위기상황을 단기적으로 극복하기 위한 입법이 아니라는 점에서 처분적 법률이 아니다.

등을 들 수 있다.[1]

(2) 처분적 법률의 불가피성과 헌법적 정당성

현대의 사회·복지국가에서는 점점 더 처분적 법률의 성격을 가진 입법이 증가하고 있다. 법률이 행정청의 처분과 유사하게 특정 상황을 스스로 구체적으로 형성하거나 변경하고자 시도하는 것은 현대국가의 경제조종적·사회형성적 입법에서 더 이상 희귀한 현상이 아니다. 처분적 법률은 사회국가적 과제에 의하여 야기된 현상으로서, 더 이상 부정적인 시각에서 변칙적인 것으로 이해해서는 안 되는 현대입법의 한 형식이다. 처분적 법률은 헌법적 관점에서 원칙적으로 허용되는 것으로,[2] 그 개념은 헌법적 허용여부를 판단함에 있어서 독자적인 의미를 가지지 않는다.[3]

(3) 처분적 법률에 대하여 제기되는 헌법적 문제

처분적 법률은 헌법적으로 권력분립원리 및 평등원칙의 관점에서 문제가 제기된다. 입법자가 법률로써 구체적인 조치를 취하는 경우, '법률의 형태로 된 행정행위'를 통해서 입법자가 집행부의 영역을 침범하는 측면이 있으나, 효율적인 국가기능의 수행이란 관점에서 정당화되는 이상, 권력분립의 원칙에 위배되지 않는다.

처분적 법률이 동시에 개별사건법률에 해당하는 경우에는 평등원칙에 위반되는지의 문제가 제기되나, 예외적으로 개별사건법률을 정당화하는 합리적인 관점을 인정할 수 있다면 평등원칙에 위반되지 않는다. 따라서 처분적 법률이 권력분립의 기능을 현저하게 저해하지 않으며 평등권 등 기본권에 위반되지 않는 경우에는 헌법적으로 허용된다.

다. 개별사건법률

사례 *1* │ BVerfGE 13, 225(역 구내 약국)

'상점 폐점시간에 관한 법률'(閉店法)은 기차역의 역사(驛舍) 내에 위치한 약국의 개·폐점시간을 규율하고 있는데, 위 법률의 시행 당시에 전국에 유일하게 단지 한 개의 역사에만 약국이 존재하는 경우, 위 법률은 개별사건법률인가?[4]

---

1) 처분적 법률은 통상 '특별조치법', '임시조치법', '특별법' 등의 명칭을 사용하고 있다.
2) 한편, 허영, 한국헌법론, 2010, 923면, 독일 기본법 제19조 제1항 제1문이 처분적 법률을 금지하고 있는 것으로 잘못 이해하여 처분적 법률의 합헌성을 의문시하고 있으나, 위 독일기본권조항에 의하여 금지되는 것은 처분적 법률이 아니라 개별사건법률(Einzelfallgesetz)이다. 허영 교수는 처분적 법률과 개별사건법률을 일치하는 것으로 보아 그 합헌성을 의문시하고 있으나, 처분적 법률은 개별사건법률이 아닌 한, 헌법적으로 허용되는 것이다.
3) Vgl. BVerfGE 25, 371, 396; 36, 383, 400.
4) 우선, 위 법률이 일반적 법률인가 아니면 개별사건법률인가의 여부가 판단되어야 하는데, 이는 법률에 의하여 규율된 개별적 사건이 규율의 '계기'인지 아니면 바로 규율의 '대상'인지에 의하여 결정된다. 따라서 현재 존재하는 유일한 '역사 내 약국'이 장래에 계속 생길 역사 내 약국들을 일반·추상적으로 규율해야 할 계기나 동기만을 제공하였다면, 그 내용으로 인하여 위헌일 가능성은 별론으로 하고, 위 법률은 일반적 법률로서 법률의 규율형식상 헌법적 하자가 없다. 즉, 법률이 규율하고 있는 상황이나 경우가 장래에 발생할 개연성이 있다면, 이는 일반적 법률에 해당하는 것이다.

사례 2 헌재 1996. 2. 16. 96헌가2 등(5·18 특별법 사건)

1992년 2월 출범한 문민정부(김영삼 정부)는 12·12 사건과 5·18 사건을 쿠데타적 사건으로 새롭게 규정하면서 5·18민주화운동 등에 관한 특별법을 제정하였다. 위 특별법 제2조 제1항은 "1979년 12월 12일과 1980년 5월 18일을 전후하여 발생한 '헌정질서파괴범죄의 공소시효 등에 관한 특례법' 제2조의 헌정질서파괴범죄에 대하여 국가의 소추권행사에 장애사유가 존재한 기간은 공소시효의 진행이 정지된 것으로 본다."고 규정하고 제2항은 "제1항에서 국가의 소추권행사에 장애사유가 존재한 기간이라 함은 당해 범죄행위의 종료일로부터 1993년 2월 24일까지의 기간을 말한다."고 규정하고 있다. 위 특별법 제2조는 개별사건법률금지의 원칙에 위반되어 위헌적인 규정인가?

(1) 개 념

개별사건법률(Einzelfallgesetz) 또는 개별적 법률은 일반적 법률에 대립되는 개념이다. 개별사건법률이란, 특정인만이 법률의 적용을 받도록 법률요건이 구체적으로 규정되어 있는 법률을 말한다. 법률의 적용을 받는 수규자(법률의 적용대상자)가 일의적으로 확정되어 있거나 확정될 수 있다면, 이는 개별사건법률에 해당한다. 그러므로 개별사건법률은 법률의 적용을 받는 수규자의 이름을 명문으로 규정하거나 또는 어떤 구체적 특정 사건에만 법률이 적용됨으로써 결국 적용대상자가 한정되는 경우에 제한된다. 예컨대, "甲과 乙의 부정 축재한 재산은 국고에 귀속된다."고 규정하는 경우이다.[1]

(2) 개별사건법률의 허용여부

헌법은 개별사건법률의 입법을 금지하는 명문의 규정이 없다. 그럼에도, 법률은 일반적으로 적용되어야지 어떤 개별사건에만 적용되어서는 안 된다(개별사건법률금지의 원칙). 법률이 개별사건에만 적용되는 경우에는 평등원칙에 위반될 수 있는 고도의 개연성이 있기 때문이다. 개별사건법률금지의 원칙은 입법자에 대하여 '기본권을 제한하는 법률은 일반적 성격을 가져야 한다'는 형식을 요구함으로써 평등원칙에 위반될 수 있는 고도의 개연성을 입법과정에서 사전에 방지하려는 데 그 목적이 있다.[2] 따라서 개별사건법률금지의 원칙은 평등원칙에 그 헌법적 근거를 두고 있다.

법률의 일반성이란, 국가가 모든 국민에 대하여 유지해야 하는 等距離의 표현이다. 국가가 모든 국민에 대하여 동일한 간격을 유지해야 한다는 요청은 모든 국민의 평등한 대우를 보장하고, 이로써 법치국가에서 하나의 지주를 형성한다. 이러한 점에서 개별사건법률은 모든 국민과의 관계에서 유지해야 하는 등거리를 국가가 벗어났다고 하는 것의 신호이고, 이로써 평등원칙에 위반될 위험을 알리는 것이다. 그러므로 개별사건법률에 대해서는 입법자가 평등원칙에 위반하지 않도록 보다 주의할 것이 강력하게 요청되는 것이다.

개별사건법률은 개별사건에만 적용되는 것이므로 원칙적으로 평등원칙에 위배되는 자의적인 규정일 가능성이 크다. 그러나 개별사건법률금지의 원칙이 입법자에 대하여 법률제정에 있어서 평등원칙을 준수할 것을 요청하는 것이기 때문에, 특정규범이 개별사건법률에 해당한다 하여 곧바로 위헌

---

1) 이에 대하여, 甲과 乙이 부정축재방지법을 제정하는 계기를 제공하였으나, 법률의 일반·추상성으로 말미암아 현재는 비록 위 2인에게만 적용되지만, 장래에 부정축재한 모든 사람에게 적용될 여지가 있다면, 이는 일반적 법률이다.
2) 헌재 1996. 2. 16. 96헌가2 등(5·18 특별법), 판례집 8-1, 51, 69.

을 뜻하는 것은 아니다. 비록 특정 법률 또는 법률조항이 단지 하나의 사건만을 규율한다 하더라도, 이러한 차별적 규율이 합리적인 이유로 정당화될 수 있는 예외적인 경우에는 합헌적일 수 있다.[1]

(3) 헌법재판소의 판례

헌법재판소는 12·12 군사반란행위와 5·18 내란행위에 대하여 공소시효의 정지를 규정한 5·18 민주화운동등에관한특별법 제2조가 특정한 헌정질서파괴범죄행위에 대해서만 적용되는 개별사건법률로서 위헌인지 여부를 판단하였는데, 개별사건법률에 해당하지만 평등원칙에 위반되지 않는다고 판단하였다.[2]

4. 헌법에의 기속과 입법자의 형성권

가. 입법자가 헌법에 의하여 어느 정도로 구속을 받는지의 문제

입법자는 입법행위에 있어서 헌법의 구속을 받는다. 그러나 헌법은 입법자에 의한 사회의 형성, 즉 정치를 대체할 수는 없으므로, 헌법의 실현은 헌법을 현실화하려는 입법자의 부단한 정치적 의사에 의존하고 있다. 국가의 조직 및 절차규범과 같이 법문이 일의적이고 명확하여 직접 적용이 가능한 일부의 헌법규범을 제외한다면, 입법자는 헌법을 집행하는 것이 아니라, 광범위한 입법형성권을 근거로 입법을 통하여 헌법의 내용을 구체화하고 실현하는 것이다.[3] 입법자가 헌법을 집행하는 것은 매우 예외적으로 헌법이 입법자에게 구체적인 헌법적 위임을 통하여 특정한 내용의 입법의무를 부과하는 경우에 국한된다.[4] 그러므로 입법자는 행위의 지침이자 한계규범으로서의 헌법에 기속되지만, 헌법으로부터 입법자에 대한 구체적인 지시나 명령을 원칙적으로 이끌어낼 수 없다.

입법행위는 공동체질서의 형성에 관하여 입법자가 내리는 창조적 결정이다. 입법자는 헌법이 허용하는 범위 내에서 고유한 정치적인 형성의 공간을 가지고 있으며, 입법자의 이러한 형성의 자유는 민주주의헌법의 기본적인 구성요소에 해당한다. 입법자에게 광범위한 형성권이 인정된다는 것에서 헌법에 의한 입법자의 구속의 한계가 드러난다. 이로써, 헌법재판소에 의한 사법적 심사의 한계도 동시에 제시된다. 헌법재판소에 의한 법률의 위헌심사는 위헌심사를 위한 헌법적 기준이 존재하는 경

---

1) 헌재 1996. 2. 16. 96헌가2 등(5·18 특별법), 판례집 8-1, 51, 69.
2) 헌재 1996. 2. 16. 96헌가2 등(5·18 특별법), 판례집 8-1, 51, 68-70, 『특별법 제2조는 제1항에서 "1979년 12월 12일과 1980년 5월 18일을 전후하여 발생한 … 헌정질서파괴행위에 대하여 … 공소시효의 진행이 정지된 것으로 본다."라고 규정함으로써, 특별법이 이른바 12·12 사건과 5·18 사건에만 적용됨을 명백히 밝히고 있으므로 다른 유사한 상황의 불특정다수의 사건에 적용될 가능성을 배제하고 오로지 위 두 사건에 관련된 헌정질서파괴범만을 그 대상으로 하고 있어 특별법 제정당시 이미 적용의 인적범위가 확정되거나 확정될 수 있는 내용의 것이므로 개별사건법률임을 부인할 수는 없다. … 이른바 12·12 및 5·18 사건의 경우 그 이전에 있었던 다른 헌정질서파괴범과 비교해보면, 공소시효의 완성 여부에 관한 논의가 아직 진행 중이고, 집권과정에서의 불법적 요소나 올바른 헌정사의 정립을 위한 과거청산의 요청에 미루어볼 때 비록 특별법이 개별사건법률이라고 하더라도 입법을 정당화할 수 있는 공익이 인정될 수 있다고 판단된다. 따라서 이 법률조항은 개별사건법률에 내재된 불평등요소를 정당화할 수 있는 합리적인 이유가 있으므로 헌법에 위반되지 아니한다.』
3) 입법자는 법률이란 형식으로 행정부에게 공권력의 행사에 있어서 준수해야 할 구체적인 행위기준을 제시하므로, 바로 이러한 점에서 행정청은 법률을 집행하지만, 반면에 헌법은 입법자가 준수해야 할 일반적이고 추상적인 방향만을 제시할 뿐, 어떠한 내용의 법률을 언제, 어떠한 형식으로 만들 것인지에 관하여 원칙적으로 입법자의 광범위한 재량에 맡기고 있다. 법률로부터는 행정청의 구체적인 행위의무가 나오지만, 헌법으로부터는 구체적인 헌법적 입법위임을 제외한다면 원칙적으로 입법자의 구체적인 입법의무가 나오지 않는다. 바로 여기에 입법자와 행정청의 근본적인 차이가 있다.
4) 따라서 대부분의 경우 구체적으로 규정된 헌법적 입법의무를 인정할 수 없기 때문에, 입법부작위를 다투는 헌법소원은 부적법한 것으로 각하된다.

우에만 가능하기 때문이다. 그러므로 입법자의 결정이 가장 합목적적이고 이상적인 것인지 또는 가장 정의로운 것인지의 판단은 헌법재판소의 과제가 아니다.

나. 事前的 立法行爲에 의한 자기구속

자신이 만든 법률(사전적 입법행위)에 의하여 입법자가 구속을 받는다는 것은, 오로지 헌법에 의해서만 구속을 받고 입법의 내용과 시기에 관하여 정치적인 합리성과 합목적성의 기준에 따라 결정하는 의회민주주의의 기본정신에 원칙적으로 반하는 것이다. 다만, 입법자는 다음과 같은 2가지 측면에서 자신의 사전적 입법행위에 의하여 구속을 받는다.

(1) 법치국가적 신뢰보호원칙

입법자가 법률의 제정을 통하여 개인에게 행위의 기준으로 삼을 수 있는 신뢰할만한 근거를 제공하였다면, 법률을 개정함에 있어서 舊法 秩序의 존속을 신뢰한 개인의 신뢰이익을 법치국가적 법적 안정성의 관점에서 존중해야 할 의무를 진다. 헌법상 신뢰보호의 목적은, 국가가 입법행위를 통하여 개인에게 신뢰의 근거를 제공한 이상 입법자를 자신의 사전적 입법행위에 법치국가적으로 구속하려는데 있다.

(2) 體系適合性의 原則[1]

체계적합성(Systemgerechtigkeit) 또는 체계정당성의 원칙은 그 헌법적 근거를 평등원칙과 법치국가원리에 두고 있다.[2] 체계적합성의 원칙이란, 입법자가 일련의 규정을 통하여 하나의 규율체계를 형성한 경우 입법자의 결정은 기존의 규율체계에 부합해야 한다는 요청, 기존의 규율체계로부터 임의로 벗어날 수 없다고 하는 요청을 말한다.

(가) 법치국가원리

법치국가적 관점에서 개인은 법질서에 대하여 개별 법규범이 서로 모순됨이 없이 자신의 행위기준으로서 명확한 기준을 제시할 것을 기대할 수 있어야 한다. 법질서가 서로 모순되는 법규범을 행위의 기준으로 제시하는 경우, 개인은 법질서가 의도하는 바를 명확하게 예측할 수 없기 때문에 법적 안정성과 법질서에 대한 신뢰가 저해된다. 그러므로 법규범을 제정하는 모든 국가기관은 수규자가 서로 모순되는 법규범의 적용을 받지 않도록 법질서를 형성해야 할 의무를 진다(법질서의 無矛盾性의 原則). 법치국가원리로부터 파생하는 '법질서의 無矛盾性의 원칙'은 입법자가 일련의 입법을 통하여 하나의 체계를 형성한 경우에는 그 체계를 지탱하는 기본원칙을 기준으로 삼아 개별규정을 모순없이 규율해야 할 의무를 부과한다(체계적합성의 원칙). 이로써 입법자는 단지 중대한 사유에 의해서만 규율체계로부터 벗어날 수 있다.

---

1) 학자에 따라서는 '체계정당성의 원리'라고 번역하기도 하나, '정당성의 문제'가 아니라 '체계에 부합하는지의 문제'이므로 '체계적합성의 원리'란 용어가 보다 의미내용에 충실하다고 본다.

2) 헌재 2005. 6. 30. 2004헌바40(명의신탁재산의 증여의제), 판례집 17-1, 946, 962-963, "체계정당성'의 원리라는 것은 동일 규범 내에서 또는 상이한 규범 간에 (수평적 관계이건 수직적 관계이건) 그 규범의 구조나 내용 또는 규범의 근거가 되는 원칙 면에서 상호 배치되거나 모순되어서는 안 된다는 하나의 헌법적 요청이다. 즉 이는 규범 상호간의 구조와 내용 등이 모순됨이 없이 체계와 균형을 유지하도록 입법자를 기속하는 헌법적 원리라고 볼 수 있다. 이처럼 규범 상호간의 체계정당성을 요구하는 이유는 입법자의 자의를 금지하여 규범의 명확성, 예측가능성 및 규범에 대한 신뢰와 법적 안정성을 확보하기 위한 것이고 이는 국가공권력에 대한 통제와 이를 통한 국민의 자유와 권리의 보장을 이념으로 하는 법치주의원리로부터 도출되는 것이라고 할 수 있다."

(나) 평등원칙

평등원칙의 관점에서도, 입법자의 결정은 기존의 규율체계에 부합해야 하고 이로부터 자의적으로 벗어나서는 안 된다. 평등원칙은 이러한 점에서 법질서의 일관성과 연속성을 요청한다. 입법자의 결정이 기존의 규율체계에 위반된다는 것은 그 자체로서 평등원칙의 위반을 의미하는 것이 아니라, 평등원칙에 대한 위반을 시사하는 하나의 징표이다.[1] 체계적합성의 원칙으로부터 평등원칙이 요청하는 것 이상의 것이 나오지 않는다. 가령, 입법자는 선거법을 형성함에 있어서 다수대표제와 비례대표제 중에서 자유롭게 선택할 수 있으나, 일단 하나의 제도를 결정하였다면 선택한 제도의 체계에 부합하고 기본원칙에 충실하게 일관되게 규율해야 한다.

물론, 체계에 부합하게 규율해야 할 입법자의 의무는, 입법자가 규율의 기초를 이루는 원칙을 변경하여 새로운 체계를 형성하는 것을 금지하지 않는다. 그러나 입법자가 입법체계를 근본적으로 변경하지 않는 이상, 기존의 규율체계에 대한 예외는 특별한 정당성을 요청한다. 그러므로 입법자는 규율체계의 연속성과 일관성을 요청하는 사유보다도 더욱 중대한 합리적인 사유에 의해서만 종래의 규율체계로부터 벗어날 수 있다. 결국, 체계적합성의 원칙에 위반되는지, 이로써 평등원칙에 위반되는지의 여부는 체계적합성의 위반을 정당화하는 합리적인 사유가 존재하는지에 달려있다.

5. 법률제정의 절차

법률제정절차는 법률안의 제출, 법률안 심의 및 의결, 법률안의 정부에의 이송 및 법률의 공포의 단계로 이루어진다.

가. 법률안의 제안

(1) 입법절차의 개시

법률안의 제출로써 입법절차가 개시된다. 국회의원과 정부는 법률안을 제출할 수 있다(헌법 제52조).[2] 법률안은 그 자체로서 채택될 수 있을 정도로 구체적으로 작성되어야 하고, 이유를 붙여야 한다(국회법 제79조 제2항). 이는 곧 법률안의 제출이 상당한 사전작업을 요한다는 것을 의미한다.

(2) 정부에 의한 법률안의 제출

정부가 법률안을 제출하는 경우 국무회의의 심의를 거쳐야 한다(헌법 제89조 제3호). 법률이 규율하고자 하는 생활관계가 복잡해짐에 따라 법률안의 준비도 점차 어려워진다. 이러한 상황에서 정부는 법률안을 기초하기 위하여 필요한 행정조직을 가지고 있기 때문에, 오늘날 대부분의 국가에서 법률안은 의회 내부가 아니라 정부로부터 제출된다. 그러나 우리의 경우에는 의원입법이 매우 활발하게 이루어지는 예외적 현상을 보이고 있다.

---

1) Vgl. BVerfGE 59, 36, 49; 헌재 2005. 6. 30. 2004헌바40(명의신탁재산의 증여의제), 판례집 17-1, 946, 963, "그러나 일반적으로 일정한 공권력작용이 체계정당성에 위반한다고 해서 곧 위헌이 되는 것은 아니다. 즉 체계정당성 위반 자체가 바로 위헌이 되는 것은 아니고 이는 비례의 원칙이나 평등원칙위반 내지 입법의 자의금지위반 등의 위헌성을 시사하는 하나의 징후일 뿐이다. … 또한 입법의 체계정당성위반과 관련하여 그러한 위반을 허용할 공익적인 사유가 존재한다면 그 위반은 정당화될 수 있고 따라서 입법상의 자의금지원칙을 위반한 것이라고 볼 수 없다. 나아가 체계정당성의 위반을 정당화할 합리적인 사유의 존재에 대하여는 입법의 재량이 인정되어야 한다. 다양한 입법의 수단 가운데서 어느 것을 선택할 것인가 하는 것은 원래 입법의 재량에 속하기 때문이다. 그러므로 이러한 점에 관한 입법의 재량이 현저히 한계를 일탈한 것이 아닌 한 위헌의 문제는 생기지 않는다고 할 것이다."

2) 집행부에 대하여 법률안 제출권을 인정하는 것은, 의회와 집행부의 상호독립을 원칙으로 하여 정부에게는 단지 법률안거부권을 부여하는 미국식 대통령제에 대한 예외에 해당한다.

정부의 법률안 제출은 집행과 입법의 교차점에 있다. 정부의 법률안 제출은 입법절차를 개시함으로써 입법절차의 구성부분이자 동시에 또한 집행행위이기도 하다. 정부의 정책이 법률에 의한 규율을 필요로 하는 한, 법률안제출은 정부의 정책을 실현하기 위한 수단이기 때문이다.

(3) 국회의원에 의한 법률안의 제출

국회의원의 경우 10인 이상($_{\text{조 제1항}}^{\text{국회법 제79}}$)이 법률안을 제출할 수 있다. 헌법은 제52조에서 "국회의원"이라는 표현을 사용하고 있지만, 국회법에서 제안권자를 개별 의원이 아니라 '10인 이상의 의원'으로 구체화한 것은, 국회에서 다수의 지지를 얻을 수 있는 최소한의 기회를 가진 의안만을 다루고자 하는 것으로, 헌법 제52조의 취지에 위반되지 않는다. 10인 이상의 의원에 의하여 지지되지 않는 법률안은 국회에서 의결될 가능성이 사실상 거의 없기 때문이다. 의원의 경우, 법률안을 기초하기 위한 행정조직을 가지고 있지 않기 때문에 법률안 제안권을 행사함에 있어서 사실상의 어려움이 있다.

나. 법률안의 심의 및 의결

국회에서 법률안의 심의와 의결은 입법절차의 핵심적 부분에 해당됨에도, 헌법은 제53조 제1항에서("국회에서 의결된 법률안") 단지 법률안이 국회에서 의결된다는 것만을 규정하는 것에 그치고 있다. 법률안의 심의와 의결에 관하여 상세한 것은 국회법에서 규율하고 있다.

(1) 법률안의 심의

법률안이 제출되면 국회의장은 이를 인쇄하여 의원에게 배부하고 본회의에 보고한 후 소관 상임위원회에 회부하여 심사하게 한다($_{\text{81조 제1항}}^{\text{국회법 제}}$). 위원들이 충분한 검토시간을 갖도록 하기 위하여, 법률안이 그 위원회에 회부된 후 일부개정법률안의 경우에는 15일, 제정법률안, 전부개정법률안 및 폐지법률안의 경우에는 20일, 체계·자구심사를 위하여 법제사법위원회에 회부된 법률안의 경우에는 5일을 경과한 후에만, 위원회는 이를 의사일정으로 상정할 수 있다($_{\text{제59조}}^{\text{국회법}}$). 위원회는 안건을 심사함에 있어서 먼저 그 취지의 설명과 전문위원의 검토보고를 듣고 대체토론(大體討論)[1]과 축조심사(逐條審査)[2] 및 찬반토론을 거쳐 표결한다($_{\text{조 제1항}}^{\text{국회법 제58}}$). 상임위원회는 안건을 심사함에 있어서 위원회의 소관사항을 분담·심사하기 위한 상설소위원회에 회부하여 이를 심사·보고하도록 하고, 필요한 경우에는 특정한 안건의 심의를 위한 소위원회에 이를 회부할 수 있다($_{\text{58조 제2항}}^{\text{국회법 제}}$).

상임위원회에서 심의·채택된 법률안은 법사위원회에 넘겨서 체계 및 자구심사를 거쳐야 한다($_{\text{조 제1항}}^{\text{국회법 제86}}$). 국회는 주요의안의 본회의 상정 전이나 본회의 상정 후에 재적의원 1/4 이상의 요구에 의하여 의원 전원으로 구성되는 전원위원회(全院委員會)의 심사를 거치도록 할 수 있다($_{\text{의2 제1항}}^{\text{국회법 제63조}}$).

한편, 국회의장은 위원회에 회부된 안건에 대하여 재적의원 또는 소관 위원회 재적위원 5분의 3 이상의 요구가 있는 때에는 '신속처리대상안건'으로 지정하여야 한다($_{\text{2 제1항 및 제2항}}^{\text{국회법 제85조의}}$). 위원회는 그 지정일부터 180일 이내에 신속처리대상안건에 대한 심사를 마쳐야 하며, 그 기간 내에 심사를 마치지 아니한 때에는 법사위원회로 회부된 것으로 본다($_{\text{항 및 제4항}}^{\text{같은 조 제3}}$). 법사위원회는 심사를 90일 이내에 마쳐야 하며, 그 기간 내에 심사를 마치지 아니한 때에는 본회의에 부의된 것으로 본다($_{\text{항 및 제5항}}^{\text{같은 조 제3}}$).

---

1) 안건 전체에 대한 문제점과 當否에 관한 일반적 토론을 말하며 제안자와의 질의·답변을 포함한다.
2) 의안 심사 방법의 한 형태로서 의안의 한 조항씩 낭독하면서 의결하는 것을 말한다.

(2) 의안의 부의여부에 관한 위원회의 결정

소관 상임위원회에서 심사하여 본회의에 부의할 필요가 없다고 결정하면 본회의에 부의하지 아니한다(국회법 제87조 제1항). 위원회의 결정이 본회의에 보고된 날로부터 폐회 또는 휴회중의 기간을 제외한 7일 이내에 의원 30인 이상의 요구가 있을 때에는 그 의안을 본회의에 부의하여야 한다(국회법 제87조 제1항 단서). 이러한 요구가 없을 때에는 그 의안은 폐기된다(국회법 제87조 제2항).

(3) 법률안의 의결

위원회의 심사가 끝나면 법률안은 본회의에 부의(상정)된다(국회법 제81조 제1항). 본회의는 안건을 심의함에 있어서 그 안건을 심사한 위원장의 심사보고를 듣고 질의·토론을 거쳐 표결한다(국회법 제93조). 법률안에 대한 수정동의(수정안)는 의원 30인 이상의 찬성을 필요로 한다(국회법 제95조 제1항).[1] 본회의에 상정된 법률안은 재적의원 과반수의 출석과 출석의원 과반수의 찬성으로 의결된다(헌법 제49조, 국회법 제109조).

다. 법률안의 정부에의 移送 및 법률의 공포

(1) 법률안의 이송 및 還付拒否의 가능성

법률안이 본회의에서 의결되면 의장은 이를 정부에 이송해야 한다(헌법 제53조 제1항, 국회법 제98조 제1항).

(가) 대통령은 법률안에 대하여 이의가 없는 경우, 정부에 이송된 날로부터 15일 이내에 공포해야 한다(헌법 제53조 제1항).

(나) 법률안에 대하여 이의가 있는 경우에는 대통령은 정부에 이송된 날로부터 15일 이내에 이의서를 붙여서 국회에 환부하고 재의를 요구할 수 있다(같은조 제2항). 이를 환부거부(還付拒否)라 한다. 헌법은 제53조 제2항 후문에서 "국회의 폐회중에도 또한 같다."고 하여, 대통령의 법률안거부권행사와 관련하여 제51조 본문의 '회기계속의 원칙'을 다시 한 번 강조하고 있다. '회기불계속의 원칙'을 의회의 의사원칙으로 채택한 미국과 달리, 보류거부는 인정되지 않는다.[2] 우리의 경우, 대통령이 법률안을 공포하지 않고 그대로 가지고 있게 되면, 법률안이 자동으로 법률로 확정된다(헌법 제53조 제5항). 다만, '의회기불연속의 원칙'으로 인하여, 법률이 정부에 이송된 날로부터 15일 이내에 국회의 임기가 만료되는 경우에는 임기만료와 함께 법률안이 자동으로 폐기되기 때문에, 이러한 경우에 한하여 보류거부의 효과가 발생할 수 있다.

국회에 환부된 법률안은 국회에서 재의에 붙여져 재적의원 과반수의 출석과 출석의원 3분의 2 이상의 찬성으로 재의결되면, 법률로서 확정된다(같은조 제4항). 이 경우, 대통령은 국회의 재의에 의하여 확정된 법률이 정부에 이송된 후 지체 없이 공포해야 하고, 5일 이내에 대통령이 공포하지 아니하는 경우에는 국회의장이 대신 공포한다(같은조 제6항).

(다) 대통령이 15일 이내에 재의의 요구도 공포도 하지 아니하는 경우, 법률안은 법률로서 확정된다(같은조 제5항). 대통령은 확정된 법률을 지체 없이 공포해야 하고, 법률이 확정된 후 5일 이내에 공포하지 아니 할 때에는 국회의장이 공포한다(같은조 제6항).

---

1) [국회법상 수정안의 의미에 관하여] 헌재 2006. 2. 23. 2005헌라6(방위사업청 신설 수정안), 판례집 18-1상, 82 참조.
2) 미국의 경우, 대통령은 법률안 이송 시부터 10일 이내에 법률안을 환부할 수 있는데, 10일 이내에 의회가 폐회하는 경우, '회기불계속의 원칙'으로 인하여 대통령은 환부하지 않고 그대로 가지고 있는 것만으로 법률안을 폐기시킬 수 있다(保留拒否). 보류거부는 회기불계속의 원칙의 산물이다.

(2) 법률 공포의 의미

(가) 입법절차의 마지막 단계

입법절차의 마지막 단계가 법률의 공포이다.[1] 법률은 관보에 게재됨으로써 공포되고, 공포됨으로써 법적으로 존재한다.[2] 관보에 게재되지 않은 법률은 법적으로 존재하지 않으므로, 법률이 아니다.

(나) 법치국가적 요청

법률의 공포는 법치국가의 요청이기도 하다. 공포된 법률만이 법적 안정성과 법적 명확성을 보장하고 국민이 자신의 권리와 의무에 관하여 알 수 있는 가능성을 제공하기 때문이다.[3] 법률의 적용을 받는 국민이 법률의 내용에 관하여 알고 있는 경우에만 법률의 준수를 기대할 수 있으므로, 이러한 점에서도 법률의 공포는 필요하다. 행정행위의 경우에는 원칙적으로 행정행위의 상대방에 대한 개별적 통지(송달)가 요구되는 반면(행정절차법 제14조), 법률이나 그 외 법규범의 경우에는 국민이 이를 알 수 있는 가능성을 가지고 있는 것으로 충분하다. 법률이 관보에 공포되면, 국민이 법률의 존재와 내용을 알고 있는 것으로 추정된다.

(다) 공포 시점의 의미

공포의 시점은 여러 가지 이유에서 중요한 의미를 가진다. 첫째, 법률은 공포의 시점부터 법적으로 존재한다. 둘째, 법률의 시행은 공포시점을 기준으로 삼고 있다. 즉, 법률이 별도의 규정을 두고 있지 않다면, 법률은 공포시점을 기준으로 삼아 20일이 경과함으로써 효력을 발생한다(헌법 제53조 제7항). 셋째, 법률은 공포의 시점부터 규범통제의 대상이 됨으로써 헌법재판소에 의하여 그 위헌여부가 심사될 수 있다.[4]

6. 법률의 시행

가. 법률의 효력발생

헌법 제53조 제7항은 "법률은 특별한 규정이 없는 한 공포한 날로부터 20일을 경과함으로써 효력을 발생한다."고 규정하여, 법률의 공포와 효력발생을 구분하고 있다. 법률의 공포와 구분해야 하는 것은, 언제 법률이 효력을 발생하는지, 언제 법률이 법적 구속력을 가지고 수규자인 국민과 국가기관에게 권리와 의무 또는 권한을 발생시키는지의 문제, 즉 법률의 시행이다.

나. 법률내용의 한 부분

법률의 공포와 더불어 입법절차는 종료되기 때문에, 법률의 시행은 입법절차의 한 부분이 아니라 법률 내용의 한 부분이다.[5] '입법절차'에 관해서는 입법자가 헌법의 구속을 받기 때문에 임의로 정할

---

1) 법률을 공포하는 관할은 원칙적으로 대통령에게 있다. 다만, 대통령이 확정된 법률을 지체 없이 공포하지 않는 경우에 한하여 예외적으로 국회의장이 공포하도록 규정하고 있다(헌법 제53조 제6항).
2) 그러나 일부 교과서에서는(가령, 권영성, 헌법학원론, 2010, 805면 이하) '법률의 공포'를 법률의 효력발생요건으로 이해하면서, '법률의 시행'을 "공포된 법률이 효력을 발생하여 현실적으로 적용되는 것"으로 설명하고 있는데, 이러한 개념정의는 헌법 제53조 제7항의 명시적인 내용에 반하는 것으로서, 잘못된 것이다.
3) BVerfGE 65, 283, 291.
4) 법률이 헌법소원의 대상이 되려면 현재 시행중인 것이어야 함이 원칙이나, 법률이 일반적 효력을 발생하기 전이라도 이미 공포되어 있고 청구인이 불이익을 입게 될 것임을 충분히 예측할 수 있는 경우에는 그 법률에 대하여 예외적으로 헌법소원을 제기할 수 있다(헌재 1994. 12. 29. 94헌마201, 판례집 6-2, 510, 523 참조). 한편, 위헌법률심판의 경우에는 시행중인 법률만이 구체적 소송사건에서 적용되는 법률로써 고려될 수 있다.
5) BVerfGE 87, 48, 60.

수 없는 반면, '법률의 내용'에 관해서는 입법자가 원칙적으로 임의로 형성할 수 있다. 헌법은 제53조 제7항에서 "특별한 규정이 없는 한"이라는 표현을 통하여 언제 법률이 효력을 발생하는지에 관하여 입법자가 결정할 수 있다는 것을 밝히고 있다.

입법자는 법률의 공포와 동시에 시행된다는 것을 규정할 수도 있고 아니면 별도로 시행일을 정할 수도 있다. 입법자는 국가기관과 국민에게 법률의 내용을 인지하고 이에 적응할 수 있는 기회를 부여하기 위하여, 일반적으로 공포 이후의 시점을 시행일로 채택하고 있다. 이 경우에도 입법자는 특정 시행일자를 확정할 수도 있고 또는 공포시점부터 특정 기간을 확정할 수도 있다. 입법자는 심지어 시행일을 공포일 이전의 시점으로 앞당길 수도 있고, 이로써 법률에 소급효를 부여할 수도 있다. 그러나 이러한 입법은 진정소급효에 해당하는 것으로, 법치국가적 신뢰보호의 관점에서 원칙적으로 허용되지 않는다.[1]

Ⅲ. 그 외 입법권한

1. 헌법개정에 관한 권한

국회는 헌법개정에 관하여 발의·심의·의결권을 가지는데, 헌법개정에 관한 권한도 국회의 입법 기능에 속한다. 국회는 재적의원 과반수의 찬성을 얻어 헌법개정안을 발의할 수 있고(헌법 제128조 제1항), 20일 이상의 공고 기간을 거친 후 재적의원 2/3 이상의 찬성으로 헌법개정안을 의결할 수 있는 권한을 가진다(헌법 제130조 제1항). 국회의 의결을 거친 헌법개정안은 국민투표로써 확정되지만, 헌법개정안에 관한 국회의 의결권은 헌법개정절차의 핵심적 부분에 해당한다.

2. 조약의 체결·비준에 대한 동의권

중요조약의 체결·비준에 대한 국회의 동의는 조약이 국내법상으로 효력을 발생하기 위한 요건이다. 조약은 국회의 동의라는 절차를 거쳐야 비로소 국내법과 같은 효력을 가지기 때문에(헌법 제6조 제1항), 헌법 제60조 제1항에 열거한 중요조약의 체결·비준에 대하여 국회가 동의권을 가지는 것도 넓은 의미에서 국회의 입법기능에 속한다고 볼 수 있다.[2]

3. 국회규칙의 제정권[3]

내부 영역을 규율하는 규칙제정권은 모든 합의제 헌법기관의 전형적 특징이다. 국회는 법률에 저촉되지 않는 범위 안에서 그 議事와 내부규율에 관한 규칙을 제정할 수 있다(헌법 제64조 제1항). 이는 국회의 議事와 조직에 관한 自治를 보장하기 위한 것이다. 국회규칙은 국회 내부영역을 규율대상으로 하고, 그 효력범위는 국회 내부영역에 제한된다. 국회규칙은 인적 관점에서 단지 국회의 구성원에 대해서만, 사안적 관점에서는 국회의 사안에 대해서만 효력을 가진다.

---

1) 일부 교과서(가령, 권영성, 헌법학원론, 2010, 806면)에서 "시행일 이후에 공포된 때에는 시행일에 관한 법률규정은 그 효력을 상실한다."고 판시한 바 있다고 하여 1955년의 대법원 판례를 언급하고 있는데, 진정소급효를 가지는 법률조항이 자동적으로 그 효력을 상실하는 것은 아니다.

2) 이에 관하여 상세한 것은 제2편 제8장 '평화주의원리' 참조.

3) 제4편 제2장 제5절 제4항 '국회의 자율권' 참조.

제 2 항 財政에 관한 權限

의회가 국가의 재정작용에 관하여 강력한 권한을 가지는 것은 의회주의의 역사에서 유래한다. 역사적으로 보면, 군주의 자의적 세금징수에 대한 견제적 장치("대표 없이는 과세 없다"는 사상)로 탄생한 것이 바로 '의회주의'이기 때문이다. 헌법은 재정과 예산에 관하여 규율하고 있다.

I. 조세·재정에 관한 권한

1. 재정과 조세의 일반적 의미

가. 財政의 의미와 기능

재정이란, 국가나 지방자치단체가 공공의 수요를 충족하기 위하여 필요한 재원을 조달하고 재산을 관리·사용·처분하는 일체의 행위를 말한다. 오늘날 사회·복지국가에서 국가의 관할이 모든 영역으로 확대됨에 따라 국가 과제 영역의 엄청난 양적 증가를 가져왔다. 국가과제의 증가와 함께 또한 국가의 지출과 재정수요도 증가하였다. 국가가 자신의 과제를 이행하는 두 가지 중요한 도구가 재정과 법규범이므로, 국가 활동의 증가는 국가재정의 증가와 규범생산의 증가("법률의 홍수")의 현상으로 나타나고 있다.

재정은 국가의 과제이행을 위한 재원의 조달을 가능하게 할 뿐만 아니라, 경제적·사회적 생활의 형성에 영향력을 행사할 수 있는 가능성을 국가에게 부여한다. 국가는 세수와 그 지출을 통하여 사경제에 큰 영향을 미친다. 게다가, 국가재정은 경제정책적 또는 사회정책적 목적을 위하여 투입될 수 있다. 가령, 국가는 보조금의 지급이나 공공사업의 확대, 세금인하를 통하여 경기를 활성화하거나 재정지출의 억제, 세금인상을 통하여 경제적 활동을 위축시키는 방법으로 경기의 흐름을 조종하고자 시도할 수 있다.

나. 조세국가

(1) 조세국가의 의미

현대국가는 재정을 요하는 다수의 과제를 이행해야 한다. 현대국가는 국가기구와 조직(가령, 행정관청, 경찰, 법원 등)을 유지해야 할 뿐 아니라, 국민에 대한 사회국가적 급부도 제공해야 한다.[1] 국가는 필요한 재원이 확보된 경우에만 그에게 부과되는 과제를 이행할 수 있다. 과제는 지출을 야기하고, 지출은 다시금 수입을 전제로 한다. 오늘날의 사회국가는 급부국가이며, 급부국가는 필연적으로 조세국가(租稅國家)이다.

경제적 기본권을 통하여 원칙적으로 사경제적 질서를 보장하는 헌법체계에서, 국가의 재정이 국가의 영리활동이 아니라 국민의 세금으로 충당된다는 것은 당연한 것으로 전제되고 있다. 국가가 스스로 영리적으로 활동하지 않기 때문에, 필요한 재원을 국민으로부터 가져와야만 한다. 이는 주로 조

---

1) 이에 속하는 것은 직접적인 금전지급(사경제의 촉진을 위한 보조금, 생활보호자를 위한 사회적 급부, 문화적 지원을 위한 재정적 보조 등) 및 시설의 제공을 통한 간접적 급부(가령, 학교, 대학교, 대중교통, 수도·전기·가스의 공급 및 하수·쓰레기의 처리 등)이다.

세를 통하여 이루어진다. 국가의 재정작용 중 가장 중요한 것은 재원조달의 수단으로서 조세이다. 헌법에서 재정과 관련된 규정은 단지 조세에 관한 것뿐이다. 이로써 헌법은 국가과제의 이행을 위한 재정은 원칙적으로 조세에 의하여 조달해야 한다는 기본결정을 표현하고 있다.[1] 조세국가란, 국가의 영리활동이나 준조세의 징수를 통해서가 아니라 조세를 통하여 국가재정을 충당하는 것을 원칙으로 하는 국가를 말한다.

(2) 국가과세권의 정당성 근거

조세에 의한 국가재정의 충당은 사회국가적 급부와 재분배를 위한 중요한 전제조건이며, 동시에 헌법이 사경제질서를 채택하였다는 기본결정에 대한 대응물이다. 국민의 납세의무는 사유재산제도와 자유경제질서가 가져오는 필연적인 결과이자, 헌법이 개인의 자유로운 경제활동을 보장한 것에 대하여 치러야 하는 대가이기도 하다. 납세의 의무 없이는 경제적 자유도 있을 수 없다. 개인의 안전과 자유, 인격발현을 위한 다양한 조건이 국가에 의하여 제공되고 보장된다는 점에서, 국가공동체의 구성원이 재정적으로 국가과제의 이행에 기여해야 한다는 것은 개인의 공동체기속의 관점에서 요청되는 것이다.[2] 조세의 기능과 정당성은 국가의 정당성 및 국가의 과제이행과 불가분의 관계에 있다. 헌법은 국민의 납세의무를 규정하는 제38조 및 조세의 종목과 세율을 법률로 정하도록 규정하는 제59조에서 국가의 과세권을 원칙적으로 허용하고 있다. 물론, 국가의 모든 공권력행사가 헌법의 구속을 받는 것과 마찬가지로, 과세권도 무제한하게 인정되는 것은 아니다.

2. 조세의 개념

가. 조세와 준조세의 차이점

(1) 조세는 국가 또는 지방자치단체 등 공권력의 주체가 재원조달의 목적으로 과세권을 발동하여 일반국민으로부터 반대급부 없이 강제적으로 부과·징수하는 과징금이다.[3]

조세는 반대급부 없이, 즉 구체적으로 국가로부터 받은 것 없이 납부해야 한다는 점에서, 반대급부를 전제로 하는 사용료, 수수료와 구별되며, 법률상 과세요건을 충족시키는 모든 국민으로부터 징수된다는 점에서 특정 공익사업과 이해관계가 있는 자로부터 징수되는 '부담금'과 구별된다. 또한, 재원조달의 목적에 있어서, 일반적인 국가재정의 조달을 위하여 부과된다는 점에서, 특별한 과제수행을 위하여 그 재정을 충당할 목적으로 부과되는 특별부담금과 구별된다.[4]

(2) 조세가 국가의 일반적 재정조달의 수단이기 때문에, 개별 조세를 특정한 국가과제에 귀속시키는 것은 원칙적으로 불가능하다. 따라서 국민은 자신이 납부한 조세의 일부가 국방예산과 같이 개인적으로 동의할 수 없고 자신의 양심에 반하는 목적에 사용된다는 주장으로 조세의 납부를 거부할 수 없다. 물론, 목적세와 같이 조세수입이 특정 목적에 기여해야 하는 경우에는 예외가 고려될 수 있을 것이다.

---

1) 헌재 2004. 7. 15. 2002헌바42(먹는샘물 수입판매업자에 대한 수질개선부담금), 판례집 16-2상, 14, 26, "헌법이 여러 공과금 중 조세에 관하여 위와 같이 특별히 명시적 규정을 두고 있는 것은 국가 또는 지방자치단체의 공적 과제 수행에 필요한 재정의 조달이 일차적으로 조세에 의해 이루어질 것을 예정하였기 때문이라 할 것이다."

2) BVerfGE 4, 7, 15f.

3) 헌재 1991. 11. 25. 91헌가6.

4) 뿐만 아니라, 조세는 과세권을 발동하여 강제적으로 부과·징수되는 과징금이라는 점에서, 전매사업이나 국유지처분 등을 통한 私法上의 수입과 구분된다.

나. 조세의 목적

오늘날 입법자는 조세를 통하여 국가재정의 조달, 사회국가적 재분배, 경제정책적·사회정책적 목적 등 다양한 목적을 추구할 수 있다. 따라서 조세의 재원조달의 목적은 부수적 목적일 수 있다.

19세기 독일 고전적 자유주의의 조세이론에 의하면 국가 재원의 조달(國庫的 目的)이 조세의 유일한 목적이었던 반면, 사회국가적 사고의 등장과 함께 조세 목적에 관한 사고도 '조세는 동시에 사회정책적 기능을 이행하고 복지의 분배를 규율해야 한다'는 방향으로 변화하였다. 재정조달과 사회국가적 재분배의 목적 외에도 점차 國庫 外的인 정책적·조종적 목적이 추구되었다. 무엇보다도 세제상의 혜택을 부여하거나 부담을 부과함으로써 투자유도적, 투자억제적, 물가안정적, 경기부양적 효과 등을 통하여 사경제를 유도하고 조종하는 경제정책적 목적을 들 수 있다. 뿐만 아니라, 조세의 부담과 감면은 특정한 가족정책, 주택정책, 건강정책이나 환경정책 등을 실현하기 위한 행위조종의 수단으로도 사용된다.

3. 조세입법에 관한 기본원칙

헌법은 어떠한 원칙에 따라 국민에게 조세를 비롯한 공과금이 부과되어야 하는지에 관하여 명시적인 규정을 두고 있지 않다. 그러나 조세입법자가 헌법상 '법치국가원리'(조세법률주의) 및 '평등원칙에서 파생하는 조세정의의 원칙'(조세평등주의)의 구속을 받는다는 것에는 의문의 여지가 없다. 입법자는 조세정의를 실현함에 있어서 광범위한 형성권을 가지고 있으나, 입법자의 형성권은 무엇보다도 자의금지원칙 및 그 외의 헌법적 가치결정(가령, 혼인과 가족의 보호)에서 그 한계를 발견한다.[1]

가. 조세법률주의

조세법률주의는 조세법의 영역에서 법률유보원칙의 구체화된 표현이다. 헌법 제38조는 "모든 국민은 법률이 정하는 바에 의하여 납세의 의무를 진다."고 하고, 헌법 제59조는 "조세의 종목과 세율은 법률로 정한다."고 하여 조세법률주의를 규정하고 있다.[2] 조세의 부과·징수는 반드시 법률로써 해야 하며, 법률에 근거가 없으면 국가는 조세를 부과·징수할 수 없다.

(1) 과세요건 法定主義

과세요건 법정주의란, 과세요건(납세의무자, 과세대상, 과세표준, 과세기간, 세율 등)과 과세절차·징수절차를 법률로써 규정해야 한다는 원칙을 말한다. 과세요건과 과세기준에 관하여 어느 정도로 입법자가 스스로 법률로써 정해야 하는지는 본질성이론에 따라 판단된다.

(2) 과세요건 명확주의

과세요건 명확주의란, 조세의 분야에서 '법률의 명확성원칙'의 구체화된 표현으로서, 납세의무를 구성하는 규범이 그 내용, 대상, 목적에 있어서 명확하고 제한적이어서 납세의무자가 그에게 돌아올

---

1) BVerfGE 6, 55ff.
2) 헌재 1992. 12. 24. 90헌바21, 판례집 4, 890, 899, "조세법률주의는 조세평등주의(헌법 제11조 제1항)와 함께 조세법의 기본원칙으로서 법률의 근거 없이는 국가는 조세를 부과·징수할 수 없고 국민은 조세의 납부를 요구당하지 않는다는 원칙이다. 이러한 조세법률주의는 조세는 국민의 재산권을 침해하는 것이 되므로 납세의무를 성립시키는 납세의무자, 과세물건, 과세표준, 과세기간, 세율 등의 모든 과세요건과 조세의 부과·징수절차는 모두 국민의 대표기관인 국회가 제정한 법률로 이를 규정하여야 한다는 것(과세요건 법정주의)과 또 과세요건을 법률로 규정하였다고 하더라도 그 규정내용이 지나치게 추상적이고 불명확하면 과세관청의 자의적인 해석과 집행을 초래할 염려가 있으므로 그 규정내용이 명확하고 일의적이어야 한다는 것(과세요건 명확주의)을 그 핵심적 내용으로 하고 있다."

조세부담을 어느 정도 예측할 수 있어야 한다는 법치국가적 요청을 말한다(명확성원칙의 과세법적 표현).

물론, 조세법의 영역에서도 불확정 법개념의 사용은 불가피하다. '법률의 명확성'은 다른 모든 법익에 대하여 무조건적 우위를 요구하는 최종적인 가치가 아니다. 조세법률의 명확성과 예측성이 증가하기 위해서는 과세요건이 보다 명확하게 구체적으로 규정되어야 하나, 다른 한편으로는 과세요건의 지나친 구체화와 명확화는 규율대상의 개별적인 고유함과 특수함을 고려하는 것을 어렵게 만드는 결과를 가져온다. 이러한 관점에서 과세요건의 명확성원칙에 대한 요청과 조세정의의 요청으로서 개인의 담세능력에 따른 과세원칙 사이에 긴장관계가 발생할 수 있다. 그러므로 법률의 해석을 통하여 행정청이나 법원의 자의적인 적용을 배제하는 객관적인 기준을 얻는 것이 법개념의 불명확성으로 인하여 더 이상 불가능한 경우, 불확정 법개념의 사용은 명확성원칙에 위반된다.[1]

(3) 遡及課稅禁止의 원칙

소급과세금지의 원칙은 납세의무를 발생케 한 사실관계에 대해서 그 사실관계가 성립된 이후에 제정된 새로운 세법에 의하여 소급하여 과세해서는 안 된다는 원칙이다. 이와 같이 진정소급효를 가지는 과세는 법치국가적 법적 안정성의 요청에 정면으로 반하는 것으로 위헌이다. 헌법 제13조 제2항은 소급입법에 의한 재산권박탈을 명시적으로 금지함으로써 소급입법에 의한 과세가 금지됨을 강조하고 있다.

나. 조세평등주의

(1) 조세정의의 원칙 및 담세능력에 따른 과세원칙

조세평등주의란, 평등원칙의 조세법적 표현으로서 조세입법에 있어서 조세부담이 국민들 사이에 공평하게 배분되도록 법률을 제정할 것을 요청하는 원칙을 말한다.[2]

입법자를 구속하는 평등원칙으로부터 세법의 영역에서 조세정의의 원칙이 파생된다. 조세정의의 원칙이란, 세법은 정의의 요청에 부합해야 하고 모든 납세자의 가능하면 균등한 부담을 고려해야 한다는 요청이다. 조세정의의 원칙은 다시 '담세능력(擔稅能力)에 따른 과세원칙'(소위 '應能負擔의 원칙')에 의하여 구체화되고 있다. 과세가 개인의 경제적인 담세능력에 따라 이루어져야 한다는 것은 조세정의의 기본적 요청이자, 조세법에서 정의실현을 위한 기본원칙에 속한다. 즉, 조세평등주의는 개인의 재력에 상응하는 공정하고 실질적으로 평등한 과세를 그 내용으로 한다. 따라서 과세는 개인의 담세능력을 고려하여 배분해야 하고, 동일한 담세능력자에 대해서는 평등한 과세를 해야 한다.

(2) 수평적 조세정의와 수직적 조세정의

담세능력에 따른 과세원칙은 수평적 조세정의와 수직적 조세정의를 요청한다.[3]

---

1) 헌재 2006. 6. 29. 2005헌바76, 판례집 18-1하, 299, "이 사건 법률조항은 과세관청의 자의적인 해석과 집행을 초래할 염려가 있을 정도로 지나치게 추상적이고 불명확하게 규정하였다고 볼 수 없어 조세법률주의의 내용인 과세요건명확주의에 위반되지 아니한다."

2) 헌재 1997. 10. 30. 96헌바14, 판례집 9-2, 454, 463, "조세평등주의라 함은 헌법 제11조 제1항에 규정된 평등원칙의 세법적 구현으로서, 조세의 부과와 징수를 납세자의 담세능력에 상응하여 공정하고 평등하게 할 것을 요구하며 합리적인 이유 없이 특정의 납세의무자를 불리하게 차별하거나 우대하는 것을 허용하지 아니한다."

3) 헌재 1999. 11. 25. 98헌마55(금융소득분리과세), 판례집 11-2, 593, 608, "조세평등주의가 요구하는 이러한 담세능력에 따른 과세의 원칙(또는 응능부담의 원칙)은 한편으로 동일한 소득은 원칙적으로 동일하게 과세될 것을 요청하며(이른바 '수평적 조세정의'), 다른 한편으로 소득이 다른 사람들간의 공평한 조세부담의 배분을 요청한다(이른바 '수직적 조세정의')."

(가) 수평적 조세정의

담세능력에 따른 과세원칙은, 동일한 소득은 동일하게 과세될 것을 요구한다(수평적 조세정의). 가족의 부양으로 인하여 납세자에게 발생하는 필요적 부양경비는 납세자의 담세능력을 감소시키므로, 입법자는 조세정의의 원칙에 위반되지 않으려면, 자녀와 부모 등에 대한 부양의무를 담세능력의 판단에 있어서 고려해야 한다. 가족의 부양을 위한 경비가 소득에서 공제되지 않는다면, 부양가족이 있는 납세자의 경우 담세능력이 감소했음에도 불구하고 부양가족이 없는 납세자와 동일한 조세부담을 지기 때문에, 결과적으로 담세능력에 따른 과세원칙에 위반되어 과중한 부담을 지게 된다. 한편, 입법자는 자녀양육에 필요한 경비를 세제상으로 완전하게 고려할 필요가 없다.[1] 평등원칙으로부터 파생하는 조세정의의 원칙은 어떠한 방법으로 어느 정도로 이러한 담세능력의 감소를 평가하고 고려할 것인지에 관하여 입법자에게 광범위한 형성의 자유를 부여한다.

(나) 수직적 조세정의

담세능력에 따른 과세원칙은 서로 소득이 상이한 납세자에게 조세부담을 배분하는 문제에 있어서 소득이 많으면 또한 높게 과세되어야 한다는 것을 의미한다(수직적 조세정의). 뿐만 아니라, 수직적 조세정의는 최저생계를 위하여 필요한 경비는 과세로부터 제외되어야 할 것을 요청한다(최저생계를 위한 공제). 담세능력에 따른 과세원칙은 단지 담세능력이 있는 자는 담세능력이 약한 자에 비하여 더 많은 세금을 낼 것을 요구할 뿐, 반드시 누진적으로 과세될 것을 요구하지 않는다.[2]

(3) 조세징수를 통한 납세의무의 관철에 있어서의 평등

> **사례** | 헌재 2000. 6. 29. 99헌마289(직장·지역가입자의 재정통합 사건)
>
> 그동안 별개의 조합을 구성하고 있던 직장가입자와 지역가입자를 모두 조직적으로 통합하여 국민건강보험공단을 단일보험자로 하는 국민건강보험법이 1999년 제정되어 2000년 7월부터 시행될 예정이었다. 청구인들은 직장의료보험의 조합원들로서, 의료보험통합에 따라 강제해산되는 직장의료보험조합의 적립금이 새로이 신설되는 국민건강보험공단에 의하여 승계됨으로써 직장조합원의 재산권 등이 침해될 뿐만 아니라, 국민건강보험법에 의하여 직장가입자와 지역가입자의 재정이 통합됨에 따라 소득이 파악되는 직장가입자와 소득이 파악되지 않는 지역가입자 사이에 보험료부담의 불평등이 발생하고 이로 인하여 직장가입자의 평등권이 침해된다는 이유로, 국민건강보험법의 관련조항에 대하여 1999년 헌법소원심판을 청구하였다. 직장가입자와 지역가입자의 재정통합은 평등원칙에 위반되는가?

---

1) 부모는 자녀에 대하여 경제적으로도 일차적인 책임을 지기 때문에, 모든 부양경비가 국민과 납세자의 부담으로 세법상 완벽하게 고려되어야 한다는 것은 헌법적으로 요청되지 않는다. 따라서 자녀공제나 배우자공제가 실제의 부양경비를 충당하지 못한다 하더라도 헌법적으로 하자가 없다(BVerfGE 9, 243; 36, 126).

2) 헌재 1999. 11. 25. 98헌마55(금융소득분리과세), 판례집 11-2, 593, 609, "담세능력의 원칙은 소득이 많으면 그에 상응하여 많이 과세되어야 한다는 것, 즉 담세능력이 큰 자는 담세능력이 작은 자에 비하여 더 많은 세금을 낼 것과, 최저생계를 위하여 필요한 경비는 과세로부터 제외되어야 한다는 최저생계를 위한 공제를 요청할 뿐 입법자로 하여금 소득세법에 있어서 반드시 누진세율을 도입할 것까지 요구하는 것은 아니다. 소득에 단순비례하여 과세할 것인지 아니면 누진적으로 과세할 것인지는 입법자의 정책적 결정에 맡겨져 있다. 그러므로 이 사건 법률조항이 소득계층에 관계없이 동일한 세율을 적용한다고 하여 담세능력의 원칙에 어긋나는 것이라 할 수 없다."; 이에 대하여 독일연방헌법재판소는 별다른 논거 없이 '조세정의의 원칙은 소득의 누진적 과세를 요청한다.'고 판시한 바 있다(BVerfGE 8, 58f.).

(가) 부담결과의 평등을 실현할 수 있는 조세징수에 대한 요청

세법에 있어서 평등원칙은 납세자가 세법에 의하여 '법적으로' 그리고 '실질적으로' 평등하게 부담을 받을 것을 요청한다. 조세평등은 '납세의무의 규범적 평등'과 '조세징수를 통한 납세의무의 관철에 있어서의 평등'이라는 두 가지 요소로 이루어져 있다. 그러므로 평등원칙은 부담결과의 평등을 원칙적으로 실현할 수 없는 조세징수규정을 금지하고 있다. 징수절차규정에 의하여 부담결과에 있어서의 평등이 달성될 수 없다면, 이러한 상황은 과세근거규범의 위헌성을 초래할 수 있고, 조세평등에 관한 납세자의 기본권을 침해할 수 있다. 따라서 실체적 세법은 또한 사실적 결과에 있어서도 부담의 평등을 원칙적으로 보장할 수 있는 절차적 규범과 결합되어야 한다는 요청이 나온다.

예컨대, 징수규정이 납세신고에 대한 조사를 전반적으로 배제하기 때문에 거의 전적으로 납세자의 신고에 의존하는 경우, 조세는 더 이상 균등하게 부담될 수 없고 조세의 부담평등을 실현할 수 없다. 세금이 원천징수되지 아니하고 조세의 확정이 납세자의 신고에 달려있는 경우, 납세자의 정직성이 부담평등의 실현여부를 결정하는 중요한 요인이므로, 입법자는 조세의 부담평등을 보장할 수 있는 충분한 통제가능성을 통하여 납세정직성을 제고하여야 하며, 납세의무의 확정절차에서 신고원칙은 확인원칙에 의하여 보완되어야 한다.[1]

(나) 헌법재판소의 판례

헌법재판소는 직장·지역가입자의 재정 통합의 위헌여부가 문제된 사건에서(헌재 2000. 6. 29. 99헌마289), 보험료 납부의무의 관철과 관련한 헌법적 문제점에 관하여 "소득파악이 가능한 보험가입자와 소득파악이 제대로 되지 않는 보험가입자를 단일의료보험자의 관리 하에 두고 그 재정을 통합하는 경우에 보험가입자간의 소득파악율의 차이, 즉 '보험료 납부의무의 관철에 있어서의 차이'는 공과금부과의 평등의 관점에서 헌법적으로 간과할 수 없는 본질적인 차이이다."라고 판시하고 있다.[2]

다. 혼인과 가족생활의 보장

헌법 제36조 제1항에서 국가가 혼인과 가족생활을 보장한다는 것은, 소극적으로는 국가가 혼인과 가족생활을 간섭하고 방해하는 행위를 해서는 안 될 뿐만 아니라, 나아가 적극적으로 제3자에 의한 침해로부터 혼인과 가족생활을 보호하고, 또한 적절한 조치를 통하여 혼인과 가족을 지원해야 할 의무를 진다는 것을 의미한다.[3] 헌법 제36조 제1항은 조세와 관련하여, 국가가 혼인이나 가족관계에 조세부과를 결부시킴으로써 불이익을 야기하는 조치를 통하여 혼인과 가족을 차별하는 것을 금지

---

1) 헌재 2000. 6. 29. 99헌마289(직장·지역가입자의 재정통합), 판례집 12-1, 913, 957, "전적으로 납세자의 신고에 의존하는 조세부담에 있어서, 국가는 제대로 신고하지 않는 납세자에게 자동으로 면세혜택을 부여해서는 아니 된다. 국가는 세법에서의 평등원칙의 관점에서 납세자간의 균등한 부담이 실현되도록, 영수증제도 및 금융실명제의 정착을 통한 거래의 투명성 및 소득신고자의 정직성을 제고하기 위한 조치 등 자영자소득의 파악을 위한 다양하고 합리적인 방안을 장기적으로 강구해야 할 의무가 있다."

2) 헌재 2000. 6. 29. 99헌마289(직장·지역가입자의 재정통합), 판례집 12-1, 913, 958, "지역가입자에 대한 소득추정이 합리적이고 신뢰할 만한 기준에 근거하고 있지 않다면, 추정소득에 대한 보험료부과는 보험가입자 사이의 부담의 평등을 제대로 실현할 수 없다. 직장가입자와 지역가입자 사이의 '보험료 납부의무의 관철'에 있어서의 본질적인 차이가 현존하는 상황에서 직장·지역가입자의 재정을 통합하여 보험료를 부담시키는 경우에는 가입자간의 보험료부담의 형평이 이루어지지 않고, 지역가입자가 부담해야 할 보험료의 일부분을 직장가입자가 부담해야 할 가능성이 있다. 따라서 직장가입자와 지역가입자간의 보험료부담의 평등이 보장되지 않는 한, 의료보험의 재정통합은 헌법적으로 허용되지 아니한다."

3) 헌재 2002. 8. 29. 2001헌바82(부부자산소득 합산과세제도), 판례집 14-2, 170.

한다.

특히 조세와 관련하여 문제되는 것은, 개별적 납세자의 누진적 과세에 기초하는 소득세법의 영역에서 부부합산과세가 위헌인지의 여부이다. 여기서 문제는, 부부가 합산과세로 인하여 개인의 담세능력에 따라 형성된 누진세율의 적용을 받음으로써 개인 과세되는 독신자 등 다른 사람들보다 더 많은 조세를 부담하게 된다는 것에 있다. 부부합산과세는 개인별과세의 원칙에 위반되어 부부를 불리하게 차별하는 것이고, 이로써 국가권력에 의한 혼인의 침해를 의미하기 때문에, 헌법 제36조 제1항의 가치결정에 위반된다.[1]

4. 조세입법의 한계로서 기본권

조세입법자는 형식적 측면에서 조세법률주의의 구속을 받을 뿐만 아니라, 내용적 측면에서 자유권과 평등권 등 기본권에 의한 구속을 받는다. 기본권은 국가과세권의 헌법적 한계를 의미한다. 헌법재판소는 조세법의 내용이 헌법에 합치되어야 한다는 요청을 '실질적 조세법률주의'의 개념을 통하여 수용하고 있다.[2]

가. 인간존엄성의 보장

국가의 과세권에 대해서도 인간존엄성의 보장은 최고의 헌법적 요청이다. 인간의 고유한 가치는 무엇보다도, 독자적인 책임 하에서 스스로 자신의 삶을 형성할 수 있는 개인의 능력에서 구현된다. 그러므로 국가는 과세를 통하여 '소득과 재산을 바탕으로 자신의 삶을 자기책임 하에서 스스로 형성할 가능성'이 더 이상 없는 개인의 상태를 초래해서는 안 된다.

인간존엄성의 보장은 사회국가원리와의 연관관계에서, 국가는 개인의 소득에 대하여 인간다운 생존의 최소한을 위하여 필요한 정도를 남겨둘 것을 요청한다. 국가는 가족을 포함하여 납세의무자의 최저생계의 유지를 위하여 필요한 수단을 조세를 통하여 국민으로부터 박탈해서는 안 된다.[3] 국가가 소득에 대한 과세를 통하여 최저생계를 위한 소득을 일단 박탈한 후에 생활능력이 없는 자에게 다시 국가급부의 형태로 사회부조적 급부를 제공하는 것은 인간의 존엄성보장에 부합하지 않는다.[4]

---

1) 헌법재판소는 자산소득합산과세제도를 통하여 혼인한 부부를 불리하게 차별 취급하는 것은 헌법 제36조 제1항에 위반된다고 판단하였다. 헌재 2002. 8. 29. 2001헌바82, 판례집 14-2, 170, "부부간의 인위적인 자산 명의의 분산과 같은 가장행위 등은 상속세및증여세법상 증여의제규정 등을 통해서 방지할 수 있고, 부부의 공동생활에서 얻어지는 절약가능성을 담세력과 결부시켜 조세의 차이를 두는 것은 타당하지 않으며, 자산소득이 있는 모든 납세의무자 중에서 혼인한 부부가 혼인하였다는 이유만으로 혼인하지 않은 자산소득자보다 더 많은 조세부담을 하여 소득을 재분배하도록 강요받는 것은 부당하며, 부부 자산소득 합산과세를 통해서 혼인한 부부에게 가하는 조세부담의 증가라는 불이익이 자산소득합산과세를 통하여 달성하는 사회적 공익보다 크다고 할 것이므로, 소득세법 제61조 제1항이 자산소득합산과세의 대상이 되는 혼인한 부부를 혼인하지 않은 부부나 독신자에 비하여 차별 취급하는 것은 헌법상 정당화되지 아니하기 때문에 헌법 제36조 제1항에 위반된다."; 또한, 독일연방헌법재판소는 부부의 합산과세를 혼인과 가족의 보호를 규정하는 기본법 제6조 제1항에 위반된다고 판단하였다(BVerfGE 6, 55ff.).
2) 헌재 2002. 1. 31. 2000헌바35, 판례집 14-1, 14, 27; 헌재 1997. 11. 27. 95헌바38, 판례집 9-2, 591, 600-601; 헌재 1999. 5. 27. 97헌바66 등, 판례집 11-1, 589, 611, "헌법 제38조 및 제59조에 근거를 둔 조세법률주의는 과세요건 법정주의 및 과세요건 명확주의라는 형식적 측면뿐만 아니라 실질적 측면에서 조세법의 목적이나 내용이 기본권보장의 헌법이념과 이를 뒷받침하는 헌법상의 제 원칙에 합치될 것을 요구한다고 할 것이고, …."
3) Vgl. BVerfGE 87, 152ff.
4) 최저생계비는 소득세의 과세에 있어서 최저한을 의미한다. 세법상 비과세되어야 하는 최저생계비의 액수는 경제적 상황과 법공동체에서 인정된 생활의 최저수요에 달려있다. 이를 확정하는 것은 입법자의 과제이지만, 입법자는 소득세법상의 최저생계를 확정함에 있어서 사회부조법(社會扶助法)에서 인정된 '최소한의 생활수요'에 의하여 구속을

나. 재산권

세법이 가령, 토지의 양도나 보유라는 특정 행위에 대하여 조세를 부과하는 경우 토지재산권의 자유로운 이용과 처분을 보장하는 재산권(헌법제23조)을 기준으로 하여 세법의 위헌성을 판단하게 된다. 그러나 세법이 토지 등 구체적 재산권의 이용이나 처분, 보유 등 특정 행위에 대하여 조세를 부과하는 것이 아니라 소득세나 재산세, 상속세 등의 형태로 단지 국민의 재산을 감소시키는 경우, 재산권보장이 세법의 위헌성을 판단하는 기준이 되는지의 여부가 문제된다.

(1) '재산'이 재산권보장의 보호대상인지의 문제

'재산권보장이 국가 과세권행사의 헌법적 한계인지'에 관하여 문제되는 것은, 이와 같은 형태의 과세에 의하여 구체적이고 개별적인 재산권이 제한되는 것이 아니라, 납세의무자가 자신의 선택에 따라 전체 재산 중에서 일부를 통하여 이행할 수 있는 공과금의 납부의무가 부과되고 이로써 납세의무자의 전체적 재산가치가 감소된다는 것에 있다. 이러한 조세는 재산권보장의 보호대상이 되는 '특정한 재산권객체'에 대한 침해가 아니고 헌법적으로 보장된 재산권의 보호대상에 속한다고 할 수 없는 '전체 재산적 가치'에 대한 부담을 의미하기 때문에, 기본권에 의하여 보호되는 개인의 재산권적 지위가 조세의 부과로 인하여 직접 침해되지는 않는다. 헌법은 제23조에서 재산권을 보장하면서 '재산권의 구체적 내용은 법률로써 정한다'고 함으로써, 입법자에 의하여 구체적으로 형성된 '재산권'만이 헌법적으로 보호를 받는다는 것을 밝히고 있다.

(2) 재산권보장의 궁극적 목적으로서 인간의 자유

그러나 다른 한편으로는, 재산권보장은 재산권객체가 아니라 궁극적으로 재산권의 주체인 인간의 자유를 보호하고자 하는 것이다. 재산권보장의 헌법상 기능과 과제는 개인의 자유실현의 물질적 기초로서 재산권을 보장하고자 하는 것이고, 궁극적으로 기본권의 주체에게 재산의 영역에서 자유공간을 확보함으로써 자기책임 하에서 인생의 독자적인 형성을 가능하게 하고자 하는 것이다. 따라서 헌법 제23조의 재산권보장이 궁극적으로 보장하고자 하는 바가 재산권객체가 아니라 재산권을 바탕으로 한 개인의 인격발현 가능성이라면, 국가과세권의 행사에 대해서도 재산권보장이 헌법적 한계로서 기능할 수 있어야 한다는 견해가 타당성을 가진다.

(3) 재산의 감소에 의한 '일반적 행동의 자유'의 제한

소득세 등 조세의 부과가 개인의 재산을 감소시키는 경우에 대하여 설사 재산권보장이 세법의 위헌심사기준으로서 적용되지 않는다 하더라도, 적어도 보충적 자유권인 일반적 행동자유권이 위헌심사의 기준이 되어야 한다.

재산은 자유행사에 있어서 중요한 헌법적인 의미를 가진다. 재산은 기본권에 의하여 보장된 자유를 행사하기 위하여 불가결한 수단이다. 재산에 대한 처분권은 개인에게 행위가능성과 자유를 부여한다. 이러한 의미에서 재산은 '주조(鑄造)된 자유'(geprägte Freiheit), '금전으로 구현된 자유'이다.[1] 그러므로 '재산의 감소'를 가져오는 국가의 조세는 개인의 행위가능성을 제한하는 것이고, 곧 '자유의 제한'을 의미하는 것이다. 조세의 부과는 납세의무자의 재산을 감소시킴으로써 경제적 영역에서 일

받는다. 즉, 입법자가 사회부조법에서 생활능력 없는 국민에 대하여 국가가 충족시켜야 하는 최소한의 생활수요를 규정하였다면, 소득세법에 의하여 비과세되는 최저생계비는 이 금액보다 낮게 책정되어서는 안 된다(체계적합성의 원칙).

1) Vgl. BVerfGE 97, 350, 370.

반적 행동의 자유를 제한한다. 그러므로 세법의 위헌성은 재산권보장의 관점 아니면 적어도 보충적으로 일반적 행동자유권의 관점에서 판단되어야 한다.

(4) 세법에 대한 위헌심사기준으로서 자유권의 한계

그러나 문제는 '자유권이 세법의 위헌여부를 판단함에 있어서 어느 정도로 기여할 수 있는지' 하는 것이다. 세법이 특정 목적을 달성하기 위하여 국민의 행위를 조종하고자 하는 것(행위조종적 법률)이 아니라 단지 국민들 간에 부담을 정당하게 분배하고자 하는 경우(부담분배적 법률)에는 과잉금지원칙을 적용하는 데 한계가 있다.

(가) 부담분배적 과세의 경우 자유권과 과잉금지원칙의 적용 한계

입법자가 세법을 통하여 구체적인 목적을 추구하고 이러한 목적을 달성하기 위한 수단으로 조세의 부과를 선택하는 경우에만 과잉금지원칙에 의한 심사가 가능하다. 이에 대하여, 소득세나 재산세와 같이 부담분배적 과세의 경우에는, 입법자가 특정 목적을 달성하기 위하여 개인의 자유권을 제한하고자 하는 것이 아니라, 국가의 일반적인 재정을 충당하기 위하여 부담을 국민들 사이에 공평하게 분배하는 문제에 관한 것이다.

이러한 경우, 부담분배적 조세법률의 목적은 '공공의 재정수요의 충당'으로서 항상 정당하고, 조세의 부과는 국가재정수요의 충당을 위하여 항상 적합하고 필요하다는 점에서, 재산권보장을 비롯한 자유권은 수단(조세부과와 그 정도)과 목적(국가재정수요의 충당)간의 법익형량을 위한 어떠한 준거점도 제시하지 않는다. 부담분배적 조세법률의 경우, 일반적 국가재정의 조달이란 목적과 납세의무자의 재산에 대한 제한의 상관관계에 대한 판단이 사실상 불가능하다.

(나) 부담분배적 과세의 심사기준으로서 평등원칙

국가의 과세권으로부터 어느 정도로 개인의 재산권을 보장할 수 있는지, 예컨대, 개인의 소득에 대한 어느 정도의 과세가 재산권을 과도하게 침해하는 것인지에 관하여 헌법상의 재산권보장은 사실상 아무런 기준도 제시하지 못하기 때문에, 이러한 경우 심사기준으로서 과잉금지원칙은 그 기능을 하지 못한다.

따라서 부담분배적 과세에 있어서는 자유권이 위헌성판단의 기준으로서 실효성이 없으므로, 위헌심사는 주로 평등원칙을 기준으로 하여 이루어진다. 부담분배적 법률의 경우에는 국가가 개인의 자유권에 대한 제한을 의도하는 것이 아니라 일차적으로 공적 부담의 분배에 관한 것이므로, 여기서 문제되는 것은 '세법이 개인의 재산권을 과도하게 침해하는지'의 문제가 아니라 '분배의 공평성 및 차별의 정당성'의 문제이다. 따라서 위헌심사의 일차적 기준도 이에 상응하여 평등원칙으로부터 도출되는 '응능부담의 요청'이다.

(5) 헌법재판소의 판례 경향

헌법재판소가 조세의 부과와 재산권보장의 관계를 어떻게 이해하는지는 불분명하다. 헌법재판소가 '재산 그 자체'도 재산권보장의 보호대상으로 포괄적으로 이해하는지[1] 아니면 독일 연방헌법재판소의 견해를 받아들여[2] '조세의 부과는 원칙적으로 재산권의 보호를 받지 못하지만 예외적으로 재산

---

1) 헌법재판소는 일부 결정에서 아무런 구체적인 언급이 없이 "조세는 국민의 재산권을 침해하는 것이 되므로 …"라고 판시하고 있다(가령, 헌재 1992. 12. 24. 90헌바21, 판례집 4, 890, 899).
2) 독일 연방헌법재판소는 헌법적으로 보장되는 재산권의 보호범위 때문에 재산권보장을 조세법의 합헌성을 심사하는 기준으로 적용하려는 것에 대하여 처음부터 부정적이고 소극적인 태도를 취하였다. 그 결과 세법의 위헌성을 판단

권이 침해될 수 있는 것으로 이해하고 있는지'(위헌심사의 기준으로서 원칙적 부정, 예외적 인정)[1] 분명하지 않다. 어떠한 견해에 근거하든지 간에, 조세의 부과로 인하여 구체적 재산권적 지위에 대한 제한이 존재하지 않음에도, 헌법재판소는 종래 판례에서 헌법 제23조의 재산권을 세법의 위헌성을 심사하는 기준으로 삼아 판단해 왔음을 확인할 수 있다.

다. 평등권

평등권은 세법규정의 위헌여부를 판단하는 가장 중요한 헌법적 심사기준이다. 세법규정의 위헌여부가 문제되는 대부분의 경우, 세법규정이 개인의 재산권을 과잉으로 침해하는지의 문제가 아니라 다른 납세자와의 관계에서 차별적으로 조세부담을 부과하는지의 문제가 일차적으로 제기되기 때문이다. 자유권이 타인에 대한 조세부담의 정도와 관계없이 국가와의 관계에서 개인의 행위가능성이나 결정가능성을 보호하고자 한다면, 평등권은 다른 사람과의 관계에서 정당하고 공평한 과세를 보장하고자 한다. 이러한 점에서 일반적 평등원칙으로부터 도출되는 '담세능력에 따른 과세원칙'은 특별한 의미를 가진다. 특별평등원칙과 관련해서는, 혼인과 가족생활의 보장 및 남녀의 동등한 대우가 중요한 의미를 가진다(헌법 제36조).

5. 조세 외 공과금

가. 조세 외 공과금 부과의 기본원칙

조세 외 공과금부과와 관련하여 조세국가원칙으로부터 다음과 같은 요청이 제기된다.

(1) 조세국가원칙에 대한 예외로서 준조세

헌법은 조세 외의 공과금(요금, 부담금, 특별부담금)에 관한 별도의 규정을 두고 있지 않다. 이로써 헌법은 조세와 그 외 공과금을 근본적으로 구분하면서, 입법자가 임의로 조세 대신에 조세 외의 공과금을 통하여 일반적 재정수요를 충당하는 것은 허용되지 않는다는 것을 밝히고 있다. 임의로 조세 외의 공과금이 징수될 수 있고 이로써 조세를 부과하기 위하여 존재해야 하는 재원이 감소한다면, 국가재정은 원칙적으로 조세를 통하여 충당한다는 조세국가원칙이 무의미하게 되기 때문이다. 따라서 조세 외의 공과금으로서 준조세(準租稅)는 이를 정당화하는 특별한 사유가 있는 경우에 한하여 예외적으로 허용된다.[2] 조세 외 공과금의 경우 일반적으로 예산에 나타나지 않기 때문에, 어느 정도로 국민이 공적 과제의 재정조달을 위하여 부담을 받는지를 명확하게 확인할 수 없고, 그 결과 국가재

하는 역할은 주로 평등권이 담당하였다. 연방헌법재판소는 한편으로는 "기본법 제14조(재산권보장)가 조세의 부과에 의한 침해로부터 개인의 재산을 보호하지 않는다."고 하면서 다른 한편으로는 "납세의무가 납세자에게 과도한 부담을 부과하고 그의 재산상태를 근본적으로 침해하여, 조세의 絞殺的, 沒收的 效果가 인정되는 경우에는 기본법 제14조가 적용될 수 있다."고 하는 견해를 견지하여 왔다(BVerfGE 14, 221, 241; 23, 288, 315; 30, 250, 272; 67, 70, 88; 70, 219, 230). 그러나 조세의 부과가 처음부터 재산권보장의 보호범위에 대한 제한을 의미하지 않는다면, 국가가 과세권을 과잉으로 행사한 경우라도 부담의 정도와 관계없이 재산권보장에 의한 보호는 더 이상 문제될 수 없기 때문에, 이러한 견해는 그 자체로서 논리적 모순이라는 비판이 학계에서 제기되었다. 최근 들어 연방헌법재판소는 이러한 학계의 비판을 반영하여 "세법은 재산권을 제한한다."고 전제하고 "그러나 세법은 교살적 효과를 가져서는 안 된다"고 판시함으로써 예전의 판례가 보이던 논리적 모순을 제거하였을 뿐만 아니라, 헌법상 보장된 재산권은 국가과세권 행사의 합헌성여부를 심사하는 기준이 된다는 것을 제한적이나마 밝혔다(BVerfGE 87, 152).

1) 헌재 1997. 12. 24. 96헌가19, 판례집 9-2, 762, 773, "… 조세의 부과·징수는 국민의 납세의무에 기초하는 것으로서 원칙으로 재산권의 침해가 되지 않지만 그로 인하여 납세의무자의 사유재산에 관한 이용, 수익, 처분권이 중대한 제한을 받게 되는 경우에는 그것도 재산권의 침해가 될 수 있다."

2) BVerfGE 93, 319, 342ff.

정에 관한 입법자의 통제권이 약화된다. 국가재정에 관한 입법자의 통제권이 유지되어야 한다는 관점에서도 조세 외의 공과금을 통한 재정수요의 충당은 예외적으로 허용되어야 한다.

(2) 자의적 부과를 금지하는 부담평등의 요청

공과금의 징수는 부담에 있어서 납부의무자의 평등을 고려해야 한다. 공과금이 그 부과의 대상과 정도에 있어서 임의로 또는 자의적으로 부과된다면, 국민들 사이에서 부담의 평등이 실현될 수 없다.

(3) 일반적 법원칙의 적용

헌법은 조세와 그 외의 공과금을 근본적으로 구분하고 있기 때문에, 조세 외의 공과금에 대해서는 조세에 관한 기본원칙이 적용되는 것이 아니라 일반적 법원칙이 적용된다. 따라서 조세 외의 공과금을 규율하는 법률조항의 명확성여부나 위임의 명확성여부가 문제되는 경우에는 조세법률주의가 아니라 법률의 명확성원칙이나 헌법 제75조의 포괄적 위임입법의 금지원칙과 같은 일반적인 헌법적 기준이 적용된다.[1]

나. 공공요금(수수료와 사용료)

(1) 개 념

공공요금은 공행정의 특정 급부를 요구한 것에 대한 반대급부로서 부과되는 공과금의 일종이다. 사용료(Benutzungsgebühr)는 시의 수영장과 같은 공공시설의 이용이나 공공재산의 사용에 대한 반대급부이며, 수수료(Verwaltungsgebühr)는 운전면허나 여권의 발급 등 특정인을 위한 공무행위에 대한 반대급부이다.

(2) 요금의 확정

사용료와 수수료가 반대급부의 성격을 가지기 때문에, 요금의 정도는 제공되는 국가의 급부와 적정한 관계에 있어야 한다. 따라서 급부의 제공을 통하여 행정에 발생한 비용이나 국민에 대한 국가급부의 가치가 요금의 확정에 있어서 일차적인 기준이 된다. 이러한 점에서 '제공된 급부의 비용'이 원칙적으로 요금의 산출기준으로서 고려되는데, 이러한 관점이 허용되는 요금의 상한선을 제시한다(비용충당의 원칙). 또 다른 요금산출기준으로서, 요금은 제공된 공적 급부로 인하여 개인에게 발생하는 '이익의 대가'에 해당한다는 '등가원칙'이 고려될 수 있다.

물론, 요금은 사회국가적 관점에서 위 원칙에 따라 산정되는 수준의 이하에 머물 수 있다. 그러므로 행정에 발생하는 비용을 전적으로 국민에게 완전히 부과해야 할 공공단체의 의무는 존재하지 않는다. 한편, 요금이 사회정책적인 관점에서 납부의무자의 경제적 능력에 따라 차등화 될 수 있는지가 문제된다. 경제적 약자에게 낮은 요금을 가능하게 하기 위하여 재력이 있는 납부의무자에게 부담을 부과하는 재분배적 요금은 평등원칙에 위반되기 때문에 위헌적이다.[2]

1) 헌재 2000. 6. 29. 99헌마289, 판례집 12-1, 913, 954, "청구인들은 법 제62조 제4항이 조세법률주의에 위반된다고 주장하나, 보험료는 조세와는 근본적으로 성격을 달리하는 공과금으로서 이에 대하여는 조세법률주의가 적용되지 아니하고, 법률의 명확성원칙이나 헌법 제75조의 포괄적 위임입법의 금지원칙과 같은 일반적인 헌법적 기준이 적용된다."
2) 독일에서는, 허용되지 않는 '재분배적 요금'과 허용되는 '사회적 요금등급화'를 어떻게 구분할 것인지의 문제가 특히 부모의 수입이나 자녀의 수에 따라 유치원요금을 등급화하는 것과 관련하여 논의되었다. 연방헌법재판소는 유치원의 요금(사용료)과 관련하여 다음과 같은 특정 요건 하에서는 세대수입에 따른 등급화가 허용되는 것으로 판단하였다(BVerfGE 97, 332, 344ff.). 즉, 요금의 상한선이 사실상의 비용을 넘어서는 안 되며, 소득이 적은 부모를 소득이 많은 부모가 지원하는 수평적 보조는 허용되지 않는다. 지자체가 사회정책적인 이유로 요금감면을 결정한다면, 이로 인한 수입의 감소는 일반적인 재정조달로 충당되어야 한다.

입법자는 제공되는 급부, 요금의 기준, 요금의 정도와 관련하여 광범위한 결정권을 가지고 있으므로, 요금의 책정에 있어서 입법자는 헌법적으로 단지 제한적으로만 통제될 수 있다. 사법기관은 요금의 부과와 이를 통하여 추구하는 정당한 목적 사이에 현저한 불균형이 존재하는지에 관해서만 심사할 수 있다. 헌법상의 재정질서는 임의로 고액의 요금을 징수하는 것을 금지한다. 왜냐하면 이러한 경우 조세와의 경계가 사라지기 때문이다.

다. 부담금

부담금(Beitrag)도 마찬가지로 국가의 급부에 대한 반대급부로서 성격을 가진다. 그러나 사용료나 수수료와는 달리, 부담금은 국가의 시설이나 급부를 사실상으로 이용한 것에 대해서가 아니라 단지 잠재적인 이용가능성에 대하여 징수된다. 부담금이 사실상의 이익이 아니라 가능한 이익, 즉 특정한 기간시설(하수시설, 개발시설, 온천요양객에게 과하는 세금)을 사용할 가능성에 대하여 징수된다는 점에서, 수수료나 사용료와는 차이가 있다. 개별적인 경우, 이러한 가능성을 실제로 사용하는지는 중요하지 않다. 부담금의 징수와 관련해서도 요금과 유사한 법적 요청을 준수해야 한다.

라. 특별부담금

사례 1 | 헌재 2008. 11. 27. 2007헌마860(영화상영관 입장권 부과금 사건)[1]

甲은 영화상영관 경영자이고, 乙은 영화관 관람객이다. '영화 및 비디오물의 진흥에 관한 법률'은 영화예술의 질적 향상과 한국영화 및 영화·비디오물산업의 진흥·발전을 위하여 영화발전기금을 설치할 것을 규정하고, 영화상영관 입장권에 대한 부과금을 영화발전기금의 재원의 하나로 정하고 있다. 또한 위 법률에 의하면, 부과금 부과대상 영화상영관에 입장하는 관람객은 그 입장권 가액의 100분의 3에 해당하는 금액을 부과금으로 더 납부하여야 영화를 관람할 수 있고, 영화상영관 경영자는 그 부과금을 매월 말일까지 징수하여 다음 달 20일까지 영화진흥위원회에 납부하여야 하며, 만약 이를 납부하지 아니한 경우에는 문화체육관광부장관, 시·도지사 또는 시장·군수·구청장으로부터 1천만 원 이하의 과태료를 부과 받도록 하고 있다. 이에 甲과 乙은 위와 같이 영화발전기금의 재원 마련을 위하여 영화 관람객의 부과금 납부와 이에 대한 영화상영관 경영자의 징수 및 납부를 강제하고 있는 위 법령조항들은, 부담금의 헌법적 허용한계를 벗어나서 관람객이나 영화상영관 경영자의 재산권 및 직업수행의 자유를 침해하고 평등의 원칙에 반한다고 주장하면서, 그 위헌확인을 구하는 헌법소원심판을 청구하였다.[2]

사례 2 | 헌재 2004. 7. 15. 2002헌바42(먹는 샘물 수입판매업자에 대한 수질개선부담금 사건)

甲은 먹는샘물 수입판매업을 주된 사업으로 하는 회사로서, 서울특별시장이 먹는물관리법 제28조 제1항("환경부장관은 공공의 지하수자원을 보호하고 먹는물의 수질개선에 기여하게 하기 위하여 먹는

---

1) 이와 유사한 결정으로는 헌재 2003. 12. 18. 2002헌가2(문화예술진흥기금) 참조.
2) 재판관 4인의 법정의견은, '영화 관람객은 영화라는 단일 장르 예술의 향유자로 집단적 동질성이 있고, 영화발전기금을 통한 영화발전이익은 결국 관람객에게 돌아간다. 따라서 관람객이 이를 납부하는 것은 합리성이 있고, 액수가 소액이며, 한시적으로 운영된다는 점에서 과잉금지원칙을 벗어나지 않는다.'고 판시하였다. 이에 대하여 재판관 5인은 반대의견에서 '영화 산업 발전에 책임이 있는 집단은 그 산업종사자이지 불특정 다수 소비자가 아니므로, 소비자에게 발전기금 부담을 지우는 것은 입법재량의 한계를 벗어난 것'이라는 이유로 위헌의견을 밝혔다.

샘물 제조업자 및 먹는샘물 수입판매업자 기타 제9조의 규정에 의한 샘물개발허가를 받은 자에 대하여 대통령령이 정하는 바에 따라 수질개선부담금을 부과·징수할 수 있다.")에 따라 수질개선부담금을 부과하자, 수질개선부담금 부과처분에 대한 취소의 소를 제기하였다. 甲은 소송계속중 위 법률조항 중 먹는샘물 수입판매업자에 관한 부분이 헌법에 위반된다면서 위헌제청을 신청하였으나 기각되자 헌법소원심판을 청구하였다.1)

(1) 개 념

특별부담금(Sonderabgaben)은 국가 등이 재화 또는 용역의 제공과 관계없이 특정 공익사업과 관련하여 부과하는 조세 외의 금전지급의무이다.2) 특별부담금은 공적 급부에 대한 반대급부가 아니라는 점에서 조세와 유사하다. 그러나 특별부담금은 일반적 요건에 따라 모든 국민으로부터 징수되는 것이 아니라 특정한 집단으로부터 특정 공익사업의 수행을 위하여 징수되기 때문에 조세가 아니며, 국가의 급부나 이익제공에 대한 반대급부를 의미하지 않기 때문에, 수수료·사용료나 부담금이 아니다.

(2) 조세와의 유사성으로 인한 남용의 가능성

특별부담금은 반대급부 없이 징수된다는 점에서 조세와 유사하기 때문에, 입법자에 의하여 남용될 위험이 있다. 입법자는 국민의 조세저항을 피하기 위하여 '조세의 형식'으로 조달되어야 하는 국가의 일반재정을 '부담금의 형식'으로 조달하고자 시도할 수 있다. 그러나 헌법상의 조세국가원칙은 공공단체의 일반적인 재정수요를 충당하기 위하여 특별부담금을 징수하고 이를 일반적 국가과제의 이행을 위하여 사용하는 것을 입법자에게 금지하고 있다. 입법자는 공적 과제의 이행을 위하여 필요한 재정을 조세로써 또는 특별부담금으로써 조달할 것인지를 자유롭게 선택할 수 없다. 입법자가 조세와 특별부담금 중에서 임의로 선택할 수 있다면, 헌법이 예정하고 있는 조세국가원칙은 무의미하게 될 것이다. 국가가 임의로 특별부담금을 징수할 수 있고 이로써 조세의 바탕이 되는 국민의 제한적인 재원을 건드린다면, 조세에 기초하고 있는 헌법상 재정질서가 그 기능에 있어서 저해되기 때문이다.3) 특별부담금은 조세에 기초하고 있는 헌법상 재정질서를 교란하고, 기본권에 의하여 보호되는 부담평등을 저해할 위험성을 내포하고 있다.4)

---

1) 헌법재판소는 [부담금의 정당화 요건에 관하여] "부담금 납부의무자는 재정조달 대상인 공적 과제에 대하여 일반국민에 비해 '특별히 밀접한 관련성'을 가져야 하며, 부담금이 장기적으로 유지되는 경우에 있어서는 그 징수의 타당성이나 적정성이 입법자에 의해 지속적으로 심사될 것이 요구된다. 다만, 부담금이 재정조달목적뿐 아니라 정책실현목적도 함께 가지는 경우에는 위 요건들 중 일부가 완화된다."고 확인한 다음, 먹는샘물 수입판매업자에 대한 수질개선부담금 부과가 평등원칙이나 과잉금지원칙에 위배되지 않는다고 판단하였다.
2) 부담금관리기본법 제2조의 정의조항 참조.
3) 헌재 1998. 12. 24. 98헌가1(먹는샘물 제조업자에 대한 수질개선부담금), 판례집 10-2, 819, 830, 부담금은 "국가의 일반적 재정수입에 포함시켜 일반적 국가과제를 수행하는데 사용되어서는 아니 된다. 그렇지 않으면 국가가 조세저항을 회피하기 위한 수단으로 부담금이라는 형식을 남용할 수 있기 때문이다."; 헌재 2004. 7. 15. 2002헌바42(먹는샘물 수입판매업자에 대한 수질개선부담금), 판례집 16-2상, 14, 27, "만일 실질적으로는 국가 등의 일반적 과제에 관한 재정조달을 목표로 하여 조세의 성격을 띠는 것임에도 단지 국민의 조세저항이나 이중과세의 문제를 회피하기 위한 수단으로 부담금이라는 형식을 남용한다면, 조세를 중심으로 재정을 조달한다는 헌법상의 기본적 재정질서가 교란될 위험이 있을 뿐만 아니라, 조세에 관한 헌법상의 특별한 통제장치가 무력화될 우려가 있다."
4) 연방국가의 경우, 부담금은 연방, 주, 지자체 사이의 조세입법권과 세수의 분배에 관한 연방국가적 재정헌법을 교란하고 공동화하며, 의회의 예산권을 위협하며, 기본권에 의하여 보호되는 부담평등을 문제 삼기에 적합하다.

(3) 특별부담금의 헌법적 문제와 허용요건

(가) 재정에 대한 국회 통제기능의 약화 및 부담평등의 저해

준조세적 성격을 가지는 공과금은 단지 예외적으로 허용되고, 특별한 정당성을 필요로 한다. 특별부담금이 제기하는 두 가지 문제는, 준조세는 예산에 나타나지 않는다는 점에서 재정에 대한 입법자의 통제권을 약화시킬 우려가 있고, 기본권적 측면에서는 부담의 평등을 저해할 우려가 있다는 것이다.[1]

일반회계예산에 편입되는 조세와는 달리, 각종 부담금 수입은 기금이나 특별회계예산에 편입되기 때문에 재정에 대한 국회의 민주적 통제기능을 상대적으로 약화시킬 우려가 있다.[2] 보다 중요한 것은 특별부담금 부과의 기본권적 측면이다. 공과금부담의 평등은 차별적으로 부과되는 준조세의 징수에 의하여 저해되어서는 안 된다. 그러므로 특별부담금의 징수는 부담금을 부과대상에게 귀속시킬 수 있는 특별한 근거를 전제로 한다.

(나) 부담평등에 대한 예외가 정당화되기 위한 요건

따라서 특별부담금은 예외적으로 허용되며, 공과금부담의 평등에 대한 예외를 정당화함으로써 궁극적으로 '부담의 평등'을 확보하기 위하여 다음과 같은 요건을 충족시켜야 한다. 아래 요건은 특별부담금의 부과로 인한 '차별대우를 정당화하는 합리적인 사유'를 서술하고 있다.

부담금의 부과대상자는 공동의 이해관계나 특수한 상황에 의하여 일반국민으로부터 명확히 구분될 수 있는 동질적인 집단이어야 하고(집단의 동질성), 납부의무자집단은 부담금의 징수를 통하여 추구하는 목적과 특별히 밀접한 관계에 있어야 하며(객관적 근접성), 이러한 밀접한 관계로 인하여 부담을 져야 할 책임이 인정될만한 집단이어야 하고(집단적 책임성), 부담금의 수입은 일반적 공적 재정수요의 충당을 위해서가 아니라 주로 납부의무자 집단의 이익을 위하여 사용되어야 한다(집단적 효용성).[3] 즉, 특별부담금이 야기하는 부담과 혜택 사이에 합리적인 연관성이 존재하고, 적어도 부과대상자는 나중에 특별부담금의 사용으로부터 원칙적으로 이익을 얻어야 하는 것이다.[4] 또한, 부담금이

---

1) 헌재 2008. 11. 27. 2007헌마860(영화상영관 입장권 부과금), 판례집 20-2하, 447, 460, "재정조달목적 부담금은 특정한 반대급부 없이 부과될 수 있다는 점에서 조세와 매우 유사하므로 헌법 제38조가 정한 조세법률주의, 헌법 제11조 제1항이 정한 법 앞의 평등원칙에서 파생되는 공과금 부담의 형평성, 헌법 제54조 제1항이 정한 국회의 예산심의·확정권에 의한 재정감독권과의 관계에서 오는 한계를 고려하여,…"; 또한, 헌재 2005. 3. 31. 2003헌가20(학교용지부담금), 판례집 17-1, 294, 302; vgl. BVerfGE 55, 274, 298ff.

2) 헌재 2004. 7. 15. 2002헌바42(먹는샘물 수입판매업자에 대한 수질개선부담금), 판례집 16-2상, 14, 27.

3) 헌재 1998. 12. 24. 98헌가1(먹는샘물 제조업자에 대한 수질개선부담금), 판례집 10-2, 819, "수질개선부담금과 같은 부담금을 부과함에 있어서는 평등원칙이나 비례성원칙과 같은 기본권제한입법의 한계를 준수하여야 함은 물론 이러한 부담금의 부과를 통하여 수행하고자 하는 특정한 사회적·경제적 과제에 대하여 조세외적 부담을 지울 만큼 특별하고 긴밀한 관계가 있는 특정집단에 국한하여 부과되어야 하고, 이와 같이 부과·징수된 부담금은 그 특정과제의 수행을 위하여 별도로 관리·지출되어야 하며 국가의 일반적 재정수입에 포함시켜 일반적 국가과제를 수행하는데 사용되어서는 아니 된다."; 헌재 2008. 11 27. 2007헌마860(영화상영관 입장권 부과금), 판례집 20-2하, 447, 460, "특히 부담금 납부의무자는 그 부과를 통해 추구하는 공적 과제에 대하여 '특별히 밀접한 관련성'이 있어야 한다는 점에 있어서 ① 일반인과 구별되는 동질성을 지녀 특정집단이라고 이해할 수 있는 사람들이어야 하고(집단적 동질성), ② 부담금의 부과를 통하여 수행하고자 하는 특정한 경제적·사회적 과제와 특별히 객관적으로 밀접한 관련성이 있어야 하며(객관적 근접성), ③ 그러한 과제의 수행에 관하여 조세외적 부담을 져야 할 책임이 인정될만한 집단이어야 하고(집단적 책임성), ④ 만약 부담금의 수입이 부담금 납부의무자의 집단적 이익을 위하여 사용될 경우에는 그 부과의 정당성이 더욱 제고된다(집단적 효용성)."; 또한 vgl. BVerfGE 108, 186, 217f.

4) 예컨대, 양로원에서 근무할 직원의 교육을 위한 재정을 마련하기 위하여 양로원시설로부터 징수되는 부담금을 예로 들 수 있다. 이 경우, 납부의무자인 양로원은 일반국민과 구분되는 동질적 집단이다. 부담금의 수입은 납부의무자

특수한 목적에 구속되고 기여한다는 것이 입법자에 의한 심사의무와 상황의 변화에 따른 적응 의무를 통하여 보장되어야 한다. 입법자는 특별부담금의 징수를 허용하는 요건이 지속되는지를 심사해야 할 헌법상 의무가 있다. 이러한 요건이 충족되는 경우에만 부담금을 일정 집단에 귀속시키는 특별한 근거가 인정되고, 부담평등의 원칙에 대한 예외가 정당화되는 것이다.

(4) 재정조달목적 부담금과 정책실현목적 부담금

(가) 정책실현목적 부담금

특별부담금의 경우, 재정조달의 목적은 단지 부수적인 목적이고, 일차적으로 특정 사회·경제정책을 실현하기 위하여 부담금이 부과되는 경우가 적지 않다.[1] 재정조달목적 부담금뿐만 아니라 정책실현목적을 가진 부담금(Ausgleichabgaben)도 허용된다. 정책실현목적 부담금은 특별한 공적 과제를 수행하기 위한 재정을 조달하기 위해서가 아니라, 특정한 사회적·경제적 정책을 실현하기 위하여 부과된다.

명령·금지와 같은 직접적인 규제수단을 사용하는 대신에 부담금이라는 금전적 부담의 부과를 통하여 간접적으로 국민의 행위를 유도하고 조종함으로써 사회적·경제적 정책목적을 달성하는 것이 보다 효과적인 경우가 많다.[2] 국가는 법적 의무를 이행하지 않는 자에 대하여 부담금을 부과함으로써 의무의 이행을 하도록 유도할 수 있으며, 특정 정책을 실현하기 위하여 이러한 정책실현을 저해하는 행위를 억제할 목적으로 부담금을 부과할 수도 있다.

가령, 법적으로 규정된 비율의 장애인을 고용하지 않는 사용자에게 장애인의 고용을 유도하기 위하여 장애인고용부담금이 부과될 수 있으며, 공장폐수의 배출을 억제하기 위하여 환경오염부담금이 부과될 수 있다. 뿐만 아니라, 정책실현목적 부담금의 예로는, 지하수자원을 보호하고 먹는 물의 수질개선을 위하여 먹는 샘물 제조업자와 수입판매업자에게 수질개선부담금을 부과하는 경우[3] 또는 개발제한구역의 훼손을 억제하고 개발제한구역의 관리를 위한 재원을 확보하기 위하여 개발제한구역훼손부담금을 부과하는 경우,[4] 과밀억제권역 내에서 인구집중유발시설의 건축을 억제하고자 부과되는 과밀부담금[5] 등을 들 수 있다.

집단의 이익을 위하여 사용된다. 양로원은 직업교육을 재정적으로 지원함으로써 직업교육을 받은 간호사를 얻을 수 있기 때문이다.

1) 독일연방헌법재판소 제1재판부는 BVerfGE 57, 139, 165ff.(Ausgleichsabgabe zum Schwerbehindertengesetz)에서 제2재판부의 결정(BVerfGE 55, 274, 298ff.; Berufsausbildungsabgabe)에 의하여 형성된 특별부담금의 허용요건을 충족시키지 못하였음에도 위 부담금을 합헌으로 판단하였다(사용자를 동질적인 집단으로 간주한다 하더라도, 특별한 근접성 및 장애인의 고용에 대한 집단적 책임성, 수입을 부과대상집단을 위하여 사용해야 한다는 요건이 결여되어 있었다). 제1재판부는 공과금의 징수에 있어서 입법자의 광범위한 권한을 다시 한 번 강조하였다. 제1재판부는 위 결정에서 부담금을 다시 '주로 재정조달에 기여하는 부담금'과 '조종기능을 가진 부담금'으로 구분하여, 제2재판부에 의하여 형성된 특별한 허용요건은 전자에 대해서만 적용되는 것이고, 조종기능을 가진 특별부담금은 그것이 설사 상당한 수입을 가져온다 하더라도 엄격한 허용요건의 적용을 받지 않는다고 한다. 그러므로 부담금을 통하여 조종목적도 추구되는 한, 입법자에게는 재정수입원으로 부담금을 사용할 수 있는 가능성이 있다고 하는 것이다. 이로써 제1재판부는 제2재판부의 판결과 분명한 대조를 이루었다. 제2재판부는 다시 후속결정(BVerfGE 67, 256, 277f.; Investition-shilfegesetz)에서 부담금이 재정조달의 목적을 단지 부수적 목적으로 추구하더라도 엄격한 허용요건은 적용된다는 것을 다시 한 번 강조하였다. 이러한 견해의 대립은 현재도 그대로 지속되고 있다.

2) 헌재 1998. 12. 24. 98헌가1(먹는샘물 제조업자에 대한 수질개선부담금), 판례집 10-2, 819, 830.

3) 헌재 1998. 12. 24. 98헌가1(먹는샘물 제조업자에 대한 수질개선부담금); 헌재 2004. 7. 15. 2002헌바42(먹는샘물 수입판매업자에 대한 수질개선부담금).

4) 헌재 2007. 5. 31. 2005헌바47(개발제한구역훼손부담금).

5) 헌재 2001. 11. 29. 2000헌바23(과밀부담금).

(나) 재정조달목적 부담금

이에 대하여, 재정조달목적 부담금으로는 필요한 학교시설의 확보에 있어서 소요되는 재정을 충당하기 위하여 부과되는 학교용지부담금,[1] 교통안전기금의 재원을 조달하기 위하여 운송업자 및 교통수단 제조업자에 대하여 부과되는 교통안전분담금,[2] 문화예술진흥이라는 특정한 공익 목적을 달성하는 데 필요한 재원을 확보하고자 부과되는 문화예술진흥기금,[3] 영화산업의 발전기금을 마련하기 위하여 영화상영관을 이용하는 관람객에게 부과되는 영화상영관 입장권 부과금[4] 등을 예로 들 수 있다.

(5) 특별부담금에 관한 헌법재판소의 판례 경향

(가) 부담금의 성격에 따른 차별화된 기준의 적용

1) 평등의 문제로서 부담금

부담금은 일반국민이 아니라 특정 납부의무자집단에 대하여 차별적으로 부과되는 특별한 재정책임이기 때문에, 위헌심사의 출발점은 '공과금부담의 평등'이다. 특별부담금의 납부의무자가 부담금의 부과에 대하여 일차적으로 제기하는 문제는, 왜 납부의무자가 속한 특정 집단에게만 차별적으로 공과금을 부과하는지에 관한 것이다. 부담금의 정도가 과도하여 납부의무자의 재산권을 과도하게 침해하는지의 여부는 공과금부과에 있어서의 차별적인 대우가 정당화되는 경우에 비로소 제기되는 부차적이고 부수적인 문제이다. 따라서 부담금의 부과가 헌법적으로 정당화되는지의 판단에 있어서 제기되는 본질적인 문제는 일차적으로 평등의 문제인 것이다. 헌법재판소는 부담금이 공과금부담의 평등의 관점에서 정당화되는지를 판단함에 있어서 재정조달목적 부담금과 정책실현목적 부담금을 구분하여 전자와 비교할 때 후자에 대하여 보다 완화된 위헌심사기준을 적용하고 있다.[5] 전반적으로, 재정조달목적 부담금의 경우 헌법재판소가 위헌결정을 할 가능성이 높은 반면, 정책실현목적 부담금의 경우에는 합헌결정을 할 가능성이 높다고 할 것이다.

2) 재정조달목적 부담금에 대한 심사기준

부담금 부과의 주된 목적이 재정조달에 있는 재정조달목적 부담금의 경우, 특정 집단에 대해서만 부담금을 부과하는 것이 '모든 국민의 공과금부담의 평등'이라는 관점에서 정당화되는지의 여부가

---

1) 헌재 2005. 3. 31. 2003헌가20(학교용지부담금).
2) 헌재 1999. 1. 28. 97헌가8(교통안전분담금).
3) 헌재 2003. 12. 18. 2002헌가2(문화예술진흥기금).
4) 헌재 2008. 11. 27. 2007헌마860(영화상영관 입장권 부과금).
5) 헌재 2004. 7. 15. 2002헌바42(먹는샘물 수입판매업자에 대한 수질개선부담금), 판례집 16-2상, 14, 29, "조세평등주의는 담세능력에 따른 과세의 원칙을 예외 없이 절대적으로 관철시킬 것을 의미하지는 않으며, 합리적 이유가 있는 경우라면 납세자간의 차별취급도 예외적으로 허용될 수 있다. 마찬가지로, 부담금도 그 납부의무자에게 추가적인 공과금을 부담시킬 만한 합리적 이유가 있으면 공과금 부담의 형평성에 반하지 않는다. 그리고 바로 그러한 합리적 이유로서, 재정조달목적 부담금의 경우에는 납부의무자가 재정조달의 대상인 공적 과제에 대하여 일반국민에 비해 특별히 밀접한 관련성을 가질 것이 요구되는 것이다. 그런데 정책실현목적 부담금의 경우에는, 특별한 사정이 없는 한, 부담금의 부과가 정당한 사회적·경제적 정책목적을 실현하는 데 적절한 수단이라는 사실이 곧 합리적 이유를 구성할 여지가 많다. 그러므로 이 경우에는 '재정조달 대상인 공적 과제와 납부의무자 집단 사이에 존재하는 관련성' 자체보다는 오히려 '재정조달 이전 단계에서 추구되는 특정 사회적·경제적 정책목적과 부담금의 부과 사이에 존재하는 상관관계'에 더 주목하게 된다. 따라서 재정조달목적 부담금의 헌법적 정당화에 있어서는 중요하게 고려되는 '재정조달 대상 공적 과제에 대한 납부의무자 집단의 특별한 재정책임 여부' 내지 '납부의무자 집단에 대한 부담금의 유용한 사용 여부' 등은 정책실현목적 부담금의 헌법적 정당화에 있어서는 그다지 결정적인 의미를 가지지 않는다고 할 것이다."; 헌재 2005. 3. 31. 2003헌가20(학교용지부담금), 판례집 17-1, 294, 302, "그러나 적어도 정책실현목적의 부담금이 사회적·정책적 목적을 실현하는 데 적절한 수단이 되어야 함은 물론이고 법 앞의 평등원칙에서 파생되는 공과금 부담의 형평성을 벗어나서는 안 될 것이다."

결정적인 역할을 한다. 따라서 특정 집단에 대한 부담금의 부과로 인하여 발생하는 '공과금부과에 있어서 이러한 차별대우'가 헌법적으로 허용되는지의 여부는 '집단의 동질성', '객관적 근접성', '집단적 책임성', '집단적 효용성' 등 엄격한 요건 하에서 판단된다. 이러한 요건들은 바로 공과금의 부과에 있어서 부담금의 부과로 인한 차별대우를 정당화하는 사유에 해당한다.

3) 정책실현목적 부담금에 대한 심사기준

이에 대하여, 특정 공익사업을 위한 재원의 조달보다는 일차적으로 국민의 행위를 일정 방향으로 유도하고 조종함으로써 특정 사회경제적 목표를 달성하고자 하는 정책실현목적 부담금의 경우, 그 주된 목적은 재정조달이 아니라 특정 정책적 목표의 실현이다. 여기서 부담금은 특정 정책적 목표를 실현하기 위한 수단으로서 투입된다. 따라서 이러한 부담금이 헌법적으로 허용되는지의 여부는 국민들 간의 부담평등의 관점보다는 일차적으로 입법자가 선택한 부담금이라는 수단이 의도하는 정책적 목표를 실현하기에 적합한지의 관점에서 판단된다. 즉, 목적(추구하고자 하는 정책적 목표)과 수단(특정 집단에 대한 부담금의 부과)과의 상관관계의 합리성에 관한 심사인 것이다. 물론, 이러한 부담금의 부과로 인하여 국민들 간의 부담평등이 저해되기는 하나, 정책실현목적 부담금의 경우에는 재정조달목적 부담금에 대하여 요청되는 엄격한 요건이 어느 정도 완화될 여지가 있다. 따라서 객관적 근접성이나 집단적 책임성, 집단적 효용성에 대하여 완화된 요청을 할 수 있다.

(나) 판례의 일관성 결여

특별부담금에 관한 헌법재판소의 판례에서도 드러나듯이, 부담금이 제기하는 헌법적 문제는 근본적으로 부담금의 부과에 의하여 국민의 재산권이 과도하게 침해되는지의 문제가 아니라, 부담금부과로 인한 차별대우가 헌법적으로 정당화되는지의 문제, 즉 공과금부담 평등의 문제, 평등권의 문제이다. 따라서 부담금에 대한 위헌심사의 중점은 평등심사에 있다.

한편, 헌법재판소는 재정조달목적 부담금의 위헌여부를 판단함에 있어서 일관된 입장을 취하지 못하고 있다. 헌법재판소는 헌재 2005. 3. 31. 2003헌가20(학교용지부담금 사건)에서 부담금의 위헌여부를 평등원칙의 관점에서 판단하였다. 이에 대하여, 헌재 2008. 11. 27. 2007헌마860(영화상영관 입장권 부과금 사건)에서는 부담금 부과의 문제가 본질적으로 평등의 문제라는 것을 제대로 인식하지 못하고 일차적으로 '재산권 및 직업수행의 자유의 침해여부'의 관점에서 과잉금지원칙을 적용하여 판단하면서 '수단의 적절성'의 단계에서 부담금의 부과가 평등원칙에 위반되는지를 판단하는 요건(집단적 동질성, 객관적 근접성, 집단적 효용성 등)을 적용하는 오류를 범하였다. 그러나 최근의 일부 결정에서는 부담금 부과의 헌법적 문제가 근본적으로 평등의 문제라는 것을 인식하여, 전적으로 평등원칙을 심사기준으로 하여 부담금의 위헌여부를 판단하고 있다.[1]

---

1) 헌법재판소는 '골프장 시설의 입장료에 대한 부가금을 국민체육진흥기금의 재원으로 규정한 국민체육진흥법조항의 위헌여부'가 문제된 결정에서, 골프장 부가금은 조세와 구별되는 것으로서 재정조달목적 부담금에 해당한다는 것을 확인한 다음, "골프장 부가금은 일반 국민에 비해 특별히 객관적으로 밀접한 관련성을 가진다고 볼 수 없는 골프장 부가금 징수 대상 시설 이용자들을 대상으로 하는 것으로서 합리적 이유가 없는 차별을 초래하므로, 헌법상 평등원칙에 위배된다."고 판시하여, 골프장 부가금이 재정조달목적 부담금의 헌법적 정당화 요건을 갖추지 못하여 헌법상 평등원칙에 위배된다고 판단하였다(헌재 2019. 12. 27. 2017헌가21, 판례집 31-2하, 8, 10).

II. 예산의 심의·확정권

예산에 관한 헌법규정은 정부에 의한 예산안의 편성, 국회에 의한 예산안의 의결, 정부에 의한 예산의 집행, 감사원을 통한 국회의 결산이라는 4단계의 순환적 구조를 전제로 하고 있다.

1. 예산 및 예산의결권의 헌법적 의미

가. 국회 예산의결권의 의미

헌법은 제54조 제1항에서 "국회는 국가의 예산안을 심의·확정한다."고 하여 국회의 예산의결권을 규정하고 있다.

국회의 예산의결권은 의회의 對政府 통제 및 정치적 형성을 위한 중요한 도구이다.[1] 예산은 1년간 정부의 시정계획(施政計劃)을 위한 재정적 기초이므로, 예산에 대한 국회의 동의는 정부의 시정계획(정책시행에 관한 계획)에 대한 국회의 동의를 의미한다.[2] 국회가 필요한 재원을 거부한다면 재정적 지출을 필요로 하는 정부의 계획은 시행될 수 없다. 예산의결권은 국회가 특히 행정부의 행위를 조종할 수 있는 가장 중요한 '고삐'인 것이다. 예산의결권은 국가행위의 모든 단계를 재정적인 측면에서 사전에 확정하고 감독하는 가능성을 국회에게 부여한다. 국회는 예산의결권을 통하여 행정부의 정책을 현저하게 조종하고 유도함으로써 영향력을 행사할 수 있다.

나. 예산의 의미

예산은 주로 다음과 같은 3가지 의미를 가지고 있다.

(1) 첫째, 재정경제적 의미이다. 예산은 회계연도 개시 전에 기대되는 수입과 의도하는 지출을 대조시키는 예정계획이다. 예산의 일차적인 의미는 차기 회계연도에 있어서 국가의 합리적인 경영과 회계에 기여한다는 것에 있다. 예산은 그 자체로서는 단지 기대되는 수입과 의도하는 지출의 대조표에 불과하다. 예산은 수입과 관련해서는 예측에 기초하고 있으며, 지출과 관련해서는 의도의 표명이다. 그러나 이러한 의도의 표명은 예산이 국회의 의결로써 확정됨으로써 법적으로 구속력을 가진다.

(2) 둘째, 경제정책적 의미이다. 국가예산은 경제영역에서 매우 중요한 의미를 가진다. 국가는 국민경제에서 최대의 기업이자 투자자이기 때문에, 어디에 어느 정도로 투자할 것인지에 관한 예산정책적 결정을 통하여 사경제에 큰 영향력을 행사할 수 있다. 오늘날, 예산을 경제정책적 수단으로서 사용하는 것이 당연시 되고 있다.

(3) 셋째, 국가정책적 의미이다. 예산에는 정부의 정치적 목표설정이 표현되어 있다. 대부분 국가과제의 이행이 지출을 수반하기 때문에, 어떠한 과제가 어느 정도로 착수될 수 있고 계속될 수 있는지가 이미 예산에 의하여 본질적으로 결정된다. 국회는 예산의결권의 행사를 통하여 가령, 복지후생의 과제, 국방의 과제 또는 교육의 과제 등에 어느 정도로 지출되어야 하고, 이에 따라 정부의 정책이 어느 정도로 지원되어야 할 것인지에 관하여 결정한다. 이러한 의미에서 예산은 정부의 정책을 숫자로 반영하고 있다고 할 수 있다.[3]

---

1) BVerfGE 70, 324, 355f.
2) 권영성, 헌법학원론, 2010, 903면.

2. 예산의 개념 및 법적 성격

가. 법규범으로서 예산

예산이란 1회계연도에 있어서 국가의 세입·세출에 관한 예정 계획으로, 국회의 의결로써 성립하는 법규범의 일종이다. 예산은 법률의 형식으로(예산법률주의) 또는 법률과 달리 독립한 형식으로(예산비법률주의) 존재할 수 있으나, 非法律의 형식으로 존재하는 예산도 법규범으로서의 성질을 가진다. 미국, 영국, 독일, 프랑스 등 다수 국가에서는 예산법률주의를 채택하고 있는 반면, 우리를 비롯하여 일본, 스위스 등의 국가에서는 법률과는 다른 특수한 형식으로 의결되고 있다. 헌법은 제53조의 법률의결권과는 별도로 제54조에서 예산의결권을 규정함으로써 법률과 예산의 형식을 구별하고 있다.

우리 헌법처럼 법률과 예산을 별개의 형식으로 규정하는 경우, 예산이 법률의 형식으로 의결되지 않는다는 점에서 법률과 다음과 같은 차이점을 가진다. 법률은 공포와 시행을 통하여 법적으로 존재하고 효력을 발생하나 예산은 국회의 의결로써 법적으로 존재하고 효력을 발생하며, 예산안 제안권은 법률안 제안권과는 달리 정부만이 가지며, 대통령은 법률안과는 달리 국회가 의결한 예산안에 대하여 거부권을 행사할 수 없다. 그 효력에 있어서도, 예산은 1회계연도에 한하여 효력을 가지는 반면, 법률은 원칙적으로 영구적 효력을 가진다.

나. 국가내부적 법규범

일반적 법률과는 달리, 예산은 국민에 대한 권리와 의무를 발생시키지 않는다. 예산은 단지 국가내부적 규범으로서 국가기관만을 구속할 뿐, 국가와 국민 간의 법적 관계를 규율하지 않는다.[1] 세입예산은 세입예정표 이상의 효력을 가지지 않는다. 세입예산에 근거하여 국가가 직접 조세를 징수할 수 없고, 조세 등의 징수는 별도의 법률을 필요로 한다. 세출예산은 국민에 대하여 일반적으로 구속력을 가지는 규범이 아니라 단지 국가의 지출에 대한 행정내부적인 수권규범이다.[2] 따라서 국민은 예산에 책정된 항목에 근거하여 특정한 급부를 요구할 수 없다. 예산은 예산에 책정된 금액을 지출할 수 있는 권한을 행정부에 부여하면서, 정해진 지출목적에 따라 단지 책정된 금액만을 지출할 수 있다는 점에서 행정부의 권한을 제한하고 있다. 그러나 예산은 행정부에 지출해야 할 의무를 부과하는 것은 아니다.

3. 예산의 성립과정

예산은 정부에 의한 예산안의 편성·제출, 국회에 의한 예산안의 심의·의결의 과정을 거쳐서 성립한다. 예산안 편성의 기본원리로는, 예산을 1회계연도마다 편성해야 하는 1년예산주의, 각 회계연도의 경비를 그 연도의 세입으로써 충당하는 '회계연도 독립의 원칙', 국가의 세입·세출을 합하여 하나의 예산으로 통일하여 편성하는 단일예산주의(회계통일주의), 국가의 모든 세입과 세출을 예산에

---

3) BVerfGE 79, 311, 329.

1) 헌법재판소는 "예산은 일종의 법규범이고 법률과 마찬가지로 국회의 의결을 거쳐 제정되지만, 법률과 달리 국가기관만을 구속할 뿐 일반국민을 구속하지 않는다."고 확인하였고(헌재 2006. 4. 25. 2006헌마409), 국방예산을 증액한 것이 기본권을 침해한다고 주장하면서 청구한 헌법소원심판에서 "정부가 국방예산을 증액하였다고 하더라도 이로 인하여 청구인의 기본권이 현재, 직접적으로 침해되었다고 보기 어려우므로, 이 사건 심판청구는 기본권침해의 법적 관련성이 인정되지 아니한다."고 판시하였다(헌재 2016. 12. 27. 2016헌마1092).

2) BVerfGE 38, 121, 126.

계상하여 편성하는 예산총계주의원칙[1] 등이 있다.

가. 예산의 편성과 제출

정부는 회계연도마다 예산안을 편성하여 회계연도 개시 90일 전까지 국회에 제출해야 한다(헌법 제54조 제2항). 헌법에서 이와 같이 스스로 정부의 예산안 제출기한을 확정한 것은, 국회에서 예산심의기간의 부족을 방지하기 위한 것이다. 법률안 제안권과는 달리, 정부만이 예산안 제안권을 가지고 있다. 객관적인 측면에서 보더라도, 국회에게는 복잡한 예산안을 편성하기 위하여 필요한 전문성이 결여되어 있다.

나. 예산안의 심의·수정·의결

(1) 예산심의·의결의 절차

정부가 예산안을 국회에 제출하면, 국회는 회계연도 개시 30일 전까지 예산안을 의결해야 한다(헌법 제54조 제2항).[2] 예산안의 심의는 정부의 시정연설의 청취, 상임위원회의 예비심사, 예산결산특별위원회의 종합심사, 국회본회의에서 의결·확정이라는 4단계로 이루어진다.

구체적으로, 예산안이 제출되면, 국회는 대통령의 시정연설을 청취한 뒤, 소관상임위원회에 예산안을 회부하여 예비심사를 하도록 한다. 소관상임위원회는 예비심사를 하여 그 결과를 국회의장에게 보고하고 국회의장은 예산안에 소관상임위원회의 보고서를 첨부하여 예산결산특별위원회의 종합심사에 회부한다(국회법 제84조 제1항, 제2항). 의장은 그 심사가 끝난 후 본회의에 상정하여 심의·의결한다. 국회가 의결한 예산은 정부에 이송되어 대통령이 공고한다. 예산은 단지 국가내부적 법규범으로서 외부적 효력을 가지지 않기 때문에, 예산의 공고는 그의 효력발생요건이 아니다.

(2) 국회예산심의권의 한계

(가) 헌법 제57조

한편, 헌법 제57조는 "국회는 정부의 동의 없이 정부가 제출한 지출예산 각 항의 금액을 증가하거나 새 費目을 설치할 수 없다."고 규정하여, 국회의 예산심의권의 한계를 제시하고 있다. 이에 따라 국회는 예산의 심의에 있어서 예산안을 폐지, 삭제, 감액하는 것은 허용되지만, 증액수정이나 새로운 비용항목을 설치할 수 없다. 국회의 이러한 권한을 인정하는 것은 결국 헌법상 인정되지 않는 예산제안권을 인정하는 것이기 때문이다. 따라서 국회에 의한 예산안의 축소적 수정은 가능하나, 확장적 수정은 정부의 동의, 즉 정부의 예산안 제출을 필요로 한다. 예산에 대해서는 국회가 법률안과는 달리 전면거부를 할 수 없고 단지 일부수정만이 가능하다.

(나) 예산안의 심의에 있어서 사실상의 구속

또한, 국회는 이미 법적으로 확정된 지출(가령, 인건비, 사회적 급부 등)이나 기존의 국가시설(행정청이나 법원 등)의 유지를 위하여 필요한 지출을 가능하게 해야 하기 때문에, 예산안의 심의에 있어서 사실상의 구속을 받는다.

---

1) 헌재 2004. 7. 15. 2002헌바42, 판례집 16-2상, 14, 27, "예산회계법 제18조 제2항 본문은 "세입세출은 모두 예산에 계상하여야 한다."라고 규정하여 예산총계주의원칙을 선언하고 있다. 이는 국가재정의 모든 수지를 예산에 반영함으로써 그 전체를 분명하게 함과 동시에 국회와 국민에 의한 재정상의 감독을 용이하게 하자는 데 그 의의가 있다."

2) 위원회는 예산안이 헌법상 의결기한 내에 통과될 수 있도록 예산안과 부수 법률안의 심사를 매년 11월 30일까지 마쳐야 하고, 그 기한 내에 심사를 마치지 아니한 때에는 본회의에 부의된 것으로 본다(국회법 제85조의3).

다. 계속비와 예비비

(1) 계속비

繼續費란 수년 도에 걸친 대규모 사업에 소요되는 경비로서 그에 대하여 정부가 연한을 정하여 일괄하여 국회의 의결을 얻는 경비를 말한다(헌법 제55 조 제1항). 계속비는, 예산은 1회계 연도마다 편성해야 한다는 '1년예산주의'에 대한 예외에 해당한다.

(2) 예비비

豫備費란, 예측할 수 없는 예산 외 지출이나 예산초과지출에 충당하기 위하여 예산에 계상되는 비용을 말한다. 예비비의 경우, 지출의 용도를 예상할 수 없다는 점에서 비용항목을 명시할 수 없기 때문에, 예비비는 단지 총액만 계정하여 국회의 의결을 얻어야 하고, 그 지출에 대해서는 나중에 차기 국회의 승인을 얻어야 한다(헌법 제55 조 제2항). 예산은 한 번 성립된 후에는 임의로 변경할 수 없기 때문에, 예산의 내용 중에 예비비를 둘 수 있도록 하고, 예산 성립 이후에 예비비만으로 해결할 수 없는 경우에는 추가경정예산안을 편성·제출해야 한다.

4. 예산의 불성립과 변경

가. 임시예산

헌법은 예산의 불성립의 경우 임시예산을 허용하고 있다. 예산은 국가지출에 대한 수권규범으로서의 성격상, 원칙적으로 회계연도 개시 전에 확정되어야 한다. 그러나 새로운 회계연도가 개시될 때까지 국회가 예산안을 의결하지 못하는 경우(예산의 불성립), 헌법은 예산 없는 상태에 대처하고 국정의 기능 마비를 방지하기 위하여 특정한 지출을 할 수 있는 권한을 정부에 부여하고 있다. 헌법 제54조 제3항에 의하면, 정부는 제한된 범위 내에서 국회에서 예산안이 의결될 때까지 전년도 예산에 준하여 집행할 수 있다. 국가기관의 유지에 필요한 지출("1. 헌법이나 법률에 의하여 설치된 기관 또는 시설의 유지·운영"), 법적인 의무의 이행을 위한 지출("2. 법률상 지출의무의 이행") 및 이미 개시한 사업을 계속하기 위하여 필요한 지출("3. 이미 예산으로 승인된 사업의 계속")이 이에 속한다. 법적으로 또는 사실적으로 지출이 예정되어 있는 것은 국회의 의결 이전에 지출될 수 있으며, 이 경우 국회의 예산의결권에 대한 침해가 우려되지 않는다는 것이 위 헌법규정의 기본사고이다.

이러한 정부의 권한은 예산 없는 상황이라는 단기적인 비상상황에 대하여 제한된 범위 내에서 잠정적인 집행을 가능하게 하고자 하는 것이다(暫定豫算). 따라서 위 헌법규정은 예외적 규정으로서 축소적으로 엄격하게 해석해야 한다. 위 헌법규정은 단지 단기의 예외적 상황을 위한 것으로 대체적 예산의 근거를 제공하고자 하는 것이 아니다.

나. 추가경정예산안

정부가 예산 성립 이후에 발생한 사유로 말미암아 이미 성립된 예산에 변경을 가할 필요가 있을 때에는, 의결된 예산안과 동일한 방법으로 국회에 추가경정예산안을 제출하고, 그 의결을 얻어야 한다(헌법 제56조). 추가경정예산안을 편성할 수 있는 사유로는 가령, 대규모 자연재해, 경기침체, 대량실업 등을 들 수 있다(국가재정법 제89조 제1항).

III. 결산심사권

1. 사후적 통제로서 결산심사

예산의결권이 재정에 대한 국회의 사전적 통제라면, 결산심사권은 국회의 사후적 통제라 할 수 있다. 국회가 예산을 심의·확정하면, 관계국가기관이 확정된 예산을 집행하게 된다. 예산의 집행결과에 대해서는 일차적으로 감사원이 매년 세입·세출의 결산을 검사하고, 그 결과를 국회에 보고한다.

헌법은 국회에 대한 '감사원의 결산검사보고의무'의 형식으로 국회의 결산심사권을 간접적으로 규정하고 있다. 감사원은 매년 세입·세출의 결산을 검사하여 대통령과 차년도 국회에 그 결과를 보고하여야 한다(헌법 제99조). 국회는 결산에 대한 심의·의결을 정기회 개회 전까지 완료하여야 한다(국회법 제128조의2).

이를 구체적으로 살펴보면, 다음과 같다. 기획재정부장관은 각 중앙관서의 장이 작성·제출한 결산보고서를 토대로 국가결산보고서를 작성하여 대통령의 승인을 얻어 감사원에 제출한다. 감사원이 예산의 집행결과에 대하여 검사하고 정부에 보고한다. 정부가 감사원의 검사를 거친 국가결산보고서를 국회에 제출하면, 국회에서의 결산심사절차가 진행된다(국가재정법 제58조 내지 제61조). 결산심사절차는 예산안 심의의 경우와 같다(국회법 제84조). 즉, 결산이 제출된 후 소관상임위원회에 회부하여 심사를 거쳐 예산결산특별위원회의 심사에 붙이고, 이어서 본회의에 부의해 의결한다.

2. 국회의 의결·부결의 효과

국회의 의결 또는 부결은 단지 정치적인 의미만을 가질 뿐, 법적인 의미가 없다. 국회는 의결을 통하여 예산집행의 합법성과 합당성을 확인하는 것이고, 국회에서 부결된다면 정치적인 비난을 의미할 뿐, 정부나 장관의 퇴진을 강요할 수 없다. 물론, 국회는 결산심사의 결과, 위법·부당한 예산집행사항이 발견되면, 정부에 정치적 책임(해임건의)과 법적 책임(탄핵소추, 관련자의 형사고발)을 추궁할 수 있다.

IV. 헌법재판소에 의한 예산 통제

국가기관은 국회의 예산의결에 의하여 헌법 또는 법률에 의하여 부여된 자신의 권한이 침해되었다는 주장으로 권한쟁의심판을 청구할 수 있다. 가령, 국회의 교섭단체는 국가의 정당보조금에 의하여 기회균등의 권리가 침해당했다고 주장하거나,[1] 정부가 예산안이 의결될 때까지 잠정적으로 집행할 수 있는 범위를 넘어서 집행함으로써 국회의 예산안 의결권을 침해했다고 주장하는 경우 또는 국회가 정부의 동의 없이 새로운 비목을 설치함으로써 정부의 동의권이 침해당했다고 주장하는 경우가 이에 해당한다.

---

1) 정당은 권한쟁의심판의 당사자가 될 수 없다.

V. 정부의 중요재정행위에 대한 동의권

헌법 제58조는 "국채를 모집하거나 예산외에 국가의 부담이 될 계약을 체결하려 할 때에는 정부는 미리 국회의 의결을 얻어야 한다."고 규정하고 있다. 국회의 동의는 정부에게 국채의 모집이나 계약 체결의 권한을 부여한다.

1. 기채동의권(起債同意權)

정부가 국채를 모집하고자 할 때에는 국회의 사전동의를 얻어야 한다. 헌법 제58조의 동의란 함은 사전동의를 말한다.[1] 국채란, 국가가 국고의 세입부족을 보충하기 위하여 부담하는 채무를 말한다. 국채는 자본시장에서 자금의 조달을 의미하는 것으로, 조세를 비롯한 그 외의 수입에 의하여 메울 수 없는 재정의 결손을 메운다. 그러나 국채는 이자와 원금을 상환해야 하기 때문에 장래 회계연도의 예산에 부담을 주게 된다.

2. 예산 외 국가의 부담이 될 계약의 체결에 대한 동의권

여기서의 '계약'이란 2 회계연도 이상에 걸쳐 채무를 부담하는 사법상의 계약을 말한다. 가령, 국가가 1 회계연도를 넘어서 지출을 야기할 수 있는 사법상의 보증채무 등을 지는 경우이다. 보증을 통하여 국가는 제3자의 채권자에 대하여 제3자가 채무를 이행하지 않는 경우 그의 채무를 보증한다. 또한, 국가가 그 외의 확약을 통하여 기업의 위험부담을 완화하거나 제거하고자 하는 경우도 이에 해당한다. 이러한 보증채무는 장래의 회계연도에 현저한 재정적 부담을 초래할 수 있다.

제 3 항 國政統制에 관한 權限

I. 국정감사 · 조사권

1. 개   념

헌법은 제61조 제1항에서 "국회는 국정을 감사하거나 특정한 국정사안에 대하여 조사할 수 있으며, 이에 필요한 서류의 제출 또는 증인의 출석과 증언이나 의견의 진술을 요구할 수 있다."고 하여 국회의 국정감사 · 조사권을 규정하면서, 제2항에서 그 절차에 관한 사항은 법률로써 정하도록 규정하고 있다. 국정감사 및 조사의 절차에 관해서는 '국정감사 및 조사에 관한 법률'(이하 '국감법') 및 '국회에서의 증언 · 감정 등에 관한 법률'(이하 '증감법')이 제정되어 시행되고 있다.

가. 국정감사

(1) 국정감사란, 국정 전반을 대상으로 하여 법률이 정하는 감사대상기관에 대하여 정기적으로 공개리에 행하는 일반적 국정조사를 말한다. 국정감사권은 국회의 예산의결권과 결부되어 예산안 심

---

1) 이에 대하여 승인이란 사후승인을 말한다. 가령, 헌법 제55조 제2항에서 "예비비의 지출은 차기국회의 승인을 얻어야 한다."고 규정하고 있는데, 여기서 승인이란 사후승인을 말한다.

제2장 國 會 *1207*

의·의결을 위한 선행적 제도로 사용되고 있다.

(2) 국정감사는 국정전반에 대하여 포괄적으로 실시되는 것이므로, 국정감사의 대상기관도 모든 국가기관 및 지방자치단체 중 특별시, 광역시 및 도 등 포괄적이다(국감법 제7조).

(3) 국정감사는 서구 민주국가에서는 찾아볼 수 없는 한국헌법의 특유한 제도이다. 서구 민주국가의 경우, 헌법에서 국정조사권만을 규정할 뿐 별도의 국정감사권을 언급하고 있지 않은 반면, 우리헌법은 국정조사권 외에도 국정감사권을 구분하여 규정하고 있다. 그러나 국정감사란 별개의 제도가 아니라 국정조사의 특수한 형태 또는 변형된 형태를 의미한다. 서구 민주국가에서 국정감사권을 규정하지 않은 것은, 일 년 내내 국정에 관한 자료와 정보가 수집되기 때문에 예산안의 심의·의결을 위하여 별도의 국정감사가 불필요하다는 인식에 기인하는 것이다.

나. 국정조사

(1) 국정조사란, 특정의 국정 사안(국민적 의혹이나 비리사건 등)을 대상으로 하여 조사의 필요가 있을 때 수시로 공개리에 행하는 조사를 말한다.[1]

(2) 국정조사의 대상은 국회의 권한범위에 속하는 모든 사안이다. 가령, 법률안을 준비하기 위한 정보의 수집, 국회의 권위를 유지하고 자기정화(自己淨化)에 기여하는 조사, 집행부에 대한 통제의 목적으로 이루어지는 집행부의 행정과 재정 등에 대한 조사 등이 이에 속한다.[2]

(3) 국정조사의 대상기관은 국정조사의 사안에 의하여 제한되므로, 국회본회의의 의결로써 승인한 조사계획서에 기재된 기관에 한정된다.

다. 국회의 국정감사·조사권과 감사원의 감사의 관계

국회의 국정감사·조사권과 감사원의 감사는 그 주체, 목적 및 대상에 있어서 다음과 같은 차이가 있다. 국회의 국정감사·조사권의 경우, 국회가 주체가 되어 입법이나 예산심의, 집행부에 대한 통제 등 국회기능을 수행하기 위하여 필요한 자료와 정보를 수집할 목적으로, 입법·사법·행정의 국정의 모든 분야에 대한 감사와 조사를 행한다.

이에 대하여, 감사원의 감사의 경우, 대통령 소속하의 집행부기관인 감사원이 주체로서, 국가의 재원이 제대로 집행되는지를 파악하는 회계감사나 직무감찰을 하기 위하여, 예산의 집행과 공무원 직무상의 비위를 감찰한다(헌법 제97조).

2. 헌법적 의미와 기능

가. 국정통제기능을 이행하는 핵심적인 제도

(1) 집행부에 대한 의회의 통제

국정감사·조사권은 일차적으로 집행부와 사법부를 감시하고 통제하는 기능을 한다. 국정감사·조사권은 국회의 통제기능을 이행하기 위한 여러 제도 중에서 가장 일상적으로 활용되고(특히, 국정조사의 경우) 또한 가장 실효성이 있는 핵심적 제도라 할 수 있다. 국정조사를 통하여 의회는 헌법상 부과 받은 과제를 이행함에 있어서 해명의 필요성이 있는 사실관계를 정부나 법원 등 다른 국가기관

---

1) 국감법 제12조에 의하면, 위원회의 의결로 달리 정하지 않는 한 감사 및 조사는 공개로 한다.
2) BVerfGE 77, 1, 43ff.

으로부터 독립하여 독자적으로 조사하는 가능성을 가진다. 국정조사권은 특히 집행부의 비리와 부정을 규명함으로써 집행부에 대한 통제기능을 담당한다.

(2) 법원에 의한 진실규명과의 차이점

국회의 조사위원회는 특정 국정사안에 관하여 그 사실관계를 규명하고 정치적 관점에서 평가한다. 조사위원회는 무슨 일이 발생하였는지, 누가 그에 대하여 책임을 져야 하는지를 규명하지만, 국회의 과제는 단지 사실관계의 확인과 정치적 평가에 그친다. 여기에 법원에 의한 진실규명과의 차이점이 있다. 법원은 사실관계를 확인하여 확정된 사실관계에 해당 법률을 적용함으로서 법적으로 판단하고 결정한다. 국정조사권은 단지 사실관계를 규명하는 것만으로도 국회와 국민여론의 정치적 압력으로 작용하여 해당 국가기관이 스스로 시정하거나 또는 당사자가 알아서 스스로 그에 대한 책임을 지고 공직에서 물러나도록 하는 효과가 있다.[1]

(3) 소수의 권리로서 국정조사권

의회의 대정부 통제과제가 주로 소수당(야당)에 의하여 이행되는 오늘날의 변화한 권력분립구조에서, 국회의 국정통제수단인 국정조사권에 대하여 특별한 헌법적 요청이 제기된다. 오늘날의 정당국가에서 국정조사권은 의회의 소수가 대정부 통제기능을 이행하는 사실상 핵심적인 제도이기 때문에, 국정조사권은 소수에 의한 국정통제가 실질적으로 기능할 수 있는 제도(소수의 권리)로서 형성되어야 한다.

나. 정보획득의 수단

뿐만 아니라, 국정감사·조사권은 예산심의, 입법, 국정통제, 정책결정 등 의정활동에 필요한 자료와 정보를 얻기 위한 제도로서 기능한다. 국회는 예산을 심의하거나 법률을 제정·개정하기 위하여 정보를 필요로 하며, 국회는 국정의 실태를 파악하여 입법이나 예산심의의 자료로 삼는다.

국정조사권은 국회에게 '擴張된 의미의 질문권'을 부여한다는 데에도 그 의미가 있다. 헌법 제62조 제2항에 규정된 출석요구권과 질문권은 단지 국무총리와 국무위원, 정부위원에 대한 것이지만, 국정조사권은 의회에게 공직자와 사인에 대해서도 질문권을 부여하고('증인의 출석과 증언이나 진술의 요구'), 나아가 진실규명을 위한 광범위한 증거조사권을 부여하고 있다.

다. 국회의 보조적 권한

국정감사·조사권은 스스로 독자적인 목적과 기능을 가진 국회의 권한이 아니라, 입법기능, 국정통제기능, 예산심의기능 등 헌법상 부여된 국회의 기능을 이행하기 위하여 필요한 부수적이고 보조적인 권한, 즉 국회의 헌법상 기능을 이행하기 위한 수단으로서 부여되는 권한이다.

3. 국정감사·조사의 시기 및 절차

> **사례** | 국감법 제3조의 헌법적 문제점
>
> 국회의원 甲은 '국정감사 및 조사에 관한 법률'(이하 '국감법') 제3조가 위헌적 규정이라는 견해를 가지고 있으므로, 이를 개정하는 법률안을 제출하고자 한다. 국감법 제3조의 헌법적 문제점에 관하여 논

[1] 나아가 국감법 제16조 국정조사결과의 처리 참조.

하라.

가. 국정감사의 시기 및 절차

국정감사는 각 상임위원회의 위원장이 국회운영위원회와 협의하여 작성한 감사계획서에 의거하여 소관 상임위원회별로 매년 정기회 집회일 이전에 감사시작일부터 30일 이내의 기간을 정하여 실시한다(국감법 제2조). 다만, 본회의 의결로 정기회 기간 중에 감사를 실시할 수 있다.

나. 국정조사의 시기 및 절차

국감법 제3조 제1항은 국회재적의원 1/4 이상의 요구가 있을 때에는 국회는 국정조사를 시행하게 하도록 규정하고 있다. 국회재적의원 1/4에 해당하는 소수가 조사위원회의 활동(국정조사)을 요구할 수 있기 때문에, 국정조사는 소수의 보호를 위한 중요한 제도이다.[1] 정치현실에서도 대다수의 국정조사가 소수의 요구에 의한 것이다.

국감법에 의하면, 국정조사의 요구는 조사목적, 조사사항, 조사위원회를 기재한 '조사요구서'를 제출함으로써 이루어지고(제3조 제2항), 해당상임위원회에 회부되거나 특별위원회가 구성되어 조사위원회가 확정된다(제3조 제3항). 조사위원회는 증인신문을 위한 청문회계획 등이 포함된 '조사계획서'를 본회의에 제출하여 승인을 얻어서 활동하는데(제3조 제4항), 본회의는 조사계획서를 의결로써 승인하거나 반려하며(제3조 제5항), 조사계획서가 반려된 경우 조사위원회는 이를 그대로는 본회의에 다시 제출할 수 없다고 하여 수정의무를 부과하고 있다(제3조 제6항).

다. 국정조사권의 구체적 형성에 관한 입법형성권의 한계

(1) 소수의 보호를 위한 제도로 형성해야 할 입법자의 의무

헌법은 제61조 제1항에서 국회의 국정조사권을 규정하면서, 제2항에서 구체적인 규율을 입법자에게 위임하고 있다. 그러나 입법자의 형성권은 무제한적인 것이 아니라, 입법자는 오늘날 변화한 권력분립구조에서 가지는 국정조사권의 헌법적 기능과 의미에 의하여 구속을 받는다. 따라서 입법자는 국정조사권의 절차 등을 구체적으로 형성함에 있어서 헌법상 국정조사권의 의미와 목적을 고려하여 국정조사권이 실제로 기능할 수 있도록 규율해야 한다. 무엇보다도 국정조사권이 오늘날 의회의 소수당이 정부를 통제하기 위한 중요한 제도라는 점에 비추어, 입법자는 국정조사권을 '소수의 보호를 위한 수단'이자 '소수에 의한 국정통제수단'으로 기능할 수 있도록 법률로써 구체화해야 한다. 만일, 입법자가 국회재적의원 과반수의 요구로써 국정조사가 이루어질 수 있도록 국정조사의 절차를 규정하는 경우, 야당의 기능과 국정조사권을 형해화 한다는 점에서 위헌일 것이다.

(2) 소수의 보호를 위한 제도로서 기능하기 위한 조건

따라서 국회의 국정조사권이 소수의 권리보호를 위한 제도로서 기능하려면, 첫째, 소수가 조사(조사위원회의 구성)를 요구할 수 있어야 하고, 둘째, 무엇에 관하여 조사해야 하는지, 조사의 대상(조사목적과 조사사항)을 확정할 수 있어야 한다. 조사의 대상은 소수의 의사에 반하여 원칙적으로 변경되거나 확장되어서는 안 된다.[2] 다수가 조사대상을 축소하거나 변경함으로써 조사의 방향을 소수가 의도

---

1) BVerfGE 49, 70, 85ff.

2) Vgl. BVerfGE 49, 70, 85ff., 의회 소수당이 특정 사안에 대한 조사를 요구하자 다수당이 조사대상의 확장을 신청하

하는 바와는 다른 방향으로 유도하거나 소수의 권리를 무력화(無力化)해서는 안 된다. 조사위원회의 활동을 요구할 수 있는 권리와 마찬가지로 증거조사권도 소수의 권리이다.[1] 단지 비합리적이거나 절차의 지연을 목적으로 하는 남용적인 증거신청만이 거부될 수 있다. 증거조사와 관련해서는 형사소송법이 준용된다.

라. 조사계획서 본회의 승인제도의 헌법적 문제점

국감법 제3조 제4항 내지 제6항에 의하면, 소수가 제출한 조사요구서를 근거로 작성된 조사위원회의 조사계획서에 대하여 본회의에서 다수결로 승인여부를 결정하도록 하면서 조사계획서가 반려된 경우에는 조사계획서를 수정하도록 규정하고 있다. 그러나 이러한 규정은 의회 다수의 동의를 얻어야 의회 소수가 의도하는 국정조사가 가능하다는 것을 의미한다. 이러한 규정은 오늘날 정당국가에서 소수에 의한 통제가능성으로서의 국정조사권의 헌법적 기능을 형해화·공동화할 가능성이 있으므로, 위헌의 소지가 다분하다.[2]

4. 국정감사·조사의 방법

가. 보고, 서류제출, 증인 등의 출석요구

사실관계를 규명하기 위하여 감사·조사에 필요한 보고나 서류의 제출을 관계인 또는 관계기관에 요구하고, 증인, 감정인, 참고인의 출석을 요구할 수 있도록, 위원회에게 형사소송법상의 증거수단을 제공하고 있다(국감법 제10조 제1항).

이에 관한 보다 구체적인 내용은 '국회에서의 증언·감정 등에 관한 법률'(이하 '증감법')에서 규율하고 있다. 증인이 출석을 요구받으면 출석의 의무가 있고(증감법 제2조), 증인이 정당한 사유 없이 출석하지 아니할 때에는 위원회는 동행명령장을 발부하여 증인에게 지정 장소까지 동행할 것을 명령할 수 있다(증감법 제6조). 증인에게는 증언의 의무 및 선서의 의무가 있다(증감법 제3조 및 제7조).

나. 청문회의 개최

청문회는 1988년 국회법개정을 통하여 처음으로 도입되었는데, 국정감사나 조사에 있어서 판단의 기초가 되는 정보나 자료를 입수하기 위하여 증인, 감정인, 참고인 등을 출석시켜 증언, 진술 등을 청취하는 기회를 말한다. 위원회는 증거의 채택 또는 증거의 조사를 위하여 청문회를 열 수 있다(국감법 제10조 제3항).

다. 공개의 원칙

감사 및 조사는 위원회의 의결로 달리 정하지 않는 한 원칙적으로 공개적이다(국감법 제12조).

였고 이에 관하여 의회의 의결로써 확정하였다. 이에 소수당은 헌법재판소에 의회 의결의 위헌성을 주장하였다. 위 결정에서 독일 연방헌법재판소는 조사대상을 추가하는 것이 제한된 요건 하에서만 허용된다고 판시하였다. 즉, 설사 위원회작업의 지연을 가져오더라도 사안에 대한 포괄적인 해명이 필요하다면 조사대상의 추가가 허용될 수 있는데, 이 경우 동일한 조사대상에 관한 것이어야 하고 조사대상을 그 핵심에 있어서 건드려서는 안 되며, 이러한 것이 명백하게 판단될 수 있어야 한다. 이러한 것이 불분명하다면, 이러한 위험부담은 소수의 권리를 보호하기 위하여 다수의 부담으로 돌아가야 한다.

1) Vgl. BVerfGE 105, 197, 223.
2) 독일의 경우, 조사위원회의 국정조사가 종료되면, 조사위원회는 조사보고서를 작성하여 본회의에 제출하는데, 이 경우 조사위원회 내에서 압도된 소수는 다수에 의하여 작성된 조사보고서에 소수의견을 첨부할 권리가 있다.

5. 국정감사·조사권의 한계

국정감사·조사의 권한은 헌법상 권력분립원리의 관점에서 국회의 권한범위에 속하는 사안에 제한되며, 개인의 기본권을 과도하게 침해해서는 안 된다.[1]

가. 권력분립원리에 의한 한계

국회는 국정감사·조사권을 행사함에 있어서 다른 국가기관의 권한과 관할을 존중해야 한다. 국회는 집행기관과의 관계에서 정부 또는 해당 행정관청의 시정을 필요로 하는 사유가 있는 경우에는 구체적인 조치를 직접 취할 수는 없고, 다만 그 시정을 요구하거나 또는 스스로 처리하도록 촉구할 수 있을 뿐이다(국감법 제16조 참조). 검찰사무는 집행작용에 속하는 것이나, 범죄수사와 형사소추는 실체적 진실을 규명하기 위하여 공정성과 독립성이 보장되어야 하므로, 국회가 감사나 조사의 형태로 범죄수사와 형사소추에 관여하는 것은 허용되지 않는다(국감법 제8조 참조). 그러나 국회는 현재 수사중인 사건이라 할지라도 탄핵소추나 해임건의를 위한 사전 단계로서 그에 필요한 정보의 수집을 위하여 국정조사를 할 수 있다. 이러한 경우, 법원이나 수사기관은 조사위원회의 조사결과에 의하여 영향을 받지 아니한다.

특히, 법원에 계속중인 재판을 국정감사나 조사의 대상으로 삼음으로써 사법기능에 영향력을 행사하는 것은 허용되지 않으며, 법원의 판결도 국정조사의 대상이 되지 않음은 물론이다(국감법 제8조 참조). 한편, 법원과 헌법재판소의 예산운용, 사법행정에 관한 사항(재판의 신속한 처리여부, 법관의 증원과 효율적 배치) 등은 국회의 권한에 속하는 사항으로서 감사와 조사의 대상이 될 수 있다.

또한, 지방자치제도의 보장을 통하여 자치사무를 지방자치단체에게 원칙적으로 귀속시키고 있는 헌법 제117조의 규정에 비추어, 지방자치단체의 자치사무는 국회의 감사·조사대상에서 제외된다(국감법 제7조 제2호 단서 참조).[2]

나. 개인의 기본권 및 국가의 이익에 의한 한계

(1) 기본권에 의한 한계

국정감사·조사가 공개원칙에 따라 공개리에 행해지고 그 결과가 공개되기 때문에, 이로 인하여 개인의 인격권이 침해되거나 기업의 중요한 기밀이 공개됨으로써 기업의 자유와 재산권이 침해될 수 있다. 국정조사의 결과는 법원의 판결과는 달리 법적 효과를 수반하지는 않지만, 일반국민에 대한 공개효과로 말미암아 개인이나 기업에 대하여 엄청난 사실상의 침해효과를 가져올 수 있다. 국감법 제12조는 위원회의 의결로 공개원칙에 대한 예외를 허용하고 있다.

물론, 개인의 기본권은 제한될 수 있으며 헌법상 부여된 국회의 국정조사권은 기본권의 제한을 정당화할 수 있으나, 이 경우에도 국정조사에 관한 이익(특정 국정 사안에 관하여 규명해야 할 공익)과 개인의 이익을 비교형량함에 있어서 비례의 원칙을 준수해야 한다. 그러므로 개인의 기본권에 대한 제한이 중대할수록, 기본권의 제한을 정당화하는 공익도 이에 상응하여 중대해야 한다. 국감법 제8조는 국정감사·조사가 개인의 사생활을 침해할 목적으로 행사되어서는 안 된다고 규정하고 있다. 단지 개인의 사생활을 침해할 목적으로 행사되는 국정감사·조사권은 사생활의 침해를 정당화하는

1) 국감법 제8조는 "감사 또는 조사는 개인의 사생활을 침해하거나 계속 중인 재판 또는 수사 중인 사건의 소추에 관여할 목적으로 행사되어서는 아니 된다."고 규정하고 있다.
2) 국감법 제7조 제2호 단서조항은 지방자치단체에 대한 감사의 범위를 국가위임사무와 국가가 보조금 등 예산을 지원하는 사업으로 제한하고 있다.

공익을 제시할 수 없기 때문이다.

(2) 국가의 이익에 의한 한계

국회의 감사 및 조사는 국가의 중대한 이익에 의하여 제한을 받는다. 국회가 국정감사·조사를 위하여 정보를 요구하는 경우, 정보의 제출을 요구받은 해당 국가기관은 원칙적으로 증언이나 서류 등의 제출을 거부할 수 없으나, 예외적으로 중대한 공익상의 이유로 비밀유지의 필요성이 있고, 회의의 비공개 등 비밀을 유지하고자 하는 국회의 조치를 통해서도 비밀유지의 요청이 보장될 수 없다고 판단되는 경우에는 정보의 제공을 거부할 수 있다.

국가기밀의 보호는 원칙적으로 조사위원회의 서류 제출의 요구를 거부하는 사유가 될 수 없다. 오늘날 대의제 민주주의에서 국민의 대표기관인 의회에 대하여 숨겨야하는 국가기밀이란 더 이상 존재하지 않는다. 의회와 관련하여 '국가기밀의 보호'란 법익이 문제된다면, 이는 의회에 '대한' 비밀보호가 아니라 의회에 '의한' 비밀보호의 문제, 즉 의회의 논의과정에서 국가기밀이 보호될 수 있는지, 의회가 비밀유지를 보장하는지의 문제이다. 국가기밀의 보호는 의회에 대해서가 아니라 의회와 함께 실현되어야 한다. 조사위원회가 요구하는 서류의 내용이 국가기밀을 담고 있다면, 조사위원회는 국가기밀의 보호를 위하여 취할 수 있는 모든 조치(회의 비공개 등)를 취해야 하고, 이러한 조치에도 불구하고 국가기밀이 보호될 수 없다고 판단되는 경우에 한하여, 국가기관에 의한 서류 제출의 거부는 정당화될 수 있다.[1]

6. 국정감사·조사의 종료

국정감사·조사가 완료되면, 위원회는 지체 없이 '감사·조사보고서'를 작성하여 의장에게 제출해야 한다(국감법 제15조 제1항). 보고서에는 감사·조사의 경과, 결과, 의견을 기재하고 근거서류를 첨부해야 한다(같은조 제2항). 보고서를 제출받은 의장은 지체 없이 본회의에 보고해야 한다(같은조 제3항). 국회는 본회의의 의결로 감사·조사결과를 처리한다(국감법 제16조 제1항). 감사 또는 조사의 결과에 따라 해당기관에 시정을 요구하거나 스스로 처리하도록 이송한다(같은조 제3항). 해당기관은 시정요구를 받거나 이송 받은 사항을 지체 없이 처리하고 그 결과를 국회에 보고해야 한다(같은조 제4항).

7. 권리구제절차

국회의 국정감사·조사의 결과에 대하여 법원에 의한 사법적 심사가 배제된다.[2] 예컨대, 국회의 국정조사에 의하여 자신의 인격권이 부당하게 침해된 때에는 개인은 법원에 이를 이유로 제소할 수 없다. 한편, 법원은 조사위원회의 조사결과에 의하여 계속 중인 사건의 판단에 있어서 구속을 받지 않는다.[3]

---

1) '국감법'에서 서류의 제출을 요구받은 국가기관은 '증감법'에서 정한 특별한 경우를 제외하고는 이에 응해야 한다고 규정하고 있고(제10조 제4항), '증감법'에서는 국가기관이 서류의 제출을 요구받은 경우에 제출할 서류의 내용이 직무상 기밀에 속한다는 이유로 원칙적으로 서류의 제출을 거부할 수 없다고 하면서, 다만 군사·외교·대북관계의 국가기밀에 관한 사항으로서 주무부장관의 소명이 있는 경우에 한하여 예외를 허용하고 있다(제4조 제1항).
2) 독일 기본법 제44조 제4항 제1문 참조.
3) 독일 기본법 제44조 제4항 제2문 참조.

8. 국정감사 · 조사제도 운영의 문제점

국정감사의 경우, 다음과 같은 문제점이 지적되고 있다. 국정감사는 국회의 상임위원회가 평소 정부를 상대로 실시하는 정책질의와 다름없다. 약 500개의 피감기관을 상대로 17개의 상임위원회가 하루에 2, 3개의 기관씩 감사를 실시하는 국정감사는 피상적으로 이루어질 수밖에 없다. 국정감사를 위한 국회의 서류제출 요구가 과다하여 거의 2달간 행정부의 국정을 마비시키는 효과가 있다. 이러한 점에서 국정감사는 고비용 · 저효율의 대표적인 사례로 꼽힌다. 따라서 국정감사제도를 폐지하고 대신 국정조사제도를 활성화해야 한다는 주장이 오래 전부터 제기되어왔다.

한편, 국정조사의 경우 지금까지 제대로 실시되어 최종적으로 조사보고서가 채택된 적이 없다. 여 · 야의 이견으로 증인이 채택되지 못하였거나 또는 채택된 증인이 불출석하는 등 제 기능을 하지 못하였다.

II. 對政府 출석요구권 및 질문권

헌법 제62조 제2항은 "국회나 그 위원회의 요구가 있을 때에는 국무총리 · 국무위원 또는 정부위원은 출석 · 답변하여야 하며, 국무총리 또는 국무위원이 출석요구를 받은 때에는 국무위원 또는 정부위원으로 하여금 출석 · 답변하게 할 수 있다."고 하여 대정부 출석요구권과 질문권을 규정하고 있다.

1. 헌법 제62조의 헌법적 의미

국회는 국무총리 · 국무위원 또는 정부위원을 국회 본회의 또는 위원회에 출석시켜 정책에 대한 질문을 할 수 있다(헌법 제62조, 국회법 제 119조 내지 122조의3). 정부는 국회의 요구가 없어도 필요한 경우 국회 본회의나 위원회에 출석하여 국정처리상황을 보고하거나 진술할 수 있지만(헌법 제62 조 제1항),[1] 국회의 요구가 있을 때에는 반드시 출석하여 답변하여야 한다(같은 조 제2항). 헌법 제62조는 국회와 정부의 관계를 절차적인 관점에서 규율하는 규정으로서 국회에게는 출석요구권을, 정부에게는 발언권을 각 부여하면서, 이에 대응하는 의무로서 정부의 답변의무와 국회의 발언청취의무를 부과하고 있다.

헌법 제62조는 정부가 의회의 신임에 의존하고 있고 정부에 대한 의회의 효과적인 통제권을 필요로 하는 의원내각제 정부체제의 산물이다. 의회와 정부가 대립하고 있는 상황에서는 헌법 제62조는 중요한 정치적 의미를 가질 수 있으나, 의회의 다수파와 정부가 통합됨으로써 권력분립이 의회의 야당과 여당 사이에서 이루어지고 있는 오늘날의 정치현실에서, 입헌군주제의 헌법에서 유래하는 위 규정은 적어도 국회 본회의와 관련해서는 그 의미를 크게 상실하였다. 한편, 대통령제에서 원칙적으로 허용되지 않는 국회의 출석요구권을 헌법에 수용한 것은 우리 헌법상의 정부형태가 '변형된 대통령제'라는 것을 나타내는 하나의 징표이다.

---

1) 국무위원은 국회와 위원회의 모든 회의에 출석하여 진술할 수 있다. 국무위원의 발언권은 단지 권리남용금지라는 일반적 법원칙에 의해서 그 한계를 가진다.

2. 정보요구권의 강조된 형태로서 출석요구권 및 질문권

헌법 제62조 제2항은 정부각료에게 출석 및 답변의 의무를 부과함으로써 국회의 출석요구권과 질문권을 규정하고 있다. 국회의 출석요구권은 필연적으로 정부에 대한 질문권을 수반한다. 뿐만 아니라, 위 헌법규정은 이를 넘어서 정부를 통제하기 위하여 필요한 '정보를 요구할 권한'을 포괄적으로 규정하고 있는 것으로 해석해야 한다. 국회의 요구에 의하여 정부각료가 국회에 출석하여 답변해야 한다면, 국회의 출석요구권은 구두에 의한 답변뿐 아니라 서면에 의한 답변이나 기록열람, 정보제공 등도 요구할 수 있는 국회의 포괄적인 정보요구권을 전제로 하고 있다고 보아야 한다.

따라서 출석요구권은 '정보요구권의 강조된 형태'라 할 수 있다. 국회의 출석요구권은 정부에게는 출석과 구두답변의 의무를 넘어서, 질문에 대하여 답변하고 국회의 과제 수행을 위하여 필요한 정보를 제공해야 할 의무를 포괄적으로 부과한다. 국회의 정보요구권은 정부에 대한 통제기능을 효과적으로 수행하기 위한 필수적 전제조건이다. 국회는 정보의 보유에 있어서 정부와의 관계에서 현저한 열세에 있으므로, 국회가 통제권한을 행사하기 위해서는 정부가 보유하고 있는 정보를 필요로 한다.

3. 헌법 제62조 제2항의 구체적 내용

가. 출석요구권과 질문권의 헌법적 한계

헌법 제62조 제2항에 의하면, 국회는 정부에 대한 출석요구권과 질문권을 가지며, 국회의 출석요구권과 질문권에는 원칙적으로 정부의 출석·답변의무가 대응한다.[1] 이러한 조건하에서만 국회, 특히 야당은 그의 대정부 통제권한을 효과적으로 이행할 수 있다. 출석요구를 받은 국무총리와 국무위원의 경우, 국무위원과 정부위원[2]에 의한 대리가 가능하다($\frac{\text{헌법 제62조}}{\text{제2항 후단}}$).

정부에 대한 출석요구권과 질문권이 어느 정도로 답변 등 정보의 제공을 강제할 수 있는지에 관하여는 다툼이 있을 수 있다. 정부의 답변은 단지 헌법적으로 정당화되는 경우에 한하여 거부될 수 있다. 따라서 국회의 질문이 국회의 권한 범위를 벗어났거나 중대한 공익상의 이유로 헌법적으로 허용되지 않는 경우에 한하여 정부는 답변의무의 이행을 거부할 수 있다. 가령, 정부 내에서 특정 정책이 아직 결정단계에 이르지 않은 경우 국회의 성급한 질문은 일차적으로 자기 책임 하에서 국가정책을 형성하는 정부의 헌법적으로 보장된 핵심적 기능영역을 침해하여 정부기능을 저해할 수 있다. 또한, 비밀유지의 필요성에 의하여 객관적으로 정당화되는 경우에도 정부는 정보의 제공을 거부할 수 있다. 한편, 비밀유지의 이익이 회의의 비공개나 공개적 보도의 금지, 의원의 비밀준수의무 등을 통하여 고려될 수 있다면, 국회의 정보요구권은 정치적 이유 또는 개인의 권리보호의 관점에서 비밀유지가 요청되는 정보도 원칙적으로 포함한다. 그러나 비밀유지의 요청이 국회의 조치에 의해서도 보장될 수 없다고 판단한다면, 정부는 정보의 제공을 거부할 수 있다.[3] 정부의 정보제공 거부가 헌법적으로 정당화되는지에 관하여 다툼이 있는 경우에는 권한쟁의심판의 형태로 헌법재판소의 결정을 구할 수 있다.

---

1) 물론, 국회가 관할이 아닌 각료의 출석을 요구하는 것은 국회의 허용되지 않는 권한행사에 해당한다.
2) 정부조직법 제10조(정부위원) 국무조정실의 실장 및 차장, 부·처·청의 처장·차관·청장·차장·실장·국장 및 차관보와 제29조제2항·제34조제3항 및 제38조제2항에 따라 과학기술정보통신부·행정안전부 및 산업통상자원부에 두는 본부장은 정부위원이 된다.
3) 증감법 제4조의 기본취지 참조.

나. 국회법 제121조 제5항의 위헌여부

(1) 정부각료 외의 다른 헌법기관에 대한 국회의 출석요구권

국회의 출석요구권은 단지 정부각료에 대한 것으로, 다른 헌법기관에 대해서는 출석요구권이 인정되지 않는다. 국회법 제121조 제5항은 국회의 출석요구권을 대법원장·헌법재판소장·중앙선거관리위원회위원장·감사원장에게까지 확대하고 있는데, 위 국회법규정은 단지 대법원장 등에 대하여 출석을 요구할 수 있다는 것을 규정하고 있을 뿐, 대법원장 등의 출석·답변의무를 규정하고 있지 않다. 따라서 대법원장 등은 국회를 존중하여 자발적으로 출석할 수는 있으나, 정부 각료와는 달리 출석 및 답변의 의무가 없다.

(2) 국회법상의 출석요구권의 법적 성격 및 위헌여부

국회법은 국회의 내부영역을 규율하는 자치규범으로서 기관내부적 효력을 가진다.[1] 따라서 국회법은 人的 관점에서는 단지 국회구성원과 국회출석자에 대해서만, 事案의 관점에서는 국회의 사안에 대해서만 효력을 가진다. 국회법은 헌법에서 이미 다른 국가기관을 구속하는 것 이상으로 외부에 대한 구속력을 가지고 다른 국가기관에게 의무를 부과할 수 없다.[2] 국회법이 가령 다른 국가기관 등 외부인에 관하여 언급한다면, 이는 단지 기대와 요구를 표현하고 있는 것인데, 외부기관은 국회에 대한 존중의 관점에서 이러한 기대와 요구에 자발적으로 부응할 수는 있지만, 법적으로 구속력을 가지는 것은 아니다. 만일, 국회가 국회법 등 입법을 통하여 자신의 권한을 확장하고 다른 국가기관을 구속하는 법적 의무를 부과할 수 있다면, 이는 헌법기관 사이의 권한관계를 스스로 결정하는 것으로 '자기 사안에 관한 자기결정'이며 '입법을 통한 헌법개정'의 효과를 가지는 것이기 때문에, 헌법적으로 허용될 수 없다. 따라서 국회법 제121조 제5항에서 규정하는 대법원장 등에 대한 출석요구권은 '출석의무를 수반하지 않는 구속력이 없는 요구권'을 의미하며, 위 국회법규정은 이와 같이 해석하는 한 헌법적으로 하자가 없다.

다. 국회법상 국회의 질문권

국회법상 국회의 질문권에는 대정부질문권 및 긴급현안질문권이 있다.

(1) 對政府質問權

국회본회의는 회기중 기간을 정하여 국정전반 또는 국정의 특정분야를 대상으로 정부에 대하여 질문을 할 수 있는데, 이러한 국회의 권리를 대정부질문권이라고 한다(국회법 제122조의2).

(2) 緊急懸案質問權

의원은 20인 이상의 찬성으로 회기중 현안이 되고 있는 중요한 사항을 대상으로 정부에 질문을 할 것을 의장에게 요구할 수 있고, 의장의 결정 또는 본회의의 의결이 있은 때에는 국무총리 또는 국무위원의 출석을 요구할 수 있는데, 이러한 국회의 권리를 긴급현안질문권이라고 한다(국회법 제122조의3).

---

1) 국회법의 법적 성격에 관하여 제4편 제2장 제5절 제4항 '국회의 자율권' 참조.
2) 가령, 국회법은 제121조(국무위원 등의 출석요구)에서 국무총리와 국무위원 등에 대한 국회의 출석·답변요구권과 이에 대응하는 국무총리와 국무위원 등의 출석·답변의 의무를 규정함으로써, 헌법 제62조에 이미 규정된 내용을 단지 확인하고 있을 뿐이다(제1항 내지 제3항).

4. 국회 및 위원회의 권리로서 출석요구권

가. 국회의 출석요구권과 의원의 질문권의 구분

(1) 정부각료의 국회출석을 요구할 수 있는 권리는 의원 개인의 권리가 아니라 국회나 위원회의 권리이다. 본회의와 위원회는 출석요구권의 행사여부를 다수결로 결정한다.[1] 국회 본회의가 국무총리 등의 출석을 요구하는 발의를 하기 위해서는 의원 20명 이상이 이유를 명시한 서면으로 하여야 한다(국회법 제121조 제1항).

국회나 위원회가 출석요구권의 행사에 관하여 재적의원 과반수의 출석과 출석의원 과반수의 찬성으로 의결하는 경우, 출석해야 할 법적 의무가 발생한다. 정부각료가 국회의 의결에 따르지 않는 경우에는 국회는 정부각료의 해임을 건의할 수 있고 나아가 출석요구의 불이행이 헌법 제62조 제2항에 위반된다는 확인을 구하는 권한쟁의심판을 헌법재판소에 청구할 수 있다.

(2) 의원의 질문권과 국회의 출석요구권은 구분되어야 한다. 출석요구권은 국회와 위원회의 권한으로서 다수결로써 행사할 수 있는 반면, 의원의 질문권은 개별 의원에게 귀속되는 권리로서 '의원의 헌법적 지위인 정보요구권'으로부터 도출된다. 충분히 정보를 제공받는 의원만이 합리적이고 공익에 부합하는 결정을 내릴 수 있기 때문이다.

나. 출석요구권을 의회 다수의 권리로서 규정한 국회법의 문제점

한편, 오늘날 대정부 통제의 기능이 야당의 과제라는 점에서, 의회의 출석요구권이 단지 다수의 권리여서는 안 되고 야당도 출석요구권을 행사할 수 있어야 한다는 요청이 제기될 수 있다. 이러한 관점에서 출석요구권을 소수의 권리로 강화하는 것은 변화한 권력분립구조에 상응하는 것이라 할 수 있다.

그러나 다른 한편으로는, 개별 국회의원을 비롯하여 의회의 야당이나 소수파에게 정부에 대하여 서면으로 정보를 청구할 수 있는 권리가 보장된다는 점을 고려할 때, 출석요구권이 어느 정도로 소수의 보호를 위하여 효과적이고 적합한 수단인지 의문이 든다. 오늘날 개별 의원에게 정부에 대한 서면질문권이 보장되고 있는 이상,[2] 정부에 대한 출석요구권은 정치적으로 큰 의미가 없는 것으로 판단된다. 또한, 의회 소수파에 의한 정부각료 출석요구권의 남용방지와 정부의 원활한 기능유지의 관점에서 현행 국회법이 의회의 출석요구권을 의회의 권리, 즉 다수의 권리로 규정한 것은 헌법적으로 하자가 없다고 할 것이다.

Ⅲ. 국무총리·국무위원에 대한 해임건의권

사례 | 헌재 2004. 5. 14. 2004헌나1(대통령 탄핵 사건)

노무현 대통령은 2003. 9. 3. 국회가 행정자치부장관 해임결의안을 의결하였음에도 이를 수용하지 아니하였다. 대통령의 이러한 행위는 헌법을 준수하고 수호해야 할 의무를 위반한 것인가?[3]

---

1) 국회법 제121조는 본회의(제1항) 및 위원회(제2항)의 경우 모두 의결로써 국무위원의 출석을 요구할 수 있다고 규정하고 있다.
2) 국회법 제122조는 정부에 대한 서면질문권을 모든 의원의 권리로 규정하고 있다.
3) 헌재 2004. 5. 14. 2004헌나1(대통령 탄핵), 판례집 16-1, 609, 650-651, "국회는 국무총리나 국무위원의 해임을 건

1. 해임건의권의 제도적 의의

가. 대통령제의 이질적 요소

헌법 제63조 제1항은 "국회는 국무총리 또는 국무위원의 해임을 대통령에게 건의할 수 있다."고 하여 국회의 해임건의권을 규정하고 있다. 해임건의제가 단지 외관상으로만 의원내각제의 '의회의 내각 불신임권'을 연상시킬 뿐, 그 실질에 있어서는 '내각 불신임권'에 해당하는 것이 아님에도 불구하고, 대통령제에서 해임건의권은 이질적 요소이다.

한국헌법의 정부체계에서 해임건의권은 대통령에게 간접적이나마 정치적 책임을 묻는 제도이다. 대통령제에서 대통령은 임기중 국민과 의회에 대하여 정치적 책임을 지지 않기 때문에, 국회는 해임건의권의 형태로 대신 대통령을 보좌하는 국무총리·국무위원에 대하여 정치적 책임을 추궁함으로써 대통령의 국정운영에 대한 국회의 불만과 불신을 표현하고, 이러한 방법으로 간접적이나마 대통령을 견제하고자 하는 것이다.

나. 국회의 포괄적인 국정통제권한을 단지 확인하는 조항

국회는 국정통제기관으로서 의결을 통하여 모든 정치적 사안에 대하여 입장을 표명할 수 있고 정부의 정책을 비판할 수 있다. 따라서 국회는 포괄적인 국정통제권한의 일환으로서 의결을 통하여 국무총리나 국무위원의 해임도 건의할 수 있다는 점에서 본다면, 헌법 제63조의 해임건의권은 국회의 이러한 포괄적인 국정통제권한을 단지 확인하거나 구체화하는 조항에 지나지 않는다. 국회는 헌법 제63조와 같은 명문의 규정이 없더라도 국정통제의 일환으로서 해임건의의 권한을 가지는 것이므로, 이러한 측면에서 볼 때 헌법 제63조는 반드시 필요한 규정은 아니다. 다만, 헌법이 해임건의권을 명시적으로 규정하지 않은 경우에는 해임건의의 의결을 위하여 일반적인 의결정족수($\frac{헌법}{제49조}$)가 적용되는 반면, 헌법 제63조 제2항이 해임건의에 대하여 보다 강화된 의결정족수를 명시적으로 규정하고 있다는 점에서 별도의 의미가 있을 뿐이다.

2. 해임건의의 사유

헌법에는 해임건의의 사유에 관하여 아무런 언급이 없다. 그러나 해임건의의 사유는 해석을 통하여 해임건의의 목적으로부터 밝혀진다. 해임건의의 목적이 국무총리와 국무위원에 대하여 정치적 책임을 묻고자 하는 것이므로, 해임건의의 사유는 법규범에 대한 위반의 경우뿐만 아니라 정치적 무능, 정책결정상의 과오, 부하직원의 과오 등 정치적 책임을 추궁할 수 있는 모든 경우를 포함한다. 해임건의의 사유는 탄핵소추의 사유보다 광범위하다.

의할 수 있으나(헌법 제63조), 국회의 해임건의는 대통령을 기속하는 해임결의권이 아니라, 아무런 법적 구속력이 없는 단순한 해임건의에 불과하다. 우리 헌법 내에서 '해임건의권'의 의미는, 임기 중 아무런 정치적 책임을 물을 수 없는 대통령 대신에 그를 보좌하는 국무총리·국무위원에 대하여 정치적 책임을 추궁함으로써 대통령을 간접적이나마 견제하고자 하는 것에 지나지 않는다. 헌법 제63조의 해임건의권을 법적 구속력 있는 해임결의권으로 해석하는 것은 법문과 부합할 수 없을 뿐만 아니라, 대통령에게 국회해산권을 부여하고 있지 않는 현행 헌법상의 권력분립질서와도 조화될 수 없다. 결국, 대통령이 국회인사청문회의 결정이나 국회의 해임건의를 수용할 것인지의 문제는 대의기관인 국회의 결정을 정치적으로 존중할 것인지의 문제이지 법적인 문제가 아니다."

3. 해임건의의 절차

해임건의는 의원내각제에서 내각에 대한 일괄적인 불신임의결과는 달리, 국무총리와 국무위원에 대하여 일괄적으로 또는 개별적으로 할 수 있다. 해임건의는 국회재적의원 1/3 이상의 발의에 의하여 국회재적의원 과반수의 찬성으로 한다(헌법 제63조 제2항). 이는 국회의 탄핵소추의 발의 및 의결을 위한 요건(헌법 제65조 제2항)과 동일하다. 해임건의가 법적 구속력이 없음에도 이와 같이 의결정족수를 강화한 것은, 너무 빈번한 해임건의로 인하여 대통령의 안정적인 국정운영이 저해되는 것을 방지하고자 하는 것이다.

4. 해임건의의 효과

해임건의는 대통령에 대한 법적 구속력이 없고, 대통령은 단지 국회의 해임건의를 정치적인 고려에서 존중할 것인지의 문제만이 있을 뿐이다. 따라서 대통령은 자신의 정치적 판단에 따라 해임여부를 결정할 수 있다.

Ⅳ. 탄핵소추권

1. 국정통제수단으로서 탄핵소추권의 의미

오늘날 대부분의 민주국가에서 의회가 탄핵소추의 권한을 가지고 있으므로, 탄핵제도는 의회가 행정부와 사법부를 견제하고 통제하기 위한 하나의 수단이라고 볼 수 있다. 물론, 탄핵제도가 정치적 책임이 아니라 법적 책임을 묻는 제도라는 점에서, 집행부와 사법부에 대한 의회의 통제수단으로서 가지는 의미와 비중은 크지 않다. 한국헌법상의 탄핵제도는 국회에 의한 탄핵소추(헌법 제65조)와 헌법재판소에 의한 탄핵심판(헌법 제111조 제1항 제2호)의 두 절차로 구성되어 있다.

2. 국회의 탄핵소추권

헌법 제65조 제1항은 "대통령·국무총리·국무위원·행정각부의 장·헌법재판소 재판관·법관·중앙선거관리위원회 위원·감사원장·감사위원 기타 법률이 정한 공무원이 그 직무집행에 있어서 헌법이나 법률을 위배한 때에는 국회는 탄핵의 소추를 의결할 수 있다."고 하여, 탄핵소추의 대상자, 탄핵소추의 사유 및 탄핵소추기관을 명시함으로써 국회의 탄핵소추권을 규정하고 있다. 탄핵소추는 국회재적의원 3분의 1 이상의 발의가 있어야 하며, 그 의결은 국회재적의원 과반수의 찬성이 있어야 한다. 다만, 대통령에 대한 탄핵소추는 국회재적의원 과반수의 발의와 국회재적의원 3분의 2 이상의 찬성이 있어야 한다(헌법 제65조 제2항).

국회법은 제11장(탄핵소추)에서 탄핵소추의 발의와 의결에 관하여 자세하게 규정하고 있다. 국회의 의결은 피소추자의 성명·직위 및 소추사유를 표시한 '소추의결서'로써 해야 한다(국회법 제133조). 탄핵소추의 의결이 있은 때에는 의장은 지체없이 소추의결서의 정본을 법제사법위원장인 소추위원에게, 그 등본을 헌법재판소·피소추자와 그 소속기관의 장에게 송달한다(국회법 제134조 제1항).

탄핵소추의 의결을 받은 자는 탄핵심판이 있을 때까지 그 권한행사가 정지된다(헌법 제65조 제3항). 소추의결서가 송달된 때에는 임명권자는 피소추자의 사직원을 접수하거나(공무원법상의 의원면직) 해임(공무원법상의 직권면직)할 수 없다(국회법제134조제2항).[1] 임명권자는 피소추인을 파면할 수 있으나, 피소추인(피청구인)이 결정 선고 전에 파면되면 헌법재판소는 탄핵심판청구를 기각해야 한다(헌법재판소법제53조제2항).

3. 헌법재판소의 탄핵심판권[2]

소추위원(국회법사위원회 위원장)이 소추의결서를 헌법재판소에 제출함으로써 탄핵심판이 개시된다(헌법재판소법제49조). 헌법재판소는 형사소송법에 준하는 증거조사 및 원칙적인 구두변론을 거쳐 심판한다. 탄핵결정을 할 때에는 재판관 6인 이상의 찬성이 있어야 한다(헌법제113조제1항). 탄핵심판청구가 이유 있는 때에는 헌법재판소는 피청구인을 당해 공직에서 파면하는 결정을 선고한다(헌법재판소법제53조제1항). 탄핵제도의 목적은 단지 파면이기 때문에, 헌법재판소의 탄핵결정으로 인하여 다른 민사상, 형사상의 책임이 면제되지 않는다(헌법제65조제4항). 탄핵결정에 의하여 파면된 자는 결정선고가 있은 날로부터 5년을 경과하지 아니하면 공무원이 될 수 없다(헌법재판소법제54조제2항).

V. 그 외 국정통제권

1. 정부의 중요정책에 대한 동의권

헌법 제60조는 국가의 중요한 외교정책과 국방정책은 국회의 동의를 필요로 한다고 규정함으로써 국회에 '국정통제권한'과 '공동으로 결정할 권한'을 부여하고 있다. 국회는 중요한 조약의 체결·비준에 대한 동의권 및 외국에 대한 선전포고, 국군의 외국에의 파견, 외국군대의 대한민국 영역 안에서의 주류결정에 관한 동의권을 가지는데, 이는 대통령의 외교정책과 방위정책에 대한 국회의 국정통제수단을 의미한다. 군대파견 등의 경우 국회의 동의를 받아야 하는 이유는 단지 정부에 대한 통제의 의미뿐만 아니라, 군대파견에 대한 의회에서의 공적토론이 필요하기 때문이다.

2. 예산심의권 및 결산심사권

또한, 예산의 심의·의결권(헌법제54조)도 대정부 통제기능을 한다. 집행부는 국회가 동의한 예산만을 집행할 수 있기 때문에 국회는 예산의결권을 통하여 정부의 정책을 조종하고 유도하는 등 영향력을 행사할 수 있다. 국회가 필요한 재원을 거부하는 경우, 집행부는 재정을 필요로 하는 정책을 시행할 수 없기 때문이다. 이러한 의미에서 국회의 예산심의권은 재정에 대한 국회의 사전적 통제라 할 수 있다.

한편, 예산의 심의·의결을 통하여 과거의 예산이나 정책이 아니라 단지 장래의 지출과 정책이 결정되기 때문에, 국회의 예산의결권이 사후적 국정통제기능을 가지고 있는지 의문이 제기될 수 있다. 그러나 예산심의과정이 야당에 의하여 종래의 정부정책을 비판하고 지난 1년의 정부정책을 총결

---

1) 국가공무원법상 면직에는 공무원 자신의 자유로운 의사에 의하여 공무원관계를 소멸시키는 '의원면직'과 국가의 일방적인 의사에 의하여 일정한 면직사유가 있는 경우 공무원관계를 소멸시키는 '직권면직'이 있으며, 이에 대하여 '해임'(예컨대 해임건의권)이란 국가의 고급공무원에 한정된 면직의 헌법적 개념이다. 한편, 이와 구분해야 하는 것은 '파면'의 개념이다. 파면이란, 징계절차를 거쳐서 국가의 일방적인 의사에 의하여 공무원관계를 소멸시키는 행정처분을 말한다.
2) 이에 관하여 제4편 제5장 '탄핵심판' 참조.

산하는 기회로 이용된다는 점에서, 장래의 정부정책에 대한 동의와 더불어 종래의 정부정책에 대한 통제가 동시에 이루어진다. 또한, 국회의 결산심사권은 재정에 관한 국회의 사후적 통제수단으로서의 의미를 가진다.

3. 국회의 인사권(헌법기관구성에 관한 권한)

또한, 국무총리, 감사원장, 대법원장과 대법관 및 헌법재판소장에 대한 임명동의권, 헌법재판소 재판관 3인의 선출권, 중앙선거관리위원회 위원 3人의 선출권 등 집행부와 사법부의 구성에 대한 참여권도 대통령의 일방적인 임면을 통제한다는 의미에서, 국회의 국정통제수단에 속한다고 볼 수 있다.

4. 대통령의 국가긴급권발동에 대한 통제권

대통령이 긴급재정경제처분·명령, 긴급명령, 계엄과 같이 국가긴급권을 발동한 경우 국회는 이에 대하여 승인권이나 해제요구권의 형태로 사후적으로 통제할 수 있는 가능성을 가진다.

대통령이 긴급명령을 발하거나 긴급재정경제처분·명령을 발한 때에는 지체없이 국회에 보고하여 그 승인을 얻어야 한다(헌법 제76조 제3항). 대통령이 계엄을 선포한 때에는 지체없이 국회에 통고하여야 하며, 국회가 재적의원 과반수의 찬성으로 계엄의 해제를 요구한 때에는 대통령은 이를 해제하여야 한다(헌법 제77조 제4항 및 제5항). 이러한 승인권과 해제요구권은 모두 대통령의 권한행사를 통제하기 위한 수단이다.

5. 대통령의 일반사면에 대한 동의권

대통령은 사면을 명할 수 있지만(헌법 제79조 제1항), 일반사면을 하려면 국회의 동의를 얻어야 한다(동조 제2항). 국회의 동의권은 대통령의 사면권남용을 방지하고자 하는 통제수단이다.

제4항 국회의 자율권[1]

I. 의회 자율권의 의미 및 내용

1. 의회 자율권의 의미

의회는 다른 헌법기관의 간섭을 받지 아니하고 자신의 議事와 내부사항을 독자적으로 결정할 수 있는 권한을 가지는데, 이를 의회의 自律權이라고 한다. 의회의 자율권은 자신을 스스로 조직하고 헌법상 부여받은 과제를 이행할 수 있는 상태로 내부질서를 형성하는 권한을 의미한다. 요컨대, 의회의 자율권은 의회의 내부적 사안에 관한 자기결정권이다.

의회의 자율권은 유럽에서 입헌군주시대 이래로 점진적으로 형성되어 의회가 국민의 대의기관으로 자리 잡음으로써 비로소 완성된 역사적 산물이다. 역사적인 관점에서 볼 때, 의회의 자율권은 의회에 대하여 영향력을 행사하고 유지하고자 하는 '군주의 집행부'와의 투쟁과정에서 쟁취된 것으로서, 집행부로부터 '의회의 제도적 독립성'과 '내부적 사안의 규율에 있어서 의회의 독자적 책임성'을

---

1) 한수웅, 국회법의 법적 성격 및 국회법 위반의 효과, 중앙법학 제11집 제4호, 2009. 12, 41면 이하 참조.

확보하고자 하는 것이었다. 오늘날의 변화한 헌법상황에서도 의회자율권은 국민주권주의와 권력분립 원리의 표현으로서 의회의 독립성과 독자성을 보장하는 기능을 한다.

2. 의회 자율권의 구체적 내용

가. 의사자율권

국회의 자율적 규율의 대상에 속하는 것은 일차적으로 議事에 관한 사안, 즉 국회가 자신의 업무를 처리하는 절차에 관한 사안이다. 국회는 의사절차, 회의운영, 의사결정의 요건 등에 관하여 독자적으로 결정할 수 있는 의사자율권을 가진다.

나. 집회자율권 및 조직자율권

의회의 자율권은 집회·휴회·폐회·회기 등 집회의 여부와 방법에 관하여 스스로 결정할 수 있는 집회자율권 또는 자기집회권(自己集會權)[1] 및 내부의 조직을 스스로 결정할 수 있는 조직자율권 또는 자기조직권를 포괄한다. 국회의 내부조직, 즉 국회 업무의 원활한 처리를 위하여 필요로 하는 기관의 구성과 각 기관의 과제 확정도 필연적으로 의사절차와 밀접하게 연관되어 있으므로, 내부조직에 관한 자율권은 의사자율권으로부터 파생하는 것이다.[2]

다. 규칙제정권

헌법은 제64조 제1항에서 "국회는 법률에 저촉되지 아니하는 범위 안에서 의사와 내부규율에 관한 규칙을 제정할 수 있다."고 하여 국회에게 의사절차와 내부조직을 독자적으로 규율할 수 있는 권한인 규칙제정권을 부여하고 있다. 국회의 규칙제정권은 우리 헌법에서 의회 자율권의 가장 중요한 표현이자 그 핵심적 요소이다.

라. 질서자율권

의회자율권의 또 다른 규율대상에 속하는 것은 의사절차의 관철과 질서의 유지를 위하여 필요한 '내부질서의 규율'이다. 국회는 국회나 회의장의 질서유지를 위하여 필요한 조치를 스스로 결정할 수 있는 질서자율권을 가진다. 국회의 질서자율권은 무엇보다도 경호권과 질서유지권을 통하여 행사된다. 국회의장은 회기중 국회 안의 질서를 유지하기 위하여 경호권을 행사할 수 있다(국회법 제143조). 국회의 경호를 위하여 국회에 경위를 두며, 의장은 국회의 경호를 위하여 필요한 때에는 정부에 대하여 필요한 경찰공무원의 파견을 요구할 수 있다(국회법 제144조). 질서유지권은 의원이 본회의나 위원회의 회의장의 질서를 문란하게 할 경우 이를 제지하거나 퇴장시킬 수 있는 권한으로, 국회의장 외에 상임위원회 위원장도 행사할 수 있다(국회법 제145조).

마. 신분자율권

국회는 의원의 자격심사 및 징계 등 의원의 신분에 관한 자율적인 결정권을 가진다. 국회 신분자

---

1) 입헌군주시대에는 오늘날 의회가 당연히 독자적으로 행사할 수 있는 일련의 권한도 인정되지 아니하였다. 그 당시에는 의회가 스스로 집회할 수 없었고, 의회의 집회여부를 결정하는 것은 군주의 권한이었다.

2) 역사적으로 입헌주의 초기 이래로 의사자율권의 헌법적 보장은 의회의 내부조직에 관하여 자유롭게 결정하고 자신의 판단에 따라 내부조직을 구성하는 자기조직권을 포함하는 것으로 이해되었다. 따라서 국회의 자기조직권은 의장과 부의장의 선출권을 규정하는 헌법 제48조가 아니라 의사자율권을 규정하는 헌법 제64조 제1항에 그 헌법적 근거를 두고 있다. 헌법 제48조는 단지 헌법 제64조 제1항에 규정된 국회의 일반적인 자기조직권을 특별히 의장과 부의장과 관련하여 단지 명시적으로 확인하고 있을 뿐이다.

율권의 특성에 비추어, 의원의 신분에 관한 국회의 결정(국회의 자격심사의 결과 및 징계처분)에 대하여
는 법원에 제소할 수 없다(헌법 제64조 제4항).

(1) 의원의 자격심사권

국회는 의원의 자격을 심사할 수 있다(헌법 제64조 제2항). 헌법과 국회법은 단지 국회가 자격심사를 할 수
있다는 것만을 규정할 뿐, 어떠한 경우에 자격심사를 할 수 있는지에 관하여 정하고 있지 않다. 여기
서, 국회가 단지 형식적 요건의 충족여부만을 심사할 수 있는지 아니면 가령 자유민주적 기본질서를
긍정해야 할 의무의 준수와 같은 실질적 요건의 충족여부도 심사할 수 있는지의 문제가 제기된다.

정치적 헌법기관인 국회가 정치적 관점에서 의원의 자격을 심사하는 것은 의회 다수의 판단에 의
하여 의원의 자격여부, 즉 의원직의 보유여부가 결정된다는 것을 의미하는데, 이는 의회 다수가 소수
를 정치적으로 탄압하는 수단으로 악용될 수 있다는 점에서 헌법적으로 허용될 수 없다. 뿐만 아니
라, 국민이 선거를 통하여 내린 정치적 결정을 의회에서 사후적으로 의원의 '사상적' 적격성을 이유
로 교정한다는 것은 대의제의 본질에도 반하는 것이다. 의원이 자유민주적 기본질서를 긍정하는지의
문제와 관련하여 그 자격에 대하여 의문이 제기된다면, 이는 일차적으로 소속정당의 위헌여부에 관
한 문제로서, 헌법은 위헌정당해산절차를 통하여 그 해결책을 제시하고 있다.[1] 이러한 관점에서 보
건대, 여기서 '의원의 자격'이란 의원으로서의 지위를 보유하는 데 필요한 형식적 자격을 말하는 것
이고, '의원의 자격심사'란 예컨대 법률상 피선거권의 보유여부, 적법한 당선인 여부 등의 형식적 요
건에 관한 심사를 의미하는 것이다. 의원의 자격심사에 관하여는 국회법에서 그 절차를 자세하게 규
율하고 있다(제138조 내지 제142조).

(2) 의원에 대한 징계권

국회는 일정한 사유가 있는 경우 의원을 징계할 수 있다(헌법 제64조 제2항). 징계사유에 관해서는 국회법에
서 상세하게 규정하고 있는데, 헌법 제46조의 청렴의무 및 利權運動禁止의 위반, 국가기밀의 누설,
비공개회의 공표금지내용의 공표, 의사진행의 현저한 방해, 회의장의 질서문란행위, 다른 사람을 모
욕하거나 다른 사람의 사생활에 대한 발언을 하는 행위 등이 이에 해당한다(제155조). 의장, 위원장, 의
원 20인 이상, 모욕을 당한 의원 등이 징계를 요구할 수 있다(국회법 제156조). 의장은 징계사건의 소관위원회
인 윤리특별위원회로부터 징계에 대한 심사보고서를 접수한 때에는 이를 지체 없이 본회의에 부의하
여 의결하여야 한다(국회법 제162조). 징계의 종류는 공개회의에서의 경고, 공개회의에서의 사과, 30일 이내의
출석정지, 제명의 네 가지가 있는데(국회법 제163조), 제명결정에는 국회 재적의원 2/3 이상의 찬성이 있어야
한다(헌법 제64조 제3항).

(3) 의원의 사직허가권

의원이 사직하고자 할 때에는 사직서를 의장에게 제출하여야 하고, 국회는 의결로 의원의 사직을
허가할 수 있다. 다만, 폐회중에는 의장이 이를 허가할 수 있다(국회법 제135조).

---

1) 한편, 헌법개정을 통하여 자격심사의 요건을 명확히 정하는 것도 생각해 볼 수 있으나, 여기에 실체적 요건을 포함
시키는 한, 이에 관한 심사는 정치적 헌법기관인 국회가 아니라 제3의 독립적인 사법기관인 헌법재판소의 관할로
정해야 한다. 그러나 위헌정당해산심판 외에 별도의 이러한 헌법재판절차가 필요한 것인지에 대해서는 의문이 제
기된다.

Ⅱ. 헌법기관의 규칙제정권

1. 합의제 헌법기관의 고유한 권한으로서 규칙제정권

헌법기관의 규칙제정권은 합의체로서 기능하는 모든 헌법기관(가령, 국회, 대법원, 헌법재판소, 중앙선거관리위원회 등)의 고유한 권한이자 전형적인 특징이다. 헌법이 합의제기관을 창설하였다면 모든 합의제기관은 활동하기 위하여 의사와 내부조직에 관한 규율을 필요로 하기 때문에, 이로부터 동시에 내부적 사안을 독자적으로 규율할 수 있는 권한인 규칙제정권이 나온다. 헌법기관의 규칙제정권은 내부적 사안의 규율에 있어서 독자성과 독립성을 보장하고자 하는 것이다. 헌법기관의 규칙은, 헌법기관의 내부질서를 자율적으로 규율하도록 하기 위하여 헌법이 직접 제공하고 있는 행위수단이다.

헌법기관이 권력분립적 헌법질서 내에서 헌법상 부여받은 기능을 독자적으로 자기책임 하에서 이행하는 것을 보장하기 위하여, 원칙적으로 모든 헌법기관에게 규칙제정권이 인정되어야 한다. 헌법기관의 규칙제정권은, 한편으로는 다른 국가기관의 간섭으로부터 헌법기관을 보호함으로써 외부기관의 간섭과 영향을 받지 않는 의사형성을 보장하고자 하는 것이고, 다른 한편으로는 내부질서의 형성을 직접 당사자에게 맡김으로써 내부조직과 의사절차의 원활한 기능과 효율성을 확보하고자 하는 것이다.

헌법은 제64조 제1항에서 '의사와 내부규율'에 관한 국회의 규칙제정권을, 제108조에서 '소송에 관한 절차, 법원의 내부규율과 사무처리'에 관한 대법원의 규칙제정권을, 제113조 제2항에서 '심판에 관한 절차, 내부규율과 사무처리'에 관한 헌법재판소의 규칙제정권을, 제114조 제6항에서 '내부규율'에 관한 중앙선거관리위원회의 규칙제정권을 각 규정하고 있다. 이로써 헌법은 헌법기관의 내부적 사안은 '규칙'의 형식으로 규율해야 한다는 것을 스스로 명시적으로 밝히고 있는 것이다. 의회가 다른 헌법기관의 내부적 사안을 '법률'로써 규율하는 것은 각 헌법기관에 귀속되는 의사와 조직에 관한 자율권을 침해하는 것으로서 허용될 수 없다.

2. 헌법기관의 규칙의 법적 성격

가. 內部法

헌법기관의 규칙은 기관 내부적 규율이라는 점에서는 행정청의 행정규칙과 유사하고 자율성을 보장한다는 점에서는 자치단체의 조례 등 자치법규와 유사하지만, 행정청이나 자치단체가 아니라 헌법기관의 내부적 자치를 보장하고자 한다는 점에서 이와 구분되는 '독자적인 규율형식'으로 이해해야 한다. 헌법기관의 규칙은 헌법기관의 의사자율권을 근거로 헌법기관에 의하여 제정되어 기관 내부적으로만 효력을 가지는 內部法이다. 내부법이란, 원칙적으로 단지 국가기관 내부에서만 효력을 가지고 국민 또는 다른 국가기관과의 관계에서는 외부적 효력을 발휘하지 않는 법규범을 말한다.

예컨대, 국회의 규칙제정권은 단지 자신의 내부적 사안의 규율에만 미치며, 그 범위에 있어서 "의사와 내부규율"이라는 특정한 대상에 제한된다. 헌법 제64조 제1항의 수권이 단지 국회 내부질서의 규율에 한정되므로, 국회규칙은 그 내부적 성격으로 인하여 법적 효력에 있어서도 제한적이다. 국회에게 자율권을 근거로 규율할 수 있는 권한의 범위가 내부적 질서에 제한됨에 따라, 동시에 국회규칙의 수규자로서 고려될 수 있는 인적 범위도 제한된다. 국회규칙은 국회구성원과 국회출입자에 대해서만 미치는 내부적 효력을 가질 뿐 일반국민이나 다른 국가기관에 대해서는 외부적 효력을 가질 수 없다. 규칙의 이러한 성격은 헌법 제108조, 제113조 제2항, 제114조 제6항에서 각 대법원, 헌법재판소, 중앙선거관리위원회와 관련하여 언급하고 있는 '규칙'의 경우에도 마찬가지로 인정된다.

나. 학계의 견해

국내 학계에서도 국회규칙이 단지 내부적 효력만을 가진다는 것에 관하여 대체로 의견을 같이 하고 있다. 그럼에도 학계에서는 국회규칙의 법적 성격에 관하여 견해가 갈리고 있다. 소위 '命令說'은 국회규칙을 법률의 수권에 의하여 국회가 제정하는 국회법의 시행령으로 보는 반면, 소위 '自主法說'은 국회의 자주적 결정에 의한 독자적인 법규범으로 이해하고 있다. 명령설은 단지 내부적 효력을 가지는 국회규칙을 '명령'이라는 외부법의 체계에 귀속시킴으로써 국회규칙의 본질을 전혀 표현하지 못한다는 점에서 문제가 있으며, 자주법설은 자율성에 근거한 독자적인 법규범임을 강조한다는 점에서는 타당하지만 국회규칙의 본질인 내부적 효력을 제대로 표현하지 못한다는 한계를 안고 있다.[1]

III. 국회법의 법적 성격

1. 내부질서를 국회법으로 규율하는 것이 헌법에 합치하는지의 여부

영국, 미국, 독일 등 서구의 국가에서는 의회내부의 조직과 의사절차에 관하여 법률이 아니라 의회규칙으로 정하고 있다. 이러한 현상은, 의회의 내부질서의 규율형식으로서 '규칙'이 '법률'보다 의회의 자율성을 보장하고 과제이행을 위한 절차를 형성함에 있어서 유연성과 합목적성을 확보할 수 있다는 사고에 기인한다.[2] 특히, 양원제국가에서 법률의 제정은 양원의 일치된 의사나 이의제기가 없음을 전제로 하기 때문에, 법률의 형식으로 의회의 내부질서를 규율하는 것은 의회(하원)의 자치에 대하여 외부기관의 간섭을 허용하는 것을 의미한다. 그러나 우리의 경우, 헌법 제64조 제1항의 명시적인 규칙제정권에도 불구하고, 의사와 내부규율에 관한 사항은 일차적으로 규칙이 아니라 '국회법'에 의하여 규율되고 있다. 따라서 국회가 자신의 내부질서를 규율하기 위하여 일차적으로 법률의 형식을 택한 것이 헌법과 부합하는 것인지의 문제가 제기된다.

헌법은 국회의 내부질서에 관한 일련의 규정 및 제64조 제1항에서 '법률'을 언급함으로써, 국회의

---

1) 한편, 학자에 따라서는 국회규칙 중 '내부사항을 규율하는 규칙'과 '議事에 관한 규칙'을 구분하여 그 법적 성격을 각 '행정규칙'과 '명령'으로 이해하고자 하는 견해가 있다(가령, 권영성, 헌법학원론, 2010, 936면). 그러나 議事에 관한 규칙도 본질적으로 내부사항을 규율하는 것으로 내부적 효력을 가진다는 점에서, 내부사항과 의사규칙을 자의적으로 구분하여 의사에 관한 규칙을 외부법인 명령에 귀속시키는 위 견해는 타당하지 않다. 議事에 관한 규칙 중에서 일부 규정이 국회에 출석하는 국무위원이나 증인·감정인 등 제3자를 규율한다면, 이는 제3자에 대한 구속력을 가지고 대외적 효력을 발휘하는 것이 아니라 단지 내부절차를 규율하는 과정에서 국회의 과제에 참여하는 제3자를 함께 규율하는 것에 불과하다.

2) 의회자율권의 주된 목적이 다른 국가기관의 영향과 간섭으로부터 의회의 자기결정권을 보장하고자 하는 것이라면, 의회가 내부적 사안을 법률로써 규율하는 것은 다른 헌법기관에게 영향력행사의 가능성(가령, 정부의 법률안제출권 및 대통령의 법률안거부권 등)을 개방한다는 점에서, 규율형식으로서 법률의 문제점을 드러내고 있다. 또한, 의회자율권의 본질에 속하는 것이 자신의 의결에 의하여 자신이 정한 의사규칙으로 벗어날 수 있는 가능성을 보유한다는 것인데, 의사절차를 법률로써 정하는 경우 의회는 이러한 가능성을 가질 수 없기 때문에 자신의 자율권의 범위를 스스로 제약하는 결과에 이른다는 점에서도 문제가 있다.

의사와 내부규율에 관한 일차적인 규율형식으로 법률을 전제로 하고 있다는 것을 간접적으로 밝히고 있다.[1] 다른 헌법규범과의 체계적 연관관계에서 볼 때, 헌법 제64조 제1항은 '국회의 내부질서에 관한 일차적인 규율형식은 법률이고 규칙은 헌법에서 단지 부차적인 규율형식으로 언급하고 있는 것'으로 해석되어야 한다. 이러한 헌법해석은 의회자율권을 최초로 규범화한 건국헌법의 법문에 의해서도 지지되고 있다.[2] 이로써 우리 헌법은 이미 헌정사의 출발점에서부터 의회자율권의 헌법적 보장형식에 있어서 서구 유럽과 다른 길을 걷고 있음을 확인할 수 있다. 그렇다면, 헌법 제64조 제1항은 "국회의 의사와 내부규율은 법률과 규칙으로 정한다."의 의미로 이해되어야 한다.

2. 內部法으로서 국회법

헌법은 제64조 제1항에서 법률과 규칙의 형태로 국회의 내부질서를 스스로 규율할 수 있는 권한을 국회에 부여하면서 규율의 대상을 '국회의 내부질서'로 한정하고 있다. 국회법의 규율대상은 '국회의 의사와 조직'과 같이 '자신의 사안'으로서 국회 내부영역에 제한되고, 그 효력범위도 국회 내부영역에 제한된다. 국회가 자신의 의사와 내부조직을 독자적으로 규율하는 헌법상 권한을 법률 또는 규칙 등 어떠한 형식으로 행사하는지와 관계없이, 국회법은 의사와 조직의 자치에 관한 규율로서 단지 내부적 효력을 가지는 규범이다. 국회가 자신의 의사와 내부조직을 규율하는 형식에 있어서 법률과 규칙 중에서 자유롭게 선택할 수 있다면, 국회가 어떠한 규율형식을 채택하였는지에 따라 규율의 효력이 달라질 수 없다. 국회가 헌법 제64조 제1항의 수권을 어떠한 형식으로 행사하든 간에 그 규율대상에 있어서 내부영역에 국한된 수권의 내용으로 인하여 외부적 효력을 가지고 규율할 수 없다.

따라서 국회법은 헌법에서 이미 다른 국가기관을 구속하는 것 이상으로 외부적 구속력을 가지고 다른 국가기관에게 법적 의무를 부과할 수 없다. 국회법이 헌법에서 규정한 내용을 단지 확인하는 것을 넘어서 가령 정부나 사법기관 등 외부기관과의 관계를 규율한다면, 이러한 국회법규정은 외부기관에 대한 구속력을 가질 수 없으며, 단지 다른 국가기관에 대하여 국회의 기대와 요구를 표현하고 있는 것이다. 일반적으로 다른 국가기관은 국회에 대한 존중의 관점에서 국회법에 표현된 이러한 기대와 요구에 자발적으로 부응할 수는 있지만, 법적으로 구속을 받는 것은 아니다.

또한, 국회법은 단지 내부적 효력을 가지고 국회의 내부적 절차만을 규율할 수 있기 때문에, 국회의 절차에 참여하는 私人에 대해서도 외부적 효력을 가지고 의무를 부과할 수 없다. 국민에 대한 법적 의무는 단지 외부적 효력을 가지는 법률에 의하여 부과될 수 있기 때문에, 이러한 규정은 국회 내부질서의 규율에 제한되는 국회법에 의하여 규율될 수 없다. 그러므로 국회는 국회법에 근거하여 위원회의 공청회에서 이해관계인이나 참고인 등에 대하여 출석이나 발언을 강요할 수 없다. 이에 따라, 국민의 기본권제한과 관련되는 구체적인 절차 또는 형사소송법상의 강제수단은 모두 별도의 개별법

---

1) 첫째, 헌법은 제64조 제1항에서 "법률에 저촉되지 아니하는 범위 안에서"라고 언급하고 있는데, 여기서 규칙과 충돌할 수 있는 법률이란 규칙과 근본적으로 동일한 규율대상을 가진 법률을 의미하므로, 여기서 '법률'은 '국회의 의사와 내부규율에 관한 법률'을 의미한다고 보아야 한다. 둘째, 헌법은 국회의 내부질서를 규율하는 일련의 규정(제47조 제1항, 제49조 및 제50조 제2항)에서 '법률'을 언급하고 있는데, 국회의 내부질서를 헌법이 스스로 규율하면서 구체적인 것을 법률로써 규율하도록 위임한다면, 여기서의 '법률'이란 바로 '국회 내부질서에 관한 법률'일 수밖에 없다.

2) 1948년 제헌헌법이 국회의 규칙제정권을 규정하면서 동시에 '국회법'을 명시적으로 언급하고 있는 것은, 제헌헌법이 국회 내부질서의 일차적인 규율형식으로서 국회법을 전제로 하고 있다는 것을 말해주고 있다.

률에서 규율되고 있다.

Ⅳ. 국회법 위반의 사법적 심사와 법적 효과

1. 국회법 위반의 법적 효과

국회법이 국회 내부적 효력만을 발휘하고 직접적으로 기관내부의 구성원만을 구속할 수 있기 때문에, 필연적으로 국회법은 단지 국회 내부적으로만 위반될 수 있다. 따라서 내부적 구속력을 가지는 국회법에 대한 위반은 오로지 내부적 효과를 가진다. 법률이 국회법에 위반되어 제정되었다 하더라도, 국회법위반이 국회 내부적으로 국회구성원의 권한을 침해함으로써 권한쟁의심판의 대상이 될 수 있는지는 별론으로 하고, 그 법률은 유효하다. 이는, 국회법이 그 법적 성격에 있어서 내부적 자치규범이라는 것의 필연적 결과이다. 따라서 외부적 효력을 가지는 국회 행위는 국회법의 위반에도 불구하고 원칙적으로 유효하며, 다만 국회법위반이 동시에 헌법위반을 의미하는 경우에만 그 법률은 무효이다.[1] 예컨대, 법률안의 제출을 위한 의원 수에 미달하여 법률안이 제출되었거나 또는 의사진행절차에 관한 국회법규정에 위반하여 법안 등을 의결한 경우, 그 법률의 효력은 법치국가적 법적 안정성의 관점에서 '그 효력범위가 내부영역에만 국한되는 국회법'의 위반여부에 달려있지 않다.

2. 국회의 자율권 및 사법적 심사의 한계

헌법재판소는 국회의사절차의 적법성을 심사함에 있어서 일관되게 의사절차의 형성에 관한 국회의 자율권을 강조하고 있다. 그러나 헌법과 헌법재판소법에 의하여 헌법재판소에 권한쟁의심판에 관한 권한과 의무가 부여된 이상, 헌법재판소는 국회의 자율권을 이유로 권한쟁의심판을 회피할 수 없으며, 피청구인의 처분에 의하여 청구인의 법률상 또는 헌법상 권한의 침해 가능성을 인정할 수 있는 이상, 청구인의 권한침해여부에 관하여 판단을 해야 하는 의무를 진다. 따라서 국회의사절차의 위반을 이유로 권한쟁의심판이 제기된 경우 국회의 자율권이 거론될 수 있다면, 그 장소는 사법적 심사의 '대상'에 관한 영역이 아니라 '언제 피청구인행위의 위헌·위법성을 확인할 수 있는지'의 여부가 문제되는 사법적 심사의 '한계'에 관한 영역이다.[2] 즉, 국회의 자율권은, 헌법재판소가 사법적 심사

---

1) 헌재 2009. 10. 29. 2009헌라8(제1차 미디어법), 판례집 21-2하, 14, 23-24, [재판관 이동흡의 기각의견] "이 사건 각 법률안 가결선포행위의 무효 여부는 그것이 입법 절차에 관한 헌법의 규정을 명백히 위반한 흠이 있는지 여부에 의하여 가려져야 한다. 이 사건 신문법안은 재적의원 과반수의 출석과 출석의원 중 압도적 다수의 찬성으로 의결되었는바, 위 법률안 의결과정에서 피청구인의 질의·토론에 관한 의사진행이 국회법 제93조에서 규정한 절차를 위반하였다 하더라도, 다수결의 원칙(헌법 제49조), 회의공개의 원칙(헌법 제50조)등 헌법의 규정을 명백히 위반한 경우에 해당하지 아니하므로 무효라고 할 수 없다."; [재판관 민형기, 재판관 이동흡, 재판관 목영준의 기각의견] "우리 헌법은 국회의 의사 절차에 관한 기본원칙으로 제49조에서 '다수결의 원칙'을, 제50조에서 '회의공개의 원칙'을 각 선언하고 있으므로, 결국 법률안의 가결선포행위의 효력은 입법 절차상 위 헌법규정을 명백히 위반한 하자가 있었는지에 따라 결정되어야 할 것이다. 피청구인의 방송법안 가결선포행위는 비록 국회법을 위반하여 청구인들의 심의·표결권을 침해한 것이지만, 그 하자가 입법 절차에 관한 헌법규정을 위반하는 등 가결선포행위를 취소 또는 무효로 할 정도에 해당한다고 보기 어렵다."
2) 헌재 1997. 7. 16. 96헌라2, 판례집 9-2, 154, 165, "국회는 국민의 대표기관, 입법기관으로서 폭넓은 자율권을 가지고 있고, 그 자율권은 권력분립의 원칙이나 국회의 지위, 기능에 비추어 존중되어야 하는 것이지만, 한편 법치주의의 원리상 모든 국가기관은 헌법과 법률에 의하여 기속을 받는 것이므로 국회의 자율권도 헌법이나 법률을 위반하지 않는 범위 내에서 허용되어야 하고 따라서 국회의 의사절차나 입법절차에 헌법이나 법률의 규정을 명백히 위반한 흠이 있는 경우에도 국회가 자율권을 가진다고는 할 수 없다."

에 있어서 어느 정도로 국회의 의사자율권을 존중해야 하는지에 관한 문제이고, 이로써 어느 정도로 의사절차의 위반을 확인할 수 있는지에 관한 '사법적 심사의 한계'의 문제이다.

한편, 의사절차가 국회법에 위반되는 경우 국회법위반이 제정된 법률의 효력에 아무런 영향을 미치지 않는 것은, 국회자율권에 대한 존중 및 그로 인한 사법적 심사의 한계 때문이 아니라, 일차적으로 국회법 및 그 위반의 효과가 단지 내부적인 효력을 가지기 때문인 것이며, 나아가 국가기관간의 권한쟁의의 본질에 비추어 헌법재판소의 판단이 적극적인 형성적 결정이 아니라 단지 소극적인 확인 결정에 그쳐야 하기 때문이다.

제 6 절   國會議員의 憲法的 地位

I. 국회의원의 헌법상 지위[1]

국회의 구성원인 국회의원이 헌법상 어떠한 지위를 가지고 있는가 하는 것은 국회의 기능과 밀접한 관계가 있다. 국회가 헌법상 부여받은 기능을 이행하기 위해서는 그 구성원인 국회의원도 이에 부합하는 헌법적 지위와 권리를 가져야 한다. 따라서 국회의원의 헌법적 지위 또는 헌법상의 권리나 특권은 그가 소속된 합의제기관인 국회의 과제·기능과의 연관관계에서 이해해야 한다. 이러한 점에서 국회의원의 헌법상 지위는 대의제의 실현과 국회 기능의 보장을 위한 불가결한 전제조건으로서 보장되는 것이다.

1. 헌법 제46조 제2항의 의미

헌법은 제46조 제2항에서 "국회의원은 국가이익을 우선하여 양심에 따라 직무를 행한다."고 규정하여 국회의원의 대표자적 지위와 자유위임을 보장하고 있다. 이로써 헌법 제46조 제2항은 '구속적 위임'에 대한 명시적 부정이자, 의원을 정당이나 기타 사회단체의 대표자로 만들고자 하는 모든 시도에 대한 부정을 의미한다. 국회의원 헌법적 지위의 핵심적 내용은 '全國民 대표성'과 '자유위임'으로 표현될 수 있다. 이로써 헌법은 영국을 비롯한 서구 의회주의의 발전과정에서 역사적으로 형성되고 확립된 '대의제의 이념적 기초'를 수용하고 있다. 나아가, 헌법 제46조 제2항은 국회의원의 헌법적 지위에 관한 근거규범으로 의원직의 존속 및 실질적인 행사를 포괄적으로 보호한다.[2]

가. 全國民 代表性

헌법 제46조 제2항은 "국가이익을 우선하여"라는 표현을 통하여, 모든 국가기관에게 부과되는 공익실현의 의무를 국회의원에게도 부과하면서, 나아가 의원의 全國民 代表性을 표현하고 있다. 헌법 제46조 제2항은 법문상으로는 '국가이익 우선의무'를 규정하고 있으나, 이는 국회의원은 특정 정당이나 사회단체의 부분이익·특수이익 또는 선출된 지역구 등 특정 지역의 이익을 대변하는 것이 아니

1) 한수웅, 국회의원의 자유위임과 교섭단체의 강제, 중앙법학 제21집 제3호(2019. 9.), 7면 이하 참조.
2) BVerfGE 80, 188, 218.

라 국가이익, 즉 국민 전체의 이익을 대변한다고 하는 '全國民 代表性' 또는 국민 전체의 대표자로서의 지위를 의미하는 것이다.

의원의 공익실현의무는 '공직'으로서의 의원의 지위로부터 나오는 필연적인 결과이다. '공직자'로서의 의원의 지위로부터 특수이익·부분이익이 아니라 공익을 실현해야 할 의무가 나오며, 개별의원이 그의 결정과 행위에 있어서 공익실현의 관점을 기준으로 삼아야 한다면, 개별의원을 단지 특정한 정치적 이익과 방향의 대표자로 이해하는 것은 헌법적으로 불가능하다. 개별의원은 자신을 '국민의 대표자'로 이해해야만, 비로소 '공직자'로서의 의원의 지위와 역할에 부응할 수 있다.[1] 헌법은 "국가이익을 우선하여"란 표현을 통하여, 개별의원은 소속정당과 이를 지지하는 유권자집단의 이익을 대변하는 '일부 유권자와 소속정당의 대표자'일 뿐이고, 부분이익을 대변하는 개별의원들의 합의체인 의회에서 비로소 상충하는 이익간의 조정이 이루어지고 그 과정에서 공익이 발견된다고 하는 견해를 명시적으로 부정하고 있다.

나. 自由委任

사례 │ 헌재 1998. 10. 29. 96헌마186(국회구성권침해 사건)

1996년 실시된 제15대 국회의원선거 결과, 신한국당은 139석, 새정치국민회의는 79석, 자유민주연합은 50석, 민주당은 15석의 의석을 각 획득하였고, 무소속 당선자가 16명이었다. 그런데 얼마 후 4명의 당선자들이 소속정당을 탈당하는 등 무소속 당선자를 비롯하여 11명의 당선자들이 신한국당에 입당하였다. 甲은 제15대 국회의원선거에 참여하여 투표한 대한민국 국민으로서, "선거의 결과 집권당인 신한국당이 139석을 획득하는데 그쳐 소위 여소야대의 상황에 이르자 신한국당의 의석수를 인위적으로 조작하기 위하여 공권력에 의한 협박과 회유로 11명의 국회의원 당선자를 신한국당에 입당시킨 대통령의 이러한 행위는 자신의 국회구성권을 침해한 것으로서 위헌"이라고 주장하면서 그 취소를 구하는 헌법소원심판을 청구하였다.[2]

(1) **자유위임의 표현으로서 "양심에 따라 직무를 행한다."**

(가) **'양심'의 의미**

의원이 의원직의 수행에 관한 한 기본권의 주체가 아닌 것과 마찬가지로, 여기서 말하는 '양심'이란 헌법 제19조의 의미에서 개인의 기본권으로서의 양심이 아니라 공직자로서의 양심, 즉 '직무상 양심'을 의미하는 것이다. 이는 이미 '공직'으로서의 의원직의 성격으로부터 나온다. 공직의 의미와 목

---

1) 한편, 지역구에서 선출되는 의원의 경우, 특별한 관심을 가지고 자신의 지역구를 돌보고 지역구의 이익을 의회에 전달하고 대변하고자 하는 것은 정치현실에 비추어 허용되어야 하고, 자유위임원칙의 관점에서도 의원이 그 과정에서 공익을 시야에서 놓치지 않는 한 헌법적으로 허용되는 것이지만, 그렇다고 하여 지역구의원에게 '지역의 대표자'로서의 지위가 헌법적으로 인정되는 것은 아니다.

2) 헌재 1998. 10. 29. 96헌마186(국회구성권침해), 판례집 10-2, 600, "대의제 민주주의 하에서 국민의 국회의원 선거권이란 국회의원을 보통·평등·직접·비밀선거에 의하여 국민의 대표자로 선출하는 권리에 그치며, 국민과 국회의원은 명령적 위임관계에 있는 것이 아니라 자유위임관계에 있으므로, 유권자가 설정한 국회의석분포에 국회의원들을 기속시키고자 하는 내용의 '국회구성권'이라는 기본권은 오늘날 이해되고 있는 대의제도의 본질에 반하는 것이어서 헌법상 인정될 여지가 없고, 청구인들 주장과 같은 대통령에 의한 여야 의석분포의 인위적 조작행위로 국민주권주의라든지 복수정당제도가 훼손될 수 있는지의 여부는 별론으로 하고 그로 인하여 바로 헌법상 보장된 청구인들의 구체적 기본권이 침해당하는 것은 아니다."

적이 공익에 봉사하는 것이므로, 여기서 공직자의 양심은 '무엇이 공익에 해당하는지에 관한 의원의 개인적 신념'을 말하는 것이다. 이로써 헌법 제46조 제2항은 '양심'이라는 표현을 통하여, 의원 개인의 신념과 독자적 판단이 그의 모든 결정과 행위의 유일한 기준이 되어야 한다는 것을 밝히고 있다.

(나) 외부적 구속으로부터의 자유

"양심에 따라"란 '오로지 양심의 구속을 받는다'는 것이고, 이는 일차적으로 외부로부터의 모든 구속을 배제하고자 하는 것이다. 즉, "양심에 따라"란 '외부적 구속을 받지 않는다는 것'의 적극적인 표현이다. 이로써 헌법 제46조 제2항은, 의원이 외부의 명령과 지시에 구속되지 않는다는 의미에서 국회의원 직무의 '자유위임' 또는 '무기속위임(無羈束委任)'을 보장하고 있다.[1] 자유위임은 의원이 외부의 명령과 지시의 구속을 받지 않는다는 것이고, 이로써 의원에게 독자적인 판단과 행위를 할 수 있는 법적 가능성을 보장하고자 하는 것이다.

한편, "양심에 따라"란, 의원에 대한 명령과 지시는 구속력이 없기 때문에 의원은 이를 따를 것인지에 관하여 자유롭게 결정할 수 있다는 데 그치는 것이 아니라, 나아가 의원에 대한 명령이나 지시 자체가 이미 위헌적인 행위로서 금지된다는 것을 의미한다.

(다) 자유위임 행사의 기준으로서 '공익실현'

나아가, "양심에 따라 직무를 행한다."는 것은 외부적 구속으로부터의 자유라는 '소극적 의미'를 넘어서, 의원직의 수행에 있어서 공직자로서의 양심이 유일한 헌법적 지침이라는 것을 의미하는 것이고, 이로써 '적극적으로' 무엇이 공익인지에 관한 자신의 개인적 신념을 따를 헌법적 의무를 의원에게 부과하는 것이다. 따라서 의원은 외부로부터 압력이나 지시를 받는지 여부와 관계없이, 자신의 책임 하에서 공익을 발견하고 스스로 정의해야 할 의무를 진다.

'자유위임'의 '자유'란 '자의'를 의미하는 것이 아니라, 의원은 공동체 내의 모든 중요한 이익과 관점을 고려하고 조정하여 자신의 신념과 판단에 따라 국가공동체를 위하여 가장 타당한 결정을 내려야 하는 것을 의미한다. 기본권의 주체가 기본권에 의하여 보장된 자유의 행사여부와 행사방법에 관하여 스스로 결정할 수 있는 것과는 달리, 의원은 자신의 권한을 임의로 행사할 수 있는 것이 아니라 국민을 위하여 행사해야 한다는 '공익실현의무'의 구속을 받는다. 의원은 자유위임의 보장으로 인하여 무엇이 공익인지, 어떠한 방법으로 공익을 실현할 것인지에 관하여 자유롭게 결정할 수 있으나, 헌법은 "국가이익을 우선하여"라고 규정함으로써 자유위임의 행사에 있어서는 '공익실현'이라는 목표와 기준에 의하여 구속을 받는다는 것을 밝히고 있다. 공익실현은 자유위임 행사의 기준이자 방향이다.

자유위임은 의원의 직무상 독립성을 보장하고자 하는 것이지만, 의원에 대한 외부의 모든 영향력 행사의 가능성을 차단하고자 하는 것이 아니라, 의원이 국민의 모든 이익과 견해를 인식하고 수용할 수 있도록 모든 요소에 의한 영향을 받을 수 있는 '자유롭고 개방적인 상태'를 확보하고자 하는 것이다. 이러한 점에서, 외부의 모든 영향력행사로부터 차단된 상태에서 법과 양심에 따라 판단해야 하는

---

1) 헌재 1994. 4. 28. 92헌마153(전국구국회의원 의석승계), 판례집 6-1, 415, 425-426. "헌법 제7조 제1항, 제45조, 제46조 제2항의 규정들을 종합하면 헌법은 국회의원을 자유위임의 원칙 하에 두었다고 할 것이고, …", 헌재 1998. 10. 29. 96헌마186(국회구성권), 판례집 10-2, 600, 606, "대의제도에 있어서 국민과 국회의원은 명령적 위임관계에 있는 것이 아니라 자유위임관계에 있기 때문에 일단 선출된 후에는 국회의원은 국민의 의사와 관계없이 독자적인 양식과 판단에 따라 정책결정에 임할 수 있다."

'법관의 직무상 독립성'(헌법 제103조)과는 근본적으로 다르다.

(라) 양심에 따른 의원의 결정에 대한 사법적 심사의 가능성

한편, 양심에 따른 의원의 결정은 내면세계에서의 의견형성과정에 관한 것으로 객관적인 기준에 따른 심사가 사실상 불가능하다는 점에서, 법적 판단의 대상이 되기 어렵다. 물론, 의원이 단지 양심의 구속을 받는다고 하여 법질서의 구속으로부터 면제되는 것은 아니다. 그러나 법질서는 의원의 자유위임의 행사에 대하여 단지 극단적인 경우에 대해서만 한계를 설정하고 그 준수를 요청할 수 있을 뿐이다.

의원도 모든 공직자와 마찬가지로 헌법의 구속을 받기 때문에, 의원은 공직자의 양심을 주장하여 위헌적인 목표를 추구할 수 없다. 헌법 제46조 제2항의 자유위임은 '헌법적 가치질서 내에서의 자유위임'이다.[1] 나아가, 의원이 공익실현이 아니라 전적으로 이기적인 동기에서 활동하거나 맹목적으로 외부의 위임이나 지시를 따르는 경우, 의원은 헌법상 자유위임원칙에 위반하는 것이다. 그러나 의원이 이를 시인하는 경우에만 헌법위반에 대한 확인이 가능하므로, 의원의 위헌적 행위에 대한 입증이 사실상 불가능하다.

반면에, 의원이 법질서의 범주 내에서 활동하는 한, 의원은 공익을 실현해야 한다는 구속만을 받을 뿐, 어떠한 방법으로 공익실현의무를 이행할 것인지에 관하여는 전적으로 그의 판단에 맡겨져 있다. 의원이 공익에 관한 자신의 개인적 신념을 따라야 한다면, 공익이 확정된 실체로 존재하는 것도 아니고 의원의 결정이 공익에 부합하는지 여부를 판단하는 객관적 기준도 존재하지 않는다는 점에서, 공익실현에 관한 의원의 결정은 객관적인 심사기준의 부재로 인하여 사법적 심사가 사실상 불가능하다.

(2) 자유위임의 구체적 내용

(가) 외부의 명령과 지시로부터의 자유

의원의 직무상 자유와 독립성을 의미하는 자유위임의 보장은 의원의 자유롭고 독자적인 판단과 행위를 구속할 수 있는 모든 관계, 즉 유권자, 지역구의 주민, 소속정당, 사회단체 및 국가권력에 대한 것이다. 따라서 자유위임은 국가의 영향과 사회의 구속으로부터의 자유를 의미한다. '자유위임'의 출발점은 역사적으로 명령위임에 대한 반대개념으로서 신분집단이나 유권자로부터 의원의 독립성을 확보하기 위한 것이었고, 국가보다는 사인과 사회단체로부터 의원의 독립성을 보장하고자 한 것이었다.

자유위임에서 본질적인 것은, 의원이 정당이나 유권자와의 관계에서 어떠한 '법적' 구속도 받지 않는다는 것이다. 의원이 정당이나 유권자와의 관계에서 정치적으로 또는 윤리적으로 구속을 받을 수는 있으나, 법적으로는 어떠한 구속도 받지 않는다. 국회의원이 소속정당의 결정이나 지시에 법적으로 구속되는 것은 자유위임과 부합될 수 없다. 마찬가지로, 국회의원은 자신을 선출한 유권자의 지시에 법적 구속을 받지 않는다. 따라서 지역구 국회의원에 대한 유권자의 불신임투표나 지역주민에 의한 국회의원의 소환은 의원을 유권자의 명령과 지시에 구속시키고자 하는 명령위임의 구체적 실현

---

[1] 자유민주적 기본질서를 기본결정으로 채택한 우리 헌법에서 의원의 자유위임이란 '자유민주적 기본질서 내에서의 자유위임'이다. 의원의 자유위임이 위헌적인 행위를 정당화하거나 자유민주적 기본질서를 제거하는 수단으로 사용될 수 없다.

형태로서 허용되지 않는다. 국회의원에 대한 국민소환제도는 전체 국민을 위한 의원의 대의적 활동을 위하여 불가결한 자유위임을 사실상 폐지하는 것이므로, 헌법개정을 통한 국민소환제도의 도입도 대의제의 이념적 기초에 반하는 것으로 허용되지 않는다('위헌적인 헌법규정').

(나) 선거공약으로부터의 자유

뿐만 아니라, 국회의원은 자신의 선거 前 발언이나 선거공약에 의하여 구속을 받지 않는다. 국민의 선거행위에 의하여 의원의 선거공약이나 정당의 선거프로그램이 다음 임기동안 의원이나 정당의 정치적 행위를 법적으로 구속하는 지침이 되는 것은 아니다.[1] 설사, 의원이 유권자와의 계약체결을 통하여 공약의 이행을 약속했다 하더라도, 그와 같은 계약은 자유위임원칙에 위반되는 것으로 처음부터 무효이다.

만일 의원과 정당이 선거공약이나 정당의 프로그램에 의하여 법적 구속을 받는다면, 변화하는 사회현실에 적절하게 대응할 수 없을 것이고, 이로써 실용 정치의 요청에 부합할 수 없을 것이다. 국가의사형성을 위하여 필수적인 '정치적 유연성'을 의회와 의원에게 확보해 주고자 하는 것도 자유위임의 목적이라 할 수 있다. 한편, 의원 개인과 정당의 신뢰성이나 차기선거에서의 당선가능성, 나아가 정치적 윤리의 관점에서 종래 자신이 한 약속을 지켜야 하는지의 문제는 선거공약의 법적 구속력 여부와 구분해야 하는 별개의 문제이다.

(다) 의원직의 원칙적인 박탈 금지

헌법 제46조 제2항의 자유위임은 의원직의 존속과 행사에 있어서 국민의 대표자로서의 의원의 독립성을 위협하는 모든 시도로부터 의원을 보호하고자 하는 것이다. 자유위임에 기초하는 의원의 헌법적 지위는 그에 대한 침해뿐만 아니라 의원 신분의 박탈로부터도 보호된다.

자유위임은 원칙적으로 의원직의 박탈을 금지한다. 헌법은 국회의원의 임기를 4년으로 확정함으로써(제42조), 국회의원에게 임기 중 의원직의 존속을 보장하고 있다. 의원의 사망이나 의원직의 자발적인 포기(사직) 또는 임기종료에 의하여 의원직이 종료되는 것이 아니라면, 의원직은 원칙적으로 당사자의 의사에 반하여 박탈될 수 없다. 국회의원은 헌법 제42조 및 제46조 제2항에 근거하여 임기 동안 전체 국민의 대표자로서 양심에 따라 활동할 권리, 즉 '임기 동안 국민을 대표할 권리'를 가진다.

따라서 전국민대표성과 자유위임을 특징으로 하는 국회의원의 헌법상 지위는 '의원직의 보유는 원칙적으로 정당소속과 무관하다'는 것을 의미한다. 국민의 선거에 의하여 부여받은 국회의원의 민주적 정당성은 특정 정당의 소속과 무관한 것이기 때문에, 국회의원이 그 임기 중 당적을 이탈 또는 변경하거나 그 소속정당이 해산된 경우에도 의원직을 계속 보유하게 된다.

(3) 자유위임의 기능

자유위임은 대의민주제가 기능하기 위하여 포기할 수 없는 필수적인 요소이다. 대표자의 자유와 독립성은 대의기관의 대의적 성격을 유지하기 위한 필수적 조건이다. 자유위임만이 의원으로 하여금 '전국민의 대표자'로 기능하는 것을 가능하게 한다. 이미 '전국민 대표자'로서 의원의 지위가 '전체

---

1) 가령, 지역구 국회의원이 선거공약을 지키지 않거나 그를 선출한 지역주민의 의사나 이익에 반하는 행동을 하더라도, 자신의 출신지역구에 대하여 전혀 법적 책임을 지지 않고, 단지 선거구민은 차기 선거에서 그를 선출하지 않음으로써 정치적 책임을 추궁할 수 있을 뿐이다. 한편, 학계의 일부 견해는 국민과 대표기관 사이의 대표관계의 성질을 '법적 대표설'(대의기관이 국민과의 관계에서 법적 구속을 받는다는 이론)과 '정치적 대표설'로 구분하여 설명하지만, 자유위임을 채택함으로써 법적 구속을 배제하는 우리 헌법에서 이에 관한 논의는 불필요하다.

국민을 위하는 것이 무엇인지'를 자유롭고 독자적으로 판단할 수 있을 것을 필연적으로 요청한다. 자유위임은 공익실현을 위하여 불가결한 독자적인 판단과 행위의 법적 가능성을 의원에게 보장하는 것이다.

또한, 자유위임은 정당 내부의 민주화가 실현되기 위한 필수적 전제조건으로 당내 민주주의를 보장하는 기능을 한다. 자유위임원칙은 의원으로 하여금 정당 내에서 개방적인 의견교환, 자유로운 토론과 의사결정을 가능하게 함으로써, 정당의 과두정치화의 경향을 방지하고 정당 내에서의 의사형성의 개방성을 촉진하는 데 기여한다. 자유위임은 정당과 교섭단체 내에서 분쟁의 해결과 당내 민주주의를 촉진하고 사회에 존재하는 다양한 정치적 문제를 인식하는 가능성을 높인다.

뿐만 아니라, 자유위임은 의회라는 합의제 의결기관이 정상적으로 기능하기 위하여 불가결하다. 의회에서 공개적인 토론과 논의는 오로지 자유위임의 경우에만 그 의미를 가질 수 있다. 자유위임은 의원으로 하여금 외부의 모든 이익과 견해를 수용하고 이를 함께 고려하도록 함으로써 개방적인 의사형성과정을 보장한다. 이에 대하여 명령위임은 외부와의 소통과정 및 외부의 영향에 대하여 개방적인 의사형성과정을 배제한다. 명령위임의 경우, 의회에서 자유로운 토론과 의사형성은 사실상 불가능하고, 나아가 외부로부터의 지시 내용이 이미 확정되어 있기 때문에 의회에서 타협이 불가능하며, 의원은 외부로부터 지시를 받지 않은 새로운 문제를 다룰 수 없다.

다. 전국민 대표성과 자유위임의 관계

국회의원의 전국민 대표성과 자유위임은 상호 불가분의 관계에 있다. '전국민 대표자'로서의 의원의 헌법적 지위로부터 의원은 오로지 공익실현의 의무가 있기 때문에 외부로부터 구속을 받아서는 안 된다는 헌법적 요청, 즉 '의원은 무엇이 공익인지를 판단함에 있어서 자유로워야 한다'는 '자유위임'의 요청이 스스로 나온다. 자유위임은 전국민 대표성의 필연적인 결과이자 동시에 전국민 대표성을 실현하기 위한 필수적 전제조건이다. 자유위임의 보장은 대의제 민주주의에서 의원의 대의적 지위로부터 나오는 것이고, '대의의 원칙에 의한 의회민주주의'를 채택한 헌법의 기본결정으로부터 나오는 필연적 요청이다. 의원이 외부의 지시와 명령의 구속을 받는다면 공익실현의 과제를 이행할 수 없으며, 이로써 전체국민의 대표자라는 대의적 기능을 이행할 수 없다.

2. 자유위임과 정당기속의 관계

사례 헌재 2003. 10. 30. 2002헌라1(상임위원회 강제 사임 사건)

甲은 한나라당 소속 국회의원으로서 국회 보건복지위원회 상임위원으로 활동하였다. 한나라당은 건강보험재정통합방안에 반대하여 '재정분리'안을 당론으로 결정하였다. 한나라당 지도부는 당론에 반대하고 있는 甲을 위 위원회에서 강제로 사임시켜서라도 당론을 관철하고자, 한나라당의 교섭단체대표의원은 국회의장에게 청구인을 보건복지위원회에서 사임시키는 대신 같은 당 소속 다른 의원의 보임을 요청하였고, 국회의장이 이 요청을 받아들임으로써 甲은 위 위원회에서 강제 사임되고 다른 의원이 보임된 후 "건강보험재정분리법안"의 심의·표결이 이루어졌다. 이에 甲은 '국회의장이 한나라당 교섭단체대표의원이 제출한 사·보임 요청서에 결재함으로써 자신을 국회 보건복지위원회에서 강제 사임시킨 행위로 말미암아 국회의원으로서의 법률안 심의·표결권이 침해되었다'고 주장하면서, 그 권한침해

의 확인을 구하는 권한쟁의심판을 청구하였다.[1]

가. 헌법 제46조 제2항과 제8조(정당조항)의 긴장관계

(1) 정당제 민주주의에서 자유위임원칙의 변화

헌법상 자유위임원칙의 보장에도 불구하고 완전히 독립적인 의원의 像은 현대 정당민주주의의 현실에 더 이상 부합하지 않는다. 헌법도 제8조에서 정당조항을 수용함으로써, 정당 없이는 국민의 정치적 의사형성이 이루질 수 없다는 '정당국가의 현실'을 인정하고 있다. 정당정치가 발달함에 따라 자유위임에 근거한 의원의 활동이 제약을 받게 되고 정당에의 기속이 강화되었다.[2]

정당제 민주주의에서 의원은 '국민의 대표자'이자 동시에 '정당의 대표자'이다. 오늘날 정당국가에서 의원은 개인적 능력이나 자질보다는 '정당의 대표자'로서 소속당의 지원과 배경에 힘입어 선출되었다는 점을 인정하지 않을 수 없다. 의원은 당선된 후에는 동일 정당소속 의원들과 함께 원내 교섭단체를 구성하여 의회 내에서 공동으로 정당의 정책을 실현하고자 한다. 정당은 사실상 공직선거후보자 지명의 독점권을 가지고 의원의 재선여부에 관하여 결정하고, 의원이 활동해야 할 위원회를 정하는 등 의회 내에서 의원의 작업과 참여의 가능성에 관하여 결정한다. 나아가, 정당과 교섭단체는 집권을 위한 정치적 투쟁에서 결집력을 가지기 위하여 소속의원들의 단결과 통일적인 행동을 촉구한다.

따라서 의원의 헌법적 지위는 대의제 민주주의에서 정당의 역할과 유리되어 판단될 수 없으며, 의원의 자유위임원칙도 정당국가의 현실에 의하여 제약을 받을 수밖에 없다. 정당국가에서 자유위임원칙은 의원에게 정당으로부터 완전한 독립성을 보장하고 정당의 모든 영향력행사를 배제하는 원칙이 아니라, 정당국가의 현실에서 불가피하게 발생하는 정당기속을 헌법적으로 제한하고 정당의 영향력행사에 대하여 한계를 설정하는 원칙으로 기능한다.

(2) 자유위임과 정당기속의 긴장관계

(가) 이에 따라, 헌법 제46조 제2항의 자유위임과 제8조의 정당조항은 서로 긴장과 충돌의 관계에

---

1) 헌법재판소는 청구인의 심판청구를 기각하였는데, 그 주된 이유의 요지는 다음과 같다, 헌재 2003. 10. 30. 2002헌라1(상임위원회 강제 사임), 판례집 15-2하, 17, 33, "무릇 국회의원의 원내활동을 기본적으로 각자에 맡기는 자유위임은 자유로운 토론과 의사형성을 가능하게 함으로써 당내민주주의를 구현하고 정당의 독재화 또는 과두화를 막아주는 순기능을 갖는다. 그러나 자유위임은 의회 내에서의 정치의사형성에 정당의 협력을 배척하는 것이 아니며, 의원이 정당과 교섭단체의 지시에 기속되는 것을 배제하는 근거가 되는 것도 아니다. 또한 국회의원의 국민대표성을 중시하는 입장에서도 특정 정당에 소속된 국회의원이 정당기속 내지는 교섭단체의 결정(소위 '당론')에 위반하는 정치활동을 한 이유로 제재를 받는 경우, 국회의원 신분을 상실하게 할 수는 없으나 '정당내부의 사실상의 강제' 또는 소속 '정당으로부터의 제명'은 가능하다고 보고 있다. 그렇다면, 당론과 다른 견해를 가진 소속 국회의원을 당해 교섭단체의 필요에 따라 다른 상임위원회로의 전임(사·보임)하는 조치는 특별한 사정이 없는 한 헌법상 용인될 수 있는 '정당내부의 사실상 강제'의 범위 내에 해당한다고 할 것이다." 또한, 국회의장이 교섭단체의 요구에 응하여 사법개혁 특별위원회 위원을 改選한 행위가 강제 사임된 청구인(국회의원)의 법률안 심의·표결권을 침해하는지 여부가 문제된 사건에서, 헌법재판소는 "이 사건 개선행위는 사개특위의 의사를 원활하게 운영하고, 사법개혁에 관한 국가정책결정의 가능성을 높이기 위하여 국회가 자율권을 행사한 것으로서, 이 사건 개선행위로 인하여 자유위임원칙이 제한되는 정도가 위와 같은 헌법적 이익을 명백히 넘어선다고 단정하기 어렵다. 따라서 이 사건 개선행위는 자유위임원칙에 위배되지 않는다."고 판시하여, 종래의 견해를 그대로 유지하였다(헌재 2020. 5. 27. 2019헌라1, 판례집 32-1하, 1, 3).

2) 제4편 제2장 제1절 Ⅲ. '의회주의의 약화' 참조.

있는 것으로 보인다. 그러나 헌법 제46조 제2항과 헌법 제8조 사이에 존재하는 부조화와 모순은 '규범적 차원에서는' 원칙적으로 존재하지 않는다.

헌법 제46조 제2항은 오늘날 정당민주주의에서도 '의원의 자유위임이 정당대표성이나 정당기속성에 우선한다'는 것을 규범적으로 분명하게 밝히고 있다. 헌법 제46조의 자유위임원칙은, 정당국가적 현실에도 불구하고 정당으로부터 국회의원의 독립성은 보장되어야 한다는 명시적인 요청을 함으로써 정당기속에 대하여 헌법적 한계를 제시하고 있다. 즉, 헌법의 자유위임조항은 의원이 정당이나 교섭단체에 의하여 '정치현실적으로는' 구속을 받을 수 있으나 '헌법적으로는' 구속받지 않는다는 것을 명백히 밝히고 있는 것이다. 이에 대하여, 헌법 제8조의 정당조항은 국회의원이 정당의 지시와 명령에 구속을 받는다는 의미에서 '정당기속성'을 규범화한 것이 아니라, 오늘날 대의제 민주주의에서 정당의 의미와 중요성 및 정당국가적 현실을 고려하여 정당을 헌법에 수용함으로써 정당에 특별한 지위를 부여하고 정당의 존속과 활동을 헌법적으로 보장하고자 하는 것이다.

이러한 관점에서 본다면, 양 헌법규범간의 긴장관계는 의원의 자유위임을 보장하는 '헌법규범'과 소속의원을 정당에 구속시키고자 하는 '정당국가의 현실' 사이에서 발생하는 것으로, 헌법규범의 차원에서가 아니라 '헌법과 정치현실' 사이에서 존재하는 것이다.[1] 정당국가의 정치현실은 의원을 정당에 구속하고자 하나, 헌법은 자유위임의 보장을 통하여 의원에 대한 정당의 영향력을 제한하고 있다. 요컨대, 의원은 정치현실에 있어서는 정당의 구속을 받으나, 헌법적으로는 자유위임의 구속을 받는 것이다.

(나) 그러나 양 헌법규범간의 긴장관계가 근본적으로 '헌법과 헌법현실 사이'에서 발생하는 것이라 하더라도, 헌법이 자유위임조항과 정당조항을 함께 수용함으로써 야기하는 '규범적 차원에서의 긴장관계'는 완전히 부인될 수 없다. 물론 정당조항은 소속의원의 정당기속을 규범화한 것은 아니지만, '정당활동의 자유'를 보장함으로써 정당이 의회에 진출한 경우에 의회 내에서 자신의 정치적 목표를 실현하기 위하여 교섭단체를 매개로 '소속의원에게 영향력을 행사할 수 있는 가능성'도 함께 보장하고 있다. 그렇다면 적어도 이러한 측면에서는 정당조항과 자유위임조항 사이의 긴장관계는 이미 헌법적으로 예정되어 있다. 헌법 제46조 제2항과 제8조 사이의 긴장관계는 실제적 조화의 원칙에 따라 한편으로는 국회의원의 자유위임도 보장하면서, 다른 한편으로는 정당도 소속의원에 대한 영향력 행사를 통하여 자신이 추구하는 정책을 국가영역에서 대변하고 관철할 수 있는 방향으로 해소되어야 한다.

헌법은 한편으로는 정당조항을 수용함으로써 오늘날 정당국가에서 정당이 소속의원에 대하여 영향력을 행사한다는 현실적 가능성을 충분히 인식하여 이를 허용하면서, 다른 한편으로는 자유위임조항을 통하여 정당의 영향력행사를 제한하고자 하는 것이다. 헌법 제46조의 자유위임조항은 소속의원에 대한 교섭단체의 모든 영향력 행사를 금지하는 것이 아니라, 정당국가의 현실에서도 의원에게 독자적인 판단과 행위를 할 수 있고 정당과 교섭단체의 압력과 강제에 대항할 수 있는 법적 가능성을

---

1) 헌법 제8조의 정당조항과 헌법 제46조 제2항의 자유위임조항 사이의 규범적 충돌이 허구적인 것과 마찬가지로, 국회의원의 이중적 지위 사이의 충돌, 즉 '국민의 대표자'로서의 지위와 '정당의 대표자'로서의 지위가 서로 충돌한다는 것도 허구적이다. '국민의 대표자'로서의 의원의 지위는 헌법 지46조 제2항에 근거한 '헌법상의 지위'인 반면, '정당의 대표자'로서의 의원의 지위는 정당국가에서 발생하는 '정치현실상의 지위'에 불과하다. 따라서 이 경우에도 헌법규범 차원에서의 충돌이 아니라 헌법규범과 정치현실이 서로 충돌하는 것이다.

제공하고자 하는 것이다. 바로 이러한 연관관계에서 정당과 교섭단체가 소속의원에게 영향력을 행사하고자 하는 시도(소위 '교섭단체의 강제')가 자유위임의 보장에 비추어 어느 정도로 헌법적으로 허용되는지의 문제가 제기되는 것이다.

나. 교섭단체의 강제

(1) 소속의원에 대한 교섭단체의 영향력행사가 원칙적으로 허용되는 이유

(가) 교섭단체의 강제란, 교섭단체가 소속의원의 의정활동, 특히 발언내용이나 표결행위에 영향을 미치고자 하는 시도를 말한다. 정당의 목적이 스스로 선택한 정치적 목표의 실현에 있으므로, 정당은 목표실현을 위하여 교섭단체를 통하여 소속의원에게 정치적 영향력을 행사할 수 있는 가능성을 보유해야 한다. 이는 헌법 제8조 정당조항의 보장내용이기도 하다. 교섭단체의 목적은 교섭단체 내의 통일된 의사형성을 통하여 소속의원들의 원내 행동통일을 꾀함으로써 의회에서 정당의 정책을 최대한으로 반영하려는 데 있다. 또한, 유권자에 대한 정당의 효과적인 자기묘사(自己描寫)는 교섭단체 소속의원의 행동통일을 요청한다. 교섭단체가 단결되지 않은 모습을 보이는 것보다 선거에서 유권자에게 나쁜 인상을 주는 것은 없다.

나아가, 교섭단체의 단결과 통일적인 행동은 의회의 원활한 기능의 관점에서도 요청된다. 교섭단체 내에서 사전에 통일된 의사형성이 이루어짐으로써 본회의와 위원회에서 다수의 다양한 개별의견을 다루어야 하는 상황이 방지될 수 있다. 교섭단체 내에서 개별의원이 가지는 다양한 정치적 입장의 선별과 취합이 이루어지지 않는다면, 의회에서 의사형성은 거의 불가능하다. 따라서 효율적인 의회 작업의 관점도 교섭단체가 내부적으로 단결을 시도할 것을 요청한다.

(나) 뿐만 아니라, 개별의원이 교섭단체에 소속될 것인지 여부를 자유롭게 결정할 수 있다는 점도, 교섭단체의 영향력행사가 원칙적으로 자유위임과 부합한다는 것을 말해주고 있다. 교섭단체의 구성은 개별의원의 자발적인 결정에 기초하는 것이고, 이는 결국 헌법상 보장된 자유위임을 행사한 결과이다. 개별의원이 교섭단체에 가입하여 협력하는 이유는, 교섭단체가 제공하는 사실상의 다양한 이익을 기대하기 때문이고, 그 대신 권리행사의 가능성이 일부 제한되는 것을 스스로 감수하는 것이다. 개별의원은, 자신이 교섭단체에 가입하여 교섭단체가 제공하는 다양한 이익을 누리는 대신, 이와 불가분의 관계에 있는 '교섭단체의 영향력행사'를 수인할 것인지 아니면 교섭단체가 제공하는 이익을 포기하고 대신 교섭단체의 압력을 받지 않고 자유롭게 활동할 것인지에 관하여 스스로 결정할 수 있다. 현대의 다원적 사회에서 개인은 단체를 통해서만 자신의 이익을 효과적으로 대변하고 관철할 수 있는 것과 마찬가지로, 개별의원도 다른 의원과의 연대행위를 통해서만 자신의 정치적 목표를 효과적으로 달성할 수 있다. 교섭단체에의 소속을 통하여 정치적으로 활동하고 자신의 견해를 관철할 수 있는 가능성이 현저하게 확대된다.

한편, 소속의원이 교섭단체에 대한 협력의무를 이행하는 경우에만 교섭단체의 구성을 통하여 의도하는 '조직화된 협력'의 장점을 기대할 수 있다. 교섭단체에 가입함으로써 의원에게는 '교섭단체에 대한 정치적 충성의무'가 부과된다. 공동의 정치적 목표를 달성하기 위하여 교섭단체의 영향력행사는 불가피하며, 교섭단체 소속은 필연적으로 개별의원의 행동의 자유를 제약한다. 교섭단체는 개별의원이 공동의 정치적 목표를 달성하기 위하여 다수의 견해에 따르리라는 기대에 기초하여 그에 상응하는 영향력을 행사할 수 있는 것이다.

이러한 상황에서 개별의원은 특정 의안에 대한 표결에 있어서 '결정대상에 관한 찬·반의 이유' 그 자체뿐만 아니라 '다른 소속의원과 공동으로 관철하고자 하는 사안이 교섭단체에 대하여 가지는 의미와 중요성'도 함께 고려하여 결정하게 된다. 교섭단체 소속의원이 공동의 노선을 위하여 자신의 개인적인 견해를 고수하지 않기로 결정한다면, 개별의원의 결정은 이러한 방법으로 자신의 정치적 영향력을 보다 확대할 수 있고 공동의 정치적 신념을 실현할 수 있다는 판단에 기초한 것이다.

(다) 그렇다면, 교섭단체가 내부적 단결을 위하여 소속의원에게 어느 정도 영향력과 압력을 행사하는 것은 의원의 자유위임에 위반되지 않는다. '의원의 자유위임'의 관점에서 헌법적으로 제기되는 문제는 '허용되는 영향력 행사'와 '허용되지 않는 영향력 행사'의 경계 설정에 있다. 교섭단체의 영향력행사가 헌법적으로 허용되는지 여부는 헌법 제46조의 자유위임의 헌법적 보장에 비추어 판단되어야 한다. 헌법은 자유위임의 보장을 통하여 교섭단체가 소속의원에 대하여 구속력 있는 명령이나 지시를 내리는 것을 금지하므로, 교섭단체의 영향력행사가 허용되는지 여부는 결국 '영향력행사가 구속력 있는 명령이나 지시에 해당하는지'의 판단에 달려있다.

(2) 교섭단체 강제의 허용여부

(가) 직접적 강제(법적 강제)

위와 같은 관점에서 보건대, 소속의원에게 특정한 행위를 해야 할 의무를 부과하고 이를 법적으로 강제하는 '직접적 강제'(Fraktionszwang)는 헌법상 자유위임이 금지하는 '구속력 있는 명령이나 지시'에 해당하는 것으로 허용되지 않는다. 교섭단체는 소속의원에게 특정한 행위를 해야 할 의무를 부과하고 이를 법적으로 강제해서는 안 된다. 여기서 '직접적 강제'란, 의원에게 물리적 강제력을 행사하는 경우는 물론이고, 나아가 의무의 부과를 통하여 법적으로 의원을 구속하고자 하는 모든 경우를 말하는 것이다.[1]

가령, 소속의원으로 하여금 특정한 행위를 하도록 강제하는 교섭단체의 구속력 있는 명령이나 소속의원에게 교섭단체의 다수의사에 따라 표결하도록 의무를 부과하고 이를 법적으로 강제하는 교섭단체의 의결은 표결에 있어서 의원의 법적 자유와 독립성을 보장하는 자유위임에 위반되므로, 헌법적으로 허용되지 않는다. 따라서 소속의원에 대하여 특정한 내용의 표결행위를 강제하고자 하는 모든 법적 수단(가령, 계약에 의한 합의, 의원직 포기각서 등)은 처음부터 위헌적인 것으로 무효이다.[2]

(나) 간접적 강제(사실상의 강제)

반면에, 소속의원을 법적으로 구속하고자 하는 것이 아니라 교섭단체 내부의 사전적 의사형성을 통하여 소속의원의 결속을 호소함으로써 의원의 표결행위에 대하여 영향력을 행사하거나 간접적인

---

1) 만일 '직접적 강제'를 물리적 강제로 이해하여 이에 한정한다면, 의원이 표결에 참여하는 것을 강제로 방해하는 것 외에는 물리적 강제를 행사할 수 있는 가능성이 달리 없으므로, 이러한 의미의 직접적 강제는 사실상 무의미하다. 따라서 여기서 직접적 강제란 무엇보다도 소속의원이 특정한 표결행위를 하도록 법적으로 구속하고자 하는 강제를 말한다.

2) '직접적 강제'와 관련하여 제기되는 또 다른 문제는, 직접적 강제가 소속의원에게 의무를 부과하는 경우에 한정되는지 아니면 의원의 결정의 자유를 사실상 박탈하거나 현저하게 제한함으로써 '실질적인 효과에 있어서 명령과 지시와 유사한 조치'도 포함하는지 여부이다. 가령, 교섭단체가 소속의원의 행위와 관련하여 사전에 구체적으로 제재가능성(제명 등 간접적 강제의 수단)을 예고하고 위협함으로써 사실상 구속력 있는 지시가 발생하는 경우, 이러한 조치도 금지되는 '직접적 강제'에 포함되는지 여부이다.

압력을 가하는 '사실상의 강제', 즉 '간접적 강제'(Fraktionsdisziplin)는 헌법적으로 허용된다. 물론, 이러한 경우에도 교섭단체의 단결은 정당 지도부에 의하여 권위적으로 명령되어서는 안 되고, 소속의원들의 개방적인 토론과정에서 자발적으로 형성되어야 한다.

교섭단체의 사실상의 강제는 정당제 민주주의에서 의회의 원활한 작업을 보장하기 위하여 의원의 자유위임과 마찬가지로 불가결하다. 의원에게는 헌법상 자유위임원칙으로 인하여 교섭단체의 명령과 지시로부터 벗어나는 것이 법적으로 보장되나, 교섭단체가 그러한 소속의원에 대하여 정치적으로 내부적 제재를 가하는 것까지 금지하는 것은 아니다. 교섭단체는 그 노선을 벗어나는 소속의원을 내부적으로 제재할 수 있는 다양한 수단을 보유하고 있다. 교섭단체는 소속의원이 활동하는 위원회를 지정하며, 의회 내에서 발언권을 배분하고, 교섭단체 내 작업분할을 결정하며, 나아가 교섭단체로부터 제명을 결정할 수 있다.

교섭단체의 압력행사가 이와 같이 '사실상의 이익과 불이익'의 범주를 벗어나지 않는 한, 교섭단체를 통하여 향유하는 이익과 교섭단체가 부과하는 구속을 고려하여 자신의 정치적 신념을 형성하는 것은 개별 의원 스스로에게 맡겨진 문제로서, 교섭단체의 사실상의 강제는 헌법상 보장된 자유위임의 관점에서도 허용된다. 의원은 자유위임에 근거하여 법적으로는 자유롭게 결정할 수 있으나, 정치적으로는 교섭단체에 대하여 책임을 져야 하고, 교섭단체의 노선으로부터 벗어나는 경우에는 정치적 불이익을 감수해야 한다.

(다) 간접적 강제의 수단

소속의원이 위원회에서 당론이나 교섭단체의 결정을 대변하지 않는 경우, 교섭단체는 위원회에서 당해 의원을 사임시킬 수 있다.[1] 위원회에 참여하는 의원의 권리는 '의원의 헌법적 지위의 본질적인 부분'에 해당하지만, 위원회의 위원정수가 한정되어 있다는 점에서 '자신이 원하는 특정 위원회에 소속되어 활동할 권리'는 의원에게 인정되지 않는다.[2] 오늘날 국회의 의사가 위원회에서 실질적으로 형성됨으로써 국회에 의한 국민의 대의과정이 사실상 위원회로 이동하였다는 상황에 비추어, 위원회가 교섭단체 소속의원 수의 비율에 따라 구성되어야 하고, 그 결과 교섭단체가 위원회의 위원을 지명하도록 규정하고 있다면(국회법 제48조 제1항), 위원회에서 활동하는 소속의원은 '교섭단체의 대표'로서의 성격을 가진다. 교섭단체는 위원회에서 자신의 입장을 대변하고 다른 소속의원의 신뢰를 받는 의원에 의하여 자신이 대표될 것을 요구할 수 있다. 본회의의 결정을 사전에 형성하는 위원회의 기능의 관점에서도[3] 소속의원이 위원회에서 교섭단체의 정치적 노선을 대변하지 않는 등 공동의 작업을 현저하게 저해하는 경우, 교섭단체는 위원의 임기 중에도 당해 의원을 위원회에서 사임시킬 수 있어야 한다.

뿐만 아니라, 정당은 당론을 따르지 않는 소속의원에게 당직의 배분이나 차기선거의 공천에 있어

---

1) 헌재 2003. 10. 30. 2002헌라1(상임위원회 강제사임)에서 헌법재판소는 당론에 반대하는 소속 국회의원을 다른 상임위원회로 전임하는 조치를 허용되는 것으로 판단하였다.

2) BVerfGE 70, 324, 354.

3) 위원회에서 본회의의 의결을 위한 준비 작업이 이루어진다면, 위원회의 다수관계가 본회의의 다수관계를 그대로 반영함으로써 위원회에서의 준비 작업의 결과가 본회의에서 다수의 지지를 얻을 수 있는 경우에만 본회의의 심의와 의결을 준비하는 위원회의 기능은 비로소 이행될 수 있다. 그런데 교섭단체에 의하여 지명된 소속의원이 교섭단체의 노선을 대변하지 않는다면, 위원회에서의 다수와 본회의에서의 다수가 일치하지 않는 상황이 발생함으로써 위원회의 의결이 본회의에서 다시 뒤집힐 수 있고, 그 결과 의회의 작업을 현저하게 저해할 수 있다.

서 불이익을 줄 수 있다. 정당의 정책을 더 이상 지지하지 않는 소속의원을 다음 선거에서 다시 공천할 것을 정당에게 요구할 수 없다. 이로써, 국회의원은 비록 의원직을 잃는 것은 아니지만, 차기 선거에서 공천가능성, 즉 사실상의 재선가능성을 상실할 수 있다. 차기선거에서 공천의 거부는 처음부터 의원 임기에 국한되어 인정되는 '의원의 헌법적 지위'를 침해하지 않을 뿐만 아니라, '재공천을 받을 의원의 권리'도 존재하지 않는다.

나아가, 소속의원이 의회 내에서 교섭단체의 작업과 기능을 현저하게 약화시키거나 곤란하게 하는 경우, 정당과 근본적으로 정치적 노선을 달리하는 의원을 교섭단체에서 제명하는 것도 허용된다. 교섭단체로부터의 제명이 허용되는 경우란, 교섭단체 내에서 비판을 하는 경우가 아니라, 소속의원이 정당의 정책을 근본적으로 부정하면서 정당의 노선으로부터 벗어나는 지속적인 발언과 표결행위를 통하여 당해 의원에 대한 교섭단체 소속의원들의 신뢰가 근본적으로 저해된 경우를 말한다. 이러한 경우 그에 대한 정치적 책임을 물어 교섭단체에서 제명하는 것은 교섭단체의 목적달성(정치적 신념의 동질성, 교섭단체의 기능보장, 다른 교섭단체와의 경쟁에서 경쟁력확보 등)을 위하여 허용되어야 한다.

다. 제명이나 당적변경에 따른 의원직의 상실여부

사례 | 헌재 1994. 4. 28. 92헌마153(전국구의원 의석승계 사건)

국회의원 甲은 乙정당의 전국구명부에 의하여 국회의원으로 선출되었다. 일 년 후 국회의원 甲과 乙정당 사이에는 근본적인 정치적 입장의 차이로 인하여 잦은 충돌이 발생하였고, 결국 의원 甲은 소속정당인 乙로부터 탈당하였다. 이에 乙 정당은 '甲은 의원직을 반환함으로써 전국구명부의 다음 순위자에게 의원직을 양보해야 한다'고 판단하여, '전국구에서 선출된 의원에 궐원(闕員)이 생긴 때에는 중앙선거관리위원회는 궐원통지를 받은 후 10일 이내에 소속 정당의 전국구후보자명부의 순위에 따라 의석을 계승할 자를 정해야 한다'는 선거법규정에 따라 중앙선거관리위원회에 전국구의원 의석승계결정을 신청하였다. 그러나 중앙선거관리위원회는 전국구국회의원으로 당선된 의원이 소속정당을 탈당한 경우 그 국회의원의 신분이 상실되는 법률규정이 없다는 이유로 의석승계결정을 하지 않았다. 이에 乙 정당은 중앙선거관리위원회가 전국구의석의 승계결정을 아니하고 방치한 부작위의 위헌확인을 구하는 헌법소원심판을 청구하였다.[1]

---

1) 헌법재판소는 특정 정당의 전국구의원이 그 정당을 탈당한 경우에도 그 의원직을 상실하지 아니한다고 하면서 중앙선거관리위원회 위원장이 의석승계결정을 해야 할 작위의무가 존재하지 아니한다고 하여 이 사건 심판청구를 각하하였는데, 그 주된 이유의 요지는 다음과 같다, 헌재 1994. 4. 28. 92헌마153(전국구의원 의석승계), 판례집 6-1, 415, 424-425, "국회의원의 법적인 지위 특히 전국구의원이 그를 공천한 정당을 탈당한 때 국회의원직을 상실하는 여부는 그 나라의 헌법과 국회의원선거법 등의 법규정 즉, 법제에 의하여 결정되는 문제이다. 즉 국회의원의 법적 지위 특히 전국구의원이 그를 공천한 정당을 탈당할 때 의원직을 상실하는 여부는 그 나라의 헌법과 법률이 국회의원을 이른바 자유위임(또는 무기속위임)하에 두었는가, 명령적 위임(또는 기속위임)하에 두었는가, 양 제도를 병존하게 하였는가에 달려있다. … 자유위임제도를 명문으로 채택하고 있는 헌법 하에서는 국회의원은 선거모체인 선거구의 선거인이나 정당의 지령에도 법적으로 구속되지 아니하며, 정당의 이익보다 국가의 이익을 우선한 양심에 따라 그 직무를 집행하여야 하며, 국회의원의 정통성은 정당과 독립된 정통성이다. 이런 자유위임하의 국회의원의 지위는 그 의원직을 얻은 방법 즉 전국구로 얻었는가, 지역구로 얻었는가에 의하여 차이가 없으며, 전국구의원도 그를 공천한 정당을 탈당하였다고 하여도 별도의 법률규정이 있는 경우는 별론으로 하고 당연히 국회의원직을 상실하지는 않는다는 것이다."; 그러나 헌법재판소는 위 판시내용에서, 한편으로는 자유위임 하에서 국회의원은 지역구의원이든 전국구의원이든 그 지위에 있어서 차이가 없다는 것을 확인하면서, 다른 한편으로는 입법자가 별도의 법률로써 차별할 수 있는 가능성을 유보함으로써 상호모순을 보이고 있다. 뿐만 아니라, 입법자가 헌법상의 요청인 자유위임원칙에 관하여 법률로써 임의로 처분할 수 있다는 여운을 남기고 있다.

국회의원이 정치현실적으로 소속정당에 의하여 구속을 받음에도 불구하고, 전국민대표성과 자유위임성을 특징으로 하는 국회의원의 헌법상 지위는 '의원직의 보유는 원칙적으로 정당소속과 무관하다'는 것을 의미한다. 정당소속과 의원직의 존속여부를 결부시키는 것은 자유위임에 기초한 의원의 독립성을 그 핵심에 있어서 부정하는 것이다. 따라서 정당으로부터의 제명이나 당적변경은 의원직의 존속에 아무런 영향을 미치지 않는다. 의원이 의원직을 지역구 또는 전국구를 통하여 얻었는지의 여부와 관계없이, 이에 대한 예외는 법률로써도 인정될 수 없다. 마찬가지로, 특정 조건하에서 의원직을 포기해야 할 의무를 지는 법률행위상의 합의나 의사표시는 의원의 자유위임 및 독립성과 부합하지 않는다.

정당이 소속의원의 의원직을 임의로 처분할 수 없다는 것은 단순히 '정당의 대표자'가 아니라 '전국민의 대표자'로서의 국회의원의 헌법적 지위에서 나오는 당연한 결과이다. 따라서 국회의원이 소속정당에서 제명되는 경우 의원직을 상실한다는 법률조항은 정당이 처분할 수 없는 의원의 헌법적 지위('국민의 대표자')를 처분하는 결과를 가져오므로, 헌법 제46조 제2항에 위반된다. 마찬가지로 정당과 소속의원 사이에 이루어지는 그러한 내용의 합의는 헌법에 위배되므로 무효이다.

뿐만 아니라, 헌법 제46조 제2항에 규정된 국회의원의 지위는 원칙적으로 자의에 의한 탈당이든 아니면 타의에 의한 제명이든 간에 그와 관계없이 보장되어야 한다. 국민의 선거에 의하여 부여받은 국회의원의 민주적 정당성은 특정 정당의 소속과 무관한 것이기 때문에, 국회의원이 그 임기 중 당적을 이탈 또는 변경하거나 그 소속정당이 해산된 경우에도 의원직을 계속 보유하게 된다.

다만, 위헌정당해산심판에 의한 정당해산의 경우에는 '정당소속과 의원직의 보유를 결부시켜서는 안 된다'는 원칙에 대한 예외가 허용될 수 있다.[1] 이 경우에는 정당기속과 자유위임의 상충관계에서 어느 법익에 우위를 부여해야 하는지의 문제가 아니라 헌법수호의 관점에서 정당해산의 결과로서 파생하는 문제이기 때문이다. 의원은 헌법의 구속을 받는 국가기관의 일부로서 그의 직을 헌법과 합치하도록 행사해야 할 당연한 의무를 지고 있으며, 방어적 민주주의의 관점에서 위헌정당해산결정의 실효성을 확보하기 위해서는 위헌정당의 소속의원은 의원직을 상실한다고 보아야 한다.

라. 공직선거법 제192조 제4항의 헌법적 문제점

사례 공직선거법 제192조 제4항의 위헌여부

공직선거법 제192조는 제4항에서 "비례대표국회의원 또는 비례대표지방의회의원이 소속정당의 합당·해산 또는 제명외의 사유로 당적을 이탈·변경하거나 2 이상의 당적을 가지고 있는 때에는 「국회법」제136조(퇴직) 또는 「지방자치법」제78조(의원의 퇴직)의 규정에 불구하고 퇴직된다. 다만, 비례대표국회의원이 국회의장으로 당선되어 「국회법」규정에 의하여 당적을 이탈한 경우에는 그러하지 아니하다."고 규정하고 있다. 비례대표의원의 당적변경의 경우 의원직의 상실을 규정하고 있는 위 조항은 헌법에 부합하는가?

---

1) 이에 관하여 자세하게 제4편 제5장 제3절 제6항 V. 3. 참조.

(1) 자유위임의 요청

공직선거법 제192조 제4항은 '비례대표의원의 경우 그 임기 중 소속정당이 합당·해산되거나 소속정당에서 제명되는 이유 외 사유로 당적을 이탈·변경하거나, 둘 이상의 당적을 가지고 있을 때에는 의원직을 상실한다.'고 규정하고 있다. 위 규정은 비례대표의원을 지역구의원과 차별하여, 비례대표의원의 경우 정당기속을 일방적으로 강조하고 전국민대표성에 대하여 정당기속성에 우위를 부여하는 규정이다.

물론, 비례대표의원은 정당과 연계되어 정당명부의 후보자로서 의원직을 얻고, 유권자들도 일차적으로 명부후보자로서 비례대표의원을 선택한 것이 아니라 정당을 선택한 것이라고 판단되므로, 당적변경에도 불구하고 의원직을 보유하는 것은 유권자의 의사를 왜곡하는 것이라고 할 수 있다. 비례대표의원의 경우, 정당의 명부를 통하여 선출됨으로써 비로소 의원직을 얻는다는 점에서 소속 정당에 대한 보다 강한 기속성이 인정된다. 그러나 의원직의 획득에 있어서 정당소속이 어느 정도로 기여하는지는 단지 정도의 차이일 뿐이다. 정당민주주의에서 정당의 공천은 후보자의 당선에 결정적인 영향을 미친다는 점, 지역구의원의 경우에도 오늘날 선거가 후보자 개인의 인물에 대한 선거라고 하기 보다는 정당의 정책에 대한 국민투표적 성격이 강하며 이러한 관점에서 지역구의원이 당적을 변경하는 경우에도 그를 선출한 유권자의 의사가 왜곡되는 측면이 있다는 점에서,[1] 지역구의원과 비례대표의원의 선출에 있어서 정당의 기여도의 차이는 단지 상대적인 것이다.

여기서 본질적인 것은, 헌법 제46조 제2항의 자유위임의 요청은 동일한 내용을 가지고 비례대표의원에게도 인정된다고 하는 것이다. 국회의원은 헌법상 국민의 대표자이지 정당의 대표자가 아니다. 바로 이러한 이유에서 의원의 당적변경은 의원직의 보유에 아무런 영향을 미치지 않는다는 것이 헌법의 명시적 요청이다. 그러나 위 공직선거법규정이 의도하는 바와 같이, 비례대표의원이 당적을 변경하는 경우 의원직을 상실한다면, 이러한 규정의 바탕에는 '비례대표의원은 국민의 대표자가 아니라 정당의 대표자'라는 사고가 깔려 있는 것이다. 이러한 사고는 헌법 제46조의 요청에 정면으로 반한다.

(2) 의원지위의 평등에 대한 요청

탈당의 경우 국회의원직을 상실하도록 규정하는 것은, 형식적으로는 정당이 국회의원의 지위를 처분하는 것은 아니나, 의원직의 보유여부를 정당소속과 결부시킴으로써 그 실질에 있어서는 정당이 처분할 수 없는 의원의 헌법적 지위에 관하여 결정하는 것과 동일한 효과를 가진다. 소속의원과 정당이 대립하는 경우 현실정치에서 탈당인가 아니면 제명인가 하는 것은 적지 않은 경우 누가 먼저 주도적으로 행동하는가의 문제와 직결되기 때문에, 제명과 탈당을 엄격하게 구분하여 서로 완전히 상이한 법률효과를 발생시키는 것은 큰 설득력이 없다.

또한, 평등선거원칙과 평등민주주의원칙의 관점에서 보더라도, 선거권과 피선거권의 행사뿐만 아니라 선출된 국회의원직의 행사에 있어서도 형식적 평등이 요청되는데, 이에 따라 국회의원은 법적

---

1) 정당민주주의에서 유권자는 특정 인물을 선출하는 것뿐만 아니라 소속정당에 의하여 대변되는 정치적 목표와 방향도 함께 선택하는 것이다. 유권자의 의사는 이와 같이 국민투표적 성격도 가지고 있으므로, 유권자는 선택한 정당의 대표자인 지역구 국회의원에 대하여 소속정당의 정치적 목표를 충실하게 따를 것을 기대할 수 있으며, 그렇지 않은 경우에는 그를 선출한 유권자의 의사가 왜곡되는 측면이 있다.

지위, 임기, 자격상실의 근거에 있어서 동일한 권리를 가져야 한다.[1] 지역구에서 직접 선출된 지역구 의원은 1류 의원, 정당명부를 통하여 선출된 비례대표의원은 2류 의원이란 식의 2원적 신분에 따른 차등이 있어서는 안 된다. 합의제기관으로서 의회가 기능하기 위한 필수적인 요건에 속하는 것이 바로 법적 지위에 있어서 구성원의 평등이다. 합의제기관은 그 기능을 이행하기 위하여 모든 구성원이 기관의 의사형성에 대하여 동등한 영향력을 행사할 수 있다는 것에 의존하고 있으며, 구성원이 기관의 의사형성에 동등한 영향을 미치기 위해서는 구성원의 법적 평등이 필수적이다.

(3) 당내 민주주의의 요청

또한, 의원이 자발적으로 탈당하는 경우 의원직을 박탈하는 것은 의원의 정당에의 기속을 심화시키고 정당의 독재화, 과두화의 경향을 안고 있으므로, 당내 민주화의 관점에서도 탈당에 대한 의원직 박탈은 허용되지 않는다. 국가의사가 사실상 정당에 의하여 형성되는 오늘날 정당제 민주주의에서, 당내민주주의의 요청은 민주주의를 실현하기 위한 중요한 요건이다. 자유위임은 의원의 독립성을 보장하고 당내 토론과 경쟁, 자유로운 의사형성을 가능하게 함으로써 당내 민주화의 실현에 기여한다. 특히, 비민주적 정당을 이탈할 권리, 소속정당의 위헌적 결정이나 공익에 반하는 결정에 따르지 아니할 권리가 의원에게 자유위임의 실현수단으로서 인정되어야 한다. 이 경우, 의원의 탈당을 가능하게 해야 하고, 의원직을 계속 유지하도록 해야 할 필요성이 있다. 의원이 소속정당과 더 이상 정치적 목표를 함께 하지 않는 경우에도 의원직상실을 두려워하여 탈당을 할 수 없다는 것은 의원의 자유위임과 부합할 수 없다. 이러한 관점에서 본다면 당적변경에 의하여 발생하는 유권자의사의 왜곡은 '더 작은 악'으로서 감수해야 한다.

II. 국회의원의 권리와 의무

1. 국회의원의 권리

가. 국회의원 권리의 일반적 내용과 성격

(1) 국회 구성원으로서 국회의원의 권리

의원은 임기개시와 더불어 의원 자격을 취득하여,[2] 임기만료로써 자격을 상실한다. 국회의원의 임기는 4년이다(헌법 제42조). 헌법에 확정된 의원의 임기는 곧 의회 선거의 주기를 의미한다. 선거주기의 헌법적 확정은 어떠한 주기로 의회가 민주적 정당성을 새롭게 획득해야 하는지를 표현할 뿐만 아니라, 나아가 의회에게 자신의 과제를 효과적이고 지속적으로 이행하는 것을 가능하게 하고자 하는 것이다. 의원의 신분도 필연적으로 선거주기의 헌법적 확정에 의하여 함께 보장된다.

국회의원의 권리는 개인적 자유나 권리가 아니라 국회의 구성원으로서 의원에게 부여되는 관할 또는 권한이다. 의원이 가지고 있는 일련의 권한은 의회가 전체로서 헌법상 규정된 기능을 이행하기 위하여 부여되는 것이다. 즉, 의원은 그의 권한을 행사함으로써 국회의 의사결정과정에 참여하는 것이다. 의원에게 헌법상 보장된 권리는 모두 궁극적으로 자유위임과 직무의 독립성을 확보하기 위한 것이다. 따라서 의원의 권리에 관한 개별규정은 이러한 목적에 비추어 해석되어야 한다.

---

1) 의원지위의 평등에 관하여 아래 II. 1. 가. (2) 참조.
2) 공직선거법 제14조 제2항 "국회의원의 임기는 총선거에 의한 전임의원의 임기만료일의 다음날부터 개시된다."

(2) 국회의원의 헌법적 지위

(가) 국회의 과제이행에 참여할 의원의 권리

국회는 국민의 직접적인 대의기관이다. 국회는 전체국민의 대표자로서 선출된 의원으로 구성되고 의원은 그 전체로서 국민의 대의기관인 국회를 구성한다. 국회에 의한 代議 과정에서 근본적인 것은, 국회가 그 전체로서 전체국민의 대의기관이라는 점이다. 따라서 '국회에 의한 국민의 대의'란 '의원의 전체에 의한 전체국민의 대의'를 의미한다. 국민의 대의는 일부 의원이나 교섭단체 또는 국회의 다수가 아니라 전체로서 국회에 의하여 실현된다.[1]

그러므로 의원의 전체에 의한 전체국민의 대의가 이루어지기 위하여, 모든 의원은 국회의 의사형성 및 의사결정의 과정에 참여해야 한다. 국회의원의 헌법적 지위에 속하는 것은 무엇보다도 국회의 과제이행과 권한행사에 참여할 권리이다. 의원의 이러한 권리에 속하는 것에는 국회의 회의에 참여할 권리, 의회에서 발언권, 표결권, 발의권, 의회의 질문권과 정보요구권의 행사에 참여할 권리, 의회 내 선거에 참여할 권리, 다른 의원들과 교섭단체를 구성할 권리 등이 있다. 의원이 이러한 권한을 행사함으로써 입법, 예산, 국가조직구성, 국정통제의 영역에서 국회의 과제이행에 참여하는 것이고 이로써 의원직의 직무를 수행하는 것이다.

(나) 권리와 의무에 있어서 의원의 평등

의원은 전체로서 국민의 대표기관인 의회를 구성하기 때문에, 모든 의원은 민주적 평등의 관점에서 권리와 의무에 있어서 평등해야 하고 동등한 법적 지위를 가져야 한다.[2] 의원의 평등은, 모든 의원이 전체로서 국민을 대표할 수 있다는 '합의제 대표기관의 본질'에 근거한다. 합의제기관이 기능하기 위해서는 모든 구성원이 기관의 의사형성에 있어서 동등한 영향력을 행사할 수 있어야 하며, 이를 위해서는 모든 구성원이 법적으로 평등해야 한다. 개별의원이 다른 의원과 동등한 권리와 의무를 가지기 때문에, 국회 내에서 또는 정당과 교섭단체 내에서 마찰과 충돌을 두려워하지 않고 소신껏 활동할 수 있으며 자신의 목소리를 경청하도록 할 수 있다. 의원 간에 그 지위에 있어서 차등과 우열이 있다면, 모든 의원에 의한 전체국민의 대의가 제대로 이루어질 수 없다. 모든 의원에 의한 전체국민의 대의는 모든 의원의 동등한 법적 지위와 참여권한을 전제로 하는 것이다. 결국, 모든 의원이 국회의 심의와 의결에 동등하게 참여하는 가능성을 통하여 국회에 의한 국민의 대의가 확보된다. 따라서 의원이 지역구에서 또는 정당명부를 통하여 선출되었는지의 여부와 관계없이 모든 의원은 법적 지위에 있어서 형식적으로 평등하다. 헌법 제46조 제2항은 모든 의원에게 동등한 지위를 부여하고, 이로써 의회의 과제이행(입법기능, 통제기능, 국가조직구성기능 등) 및 결정과정에 동등하게 참여할 권리를 보장한다.

(3) 국회법이 국회의원의 지위를 규율함에 있어서 입법형성권의 한계

(가) 국회는 자신의 조직과 議事를 국회법의 형태로 규율함에 있어서 광범위한 형성의 자유를 가진다. 그러나 국회에게 규율자율권이 인정된다는 것은, 단지 국회만이 자신의 내부질서에 관하여 규율할 수 있다는 것을 의미하는 것이지, 국회가 규율자율권을 행사함에 있어서 내용적으로 아무런 구속을 받지 않는다는 것을 의미하지는 않는다. 국회는 자신의 내부질서를 규율함에 있어서 무엇보다

---

1) Vgl. BVerfGE 44, 308, 316.
2) Vgl. BVerfGE 44, 308, 316.

도 헌법의 구속을 받는다.

국회법이 국회의원의 지위를 규율함에 있어서 준수해야 하는 가장 중요한 헌법적 지침은 '모든 의원이 국회의 과제이행에 동등하게 참여해야 한다는 원칙'이다. 모든 의원이 오로지 전체로서만 국민을 적절하게 대표할 수 있기 때문에 모든 의원은 국회의 작업과 결정, 즉 국회의 의사형성 및 의사결정의 과정에 동등하게 참여해야 한다. 그러므로 국회는 자신의 작업과 과제해결의 방식을 '모든 의원의 동등한 참여 원칙'에 기초하여 규율해야 한다.[1]

한편, 개인의 자유와 마찬가지로 의원의 헌법적 권리도 제한될 수 있다. 그러나 의원의 헌법적 권리는 오로지 다른 헌법적 법익의 보호를 위하여 필요한 경우 비례의 원칙의 준수 하에서 제한될 수 있다. 국회법은 의원의 권리를 제한함에 있어서 실제적 조화의 원칙에 따라 '모든 의원이 국회의 심의와 의결에 효과적으로 참여할 수 있어야 한다'는 원칙과 '의원의 권리에 대한 제한을 요청하는 법익'을 함께 고려하여 양 법익을 조화시켜야 한다. 의원의 헌법적 권리가 국회법에 의하여 비로소 부여되는 것이 아니라 단지 권리행사의 방법에 있어서 규율되는 것이므로, 개별의원의 권리는 국회법에 의하여 구체적으로 형성되고 제한될 수는 있으나, 원칙적으로 박탈되어서는 안 된다.[2]

(나) 의원의 헌법적 권리를 제한하기 위해서는 이에 대한 제한을 정당화하는 헌법적 법익이 존재해야 하는데, 이러한 헌법적 법익으로 고려되는 것은 일차적으로 '다른 의원의 동등한 권리'와 '국회의 원활한 기능의 확보 또는 국회작업의 효율성'이다. 모든 의원의 동등한 참여권을 병립시키기 위하여 또는 국회의 원활한 기능을 위하여 필요하다면, 국회법은 개별 의원의 권리를 제한하거나, 교섭단체를 구성하는 최소한의 요건을 정하거나, 국회에서의 회의방식을 구체적으로 형성하거나 국회에서 발언시간을 제한하거나 이를 교섭단체에게 할당할 수 있다.

국회에서는 동등한 권리를 가진 의원들이 함께 활동하기 때문에 의원의 권리가 서로 충돌한다. 개별의원의 권리는 단지 국회 구성원의 권리로서 존재하고 실현될 수 있기 때문에, 서로 조정되어야 하고, 나아가 공동의 행사에 편입되고 흡수되어야 한다. 국회법은 개별의원 권리의 합리적인 행사를 위하여 기본적인 조건을 정할 수 있으며, 이러한 방법으로만 국회의 합리적인 과제이행이 가능하다. 의원들 사이에서 서로 조정되고 배분되어야 하는 대표적인 것이 바로 '의원의 발언권'이다. 국회작업의 효율성 때문에 발언권은 시간적으로 제한되고 의원들 사이에서 합리적으로 배분되어야 한다. 국회법은 교섭단체의 세력관계에 비례하여 발언시간을 할당하고 교섭단체 소속의원은 교섭단체를 통하여 발언권을 행사하도록 규정할 수 있다.

나아가, '국회의 원활한 기능의 확보'라는 법익은 심의과정의 합리화 및 국회 의결능력의 확보의 관점에서 개별의원의 권리를 제한할 수 있다. 국회의 의결능력을 확보해야 한다는 관점에서, 의원의 권리 중에서 일부는 단독이 아니라 다른 의원과 공동으로 행사하도록 규율될 수 있다. 국회법에서 의안발의권 등 의회작업의 중요한 행위가능성을 개별 의원이 아니라 오로지 교섭단체나 일정 수 이상의 의원에게만 인정한다면, 이는 의원의 권리에 대한 제한에 해당하나, '국회의 원활한 기능 확보'의 법익에 의하여 정당화될 수 있다.

---

1) BVerfGE 80, 188, 218f.
2) BVerfGE 44, 308, 316; BVerfGE 80, 188, 219ff.

나. 권리의 구체적 내용

(1) 교섭단체 구성권

모든 의원은 다른 의원과 함께 교섭단체를 구성할 권리를 가진다(국회법 제33조 제1항). 의원은 헌법상 보장된 자유위임을 근거로 하여 다른 의원과 함께 자발적으로 교섭단체를 구성하므로, 교섭단체를 구성할 권리의 헌법적 근거는 국회의원의 지위를 포괄적으로 규율하는 헌법 제46조 제2항이다. 교섭단체는 정당이 아니라 국회의 조직이기 때문에, 헌법 제8조의 정당조항으로부터는 이러한 권리가 도출될 수 없다.

(2) 상임위원회 소속 활동권

오늘날 국회작업의 본질적인 부분이 본회의가 아니라 위원회에서 이루어지므로, '모든 의원이 국회의 과제이행에 동등하게 참여해야 한다는 원칙'은 무엇보다도 모든 의원이 위원회의 활동에 참여해야 한다는 것을 의미한다. 의원은 2개 이상의 위원회에 소속되어 활동할 수 있다(국회법 제39조 제1항). 교섭단체에 속하지 않은 의원의 경우, 의장이 상임위원으로 선임한다(국회법 제48조 제2항).

(3) 발언권과 표결권

사례 | 헌재 2007. 7. 26. 2005헌라8(쌀협상 합의문 사건)

정부는 2004년 쌀에 대한 관세화의 유예기간을 연장하기 위하여 세계무역기구(WTO) 회원국들과 소위 쌀협상을 하였고, 그 결과 "대한민국 양허표 일부개정안"을 채택하게 되었다. 위 쌀협상 과정에서 정부는 이해관계국인 일부 국가와 사이에 쌀에 대한 관세화 유예기간을 연장하는 대가로 위 나라들의 요구사항을 일부 수용하는 내용의 합의문을 작성하였다. 2005년 정부가 합의문을 제외한 채 위 양허표 개정안에 대해서만 국회의 비준동의절차를 거치자, 국회의원인 청구인들은 '피청구인인 대통령이 이 사건 합의문을 국회의 동의 없이 체결·비준한 행위로 인하여 국회의 조약 체결·비준 동의권 및 청구인들의 조약안 심의·표결권이 침해되었다'고 주장하면서 권한쟁의심판을 청구하였다. 대통령이 국회의 동의 없이 체결·비준한 행위로 인하여 국회의원들의 조약안 심의·표결권이 침해될 수 있는가?[1]

(가) 내 용

헌법은 국회의원의 발언권과 표결권을 명시적으로 보장하고 있지 않으나, 제45조에서 "직무상 행한 발언과 표결"이란 표현을 통하여 간접적으로 언급하고 있다. 의원은 회의의 심의와 의결에 참가할 권리가 있으며, 본회의와 위원회에서 발언하고 표결함으로써 이러한 권리를 행사한다. 의원의 발언권은 표현의 자유에 의하여 보장되는 개인의 권리가 아니라 그의 헌법적 지위를 구성하는 필수적 요소이다.

---

1) [국회의원의 심의·표결 권한이 국회 내부와의 관계에서가 아니라 국회 외부의 국가기관에 의하여 침해될 수 있는지 여부에 관하여] 헌재 2007. 7. 26. 2005헌라8(쌀협상 합의문), 판례집 19-2, 26, "국회의원의 심의·표결권은 국회의 대내적인 관계에서 행사되고 침해될 수 있을 뿐 다른 국가기관과의 대외적인 관계에서는 침해될 수 없는 것이므로, 국회의원들 상호간 또는 국회의원과 국회의장 사이와 같이 국회 내부적으로만 직접적인 법적 연관성을 발생시킬 수 있을 뿐이고 대통령 등 국회 이외의 국가기관과 사이에서는 권한침해의 직접적인 법적 효과를 발생시키지 아니한다. 따라서 피청구인인 대통령이 국회의 동의 없이 조약을 체결·비준하였다 하더라도 국회의원인 청구인들의 심의·표결권이 침해될 가능성은 없다."; 한편, 헌법재판소는 국회의 조약 체결·비준 동의권침해여부와 관련하여, 국회의 권리침해를 국회의원이 주장할 수 없다고 하여 제3자소송담당을 부인하였다.

발언권은 국회와 위원회에서 안건을 심의함에 있어서 질의와 토론을 하기 위한 수단이다(국회법 제93조·제99조 참조). 즉, 국회와 위원회에서 질의와 토론은 개별 의원의 발언에 의하여 이루어진다. 질의(質疑)란, 국회의 본회의 및 위원회에서 의원이 의제가 되어 있는 의안(議案)에 관하여 위원장·발의자·제출자 등에 대하여 의의(疑義)의 해명을 요구하는 것을 말한다.[1] 의원의 발언권은 무제한적인 것이 아니라, 의회활동의 원활한 진행을 위하여 의사진행에 관한 의회의 결정을 따라야 한다. 발언시간의 제한과 발언원칙에 관하여 국회법에서 상세하게 규율하고 있다(제103조 및 제104조).[2]

(나) 표결방법의 헌법적 의미

국회법은 기명 또는 무기명투표 등 표결방법에 관하여 상세하게 규정하고 있다(제112조). 특히, 본회의에서는 책임정치를 실현하기 위하여 표결시 투표자와 찬·반의원의 성명이 기록되는 '전자투표(電子投票)에 의한 기록표결(記錄表決)'을 일반적인 표결방법으로 채택하였다. 의원이 표결사안과 관련되어 있다는 이유로 표결에의 참여로부터 배제되지 않으며, 이를 이유로 스스로 회피할 수도 없다.

의회 내에서 記名投票에 대한 요청은 자유위임원칙으로부터 나오는 無記名投票의 요청과 대립한다. 자유위임원칙에 비추어, 의원은 그의 결정에 있어서 교섭단체·정당·이익단체의 압력과 의존성으로부터 법적으로뿐만 아니라 사실적으로도 자유로워야 한다. 이러한 측면에서 의회 내에서 표결과 선거는 무기명투표로 이루어지는 경우에만, 의원의 독립적인 결정이 사실상 보장될 수 있다. 공직선거에서 자유선거와 비밀선거의 불가분의 관계는 의회 내에서 표결·선거와 관련해서도 마찬가지로 유효하다. 이러한 요청의 裏面은, 무기명투표가 정당과 이익단체뿐만 아니라 유권자로부터도 의원의 정치적 입장과 태도를 지속적으로 관찰할 수 있는 가능성, 이로써 대표자를 통제할 수 있는 가능성을 박탈한다는 점이다. 따라서 입법자가 어떠한 경우에 어떠한 표결방법을 선택할 것인지는 두 가지 헌법적 요청의 장·단점을 교량하여 판단해야 할 문제이다.[3] 입법자는 국회법에서 기명투표를 일반적인 표결방법으로 규정함으로써 '의원의 표결행위에 대한 국민의 민주적 통제'가 '정당과 이익단체의 구속으로부터 의원의 보호' 보다 더욱 중요하다는 것을 표현하고 있다.

(다) 발언권과 표결권의 헌법적 근거

국회의원의 발언권과 표결권은 국회의 관할과 구성을 규정하는 헌법 제40조, 제41조 제1항이 아니라, 국회의원의 법적 지위를 규정하는 헌법 제42조 내지 제46조, 특히 국회의원의 헌법적 지위에 관한 기본규정인 제46조 및 발언과 표결에 관한 면책특권을 규정하는 제45조에 그 헌법적 근거를 두고 있다. 헌법 제46조 제2항이 국회의원의 개별권한을 구체적으로 언급하고 있지는 않지만, 위 헌법조항은 국회의원의 헌법적 권한과 의무에 관한 일반규정으로서 국회의원의 발언·심의·표결권을

---

1) 이에 대하여, 질문이란 정부에 대하여 국정에 관한 설명을 요구하는 것이므로(헌법 제62조, 국회법 제119조 이하 참조), 질의와 질문은 구분되어야 한다.

2) 한편, 국회법은 야당이 물리적인 방법 대신 정상적인 절차를 통하여 반대의견을 개진할 수 있도록, 미국에서 시행되고 있는 본회의 '필리버스터(Filibuster) 제도'(장시간의 연설이나 다수의 수정안 제출 등을 통하여 계획적이고 합법적으로 의사진행을 방해하는 행위를 허용하는 제도)를 도입하였다. 이에 따라, 재적의원 3분의 1 이상의 요구가 있는 경우에는 의원이 본회의에 부의된 안건에 대하여 1인당 1회에 한정하여 시간의 제한을 받지 않고 무제한 토론할 수 있다(국회법 제106조의2 제1항 및 제3항). 무제한 토론의 종결은 재적의원 5분의 3 이상의 찬성으로 가능하다(같은 조 제6항). 무제한 토론을 실시하는 중에 해당 회기가 종료되는 때에는 무제한 토론은 종결 선포된 것으로 보며, 이 경우 해당 안건은 다음 회기에서 지체 없이 표결하여야 한다(같은 조 제8항).

3) 가령, 대통령으로부터 환부된 법률안, 人事에 관한 사안, 국회에서 실시하는 각종 선거는 무기명투표로 하도록 규정하고 있다(국회법 제112조).

포함하는 것으로 해석해야 한다.

물론 헌법 제49조("국회는 … 재적의원 과반수의 출석과 출석의원 과반수의 찬성으로 의결한다")를 심의·표결권의 헌법적 근거로 볼 여지도 있으나, 이 규정은 '다수결의 원칙'을 규정하는 국회의사형성에 관한 절차적 규정으로서 절차규정에서 실체적 권한을 이끌어 내는 것은 무리가 있다. 헌법재판소는 일부 결정에서 국회의원의 심의·표결권의 헌법적 근거로서 헌법 제40조 및 제41조를 언급하고 있으나, 헌법 제40조 및 제41조는 각 국회의 권한과 구성에 관한 규정으로서 국회의원의 권한에 관한 직접적인 근거규정이 될 수 없다는 점에서, 국회의 권한과 국회의원의 권한을 구분하지 아니하고 혼동하고 있다.[1]

(4) 질문권(정보요구권)

의원이 안건에 대한 전문적인 심의와 표결의 과제를 이행하기 위해서는 그 안건에 대한 광범위한 정보를 필요로 한다. 헌법은 제62조에서 국무총리·국무위원 등에 대한 출석요구권 및 질문권을 국회와 위원회의 권리로 규정하고 있을 뿐, 의원 개인의 질문권이나 정보요구권을 직접 언급하고 있지 않지만, 의원의 질문권은 국회의 과제이행에 참여하기 위한 필수적인 요건으로, 의원의 헌법적 권리에 포함된다. 국회법 제122조는 정부에 대한 의원의 서면질문의 가능성을 규정하고 있다.

(5) 수당·여비수령권 및 교통편익권

(가) 피선거권의 실질적 평등

역사적으로 국회의원의 세비(歲費)는 피선거권의 민주화의 관점에서 중요한 의미를 가진다. 세비 없이는 피선거권의 실질적 평등이 존재하지 않는다. 의원직이 보수를 받지 않는 명예직이라면, 자신의 재산을 가지고 생활을 영위할 수 있는 사람만이 의원직에 취임할 수 있을 것이다. 생계를 유지하기 위하여 근로에 의한 대가에 의존하고 있는 일반대중에게 명예직으로서 의원직은 접근할 수 없는 직역이라 할 수 있다. 19세기 서구 유럽의 자유주의적 사상은 재산과 교양을 갖춘 소위 '시민계급'만이 의원직을 행사할 능력과 권리가 있다고 간주하였다. 당시 점차 확대되는 피선거권의 평등화에도 불구하고, 무보수직(無報酬職)으로서 의원직은 일반대중으로 하여금 의원직에의 접근을 어렵게 하는 수단으로 기능하였다. 이로써 무보수직은 피선거권과 관련하여 보통선거원칙을 사실상 수정하고 제한하는 역할을 하게 되었다.

보수의 지급을 통하여 비로소 재산이 없는 일반대중도 의원직을 행사하는 것이 가능하게 되었다. 이로써 의원 보수의 지급은 '형식적으로 평등한 피선거권'을 '실질적으로 평등한 피선거권'으로 완성하는 결정적인 계기가 되었다. 이에 따라 의원의 보수가 도입되고, 점차 단계적으로 확대되었다.

(나) 자유위임의 조건으로서 '적정한 보수를 지급받을 권리'

오늘날 의원직이 수반하는 업무의 부담과 업무량에 비추어, 의원직은 더 이상 명사나 유지가 담당하는 명예직이 아니라 전문정치인의 직업으로 간주된다. 이에 따라 의원의 보수는 더 이상 의원직

---

1) 헌재 1997. 7. 16. 96헌라2, 판례집 9-2, 154, 169, "국회의원의 법률안 심의·표결권은 비록 헌법에는 이에 관한 명문의 규정이 없지만 의회민주주의의 원리, 입법권을 국회에 귀속시키고 있는 헌법 제40조, 국민에 의하여 선출되는 국회의원으로 국회를 구성한다고 규정하고 있는 헌법 제41조 제1항으로부터 당연히 도출되는 헌법상의 권한이다."; 헌법재판소는 헌재 2007. 7. 26. 2005헌라8 결정(쌀협상 합의문)에서도 예전 판례를 그대로 답습하고 있다(판례집 19-2, 26, 34). 한편, 독일 연방헌법재판소는 국회의원의 헌법적 지위를 규정한 기본법 제38조 제1항 제2문 ("국회의원은 국민의 대표자로서 위임이나 지시를 받지 아니하고 단지 양심에 따라 직무를 행한다.")으로부터 국회의원의 발언·심의·표결권을 도출하고 있다(vgl. BVerfGE 10, 4, 12; 60, 374, 379f.).

의 행사에 따른 지출의 보상이 아니라 의원과 그의 가족에 대한 부양으로서의 성격을 가진다.

이러한 점에서, 의원은 '적정한 보수를 지급받을 권리'를 가진다.[1] 의원으로 활동하는 동안, 의원에게는 의원직의 비중과 지위에 부합하며, 자신과 가족의 생계유지를 위하여 적정한 보수가 보장되어야 한다. 의원의 보수는, 의원이 외부(국가영역 및 사회영역)의 영향으로부터 경제적 독립성을 유지하고 의원직의 지위에 상응하는 생활을 영위하는 것을 가능하게 하고자 하는 것이다. '적정한 보수를 지급받을 권리'는 의원의 경제적 독립성을 보장함으로써 궁극적으로 자유위임원칙의 실현에 기여한다. 한편, 의회가 의원의 보수에 관하여 결정하는 것은 자신의 이해관계가 달린 사안에 관하여 스스로 결정하는 것이므로, 의결절차에 대하여 특별한 요청이 제기된다. 의원세비가 본회의에서 공개적이고 투명한 절차에서 논의되고 확정됨으로써, 일반국민에 의한 통제가 가능해야 한다.

(6) 그 외에 공동으로 행사할 수 있는 권리

(가) 임시회집회요구권 및 국정조사요구권

국회재적의원 1/4 이상의 의원은 임시회의 집회를 요구할 수 있다(헌법 제47조 제1항). 국정조사요구권의 행사에 관해서는 헌법 제61조 제2항에서 구체적인 규율을 법률에 위임하고 있다. 국감법은 재적의원 1/4 이상의 요구가 있는 때에는 국정조사를 실시하도록 규정하고 있다(제3조 제1항).

(나) 의안발의권

의원은 10인 이상의 찬성으로 의안을 발의할 수 있다(국회법 제79조).

2. 국회의원의 의무

가. 헌법상의 의무

(1) 청렴의무와 지위남용금지

헌법은 제46조에서 "국회의원은 청렴의 의무가 있다."고 하여 청렴의무를 규정하면서(제1항), "국회의원은 그 지위를 남용하여 국가·공공단체 또는 기업체와의 계약이나 그 처분에 의하여 재산상의 권리·이익 또는 직위를 취득하거나 타인을 위하여 그 취득을 알선할 수 없다."고 하여 지위를 남용한 이권개입금지를 규정하고 있다(제3항).

(2) 겸직금지

헌법 제43조는 "국회의원은 법률이 정하는 직을 겸할 수 없다."고 하여 국회의원의 겸직금지를 법률로써 규정하도록 위임하고 있다.[2] 헌법상 겸직금지조항의 목적과 의미는 동일인이 행정부나 사법부의 공직과 의원직을 동시에 보유함으로써 발생할 수 있는 이해충돌의 위험성을 방지하고 조직상의 권력분립을 보장하고자 하는 것이다.[3]

---

1) 의원의 원활한 의정활동을 보장하기 위하여 월정수당(歲費), 입법활동비 등을 지급받을 권리를 가진다(국회법 제30조).

2) 국회법 제29조 제1항은 '의원은 국무총리 또는 국무위원의 직 이외의 다른 직을 겸할 수 없다.'고 규정하면서, 단서조항에서 '공익 목적의 명예직, 다른 법률에서 의원이 임명·위촉되도록 정한 직, 정당법에 따른 정당의 직'의 경우에는 예외적으로 겸직을 허용하고 있다. 지방자치법 제35조 제1항은 국회의원이 지방의회의원의 직을 겸하는 것도 금지하고 있다.

3) 헌재 1995. 5. 25. 91헌마67(정부투자기관 직원에 대한 입후보제한), 판례집 7-1, 722, 739, [겸직금지의 입법취지에 관하여], "겸직금지의 입법취지는 법률의 집행이나 적용을 담당하는 공직자가 동시에 법률의 제정에 관여하는 현상, 즉 집행공직자가 의원겸직을 통하여 행정의 통제자가 되어 자신을 스스로 통제하는 것을 허용하지 않고 이로써 이해충돌의 위험성을 방지하자는 것으로서, 입법과 행정간의 권력분립이라는 헌법상의 원칙을 유지하고 실현시키는데 있고, 공직자의 정치적 중립성을 그 전제조건으로 하고 있는바, 이러한 겸직금지의 필요성은 지방의회의원의

헌법은 국회의원의 겸직금지와 관련하여 아무런 구체적인 지침을 제시하고 있지 않지만, 겸직금지에 관하여 규율하는 입법자의 형성권은 무제한적인 것이 아니라, 겸직금지에 관한 헌법적 가치결정에 의하여 제한을 받는다. 입법자는 헌법 제43조의 위임을 이행함에 있어서 헌법상의 권력분립원칙 및 직업공무원제도의 정치적 중립성(^{헌법 제7}_{조 제2항}), 사법의 독립성 등에 의한 구속을 받는다. 이러한 점에서, 입법자가 국회의원으로 하여금 직업공무원이나 법관의 직을 겸할 수 있도록 규율한다면, 이는 헌법에 위반될 것이다. 한편, 다른 공직과 의원직이 합치할 수 없다는 것은, 공직자가 입후보하여 의원직에 선출될 수는 있으나 의원직의 보유는 다른 공직의 포기를 전제로 한다는 것을 의미한다 (^{국회법 제}_{29조 제2항}).

나. 국회법상의 의무

국회법은 국회의원의 의무를 상세하게 규정하고 있다. 국회법상 의원의 의무에 속하는 것으로, 품위유지의 의무(^{제25}_조), 국회 본회의와 위원회에 출석할 의무(^{제32}_조), 국회규칙에 따라 회의장의 질서를 준수할 의무 등을 언급할 수 있다.

Ⅲ. 국회의원의 헌법상 특권

국회의원은 그의 직무를 수행함에 있어서 헌법에 의한 특별한 보호를 받는데, 불체포특권과 면책특권이 이에 속한다. 의원의 이러한 헌법상의 특권은 개별의원의 이익을 위해서가 아니라, 대의기관으로서 국회의 기능을 유지하고 보장하기 위하여 부여되는 것이다. 즉, 국회의 기능을 보장하기 위하여 국회의 구성원인 의원의 의정활동이 보장되고 보호받아야 하는 것이다. 또한, 면책특권과 불체포특권은 의원직무의 독립성과 자유위임을 확보하는 기능을 한다. 국회의원의 헌법상 특권의 목적이 국회기능의 보호에 있기 때문에, 국회의원은 임의로 자신의 특권을 포기할 수 없다.

1. 不逮捕特權

가. 헌법적 의미

헌법은 제44조 제1항에서 "국회의원은 현행범인인 경우를 제외하고는 회기 중 국회의 동의 없이 체포 또는 구금되지 아니한다."고 하여 의원의 불체포특권(Immunität)을 규정하고 있다.

불체포특권은 영국의 헌정사에서 유래한다. 절대군주가 의회를 탄압하기 위하여 의원을 불법적으로 체포·구속하는 방법을 자주 사용하여 왔는데, 이에 대한 법적 보장으로서 의원의 불체포특권이 성립되었다. 불체포특권은 의원의 불법적인 체포를 방지함으로써 의회의 원활한 기능을 보장하기 위한 것이고, 특히 의회 내 다수관계를 조작하여 변경시키고자 하는 시도로부터 대의제원칙을 보호하기 위한 것이다.

불체포특권은 오늘날 그 정당성을 무엇보다도 代議의 원칙에 두고 있다. 의원은 오로지 다른 의원들과 공동으로만 국민을 대표할 수 있다. 오로지 전체로서의 의회, 즉 전체 의원에 의해서만 적절하게 국민이 대표된다면, 의회의 결정에 있어서 가능하면 모든 의원의 공동 작업이 보장되어야 한다.

경우에도 마찬가지로 인정된다. … 그러므로 이러한 위험성을 배제하기 위해서 입법권자는 입후보 제한 및 겸직금지의 규정을 마련하여 이러한 지위에 있는 자들의 공무담임권을 사실상 배제할 수 있는 것이다."

개별의원의 체포·구금으로 인하여 국민에 의하여 확정된 의회 내 세력관계가 변경될 수 있을 뿐만 아니라, 형사소추를 받는 의원은 자신의 전문성, 신념 및 유권자의 이익을 의회작업에 반영하지 못하게 됨으로써 다양한 사회적 이익간의 조화를 목표로 하는 의회의 의사형성이 저해된다.[1]

한국과 독일의 헌법상 불체포특권을 비교한다면, 독일 기본법은 보다 강화된 의미의 불체포특권을 규정하고 있다. 즉, 독일 기본법상의 불체포특권은 '회기' 중이 아니라 '임기' 중 그 효력이 있고,[2] '불체포특권'에 국한되지 아니하고 '불소추특권'(범죄수사, 공소제기 등)까지 포함하고 있다. 이러한 관점에서 본다면, 한국 헌법상의 불체포특권은 미국과 같이 약화된 형태에 속한다.

나. 불체포특권의 내용

(1) 헌법 제44조 제1항은 "현행범인인 경우를 제외하고는"이라고 하여, 현행범에게는 불체포특권을 인정하지 않고 있다. 이는 '국회의 기능보장'과 '형사정의의 실현'이란 양 법익을 비교할 때, 현행범의 경우에는 형사정의의 실현이 우위를 차지한다는 헌법적 결정의 표현이다.

(2) 불체포특권은 '회기 중'으로 한정된다. 따라서 국회의원은 집회일에서 폐회일까지의 전기간 중, 휴회 중도 포함하여 불체포특권을 누린다. 그러나 회기 외에는 의원은 국회의 동의 없이 체포 또는 구금될 수 있다. 다만, 이러한 경우 국회는 회기 전에 체포 또는 구금된 의원의 석방을 회기 중 요구할 수 있다(헌법 제44조 제2항).

(3) 불체포특권은 범죄수사나 공소제기와 같은 형사소추권의 발동까지 막는 것이 아니라 단지 국회의 동의 없는 체포·구금만 방지하는 것이다. 체포·구금이란 신체의 자유를 제한하는 모든 공권력의 강제처분을 의미한다. 체포·구금으로 말미암아 신체의 자유를 박탈당한 의원은 의회의 회의에 참석할 수 없게 된다. 한편, 불체포특권은 범죄행위가 국회의원의 직무활동과 연관성이 있을 것을 요구하지 않는다.

(4) 회기 중 국회의원의 체포나 구금은 국회의 동의를 필요로 한다(국회법 제26조 참조). 국회의원은 불체포특권을 국회의 동의로써 상실한다. 정부가 체포·구금의 동의를 요청하면, 국회는 정부가 제출한 여러 자료를 토대로 '동의여부'를 본회의 의결로써 결정하게 되는데, '결정의 내용'은 동의 또는 거부이다.

국회는 동의의 여부에 관하여 결정할 수 있는 재량권을 가지고 있는데, 재량권을 잘못 행사하는 경우 의회의 권위 및 의회에 대한 국민의 신뢰를 잃어버릴 수 있으므로, 체포·구금에 대한 동의의 거부는 의회의 기능을 위하여 꼭 필요한 경우로 한정해야 한다. 국회는 동의여부에 관한 재량권을 행사함에 있어서 '국회의 기능보장'이라는 불체포특권의 헌법적 목적과 '국가의 형사소추권'이라는 상충하는 법익을 교량해야 한다.

(5) 여기서 불체포특권이 전적으로 '의회의 권리'인지 아니면 또한 '의원의 권리'인지의 문제가 제기된다. 지금까지 불체포특권은 의원 개인의 권리가 아니라 전적으로 의회의 권리로 파악되었고, 이에 따라 국회의 동의여부에 관한 결정은 '의회의 필요'를 기준으로 하여 판단해야 한다고 이해되어 왔다. 그 결과, 당해 의원의 체포나 구금으로 인하여 국회의 기능이 저해되지 않는 한, 국회의원에 대한 합법적인 소추절차는 방해되어서는 안 된다고 생각하였다.

---

1) Vgl. BVerfGE 104, 310, 329(Pofalla).
2) 따라서 의원직 인수시 계류 중인 사건도 포함된다.

그러나 법익교량과정에서 '의회의 필요'를 기준으로 삼아 판단한다면, 사실상 모든 경우에 개별의원이 불체포특권을 상실한다 하더라도 의회의 기능이 크게 저해되지 않으므로, 의원을 체포하고자 하는 행정부의 동기가 무엇인지와 관계없이 의회가 동의를 해야 한다는 결론에 이른다. 동의여부에 관한 결정은 항상 개별사건과 관련된 결정이기 때문에, 의회 동의의 효과를 고려함에 있어서 실질적으로 문제되는 것은 '전체 의회의 기능'이 아니라 '개별의원의 활동가능성'이다. 의원은 의회의 동의로 말미암아 국민의 위임으로부터 나오는 '다른 의원과 공동으로 국민을 대표하고 활동할 권리'를 행사할 수 없게 된다.

나아가, 의회가 동의여부를 결정함에 있어서, 의회의 편파적 다수가 소추기관의 부당한 조치를 묵인하거나 이에 동조하는 것도 완전히 배제할 수 없다. 개별의원은 행정부의 편파적 형사소추로부터뿐만 아니라 의회 내 편파적 다수의 자의적인 결정으로부터도 보호되어야 한다. 따라서 불체포특권과 자유위임의 연관관계로부터, 개별의원에게는 의회가 동의여부를 결정함에 있어서 '자의적이지 않은 결정을 내려줄 것을 요구할 수 있는 주관적 권리'가 인정되어야 하고, 이러한 권리의 침해를 권한쟁의심판을 통하여 다툴 수 있어야 한다.[1]

결국, 형사소추기관이나 의회의 다수가 부당하고 편파적인 동기에 의하여 활동하는 경우에만, 의회의 기능 및 의원 보호의 이익이 국가의 형사소추의 이익에 대하여 우위를 차지한다. 따라서 편파적인 형사소추라고 인식할만한 객관적인 근거가 없다면, 의회는 동의를 거부해서는 안 된다.

(6) 국회의원이 회기 전에 체포·구금된 때에는 현행범인이 아닌 한 국회의 요구가 있으면 회기 중 석방된다(헌법 제44조 제2항).[2] 이 경우에도 국회가 석방요구에 관한 재량권을 행사함에 있어서 불체포특권의 헌법적 목적과 의의를 고려하여 판단해야 한다.

2. 免責特權

가. 헌법적 의미

헌법은 제45조에서 "국회의원은 국회에서 직무상 행한 발언과 표결에 관하여 국회 외에서 책임을 지지 아니한다."고 하여 의원의 면책특권(Indemnität)을 규정하고 있다. 국회의 의사결정과정은 자유로운 토론과 비판을 전제로 하고, 자유로운 토론이 이루어지기 위해서는 의원의 자유로운 발언과 표결이 보장되어야 한다. 따라서 면책특권은 발언과 표결에 있어서 의원의 자유위임과 독립성을 보장하고자 하는 것이고, 이로써 궁극적으로 국회에서의 자유토론을 보장하고 야당활동을 보호하고자 하는 것이다. 의원은 면책특권을 포기할 수 없고, 의회는 면책특권을 폐지할 수 없다.

나. 면책특권의 내용

(1) "국회의원은"

면책특권을 누리는 자는 단지 국회의원이다. 국회에 출석하여 발언하는 국무총리·국무위원 등은 면책특권을 누릴 수 없다. 국회의원이 국무총리·국무위원 등을 겸직할 수 있는 경우, 의원이 정부각

---

1) 독일연방헌법재판소는 근래에 점차 유력해지는 학계의 견해를 수용하여, 권한쟁의심판에서 의회 동의의 자의성여부를 심사할 수 있다고 판단하였다. vgl. BVerfGE 104, 310, 330(Pofalla 결정).
2) 의원이 체포 또는 구금된 의원의 석방요구를 발의할 때에는 재적의원 4분의 1 이상의 연서로 그 이유를 첨부한 요구서를 의장에게 제출하여야 한다(국회법 제28조). 국회의 석방요구는 헌법 제49조의 일반의결정족수에 의하여 의결한다.

료로서 의회에서 행한 발언은 면책의 대상이 되지 아니하나, 의원의 자격으로 행한 원내발언에 대해 서는 면책특권이 인정된다.

(2) "국회에서"

여기서 "국회에서"란 개념은 국회라는 장소적 의미가 아닌 '국회의 직무범위'라는 기능적 의미로 이해해야 한다. "국회에서"란, 어떠한 장소에서 개최되는지와 관계없이 의회작업의 형태로 간주될 수 있는 '의회조직의 모든 작업형태'를 포괄한다.

따라서 '국회'란 국회 본회의, 위원회, 의사당 밖에서 개최되는 위원회(가령 국정감사)·공청회 등 을 모두 포함하는 포괄적 개념이다. 오늘날 의회가 단지 '교섭단체로 구성된 의회'로서만 기능할 수 있다는 점에서, 교섭단체 및 그 조직(하부기관)도 의회작업과의 밀접한 기능적 연관성 때문에 '국회' 에 포함된다. 이에 대하여 전당대회나 선거운동을 위한 집회에서 행한 의원의 발언은 기능적으로 의 회 범위 밖에서의 발언으로 면책행위의 대상이 아니다.

(3) "직무상 행한 발언과 표결에 관하여"

(가) 면책특권이 국회의원의 자유위임원칙에 입각하여 의원의 발언과 표결과 관련하여 독립성을 보장하기 위한 것이므로, 이러한 제도의 정신에 비추어 볼 때, 면책특권에 의하여 보호받는 행위의 범위는 본회의와 위원회에서 행한 발언과 표결에 제한되는 것이 아니라 직무상 원내에서의 발언·표 결과 직접적인 연관성이 있는 모든 대의적 의사표현행위가 포함된다.

표결은 선거나 사안에 관하여 투표로써 결정하는 것을 말한다. 발언은 의견표명 및 사실주장을 포괄하는데, 발언의 형식과 관계없이 보호를 받는다. 따라서 발언에는 구두발언뿐 아니라 서면에 의 한 질의도 포함된다. 국회본회의에서 질문할 내용을 기재한 원고를 사전에 배포한 행위도 국회의원 의 면책특권의 대상에 포함된다.[1] 면책대상행위는 직무상 행위에 제한되기 때문에 의제와 관련 없는 발언은 면책의 대상이 되지 않는다.

(나) 면책대상행위와 관련하여, 타인의 명예를 훼손하는 발언이나 타인의 사생활에 관한 발언도 면책특권의 대상인지의 문제가 제기된다. 국회법에서는 이러한 발언을 금지하고 이러한 행위를 징계 사유로 삼고 있다.[2] 그러나 '국회법상의 징계'와 '면책특권'의 헌법적 의미와 기능이 상이하므로, 타 인의 명예나 사생활을 침해하는 발언이라 하더라도 단지 그러한 이유만으로 면책특권의 대상으로부 터 배제되는 것은 아니다.

명예훼손적 발언이나 사생활침해적 발언이 면책특권의 대상인지 여부는, 발언에 의하여 야기되는 침해의 정도와 발언을 통하여 실현하고자 의도하는 공익의 중요성과 비중을 고려하여 개별적으로 판 단해야 할 문제이다. 즉, 국회의원의 발언이 타인의 명예를 훼손한다 하더라도 이러한 발언을 통하여 공익의 실현이나 진실의 규명에 기여하고자 한다면, 면책특권을 규정하는 헌법의 취지에 비추어 면 책의 대상에 포함되어야 할 것이다. 다만, 어떤 사실이 명백히 허위임을 알고 있음에도 이를 공표하 여 타인의 명예를 훼손하는 경우(소위 '악의적 비방')에는 발언의 목적이 단지 상대방에 대한 비방에 제한된다는 점에서 이러한 중대한 명예훼손적 행위를 정당화하는 공익적 사유를 찾아 볼 수 없으므

---

1) 대법원 1992. 9. 22. 선고 91도3317 판결.
2) 국회법 제146조("의원은 본회의 또는 위원회에서 다른 사람을 모욕하거나 다른 사람의 사생활에 대한 발언을 할 수 없다.")에서는 위와 같은 발언을 금지하고 있고, 제155조에서는 이러한 행위를 징계사유로 삼고 있다.

로, 면책대상에서 제외된다고 보아야 한다.[1] 마찬가지로, 자신의 발언을 통하여 공익에 기여하는 바가 없음을 명백히 알면서도 사인의 중대한 사생활의 비밀을 침해하는 경우에도 면책특권의 대상에서 배제해야 할 것이다. 요컨대, 발언내용이 직무와는 아무런 연관성이 없음이 명백하거나 또는 명백히 허위임을 알면서도 허위의 사실을 적시하여 타인의 명예를 훼손하는 경우에는, 면책특권의 대상이 될 수 없다.[2]

(4) "국회 외에서 책임을 지지 아니한다."

의원직의 자유로운 행사와 의회에서 자유로운 발언을 보호하기 위하여, 의원은 의회에서 행한 자신의 발언이나 표결에 관하여 임기 중뿐만 아니라 임기 후에도 책임을 지지 않아야 한다. 면책특권은 국가공권력에 의한 형사소추를 금지하는 것은 물론이고, 나아가 손해배상 등 민사상의 책임과 일반공직자가 지는 징계법상의 책임을 묻는 것도 금지한다. 다만, 면책특권은 국회 외에서의 책임을 배제하지만 국회 내에서의 책임을 묻는 것까지 금지하는 것은 아니므로, 의원의 발언이 국회법에 규정된 징계사유($조^{155}$)에 해당하는 경우(가령, 비공개회의내용을 공표하거나 직무상 알게 된 국가기밀을 공개하는 경우)에는 국회가 징계처분을 할 수 있다.

Ⅳ. 국회의원의 헌법적 지위에 대한 보호

1. 권리구제절차로서 국가기관간의 권한쟁의심판

헌법 제46조 제2항은, 국회의원이 임기 동안 전체 국민의 대표자로서 외부의 위임과 지시에 구속을 받지 않고 자신의 신념과 독자적인 판단에 따라 직무를 행한다고 규정하고 있다. 헌법 제46조 제2항은 임기 동안 의원직의 존속 및 실질적인 행사를 포괄적으로 보호하는 '국회의원의 헌법적 지위에 관한 근거규범'이다. 의원이 자신의 헌법적 지위에 대한 침해를 방어할 수 없다면 의원의 헌법적 지위는 효과적으로 보장될 수 없을 것이므로, 의원은 자신의 권리가 침해된 경우에 권리구제절차를 밟을 수 있어야 한다.

여기서 문제되는 것은 모든 국민에게 귀속되는 주관적 권리가 아니라 의회 구성원의 지위에 있어서 그에게 귀속되는 신분적 권리(Statusrechte), 즉 국가기관의 법적 지위이다. 이러한 법적 지위의 보호를 위한 헌법재판절차가 바로 국가기관간의 권한쟁의심판이다. 의원이 가령, 국회나 국회의장에 대하여 신분적 권리의 침해를 주장하는 한, 그 침해여부는 국가기관간의 권한쟁의의 형태로 다투어져야 한다. 국회의원은 헌법과 법률에 의하여 고유한 권한을 부여받은 국가기관으로서 권한쟁의심판에서 당사자능력을 가지고 있다.

한편, 의원이 의회 구성원의 지위로부터 나오는 신분적 권리의 침해가 아니라 국민으로서의 지위에 있어서 그에게 귀속되는 권리의 침해를 주장하는 경우, 헌법소원을 제기할 수 있다. 예컨대, 의원이 다른 국민과 마찬가지로 공직선거의 후보자로서 선거에서의 기회균등의 위반을 주장한다면, 헌법소원심판을 청구해야 한다. 의원이 헌법소원을 제기할 수 있는지의 여부를 판단하는 결정적인 기준

---

1) 독일 기본법 제46조 제1항 제2문 참조.
2) 대법원 2007. 1. 12. 선고 2005다57752 판결 참조.

은, 의원이 그 침해를 주장하는 권리가 무엇인지, 의원이 아닌 일반국민도 주체가 될 수 있는 권리의 침해를 주장하는지의 관점이다.

2. 구체적으로 국회의원의 권한침해가 발생하는 경우

가. 자유위임을 보장하기 위한 의원의 개별적 권리가 침해되는 경우

국회의원의 헌법적 지위로부터 파생하는 개별적 권리, 즉 발언권이나 표결권, 질문권(정보요구권), 위원회 소속 활동권 등이 국회 내부적인 관계에서 침해되는 경우, 의원은 권한쟁의심판을 청구할 수 있다.

가령, 국회에서 의원의 발언권이 제한되는 경우, 국회에서 의원의 발언은 국민의 지위에서 표현의 자유가 아니라 국회구성원으로서의 지위에서 신분적 권리인 발언권을 행사하는 것이므로, 발언에 관한 분쟁의 경우 헌법소원심판이 아니라 권한쟁의심판으로 다투어야 한다.[1] 또한, 교섭단체가 소속 의원을 위원회로부터 강제로 사임시키는 경우에도 의원은 자신의 권리 침해를 권한쟁의심판으로 다투어야 한다.[2]

나. 의원직을 상실하는 경우

비례대표의원이 당적을 변경함으로써 공직선거법 제192조 제4항에 의하여 의원직을 상실하는 경우나 의원의 자격심사의 결과로서 또는 징계처분의 결과로서 제명처분에 의하여 의원직을 상실하는 경우, 당사자인 의원은 권한쟁의심판을 청구할 수 있다.

이 경우, 의원은 헌법 제46조 제2항 및 제42조에 근거하여 '임기 동안 전체국민의 대표자로서 활동할 권리'의 침해를 주장할 수 있다. 의원이 자신의 헌법적 지위로부터 나오는 개별적 권리의 침해를 주장할 수 있다면, 의원의 신분 자체가 침해되는 경우에도 당연히 그 침해를 주장할 수 있어야 한다.[3]

한편, 헌법재판소는 공무담임권의 보장내용을 모든 공직자의 신분보장에 관한 권리로 확대함으로써 의원이 의원직을 상실하는 경우에도 공무담임권의 침해를 주장하여 헌법소원을 제기할 수 있는 가능성을 열어놓았다. 그러나 국민의 기본권인 공무담임권으로부터 특정 신분의 권리인 공무원 신분보장의 권리를 헌법이론적으로 도출할 수 없다는 점에서 위 판시내용은 중대한 오류에 속한다.[4]

다. 교섭단체에서 제명되는 경우

의원이 교섭단체에서 제명되는 경우, '교섭단체에 소속되어 활동할 권리'는 '위원회에 소속되어 활동할 권리'와 마찬가지로 의회 내부영역에 속하는 것이고 기본권에 의하여 보호되지 않는다. 따라

---

1) 헌재 1995. 2. 23. 90헌마125 등(법률안 변칙처리에 대한 국회의원의 헌법소원), 판례집 7-1, 238, 242 "… 국회의원이 국회 내에서 행사하는 질의권·토론권 및 표결권 등은 입법권 등 공권력을 행사하는 국가기관인 국회의 구성원의 지위에 있는 국회의원에게 부여된 권한으로서 국회의원 개인에게 헌법이 보장하는 권리 즉 기본권으로 인정된 것이라고 할 수는 없다. 그러므로 국회의 구성원인 지위에서 공권력작용의 주체가 되어 오히려 국민의 기본권을 보호 내지 실현할 책임과 의무를 지는 국회의원이 국회의 의안처리과정에서 위와 같은 권한을 침해당하였다고 하더라도 이는 헌법재판소법 제68조 제1항에서 말하는 '기본권의 침해'에는 해당하지 않으므로, 이러한 경우 국회의원은 개인의 권리구제수단인 헌법소원을 청구할 수 없다고 할 것이다."

2) 헌재 2003. 10. 30. 2002헌라1(상임위원회 강제 사임).

3) 독일에서 연방대통령에 의한 연방의회의 해산이 의원의 권한을 침해하는 지의 여부에 관하여 vgl. BVerfGE 62, 1, 32.

4) 이에 관하여 제3편 제5장 제3절 공무담임권 IV. 참조.

서 교섭단체에서의 제명에 대하여 다툴 수 있는 헌법재판절차로는 헌법소원심판이 아니라 권한쟁의심판이 고려된다. 피청구인인 교섭단체도 헌법과 법률에 의하여 고유한 권한을 부여받은 국가기관으로 권한쟁의심판의 당사자능력이 인정된다.

다른 의원과 함께 교섭단체를 구성할 권리는 헌법 제46조 제2항의 자유위임조항으로부터 나오는 의원 지위의 산물이다. 오늘날 의원은 교섭단체에 소속되어 활동함으로써 의원으로서의 권리(가령 발언권, 정보를 얻을 권리 등)를 효과적으로 행사할 수 있다. 따라서 교섭단체에서 제명됨으로써 의원의 헌법적 권리가 침해될 수 있으므로, 권한침해의 가능성도 인정된다.

라. 국회의 동의에 의하여 의원이 불체포특권을 상실하는 경우

동의여부에 관한 국회의 결정은 전적으로 국회의 재량에 맡겨진 정치적인 결정이 아니라 법적으로 구속을 받는 결정이다. 개별의원은 그에게 불리한 국회의 동의에 대하여 권한쟁의심판을 청구함으로써 국회의 재량행사가 자의적인지의 여부를 다툴 수 있다.[1]

---

1) BVerfGE 104, 310, 330(Pofalla 결정). 위 III. 1. 불체포특권 나. (5) 참조.

제3장 政 府

제1절 헌법 제66조 제4항의 行政權의 意味

Ⅰ. 行政權의 개념

헌법 제66조 제4항은 "행정권은 대통령을 수반으로 하는 정부에 속한다."고 하여 행정권을 정부의 권한으로 귀속시키고 있다. 헌법 제66조 제4항은 헌법 제40조(입법권) 및 제101조 제1항(사법권)과 함께, 헌법상 권력분립원리의 직접적인 표현이다. 집행부가 의회민주주의와 법치국가원리에 따라 법률의 형식으로 표현되는 의회의 결정을 집행한다는 특징을 가지고 있다는 점에서, 행정권을 일반적으로 '집행권'이라 한다.

1. 행정권 생성의 역사적 배경

행정권은 근대입헌국가에서 권력분립원리를 채택하여 국가작용을 입법·행정·사법으로 구분하면서 형성된 역사적 개념이다. 17·18 세기 유럽국가에서 절대군주는 국가의 모든 권한을 통합하여 보유하였고, 19세기 입헌주의의 확립과 더불어 절대군주의 권력이 해체·축소되면서, 국가기능 중에서 사법과 입법 2 가지 기능영역이 군주의 권력으로부터 분리되었다. 군주의 통합적 권한 중에서 우선 사법권이 독립된 법원에 귀속됨으로써 사법이 분리되었고, 이어서 입법권이 시민계급을 대표하는 입법기관에 넘겨진 다음, 군주의 수중에 남겨진 마지막 국가작용을 행정권이라 부르게 되었다.

2. 행정권의 개념

가. 형식적 의미의 행정권

국가기능을 담당하는 국가기관을 기준으로 하여 형식적으로 정의한다면, 행정권이란 '행정부(집행부)에 속하는 기관에 의하여 행해지는 모든 국가작용'이라고 정의할 수 있다. 그러나 이러한 형식적 의미는 행정권에 대한 인식과 이해를 돕는 데 전혀 기여하지 못한다. 형식설에 의하면, 헌법 제66조 제4항은 '행정부에 의하여 행사되는 국가기능인 행정권은 정부에 속한다.'고 하는 순환논법이자 무의미한 내용이 되고 만다.

나. 실질적 의미의 행정권

(1) 이에 대하여, 행정을 '국가기능의 실질적 내용에 따라' 실질적 의미로 이해하고자 하는 입장에서는 행정권의 개념을 소극적으로 또는 적극적으로 정의할 수 있다.

소위 '소극설'에 의하면, 행정권은 국가작용 중에서 입법과 사법을 제외한 나머지의 국가기능이라고 정의할 수 있다. 물론, 이러한 서술은 개념의 정의를 대신할 수는 없고, 단지 헌법상 권력분립원리를 반영하고 있다는 점에서 의미가 있을 뿐이다.

행정권을 실체적 의미에서 적극적으로 규정하고자 하는 '적극설'에 의하면, 행정권이란 '법에 따라 국가목표나 공익의 실현을 위하여 구체적으로 행해지는 능동적이고 적극적인 형성적 국가작용'이라고 정의할 수 있다.

(2) 행정권을 실질적 의미에서 적극적으로 규정하려는 '적극설'이 국가작용을 입법·행정·사법으로 구분하는 권력분립원리의 사고를 제대로 반영하는 견해로서, 오늘날의 지배적 견해라 할 수 있다. 헌법이 예정하고 있는 권력분립원리가 기능하기 위해서는, 헌법 제66조 제4항의 '행정권'의 의미도 권력분립원리의 관점에서 실체적으로, 즉 국가작용의 실질적 기능에 따라 이해되고 정의되어야 한다.

3. 행정권의 의미

헌법 제66조 제4항의 行政權은 협의의 행정작용과 통치행위를 포괄하는 廣義의 行政權, 즉 執行權(Die vollziehende Gewalt)을 말한다. 집행권은 법률의 집행에 관한 권한(협의의 행정권) 외에 고도의 정치적 성격을 가진 통치행위를 포함한다.

Ⅱ. 政府의 개념

政府는 다의적인 개념으로 일반적으로 廣義로는 입법부와 사법부에 대응하는 개념으로서, 狹義로는 고도의 정치적 성격을 가지는 국정운영을 담당하는 국가기관을 의미하는 개념으로서 사용된다. 헌법은 제4장 "政府"라는 표제 하에서 대통령(제1절)과 행정부(제2절)를 통합하여 규정하고 있다. 이로써 헌법은 "政府"를 광의의 개념으로 사용하고 있다. 헌법 제66조 제4항에서 '행정권'이 통치기능(Regierung)과 행정기능(Verwaltung)을 포괄하는 광의의 집행권을 의미하는 바와 같이, 행정권의 주체인 '政府'란 협의의 정부가 아니라 입법부와 사법부에 대응하는 執行部를 말한다. 아래에서는 廣義의 政府(執行部)의 개념을 '협의의 정부'와 '행정'으로 나누어 살펴보기로 한다.

1. 政府(협의의 정부)

가. 개념 및 과제

(1) 狹義의 政府(Regierung)란 '기능적 의미'에서 고도의 정치적 성격을 가지는 국정운영으로, '조직상의 의미'에서 이러한 기능을 담당하는 국가기관(대통령, 국무총리, 국무위원, 행정각부의 장)으로, '형식적인 의미'에서 헌법상 정부기관에 귀속된 모든 국가기능으로 서술할 수 있다.

(2) 헌법은 狹義의 政府 개념을 정의하고 있지 않으나, 일련의 헌법규정에서 특정 활동영역을 정부의 권한과 과제로 귀속시키고 있다. 무엇보다도 국무회의의 심의사항을 규정하는 헌법 제89조에서 국정의 기본계획과 정부의 일반정책, 외교정책, 예산안의 작성, 군사정책, 법률안제출 등 정부의 권한에 속하는 중요한 과제가 명시적으로 표현되고 있다.

정부의 권한은 한 마디로 '국가적 차원에서 정치적 형성과 지도에 관한 권한'으로 서술할 수 있다. 정부 내에서 국정운영의 중요한 목표가 논의를 거쳐 입안되고 각 목표 간의 조정이 이루어지며, 이러한 목표를 실현하기 위한 법적·정치적 수단이 검토되고 준비된다. 이러한 방법으로 장래 국정운영의 방향에 관한 기본계획이 수립된다. 오늘날 법치국가에서 정책실현의 중요한 수단은 법규범이기 때문에, 정부가 계획한 이러한 목표를 실현하기 위하여 일반적인 구속력을 가지는 법규범이 제정되어야 한다. 여기서 정부의 법률안 제출권과 법규명령의 제정권이 중요한 의미를 가진다. 특히, 법률안 제출권은 정부의 계획과 목표를 실현하기 위한 중요한 수단이다. 정부는 국가활동의 기본방침을 결정할 뿐만 아니라, 집행부의 행위를 유도하고 집행부의 행위에 대하여 최종적인 책임을 진다. 따라서 정부는 자신의 정책이 下部 행정기관에 의하여 집행되고 준수되도록, 집행부에 대한 지휘감독권을 가지며 행정규칙을 제정할 수 있다.[1]

나. 공동의 과제로서 국정운영

국정운영의 과제는 정부에게만 부과된 과제가 아니다. 국정운영은 정부의 과제일 뿐만 아니라 국회의 과제이기도 하다. 정부와 국회는 국정운영에 있어서 서로 경쟁과 협력의 관계에 있다. 정부의 대부분 주요계획은 입법을 통해서만 비로소 실현될 수 있다는 점에서, 대통령은 국회의 지지를 얻어야만 그의 정책을 관철할 수 있다. 국정운영에 있어서 정부과제의 중심은 주도적으로 계획하고 제안하여 이를 실현하고 관철하는 것에 있다면, 국회과제의 중심은 국정운영에 관한 공개적인 심의와 의결 및 통제에 있다.

국회와 정부의 협력관계는 특히 조약체결과 관련하여 두드러지게 나타난다. 조약의 체결·비준이 정부의 과제라면, 국회는 조약의 비준에 대한 동의권을 가진다. 정부는 조약체결과 관련하여 협상의 개시 및 조약문의 채택 등에 있어서 주도적으로 활동하고, 국회는 국제법적 효력을 발생시키는 대통령의 비준행위 전에 동의권의 행사를 통하여 통제기능을 수행한다. 또한, 예산과 관련하여 정부의 과제는 예산의 편성과 집행에 있는 반면, 국회의 과제는 예산의 심의·의결 및 결산심사에 있다.

2. 行 政

가. 개 념

(1) 행정(Verwaltung)은 집행부의 또 다른 구성부분으로서, 일차적으로 법률의 집행 및 일상적인 국가과제의 이행을 주된 과제로 한다. 행정기관은 일반·추상적인 법률을 구체적인 경우에 대하여 집행하고 현실에 적용하는 과제를 진다.

條件命題의 형식으로 상세하게 규율된 법률에 의하여 부과되는 구체적인 행위지침에 따른 행위를 '법의 집행'으로 이해한다면, 단순히 법의 집행이 아닌 행정의 영역이 존재한다. 적지 않은 경우, 행정청에게는 법률에 의하여 단지 특정 과제만이 부과되거나 또는 과제이행을 위하여 특정 목표만이 제시된다. 그러한 목적적 지침의 제시는 특히 '계획의 영역'에서 발견된다. 이러한 영역에서는 법률에 의하여 제시된 과제나 목표를 상충하는 이익의 형량을 통하여 합목적적인 방법으로 이행하는 것이 행정청에게 위임된다. 여기서 행정은 여러 행위가능성 중에서 선택하고 다양한 이익을 고려하고

---

1) 민주주의원리는 집행부가 정부의 지휘감독으로부터, 이로써 민주적 통제로부터 벗어나는 것을 금지한다. 따라서 민주주의원리로부터 요청되는 '행정부의 헌법적 구조'에 속하는 것은, 정부의 지휘감독으로부터 자유로운 행정의 영역이 원칙적으로 존재해서는 안 된다는 것이다.

조정한다는 의미에서 정치적으로 형성하는 것이다.

(2) 또한, 행정은 행정각부의 장이 정부 과제를 이행함에 있어서, 즉 법률안의 준비작업, 행정각부의 중요한 계획과 정책의 수립, 하부 행정기관에 대한 감독 등에 있어서 지원하는 역할도 담당한다. 정부와 행정은 서로 완전히 분리되는 것이 아니라, 행정각부의 장을 통하여 정부와 행정이 조직상으로 그리고 기능적으로 연결된다. 행정각부의 장은 '중앙행정조직의 수장'이자 동시에 '정부의 구성원'이다.

나. 행정의 본질과 특성

(1) 행정의 법기속성

행정은 법률에 근거가 있어야 하고 법률에 따라 행해져야 한다(법률의 유보). 행정은 법률에 따라 개별적 사안에 대하여 구체적 조치를 취하는 국가작용이다. 입법작용이 일반·추상적인 법규범을 정립하는 작용인데 반하여, 행정은 법규범을 구체적인 현실에 적용하는 '법의 적용과 집행 작용'이다.

한편, 현대의 사회적 법치국가에서 행정이 점진적으로 법의 구속과 지배를 벗어나고 있는 현상을 엿볼 수 있다. 행정은 법의 구속을 받으면서도, 다른 한편으로는 자기책임 하에서 독자적으로 활동할 수 있는 활동영역을 가진다. 법질서가 條件命題의 입법기술(…라면, …이다)을 통하여 행정을 구속하는 것이 아니라, 단지 목표와 방침만을 제시하는 경우(가령, 계획행정의 경우) 또는 재량규정을 통하여 행정청에게 독자적인 결정권한으로서 행위재량을 인정하는 경우가 그 대표적인 예에 속한다. 이러한 현상은 행정이 단순히 '법의 집행'이 아니라 사회관계를 적극적으로 형성하는 '정치적 결정권한'을 가지고 있다는 것을 의미한다.

(2) 행정의 적극성·능동성

행정작용과 사법작용은 모두 법을 집행하고 적용하는 국가기능이라는 점에서는 공통점을 가지나, 법을 집행하고 적용하는 궁극적인 목적에 있어서 근본적으로 다르다는 점에 그 차이가 있다. 사법작용은 소극적·수동적·事後反應的 國家作用으로서 당사자의 신청 또는 소의 제기가 있는 경우에만 비로소 활동이 개시되며 그 대상도 발생한 분쟁의 해결에 제한된다. 사법작용은 구체적인 법적 분쟁을 계기로 하여 무엇이 법인지를 판단하고 선언함으로써 법질서를 소극적으로 유지하고 보장하고자 하는 현상유지적 국가작용인 반면, 행정작용은 공익의 실현 및 공적 과제의 이행을 위하여 법을 적극적 형성의 도구로 사용함으로써 법에 근거하여 법적 관계를 적극적·능동적으로 규율하고 형성하는 국가작용이다.

(3) 사회적 법치국가에서 행정권의 확대 및 강화

19세기 유럽의 야경국가 또는 자유방임국가에서는, 사회가 스스로 가장 조화로운 상태를 발견한다는 사고에 기초하여(소위 豫定調和說), 국가의 기능을 치안·국방 등 최소한의 활동에 제한하였다. 19세기 시민적 법치국가의 주된 과제는 개인의 자유를 제한하는 침해적 행정을 통하여 국가공동체의 공공질서와 안녕을 보장하는 것이었다.

그러나 오늘날 국가의 성격이 사회국가 또는 복지국가로 변화함에 따라, 현대국가는 개별국가마다 정도의 차이는 있으나, 국민의 생존배려와 복지향상을 위한 국가의 적극적인 행정활동을 요청하고 있다. 그 결과, 현대의 사회적 법치국가에서 침해행정 외에도 급부·복지·사회·문화·경제행정 등 새로운 유형의 행정영역이 등장함에 따라, 집행권이 강화되고 확대되는 현상을 엿볼 수 있다.

제2절 大 統 領

제1항 大統領의 憲法上 地位

I. 정부형태에 따른 대통령의 지위

민주공화국에서 국가원수는 일반적으로 대통령이다. 민주공화국에서도 집행부가 일원적 또는 이원적 구조를 취하고 있는지에 따라 대통령의 헌법적 지위는 다르다. 집행부가 일원적 구조에 기초하고 있는 대통령제 국가에서 대통령은 국가원수이자 집행부수반이다. 이에 대하여 의원내각제 국가에서 대통령은 일반적으로 명목적·상징적인 국가원수이며(예컨대, 독일), 경우에 따라서는 예외적으로 실질적인 권한과 특권까지 보유하는 명실상부한 국가원수이기도 하다(예컨대, 프랑스 제5공화국).[1]

II. 헌법상 대통령의 지위

1. 국민대표기관

대통령은 국민에 의하여 직접 선출됨으로써($^{헌법}_{제67조}$), 국민을 대표하는 기관이다. 대통령은 국민으로부터 직접 민주적 정당성을 부여받음으로써 국회와 함께 민주적 정당성의 양대축(兩大築)을 형성하고, 다른 국가기관에게 민주적 정당성을 중개하는 역할을 한다. 따라서 우리 헌법에서 대통령과 국회가 공동으로 다른 국가기관(가령, 대법원, 헌법재판소)을 구성하는 것은 대통령과 국회의 국민대표성으로부터 나오는 필연적인 결과이다.

2. 국가원수

대통령은 국가의 원수이며, 외국에 대하여 국가를 대표한다($^{헌법 제66}_{조 제1항}$). 국가의 원수란, 대외적으로는 국가를 대표하고, 대내적으로는 국민의 통일성을 대표할 자격을 가진 국가기관을 말한다.

대통령은 국제법상의 교류에 있어서 국가를 대표한다. 대통령은 조약을 비준하고 외교사절을 신임·접수 또는 파견하며, 선전포고와 강화를 한다($^{헌법}_{제73조}$). 대통령은 외국의 국가원수를 접견하고 외국을 순방한다.

3. 행정부수반

헌법 제66조 제4항은 "행정권은 대통령을 수반으로 하는 정부에 속한다."고 하여, 대통령이 집행부의 수반임을 규정하고 있다. 집행부수반이라 함은, 집행부를 조직하고 통할하는 집행에 관한 최고책임자를 말한다.

대통령은 집행에 관한 최고지휘감독권자이자 최고책임자이다. 대통령은 오로지 그의 권한과 책임

---

1) 제4편 제1장 II. 2. 가. 집행부의 이원적 구조 참조.

하에서 집행에 관한 최종적인 결정을 행하고, 집행부의 모든 구성원에 대하여 최고의 지휘·감독권을 가진다. 대통령은 집행부의 조직권자이다. 대통령은 그의 보좌기관인 집행부구성원(국무총리, 국무위원, 감사원장 등)을 임명하고 해임할 권한을 가진다(헌법 제78조). 물론, 대통령은 집행부를 완전히 독자적으로 구성할 수는 없고, 국무총리, 감사원장 등 주요공직자의 경우에는 국회의 동의를 필요로 한다. 행정부의 수반으로서 대통령은 국가최고정책심의기관인 국무회의의 의장이다(헌법 제88조 제3항).

제2항 大統領의 選擧 및 身分·職務

I. 대통령의 선거

1. 대통령의 선출방법

대통령의 선출방법은 정부형태에 따라 다르며, 국민이 직접 대통령을 선출하는 直選制와 국민에 의하여 선출된 중간선거인단이 국민을 대신하여 대통령을 선거하는 間選制로 나뉜다. 직선제는 대통령제 정부형태를 취하고 있는 국가에서 일반적으로 볼 수 있는 대통령 선출방식이고, 간선제는 의원내각제 정부형태의 국가에서 흔히 볼 수 있는 대통령 선출방식이다.

대통령제 국가의 대통령은 집행부의 수반으로서 임기 동안 의회에 대하여 정치적인 책임을 지지 않기 때문에, 국민에 의하여 직접 선출됨으로써 민주적 정당성을 확보하는 것이 일반적이다. 그럼에도 미국과 같이, 대통령제 국가이면서 예외적으로 간선제를 채택하고 있는 경우가 있다.[1] 의원내각제 국가에서 대통령은 명목적인 국가원수이므로, 반드시 국민에 의하여 선출될 필요가 없다.

2. 현행 헌법상의 대통령선거

대통령제 국가에서 대통령의 선거는 국민의 직선에 의한 것이라야 한다는 당위성에도 불구하고, 우리의 역대헌법은 간선제를 채택한 경우가 적지 않았다. 1980년의 헌법도 대통령의 간선제를 채택하였다. 그러나 1987년의 헌법은 대통령의 선거방식을 직선제로 개정하였다(제67조 제1항).

가. 당선에 필요한 득표율

대통령직선제의 경우, 민주적 대표성의 확보를 위하여 투표자 과반수의 지지를 기반으로 하는 것이 바람직하다. 이러한 이유에서 다수의 국가에서는 대통령당선에 요구되는 득표율을 과반수로 하고, 1차 투표에서 과반수득표자가 없는 경우에는 최고득표자와 차점자에 대하여 2차 투표를 실시하는 결선투표제를 채택하고 있다. 현행 헌법은 대통령당선에 필요한 득표율을 규정하고 있지 않다. 다만, 후보자가 1인인 경우에 한하여 당선에 필요한 득표율을 '선거권자 총수의 1/3 이상'으로 규정하고 있다(헌법 제67조 제3항).

나. 국회에 의한 대통령 間選의 가능성

대통령선거에서 최고득표자가 2인 이상인 때에는 국회의 재적의원 과반수가 출석한 공개회의에서 다수표를 얻은 자를 당선자로 한다(헌법 제67조 제2항). 이로써 현실적으로 사실상 발생이 불가능한 지극히

---

1) 미국의 대통령선거제는 형식적으로는 간선제이지만, 실질적으로는 직선제와 다름이 없다고 한다.

예외적인 상황에 대하여 국회에 의한 대통령 간선제를 규정하고 있다. 그러나 대통령과 국회가 헌법상 국민으로부터 각자 독자적으로 민주적 정당성을 부여받아야 하는 대통령제에서 대통령이 국회로부터 선출된다는 것은 대통령제 정부형태의 기본정신에 부합하지 않는다.

다. 대통령의 선거에 관한 구체적 사항의 규율

헌법은 제67조 제4항에서 "대통령으로 선거될 수 있는 자는 국회의원의 피선거권이 있고 선거일 현재 40세에 달하여야 한다."고 하여 대통령의 피선거권을 규정하고 있으며, 같은 조 제5항에서 "대통령의 선거에 관한 사항은 법률로 정한다."고 하여 입법자에게 상세한 규율을 위임하고 있다. 입법자는 대통령의 선거에 관한 구체적 사항을 공직선거법에서 규정하고 있다.

라. 대통령당선인의 법적 지위

대통령당선인이 확정된 후 대통령 취임 시까지 대통령당선인의 법적 지위를 규율하기 위하여 '대통령직 인수에 관한 법률'이 제정되었다. 위 법률은 대통령당선인으로서의 지위와 권한을 명확히 하고 대통령직 인수를 원활하게 하는 데에 필요한 사항을 규정함으로써 국정운영의 계속성과 안정성을 도모함을 목적으로 한다($^{제1}_{조}$).

위 법률에 의하면, 대통령당선인은 대통령직 인수를 위하여 필요한 권한을 가지며($^{제3}_{조}$), 대통령 취임 즉시 국무총리를 임명하여 국정에 임하도록 하기 위하여, 대통령당선인이 임기 시작 전에 국무총리 및 국무위원 후보자를 지명함으로써 국회의 인사청문절차를 거칠 수 있도록 규정하고 있다($^{제5}_{조}$). 대통령당선인을 보좌하여 대통령직의 인수와 관련된 업무를 담당하기 위하여, 대통령의 임기 시작일 이후 30일의 범위에서 존속하는 대통령직인수위원회를 설치한다($^{제6}_{조}$).

II. 대통령의 신분과 직무

1. 대통령의 취임

대통령은 대통령직에 취임함으로써 대통령으로서의 신분을 취득하고 직무를 수행할 수 있다. 대통령은 취임에 즈음하여 선서를 한다($^{헌법}_{제69조}$).

2. 대통령의 임기

대통령의 임기는 5년이며 중임할 수 없다($^{헌법}_{제70조}$). 대통령 단임제는 대통령의 장기집권으로 인한 독재화의 경향을 체험한 한국헌정사에서 이러한 위험성을 임기의 제한을 통하여 방지하고자 하는 시도이다. 1980년 헌법에서 최초로 대통령의 7년 단임제가 도입된 후, 1987년 현행 헌법에서는 5년 단임제를 규정하고 있다. 그러나 대통령의 단임제는 점차 비판과 개헌논의의 대상이 되고 있다.

대통령의 임기연장 또는 중임변경을 위한 헌법개정은 그 헌법개정 제안 당시의 대통령에 대하여는 효력이 없다($^{헌법 제128}_{조 제2항}$). 헌법은 개정을 통하여 대통령의 임기를 연장하거나 중임여부를 변경하는 것을 허용하지만, 헌법개정 당시의 대통령에게는 그 효력이 미치지 못하도록 헌법개정의 효력을 제한하고 있다.[1]

---

1) 이에 관하여 제1편 제3장 II. 4. 나. 참조.

3. 대통령의 刑事上 特權과 헌법적 의무

가. 대통령의 형사상 특권

(1) 내란 또는 외환의 죄 이외의 범죄의 경우

대통령은 내란 또는 외환의 죄를 범한 경우를 제외하고는 재직 중 형사상의 소추를 받지 아니한 다(^{헌법}_{제84조}). 대통령의 형사상 특권은, 국가의 원수이자 행정부의 수반이라는 대통령의 막중한 지위를 감안하여 대통령의 임기 중 원활한 직무수행을 보장하고자 하는 것이다.[1] 헌법 제84조는 내란 또는 외환의 죄 이외의 범죄의 경우에는 '대통령에 대한 형사소추의 이익'에 대하여 '대통령직의 기능을 보장하고 대통령과 국가의 권위를 유지해야 하는 이익'에 우위를 부여하고 있다. 국회의원에게 인정 되는 '불체포특권'과는 달리, 대통령의 형사상 특권은 '불소추특권'으로 범죄수사·공소제기·형사재 판권의 행사 등을 모두 포함한다. 대통령은 재직 중에는 형사피고인으로서뿐만 아니라 증인으로서도 구인당하지 아니한다. 대통령의 형사상 특권의 목적이 대통령 개인의 보호가 아니라 대통령직의 기 능보장과 국가의 권위 유지에 있기 때문에, 대통령은 임의로 형사상 특권을 포기할 수 없다.

한편, "재직 중 형사상 소추"가 배제되므로, 퇴직 후에는 형사상 소추가 가능함은 물론이고, 재직 중에도 민사상·행정상의 책임은 면제되지 않는다. 재직 중 소추하지 아니하는 기간 동안에는 공소 시효의 진행이 정지된다.[2] 헌법 제65조에 의한 탄핵소추는 형사상의 소추가 아니므로, 대통령 재직 중에도 탄핵소추가 가능함은 물론이다.

(2) 내란 또는 외환의 죄를 범한 경우

한편, 대통령이 내란 또는 외환의 죄를 범한 경우에는 재직중에도 형사상 소추가 가능하다. 내란 또는 외환의 죄의 경우에는 이러한 범죄가 국가와 헌법질서에 대하여 초래하는 침해의 중대성에 비 추어, 이에 대한 형사소추를 배제하는 것이 대통령에게 형사상 특권을 부여하는 목적(임기중 직무수행 의 보장)에 의하여 정당화될 수 없기 때문이다. 대통령의 형사상 특권으로부터 '내란 또는 외환의 죄 를 범한 경우'를 제외한 것은, '임기중 직무수행의 보장'이라는 법익에 대하여 '국가와 헌법의 수호'라 는 법익이 우위를 차지한다는 헌법적 결정의 표현이다.

대통령이 내란 또는 외환의 죄를 범한 경우에는 재직중에도 형사소추가 가능하므로, 이론상으로 는 내란 또는 외환의 죄에 관한 공소시효는 재직중에도 진행된다고 보아야 한다. 그러나 대통령의 재직 중에는 내란 또는 외환의 죄로 인한 형사상 소추가 현실적으로 불가능하다는 문제가 있다. 이러 한 이유에서 전두환·노태우 전직 대통령의 헌정질서파괴범죄에 대한 형사소추를 가능하게 하기 위 하여 '5·18민주화운동 등에 관한 특별법'을 제정하였고, 대통령의 재직기간은 국가의 소추권행사에

1) 헌재 1995. 1. 20. 94헌마246, 판례집 7-1, 15, 46, "… 대통령의 불소추특권에 관한 헌법의 규정이, 대통령이라는 특수한 신분에 따라 일반국민과는 달리 대통령 개인에게 특권을 부여한 것으로 볼 것이 아니라, 단지 국가의 원수 로서 외국에 대하여 국가를 대표하는 지위에 있는 대통령이라는 특수한 직책의 원활한 수행을 보장하고, 그 권위를 확보하여 국가의 체면과 권위를 유지하여야 할 실제상의 필요 때문에 대통령으로 재직중인 동안만 형사상 특권을 부여하고 있음에 지나지 않는 것으로 보아야 할 것이다."

2) 헌재 1995. 1. 20. 94헌마246, 판례집 7-1, 15, 49, ['대통령 재직중'에는 그의 범행(내란 또는 외환의 죄 이외의 범죄)에 대한 공소시효가 정지되는지의 여부에 관하여] "공소시효제도나 공소시효정지제도의 본질에 비추어 보면, … 헌법이나 형사소송법 등의 법률에 대통령의 재직중 공소시효의 진행이 정지된다고 명백히 규정되어 있지는 않다고 하더라도, 위 헌법규정의 근본취지를 대통령의 재직중 형사상의 소추를 할 수 없는 범죄에 대한 공소시효의 진행은 정지되는 것 으로 해석하는 것이 원칙일 것이다. 즉 위 헌법규정은 바로 공소시효진행의 소극적 사유가 되는 국가의 소추권행사 의 법률상 장애사유에 해당하므로, 대통령의 재직중에는 공소시효의 진행이 당연히 정지되는 것으로 보아야 한다."

장애사유가 존재한 기간으로 간주함으로써 공소시효의 진행이 정지된 것으로 본다고 규정하였다.[1]

나. 대통령의 헌법상 의무

(1) 직무상 의무

헌법은 국가의 원수이자 행정부의 수반이라는 대통령의 막중한 지위를 감안하여 이에 대응하는 헌법적 의무를 규정하고 있다. 헌법 제66조 제2항은 "대통령은 국가의 독립·영토의 보전·국가의 계속성과 헌법을 수호할 책무를 진다."고 하면서, 같은 조 제3항에서 "대통령은 조국의 평화적 통일을 위한 성실한 의무를 진다."고 규정하고 있다. 나아가, 대통령의 취임선서를 규정하는 제69조에서 "나는 헌법을 준수하고 국가를 보위하며 조국의 평화적 통일과 국민의 자유와 복리의 증진 및 민족문화의 창달에 노력하여 대통령으로서의 직책을 성실히 수행할 것을 국민 앞에 엄숙히 선서합니다." 라는 취임선서의 내용을 통하여 헌법을 준수하고 수호해야 할 의무, 대통령의 직무를 성실하게 수행할 의무 등 대통령의 헌법적 의무를 다시 확인하고 구체화하고 있다.[2]

(2) 겸직금지의무

헌법 제83조는 "대통령은 국무총리·국무위원·행정각부의 장 기타 법률이 정하는 공사의 직을 겸할 수 없다."고 하여 겸직금지의 의무를 규정하고 있다. 헌법은 "기타 법률이 정하는 公私의 직"이라고 하여, 입법자에게 겸직이 금지되어야 하는 공직의 범위를 법률로써 정하도록 위임하고 있다. 그러나 입법자는 겸직이 금지되는 공직의 범위를 임의로 정할 수 있는 것이 아니라, 헌법 제83조 규정의 취지와 정신에 의하여 구속을 받는다. 헌법이 제83조에서 대통령의 겸직금지를 규정한 취지를 살펴보면, 다음과 같다.

첫째, 대통령이 국무총리·국무위원·행정각부의 장의 직을 겸하지 않도록 규정함으로써 기관내부적 권력분산을 실현하고자 하는 데 있다. 대통령이 위의 공직을 겸하는 경우에는 헌법이 예정하고 있는 행정부 내부에서의 권한 분산과 권력통제의 장치가 무의미하게 된다. 가령, 국무총리의 국무위원 제청권(헌법 제87조)이나 국무총리와 국무위원의 부서권(헌법 제82조) 등은 행정부 내부적 권력통제의 수단인데, 이러한 수단이 형해화될 우려가 있다.

둘째, 대통령이 국무총리·국무위원·행정각부의 장의 직을 비롯하여 기타의 공직을 겸할 수 없도록 규정한 것은 대통령이 다른 공직을 맡음으로써 발생할 수 있는 직무상 의무·이익의 충돌을 방지하고자 하는 것이다. 대통령은 국가의 모든 과제와 목표를 고려하여 국가과제 사이의 충돌을 조정하고 과제실현의 우선순위를 정함으로써 국정전반에 관하여 균형 잡힌 국정운영계획을 세워야 하는 의무를 지고 있는데, 대통령이 특정 부처의 직을 담당하는 경우에는 부처간의 과제조정이나 이익조정과정에서 대통령이 특별히 담당하고 있는 부처의 과제나 입장을 우선적으로 또는 과잉으로 대변함으로써 모든 중요한 국가과제를 균형 있게 고려해야 하는 의무의 이행을 저해할 우려가 있다.

셋째, 겸직금지의 또 다른 취지는 위에서 서술한 내용과 같은 맥락에 있는 것으로, 대통령이 헌법

1) 제2조(공소시효의 정지) "… 해당 범죄행위의 종료일부터 1993년 2월 24일까지의 기간은 공소시효의 진행이 정지된 것으로 본다."
2) 헌재 2004. 5. 14. 2004헌나1(대통령 노무현 탄핵), 판례집 16-1, 609, 646, "헌법 제69조는 단순히 대통령의 취임선서의무만을 규정한 것이 아니라, 헌법 제66조 제2항 및 제3항에 규정된 대통령의 헌법적 책무를 구체화하고 강조하는 실체적 내용을 지닌 규정이다. 헌법 제66조 제2항 및 제69조에 규정된 대통령의 '헌법을 준수하고 수호해야 할 의무'는 헌법상 법치국가원리가 대통령의 직무집행과 관련하여 구체화된 헌법적 표현이다."

상 부여된 고유한 직무에 전념케 하고자 하는 데 있다. 대통령이 특수한 영역을 관할하는 공직을 겸하는 경우, '전반적인 국정운영'이라는 대통령의 고유한 과제에 전념할 수 없는 결과를 초래할 수 있다.

넷째, 私의 직을 겸하는 것을 금지함으로써 대통령에게 헌법상 부과되는 공익실현의 의무와 사익 (부분·특수이익) 사이의 이익충돌을 방지하고자 하는 것이다.

4. 대통령의 有故 및 權限代行

대통령이 궐위되거나 사고로 인하여 직무를 수행할 수 없을 때에는 국무총리, 법률이 정한 국무위원의 순서로 그 권한을 대행한다(헌법 제71조). 헌법 제68조 제2항은 "대통령이 궐위된 때 또는 대통령 당선자가 사망하거나 판결 기타의 사유로 그 자격을 상실한 때에는 60일 이내에 후임자를 선거한다." 고 규정하고 있다. 헌법 제71조는 대통령직을 수행할 수 없는 경우를 궐위와 사고로 구분하고 있는데, 이와 같이 대통령직 자체에 장애가 발생한 경우를 포괄적으로 '有故'라 한다.

대통령의 유고와 관련하여, 예컨대 국회가 대통령에 대하여 탄핵소추를 의결한 경우 또는 대통령이 헌법재판소의 탄핵결정으로 파면되는 경우, 헌법적으로 어떠한 절차가 진행되어야 하는지, 파면된 대통령의 후임자를 선거로 선출하는 경우, 후임 대통령의 임기는 얼마인지 등의 문제가 제기된다.

가. 闕位와 事故

(1) 궐위라 함은, 대통령이 취임은 하였으나 재직하고 있지 아니한 경우를 말한다. 구체적으로 현직대통령의 궐위가 발생하는 경우란, 대통령이 취임한 후 사망하거나 사임한 경우, 탄핵결정으로 파면된 경우(헌법 제65조 제4항), 대통령 취임 후 피선거권의 상실 및 판결 기타의 사유로 자격을 상실한 경우이다.

궐위란 대통령의 취임과 재직, 즉 현직대통령의 존재를 전제로 하는 것이기 때문에, 아직 대통령직에 취임하지 않은 대통령 당선자가 사망하거나 판결 기타의 사유로 그 자격을 상실한 때는 궐위에 해당하지 아니한다.

(2) 사고라 함은, 대통령이 재직 중임에도 직무를 수행할 수 없는 경우, 예컨대 신병이나 장기간의 해외순방 등으로 직무를 수행할 수 없는 경우 및 국회의 탄핵소추의 의결로 말미암아 대통령의 권한행사가 정지된 경우(헌법 제65조 제3항)를 말한다.

(3) 한편, 헌법상 대통령 지위의 중대성에 비추어, 대통령의 궐위 또는 사고로 인한 職務遂行不可 여부를 유권적으로 확인할 필요가 있다. 따라서 대통령의 궐위 또는 사고로 인한 직무수행불가 여부가 불확실하거나 이에 관하여 다툼이 있는 경우, 이를 확인하고 선언하는 헌법기관을 헌법적으로 확정하는 것이 필요하다. 비교법적으로 볼 때, 프랑스와 포르투갈 등의 경우, 헌법재판소에게 이러한 권한을 부여하고 있다. 우리의 경우에도 헌법재판소가 이에 관한 권한을 가지는 것이 바람직하다. 물론, 이를 위해서는 이러한 권한을 헌법재판소의 새로운 관할로서 명시적으로 규정하는 헌법개정이 필요하다.

나. 대통령의 권한대행

(1) 권한대행기관

대통령의 궐위나 사고로 인하여 대통령의 유고가 확인되고 결정되면, 헌법상 국무총리가 제1순위 권한대행자가 되고, 이어서 정부조직법상 국무위원의 순서로 대통령권한을 대행한다(헌법 제71조, 정부조직법 제12조). 우리 헌법이 대통령제 정부형태를 취하면서 부통령제를 두지 아니하였기 때문에, 국무총리를 대통령권한대행으로 규정하고 있다.[1] 헌법 제68조 제2항은 대통령이 궐위된 때에는 60일 이내에 후임자를 선거한다고 규정함으로써 대통령 궐위 시 권한대행의 기간은 60일을 초과할 수 없도록 제한하고 있다. 한편, 사고의 경우에는 권한대행기간의 제한이 없다.

(2) 권한대행의 직무범위

(가) 대통령 권한대행과 관련하여 제기되는 문제는 대통령 권한대행의 직무범위에 관한 것이다. 학계에서는 대통령권한대행의 직무범위를 그 임시대리의 성격상 다만 잠정적인 현상유지에 국한하고자 하는 견해, 대통령의 궐위시와 사고시를 구별하여 궐위된 경우에는 권한대행이 반드시 현상유지일 필요는 없지만, 사고인 경우에는 그 성질상 잠정적인 현상유지에 국한된다는 견해, 60일로 한정된 궐위 시와는 달리 장기화될 가능성이 있는 사고의 경우에는 잠정적인 현상유지만으로는 대처할 수 없는 상황이 발생할 수 있으므로 궐위와 사고를 구분하여 권한대행의 범위를 일괄적으로 확정할 수 없다는 견해 등 다양한 견해가 주장되고 있다.

(나) 생각건대, 대통령 권한대행자의 직무범위는 대통령권한을 대행하는 공직자의 민주적 정당성 및 권한대행의 본질에 비추어 판단해야 한다. 궐위와 사고의 경우를 구분하여 어떠한 계기로 권한대행에 이르게 되었는지의 관점은 권한대행자의 직무범위를 판단함에 있어서 비본질적인 것이다. 대통령 권한대행권자인 국무총리나 국무위원이 국민으로부터 직접 민주적 정당성을 부여받지 않았다는 점, 권한대행이란 그 성질상 본질적으로 잠정적이고 과도기적인 성격을 가진다는 점에서, 권한대행의 직무는 대통령의 궐위와 사고를 구분함이 없이 적극적이고 형성적인 권한행사가 아니라 소극적이고 현상유지적인 권한행사에 원칙적으로 제한되어야 한다. 헌법의 권한대행에 관한 규정도 이러한 견해의 타당성을 지지하고 있다. 정부에게 임시예산을 집행할 수 있는 권한을 부여하는 헌법 제54조 제3항의 규정도 '국회 예산의결권에 대한 잠정적인 권한대행'으로 파악할 수 있는데, 이 경우에도 권한대행의 본질상 권한대행의 범위를 예산의 현상유지적 집행에 국한하고 있다.

따라서 대통령의 기본정책의 전환이나 국무위원의 임면 등의 적극적 형성행위는 권한대행의 직무범위를 넘는 것으로 보아야 한다. 국무총리는 국민의 선거에 의하여 직접 선출되지 않았기 때문에 국가권력행사에 불가결한 민주적 정당성을 독자적으로 중개할 수 없다는 관점에서도 국무위원 등을 임명하는 것은 헌법적으로 문제가 있으며, 뿐만 아니라 현실정치적으로도 적극적 형성행위에 필요한 정치적 기반과 지지를 결여하고 있으므로, 기존정책의 전환이나 새로운 정책을 추진하는 데 한계가 있을 수밖에 없다. 한편, 국무총리가 대통령권한을 대행하는 기간 중이라도 국가의 위기상황 등 중대한 정치적 결단을 요구하는 상황에서는 예외적으로 이에 대처하기 위하여 필요한 최소한의 조치를 취할 수 있다.

다. 대통령에 대한 탄핵소추 시 헌법적 절차의 진행과정

국회가 대통령에 대하여 탄핵소추를 의결한 경우, 또는 대통령이 헌법재판소의 탄핵결정으로 파면되는 경우, 헌법적으로 다음과 같은 절차가 진행된다.

(1) 국회에서 탄핵소추의 의결과 동시에 대통령의 권한행사가 정지되고(헌법 제65조 제3항), 이로써 대통령이

---

1) 미국의 경우, 대통령의 궐위시에는 부통령이 즉시 후임자로서 대통령직에 취임한다. 부통령은 대통령선거에서 소위 '러닝메이트'로서 국민적 합의를 얻은 바 있으므로, 후임자가 단순히 권한대행자가 아니라 정식 대통령으로 취임한다. 부통령은 대통령의 후임자로서 대통령의 잔여임기 동안 재임한다.

사고로 인하여 직무를 수행할 수 없는 상태가 발생하기 때문에, 국무총리가 그 권한을 대행한다(헌법제71조).

(2) 헌법재판소의 탄핵결정과 더불어 대통령은 공직에서 파면된다(헌법제65조제4항). 이로써 대통령이 궐위되는 상태가 발생하므로 국무총리가 그 권한을 대행하고(헌법제71조), 60일 이내에 후임자를 선출해야 한다(제68조제2항).

라. 대통령의 궐위 시 선출된 후임자의 임기

여기서, 헌법 제68조 제2항에 의하여 대통령의 궐위 시 선출된 후임자의 임기가 단지 전임자의 잔여임기인지 아니면 새로이 5년의 임기가 개시되는지가 문제된다.

헌법 제68조 제1항에 의하여 대통령의 임기만료로 인하여 후임자가 선거로 선출되는 경우 그 임기는 5년이다. 대통령의 궐위 시에도 후임자가 헌법상의 규정에 의하여 자동으로 대통령직을 승계하는 것이 아니라 선거로써 선출되어야 한다면, 그 임기는 전임자의 잔여임기가 아니라 새롭게 다시 개시되어야 한다고 보는 것이 타당하다. 국민의 선거에 의하여 후임자가 직접 선출되는 한, 선거의 계기가 임기만료인지 아니면 전임자의 유고인지의 사유는 비본질적이기 때문이다. 따라서 선거의 계기에 따라 임기가 결정되어야 할 아무런 합리적인 이유를 찾아볼 수 없다. 헌법 제70조의 대통령 임기조항에 비추어, 헌법이 대통령의 궐위시 선출된 후임자의 임기를 전임자의 잔여임기로 제한하고자 의도하였다면, 이를 제68조 제2항에서 명시적으로 규정했을 것이다.

5. 전직대통령에 대한 예우

전직대통령의 신분과 예우에 관하여는 법률로 정한다(헌법제85조). 이에 따라 입법자는 '전직대통령 예우에 관한 법률'을 제정하였는데, 이에 의하면, 대통령과 일정한 범위의 유가족에 대해서는 연금이 지급되고, 경호·교통·사무실 등의 편의가 제공되며, 가료(加療)의 특혜를 받는다. 다만, 재직 중 탄핵결정을 받아 퇴임한 경우, 금고 이상의 형이 확정된 경우 등에는 경호·경비 이외의 예우를 하지 아니한다(위법제7조제2항).

직전대통령은 국가원로자문회의의 의장이 되고, 그 밖의 전직대통령은 그 위원이 된다(헌법제90조제2항). 그러나 국정의 중요한 사항에 관한 대통령의 자문에 응하기 위하여 국가원로로 구성되는 국가원로자문회의(헌법제90조제1항)는 현재까지 구성된 바 없다.

제 3 항   大統領의 權限

I. 國民投票附議權[1]

1. 헌법 제72조의 국민투표의 법적 성격과 효력

가. 대통령의 발의에 의한 任意的 國民投票

헌법 제72조는 "대통령은 필요하다고 인정할 때에는 외교·국방·통일 기타 국가안위에 관한 중

---

1) 한수웅, 대통령 再信任 國民投票의 위헌 여부 -헌법 제72조의 규범적 해석을 중심으로 -, 인권과 정의, 2004. 5. 104면 이하 참조.

요정책을 국민투표에 붙일 수 있다."고 하여 국가기관 중 대통령에게만 국민투표 발의권을 부여하면서, '국민투표의 실시 여부'에 관하여는 대통령의 재량에 맡기고 있다. "필요하다고 인정할 때에는"의 문구는 국민투표의 대상과 관련되는 것이 아니라, 헌법적으로 제한된 국민투표의 대상(국가안위에 관한 중요정책)에 관하여 국민투표를 실시할 것인지의 여부를 결정할 권한을 가진다는 것을 의미한다. 즉, 대통령이 국민투표에 부의하고자 하는 정책이 헌법 제72조의 대상에 해당하는 한, 대통령은 '그 정책을 국민투표에 붙이는 것이 필요한지'에 관하여 판단할 재량을 가지는 것이다.

헌법 제72조는 국민투표의 실시여부를 대통령의 재량으로 한다는 점에서 임의적 국민투표이다.[1] 이로써, 대통령은 국민투표의 실시 여부, 시기, 구체적 부의사항, 설문내용 등을 일방적으로 결정함으로써 자신에게 유리한 방향으로 국민투표를 실시할 수 있다. 헌법 제72조는 대통령에게 임의적인 국민투표발의권을 독점적으로 부여하고 있다는 점에서, 대통령이 자신의 정책에 대한 추가적인 정당성을 확보하거나 정치적 입지를 강화하는 등, 단순히 특정 정책에 대한 국민의 의사를 확인하는 것을 넘어서 국민투표를 정치적 무기화(武器化)할 수 있고,[2] 헌법상의 권력분립질서를 위협할 위험성을 안고 있다.

나. 법적 구속력을 가지는 確定的 國民投票

국민투표의 법적 성격과 관련하여, 헌법 제72조의 국민투표가 相議的·諮問的 국민투표인지 아니면 법적 구속력을 가지는 確定的 국민투표인지의 문제가 제기된다. 학계의 일부 견해는 헌법 제72조의 국민투표를 단지 국민의 의견을 묻는 국민질의(자문적 또는 상의적 국민투표)로 이해함으로써 법적 구속력을 인정하지 않으나, 이러한 견해는 타당하지 않다.

(1) 헌법 제72조의 法文

우선, 헌법 제72조의 법문은 국민투표의 효력을 제한하는 아무런 유보적인 수식어를 사용함이 없이, 단지 '국민투표'라고 규정하고 있는데, 국민투표의 효력을 인정하지 않으려는 견해는 이러한 헌법의 법문에 어긋나는 것이다. 만일 헌법이 국민에게 단지 의견을 묻는 국민질의를 도입하려고 하였다면, 이를 명시적으로(예컨대 "자문을 구하기 위하여 국민투표에 붙일 수 있다" 또는 "자문적 국민투표", "국민질의" 등) 표현하였을 것이다.[3]

(2) 자문적 국민투표(국민질의)의 헌법적·헌법정책적 문제점

단순히 국민으로부터 의견을 듣고 조언을 구하고자 하는 國民質疑는 법적으로 이를 실시하는 국가기관을 구속하지 않고 그에게 최종적인 결정권을 남겨둔다. 국민질의는 국민의 의사를 배제할 수 있는 가능성을 부여함으로써, 국민에게 단지 의견진술의 기회만을 부여할 뿐 결정할 권한을 주지 않는다. 그러나 국민으로부터 모든 국가권력이 나오는 민주국가에서, 국민의 의사에 결정권을 부여하지 않음으로써 주권자인 국민을 단지 국가기관의 상담자나 조언자로 격하시키는 것은 국민주권의

---

[1] 이에 대하여 헌법 제130조 제2항의 국민투표는 그 실시가 필요적으로 요구된다는 점에서 必須的 국민투표이다.

[2] 대통령의 발의에 의하여 실시되는 헌법 제72조의 국민투표는, 그것이 신임문제와 결부되든 아니든 간에, 대통령이 국민에게 자신에 대한 지지를 호소한다는 측면에서 그 속성상 어느 정도 간접적으로 대통령에 대한 신임과 연관된다는 성격을 지닌다.

[3] 헌법은 "대통령의 자문에 응하기 위하여" 국가안전보장회의(제91조), 민족평화통일자문회의(제92조), 국민경제자문회의(제93조)를 둘 수 있다고 규정하여 "자문"이란 표현을 명시적으로 사용하고 있다. 심지어 '… 자문에 응하기 위하여 … 자문회의를 둘 수 있다.'고 하여 동어를 반복하고 있다.

원리에 부합하지 않는다. 헌법정책적으로 보더라도, 국민질의는 가장 바람직하지 않은 직접민주적 제도이다. 국민으로 하여금 특정 사안에 관하여 투표하게 하고 국민이 표시한 의사에 대하여 구속력이 없다고 하는 것은 국민을 우롱하는 것이다.

한편, 국민질의는 형식적으로는 구속력을 가지지 않지만, 실질적으로는 대표자에게 거부할 수 없는 강력한 정치적 압력을 의미하므로, 사실상 국민투표와 거의 동일한 효과를 가지게 된다. 국민질의는 법적 구속력은 없으면서 현실적으로는 구속하기 때문에 정치적 혼란만을 가중시킬 우려가 크다. 오늘날 국가기관은 공신력 있는 여론조사 등을 통하여 얼마든지 국민의 의견을 타진할 수 있는 가능성이 있다는 점에서도 국민질의는 직접민주적 제도로서 불필요하다.

따라서 국민질의가 국민주권주의와 부합하기 어렵다는 점에서 우리 헌법에서 허용될 수 있는지에 관하여 근본적인 의문이 있을 뿐만 아니라, 헌법이 제72조에서 헌법적으로나 헌법정책적으로 문제점이 있는 '국민질의'를 규정하려고 하였다면 명시적으로 그 법적 성격을 밝혔을 것으로 보는 것이 타당하다. 위의 여러 가지 관점을 고려할 때, 헌법 제72조의 국민투표는 법적 구속력을 가진다.

다. 국민투표의 가결정족수 및 구체적 효력

헌법 제72조는 단지 대통령의 국민투표부의권과 임의적 국민투표만을 규정할 뿐, 국민투표의 구체적 절차와 효력 등에 관한 규정을 두고 있지 않다.[1] 그러나 국민투표는 그 대상, 요건, 효력, 유효하기 위한 최소한의 투표참여율, 가결되기 위한 최소한의 득표율을 구체적으로 확정하는 규정을 필요로 한다. 국민투표에 관한 최소한의 규율은 그 의미의 중대성에 비추어 헌법적 차원에서 스스로 이루어져야 하며, 입법자에게 위임될 수 없다. 따라서 국민투표의 가결정족수와 효력도 헌법 스스로 규율해야 한다.[2]

국민투표에 관한 최소한의 요건과 절차는 헌법이 스스로 규정해야 함에도 헌법 제72조가 절차와 효력에 관하여 규율하지 않은 것은 중대한 결함이나, 헌법 제72조의 적용이 가능하도록 하기 위해서는 헌법의 해석을 통하여 규율의 공백을 메워야 한다. 헌법 제72조의 국민투표와 관련하여 어느 정도의 가결정족수가 요청되는가 하는 것은 구체적으로 확정되기 어려우나, '국민의 대의기관인 국회의 의사결정의 배제를 정당화하고, 한편으로는 국민투표를 통하여 직접민주적으로 내려진 국민의 결정에 민주적 정당성을 부여할 수 있는 정도의 수준'이 기준으로서 제시될 수 있다. 이러한 관점에서 헌법 제72조와 관련하여, 일차적으로 보통·평등·직접·비밀선거원칙을 규정하는 헌법 제41조 제1항의 규정이 국민투표에 유추적용되어야 하고, 뿐만 아니라 합의제기관의 일반적 의결정족수를 규정하는 헌법 제49조 및 헌법개정안에 대한 국민투표를 규정하는 헌법 제130조의 규정내용이 국민투표의 가결정족수 및 효력과 관련하여 유추적용될 수 있다고 판단된다. 이에 따라, 헌법 제72조의 정책에 대한 국민투표는 국회의원 선거권자 과반수의 투표와 투표자 과반수의 찬성을 얻어야 하며 (제130조 제2항 참조), 특정 정책이 위의 찬성을 얻은 경우에는 대통령에 의한 정책의 수행은 확정되어(제130조 제3항 참조), 대통령은 국민투표에 의하여 확정된 정책을 수행해야 할 법적 의무를 부과 받게 된다.

---

1) 헌법이 이러한 규정을 두고 있지 않다는 것이 헌법 제72조의 국민투표를 자문적 국민투표로 이해해야 한다는 주장의 근거가 될 수 없다. 자문적 국민투표도 마찬가지로 적어도 가결정족수에 관한 규정을 필요로 하기 때문이다.
2) 국민투표의 방법과 절차는 국민투표법에 규정되어 있다.

2. 헌법 제72조에 의한 국민투표의 헌법적 의미 및 기능

헌법 제72조를 올바르게 해석하기 위해서는, 그에 앞서 우선 '왜 헌법이 이러한 형태의 국민투표를 수용하였는가', '대의제에서 헌법 제72조의 국민투표제도가 가지는 의미는 무엇인가'에 관하여 살펴보아야 한다.

가. 仲裁的 國民投票

헌법 제72조의 국민투표는 입법이나 헌법개정에 국민의 참여를 가능하게 하는 입법수단의 성격을 가진 국민투표가 아니라,[1] 중재적 국민투표의 성격을 지니고 있다. 仲裁的 國民投票란, 정치적 헌법기관인 행정부와 입법부 사이의 충돌이 있는 경우, 국민이 직접 심판하도록 함으로써 국정에 관한 최고의 조정자로서 기능하도록 하는 제도이다.[2] 헌법 제72조는 국가안위관련 중요정책에 관하여 정치적 헌법기관인 대통령과 국회의 견해가 서로 대립하는 경우, 대통령에게 국민투표의 형식으로 국민의 의사를 직접 확인할 수 있는 가능성을 부여함으로써 국회의 반대를 극복하여 자신의 안보정책을 관철할 수 있는 헌법적 도구를 제공하고 있는 것이다.

나. 대통령의 권한과 국회의 권한이 서로 충돌하는 상황

헌법 제72조의 국민투표의 대상이 되는 '외교·국방·통일 등 국가안위에 관한 대통령의 중요정책'은 대부분의 경우 헌법 제60조에 의하여 국회의 동의를 필요로 하는데, 이러한 헌법적 상황으로 말미암아 대통령과 국회의 상이한 견해가 서로 충돌할 수 있다.

대통령은 헌법을 위시한 법질서의 범위 내에서 원칙적으로 국가정책을 독자적으로 결정할 권한을 가진다. 대통령은 외교·국방·통일의 영역에서 조약을 체결·비준하고 선전포고와 강화를 하는 등 정책결정권을 가지고 있다(헌법제73조). 또한, 대통령은 국군통수권을 가지며(헌법제74조), 국군의 외국에의 파견과 외국군대의 주둔에 관한 정책결정권을 가진다(헌법 제60조 제2항 참조). 그러나 외교·국방·통일에서의 중요한 정책에 관한 한, 대통령의 정책결정권한은 무제한적인 것이 아니라 헌법 제60조의 국회의 동의권에 의하여 제한을 받는다. 헌법 제60조에 의하면, 국회는 안전보장에 관한 조약, 중요한 국제조직에 관한 조약, 주권의 제약에 관한 조약, 강화조약, 국가나 국민에게 중대한 재정적 부담을 지우는 조약, 입법사항에 관한 조약 등의 체결·비준(제1항) 및 선전포고, 국군의 외국에의 파견, 외국군대의 대한민국 영역 안에서의 駐留(제2항)에 대한 동의권을 가진다.

따라서 외교·국방·통일 등 국가안위의 영역에서 대통령의 권한과 의회의 권한이 서로 충돌하는 경우는 헌법 제73조 및 제74조에 규정된 대통령의 권한(대통령의 조약체결권 및 선전포고권, 국군통수권)과 헌법 제60조에 규정된 국회의 권한(국회의 동의권)이 경합하는 상황으로 축소된다. 그렇다면 헌법 제72조의 국민투표의 헌법적 의미와 기능은 헌법 제60조 및 제73조·제74조의 연관관계에 비

---

1) 스위스나 미국의 일부 州에서 시행되는 국민투표는 주민에게 직접 입법에 참여할 기회를 부여한다는 점에서 입법수단적 국민투표라고 할 수 있다.

2) 중재적 국민투표는 일반적으로 국가원수의 해임이나 의회의 해산을 그 대상으로 함으로써, 행정부와 입법부의 대립 시에 국민으로 하여금 심판하게 한다. 중재적 국민투표를 규정한 대표적인 헌법으로는 1919년의 독일 바이마르 헌법을 들 수 있다. 바이마르 헌법은 국민으로 하여금 의회와 대통령을 선거를 통하여 직접 선출하도록 하였고, 의회와 대통령의 대립 시에는 국민투표로써 결정하도록 하였다. 구체적으로, 의회를 통과한 법률안에 대하여 정부의 견해가 상이할 때에 대통령의 발안에 의하여 법률안을 국민투표에 붙이는 경우(제73조) 또는 의회의 요구에 의하여 대통령의 해임을 국민투표에 붙이는 경우(제43조)를 그 예로 들 수 있다, 이에 관하여 한태연, 헌법학, 1983, 159면.

추어 해석되고 이해되어야 한다. 헌법 제72조의 국민투표제도는 헌법 제73조의 대통령의 외교·국방·통일정책에 관한 결정권과 헌법 제60조의 국회동의권이 서로 충돌하는 경우에 대통령이 직접 국민에게 자신의 정책에 대한 지지를 호소하는 헌법적 중재수단으로 파악해야 한다.

3. '國家安危에 관한 중요정책'의 의미

헌법 제72조는 국민투표의 대상을 '외교·국방·통일 기타 국가안위에 관한 중요정책'으로 규정하고 있다. 여기서 문제가 되는 것은 바로, '국가안위에 관한 중요정책'을 어떻게 해석해야 하는가 하는 것이다. 헌법이 스스로 국민투표의 대상을 가능하면 구체적이고 명확하게 규정함으로써 불필요한 헌법적 논란의 여지를 줄이고, 나아가 대통령에 의한 국민투표 부의권의 정략적인 남용을 방지하는 것이 바람직하다. 그러나 헌법 제72조는 '국가안위에 관한 중요정책'이라고 하여 상당히 추상적·포괄적으로 국민투표의 대상을 규정하고 있다.

가. 헌법해석의 출발점

우리 헌법이 국민주권의 실현에 있어서 대의제를 원칙으로 삼으면서 예외적으로 단지 2가지의 경우에 한하여, 그것도 국민발안을 배제하는 매우 제약적인 직접민주주의적 요소를 수용하고 있다는 점에 비추어, 헌법 제72조는 '예외조항'에 해당한다. 이와 같은 원칙과 예외의 관계에서 '예외에 속하는 규정은 擴張的으로 해석되어서는 아니 되고 縮小的으로 엄격하게 해석되어야 한다'는 것은 법률해석의 일반원칙이자 출발점이 되어야 한다. 또한, 헌법규범 상호간의 긴장관계와 부조화현상은 가능하면 최대한으로 완화시켜 헌법 전체의 조화가 이루어질 수 있도록 해석해야 한다는 '헌법의 통일성'의 관점도 헌법해석의 출발점이다.

이러한 관점에서 볼 때, 헌법 제72조의 해석에 의하여 다른 국가기관, 특히 국회의 헌법적 권한이 제한되거나 침해되는 일이 없어야 한다. 뿐만 아니라, 대통령에게 독점적으로 부여된 국민투표 부의권이 단순히 특정정책에 대한 국민의 의사를 확인하는 헌법적 수단을 넘어서, 자신에게 유리한 방향으로 사용될 수 있는 정치적 무기라는 점을 고려할 때, 헌법 제72조는 가능하면 대통령에 의한 '국민투표제도의 정치적 남용'을 방지할 수 있도록 엄격하고 축소적으로 해석되어야 한다.

나. '國家安危'의 개념

(1) 예시적 표현을 통한 내용의 구체화

일차적으로 문리적 해석에 의하면, '국가안위'가 중요정책의 내용을 규정하는 주개념 또는 상위개념이고 '외교·국방·통일 기타'는 국가안위와 관련될 수 있는 구체적 부분영역을 예시하고 있는 것으로 파악할 수 있다. 헌법 제72조의 예시적 표현("기타")으로 말미암아 국가안위의 대상이 외교·국방·통일의 영역에 국한되는 것은 아니나, 국가안위의 내용이 대표적으로 예시한 위 3가지 영역에 의하여 본질적으로 결정되고 구체화된다는 데에는 의문의 여지가 없다.

(2) 국가비상사태를 전제로 한 개념?

'국가안위'는 일반적으로 비상사태를 전제로 한 개념이라는 점, 헌법은 제72조 외에는 단지 유일하게 '국가안위'의 개념을 제76조 제2항의 대통령의 긴급명령권과 관련하여 언급하고 있다는 점에서, 헌법 제72조가 전제하는 '국가안위'란 국가비상사태나 그에 준하는 국가의 위기적 상황으로 보아야 한다는 견해가 있다.

그러나 국민투표의 경우 안정되고 평상적인 정치적 상황에서만 현실적으로 그 실시가 가능한 것이고, 또한 국민투표의 준비는 많은 시간과 경비가 소요된다는 점에서도, 헌법 제72조의 '국가안위'의 개념을 긴급을 요하는 국가비상사태와 연관시키는 것은 상당히 비현실적인 발상이다. 특히 국민투표가 실시되기 위해서는, 부의될 사안에 관한 충분한 정보제공과 활발한 논의가 선행되어야 한다. 선거의 경우 유권자가 후보자에 관한 충분한 정보를 가지고 있어야만 올바른 결정을 내릴 수 있는 것과 마찬가지로, 국민투표의 대상에 관한 충분한 정보의 제공과 공개적 논의의 가능성은 국민 개개인의 의견형성을 위한 사실적 기초이자, 국민투표에 의한 결정이 국민에 의하여 받아들여지기 위한 필수적인 전제조건인 것이다. 국가의 위기적 상황과 국민투표의 실시는 현실적으로 서로 배제하는 관계에 있는 것이며, 국민투표는 위기적 긴급상황에 대처하는 해결책이 될 수 없다.

뿐만 아니라, 헌법 제72조의 '국가안위'를 국가비상사태와 동일시하고 국민투표 부의권을 국가긴급사태를 극복하기 위한 비상대권적 권한으로 파악하는 것은 위에서 서술한 바와 같이, 헌법 제72조의 헌법적 의미와 기능에 부합하지 않는다. 대의제에서 헌법 제72조의 의미와 기능을 '정치적 헌법기관 사이의 견해가 충돌하는 경우 대통령의 발의에 의하여 국민이 중재적으로 조정하는 제도'로서 파악한다면, 국가비상사태의 *存否*는 국민투표의 대상을 결정하는 요소가 될 수 없다.

(3) 國家의 安全保障

이러한 관점에서 본다면, 헌법 제72조는 '현재' 국가가 위기적 상황에 처한 것인지의 여부와 관계없이, '將來에 있어서' 국가안위, 즉 국가의 안전함과 위태함을 결정짓는 중요한 정책적 결정을 국민들로 하여금 내리도록 한 것이다. 따라서 국가적 위기의 현재성은 국민투표실시의 요건이 아니며, '국가안위'란 위기적 상황과 관계없는 일반적인 개념으로서 '국가의 안전보장'으로 이해해야 한다.

다. '국가안위에 관한 중요정책'에 立法事項이 포함되는지 여부

다음으로는, '국가안위'의 개념이 외교·국방·통일의 영역 외에도 정치·경제·사회의 영역 등을 포함하는 포괄적인 개념인지의 문제가 제기된다. 이러한 문제의 제기는 '국가안위에 관한 중요정책'에 외교·국방·통일을 비롯한 국가안전보장의 영역 외에도 '정치·경제·사회의 영역에서의 국가적 난국의 타개책'이나 '국민 전체의 이해관계가 있는 중요한 사항'이 포함되는지의 문제와 직결된다. 그런데 '국가안위'의 개념을 국민 전체의 이익과 관련되는 사항 또는 국민적 합의가 필요한 모든 중요한 정책으로 확장적으로 해석한다면, 이러한 해석은 '국회의 입법권에 속하는 입법사항도 국민투표의 대상이 될 수 있다'는 결과를 가져온다. 그러나 위와 같은 해석은 다음과 같은 헌법적 문제를 야기한다.

(1) 대통령의 재량에 의한 직접민주적 요소의 확장 가능성

법치국가에서 중요한 정책은 대부분의 경우에 그 시행을 위하여 법률로의 규범적 전환을 필요로 하기 때문에,[1] '政策'과 '法律案'의 구분이 불분명하다. 예컨대 '호주제 폐지', '군복무와 관련하여 대체복무의 도입' 등 오늘날 우리 사회에서 논의되는 중요한 문제가 헌법 제72조의 '중요정책'이자 동시에 '법률안'이 될 수 있는 것이다.

---

1) 오늘날 대부분의 정책이 그 목적의 달성을 위하여 개인의 기본권을 제한하는 것이 불가피하고, 국민의 기본권은 법률에 근거해서만 제한될 수 있기 때문에(헌법 제37조 제2항), 대부분의 정책은 그 시행을 위하여 법률의 형태로 규범화되어야 한다. 뿐만 아니라, 민주국가에서 국가의 본질적인 문제는 국민의 대의기관인 의회에 유보되어야 하고, 의회의 법률에 의하여 규율되어야 한다.

만일 대통령이 입법절차를 거쳐 법률로써 제정되어야 할 사안을 사전에 미리 '정책'의 형태로 국민투표에 붙임으로써 빈번하게 국민에게 그 결정을 위임한다면, 공개적 논의와 상충하는 다양한 이익간의 조정을 통하여 공익을 발견하고자 하는 의회의 입법절차는 크게 손상되거나 공동화될 수 있다. 국가의 모든 중요한 정책이 국민투표의 대상이 될 수 있다면, 대통령이 국민투표부의권을 적극적으로 행사하는 경우에는 심지어 대의제를 직접민주제로 전환시킬 수도 있다. 그러나 대통령의 국민투표부의권 행사에 의하여 직접민주적 요소의 정도와 범위가 결정되어서는 안 된다.

(2) 대의기관의 *自由委任*에 대한 위반

뿐만 아니라, 국민투표에 의한 결정이 법률안의 내용을 선결하는 경우에는 이와 같은 효과를 가지는 국민투표는 대표자의 자유위임(무기속위임)을 근간으로 하는 대의제 및 헌법 제46조 제2항에 규정된 국회의원의 자유위임과도 합치하지 않는다. 입법대상이 되는 사안에 대한 국민투표는 비록 형식적으로는 헌법상의 입법절차에 위반되는 것은 아니나, 입법기관을 내용적으로 구속하는 확정적 국민투표의 효과로 인하여 국회의원은 국민투표의 결과와 달리 행동할 수 없기 때문에, 입법기관에게 특정 법안을 가결시켜야 할 의무를 부과하는 국민투표는 헌법과 합치될 수 없는 것이다.

결국, 헌법 제72조를 확장적으로 해석하여 국가의 모든 중요한 정책 또는 입법사항이 국민투표의 대상이 될 수 있다는 견해는, 대통령이 국민투표 부의권의 임의적 행사를 통하여 법률의 기본방침과 기본내용을 국민투표를 통하여 사전에 결정하게끔 할 수 있는 권한을 인정하는 것이고, 이로써 대통령에게 자신의 재량에 의하여 국회의 입법권을 침해하고 대의제를 형해화할 수 있는 가능성을 부여하는 것과 다름 아닌데, 이러한 견해가 타당할 수 없다.[1]

라. 국회동의권과 충돌하는 대통령의 외교·국방·통일정책

위와 같은 이유에서, '국가안위에 관한 중요정책'의 개념은 헌법 제72조의 헌법적 의미와 기능에 비추어 우리 헌법상 외교·안보의 영역에서 대통령의 정책과 국회의 권한이 충돌할 수 있는 전형적인 상황에 의하여 파악되어야 한다. 따라서 헌법 제72조의 국민투표는 국가안전보장에 관한 대통령의 정책결정이 국회의 동의나 의결을 얻어야 하나, 국회가 동의절차를 비정상적으로 지연시키거나 동의를 거부하는 경우를 전제로 하고 있다고 보아야 한다.[2] 단지 이러한 관계에서 헌법 제72조를 파악해야만, '국가안위에 관한 중요정책'의 의미가 구체적으로 한정될 수 있고, 이를 통하여 대통령이 헌법 제72조의 국민투표를 정치적 도구로 사용하는 가능성을 최소화할 수 있다. '국가안위에 관한 중요정책'의 개념을 헌법 제60조, 제73조의 상관관계에서 이해하지 않는다면, 위 개념을 밝히는 작업은 해결될 수 없는 미궁에 빠져들게 되어, 국민투표에 부의되는 대통령의 정책이 헌법적으로 허용되는 것인지에 관한 헌법적 판단의 불확실성으로 말미암아 위헌성 시비는 끊이지 않을 것이다.

---

1) 헌법 제72조의 국민투표가 외교·국방·통일을 주된 대상으로 삼고 있다는 점에서 불란서의 국민투표제도와 유사한데, 불란서 제5공화국 헌법 제11조 제1항은 정부 또는 의회 兩院의 건의에 의하여 공권력의 조직, 공동체조약의 동의나 국제조약의 비준에 관한 법률안을 국민투표에 붙일 수 있는 권한을 대통령에게 부여하고 있다. 이 경우, 대통령과 정부 또는 대통령과 의회의 합의가 있어야만 국민투표가 가능하고, 한편으로는 법률안에 대한 國民投票의 對象은 국민의 권리나 의무와 관계되는 법률안이 아니라, 단지 국가조직과 국제적 관계에 한정되어 있다. 이로써 대통령이 국민투표부의권의 행사를 통하여 의회의 입법권을 침해할 가능성을 최소화하고 있다.

2) 물론, 대통령과 국회 사이에 견해의 충돌이 없는 경우에도, 대통령은 이론적으로는 헌법 제72조에 의하여 국민투표부의권을 행사할 수 있지만, 권한의 충돌이라는 구체적인 계기가 없이 실시되는 국민투표는 일반적으로 상정하기 어렵고, 국민투표에 붙여야 할 실익도 없는 것으로 보인다.

국민투표의 대상을 이와 같은 구체적 충돌상황으로 한정하지 않는다면, 대통령이 필요에 의하여 임의의 정책을 국민투표에 붙임으로써 헌법 제72조는 신임투표로 변질될 위험성을 안고 있다. 설사 대통령이 정책투표의 실시를 자신의 신임여부와 연계시키지 않는다 하더라도, 대통령의 외교·국방 정책과 국회의 동의권의 충돌이라는 구체적, 현실적 동기가 없는 정책투표는 언제나 정책투표의 형 식으로 간접적으로 자신에 대한 신임을 묻는 국민투표로 변질될 위험을 내포하고 있는 것이다. 그러 나 국민투표의 대상이 이와 같이 한정됨으로써, 한편으로는 국민투표가 신임투표로 변질될 위험이 최소한으로 축소될 수 있고, 다른 한편으로는 입법사항이 국민투표의 대상에서 제외됨으로써 국회의 입법권이 침해될 가능성이 배제된다. 따라서 '국가안위에 관한 중요정책'이란 원칙적으로 입법사항을 제외하고, 헌법 제60조에 규정된 사안 중에서 외교·국방·통일의 영역에 국한되어야 한다.[1] 여기서 '원칙적'이란 표현을 사용한 것은, 헌법 제60조 제1항에서 열거하는 '입법사항에 관한 조약'의 체결· 비준과 관련하여 대통령과 국회 사이에 충돌이 발생하는 경우에 한하여 입법사항에 관한 것임에도 '예외적'으로 헌법 제72조의 국민투표의 대상이 될 수 있기 때문이다.

그렇다면, 국민투표의 대상은 구체적으로, 안전보장에 관한 조약(가령, 한미방위조약), 주권의 제약 에 관한 조약(가령, 국가공동체에 가입하여 주권의 일부를 이양하는 경우, 방위조약에 의한 외국주둔군에 대 한 주권행사의 제약 등), 국가안보에 관한 조약체결로 인하여 국가나 국민에게 중대한 재정부담을 지우 는 경우, 입법사항에 관한 조약(가령, 조약의 국내법적 집행을 위하여 국내법의 제정이나 개정이 필요한 경 우), 선전포고, 국군의 외국에의 파견(가령, 이라크 파병),[2] 외국군대의 대한민국 영역 안에서의 駐留 (가령, 미군의 주둔), 국회의 동의를 요하는 남북관계에 관한 기본정책 등 협의의 국가안전보장(외교· 국방·통일)의 영역에 제한된다.[3]

4. '중요정책'에 法律案이 포함되는지 여부[4]

국민투표의 대상이 되는 '중요정책'에는 정책 외에 법률안도 포함되는지의 문제가 제기된다. 학계 에서는 긍정설과 부정설로 의견이 갈리고 있다.

---

1) 외교·국방·통일의 영역은 국가안위의 성격을 규정하면서 그 개념의 방향을 설정하는 주요개념이라는 점에서, 헌 법 제72조가 중요정책의 대상을 비록 형식적으로는 예시적으로 표현하고 있으나, 그 실질에 있어서는 열거적인 의 미로 파악된다.

2) 예컨대, 정부의 이라크 파병결정이 국회의 동의를 얻지 못한 경우에는 대통령은 파병정책을 국민투표에 붙일 수 있 다.

3) 헌법 제72조의 연혁을 살펴본다면, 정책국민투표조항은 1954년 제2차 개정헌법 제7조의 2에서 "대한민국의 주권의 제약 또는 영토의 변경을 가져올 국가안위에 관한 중대사항은 국회의 가결을 거친 후에 국민투표에 부하여 민의원 의원선거권자 3분지 2이상의 투표와 유효투표 3분지 2이상의 찬성을 얻어야 한다. …라는 내용으로 신설된 후, 1972년의 제7차 개정헌법 제49조에서 "대통령은 필요하다고 인정할 때에는 국가의 중요한 정책을 국민투표에 붙일 수 있다."는 형태로 변형되었고, 1980년의 제8차 개정헌법 제47조에서는 "대통령은 필요하다고 인정할 때에는 외 교·국방·통일 기타 국가안위에 관한 중요정책을 국민투표에 붙일 수 있다."고 규정하여 현행헌법과 동일한 모습 을 갖추게 되었으며, 1987년의 제9차 개정헌법에서 위 국민투표조항은 현재와 같이 제72조에 자리를 잡게 되었다. '국가안위'가 최초로 언급된 1954년의 헌법에서 '국가안위'의 개념을 단지 '주권의 제약' 및 '영토의 변경'이란 2가지 경우에 한정하여 연관시키고 있다는 점도 역사적 해석의 관점에서 볼 때 협소한 해석의 타당성을 뒷받침하고 있다.

4) '국가안위'의 개념을 위에서 서술한 바와 같이 헌법 제73조 및 제60조의 상관관계에서 제한적으로 해석한다면, 이미 그러한 이유로 아래에서 검토하게 될 '법률안'이나 '신임여부'는 당연히 국민투표의 대상이 될 수 없다. 그러나 아래 에서는 헌법 제72조의 해석과 관계없이, 다른 헌법규범을 근거로 독자적으로 '법률안이나 신임여부가 국민투표의 대상이 될 수 있는지'에 관하여 살펴보기로 한다.

가. 대의제와 국민투표의 조화의 문제

대의제를 근간으로 하는 헌법구조에 직접민주적 요소를 삽입하는 경우, 삽입된 직접민주적 요소는 대의제와 조화를 이룰 수 있어야 한다. 특히 국가권력을 위임받은 국가기관 상호간의 권한질서 및 법치국가원리와 같은 기본적 헌법원리에 위반되어서는 안 된다. 대의제의 경우, 권력분립의 원리에 의한 권력의 균형에 입각하고 있기 때문에, 이러한 대의제에 국민투표와 같은 직접민주제를 과도하게 도입하는 경우에는 그 기능의 혼란으로 인하여 권력의 균형을 파괴할 우려가 있다. 이러한 관점은 헌법 제72조의 해석에 있어서 중요한 지침이 되어야 한다.

나. 입법권 및 헌법상 입법절차의 위반

헌법 제72조의 '중요정책'에 법률안이 포함되는 것으로 해석한다면, 대통령의 법률안 제안에 의하여 국민이 국민투표로써 법률의 제정여부를 사실상 결정하게 된다. 즉, 대통령이 국민투표부의권을 행사함으로써 국회를 완전히 배제하고 국민의 힘을 빌려 입법을 하는 결과가 발생하고, 이로써 국회의 입법권을 침해하게 되는 것이다. 뿐만 아니라, 이러한 해석은 입법절차를 확정적으로 규정하는 헌법규범(제52조 및 제53조)에도 위반된다. '중요정책'에 법률안이 포함된다는 해석은 '헌법이 정하고 있는 입법절차' 외에, '대통령의 발의에 의하여 국민이 법률안에 대하여 국민투표로써 결정하고, 가결된 경우 국회가 국민의 결정을 단지 집행하는 또 다른 형태의 입법절차'가 신설되는 결과를 가져오는 것이다. 이로써, 대통령의 국민투표부의권은 국회가 아니라 국민에게 법률안을 제출하는 '새로운 형태의 법률안 제출권'을 의미하는 것이다.

입법권을 국회에 전속시키고 있는 현행 헌법에서, 이와 같은 입법형태는 헌법에 명문으로 규정되지 않는 한, 허용될 수 없다. 헌법 제72조의 '중요정책'에 '법률안'이 포함되는 것으로 해석하는 것은 사실상 헌법개정에 해당하기 때문에, 법률안에 대한 국민투표는 이를 명시적으로 허용하는 헌법개정을 통해서만 가능하다. 이러한 이유로 '중요정책'에는 법률안이 포함되지 않는다. 나아가, 헌법 제128조 이하에 규정된 헌법개정절차에 따라 국민투표(제130조 제2항)를 거쳐야 하는 憲法改正案이 헌법 제72조의 국민투표의 대상이 될 수 없음은 별도의 설명을 요하지 않는다.

5. '중요정책'에 국민의 信任與否가 포함되는지 여부

사례 | 헌재 2003. 11. 27. 2003헌마694 등(대통령 신임투표 사건)

노무현 대통령은 2003년 10월 국회 본회의에서 행한 시정연설에서 자신에 대한 국민의 신임 여부를 묻는 국민투표를 2003년 12월 15일경 실시하고자 한다고 밝혔다. 이에 일반국민인 甲은 '중요정책과 결부되지 않은 신임 목적의 국민투표를 실시하는 것은 헌법 제72조에 위배되는 것으로서 이로 인하여 자신의 행복추구권, 국민표결권 등이 침해된다'고 주장하면서 헌법소원심판을 청구하였다. 대통령이 자신에 대한 국민의 신임여부를 국민투표의 형식으로 묻는 것은 헌법적으로 허용되는가?[1]

---

1) 헌법재판소는 위 결정에서 [재판관 5인의 다수의견]으로 '심판의 대상이 된 대통령의 행위가 법적인 효력이 있는 행위가 아니라 단순한 정치적 계획의 표명에 불과하기 때문에 공권력의 행사에 해당하지 않는다.'는 이유로 청구인의 심판청구를 각하하였다. 이에 대하여 [4인의 재판관]은 반대의견에서(판례집 15-2하, 350, 352), 대통령의 행위는 헌법소원의 대상이 되는 공권력의 행사에 해당한다고 판단한 다음, "대통령의 임기를 절대적으로 보장하는 헌법 제

헌법 제72조의 국민투표의 대상인 '중요정책'에 대통령에 대한 '국민의 신임'이 포함되는지의 문제가 제기된다.

가. 純粹型 再信任 國民投票의 허용여부

(1) 국민투표제의 위헌적 남용

대통령이 국민투표를 통하여 자신에 대한 신임을 묻고자 하는 것은, 대의제를 실현하기 위하여 직접민주주의적 수단을 남용하는 것을 의미한다. 국민투표는 직접민주주의를 실현하기 위한 수단으로서 법안이나 특정 정책을 그 대상으로 한다는 점에서, 국민투표의 본질상 '대표자에 대한 신임'은 국민투표의 대상이 될 수 없다. 우리 헌법에서 대표자의 선출과 그에 대한 신임은 오직 선거의 형태로써 이루어져야 한다.

대통령이 이미 지난 선거를 통하여 획득한 자신에 대한 신임을 국민투표의 형식으로 재확인하고자 하는 것은, 헌법 제72조의 국민투표제를 헌법이 허용하지 않는 방법으로 위헌적으로 사용하는 것이다. 따라서 대통령은 국민투표를 통하여 자신에 대한 신임을 물을 헌법적 권한이 없다.

(2) 헌법상 대통령의 궐위사유에 대한 위반

만일 대통령에 대한 신임여부도 '중요정책'에 포함되는 것으로 해석한다면, 신임여부를 묻는 국민투표는 그 효과로서 법적 구속력을 가진다. 즉, 대통령이 자신에 대한 국민의 신임여부를 국민투표의 대상으로 하여 국민투표를 실시한 결과, 국민이 불신임을 표시하는 경우에는 헌법 제72조의 국민투표의 효력상 대통령은 사임해야 한다. 헌법 제72조의 국민투표는 단순히 국민의 의견을 참조하기 위하여 묻는 국민질의가 아니라, 찬반의 결과에 따라 확정적 효력을 가지는 국민투표인 것이다. 따라서 헌법 제72조의 '중요정책'에 '신임여부'도 포함되는 것으로 파악한다면, 헌법해석을 통하여 '국민투표에 의한 불신임의 경우'라는 대통령의 궐위사유가 하나 더 신설되는 효과가 있다.

대통령은 헌법상 국가원수이며 국정의 최고책임자이자 행정부 수반으로서 막중한 책임을 지고 있기 때문에, 우리 헌법은 대통령의 헌법상 지위의 중요성에 비추어 대통령의 임기, 궐위 또는 사고 시의 권한대행 및 그 신분에 따른 특권과 의무 등을 스스로 규정하여 대통령의 신분관계를 명확하게 확정하고 있다. 대통령의 궐위사유는 헌법해석을 통하여 인정될 수 없고, 헌법에 명문으로 규정되어야 한다. 구체적으로, 헌법은 대통령이 자의에 의하여 스스로 물러나거나 사망하는 경우 외에 타의에 의하여 대통령직을 상실하는 경우를 "판결 기타의 사유로 그 자격을 상실한 때"($^{제68조}_{제2항}$) 및 탄핵결정에 의한 파면($^{제65조}_{제4항}$)이라고 하여 확정적으로 정하고 있다. 이러한 관점에서 볼 때, 신임여부를 국민투표에 붙이고 국민이 불신임을 표시한 경우 사임하는 것은 궐위사유를 확정적으로 규정하는 헌법규정에 부합하지 않는다.

나. 政策連繫型 再信任 國民投票의 허용여부

대통령이 특정정책과 자신의 신임을 결부시켜 국민투표에 붙이는 것이 가능한지의 문제가 제기

70조나 궐위사유를 한정적으로 규정하는 헌법 제68조 제2항 등 헌법규범에 비추어볼 때, 대통령에 대한 국민의 신임여부는 헌법 제72조의 '중요정책'에 포함되지 않는다고 보아야 한다."고 확인한 뒤, "피청구인이 이미 지난 선거를 통하여 획득한 자신에 대한 신임을 국민투표의 형식으로 재차 확인하고자 하는 것은 헌법 제72조의 국민투표제를 헌법이 허용하지 않는 방법으로 위헌적으로 사용하는 것"이므로, 이로 인하여 국민의 국민투표권이 침해되었다는 견해를 밝혔다.

된다. 대통령이 특정정책을 자신에 대한 신임과 연계시켜 '국민의 불신임의 경우 사임하겠다'고 압력을 가하는 것은, 국민투표의 대상이 된 특정정책에 대한 국민의 결정과정에 부당한 압력을 행사하는 것이다. 국민투표의 경우에도 선거와 마찬가지로 '자유투표의 원칙'이 적용되며, 이에 따라 국민의 의사형성과 의사결정은 국가기관의 부당한 간섭이나 영향력의 행사 없이 이루어져야 한다. 신임이란 국정을 통하여 스스로 획득해야 하는 것인데, 대통령이 임기중 국민투표의 형태로 국민으로부터 자신에 대한 신임을 강요하는 것은 정치적 도의에도 어긋나는 것이다.

뿐만 아니라, 대통령이 특정정책과 자신에 대한 신임을 연계시켜 국민투표를 실시하였는데 국민의 동의를 얻지 못한 경우, 국민투표의 효력이 불분명하다는 점도 '법치국가적 관점에서 이와 같은 형태의 국민투표는 허용되어서는 안 된다'는 견해를 뒷받침한다. 국민투표의 대상이 직접적으로는 특정정책에 국한되기 때문에, 국민투표의 법적 구속력이 신임여부에 대하여는 미치지 아니한다. 따라서 정책에 대한 국민의 거부를 통하여 실제로 국민의 불신임을 받은 대통령은 사임을 해야 한다는 법적 구속력이 없다. 이로써 자신이 초래한 국민투표를 통하여 국민의 불신임을 받은 대통령이 임의에 의하여 자신의 사임여부를 결정할 수 있다는 법치국가적으로 용인하기 어려운 결과가 발생한다.

따라서 대통령은 헌법상 국민에게 자신에 대한 신임을 국민투표의 형식으로 물을 수 없을 뿐만 아니라, 특정 정책을 국민투표에 붙이면서 이에 자신의 신임을 결부시키는 대통령의 행위도 위헌적인 행위로서 헌법적으로 허용되지 않는다.[1] 헌법은 대통령에게 국민투표를 통하여 직접적이든 간접적이든 자신의 신임여부를 확인할 수 있는 권한을 부여하지 않기 때문이다. 물론, 대통령이 특정 정책을 국민투표에 붙인 결과, 그 정책의 실시가 국민의 동의를 얻지 못한 경우, 이를 자신에 대한 불신임으로 간주하여[2] 스스로 물러나는 것은 어쩔 수 없는 일이나, 정책을 국민투표에 붙이면서 '이를 신임투표로 간주하고자 한다'는 선언은 국민의 결정행위에 부당한 압력을 가하고 국민투표를 통하여 간접적으로 자신에 대한 신임을 묻는 행위로서, 대통령의 헌법상 권한을 넘어서는 것이다.[3]

II. 헌법기관구성에 관한 권한

대통령은 국민의 대표기관으로서 국회와 함께 다른 헌법기관의 구성에 참여하여 민주적 정당성을 중개하는 역할을 한다.

1. 대 법 원

대법원장과 대법관은 국회의 동의를 얻어 대통령이 임명한다(헌법 제104조 제1항 및 제2항).

---

1) 헌재 2004. 5. 14. 2004헌나1(대통령 노무현 탄핵), 판례집 16-1, 609, 649, "국민투표의 본질상 '대표자에 대한 신임'은 국민투표의 대상이 될 수 없으며, 우리 헌법에서 대표자의 선출과 그에 대한 신임은 단지 선거의 형태로써 이루어져야 한다. 대통령이 이미 지난 선거를 통하여 획득한 자신에 대한 신임을 국민투표의 형식으로 재확인하고자 하는 것은, 헌법 제72조의 국민투표제를 헌법이 허용하지 않는 방법으로 위헌적으로 사용하는 것이다. 대통령은 헌법상 국민에게 자신에 대한 신임을 국민투표의 형식으로 물을 수 없을 뿐만 아니라, 특정 정책을 국민투표에 붙이면서 이에 자신의 신임을 결부시키는 대통령의 행위도 위헌적인 행위로서 헌법적으로 허용되지 않는다. … 헌법은 대통령에게 국민투표를 통하여 직접적이든 간접적이든 자신의 신임여부를 확인할 수 있는 권한을 부여하지 않는다."
2) 이러한 의미에서 정책국민투표는 항상 어느 정도 신임국민투표로서의 성격을 지니고 있다.
3) 헌재 2004. 5. 14. 2004헌나1(대통령 노무현 탄핵), 판례집 16-1, 609, 649.

2. 헌법재판소

헌법재판소의 재판관은 대통령이 임명하나(^{헌법 제111}_{조 제2항}), 국회가 선출한 3인 및 대법원장이 지명한 3 인에 대해서는 형식적인 임명권만을 행사하고, 재판관 중 3인만을 대통령이 직접 실질적으로 임명한다(^{헌법 제111}_{조 제3항}). 헌법재판소의 장은 국회의 동의를 얻어 재판관 중에서 대통령이 임명한다(^{헌법 제111}_{조 제4항}).

대법관의 경우 전원 국회의 동의를 얻도록 규정되어 있으나, 헌법재판소 재판관의 경우에는 대통령이 임명하는 3인 및 대법원장이 지명하는 3인에 대하여 국회의 동의요건을 규정하고 있지 않다. 그러나 헌법재판소의 정치적 기능에 비추어 그 중립성과 독립성을 확보하고 민주적 정당성을 강화하기 위하여 헌법재판소 재판관 전원에 대하여 국회의 동의를 얻도록 할 필요가 있다.

3. 중앙선거관리위원회

중앙선거관리위원회는 대통령이 임명하는 3인, 국회에서 선출하는 3인과 대법원장이 지명하는 3 인의 위원으로 구성한다(^{헌법 제114}_{조 제2항}). 중앙선거관리위원회의 구성에 있어서도 헌법재판소의 구성과 마찬가지로, 헌법은 3부에게 각 1/3씩 구성권을 배분하고 있다.

4. 감 사 원

감사원장은 국회의 동의를 얻어 대통령이 임명하고(^{헌법 제98}_{조 제2항}), 감사위원은 감사원장의 제청으로 대통령이 임명한다(^{헌법 제98}_{조 제3항}).

Ⅲ. 입법에 관한 권한

1. 임시회의 집회요구권 및 국회출석·발언권

가. 임시회의 집회요구권

대통령은 국회 임시회의 집회를 요구할 수 있다(^{헌법 제47}_{조 제1항}). 대통령이 임시회의 집회를 요구할 때에는 기간과 집회요구의 이유를 명시하여야 한다(^{헌법 제47}_{조 제3항}). 국회의 임시회 집회의 요구는 국무회의의 심의를 거쳐야 하는 사항이다(^{헌법 제89}_{조 제7호}).

나. 국회출석·발언권

대통령은 국회에 출석하여 발언하거나 서한으로 의견을 표시할 수 있다(^{헌법}_{제81조}). 대통령은 국회에서 국정에 관한 연설을 하거나 연두교서(年頭敎書) 등을 전달함으로써 입법이나 정부정책에 대하여 국회의 이해와 협조를 구할 수 있다. 이에 대하여 대통령은 국회에 출석하거나 답변해야 할 의무가 없음은 물론이다(^{헌법 제62조}_{제2항 참조}).

2. 헌법개정에 관한 권한

대통령은 헌법개정을 제안할 권한을 가진다(^{헌법 제128}_{조 제1항}). 헌법개정안은 국무회의의 심의를 거쳐야 한다(^{헌법 제89}_{조 제3호}). 제안된 헌법개정안은 대통령이 20일 이상의 기간 이를 공고하여야 한다(^{헌법}_{제129조}). 헌법개정안이 국민투표로써 확정되면, 대통령은 즉시 이를 공포하여야 한다(^{헌법 제130}_{조 제3항}).

3. 법률제정에 관한 권한

가. 법률안 제안권

대통령은 국무회의의 심의를 거쳐 법률안을 제출할 수 있다(헌법 제52조, 제89조 제3호). 정부의 법률안제출권은 대통령제 국가에서는 이질적인 의원내각제적 요소이다.

나. 法律案 拒否權

(1) 행사절차

국회에서 의결된 법률안이 정부에 이송되면, 이송 후 15일 이내에 대통령은 이를 공포해야 한다(헌법 제53조 제1항). 그러나 대통령은 정부에 이송된 법률안에 대하여 이의가 있다면, 15일 이내에 이의서를 첨부하여 국회에 환부하고 그 재의를 요구할 수 있다(헌법 제53조 제2항). 국회가 이미 폐회한 후에도 법률안에 대하여 이의가 있으면, 대통령은 15일 이내에 국회에 환부해야 한다. 헌법은 "대통령은 법률안의 일부에 대하여 또는 법률안을 수정하여 재의를 요구할 수 없다."고 하여, 일부거부 및 수정거부를 부인하고 있다(헌법 제53조 제3항). 재의의 요구가 있을 때에는 국회는 재의에 붙이고, 재적의원 과반수의 출석과 출석의원 3분의 2 이상의 찬성으로 전과 같은 의결을 하면 그 법률안은 법률로서 확정된다(헌법 제53조 제4항).

(2) 개념과 내용

(가) 法律案 再議要求權

법률안 거부권이란, 대통령이 국회의 의결을 거친 법률안을 종국적으로 거부할 수 있는 권한이 아니라, 단지 법률안에 대하여 이의를 제기하고 재의를 요구할 수 있는 '法律案 再議要求權'이다. 즉, 법률안 거부권은 법률의 제정을 일시적으로 정지시키는 이의제기권을 의미한다. 이러한 점에서 '법률안 거부권'이라는 용어는 오해의 소지가 있다. 국회가 가중된 의결정족수(재적의원 과반수의 출석과 출석의원 3분의 2 이상의 찬성)로써 법률안을 재의결하면 그 법률안은 법률로서 확정되고, 재의결되지 못하면 폐기된다.

대통령이 법률안에 대하여 이의를 제기하는 경우, 국회는 가중된 정족수에 의해서만 대통령의 거부권을 극복할 수 있으므로, 대통령의 거부권 행사는 국회의 정상적인 세력구도 하에서는 여·야 공동의 지지를 얻어야만 법률안이 재의결될 수 있다는 결과를 가져온다. 결국, 대통령의 거부권행사는 국회의결을 위한 다수결의 요건을 수정함으로써 국회 소수의 보호라는 부수적 효과를 가진다.

(나) 의원의 임기가 만료된 경우 거부권의 행사

대통령의 법률안 거부권 행사와 관련하여, 국회가 의결한 법률안이 정부에 이송된 후 15일 이내에 그 법률안을 의결한 의원의 임기가 만료하여 국회가 종국적으로 폐회하는 경우, 그 법률안이 폐기되는지의 문제에 관하여 논란이 있을 수 있다.

첫째, 대통령은 국회의 임기 만료 전에 법률안을 공포할 수 있으며, 이러한 경우 대통령의 공포에 의하여 입법절차가 종료된다.

둘째, 대통령이 법률안에 대하여 이의가 있어 국회로 환부하는 경우, 국회가 임기만료로 인하여 종국적으로 폐회되어 입법절차가 계속될 수 없기 때문에, 법률안은 자동으로 폐기된다.

셋째, 법률안이 정부에 이송된 날로부터 15일 이내에 국회의 임기가 만료되는 경우 대통령이 공포하지 않고 그대로 가지고 있게 되면, '의회기불연속의 원칙'으로 인하여 임기만료와 함께 법률안이 자동으로 폐기된다. 이러한 경우에 한하여 소위 '보류거부'의 효과가 발생할 수 있다. 이러한 효과는 임기중 처리하지 못한 의안은 자동으로 폐기되는 '의회기불연속의 원칙'의 당연한 결과, 즉 한시적으로 위임받은 국가권력의 종료가 가져오는 당연한 결과이다.

(3) 제도적 의미와 목적

(가) 의회의 권한행사에 대한 고전적인 권력통제수단

법률안 거부권은 미연방헌법에서 유래한 제도로서, 오늘날 다수의 국가에서 채택하고 있다. 주지하는 바와 같이, 미연방헌법은 몽테스키외의 권력분립론을 거의 그대로 수용하여 실현한 최초의 성문헌법이다. 몽테스키외는 국가권력의 분할뿐만 아니라 무엇보다도 국가권력간의 상호작용과 영향력 행사를 통한 상호견제를 강조하였다. 몽테스키외의 권력분립론은 입법권 내부에서는 시민대표와 귀족대표로 구성되는 각 원에게 상호 거부권을 부여함으로써 양원의 동의가 있는 경우에만 입법이 가능하도록 하였고, 군주에게는 입법에 대한 거부권을 인정하였다. 미연방헌법은 몽테스키외의 이론을 그대로 수용하였고, 이에 따라 의회는 양원으로 구성되고 법률이 양원의 동의에 의하여 제정됨으로써 의회 내부에서 통제가 이루어지며, 대통령은 의회에서 의결된 법률안에 대하여 거부권을 행사할 수 있다. 물론, 대통령의 거부권은 양원의 2/3의 찬성으로 극복될 수 있다. 이러한 역사적 관점에서 볼 때, 대통령의 법률안 거부권은 의회의 권한행사에 대한 고전적인 권력통제수단이다.

(나) 정치적·법적 이의제기의 가능성

법률의 제정은 입법부의 권한이나, 제정된 법률을 집행하는 것은 입법과정에 참여하지 못하는 집행부의 과제이므로, 실행이 불가능하거나 현저하게 불합리한 법률에 대하여 집행부의 입장에서 이의가 있을 수 있다.

또한, 집행부도 국가기관으로서 헌법의 구속을 받으므로, 법률안이 헌법에 위반된다고 판단되는 경우에는 입법부에 대하여 이의를 제기할 수 있는 가능성을 가져야 한다. 헌법국가에서 대통령을 비롯한 국가기관이 헌법에 합치하는지의 여부에 관한 판단 없이 결정이나 조치를 내리는 것은 생각할 수 없다. 특히, 헌법은 대통령의 헌법수호의무 및 헌법에의 기속을 명문으로 규정하고 있다(제66조 제2항 및 제69조). 따라서 법률안 거부권은 국회를 통과한 법률안에 대하여 헌법이 규정하는 입법절차가 준수되었는지의 형식적 심사권뿐만 아니라 입법내용이 헌법에 합치하는지의 실체적 심사권도 포함한다.

(4) 행사요건

사례 | 대통령의 법률안 거부권 행사

대통령은 국회에서 의결한 법률안에 대하여 '위 법률안이 경제정책적으로 현저하게 잘못된 것이고 그 효과에 있어서 의심스럽다'는 이유로 이의서를 첨부하여 그 재의를 요구하였다. 이에 야당인 甲 정당소속 국회의원들은 '대통령은 헌법적 하자를 이유로 법률안을 거부할 수 있는 것이지 정치적인 이유로 법률안을 거부할 수 없기 때문에 대통령의 거부권행사로 인하여 국회의 정책결정권이 침해되었다'는 주장으로 헌법재판소에 권한쟁의심판을 청구할 것을 내용으로 하는 의안을 발의하고자 한다.

(가) "법률안에 이의가 있을 때"의 의미

헌법은 제53조 제2항에서 "법률안에 이의가 있을 때에는"이라고 일반적으로만 규정함으로써, '어떠한 경우에 법률안 거부권을 행사할 수 있는지' 그 사유에 관하여 밝히고 있지 않다. 따라서 행사요 건은 해석을 통하여, 특히 위에서 확인한 법률안 거부권의 제도적 의미와 목적에 비추어 판단되어야 한다.

대통령제에서 대통령의 법률안 거부권은 의회에 대한 고전적인 권력통제수단이며, 헌법의 법문도 단지 "이의가 있을 때"라고 규정하여 법률안 거부권의 이러한 제도적 의미를 표현하고 있다. 따라서 대통령이 법률안에 대하여 위헌으로 판단하는 경우뿐만 아니라, 법률안이 공익에 현저히 반한다고 판단되는 경우 또는 법률안의 집행이 현실적으로 불가능하거나 현저하게 불합리하다고 판단되는 경 우에도 법률안 거부권을 행사할 수 있다.

법률안에 대한 위헌성의 의심에도 불구하고, 대통령은 헌법재판소에 의한 심사가능성을 염두에 두고 그 법률안에 대하여 이의를 제기하지 않는 것도 가능하다. 따라서 대통령은 위헌의 의심에도 불구하고 거부권을 행사하지 않을 수 있다.

(나) 법률안 거부권의 행사에 대한 탄핵소추 및 권한쟁의심판청구의 가능성

1) 학자에 따라서는 '정당한 이유가 없는 법률안거부권의 남용은 탄핵소추의 사유가 된다'고 주장 하나, 헌법은 대통령에게 법률안거부권을 부여함으로써 법률안거부권의 행사여부에 관하여 대통령의 폭넓은 정치적 판단재량을 인정하고 있으며, 법률안거부권의 행사로 인하여 법률안이 최종적으로 폐 기되는 것이 아니라 단지 국회의 재의를 요구함으로써 입법절차가 일시적으로 정지되는 것에 지나지 않는다. 국회는 재의를 통하여 대통령의 거부권을 스스로 극복할 수 있으므로, 법률안거부권의 남용 을 문제 삼아 탄핵소추의 가능성을 언급하는 것은 지극히 형식적인 논리에 지나지 않는다.

법률안 거부권의 행사는 헌법상 부여받은 대통령권한의 행사인데, 헌법에 근거한 권한행사가 탄 핵소추의 사유가 된다고 하는 것은 납득하기 어렵다. 뿐만 아니라 법률안거부권의 남용여부를 판단 하는 것은 사실상 불가능하다. 대통령은 정치적 또는 법적 사유 등 다양한 사유에 근거하여 거부권 을 행사할 수 있기 때문이다. 설사 대통령이 법률안의 위헌여부나 공익위반여부에 관하여 잘못 판단 한다 하더라도, 헌법이나 공익을 실현하기 위한 대통령의 이러한 노력은 '헌법이나 법률의 위반'이라 는 탄핵소추의 사유가 될 수 없다고 할 것이다. 뿐만 아니라, 법률안을 법률로서 확정하고자 의도하 는 교섭단체가 재의결의 가능성이 없음을 예견하고 이를 우회하기 위하여 헌법재판소에게 대통령에 의한 거부권행사의 타당성을 묻는 것은 대통령의 거부권행사를 국회의 재의결로써 극복할 것을 명시 적으로 규정하고 있는 헌법규정에도 정면으로 반한다.

2) 한편, 대통령이 법률안을 거부하는 경우, 국회는 대통령의 법률안 거부권 행사에 대하여 헌법 재판소에 권한쟁의심판을 청구할 수 없다. 국회가 권한쟁의심판을 청구하기 위해서는 국회 권한의 침해가능성이 있어야 하는데, 대통령의 거부권행사에 의하여 국회 권한이 침해될 가능성은 없다. 헌 법은 대통령의 법률안 거부권을 국회의 권한행사에 대한 통제수단으로 규정하고 있으므로, 거부권의 행사로 인한 국회 권한의 견제는 헌법에서 스스로 의도하고 있는 것이다. 설사, 국회 권한의 침해가 능성을 인정한다 하더라도, 대통령이 법률안 거부권을 행사하는 경우에 대하여 헌법은 국회와 대통 령 사이의 분쟁을 스스로 해결할 수 있는 절차로서 '국회에 의한 재의' 가능성을 명시적으로 제공하 고 있으므로, 헌법재판소에 권한쟁의심판을 청구할 이익이 인정되지 않는다.

4. 行政立法에 관한 권한[1]

가. 법률과 행정입법의 관계

(1) 현대 사회국가에서 행정입법의 불가피성

산업사회를 맞이하여 국가의 성격이 사회국가로 변화함에 따라 국가 기능과 과제의 확대를 가져왔고, 그에 따라 입법대상도 모든 사회영역으로 확대되었다. 이로써 입법자가 모든 법규사항을 직접 법률로써 규율한다는 것은 불가능하고 또한 부적절하게 되었다. 입법권은 원칙적으로 입법자에 속하나, 입법자가 엄청나게 증가한 규율의 수요를 충족시키기에는 역부족이므로, 헌법은 입법자에게 입법권을 부분적으로 위임하는 것을 허용하고 있다.

현대의 사회적 법치국가에서 입법권의 위임은 의회의 입법 부담을 덜어주고 입법자에게 부여된 본연의 과제를 충실히 이행할 수 있도록 하기 위하여 불가피하다. 복잡·다양하고 끊임없이 변화하는 사회에서 날로 증가하는 사회국가적 과제를 이행하기 위해서는 구체적이고 세부적인 전문적·기술적 규정을 필요로 한다.[2] 이러한 규정들은 현장의 사정에 정통한 해당 집행기관에 의해 규율되는 것이 보다 효율적이며, 이는 상황의 변화에 신속하게 적응하는 가능성을 확보하기 위해서도 불가피하다.[3] 이러한 현실적인 필요에 의하여 행정입법은 현재 날로 증가하는 추세에 있다. 만일 이러한 세부적이고 기술적인 문제를 법률에서 직접 규정해야 한다면, 입법자에게 비본질적인 사안으로 인한 과중한 업무 부담을 초래하여 정작 신중하고 세심하게 심의·결정해야 할 본질적인 사안의 해결에 전념할 수 없게 할 뿐 아니라, 상황의 변화에 따라 너무 빈번하게 법률을 개정해야 할 필요성에 직면할 것이고, 그 결과 법질서에 대하여 요청되는 법적 안정성과 지속성이 크게 저해될 것이다.

따라서 입법권의 위임은 입법자의 지위와 기능을 약화시키는 것이 아니라, 입법자의 업무를 경감하여 입법자가 공동체의 중요한 정치적 결정에 전념케 함으로써 입법권의 의미 있는 사용을 가능하게 하는 것이다. 행정입법은 의회의 입법을 대체하는 것이 아니라, 정치적으로 결정되어야 할 사안이 아닌 전문적·기술적 세부사항의 규율을 통하여 입법자의 업무를 경감하고자 하는 것이다. 따라서 입법영역에서의 입법자와 행정부 사이의 과제배분은 불가피하며, 다만 입법권의 위임과 관련된 위험(입법권의 포기)을 방지하여 입법자의 책임과 기능을 확보하는 것이 중요하다.

(2) 역사적 배경 및 외국의 경우

역사적으로 본다면, 법률과 행정입법의 개념적 구분과 대치는 입헌군주제의 확립과 더불어 비로소 가능하게 되었다. 권력분립이 이루어지지 않은 채 군주에게 모든 권력이 집중되는 권력일원화의 시대였던 전제군주제에서는 입법권은 군주에 속하는 것으로서, 법률과 행정입법이 개념적으로 구분되지 않았다. 그러나 입헌군주제와 함께 권력의 분립이 이루어지면서, 입법에 관한 군주의 독점권이 해체되어 입법권이 '시민을 대표하는 의회'와 '군주의 집행부'에 분산되면서, 비로소 '법률'과 '행정입법'이 개념적으로 구분되고 서로 대치하게 되었다.

서구의 역사상 입헌군주제 이래, 의회와 행정부에 의하여 행사되는 입법권의 병존과 그 관계는

---

[1] 한수웅, 本質性理論과 立法委任의 明確性原則, 헌법논총 제14집(2003), 567면 이하 참조.
[2] 국가의 과제가 소극적인 질서유지뿐만 아니라 적극적으로 국민의 생존을 배려하고 공공복리를 증진시키기 위한 새로운 영역으로 확대되었으며, 그 내용도 고도의 전문성, 기술성을 띠게 되었다.
[3] 입법절차가 장기간을 요하므로, 신속한 규율을 요구하는 사안에 대처하기 어렵다. 국내외의 비상적 상황에 신속하고 적절하게 대처하는 '대응입법'은 의회의 입법으로는 곤란하므로, 행정입법의 필요성이 있다.

모든 민주국가의 근본적 문제인데, 국가마다 매우 상이한 형태로 해결되고 있다.[1] 독일의 경우, 바이마르 공화국과 나치 정권 당시 행정부에 의하여 입법권이 남용된 경험을 역사적인 교훈으로 삼아, 기본법 제80조 제1항에서[2] 입법권의 위임을 엄격한 요건 하에서만 허용하고 있고, 연방헌법재판소도 포괄위임의 여부를 엄격한 기준으로 심사하여 왔다. 한편, 영국이나 프랑스와 같은 민주국가에서는 의회의 입법권과 더불어 행정부의 독자적인 명령제정권이 당연하게 인정되고 있다.[3] 또한, 미국의 경우, 입법권의 위임에 관한 명문의 헌법규정이 없음에도 연방대법원이 이미 19세기 초반부터 포괄위임여부에 관하여 심사를 하고 있으나, 입법권의 위임에 대하여 매우 관대한 태도를 보이고 있다.

나. 헌법 제75조 및 제95조의 의미

헌법은 제75조에서 "대통령은 법률에서 구체적으로 범위를 정하여 위임받은 사항과 법률을 집행하기 위하여 필요한 사항에 관하여 대통령령을 발할 수 있다."고 하면서, 제95조에서는 "국무총리 또는 행정각부의 장은 소관사무에 관하여 법률이나 대통령령의 위임 또는 직권으로 총리령 또는 부령을 발할 수 있다."고 하여, 행정부가 행정입법에 관한 권한을 가지고 있음을 규정하고 있다. 이로써 행정부의 입법권은 헌법 제75조 및 제95조에 그 헌법적 근거를 두고 있다.[4]

(1) 헌법 제75조의 委任命令과 執行命令

(가) 헌법은 제75조에서 대통령이 제정할 수 있는 행정입법을 "법률에서 구체적으로 범위를 정하여 위임받은 사항"에 관한 대통령령(위임명령)과 "법률을 집행하기 위하여 필요한 사항"에 관한 대통령령(집행명령)으로 구분하고 있다. 위임명령은 법률의 위임에 따라 제정되는 명령인데 반하여, 집행명령은 법률에 의한 별도의 명시적인 위임 없이 제정되는 명령이다. 헌법 제75조는 양자를 이와 같이 구분함으로써, 위임명령을 제정할 수 있는 행정부의 권한은 헌법에 의하여 직접 부여되는 것이 아니라 입법자에 의한 별도의 위임을 필요로 하는 반면, 집행명령을 제정할 수 있는 행정부의 권한은 헌법에 의하여 직접 부여되고 있음을 표현하고 있다.

집행명령이란, 법률이 정한 내용을 단순히 집행하기 위하여 제정되는 명령, 즉 법률의 집행에 있

---

1) 이러한 의미에서 입법위임의 명확성 판단에 관한 한, 외국의 입법례를 참조하는 것은 큰 의미가 없다. 위임입법의 문제는 특정 시간과 특정 장소에 국한하여, 즉 특정 국가의 현행 헌법과 관련하여 당해 국가의 입법권의 역사적 발전 과정을 고려하여 해결해야 할 문제이다. 뿐만 아니라, 최근 의회의 업무과중의 현상과 함께, 의회의 입법권독점은 현대국가의 규율에 대한 수요를 충족시킬 수 없고, 한편으로는 오늘날 모든 국가기관이 직·간접적으로 민주적 정당성을 부여받고 있다는 점에서 민주적 정당성의 요건에 의해서도 헌법적으로 반드시 요청되는 것은 아니라는 견해에 의한 도전을 받고 있다.

2) 독일 기본법 제80조 제1항의 내용은 다음과 같다. "연방정부, 연방장관 또는 주(州)정부는 법률에 의하여 법규명령을 제정하는 권한을 위임받을 수 있다. 이 경우 법률로써 위임된 권한의 내용, 목적 및 범위를 확정하여야 한다. 법규명령은 그 법적 근거를 명시하여야 한다. 위임받은 권한을 재위임할 수 있음을 법률이 규정하고 있는 때에는 위임받은 권한의 위임을 위한 법규명령이 필요하다."

3) 예컨대, 프랑스 헌법에서 의회의 입법권은 열거적으로 확정되어 있고, 그 외에는 행정부의 독자적인 명령제정권이 존재한다.

4) 행정입법은 대외적 효력을 가지는지의 여부에 따라 법규명령과 행정명령(행정규칙)으로 구분된다. 법규명령이란, 국민의 권리·의무에 관한 사항을 규정하는 것으로, 국민에 대하여 일반적 구속력을 가지는 법규적 명령을 말한다. 이에 대하여, 행정명령(행정규칙)은 일반국민의 권리·의무와는 직접 관련이 없이 행정기관 내부의 조직과 근무 등에 관하여 규율하는 行政內規를 말한다. 행정명령은 행정기관 내부에서만 효력을 가질 뿐, 대외적 구속력을 가지지 아니한다. 행정명령은 훈령이나 고시 등 다양한 형식으로 제정된다. 행정입법의 중심을 이루는 것은 법규명령으로서, 법규명령은 다시 헌법 제75조에서 규정하는 위임명령과 집행명령으로 구분된다. 행정명령은 헌법상 근거를 필요로 하지 아니한다.

어서 필요한 구체적 절차나 방법 등 세칙을 정하는 명령을 말한다. 집행명령은 법률이 정하고 있지 않은 새로운 내용이나 국민의 새로운 권리나 의무를 규정하는 것이 아니라, 단지 입법자가 제시한 행위지침의 범위 내에서 이를 집행하기 위한 세칙을 정하는 것에 제한된다. 위임명령의 경우, 행정부는 위임된 범위 내에서 위임의 목적을 고려하여 이를 구체화할 수 있는 보충적 권한을 가지는 반면, 집행명령의 경우 입법자가 법률로써 이미 구체적인 행위지침을 제공하기 때문에 행정부에게는 행정입법을 통하여 독자적으로 보충하거나 구체화할 수 있는 여지가 남아있지 아니하고 단지 집행만을 할 수 있을 뿐이다. 이러한 법률의 집행과정에서 통일적이고 합리적인 집행을 위하여 일반적 준칙을 정하는 것이 바로 집행명령이다. 따라서 집행명령의 제정은 집행하고자 하는 법률에 의하여 설정된 범위 내에서 이루어지기 때문에, 법률에 의한 별도의 위임을 필요로 하지 아니한다.[1] 입법권의 위임이란, 입법자가 스스로 정하지 아니하고 상세한 규율을 다른 제정주체에게 위임하는 것을 의미하는 것인데, 입법자가 법률을 통하여 행정부에게 행위지침을 제시하고 행정부가 단지 이를 집행하는 경우에는 입법권 위임의 문제가 발생하지 않는 것이다.

(나) 헌법 제95조에서 "국무총리 또는 행정각부의 장은 소관사무에 관하여 … 직권으로 총리령 또는 부령을 발할 수 있다."고 하여 대통령뿐만 아니라 국무총리와 행정각부의 장도 집행명령을 제정할 수 있음을 밝히고 있다. 따라서 집행명령이란, 법률이나 상위명령이 정한 내용을 단순히 집행하기 위하여 제정되는 명령을 포괄적으로 의미한다.

(2) 헌법 제75조의 위임명령에 대한 헌법적 요청

헌법 제75조는 "대통령은 법률에서 구체적으로 범위를 정하여 위임받은 사항…에 관하여 대통령령을 발할 수 있다"고 규정함으로써 위임입법의 헌법적 근거를 마련함과 동시에 위임은 "구체적으로 범위를 정하여" 하도록 하여 위임의 구체성·명확성을 요구하고 있다. 입법자가 헌법 제95조에 의하여 총리령이나 부령으로 정하도록 입법권을 위임하는 경우에도 법률에서 구체적으로 범위를 정하여 위임해야 한다는 '헌법 제75조의 포괄위임금지'의 구속을 받는다. 즉 행정부도 위임받은 입법권을 행사할 수 있으나, 단 행정부에 의한 입법권의 행사는 수권법률이 명확하다는 전제 하에서만 가능하다. 헌법은 제75조에서 입법권이 행정부로 전이되어 잠식되는 것을 방지하고 입법자가 헌법상 부과된 책임으로부터 도피하는 것을 방지하기 위하여, 입법권을 위임함에 있어서 2가지 헌법적 요청을 하고 있다.

첫째, 위임명령의 요건으로서 개별적 법률에 의한 입법권의 위임, 즉 행정입법의 법률적 근거를 요구하고 있다. 헌법 제75조는 헌법에 의하여 직접 부여되는 독자적인 명령제정권을 배제하여, 입법자가 개별적으로 법률로써 입법권을 위임하는 경우에 한하여 행정부가 입법권을 행사할 수 있다는 것을 규정하고 있다. 법률에 규율된 내용을 단순히 집행하는 경우가 아닌 한, 행정부의 입법권은 독자적인 입법권이 아니라 입법자의 위임에 기인하는 것이다. 위임명령은 법률의 위임을 전제로 하는

1) [수신료의 징수방식을 종래 '수신료와 전기요금의 통합징수'에서 '수신료의 분리징수'로 변경한 방송법 시행령조항이 법률유보원칙에 위반되는지 여부에 관하여] 헌재 2024. 5. 30. 2023헌마820등(수신료 분리징수), "심판대상조항은 수신료의 징수를 규정하는 상위법의 시행을 위하여 수신료 납부통지에 관한 절차적 사항을 규정하는 집행명령이다. 집행명령의 경우 법률의 구체적·개별적 위임 여부 등이 문제되지 않고, 다만 상위법의 집행과 무관한 독자적인 내용을 정할 수 없다는 한계가 있다. 심판대상조항은 … 수신료 징수업무를 위탁하는 경우 그 구체적인 시행방법을 규정하고 있을 뿐이라는 점에서 집행명령의 한계를 일탈하였다고 볼 수 없다."

행정입법이므로, 법률에 대하여 종속적인 관계에 있다. 따라서 모법인 위임법률이 개정되거나 소멸하는 경우, 위임명령은 모법과 그 운명을 같이 한다.

둘째, 입법권의 위임은 단지 내용적으로 명확한 형태로써만 허용된다는 것을 규정함으로써, 개별 법률에 의한 위임의 경우에도 행정부에 무제한적으로 입법권을 위임하는 소위 白紙委任을 금지하는 것은 물론이고, 나아가 명확성의 요건을 통하여 위임권한의 행사방법을 제한하고 있다.

헌법 제75조는 '입법자의 업무 부담을 경감해야 할 필요성'과 '행정부의 규율권한을 입법부의 의사에 종속시킴으로써 행정입법의 민주적 정당성을 확보해야 한다는 요청'을 함께 고려하여 조화를 이룬 결과라 할 수 있다. 헌법 제75조가 제시하는 '입법위임의 명확성'의 기준을 너무 엄격하게 적용한다면, 입법자가 거의 모든 것을 스스로 정해야 한다는 결과를 초래하여 오늘날 엄청나게 증가한 규범의 수요에 부응할 수 없는 결과에 봉착하는 반면, '명확성'의 기준을 너무 완화하여 적용하는 경우에는 입법권의 포기가 용인되는 결과가 발생할 수 있으므로, 이러한 긴장관계를 어떻게 해결하는가 하는 것이 핵심적 문제이다.

(3) 행정입법의 규율형식에 관한 입법자의 선택권

행정입법은 그 제정권자가 누구인가에 따라 대통령령·총리령·부령으로 구분된다. 헌법 제75조에서 대통령령을 위임명령과 집행명령으로 나누고 있는 바와 같이, 총리령·부령도 다시 위임명령과 집행명령으로 나누어진다. 여기서 법률이나 대통령령의 위임으로 발하는 명령이 위임명령이고, 직권으로 발하는 명령이 집행명령이다(헌법제95조참조).

입법자는 입법권을 행정부에 위임함에 있어서 규율의 형식을 스스로 선택하여 위임할 수 있다. 헌법은 제75조 및 제95조에서 입법자가 대통령, 국무총리 또는 행정각부의 장에게 대통령령, 총리령 또는 부령을 발하도록 입법권을 위임할 수 있음을 명시적으로 규정하고 있다. 헌법 제75조 및 제95조에서 언급하고 있는 위임입법의 형식은 예시적인 것으로 보아야 한다. 따라서 입법자는 입법권을 대통령령이나 총리령, 부령뿐만 아니라 예외적으로 고시나 훈령 등 행정규칙으로 규율하도록 위임할 수도 있다.[1] 그러나 국민의 권리와 의무에 관한 사항(입법사항), 즉 외부적 관계를 규율하기 위하여 내부적 효력을 가지는 행위형식인 행정규칙을 사용하는 것은 이를 정당화하는 객관적 사유가 존재하는 예외적 경우에 한정되어야 한다. 또한, 외부적 효력을 가지는 법규명령과 내부적 효력을 가지는 행정규칙의 성립·효력요건이 서로 다르다는 점에서도 법규범의 형식과 내용이 가능하면 일치할 것이 요청된다.[2]

---

1) 헌재 2004. 10. 28. 99헌바91, 판례집 16-2하, 104, [법률이 입법사항을 대통령령이나 부령이 아닌 고시와 같은 행정규칙의 형식으로 위임하는 것이 허용되는지 여부에 관하여] "국회입법에 의한 수권이 입법기관이 아닌 행정기관에게 법률 등으로 구체적인 범위를 정하여 위임한 사항에 관하여는 당해 행정기관에게 법정립의 권한을 갖게 되고, 입법자가 규율의 형식도 선택할 수도 있다 할 것이므로, 헌법이 인정하고 있는 위임입법의 형식은 예시적인 것으로 보아야 할 것이고, 그것은 법률이 행정규칙에 위임하더라도 그 행정규칙은 위임된 사항만을 규율할 수 있으므로, 국회입법의 원칙과 상치되지도 않는다. 다만, 형식의 선택에 있어서 규율의 밀도와 규율영역의 특성이 개별적으로 고찰되어야 할 것이고, 그에 따라 입법자에게 상세한 규율이 불가능한 것으로 보이는 영역이라면 행정부에게 필요한 보충을 할 책임이 인정되고 극히 전문적인 식견에 좌우되는 영역에서는 행정기관에 의한 구체화의 우위가 불가피하게 있을 수 있다. 그러한 영역에서 행정규칙에 대한 위임입법이 제한적으로 인정될 수 있다."

2) 법규명령은 행정절차법상 입법예고제도를 거쳐야 하며, 외부에 공포함으로써 유효하게 성립한다. 이에 대하여 행정규칙은 입법예고절차를 필요로 하지 않으며, 대외적인 공포의 형식을 요하지 않는다.

(4) 헌법 제95조의 再委任

헌법 제95조에 의하면, 입법자는 법률로써 직접 국무총리 또는 행정각부의 장에게 총리령 또는 부령을 제정하도록 입법권을 위임할 수도 있고, 또는 대통령이 위임받은 입법권을 국무총리 또는 행정각부의 장에게 다시 위임할 수도 있다(소위 위임입법권의 재위임). 대통령이 법률에서 위임받은 사항을 스스로 규정하지 아니하고 하위명령에 재위임하는 경우, 어떠한 제한을 받는지가 문제된다.

대통령은 위임받은 입법권을 재위임함에 있어서 헌법 제75조에서 요청하는 '입법권위임의 법리'에 의한 제한을 받는다. 즉, 대통령이 위임받은 사항에 관하여 그 대강만을 규율하고 상세한 것의 규율을 총리령이나 부령으로 정하도록 구체적으로 범위를 정하여 다시 위임하는 것은 허용되지만, 법률에서 위임받은 사항을 전혀 규정하지 아니하고 그대로 재위임하는 것은 授權法의 내용을 변경하는 결과를 초래하기 때문에 허용되지 아니한다.[1] 입법자가 행정입법의 주체를 정하여 대통령에게 입법권을 위임하였는데 대통령이 입법권을 전혀 행사하지 아니하고 다시 백지상태로 재위임을 하는 것은 입법권을 위임하는 수권법률의 내용을 임의로 변경하는 것이다. 입법자가 입법권을 위임함에 있어서 규율대상의 의미나 중요성, 규율영역의 특성, 행정입법절차의 차이[2] 등을 고려하여 행정입법의 주체를 특정하게 되는데, 이러한 입법자의 의도가 대통령의 백지재위임에 의하여 무의미하게 되기 때문이다. "위임받은 권한을 그대로 다시 위임할 수 없다."는 소위 '復委任禁止의 법리'는 바로 이러한 이유에서 존재하는 것이다.

다. 委任立法과 立法委任의 구분

(1) 위임입법과 입법위임의 개념

위임입법이란, 법률의 위임에 의하여 입법자로부터 위임받은 입법권을 행사하여 이루어지는 입법으로서 헌법 제40조의 의회입법에 대조되는 개념이다. 즉 위임입법이란, 입법권의 위임에 의하여 이루어지는 행정부의 법규명령제정이란 의미에서의 대통령령, 총리령, 부령과 같은 행정입법(위임명령)을 말한다. 헌법재판소의 판례나 학계의 문헌은 헌법 제75조의 헌법적 요청("법률에서 구체적으로 범위를 정하여")을 표현하기 위하여 일반적으로 "위임입법의 한계"란 용어를 사용하고 있으나, 이러한 용어는 오해의 소지가 있을 뿐 아니라 의미내용을 왜곡하는 것이다. "위임입법의 한계"란, '위임명령이 법률의 수권 범위 내의 것인가' 하는 행정입법이 유효하기 위한 요건 중의 하나인 것이다.[3] 그런데

---

1) 헌재 1996. 2. 29. 94헌마213, 판례집 8-1, 147, 162-163, "헌법 제95조는 …라고 규정하여 재위임의 근거를 마련하고 있지만, 대통령령의 경우와는 달리 '구체적으로 범위를 정하여'라는 제한을 규정하고 있지 아니하므로 대통령령으로 위임받은 사항을 그대로 재위임할 수 있는가에 관하여 의문이 있다. 살펴건대 법률에서 위임받은 사항을 전혀 규정하지 않고 재위임하는 것은 '위임받은 권한을 그대로 다시 위임할 수 없다'는 복위임금지의 법리에 반할 뿐 아니라 수권법의 내용변경을 초래하는 것이 되고, 부령의 제정·개정절차가 대통령령에 비하여 보다 용이한 점을 고려할 때 재위임에 의한 부령의 경우에도 위임에 의한 대통령령에 가해지는 헌법상의 제한이 당연히 적용되어야 할 것이다. 따라서 법률에서 위임받은 사항을 전혀 규정하지 아니하고 그대로 재위임하는 것은 허용되지 않으며 위임받은 사항에 관하여 대강을 정하고 그 중의 특정사항을 범위를 정하여 하위법령에 다시 위임하는 경우에만 재위임이 허용된다."; 同旨 헌재 2002. 10. 31. 2001헌라1; 헌재 2003. 12. 18. 2001헌마543.
2) 가령, 총리령이나 부령과는 달리, 대통령령의 제정은 국무회의의 심의를 거쳐야 하고(헌법 제89조 제3호), 그 공포에는 국무총리와 관계국무위원의 부서가 있어야 한다(헌법 제82조).
3) 헌재 1997. 4. 24. 95헌마273, 판례집 9-1, 487, 495, [시행령 규정이 위임입법의 한계를 벗어난 것인지 여부에 관하여] "위임명령의 내용은 수권법률이 수권한 규율대상과 목적의 범위 안에서 정해야 하는데 이를 위배한 위임명령은 위법이라고 평가되며, 여기에서 모법의 수권조건에 의한 위임명령의 한계가 도출된다. 즉, 모법상 아무런 규정이 없는 입법사항을 하위명령이 규율하는 것은 위임입법의 한계를 위배하는 것이다."

여기서 문제되는 것은 '행정부에 입법권을 위임하는 수권법률이 충분히 명확한가' 하는 '법률이 유효하기 위한 요건'에 관한 것이다.

따라서 범위한정적이고 구체적인 위임의 원칙을 표현하고자 한다면, '위임입법의 한계'가 아니라 '입법위임의 명확성원칙' 또는 '입법권을 위임하는 법률(위임법률)의 명확성원칙', '포괄적 입법위임의 금지 원칙'이란 표현을 사용하는 것이 적절할 것이다. 즉, 위임된 입법권에 의하여 이루어지는 행정입법은 '위임입법'으로, 입법자가 행정부에 자신의 입법권을 위임하는 것은 '입법위임'으로, 입법권을 위임하는 법률은 '위임법률 또는 수권법률'로, 각 명확하게 구분하여 명명해야 할 것이다.

(2) 위임입법의 위헌성 및 위임법률의 위헌성

또한, 위임입법(행정입법)의 위헌성과 위임법률(모법)의 위헌성은 전혀 다른 것으로서 구분되어야 한다. '위임법률의 위헌성'이란 '수권법률이 포괄위임금지원칙에 위반되는지'의 문제에 관한 것이고, '위임입법의 위헌성'이란 '행정입법이 모법의 위임 없이 또는 위임의 범위를 벗어나 제정된 것인지'의 문제에 관한 것이다.

행정입법이 유효하기 위해서는 첫째, 행정부에 충분히 명확한 수권을 부여하는 수권법률이 존재해야 하고 그 수권법률이 내용상 비례원칙에 부합하는 등 합헌적이어야 하며(합헌적인 수권법률의 존재), 둘째, 행정입법이 법률에 의한 위임의 범위 내에 있어야 하며, 뿐만 아니라 그 내용에 있어서 비례의 원칙 등에 부합하는 합헌적인 것이어야 한다(행정입법의 합헌성).

라. 입법위임의 명확성 또는 포괄위임 여부를 판단하는 기준

사례 *1* | 헌재 2003. 6. 26. 2002헌가16(제1차 안마사자격 사건)

甲은 안마사 자격 없이 영리를 목적으로 봉사료를 받고 고객에게 안마시술을 하였다는 혐의로 의료법 제67조, 제61조 위반으로 약식기소 되었는데, 이 사건의 항소심 법원이 직권으로 위 법률조항에 대한 위헌법률심판을 제청하였다. 의료법 제61조는 "① 안마사가 되고자 하는 자는 시·도지사의 자격인정을 받아야 한다. ④ 안마사의 자격인정, 그 업무한계 및 안마시술소의 시설기준 등에 관하여 필요한 사항은 보건복지부령으로 정한다."고 규정하고 있다. 의료법 제61조 제4항은 포괄위임금지원칙에 위반되는가?[1]

---

1) 헌재 2003. 6. 26. 2002헌가16, 판례집 15-1, 663-664, [재판관 4인의 합헌의견] "의료법의 목적과 일반적으로 자격인정제를 두는 취지에 비추어 볼 때, 안마사 자격인정의 기준은 적정한 안마행위를 통하여 국민의 건강을 보호하고 증진시킬 수 있는 자, 즉 안마에 관한 소정의 교육을 받은 자나 특히 안마행위를 하기에 적합한 전문적 기술이나 신체적 조건을 갖춘 자 등에게만 자격을 인정하리라는 것을 일반인이 충분히 예견할 수 있다고 보인다. 또한 입법자는 일단 법률에서 안마사업은 누구나 종사할 수 있는 업종이 아니라 행정청에 의해 자격인정을 받아야만 종사할 수 있는 직역이라고 규정하고 그 자격인정 요건을 정할 수 있는 권한을 행정부에 위임하는 것으로서 의회유보 원칙을 준수했다고 할 수 있는 것이다. … 시각장애인 아닌 자에 대해 안마사의 자격을 인정하지 않는 이른바 비맹제외라는 기준이 비록 법 제61조 제4항의 문언에 표시되어 있지 않았다고 하더라도 그러한 정부정책에 대한 시각장애인들의 신뢰를 보호할 필요가 있다는 점 등에서 볼 때, 안마사에관한규칙 제3조가 비맹제외기준을 설정한 것은 법 제61조 제4항에 내포된 의미를 확인하는 것이고 이는 국민들이 능히 예상할 수 있는 내용이라고 하겠다. 그리고 설령 위 안마사에관한규칙 제3조가 위헌의 의심이 있다고 하더라도 시행규칙의 위헌성을 이유로 하여 그 상위규범인 법률을 위헌이라고 할 수는 없다."; 이에 대하여 [재판관 5인의 위헌의견], 판례집 15-1, 664-665, "안마사에관한규칙 제3조 제1항이 시각장애인 아닌 사람은 안마사자격을 원천적으로 받을 수 없도록 하고 있는 것은 국민들의 직업선택의 자유를 제한하는 것으로 이는 기본권의 제한과 관련된 중요하고도 본질적인 사항이어서 마땅히 법률로 정하는 것이 원칙이고 하위법규에 그 입법을 위임할 수 없는 문제이다. 그러므로 이는 의회유보원칙을 위반한 것이

사례 *2* 헌재 2003. 9. 25. 2002헌마519(학원강사 자격 사건)

甲은 대학교에 재학 중인 학생으로서 여름방학을 이용하여 고등학생들을 가르치는 입시학원의 강사로 일하여 학비를 마련하고자 하였으나, 학원의설립·운영및과외교습에관한법률(이하 '학원법') 제13조 제1항 및 동법시행령 제12조 제2항과 그에 따른 별표 2의 일반학원 자격기준 항목 제2호의 규정이 일반학원 강사의 자격기준으로서 대학 졸업 이상의 학력을 갖추도록 요구하고 있기 때문에, 학원 강사가 될 수 없었다. 이에 甲은 이들 조항들이 자신의 직업의 자유 등을 침해하여 위헌이라고 주장하며 헌법소원심판청구를 하였다. "학원에서 교습을 담당하는 강사는 대통령령이 정하는 자격을 갖춘 자이어야 한다."고 규정하고 있는 학원법 제13조 제1항은 포괄위임금지원칙에 위반되는가?[1]

(1) 헌법 제75조에서 "구체적으로 범위를 정하여"의 내용

헌법 제75조는 위임의 한계를 정하기 위하여 "구체적으로 범위를 정하여"라는 표현을 사용하고 있다. 이러한 표현이 무엇을 의미하는지에 관하여는 다양한 견해가 있으나, '구체적으로'란 위임의 질적(質的), 즉 내용적 한계를 의미하는 것으로서 위임의 목적 및 내용(규율사항)과 연관되는 것이고, '범위를 정하여'란 위임의 양적(量的) 한계라 할 수 있다.[2] 이러한 의미에서 "구체적으로 범위를 정하여"의 표현은 위임의 내용, 목적, 범위를 정할 것을 요청하는 것이고, 위임의 '내용, 목적, 범위'는 위임의 명확성을 실현하는 수단이자 이를 표현하는 지표이다.[3]

명확성을 인식하는 위 지표들은 그 기능에 있어서 때로는 서로 중복되면서 때로는 서로 보완하고 구체화하는 관계에 있기 때문에 종합적·통일적으로 고려되어야 한다. 위임의 내용, 목적, 범위는 동일한 비중을 차지하는 것은 아니다. 위임의 목적으로부터 위임의 내용이 구체화될 수 있고 위임의

다. 또한 이 조항은 하위법규에 입법을 위임하면서 아무런 기준과 범위를 설정하지 아니하여, 비맹제외기준 같은 것을 시사하는 규정은 이를 발견하기 어렵다. 그러므로 이는 포괄위임을 금지한 헌법 제75조에 위반된다."

1) 헌재 2003. 9. 25. 2002헌마519, 판례집 15-2상, 454, [재판관 4인의 합헌의견] "이 사건 법률조항은 학원강사의 자격에 관한 입법위임을 하면서 그 자체로 위임의 구체적 기준이나 범위를 한정하고 있지는 아니하나, 위 법률의 입법목적과 여러 규정들을 상호 유기적·체계적 관련 하에서 파악하여 볼 때 학원강사로 하여금 학습자에게 평생교육의 일환으로서 필요한 지식·기술·예능을 교습하기에 적합한 자질과 능력을 갖추도록 하기 위하여 학력, 교습과정에 대한 전문지식 또는 기술·기능, 교습경력 등과 같은 요소들을 기준으로 한 자격기준이 위임입법에 규정될 것임을 능히 예측할 수 있으므로, 이 사건 법률조항은 위임조항의 내재적 위임의 범위와 한계를 객관적으로 확정할 수 있는 경우에 해당하여 위임입법의 명확성을 구비하고 있다."; 이에 대하여 [재판관 5인의 위헌의견] 판례집 15-2상, 454, 457, "이 사건 법률조항은 그 문언 자체로 볼 때 도무지 입법으로써 어떠한 범위에서 무엇을 기준으로 강사의 자격기준을 정할 것인지를 제시하지 아니한 채 그에 대한 규율 일체를 하위법규인 대통령령에 백지위임하고 있고, 관련 법조항을 유기적·체계적으로 살펴보아도 그 구체적인 자격기준으로 삼을 만한 어떠한 단서도 찾아볼 수 없다. 그 결과 강사의 자격기준을 정하는 위임입법에서 다른 직종과 유사하게 소정의 자격시험을 통과할 것을 요건으로 할 것인지, 아니면 교습과정과 관련한 학력이나 지식·기술 등의 구비 여부를 위주로 자격요건을 정할 것인지, 그도 아니면 단지 추상적으로 무형의 인격적 자질 따위를 요구하는데 그칠 것인지 도무지 예측할 수 없다. 따라서 이 사건 법률조항은 헌법에 위반되므로 그에 근거하여 학원강사의 구체적인 자격기준을 규정하고 있는 하위규인 이 사건 시행령조항 또한 헌법에 위반된다."

2) 즉, '범위를 정하여'란, 입법자가 행정부에 일정 규율영역을 전체로서 또는 부분영역 전부를 규율하도록 위임해서는 안 된다는 의미에서 量的으로 제한하는 것이라 할 수 있고, '구체적으로'란, 위와 같이 규율영역이 양적으로 한정된다면 그러한 범위 내에서도 행정부가 내용적으로 임의의 규율을 해서는 안되고 內容的으로 통제되어야 한다는 것을 의미한다고 생각한다.

3) 헌법 제75조의 요청은 위임의 내용, 목적, 범위를 정할 것을 규정하는 독일 기본법 제80조 제1항의 요청과 법문상의 차이에도 불구하고 근본적인 차이가 없다고 본다.

범위가 한정될 수 있으며, 역으로 위임 내용의 불확실성은 위임 범위의 한정성을 통하여 상쇄될 수 있고, 위임 범위의 불확실성은 목적의 명확성을 통하여 해소될 수 있기 때문에, 위임의 목적에 가장 큰 의미가 부여된다.

(2) 헌법재판소의 판례 경향

헌법재판소는 입법위임의 명확성원칙(포괄위임금지원칙)과 관련하여 일관되게, "법률에서 구체적으로 범위를 정하여 위임받은 사항이라 함은 법률에 이미 대통령령으로 규정될 내용 및 범위의 기본사항이 구체적으로 규정되어 있어서 누구라도 당해 법률로부터 대통령령에 규정될 내용의 대강을 예측할 수 있어야 함을 의미한다"고 하여 豫測可能性의 이론에서 출발하고 있다.[1]

또한 헌법재판소는 "여기서 그 예측가능성의 유무는 당해 특정조항 하나만을 가지고 판단할 것이 아니고 관련 법조항 전체를 유기적·체계적으로 종합 판단하여야 하며, 각 대상법률의 성질에 따라 구체적·개별적으로 검토하여야 할 것"이라고 판시함으로써,[2] 예측가능성 여부를 판단함에 있어서 '위임법률의 명확성이란 일반적 법률해석을 통한 명확성'이라는 중요한 지침을 제시하고 있다.

뿐만 아니라, 헌법재판소는 "위임의 구체성·명확성의 요구 정도는 규제대상의 종류와 성격에 따라서 달라진다. … 기본권 침해영역에서는 급부행정영역에서 보다는 구체성의 요구가 강화되고, 다양한 사실관계를 규율하거나 사실관계가 수시로 변화될 것이 예상될 때에는 위임의 명확성요건이 완화되어야 한다."고 판시하여 행정부에 입법권을 위임하는 수권법률의 명확성을 판단함에 있어서 입법권의 위임에 의하여 초래되는 기본권제한의 효과(규율효과) 및 규율대상의 특성에 따라 심사의 엄격성이 달라져야 한다는 것을 밝히고 있다.[3] 즉 다양한 형태의 사실관계를 규율하거나 규율대상인 사실관계가 상황에 따라 자주 변화하리라고 예상된다면 규율대상인 사실관계의 특성을 고려하여 위임의 명확성에 대하여 엄격한 요구를 할 수 없으며, 위임에 의하여 제정된 행정입법이 국민의 기본권을 침해하는 성격이 강할수록 보다 명확한 수권이 요구된다는 것이다.

요컨대, 헌법재판소는 예측가능성의 기준이라는 '큰 형식적 틀' 안에서, '법률해석을 통한 명확성판단'과 '규율의 효과와 규율대상의 특성에 따른 명확성판단'이라는 2가지의 실체적 관점에 의하여 위임법률이 예측가능성의 기준의 요청을 충족시키고 있는지를 판단하고 있다.

(3) '豫測可能性' 기준의 문제점

(가) 헌법재판소가 활동을 개시한 이래 처리한 사건의 유형 중에서 양적으로 가장 큰 비중을 차지하는 것 중의 하나는 입법위임의 명확성여부(헌법 제75조)에 관한 것이다. 헌법재판소는 초기의 판례부터 현재까지 일관되게 '예측가능성의 관점'을 포괄위임의 여부를 판단하는 기준으로 삼아 심사하고 있는데, 이를 기준으로 삼아 포괄위임인지를 판단하는 것은 사실상 매우 불확실하고 어려운 작업일 뿐만 아니라, 법치국가적 명확성의 사고를 헌법 제75조의 요청에 그대로 적용하는 것이 타당한지에 대한 의문이 제기된다.[4] 즉, 입법위임의 명확성원칙을 법률의 명확성원칙의 구체적인 형태로 파악하여

---

1) 헌재 1995. 11. 30. 93헌바32, 판례집 7-2, 598, 607.
2) 헌재 1996. 8. 29. 94헌마113, 판례집 8-2, 141, 164.
3) 헌재 1991. 2. 11. 90헌가27(교육법 제8조의2에 관한 위헌심판); 또한 헌재 1994. 7. 29. 92헌바49 등(토지초과이득세법에 대한 위헌소원) 참조.
4) 예컨대, 극장주가 국산영화를 의무적으로 상영해야 할 연간상영일수에 관하여 대통령령으로 정할 것을 위임하는 영화법규정과 관련하여 헌법재판소는 예측가능성을 논거하기 위하여 기발하지만 매우 무리한 발상에 의존하고 있다.

법률의 명확성원칙에 대한 요청과 동일한 요청인 예측가능성의 기준을 자동적으로 적용하는 것이 과연 합리적이고 설득력 있는 판단에 이를 수 있는지 의문이 제기되는 것이다.

(나) 물론, 법률의 명확성원칙의 실체는 국민의 관점에서 행정의 행위에 대한 예견가능성의 문제이고, 헌법 제75조는 행정부에 입법을 위임하는 수권법률의 명확성원칙에 관한 것으로서, 법률의 명확성원칙이 행정입법에 관하여 구체화된 특별규정이라 할 수 있다.[1] 그러나 법률의 명확성의 문제는 일차적으로 국민과 국가권력의 관계에서 개인의 자유보장 및 권리보호의 문제이고 공권력행위에 대한 예견가능성 및 법적 안정성의 문제이지만, 입법위임의 명확성의 경우에는 입법권을 위임하는 입법자와 이를 위임받는 행정부의 관계가 주된 문제라 할 수 있다. 헌법 제75조가 헌법 내에 규정된 장소("제4장 정부")나 그 문언으로 볼 때, 입법위임의 명확성원칙은 행정부에 대하여 입법자의 기능·지위를 보장하고자 하는데 그 일차적인 의미가 있다.[2] 즉 헌법 제75조의 주된 목적은 국민의 권리보호가 아니라 입법자의 정치적 책임과 기능의 보호에 있으며, 법치국가적 안정성의 보장보다는 민주국가적 기능질서의 보장에 있다고 할 것이다. 이러한 의미에서, 법치국가적 관점에서 파생하는 예견가능성의 기준을 헌법 제75조의 요청에 그대로 적용하는 것은 문제가 있다.

(다) 입법권을 위임하는 대부분의 경우, 수권법률로부터 위임명령에 규율될 내용의 대강을 예측한다는 것에는 사실상 한계가 있다. 예측가능성의 기준은 법률과 개별적 행정 행위의 관계에서 의미가 있는 것이지, 법률과 개별적 행정행위 사이에 행정입법의 제정이란 단계가 삽입되는 경우에는 실효성이 없는 기준이다. 국민의 관점에서 법규범에 근거한 행정의 행위를 사전에 예측할 수 있는지의 여부를 결정하는 요소는 '행정부에 입법권을 위임하는 *法律*이 내용적으로 명확한지'가 아니라, 오히려 '위임에 의하여 제정된 *行政立法*이 국민의 권리와 의무를 명확하게 규율하고 있는지' 하는 것이다. 대부분의 경우, 국민은 시행령 등 위임명령을 직접 보아야만 비로소 현재의 법적 상태를 어느 정도 정확하게 예측할 수 있는 것이다. 이러한 의미에서 예측가능성의 기준은 입법권을 위임하는 수권법률이 아니라 입법자의 위임에 의하여 제정된 행정입법에 대하여 적용되어야 하는 기준인 것이다. 입법자에 의한 입법위임이 명확하다 하더라도, 입법위임의 명확성은 '국민이 법률로부터 국가의 행위를 예측할 수 있어야 한다'는 요청에는 거의 기여하지 못한다.

(라) 따라서 헌법재판소는 입법위임의 명확성을 판단함에 있어서 '국민의 관점에서 공권력행위가 예측가능한지'의 기준에 일방적으로 의존하는 것으로부터 벗어나, 헌법 제75조의 규정내용을 일차적으로 입법자와 행정부 사이의 규율권한의 배분의 문제로 파악함으로써 규율대상의 의미, 중요성 및 특성을 고려하는 실체적 기준을 우선적으로 또는 적어도 함께 적용해야 한다. 헌법 제75조의 주된 기능이 행정부에 위임된 입법권의 행사를 입법자의 의사에 종속시키고자 하는 것이고 이를 통하여 헌법상 입법자에 부여된 입법권을 보호하고 유지하고자 하는 것이라면, '헌법 제75조의 요청에 부합

헌재 1995. 7. 21. 94헌마125, 판례집 7-2, 155, 166, "비록 법률규정이 의무상영일수의 상한이나 하한을 명시적으로 설정하고 있지는 않지만, 대통령령에 규정될 내용이 年間上映日數의 一部를 대상으로 한다는 점에서 그 대강을 충분히 예측할 수 있다 할 것이다."

[1] 법률의 명확성원칙과 포괄위임금지원칙의 관계에 관하여 同旨 헌재 2007. 4. 26. 2004헌가29 등, 판례집 19-1, 349, 365.

[2] 헌법 제75조는 권력분립원칙에 대한 하나의 예외이고, 이러한 예외가 헌법적으로 허용되는 것은 바로 행정부에 의한 입법권의 행사가 입법자의 의사에 구속되기 때문이다.

하는지'를 판단하는 기준도 이러한 헌법적 기능에 부합하는 것이어야 한다.[1]

(4) 입법위임의 명확성여부를 판단하는 기준으로서 본질성이론

입법위임의 명확성 원칙(포괄위임금지)은 입법자와 행정부 사이의 권한배분의 문제이다. 입법위임의 명확성원칙은 '입법자가 법률에서 위임의 내용, 목적, 범위가 확정될 수 있도록 스스로 정해야 한다'는 요청을 함으로써, 입법자의 위임가능성을 제한하고 근본적인 결정을 입법자에게 유보하고 있다. 즉, 입법자가 명확성원칙에 부합하도록 스스로 정해야 하는 범위 내에서는 입법권을 위임할 수 없는 것이다. 따라서 헌법 제75조의 입법위임의 명확성원칙은 '본질적인 것에 관하여는 입법자가 스스로 정해야 한다'는 본질성이론의 요청과 동일한 정도로 입법자의 위임권한을 제한하는 성격을 가진다.

입법위임의 명확성원칙은 '무엇을 입법자가 스스로 결정해야 하고 무엇을 행정부에 위임할 수 있는지'에 관한 문제이고, 이는 입법영역에서 입법자와 행정부 사이의 합리적인 과제배분의 문제이자 활동범위의 경계를 설정하는 문제이다. 결국, 입법위임의 명확성원칙이 제기하는 문제는 본질성이론의 쟁점과 동일하다고 할 수 있다. 그렇다면, 본질성이론에서 '무엇이 본질적이기에 입법자에게 유보되어야 하는지'를 판단하는 실체적 관점이 마찬가지로 '입법위임의 명확성'을 판단하는 관점으로서 고려되어야 한다.[2] 따라서 헌법 제75조의 위임의 명확성 여부는 입법권의 위임을 제한하는 관점인 '기본권적 중요성'과 '의회입법절차의 필요성', 다른 한편으로는 입법권의 위임을 정당화하는 관점인 '사안의 특성'을 함께 종합적으로 고려하여 판단해야 한다.

(5) 사례의 해결

특정 직업의 자격요건에 관한 규율을 포괄적으로 행정입법에 위임하는 법률이 헌법 제75조의 요청에 위반되는지를 판단함에 있어서 예측가능성의 기준은 논증의 한계를 드러낸다. 직업을 행사할 수 있는 자격요건에 관한 규율을 행정입법에 위임하는 것이 포괄위임인지의 여부는 다음과 같은 관점에서 판단되어야 한다.

(가) 첫째, 규율대상이 의회입법절차에서의 공개적 토론과 상충하는 이익 사이의 조정을 필요로 하는가 하는 관점에 의하여 판단되어야 한다. 입법자가 안마사의 자격요건을 법률로써 스스로 정할 것인지 아니면 행정부에 위임할 것인지를 판단함에 있어서 안마사란 직업이 종래 시각장애인에게 독점되었다는 상황을 당연히 인식하였을 것이므로, 특정 직업을 특정집단(시각장애인)에 계속 독점시킬 것인지에 관한 결정은 시각장애인의 생계보호란 공익, 시각장애인의 이익, 안마사를 직업으로 행사하려는 비장애인의 이익, 안마사란 직업을 현대사회의 변화에 적응시켜야 할 공익 등 상충하는 다양한 이익을 공개적 토론을 통하여 조정해야 할 필요성이 큰 사안이라 할 수 있다. 일반적으로 특정 직업을 특정집단에 독점시키는 결정은 공개적 토론과 이익조정이 선행되어야 할 사안이며, 행정입법의 형태로 밀실에서 행정각료에 의하여 결정되어서는 아니 되고 의회의 입법절차를 통하여 공개적으로 이루어져야 한다.

---

1) 이러한 의미에서 독일의 연방헌법재판소가 제시한 여러 기준 중에서 '입법자는 행정부에게 입법권의 행사에 있어서 준수해야 할 방침을 제시해야 한다'는 方針提示說이 헌법 제75조에 의하여 의도된 입법자와 행정부간의 관계를 가장 잘 반영하는 기준으로 판단된다.
2) 입법자가 스스로 규율해야 하는 본질적 사항을 판단하는 기준에 관하여 제2편 제5장 제5절 Ⅱ. 2. 참조.

　이에 대하여 학원강사의 경우, 자격요건의 설정은 특정 직업을 특정집단에게 귀속·독점시키는 결정이 아니라 국민 누구에게나 해당할 수 있고 학원강사가 되기 위해서는 누구나 충족시켜야 하는 요건을 사안의 전문적 구조와 본질에 부합하게 정하는 문제로서 이익조정의 필요성이 적은 사안이다.

　(나) 둘째, 규율대상의 기본권적 중요성의 관점에 의하여 판단하여야 한다. 안마사의 직업이 종래 시각장애인에게 독점되어왔다는 사실에 비추어, 안마사의 자격요건을 규율하는 것은 안마사란 직업을 시각장애인에게 계속 독점시킬 것인지에 관한 결정으로서, 시각장애인 및 시각장애인이 아닌 자의 기본권실현(직업의 자유)에 있어서 매우 중대한 의미를 가지는 것이다. 따라서 규율대상이 당사자들의 기본권실현에 미치는 효과가 중대할수록, 입법자가 스스로 정해야 하며 보다 명확하게 규율해야 한다.

　이에 대하여 학원강사의 자격요건을 규율하는 것은, 직업의 정상적인 수행을 위하여 누구에게나 해당하고 누구나 충족시켜야 할 직업선택의 요건을 정하는 것으로서 당사자의 기본권실현에 미치는 효과가 상대적으로 적다고 할 수 있다.

　(다) 셋째, 사안의 특성이 입법권의 위임을 정당화하는 관점으로서 함께 고려되어야 한다. 학원강사의 경우, 다양한 학원의 종류와 형태, 사회현상의 변화에 따라 새로운 학원형태의 출현가능성 등에 비추어 규율대상의 다양성과 변화가능성이 인정되고, 뿐만 아니라 학원강사의 자격요건은 학원의 성격에 따라 이미 사안의 본질에 내재하는 독자적·전문적 구조에 의하여 상당 부분 선결된다. 즉 누가 정하는가와 관계없이 사안의 본질에 의하여 이미 규율내용이 본질적으로 선결되는 것이고, 입법절차에서의 이익조정과정을 거치더라도 영향을 받을 여지가 없다.

　이에 대하여 안마사의 경우, 규율대상의 다양성이나 변화가능성이 인정되지 않으므로, 입법권의 위임을 정당화하는 근거를 찾을 수 없다.

　(라) 결국, 안마사의 경우, 규율대상이 입법절차에서의 이익조정을 필요로 하며 기본권실현에 미치는 효과가 중대한 반면, 입법권의 위임을 정당화하는 사안의 특성을 인식할 수 없기 때문에, 위임의 명확성에 대하여 엄격한 요구를 해야 하며, 그 결과 위임법률이 충분히 명확하지 않다는 결론에 이를 수 있다. 그에 대하여 학원강사의 경우, 사안의 특성상, 규율의 내용이 규율대상의 본질에 의하여 선결되는 효과가 있고, 이에 따라 굳이 입법절차에서의 이익조정을 필요로 하지 않으며, 사안의 다양성에 비추어 입법권의 위임이 정당화되며, 규율대상이 기본권실현에 미치는 효과도 중대하지 않으므로, 위임의 명확성의 정도에 대하여 엄격한 요구를 할 수 없고, 그 결과 위임법률의 규율내용이 충분히 명확하다는 판단에 이를 수 있다.[1]

　마. '위임명령의 규율내용'과 '위임법률(母法)의 포괄위임여부'의 관계

　법률의 포괄위임여부를 판단함에 있어서 위임명령의 규율내용이 어떠한 의미를 가지는지 의문이 제기된다. 즉, 위임명령의 규율내용이 모법의 위임범위를 벗어났거나 또는 실체적 내용에 있어서 헌법적으로 하자가 있는 경우, 위임명령의 하자는 모법의 불명확성과 모호성에 기인하는 것으로 판단

---

1) 이와 같은 예를 통하여 의도하는 바는, 자격요건에 관한 규율을 위임하는 것이 학원강사의 경우에는 합헌으로, 안마사의 경우에는 위헌으로 판단되어야 한다는 것을 주장하고자 하는 것이 아니라, 명확성의 판단을 '입법자가 일정한 사안에 관한 규율을 위임해도 되는지 또는 스스로 규율해야 하는지'의 관점에서 실체적으로 판단하는 경우에는 보다 합리적인 방법으로 문제의 해결에 접근할 수 있다는 것을 보여주고자 하는 것이다.

하여 이로부터 모법이 포괄위임금지원칙에 위반된다는 것을 이끌어낼 수 있는지의 문제이다.

시행령의 규율내용에 대한 위헌성의 의심이 모법인 위임법률의 포괄위임여부를 판단하는 기준이 될 수 없다.[1] 모법이 불명확하기 때문에 시행령에서 위헌적인 규율을 하는 결과에 이른다고 하는 인과관계를 원칙적으로 인정할 수 없는 것이다. 그러나 위임명령에 규율된 내용을 통하여 비로소 사안의 전문성, 기술성, 다양성, 변화성 등 규율대상의 특성을 파악할 수 있고, 나아가 사안이 중대한 기본권침해의 가능성을 내포하고 있는지 또는 공개적 논의를 통하여 상충하는 이익간의 조정을 필요로 하는 사안인지 등을 알 수 있기 때문에, 모법의 포괄위임여부를 판단하기 위하여 위임명령의 규율내용을 살펴보는 것은 필수적이다.

바. 자치입법과 포괄위임금지원칙의 관계

입법자가 공법상 법인의 정관에 입법권을 위임하는 경우, 헌법 제75조의 포괄위임금지원칙이 적용되는지 문제가 제기된다. 헌법 제75조는 입법권을 행정부에 위임하는 경우에 한정하여 위임의 명확성을 요청하고 있으므로, 헌법 제75조의 포괄위임금지원칙은 자치입법에는 직접 적용되지 않는다. 대신, 입법자가 공법상 법인에게 자치입법으로 규율하도록 입법권을 위임하는 경우에는 국가공동체의 본질적인 결정은 스스로 결정해야 한다는 의회유보원칙의 구속을 받는다.[2] 입법자가 지방의회의 조례로 규율하도록 입법권을 위임하는 경우에도 헌법 제75조는 적용되지 않는다.[3]

사. '본질성이론'과 헌법 제75조의 '입법위임의 명확성원칙'의 관계

(1) 여기서, 본질성이론과 입법위임의 명확성원칙의 관계가 무엇인지에 대한 의문이 제기된다. 가령, 안마사나 학원강사의 자격요건을 법률에서 직접 규율하지 않고 행정입법에 위임하는 경우, 이러한 법률은 그 자격요건을 법률에서 보다 구체적으로 명확하게 정하지 않고 포괄적으로 위임하였기 때문에, 헌법 제75조의 '입법위임의 명확성원칙'에 위반되는가? 아니면, 이러한 법률은 자격요건의 본질적인 내용을 스스로 규정하지 않았기 때문에, 중요하고도 본질적인 사안은 입법자가 법률로써 스스로 정해야 한다는 '의회유보의 원칙'에 위반되는가? 아니면, 제1단계에서는 입법자가 본질적인 사안을 스스로 정했는지를 판단하고, 이어서 제2단계에서 입법권의 위임이 충분히 명확한지를 판단해야 하는가?[4]

(2) 헌법 제75조의 입법위임의 명확성원칙에 의하여, 입법자가 위임되는 입법권의 내용, 목적, 범

---

1) 헌재 2003. 4. 24. 2002헌가15, 판례집 15-1, 360, 367, "시행령의 내용만으로 모법(이 사건 조항)의 위임입법 한계 문제를 결정할 수는 없다는 것이 헌법재판소의 판례이다(헌재 1993. 5. 13. 92헌마80, 판례집 5-1, 365, 379-380; 헌재 2000. 1. 27. 98헌가9, 판례집 12-1, 1, 8-9)."

2) 헌재 2001. 4. 26. 2000헌마122(농업기반공사 정관), 판례집 13-1, 962, 972-973, "그런데 법률이 정관에 자치법적 사항을 위임한 경우에는 헌법 제75조, 제95조가 정하는 포괄적인 위임입법의 금지는 원칙적으로 적용되지 않는다고 봄이 상당하다. … 한편 법률이 자치적인 사항을 정관에 위임할 경우 원칙적으로 헌법상의 포괄위임입법금지 원칙이 적용되지 않는다 하더라도, 그 사항이 국민의 권리 의무에 관련되는 것일 경우에는, 적어도 국민의 권리와 의무의 형성에 관한 사항을 비롯하여 국가의 통치조직과 작용에 관한 기본적이고 본질적인 사항은 반드시 국회가 정하여야 한다는 법률유보 내지 의회유보의 원칙이 지켜져야 할 것이다."

3) 헌재 1995. 4. 20. 92헌마264 등, 판례집 7-1, 564, 572, "조례에 대한 법률의 위임은 법규명령에 대한 법률의 위임과 같이 반드시 구체적으로 범위를 정하여 할 필요가 없으며 포괄적인 것으로 족하다."

4) 안마사의 자격을 행정입법에 위임한 의료법규정에 대한 위헌제청사건에서(헌재 2003. 6. 26. 2002헌가16), 헌법재판소는 위 법률규정이 의회유보원칙 및 포괄위임입법금지원칙을 위반한 것인지의 여부를 판단하였는데, 특히 재판관 5인의 위헌의견은 우선 본질성이론에 따라 의회유보원칙의 위반여부를 판단하고, 이어서 헌법 제75조의 기준에 따라 입법위임의 명확성여부를 판단하였다(판례집 15-1, 663, 674-675).

위를 법률에서 스스로 명확하게 규정해야 한다면, 이로써 근본적인 결정은 입법자에게 유보되는 것이다. 따라서 법률에 의한 위임이 헌법 제75조의 요청을 충족시킬 만큼 명확하다면, 그러한 수권법률은 본질적인 문제를 행정부에 위임한 것이 아니다.[1]

역으로, 입법위임의 명확성여부를 판단하는 과정에서 사안이 본질적이고 중대할수록 수권의 명확성에 대하여 보다 엄격한 요구를 함으로써 본질성이론의 요청이 반영되는 것이다. 즉, 입법위임의 명확성을 판단하는 범주 내에서 사실상의 본질성심사가 내용적으로 이루어지는 것이다.

결국, 의회유보와 입법위임의 명확성원칙 모두 '무엇을 입법자가 스스로 규율해야 하고 무엇이 행정부에 위임될 수 있는지' 또는 '법률이 어느 정도로 상세하고 명확해야 하는지'에 관한 문제라는 점에서 그 기능이 일치하며, 나아가 구체적인 경우 사안의 본질성을 파악하는 기준인 기본권실현의 중요성의 정도, 의회입법절차의 필요성, 규율대상의 특성 등은 동시에 입법위임의 명확성여부를 판단하는 기준이라는 점에서, 위 두 가지 헌법적 요청을 판단하는 기준도 근본적으로 같다.

(3) 입법자가 헌법 제75조의 요청을 충족시키기 위하여 "구체적으로 범위를 정하여" 입법권을 위임해야 한다면, '입법위임의 명확성원칙'은 그러한 범위 내에서 본질적 사항에 대한 위임의 금지를 의미한다. 의회유보의 원칙과 헌법 제75조의 요청 모두 궁극적으로 '어떠한 규율대상이 중요하기 때문에 의회에 의하여 스스로 결정되어야 하는지'에 관한 것이다. 즉, '구체적으로 범위를 정하여 위임해야 한다'는 요청은 '본질적인 것은 스스로 결정하고 위임해서는 안 된다'는 요청과 동일한 것이다. 그렇다면, 입법권의 위임에 관한 한, 헌법 제75조의 '입법위임의 명확성원칙'은 의회유보와 그의 이론적 기초인 본질성이론이 헌법에 명문으로 구체화된 것이다. 따라서 입법위임의 위헌여부를 '본질성이론에 의한 심사'와 '명확성원칙에 의한 심사'로 나누어 동일한 기준에 따라 중복적으로 판단하는 것은 불필요하다.

아. 행정입법의 통제
(1) 행정부내부의 통제
대통령령의 제정은 국무회의의 심의를 거쳐서 국무총리와 관계국무위원이 부서한 문서로써 해야 한다. 행정절차법은 행정입법을 제정하는 경우 행정입법의 豫告節次와 聽聞·公聽會節次 등을 거치게 함으로써, 이해관계인의 다양한 이익과 견해를 고려하고 행정입법의 타당성을 확보하도록 하고 있다.

(2) 국회에 의한 통제
국회는 행정입법의 근거가 되는 법률을 개정·폐지함으로써 행정입법의 효력을 소멸시키는 등 행정입법에 대하여 직접적으로 통제할 수 있다. 뿐만 아니라, 국회는 다양한 對政府統制機能(가령, 국정감사·조사, 국회에서 국무위원 등에 대한 질문 등)을 통하여 위법·부당한 행정입법의 폐지나 개정을 요구하는 방법으로 행정입법권을 간접적으로 통제할 수 있다.

또한, 중앙행정기관의 장은 행정입법이 제정·개정 또는 폐지된 때에는 10일 이내에 이를 국회 소관상임위원회에 제출하여야 하고, 상임위원회는 그 소관중앙행정기관이 제출한 행정입법에 대하여

---

[1] 예컨대 '학생의 유급은 그의 기본권행사에 대한 중대한 의미로 말미암아 본질적 사안으로서 입법자가 스스로 법률에 규율해야 한다'는 문제의 제기는 '학생의 유급에 관하여 시행령으로 규율하도록 위임한 수권법률은 학생의 기본권행사의 중요성에 비추어 보다 명확해야 한다'는 문제의 제기로 전환될 수 있다.

법률에의 위반여부 등을 검토하여 행정입법이 법률의 취지 또는 내용에 합치되지 아니하다고 판단되는 경우에는 소관중앙행정기관의 장에게 그 내용을 통보할 수 있다(국회법 제98조의2 제²).

(3) 사법기관에 의한 통제

법원은 구체적인 소송사건에서 그에 적용되는 명령·규칙의 위헌·위법여부가 재판의 전제가 되는 경우, 이를 스스로 심사할 권한을 가진다(헌법 제107조 제2항). 법원이 행정입법(위임명령 및 집행명령)을 위헌·위법이라고 판단하는 경우, 행정입법을 적용하지 아니하고 재판한다. 한편, 행정입법이 개인의 기본권을 직접 침해하는 경우, 개인은 헌법재판소에 헌법소원심판을 청구할 수 있으므로, 헌법재판소도 행정입법에 대한 통제기능을 담당한다.

IV. 司法에 관한 권한

1. 赦免權

대통령은 법률이 정하는 바에 의하여 사면·감형 또는 복권을 명할 수 있다(헌법 제79조 제1항). 일반사면을 명하려면 국회의 동의를 얻어야 한다(제2항). 사면·감형 및 복권에 관한 사항은 법률로 정한다(제3항). 입법자는 헌법 제79조 제3항의 위임에 따라 사면법을 제정하였다.

가. 赦免의 개념, 종류 및 효과
(1) 광의의 사면과 협의의 사면

대통령의 '赦免權'이나 이를 규율하기 위하여 제정된 '赦免法'에서 '사면'이라 함은 사면·감형·복권을 포괄하는 광의의 사면을 의미한다. 이에 대하여 협의의 사면이란, 형의 선고를 아직 받지 않은 경우 공소권을 소멸시키거나 형의 선고를 이미 받은 경우에는 확정판결의 형집행을 면제시키는 국가원수의 특권을 말한다. 헌법 제79조 제1항에서 언급하는 "사면·감형 또는 복권"에서 사면은 협의의 사면을 말한다.

(2) 赦免

협의의 사면에는 일반사면(Amnestie)과 특별사면(Begnadigung)이 있다.

(가) 일반사면이란 죄의 종류를 지정하여 일정 범위의 범죄인에게 집단적으로 형사판결의 집행을 면제하거나 형의 선고를 받지 않은 자에 대해서는 공소권을 소멸시키는 것을 말한다. 일반사면은 '죄를 범한 자'에 대하여 하며(사면법 제3조 제1호), 일반사면으로 인하여 형 선고의 효력이 상실되며 형을 선고받지 아니한 자에 대하여는 공소권이 상실된다(사면법 제5조 제1호). 일반사면은 대통령령으로 하되(사면법 제8조), 국무회의의 심의를 거쳐 국회의 동의를 받아야 한다(헌법 제89조 제9호, 제79조 제2항). 미국이나 독일 등의 경우 일반사면은 의회의 형식적 법률을 필요로 한다. 일반사면의 경우, 국회의 사전적 동의절차를 통하여 대통령의 사면권행사에 대한 통제수단을 마련하고 있다.

(나) 특별사면이란 형의 선고를 받은 특정인에 대하여 개별적으로 형의 집행을 면제하는 것을 말한다. 특별사면은 '형을 선고받은 자'에 대하여 하며(사면법 제3조 제2호), 특별사면으로 인하여 형의 집행이 면제된다(사면법 제5조 제2호). 특별사면은 법무부장관이 사면심사위원회의 심사를 거쳐 대통령에 상신하여(사면법 제10조), 국무회의의 심의를 거쳐 대통령이 한다(사면법 제9조).

(3) 減刑

감형은 형의 선고를 받은 자에 대하여 형을 변경하거나(일반감형) 형집행을 감경시켜주는(특별감형) 국가원수의 특권을 말한다.[1] 감형에는 인적 집단에 대한 일반감형과 개별적으로 행해지는 특별감형이 있다. 일반감형은 죄 또는 형의 종류를 정하여 국무회의의 심의를 거쳐 대통령령으로 한다(사면법 제8조). 특별감형은 특정인에 대하여 법무부장관이 사면심사위원회의 심사를 거쳐 대통령에게 상신하고 대통령은 국무회의의 심의를 거쳐 특별감형을 한다(사면법 제9조, 제10조).

(4) 復權

복권이란 형의 선고의 부수적 효과로서 다른 법령에 의하여 자격이 상실되거나 정지된 경우에 그 상실되거나 정지된 자격을 회복시켜 주는 것을 말한다. 복권은 형의 선고로 인하여 법령에 따른 자격이 상실되거나 정지된 자에 대하여 한다(사면법 제3조). 복권은 형 선고의 효력으로 인하여 상실되거나 정지된 자격을 회복한다(사면법 제5조). 복권은 형의 집행이 끝나지 아니한 자 또는 집행이 면제되지 아니한 자에 대하여는 하지 아니한다(사면법 제6조).

일반복권은 죄 또는 형의 종류를 정하여 국무회의의 심의를 거쳐 대통령령으로 한다(사면법 제8조). 특별복권은 특정인에 대하여 법무부장관이 사면심사위원회의 심사를 거쳐 대통령에게 상신하고 대통령은 국무회의의 심의를 거쳐 특별복권을 한다(사면법 제9조, 제10조).

(5) 사면·감형과 복권의 효과

사면법 제5조는 "형의 선고에 따른 旣成의 효과는 사면, 감형 및 복권으로 인하여 변경되지 않는다."고 하여 사면, 감형과 복권의 효과를 제한하고 있다.

나. 사면권의 한계

사례 헌재 1998. 9. 30. 97헌마404(전두환·노태우 前대통령에 대한 특별사면 사건)

전두환, 노태우 前대통령들은 내란죄 등으로 무기징역 및 징역 17년의 형을 각 선고받고 그 판결이 확정되었는데, 대통령은 1997. 12. 이들을 특별사면하였다. 이에 일반국민인 甲은 '국헌을 문란하게 한 내란죄의 주범이 특별사면의 대상이 된다면 그들보다 가벼운 죄를 저지른 자들과의 관계에서 평등권을 침해하는 것이고, 행정권이 사법권의 본질적 내용을 훼손한 것으로서 권력분립원리에 위반된다'는 주장으로 헌법소원심판을 청구하였다.

대통령이 사면권을 행사하는 경우 법적 구속을 받는지의 문제가 제기된다. 대통령의 사면권이 법적인 구속을 받는다면, 사면권행사는 논리 필연적으로 사법적 심사의 대상이 되어야 한다. 따라서 사면권의 한계에 관한 문제는 사면권행사의 사법심사의 문제와 그 맥락을 같이 한다.

(1) 사면권의 헌법적 한계
(가) 학계의 견해

사면권의 한계 및 사면권행사에 대한 사법심사의 가능성과 관련하여, 사면은 법으로부터 자유로운 행위이며 통치행위의 일종으로서 사법적 심사의 가능성을 부인하는 부정설과 사면행위도 법적 행

---

[1] 일반에 대한 감형은 특별한 규정이 없는 경우에는 형을 변경한다(사면법 제5조 제3호). 특정한 자에 대한 감형은 형의 집행을 경감한다. 다만 특별한 사정이 있을 때에는 형을 변경할 수 있다(사면법 제5조 제4호).

위이기 때문에 사법적 심사의 대상이 된다고 보는 긍정설이 대립하고 있다.[1]

(나) 公共福利와 平等原則에 의한 구속

생각건대, 모든 국가기관이 헌법의 구속을 받는 헌법국가에서 대통령도 당연히 모든 권한행사에 있어서 헌법적 구속을 받는다. 대통령의 사면권행사에 대한 헌법적 구속은 다음과 같은 이중적인 측면에서 제시된다.

첫째, 국가의 궁극적인 목적이 공공복리의 실현에 있으며 공공복리의 실현은 국가의 정당성과 존립의 근거이자 모든 국가기관의 의무이므로, 대통령은 헌법상 부여받은 모든 권한의 행사에 있어서 당리당략적 목표가 아니라 공공복리의 실현을 그 목적으로 삼아야 한다. 따라서 사면권의 행사에 있어서도 대통령은 목적적 측면에서 공공복리에 부합하도록 사면권을 행사해야 할 의무에 의하여 제한을 받는다. 대통령의 사면권은 국민적 화합이나 형사사법제도의 경직성을 완화할 목적 등을 위하여 행사되어야 한다.

둘째, 대통령은 그의 재량에 따라 사면에 관하여 결정할 수 있으나,[2] 재량의 한계로서 평등원칙을 준수해야 하는 헌법적 구속을 받는다. 특히 일반사면의 경우, 사면권은 평등원칙을 준수해야 한다. 따라서 대통령의 사면권은 자의금지원칙의 관점에서 제한을 받는다.

물론, 대통령의 사면권행사가 사법적으로 심사될 수 있다 하더라도, 심사의 밀도는 매우 낮다. 사면권행사는 사법적 심사의 예외가 아니라 심사밀도가 현저하게 축소된 경우에 해당한다. 한편, 사면결정의 이유가 제시되는 경우에 비로소 제한적이나마 사법적 통제가 가능하기 때문에, 대통령의 사면권행사에 대하여 이유제시의무를 부과하는 것이 법치국가적으로 요청된다.

(다) 사면권의 한계로서 권력분립원리나 탄핵심판제도?

한편, 대통령의 사면권행사가 공공복리나 평등원칙 외에 헌법상의 권력분립원리나 탄핵심판제도와 충돌할 가능성이 있는지에 대해서는 의문이 제기된다.

1) 학계의 일부에서는 "헌법상 권력분립원칙에 비추어 사면권이 사법권의 본질적 내용을 침해해서는 안 된다."는 주장으로 헌법상 권력분립원리를 사면권의 한계로 제시하고 있다.[3] 그러나 대통령의 사면권이 사법기능에 대한 간섭이나 영향력행사가 아니라 단지 사법기관의 판결 결과에 대한 사후적 교정이라는 점에서, 대통령이 사법기능을 행사하는 것도 아니고 이에 영향력을 행사하는 것도 아니다. 이러한 의미에서 사면권은 권력 상호간의 견제와 균형의 원리인 권력분립원리와는 아무런 직접적인 관련성이 없다. 물론, 사면권의 행사로 인하여 법원의 사법적 판단을 제한된 범위에서나마 결과적으로 무력화시키는 사실상의 효과가 발생하지만, 이러한 효과는 헌법이 대통령에게 사면권을 부여함으로써 이미 예정하고 있고 의도하고 있는 것이다. 다만, 대통령의 광범위한 일반사면으로 인하여 사법부의 재판기능이 사실상 무의미하게 되는 경우에 한하여, 사면권행사로 인한 사법기능의

---

[1] 독일의 경우, 대통령의 사면결정이 사법적 심사의 대상이 되는지의 여부에 관하여 독일연방헌법재판소는 원칙적으로 사법심사의 가능성을 부인하였으나(BVerfGE 25, 392), 학계의 다수견해는 적어도 평등원칙의 관점에서 자의금지원칙에 따른 사법적 심사의 가능성을 인정하고 있다.

[2] 헌재 2000. 6. 1. 97헌바74, 공보 제46호, 448, 450, "선고된 형 전부를 사면할 것인지 또는 일부만을 사면할 것인지를 결정하는 것은 사면권자의 전권사항에 속하는 것이고, 징역형의 집행유예에 대한 사면이 병과된 벌금형에도 미치는 것으로 볼 것인지 여부는 사면권자의 의사인 사면의 내용에 대한 해석문제에 불과하다 할 것이다."

[3] 가령, 권영성, 헌법학원론, 2010, 1020면; 성낙인, 헌법학, 2010, 1044면.

침해가 논의될 수 있을 것이다.

2) 또한, 학계의 일부에서 "사면권이 국회와 헌법재판소의 탄핵에 관한 권한을 형해화해서는 안된다."는 견해도 주장되고 있지만,[1] 국회의 탄핵소추권과 헌법재판소의 탄핵심판권은 형사절차에 관한 것이 아니기 때문에, 형의 선고나 공소권을 대상으로 하는 사면의 대상이 되지 아니한다. 즉, 탄핵과 형사소추·형사처벌은 전혀 별개의 것으로서, 처음부터 사면권에 의하여 탄핵제도의 기능이 저해될 가능성은 없는 것이다.

(2) 사면권행사에 대한 司法的 審査

대통령이 국회의 동의를 받지 않고 일반사면을 행한 경우에는 국회는 권한쟁의심판을 청구할 수 있다. 또한, 법원이 대통령의 사면권행사로 인하여 사법권이 침해되었다고 주장하는 경우에도, 법원은 권한쟁의심판을 헌법재판소에 청구할 수 있을 것이다.

뿐만 아니라, 사면에서 제외된 자는 평등권의 위반을 이유로 헌법소원을 제기할 수 있을 것이다. 그러나 일반국민은 대통령의 사면행위에 의하여 자신의 기본권이 침해되었다는 것을 주장할 수 없으므로, 타인의 대한 사면권행사의 위헌여부를 다투는 헌법소원 심판청구는 부적법하다.[2]

2. 政黨解散提訴權[3]

정당의 목적이나 활동이 민주적 기본질서에 위배될 때에는 정부는 헌법재판소에 그 해산을 제소할 수 있다(헌법 제8조 제4항). 위헌정당해산제소권은 정부의 권한이지만, 정부는 대통령을 수반으로 하므로 실질적으로 대통령의 권한이라 할 수 있다. 정당해산의 제소는 국무회의의 심의사항에 속한다(헌법 제89조 제14호).

V. 國家緊急權

1. 현행 헌법상 국가긴급권의 특징

현행 헌법도 제76조 및 제77조에서 대통령에게 긴급명령권과 긴급재정경제처분·명령권, 계엄선포권 등 국가긴급권을 부여하고 있다. 우리 헌법의 경우, 국가비상사태의 발생을 확인하는 국가기관과 국가긴급권을 행사하는 국가기관의 구분을 전제로 다른 국가기관이 구체적 상황에서 국가비상사태의 존부를 판단하여 개별적으로 대통령에게 국가긴급권을 부여하는 형태가 아니라, 헌법이 스스로 개괄적으로 대통령에게 국가긴급권을 위임하는 형태를 취하고 있다. 이로써 대통령은 스스로 국가비상사태의 존부에 관한 결정권을 가지며, 자신의 판단에 의하여 자신에게 권한을 부여한다는 점에서 소위 '自己授權'의 권한을 가진다. 현행 헌법상 국가긴급권의 특별히 위험한 요소는 바로 '자기수권'에 있다. 한편, 헌법은 자기수권의 위험성을 최소화하고 국가긴급권이 국내정치적으로 권력 장악의 수단으로서 남용되는 것을 방지하기 위하여, 제76조에서 대통령에게 그 대상과 행사요건에 있어서

---

1) 가령, 성낙인, 헌법학, 2010, 1044면.

2) 헌재 1998. 9. 30. 97헌마404(전두환·노태우 前대통령에 대한 특별사면), 판례집 10-2, 563, "청구인들은 대통령의 특별사면에 관하여 일반국민의 지위에서 사실상의 또는 간접적인 이해관계를 가진다고 할 수는 있으나 대통령의 청구외인들에 대한 특별사면으로 인하여 청구인들 자신의 법적이익 또는 권리를 직접적으로 침해당한 피해자라고 볼 수 없으므로 이 사건 심판청구는 자기관련성, 직접성이 결여되어 부적법하다."

3) 정당해산제도에 관하여 자세한 것은 제1편 제5장 '헌법의 수호' 및 제4편 제5장 제3절 '정당해산심판' 부분 참조.

매우 제한된 국가긴급권을 부여하고 있다. 헌법 제76조 제1항의 국가긴급권은 단지 '재정과 경제의 영역'에 국한되며, 같은 조 제2항의 국가긴급권은 "국가의 안위에 관계되는 중요한 교전상태"를 국가긴급권의 행사요건으로 명시적으로 규정하고 있다.

국가긴급권은 법치국가원리에 대하여 헌법이 스스로 허용하고 있는 중대한 예외에 해당한다. 헌법 제76조가 규정하고 있는 바와 같이, 대통령이 법률의 근거 없이 처분을 한다든지 또는 법률의 효력을 가지는 명령을 발한다는 것은, 집행부의 행위에 대하여 법률의 근거를 요구하는 법률유보원칙, 공동체의 모든 중요한 결정은 의회에 유보되어야 한다는 의회유보원칙, 입법권을 국회에 귀속시키는 권력분립원리 등 법치국가원리에 대한 중대한 예외를 의미한다. 헌법은 입법자에게 대통령에 의한 국가긴급권의 행사를 사후적으로 합법화하고 통제할 수 있는 가능성을 부여함으로써(제76조제3항), 잠정적으로 정지된 법치국가원리를 다시 회복하고자 하는 시도를 하고 있다.

2. 긴급재정경제처분·명령권

사례 | 헌재 1996. 2. 29. 93헌마186(금융실명제 사건)

대통령은 1993. 8. 12. 이 사건 긴급명령의 시행 시부터 모든 금융거래 시 실명 사용을 의무화하고 기존의 비실명예금에 대하여는 2개월간의 실명전환의무기간을 설정하며 비실명에 의한 자금의 인출을 금지하는 것을 주된 내용으로 하는 금융실명거래및비밀보장에관한긴급재정경제명령을 발하여 같은 날부터 이 사건 긴급명령이 시행되었고, 같은 달 19. 국회의 승인을 받았다. 이에 대하여 일반국민인 甲은 '대통령은 헌법 제76조 제1항에 규정한 요건을 갖추지 못하였음에도 이 사건 긴급명령을 발하였고, 국회는 위헌적인 이 사건 긴급명령을 발한 대통령에 대하여 헌법 제65조의 탄핵소추를 의결하여야 함에도 이를 하지 아니함으로써 청구인의 알권리와 청원권 및 재산권을 침해하였다'고 주장하면서 헌법소원심판을 청구하였다.[1]

헌법 제76조 제1항은 "대통령은 내우·외환·천재·지변 또는 중대한 재정·경제상의 위기에 있어서 국가의 안전보장 또는 공공의 안녕질서를 유지하기 위하여 긴급한 조치가 필요하고 국회의 집회를 기다릴 여유가 없을 때에 한하여 최소한으로 필요한 재정·경제상의 처분을 하거나 이에 관하여 법률의 효력을 가지는 명령을 발할 수 있다."고 하여 긴급재정경제처분·명령권을 규정하고 있다.

가. 의 미

긴급재정경제처분·명령권이란 재정·경제에 관한 정상적인 처분이나 입법으로는 대처하기 곤란한 내우·외환·천재·지변 또는 중대한 재정·경제상의 위기가 발생하여 긴급한 조치가 필요하고

---

[1] 헌재 1996. 2. 29. 93헌마186(금융실명제), 판례집 8-1, 111, 119-120, "대통령의 긴급재정경제명령은 평상시의 헌법질서에 따른 권력행사방법으로서는 대처할 수 없는 재정·경제상의 국가위기 상황에 처하여 이를 극복하기 위하여 발동되는 비상입법조치라는 속성으로부터 일시적이긴 하나 다소간 권력분립의 원칙과 개인의 기본권에 대한 침해를 가져오는 것은 어쩔 수 없는 것이다. 그렇기 때문에 헌법은 긴급재정경제명령의 발동에 따른 기본권침해를 위기상황의 극복을 위하여 필요한 최소한에 그치도록 그 발동요건과 내용, 한계를 엄격히 규정함으로써 그 남용 또는 악용의 소지를 줄임과 동시에 긴급재정경제명령이 헌법에 합치하는 경우라면 이에 따라 기본권을 침해받는 국민으로서도 특별한 사정이 없는 한 이를 수인할 것을 요구하고 있는 것이다. 즉 긴급재정경제명령이 아래에서 보는 바와 같은 헌법 제76조 소정의 요건과 한계에 부합하는 것이라면 그 자체로 목적의 정당성, 수단의 적정성, 피해의 최소성, 법익의 균형성이라는 기본권제한의 한계로서의 과잉금지원칙을 준수하는 것이 되는 것이다."

국회의 집회를 기다려서는 그 목적을 달성할 수 없는 경우에, 대통령이 국가의 안전보장 또는 공공의 안녕질서를 유지하기 위하여 행사하는 긴급처분제도 또는 긴급입법제도이다.

나. 실체적 요건

(1) 대통령이 긴급재정경제처분·명령을 내릴 수 있는 상황이란, 첫째, 내우·외환 등 비상사태나 재정·경제분야의 긴급사태가 발생하고, 둘째, 이러한 긴급사태에 직면하여 기존의 질서를 유지·회복하기 위한 긴급한 조치가 요청되며, 셋째, 국회가 폐회중이거나 국회의 동의나 의결로써는 그 목적을 달성할 수 없기 때문에 국회의 집회를 기다릴 여유가 없는 상황을 말한다.[1]

(2) 대통령의 긴급재정경제처분·명령은 원래 정상적인 상황에서는 국회가 스스로 결정해야 하거나 또는 국회의 동의를 필요로 하는 사안이다. 대통령의 긴급재정경제처분·명령은 국회의 입법권과 재정에 관한 결정권에 대한 예외에 해당하기 때문에, 국가적 위기상황에 대처하기 위하여 헌법상 부여되는 대통령의 예외적 권한은 소극적으로 행사되어야 하며, 필요한 최소한의 조치에 제한되어야 한다.

대통령의 긴급재정경제처분·명령은 기존의 질서를 유지하고 회복하기 위한 현상유지적이고 소극적인 성격을 가진다. 따라서 긴급재정경제처분·명령권은 공공복리의 증진과 같은 적극적인 목적이 아니라 단지 국가의 안전보장 또는 공공의 안녕질서의 유지라는 소극적 목적을 위하여 행사되어야 한다. 뿐만 아니라, 긴급재정경제처분·명령권의 행사는 현상을 유지하고 기존질서를 회복하기 위한 최소한의 정도에 그쳐야 한다.

다. 절차적 요건

대통령의 긴급재정경제처분·명령은 국무회의의 심의를 거쳐야 하고(헌법 제89조 제5호), 문서의 형식으로 해야 하며 그 문서에는 국무총리와 관계국무위원의 부서가 있어야 한다(헌법 제82조). 대통령이 처분 또는 명령을 한 때에는 지체 없이 국회에 보고하여 그 승인을 얻어야 한다(헌법 제76조 제3항). 대통령은 국회의 승인 사유와 승인거부의 사유를 지체 없이 공포해야 한다(헌법 제76조 제5항).

라. 긴급재정경제처분·명령의 효력

긴급재정경제처분·명령이 국회의 승인을 얻지 못한 경우에는 그 처분 또는 명령은 그때부터 효력을 상실한다. 이 경우 그 명령에 의하여 개정 또는 폐지되었던 법률은 그 명령이 승인을 얻지 못한 때부터 당연히 효력을 회복한다(헌법 제76조 제4항).

긴급재정경제처분이 국회의 승인을 얻은 경우에는 국회의 의결을 거친 행정처분으로서의 성격을 가지게 되며, 긴급재정경제명령의 경우에는 그 형식에 있어서는 명령이지만 국회가 제정한 법률과

---

1) 헌재 1996. 2. 29. 93헌마186(금융실명제), 판례집 8-1, 111, 120-121, "긴급재정경제명령은 정상적인 재정운용·경제운용이 불가능한 중대한 재정·경제상의 위기가 현실적으로 발생하여(그러므로 위기가 발생할 우려가 있다는 이유로 사전적·예방적으로 발할 수는 없다) 긴급한 조치가 필요함에도 국회의 폐회 등으로 국회가 현실적으로 집회될 수 없고 국회의 집회를 기다려서는 그 목적을 달할 수 없는 경우에 이를 사후적으로 수습함으로써 기존질서를 유지·회복하기 위하여(그러므로 공공복리의 증진과 같은 적극적 목적을 위하여는 발할 수 없다) 위기의 직접적 원인의 제거에 필수불가결한 최소의 한도 내에서 헌법이 정한 절차에 따라 행사되어야 한다. 그리고 긴급재정경제명령은 평상시의 헌법 질서에 따른 권력행사방법으로서는 대처할 수 없는 중대한 위기상황에 대비하여 헌법이 인정한 비상수단으로서 의회주의 및 권력분립의 원칙에 대한 중대한 침해가 되므로 위 요건은 엄격히 해석되어야 할 것이다."

동일한 효력을 가진다. 즉, 긴급재정경제명령에 대한 국회의 승인은 긴급재정경제명령에 대하여 법률적 효력을 부여하는 입법행위를 의미한다.

3. 긴급명령권

헌법 제76조 제2항은 "대통령은 국가의 안위에 관계되는 중대한 교전상태에 있어서 국가를 보위하기 위하여 긴급한 조치가 필요하고 국회의 집회가 불가능한 때에 한하여 법률의 효력을 가지는 명령을 발할 수 있다."고 하여 대통령의 긴급명령권을 규정하고 있다.

가. 긴급명령이란, 교전상태라는 비상사태가 발생하고 국회의 집회가 불가능한 때에 국회가 법률로써 정해야 할 사안을 대통령의 명령으로 규정할 수 있는 긴급입법제도이다.

나. 모든 국가긴급권이 위기적 상황에 대처하기 위한 잠정적이고 현상유지적인 조치이므로, 긴급명령권도 '국가를 보위하기 위한 목적'으로 소극적이고 제한적으로 행사되어야 한다. 따라서 국가긴급권의 소극적 성격에 비추어 긴급명령으로써 헌법을 개정할 수 있는지 또는 국회를 해산할 수 있는지의 문제는 당연히 부정되어야 하며, 국가긴급권의 예외적이고 잠정적인 성격에 비추어 긴급명령권을 행사할 수 있는 요건은 엄격하게 해석해야 한다.

다. 긴급명령권의 절차적 요건은 긴급재정경제처분·명령의 절차적 요건과 같다.

라. 긴급명령의 효력도 긴급재정경제명령의 효력과 같다.

4. 계엄선포권

헌법 제77조 제1항은 "대통령은 전시·사변 또는 이에 준하는 국가비상사태에 있어서 병력으로써 군사상의 필요에 응하거나 공공의 안녕질서를 유지할 필요가 있을 때에는 법률이 정하는 바에 의하여 계엄을 선포할 수 있다."고 하여 대통령의 계엄선포권을 규정하고 있다.

가. 의 미

계엄이란, 전시·사변 등 국가비상사태에서 대통령이 전국 또는 일정한 지역을 병력으로써 경비하고 당해 지역의 행정사무와 사법사무의 일부 또는 전부를 軍의 관할 하에 두는 국가긴급권제도를 말한다.

나. 실체적 요건

계엄선포권도 국가긴급권의 일종으로서 '군사상의 필요나 공공의 안녕질서의 유지'라는 소극적이고 현상유지적인 성격을 가진다. 계엄선포권은 軍政을 일반국민에게까지 확대하는 중대한 효과를 가져오므로, 그 요건은 엄격하게 해석되어야 한다.

첫째, 전시·사변 또는 이에 준하는 국가비상사태가 발생한 경우라야 한다. 계엄은 사후진압적인 것이기 때문에, 비상적 사태는 이미 발생한 경우라야 하고, 국가비상사태가 가까운 장래에 예견될 수 있다는 것만으로는 계엄을 선포할 수 없다.

둘째, 계엄은 군사상의 필요에 응하거나 공공의 안녕질서를 유지하기 위하여 병력의 동원이 요청되는 경우에 한한다. 국가비상사태가 경찰력만으로도 극복될 수 있는 경우에는 계엄을 선포할 수 없다.

다. 절차적 요건

대통령이 계엄을 선포하려면 국무회의의 심의를 거쳐야 한다(헌법 제89조 제5호). 계엄을 선포한 때에는 대통령은 지체없이 국회에 통고하여야 한다(헌법 제77조 제4항). 국회가 폐회 중일 때에는 대통령은 지체 없이 국회에 집회를 요구하여야 한다(계엄법 제4조 제2항).

라. 계엄의 종류 및 효력

헌법 제77조 제2항은 "계엄은 비상계엄과 경비계엄으로 한다."고 하여 계엄의 종류를 비상사태의 긴급성과 위험성에 따라 비상계엄과 경비계엄으로 구분하고 있다. 비상계엄의 상황이 경비계엄과 비교할 때 보다 긴급하고 절박한 상황이므로(계엄법 제2조 참조), 계엄의 효력도 이에 비례하여 보다 강력할 수밖에 없다(계엄법 제7조 참조). 헌법 제77조 제3항은 "비상계엄이 선포된 때에는 법률이 정하는 바에 의하여 영장제도, 언론·출판·집회·결사의 자유, 정부나 법원의 권한에 관하여 특별한 조치를 할 수 있다."고 하여 국민의 기본권 및 정부와 법원에 대하여 특별조치를 취할 수 있음을 규정하고 있다. 여기서 "정부나 법원의 권한에 관하여 특별한 조치"라 함은, 비상계엄의 선포와 동시에 계엄사령관은 계엄지역 안의 모든 행정사무와 사법사무를 관장함으로써 정부와 법원의 권한이 군대의 관할 하에 들게 된다는 것을 의미한다.[1]

마. 계엄의 해제

대통령은 계엄 상황이 평상상태로 회복되거나 국회가 계엄의 해제를 요구한 경우에는 지체 없이 계엄을 해제하고 이를 공고하여야 한다(계엄법 제11조 제1항). 국회가 재적의원 과반수의 찬성으로 계엄의 해제를 요구한 때에는 대통령은 국무회의의 심의를 거쳐 이를 해제하여야 한다(헌법 제77조 제5항).

5. 국가긴급권의 행사에 대한 사법적 심사

가. 국가긴급권 행사의 타당성과 적정성에 대한 심사

대통령에 의한 국가긴급권의 행사는 고도의 정치적 행위이기는 하나, 소위 통치행위도 사법적 심사의 대상이 된다. 헌법이 스스로 국가긴급권을 행사하기 위한 실체적 요건과 절차적 요건을 규정하고 있는 이상, 대통령은 이러한 헌법적 요건에 의하여 구속을 받으므로, 국가긴급권의 행사에 대한 사후적인 사법적 통제가 가능해야 한다.[2] 물론, 이와 구분해야 하는 것은 사법기관이 어느 정도로 헌법이 정한 요건이 충족되었는지를 심사할 수 있는지의 문제이다. 사법기관은 대통령의 국가긴급권 행사의 타당성과 적정성을 판단함에 있어서 대통령에게 폭넓은 정치적 판단재량을 인정해야 하고, 비상상황에 대한 대통령의 정치적 판단을 자신의 정치적 판단으로 대체하고자 해서는 안 된다. 따라

---

1) 권영성, 헌법학원론, 2010, 989면.
2) 헌재 1996. 2. 29. 93헌마186(금융실명제), 판례집 8-1, 111, 115-116, "통치행위란 고도의 정치적 결단에 의한 국가행위로서 사법적 심사의 대상으로 삼기에 적절하지 못한 행위라고 일반적으로 정의되고 있는바, 이 사건 긴급명령이 통치행위로서 헌법재판소의 심사 대상에서 제외되는지에 관하여 살피건대, 고도의 정치적 결단에 의한 행위로서 그 결단을 존중하여야 할 필요성이 있는 행위라는 의미에서 이른바 통치행위의 개념을 인정할 수 있고, … 그러나 이른바 통치행위를 포함하여 모든 국가작용은 국민의 기본권적 가치를 실현하기 위한 수단이라는 한계를 반드시 지켜야 하는 것이고, 헌법재판소는 헌법의 수호와 국민의 기본권 보장을 사명으로 하는 국가기관이므로 비록 고도의 정치적 결단에 의하여 행해지는 국가작용이라고 할지라도 그것이 국민의 기본권 침해와 직접 관련되는 경우에는 당연히 헌법재판소의 심판대상이 될 수 있는 것일 뿐만 아니라, 긴급재정경제명령은 법률의 효력을 갖는 것이므로 마땅히 헌법에 기속되어야 할 것이다."

서 국가긴급권의 행사에 대한 사법적 심사는 일반적으로 대통령의 판단이 명백히 비합리적이거나 자의적인지를 심사하는 '명백성의 판단'에 제한된다.[1)]

나. 대통령의 명령·처분의 내용에 대한 심사

이에 대하여 국가긴급권을 행사한 '결과'인 대통령의 명령이나 처분의 내용에 대해서는 일반적인 사법적 심사가 가능하다. 가령, 긴급명령이나 긴급재정경제명령은 법률적 효력을 가지므로, 위헌법률심판이나 헌법소원심판을 통하여 헌법재판소에 의한 심사가 가능하다.

Ⅵ. 집행에 관한 권한

1. 집행에 관한 最高決定權

헌법은 "행정권은 대통령을 수반으로 하는 정부에 속한다."고 규정하여(헌법 제66조 제4항), 대통령이 집행권의 최고책임자이자 집행에 관한 최종결정권자임을 명시적으로 밝히고 있다. 대통령은 집행부의 수반으로서 집행에 관한 최종적인 결정을 내리고, 집행부의 모든 구성원에 대하여 최고의 지휘·감독권을 가진다.

2. 외교에 관한 권한

대통령은 국가원수로서 외국에 대하여 국가를 대표한다(헌법 제66조 제1항). 대통령은 조약을 체결하고 비준하는 권한을 가진다(헌법 제73조). 헌법 제60조 제1항에 열거된 조약을 체결·비준하는 경우에는 반드시 국회의 동의를 얻어야 한다. 대통령은 외교사절을 신임·접수 또는 파견하며, 선전포고와 강화를 할 권한을 가진다(헌법 제73조). 대통령이 선전포고를 하거나 강화조약을 체결하는 경우에는 국회의 동의를 얻어야 한다(헌법 제60조). 헌법은 제60조 제2항에서 '국군의 외국에의 파견 또는 외국군대의 대한민국 영역 안에서의 주류에 대한 국회의 동의권'을 규정함으로써, 간접적으로 이에 관한 대통령의 권한을 규정하고 있다.

3. 재정에 관한 권한

대통령은 재정에 관한 일련의 권한을 가지고 있는데, 이러한 권한은 재정에 관한 국회의 권한에 대응하는 것이다. 따라서 대통령의 재정권한은 국회의 재정기능과의 연관관계에서 이해되어야 한다. 재정에 관한 대통령의 권한에는 예산안 편성·제출권(헌법 제54조), 준예산 집행권(제3항), 예비비 지출권(제55조 제2항), 추가경정예산안 편성·제출권(제56조), 국채모집권 및 예산외 국가부담계약 체결권(제58조), 긴급재정·경제처분 및 명령권(제76조 제1항), 결산검사권(제99조) 등이 속한다.

4. 公務員任免權

대통령은 헌법과 법률이 정하는 바에 의하여 공무원을 임명하고 면직시킬 수 있는 권한을 가진다

---

1) 헌재 1996. 2. 29. 93헌마186(금융실명제), 판례집 8-1, 111, 123, "대통령은 기존의 금융실명법으로는 앞서 본 바와 같은 재정·경제상의 위기상황을 극복할 수 없다고 판단하여 이 사건 긴급명령을 발한 것임을 알 수 있고, 대통령의 그와 같은 판단이 현저히 비합리적이고 자의적인 것이라고는 인정되지 않으므로 이는 존중되어야 할 것이며, …."

(^{헌법}_{제78조}). 대통령의 공무원임면권은 공무원의 임명에 다른 국가기관의 협력이나 동의를 요구하는 권력분립원리, 직업공무원의 신분보장을 요청하는 직업공무원제도 및 그 외 헌법과 법률의 개별규정에 의하여 제한을 받는다.

헌법은 대통령에 의한 공무원의 임명에 대하여 다른 기관의 제청을 요구함으로써(가령, 대법관, 국무위원, 감사위원 등), 다른 기관의 동의를 요구함으로써(국무총리, 대법원장과 대법관, 헌법재판소장, 감사원장 등), 법정의 자격을 요구함으로써(가령, 헌법재판소 재판관) 또는 국무회의의 심의를 요구함으로써(가령, 검찰총장, 합동참모의장, 각군참모총장, 국립대학교총장, 대사 등), 대통령의 공무원임면권을 제한하고 있다.

5. 國軍統帥權

가. 국군통수권의 내용

대통령은 헌법과 법률이 정하는 바에 의하여 국군을 통수하는 권한을 가진다(^{헌법}_{제74조}). 대통령의 국군통수권은, 헌법이 대통령에게 국가를 수호해야 할 의무를 부과하고(^{제66조}_{제2항}) 선전포고와 강화를 할 수 있는 권한(^{제73}_조), 병력동원을 전제로 하는 계엄을 선포할 수 있는 권한(^{제77}_조), 외국에 국군을 파병할 수 있는 권한(^{제60}_조) 등 국가방위와 軍事에 관한 포괄적인 의무와 권한을 부여하는 것에 대한 당연한 귀결로서, 이러한 권한과 의무를 이행하기 위한 필수적인 수단이다.

헌법은 대통령에게 국군통수권을 부여함으로써, 대통령이 국군의 최고사령관이자 최고의 지휘·명령권자임을 밝히고 있다. 국군통수권은 軍令과 軍政에 관한 권한을 포괄한다. 여기서 軍令이란 국방목적을 위하여 군을 현실적으로 지휘·명령하고 통솔하는 用兵作用을 말하고, 軍政이란 군을 조직·유지·관리하는 養兵作用이다.[1]

나. 국군통수권의 한계

한편, 대통령의 국군통수권은 다음과 같은 다양한 제한을 받는다. 헌법 제74조 제2항은 국군의 조직과 편성은 법률로 정하도록 규정함으로써, 국군의 기본구조는 국가공동체의 본질적이고 중대한 결정으로서 국회에 유보되어야 한다는 것을 밝히고 있다. 따라서 국회는 국군의 구조(조직과 편성)에 관하여 중대한 영향력을 행사할 수 있는 가능성을 가진다. 뿐만 아니라, 헌법은 국무회의의 심의사항을 규정하는 제89조에서 "합동참모의장·각군참모총장"을 언급함으로써 국군의 조직과 편성에 있어서 고려해야 하는 지침을 간접적으로 제시하고 있다. 이에 따라 국군은 各軍의 전문성과 특수성을 보장하는 육·해·공 3군의 병립체제로 조직·편성되어야 한다(各軍分離主義). 또한, 헌법이 침략적 전쟁을 부인하고 있기 때문에(^{제5조}_{제1항}), 대통령이 국군통수권을 침략전쟁의 목적을 위하여 행사할 수 없음은 당연하고, 文民原則을 규정하는 헌법 제86조 제3항 및 제87조 제4항에 비추어, 문민원칙을 배제하는 국군통수권의 행사 역시 허용될 수 없다.

그 외에도, 대통령의 국군통수권의 행사는 국회의 동의를 얻거나 국무회의의 심의를 거쳐야 한다는 제약을 받는다. 안전보장에 관한 조약, 강화조약, 선전포고, 국군의 외국파견, 외국군대의 대한민국영역 안에서의 주류에 대하여 대통령은 국회의 동의를 얻어야 하며(^{헌법}_{제60조}), 선전·강화 기타 중요한

---

1) 권영성, 헌법학원론, 2010, 1001면.

대외정책, 계엄과 그 해제, 군사에 관한 중요사항, 합동참모의장·각군참모총장의 임명 등은 국무회의의 심의를 거쳐야 한다(헌법제89조).

6. 榮典授與權

대통령은 법률이 정하는 바에 의하여 훈장 기타 영전을 수여하는 권한을 가진다(헌법제80조). 훈장 기타 영전의 수여는 국가에 공로가 있는 자를 표창할 목적으로 공상(功償)을 부여하는 행위를 말한다. 영전수여에 관한 법률로는 상훈법(賞勳法)이 있다. 훈장 등의 영전은 이를 받은 자에게만 효력이 있고, 어떠한 특권도 이에 따르지 않는다(헌법 제11조 제3항).

Ⅶ. 대통령의 권한행사의 방법

대통령은 헌법상 부여받은 자신의 권한(집행에 관한 모든 사항)을 독자적으로 행사할 수 있으나, 헌법과 법률이 정한 절차와 방법에 따라야 한다. 대통령은 권한을 행사함에 있어서 국회의 동의나 승인을 받아야 하는 경우도 있으며, 집행부 내부에서 국무회의의 심의나 자문기관의 자문의 형태로 협조를 얻어야 하는 경우도 있다.

1. 文書主義

대통령의 국법상 행위는 문서로써 한다(헌법제82조). '국법상 행위'란, 헌법이나 법령이 대통령의 권한으로 하고 있는 일체의 행위를 말한다. 대통령의 국법상 행위를 문서로써 하도록 한 것은 법치국가적 관점에서 대통령의 권한행사의 내용을 문서로써 명확하게 하고 그에 관한 증거를 남김으로써 법적 안정성을 꾀하고, 구두에 의한 권한행사의 경우 발생할 수 있는 임의성이나 즉흥성을 피하고 신중을 기하게 하려는 데에 그 목적이 있다.

2. 副　署

헌법 제82조는 "대통령의 국법상 행위는 문서로써 하며, 이 문서에는 국무총리와 관계 국무위원이 부서한다. 군사에 관한 것도 또한 같다."고 하여 대통령의 국법상 행위에 대한 국무총리와 국무위원의 副署權을 규정하고 있다. 부서란, 대통령의 권한행사를 위한 문서에 대통령의 서명에 이어 국무총리와 관계 국무위원이 서명하는 것을 말한다. '관계 국무위원'이란 그 사무를 주관하는 행정각부의 장인 국무위원을 말한다.

가. 副署權의 역사적 배경

부서는 원래 입헌군주제에서 군주의 친서에 大臣이 서명하는 제도에서 유래한다. 부서권은 19세기 유럽에서 전통적 군주와 부상하는 시민계급 사이의 이원주의를 조화시키기 위한 제도로서 형성된 것으로, 입헌군주제의 특징적 제도이다.

당시 시민의 대표는 입법과정에 참여할 수 있는 권한을 획득하였을 뿐만 아니라, 의회에서 군주가 임명한 大臣에 대하여[1] 책임을 추궁할 수 있게 되었다. 이에 대하여 군주는 그 당시의 입헌주의적 헌법이 규정하고 있는 바와 같이 '신성하고 불가침한 존재'로서 의회의 통제로부터 벗어나 있었다. 즉, 군주는 법적으로 그리고 정치적으로 의회에 대하여 아무런 책임을 지지 않았다. 그 대신, 군주가 임명한 大臣이 의회와의 관계에서 군주의 행위에 대하여 책임을 져야 했다. 한편, 의회가 大臣에 대하여 정치적 책임을 추궁하는 것은 그가 이에 상응하는 영향력을 행사할 수 있는 권한을 가진 경우에만 가능하였기 때문에, 군주에 대한 大臣의 영향력행사는 군주의 통치행위에 대하여 大臣의 동의를 받도록 하는 '부서권'에 의하여 확보되었다. 이로써 군주는 자신이 임명한 大臣의 구속을 받게 되었으나, 군주는 부서를 거부하는 大臣을 언제든지 해임할 수 있었기 때문에 大臣에 예속되는 것은 아니었다.

이러한 역사적 생성배경에서 볼 때, 부서권이란 군주의 전횡을 방지하면서 군주의 통치행위와 관련하여 신성불가침한 군주를 대신하여 그가 임명한 大臣에 대하여 책임을 묻기 위한 제도적 장치로서 형성된 것이다.

나. 부서제도의 의미와 법적 성격

입헌군주제에서 군주의 전제(專制)를 방지하고, 대신의 책임소재를 명백히 하려는 의미를 가지고 있던 부서제도가 우리 헌법체계에서 어떠한 의미를 가지고 있는지 문제가 제기된다. 과거 입헌군주국가에서의 부서제도의 의미를 변형된 형태로나마 현대 민주국가에서 인정할 수 있는지의 여부에 따라, 부서제도의 법적 성격을 이해하는 견해는 보필책임설과 물적 증거설로 나뉜다.

(1) 輔弼責任說

보필책임설에 의하면, 국무회의가 의결기관이 아니라 심의기관이고 국무총리·국무위원이 국회에 대하여 책임을 지지 않는다고 하더라도, 국회가 국무총리·국무위원의 해임을 건의할 수 있으므로, 부서제도가 대통령의 전제를 방지하고 부서권자로 하여금 대통령의 행위에 대한 보필책임을 지게 하며, 부서권자의 책임소재를 명백히 하는 성질을 가진다고 한다. 학계의 다수견해인 것으로 보인다.

(2) 物的 證據說

이에 대하여, 물적 증거설에 의하면 부서제도는 단지 부서권자가 대통령의 국무행위에 참여하였다는 물적 증거로서의 성질을 가지는 것일 뿐이라고 한다. 국무회의는 의결기관이 아닌 심의기관이며 대통령이 국무총리·국무위원을 자유로이 해임할 수 있다는 점에서, 국무총리·국무위원이 대통령의 전제를 방지할 수 없기 때문에 부서 제도는 대통령의 전제를 방지하기 위한 수단으로서 기능할 수 없다고 한다. 또한, 국무총리·국무위원은 국회에 대하여 정치적 책임을 지지도 않기 때문에 책임이 없는 자에게 책임소재를 명백히 한다는 것은 무의미하다고 한다. 따라서 과거 군주국가에서 인정되던 부서제도의 의미는 대통령제 국가에서는 사실상 존재하지 않는다는 견해이다.

(3) 私 見

부서제도가 국무총리와 관계국무위원의 책임소재를 명백히 하려는 실질적 의미를 가지기 위해서는, 정부가 의회에 대하여 정치적 책임을 지는 의원내각제의 정부형태를 전제로 한다. 그러나 우리 헌법에서 국회는 국무총리와 국무위원에 대하여 그 해임을 건의할 수 있을 뿐(헌법 제63조), 정부는 국회에 대하여 정치적 책임을 지지 않는다. 또한, 대통령이 국무총리와 국무위원에 대한 임면권을 가지고 있으므로, 부서제도가 어느 정도로 대통령의 독주나 전제를 방지할 수 있는지는 의문이다. 물론, 부서

---

1) 대신이란 군주국가에서 '長官'을 이르는 말이다.

제도에는 대통령의 권한행사에 대한 기관내부적 권력통제수단으로서의 기능이 인정된다. 그러나 국무총리와 국무위원이 대통령의 보좌기관에 불과하기 때문에, 부서제도는 기관내부적으로 권한의 분산을 통하여 권력을 통제하고자 하는 수단으로서 단지 형식적인 의미만을 가진다고 할 것이다.

다. 부서 없는 대통령의 국법상 행위의 효력

이에 관하여 유효설과 무효설이 있으나, 부서제도는 대통령의 국법상의 행위에 관한 유효요건이 아니라 적법요건으로 보아야 한다는 유효설이 타당하다. 대통령의 국정행위에 국무총리와 관계국무위원이 부서하였는지의 여부는 외부에서 확인하고 판단할 수 없기 때문에, 대외적 효과를 가지는 대통령의 국정행위의 효력을 기관내부의 절차적 하자 여부에 결부시킴으로써 부서 없는 대통령의 국정행위를 소급적으로 무효로 만드는 것은 법치국가적 법적 안정성의 요청에 반하는 것이다. 따라서 부서 없는 국법상의 행위는 무효가 되는 것이 아니라 단지 위법적 행위가 되는 것이며, 국회는 대통령의 위법적 행위에 대하여 단지 탄핵소추를 할 수 있을 뿐이다.

라. 국무총리 또는 관계 국무위원의 부서거부의 여부

국무총리와 국무위원도 국가기관으로서 헌법과 법률의 구속을 받으므로, 대통령의 국법행위에 대하여 헌법적 또는 법률상의 하자의 의심이 있는 경우에는 부서를 거부할 수 있다. 물론, 국무총리나 국무위원이 부서를 거부하는 경우, 대통령은 그를 언제든지 해임할 수 있으므로, 부서를 거부할 수 있는지의 여부는 아무런 현실적인 의미를 가지지 못한다고 할 것이다.

3. 國務會議의 審議

국무회의는 정부(집행부)의 권한에 속하는 중요한 정책을 심의한다(헌법제88조제1항). 헌법 제89조는 국무회의의 심의사항을 명시적으로 규정함으로써, 한편으로는 대통령이 국무회의의 심의사항에 속하는 권한을 행사함에 있어서는 사전에 국무회의의 심의를 거칠 것을 요청하면서, 다른 한편으로는 대통령의 헌법상 주요권한에 속하는 것이 무엇인지를 스스로 구체적으로 열거하고 있다. 헌법 제89조에 의하여 국무회의의 심의를 거쳐야 하는 것은 사실상 대통령의 모든 중요한 권한에 속하는 사항이다.

4. 諮問機關의 諮問

헌법은 제90조 내지 제93조에서 다양한 대통령 자문기관을 규정하고 있다. 이 중에서 필수적으로 설치되어야 하는 자문기관은 단지 '국가안전보장회의'뿐이고, 나머지 자문기관인 국가원로자문회의, 민주평화통일자문회의, 국민경제자문회의 등은 임의적으로 설치될 수 있다. 무엇보다도, 대통령은 국가안전보장에 관련되는 대외정책·군사정책과 국내정책의 수립에 관하여 국무회의의 심의에 앞서 국가안전보장회의의 자문을 구할 수 있다(헌법제91조).

자문의 여부는 자문을 구하는 자의 자문 필요성에 의하여 결정된다는 점과 자문기관의 성격에 비추어, 대통령은 자문기관에게 자문을 구할 것인지의 여부 및 자문기관의 자문의견을 따를 것인지의 여부를 자유롭게 결정할 수 있다. 자문기관의 의견은 단지 대통령이 고려할 수 있는 하나의 참고자료일 뿐이지, 대통령을 기속할 수 없음은 당연하다.

제3절　行政府

헌법은 제4장 '政府'에서 대통령(제1절)과 행정부(제2절)를 함께 규정하고 있으며, 제66조 제4항에서 "행정권은 대통령을 수반으로 하는 정부에 속한다."고 하고 있으므로, 헌법에서 말하는 '정부'란 입법부와 사법부에 대응하는 개념으로서 집행부를 의미한다. 이에 대하여 헌법은 대통령의 보좌기관 및 자문기관만을 서술하는 개념으로서 '行政府'란 용어를 사용하고 있다. 우리 헌법상 '행정부'에는 국무총리, 국무위원, 국무회의, 행정각부, 감사원 및 각종 자문기관이 속한다.

제1항　國務總理

Ⅰ. 國務總理制의 헌법상 의미

헌법은 제86조에서 "① 국무총리는 국회의 동의를 얻어 대통령이 임명한다. ② 국무총리는 대통령을 보좌하며, 행정에 관하여 대통령의 명을 받아 행정각부를 통할한다. ③ 군인은 현역을 면한 후가 아니면 국무총리로 임명될 수 없다."고 하여 국무총리제를 규정하고 있다.

현행헌법상 국무총리는 단지 대통령의 보좌기관이라는 점에서 그 지위와 기능에 있어 집행부의 실질적 수반인 의원내각제의 수상에 해당하지도 않고, 미국형 대통령제의 부통령에 해당하지도 않는다. 대통령제 정부형태에서는 대통령의 有故에 대비하여 부통령제를 두는 것이 일반적이다. 현행헌법은 대통령제를 기본으로 하고 있음에도 부통령제가 아니라 의원내각제의 요소인 국무총리제를 두고 있다. 국무총리제는 우리 헌정사에서 유래하는 특유한 제도로서, 건국헌법의 제정과정에서 정치적 타협의 산물로서 도입된 것이다.[1]

국무총리제의 헌법적 의미는 다음과 같다. 첫째, 국회의 국무총리 해임건의권, 국무총리의 국회 출석·발언권 및 출석·답변의무에서 나타나듯이, 국왕을 대신하여 의회에 대하여 정치적 책임을 지던 입헌주의시대 내각의 수상과 유사하게, 국무총리는 대통령을 대신하여 집행부의 對立法部 窓口 및 일상적인 국정운영에서 대통령의 정치적 방파제로서의 역할을 한다. 둘째, 국무총리의 국무위원 제청권·해임건의권 및 대통령의 모든 직무행위에 대한 부서에서 나타나는 바와 같이, 대통령의 권한행사에 대하여 기관내부적 통제수단으로서 기능한다.

---

1) 건국헌법은 정치세력간의 타협의 결과로서 대통령제의 요소인 대통령과 부통령 외에 의원내각제의 요소인 국무총리까지 두었다. 건국헌법에서 국무총리의 지위와 권한은 현행헌법의 그것과 동일한 것이었다. 즉, 국무총리는 대통령의 보좌기관이자 국무회의의 부의장으로서, 대통령의 명을 받아 행정각부를 통할하고 감독하는 권한을 가졌다. 건국헌법의 제정과정에서 정치적 타협의 산물로서 탄생한 국무총리제는 1954년 개헌으로 폐지되었다가 1960년 의원내각제를 택한 헌법에서 다시 부활하였고, 1962년 헌법에서 대통령제로 회귀하였으나 국무총리제는 그대로 남아 현행헌법까지도 존속하고 있다.

Ⅱ. 국무총리의 헌법상 지위

1. 대통령의 보좌기관

국무총리는 독자적으로 정치적 결정권을 행사하는 기관이 아니라 집행에 관하여 대통령을 보좌하는 대통령의 보좌기관이다. 대통령의 보좌기관으로서의 성격은, 국무총리가 행정에 관하여 대통령의 명을 받아 행정각부를 통할하고(헌법 제86조 제2항) 대통령이 문서로써 하는 모든 국법상 행위에 대하여 부서하는 것(헌법 제82조)에서 나타난다.

2. 집행부의 제2인자

국무총리는 집행부 내에서 대통령에 다음가는 제2인자로서의 지위를 가진다. 집행부의 제2인자로서의 지위는, 대통령이 궐위되거나 사고로 인하여 직무를 수행할 수 없을 경우에 제1순위의 권한대행권을 가지고 있다는 점(헌법 제71조), 국무총리에게 국무위원 및 행정각부의 장의 임명제청권(헌법 제87조 제1항, 제94조)과 국무위원의 해임건의권(헌법 제87조 제3항)을 부여한 점, 국무총리가 집행부의 최고정책심의기관인 국무회의의 부의장이라는 점(헌법 제88조 제3항) 등에서 표현되고 있다.

3. 대통령 다음의 상급행정기관

가. 국무총리는 행정각부와의 관계에서 상급행정관청으로서의 지위를 가진다. 국무총리는 대통령의 명을 받아 각 중앙행정기관의 장을 지휘·감독하고, 중앙행정기관의 장의 명령이나 처분이 위법 또는 부당하다고 인정될 경우에는 대통령의 승인을 받아 이를 중지 또는 취소할 수 있다(정조법 제18조). 뿐만 아니라 국무총리는 독자적으로 소관사무도 처리한다. 국무총리는 특히 행정각부의 사무를 기획·조정하는 업무(정조법 제7조 제5항) 및 특정의 행정각부에 소속시킬 수 없는 성질의 사무를 그 소관사무로서 처리한다.

나. 국무총리의 직무를 보좌하기 위하여 국무조정실, 국무총리비서실을 두며, 그 소속기관으로서 법제처, 국가보훈처와 식품의약품안전처를 두도록 규정하고 있다.(정조법 제20조 내지 25조).

Ⅲ. 국무총리의 신분

1. 국무총리의 임명과 해임

가. 국무총리는 국회의 동의를 얻어 대통령이 임명한다(헌법 제86조 제1항). 국무총리의 임명을 위하여 국회의 동의를 얻도록 한 것은, 국가기관 상호간의 억제와 균형의 관점에서 행정부를 조직하는 대통령의 권한을 적어도 집행부의 제2인자인 국무총리와 관련해서는 견제하고자 하는 것이고, 또한 국무총리가 대통령을 대신하여 국회와 직접 접촉하고 공화관계를 유지하는 기능을 이행한다는 점에서 국회의 신임을 바탕으로 이러한 對國會 窓口의 역할을 할 수 있도록 하고자 하는 것이다.[1]

---

1) 일부 학자(가령, 허영, 한국헌법론, 2010, 1004면)는 국무총리의 임명에 국회의 동의를 얻도록 한 것은 민주적 정당

나. 대통령은 국무총리를 자유로이 해임할 수 있다. 국회도 국무총리의 해임을 건의할 수 있으나 대통령이 이에 구속을 받는 것은 아니므로, 국무총리의 해임여부는 대통령의 자유재량에 속하는 사안이다.

2. 국무총리의 文民原則

헌법은 군인은 현역을 면한 후가 아니면 국무총리로 임명될 수 없다고 규정함으로써(제86조 제3항) 文民統治의 原則을 표명하고 있다. 현역군인은 국무위원으로도 임명될 수 없다(헌법 제87조 제4항). 이러한 문민원칙은 군의 정치적 중립성(제5조 제2항)을 보장하기 위한 하나의 수단이라 할 수 있다.

3. 국무총리의 국회의원 겸직

헌법은 국무총리와 국무위원이 의원직을 겸할 수 있는지에 관하여 명문의 규정을 두고 있지 않다. 헌법은 제43조에서 "국회의원은 법률이 정하는 직을 겸할 수 없다."고 하여 국회의원의 겸직금지에 관하여 구체적인 것을 법률로써 정하도록 입법자에게 위임하고 있다. 입법자는 國會法에서 겸직금지에 관한 헌법위임을 이행하였는데(제29조 제1항), '국회의원의 겸직이 금지되는 직'에 국무총리와 국무위원을 포함시키고 있지 않다.

4. 국무총리의 직무대행

국무총리가 사고로 직무를 수행할 수 없는 경우에는 기획재정부장관이 겸임하는 부총리, 교육부장관이 겸임하는 부총리의 순으로 직무를 대행하고, 국무총리와 부총리가 모두 사고로 직무를 수행할 수 없는 경우에는 대통령의 지명이 있으면 그 지명을 받은 국무위원이, 지명이 없는 경우에는 제26조 제1항에 규정된 순서에 따른 국무위원이 그 직무를 대행한다(정조법 제22조). 여기서 '事故'란 좁은 의미의 사고뿐만 아니라 闕位의 경우도 포함하는 有故의 의미로 보아야 한다.

IV. 국무총리의 권한

1. 대통령의 권한대행권

국무총리는 집행부의 제2인자로서 대통령의 유고시 제1차적으로 대통령의 권한을 대행한다(헌법 제71조).

2. 행정부구성의 관여권

국무총리는 국무위원과 행정각부의 장의 임명에 대한 제청권(헌법 제87조 제1항, 제94조)과 국무위원해임건의권(헌법 제87조 제3항)을 가지고 행정부의 구성에 관여한다.

성을 확보하기 위한 것이라는 견해를 피력하기도 하는데, 헌법이 국회의 동의를 얻도록 한 것은 국무총리 직무행위의 민주적 정당성을 확보하기 위한 것은 아니다. 한국헌법에서 국회뿐만 아니라 '국민에 의하여 직접 선출된 대통령'도 임명행위를 통하여 국무총리에게 민주적 정당성을 중개할 수 있기 때문이다. 물론, 대통령에 의한 임명에 국회의 동의까지 얻도록 한다면, 민주적 정당성을 강화할 수는 있을 것이다.

가. 임명제청

국무총리에게 국무위원 임명제청권을 부여한 것은 대통령의 조직권한에 대한 기관내부적 통제장치로서 고안된 것이다. 그러나 국무총리는 대통령의 보좌기관에 불과하기 때문에, 국무총리의 임명제청권은 기관내부적으로 권한의 분산을 통하여 권력을 통제하고자 하는 수단으로서 단지 형식적인 의미만을 가지게 된다. 현실정치적으로 국무총리의 임명제청권은 대통령의 명시적 또는 묵시적 승인을 전제로 하는 것이고 대통령은 보좌기관인 국무총리의 제청에 구속을 받지 않으므로, 임명제청권은 사실상 명목적 권한에 불과하다. 이러한 점에서, 대통령이 국무총리의 제청 없이 국무위원과 행정각부의 장을 임명한 경우, 대통령의 그러한 행위가 헌법위반으로 탄핵소추의 대상이 될 수 있다는 것을 별론으로 하고, 그 임명행위가 무효로 되는 것은 아니다.

나. 해임건의

임명제청과 마찬가지로, 국무위원에 대한 국무총리의 해임건의도 대통령을 구속하지 않는다. '해임건의'는 문자 그대로 대통령에 대한 건의에 불과할 뿐이고, 이로써 대통령에게 국무위원의 해임에 관하여 고려할 계기를 제공할 뿐이다.

3. 국무회의에서 심의권

국무총리는 국무회의의 구성원이자 부의장으로서 정부의 권한에 속하는 중요한 정책의 심의에 참여할 수 있는 권한을 가진다(헌법 제88조 제3항, 제89조).

4. 부 서 권

국무위원은 그와 관계가 있는 사항에 대해서만 부서하는 것과는 달리, 국무총리는 문서로써 하는 대통령의 모든 국무행위에 부서할 수 있는 권한을 가진다(헌법 제82조).

5. 행정각부의 統轄·監督權

국무총리는 대통령의 명을 받아 행정에 관하여 행정각부를 통할하고, 행정각부의 장에 대한 상급관청으로서 행정각부의 장의 권한행사에 대하여 지휘·감독을 할 수 있는 권한을 가진다(헌법 제86조 제2항, 정조법 제18조).

6. 총리령제정권

가. 위임명령과 집행명령

국무총리는 소관사무에 관하여 법률이나 대통령령의 위임 또는 직권으로 總理令을 발할 수 있다(헌법 제95조). 헌법 제95조는 대통령의 행정입법권을 규정하는 헌법 제75조와의 연관관계에서 이해해야 한다. 따라서 헌법 제95조에서 언급하는 "직권으로"란 '법률이나 대통령령을 집행하기 위하여 필요한 사항에 관하여 직권으로'를 의미한다.

이로써, 국무총리는 법률이나 대통령령의 위임에 의한 위임명령, 법률이나 대통령령의 집행을 위한 직권명령(집행명령) 및 행정기관 내부에서만 효력을 가지는 행정명령(행정규칙)을 발할 수 있다. 국무총리가 위임명령과 집행명령을 제정함에 있어서 준수해야 하는 사항은 헌법 제75조에서 대통령의 위임명령과 집행명령에 대하여 제기되는 요청과 동일하다.

나. 總理令과 部令의 우위관계

국무총리가 제정하는 총리령과 행정각부의 장이 제정하는 부령 사이에는 효력상 우열의 차이는 없다. 총리령과 부령이 同位에 있다고 하는 것은 헌법 제95조의 법문에서도 표현되고 있다. 총리령과 부령 모두 법률이나 대통령령의 위임에 의한 것이거나 이를 집행하기 위한 것이고, 여기서 문제가 되는 것은 우열의 문제가 아니라 국무총리와 행정각부의 장 중에서 어떠한 기관이 규율대상이 되는 사안을 규율하기에 보다 적합한지에 관한 합목적성의 문제이다.

7. 국회에의 출석·발언권

국무총리는 국회나 그 위원회에 출석하여 국정처리상황을 보고하거나 의견을 진술하고 질문에 응답할 수 있다. 한편, 국회나 그 위원회의 요구가 있을 때에는 국무총리는 출석·답변하여야 하지만, 국무위원 또는 정부위원으로 하여금 출석·답변하게 할 수 있다(헌법 제62조).

제 2 항 國務委員

헌법은 제87조에서 "① 국무위원은 국무총리의 제청으로 대통령이 임명한다. ② 국무위원은 국정에 관하여 대통령을 보좌하며, 국무회의의 구성원으로서 국정을 심의한다. ③ 국무총리는 국무위원의 해임을 대통령에게 건의할 수 있다. ④ 군인은 현역을 면한 후가 아니면 국무위원으로 임명될 수 없다."고 하여 국무위원에 관하여 규정하고 있다.

Ⅰ. 국무위원의 헌법상 지위

1. 국무회의의 구성원

국무위원은 집행부의 최고정책심의기관인 국무회의의 구성원으로서 집행부의 권한에 속하는 중요정책을 심의한다. 국무위원은 의장에게 의안을 제출하고 국무회의의 소집을 요구할 수 있다(정조법 제12조 제3항).

2. 대통령의 보좌기관

국무위원은 대통령의 보좌기관으로서 국정에 관하여 대통령을 보좌한다(헌법 제87조 제2항). 대통령의 보좌기관으로서의 책임은, 대통령이 문서로써 하는 국정행위에 부서해야 할 국무위원의 의무에서 나타나고 있다(헌법 제82조).

Ⅱ. 국무위원의 신분

국무위원은 국무총리의 제청으로 대통령이 임명한다(헌법 제87조 제1항). 군인은 현역을 면한 후가 아니면 국무위원으로 임명될 수 없다(동조 제4항). 국무위원의 수는 15인 이상 30인 이하이다(헌법 제88조 제2항). 국무위원은 의원직을 겸할 수 있고(제법43조), 행정각부의 장도 겸할 수 있다. 행정각부의 장은 국무위원 중에서 국무 총리의 제청으로 대통령이 임명한다(제법94조). 따라서 국무위원 중에는 행정각부의 장을 겸한 국무위원 과 부·처의 장관이 아닌 국무위원이 있을 수 있다.

임명권자인 대통령은 국무위원을 자유로이 해임할 수 있다. 국무총리와 국회도 국무위원의 해임 을 건의할 수 있는데(헌법 제87조 제3항, 제63조), 해임건의는 대통령을 구속하지 않는다.

Ⅲ. 국무위원의 권한

1. 국무회의의 심의권

국무위원은 국무회의의 구성원으로서 국무회의의 심의에 참여하여 정책을 심의할 수 있는 권한 을 가진다. 국무위원은 의장에게 의안을 제출하고 국무회의의 소집을 요구할 수 있으며(정조법 제12조 제3항), 국 무회의는 국무위원이 제출한 의안을 심의해야 한다(헌법 제89조 제17호).

2. 국회에의 출석·발언권

국무위원은 국회나 그 위원회에 출석하여 국정처리상황을 보고하거나 의견을 진술하고 질문에 응답할 수 있다(헌법 제62조 제1항).

3. 부 서 권

국무위원은 자신의 업무와 관련되는 대통령의 국정행위문서에 부서할 수 있는 권한을 가진다(헌법 제82조).

4. 대통령의 권한대행권

대통령이 궐위되거나 사고로 인하여 직무를 수행할 수 없을 때에는 국무총리에 이어 법률(정조법 제26조 제1항)이 정한 국무위원의 순서로 대통령의 권한을 대행한다.

제3항　國務會議

헌법은 제88조에서 "① 국무회의는 정부의 권한에 속하는 중요한 정책을 심의한다. ② 국무회의 는 대통령·국무총리와 15인 이상 30인 이하의 국무위원으로 구성한다. ③ 대통령은 국무회의의 의 장이 되고, 국무총리는 부의장이 된다."고 하여 국무회의의 기능과 구성에 관하여 규정하면서, 제89 조에서 구체적으로 국무회의의 심의사항을 열거하고 있다. 국무총리제와 마찬가지로, 國務會議制도 미국형 대통령제에서는 유례를 찾아 볼 수 없는 우리 헌법의 특유한 제도이다.[1]

---

1) 한국헌정사에서 역대 헌법은 예외 없이 國務會議制를 채택하였는데, 1948년 건국헌법에서만 국무회의를 '國務院' 이라 하여 대통령제를 채택하였음에도 예외적으로 의결기관으로 하였고, 1960년 의원내각제 헌법에서 실질적 집 행권한을 행사한 국무원을 제외한다면, 1962년 헌법 이후에는 일관되게 국무회의에 단지 정책심의기능만을 부여하 였다.

I. 국무회의의 헌법적 지위

1. 대통령의 정책보좌기관

국무회의는 대통령과 국무총리 및 국무위원으로 구성되는 會議體에서 집행부의 권한에 속하는 중요한 정책을 사전에 심의함으로써 대통령의 정책결정을 보좌하는 정책보좌기관이다. 국무총리나 국무위원이 단독으로 대통령을 보좌하는 반면, 국무회의는 會議體의 형태로 대통령을 보좌한다는 점에서 회의체 보좌기관이라 할 수 있다.

한편, 대통령의 보좌기능 외에도, 국무회의는 행정각부의 정책을 조정·통합함으로써 정부정책의 통일성과 조화를 꾀하고, 집행부의 모든 중요한 정책을 심의대상으로 삼음으로써 대통령의 정책결정에 있어서 신중을 기하게 하고 대통령 단독의 독단적인 정책결정을 방지하는 기관내부적 권력통제수단으로서의 기능도 한다.

2. 집행부의 최고정책심의기관

국무회의는 집행부의 권한에 속하는 중요한 정책을 심의하는 집행부 내의 최고정책심의기관이다. 여기서 '最高의' 정책심의기관이라 함은 집행부 내에서 정책심의에 관한 한, 국무회의보다 우월적 지위를 가지는 정책심의기관이 존재할 수 없으며, 대통령을 보좌하는 다른 기관의 자문이나 심의를 거친 정책도 반드시 국무회의의 심의를 최종적으로 거쳐야 한다는 것을 의미한다.[1]

또한, 여기서 최고의 '정책심의기관'이라 함은, 국무회의는 법문 그대로 정책을 의결하는 기관이 아니라 단지 정책을 심의하는 데 그치는 기관이라는 뜻이다. 심의기관으로서 국무회의의 성격은 이미 대통령의 보좌기관의 성격으로부터 필연적으로 나오는 것이다. 대통령의 정책결정을 용이하게 하고 보좌하기 위한 기관이 다수결을 통하여 정책을 결정하고 이로써 대통령을 구속하는 결정을 내릴 수 없기 때문이다. 따라서 국무회의는 집행부의 모든 중요한 정책을 심의할 수 있지만, 대통령은 그 심의내용에 구속을 받지 않으며 국무회의의 심의내용과 다른 정책결정을 내릴 수 있다.[2]

국무회의는 의결기관이 아니라는 점에서 집행부의 정책에 관하여 구속력을 가지고 의결하는 의원내각제의 내각과 다를 뿐만 아니라, 집행부의 중요한 정책은 헌법상 반드시 국무회의의 심의를 거쳐야 한다는 점에서 대통령을 보좌하는 단순한 자문기관인 미국형 대통령제의 각료회의와도 구분된다. 이로써 심의기관인 '국무회의'는 그 헌법적 지위와 기능에 있어서 의결기관인 '내각'과 자문기관인 '각료회의'의 중간에 위치하는 것으로 볼 수 있는데, '의결권이 없는 심의'는 결국 '포괄적인 자문'의 성격을 가진다는 점에서 대통령제에서 각료회의의 지위에 보다 접근한다고 할 것이다.

---

1) 가령, 헌법 제91조 제1항에서 "국무회의의 심의에 앞서 대통령의 자문에 응하기 위하여"에서도 명시적으로 표현되고 있듯이, 국가안전보장회의 사전자문을 거친 국가안전보장에 관한 정책도 반드시 국무회의의 심의를 거쳐야 한다.
2) 同旨 허영, 한국헌법론, 2010, 1011면; 권영성, 헌법학원론, 2010, 1044면.

3. 필수적 會議體 헌법기관

가. 회의체 헌법기관

국무회의는 대통령과 국무총리 및 국무위원으로 구성되는 會議體이다. 물론, 국무회의는 의결의 형식으로 기관의 의사를 형성하고 결정하는 合議制機關은 아니다. 원래 의미의 합의제기관이란 기관 구성원의 공동작업과 협력을 통하여 의사결정을 내리는 기관을 의미하는데, 단순히 심의기관인 국무회의는 이러한 의미의 합의제기관은 아니다. 설사, 국무회의에서 의결의 형식으로 의사결정을 한다 하더라도, 단순한 보좌기관의 구속력이 없는 의결은 무의미하다.[1]

그러나 국무회의제도는 적어도 심의과정에서 합의체의 형식을 취함으로써 合議制原則이 제공하는 장점을 취하고자 시도하고 있다. 합의제원칙은 기관내부적 통제의 형태로 권력통제를 위한 하나의 장치로 기능하며, 동시에 결정에 앞서 어느 정도 철저한 논의가 이루어지는 것을 보장함으로써 결정의 신중을 기할 수 있고, 나아가 기관구성원의 다양한 관점과 이익을 결정과정에 참여시킴으로써 상충하는 관점과 이익을 조정하고 조화시키기 위한 도구로서 기능한다.

나. 필수적 헌법기관

국무회의는 헌법에서 그 설치를 명문으로 규정하고 있다는 점에서, 필수적 헌법기관이다. 이러한 점에서 국무회의는 헌법에 규정이 없는 미국형 대통령제의 각료회의와 다르고, 그 설치와 구성이 헌법상 필수적인 것이 아니라 임의적인 국가원로자문회의($^{헌법}_{제90조}$), 민주평화통일자문회의($^{헌법}_{제92조}$), 국민경제자문회의($^{헌법}_{제93조}$) 등과 그 성질을 달리한다.

Ⅱ. 국무회의의 구성

회의체로서 국무회의는 대통령을 비롯하여 국무총리와 15인 이상 30인 이하의 국무위원으로 구성된다($^{헌법 제88}_{조 제2항}$). 대통령은 국무회의의 의장이 되고, 국무총리는 부의장이 된다($^{동조}_{제3항}$). 의장이 사고로 직무를 수행할 수 없는 경우에는 부의장인 국무총리가 그 직무를 대행하고, 의장과 부의장이 모두 사고로 직무를 수행할 수 없는 경우에는 기획재정부장관이 겸임하는 부총리, 교육부장관이 겸임하는 부총리 및 제26조 제1항에 규정된 순서에 따라 국무위원이 그 직무를 대행한다($^{정조법 제12}_{조 제2항}$). 대통령은 국무회의 의장으로서 회의를 소집하고 이를 주재한다($^{동조}_{제1항}$). 국무위원은 정무직으로 하며 의장에게 의안을 제출하고 국무회의의 소집을 요구할 수 있다($^{동조}_{제3항}$). 국무조정실장·인사혁신처장·법제처장·국가보훈처장·식품의약품안전처장 그 밖에 법률로 정하는 공무원은 필요한 경우 국무회의에 출석하여 발언할 수 있다($^{정조법 제13}_{조 제1항}$).

---

1) 이러한 점에서, 가령 "국무회의는 합의제기관이므로 의결의 형식을 취해야 할 것이다."(권영성, 헌법학원론, 2010, 1046면)라는 언급은 지극히 무의미한 언급이다.

Ⅲ. 국무회의의 기능

1. 심의사항

국무회의는 정부(집행부)의 권한에 속하는 중요한 정책을 심의하는데(헌법 제88조 제1항), 헌법은 국무회의의 심의를 반드시 거쳐야 하는 심의사항을 구체적으로 열거하고 있다(헌법 제89조). 특히 헌법 제89조 제17호는 "기타 대통령·국무총리 또는 국무위원이 제출한 사항"을 국무회의의 심의사항으로 규정함으로써, 같은 조 제1호 내지 제16호에서 열거한 사항 외에도 사실상 집행부의 권한에 속하는 모든 중요한 정책이 국무회의의 심의대상이 될 수 있음을 밝히고 있다. 이로써 국무회의는 매우 포괄적인 정책심의기능을 가진다.

2. 심의의 효과

국무회의에서 집행부의 중요한 정책에 관하여 심의가 이루어진다 하더라도, 대통령은 국무회의의 심의내용에 의하여 아무런 구속을 받지 않는다. 한편, 헌법상 규정된 국무회의의 심의기능과 관련하여, 국무회의의 심의사항임에도 불구하고 대통령이 그 심의를 거치지 아니하고 정책결정을 한 경우 대통령의 국정행위가 효력을 가지는지의 문제가 제기된다. 국무회의의 심의를 거치지 아니한 대통령의 국정행위의 효력에 관하여 無效說과 有效說이 대립하고 있다.

대통령이 정책결정과정에서 국무회의의 심의를 거쳤는지에 관하여 외부에서는 명확하게 판단할 수 없는 상황에서 대외적인 효과를 가지는 대통령의 국정행위의 효력이 기관내부적 의사결정의 하자 여부에 달려 있다는 것은 법치국가적 법적 안정성의 관점에서 용인하기 어렵다. 더욱이, 국무회의의 심의사항이 헌법이 명시적으로 열거하는 사항에 국한되는 것이 아니라 국무총리와 국무위원이 제출한 모든 사항이 심의사항이 된다고 하는 점에서(헌법 제89조 제17호) 더욱 그러하다. 이러한 상황에서 대통령의 정책결정의 효력여부를 기관내부적 의사결정절차의 준수여부에 결부시킴으로써 국무회의의 심의를 거치지 않은 정책결정을 소급적으로 무효로 만드는 것은 법적 안정성의 요청에 정면으로 반하는 것이다.

또한, 국무회의에서 심의가 의결의 형식으로 이루어진 경우에도 대통령은 그 의결에 의하여 아무런 법적 구속을 받지 아니하고 의결내용과 다른 내용의 정책을 결정할 수 있다고 하는 입장에 무효설도 동조하고 있다면, 심지어 국무회의의 의결과 심의를 거친 정책결정의 구속력을 부인하면서 심의를 거치지 아니한 정책결정의 법적 효력을 문제 삼는 것은 그 자체로서 이율배반이다.[1] 대통령이 자신을 단순히 보좌하는 기관의 심의를 거쳤는지의 여부가 대통령의 국무행위의 효력여부를 결정짓

---

1) 특히, 無效說은 동일한 성격의 사안을 달리 판단하는 일관되지 못한 입장을 보이고 있다. 가령, 국무회의의 심의가 하나의 기관내 통제수단일 뿐만 아니라 통치권행사의 절차적 정당성을 확보하기 위한 장치라고 하여 국무회의의 심의를 거치지 아니 한 대통령의 국정행위의 효력발생을 부인하면서(가령, 허영, 한국헌법론, 2010, 1012면), 다른 한편으로는 국무총리의 제청 없이 국무위원과 행정각부의 장을 임명한 대통령의 행위에 대해서는 그 임명행위가 無效로 되는 것은 아니라고 하여 대통령의 국정행위의 효력을 인정하고 있다(허영, 한국헌법론, 2010, 1005면). 그러나 국무총리의 국무위원 임명제청권은 국무회의의 심의와 마찬가지로 기관내 통제수단이자 통치권행사의 절차적 정당성을 확보하고자 하는 것이다.

는다고 하는 것은 이해하기 어렵다.

이러한 점에서 국무회의의 심의를 거치지 않은 대통령의 국정행위의 효력여부는 의원내각제의 내각과 같이 법적 구속력을 가지고 의결을 하는 의결기관과의 관계에서 비로소 제기되는 문제이다. 따라서 국무회의의 심의를 거치지 않은 대통령의 국정행위는 기관내부적 의사결정의 하자에도 불구하고 유효하다. 물론, 이와 별개의 문제는 대통령이 국무회의의 심의절차를 무시한 경우에 이에 대하여 제재를 받을 수 있는지, 즉 대통령의 이러한 행위가 헌법위반으로서 탄핵소추의 대상이 되는지의 문제이다.

제 4 항 行政各部

I. 행정각부의 기능과 설치·조직

1. 행정각부의 기능

행정각부는 집행부의 구성단위로서, 대통령이 국무회의의 심의를 거쳐 결정한 정책(狹義의 政府의 정책)의 집행과 법률의 집행 및 일상적인 국가과제의 실현을 주된 과제로 하는 중앙행정기관이다. 행정각부는 대통령과 국무총리의 단순한 보좌기관이 아니라, 독자적인 행정업무가 소관사무로서 귀속되는 중앙행정기관이다.

2. 행정각부의 설치·조직

행정각부의 설치·조직과 직무범위는 법률로 정한다(헌법제96조). 헌법이 행정각부의 설치와 조직을 법률로 정하도록 입법자에게 위임하고 있는 것에서, 국가공동체에서 중요한 의미를 가지는 본질적 사안은 입법자에 유보되어야 한다는 議會留保原則이 표현되고 있다. 국가조직에 관한 기본적인 결정은 국가의 중요하고도 본질적인 사항에 관한 결정으로서 국민의 대표기관인 의회에 유보되어야 하기 때문이다. 입법자가 이러한 헌법의 위임을 이행한 것이 政府組織法이다.

정부조직법은 총칙(제1장), 대통령 및 그 소속기관(제2장), 국무총리와 그 소속기관(제3장), 행정각부(제4장)로 구성되어 있으며, 행정각부로서 기획재정부, 교육부, 과학기술정보통신부, 외교부, 통일부, 법무부, 국방부, 행정안전부, 국가보훈부, 문화체육관광부, 농림축산식품부, 산업통상자원부, 보건복지부, 환경부, 고용노동부, 여성가족부, 국토교통부, 해양수산부, 중소벤처기업부 등의 19부를 규정하고 있다(제26조제1항). 행정각부에 장관 1명과 차관 1명을 두되, 장관은 국무위원으로 보하고, 차관은 정무직으로 한다(제26조제2항).

II. 行政各部의 長

1. 행정각부의 장의 지위

행정각부의 장은 국무위원 중에서 국무총리의 제청으로 대통령이 임명한다(헌법제94조). 행정각부의 장을 국무위원 중에서 임명하도록 함으로써 행정각부의 장이 반드시 국무위원으로서 국무회의의 구성원이 되도록 한 것은, 국무회의에서 심의되는 집행부 중요정책의 효율적인 실현을 담보하고자 하는 것이다.

행정각부의 장은 국무위원으로서 국무회의의 구성원이자 중앙행정관청의 수장이라는 이중적 지위를 가진다. 비록 국무위원과 행정각부의 장이 동일인이라 하더라도, 그 지위에 따라 기능도 달라지므로, 양자는 개념적으로 구분해야 한다. 국무위원은 집행부 최고의 정책심의기관인 국무회의의 구성원으로서 집행부의 중요정책의 심의에 참여하는 반면, 행정각부의 장은 국무회의의 심의를 거친 집행부의 중요정책을 대외적으로 집행하고 실현하는 기능을 한다.

이로써, 행정각부의 장은 대통령, 국무총리, 국무위원으로 구성되는 국무회의의 심의를 거쳐 결정된 집행부의 정책을 실현함에 있어서 집행부 내에서 통치기구와 행정기구를 연결하는 가교(架橋) 역할을 한다. 이로써 집행부 내에서 통치기구와 행정기구는 서로 완전히 분리되는 것이 아니라, 행정각부의 장을 통하여 통치기능과 행정기능이 조직상으로 그리고 기능적으로 연결된다.

2. 행정각부의 장의 권한

가. 獨任制 행정기관

각 행정기관의 장은 소관사무를 통할하고 소속공무원을 지휘・감독하며(정조법 제7조 제1항), 소관사무에 관하여 지방행정의 장을 지휘・감독하는 권한을 가진다(정조법 제26조 제3항).

나. 부령제정권

행정각부의 장은 소관사무에 관하여 법률이나 대통령령의 위임 또는 직권으로 부령을 발할 수 있다(헌법 제95조). 部令에는 委任命令・執行命令・行政命令의 3가지가 있는데, 그 성질과 효력은 총리령과 같다.

다. 그 밖의 권한

법률안 및 행정입법의 준비작업, 행정각부의 소관사무에 관한 계획과 정책의 수립, 예산안의 작성 등도 행정각부의 장의 권한에 속한다. 또한, 행정각부의 장은 소속공무원에 대한 임용권 및 임용제청권을 가진다(국가공무원법 제32조).

第 5 항　監 査 院

I. 감사원의 헌법상 지위

1. 대통령 소속의 독립기관

헌법은 "국가의 세입・세출의 결산, 국가 및 법률이 정한 단체의 회계검사와 행정기관 및 공무원의 직무에 관한 감찰을 하기 위하여 대통령 소속하에 감사원을 둔다."고 하여(제97조), 대통령 소속하에 감사원을 두고 국가예산집행에 관한 회계검사와 공무원의 직무에 관한 감찰업무를 감사원에 맡기고 있다. 감사원은 조직상으로는 대통령에 소속된 중앙행정기관이지만, 그 기능에 있어서는 누구의 지시나 간섭을 받지 않고 독립적으로 업무를 수행하는 독립기관이다.

헌법은 비록 독립기관으로서 감사원의 지위를 명시적으로 규정하고 있지 않지만, 감사원의 독립성은 이미 헌법에 의하여 부여받은 감사원의 과제와 기능의 본질로부터 나오는 것이다. 감사원의 독립성이 보장되지 않고서는, 감사원은 헌법상 부과 받은 과제를 제대로 이행할 수 없다. 따라서 감사원법은[1] "감사원은 대통령에 소속하되, 직무에 관하여는 독립의 지위를 가진다."고 하여 감사원의 독립성을 명시적으로 규정하고 있으며(제2조 제1항), 감사위원의 신분을 보장하고 감사위원의 정치운동을 금지하며 겸직을 엄격히 제한하는 등 감사원의 독립성과 정치적 중립성을 보장하기 위하여 일련의 규정을 두고 있다(제8조 내지 제10조).

2. 합의제기관

감사원은 감사원장과 감사위원으로 구성되는 監査委員會議에서 주요업무를 처리하고 의결에 의하여 기관의 의사를 결정하는 합의제기관이다(감사원법 제11조). 감사원장과 감사위원은 합의제기관의 구성원으로서 감사업무의 의결에 있어서 동등한 지위를 가진다. 감사원을 합의제기관으로 한 것은, 조직상으로 비독립적인 감사기관의 독립성을 강화하는 효과가 있으며 일반적으로 합의체의 장점으로 간주되는 '철저한 논의'와 '신중하고 공정한 결정'을 기대할 수 있기 때문이다.

3. 필수적 헌법기관

감사원은 헌법이 그 설치와 운영을 명령하는 필수적 헌법기관이다.

Ⅱ. 감사원의 구성

감사원은 원장을 포함한 5인 이상 11인 이하의 감사위원으로 구성한다(헌법 제98조 제1항). 감사원법에 의하면 감사원은 감사원장을 포함한 7명의 감사위원으로 구성한다(법 제3조). 감사원장은 감사원을 대표하며 소속 공무원을 지휘하고 감독한다(법 제4조 제2항).

1. 감사원장과 감사위원의 임명

감사원장은 국회의 동의를 얻어 대통령이 임명한다(헌법 제98조 제2항). 감사원장의 임명에 국회의 동의를 얻도록 한 것은, 대통령이 감사원 직무의 독립성과 정치적 중립성을 확보하기에 적합한 인물을 임명하도록 대통령의 임명권한을 견제함으로써 감사원의 독립성을 강화하고자 하는 것이다.[2] 특히 현행 제도와 같이 감사기관이 대통령에 소속되어 있는 상황에서는 대통령의 영향을 받을 우려가 크기 때문에, 국회의 동의를 통하여 대통령의 권한행사를 견제하고자 하는 것이다. 감사위원은 원장의 제청으로 대통령이 임명한다(헌법 제98조 제3항). 감사원장의 제청권과 대통령의 임명권과의 관계는 국무총리의 국무위원 제청권의 경우와 같다. 따라서 대통령은 감사원장의 제청에 구속을 받지 않는다.

---

1) 헌법 제100조("감사원의 조직·직무범위·감사위원의 자격·감사대상공무원의 범위 기타 필요한 사항은 법률로 정한다.")의 위임에 의하여 제정된 것이 監査院法이다.

2) 국민에 의하여 직접 선출된 대통령이 독자적으로 감사원장에게 민주적 정당성을 중개해 줄 수 있기 때문에, 그 임명에 국회의 동의를 얻도록 한 것은, 민주적 정당성을 강화하는 효과는 있다 하더라도, 민주적 정당성을 확보하기 위한 것은 아니다.

2. 임기 및 신분보장

감사원장과 감사위원의 임기는 4년으로 하며, 1차에 한하여 重任할 수 있다(헌법, 제98조 제2항, 제3항). 임기제를 채택한 것은 신분보장을 통하여 신분상의 독립성을 확보하고, 이로써 직무상의 독립성을 보완하고 강화하기 위한 것이다. 감사원법에서는 법관에 준하는 강력한 신분보장을 규정하고 있다(제8조). 한편, 連任을 배제한 것은, 연임가능성을 고려하여 임명권자를 비롯한 정치권의 눈치를 살피는 등 임기 중 직무독립성이 저해될 위험을 사전에 차단하기 위한 것이다. 重任을 1차에 제한한 것도, 장기재직으로 인하여 직무의 독립성이 약화될 위험을 방지하고자 하는 것이다.

Ⅲ. 감사원의 권한

감사원은 국가의 세입·세출의 결산검사를 하고, 국가의 회계를 상시 검사·감독하여 그 적정을 기하며, 행정기관 및 공무원의 직무를 감찰하여 행정 운영의 개선과 향상을 기한다(감사원법 제20조).

1. 결산검사권 및 회계검사권

감사원은 국가의 세입·세출의 결산, 국가 및 법률이 정한 단체의 회계를 검사하는 권한을 가진다(헌법 제97조). 감사원의 이러한 권한은 국가의 세입·세출의 결산에 대한 검사권(決算檢査權), 국가의 회계에 대한 검사권 및 법률이 정한 단체의 회계에 대한 검사권(會計檢査權)으로 구분할 수 있다. 감사원은 회계검사의 결과에 따라 국가의 세입·세출의 결산을 확인한다(감사원법 제21조). 감사원은 세입·세출의 결산을 매년 검사하여 대통령과 차년도국회에 그 결과를 보고하여야 한다(헌법 제99조). 국회의 결산검사보고는 대통령에게는 집행부에 대한 감독의 자료이고, 국회에게는 예산심의 및 결산감사에 있어서 중요한 자료가 된다. 감사원의 회계검사의 범위에 관하여는 감사원법 제22조(필요적 검사사항) 및 제23조(선택적 검사사항)에서 규정하고 있다.

2. 직무감찰권

감사원은 행정기관 및 공무원의 직무에 관한 감찰을 할 수 있는 권한을 가진다(헌법 제97조). 직무감찰권에는 공무원의 비위적발을 위한 비위감찰권과 법령상·제도상 또는 행정상 모순에 관한 행정감찰권(감사원법 제34조)이 속한다. 직무감찰의 범위에 관하여는 감사원법 제24조에서 규정하고 있는데, 국회·법원 및 헌법재판소에 소속한 공무원은 직무감찰의 대상에서 제외된다(동조 제3항).

3. 감사결과와 관련된 권한

감사원은 감사결과를 처리하기 위하여 필요한 일련의 권한을 가진다. 감사원법은 변상책임의 판정권, 징계·문책의 요구권, 시정 등의 요구권, 법령·제도·행정의 개선요구권, 권고권, 수사기관에의 고발권 등을 규정하고 있다(제31조 내지 제35조). 한편, 감사원 감사를 받는 사람이 공공의 이익을 위하여 업무를 적극적으로 처리한 결과에 대하여 그의 행위에 고의나 중대한 과실이 없는 경우에는 감사원법에 따른 책임을 묻지 아니한다(적극행정에 대한 면책; 제34조의3).

제 6 항   大統領의 諮問機關

헌법은 국정의 중요한 사항에 관하여 대통령의 자문에 응하기 위하여 대통령의 자문기관으로서 국가원로자문회의, 국가안전보장회의, 민주평화통일자문회의 및 국민경제자문회의를 규정하고 있다 (제90조 내지제93조). 대통령의 자문기관 중에서 국가안전보장회의는 헌법상 반드시 설치해야 하는 필수적 자문기관이고, 나머지의 경우에는 그 설치여부가 대통령의 재량에 달려있는 임의적 자문기관이다.

헌법은 이러한 자문기관의 설치를 통하여 대통령이 국가안보·통일·경제정책 등을 수립하고 결정함에 있어서 해당 전문가의 전문적 지식과 경험을 활용할 수 있는 가능성을 제공하고자 하는 것이다. 물론, 임의적 자문기관의 경우 자문기관의 설치여부를 포함하여 대통령이 어느 정도로 자문기관을 활용할 것인지는 전적으로 대통령의 선택에 달려있다. 헌법 제91조 제1항은 "국가안전보장에 관련되는 대외정책·군사정책과 국내정책의 수립에 관하여 국무회의의 심의에 앞서 대통령의 자문에 응하기 위하여 국가안전보장회의를 둔다."고 하여 대통령이 국무회의의 심의에 앞서 자문을 구할 수 있는 가능성을 규정하고 있다. 자문기관의 본질상, 자문을 받을 것인지의 여부가 전적으로 대통령의 자유재량에 달려있으므로, 대통령이 국무회의의 심의에 앞서 자문을 받아야 하는 구속을 받는 것은 아니다.

헌법은 자문기관의 설치에 관하여 구체적인 사항은 법률로써 정하도록 위임하고 있는데, 이에 관한 법률로서 국가안전보장회의법, 민주평화통일자문회의법, 국민경제자문회의법이 제정되었다.[1] 한편, 헌법은 제127조에서 과학기술의 혁신과 정보 및 인력의 개발을 통하여 국민경제가 발전하도록 이에 필요한 자문기구를 둘 수 있다고 규정하고 있다(소위 '국가교육과학기술자문회의'). 이러한 자문기구는 헌법상의 기관이 아니라는 점에서 다른 자문기관과 구별된다.

제 7 항   公務員制度[2]

헌법은 제7조 제1항에서 공무원의 헌법적 지위를 규정하면서, 같은 조 제2항에서 신분보장과 정치적 중립성을 본질적 구성요소로 하는 직업공무원제도를 법률로써 형성할 의무를 입법자에게 부과하고 있다. 또한, 헌법은 제33조 제2항에서 직업공무원제도의 특성에 비추어 공무원의 근로3권을 원칙적으로 부정하면서, 단지 입법자가 법률로써 정하는 경우에 한하여 근로3권의 행사가 가능하도록 규정하고 있고, 제29조에서 공무원의 직무상 불법행위로 인하여 발생한 손해에 대하여 국가와 공공단체의 배상책임을 규정하고 있다.

헌법 제7조 제1항과 관련하여, 공무원의 헌법적 지위로서 "국민전체에 대한 봉사자" 및 "국민에 대하여 책임을 진다."는 것이 헌법적으로 어떠한 의미이며 구체적으로 어떠한 헌법적 요청을 담고 있는 것인지 규명되어야 한다. 헌법 제7조 제2항은 직업공무원제도를 헌법적으로 보장하고 있는 것으로 일반적으로 이해되고 있는데, 이와 관련하여 직업공무원제도를 구성하는 핵심적 요소는 무엇인

1) 국가원로자문회의법은 1988년 제정되었으나, 그 다음 해에 폐지되었다.
2) 이에 관하여 한수웅, 헌법 제7조의 의미 및 직업공무원제도의 보장, 법조 2012. 11(통권 674호), 5면 이하; 공무원의 기본권제한, 인권과 정의 2013. 6(434호), 83면 이하 참조.

지의 문제가 제기된다. 우리의 경우, 직업공무원제도에 관한 고유한 역사와 전통을 결여하고 있기 때문에 국가공동체 내에서 역사적으로 형성되고 전래된 제도의 원칙을 확인하는 것이 불가능하다는 점에서, 공무원에 관한 일련의 헌법규정의 해석을 통하여 직업공무원제도의 구조적 원칙을 밝혀내야한다. 우리 헌법은 이러한 헌법적 상황을 감안하여 직업공무원제도를 구성하는 본질적 요소로서 '신분보장'과 '정치적 중립성'을 스스로 제시하고 있다.

I. 헌법 제7조 제1항의 의미

1. 공무원의 개념 및 공직의 헌법적 의미

가. 공무원의 개념

(1) 공무원의 다양한 의미

헌법 제7조 제1항은 "공무원은 국민전체에 대한 봉사자이며, 국민에 대하여 책임을 진다."고 규정함으로써, '국민의 公僕'으로서 공무원의 헌법적 지위를 규정하고 있다. 일반적으로 공무원이란, 국민에 의하여 선출 또는 임용되어 국가나 공공단체와 공법상의 근무관계를 맺고 공공적 업무를 담당하고 있는 사람들을 말한다.[1]

한편, 공무원은 헌법이나 법률에서 다양한 의미로 사용되고 있다.[2] 공무원은 직업공무원뿐만 아니라 대통령, 국회의원이나 장관 등 정무직·선출직 공무원을 포괄하는 의미로 사용되기도 하며, 때로는 행정공무원뿐만 아니라 법관이나 군인 등 직업공무원을 포괄하는 의미로 사용되기도 하고, 때로는 단지 일반 행정업무를 담당하는 공무원만을 의미하는 좁은 개념으로 사용되기도 한다.

(2) 국가공무원법의 분류에 따른 헌법 제7조의 '공무원'의 의미

국가공무원법과 지방공무원법에 의하면, 공무원은 임명주체가 국가 또는 지방자치단체인지에 따라 국가공무원과 지방공무원으로 대별되고, 이들은 각 다시 일반직(행정일반)·특정직(법관·검사·경찰·교육·군인 등)으로 세분되는 경력직공무원과 정무직(선출직 및 정무직)·별정직으로 세분되는 특수경력직공무원으로 구분된다. 경력직공무원이란 실적과 자격에 따라 임용되고 그 신분이 보장되며 평생토록 공무원으로 근무할 것이 예정되는 공무원을 말하며, 특수경력직공무원이란 경력직공무원 외의 공무원을 말한다.[3]

헌법 제7조 제1항에서 말하는 '공무원'은 국민전체에 대한 봉사자로서 국가과제의 수행을 위하여 국가조직에 편입된 직업의 총체를 의미하는 것으로, 공법상의 모든 근무관계를 포괄하는 개념, 즉 모든 공직자를 포괄하는 개념이다. 여기서 '공무원'이란 공무원법상 경력직과 특수경력직을 포괄하는 광의의 공무원이다. 반면에, 같은 조 제2항에서 말하는 '공무원'은 신분이 보장되는 경력직 공무원(직업공무원)만을 의미하는 협의의 공무원을 의미한다. 아래에서 '공직자'란 표현을 사용한다면, 헌법 제7조 제2항의 직업공무원에 대비되는 개념으로서, 헌법 제7조 제1항에서 말하는 '광의의 공무원'의 의

---

1) 헌재 1992. 4. 28. 90헌바27, 판례집 4, 255, 264.
2) 공무원의 구분과 다양한 유형에 관하여 국가공무원법 제2조 및 지방공무원법 제2조 참조.
3) 국가공무원법은 제2조에서 공무원을 '경력직공무원'과 '특수경력직공무원'으로 구분하여, 제2항에서 "경력직공무원 이라 함은 실적과 자격에 의하여 임용되고 그 신분이 보장되며 평생토록 공무원으로 근무할 것이 예정되는 공무원을 말하며"라고 규정하고 있다.

미로 사용하기로 한다.

나. 公職의 헌법적 의미

국가는 공직을 통하여 활동한다. 국가는 공법인으로서 필연적으로 공직자, 즉 국가의 이름으로 국가에 대한 효력을 가지고 행동하는 자연인에 의존하고 있다. 공직은 국가과제의 이행을 위한 국가의 인적 도구이다. 공직은 국가조직을 구성하는 최소의 단위이며, 개별공직자에게 위임된 국가권력의 한 부분이다. 공직은 기능적으로 국가권력의 행사이며 국가과제의 이행이다. 공직자는 자신의 관할과 권한의 범위 내에서 국가를 대표하고 국가로 기능하기 때문에, 이로부터 공직자에게는 공익실현에 그 궁극적 목적을 두고 있는 의무와 과제가 발생한다.

국가는 공직을 통하여 윤리적으로 의무를 지고 법적으로 구속을 받는다. 공직은 '민주주의의 관점'에서는 국가권력을 행사하기 위하여 국민이 부여하는 '권한'이고, 국가권력의 궁극적 목적인 '공익실현의 관점'에서는 국민에 대하여 봉사하고 책임을 져야 하는 '의무'를 의미한다. 공직을 통하여 국가권력은 국민을 위하여 국가과제를 이행해야 하는 공직자의 의무와 책임으로 변환된다. 즉, '국가의 통치권한'은 공직자에 대해서는 '공직에서의 의무와 책임'을 의미하는 것이고, 공직이라는 매개를 통하여 '권력'이 '책임'으로 전환되는 것이다. 이러한 점에서, 공직은 국가의 정치적 지배를 '권력의 상태'에서 '법의 상태'로 전환하게 하는 매개체이다.

2. 공직과 개인의 구분

공직을 헌법적으로 파악하기 위한 중요한 관점은, 국민으로부터 위임받은 국가권력을 행사하는 '공직'과 기본권을 행사하는 '개인'의 구분이다. 공직은 자신의 정당성을 공직자 개인의 기본권이 아니라 국민의 의사로부터 획득한다. 공직자는 국가권력을 행사하기 위하여 국민의 의사로부터 유래하는 민주적 정당성을 필요로 한다. 국민주권의 사고에 기초하는 민주국가에서 국가는 국민으로부터 나오는 국가권력을 위임받은 수탁자이며, 이에 따라 공직은 신탁자인 국민에 대하여 책임을 지며 위임된 국가권력을 행사하는 '신탁관계'를 의미한다. 이러한 신탁관계로서의 공직의 사고는 공직과 개인의 구분, 공직자의 공익실현과 개인의 사적 이익 추구의 구분, 공직의 객관적 의무와 개인의 주관적 권리의 구분을 필연적으로 가져온다.

그러므로 민주적 헌법국가에서 모든 국가권력은 단지 공직으로서만, 즉 국민에 대하여 책임을 져야하는 위임된 국가과제로서만 이해될 수 있다. 공직은 공직자에게 위임된 국가기능을 구체화한다. 공직자는 국가의 권한과 의무를 행사하고 과제수행에 대하여 국민에 대하여 책임을 진다. 공직자는 공직수행에 있어서 단지 객관적인 의무만을 가질 뿐, 주관적 권리를 가질 수 없다. 공직자의 개인적 이익과 목표는 공직수행에 있어서 위임된 과제의 이행에 양보해야 한다. 가령, 공직자의 종교적 신념은 공직에서 국가의 종교적 중립성에 양보해야 하고, 외양에 관한 개인적인 취향은 공무에 적합한 복장이나 제복에 양보해야 한다. 공직의 객관성에 대하여 개인의 주관성이 후퇴해야 하며, 공직은 공직자로부터 금욕, 자제 및 이타주의를 요청한다.

3. "국민전체에 대한 봉사자"의 헌법적 의미

가. 공익실현의 의무

헌법 제7조 제1항은 "공무원은 국민전체에 대한 봉사자이며, …"의 표현을 통하여, 공무원의 공익실현의무를 규정하고 있다.[1] 공공복리의 실현은 국가공동체의 존재의미이자 모든 정치적 지배의 궁극적 목적이며, 이로써 모든 국가행위의 궁극적 목적이다.[2] 따라서 국가의 궁극적인 목적이 공공복리의 실현이라면, 국가의 도구로서 기능하는 공직자가 공공복리의 구속을 받는 것은 당연하다. 공익실현의 의무는 직업공무원뿐만 아니라 의회나 정부의 정치적 공무원에게도 적용된다. 헌법은 제46조 제2항에서("국가이익을 우선하여") 국회의원의 공익실현의무를, 제69조에서("국민의 … 복리의 증진 … 에 노력하여") 대통령의 공익실현의무를 규정함으로써, 제7조 제1항에 표현된 공직자의 공익실현의무를 구체화하고 있다.

공직자는 국민의 공복이기 때문에, 특정 개인이나 집단, 정당 등의 부분이익이나 특수이익이 아니라 모든 국민의 이익, 즉 공익을 실현해야 한다. 공직자는 전체국민에 봉사하며, 그의 과제를 공평하고 정당하게 이행해야 하고, 직무수행에 있어서 공익을 염두에 두어야 한다. 공직자는 그에게 위임된 권한으로부터 개인적 이익이든 또는 특정 정당이나 특정 사회집단의 이익이든 간에, 사적 이익을 취해서는 안 된다. 전적으로 공익에 기여하는 국가권력의 행사만이 정당하다. 국가권력이 공직자의 사적 이익을 위하여 행사되는 그 순간에, 국가권력의 행사는 그 정당성을 상실한다.

나. 공익실현의무의 내용

공직자가 공익실현의 의무를 진다면, 공익실현의 요청이 무엇인지의 문제가 제기된다. 공직자의 공익실현의무는 공허한 구호가 아니라 공직자에 대한 헌법적 요청이자 윤리적 요청이다.

(1) 공익실현의무는 '소극적인' 의미에서 '모든 형태의 이기(利己)에 대한 부정'으로 정의될 수 있다. 공직자는 공익실현의 의무를 지기 때문에, 공직은 사적 이익을 추구하는 데 기여해서는 안 된다. 공직은 자신을 위한 것이 아니라 남을 위한 것이다. 공직자로서 국가권력의 행사에 참여한다는 것은 직무수행에서 주관성과 자의의 금지, 이기와 자기실현의 포기, 즉 전적으로 공공복리에 봉사하기 위하여 금욕과 자제를 요구하는 것이다.

(2) 나아가, 공익실현의무는 '적극적인' 의미에서 '공익의 불편부당한 수호자로서 공직자'의 기능을 강조하고 있다. '국가와 공직자가 실현해야 하는 공익'과 '사회 내의 다양한 이익 간의 경쟁을 통하여 나오는 공익'이 일치하는 것은 아니며, 양자는 구분되어야 한다. 사회에 의한 공익의 형성은 헌법상 보장된 기본권적 자유에 기초하고 있는 반면, 국가에 의한 공익의 형성은 공익실현을 목표로 하는 공직의 민주적 정당성에 기초하고 있다. 개인은 행위의 동기와 목표에 있어서 아무런 구속을 받지 않으며, 이기주의는 기본권행사의 당연한 동기이자 사회에 의한 공익형성의 수단으로서 전제되는 반면, 공직은 공익실현의무의 구속을 받는다.

---

1) 공무원의 공익실현의무에 관하여, 헌재 2004. 3. 25. 2001헌마710(초·중등교원의 정치활동 제한), 판례집 16-1, 422, 436, "공무원은 국민전체에 대한 봉사자이므로 중립적 위치에서 공익을 추구하고 …"; 헌재 2004. 5. 14. 2004헌나1(대통령 노무현 탄핵), 판례집 16-1, 609, 634, "헌법 제7조 제1항은 …고 하여, 공무원은 특정 정당이나 집단의 이익이 아니라 국민 전체의 복리를 위하여 직무를 행한다는 것을 규정하고 있다."
2) 공공복리의 헌법적 의미에 관하여 제3편 제1장 제8절 I. 참조.

따라서 국가는 사회의 영역에서 다양한 이익 간의 자유경쟁을 통하여 발견된 공익을 그대로 수용하지 않는다.[1] 국가는 이익 간의 자유경쟁에서 열세에 있는 부분이익 또는 국민 모두와 관련되는 일반적 이익(가령, 환경보전)도 공익의 발견과정에서 함께 고려해야 한다. 국가에 의하여 추구되는 공익은 사회적 세력 간의 경쟁의 결과에 대한 보완과 수정을 필요로 한다.[2] 국가는 무엇보다도 입법권의 행사를 통하여 '부분이익에 대한 공익의 수호자'로서의 과제를 이행한다.

다. 법치국가에서 공직윤리의 중요성

(1) 법치국가는 인간이 아니라 법의 지배를 의미하지만, 실정법은 스스로 지배할 수 없다. 국가가 활동하기 위하여 그 도구로서 공직과 기관을 필요로 하는 것과 마찬가지로, 실정법은 자신을 집행하는 인간을 필요로 한다. 헌법을 비롯하여 실정법은, 한편으로는 법에 대한 공직자의 복종을, 다른 한편으로는 공직자에 의한 법의 해석과 적용을 필요로 한다. 공직을 통하여 실정법이 비로소 생명으로 채워지고 효력을 발휘하게 된다. 한편, 법은 공직을 완전히 규범화할 수 없다. 법치국가는 모든 국가권력의 행사를 법적으로 구속하고자 하는 국가이지만, 법에 의한 구속은 완전할 수 없다. 국가권력의 행사를 의미하는 공직은 전적으로 공익실현의무의 구속을 받지만, 공익은 법에 의하여 정의될 수 없고 단지 부분적으로만 규정될 수 있다는 점에서, 실정법은 공익실현의 의무를 지는 공직을 단지 제한적으로만 규율할 수 있다. 따라서 국가와 법질서는 공익실현에 있어서 의회와 정부의 구성원 및 행정과 사법의 직업공무원을 포괄하는 모든 공직자의 공직윤리에 의존하고 있다.

(2) 헌법국가에서 공익은 일차적으로 헌법에 의하여 구체화된다.[3] 그럼에도 헌법은 단지 공익발견의 내용적 지침과 절차적 과정만을 확정할 뿐, 개별 사안과 관련하여 공익을 구체화하는 과제를 입법자에게 위임하고 있다. 이로써 공익이 궁극적으로 입법자의 법률에 의하여 구체화되지만 입법자는 공익실현과 관련하여 헌법의 구속을 거의 받지 않는다는 점에서, 입법자의 공익실현의무는 원칙적으로 윤리적인 성격을 가진다. 이러한 점에서, 헌법상 보장된 자유위임(제46조제2항)은 공익을 실현하고자 하는 의원의 공직윤리에 전적으로 의존하고 있다. 바로 여기에 의원의 공직윤리의 중요성이 부각되는 것이다.

(3) 공익은 이익조정기관인 의회에 의하여 법률의 형태로 구체화되고, 이러한 형태로 구체화된 공익은 행정과 사법을 구속한다. 법에 의하여 행위지침이 제시되고 법에 대한 복종의무를 지는 행정과 사법의 경우, 공익실현의무는 전반적으로 규범화되어 있기 때문에 일차적으로 법적 성격을 가진다. 그러나 법치국가에서도 법률이 행정과 사법을 완전히 구속할 수 없다는 점에서, 법에 의한 구속이 끝나는 곳에서 공무원은 직접 공익실현의 의무와 대면하게 된다. 공무원이 법질서의 범주 내에서 스스로 해석할 수 있고 결정할 수 있는 자유공간이 주어진 곳에서는 공익실현의무의 직접적인 구속을

1) 다원적 민주주의에서 공익발견의 절차에 관하여 제2편 제4장 제4절 III. '사회단체와 공익' 부분의 서술 참조.
2) 정치적 세력에 대한 직업공무원의 평형추의 역할에 관하여 아래 III. 3. 나. 참조.
3) 첫째, 헌법은 인간존엄성보장, 사회정의 실현 등 다양한 국가의 과제와 목표를 통하여 공익의 내용이 무엇인지에 관한 방향과 지침을 제시함으로써 공익을 구체화한다. 둘째, 헌법은 공익발견의 과제를 국가와 사회 사이에 배분함으로써 공익을 구체화하고 있다. 헌법은 기본권의 보장을 통하여 다원적 민주주의에서의 공익발견과정에 사회를 참여시키며, 이러한 점에서 표현 및 집회의 자유를 비롯한 정치적 자유권은 국가에 대한 방어권적 의미를 넘어서 공익발견에의 참여를 가능하게 한다는 의미를 가진다. 셋째, 헌법은 공익의 구체적인 내용을 결정하는 국가의 권한과 절차, 즉 국가의사결정절차를 규정함으로써 공익을 구체화하고 있다. 헌법은 입법절차, 사법·행정절차 등의 규율을 통하여 공익을 발견하는 합리적인 국가절차를 제공한다.

받기 때문에, 공익에 부합하는 법률의 해석이나 재량의 행사를 통하여 스스로 공익을 구체화해야 한다. 바로 여기에서 직업공무원의 공직윤리의 중요성이 드러난다.

4. "국민에 대하여 책임을 진다."의 헌법적 의미

가. 학계의 견해

헌법 제7조 제1항은 "공무원은 … 국민에 대하여 책임을 진다."고 하여 국민에 대한 공무원의 책임을 언급하고 있다. 여기서 말하는 '책임'이 법적 또는 정치적 책임인지에 관하여 학계에서 논란이 있으나, 이러한 논란은 아무런 실익도 없는 지극히 무의미한 것이다. 여기서의 '책임'이 '공직자가 자신의 구체적 행위에 대하여 국민에게 책임을 진다'는 의미라면, 이러한 의미의 '책임'은 당연히 법적·정치적 책임을 모두 포괄해야 할 것이다.

학계의 다수견해에 따라, 여기서의 '책임'을 '공직자의 구체적인 직무수행에 대하여 법적·정치적 책임을 추궁할 수 있다'는 의미로 이해할 수도 있다.[1] 그러나 이러한 의미의 책임은 민주적 법치국가에서 지극히 당연한 것으로, 이와 같은 내용을 담기 위하여 위 조항이 헌법에 삽입되었다고 보기는 어렵다. 뿐만 아니라, 공무원의 이러한 법적·정치적 책임은 대부분의 경우 단지 일부의 특정 공무원에 대해서만 또는 법위반 등 특정한 경우에만 적용되는 것으로, 모든 공무원의 일반적이고 보편적인 책임, 즉 모든 공무원에게 일상적으로 부과되는 책임을 포괄하지 못한다.

나. 국민으로부터 위임받은 국가권력인 공직으로부터 파생하는 책임

이러한 관점에서 볼 때, 헌법은 제7조 제1항에서 '공무원의 책임'이란 표현을 통하여 보다 포괄적이고 근본적인 것을 규정하고 있다고 보아야 한다. 여기서 '국민에 대한 공무원의 책임'이란 구체적 직무수행행위에 대하여 개별적으로 져야하는 정치적·법적 책임을 의미하는 것이 아니라, '국민과의 관계에서' 모든 공직자에게 공통적으로 부과되는 일반적이고 포괄적인 책임을 의미하는 것이다. 헌법은 무엇보다도 "국민에 대하여"라는 수식어를 통하여 '정치적 또는 법적 책임'이라는 의미에서 '책임의 성격'이 아니라 '국민'이라는 '책임의 상대방'을 강조하고 있는 것이다.

여기서의 '책임'은 '국민의 공복'으로서 공직자의 헌법적 지위(공익실현의무)와의 연관관계에서 이해해야 하고, 이로써 그와 불가분의 관계에 있는 또는 그로부터 필연적으로 파생하는 공직자의 '일반적 책임과 의무'를 뜻하는 것으로 파악해야 한다. 대의민주제에서 '국민으로부터 국가권력의 행사를 위임받은 공직자'는 그 권한행사에 있어서 '국가권력을 위임한 국민'에 대하여 책임을 져야 한다. 공직은 그 본질상 책임을 질 상대방을 전제로 한다.[2] 국민으로부터 국가권력의 행사를 위임받은 공직자에게는 국민이 그 상대방이다. 공직은 국민에 대한 봉사이고, 봉사는 의무이며, 의무는 책임을 수반한다. 공직자의 책임은 '위임된 국가권력'이라는 공직의 사고로부터 나오는 필연적인 결과이다. 결국, 국민에 대하여 책임을 진다는 것은, 일차적으로 공직이 국민으로부터 위임받은 국가권력이라는

---

1) 학계의 견해에 의하면, 정치적 책임이란 그 구체적 내용에 있어서 선출직 공무원의 경우 선거를 통한 국민의 심판, 국무총리 및 국무위원에 대한 해임건의를 의미하며, 법적 책임이란 그 구체적 내용에 있어서 고위직 공무원에 대한 탄핵소추, 헌법 제29조의 손해배상청구권을 비롯한 민사·형사적 책임 등을 의미한다고 한다.

2) 공직은 책임을 질 상대방을 전제로 하기 때문에, 행위에 대하여 책임이 존재하지 않는 곳에서는 공직이 존재하지 않는다. 공직인지의 여부를 판단하는 결정적인 기준은 자신의 행위에 대한 책임여부이다. 따라서 유권자로서의 국민은 그 누구에 대해서도 자신의 결정에 대하여 정치적으로 책임을 지지 않기 때문에, 유권자의 지위는 공직이 아니다. 그러므로 직접민주주의에서 공직은 생각할 수 없다. 반면에, 대의제는 오로지 공직을 통해서만 실현될 수 있다.

것을 표현하는 것이고, 나아가 이로부터 파생하는 공직자의 책임과 의무인 '주관성과 자의의 금지', '이기와 자기실현의 포기'를 강조하고 있는 것이다.

II. 직업공무원제도의 헌법적 보장(헌법 제7조 제2항)

1. 헌법 제7조 제2항의 의미

헌법은 제7조 제2항에서 "공무원의 신분과 정치적 중립성은 법률이 정하는 바에 의하여 보장된다."고 규정하고 있다. 이로써 헌법은 직업공무원제도를 헌법적 제도로서 보장하면서, 신분보장과 정치적 중립성을 본질적 구성요소로 하는 직업공무원제도를 법률로써 형성해야 할 의무를 입법자에게 부과하고 있다.

제도보장이란, 역사적으로 장기간에 걸쳐 형성되어 사회의 의식에 깊게 뿌리내림으로써 공동체에 있어서 중요한 의미와 고유한 가치를 가지며 장래에도 계속 존속해야 하는 특정 제도의 헌법적 보장을 의미한다.[1] 이러한 관점에서 볼 때, 제도적 보장이란 원래 국가공동체 내에서 역사적·전통적으로 형성된 중요하고 의미 있는 공법상 기존 제도의 헌법적 보장에 관한 것이다.[2] 그러나 우리의 경우 직업공무원제도에 관한 고유한 역사와 전통을 결여하고 있기 때문에, 헌법은 이러한 현실을 감안하여 제7조 제2항에서 서구에서 형성된 직업공무원제도를 수용하면서, '신분보장'과 '정치적 중립성'의 요소를 통하여 헌법이 예정하는 직업공무원제도의 구조적 원칙을 스스로 제시하고 있는 것이다.[3] 이로써 헌법 제7조 제2항은 입법자에 대한 헌법위임으로서, 직업공무원제도를 헌법이 제시하는 구조적 원칙에 따라 시대에 맞게 구체적으로 형성해야 할 의무를 입법자에게 부과하고 있다.

2. 직업공무원제도의 연혁

현대적 직업공무원제도는 그 기원을 유럽의 절대군주시대에 두고 있다. 그 당시, 군주는 봉건적 신분국가를 극복하고 국가권력을 통합하기 위하여 국가행정의 합리적이고 현대적인 개혁을 추진하였고, 이를 관철하기 위해서는 '군주에 대하여 책임을 지고 그에 의하여 부양되며 전문적 교육을 받고 직업적으로 근무하는 직업공무원제도'를 필요로 하였다. 절대군주의 시대에는 군주의 공복은 단지 군주만을 섬기는 관계에 있었으므로, '국가의 공복'으로서 공직은 생각할 수 없었다. 계몽군주시대에 이르러, 군주는 자신을 스스로 '국가의 공복'으로 이해하고자 노력하였고, 이에 따라 종래 '군주의 공복'인 공무원집단은 점차 '국가의 공복'으로 이해되었다. 19세기 및 20세기 초의 입헌군주국가는 행정부의 수장인 군주에 대한 공무원의 충성과 복종의 관계를 존속시키면서, 동시에 공무원에게

---

1) 제도보장에 관하여 전반적으로 제3편 제1장 제5절 I. 3. '제도보장' 참조.
2) 헌재 1997. 4. 24. 95헌바48(동장의 신분보장), 판례집 9-1, 435, 444, [직업공무원제도와 관련하여 제도적 보장의 의미] "제도적 보장은 객관적 제도를 헌법에 규정하여 당해 제도의 본질을 유지하려는 것으로서, 헌법제정권자가 특히 중요하고도 가치가 있다고 인정되고 헌법적으로 보장할 필요가 있다고 생각하는 국가제도를 헌법에 규정함으로써 장래의 법발전, 법형성의 방침과 범주를 미리 규율하려는데 있다."
3) 이에 대하여, 직업공무원제도가 장기간에 걸쳐 전통적으로 형성된 독일의 경우, 독일헌법인 기본법은 다음과 같이 규정하고 있다. 기본법 제33조 제4항: "고권적 권한의 행사는 원칙적으로 공법상의 근무·충성관계에 있는 공무원에게 상시적인 과제로서 위임되어야 한다." 기본법 제33조 제5항: "공무원에 관한 법은 직업공무원제도의 전통적인 원칙(hergebrachte Grundsätze)을 고려하여 규율해야 한다."

헌법과 법률을 준수해야 할 의무를 부과하였다. 이로써 직업공무원제도는 법치국가의 실현에 중요한 기여를 하게 되었다.

직업공무원제도는 현대행정이 출발한 절대군주시대로부터 점차 확립되어, 역사적으로 시간의 흐름에 따라 정착되고 수정된 일련의 원칙에 의하여 형성되었다. 특히 우리 헌법에 규정된 공무원제도의 구체적 형성에 큰 영향을 미친 독일의 경우, 역사적으로 형성된 직업공무원제도의 전통적 원칙에는 공법상의 근무·충성관계로서 공무원의 근무관계, 종신제 임명의 원칙과 공무원의 신분보장, 공무원의 정치적 중립성, 공무원에 대한 국가의 부양원칙(Alimentationsprinzip), 공무원의 파업금지 등이 속하는 것으로 일반적으로 인정되고 있다.[1]

3. 직업공무원제도의 구조적 원칙

가. 여기서 헌법 제7조 제2항의 직업공무원제도를 구성하는 구조적 원칙이 무엇인지의 문제가 제기된다. 이러한 구조적 원칙은 제도를 구성하는 핵심적 요소로서 입법자가 직업공무원제도를 시대에 맞게 발전시키고 구체적으로 형성함에 있어서 준수해야 하는 헌법적 지침을 의미한다. 직업공무원제도의 구조적 원칙(핵심적 요소)이 무엇인지는 직업공무원제도의 헌법적 의미와 기능 및 직업공무원제도를 규정하는 헌법 제7조, 공직취임에 있어서 기회균등을 보장하는 헌법 제25조(공무담임권)와의 연관관계에서 헌법해석을 통하여 밝혀져야 한다.

직업공무원제도란, 국가공권력의 행사를 전문적 지식과 능력, 충성적인 의무이행에 기초하는 공법상의 근무관계에 있는 공무원에게 위임함으로써 안정적이고 효율적인 행정을 확보하고 나아가 국가생활을 형성하는 정치적 세력에 대한 균형적 요소로 기능하게 하고자 하는 제도이다.[2] 따라서 직업공무원제도는 이러한 헌법적 과제와 기능(안정적이고 효율적인 국가행정의 확보)을 이행할 수 있도록 법적으로 구체적으로 형성되어야 한다. 나아가, 헌법은 제7조 제1항에서 모든 공직자의 헌법적 지위를 "국민전체에 대한 봉사자"로 규정함으로써 공익실현의 의무를 제시하고, 제2항에서 직업공무원제도의 헌법적 상(像)을 결정적으로 형성하는 2가지 본질적 요소인 '공무원의 신분보장'과 '정치적 중립성'을 명시적으로 언급함으로써 입법자가 공무원제도를 구체적으로 형성함에 있어서 준수해야 하는 지침을 제시하고 있다. '공무원의 신분보장'과 '정치적 중립성'은 직업공무원제도를 구성하는 핵심적인 구조원칙이다. 뿐만 아니라, 헌법은 제25조에서 국가에 의하여 제공된 공직을 누구나 균등하게 담당할 수 있는 권리(공무담임권)를 국민의 기본권으로 보장함으로써, 여러 지원자가 한정된 공직을 가지고 경쟁하는 경우에는 평등원칙에 그 바탕을 둔 능력주의에 따라 최적격자가 선발된다는 것을 함께 규정하고 있다.

나. '공무원의 신분보장'은 '공무원의 충성의무'(Treuepflicht)에 대응하는 국가의 보호·배려의무(Fürsorgepflicht)의 헌법적 표현이다. 공무원은 국가에 대하여 충성과 복종의 의무, 사익을 배제한 채

1) Vgl. BVerfGE 43, 154, 165.
2) 헌재 1997. 4. 24. 95헌바48, 판례집 9-1, 435, 442, [직업공무원제도의 헌법적 의미] "헌법 제7조 제2항은 공무원의 신분과 정치적 중립성을 법률로써 보장할 것을 규정하고 있다. 위 조항의 뜻은 공무원이 정치과정에서 승리한 정당원에 의하여 충원되는 엽관제를 지양하고, 정권교체에 따른 국가작용의 중단과 혼란을 예방하며 일관성 있는 공무수행의 독자성과 영속성을 유지하기 위하여 공직구조에 관한 제도적 보장으로서의 직업공무원제도를 마련해야 한다는 것이다."

공익실현을 위하여 직무에 전념해야 할 의무를 지는 대신, 국가는 이에 대한 반대급부로서 공무원에 대한 보호·배려의무를 진다. 국가의 보호·배려의무의 주된 내용이 바로 공무원에 대한 신분보장과 경제적 보장(부양의무)이다. 이로써 직업공무원제도는 헌법적으로 상호 간의 충성(Treue), 즉 '국가에 대한 공무원의 충성의무'와 이에 대응하는 '공무원에 대한 국가의 보호·배려의무'에 기초하고 있다. 공법상의 근무·충성관계인 직업공무원관계를 특징짓는 것이 바로 공무원의 충성의무와 국가의 보호·배려의무이다. 공무원의 신분보장은 이에 대응하는 공무원의 충성의무를 전제로 한다는 점에서, 헌법은 비록 공무원의 충성의무를 명시적으로 언급하고 있지 않지만, '공무원의 신분보장'이란 표현을 통하여 '공무원의 충성의무'를 간접적으로 규정하고 있다.

다. 따라서 직업공무원제도를 구성하는 본질적 요소에는 공무원의 충성의무, 공무원의 신분보장, 공무원의 정치적 중립성 및 능력주의가 속한다. 이러한 요소들은 직업공무원제도가 헌법상 부여받은 기능과 과제를 이행하기 위하여 갖추어야 하는 필수적인 조건에 해당한다.

4. 입법자가 직업공무원제도의 형성에 있어서 어떠한 구속을 받는지의 문제

가. 직업공무원제도를 도입한 헌법의 가치결정에 의한 구속

헌법재판소는 "제도적 보장은 기본권 보장의 경우와는 달리 그 본질적 내용을 침해하지 아니하는 범위 안에서 입법자에게 제도의 구체적인 내용과 형태의 형성권을 폭넓게 인정한다는 의미에서 '최소한 보장의 원칙'이 적용될 뿐인 것이다."라고 판시하여, 직업공무원제도의 헌법적 보장을 제도보장이론에 따라 '최소한의 보장'으로 이해하고 있다.[1] 그러나 모든 국가기관이 헌법의 구속을 받는 오늘날의 헌법국가에서, 입법자는 직업공무원제도를 구체적으로 형성함에 있어서 독일 바이마르 공화국의 특수한 헌법적 상황에서 발생한 '제도보장이론'이라는 특정한 헌법이론의 구속을 받는 것이 아니라 직업공무원제도를 보장하고 있는 헌법규범, 즉 직업공무원제도를 도입한 헌법의 가치결정의 구속을 받는다.

직업공무원제도의 형성에 관한 고유한 역사와 전통을 가지고 있지 않은 우리의 경우, 직업공무원제도를 구성하는 구조적 원칙은 역사적·전통적으로 규명될 수 있는 것이 아니라 헌법해석을 통하여 목적적·기능적으로 밝혀져야 한다. 헌법은 스스로 제도를 구성하는 2가지 본질적 요소(공무원의 신분보장과 정치적 중립성)를 명시적으로 제시하고 있다. 제도를 구성하는 구조적 원칙은 제도가 유지되고 기능하기 위한 최소한의 불가결한 요소이며, 입법자는 이러한 구조적 원칙을 고려하여 제도가 기능할 수 있도록 구체적으로 형성해야 한다는 구속을 받는다. 직업공무원제도의 보장은 기능적인 관점에서 법치국가적 행정을 보장하기 위하여 공무원의 공법상의 법적 지위를 형성해야 할 입법자의 의무로 서술할 수 있다.

따라서 입법자는 직업공무원제도를 구체적으로 형성함에 있어서 직업공무원제도를 보장하는 헌법의 가치결정을 존중하고 고려해야 한다는 구속을 받는다. 입법자는 직업공무원제도에 관한 헌법의 가치결정, 즉 '제도의 구조적 원칙'과 '이와 충돌하는 반대법익'을 교량함에 있어서 '실제적 조화의 원칙'에 따라 가능하면 양 법익을 모두 최대한으로 실현할 수 있도록 규율해야 하고, 이로써 양 법익

---

1) 헌재 1997. 4. 24. 95헌바48(동장의 신분보장), 판례집 9-1, 435, 444.

사이에 조화와 균형을 이루고자 시도해야 한다. 이러한 의미에서 '자유는 최대한으로 보장되지만, 제도는 최소한으로 보장된다'는 헌법재판소의 판시내용은 더 이상 타당하지 않다.

나. 헌법재판소의 위헌심사기준

물론, 입법자에 대한 제도보장의 헌법적 요청(행위규범)과 헌법재판소의 위헌심사기준(통제규범)이 일치하는 것은 아니다. 헌법이 입법자에게 어느 정도로 입법형성권을 부여하는지 또는 역으로 어느 정도로 입법형성권을 제한하는지에 따라 헌법재판소의 위헌심사기준은 달라진다. 직업공무원제도의 형성과 관련하여 입법자에게 상당히 광범위한 입법형성권이 인정된다는 점을 고려한다면, 직업공무원제도를 구체적으로 형성하는 법률의 위헌여부를 판단하는 헌법적 기준은 가령 과잉금지원칙과 같이 '원칙과 예외의 관계'를 전제로 하여 엄격한 심사를 요청하는 기준일 수는 없다. '직업공무원제도의 보장'과 '이에 충돌하는 헌법적 법익' 사이에는 '개인적 자유와 국가권력의 관계'에서 전제되는 '원칙과 예외의 관계'가 존재하지 않는다.

그러나 직업공무원제도를 형성하는 법률의 위헌여부는 적어도 상충하는 법익 간의 교량과정을 통하여 판단되고 논증되어야 한다. 따라서 헌법재판소에 의한 위헌심사의 기준은 제도보장이론에 근거한 '최소한 보장의 원칙'이 아니라, 입법자가 직업공무원제도의 가치결정에 부합하게 입법형성권을 제대로 행사하였는지 여부, 즉 직업공무원제도의 구조적 원칙에 대한 예외가 합리적인 공익에 의하여 정당화될 수 있는지 여부이다. 가령, 입법자가 직업공무원제도를 규율하면서 '능력주의에 대한 예외'를 허용하는 경우 또는 신분보장을 받지 못하는 '별정직공무원제도'나 '직권면직제도'를 도입하는 경우,[1] 이러한 법률조항이 직업공무원제도에 위반되는지 여부는 '최소한 보장의 원칙'의 관점에서가 아니라, 직업공무원제도의 구성요소인 '능력주의나 신분보장'과 '능력주의나 신분보장에 대한 예외를 요청하는 반대법익' 간의 교량을 통하여 직업공무원제도의 구조적 원칙에 대한 예외가 공익에 의하여 정당화되는지의 관점에서 판단되어야 한다.

헌법재판소는 일부 결정에서 심사기준으로 '최소한 보장의 원칙'을 습관적으로 언급하면서도, 실질적으로는 법익교량을 통하여 '직업공무원제도의 구조적 원칙에 대한 예외가 합리적인 공익에 의하여 정당화되는지 여부'의 관점에서 심판대상조항의 위헌여부를 판단하고 있다.[2] 그러나 이러한 논증이 '최소한 보장의 원칙'에 기초한 논증에 해당하지 않는다는 것을 헌법재판소가 스스로 인식하고 있는지는 의문이다.

---

1) 헌재 1997. 4. 24. 95헌바48(동장의 지위를 별정직 공무원으로 정한 지방공무원법규정의 위헌여부), 판례집 9-1, 435, 436; 헌재 2004. 11. 25. 2002헌바8(지방공무원 직권면직), 판례집 16-2하, 282.

2) 헌재 2004. 11. 25. 2002헌바8(지방공무원 직권면직), 판례집 16-2하, 282, [직권면직규정이 직업공무원제도에 위반되는 것인지 여부에 관하여] "지방공무원법 제62조 제1항 제3호에서 지방자치단체의 직제가 폐지된 경우에 행할 수 있도록 하고 있는 직권면직은 행정조직의 효율성을 높이기 위한 제도로서 행정수요가 소멸하거나 조직의 비대화로 효율성이 저하되는 경우 불가피하게 이루어지게 된다. 한편, 우리 헌법 제7조가 정하고 있는 직업공무원제도는 … 공무원의 정치적 중립과 신분보장을 그 중추적 요소로 한다. 이러한 직업공무원제도 하에서 입법자는 직제폐지로 생기는 유휴인력을 직권면직하여 행정의 효율성 이념을 달성하고자 할 경우에도 직업공무원제도에 따른 공무원의 권익이 손상되지 않도록 조화로운 입법을 하여야 하는데, 직제가 폐지되면 해당 공무원은 그 신분을 잃게 되므로 직제폐지를 이유로 공무원을 직권면직할 때는 합리적인 근거를 요하며, 직권면직이 시행되는 과정에서 합리성과 공정성이 담보될 수 있는 절차적 장치가 요구된다."

Ⅲ. 직업공무원제도의 본질적 구성요소

1. 직업공무원의 충성의무

가. 포괄적인 의미에서 충성의무

직업공무원제도의 본질적 특성에 속하는 것은 직업공무원의 충성의무이다. 절대군주제에서 충성의무는 군주에 대한 것이었으나, 민주국가에서는 그 내용이 국민에 대한 충성의무로 대체되었다. 충성의무는 오늘날 공무원법에 구체적으로 규정된 다양한 의무로 발전하였다. 직업공무원의 충성의무에 속하는 것으로, 정치적 충성의무(국가와 헌법에 대한 충성의무), 명령복종의 의무, 공정의 의무, 비밀엄수의 의무, 직무전념의 의무, 품위유지의 의무 등을 들 수 있다.[1] 정치적 충성의무는 직업공무원의 일반적 충성의무의 핵심적 내용에 해당한다.

한편, 국가공무원법은 공무원의 다양한 의무를 규율하면서 공무원의 충성의무 중에서 가장 중요한 의무인 '국가와 헌법에 대한 충성의무'를 명시적으로 규정하고 있지 않다. 물론, 국가공무원법에 규정된 다양한 의무는 일반적이고 포괄적인 충성의무의 구체화된 표현이므로, 공무원의 충성의무 중에서 가장 중요하고 본질적인 의무인 '국가와 헌법에 대한 충성의무'를 당연한 것으로 전제하고 있다고 볼 수도 있다.[2] 그러나 국가와 헌법에 대한 공무원의 충성의무는 직업공무원제도의 본질적 요소로서 다른 어떠한 의무보다도 명시적으로 규정되어야 한다. 따라서 이와 같은 중대한 입법적 흠결은 조속히 공무원법의 보완을 통하여 제거되어야 한다.

나. 국가와 헌법에 대한 충성의무(정치적 충성의무)

(1) 개 념

직업공무원의 충성의무 중에서 가장 중요한 것은 소위 '정치적 충성의무'이다.[3] 직업공무원의 정치적 충성의무는 특정인이나 특정정당에 대한 것이 아니라 국가와 국민에 대한 것이다. 여기서 '정치적' 충성의무란, 공무원이 특정 정권 또는 정부의 정치적 목표·정책과 일체감을 가지고 이에 동의해야 할 의무를 말하는 것이 아니라, 공무원이 봉사해야 하는 국민의 정치적 공동체인 국가의 기본이념, 즉 자유민주적 기본질서에 동의해야 한다는 것을 의미한다. 따라서 정치적 충성의무란 '국가와 헌법에 대한 충성의무', '자유민주적 기본질서에 대한 충성의무'를 뜻하는 것이다. 이로써 공무원은 국가와 헌법을 긍정하고 이를 보호할만한 가치로서 인정하며 적극적으로 지지해야 할 의무를 진다. 공무원이 정치적 충성의무를 진다는 것은 곧 헌법을 수호해야 할 의무를 진다는 것을 의미한다. 헌

---

1) 국가공무원법은 제7장 '복무'에 관한 부분에서 법령을 준수하고 성실히 근무를 수행해야 할 '성실의무'(제56조) 및 '복종의 의무'(제57조), 친절공정의 의무(제59조), 비밀엄수의 의무(제60조), 품위유지의 의무(제63조) 등 공무원의 의무를 규정하고 있다.

2) 공무원법 제56조(성실의무)는 "모든 공무원은 법령을 준수하며 …"라고 하여 헌법의 준수의무를 통하여 헌법에 대한 충성의무를 규정하고 있는 것으로 볼 수 있다. 또한, 공무원법 제55조의 '선서의무'를 통하여 '정치적 충성의무'가 간접적으로 규정되었다고 볼 여지도 있다. 국가공무원법 제55조에 규정된 선서의 '내용'은 '헌법의 준수, 국가의 보위, 국민의 복리증진 등'을 담고 있는 헌법 제69조의 대통령취임선서의 내용과 본질적으로 동일하다고 보아야 한다. 또한, 의원의 선거에 대하여 대통령의 취임선서내용과 본질적으로 동일한 내용을 규정하고 있는 국회법 제24조 (선서) 참조.

3) Vgl. BVerfGE 39, 334, 347ff.(극단주의자 결정).

법의 수호란 바로 자유민주적 기본질서의 수호를 의미하기 때문이다.[1]

헌법에 대한 충성의무는 근무시간에 국한되는 것이 아니라 직무의 내외를 불문하고 공무원을 구속한다. 뿐만 아니라, 정치적 충성의무는 직업공무원뿐만 아니라 공직의 성격이나 직급과 관계없이 (경력직, 특수경력직 등) 모든 공직자를 구속한다.

(2) 내 용

정치적 충성의무는 공무원으로부터 단지 형식적으로 법규범을 준수하는 자세 이상의 것을 요구하는 것이다. 여기서 결정적인 것은, 공무원이 국가와 헌법을 '보호하고 지지할만한 긍정적인 가치'로 인정하여 헌법과 법률을 준수하고 그의 직무를 헌법과 법률의 정신에 따라 수행함으로써, 국가와 헌법질서를 단지 구두(口頭)로만이 아니라 그의 직무활동에 있어서 긍정하고 지지해야 한다는 것이다. 나아가, 정치적 충성의무는 공무원에 대하여 국가와 헌법질서를 공격하고 파괴하고자 하는 시도나 세력으로부터 명백하게 거리를 둘 것을 요청한다. 물론, 공무원도 국가를 비판할 수 있고 사회적·정치적 상태의 변화를 위하여 노력할 수 있으나, 국가와 헌법질서를 문제 삼지 않는다는 전제하에서, 즉 국가와 헌법질서에 동의하고 이를 긍정하는 바탕 위에서 비판과 개혁적 시도가 이루어져야 한다. 공무원의 정치적 충성의무와 정치적 중립의무는 서로 모순되지 않는다. 공무원의 정치적 중립성은 자유민주적 기본질서의 기반 위에서 인정되는 것이기 때문이다.

(3) 공무원의 적격여부를 판단하는 중요한 기준

헌법이 '방어적 민주주의'를 채택하고 있다는 관점에서, 헌법에 대한 공무원의 충성의무는 특별한 의미를 가진다. 헌법이 가치중립적 질서가 아니라 '자유민주적 기본질서'라는 특정 가치를 채택하여 이를 방어하고자 한다는 것은, 국가와 자유민주적 기본질서를 부정하고 이에 맞서 투쟁하고자 하는 사람을 공직에 임용해서는 안 된다는 것을 의미한다. 따라서 헌법에의 충성의무는 공무원의 임용과 승진에 있어서 공무원의 적격여부를 판단하는 중요한 기준이다. 자유민주국가가 자신을 파괴하고자 하는 자의 수중에 들어가서는 안 되기 때문이다. 헌법은 일반국민에 대해서는 국가와 헌법에 대한 충성의무를 부과하지 않지만, 공무원에 대해서는 정치적 충성의무를 부과하는 것이다. 국가는 특히 위기상황에서 '헌법을 긍정하고 지지하는 공무원집단'에 절대적으로 의존하고 있으며, 이러한 위기상황에서 정치적 충성의무는 그 진정한 가치를 드러낸다.

2. 직업공무원의 신분보장

가. 헌법적 의미

직업공무원의 신분보장은 일차적으로, 공무원의 충성의무 및 이로 인하여 필연적으로 수반되는 기본권제한에 대한 보상으로서 제공되는 국가의 보호·배려의무의 이행에 해당한다. 나아가, 직업공무원의 신분보장은 공무원의 지위를 법적·경제적으로 보장함으로써 동시에 직무수행의 독립성과 전문성, 공정성을 확보하고자 하는 것이다.[2]

---

1) 헌법의 수호에 관하여 제1편 제5장 I. 2. 참조.
2) 헌재 2004. 11. 25. 2002헌바8(지방공무원 직권면직), 판례집 16-2하, 282, 292, "만약 공무원이 공법상의 근무 및 충성관계를 바탕으로 국가와 특수한 관계를 맺고 있다는 이유로 이들의 권리를 제약하고 많은 의무를 부과하면서 그 신분을 보호할 수 있는 제도적 장치를 마련하지 않는다면, 이들의 불안정한 지위로 인해 행정의 안정성과 계속성은 담보될 수 없을 것이고, 직업공무원제도가 추구하는 공무의 원활한 수행이라는 목적은 달성될 수 없을 것이다."

직업공무원의 신분보장은 인사와 직무수행에 대한 외부의 영향력행사를 차단하는 효과를 가진다. 공무원을 종신직으로 임명하는 것은 직무수행의 독립성을 보장하기 위한 중요한 수단이다. 이러한 경우, 공무원은 임용권자의 재량에 의하여 면직될 수 없고, 선출직 공무원과는 달리 자신의 재임명이나 재선에 영향력을 행사할 수 있는 집단을 고려해야 할 필요가 없다. 헌법은 직업공무원의 신분을 보장함으로써, 정권교체에 따라 선거에서 승리한 정당이 전리품의 형식으로 공직을 처분하는 소위 '엽관제(獵官制)'를 방지하고, 정권교체에도 불구하고 행정의 연속성과 안정성을 제공하고자 하는 것이다. 이로써 정치적 세력경쟁에서 법치행정을 보장하는 안정적인 직업공무원제도를 확보할 수 있는 것이다.

또한, 경제적 보장도 직무수행의 독립성과 밀접한 관계에 있다. 공무원과 그 가족의 생계와 노후를 보장하는 적정한 급여와 연금이 지급된다는 것은 직무의 독립성에 크게 기여한다. 결국, 정치적 중립성과 공익실현의 구속을 받는 공무원의 직무수행은, 원칙적으로 終身으로 임명되고 경제적으로 적정하게 부양되며 연금의 형식으로 노후가 보장되는 신분보장을 통하여 비로소 가능하다. 이러한 점에서 직업공무원의 '신분보장'은 헌법 제7조 제1항의 '국민전체에 대한 봉사자'로서의 공무원의 공익실현의무 및 같은 조 제2항의 '정치적 중립성'의 확보와 밀접한 내적 연관관계에 있다.

나. 공무원지위의 법적 보장

사례 | 헌재 2002. 11. 28. 98헌바101(지방공무원 전입·전출 사건)

甲은 경기 양평군의 지방공무원인데, 양평군수는 甲의 사전동의 없이 지방공무원법 제29조의3("지방자치단체의 장은 다른 지방자치단체의 장의 동의를 얻어 그 소속 공무원을 전입할 수 있다.")을 근거로 하여 남양주시장의 동의를 얻어 甲에게 전출명령을 하였고, 남양주시장도 甲에게 전입임용을 하였다. 그러자 甲은 양평군수의 위 전출명령에 대하여 법원에 무효확인 또는 취소를 구하는 행정소송을 제기한 다음, 전출발령의 근거가 된 위 지방공무원법규정에 대하여 '지방공무원을 본인의 동의 없이 전입·전출할 수 있도록 하는 것은 직업공무원제도의 본질적 내용을 침해한다'고 주장하여 위헌심판제청을 신청하였으나, 기각되자 헌법소원심판을 청구하였다.

헌법 제7조 제2항의 신분보장에 비추어, 직업공무원관계는 원칙적으로 평생 직업으로 형성되어야 한다. 그러므로 직업공무원관계의 기본유형은 終身職 공무원이다(종신제 임명의 원칙).[1] 직업공무원은 이미 그의 직업교육의 단계에서부터 종신직으로서의 공무원관계를 염두에 두고 직업교육을 받게 되고, 임용 후에는 공직근무에 전념하게 된다. 또한, 행정의 효율성을 저해하고 이익충돌의 가능성을 수반하는 공무원의 부업이나 영리활동도 제한을 받는다.[2] 이에 대한 보상이 바로 공무원의 신분보장이다.

---

1) 헌재 1997. 4. 24. 95헌바48(동장의 신분보장), 판례집 9-1, 435, 436, [洞長의 지위를 신분보장을 받지 못하는 별정직공무원으로 정한 지방공무원법규정의 위헌여부] "직업공무원제도는 헌법이 보장하는 제도적 보장중의 하나임이 분명하므로 입법자는 직업공무원제도에 관하여 '최소한 보장'의 원칙의 한계 안에서 폭넓은 입법형성의 자유를 가진다. 따라서 입법자가 동장의 임용의 방법이나 직무의 특성 등을 고려하여 이 사건 법률조항에서 동장의 공직상의 신분을 지방공무원법상 신분보장의 적용을 받지 아니하는 별정직공무원의 범주에 넣었다 하여 바로 그 법률조항부분을 위헌이라고 할 수는 없다."
2) 국가공무원법은 제64조에서 '영리업무와 겸직'을 금지하고 있다.

직업공무원의 신분보장은 합리적인 공익상의 사유에 의하여 정당화되지 않는 이상 공무원의 의사에 반하여 불리한 신분조치를 취하는 것을 금지한다.[1] 따라서 공무원을 직권면직하는 경우, 공익상의 사유(예컨대, 직제의 폐지 등 객관적 사유나 직무수행능력의 결여, 형의 선고 등 주관적 귀책사유)에 의하여 정당화되어야 하고 합리적이고 공정한 절차를 통하여 직권면직 여부가 판단되어야 한다.[2] 공무원 조직의 원활한 운영이나 개편상 불가피한 경우가 아니라면 임용권자의 자의적인 판단에 의하여 직업공무원에게 면직 등 불리한 인사 조치를 할 수 없다는 것은 직업공무원제도의 본질적 내용에 속한다.[3] 한편, 공무원이 그가 현재 보유하고 있는 것의 현상유지를 요구할 권리, 위임된 공적 과제를 변경이나 축소 없이 행사할 권리, 특정 정년을 요구할 권리는 인정되지 않는다.[4]

다. 공무원지위의 경제적 보장

직업공무원의 신분보장은 경제적 보장 없이는 사실상 실현될 수 없기 때문에, 공무원에 대한 경제적 보장을 통하여 보완되어야 한다. 이로써 공무원은 그 지위에 있어서 법적으로 그리고 경제적으로 보장된다. 이러한 의미에서 직업공무원제도를 구성하는 중요한 요소 중 하나가 '국가의 부양원칙'이다. 국가는 공무원이 생계와 노후를 걱정할 필요 없이 직무에 전념할 수 있도록, 공무원에게 위임된 직무에 상응하는 적정한 급여와 연금을 제공해야 하는 의무를 진다.[5] 국가의 부양원칙은 부양가족으로 인하여 공무원에게 발생하는 부양의무도 현실에 부합하게 고려할 것을 요청한다. 공무원이 종신으로 직무에 전념하는 대신, 국가는 이에 대한 반대급부로서 적정한 급여와 연금의 형태로 부양의무를 이행하는 것이다.

3. 직업공무원의 정치적 중립성

가. 공익실현과 정당민주주의 실현을 위한 불가결한 요소

직업공무원의 정치적 중립성은 공무원의 공익실현의무로부터 나오는 당연한 요청이자 공익실현

---

[1] 국가공무원법은 제8장에서 신분보장의 의미를 "공무원은 형의 선고, 징계처분 또는 이 법으로 정하는 사유에 따르지 아니하고는 본인의 의사에 반하여 휴직·강임(降任) 또는 면직을 당하지 아니한다."고 하여 '공무원 의사에 반한 신분조치의 금지'의 의미로 규정하고 있다(제68조).
[2] 헌재 2004. 11. 25. 2002헌바8(지방공무원 직권면직), 판례집 16-2하, 282.
[3] 헌재 2002. 11. 28. 98헌바101(지방공무원의 전입·전출), 판례집 14-2, 609, 614, 헌법재판소는 위 결정에서 지방공무원의 동의를 받아야만 그를 전입·전출할 수 있는 것으로 심판대상조항을 합헌적으로 해석하는 것이 가능하다는 이유로 합헌결정을 하였다, "공무원에 대한 기본법인 국가공무원법이나 지방공무원법에서도 … 직제와 정원의 개폐 또는 예산의 감소 등에 의하여 폐직 또는 과원이 되었을 때를 제외하고는 공무원의 귀책사유 없이 인사상 불이익을 받는 일이 없도록 규정하고 있는 것이다. 이는 조직의 운영 및 개편상 불가피한 경우 외에는 임명권자의 자의적 판단에 의하여 직업공무원에게 면직 등의 불리한 인사조치를 함부로 할 수 없음을 의미하는 것으로서 이에 어긋나는 것일 때에는 직업공무원제도의 본질적 내용을 침해하는 것이 되기 때문이다. 이 사건 법률조항은 지방공무원의 귀책사유를 요건으로 하지 않으며, 전출 지방자치단체의 장이 동의를 함에는 직제와 정원의 개폐 또는 예산의 감소 등에 의하여 폐직 또는 과원이 되는 등의 불가피한 사정이 있을 것을 요하지 않는다. 따라서 이 사건 법률조항을, 지방공무원의 의사와 관계없이 지방자치단체의 장 사이의 동의만으로 지방공무원을 전출·전입시킬 수 있는 것으로 해석하면, 지방자치단체의 장의 자의적 판단에 의하여 실질적으로 면직에 버금가는 불리한 인사조치를 할 수 있다는 결론으로 귀착된다."
[4] 헌재 2000. 12. 14. 99헌마112(교육공무원의 정년단축), 판례집 12-2, 399, 410 참조.
[5] 국가공무원법은 제46조에서 표준생계비·민간의 임금 등 경제적 사정, 직무의 곤란성(困難性), 책임의 정도를 기준으로 하는 '보수결정의 원칙'을 규정하고 있다. 한편, 공무원의 급여나 연금의 삭감은 일차적으로 헌법 제23조의 재산권보장이 아니라, 국가의 부양의무 및 그에 대응하여 국가로부터 급여와 연금을 요구할 수 있는 공무원의 권리가 자리 잡고 있는 헌법 제25조 및 제7조 제2항을 기준으로 하여 판단해야 할 것이다, 유사한 취지로 또한, BVerfGE 76, 256, 294.

을 위한 불가결한 수단이다. 공무원이 특정 정치세력과 일체감을 가진다면, 직무를 중립적이고 공정하게 수행할 수 없고, 공익을 실현할 수 없다. 공무원이 모든 사회적·정치적 세력에 대하여 중립성과 등거리를 유지하는 것은 공익실현을 위하여 필수적인 것이다.

뿐만 아니라, 공무원의 정치적 중립성에 대한 요청은 정당민주주의가 기능하기 위한 필수적 조건이다. 정당민주주의는 한시적인 정권위임을 전제로 하는 정권교체의 가능성에 기초하고 있다. 정권은 국가권력의 한시적인 위임에 기인하는 반면, 직업공무원제도는 정권의 교체에 따른 정치적 변화에 대하여 영속적인 것을 구현하고 있다. 그러나 직업공무원제도의 영속성과 불변성은 정권교체에 따른 정치적 변화를 방해해서는 안 된다. 종래의 집권정당과 일체감을 가지는 행정은 정권의 교체를 통하여 이루어지는 민주적 변화를 봉쇄하게 된다. 따라서 국가에 대한 공무원의 충성의무는 필연적으로 정당정치적 중립성을 요청한다. 정치적으로 중립적인 국가행정만이 정당민주주의에서 정권교체 및 새로운 정권에 대한 적응을 가능하게 하는 것이다.

나. 정치적 세력에 대한 평형추

직업공무원제도는 지속적이고 안정적이며 일관성 있는 행정을 확보할 뿐만 아니라, 정치적 세력에 대한 평형추(平衡錘)의 역할을 한다. 여기서 '정치적 세력'이란 일차적으로 정당과 이익단체를 의미한다. 직업공무원에게는 사회세력 간의 이해대립에서 '전문성과 객관성을 가진 중립적 세력'으로 기능해야 하는 과제가 부여된다. 직업공무원은 행정상의 결정이나 법률안을 준비함에 있어서 사회 내에 존재하는 다양한 이익을 중립적이고 공정하게 교량해야 한다. 정당과 이익단체 간의 경쟁과 이익조정의 과정에서 발생하는 잘못된 현상을 교정하고 이에 대하여 평형추의 기능을 하는 것이 직업공무원이다.[1] 직업공무원은 정당과 이익단체에 고유한 성향인 이익추구의 편향성에 대하여 반대추(反對錘)의 기능을 함으로써, 이익조정과정에서 고려되지 않는 이익을 지지해야 하고 정치적 세력에 의한 일방적인 흐름을 수정해야 하는 것이다. 이러한 의미에서, 직업공무원제도는 현대 민주국가에서 권력분립을 실현하는 하나의 수단으로 간주되고 있다.[2]

다. 직업공무원의 政治化 문제

그러나 정치적 세력과 직업공무원 사이의 역할분담과 상호견제는 직업공무원의 政治化에 의하여 위협받고 있다. 특히, 공무원의 인사에 있어서 정당의 영향력행사는 공무원의 정치적 중립성에 대한 중대한 위협요소이다. 공무원의 인사에 있어서 정치적 성향을 고려하는 것은 선거직·정무직 공무원의 경우에는 정당하지만, 직업공무원의 경우 정당정치적 관점에서 공무원을 임명함으로써 공무원의 정치적 성향이 능력보다 우선한다면 공무원제도의 능력주의와 정치적 중립성은 근본적으로 위협을 받게 된다. 따라서 헌법은 제7조 제2항 및 제25조의 규정을 통하여 정치적 견해에 따른 모든 우대와 차별을 금지하고 있기 때문에, 직업공무원의 인사에 대한 정당의 영향력행사와 파당적 정실인사(派黨的 情實人事)는 헌법에 위반된다.

---

1) 다원적 민주주의에서 이익단체와 정당 작용의 전형적인 결합은 단체로서 조직되지 않은 부분이익이나 국민 모두와 연관되는 일반적 이익이 정치적 의사형성과정에서 제대로 고려되지 않는다는 것에 있다.
2) 이에 관하여 또한 제2편 제5장 제3절 III. 2. 라. '직업공무원제도의 권력분립적 기능' 참조.

4. 능력주의

가. 능력과 적성에 따른 공무원의 임용과 승진

직업공무원제도의 본질을 구성하는 또 다른 요소는 能力主義(Leistungsprinzip)이다.[1] 능력주의란, 공무원의 임용과 승진에 있어서 단지 공무원의 '능력과 적성'만이 유일한 기준으로서 고려될 수 있다는 원칙이다.[2] 능력주의는 평등원칙에 그 헌법적 근거를 두고 있다. 다수의 국민이 제한된 공직을 가지고 경쟁하는 경우, 평등민주주의의 관점에서 볼 때 직업공무원의 선발에서 고려될 수 있는 유일한 합헌적 기준은 '공직에의 적격성(適格性)', 즉 '능력과 적성'일 수밖에 없다. 공무원의 임용과 승진에 있어서 특권이나 특정인과의 관계가 아니라 공직에의 적격성이 결정적인 기준이 되어야 한다.

헌법 제25조의 공무담임권은 공무원선발의 구체적 기준을 제시하고 있지 않지만, 평등원칙의 관점에서 능력주의를 기준으로 삼을 것을 필연적으로 요청한다.[3] 헌법 제25조의 공무담임권은 적어도 직업공무원의 임용에 관한 한, "모든 국민은 능력에 따라 균등하게 공무를 담임할 권리를 가진다."의 의미로 이해되어야 한다.[4] 능력주의에 기초한 공무담임권은 민주적 평등의 산물이며, 직업공무원제도가 기능하기 위한 불가결한 전제조건이다. 헌법은 비록 능력주의를 명시적으로 언급하고 있지는 않지만, 공무담임권의 보장을 통하여 동시에 '능력주의'를 직업공무원제도의 본질적인 구성요소로서 보장하고 있는 것이다. 공무담임권의 헌법적 보장은 곧 능력주의의 헌법적 보장을 의미한다.

나. 행정의 독립성과 공정성을 확보하기 위한 필수적 요소

능력주의는 공무원의 임용과 승진에 있어서 지원자 간의 기회균등을 개인의 기본권적 지위로서 보장할 뿐만 아니라, 나아가 최적격자의 선발을 통하여 공적 과제의 효율적인 이행을 의도함으로써 동시에 공익에 기여한다. 능력주의는 행정의 독립성·공정성과 밀접한 연관관계에 있다. 행정의 독립성과 공정성은 직업공무원이 능력주의에 따라 선발되고 승진될 것을 요청한다. 능력주의는 행정의 효율성에 기여할 뿐만 아니라, 공직수행과 인사에 대한 외부의 영향력을 차단함으로써 행정의 독립성과 공정성에 기여한다. 공무원이 능력과 적성에 따라 선발·승진되는 것이 보장되지 않는다면, 임용권자나 정당·이익단체와 눈을 맞추고자 하는 기회주의가 그 자리를 대신할 것이다. 이러한 점에서, 능력주의는 직업공무원제도가 헌법에 의하여 부여받은 과제와 기능을 이행하기 위한 필수적 요소에 속한다.

---

1) 국가공무원법은 제2조 제2항에서 "경력직공무원이라 함은 실적과 자격에 의하여 임용되고 … "라고 규정하고, 제26조에서 "공무원의 임용은 시험성적·근무성적, 그 밖의 능력의 실증에 따라 행한다."고 하여 능력(성적)주의를 규정하고 있다.

2) 헌재 1993. 9. 27. 92헌바21(해직공무원 중 일부 특별채용대상에서 제외), 판례집 5-2, 267, 275, "이것이 엽관제에 대하여 성적제라고 할 수 있으며 우리나라의 공무원제도는 정무직공무원의 일부를 제외하고는 대부분 성적제를 채택하고 있다고 할 수 있다."; 헌재 1999. 12. 23. 98헌마363(제대군인 가산점제도), 판례집 11-2, 770, 797, "헌법 제25조의 공무담임권 조항은 모든 국민이 누구나 그 능력과 적성에 따라 공직에 취임할 수 있는 균등한 기회를 보장함을 내용으로 하므로, 공직자선발에 관하여 능력주의에 바탕한 선발기준을 마련하지 아니하고 해당 공직이 요구하는 직무수행능력과 무관한 요소를 기준으로 삼는 것은 국민의 공직취임권을 침해하는 것이 되는바, …"

3) 이에 대하여 독일 기본법 제33조 제2항은 "모든 독일인은 적성, 능력과 전문성에 따라 균등하게 공직에 취임할 권리를 가진다."고 하여 공직선발에 있어서 구체적인 기준을 스스로 언급하고 있다.

4) 이는 헌법 제31조 제1항에서 "모든 국민은 능력에 따라 균등하게 교육을 받을 권리를 가진다."고 하여 교육을 받을 권리를 '개인적 능력의 유보' 하에 둔 것과 그 맥락을 같이 한다.

다. 최적격자의 선발에 대한 요청

공직취임권은 종교나 정치적 성향 등 세계관과 관계없이 단지 능력과 적성에 따라 균등하게 부여되어야 한다. 다만, 공무원임용의 기준이 되는 '적성'에는 국가와 헌법에 대한 공무원의 정치적 충성의무도 속한다. 능력주의는 다른 지원자에 비하여 임용조건이나 승진조건을 보다 잘 충족시킨 지원자를 불리하게 대우하는 것을 금지한다. 능력과 적성을 공무원선발의 기준으로 삼아야 한다는 것은 임용과 승진의 최소한의 요건을 확보하기 위한 것일 뿐만 아니라, 지원자 중에서 이러한 기준에 비추어 최적격자의 선발을 요구하는 것이다. 물론, 공무원의 선발에 있어서 법원에 의하여 단지 제한적으로만 심사될 수 있는 관할 행정청의 판단재량이 인정된다. 공직자선발의 기준으로서 능력과 적성은 선거직 공무원을 제외한 모든 공무원선발에 적용된다.[1] 공무원의 '적성과 능력'을 판단하는 기준은 담당해야 할 개별 공무의 성격과 특성에 의하여 구체적으로 결정된다.

라. 임용과 승진에 있어서 우대의 문제[2]

(1) 가령, 남성보다 여성이 현저하게 적게 진출한 공직의 영역에서 공직에 보다 적합한 남성지원자보다 여성지원자를 임용과 승진에 있어서 우대하는 것은 직업공무원제도의 본질인 능력주의에 부합하지 않는다. 따라서 공무원의 임용에 있어서 '할당제'는 직업공무원제도에 위반된다. 다만, '여성의 권익향상'이라는 헌법의 목표규정에 비추어(헌법 제34조 제3항), 남성지원자와 여성지원자가 동등한 적합성과 능력을 보이는 경우, 여성을 임용과 승진에서 우대하는 것은 허용될 수 있다.[3]

(2) 또한, 헌법이 제34조 제5항에서 장애인과 사회적 약자에 대한 국가적 보호를 요청하고 있음에도, 공무원의 임용에 있어서 장애인의 우대는 허용되지 않는다. 헌법 제34조 제5항은 국가에 대하여 단지 사회국가적 배려를 요청하는 것으로서, 능력주의에 기초한 직업공무원제도를 상대화하는 헌법규범이 아니다. 다만, 여성지원자의 경우와 마찬가지로, 장애인이 동등한 조건을 갖추고 있는 경우에 한하여 사회국가적 관점에서 장애인의 우대가 고려될 수 있다.

마. 능력주의에 대한 예외

한편, 헌법이 명시적으로 능력주의에 대한 예외를 허용하거나 명령하는 경우에 한하여, 엄격한 능력주의에 기초한 공무원선발에 대한 예외가 허용될 수 있다. 헌법은 제32조 제6항에서 '국가유공자 등'에 한하여 우선적으로 근로의 기회를 제공할 수 있는 가능성을 개방함으로써 공무원의 선발에 있어서 능력주의에 대한 예외를 명시적으로 허용하고 있다. 여기서 '직업공무원제도'와 '능력주의에 대한 헌법적 예외규정'을 어떻게 조화시킬 것인지의 문제가 제기된다. 입법자는 능력주의에 기초하는 직업공무원제도의 근간도 유지하면서 국가유공자도 배려할 수 있도록, 충돌하는 양 법익을 서로 조화와 균형의 상태로 이끌어야 할 것이다.[4] 공무원 선발기준으로서 능력주의가 자리 잡게 된 역사적 배경이 왕족이나 귀족과 같은 특정 집단에 의하여 공직이 우선적으로 점령되는 것을 방지하고자 하는 데서 출발하였다는 점에서 보더라도, '국가유공자' 집단이 역사적으로 극복하고자 하였던 특정

---

1) 선출직이나 정무직 공무원의 경우에는 공무담임의 기준으로서 '능력'이 아니라 '정치적 성향이나 정치적 역량' 등 다른 기준이 고려된다.
2) 제3편 제3장 평등권 Ⅷ. 관련부분 참조.
3) 물론, 이러한 경우에도 사회국가적 관점 등에서 고려해야 할 남성지원자의 개인적 사유가 우위를 차지하지 않는 경우에 한하여 허용될 수 있을 것이다.
4) 이에 관하여 자세한 것은 제3편 제3장 평등권 관련부분 참조.

사회세력의 부활을 가져와서는 안 된다.

Ⅳ. 공무원의 기본권제한

사례 1 헌재 2004. 3. 25. 2001헌마710(초중등교원의 정치활동 제한 사건)

甲은 중등학교 교육공무원으로서, 제4회 지방의회의원 및 지방자치단체의 장 선거에서 정당의 당원이 되어 선거운동을 하고자 하였으나, 공무원의 정당가입 및 선거운동을 금지하는 정당법 및 공직선거및선거부정방지법에 의하여 자신의 정치적 활동이 봉쇄되어 있음을 확인하자, '교원의 정치적 활동을 학교 내에서의 교육활동에만 국한하여 제한하지 아니하고 근무시간 내외를 불문하고 일률적으로 금지하는 것은 단지 교육공무원이라는 이유만으로 국민으로서 가지는 정당가입 및 활동의 자유와 선거운동의 자유 등을 과도하게 제한하는 것'이라고 주장하면서 헌법소원심판을 청구하였다.[1]

사례 2 헌재 2008. 1. 17. 2007헌마700(대통령의 선거중립의무 준수요청 조치 사건)

중앙선거관리위원회 위원장은, 노무현 대통령이 2007. 6. 참평포럼 모임에서 차기 대통령선거에 있어서 특정 정당의 집권의 부당성을 지적하고 후보자가 되고자 하는 자를 폄하하는 취지로 한 발언에 대하여 대통령에게 '선거중립의무의 준수'를 요청하는 조치를 취하였다. 이에 대통령은 중앙선거관리위원회 위원장의 이러한 조치가 대통령 개인으로서 가지는 정치적 표현의 자유를 침해하였다고 주장하면서 헌법소원심판을 제기하였다.[2]

---

1) 헌재 2004. 3. 25. 2001헌마710(초·중등교원의 정치활동 제한), 판례집 16-1, 422, 423, [이 사건 법률조항이 청구인들의 정치적 자유권을 침해하는지 여부(소극)], "이 사건 법률조항이 청구인들과 같은 초·중등학교 교원의 정당가입 및 선거운동의 자유를 금지함으로써 정치적 기본권을 제한하는 측면이 있는 것은 사실이나, 공무원의 정치적 중립성 등을 규정한 헌법 제7조 제1항·제2항, 교육의 정치적 중립성을 규정한 헌법 제31조 제4항의 규정취지에 비추어 보면, 감수성과 모방성 그리고 수용성이 왕성한 초·중등학교 학생들에게 교원이 미치는 영향은 매우 크고, 교원의 활동은 근무시간 내외를 불문하고 학생들의 인격 및 기본생활습관 형성 등에 중요한 영향을 끼치는 잠재적 교육과정의 일부분인 점을 고려하고, 교원의 정치활동은 교육수혜자인 학생의 입장에서는 수업권의 침해로 받아들여질 수 있다는 점에서 현 시점에서는 국민의 교육기본권을 더욱 보장함으로써 얻을 수 있는 공익을 우선시해야 할 것이라는 점 등을 종합적으로 감안할 때, 초·중등학교 교육공무원의 정당가입 및 선거운동의 자유를 제한하는 것은 헌법적으로 정당화될 수 있다."; 또한, 유사한 취지로 헌재 2014. 3. 27. 2011헌바42, 판례집 26-1상, 375 참조.
2) 헌재 2008. 1. 17. 2007헌마700(대통령의 선거중립의무 준수요청 조치), 판례집 20-1상, 139, 159-160, [대통령의 기본권 주체성 여부(적극)] "심판대상 조항이나 공권력 작용이 넓은 의미의 국가 조직영역 내에서 공적 과제를 수행하는 주체의 권한 내지 직무영역을 제약하는 성격이 강한 경우에는 그 기본권 주체성이 부정될 것이지만, 그것이 일반 국민으로서 국가에 대하여 가지는 헌법상의 기본권을 제약하는 성격이 강한 경우에는 기본권 주체성을 인정할 수 있다. … 그러므로 대통령도 국민의 한사람으로서 제한적으로나마 기본권의 주체가 될 수 있는바, 대통령은 소속 정당을 위하여 정당활동을 할 수 있는 사인으로서의 지위와 국민 모두에 대한 봉사자로서 공익실현의 의무가 있는 헌법기관으로서의 지위를 동시에 갖는데 최소한 전자의 지위와 관련하여는 기본권 주체성을 갖는다고 할 수 있다. … 그런데 참평포럼 모임 … 은 사적인 성격이 강한 행사이어서 그곳에서의 발언이 엄밀한 의미에서 대통령의 직무와 관련하여 행해진 것으로 단정하기 어려울 뿐만 아니라, 이 사건 조치의 대상이 된 발언내용 중 상당 부분이 청구인 개인의 정치적 발언들로서 그 전부가 대통령의 권한이나 직무영역과 밀접하게 관련된 것이라고 보기도 어렵다."; 판례집 20-1상, 139, 143, [선거에서 공무원의 중립의무를 규정하는 공직선거법규정이 공무원의 정치적 표현의 자유를 침해하는지의 여부(소극)] "민주주의 국가에서 공무원 특히 대통령의 선거중립으로 인하여 얻게 될 '선거의 공정성'은 매우 크고 중요한 반면, 대통령이 감수하여야 할 '표현의 자유 제한'은 상당히 한정적이므로, 위 법률조항은 법익의 균형성도 갖추었다 할 것이고, 결국 이 사건 법률조항이 과잉금지원칙에 위배되어 청구인의 정치

사례3 헌재 2012. 5. 31. 2009헌마705 등(국가공무원 복무규정 사건)

대통령령으로 제정된 국가공무원 복무규정은 '공무원은 집단·연명으로 또는 단체의 명의를 사용하여 국가의 정책을 반대하거나 국가 정책의 수립·집행을 방해해서는 아니 된다'(제3조 제2항)고 규정하고, '공무원은 직무를 수행할 때 근무기강을 해치는 정치적 주장을 표시 또는 상징하는 복장 등을 착용해서는 아니 된다'고 규정하고 있다. 국가공무원인 甲은 위 규정들이 정치적 표현의 자유 등을 침해한다고 주장하면서 헌법소원심판을 청구하였다.

1. 국민의 공복이자 기본권의 주체로서 공직자의 이중적 지위

모든 공직자는 공익실현의 의무가 있는 국민의 공복이자, 동시에 기본권에 의하여 보장된 자유의 행사를 통하여 자신의 인격을 발현하는 기본권의 주체이다.[1] 공직자도 기본권의 주체로서 모든 국민과 마찬가지로 기본권에 의하여 보장된 자유를 누린다. 따라서 공직자도 가령 표현의 자유를 행사하여 자신의 정치적 견해나 종교적·세계관적 입장을 표명하고 이로써 타인의 의견형성에 영향을 미칠수 있다. 동일한 주체에 인정되는 상이한 두 가지 법적 지위는 공무원의 공직수행에 있어서 서로 혼합될 우려가 있기 때문에, 입법자가 공무원제도를 입법을 통하여 구체적으로 형성함에 있어서 '공직자로서의 지위'와 '기본권주체로서의 지위'를 어떻게 양립시키고 조화시킬 수 있는지의 문제가 공무원제도의 본질적인 문제로서 제기된다.

2. 공무원의 기본권주체성

여기서 일차적으로, 공무원이 어떠한 경우에 또는 어떠한 상황에서 기본권의 주체로서 기본권을 주장할 수 있는지의 문제가 제기된다. 공무원의 기본권주체성의 문제는 무엇보다도 공무원이 어떠한 경우에 기본권의 적용영역으로부터 이탈하여 국가과제수행의 영역에 편입되었기 때문에 더 이상 기본권을 주장할 수 없는지의 관점[2] 및 '공무원이 어떠한 경우에 국가와의 관계에서 기본권이 보호하고자 하는 전형적인 위험상황에 처할 수 있는지'의 관점[3]에서 판단되어야 한다.

가. 직무수행의 영역

(1) 공직의 특징적 요소는 그에 귀속된 객관적 과제와 이에 수반되는 공직자의 객관적 의무이다. 공직은 국민에 대한 봉사이지 개인의 자기실현의 수단이 아니다. 자기실현을 위한 개인의 자유는 위임된 국가권력으로서의 공직의 사고 및 국민에 대한 이타적인 봉사의 사고에 부합하지 않는다. 공직

적 표현의 자유를 침해하는 것으로 볼 수 없다."

1) 헌재 2004. 5. 14. 2004헌나1(대통령 노무현 탄핵), 판례집 16-1, 609, 638, "모든 공직자는 선거에서의 정치적 중립 의무를 부과 받고 있으며, 다른 한편으로는 동시에 국가에 대하여 자신의 기본권을 주장할 수 있는 국민이자 기본권의 주체이다. 마찬가지로, 대통령의 경우에도 소속정당을 위하여 정당활동을 할 수 있는 사인으로서의 지위와 국민 모두에 대한 봉사자로서 공익실현의 의무가 있는 헌법기관으로서의 대통령의 지위는 개념적으로 구분되어야 한다."
2) 공무원이 국가조직 내에서 국가를 위하여 그 기관으로서 활동하는 경우에는 국가로부터 개인의 영역을 보호하고자 하는 기본권의 기능은 작동하지 않는다.
3) 기본권을 주장하는 자가 기본권이 보호하고자 하는 전형적인 위험상황에 처할 수 있는지의 여부는 기본권의 주체성을 판단하는 결정적인 기준이다. 공법인이 예외적으로 기본권의 주체가 될 수 있는지의 여부를 판단하는 기준도 이와 동일하다. 공법인의 기본권주체성에 관하여 제3편 제1장 제3절 II. 2. 참조.

자는 직무수행에 있어서 국민의 기본권을 존중해야 하고 기본권의 구속을 받는 것이지, 스스로 기본권을 주장할 수 없다. 공직자가 직무수행에 있어서 기본권적 자유를 주장할 수 있다면, 공직은 주관적 독단과 자기실현의 수단으로 변질될 것이며, 자의적인 공권력행사를 가능하게 함으로써 법치국가의 종말을 의미할 것이다. 그러므로 국가과제의 수행을 의미하는 '공직'과 '개인의 기본권적 자유'는 원칙적으로 양립할 수 없으며 동시에 실현될 수 없다.

개인이 국가와의 관계에서 기본권에 의하여 보호되는 자유를 행사하는 반면, 국가는 개인과의 관계에서 기본권이 아니라 권한과 관할에 근거하여 활동한다. 공직자가 국가의 기능과 과제를 이행하는 경우, 공직자는 국가조직의 일부로서 기본권이 아니라 권한과 관할을 행사하는 것이다. 공직자는 공적 과제를 수행하는 영역에서 사인으로서 국가와 대치하고 있지 않으므로, 기본권이 보호하고자 하는 전형적인 위험상황에 처할 수 없고, 이로써 기본권에 의한 보호를 필요로 하지 않는다. 즉, 공직자가 국가조직 내에서 국가의 기관으로서 활동하는 경우에는 국가로부터 개인의 영역을 보호하고자 하는 기본권은 기능하지 않는다.[1]

(2) 공직자가 직무수행의 영역에서 기본권을 주장할 수 없다고 하는 것은 다음의 예에서 뚜렷하게 드러난다. 행정행위는 개인의 '일반적 행동자유권'의 표현이 아니라 국가권한의 행사이다. 공직자의 직무상 입장표명은 '표현의 자유'에 의하여 보호되는 개인의 의견표명이 아니라, 국가기관의 공식적인 입장 표명이다. 공직자는 직무상의 발언에 있어서 원칙적으로 상관의 지시 및 그가 속한 국가기관의 일반적 지침에 따라야 한다. 공직자는 근무공간에서 '주거의 자유'의 보호를 받지 못하며, 공직자가 직무수행을 위하여 근무지의 전화를 사용하는 경우에는 '통신의 비밀'의 보호를 받지 못한다.[2] 공무원이 상관의 지시에 따라 업무를 처리하는 경우, 국공립학교 교사가 교육청의 지시에 따라 수업을 실시하는 경우 등에도 기본권을 주장할 수 없다. 교사의 수업활동은 교사의 사적인 기본권행사가 아니라 기본권의 구속을 받는 국가교육권한의 행사이다. 따라서 교사는 수업활동에 있어서 학부모나 학생의 기본권을 존중해야 할 의무를 지고 이에 따른 구속을 받는다.[3]

나. 근무영역

(1) 공직자는 근무영역에서도 개인적 법적 지위가 문제되는 경우에는 원칙적으로 기본권의 주체이다. 공직자가 국가조직의 일부로서 공적 과제를 수행하는 경우에는 기본권의 주체가 아니라 기본권의 구속을 받는 국가기관에 해당하지만, 공직자는 근무영역에서도 국가와의 관계에서 사인의 지위를 가지고 대립함으로써 기본권이 보호하고자 하는 전형적인 위험상황에 처할 수 있다. 가령, 법관으로 하여금 사법의 독립성과 권위의 상징적 표현으로서 법복을 입도록 규정하거나 경찰공무원이나 군인에게 제복을 입도록 규정하는 경우, 제복을 착용하는 공무원에 대하여 근무시간 중 목걸이나 귀걸이의 착용을 금지하는 경우, 공무원에 대하여 근무시간 중 특정 종교의 상징물이나 정치적 표어를

1) 헌재 2008. 1. 17. 2007헌마700(대통령의 선거중립의무 준수요청 조치), 판례집 20-1상, 139, 159, "심판대상 조항이나 공권력 작용이 넓은 의미의 국가 조직영역 내에서 공적 과제를 수행하는 주체의 권한 내지 직무영역을 제약하는 성격이 강한 경우에는 그 기본권 주체성이 부정될 것이지만, …."
2) 통신의 비밀은 국가가 직무수행을 위하여 공무원에게 제공한 통신시설과 관련하여 통신이용상황에 관하여 정보를 얻는 것으로부터 보호하지 않는다. 따라서 고용주인 국가가 예산사용을 통제하기 위하여 또는 사적인 통화에 대하여 통신비용을 징수하기 위하여 국가에 의하여 제공된 통신시설을 통하여 어떠한 통화가 이루어지는지를 확인하기 위한 조치를 취하는 경우, 공무원의 통신의 비밀이 침해되지 않는다. vgl. BVerwG, NVwZ 90, 71.
3) 이에 관하여 상세하게 제3편 제7장 제2절 VI. 4. '교사의 교육의 자유(수업권)' 부분 참조.

담은 배지의 착용을 금지하는 경우가 이러한 상황에 해당한다. 이러한 경우, 공직으로부터 나오는 권한이나 관할이 아니라, 근무 중 기본권의 행사에 관한 것으로 공무원의 개인적인 관계가 침해된다.

(2) 공직자의 기본권에 대한 제한은 근무영역에서도 정당한 목적을 달성하기에 적합하고 필요한 경우에 한하여 허용되지만, 공직자는 근무관계의 목적 및 기능보장으로부터 요청되는 광범위한 기본권제한을 감수해야 한다. 국가행정의 원활한 기능이 공직자의 기본권행사에 의하여 저해되어서는 안 되므로, 근무영역에서 공직자의 기본권은 직무상의 이익 등 공익실현을 위하여 광범위하게 제한될 수 있다.

공직자는 근무영역에서도 기본권주체성을 상실하지 않으므로, 일반적으로 근무 중 자신의 복장 및 외양에 관하여 스스로 결정할 수 있다. 그러나 근무 중 자신의 취향에 따라 복장과 외양을 선택할 자유는 '공직의 요청(직무상 이익)과 부합하는 한 허용된다'는 유보 하에 있다.[1] 즉, 외양에 관한 공직자의 자기결정권의 한계는 '공직자가 스스로 선택한 외양에 의하여 직무수행의 공정성과 객관성에 대한 국민의 신뢰가 저해되어서는 안 된다'는 것에 있다. 이러한 점에서, 정치적인 신념을 표현하는 배지나 종교적 상징물, 그 외에 공직과 부합하지 않는 복장은 국가에 의하여 금지될 수 있다.

가령, 남성 경찰공무원의 장식물 착용은 일반적 행동자유권에 의하여 보장되는 것이나, 이로 인하여 경찰행정에 대한 국민의 신뢰가 저해될 우려가 있는 경우에는 금지될 수 있다. 또한, 종교적 상징물이나 정치적 표어를 적은 배지의 착용도 종교의 자유나 표현의 자유에 의하여 보호되는 것이지만, 공정하고 중립적인 국가행정이나 국가의 종교적 중립성에 대한 국민의 신뢰를 저해할 우려가 있는 경우에는 착용금지가 헌법적으로 정당화된다.[2] 뿐만 아니라, 근무영역에서 직장동료간의 정치적 의견표명은 표현의 자유에 의하여 보호되지만, 원활한 직무수행과 근무지의 평화로운 작업분위기를 저해하지 않는 범위 내에서만 허용된다.[3]

다. 직무 외의 영역(사적 영역)

(1) 한편, 공직자는 직무 외의 영역(사적 영역)에서는 사인이자 기본권의 주체이다. 공직자는 직무 외의 영역에서는 가령, 개인적인 생활형성이나 사회적 활동, 민주적 참여에 있어서 다른 모든 개인과 마찬가지로 기본권적 자유를 누린다. 가령, 경찰공무원은 근무시간 외에 사복으로 특정 종교의 선교활동을 할 수 있으며, 사인으로서 공적 행사에 참여할 수 있고, 정치적으로 의견을 표명할 수 있다.

---

1) 공무원에게 위임된 직무가 그 성격상 외양에 있어서 국가의 권위를 묘사하는 복장, 공정하고 객관적인 직무수행을 대변하는 복장을 요청한다면, 제복의 착용이 정당화될 수 있다. 제복을 착용하지 않는 공직자는 일반적으로 자신의 근무복장에 관하여 스스로 결정할 수 있지만, 자신에게 부과된 공적 과제의 이행, 공직의 권위, 공정성과 불편부당성에 대한 국민의 신뢰를 고려해야 한다.

2) 국공립학교 교사의 종교적 상징물 착용에 관하여 제3편 제4장 제6절 제2항 '종교의 자유' IV. 2. 참조. 또한, 헌재 2012. 5. 31. 2009헌마705 등(국가공무원 복무규정), 공보 제188호, 1082, [직무 수행 중 정치적 주장을 표시하는 복장 등의 착용행위를 금지한 국가공무원 복무규정이 공무원의 정치적 표현의 자유를 침해하는지 여부(소극)] "위 규정들은 공무원의 근무기강을 확립하고 공무원의 정치적 중립성을 확보하려는 입법목적을 가진 것으로서, 공무원이 직무 수행 중 정치적 주장을 표시·상징하는 복장 등을 착용하는 행위는 그 주장의 당부를 떠나 국민으로 하여금 공무집행의 공정성과 정치적 중립성을 의심하게 할 수 있으므로 공무원이 직무수행 중인 경우에는 그 활동과 행위에 더 큰 제약이 가능하다고 하여야 할 것인 바, 위 규정들은 오로지 공무원의 직무수행 중의 행위만을 금지하고 있으므로 침해의 최소성원칙에 위배되지 아니한다. 따라서 위 규정들은 과잉금지원칙에 반하여 공무원의 정치적 표현의 자유를 침해한다고 할 수 없다."

3) 가령, 근무영역에서의 정치적 의견표명은 직무와 직장의 분위기를 해치지 않는 직장동료간의 사적인 대화로서 허용되나, 계획적이고 지속적인 정치적 선전활동으로서 정치적 의견표명은 허용되지 않는다.

　　그러나 이와 같이 공직자의 역할에 따라 기본권의 주체성과 효력을 달리 판단하는 것은 단지 개념적으로만 가능하다. 현실에 있어서는 공직의 영역과 사적 생활형성의 영역이 명확하게 구분될 수 없기 때문에, 위와 같은 구분은 단지 원칙적인 방향만을 제시할 뿐이다. 공직은 단지 형식적으로 법규범과 복무의무를 준수하는 것 이상의 것을 공직자로부터 요구하며, 이러한 공직의 본질은 공직자에 있어서 사적인 것과 공적인 것을 명확하게 구분하는 것을 불가능하게 한다. 국가와 헌법에 대한 충성의무, 직무전념의 의무, 품위유지의 의무, 종교중립의 의무 등 공무원의 복무의무는 공직자의 사적인 생활형성의 영역에 대해서도 영향을 미칠 수밖에 없다. 이는 공직자의 사적인 생활형성에 미치는 '공직의 방사효(放射效)'라 할 수 있다.

　　(2) 공직자는 직무 외의 사적 영역에서도 공직을 배려해야 한다. 공직을 배려해야 하는 공직자의 일반적 의무는 공직자의 사적인 생활형성과 기본권의 행사에도 큰 영향을 미친다. 사적 영역에서도 공직자의 기본권행사로 인하여 직무상의 이익이 손상되거나 공익이 위협받아서는 안 되므로, 직무상의 이익이 사적 영역에서의 기본권행사에 대한 제한을 요청할 수 있다.

　　공직자는 근무시간 외에 부업을 행사할 수 있으나, 부업으로 인하여 직무상의 이익, 특히 직무의 원활한 수행이 저해될 우려가 있다면, 부업은 금지될 수 있다. 공직자는 국가의 종교적 중립의무에도 불구하고 사인으로서 종교의 자유를 행사할 수 있으나, 사적 영역에서의 공직자의 선교활동으로 인하여 일반국민에 대하여 편파의 우려를 낳을 수 있는 충분한 객관적 근거를 제공하는 경우에는 예외적으로 선교활동이 금지될 수 있다. 주거지를 선택함에 있어서도 공직자의 거주이전의 자유는 근무지 거주의무에 의하여 제한될 수 있다. 그 외에도 공직자는 사적인 생활형성에 있어서 공직에 대한 국민의 신뢰를 저해하기에 적합한 행위를 해서는 안 된다는 '품위유지의 의무'에 의하여 공직자의 사적인 자유는 제한된다.

　　사적 영역에서도 공직자는 표현의 자유를 무제한적으로 주장할 수 없다. 공직자는 사적 영역에서도 직무와 관련되는 사안에 관하여 발언하는 경우에는 직무상 알게 된 비밀을 엄수해야 하고, 나아가 국가와 자유민주적 기본질서를 부정하고 이에 맞서 투쟁하고자 하는 발언을 해서는 안 되므로, 공직자의 표현의 자유는 그 내용에 있어서 '비밀엄수의 의무' 및 '헌법에 대한 충성의무'에 의하여 제한된다. 직무 외의 사적 영역에서 정치적 의견표명은 공직자에게 원칙적으로 허용되지만, 그 방식에 있어서 공정하고 중립적인 국가행정에 대한 국민의 신뢰가 손상되지 않도록 발언해야 한다는 '정치적 자제의 의무'에 의하여 제한을 받는다. 직무 외에 정치적으로 활동하는 공직자의 언행으로 인하여, 공직자가 더 이상 자신의 직무를 공정하게 수행할 수 없으리라는 인상을 국민에게 주어서는 안 된다.[1] 직무 외의 영역에서 공직자는 국민으로서 정치적으로 활동할 수 있으나, 공직자의 정치적 참여는 공직수행에 부정적인 영향을 미치거나 공정성을 위협하거나 외부인에 대하여 편파적인 인상을 줌으로

---

1) 헌재 2004. 5. 14. 2004헌나1(대통령 노무현 탄핵), 판례집 16-1, 609, 638, "다만, 대통령이 정치인으로서 표현의 자유를 행사하는 경우에도, 대통령직의 중요성과 자신의 언행의 정치적 파장에 비추어 그에 상응하는 절제와 자제를 하여야 하며, 국민의 시각에서 볼 때, 직무 외에 정치적으로 활동하는 대통령이 더 이상 자신의 직무를 공정하게 수행할 수 없으리라는 인상을 주어서는 안 된다. 더욱이, 대통령의 절대적인 지명도로 말미암아 그의 '사인으로서의 기본권행사'와 '직무범위 내에서의 활동'의 구분이 불명확하므로, 대통령이 사인으로서의 표현의 자유를 행사하고 정당활동을 하는 경우에도 그에게 부과된 대통령직의 원활한 수행과 기능유지 즉, 국민 전체에 대한 봉사자라는 헌법 제7조 제1항의 요청에 부합될 수 있도록 해야 한다."

써 공직에 대한 신뢰를 손상해서는 안 된다.

3. 공무원의 전면적인 정치활동금지의 헌법적 문제

가. 정치적 중립성 확보를 위한 수단으로서의 문제점

공무원의 정치적 중립성은 직무수행에 국한된 것이기 때문에, 공무원 '개인으로서의 정치활동'까지 금지하는 것은 아니다. 이러한 관점에서 볼 때, 공무원에 대한 획일적인 정치활동금지가 공무원의 정치적 중립성을 확보하기 위하여 반드시 필요한 수단인지에 대하여 의문이 든다.[1] 국민의 공복이자 기본권의 주체인 공직자의 이중적 지위에 비추어, 공무원의 정치활동금지는 원칙적으로 '공직에서의 정치활동'에 제한되어야 한다. '국민의 공복으로서의 지위'와 '기본권주체로서의 지위'가 가능하면 양립할 수 있도록 공무원제도가 형성되어야 하고, 공무원의 기본권은 직업공무원제도의 기능에 불가결한 중립성과 공정성을 확보하기 위하여 필요한 범위 내에서 제한되어야 한다.

입법자는 공무원제도를 구체적으로 형성함에 있어서 공무원의 이중적 지위가 양립할 수 있도록 그에 필요한 수단을 마련할 수 있다. 대표적인 것이 직무수행에 있어서 공무원의 정치적 중립의무 및 정치적 자제의 의무를 부과하고 이를 징계 등을 통하여 관철하는 것이다. 입법자는 이러한 방법을 통하여, 한편으로는 '기본권의 주체로서 공무원'에게 정치적 자유의 행사를 가능하게 하면서, 다른 한편으로는 '국민의 공복으로서 공무원'에게 직무수행의 영역에서 중립성과 공정성의 의무를 부과함으로써 공공복리의 실현을 보장하고자 시도할 수 있다.[2]

공무원에게 정치적 중립의무와 공익실현의무를 부과하고 의무위반의 경우 이를 강력하게 징계함으로써 직무수행에 있어서 정치적 자유의 자의적인 행사가 방지될 수 있음에도 불구하고, 공무원의 정치적 자유를 전면적으로 부정하는 것은 공무원의 기본권에 대한 과도한 제한으로 간주된다.[3] 따라서 공무원의 정치활동을 직무의 영역에 국한하지 아니하고 전반적으로 금지하는 것은, 이러한 의무부과를 통하여 직무수행의 중립성을 확보할 수 없다고 판단되는 경우에 비로소 최종적으로 고려될 수 있는 수단이다. 뿐만 아니라, 교육공무원을 포함하여 모든 공무원을 전면적인 정치활동금지의 적용대상으로 삼음으로써 다수의 국민을 정당활동 등 민주적 참여의 가능성으로부터 배제하는 것이 반드시 필요한 것인지, 정치활동금지의 적용대상이 되는 공무원의 범위가 지나치게 광범위한 것은 아

---

1) 국가공무원법은 제65조에서 정당의 결성과 가입의 금지를 비롯하여 '정치운동의 금지'를 규정하고 있다.

2) 헌재 2014. 3. 27. 2011헌바42, 판례집 26-1상, 375, 394-395, [재판관 4인의 반대의견] "공무원의 정치적 중립성을 보장하기 위해 공직에서의 정치활동을 제한하는 것으로 충분한데도, 획일적이고 전면적으로 정당 가입을 금지하는 것은 공무원의 기본권 주체로서의 지위를 부인하는 것이다. 또한 공무원의 정당 가입을 인정한다고 하여 곧바로 정치적 중립성이 훼손되거나 교육의 중립성이 보장된다고 볼 수도 없다. 민주주의가 정착된 주요 국가에서 공무원의 정당 가입을 금지하고 있는 나라를 찾아볼 수 없는데, 이는 공무원의 정당 가입을 허용한다고 하여 정치적 중립성이 훼손되거나 공무원에 대한 국민의 신뢰가 낮아지지 않는다는 것을 반증한다. … 정당가입 금지조항과 같은 별도의 규정을 두지 않더라도 이미 국가공무원법에는 공무원의 정치적 중립성을 확보하고 근무기강을 확립하는 방안이 충분히 마련되어 있다. 그럼에도 불구하고 이 사건 정당가입 금지조항이 공무원의 정당 가입을 일반적으로 그리고 사전적으로 금지하고 있다는 점에서도 침해의 최소성 원칙에 위배된다."

3) 헌법재판소는 초·중등학교의 교육공무원이 정치단체의 결성에 관여하거나 이에 가입하는 행위를 금지한 국가공무원법조항 중 '그 밖의 정치단체'에 관한 부분은 명확성원칙 및 과잉금지원칙에 위배된다는 이유로 헌법에 위반된다고 판단한 반면, 초·중등학교의 교육공무원이 정당의 결성에 관여하거나 이에 가입하는 행위를 금지한 정당법조항 및 국가공무원법조항 중 '정당'에 관한 부분은 기존 결정의 판시내용을 그대로 유지하여 헌법에 위반되지 않는다고 판단하였다(헌재 2020. 4. 23. 2018헌마551).

닌지 의문이 제기된다. 물론, 이러한 판단은 우리의 정치문화, 법문화, 국민의 민주적 성숙도, 직업공무원제도의 확립여부 등 다양한 사실적 요소에 대한 평가적 판단을 요하는 문제이다.[1]

나. 공무원의 政治化 방지의 요청

공무원의 정치화, 특히 공무원에 대한 정당의 영향력행사를 사전에 방지하기 위하여, 최후적 수단으로서 공무원의 정당가입금지를 생각해 볼 수 있다. 즉, 공무원과 정당가입은 양립할 수 없는 것으로 규정함으로써, 정당이 공무원의 인사나 직무수행에 대하여 영향력을 행사하는 것을 차단하고자 하는 것이다.[2] 공무원의 임용과 승진에 있어서 개인의 능력과 적성뿐만 아니라 정당소속의 여부가 함께 고려되거나 또는 결정적으로 작용함으로써 파당적 정실인사가 이루어진다면, 공무원은 기회주의적인 이유에서 특정 정당에 가입하고자 하는 유혹을 느끼게 되고, 정당은 후원받은 공무원으로부터 업무관련 정보를 획득하고 직무수행에 영향력을 행사하고자 시도할 것이다.[3] 정당에 의한 공무원의 정치화는 능력주의에 기초한 직업공무원제도의 붕괴를 가져오고, 공익실현을 위하여 불가결한 공무원의 독립성과 중립성을 훼손하게 된다.

4. 근로3권의 제한

헌법 제33조 제2항은 "공무원인 근로자는 법률이 정하는 자에 한하여 단결권·단체교섭권 및 단체행동권을 가진다."고 규정함으로써 직업공무원에게는 원칙적으로 근로3권을 부인하면서, 다만, 입법자가 법률로써 일정 범위의 공무원에 한하여 근로3권을 인정할 수 있는 가능성을 규정하고 있다. 공무원의 근로3권에 관하여는 제3편 제7장 제4절 근로3권 부분에서 다루기로 한다.

제 4 절　選擧管理委員會

I. 선거관리위원회 제도의 헌법적 의미

헌법은 '선거관리'에 별도로 하나의 독립된 章(제7장)을 할애하면서, 제114조 제1항에서 "선거와 국민투표의 공정한 관리 및 정당에 관한 사무를 처리하기 위하여 선거관리위원회를 둔다."고 규정하고 있다. 선거관리가 그 성질상 집행작용에 속하는 것임에도 헌법이 독립된 헌법기관인 선거관리위원회를 설치하여 이에 선거와 정당에 관한 사무를 맡기고 있는 것은 대의제에서 선거와 정당에게 부여되는 중요한 기능과 불가분의 관계에 있다.

선거와 정당은, 정권획득을 위하여 다수의 정당이 서로 경쟁하는 현대 경쟁민주주의의 본질적 요

---

1) 헌법재판소는 헌재 2004. 3. 25. 2001헌마710결정(초·중등교원의 정치활동 제한)에서 공무원에 대한 전면적인 정치활동금지의 헌법적 문제점을 인식하면서도 현 시점에서는 우리의 정치적 문화 수준 등에 비추어 정당화된다고 판단하고 있다(판례집 16-1, 422, 439 참조).

2) 물론, 이 경우에도 영국의 모델에 따라 정당가입금지를 고위공직자에 한정하는 것을 고려해 볼 수 있다. 하위공직자의 경우 정당가입을 허용한다 하더라도 공무의 성질상 정치적 중립성을 훼손할 가능성이 적기 때문이다.

3) 뿐만 아니라, 정당은 공무원제도를 정당에 공헌한 당원의 생계를 보장하는 수단(소위 '낙하산인사')으로 사용하게 된다.

소이다. 대의제에 기초한 경쟁민주주의가 기능하기 위해서는 복수의 정당이 공정하게 경쟁할 수 있는 경쟁조건이 확보되어야 하는데, 이러한 경쟁조건에 속하는 것이 바로 복수정당의 존재와 정당간의 경쟁에서 기회균등이다. 따라서 복수정당제의 보장, 선거에 대한 국가의 영향력행사를 배제한 채 이루어지는 자유선거 및 선거에서 정당의 기회균등을 비롯하여 경쟁조건에 있어서 정당간의 기회균등은 경쟁민주주의가 기능하기 위한 필수적 조건이다. 이러한 점에서 선거와 정당에 관한 사무에 있어서 국가의 중립성을 확보해야 할 필요성은 매우 크다. 따라서 헌법은 대의제 민주주의가 기능하기 위하여 불가결한 요소인 선거와 정당에 관한 사무를 기능적으로 일반행정업무로부터 분리시킬 뿐만 아니라 나아가 조직상으로도 독립된 헌법기관에 맡김으로써, 직무수행의 독립성과 정치적 중립성을 보장하고자 하는 것이다.

Ⅱ. 선거관리위원회의 헌법상 지위

1. 獨立機關

선거관리위원회는 선거와 국민투표 및 정당에 관한 사무를 공정하게 처리하기 위하여 설치된 독립된 기관이다. 선거관리위원회는 감사원과는 달리, 그 기능에 있어서 그리고 조직상으로도 입법부·집행부·사법부 등 국가권력으로부터 독립되어 있다. 헌법은 선거관리위원회의 독립성을 선거관리위원의 신분보장을 통하여 강화하고 있다. 선거관리위원의 헌법상 임기제, 법관에 준하는 신분보장 및 정치활동금지 등(헌법 제114조 제3항, 제4항, 제5항)은 모두 신분상·직무상 독립성을 통하여 기관의 독립성을 보장하고자 하는 제도적 장치이다.

2. 合議制機關

선거관리위원회는 9인의 선거관리위원으로 구성되는 합의제기관이다. 따라서 기관의 의사결정은 위원의 의결을 통하여 이루어진다(선거관리위원회법 제10조). 합의제기관의 성격상, 위원장과 위원은 위원회사무의 처리와 의결에 있어서 법적으로 동등한 지위를 가진다.

3. 必須的 헌법기관

선거관리위원회는 헌법상 반드시 설치해야 하는 필수적 기관이다.

Ⅲ. 선거관리위원회의 종류와 구성

1. 종 류

헌법은 제114조 제7항에서 "각급 선거관리위원회의 조직·직무범위 기타 필요한 사항은 법률로 정한다."고 하여 조직과 구성에 관한 구체적 사항을 법률로 정하도록 위임하고 있는데, 이에 관한 법률이 선거관리위원회법(이하 '법')이다. 법에 의하면, 선거관리위원회의 종류에는 1. 중앙선거관리위원회(9인), 2. 특별시·광역시·도선거관리위원회(9인), 3. 구·시·군선거관리위원회(9인), 4. 읍·면·

동선거관리위원회(7인)가 있다($\frac{법제2조}{제1항}$).

2. 구 성

중앙선거관리위원회는 대통령이 임명하는 3인, 국회에서 선출하는 3인과 대법원장이 지명하는 3인의 위원으로 구성된다($\frac{헌법 제114}{조 제2항}$). 가능하면 대통령의 정치적 영향력을 배제하기 위하여 위원장은 대통령에 의하여 임명되는 것이 아니라 위원 중에서 호선된다. 위원의 임기는 6년으로 하며, 연임이나 중임에 관한 제한은 없다($\frac{동조}{제3항}$). 기관의 정치적 중립성을 확보하기 위하여, 위원은 정당에 가입하거나 정치에 관여할 수 없다($\frac{동조}{제4항}$). 위원은 탄핵 또는 금고 이상의 형의 선고에 의하지 아니하고는 파면되지 아니하도록 규정함으로써($\frac{동조}{제5항}$), 법관에 준하는 신분보장을 받는다.

IV. 선거관리위원회의 권한

1. 선거와 국민투표의 관리사무

선거관리위원회는 선거운동을 관리하고($\frac{헌법}{제116조}$), 국가 및 지방자치단체의 선거에 관한 사무(투표와 개표·당선자의 확정 등) 및 국민투표에 관한 사무, 선거관리위원회가 관리하는 공공단체의 선거(위탁선거)에 관한 사무를 담당한다($\frac{법제3조}{제1항}$).

각급선거관리위원회는 선거인명부의 작성 등 선거사무와 국민투표사무에 관하여 관계행정기관에 필요한 지시 또는 협조요구를 할 수 있으며, 지시를 받거나 협조요구를 받은 행정기관·공공단체 등은 우선적으로 이에 응하여야 한다($\frac{법제}{16조}$). 각급선거관리위원회는 선거권자의 주권의식의 앙양을 위하여 항상 계도를 실시하여야 하며, 선거 또는 국민투표가 있을 때에는 적절한 방법으로 투표방법·기권방지 기타 선거 또는 국민투표에 관하여 필요한 계도를 실시하여야 한다($\frac{법제}{14조}$).

2. 정당에 관한 사무 및 정치자금배분

선거관리위원회는 정당법에 따라 정당에 관한 사무를 처리한다. 정당법은 정당의 창당준비위원회 결성신고, 등록신청, 등록증교부, 등록의 공고, 정당에 대한 보고·자료 등의 제출요구, 정당의 정기보고접수, 등록취소 등 광범위한 사무를 선거관리위원회의 관할로 하고 있다. 또한, 정치자금법은 정치자금의 기탁과 기탁된 정치자금 및 국고보조금을 각 정당에 배분하는 사무를 선거관리위원회에 맡기고 있다($\frac{제22조 내지}{제30조}$).

3. 규칙제정권[1]

선거관리위원회는 독립된 헌법기관으로서 내부규율을 스스로 정할 수 있는 규칙제정권을 가진다. 따라서 중앙선거관리위원회는 법령의 범위 안에서 선거관리·국민투표관리 또는 정당사무에 관한 규칙을 제정할 수 있으며, 법률에 저촉되지 아니하는 범위 안에서 내부규율에 관한 규칙을 제정할 수 있다($\frac{헌법 제114}{조 제6항}$). 뿐만 아니라, 중앙선거관리위원회는 선거·국민투표 및 정당관계법률의 제정·개

---

1) 제4편 제2장 제5절 제4항 '헌법기관의 규칙제정권' 참조.

정 등이 필요하다고 인정하는 경우에는 국회에 그 의견을 서면으로 제출할 수 있다(법 제17조 제2항).

제5절 地方自治制度

I. 서 론[1]

1. 헌법은 제117조 제1항에서 "지방자치단체는 주민의 복리에 관한 사무를 처리하고 재산을 관리하며, 법령의 범위 안에서 자치에 관한 규정을 제정할 수 있다."고 하여 지방자치제도를 헌법적으로 보장하고 있다. 또한 헌법은 같은 조 제2항에서 "지방자치단체의 종류는 법률로 정한다."고 하면서, 제118조 제1항에서 "지방자치단체에 의회를 둔다.", 제2항에서 "지방의회의 조직·권한·의원선거와 지방자치단체의 장의 선임방법 기타 지방자치단체의 조직과 운영에 관한 사항은 법률로 정한다."고 규정하여, 지방자치단체의 종류, 조직과 운영 등 지방자치제도의 구체적 형성을 입법자에게 위임하고 있다.

헌법은 위 규정들을 통하여 스스로 지방의회와 지방자치단체의 장을 필수적 자치기구로 확정하고 나아가 지방의회의 경우에는 주민의 선거에 의하여 직접 선출될 것을 명시적으로 규정함으로써 입법자를 구속하는 헌법적 지침을 제시하면서, 그 외의 사항에 관하여 입법자가 지방자치행정의 헌법적 보장이라는 기본정신을 존중하여 규율할 것을 입법자에게 위임하고 있다. 입법자는 이러한 헌법의 위임을 지방자치법의 제정을 통하여 이행하였다.

2. 종래 학계에서는 지방자치행정의 헌법적 보장을 독일에서 형성된 '제도보장이론'에 근거하여 지방자치행정에 관한 제도적 보장으로 이해되어 왔으나, 근래에 들어 변화한 헌법적 상황에 비추어 이러한 이해가 타당한 것인지에 대한 의문이 제기되고 있다. 지방자치행정의 헌법적 보장을 어떻게 이해하는지에 따라 입법자와 지방자치단체의 관계 및 자치권을 제한하는 법률의 위헌여부를 판단하는 심사기준이 달라지기 때문에, 지방자치행정의 헌법적 보장의 법적 성격을 파악하는 것은 매우 중요한 의미를 가진다. 헌법 제117조 제1항은 무엇보다도 다음과 같은 핵심적인 문제를 제기한다.

첫째, 헌법재판소는 종래 자치권의 침해를 주장하는 일련의 권한쟁의심판사건에서 '자유권을 제한하는 입법의 경우에는 심사기준으로서 최대한 보장의 원칙이 적용되지만 제도적 보장의 경우에는 최소한 보장의 원칙이 적용된다'고 판시하여, 지방자치제도를 구체적으로 형성하는 입법자에게 거의 무제한적으로 형성권을 인정하고 있다. 그러나 오늘날 입법자에 대하여 지방자치행정을 보장하기 위하여 제도적 보장의 사고가 필요한 것인지, 헌법 제117조의 규정내용을 이해함에 있어서 독일 바이마르 시대에서 유래하는 '제도보장이론'의 구속을 받아야 하는지, 지방자치행정을 규율하는 법률에 대한 사법적 통제가 과연 '최소한의 통제'에 그쳐야 하는지에 대하여 근본적인 의문이 제기된다.

둘째, 헌법재판소의 판례와 학계의 다수견해는 지방자치행정의 헌법적 보장을 제도적 보장으로

---

1) 지방자치제도의 헌법적 문제에 관하여 한수웅, 지방자치단체의 자치권을 제한하는 입법적 규율의 헌법적 한계 -헌법재판소의 결정에서 드러난 '최소한 보장 원칙'의 문제점을 중심으로-, 헌법재판연구 창간호, 2014. 11, 235면 이하 참조.

이해하면서, 제도적 보장의 본질적 내용을 '자치단체의 보장, 자치기능의 보장 및 자치사무의 보장'으로 파악하고 있다. 그러나 판례와 학계의 견해는 이러한 요소들이 지방자치제도의 본질적 내용을 구성한다는 것을 단지 언급만 할 뿐, 이러한 요소들이 각자 어떠한 기능을 하는지, 어떠한 연관관계에서 지방자치제도를 구성하는 본질적 요소에 해당하는지에 관하여 전혀 서술하고 있지 않다.

지방자치에 관한 한국과 독일의 헌법규정이 서로 다름에도 불구하고 우리의 경우에도 지방자치제도의 본질적인 내용이 독일과 마찬가지로 '전권능성'과 '자기책임성'인지의 문제, 지방자치제도에 관한 고유한 역사와 전통이 없는 우리의 헌법적 상황에서 어떠한 방법으로 지방자치제도를 구성하는 본질적 요소를 도출할 수 있는지의 문제, 이러한 본질적 요소가 어떠한 관점에서 지방자치제도가 기능하기 위한 필수적인 조건에 해당하는지의 문제가 핵심적인 문제로 제기된다.

Ⅱ. 지방자치제도의 헌법적 의미

지방자치제도는 지방자치단체로 하여금 그 지역의 공동관심사를 단체의 자치기구에 의하여 스스로의 책임 아래 처리하도록 함으로써 지방자치행정의 민주성과 능률성을 제고하고, 지방의 균형 있는 발전과 국가의 민주적 발전을 도모하고자 하는 제도이다. 지방자치의 본질적 문제는 중앙행정의 효율성과 지방자치행정의 민주성과 독자성을 어떻게 조화시킴으로써 행정기능을 국가와 지방자치단체에 분담시킬 것인지에 관한 것이다.

지방자치제도는 '민주주의와 행정의 分權化'를 실현하는 중요한 국가조직원리로서, 분권적 민주주의와 분권적 행정에 그 이념적 기초를 두고 있다. 지방자치는 고유한 민주적 정당성을 가진 분권화된 행정이라는 점에서, 지방자치제도는 민주주의와 행정이 특수한 형태로 결합한 국가조직원리이다.

1. 分權的 民主主義의 실현

지방자치제도는 민주주의의 중요한 구성요소로서 오늘날 주민근거리(住民近距離) 민주주의의 기초이다. 지방자치제도는 국가의 민주주의에서 다원적이고 분산된 하부구조를 구성하고, 아래에서 위로 향하는 민주주의 구조에 기여하는 민주주의의 배아세포이다.[1] 지방자치제도는 오늘날 국가적 차원에서는 제공되지 않는 구체적이고 개관할 수 있는 정치적 참여가능성을 지역주민에게 부여한다. 지방자치제도는 행정의 효율성과 주민근접성 사이의 긴장관계에 위치하면서 지역행정에 지역주민이 참여하는 것을 가능하게 한다. 헌법은 지역적으로 해결하기에 적합한 과제("주민의 복리에 관한 사무")를 지방자치단체에 위임함으로써 이러한 사실을 고려하고 있다. 주민의 참여가 가능한 지역적 과제란 일차적으로 지역형성적 과제와 생존배려적 과제이다.

정치적 공동체의 의사형성단위가 분화되면, 그 구성원의 민주적 참여도와 정치적 영향력은 더욱 커지며, 그에 따라 주민이 정치적 의사형성에 참여할 기회가 증가하고 민주적 연습의 기회가 증가한다. 민주시민을 양성하는 데 지방자치가 큰 역할을 한다는 점에서 지방자치는 '민주주의의 교실'이라고 불리기도 한다. 지방자치제도는 지역주민으로 하여금 지역의 고유한 사무를 스스로 처리하게 함

---

1) Vgl. BVerfGE 79, 127, 149.

으로써 국민자치의 사상을 실현하고 지방의 문화적·경제적·향토적 특성을 살릴 수 있다. 지역주민은 자치행정과 관련하여 조감할 수 있는 영역에 있으면서 지역행정의 고유한 상황과 지역공직자에 대하여 직접적인 인상을 받을 수 있다. 민주주의는 지방자치행정을 통하여 비로소 주민의 대다수에 대하여 가장 가깝고 손에 잡힐 듯한 형태로 다가오는 것이다. 이러한 점에서 지방자치제도는 소위 '풀뿌리 민주주의'의 실현을 위하여 불가결한 요소이다. 또한, 지방자치제도는 장래 국가차원에서 활동할 정치인들에게 지방자치행정을 통하여 정치적 수업을 받는 기회를 제공한다.

헌법은 직접민주제의 요소를 수용함에 있어서 소극적이지만, 지역적 차원에서 지역주민에게 지역공동체의 사무에 효과적인 참여를 가능하게 하는 지방자치제도의 도입을 통하여 이러한 소극적 측면을 보완하고 있다. 뿐만 아니라, 지방자치제도는 지역적 차원에서 주민투표 등 직접민주제적 요소의 도입을 가능하게 함으로써 풀뿌리 민주주의를 강화하고 직접민주제의 요소를 정착시킬 수 있다.[1]

2. 分權的 行政의 실현

가. 행정의 분권화와 수직적인 권력분립

지방자치제도는 자치행정의 보장을 통하여 국가의 간섭과 지시로부터 자유로운 과제영역을 보장함으로써, 독자적인 행정의 가능성을 부여하고 행정의 분권화와 수직적인 권력분립에 기여한다.

지방자치단체는 독자적인 정치적 의사형성 및 독자적인 예산권과 조직권을 가진 공법상의 법인으로서 분권적 행정의 핵심적 표현이다. 행정의 분권화는 국가의 간섭과 지시로부터의 자유, 독자적 행정의 가능성을 의미한다. 지방자치행정은 주민의 지방의회선거에 의하여 고유한 민주적 정당성을 부여받으며, 지방의회에 의하여 결정되고 통제된다. 지방자치행정은 원칙적으로 단지 합법성에 대한 국가의 감독만을 받을 뿐, 간섭과 지시를 수반하는 '행정의 위계질서의 원칙'은 국가행정(국가위임사무)에만 적용된다.

또한, 지방자치제도는 전통적인 수평적 권력분립을 보완하는 기능을 수행한다. 지방자치제도의 실시로 인하여 국가권력이 수직적으로 분할됨으로써, 중앙의 권력집중과 남용을 방지하고 지방분권주의를 실현한다.

나. 국가행정의 일부로서 지방자치행정

지방자치행정은 행정작용으로서 국가조직 내에서 집행부에 속한다.[2] 지방의회도 '권력분립원리의 의미에서 입법기능'을 담당하는 의회가 아니다. 지방의회의 입법활동은 국가의 권력분립제도 내에서 행정의 영역에 귀속된다. 지방자치행정에서 강조되는 민주적 요소에 의해서도 행정으로서의 지방자치의 법적 성격은 달라지지 않는다.

따라서 지방자치기구의 기능도 행정작용으로서 일반적인 행정법이론의 구속을 받는다. 지방자치단체 기관의 행위는 모든 행정청의 행위와 마찬가지로 법률의 우위와 법률유보의 구속을 받으며, 이에 관하여 사법부의 통제를 받는다. 개인의 권리를 제한하거나 제한할 수 있는 권한을 부여하는 조

---

1) 가령, 지방자치법 제14조의 주민투표의 가능성 참조. 또한, 주민투표제도를 규정하고 있는 주민투표법 참조.
2) 헌재 2001. 11. 29. 2000헌바78(수도권공장 총량제), 판례집 13-2, 646, 657, "지방자치도 국가적 법질서의 테두리 안에서만 인정되는 것이고, 지방행정도 중앙행정과 마찬가지로 국가행정의 일부이므로 지방자치단체가 어느 정도 국가적 감독, 통제를 받는 것은 불가피하다."

례는 법률유보의 원칙에 따라 법적인 근거를 필요로 한다.

지방자치행정을 헌법적으로 보장하는 헌법 제117조는 국가조직상의 과제배분에 관한 규범이지 사인에 대한 권한규범이 아니기 때문에, 사인과의 관계에서 지방자치단체에 아무런 권한을 부여하지 않는다. 그러므로 지방자치단체의 자치권은 그 자체로서 사인의 기본권적 자유를 제한하는 권한의 근거가 될 수 없다. 지방자치단체가 과제이행을 통하여 사인의 권리를 침해하는 경우에는 입법자에 의한 별도의 수권을 필요로 한다.[1] 지방자치단체가 부여받은 민주적 정당성의 효력은 기본권의 침해를 정당화하기에 충분하지 않다.

3. 지방의 균형 있는 발전

지방자치제도는 지방의 균형 있는 발전에 기여한다. 지방자치제도는 전국적인 차원에서 획일적인 기준에 의한 행정이 아니라 각 지방자치단체마다 지역실정에 적합한 행정을 가능하게 함으로써, 지역특성에 따른 지역발전에 기여한다. 지방자치단체는 지역과 주민의 이익을 가장 잘 대변할 수 있을 뿐만 아니라, 지역적으로 주민과 지역이 상대적 불이익을 입지 않도록 감시하고 견제하는 역할을 한다. 지방자치제도는 모든 지방에서 주민의 복리를 위한 최소한의 기간시설과 복지시설의 확보를 보장함으로써, '전국적으로 가능하면 균등한 생활관계'가 형성되는 데 기여한다.

Ⅲ. 지방자치행정의 헌법적 보장의 법적 성격

1. 지방자치권의 의미

가. 국가로부터 위임받은 권한으로서 지방자치권

지방자치권의 본질에 관하여는 국가와의 관계에서 지방자치권을 어떻게 이해할 것인지에 따라 自治固有權說(Originaritätstheorie)과 自治傳來權說(Delegationstheorie)이 서로 대립하고 있다. '자치고유권설'은 지방자치권을 국가의 성립 이전부터 지역주민이 보유해 온 고유한 권리로 이해하는 반면, '자치전래권설'은 국가에 의하여 지방자치단체에 위임된 권한으로 이해한다. 자치고유권설은 지방자치단체를 국가와는 별개의 자연적 창조물로 이해함으로써, 지방자치단체의 권리를 개인의 기본권과 유사하게 국가에 대하여 지방자치행정을 방어하고자 하는 자연법상의 법적 지위로 간주하는 사고에 기초하고 있다.

헌법의 국가조직법에 관한 부분에 위치하고 있는 '지방자치의 보장'은 국가조직법상의 보장이지 기본권적 보장이 아니라는 점, 우리 헌법이 지방자치를 법령의 범위 안에서 보장한 것은 '고유권설'에 대한 명시적인 부정으로 이해되어야 한다는 점, 그리고 지방자치단체의 자치권은 지방자치단체 그 자체 때문이 아니라 지방자치제도의 유지에 기여하기 때문에 보장된다는 점 등을 고려할 때, 헌법 제117조 제1항은 지방자치단체의 고유한 권리를 보장하는 '주관적 보장'이 아니라 지방자치제도

---

1) 헌재 1995. 4. 20. 92헌마264(담배자판기 설치금지조례), 판례집 7-1, 564, 572, "이 사건 조례들은 담배소매업을 영위하는 주민들에게 자판기 설치를 제한하는 것을 내용으로 하고 있으므로 주민의 직업선택의 자유 특히 직업수행의 자유를 제한하는 것이 되어 지방자치법 제15조 단서 소정의 주민의 권리의무에 관한 사항을 규율하는 조례라고 할 수 있으므로 지방자치단체가 이러한 조례를 제정함에 있어서는 법률의 위임을 필요로 한다."

를 보장하는 '객관적 보장'으로 이해하는 것이 타당하다.

오늘날의 주권국가에서 모든 공권력의 행사는 국가에 귀속되어야 하고, 국가에 그 근거를 두고 있어야 한다. 국가권력의 통일성과 일원성을 주권의 본질적 특징으로 이해하는 민주적 법치국가에서 정치적 공동체의 모든 규율권한이 통일적인 국가권력으로부터 유래해야 하고 국가권력의 통제 하에 있어야 한다. 민주적 법치국가에서 국가의 의사로부터 독립된 자치권이란 존재할 수 없다. 자치행정 권은 오로지 국가의 위임에 근거하여 그리고 위임의 범위 내에서만 존재한다. 따라서 자치전래권설이 타당하다(통설).[1]

지방자치단체는 국가와 사회의 관계에서 국가에 대립하고 있는 주민의 단체가 아니라, 행정의 과제를 이행하는 권한의 주체이다. 지방자치단체의 자치행정권이란 지역주민이나 지방자치단체의 고유한 권리가 아니라 국가로부터 위임받은 전래적(傳來的) 권한이다. 지방자치단체의 자치권은 국가가 일정 범위 내에서 자치단체에 위임하였기 때문에 행사할 수 있는 것이다. 따라서 지방자치권이란 법질서에 의하여 형성되어 법질서의 구속을 받는 권한으로서, 단지 국가의 법질서의 범위 내에서 인정되는 것이다.

나. 지방자치권의 법적 성격

(1) 분권적 과제이행을 위한 권한으로서 지방자치권

한편, 지방자치행정의 보장을 객관적 제도의 보장으로 이해한다 하더라도, 제도적 보장으로부터 지방자치단체의 주관적 법적 지위(자치권)를 도출하는 것을 배제하지는 않는다. 여기서 지방자치단체의 주관적 법적 지위는 입법자에 의한 제도의 구체적 형성을 전제로 하여 이로부터 부수적으로 파생하는 것이다. 기본권이 그 주체인 개인의 인격발현을 위하여 보장되는 것인 반면, 지방자치단체의 주관적 법적 지위는 자치권의 주체인 지방자치단체 때문에 보장되는 것이 아니라 지방자치제도의 기능을 유지하기 위하여 보장되는 것이다. 지방자치단체의 주관적 법적 지위는 지방자치제도의 보장에 대하여 부수적·종속적인 것으로 지방자치제도의 보장에 기여하는 것이다.

지방자치권은 지방자치제도의 구체적 형성에 따라 변경될 수 있고 제거될 수도 있다는 점에서 헌법상의 주관적 권리가 아니라 권한이다. 지방자치단체의 자치권은 지방자치단체의 자기결정권으로서가 아니라 분권적 과제이행을 위한 권한으로서 보장되는 것이다. 지방자치권이란, 지방자치제도를 보장하는 헌법적 정신에 비추어 지방자치제도가 기능할 수 있도록 이를 법률로써 구체적으로 형성할 것을 입법자에 대하여 요구할 수 있는 법적 지위이다. 이로써, 지방자치단체는 객관적 제도보장이 준수될 것을 요청할 수 있는 주관적 가능성을 가지는 것이다. 따라서 입법자가 입법형성권을 잘못 행사한 경우에 지방자치단체의 자치권을 침해하게 된다.

(2) 과잉금지원칙의 적용여부

지방자치단체는 행정의 주체로서 국가조직의 일부이므로, 기본권의 주체가 아니다. 국가의 규율과 간섭에 대하여 지방자치단체의 자치권이 주관적으로 보호를 받는다 하더라도, 국가조직원리의 기능을 목표로 하는 지방자치행정의 헌법적 보장은 그 내용에 있어서 개인적 자유의 보호를 목표로 하는 기본권적 보호와는 구조적으로 다르다. 지방자치행정의 경우, 자유의 보호에 관한 문제가 아니라

---

1) 유사한 취지로 가령, 권영성, 헌법학원론, 2010, 238면; 성낙인, 헌법학, 2010, 1111면 참조.

지방자치단체의 자치권이라는 '권한'에 관한 문제이다. 자유는 원칙적으로 무제한인 반면, 권한은 법질서에 의하여 부여되고 귀속되는 것으로 원칙적으로 제한적이다. 지방자치권은 처음부터 지역적 사무에 한정되는 제한적인 것이다. 따라서 자유와 그에 대한 제한을 전제로 하는 과잉금지원칙이 지방자치보장에 그대로 적용될 수 없다.

지방자치행정의 영역에서 입법자의 규율은 국가행정과 지방행정의 과제분할의 문제이고, 국가의 지시와 감독으로부터 자유로운 과제이행의 자율성의 문제로서 국가행정 내부의 문제인 것이다. '국가조직원리에 적용되는 기준'은 '국민과 국가의 관계에서 적용되는 기준'과는 그 출발점에서부터 근본적으로 다르다. 따라서 지방자치행정에 관한 입법적 규율은 '법적 침해'라는 개념으로는 헌법적으로 파악될 수 없다. 입법자의 규율에 의한 자치권의 제한이 합헌적인지의 여부는, 입법자가 헌법상 보장된 지방자치제도의 정신에 부합하게 입법형성권을 행사하였는지의 관점에서 판단되어야 한다.

2. 객관적 보장으로서 지방자치행정의 헌법적 보장

가. 지방자치행정의 제도적 보장

헌법이 지방자치행정을 보장한 것은 지방자치행정에 관한 선국가적인 자연법적 권리를 보장하는 것이 아니라, 지방자치행정을 공법상의 제도로서 보장하는 것이다(제도적 보장). 지방자치행정의 제도적 보장은 지방자치행정이라는 국가의 특수한 조직구조의 헌법적 보장을 의미한다. 지방자치행정의 제도적 보장은, 자연법적으로 부여된 지방자치단체의 자기결정권이나 개별 지방자치단체의 존속이 아니라, 행정의 한 유형인 지방자치행정이 그 특수한 기능 때문에 보장된다는 것을 의미한다.

법제도가 유지되고 기능하기 위해서는 그에 필요한 최소한의 요건이 입법자에 의하여 규율되어야 하기 때문에, 제도적 보장이란 입법자에 의한 구체적인 형성을 필요로 한다는 것을 의미한다. 주민의 선거를 통한 자치행정의 민주적 정당성의 확보, 지방의회 및 집행기관의 구성 등 의사형성의 조직, 재정에 관한 규율 등에 의하여 지방자치란 법적 제도가 비로소 형성되는 것이다. 지방자치행정의 제도적 보장이란 법규범에 의하여 형성되는 자치권에 바탕을 둔 제도의 기능 보장이다.

제도적 보장의 경우, 헌법에 의하여 직접적으로 보장된 보호범위가 존재하지 않으므로, 국가에 의한 규율과 간섭은 입법자에 의한 '제한'이 아니라 '형성'을 의미하고, 여기서 문제되는 것은 입법자에 의한 형성이 제도를 보장한 헌법정신에 위배되는지 여부이다.

나. '제도보장이론'에 의한 지방자치행정의 제도적 보장?
(1) 제도보장이론의 생성배경 및 내용

헌법재판소의 판례와 학계의 다수견해는 지방자치행정의 헌법적 보장을 제도적 보장(institutionelle Garantie)으로 이해하고 있다. 지방자치행정의 헌법적 보장을 제도적으로 이해하고자 하는 것은 독일 바이마르 공화국시대에 형성된 '제도보장이론'에 기인한다.[1] 당시 대표적인 공법학자인 칼 슈미트(Carl Schmitt)는 제도보장이론을 제시하였는데, 이에 의하면 지방자치행정권을 보장하는 바이마르헌법 제127조는 기본권을 보장하는 것은 아니지만 지방자치제도를 그 자체로서 보장하는 것이므로, 입

---

1) 여기서 '제도보장'이란, '사법상의 제도보장'과 '공법상의 제도적 보장'을 포괄하는 상위개념을 의미하며, '제도적 보장'이란 지방자치제도, 직업공무원제도 등과 같은 공법상 제도의 보장을 의미한다. 제도보장에 관한 전반적인 소개로는 제3편 제1장 제5절 Ⅰ. 3. 참조.

법에 의하여 지방자치제도가 제거되거나 본질적인 구성부분이 박탈되는 것을 금지하는 것이라고 서술하였다.

'제도보장이론'에 의하면, 지방자치제도는 서구 유럽국가에서 역사적·전통적으로 형성된 제도로서, 그 제도의 '본질적 내용'만이 입법자의 자의로부터 헌법적으로 보장을 받는다. 지방자치단체가 자치권을 행사할 수 있는 충분한 공간이 존재하지 않을 정도로 지방자치행정의 본질적 내용은 입법자에 의하여 침해되어서는 안 된다. 입법자에 의하여 자치권이 제한된 후에도 독자적으로 처리할 수 있는 지역적 과제의 핵심적 부분이 지방자치단체에게 남아있어야 한다.

우리 헌법재판소도 일련의 결정에서 '제도의 본질적 내용을 침해하지 않는 한, 입법자에 의한 규율은 가능하다'는 핵심영역이론(최소한 보장의 원칙)을 사용하여 입법자의 규율이 자치권을 침해하는지의 여부를 판단하고 있다.[1]

(2) 제도보장이론의 문제점

핵심영역이론의 문제점은 지방자치권을 보장하기 위한 기준으로는 실효성이 거의 없다는 점이다. 핵심영역의 침해여부는 입법자에 의한 침해 이후에 지방자치단체의 사무범위나 자기책임적 요소가 얼마나 남아있는지에 따라 판단하게 되는데, 입법자가 법률로써 지역적 과제를 박탈함으로써 또는 자율적인 과제이행의 가능성을 제한함으로써 지방자치단체가 정상적으로 활동할 수 없을 정도로 자치권을 제한하는 경우에 또는 지방자치단체를 단지 명목상의 존재로 만드는 경우에 비로소 핵심영역의 침해를 인정할 수 있다. 핵심영역이론은 자치권에 대한 중대한 극적인 침해로부터만 지방자치단체에게 헌법적 보호를 제공할 수 있을 뿐이다. 뿐만 아니라, 핵심영역에 대한 침해가 부인되기 위해서는 입법자에 의한 규율 이후에도 충분한 공간이 남아있어야 하는데, '충분한 공간이 남아있는지'의 여부에 관하여 객관적으로 판단하는 어려움이 있다.

결국, 지방자치행정의 헌법적 보장을 '제도보장이론'의 의미에서의 제도적 보장으로 해석하는 것은 지방자치를 입법자의 광범위한 형성권에 맡기고 지방자치의 보장을 핵심적 영역의 보호에 축소시킴으로써 지방자치행정의 최소화를 초래한다. 핵심영역이론은 입법자로부터 지방자치행정을 보호하는 기능을 거의 이행하지 못하고 있다는 문제점을 가지고 있다. 헌법재판소도 핵심영역이론에 따라 판단하는 경우에는 아무런 구체적 논증이나 법익형량의 과정이 없이 단지 '입법자의 규율이 아직 핵심영역의 침해에 이르지 않았기 때문에 지방자치권을 침해하지 않는다'는 일방적인 확인에 그치고 있다.

지방자치단체에게 지역적 사무의 자율적인 처리 가능성을 보장하고자 하는 '지방자치행정의 헌법

---

1) 헌재 2006. 2. 23. 2005헌마403(지방자치단체장 연임제한), 판례집 18-1상, 320, 334, "지방자치제도는 제도적 보장의 하나로서, 제도적 보장은 객관적 제도를 헌법에 규정하여 당해 제도의 본질을 유지하려는 것으로서, 헌법제정권자가 특히 중요하고도 가치가 있다고 인정되고 헌법적으로 보장할 필요가 있다고 생각하는 국가제도를 헌법에 규정함으로써 장래의 법발전, 법형성의 방침과 범주를 미리 규율하려는 데 있다. 다시 말하면 이러한 제도적 보장은 주관적 권리가 아닌 객관적 법규범이라는 점에서 기본권과 구별되기는 하지만 헌법에 의하여 일정한 제도가 보장되면 입법자는 그 제도를 설정하고 유지할 입법의무를 지게 될 뿐만 아니라 헌법에 규정되어 있기 때문에 법률로써 이를 폐지할 수 없고, 비록 내용을 제한한다고 하더라도 그 본질적 내용을 침해할 수는 없다. 그러나 기본권의 보장은 … '최대한 보장의 원칙'이 적용되는 것임에 반하여, 제도적 보장은 기본권 보장의 경우와는 달리 그 본질적 내용을 침해하지 아니하는 범위 안에서 입법자에게 제도의 구체적인 내용과 형태의 형성권을 폭넓게 인정한다는 의미에서 '최소한 보장의 원칙'이 적용된다."

적 보장'의 효력은 핵심영역에만 한정되는 것이 아니라 그 밖의 영역(주변영역)에 대해서도 미치는 것이므로, 핵심영역 밖에서도 자치행정의 헌법적 보장은 입법자에 의하여 존중되어야 한다. 핵심영역이론은 왜 '지방자치행정의 헌법적 보장'의 효력이 핵심영역에만 미치는지에 관하여 그 이유를 설명할 수 없다. 제도보장이론은 바이마르공화국 당시에는 지방자치행정을 보호하고 강화하는 데 기여하였고 학문적으로도 새로운 인식이자 큰 발전이었지만, 오늘날에는 지방자치행정을 약화시키고 과거의 보장내용에 구속시키는 족쇄로 작용하고 있다.

다. 제도적 보장에 의하여 입법자가 어떠한 구속을 받는지의 문제

(1) 제도적 보장에 대한 이해의 변화

바이마르공화국 당시의 제도적 보장의 의미는 헌법의 구속을 받지 않는 입법자를 제도의 본질적 내용에 구속시킴으로써 입법자의 형성권을 제한하고자 한 것에 있었고, '제도보장이론'은 지방자치행정의 보호와 강화에 기여하였다. 그러나 모든 국가권력이 헌법의 구속을 받는 헌법국가에서 입법자도 헌법의 구속을 받기 때문에, 제도적 보장의 사고는 원래의 의미와 기능을 크게 상실하였다. 오늘날의 헌법국가에서 특정 제도가 입법자에 의하여 폐지되거나 공동화되어서는 안 된다는 것을 주장하기 위하여 더 이상 제도적 보장이란 법적 사고를 필요로 하지 않는다.

오늘날의 헌법은 더 이상 가치상대적·형식적인 헌법이 아니라 '자유민주적 기본질서'라는 특정한 가치를 추구하고 실현하고자 하는 가치구속적 헌법이다. 이로써 모든 헌법규범이 국가기관을 구속하는 규범적 성격을 가지며, 국가기관에게는 헌법규범에 담겨있는 실체적 내용을 실현해야 할 의무가 부과된다. 헌법의 전반적인 성격이 이와 같이 변화함에 따라, 제도적 보장에 대한 이해도 달라져야 하며, 제도적 보장과 입법자의 관계도 변화해야 한다.

(2) 지방자치행정을 보장하는 헌법규범에 의한 구속

지방자치행정의 헌법적 보장을 통하여 입법자에게 제시되는 지침 및 구속은 더 이상 전통적으로 형성된 지방자치제도의 규율모델이 아니라, 헌법에 의하여 지방자치제도의 보장에 부여된 목적과 기능(제도의 헌법적 목적과 기능)에 의하여 결정된다. 그러므로 법제도를 형성하는 법률의 위헌심사에 있어서 '역사적·전통적으로 형성된 법제도의 본질적 내용'이 아니라 '제도를 도입한 헌법의 가치결정'이 심사기준으로서 결정적인 역할을 하는 것이다.[1] 입법자를 비롯하여 모든 국가권력이 헌법의 구속을 받는 오늘날의 헌법국가에서, 입법자는 독일에서 약 1세기 전에 형성된 '제도보장이론'이라는 특정한 헌법이론의 구속을 받는 것이 아니라, 지방자치행정을 보장하는 헌법규범(헌법제117조)의 구속을 받는다.

이러한 관점에서 볼 때, 오늘날의 헌법질서에서 '제도보장이론'은 제도를 형성하는 입법자에 대한 헌법적 구속의 '단지 하나의 측면'만을 서술하고 있을 뿐이다. 오늘날의 헌법국가에서 입법자를 구속하는 것은 무엇보다도 헌법이 지방자치행정을 보장한 것의 정신, 즉 지방자치행정에 관한 객관적 가치결정이다. 그러므로 지방자치행정의 헌법적 보장이란, 입법자가 지방자치제도를 구체적으로 형성함에 있어서 제도보장이론의 의미에서의 '핵심영역의 보장'을 넘어서 '지방자치행정에 관한 헌법적 가치결정'에 의하여 구속을 받는다는 것을 의미한다. 그렇다면 제도적 보장의 보장내용도 '제도보장

---

1) 서구 민주국가와는 달리 제도형성에 관한 고유한 역사와 전통을 결여하고 있는 우리의 경우, '역사적인 관점'에서 제도적 보장의 내용을 확인하고자 하는 것은 서구의 제도적 보장의 역사를 우리의 것으로 의제하지 않는 이상 불가능하다. 이러한 점에서도, 독일의 '제도적 보장이론'은 우리의 입법자를 구속함에 있어서 그 한계를 드러낸다.

이론에 의한 보장내용'을 넘어서 '헌법적 가치결정에 따른 보장내용'으로 확대되어야 한다.

3. 헌법 제117조의 보장내용으로서 '분권적 과제이행의 우위 원칙'

가. 지방자치행정의 헌법적 보장의 목적과 기능

헌법 제117조 제1항의 보장내용을 밝히기 위한 해석의 출발점은, 헌법이 지방자치행정에 부여한 특수한 목적과 기능이다. 헌법이 보장하는 지방자치행정의 목적과 기능은 분권적 민주주의와 분권적 행정의 실현을 통하여 지역적 차원에서 주민의 민주적 참여를 강화하고자 하는 것에 있다.

모든 자치행정은 공적 과제의 분권적 이행을 의미하기 때문에 분권화의 도구로서 기능한다는 공통점을 가진다. 모든 자치행정은 공권력을 행사하는 주체의 다원화를 초래함으로써 수직적 권력분립에 기여한다. 지방자치행정도 행정의 분권화를 실현하고자 하는 국가구조원칙이며 국가조직형태이다. 나아가, 헌법 제117조 제1항은 지역주민으로 하여금 지역공동체의 사무를 스스로 처리하게 함으로써 주민자치의 사상을 실현하는 분권적·주민근거리 자치행정에 관한 헌법적 결정을 표현하고 있다. 헌법이 지방자치행정을 보장하는 궁극적인 목적은 지역주민에게 지역공동체 사무에의 효과적인 참여를 가능하게 하고 강화하고자 하는 것이다.

나. 分權的 課題履行의 優位 原則

지역주민이 지역공동체의 사무에 민주적으로 참여하는 것이 가능하기 위해서는, 지역공동체의 사무는 원칙적으로 지방자치단체에게 귀속되어야 하고 지방자치단체에 의하여 자율적으로 처리되어야 한다. 헌법의 이러한 결정으로부터 주민의 복리와 관련된 지역적 사무는 지방자치단체에 의하여 자율적으로 처리되어야 한다는 원칙, 즉 지방자치단체에게 유리한 '과제배분의 원칙'이 나온다.

지방자치행정을 보장하는 헌법 제117조는 국가조직에 관한 규정이자, 국가조직상의 과제배분에 관한 원칙이다. 위 헌법규정은 국가와 지방자치단체간의 관할의 경계를 확정한다. 헌법 제117조 제1항은 '주민의 복리에 관한 사무'를 지방자치단체의 자치사무로 귀속시킴으로써, 국가와 지방자치단체간에 행정과제에 관한 관할을 배분하는 기능을 한다. 헌법은 제117조에서 지방자치행정의 보장을 통하여 지역적 사무에 관한 한, '국가에 의한 중앙집권적인 과제이행에 대하여 지방자치행정에 의한 분권적인 과제이행의 원칙적인 우위'를 표현하고 있다. 이로써 지방자치행정의 헌법적 보장은 지방자치단체에게 유리한 과제배분의 원칙으로서, '분권적 과제이행의 우위 원칙'을 의미한다.[1]

다. '분권적 과제이행의 우위 원칙'에 의한 입법자의 구속

따라서 입법자는 지방자치제도를 입법을 통하여 구체적으로 형성함에 있어서 '분권적 과제이행의 우위 원칙'을 지침으로 삼아야 하며, 지역공동체의 사무는 원칙적으로 지방자치단체에 의하여 자율적으로 처리되어야 한다는 헌법의 결정을 고려해야 한다는 구속을 받는다. 헌법의 이러한 과제배분 원칙은 지역적 사무의 자율적 처리에 관하여 '원칙과 예외의 관계'를 설정한다. 입법자가 헌법에 의하여 의도된 이러한 원칙에서 벗어나고자 하는 경우, 즉 원칙에 대하여 예외를 설정하고자 하는 경우에는 입법자에게 필연적으로 '논증과 정당화의 책임'이 부과된다.

입법자는 지방자치제도를 구체적으로 형성함에 있어서 실제적 조화의 원칙에 따라 '지방자치행정

---

1) Vgl. BVerfGE 79, 127, 150.

의 헌법적 보장'(분권적 과제이행의 우위 원칙)과 '자치권의 제한을 요청하는 공익' 간의 법익형량을 통하여 양 법익을 가능하면 최대한으로 실현하고자 시도해야 한다. 입법자가 법익형량의 결과 지방자치권을 제한하는 경우에는 지방자치행정의 헌법적 보장에 대하여 자치권의 제한을 정당화하는 법익이 우위에 있다는 것을 논증해야 한다. 이러한 의미에서, '자유는 최대한으로 보장되지만, 제도는 최소한으로 보장된다'는 '제도보장이론'은 더 이상 타당하지 않다.

헌법국가에서 입법자는 지방자치행정의 핵심영역뿐만 아니라 지방자치행정을 구체적으로 형성하는 모든 영역에서 헌법의 구속을 받으며, 자치권을 제한하는 경우 모든 영역에서 정당화의 책임을 진다. 그렇다면, 자치권을 제한하는 법률의 위헌여부를 판단함에 있어서 헌법적으로 보장되는 지방자치행정의 영역을 핵심영역과 주변영역으로 구분할 필요 없이, 지방자치행정의 헌법적 보장(분권적 과제이행의 우위 원칙)을 심사기준으로 삼아야 한다. 따라서 헌법재판소는 더 이상 '제도보장이론'에 따라 아무런 구체적 논증이나 법익형량의 과정이 없이 '입법자의 규율이 핵심영역의 침해에 이르렀는지 여부'를 일방적으로 확인해서는 안 되고, 상충하는 법익간의 형량과정을 통하여 지방자치행정에 대한 제한이 공익적 사유에 의하여 정당화되는지 여부를 판단해야 한다.

Ⅳ. 지방자치제도를 구성하는 본질적 요소

1. 독일에서의 논의

독일 판례와 학계의 다수견해에 의하면, 제도적 보장은 제도적 존속의 보장, 객관적인 제도보장, 주관적 법적 지위의 보장이라는 3가지 구체적인 보장내용을 가지고 있다.

첫째, 지방자치의 제도적 보장은, 지방자치단체가 국가조직상으로 존속하는 것을 보장한다(제도적 존속의 보장).

둘째, 지방자치제도의 헌법적 보장은 지방자치단체가 지역적 활동범위의 모든 사무를 자기책임 하에서 처리하는 것을 보장한다(객관적인 제도보장). 지방자치제도의 보장은 궁극적으로 지방자치단체에게 지역적 과제를 독자적인 책임 하에서 이행할 수 있는 가능성을 보장하고자 하는 것이다. 이로써 객관적 제도보장은 지역적 과제에 관한 전권능성(全權能性)의 보장과 과제이행의 자기책임성(自己責任性)의 보장이라는 2가지 핵심적 요소로 구성되어 있다.

셋째, 지방자치제도의 보장은 객관적 제도보장에 대응하는 지방자치단체의 주관적 법적 지위로서, 지방자치행정을 요구할 수 있는 권리, 즉 지역적 과제를 독자적으로 이행하는 것에 대하여 부당한 간섭과 규율을 하지 말 것을 국가에 대하여 요구할 수 있는 자치권을 보장한다(주관적 법적 지위의 보장). 지방자치권이란, 입법자가 지방자치제도를 법률로써 구체적으로 형성함에 있어서 지방자치행정을 보장하는 헌법의 기본결정을 존중하고 실현할 것을 요구할 수 있는 지방자치단체의 법적 지위이다. 지방자치단체는 주관적 법적 지위의 보장에 의하여 국가에 대하여 객관적 제도보장의 준수를 요구할 수 있고, 그 준수여부를 사법절차를 통하여 다툴 수 있는 가능성을 가진다. 이로써 객관적 제도보장이 주관적으로, 즉 사법절차에 의하여 보호되는 것이다. 지방자치단체의 이러한 주관적 법적 지위는 헌법 제27조의 재판청구권에 의하여 보호되는 것이 아니라, 직접 헌법 제117조로부터 나오는 것이다.

2. 지방자치제도의 본질적 요소로서 全權能性과 自己責任性

헌법이 제117조 제1항에서 지방자치행정을 헌법적 제도로서 보장하고 있다면, 여기서 제도를 구성하는 본질적 내용이 무엇인지의 문제가 제기된다. 독일기본법이 '지역공동체의 모든 사안을 자기책임 하에 규율할 수 있는 권리가 보장된다'고 하여 지방자치제도의 본질적 요소인 '전권능성'과 '자기책임성'을 명시적으로 제시하고 있는 것과는 달리, 우리 헌법은 지방자치제도를 규율함에 있어서 독일헌법의 영향을 받았음에도 제도를 구성하는 본질적 요소를 구체적으로 언급하고 있지 않다. 독일기본법과 우리 헌법에서 드러나는 법문의 차이에 비추어, 우리의 경우에도 지방자치제도의 본질적 내용이 마찬가지로 '전권능성'과 '자기책임성'인지의 의문이 제기된다.

가. 자치행정의 본질

자치행정은 직접적인 국가행정으로부터 제도적으로 독립된 공법상의 조직단위로서, 특정한 공적 과제와 특별히 관련이 있는 인적 집단으로 하여금 국가의 간섭을 받지 않고 자율적으로 공적 과제를 처리하게 하고자 하는 것이다.[1] 모든 자치행정의 특징적 요소에 속하는 것은 '관련자의 참여 원칙'과 '자기책임성'이다.

'관련자의 참여 원칙'은 공적 과제와 특별히 관련된 인적 집단이 자치행정단위의 의사형성과정과 의사결정과정에 참여함으로써 실현된다. 물론, 대부분의 자치행정단위가 상당히 크기 때문에, 관련자의 참여는 일반적으로 직접민주주의적 절차가 아니라 대표자의 선출을 통하여 구성된 대의기구에 의하여 이루어진다. 자치행정의 또 다른 본질은 자치행정의 주체(특정 행정과제와 특별히 관련이 있는 인적 집단)에게 귀속된 특정한 행정과제를 자율적으로 처리하는 것(자기책임성)에 있다. 자치행정에서 '관련자의 참여'는 자치행정의 '대상'(행정과제)을 결정짓는 요소이고, '자기책임성'은 자치행정의 '방법'을 결정짓는 요소이다.

나. 지방자치행정의 본질적 요소

지방자치행정과 관련하여 보건대, 헌법이 지방자치행정을 보장하는 것은 지역주민에게 지역공동체의 사무에의 참여를 가능하게 하고자 하는 것이다. 따라서 '관련자의 참여'란 지역주민의 참여를 의미하는 것이고, 지역주민이 참여해야 한다는 자치행정의 요청에 의하여 자치행정의 대상(행정과제)이 지역주민이 참여할 수 있는 사안, 즉 지역주민과 관련된 사안인 지역공동체의 사무로 결정된다.

또한, 헌법 제117조 제1항은 '자율성'이나 '자기책임성'을 명시적으로 언급하고 있지 않지만, 자율성은 모든 자치행정의 본질적 요소에 속하는 것으로 자치행정에 내재된 것이다. 헌법 제117조 제1항은 자율적인 과제이행의 대표적인 행위수단인 자치입법권과 자치재정권을 언급함으로써 '자기책임성'의 요소를 간접적으로 표현하고 있다.

따라서 독일기본법과 한국 헌법의 법문의 차이에도 불구하고, 지방자치행정의 헌법적 보장으로부터 필연적으로 '자치행정의 대상'으로서 지역적 사무에 관한 원칙적인 관할권(전권능성)과 '자치행정의 방법'으로서 지역적 사무의 자율적 이행가능성(자기책임성)이 나온다. 헌법이 지방자치제도를 보장하는 한, 실정헌법의 규정내용의 차이에도 불구하고 지방자치제도를 구성하는 본질적 내용은 동일할 수밖에 없다. 전권능성과 자기책임성은 지방자치행정의 본질로부터 나오는 것이며, 지방자치제도가

---

1) 헌법은 지방자치, 공영방송의 자치, 대학의 자치라는 3가지 생활영역에서 자치행정을 보장하고 있다.

기능하기 위하여 필수적으로 요청되는 것이기 때문이다.

다. 헌법 제117조 제1항의 의미

위와 같은 이유에서, 헌법 제117조 제1항의 법문은 객관적 제도보장을 구성하는 본질적인 요소인 '전권능성과 자기책임성'의 관점에서 파악되어야 한다.

(1) "주민의 복리에 관한 사무를 처리하고"의 부분은 '주민의 복리에 관한 사무'를 지방자치단체의 자치사무로 귀속시킴으로써 지방자치단체에게 자치사무에 관한 원칙적인 관할권(전권능성)을 부여하는 규정으로, '자치사무의 보장'에 관한 것이다.

이에 대하여, "재산을 관리하며", "법령의 범위 안에서 자치에 관한 규정을 제정할 수 있다."의 부분은 주민의 복리에 관한 사무를 자율적으로 처리하기 위하여 필수적으로 요구되는 대표적인 수단인 재정고권과 입법고권을 예시하고 있는 것으로, '자치기능의 보장'에 관한 것이다. 자치행정의 주체가 그에게 부여된 과제를 독자적으로 이행하기 위하여 필수적으로 보유해야 하는 행위수단이 바로 조례제정권이므로, 자치입법권은 자치행정의 자율성과 자기책임성의 대표적인 표현이다.

(2) 이로써 헌법 제117조 제1항은 "주민의 복리에 관한 사무를 처리하고"의 부분을 통하여 '자치사무의 보장'(전권능성)을 표현하고 있고, "재산을 관리하며, 법령의 범위 안에서 자치에 관한 규정을 제정할 수 있다."는 부분을 통하여 예시적인 방법으로 '자치기능의 보장'(자기책임성)을 표현하고 있다.

(3) 한편, 헌법은 제117조 제1항에서 "법령의 범위 안에서 자치에 관한 규정을 제정할 수 있다."고 하여 법률유보가 단지 조례제정권 또는 자치기능의 보장(자기책임성)에만 연관되는 것으로 규정하고 있으나, 법률유보는 '주민의 복리에 관한 사무를 처리하고'(전권능성 또는 자치사무의 보장)에도 연관되는 '포괄적인 법률유보'로 이해해야 한다. 지역적 사무의 자율적 처리(자기책임성)뿐만 아니라 이러한 사무의 원칙적인 관할(전권능성)도 법률유보의 구속을 받는다. 입법자는 법률유보에 근거하여 지방자치단체에게 부여되는 과제의 범위를 규정할 수 있고, 나아가 과제이행의 방법을 규율할 수 있다.

V. 제도적 보장의 구체적 내용

지방자치제도가 기능하기 위해서는 일차적으로 지방자치행정의 주체가 될 수 있는 지방자치단체가 제도적으로 존속해야 하고, 지역주민의 참여 하에서 처리할 수 있는 행정과제가 지방자치단체에게 귀속되어야 하며, 나아가 지방자치단체가 자신에게 귀속된 행정과제(지역적 사무)를 자기책임 하에서 자율적으로 처리할 수 있어야 한다. 이러한 3가지 요소는 지방자치제도가 기능하기 위한 필수적인 요건에 해당한다. 이러한 관점에서 볼 때, 지방자치제도의 본질적 보장내용은 자치단체의 존속보장, 지역적 사무라는 특정 행정과제(자치사무)의 보장, 자기책임 하에서 자율적으로 과제를 이행할 수 있는 가능성(자치기능)의 보장이라는 3가지 요소에 의하여 구성된다.[1]

---

1) 헌재 1994. 12. 29. 94헌마201, 판례집 6-2, 510, 522; 헌재 2001. 6. 28. 2000헌마735, 판례집 13-1, 1431, 1438, "헌법 제117조, 제118조가 제도적으로 보장하고 있는 지방자치의 본질적 내용은 '자치단체의 보장, 자치기능의 보장 및 자치사무의 보장'이라고 할 것이다."

1. 자치단체의 보장

국회는 지방자치법을 개정하여 지방자치단체의 구역개편의 근거법률을 마련하였고, 이에 정부는 전국적으로 통합권유 대상지역을 선정하여 그 통합을 추진하게 되었다. 이에 따라 '경기도 남양주시 등 33개 도농복합형태의 시 설치 등에 관한 법률'이 제정되어 1995. 1. 1.부터 시행됨으로써, 영일군이 동 법률에 의하여 폐지되고 인근 포항시에 흡수·편입되었다. 청구인들은 경상북도 영일군 주민으로, 위 법률 중 영일군을 폐지하는 부분과 영일군 일원을 관할구역으로 하여 포항시를 설치하는 부분이 청구인들의 기본권을 침해한다고 주장하여 헌법소원심판을 청구하였다.

가. 지방자치단체의 제도적 존속보장

지방자치제도가 기능하기 위한 첫 번째 요건은 지방자치행정의 주체인 지방자치단체가 제도적으로 존속해야 한다는 것이다. 자치단체존속의 보장은 주로 지방자치단체간의 통·폐합이나 구역변경을 통하여 그 구역을 새롭게 확정하는 경우에 문제된다.

헌법은 지방자치제도를 보장함으로써 일차적으로 지방자치단체라는 행정조직형태를 폐지하는 것을 금지하고 있다. 지방자치제도의 헌법적 보장은 국가구조 내에서 제도적으로 지방자치단체라는 행정유형이 존속해야 한다는 것을 보장하지만, 개별 지방자치단체의 존속을 보호하는 것은 아니다. 즉, 헌법은 지방자치단체를 단지 제도적으로 보장하는 것이지, 개별적으로 보장하는 것은 아니다. 그러므로 개별 지방자치단체는 다른 지방자치단체로의 편입이나 지방자치단체 간의 통합 또는 구역의 변경으로부터 보호되지 않는다. 지방자치단체의 해체, 통합·병합 및 구역변경은 헌법적으로 보장된 지방자치행정권을 원칙적으로 침해하지 않는다.[1]

나. 제도적 존속보장의 핵심적 요청으로서 청문절차

지방자치단체는 지방자치행정의 헌법적 보장을 근거로 폐치·분합이나 구역 변경을 막을 수는 없지만, 이러한 조치가 적어도 공익상의 이유로 그리고 당사자인 지방자치단체의 의견과 이익을 고려하여 이루어질 것을 입법자에 대하여 요청할 수 있다.[2] 이러한 점에서, 헌법은 지방자치행정에 대한 가장 강력한 침해에 대하여 단지 상대적인 보호만을 제공하고 있다.

법적 지위의 근본적인 변경을 초래하는 중요한 결정에 앞서 당사자의 의견을 고려해야 한다는 것은 법치국가적 절차의 핵심적 요청이므로, 입법형성권에 대한 이러한 제한은 법치국가원리의 요청이기도 하다. 나아가, 모든 국가기관이 공익실현의 의무를 부담한다는 점에서, 공공복리의 구속을 받는다는 것은 모든 입법의 당연한 조건이기도 하다. 따라서 지방자치단체의 구역변경과 관련하여 헌법적으로 보장된 핵심영역에 속하는 것은, 지방자치단체의 통·폐합이나 구역의 변경이 단지 공익상의

---

1) 헌재 2006. 3. 30. 2003헌라2(경부고속철도역 명칭에 관한 권한쟁의), "지방자치제도의 보장은 지방자치단체에 의한 자치행정을 일반적으로 보장한다는 것뿐이고 특정자치단체의 존속을 보장한다는 것은 아니므로, ···."
2) 헌재 1995. 3. 23. 94헌마175(영일군과 포항시의 폐치·분합), 판례집 7-1, 438, 452, "자치제도의 보장은 지방자치단체에 의한 자치행정을 일반적으로 보장한다는 것뿐이고 특정자치단체의 존속을 보장한다는 것은 아니며 지방자치단체의 폐치·분합에 있어 지방자치권의 존중은 위에서 본 법정절차(청문절차)의 준수로 족한 것이다."; 또한 vgl. BVerfGE 50, 50, 50f.; 86, 90, 107; 107, 1, 24.

이유에서 이루어지고 당사자인 지방자치단체에게 의견진술, 즉 사전적 청문의 기회를 부여해야 한다는 것이다.

지방자치단체간의 통·폐합 과정에서 청문절차의 의미는 지방자치행정권의 절차적 보장에 있다. 청문절차는 지방자치단체의 법적 지위에 관한 중요한 결정에 앞서 당해 지방자치단체에게 의견진술의 기회를 부여하고 이로써 절차의 형성과 그 결과에 영향력을 행사할 수 있는 가능성을 부여함으로써, 자치행정권이라는 실체적 법적 지위의 실현에 기여하는 것이다.[1] 입법자가 지방자치단체의 구역을 새롭게 개편하는 작업은 '과제이행능력에 대한 국가적 요청과 공행정조직의 효율성' 및 '지방자치행정에 특유한 개별성과 고유성의 유지'라는 상충하는 법익 사이에서 균형을 이루는 문제이다. 청문절차는 입법자에 의한 법익형량과정에서 그 기초가 되는 사실관계를 규명하기 위하여 필수적이며, 나아가 지방자치단체가 국가행위의 단순한 객체로 전락하지 않기 위해서도 헌법적으로 요청되는 것이다.[2] 지방자치단체의 구역개편에 관한 입법자의 결정은 그 실질에 있어서 '행정계획'으로서의 성격을 가진 조치이므로, 그에 대한 헌법적 심사는 행정계획에서의 법익형량을 통제하는 방법과 유사하다. 우리 헌법재판소도 이러한 심사모델을 사용한 바 있다.[3]

다. 지방자치단체의 명칭 변경

또한 단체존속의 보장이 문제되는 경우는 지방자치단체에게 법적인 정체성을 부여하고 개별성을 표현하는 지방자치단체의 명칭을 변경하는 경우이다. 그러나 지방자치단체가 '기존의 명칭을 사용하고 유지할 권리'는 제도의 존속보장에 의하여 보호되지 않는다. 국가는 지방자치단체의 구역을 개편하는 경우에 또는 공익상의 사유에 의하여 지방자치단체의 명칭을 변경할 수 있다. 그러나 이러한 경우에도 단체존속보장에 의하여 보장되는 것은 청문절차이다.[4] 지방자치단체는 자신의 의사에 반하여 이루어지는 명칭의 변경이 '이에 대하여 우위를 차지하는 공익상의 관점'에 의하여 정당화될 것을 요청할 수 있으며, 나아가 자신에게 적시에 의견진술의 기회를 부여할 것을 요구할 수 있다.[5]

1) Vgl. BVerfGE 107, 1, 24.
2) 헌재 1995. 3. 23. 94헌마175(영일군과 포항시의 폐치·분합), 판례집 7-1, 438, 451-452, "이 사건 법률제정절차와 관련한 지방자치법 … 소정 각 절차는 이른바 청문절차로서 자치단체와 그 주민은 자신의 이해관계와 관련하여 그 법적 지위를 확보하기 위하여 국가적인 재편계획에 대하여 의견을 표명할 기회를 주어야 한다는 것이다. 입법자가 공공복리를 이유로 지방자치단체의 폐지·병합의 결정을 내리기 전에 일반적으로 상반되는 이익들 간의 형량이 선행되어야 하고, 이러한 이익형량은 이해관계자들의 참여 없이는 적정하게 이루어질 수 없는 까닭이다. 국회는 이러한 절차를 통하여 비로소 자신의 결정에 앞서 중요한 사항들에 관한 포괄적이고 신빙성 있는 지식을 얻게 된다."
3) 가령 헌재 1995. 3. 23. 94헌마175(영일군과 포항시의 폐치·분합), 판례집 7-1, 438, 455-456 참조. 독일 연방헌법재판소의 판례도, 우선 입법자가 사실관계를 타당하게 조사하여 그 장점과 단점을 교량과정에서 고려하였는지의 여부를 심사하고, 이에 대하여 법익교량의 결과는 단지 제한적으로, 즉 법익교량의 명백한 하자 및 자의여부의 심사에 국한하고 있다(E 86, 90, 108f.).
4) Vgl. BVerfGE 59, 216, 227f.
5) 지방자치법 제4조 제2항은 지방자치단체를 통폐합하는 경우뿐만 아니라 그 명칭이나 구역을 변경할 때에는 관계 지방자치단체의 의회의 의견을 들어야 한다고 규정하고 있다.

2. 자치사무의 보장

가. 全權能性의 보장

(1) 지방자치단체의 전권능성의 의미

헌법은 제117조 제1항에서 "지방자치단체는 주민의 복리에 관한 사무를 처리하고"라고 하여, '주민의 복리에 관한 사무'를 지방자치단체의 사무로 귀속시키고 있다. 이로써 헌법 제117조 제1항은 국가와 지방자치단체 간에 행정관할을 배분하는 관할배분규범으로 기능한다. 여기서 관할배분의 기준은 사무가 '주민의 복리'에 관한 것인지의 여부이고, 이는 곧 사무의 지역적 연관성을 의미한다. 이러한 헌법적 내용으로부터 지방자치행정의 대상이 결정된다. 헌법이 지방자치단체에게 자치사무로서 보장하는 것은 '지역공동체의 사무'이다. '지역공동체의 사무'에 속하는 것은 지방자치단체에게 그의 과제로서 귀속되고, 개념적으로 이러한 대상에 속하지 않는 것은 국가가 법률로써 특별히 부여하지 않는 한 지방자치단체에게 봉쇄되어 있다.

이로써 지방자치행정의 보장은 지역적 사무에 관한 지방자치단체의 전권능성(Allzuständigkeit)의 보장을 의미한다. 지방자치단체의 전권능성이란, 법률이 공익상의 사유로 지역적 사무를 국가나 다른 공공단체에게 위임하고 있는 것이 아니라면,[2] 지방자치단체가 별도의 특별한 수권 없이 모든 지역적 사무를 처리할 수 있는 포괄적인 관할권을 가진다는 것을 말한다. 이로써 지역적 사무에 관한 지방자치단체의 원칙적인 관할권이 헌법적으로 추정된다.[3]

(2) 지역적 사무의 의미

여기서 '지역적 사무'란, 지역공동체에 뿌리를 두고 그 효력이 미치는 범위가 본질적으로 지역공동체에 국한되며 지역주민의 공동생활과 밀접하게 관련되는 그러한 과제, 즉 지역공동체에 기반을 두고 지역공동체와 특별한 연관성을 가지는 사무를 말한다.[4] 이로써 지방자치단체의 관할은 지역적

---

1) 헌재 2008. 6. 26. 2005헌라7(지방선거비용), 판례집 20-1하, 340-341, [지방선거비용을 해당지방자치단체에게 부담시킨 행위가 지방자치단체의 지방자치권을 침해하는 것인지 여부에 관하여] "지방의회의원과 지방자치단체장을 선출하는 지방선거는 지방자치단체의 기관을 구성하고 그 기관의 각종 행위에 정당성을 부여하는 행위라 할 것이므로 지방선거사무는 지방자치단체의 존립을 위한 자치사무에 해당하고, 따라서 법률을 통하여 예외적으로 다른 행정주체에게 위임되지 않는 한, 원칙적으로 지방자치단체가 처리하고 그에 따른 비용도 지방자치단체가 부담하여야 한다. … 이 사건의 경우와 같이 지방선거의 선거사무를 구·시·군 선거관리위원회가 담당하는 경우에도 그 비용은 지방자치단체가 부담하여야 하고, 이에 피청구인 대한민국국회가 지방선거의 선거비용을 지방자치단체가 부담하도록 공직선거법을 개정한 것은 지방자치단체의 자치권한을 침해한 것이라고 볼 수 없다."
2) 물론, 여기서의 법률이란 지방자치행정을 보장하는 헌법의 가치결정에 부합하는 '합헌적 법률'을 말한다.
3) Vgl. BVerfGE 83, 37, 54.

또는 공동체적 요소에 의하여 결정된다. 여기에 속하는 것은 주로 주민의 복리증진에 관한 사무로서, 사회복지, 빈민구제 및 보건진료 등 주민의 복지증진, 지역개발 및 기간시설의 설치, 교육·체육·문화·예술의 사무 등이다.[1]

한편, 헌법재판소는 '지방선거비용 사건'(위 사례)에서 지방선거사무가 자치사무에 해당한다고 판단하였는데, '지방선거사무가 자치사무인지'에 대하여 의문이 제기된다. 지방선거사무란 지역공동체에 기반을 두고 지역적 요소에 의하여 지역공동체에 국한되는 사무가 아니라 전국적으로 통일적인 기준에 의하여 일원적으로 이루어지는 초지역적 사무이며, 자치사무인지 여부를 판단하는 결정적인 기준이 사무의 이행여부와 이행방법에 관하여 자율적으로 결정할 수 있는지 여부(자치사무의 자율적 이행의 보장여부)인데 지방선거사무를 자율적으로 처리할 가능성이 전혀 없다는 점에서, 위와 같은 의문이 제기된다.[2]

(3) 사무의 지역적 성격을 판단함에 있어서 입법자의 판단재량

(가) 지역적 사무에 관한 원칙적인 관할권을 의미하는 '전권능성'도 법률의 범위 내에서 보장된다. 헌법 제117조 제1항의 법률유보는 과제이행의 방법(자기책임성)뿐만 아니라 과제의 관할(전권능성)도 포괄하는 것이다.[3] 그러나 법률유보의 형태로 자치사무의 보장을 제한하는 입법자의 권한은 무제한적인 것은 아니다.

입법자는 '특정 행정과제가 지역적 사무에 해당하는지'에 관하여 판정하는 권한을 가진다. 입법자는 법률로써 일반·추상적으로 지역적 사무와 초지역적 사무를 배분할 수 있다.[4] 특정 행정과제가 헌법에 의하여 원칙적으로 지방자치단체에게 귀속되는 자치사무인지의 여부를 판단하는 기준은 '사무가 주민의 복리에 관한 사무인지', 이로써 '사무가 지역적 사무인지'의 관점이다. 지방자치행정의 헌법적 보장에 비추어, 입법자는 국가와 지방자치단체 간의 사무배분을 법률로써 규율함에 있어서, 지역적 사무를 원칙적으로 지방자치단체의 자치사무로 귀속시켜야 한다는 구속을 받는다.

지방자치단체의 상이한 규모와 행정능력에 비추어, 입법자는 지역적 또는 초지역적 과제의 판정에 있어서 상당한 판단재량을 가지며,[5] 나아가 이와 관련하여 유형화할 수 있다.[6] 이로써 헌법재판소는 단지 제한적으로만 입법자의 판단을 심사할 수 있다. 지역적 사무의 범위는 주민의 수, 지역적 규모, 행정능력 등에 따라 다를 수 있기 때문에, 특정한 행정과제가 모든 지방자치단체에 대하여 동일하게 지역공동체의 사무를 의미할 수 없으며, 단지 일정 규모 이상의 지방자치단체에게만 지역적

---

1) Vgl. BVerfGE 79, 127, 151, "지역적 공동체의 사무는 지역적 공동체에 그 뿌리를 두는 또는 지역공동체와 특수한 연관성을 가지는 요구와 이익, 즉 지방자치단체 주민의 공동생활에 연관됨으로써 지방자치단체주민에게 공통적인 요구나 이익을 말한다."
1) 지방자치법은 제13조 제2항에서 지방자치단체의 사무를 예시하고 있다.
2) 유사한 취지로 헌재 2008. 6. 26. 2005헌라7(지방선거비용), 판례집 20-1하, 340, 360, 재판관 2인의 반대의견 참조.
3) Vgl. BVerfGE 79, 127, 143(Rastede).
4) 지방자치법은 제13조 제1항에서 지방자치단체가 처리하는 사무를 '자치사무'와 '법령에 의하여 지방자치단체에 속하는 사무'인 단체위임사무로 구분하면서, 제2항에서 자치사무를 예시적으로 규정하고 있는데, 여기에는 '자치사무'뿐만 아니라 '단체위임사무'도 포함되어 있다. 여기에 예시되지 않은 사무라 할지라도 지역적 사무는 전권능성의 원칙에 따라 지방자치단체의 관할에 속한다. 지방자치법 제15조는 지방자치단체가 처리할 수 없는 국가사무를 유형별로 규정하고 있다.
5) Vgl. BVerfGE 79, 127, 151f.
6) 입법자는 지방자치법 제14조 제1항에서 '행정처리효과', '동일한 기준에 따라 처리되어야 하는 성질의 사무', '통일성을 유지해야 할 필요가 있는 사무', '시설의 규모' 등을 유형화의 기준으로 제시하고 있다.

사무로 간주될 수 있다. 이러한 상황에 비추어, 입법자는 사무의 지역적 연관성을 판단함에 있어서 유형화할 수 있으며, 이 과정에서 모든 개별 지방자치단체를 고려해야 할 필요가 없고, 전체적으로 보아 큰 비중을 차지하지 않는 지방자치단체 집단을 고려하지 않을 수 있다. 이는 모든 입법에 공통적으로 내재된 '규율의 일반성'으로부터 나오는 필연적 결과이다.

(나) 특정 행정과제가 지역적 사무에 해당하는지를 판단함에 있어서 지방자치단체의 '행정능력'이 어느 정도로 고려될 수 있는지의 문제가 제기된다. 지방자치단체의 행정능력은 '사무의 지역적 성격'을 판단하는 본질적인 기준이 아니다.[1] 행정능력은 무엇보다도 재정능력에 달려있고, 국가는 재정지원의 정도를 통하여 임의로 지역적 사무의 범위를 조종할 수 있기 때문이다. 지방자치단체가 지역적 과제를 자기책임 하에서 독자적으로 해결할 수 있는지의 여부는 지역적 사무의 범위를 정하는 기준이 아니라, 지역적 사무를 상위의 행정기관으로 이관하는 것을 정당화하는 공익적 사유로 고려될 수 있다.

마찬가지로, '지역적 사무'가 '초지역적 연관성'을 가진다는 관점도 행정과제의 지역적 성격을 부인하는 근거가 될 수 없다. 지역적 사무가 초지역적 연관성을 보이는 경우, 이미 그러한 이유만으로 지역적 사무로서의 성격을 상실해야 한다면, 지역적 사무에 관한 전권능성의 보장을 핵심적 내용으로 하는 지방자치제도는 공동화될 것이기 때문이다. 거의 모든 자치사무, 심지어 지역주민의 생존배려를 위한 공공시설조차도 초지역적인 연관성을 보일 수 있다. 지역적 과제 중에서 다수의 과제가 보다 광역의 단위에서 비용절감의 장점과 전문적 경험을 바탕으로 효과적으로 이행될 수 있다. 따라서 지방자치단체의 지역적 사무가 초지역적 연관성을 보이는 경우, 협력을 필요로 하는 초지역적 사안을 일차적으로는 지방자치단체간의 공동작업과 국가의 지도·감독에 의하여 해결하도록 시도해야 한다.[2] 지방자치단체간의 자발적인 공동작업이 국가나 상위 지방자치단체에 의한 과제이행이나 강제적 해결책에 대하여 우위를 차지한다.

나. 일반정치적 사안에 관한 지방자치단체 관할의 한계

(1) 자치행정의 한계규범으로서 헌법 제117조 제1항

헌법 제117조 제1항은 지방자치행정을 보장하는 규범일 뿐만 아니라, 또한 동시에 공법인인 지방자치단체의 관할과 권한을 서술함으로써 지방자치행정의 한계를 제시하는 규범이기도 하다. 법인에 관한 기본원칙에 속하는 것은, 공법인의 행위가능성은 법인의 관할과 권한만큼 미친다고 하는 것이다. 이러한 원칙은 국가의 '일반정치적' 권한과 지방자치단체의 '지역정치적' 권한의 경계를 확정함에 있어서도 중요한 의미를 가진다.

헌법은 지방자치단체의 권한을 그 대상에 있어서 지역공동체의 사무에 국한시키고 있고, 이로써 일반적인 정치적 문제를 지방자치단체 활동의 대상으로 삼는 것을 금지하고 있다.[3] 지방자치단체가 지역적 정치의 성격을 넘는 일반정치적인 문제를 무제한적으로 다룸으로써 다른 공권력주체의 권한행사를 사실상 방해하는 권한을 가진다는 것은, 지방자치제도를 보장한 헌법의 정신과 부합하지 않

---

1) Vgl. BVerfGE 79, 127, 151f.
2) 지방자치법은 제164조에서 지방자치단체간의 협력의무를 규정하고 있고, 구체적으로 사무를 공동으로 처리하기 위하여 행정협의회(법 제169조)나 지방자치단체조합(제176조)을 구성 또는 설립할 수 있다고 규정하고 있다.
3) Vgl. BVerfGE 8, 122, 134(Volksbefragung Atombewaffung); BVerfGE 79, 127, 147.

는다.

(2) 자치행정의 한계로서 일반정치적 사안

지방자치단체의 정치는 지역공동체의 사무를 기반으로 하여 주민의 이익을 촉진하는 것에 그 주된 목적이 있다. 물론, 국내적 또는 국제적 정치문제가 지역주민과 지역 언론의 관심사일 수 있다. 그러나 일반정치적 문제에 대하여 자신의 입장을 표명함으로써 사회의 정치적 의사형성과정에 참여하는 것은 국가행정의 일부인 지방자치단체의 일차적인 과제가 아니다.

따라서 지방자치단체가 의결로써 입장을 표명하고자 하는 정치적 사안에 관하여 결정할 권한을 법률에 의하여 부여받았거나 아니면 적어도 국가의 결정과정에 참여할 권한이 법률로써 인정된 경우에 한하여, 일반정치적 사안을 다룰 수 있는 권한이 지방자치단체에게 인정될 수 있다. 지방자치단체가 국회나 정부의 특정한 정치적 결정에 대하여 반대의견을 표명하거나 국가정책의 변경을 초래하기 위하여 지역적인 주민질의를 실시하는 것은 지방자치단체의 권한범위를 넘어서는 것이다.[1] 또한, 지방의회가 의결을 통하여 외교와 국방에 관한 국가정책에 대하여 영향력을 행사하고자 시도하는 것, 가령 지방자치단체의 구역을 '핵무기 없는 지역'으로 선언하는 것도 마찬가지로 지방자치단체의 권한범위를 넘은 것이다.[2] 외교와 국방에 관한 정책은 국가의 관할에 속하기 때문이다.

결국, 정치적 사안에 관한 지방자치단체의 입장표명이 허용되는지 여부는 정치적 사안이 '특수한 지역연관성'을 가지는지에 달려있다. 지역주민의 공동생활과 관련됨으로써 지역주민의 공동의 이익과 요구에 관한 것이라면, 정치적 사안에 대하여 특수한 지역연관성이 인정된다. 정치적 사안이 특수한 지역연관성을 가진다면, 가령 국가기관이 당해 지방자치단체의 구역 내에 핵무기를 배치하는 것에 관하여 구체적으로 계획하였거나 이미 결정한 경우, 당해 지방자치단체는 이에 관하여 자신의 입장을 표명할 수 있다. 정치적 사안에 관한 지방자치단체의 입장표명이 다른 국가기관의 권한과 관할의 영역에 관한 것이라면, 입장표명의 대상이 되는 정치적 사안은 '특수한 지역연관성'을 가져야 한다.

(3) 지방자치단체의 외교정책

헌법은 외교정책에 관한 지방자치단체의 권한을 별도로 부여하고 있지 않기 때문에, 지방자치단체의 외교적 활동은 오로지 헌법 제117조 제1항에 근거하여 정당화될 수 있으며, 또한 동시에 여기서 그 한계를 발견한다. 이러한 관점에서 볼 때, 외국도시와의 자매결연이나 후진국 자매도시에 대한 개발지원 등은 '지역공동체와의 특수한 연관성'이 인정되므로, 국경을 넘는 지방자치단체간의 교류가 우호적인 교류관계나 문화·체육의 영역에서의 교류관계에 제한되는 한, 외교정책을 정부의 권한으로 규정하고 있는 헌법규정(헌법 제72조, 제73조, 제89조 제2호)에 위반되지 않는다. 그러나 외국 도시와 공동으로 정부의 외교정책에 대한 반대정책을 추진하고자 하는 지방자치단체의 외교정치는 지방자치단체의 권한의 범위를 벗어난 것이다.

---

1) 주민투표법 제7조 제2항은 '국가 또는 다른 지방자치단체의 권한 또는 사무에 속하는 사항'은 주민투표의 대상이 될 수 없다고 규정하고 있다. 뿐만 아니라, 국가정책의 수립에 관하여 주민의 의견을 듣기 위하여 실시하는 '국가정책에 관한 주민투표'의 경우에는 국가의 요구에 의해서만 실시가 가능하고 주민투표 결과에 대하여 법적 구속력을 인정하고 있지 않다(주민투표법 제8조 제4항).

2) 독일에서는 지방의회가 의결을 통하여 지방자치단체의 구역을 '핵무기 없는 지역'으로 선언하는 것이 허용되는지와 관련하여 논란이 되었다. 이에 관한 연방행정법원의 판결로 vgl. BVerwGE 87, 228, 231f.(atomwaffenfreie Zone).

3. 자치기능의 보장

사례 *1* 헌재 2002. 10. 31. 2001헌라1(강남구청과 대통령간의 권한쟁의 사건)

　대통령(피청구인)은 대통령령으로 "시간외 근무수당의 지급기준·지급방법 등에 관하여 필요한 사항은 행정자치부장관이 정하는 범위 안에서 지방자치단체의 장이 정한다."라는 내용의 지방공무원수당등에관한규정 제15조 제4항을 신설하였다. 강남구청(청구인)은 '대통령이 위와 같은 규정을 제정하여 자신의 자치권을 침해하였다'고 주장하면서 그 침해의 확인과 위 규정의 무효확인 또는 취소를 구하는 권한쟁의심판을 청구하였다.[1]

사례 *2* 헌재 2008. 5. 29. 2005헌라3(자치사무에 대한 감사원의 감사 사건)

　감사원(피청구인)은 일부 자치단체장들의 독단적 전횡적 행정운영, 선거를 의식한 선심성·과시성 행사와 부당한 기부 협찬 요구 등 자치행정의 고질적 병폐를 근본적으로 시정하기 위하여 전국 지방자치단체를 대상으로 예산집행실태 등에 대한 감사를 실시하였고, 감사결과 일부 지방공무원에 대하여 주의처분을 내리고 검찰수사를 요청하거나 고발, 징계를 요구하였다. 이에 지방자치단체들(청구인)은 감사원의 위 감사는 자치사무에 대한 합목적성 감사까지 포함한 것으로 청구인들의 헌법 및 지방자치법에 의하여 부여된 지방자치권의 본질적 내용을 침해하였다고 주장하며 권한쟁의심판을 청구하였다.[2]

사례 *3* 헌재 2022. 8. 31. 2021헌라1(기초자치단체의 자치사무에 대한 광역자치단체의 감사 사건)

　경기도(피청구인)는 2021. 4. 남양주시(청구인)에 송부한 '경기도 종합감사(남양주시) 실시계획 알림' 공문을 통하여 남양주시에 대한 감사 일정과 감사범위를 알리는 동시에, 사전조사 자료(감사자료)를 작성하여 경기도에게 제출할 것을 요구하였다. 남양주시가 자료제출 요구 중 '자치사무에 관한 자료'를

---

1) 헌재 2002. 10. 31. 2001헌라1(강남구청과 대통령간의 권한쟁의), 판례집 14-2, 362, 364, [헌법상 자치권한을 본질적으로 침해하는지 여부(소극)] "문제조항은 시간외근무수당의 대강을 스스로 정하면서 단지 그 지급기준·지급방법 등의 범위만을 행정자치부장관이 정하도록 하고 있을 뿐이므로 청구인은 그 한계 내에서 자신의 자치입법권을 행사하여 시간외근무수당에 관한 구체적 사항을 자신의 규칙으로 직접 제정하고 이를 위하여 스스로 예산을 편성, 집행하고 또 이를 토대로 하여 관련된 인사문제를 결정할 수 있는 것이다. 또한 행정자치부장관이 정하게 되는 '범위'라는 것이, 지방자치단체장의 구체적인 결정권 행사의 여지를 전혀 남기지 않는 획일적인 기준을 의미하는 것으로 볼 근거는 전혀 없는 것이므로, 문제조항은 그 형식이나 내용면에서 결코 지방자치단체장의 규칙제정권, 인사권, 재정권 등을 부정하는 것이 아니므로 청구인의 헌법상 자치권한을 본질적으로 침해한다고 볼 수 없다."
2) 헌재 2008. 5. 29. 2005헌라3(자치사무에 대한 감사원의 감사), 판례집 20-1하, 41. "지방자치단체의 자치사무에 대한 합목적성 감사의 근거가 되는 이 사건 관련규정은 그 목적의 정당성과 합리성을 인정할 수 있다. 또한 감사원법에서 지방자치단체의 자치권을 존중할 수 있는 장치를 마련해두고 있는 점, 국가재정지원에 상당부분 의존하고 있는 우리 지방재정의 현실, 독립성이나 전문성이 보장되지 않은 지방자치단체 자체감사의 한계 등으로 인한 외부감사의 필요성까지 감안하면, 이 사건 관련규정이 지방자치단체의 고유한 권한을 유명무실하게 할 정도로 지나친 제한을 함으로써 지방자치권의 본질적 내용을 침해하였다고는 볼 수 없다."; 이에 대하여 [재판관 3인의 반대의견] 판례집 20-1하, 41, 42, "감사원이 지방자치단체의 자치사무에 대하여까지 합목적성 감사까지 하게 된다면 지방자치단체는 자치사무에 대한 자율적 정책결정을 하기 어렵고, 독립성과 자율성을 크게 제약받아 중앙정부의 하부행정기관으로 전락할 우려가 다분히 있게 되어 지방자치제도의 본질적 내용을 침해하게 될 것이다. 따라서 이 사건 관련규정, 특히 감사원법 제24조 제1항 제2호 소정의 '지방자치단체의 사무에 대한 감찰' 부분을 해석함에 있어 지방자치단체의 사무 중 자치사무에 대한 합목적성 감찰까지 포함된다고 해석하는 한 그 범위 내에서는 위헌이다."

제출하지 않자, 경기도는 남양주시에 대하여 미제출 자료를 제출할 것을 재차 요구하였다. 이에 남양주시는 자치사무에 대한 자료제출요구가 자신의 지방자치권을 침해한다고 주장하며 권한쟁의심판을 청구하였다.[1)]

가. 自己責任性의 보장

(1) 자기책임성의 의미

헌법이 한편으로는 지역적 사무를 지방자치단체의 원칙적인 과제로 규정하면서, 다른 한편으로는 지방자치단체가 지역적 사무를 국가의 지시에 따라 이행해야 한다면, 지방자치행정의 헌법적 보장은 무의미하게 될 것이다. 따라서 지역적 사무의 이행방법을 입법자나 국가행정에 의한 포괄적인 규율에 맡긴다는 것은 지방자치행정의 헌법적 보장과 부합하지 않는다. '자치사무'의 헌법적 보장은 필연적으로 '자치사무의 자주적 이행'의 보장을 함께 요청하는 것이다.

따라서 지방자치행정의 헌법적 보장은 지방자치단체에게 지역적 사무에 관한 전권능성뿐만 아니라 또한 과제의 이행에 있어서 자기책임성(Selbstverantwortlichkeit)도 보장한다. 물론, 자기책임성도 법령의 범위 내에서 보장되므로, 법률유보의 구속을 받는다. 자기책임성이란, 지방자치단체가 자치사무를 국가의 지시나 후견적 감독을 받지 않고 법이 정하는 바에 따라 자기책임 하에서 처리할 수 있는 권한을 말한다. 자기책임성이란 자치사무와 관련하여 국가의 지시와 간섭의 금지, 즉 합목적성에 관한 지시로부터의 자유 및 모든 형태의 간섭적인 감독으로부터의 자유를 의미한다. 이로써 자치사무의 이행에 있어서 지방자치단체의 형성의 자유가 보장되는 것이다. 지방자치단체는 자기책임성의 보장을 근거로 자치행정과제를 이행할 것인지 여부 및 그 시기와 방법에 관하여 스스로 결정하는 것이다.

(2) 합법성에 대한 국가의 감독

(가) 자기책임성의 보장은 자치사무에 관한 한, 지방자치단체의 결정과 활동에 대한 국가의 간섭을 배제한다. 그러나 지방자치행정은 국가행정의 일부이므로, 자치행정에 대한 국가감독은 불가피하다. 국가감독은 조례제정을 포함하여 지방자치단체의 모든 활동을 그 대상으로 한다. 국가감독은 분권화된 행정조직 내에서 모든 행정심급의 합법적인 행위와 일원적인 작용을 보장한다. 국가감독의 본질은 감독대상인 행정주체의 독자성을 억제하는 작용에 있다. 그러나 지방자치단체의 자기책임성이 지방자치제도의 필수적인 구성원리이기 때문에, 자치행정을 유지하기 위하여 자치사무에 대한 국가의 감독은 원칙적으로 단지 합법성(적법성)에 대한 감독에 제한된다.[2)]

따라서 자기책임성이란 합법성에 대한 감독으로부터의 자유를 말하는 것은 아니다. 국가가 국가권력의 일부를 자치행정기관에 위임하였다면, 그에 대한 대응물로서 자치행정이 법질서의 테두리 내

---

1) 헌재 2022. 8. 31. 2021헌라1(기초자치단체의 자치사무에 대한 광역자치단체의 감사), 판례집 34-2, 173, 174, "지방자치단체의 자치권 보장을 위하여 자치사무에 대한 감사는 합법성 감사로 제한되어야 하는바, 포괄적·사전적 일반감사나 법령위반사항을 적발하기 위한 감사는 합목적성 감사에 해당하므로 구 지방자치법 제171조 제1항 후문상 허용되지 않는다는 점은 헌법재판소가 2009. 5. 28. 2006헌라6 결정에서 확인한 바 있다. … 따라서 이 사건 자료제출요구는 합법성 감사로 제한되는 자치사무에 대한 감사의 한계를 벗어난 것으로서 헌법상 청구인에게 보장된 지방자치권을 침해한다."
2) 지방자치법도 제169조 제1항 후문(법령위반의 경우 지방자치단체의 장의 명령이나 처분에 대한 시정명령 및 취소의 가능성), 제171조 후문(법령위반사항에 한정된 지방자치단체의 자치사무에 대한 감사), 제172조(법령위반의 경우 지방의회 의결에 대한 제소가능성)에서 이를 반영하고 있다.

에서 이루어지고 있는지를 통제하는 것은 불가결하다. 합법성에 대한 국가의 감독은 자치행정을 위임한 것에 대하여 헌법적으로 요청되는 대응물이다. 그러나 국가는 지방자치단체가 그의 자치사무를 처리함에 있어서 법령을 준수하는지의 합법성 여부만을 통제하는 것이지, 법질서의 범위 내에서 다양한 실현가능성이 있는 경우에 지방자치단체가 국가의 시각에서 가장 이상적이고 합목적적인 방법을 택하였는지 하는 합목적성의 통제는 이루어지지 않는다.[1] 그러므로 지방자치단체는 자신의 자치사무를 스스로 합목적적이라고 판단하는 바에 따라 처리하는 권한을 가진다.

(나) 헌법재판소는 위 [사례2]에서 감사원에게 지방자치단체의 자치사무에 대하여 합목적성의 통제를 허용하는 법률조항에 대하여 합헌으로 판단하였다. 그러나 지방자치단체에 대한 국가의 감독이 합법성의 심사에 국한된다는 것은 지방자치제도의 본질에 속하는 것이다. 입법자는 지역적 과제를 국가로 이전하는 방법 등을 통하여 자치사무의 범위를 한정함으로써 합목적성 통제의 범위를 확대할 수 있고 또는 자치사무의 이행을 구체적으로 규율함으로써 합법성심사의 범위를 확대할 수 있는 가능성을 가지고 있으나, 자치사무에 대한 국가의 감독은 원칙적으로 합법성의 심사에 그쳐야 한다. 합목적성에 대한 국가의 감독은 중대한 공익에 의하여 예외적으로만 정당화될 수 있다.

한편, 헌법재판소는 헌재 2009. 5. 28. 2006헌라6 결정(지방자치단체의 자치사무에 대한 정부의 감사)에서 "지방자치단체의 자치사무에 관하여 감사원의 사전적·포괄적 합목적성 감사가 인정되므로 국가의 중복감사가 필요하지 않고 정부가 지방자치단체의 자치사무까지 포괄하여 감독하겠다는 종전 태도는 지양되어야 한다."고 판시하면서, 지방자치단체 자치사무에 대한 정부의 감사는 특정한 법령 위반행위가 확인되었거나 위법행위가 있었으리라는 합리적 의심이 가능한 경우, 즉 합법성 감사로 그 대상과 범위가 제한된다고 판단함으로써, 서울특별시에 대한 정부의 포괄적인 합동감사는 서울특별시의 지방자치권을 침해한다고 결정하였다.

나아가, 헌법재판소는 위 [사례3]에서 위 헌재 2009. 5. 28. 2006헌라6 결정의 판시내용이 '기초자치단체의 자치사무에 대한 광역자치단체의 감사'에도 그대로 적용된다는 것을 확인한 다음, 남양주시에 대한 경기도의 자료제출요구는 실질적으로 자치사무에 대한 합목적성 감사에 해당하므로, 남양주시의 지방자치권을 침해한다고 결정하였다.

나. 自治高權의 보장
(1) 자치기능의 보장과 자치고권의 관계

자기책임성의 보장은 이를 위하여 전제되는 필수적 조건인 지방자치단체의 고권(高權)을 함께 보장한다. 헌법이 지방자치단체를 독자적인 자치행정의 주체로서 인정하고 지방자치단체에게 지역적 사무를 자기책임 하에서 이행하는 것을 보장한다면, 이에 부합하게 이러한 과제의 자율적인 이행을 위한 필수적인 수단으로서 일련의 행위가능성이 지방자치단체에게 함께 보장되어야 한다. 가령, 독

---

1) 헌재 2022. 8. 31. 2021헌라1(기초자치단체의 자치사무에 대한 광역자치단체의 감사), 판례집 34-2, 173, 182 "헌법상 제도적으로 보장된 자치권 가운데에는 자치사무의 수행에 있어 다른 행정주체로부터 합목적성에 관하여 명령·지시를 받지 않는 권한도 포함된다(헌재 2009. 5. 28. 2006헌라6). 지방자치단체의 사무에는 자치사무와 위임사무가 있다. 위임사무는 지방자치단체가 위임받아 처리하는 국가사무임에 반하여, 자치사무는 지방자치단체가 주민의 복리를 위하여 처리하는 사무이며 법령의 범위 안에서 그 처리 여부와 방법을 자기책임 아래 결정할 수 있는 사무로서 지방자치권의 최소한의 본질적 사항이므로 지방자치단체의 자치권을 보장한다고 한다면 최소한 이 같은 자치사무의 자율성만은 침해해서는 안 된다(헌재 2009. 5. 28. 2006헌라6)."

자적인 규범제정권한이 없이 또는 직접 임용한 공무원에 대한 인사권이 없이 자기책임 하에서의 활동가능성이 존재하지 않는다.

그러므로 자기책임성의 보장은 그 필수적 전제조건으로서, 지방자치와 관련하여 실질적 의미의 법률을 제정할 수 있는 '입법고권', 임용의 주체로서 지방공무원을 선발하고 인사(임용·승진·징계·해임)와 처우(보수) 등에 관하여 스스로 결정할 수 있는 '인사고권', 지방자치단체의 내부적 조직에 관하여 스스로 결정할 수 있는 '조직고권',[1] 예산의 범위 내에서 수입과 지출에 관하여 스스로 결정할 수 있는 '재정고권' 등의 자치권을 함께 보장하는 것이다. 즉 자기책임성의 보장에 의하여 동시에 그 전제조건인 자치고권도 보호되는 것이다.

입법고권, 인사고권, 조직고권, 재정고권 등 자치고권의 개념은 지방자치단체의 자율적인 과제이행을 위하여 필수적인 수단을 구체적으로 서술하고 있다.[2] 이러한 고권들은 지방자치단체가 과제를 자율적으로 이행하기 위하여 필요로 하는 기본적인 행위자원(가령 지역, 재정, 인적 자원, 자치입법 등)에 관한 것이기 때문에, 모든 자치고권은 지방자치행정의 자율적인 이행을 위하여 불가결하다. 이러한 자치고권은 자치사무의 '특정한 이행방법'을 서술하는 표현이다.

(2) 자치사무의 보장과 자치기능의 보장의 차이

전권능성이 지방자치단체의 '활동영역(과제와 관할)에 관한 문제'라면, 자기책임성은 전권능성에 의하여 귀속된 지역적 '과제의 이행방법에 관한 문제'이다. 지방자치단체의 고권은 지역적 사무를 입법, 인사, 조직, 재정 등에 관한 결정권을 가지는 방법으로 이행하는 것을 보장하고자 하는 것이고, 이로써 자기책임 하에서 지역적 과제를 이행하는 가능성을 확보하고자 하는 수단인 것이다. 전권능성의 원칙은 오로지 지역적 사무라는 객관적 과제에 관한 것일 뿐, 지방자치단체의 입법, 인사, 조직, 재정 등 과제이행의 수단과 방법에 관한 것이 아니므로, 지방자치단체 고권의 근거는 전권능성이 아니라 자기책임성이다.

VI. 자치권을 제한하는 입법적 규율의 한계

지방자치행정의 헌법적 보장과 관련하여 헌법적으로 특히 문제되는 것은, 지방자치단체가 입법 등 국가의 조치에 의하여 자신의 자치권이 침해되었다고 주장하는 경우이다. 여기서 자치권이란 이중적인 의미에서 자치권, 즉 지방자치단체의 과제영역(전권능성)과 과제의 자주적인 이행방법(자기책임성)에 모두 연관된 것이다. 국가가 지방자치단체로부터 지역적 과제를 박탈하여 이를 국가기관이나

1) 지방자치단체의 기본구조는 국가에 의하여 결정된다. 하부 행정의 단계에서 조직상의 난립은 공행정에 있어서 필수적인 통일성을 저해한다. 따라서 지방자치단체의 기본구조에 관한 외적인 조직고권은 지방자치법에 의하여 대부분 규율되고 있으므로, 조직고권에 의하여 보호되는 대상은 주로 내적인 조직권한이다.
2) 헌재 2008. 6. 26. 2005헌라7(지방선거비용), 판례집 20-1 하, 340, 357, "지방자치단체는 그 조직을 구성할 권한, 즉, 조직고권(자치조직권)을 가지고 있다 할 것이다. 이 조직고권은 지방자치단체가 자신의 조직을 자주적으로 정하는 권능으로서 자치행정을 실시하기 위한 행정조직을 국가의 간섭으로부터 벗어나 스스로 결정하는 권한을 말하고, 이러한 조직고권이 제도적으로 보장되지 않을 때에는 지방자치단체의 자치행정은 그 실현이 불가능하게 될 것이다."; 헌재 2002. 10. 31. 2001헌라1(강남구청과 대통령간의 권한쟁의), 판례집 14-2, 362, "헌법이 규정하는 이러한 자치권 가운데에는 자치에 관한 규정을 스스로 제정할 수 있는 자치입법권은 물론이고 그밖에 그 소속 공무원에 대한 인사와 처우를 스스로 결정하고 이에 관련된 예산을 스스로 편성하여 집행하는 권한이 성질상 당연히 포함된다. 다만, 이러한 헌법상의 자치권의 범위는 법령에 의하여 형성되고 제한된다."

광역지방자치단체로 이관하는 경우 또는 국가가 법령의 제정을 통하여 감독과 지시의 형태로 지방자치단체의 과제이행에 대하여 간섭하는 경우, 헌법적 보장의 핵심적 내용을 구성하는 전권능성의 보장과 자기책임성의 보장에 대한 이러한 제한이 헌법적으로 정당화되는지의 문제가 발생하는 것이다.

1. 자치사무보장에 대한 입법적 규율의 한계

가. 입법적 규율의 가능성

자치사무보장에 대한 국가적 규율의 한계 문제는, 입법자가 종래 지방자치단체에 의하여 이행되어 오던 과제를 보다 광역 차원의 행정기관에게 이전하는 경우, 가령, 폐기물처리나 하수처리를 기초지방자치단체에서 광역지방자치단체나 국가로 이전하는 경우에 제기된다.

입법자는 지방자치단체의 전권능성에 관하여 다음과 같이 2가지 방법으로 규율할 수 있는데, 입법자가 이와 같이 자치사무의 범위를 법률로써 확정하는 경우, 국가적 규율의 헌법적 한계가 문제된다. 어떠한 행정과제가 지역공동체의 사무에 해당하는지에 관하여 입법자는 법률로써 이를 일반·추상적으로 규율할 수 있다. 입법자는 '특정 과제가 지역적 사무 또는 초지역적 사무의 성격을 가지는지'에 관하여 유형화할 수 있고 판정할 수 있는 판단재량을 가진다.[1] 뿐만 아니라, 입법자는 지역공동체의 과제에 속하는 사무 또는 법률에 의하여 지방자치단체에게 귀속된 지역적 사무를 박탈하여 다른 행정주체에게 이관할 수 있다.

나. 분권적 과제이행의 우위 원칙

(1) 지역적 사무의 박탈과 이전에 대한 특별한 정당성의 요청

(가) 지방자치행정의 헌법적 보장은 지방자치단체에게 유리한 과제배분원칙으로서, 지역적 사무와 관련하여 '분권적 과제이행의 우위 원칙'을 의미한다. 따라서 지방자치단체로부터 지역적 과제를 박탈하는 경우, 이러한 원칙과 예외의 관계로부터 입법자에게 정당화의 책임이 부과된다. 중앙집권적·광역적 과제이행에 대하여 분권적·지방자치적 과제이행의 우위 원칙을 벗어나려고 하는 경우, 즉 지역적 과제의 분권적 처리의 원칙에 대하여 예외를 설정하고자 하는 경우, 이러한 시도는 단지 공익상의 이유에서만 가능하다.

행정과제의 배분은 '원활하고 효율적인 과제이행의 관점'과 '지역주민의 참여 하에서의 과제이행의 관점' 간의 긴장관계에 있다. 입법자는 지방자치단체로부터 지역적 성격을 가진 과제를 단지 공익상의 이유로, 즉 달리 원활한 과제이행이 더 이상 확보될 수 없는 경우에만 박탈할 수 있다.[2] 입법자는 주민근거리 행정의 의미에서 헌법에 의하여 의도된 과제배분원칙을 존중해야 하므로,[3] 지역공동체에 뿌리를 두고 지역주민의 공동생활에 관련되는 사무는 지방자치단체로부터 행정능력의 결여 등을 이유로 임의로 박탈되어서는 안 된다.

---

1) 이에 관하여 지방자치법 제14조 제1항(지방자치단체의 종류별 사무배분기준) 및 제2항(제1항의 배분기준에 따른 종류별 사무는 대통령령으로 정한다) 참조.
2) Vgl. BVerfGE 79, 127, 153(Rastede). 독일 니더작센 州는 폐기물처리의 과제를 기초지방자치단체로부터 박탈하여 이를 광역지방자치단체로 이전하는 법률을 제정하였는데, 위 법률조항에 대하여 당해 지방자치단체가 폐기물처리의 과제는 지역적 과제라고 주장하면서 지방자치단체 헌법소원을 제기하였다. 연방헌법재판소는 '심판대상조항이 지방자치행정의 헌법적 보장으로부터 나오는 과제분할원칙을 충분히 고려하였다'고 판시하여 심판청구를 기각하였다.
3) 특히, 지방자치단체의 사무배분기준을 확정하는 지방자치법 제14조 제1항을 적용하고 해석함에 있어서 이러한 헌법의 정신이 고려되어야 한다.

(나) '행정의 단순화'나 '행정관할의 집중'의 목적은 그 자체로서 지역적 과제의 박탈을 정당화하는 사유가 될 수 없다. 이러한 목적은 '분권적 과제분할'이라는 헌법적 의도에 의하여 초래된 지방자치의 현재 상황을 오로지 제거하고자 하는 목적만을 가지고 있기 때문에, 지방자치제도를 보장하는 헌법정신에 반하는 것이다.[1]

또한, '행정의 합리성·경제성'이나 '비용절약'의 관점도 이미 그 자체로서 과제의 이관을 정당화하는 것이 아니라, 지방자치단체에 의한 과제이행에 의하여 과도한 비용지출이 초래되는 경우에만 정당화하는 것이다.[2] 물론, 중앙집권적·광역적으로 조직된 행정은 때로는 여러 가지 측면에서 보다 효율적이고 경제적으로 활동할 수 있을 것이다. 그러나 다른 행정주체가 광역을 단위로 하여 지역적 과제를 보다 경제적으로 이행할 수 있다는 관점만으로는 과제의 박탈이 허용되지 않는다. 헌법은 지방자치행정의 보장을 통하여, '경제적 관점'에 대하여 지역적 과제의 해결에 지역주민이 참여한다는 '민주적 관점'을 대치시키고, 민주적 가치에 우위를 부여하고 있다. 따라서 분권적 행정이 효율성과 경제성에 있어서 초래하는 어느 정도의 단점은, 주민이 지역적 사무의 처리에 민주적으로 참여한다는 관점에 의하여 상쇄되는 것이다. 결국, 헌법은 지방자치행정의 보장을 통하여 '자치행정이 수반하는 어느 정도의 비경제성과 비효율성은 민주주의를 유지하고 실현하기 위한 대가, 즉 민주주의의 비용으로서 수인해야 한다'는 것을 밝히고 있는 것이다. 분권적으로 과제를 분할하고자 하는 헌법적 원칙을 압도하는 공익이 존재하는 경우에만, 지역적 성격을 가진 과제의 이관이 허용된다.

(2) 국가사무의 과도한 위임의 문제

지방자치행정의 공동화는 사무의 박탈뿐만 아니라 사무의 위임을 통해서도 발생할 수 있다. 국가가 지방자치단체에게 국가사무를 비롯하여 초지역적 사무를 과도하게 위임함으로써 자치행정과제를 이행하는 가능성이 현저하게 제한된다면, 자치권은 자치사무의 박탈뿐만 아니라 국가사무의 과도한 위임에 의해서도 침해될 수 있다.[3] 국가가 초지역적 사무를 지방자치단체에 과도하게 위임하는 경우, 지방자치단체가 자치사무를 원활하게 처리할 수 있는 행위공간, 즉 자치행정의 영역에서 자기책임 하에서 이행할 수 있는 행위공간이 축소되는 결과를 초래할 수 있다. 국가사무의 과도한 위임은 지방자치단체의 행위가능성을 제약하고 이로써 지방자치단체의 자기책임성의 폭을 축소시키므로, 지방자치행정에 대한 간접적인 침해로서 정당화되어야 한다.

입법자가 법률로써 국가사무나 광역지방자치단체사무를 과도하게 위임하는 경우, 지역성과 초지역성의 요소를 통한 국가와 지방자치단체 사이의 과제배분원칙에 위반될 수 있다. 과제배분원칙으로서 '분권적 과제이행의 우위원칙'은, 국가가 지방자치단체에 사무를 위임하는 것에 대해서도 보호기능을 담당한다. 지방자치행정의 보장은 지방자치단체가 무제한적으로 국가나 광역지방자치단체의 위임사무를 이행해야 하는 것으로부터도 보호한다. '분권적 과제이행의 우위원칙'은 사무의 위임에 대하여 이를 정당화하는 객관적 사유가 존재할 것을 요청한다. 지방자치단체로 하여금 위임사무를 이행하도록 하는 것이 국가행정의 가장 저렴한 형태라는 이유만으로는 사무의 위임은 정당화될 수 없

---

1) Vgl. BVerfGE 79, 127, 153.
2) 국가는 일차적으로 지방자치단체가 그의 지역적 사무를 경제성과 수지균형의 원칙에 따라 이행할 수 있도록 규율하는 방법을 택해야 한다.
3) Vgl. BVerfGE 119, 331, 354.

다. 국가사무의 위임이 정당화되는지의 여부는 지방자치행정에 대한 침해의 정도와 사무의 위임을 요청하는 공익 간의 법익교량을 통하여 판단되어야 한다.

2. 자치기능보장에 대한 입법적 규율의 한계

가. 분권적 과제이행의 우위 원칙

자기책임성의 보장에 대한 국가적 규율과 간섭의 헌법적 한계도 '분권적 과제이행에 유리한 과제 배분원칙'에 의하여 결정된다. 법률에 의하여 지방자치단체의 자치고권이 제한되는 경우, 입법자에 의한 규율 이후에도 지방자치단체에게 자치사무의 자율적 이행 가능성에 있어서 충분한 독자적인 형성공간이 남아있어야 함은 물론이고, 나아가 자치사무의 자율적 이행에 대한 국가의 간섭은 정당화되어야 한다.

자기책임성의 보장과 관련해서도 자치행정에 유리한 우위원칙이 적용되므로, 지방자치단체의 자율적인 과제이행을 제한하는 모든 입법은 공익에 의하여 정당화되어야 한다. 입법자의 간섭 없이는 지방자치단체가 자기책임 하에서 독자적으로 자치사무를 처리할 수 없다거나 국가적인 이익이 국가의 간섭을 필수적으로 요청한다는 것을 입법자는 소명해야 한다.

나. 심사의 기준

한편, 여기서 제기되는 문제는 자기책임성에 대한 제한의 경우 전권능성에 대한 제한의 경우와 비교할 때 그 심사의 기준이 보다 완화되어야 하는지 하는 것이다. 전권능성의 경우에는 지방자치단체가 스스로 처리해야 하는 과제영역의 문제이고, 자기책임성의 경우에는 이러한 과제의 구체적 이행방법에 관한 것이므로, 과제의 구체적 이행방법에 관해서는 입법자에게 보다 폭넓은 형성의 자유가 인정된다고 할 수 있다. 즉, 자기책임성에 있어서 문제되는 것은, 헌법상 원칙적으로 지방자치단체에게 귀속되는 고유한 과제를 이행할 수 있는지 '여부의 문제'가 아니라 일단 지방자치단체에게 귀속된 과제를 독자적으로 이행할 수 있는지 '방법의 문제'이기 때문에, 자기책임성에 대한 제한은 전권능성에 대한 제한보다 지방자치단체의 자치권에 미치는 불리한 효과가 적다고 할 수 있다는 점에서, 자기책임성을 규율하는 경우에는 보다 완화된 심사가 정당화된다.

그러나 지방자치행정의 헌법적 보장의 핵심적 내용이 전권능성과 더불어 자기책임성의 보장이라면, 지방자치단체에게 독자적 책임 하에서의 과제이행의 가능성을 보장하고자 하는 헌법의 가치결정에 비추어, 전권능성 뿐만 아니라 자기책임성의 영역에서도 자치행정에 유리한 '원칙과 예외의 관계'는 부인될 수 없다. 즉, 자기책임성의 보장은 핵심적 영역뿐만 아니라 또한 그 외의 주변영역도 보호하는 기능을 하는 것이고, 이로써 자기책임성에 대한 제한은 공익적 사유에 의하여 정당화되어야 한다는 결론에 이른다. 그렇다면, 자치권의 제한이 '전권능성' 또는 '자기책임성'에 대한 것인지에 따라 심사밀도가 다를 수 있다는 것은 별론으로 하고, '자기책임성'에 대한 제한의 경우에도 근본적으로 '전권능성'에 대한 제한과 '동일한 심사기준'인 '분권적 과제이행의 우위 원칙'이 적용되어야 한다.

물론, 국가의 규율이 자치권에 미치는 효과의 관점에서 볼 때, 과제의 박탈과 이전을 정당화하는 사유와 자기책임성에 대한 제한을 정당화하는 사유가 그 비중과 의미에 있어서 다를 수 있으며, 그에 따라 전권능성에 대한 제한은 보다 중대한 공익상의 사유에 의하여 정당화될 수 있다는 것을 간과할 수 없을 것이다. 예컨대, 행정의 단순화나 경제적 효율성의 관점은 전권능성의 제한을 정당화하

는 사유로는 고려될 수 없으나, 자기책임성을 제한하는 사유로는 고려될 수 있다.[1]

VII. 현행 헌법과 법률에 의한 지방자치제도

1. 지방자치제의 연혁

건국헌법은 지방자치제에 관한 규정을 두었으며, 1949년 지방자치법이 제정되어 1952년에 최초의 지방의회가 구성되었다. 1961년에 쿠데타로 집권한 박정희 군사정부는 지방의회를 해산하고 지방자치법의 효력을 정지시켰다. 1972년 유신헌법은 그 부칙에 지방의회의 구성을 통일시까지 유예한다는 규정을 두었고, 1980년 헌법도 지방의회의 구성시기를 법률로 정한다는 부칙규정을 두었다. 1987년 헌법에서 지방의회의 구성에 관한 유예규정이 철폐되고 1988년 지방자치법이 전면개정되었다. 이에 따라 1991년 각급 지방의회가 구성되었으나, 정부가 지방자치단체의 장의 선거를 무기한으로 연기함으로써 완전한 지방자치제도의 도입이 지연되었다. 1994년 공직선거및선거부정방지법이 지방자치의 장 선거를 1995년 6월 27일까지 실시하도록 규정함으로써 본격적인 지방자치시대가 개막되었다.

2. 지방자치단체의 종류, 기관 및 기능

가. 지방자치단체의 종류

지방자치단체의 종류를 법률로 정하도록 한 헌법의 위임에 따라, 지방자치법은 지방자치단체의 종류를 규정하고 있다. 지방자치단체는 크게 광역지방자치단체(특별시, 광역시, 특별자치시, 도, 특별자치도)와 기초지방자치단체(시, 군, 구)의 2종류로 구분되는데(제2조), 특별시, 광역시, 특별자치시, 도, 특별자치도는 정부의 직할(直轄)로 두고, 시는 도 또는 특별자치도의 관할 구역 안에, 군은 광역시·도 또는 특별자치도의 관할 구역 안에 두며, 자치구는 특별시와 광역시의 관할 구역 안에 둔다. 다만, 특별자치도의 경우에는 법률이 정하는 바에 따라 관할 구역 안에 시 또는 군을 두지 아니할 수 있다(제3조).

한편, 지방자치법은 위의 일반지방자치단체 외에도 특별지방자치단체를 설치할 수 있도록 규정하고 있다. 이에 해당하는 것이 지방자치단체조합과 지방자치단체 연합체이다. 2개 이상의 지방자치단체가 하나 또는 둘 이상의 사무를 공동으로 처리할 필요가 있을 때에는 지방자치단체조합을 설립할 수 있으며(제176조), 지방자치단체의 장이나 지방의회의 의장은 상호 간의 교류와 협력을 증진하고 공동의 문제를 협의하기 위하여 각각 전국적 협의체를 설립할 수 있으며, 나아가 전국적 협의체가 모두 참가하는 지방자치단체 연합체를 설립할 수 있다(제182조).

---

[1] Vgl. BVerfGE 91, 228, 237f.(Gleichstellungsbeauftragte), 연방헌법재판소는 조직고권과 관련하여 "전권능성의 원칙은 지역적 사무의 과제에 관한 것이므로, 조직고권과 관련하여 전권능성의 원칙이 적용되지 않는다. 따라서 지방자치단체가 자신의 조직을 스스로 결정해야 한다는 원칙은 존재하지 않는다. 조직고권은 행정의 단순화, 행정의 경제적 효율성 등 다양한 공익상의 사유로 제한할 수 있으므로, 처음부터 단지 상대적으로만 보호된다. 행정의 단순화, 행정의 경제성과 같이 지역적 과제의 원칙적인 관할권(전권능성)을 제한할 수 없는 공익도 조직고권의 제한을 정당화하는 공익이 될 수 있다."고 판시하고 있다.

나. 지방자치단체의 기관

지방자치단체의 기관으로는 의결기관으로서 지방의회와 집행기관으로서 지방자치단체의 장이 있다.[1)]

(1) 지방의회

지방의회는 지방자치단체의 의결기관으로서 주민의 선거에 의하여 선출된 의원에 의하여 구성되는 합의제기관(合議制機關)이다. 지방자치법에 의하면, 지방의회는 조례의 제정 및 개폐, 예산의 심의·확정, 결산의 승인, 주민이 부담하는 조세 및 조세 외 공과금의 부과 및 징수에 관한 의결권을 가지며($\frac{제47}{조}$), 안건의 심의와 직접 관련된 서류의 제출을 요구할 수 있는 서류제출요구권($\frac{제48}{조}$), 지방자치단체의 사무에 대하여 감사를 실시하고 지방자치단체의 사무 중 특정사안에 관하여 조사를 할 수 있는 행정사무감사 및 조사권($\frac{제49}{조}$), 행정사무처리상황을 보고받을 권한과 질문권($\frac{제51}{조}$)을 가진다. 지방의회의 구성원인 의원의 임기는 4년이다($\frac{제39}{조}$).

(2) 지방자치단체의 장

지방자치법에 의하면, 지방자치단체의 장으로는 특별시에 특별시장, 광역시에 광역시장, 특별자치시에 특별자치시장, 도와 특별자치도에 도지사를 두고, 시에 시장, 군에 군수, 자치구에 구청장을 둔다($\frac{제106}{조}$). 지방자치단체의 장은 주민의 선거에 의하여 직접 선출된다($\frac{제107}{조}$). 지방자치단체의 장의 임기는 4년으로 하며, 지방자치단체의 장의 계속 재임(在任)은 3기에 한한다($\frac{제108}{조}$).

지방자치단체의 장은 지방자치단체를 대표하고, 그 사무를 총괄하며($\frac{제114}{조}$), 지방자치단체의 장에게 위임된 자치사무를 관리하고 집행한다($\frac{제116}{조}$). 지방자치단체의 장은 법령이나 조례가 위임한 범위에서 그 권한에 속하는 사무에 관하여 규칙을 제정할 수 있다($\frac{제29}{조}$). 지방자치단체의 장은 소속 직원을 지휘·감독하고 법령과 조례·규칙으로 정하는 바에 따라 그 임면·교육훈련·복무·징계 등에 관한 사항을 처리한다($\frac{제118}{조}$). 그 외에도 지방자치단체의 장은 지방의회에 의안을 발의할 수 있는 의안발의권($\frac{제76}{조}$), 지방의회 임시회를 요구할 수 있는 임시회 요구권($\frac{제54}{조}$), 지방의회의결에 대한 재의요구권($\frac{제120}{조}$), 예산상 집행 불가능한 의결의 재의요구권($\frac{제121}{조}$), 주민투표부의권($\frac{제18}{조}$) 등을 가진다. 한편, 지방자치단체의 장은 국가사무도 위임받아 처리해야 하는데($\frac{제115}{조}$), 이 경우 국가의 지방행정기관의 지위에 서게 된다.

다. 지방자치단체의 기능

> **사례** | 헌재 1995. 4. 20. 92헌마264 등(담배자동판매기 설치금지 조례 사건)
>
> 甲은 부천시와 서울 강남구에서 담배자동판매기를 이용하여 담배소매업을 하고 있는 사람이다. 지방자치단체인 부천시와 서울 강남구는 각 지방의회의 의결을 거쳐 부천시 담배자동판매기설치금지조례

---

1) 헌재 2008. 6. 26. 2005헌라7(지방선거비용), 판례집 20-1하, 340, 357, "지방의회의원은 일정한 지역을 기반으로 당선되어 그 지역의 이익을 대변하고 지방자치단체의 기관인 지방의회를 구성하는 구성원이고, 이러한 지방의회의원으로 구성된 지방의회는 지역주민을 대표하고 지방행정사무와 법령의 범위 안에서의 지방자치단체의 의사를 결정하며, 지방행정사무에 관한 조례를 제정하고, 주민의 대표로서 집행기관의 업무를 감시, 감독하는 역할을 한다. 지방자치단체의 장은 지방자치단체의 최고집행기관으로서 자치단체의 사무를 통할하고 집행할 권한을 가지는 독임제(獨任制) 행정기관이다."

와 강남구 담배자동판매기설치금지조례를 제정하여, 부천시조례와 강남구조례는 공포·시행되었다. 甲은 자판기의 설치를 제한하고 설치된 자판기를 철거하도록 규정하고 있는 부천시와 강남구의 조례 조항은 위임입법의 한계를 벗어난 무효의 규정으로서 자신의 직업선택의 자유 등 기본권을 침해하고 있다고 주장하면서, 위 조례조항에 대하여 헌법소원심판을 청구하였다.

(1) 헌법 제117조 제1항의 법문의 해석

학계의 일각에서는 헌법 제117조 제1항을 지방자치단체의 권능을 서술하고 있는 규정으로 이해하면서, 지방자치단체의 권한을 '자치행정권, 자치재정권, 자치입법권'으로 구분하고 있다.[1] 이러한 견해는 위 조항의 법문에 기초하여 "주민의 복리에 관한 사무를 처리하고"의 부분에서 '자치행정권'을, "재산을 관리하며"의 부분에서 '자치재정권'을, "법령의 범위 안에서 자치에 관한 규정을 제정할 수 있다."의 부분에서 '자치입법권'을 각 읽어내고 있다.

그러나 '자치행정권'이란 광의의 개념으로서 지방자치단체의 전권능성(자치사무의 보장)과 자기책임성(자치기능의 보장)을 포괄하는 개념인 반면, '자치재정권'이나 '자치입법권'은 인사고권, 조직고권 등과 함께 지방자치단체의 자율적인 과제이행(자기책임성)을 위하여 필수적 수단인 자치고권을 서술하는 개념이다. 요컨대, 자치행정권은 전권능성과 자기책임성을 포괄하는 상위 개념이고, 자치입법권과 자치재정권은 자기책임성에 속하는 하위 개념인 것이다. 뿐만 아니라, 자치입법권도 입법기능이 아니라 행정기능에 해당하기 때문에 자치행정권의 한 부분이고, 자치재정권도 자치행정권의 한 유형인 것이다. 이러한 관점에서 보건대, 지방자치단체의 권능을 "자치입법권, 자치행정권, 자치재정권"으로 이해하는 견해는 각 요소 사이의 상관관계와 귀속관계를 전혀 고려하지 아니할 뿐만 아니라, 이러한 요소들을 통해서는 지방자치단체의 권능을 온전하게 서술할 수도 없다.

이미 위에서 확인한 바와 같이,[2] "주민의 복리에 관한 사무를 처리하고"의 부분은 자치사무의 보장에 관한 것이고, 이에 대하여, "재산을 관리하며", "법령의 범위 안에서 자치에 관한 규정을 제정할 수 있다."의 부분은 자치기능의 보장에 관한 것으로 이해해야 한다. 아래에서는 지방자치단체의 자치고권 중에서 자치입법권(입법고권)에 관해서만 구체적으로 살펴보기로 한다.

(2) 자치입법권(입법고권)

헌법 제117조 제1항은 '법령의 범위 안에서 자치에 관한 규정을 제정할 수 있다'고 규정함으로써 자치사무를 독자적으로 이행하기 위한 중요한 수단으로서 자치입법권을 명시적으로 인정하면서 동시에 '법령의 범위 안에서' 및 '자치에 관한 규정'이라는 표현을 통하여 2가지 측면에서 자치입법권을 제한하고 있다.

(가) 자기책임성의 보장은 조례를 통하여 구속력을 가지고 자치사무를 규율할 권한인 입법고권을 포함한다. 지방자치단체가 무엇보다도 대량적으로 처리하는 행정의 절차를 법적으로 규율하고(사용료·수수료·분담금의 징수, 급부국가적 생존배려의 제공, 공공시설의 이용 등), 지방자치단체의 결정과 계획에 구속력을 부여하는 수단이 바로 조례이다. 조례제정의 권한은 직접적인 민주적 정당성을 부여

---

1) 가령, 권영성, 헌법학원론, 2010, 247면 이하("지방자치단체의 권능은 자치입법권·자치행정권·자치재정권으로 나눌 수 있다.").
2) 위 Ⅳ. 2. 다. '헌법 제117조 제1항의 의미' 참조.

받은 지방의회에 있다. 그러나 조례제정은 비록 주민에 의하여 선출된 대표기관의 관할이라 하더라도, 행정권에 의한 규범제정이다. 이러한 분권적인 규범제정은 국가 내에서 지방자치단체마다 서로 다른 규범적 상태에 이를 수 있다. 그러나 규범내용의 이러한 불균등성은 평등원칙의 관점에서 문제되지 않는다. 지방자치제도의 보장이 이미 규범적인 다양성을 가능하게 한다면, 이와 같은 불평등은 헌법에 의하여 의도된 것이므로 수인되어야 한다.[1]

(나) 조례는 '법령의 범위 안에서' 제정될 수 있는 것이기 때문에, 상위규범인 법령에 위반되어서는 안 된다. 여기서의 법령이란 광의로 이해되어야 한다. 법령은 의회입법, 명령 외에도 지방자치단체에 대하여 외부적 효과를 가지는 행정규칙 등 모든 법규범을 의미한다.[2]

국가와 지방자치단체 간의 사무배분은 법률로써 규정되지만, 법령에 의하여 규정된 자치사무를 처리하기 위하여 지방자치단체는 조례를 제정할 수 있다. 따라서 자치입법권은 지방자치단체의 고유사무를 이행하기 위한 일련의 중요한 수단(소위 지방자치단체의 '고권') 중 하나이다. 자치입법권은 원칙적으로 단지 자치사무의 이행과 관련하여 부여받은 것이기 때문에, 지방자치단체가 조례로써 규율할 수 있는 대상은 지역주민의 생활과 밀접한 관련이 있는 지역적 사무에 국한된다. 따라서 규율의 효과가 지역적 범위를 넘는 사항에 관하여는 지방자치단체는 이를 규율할 권한을 가지지 않는다. 또한, 국가사무로서 지방자치단체의 장에게 위임된 소위 기관위임사무에 관한 사항을 조례로써 규율할 수 없음은 당연하다.[3]

(다) 지방자치단체의 자치입법권과 관련하여, 조례제정에 대하여 어느 정도로 법률유보원칙이 적용되는지의 문제가 제기된다. 지방자치단체는 헌법 제117조 제1항 및 이를 다시 확인하고 있는 지방자치법 제28조[4]에 근거하여 자치사무에 관한 한, 법률에 의한 별도의 위임 없이 조례를 제정할 수 있다. 그러나 개인의 권리를 제한하거나 또는 제한할 수 있는 권한을 부여하는 조례는 별도의 법적인 근거를 필요로 한다. 개인의 기본권제한은 개별적인 법률의 수권이 있어야만 가능하다(헌법 제37조 제2항 참조). 개인의 기본권적 지위의 확정 및 국가공동체의 중요한 문제에 관한 규율은 언제나 전국가적 사안으로서 '전국가적인 민주적 정당성', 즉 입법자에 의한 결정을 필요로 한다. 이러한 민주적 정당성은 지방자치단체가 가지고 있는 '단지 부분적·지역적인 민주적 정당성'에 의하여 대체될 수 없다. 또한, 조례위반의 경우 제재를 가하기 위해서도 별도의 법적 근거를 필요로 한다. 자치입법권은 벌칙규정을 통하여 조례 등 자치입법을 관철하는 권한을 포함하지 않는다.

---

1) 헌재 2009. 10. 29. 2008헌마635(학원심야교습 제한), 공보 제157호, 2083, "조례에 의한 규제가 지역의 여건이나 환경 등 그 특성에 따라 다르게 나타나는 것은 헌법이 지방자치단체의 자치입법권을 인정한 이상 당연히 예상되는 불가피한 결과이므로, 이 사건 조항으로 인하여 청구인들이 다른 지역의 주민들에 비하여 더한 규제를 받게 되었다 하더라도 평등권이 침해되었다고 볼 수는 없다."

2) 헌재 2002. 10. 31. 2001헌라1, "법령의 직접적인 위임에 따라 수임행정기관이 그 법령을 시행하는데 필요한 구체적 사항을 정한 것이면, 그 제정형식은 비록 법규명령이 아닌 고시, 훈령, 예규 등과 같은 행정규칙이더라도, 그것이 상위법령의 위임한계를 벗어나지 아니하는 한, 상위법령과 결합하여 대외적인 구속력을 갖는 법규명령으로서 기능하게 된다고 보아야 한다."; 위 판시내용에 따라, 헌법 제117조 제1항에서 규정하는 '법령'에는 법규명령으로서 기능하는 행정규칙이 포함된다.

3) 이에 대하여 판례는 개별법령에 의하여 자치단체에게 위임된 소위 단체위임사무에 관한 사항은 조례로써 제정할 수 있다고 한다(대법원 1992. 7. 28. 선고 92추31 판결).

4) 지방자치법 제28조: "지방자치단체는 법령의 범위에서 그 사무에 관하여 조례를 제정할 수 있다. 다만, 주민의 권리제한 또는 의무부과에 관한 사항이나 벌칙을 정할 때에는 법률의 위임이 있어야 한다."

나아가, 입법자가 주민의 권리의무에 관한 사항을 조례로써 규율하도록 위임하는 경우 위임법률이 어느 정도로 명확해야 하는지의 문제가 제기된다. 조례를 제정하는 지방의회가 고유한 민주적 정당성을 가지고 있다는 점에서 어느 정도로 지방자치단체의 입법이 보다 자유로울 수 있는지의 문제인 것이다. 헌법재판소는 행정입법에 입법권을 위임하는 경우에 대하여 제기되는 헌법 제75조의 엄격한 요건은 조례에 입법권을 위임하는 경우에는 적용되지 않는다고 한다.1) 입법자가 조례제정권을 위임하는 경우 헌법 제75조의 포괄위임금지원칙이 직접 적용되는 것은 아니지만, 그럼에도 포괄적인 위임은 허용되지 않는다. 이러한 경우에도 입법자는 기본권적으로 중요한 사안 및 공동체의 본질적인 사안에 관하여는 스스로 규율해야 한다는 '의회유보의 원칙'에 의한 구속을 받는다. 헌법 제75조의 규정이 행정입법권의 위임과 관련하여 의회유보원칙이 구체화된 헌법적 표현이라는 것을 고려한다면, 조례에 입법권을 위임하는 법률의 명확성은 행정입법에 입법권을 위임하는 경우와 비교할 때 다소 위임의 명확성이 완화될 수는 있으나 헌법 제75조의 요건에서 너무 멀어져서는 안 된다.

3. 지방자치단체에 대한 국가적 감독과 통제

가. 지방자치단체의 사무에 대한 지도와 지원

중앙행정기관의 장이나 시·도지사는 지방자치단체의 사무에 관하여 조언 또는 권고하거나 지도할 수 있으며, 이를 위하여 필요하면 지방자치단체에 자료의 제출을 요구할 수 있다(제184조).

나. 국가사무에 대한 지도·감독 및 자치사무에 대한 감사

지방자치단체는 자치사무 외에도 단체위임사무와 기관위임사무를 처리한다. 단체위임사무란, 지방자치법 제13조 제1항에 근거하여("법령에 따라 지방자치단체에 속하는 사무") 국가나 상급자치단체로부터 지방자치단체에게 위임된 사무이다. 기관위임사무란, 국가 또는 광역자치단체로부터 지방자치단체의 장에게 위임된 사무를 말한다.2) 국가사무의 경우, 위임을 받은 지방자치단체의 장은 지방자치단체의 기관이 아닌 국가의 하급기관으로서 기능한다. 위임된 국가사무의 경우에는 합법성에 대한 감독은 물론이고, 합목적성에 대한 감독도 이루어진다.3) 합법성 및 합목적성에 대한 감독의 경우, 국가감독기관은 포괄적인 정보요구권을 가진다.4) 상급감독관청은 지방자치단체의 자치사무에 관하여 보고를 받거나 서류·장부 또는 회계를 감사할 수 있으나, 이 경우 감사는 법령위반사항에 대하여만 실시한다(제190조).

---

1) 헌재 1995. 4. 20. 92헌마264 등(담배자판기 설치금지조례), 판례집 7-1, 564, [주민의 권리 의무에 관한 조례제정권에 대한 법률의 위임 정도] "조례의 제정권자인 지방의회는 선거를 통해서 그 지역적인 민주적 정당성을 지니고 있는 주민의 대표기관이고 헌법이 지방자치단체에 포괄적인 자치권을 보장하고 있는 취지로 볼 때, 조례에 대한 법률의 위임은 법규명령에 대한 법률의 위임과 같이 반드시 구체적으로 범위를 정하여 할 필요가 없으며 포괄적인 것으로 족하다."; 헌재 2004. 9. 23. 2002헌바76(하수도법 조례위임), 판례집 16-2상, 501, [조례에 위임할 사항에 있어서 위임입법의 한계] "지방자치단체는 헌법상 자치입법권이 인정되고, 법령의 범위 안에서 그 권한에 속하는 모든 사무에 관하여 조례를 제정할 수 있다는 점과 조례는 선거를 통하여 선출된 그 지역의 지방의원으로 구성된 주민의 대표기관인 지방의회에서 제정되므로 지역적인 민주적 정당성까지 갖고 있다는 점을 고려하면, 조례에 위임할 사항은 헌법 제75조 소정의 행정입법에 위임할 사항보다 더 포괄적이어도 헌법에 반하지 않는다고 할 것이다."
2) 국가사무를 지방자치단체의 장에게 위임하고 있는 지방자치법 제115조 참조.
3) 지방자치단체나 그 장이 위임받아 처리하는 국가사무에 관하여 상급감독관청의 지도·감독을 받는다(지방자치법 제185조). 상급지방자치단체의 장은 국가기관의 지위에서 구역 내의 시·군·구에 대하여 감독권을 가진다.
4) 지방자치법 제184조 제1항은 지방자치단체의 사무에 관하여 지도하기 위하여 지방자치단체에 대한 자료제출권을 규정하고 있다.

다. 지방자치단체의 장에 대한 직무이행명령

지방자치단체의 장이 법령의 규정에 따라 그 의무에 속하는 국가위임사무나 시·도위임사무의 관리와 집행을 명백히 게을리하고 있다고 인정되면 상급감독관청은 기간을 정하여 서면으로 이행할 사항을 명령할 수 있고, 지방자치단체의 장은 이행명령에 이의가 있으면 대법원에 소를 제기할 수 있다(제189조).

라. 지방자치단체의 장의 위법·부당한 명령·처분의 시정

지방자치단체의 사무에 관한 그 장의 명령이나 처분이 법령에 위반되거나 현저히 부당하여 공익을 해친다고 인정되면 상급감독관청은 기간을 정하여 서면으로 시정할 것을 명하고, 그 기간에 이행하지 아니하면 이를 취소하거나 정지할 수 있다. 이 경우 자치사무에 관한 명령이나 처분에 대하여는 법령을 위반하는 것에 한한다(제188조 제5항). 지방자치단체의 장은 자치사무에 관한 명령이나 처분의 취소 또는 정지에 대하여 이의가 있으면 대법원에 소를 제기할 수 있다(제188조 제6항).

마. 지방의회 의결의 재의와 제소

지방의회의 의결이 법령에 위반되거나 공익을 현저히 해친다고 판단되면 상급감독관청은 지방자치단체의 장으로 하여금 재의를 요구하게 할 수 있고,[1] 재의요구를 받은 지방자치단체의 장은 지방의회에 재의를 요구하여야 하는데(제192조 제1항), 재의요구에 대하여 재의의 결과 재적의원 과반수의 출석과 출석의원 3분의 2 이상의 찬성으로 전과 같은 의결을 하면 그 의결사항은 확정된다(제2항). 지방자치단체의 장은 재의결된 사항이 법령에 위반된다고 판단되면 대법원에 소를 제기할 수 있는데(제3항), 상급감독관청은 재의결된 사항이 법령에 위반된다고 판단됨에도 불구하고 해당 지방자치단체의 장이 소를 제기하지 아니하면 그 지방자치단체의 장에게 제소를 지시하거나 직접 제소 및 집행정지결정을 신청할 수 있다(제5항).

4. 주민투표

지방자치제도는 지역적 차원에서 주민투표 등 직접민주적 요소의 도입을 가능하게 하며, 현행 지방자치법은 주민투표제도를 도입하고 있다. 주민투표제도는 헌법상 보장된 지방자치제도에 의하여 요청되는 것은 아니며, 도입여부는 입법자의 형성권에 위임되어 있다.[2] 지방자치법에 의하면, 지방

---

1) 지방자치단체의 장은 지방의회의 의결이 월권이거나 법령에 위반되거나 공익을 현저히 해친다고 인정되면 재의를 요구할 수 있고, 재의요구에 대하여 재의한 결과 재적의원 과반수의 출석과 출석의원 3분의 2 이상의 찬성으로 전과 같은 의결을 하면 그 의결사항은 확정되는데, 이 경우 지방자치단체의 장은 재의결된 사항이 법령에 위반된다고 인정되면 대법원에 소를 제기할 수 있다(제120조).

2) 헌재 2001. 6. 28. 2000헌마735(울주군 핵발전소 유치 주민투표), 판례집 13-1, 1431, [지방자치법에서 규정한 주민투표권이 헌법이 보장하는 지방자치제도에 포함되는지 여부] "지방자치법이 비록 주민에게 주민투표권(제13조의2)과 조례의 제정 및 개폐청구권(제13조의3) 및 감사청구권(제13조의4)를 부여함으로써 주민이 지방자치사무에 직접 참여할 수 있는 길을 열어 놓고 있다 하더라도 이러한 제도는 어디까지나 입법자의 결단에 의하여 채택된 것일 뿐, 헌법이 이러한 제도의 도입을 보장하고 있는 것은 아니다. 그러므로 지방자치법 제13조의2가 주민투표의 법률적 근거를 마련하면서, 주민투표에 관련된 구체적 절차와 사항에 관하여는 따로 법률로 정하도록 하였다고 하더라도 주민투표에 관련된 구체적인 절차와 사항에 대하여 입법하여야 할 헌법상 의무가 국회에게 발생하였다고 할 수는 없다."; [주민투표권이 헌법이 보장하는 참정권에 포함되는지 여부] "우리 헌법은 법률이 정하는 바에 따른 '선거권'과 '공무담임권' 및 국가안위에 관한 중요정책과 헌법개정에 대한 '국민투표권'만을 헌법상의 참정권으로 보장하고 있으므로, 지방자치법 제13조의2에서 규정한 주민투표권은 그 성질상 선거권, 공무담임권, 국민투표권과 전혀 다른 것이어서 이를 법률이 보장하는 참정권이라고 할 수 있을지언정 헌법이 보장하는 참정권이라고 할 수는 없다."

자치단체의 장은 주민에게 과도한 부담을 주거나 중대한 영향을 미치는 지방자치단체의 주요 결정사항 등에 대하여 주민투표에 부칠 수 있다($_{\text{조}}^{\text{제18}}$). 주민투표의 대상·발의자·발의요건·투표절차 등에 관한 사항은 주민투표법에서 규정하고 있다.

주민투표법은 "주민에게 과도한 부담을 주거나 중대한 영향을 미치는 지방자치단체의 주요결정사항은 주민투표에 부칠 수 있다."고 하면서, "법령에 위반되거나 재판중인 사항", "국가 또는 다른 지방자치단체의 권한 또는 사무에 속하는 사항", "지방자치단체의 예산·회계·계약 및 재산관리에 관한 사항과 지방세·사용료·수수료·분담금 등 각종 공과금의 부과 또는 감면에 관한 사항" 등은 주민투표에 부칠 수 없다고 규정하고 있다($_{\text{조}}^{\text{제7}}$). 뿐만 아니라, 주민투표법은 "중앙행정기관의 장은 지방자치단체를 폐지하거나 설치하거나 나누거나 합치는 경우 또는 지방자치단체의 구역을 변경하거나 주요시설을 설치하는 등 국가정책의 수립에 관하여 주민의 의견을 듣기 위하여 필요하다고 인정하는 때에는 주민투표의 실시구역을 정하여 관계 지방자치단체의 장에게 주민투표의 실시를 요구할 수 있다."고 규정하고 있다($_{\text{조}}^{\text{제8}}$).

주민투표의 청구는 투표권을 가지는 18세 이상 주민의 20분의 1 이상 5분의 1 이하의 범위 안에서 지방자치단체의 조례로 정하는 수 이상의 서명으로 할 수 있으며, 지방자치단체의 장과 지방의회도 일정한 절차를 밟아 주민투표를 청구할 수 있다($_{\text{조}}^{\text{제9}}$). 주민투표에 부쳐진 사항은 주민투표권자 총수의 4분의 1 이상의 투표와 유효투표수 과반수의 득표로 확정되는데, 지방자치단체의 장 및 지방의회는 주민투표결과 확정된 내용대로 행정·재정상의 필요한 조치를 하여야 한다($_{\text{조}}^{\text{제24}}$). 지방자치단체의 결정사항에 관한 주민투표의 경우 주민투표의 결과에 구속력을 인정하고 있으나, 국가정책에 관한 주민투표의 경우에는 투표결과의 법적 구속력이 인정되지 않는 단지 자문적인 주민의견 수렴절차에 해당한다($_{\text{제4항}}^{\text{제8조}}$).[1]

---

1) 헌재 2007. 6. 28. 2004헌마643(재외국민 주민투표권배제) 참조.

제4장 法　　院

제1절 司法의 概念 및 本質

I. 헌법 제101조 제1항의 의미

1. 법치국가의 본질적 요소로서 司法의 보장

헌법 제101조 제1항은 "司法權은 법관으로 구성된 법원에 속한다."고 규정하여 사법권을 법원에 귀속시키고 있다. 이로써 입법·행정과 함께, 독립적인 국가기능으로서 사법권의 존속과 그의 과제영역이 헌법적으로 보장되었다. 헌법이 사법권을 독립적인 국가기능으로 보장한다는 것은, 법원이라는 '조직상의 독립'과 '그에 의한 사법권의 행사'를 보장한다는 것을 의미한다. 여기서의 '法院'이란 국가에 의하여 설립된 법원, 즉 國家法院을 뜻한다. 다른 모든 국가기능과 마찬가지로 사법권도 오로지 국민으로부터 민주적 정당성을 직접 부여받거나 아니면 다른 국가기관으로부터 간접적으로 도출할 수 있는 국가기관에 의하여 행사되어야 한다는 것은 민주주의원칙으로부터 나오는 당연한 요청이다.

사법권이 법원에 귀속된다는 것은 현대 법치국가의 중요한 보장에 속한다. 중립적이고 독립된 법원만이 공정한 재판을 보장할 수 있고, 이로써 법이 준수되고 정의가 지배하는 것을 보장할 수 있으므로, 사법기능의 유지와 보장은 법치국가원칙의 중요한 구성부분이다. 현대 법치국가의 특징은 사법기능을 조직상으로 다른 국가권력으로부터 분리하여 전문적이고 독립적인 법관으로 구성된 국가법원에 귀속시키고, 국가행위의 합법성·합헌성 여부에 관한 심사를 법원의 관할로 만든 것이다. 사법의 헌법적 과제와 기능은 법적 분쟁의 해결을 통한 법의 유지와 관철 및 개인의 자유와 권리의 보호이다.

2. 권력분립원리의 표현

헌법 제101조 제1항은 제40조(입법권), 제66조 제4항(행정권)과 함께 권력분립원리의 명시적인 표현으로서, 사법권을 제3의 국가기능으로 보장하고 있다. 헌법 제101조 제1항은 사법권을 법원에 귀속시킴으로써, 사법권에 해당하는 국가과제는 오로지 법원에 의해서만 행사되어야 하며 입법자는 그 본질에 있어서 사법권에 해당하는 과제영역을 다른 국가기관에게 위임해서는 안 된다는 적극적인 의미를 담고 있다.[1] 즉, 헌법상 법원에 귀속된 사법권은 입법자가 입법을 통하여 자유로이 처분할 수

---

1) 헌법재판소는 국가배상에 관한 분쟁을 신속히 종결시키기 위하여 일종의 행정기관인 심의회의 배상결정에 재판상의 화해의 효력과 같은 최종적인 효력을 부여함으로써 재심의 소에 의하지 않는 한 그 효력을 다툴 수 없도록 하고 있는 국가배상법 규정에 대하여, 심의회의 제3자성, 독립성이 희박한 점, 심의절차의 공정성, 신중성도 결여되어 있

없고 그 핵심에 있어서는 헌법개정자도 박탈할 수 없으며, 이러한 고유한 사법기능은 법원에 속한다는 것이 헌법 제101조 제1항의 의미인 것이다.

따라서 司法權은 전적으로 법원의 권한영역에 속한다. 입법부와 집행부 간에는 상호 영향을 미칠 수 있는 가능성과 기능의 중복이 존재하는 반면, 사법부는 권력분립의 구조에서 특별히 고립되어 있다. 입법부와 집행부로부터 사법부의 엄격한 분리와 고립만이 사법부를 정치적으로 중립적인 권력으로 형성할 수 있으며, 기능상·조직상으로 독립된 권력만이 다른 권력에 대한 통제기능을 이행할 수 있다. 사법기능을 입법부나 집행부의 기관에 위임하거나 입법부나 집행부가 사법부에 영향력을 행사하려고 하는 것은 헌법적으로 허용되지 않는다. 물론, 사법의 조직과 관할 및 절차는 입법자에 의하여 결정된다. 대법관의 구성도 입법부와 집행부에 의하여 행해진다.

한편, 법원도 일정한 범위 내에서 행정과제를 이행한다(司法行政). 사법권이 법원에 속한다는 것은 사법기능은 단지 법원에 의해서만 행사될 수 있다는 것을 말하는 것이지, 법관이 단지 사법기능만을 이행할 수 있다는 것을 의미하는 것은 아니다. 따라서 법원에게 행정기능이나 형성적 기능이 부여되는 것도 헌법과 합치한다.

II. 司法의 개념

헌법은 법원에 사법권을 귀속시키는 규정을 두고 있을 뿐 어떠한 국가기능이 사법권에 해당하는지에 관하여 아무런 언급이 없으므로, 사법권의 개념이 문제된다. 司法權의 개념은, 국가기능을 담당하는 국가기관을 기준으로 하여 형식적으로 파악하고자 하는 관점(형식설)에서 또는 국가기능의 내용에 따라 실질적으로 파악하고자 하는 관점(실질설)에서 정의될 수 있다.

1. 형식적 의미의 司法

형식설에 의하면, 司法이란 사법기관인 법원에 의하여 행해지는 모든 국가작용, 사법기관인 법원에 속하는 권한을 의미한다. 이로써 형식설에서 말하는 사법이란, 법원이 관장하는 모든 사항, 즉 법률이 법원의 관할로 귀속시킨 모든 사항을 말한다. 그러나 법원이 관장하는 모든 사항을 사법으로 이해하는 형식적 의미의 사법 개념은 '법원이 관장하는 사항은 법원에 속한다'고 하는 순환논법에 지나지 않으므로, 사법의 개념 정의로서 부적합하다.

2. 실질적 의미의 司法

가. '사법권은 법원에 속한다'고 규정하는 헌법 제101조 제1항은 권력분립원리의 구체적 표현으로서 입법자를 구속하는 '사법에 관한 실질적 개념'을 전제로 한다. 입법자는 법원에 속하는 사법의 과제를 임의로 정의할 수 없으며, 본질상 사법에 속하는 사안을 법원으로부터 박탈해서는 안 되기 때

는 점 등을 고려한다면 배상결정절차가 사법절차에 준한다고 볼 수 없으므로 국민의 재판청구권을 과도하게 침해하는 것이며, 한편으로는 실질적 의미의 사법작용인 분쟁해결에 관한 종국적인 권한을 원칙적으로 헌법과 법률이 정한 법관으로 구성되는 사법부에 귀속시킨 헌법규정에도 위배된다고 하여 위헌으로 선언하였다(헌재 1995. 5. 25. 91헌가7, 판례집 7-1, 598, 610).

문이다. 따라서 司法의 개념은 실체적 기준에 의하여 판단되어야 한다.

司法을 국가기능의 내용에 따라 실체적으로 정의한다면, 사법이란 구체적인 법적 분쟁이 발생한 경우 독립적 지위를 가진 중립적 기관이 무엇이 법인가를 인식하고 선언함으로써 법질서의 유지와 법적 평화에 기여하는 국가작용(비정치적 법인식기능)이라고 할 수 있다(실질적 의미의 사법). '헌법상 사법권'의 본질은 구체적인 법적 쟁송을 계기로 하여 특별히 규정된 절차에서 중립적인 제3자인 법원이 최종적이고 구속력 있는 결정을 내리는 법적 판단작용이라고 할 수 있다.

나. 헌법 제101조 제1항은 '실질적 의미의 사법'으로 간주되는 사안에 대하여 법원만이 결정할 수 있다는 '法院 留保'를 규정하고 있다. 법원에 유보되어야 하고 법원으로부터 박탈되어서는 안 되는 '실질적 의미의 사법'에는 전통적인 사법적 과제의 핵심영역으로서 민사재판권과 형사재판권 및 공권력행사에 대한 권리보호(공권력행위에 대한 사법적 심사)가 속한다. 또한, 헌법은 제101조 1항의 '일반적인 법원 유보' 외에 法官 留保에 관한 특별규정을 두고 있다. 신체의 자유의 제한에 관한 결정은 법관에게 유보된 핵심적 영역에 속한다.[1] 체포·구속 등 신체의 자유를 제한하는 경우(헌법 제12조 제3항)와 주거에 대한 압수·수색의 경우(헌법 제16조)에는 법관의 결정을 필요로 한다. 이러한 사법의 영역에서는 행정부에게 잠정적으로든 또는 법원에 의한 사후적 심사의 유보 하에서든[2] 사법기능을 위임하는 것은 허용되지 않는다. 그러나 非訟事件과 같이 실질적 의미의 사법에 속하지 않는 과제는 헌법상의 사법권에 속하지 않으므로, 법관이 아닌 다른 국가기관이 이를 이행할 수 있다.

Ⅲ. 사법의 본질적 요소

司法이란, 오로지 헌법과 법률의 구속을 받는 독립적인 국가기관이 법적 분쟁에 관하여 구속력 있는 결정을 내리는 국가기능이다.

1. 법적 분쟁

사법의 대상은 정치적·사회적·개인적 분쟁이 아니라 법적 분쟁이다. 이는 분쟁의 판단기준이 법이라는 것을 의미한다. 따라서 사법의 유일한 판단기준은 법이다. 분쟁이 대립하는 양 당사자를 전제로 하므로, 사법은 일반적으로 주장과 반대주장, 원고와 피고가 서로 대립하는 對審的 節次에서 이루어진다. 이는 기소하는 검찰과 방어하는 피고가 서로 대립하는 형사절차에서도 근본적으로 마찬가지이다.

2. 구속력 있는 결정

司法의 본질에 속하는 것이 법적 분쟁을 최종적으로 종결시키는 구속력 있는 결정이다. 법원에 의한 분쟁해결의 특징적 요소는 당사자를 구속하는 최종적인 결정을 통한 법적 평화의 회복이다. 사법의 기능은 법적 분쟁을 확정적으로 종결함으로써 법적 평화를 다시 회복하고자 하는 데 있는 것이다.

---

1) 신체의 자유에 대한 제한의 허용여부와 기간에 관해서는 오로지 법관만이 결정할 수 있고, 법관의 결정에 근거하지 않은 모든 자유제한의 경우에는 지체 없이 법관의 결정을 사후적으로 구해야 한다.
2) 행정청의 행위에 대한 법원의 사후적 심사는 헌법 제27조의 재판청구권에 의하여 당연히 보장되는 것이다.

법적 평화의 회복은 소송법적으로 법원의 판결에 대하여 인정되는 '旣判力'이란 제도를 통하여 달성된다. 형식적 기판력이란, 당해 사건의 판결이 확정된 후에는 더 이상 취소할 수 없다는 것을 말한다. 실체적 기판력이란, 당해 사건의 판결이 당사자들을 구속하기 때문에 다른 사건에서도 더 이상 다투어질 수 없다는 것을 의미한다. 기판력의 의미는 동일한 당사자 사이에서 동일한 분쟁이 반복되는 것을 막고, 동일한 분쟁에 관하여 서로 모순되는 법원의 판결이 내려지는 것을 방지하는 것에 있다.

3. 司法의 독립성·객관성·공정성

사법은 그 기능을 이행하기 위하여 사법기능을 담당하는 기관에 대하여 특정한 요청을 한다. 사법기관은 '법적 분쟁에 관련되지 않은 제3자'로서 객관적으로 공정하게 결정할 수 있기 위하여, 중립적이고 독립적이어야 한다. 이는 한편으로는 司法의 '조직상의 독립'과 다른 한편으로는 구체적인 개별사건에서 결정하는 '법관의 독립'을 요청한다.

중립적이고 독립적인 법원만이 공정한 재판을 보장할 수 있고, 공정한 재판만이 법적 분쟁을 종식시키고 궁극적으로 법적 평화를 회복할 수 있으므로, 사법의 독립성·객관성·공정성은 사법기능의 유지와 보장을 위하여 불가결한 본질적 요소이다.

4. 司法의 소극성·수동성·事後 反應的 기능

구체적 법적 분쟁의 발생을 전제로 하는 사법기능의 성격상, 사법은 주도적·형성적으로 활동하는 것이 아니라, 이미 발생한 법적 분쟁에 대하여 사후적으로 반응하는 국가작용이다. 사법은 법질서를 유지하는 기능이지, 법형성적 기능이 아니다. 사법의 목적이 법질서의 유지와 법적 평화의 실현이라는 점에서 근본적으로 현상유지적 성격을 가지고 있다.

입법기능과 집행기능이 입법목적이나 국가목표, 정책의 실현이라는 사회형성, 즉 정치를 목표로 하는데 반하여, 사법기능은 그 본질상 비정치적이다. 사법은 정치적인 형성작용이 아니라, 법의 구속을 받는 법인식작용이다. 입법기능과 집행기능이 사회질서를 적극적으로 형성하기 위하여 목표를 설정하고 이를 능동적으로 실현하는데 반하여, 사법기능은 단지 당사자의 소송제기에 반응하여 분쟁해결에 필요한 범위 내에서만 활동함으로써, 법질서를 유지하고 법적 평화를 회복하고자 하는 소극적이고 수동적인 국가작용이다. 또한, 입법기능이나 집행기능이 사법판단의 대상이 된 경우에도, 사법은 입법이나 집행에 의한 사전적 형성행위에 대한 단지 사후적인 교정기능에 그친다.

사법의 반응적 성격으로부터, 사법기관은 스스로 활동하는 것이 아니라 단지 당사자의 신청에 의하여 활동해야 한다는 요청이 나온다(신청주의). 즉, 원고 없이는 법관도 없다. 사법작용은 쟁송의 제기가 있는 경우에만 비로소 개시되는 수동적인 국가작용이다.

Ⅳ. 사법의 절차

1. 司法節次의 법치국가적 형성

공정한 재판이 이루어지기 위해서는 법관의 독립성 및 재판절차의 공정성과 객관성이 보장되어야 한다. 따라서 사법은 법관의 독립성뿐만 아니라 사법절차의 법치국가적 형성을 필요로 한다. 법원절차에 대하여 특별한 법치국가적 요청을 하는 것은, 이를 통하여 공정한 재판을 보장하고 가능하면 실체법에 부합하는 법원의 판결을 확보하고자 하는 것이다.

물론, 법원절차에서 오판의 가능성을 배제할 수는 없으나, 생각할 수 있는 흠결의 근원을 법원절차의 법치국가적 형성을 통하여 제거함으로써 오판의 가능성을 최소화하고자 하는 것이다. '결정의 내용적 타당성'과 '결정에 이르는 절차' 사이에는 긴밀한 내적 연관관계가 존재한다는 것이 그 바탕에 깔린 사고이다. '결정에 이르는 절차의 타당성에 의하여 결정내용의 타당성을 최대한으로 확보할 수 있다'는 사고를 대표적으로 실현하고 있는 것이 바로 사법절차인 것이다.

사법절차에 대한 법치국가적 요청은 입법자에 대해서는 절차법을 형성함에 있어서 입법형성의 지침으로서, 법관에 대해서는 개별 소송절차를 진행함에 있어서 절차법의 해석지침으로서 작용한다. 일차적으로, 입법자는 재판절차가 공정한 재판을 보장할 수 있도록 절차법을 구체적으로 형성해야 한다. 다수의 소송법규정은 법치국가원리와 절차적 기본권(청문청구권, 공정한 재판을 받을 권리 등)의 구체화된 표현이다.

2. 청문청구권의 보장

사법절차에 대한 가장 중요한 법치국가적 요청은 바로 청문청구권 또는 진술기회의 보장이다. 소송당사자는 법원의 결정에 앞서 사실적 또는 법적 관점에서 모든 중요한 사안에 관하여 진술할 수 있는 기회를 가져야 하고, 이로써 당사자가 절차의 형성과 결과에 대하여 영향을 미칠 수 있는 가능성을 가져야 한다. 소송당사자는 재판절차의 단순한 객체여서는 안 된다. 물론, 주어진 청문의 기회를 활용할 것인지는 소송당사자가 결정해야 할 문제이다.

의견진술권을 행사하기 위해서는, 소송당사자는 결정과 관련된 모든 중요한 정보를 얻을 수 있어야 하며, 특히 상대방의 모든 서면과 진술을 열람할 수 있어야 한다. 나아가, 법원은 소송당사자의 진술을 인식하고 판결에서 함께 고려해야 한다. 법원은 소송당사자가 진술하지 않은 사실이나 증거를 결정의 기초로 삼아서는 안 된다. 법관이 소송당사자에게 충분한 진술의 기회를 부여하지 않는 경우, 청문청구권은 침해된다. 법원이 청문청구권을 준수하였을 경우에는 달리 판단하였을 가능성을 배제할 수 없다면, 법원의 결정은 하자가 있는 것이고 위헌적인 것이다.

제 2 절 法院의 管轄 및 權限

I. 쟁송재판권

爭訟裁判權이란 민사·형사·행정재판권과 같은 법적 쟁송에 관한 재판권을 말한다.

1. 민사·형사재판권

가. 국가의 司法保障義務

비록 헌법이 명시적으로 언급하고 있지는 않지만, 민사재판권과 형사재판권의 행사는 역사적으로 형성되고 자리 잡은 司法의 전통적인 과제이자 핵심영역에 속한다.

현대국가는 개인에게 자신의 권리를 自力救濟에 의하여 관철하는 것을 금지한다. 자력구제의 금지는, 개인이 적정한 비용의 부담 하에서 그리고 적정한 기간 내에 국가의 법원에 의하여 자신의 권리를 찾을 수 있다는 보장에 의하여 정당화된다. 민사·형사재판권과 관련하여 국가의 사법보장의무는 국가의 물리력행사에 관한 독점권, 개인에 의한 자력구제의 금지, 법적 평화를 보장할 국가의 의무에 대응하는 것으로서 법치국가원칙에 내재하는 것이다. 국민이 사인관계에서 자력으로 권리를 관철하거나 범죄인을 징계하는 것을 막고 법원절차를 통하여 법적 분쟁을 해결하려는 것은 법치국가의 핵심적 요소이다. 따라서 국가는 私法上의 분쟁에 있어서 국민의 자력구제를 배제하는 효과적인 권리구제를 보장해야 하며, 또한 刑事法에 있어서는 국가가 형벌권을 독점하고 사인의 복수를 금지한다면, 이에 상응하는 국가의 의무로서 국민을 범죄로부터 보호하고 범죄인에 대한 정당한 처벌을 통하여 법적 평화를 다시 회복할 수 있도록 형사재판절차를 제공해야 할 의무가 있다.

국가의 사법보장의무는 국민의 주관적 관점에서는 재판을 받을 권리(재판청구권)를 의미한다. 국가가 국민의 자력구제를 금지하고 사법보장의무를 지고 있다면, 그러한 사법보장의무는 법원에 의하여 해결되어야 하는 모든 분쟁에 있어서 '효과적인 권리보호의 보장'을 의미한다. 따라서 법원에 접근할 수 있는 국민의 권리는 지나친 비용부담 등으로 인하여 필요 이상으로 곤란하게 형성되어서는 안 되며, 분쟁사건에 관한 법관의 구속력 있는 결정은 신속하게 적정한 기간 내에 내려져야 한다.

나. 법원의 量刑決定權의 문제[1]

> **사례** 헌재 2006. 4. 27. 2006헌가5(특정경제범죄 가중처벌 사건)
>
> 甲은 은행 지점 차장으로서 대출업무를 담당하면서 대출의 대가로 뇌물을 수수하였다는 공소사실로 인천지방법원에 기소되었는데, 위 법원은 수수한 금품의 가액이 1천만 원 이상 5천만 원 미만인 때에는 5년 이상의 유기징역에, 수수액이 5천만 원 이상인 때에는 무기 또는 10년 이상의 징역에 처하도록 가중처벌을 규정하고 있는 '특정경제범죄 가중처벌 등에 관한 법률' 조항을 적용하여, 징역 5년에 처하고 9,150만 원을 추징한다는 판결을 선고하였고, 항소심 법원인 서울고등법원은 피고인의 항소를 기각하는 판결을 선고하였다. 대법원은 상고심 계속 중 위 법률조항이 헌법에 위반된다는 이유로 직권으로 위헌제청결정을 하였다.[2]

---

1) 이에 관하여 제3편 제6장 제3절 재판청구권 Ⅳ. 5. '實體法規定에 의한 재판청구권의 침해?' 부분 참조.
2) 헌재 2006. 4. 27. 2006헌가5, 판례집 18-1상, 491, 492, "이 사건 법률조항 중 제1호 부분은 수수액이 5,000만 원 이상인 경우에는 범인의 성행, 전과 유무, 범행의 동기, 범행 후의 정황 등 죄질과 상관없이 무기 또는 10년 이상의 징역에 처하도록 규정하고 있어, 법관으로 하여금 작량감경을 하더라도 별도의 법률상 감경사유가 없는 한 집행유예를 선고할 수 없도록 함으로써 법관의 양형선택과 판단권을 극도로 제한하고 있는 바, 이는 살인죄(사형, 무기 또는 5년 이상의 징역)의 경우에도 작량감경의 사유가 있는 경우에는 집행유예가 가능한 것과 비교할 때 매우 부당하고, …"; 또한, 헌재 2003. 11. 27. 2002헌바24, 판례집 15-2하, 242, 243, "위 특가법 조항은 단순매수나 단순판매 목적소지의 마약사범에 대하여도 사형·무기 또는 10년 이상의 징역에 처하도록 규정하고 있어, 예컨대 단 한 차례 극히 소량의 마약을 매수하거나 소지하고 있었던 경우 실무상 작량감경을 하더라도 별도의 법률상 감경사유가 없는 한 집행유예를 선고할 수 없도록 법관의 양형선택과 판단권을 극도로 제한하고 있고 또한 범죄자의 귀책사유에 알맞은 형벌을 선고할 수 없도록 법관의 양형결정권을 원천적으로 제한하고 있어 매우 부당하다."

(1) 헌법재판소의 판례

헌법재판소는 '일정한 요건이 갖추어지면 재범의 개연성과는 관계없이 반드시 보호감호를 선고해야 할 의무를 법관에게 부과하는 구 사회보호법 제5조 제1항의 필요적 보호감호규정은 법관의 판단재량을 박탈하여 법관에 의한 공정한 재판을 받을 권리를 침해하였다'고 판시한 이래,[1] 입법자가 정당한 이유 없이 법관의 양형결정권을 박탈하거나 제한하는 경우에는 재판청구권이 침해될 수 있다는 입장을 취하고 있다. 특히, 입법자가 규정한 법정형이 형벌 본래의 목적과 기능을 달성함에 있어서 필요한 정도를 일탈한 지나치게 과중한 형벌인지의 여부를 판단함에 있어서 헌법재판소는 일부 결정에서 "법관으로 하여금 작량감경(酌量減輕)을 하더라도[2] 별도의 법률상 감경사유(減輕事由)가 없는 한 집행유예를 선고할 수 없도록 함으로써 법관의 양형선택권과 판단권을 극도로 제한하고 있다."는 판시를 하고 있는데, 이러한 판시내용의 헌법적 타당성에 대하여 의문이 제기된다.

(2) 가중처벌의 경우 제기되는 헌법적 문제

입법자가 특정 범죄에 대하여 가중처벌을 하는 경우, 입법자의 가중처벌이 형법상의 책임원칙에 위배되어 피고인의 기본권을 과도하게 침해하는지의 관점 및 입법자의 가중처벌이 법관의 양형결정권을 침해하는지의 관점에서 헌법적 문제가 제기될 수 있다.

입법자는 범죄를 형사법적으로 규율함에 있어서 입법형성권을 근거로 하여, 일정 범죄의 경우에는 그 보호법익과 죄질을 고려하여 가중처벌을 해야 한다는 입법정책적 결정을 내렸고, 그 결과 법률상의 감경사유가 없는 한 집행유예의 선고를 하지 못하도록 법원에 의한 재량의 행사를 배제할 수 있다. 이러한 가중처벌규정은 국민의 기본권인 신체의 자유를 과도하게 침해할 수 있다는 관점에서 그 위헌성이 문제될 수 있는지는 별론으로 하고, 입법자가 헌법상의 권력분립질서에 따라 헌법이 부여한 입법권을 정당하게 행사한 결과로서 법관의 양형결정권의 관점에서는 아무런 헌법적 하자가 없는 것이다.[3] 헌법 제103조("헌법과 법률에 의하여")가 규정하는 바와 같이, 법원의 양형판단재량권은 바로 입법자의 입법정책적 결정의 결과인 법률의 범위 안에서만 존재하는 것이기 때문이다.

그런데 만일 헌법재판소의 위 견해에 의한다면, '법률에 의한 재판'이 아니라 '법원의 양형판단권에 따른 법률'이라는, 즉 법관이 법률에 따라 재판하는 것이 아니라 입법자가 법관의 절대적인 양형판단권의 범위 내에서 입법을 해야 한다는 결과를 가져온다. 법관이 법률의 기속을 받아 법률에 따라 재판한다는 것은 법치국가의 본질적인 요소인데, 거꾸로 법관의 양형판단가능성의 여부가 법률의 위헌성을 판단하는 기준이 될 수는 없는 것이다.

---

1) 헌재 1989. 7. 14. 88헌가5 등, 판례집 1, 69, 85.
2) 형의 감경에는 법률의 규정에 의한 형의 감경(법률상 감경)과 재판상 감경(작량감경)이 있는데, 작량감경이란 범죄의 정상을 참작할만한 사유가 있을 때에 법관의 재량으로 행해지는 형의 감경을 말한다(형법 제53조).
3) 같은 취지로 헌재 1997. 8. 21. 93헌바60, 판례집 9-2, 200, 201, "이 사건 법률조항이 작량감경을 하더라도 별도의 법률상 감경사유가 없는 한 집행유예의 선고를 할 수 없도록 그 법정형의 하한을 높여 놓았다 하더라도 이는 강도상해죄를 범한 범죄자에 대하여는 반드시 장기간 사회에서 격리시키도록 하는 입법자의 입법정책적 결단으로 존중되어야 하고, 또한 법관이 형사재판의 양형에 있어 법률에 기속되는 것은, 법률에 따라 심판한다고 하는 헌법규정(제103조)에 따른 것으로 헌법이 요구하는 법치국가원리의 당연한 귀결이며, 법관의 양형판단재량권 특히 집행유예 여부에 관한 재량권은 어떠한 경우에도 제한될 수 없다고 볼 성질의 것은 아니다."; 헌재 2005. 3. 31. 2004헌가27 (약식절차에서 정식재판의 청구), 판례집 17-1, 312, "형사재판에서 법관의 양형결정이 법률에 기속되는 것은 법률에 따라 심판한다는 헌법 제103조에 의한 것으로 법치국가원리의 당연한 귀결이다. … 따라서 형사법상 법관에게 주어진 양형권한도 입법자가 만든 법률에 규정되어 있는 내용과 방법에 따라 그 한도 내에서 재판을 통해 형벌을 구체화하는 것으로 볼 수 있다."; 또한, 헌재 1995. 4. 20. 93헌바40, 판례집 7-1, 539, 540.

2. 행정재판권

가. 행정재판권의 헌법상 표현

(1) 헌법 제107조 제2항 및 제3항

헌법은 공권력에 대한 권리보호에 관하여 명시적으로 표현하고 있지 않지만, 제107조 제2항에서 "…처분이 헌법이나 법률에 위반되는 여부가 재판의 전제가 된 경우에는 대법원은 이를 최종적으로 심사할 권한을 가진다."고 하여 '처분'에 대한 재판을 언급하고 있고, 또한 제3항에서 행정재판의 전심절차인 '행정심판절차'를 규정함으로써, 행정처분의 위헌·위법여부를 심사하는 행정재판권도 법원의 관할임을 간접적으로 밝히고 있다.

(2) 법치국가의 頂點으로서 행정재판권

헌법 제107조 제2항 및 제3항은 민·형사재판과 대등한 행정재판을 규정함으로써, 사법을 통한 권리구제보장에 있어서 법치국가적 이념을 완성하고 있다. 국가권력의 행사가 법적으로 구속을 받는다면, 개인의 권리가 국가공권력에 의하여 침해된 경우, 사법적 권리구제의 가능성이 보장되어야 한다. 개인이 국가와의 관계에서 권리를 주장하고 사법적(司法的)으로 관철할 수 있는 경우에 비로소 법치국가는 궁극적으로 실현된다. 따라서 공권력행위에 대한 권리구제절차의 헌법적 보장은 '법치국가의 정점'이라고도 불린다.

나. 처분의 경우, 재판의 전제성 문제

헌법 제107조 제2항에서 규정하고 있는 바와 같이, 처분의 경우에도 헌법이나 법률에 위반되는 여부가 재판의 전제가 되는지의 문제가 제기된다.

법령에 대한 위헌심사는, 집행행위가 위헌적인 법령에 기초하고 있다는 이유로 구체적인 소송사건에서 법령의 위헌성을 그 선결문제로서 '간접적으로' 심사하는 객관적(구체적) 규범통제절차 및 법령에 의하여 '직접' 기본권이 침해되는 경우 헌법소원심판의 형태로 이루어지는 주관적 구제절차라는 두 가지 형태로 가능하지만, 처분에 있어서는 선결문제에 관한 위헌심사와 직접 심판대상으로서의 위헌심사라는 이중적 구조가 존재하지 않는다. 법령의 경우에는 일반적으로 집행행위가 매개되기 때문에 법령에 의한 직접적인 기본권의 침해는 예외적인 현상에 속하나, 처분에 있어서는 그 자체가 집행행위로서 원칙적으로 기본권을 직접 침해하고 있으므로 선결문제로서의 처분의 위헌성과 직접 심판대상으로서의 처분의 위헌성을 나누는 것이 부적당하다. 따라서 법령과 처분의 이러한 근본적인 구조적인 차이 때문에 "재판의 전제성"을 법령의 경우처럼 기술적인 의미로 해석할 것이 아니라, 여기서의 "재판의 전제성"이란 처분의 위헌·위법여부에 관한 법원의 판단에 따라 재판의 결과, 즉 청구의 인용여부가 달라지는 경우를 의미한다고 보아야 한다.

헌법 제107조 제2항이 처분의 경우에도 '재판의 전제성'이란 표현을 사용한 것은 명령·규칙과 처분이라는 서로 상이한 유형의 행정작용을 함께 규율하는 과정에서 발생한 입법기술적인 결함으로 보아야 할 것이므로, 이를 명확히 하는 헌법개정의 필요성이 있다.[1]

---

1) 따라서 명령·규칙과 처분을 분리하여 처분에 관하여 다음과 같은 별도의 규정을 두는 것이 바람직하다. "헌법 제107조 ② 처분이 헌법이나 법률에 위반되는 여부가 문제 된 경우에는 대법원은 이를 최종적으로 심사할 권한을 가진다."

다. 헌법 제107조 제3항의 의미

헌법 제107조 제3항은 "재판의 전심절차로서 행정심판을 할 수 있다. 행정심판의 절차는 법률로 정하되, 사법절차가 준용되어야 한다."고 규정하여, 행정심판제도의 도입을 허용하고 있다.

(1) 행정심판제도에 관한 입법형성권과 그 한계

"헌법 제107조 제3항은 … '행정심판을 행정소송의 전치절차로 할 것인지 아니면 임의절차로 할 것인지'의 문제를 비롯하여 행정심판절차의 구체적 형성을 입법자에게 맡기면서, 다만 '행정심판은 재판의 전심절차로서만 기능하여야 한다'는 것과 '행정심판절차에 사법절차가 준용되어야 한다'는 것을 규정함으로써, 입법적 형성의 한계를 제시하고 있다."[1]

(2) 사법절차 준용의 헌법적 의미

"행정심판에 있어서는 독립된 제3자가 아니라 행정기관 스스로가 심판기관이 되므로, 독립적이고 중립적인 제3자로서 법원에 의하여 이루어지는 재판에 비하여 행정기관의 결정은 그 공정성을 크게 기대하기 어렵다는 점이 있다. 행정심판제도가 진정한 권리구제제도로서 재판의 전심에 해당하기 위해서는 절차의 공정성이 보장되어야 한다. 절차의 공정성과 객관성이 보장되지 않는 행정심판제도는 행정청의 자기행위에 대한 정당화 수단으로만 이용될 뿐, 국민의 권리구제제도로서 실효성을 지니기 어렵기 때문에 오히려 국민의 재판을 받을 권리를 방해할 우려가 있다.

따라서 우리 헌법은 이에 대처하여 제107조 제3항 제2문에서 행정심판절차에 사법절차가 준용될 것을 요청함으로써, 행정심판제도의 실효성을 확보하기 위한 최소한의 요건을 스스로 규정하고 있다. 즉, 위 헌법규정은 … '사법절차가 준용되지 않는 행정심판절차는 그 결정의 타당성을 담보할 수 없어, 사전적 구제절차로서의 기능을 제대로 이행할 수 없다'는 것을 밝히면서, 행정심판절차가 불필요하고 형식적인 전심절차가 되지 않도록 이를 사법절차에 준하는 절차로서 형성해야 할 의무를 입법자에게 부과하고 있는 것이다. 행정심판제도는 재판의 전심절차로서 인정되는 것이지만, 공정성과 객관성 등 사법절차의 본질적인 요소가 배제되는 경우에는 국민들에게 무의미한 권리구제절차를 밟을 것을 강요하는 것이 되어 국민의 권리구제에 있어서 오히려 장애요인으로 작용할 수 있으므로, 헌법 제107조 제3항은 사법절차에 준하는 객관성과 공정성을 갖춘 행정심판절차의 보장을 통하여 행정심판제도의 실효성을 어느 정도 확보하고자 하는 것이다."[2]

3. 선거에 관한 소송의 심판권

현행법상 대통령선거 및 국회의원선거, 시장·도지사 선거에 관한 소송의 심판권은 대법원이, 지방의회선거 및 기초지방자치단체장의 선거에 관한 소송은 선거구 관할 고등법원이 가지는 것으로 규정되어 있다(공직선거법 제222조).

그러나 민주국가에서 선거의 중요성, 즉 국가기관을 구성하고 국가권력에 민주적 정당성을 부여하는 선거의 의미에 비추어, 적어도 국가권력의 행사와 관련된 전국적인 차원에서의 선거인 대통령선거와 국회의원선거에 대한 심사는 다른 사법적 절차와는 완연하게 구분되는 특수한 법적 심사에 해당한다. 외국의 입법례를 보더라도, 대부분의 국가가 전국적인 차원의 입법기관의 선거에 대한 심

---

1) 헌재 2002. 10. 31. 2001헌바40(도로교통법의 행정심판전치주의), 판례집 14-2, 473, 479-480(결정문에서 그대로 인용).
2) 헌재 2002. 10. 31. 2001헌바40(도로교통법의 행정심판전치주의), 판례집 14-2, 473, 482-483(결정문에서 그대로 인용).

사와 국가원수의 선거에 대한 심사를 헌법재판소의 관할로 하고 있다는 점에서, 선거심사의 관할은 헌법재판의 핵심적인 구성부분이라 할 수 있다. 따라서 헌법재판소와 같은 독립된 전문적인 헌법재판기관이 설립된 이상, 대통령과 국회의원의 선거에 관한 심사권을 법원이 아니라 헌법재판소의 관할로 하는 것이 바람직하다.

II. 명령·규칙에 대한 위헌·위법심사권

헌법 제107조 제2항은 "명령·규칙 … 이 헌법이나 법률에 위반되는 여부가 재판의 전제가 된 경우에는 대법원은 이를 최종적으로 심사할 권한을 가진다."고 하여 법원의 명령·규칙심사권을 규정하고 있다.

1. 제도적 의미

가. 헌법과 법률에의 기속

법원은 헌법과 법률의 기속을 받으므로(헌법 제103조), 당해사건에 적용되는 명령·규칙이 위헌 또는 위법이라고 판단되면, 이를 당해사건에 적용하는 것을 거부할 수 있어야 한다. 따라서 헌법 제107조 제2항의 명령·규칙심사권은 '법원이 헌법과 법률에 기속된다'는 법치국가적 요청의 당연한 결과이다.

나. 具體的 規範統制

具體的 또는 附隨的 規範統制란, 구체적인 소송사건의 해결을 계기로 하여 법규범이 상위법과 합치하는지의 여부, 특히 규범의 위헌성을 심사하는 제도를 말한다. 법원은 구체적인 법적 분쟁의 판단과정에서 당해 사건에 적용될 명령·규칙의 위헌·위법성이 문제되는 경우 구체적 사건의 재판을 계기로 하여 부수적으로 명령·규칙의 위헌·위법성을 심사하게 된다. 구체적 소송사건의 발생과 관계없이 명령·규칙의 위헌성을 심사하는 제도인 추상적 규범통제는 있을 수 없다.

2. 명령·규칙심사권의 주체

명령·규칙심사권의 주체는 대법원뿐만 아니라 모든 각급법원이다. 각급법원은 명령·규칙이 헌법이나 법률에 위반되는 여부가 재판의 전제가 된 때에는 그에 대한 심사권을 가지고, 위헌·위법으로 판단되는 명령과 규칙의 적용을 거부할 수 있다. 다만, 명령·규칙의 위헌·위법여부에 관한 최종적인 심사권은 최고법원인 대법원의 권한이다.[1]

3. 명령·규칙심사권의 요건

심사기준은 헌법과 법률이며, 심사대상은 명령과 규칙이다. 법원이 명령·규칙을 심사하기 위해서는 명령 또는 규칙이 헌법이나 법률에 위반되는 여부가 재판의 전제가 되어야 한다. '재판의 전제가 된다는 것'은, 당해재판에 적용되는 명령·규칙의 위헌·위법여부가 당해재판의 선결문제가 된다는 것, 즉 명령·규칙의 위헌·위법여부에 따라 당해사건을 담당한 법원이 다른 내용의 재판을 하게

---

1) 대법원이 명령·규칙이 위헌 또는 위법임을 인정하는 경우에는 대법관전원합의체에서 결정하고, 헌법이나 법률에 합치됨을 인정하는 경우에는 대법관 3인 이상으로 구성된 부에서 결정한다(법원조직법 제7조 제1항).

되는 경우(당해재판의 결과가 달라지는 경우)를 말한다. 가령, 과세처분에 대한 행정소송에서 과세처분의 법적 근거가 되는 세법시행령규정의 위헌·위법여부에 따라 당해재판의 결과가 달라지는 경우를 예로 들 수 있다.

4. 위헌·위법적 명령·규칙의 효력

명령·규칙이 헌법이나 법률에 위반된다고 인정되는 경우, 법원은 이러한 명령·규칙을 당해사건에 적용하는 것을 거부할 수 있을 뿐, 이에 대하여 무효를 선언할 수 없다. 부수적 규범통제의 본질상, 법원의 과제는 구체적 당해사건의 해결이지, 명령·규칙의 효력 그 자체를 심사하는 것이 아니기 때문이다. 명령·규칙이 위헌 또는 위법인 경우, 위헌·위법적 명령·규칙에 의거하여 한 행정행위는 취소될 수는 있으나, 자동으로 무효가 되는 것은 아니다.

III. 법률에 대한 위헌심사권

1. 위헌법률심판 제청권

법률이 헌법에 위반되는 여부가 재판의 전제가 된 경우에는 법원은 헌법재판소에 위헌법률심판을 제청할 수 있다(헌법 제107조 제1항). '법률이 헌법에 위반되는 여부가 재판의 전제가 된다는 것'은 바꾸어 표현하면, 당해재판에 적용되는 법률의 위헌여부가 당해재판의 선결문제가 된다는 것, 즉 법률의 위헌여부에 따라 당해재판의 결과가 달라진다는 것을 의미한다. 이로써 헌법은 구체적 규범통제에 있어서 법원에는 위헌심사권과 위헌제청권만을 부여하고, 법률에 대한 위헌결정권은 헌법재판소에 독점적으로 귀속시키고 있다.

2. 법원의 '헌법에의 구속'의 표현으로서 위헌제청의무

모든 국가기관과 마찬가지로 법원도 헌법의 구속을 받으며, 법관의 헌법에의 구속은 무엇보다도, 법원이 모든 법률을 가능하면 헌법에 합치되게 해석해야 할 의무(합헌적 법률해석), 특히 법률의 해석과 적용에 있어서 기본권의 의미를 존중해야 할 의무 및 법률의 위헌제청의무를 통하여 나타난다.

헌법을 최고의 정점으로 하는 법질서에서 모든 법률은 헌법에 합치하는 경우에만 적용될 수 있고, 법원이 헌법의 구속을 받는다는 것은 바로 당해 재판에서 적용되는 법률이 헌법과 합치하는지의 여부를 판단해야 한다는 것을 의미한다. 헌법 제107조 제1항은 법원이 법률의 위헌여부에 관한 독자적인 판단을 할 수 있는 권한, 즉 규범심사권을 가지고 있다는 것을 전제로 하여, 법률이 위헌으로 판단되는 경우에는 법원절차를 정지하고 헌법재판소에 제청하도록 규정하고 있는 것이다. 즉, 비록 헌법재판소가 법률의 위헌여부에 관한 최종적인 결정권을 가지고 독점적으로 법률에 대하여 위헌으로 선언할 수 있으나, 법원도 위헌제청의 여부를 판단하기 위하여 법률의 위헌여부에 관하여 일차적으로 심사할 수 있는 권한을 가지고 있다. 이로써 법원은 명령·규칙의 경우와는 달리 위헌이라고 판단되는 법률의 적용을 완전히 거부할 권한은 없으나, 위헌제청을 통하여 재판절차를 정지시킴으로써 헌법재판소의 결정 시까지 법률을 잠정적으로 적용하지 아니할 권한을 가지고 있는 것이다.

IV. 규칙제정권

헌법기관의 규칙은 헌법기관의 자율권을 근거로 헌법기관에 의하여 제정되어 기관 내부적으로만 효력을 가지는 내부법(內部法)이다.[1] 헌법이 헌법기관에게 '규칙제정권을 부여한 목적'과 '규칙제정권의 본질'에 비추어, 대법원은 헌법상 부여받은 규칙제정권을 근거로 하여 단지 자신의 내부질서만을 자율적으로 규율할 수 있을 뿐, 개인이나 다른 국가기관과의 외부적 관계를 임의로 형성할 수 없다. 어떠한 국가기관도 자신의 자율권을 근거로 외부적 관계를 규율할 수 없으며, 개인의 기본권을 제한할 수 없다. 사법기관인 대법원은 소송절차의 형성에 있어서 헌법과 법률에 의한 구속을 받으며, 소송절차를 임의로 형성해서는 안 된다.

대법원은 헌법 제108조의 규칙제정권에 근거하여 법률에서의 별도의 수권여부와 관계없이 자신의 내부관계를 자율적으로 규율할 수 있다. 대법원은 자신의 내부질서의 규율에 관한 한, 법률에서 명시적으로 규칙으로 정하도록 위임한 사항뿐만 아니라 이를 넘어서 내부질서에 관하여 전반적으로 규율할 수 있다.

그러나 헌법 제108조의 수권이 단지 법원 내부질서의 규율에 한정되므로, 대법원은 규칙제정권을 근거로 하여 다른 국가기관이나 사인 등 외부적 관계를 규율할 수 없다. 대법원이 규칙을 통하여 외부적 관계를 규율하기 위해서는 입법자에 의한 별도의 수권을 필요로 한다. 따라서 대법원이 규칙을 통하여 재판절차에 참여하는 사인 등에 대하여 권리와 의무를 규율하기 위해서는 법률에서 입법자가 명시적으로 규율권한을 부여해야 한다.[2]

V. 법관에 의한 法創造

1. 법관에 의한 법창조의 의미와 헌법적 정당성

가. 객관적 법질서의 유지와 보장, 개인의 주관적 권리의 관철은 헌법상 사법부에게 부여된 과제이다. 사법부는 이러한 과제를 이행함에 있어서 법을 사법작용의 기준으로 삼고, 법관은 법의 구속을 받는다. 그러나 법이 사회생활을 빈틈없이 규율하는 것은 불가능하며, 법관에게 항상 명확한 지침을 제시하는 것도 아니다.

사법부에게는 국민에 대한 사법보장의무가 부과되기 때문에, 법관은 법의 공백을 이유로 재판을 거부할 수 없다. 법관은 재판규범에 하자가 있는 경우에도 판결의무를 이행해야 한다. 모든 해석의

---

1) 제4편 제2장 제5절 제4항 II. '헌법기관의 규칙제정권' 참조.

2) 헌재 2016. 6. 30. 2013헌바27, 판례집 28-1하, 441, 447, 위임입법이 대법원규칙인 경우에도 수권법률에서 포괄위임 금지원칙을 준수하여야 하는지의 여부에 관하여 헌법재판소는 '위임입법이 대법원규칙인 경우에도 수권법률에서 포괄위임금지원칙은 준수되어야 한다'고 밝히고 있다. 한편, 3인 재판관의 소수의견은 '헌법은 제108조에서 대법원에게 기본권을 제한할 수 있는 권한을 직접 부여한 것이므로, 기본권제한을 위하여 별도의 법률위임 필요로 하지 않으며, 이에 따라 헌법 제75조의 포괄위임금지원칙은 대법원규칙에는 적용되지 않으므로, 포괄위임금지원칙의 준수여부 심사할 필요 없다'는 견해를 밝히고 있다(판례집 28-1하, 441, 450-451). 그러나 소수의견은 헌법 제108조의 규칙제정권의 본질을 완전히 오해하고 있다.

시도에도 불구하고 입법자가 제공한 법규범이 재판의 근거로 기능할 수 없다면, 법관이 법규범을 창조적으로 보완하는 것이 법치국가적으로 불가피할 수 있다. 따라서 사법부는 사법기능을 이행함에 있어서 불가피하게 어느 정도 법창조적 기능과 권한을 가진다. 이 경우, 법관은 입법교정이나 보조입법의 기능을 이행하는 것이 아니라, 단지 사법보장의무로부터 나오는 판결의무를 이행하는 것이다.

나. 법관에 의한 법창조란, 법질서에 내재하지만 실정법의 문언에서 제대로 표현되지 못한 가치를 법해석이라는 평가적 인식 행위를 통하여 밝혀내고 실현하는 것이며, 이러한 방법으로 '실정법'과 '실체적 정의' 사이의 모순이나 불일치의 문제를 해결하고자 하는 것이다.[1] 법관이 법을 창조하는 경우, 법관의 판단은 자의적이어서는 안 되며 합리적 논증에 근거해야 한다. 법관에 의한 법창조는 법률의 의미내용의 범위 내에서 이루어지는 '법의 구체화'(법률의 범위 내에서의 법창조)의 형태나 '법의 유추적용'(법적 공백을 보완하는 법창조)의 형태를 띠게 된다. 법률이 불충분한 지침을 제시하는 경우, 법원은 해당 법률관계를 지배적으로 형성하는 일반적 법원칙으로부터 법을 도출해야 한다.[2]

통상, 법관에 의한 법창조는 '일반화시킬 수 있는 법관의 법적 견해', 즉 구체적인 법적 분쟁의 해결을 계기로 법해석의 원칙에 따라 발견되었지만 구체적인 개별사건을 넘어서 유사한 사건의 판단에 일반적으로 적합하다고 인정된 법적 견해를 통하여 이루어진다. 이러한 견해는 법원 실무에서 지속적으로 인정됨으로써 결국 '법원칙'이나 '법제도'의 형태로 자리 잡게 된다. 이러한 형태의 법창조를 '法官法(Richterrecht)'이라 부른다.[3]

2. 법관법의 헌법적 한계

법관에 의한 법창조의 과제는 법관의 법기속성에 의하여 제한되고 그 한계가 설정된다. 법관은 법창조의 과제를 이행함에 있어서 입법자의 기본결정을 가능하면 존중해야 한다. 법관이 법창조의 과제를 이행함에 있어서 유념해야 할 것은, 법원은 법창조를 통하여 법규범을 제정하는 권력이 되어서는 안 되며, 원칙적으로 권력분립원리와 법률유보원칙에 의한 기능적 한계를 준수해야 한다는 것이다. 법률의 공백 시 유추적용의 허용여부를 판단함에 있어서, 입법자가 법률을 통하여 이에 반하는 명백한 결정을 내렸다면, 법관은 객관적으로 인식할 수 있는 입법자의 의사를 무시하고 자신의 독자적인 법정책적 사고에 근거하여 이를 변경하고자 시도해서는 안 된다.

법창조의 한계와 관련하여, 예외적으로 법률의 명확한 문언에 반하여 법관법이 형성될 수 있는지의 문제가 제기된다. 법관이 법률의 문언에 의한 구속을 극복하기 위해서는 매우 중대한 사유를 필요로 한다. 그러한 사유는 헌법의 가치결정이나 공동체에서 확립된 확고한 정의관 등에서 찾을 수 있다. 법관이 법문의 구속을 벗어나고자 하는 경우, 법문이 제시하는 기준을 따른다면 법률이 법적 문제의 공정한 해결이라는 과제를 이행하지 못한다는 것을 입증해야 한다. 법원 재판의 위헌여부를 심사할 수 있는 재판소원제도가 도입되는 경우, 법관이 헌법적으로 허용되는 법창조의 한계를 넘었는지에 관하여 헌법재판소가 통제할 수 있다.

---

1) Vgl. BVerfGE 34, 269, 287(Soraya-Entscheidung).
2) Vgl. BVerfGE 84, 212, 226f.
3) '일반화시킬 수 있는 법관의 법적 견해'는 사법부의 견해이지 법률이 아니므로, 법규범에 부여되는 법적 구속력을 발휘하지 못한다. 법관의 법적 견해가 개별사건을 넘어서 그 효력을 주장할 수 있는지의 여부는 전적으로 그 이유의 설득력과 법원의 권위에 달려있다. vgl. BVerfGE 84, 212, 227.

제 3 절 司法權의 獨立

사법권의 독립은 사법권을 담당하는 법원의 조직상 독립과 구체적 재판을 담당하는 법관의 재판상 독립을 전제로 한다.

I. 법원의 독립

헌법상의 권력분립원리는 사법권을 다른 국가권력으로부터 분리된 독자적인 국가권력으로 형성하였다. 법원의 독립이란, 권력분립의 차원에서 법원이 입법부와 행정부로부터 조직·운영 및 기능에 있어서 독립해야 한다는 것을 의미한다. 법관은 국회의원 또는 집행부의 구성원을 겸직할 수 없다. 겸직금지의 요청은 헌법에 명시적으로 규정되어 있지 않으나, 人的 權力分立으로부터 나오는 당연한 헌법적 요청이다.

II. 법관의 독립

1. 職務上 獨立

가. 헌법과 법률 및 양심에 따른 심판
(1) 공정한 재판을 보장하기 위한 수단

법관의 독립은 공정한 재판을 위한 불가결한 요건이다. 헌법 제103조는 "법관은 헌법과 법률에 의하여 그 양심에 따라 독립하여 심판한다."고 규정하여 법관의 직무상 독립성을 표현하면서, 한편으로는 사법적 판단의 기준으로서 '헌법과 법률'을 제시하고 있다. 직무상 독립은 裁判上 獨立 또는 物的 獨立이라고도 한다.

헌법 제103조는 "헌법과 법률에 의하여"라고 하여 '법의 구속'을 언급하고 있는데, 법관이 법의 구속을 받는다는 것은 법관의 독립성을 확보하기 위한 필수적 요건이다. 법관은 사법기능을 이행함에 있어서 오로지 헌법과 법률을 기준으로 삼아야지,[1] 외부로부터 영향을 받거나 지시나 명령에 따라서는 안 된다. 법관이 오로지 법의 구속을 받고 법에 따라 판단한다는 것은 '외부의 지시나 명령의 구속을 받지 않는다는 것의 동의어'이다. 법관이 오로지 헌법과 법률의 구속을 받는다는 것을 보장하기 위하여, 직무상 독립은 외부로부터의 모든 영향과 지시를 배제한다. 궁극적으로 법관의 직무상 독립성은 헌법과 법률에의 기속을 실현하기 위한 것이고, 이로써 공정한 재판, 즉 사법의 객관성과 공정성을 보장하고자 하는 것이다.

---

[1] '헌법에 의한 재판'이란 무엇보다도, 법원이 모든 법률을 가능하면 헌법에 합치되게 해석해야 할 의무(합헌적 법률해석)와 법률의 해석과 적용에 있어서 헌법, 특히 기본권의 의미를 존중해야 할 의무가 있다는 것을 뜻한다.

(2) 헌법 제103조의 "양심"의 의미

(가) 양심의 의미에 관한 견해의 대립

양심이란 법관으로서의 양심, 즉 법관이 적용하는 법의 객관적 정신을 의미한다고 하는 '객관적 양심설'과 양심을 법관의 주관적 양심으로 이해하는 '주관적 양심설', 양심이란 헌법과 법률의 구속을 따라야 한다는 주관적 양심이라고 하는 '절충설' 등이 대립하고 있다.

위의 견해들이 주장하는 소위 객관적·주관적 양심의 내용이 무엇을 의미하는지 불명확하고 이해하기 어렵다는 점을 차치하고라도, 객관적 양심설에서 말하는 양심은 결과적으로 법관의 사법적 판단의 기준인 헌법·법률과 일치한다는 점에서 객관설은 헌법과 법률 외에도 양심을 별도로 규정하고 있는 헌법규정의 법문에 부합하지 않는다는 문제가 있고, 주관적 양심설은 양심에 의하여 헌법과 법률에 의한 법관의 구속이 무의미하게 될 수 있다는 점에서 동의할 수 없는 견해이다.

(나) 지시나 명령으로부터의 독립성

헌법은 제46조 제2항과 제103조에서 각 국회의원 및 법관의 직무와 관련하여 "양심"을 언급하고 있다. 위 헌법규정에서 언급하는 "양심"은 헌법 제19조의 양심의 자유에서 말하는 '인격적·윤리적 양심'과는 그 성질을 달리하는 '직무상 양심'을 의미하는 것이다. 헌법은 직무상 양심을 언급함으로써 국회의원의 경우에는 지시나 명령 등의 구속을 받지 않는다는 '자유위임 또는 무기속위임'을, 법관의 경우에는 '지시나 명령으로부터의 자유로움 또는 독립성'을 표현하고, 이를 강조하고 있는 것이다.

(다) 실정법과 충돌할 수 있는 정의

한편, 여기서의 '양심'이란 경우에 따라서는 '실정법과 충돌할 수 있는 정의'를 의미할 수 있다. 헌법국가에서 '정의가 무엇인가' 하는 것은 헌법 스스로가 인간의 존엄성과 기본권의 보장, 법치국가원리·사회국가원리 등과 같은 헌법규범을 통하여 구체화하고 있다. 이러한 의미에서 헌법은 법공동체가 지향하는 일반적 정의를 실정법화한 것이고, 정의는 실체적 헌법규범을 통하여 구체적으로 표현되고 있다.

그러므로 정의의 기준은 법관에게 이미 정해져 있다. 법관은 자신의 개인적 정의관을 주장하여 법규범의 문언과 해석을 통한 객관적 의미로부터 벗어나서는 안 된다. 따라서 법관이 양심에 따라 심판한다는 것은, 법관에게 재판작용에서 자신의 주관적 정의관이나 초실정법적 가치를 임의로 실현할 수 있는 권한을 부여하는 것이 아니다. 여기서 '양심'은 법관에게 주관적 정의관이나 자연법에 기초하여 법규범을 비판하고 이를 무시·왜곡할 수 있는 헌법적 근거가 아니다. 법관은 법규범이 위헌적인 경우에만 법규범에 대하여 이의를 제기할 수 있다.

물론, 법관은 경우에 따라 법과 정의 사이의 긴장관계에 부딪히게 되고, 자신의 정의관 때문에 갈등을 일으킬 수 있다. 이 경우 법관의 정의관이 헌법적 결정이나 가치와 일치한다면, 법관은 위헌의 의심이 있는 법률에 대하여 헌법재판소에 위헌제청을 하거나 또는 당해사건에서 법규범(법규명령 등)의 적용을 거부함으로써 자신의 갈등을 해소할 수 있는 가능성을 가지고 있다. 그러나 자신의 정의관이 헌법에서 구체화된 정의(헌법적 결정)와 일치하지 않는다면, 법관은 자신의 정의관을 제쳐두고 헌법과 법률에 따라 재판을 해야 한다.

나. 외부적 간섭으로부터 독립

'직무상의 독립'은 사법의 본질적 요소로서 누구의 간섭이나 지시도 받지 않고 사법기능을 수행하는 것을 그 내용으로 하는데, 사법의 중립성과 객관성을 확보하기 위한 헌법상의 핵심적 표현이다. 법관의 직무상 독립은 사법의 독립성을 훼손할 수 있는 모든 관계, 즉 국가기관, 사회세력, 소송당사자 및 법원 내부로부터의 간섭에 대한 것이다.

(1) 다른 국가기관으로부터의 독립

어떠한 국가기관도 법관의 재판에 간섭하거나 영향력을 행사하고자 시도해서는 안 된다. 가령, 법원의 재판은 국회의 국정감사나 국정조사의 대상이 되지 않음은 물론이고, 국회는 국정감사·조사권의 행사를 통하여 계속중인 재판에 영향을 미쳐서도 안 된다.

(2) 사회적·정치적 세력으로부터의 독립

오늘날 민주적 법치국가에서 법관의 독립성에 대한 심각한 위협은 국가기관으로부터가 아니라 사회적 영역으로부터 나온다. 특히 대중매체나 강력한 사회단체는 여론 형성을 주도하거나 여론의 조작을 통하여 사법부에 압력을 행사하고 법원의 판결을 일정한 방향으로 유도하고자 시도할 수 있다. 특히 언론매체가 계류중인 재판에 대하여 법원의 판결에 앞서 '여론재판'의 형태로 일종의 사전적 판결을 내리는 것은 법원의 독립성에 대한 중대한 침해이다. 이에 대하여, 종료된 재판의 경우 판결에 대한 합리적 비판은 원칙적으로 허용된다.

(3) 소송당사자로부터의 독립

소송당사자로부터 법관의 독립성을 유지하기 위한 제도로서 법관의 제척제도(소송당사자와 특수한 관계에 있다든지 아니면 소송사건과 직접 이해관계가 있는 경우), 기피제도(법관의 편파의 우려가 있는 경우), 회피제도(법관이 스스로 재판의 공정을 기대할 수 없다고 판단하는 경우)가 마련되어 있다.

(4) 사법부 내부적 간섭으로부터의 독립

(가) 법원 내부적으로도 법관의 결정에 영향을 미쳐서는 안 된다. 대법원장이나 각급법원장도 검찰과는 달리 법관의 재판에 관한 지휘·감독권한이 없다.[1] 대법원은 하급심법원의 판결을 파기·환송할 수 있을 뿐 자신의 견해를 따르도록 요청하거나 권유할 수 없다.

(나) 한편, 법원조직법 제8조에 의하면, "상급법원의 재판에 있어서의 판단은 해당 사건에 관하여 하급심을 기속한다."고 규정하고 있다. 위 법률조항이 법관의 직무상 독립과 합치하는지의 문제가 제기된다. 위 법률조항은 상급법원이 하급법원에 대하여 간섭이나 지시를 할 수 있다는 것은 아니고, 단지 하급법원의 판결이 상소법원에 의하여 파기·환송되는 경우 하급심법원이 '당해사건에 한하여' 상급심법원의 판결에 따라야 한다는 것을 의미하는 것이다. 이는 상소제도를 인정하는 이상 수반되는 당연한 결과이다.

법원이 선판례(先判例)에 의하여 내부적으로 구속을 받는 영미법계 국가와는 달리, 대륙법계 국가에서는 법원은 법전(法典)의 구속을 받는 것이지, 판례의 구속을 받지 않는다. 하급심법원은 법적으로 선판례의 구속을 받지 않으므로, 상급법원의 판결을 비판하거나 따르지 않을 수 있다. 물론, 이러한 경우 상급심법원에 의하여 파기환송당할 위험을 감수해야 하기 때문에, 실질적으로 선판례구속의

---

1) 검사의 경우에는 '검사동일체의 원칙'(모든 검사가 검찰총장을 정점으로 상하의 위계질서를 이루면서 검찰권의 통일적 행사를 기하는 원칙)에 따라 검사는 검찰사무에 관하여 상사의 명령에 복종해야 한다.

경우와 유사한 효과가 발생한다.

2. 身分上 獨立

가. 일반적 의미

법관의 직무상 독립은 신분상 독립에 의하여 보완되고 강화된다. 사법권의 독립은 법관에 대한 완전한 신분보장에 의해서만 실현될 수 있다. 법관의 신분보장이 제대로 되어 있지 않은 경우에는 법관의 직무상 독립이 약화될 위험이 있다. 가령, 언제든지 파면되거나 불리한 처분을 받을 수 있는 법관은 형식적으로 보장된 직무상 독립성에도 불구하고 인사권자를 비롯한 외부의 영향력이나 압력에 대하여 취약할 수밖에 없다. 또한, 법관이 재판의 내용으로 인하여 인사상의 불이익을 받을 위험이 있다면 직무상의 독립은 사실상 공허하게 될 수 있다. 따라서 사법권의 독립은 자의적인 파면이나 불리한 처분 등으로부터 법관을 보호하려는 '신분상의 독립'을 통하여 더욱 강화된다.

나. 법관자격 법정주의 및 법관인사의 독립성

헌법 제101조 제3항은 "법관의 자격은 법률로 정한다."고 하면서, 헌법 제104조 제3항은 "대법원장과 대법관이 아닌 법관은 대법관회의의 동의를 얻어 대법원장이 임명한다."고 하여 일반법관의 임명을 사법부의 자율적 결정에 맡기고 있다. 법원조직법 제42조는 법관의 임용자격에 관하여 구체적으로 규율하고 있다.

다. 법관의 임기제 및 정년제

헌법은 제105조 제1항 내지 제3항에서 대법원장·대법관 및 그 외의 법관의 임기제를 규정하고 있다. 일반법관의 임기는 10년이나 연임할 수 있다. 한편, 헌법 제105조 제4항은 "법관의 정년은 법률로 정한다."고 하여 법관정년제를 규정하면서 구체적인 정년연령을 법률로 정하도록 위임하고 있다. '본래 의미의 정년제'란 정년까지 법관의 신분이 보장되는 제도를 말하는 반면, 헌법 제105조 제4항의 정년제란 '임기제의 유보하에 있는 정년제'를 의미한다.

일반법관의 임기제의 경우, 일반적으로 과실이 없는 한 정년까지 신분이 보장되는 것으로 볼 수 있으나, 한편으로는 법관의 신분보장이 사법부 내부적으로 위협받을 수 있으므로, 법관의 독립이 약화될 수 있는 부정적인 측면이 있다.[1] 법관의 임기제와 같이 법관의 비위사실을 근거로 재임명을 거부함으로써 법관직으로부터 배제할 수 있는 제도를 두고 있는 국가의 경우에는 법관의 종신제나 정년제를 택하고 있는 국가(가령 미국이나 독일 등)에 비하여 탄핵제도의 실효성이 적다.[2]

라. 법관의 신분보장

헌법은 제106조 제1항에서 "법관은 탄핵 또는 금고 이상의 형의 선고에 의하지 아니하고는 파면되지 아니하며, 징계처분에 의하지 아니하고는 정직·감봉 기타 불리한 처분을 받지 아니한다."고 하여, 법관의 신분보장을 강화하기 위하여 신분상 불리한 처분을 할 수 있는 사유를 스스로 명문으

---

1) 임기가 끝난 판사는 인사위원회의 심의를 거치고, 대법관회의의 동의를 얻어 대법원장의 연임발령으로 연임한다(법원조직법 제45조의2 제1항). 건강상의 이유 또는 근무성적의 불량 등의 이유로 정상적인 직무를 수행할 수 없는 경우에는 연임발령을 하지 아니한다(법원조직법 제45조의2 제2항).
2) 이러한 이유에서 정년제를 채택하는 獨逸이나 종신제를 취하는 美國의 경우에는 임기제를 취하고 있는 우리의 경우와 비하여 보다 빈번하게 법관에 대한 탄핵이 이루어지고 있다고 볼 수 있다.

로 확정하고 있다.

(1) 파면사유의 제한

헌법 제106조 제1항은 "탄핵 또는 금고 이상의 형의 선고에 의하지 아니하고는 파면되지 않는다."고 하여 파면사유를 제한하고 있다.

(2) 징계처분 효력의 제한

법관은 징계처분을 받을 수는 있으나, 법관에 대한 징계처분의 효력을 정직·감봉 기타 불리한 처분으로 제한하고 있다. 법관에 대한 징계사건을 심의·결정하기 위하여 대법원에 법관징계위원회를 두며(법관징계법제4조), 법관에 대한 징계처분은 정직·감봉·견책의 세 종류로 한다(법관징계법제3조 제1항).

(3) 임기 전 퇴직사유의 제한

임기제에 의한 신분보장 때문에 임기 전에 원칙적으로 본인의 의사에 반하여 퇴직하게 할 수 없고, 다만 헌법 제106조 제2항에 의하여 "법관이 중대한 심신상의 장애로 직무를 수행할 수 없을 때에는" 법률이 정하는 바에 의하여 퇴직하게 할 수 있다.

제 4 절　司法權의 限界

Ⅰ. 헌법상 특별규정

헌법이 명시적으로 다른 국가기관의 권한으로 규정하고 있거나 사법적 심사의 대상에서 제외하고 있는 사항에 대해서는 법원의 사법권이 미치지 아니한다. 헌법은 국회의 독립성과 자율권을 존중한다는 의미에서 국회의원의 자격심사·징계·제명을 국회의 권한으로 하고 있다(헌법 제64조제2항 및 제3항). 헌법 제64조 제4항은 의원의 신분에 관한 국회의 결정에 대하여 법원에 제소할 수 없다고 명문으로 규정함으로써, 국회의원의 자격심사·징계·제명에 관한 처분은 법원의 사법적 심사의 대상이 될 수 없음을 밝히고 있다.

여기서 국회의원의 제명처분 등에 대하여 헌법재판소에서도 다툴 수 없는지의 문제가 제기된다. 이에 관하여 '헌법 제64조 제4항은 국회 자율권을 존중하는 취지에서 국회의 자격심사·징계·제명에 관한 처분을 사법적 심사의 대상에서 배제한 것이므로 헌법재판소에서 다투는 것도 불가능하다'는 견해가 있다. 그러나 헌법 제64조 제4항은 단지 "법원"에 제소할 수 없다고 규정하고 있으며, 고전적인 삼권분립의 체계 내에서 의회의 자율권을 법원으로부터 보호하고자 하는 조항이라고 이해한다면,[1] 헌법이 별도의 헌법재판소를 설립하여 헌법재판의 기능을 맡긴 경우에는 헌법재판소에서 다투는 것은 가능하다고 보아야 한다. 의원의 제명처분 등에 의하여 의원의 헌법적 지위가 침해되는 경우에는 헌법재판소에 의한 위헌심사가 가능해야 한다. 국회의원의 제명처분에 대해서는 국가기관 간의 권한쟁의로 다투어야 한다.[2]

---

1) 전통적으로 고전적인 삼권분립의 체계 내에서 법원은 의회입법의 구속을 받고 입법자의 법률을 해석·적용할 수 있을 뿐이지 법률을 심사할 수 없다고 간주되어 온 것과 같은 맥락에서, 헌법은 의회입법의 구속을 받는 법원이 의회구성원의 신분에 관한 의회의 결정을 심사할 수 없다고 결정한 것이다.

2) 의원의 제명처분 등에 의하여 침해되는 의원의 법적 지위는 국민 누구에게나 귀속되는 개인의 기본권이 아니라 국

II. 통치행위

사례 *1* 헌재 2003. 12. 18. 2003헌마255 등(제1차 이라크파병 사건)

미국과 영국은 2003. 3. 20. 이라크에 대한 대규모 공습으로 전쟁을 시작하였다. 그러자 대통령은 대국민담화를 통해 미국과 영국의 위 공격에 대한 지지입장을 표명하였고, 같은 달 21. 소집된 임시 국무회의에서 건설공병지원단과 의료지원단을 이라크 현지에 파견하는 내용의 "국군부대의 이라크전쟁 파견동의안"을 의결하여 파병결정을 하였다. 국회는 2003. 4. 2. 정부가 국무회의를 거쳐 국회에 제출한 파견동의안에 대하여 의결하여 동의하였다. 이에 시민단체의 간부 및 그 밖의 일반 국민으로 구성된 청구인들은 대통령의 국군부대의 이라크전쟁 파견결정과 국회의 국군부대의 이라크전쟁 파견동의로 말미암아 청구인들의 인간으로서의 존엄과 가치·행복추구권을 침해당하였다고 주장하며 그 위헌확인을 구하는 헌법소원심판을 청구하였다.

사례 *2* 헌재 2004. 4. 29. 2003헌마814(제2차 이라크파병 사건)

甲은 일반 국민의 한 사람인바, 대한민국 정부가 2003. 10. 18. 국군을 이라크에 파견하기로 한 것은 침략적 전쟁을 부인한다고 규정하고 있는 헌법 제5조에 위반될 뿐만 아니라 일반 사병을 이라크에 파견하는 것은 국가안전보장 및 국방의 의무에 관한 헌법규정에 위반된다는 이유로 위 파병의 위헌확인을 구하는 헌법소원심판을 청구하였다.

---

1. 통치행위의 개념 및 이에 관한 논의

가. 개 념

통치행위라 함은, 국정의 기본방향이나 국가적 차원의 정책결정을 대상으로 하는 고도의 정치적 성격을 띤 행위로서 사법적 심사의 대상으로 하기에 부적합한 성질의 국가행위를 말한다.[1]

나. 견해의 대립

통치행위의 개념을 인정할 것인지, 인정하는 경우 사법적 심사의 대상에서 제외할 것인지, 제외한다면 그 이론적 근거는 무엇인지의 문제가 제기된다.

(1) 통치행위를 부정하는 입장에서는, 헌법국가에서 모든 국가작용이 헌법의 구속을 받고 사법적 심사의 대상이 되어야 하므로, 통치행위라는 개념 자체를 인정할 수 없다고 한다. 사법적 심사의 대상이 되지 않는 통치행위를 인정하게 되면, 집행행위에 대한 사법부의 위헌·위법심사권을 부정하는

회의 구성원인 국가기관으로서의 권한과 지위이므로, 국회의원은 국회의 제명처분 등에 대하여 국가기관 간의 권한쟁의로 다투어야 한다(위 제4편 제2장 제6절 IV. 국회의원의 헌법적 지위에 대한 보호 참조). 한편, 모든 공직자의 신분보장도 공무담임권의 보장내용으로 이해하는 헌법재판소의 판례에 의하면, 국회의 제명처분에 대하여 헌법소원을 제기하는 것도 가능하다. 그러나 의원이 제명처분에 대하여 이와 같이 이중적으로 다툴 수 있다고 하는 법적 상황은 공무담임권의 보장내용을 기본권의 본질에 반하여 공무원의 기본권으로 확장한 '헌법재판소의 잘못된 판례'에 기인하는 것이다.

1) 헌재 1996. 2. 29. 93헌마186, 판례집 8-1, 111, 115, "통치행위란 고도의 정치적 결단에 의한 국가행위로서 사법적 심사의 대상으로 삼기에 적절하지 못한 행위라고 일반적으로 정의되고 있는바, …."

것이 된다고 한다.

　(2) 통치행위 긍정설에 의하면, 고도의 정치성을 띤 타국가기관의 행위에 대하여 사법부가 자제하는 것이 바람직하기 때문에, 통치행위가 사법적 심사의 대상에서 제외된다고 한다(소위 司法的 自制說).

2. 통치행위가 사법적 심사의 대상이 되는지의 문제

가. 司法的 自制의 요청

　사법적 자제(judicial-self-restraint)란 사법기관이 사법적 심사에 있어서 자발적으로 스스로 자제해야 한다는 것인데, 이러한 요청은 특정 국가행위가 사법적 심사의 대상이 될 수 있는지를 판단하기 위한 구체적 관점을 제시하지 못한다.

　(1) 사법적 자제의 요청은 사법기관을 구속하는 규범적 한계를 제시하기 보다는 사법기관이 임의로 결정할 수 있는 자발적인 요소를 강조하고 있다. 그러나 헌법재판의 한계가 헌법재판관 각자의 성향이나 사법적 자제를 실현하려는 의지나 태도에 달려 있을 수는 없다. 헌법재판의 한계가 '규범적으로' 결정되어야 하는 문제라는 점에서, 사법적 자제라는 일반적 요청은 헌법재판의 한계에 관한 규범적인 기준을 제시하지 못한다. 더욱이, 헌법에 의하여 헌법재판소에 부여된 기능인 '헌법의 수호 및 기본권의 보호'의 과제는 경우에 따라서는 사법적 자제와는 정반대의 행위인 '단호한 개입과 통제'를 헌법재판소로부터 요구할 수 있다. 이러한 관점에서 보아도 사법적 자제의 요청은, 헌법이 명시적으로 헌법수호의 과제를 헌법재판소에게 부여하고 있는 헌법재판제도에서는 오해의 여지가 있다.

　사법적 자제의 요청에서 말하는 '自制'란 사법부의 自己拘束을 말하는 것이다. 그러나 사법부의 사법심사와 관련하여 제기되는 문제는 사법부의 자발적인 자기구속의 문제가 아니라 권력분립원리와 민주주의원리 등 헌법적 원칙에 의하여 외부로부터 부과되는 구속에 관한 문제이다. 사법적 자제의 표현은 자기구속을 강조한다는 점에서, 마치 啓蒙君主의 '자발적인 도덕적 자기구속'이나 자신이 제정한 헌법에 의한 입헌군주의 '자발적인 법적 자기구속'을 연상케 한다. 그러나 현대 헌법국가에서 어느 국가기관도 자신에게 스스로 부과하는 내부적 자기구속을 받는 것이 아니라 국민이 제정한 헌법에 의한 외부적 구속을 받는 것이다. 따라서 오늘날 헌법국가에서 국가기관의 '자기구속'이나 '자제'란 엄격한 의미에서 있을 수 없다. 결국, '사법적 자제'의 표현을 사용한다면, 이는 헌법질서 내에서 사법기관의 기능적·권한적 한계를 강조하는 것으로 이해해야 한다.

　(2) 한편, 사법적 자제의 요청을 입법부나 집행부와의 관계에서 권력분립원리나 민주주의원리로부터 나오는 '헌법재판의 기능적 한계'의 준수에 대한 일반적 요청, 즉 헌법재판소는 헌법재판을 통하여 다른 국가기관의 권한을 침해해서는 안 된다는 요청으로 이해한다면, 헌법재판소와 같이 자신의 권한을 스스로 결정할 수 있는 권한을 가진 국가기관이 권한의 행사에 있어서 스스로 자제해야 한다는 요청은 당위적이며 논리필연적인 것이다. 그러나 사법적 자제의 요청을 이와 같이 규범적으로 이해한다 하더라도, 이로부터 정치적 국가행위가 처음부터 사법심사의 대상에서 배제된다는 원칙이 도출되는 것은 아니다.

나. 정치문제이론

　政治問題理論이란, 외교권의 행사를 본질적으로 정치적인 것으로 규정하여 정부나 의회의 외교행위를 사법적 심사의 대상에서 제외하고자 하는 견해를 말한다. 이는 영국의 국가행위론(Act of State

Doctrine) 또는 미국의 정치문제이론(Political question Doctrine)에서 유래한다. 한편, 독일의 경우, 연방헌법재판소는 초기의 판례부터 외교행위를 사법적 심사의 대상으로 보았다. 다만, 외교정책적 행위는 일반적으로 헌법의 기준에 의하여 파악될 수 없으며, 사법적 심사의 기준이 되는 헌법규범이 국가의 외교행위에 정치적 형성의 광범위한 공간을 부여하고 있다는 것을 연방헌법재판소는 고려하고 있다.

(1) 미국의 연방대법원에 의하여 형성된 정치문제이론은 미국 헌법과 본질적으로 상이한 우리 헌법구조에 있어서 그대로 적용될 수 없다. 자신의 판례를 통하여 스스로에게 위헌심사권을 부여한 미 연방대법원과는 달리, 헌법재판소에게는 헌법상 '공권력행위의 위헌성심사에 관한 권한'이 명시적으로 부여되었기 때문에, 헌법규범의 개방성과 추상성에도 불구하고 헌법은 사법적 심사의 기준으로 작용하며 사법적으로 심사할 수 없는 공권력의 행사를 인정할 수 있는 가능성은 처음부터 없다.

(2) 헌법이 모든 국가기관을 구속하기 때문에 정치를 포함한 모든 국가권력의 행사가 헌법에 기속되며, 헌법은 헌법재판소에게 이러한 기속의 준수를 감시하는 과제를 부여하고 있다. 국가의 정치생활이 이루어져야 하는 규범적 울타리를 제시하는 것이 헌법의 기능이라면, 헌법재판소에 의한 위헌심사가 가능한지의 여부가 '심사대상이 정치적 문제인지'의 여부에 달려있을 수 없다. 오히려 헌법국가를 관철해야 할 과제를 부여받은 헌법재판소는 국가의 정치적 결정이 헌법의 범주 내에서 이루어지고 있는지를 심사해야 한다. 따라서 정치와 헌법을 구분하는 정치문제이론은 정치를 헌법의 통제기준에 구속시키고자 하는 우리 헌법질서에 적용될 수 없다.

뿐만 아니라, 헌법 제27조의 재판청구권은 '그 성질상 개인의 권리침해를 야기할 수 있는 모든 공권력행위'는 사법적 심사의 대상이 될 것을 요청한다.[1] 따라서 정치적 국가행위를 사법심사의 대상으로부터 배제하고자 하는 시도는 재판청구권의 요청에도 부합하지 않는다. 결국, 헌법이 국민의 재판청구권을 기본권으로 보장한다는 것은, 필연적으로 '사법적 심사로부터 자유로운 국가행위 이론'에 대한 수정을 요구한다.

다. 사법적 심사의 대상이 아니라 심사기준의 존부에 관한 문제

헌법재판소에 의한 헌법규범의 적용과 해석으로부터 완전히 자유로운 국가의 공권력행위는, 헌법이 스스로 명문으로 규정하고 있는 경우를 제외하고는, 어떠한 영역에서도 인정될 수 없다. 우리 헌법의 이러한 결정은, 공권력행위의 정치적 성격은 헌법재판소의 사법적 심사를 배제하는 기준이 될 수 없다는 것을 의미한다.

정치적 행위, 특히 외교·국방의 영역에서 정부의 정치적 결정은 '사법의 심사로부터 자유로운 행위'가 아니라, 그러한 정치적 행위가 일반적으로 개인의 권리침해를 직접적으로 야기할 수 없기 때문에 사법적 심사를 받지 못한다. 설사, 정치적 행위가 개인의 권리를 침해할 가능성이 있기 때문에 헌법소원심판의 적법요건이 충족된다 하더라도, 사법기관은 정치적 행위를 사법적으로 판단하기 위한 심사기준이 존재하는 범위 내에서 사법적 심사를 할 수 있다.

이러한 고도의 정치적 결정은 장래의 현실발전에 대한 예측판단을 그 본질로 한다. 정치적 예측판단은 헌법해석과 헌법적 이론에 근거하여 논박될 수 있는 것이 아니라, 단지 다른 정치적 예측판

---

1) 헌법재판소도 "비록 고도의 정치적 결단에 의하여 행해지는 국가작용이라고 할지라도 그것이 국민의 기본권 침해와 직접 관련되는 경우에는 당연히 헌법재판소의 심판대상이 될 수 있다"고 판시하고 있다(헌재 1996. 2. 29. 93헌마186, 판례집 8-1, 111, 116).

단에 의하여 대체될 수 있는 것이다. 그렇다면 정부의 정치적 예측판단을 통제하기 위해서는 헌법재판소 스스로 정치적 예측판단을 해야 한다는 것을 의미한다. 그러나 헌법재판소는 이로써 자신의 헌법상 부여받은 기능의 범위를 넘어서 집행부의 기능을 대신 행사하는 것이다.

결국, 외교행위나 통치행위는 대부분의 경우 '결과적으로' 헌법재판소에 의하여 심사될 수 없다. 그러나 이러한 결과는, 통치행위가 처음부터 심사의 대상에서 제외되기 때문이 아니라 통치행위의 내용을 구체적으로 규정하는 헌법규범이 없기 때문에 발생하는 것이다.[1] 헌법재판소는 그의 결정에 있어서 헌법규범에서 해석을 통하여 도출할 수 있는 것만을 법적인 판단기준으로 삼을 수 있으므로, 통치행위의 헌법적 문제는 사법심사의 대상에 관한 문제가 아니라 심사기준의 존부에 관한 문제이며, 헌법재판소가 정치적 국가행위에 대하여 어느 정도로 통제할 수 있는지의 '심사밀도의 문제'인 것이다.[2]

3. 헌법재판소의 판례

가. 헌법재판소는 종래 결정에서 일관되게 사법적으로 심사할 수 없는 국가행위를 인정하고자 하는 모든 제도, 이로써 헌법재판소의 심사범위를 축소하고자 하는 모든 시도를 원칙적으로 부정하였다. 독립된 헌법재판기관에 헌법재판권을 부여하는 소위 '集中型 헌법재판제도'의 국가에서 일반적으로 확인할 수 있는 바와 같이, 헌법재판소는 헌법재판의 한계를 제시하는 기준으로서 미연방대법원에 의하여 형성된 '사법적 자제의 요청'이나 '정치문제이론'을 취하고 있지 않다.

헌법재판소는 헌법재판의 정치성을 인식하여 헌법재판의 한계를 판단하는 관점으로 '법과 정치'의 구분을 언급하지 않고 있으며, 종래의 판례에서 '사법적 자제'란 표현을 사용하였다면, 이는 주로 입법자와의 관계에서 권력분립원리나 민주주의원리의 관점에서 파생하는 헌법재판의 기능적 한계를 의미하는 것으로 이해된다. 공권력행위의 정치적 성격이 사법적 심사를 배제하는지와 관련하여, 헌법재판소는 종래 헌법규범의 적용과 해석으로부터 완전히 자유로운 공권력행위를 인정하지 않는 입장을 취하였으나,[3] 근래 들어 소위 '제2차 이라크파병 사건'에서 통치행위를 인정한 바 있다.[4] 그러

1) 이는 대통령의 사면권행사에 대한 사법적 심사가 이루어지지 않는 그 본질적인 이유이기도 하다.
2) 통치행위의 일종인 '국가긴급권의 행사에 대한 사법적 심사'에 관하여 위 제4편 제3장 제2절 제3항 V. '국가긴급권' 5. 서술부분 참조. 또한, 헌법재판소도 '개성공단 전면중단 조치'에 관한 헌법소원사건에서 고도의 정치적 결단에 기초한 사안에서 위헌여부를 판단함에 있어서는 정책 판단이 명백히 비합리적이거나 자의적인 것이 아닌 한 대통령의 정치적 결단은 존중되어야 한다고 판시하였다(헌재 2022. 1. 27. 2016헌마364).
3) 1993년 8월 금융실명제도를 도입하기 위하여 대통령이 내린 긴급재정경제명령에 대한 헌법소원심판사건에서 통치행위의 헌법소원대상성을 인정하였다. 헌재 1996. 2. 29. 93헌마186, 판례집 8-1, 111, 115-116, "이 사건 긴급명령이 통치행위로서 헌법재판소의 심사 대상에서 제외되는지에 관하여 살피건대, 고도의 정치적 결단에 의한 행위로서 그 결단을 존중하여야 할 필요성이 있는 행위라는 의미에서 이른바 통치행위의 개념을 인정할 수 있고, … 그러나 이른바 통치행위를 포함하여 모든 국가작용은 국민의 기본권적 가치를 실현하기 위한 수단이라는 한계를 반드시 지켜야 하는 것이고, 헌법재판소는 헌법의 수호와 국민의 기본권 보장을 사명으로 하는 국가기관이므로 비록 고도의 정치적 결단에 의하여 행해지는 국가작용이라고 할지라도 그것이 국민의 기본권 침해와 직접 관련되는 경우에는 당연히 헌법재판소의 심판대상이 될 수 있는 것일 뿐만 아니라, 긴급재정경제명령은 법률의 효력을 갖는 것이므로 마땅히 헌법에 기속되어야 할 것이다."
4) 헌재 2003. 12. 18. 2003헌마255 등(제1차 이라크파병), 판례집 15-2, 655, 헌법재판소는 위 결정에서 "청구인들은 시민단체나 정당의 간부 및 일반 국민들로서 이 사건 파견결정으로 인해 파견될 당사자가 아님은 청구인들 스스로 인정하는 바와 같다. 그렇다면, 청구인들은 이 사건 파견결정에 관하여 일반 국민의 지위에서 사실상의 또는 간접적인 이해관계를 가진다고 할 수는 있으나, 이 사건 파견결정으로 인하여 청구인들이 주장하는 바와 같은 인간의 존엄과 가치, 행복추구권 등 헌법상 보장된 청구인들 자신의 기본권을 현재 그리고 직접적으로 침해받는다고는 할

나 위 결정이 헌법재판소의 종래 입장의 근본적인 방향전환을 의미하는지에 관하여는 앞으로의 결정을 지켜보아야 할 것이다.

나. 헌법재판소는 통치행위의 위헌성을 묻는 헌법소원심판에서 통치행위의 사법대상성을 부인할 것이 아니라, 통치행위에 의하여 개인의 기본권이 침해될 가능성이 있는지의 관점에서 심판청구의 적법성을 판단하는 것이 보다 타당하다. 한편, 헌법재판소가 기본권침해의 가능성을 인정하여 본안판단을 해야 하는 경우에는, 통치행위의 위헌성을 판단하는 헌법규범의 부재나 구체적 요청의 결여를 이유로 통치행위의 합헌성을 인정하게 될 것이다. 가령, 이라크파병결정과 관련하여, 헌법은 헌법전문 및 제5조에서 세계평화주의를 국가목표로 제시함으로서 파병결정의 심사기준을 제공하고 있지만, 이러한 국가목표를 어떠한 방법으로 실현할 것인지에 관하여는 아무런 구체적인 지침을 제시하지 아니하고 이를 정치적 헌법기관인 정부와 국회의 광범위한 형성권에 맡기고 있으므로, 파병결정은 헌법에 위반되지 않는다.

제5절 法院의 組織 및 管轄

헌법은 제101조 제2항에서 "법원은 최고법원인 대법원과 각급법원으로 조직된다."고 하면서, 제102조 제3항에서 "대법원과 각급법원의 조직은 법률로 정한다."고 규정하고 있다. 이로써 헌법은 단지 법원이 대법원과 각급법원으로 조직된다는 것만을 밝힐 뿐, 각급법원의 구체적 내용에 관한 규율을 입법자에게 위임하고 있다. 각급법원의 조직에 관해서는 법원조직법에서 상세하게 규정하고 있다. 법원조직법(이하 '법')에 의하면, 법원에는 대법원·고등법원·지방법원·특허법원·가정법원·행정법원·회생법원의 7종이 있다.

I. 대 법 원

1. 대법원의 헌법적 지위

가. 最高法院

대법원은 사법부의 법원조직에서 최고법원의 지위를 가진다(헌법 제101조 제2항). 대법원은 사법부가 담당하는 민사·형사·행정·특허재판 등 재판권을 행사함에 있어서 최종심으로서 기능한다. 대법원은 사법기능에서 뿐만 아니라 사법행정기능에서도 최고법원이므로, 最高司法行政機關이기도 하다.

수 없다."고 판시하여, 청구인들의 자기관련성을 부인하였다.; 한편, 헌재 2004. 4. 29. 2003헌마814(제2차 이라크파병), 판례집 16-1, 601, 602, 헌법재판소는 위 결정에서 심판대상을 '대통령의 파견결정'으로 간주한 다음, 이 사건 파견결정이 사법심사의 대상이 되는지 여부에 관하여, "이 사건 파견결정은 그 성격상 국방 및 외교에 관련된 고도의 정치적 결단을 요하는 문제로서, 헌법과 법률이 정한 절차를 지켜 이루어진 것임이 명백하므로, 대통령과 국회의 판단은 존중되어야 하고 헌법재판소가 사법적 기준만으로 이를 심판하는 것은 자제되어야 한다. 이에 대하여는 설혹 사법적 심사의 회피로 자의적 결정이 방치될 수도 있다는 우려가 있을 수 있으나 그러한 대통령과 국회의 판단은 궁극적으로는 선거를 통해 국민에 의한 평가와 심판을 받게 될 것이다."고 하여, 대통령의 파견결정이 사법심사의 대상이 됨을 부인하였다. 그러나 헌법재판소는 헌법규범을 근거로 사법적으로 판단해야 하며, 국회나 정부의 정치적 행위에 대하여 구체적 지침을 제시하는 헌법규범이 존재하지 않으므로, 통치행위는 결과적으로 헌법재판소에 의하여 심사될 수 없다는 점을 간과하고 있다.

나. 기본권보호기관

대법원을 비롯한 법원은 기본권을 보호하고 관철하는 일차적인 주체이다. 미국·일본 등과 같이 별도의 독립된 헌법재판기관을 두고 있지 않는 국가에서, 법원이 기본권보호의 임무를 담당하고 있다는 것은 주지의 사실이다. 헌법재판을 위한 기관을 별도로 설치하지 않는 경우에는 기존의 사법부가 헌법재판을 담당한다. 최고법원은 그의 정상적인 관할 범위 내에서 헌법의 효력과 적용을 보장해야 할 과제도 가지고 있으므로, 법원은 헌법의 수호 및 기본권의 보호의 기능을 함께 담당하게 된다.

우리 법원에게도 똑같이 기본권의 보호의무와 과제가 부과되어 있다. 모든 국가권력이 헌법의 구속을 받듯이, 사법부도 헌법의 일부인 기본권의 구속을 받으므로, 법원은 그의 재판작용에서 기본권을 존중하고 준수하여야 한다. 이와 같이 법원이 기본권의 구속을 받기 때문에, 법원이 행정청이나 법원 하급심에 의한 기본권의 침해를 제거해야 하는 것은 당연한 것이다.[1] 기본권의 보호는 제도적으로 독립된 헌법재판소만의 전유물이나 특권이 아니라, 모든 법원의 가장 중요한 과제에 속한다. 미국이나 일본과 같이 독립된 헌법재판기관이 없는 곳에서는 헌법이 오로지 법원에 의하여 유지되고 관철되고 있는 바와 같이, 독립된 헌법재판소를 두고 있는 나라에서도 기본권의 보호는 또한 법원에게 부과된 의무인 것이다. 이러한 의미에서 기본권의 보호에 있어서 헌법재판소와 법원 사이에는 과제의 竝行性이 존재한다.

현행 헌법재판제도가 법원의 재판에 대한 헌법소원을 배제하여 행정청에 의한 기본권침해의 구제를 사법부에 일임한 것은 사법부의 이러한 기본권보호기능에 기인하는 것이다. 재판소원을 통하여 헌법재판소가 법원을 통제하는 것은 '통제자에 대한 통제'이며 '기본권보호기관에 대한 기본권보호'를 의미하는 것이기 때문이다.

다. 헌법재판기관

헌법 제107조는 헌법 제111조와 함께 헌법재판소와 법원 사이의 헌법재판권의 배분에 관하여 중요한 표현을 담고 있는 규정이다. 헌법 제107조 제2항은 명령·규칙·처분의 위헌·위법성 심사에 관한 대법원의 최종적 심사권을 규정하고 있다. 위 조항은 구체적인 소송사건에서 명령·규칙의 위헌·위법성여부가 재판의 전제가 된 경우 명령·규칙의 합헌성을 심사하는 소위 구체적 규범통제절차에서 대법원의 최종적인 심사권을 규정하고 있다. 또한, 헌법 제107조 제2항은 처분에 대한 대법원의 최종적인 심사권을 규정하고 있다. 이에 따라, 처분의 위헌성에 관하여 헌법재판소가 다시 헌법소원의 형태로 심사할 수 없다고 보아야 하고, 뿐만 아니라 처분의 위헌성에 대한 심사의 결과인 대법원의 재판을 헌법소원의 대상으로 삼는 것은 허용되지 않는다.

대법원이 행정작용에 대한 최종적인 심사권을 가진다는 것은 명령·규칙·처분 등 행정작용에 대한 최종적 위헌심사권을 가진다는 것을 의미한다. 이로써, 헌법은 제107조 및 제111조에서 원칙적으로 입법작용에 대한 헌법재판권을 헌법재판소에, 명령·규칙·처분 등 집행작용에 대한 헌법재판권을 법원에 각각 귀속시키고 있다. 헌법은 헌법재판기관을 二元化하여, 헌법의 수호 및 기본권의 보호가 헌법재판소만의 과제가 아니라 헌법재판소와 법원의 공동과제라는 것을 표현하고 있다.[2]

---

1) 헌법소원제도의 내재적 특징으로 언급되는 보충성원칙도 기본권의 침해를 제거할 수 있는 다른 사전적 가능성의 존재를, 즉 법원에 의한 기본권의 보호를 전제로 하고 있다.
2) 헌재 1997. 12. 24. 96헌마172 등, 판례집 9-2, 842, 854 참조.

2. 대법원의 구성과 조직

가. 대법원장

(1) 대법원장은 법원을 대표하는 법원의 수장이며, 대법원의 구성원으로서 대법관의 지위를 가진다. 또한, 대법원장은 대법관전원합의체의 재판장의 지위를 가지며($\frac{법}{제1항}\frac{제7조}{}$), 대법관으로 구성되는 대법관회의 의장의 지위를 가진다($\frac{법}{조}\frac{제16}{제1항}$). 대법원장은 사법행정사무를 총괄하며, 사법행정사무에 관하여 관계 공무원을 지휘·감독한다($\frac{법}{제1항}\frac{제9조}{}$).

(2) 대법원장은 대법관의 임명제청권을 가지며($\frac{헌법}{조}\frac{제104}{제2항}$), 헌법재판소 재판관 중 3인의 지명권($\frac{헌법}{조}\frac{제111}{제3항}$) 및 중앙선거관리위원회 위원 중 3인의 지명권($\frac{헌법}{조}\frac{제114}{제2항}$)을 가진다. 대법원장은 대법관이 아닌 법관을 대법관회의의 동의를 얻어 임명한다($\frac{헌법}{조}\frac{제104}{제3항}$).

(3) 대법원장은 국회의 동의를 얻어 대통령이 임명한다($\frac{헌법}{조}\frac{제104}{제1항}$). 대법원장은 20년 이상 판사·검사·변호사 등의 직에 있던 45세 이상의 사람 중에서 임용한다($\frac{법}{조}\frac{제42}{제1항}$). 대법원장의 임기는 6년이며 重任할 수 없다($\frac{헌법}{조}\frac{제105}{제1항}$). 정년은 70세이다($\frac{법}{조}\frac{제45}{제4항}$).

나. 대법관

(1) 대법관은 대법관전원합의체 및 대법관회의 구성원이다. 대법관은 최고법원인 대법원의 구성원으로서 사법권을 행사한다.

(2) 대법관의 수는 대법원장을 포함하여 14명으로 한다($\frac{법}{제2항}\frac{제4조}{}$). 대법관은 대법원장과 동일한 법조경력을 가진 자 중에서 대법원장이 임명을 제청하고 국회의 동의를 얻어 대통령이 임명한다($\frac{헌법}{조}\frac{제104}{제2항}$, $\frac{법}{제1항}\frac{제42조}{}$). 대법관의 임기는 6년으로 하며, 법률이 정하는 바에 의하여 連任할 수 있다($\frac{헌법}{조}\frac{제105}{제2항}$).

다. 대법관전원합의체

대법원의 심판은 대법관 전원의 2/3 이상으로 구성되고 대법원장이 재판장이 되는 합의체에서 행한다($\frac{법}{제1항}\frac{제7조}{}$). 한편, 헌법 제102조 제1항에 의하면 "대법원에 부를 둘 수 있다." 부에는 일반부(민사부와 형사부) 및 특별부(행정·조세·노동·군사·특허 등)가 있는데, 대법관 3인 이상으로 구성한다($\frac{법}{조}\frac{제7}{}$). 대법원의 전담부제도는 재판업무의 전문성과 효율성을 제고하고 재판의 신속·적정을 기하기 위한 것이다.

대법관 3인 이상으로 구성된 부에서 먼저 사건을 심리하여 의견이 일치한 경우에는 명령 또는 규칙이 헌법이나 법률에 위반함을 인정하는 경우, 종전에 대법원에서 판시한 헌법·법률·명령 또는 규칙의 해석적용에 관한 의견을 변경할 필요가 있음을 인정하는 경우, 부에서 재판함이 적당하지 아니함을 인정하는 경우를 제외하고는 그 부에서 재판할 수 있다($\frac{법}{제1항}\frac{제7조}{}$). 대법원의 지나친 업무 부담으로 인하여 대부분 사건의 경우에는 대법관 3인 이상으로 구성된 부에서 재판한다.

라. 대법관회의

대법관전원으로 구성되는 대법관회의는 법관인사, 규칙제정, 예산 등 법원의 행정과 관련된 사안에 관하여 의결한다($\frac{법}{제17조}\frac{제16조.}{}$).

마. 대법관이 아닌 법관(재판연구관)

헌법 제102조 제2항은 "대법원에 대법관을 둔다. 다만, 법률이 정하는 바에 의하여 대법관이 아닌 법관을 둘 수 있다."라고 하여, 대법원에 대법관이 아닌 법관을 둘 수 있도록 규정하고 있다. 이에 따라, 대법원장은 재판연구관을 지명하여 대법원에서 사건의 심리와 재판에 관한 조사·연구에 종사하도록 할 수 있다($_{24조}^{별제}$).

바. 부설기관

대법원의 부설기관으로는, 사법행정사무를 관장하고 대법관이 처장의 직을 겸하는 법원행정처($_{19조}^{별제}$), 판사의 연수와 사법연수생의 수습에 관한 사무를 관장하는 사법연수원($_{20조}^{별제}$), 법원직원·집행관 등의 연수 및 양성에 관한 사무를 관장하는 법원공무원교육원($_{21조}^{별제}$), 재판사무를 지원하는 법원도서관($_{22조}^{별제}$)이 있다. 그 외에도, 대법원장의 보좌사무를 담당하는 대법원장비서실($_{23조}^{별제}$), 사법정책에 관하여 대법원장의 자문에 응하기 위하여 대법원장이 필요하다고 인정할 경우에 설치되는 사법정책자문위원회($_{25조}^{별제}$), 법관의 인사에 관한 기본계획의 수립 및 인사운영을 위하여 심의기관으로 설치되는 법관인사위원회($_{조의2}^{법 제25}$)가 있다.

3. 대법원의 관할

가. 대법원은 상고심·재항고심·선거소송의 관할을 가진다. 법원조직법 제14조에 의하면, 대법원은 ① 고등법원 또는 항소법원·특허법원의 판결에 대한 상고사건 ② 항고법원·고등법원 또는 항소법원·특허법원의 결정·명령에 대한 재항고사건 ③ 다른 법률에 의하여 대법원의 권한에 속하는 사건을 終審으로 재판한다. '다른 법률에 의하여 대법원의 권한에 속하는 사건'으로는 가령, 공직선거법에 의한 선거소송사건을 예로 들 수 있다.

나. 대법원은 명령·규칙의 위헌·위법 여부에 관한 최종적 심사권($_{조 제2항}^{헌법 제107}$)과 위헌법률심판의 제청권($_{조 제1항}^{헌법 제107}$)을 가진다. 명령·규칙의 위헌·위법 여부에 관한 심사권 및 위헌법률심판의 제청권은 대법원뿐만 아니라 각급법원의 권한이라는 것은 이미 언급한 바 있다.

Ⅱ. 下級法院의 조직과 관할

1. 高等法院

가. 조 직

고등법원은 판사로 구성되는데, 고등법원에는 고등법원장을 둔다. 고등법원장은 그 법원의 사법행정사무를 관장하며 소속공무원을 지휘·감독한다. 고등법원에는 部를 두는데, 부의 구성원 중 1인은 그 부의 재판에 있어서 재판장이 되며, 고등법원장의 지휘에 따라 그 부의 사무를 감독한다($_{27조}^{별제}$). 재판업무 수행상의 필요가 있는 경우 대법원규칙으로 정하는 바에 따라 고등법원의 부로 하여금 그 관할구역 안의 지방법원 소재지에서 사무를 처리하게 할 수 있다($_{조 제4항}^{법 제27}$).

나. 관 할

고등법원의 심판권은 판사 3명으로 구성된 합의부에서 행사한다($_{제3항}^{별제7조}$). 고등법원은 다음의 사건을 심판한다($_{28조}^{별제}$). ① 지방법원 합의부, 가정법원 합의부 또는 행정법원의 제1심 판결·심판·결정·명령에 대한 항소 또는 항고사건, ② 지방법원단독판사, 가정법원단독판사의 제1심 판결·심판·결정·명령에 대한 항소 또는 항고사건으로서 형사사건을 제외한 사건 중 대법원규칙으로 정하는 사건, ③ 다른 법률에 의하여 고등법원의 권한에 속하는 사건.

2. 特許法院

가. 조 직

특허법원은 판사로 구성되는데, 특허법원에는 특허법원장을 둔다. 특허법원장은 그 법원의 사법행정사무를 관장하며, 소속공무원을 지휘·감독한다(법 제28조의2). 특허법원에는 部를 두는데, 부의 구성원 중 1인은 그 부의 재판에 있어서 재판장이 되며, 특허법원장의 지휘에 따라 그 부의 사무를 감독한다(법 제28조의3).

나. 관 할

특허법원의 심판권은 판사 3명으로 구성된 합의부에서 행사한다(법 제7조 제3항). 특허법원은 다음의 사건을 심판한다(법 제28조의4). ① 특허법 제186조 제1항, 실용신안법 제33조, 디자인보호법 제166조 및 상표법 제85조의3 제1항에서 정하는 제1심사건, ② 다른 법률에 의하여 특허법원의 권한에 속하는 사건.

3. 地方法院

가. 地方法院本院

(1) 조 직

지방법원은 판사로 구성되는데, 지방법원에 지방법원장을 둔다. 지방법원장은 그 법원과 소속지원, 시·군법원 및 등기소의 사법행정사무를 관장하며, 소속공무원을 지휘·감독한다(법 제29조). 지방법원에는 部를 두며, 부장판사가 그 부의 재판에 있어서 재판장이 되며 지방법원장의 지휘에 의하여 그 부의 사무를 감독한다(법 제30조).

(2) 관 할

지방법원의 심판권은 단독판사가 행하며, 합의심판을 하여야 하는 경우에는 판사 3인으로 구성된 합의부에서 행한다. 지방법원본원합의부는 제1심법원 및 제2심법원으로 기능하는데, 그 관할이 각 다르다.

(가) 지방법원본원합의부는 다음의 사건을 제1심으로 심판한다(법 제32조 제1항). ① 합의부에서 심판할 것으로 합의부가 결정한 사건, ② 민사사건에 관하여는 대법원규칙으로 정하는 사건, ③ 사형·무기 또는 단기 1년 이상의 징역 또는 금고에 해당하는 사건, ④ 제3호의 사건과 동시에 심판할 공범사건, ⑤ 지방법원판사에 대한 제척·기피사건, ⑥ 다른 법률에 의하여 지방법원합의부의 권한에 속하는 사건.

(나) 지방법원본원합의부는 지방법원단독판사의 판결·결정·명령에 대한 항소 또는 항고사건을 제2심으로 심판한다(법 제32조 제2항).

(다) 지방법원단독판사는 ① 대법원규칙이 정하는 민사사건, ② 절도·폭행사건 등과 단기 1년 미만의 징역이나 금고·벌금형에 처할 형사사건에 관한 심판권을 가진다(법 제32조 제1항 제2호 및 제3호).

나. 地方法院支院

지방법원의 사무의 일부를 처리하게 하기 위하여 그 관할구역 안에 지원을 둘 수 있다(법 제3조 제2항). 지방법원의 지원에는 支院長을 두며, 지원장은 소속 지방법원장의 지휘를 받아 그 지원과 관할구역에 있는 시·군법원의 사법행정사무를 관장하며, 소속 공무원을 지휘·감독한다(법 제31조 제1항 및 제3항). 지방법원의 지원에는 부를 둘 수 있다($\substack{법 제31\\조 제5항}$). 지방법원지원의 합의부 및 단독판사의 심판권은 지방법원본원의 합의부 및 단독판사의 심판권과 동일하다($\substack{법 제\\32조}$).

다. 市·郡法院

지방법원의 사무의 일부를 처리하게 하기 위하여 그 관할구역에 시·군법원을 둘 수 있다($\substack{법3조\\제2항}$).[1] 대법원장은 지방법원 또는 그 지원 소속판사 중에서 그 관할구역에 있는 시·군법원의 판사를 지명하여 시·군법원의 관할사건을 심판하게 한다. 이 경우 1명의 판사를 둘 이상의 시·군법원의 판사로 지명할 수 있다($\substack{법 제33\\조 제1항}$). 시·군법원의 판사는 소속 지방법원장 또는 지원장의 지휘를 받아 시·군법원의 사법행정사무를 관장하며, 그 소속직원을 지휘·감독한다. 다만, 가사사건에 관하여는 그 지역을 관할하는 가정법원장 또는 그 지원장의 지휘를 받는다($\substack{법 제33\\조 제2항}$).

시·군법원은 ① 「소액사건심판법」의 적용을 받는 민사사건, ② 화해·독촉 및 조정에 관한 사건, ③ 20만원 이하의 벌금 또는 구류나 과료에 처할 범죄사건, ④ '가족관계의 등록 등에 관한 법률' 제75조에 따른 협의상 이혼의 확인사건을 관할한다($\substack{법 제34\\조 제1항}$). ② 및 ③의 사건이 불복신청으로 제1심 법원에 계속하게 된 경우에는 그 지역을 관할하는 지방법원 또는 그 지원이 관할한다. 다만, 「소액사건심판법」의 적용을 받는 사건은 그 시·군법원에서 관할한다($\substack{법 제34\\조 제2항}$). 20만원 이하의 벌금 또는 구류나 과료에 처할 범죄사건에 대해서는 이를 즉결심판한다($\substack{법 제34\\조 제3항}$). 즉결심판에 대하여 피고인은 고지를 받은 날로부터 7일 이내에 정식재판을 청구할 수 있다($\substack{제35\\조}$).

4. 家庭法院

가. 조 직

가정법원은 판사로 구성되는데, 가정법원에는 법원장을 둔다. 가정법원장은 그 법원과 소속 지원의 사법행정사무를 관장하며, 소속 공무원을 지휘·감독한다($\substack{법 제\\37조}$). 가정법원에는 부를 두고, 부장판사는 그 부의 재판에 있어서 재판장이 된다($\substack{법 제\\38조}$). 가정법원의 사무의 일부를 처리하게 하기 위하여 그 관할구역에 지원을 둘 수 있다($\substack{법 제3조\\제2항}$). 지원장은 소속 가정법원장의 지휘를 받아 지원의 사법행정사무를 관장하며, 소속 공무원을 지휘·감독한다($\substack{법 제39조\\제2항}$).

나. 관 할

가정법원 및 가정법원지원의 합의부는 ① 가사소송법에서 정한 가사소송과 마류 가사비송사건 중 대법원규칙으로 정하는 사건, ② 가정법원판사에 대한 제척·기피사건, ③ 다른 법률에 따라 가정법원 합의부의 권한에 속하는 사건을 제1심으로 심판한다($\substack{법 제40\\조 제1항}$). 가정법원 본원 합의부 및 춘천가정법원 강릉지원합의부는 가정법원단독판사의 판결·심판·결정·명령에 대한 항소 또는 항고사건 중 제28조 제2호에 해당하지 아니하는 사건을 제2심으로 심판한다($\substack{법 제40\\조 제2항}$).

5. 行政法院

가. 조 직

행정법원은 판사로 구성되는데, 행정법원에는 행정법원장을 둔다. 행정법원장은 그 법원의 사법

---

1) 종래의 '순회재판소'는 1994년 법원조직법이 개정됨에 따라 폐지되고, 그 대신 '시·군법원'이 설치되었다.

행정사무를 관장하며, 소속 공무원을 지휘·감독한다(볍 제40조의2). 행정법원에는 부를 두고, 부장판사는 그 부의 재판에 있어서 재판장이 된다(볍 제40조의3).

나. 관 할

행정법원의 심판권은 판사 3명으로 구성된 합의부에서 이를 행사한다. 다만, 단독판사가 심판할 것으로 행정법원 합의부가 결정한 사건의 심판권은 단독판사가 이를 행한다(볍 제7조 제3항). 행정법원은 「행정소송법」에서 정한 행정사건과 다른 법률에 따라 행정법원의 권한에 속하는 사건을 제1심으로 심판한다(볍 제40조의4).

6. 回生法院

가. 조 직

회생법원은 판사로 구성되는데, 회생법원에는 회생법원장을 둔다. 회생법원장은 그 법원의 사법행정사무를 관장하며, 소속 공무원을 지휘·감독한다(볍 제40조의5). 회생법원에는 부를 두고, 부장판사는 그 부의 재판에 있어서 재판장이 된다(볍 제40조의6).

나. 관 할

회생법원의 합의부는 ① 「채무자 회생 및 파산에 관한 법률」에 따라 회생법원 합의부의 권한에 속하는 사건 ② 합의부에서 심판할 것으로 합의부가 결정한 사건 ③ 회생법원판사에 대한 제척·기피사건 및 「채무자 회생 및 파산에 관한 법률」 제16조에 따른 관리위원에 대한 기피사건 ④ 다른 법률에 따라 회생법원 합의부의 권한에 속하는 사건을 제1심으로 심판한다(볍 제47조의7 제1항). 회생법원 합의부는 회생법원단독판사의 판결·결정·명령에 대한 항소 또는 항고사건을 제2심으로 심판한다(볍 제47조의7 제2항).

Ⅲ. 軍事法院

> **사례**　헌재 1996. 10. 31. 93헌바25(군사법원 사건)
>
> 甲은 육군상등병으로서 1993년 육군보병 제7사단 보통군사법원에 '폭력행위등 처벌에 관한 법률' 위반죄로 기소되었다. 甲은 위 사건이 위 군사법원에 계속중 구 군사법원법 제6조(군사법원의 설치), 제7조(군사법원의 관할관), 제23조(군판사의 임명), 제24조((심판관의 임명), 제25조(재판관의 지정)가 헌법에 위반된다고 주장하여 위헌여부심판의 제청을 신청하였으나, 위 군사법원이 위 신청을 기각하는 결정을 하자 헌법소원심판을 청구하였다.

1. 조직과 관할

군사재판을 관할하기 위하여 특별법원으로서 군사법원을 둘 수 있다(헌법 제110조 제1항). 군사법원의 상고심은 대법원에서 관할한다(같은조 제2항). 군사법원의 조직·권한 및 재판관의 자격은 법률로 정한다(같은조 제3항). 이를 규율하는 법률이 軍事法院法이다.

가. 조 직

2022년 군사법원법의 개정으로 다음과 같이 군사법원의 조직과 관할이 변경되었다. 종래, 군사법원의 심판관을 임명하고 재판관을 지정하던 '관할관제도'가 폐지되었고, 軍判事와 함께 재판관의 기능을 담당하였던 '심판관제도'가 폐지되었으며, 국방부에 설치되었던 '고등군사법원'도 폐지되었다.[1]

개정 군사법원법에 의하면, 군사법원은 국방부장관 소속으로 하며, 중앙지역군사법원 및 4개의 지역군사법원으로 구성된다(법 제6조). 법원조직법상의 고등법원이 군사법원의 재판에 대한 항소사건, 항고사건 등에 대하여 심판하고(법 제10조), 대법원은 고등법원 판결의 상고사건 및 결정·명령에 대한 재항고사건에 대하여 심판한다(헌법 제110조 제2항, 법 제9조). 이로써 군사법원은 1심만 담당하고 나아가 군사법원의 1심 관할 중 일부 범죄는 일반법원에서 담당하게 됨으로써, 군사법원의 재판권이 대폭 축소되었다.

군사법원에서는 심판관제도가 폐지되어 軍判事 3명을 재판관으로 하며(법 제22조), 군판사는 군판사인사위원회의 심의를 거치고 군사법원운영위원회의 동의를 받아 국방부장관이 임명한다(법 제23조). 군사법원장은 군판사로 하며(법 제7조), 군법무관으로서 15년 이상 복무한 영관급 이상의 장교 중에서 임명한다. 군판사는 군법무관으로서 10년 이상 복무한 영관급 이상의 장교 중에서 임명한다(법 제24조). 군사법원장의 임기는 2년으로 하며, 연임할 수 있다. 군사법원장이 아닌 군판사의 임기는 5년으로 하며, 연임할 수 있다(법 제26조).

나. 관 할

군사법원은 군인·군무원 등이 범한 죄, 국군부대가 관리하고 있는 포로 등이 범한 죄, 군사기밀보호법 제13조의 죄와 그 미수범, 그밖에 다른 법률에 따라 군사법원의 권한에 속하는 사건에 대하여 재판권을 가진다(법 제2조, 제3조, 제11조). 한편 2022년 군사법원법 개정으로 군인·군무원 등이 범한 죄 중 성폭력범죄, 사망의 원인이 된 범죄, 신분 취득 전의 범죄 및 그 경합범 관계에 있는 죄에 대하여는 군사법원이 아니라 법원조직법상의 법원이 재판권을 가지게 되었다.

군사법원의 재판관은 헌법과 법률에 의하여 그 양심에 따라 독립하여 심판한다(법 제21조 제1항). 재판의 심리와 판결은 공개한다(법 제67조 제1항).

2. 일반법원과 특별법원

가. 특별법원의 개념

학계의 다수견해에 의하면, '特別法院'이란 일반적으로 예외법원, 즉 헌법에 규정된 법관자격을 가지고 있지 아니한 자가 재판을 담당하거나 그 재판에 대한 대법원에의 상고가 인정되지 아니하는 법원으로 이해되고 있다. 이에 대하여 特殊法院이란, 법관의 자격을 가진 자가 재판을 담당하지만 단지 재판의 관할이 특수한 사항에 한정된 법원을 말하는데, 사실상 일반법원의 한 유형으로 독자적인 개념으로서 별도의 존재 의미가 없다.

그러나 위의 개념정의는 특별법원의 의미를 제대로 서술하지 못하고 있다고 판단된다. 헌법은 제

---

1) 한편, 관할관제도와 심판관제도 및 고등군사법원은 '평시'에 한하여 폐지되었고, '전시'가 되면 다시 부활하여 기능한다(군사법원법 제534조의2, 제534조의12).

110조 제1항에서 유일하게 군사법원과 관련하여 '특별법원'을 언급하고 있으므로, 특별법원의 의미는 일차적으로 군사법원과의 관계에서 규명되어야 한다. 특별법원이란, 국가의 법원조직에 속하지 않으면서 헌법 제101조의 의미에서 법원에 귀속된 실질적 의미의 사법기능을 담당하는 법원을 말한다. 따라서 특별법원은 헌법 제110조의 군사법원과 같이 직접 국가에 의하여 설립된 국가기관의 형태를 갖출 필요는 없으며, 변호사나 의사의 단체 등 직능단체에 의하여 설립되는 신분법원도 실질적 사법기능을 담당하는 한, 특별법원에 속한다.

나. 특별법원의 허용여부

군사법원은 국가의 법원조직 외부에 존재하면서 그 재판이 법관의 자격이 없는 국군장교에 의하여 행해진다는 점에서, 헌법이 명시적으로 규정하는 유일한 특별법원이다. 군사재판은 군인과 군무원 등 특수한 신분을 대상으로 하는 *身分的 裁判*이고(헌법제27조), 군사법원은 일종의 *身分法院*이다. 특별법원과 관련하여 제기되는 헌법적 문제는, 헌법이 명시적으로 허용하는 군사법원 외에도 특별법원을 인정할 수 있는지에 관한 것이다. 학계의 일부 견해는 군사법원과 같이 헌법이 직접 규정하고 있는 것을 제외하고는 법률로써도 특별법원을 설치할 수 없다고 한다. 이에 대하여, 독일 연방헌법재판소는 특정한 요건 하에서 특별법원을 허용하고 있다.[1]

다. 특별법원이 사법권을 행사할 수 있는 조건

특별법원과 관련하여 제기되는 또 다른 문제는, 특별법원이 어떠한 조건 하에서 사법권을 행사할 수 있는지에 관한 것이다. 이러한 문제를 제기하고 이에 대한 대답을 구하는 것은, 특별법원으로서 군사법원에 대하여 구성과 조직·절차에 있어서 어떠한 요청을 해야 할 것인지를 파악하기 위해서도 필수적이다. 헌법 제110조 제3항에서 군사법원의 조직·권한 및 재판관의 자격은 법률로 정하도록 입법자에게 위임하고 있으므로, 입법자는 특별법원에 대한 일반적인 헌법적 요청을 이해해야만 군사법원제도를 제대로 형성할 수 있기 때문이다.

국가법원조직에 속하지 않는 특별법원이 사법기능을 행사하기 위해서는 국가법원이 충족시켜야 하는 모든 요건을 갖추어야 한다.[2] 즉, 특별법원은 첫째, 그의 설립이 법률에 근거해야 하고 재판소의 인적 구성에 대한 국가의 충분한 영향력행사가 보장되어야 하며, 둘째, 행정청과 조직상·인적 분리가 이루어져야 하고 법관의 독립성과 중립성이 보장되어야 하며, 셋째, 공정한 결정을 기대할 수 있는 절차가 보장되어야 한다. 따라서 입법자는 이러한 요건이 충족될 수 있도록 군사법원법을 구체적으로 형성해야 한다. 헌법재판소는 군사법원에 군 지휘관을 관할관으로 두도록 하면서 관할관이 군판사 및 심판관의 임명권과 재판관의 지정권을 갖고 심판관은 일반장교 중에서 임명할 수 있도록

---

1) 특별법원은 직접 국가에 의하여 설립된 국가기관의 형태를 갖출 필요는 없으나, 국가법원조직에 속하지 않는 재판소가 사법기능을 행사하기 위해서는 국가법원이 충족시켜야 하는 모든 요건을 갖추어야 한다. 즉, 그러한 재판소는 첫째, 그의 설립이 법률에 근거해야 하고 재판소의 인적 구성에 대한 국가의 충분한 영향력행사가 보장되어야 하며, 둘째, 행정청과 조직상·인적 분리가 이루어져야 하고 법관의 독립성과 중립성이 보장되어야 하며, 셋째, 공정한 결정을 기대할 수 있는 절차가 보장되어야 한다. 이러한 요건이 충족된다면, 헌법의 법원 유보는 변호사나 의사의 단체 등 직능단체에 의하여 설립되는 신분법원을 금지하지 않는다(BVerfGE 18, 241, 253).
2) 헌법재판소는 개괄적이나마 이에 관하여 판시하고 있다, 헌재 1996. 10. 31. 93헌바25(군사법원), 판례집 8-2, 443, 452, "그러나 아무리 군사법원의 조직 권한 및 재판관의 자격을 일반법원과 달리 정할 수 있다고 하여도 그것이 아무런 한계 없이 입법자의 자의에 맡겨질 수는 없는 것이고 사법권의 독립 등 헌법의 근본원리에 위반되거나 헌법 제27조 제1항의 재판청구권, 헌법 제11조 제1항의 평등권, 헌법 제12조의 신체의 자유 등 기본권의 본질적 내용을 침해하여서는 안 될 헌법적 한계가 있다고 할 것이다."

규정한 군사법원법조항들을 합헌으로 판단하였다.[1]

제 6 절   法院의 節次

Ⅰ. 재판의 審級制

1. 심급제의 의미

헌법은 제101조 제2항에서 "법원은 최고법원인 대법원과 각급법원으로 조직된다."고 하여 간접적으로 심급제를 규정하고 있고, 법원조직법은 심급제와 관련하여 원칙적으로 3심제를 규정하고 있다.

심급제를 규정한 것은, 소송절차를 신중하게 함으로써 공정한 재판을 확보하려는 데 그 목적이 있다. 헌법은 제101조 제2항에서 단지 상하의 심급제만을 규정하고 있을 뿐, 반드시 특정 형태의 심급제를 요구하는 것은 아니다. 3심제를 비롯하여 특정 심급제는 헌법적으로 보장되지 않는다.

2. 심급제의 구체적 형성

가. 三審制의 원칙

법원조직법에 의하면, 민사재판·형사재판·행정재판은 3심제를 원칙으로 한다.

나. 三審制에 대한 예외

(1) 특허소송의 경우, 법원조직법은 제1심을 특허법원(고등법원급)의 관할로 하고, 제2심을 대법원의 관할로 하는 2심제를 규정하고 있다.

(2) 선거소송의 경우, 지방의회의원 및 기초자치단체장의 선거쟁송에 관한 재판의 경우 고등법원에서 대법원으로 이어지는 2심제로 하고 있다(공선법 제222조, 제223조). 한편, 대통령·국회의원·시도지사의 선거쟁송에 관한 재판은 대법원을 전속관할로 하는 단심제이다. 위 선거에 관한 소송을 단심제로 한 것은 대통령·국회의원 등의 선거에 관한 소송은 조속한 시일 내에 확정할 필요가 있기 때문이다.

(3) 군사재판도 평상시에는 3심제의 원칙을 따른다. 군사법원법은 제1심을 군사법원의 관할로, 제2심을 법원조직법상의 고등법원의 관할로, 제3심을 대법원의 관할로 하는 3심제를 규정하고 있다(제9조 내지 제11조). 한편, "비상계엄하의 군사재판은 군인·군무원의 범죄나 군사에 관한 간첩죄의 경우와 초

---

1) 헌재 1996. 10. 31. 93헌바25(군사법원), 판례집 8-2, 443, "헌법이 군사법원을 특별법원으로 설치하도록 허용하되 대법원을 군사재판의 최종심으로 하고 있고, 구 군사법원법 제21조 제1항은 재판관의 재판상의 독립을, 같은 조 제2항은 재판관의 신분을 보장하고 있으며, 또한 같은 법 제22조 제3항, 제23조 제1항에 의하면 군사법원의 재판관은 반드시 일반법원의 법관과 동등한 자격을 가진 군판사를 포함시켜 구성하도록 하고 있는바, 이러한 사정을 감안하면 구 군사법원법 제6조가 일반법원과 따로 군사법원을 군부대 등에 설치하도록 하였다는 사유만으로 헌법이 허용한 특별법원으로서 군사법원의 한계를 일탈하여 사법권의 독립을 침해하고 위임입법의 한계를 일탈하거나 헌법 제27조 제1항의 재판청구권, 헌법 제11조의 평등권을 본질적으로 침해한 것이라고 할 수 없고, 또한 같은 법 제7조, 제23조, 제24조, 제25조가 일반법원의 조직이나 재판부구성 및 법관의 자격과 달리 군사법원에 관할관을 두고 군검찰관에 대한 임명, 지휘, 감독권을 가지고 있는 관할관이 심판관의 임명권 및 재판관의 지정권을 가지며 심판관은 일반장교 중에서 임명할 수 있도록 규정하였다고 하여 바로 위 조항들 자체가 군사법원의 헌법적 한계를 일탈하여 사법권의 독립과 재판의 독립을 침해하고 죄형법정주의에 반하거나 인간의 존엄과 가치, 행복추구권, 평등권, 신체의 자유, 정당한 재판을 받을 권리 및 정신적 자유를 본질적으로 침해하는 것이라고 할 수 없다."

병·초소·유독음식물공급·포로에 관한 죄중 법률이 정한 경우에 한하여 단심으로 할 수 있다. 다만, 사형을 선고한 경우에는 그러하지 아니하다."(헌법 제110조 제4항)

Ⅱ. 재판의 공개주의

1. 의   미

헌법은 제109조 본문에서 "재판의 심리와 판결은 공개한다."고 하여 재판의 공개주의를 일반적으로 규정하면서, 제27조 제3항에서 형사피고인에 대해서는 공개재판을 받을 권리를 다시 한 번 강조하고 있다. 재판의 공개주의는 소송의 심리와 판결을 공개함으로써 여론의 감시 하에 재판의 공정성을 확보하고, 소송당사자의 인권을 보호하며, 나아가 재판에 대한 국민의 신뢰를 확보하려는 데에 그 제도적 의의가 있다.

2. 내   용

가. 재판공개원칙의 대상은 "재판"의 "심리와 판결"이다. 여기서 "심리"란, 법관의 면전에서 원고와 피고가 신문을 받으며, 증거를 제시하고 변론을 전개하는 것을 말한다. 민사사건에서의 심리의 요체는 구두변론이고, 형사사건에서는 공판절차이다. "판결"이란, 심리의 결과에 따라서 사건의 실체에 대하여 법관이 내리는 판단을 말한다.

공개의 대상은 "재판"이므로, 재판 외 분쟁해결방법인 비송사건절차는 공개의 대상이 아니다. 또한, 공개의 대상은 재판의 "심리와 판결"이므로, 공판준비절차나 소송법상의 결정이나 명령은 공개할 필요가 없다.

나. "공개한다"는 것은 일반인에 대한 공개를 의미하지만, 공간 또는 설비의 한정으로 인하여 방청인의 수를 제한하는 조치를 취하는 것은 공개재판주의에 위반되지 않는다.

3. 예   외

재판은 공개를 원칙으로 하지만, "국가의 안전보장 또는 안녕질서를 방해하거나 선량한 풍속을 해할 염려가 있을 때에는"(소위 재판비공개사유) 심리에 한하여 법원의 결정으로 공개하지 아니할 수 있다(헌법 제109조 단서).

가. 재판의 비공개를 요청하는 객관적 사유가 있는 경우, 법원은 공개여부를 판단함에 있어서 비공개를 요청하는 공익 또는 사익(가령, 개인의 인격권)과 재판의 공개를 요청하는 법익을 비교형량하여 결정한다.

나. 비공개는 심리에 관해서만 가능하고, 판결은 언제나 공개해야 한다. 판결의 비공개를 정당화하는 법익은 찾을 수 없기 때문이다.

Ⅲ. 陪審制와 參審制

국민이 재판에 참여하는 제도로서 배심제와 참심제를 들 수 있다.

1. 배 심 제

배심제란, 법률전문가가 아닌 일반국민 중에서 선출된 일단의 陪審員이 직업법관으로부터 독립하여 사건의 사실관계에 관한 재판권을 행사하는 경우를 말한다. 배심제에서 배심원단은 사실문제에 대한 평결을 내리고 법관은 이에 구속되어 재판을 한다. 배심제는 형사배심의 형태로 미국, 캐나다, 호주 등의 국가에서 실시하고 있다.

2. 참 심 제

참심제란, 법률전문가가 아닌 일반국민 중에서 선거나 추첨에 의하여 선출된 參審員이 법률전문가인 직업법관과 함께 합의제 재판부를 구성하여, 이 재판부가 사실문제와 법률문제를 판단하고 유무죄여부와 양형을 결정하는 제도이다.

참심제를 채택하는 국가에서 사법권이 귀속되는 '법원의 법관'에는 직업법관뿐만 아니라 명예직 법관도 속한다. 직업법관이 아닌 일반국민을 명예직 법관으로서 재판에 참여시키는 이유는 다양하다. 일반적으로 형사재판이나 행정재판의 경우에는 명예직 법관의 인생경험이나 실무경험에 중요한 의미를 부여하고 있으며, 나아가 '司法의 民主化'의 관점에서 사법의 부가적 정당성을 확보하기 위한 수단으로 간주되고 있다. 이에 대하여, 商事法院이나 노동법원의 경우에는 특정 직업군(職業群)의 전문지식을 활용하기 위한 목적이 주된 이유이다. 명예직 법관은 법관 자격을 필요로 하지 않으며, 합의제 재판부에서 직업법관과 동일한 표결권을 가지고 법관의 독립성을 누린다. 독일, 프랑스, 이탈리아 등 유럽국가에서 실시되고 있다.

3. 국민사법참여제도

가. 도입배경과 의미

사법민주화의 관점에서 일반국민을 형사재판에 참여시키는 문제와 관련하여, 배심제나 참심제가 헌법적으로 허용되는지에 관하여 논란이 되어 왔다. 배심원은 사실판단에만 관여하기 때문에 배심제는 합헌인 반면, 참심원은 법률판단까지 하므로 참심제는 위헌이라는 의견, 직업법관이 아닌 자에 의한 사실판단과 법률판단을 가능하게 하는 배심제와 참심제 모두 위헌이라는 의견 등 다양한 견해가 주장되었다. 학계의 논의는 주로 참심재판이나 배심재판이 헌법 제27조의 "헌법과 법률이 정한 법관에 의한 재판"에 해당하는지 여부 및 헌법 제101조 이하에서 언급하는 법관이 직업법관만을 의미하는 것인지 여부에 관한 것이었다.

2008년 시행된 '국민의 형사재판 참여에 관한 법률'에 따라, 사법의 민주적 정당성과 신뢰를 높이기 위하여 국민이 형사재판에 참여하는 제도(국민사법참여제도)가 처음으로 도입되었다. 현행 국민사법참여제도는 사실인정 및 유무죄여부와 양형의 결정에 모두 참여한다는 점에서 독일의 참심제와 유사하지만, 배심원의 의견은 법관을 구속하지 아니하고 단지 '권고적 효력'만을 가질 뿐이라는 점에서 참심제와 구분된다. 이러한 형태의 제도는 한편으로는 배심제나 참심제 도입에 대하여 제기되는 위헌논의를 불식시키기 위하여, 다른 한편으로는 국민참여재판의 조심스러운 첫걸음이라는 점에서 법관에 대한 모든 구속력을 배제한 채 배심원의 영향력을 최소화하는 방향으로 시험적 시도로서 채택한 것으로 보인다.

나. 내 용

(1) 대상사건

국민참여재판의 대상이 되는 사건은 모든 범죄가 아니라 형법상의 살인죄를 비롯하여 위 법 제5조에서 특정하고 있는 중대범죄이다.

(2) 개시절차

법원은 피고인이 국민참여재판을 원하는지 여부에 관한 의사를 서면 등의 방법으로 반드시 확인해야 하며, 피고인은 공소장 부본을 송달받은 날로부터 7일 이내에 국민참여재판을 원하는지 여부에 관한 의사가 기재된 서면을 법원에 제출해야 한다. 피고인이 이러한 서면을 제출하지 아니한 때에는 국민참여재판을 원하지 아니한 것으로 본다($\frac{제8}{조}$). 피고인이 법원에 국민참여재판을 원하는 의사가 기재된 서면을 제출하였다 하더라도, 국민참여재판으로 진행함이 부적절한 사건에 대해서는 법원의 재량으로 국민참여재판을 하지 않기로 하는 결정을 할 수 있다($\frac{제9}{조}$).[1]

(3) 배심원의 수 및 선정

법정형이 중한 사형 등의 경우에는 9인의 배심원이 참여하도록 하고, 그 밖의 사건은 7인으로 하되, 피고인이 공소사실을 인정한 경우에는 5인이 참여하도록 할 수 있다($\frac{제13}{조}$).

배심원이란 위 법률에 의하여 형사재판에 참여하도록 선정된 사람을 말한다($\frac{제2}{조}$). 지방법원장은 매년 주민등록자료를 이용하여 배심원후보예정자 명부를 작성한다($\frac{제22}{조}$). 법원은 국민참여재판을 실시하려고 하는 경우에는, 배심원후보예정자 명부에서 일정한 수의 배심원후보자를 무작위로 추출하여 결격사유·제척사유·기피사유 등을 가진 부적격자를 배제한 후, 확정된 후보자 중에서 배심원 및 예비배심원을 무작위로 선정한다($\frac{제23조\ 내지}{제31조}$).

(4) 배심원의 역할

변론이 종결된 후 심리에 관여한 배심원은 재판장의 일정한 설명을 들은 후 유·무죄에 관하여 평의하고 평결한다. 평결이 유죄인 경우 배심원은 심리에 관여한 판사와 함께 양형에 관하여 토의하고 그에 관한 의견을 개진한다. 배심원의 평결과 의견은 법원을 기속하지 아니한다($\frac{제46}{조}$).

재판장은 판결선고 시 피고인에게 배심원의 평결결과를 고지하여야 하며 배심원의 평결결과와 다른 판결을 선고할 때에는 피고인에게 그 이유를 설명하고 판결서에 기재하여야 한다($\frac{제48조\ 제4항;}{제49조\ 제2항}$). 이로써 법원은 배심원의 평결에 구속을 받지는 아니하나, 배심원의 평결결과와 다른 판결을 하는 경우에는 이를 정당화해야 하는 구속을 받는다.

---

1) 헌재 2014. 1. 28. 2012헌바298(국민참여재판 배제), 판례집 26-1상, 99, [참여재판 배제조항이 피고인의 재판청구권을 침해하는지 여부(소극)] "헌법상 재판을 받을 권리의 보호범위에는 배심재판을 받을 권리가 포함되지 아니한다. 그러므로 이 사건 참여재판 배제조항은 청구인의 재판청구권을 침해한다고 볼 수 없다.", [참여재판 배제조항이 적법절차원칙에 위배되는지 여부(소극)] "국민참여재판을 받을 권리는 헌법상 기본권으로서 보호될 수는 없지만, … 피고인은 원칙적으로 국민참여재판으로 재판을 받을 법률상 권리를 가진다고 할 것이고, 이러한 형사소송절차상의 권리를 배제함에 있어서는 헌법에서 정한 적법절차원칙을 따라야 한다."

제 5 장 憲法裁判所

제 1 절 憲法裁判制度 一般理論[1)]

I. 헌법재판의 의미 및 기능

헌법국가(입헌국가)란, 국가권력이 헌법의 구속을 받는 국가를 말하고, 개념적으로 憲法의 優位를 내용으로 한다. 헌법국가의 본질이자 특징은 정치를 헌법의 정신에 구속시키고자 하는 것이다. 그러므로 헌법국가는 헌법의 우위를 실현하기 위하여 헌법에의 구속을 관철하는 제도와 그를 담당하는 국가기관을 필요로 한다. 헌법재판제도의 도입과 더불어, 비로소 헌법국가가 실현되었다.

1. 헌법재판의 의미

헌법재판제도는 나라마다 다양한 형태를 취하고 있기 때문에 헌법재판의 보편적인 개념을 정의하는 것은 어려움이 있으나, 일반적으로 헌법재판이란 '사법기관이 헌법적 분쟁을 헌법을 기준으로 하여 심판함으로써 헌법을 실현하고 관철하는 국가작용'을 말한다. '심사기준'의 관점에서 볼 때 헌법재판이란 헌법을 심사기준으로 하는 재판이며, 그 '목적'의 관점에서 볼 때 궁극적으로 헌법을 실현하고 관철하고자 하는 재판이다. 따라서 헌법재판이란 헌법을 심사기준으로 하여 국가권력행사의 합헌성여부를 사법적으로 통제하는 국가작용으로서, 위헌법률심판, 권한쟁의심판, 탄핵심판, 헌법소원심판, 정당해산심판, 선거소송심판 등을 포함하는 개념이다. 이에 대하여 간혹 헌법재판은 협의의 개념으로는 위헌법률심판과 같은 의미로 사용되기도 한다. 이 경우 헌법재판이란 법률이 헌법에 위반되는지의 여부를 심판하는 제도이다.

헌법의 우위가 자신을 사법절차적으로 관철할 수 있는 가능성인 헌법재판제도와 결합함으로써, 헌법은 국가의 규범질서 내에서 최고의 권위일 뿐만 아니라 공권력의 위헌성을 심사하는 사법적 심사기준이 되었다. 이로써 헌법의 우위는 헌법재판의 도입을 통하여 비로소 그 실효성을 얻게 되었다.

---

1) 한수웅, 헌법재판의 한계, 중앙법학 제17집 제3호, 2015. 10. 1면 이하; 한국 헌법재판의 현황과 발전방향, 저스티스 통권 제92호, 2006. 7. 40면 이하; 규범통제제도의 형성과 발전-규범통제의 심사기준과 심사밀도를 중심으로-, 헌법논총 제19집(2008), 315면 이하; 현행 헌법재판제도에서 抽象的 規範統制의 도입 문제-事前的 規範統制의 도입 문제를 포함하여-, 홍익대학교 법학연구 제7집, 2005. 12. 149면 이하 참조.

2. 헌법재판의 기능 및 관할

첫째, 헌법재판은 헌법적 분쟁, 특히 권한의 주체 사이의 관할 다툼에 있어서 중재의 기능을 담당한다(권한쟁의심판). 관할에 관한 다툼은 일차적으로 헌법기관 사이에서 발생할 수 있다. 권력분립에 기초하는 헌법의 정치질서에서 관할분쟁에 관한 결정은 정치적 헌법기관에게 위임되어서는 안 된다.[1] 따라서 이를 위해서는 비정치적이고 중립적인 중재기관이 설립될 필요가 있다. 마찬가지로, 연방과 주 또는 중앙정부와 지방자치단체 사이에서 발생하는 헌법적 분쟁의 경우에도 그러한 중재기관의 필요성이 있다.

둘째, 헌법재판의 또 다른 중요한 관할은 헌법의 수호자로서의 과제에 속하는 것으로, 법률이나 행정작용, 법원 결정의 위헌여부를 통제하는 것이다. 헌법의 우위를 관철하고자 하는 이러한 과제는 규범통제절차와 개별행위에 대한 통제절차(헌법소원심판절차)로 나뉜다.

셋째, 헌법의 수호자로서 과제는 국가기관이나 사회적 세력으로부터 발생할 수 있는 특수한 위험에 대한 헌법수호도 포함한다. 국가기관에 대한 탄핵심판과 위헌정당의 해산에 관한 심판이 이에 속한다.

넷째, 헌법재판의 또 다른 관할은 중추적인 헌법기관의 선거가 헌법과 합치하는지를 심사하는 것이다(선거소송).

3. 헌법재판의 법적 성격

가. 헌법재판의 성격에 관한 다양한 견해

헌법재판의 성격이 무엇인지에 관하여 다양한 견해가 주장되고 있다. 헌법재판은 헌법규범에 대한 해석과 적용을 그 본질로 하는 司法的 法認識作用이라는 점에서 근본적으로 사법작용으로 보아야 한다는 견해, 헌법재판의 대상이 주로 정치적 성격의 분쟁이므로 그 기능도 정치적 작용이라는 견해, 헌법재판에 있어서 헌법의 해석은 법률의 해석과는 달리 헌법을 구체화하고 보충하는 기능을 가지므로 헌법재판은 일종의 입법작용이라는 견해, 헌법재판은 입법·집행·사법의 모든 국가작용을 통제하는 기능을 가지므로 제4의 국가작용으로 보아야 한다는 견해 등이 그것이다.

나. 政治的 司法機能

(1) 헌법재판의 정치적 성격

헌법재판의 정치적 성격은 일차적으로 그의 심사기준인 '헌법의 정치적 성격'으로부터 나온다. 헌법은 정치적 국가기관을 창설하고 국가권력의 행사와 정치적 과정을 규율하는 정치적인 성격을 가진 법규범이다. 헌법재판은 정치적인 규범인 헌법을 심사기준으로 삼기 때문에, 헌법의 해석과 적용의 결과인 헌법재판소의 결정은 사건마다 정도의 차이가 있을 뿐 본질적으로 정치적이다.

나아가, 헌법재판의 정치적 성격은 특히 '헌법의 개방성'에 기인하는 것이다. 헌법규범의 개방성으로 인하여 헌법의 해석은 고전적 의미의 해석이 아니라, 헌법의 구체화와 실현의 형태로 헌법의 내용을 채우고 보충하는 창조적인 작업을 의미한다. 헌법재판소가 법창조적인 해석을 통하여 개방적

---

1) 만일 정치적 헌법기관에게 중재의 기능을 위임하는 경우에는 관할분쟁에 관하여 결정하는 헌법기관이 다른 헌법기관에 대하여 우위를 차지할 것이다.

인 헌법규범의 내용을 최종적으로 확정함으로써 정치적 헌법기관(의회와 집행부)에 대하여 헌법적으로 허용되는 활동범위의 한계를 제시하는 것에서, 헌법재판의 정치적 성격은 뚜렷하게 드러난다.

뿐만 아니라, 헌법재판의 정치적 성격은 '헌법재판소결정의 정치적 비중 및 파급효과'에 기인하는 것이기도 하다. 헌법재판소는 의회와 집행부 사이의 권한쟁의에 관하여 심판하고 위헌결정을 통하여 위헌적 법률의 효력을 제거하고, 위헌정당을 해산하며, 의회의 탄핵소추에 의하여 고위공직자를 파면함으로써, 국가의 정치생활에 개입하게 된다. 요컨대, 헌법재판소는 정치적 규범인 헌법을 심사기준으로, 창조적인 헌법해석에 기초하여 정치적인 헌법적 분쟁에 관하여 판단한다는 점에서, 헌법재판은 정치적이다.

(2) 헌법재판의 사법적 기능

그럼에도, 헌법재판소는 그 구조와 기능에 있어서 본질적으로 사법기능을 행사하고, 헌법재판의 사법적 기능에 의하여 헌법재판의 성격과 한계가 규정된다. '정치'란 공동체의 생활을 창조적으로 형성하는 것을 의미하며, 이는 헌법상 의회와 정부에 부여된 과제이다. 헌법재판소는 공동체를 적극적으로 형성하거나 정치적 의사결정을 내리는 것이 아니라, 헌법생활의 정치적 영역에서 발생하는 법적 분쟁에 관하여 결정함으로써 사후(事後)통제적으로 기능한다. 헌법재판의 대상은 헌법적 분쟁이며, 헌법적 분쟁에 관한 결정은 비록 정치적 파급효과를 가진다 하더라도, 분쟁의 심사기준이 헌법이라는 점에서 법적 결정이다. 독립적인 국가기관인 헌법재판소가 법적 분쟁에 관하여 구속력 있는 결정을 내린다는 점에서, 헌법재판은 본질적으로 사법기능에 해당한다. 헌법재판소는 사법기관으로서 단지 당사자의 심판청구에 의해서만 활동을 개시할 수 있으며, 심판청구에 의하여 헌법재판소가 결정할 수 있는 헌법적 분쟁의 범위(심판대상)가 제한되고 확정된다.[1]

또한, 헌법재판소는 정치적 헌법기관의 결정이 정치적으로 타당한지, 공익에 부합하는지, 합목적적인지에 관하여 판단하는 것이 아니라, 정치적 헌법기관이 그 활동에 있어서 헌법적으로 허용되는 범위를 벗어나는지에 대한 소극적 통제에 그친다. 헌법재판소는 단지 공권력행위의 헌법적 허용여부에 관하여 결정할 뿐, 정치적 합목적성에 관하여 판단하지 않는다. 헌법재판은 정치적 헌법기관의 사전적 형성행위에 대한 단지 사후적 교정기능에 국한된다. 헌법재판은 정치적 형성작용이 아니라, 비록 헌법이 개방적이라 하더라도 헌법의 해석과 적용을 통하여 헌법적으로 타당한 결정에 이르고자 하는 사법적 법인식작용이다. 결국, 헌법재판은 그 정치적 성격에도 불구하고 본질적으로 사법기능에 해당한다는 점에서, 헌법재판의 법적 성격은 '政治的 司法機能'으로 표현할 수 있다.

4. 헌법재판의 한계

가. '통제받지 않는 統制者'로서 헌법재판소[2]
(1) 헌법재판소의 최종적인 헌법해석권한

헌법재판소는 헌법해석에 관한 최종적인 결정권을 가지고 헌법의 내용을 확정한다. 헌법재판소는 사법기관으로서 헌법재판의 심사기준인 헌법의 구속을 받으나, '헌법의 내용이 무엇인지'는 헌법재

---

1) 이러한 점에서, 헌법재판소가 '헌법의 수호자'라고 하는 표현은 단지 제한적으로 '소극적 수호자'의 의미로 이해해야 한다. 진정한 헌법의 수호자는 헌법이 위험에 처한 상황에서 스스로 활동하고 개입할 수 있어야 하지만, 헌법재판소는 단지 외부의 신청에 의해서만 비로소 헌법적 문제를 규명할 수 있는 권한을 부여받게 된다.
2) 이에 관하여 또한 아래 제4편 제5장 제3절 제1항 III. 3. '헌법재판소와 입법자의 관계' 참조.

소가 해석을 통하여 스스로 확정한다. "헌법은 헌법재판소가 해석하는 대로 그 효력을 가진다."는 독일의 공법학자 스멘트(Smend)의 지적은,[1] "우리는 헌법의 구속을 받지만 헌법이 무엇인지는 대법관이 이야기하는 것이다."라는 휴즈(Hughes) 미연방대법원장의 유명한 발언을 변형한 것으로 그 자체로서 타당하다.

이러한 현상은 '추상성과 개방성'이라는 헌법의 특성에 의하여 더욱 촉진된다. 다수의 헌법규범, 특히 기본권규정, 국가기본원리에 관한 규정, 국가목표조항 등은 고도로 추상적이고 개방적으로 규정되어 헌법재판소에게 광범위한 해석공간을 부여하고 있다. 개방적인 헌법규범의 해석은 고전적 해석방법을 통하여 의미와 내용을 밝히는 작업이 아니라, 헌법재판소에 의한 법창조를 통하여 헌법에 새로운 의미를 부여하는 작업이다. 헌법재판소는 특히 기본권의 해석을 통하여 헌법재판절차에의 접근가능성 및 자신의 심사권한의 범위를 임의로 결정할 수 있다.

게다가, 헌법해석의 방법에 관한 기본적인 합의가 존재하지 않기 때문에, 헌법재판소는 강력한 파급효과를 가지는 해석권한을 사실상 임의로 행사할 수 있다. 물론, 사비니(Savigny)가 제시한 전통적인 해석방법인 객관적 해석방법이 헌법의 해석에도 적용된다는 것은 일반적으로 인정되고 있다. 그러나 객관적 해석방법의 문제점은 입법 당시의 입법자의 주관적 의사에 의한 구속을 받지 않음으로써 해석의 주체에게 사회상황의 변화에 따른 역동적인 해석가능성을 개방한다는 것에 있다. 이에 더하여, 헌법재판소의 결정에 이르는 방법이 소위 '헌법의 통일성의 관점'에서 '실제적 조화의 원칙'에 따라 상충하는 상이한 이익을 비교형량하는 '법익교량'의 작업이라는 점에서, 헌법해석의 불확실성은 더욱 심화된다.

(2) 자신의 권한을 스스로 결정할 수 있는 헌법재판소의 권한

이러한 모든 상황을 감안한다면, 헌법의 최종적인 해석권자인 헌법재판소에게는 거의 무제한적인 해석의 권한이 부여된다는 것을 확인할 수 있다. 결국, 헌법재판소의 포괄적인 헌법재판권과 무제한적인 해석권한으로 말미암아 거의 모든 정치적 결정이 동시에 헌법적 문제로 전환될 수 있고, 이로써 헌법재판소의 심사대상이 될 수 있다.

헌법은 비록 헌법재판소에게 특정한 관할을 열거적으로 부여하고 있지만, 헌법재판소는 헌법과 헌법재판소법의 해석을 통하여 궁극적으로 자신의 권한에 관하여 스스로 결정할 수 있다. 헌법재판의 심사기준이 헌법이므로, 헌법의 해석·헌법내용의 범위·헌법재판소의 권한범위는 상호 밀접한 연관관계에 있다.[2] 이로써 헌법재판소는 헌법재판을 통하여 다른 국가기관, 특히 정치적 헌법기관과의 관계에서 정치적 형성의 영역을 침범할 수 있고, 과도한 헌법해석을 통하여 객관적 헌법의 내용을 실현하는 것이 아니라 재판관 개인의 주관적 가치관이나 헌법관을 실현하고자 시도할 수 있다.

반면에, 헌법재판소에 대한 통제가능성은 사실상 존재하지 않는다. 헌법재판소의 결정은 다른 국가기관을 구속하지만, 헌법재판소결정에 대한 다른 법적 통제가능성은 존재하지 않으며 헌법재판소결정에 대한 불복절차도 없다. 헌법재판소의 판례는 헌법 개정을 통하여 또는 헌법재판소 내에서 스스로 이루어지는 견해의 변화에 의해서만 변경될 수 있을 뿐이다.

---

1) Vgl. Smend, Festvortrag zur Feier des zehnjärigen Bestehens des Bundesverfassungsgerichts am 26. Janunar 1962, in: in: Häberle(Hg), Verfassungsgerichtsbarkeit, 1976, S.330.
2) 이에 관하여 아래 제4편 제5장 제3절 제1항 III. 3. 가. '헌법해석과 헌법재판소 권한의 관계' 참조.

따라서 헌법재판소와 같이 '자신의 권한을 스스로 결정할 수 있는 권한'을 가진 국가기관, '통제받지 않는 통제자'가 헌법재판의 권한을 행사함에 있어서 그 한계가 어디에 있는지의 문제는 필연적으로 제기될 수밖에 없다. 헌법재판소가 '헌법의 수호자'에서 '헌법의 지배자'가 되는 것을 어떻게 방지할 수 있는지의 문제가 제기되는 것이다.

나. '민주주의와 헌법재판을 조화시키기 위한 필연적 요청'으로서 헌법재판의 한계

(1) 헌법상 권력분립구조 내에서 정치적 권력으로서 헌법재판소

그렇다면 우리 헌법이 헌법재판제도의 도입을 결정한 이상, 이제 논의되어야 하는 것은 더 이상 '헌법재판의 정당성'의 문제가 아니라, 정치적 헌법기관, 특히 입법자와의 관계에서 '헌법재판의 한계'를 어떻게 설정할 것인지의 문제이다.[1] 헌법재판의 한계는 민주주의와 헌법재판을 조화시키기 위한 필연적 요청이다. 헌법재판의 한계를 밝히는 문제는 궁극적으로 민주주의의 관점에서 헌법재판에 대하여 제기된 문제점, 즉 '司法의 政治化'와 '政治의 司法化'를 어떻게 방지할 수 있는지에 관한 문제이다.

여기서 핵심적 문제는, 국가공동체의 형성에 관한 정치적 결정이 '민주적으로 결정하는 입법자'에서 '사법적으로 판단하는 헌법재판기관'으로 옮겨가는 것을 어떻게 방지할 수 있는지에 관한 것이다. 헌법재판의 권한과 함께 사법기관은 헌법상 권력분립구조 내에서 중요한 정치적 권력으로 부상하였다. '사법의 정치화'와 '정치의 사법화'는 헌법재판을 비판하고 부정하는 입장에서 가장 우려하는 헌법재판의 폐해이다. '사법의 정치화'와 '정치의 사법화' 모두 동일한 요인에 기인하는 것이며, 서로 불가분의 관계에 있다. 兩者는 단지 관점에 따라 차별화된다는 점에서 '동전의 앞뒷면'에 해당하는 것이다.

(2) 헌법재판의 폐해로서 사법의 정치화 및 정치의 사법화

'司法의 政治化'란 헌법재판이 입법자 등 정치적 헌법기관에 대한 통제로 인하여 불가피하게 사법적 기능을 상실하고 정치적 형성기능으로 변질될 수 있는 가능성과 헌법재판의 정치적 성격을 강조하는 것이고, 그 주된 원인은 헌법규범의 추상성과 개방성 및 헌법재판기관에 의한 과도한 헌법해석에 있다. 이로써 사법의 정치화는, 헌법재판이 '司法의 형태로 이루어지는 政治'로 변질될 수 있다는 위험, 헌법재판에 의하여 객관적 헌법의 실현이 아니라 헌법재판기관의 주관적 헌법관이 실현될 수 있다는 위험을 지적하는 것이다.

이에 대하여, '政治의 司法化'란, 헌법규범의 추상성과 개방성 및 헌법재판기관에게 인정되는 무제한적인 헌법해석권한으로 인하여 헌법재판기관이 헌법규범의 해석을 통하여 정치행위에 대한 지침을 임의로 도출할 수 있고, 이러한 방법으로 정치적 행위지침을 제시함으로써 정치적 헌법기관을 구속할 수 있다는 점을 지적하는 것이다.[2] 여기서 '정치의 사법화'는 '정치가 헌법의 구속을 받아야 하고 헌법의 규범적 울타리 안에서 이루어져야 한다'는 의미에서, 오늘날 헌법국가의 당연하고도 정

---

1) 한국 헌법재판의 현실을 보더라도, 헌법재판소의 활동 초기에는 헌법재판의 강화와 활성화에 관심이 모아졌다면, 헌법재판소의 지위와 위상이 확고해 짐에 따라 헌법재판소와 입법자의 헌법적 권한의 문제가 점차 부각되기 시작하였다. 특히 신행정수도특별법에 대한 헌법소원사건을 계기로 하여, 헌법재판소가 어느 정도로 헌법해석을 할 수 있는지, 이로써 자신의 권한을 확대할 수 있는지의 '헌법재판의 한계'의 문제가 진지하게 제기되었다.
2) 이에 관하여 아래 제4편 제5장 제3절 제1항 III. 3. 나. '헌법재판소와 입법자간의 권한배분의 문제로서 헌법해석' 참조.

당한 요청을 말하는 것이 아니다. 여기서 '정치의 사법화'는 국가의 정치적 과정이 사법에 의하여 결정되고 형성되는 상황, 즉 司法에 의한 국가와 사회의 형성, 나아가 '민주국가의 司法國家化' 현상을 지적하는 것이다.

다. 헌법상 기능과 관할에 의한 헌법재판의 한계
(1) 입법자와 헌법재판소의 권력분립상의 문제

헌법재판제도의 도입은 종래의 권력분립제도를 본질적으로 변화시키고, 헌법재판소와 다른 국가기관 사이의 권력분립의 문제를 새로이 야기한다. 헌법재판소가 입법자와의 관계에서 규범통제를 통하여 헌법을 실현하기 때문에, 입법자가 어느 정도로 헌법재판소에 의한 구속을 받아야 하는지의 문제는 헌법재판의 근본적인 문제이다. 헌법재판을 통하여 헌법의 우위를 관철하려는 헌법재판소와 입법을 통하여 헌법을 구체화하고 실현하려는 입법자 사이의 권력분립상의 문제를 제기한다.

헌법재판의 한계는 헌법상의 권력분립구조 내에서 입법자와 헌법재판소의 상이한 지위에 따른 기능적 한계로서 밝혀져야 한다. 헌법재판의 한계는 헌법재판소와 입법자 사이의 헌법상 기능의 귀속의 문제이며, '입법자의 형성권'과 '헌법재판소에 의한 헌법의 구체화' 사이의 경계설정의 문제이다.

헌법상의 권력분립질서 내에서 헌법재판소와 입법자는 헌법적으로 부여된 기능에 있어서 서로 상이하다. 입법자는 입법활동을 통하여 헌법을 구체화하고 실현하는데 있어서 포괄적·주도적·형성적으로 기능하나, 헌법재판소는 사법적 기능에 내재된 활동여지의 한계로 말미암아, 특정한 심판대상과 관련하여 헌법재판의 형태로 단지 국부적·사후적·통제적 역할을 하게 된다. 입법자는 헌법의 한계 내에서 정치적 결정을 통하여 공동체를 형성하는데 중심적 역할을 한다. 이에 대하여 헌법재판소는 헌법에서 입법형성권의 한계를 도출해 냄으로써, 입법자의 정치적 형성의 헌법적 한계를 제시한다.

(2) 헌법을 실현하는 권한의 분배에 관한 문제

헌법의 해석과 실현은 헌법재판소만의 과제가 아니다. 입법·행정·사법의 모든 국가기관이 헌법에 의하여 부여된 고유기능을 행사함으로써 동시에 헌법을 구체화하고 실현한다. 입법자는 입법 활동을 통하여 헌법을 실현하고 구체화하며, 헌법재판소는 헌법재판을 통하여 헌법의 규범력을 확보하고 헌법을 실현하려고 한다. 이로써 입법자와 헌법재판소는 헌법의 실현에 있어서 서로 경쟁관계에 있게 되나, 입법자는 우선적 형성권을, 헌법재판소는 최종적 결정권을 가지게 된다. 헌법재판소가 자신의 결정을 통하여 최종적으로 헌법의 내용을 확정하기 때문에, 헌법재판소에 의한 포괄적이고 빈틈없는 헌법의 구체화는 필연적으로 권력분립원칙 및 민주주의원칙과의 충돌을 의미한다.

다른 국가기관도 각자에게 귀속된 헌법상의 기능을 행사함으로써 헌법을 실현하기 때문에, 헌법재판소가 다른 국가기관에 의한 헌법의 구체화와 실현을 일정 범위 내에서 존중해야만 각 기능의 독자성이 유지될 수 있다. 그러므로 권력분립원리 및 민주주의원리는 헌법재판소에 의한 헌법실현의 한계를 요구한다. 이러한 의미에서 헌법재판의 한계 문제는 헌법을 구체화하고 실현하는 권한의 분배에 관한 문제이다.

(3) 권력분립질서 내에서 헌법재판의 기능적 한계

헌법재판의 기능적 한계란, 헌법재판소는 그 활동에 있어서 헌법상 부여된 기능범위 안에 머물러야 한다는 일반적 요청을 의미한다. 헌법질서 내에서 헌법재판소의 본질적 기능은 제3자의 신청에 의하여 헌법을 심사기준으로 하여 다른 국가기관의 결정을 사후적으로 통제한다는 사법적 기능에 있다. 따라서 헌법재판의 기능적 한계는 헌법에 의하여 헌법재판소에게 부과된 '사법적 통제의 과제'에 의하여 설정된다. 헌법재판소는 다른 국가권력의 통제에 있어서 가령 그가 스스로 입법자의 자리를 차지한다든지, 정부 대신 정치적인 결정을 내린다든지, 아니면 법원 대신 민·형사 사건을 재판하는 등, 다른 국가기관의 기능을 스스로 이행하고 대체할 정도로 통제의 결과가 과도해서는 안 된다.

특히 입법자와의 관계에 있어서 입법자에 대한 광범위한 헌법재판소의 통제는 스스로 입법자의 지위를 차지하고 사회형성에 있어서 정치적으로 지도적 역할을 담당하게 된다는 것을 의미한다. 가령, 헌법재판소가 과도하게 적극적인 헌법해석을 통하여 헌법규범으로부터 입법자를 비롯한 국가기관에 대한 구체적인 행위지침을 도출하는 경우, 헌법재판소는 헌법해석의 이름으로 사실상 정치적 형성행위를 함으로써 입법자의 정치적 형성권을 침해할 수 있다.

II. 법률의 위헌심사를 위한 2가지 전제조건

역사적으로 헌법재판은 법률에 대한 위헌심사, 즉 헌법을 심사기준으로 하여 법률의 위헌성을 판단하는 제도(규범통제제도)로부터 출발하였다.

1. 규범통제의 전제조건으로서 법규범 간의 우열관계

司法的 규범통제란 법규범에 대한 사법적 통제를 말한다. 법규범에 대한 사법적 통제가 가능하기 위해서는 법규범 사이의 우열관계가 존재해야 한다. 법규범 간의 우열관계로 말미암아, 상위규범이 하위규범의 심사기준으로 작용할 수 있으며, 이로써 하위규범이 상위규범에 합치하는지의 사법적 판단, 즉 사법적 규범통제가 가능하게 된다. 사법적 규범통제는 법규범 간의 위계질서의 사고를 전제로 한다. 상위의 규범은 하위의 규범의 생성과 내용에 관한 지침을 담고 있으며, 하위의 규범이 이러한 지침에 합치하지 않는다면 하위의 규범은 법적 효력을 발휘해서는 안 된다는 사고이다.

2. 규범통제의 2가지 역사적 근원

이러한 관점에서 볼 때, 법규범에 대한 사법적 통제는 '법률에 대한 헌법의 우위'와 '주법(州法)'에 대한 연방법의 우위'라는 2가지의 역사적 근원을 가지고 있다.

연방으로 하여금 주법에 대한 규범심사를 가능하게 하는 것은 '헌법의 우위'의 사고가 아니라, '연방법은 주법에 우선한다'는 연방국가적 사고, 즉 연방국가제에 근거를 둔 '주법에 대한 연방법의 우위'이다. 대표적인 것이 독일 바이마르 공화국 당시 주법이 제국의 법률에 합치하는지의 여부를 판단한 제국법원의 규범통제이다. 이러한 규범통제는 그 실질에 있어서 주에 대한 연방의 감독으로서의 성격을 가지고 있다.

이에 대하여, '헌법의 우위'는 처음으로 1803년 미연방대법원의 '마베리 대(對) 매디슨 사건(Marbury v. Madison)'에서 법률에 대한 법관의 위헌심사권을 인정하기 위하여 확립된 원칙으로서, '헌법은 상위의 규범이고, 모든 법률은 상위규범인 헌법에 합치하는 경우에만 적용될 수 있다'는 사고에 기초하고 있다.

3. 법률에 대한 규범통제의 전제조건

법률에 대한 규범통제는 '성문헌법의 존재'와 '법률에 대한 헌법의 우위'를 그 전제조건으로 한다.

가. 성문헌법의 존재

법률에 대한 규범통제는 헌법을 심사기준으로 하므로, 헌법재판소에게 심사기준을 제공할 수 있는 성문법전의 존재를 필요로 한다. 최초의 성문헌법국가인 미국에서 헌법과 법률과의 관계 또는 법률의 위헌여부가 처음으로 헌법적 문제로 등장한 것은 우연이 아니다.

나. 憲法의 優位

법률에 대한 규범통제의 또 다른 전제조건은 헌법의 우위이다. 헌법의 우위란, 헌법과 법률의 독자성과 구분을 전제로 하여 헌법과 법률이 서로 충돌하는 경우 헌법이 법률에 우선한다는 원칙을 말한다. 헌법의 우위로 말미암아, 법률이 헌법의 구속을 받고 법률에 대하여 헌법이 관철된다.

4. 규범통제의 기원 및 발전

가. 미연방대법원에 의한 최초의 사법적 규범통제

미국의 연방대법원은 1803년 Marbury v. Madison 사건에서[1] '헌법은 법률에 상위하는 최고의 법규범으로서 법률이 헌법에 위반될 때는 법원은 법률의 적용을 거부해야 한다'는 논리로 최초로 규범심사를 하였다. 이로써 미국의 연방대법원에 의하여 법률에 대한 규범통제가 처음으로 시작되었다.

미국의 위헌법률심사제도는 헌법에 명문으로 규정되어 있는 것이 아니라 연방대법원이 판례로써 확립한 것이다. 미연방대법원이 규범통제의 권한을 헌법에 의하여 명시적으로 부여받지 않았음에도 규범통제를 할 수 있었던 것은 바로 헌법의 최고규범성과 법률에 대한 헌법의 우위를 인정하였기 때문이었고, 이를 司法的으로 관철하고자 함으로써 가능한 것이었다. 따라서 법률에 대한 법원의 위헌심사는 헌법에 명시적으로 규정되지 않았음에도 헌법의 우위에 의하여 예정된 것이었고 이러한 헌법체계에서는 피할 수 없는 것이었다. 법관이 헌법의 구속을 받는다면, 법관은 구체적 소송사건에서 적용해야 하는 위헌적인 법률에 직면하여 헌법을 따를 것인지 아니면 헌법에 위반되는 법률을 따를 것인지를 결정해야 하고, 여기서 법관은 상위의 규범에 따라 하위의 규범을 배척하는 방법을 선택할 수밖에 없는 것이다.

헌법의 우위는 입법자에 대한 구속을 의미하였기 때문에, 역사적으로 볼 때 그 당시 상황에서는 대단히 혁신적인 사고였다. 이러한 혁신적 사고의 출현은 입법자에 대한 불신과 부정적인 경험에 기인하는 것이었다. 미국은 독립되기 전 수십 년 동안 영국의 식민지로 있으면서 의회가 잘못을 범할 수 있다는 것을 스스로 경험하였고, 영국 의회와의 관계에서 얻은 인식을 자신의 헌법질서에 적용하였다.

나. 유럽에서의 규범통제

19세기 초 미국에서 법률에 대한 규범통제가 이루어진 것과는 달리, 유럽에서 헌법재판의 핵심인 규범통제제도가 자리 잡은 것은 제2차 세계대전 이후이다. 유럽에서는 헌법에 재판규범으로서의 성

---

1) Marbury v. Madison, 5 U.S. 137(1803).

격을 인정함에 있어서나 의회입법에 대하여 헌법의 우위를 인정함에 있어서 상당한 어려움이 있었다. 유럽에서는 의회입법이야말로 '루소'의 의미에서 '일반적 의사'의 표현이며 선거에 의하여 정당화된 국민적 대표성의 표출이므로, 의회입법이 법원에 의하여 심사될 수 있다는 것을 받아들이는 데 주저하였다. 그 당시 법원의 유일한 기능이란 법의 해석과 적용이라고 간주되었다.

따라서 독일을 비롯한 유럽은 성문헌법의 존재에도 불구하고 바이마르 공화국 당시까지도 헌법의 최고규범성 및 법률에 대한 헌법의 우위를 인정하지 않았으므로, 법률에 대한 규범통제가 가능하기 위한 이론적 바탕이 존재하지 않았다. 제2차 세계대전 이후에야 비로소 헌법의 우위를 인정하고 헌법의 우위를 사법적으로 관철할 수 있는 헌법재판제도를 도입함으로써, 법률에 대한 위헌심사가 가능하게 되었다.

III. 憲法裁判制度의 類型

헌법재판제도의 유형은 헌법재판의 담당자를 누구로 하는가에 따라 독립기관형과 사법기관형으로 구분할 수 있고, 독립기관형은 다시 오스트리아의 유형과 독일의 유형으로 나누어 볼 수 있다. 제도적 조직과 기능이 서로 연관되어 있다는 점에서, 헌법재판제도를 어떻게 조직하는지의 문제는 국가권력체계 내에서 헌법재판의 기능과 지위에 큰 영향을 미친다.

1. 전통적으로 헌법재판을 부정하는 국가

가. 영국

1688년 명예혁명을 겪은 영국에서는 시민의 대표인 의회만이 기본권의 진정한 수호자로 간주되었고, 오늘날까지도 의회가 헌법과 기본권의 진정한 수호자라는 확고한 신념을 고수하고 있다. 영국은 헌법의 2대 원리인 의회주권(Parlamentssprematie)과 '법의 지배'(rule of law) 이념에 따라 법원에 의한 법률의 위헌심사를 부정하고 있다.[1] 법관이 국민의 대표인 입법자가 제정한 법률의 구속을 받는 것이지, 입법자가 법관의 판결에 구속된다는 것은 의회주권주의와 영국의 전통적인 '법의 지배' 이념에 합치하지 않는다는 사고가 바탕에 깔려있다.[2] 의회주권의 이념에 따라, 의회의 법률은 어떠한 사법적 심사도 받지 않으며 의회에 의하여 언제든지 개정되거나 폐지될 수 있다. 또한 의회의 법률에 대하여 헌법에 우위를 인정하는 것은 의회주권의 원칙에 부합하지 않으므로, 법률에 대한 헌법의 우위도 인정되지 않는다. 영국의 경우 의회주권의 사고로 인하여 헌법과 법률의 위계질서를 전제로 하는 헌법재판은 처음부터 불가능하였다.

영국은 오랫동안 입법자에 대한 모든 형태의 통제를 완강히 거부하였으나, 최근 들어 영국의 이

---

1) A. V. Dicey, Introduction to the Study of the Law of the Constitution, 10. ed. 1959.
2) 법원의 위헌법률심사권을 부정하는 논거는 다음과 같다. 첫째, 입법자가 잘못을 저지를 위험성이 있기 때문에 법원에게 위헌심사권을 부여한다면, 종래 입법자의 절대적인 지위는 입법자를 통제하는 법원의 절대적인 지위에 의하여 대체될 뿐, 이로써 얻는 것이 없다. 둘째, 법원의 위헌심사권과 함께 필연적으로 법원은 독립성과 공정성을 상실하여 정치적 관점에 의하여 최고법원의 법관이 임명되는 등 사법의 정치화가 불가피하며, 국민의 대표자인 입법자의 결정을 법관 몇 인이 뒤엎는 것은 마치 그들의 법인식이 일반적 법인식이나 정의와 일치한다고 주장하는 것과 같다. 셋째, 법원에게 입법자에 대한 통제권을 부여한다면, 사회형성의 주체가 입법자에서 법원으로 전이됨으로써, 사회형성의 주체가 입법자인 민주국가에서 법원이 모든 것을 결정하는 司法國家로 변형될 위험이 있다.

러한 헌법적 전통도 조금씩 부식되고 있다. 영국은 1998년 '인권법'(Human Rights Act)의 제정을 통하여 '유럽인권선언'을 국내법으로 수용하였는데, 위 법률에 의하여 의회의 법률이 유럽인권선언에 부합하는지 여부에 관하여 영국 최고법원이 심사하는 것이 가능하게 되었다.[1]

나. 프랑스

1789년 대혁명을 겪은 프랑스도 루소(Rousseau)의 국민주권사상의 영향을 받아 '법관에 의한 통치'(gouvernement des juges)에 대한 거부감이 강하였다. 이로 인하여 프랑스의 헌법재판은 1958년의 제5공화국 헌법(현행 헌법)에서도 법률에 대한 위헌심사권한을 배제한 채, 단지 법률에 대한 사전적 통제(제61조)와 선거소송심판(제58조, 제59조) 등을 헌법재판기관인 헌법위원회(conseil Constitutionnel)의 주된 관할로 규정하였다.

한편, 오랫동안 사전적 규범통제제도만을 두고 있던 프랑스는 2008년 헌법을 개정하여 법원에 소송이 계속 중인 상태에서 당해재판에 적용되는 법률규정의 위헌여부를 심사하는 사후적 위헌법률심사제도(구체적 규범통제제도)를 추가로 도입하였고, 2010년 3월부터 시행하고 있다(헌법 제61-1조).[2] 2008년의 헌법개정은 그 동안 프랑스를 지배하였던 고전적인 헌법이론을 사실상 포기하는 혁명적인 것이었다. 이로써 프랑스의 헌법재판제도는 점차 '헌법재판제도를 부정하는 유형'에서 헌법위원회라는 '독립기관이 헌법재판을 담당하는 제도'로 변화하고 있다.

다. 그 외의 유럽국가

'법관에 의한 통치'를 거부하는 프랑스의 전통을 이어받은 서유럽의 일부 국가들(룩셈부르크, 네덜란드, 핀란드)은 오늘날까지도 입법자에 대한 사법적 통제를 허용하지 않고 있다.[3] 한편, 베네룩스 3국에서는, 영국에서와 마찬가지로 헌법은 법률의 위헌여부를 판단하는 심사기준으로 고려되지 않지만, 의회의 법률에 대하여 유럽인권선언에 우위를 인정함으로써 유럽인권선언이 심사기준으로 작용하는 역설적인 상황이 벌어지고 있다.

2. 一般法院型(司法機關型)

가. 일반법원에 의한 헌법재판

일반법원형이란, 헌법재판소와 같이 조직상·제도적으로 독립된 사법기관을 별도로 설치하지 않고 기존의 사법부가 헌법재판을 담당하는 형태를 말한다. 이러한 의미에서 일반법원형은 統一型의

---

1) 영국은 2009년에 비로소 최고법원으로서 대법원(Supreme Court of the United Kingdom)을 설립하였는데, 무엇보다도 '법률이 유럽인권선언에 부합하는지 여부의 심사'가 대법원의 헌법적 과제에 속한다. 그 이전까지는 의회 상원(House of Lords)의 위원회 중 하나인 'Law Lords'가 대법원의 기능을 담당하였으나, 이러한 상황은 권력분립원리와 부합하지 않는 것이었다. 물론, 의회의 법률이 유럽인권선언에 부합하지 않는 경우에도 의회주권의 사고로 말미암아 대법원은 법률을 무효로 확인하거나 폐지하는 권한을 가지는 것이 아니라, 단지 법률이 유럽인권선언에 합치하지 않는다는 것만을 확인하고(Declaration of incompatibility) 의회에 법률개정을 권고할 수 있을 뿐이고, 의회도 마찬가지로 법률개정의 의무를 지지 않는다.
2) 사후적 위헌법률심사제도는 행정법원이나 일반법원에서 구체적인 소송 중에 법률규정이 헌법이 보장하는 권리나 자유를 침해한다는 주장으로 법률의 위헌여부가 당해재판의 선결문제로 제기되는 경우에는 최고행정재판소나 대법원의 제청을 거쳐 헌법위원회가 법률의 위헌여부를 심사하는 제도이다.
3) 룩셈부르크에서는 입법자에 대한 사법적 통제의 거부가 19세기의 전통에 그 뿌리를 두고 있는 반면, 네덜란드에서는 여기서 한 보 더 나아가 1983년의 헌법 개정에서 '입법부에 대한 통제의 금지'를 명문으로 규정하였다(제120조). 핀란드의 경우에도 법률에 대한 위헌심사권이 법원에 인정되지 않는다는 것을 지금까지 고수하고 있다.

모델로 서술할 수 있다. 법원은 그의 정상적인 관할 범위 내에서 헌법의 효력과 적용을 보장해야 할 과제도 가지고 있으므로, 경우에 따라 법규범의 위헌여부를 심사해야 한다. 이로써 법원은 헌법의 수호 및 기본권의 보호의 기능을 함께 담당하게 된다.

일반법원형에서, 헌법재판은 '사법기능의 일환'으로 간주된다. 헌법재판의 심사기준으로 적용되는 법규범이 '헌법'이라는 점에서 차이가 있을 뿐, 헌법재판은 정상적인 사법기능에 완전히 편입되어 있다. 그 결과, 헌법재판의 정치적 성격은 강조되거나 인정되지 아니하고, 오히려 부정된다. 헌법재판을 위한 별도의 절차법이나 심판절차도 없고, 별도의 재판부도 없다. 단지 일반적인 소송법의 범위 내에서 헌법적 문제가 제기되고 결정된다. 따라서 법규범의 위헌심사는 단지 구체적인 소송의 범주 내에서 부수적 심사의 형태로 이루어진다.

이러한 유형의 대표적인 것이 미연방대법원을 최고법원으로 하는 미국의 사법제도이다. 유럽에서는 스칸디나비아의 국가(노르웨이, 스웨덴, 덴마크, 아이슬란드 등)가 사법기관형을 채택하고 있다. 위 국가들은 입법자에 대한 헌법의 구속력을 인정하지만, 헌법적 분쟁이 드물게 발생하기 때문에 별도의 헌법재판기관을 설립하는 것이 불필요하다고 판단하여 기존의 사법부에게 헌법재판을 맡기고 있다. 또한, 스위스의 경우에도 연방법원이 州 법률의 위헌여부에 관하여 판단하면서, 연방 법률은 위헌심사의 대상에서 배제하고 있다. 아시아에서는 일본이 일반법원형을 채택한 대표적인 국가이다.

나. 특징적 요소

일반법원형의 헌법재판제도는 다음과 같은 특성을 가진다.

(1) 구체적 규범통제

헌법재판의 관할이 일반적으로 구체적 규범통제에 국한된다. 일반법원형의 헌법재판제도에서 규범통제는 오로지 구체적 규범통제, 즉 재판을 통한 헌법재판, 재판과정에서의 헌법재판의 형태로만 가능하다. 법원은 구체적인 법적 분쟁의 판단과정에서 적용될 법규범(법률 및 행정입법)의 위헌성이 문제되는 경우 구체적 사건의 재판을 계기로 하여 부수적으로 법규범의 위헌성을 심사하게 된다. 구체적 소송사건의 발생과 관계없이 법규범의 위헌성을 심사하는 제도인 추상적 규범통제나 헌법소원을 통한 법규범의 위헌심사는 있을 수 없다.

(2) 부수적 규범통제

규범통제는 단지 부수적(附隨的)인 성격을 가진다. 규범통제는 구체적 재판을 위한 선결문제에 해당한다. 처음부터 법규범의 위헌심사가 목적이 아니라, 위헌심사는 구체적 사건을 해결하기 위한 선결문제로서 재판에 있어서의 하나의 부수적 과정이다.[1] 따라서 구체적 규범통제는 법관이 행하는 부수적 규범통제이다.

(3) 당해사건에서 법규범의 적용 거부

법원이 위헌심사의 결과 법규범의 위헌성을 확인하는 경우, 법규범에 대하여 무효선언을 하는 것이 아니라 단지 법규범의 적용만을 거부할 수 있다. 이는 헌법재판의 부수적 성격으로부터 나오는 당연한 결과이다.

---

1) 가령, 간통죄로 기소된 자에 대하여 법원이 형사재판을 하는 경우, 형사재판의 목적은 유·무죄의 여부를 밝히는 것이다. 그러나 이 과정에서 '간통죄가 과연 합헌적인 규정인지'에 대하여 의문이 있는 경우, 당해 형사사건의 해결을 위한 선결문제로서 당해 형사사건에서 적용될 간통죄규정에 대하여 위헌심사를 하는 것이다.

(4) 위헌법률심사의 分權化

일반법원형의 또 다른 특징은 규범통제의 분권화이다. 규범통제를 할 수 있는 권한이 최고법원에게만 있는 것이 아니라, 모든 심급법원이 재판과정에서 법규범의 위헌성을 심사할 수 있다. 이러한 분권적(非集中的) 규범통제는 상소와 심급제도를 통하여 최종적으로 최고법원의 판례에 의하여 통일된다. 즉, 하급법원이 재판의 전제가 되는 법규범의 위헌성을 잘못 심사하여 위헌적인 법규범을 적용하여 재판하였거나 아니면 합헌적인 법규범을 위헌적으로 판단하여 그 법규범의 적용을 배제하고 재판하였을 경우, 최고법원은 최종적인 위헌결정권을 가지고 하급심의 판결을 파기·환송함으로써 각급 법원에 부여된 규범통제권이 통일된다.[1]

(5) 법원의 일원적인 규범심사권

법원은 모든 법규범(법률·명령·규칙)에 대한 포괄적이고 일원적인 심사권을 가지고 있다.

3. 獨立機關型(憲法裁判所型)

독립기관형은 헌법재판을 일반법원에 맡기는 것이 아니라, 독립된 헌법법원을 설치하여 헌법재판을 담당하게 하는 헌법재판제도이다. 독립기관형은 독자적인 권한을 가진 헌법재판소에 헌법재판권을 집중함으로써 헌법재판의 관할을 확대하고(구체적 규범통제, 추상적 규범통제, 헌법소원심판, 권한쟁의심판, 탄핵심판, 선거소송심판 등), 별도의 절차법에 의하여 각 심판절차의 특성에 부합하게 심판절차를 특수하게 형성하고 있다.

독립기관형은 오늘날 독일, 오스트리아, 이태리, 스페인, 포르투갈, 러시아를 비롯한 동구의 국가들, 터키 등에서 찾아볼 수 있다. 대부분의 유럽 국가에서 헌법재판을 일반법원이 아니라 독립된 헌법법원으로 하여금 담당하게 하고 있는 것은, 전통적으로 헌법상 권력분립구조 내에서 법원은 오로지 입법자의 법률을 해석·적용할 뿐이지 법률의 존폐를 결정할 수 없다고 간주되어 왔고, 이에 따라 헌법재판의 임무를 통상의 사법제도 외부에 설치되는 별도의 재판기관에게 맡기는 것이 바람직하다는 사고에서 비롯된다. 독립기관형은 헌법재판소와 사법부(일반법원)의 관계에 따라, 크게 오스트리아 유형과 독일 유형으로 나누어 볼 수 있다.

가. 오스트리아 유형

헌법재판소는 독자적인 관할을 가진 독립된 법원으로 기능한다. 헌법재판소는 헌법상 그의 관할로서 귀속된 헌법적 분쟁에 대하여 판단하지만, 기능상으로나 그 권한에 있어서 사법부에 대하여 우위에 있는 것이 아니라 사법부와 동등한 지위에 있으면서 병렬적으로 존재한다.

헌법재판소와 법원의 대등한 관계에 비추어 오스트리아 유형의 특징은, 기본권의 침해를 이유로 단지 행정청의 행위 및 행정행위의 근거규범이 되는 법률과 법규명령에 대해서만 헌법재판소에서 다툴 수 있고, 법원의 판결은 헌법재판소의 심판대상으로 삼을 수 없다고 하는 점이다.[2] 이로써 법원

---

[1] 우리 헌법에서 법원에게 법규범의 위헌성을 심사할 수 있는 권한을 부여하는 경우 법원은 일반법원형과 같은 방식으로 규범통제를 한다(헌법 제107조 제2항). 따라서 구체적 재판에 적용될 행정입법이 위헌으로 판단된다면 각급법원은 행정입법의 적용을 거부할 수 있다. 그러나 행정입법의 위헌성에 관한 하급법원의 판단이 타당한지의 여부는 상소에 의하여 대법원이 최종적으로 심사하게 된다.

[2] 오스트리아헌법 제140조 제1항 제4문 및 제144조 제1항은 헌법소원에 관한 헌법재판소의 심사권한을 규정하고 있다. 오스트리아는 헌법상의 권리를 침해한 행정처분에 대한 소원만을 인정하면서 재판소원을 배제하고 있다(오스트

의 판결이 합헌적인지, 기본권과 합치하는지에 대한 심사(법원에 대한 통제)는 헌법재판소의 관할이 아니다. 헌법재판소는 다른 법원과 동등한 지위를 가지고 통일적인 사법권 내에서 단지 특별한 관할을 위한 법원일 뿐이다. 그 결과, 헌법소원심판에서 헌법재판소에 제소하기 위하여 법원을 거쳐야 한다는 보충성원칙의 제도가 존재할 수 없다. 헌법소원심판에서 보충성의 원칙은 필연적으로 법원의 판결에 대한 헌법재판소의 통제를 수반하기 때문이다. 따라서 헌법소원의 청구인이 '헌법상 권리'의 침해를 주장하는 경우에는 행정행위에 대하여 행정청 내의 행정심판절차를 거친 후에 바로 헌법재판소에 제소할 수 있고, 이러한 경우 헌법재판소는 헌법과 기본권의 침해여부를 판단한다.

나. 독일 유형

헌법재판을 조직하는 또 다른 유형은 독일에서 찾아 볼 수 있다. 독일의 유형에서 헌법재판소는 다른 사법부와의 관계에서 단지 독립적일 뿐만 아니라 우위에 있다. 그 결과, 헌법재판소가 집행부 및 입법자뿐만 아니라 법원에 대해서도 판결의 위헌여부를 통제하고, 헌법위반을 이유로 법원의 판결을 취소한다. 개인은 기본권의 침해를 주장하여 헌법재판소에 헌법소원을 제기할 수 있고, 헌법소원을 제기하기 전에 법원을 경유해야 한다는 요청을 통하여(소위 '보충성의 원칙') 법원 판결에 대한 통제가 가능하다. 헌법소원심판에서 보충성의 원칙은, 한편으로는 법원을 경유하는 과정에서 기본권침해가 제거될 수 있기 때문에 헌법재판소의 업무 부담을 경감하는 데 기여하는 측면이 있고, 다른 한편으로는 헌법소원의 기능이 바로 법원에 대한 통제에 있다는 중대한 결과를 초래한다.

이러한 유형에서는, 헌법재판이 완전히 헌법의 우위의 관점에서 조직되고, 헌법의 우위는 모든 국가권력과의 관계에서 관철된다. 헌법재판소가 사법기능을 담당한다 하더라도, 사법부와의 연관관계에서 완전히 분리·독립되어 독자적이고 정치적인 헌법기관의 범주에 들어선다. 재판소원을 도입하기 위한 전제조건은 사법부에 대한 헌법재판소의 제도적·조직상의 독립성이다. 재판소원을 통하여 헌법재판소는 법원구조에서 최정상의 지위에 오르게 된다. 이러한 점에서 독일헌법재판은 오스트리아 유형을 넘어서는 독자적인 유형을 형성하였다.

다. 특징적 요소

(1) 일반법원형에서는 규범통제가 오로지 구체적 규범통제의 형태로만 가능하지만, 독립기관형에서는 규범통제가 구체적 규범통제·추상적 규범통제·헌법소원 등 다양한 형태로 가능하다. 독립기관형에서 구체적 규범통제는 법원의 위헌제청에 의하여 헌법재판소가 법규범의 위헌여부에 관하여

리아헌법 제144조 제1항). 입법행위에 대하여는 1975년의 헌법개정 이후 법령이 직접 국민의 헌법상 권리를 침해하는 경우에 한정하여 제한적으로 심사가능성을 인정하고 있다(오스트리아헌법 제140조 제1항 제4문). 이로써 오스트리아의 헌법소원제도는 그 심판대상을 국민의 헌법상의 권리를 침해하는 행정행위와 입법행위에 한정하고 있다. 행정청에 의한 헌법상의 권리침해에 대한 헌법소원에 있어서 행정행위 그 자체가 위헌적이거나 아니면 행정청이 적용한 법률이 헌법에 위반되는 경우, 헌법재판소는 헌법소원의 인용결정을 하게 된다. 그러므로 헌법적으로 보장된 권리침해의 주장은 일반적으로 행정행위의 법적 근거에 대한 위헌성심사를 수반한다. 헌법재판소가 행정행위의 근거가 된 규정을 위헌으로 간주한다면 그는 헌법소원절차를 중단하고 규범통제절차를 개시한다. 그리고 규범통제절차의 결과에 따라서 다시 재개된 헌법소원절차에서 인용여부를 결정하게 된다.

행정청이 '헌법상' 보장된 권리가 아니라 '법률상'의 권리를 침해한 경우에는 헌법 제130조가 행정재판소에의 소송제기를 규정하고 있다. 따라서 처분에 대한 소원의 경우 법원을 경유한 다음에야 헌법소원을 제기할 수 있는 것이 아니라, 행정처분에 의하여 법률상의 권리가 침해된 경우에는 행정법원에, 행정처분에 의하여 헌법상의 권리가 침해된 경우에는 헌법재판소에 각각 소송을 제기할 수 있도록 행정법원과 헌법재판소의 관할이 처음부터 나누어져 있다. 따라서 독일의 시각에서 보면, 오스트리아의 헌법재판소는 "특별행정재판소"의 성격을 띠고 있다고 볼 수 있다.

결정하는 형태로 이루어지며, 헌법재판소의 결정은 일반적 효력을 가진다.

(2) 일반법원형에서는 구체적 규범통제와 관련하여 법원이 모든 법규범(법률 및 명령·규칙)에 대한 포괄적이고 일원적인 심사권을 가지는데 반하여, 독립기관형에서는 헌법재판소가 모든 법규범에 대한 포괄적인 위헌심사권을 반드시 가지는 것은 아니며, 각국마다 구체적 규범통제제도를 어떻게 구체적으로 형성하고 있는지에 따라 다르다.

독립기관형을 채택하고 있는 유럽 국가 중 유일하게 독일만이 위헌제청의 대상을 법률에 제한하고 있을 뿐, 그 외 대부분의 국가, 예컨대 오스트리아, 이탈리아, 스페인, 포르투갈 등에서는 형식적인 의미의 법률뿐만 아니라 법규명령도 위헌제청의 대상으로 삼고 있다.[1] 독일의 경우, 헌법재판소가 재판소원의 형태로 최종적으로 행정입법의 위헌여부를 결정하게 된다.[2] 그 결과, 법규범에 대한 규범통제권이 헌법재판소에 의하여 통일됨으로써 일원적인 위헌결정권이 확보된다. 우리의 경우, 구체적 규범통제와 관련하여 법률에 대한 위헌심사권을 헌법재판소의 관할로, 행정입법에 대한 위헌심사권을 법원의 관할로 함으로써, 법규범에 대한 위헌심사권이 이원화되어 있다(헌법 제107조 제1항 및 제2항).[3]

(3) 독립기관형을 채택한 국가들도 헌법재판소에게 위임한 권한에 있어서 서로 상이하다. 독립된 헌법재판기관을 도입한 국가라도 이탈리아나 터키는 국가기관간의 권한쟁의나 국가행위의 합헌성을 객관적으로 보장하는 규범통제제도만을 도입하고 주관적 권리구제절차로서의 헌법소원제도를 두고 있지 않다. 헌법소원제도를 두고 있는 나라 중에서도 오스트리아처럼 단지 행정청의 처분과 입법행위에 대한 헌법소원만을 인정하고 재판에 대한 소원을 배제한 곳도 있다. 재판에 대한 소원은 독일·스페인·스위스 등 소수의 몇 나라에서 찾아 볼 수 있다.[4]

4. 헌법재판의 세계화

가. 제2차 세계대전을 분기점으로 하여 20세기 전반까지 헌법재판이 존재하는 국가는 단지 몇 개국에 불과하였다. 이러한 국가가 바로 헌법재판의 근원지인 미국을 비롯하여, 1920년 헌법에 근거하여 1934년까지 헌법재판을 시행한 오스트리아,[5] 그리고 매우 제한적이나마 헌법재판의 관할을 가진

---

1) 예컨대, 오스트리아헌법은 법령의 위헌여부가 재판의 전제가 되는 경우에는 헌법재판소에 위헌제청을 해야 할 의무를 법원에 부과하고(오스트리아헌법 제139조 제1항 제1문, 제140조 제1항 제1문), 법령에 의하여 국민의 권리가 직접 침해되는 경우에는 개인이 헌법소원을 제기할 수 있도록(오스트리아헌법 제139조 제1항 제3문, 제140조 제1항 제4문) 규정하고 있다.

2) 가령, 법원이 당해 사건에 적용되는 행정입법을 합헌으로 간주하여 적용하는 경우, 소송당사자는 '법원이 구체적인 사건에서 위헌적인 행정입법을 적용함으로써 판결을 통하여 당사자의 기본권을 침해하였다'는 주장으로 법원의 재판에 대하여 헌법소원을 제기할 수 있다. 법원이 당해 사건에 적용되는 법률을 합헌으로 간주하여 적용하는 경우에도 마찬가지로 소송당사자는 법원의 재판에 대하여 헌법소원을 제기함으로써 재판소원의 형태로 법률의 위헌여부를 판단케 할 수 있다.

3) 현행 헌법재판소법은 재판소원을 배제하고 있으므로(헌법재판소법 제68조 제1항), 헌법재판소가 '행정입법에 대한 법원의 위헌심사가 헌법에 부합하는지의 여부'를 통제할 수 있는 가능성이 없다. 다만, 헌법재판소는 헌법재판소법 제68조 제2항에 의한 헌법소원을 통하여 '법률에 대한 법원의 위헌심사(위헌제청신청기각결정)'가 헌법에 부합하는지의 여부'를 통제할 수 있다.

4) 재판소원을 시행하고 있는 국가 중에서도, 스위스나 멕시코와 같은 연방국가에서의 헌법소원은, 연방이 주나 칸톤의 법원이나 행정청에 의한 기본권침해를 구제하고 시정하려는 제도로서, 주에 대한 연방국가적 감독행위의 성격을 갖고 있다. 스페인은 독일의 헌법재판제도를 모델로 삼아 1978년의 헌법에 헌법재판소의 관할을 규정하면서 스페인헌법에 "기본권의 침해를 이유로 법률이 정한 경우에 법률이 정한 형태로 제기되는 헌법소원"이라고 우리와 유사한 규정을 두고(제161조 제1항 b호), 형식적 법률을 제외한 모든 공권력의 행사에 대하여 헌법소원을 인정하고 있다. 독일은 모든 공권력행위를 그 심판대상으로 하는 가장 포괄적인 헌법소원제도를 두고 있다.

스위스이다.

헌법재판은 제2차 세계대전 이후 지난 50년간 유럽은 물론이고 이를 넘어서 세계적으로 확대되었다. 오스트리아는 1920년의 연방헌법을 기초로 하여 1946년 다시 헌법재판소를 부활하였고, 독일은 1949년 제정된 기본법에 의하여 설치된 연방헌법재판소가 1951년에 활동을 개시하였으며, 이태리에서는 1948년 헌법에 의하여 도입된 헌법재판소가 1956년부터 활동하고 있다. 장기간의 독재정권을 청산한 스페인과 포르투갈은 각 1979년과 1982년에 헌법재판소제도를 도입하였다. 1989년부터 1991년에 걸쳐 동유럽에서 사회주의의 몰락과 함께 서구민주주의가 도입되면서, 헌법재판은 러시아를 비롯하여 동유럽 국가에서 기본적인 국가제도에 속하게 되었다.

이제 헌법재판은 유럽대륙에서 각국 헌법의 중요한 구성부분이 되었다. 나아가, 헌법재판은 오늘날 유럽공동체에 가입하기 위하여 국가가 갖추어야 하는 구조적 기본조건에 속한다. 헌법재판은 더이상 독일법의 전통을 가진 국가에 한정된 특수한 제도가 아니라 현대적 법치국가의 필요에 부합하는 제도로서 범세계적으로 전성시대를 맞게 되었다. 이 과정에서 독일 연방헌법재판소는 국제적으로 '헌법재판의 모델이자 전범(典範)'으로 간주되고 있다.

나. 각국의 헌법재판이 구체적으로 어떻게 형성되는지의 문제는 각국의 고유한 역사적 경험이나 민족적 체험에 달려있다. 헌법재판을 도입할 것인지에 관한 결정은 물론이고, 강화된 또는 약화된 헌법재판을 도입할 것인지에 관한 문제, 나아가 구체적으로 어떠한 심판절차를 도입할 것인지의 문제 등에 대한 대답은 모두 각국의 역사적 체험 및 헌법재판에 대한 국가적 理解를 반영한 것이라 할 수 있다. 가령 독일의 경우, 바이마르 공화국에서의 부정적인 역사적 경험으로 인하여 헌법질서를 수호하기 위한 강력한 법치국가적 안전장치의 필요성을 절감하였고, 이에 따라 강력한 헌법재판에 대한 요청은 자연스러운 것이었다. 헌법재판은 다수의 국가에서 전체적 독재국가에서 민주적 법치국가로 전환하는데 필수적인 제도로 인식되었다.

이러한 관점에서 본다면, 독재정치 등과 같은 어두운 과거를 법치국가적으로 청산해야 할 필요가 있는 국가들에서 주로 독립기관형을 채택하고 있음을 확인할 수 있다.[1] 민주주의의 역사가 짧은 나라, 아직 민주적·법치국가적 요소가 국가의 정치생활에 그 뿌리를 내리지 못하였기 때문에 인위적으로 민주화와 법치국가화를 촉진할 필요성이 있는 국가 또는 과거의 비민주적 요소를 전문적인 헌법재판기관을 통하여 적극적으로 제거해야 할 필요가 있는 국가에서, 일반적으로 별도의 헌법재판기관을 설립하였다고 볼 수 있다.[2]

다. 한편, 독립된 헌법재판기관에게 헌법재판을 맡기는 경우, 독립된 헌법재판기관은 헌법재판만을 전문적으로 담당하기 때문에 보다 헌법재판의 專門化가 가능하다는 장점을 가지고 있다.[3] 헌법재

---

5) 헌법을 최상위로 하는 법규범의 엄격한 위계질서의 사고에 기초하는 켈젠(Kelsen)의 사고에 따라 1920년 오스트리아 헌법재판소가 설립되었는데, 이러한 켈젠의 사고는 법관의 위헌심사권을 통하여 실현되었다.

1) 독재정권 하에서 제 기능을 하지 못하였던 기존의 사법부에 대한 불신도 독립기관형을 채택함에 있어서 하나의 요인으로 작용하였다고 볼 수 있다.

2) 특히 나치정권의 독재와 인권유린을 경험한 독일, 또한 파시즘과 프랑코의 독재를 경험한 이태리, 스페인 등이 이에 해당하고, 공산주의 독재를 체험한 거의 모든 동유럽의 국가들이 공산주의의 붕괴 이후 광범위한 권한을 가지고 있는 헌법재판소를 설치했으며, 아시아, 아프리카나 중미의 신생민주국가에서도 동일한 현상을 엿볼 수 있다.

3) 가령, 일반법원이 헌법재판을 담당하는 일본에서는 헌법재판의 전문화가 이루어지지 않기 때문에, 활발한 헌법재

판의 전문성에 대한 요청은 헌법의 특성으로부터 나온다. 헌법은 다른 법규범과는 달리 고도의 추상성과 개방성으로 인하여 헌법의 해석과 적용에 있어서 헌법에 대한 깊은 이해와 전문적 지식을 요구한다. 일반법원의 법관은 헌법해석이라는 난해한 과제를 제대로 수행하기 어렵다.

그러나 사법기관형의 헌법재판제도를 택한 국가에서도 사법기관이 적극적이고 활발한 활동을 하고 있는 경우를 찾아 볼 수 있으므로, 사법기관형이 반드시 소극적인 헌법재판의 유형이라고 말할 수는 없다. 예컨대, 미국 연방대법원은 전문화된 헌법재판소가 아닌 일반적인 상고법원이지만 국가생활과 사회생활에 큰 영향을 미치는 활발한 헌법재판을 하고 있다. 일반법원형의 경우, 최고법원에 의하여 헌법재판이 어떻게 운용되는지에 따라 나라마다 크게 다른 모습으로 나타날 수 있다. 법원의 작업방식, 권위나 성격은 어느 정도로 헌법적 문제를 판단하는지에 의하여 결정되는 경향이 있다.[1]

라. 헌법재판이 민주주의나 법치국가의 구성요소에 속하지 않기 때문에,[2] 헌법재판의 도입여부에 따라 그 국가가 민주적 법치국가인지 여부가 결정되는 것은 아니다. 영국이나 베네룩스 3국과 같이 민주주의의 발생지이거나 민주주의가 확고하게 자리 잡은 국가에서 헌법재판을 도입하고 있지 않다는 것을 확인할 수 있다.

나아가, '헌법재판소의 유무'와 '헌법재판의 유무'가 일치하는 것도 아니다. 헌법재판소와 같이 독립된 헌법재판기관을 두고 있는 국가만이 헌법재판을 하고 있는 것이 아니라, 그 외의 국가에서는 법원이 헌법재판을 담당하고 있다는 점을 유념해야 한다.

Ⅳ. 규범통제의 유형

1. 규범통제기능의 집중·분산 여부에 의한 분류

일반적으로 규범통제제도란, 법규범의 위헌여부를 심사하여 위헌적인 법규범의 적용을 배제하거나 효력을 상실시킴으로써 헌법의 최고규범성을 수호하려는 헌법재판제도를 말한다. 규범통제기능이 특정 헌법재판기관에 집중되어 있는지의 여부에 따라 비집중형과 집중형으로 나누어 볼 수 있다.

가. 非集中型

비집중형(분권형)이란, '모든' 법원이 법규범에 대한 위헌심사권을 가지는 제도를 말하는데, 이러한 제도는 미국에서 유래한 유형이므로 '미국형'이라고도 부르며, 이러한 유형에서는 규범통제기능을

을 기대하기 어렵다. 마치 우리나라에서 헌법위원회나 대법원에 의하여 위헌심사가 이루어지던 때와 마찬가지로, 일본의 경우 법률에 대한 위헌판단을 한 경우를 거의 찾아 볼 수 없다.

1) 가령, 미연방대법원은 거의 절반에 가까운 비중으로 헌법적 문제를 판단하고 있고, 지속적인 헌법해석을 통하여 헌법을 발전시키는 핵심적 국가기관으로 자리 잡았다. 미연방헌법이 지난 2세기 동안 근본적인 헌법개정 없이 변화하는 정치적·사회적 현상에 적응할 수 있었던 것은 미연방대법원에 의한 '헌법의 변천'에 기인하는 것이다. 반면에, 별도의 헌법재판기관인 오스트리아의 헌법재판소는 독일연방헌법재판소의 권한과 비견할만한 권한을 부여받았음에도 비교적 소극적 태도를 보이고 있다.

2) 헌법의 민주주의원리는 헌법재판을 요청하는 것도 아니고 금지하는 것도 아니다. 민주주의원리는 국민의 자기지배를 요청할 뿐, 의회의 결정을 헌법에 구속시키고 의회에 대하여 헌법을 관철할 것을 요청하지 않는다. 입법자에게 완전한 결정의 자유를 부여하는 것도 아니면 의회를 헌법재판의 형태로 헌법에 구속시키는 것도 민주주의원리에 부합한다. 또한, 헌법의 법치국가원리도 헌법재판을 요청하지 않는다. 권력분립원리는 국가기능에 있어서 사법의 독립성을 요청하고 충분한 권리보호를 위한 권리구제절차의 제공을 요청할 뿐이지, 권리구제가 반드시 헌법재판의 형태로 이루어질 것을 요청하는 것은 아니다.

담당하는 기관이 법원이므로 '법원형'이라고도 부르기도 한다. 법규범의 위헌심사는 단지 구체적인 소송의 범주 내에서 부수적 심사의 형태로 이루어진다.

나. 集中型

이에 대하여, 집중형이란, 규범통제기능을 비롯한 헌법재판권한이 '하나의' 특정 헌법재판기관에 집중되는 제도를 말한다. 이러한 제도는 그 기원을 1920년의 오스트리아 헌법에 두고 있기 때문에 '오스트리아 유형'이라고도 하며, 이러한 유형에서는 헌법재판기능을 담당하는 기관이 일반적으로 헌법재판소이므로 '헌법재판소형'이라고 부르기도 한다. 집중형에서는 규범통제가 구체적 규범통제·추상적 규범통제·헌법소원 등 다양한 형태로 가능하다.

2. 규범통제의 계기에 의한 분류

규범통제의 계기가 어떻게 부여되는지에 따라 규범통제는 '추상적' 규범통제와 '구체적' 규범통제로 유형화할 수 있다. 구체적 소송사건을 계기로 하여 법규범의 위헌여부를 심사한다는 의미에서 이러한 규범통제제도를 '구체적' 규범통제라고 부르는 반면, 구체적 소송사건의 발생과 관계없이 추상적으로 법규범의 위헌여부를 심사한다는 의미에서 이러한 규범통제제도를 '추상적' 규범통제라고 부른다.

가. 구체적 규범통제

구체적 규범통제란, 구체적인 사건을 계기로 하여, 즉 법원에 의한 법규범의 적용을 계기로 하여 법규범이 헌법과 합치하는지의 여부를 심사하는 제도를 말한다. 헌법재판을 담당하는 기관이 일반법원(비집중형)인지 아니면 별개의 헌법재판기관(집중형)인지에 따라, 구체적 규범통제는 '법원이 헌법과 합치하지 않는 것으로 간주되는 법규범을 적용하지 않는 방법' 또는 '법규범의 폐기권한을 하나의 독립된 헌법재판기관(헌법재판소)에 독점적으로 부여함으로써 헌법과 합치하지 않는 법규범을 일반적인 효력으로 폐기하는 방법'의 2가지 형태로 이루어진다.

비집중형에서는 모든 심급의 법원이 위헌심사권을 가지고 개별 사건에 대한 재판을 계기로 '부수적으로' 해당 법규범의 위헌여부를 판단하여, 당해재판에서 위헌으로 간주되는 법규범의 적용을 배제하고 재판한다. 반면에, 집중형에서는 법규범에 대한 일차적인 위헌심사권과 위헌결정권이 분리되어 각 법원과 헌법재판소에 귀속됨으로써, 법규범의 위헌여부가 재판의 전제가 된 경우 일차적인 위헌심사권을 가진 법원의 위헌제청에 의하여 헌법재판소가 법규범의 위헌여부에 관하여 결정한다.

나. 추상적 규범통제

(1) 추상적 규범통제란, 구체적 소송사건의 발생과 관계없이 일정한 국가기관(연방정부, 주정부, 일정 수 이상의 의회 의원 등)의 심판청구에 의하여 법규범(법률 및 법규명령)의 위헌여부를 헌법재판소가 심사하는 제도를 말한다. 여기서 '추상적'이란 표현은 규범통제가 구체적 사건을 계기로 하지 않는다는 것을 의미한다. 추상적 규범통제는 법규범의 공포 이전에 그 위헌성을 심사하는 '사전적' 규범통제와 법규범의 공포 이후에 위헌심사가 이루어지는 '사후적' 규범통제로 구분할 수 있다. 일반적으로 '추상적 규범통제'란 표현을 사용한다면, 이는 '사후적' 추상적 규범통제를 말하는 것이다.

추상적 규범통제의 주된 목적은 일차적으로 헌법의 보호이며, 나아가 법질서의 우위관계의 보장

(주법에 대한 연방법의 우위) 및 연방과 주, 중앙국가와 지방자치단체 사이의 권한배분질서의 보장을 포함한다.[1] 사후적 추상적 규범통제절차를 도입하여 헌법재판소의 관할로 하고 있는 대표적인 국가는 독일, 오스트리아, 스페인과 포르투갈이다.

(2) 추상적 규범통제는 한편으로는 구체적인 법적용으로부터 추상화된 포괄적 심사를 해야 한다는 판단의 어려움이 따르지만,[2] 반면에 법규범이 법현실에서 장기간 광범위하게 적용되기 이전에 조기에 규범통제가 이루어질 수 있다는 점에서 법적 안정성에 보다 기여한다는 장점이 있다.[3] 뿐만 아니라, 추상적 규범통제는 입법자나 법원과 마찬가지로 헌법의 구속을 받는 국가기관인 집행부에게 법규범의 위헌성을 헌법재판소로 하여금 심사케 할 수 있는 가능성을 개방하고 있다.[4] 또한, 오늘날 헌법상의 권력분립질서에서 의회의 소수파를 헌법의 감시자와 수호자로 만드는 긍정적인 기능이 있다.[5]

한편, 우리 헌법이 헌법재판소의 관할로부터 추상적 규범통제를 제외한 것은, 추상적 규범통제를 도입하는 경우 의회에서 패배한 소수가 논란이 많은 법률에 관한 정치적 논쟁을 헌법재판소의 심판절차를 통하여 계속하는 등 정치적으로 남용할 수 있고, 적어도 헌법재판의 초기단계에서는 헌법재판소가 어쩔 수 없이 정치적인 분쟁에 휘말리게 될 것을 우려한 것에 기인한다고 본다.

3. 규범통제의 시기에 의한 분류

가. 사전적 규범통제와 사후적 규범통제

규범통제의 시기가 법규범의 공포시점을 기준으로 하여 그 이전인지 아니면 그 이후인지의 여부에 따라 사전적 규범통제와 사후적 규범통제로 구분할 수 있다. 구체적 규범통제는 법규범의 시행을

---

1) 일정 수 이상의 의회 의원에게 심판청구권을 인정함으로써 의회 내에서의 소수 보호를 보장하고 있으며, 다른 한편으로는 연방국가의 경우 주정부에게, 중앙국가의 경우 지방자치단체의 장이나 의회에게 심판청구권을 인정함으로써 연방국가적 또는 수직적 권력분립적 관점을 고려하고 있다.

2) 추상적 규범통제의 단점으로는, 헌법재판소가 심사대상규범의 구체적인 적용실태를 직접 접할 수 없다는 점이 지적되고 있다. 즉, 구체적 사례를 통하여 법규범을 보다 잘 해석할 수 있고 헌법적으로 평가할 수 있는데, 헌법적 심사를 위하여 바람직한 이와 같은 구체적인 사례에 관한 자료가 없다는 것이다. 법규범이 공포·시행된지 얼마 안 되기 때문에 법적용에 관한 실무가 전혀 없는 법규범의 경우, 헌법재판소는 구체적인 법적용으로부터 추상화된 포괄적인 심사를 해야 하는 어려움에 처하게 된다.

3) 추상적 규범통제가 도입되는 경우, 헌법소원이 제기되거나 또는 법원이 위헌제청을 할 때까지 기다릴 필요가 없이 헌법위반이 신속하게 제거될 수 있다. 특히 법규범이 공포된 후 일정 기간을 경과한 후 시행되는 경우에는 법규범이 시행되기 이전에 위헌적인 법규범이 다시 제거될 수 있다는 점에서 이러한 장점은 더욱 두드러진다. 또한, 개인의 주관적 권리를 침해하는 성격이 없기 때문에 헌법소원이나 구체적 규범통제의 대상이 될 수 없는 법규범에 대한 위헌심사도 추상적 규범통제의 객관적 성격으로 말미암아 가능하다.

4) 행정청이 개별적인 사건에서 적용되는 법률에 대한 위헌의 의심을 가지는 경우, 행정청은 위헌법률심판절차에서 법률의 위헌여부에 관하여 제청을 할 수 있는 권한이 없기 때문에, 이러한 상황은 헌법의 구속을 받는 국가기관으로서 헌법을 존중하고 실현해야 하는 행정청의 의무와 상충할 수 있다. 위와 같은 경우, 행정청은 행정부의 위계질서적 구조 내에서 최상급기관인 행정각부장관의 지시를 구해야 하고, 이 과정에서 법률의 위헌성에 대한 의문이 있다면, 각부장관에게도 헌법재판을 통하여 법률의 위헌여부를 해명할 수 있는 가능성이 개방되어야 한다. 이러한 가능성을 배제하는 것은 행정부도 법원과 마찬가지로 헌법의 구속을 받는다는 상황과 합치하기 어렵다. 추상적 규범통제가 도입되는 경우, 정부 또는 대통령이 문제되는 법률에 대한 심판절차를 개시할 수 있을 것이다.

5) 의회의 의결절차에서 압도당한 '소수파' 또는 '야당이 집권한 주정부'가 심판을 청구하고 헌법재판소의 도움으로 의회에서의 정치적 패배를 만회하고자 한다는 점에서, '추상적 규범통제는 헌법적 수단을 이용한 정치의 연장이며, 청구인은 입법절차에서의 자신의 입장을 관철하고자 정치적 논쟁을 헌법재판소의 심판절차에서 반복함으로써 헌법재판소의 기능이 규범적 판단이 아니라 정치적 심판자로서의 역할로 변질될 우려가 있다'는 비판이 독일의 일부 학자에 의하여 제기되고 있다. 그러나 헌법적인 관점에서 이의가 제기되고 헌법재판소의 심사가 헌법적인 심사에 제한되는 한, 추상적 규범통제는 의회의 야당에게 헌법질서의 감시자로서 헌법상의 이의를 제기할 수 있는 기회를 부여한다.

전제로 하여 구체적인 재판에 적용되는 법규범의 위헌여부를 다투는 것이므로 필연적으로 사후적 규범통제의 형태로 이루어진다. 한편, 추상적 규범통제는 일반적으로 사후적 규범통제의 형태로 이루어지지만, 사전적 규범통제를 채택하는 국가도 있다.

사전적 규범통제란 규범통제의 대상인 법규범이 공포되기 이전에 그 위헌성을 심사하는 제도로서 추상적 규범통제의 일종이다. 일반적으로 입법기관에서 법안에 관하여 최종적으로 의결한 후에야 비로소 사전적 규범통제절차가 개시될 수 있다. 입법기관이 법안에 관하여 의결하기 이전에는 언제든지 법안이 변경될 수 있다는 점에서 규범통제의 심판대상이 확정되지 않으며, 입법자의 의결 이전에 사법기관이 관여하는 것은 헌법상의 권력분립원리에도 부합하지 않는다.

사전적 규범통제절차를 두고 있는 국가로는 프랑스, 포르투갈, 헝가리 등을 들 수 있다. 프랑스의 경우 단지 법률에 대해서만 사전적 규범통제가 허용되는 반면, 포르투갈과 헝가리는 법규명령도 심판대상으로 하고 있다. 한편, 오랫동안 사전적 규범통제제도만을 두고 있던 프랑스는 2008년 헌법을 개정하여 법원에 소송이 계속중인 상태에서 당해재판에 적용되는 법률규정의 위헌여부를 심사하는 사후적 위헌법률심사제도(구체적 규범통제)도 도입하였다(헌법 제61-1조).

나. 사전적 규범통제의 특징

사전적 규범통제절차의 경우 사후적 절차에 비하여 시간적으로 보다 조기에, 특히 법률의 시행 이전에 위헌적 법률안을 제거함으로써 법질서의 안정을 가져올 수는 있으나, 한편으로는 위헌성의 심사가 정해진 단기의 기간 내에(프랑스의 경우 1개월, 포르투갈의 경우 25일) 추상적·개괄적으로 이루어진다.[1] 사전적 규범통제절차가 어느 정도 사후적 규범통제절차의 심사밀도에 근접하기 위해서는 일반적으로 사후적 규범통제절차에서 소요되는 기간이 필요한데, 만일 헌법재판소가 이와 같이 충분한 시간을 가지고 위헌심사를 하는 경우, 시급히 제정되어야 하는 의회의 법률이 적시에 제정되지 못하는 결과가 발생한다. 뿐만 아니라, 사전적 규범통제절차에서 장기간의 심사기간을 허용하면서 의회 의원의 일부에게도 심판청구권을 부여하는 경우, 의회의 소수파가 자신의 정치적 견해에 부합하지 않는 법률의 제정을 봉쇄하는 방향으로 사전적 규범통제절차를 남용할 위험이 있다. 이러한 점에서 단기의 심사기간은 사전적 규범통제에서 불가피한 것으로 그의 본질에 속하는 것이라 할 수 있다.

---

1) 특히 법률이 법현실에 적용된 후에 비로소 법률의 위헌성에 관하여 인식할 수 있는 경우가 많기 때문에, 사전적 규범통제에서는 법률의 위헌성을 판단할 수 있는 구체적 사례를 고려할 수 있는 가능성이 배제된 채 위헌성의 심사가 마치 가치분결정의 경우와 유사하게 대강의 심사로서 추상적·개괄적으로 이루어질 수밖에 없다.

제2절 憲法裁判所의 組織·構成 및 一般審判節次

제1항 憲法裁判所의 組織과 構成

I. 헌법재판소의 구성[1]

1. 현행법상 헌법재판소 재판관의 선출

헌법재판소는 법관의 자격을 가진 9인의 재판관으로 구성하며, 재판관은 대통령이 임명한다 (헌법 제111조 제2항). 9인의 재판관 중 3인은 국회에서 선출하는 자를, 3인은 대법원장이 지명하는 자를 임명한다(헌법 제111조 제3항). 헌법재판소의 장은 국회의 동의를 얻어 재판관 중에서 대통령이 임명한다(헌법 제111조 제4항). 헌법재판소 재판관은 모두 대통령이 임명하지만, 그 중 3인은 국회에서 선출된 자를, 3인은 대법원장이 지명한 자를 임명한다. 따라서 대통령이 선임할 수 있는 재판관은 3인이다. 이로써 입법부·행정부·사법부가 각 3인씩 나누어 헌법재판소 재판관을 선임한다.

재판관 선임에 관한 국회와 대법원장의 결정은 대통령에 의한 '내용적 심사'의 대상이 아니다. 따라서 대통령은 국회나 대법원장에 의하여 선임된 후보자가 재판관으로 적합한지 여부를 심사할 수 없다. 대통령은 재판관 임명권을 행사함에 있어서 기껏해야 법 제5조에서 규정하고 있는 재판관 자격요건의 충족여부나 국회에서의 선출절차의 준수여부(다수결요건의 충족 여부)와 같은 '형식적 심사'를 할 수 있을 뿐이다.

재판관은 국회의 인사청문을 거쳐 임명·선출 또는 지명하여야 한다. 이 경우 대통령은 재판관 (국회에서 선출하거나 대법원장이 지명하는 자를 제외한다)을 임명하기 전에, 대법원장은 재판관을 지명하기 전에 인사청문을 요청한다(헌법재판소법 제6조 제2항). 이로써 국회에서 선출되지 않는 재판관 6인은 국회의 인사청문을 거치도록 규정하고 있다.

2. 비교법적 고찰

헌법재판을 담당하는 재판관이나 법관을 선출하는 방식은 '선출기관'에 따라 다음과 같이 유형화할 수 있다. 의회 또는 '양원으로 구성된 입법기관'이 선출하는 유형(독일, 스위스, 벨기에 등), 의회와 정부가 선출하는 유형(오스트리아, 프랑스 등), 의회·정부·법원이 선출하는 유형(스페인, 이탈리아, 불가리아 등), 의회(상원)의 동의를 얻어 대통령이 임명하는 유형(미국 연방대법원), 의회나 정부가 아니라 사법부(법관으로 구성된 위원회)에서 선출하는 유형(그리스) 등 다양한 방식이 있다. 재판관의 수는 국가에 따라 차이가 있지만, 각국의 헌법재판기관은 9인－16인 사이의 재판관으로 구성되어 있다.

이러한 유형의 전반적인 공통점은 헌법재판기관에게 민주적 정당성을 중개하기 위하여 국민으로부터 민주적 정당성을 직접 부여받은 의회와 정부가 선출기관으로서 기능한다는 점이다. 일부 국가

---

1) 한수웅, 현행 헌법재판소 재판관 선임제도의 문제점과 개선방향, 법학논문집 제39집 제1호, 중앙대학교 법학연구소, 2015. 4. 5면 이하 참조.

에서 선출기관의 범위를 정치적 헌법기관인 의회와 정부를 넘어서 사법부로 확대하는 것은 재판관선출에 있어서의 정당의 영향력을 약화시키기 위한 하나의 대안으로 간주되고 있다. 이러한 관점에서 볼 때, 우리의 경우에도 재판관 중 3인의 선출권을 사법부에 위임한 것은 재판관선임에 대한 정당의 영향력행사를 축소하고자 하는 시도로 평가할 수 있다.

3. 헌법재판관 선출의 문제

가. 헌법재판소의 독립성과 민주적 정당성의 확보

어떠한 국가권력도 민주적 정당성이 없이 행사되어서는 안 되므로, 재판관의 재판행위는 선출을 통하여 민주적으로 정당화되어야 한다. 따라서 헌법재판소는 민주적 정당성을 그의 선출기관을 통하여 국민으로부터 간접적으로 부여받아야 한다. 재판관의 선임에 있어서 고려해야 할 중요한 요소는 헌법재판소의 獨立性과 民主的 正當性을 확보하는 문제이다. 재판관선임제도와 관련하여 모든 나라에서 제기되는 보편적인 문제는 헌법재판소에 의하여 통제받는 국가기관이 통제기관인 헌법재판소의 구성권을 가지고 있고, 이로써 헌법재판소의 독립성이 저해될 위험이 상존하고 있다는 점이다.

헌법재판소 재판관이 민주적 정당성을 간접적으로 확보하기 위해서는 선출과정에서 민주적 정당성을 가진 국가기관, 특히 의회의 참여가 불가피하고, 민주적 정당성을 직접 부여받은 국가기관의 참여는 오늘날의 정당국가에서 필연적으로 정당의 영향력행사란 결과를 가져오게 된다. 따라서 '정당의 영향력행사'는 재판관의 임명에 있어서 민주적 정당성의 요청으로부터 나오는 필연적 결과이자, 헌법재판소의 민주적 정당성을 확보하기 위하여 치러야 하는 必要惡인 것이다.

그런데 헌법재판소의 독립성과 기능에 대한 최대의 위험은 헌법재판소가 또 하나의 정치적 헌법기관으로 인식되는 것이다. 헌법재판소가 그의 결정을 통하여 정치적 영향력을 행사하지만, 모든 정치적 세력이나 방향과 일정한 거리를 두고 독립적으로 헌법에 따라 판단한다는 것에 헌법재판의 존재이유와 그 정당성이 있다. 그러나 임명하는 주체와의 정치적 친밀성이나 정치적 성향에 따라 재판관이 임명된다면, 헌법재판이 헌법적인 기준이 아니라 정치적인 고려에 의하여 이루어진다는 인상을 줄 것이며, 이는 헌법재판소의 권위와 신망에 대하여 치명적일 것이다.[1]

나. 현행 재판관선임제도의 문제점

현행 재판관선임제도는 실질적으로 3부가 3인씩 재판관 선임권을 나누어 가짐으로써 소위 '자기 사람'을 재판관으로 임명할 위험이 있다. 따라서 현대의 정당국가에서 실질적으로 정당의 지배하에 있는 정치적 헌법기관인 국회와 대통령에 의하여 선임되는 경우에는 국회재적의원 3/5 또는 2/3 이상의 동의를 얻도록 함으로써[2] 야당의 동의를 구해야만 재판관으로 임명될 수 있도록 하여 정치적으로 편향적인 후보자가 재판관으로 선임되는 것을 방지하는 것이 바람직하다. 또한 민주적 정당성이 약한 사법부에 의한 선임의 경우에도 가중된 의결정족수에 의한 국회의 동의를 거치도록 해야 한

---

1) 정치적 기관에 의하여 정치적 성향에 따라 선출되었다고 하더라도 헌법재판관이 반드시 헌법재판에서 정치적 성향을 띠는 것은 아니나, 사법의 생명은 독립성에 있으므로, 사법의 독립성에 대하여 의문을 제기할 수 있는 모든 가능성을 처음부터 차단할 필요가 있다.

2) 대통령의 소속정당과 의회의 다수당이 일치하는 경우 의회의 동의도 집권당의 정치적 성향과 일치하는 사람을 재판관으로 임명하는 것을 방지할 수 없다. 이러한 이유에서 국회재적의원 2/3 또는 3/5의 가중다수결의 요건을 두고 있는 국가로는 독일, 이탈리아, 스페인, 벨기에, 포르투갈, 헝가리 등을 들 수 있다.

다. 결국 모든 재판관의 선임에 있어서 가중된 의결정족수에 의한 국회의 동의를 얻도록 함으로써, 궁극적으로 헌법재판소의 민주적 정당성을 보다 강화하고 동시에 헌법재판에 있어서 불가결한 독립성을 확보할 수 있는 것이다.

4. 헌법재판소의 多元的 構成의 문제

가. 사회의 일각에서는 '헌법재판소의 구성이 사회적 다양성을 반영하여 다원적으로 이루어져야 하며, 다원적 이해관계를 가진 국민의 다양한 가치관을 수렴할 수 있어야 한다'고 주장한다.

물론, 헌법재판소의 기능을 어떻게 보느냐에 따라 이와 같은 견해가 가능할 수 있겠지만, 헌법재판소는 일차적으로 사법기능을 담당하는 국가기관으로서, 헌법재판소의 결정은 민주적인 합의체 내에서의 공개적 논의를 통한 이익조정이나 의견수렴의 결과가 아니라, 헌법해석과 적용을 통하여 헌법적으로 타당한 결정을 추출하는 사법적 법인식과정이다. 이에 대하여 다원적 민주주의사회에서 여러 상이한 사회적 요청과 이익을 인식하고 상충하는 이익간의 조정을 하고 의견을 수렴하는 것은 사회형성의 주체인 입법자의 과제이다.

만일 헌법재판소가 이와 같은 다원주의적 요청에 따라 각계각층의 대표와 모든 중요한 부분이익을 대변하는 사회단체의 대표로 구성된다면, 헌법재판소는 입법자와 함께 제2의 정치적·사회형성적 이익조정기관으로 활동하게 되고, 헌법재판소는 헌법상 부여받은 객관적인 통제기능을 이행할 수 없게 된다. 따라서 헌법재판소가 이행하는 사법기능의 본질상, 그 구성에 있어서 다원적 민주주의의 사고를 반영하는 데에는 한계가 있을 수밖에 없다.

나. 이와 같은 맥락에 있는 문제는, 특정 재판관에 대하여 특정 사회세력의 이익을 대표하기를 기대하는 언론이나 사회단체의 요청이다.[1] 그러나 사법기관은 정치적 헌법기관이나 국민대표기관이 아니며, 대표기능을 수행하지 않는다. 다수의 대표자나 소수의 대표자 모두 헌법재판소의 재판관으로서는 부적합할 뿐만 아니라 헌법재판소의 기능을 위협하는 요소이다. 헌법재판소는 정치적으로 중립적이고 균형감각을 갖춘 인물로 구성되어야 하고, 모든 정치적 세력과 이익집단에 대하여 等距離를 두고 중립성을 견지할 수 있는 자만이 재판관이 되어야 한다.

다. 한편, 재판관의 자격을 현재와 같이 '법관의 자격을 가진 자'에서 법학교수나 행정부공무원 등으로 확대할 것인지의 문제는 이와는 성격을 달리하는 문제이다. 구성원의 다양성을 통하여 다양한 사고와 경험을 헌법재판에서 활용할 것인지의 문제는, 다원적 사회세력이 부분이익을 대표하기 위하여 헌법재판소에 진출해야 한다는 다원적 민주주의의 요청과는 구분해야 하기 때문이다.

5. 국민여론·민주적 다수와 헌법재판소의 관계

사회의 일각에서는 헌법재판소에 대하여 '주권자인 국민의 의사나 법감정에 맞게 헌법재판권이 행사되어야 하며 그러지 못할 때에는 헌법재판관은 국민의 신뢰를 잃게 된다'는 주장이 제기되기도 한다.

그런데 바로 여기에 헌법재판소의 딜레마가 있다. 헌법재판소는 국민 다수의 의사나 법감정도 고

---

1) 가령, 여성이 재판관으로 임명되면서, 언론 등에서 "여성과 소수자를 대표하는 판결을 기대한다."는 내용의 기사를 볼 수 있다.

려해야 하지만, 한편으로는 민주적 다수에 대하여 소수도 보호해야 한다. 특히 법률이 위헌심판의 대상이 되는 경우, 민주국가에서의 법률은 다수의 의사를 대변하는 법적 표현이므로 법률에 대한 위헌심사는 바로 다수의 결정에 압도당한 소수, 법률내용에 동의하지 않는 소수에 대한 보호를 의미한다. 따라서 헌법재판소의 기본권보호는 민주주의의 다수결, 즉 국민다수의 민주적 의사에 의해서도 침해될 수 없는 개인의 고유한 사적 영역이 존재한다는 인식에 기초하고 있는 것이다.

헌법재판소도 그의 존재와 권력행사의 정당성을 국민으로부터 부여받지만, 이는 헌법재판소가 구체적인 사건의 판단에 있어서 국민여론이나 국민의 법감정의 구속을 받아야 한다는 것을 의미하지는 않는다. 물론, 사안에 따라서는 국민의 여론과 정서를 고려할 수는 있으나, 헌법재판소의 위헌심사에 있어서 유일한 기준은 비록 헌법규범이 개방적이고 추상적이라 할지라도 오로지 헌법규범이다. 국민의 여론은 사회적·정치적 상황의 변화에 따라 수시로 바뀌는 것인데, 만일 헌법재판소가 순간의 국민적 요청이나 법감정을 고려하여 판단한다면, 헌법재판은 국민의 여론이나 법감정을 확인하는 작업으로 전락할 것이며, 헌법재판소는 국민의 다수에 대해서도 헌법을 수호하고 다수에 대해서도 소수를 보호해야 하는 헌법적 과제를 포기해야 할 것이다. 국민의 법감정이나 여론이 헌법의 인간상·근본결정과 배치되는 한, 헌법재판소는 국민의 다수에 대해서도 헌법을 수호해야 하고 기본권을 보호해야 한다. 헌법재판소는 정당과 국가권력뿐만 아니라 국민의 인기로부터도 자유로워야 한다.

Ⅱ. 헌법재판소의 조직

헌법은 헌법재판소의 조직과 운영 기타 필요한 사항은 법률로 정하도록 규정하고 있고($\frac{헌법 제113조}{조 제3항}$), 이에 따라 제정된 법률이 헌법재판소법(이하 '법')이다.

1. 헌법재판소장

헌법재판소장은 국회의 동의를 얻어 재판관 중에서 대통령이 임명한다($\frac{헌법 제111}{조 제4항}$). 헌법재판소장은 헌법재판소를 대표하고, 헌법재판소의 사무를 총괄하며, 소속공무원을 지휘·감독한다($\frac{법 제12}{조 제3항}$). 헌법재판소장은 헌법재판소의 조직·인사·운영·심판절차 그 밖에 헌법재판소의 업무에 관련된 법률의 제정 또는 개정이 필요하다고 인정하는 경우에는 국회에 서면으로 그 의견을 제출할 수 있다($\frac{법 제10}{조의2}$). 헌법재판소장이 궐위되거나 사고로 인하여 직무를 수행할 수 없을 때에는 헌법재판소법이 정한 바에 따라 다른 재판관이 그 권한을 대행한다($\frac{법 제12}{조의2}$). 헌법재판소장의 대우와 보수는 대법원장의 예에 의한다($\frac{법}{제15조}$).

2. 헌법재판관

헌법재판소는 법관의 자격을 가진 9인의 재판관으로 구성하며, 재판관은 대통령이 임명한다($\frac{헌법 제111}{조 제2항}$). 헌법재판소 재판관의 임기는 6년으로 하며, 법률이 정하는 바에 의하여 連任할 수 있다($\frac{헌법 제112}{조 제1항}$).[1]

---

1) 참고로, 독일의 경우 임기는 12년에 연임할 수 없도록 규정하고 있다. 연임가능성을 배제한 것은 이로 말미암아 재판관의 임기 중 직무독립성이 저해될 위험을 사전에 차단하기 위한 것이다. 상대적으로 장기인 12년의 임기는 직무의 전문성을 높이는 데 기여한다. 이러한 관점에서 볼 때, 상대적으로 단기인 6년의 임기에 연임가능성을 규정하는

재판관의 정년은 70세로 한다(별제7조). 재판관은 정무직으로 하고 그 대우와 보수는 대법관의 예에 의한다(별제15조). 재판관은 헌법과 법률에 의하여 그 양심에 따라 독립하여 심판한다(별제4조). 헌법재판소 재판관은 정당에 가입하거나 정치에 관여할 수 없다(헌법,제112조제2항). 헌법재판소 재판관은 탄핵 또는 금고 이상의 형의 선고에 의하지 아니하고는 파면되지 아니한다(헌법,제112조제3항).

3. 재판관회의

재판관회의는 헌법재판소의 본래의 업무인 심판사무와 관계없는 行政事務에 관하여 결정하는 기구이다. 재판관회의는 재판관 전원으로 구성하며, 헌법재판소장이 의장이 된다(별제16조제1항). 재판관회의는 재판관 전원의 3분의 2를 초과하는 인원의 출석과 출석인원 과반수의 찬성으로 의결한다(별제16조제2항). 의장은 의결에 있어 표결권을 가진다(별제16조제3항). 재판관회의의 의결을 거쳐야 하는 사항은 ① 헌법재판소규칙의 제정과 개정, 제10조의2의 규정에 따른 입법의견의 제출에 관한 사항, ② 예산요구, 예비금지출과 결산에 관한 사항, ③ 사무처장·사무차장·헌법재판연구원장·헌법연구관 및 3급 이상 공무원의 임면에 관한 사항, ④ 특히 중요하다고 인정되는 사항으로서 헌법재판소장이 부의하는 사항 등이다(별제16조제4항). 재판관회의의 운영에 관하여 필요한 사항은 헌법재판소규칙으로 정한다(별제16조제5항).

4. 헌법재판소의 보조기관

가. 사무처

헌법재판소의 행정사무를 처리하기 위하여 헌법재판소에 사무처를 둔다(별제17조제1항). 사무처에 사무처장과 사무차장을 둔다(별제17조제2항). 사무처장은 헌법재판소장의 지휘를 받아 사무처의 사무를 관장하며, 소속공무원을 지휘·감독한다(별제17조제3항).

나. 헌법연구관 등

헌법재판소에 헌법재판소규칙으로 정하는 수의 특정직국가공무원인 헌법연구관을 둔다(법제19조제1항 및 제2항). 헌법연구관은 헌법재판소장의 명을 받아 사건의 심리 및 심판에 관한 조사·연구에 종사한다(별제19조제3항). 헌법연구관을 신규 임용하는 경우에는 3년의 기간 별정직공무원인 헌법연구관보로 임용하여 근무하게 한 후 그 근무성적을 참작하여 헌법연구관으로 임용한다(별제19의2). 사건의 심리 및 심판에 관한 전문적인 조사·연구에 종사하는 연구위원을 둘 수 있으며(별제19조의3), 헌법 및 헌법재판 연구와 헌법연구관, 사무처 공무원 등의 교육을 위하여 헌법재판소에 헌법재판연구원을 둔다(별제19조의4).

제2항 一般審判節次

I. 개 론

헌법재판소법(이하 '법')은 제1장 총칙, 제2장 조직, 제3장 일반심판절차, 제4장 특별심판절차, 제5장 전자정보처리조직을 통한 심판절차의 수행, 제6장 벌칙으로 구성되어 있다. 일반심판절차(제3장)

우리 제도의 문제점이 드러난다.

는 각종심판절차에 일반적으로 적용되는 심판절차를 말하며, 특별심판절차(제4장)란 개별심판절차에 적용되는 심판절차를 말하는데, 개별심판절차는 위헌법률심판절차(제1절), 탄핵심판절차(제2절), 정당해산심판절차(제3절), 권한쟁의심판절차(제4절), 헌법소원심판절차(제5절)로 구성된다.

헌법재판소의 심판절차에 관하여는 법에 특별한 규정이 있는 경우를 제외하고는 헌법재판의 성질에 반하지 아니하는 한도 내에서 민사소송에 관한 법령의 규정을 준용한다.[1] 이 경우 탄핵심판의 경우에는 형사소송에 관한 법령을, 권한쟁의심판 및 헌법소원심판의 경우에는 행정소송법을 함께 준용한다(법제40조 제1항). 이 경우에 형사소송에 관한 법령 또는 행정소송법이 민사소송에 관한 법령과 저촉될 때에는 민사소송에 관한 법령은 준용하지 아니한다(법제40조 제2항).

Ⅱ. 재 판 부

1. 全員裁判部

가. 기 능

재판관 전원으로 구성되는 전원재판부는 법에 특별한 규정이 있는 경우를 제외하고는 원칙적으로 헌법재판소의 심판을 관장한다. 재판부의 재판장은 헌법재판소장이 된다(법제22조).

나. 심판정족수

전원재판부는 재판관 7인 이상의 출석으로 사건을 심리한다(법제23조 제1항).[2] 전원재판부는 종국심리에 관여한 재판관의 과반수의 찬성으로 사건에 관한 결정을 한다. 다만, 법률의 위헌결정, 탄핵의 결정, 정당해산의 결정 또는 헌법소원에 관한 인용결정을 하는 경우 및 종전에 헌법재판소가 판시한 헌법 또는 법률의 해석적용에 관한 의견을 변경하는 경우에는 재판관 6인 이상의 찬성이 있어야 한다(헌법 제113조 제1항, 법 제23조 제2항). 외국의 입법례를 보면, 독일, 오스트리아, 스페인, 미국 등 대부분의 국가에서 과반수를 원칙으로 하고 있다.

2. 指定裁判部

재판관 3인으로 구성되는 지정재판부는 헌법소원심판의 사전심사를 담당한다(법제72조 제1항). 헌법재판소에 접수된 헌법소원심판사건(법 제68조 제1항에 의한 헌법소원 및 동조 제2항에 의한 헌법소원)은 먼저 지정재판부의 사전심사를 거치게 된다(법제72조 제1항). 사전심사는 심판청구의 본안에 대한 판단이 아니라 단지 적법요건의 구비여부만을 심사하는데, 3인의 재판관으로 구성된 지정재판부에서 명백히 부적법한 사건을 일치된 의견으로 각하한다(법제72조 제3항). 지정재판부가 심판청구를 각하하지 아니하는 경우에는 그 사건을 전원재판부의 심판에 회부하는 결정을 하여야 하는데, 심판청구일로부터 30일이 경과할 때까지 각하결정이 없는 때에는 전원재판부의 심판에 회부하는 결정이 있는 것으로 본다(법제72조 제4항).

---

1) '준용'이란, 헌법재판의 본질에 반하지 않는 한 적용될 수 있음을 이미 내포하는 것이므로. 위 조항이 "헌법재판의 성질에 반하지 아니하는 한도 내에서"를 언급한 것은 불필요한 동어반복이다.

2) 헌재 2017. 3. 10. 2016헌나1, 판례집 29-1, 1, 2, [8인 재판관에 의한 탄핵심판 결정 가부] "헌법과 헌법재판소법은 재판관 중 결원이 발생한 경우에도 헌법재판소의 헌법 수호 기능이 중단되지 않도록 7명 이상의 재판관이 출석하면 사건을 심리하고 결정할 수 있음을 분명히 하고 있다. 그렇다면 헌법재판관 1인이 결원이 되어 8인의 재판관으로 재판부가 구성되더라도 탄핵심판을 심리하고 결정하는 데 헌법과 법률상 아무런 문제가 없다."

3. 재판관의 제척·기피·회피

재판관이 제척·기피·회피 등의 사유에 해당하여 심판의 공정을 기대하기 어려운 경우에는 그 사건에 관한 직무집행으로부터 배제된다($^{법 제}_{24조}$).

Ⅲ. 헌법소송의 당사자 및 대표자·대리인

1. 심판당사자

헌법재판절차에서 자기 이름으로 심판을 청구하는 자를 청구인이라 하고, 그 상대방을 피청구인이라 한다. 청구인과 피청구인을 당사자라 한다.

가. 심판절차 유형별 당사자

구체적인 당사자는 심판절차 유형별로 다르다.

(1) 위헌법률심판에서, 심판절차는 법원의 제청에 의하여 개시되지만, 법원이 위헌제청 외에 당사자로서 심판절차에 참여하는 것은 아니며, 당해사건의 당사자도 단지 위헌제청신청권만을 가질 뿐 위헌법률심판절차에서 직접 심판을 청구한 주체가 아니다.[1] 청구의 상대방이 되는 당사자(피청구인)도 존재하지 않는다.[2] 결국, 위헌법률심판절차는 청구인과 피청구인이 대치하는 대립적 소송구조를 취하고 있다고 보기 어렵다.

(2) 탄핵심판에서, 청구인은 소추위원이 되는 국회법제사법위원회의 위원장($^{제49}_{조}$)이며, 피청구인은 탄핵소추 대상자이다($^{법 제}_{48조}$). 탄핵심판절차는 대립적 소송구조로 형성되어, 이들이 당사자로서 대치한다. 대립적 소송구조에 상응하는 것이 심리의 방식으로서 구두변론을 원칙으로 하는 것이다($^{법 제}_{30조}$).

(3) 정당해산심판에서, 청구인은 정부이며($^{법 제}_{55조}$), 피청구인은 해당 정당이다($^{법 제55}_{조, 57조}$). 정당해산심판 역시 대립적 소송구조로 되어 있다. 이에 따라, 심리의 방식으로 구두변론을 원칙으로 한다($^{법 제}_{30조}$).

(4) 권한쟁의심판에서, 청구인은 국가기관 또는 지방자치단체이고($^{법 제61}_{조 제1항}$), 피청구인은 청구인의 권한을 침해한 국가기관이나 지방자치단체이다($^{법 제61조 제}_{2항, 제62조}$). 대립적 소송구조로 인하여 심리의 방식은 구두변론을 원칙으로 한다($^{법 제}_{30조}$).

(5) 법 제68조 제1항에 의한 헌법소원심판에서, 청구인은 공권력의 행사 또는 불행사로 인하여 헌법상 보장된 기본권을 침해받은 자이다($^{법 제68}_{조 제1항}$). 법령을 심판대상으로 하는 헌법소원심판의 경우 위헌법률심판과 마찬가지로 피청구인으로서 헌법소원의 상대방은 존재하지 않는 것으로 보는 반면, 그 밖의 공권력의 행사 또는 불행사를 다투는 헌법소원심판의 경우에는 피청구인의 존재를 상정할 수 있다($^{법 제75조}_{제4항 참조}$).

(6) 법 제68조 제2항에 의한 헌법소원심판에서, 청구인은 위헌제청신청을 했던 신청인이다($^{법 제68}_{조 제2항}$). 그러나 피청구인은 위헌법률심판과 마찬가지로 존재하지 않는다.

---

1) 독일의 경우에도 제청법원이나 당해사건의 당사자를 당사자로 보고 있지 않다.
2) 이론상으로는 법률을 제정한 입법자가 상대방이 된다고 볼 수도 있으나, 국회의원 또는 정부의 법률안제출, 국회의 법률안에 대한 심의·의결, 대통령의 공포 등 일련의 법률제정절차를 거쳐 확정·시행된 법률의 경우 피청구인을 특정하는 것의 어려움이 있다.

나. 당사자의 권리

헌법재판의 당사자는 심판절차에 참여할 권리를 가진다. 당사자는 심판절차에서 자기의 이익을 옹호하기 위하여 필요한 소송법상의 권리, 예컨대 청구서 또는 답변서를 제출하고 심판결정의 송달을 받을 권리, 기일의 소환(출석요구)을 받을 권리, 기일지정의 신청권, 제척·기피신청권, 변론 시 진술을 하거나 대립적인 변론의 주체로서 절차에 참여할 권리, 질문권 등을 갖는다(법 제24조, 제27조, 제28조, 제29조. 제30조, 제36조 제4항 참조). 또한 증거조사를 신청할 수 있다(법 제31조 제1항).

2. 대표자·대리인

각종 심판절차에 있어서 정부가 당사자인 때에는 법무부장관이 이를 대표하며(법 제25조 제1항), 당사자인 국가기관 또는 지방자치단체는 변호사 또는 변호사의 자격이 있는 소속직원을 대리인으로 선임하여 심판을 수행하게 할 수 있다(법 제25조 제2항). 각종 심판절차에 있어서 당사자인 사인은 변호사를 대리인으로 선임하지 아니하면 심판청구를 하거나 심판수행을 하지 못한다. 다만, 그가 변호사의 자격이 있는 때에는 그러하지 아니하다(법 제25조 제3항). 이를 辯護士 强制主義라 하며, 주로 헌법소원심판에서 문제된다.[1]

변호사의 자격이 없는 사인인 청구인이 한 헌법소원 심판청구나 주장은 변호사인 대리인이 추인한 경우에 한하여 적법한 헌법소원심판청구와 심판수행으로서의 효력이 있다.[2] 한편, 변호사인 대리인에 의한 헌법소원심판청구가 있었다면, 그 이후 심리과정에서 대리인이 사임하고 다른 대리인을 선임하지 않았더라도, 청구인이 그 후 자기에게 유리한 진술을 할 기회를 스스로 포기한 것에 불과할 뿐, 헌법소원심판청구를 비롯하여 기왕의 대리인의 소송행위가 무효로 되는 것은 아니다.[3]

Ⅳ. 심판의 청구

1. 심판청구의 방식

헌법재판소에의 심판청구는 심판사항별로 정하여진 청구서를 헌법재판소에 제출함으로써 한다. 다만, 위헌법률심판에 있어서는 법원의 제청서, 탄핵심판에 있어서는 국회의 소추의결서의 정본으로 이에 갈음한다(법 제26조 제1항). 청구서에는 필요한 증거서류 또는 참고자료를 첨부할 수 있다(법 제26조 제2항).

2. 청구서의 송달

헌법재판소가 청구서를 접수한 때에는 지체 없이 그 등본을 피청구기관 또는 피청구인에게 송달하여야 한다(법 제27조 제1항). 위헌법률심판의 제청이 있은 때에는 법무부장관 및 당해 소송사건의 당사자에게 그 제청서의 등본을 송달한다(법 제27조 제2항).

---

1) 탄핵심판의 피청구인인 '탄핵소추 대상공직자'의 경우나 정당해산심판의 피청구인인 '정당'에 대해서도 변호사강제주의가 적용되는지에 관하여 학계에서 논란이 있다. 변호사강제주의가 재판청구권의 관점에서 헌법적으로 허용되기 위해서는 자력이 없는 당사자에게 재판청구권의 행사를 비로소 가능하게 하는 국선대리인제도와 결합되어야 한다는 점에서, 변호사강제주의는 국선대리인제도를 두고 있는 헌법소원심판에만 적용되는 것으로 보는 것이 타당하다.
2) 헌재 1992. 6. 26. 89헌마132, 판례집 4, 387, 398.
3) 헌재 1992. 4. 14. 91헌마156, 판례집 4, 216, 219.

3. 심판청구의 보정

재판장은 심판청구가 부적법하나 보정할 수 있다고 인정하는 경우에는 상당한 기간을 정하여 보정을 요구하여야 한다(법 제28조 제1항). 보정이 있는 때에는 처음부터 적법한 심판청구가 있은 것으로 본다(법 제28조 제3항). 제1항의 규정에 의한 보정기간은 제38조의 규정에 의한 심판기간에 이를 산입하지 아니한다(법 제28조 제4항).

4. 피청구인의 답변서 제출

청구서 또는 보정서면의 송달을 받은 피청구인은 헌법재판소에 심판청구의 취지와 이유에 대응하는 답변을 기재한 답변서를 제출할 수 있다(법 제29조).

V. 심리의 방식

1. 구두변론과 서면심리

탄핵심판·정당해산심판·권한쟁의심판의 경우 구두변론을 원칙으로 하고, 위헌법률심판 및 헌법소원심판의 경우 서면심리를 원칙으로 한다. 다만, 위헌법률심판 및 헌법소원심판의 경우, 사회적으로 파급효과가 큰 사건에서 재판의 진행상황을 당사자, 이해관계인 및 국민에게 알리기 위하여 또는 판단의 기초가 되는 사실관계를 규명하거나 전문지식을 가진 참고인의 진술을 청취하기 위하여 재판부의 재량에 따라 구두변론을 열어 당사자·이해관계인 기타 참고인의 진술을 들을 수 있다. 재판부가 변론을 열 때에는 기일을 정하고 당사자와 관계인을 소환하여야 한다(법 제30조). 심판의 변론은 심판정에서 행하며(법 제33조), 심판의 변론은 공개한다. 다만, 서면심리는 공개하지 아니한다(법 제34조 제1항).

2. 의견서의 제출

위헌법률심판사건이 접수되거나 법 제68조 제2항에 의한 헌법소원이 재판부에 심판회부된 때에는 당해 소송사건의 당사자 및 법무부장관은 헌법재판소에 법률의 위헌여부에 대한 의견서를 제출할 수 있다(법 제44조, 제74조 제2항). 법률이 심판의 대상인 경우 피청구인이 없기 때문에, 이해관계기관(법무부장관)이 의견서를 제출한다. 법 제68조 제1항에 의한 헌법소원심판절차에서 헌법소원심판에 이해관계가 있는 국가기관 또는 공공단체와 법무부장관은 헌법재판소에 그 심판에 관한 의견서를 제출할 수 있다(법 제74조 제1항).

3. 증거조사 및 자료제출요구 등

가. 증거조사

재판부는 사건의 심리를 위하여 필요하다고 인정하는 경우에는 당사자의 신청 또는 직권에 의하여 증거조사를 할 수 있다(법 제31조 제1항). 헌법재판은 법원의 민·형사 재판과는 달리 주관적인 권리구제절차에 그치는 것이 아니라, 객관적인 헌법질서를 보장하는 기능을 가진다. 이러한 점에서, 일반 재판과는 달리 헌법재판의 경우 직권에 의한 심리가 요청되는 정도가 크다. 그러므로 헌법재판소는 당사자가 주장하지 않은 사실도 직권으로 수집하여 재판의 기초로 삼을 수 있다. 재판장은 필요하다고 인정할 경우에는 재판관 중 1인을 지정하여 증거조사를 하게 할 수 있다(법 제31조 제2항).

나. 다른 국가기관에 대한 자료제출요구 등

재판부는 결정으로 다른 국가기관 또는 공공단체의 기관에 대하여 심판에 필요한 사실을 조회하거나, 기록의 송부나 자료의 제출을 요구할 수 있다. 다만, 재판·소추 또는 범죄수사가 진행중인 사건의 기록에 대하여는 송부를 요구할 수 없다(법 제32조).

Ⅵ. 評　議

1. 평의의 절차

실무상, 사건을 평의에 회부하고자 하는 주심재판관은 관련사건에 관한 평의요청서를 작성하여 각 재판관에게 배포한다. 평의에서는 먼저 주심재판관이 사건에 대한 검토내용을 요약하여 발표하고 평의를 진행한 후, 최종적으로 표결하는 '評決'을 하게 된다. 특정사안에 대해서 평결이 이루어지면 그 결과에 따라 주심재판관이 다수의견을 기초로 결정문 초안을 작성하는 것이 통례이다. 주심재판관이 소수의견을 낼 경우에는 다수의견의 재판관 중에서 결정문 초안 작성자가 지정된다. 평의는 공개하지 아니한다(법 제34조 제1항 단서).

2. 評決方式

가. 爭點別 평결방식

쟁점별 평결방식이란, 적법요건과 본안에 관한 문제를 쟁점별로 각각 표결하여 결론을 도출하는 방식을 말한다. 가령, 재판관 9인중 적법요건에 관하여 5인이 적법하다는 견해, 4인이 부적법하다는 견해를 표명하면, 심판청구는 적법한 것으로 간주되어 다음 단계로서 본안에 관하여 9인이 다 같이 판단하게 되는데, 여기서 예컨대 6인이 위헌의견, 3인이 합헌의견을 표명하는 경우, 위헌결정을 하게 된다.

나. 主文別 평결방식

주문별 평결방식이란, 적법요건이나 본안에 해당되는 문제들을 개개 쟁점별로 표결하지 않고 결론에 초점을 맞추어 전체적으로 표결하여 주문을 결정하는 방식을 말한다. 예컨대, 재판관 9인 중 5인이 위헌의견, 4인이 부적법하다는 견해를 밝히면, 합헌결정을 하게 된다.

헌법재판소의 실무례는 주문별 평결방식에 입각하여, 적법요건과 본안을 분리하여 평결하지 않고 전체적으로 평결하여 결론을 도출하고 있다.[1]

---

1) 헌재 1994. 6. 30. 92헌바23, 판례집 6-1, 592, 617-618, "5인의 위헌의견은 헌법재판의 합의방법에 관하여 쟁점별 합의를 하여야 한다는 이론을 펴고 있으나 헌법재판소는 발족 이래 오늘에 이르기까지 예외 없이 주문합의제를 취해 왔으므로 유독 이 사건에서 주문합의제를 쟁점별 합의제로 변경하여야 한다는 이유를 이해할 수 없고, 새삼 판례를 변경하여야 할 다른 사정이 생겼다고 판단되지 아니한다."

3. 여러 의견이 대립되는 경우 主文의 決定

> **사례** | 헌재 2009. 9. 24. 2008헌가25(제2차 야간 옥외집회금지 사건)
>
> 헌법재판소는 야간옥외집회를 금지하는 집시법규정이 심판의 대상이 된 사건에서, 평의결과 재판관의 의견이 5인의 '단순위헌의견'과 2인의 '잠정적용을 명하는 헌법불합치의견', 2인의 '합헌의견'으로 나뉘자, 결정주문으로서 '잠정적용을 명하는 헌법불합치결정'을 채택하였다. 이러한 결정주문이 타당한가?[1]

평의결과 관여재판관의 의견이 위헌, 헌법불합치, 한정위헌(한정합헌), 합헌 등으로 나뉘어져 하나의 의견만으로는 의결정족수를 충족시킬 수 없는 경우, 주문을 어떻게 결정할 것인가가 문제된다.

헌법재판소법은 이와 같이 결정주문에 관한 견해가 갈리는 경우에 대하여 해결책을 제시하고 있지 않으므로, 민사소송에 관한 법령의 준용을 규정하고 있는 제40조 제1항에 따라 법원조직법 제66조의 '합의에 관한 규정'을 준용하고 있다.[2] 법원조직법 제66조 제2항에 의하면, '수액'(數額)이나 '형량'(刑量)에 관하여 3설 이상이 나누어지고, 어느 견해도 그 자체로서는 과반수에 이르지 못한 경우에는 신청인(민사의 경우에는 원고, 형사의 경우에는 검사)에게 가장 유리한 견해를 가진 수에 순차로, 그다음으로 유리한 견해를 가진 수를 더하여 과반수에 이르게 된 때의 견해를 그 합의체의 견해로 하도록 하고 있다. 결국, 법원조직법 제66조 제2항은 산술적으로 계량화할 수 있는 '수액'이나 '형량'과 관련하여 합의체 구성원 견해의 공통분모를 찾는 방법을 제시하고 있는 것이다.

따라서 평의결과 결정주문에 관하여 견해가 갈리는 경우 공통의 결정주문을 찾는 작업은 관여 재판관이 공유하는 공통의 견해에 부합하는 결정주문, 즉 관여 재판관이 모두 동의할 수 있는 해결책을 발견하는 작업이다. 위 법률조항을 헌법재판에 적용하는 경우에는 이를 기계적으로 적용할 것이 아니라 위 법률조항의 기본취지를 파악하여 관여 재판관 견해의 공통분모를 찾는 작업이 이루어져야 한다. 헌법재판소도 종래 이러한 취지에 따라 결정주문을 채택하고 있다.[3]

---

1) 여기서 문제는 2인의 견해가 '단순불합치의견'이 아니라 '잠정적용을 명하는 헌법불합치의견'인 경우, 헌법재판소가 어떠한 결정주문을 채택해야 하는지에 관한 것이다. 즉, 단순위헌의견이 5인이고 잠정적용을 명하는 헌법불합치의견이 2인인 경우, 합의체의 공통적 견해에 '잠정적용의 부분'까지도 포함되는지의 문제가 제기되는 것이다. 위헌결정을 주문으로 택한 5인의 단순위헌의견은 '심판대상조항은 위헌적 법률조항으로서 헌법재판소가 위헌으로 확인한 이상 더 이상 적용되어서는 안 되고 법질서에서 제거되어야 한다'는 견해이다. 잠정적용을 명한 헌법불합치의견은 '심판대상조항은 위헌적 법률조항이나 당장 법질서에서 제거되는 것이 아니라 입법자의 입법개선시까지 형식적인 존속을 가능하게 해야 하며, 나아가 예외적으로 시한을 정하여 일정 기간 계속적용토록 해야 한다'는 견해이다. 그렇다면, 이 사건의 경우 단순위헌의견과 잠정적용을 명하는 헌법불합치의견이 공유하는 공통분모는 단지 심판대상조항의 위헌성 확인에 국한되는 것이다. 이 사건에서 위헌적 법률조항의 잠정적용은 5인의 위헌의견에 부합하지 않는다는 것은 명백하다. 따라서 이 사건에서 헌법재판소는 위헌적 법률조항의 적용중지를 전제로 하는 단순헌법불합치결정을 주문으로 채택하는 것이 타당하다.

2) 헌법재판소, 헌법재판실무제요 제1개정증보판, 2008, 63면 참조.

3) 가령, 헌재 1992. 2. 25. 89헌가104(군사기밀누설), 판례집 4, 64, 99, 헌법재판소는 관여재판관의 평의 결과가 단순합헌의견 3인, 한정합헌의견 5인, 전부위헌의견 1인으로 나타난 위헌법률심판 사건에서, "한정합헌의견(5)은 질적인 일부위헌의견이기 때문에 전부위헌의견(1)도 일부위헌의견의 범위 내에서는 한정합헌의 의견과 견해를 같이 한 것이라 할 것이므로 이를 합산하면 법 제23조 제2항 제1호 소정의 위헌결정정족수에 도달하였다고 할 것이며, 그것이 주문의 의견이 되는 것"이라고 하여 한정합헌으로 결정하였다. 또한, 헌재 1997. 7. 16. 95헌가6 등(동성동본금혼), 판례집 9-2, 1, 21, 단순위헌의견 5인, 헌법불합치의견 2인, 합헌의견 2인인 경우에, "단순위헌의견(5)이 다수의견이기는 하나 법 제23조 제2항 제1호에 규정된 '법률의 위헌결정'을 함에 필요한 심판정족수에 이르지 못하였으므로 헌법불합치의 결정을 선고하기로" 한다고 판시하였다.

Ⅶ. 終局決定

1. 결정서의 작성

재판부가 심리를 마친 때에는 종국결정을 한다(법 제36조 제1항). 종국결정을 할 때에는 결정서를 작성하고 심판에 관여한 재판관 전원이 이에 서명 · 날인하여야 한다(동조 제2항). 심판에 관여한 재판관은 결정서에 의견을 표시하여야 한다(동조 제3항). 따라서 소수의견을 피력한 재판관도 그 의견을 표시할 의무를 진다.

2. 終局決定의 선고와 송달

종국결정의 선고는 심판정에서 행한다. 다만, 헌법재판소장이 필요하다고 인정하는 경우에는 심판정 외의 장소에서 이를 할 수 있다(법 제33조). 종국결정의 선고는 공개한다(법 제34조 제1항). 종국결정이 선고되면 서기는 지체 없이 결정서 정본을 작성하여 이를 당사자에게 송달하여야 한다(법 제36조 제4항). 종국결정은 관보에 게재함으로써 이를 공시한다(동조 제5항).

3. 소수의견제도

가. 법적 근거

소수의견제도는 재판소의 평의내용 중 일부를 공개하는 것이기 때문에, 법률에 명시적인 규정이 있어야 한다. 법 제34조 제1항 단서조항에 의하면, 평의는 공개하지 아니한다고 하여 '評議의 秘密'을 규정하고 있다. 헌법재판소법은 제36조 제3항에서 "심판에 관여한 재판관은 결정서에 의견을 표시하여야 한다."고 규정하여, 소수의견을 낼 수 있는 근거조항을 마련하고 있다.[1]

나. 소수의견제도의 의미

(1) 소수의견제도는 헌법해석의 방법과 그 결론의 다양성에 관한 표현이라 할 수 있다. 소수의견제도는 심판대상에 관한 법적 관점을 가능하면 빠짐없이 포괄적으로 서술하는 데 기여한다. 헌법재판소는 소수의견을 통하여 가령, 재판관 사이에서 헌법해석에 관하여 상이한 견해가 존재한다는 것이나 재판관의 구성이나 사회현상의 변화에 따라 판례가 장차 변할 수 있다는 가능성을 표현할 수 있다.

물론, 일반국민의 시각에서는 헌법재판소의 결정이 소수의견으로 인하여 문제나 다툼이 있는 것으로 비추어질 수 있고, 이로써 헌법재판소결정의 권위 및 헌법재판에 대한 국민의 신뢰가 약화될 수 있다는 우려도 있다. 그러나 소수의견제도는 헌법적 문제에 관하여 여러 견해가 일응 타당할 수 있다는 인식에 기초하는 것으로, 다원적 · 개방적 사회에 부합하는 이러한 인식을 강화하고자 하는 것이다. 따라서 소수의견제도를 채택한 것은 이러한 인식이 보다 중요하다는 판단의 결과이다.

(2) 소수의견을 허용하지 않는 경우에는, 다수의견이 소수의견을 함께 포용하고자 시도함으로서 다수의견의 내용이 타협적 성격을 띠게 되고, 이로써 결정이유가 그 논리에 있어서 모순되거나 명확하지 않을 수 있다. 소수의견제도란 결정의 타당성을 놓고 여러 의견이 일반국민 앞에서 공개적으로

---

1) 대통령 (노무현) 탄핵 사건에서 구법 조항의 해석의 문제가 발생하여, 2005. 7. 29. 현재의 형태로 개정되었다.

경쟁하는 제도를 의미하므로, 비판적인 소수의견의 존재로 인하여 다수의견이 자신의 견해를 보다 설득력 있게 논증해야 할 동기와 자극을 부여받게 된다.

한편, 소수의견은 평의에서 합의에 도달하려는 모든 노력, 토론을 통하여 상대방을 설득하려는 모든 가능성을 소진한 후에 비로소 고려되는 수단이다. 진지하고 충분한 토론과 설득이라는 사전적 노력 없이 작성되는 소수의견은 토론과정을 통하여 여과되지 않은 재판관 개인의 독자적 견해에 지나지 않거나 자신을 부각시키기 위한 수단으로 남용될 우려가 있다.

VIII. 결정의 효력

헌법재판소의 결정은 확정력, 모든 국가기관에 대한 기속력 및 일반국민에 대한 법규적 효력을 가진다.

1. 確定力

헌법재판소법에는 확정력에 관한 명문의 규정은 없으나, 제39조에서 "헌법재판소는 이미 심판을 거친 동일한 사건에 대하여는 다시 심판할 수 없다."고 규정하고 있고, 헌법재판소의 심판절차에는 일반적으로 민사소송에 관한 법리가 준용된다는 점을 고려한다면($\frac{제40조}{제1항}$), 헌법재판소 결정에도 법원의 판결과 마찬가지로 형식적·실체적 확정력이 발생한다.[1] 이로써 헌법재판소결정은 더 이상 변경되거나 다툴 수 없고, 당해심판을 넘어서 후행 심판에서도 당사자를 구속한다. 결정의 확정력은 주관적 측면에서는 단지 당해심판 당사자에만 미치고, 객관적 측면에서는 결정주문에서 표현되는 '심판대상에 관한 결정'에만 미친다. 소송법상 확정력에는 불가변력, 불가쟁력, 기판력이 있는데, 이를 구체적으로 살펴보면 다음과 같다.

가. 불가변력(不可變力)

헌법재판소는 결정이 선고되면 동일한 심판에서 자신이 내린 결정을 더 이상 취소하거나 변경할 수 없다. 동일한 심판에서 헌법재판소는 자신이 내린 결정에 구속된다. 이로써 불가변력은 당해심판에서 헌법재판소 자신과의 관계에서 확정력을 의미한다.

나. 불가쟁력(不可爭力)

헌법재판소의 결정에 대해서는 더 이상 상급심이 존재하지 않기 때문에 결정의 선고와 더불어 불가쟁력이 발생하고, 이로써 당사자는 헌법재판소의 결정에 대하여 불복신청을 할 수 없다. 불가쟁력은 당해심판에서 당사자와의 관계에서 形式的 確定力을 말한다.

다. 기판력(旣判力)

재판에 형식적 확정력이 발생하면 당사자는 확정된 당해 심판은 물론이고 후행 심판에서 동일한 사항에 대하여 다시 심판을 청구하지 못하고, 헌법재판소도 확정재판의 판단내용에 구속되는데, 이를 기판력이라 한다. 기판력은 후행 심판에서 당사자 및 헌법재판소를 구속하는 實體的 確定力을 의미한다.

---

1) 이하 헌법재판소, 헌법재판실무제요(제1개정판), 2003, 57면 이하 참조.

2. 국가기관에 대한 覊束力

사례 | 헌재 2008. 10. 30. 2006헌마1098(제3차 안마사자격 사건)

헌법재판소는 헌재 2006. 5. 25. 2003헌마715 사건에서 시각장애인에 한하여 안마사 자격인정을 받을 수 있도록 하는 '안마사에 관한 규칙' 조항의 비맹제외기준(非盲除外基準)이 법률유보원칙이나 과잉금지원칙에 위배하여 일반인의 직업선택의 자유를 침해한다는 이유로 위헌으로 선언하였다. 그러나 국회는 2006. 9. 27. 시각장애인만 안마사자격을 취득할 수 있도록 의료법조항을 개정함으로써 비맹제외기준을 그대로 유지하였다. 결국, 안마사자격에 관하여 입법내용은 전혀 바꾸지 아니한 채, 입법형식만 부령에서 법률로 바꾼 것이었다. 그 결과, 개정된 의료법조항에 대하여 다시 헌법소원이 제기되었다. 개정된 의료법조항은 종전에 헌법재판소가 선고한 위헌결정의 기속력에 저촉되는 것인가?[1]

가. 법적 근거 및 의미

헌법재판소의 특별한 지위는, 원칙적으로 당사자 사이에만 미치는 법원 판결의 기판력을 넘어 모든 국가기관을 구속하는 위헌결정의 기속력에서도 나타난다. 헌법재판소법은 결정의 효력을 확대하기 위하여 모든 국가기관이 헌법재판소 위헌결정에 구속된다는 것을 규정하고 있다. 법 제47조 제1항은 위헌법률심판절차에서의 위헌결정의 효력에 관하여 "법률의 위헌결정은 법원 기타 국가기관 및 지방자치단체를 기속한다."고 규정하고 있으며, 이와 유사하게 법 제75조 제1항은 "헌법소원의 인용결정은 모든 국가기관과 지방자치단체를 기속한다."고 규정하고 있다. 또한, 법 제68조 제2항의 헌법소원을 인용하는 경우에는 제47조의 규정을 준용하도록 규정하고 있다(법 제75조 제6항).

위 헌법재판소법 규정들은 법원과 행정청을 비롯한 모든 국가기관을 헌법재판소의 위헌결정에 기속시킴으로써 헌법재판소결정의 旣判力의 人的 範圍를 확대하고 있다. 헌법재판소결정의 기속력의 범위가 이와 같이 모든 국가기관에 대하여 확장된다는 점에서, 원칙적으로 소송절차의 당사자들에게만 효력이 미치는 법원의 판결에 대한 '기판력'과 구분된다. 헌법재판소결정의 효력을 강화하는 기속력은 헌법재판절차에서만 인정되는 독자적인 것이다.

나. 기속력의 범위

(1) 주관적 범위(人的 범위)

법 제47조 제1항, 제67조 제1항 및 제75조 제1항에 의하면, 헌법재판소 결정의 기속력이 미치는

---

[1] 헌법재판소는 이 사건에서 위헌결정이 입법자에 대한 기속력을 가지는지, 결정이유도 기속력을 가지는지에 관하여 판단을 회피하면서, 결정이유의 기속력이 인정되기 위해서는 위헌정족수에 필요한 6인 이상의 의견이 있어야 한다는 것만 확인하였다. 헌재 2008. 10. 30. 2006헌마1098, 판례집 20-2상, 1089, 1090, "헌법재판소법 제47조 제1항 및 제75조 제1항에 규정된 법률의 위헌결정 및 헌법소원 인용결정의 기속력과 관련하여, 입법자인 국회에게 기속력이 미치는지 여부, 나아가 결정주문뿐 아니라 결정이유에까지 기속력을 인정할지 여부는 헌법재판소의 헌법재판권 내지 사법권의 범위와 한계, 국회의 입법권의 범위와 한계 등을 고려하여 신중하게 접근할 필요가 있다. 설령 결정이유에까지 기속력을 인정한다고 하더라도, 결정주문을 뒷받침하는 결정이유에 대하여 적어도 위헌결정의 정족수인 재판관 6인 이상의 찬성이 있어야 할 것이고(헌법 제113조 제1항 및 헌법재판소법 제23조 제2항 참조), 이에 미달할 경우에는 결정이유에 대하여 기속력을 인정할 여지가 없는데, 헌법재판소가 2006. 5. 25. '안마사에 관한 규칙' 제3조 제1항 제1호와 제2호 중 각 '앞을 보지 못하는' 부분에 대하여 위헌으로 결정한 2003헌마715 등 사건의 경우 그 결정이유에서 비맹제외기준이 과잉금지원칙에 위반한다는 점과 관련하여서는 재판관 5인만이 찬성하였을 뿐이므로 위 과잉금지원칙 위반의 점에 대하여 기속력이 인정될 여지가 없다."

범위는 "법원 기타 국가기관 및 지방자치단체"이다. 기속력은 단지 공권력의 주체에 대해서만 효력을 가지며, 일반국민에 미치는 對世的 效力 또는 일반적 효력은 없다.

(2) 객관적 범위(內容的 범위)

헌법재판소 결정의 효력이 심판대상에 관한 결정인 결정주문에 미친다는 것은 의문의 여지가 없다. 여기서 헌법재판소결정의 기속력과 관련하여 제기되는 문제는 '결정의 기속력이 결정의 주문에만 한정되는지 아니면 決定理由에도 미치는지'의 문제이다.

(가) 결정의 기속력이 결정이유에까지 미치는지의 여부

헌법재판소는 이에 관하여 아직 명시적으로 자신의 견해를 밝힌 바 없고,[1] 한국과 독일의 학계에서도 결정의 기속력이 결정이유에까지 미치는지의 여부에 관하여 긍정설과 부정설로 나뉘어 있다.[2]

한편, 독일 연방헌법재판소는 그의 확립된 판례에 따라, 헌법재판소결정의 기속력은 결정주문뿐만 아니라 결정이유에도 미치는 것으로 판단하고 있다. 물론, 이 경우에도 연방헌법재판소가 그 결정이유에서 설시한 모든 내용이 기속력을 가지는 것이 아니라, 단지 '헌법해석과 관련되고 결정주문의 이론적 기초를 구성하는 중요한 결정이유'(소위 핵심적 결정이유)만이 기속력을 가진다고 한다.[3] 헌법재판소가 담당하는 헌법재판의 의미, 최종적인 헌법해석권자이자 헌법의 수호자로서의 헌법재판소의 기능 등을 고려할 때, 헌법재판소는 헌법해석에 관한 자신의 견해가 입법자를 포함한 모든 국가기관에 대하여 구속력을 가지고 그들에 의하여 존중될 것을 요청할 수 있으며, 이에 따라 헌법재판소결정의 기속력이 미치는 범위에는 결정주문뿐만 아니라 결정이유 중에서 '결정주문에 이르게 된 이론적 바탕으로서의 중요한 헌법해석에 관한 내용'도 포함된다고 보아야 한다는 것이 연방헌법재판소의 견해이다.

이에 대하여, 기속력의 범위를 결정이유에까지 확대하는 경우에는 헌법재판소가 헌법의 내용을 구속력을 가지고 확정하고 발전시키게 됨으로써 헌법재판에 의하여 구체화되는 헌법의 경직성과 化石化를 가져올 위험이 있다는 비판이 제기되고 있다. 다른 국가기관이 헌법재판소에 의한 헌법해석의 구속을 받는다는 것은 헌법해석에 관한 법원의 이의제기를 허용하지 않기 때문에 헌법의 개방성에 반하며, 헌법재판소가 헌법의 구체화를 통하여 헌법의 내용을 구속력을 가지고 확정함에 따라 점차 입법자의 형성공간을 제한한다는 것이다.

(나) 헌법재판소결정 및 결정이유의 사실상의 기속력

설사 헌법재판소법이 다른 국가기관에 대한 헌법재판소결정의 기속력을 규정하고 있지 않다 하더라도, 헌법재판소결정은 다른 국가기관에 대하여 사실상의 기속력을 발휘한다. 법원의 권리구제절차에서 대법원의 판결은 하급심을 법적으로 구속하지는 않지만 하급심 법원이 대법원의 판례를 존중하고 따르는 것과 마찬가지로, 다른 국가기관은 헌법재판소 결정이유에서 판시한 내용을 자발적으로

---

1) 헌재 2008. 10. 30. 2006헌마1098(의료법상의 비맹제외기준), 판례집 20-2상, 1089, 1090.
2) 헌법재판실무제요 제1개정판, 2003, 헌법재판소, 60면 참조.
3) 심판대상에 관한 헌법적 판단과 내용적으로 직접적인 관계가 없는 부수적 의견(obiter dictum)에 대해서는 기속력이 미치지 않는다는 것이 일치된 견해이다. 이러한 연방헌법재판소의 입장에 대해서는 결정주문의 기초가 되는 중요한 결정이유와 그 외의 결정이유를 거의 구분할 수 없다는 반론이 제기되고 있다. 이에 대하여, 결정의 결과를 논증하는 연관관계에서 결정이유를 제외한다면 결정주문을 이해할 수 없는 경우에만 결정이유가 구속력을 가진다고 이해한다면, 그 구분이 불가능한 것은 아니라는 주장이 대치하고 있다.

따르고 있다. 법률이나 판결이 헌법재판의 대상이 되는 것을 피하기 위하여, 헌법재판소의 결정이유가 핵심적 또는 부수적 이유에 해당하는지와 관계없이, 입법자와 법원은 결정이유에서 드러난 헌법재판소의 견해를 가능하면 충실하게 따르고자 하는 경향을 엿볼 수 있다. 이러한 점에서, 기속력이 미치는 범위에 관한 논의는 현실적으로는 큰 의미를 가지지 않는 것으로 보인다.[1]

다. 기속력의 내용

(1) 決定遵守義務와 反復禁止義務

헌법재판소결정의 기속력에 따라 모든 국가기관이 헌법재판소의 결정을 존중해야 하며, 그들이 장래에 어떤 처분이나 결정을 할 때에는 헌법재판소의 결정을 따라야 한다(결정준수의무).[2] 또한, 기속력은 모든 국가기관에 대하여 동일한 이유에 근거하여 헌법재판소결정의 심판대상과 동일내용의 공권력의 행사 또는 불행사를 금지한다(반복금지의무).

(2) 헌법재판소에 대한 기속력

결정의 기속력은 한 번 채택한 '헌법해석의 化石化'를 의미하는 것은 아니다. 헌법재판소는 자신의 법적 견해에 스스로 구속을 받는 것은 아니며, 헌법재판소가 판시한 헌법해석에 관한 의견을 변경할 수 있다고 하는 것은 법 제23조 제2항 제2호에서도 명시적으로 규정하고 있다. 헌법재판소는 자신의 법적 견해를 새로운 인식과 사회현상의 변화에 적응시킬 수 있도록, 장래의 발전에 대하여 개방적이어야 한다.

그럼에도 헌법재판소가 종래의 견해로부터 벗어나는 것은 언제나 특별한 정당성을 필요로 한다. 즉, 종래의 판례가 유지될 것을 요청하는 법적 안정성과 지속성의 관점 및 과거에 이미 결정된 사건과 장래의 사건에 대하여 동등한 취급을 요청하는 관점보다도 판례의 변경을 요청하는 사유가 중대해야 한다.

(3) 법원에 대한 기속력

또한, 법원의 위헌제청의 요건도 위와 동일한 관점에서 판단되어야 한다. 위헌결정뿐만 아니라 합헌결정에 대해서도 결정의 기속력을 인정한다면, 언제 법원이 헌법재판소에 의하여 합헌으로 확인된 법률에 대하여 다시 위헌제청을 할 수 있는지의 문제가 제기된다.

여기서도 법원의 새로운 위헌제청이 사회현상의 변화로 인한 새로운 사실에 기인한다면, 위헌제청은 허용되는 것으로 보아야 한다. 사회현상의 변화에 따라 새로운 위헌제청이 가능해야만, 시대의 흐름을 외면하는 헌법재판소 판례의 化石化를 방지할 수 있다. 뿐만 아니라, 헌법재판소의 판례를 벗어나는 법원의 견해가 새로운 사실이나 법적 견해의 근본적인 변화에 기초하고 있다면, 헌법재판소는 법원의 판결에 의해서도 자신의 법적 견해를 검토할 수 있는 계기를 부여받아야 한다. 물론, 제청법원은 '종래의 합헌결정의 법리에 비추어 보더라도, 그 사이 발생한 변화로 인하여 헌법재판소가 종전과 다른 결정을 내릴 수 있다'는 것을 소명해야 한다.

---

[1] 헌법재판소의 강력함은 일관성 있는 판례의 합리적인 논증과 예측성, 결정내용의 설득력과 국민과 국가기관에 의한 수용의 정도 및 이에 결부된 사실상의 권위에 기초하는 것이다. 헌법재판소 지위의 강력함은 다른 국가기관과 국민으로부터 강요할 수 있는 성질의 것이 아니라 결정의 설득력을 통하여 스스로 획득하는 것이다.

[2] 헌법재판소, 헌법재판실무제요(제1개정판), 2003, 58면 이하 참조.

(4) 입법자에 대한 기속력

헌법재판소가 법률에 대하여 위헌결정을 한 경우 입법자가 위헌으로 선언된 법률과 동일한 내용의 법률을 다시 제정할 수 있는지(同一規範 反復禁止)의 문제가 제기된다.

(가) 同一規範 反復制定의 필요성

헌법재판소 결정의 기속력이 헌법해석에 관한 중요한 결정이유를 포함한다 하더라도, 헌법재판소의 헌법해석은 입법자를 절대적으로 구속하는 것은 아니다. 여기서 무엇보다도 고려되어야 하는 것은, 사회현상과 법인식의 변화로 인하여 과거에 위헌이었던 법률이 장래에는 합헌일 가능성을 배제할 수 없다는 점이다. 사회현상의 변화는 법인식의 변화를 초래할 수 있다.[1]

만일, 헌법재판소에 의하여 일단 한번 위헌으로 확인된 법률의 경우에는 다시 동일한 내용의 법률이 제정될 수 없다면, 입법자에게는 새로운 사회현상에 부합하는 입법을 할 수 있는 가능성이 원천적으로 봉쇄된다. 이로써 헌법재판소는 사회현상의 근본적인 변화에도 불구하고 자신이 한 번 내린 결정을 다시는 수정할 수 없다는 미궁에 빠지게 된다. 또한, 입법자가 동일한 규범을 반복하여 제정할 수 있는 경우에만, 헌법재판소는 자신의 '잘못된' 결정을 바로 잡을 수 있는 기회를 가진다.[2]

따라서 이미 위헌으로 선언된 법률의 경우에도 입법자가 동일한 내용의 법률을 다시 제정할 수 있는 가능성을 가져야만, 헌법재판소는 헌법소원심판의 청구나 위헌제청의 형태로 새로운 규범의 위헌성에 대한 판단이 가능하게 되고, 이러한 방법을 통해서만 사회현상의 변화에 따라 자신의 결정을 수정할 수 있게 된다.

(나) 입법자에 대한 상대적 기속성

헌법재판소는 헌법해석의 독점권을 가지고 있는 것은 아니며, 입법자도 새로운 인식과 사회현상에 부응하여 새롭게 헌법해석을 할 수 있는 가능성을 가져야 한다. 따라서 입법자는 새로운 입법을 통하여 헌법재판소와는 다른 헌법해석에 관한 견해를 표현할 수 있고, 심지어 위헌으로 선언된 법률과 내용적으로 동일한 법률을 새로 제정할 수 있는 가능성을 가져야 한다.[3]

물론, 동일한 내용의 규범을 반복적으로 제정하는 것은 특별한 이유를 필요로 한다. 입법자가 헌법재판소의 헌법해석으로부터 벗어나기 위해서는, 충분히 설득력이 있고 납득할만한 이유가 존재해야 한다. 무엇보다도 이러한 이유에 해당하는 것은 헌법적 판단에서 중요한 사실적·법적 관계의 근본적인 변화 및 법적 견해의 본질적 변화이다.

이러한 점에서 본다면, 입법자는 법 제47조 제1항 및 제75조 제1항의 규정에도 불구하고 헌법재판소의 결정에 단지 상대적으로만 구속된다. 입법자는 헌법상 헌법재판소에 부여된 헌법재판권과 '헌법기관 상호간의 존중의무'에 근거하여 원칙적으로 헌법재판소의 결정을 존중해야 할 의무가 있다. 상호간의 존중의무는 헌법재판소의 결정이 있은 후 얼마 지나지 않아 근본적인 법적·사실적 변화가 존재하지 않음에도 다시 동일한 내용의 규범을 제정하는 것을 금지한다.[4] 입법자에게 동일규범

1) BVerfGE 77, 84, 104, "헌법재판소의 결정도 영원한 가치를 가질 수 없고, 특정 사회적 상황이나 법인식의 구속을 받는 한시적 결정이다. 헌법재판소의 결정이 기초한 상황은 변할 수 있고, 또한 근본적인 법인식도 변할 수 있다. 이러한 점에서 헌법재판소의 결정은 어느 정도 상황의 유보 하에 있다."
2) BVerfGE 77, 84, 103.
3) BVerfGE 77, 84, 103f., 독일연방헌법재판소는 동일규범의 반복제정금지를 부인하였다.
4) 헌법재판소 위헌결정의 중요 결정이유가 입법자에 대한 상대적 기속력을 가진다는 전제에 선다면, 헌재 2008. 10.

반복금지의 의무를 인정한다면, 이는 '동일한 이유에 근거하여' 동일한 내용의 법률을 제정하는 경우에 한정된 것이다.

라. 결정유형에 따른 기속력

(1) 위헌결정

헌법재판소가 어떤 법률을 위헌으로 결정한 경우, 그 위헌결정에 대하여 기속력이 부여된다. 위헌으로 결정된 법률은 별도의 절차 없이 효력을 상실하기 때문에, 그 법률에 근거한 어떠한 행위도 할 수 없다.

따라서 이미 위헌결정이 선고된 법률조항에 대한 위헌법률심판제청은 기속력에 위반되어 부적법하다. 위헌제청 이후 다른 사건에서 위헌결정을 하는 경우, 위헌으로 결정된 법률은 심판의 대상이 될 수 없어 부적법하다. 위헌결정이 선고된 법률조항에 대한 헌법소원심판청구는 비록 위헌결정이 선고되기 이전에 심판청구된 것이라 하더라도, 더 이상 심판의 대상이 될 수 없으므로 부적법하다.

(2) 합헌결정

헌법재판소법 제47조 제1항에 의하면, "법률의 위헌결정은 법원 기타 국가기관 및 지방자치단체를 기속한다."고 규정하고 있기 때문에, 합헌결정에도 기속력이 인정되는지에 관하여는 논란이 있다. 헌법재판소는 이미 합헌으로 선언된 법령조항에 대하여 이를 달리 판단해야 할 사정변경이 있다고 인정되지 아니한 경우에는, 다시 합헌결정을 하고 있다.

3. 對世的 · 一般的 效力(法規的 效力)

헌법재판소결정의 대세적 효력 또는 법규적 효력이란, 국가기관에 대해서만 가지는 기속력의 주관적(인적) 범위를 넘어서 일반사인에 대해서도 미치는 일반적 효력을 말한다. 이에 따라, 헌법재판소의 결정은 당해사건의 당사자뿐 아니라 다른 모든 사람을 구속하고, 그 결과 일반국민은 헌법재판소에 의하여 위헌으로 선언된 법규범에 더 이상 구속을 받지 않는다. 법규적 효력의 의미는 단지 국가기관에 대해서만 미치는 결정의 기속력을 모든 국민에 대하여 확대하는 것에 있다. 그러므로 결정의 기속력을 국민에 대해서도 확대하기 위해서는 결정주문을 관보에 공포하는 것이 필수적이다.

독일의 경우, 규범통제절차와 헌법소원절차에서 헌법재판소가 법률의 위헌여부를 판단하는 경우 연방헌법재판소의 결정(合憲決定 및 違憲決定)은 법률적 효력(Gesetzeskraft)을 가진다고 명시적으로 규정하고 있다(연방헌법재판소 법 제31조 제2항). '결정주문'이 관보에 공포된다고 규정하고 있기 때문에, 결정이유가 아니라 단지 결정주문만이 법률적 효력을 가진다.

한편, 우리의 경우 결정의 법규적 효력에 관한 명시적인 규정은 없으나, 법규적 효력은 違憲決定으로 인하여 법률이 효력을 상실하는 경우에 원칙적으로 발생하는 효과라고 할 수 있다. 위헌결정에 의하여 법률의 효력이 상실된다면, 그 법률은 당연히 모든 사람과의 관계에서 무효가 되기 때문이다.

---

30. 2006헌마1098(의료법상의 비맹제외기준) 사건의 심판대상이 된 의료법조항은 헌법재판소결정의 기속력에 반하는 반복입법에 해당할 것이다. 헌법재판소가 결정이유에 기속력을 인정하기 위하여 위헌정족수에 필요한 6인 이상을 요구한 것은 문제가 있다. 가령, 재판관 6인 이상이 위헌의견에 가담함으로써 위헌결정에 이르렀으나, 구체적인 위헌이유에 있어서 과잉금지원칙위반에 관하여 그중 5인이 가담하고 법률유보원칙위반에 관하여 그중 또 다른 5인이 가담하는 경우에는 헌법재판소의 결정은 위헌결정이지만 그 위헌결정을 지탱하는 결정이유는 존재하지 않는다는 이율배반적인 결과에 이른다.

법 제47조 제2항은 '위헌으로 결정된 법률은 효력을 상실한다'고 규정함으로써 위헌결정의 일반적 효력을 간접적으로 표현하고 있다.

4. 재심의 허용여부

헌법재판소법은 재심의 허용여부에 관하여 별도의 명문규정을 두고 있지 않다. 재심의 허용여부 및 허용의 정도는 심판절차의 종류에 따라 개별적으로 판단해야 한다.

가. 법 제68조 제2항의 규범통제형 헌법소원심판

헌법재판소는 위헌법률심판을 구하는 헌법소원 사건에서는 재심을 허용하지 아니함으로써 얻을 수 있는 '법적 안정성의 이익'이 재심을 허용함으로써 얻을 수 있는 '구체적 타당성의 이익'보다 훨씬 높다고 판단하여 재심에 의한 불복방법은 허용될 수 없다고 보고 있다.[1]

나. 법 제68조 제1항의 권리구제형 헌법소원심판

법 제68조 제1항에 의한 헌법소원 중 행정작용에 속하는 공권력작용을 대상으로 하는 헌법소원의 경우(가령, 불기소처분 취소), 헌법재판소결정에 대해서는 청구인이 주장한 사실에 대하여 판단하지 않은 민사소송법상의 판단유탈은 재심사유가 되지 않는다고 판시하였으나,[2] 그 후 판례를 변경하여, '헌법재판소의 결정에 영향을 미칠 중대한 사항에 관하여 판단을 유탈한 때'를 재심사유로 인정하였다.[3]

IX. 심판비용과 심판기간

1. 심판비용

헌법재판소의 심판비용은 원칙적으로 국가부담으로 한다(법 제37조 제1항 본문). 따라서 청구서나 준비서면 등에 인지를 첨부하지 않는다. 다만, 당사자의 신청에 의한 증거조사의 비용은 헌법재판소규칙이 정하는 바에 따라 그 신청인에게 부담시킬 수 있다(법 제37조 제1항 단서).

헌법재판소법은 무분별한 헌법소원심판청구와 권리의 남용을 방지하기 위하여 공탁금제도를 규정하고 있다. 헌법재판소는 헌법소원심판의 청구인에 대하여 헌법재판소규칙으로 정하는 공탁금의 납부를 명할 수 있으며, '헌법소원의 심판청구를 각하할 경우' 또는 '헌법소원의 심판청구를 기각하는 경우에 그 심판청구가 권리의 남용이라고 인정되는 경우'에는 헌법재판소규칙이 정하는 바에 따라 공탁금의 전부 또는 일부의 국고귀속을 명할 수 있다(법 제37조 제2항 및 제3항).[4]

2. 심판기간

헌법재판소는 심판사건을 접수한 날로부터 180일 이내에 종국결정의 선고를 하여야 한다. 다만, 재판관의 궐위로 7인의 출석이 불가능한 때에는 그 궐위된 기간은 심판기간에 이를 산입하지 아니한다(법 제38조). 또한, 재판장의 보정명령이 있을 경우 그 보정기간은 위 심판기간에 산입되지 아니한다

---

1) 헌재 1992. 6. 26. 90헌아1, 판례집 4, 378, 384-385.
2) 헌재 1995. 1. 20. 93헌아1, 판례집 7-1, 113, 121.
3) 헌재 2001. 9. 27. 2001헌아3, 판례집 13-2, 457, 460.
4) 그러나 증거조사의 비용부담, 공탁금의 납부 및 국고귀속에 관한 헌법재판소의 규칙은 아직 제정되어 있지 않다.

(법 제28조 제4항).
(법 제72조 제5항).

사건을 180일 이내에 처리하는 것이 현실적으로 불가능한 경우가 대부분이고, 심판기간 규정이 강행규정이라면 이행을 강제하는 별도의 제재규정이 있어야 하는데 이러한 규정이 없다는 점에서, 법 제38조는 훈시규정으로 간주된다.[1]

제 3 절   憲法裁判所의 權限

제1항 槪   論[2]

Ⅰ. 헌법재판제도와 헌법재판소의 권한

헌법재판의 목적이 헌법을 유지하고 관철하고자 하는 것이라면, 즉 모든 국가기관을 기속하는 헌법의 규범력을 사법절차를 통하여 확보하고자 하는 것이라면, 헌법재판제도는 이러한 목적을 실현할 수 있도록 규정되어야 한다.

그러나 다른 한편으로는 헌법재판제도에 있어서 필수적으로 존재해야 하는 헌법재판 대상의 특정한 범위는 없으며, 이로써 헌법재판제도를 도입한다면 필수적으로 인정되어야 하는 헌법재판기관의 특정한 관할이나 권한도 없다. 비교법적으로 보더라도, 설사 다수의 국가에서 일부 영역과 관련하여 공통점을 발견할 수 있다 할지라도, 헌법재판기관의 권한은 각 나라마다 실정법에 의하여 매우 상이하게 형성되어 있다. 따라서 헌법재판제도의 성격으로부터 특정한 결론을 도출하거나 헌법재판의 특정한 관할을 그 본질상 요청되는 것으로 또는 가장 이상적인 것으로 이끌어 내는 것은 가능하지도 않고 또한 바람직하지도 않다.

Ⅱ. 歷代 憲法에서 헌법재판기관의 구성과 관할

1. 1948년 헌법은 헌법재판기관으로 법원으로부터 독립한 憲法委員會를 설치하여 법관의 위헌제청에 의한 법률의 위헌여부심판을 헌법위원회의 관할로 하고(헌법 제81조), 헌법위원회와는 별도의 헌법재판기관인 彈劾裁判所로 하여금 탄핵심판을 다루게 하였다(헌법 제47조).

2. 1960년 헌법은 종래의 헌법위원회와 탄핵재판소를 폐지하고 단일의 憲法裁判所를 설치하여 법률의 위헌여부심사, 헌법에 관한 최종적인 해석, 국가기관간의 권한쟁의심판, 정당해산심판, 탄핵심판, 대통령·대법원장·대법관의 선거에 관한 소송을 헌법재판소의 관장사항으로 규정하였다(헌법 제83조의3).

---

1) 헌재 1999. 9. 16. 98헌마75(재판지연), [민사소송법 제184조가 훈시규정이라는 것에 관하여] 판례집 11-2, 364, 370, "민사소송법 제184조…의 판결선고기간을 직무상의 훈시규정으로 해석함이 법학계의 지배적 견해이고, 법원도 이에 따르고 있으므로, 위 기간 이후에 이루어진 판결의 선고가 위법으로 되는 것은 아니다. 따라서 피청구인은 민사소송법 제184조에서 정하는 기간 내에 판결을 선고하도록 노력해야 하겠지만, 이 기간 내에 반드시 판결을 선고해야 할 법률상의 의무가 발생한다고는 볼 수 없다."

2) 한수웅, 憲法裁判의 限界 및 審査基準, 憲法論叢 제8집(1997), 185면 이하 참조.

1960년 헌법이 채택한 헌법재판제도는 5·16 군사쿠데타로 인하여 출범도 하지 못한 채 사장되고 말았으나, 헌법재판의 본질적인 심판절차를 거의 망라하는 상당히 진보적인 것이었다.

3. 1962년 헌법은 1960년 헌법에서 채택했던 헌법재판소를 폐지하고, 법령 등의 위헌여부심사와 정당해산판결을 大法院의 관할로(헌법제102조), 탄핵심판을 彈劾審判委員會의 관할로(헌법제62조) 규정하였다.

4. 1972년 헌법은 憲法委員會를 다시 도입하여 법률의 위헌여부심판, 탄핵심판, 정당해산심판을 관장하게 하였다(헌법제109조).

5. 1980년 헌법에서도 1972년 헌법의 헌법재판제도를 그대로 이어받아 憲法委員會로 하여금 위와 동일한 심판절차를 맡게 하였다(헌법제112조).

6. 현행 1987년 헌법은 1960년 헌법 하에서 출범도 하지 못한 채 역사의 기억 속으로 사라진 憲法裁判所를 다시 부활시켜, 헌법재판소의 관할로서 종래 헌법재판기관들에게 인정되었던 위헌법률심판, 탄핵심판, 정당해산심판, 권한쟁의심판 외에 우리 헌법재판의 역사상 처음으로 헌법소원제도를 도입하였다(헌법제111조). 1987년 헌법은 종래의 헌법재판기관과는 달리 헌법재판소에 광범위한 관할과 권한을 부여함으로써 우리의 헌법사에 있어서나 비교법적으로 볼 때 강력한 헌법재판제도를 도입하였다.

III. 현행 헌법상 헌법재판소의 권한

1. 헌법재판소의 권한을 결정하는 2가지 요소

국가조직 내에서의 헌법재판소의 역할 및 헌법질서와 사회적·정치적 영역에 대한 영향력은 한편으로는 '헌법이 헌법재판소에 어떠한 관할과 권한을 부여하고 있는가'의 문제와 다른 한편으로는 '헌법재판소가 헌법상 부여받은 권한을 어떻게 행사하고 있는가'의 관점에 의하여 결정된다. 첫 번째의 관점은 헌법상 부여받은 법적인 권한의 문제이고, 두 번째 관점은 주어진 관할의 범위 내에서 헌법해석을 통하여 자신의 권한을 어느 정도로 확대하는가의 문제이며, 이는 곧 다른 국가권력, 특히 입법자에 대한 審査密度의 문제를 의미한다.

2. 현행 헌법상의 권한

헌법은 제111조 제1항에서 헌법재판소의 관장사항으로서 법원의 제청에 의한 위헌법률심판, 탄핵심판, 정당해산심판, 권한쟁의심판, 헌법소원심판을 규정함으로써 헌법재판소의 권한을 규정하고 있다. 헌법 제101조 제1항이 "사법권은 법관으로 구성된 법원에 속한다."고 하여 사법권을 포괄적으로 사법부에 귀속시키는 개괄주의에 입각하여 사법부의 관할을 규율하고 있는 것과는 달리, 헌법은 헌법재판소에게 관할을 포괄적으로 부여하지 아니하고 헌법 제111조 제1항에서 헌법재판소의 관장사항을 개별적으로 언급하는 열거주의를 채택하고 있다.

가. 헌법 제107조 및 제111조는 헌법재판소와 법원의 관할을 배분하는 규정이다. 헌법 제107조는 헌법 제111조와 함께 헌법재판소와 법원 사이의 헌법재판권의 배분에 관하여 중요한 표현을 담고 있으며, 특히 제111조 제1항에서 헌법재판소의 관장사항으로 언급하고 있는 위헌법률심판제도와 헌법소원심판제도를 구체화하는 규정이다.

헌법은 제107조에서 구체적 규범통제절차에서의 법률에 대한 위헌심사권과 집행부의 행위형식인 명령·규칙·처분에 대한 위헌심사권을 서로 분리하여 각각 헌법재판소와 대법원에 귀속시키면서, 제111조 제1항 제5호에서 법률과 명령·규칙에 의하여 직접 기본권이 침해되는 경우에는 이에 대한 주관적 권리구제절차로서 헌법소원의 가능성을 열어 놓았다. 따라서 우리 헌법은 제107조 및 제111 조에서 원칙적으로 입법작용에 대한 헌법재판권을 헌법재판소에, 집행작용에 대한 헌법재판권을 법원에 각각 귀속시키고 있음을 확인할 수 있다. 이로써 우리 헌법은 헌법재판기관을 이원화하여 헌법의 수호 및 기본권의 보호가 헌법재판소만의 과제가 아니라 헌법재판소와 법원의 공동과제라는 것을 표현하고 있다.[1]

물론, 헌법 제107조 제2항의 해석에 관하여 논란이 있으나, 위 조항이 처분에 대한 최종적 심사권을 대법원에 부여하고 있으므로, 처분의 위헌성에 관하여 헌법재판소가 다시 헌법소원의 형태로 심사할 수 없다고 보아야 하고, 뿐만 아니라 처분의 위헌성에 대한 심사의 결과인 법원의 재판을 헌법소원의 대상으로 삼는 것은 허용되지 않는다고 보는 것이 타당하다. 그렇다면 헌법 제107조는 재판소원의 형태로 법원의 재판을 헌법재판소의 심사대상으로 삼는 것을 금지하거나 아니면 적어도 포괄적인 재판소원의 도입을 금지하는 헌법적 표현으로 보아야 할 것이다. 이러한 관점에서 본다면, 헌법재판소법 제68조 제1항에서 법원의 재판을 헌법소원의 대상에서 제외한 것은 헌법재판소와 법원의 헌법재판관할을 규정하는 헌법 제107조 및 제111조의 취지에 부합하는 입법이라 할 수 있으며, 반면에 재판소원을 도입하기 위해서는 헌법 제107조 제2항의 개정이 필수적임을 알 수 있다.

나. 헌법이 어느 정도로 개별심판절차를 구체화하고 있는지를 살펴보면, 위헌법률심판과 헌법소원심판은 위에서 서술한 바와 같이 헌법 제107조에 의하여 구체화되고 있고, 탄핵심판은 탄핵소추권을 국회에 부여하면서 탄핵소추의 사유와 탄핵결정의 효력을 규정하는 헌법 제65조에 의하여 구체화되고 있으며, 정당해산심판도 정당해산의 제소권을 정부에 부여하면서 정당해산의 사유를 규정하는 헌법 제8조 제4항에 의하여 구체화되고 있다. 반면에, 권한쟁의심판의 경우, 헌법은 헌법재판소에 이에 관한 권한을 부여하는 헌법 제111조 제1항 제4호의 규정내용 외에는 심판절차를 구체화하는 어떠한 헌법규정도 두고 있지 않으며, 이로써 구체적인 규율을 입법자에게 위임하고 있다.

다. 헌법재판실무에 있어서 큰 비중을 차지하지 않는 탄핵심판제도, 정당해산심판제도, 권한쟁의심판제도를 제외한다면, 헌법재판소의 주된 관할은 위헌법률심판제도와 헌법소원제도에 있음을 알 수 있다. 헌법재판소법 제68조 제1항이 헌법소원 중에서 재판소원을 배제하고 있으므로 헌법재판소법 제68조 제1항에 의한 헌법소원은 결국 법률에 대한 소원을 의미하며, 국민의 위헌제청신청이 기각된 경우 국민이 직접 법률에 대한 헌법소원을 제기할 수 있는 가능성을 제공하는 헌법재판소법 제68조 제2항도 법률을 심판의 대상으로 하고 있다. 또한 헌법재판소법 제41조는 법관의 위헌제청에 의하여 법률의 위헌성을 심사하는 구체적 규범통제를 규정하고 있다. 따라서 현행법상 헌법재판소의 주된 과제는 입법자에 대한 규범통제에 있다.

---

1) 헌재 1997. 12. 24. 96헌마172 등, 판례집 9-2, 842, 854 참조.

3. 헌법재판소와 입법자의 관계

가. 헌법해석과 헌법재판소 권한의 관계

헌법재판소는 헌법의 해석에 관한 최종적인 결정권을 가지고 있고, 이로써 헌법해석을 통하여 자신의 권한을 스스로 정할 수 있는 권한을 가지고 있다. 헌법재판소가 헌법을 어떻게 해석하는가에 따라 헌법재판소의 권한범위가 달라진다. 헌법해석의 방법에 따라 헌법의 효력이 미치는 범위가 결정되고, 이로써 헌법재판의 효력범위도 결정된다. 이러한 점에서 헌법해석은 헌법재판소의 통제권한의 범위와 정도를 결정하는 권한(자신의 권한에 관하여 스스로 결정하는 권한)을 의미한다. 그러므로 헌법해석, 헌법내용의 범위 및 헌법재판소의 권한범위는 상호 밀접한 관계에 있다.

헌법의 '해석'은 헌법규범의 내용적 불명확성으로 말미암아 '구체화'로 전환되는 경향이 있다. 기본권규정이나 국가원리 등 추상적인 규정에 대한 해석은 헌법에 의하여 이미 정해진 것의 의미와 내용을 밝히는 고전적인 해석을 넘어서 '단지 방향과 원칙에 있어서만 확정되고 그 외의 부분에서는 개방적인 것, 즉 확정되지 않은 것'을 창조적으로 채우는 작업으로 발전한다. 이러한 헌법규범은 심사기준으로 사용되기 위하여 구체화, 즉 구체적 내용을 채우는 작업을 필요로 한다. 이러한 방법으로 헌법의 내용은 점차 풍성해지고, 이와 같이 풍부해진 헌법의 내용은 헌법의 일부로서 헌법의 우위에 참여하게 된다.

헌법규정 중에서 조직과 절차에 관한 비교적 상세한 규정들을 제외한다면, 헌법은 헌법전에 규정되어 있으나 헌법의 본질적인 내용은 헌법재판소의 판례에서 발견된다. 이러한 관점에서, 국가행위의 헌법적 기준, 즉 한계와 지침은 헌법 스스로에서 나오는 것이 아니라, 헌법해석을 통한 헌법재판소의 판례에서 나온다. 즉, 헌법의 내용을 결정할 수 있는 자는 또한 자신의 권한에 관해서도 스스로 결정할 수 있는 것이다.

나. 헌법재판소와 입법자간의 권한배분의 문제로서 헌법해석

따라서 헌법재판제도가 있는 국가에서 헌법해석, 특히 기본권해석의 문제는 헌법재판소와 입법자간의 권한배분과 직결된 문제이다. 헌법재판소가 헌법을 어떻게 해석하고 이해하는가에 따라 입법자와 헌법재판소의 관계에서 그 권한의 경계가 설정되기 때문에, 헌법의 해석은 항상 헌법재판소와 입법자간의 권한배분의 관점을 고려하여야 한다. 헌법재판소가 헌법의 해석을 통하여 헌법을 확장하고 내용적으로 풍부하게 만들수록, 국가기관을 구속하는 헌법의 내용이 끊임없이 증가하고 이에 따라 국가행위의 위헌성판단을 위한 심사기준이 증가한다. 헌법재판소가 추상적이고 개방적인 헌법규범으로부터 구체적인 헌법적 기준을 이끌어 냄으로써 헌법을 구체적인 내용으로 채울수록, 공동체의 모든 중요한 문제가 헌법적 문제가 되고, 이로써 헌법재판소 관할의 확대와 더불어 입법자의 형성권의 축소를 가져온다. 그 결과, 국가공동체의 중요한 문제가 민주적 토론과정을 거쳐서 입법자에 의하여 결정되는 것이 아니라 헌법재판소에 의하여 사법적으로 결정되는 결과를 가져오고, 입법자는 헌법의 테두리 내에서 사회형성의 주체로서 헌법을 독자적으로 실현하는 기관이 아니라 헌법재판소에 의하여 밝혀진 헌법규범의 의미를 집행하는 기관, 결국 헌법재판소 판례의 집행기관으로 전락하게 된다 (정치의 사법화). 따라서 헌법재판소가 헌법해석의 가능성을 어느 정도로 사용하는가 하는 것은 다른 국가기관과의 권력분립 또는 기능분립의 관점에서 핵심적인 문제이다.

4. 헌법재판소와 법원의 관계

입법자와 헌법재판소의 관계가 민주주의와 권력분립질서의 관점에서 헌법재판의 한계를 밝히는 문제라 한다면, 헌법재판소와 법원의 관계는 현행법의 해석과 그에 따른 관할권의 범위를 확정하는 문제라 할 수 있다. 헌법은 헌법재판소를 신설하면서 헌법재판소와 법원의 관할을 새로이 조정하여 양 국가기관의 관할의 경계를 명확히 설정함이 없이 단지 헌법재판소의 관할을 별도로 규정함으로써, 양 기관 사이에 분쟁이 발생할 소지를 제공하였다.

가. 헌법 제107조 제2항의 해석 문제

이에 따라, 헌법재판소의 설립 이후 헌법 제107조 제2항의 해석문제와 재판소원을 헌법소원의 대상에서 제외하고 있는 헌법재판소법 제68조 제1항의 위헌문제가 끊임없는 논란의 대상이 되었다. 헌법재판소는 헌법재판소법 제68조 제1항의 위헌여부가 문제된 헌법소원사건에서 위 규정의 원칙적인 합헌성을 인정하였고,[1] 나아가 원행정처분은 원칙적으로 헌법소원의 대상이 될 수 없다고 판시함으로써,[2] 행정행위에 대한 법원의 헌법재판권을 인정하였다.

나. 限定違憲決定의 허용여부 및 기속력[3]

헌법재판소와 법원의 견해가 첨예하게 대립한 것은 '명령·규칙에 의하여 직접 기본권이 침해당한 경우에 그러한 명령·규칙이 헌법소원의 대상이 될 수 있는지'의 문제와 같이 헌법재판소의 관할에 관한 다툼이었고,[4] 특히 限定違憲決定의 허용여부에 관한 문제라 할 수 있다.

헌법재판소는 1995. 11. 30. 94헌바40 등 결정에서 구 소득세법조항들에 대하여 한정위헌결정을 하였는데, 이에 대하여 대법원은 1996. 4. 9. 선고된 95누11405 판결에서 '법령의 해석·적용 권한은 전적으로 대법원을 최고법원으로 하는 법원에 전속하는 것이므로, 한정위헌결정에 표현되어 있는 헌법재판소의 법률해석에 대한 견해는 헌법재판소의 견해를 일응 표명한 데 불과하여 법원에 전속되어 있는 법령의 해석·적용 권한에 대하여 어떠한 영향을 미치거나 기속력도 가질 수 없다'고 함으로써 限定違憲決定의 기속력을 否認하였고, 헌법재판소가 한정적으로 위헌이라고 판단한 위 구 소득세법조항들이 유효하다고 하면서 이를 적용하여 판결하였다. 헌법재판소는 자신의 결정에 반하는 대법원의 위 판결에 대하여 제기된 헌법소원사건(헌재 1997. 12. 24. 96헌마172 등)에서 법원의 재판에 대한 헌법소원을 금지하는 헌법재판소법 제68조 제1항에 대하여 한정위헌결정을 하면서 동시에 위 대법원의 판결을 취소하는 결정을 하기에 이르렀다. 헌법재판소와 법원의 이러한 갈등상황은 문제발생의 이유와 해결책이 근본적으로 규명되지 아니한 채 그대로 봉합된 상태로 오늘에 이르고 있다.

다. 헌법재판소법 제68조 제2항의 헌법소원사건에서 한정위헌결정의 문제[5]

헌법재판소와 법원의 이러한 충돌상황에서 표출되는 문제는 표면적으로는 '헌법재판소가 한정위헌결정을 할 수 있는지' 또는 '한정위헌결정이 기속력을 가지는지'의 형태로 나타난다. 그러나 한정위

1) 헌재 1997. 12. 24. 96헌마172 등.
2) 헌재 1998. 5. 28. 91헌마98 등.
3) 아래 제2항 Ⅵ. 4. 참조.
4) 헌재 1990. 10. 15. 89헌마178 결정 이래, 재판의 전제가 되지 않는 명령·규칙에 대해서는 헌법소원이 허용된다는 확고한 판례가 형성되었다.
5) 아래 제3항 Ⅲ. 4. 참조.

헌결정의 허용여부와 기속력을 둘러싼 논의의 본질은 현행 헌법재판제도의 구조적인 문제이며, 구체적으로 헌법재판소가 헌법재판소법 제68조 제2항의 헌법소원사건에서 당해사건 당사자의 심판청구(한정위헌청구)에 의하여 법률에 대한 한정위헌결정을 함으로써 실질적으로 현행법상 금지된 재판소원에 대한 판단을 할 수 있다는 데 있다.

헌법재판소법 제68조 제2항의 헌법소원사건에서 헌법재판소는 종래 다수의 결정에서 '법원의 법률해석'의 위헌성을 다투는 심판청구를 '법률'의 위헌성을 다투는 심판청구로 이해하여 사실상 법원의 법률해석의 위헌여부에 관한 판단을 함께 하여왔다. 법원의 법률해석과 이에 관한 헌법재판소의 견해가 일치하였기 때문에 헌법재판소가 청구인의 심판청구를 기각하는 경우에는, 헌법재판소와 법원의 충돌상황이 야기되지 아니하였다. 그러나 헌법재판소가 법원의 법률해석을 위헌으로 판단하는 경우에는 법원의 법률해석의 위헌성을 확인하는 방법으로서 법률에 대한 한정위헌결정의 형식을 취하게 되는데, 바로 이 경우에 잠재적인 충돌의 가능성이 현실화되는 것이다.[1]

제 2 항 違憲法律審判

Ⅰ. 위헌법률심판의 의미 및 목적[2]

1. 위헌법률심판의 의미

가. 헌법 제107조 제1항 및 헌법재판소법 제41조 이하의 의미

헌법 제111조 제1항 제1호는 헌법재판소의 관장사항으로서 "법원의 제청에 의한 법률의 위헌여부심판"이라 규정하고, 헌법 제107조 제1항에서는 "법률이 헌법에 위반되는 여부가 재판의 전제가 된 경우에는 헌법재판소에 제청하여 그 심판에 의하여 재판한다."고 규정하고 있다. 헌법재판소법(이하 '법')은 제41조 이하의 규정에서 위 헌법규정의 내용을 다시 한 번 확인하면서 이를 구체화하고 있다.

이에 따라, 모든 법관은 법률에 대한 일차적인 위헌심사권을 가지고 당해사건에 적용되는 법률의 위헌여부를 독자적으로 판단할 수 있으나, 법관이 법률을 위헌으로 간주하는 경우에는 법률의 위헌여부에 관하여 스스로 결정해서는 안 되고, 재판절차를 정지하고 위헌제청의 형태로 법률의 위헌여부에 관한 헌법재판소의 판단을 구해야 하며, 헌법재판소가 법률의 위헌여부에 관하여 일반적 구속력을 가지고 결정한 후 법관은 당해사건의 절차를 재개하여 헌법재판소의 결정에 따라 재판한다.

나. 법원의 제청절차와 헌법재판소의 심판절차

위헌법률심판은, 법률의 위헌여부가 법원에서 구체적 사건의 해결을 위한 선결문제가 되는 경우, 법률의 위헌여부를 판단하는 구체적 규범통제절차이다. 즉, 위헌법률심판은 법률의 위헌여부가 법원에서 재판의 전제가 되는 경우에 법원이 헌법재판소에 위헌법률심판을 제청하고 헌법재판소가 그 위헌여부를 결정하는 구체적 규범통제절차이다. 이에 따라, 법원은 법률에 대한 '위헌제청권'을 가지며,

---

1) 헌법재판소는 '법원의 법률해석'의 위헌성을 다투는 심판청구에 대하여 원래 "법원과 같이 법률을 해석하는 한, 法院의 裁判은 위헌이다."라는 확인을 하여야 하나, 재판소원의 배제로 말미암아 그 대신 "법원과 같이 법률을 해석하는 한, 그 法律은 위헌이다."라는 확인, 즉 한정위헌결정을 하여 왔던 것이다.
2) 한수웅, 위헌법률심판에서의 '재판의 전제성'에 관한 비판적 고찰, 헌법논총 제25집(2014. 11.), 409면 이하 참조.

헌법재판소는 법률의 위헌여부에 관하여 최종적으로 구속력 있는 판단을 할 수 있는 권한인 '위헌결정권'을 가지는 구조(집중형의 구체적 규범통제)로 되어 있다. 법 제41조 이하에 규정된 구체적 규범통제절차는 법률에 대한 위헌심사권과 위헌결정권을 분리하여, 일차적인 위헌심사권은 법원에 맡기면서 위헌결정권은 헌법재판소에 독점시키고 있다.

구체적 규범통제절차는 제청의 주체와 심판의 주체를 달리 하여, 위헌심사권을 행사하는 '법원의 제청절차'와 위헌결정권을 행사하는 '헌법재판소의 심판절차'로 구분되며, 법원의 제청절차와 헌법재판소의 심판절차는 '재판의 전제성'이란 고리를 통하여 구조적으로 연결되어 있다. 법원은 구체적 사건에 적용될 법률에 대하여 위헌의 의심을 가진다 하더라도 그 적용을 거부할 권한이 없고, 반면에 헌법재판소는 직권으로 심판절차를 개시할 수 없으며 법원의 위헌법률심판 제청이 있어야만 법률의 위헌여부를 심판할 수 있다. 헌법은 법원과 헌법재판소에게 이와 같이 권한을 배분함으로써 구체적인 법적 분쟁의 해결을 위하여 공동의 책임을 지우고 있는 것이다.

한편, 법원의 위헌제청권은, 모든 법관이 여전히 법률에 대한 위헌심사권을 보유하고 있음을 전제로 하여, 구체적 재판에 적용될 법률의 위헌여부에 관하여 독자적인 판단을 할 권한과 의무를 가지고 있다는 것을 뜻한다. 법률이 위헌이라는 의심이 있는 경우, 법관은 법률의 적용을 완전히 배제할 수 있는 권한은 없으나, 재판절차를 정지하고 헌법재판소에 위헌제청을 함으로써 '법률을 잠정적으로 적용하지 아니할 권한'을 가지고 있다. 법원의 위헌제청권은 헌법 제107조 제1항의 요건이 충족되는 경우에는 동시에 법률의 위헌여부에 대하여 헌법재판소에 위헌제청을 해야 할 의무를 의미한다.

다. 헌법재판소의 심판절차와 법원의 당해소송절차의 관계

여기서 헌법재판소의 심판절차와 법원의 당해소송절차의 관계가 어떠한지의 문제가 제기된다. 헌법재판소의 위헌법률심판은 법원의 당해사건 재판절차와의 관계에서 '법적으로 독립된 중간절차'인 헌법재판절차이다. 위헌법률심판의 심판대상은 법률의 위헌여부라는 '헌법적 문제의 규명'이라는 점에서, 당해사건 재판절차의 심판대상인 '구체적 법적 분쟁의 해결'과 명확하게 구분된다. 그러나 법원의 당해소송절차와 헌법재판소의 심판절차는 '재판의 전제성'을 통하여 서로 연결된다. 위헌법률심판도 궁극적으로 당해사건의 해결에 기여한다는 의미에서 위헌법률심판은 '당해사건에 관한 단일한 쟁송절차 내에서 하나의 부분을 이루는 중간절차'라 할 수 있다.

위헌법률심판의 법적인 독자성은 그 심판대상의 범위 및 적법성에 있어서 당해사건의 법적 분쟁에 의존하고 있는 독자성, 즉 재판의 전제성에 의하여 구속을 받는 '엄격하게 종속적인 독자성'이다. 따라서 당해사건의 당사자가 화해하거나 소를 취하하는 경우, 제청법원은 제청결정을 철회해야 하고, 제청법원이 제청결정을 철회하지 않는 경우 헌법재판소에 제청된 헌법적 문제에 대하여 재판의 전제성이 인정되지 않기 때문에, 중간절차로서 헌법재판은 부적법하다. 뿐만 아니라, 헌법재판소는 당해사건의 해결을 위하여 필요한 범위 내에서만 법률의 위헌여부를 판단할 수 있다.

2. 위헌법률심판의 목적

첫째, 위헌법률심판의 목적은, 법률의 위헌여부에 관한 구속력 있는 결정을 오로지 하나의 헌법재판기관에 집중시키고자 하는 것이다. 법원의 위헌심사권이 분권화될 경우 대법원이 법률의 위헌여부에 관하여 최종적으로 판단할 때까지 법원의 재판이 상충하는 현상이 벌어지는 등 법적 불안정성과 법적 분열이 발생할 우려가 있다. 위헌법률심판은 법률의 위헌여부에 관한 결정권을 헌법재판소에 독점시킴으로써 법원의 서로 다른 판결로 인하여 야기되는 법적 불안정성과 법적 분열을 방지하고, 법률의 위헌여부에 관한 헌법재판소의 구속력 있는 결정을 통하여 법적 안정성과 법적 통일성을 확보하고자 하는 것이다.

둘째, 위헌법률심판의 목적은, 법관이 개별사건에서 입법자가 제정한 형식적 의미의 법률을 적용하지 않음으로써 입법자를 무시하는 것으로부터 입법자를 보호하고자 하는 것이다. 헌법 제107조 제1항은 법률의 위헌성을 확인하는 권한을 단지 헌법재판소에 부여함으로써, 법원이 법률을 적용하지 않음으로써 입법자를 무시하거나 법률에 복종하지 않는 것을 방지하고자 하는 것이다.[1]

셋째, 위헌법률심판은 법적 평화의 회복에 기여하는 기능을 한다. 헌법적 문제의 판단에 있어서 헌법재판소가 가지는 권위와 국민의 신뢰를 감안할 때, 위헌법률심판은 당해사건에 적용되는 법률의 위헌여부에 관하여 헌법재판소로 하여금 판단하도록 함으로써 구체적 법적 분쟁에 있어서 헌법에 부합하는 법률에 기초하는 재판, 즉 헌법에 부합하는 재판을 보장하는 기능을 하고, 이로써 권리보호를 구하는 기본권주체의 관점에서 법적 평화를 회복하는 기능을 이행한다.

Ⅱ. 위헌제청절차

1. 법원의 위헌제청결정

법원은 직권 또는 당사자의 신청에 의한 결정으로 헌법재판소에 위헌여부의 심판을 제청할 수 있다(법제41조제1항). 법원의 재판계속 중 당해 사건에 적용될 법률 또는 법률조항이 헌법에 위반된다고 주장하는 당사자는 당해 사건을 담당하는 법원에 위헌제청의 신청을 할 수 있다. 위헌제청신청을 받은 당해 법원은 신청의 대상인 법률의 위헌여부가 당해 소송에서 재판의 전제가 되고 또한 합리적인 위헌의 의심이 있는 때에는 결정의 형식으로 위헌심판제청을 결정한다. 위헌제청신청을 기각하는 결정(각하결정을 포함하여)에 대해서는 항고나 재항고를 할 수 없다(법제41조제4항). 대신, 법원이 위헌제청신청을 기각한 때에는 그 신청을 한 당사자는 헌법재판소에 법 제68조 제2항에 의한 헌법소원을 제기할 수 있다.[2] 물론, 법원은 당사자의 위헌제청신청이 없더라도, 직권으로 위헌심판제청을 결정할 수 있다. 위헌제청서의 기재사항은 법 제43조에 규정되어 있다.

위헌법률심판의 제청은 법원에 계속중인 구체적 사건의 심리가 충분히 진행되어 그 사건의 재판에서 적용될 법률의 윤곽이 밝혀지고 그 위헌여부가 재판의 결과에 영향을 미칠 가능성이 보이는 단

---

1) 한편, 독일 학계의 일각에서는 '법관으로부터 입법자의 보호'라는 사고는 위헌제청절차를 도입한 일차적이고 주된 목적이 아닐 뿐만 아니라 위헌제청절차를 통하여 이러한 목적을 궁극적으로 달성할 수 없다고 하면서, 위헌제청절차의 결정적인 목적은 위헌결정권을 헌법재판소에 독점시키고자 하는 것이라는 주장이 제기되고 있다. 법관이 당해사건에 적용되는 법률을 위헌으로 간주하기 때문에 법률의 위헌여부에 관하여 위헌제청을 한다는 것 자체가 이미 입법자에 대한 불신을 표현하는 것이고, 입법자의 권위는 헌법재판소의 위헌결정에 의해서도 마찬가지로 저해될 수 있기 때문에, '입법자의 권위를 유지하고자 하는 목적'은 큰 설득력이 없는 관점이라고 한다.
2) 법률이 당해사건에 적용되는 것이 아니라고 판단하는 경우, 즉 재판의 전제성이 없다고 판단하는 경우 또는 법률이 아닌 행정입법이나 법원의 재판에 대하여 위헌법률심판제청신청을 하는 경우, 법원은 당사자의 제청신청을 각하하는 결정을 한다. 한편, 법원이 당해사건에 적용되는 법률을 합헌적으로 판단하는 경우에는 당사자의 제청신청을 기각한다.

계에서 이루어져야 한다.

2. 위헌제청결정서의 송부

대법원 외의 법원이 위헌제청결정을 한 때에는 대법원을 거치도록 되어 있다(법 제41조 제5항). 따라서 당해 법원은 위헌제청결정서 정본을 법원행정처장에게 송부하게 된다.[1] 이 경우, 대법원은 각급법원의 위헌법률심판제청을 심사할 권한을 가지고 있지 않다. 법원행정처장은 각급 법원의 위헌제청결정서 정본을 그대로 헌법재판소에 송부하게 되며, 이로써 위헌법률심판의 제청이 이루어지게 된다. 위헌법률심판에 있어서 법원의 위헌제청서는 위헌법률심판의 청구에 해당한다(법 제26조 제1항 단서).

3. 당해사건의 재판 정지

법원이 위헌법률심판을 제청한 때에는 당해 소송사건의 재판은 헌법재판소의 위헌여부의 결정이 있을 때까지 정지된다(법 제42조 제1항). 다만, 법원이 긴급하다고 인정하는 경우에는 종국재판 외의 소송절차를 진행할 수 있다(법 제42조 제1항 단서규정).

III. 위헌법률심판의 적법요건

법률이 헌법에 위반되는 여부가 재판의 전제가 된 때에는 당해사건을 담당하는 법원은 직권 또는 당사자의 신청에 의한 결정으로 헌법재판소에 위헌여부의 심판을 제청한다(법 제41조 제1항).

1. 제청권자

가. 법 원

법원만이 법률의 위헌여부에 대하여 헌법재판소에 위헌제청을 할 수 있다. 당해소송의 당사자는 법원에 위헌제청의 신청을 할 수 있을 뿐, 직접 헌법재판소에 위헌법률심판을 청구할 수 없다. 다만, 법원이 소송당사자의 위헌제청신청을 기각한 경우에는 법 제68조 제2항에 의하여 헌법소원을 제기할 수 있다.

나. 법원의 개념

(1) 제청권자로서의 법원은 개개의 소송사건에서 재판권을 행사하는 재판기관으로서의 법원을 말한다. 따라서 단독판사 관할사건의 경우, 당해소송의 담당법관 개인이 '법원'으로서 제청권이 있으며, 합의부 관할사건의 경우, 합의부가 원칙적으로 제청권이 있는 '법원'에 해당한다.

(2) 여기서의 '법원'이란 대한민국의 법원만을 말한다. 국내의 사설 중재재판소나 외국의 법원은 위헌제청권이 없다.

(3) 수소법원(受訴法院)은 물론 집행법원, 비송사건 담당법원도 제청권을 가지고 있다. 헌법상 특별법원으로 예외적으로 인정된 군사법원(헌법 제110조 제1항)도 제청권이 있다. 그러나 헌법 제107조 제3항 및 행정심판법에 의하여 설치된 행정심판기관은 제청권을 가지는 법원이라 볼 수 없다.

---

1) 독일의 경우, 최고법원을 경유함이 없이 당해 법원이 직접 헌법재판소에 위헌제청을 한다.

2. 위헌제청의 대상

가. 시행되어 효력이 발생한 대한민국의 법률

위헌제청의 대상은 단지 대한민국의 국회가 제정한 '형식적인 의미의 법률'이다. 외국의 법률은 위헌제청의 대상이 아니다.

위헌법률심판은 헌법에 위반되는 법률의 효력을 상실시키는 것이므로, 이미 효력이 발생한 법률만이 심판대상이 될 수 있다(_{헌법}제53조_{제1항 참조}). 그러므로 현재 시행 중이거나 과거에 시행되었던 법률만이 위헌제청의 대상 또는 위헌법률심판의 대상이 된다. 제청 당시에 공포는 되었으나 아직 시행되지 않은 법률은 위헌제청의 대상이 아니다.

나. 유효한 법률

위헌제청의 대상이 될 수 있는 법률은 헌법재판소의 위헌심판 시에 '유효한 법률'이어야 한다. 따라서 헌법재판소에 의하여 '이미 위헌결정이 선고된 법률'에 대한 위헌법률심판제청은 부적법하다. 동일한 법률에 대하여 복수의 위헌제청사건이 있었으나, 병합 처리되지 못하고 남은 사건의 경우, 헌법재판소는 일부 결정에서는 심판대상이 될 수 없거나 심판이익이 없다는 이유로 부적법하다고 결정하였으나, 일부 결정에서는 다시 위헌확인을 한 바 있다.

또한, '폐지된 법률'에 대한 위헌심판제청도 원칙적으로 부적법하다. 다만, 폐지된 법률이라 하더라도, 당해소송사건에 적용될 수 있어 재판의 전제가 되는 경우에는 위헌제청의 대상이 될 수 있다.

다. 입법부작위

위헌법률심판은 입법자가 적극적으로 입법을 한 결과인 '형식적 법률'이 헌법에 위반되는지의 여부를 심사하는 것이므로, 입법자가 아직 입법을 하지 않은 상태인 입법부작위는 위헌제청의 대상이 될 수 없다. 다만, 법률이 불완전·불충분하게 제정된 소위 '부진정입법부작위'는 입법부작위로 다툴 것이 아니라, 불완전한 법률조항 자체를 대상으로 하여 위헌제청을 해야 한다.

라. 긴급명령이나 조약 등

위헌법률심판의 대상이 되는 '법률'인지의 여부는 그 제정 형식이나 명칭이 아니라 규범의 효력을 기준으로 판단된다. 따라서 '법률'에는 국회의 의결을 거친 이른바 '형식적 의미의 법률'은 물론이고, 그 밖에 긴급명령이나 조약 등 '형식적 의미의 법률과 동일한 효력'을 갖는 법규범들도 모두 포함된다.[1]

(1) 대통령의 긴급재정경제명령과 긴급명령은 국회의 승인을 얻은 경우 국회가 제정한 법률과 동일한 효력을 가진다(_{헌법}제76조_{참조}). 따라서 비록 그 형식에 있어서는 명령이지만, 법률과 같은 효력이 있는 대통령의 긴급명령이나 조약은 위헌제청의 대상이 될 수 있다.[2]

(2) 헌법 제6조 제1항에 의하면, 헌법에 의하여 체결·공포된 조약은 국내법과 동일한 효력을 가진다. 따라서 헌법 제60조 제1항에 의하여 국회의 동의를 요하는 중요한 조약은 국회의 동의를 얻은 경우 국내법의 법률과 같은 효력을 가진다. 형식적 의미의 법률과 동일한 효력을 갖는 이러한 조약은 위헌제청의 대상이 될 수 있다.

---

1) 헌재 2013. 3. 21. 2010헌바132 등, 공보 제198호, 472.
2) 또한, 유신헌법에 근거하여 발령된 대통령긴급조치도 위헌법률심판의 대상이 된다. 헌재 2013. 3. 21. 2010헌바132 등, 공보 제198호, 472, "최소한 법률과 동일한 효력을 가지는 이 사건 긴급조치들의 위헌 여부 심사권한도 헌법재판소에 전속한다."

(3) 법률과 같은 효력을 가지는 관습법도 위헌법률심판의 대상이 된다.[1]

마. 헌법규정

헌법재판소의 견해에 따르면, 헌법 제107조 제1항, 제111조 제1항 제1호에 의한 위헌법률심판절차는 심판대상을 '법률'에 제한하고 있고 여기서 말하는 '법률'이란 '형식적 의미의 법률'을 의미하기 때문에, 개정된 헌법규정에 대한 위헌심사를 인정하지 않는다.[2]

바. 명령·규칙·조례

명령·규칙·조례는 위헌제청의 대상이 되지 않는다. 이에 관한 위헌여부는 헌법 제107조 제2항에 의하여 법원이 스스로 판단한다.

3. 재판의 전제성

가. 위헌제청의 보충성

(1) 위헌제청의 必要不可缺性

(가) 법률의 위헌여부가 재판의 전제가 된다는 것은, 구체적인 쟁송사건의 해결을 위하여 필요불가결한 선결문제가 되어야 한다는 것을 의미한다. 즉, '재판의 전제성'이란 법률의 위헌여부를 판단해야 할 필요성여부에 관한 문제, 곧 '재판상의 필요불가결성'이라고 할 수 있다. 재판의 전제성을 어떻게 이해해야 할 것인지, 재판의 전제성에 대한 심사기준을 완화하여 그 예외를 폭넓게 인정해야 할 것인지에 관하여 '헌법재판소가 재판의 전제성요건을 완화하고 예외를 넓게 인정하여 적극적으로 헌법재판을 해야 한다는 견해'[3]와 '헌법재판소라 할지라도 제청법원에 계속중인 구체적 쟁송사건을 해결하는 데 직접적이고 절대적으로 필요한 법률이 아니라면 그 위헌여부를 심판할 수 없다는 견해'[4]가 서로 대립하고 있다.

헌법재판소는 위헌제청의 필요불가결성 요건을 완화하고 재판의 개념에 중간재판까지 포함되는 것으로 판단하여 전반적으로 재판의 전제성요건을 현저하게 완화함으로써, 가능하면 법관의 위헌법률심판제청을 용이하게 하고자 하는 경향을 엿볼 수 있다. 헌법재판소가 재판의 전제성에 관한 심사를 완화한 것은, 아마도 오랫동안 제 구실을 하지 못하였던 위헌법률심판제도를 활성화함으로써 새로 출범한 헌법재판소의 위상을 확고히 하고 헌법재판에 대한 국민의 기대에 부응하고자 하는 의도에 기인하는 것으로 보인다.

(나) 그럼에도, 위헌제청의 필요불가결성은 구체적 규범통제의 본질에 속하는 것이다. 법률의 위헌여부에 관한 판단이 구체적 사건의 해결을 위하여 반드시 필요한 경우에 한하여 이루어져야 한다는 것은 구체적 규범통제에 관한 기본원칙에 속한다.[5] 구체적 규범통제의 영역에서도 헌법소송은 보

---

1) 헌재 2013. 2. 28. 2009헌바129, 판례집 25-1, 15, "이 사건 관습법은 민법 시행 이전에 상속을 규율하는 법률이 없는 상황에서 재산상속에 관하여 적용된 규범으로서 비록 형식적 의미의 법률은 아니지만 실질적으로는 법률과 같은 효력을 갖는 것이므로 위헌법률심판의 대상이 된다."

2) 헌재 1995. 12. 28. 95헌바3, 판례집 7-2, 841, 846 참조.

3) 가령, 헌재 1993. 7. 29. 92헌바48, 판례집 5-2, 65, 76-77, [재판관 이시윤, 재판관 김양균의 반대의견].

4) 가령, 헌재 1989. 7. 14. 88헌가5 등, 판례집, 1, 69, 108-109, [재판관 최광률의 반대의견]; 또한, 판례집, 1, 69, 96-97, [재판관 한병채의 반대의견]; 판례집, 1, 69, 103-106, [재판관 김양균의 반대의견].

5) 헌법 제107조 제1항의 의미는, 법원이 구체적인 재판에 적용되는 법률조항을 위헌이라고 간주하기 때문에 단지 그러한 이유로 인하여 당해재판에서 종국적인 판단을 내릴 수 없다면, 법원은 재판절차를 정지하고 위헌제청을 함으

충적이다. 헌법소송의 보충성은 구체적 규범통제의 경우에는 '재판의 전제성'의 형태로 나타난다.

구체적 규범통제절차는 당해소송의 재판을 위한 것이므로, 헌법재판소에 대한 위헌제청은 구체적 소송사건에 대한 재판을 위하여 불가결한 경우에만 정당화된다. 제청법원이 위헌이라고 간주하는 법률을 적용하지 아니하고도 법적 분쟁에 대한 재판을 할 수 있는 가능성을 가지고 있다면, 재판의 전제성은 존재하지 않는다. 법원은 위헌제청을 하기 전에 사실관계의 규명을 통하여 위헌제청이 불필요해질 수 있는지의 여부를 판단해야 한다. 위헌제청이 불가결한 경우에만 정당화된다는 것은 법적 분쟁의 신속한 해결을 요청하는 당해사건 당사자의 이익에도 기여한다. 법관의 위헌제청은 재판의 정지를 가져옴으로써 재판의 지연을 의미하기 때문이다.[1]

이러한 관점에서, 법관이 당해사건에 적용되는 법률에 대하여 위헌의 의심을 가지고 있으나 법률을 헌법과 합치하는 방향으로 해석할 수 있고, 이러한 방법으로 법률에 대한 위헌확인을 피할 수 있는 경우에는 위헌제청을 할 수 없다. 따라서 법원은 위헌제청을 하기 전에 법률을 헌법합치적으로 해석함으로써 법률의 위헌성을 제거할 수 있는지, 이로써 합헌적인 법률해석을 판결의 기초로 삼을 수 있는지의 여부를 스스로 검토해야 한다.

(다) 구체적 규범통제와 추상적 규범통제를 구분하는 결정적인 기준이 바로 '재판의 전제성'이다. 헌법재판소가 위헌법률심판의 적법요건인 재판의 전제성 요건을 완화할수록, 구체적 규범통제로서의 위헌법률심판은 그 본질을 상실하게 된다. 헌법재판소가 위헌법률심판에 관한 권한을 구체적 소송사건의 해결을 위하여 불가결한 경우에 한정하지 않는다면, 위헌법률심판은 구체적 규범통제에서 추상적 규범통제로 변질될 위험을 안고 있다.[2]

현행 헌법재판제도가 추상적 규범통제를 두지 않았다는 것은, 추상적 규범통제의 공백을 메우는 방향으로 구체적 규범통제를 운용하라는 것이 아니라, 구체적 사건의 해결과 관계없이는 규범의 위헌여부를 원칙적으로 판단할 수 없다는 것을 의미하는 것이다. 헌법재판소가 구체적 사건의 해결을 위한 필요성여부와 관계없이 법률의 위헌여부를 판단한다는 것은, 결국 법원이란 국가기관의 심판청구에 의하여 구체적 사건의 해결과 관계없이 법률의 위헌여부를 판단하는 '추상적 규범통제'를 사실상 도입하는 결과를 초래하는 것이다.

(2) 법원의 증거조사를 통한 사실인정과 재판의 전제성

재판의 전제성에 관한 확실한 판단은 일반적으로, 재판절차에서 증거조사와 구두변론 등을 통하여 사실관계가 확정되고 실체법적·소송법적 법적 상황이 규명된 때에야 비로소 가능하다. 사실인정과 법률해석 없이는 당해 법률의 적용여부를 판단할 수 없기 때문에, 당해 법률이 법원의 구체적인 사건에 적용되는지의 여부를 판단하기 위해서는 사실인정과 법률해석이 선행되어야 한다. 이러한 점에서, 제청법원은 필요한 증거조사를 실시하고 게다가 구두변론을 한 이후에야 비로소 재판의 전제

로써 헌법재판소에 법률의 위헌여부에 관한 결정을 구해야 한다는 것이다.

1) 따라서 재판의 전제성에 대한 심사에 있어서 어느 정도 엄격한 기준이 적용되어야 한다는 것은, 헌법상 재판청구권의 요청이기도 하다. 헌법 제27조의 재판청구권은 헌법재판소에 위헌제청을 함으로써 재판이 지연되는 것을 가급적 억제할 수 있도록 법적 분쟁을 다룰 것을 법관에 대하여 요청한다.

2) 이러한 위험성을 지적하는 헌법재판소의 판시내용으로 헌재 1997. 9. 25. 97헌가4, 판례집 9-2, 332, 337, "재판의 전제가 되는 요건을 갖추지 못한 안기부법개정법에 대한 위헌심사는 추상적 규범통제를 하는 결과가 되어 허용할 수 없는 것이므로 이 부분 위헌심판제청은 부적법하다."

성이 존재하는지의 여부를 판단할 수 있는 경우가 일반적이다. 문제되는 법률조항이 당해사건에 적용되지 않는다는 사실이 증거조사를 통하여 밝혀질 수도 있으며, 증거조사를 통하여 법률의 위헌여부가 더 이상 재판의 전제가 아니라는 결론에 이르게 될 수도 있다.[1]

헌법적 문제가 재판의 전제가 되는지의 여부에 관한 판단이 당해사건의 실체법적·소송법적 상황을 근거로 하여 아직 확실하지 않은 경우, 법원은 원칙적으로 위헌제청을 해서는 안 된다. 재판의 전제성에 관한 판단이 증거조사를 통해서만 가능하다면, 법원은 증거조사를 해야 한다. 당해소송절차에서 증거조사를 통하여 사실관계를 인정하기 전에 하는 위헌제청은 전제성의 요건을 결여한 것으로 보아야 한다. 법원은 번거로운 증거조사의 수고를 덜기 위하여 위헌제청을 할 수 없다. 당해사건에서 소송경제의 관점은 원칙적으로 고려되지 않는다. 헌법소송은 법원의 재판절차에 대하여 보충적인 권리구제절차이기 때문이다.

나. 재판의 의미

(1) 재판이란, 인적·물적으로 독립된 제3자인 법관이 법률이 정한 절차에 따라 구체적인 분쟁이나 법 위반의 여부를 법규범을 기준으로 하여 유권적으로 판단하는 작용을 말한다. 여기서 '재판'이란 법원의 사법기능을 말하는 것이므로, 사법기능으로 볼 수 없는 '사법행정사무'에 관한 법원의 판단은 재판에 해당하지 않는다.

재판이란 법원의 판결·결정·명령 등 그 형식 여하와 본안에 관한 재판인지 소송절차에 관한 것인지를 불문하며,[2] 심급을 종국적으로 종결시키는 종국재판뿐만 아니라, 법원의 심리 도중 문제가 된 사항에 대하여 판단하여 종국재판의 준비로 하는 재판인 중간재판도 포함한다.[3]

체포·구속·압수·수색영장, 구속적부심사청구, 보석허가에 관한 재판도 여기서 말하는 재판의 개념에 포함된다. 따라서 법원에 대한 구속영장청구사건에 관한 재판절차에서의 위헌제청,[4] 사전구속영장에 대한 구속적부심 계속중의 위헌제청,[5] 보석허가에 관한 재판에서의 위헌제청[6]이 가능하다.

헌법재판소는 본안에 대한 재판뿐만 아니라 소송절차(소송비용, 가집행 등)에 관한 재판에서도, 종국재판뿐만 아니라 중간재판에서도 위헌제청이 가능하다고 판시하고 있다. 즉, 법원이 행하는 증거채부결정, 인지첩부를 명하는 보정명령, 법원이 행하는 구속기간갱신결정 등은 당해 소송사건을 종국적으로 종결시키는 재판은 아니라고 하더라도, 그 자체가 소송절차에 관한 재판에 해당하는 법원의 의사결정으로서 헌법 제107조 제1항과 법 제41조 제1항 및 제68조 제2항에 규정된 재판에 해당

---

1) 가령, 간통죄의 혐의로 공소가 제기된 형사사건에서 피고인의 행위가 간통죄의 구성요건을 충족시키지 않은 경우에는 설사 법원이 간통죄에 대하여 위헌의 의심을 가지고 있다 하더라도 간통죄의 위헌여부를 헌법재판소에 제청할 수 없다. 왜냐하면, 이러한 경우에는 간통죄규정이 위헌일 때뿐만 아니라 합헌일 때에도 법원이 무죄선고를 해야 하므로, 법률의 위헌여부에 따라 재판의 결과가 달라지는 경우에 해당하지 않기 때문이다. 이러한 경우에는 법원은 위헌제청을 할 수 없고, 당해사건에서 즉시 무죄선고를 해야 한다. 그러므로 간통죄규정에 대하여 위헌의 의심을 가지기 때문에 위헌제청을 하고자 하는 법관은 법률의 위헌여부에 따라 재판의 결과가 달라지는지를 확인하기 위하여, 일차적으로 증거조사를 통하여 사실관계를 확인해야 하고, 그 결과 피고인의 행위가 간통죄의 요건을 충족시킨 경우에 비로소 법관은 간통죄의 위헌여부에 관하여 위헌제청을 할 수 있다.
2) 헌재 1994. 2. 24. 91헌가3, 판례집 6-1, 21.
3) 헌재 1996. 12. 26. 94헌바1, 판례집 8-2, 808.
4) 헌재 1996. 2. 16. 96헌가2 등(5·18 특별법), 판례집 8-1, 51, 68.
5) 헌재 1995. 2. 23. 92헌바18, 판례집 7-1, 177, 186.
6) 헌재 1993. 12. 23. 93헌가2, 판례집 5-2, 578, 589.

되므로, 이에 관한 재판절차에서도 위헌제청이 가능하다.[1]

(2) 헌법재판소는 중간재판, 특히 증거채택에 관한 재판에서도 위헌제청이 가능하다고 판시하고 있다. 그러나 설사 중간재판이 위헌제청의 계기를 부여한다 하더라도, 재판절차의 진행에 따라 문제 되는 법률규정의 위헌여부에 따라서 본안판단의 결과가 좌우되지 않는다는 결과에 이를 수 있기 때 문에, 법률규정의 위헌여부가 단지 증거채부결정의 전제가 되는 경우에는 그 법률규정에 대하여 위 헌제청을 할 수 있는 것인지에 대하여 의문이 제기된다. 법원이 증거조사를 통하여 문제되는 법률의 위헌여부에 관한 판단 없이도 본안판단을 할 수 있다는 결과, 즉 법률의 위헌여부가 더 이상 재판의 전제가 아니라는 결론에 이를 수 있으므로, 증거채부결정의 단계에서 이미 위헌제청을 허용하는 것 은 재고해야 할 필요가 있다.[2]

다. 재판의 전제성

(1) 개괄적 의미

(가) 법률에 대한 위헌제청이 적법하기 위해서는 법원에 계속중인 구체적인 사건에 적용할 법률 이 헌법에 위반되는 여부가 재판의 전제가 되어야 한다. 당해사건의 재판에 적용될 법률의 위헌여부 가 재판의 전제가 된다는 것은 헌법재판소에 의한 구체적 규범통제가 당해사건의 해결을 위하여 불 가결한 경우를 말한다. 재판의 전제성은 위헌법률심판의 제청 및 법 제68조 제2항에 의한 헌법소원 심판청구가 적법하기 위한 요건이다.

(나) 위헌법률심판의 적법요건으로서 '재판의 전제성' 요건은 구체적 규범통제의 본질로부터 나오 는 것이다. '재판의 전제성'이란, 구체적 소송사건을 해결하기 위한 선결문제라는 것을 의미한다.

첫째, '구체적 소송사건을 해결'하기 위해서는, 일차적으로 구체적 사건이 법원에 계속중이어야 한다. 법률의 위헌여부에 대한 판단의 목적은 구체적 사건의 해결이므로, 구체적 사건의 해결이라는 궁극적 목적이 달성되기 위해서는 구체적 사건이 계속 존재해야 한다. 구체적 사건이 존재하지 않는 경우, 법률의 위헌여부에 대한 판단은 불필요하다.

둘째, '선결문제'라 함은, 위헌여부가 문제되는 법률이 당해 소송사건에 적용되는 것이어야 하며, 법률의 위헌여부에 따라 재판의 결과가 달라져야 한다는 것을 의미한다. 당해 사건에 적용되지 않는 법률의 위헌여부는 선결문제가 아니므로, 당해 사건에 적용되는 법률에 대해서만 위헌제청이 가능하 다. 뿐만 아니라, 법률의 위헌여부에 따라 재판의 결과가 달라지지 않는다면, 이는 당해 사건의 해결 을 위한 선결문제가 아니다.

따라서 '재판의 전제'라 함은, 첫째, 구체적 사건이 법원에 계속중이어야 하고, 둘째, 위헌여부가 문제되는 법률이 당해 소송사건의 재판에 적용되는 것이어야 하며, 셋째, 그 법률의 위헌여부에 따라 서 법원이 다른 내용의 재판을 하는 경우를 말한다.

(2) 구체적인 사건이 법원에 계속중일 것

구체적 사건이 위헌제청결정 당시는 물론이고, 헌법재판소의 결정시까지 법원에 계속중이어야 한

---

1) 증거채부결정과 관련하여, 헌재 1996. 12. 26. 94헌바1(공판기일전증인신문제도), 판례집 8-2, 808, 818; 인지첩부를 명하는 보정명령과 관련하여, 헌재 1994. 2. 24. 91헌가3, 판례집 6-1, 21, 30; 법원이 행하는 구속기간갱신결정과 관련하여 헌재 2001. 6. 28. 99헌가14(구속기간제한규정위헌제청), 판례집 13-1, 1188, 1196.

2) 가령, 증거채부결정에 관한 헌재 1996. 12. 26. 94헌바1 결정의 경우, 법원의 위헌제청기각이유에서도 드러나듯이, 위 사건에서 문제가 된 공판기일전 증인신문조서는 유죄의 증거로 사용되지 아니하였다.

다. 당해 사건은 법원에 원칙적으로 '적법'하게 계속되어 있어야 한다. 그러므로 당해 사건이 부적법한 것이어서 법률의 위헌여부를 따져 볼 필요조차 없이 각하를 면할 수 없는 것일 때에는 당해 사건이 이미 해결되었기 때문에, 적법요건인 재판의 전제성을 흠결한 것으로 각하하여야 한다.[1] 당해 사건이 부적법한 경우, 위헌제청 또는 위헌제청신청의 대상이 되는 법률조항의 위헌여부에 관계없이 소가 각하되므로, 그 법률조항의 위헌여부는 당해 재판에 어떠한 영향도 미칠 수 없기 때문이다. 물론, 소의 적법여부가 당해 법률조항의 위헌여부에 달려있는 경우는 이에 해당하지 않는다. 한편, 당해 사건이 법원에 일단 적법하게 계속되었더라도 위헌제청 이후 헌법재판소의 심리기간중의 사후 변경으로 인하여 당해 사건이 종료된 경우에는 재판의 전제성이 인정되지 않는다.

(3) 위헌여부가 문제되는 법률이 당해 소송사건의 재판에 적용되는 것일 것

(가) 재판의 선결문제로서 위헌여부가 문제되는 법률조항의 적용여부

어떠한 법률에 대하여 위헌의 의심이 있다 하더라도, 그 법률이 당해 사건에 적용될 것이 아니라면, 재판의 전제성요건은 충족되지 않는다. 그러므로 당해 사건에 적용되지 않는 법률에 대한 위헌제청의 경우, 이러한 법률의 위헌여부는 재판의 선결문제가 아니기 때문에, 재판의 전제성이 없어 각하해야 한다.[2]

가령, 위헌제청대상 법률조항이 당해 사건에 적용되는 구법조항이 아니라 동일한 내용의 신법조항인 경우, 그 신법조항의 위헌여부는 당해 사건의 재판과 아무런 관련이 없어 재판의 전제성이 없다.[3] 법원이 특정 법률에 대하여 위헌법률심판제청을 한 후 입법자가 그 법률을 개정하면서 소급효를 가지고 법적 상황을 규율하는 경우에는 당해사건에 신법규정이 적용되기 때문에, 위헌제청의 대상인 구법규정의 위헌여부에 대해서는 재판의 전제성이 인정되지 않는다. 마찬가지로, 제청신청인이 구법조항에 대한 헌법불합치결정 전에 이미 위헌법률심판제청신청을 한 당해 사건에서 제청법원이 헌법불합치결정 후에 동일한 구법조항에 대하여 위헌법률심판제청을 한 경우, 입법자가 헌법재판소의 헌법불합치결정 이후 그 취지에 맞추어 구법조항을 개정한 이상, 헌법불합치결정 당시에 구법조항의 위헌여부가 쟁점이 되어 법원에 계속중인 사건에 대해서는 헌법불합치결정의 소급효가 미치므로, 당해사건에 적용될 법률은 구법조항이 아니라 신법조항이라는 점에서, 그 위헌법률심판제청에 재판의 전제성이 인정되지 않는다.[4]

(나) 형사사건에서 공소제기와 재판의 전제성

형사사건에 있어서, 공소가 제기되지 아니한 법률조항의 위헌 여부는 원칙적으로 당해 형사사건의 재판의 전제가 될 수 없다.[5] 한편, 법률조항이 공소장에 적용법조로 기재되었다는 이유만으로 자동적으로 재판의 전제성을 인정할 수 있는 것은 아니다.

비록 공소장의 '적용법조'란에 적시된 법률조항이라 하더라도 법원이 적용하지 않은 법률조항의 경우, 재판의 전제성이 인정되지 않는다.[6] 구체적 소송사건에서 법원이 적용하지 아니한 법률조항은

---

1) 헌재 1992. 8. 19. 92헌바36, 판례집 4, 572, 574; 헌재 2000. 11. 30. 98헌바83, 판례집 12-2, 278, 284.
2) 예컨대, 헌재 1993. 7. 29. 92헌바48(남북교류협력에관한법률), 판례집 5-2, 65, 75-76; 헌재 1996. 8. 29. 93헌바57 (인지첩부의무), 판례집 8-2, 46, 54.
3) 헌재 2001. 4. 26. 2000헌가4, 판례집 13-1, 783, 791.
4) 헌재 2006. 6. 29. 2004헌가3, 공보 117, 872, 873; 헌재 2007. 1. 17. 2005헌바41, 공보 124, 132.
5) 헌재 1989. 9. 29. 89헌마53, 판례집 1, 302, 304; 헌재 1993. 7. 29. 92헌바48, 판례집 5-2, 65, 72-76.
6) 헌재 1997. 1. 16. 89헌마240, 판례집 9-1, 45, 72.

그에 대해 위헌 결정이 내려진다 해도 다른 특별한 사정이 없는 한 그로 인해 당해 소송사건의 재판
의 주문이 달라지지 않을 뿐만 아니라 재판의 내용과 효력에 관한 법률적 의미가 달라지지 않기 때
문이다. 반면에, 법원이 공소장의 변경 없이도 직권으로 공소장 기재와는 다른 법조를 적용할 수 있
으므로, 공소장에 적시되지 않은 법률조항이라 하더라도 법원이 공소장의 변경 없이 실제 적용한 법
률조항에 대해서는 재판의 전제성이 인정된다.[1]

(다) 간접적으로 적용되는 법률

법률이 간접적으로 적용됨으로써 재판의 전제가 된다는 것은, 법률이 비록 당해사건에 직접 적용
되는 것은 아니지만 그 법률의 위헌여부에 의하여 당해사건에 직접 적용되는 법률(법원에 의하여 심사
되어야 하는 공권력행위의 직접적인 법적 근거규범)의 위헌여부가 결정되는 경우 또는 당해사건에 직접
적용되는 '법규명령'의 위헌여부가 그의 법적 근거인 '수권법률'의 위헌여부에 관한 판단에 달려있는
경우를 말한다. 이러한 경우에는 '간접적으로 적용되는 법률'이나 당해사건에 직접 적용되는 법규명
령의 '수권법률'에 대해서도 위헌제청이 가능하다.

헌법재판소는 당해재판에 직접 적용되는 시행령의 위헌여부가 모법(母法)인 위임법률의 위헌여부
에 달려 있는 경우, 위임법률이 당해사건에 간접적으로 적용되는 것으로 판단하여 위임법률의 위헌
여부에 대하여 재판의 전제성을 인정하고 있다.[2] 나아가, 헌법재판소는 '심판의 대상이 되는 법률은
법원의 당해사건에 직접 적용되는 법률인 경우가 대부분이겠지만, 당해재판에 적용되는 법률이라면
반드시 직접 적용되는 법률이어야 하는 것은 아니고, 양 규범 사이에 내적인 관련이 있는 경우에는
간접적으로 적용되는 법률규정에 대해서도 재판의 전제성을 인정할 수 있다'고 판시함으로써 '간접
적으로 적용되는 법률'의 범위를 '당해사건에 직접 적용되는 법률과 내적인 연관관계 또는 불가분적
관계에 있는 법률'로 확대하고 있다.[3]

(4) 법률이 헌법에 위반되는지의 여부에 따라 당해 사건을 담당하는 법원이 다른 내용의 재판을 하게 되는
경우일 것

여기서 다른 내용의 재판을 하게 되는 경우라 함은, 당해 사건의 재판의 결론이나 주문에 어떤
영향을 주는 경우뿐만 아니라, 법률의 위헌 여부가 비록 재판의 주문 자체에는 아무런 영향을 주지
않는다고 하더라도 재판의 내용과 효력에 관한 법률적 의미가 달라지는 경우도 포함된다.[4]

(가) 다른 내용의 재판

1) 법률의 위헌여부에 따라 판결의 주문이 달라지는 경우

법률의 위헌여부에 따라 법원이 "다른 내용의" 재판을 하게 되는 경우라 함은 원칙적으로 제청법
원이 심리 중인 당해 사건에서 법률이 위헌일 때에는 합헌일 때와 다른 판단을 할 수밖에 없는 경우,
즉 판결의 주문이 달라지는 경우를 말한다. 예컨대, 간통죄의 혐의로 공소가 제기된 형사사건에서 간
통죄 규정의 위헌여부에 따라 형사사건의 유·무죄가 결정되는 경우가 이에 해당한다.

2) 법률의 위헌여부에 따라 재판의 내용과 효력에 관한 법률적 의미가 달라지는 경우

법률의 위헌여부가 비록 재판의 주문 자체에는 아무런 영향을 주지 않는다고 하더라도 '재판의

---

1) 헌재 1997. 1. 16. 89헌마240, 판례집 9-1, 45, 72.
2) 헌재 1994. 6. 30. 92헌가18, 판례집 6-1, 557, 564; 헌재 2000. 1. 27. 99헌바23, 판례집 12-1, 62, 71.
3) 헌재 1996. 10. 31. 93헌바14, 판례집 8-2, 422, 429-430; 헌재 2001. 1. 18. 2000헌바7, 판례집 13-1, 100, 108.
4) 헌재 1993. 12. 23. 93헌가2, 판례집 5-2, 578, 587; 헌재 2000. 6. 29. 99헌바66 등, 판례집 12-1, 848, 864.

내용과 효력에 관한 법률적 의미가 달라지는 경우'에는 예외적으로 재판의 전제성이 인정될 수 있다.

법원이 무죄 등을 선고하면 구속영장은 효력을 잃지만 검사가 사형, 무기 등 중형을 구형하는 경우에는 예외로 한다는 형사소송법규정에 대하여 법원이 위헌제청을 한 사건에서, 헌법재판소는 법률의 위헌여부에 따라 비록 판결주문의 형식적 내용이 달라지는 것은 아니라 하더라도 그 판결의 실질적 효력에 차이가 있게 되는 것이므로, 재판의 전제성이 인정된다고 판시하였다.[1] 헌법재판소는 위 결정에서 "재판의 내용이나 효력 중에 어느 하나라도 그에 관한 법률적 의미가 달라지는 경우에는 재판의 전제성이 있는 것으로 보아야 한다."고 판시하고 있다.

한편, 헌법재판소는 법률의 위헌여부가 재판의 주문 또는 내용이나 효력에 영향을 미치지 않으면서, '재판의 결론을 이끌어 내는 이유를 달리하는 데 관련되어 있는 경우'에도 재판의 전제성이 있다고 판시한 바 있다.[2] 그러나 이러한 요건이 구체적으로 의미하는 바는 불분명하며 그와 같은 이유로 재판의 전제성을 인정한 예도 없다. 이와 같이 재판의 전제성요건을 무제한적으로 확대하는 것은 적법요건으로서 재판의 전제성요건을 사실상 무의미하게 만드는 것이므로, '법률의 위헌여부에 따라 재판의 주문을 이끌어내는 이유가 달라지는 경우'는 '다른 내용의 재판'에 해당하는 독자적인 경우로 인정될 수 없다.

(나) 쟁송기간이 경과한 후에 행정처분의 근거법률의 위헌성을 다투는 경우

행정처분에 대한 쟁송기간이 경과된 후에 그 행정처분의 근거가 된 법률이 위헌임을 이유로 무효확인소송을 제기하고 소송계속중에 법 제68조 제2항에 의하여 근거법률의 위헌여부에 대한 심판청구를 한 경우, 행정처분의 근거가 된 법률이 헌법재판소에서 위헌으로 선고된다고 하더라도 그 행정처분이 당연무효가 되지는 않음이 원칙이므로,[3] 근거법률에 대한 위헌결정이 있는 경우 다른 내용의 재판을 할 가능성이 거의 없다.[4] 따라서 이러한 경우 원칙적으로 재판의 전제성이 인정되지 않는다.

한편, 위와 같은 경우 행정처분이 무효인지 여부는 당해 사건(무효확인소송)을 재판하는 법원이 판단할 사항이다.[5] 당해 사건을 담당하는 법원이 그 법률에 대한 위헌결정이 있는 경우 다른 내용의 재판을 할 예외적인 사정이 있는지 여부에 따라 재판의 전제성 유무가 달라진다고 할 것인데, 그 법률에 대한 위헌결정이 행정처분의 효력에 영향을 미칠 여지가 없는 경우에는 재판의 전제성을 인정

1) 헌재 1992. 12. 24. 92헌가8(重刑 求刑 時 석방제한), 판례집 4, 853, 866, "(형사소송)법 제331조 단서규정의 위헌여부에 따라 형사판결의 주문 성립과 내용 자체가 직접 달라지는 것은 아니지만 만약 위 규정이 위헌으로 법적 효력이 상실된다면 이 법 제331조 본문의 규정이 적용되어 제청법원이 무죄 등의 판결을 선고하게 될 경우에 그 판결의 선고와 동시에 구속영장의 효력을 상실시키는 재판의 효력을 가지게 되며, 이와는 달리 이 단서 규정이 합헌으로 선언되면 검사로부터 피고인들에 대하여 징역 장기 10년의 구형이 있는 위 피고사건에 있어서 당해사건을 담당하는 법원의 판결만으로는 구속영장의 효력을 상실시키는 효력을 갖지 못하게 되는 결과로 인하여 그 재판의 효력과 관련하여 전혀 다른 효과를 가져오는 재판이 될 것이다. 따라서 법 제331조 단서규정의 위헌여부는 … 관련사건의 그 재판주문을 결정하고 기판력의 내용을 형성하는 그 자체에 직접 영향을 주는 것은 아니라 할지라도 그 재판의 밀접 불가결한 실질적 효력이 달라지는 구속영장의 효력에 관계되는 것이어서 재판의 내용이나 효력 중에 어느 하나라도 그에 관한 법률적 의미가 전혀 달라지는 경우에 해당하는 것이므로 재판의 전제성이 있다."
2) 헌재 1993. 11. 25. 92헌바39; 헌재 1992. 12. 24. 92헌가8.
3) 대법원은 대법원 1995. 7. 11. 선고 94누4615 판결에서 '중대명백설'을 채택한 이래, 이에 관하여 이제는 대법원의 판례가 확립되어 있다.
4) 헌재 1994. 6. 30. 92헌바23, 판례집 6-1, 592, 604.
5) 헌재 1999. 9. 16. 92헌바9, 판례집 11-2, 262, 270; 헌재 2004. 1. 29. 2002헌바73, 판례집 16-1, 103, 109-110 참조.

할 수 없게 된다. 재판의 전제성에 관한 법원의 이러한 판단은 원칙적으로 헌법재판소에 의하여 존중되어야 할 것인데, 헌법재판소가 어느 정도로 법원의 판단을 배척하고 재판의 전제성을 인정할 것인지에 관하여는 앞으로의 판례를 지켜봐야 할 것이다.

(다) 평등원칙위반과 재판의 전제성

당해 소송의 원고를 평등원칙에 반하여 특정한 급부의 수혜대상으로부터 제외시키고 있는 법률규정의 경우, 그 법률규정이 위헌이나 헌법불합치로 선언된다 하더라도, 법원은 헌법재판소의 결정을 근거로 다른 내용의 판결을 할 수 없고,[1] 그 결과 당해 소송의 원고는 헌법재판소의 결정을 근거로 하여 아무 것도 요구할 수 없다. 그렇다면, 시혜적 법률규정이 평등원칙에 위반된다는 의심이 있는 경우, 재판의 전제성이 있다고 볼 수 있는지의 문제가 제기된다.

시혜적 법률이 평등원칙에 위반되는 경우, 헌법재판소가 헌법불합치결정을 함으로써 입법자가 당해사건의 당사자에게 유리한 개선입법을 할 수 있는 기회를 개방할 수 있으므로, 재판의 전제성이 인정된다고 보아야 한다. 헌법재판소가 심판대상조항에 대하여 평등권 위반을 이유로 헌법불합치결정을 선고하고, 입법자가 그 결정취지에 따라 수혜대상을 확대하여 청구인을 수혜대상의 범위에 포함시키는 가능성을 배제할 수 없으며, 이와 같은 방향으로 법률을 개정하게 되면 개정법률이 당해사건에 소급적으로 적용되는 결과가 발생하여, 법원은 개정법률에 따라 당해사건에 관한 판결을 달리 해야 할 것이므로, 재판의 전제성이 인정된다.[2]

라. 재판의 전제성요건의 심사

(1) 제청법원의 법적 견해에 대한 원칙적인 존중

(가) 재판의 전제성은 위헌제청의 요건이자 동시에 위헌법률심판의 적법요건이다. 헌법재판소는 자신이 관장하는 위헌법률심판의 적법요건인 '재판의 전제성' 요건이 충족되는지 여부에 관하여 심사할 권한과 의무를 가진다. 한편, 법원은 위헌제청을 하기 위하여 '재판의 전제성' 요건을 판단해야 한다. 법원은 재판의 전제성요건이 충족되는지 여부를 판단하기 위하여 위헌여부가 문제되는 법률이 당해재판에 적용되는지, 나아가 그 법률의 위헌여부에 따라 담당법원이 다른 내용의 재판을 하게 되는지의 여부를 검토해야 하는데, 재판의 전제성에 관한 법원의 판단은 당해재판에 적용되는 법률의 해석과 적용을 통하여 이루어진다.

여기서 헌법재판소가 재판의 전제성요건에 관한 법원의 판단을 어느 정도로 심사할 수 있는지, 헌법재판소가 법률의 해석과 적용에 관한 법원의 판단을 전면적으로 재심사할 수 있는지의 문제가 제기된다. 이러한 문제는, 법원과 헌법재판소가 당해사건의 해결이라는 공동의 과제를 이행함에 있어서 '재판의 전제성요건에 관한 판단'이라는 과제를 양자 사이에서 어떻게 배분해야 하는지에 관한 문제라 할 수 있다.

(나) 법원은 당해사건의 해결에 관한 원칙적인 관할을 가진다. 재판절차의 형성, 사실관계의 확정

---

1) 헌법재판소가 시혜적 법률에 대하여 위헌결정을 하는 경우 시혜적 법률은 법질서에서 제거되기 때문에, 법원은 위헌결정의 경우에도 합헌결정일 때와 마찬가지로 청구를 기각해야 하고, 헌법불합치결정의 경우에는 단지 절차를 정지하게 된다.
2) 헌재 1999. 7. 22. 98헌바14, 판례집 11-2, 205, 216; 헌재 2000. 8. 31. 98헌바100, 판례집 12-2, 211, 219; 헌재 2006. 4. 27. 2005헌바69, 판례집 18-1상, 561, 567.

과 평가, 법률의 해석과 구체적인 개별사건에 대한 법률의 적용은 전적으로 법원의 관할에 속한다. 따라서 구체적 법적 분쟁의 해결에 있어서 관할법원의 법적 견해, 특히 법률의 해석과 적용에 관한 법적 견해는 결정적인 것이므로, 원칙적으로 존중되어야 한다.[1] 헌법재판소는 재판의 전제성에 관한 심사에 있어서 제청법원의 법적 견해가 명백히 유지될 수 없는 것이 아닌 한, 제청법원의 법적 견해를 판단의 기초로 삼는다. 즉, 헌법재판소는 재판의 전제성 판단에 있어서 법원의 법률해석에 원칙적으로 구속을 받으나, 사실관계나 법률의 해석에 관한 법원의 판단이 명백히 유지될 수 없는 경우에는 예외적으로 법원의 위헌제청은 재판의 전제성을 결여한 것으로 부적법하다.[2]

그러나 재판의 전제성이 헌법적 판단에 달려 있는 경우에는 법적 상황은 전혀 다르다. 헌법적 문제의 판단, 즉 실체법인 헌법 및 이를 관철하기 위한 절차법인 헌법소송법의 해석에 관한 문제는 헌법재판소의 관할사항이다. 따라서 재판의 전제성이 헌법적 선결문제의 판단에 달려있다면, 헌법재판소는 재판의 전제성과 관련하여 법원의 법적 견해를 판단의 기초로 삼지 않는다. 관할법원에 의하여 원칙적으로 판단되는 법률 해석과는 달리, 헌법재판소는 헌법해석의 최종적인 결정권자로서 헌법적 선결문제에 관한 제청법원의 판단을 전면적으로 심사할 수 있으며, 이로써 제청법원의 헌법적 견해를 배척하고 자신의 견해로 대체할 수 있다.[3]

(2) 법률의 위헌성에 대한 의심의 정도

헌법재판소의 확립된 판례에 의하면, 법원은 담당법관 스스로의 법적 견해에 의할 때 법률조항에 대하여 단순한 의심을 넘어선 합리적인 위헌의 의심을 가지고 있다면, 위헌여부의 심판을 제청할 수 있다.[4] 이로써, 헌법재판소는 '단순한 의심'과 독일 연방헌법재판소의 판례가 요구하는 '위헌에 대한 확신' 사이의 중간적인 입장인 '합리적인 의심설'을 취하고 있다. 제청법원은 위헌의 의심을 진술하는 것만으로는 충분하지 아니하고, 법률이 위헌이라는 자신의 견해를 헌법재판소가 납득할 수 있도록 논증해야 한다. 따라서 법원이나 청구인이 당해 법률조항이 위헌으로 의심되는 이유를 합리적으로 설시할 수 없다면, 그 위헌제청이나 심판청구는 부적법한 것으로 각하될 수 있다.

(3) 법관의 重複提請

재판의 전제성이 있는 법률을 위헌으로 간주하는 법원은 다른 법원이 동일한 법률에 대하여 이미 위헌제청을 한 경우에도 제청해야 한다. 헌법 제107조 제1항에 의하여 법관은 위헌의 의심이 있는 법률에 대하여 위헌제청의 의무가 있으며, 재판절차의 정지를 정당화하기 위해서도 위헌제청을 해야 한다. 다른 법원이 동일한 법률에 대하여 위헌제청을 하였기 때문에 그 결과를 기다리기 위하여 재판절차를 정지하는 것은 허용되지 않는다. 법 제42조 제1항에서 밝히고 있는 바와 같이, 법원은 위헌제청을 한 경우에 한하여 당해 소송사건의 재판을 정지해야 한다.

---

1) 헌재 1993. 5. 13. 92헌가10, 판례집 5-1, 226, 239; 헌재 1996. 10. 4. 96헌가6, 판례집 8-2, 308, 321.

2) 헌법재판소는 이른바 노동관련법 등 날치기 통과와 관련한 법원의 위헌제청을 법원의 견해가 명백히 유지될 수 없다고 보아 이를 각하한 바 있다(헌재 1997. 9. 25. 97헌가4, 판례집 9-2, 332; 헌재 1997. 9. 25. 97헌가5, 판례집 9-2, 344). 또한, 헌재 2003. 11. 27. 2002헌바102, 판례집 15-2하, 258, 266-269 참조.

3) 헌재 1999. 12. 23. 98헌바33, 법원이 소송당사자의 제청신청을 기각하면서 그 결정에서 시혜적 법률조항에 대하여 재판의 전제성이 없다고 하였으나, 헌법재판소는 "만일 위 법률조항이 평등원칙에 위반된다면 그에 관하여 헌법불합치결정이 선고될 가능성이 있고, 이에 따라 청구인에게 유리한 내용으로 법률이 개정되어 적용됨으로써 이 사건 당해사건의 결론이 달라질 수 있다."고 하여 재판의 전제성을 인정하였다.

4) 헌재 1993. 12. 23. 93헌가2, 판례집 5-2, 578, 592.

각 법관은 제청의 계기가 된 다른 절차와 관련하여 법률의 위헌여부가 재판의 전제가 되는지에
관하여 정확히 파악할 수 없으므로, 다른 법관의 위헌제청에 의하여 헌법재판소가 법률의 위헌여부
에 대하여 판단하리라는 것을 신뢰할 수 없다. 또한, 당해사건에서 소가 취하되면 재판의 전제성이
사라짐으로써 헌법재판소는 법률의 위헌여부에 관하여 판단을 할 수 없게 된다. 이러한 경우에는 다
른 법원의 위헌제청에 의하여 헌법재판소가 법률의 위헌여부를 판단하리라고 믿고 있던 법관이 그동
안 하고 있지 않던 위헌제청을 뒤늦게 다시 해야 하는 결과가 발생한다. 따라서 소송경제상의 이유
가 제청의무에 대한 면제를 정당화하는 사유가 될 수 없다.

마. 재판의 전제성 판단의 기준시점과 사정변경

(1) 재판의 전제성은 법원에 의한 위헌제청의 시점뿐만 아니라 헌법재판소에 의한 위헌법률심판
의 시점에도 충족되어야 한다.[1]

(2) 당해사건의 당사자는 법원의 위헌제청을 강제하거나 또는 막을 수는 없으나, 심판의 대상을
임의로 처분할 수 있는 한, 위헌제청의 근거를 제거함으로써 재판의 전제성을 상실케 할 수 있다. 가
령, 당해소송의 당사자는 당해 법원에 계속중인 소송의 종료를 초래하는 소송행위(소의 취하, 화해, 인
낙 등)를 함으로써 당해소송절차를 종료시킬 수 있다. 이 경우, 법원에 계속된 구체적인 사건의 존재
를 전제로 하는 '구체적 규범통제절차'로서의 본질상, 위헌법률심판절차도 무의미해진다. 따라서 제
청법원은 이 경우 위헌제청을 철회해야 한다.

(3) 또한, 위헌제청 이후에 새롭게 발생하거나 확인된 사실, 법률의 개정이나 폐지, 법률의 위헌여
부에 대한 헌법재판소의 결정 등으로 인하여 위헌제청의 요건이 더 이상 충족되지 않는 경우에도 유
사한 상황이 발생할 수 있다. 제청법원은 위헌제청 이후 당해소송의 당사자가 사망한 경우나 법률이
개정·폐지된 경우에는 재판의 전제성이 아직도 존재하는지를 검토해야 하고, 제청요건이 더 이상
존재하지 않는다면, 법원은 위헌제청을 철회해야 한다.

가령, 복수의 법원이 동일한 법률에 대하여 위헌제청을 한 이후 헌법재판소가 다른 위헌법률심판
사건에서 위헌결정을 하는 경우, 위헌으로 선언된 법률은 당해사건에 더 이상 적용되는 법률이 아니
므로 위헌제청은 부적법하다. 또한, 법원의 위헌제청 이후 입법자가 법률개정을 통하여 당해사건의
당사자에게 유리하게 소급효를 가지고 당해사건을 규율하는 경우, 구법조항은 당해사건에 더 이상
적용되는 법률이 아니기 때문에 제청법원은 개정된 법률조항을 제청의 대상으로 삼아야 한다.[2]

(4) 실무상으로 제청법원이 위헌제청을 철회한 경우에는 예외적으로 헌법적 해명을 위하여 본안
판단을 하는 경우가 아닌 한, 헌법재판소는 위헌심판절차가 종료된 것으로 처리하고 있다. 만일, 재
판의 전제성이 제청 이후의 사정변경으로 인하여 소멸하였음에도 제청법원이 위헌제청을 철회하지
않는 경우에는, 헌법재판소는 그 위헌제청을 재판의 전제성이 없어 부적법한 것으로 각하한다.[3]

1) 헌재 1993. 12. 23. 93헌가2, 판례집 5-2, 578, 588.
2) 가령, 법원의 위헌제청의 시점에는 당해 사건에 구법조항이 적용되었기 때문에 재판의 전제성이 있었으나, 위헌제청
이후의 법률개정으로 인하여 당해사건에 대해서도 소급효를 가지는 신법조항을 적용해야 하는 경우에는 구법조항
은 심판 계속중 재판의 전제성을 상실하여 부적법하다(헌재 2000. 8. 31. 97헌가12(국적법), 판례집 12-2, 167, 178].
특히, 형벌 법규가 개정되어 그 형이 구법보다 경하게 된 때에는 신법이 적용되므로, 위헌제청 이후 법정형이 경하
게 개정된 경우에는 구법조항은 재판의 전제성을 상실한다(헌재 2006. 4. 27. 2005헌가2, 판례집 18-1상, 478, 484).
3) 헌재 1989. 4. 17. 88헌가4, 판례집 1, 27, 29.

바. 재판의 전제성과 헌법적 해명

헌법재판소는, 법률의 위헌여부에 관한 판단이 본안사건에 영향을 미칠 수 없는 경우라 하더라도, 개별사건을 떠나서 일반적 의미가 있으며 공공복리를 위하여 중요한 의미가 있는 경우에는 재판의 전제성의 예외를 인정하고 있다. 즉, 헌법재판소는 당해 소송사건이 종료되어 재판의 전제성이 소멸된 경우이거나 또는 법 제68조 제2항에 의한 헌법소원심판에서 심판대상조항에 대한 헌법소원이 인용된다 하더라도 당해 소송사건에 영향을 미칠 수 없어 재판의 전제성이 없는 경우에도, 제청 당시에 전제성이 인정되는 한, 객관적 헌법의 수호·유지를 위하여 헌법적 해명이 필요한 긴요한 사안이나 기본권침해가 반복될 위험이 있는 경우에는 예외적으로 본안판단을 하고 있다.[1]

그러나 주관적 절차인 헌법소원심판절차에서 청구인의 권리보호이익과 관련하여 확립된 판례를 주관적 권리의 관철에 기여하지 않는 객관적 절차인 위헌법률심판절차에도 그대로 적용하는 것이 타당한 것인지에 대하여 의문이 제기되고,[2] 나아가 이와 같이 법률의 위헌여부에 관한 확인이 당해사건의 해결에 기여하는 바가 없음에도 단지 헌법적 해명의 필요성 때문에 법률의 위헌여부에 관하여 판단한다는 것은, 당해사건의 해결을 전제로 하는 구체적 규범통제를 당해사건의 해결과 분리된 추상적 규범통제로 변질시킨다는 점에서 법리적으로 타당한 것인지 의문이 제기된다. 헌법재판소가 재판의 전제성이 인정되지 않는 경우에도 '객관적 헌법질서의 수호와 유지'의 관점에서 법률의 위헌여부에 관하여 광범위하게 판단하는 경우, 위헌법률심판은 구체적 규범통제에서 추상적 규범통제로 변질될 위험을 안고 있다.

Ⅳ. 위헌법률심판의 심사기준

1. 헌법의 모든 규정

위헌법률심판절차는 객관소송의 일종이므로, 헌법의 모든 규정이 법률의 위헌성판단의 기준이 된다. 따라서 심판대상에 대한 위헌심사가 기본권의 침해 여부에 제한되지 않는다.

여기서의 헌법이란, 형식적 의미의 憲法典을 말하나, 헌법해석을 통하여 헌법재판소가 인정한 헌법의 원칙이나 근본적 결정을 포함한다. 예컨대, 법치국가원리(법적 안정성)로부터 도출되는 '신뢰보호의 원칙'이나 민주주의원리로부터 도출되는 '의회유보의 원칙' 등이 이에 속한다. 자연법이나 정의도 심사기준으로 고려되나, 이를 기준으로 심사하는 것이 사실상 불가능할 뿐 아니라 불필요하다.

2. 위헌심사의 관점

헌법재판소는 위헌법률심판절차에서 제청법원이나 제청신청인이 주장하는 법적 관점에서뿐만 아니라 심판대상규범의 법적 효과를 고려하여 모든 헌법적 관점에서 법률의 위헌성을 심사한다. 법원의 위헌제청을 통하여 제한되는 것은 오로지 심판의 대상인 것이지, 위헌심사의 기준이 아니다.[3]

---

1) 헌재 1993. 12. 23. 93헌가2, 판례집 5-2, 578, 591; 헌재 2001. 4. 26. 98헌바79 등, 판례집 13-1, 799, 817.

2) 헌법재판소는 헌법소원심판절차에서 형성된 법리를 위헌법률심판절차에 그대로 적용하고 있다. 이에 관한 판시내용으로 헌재 1993. 12. 23. 93헌가2, 판례집 5-2, 578, 590.

3) 예컨대, 자도소주 구입명령제도 사건(헌재 1996. 12. 26. 96헌가18)에서 심판대상인 주세법규정이 청구인인 주류판매업자에 미치는 기본권제한적 효과에 제한하지 아니하고, 그 외의 관련자인 주류제조업자나 소비자에게 미치는

V. 심판대상의 확정

1. 원 칙

'재판의 전제성' 요건은 한편으로는 법원의 제청가능성을 제한하면서, 다른 한편으로는 헌법재판소에 대하여 심판대상을 제한한다. 헌법재판소는 원칙적으로 제청법원에 의하여 제청된 법률 또는 법률조항만을 심판의 대상으로 삼을 수 있다(_{법 제}45조).

제청법원은 가능하면 구체적으로 범위를 좁혀서 법률조항이 분할될 수 있다면 가능한 한 세분하여 재판의 전제가 되는 법률조항에 대하여 위헌심판제청을 하여야 하고, 헌법재판소는 심사범위를 위헌심판을 제청한 범위에 한정해야 한다. 이러한 제한은, 구체적인 사건을 해결하기 위한 선결문제로서 법률의 위헌여부에 대하여 판단한다는 구체적 규범통제의 본질로부터 나오는 것이자, 司法作用에 일반적으로 적용되는 신청주의의 표현이라 할 수 있다.

2. 심판대상의 제한

실무상 제청법원이나 헌법소원심판('헌바 사건') 청구인은 심판대상을 적절하게 제한하지 않고 당해 법률조항 전부 또는 심지어 법률 전부에 대하여 위헌심판제청이나 헌법소원심판청구를 하는 사례가 있다. 이 경우, 헌법재판소가 재판의 전제성이 없는 부분을 제외하고 심판의 대상을 확정함으로써, 그 제한된 심판대상에 대해서만 위헌성여부를 판단하게 된다.

3. 심판대상의 확장

심판대상을 법원에 의하여 위헌제청된 법률조항에 국한시키지 아니하고, 법적 명확성, 법적 안정성, 법의 통일성, 소송경제의 관점에서 불가피하게 다른 법률 또는 법률조항에까지 확장해야 할 필요가 있을 수 있다. 예컨대, 헌법재판소는 재판의 전제성이 있는 부분과 체계적으로 밀접한 관련이 있는 부분에 대해서도 심판대상을 확장하고 있다.

한편, 위헌제청은 개정 전 법률조항에 대하여 이루어졌지만, 제청된 법률과 마찬가지의 위헌성이 개정법률 또는 다른 유사법률에 존재하는 경우, 개정법률 또는 유사법률에 대해서도 심판대상을 확장할 수 있는지의 문제가 제기된다. 헌법재판소는 종래 이에 대하여 소극적으로 판단하여 심판대상의 확장을 부인하였다. 그러나 헌법재판소는 최근의 결정에서는 심판대상을 개정된 법률조항에 대해서도 확대하는 방향으로 입장을 변경하고 있다.[1]

효과(주류제조업자의 기업의 자유, 소비자의 자기결정권 등)까지 헌법적 관점에서 심사하였다.

1) 헌재 2007. 7. 26. 2003헌마377(문화재 은닉행위의 처벌), 판례집 19-2, 90, 96; 헌재 2008. 6. 26. 2005헌마506(텔레비전 방송광고의 사전심의제), 판례집 20-1하, 397; 헌재 2008. 11. 27. 2006헌마352(방송광고 판매대행), 판례집 20-2하, 367, 368, "이 사건 구 방송법 규정과 구 방송법시행령 규정은 개정이 이루어졌으나 개정된 규정들과 구 방송법령 규정 사이에는 본질적인 차이가 없으므로 위헌결정의 실효성을 담보하고, 법질서의 정합성과 소송경제를 위하여 개정된 방송법 제73조 제5항과 방송법시행령 제59조 제5항에 대해서도 이 사건 규정과 함께 위헌을 선언한다."

4. 심판대상의 변경

헌법재판소는 법 제68조 제2항에 의한 헌법소원심판에서 당사자가 청구취지 등에서 위헌확인을 구하고 있는 대상법률조항에 대하여, 심판청구이유, 법원에서의 위헌여부심판제청신청사건의 경과, 당해사건 재판과의 관련성의 정도, 이해관계기관의 의견 등 여러 가지 사정을 종합하여, 직권으로 청구인이 구한 심판의 대상을 변경하여 확정하는 경우가 있다.

Ⅵ. 법률의 위헌성심사에 있어서 決定의 類型과 效力[1]

1. 決定類型

위헌법률심판청구나 헌법소원심판청구가 부적법한 경우, 헌법재판소는 각하결정을 한다. 위헌법률심판의 경우, "이 사건 위헌여부심판제청을 각하한다."는 형식으로 표시하며, 헌법소원심판의 경우, "이 사건 심판청구를 각하한다."는 형식으로 표시한다.

헌법재판소법은 본안에 관한 결정유형, 즉 규범통제의 결과를 合憲決定과 違憲決定의 2 가지 형태로만 규정하고 있다($\binom{법 \ 제45조}{및 \ 제47조}$). 그러나 이 두 가지 결정유형만으로는 규범통제에서 나타나는 다양한 문제를 합리적으로 해결할 수 없기 때문에, 헌법재판소는 變形決定(헌법불합치결정 및 한정위헌·합헌결정)이란 제3의 결정형식을 택하고 있다.

가. 合憲決定

(1) 헌법재판소가 법률의 위헌여부를 심리한 결과 헌법위반을 확인할 수 없는 경우, 즉 재판관 6인 이상의 찬성이 없을 때, 헌법재판소는 합헌결정을 한다($\binom{헌법 \ 제113조 \ 제1항,}{법 \ 제23조 \ 제2항}$). 위헌법률심판 및 법 제68조 제2항에 의한 헌법소원의 경우, "법률은 헌법에 위반되지 아니한다."라는 주문형식을 채택한다. 법 제68조 제1항에 의한 헌법소원의 경우, 청구인의 심판청구의 대하여 "이 사건(또는 청구인의) 심판청구를 기각한다."는 형식의 기각결정을 한다.

(2) 헌법재판소는 초기에 합헌결정의 일종으로서, "…이 헌법에 위반된다고 선언할 수 없다."는 형식의 주문을 취하는 위헌불선언결정을 채택한 바 있다. 위헌불선언결정은 재판관 9인 중 위헌의견이 다수이기는 하나 위헌결정 정족수인 6인에 이르지 못한 경우, 재판관의 과반수 이상이 위헌의견을 가지고 있다는 것을 표현하고자 채택된 주문이었으나, 현재는 더 이상 사용되고 있지 않다.

나. 違憲決定

(1) 헌법재판소가 재판관 9인 중 6인 이상의 찬성으로 법률의 위헌성을 확인하는 경우, "법률은 헌법에 위반된다."는 주문형식으로 선고를 하게 된다. 이러한 주문형식은 위헌법률심판 및 법 제68조 제1항 및 제2항에 의한 헌법소원의 경우에 모두 공통적으로 채택된다($\binom{제75조, \ 제6항,}{제45조, \ 제47조}$).

(2) 一部違憲決定

일부위헌결정이란 심판의 대상인 법조문 중에서 특정의 항이나 일부 문구만을 위헌이라고 선언하는 결정유형이다.

---

1) 한수웅, 憲法不合致決定의 憲法的 根據와 效力, 憲法論叢 제6집(1995), 481면 이하; 憲法不合致決定의 遡及效力(판례평석), 判例月報 1997. 10, 8면 이하 참조.

가령,『소송촉진 등에 관한 특례법 제6조 제1항 중, "다만 국가를 상대로 하는 재산권의 행사에 관하여는 가집행의 선고를 할 수 없다"는 부분은 헌법에 위반된다.』는 형식으로 나타난다.

다. 變形決定

변형결정으로는 헌법불합치결정 및 한정위헌·합헌결정이 있다. 변형결정은 위헌결정의 일종이다. 변형결정에 관해서는 아래에서 상세하게 다루기로 한다.

2. 위헌결정 효력의 시간적 범위

위헌결정의 효력을 언제부터 발생시킬 것인가에 관하여는 크게 遡及無效와 將來無效로 구분된다. 소급효 또는 장래효를 택하는가의 문제는 법적 안정성과 실질적 정의 중에서 어떠한 법익에 더 비중을 두는가에 달려있다.

가. 遡及無效(ex tunc)

독일에서는 전통적으로 '위헌적인 법률은 당연히 무효'라는 '당연무효'의 법리가 형성되었다. 이에 따르면, 위헌적인 법률은 당연히 무효이기 때문에, 법률을 제거하는 다른 별도의 형성행위를 필요로 함이 없이 법제정 당시의 처음부터 아무런 법적 효력을 갖지 않는다. 즉 위헌법률은 무효이고, 무효인 법률은 처음부터 법현실에 존재한 적이 없다("위헌적인 법률은 처음부터 법률일 수 없다.")는 사고이다. 그러므로 이러한 법리에 따르면, 존재하지 않는 것은 제거할 수도 없기 때문에, 헌법재판소는 위헌결정을 통하여 위헌적인 법률을 제거하는 것이 아니라 단지 무효임을 선언적으로 확인하는 것이다.

위헌결정의 이러한 소급효력은 필연적으로 무효인 법률이 근거가 된 모든 공권력의 행위도 또한 무효가 된다는 결과를 가져온다. 예컨대, 세법이 10년 전부터 시행되어 오다가 어느 날 위 법률에 대하여 위헌결정이 내려지면, 과거 10년간 위 법률을 근거로 한 모든 과세처분이 무효가 되고, 이에 따라 징수한 세금을 다시 돌려주어야 한다는 결과가 발생한다.

그러나 이는 법적 혼란을 가져오고 법적 안정성을 크게 저해하므로, 소급무효의 원칙을 인정한다 하더라도 법적 안정성의 측면에서 소급효를 다시 제한할 수밖에 없다. 따라서 독일의 연방헌법재판소법 제79조 제2항은 "위헌결정 당시 이미 확정된 판결이나 행정처분은 위헌결정에 아무런 영향을 받지 않는다."고 규정하고 있다. 그 결과, 위 예의 경우, 과세처분이 확정된 경우에는 위헌적 법률인 세법을 근거로 하여 낸 세금을 돌려받지 못하고, 다만 과세처분에 대하여 행정심판이나 행정소송의 형태로 이의를 제기하였거나 제기할 수 있는 경우에만, 즉 아직 확정되지 않은 사건의 경우에만 법률에 대한 위헌결정의 혜택을 입게 된다. 독일에서 위헌결정의 효력은 원칙적으로 소급무효이나, 법적 안정성의 관점에서 소급효를 대폭 제한하고 있다.

나. 將來無效(ex nunc)

장래무효설 또는 폐지무효설은 오스트리아 헌법재판제도에서 취하는 입장으로 우리 헌법재판소법도 이를 따르고 있다. 장래무효설의 경우, 위헌적인 법률도 헌법재판소의 결정이 있을 때까지는 유효한 것으로 간주되어 사실상 법질서의 일부를 구성하며, 단지 특별한 절차에 의하여 폐지될 수 있을 뿐이라는 사고가 그 바탕을 이루고 있다. 이에 따라, 위헌적 법률은 당연히 처음부터 무효인 것이 아니라 위헌결정으로 장래효력을 상실하도록 폐지될 수 있다.

한편, 오스트리아 헌법재판소는 구체적 규범통제절차의 계기를 제공한 당해사건과 구두변론 당시 또는 평의개시 당시에 헌법재판소에 계류중인 사건에 대하여 소급효력을 인정하고 있으며, 나아가 1976년 이후에는 당해사건뿐만 아니라 다른 유사사건에 대해서도 위헌법률의 적용을 배제할 것인지의 여부에 관하여 결정할 수 있는 재량이 헌법재판소에 부여되었는데, 헌법재판소가 위헌결정에서 별도의 소급효를 선언하는 경우에는 아직 확정력을 부여받지 않은 모든 사건에 대하여 위헌법률의 적용이 배제된다.

다. 헌법재판소법 제47조 제2항에서 위헌결정의 시간적 효력 범위

(1) 헌법재판소법은 제47조 제2항에서 "위헌으로 결정된 법률 또는 법률의 조항은 그 결정이 있는 날부터 효력을 상실한다."고 규정함으로써 위헌결정의 시간적 효력에 관하여 '위헌적 법률은 당연히 처음부터 무효인 것이 아니라 위헌결정으로 장래효력을 상실하도록 폐지될 수 있다'는 내용의 장래무효의 원칙을 채택하였다. 헌법재판소법은 법적 안정성을 중시하여 원칙적으로 장래무효의 입장을 취하면서, 다만 형벌에 관한 조항에 관해서는 실질적 정의의 관점에서 소급무효를 따르고 있다.[1]

(2) 한편, 위헌결정의 장래효력은 당해사건(위헌결정의 직접적인 계기를 제공한 사건)에 어떠한 결과를 가져오는지의 문제가 제기된다.

헌법재판소법 제47조 제2항은 장래무효에 대한 예외규정을 두고 있지 않다. 그러나 장래무효의 원칙을 무제한적으로 인정한다면, 위헌결정 이후에 발생하는 사실관계에 대해서만 위헌결정의 효력이 미침으로써 위헌법률의 적용이 배제된다. 즉, 위헌결정 이전에 이미 발생하여 위헌법률에 의하여 그 법률요건이 충족됨으로써 위헌법률의 적용을 받게 된 사실관계에 대해서는 심지어 당해사건에조차, 위헌결정 이후에도 여전히 위헌법률이 적용되어야 한다는 결과가 발생하는 것이다. 예컨대, 개정민법이 장래에 있어서 시행되어 효력을 발생하는 경우, 개정민법 시행일 이전에 개시된 상속에 대해서는 개정민법 시행 이후에도 구법규정의 적용을 받는 것과 같다.

(3) 그러나 당해사건에까지 위헌결정의 소급효를 부인한다면, 즉, 당해사건도 위헌법률의 적용을 받아야 한다면, 이는 또한 헌법소원을 제기할 실익이 없게 되고 위헌제청을 한 재판의 전제성마저 부인하는 결과로 나타난다.[2]

"법률의 위헌여부의 심판제청은 그 전제가 된 당해사건에서 위헌으로 결정된 법률조항의 적용을 받지 않으려는 데에 그 목적이 있고, 헌법 제107조 제1항에도 위헌결정의 효력이 일반적으로 소급하지 아니하더라도 당해사건에 한해서는 소급하는 것으로 보아, 위헌으로 결정된 법률조항의 적용을 배제한 다음 당해사건을 재판하도록 하려는 취지가 포함되어 있다고 보일 뿐만 아니라, 만일 제청을 하게 된 당해사건에 있어서도 소급효를 인정하지 않는다면, 제청 당시 이미 위헌여부심판의 전제성

---

1) 헌법재판소는 헌재 1993. 5. 13. 92헌가10 등 결정에서 [위헌결정의 원칙적인 장래무효를 규정한 구법 제47조 제2항 본문의 위헌여부에 관하여 "헌법재판소에 의하여 위헌으로 선고된 법률 또는 법률의 조항이 제정 당시로 소급하여 효력을 상실하는가 아니면 장래에 향하여 효력을 상실하는가의 문제는 … 입법정책의 문제인 것으로 보인다. 우리의 입법자는 법 제47조 제2항 본문의 규정을 통하여 형벌법규를 제외하고는 법적 안정성을 더 높이 평가하는 방안을 선택하였는바, 이에 의하여 구체적 타당성이나 평등의 원칙이 완벽하게 실현되지 않는다고 하더라도 헌법상 법치주의의 원칙의 파생인 법적 안정성 내지 신뢰보호의 원칙에 의하여 정당화된다 할 것이고, 특단의 사정이 없는 한 이로써 헌법이 침해되는 것은 아니라 할 것이다."라고 하여 헌법에 위반되지 아니한다고 판단하였고, 이후에도 일련의 결정에서 이러한 입장을 유지하고 있다.
2) 위헌여부의 판단에 따라 재판의 결과가 달라지지 않는다.

을 흠결하여 제청조차 할 수 없다고 해석되어야 하기 때문에, 구체적 규범통제의 실효성을 보장하기 위해서라도 적어도 당해사건에 한해서는 위헌결정의 소급효를 인정하여야 한다."[1] 헌법 제107조 제1항은 법원은 '법률의 위헌여부에 대한 헌법재판소의 결정이 있으면 그 심판에 따라 재판한다'고 규정함으로써, 위헌결정이 있으면 위헌법률이 당해사건에 적용되지 않음으로써 당해사건에는 소급효가 미친다는 것을 간접적으로 표현하고 있다.

또한, 법률에 대한 헌법소원에 있어서 심판청구가 적법하기 위해서는 헌법소원이 인용되는 경우에 청구인의 법적 지위의 향상을 가져오는 권리보호이익이 존재해야 하는데, 만일 당해사건에까지 위헌결정의 소급효를 부인한다면, 당해사건도 위헌법률의 적용을 받아야 한다. 그렇다면, 청구인에게는 헌법소원심판을 청구할 수 있는 심판의 이익이 존재하지 아니하므로 권리보호이익의 결여로 말미암아 결국 아무도 헌법소원을 제기할 수 없다는 결과가 발생한다. 따라서 당해사건에 위헌결정의 소급효가 미친다는 것은 위헌제청의 전제성과 헌법소원의 권리보호이익을 인정함으로써 위헌법률심판과 헌법소원심판을 가능하게 하기 위한 당연한 전제조건이다.

뿐만 아니라, 소급효를 인정함에 있어서 당해사건과 유사사건을 서로 달리 취급해야 할 아무런 합리적인 이유가 없으므로, 대법원은 위헌결정의 소급효를 헌법재판소와 법원에 계속중인 모든 유사사건에도 확대하고 있다.[2] 헌법재판소도 근본적으로 대법원과 같은 입장이다. 헌법재판소는 최근의 결정에서 '예외적으로 소급효를 인정하여야 하는 범위'에 관하여, 첫째, 헌법재판소에 법률의 위헌결정을 위한 계기를 부여한 사건(당해 사건), 위헌결정이 있기 전에 이와 동종의 위헌 여부에 관하여 헌법재판소에 위헌제청을 하였거나 법원에 위헌제청신청을 한 사건(동종사건), 그리고 따로 위헌제청신청을 아니하였지만 당해 법률조항이 재판의 전제가 되어 법원에 계속중인 사건(병행사건)에 대하여는 예외적으로 소급효를 인정하여야 하고, 둘째, 위헌결정 이후에 제소된 사건(일반사건)이라도 구체적 타당성의 요청이 현저하고 소급효의 부인이 정의와 형평에 반하는 경우에는 예외적으로 소급효를 인정할 수 있다는 입장을 밝히고 있다.[3]

(4) 헌법재판소법은 제47조 제2항에서 위헌결정의 소급효에 관하여 명시적으로 규정하고 있지 않

---

1) 대법원 1991. 6. 11. 선고 90다5450 판결.

2) ① 헌법재판소가 동일한 법률조항에 대한 헌법소원사건이나 위헌법률심판사건을 전부 병합하여 위헌결정을 하지 아니하고 그 중 일부에 대해서만 위헌결정을 한 경우, 직접 위헌결정의 계기를 제공하지 않은 다른 사건들은 단지 헌법재판소의 위헌결정을 미리 받지 못하였다는 우연한 사정 때문에 여전히 위헌법률의 적용을 받게 되는 결과를 가져오게 된다. 그러나 권리구제의 여부가 우연에 의하여 결정된다는 것은 매우 불합리, 불공평하며, 규범통제의 실효성을 보장하기 어렵다. ② 또한, 법원에 계속 중인 사건의 경우, 단지 법원이 위헌제청을 조금 늦게 하였다는 이유로, 또는 헌법재판소법 제68조 제2항에 의한 헌법소원의 경우에는 법원이 당사자의 제청신청의 기각을 늦게 하였다는 우연한 사정으로 위헌결정의 적용을 받는지의 여부가 결정된다는 것은 지극히 불합리하다. 따라서 대법원의 판례에 의하면, 헌법재판소의 위헌결정은 당해사건뿐 아니라 헌법재판소나 법원에 계속 중인 모든 유사사건에 대해서도 소급효를 가진다. ③ 뿐만 아니라, 행정청에 이의를 제기하여 계류 중인 사건의 경우에도 행정청에서 보다 신속하게 결정하였다면, 위헌결정 당시에 법원에 계속 중일 가능성을 배제할 수 없으므로, 또한 행정청에 계류 중인 사건에 대해서도 소급효가 미쳐야 한다.

3) 헌재 2013. 6. 27. 2010헌마535, 판례집 25-1, 548, 554 참조. 나아가, [예외적 소급효를 인정할 수 없다는 법원의 판단이 헌법소원의 대상이 되는 재판에 해당하는지 여부(소극)] 판례집 25-1, 548, 555, "구체적 사안이 병행사건에 해당하는지 여부는 구체적 사실관계를 기초로 법원이 판단할 사항이고, 일반사건에 대하여 예외적으로 위헌결정의 소급효를 인정할 것인지 여부에 관한 법원의 판단도 헌법재판소가 그에 대하여 미리 밝힌 바 없는 한 최대한 존중되어야 한다. 그렇다면 … 일반사건에 해당하나 예외적 소급효를 인정할 수 없다는 이 사건 법원의 판단이 헌법재판소가 위헌으로 결정한 법률을 적용함으로써 국민의 기본권을 침해한 것으로 예외적으로 헌법소원의 대상이 되는 판결에 해당하다고 볼 수 없다."

지만, 위와 같은 이유에서 해석을 통하여 적어도 제한적인 범위에서나마 소급효를 인정해야 한다.

장래무효의 원칙을 취하는 경우 위헌제청의 전제성과 헌법소원의 권리보호이익의 관점에서 일정 범위의 사건에 대하여 소급효를 인정하지 않을 수 없으며 소급무효의 원칙을 취하는 경우에는 법적 안정성의 관점에서 소급효를 대폭 제한하지 않을 수 없기 때문에, 입법자가 위헌결정의 시간적 효력과 관련하여 장래무효 또는 소급무효 중 어느 것을 취하든 간에, 결과적으로 유사한 결과에 이르는 현상을 엿볼 수 있다. 결국 소급효가 미치는 범위는 '위헌법률의 적용을 받는 기존의 법률관계가 확정되었는지'의 기준에 의하여 판단된다.

한편, 법률을 적용하는 구체적인 집행행위가 있는 일반적인 경우에는 집행행위의 확정여부를 통하여 소급효가 미치는 범위를 결정할 수 있다. 그러나 예외적으로 집행행위가 없이 직접 기본권을 제한하는 법률의 경우에는 소급효가 미치는 범위를 위와 같이 자동적으로 확정하는 기준이 존재하지 않는다. 이러한 경우, 입법자는 법 제47조의 정신을 고려하여 소급효가 미치는 범위를 스스로 정해야 한다.

(5) 법 제47조 제3항은 "제2항에도 불구하고 형벌에 관한 법률 또는 법률의 조항은 소급하여 그 효력을 상실한다. 다만, 해당 법률 또는 법률의 조항에 대하여 종전에 합헌으로 결정한 사건이 있는 경우에는 그 결정이 있는 날의 다음 날로 소급하여 효력을 상실한다."고 하여 형벌조항에 대하여 예외적으로 위헌결정의 소급효를 인정하고 있다. 여기서 "형벌에 관한 법률 또는 법률의 조항"이란 범죄의 성립에 관한 실체적인 형벌조항에 한정된다. 형사절차에 관한 법률조항에 대한 위헌선언의 경우에는 소급효가 인정되지 않는다.[1] 형벌조항에 대한 위헌결정의 '소급효'란, 위헌결정 전에 이미 형벌조항의 구성요건을 충족시킨 사건이라 하더라도 위헌결정이 소급적으로 효력을 미침으로써 더 이상 형벌조항을 적용할 수 없다는 것을 의미한다. 따라서 검사는 불기소처분이나 공소취소를 해야 하고, 법원은 무죄판결을 해야 한다.

한편, 법 제47조 제3항 단서는, 형벌조항에 대하여 종전에 헌법재판소의 합헌결정이 있는 경우에는 위헌결정의 소급효가 합헌결정 이후에만 미치도록 규정함으로써, 위헌결정의 소급효를 제한하고 있다. 가령, 헌법재판소는 간통죄를 처벌하는 형법 제241조에 대하여 과거에 4차례에 걸쳐 합헌결정을 하였다가, 2015년 위헌결정(헌재 2015. 2. 26. 2009헌바17)을 하였는데, 이 경우 위헌결정의 소급효는 마지막 합헌결정(헌재 2008. 10. 30. 2007헌가17)을 하였던 날의 다음 날까지 미친다.

나아가, 위헌으로 선언된 형벌조항을 적용한 유죄판결이 확정되었다면, 재심을 청구할 수 있다(법 제47조 제4항). 여기서 유의할 것은, 법원에 의하여 이미 선고된 유죄판결이 그 자체로서 무효가 되거나 유죄확정판결의 집행이 정지된다거나 진행 중인 형의 집행이 중지되는 것이 아니라, 단지 유죄판결을 받은 자가 재심청구를 통하여 유죄의 확정판결을 다툴 수 있을 뿐이다. 이미 형의 집행이 종료된 후에도 재심을 청구할 수 있다. 재심청구에 대해서는 형사소송법을 준용한다(같은조 제5항).

3. 憲法不合致決定

헌법불합치결정은 법 제47조 제1항에 규정된 위헌결정의 일종으로서, 심판대상이 된 법률(조항)

---

1) 헌재 1992. 12. 24. 92헌가8, 판례집 4, 853, 887.

이 위헌이라 할지라도 입법자의 형성권을 존중하여 그 법률(조항)에 대하여 단순위헌결정을 선고하지 아니하고 '헌법에 합치하지 아니 한다'는 선언에 그치는 변형결정의 주문형식이다. 헌법불합치결정은 원칙적으로 법률의 위헌성을 확인하되 그 형식적 존속을 유지시키면서, 입법자에게 법률의 위헌성을 제거할 의무를 부과하고 입법자의 입법개선이 있기까지 국가기관으로 하여금 위헌적 법률의 적용을 중지시킴으로써 개선된 신법의 적용을 명하는 효력을 갖는다.

가. 헌법불합치결정을 정당화하는 헌법적 사유

법률이 헌법에 위반되는 경우, 헌법의 최고규범성을 보장하기 위하여 그 법률은 원칙적으로 위헌으로 선언되어야 하나, 다음과 같이 헌법불합치결정을 정당화하는 헌법적 사유가 있는 경우는 예외적으로 위헌결정을 피하고 법률의 위헌성만을 확인하는 불합치결정을 할 수 있다. 헌법재판소가 위헌결정을 통해서는 합헌적 상태를 다시 회복할 수 없고 입법자의 활동을 통해서 비로소 합헌적 상태가 회복될 수 있는 경우와 위헌결정을 한다면 법적 공백과 혼란이 우려되는 경우가 이에 해당한다.

(1) 시혜적 법률이 평등원칙에 위반되는 경우

시혜적(施惠的) 법률의 경우 자유권에 대한 침해의 문제는 발생하지 않고 단지 평등권의 위반 여부만이 문제되는데, 이러한 시혜적 법률이 평등원칙에 위반되는 경우가 불합치결정을 하는 대표적인 사유에 속한다. 여기서 불합치결정을 정당화하는 사유는 '입법형성권에 대한 존중'이다.

예컨대, 일정한 범위의 수혜자에게 혜택을 부여하는 법률이 수혜대상으로부터 청구인을 배제한 것이 평등원칙에 위반된다는 주장으로 법률에 대한 헌법소원이 제기된 경우, 이러한 시혜적 규정에 대해 위헌선언을 한다면 이미 존재하는 혜택마저도 없게 되므로, 헌법재판소는 법률규정이 평등원칙에 위반하여 위헌임을 확인하는 의미에서 불합치결정을 하고 입법자에게 그 위헌성을 제거할 의무를 지우는 것이다. 시혜적 법률이 평등권에 위반된다고 판단되는 경우 그것이 어떠한 방법으로 치유되어야 하는가에 관하여는 헌법에 규정되어 있지 않고, 그 위헌적 상태를 제거하여 평등원칙에 합치되는 상태를 실현할 수 있는 여러 가지 선택가능성(시혜적 법률에 의하여 부여된 혜택의 박탈, 수혜대상의 확대 또는 수혜대상범위의 재확정 등)이 있을 수 있으며, 그 중 무엇을 선택하는가는 입법자에게 맡겨진 과제이다. 그러한 경우에 헌법재판소가 평등원칙에 위반되었음을 이유로 단순위헌결정을 한다면, 위헌적 상태가 제거되기는 하지만 입법자의 의사와 관계없이 헌법이 규정하지 않은 특정한 법적 상태를 일방적으로 형성하는 결과가 되고, 결국 입법자의 형성권을 침해하게 된다. 따라서 시혜적 법률이 평등원칙에 위반되는 경우, 입법자의 형성권을 존중하기 위하여 헌법재판소는 불합치결정을 한다.

헌법재판소는 시혜적 법률에 있어서 법률이 규정하는 혜택 그 자체가 위헌이 아니라 단지 다른 법익과의 교량과정에서 혜택의 범위가 문제되는 경우, 만일 헌법재판소가 단순위헌결정을 한다면 현재 존재하는 혜택을 전부 제거하게 되므로, 시혜적 법률에서의 혜택의 범위를 다시 결정해야 하는 경우 헌법불합치결정이 정당화된다고 판시한 바 있다.[1]

(2) 위헌결정으로 인하여 법적 공백과 혼란의 우려가 있기 때문에 위헌적 법률의 잠정적 계속 적용이 요청되는 경우

헌법불합치결정을 정당화하는 또 다른 헌법적 사유는 위헌결정을 하는 경우에 초래되는 '법적 효

---

1) 헌재 1997. 8. 21. 94헌바19 등, 판례집 9-2, 243, 263.

과'이다. 위헌결정을 통하여 법률조항을 법질서에서 제거하는 것이 법적 공백과 혼란을 초래할 우려가 있는 경우에는 예외적으로 위헌조항의 잠정적 적용을 명하는 헌법불합치결정을 할 수 있다. 헌법재판소가 헌법불합치결정을 내려야 비로소 위헌적 법률을 계속 적용토록 명할 수 있기 때문에, 바로 이러한 이유에서 헌법불합치결정을 하는 것이다. 여기서 헌법불합치결정을 통하여 위헌적 법률을 존속케 하고 잠정적으로 적용하게 하는 헌법적 근거는 법치국가적 '법적 안정성'의 요청이다. 위헌결정으로 인하여 발생하는 '규율 없는 법적 공백의 합헌적 상태'보다 '위헌적 법률을 잠정적으로 적용하는 위헌적 상태'가 예외적으로 헌법적으로 더 바람직한 상태라는 사고가 바탕에 깔려 있다.

위헌결정을 하는 경우에 초래되는 '법적 공백과 혼란'의 관점은 헌법불합치결정을 요청하는 독자적 사유이기 때문에, 위헌적 법률의 잠정적 계속 적용이 법치국가적 법적 안정성의 관점에서 요청된다면, 어떠한 이유에서 심판대상인 법률이 위헌인지는 문제되지 않는다. 시혜적 법률이 평등원칙에 위반되는지, 침해적 법률이 자유권을 과도하게 침해하는지, 법률이 의회유보원칙이나 법률유보원칙 등 법치국가원리에 위배되는지 등과 관계없이, 법률의 위헌성을 확인할 수 있는 모든 경우에 위헌결정으로 인하여 법적 공백과 혼란이 우려된다면, 위헌적 법률의 잠정 적용을 명하는 헌법불합치결정이 정당화된다.

자유권을 침해하는 위헌적 법률의 경우 헌법재판소가 위헌결정을 통하여 자유권에 대한 침해를 제거함으로써 합헌성이 회복될 수 있으므로, 이 경우에는 시혜적 법률이 평등원칙에 위반되는 경우와는 달리, 헌법재판소가 결정을 내리는 과정에서 고려해야 할 입법자의 형성권이 원칙적으로 존재하지 않는다. 이러한 의미에서 자유권을 침해하는 위헌적 법률에 대하여 불합치결정을 하는 것은 원칙적으로 정당화되지 않는다.

그러나 위헌결정으로 인한 위헌법률의 제거가 법적 공백과 혼란을 초래할 우려가 있기 때문에 위헌법률의 잠정적 적용이 요구되는 경우, 즉 위헌법률을 잠정적으로 적용하는 위헌적인 상태와 위헌결정으로 인하여 발생하는 법적 공백의 합헌적인 상태를 비교하여 볼 때, 예외적으로 일정 기간 위헌적인 상태를 감수하는 것이 법적 안정성의 관점에서 헌법적 질서에 보다 가깝다고 판단되는 경우, 헌법재판소는 법치국가적으로 용인하기 어려운 법적 공백과 그로 인한 혼란을 방지하기 위하여 입법자가 합헌적인 방향으로 법률을 개선할 때까지 일정 기간 동안 위헌적 법률을 존속케 하고 또한 잠정적으로 적용하게 할 필요가 있다.[1]

예컨대, 도시계획을 시행하기 위해서는 계획구역 내의 토지소유자에게 행위제한을 부과하는 법규정이 반드시 필요한데, 헌법재판소가 위헌결정을 통하여 당장 법률의 효력을 소멸시킨다면, 토지재산권의 행사를 제한하는 근거규범이 존재하지 않게 됨으로써 도시계획이라는 중요한 지방자치단체 행정의 수행이 수권규범의 결여로 말미암아 불가능하게 된다. 도시계획은 국가와 지방자치단체의 중요한 행정으로서 잠시도 중단되어서는 안 되기 때문에, 헌법재판소는 이 사건 법률조항을 입법개선 시까지 잠정적으로 적용하는 것이 바람직하다고 판시하였다.[2]

또한 국회의 결정이나 관여를 배제한 채 한국방송공사로 하여금 수신료금액을 결정해서 공보처장관(문화관광부장관)의 승인을 얻도록 규정한 한국방송공사법 규정의 위헌성을 판단한 사건에서, 위

1) 헌재 1999. 10. 21. 97헌바26, 판례집 11-2, 383, 417; 헌재 1999. 5. 27. 98헌바70, 판례집 11-1, 633, 647.
2) 헌재 1999. 10. 21. 97헌바26, 판례집 11-2, 383, 418.

규정은 헌법에 위반되나 동 법률조항에 대해서 단순위헌결정을 하여 당장 그 효력을 상실시킬 때에는 공사가 수신료를 징수할 수 없게 되어 공영방송사업의 재정에 심각한 타격을 주게 된다는 이유로 헌법불합치결정을 하면서, 입법개선 시까지 동 조항을 잠정적으로 적용하도록 한 예가 있다.[1]

(3) 자유권을 침해하는 위헌적 법률의 경우 헌법불합치결정의 문제점

(가) 자유권을 침해하는 위헌적 법률에 대해서는 위헌결정을 하는 것이 원칙이나, 심판대상인 법률조항의 합헌부분과 위헌부분의 경계가 불분명하여 헌법재판소의 단순위헌결정으로는 이에 적절하게 구분하여 대처하기가 어렵고, 다른 한편으로는 권력분립의 원칙과 민주주의원칙의 관점에서 입법자에게 위헌적인 상태를 제거할 수 있는 여러 가지의 가능성을 인정할 수 있다고 판단하는 경우, 헌법재판소는 자유권이 침해되었음에도 불구하고 예외적으로 입법자의 형성권을 존중하여 헌법불합치결정을 하고 있다.[2]

헌법재판소는 세법규정과 같이 법률이 국민에게 일정한 부담을 부과하는 것 그 자체는 합헌이나 그 부담의 정도가 과중하여 위헌적 요소를 지니고 있는 경우에, 단순위헌결정의 형태로는 위헌부분과 합헌부분의 경계를 설정하는 것이 불가능하다고 판단하고 한편으로는 위헌결정의 경우에 발생하는 문제, 즉 기납세자(既納稅者)와 미납세자(未納稅者)간의 형평의 문제와 세수의 손실이 국가재정에 미칠 영향 등을 고려하여 헌법불합치결정을 한 바 있다.[3]

(나) 그러나 자유권을 제한하는 법률의 위헌성이 문제되는 경우 항상 '기본권의 제한이 가능한지'가 아니라 '그 제한의 정도가 과도한지'가 문제되기 때문에, 만일 기본권의 제한 그 자체는 합헌이나 그 제한의 정도가 지나치기 때문에 위헌인 경우에도 헌법불합치결정을 해야 한다면, 법률의 위헌성이 확인된 경우 원칙적으로 해야 하는 위헌결정은 그 존재이유를 잃게 되고, 사실상 헌법재판소는 자유권을 제한하는 모든 법률에 대하여 불합치결정을 할 수 있게 된다. 그러므로 헌법재판소는 위헌인 법률에 대하여는 위헌결정을 해야 한다는 것을 원칙으로 삼아 불합치결정을 정당화하는 진정한 사유가 있을 때에만 불합치결정을 하는 것이 바람직하다.

헌법재판소는 "이미 세금을 납부한 납세자와의 형평의 문제"를 이유로 불합치결정을 하고 있으나, 이러한 이유가 대체 불합치결정을 정당화할 수 있는 근거인가 하는 의문이 든다.[4] 자신의 권리회복을 위하여 시간과 비용을 들여 법원의 문을 두드리고 장기간 소송의 고통과 번거로움을 인내한

---

1) 헌재 1999. 5. 27. 98헌바70, 판례집 11-1, 633, 647.

2) 헌재 2002. 5. 30. 2000헌마81(비영리법인의 지적측량업무대행), 판례집 14-1, 528, 546, "법률이 평등원칙에 위반된 경우가 헌법재판소의 불합치결정을 정당화하는 대표적인 사유라고 할 수 있다. 반면에, 자유권을 침해하는 법률이 위헌이라고 생각되면 무효선언을 통하여 자유권에 대한 침해를 제거함으로써 합헌성이 회복될 수 있고, 이 경우에는 평등원칙 위반의 경우와는 달리 헌법재판소가 결정을 내리는 과정에서 고려해야 할 입법자의 형성권은 존재하지 않음이 원칙이다. 그러나 그 경우에도 법률의 합헌부분과 위헌부분의 경계가 불분명하여 헌법재판소의 단순위헌결정으로는 적절하게 구분하여 대처하기가 어렵고, 다른 한편으로는 권력분립의 원칙과 민주주의원칙의 관점에서 입법자에게 위헌적인 상태를 제거할 수 있는 여러 가지의 가능성을 인정할 수 있는 경우에는, 자유권의 침해에도 불구하고 예외적으로 입법자의 형성권이 헌법불합치결정을 정당화하는 근거가 될 수 있다."

3) 예컨대, 헌재 1989. 9. 8. 88헌가6, 판례집 1, 199; 헌재 1991. 3. 11. 91헌마21, 판례집 3, 91; 헌재 1993. 3. 11. 88헌마5, 판례집 5-1, 59; 헌재 1994. 7. 29. 92헌바49 등, 판례집 6-2, 64.

4) 違憲決定을 하는 경우 이미 세금을 납부하고 과세처분이 확정된 자의 경우에는 위헌법률에 따른 세금을 내게 되고 당해사건 및 유사사건의 납세자들은 세금을 전혀 내지 않는 결과가 발생하는 반면에, 不合致決定을 하는 경우에는 기납세자는 위헌법률에 따른 세금을 납부하게 되고 미납세자의 경우는 개정법률에 따라 달리 내게 되는 결과가 나타난다. 따라서 헌법재판소는 위헌결정을 하는 경우의 "내고/안 내고"의 상황에 비하여 불합치결정을 하는 경우의 "내고/달리 내고"의 상황이 보다 형평에 합치한다고 판단하여 후자의 결정을 택하고 있다고 본다.

사람, 현재의 법적 상태에 의문을 던짐으로써 합헌적 법질서의 회복과 법문화의 향상에 기여한 사람이 승소의 대가로서 그에 상응하는 보상을 얻는 것은 형평에 어긋난다고 볼 수 없으며, 이러한 관점에서 본다면 위헌결정 時에 발생하는 '내고/안 내고'의 상황은 헌법불합치결정을 정당화하는 사유가 될 수 없다. 모든 위헌결정의 경우에, 국가로부터 위헌적인 부당한 부담을 받았지만 더 이상 그 구제를 구할 수 없는 인적 집단과 위헌결정의 혜택을 받아 위헌적 부담으로부터 면제되는 인적 집단이 형성된다. 그러나 이러한 현상이 형평에 위배되기 때문에 헌법불합치결정에 의하여 보완되어야 한다면, 법률이 위헌인 경우에는 무효로 선언되어야 한다는 원칙과 그에 기초한 결정형식으로서의 위헌결정은 존재이유가 없어진다.

또한 "세수의 감소로 인한 국가재정의 악화"도 적지 않은 경우 불합치결정을 정당화하지 못한다고 본다. 물론 세법의 경우 위헌결정은 이미 확정된 그 회계연도의 예산에 큰 영향을 미칠 수 있으므로, 그 회계연도의 국가재정의 확보를 위태롭게 하지 않으려는 고려는 불합치결정을 정당화하는 사유이다. 바로 이러한 경우가 위헌결정으로 인한 법적 공백상태를 방지하기 위하여, 즉 위헌적인 법률을 잠정적으로 적용하기 위하여 불합치결정을 하는 경우에 해당한다. 그러나 위헌결정으로 인하여 발생하는 법적 공백상태가 국가재정에 미치는 영향이 작고 입법자가 법적 공백에 신속하게 대처하리라고 예측되는 때에는 위헌결정을 해도 무방하다. 이러한 경우에 발생하는 국가의 경미한 세수감소는 입법자의 위헌적인 행위에 따르는 당연한 불이익으로서 국가가 감수해야 한다.

나. 헌법불합치결정의 효력
(1) 위헌법률의 존속과 입법자의 입법개선의무
헌법불합치결정과 위헌결정의 근본적인 차이는, 위헌결정의 경우 위헌적 법률이 효력을 상실함으로써 제거되는 것에 반해, 불합치결정은 위헌적 법률을 우선 형식적으로 존속케 하는 데 있다.

헌법재판소가 불합치결정을 통해서 위헌적 법률을 존속케 하는 이유는, 헌법재판소가 위헌적 법률을 제거함으로써 스스로 합헌적 상태를 실현할 수 없고, 위헌적 상태의 제거는 입법자의 활동에 달려있기 때문이다. 즉 헌법재판소는 위헌적 법률을 제거하지 않고 존속케 함으로써, 나중에 입법자가 헌법과 합치되는 방향으로 입법개선을 할 수 있도록 하는 것이다. 그러므로 불합치결정은 위헌적 상태를 조속한 시일 내에 제거해야 할 입법자의 입법개선의무를 수반함으로써 항상 입법자의 입법촉구에 관한 결정을 포함하게 된다.

(2) 위헌법률의 적용금지와 절차의 정지
불합치결정의 경우 위헌적 법률은 소멸하지 아니하고 형식적으로 존속하지만, 위헌결정에서와 마찬가지로 원칙적으로 위헌적 법률의 적용이 금지되고, 심판의 계기를 부여한 당해사건 및 법원과 행정관청에 계류 중인 모든 유사사건의 절차가 정지된다. 그러므로 헌법재판소가 불합치결정을 내리면, 일반법원은 구체적 규범통제절차에서 위헌제청 이후 제청법원이 위치하는 상황과 유사한 상황에 놓이게 된다. '위헌적 규범의 적용금지'는 법치국가적 요청의 당연한 귀결로서, 헌법재판소가 어떠한 결정유형으로 규범의 위헌성을 확인하였든 간에 그와 관계없이 모든 국가기관은 위헌법률의 적용과 집행으로 인하여 스스로 위헌적 국가행위를 해서는 아니 된다는 것을 의미한다. 불합치결정의 경우에도 위헌법률은 적용되어서는 안 되므로, 이러한 적용금지는 법원이나 행정청에 이의를 제기한 사건에 있어서는 당연히 '절차의 정지'라는 형태로 나타난다.

그러므로 불합치결정과 위헌결정의 가장 본질적인 차이는, 흔히들 오해하는 바와 같이 위헌법률의 잠정적 적용에 있는 것이 아니라, 바로 위헌법률의 적용금지로 인한 절차의 정지에 있다. 이는 입법자가 최종적으로 적용할 수 있는 합헌적인 법률을 만들거나 또는 위헌적 법률을 폐지할 때까지 법원의 결정이 보류되어야 하며, 법원이 개정법률에 따라 판단을 함으로써 당사자가 개정법률의 결과에 따라 혜택을 받을 수 있도록 그 때까지 기회를 열어 놓아야 한다는 것을 의미한다. 위헌결정의 경우 아직 확정되지 않은 절차에 한하여 소급효가 인정됨으로써 위헌적 법률의 적용이 배제되고, 따라서 법원이 절차를 정지하는 것이 아니라 헌법재판소의 결정에 따라 재판을 하게 되지만, 불합치결정은 구체적인 사건에 대한 법원의 판단을 입법자의 새로운 결정이 있을 때까지 미결상태로 보류하게 하는데 그 특징이 있다.

위헌법률의 적용금지와 절차의 중지는 불합치결정에 내재된 본질적 요소이므로, 헌법재판소가 불합치결정을 하는 경우 심판대상인 법률조항의 적용을 중지시키는 별도의 주문을 필요로 하지 않는다. 그러나 헌법재판소는 주문에서 당해 법률조항의 적용을 명시적으로 중지시킨 바 있다.[1]

(3) 개정법률의 소급효력

불합치결정도 위헌결정의 일종으로서 아직 확정되지 않은 당해사건과 병행사건에 있어서는 불합치결정의 소급효를 인정해야 한다.[2] 그러나 위헌결정에 있어서 헌법재판소가 무효선언을 함으로써 위헌적 상태를 직접, 최종적으로 제거하는 것과는 달리, 불합치결정의 경우에는 헌법재판소가 위헌적 상태의 제거에 대한 최종적 결정을 입법자에게 미루고 있으므로, 불합치결정의 실체가 궁극적으로 확정되는 때는 입법자가 위헌적 법률의 운명에 대해서 최종적으로 결정하는 시점, 즉 새로운 입법이나 법률의 폐지를 통해서 위헌적 상태를 제거하는 입법자의 결정시기이다. 헌법재판소의 불합치결정은 입법자의 최종결정을 통해서 비로소 불합치결정의 실질적 내용과 효력을 갖게 되므로, 불합치결정의 소급효력은 당연히 입법자의 최종결정(개정법률이나 법률의 폐지)의 소급효력을 의미하고, 당해사건과 병행사건은 입법자의 최종결정인 신법의 적용을 소급하여 받는다는 것을 의미한다. 헌법재판소가 위헌결정의 형식으로 직접 위헌규범에 대하여 최종적 결정을 내렸다면 소급효가 자동으로 나타나나, 불합치결정에 있어서는 헌법재판소가 최종결정을 포기하고 위헌적 상태의 제거를 입법자에게 일임함으로써, 입법자가 헌법재판소를 대신하여 합헌적 상태를 소급하여 회복시키는 것이다.

그러므로 이미 위에서 서술한 이유로, 개정법률의 소급효력은 불합치결정에 내재되어 있는 본질적인 요소인 것이다. 위헌결정에 있어서는 헌법재판소가 위헌결정을 통해서 법원에게 최종적이고 확정적인 판단근거를 제공하지만, 불합치결정의 경우에는 헌법재판소가 위헌적 상태의 제거에 대한 최종적인 결정을 입법자에게 미루고 있기 때문에, 법원은 당연히 입법자의 최종결정을 기다려 그에 따라 판단해야 하는 것이다.

(4) 위헌법률의 예외적인 暫定的 適用

불합치결정의 경우에도 결정주문에서 예외적으로 위헌법률의 잠정적인 적용을 명문으로 확정하

---

1) 헌재 1999. 12. 23. 99헌가2, 판례집 11-2, 686, 690, "지방세법 제111조 제2항 제2호는 헌법에 합치되지 아니한다. 이 법률조항은 입법자가 2000. 12. 31.까지 개정하지 아니하면 2001. 1. 1. 그 효력을 상실한다. 법원 기타 국가기관 및 지방자치단체는 입법자가 개정할 때까지 이 법률조항의 적용을 중지하여야 한다."
2) 헌재 2011. 8. 30. 2008헌마343, 헌법불합치결정 당시 헌법재판소에 계류중인 사건에 대해서도 소급효가 미친다고 판시하고 있다.

지 않는 한, 위헌적인 법률은 더 이상 적용되어서는 아니 된다. 이는 '위헌적 법률은 더 이상 적용되어서는 안 된다'는 법치국가적 요청의 당연한 귀결이다. '위헌적 법률은 소멸해야 하는 것이 원칙이며, 불합치결정처럼 법률의 존속을 허용하더라도 이는 나중에 입법자가 합헌적으로 입법개선을 하도록 단지 존속케만 해야지, 위헌적인 법률이 비록 잠정적이라고 하더라도 계속 적용되는 것은 예외적으로만 허용되어야 한다'는 생각이 이러한 원칙적인 적용금지의 바탕을 이루고 있다.

그러므로 불합치결정에서 주문으로 잠정적인 적용을 확정하고 있지 않는다면, 또는 적어도 결정이유에서 잠정적인 적용을 명백히 명하고 있지 않다면, 위헌법률의 적용이 금지된다고 보아야 한다.

그러나 경우에 따라서는 위헌법률의 적용금지와 절차의 정지로 인한 법적 정지 상태, 결국 법적 공백상태는 헌법과 더욱 합치하지 않는 상황을 초래할 수 있다. 그러므로 헌법재판소는 이러한 경우 종래의 위헌적 상태보다도 더욱 헌법적 질서에서 멀어지는 법적상태의 발생을 방지하기 위하여 예외적으로 위헌법률의 잠정적용을 허용할 수 있다. 예컨대, 위헌결정이나 단순불합치결정으로 인하여 공무원의 봉급이 지급되지 않는다면, 회계연도의 국가재정을 충당하는 세금을 징수할 수 없다면, 또는 잠시도 중단되어서는 안 되는 국가의 중요행정이 중단된다면, 절차정지로 인한 법적 정지 상태는 헌법적으로 용납할 수 없는 결과를 가져올 수 있다.

헌법재판소가 위헌법률의 계속적용을 명하는 경우, 법원과 행정청은 계류중인 사건을 위헌법률에 근거하여 결정하여야 한다. 위헌규범의 계속적용은 헌법소원절차나 위헌법률심판절차에서의 당해사건에도 해당된다. 위헌규범의 계속적용을 당해사건에도 확대하는 것은 당사자의 권리구제의 관점과도 모순되지 않는다. 법원의 위헌제청에 의하여 법규범의 위헌성이 확인된 경우, 구체적 규범통제절차는 처음부터 헌법질서의 유지와 관철을 목적으로 하는 객관적 절차이므로 개인의 권리구제가 문제되지 않는다. 헌법소원의 경우, 청구인은 그가 의도하는 목적인 위헌결정을 통한 위헌규범의 제거를, 아니면 적어도 단순불합치결정을 통한 위헌적 법규범의 적용금지를 달성하지 못하였으므로, 헌법재판소에 의한 위헌성의 확인에도 불구하고 개인적인 권리구제를 기대할 수 없다. 이러한 경우에는 주관적인 기본권보호와 객관적인 헌법질서의 유지라는 헌법소원의 두 가지 기능 중에서 주관적 권리보호의 요소가 예외적으로 객관적 기능에 완전히 양보하게 된다.

4. 限定合憲決定과 限定違憲決定

가. 의 미

한정합헌·한정위헌결정이란, 심판대상이 된 법률조항의 문언을 다의적으로 해석할 수 있는 경우 특정한 내용으로 해석·적용되는 한 합헌 또는 위헌이라는 주문의 결정으로서, 법질서에서 법문을 제거하는 방법을 통해서가 아니라 위헌적인 해석방법을 배제함으로써 위헌성을 제거한다는 의미에서 질적인 일부위헌결정이라고 할 수 있다. 한정합헌·한정위헌결정은 헌법재판에서 합헌적인 법률해석의 필연적인 결과이다.

(1) 限定合憲決定

합헌적 법률해석을 통하여 심판의 대상이 되는 법률을 헌법과 합치하는 방향으로 한정적으로 해석함으로써, 이것이 그 법률의 본래적 의미이며 그 의미범위 내에서 합헌이라는 결정이 한정합헌결정이다. 한정합헌결정은 "… 으로 해석하는 한 헌법에 위반되지 아니한다."는 주문형식을 취한다.

한정합헌결정의 예로는, "상속세법 제32조의2 제1항은 조세회피의 목적이 없이 실질소유자와 명의자를 다르게 등기 등을 한 경우에는 적용되지 아니하는 것으로 해석하는 한, 헌법에 위반되지 아니한다."는 결정,[1] "국가보안법 제7조 제1항 및 제5항은 각 그 소정 행위가 국가의 존립·안전을 위태롭게 하거나 자유민주적 기본질서에 위해를 줄 경우에 적용된다 할 것이므로 이러한 해석하에 헌법에 위반되지 아니한다."는 결정[2] 등이 있다.

(2) 限定違憲決定

한정위헌결정도 합헌적 법률해석의 결과인데 법조문의 해석 중에서 헌법과 합치될 수 없는 내용을 한정해서 밝힘으로써 그러한 해석을 통한 법적용을 배제하려는 결정유형이다.

한정위헌결정은 "… 으로 해석하는 한 헌법에 위반된다."는 주문형식을 취한다.

나. 한정위헌·합헌결정의 헌법적 정당성

합헌적 법률해석의 바탕에 깔려있는 사고는 민주주의와 권력분립원칙의 관점에서 입법자의 입법형성권에 대한 사법적 자제이다. 사법기능을 담당하는 기관은 가능한 한 입법자의 의사를 존중하여 입법자가 제정한 규범이 존속하고 적용될 수 있도록 해석해야 한다는 것이다. 헌법재판소도 사법기관으로서 법률을 합헌적으로 해석해야 할 의무가 있고, 헌법재판소에 의한 합헌적 법률해석은 한정합헌·위헌결정이라는 결정주문의 형태로 나타난다.

다. 합헌적 법률해석의 한계

문리적 해석의 관점에서, 법문의 범위를 벗어나서는 안 된다. 법문의 객관적 내용을 완전히 무시하는 방법으로 규범을 왜곡시켜서는 안 된다.

목적적 해석의 관점에서, 입법의 목적이 근본적으로 변질되어서는 안 된다. 합헌적 법률해석이 의도하는 바는 궁극적으로 입법자에 대한 존중이라는 점을 감안한다면, 합헌적 해석을 통하여 입법자의 의도를 완전히 상이한 내용으로 변질시키는 것은 합헌적 법률해석이 의도하는 바가 아니기 때문이다.

라. 한정합헌·위헌결정의 기속력의 문제

대법원의 판결은 한정합헌·위헌결정의 기속력을 부인한다. 1995년 소득세법 사건에서 헌법재판소는 한정위헌결정의 형태로 법원의 법률해석의 위헌성을 확인하였고, 이에 대하여 대법원은 한정위헌결정의 허용여부와 기속력을 부인하였다. 그러나 대법원이 한정위헌결정에 대하여 존재 의미와 기속력을 부인할 것이 아니라 '헌법재판소의 한정위헌결정은 실질적으로 법원의 법률해석의 위헌성을 확인함으로써 법 제68조 제1항에 의하여 금지된 재판소원에 해당한다.'는 논거로 자신의 재판권이 침해되었음을 문제 삼는 것이 보다 적절했으리라고 판단된다.

대법원은 한정합헌·위헌결정의 헌법적 정당성 및 그 존재 의미를 인식해야 하고, 이에 따라 한정합헌·위헌결정의 기속력을 인정해야 한다. 헌법재판소와 대법원의 관계에서 핵심적인 문제는 한정위헌결정의 기속력의 문제가 아니라, 언제 헌법재판소가 한정위헌결정을 할 수 있는지에 관한 것이다. 그 동안 한정위헌결정의 허용여부 및 기속력의 여부에 대한 다툼은, 헌법재판소가 법 제68조 제2항의 헌법소원심판에서 당해사건 당사자의 한정위헌청구(법원의 법률해석의 위헌성을 다투는 심판청

---

1) 헌재 1989. 7. 21. 89헌마38(명의신탁증여간주), 판례집 1, 131, 133.
2) 헌재 1990. 4. 2. 89헌가113 (국가보안법상찬양·고무죄), 판례집 2, 49, 52.

구)에 의하여 한정위헌결정을 해온 것에 기인한다.[1] 헌법재판소가 법원의 법률해석을 계기로 법률조항에 대하여 한정위헌결정을 하는 경우, 이러한 한정위헌결정은 곧 법원의 법률해석을 교정하는 것이고, 이로써 동시에 법원의 재판에 대한 위헌결정을 의미하기 때문이다. 결국, 법원의 법률해석을 계기로 하는 한정위헌결정은 법원의 재판을 헌법소원의 대상에서 제외한 규정과 충돌하게 되며, 나아가 법원의 헌법재판관할과 충돌하게 되는 것이다. 이러한 충돌상황은 이미 법 제68조 제2항의 헌법소원제도가 도입된 당시부터 예정된 것이었다. 이러한 충돌상황이 빈번하게 발생하지 않은 것은, 오로지 헌법재판소가 법원의 법률해석에 대하여 위헌성을 확인하는 경우가 매우 드물었다는 우연에 기인한다. 헌법재판소는 법 제68조 제2항의 헌법소원에서 한정위헌결정을 함으로써 규범심사의 형태로 사실상 법원의 법률해석의 위헌성을 판단할 수 있다는 점을 충분히 인식하지 못하였다.

마. 한정합헌결정과 한정위헌결정의 관계
(1) 견해의 대립

헌법재판소는 양자를 실질적으로 동일한 결정유형으로 파악하여, 양 결정유형은 서로 표리관계에 있는 것이어서 실제적으로도 차이가 있는 것이 아니므로, 비록 주문의 형식 자체는 명백히 구별될지라도 주문 선택에 있어서 구체적으로 어떤 형식을 취할 것인지는 사안에 따라 결정하면 된다고 한다.

이에 대하여, 한정합헌결정과 한정위헌결정을 별개의 결정유형으로 보는 견해는, 한정합헌결정의 경우에는 합헌으로 해석되는 부분을 제외한 나머지 부분은 모두 위헌이 된다는 것을 확정하는 것이지만, 한정위헌결정의 경우에는 헌법재판소가 헌법에 위반되는 것으로 해석되는 모든 경우에 대하여 판단하는 것이 아니라 단지 당해 사건에서 법률의 적용과 관련하여 위헌으로 확정될 수 있는 범위 내에서 판단하는 것으로, 위헌으로 해석되는 부분 이외의 나머지 부분에 대해서는 위헌여부에 관한 구체적인 판단을 유보한 것이라고 한다.

(2) 양자를 별개로 보는 견해가 가능한 이유

양자를 별개의 결정유형으로 보는 견해가 가능한 것은, 헌법재판소가 법률조항에 대한 한정위헌결정을 해서는 안 되는 경우에도 한정위헌결정을 한 것에 기인한다. 즉, 법원의 재판에 대한 헌법소원이 가능한 상황에서는, 헌법재판소는 법률조항에 대한 한정위헌결정이 아니라 법원의 재판을 취소하는 결정을 하였을 것인데, 현행 헌법재판제도에서 법원의 재판이 헌법소원의 대상에서 제외되었기 때문에, 법원의 재판 대신에 입법자의 법률을 심판대상으로 잡아 법률조항에 대한 한정위헌결정의 형태로 법원의 법률해석의 위헌성을 확인하고 있다. 그 결과, 법원의 재판을 취소하는 결정이 한정위헌결정의 주문의 형태로 나타나기 때문에, 양자가 일치하지 않는 결과가 발생하는 것이다.

(가) 한정합헌결정과 한정위헌결정의 원칙적인 代替可能性

한정합헌결정과 한정위헌결정은 모두 법률에 대한 헌법합치적 해석의 결과로서 원칙적으로 서로 상호교환이 가능하고 대체될 수 있다. 위 두 가지 결정유형은 다의적 법문의 해석을 통하여 위헌적 해석가능성을 배제하는 경우에 한정되어야 한다.

예컨대, 한정합헌결정의 전형적인 예로서 헌재 1990. 4. 2. 89헌가113 결정(국가보안법 제7조에 대한 위헌심판)을 들 수 있다.[2] 헌법재판소는 위 결정에서 법문이 허용하는 의미내용과 입법의도의 범

---

1) 이에 관하여 상세하게 제4편 제5장 제3절 제3항 Ⅲ. 4. '한정위헌청구의 문제' 참조.
2) 헌재 1990. 4. 2. 89헌가113, 판례집 2, 49, 52, 헌법재판소는 위 결정에서 합헌적 법률해석의 요건에 관하여 교과서

위 내에서 비례의 원칙에 부합하게 축소적으로 해석하여 위헌적인 해석방법을 배제하였다. 즉, 헌법재판소는 법원에 의한 구체적 적용례의 위헌여부를 판단하지 아니하고 심판대상조항에 미치는 헌법의 정신(자유민주적 기본질서)을 고려하여 법률의 내용을 합헌적으로 축소하였다. 위 사건의 경우, 헌법재판소는 "국가보안법 제7조 제1항 및 제5항은 각 그 소정 행위가 국가의 존립·안전을 위태롭게 하거나 자유민주적 기본질서에 위해를 줄 경우가 아님에도 적용된다고 해석하는 한 헌법에 위반된다."는 한정위헌결정을 할 수 있다.

(나) 소위 '적용위헌'의 문제점

그러나 법원이 구체적 소송사건에서 법률을 잘못 해석하여 적용한 경우에도 한정위헌결정을 한다면, 법률이 법현실에 적용될 수 있는 수많은 가능성 중에서 문제되는 구체적 적용가능성을 배제하는 것이 된다. 이 경우, 헌법재판소가 한정위헌결정을 한다면, 이러한 결정은 단지 당해사건에서 문제된 구체적 적용가능성만을 위헌으로 확인하는 것이므로, 당연히 위헌성을 확인한 적용가능성 외의 나머지 적용가능성에 대해서는 아직 아무런 판단을 하지 않은 것이 된다. 따라서 법원이 구체적 소송사건에서 법률을 적용한 경우에 대하여 한정위헌결정을 하게 된다면, 장래에 있어서 수없이 많은 적용례에 대하여 별개로 그 위헌성을 판단해야 할 가능성을 배제할 수 없다. 이러한 관점에서 본다면, 한정위헌결정과 한정합헌결정은 일치하는 것이 아니라는 주장은 타당하다.

예컨대, 헌법재판소는 민법 제764조의 위헌여부에 관한 헌법소원사건에서[1] 한정위헌결정을 한 바 있다. 민법 제764조는 "타인의 명예를 훼손한 자에 대하여는 법원은 피해자의 청구에 의하여 손해배상에 갈음하거나 손해배상과 함께 명예회복에 적당한 처분을 명할 수 있다."고 규정하고 있는데, 민법 제764조에서 말하는 '처분'의 대표적 예가 사죄광고 게재인 것으로 이해되어 왔던 것이 그 당시까지의 판례였다. 이 사건에서 청구인들은 사죄광고를 민법 제764조 소정의 "명예회복에 적당한 처분"에 포함시킬 때 동 조항이 위헌인가의 여부의 확인을 구하는 한정위헌청구를 하였고, 이에 대하여 헌법재판소는 "민법 제764조의 '명예회복에 적당한 처분'에 사죄광고를 포함시키는 것은 헌법에 위반된다."는 한정위헌결정을 선고하였다.

그런데 사죄광고가 '명예회복에 적당한 처분'에 해당한다는 것은 구체적 사건에서 법률의 적용에 관한 것이지 심판대상조항을 기본권을 비롯한 헌법규범의 정신에 비추어 일반·추상적으로 해석한

적으로 설시하였는데, 위 결정은 한정합헌결정이 요청되는 가장 적절하고도 전형적인 사건이라 할 수 있다. 위 사건에서 제청신청인들은 국가보안법 위반 등의 죄로 기소되었는데, 그 기소된 내용 중 국가보안법 위반의 점의 요지는 제청신청인들이 반국가단체를 이롭게 할 목적으로 도서 및 표현물을 소지하고 이를 반포하였는 바 이는 국가보안법 제7조 제5항, 제1항의 죄에 해당한다는 것이다. 제청법원은 제청신청인들의 제청신청에 따라 '국가보안법 제7조 제1항 및 제5항은 반국가단체를 어떠한 방법으로든지 이롭게 한 자를 모두 처벌할 수 있다는 지나치게 포괄적이고 막연한 규정이므로 헌법 제12조 제1항(죄형법정주의)과 제37조 제2항의 규정에 위반된다는 의문이 있다'는 취지로 헌법재판소에 국가보안법 제7조 제1항 및 제5항의 위헌여부의 심판을 제청하였다. 헌법재판소는 "국가보안법 제7조 제1항 및 제5항은 각 그 소정 행위가 국가의 존립·안전을 위태롭게 하거나 자유민주적 기본질서에 위해를 줄 경우에 적용된다고 할 것이므로 이러한 해석 하에 헌법에 위반되지 아니한다."는 한정합헌결정을 선고하였다.
1) 헌재 1991. 4. 1. 89헌마160 (위 사건이 접수된 1989년 당시, 현재의 '헌바'사건에 대하여 '헌마'의 사건번호를 부여했음을 유의할 것), 판례집 3, 149-159, 위 결정의 개요는 다음과 같다. 김성희는 여성동아 1988년 6월호에 게재된 기사가 자기의 명예를 훼손하였다는 이유로 주식회사 동아일보사와 여성동아의 기자 등(청구인들)을 상대로 서울민사지방법원에 손해배상 및 민법 제764조에 의한 사죄광고를 청구하는 소송을 제기하였다. 청구인들은 위 소송사건에서 '민법 제764조가 명예훼손의 경우에 사죄광고를 명할 수 있도록 한 것이라면 이는 헌법에 위반된다'는 주장으로 헌법재판소법 제41조 제2항에 의한 위헌제청을 신청하였으나 서울민사지방법원은 위 위헌제청신청을 기각하였고, 이에 청구인들은 헌법재판소에 헌법재판소법 제68조 제2항에 의한 헌법소원심판을 청구하였다.

결과가 아니다. '명예회복에 적당한 처분'의 규정부분을 위헌적으로 적용하는 경우는 사죄광고 외에도 다양한 경우를 생각할 수 있을 것인데, 이 경우 '명예회복에 적당한 처분에 사죄광고를 포함시키는 것은 헌법에 위반된다.'는 한정위헌결정을 선고한다면, 헌법재판소가 헌법에 위반되는 것으로 해석되는 모든 경우에 대하여 판단하는 것이 아니라 단지 당해 사건에서 법률의 적용과 관련하여 위헌으로 확정될 수 있는 범위 내에서 판단하는 것으로 당연히 볼 수 있다.

그러나 위 사건에서 문제되는 것은, 민법 제764조가 다의적인 해석가능성으로 말미암아 위헌적인 해석의 요소를 내포하고 있는지의 문제가 아니라, 법원이 그 자체로서 합헌적인 민법 제764조의 규정을 양심의 자유 또는 언론의 자유를 고려하지 아니하고 위헌적으로 적용하였는지의 문제였다. 만일 현행 헌법재판제도가 '裁判에 대한 憲法訴願'을 허용하였다면, 헌법재판소는 위 법률조항에 대하여 한정위헌결정을 하지 아니하고 '법원이 합헌적인 법률을 위헌적으로 해석·적용하였다'는 이유로 법원의 재판을 취소하였을 것이다.

결국, 법률의 구체적 적용의 위헌성을 확인하는 한정위헌결정은 그 실질에 있어서 법률에 대한 위헌성판단이 아니라 법원의 재판에 대한 위헌성판단이며, 규범통제의 결과가 아니라 재판소원의 산물이라는 점에서, 한정위헌결정과 한정합헌결정 사이의 괴리현상이 발생하는 것이다.

第3항 憲法訴願審判[1]

I. 개 론

1. 헌법소원의 역사 및 개념

가. 헌법소원의 역사

'헌법소원'이란 용어가 형성된 역사는 또한 그 개념이 형성된 역사이기도 하다. 일반적으로 헌법소원제도는 독일의 헌법소원(Verfassungsbeschwerde)에서 유래하는 것으로 이해되고 있다. 1818년의 바이에른 州 헌법에 규정된 '헌법적 권리의 보호를 위한 소원'의 가능성을 출발점으로 하여 '헌법소원'이란 개념이 형성되기 시작하였다. 1919년의 바이에른 州 헌법[2]은 개인이 법원의 심급절차를 경유한 후 헌법상 보장된 권리의 침해를 이유로 행정처분에 대하여 헌법소원을 제기할 수 있는 가능성을 규정하였는데, 이러한 권리구제절차를 스스로 '헌법소원'이라고 명시적으로 언급함으로써 '헌법소원'의 개념이 궁극적으로 정착되었다. 초기에는 다양한 의미로 이해되었던 소원의 개념이 바이에른 州에서의 헌법소원의 발전과정을 통하여 차츰 그 확고한 윤곽을 형성함으로써, 독일에서 20세기 초반에 이르러서는 헌법소원은 '국민이 헌법적 권리의 보호를 위하여 청구할 수 있는 권리구제절차'로 정의되었다. 현행 독일 헌법인 기본법과 연방헌법재판소법에 헌법소원제도를 수용하는데 큰 영향을

---

1) 한수웅, 헌법재판소법 제68조 제1항의 위헌여부, 헌법논총 제10집(1999), 283면 이하; 헌법재판소법 제68조 제2항에 의한 헌법소원심판에서 한정위헌결정의 문제점 – 한정위헌청구의 문제를 계기로 하여 –, 홍익대학교 법학연구소, 홍익법학 2007년 제1호, 2007. 8, 137면 이하; 立法不作爲에 대한 憲法訴願, 한수웅, 현대헌법학이론(이명구 박사 화갑기념논문집 I), 1996. 11, 686면 이하 참조.
2) 1919년의 바이에른 헌법 제93조 1항은 "모든 국민은 행정청의 행위로 인한 헌법위반으로 자신의 권리가 침해되었다고 생각하는 경우, 국사재판소에 헌법소원을 제기할 수 있다"고 규정하였다.

미친 것도 독일 바이에른 州에서의 헌법소원의 발전과정이었다.

나. 헌법소원의 개념

(1) 헌법소원의 본질적 요소

헌법소원제도는 일반사법제도와 같이 세계적으로 보편화된 제도도 아니고, 헌법소원을 채택하고 있는 국가마다 헌법소원의 구체적 형성, 특히 헌법소원의 대상에 있어서 그 형태를 달리 하므로, 비교법적으로 살펴보아 일반적으로 인정된 보편·타당한 형태가 존재하지 않는다. 그러나 오늘날 시행되고 있는 각국의 헌법소원제도의 공통분모이자 본질적 요소는 '개인이 공권력행위에 의한 헌법상 권리의 침해여부를 다툴 수 있는 주관적 권리구제절차'라는 것에서 찾을 수 있다.[1] 이에 따라, '헌법소원제도'가 갖추어야 할 최소한의 개념적 요소는, 첫째, 주관적 권리구제절차로서 '개인의 심판청구'에 의해야 하고, 둘째, '헌법상 권리의 침해'를 주장해야 하며, 셋째, 헌법상 권리의 침해는 '공권력행위'에 의한 것이어야 한다는 것이다.

이에 대하여, 특정 권리구제절차가 헌법소원인지 여부는, 헌법이나 헌법재판소법이 그에 규정된 권리구제절차를 '헌법소원'으로 명명하는지에 달려있지 않다. 헌법이나 헌법재판소법에서 권리구제절차를 어떠한 용어로 표현하는지는 중요하지 않다. 또한, 다른 구제절차를 경유한 다음에야 비로소 헌법소원을 제기할 수 있다는 소위 '보충성의 원칙'도 헌법소원제도이기 위하여 충족시켜야 할 요건은 아니다. 헌법이 직접 규정하고 있지 않는 한, 보충성의 원칙도 헌법소원제도의 존속보장에 포함되지 않기 때문에 헌법상 보장된 원칙이 아니다. 뿐만 아니라, 일반적으로 헌법소원제도는 법원과는 독립된 별도의 헌법재판기관을 설치하고 있는 헌법재판제도에서 채택하고 있는 제도이나, 헌법재판소가 헌법소원의 관할을 담당하는지 여부는 헌법소원을 구성하는 개념적 요소라 할 수 없다.[2]

(2) 개별적 개념적 요소

(가) 개인의 심판청구에 의한 주관적인 권리구제절차

헌법소원은 개인의 주관적인 권리구제절차이므로, 기본권주체인 개인이 아니라 지방자치단체 등 국가기관이 제기하는 절차는 헌법소원에 해당하지 않는다.

(나) 헌법상 권리의 침해

헌법소원제도는 헌법상 보장된 개인의 권리, 즉 기본권의 구제를 위한 절차이다. 그러므로 단순히 법률상 권리의 침해를 구제하기 위한 절차는 헌법소원제도가 아니다.

헌법상 보장된 기본권이란, 헌법에 명시적으로 열거되어 있는 기본권뿐만 아니라 헌법해석을 통하여 도출될 수 있는 기본권도 포함한다. 따라서 '기본권의 해석'과 '헌법소원심판절차에서 헌법재판소의 관할범위'는 밀접한 관계에 있다. 헌법재판소가 기본권의 해석을 통하여 기본권의 보호범위를 확대하고 새로운 기본권을 도출할수록, 기본권침해를 전제로 하는 개인의 헌법소원 제기가능성을 확대하게 되고, 이로써 헌법재판소의 관할을 확대하게 된다.

---

1) 같은 취지로 헌재 1997. 12. 24. 96헌마172 등(재판소원허용), 판례집 9-2, 842, 855.
2) 가령, 스위스의 경우 별도의 헌법재판소를 설치하지 아니하고 일반법원이 헌법소원을 관할하고 있지만, 그럼에도 스위스의 헌법소원제도는 헌법소원이 갖추어야 할 실질적인 개념적 요소를 모두 충족시키고 있으므로, 헌법소원의 범주에 포함된다.

(다) 공권력행위에 의한 기본권 침해

헌법소원제도는 공권력행위에 의하여 개인의 헌법상 권리가 침해당한 경우 이를 구제해 주는 제도이다. 따라서 국가가 아닌 사인에 의한 기본권침해에 대한 권리구제절차가 아니다.[1]

헌법소원의 대상이 되는 공권력행위는 반드시 입법·행정·사법의 모든 공권력작용을 포괄해야 하는 것은 아니다. 모든 국가권력이 헌법의 구속을 받는 헌법국가에서 모든 국가작용이 잠재적으로 헌법소원의 대상이 될 수 있고, 이로써 헌법소원의 형태로 헌법재판소의 통제 하에 놓일 수 있으나, 구체적으로 무엇이 헌법소원의 대상이 되는지는 각국의 법질서에 의하여 다양한 형태로 규율되고 있다. 헌법소원의 대상에 무엇을 포함시킬 것인지의 문제는 일차적으로 헌법정책의 문제로서 헌법이 결정할 문제이고, 헌법이 헌법소원제도에 관한 구체적인 지침을 제시하지 아니하고 이를 입법자에게 위임하는 경우에는 입법자는 각국의 고유한 법문화, 헌법재판의 역사적 전통과 체험, 사법체계, 일반 법원과의 관계 등을 고려하여 헌법소원제도를 구체적으로 형성할 수 있다.

다. 권리구제절차 내에서 헌법소원의 특수성

헌법소원은 국가공권력에 의한 기본권침해를 방어하기 위한 특수한 권리구제절차이다. 개인은 헌법소원을 통해서는 단지 기본권의 침해만을 주장할 수 있다. 물론, 개인의 기본권보호라는 헌법소원의 기능은 국가에 대하여 효과적인 권리구제절차를 요청하는 헌법상의 재판청구권에 의해서도 이행될 수 있다.[2] 재판청구권은 법률상의 권리뿐만 아니라 헌법상의 권리인 기본권이 법원의 재판절차에서 실제로 관철되는 것을 보장한다.

재판청구권이 이미 법원에 의한 포괄적인 권리구제의 가능성을 보장한다는 점에서, 헌법소원제도를 도입하는 경우에는 기본권보호와 관련하여 '법원에 의한 기본권보호'와 '헌법재판소에 의한 기본권보호'의 이중적인 보호가 존재한다.[3] 다수의 민주적 법치국가에서 헌법소원제도를 도입하고 있지 않다면, 이는 법원도 헌법수호 및 기본권보호의 기능을 이행한다는 사고에 기인하는 것이다. 한편, 일반법원은 헌법적 문제에 대하여 정통하지 않기 때문에 헌법적 문제에 관해서는 헌법영역에서 전문성을 갖춘 헌법재판소에 의하여 최종적으로 판단될 필요가 있다는 점에서, 헌법재판소에 의한 이중적인 기본권보호의 필요성이 인정될 수 있다.

법원이 제공하는 일반적 권리구제절차와는 달리, 헌법소원제도는 심판대상에 있어서 법원의 판결과 입법자의 법률에 대해서도 통제를 가능하게 한다. 헌법소원제도는 그 심판대상에 있어서 다양한 형태로 형성되고 구체화될 수 있으나, 다른 헌법재판절차와는 달리 잠재적으로 모든 국가권력의 공권력행사에 대한 통제를 포괄할 수 있다는 특징을 가지고 있다. 헌법소원을 통하여 비로소 법원과 입법자에 대해서도 권리구제의 가능성이 확대되고, 입법·행정·사법의 모든 국가권력에 대한 통제가 하나의 헌법재판기관에 집중된다.

---

1) 물론, 오늘날 사회현상 및 헌법적 인식의 변화로 인하여 사인에 의해서도 개인의 기본권이 침해될 수 있다는 것이 일반적으로 인정되고 있으므로, 헌법소원제도는 사인에 의한 기본권침해에 대해서는 국가의 기본권 보호의무를 통하여 간접적으로 보호를 제공하고 있다.

2) 같은 취지로 헌재 1997. 12. 24. 96헌마172 등(재판소원허용), 판례집 9-2, 842, 858.

3) 물론, 여기서 '이중적인 보호'란, 법원을 경유한 후에 비로소 헌법소원을 제기할 수 있다는 요청인 '보충성의 원칙'을 전제로 하는 것이다.

2. 한국 헌법재판제도에서 헌법소원심판

가. 헌법 제111조 제1항 제5호의 의미

헌법 제111조 제1항 제5호는 헌법소원의 헌법상 근거규정이다. 헌법은 제111조 제1항 제5호에서 헌법재판소의 관장사항으로 "법률이 정하는 헌법소원에 관한 심판"이라고 규정함으로써 헌법소원제도를 보장하면서 입법자에게 그의 구체적인 형성을 위임하였고, 입법자는 헌법재판소법 제68조 이하의 규정에서 헌법소원제도를 구체적으로 규율하고 있다.

헌법소원심판은 한국 헌법재판의 역사에서 1987년 헌법에서 처음으로 도입된 새로운 심판절차이다. 1987년 헌법개정 당시 헌법개정권자는 헌법소원제도를 헌법에 규범화하는 과정에서 헌법소원제도에 대한 전반적인 이해가 부족하였고, 특히 헌법소원과 그 외의 사법적 권리구제절차의 관계를 어떻게 형성해야 할 것인지의 문제를 비롯하여 법원과의 위상관계, 관할문제 등 여러 가지 측면에서 불확실하였다. 헌법개정권자는 이러한 불확실성 때문에, 헌법적 차원에서는 헌법소원을 단지 헌법적으로 보장하는 것에 그치고, 입법자에게 헌법소원제도를 우리나라의 법문화, 사법체계, 헌법재판의 역사와 현황 등을 고려하여 현재 한국의 고유한 현실에 부합하도록 구체적으로 형성할 것을 위임하였다.[1]

헌법에서 헌법소원심판의 개념정의에 관한 아무런 언급이 없는 것은, 헌법이 각국의 헌법재판제도를 통하여 일반적으로 인정된 헌법소원의 개념을 전제로 하여 이를 수용한다는 것의 표현으로 보아야 할 것이다. 따라서 헌법 제111조 제1항 제5호에서 규정하고 있는 '헌법소원'은 오늘날의 헌법재판제도에서 일반적으로 이해되고 있는 바와 같이, '공권력작용에 의한 개인의 기본권침해에 대한 권리구제절차'를 의미한다.[2]

나. 헌법재판소법에 규정된 헌법소원의 종류

헌법재판소법(이하 '법') 제68조 제1항 및 제2항에 규정된 헌법소원은 법적 성격이 상이하며, 그에 따라 심판청구의 요건과 대상도 다르다.

(1) 권리구제형 헌법소원

법 제68조 제1항에 의한 헌법소원은 공권력의 행사·불행사로 인하여 기본권을 침해당한 자가 청구하는 개인의 주관적 권리구제절차이다(소위 '權利救濟型 헌법소원'). 이러한 형태의 헌법소원이 원래 의미의 헌법소원이다.

여기서 헌법소원의 대상은 '공권력의 행사 또는 불행사'이다. 권리구제형 헌법소원제도는 헌법과 법률에 의하여 구체적으로 어떻게 형성되는지에 따라 입법·행정·사법을 포괄하는 모든 국가권력에 대한 헌법재판소의 통제를 가능하게 하고, 이로써 헌법의 우위를 모든 국가권력에 대하여 실현하고 관철할 수 있는 가능성을 내포하고 있다. 개인이 헌법소원을 적법하게 제기하기 위해서는, 소의 이익이 있어야 한다.

---

1) 같은 취지로 헌재 1997. 12. 24. 96헌마172 등(재판소원허용), 판례집 9-2, 842, 855.

2) 그러나 1987년 헌법이 우리 헌정사에서 처음으로 헌법소원제도를 도입하였다는 특수한 상황에 비추어, 적어도 헌법소원에 관한 최소한의 개념 정의를 하는 것이 보다 바람직했으리라고 판단된다. 입법자가 법 제4장 제5절 '헌법소원심판'에서 개인의 기본권구제제도인 권리구제형 헌법소원(제68조 제1항)뿐만 아니라 이와는 법적 성격이 전혀 상이한 규범통제형 헌법소원(제68조 제2항)을 함께 규율할 수 있었던 것도, 헌법이 헌법소원제도를 수용하면서 그 개념을 정의하지 않는 것에 기인한다고 볼 수 있다.

(2) 위헌심사형 헌법소원

법 제68조 제2항에 의한 헌법소원은 위헌법률심판의 제청신청이 법원에 의하여 기각된 경우 제청신청을 한 당사자가 청구하는 違憲審査型(規範統制型) 헌법소원이다. 이러한 헌법소원은 구체적 규범통제절차에서 파생된 절차로서 그 성격상 위헌법률심판절차라 할 수 있다. 이에 따라, 헌법소원의 대상은 단지 '법률'이다. 심판청구가 적법하기 위해서는 법률의 위헌여부가 재판의 전제가 되어야 한다.

Ⅱ. 헌법재판소법 제68조 제1항에 의한 헌법소원심판

1. 헌법소원제도의 기능

가. 주관적 권리구제기능

헌법소원제도는 공권력에 의하여 기본권을 침해당한 자가 헌법재판소에 제기하는 주관적 권리구제절차로서, 공권력의 남용으로부터 개인의 기본권을 보호하려는 헌법재판제도이다. 헌법소원의 기능은 일차적으로 개인의 주관적 권리인 기본권의 보장과 관철에 있다.[1] 헌법소원제도는 개인의 기본권침해를 구제해 주는 제도이므로, 그 제도의 목적상 권리보호이익이 있는 경우에 비로소 헌법소원을 제기할 수 있다. 권리보호이익이란, 소송을 통하여 청구가 인용되는 경우 당사자의 법적 지위의 향상이 있어야 한다는 것을 의미한다.

나. 객관적 헌법질서의 보장 기능

(1) 헌법소원의 객관적 기능의 의미

헌법소원은 그 기능에 있어서 개인의 기본권보호에 그치지 아니하고, 객관적 헌법을 수호하고 헌법의 해석과 발전에 기여하는 기능을 가지고 있다. 이러한 점에서, 헌법소원은 동시에 '객관적 헌법의 보장수단'이다. 기본권이 국가생활과 헌법생활, 특히 민주적인 정치적 의사형성과정에 대하여 가지는 본질적인 의미, 나아가 국가의 전체 법질서에 미치는 근본적인 의미에 비추어, 헌법소원을 통한 기본권의 실현은 단지 개인적인 기본권보호의 차원을 넘어서는 객관적인 의미를 가지는 것이다.

한편, 사법기관이 개인의 주관적 권리에 관하여 결정하는 모든 경우에 객관적인 법적 상황의 해명이 동시에 이루어진다. 이러한 의미에서 사법기관의 모든 판결은 객관적인 법적 상황에 관한 결정으로서 객관적 법의 해명에 기여한다. 따라서 헌법소원에서 '객관적 기능'을 언급한다면, 이는 사법기관의 판결이 수반하는 객관적 효과를 넘어서는 그 이상의 것을 의미하는 것이다. 헌법소원의 객관적 기능이란, 개인의 심판청구를 넘어서 또는 이와 독립적으로 헌법의 수호와 발전이라는 객관적 목적을 추구하는 것을 가능하게 하는 모든 작용을 말하는 것이다. 특히 헌법소원의 객관적 기능이 문

---

[1] 청구인이 헌법소원을 취하하기로 결정하는 경우, 헌법소원의 주관적 기능의 관점에서 헌법소원의 취하는 허용될 뿐만 아니라 헌법재판소를 원칙적으로 구속하는 것으로 간주되고 있다. 우리 헌법재판소도 청구인이 심판청구를 취하하는 경우 소의 취하에 관한 민사소송법규정을 준용하여 심판절차 종료선언을 해야 한다는 입장을 취하고 있다. 헌법재판소는 헌재 1995. 12. 15. 95헌마221 결정(5·18 사건) 및 헌재 2003. 4. 24. 2001헌마386 결정에서 본안심리를 이미 개시한 단계에서도 심판청구의 취하를 이유로 종료선언결정을 하였다. 한편, 헌법소원의 이중적 기능에 비추어, 심판청구 취하의 경우 민사소송법규정을 자동적으로 적용하는 헌법재판소의 입장에 대하여 비판이 제기될 수 있다.

제되는 경우는, 객관적 기능이 개인적인 권리보호에 기여하는 주관적 기능과 충돌하거나 또는 양자 사이에 긴장관계가 발생하는 경우이다.

헌법소원이 전적으로 주관적인 기본권보호에 그치지 아니하고 또한 객관적 헌법의 수호와 형성에 기여한다 하더라도, 헌법소원의 객관적 기능은 주관적 기본권보호의 부수적 현상으로서 주관적 기능과 동등한 비중을 가지는 것은 아니다. 기본권에 인정되는 객관적 기능(객관적 가치결정)의 의미와 목적이 기본권의 주관적 효력을 약화시키거나 상대화하고자 하는 것이 아니라 궁극적으로 기본권효력의 강화에 있는 것과 마찬가지로, 헌법소원의 주관적 기능과 객관적 기능이 서로 충돌하는 것이 아니라 헌법소원의 일차적이고 주된 기능인 주관적 기능이 객관적 기능에 의하여 강화되는 것으로 이해해야 한다. 따라서 헌법소원의 기능을 객관화하는 것의 한계는 주관적인 기본권보호기능을 약화시키는 것에 있다. 개인의 헌법소원에 의하여 헌법해석 및 헌법적 문제의 해명에 관한 계기가 부여됨으로써 헌법이 지속적으로 형성되고 실현되지만, 개인의 기본권보호가 여전히 헌법소원의 중심을 이룬다.

(2) 헌법소원심판절차에서 객관적 기능의 영향

개인의 주관적 권리구제절차이자 객관적 헌법질서의 보장이라는 헌법소원제도의 이중적 기능은 무엇보다도 다음과 같은 형태로 헌법소원심판절차에 영향을 미치고 있다.

(가) 모든 헌법적 관점에 의한 위헌심사

청구인은 헌법소원을 적법하게 제기하기 위하여 자신의 기본권이 침해받았음을 주장해야 하지만, 헌법재판소는 일단 적법하게 제기된 헌법소원에 대해서는 당사자가 주장하는 기본권침해가 존재하는지의 심사에 그치는 것이 아니라, 헌법의 모든 관점에서 심판대상인 공권력행위의 위헌여부를 심사한다.

(나) 주관적 권리보호이익의 不在에도 불구하고 '객관적 심판의 이익'의 인정

헌법소원이 적법하게 제기되었으나, 헌법재판소에서 심리중 심판대상인 법률이 폐지되는 등의 사유로 사후적으로 주관적 권리보호이익이 소멸하는 경우가 발생할 수 있는데, 이러한 경우 헌법재판소는 비록 주관적 권리보호이익은 없다 하더라도 헌법소원의 객관적 헌법질서보장의 기능에 근거하여 예외적으로 심판의 이익을 인정할 수 있다. 그러나 헌법소원의 객관적 기능을 강조하여 주관적 권리보호이익이 인정되지 않음에도 심판의 이익을 지나치게 폭넓게 인정하는 경우에는 헌법소원제도는 주관적 권리구제절차에서 객관적 헌법보장제도로 객관화되고 변질될 위험이 있다.

나아가, 헌법재판소는 심판청구 당시에 이미 침해행위가 종료되었기 때문에 심판청구의 현재관련성이 존재하지 않고 이로써 주관적 권리보호이익이 인정되지 않는 경우에도, 객관적 심판의 이익을 인정하여 적법성요건의 흠결을 극복하고 있다. 가령, 청구인이 심판청구의 당시에 이미 종료된 공권력행사의 기본권침해여부를 다투는 경우에는 심판청구의 당시에 충족시켜야 할 기본권침해의 현재성요건이 충족되지 않았기 때문에 부적법하여 각하해야 함에도 불구하고, 헌법재판소는 기본권침해의 반복의 위험성이나 헌법적 해명의 필요성의 관점에서 객관적 심판의 이익을 인정하여 본안에 관한 판단을 하고 있다.[1] 이러한 판례의 태도는 오로지 헌법소원의 객관적 기능에 의해서만 정당화될

---

1) 예컨대, 청구인이 출소하였으나 수용자로 있을 당시 수용자가 구독하는 신문기사의 일부삭제행위의 위헌여부를 다투는 헌법소원(헌재 1998. 10. 29. 98헌마4); 심판청구 당시에 이미 종료된 수형자의 서신검열행위의 위헌확인을 구하는 헌법소원(헌재 1998. 8. 27. 96헌마398); 청구인이 유치장에서 나온 후 경찰서 유치장 수용과정에서의 신체과

수 있는 것이다.

(다) 심판대상의 확대

법 제75조 제5항은, 청구인이 심판청구서에 기재한 '기본권침해의 원인이 되는 공권력의 행사'가 위헌인 법률에 기인하는 경우에는 인용결정에서 해당 법률이 위헌임을 선고할 수 있다고 하여 심판대상을 확대하고 있다.[1]

가령, 행정청의 권력적 사실행위가 심판대상이 된 경우, 헌법재판소는 권력적 사실행위의 위헌여부를 판단하기 위해서는 일차적으로 법률유보의 관점에서 행정청의 행위가 합헌적인 법률에 근거하고 있는지를 판단해야 하고, 근거법률의 위헌여부를 심사한 결과 근거법률이 위헌이라면 위헌적인 법률에 근거한 행정청의 행위도 위헌인 것이며, 반면에 근거법률이 합헌이라면 행정청의 행위가 근거법률에 부합하는지, 특히 재량규정의 경우 재량을 제대로 행사하였는지를 판단해야 할 것이다. 따라서 기본권침해의 원인이 된 공권력의 행사가 행정청의 행위인 경우에는 그 근거법률의 위헌여부를 판단하는 것은 행정청의 행위의 위헌여부를 판단하기 위한 필수적인 전제조건으로 불가피한 것이다. 바로 이러한 이유에서 헌법소원의 심판대상이 행정청의 행위인 경우에는 법 제75조 제5항은 심판대상을 근거법률로까지 확대하고 있는 것이다.

결국, 법이 심판대상을 이와 같이 확대하여 청구인이 위헌확인을 구하지 않은 근거법률까지 위헌임을 확인할 수 있도록 하는 것이, 헌법소원이 개인의 권리보호라는 주관적 기능을 넘어서 객관적 헌법질서의 수호와 유지에 기여한다는 객관적 기능을 표현하고 있는 것이다.

다. 헌법의 실현과 관철에 있어서 국민의 참여

헌법소원제도는 국민의 기본권의식을 크게 고취시키고 모든 국민을 헌법의 실현과 관철에 참여시킴으로써 헌법의 감시자로 만드는 기능을 한다. 국민은 헌법소원의 형태로 헌법에 관한 자신의 견해와 관점을 주장할 수 있고, 이로써 헌법의 발전 및 형성에 구체적인 계기를 부여함으로써 헌법의 실현에 적극적으로 참여할 수 있게 되었다. 헌법소원제도를 통하여 헌법은 헌법재판소를 비롯한 국가기관이나 헌법학자만의 전유물이 아니라, 모든 국민이 함께 실현하고 형성할 수 있는 '살아있는 헌법', 즉 '국민 모두의 헌법'이 되었다.

헌법소원제도는, 기본권이 단지 헌법전(憲法典)에 존재하는 선언적인 규범이 아니라 사법적으로 관철할 수 있는 개인의 권리라는 의식을 확고히 하였고, 이로써 모든 국민이 법치국가에 살고 있다는 확신을 가지게 하였다. 헌법소원제도에 의하여 헌법과 국민이 공동으로 성장하는 결정적인 계기를 부여받았고, '법치국가'와 '국민의 민주의식'이 동시에 크게 강화되었다. 헌법소원제도를 통하여 헌법이 비로소 국민들의 의식에 자리 잡고 그 뿌리를 내리기 시작하였다.

헌법재판소가 오늘날 국민의 신뢰를 받는 헌법의 수호기관으로서의 지위를 가지게 된 것은 무엇보다도 헌법소원제도의 도입에 기인한다. 헌법소원은 헌법재판소의 존재를 국민의 의식에 각인시키고 그의 권위와 신뢰를 획득함에 있어서 결정적으로 기여하였다. 바로 헌법소원이 헌법과 헌법재판을 국민의 일상생활에 자리 잡게 하였기 때문이다. 이러한 의미에서, 현행 헌법재판제도는 헌법소원

잉수색행위의 위헌확인을 구하는 헌법소원(헌재 2002. 7. 18. 2000헌마327).

1) 위헌적인 공권력행사가 위헌법률에 기인한 것이라고 인정하여 근거법률조항에 대하여 위헌선언을 한 사례로는 헌재 1992. 1. 28. 91헌마111(변호인접견 방해); 헌재 1995. 7. 21. 92헌마144(미결수용자의 서신검열).

과 그 성패를 같이 한다고 하더라도 과언이 아니다.

라. 헌법소원의 교육적 기능

헌법소원은 국가기관에 대하여 공권력행사에 있어서 기본권을 존중할 것을 촉구하는 교육적 기능을 가진다.[1] 기본권을 침해하는 공권력행위를 취소하거나 폐기하는 헌법재판소의 결정은 공권력작용에 대한 사후의 교정적 효과뿐만 아니라, 장래에 있어서 공권력작용으로 하여금 기본권을 존중하도록 촉구하는 사전 예방적 또는 교육적 효과도 가진다. 즉, 헌법재판소의 인용결정은 국가기관에 의한 기본권침해를 확인하고 이를 제거하는 기능 외에도, 국가기관에게 그와 같은 기본권침해행위는 허용되지 않는다는 것을 명백히 지적하고 장래에 그와 같은 법적 상황에서 기본권을 존중하고 준수할 것을 지시하는 교육적 기능을 가지는 것이다. 헌법소원에 대한 인용비율이 낮다면, 이는 헌법소원의 교육적 효과가 존재한다는 것을 간접적으로 표현하는 것이다.

2. 헌법소원의 대상

헌법소원의 대상은 '공권력의 행사 또는 불행사'로서, 입법·행정·사법을 포괄하는 모든 국가작용이다. 그러나 현행 헌법재판제도에서 헌법소원을 통하여 적법하게 다툴 수 있는 국가작용의 범위는 다음과 같이 현저하게 축소된다.

가. 법 률

개인이 법률에 의하여 기본권을 침해받고 있는 경우에는 그 법률이나 법률조항에 대하여 헌법소원을 제기할 수 있으나, 법률을 직접 헌법소원의 대상으로 하는 데에는 일정한 한계가 있다.

(1) 기본권침해의 직접성 요건

일반적으로, 개인의 기본권이 법률에 의하여 직접 침해되는 것이 아니라 법률을 집행 또는 적용하는 구체적인 집행행위에 의하여 비로소 침해되기 때문에, 법률의 집행행위가 존재한다면 국민은 그 집행행위에 대하여 소송을 제기하고 구제절차를 밟아야지, 법원을 경유하지 아니하고 직접 법률에 대하여 헌법소원을 제기해서는 안 된다. 뿐만 아니라, 청구인이 헌법소원을 제기하기 전에 법원을 경유하도록 한다면, 그 과정에서 법원이 기본권침해를 구제할 가능성도 있고, 한편으로는 법원에 의한 사실관계의 확정 및 그의 법적 견해를 헌법소원심판절차에서 활용할 수 있으므로, 헌법재판소는 법원에 의한 사전적인 판단 없이는 가능하면 법규범에 의한 기본권침해여부에 대하여 직접 판단해서는 안 된다. 청구인이 법원을 경유하지 아니하고 법률에 대하여 직접 헌법소원심판을 청구하는 경우, 헌법재판소는 문제되는 법률이 개별사건에서 구체적으로 어떻게 적용되는지를 인식할 수 없고 법원에 의한 사전적 규명을 기대할 수 없다. 따라서 법률에 대한 헌법소원에서 '기본권침해의 직접성'을 요구하는 이유는, 헌법재판소가 개별사건에서 법률의 구체적인 적용과 유리되어 추상적으로 규범통제를 하는 것을 방지하기 위한 것이고, 나아가 사실관계와 법적 문제에 대한 법원의 사전적 규명 없이 규범통제를 하는 것을 막기 위한 것이다. 그러므로 예외적으로 법률을 집행하는 매개행위 없이 개인의 기본권이 직접 법률에 의하여 침해되는 경우에 한하여, '기본권침해의 직접성'이 인정됨으로

---

[1] 헌법소원의 교육적 효과는 헌법소원만의 특징이 아니라, 모든 최고법원의 판결에 공통적으로 부여되는 구속성 및 권위, 일반적 의미의 당연한 결과이다. 헌법재판소결정의 경우에는 이러한 효과가 '국가기관에 대한 결정의 일반적인 기속성'에 의하여 보다 강화된다.

써 법률에 대한 소원이 허용된다.

예컨대, 오천만원을 기탁하지 않는 경우에는 후보자등록신청을 할 수 없도록 한 공직선거 및 선거부정방지법 규정이나 노래연습장에 18세 미만자를 출입시켜서는 아니 될 법적 의무를 부과하는 풍속영업의 규제에 관한 법률 규정 등은 법률에 의하여 직접 기본권을 침해하는 조항이므로, 헌법소원의 대상이 될 수 있다.

(2) 법률에 의한 기본권침해의 직접성이 없는 경우 권리구제절차

한편, 법률을 집행하는 구체적인 집행행위가 있기 때문에, 법률에 의한 기본권침해의 직접성이 없는 경우에는 보충성의 원칙에 따라 개인은 집행행위에 대하여 우선 법원의 구제절차를 경유하고, 이러한 구제절차과정에서 법원의 위헌법률심판제청을 기대하거나, 만일 법원이 위헌제청을 하지 않으면 법 제68조 제2항에 의한 헌법소원을 제기할 수 있다.

(3) 시행된 법률

법률이 헌법소원의 대상이 되려면 현재 시행중인 유효한 것이어야 함이 원칙이나, 법률이 효력을 발생하기 전이라도 이미 공포되어 있고, 청구인이 불이익을 입게 될 수 있음을 충분히 예측할 수 있는 경우에는 그 법률에 대하여 예외적으로 헌법소원을 제기할 수 있다.[1]

헌법 제6조 제1항 및 제60조 제1항에 의하여 국회의 동의를 요하는 조약은 국내법에서 법률과 같은 효력을 가지므로, 헌법소원심판의 대상이 된다.[2] 헌법 제76조 제1항 및 제2항에 의한 대통령의 긴급재정경제명령과 긴급명령은 법률의 효력을 가지므로 헌법소원의 대상이 된다.[3] 그러나 형식적 의미의 법률에 해당하지 아니하는 헌법의 개별조항은 위헌심사의 대상이 될 수 없으므로 이를 대상으로 한 헌법소원심판청구는 부적법하다.[4]

나. 입법부작위

(1) 문제의 제기

입법부작위에 대한 헌법소원의 문제는, 어떠한 경우에 헌법이 스스로 입법자에게 개인의 기본권 보장을 위하여 구체적 입법의무를 부과하고 있기 때문에, 개인이 헌법소원의 형태로 입법의무의 이행을 요구할 수 있는지의 문제이다. 헌법재판에서는 주로 다음과 같은 관점에서 입법부작위에 대한 헌법소원을 제기할 수 있는지의 문제가 제기되었다.

예컨대, 국가가 법률로써 일정 범위의 집단에게 혜택을 부여하면서 청구인이 속한 집단을 수혜자범위에 포함시키지 아니한 경우에, 청구인은 자신을 수혜자범위에서 제외한 것은 평등원칙에 위반된다는 주장으로, 입법부작위에 대한 헌법소원을 제기할 수 있는가? 또는 국가가 요구하는 자격을 취득하여 일정 직업에 종사하던 자가 법률개정을 통한 직업행사요건의 강화로 인하여 더 이상 그 직업에 종사할 수 없게 되는 경우, 청구인은 개정법률이 청구인의 신뢰보호이익을 적절히 고려하는 경과규정을 두지 않음으로써 자신의 기본권을 침해했다는 이유로, 경과규정을 두지 않은 입법부작위에 대하여 헌법소원을 청구할 수 있는가? 국가가 공용침해의 형태로 개인의 재산권을 수용하면서 이에 대한 보상규정을 두

1) 헌재 1994. 12. 29. 94헌마201, 판례집 6-2, 510, 523.
2) 헌재 2001. 3. 21. 99헌마139 등(신한일어업협정), 판례집 13-1, 676, 692.
3) 헌재 1996. 2. 29. 93헌마186(긴급재정명령), 판례집 8-1, 111.
4) 헌재 1998. 6. 25. 96헌마47.

지 않은 경우, 개인은 보상규정을 두지 아니한 입법부작위에 대하여 헌법소원을 제기할 수 있는가?

(2) 헌법소원의 대상으로서 입법부작위

법 제68조 제1항은 공권력의 행사 또는 불행사로 인하여 헌법상 보장된 기본권을 침해받은 경우, 헌법소원심판을 청구할 수 있다고 규정함으로써, 공권력의 행사뿐만 아니라 '공권력의 불행사'도 헌법소원심판의 대상이 될 수 있음을 명시적으로 밝히고 있다. 여기서 말하는 '공권력'에는 당연히 입법작용이 포함되므로, 입법권의 불행사를 의미하는 입법부작위 또한 헌법소원의 대상이 된다.

헌법재판에 있어서 입법부작위는 오직 법 제68조 제1항에 의한 헌법소원에서만 대상이 될 수 있다. 규범통제절차의 대상은 단지 입법자가 제정한 '형식적 의미의 법률'이므로, 입법부작위는 법 제41조에 의한 구체적 규범통제나 법 제68조 제2항에 의한 헌법소원의 대상이 될 수 없다.[1]

(3) 헌법적 입법의무를 어느 정도로 인정할 것인지의 문제

입법부작위는 헌법이 입법자에게 입법의무를 부과함에도 불구하고 입법자가 이를 이행하고 있지 않는 법적 상태를 의미한다. 그러므로 입법부작위가 성립하기 위해서는 헌법적인, 즉 헌법이 요구하는 입법자의 입법의무가 존재해야 한다.

헌법적 입법의무를 어느 정도로 인정하는가의 문제는 바로 입법자와 헌법재판소 사이의 권한배분의 문제이다. 헌법재판소가 헌법에 명시적으로 표현된 명백한 위임을 넘어 헌법해석으로 입법자의 헌법적 의무를 폭넓게 인정하면 할수록, 입법자의 형성의 자유는 축소되고 헌법해석의 최종적 결정권자이자 입법자에 대한 통제자인 헌법재판소의 결정에 구속을 받게 된다. 따라서 권력분립원칙과 민주주의원칙은 입법자의 민주적 형성의 자유를 유지하기 위하여, 헌법적 입법의무는 단지 예외적으로 인정되고, 가능하면 헌법상의 명시적인 위임에 제한될 것을 요구한다. 이러한 이유에서 헌법에 명시적으로 표현된 입법의무는 그 '내용과 범위'에 있어서 본질적으로 규정되어야 한다. 즉, 입법자의 행위의무가 헌법에 명시적으로 구체화되어 있어, 헌법재판소가 입법자의 정치적 형성권을 침해함이 없이 헌법에서 스스로 명백한 법적 결과를 도출할 수 있어야 한다. 그렇지 않은 경우에는 헌법재판소가 자신의 판단을 헌법적 요청으로 승격시킴으로써 입법자의 형성권을 침해할 위험이 있다.

(4) 헌법재판소의 입장

(가) 명시적인 헌법위임 또는 헌법해석상 인정되는 입법의무

헌법재판소는 이미 초기의 판례부터 일관되게 "입법부작위에 대한 헌법재판소의 관할권은 극히 한정적으로 인정할 수밖에 없다고 할 것이므로, 헌법에서 기본권보장을 위하여 법령에 명시적인 입법위임을 하였음에도 입법자가 이를 이행하지 않을 때, 그리고 헌법해석상 특정인에게 구체적인 기본권이 생겨 이를 보장하기 위한 국가의 행위의무 내지 보호의무가 발생하였음이 명백함에도 불구하고 입법자가 아무런 입법조치를 취하지 않는 경우에만 헌법소원의 대상이 된다."고 판시하고 있다.[2]

헌법재판소의 위 판시내용은 헌법이 입법의무의 내용 및 범위를 정하여 입법자에게 일정 사항에 관하여 입법할 것을 명백하게 위임한 소위 헌법위임에도 불구하고 이를 이행하지 아니한 경우와 비록 명백한 헌법상의 위임이 없더라도 헌법해석을 통하여 일정사항에 관하여 입법자의 보호의무 또는 행위의무가 있음에도 불구하고 입법자가 이러한 입법의무를 이행하고 있지 않은 경우에[3] 한하여 입

---

1) 헌재 2000. 1. 7. 98헌바12, 공보 제42호, 136, 140.
2) 헌재 1989. 3. 17. 88헌마1(사법서사법시행규칙에 관한 헌법소원).

법부작위에 대한 헌법소원을 허용하고 있는 것으로 이해할 수 있다.

(나) 헌법재판소의 판례

헌법재판소는 조선철도 주식의 보상금청구에 관한 헌법소원($^{1994.12.29.\ 89}_{헌마2\ 결정}$)에서만 헌법적 입법의무를 인정하여 입법부작위에 대한 헌법소원을 적법하다고 하여 본안에서 청구를 인용하였고, 그 외의 다른 모든 결정에서는 청구인이 주장하는 내용의 헌법위임이 존재하지 않는다는 이유로($^{헌재\ 1991.\ 9.\ 16.\ 89헌마}_{163:\ 헌재\ 1993.\ 11.\ 25.\ 90}$ $^{헌마209:\ 헌재\ 1996.}_{4.\ 25.\ 94헌마129}$) 또는 경과규정의 결여는 부진정입법부작위에 해당한다는 이유로($^{헌재\ 1989.\ 7.\ 28.\ 89헌마1:\ 헌재}_{1993.\ 3.\ 11.\ 89헌마79:\ 헌재\ 1993.}$ $^{9.\ 27.\ 89}_{헌마248}$) 또는 평등원칙의 위반은 부진정입법부작위에 해당한다는 이유로($^{헌재\ 1996.\ 11.}_{28.\ 93헌마258}$) 입법부작위의 위헌확인을 구하는 심판청구를 부적법한 것으로 각하하였다.

(5) 입법부작위의 유형

입법부작위의 문제는 헌법소원과의 연관관계에서 이해해야 한다. 헌법소원의 영역을 떠나서는 입법부작위의 문제 또는 진정·부진정 입법부작위의 구분의 문제는 독자적인 헌법적 의미를 가지지 못한다. 즉, 입법부작위는 오로지 '헌법소원의 대상'과 관련하여 독자적인 의미를 가지는 것이다.

입법부작위는 헌법소원의 대상이 될 수 있는 진정한 의미의 입법부작위(眞正 입법부작위) 및 헌법소원의 독자적인 대상이 될 수 없는 그 외에 단지 외견상의 입법부작위(不眞正 입법부작위)로 구분할 수 있다.

(가) 진정·부진정 입법부작위를 구분하는 이유

왜 입법부작위의 유형을 구분하여 진정입법부작위에 대해서만 헌법소원을 인정하는지의 문제가 제기된다. 진정·부진정 입법부작위의 구분은 헌법소원의 청구기간과 관련하여 중요한 의미를 가진다.

부진정입법부작위의 경우에는 제정된 법률에 대하여 헌법소원을 제기해야 하기 때문에, 청구기간의 제한을 받으며 청구기간의 도과 후에 제기된 헌법소원은 부적법한 것으로 각하된다. 그러나 공권력의 불행사로 인한 기본권침해는 그 불행사가 계속되는 한 지속된다 할 것이므로, 진정입법부작위에 대한 헌법소원심판은 입법자의 부작위가 계속되는 한 기간의 제약 없이 적법하게 청구할 수 있다. 따라서 진정입법부작위의 범위를 폭넓게 인정하면 할수록, 개인은 청구기간의 제한을 받지 아니하고 법률에 대하여 헌법소원을 제기할 수 있게 된다.

부진정입법부작위에 대하여 별도의 독자적인 헌법소원을 인정한다는 것은, 동일한 법적 문제를 제소기간을 전후하여 심판대상에 있어서 '적극적인 법률에 의한 기본권침해'와 '소극적인 부작위에 의한 기본권침해'로 이중적으로 파악함으로써, 동일한 문제가 이중적으로 심사되어야 하는 결과를 가져온다. 헌법소원의 청구인이 청구기간 내에는 제정된 법률에 대하여 그리고 청구기간 후에는 입법부작위에 대하여 선택적으로 또는 이중적으로 헌법소원을 제기할 수 있다면, 이는 법률 자체에 대한 위헌심사를 받을 수 있는 권리구제수단이 존재한다는 관점에서도 불필요하고, 또한 법적 안정성의 관점에서 보더라도 헌법소원 청구기간의 실질적인 폐지를 의미한다.

(나) 眞正立法不作爲

진정입법부작위란, 입법자가 헌법상 입법의무가 있음에도 전혀 입법을 하지 않은 경우를 말한다. 이러한 경우에만 달리 헌법소원을 제기할 가능성이 없으므로, 입법부작위가 헌법소원의 대상이 된

---

3) 헌법재판소의 판시내용 중 "헌법해석상 특정인에게 구체적인 기본권이 생겨"의 표현은, 기본권의 주체가 존재하는 한 기본권이 인정되는 것이지 구체적 상황에 따라 기본권이 갑자기 생기는 것이 아니라는 점에서 표현상의 문제가 있다.

다. 헌법소원의 대상이 되는지의 여부는 적법요건의 단계에서 판단되므로, 헌법소원의 대상으로서 진정입법부작위에 해당하는지의 여부(헌법적 입법의무의 불이행)가 적법요건의 단계에서 판단되어야 한다. 입법부작위에 대한 헌법소원의 적법요건은 다음과 같다.

1) 적법요건

가) 기본권침해의 자기·현재·직접관련성

법률에 대한 헌법소원에서와 마찬가지로, 입법부작위에 대한 헌법소원에서도 청구인은 입법부작위에 의하여 자신의 기본권이 현재 그리고 직접 침해당해야 한다. 우선 청구인이 주장하는 입법부작위가 청구인 '자신의' 기본권을 침해해야 하므로, 일반적으로 청구인은 입법자가 입법의무를 이행하는 경우 혜택을 받을 수 있는 인적 범위에 속해야 한다. 또한, 청구인이 주장하는 입법부작위가 청구인의 기본권을 현실적으로, 즉 과거나 미래가 아닌 현재 침해하고 있어야 한다. 그러나 기본권침해의 직접성은 별도로 심사할 필요 없이 원칙적으로 인정된다. 입법부작위는 입법의 부재를 그 대상으로 하는 것이므로, 존재하는 법률의 시행을 전제로 하는 법률의 집행행위는 존재하지 않는다.

나) 보충성의 원칙 및 청구기간

입법부작위에 대해서는 다른 구제절차가 없으므로 보충성의 원칙은 적용되지 않는다. 입법부작위에 대한 헌법소원은 입법부작위가 계속되는 한 청구기간의 제한을 받지 않는다.

다) 헌법적 입법의무의 존재

입법의무의 내용과 범위를 본질적으로 규정하는 명시적인 헌법위임이나 또는 헌법해석을 통하여 기본권에서 도출할 수 있는 행위의무나 보호의무가 존재해야 한다. 공권력의 불행사에 대한 헌법소원은 공권력주체의 헌법상의 작위의무를 전제로 허용되는 것이므로,[1] 입법부작위에 대한 헌법소원도 허용되기 위해서는 입법자의 헌법적 작위의무(입법의무)가 존재해야 한다. 뿐만 아니라, 헌법적 입법의무의 존재는 적극적인 공권력행위에 대한 헌법소원에서 '기본권침해의 가능성'에 해당하는 것이다. 헌법적 입법의무가 존재하지 않는다면, 입법부작위에 의하여 청구인의 기본권이 침해될 가능성이 없다. 따라서 헌법적 입법의무의 존재는 본안판단이 아니라 적법요건에 속하는 것이다.

헌법재판소는 종래 일관되게 헌법적 입법의무의 존부를 적법요건으로 이해하여 헌법적 입법의무가 존재하지 않는 경우에는 심판청구를 각하하였다. 그러나 헌법재판소는 일부 결정에서 헌법적 입법의무의 존재가 적법요건임을 인식하지 못하여 적법요건의 단계가 아니라 본안판단의 단계에서 이를 판단하는 오류를 범하고 있다.[2]

라) 입법의무의 불이행

입법자가 존재하는 헌법적 입법의무에도 불구하고 지금까지 전혀 아무런 입법행위를 하지 않은 경우에 한하여, 입법부작위에 대한 헌법소원이 허용될 수 있다. 만일, 입법자가 입법을 하였다면, 청구인은 그 법률에 대하여 청구기간 내에 헌법소원을 제기해야 한다.

---

1) 공권력주체의 작위의무가 '공권력의 불행사에 대한 헌법소원'의 적법요건에 속한다는 것에 관하여 명시적으로 헌재 1999. 9. 16. 98헌마75(재판지연), 판례집 11-2, 364, "공권력의 불행사에 대한 헌법소원은 공권력의 주체에게 헌법에서 직접 도출되는 작위의무나 법률상의 작위의무가 특별히 구체적으로 존재하여 이에 의거하여 기본권의 주체가 그 공권력의 행사를 청구할 수 있음에도 불구하고 공권력의 주체가 그 의무를 해태하는 경우에 한하여 허용되므로, 이러한 작위의무가 없는 공권력의 불행사에 대한 헌법소원은 부적법하다."

2) 이러한 경향은 특히 본안판단에서 청구를 인용한 일련의 '행정입법부작위에 대한 헌법소원'에서 발견할 수 있다. 가령, 헌재 1998. 7. 16. 96헌마246(치과전문의 자격시험 불실시), 판례집 10-2, 283, 305 참조.

2) 본안판단

본안판단은 헌법적 입법의무의 위반여부, 즉 헌법적 입법의무를 이행하지 않은 것의 위헌여부에 관한 판단이다.

명시적 헌법위임의 경우, 헌법적 입법의무의 존부 및 입법의무의 이행여부에 관한 판단이 비교적 명백하므로, 본안판단은 단지 명백한 입법의무의 존재에도 불구하고 입법의무를 전혀 이행하지 않은 상황이 정당화될 수 있는지의 판단에 국한된다. 헌법이 명시적으로 입법시한을 확정하지 않는 한, 입법의 시기를 결정하는 것도 입법자의 형성권에 속하므로, 헌법적 입법의무의 불이행이 곧 헌법위반이라고 단정할 수 없다. 따라서 상당한 기간 내에 입법을 하지 않았는지, 그러한 경우 입법지체를 정당화하는 합리적인 사유가 있는지 등을 판단하게 된다.

이에 대하여, 헌법해석을 통하여 도출되는 기본권 보호의무의 경우에는 보호의무의 존부 및 이행여부에 관한 판단이 불명확하기 때문에, 적법성심사의 단계에서는 단지 보호의무의 존재 가능성 및 의무의 불이행 가능성만을 판단하고, 본안판단의 단계에서 입법자가 보호의무를 이행하지 않았는지의 여부를 판단하게 된다.[1]

(다) 不眞正立法不作爲

부진정 입법부작위란, 헌법적 입법의무의 존부와 관계없이 입법자가 입법은 하였으나 청구인이 법률의 불완전성이나 불충분함을 주장하는 경우를 말한다. 부진정입법부작위의 경우, 청구인은 입법부작위에 대한 헌법소원을 제기해서는 아니 되고 불완전성이나 불충분함을 다투는 법률 자체를 대상으로 하여 헌법소원을 제기해야 한다.

입법자가 적극적인 입법행위를 하였고, 그의 결과인 법률이 불완전·불충분함으로써 기본권(자유권 또는 평등권)이 침해된다면, 개인은 원칙적으로 입법자의 잘못된 입법행위에 대하여 대항해야지, '잘못된 입법행위'를 '정당한 입법행위의 부작위'로 간주하여 부작위에 대한 소원을 제기하여서는 안 된다. 어떠한 경우에 불완전하고 불충분한 입법에 의하여 기본권이 침해되고, 외견상의 (허위)부작위의 형태로 나타날 수 있는가를 살펴보면, 부진정입법부작위에 해당되는 경우는 다음과 같다.

1) 헌법적 입법의무를 불완전하거나 불충분하게 이행한 경우

입법자가 입법의무를 이행하기 위하여 입법을 했다면, 그 법률이 설사 청구인에게 부정적이고 불리하다고 하더라도 입법자는 그가 취해야 할 조치를 부작위한 것이 아니다. 그러므로 적극적인 법률

---

1) 입법자가 에이즈로부터 국민을 보호하기 위한 입법조치를 취하지 않았다는 주장으로 입법부작위에 대하여 제기된 헌법소원에서, 연방헌법재판소는 심판청구의 적법성(국가 보호의무의 불이행 여부)에 관하여 확정적으로 판단하지 아니하고, 입법자가 보호의무를 이행하기 위하여 아무런 조치를 취하지 않거나 취한 조치가 명백하게 불충분한 경우에 해당하지 않는다는 이유로 보호의무의 위반을 부인함으로써 헌법소원이 명백하게 이유 없다고 하여 헌법소원을 수리하지 않았다 (BVerfG, Kammerentscheidung, EuGRZ 1987, 353). 연방정부와 입법자가 대기오염에 대한 조치를 취하지 않음으로써 산림피해를 입었다는 주장으로 제기한 입법부작위에 대한 헌법소원(Waldschadenfall)에서도, 헌법재판소는 입법자의 보호의무를 인정하였으나, 법률의 제정여부와 그 내용은 일반적으로 사법적 판단을 벗어나는 경제적, 정치적, 예산법적 상황에 달려 있기 때문에 보호의무가 존재한다고 하여 곧 입법부작위에 대한 헌법소원이 적법하다고 볼 수 없다고 하였다. 그러나 헌법재판소는 적법성에 관한 최종적 판단을 유보하고, 국가의 보호의무가 어떠한 방법으로 적극적인 입법적 조치를 통하여 실현되어야 하는가는, 환경(대기)오염의 원인과 결과 및 인과관계가 과학적으로 아직 뚜렷하게 규명되지 않았고, 환경보호의 문제는 다른 헌법적 법익(예컨대 사회국가 실현의 실질적 전제조건으로서의 경제성장 또는 상대적 완전고용의 의무를 부과하는 근로의 권리)과의 타협과 조화를 요구하며, 또한 국제적 연관관계에 놓여있는 지극히 복합적인 문제인 반면, 입법자는 나름대로 대기보호를 위한 일련의 조치를 취했으므로, 헌법소원이 명백하게 이유 없다고 하여 헌법소원을 수리하지 않았다(BVerfGE Vorprüfungsausschuß, 1983. 9. 14의 결정, NJW 1983, S.2931f.).

을 불충분한 것으로 간주하는 청구인은 법률을 집행하는 구체적인 처분에 대하여 또는 직접 법률에 대하여 제소기간 내에 행정소송이나 헌법소원을 제기해야 한다.

2) 불충분한 경과규정

법률개정의 경우, 청구인의 신뢰이익을 적절하게 고려하는 경과규정을 두지 않았다는 이유로 청구인이 헌법소원을 제기하는 경우에도, 청구인은 자신의 이익을 고려하는 경과규정을 두지 않은 입법부작위의 위헌확인을 구해서는 아니 되고, 개정법률의 불완전성을 문제 삼아 개정법률의 위헌성을 다투어야 한다.

입법자가 경과규정을 두어야 하는 이유는, 헌법에서 나오는 입법의무에 기인하는 것이 아니라, 단지 입법자가 법률개정의 과정에서 발생하는 기본권의 제한을 신뢰보호의 원칙에 부합하게 규율하기 위한 필요성에서 나오는 것이므로, 경과규정의 불비는 헌법위임의 불이행이 아닌 것이다. 따라서 경과규정의 결여를 이유로 기본권의 침해를 주장하는 경우에는, 경과규정의 제정을 요구하는 헌법위임이 존재하지 않고, 경과규정이란 단지 기본권을 제한하는 법률개정에서 청구인의 신뢰보호이익을 적절하게 고려할 것을 입법자에게 요구하는 것이므로, 이 경우 경과규정이 결여된 입법자의 '잘못된 결정' 그 자체를 심판의 대상으로 삼아야 하지 경과규정의 불비를 입법부작위의 형식으로 주장할 수 없는 것이다.

3) 시혜적 법률이 평등권에 위반되는 경우

청구인이 시혜적 법률에 대하여 '자신을 수혜대상에 포함시키지 않은 것이 평등원칙에 위반된다'는 이유로 헌법소원을 제기하는 경우, 자신을 수혜범위에 포함시키지 않은 입법부작위의 위헌확인을 구해서는 안 되고, 시혜적 법률의 불완전성을 문제 삼아 그 법률의 위헌성을 다투어야 한다.[1]

청구인은 그가 속한 집단을 부당하게 시혜적 법률에 포함시키지 않았다는 주장을 함으로써, 입법자가 혜택을 부여하는 인적범위의 경계설정을 평등원칙에 위배되게 잘못하였다는 것을 주장하는 것이고, 이로써 입법자의 부작위가 아니라, 평등원칙에 위배되게 수혜자와 비수혜자의 경계를 긋고 있는 입법자의 작위, 바로 제정된 법률을 심판의 대상으로 삼고 있는 것이다. 그러므로 평등원칙 위반의 경우 심판의 대상은 입법부작위가 아닌, 입법자의 작위이다.[2]

4) 입법자가 공용수용의 형태로 재산권을 제한하면서 보상규정을 두지 않은 경우

사례 헌재 1994. 12. 29. 89헌마2(조선철도 사건)

1946년 軍政法令에 의하여 조선철도 주식회사 등의 전 재산이 공용수용되자 조선철도주식회사의 주주이던 대한금융조합연합회는 美軍政廳에게 위 주식에 관한 보상청구서를 제출함으로써 보상청구권을

---

1) 헌재 1996. 11. 28. 93헌마258.

2) 평등원칙 그 자체는 입법자에게 헌법적으로 아무런 구체적인 입법의무를 부과하지 않는다. 일단, 입법자가 일정 내용의 입법을 하는 경우에 비로소 평등원칙은 본질적으로 같은 것은 같게 다른 것은 다르게 취급할 것을 요구함으로써, 입법자와의 관계에서 입법이라는 사전행위에서 유래하는 규범력을 가지고 있다. 입법자가 일정 인적 집단을 시혜적 규정으로부터 배제한 경우, 수혜대상범위의 확대를 구하는 헌법소원은 외형적으로는 입법부작위에 대한 소원과 흡사하다. 그러나 입법자의 하자있는 행위는 항상 올바른 행위의 부작위로 해석할 여지가 있다는 의미에서, 이러한 부작위는 단지 입법자가 시혜적 규정의 제정을 통하여 내린 적극적인 결정의 반사적 효과일 뿐이다. 이러한 경우 시혜적 규정에 의하여 고려되지 않은 청구인이 주장하는 부작위는 헌법적 입법의무에 근거하지 않은, 단지 시혜적 규정의 존재에 의하여 초래된, 오로지 평등원칙의 관점에서만의 부작위일 뿐이다.

확정적으로 취득한 다음, 그 후신인 농업협동조합중앙회는 주식과 그에 따른 보상청구권을 甲에게 양도하였고, 甲은 이를 다시 乙에게 양도하였다. 그러나 1961년 조선철도의통일폐지법률(廢止法律)에 의하여 군정법령이 폐지되었기 때문에 대한민국정부는 위 손실보상금의 확정·지급을 가능하게 하는 근거법령이 없다는 이유 등으로 위 손실보상금의 지급을 거절하여 왔는바, 乙은 '지금까지 대한민국으로부터 보상금을 지급받지 못하여 헌법상 보장된 재산권을 침해당했다'는 이유로 1989년 선택적으로, 군정법령을 폐지한 후 사설철도회사 재산의 수용으로 인한 손실보상절차를 규정하는 법률을 제정하지 아니하는 입법부작위의 위헌확인 또는 청구인에 대하여 군정법령 제4조, 제5조에 따른 보상금의 사정·확정절차를 취하지 아니하는 행정부작위의 위헌확인 또는 폐지법률 위헌확인을 구하는 헌법소원심판을 청구하였다.[1]

기본권의 제한을 법률에 위임하는 법률유보규정(가령·헌법 제37조 제2항)은, 법률에 의하여 기본권의 제한이 가능하도록 하는 입법자에 대한 수권규정으로서 입법자에게 헌법의 한계 내에서 기본권을 제한할 수 있는 권한을 부여하는 규정이므로, 입법의무를 부과하는 헌법위임과 구별되어야 한다. 이러한 수권규정은 입법자에게 기본권을 제한하는 법률의 제정을 의무화하고 있는 것이 아니라, 입법자가 스스로 그의 입법형성권의 한계 내에서 기본권을 제한하는 법률을 제정할 것인가를 결정할 수 있는 권한을 부여하고 있다. 마찬가지로, 헌법 제23조 제3항도 국가에게 공익상의 이유로 필요한 경우에는 공용수용을 할 수 있는 권한을 부여하고, 단지 국가가 공용수용의 권한을 사용하는 경우에는 법률로써 보상에 관하여 규정할 것을 요구하고 있다.

헌법 제23조 제3항에 의한 공용침해의 경우 입법자가 보상규정을 두어야 하는 것은, 헌법이 직접 부과하는 의무가 아니라, 헌법이 입법자에게 부여한 수권규정을 사용한 결과, 즉 공용침해의 형태로 재산권을 침해하는 권한을 사용한 결과, 결국 적극적인 입법행위의 결과로서 발생하는 것이다. 입법자가 공용침해를 할 수 있는 수권규정을 사용하지 않는다면, 보상규정을 두어야 할 의무 또한 생기지 않는다. 입법자의 입법여부에 따라 발생할 수 있는 의무는 헌법이 부여한 입법의무가 아니다. 헌법상의 입법의무란 입법자를 구속하면서 입법자에게 일정 내용의 행위의무를 부과하는 것이기 때문에, 입법자가 자신의 행위를 통하여 자유로이 의무의 발생여부를 결정할 수 있다면, 이러한 의무는 헌법상의 의무라고 할 수 없다. 헌법은 제23조 제3항에서 보상법률을 명시적으로 언급함으로써 입법자가 공용침해의 형태로 헌법상의 재산권을 합헌적으로 제한하는 요건, 즉 공용침해에 관한 수권규정을 합헌적으로 사용하는 요건을 규정하고 있을 뿐이다.

만일 헌법 제23조 제3항의 보상규정에 관한 요청을 헌법적 입법의무로 파악한다면, 헌법소원의

1) 헌재 1994. 12. 29. 89헌마2(조선철도), 판례집 6-2, 395, "우리 헌법은 제헌 이래 현재까지 일관하여 재산의 수용, 사용 또는 제한에 대한 보상금을 지급하도록 규정하면서 이를 법률이 정하도록 위임함으로써 국가에게 명시적으로 수용 등의 경우 그 보상에 관한 입법의무를 부과하여 왔는바, 해방 후 사설철도회사의 전 재산을 수용하면서 그 보상절차를 규정한 군정법령 제75호에 따른 보상절차가 이루어지지 않은 단계에서 조선철도의통일폐지법률에 의하여 위 군정법령이 폐지됨으로써 대한민국의 법령에 의한 수용은 있었으나 그에 대한 보상을 실시할 수 있는 절차를 규정하는 법률이 없는 상태가 현재까지 계속되고 있으므로, 대한민국은 위 군정법령에 근거한 수용에 대하여 보상에 관한 법률을 제정하여야 하는 입법자의 헌법상 명시된 입법의무가 발생하였으며, 위 폐지법률이 시행된 지 30년이 지나도록 입법자가 전혀 아무런 입법조치를 취하지 않고 있는 것은 입법재량의 한계를 넘는 입법의무불이행으로서 보상청구권이 확정된 자의 헌법상 보장된 재산권을 침해하는 것으로 위헌이다."

청구인은 동일한 사건에서 한편으로는 '공용침해의 형태로 재산권을 침해하면서 보상규정을 두지 아니한 법률'을 심판대상으로 하여, 다른 한편으로는 '보상규정을 두어야 함에도 두지 아니한 입법부작위'를 심판대상으로 하여 이중적으로 헌법소원을 제기할 수 있다는 결과가 발생한다. 그 결과, 청구기간의 도과를 전후하여 청구기간 내에는 법률에 대하여, 청구기간 후에는 언제든지 입법부작위에 대하여 이중적으로 헌법소원을 제기할 수 있는 길이 열리게 된다.[1] 이로써 헌법소원의 가능성은 합리적인 정도를 넘어 무제한으로 확대되는데, 이러한 결과는 법적 안정성, 소송경제, 법적 평등의 관점에서 보아도 법치국가적으로 용인할 수 없는 것이다.[2]

다. 행정작용

헌법소원의 보충성원칙과 재판소원의 금지규정은 행정작용에 대한 통제를 법원의 관할로 하고 있다. 그러므로 행정소송에 의하여 권리구제를 받을 수 있는 행정처분 등은 헌법소원의 대상에서 제외되므로, 헌법소원의 대상이 되는 행정작용은 행정소송에 의하여 권리구제를 받을 수 없는 경우에 한정된다. 이에 속하는 대표적인 것이 이미 종료된 권력적 사실행위에 의하여 기본권이 침해당하는 경우 또는 행정입법에 의하여 기본권이 직접 침해당하는 경우이다. 또한, 2008년 형사소송법이 개정되기 이전까지는 검사의 불기소처분도 헌법소원의 대상이 되는 행정작용 중에서 대표적인 것이었다.

헌법재판소가 이러한 행정작용을 헌법소원의 대상에 포함시킨 것은, 한편으로는 법원이 권리구제절차를 제공하지 않는 경우 권리구제의 공백이 발생하므로 이를 헌법소원제도를 통하여 메우고자 하는 의도에 기인하는 것이지만, 다른 한편으로는 초기에 헌법재판사건의 부족을 우려하여 자신의 관할을 판례를 통하여 확장하고자 하는 의도도 함께 작용한 것으로 보인다. 그러나 헌법재판소가 검사의 불기소처분과 권력적 사실행위에 대하여 관할을 확장한 것은 헌법재판소의 본연의 위상과 임무에 부합하지 않는다는 비판이 제기되어왔다. 최근 행정소송법의 개정논의가 진행 중인데, 가장 중요한 사안은 법원이 행정소송법의 개정을 통하여 그 동안 헌법재판소의 관할이 되어 온 행정작용(특히 행정입법과 권력적 사실행위)을 다시 자신의 관할로 하고자 한다는 점이다.

1) 헌법재판소는 헌재 1994. 12. 29. 89헌마2 결정(조선철도)에서 헌법 제23조 제3항의 보상의무를 헌법적 입법의무로 해석함으로써 보상규정을 마련하지 않은 공용침해의 경우에는 청구기간의 제한을 받지 아니하고 언제든지 보상규정의 입법불비를 이유로 헌법소원을 제기할 수 있는 길을 열어놓았다. 이 사건에서는, 입법자가 공용수용에 대하여 보상규정을 둔 군정법령을 제정하였으나, 보상절차가 이루어지기 전에 폐지법률에 의하여 군정법령이 폐지됨으로써 법령에 의한 수용은 있었으나 그에 대한 보상을 실시할 수 있는 절차를 규정하는 법률이 없는 상태가 계속되고 있다. 그러나 이러한 위헌적 상태는, 입법자가 처음부터 아무런 입법행위를 하지 않은데 기인하는 것이 아니라 '법률의 제정과 폐지'라는 적극적인 입법활동의 결과로서 발생한 것이다. 따라서 이 경우에도 법률의 폐지를 규정하는 개정입법(폐지법률)에 대하여 폐지법률이 재산권을 침해한다는 주장으로 헌법소원이 가능하므로, 폐지법률의 위헌성을 심판대상으로 삼지 않고 폐지법률의 제정 이후 보상법률을 제정하지 아니한 입법자의 부작위를 심판대상으로 하는 것은 여기서도 마찬가지로 불필요하고 법적 안정성의 요청에 반한다. 廢止法律에 대한 憲法訴願의 경우, 청구인은 헌법재판소 발족 이전부터 폐지법률의 제정으로 인한 기본권침해의 사유를 알고 있었으므로, 헌법소원심판청구는 헌법재판소가 발족함으로써 심판청구가 가능하게 된 1988. 9. 19.부터 60일 이내에 제기하였어야 하나, 청구인은 1989. 1. 11. 이 사건 헌법소원심판을 청구하였으므로 청구기간이 도과하였다.

2) 다른 한편으로는, 결여된 부분과 그 외의 법률 내용이 하나의 불가분의 통일체를 형성하고 있어 전체의 규정이 분할될 수 없다면, 헌법소원은 적극적인 법률에 대하여 그의 폐지를 목적으로 제기되어야 한다. 결부조항(Junktimklausel)에 의하면 공용수용에 관한 법률에서 보상규정의 결여는 그 자체뿐 아니라 법률전체가 위헌이라는 결과를 가져온다. 따라서 법률의 내용 중에서 보상규정이 결여되어 있다면, 이는 독자적으로 헌법소원의 대상이 될 수 있는 진정한 입법부작위가 아니다. 보상규정의 결여는 전체법률의 무효를 의미하기 때문에, 청구인은 보상규정의 결여라는 허위 부작위가 아니라 적정한 보상규정을 두지 않은 채 수용을 명하는 적극적인 법률 자체에 대하여 헌법소원을 제기하여야 한다.

(1) 행정입법(命令·規則)

(가) 헌법 제107조 제2항은 명령·규칙의 위헌·위법성여부가 재판의 전제가 된 경우, 이에 대한 최종적인 심사권을 대법원에 부여하고 있다. 명령·규칙의 위헌·위법성여부가 재판의 전제가 된 경우란, 행정입법을 적용하는 구체적인 집행행위가 있어 그에 대하여 소송이 제기되었고, 그 과정에서 구체적 소송사건의 재판을 위한 선결문제로서 행정입법의 위헌여부가 문제되는 경우를 말하는 것이며, 이러한 경우에 한하여 법원은 행정입법의 위헌성을 심사할 수 있다.

그러나 명령·규칙에 있어서 그의 집행행위가 존재하지 않는다면, 명령·규칙의 위헌·위법성은 집행행위를 매개로 한 구체적인 재판절차에서 심사될 수 없다. 따라서 명령·규칙에 의하여 개인의 기본권이 직접 침해되는 경우에는 대법원의 최종적 심사권이 미치지 아니한다. 이 경우 권리구제의 사각지대가 발생하므로, 헌법재판소는 '기본권침해의 직접성이 있는 경우'에 한하여 행정입법에 대한 헌법소원을 허용하고 있다.[1] 따라서 법규명령 또는 규칙으로 인하여 직접 기본권을 침해당한 피해자는 헌법소원의 심판을 청구할 수 있다. 또한, 대법원규칙이나 지방자치단체의 조례 그 자체에 의하여 직접 기본권이 침해되는 경우, 대법원규칙이나 조례도 헌법소원의 대상이 된다.[2]

(나) 한편, 행정규칙은 일반적으로 행정조직 내부에서만 효력을 가지는 것이고 대외적인 구속력을 갖는 것이 아니어서 원칙적으로 헌법소원의 대상이 아니다. 그러나 그 제정형식이 비록 고시·훈령·예규 등과 같은 행정규칙이라 하더라도 법령의 위임에 따라 그 법률을 시행하는 데 필요한 구체적 사항을 정한 것이라면, 상위법령과 결합하여 대외적인 구속력을 가지는 법규명령으로 기능하게 되므로(법규보충적 행정규칙), 헌법소원의 대상이 된다.[3] 나아가, 행정규칙이 재량권행사의 준칙으로서 그 정한 바에 따라 되풀이 시행되어 행정관행이 성립됨으로써 평등의 원칙이나 신뢰보호의 원칙에 따라 행정기관이 그 상대방에 대한 관계에서 그 규칙에 따라야 할 자기구속을 당하게 되는 경우에는 대외적인 구속력을 갖게 되어 헌법소원의 대상이 된다.[4]

(2) 행정입법부작위

사례 헌재 1998. 7. 16. 96헌마246(치과전문의 자격시험 불실시 사건)

甲은 치과의사 면허를 받은 자로서 치과전문의가 되고자 하는 자이다. 치과전문의 자격시험은 의료법 등에 따라 대한치과의사협회(이하 '협회')가 매년 1회 이상 실시하여야 함에도 협회는 관계법령의 미비 등을 이유로 지금까지 단 1회도 치과전문의 자격시험을 실시하지 않았고, 보건복지부장관은 의료법 등의 위임에 따라 시행규칙의 개정 등 치과전문의 자격시험을 실시함에 필요한 제도적 조치를 마련하여야 함에도 '치과전문의 자격시험을 둘러싸고 협회 내에 의견의 대립이 있다'는 이유로 이를 마련하지 않았다. 이에 甲은 보건복지부장관의 행정입법부작위에 의하여 자신의 헌법상 보장된 기본권을 침해받고 있다며 헌법소원심판을 청구하였다.[5]

---

1) 행정소송법의 개정시안에서는, 소송당사자가 행정입법에 대하여 직접 항고소송을 제기할 수 있는 가능성을 규정하고 있다.
2) 헌재 1995. 2. 23. 90헌마214; 헌재 1995. 4. 20. 92헌마264 등.
3) 헌재 1992. 6. 26. 91헌마25, 판례집 4, 444, 449.
4) 헌재 1990. 9. 3. 90헌마13, 판례집 2, 298, 303.
5) 헌재 1998. 7. 16. 96헌마246(치과전문의 자격시험 불실시), 판례집 10-2, 283, 284, "삼권분립의 원칙, 법치행정의

헌법재판소는 "우리 헌법은 국가권력의 남용으로부터 국민의 기본권을 보호하려는 법치국가의 실현을 기본이념으로 하고 있고, 근대 자유민주주의 헌법의 원리에 따라 국가의 기능을 입법·행정·사법으로 분립하여 상호간의 견제와 균형을 이루게 하는 권력분립제도를 채택하고 있다. 따라서 행정과 사법은 법률에 기속되므로 국회가 특정한 사항에 대하여 행정부에 위임하였음에도 불구하고 행정부가 정당한 이유 없이 이를 이행하지 않는다면 권력분립의 원칙과 법치국가 내지 법치행정의 원칙에 위배되는 것이다. 따라서 이 사건과 같이 군법무관의 보수의 지급에 관하여 대통령령을 제정하여야 하는 것은 헌법에서 유래하는 작위의무를 구성한다."는 논리로 행정입법부작위에 대한 헌법소원을 허용하고 있다.1) 한편, 행정입법부작위에 있어서도 그것이 부진정행정입법부작위에 해당하는 경우에는 불완전한 행정입법에 대하여 적극적으로 헌법소원을 제기하여야 한다.

문제는 법치국가원리의 구성요소인 '법치행정의 원칙'으로부터 헌법이 내용과 범위를 정하여 행정청에게 부과하는 구체적인 입법의무가 도출되지 않는다는 것에 있다. 헌법재판소의 판시내용처럼, 헌법에 위반되지 아니할 의무가 헌법적 의무라면, 헌법에 근거하는 모든 일반적인 의무가 헌법적 입법의무라 할 것이고, 그 결과 거의 모든 경우에 입법부작위에 대한 헌법소원을 허용해야 할 것이다.2)

법치행정의 원칙이 행정입법과 관련하여 행정청에게 부과하는 헌법적 의무는 '행정은 법률에 의하여 행해질 것을 요청하는 일반적인 의무'일 뿐이다. 행정입법을 제정해야 하는 구체적인 의무는 헌법상의 법치행정의 원칙으로부터 직접 나오는 것이 아니라 입법자의 법률로부터 나오는 것이며, 이로써 법률상의 의무이다. 입법자에 의하여 구체화되고 매개되는 의무, 입법자의 입법여부에 따라 발생하는 의무가 헌법적 의무가 아닌 것은 명백하다.

헌법재판소가 무리한 논거를 사용하여 행정입법부작위에 대한 헌법소원을 허용한 것은, 행정입법의 부작위를 행정소송을 통하여 다툴 수 있는 가능성이 없기 때문에3) 구제절차의 공백을 메우기 위한 것으로 판단된다. 헌법 제107조 제2항에 의하여 행정입법의 위헌·위법성을 심사하는 것이 법원의 관할에 속한다면, 행정입법 부작위의 위헌·위법성도 법원의 행정소송절차에서 다툴 수 있어야 한다.

원칙을 당연한 전제로 하고 있는 우리 헌법 하에서 행정권의 행정입법 등 법집행의무는 헌법적 의무라고 보아야 한다. 왜냐하면 … 이 사건과 같이 치과전문의제도의 실시를 법률 및 대통령령이 규정하고 있고 그 실시를 위하여 시행규칙의 개정 등이 행해져야 함에도 불구하고 행정권이 법률의 시행에 필요한 행정입법을 하지 아니하는 경우에는 행정권에 의하여 입법권이 침해되는 결과가 되기 때문이다. 따라서 보건복지부장관에게는 헌법에서 유래하는 행정입법의 작위의무가 있다."

1) 헌재 2004. 2. 26. 2001헌마718(군법무관 보수); 동일한 취지로, 헌재 1998. 7. 16. 96헌마246(치과전문의 자격시험 불실시); 헌재 2007. 5. 31. 2006헌마1000(국민연금 가입기간에 공무원연금 재직기간을 합산하는 규정); 헌재 2007. 11. 29. 2006헌마876(비의료인의 문신시술업).

2) 가령, 합헌적 법률을 제정해야 할 입법자의 의무와 같이 일반적 헌법의무가 '헌법적 의무'에 해당한다면, 모든 위헌적인 법률은 '합헌적 법률을 제정해야 할 헌법적 의무의 부작위'에 해당하기 때문에, 모든 법률의 경우 법률에 대한 헌법소원뿐만 아니라 입법부작위에 대한 헌법소원도 허용되어야 할 것이다.

3) 입법부작위에 대한 행정소송의 적법여부와 관련하여 대법원 판례에 따르면 "행정소송은 구체적 사건에 대한 법률상 분쟁을 법에 의하여 해결함으로써 법적 안정을 기하자는 것이므로 부작위위법확인소송의 대상이 될 수 있는 것은 구체적 권리의무에 관한 분쟁이어야 하고, 추상적인 법령에 관하여 그 제정의 여부 등은 그 자체로서 국민의 구체적인 권리의무에 직접적 변동을 초래하는 것은 아니어서 행정소송의대상이 될 수 없다"고 판시하고 있으므로, 입법부작위에 대해서는 다른 구제절차가 없는 경우에 해당하여 헌법소원심판으로만 이를 다툴 수 있다(헌재 1998. 7. 16. 96헌마246).

(3) 행정청의 행위

행정청의 행위에 대하여 달리 구제절차가 없는 경우에 한하여 헌법소원의 제기가능성이 인정된다(법 제68조 제1항 단서규정 참조). 따라서 행정청의 행위가 헌법소원의 대상이 될 수 있는 경우란, 2008년 형사소송법 개정 이전에 형사소송법 제260조 재정신청의 대상이 될 수 없는 검찰의 불기소처분에 의해서 기본권 침해를 받은 경우 및 행정소송절차에서 소의 이익이 부인되어 온 권력적 사실행위가 기본권을 침해하는 경우이다.

(가) 행정처분

행정청의 행위에 대해 달리 권리구제절차가 있는 경우(가령, 행정처분의 경우), 청구인은 헌법소원의 보충성원칙 때문에 법원의 소송절차를 밟아야 하고, 헌법 제107조 제2항에 의하여 처분의 위헌여부에 대해서 대법원이 최종적으로 심사하도록 규정하고 있으며, 법 제68조 제1항이 '재판소원'을 제외하였으므로, 행정처분은 헌법소원의 대상이 되지 못 한다.

다만, 법원의 판결에 대한 헌법소원이 예외적으로 허용되는 경우에는 그 판결의 대상이 된 행정처분에 대한 헌법소원심판청구도 예외적으로 허용된다. 헌법재판소는 "법원의 재판을 제외"하는 법 제68조 제1항의 위헌여부가 문제된 소위 재판취소결정 사건에서, '위헌으로 결정한 법령을 적용하여 국민의 기본권을 침해한 법원의 재판은 취소될 수 있다'고 판시한 바 있다. 이에 따라 법원의 재판이 취소될 수 있는 경우에 한하여 당해 행정처분에 대한 심판청구가 가능하다.[1] 그러나 이와는 달리, 법원의 재판이 취소될 수 없는 원칙적인 경우에는, 당해 행정처분에 대한 헌법소원심판청구도 허용되지 않는다.

(나) 권력적 사실행위

권력적 사실행위는 처분성이 인정되어 항고소송의 대상이 되나, 사실행위가 종료된 경우에는 소의 이익이 없다는 이유로 법원에서 각하될 가능성이 크다. '종료된 사실행위'는 법원에서 소의 이익을 부인하여 권리구제의 대상으로 삼고 있지 않기 때문에, 헌법소원의 대상이 된다.

헌법재판소는 소위 '국제그룹 해체사건'에서, 재무부장관이 제일은행장에 대하여 한 해체준비 착수지시와 언론발표지시를 형식적으로는 행정행위는 아니라 하더라도 그 실질이 공권력의 힘으로 재벌기업의 해체라는 사태변동을 일으키는 경우인 점에서 일종의 권력적 사실행위로 보아, 법 제68조 제1항 소정의 헌법소원의 대상이 되는 공권력의 행사에 해당되는 것으로 파악하였다.[2]

또한, 교도소장의 미결수용자의 서신에 대한 검열·지연발송·지연교부행위(헌재 1995. 7. 21. 92헌마144, 판례집 7-2, 94, 102), 교도소내 접견실의 칸막이 설치행위(헌재 1997. 3. 27. 92헌마273, 판례집 9-1, 337, 342), 구치소장이 미결수용자로 하여금 수사 및 재판을 받을 때 재소자용 의류를 입게 한 행위(헌재 1999. 5. 27. 97헌마137 등, 판례집 11-1, 653, 658-659), 유치장관리자가 현행범으로 체포된 피의자에게 차폐시설이 불충분한 화장실을 사용하도록 한 행위(헌재 2001. 7. 19. 2000헌마546, 판례집 13-2, 103, 109), 경찰서장이 피의자들을 유치장에 수용하는 과정에서 실시한 정밀신체수색(헌재 2002. 7. 18. 2000헌마327, 공보 71, 643, 645) 행위 등은 이른바 권력적 사실행위로서 헌법소원의 대상이 된다고 하였다.

---

1) 헌재 1997. 12. 24. 96헌마172 등(재판소원허용), 판례집 9-2, 842, 865, "법원의 재판을 거쳐 확정된 행정처분인 경우에는 당해 행정처분을 심판의 대상으로 삼았던 법원의 재판이 헌법재판소가 위헌으로 결정한 법령을 적용하여 국민의 기본권을 침해한 결과 헌법소원심판에 의하여 그 재판 자체가 취소되는 경우에 한하여 당해 행정처분에 대한 심판청구가 가능한 것이고, 이와 달리 법원의 재판이 취소될 수 없는 경우에는 당해 행정처분에 대한 헌법소원심판청구도 허용되지 아니한다."; 헌재 1998. 5. 28. 91헌마98 등(원행정처분취소), 판례집 10-1, 660, 671.
2) 헌재 1993. 7. 29. 89헌마31(국제그룹해체), 판례집 5-2, 87, 105.

그러나 헌법재판소가 권력적 사실행위를 헌법소원의 대상으로 인정한 것은 헌법재판소의 위상 및 본연의 과제와 부합하는지 의문이 있다. 헌법소원의 이익과 행정소송상의 소의 이익이 원칙적으로 일치해야 하며, 권력적 사실행위에 대하여는 법원이 소의 이익을 확대하여 행정소송의 대상으로 삼는 것이 타당하다.

(다) 행정계획, 공고

행정계획이나 공고가 헌법소원의 대상이 되는 '공권력의 행사'에 해당하는지 여부는 행정계획이나 공고가 국민에 대하여 대외적 구속력을 가지는지, 그 내용에 있어서 기본권에 직접 영향을 미치는 것인지의 관점에 의하여 결정된다.

국민에 대하여 대외적 구속력을 갖는 행정계획은 공권력의 행사에 해당하지만, 행정계획이 단지 사실상의 준비행위나 사전안내 또는 행정기관 내부의 지침에 지나지 않는 경우에는 공권력의 행사라 할 수 없다. 다만, 가령 '서울대학교입시요강'과 같이 사실상의 준비행위나 사전안내라 하더라도 그 내용이 기본권에 직접 영향을 미치는 경우(헌재 1992. 10. 1. 92헌마68 등) 또는 행정계획이 법률조항과 결합하여 법규적 효력을 가지는 경우(헌재 2003. 6. 26. 2002헌마402), 공권력의 행사에 해당한다.

공고는 특정한 사실을 불특정 다수에게 알리는 행위로서, 법령조항에 이미 확정적으로 규정되어 있는 것을 단순히 알리는 경우에는 개인의 기본권에 미치는 외부적 효과가 없으므로 공권력의 행사에 해당하지 않지만, 세부적인 내용을 구체적으로 확정함으로써 기본권에 불리한 효과를 발생시키는 경우에는 공권력의 행사에 해당한다(헌재 2001. 9. 27. 2000헌마159).

(라) 행정청의 거부행위 및 행정청의 부작위

국민의 신청에 대한 행정청의 거부행위가 헌법소원심판의 대상인 공권력의 행사가 되기 위해서는 국민이 행정청에 대하여 신청에 따른 행위를 해 줄 것을 요구할 수 있는 권리가 있어야 한다.[1] 신청권에 근거하지 않은 단순한 신청에 대한 거부행위는 헌법소원의 대상이 되는 공권력의 행사가 아니다.[2] 신청권에 근거한 신청에 대한 거부행위는 거부처분으로서 행정소송의 대상이 되므로 거부처분에 대한 헌법소원은 보충성요건을 충족시키지 못하여 부적법하다.

행정청의 부작위는 헌법소원의 대상이 되나, 공권력의 주체에게 헌법에서 유래하는 작위의무가 특별히 구체적으로 규정되어 이에 의거하여 기본권의 주체가 행정행위를 청구할 수 있음에도 공권력의 주체가 그 의무를 해태하는 경우에 허용되므로, 이러한 작위의무가 인정되지 않는 단순한 부작위는 헌법소원의 대상이 될 수 없다.[3] 헌법에서 유래하는 작위의무는 헌법상 명문으로 작위의무가 규정되어 있는 경우, 헌법의 해석상 작위의무가 도출되는 경우 및 법령에 작위의무가 구체적으로 규정되어 있는 경우를 포괄한다.[4]

---

1) 헌재 1999. 6. 24. 97헌마315, 판례집 11-1, 802, 816.
2) 헌재 1999. 10. 21. 98헌마407.
3) 헌재 1996. 11. 28. 92헌마237, 판례집 8-2, 600, 606. 헌법재판소는, 국방부장관이 국가유공자의 유족이 보상금을 받도록 유가족등록이나 대리 등록하지 아니한 부작위는 그에 상응하는 작위의무가 인정되지 않으므로 헌법소원의 대상이 될 수 있는 공권력의 행사라고 볼 수 없다고 하였고(헌재 1998. 2. 27. 97헌가10 등, 판례집 10-1, 15, 27), 반면에 국회는 청원에 대하여 심사할 의무를 지고 청구인에게는 심사를 요구할 수 있는 권리가 있으므로, 국회의장의 청원심사부작위는 헌법소원의 대상이 될 수 있다고 판단하였다(헌재 2000. 6. 1. 2000헌마18, 판례집 12-1, 733, 738).
4) 헌재 2004. 10. 28. 2003헌마898, 판례집 16-2하, 212, 219.

(마) 검사의 불기소처분

1) 2008년 개정되기 이전의 형사소송법은 범죄의 피해자가 검사의 불기소처분에 대하여 법원에서 다툴 수 있는 재정신청절차를 규정하면서 이를 단지 공무원의 특정 범죄 등에 대해서만 매우 제한적으로 허용하고 있었기 때문에, 헌법재판소는 검찰의 기소독점주의와 기소편의주의를 취하고 있는 우리의 법제에서 검찰의 기소권행사에 대한 유효한 견제수단이 필요하다는 것을 인식하였고, 이에 따라 검사의 불기소처분에 대한 헌법소원을 인정하였다.[1]

2) 헌법재판소 발족 초기부터 논란의 대상이 된 쟁점의 하나는 검사의 불기소처분이 헌법소원의 대상이 되는지의 문제였다. 이에 대하여 1989년 4월 헌법재판소는 '검사의 불기소처분은 공권력의 행사에 해당하며, 불기소처분이 자의적으로 행해진 경우 형사피해자는 헌법 제27조 제5항의 재판절차에서의 진술권과 제11조의 평등권을 침해당했다고 주장할 수 있다'고 판시함으로써 헌법소원의 대상을 검사의 불기소처분으로 확대하였다(헌재 1989. 4. 17. 88헌마3 결정). 그 후 검사의 불기소처분에 대한 헌법소원사건은 그 수에 있어서 헌법재판소가 처리하는 사건 중 거의 절반을 차지하는 주류적인 사건 유형이 되었다.

검찰의 불기소처분을 헌법소원의 대상에 포함시킴으로써 헌법재판소가 범죄피해자의 권익을 위한 보호 장치를 새로이 마련하였으나, 한편으로는 불기소처분으로 인하여 범죄피해자인 청구인의 기본권이 침해될 수 있는가 하는 법리적 타당성의 문제와 함께, 헌법재판소가 검사의 불기소처분에 대하여 심사하는 것이 헌법의 유지와 수호를 헌법적 과제로 하는 헌법재판소의 위상과 본래의 기능에 비추어 과연 적절한가의 문제가 제기되었다. 그 동안 학계와 법조계에서, 검사의 불기소처분에 대한 구제는 헌법소원의 형태가 아니라 법원의 재정신청절차를 확대함으로써 이루어져야 한다는 목소리가 높았으나, 입법자가 오랫동안 아무런 입법조치를 취하지 않음으로써 이러한 법적 상태가 2008년 형사소송법 개정 시까지 그대로 유지되었다.

3) 2008. 1. 1.부터 시행된 형사소송법의 개정으로 재정신청의 대상범죄가 모든 범죄로 확대됨에 따라, 모든 범죄에 대하여 고소권자로서 고소를 한 자 및 형법상 공무원의 직무에 관한 범죄에 대하여 고발을 한 자는 불기소처분의 당부에 관하여 재정을 신청할 수 있으므로 이에 해당하는 대부분의 불기소처분은 헌법소원의 대상에서 제외되었다. 다만, 피의자가 기소유예처분(혐의가 있음에도 공소를 제기하지 않는 경우)에 대하여 혐의 없음을 주장하여 헌법소원을 제기하는 경우에는 재정신청의 대상이 될 수 없으므로, 헌법소원의 대상이 된다.

나아가, 헌법재판소는 고소인이 아닌 범죄피해자가 재정신청을 할 수 없으므로 곧바로 헌법소원심판을 청구할 수 있다고 판단하였다(헌재 2010. 6. 24. 2009헌마482). 그러나 재정신청제도를 활용할 수 있음에도 이를 활용하지 않은 경우에 대하여 헌법소원의 가능성을 인정하는 것은 재정신청제도를 확대한 취지에 반하는 것이므로, 이러한 경우 헌법소원을 허용하는 것이 타당한지 의문이 제기된다.

(바) 각종 위원회의 결정 등

공정거래위원회의 무혐의처분[2] 및 심사불개시결정[3]은 공권력의 행사로서 헌법소원의 대상이 된

---

1) 반면에, 검사의 기소처분은 공소가 제기된 이후에는 법원의 재판절차에 흡수되어 그 적법성에 대하여 충분한 사법적 심사를 받을 수 있으므로, 헌법소원의 대상이 될 수 없다(헌재 1992. 12. 24. 90헌마158, 판례집 4, 922, 928).
2) 헌재 2002. 6. 27. 2001헌마381, 판례집 14-1, 679, 683-684.
3) 헌재 2004. 3. 25. 2003헌마404, 판례집 16-1, 491, 495.

다. 또한, 부패방지법상의 국민감사청구에 대한 감사원장의 기각결정도 공권력의 행사로서 헌법소원의 대상이 된다.[1] 한편, 국가인권위원회의 진정 각하결정 및 진정 기각결정도 공권력의 행사로서 헌법소원의 대상이 되고 보충성의 예외에 해당한다고 하였으나,[2] 그 후 판례를 변경하여 국가인권위원회의 위 결정들은 항고소송의 대상이 되는 행정처분에 해당하므로 행정소송 등의 사전구제절차를 거치지 아니하고 그 취소를 구하는 헌법소원심판을 청구한 경우에는 보충성 요건을 충족하지 못한다고 판시하였다.[3]

라. 법원의 재판

> **사례** | 헌재 1997. 12. 24. 96헌마172 등(재판소원허용 사건)
>
> 헌법재판소는 1995. 11. 30. 94헌바40 등 결정에서 소득세법규정에 대하여 한정위헌결정을 선고하였다. 그러나 대법원은 1996. 4. 9. 95누11405 판결에서 헌법재판소의 소득세법규정에 대한 합헌적 법률해석을 배척하면서, 동시에 한정위헌결정의 기속력을 부인하였다. 이에 따라 대법원은 '헌법재판소가 한정적으로 위헌이라고 판단한 소득세법조항을 유효하다'고 간주하여 이를 그대로 당해사건에 적용함으로써 당해사건 당사자의 청구를 기각하였다. 그 결과, 당해사건 당사자는 행정처분의 근거가 된 법령의 위헌성을 헌법재판을 통하여 확인받았으나, 헌법재판소의 결정에 위배되는 대법원의 재판으로 말미암아 법원으로부터는 구제를 받을 수 없는 상황이 발생하였다. 이에 당사자는 다시 헌법재판소에 법 제68조 제1항에 의하여 헌법소원을 제기하면서, 대법원 판결의 취소를 구함과 동시에, 그 선결문제로서 법 제68조 제1항의 "재판을 제외하고는" 부분의 위헌확인을 구하였다.

(1) 법원의 재판에 대한 헌법소원(재판소원)의 의미

(가) 법 제68조 제1항은 "… 법원의 재판을 제외하고는 헌법재판소에 헌법소원심판을 청구할 수 있다."고 규정하여 법원의 재판을 헌법소원의 대상에서 제외하고 있다. "법원의 재판을 제외하고는"(재판소원금지)의 의미를 밝히기 위하여 일차적으로 규명되어야 하는 것은, '법원의 재판에 대한 헌법소원(재판소원)은 무엇을 의미하는지'의 문제이다.

헌법재판소는 법원 재판의 타당성여부를 모든 법적인 관점에서 심사하는 超上告審法院이 아니다. 법원의 재판에 대한 헌법소원심판에서 헌법재판소의 심사는 '위헌성의 심사'에 한정된다. 사실관계의 확인과 평가, 법령의 해석과 구체적 사건에의 적용, 법원절차의 구체적 형성은 헌법상 司法權에 의하여 부여된 법원의 고유권한으로서 원칙적으로 헌법재판소의 심사대상에서 제외된다. 헌법재판소의 주된 과제는 헌법의 해석과 적용에 있으며 헌법소원심판에서는 헌법만이 심사기준이기 때문에, 법원이 법률이나 명령과 같은 헌법의 下位法을 올바르게 적용하였는지에 대한 심사는 원칙적으로 이루어지지 아니한다. 법원이 재판에 적용되는 법령의 해석과 적용을 통하여 기본권을 침해할 가능성이 있는 경우에만, 즉 단순한 법률위반이 아니라 헌법위반의 경우에만, 헌법재판소는 법원의 재판에 대하여 심사할 수 있다.

---

1) 헌재 2006. 2. 23. 2004헌마414, 판례집 18-1상, 248, 256.
2) 헌재 2004. 4. 29. 2003헌마538; 헌재 2009. 2. 26. 2008헌마275.
3) 헌재 2015. 3. 26. 2013헌마214 등.

權利救濟型 헌법소원심판은 공권력작용에 의하여 개인의 기본권이 침해당한 경우에 그 구제를 구하는 절차이므로, 법원의 재판에 대한 헌법소원심판의 청구가 적법하기 위해서는 청구인은 법원의 재판에 의한 기본권의 침해를 주장해야 한다. 따라서 청구인은 법원이 법률이나 명령과 같은 헌법의 下位法을 단순히 잘못 적용하였다는 주장을 해서는 아니 되고, 법원이 법령의 해석과 적용을 통하여 기본권을 침해하였다는 주장이나 또는 재판절차의 구체적 형성을 통하여 청구인의 절차적 기본권을 침해하였다는 주장을 해야 한다.

(나) 재판소원이란, 개인이 법원의 재판에 의하여 자신의 기본권을 침해당했다고 주장하면서 제기하는 헌법소원을 말한다.[1] 일반적으로 재판소원을 크게 2개의 유형으로 구분한다면, 첫째, 법원이 재판에서 위헌적인 법률을 적용하는 경우에 '법원이 위헌적 법률을 적용함으로써 재판을 통하여 자신의 기본권을 침해했다'는 주장으로 재판에 대한 헌법소원을 제기함으로써 궁극적으로는 당해 재판에 적용된 법률의 위헌여부를 묻는 재판소원(소위 '간접적 법률소원')과 둘째, 구체적 소송사건에서 법원의 재판내용이나 재판절차가 청구인의 기본권을 침해했다는 주장으로 제기되는 재판소원(재판 자체에 대한 헌법소원)으로 나누어 볼 수 있다.

우리 헌법재판제도에서는 법원이 재판에서 위헌적인 법률을 적용한다는 의심이 있는 경우에 소송당사자가 헌법재판소에 법률의 위헌여부를 물을 수 있는 가능성을 제공하는 '법 제68조 제2항의 헌법소원'을 통하여 실질적으로 '첫 번째 유형의 재판소원('간접적 법률소원')'을 수용하고 있으므로,[2] 법 제68조 제1항에서 '금지하는 재판소원'이란 결국 두 번째 유형인 '재판 자체에 대한 헌법소원'을 말하는 것이다.

(다) '재판 자체에 대한 헌법소원'에서 청구인이 헌법소원을 제기함으로써 '무엇을 다투고자 하는지'의 문제가 제기된다. '재판'이란 법원의 재판절차를 통하여 구속력 있는 결정에 이르는 법적 판단작용인데, 청구인이 법원의 재판내용이나 재판절차의 하자와 무관하게 이를 주장하지 아니하고, '법원의 재판 자체'에 대하여 헌법소원을 제기하는 경우란 현실적으로나 이론적으로나 존재할 수 없다. 청구인이 법원의 재판에 대하여 헌법소원을 제기하는 경우란, '재판내용의 하자'를 이유로 법원이 재판에 적용되는 법령의 해석·적용에 있어서 기본권의 효력과 의미를 간과하거나 근본적으로 오인함으로써 청구인의 실체적 기본권을 침해했다는 주장으로 제기하는 경우(재판내용에 대한 헌법소원)이거나[3] 또는 '재판절차의 하자'를 이유로 절차적 기본권인 재판청구권이나 청문청구권 등을 침해했다는 주장으로 제기하는 경우(재판절차에 대한 헌법소원)이다.[4]

재판내용과 재판절차가 재판의 실체를 구성하는 본질적 요소라는 점에서 '재판'이란 바로 '재판의 내용과 절차'의 동의어이며, '재판 자체에 대한 헌법소원'이란 필연적으로 '재판내용이나 재판절차에 대한 헌법소원'인 것이다. 독일과 같이 재판소원을 허용하는 헌법재판제도에서 확인할 수 있는 바와

---

1) 독일 헌법소원제도에서 헌법소원의 유형에 관하여 아래 제3항 Ⅲ. 2. 나. (1) 참조.
2) 법 제68조 제2항의 헌법소원이 '재판소원의 기능'도 담당한다는 것에 관하여 아래 제3항 Ⅲ. 2. 참조.
3) 나아가, 독일연방헌법재판소는 헌법상의 자의금지원칙에 비추어 법원의 재판이 그 결과에 있어서 객관적으로 납득할 수 없는 자의적인 재판인지 여부, 법원의 재판이 법관의 창조적 법발견의 헌법적 한계를 넘었는지 여부에 대해서도 자신의 심사범위를 확대하였다.
4) 재판소원에서 헌법재판소는 우선 법규범이 위헌이 아님을 일단 확인한 다음, 법규범이 '추상적으로' 헌법에 부합하게 '해석'되었는지 여부(소위 '기본권의 방사효')를 판단하고, 이어서 법규범이 개별사건에 '구체적으로' 헌법에 부합하게 '적용'되었는지 여부를 판단한다.

같이, '재판소원'이란 재판내용(법원의 법률해석)의 위헌여부나 재판절차(법원에 의한 재판절차의 구체적 형성)의 위헌여부에 대한 판단을 구하는 헌법소원이다. 한편, 재판내용이나 재판절차의 위헌성을 다투지 아니하고 단순히 법률조항의 포섭이나 적용의 문제, 헌법적 문제에 대한 주장 없이 단지 재판 결과를 다투는 심판청구는 헌법위반이나 기본권침해의 가능성이 없기 때문에 '헌법소원으로 다툴 수 없는 심판청구'로서 '재판소원'에 해당하지 아니한다.[1]

(2) 재판소원금지의 의미

(가) 법 제68조 제1항은 법원의 재판을 헌법소원의 대상에서 제외하고 있기 때문에, 법원의 재판, 즉 재판내용이나 재판절차는 헌법소원의 대상이 될 수 없으며, 법원의 재판내용이나 재판절차의 위헌여부를 다투는 심판청구는 허용되지 않는다. 따라서 현행법상 법원의 재판에 대하여, 즉 법원의 재판내용이나 재판절차를 그 대상으로 하여 헌법소원을 제기한다면 이는 부적법하다(법 제72조 제3항 제1호).

헌법재판소는 재판의 지연이나 재판진행 등 '재판절차의 위헌여부'를 다투는 심판청구는 '금지된 재판소원'에 해당한다는 것을 인식하여 종래 일관되게 부적법한 것으로 각하하였다. 가령, 헌법재판소는 '법원의 재판'이란 "재판 그 자체뿐만 아니라 재판절차에 관한 법원의 판단도 포함되는 것으로 보아야 하고, 재판장의 소송지휘 또는 재판진행을 그 대상으로 하는 헌법소원심판청구는 결국 법원의 재판을 직접 그 대상으로 하여 청구한 경우에 해당하므로 부적법하다."고 판시함으로써 '재판절차의 하자에 대한 헌법적 판단'은 헌법소원의 대상이 될 수 없다는 것을 밝히고 있다.[2] 또한, 재판의 지연으로 인한 기본권침해를 주장하며 재판의 지연이란 공권력행사에 대하여 제기한 헌법소원에서, 청구인이 기본권침해사유로 주장하는 재판의 지연은 결국 법원의 재판절차에 관한 것이므로 헌법소원의 대상이 될 수 없다고 판단하였다.[3]

(나) 나아가, 법 제68조 제1항에서 법원의 재판을 헌법소원의 대상에서 제외한 것이 '현행 헌법재판제도에서 어떠한 의미를 가지는지'의 문제가 제기된다. 법 제68조 제1항의 '재판소원금지조항'은 현행 헌법재판제도에서 헌법재판소와 법원 사이의 재판관할을 배분하는 규정으로서, 법원의 재판에 대한 헌법적 통제는 헌법재판소의 관할이 아니라 법원의 관할임을 밝히고 있다. '헌법소원의 대상에서 법원의 재판을 제외한 것'은 법 제68조 제1항의 헌법소원에서 법원의 재판내용이나 재판절차에 대한 헌법재판소의 헌법적 통제를 배제하는 것뿐만 아니라, 나아가 '헌법재판소에 의한 심사가 실질적으로 법원의 재판에 대한 헌법적 통제를 야기하는 경우'에도 이러한 성격의 통제가 어떠한 심판절차에서 이루어지는지와 관계없이 헌법재판소의 관할이 아니라는 것을 의미하는 것이다.

---

1) 헌법재판소는 '이러한 것을 다투는 심판청구는 재판소원금지조항에 비추어 허용되지 않는다'고 판시함으로써 이러한 것을 다투는 심판청구가 마치 재판소원에 해당하는 것처럼 이해하고 있으나(헌재 2012. 12. 27. 2011헌바117), 이러한 심판청구는 '금지하는 재판소원'이 아니라 '헌법소원으로 다툴 수 없는 심판청구'이다.

2) 헌재 1992. 6. 26. 89헌마271, 판례집 4, 413, 418. 한편, 헌법재판소는 "법원의 재판이란 재판 그 자체뿐만 아니라 재판절차에 관한 법원의 판단도 포함되는 것으로 보아야 하고 …"라고 판시하고 있는데, 이러한 판시내용은 재판 자체에 대한 헌법소원이란 곧 재판내용이나 재판절차에 대한 헌법소원이라는 것을 간과하고 있다.

3) 헌재 1998. 5. 28. 96헌마46. 한편, 청구인이 재판의 지연을 부작위로 보아 '공권력의 불행사'를 다투는 경우, 헌법재판소는 재판의 지연은 사법작용의 부작위로서 '공권력의 불행사'에 해당하여 헌법소원의 대상이 되나, 심판청구가 적법하기 위해서는 사법부의 작위의무가 존재해야 하는데, 신속한 재판을 해야 할 헌법이나 법률상의 작위의무가 없다는 이유로 부작위 위헌확인을 구하는 심판청구를 각하하였다(헌재 1999. 9. 16. 98헌마75, 판례집 11-2, 364).

만일 법 제68조 제1항에서 배제한 법원의 재판에 대한 헌법적 통제가 다른 심판절차를 통하여 다시 부활한다면, 이는 법원에 대한 헌법적 통제를 헌법재판소의 관할로부터 배제하고자 한 입법자의 객관적 의사에 정면으로 반하여 재판소원금지조항을 사실상 폐지하는 것이 된다. 따라서 법 제68조 제1항에 의하여 금지된 '재판소원'은 가령 법 제68조 제2항의 헌법소원의 형태로도 다시 도입되어서는 안 된다.

(3) 헌법재판소법 제68조 제1항에 대한 한정위헌결정 및 대법원판결의 취소

(가) 법원의 재판을 헌법소원의 대상에서 제외하고 있는 법 제68조 제1항의 위헌여부는 헌법재판소의 출범 당시부터 학계와 실무에서 끊임없는 논란의 대상이었다.

헌법재판소는 법 제68조 제1항의 위헌여부를 최초로 판단한 헌재 1997. 12. 24. 96헌마172 등 결정(재판소원허용 사건)에서 '법 제68조 제1항이 법원의 재판을 헌법소원심판의 대상에서 제외한 것은 원칙적으로 헌법에 위반되지 아니하나, 법원이 헌법재판소가 위헌으로 결정하여 그 효력을 전부 또는 일부 상실하거나 위헌으로 확인된 법률을 적용함으로써 국민의 기본권을 침해한 경우에도 법원의 재판에 대한 헌법소원이 허용되지 않는 것으로 해석한다면, 동 법률조항은 그러한 한도 내에서 헌법에 위반된다'고 하여 법 제68조 제1항에 대하여 한정위헌결정을 내림으로써, 법원이 헌법재판소에 의하여 위헌으로 선언된 법률을 적용하여 국민의 기본권을 침해하는 경우에는 법원의 재판도 예외적으로 헌법소원의 대상이 될 수 있다고 판단하였다.[1]

이에 따라 헌법재판소는, '심판대상인 대법원판결은 헌법재판소의 한정위헌결정으로 인하여 이미 부분적으로 그 효력이 상실된 법률조항을 적용한 것으로서 위헌결정의 기속력에 반하는 재판임이 분명하고 이로 말미암아 청구인의 헌법상 보장된 기본권인 재산권이 침해되었다'고 하여 법 제75조 제3항에 따라 위 대법원 판결을 취소하였다.[2]

(나) 또한, 헌법재판소는 헌재 2022. 6. 30. 2014헌마760 등 결정(재심기각결정취소 사건)에서[3] 법 제68조 제1항 본문 중 '법원의 재판' 가운데 '법률에 대한 위헌결정의 기속력에 반하는 재판' 부분은 헌법에 위반되고, 헌법재판소 한정위헌결정의 기속력을 부인한 '법원의 재심기각결정'은 청구인들의

---

1) 헌재 1997. 12. 24. 96헌마172 등(재판소원허용), 판례집 9-2, 842, 844, "모든 국가기관은 헌법의 구속을 받고 헌법에의 기속은 헌법재판을 통하여 사법절차적으로 관철되므로, 헌법재판소가 헌법에서 부여받은 위헌심사권을 행사한 결과인 법률에 대한 위헌결정은 법원을 포함한 모든 국가기관과 지방자치단체를 기속한다. 따라서 헌법재판소가 위헌으로 결정하여 그 효력을 상실한 법률을 적용하여 한 법원의 재판은 헌법재판소 결정의 기속력에 반하는 것일 뿐 아니라, 법률에 대한 위헌심사권을 헌법재판소에 부여한 헌법의 결단(헌법 제107조 및 제111조)에 정면으로 위배된다. 헌법이 법률에 대한 위헌심사권을 헌법재판소에 부여하고 있음에도 법원이 헌법재판소의 위헌결정에 따르지 아니하는 것은 실질적으로 법원 스스로가 '입법작용에 대한 규범통제권'을 행사하는 것을 의미하므로, 헌법은 어떠한 경우이든 헌법재판소의 기속력 있는 위헌결정에 반하여 국민의 기본권을 침해하는 법원의 재판에 대하여는 헌법재판소가 다시 최종적으로 심사함으로써 자신의 손상된 헌법재판권을 회복하고 헌법의 최고규범성을 관철할 것을 요청하고 있다."
2) 헌재 1997. 12. 24. 96헌마172 등(재판소원허용), 판례집 9-2, 842, 845.
3) 위 결정의 사실관계는 다음과 같다. 대학교수인 청구인은 '공무원의 직무와 관련하여 뇌물을 수수하였다'는 범죄사실로 항소심에서 징역 2년을 선고받고, 그에 대한 상고가 기각되어 위 항소심 판결이 확정되었다. 청구인은 항소심 계속 중 형법 제129조 제1항 등에 대하여 법 제68조 제2항에 의한 헌법소원심판을 청구하였고, 헌법재판소는 2012. 12. 27. 2011헌바117 결정(뇌물죄의 주체인 '공무원'의 해석·적용에 대한 위헌소원 사건)에서 "형법 제129조 제1항의 '공무원'에 … 심의위원 중 위촉위원이 포함되는 것으로 해석하는 한 헌법에 위반된다."는 한정위헌결정을 선고하였다. 청구인은 이 사건 한정위헌결정 이후 위 상고기각 판결에 대하여 재심을 청구하였으나 기각되었다. 이에 청구인은 법 제68조 제1항 본문의 '법원의 재판' 부분에 대한 위헌청구와 함께 위 재심기각결정의 취소를 구하는 헌법소원심판을 청구하였다.

재판청구권을 침해한 것이므로 이를 취소한다는 결정을 선고하였다.

(4) 한정위헌결정과 관련하여 헌법재판소와 법원이 충돌하는 이유[1]

(가) 헌법재판소와 법원의 위와 같은 충돌상황에서 표출되는 문제는 표면적으로는 '한정위헌결정이 법원을 구속하는 기속력을 가지는지'의 형태로 나타난다. 그러나 한정위헌결정의 기속력을 둘러싼 논의의 본질은 헌법재판소가 법 제68조 제2항의 헌법소원사건('헌바사건')에서 당해사건 당사자의 심판청구(한정위헌청구)에 의하여 한정위헌결정을 함으로써 실질적으로 현행법상 '금지된 재판소원'에 대한 판단을 할 수 있다는 데 있다.

헌법재판소가 헌재 1997. 12. 24. 96헌마172 등 결정(재판소원허용 사건)을 야기한 헌재 1995. 11. 30. 94헌바40 등 결정(소득세법에 대한 한정위헌결정)에서 또는 헌재 2022. 6. 30. 2014헌마760 등 결정(재심기각결정취소 사건)을 야기한 헌재 2012. 12. 27. 2011헌바117 결정(뇌물죄에 대한 한정위헌결정)에서 당해사건 당사자의 심판청구를 적법한 것으로 받아들여 법률에 대한 한정위헌결정을 내린 것은 구체적으로 다음과 같은 문제점을 안고 있다.

(나) 청구인이 당해사건의 당사자로서 법원에 소송을 제기하였으나 법원이 지금까지 재판에 적용되는 법률조항을 청구인에게 불리하게 특정한 내용으로 해석·적용하고 있기 때문에 법원에서 구제받을 가능성이 사실상 없는 상황에서 법 제68조 제1항의 헌법소원의 형태로 '법원의 법률해석의 위헌여부'를 다툰다면, '재판소원금지'로 말미암아 부적법하여 각하될 것이 명백하다. 따라서 청구인은 '재판소원금지'를 우회하기 위하여 법 제68조 제2항의 헌법소원의 형태로 '법률조항을 법원과 같이 해석하는 한 법률조항은 위헌'이라는 주장을 하면서 법률에 대하여 심판을 청구하는데, 이러한 심판청구를 '한정위헌청구'라 한다.

법 제68조 제2항의 헌법소원에서 당해소송의 당사자가 법원의 구체적인 법률해석의 위헌여부를 다투기 위하여 법률에 대한 위헌판단을 구하는 '한정위헌청구'는 비록 형식적으로는 법률에 대한 위헌판단을 구하고 있으나 실질적으로는 법원의 법률해석에 대한 위헌판단을 구하는 것으로, 그 실질에 있어서 바로 법 제68조 제1항이 '금지하는 재판소원의 제기'에 해당하는 것이다.[2]

(다) 그러나 법 제68조 제1항은 헌법소원의 대상에서 법원의 재판을 배제함으로써 현행 헌법재판제도에서 법원의 재판에 대한 헌법적 통제는 헌법재판소의 관할이 아님을 밝히고 있다. 법 제68조 제1항의 헌법소원에서 청구인이 법원의 법률해석의 위헌성을 이유로 '법원의 재판'에 대하여 심판을 청구하는 경우에는 '금지된 재판소원'이기 때문에 부적법하지만, 법 제68조 제2항의 헌법소원에서 청구인이 법원의 법률해석의 위헌성을 이유로 '법원의 재판'이 아니라 '법원이 해석·적용한 법률'에 대하여 심판을 청구하는 경우에는 형식적으로 법률에 대한 헌법소원이기 때문에 적법한 것으로 판단한다면, 이는 '법원의 법률해석에 대한 헌법적 통제'를 헌법재판소의 관할에서 제외하고자 한 입법자의 객관적 의사에 반하여 '재판소원금지조항'을 사실상 공동화시키는 것이다.

---

1) 이에 관한 상세한 서술로는 아래 제3항 Ⅲ. 4. '재판소원의 기능으로 인하여 야기되는 문제로서 한정위헌청구' 참조.
2) 가령, 헌법재판소는 2012. 12. 27. 2011헌바117 결정(뇌물죄의 주체인 '공무원'의 해석·적용에 대한 위헌소원 사건)에서 "형법 제129조 제1항의 '공무원'에 … 심의위원 중 위촉위원이 포함되는 것으로 해석하는 한 헌법에 위반된다."는 한정위헌결정을 선고하였는데, '구체적 소송사건에서 공무원에 위촉위원이 포함되는 것으로 해석하는 것이 헌법에 위반되는지 여부'는 법원이 당해재판에 적용되는 법률을 위헌적으로 해석·적용하였는지 여부에 관한 문제로서, 독일과 같이 재판소원을 도입한 국가에서는 전형적으로 '재판소원'으로 다투는 사안이다.

헌법재판소는 법 제68조 제2항의 헌법소원에서 당해소송 당사자의 한정위헌청구가 '금지된 재판소원의 제기'에 해당한다는 것을 인식해야 하고, 설사 법원의 법률해석을 위헌적인 것으로 간주하기 때문에 이에 동의할 수 없다 하더라도 헌법재판권을 헌법재판소와 대법원에 배분하여 귀속시키고 있는 현행 헌법재판제도의 관할배분을 존중하여, 당사자의 한정위헌청구를 부적법한 것으로 각하해야 한다. 헌법재판소가 당사자의 한정위헌청구를 법률의 위헌여부에 대한 판단을 구하는 적법한 것으로 간주하여 법원의 법률해석의 위헌여부를 판단한다면, 실정법상의 재판소원금지조항을 폐기하고 헌법소원의 대상에서 제외된 재판소원을 사실상 도입하는 결과에 이르게 된다.

3. 헌법소원의 적법요건

청구인이 제기하는 헌법소원이 본안에 대한 판단을 받으려면, 법에서 정하는 일정한 요건을 충족시켜야 한다. 이러한 요건을 적법요건이라 한다. 헌법소원심판에서 적법성요건을 엄격하게 판단할 것인지의 문제는 현실적으로 헌법재판소의 업무 부담에 의하여 결정된다. 우리 헌법재판소의 경우, 적법성요건을 상당 부분 완화함으로써 심판청구를 용이하게 하려는 경향을 엿볼 수 있다.[1]

가. 청구인능력(請求權者)

법 제68조 제1항에 의하면 '기본권을 침해받은 자', 즉 기본권의 주체가 될 수 있는 자만이 헌법소원을 제기할 수 있다. 그러므로 기본권의 주체가 될 수 없는 자가 헌법소원을 제기하는 경우에는 청구인능력이 인정되지 않는다.[2] 모든 자연인은 원칙적으로 살아 있는 동안 기본권의 주체이다. 기본권이 그 본질상 사법인에게 적용될 수 있는 경우에만 사법인은 기본권의 주체가 될 수 있으므로, 사법인은 성질상 기본권의 주체가 될 수 있는 범위 내에서 청구인능력을 가진다.[3] 공법인은 원칙적으로 기본권의 주체가 될 수 없으나, 다만 국공립대학은 학문의 자유와 관련하여, 공영방송사는 방송의 자유와 관련하여 기본권의 주체로 간주되며, 이러한 기본권을 주장할 수 있는 범위 내에서 재판청구권의 주체가 될 수 있다.

나. 공권력의 행사 또는 불행사의 존재

(1) 공권력의 행사 또는 불행사

헌법소원의 대상이 되는 행위는 대한민국 국가기관의 공권력작용이다. 외국이나 국제기관의 공권력작용은 이에 포함되지 않는다. 헌법소원의 대상으로서의 "공권력"이란 입법, 행정, 사법의 모든 공권력을 말한다. 또한, 간접적 국가행정, 예컨대 공법인, 국립대학교 등의 행위도 공권력의 행사에 속한다.

(2) 기본권제한 행위로서 공권력의 행사

헌법소원심판은 실체법적으로 보장되는 개인의 기본권을 절차적으로 관철하는 주관적 권리구제수단이다. 따라서 기본권제한의 개념은 기본권의 침해를 스스로 주장하고 방어할 수 있는 개인의 소

---

[1] 이러한 현상은 위헌법률심판절차에서도 나타나고 있다. 그 결과, 위헌법률심판은 구체적 규범통제에서 추상적 규범통제로, 법 제68조 제1항에 의한 헌법소원은 주관적 권리구제절차에서 객관적 규범통제절차로, 법 제68조 제2항에 의한 헌법소원은 법률에 대한 헌법소원에서 법원의 재판에 대한 헌법소원으로 조금씩 전이되는 현상을 관찰할 수 있다.
[2] 기본권의 주체에 관하여 제3편 제1장 제3절 참조.
[3] 헌재 2008. 12. 26. 2008헌마419(미국산 쇠고기수입의 위생조건에 관한 고시), 판례집 20-2하, 960, 973, "이 사건에서 침해된다고 하여 주장되는 기본권은 생명·신체의 안전에 관한 것으로서 성질상 자연인에게만 인정되는 것이므로, 이와 관련하여 청구인 진보신당과 같은 권리능력 없는 단체는 위와 같은 기본권의 행사에 있어 그 주체가 될 수 없고, … 청구인 진보신당은 청구인능력이 인정되지 아니한다."

송수단인 헌법소원심판에서 특별한 의미를 가진다. 헌법소원은 '공권력의 행사로 인한 기본권의 침해'의 경우 제기할 수 있으므로, "공권력의 행사"의 법적 성격은 그와 연관된 '기본권의 침해'와의 관계에서 이해되어야 한다. 헌법소원심판의 청구가 기본권의 제한을 전제로 한다는 점에서, 헌법소원의 대상이 되는 '공권력의 행사'는 '기본권을 제한하는 공권력의 행위', 즉 '기본권제한 행위'를 의미한다.

따라서 헌법소원의 대상이 되는 '공권력의 행사'에는 고전적 제한에 해당하는 명령적 국가행위를 비롯하여 기본권제한에 해당하는 모든 사실적 행위(가령, 국가에 의한 개인정보수집행위, 지문채취행위, 국민에 대한 유해식품의 경고 등)를 포괄한다. 한편, 국가기관간의 내부적 행위나 행정청의 지침, 의견진술, 안내, 권고, 정보제공행위, 행정규칙[1] 등은 기본권의 보호법익이나 행사에 대하여 불리한 효과 (직접적인 외부효과)를 발생시키지 않기 때문에, 기본권을 제한하는 공권력의 행사에 해당하지 않는다. 헌법재판소는 일부 결정에서 '헌법소원의 심판대상인 공권력의 행사는 국민의 권리와 의무에 대하여 직접적인 법률효과를 발생시켜야 하고 청구인의 법적 지위를 그에게 불리하게 변화시키기에 적합해야 한다'고 판시하고 있는데,[2] 이와 같은 '공권력행사'의 개념은 고전적 의미의 '기본권제한' 개념에 해당하는 것으로서, '공권력행사'에 관한 위 개념정의는 너무 협소한 것이다.

(3) 공권력의 행사가 아닌 것의 예

어린이헌장의 제정·선포행위, 대통령의 법률안 제출행위, 국가기관 간의 내부적 법률행위, 당사자의 질의에 의한 국가기관의 단순한 회신이나 통보 등은 국민에 대한 직접적인 법률효과가 발생하지 않으므로, 공권력의 행사가 아니다.

다. 기본권침해의 가능성

(1) 의 미

헌법소원은 "헌법상 보장된 기본권의 침해를 받은 자"가 그 침해를 구제받기 위해 헌법재판소에 심판을 청구하는 제도이므로, 기본권침해의 가능성이 존재해야 한다. 기본권침해의 가능성이란, 기본권이 공권력행위에 의하여 제한될 가능성이 있는지에 관한 것이다. 그러므로 소원청구인이 기본권침해의 가능성을 확인할 수 있을 정도의 구체적 주장을 하지 않고 막연한 주장만을 하는 경우에는 그 심판청구는 부적법한 것으로 각하될 수 있다.

청구인이 실제로 기본권의 침해를 받았는지의 여부는 본안 판단의 과정에서 밝혀지는 문제이므로, 여기서 '기본권의 침해를 받은 자'가 의미하는 바는 '기본권의 침해를 받았다고 주장하는 자'를 말한다. 적법요건의 단계에서는 단지 '청구인의 기본권이 침해될 가능성이 있는지'의 여부(침해 가능성의 여부)만 판단하고, 본안에서 '위헌적인 공권력행위에 의하여 청구인의 기본권이 침해되었는지'의 여부(침해의 여부)를 판단하게 된다.

헌법소원심판이 청구되면 헌법재판소는 청구인의 주장에만 얽매어 주장한 내용에 대해서만 판단하는 것이 아니라, 헌법의 모든 관점에서 헌법상 기본권의 침해여부를 판단하며,[3] 나아가 객관적 헌

---

1) 그러나 행정규칙이라 하더라도 재량권행사의 준칙으로서 행정관행 및 그에 근거한 '행정의 자기구속의 법리'를 성립시키거나 또는 법령의 위임에 따라 그 법률의 시행에 필요한 구체적 사항을 정한 것이라면(법규보충적 행정규칙), 이러한 행정규칙은 외부적 효력을 가지는 공권력의 행사에 해당한다.

2) 가령, 헌재 1994. 8. 31. 92헌마174, 판례집 6-2, 249, 264; 헌재 1997. 10. 30. 95헌마124, 공보 23, 729, "…어떠한 법적 권리의무를 부과하거나 일정한 작위나 부작위를 구체적으로 지시하는 내용이라고 볼 수 없으므로 헌법소원심판청구의 대상이 될 수 없다."

법규범의 위반여부도 판단하게 된다.

(2) 헌법상 보장된 기본권

헌법에서 명문으로 보장된 기본권뿐만 아니라, 헌법해석을 통하여 헌법으로부터 도출되는 기본권도 이에 포함된다. 가령, 인격권, 일반적 행동권, 계약의 자유등과 같이 행복추구권으로부터 도출된 기본권도 헌법상 보장된 기본권에 해당한다.

(3) 기본권침해의 가능성이 부인된 예

기본권침해의 가능성 요건은 이미 '공권력의 행사' 요건의 단계에서 함께 심사되므로, 일반적으로 별도의 판단이 불필요하다. 기본권침해의 가능성을 별도로 판단해야 하는 경우란 처음부터 기본권침해의 가능성이 의문시되는 경우이다. 헌법재판소는 청구인들이 침해받았다고 주장하는 입법권은 국회의 권한이지 헌법상 보장된 국민의 기본권이라고 할 수 없고,[1] 청구인들이 침해받았다고 주장하는 '국회구성권'이라는 기본권은 헌법의 명문규정으로도 해석상으로도 인정할 수 없다고 하였다.[2] 헌법재판소는 청구인들이 침해받았다고 주장하는 "헌법전문에 기재된 3·1정신"은 우리나라 헌법의 연혁적·이념적 기초로서 헌법이나 법률해석에서의 해석기준으로 작용한다고 할 수 있지만, 그에 기하여 곧바로 국민의 개별적 기본권성을 도출해낼 수는 없다고 하였다.[3]

라. 기본권침해의 법적 관련성

청구인은 원칙적으로 자신의 기본권이 현재, 그리고 직접 침해당한 경우라야 헌법소원을 제기할 수 있다. 법적 관련성은 일반적 권리보호이익이 헌법소원심판절차에서 구체화된 형태라 할 수 있다.

(1) 自己關聯性

(가) 의 미

헌법소원을 적법하게 제기하기 위해서는 청구인은 자신의 기본권이 공권력행위에 의하여 침해받고 있다는 것을 주장해야 한다. 즉, 청구인은 공권력작용에 의하여 스스로 법적으로 관련되어야 한다 (기본권침해의 자기관련성). 원칙적으로 자신의 기본권을 침해당한 자만이 헌법소원을 제기할 수 있으므로, 헌법소원을 통하여 타인의 기본권침해를 주장할 수 없다. 그러므로 단체가 자신의 기본권이 아니라 그 구성원의 기본권이 침해되었음을 이유로 심판을 청구하는 경우, 자기관련성이 인정되지 않는다.[4] 또한, 자신의 기본권이 침해당한 것이 아니라 단지 간접적·사실적·반사적 불이익을 받은 경우에도 자기관련성이 인정되지 않는다(아래 '(다) 제3자의 자기관련성' 참조). 헌법소원을 제기하기 위하여 자기관련성을 요구하는 것은, 승소하는 경우 법적 지위의 향상을 꾀할 수 있는 사람만이 소송을 제기할 수 있도록 함으로써, 민중소송이나 대중소송을 막고자 하는 것이다.

(나) 자기관련성이 부인된 예

자기관련성이 부인된 예를 보자면, 학교법인이 운영하는 중·고등학교에 재학중인 학생들은 학교

---

3) 헌재 1989. 9. 4. 88헌마22(임야조사서열람신청), 판례집 1, 176; 헌재 1993. 5. 13. 92헌마80(당구장출입금지표시), 판례집 5-1, 365.
1) 헌재 1998. 8. 27. 97헌마8 등, 판례집 10-2, 439, 442.
2) 헌재 1998. 10. 29. 96헌마186, 판례집 10-2, 600, 605.
3) 헌재 2001. 3. 21. 99헌마139 등(신한일어업협정), 판례집 13-1, 676, 693.
4) 헌재 1991. 6. 3. 90헌마56(한국영화인협회), 판례집 3, 289, "단체는 원칙적으로 단체자신의 기본권을 직접 침해당한 경우에만 그의 이름으로 헌법소원심판을 청구할 수 있을 뿐이고 그 구성원을 위하여 또는 구성원을 대신하여 헌법소원심판을 청구할 수 없다."

법인에 대한 과세처분에 관하여 단지 간접적이고 사실적이며 경제적인 이해관계가 있는 자들일 뿐 법적인 이해관계인이 아니므로, 자기관련성이 인정되지 않는다.[1] 대학교의 신입생자격제한으로 인하여 당해 대학교에 입학하고자 하는 자의 기본권이 직접 침해되었는지 여부는 별론으로 하고, 이로 인하여 이미 당해 대학교에 입학한 재학생들인 청구인들의 기본권이 침해될 여지는 없다고 보이므로, 청구인들에게는 위 자격제한을 시정하지 아니한 교육부장관의 부작위가 위헌인지의 여부를 다툴 기본권침해의 자기관련성이 결여되었다.[2]

(다) 제3자의 자기관련성

1) 문제의 제기

대부분의 경우, 청구인은 자신을 직접 수규자나 상대방으로 하는 국가행위에 대하여 헌법소원을 제기하기 때문에, 이러한 경우에는 '기본권침해의 자기관련성'은 문제되지 않는다. 그러나 국가행위의 직접적인 상대방이 아닌 제3자인 기본권주체가 기본권의 침해를 주장하여 헌법소원심판을 청구하는 경우에는 심판청구의 적법성이 문제된다.

청구인이 공권력행위의 상대방이 아니고 제3자인 경우, 청구인은 원칙적으로 타인에 대한 공권력의 행사에 대하여 자신의 기본권침해를 주장할 수 없다. 만일 공권력행사의 직접적인 상대방이 아닌 제3자에게 폭넓게 기본권침해의 자기관련성을 인정한다면, 개인의 권리구제를 목적으로 하는 헌법소원제도가 민중소송으로 변질될 위험이 있다. 그러나 공권력의 행사가 그의 직접적인 규율대상자뿐만 아니라 제3자에게도 불리한 영향을 미친다면, 헌법재판소가 어떠한 경우에 공권력의 행사로 인하여 입는 청구인의 불이익을 헌법소원제도를 통하여 구제해야 하는가 하는 문제가 제기된다.

2) 헌법재판소의 판례

가) 헌법재판소는 공권력작용의 직접적인 상대방이 아닌 제3자의 자기관련성과 관련하여, "공권력의 작용의 직접적인 상대방이 아닌 제3자라고 하더라도 공권력의 작용이 그 제3자의 기본권을 직접적이고 법적으로 침해하고 있는 경우에는 그 제3자에게 자기관련성이 있다고 할 것이다. 반대로 타인에 대한 공권력의 작용이 단지 간접적, 사실적 또는 경제적인 이해관계로만 관련되어 있는 제3자에게는 자기관련성은 인정되지 않는다고 보아야 할 것이다."라고 판시하고 있다.[3]

한편, 헌법재판소는 "법률에 의한 기본권침해의 경우 어떠한 경우에 제3자의 자기관련성을 인정할 수 있는가의 문제는 입법의 목적, 실질적인 규율대상, 법규정에서의 제한이나 금지가 제3자에게 미치는 효과나 진지성의 정도 및 규범의 직접적인 수규자에 의한 헌법소원제기의 기대가능성 등을 종합적으로 고려하여 판단해야 한다."고 판시하여 제3자의 자기관련성을 판단하는 나름의 기준을 제시하고 있다.[4] 위의 판시내용을 구체적으로 살펴보면, 법률의 목적이 규범의 수규자뿐만 아니라 제3자를 함께 규율하려고 의도하는 경우, 법률의 규율대상이 수범자의 법적 지위에 그치는 것이 아니라 제3자를 포함하는 일정한 관계인 경우, 공권력의 행위가 청구인인 제3자를 대상으로 하고 있지는 않

---

1) 헌재 1993. 7. 29. 89헌마123, 판례집 5-2, 127, 134.
2) 헌재 1997. 3. 27. 94헌마277, 판례집 9-1, 404, 409.
3) 헌재 1993. 3. 11. 91헌마233, 판례집 5-1, 104, 111; 헌재 1993. 7. 29. 89헌마123, 판례집 5-2, 127, 134; 헌재 1994. 6. 30. 92헌마61, 판례집 6-1, 680, 684.
4) 헌재 1997. 9. 25. 96헌마133, 판례집 9-2, 410, 416; 헌재 1998. 11. 26. 94헌마207, 판례집 10-2, 716, 726; 헌재 2000. 6. 29. 99헌마289, 판례집 12-1, 913, 934.

지만, 법률이 내포하는 불이익이 수규자의 범위를 넘어 제3자인 청구인에게도 유사한 정도의 불이익이라는 거의 동일한 효과를 가지고 작용하는 경우, 제3자의 자기관련성이 인정되어야 한다는 것으로 이해된다.

나) 헌법재판소는 법무사가 고용할 수 있는 사무원의 수를 제한하는 법률조항에 대한 헌법소원심판에서, 국가가 명령의 형태로 직접 작용하는 상대방은 법무사이지만 제3자인 사무원의 '자기관련성'을 인정하였다.[1] 광고회사에 소속된 광고인이 방송광고 사전심의를 규정한 법령에 의하여 기본권침해의 자기관련성을 가지는지의 여부에 관하여 헌법재판소는 '사전심의제도의 규율을 받는 직접 상대방은 광고주나 광고회사이지만 사전심의의 대상이 되는 광고표현물의 제작에 참여하는 광고인들도 직접 제약을 받고 있으므로, 사전심의제도 및 심의기준을 규정한 법령에 대하여 기본권침해의 자기관련성을 갖추고 있다'고 판단하였다.[2] 또한, 헌법재판소는 안경사에게 안과의사의 업무를 부분적으로 허용함으로써 안경사에게는 이익을 안과의사에게는 불이익을 주는 법률조항에 대한 헌법소원에서 안과의사의 자기관련성을 인정하였다.[3]

이에 대하여 정당에 대한 보조금의 배분을 규정하는 법률조항에 대하여 새로이 정당을 조직하고 그 정당의 후보로서 대통령선거에 출마하고자 하는 자가 제기한 헌법소원심판에서 청구인인 제3자의 자기관련성을 부인하였고,[4] 백화점 등의 셔틀버스운행을 금지하는 법률조항에 대하여 소비자들이 제기한 헌법소원심판에서 제3자인 소비자의 자기관련성을 부인하였다.[5]

(라) 평등권 위반이 주장되는 경우 자기관련성

헌법소원심판에서 청구인은 침해적 규정에 대해서는 국가가 부담을 부과하면서 자신이 속한 집단에게만 불평등하게 부담을 부과하였거나 아니면 불평등하게 과도한 부담을 부과하였다는 주장으로, 수혜적 규정에 대해서는 국가가 혜택을 부여하면서 자신이 속한 집단을 평등원칙에 위배되게 배제하였다는 주장으로 헌법소원을 제기하게 된다. 헌법재판소가 평등권 위반을 확인한다면 그 결과로서 침해적 규정에 의하여 청구인에게 부과된 불평등한 부담이 제거될 가능성이 있거나 수혜적 규정에 의하여 배제된 혜택에 참여할 가능성이 있는 경우, 청구인의 자기관련성은 인정될 수 있다.

부담을 부과하는 침해적 규정의 경우에는 법령의 수규자가 당사자로서 평등권 위반을 주장하게 되지만, 반대로 수혜적 규정의 경우에는 법령의 수규자가 평등권 위반을 주장하는 경우란 있을 수 없고, '수혜의 범위에서 제외된 자'가 평등권 위반을 주장할 수 있는 당사자에 해당한다. 그러므로 평

1) 헌재 1996. 4. 25. 95헌마331, 판례집 8-1, 465, 헌법재판소는 "제35조 제4항에 의하여 법무사가 사무원 중 일정 인원을 해고하여야 하는 법률상 의무를 직접 부담하는 경우에는 위 해고의 대상 중에 포함되어 있어 해고의 위험을 부담하는 것이 분명한 사무원들도 위 법령에 의하여 직접적이고 법적인 침해를 받는다고 할 것이다."라고 판시하여 법령의 직접적인 수범자가 아님에도 자기관련성을 인정하였다.

2) 헌재 1998. 11. 26. 94헌마207, 판례집 10-2, 716, 726.

3) 헌재 1993. 11. 25. 92헌마87, 판례집 5-2, 468, 474, "눈의 시력검사와 교정은 안과의 영역에 관련되는 업무이고, 자동굴절검사기기를 사용하는 타각적 굴절검사를 안경사에게 허용하고 있는 심판대상규정에 대하여 안과의사인 청구인이 자신의 권리가 침해되었다고 다투고 있는 이 사건 심판청구는 자기관련성을 갖추고 있다."

4) 헌재 1997. 3. 27. 92헌마263, 공보 21, 342, 344, "위 규정으로 인하여 어떤 불이익을 받게 되었다고 하더라도, 그것은 사실상의 간접적인 이해관계일 뿐 법적인 관련성이 있어 자기의 기본권을 직접 침해받은 것이라고는 할 수 없다."

5) 헌재 2001. 6. 28. 2001헌마132, 판례집 13-1, 1441, 1456, "소비자들이 그동안 백화점 등의 셔틀버스를 이용할 수 있었던 것은 백화점 등의 경영자가 셔틀버스를 운행함으로써 누린 반사적인 이익에 불과한 것이므로, 백화점 등의 셔틀버스운행을 금지하는 법률조항의 시행으로 인하여 기본권을 침해받는 것이 아니어서 청구인적격이 인정될 수 없다."

등권 위반이 문제되는 경우 자기관련성을 판단하는 기준은 '청구인이 법령의 수규자인지의 여부'가 아니라, 헌법재판소가 심판청구를 인용하는 경우 청구인의 법적 지위의 향상을 가져 올 수 있는 가능성이 존재하는지의 여부이다.[1]

(2) 現在關聯性

(가) 의 미

헌법소원을 적법하게 제기하기 위해서는 청구인이 현재 기본권을 침해당한 경우, 즉 기본권침해가 이미 발생하여 현실화되어 지속되고 있는 경우라야 한다. 장래에 언젠가 기본권침해가 발생할 가능성이 있다는 것만으로는 충분하지 않다. 그러나 현재 이미 기본권의 침해가 발생한 경우에 한하여 헌법소원을 허용하는 경우 권리구제의 실효성이 문제될 수 있으므로, 가까운 장래에 기본권침해가 발생할 것이 현재 확실하게 예측될 정도로 기본권침해 상황이 성숙되어 있다면, 기본권구제의 실효성의 관점에서 기본권침해의 현재성을 인정할 수 있다(소위 '상황성숙이론').

나아가, 헌법재판소는 이미 심판청구 당시에 권력적 사실행위가 종료되는 등 침해행위가 종료되었기 때문에 기본권침해의 현재관련성, 즉 심판청구 당시에 주관적 권리보호이익이 존재하지 않는 경우에도 현재관련성이 충족된 것으로 간주하여 본안판단을 하고 있는데,[2] 비록 명시적으로 밝힌 바는 없으나, 이는 기본권침해의 반복의 위험성이나 헌법적 해명의 필요성의 관점에서 객관적 심판의 이익을 인정하였기 때문에 가능한 것이다.

(나) 현재관련성이 인정된 사례

혼인을 앞둔 예비신랑은 가정의례에관한법률의 관련규정으로 인하여 현재 기본권을 침해받고 있지는 않으나, 결혼식 때에는 하객들에게 주류 및 음식물을 접대할 수 없는 불이익을 받게 되는 것이 현재 시점에서 충분히 예측할 수 있는 경우이므로 현재성이 인정된다.[3]

지방자치단체의 장으로 하여금 임기중 대통령, 국회의원선거 등에의 입후보를 할 수 없도록 하는 공직선거및선거부정방지법의 관련조항에 따른 기본권의 침해가 후보자등록개시일에 비로소 구체적·현실적으로 발생하는 것은 틀림이 없으나, 위 법률조항에 의하여 청구인들의 피선거권이 가까운 장래에 침해되리라는 것이 현재 확실히 예측되고, 위 법률조항에 의한 기본권의 침해가 구체화·현실화된 시점에서는 적시에 권리구제를 기대하는 것이 거의 불가능하므로, 기본권침해의 현재성을 충족시킨 것으로 보아야 한다.[4]

심판청구 당시 청구인은 7급 국가공무원 공채시험에 응시하기 위하여 준비중에 있었기 때문에

---

1) 헌재 2005. 6. 30. 2003헌마841(연합뉴스 국가보조), 판례집 17-1, 996, 1005, "시혜적 법률의 경우에는 법률의 수규자가 당사자로서 기본권침해를 주장하는 침해적 법률의 경우와는 달리, 수혜의 범위에서 제외된 청구인이 '국가가 다른 집단에게 부여한 혜택으로부터 자신이 속한 집단을 평등원칙에 반하여 부당하게 제외하였다.'라는 취지의 위헌주장을 할 수 있고, 이에 대하여 헌법재판소가 평등권위반을 확인한다면 그 결과로서 청구인도 혜택규정에 의하여 배제되었던 혜택에 참여할 가능성이 있으므로 청구인의 자기관련성을 인정할 수 있다."; 또한 헌재 2013. 12. 26. 2010헌마789, "수혜적 법령의 경우에는 수혜범위에서 제외된 자가 자신이 평등원칙에 반하여 수혜대상에서 제외되었다는 주장을 하거나, 비교집단에게 혜택을 부여하는 법령이 위헌이라고 선고되어 그러한 혜택이 제거된다면 비교집단과의 관계에서 자신의 법적 지위가 상대적으로 향상된다고 볼 여지가 있는 때에 그 법령의 직접적인 적용을 받는 자가 아니라고 할지라도 자기관련성을 인정할 수 있다."

2) 예컨대, 심판청구 당시에 이미 종료된 수형자의 서신검열행위를 다투는 헌법소원(헌재 1998. 8. 27. 96헌마398).

3) 헌재 1998. 10. 15. 98헌마168(가정의례에관한법률), 판례집 10-2, 586, 595.

4) 헌재 1999. 5. 27. 98헌마214(지방자치단체의장공직선거의입후보금지), 판례집 11-1, 675, 694-695.

국가유공자 등에 대한 10% 가산점제도를 규정한 법률조항으로 인한 기본권침해를 현실적으로 받았던 것은 아니나, 청구인이 국가공무원 공채시험에 응시할 경우 장차 그 합격 여부를 가리는 데 있어이 사건 가산점제도가 적용될 것임은 심판청구 당시에 이미 확실히 예측되는 것이었으므로, 기본권침해의 현재성의 요건도 갖춘 것으로 보아야 한다.[1]

(3) 直接關聯性

(가) 의 미

청구인의 기본권은 공권력작용에 의하여 직접적으로 침해되어야 한다. 행정작용이나 법원의 재판의 경우, 별도의 집행행위가 없기 때문에 직접성요건은 문제되지 않는다. 직접성요건은 특히 법령에 대한 헌법소원에서 중요한 의미를 가진다. 법령조항에 대하여 헌법소원을 제기하기 위해서는 구체적인 집행행위에 의하지 아니하고 그 법령조항에 의하여 직접 기본권을 침해받아야 한다. 즉, 집행행위에 의하지 아니하고 법령 그 자체에 의하여 자유의 제한이나 의무의 부과 등이 발생해야 한다. 집행행위에는 입법행위도 포함된다. 법령규정이 그 규정의 구체화를 위하여 하위규범의 시행을 예정하고있는 경우에는 기본권침해는 하위규범에 의하여 비로소 발생하는 것이지 그 법령규정에 의하여 곧바로 발생하는 것은 아니므로, 당해 법령으로 인한 기본권침해의 직접성은 부인된다.[2]

(나) 보충성원칙과 직접성요건의 관계

법 제68조 제1항 단서는 "다만, 다른 법률에 구제절차가 있는 경우에는 그 절차를 모두 거친 후가 아니면 청구할 수 없다"고 하여 헌법소원심판청구에 있어서의 보충성원칙을 규정하고 있다. 그러나 법률에 대해서는 달리 구제절차가 없기 때문에, 법률에 대한 소원에 있어서는 보충성의 원칙이적용되지 않는다. 법률에 대하여 다른 구제절차가 없다고 하여 모든 법률에 대한 소원이 허용되는것은 아니고, 법률에 대한 심판청구가 적법하기 위해서는 '보충성원칙'의 대체물로서 '기본권침해의직접성'요건이 충족되어야 한다.

'보충성원칙'과 마찬가지로, 법률소원에 있어서 '기본권침해의 직접성'을 요구하는 기본사고는, 법률은 일반적으로 그의 집행이나 적용을 통해서 비로소 개인의 기본권을 침해하기 때문에, 개인은 기본권의 침해를 우선 법원에 소송을 제기함으로써 방어해야 한다는 데 있다. 따라서 법률의 집행행위가 존재한다면 국민은 우선 그 집행행위를 기다렸다가 집행행위에 대하여 소송을 제기하여 구제절차를 밟아야 한다. 그러나 예외적으로 법률을 집행하는 행위가 존재하지 않는다면, 바로 이러한 경우 법률에 의한 기본권침해의 직접성을 인정할 수 있고, 이로써 직접 법률에 대한 소원이 허용되는 것이다.

헌법재판소의 일관된 판례도 '법령 자체가 헌법소원의 대상이 될 수 있으려면, 청구인의 기본권이그 법령에 기한 다른 집행행위를 기다리지 아니하고 그 법령에 의하여 직접 침해받아야 한다'고 하고, '기본권침해의 직접성이란 집행행위에 의하지 아니하고 법령 그 자체에 의하여 자유의 제한, 의무의부과, 법적 지위의 박탈이 발생하는 경우를 말하므로, 당해 법령에 근거한 구체적인 집행행위를 통하여 비로소 기본권침해의 법률효과가 발생하는 경우에는 직접성의 요건이 결여된다'고 밝히고 있다.[3]

---

1) 헌재 2001. 2. 22. 2000헌마25(국가유공자가산점), 판례집 13-1, 386, 398; 同旨 헌재 1999. 12. 23. 98헌마363(제대군인가산점), 판례집 11-2, 770, 780-781.
2) 헌재 1996. 2. 29. 94헌마213, 판례집 8-1, 147.
3) 헌재 1992. 11. 12. 선고 91헌마192 결정 등.

한편, 헌법재판소는 집행행위가 존재하는 경우에도 집행행위의 성질상 기속행위에 해당하는 때에는 기본권침해의 직접성이 인정되는 것으로 판단함으로써 직접성요건을 완화하고 있다.[1] 그러나 집행행위의 위헌·위법여부를 다투는 절차에서 집행행위의 근거가 되는 법률에 대하여 헌법소원을 제기할 수 있는 가능성(법 제68조 제2항에 의한 헌법소원)을 열어놓고 있는 현행 헌법재판제도에서 이러한 입장이 타당한 것인지에 대하여 의문이 제기된다. 법령에 대한 헌법소원에서 직접성요건을 요청하는 본래의 의미와 취지를 고려한다면, 집행행위의 성격이 기속행위이든 재량행위이든 관계없이 집행행위가 존재하는 경우에는 기본권침해의 직접성을 부인하는 것이 타당하다고 판단된다.

(다) 집행행위에 대하여 권리구제절차를 밟는 것을 국민에게 요구할 수 없는 경우

한편, 집행행위가 존재하는 경우라도 그 집행행위를 대상으로 하는 구제절차가 없거나 구제절차가 있다고 하더라도 권리구제의 기대가능성이 없고 다만 기본권 침해를 당한 청구인에게 불필요한 우회절차를 강요하는 것밖에 되지 않는 경우에는 예외적으로 기본권침해의 직접성이 인정됨으로써 당해 법령을 직접 헌법소원의 대상으로 삼을 수 있다.[2]

집행행위가 존재하는 경우라 하더라도, 법률의 집행행위를 기다렸다가 그 집행행위에 대하여 권리구제절차를 밟는 것을 국민에게 요구할 수 없는 경우에는 예외적으로 기본권침해의 직접성이 인정될 수 있다. 예를 들자면, 형법상의 조문은 엄밀한 의미에서 법률 그 자체에 의하여 국민의 신체의 자유를 제한하는 것이 아니라 넓은 의미의 재량행위(법관의 양형)의 하나인 형법조항의 적용행위라는 구체적인 집행행위를 통하여 비로소 국민의 기본권이 제한되는 것이지만, 국민에게 그 합헌성이 의심되는 형법조항에 대하여 위반행위를 우선 범하고 그 적용·집행행위를 기다려 법원의 판결에 대하여 심판청구를 할 것을 요구할 수는 없다. 이러한 경우에 한하여 집행행위가 재량행위임에도 불구하고 법령에 의한 기본권침해의 직접성을 인정할 수 있다.[3]

(라) 직접성이 인정된 사례 및 부인된 사례

지방자치법 제65조는 지방의회에 청원할 때에는 필요적 요건으로 지방의회의원의 소개를 얻도록 규정하고 있어, 의원의 소개가 없는 청원은 지방의회에 의한 청원서의 수리거부 또는 반려행위 등의

1) 헌재 1997. 7. 16. 97헌마38, 판례집 9-2, 94, 104; 헌재 2004. 8. 26. 2003헌마337, 판례집 16-2상, 334, 343; 헌재 2008. 6. 26. 2005헌마173, 공보 141, 901, 903, "법규범이 집행행위를 예정하고 있더라도 법규범의 내용이 집행행위 이전에 이미 국민의 권리관계를 직접 변동시키거나 국민의 법적 지위를 결정적으로 정하는 것이어서 국민의 권리관계가 집행행위의 유무나 내용에 의하여 좌우될 수 없을 정도로 확정된 상태라면 그 법규범의 권리침해의 직접성이 인정된다."
2) 헌재 1997. 8. 21. 96헌마48, 판례집 9-2, 295, 303. 헌법재판소는 피고인이나 변호인의 공판정에서의 녹취허가신청에 대한 법원의 녹취불허결정에 대해서는 직접적인 구제절차가 없다고 보아 그 근거규정인 형사소송규칙의 직접성을 인정하였고(헌재 1995. 12. 28. 91헌마114), '한나라당 대통령후보 이명박의 주가조작 등 범죄혐의의 진상규명을 위한 특별검사의 임명 등에 관한 법률'에 규정된 동행명령조항의 경우, 기본권침해는 동행명령장의 발부라는 구체적인 집행행위가 있어야만 구체적으로 현실화되나, 동행명령에 대하여는 구제절차가 없거나 권리구제의 기대가능성이 없어, 구체적 집행행위의 존재에도 불구하고 예외적으로 당해 법률을 직접 헌법소원의 대상으로 삼을 수 있는 경우에 해당하므로 심판대상조항에 의한 기본권침해의 직접성을 인정하였다(헌재 2008. 1. 10. 2007헌마1468).
3) 헌재 1996. 2. 29. 94헌마213, 판례집 8-1, 147, 154, "법률 또는 법률조항이 구체적인 집행행위를 예정하고 있는 경우에는 직접성의 요건이 결여된다. 그러나 국민에게 행위의무 또는 금지의무를 부과한 후 그 위반행위에 대한 제재로서 형벌, 행정벌 등을 부과할 것을 정한 경우에 그 형벌이나 행정벌의 부과를 위 직접성에서 말하는 집행행위라고는 할 수 없다. 국민은 별도의 집행행위를 기다릴 필요 없이 제재의 근거가 되는 법률의 시행 자체로 행위의무 또는 금지의무를 직접 부담하는 것이기 때문이다. 따라서 청구인이 풍속영업법위반으로 제재를 받은 일이 없다고 할지라도 직접성을 결여하였다고 할 수는 없는 것이다."; 同旨 헌재 2007. 7. 26. 2003헌마377, 판례집 19-2, 90, 100.

집행행위를 기다릴 것도 없이 확정적으로 청원을 하지 못하는 결과가 생기므로, 이러한 경우에는 이 법률조항 자체가 직접 헌법소원심판대상이 된다.[1]

구 소득세법 제60조는 청구인에 대하여 부과되는 양도소득세액 산정의 근거가 되기는 하지만 청구인이 주장하는 기본권침해는 구 소득세법 제60조 때문인 것이 아니라 그에 근거한 성남세무서장의 과세처분에 따라 비롯된 것임이 분명하므로, 위 법률조항에 대한 심판청구는 직접성요건을 갖추지 못하고 있다.[2]

국민건강보험법 제48조(급여의 제한) 제3항은 그 자체로 직접 자유의 제한, 의무의 부과 또는 권리나 법적 지위의 박탈을 초래하는 것이 아니며, 국민건강보험공단의 보험급여거부처분이라는 집행행위를 통하여 비로소 기본권에 대한 직접적 현실적 침해가 있게 되므로 위 조항은 기본권 침해의 직접성이 없다.[3]

마. 보충성의 원칙

(1) 개 요

법 제68조 제1항 단서규정은 "다만, 다른 법률에 구제절차가 있는 경우에는 그 절차를 모두 거친 후에 청구할 수 있다"라고 하여 보충성의 원칙을 규정하고 있다.

보충성의 원칙은 원칙적으로 재판소원의 가능성을 전제로 하기 때문에, 보충성원칙을 규정하면서 재판소원을 배제하는 것은 모순이라고 할 수 있다. 따라서 한국의 헌법소원제도에서의 보충성원칙은 재판소원의 배제와 결합하여 행정청에 의한 기본권 침해여부의 심사를 법원의 관할로서 법원에 보내는 기능을 한다. 즉 헌법재판소와 법원의 재판관할을 분배하는 기능을 한다.

(2) 헌법재판소법 제68조 제1항의 보충성원칙의 의미

(가) 보충성원칙의 원래 의미와 목적

독일과 같이 법원의 재판을 포함한 모든 공권력에 대한 헌법소원을 허용하는 제도에서의 보충성원칙의 원래 의미와 목적은, 첫째 법원을 경유하는 과정에서 사건의 많은 부분이 기본권의 침해에 대한 구제를 받아 걸러지기 때문에 헌법재판소의 업무부담을 덜고, 둘째 법원을 경유하는 과정에서 구제를 받지 못한 경우에는 법원절차에서 형성된 '사실관계와 법률관계에 관한 법원의 견해'가 헌법재판소에 전달되고 사건판단에 관한 자료가 축적되는 것을 기대할 수 있기 때문에, 법원에 의한 사전심사는 헌법재판소가 위헌심사에 있어서 헌법이라는 심사기준에 치중할 수 있도록 도와줌으로써 헌법재판소의 업무를 용이하게 하려는 것이다.

이로써 헌법소원의 보충성원칙은 기본권의 침해를 제거할 수 있는 다른 사전적 가능성의 존재를, 달리 표현하자면 법원에 의한 기본권의 보호를 전제로 하고 있다. '다른 구제절차의 경유'는 법원의 심급을 경유하는 과정에서 기본권침해를 제거할 법원의 의무를 전제로 할 때에만 의미를 갖는다. 보충성원칙을 정당화하는 이유이자 존재이유가 바로 법원의 일차적이고 중심적인 기본권보호기능에 있다. 따라서 '보충성'이란 바로 '기본권구제의 보충성'을 의미한다. 독일과 같이 재판소원이 존재하는 곳에서는 일반적으로 3번의 심급을 거치면서도 기본권이 구제되지 못한 경우에, 헌법재판소는 보

---

1) 헌재 1999. 11. 25. 97헌마54, 판례집 11-2, 583, 587.
2) 헌재 1999. 9. 16. 97헌마160, 판례집 11-2, 356, 359.
3) 헌재 2001. 8. 30. 2000헌마668, 판례집 13-2, 287, 293.

충적으로 법원의 최종적인 판결을 대상으로 기본권의 침해여부를 심사하게 된다.

이와 같은 의미의 보충성원칙은 청구인이 법원을 경유한 후에 헌법소원을 제기할 수 있는 가능성, 즉 재판소원의 가능성을 전제로 하므로, 법 제68조 제1항이 한편으로는 본문에서 재판소원을 배제하면서 다른 한편으로는 단서에서 재판소원의 제기가능성을 전제로 한 보충성원칙을 규정한 것은 그 자체로서 이율배반적인 것으로 보인다. 그러나 재판소원을 제외하는 우리 헌법재판제도에서의 보충성원칙의 의미와 기능은 독일과 같이 재판소원을 포함하는 헌법재판제도에서의 기능과 다를 수밖에 없으며, 재판소원의 배제는 또한 필연적으로 보충성원칙의 변형을 가져온다.

(나) 현행 헌법재판소법에서 보충성원칙의 이중적 의미

헌법소원심판의 청구 이전에 구제절차를 경유하도록 규정한 법 제68조 제1항 제2문은 '다른 구제절차'가 법원의 재판이 아닌 예외적인 경우의 헌법소원(불기소처분에 대한 헌법소원)에 한하여 원래 의미의 '보충성원칙'의 표현이며, 그 외의 경우, 즉 "다른 구제절차"가 법원의 재판인 대부분의 경우에는 법 제68조 제1항 제1문의 '재판소원의 배제'와 결합하여 법원의 헌법재판권을 구성하는 규범적 표현으로 이해되어야 한다. 즉 법 제68조 제1항의 '재판소원의 배제'는 동 조항에 규정된 보충성원칙과 결합하여 행정청에 의한 기본권의 침해여부의 심사를 법원의 관할로서 법원에게 보내는 기능을 한다. 이로써 행정처분에 의한 기본권의 침해에 대하여는 법원이 기본권의 보호기관으로서 최종적으로 심사하게 되고, 법원의 결정에 의한 기본권의 침해는 법원 자체 내의 상급법원의 심사에 의하여 구제된다.

헌법재판소가 지금까지 헌법소원제도에서 '보충성원칙'이란 표현을 사용했다면, 이는 바로 위와 같은 이중적인 의미로 사용했다고 보아야 한다. 다시 말하자면, 법 제68조 제1항의 헌법소원에 있어서 "다른 구제절차"가 법원의 재판인 경우에는 '다른 구제절차가 있는 경우에는 헌법소원을 제기할 수 없다'는 소위 '절대적' 보충성원칙을 의미하고, 검사의 불기소처분에 대한 헌법소원과 같이 "다른 구제절차"가 법원의 재판이 아닌 경우에는 '다른 구제절차가 있는 경우에는 그 절차를 경유한 후에야 헌법소원심판을 청구할 수 있다'는 소위 '상대적' 보충성원칙의 의미로 이해되어야 한다.

(3) 다른 법률의 구제절차의 예

(가) 2008년 형사소송법 개정 이전에는, 검사의 불기소처분에 대한 헌법소원을 제기하고자 하는 자는 그 구제절차로서 먼저 검찰청법이 정한 항고 및 재항고절차를 거쳐, 재항고기각결정을 통지받은 날로부터 30일 이내에 청구해야 하였다.

(나) 행정처분에 대한 헌법소원의 경우, 법원의 구제절차를 거쳐야 한다.

예컨대, 건설부장관의 개발제한구역 지정행위(도시계획결정)에 대하여는 행정심판 및 행정소송 등을 제기할 수 있으므로 청구인으로서는 우선 그러한 구제절차를 거친 후에 헌법소원심판을 청구하여야 하고,[1] 구청장의 택지초과소유부담금 부과처분에 대하여는 택지소유상한에관한법률 제37조에 따른 행정심판 및 행정소송법에 따른 절차를 거친 후 헌법소원심판을 청구하여야 한다.[2]

(4) 보충성의 예외

(가) 사전에 구제절차를 거칠 것을 기대하기가 곤란한 경우

헌법소원심판청구인이 그의 불이익으로 돌릴 수 없는 정당한 이유 있는 착오로 전심절차를 밟지

---

1) 헌재 1991. 6. 3. 89헌마46, 판례집 3, 263, 266.
2) 헌재 1995. 1. 20. 94헌마27.

않은 경우, 전심절차로 권리가 구제될 가능성이 거의 없거나 권리구제절차가 허용되는지 여부가 객관적으로 불확실하여 전심절차 이행의 기대가능성이 없을 때에는 보충성의 예외로 바로 헌법소원을 제기할 수 있다.[1]

(나) 법률상 구제절차가 없는 경우

청구인이 주장하는 세무대학장의 '재임용추천거부행위'와 같은 총학장의 임용제청이나 그 철회는 행정기관 상호간의 내부적인 의사결정과정일 뿐 행정소송의 대상이 되는 행정처분이라고 볼 수 없다는 것이 대법원의 일관된 판례이므로, 이 사건의 경우에는 다른 법률에 구제절차가 있는 경우에 해당하지 아니하여 청구인이 행정소송을 거치지 아니하고 바로 헌법소원심판을 청구하였다고 하더라도 소원심판청구의 적법요건인 보충성의 원칙에 반하는 것이라고 볼 수 없다.[2]

바. 청구기간

(1) 법 제69조 제1항

청구기간제도의 목적은, 청구기간 이후에는 공권력작용을 더 이상 다툴 수 없도록 함으로써 공권력의 행사로 인한 법률관계를 신속히 확정하여 법적 안정성을 확보하기 위한 것이다.

2003년 개정된 법 제69조 제1항은 "제68조 제1항의 규정에 의한 헌법소원의 심판은 그 사유가 있음을 안 날부터 90일 이내에, 그 사유가 있은 날부터 1년 이내에 청구하여야 한다. 다만, 다른 법률에 의한 구제절차를 거친 헌법소원의 심판은 그 최종결정을 통지받은 날로부터 30일 이내에 청구하여야 한다."라고 규정하고 있다. 이는 헌법소원의 심판청구기간 중 그 사유가 있음을 안 날부터 60일 이내를 90일 이내로, 그 사유가 있은 날부터 180일 이내를 1년 이내로 변경함으로써, 행정소송의 제소기간과 같도록 한 것이다(행정소송법 제20조 참조). 심판청구기간이 행정소송의 제기기간보다도 오히려 단기여서 국민의 기본권구제에 미흡하다는 판단에서 법률개정을 통하여 청구기간을 연장하였다.

(2) 청구기간의 유형

청구기간의 유형은 법 제69조 제1항에서 스스로 구분하고 있듯이, '다른 법률에 따른 구제절차'의 유무에 의하여 다음과 같이 나누어 볼 수 있다.

(가) 다른 법률에 의한 구제절차를 거친 경우

다른 법률에 의한 구제절차를 거친 경우에는 헌법소원심판은 최종결정을 통지받은 날부터 30일 이내에 청구하여야 한다(법 제69조 제1항 단서). 다른 법률에 의한 구제절차를 거친 경우란, 불기소처분에 대하여 검찰청법상의 항고·재항고를 거친 경우를 말한다(검찰청법 제10조 제1항 및 제3항, 형사소송법 제260조 제1항).

2008년 형사소송법 개정 이전에는 재정신청이 불가능한 검찰의 불기소처분에 대해서는 검찰청법이 권리구제수단으로 항고 재항고절차를 규정하고 있었으므로, 이러한 불기소처분에 대해서는 검찰청법에 의한 구제절차를 거친 후 헌법소원심판을 청구해야 하였다. 그러나 형사소송법의 개정으로 인하여 재정신청의 대상범죄가 크게 확대됨에 따라 검찰의 불기소처분에 대하여 법원에서 다툴 수 있는 가능성도 확대되었다. 이로써 검사의 불기소처분에 대한 피해자의 헌법소원이 헌법소원의 대상에서 대부분 제외되었다.

---

1) 헌재 1995. 12. 28. 91헌마80, 판례집 7-2, 851, 865.
2) 헌재 1993. 5. 13. 91헌마190, 판례집 5-1, 312, 321.

(나) 다른 법률에 의한 구제절차를 거치지 않은 경우

1) 법령과 권력적 사실행위에 대한 헌법소원의 경우

다른 법률에 의한 구제절차를 거치지 않은 경우란, 다른 법률에 의한 구제절차가 없는 경우를 말한다. 기본권을 직접 침해하는 법령과 이미 종료된 권력적 사실행위에 대해서는 달리 구제절차가 없으므로, 이러한 법령과 권력적 사실행위에 대한 헌법소원심판은 그 사유가 있음을 안 날부터 90일 이내에, 그 사유가 있은 날부터 1년 이내에 청구하여야 한다(법제69조제1항 본문). 이러한 경우에는 헌법소원 심판청구의 사유, 즉 기본권침해가 있음을 안 날부터 90일이 지났거나 또는 그 사유가 있은 날부터 1년이 지났으면(즉, 둘 중 어느 하나의 기간이 지났으면) 그 심판청구는 부적법하다.

여기서 그 사유가 '있은 날'이라 함은 공권력의 행사에 의해서 기본권침해가 발생한 날을 말한다. 가령, 법률이 정한 요건을 그 법률의 시행 당시 충족하여 그 법률로 인하여 기본권을 침해받는 경우에는 법률이 시행된 날, 법률이 시행된 뒤 비로소 법률이 정한 요건을 충족하게 되어 기본권을 침해받게 된 자는 법정요건을 충족하게 된 날을 말하는 것이고, 권력적 사실행위에 의하여 기본권을 침해받는 경우에는 기본권을 침해하는 권력적 사실행위가 실제로 행해진 날을 말한다.

그 사유가 있음을 '안 날'이란, 법령의 시행이나 권력적 사실행위에 의한 기본권침해의 사실관계를 안 날을 말하는 것인데, 적어도 공권력행위에 의한 기본권침해의 사실관계를 특정할 수 있을 정도로 현실적으로 인식하여 심판청구가 가능해 진 경우를 의미하는 것이지,[1] 사실관계를 법률적으로 평가하여 그 위헌성 때문에 헌법소원의 대상이 됨을 안 날을 뜻하는 것은 아니다.[2]

2) 부작위에 대한 헌법소원의 청구기간

국가는 적극적인 행위에 의해서뿐만 아니라, 헌법적 행위의무에도 불구하고 그 행위의무를 이행하지 않음으로써, 즉 부작위에 의해서도 기본권을 침해할 수 있다. 적극적인 국가행위를 전제로 하는 법 제69조의 청구기간은 국가의 부작위에 대하여 적용되지 않는다. 공권력의 부작위와 관련해서는 주로 입법부작위가 문제되는데, 진정입법부작위와 부진정입법부작위에 따라 청구기간이 다르다. 입법자가 헌법적 입법의무의 존재에도 불구하고 전혀 입법을 하지 않았다는 것을 주장하는 진정입법부작위에 대한 헌법소원심판은 그 불행사가 계속되는 한, 기간의 제약 없이 적법하게 청구할 수 있고, 이는 행정입법부작위의 경우에도 마찬가지이다.[3] 반면에, 입법자가 입법은 하였으나 그 법률의 내용이 청구인의 입장에서 불완전하고 불충분하기 때문에 청구인이 소위 '결함이 있는 입법권의 행사'에 대하여 다투는 부진정입법부작위의 경우, 청구인은 그 법률에 대하여 법 제69조 제1항의 청구기간 내에 헌법소원을 제기해야 한다.[4]

3) 검사의 불기소처분에 대하여 다른 법률에 구제절차가 없는 경우

2008년 개정된 형사소송법이 재정신청의 남용을 방지하기 위하여 재정신청의 신청권자를 고소인과 고발인으로 제한하고 있으므로, 범죄피해자인 청구인이 고소인이나 고발인이 아닌 경우는 검사의 불기소처분에 대하여 다른 법률에 구제절차가 인정되어 있지 아니한 경우에 해당한다.[5] 나아가, 피

---

1) 헌재 1993. 7. 29. 89헌마31(국제그룹해체), 판례집 5-2, 87, 109.

2) 헌재 1993. 11. 25. 89헌마36, 판례집 5-2, 418, 425.

3) 헌재 1994. 12. 29. 89헌마2(조선철도주식), 판례집 6-2, 395, 408; 헌재 1998. 7. 16. 96헌마246, 판례집 10-2, 283, 298-299.

4) 헌재 1996. 10. 31. 94헌마204, 공보 18, 648.

의자는 재정신청을 할 수 없으므로, 형사피의자로 입건되어 기소유예처분이나 공소권없음처분을 받은 자의 경우도 법률상 구제절차가 없는 경우에 해당한다. 따라서 이러한 경우 청구인은 그 불기소처분이 있은 사실을 안 날부터 90일 이내에, 늦어도 검사가 불기소처분을 한 날부터 1년 이내에 헌법소원심판을 청구하여야 한다.

(3) 법령에 대한 헌법소원심판의 청구기간

헌법재판소는 법령에 대한 헌법소원의 청구기간을 해석을 통하여 '법령의 시행과 동시에 기본권을 침해받는 경우'와 '법령이 시행된 뒤 비로소 기본권을 침해받게 된 경우'로 나누어 기산함으로써, 결과적으로 법령에 대한 헌법소원의 청구기간을 확장하고 있다. 즉, 그 법령의 시행과 동시에 기본권의 침해를 받게 되는 경우에는 그 법령이 시행된 사실을 안 날부터 90일 이내에, 법령이 시행된 날부터 1년 이내에 헌법소원심판을 청구하여야 하고,[1] 법령이 시행된 뒤에 비로소 그 법령에 해당되는 사유가 발생하여 기본권의 침해를 받게 되는 경우에는 그 사유가 발생하였음을 안 날부터 90일 이내에,[2] 그 사유가 발생한 날부터 1년 이내에[3] 헌법소원심판을 청구하여야 한다.[4]

헌법재판소가 이와 같이 청구기간을 확장한 것은, 법령은 한번 제정되어 시행되면 입법자가 스스로 그 법령을 개폐하기 전이나 헌법재판소에 의해 그 위헌성이 확인되기 전에는 계속하여 효력을 갖게 된다는 사정에 비추어, 법 제69조 제1항 본문의 청구기간을 법문 그대로 법령에 대한 헌법소원에 적용하는 경우에는 헌법소원을 통하여 법령으로 인한 기본권침해를 구제받을 수 있는 가능성은 현저히 축소됨으로써 기본권구제의 실효성이 현저하게 저하된다는 사고에 그 바탕을 두고 있다.[5]

(4) 청구기간의 경과여부를 판단하는 기준으로서 '도달주의'

청구기간의 경과여부를 결정함에 있어 '심판청구서를 발송한 날' 아니면 '심판청구서가 헌법재판소에 도달한 날'이 기준이 되는지의 문제가 제기된다. 헌법소원심판의 청구기간이 준수되었는지의 여부는 법에 특별한 규정이 없는 이상, 법의 일반적 원칙인 도달주의에 따라 '헌법재판소에 심판청구서가 접수된 날'을 기준으로 삼아 판단된다.[6] 법률에 특별한 규정이 있는 경우에 인정되는 발신주의는 적용되지 않는다. 그러므로 청구인이 심판청구서를 발송한 시점을 기준으로 하면 청구기간 내라 하더라도, 심판청구서가 헌법재판소에 도달한 시점에는 이미 청구기간이 경과한 경우라면 부적법한 청구이다.[7]

(5) '상황성숙이론'이 청구기간에 대해서도 적용되는지의 문제

법률시행 후 그 법률에 해당되는 사유가 발생하여 비로소 기본권의 침해를 받게 된 자는 그 사유

---

5) 헌재 2010. 6. 24. 2008헌마716.
1) 헌재 1999. 4. 29. 96헌마352 등, 판례집 11-1, 477, 496.
2) 헌재 1996. 8. 29. 94헌마113, 판례집 8-2, 141, 153.
3) 헌재 1998. 7. 16. 95헌바19 등, 판례집 10-2, 89, 101.
4) 가령, 입법자가 약사의 직업활동을 제한하는 방향으로 약사법을 개정하는 경우, 약사법의 개정 당시에 이미 약국을 개설하여 운영하는 약사의 경우에는 개정약사법이 시행된 사실을 안 날부터 90일 이내에, 개정약사법이 시행된 날부터 1년 이내에 헌법소원을 청구하여야 한다. 이에 대하여, 약사법의 개정 이후에 약국을 개설하여 운영하는 약사의 경우에는 개정법률에 의한 기본권침해의 사실관계를 안 날로부터 90일 이내에, 약국을 개설한 시점부터 1년 이내에 헌법소원을 제기해야 한다.
5) 헌법재판소, 『헌법재판실무제요』, 제1개정증보판, 2008, 268면.
6) 헌재 1990. 5. 21. 90헌마78, 판례집 2, 129, 130.
7) 헌재 1990. 4. 10. 90헌마50.

제4편 權力構造

가 발생하였음을 안 날부터 90일 이내에, 그 사유가 발생한 날부터 1년 이내에 헌법소원을 제기하여야 하는데, 여기서 '사유가 발생한 날'이 이미 법령에 의하여 청구인의 기본권 침해가 확실히 예상되는 등 실체적 요건이 성숙하여 헌법판단에 적합하게 된 때를 말하는지, 즉 '상황성숙이론'이 청구기간의 도과여부를 판단함에 있어서도 적용되는지가 문제된다.[1]

헌법재판소는 초기의 결정에서 상황성숙의 시점이 마치 청구기간의 기산점이 되는 것으로 보는 듯한 결정을 내린 바 있다.[2] 그러나 이러한 판례에 의하면 청구기간의 기산점이 앞당겨지므로 청구인에게 불리하게 청구기간이 단축되는 부작용이 발생한다.[3] 헌법재판소는 그 후 판례를 변경하여 현재성요건을 판단하는 상황성숙이론이 청구기간의 기산점에 대하여 아무런 영향을 미치지 않는다는 방향으로 판시하였다.[4] 따라서 법령에 대한 헌법소원의 청구기간은 기본권을 침해받은 때로부터 기산하여야 할 것이지, 기본권을 침해받기도 전에 그 침해가 확실히 예상되는 등 실체적 요건이 성숙하여 헌법판단에 적합하게 된 때로부터 기산할 것은 아니다.

한편, 아직 기본권의 침해는 없으나 장래에 확실히 기본권 침해가 예측되므로 미리 앞당겨 기본권침해의 현재성을 인정하는 경우에는 아직 기본권침해가 현실화되지 않았기 때문에, 청구기간 도과의 문제가 발생할 여지가 없다.[5]

(6) 법령시행에 유예기간을 둔 경우 청구기간의 기산점

법령의 시행과 동시에 그 법령에 의하여 기본권을 침해받은 경우, 청구기간의 기산점은 법령의 시행시점이다. 그런데 법령이 시행과 관련하여 유예기간을 둔 경우에는 청구기간의 기산점이 되는 시점이 '법령의 시행일'인지 아니면 '유예기간이 경과한 때'인지의 문제가 제기된다.[6] 개정된 법령이 종전에 허용하던 영업을 금지하는 규정을 신설하면서 부칙에서 유예기간을 둔 경우에 그 법령시행 전부터 영업을 해오던 사람은 그 법령 시행일에 이미 유예기간 이후부터는 영업을 할 수 없도록 기간을 제한받은 것이므로, 부칙에 의한 유예기간과 관계없이 그 '법령 시행일'에 기본권의 침해를 받은 것으로 간주한 것이 종래 헌법재판소의 일관된 판례였다.[7] 그러나 헌법재판소는 2020년 판례를 변경하여 유예기간을 두는 법령이 구체적이고 현실적으로 청구인들에게 적용되는 것은 유예기간을 경과한 때부터라는 이유로 '유예기간이 경과한 때'를 청구기간의 기산점으로 보고 있다.[8]

---

1) 헌법재판소는 소위 '상황성숙이론'에 입각하여, 청구인이 법령에 의하여 아직 구체적으로 그 기본권을 현실적으로 침해받지 아니한 경우에도 그 침해가 확실히 예상되는 등 실체적 요건이 성숙하여 헌법판단에 적합하게 된 때에는 '기본권침해의 현재성' 요건이 충족된 것으로 보고 있다.

2) 헌재 1990. 6. 25. 89헌마220, 판례집 2, 200, 204.

3) '상황성숙이론'이란 기본권침해의 현재성을 판단함에 있어서 청구인에게 유리하게 기본권침해의 관련성을 확장해 주고자 하는 이론인데, 이를 청구기간에도 적용하는 경우에는 오히려 청구인에게 불리하게 청구기간이 단축되는 효과가 발생하는 것이다.

4) 헌재 1996. 3. 28. 93헌마198, 판례집 8-1, 241, 251.

5) 헌재 1999. 12. 23. 98헌마363(제대군인가산점), 판례집 11-2, 770, 780; 헌재 2001. 2. 22. 2000헌마25(국가유공자가산점), 판례집 13-1, 386, 398.

6) 예컨대, 청구인이 1996년 이래로 적법하게 해 오던 직업행사를 1998년 법률개정을 통하여 경과기간의 종료 후에는 금지하면서 그 부칙에서 2002년 말까지 4년의 유예기간을 두는 경우, 청구인이 2002년 8월에 헌법소원을 제기하였다면, 이러한 심판청구가 청구기간을 준수하였는지에 관한 문제이다.

7) 헌재 1996. 3. 28. 93헌마198, 판례집 8-1, 241, 251; 헌재 2003. 1. 30. 2002헌마516, 판례집 15-1, 161; 헌재 2013. 11. 28. 2011헌마372.

8) 헌재 2020. 4. 23. 2017헌마479, 판례집 32-1상, 452.

(7) 국선대리인 선임신청한 때의 청구기간

(가) 심판청구서를 제출하기 전에 먼저 국선대리인 선임신청을 한 경우

헌법소원심판절차에서 청구인이 사인인 경우에는 변호사를 대리인으로 선임하지 아니하면 심판청구를 할 수 없다(법제25조). 법 제70조 제1항에 의하면, 헌법소원심판을 청구하고자 하는 자가 변호사를 대리인으로 선임할 자력(資力)이 없는 경우, 헌법재판소에 국선대리인을 선임하여 줄 것을 신청할 수 있고, 이 경우 헌법소원심판의 청구기간은 국선대리인의 선임신청이 있는 날을 기준으로 정하도록 하고 있다.

이는 국선대리인 선임신청이 인용되고 그 후에 심판청구서가 제출된 경우에는 국선대리인 선임신청일을 헌법소원심판의 청구일로 한다는 것을 의미하므로, 청구기간 준수여부는 국선대리인 선임신청일을 기준으로 판단하여야 한다.[1] 따라서 청구기간 경과 후에 심판청구서를 제출하더라도, 국선대리인 선임신청이 청구기간 내에 이루어졌다면, 청구기간은 준수한 것이 된다.[2] 가령, 청구인이 1996. 7. 26. 국선대리인 선임신청을 하였고, 헌법재판소에서는 1996. 8. 23. 변호사를 국선대리인으로 선임하여 위 국선대리인이 1996. 10. 1. 헌법소원심판청구서를 제출하였다면, 이 사건 헌법소원심판의 청구기간 준수여부는 1996. 7. 26.을 기준으로 하여 국선대리인 선임신청이 청구기간 내에 이루어졌는지의 여부를 판단해야 한다.

반면에, 심판청구서를 제출하기 전에 먼저 국선대리인 선임신청을 하였으나 헌법재판소가 국선대리인을 선정하지 아니한다는 결정을 한 때에는, 신청인이 선임신청을 한 날로부터 위 결정통지를 받은 날까지의 기간은 법 제69조의 청구기간에 이를 산입하지 아니한다(법조 제70조 제4항). 이러한 경우, 청구인은 청구기간 내에 심판청구서를 제출해야 한다.

(나) 대리인의 선임 없이 심판청구서가 먼저 제출된 경우

한편, 대리인의 선임 없이 심판청구서가 먼저 제출되거나 국선대리인신청서와 함께 제출된 경우에는 법 제69조에 따라 청구기간은 심판청구서가 접수된 날을 기준으로 정한다.[3]

(8) 청구기간의 도과와 정당한 사유

헌법소원심판의 청구기간을 준수하지 못한 심판청구는 원칙적으로 부적법한 것으로 각하된다. 그런데 청구인에게 청구기간의 준수를 불가능하게 하는 또는 이를 기대할 수 없게 하는 장애사유가 발생하여 청구인의 귀책사유 없이 청구기간을 준수하지 못한 경우, 청구기간 경과 후에 제기한 심판청구를 적법한 것으로 볼 것인지의 문제가 제기된다.[4]

법 제40조에 의하여 준용되는 행정소송법은 '정당한 사유가 있는 경우' 제소기간을 경과한 행정

---

1) 헌재 1998. 7. 16. 96헌마268, 판례집 10-2, 312, 336; 헌재 2000. 6. 29. 98헌마36, 판례집 12-1, 869, 876-877.
2) 헌재 1997. 6. 26. 94헌마52, 판례집 9-1, 659, 667.
3) 변호사의 자격 없는 사인인 청구인이 한 헌법소원심판청구나 심판수행이 헌법소원심판대상이 되기 위한 요건으로, 헌법재판소는 나중에 선임된 변호사의 추인을 요구하고 있다(헌재 1992. 6. 26. 89헌마132, 판례집 4, 387, 398). 나중에 선임된 변호사 대리인이 심판청구서를 작성하여 제출하는 경우, 이는 원칙적으로 청구인이 제출한 심판청구서를 묵시적으로 추인하고 보완하는 것으로 봄이 상당하다. 따라서 변호사의 자격이 없는 사인인 청구인이 제출한 심판청구서는 나중에 대리인으로 선임된 변호사가 추인함으로써 적법한 헌법소원심판청구의 효력을 가지기 때문에, 대리인의 선임 없이 심판청구서가 먼저 제출되거나 국선대리인신청서와 함께 제출된 경우에는 청구기간의 준수여부는 청구인의 심판청구서가 접수된 날을 기준으로 한다.
4) 일반의 재판절차에서는 불변기간을 도과한 당사자가 책임질 수 없는 사유로 말미암아 불변기간을 지킬 수 없었던 경우에는 게을리 한 소송행위를 보완하는 것을 허용하고 있는데, 이를 '소송행위의 추후보완'이라 한다.

소송을 허용하고 있다($^{\text{제20조 제2}}_{\text{항 단서}}$). 헌법재판소는 위 행정소송법규정을 준용하여, 헌법소원에서도 '정당한 사유'가 있는 경우에는 청구기간을 경과하여 제기된 헌법소원심판청구는 적법하다고 해석하면서, 여기서의 정당한 사유의 범위는 민사소송법 제173조에서 말하는 '당사자가 책임질 수 없는 사유'의 범위보다 넓은 것으로 파악하고 있다. 헌법재판소는 여기서의 '정당한 사유'라 함은 청구기간경과의 원인 등 여러 가지 사정을 종합하여 지연된 심판청구를 허용하는 것이 사회통념상으로 보아 상당한 경우를 뜻한다고 판시하고 있다.[1]

사. 권리보호이익

(1) 의 미

헌법소원제도는 국민의 기본권침해를 구제해 주는 제도이므로, 그 제도의 목적상 권리보호이익이 있는 경우에 비로소 제기할 수 있다. 권리보호이익이란, 소송을 통하여 청구가 인용되는 경우, 당사자의 법적 지위의 향상이 있어야 한다는 것을 의미한다.

그러므로 헌법소원심판을 청구하기 위해서는 심판청구 당시 적법성요건으로서 권리보호이익이 있어야 한다. 청구인은 원칙적으로 자신의 기본권이 현재, 그리고 직접 침해당한 경우라야 헌법소원을 제기할 수 있다. 이러한 의미에서 기본권침해의 법적 관련성은 일반적 권리보호이익이 헌법소원심판절차에서 구체화된 형태라 할 수 있다. 권리보호이익은 헌법소원의 제기 당시뿐만 아니라 헌법재판소가 결정을 선고할 당시에도 존재해야 한다. 그러나 헌법재판소에서의 심리절차가 장시간을 요하기 때문에, 헌법소원의 제기 이후에 심판대상인 법률이 폐지되는 등의 이유로 결정 당시에 권리보호이익이 없는 경우가 발생할 수 있다. 이러한 경우, 청구인이 주장하는 기본권의 침해가 종료되어 청구인은 더 이상 국가의 공권력에 의하여 기본권의 침해를 받고 있지 않기 때문에, 원칙적으로 심판청구가 부적법하여 각하해야 한다.

(2) 헌법소원의 이중적 기능으로 인한 예외

그러나 헌법재판소는 헌법소원제도의 이중적 기능을 근거로 하여 광범위하게 예외를 인정하고 있다. 개인의 주관적 권리구제절차이자 객관적 헌법질서의 보장이라는 헌법소원의 이중적 기능으로 말미암아, 비록 주관적 권리보호이익은 없다 하더라도 헌법소원의 객관적 기능 때문에, 심판의 이익을 인정할 수 있다. 헌법재판소는 수사기관의 변호인접견불허처분에 대하여 취소를 구하는 헌법소원사건($^{\text{헌재 1991. 7.}}_{\text{8. 89헌마181}}$)에서 '당해사건에 대한 본안판단이 헌법질서의 수호·유지를 위하여 긴요한 사항이어서 그 해명이 헌법적으로 중요한 의미를 지니고 있는 경우나, 그러한 침해행위가 앞으로도 반복될 위험이 있는 경우 등에는 예외적으로 심판청구의 이익을 인정하여 이미 종료된 침해행위가 위헌임을 확인할 필요가 있다'고 판시하였고, 그 후 일련의 결정을 통하여 확립된 판례로 자리 잡았다.

헌법재판소는 후속결정에서 한편으로는 '객관적 해명의 헌법적 중요성'의 요건 중에서 '중요성'에 대하여 엄격한 요구를 하지 아니함으로써 사실상 모든 헌법적 문제의 해명을 위하여 본안판단을 할 수 있는 가능성을 열어 놓았고, 다른 한편으로는 '침해행위의 반복위험'을 청구인에 대하여 동일한 침해행위가 반복될 '구체적' 위험이 아니라 국민 일반에 대하여 동종행위가 반복될 '추상적' 위험으로 이해함으로써, 전반적으로 매우 관대하게 객관적 심판의 이익을 인정하고 있다.[2]

---

1) 헌재 1993. 7. 29. 89헌마31(국제그룹해체), 판례집 5-2, 87, 111; 헌재 2001. 12. 20. 2001헌마39, 공보 64, 79, 81.

(3) 권리보호이익에 관한 구체적 사례

침해행위가 이미 종료하여 이를 취소할 여지가 없기 때문에 헌법소원이 주관적 권리구제에 별 도움이 안 되는 경우라도 심판청구의 이익을 인정하여 이미 종료한 침해행위가 위헌이었음을 선언하고 있다.[1] 예컨대, 심판청구 당시에 이미 종료된 수형자의 서신검열행위를 다투는 경우,[2] 청구인이 출소하였으나 수용자로 있을 당시 수용자가 구독하는 신문기사의 일부삭제행위를 다투는 경우[3] 심판의 이익이 있다고 하였다.

Ⅲ. 헌법재판소법 제68조 제2항에 의한 헌법소원심판[4]

1. 法的 性格

가. 헌법소원의 심판대상으로서 법률의 위헌여부

법 제68조 제2항은 "제41조 제1항에 따른 법률의 위헌 여부 심판의 제청신청이 기각된 때에는 그 신청을 한 당사자는 헌법재판소에 헌법소원심판을 청구할 수 있다. 이 경우 그 당사자는 당해 사건의 소송절차에서 동일한 사유를 이유로 다시 위헌 여부 심판의 제청을 신청할 수 없다."고 규정하고 있다. 당해 재판에 적용되는 법률에 대하여 위헌의 의심이 있는 경우, 법원은 직권 또는 당사자의 신청에 의한 결정으로 헌법재판소에 위헌여부의 심판을 제청한다(법 제41조). 그런데 당사자의 위헌제청신청이 법원에 의하여 기각된 경우, 법 제68조 제2항은 당사자가 직접 헌법소원을 제기할 수 있는 가능성을 부여하고 있다.

법 제68조 제2항은 당해 사건 당사자의 제청신청이 법원에 의하여 기각된 때에 헌법소원심판을 청구할 수 있다고 규정할 뿐, 무엇에 대하여 심판청구를 할 수 있는지 '헌법소원의 대상'을 명시적으로 규정하고 있지 않다. 따라서 법 제68조 제2항의 헌법소원의 대상이 '법원의 기각결정'인지 아니면 '법률조항'인지, 즉 심판대상이 '법원의 기각결정의 위헌여부'인지 아니면 '당해 사건에 적용되는 법률조항의 위헌여부'인지의 문제가 우선적으로 규명되어야 한다.

헌법소원의 대상을 '법원의 기각결정'으로 이해하는 경우, 여기서 '법원의 기각결정'이란 당해 사건에 적용되는 법률조항에 대한 법원의 합헌 판단을 의미한다. 따라서 '기각결정의 위헌여부에 관한 헌법재판소의 판단'이란 법률조항의 위헌여부에 관한 법원의 헌법적 판단이 헌법에 부합하는지의 판

---

2) 한편, 헌법재판소는 헌재 1991. 7. 8. 89헌마181 결정에서는 "피청구인 측이 앞으로도 청구인들의 접견교통권을 침해할 반복의 위험성이 있는가를 본다면 반복의 위험성이란 어디까지나 추상적이거나 이론적 가능성이 아니라 구체적인 것이어야 할 것인 바, 청구인들의 경우에 피청구인 측에 의하여 청구인들의 접견교통권이라는 기본권이 반복적으로 침해될 위험성이 존재하고 또한 그 위험성이 다른 국민보다 더 크다 할 구체적 사정이 있다는 점에 관하여는 청구인 측의 입증이 없다."고 판시하여(판례집 3, 356, 367), 초기의 판례에서는 '반복의 위험'을 '청구인에 대한 침해행위의 구체적인 반복의 위험'으로 이해하고 있음을 확인할 수 있다.

1) 가령, 헌재 1992. 1. 28. 91헌마111(변호인접견방해), 판례집 4, 51; 헌재 1997. 11. 27. 94헌마60(수사기록열람), 판례집 9-2, 675.

2) 헌재 1998. 8. 27. 96헌마398, 판례집 10-2, 416, 425-426.

3) 헌재 1998. 10. 29. 98헌마4, 판례집 10-2, 637, 644.

4) 한수웅, 헌법재판소법 제68조 제2항의 헌법소원심판의 법적 성격 및 법원의 '제청신청 기각결정'의 의미, 법학논문집 제42집 제3호, 2018. 12. 73면 이하; 한수웅, 헌법재판소법 제68조 제2항에 의한 헌법소원심판에서 한정위헌결정의 문제점 - 한정위헌청구의 문제를 계기로 하여-, 홍익대학교 법학연구소, 홍익법학 2007년 제1호, 2007. 8. 137면 이하 참조.

단을 의미하고, 이는 곧 '당해 사건에 적용되는 법률조항의 위헌여부에 관한 헌법재판소의 판단'을 의미한다. 헌법소원의 대상을 형식적으로 '법원의 기각결정'으로 삼는다 하더라도 실질적으로 심판의 대상은 당해 사건에 적용되는 법률의 위헌여부로 귀결될 수밖에 없다는 점에서 양자를 구분하는 것이 사실상 불가능할 뿐만 아니라, 동일한 문제를 2단계로 나누어 일차적으로 기각결정의 위헌여부를 심사하고 이어서 법률의 위헌여부를 심사할 것을 요청하는 관점을 인식할 수 없다.

나아가, 당사자의 제청신청에 대한 법원의 기각결정도 '법원의 재판'에 해당한다는 점에서, 법원의 기각결정을 위 헌법소원의 대상으로 이해하는 것은 법원의 재판을 헌법소원의 대상에서 제외하고 있는 법 제68조 제1항과도 모순되는 측면이 있다. 뿐만 아니라, 헌법재판소법은 헌법소원심판청구서의 기재사항에 관하여 또는 헌법소원을 인용하는 경우에 대하여 위헌법률심판절차에 관한 조항을 준용하도록 규정함으로써 간접적으로 심판의 대상이 법률의 위헌여부라는 것을 표현하고 있다 (제71조 제2항, 제75조 제6항 등). 따라서 위에서 언급한 다양한 관점을 종합하여 보건대, 법 제68조 제2항의 헌법소원심판의 대상은 '법원의 기각결정'이 아니라 '법률'이라고 이해하는 것이 타당하다.

나. 구체적 규범통제와 헌법소원의 복합적 성격

법 제68조 제2항의 헌법소원제도는 위헌법률심판에 이르는 과정에서 파생된 절차로서, 비록 법원의 위헌제청이 아니라 당사자의 심판청구에 의하여 절차가 개시되기는 하지만 구체적 소송사건을 계기로 하여 법률의 위헌여부에 관한 심사가 이루어진다는 점에서, 구체적 규범통제절차의 성격을 가지고 있다. 법 제68조 제2항의 헌법소원심판은 위헌법률심판과 마찬가지로 '당해 사건의 해결을 위한 중간절차'로서 당해 사건에 적용되는 법률의 위헌여부를 재판의 전제로서 판단한다. 이러한 점에서 그 모체인 위헌법률심판과 근본적으로 법적 성격을 같이 한다.

다른 한편으로는, 당해 사건 당사자의 심판청구에 의하여 절차가 개시되며 당사자가 심판청구를 하는 궁극적인 목적은 법률의 위헌여부에 관한 헌법재판소의 판단을 통하여 자신의 권리를 구제받고자 하는 것이라는 점, 법 제68조 제2항의 헌법소원심판은 직접적으로는 당해 재판에 적용된 법률을 대상으로 법률의 위헌여부를 다투는 것이지만, 궁극적으로는 당사자가 위헌적인 법률을 적용하여 자신의 기본권을 침해한 재판의 교정 또는 취소를 구하고 있다는 점에서 그 실질적 기능에 있어서 재판에 대한 헌법소원에 해당한다. 따라서 위 헌법소원제도는 위헌법률심판과 주관적 권리구제절차로서의 헌법소원심판의 성격을 함께 가지고 있는 '복합적 성격의 심판절차'이다.

다. 헌법재판소 입장의 변화

(1) 헌법재판소는 초기의 결정에서는, 법 제68조 제2항에 의한 헌법소원제도가 헌법소원심판의 절(제4장 제5절)에 포함되어 있다는 점과 개인이 직접 심판을 청구할 수 있다는 점에 주목하여 그 성질을 헌법소원심판의 한 유형으로 이해하는 입장을 취하였다. 이에 따라 헌법재판소는 법 제68조 제2항에 의한 심판청구에 대하여 같은 조 제1항에 의한 심판청구와 마찬가지로 '헌마'라는 사건번호를 부여하였고, 일부 결정에서 그 심판청구의 적법여부를 판단하면서 기본권침해의 자기관련성, 현재성 등 소의 이익의 존재여부를 그 판단기준으로 제시하기도 하였다.[1]

(2) 그러나 헌법재판소는 1990년부터 입장을 변경하여 법 제68조 제2항에 의한 심판청구에 대하

---

1) 헌재 1989. 9. 29. 89헌마53; 1989. 12. 18. 89헌마32 등.

여 같은 조 제1항에 의한 심판청구와는 별도로 '헌바'라는 별개의 사건번호를 부여하였고, 심판청구의 적법여부는 청구인의 소의 이익유무에 따라 판단하는 것이 아니라, 심판대상이 된 법률이 당해소송에서 재판의 전제성을 가지는지 여부에 의하여 판단하였다.[1] 헌법재판소가 법 제68조 제2항에 의한 헌법소원심판을 위헌법률심판의 한 유형으로 인식하여야 한다는 입장을 취함으로써, 위 헌법소원심판의 법적 성격을 둘러싼 그 동안의 논란은 일단락되었다. 이로써 법 제68조 제2항의 헌법소원심판은 법원의 위헌제청에 의하여 개시되는 위헌법률심판과 함께 구체적 규범통제의 한 유형으로서 법률의 위헌여부를 심사하는 제도로 확립되었다.

라. 법관이 위헌제청을 하지 않는 경우에 대한 대안으로서 규범통제형 헌법소원

법률에 대한 일차적인 위헌심사권을 가지는 법원이 위헌의 의심이 있는 법률에 대하여 위헌제청을 하지 않는 경우 어떠한 헌법적 문제가 제기되는지, 이러한 헌법적 상황을 그대로 용인할 수 있는지 아니면 이러한 헌법적 상황은 용인될 수 없기 때문에 법원이 위헌제청을 하지 않는 경우에 대한 법적 구제절차가 별도로 마련되어야 하는지의 문제가 제기된다.

헌법 제107조 제1항은 구체적 규범통제절차에서 법률의 위헌여부에 관한 최종적인 결정권을 헌법재판소에 부여함으로써, 헌법재판소는 당해 사건에 적용되는 법률의 위헌심사에 관한 한, 헌법 제27조의 '헌법과 법률이 정한 법관'에 해당한다. 법원이 위헌제청을 하지 않는 경우에 대하여 아무런 절차를 마련하지 않는다면, 이러한 헌법적 상황은 법원에게 단순히 위헌제청여부를 결정하는 형태로 법률의 위헌여부에 관한 일차적인 위헌심사권을 부여하는 것을 넘어서, 법률의 위헌여부에 관하여 최종적으로 결정할 권한을 부여하는 결과를 초래한다. 당해 사건에 적용되는 법률을 위헌으로 간주하는 당사자로서는 '헌법과 법률이 정한 법관'인 헌법재판소에 의하여 법률의 위헌여부에 관하여 판단을 받을 기회를 박탈당하는 것이고, 이로써 당해사건 당사자의 '헌법과 법률이 정한' 법관에 의하여 재판을 받을 권리가 침해된다.

따라서 헌법은 제107조 제1항 및 제27조에서 법원이 위헌의 의심이 있는 법률에 대하여 위헌제청을 하지 아니한 채 그 법률을 그대로 적용하는 경우에 대하여 '법원의 이러한 결정을 다툴 수 있는 가능성을 입법적 차원에서 마련할 것'을 요청하고 있다.[2] 이러한 관점에서 본다면, 법 제68조 제2항에 의한 헌법소원제도는 위헌법률심판에서 헌법재판소에게 최종적인 위헌결정권을 부여하는 헌법 제107조 제1항 및 '헌법과 법률이 정한 법관'에 의하여 재판을 받을 권리를 보장하고 있는 헌법 제27조로부터 파생되고 요청되는 심판절차라 할 수 있다.

2. 헌법소원으로서의 기능

가. 재판소원을 배제하는 현행 헌법소원제도 내에서의 기능

헌법재판소법이 당해 소송의 당사자에게 법률의 위헌여부를 헌법재판소에 직접 물을 수 있는 제도를 둔 것은, 한국의 헌법소원제도가 법 제68조 제1항에서 재판소원을 배제하고 있는 것과 밀접한

---

[1] 헌재 1990. 6. 25. 89헌마107; 1993. 5. 13. 92헌가10 등.
[2] 법원의 재판에 대한 헌법소원을 허용하는 국가에서는, 소송당사자가 "당해 재판에서 법원이 위헌적인 법률을 적용함으로써 기본권을 침해하였다."는 주장으로 법원의 재판에 대하여 헌법소원을 제기하도록 함으로써 이러한 가능성을 제공하고 있다.

연관관계에 있다.[1]

독일, 스페인 등 법원의 재판에 대한 헌법소원제도(재판소원)를 두고 있는 국가에서는 법원이 당해 재판에 적용되는 법률에 대한 일차적인 위헌심사권을 제대로 행사하였는지의 심사를 '재판에 대한 헌법소원'을 통하여 하고 있다. 재판소원을 인정하는 헌법재판제도에서는 당해 재판에 적용되는 법률에 대하여 위헌의 의심이 있음에도 법관이 스스로 위헌제청을 하지 않는다면, 소송당사자는 원칙적으로 법원의 모든 심급을 경유한 후에 위헌의 의심이 있는 법률을 적용한 최종심급의 재판에 대하여 헌법소원을 제기하게 된다. 이러한 재판소원에서 헌법소원의 대상은 외형상으로는 위헌적인 법률을 적용함으로써 개인의 기본권을 침해한 '법원의 재판'이지만, 실질적으로는 '당해 재판에 적용된 법률'이므로, 이러한 유형의 재판소원은 재판에 대한 헌법소원의 형식으로 법률의 위헌여부를 심사하는 '간접적 법률소원'에 해당한다.

한편, 우리 헌법재판제도에서는 법 제68조 제1항에서 법원의 재판에 대한 헌법소원을 배제하고 있으므로, 소송당사자가 법원의 심급을 모두 경유한 후에 재판소원의 형태로써 당해 재판에 적용된 법률의 위헌여부를 물을 수 있는 길이 막혀 있다. 따라서 법원이 위헌제청을 하지 않고 위헌적인 법률을 그대로 적용하여 재판을 한다는 의심이 있는 경우, 헌법재판소법은 제68조 제2항의 헌법소원제도를 도입함으로써 소송당사자가 법원의 심급을 거칠 필요 없이 직접 헌법재판소로 하여금 법률의 위헌여부를 심사하게 할 수 있는 길을 열어 놓고 있는 것이다. 이러한 관점에서 볼 때, 법 제68조 제2항의 헌법소원심판은 재판소원을 배제하는 우리 헌법재판제도에서 법원이 재판에서 위헌적인 법률을 적용하는 경우, 다시 말하자면, 법원의 재판이 위헌적인 법률에 기인하는 경우에도 법률의 위헌심사를 가능하게 하는 기능을 하고 있고, 이러한 방법으로 현행 헌법재판제도가 재판에 대한 헌법소원을 배제함으로써 발생하는 규범통제의 결함을 보완하고 있다.

나. 재판소원의 기능

(1) 독일의 헌법소원제도에서 헌법소원의 유형

법 제68조 제2항의 헌법소원심판이 '원래 의미의 헌법소원심판'인 법 제68조 제1항의 헌법소원심판 내에서 어떠한 기능을 하는지를 확인하기 위해서는, 우선 입법·행정·사법의 모든 공권력행위에 대한 위헌심사를 포괄하는 독일의 헌법소원제도를 살펴볼 필요가 있다. 헌법소원의 대상이 되는 공권력행위의 성격에 따라, 독일의 헌법소원은 크게 3가지 유형으로 나뉜다.

첫째, 법규범이 기본권을 직접 침해하는 경우, 즉 기본권침해의 직접성이 인정되는 경우에 한하여 직접 법률, 법규명령, 조례 등 법규범에 대하여 제기하는 법규소원이다. 대부분의 경우, 법규범에 의하여 직접 기본권이 침해되는 것이 아니라 개별사건에서 법규범을 구체적으로 적용하는 집행행위에 의하여 비로소 기본권이 침해되므로, 법규범을 직접 소원의 대상으로 삼는 것은 예외에 속한다.

둘째, 법원이 법규범을 적용하는 과정에서 기본권을 침해하는 경우 법원의 재판에 대하여 제기되는 재판소원이다. 일반적으로 재판소원을 다시 2개의 유형으로 구분한다면, 첫째, 법원의 재판이 위헌적인 법률에 기인할 때, 재판소원의 형태로 당해 재판에 적용된 법률의 위헌여부를 묻는 재판소원(소위 '간접적 법률소원')과 둘째, 구체적 소송사건에서 법원이 재판에 적용되는 법률에 미치는 기본권

---

1) 같은 취지로 헌재 2003. 2. 11. 2001헌마386, 판례집 15-1, 443, 456-457.

의 영향을 완전히 간과하든지 또는 근본적으로 오인하여 법률을 잘못 해석·적용함으로써 기본권을 침해한다는 주장으로 또는 재판의 구체적인 절차적 형성을 통하여 절차적 기본권인 재판청구권을 침해한다는 주장으로 제기되는 재판소원으로 나누어 볼 수 있다.

셋째, 처분 등 행정청의 결정에 대하여 제기되는 헌법소원이다. 그러나 행정청의 결정에 대해서는 '보충성의 원칙'으로 인하여 법원의 구제절차를 경유해야 하므로, 행정청의 결정에 대하여 직접 제기되는 헌법소원은 거의 아무런 비중을 차지하지 못한다. 청구인은 행정청의 결정에 대하여 우선 법원의 구제절차를 통하여 권리침해의 구제를 얻고자 시도해야 하고, 법원의 절차에 의하여 권리구제를 받지 못한 경우에 비로소 법원의 판결과 함께 행정청의 결정에 대하여 헌법소원을 제기해야 한다. 따라서 행정청의 결정은 원칙적으로 단지 법원의 재판에 대한 헌법소원의 형태로 간접적으로 헌법소원의 대상이 될 수 있을 뿐이다.

(2) '간접적 법률소원'을 수용하는 기능

법 제68조 제2항의 헌법소원제도가 도입된 이유는 재판소원을 배제하는 우리 헌법소원제도의 특수성에 있으며, 이와 같은 헌법소원제도는 '기능상으로는' 재판소원의 일부분을 대체하고 있다. 헌법재판소법은 제68조 제2항의 헌법소원심판을 통하여 위 독일 헌법소원제도에서 언급한 두 가지 유형의 재판소원 중에서 하나의 유형인 '간접적 법률소원'의 기능을 이행하도록 함으로써, '법원의 재판이 위헌적인 법률에 기인하는지'에 관한 심사를 헌법재판소의 관할로 규정하고 있다.

법 제75조 제7항에서 법원의 확정된 판결에 대하여 재심을 허용한 것도 법 제68조 제2항의 헌법소원제도가 '재판소원의 기능'을 하고 있다는 것을 뚜렷하게 드러내고 있다.[1] 법 제75조 제7항에서 재판에 적용된 법률의 위헌성이 확인된 경우 당해사건의 당사자가 재심을 청구할 수 있도록 함으로써 비록 헌법재판소가 법원의 재판을 직접 취소하지는 못하지만 법원이 스스로 재판을 취소하도록 한 것은, 사실상 헌법재판소의 결정에 의한 '재판의 간접적인 취소'에 해당하는 것이다. 법 제68조 제2항의 헌법소원은 직접적으로는 당해 재판에 적용된 법률을 대상으로 법률의 위헌여부를 다투는 것이지만, 궁극적으로는 당사자가 위헌적인 법률을 적용하여 자신의 기본권을 침해한 재판의 취소를 구하고 있다는 점에서 그 기능에 있어서 '재판소원'이라고 할 수 있다. 법 제68조 제2항의 헌법소원심판은 재판소원이 배제된 현행 헌법재판제도에서 입법자에 대한 빈틈없는 규범통제를 가능하게 하는 중요한 기능을 수행하여 왔다.

다. 행정청도 헌법소원심판을 청구할 수 있는지 여부

행정청이 구체적인 행정소송사건의 당사자가 된 경우 당해 사건에 적용되는 법률에 대하여 위헌의 의심을 가진다면, 당해 법원에 위헌여부에 대한 심판의 제청을 신청할 수 있고, 법원이 제청신청을 기각하는 경우에는 법 제68조 제2항의 헌법소원을 제기할 수 있는지의 문제가 제기된다. 헌법재판소는 "행정처분의 주체인 행정청도 헌법의 최고규범력에 따른 구체적 규범통제를 위하여 근거법률의 위헌 여부에 대한 심판의 제청을 신청할 수 있고, 법 제68조 제2항의 헌법소원을 제기할 수 있

---

1) 법관이 위헌제청을 하는 경우와는 달리, 규범통제형 헌법소원의 경우 당해 소송사건의 재판이 헌법소원의 제기에 의하여 정지되지 않는다. 따라서 헌법재판소의 결정 이전에 당해 소송사건이 확정되어 종료되는 경우가 발생할 수 있다. 그러나 당해 소송사건에서 청구인 패소판결이 확정된 때라도 헌법소원이 인용된 경우에는 당사자는 법 제75조 제7항에 의하여 재심을 청구할 수 있다.

다."라고 판시하고 있다.[1] 그러나 법 제68조 제2항의 헌법소원심판의 법적 성격을 고려한다면, 국가 기관인 행정청도 헌법소원을 제기할 수 있다는 견해에 대하여 다음과 같은 의문이 제기된다.

(1) 위 헌법소원심판은 위헌법률심판에 이르는 과정에서 파생된 절차로서, 위헌법률심판의 범주 내에서 위헌법률심판과의 연관관계에서 파악되어야 한다. 헌법 제107조 제1항은 구체적 규범통제절 차에서 위헌제청권을 법원에게만 인정하고 있다. 그런데 법 제68조 제2항의 헌법소원심판에서 당해 사건 당사자의 범위를 행정청으로 확대하는 것은, 원래 법원에게만 인정되는 위헌제청권이 법 제68 조 제2항의 헌법소원심판을 통하여 행정청에게도 확대되는 결과를 초래한다. 행정청이 당해사건의 당사자로서 제청신청이 기각된 경우에 헌법소원심판을 청구할 수 있다면, 비록 형식적으로는 '헌법 소원심판의 청구'라는 형식을 띠게 되지만, 이러한 형식으로 법률이 헌법에 위반되는지 여부가 재판 의 전제가 된 경우 그 위헌여부의 판단을 헌법재판소에 물을 수 있다는 점에서 실질적으로는 '위헌 제청'에 해당한다. 이러한 점에서 헌법재판소가 헌법재판소법의 이러한 해석을 통하여 위헌제청권을 실질적으로 행정청에게도 확대하는 것은, 구체적 규범통제절차에서 위헌제청권을 법관에게 유보하고 있는 헌법 제107조 제1항의 규범내용에 반한다.

(2) 나아가, 헌법소원심판을 청구할 수 있는 주체의 범위를 국가기관인 행정청으로 확대하는 것은 법 제68조 제2항의 헌법소원심판이 구체적 규범통제의 성격뿐만 아니라 주관적 권리구제절차의 성 격도 함께 가지는 복합적 심판절차라는 것을 간과하고 있다. 법 제68조 제2항의 헌법소원심판은 재 판소원의 기능을 일부 수행하고 있다는 점에서 볼 때 개인의 '주관적 권리구제절차'로서의 성격도 가 지고 있다. 개인의 주관적 권리구제절차로서의 헌법소원심판의 본질은 그 역사적 발생에 있어서나 현재 범세계적인 헌법재판의 실무에 비추어 보나 '개인의 심판청구'에 의한 주관적 권리구제절차라 는 것에 있다. 기본권주체인 개인이 아니라 기본권의 구속을 받는 국가기관이 제기하는 절차는 헌법 소원에 해당하지 않는다.

3. 적법요건

법 제68조 제2항에 의한 심판청구가 적법하기 위해서는, 법원의 위헌제청신청 기각결정이 있어야 하고, 재판의 전제성요건이 충족되어야 하며, 청구기간을 준수해야 한다. 나아가, 청구인이 사인인 경우, 변호사를 대리인으로 선임해야 한다.

가. 법원의 위헌제청신청 기각결정

(1) 보충적 규범통제절차로서 규범통제형 헌법소원

법 제68조 제2항 제1문은 "법 제41조 제1항에 따른 법률의 위헌 여부 심판의 제청신청이 기각된 때에는 …"이라고 규정함으로써 '법원의 제청신청 기각결정'을 헌법소원심판의 적법요건으로 명시적 으로 요구하고 있다. 여기서 심판청구가 적법하기 위하여 법원의 기각결정을 요구하는 이유가 무엇 인지, '기각결정'이 각하결정도 포함하는지의 문제가 제기된다.[2]

---

1) 헌재 2008. 4. 24. 2004헌바44, 판례집 20-1상, 453.
2) 법원이 당해사건에 적용되는 법률을 합헌적으로 판단하는 경우에는 당사자의 제청신청을 기각하는 결정을 한다. 이 에 대하여 각하결정은 형식적 요건에 대한 판단이므로, 가령 법률이 당해사건에 적용되는 것이 아니기 때문에 재판 의 전제성이 없다고 판단하는 경우 또는 법률이 아닌 행정입법이나 법원의 재판에 대하여 제청신청을 하는 경우, 법원은 당사자의 제청신청을 각하하는 결정을 한다.

법원이 당사자의 제청신청에 대하여 '기각결정'을 한 경우에 한하여 심판청구를 허용하는 것은, 당해사건의 당사자가 법률의 위헌여부에 관하여 법원의 실체적 판단을 받은 후에 비로소 헌법재판소에 심판청구를 해야 한다는 사고에서 비롯된 것이며, 법원이 실체적 판단을 하는 경우에는 법원이 스스로 위헌제청을 할 가능성을 배제할 수 없기 때문이다. 기각결정이 아직 내려지지 않았다면 설사 제청 여부의 결정이 지연되고 있다 하더라도 바로 헌법소원을 청구할 수 없다.[1] 헌법재판소법은 법원의 '기각결정'을 적법요건으로 규정함으로써, 법 제68조 제2항의 헌법소원은 법원이 위헌제청을 하지 않는 경우에 비로소 허용되는 규범통제절차, 즉 법 제41조의 위헌법률심판에 대한 '보충적 심판절차'라는 것을 표현하고 있다.

당해사건에 적용하는 법률의 위헌여부에 관한 법원의 판단, 즉 적용법률을 합헌으로 간주하는 법원의 판단에 대하여 당사자가 불복하는 것에 바로 법 제68조 제2항의 헌법소원의 본질이 있다. 따라서 당사자의 제청신청에 대한 법원의 기각결정, 즉 법률의 위헌여부에 관한 법원의 판단은 법 제68조 제2항의 헌법소원을 제기하기 위한 본질적 전제조건이다.

(2) 당해법원이 당사자의 제청신청에 대하여 기각결정이 아니라 각하결정을 한 경우

법 제68조 제2항의 헌법소원심판은 법률의 위헌여부심판의 제청신청을 하여 그 신청이 기각된 때에만 청구할 수 있는 것이므로, 청구인이 당해법원에 위헌여부심판의 제청신청을 하지 않았고 이에 따라 법원이 '기각결정'을 하지 않았다면, 심판청구는 그 요건을 갖추지 못하여 부적법하다.[2]

법원이 당해사건 당사자의 위헌제청신청에 대하여 위헌제청신청의 적법요건을 충족하지 못하였다는 이유로 '각하결정'을 한 경우에는 법률의 위헌여부에 관하여 실체적 판단을 하지 아니하였으므로, 심판청구는 원칙적으로 부적법하다. 다만, 법원이 실질적으로 법률의 위헌여부에 관한 판단을 하였으므로 제청신청을 기각해야 함에도 각하결정을 내린 경우에는 법원의 잘못된 각하결정에 의하여 법률의 위헌여부에 관한 헌법재판소의 심사여부가 결정되어서는 안 되므로, 심판청구는 적법하다.[3]

나아가, 법원이 재판의 전제성이 없다거나 위헌제청의 대상이 되지 않는다고 하여 각하결정을 하였으나 헌법재판소에 의한 직권 조사의 결과 대상적격과 재판의 전제성을 인정할 수 있는 경우에는,[4] 법원이 제청신청의 적법여부를 제대로 판단하였다면 법률의 위헌여부에 관하여 실체적 판단을 하였으리라는 점에서, 실질적으로는 기각결정이나 위헌제청을 해야 함에도 각하결정을 한 경우에 해당한다. 이러한 경우, 제청신청의 적법요건에 관한 법원의 잘못된 판단에 의하여 당사자가 법률의 위헌여부에 관하여 헌법재판소의 판단을 받을 수 있는지 여부가 결정되어서는 안 되므로, 법원의 각하결정에도 불구하고 예외적으로 심판청구는 적법하다.

(3) 청구인이 법원의 기각결정의 대상이 아닌 법률조항에 대하여 심판청구를 한 경우

설사 청구인이 제청신청을 하였고 이에 따라 법원이 기각결정을 하였다 하더라도, 제청신청과 기각결정의 대상이 되지 않은 법률조항에 대한 심판청구는 그 요건을 갖추지 못한 것으로 부적법하

---

1) 법원이 제청신청에 대하여 신속히 결정을 하지 않는다면서 헌법소원을 제기한 사건으로 헌재 1999. 4. 29. 98헌바 29, 판례집 11-1, 474.

2) 헌재 2000. 7. 20. 98헌바74, 판례집 12-2, 68, 76.

3) 헌재 1989. 12. 18. 89헌마32 등, 판례집 1, 343, 346.

4) 재판의 전제성 등에 관한 법원의 법적 견해가 명백히 유지될 수 없는 경우에는 헌법재판소가 직권으로 조사하여 재판의 전제성 등을 인정할 수 있다.

다.[1] 위와 같은 경우에도 마찬가지로, 법원이 법률의 위헌여부에 관하여 실체적으로 판단할 기회를 가지지 못하기 때문에, 심판청구 이전에 법원의 실체적 판단을 거칠 것을 요구하는 '기각결정'의 요건을 충족시키지 못한다.

그러나 당사자가 제청신청의 대상으로 삼지 않았고 또한 법원이 기각결정의 대상으로도 삼지 않았음이 명백한 법률조항이라 하더라도, 예외적으로 위헌제청신청을 기각한 법원이 당해 조항을 실질적으로 판단하였거나 당해 조항이 명시적으로 위헌제청신청을 한 조항과 필연적 연관관계를 맺고 있어서 법원이 위 조항을 묵시적으로 위헌제청신청으로 판단한 것으로 볼 수 있는 경우에는, 이러한 법률조항에 대한 심판청구도 적법하다.[2]

(4) 헌법재판소결정의 문제점

한편, 헌법재판소는 일부 결정에서 '법 제68조 제2항에 의한 헌법소원의 심판청구는 당사자의 제청신청이 각하 또는 기각된 경우에 할 수 있다'고 판시함으로써 마치 각하결정과 기각결정을 구분하지 않고 같이 취급한다는 오해를 불러일으키고 있다.[3] 그러나 헌법재판소의 결정례를 종합적으로 고려할 때, 위 판시내용은 '법원이 제청신청에 대하여 기각결정을 한 경우뿐만 아니라 기각결정을 해야 함에도 각하결정을 한 경우에도 심판청구가 적법하다.'는 것을 의미하는 것이지, 심판청구의 적법요건이 '기각결정'이 아니라 '기각결정 및 각하결정'임을 의미하는 것은 아니다. 만일 당사자의 제청신청을 거부하는 법원의 재판형식이 '기각'인지 아니면 '각하'인지는 중요하지 않으며 '기각결정'에는 '각하결정'도 포함된다고 한다면, 이러한 견해는 법 제68조 제2항에서 왜 심판청구의 적법요건으로서 '기각결정'을 명시적으로 요구하고 있는지에 관하여 설명할 수 없으며, 나아가 법 제68조 제2항에서 '기각결정'의 요건을 통하여 밝히고 있는 '보충적 규범통제절차'의 본질을 제거하는 것이다.

헌법재판소의 위 판시내용은 규범통제형 헌법소원의 본질적 요소인 '기각결정'의 의미를 왜곡할 우려가 있으므로, '법 제68조 제2항에 의한 심판청구는 원칙적으로 당사자의 제청신청이 기각된 경우에 할 수 있으나, 법원이 기각결정을 해야 함에도 각하결정을 한 경우에는 예외적으로 기각결정을 한 것으로 간주할 수 있다'고 명확하게 밝히는 것이 바람직하다. 여기서 '기각결정을 해야 함에도 각하결정을 한 경우'란 법원이 법률의 위헌여부에 관하여 실체적 판단을 하였음에도 각하결정을 한 경우는 물론이고, 나아가 법원이 제청신청의 적법요건에 관한 판단을 잘못함으로써 법률의 위헌여부에 관한 실체적 판단에 나아가지 않고 각하결정을 한 경우도 포함한다.

(5) 법 제68조 제2항 제2문의 "당해사건의 소송절차"의 의미

법 제68조 제2항 제2문은 "이 경우 그 당사자는 당해사건의 소송절차에서 동일한 사유를 이유로 다시 위헌여부심판의 제청을 신청할 수 없다."고 규정하고 있다. 여기서 당사자가 제청신청을 매 심급마다 할 수 있는지의 문제가 제기된다. 여기서 "이 경우"와 관련하여, 헌법소원심판을 청구한 경우와 청구하지 않은 경우로 나누어 볼 수 있다.

1) 헌재 1994. 4. 28. 89헌마221, 판례집 6-1, 239, "… 법원의 위헌제청신청 기각결정의 대상이 되지 아니한 규정들에 대한 심판청구는 법 제68조 제2항에 따른 헌법소원심판의 대상이 될 수 없는 사항에 대한 것으로서 부적법하다."
2) 헌재 1998. 3. 26. 93헌바12, 판례집 10-1, 226, 231-232; 헌재 2001. 2. 22. 99헌바93, 판례집 13-1, 274, 280-281.
3) 헌재 1994. 4. 28. 89헌마221, 판례집 6-1, 239, "법 제68조 제2항에 의한 헌법소원은 법 제41조 제1항의 규정에 의한 위헌여부심판의 제청신청을 법원이 각하 또는 기각한 경우에만 당사자가 직접 당재판소에 헌법소원의 형태로 심판청구를 할 수 있는 것이므로, …"

(가) 기각결정을 받고 헌법소원심판을 청구한 경우, 헌법소원심판을 청구한 자는 '같은 심급'에서 뿐만 아니라 '다른 심급'에서도 다시 제청신청을 할 수 없다. 왜냐하면 제청신청을 해야 할 실익이 없기 때문이다.[1]

(나) 기각결정을 받고 헌법소원심판을 청구하지 않은 경우, 헌법소원심판을 청구하지 않은 자는 같은 심급에서 제청신청을 할 수 없다. 법 제68조 제2항 제2문에 위반된다.[2]

문제는 헌법소원심판을 청구하지 않은 경우 다른 심급에서 제청신청을 할 수 있는지의 여부이다. 학설은 허용해야 한다는 견해와 허용하지 않는 견해로 나뉘어 있다. 헌법재판소와 대법원은 "당해사건의 소송절차"란 상소심(다른 심급)을 포함하는 것이라고 하여 이를 허용하고 있지 않다.[3]

독일과 같이 재판소원이 허용되어 법 제68조 제2항에 의한 헌법소원제도가 없는 헌법재판제도에서는 당연히 당해사건의 당사자에게는 매 심급마다 별도로 법원에 제청신청을 할 수 있는 가능성이 부여되어야 하지만, 법 제68조 제2항의 헌법소원제도를 두고 있는 우리의 경우에는 당사자에게 매 심급마다 제청신청을 허용해야 할 이유와 필요성을 찾아 볼 수 없다. 뿐만 아니라, 매 심급마다 새롭게 제청신청을 할 수 있다면, 제1심이나 제2심에서 청구기간이 도과한 후에도 다시 항소심이나 상고심에서 다시 제청신청을 하여 기각결정을 받은 후 헌법소원심판을 청구할 수 있으므로, 이 경우 법 제69조 제2항의 청구기간에 관한 규정이 사실상 무의미해지는 결과가 발생한다. 따라서 일단 제청신청을 하여 기각결정을 받은 자는 헌법소원심판을 청구하지 않은 경우에도 다른 심급에서 다시 제청신청을 할 수 없다고 보는 것이 타당하다.

나. 재판의 전제성

(1) 재판의 전제성의 의미

법 제68조 제2항에 의한 헌법소원심판절차의 경우, 그 본질은 위헌법률심판과 다를 바 없기 때문에, 재판의 전제성의 요건을 갖추지 아니하면 구체적 규범통제로서의 적법요건을 상실하여 부적법하다.[4] 여기서 '재판의 전제성'의 의미는 위헌법률심판에서 '재판의 전제성'의 의미와 동일하다. 법원에 계속된 구체적 사건에 적용될 법률이 헌법에 위반되는지의 여부가 재판의 전제가 되어야 한다.

(2) 당해소송사건이 확정되는 경우 재판의 전제성

법 제68조 제2항에 의한 헌법소원심판의 경우에는 구체적 사건이 적어도 위헌제청신청 시에 법원에 계속 중이어야 한다. 위 헌법소원심판의 경우 당해 소송사건의 재판이 헌법소원의 제기에 의하여 정지되지 않으므로 헌법재판소의 결정 이전에 당해 소송사건이 확정되어 종료되는 경우가 발생할 수 있다. 그러나 당해 소송사건에서 청구인 패소판결이 확정된 때라도 헌법소원이 인용된 경우에는

---

1) 헌재 2011. 5. 26. 2009헌바419.
2) "헌법소원심판을 청구한 경우는 물론 헌법소원심판을 청구하지 않은 경우에도 같은 심급에서 다시 동일한 이유로 위헌여부제청신청을 하는 것은 법 제68조 제2항 후문의 규정에 위배되어 부적법하다.", 헌법재판실무요, 제1개정판, 2003, 242면 참조.
3) 헌재 2007. 7. 26. 2006헌바40, 판례집 19-2, 86, ['당해 사건의 소송절차'에 당해 사건의 상소심 소송절차가 포함되는지 여부에 관하여] "헌법재판소법 제68조 제2항은 법률의 위헌여부심판의 제청신청이 기각된 때에는 그 신청을 한 당사자는 헌법재판소에 헌법소원심판을 청구할 수 있으나, 다만 이 경우 그 당사자는 당해 사건의 소송절차에서 동일한 사유를 이유로 다시 위헌여부심판의 제청을 신청할 수 없다고 규정하고 있는바, 이 때 당해 사건의 소송절차란 당해 사건의 상소심 소송절차를 포함한다 할 것이다."
4) 헌재 1997. 11. 27. 96헌바60, 판례집 9-2, 629, 641.

당사자는 재심을 청구할 수 있으므로(제7항^{제75조}), 판결이 확정되었더라도 재판의 전제성이 소멸된다고 볼 수 없다.¹⁾ 반면에, 당해소송에서 청구인 승소판결이 확정된 경우에는 재판의 전제성이 소멸된다.²⁾

다. 청구기간

헌법소원심판은 위헌여부심판의 제청신청을 기각하는 결정을 통지받은 날부터 30일 이내에 청구하여야 한다(제69조 제2항^{제69조}). 청구기간의 기산점은 제청신청을 기각하는 결정을 내린 날이 아니라 기각결정을 송달받은 날이다.

라. 변호사 강제주의

법 제68조 제2항의 헌법소원심판의 경우에도 당해소송의 당사자가 사인인 경우에는 변호사 강제주의가 적용된다. 따라서 변호사를 대리인으로 선임하지 아니하면 심판청구를 하거나 심판수행을 하지 못한다(제3항^{제25조}).

4. 재판소원의 기능으로 인하여 야기되는 문제로서 限定違憲請求

사례 *1* | 헌재 1991. 4. 1. 89헌마160(사죄광고 사건)

> 甲은 여성동아에 게재된 기사가 자기의 명예를 훼손하였다는 이유로 乙(주식회사 동아일보사 및 여성동아의 기자)을 상대로 서울 민사지방법원에 손해배상 및 민법 제764조에 의한 사죄광고를 청구하는 소송을 제기하였다. 민법 제764조는 "타인의 명예를 훼손한 자에 대하여는 법원은 피해자의 청구에 의하여 손해배상에 갈음하거나 손해배상과 함께 명예회복에 적당한 처분을 명할 수 있다."고 규정하고 있는데, 법원은 그 당시까지 민법 제764조에서 말하는 "처분"에 '사죄광고 게재'가 속하는 것으로 해석하여 왔다. 乙은 위 소송사건에서 "민법 제764조가 명예훼손의 경우에 사죄광고를 명할 수 있도록 한 것이라면 이는 헌법에 위반된다."는 주장으로 위헌제청을 신청하였으나, 위 법원이 이를 기각하자 헌법소원심판을 청구하였고, 헌법재판소는 甲의 한정위헌청구를 받아들여 "민법 제764조의 '명예회복에 적당한 처분'에 사죄광고를 포함시키는 것은 헌법에 위반된다."는 한정위헌결정을 선고하였다.³⁾

---

1) 헌재 1998. 7. 16. 96헌바33 등, 판례집 10-2, 116, 142.

2) 헌법재판소는 당해사건인 형사사건에서 무죄의 확정판결을 받은 경우를 비롯하여 심판청구 이후에 당해소송에서 청구인 승소판결이 확정된 경우에는, 헌법소원이 인용되더라도 당해소송에서 승소한 청구인은 재심을 청구할 수 없고, 당해사건에서 청구인에게 유리한 판결이 확정된 마당에 심판대상 조항에 대하여 헌법재판소가 위헌결정을 한다 하더라도 당해사건 재판의 결론이나 주문에 영향을 미치는 것도 아니므로 재판의 전제성을 부인하고 있다(헌재 2000. 7. 20. 99헌바61, 판례집 12-2, 108, 113; 헌재 2009. 5. 28. 2006헌바109, 판례집 21-1하, 545, 554).

3) 위 사건(사건이 접수된 1989년 당시, 현재의 '헌바' 사건에 대하여 '헌마'의 사건번호를 부여했음을 유의할 것)에서 문제되는 것은, 민법 제764조가 다의적인 해석가능성으로 말미암아 위헌적인 해석의 요소를 내포하고 있는지의 문제가 아니라, 법원이 그 자체로서 합헌적인 민법 제764조의 규정을 언론의 자유 등 기본권을 고려하지 아니하고 위헌적으로 해석·적용하였는지 여부이다. 만일 현행 헌법재판제도에서 재판에 대한 헌법소원이 허용된다면, 청구인은 법률조항이 아니라 법원의 재판을 헌법소원의 대상으로 삼았을 것이고, 헌법재판소는 위 법률조항에 대하여 한정위헌결정을 하지 아니하고 '법원이 합헌적인 법률을 위헌적으로 해석·적용하였다'는 이유로 법원의 재판을 취소하였을 것이다. 헌법재판소는 위 결정에서 비록 형식적으로는 법률조항을 심판대상으로 하여 법률의 위헌성을 지적하고 있으나, 여기서 한정위헌청구에 의한 한정위헌결정은 실질적으로는 입법자를 향하는 것이 아니라 법원에 대한 것으로, 법원이 당해재판에 적용되는 '민법규정'의 해석·적용에 있어서 위 규정에 미치는 기본권의 효력을 간과하였거나 근본적으로 오인하였다는 것을 확인하고 있는 것, 즉 법원의 재판에 대한 위헌확인을 의미하는 것이다.

사례 2 헌재 2012. 12. 27. 2011헌바117(수뢰죄 사건)

대학교수인 甲은 제주도 산하(傘下) 위원회 심의위원으로 위촉되어 심의를 하는 과정에서 심의위원의 직무와 관련하여 금품을 수수하였다는 범죄사실로, 항소심에서 형법 제129조 제1항(공무원의 수뢰죄)이 적용되어 징역 2년을 선고받았다. 甲은 항소심 계속 중 "형법 제129조 제1항의 '공무원'에 일반공무원이 아닌 지방자치단체 산하 위원회의 심의위원이 포함된다고 해석하는 한도에서 헌법에 위반된다."는 취지의 위헌법률심판 제청신청을 하였으나, 법원이 이를 기각하자 위 법률조항에 대하여 헌법재판소법 제68조 제2항에 의한 헌법소원심판을 청구하였다.[1]

가. 한정위헌청구의 의미

한정위헌청구란, 법 제68조 제2항에 의한 헌법소원에서 청구인(당해 사건의 당사자)이 법원의 구체적인 법률해석의 위헌여부를 문제 삼아 법률조항에 대한 한정위헌의 판단을 구하는 심판청구를 말한다. 청구인이 한정위헌청구를 하는 상황이란, 청구인이 당해소송의 당사자로서 법원에 소송을 제기하였으나 법원이 지금까지 재판에 적용되는 법률조항을 청구인에게 불리하게 특정한 내용으로 해석·적용하고 있기 때문에 법원에서 구제받을 가능성이 사실상 없는 상황에서 법 제68조 제2항의 헌법소원의 형태로 '법률조항을 법원과 같이 해석하는 한 법률조항은 위헌'이라는 주장을 하는 경우이다. 따라서 종래 한정위헌청구가 문제되는 심판절차는 예외 없이 법원의 구체적 재판을 계기로 하여 규범통제가 이루어지는 법 제68조 제2항의 헌법소원이었다.

법 제68조 제2항의 헌법소원심판이 가지는 재판소원의 기능으로 말미암아, 청구인의 한정위헌청구에 의하여 헌법재판소가 적용법률에 대하여 한정위헌결정을 하는 경우, 이러한 한정위헌결정은 '입법자에 대한 통제'이자 동시에 '법원의 법률해석에 대한 통제'의 성격을 가질 수 있다는 점에서 법원과 헌법재판소의 관할에 관한 충돌이 발생할 위험을 안고 있다.

나. 헌법재판소법 제68조 제1항에서 재판소원금지의 의미[2]

(1) 재판내용이나 재판절차에 대한 헌법소원의 금지

법 제68조 제1항에서 '재판소원'을 배제하면서 제68조 제2항에서 기능상으로 '간접적 법률소원'을 수용하는 현행 헌법재판제도에서 '금지된 재판소원'이란, '간접적 법률소원'을 제외한 '나머지 재판소원', 즉 법원이 재판에 적용되는 법률을 헌법, 특히 기본권에 위배되게 해석함으로써 청구인의 기본권을 침해했다는 주장으로 또는 재판절차의 하자로 인하여 재판청구권 등을 침해했다는 주장으로 제기되는 헌법소원을 말한다.[3] 따라서 법원의 재판, 즉 재판내용이나 재판절차는 헌법소원의 대상이 될 수 없으므로, 법원의 재판내용이나 재판절차의 위헌여부를 다투는 심판청구는 허용되지 않는다.

---

1) 헌재 2012. 12. 27. 2011헌바117(수뢰죄), 판례집 24-2하, 387, 388, "이 사건 법률조항의 '공무원'에 국가공무원법·지방공무원법에 따른 공무원이 아니고 공무원으로 간주되는 사람도 아닌 제주자치도 위촉위원이 포함된다고 해석하는 것은 법률해석의 한계를 넘은 것으로서 죄형법정주의에 위배된다."고 판시하여, 형법 제129조 제1항은 법원과 같이 해석하는 한, 헌법에 위반된다는 한정위헌결정을 내렸다.
2) 이에 관하여 상세하게 위 제3항 Ⅱ. 2. 라. '법원의 재판' 참조.
3) 만일 입법자가 법 제68조 제1항에서 "법원의 재판을 제외하고는"의 법문을 제거함으로써 재판소원을 도입한다면, 새롭게 도입되는 재판소원이란 바로 이러한 성격의 헌법소원이다. 독일 헌법소원제도에서 헌법소원의 유형에 관하여 위 제3항 Ⅲ. 2. 나. (1) 참조.

(2) 현행 헌법재판제도에서 법원의 재판에 대한 헌법재판소의 위헌심사의 금지

여기서 제기되는 문제는, 법 제68조 제1항에서 법원의 재판을 헌법소원의 대상에서 제외한 것이 '현행 헌법재판제도에서 어떠한 의미를 가지는지'의 문제이다. 즉, 법 제68조 제1항의 '재판소원금지'가 단지 법 제68조 제1항의 헌법소원에서만 법원의 재판을 헌법소원의 대상으로 삼는 것, 즉 법원의 재판에 대한 헌법재판소의 헌법적 통제를 금지하고자 한 것인지 아니면 나아가 현행 헌법재판제도에서 법원의 재판에 대한 헌법재판소의 위헌심사를 전반적으로 배제하고자 한 것인지, 이로써 헌법재판소가 재판소원금지조항을 우회하여 '다른 심판절차에서' 법원의 재판에 대하여 통제하는 것도 금지하고자 한 것인지의 문제가 제기된다.

법 제68조 제1항의 '재판소원금지조항'은 헌법재판소와 법원 사이의 재판관할을 배분하는 규정으로서, 현행 헌법재판제도에서 '법원의 재판에 대한 헌법적 통제'는 헌법재판소의 관할이 아니라는 것을 의미하는 것이다. 즉, 법 제68조 제1항은 '재판소원금지'를 통하여, 법 제68조 제1항의 헌법소원에서 법원의 재판내용이나 재판절차에 대한 헌법재판소의 헌법적 통제를 배제하는 것은 물론이고, 나아가 '헌법재판소에 의한 심사가 실질적으로 법원의 재판에 대한 헌법적 통제를 야기하는 경우'에도 이러한 성격의 통제가 어떠한 심판절차에서 이루어지는지와 관계없이 헌법재판소의 관할이 아니라는 것을 밝히고 있는 것이다. 결국, 위 재판소원금지조항은 법원의 재판에 대한 헌법적 통제를 헌법재판소의 관할로부터 제외하여 '법원의 관할'로 규정한 것이다.

(3) 법 제68조 제2항의 헌법소원으로 법원의 재판에 대한 헌법재판소의 통제가 가능한지 여부

법 제68조 제1항의 헌법소원에서 청구인이 법원의 법률해석의 위헌성을 이유로 법원의 재판에 대하여 심판을 청구하는 경우에는 '금지된 재판소원'이기 때문에 부적법하지만, 법 제68조 제2항의 헌법소원에서 청구인이 법원의 법률해석의 위헌성을 이유로 '법원의 재판'이 아니라 '법원이 해석·적용한 법률'에 대하여 심판을 청구하는 경우에는 형식적으로 법률에 대한 헌법소원이기 때문에 적법한 것인지의 문제가 제기된다.

법 제68조 제1항에서 금지하는 '법원의 재판에 대한 헌법적 통제'가 법 제68조 제2항의 헌법소원을 통해서는 가능하다고 주장한다면, 이러한 견해는 재판소원금지조항을 통하여 '법원의 재판에 대한 헌법적 통제'를 헌법재판소의 관할에서 제외하고자 한 입법자의 객관적 의사에 반하여 '재판소원금지조항'을 사실상 공동화시키는 것이고, 나아가 '금지된 재판소원'을 법 제68조 제2항의 헌법소원의 형태로 다시 도입하는 것이다. 따라서 재판소원을 금지하는 법 제68조 제1항의 취지에 비추어, 법 제68조 제2항의 헌법소원심판을 비롯하여 다른 심판절차에서도 법원의 재판에 대한 헌법재판소의 헌법적 통제는 배제된다.

다. 금지된 재판소원의 제기로서 한정위헌청구

법 제68조 제2항에 의한 헌법소원에서 청구인(당해소송의 당사자)이 법원의 구체적인 법률해석의 위헌여부를 다투는 경우, 헌법재판소가 당사자의 한정위헌청구를 판단의 대상으로 삼아 법원의 법률해석의 오류를 확인한다면, 헌법재판소로서는 재판소원이 배제된 상황에서 재판의 위헌성을 제거하기 위해서는 불가피하게 '합헌적 법률해석'의 방법(한정위헌결정)을 사용하지 않을 수 없다. 즉, 헌법재판소는 재판소원의 배제로 말미암아 '법률을 법원과 같이 해석하는 한, 법원의 해석은 헌법에 위반된다.'라는 이유로 법원의 재판을 취소할 수 없기 때문에, 그 대신 '법률을 법원과 같이 해석하는 한,

그 법률은 헌법에 위반된다.'라는 한정위헌결정의 형태로 법률의 위헌성을 확인하게 된다.

그러나 여기서 한정위헌청구에 의한 헌법재판소의 한정위헌결정은 형식적으로는 '법률의 위헌성에 대한 확인'이지만 실질적으로는 '법원의 법률해석의 위헌성에 대한 확인', 즉 법원의 재판에 대한 위헌확인을 의미한다. 이러한 점에서 헌법재판소가 청구인의 한정위헌청구에 의하여 법률조항에 대한 한정위헌결정을 하는 경우, 법 제68조 제2항의 헌법소원제도는 허용되는 '간접적인 법률소원'의 기능을 넘어서 '배제된 재판소원'으로 가는 진입로의 역할을 하게 된다. 여기서 한정위헌청구는 법원의 법률해석의 위헌여부를 다투는 헌법소원심판의 청구로서 바로 법 제68조 제1항이 '금지하는 재판소원의 제기'에 해당하는 것이며, 한정위헌청구에 의한 헌법재판소의 한정위헌결정은 법원의 재판에 대한 위헌확인으로서 법원의 재판에 대한 헌법재판소의 통제에 해당하는 것이다.

당해 사건의 당사자가 법원의 법률해석의 위헌여부를 다투고자 하는 경우에 '법원의 재판'을 헌법소원의 대상으로 삼는다면 이러한 심판청구는 법 제68조 제1항에서 금지하는 재판소원에 해당하여 부적법한 반면, 당사자가 이러한 상황을 회피하기 위하여 '법원의 재판'이 아니라 한정위헌청구의 형태로 법원이 적용한 '법률조항'을 헌법소원의 대상으로 삼는다면 이러한 심판청구는 금지된 재판소원이 아니기 때문에 적법하다는 견해는, 한정위헌청구의 형태로 법원이 적용한 '법률조항'을 다투는 것은 그 실질에 있어서 바로 '금지된 재판소원의 제기'에 해당한다는 것을 간과하고 있다. 심판청구를 어떠한 형식으로 포장하는지와 관계없이, 당해 사건의 당사자가 다투고자 하는 것이 '법원의 법률해석의 위헌여부'라는 점에서 실질적으로 헌법소원의 대상이 '법원의 재판'이라는 것은 달라지지 않는다.

라. 한정위헌청구의 적법성을 인정한 헌법재판소결정의 문제점

(1) 헌법재판소 판례의 변화

종래 헌법재판소는 "일반적으로 법률조항 자체에 대한 다툼과 법률의 해석에 관한 다툼은, 그 구분이 모호한 경우가 많지만, 일응 구분되는 것으로 보아야 한다."는 입장에서 출발하여, "법 제68조 제2항이 '법률의 위헌여부심판의 제청신청이 기각된 때에는'이라고 규정함으로써 심판의 대상을 '법률'에 한정하고 있으므로, 일반적으로 법률조항 자체의 위헌판단을 구하는 것이 아니라 법률조항을 … 하는 것으로 해석하는 한 위헌이라는 판단을 구하는 청구는 법 제68조 제2항 상의 청구로 적절치 아니하다."고 판시하여 한정위헌청구는 원칙적으로 부적법하다고 판단하였다.[1] 다만, 법률조항 자체의 불명확성을 다투는 것으로 볼 수 있는 경우 또는 일정한 해석이 법원에 의하여 형성·집적된 경우 등에는 예외적으로 적법성을 인정하였다.[2]

그러나 헌법재판소는 2012년 결정에서 선례를 변경하여 "법률의 의미는 결국 개별·구체화된 법률해석에 의해 확인되는 것이므로 법률과 법률의 해석을 구분할 수는 없고, 재판의 전제가 된 법률에 대한 규범통제는 해석에 의해 구체화된 법률의 의미와 내용에 대한 헌법적 통제로서 헌법재판소의 고유권한이며, 헌법합치적 법률해석의 원칙상 법률조항 중 위헌성이 있는 부분에 한정하여 위헌결정을 하는 것은 입법권에 대한 자제와 존중으로서 당연하고 불가피한 결론이므로, 이러한 한정위

---

1) 헌재 1998. 9. 30. 98헌바3; 헌재 1997. 2. 20. 95헌바27, 판례집 9-1, 161; 헌재 1995. 7. 21. 92헌바40, 판례집 7-2, 37.

2) 헌재 1997. 2. 20. 95헌바27, 판례집 9-1, 161; 헌재 1995. 7. 21. 92헌바40, 판례집 7-2, 37.

헌결정을 구하는 한정위헌청구는 원칙적으로 적법하다고 보아야 한다. 다만, 재판소원을 금지하는 헌법재판소법 제68조 제1항의 취지에 비추어, 개별·구체적 사건에서 단순히 법률조항의 포섭이나 적용의 문제를 다투거나, 의미 있는 헌법문제에 대한 주장 없이 단지 재판결과를 다투는 헌법소원 심판청구는 여전히 허용되지 않는다."고 판시하여, 한정위헌청구를 원칙적으로 적법한 것으로 판단하였다.[1]

(2) 헌법재판소법이 금지하는 '재판소원'의 의미에 대한 근본적인 오해

(가) 헌법재판소의 2012년 결정의 판시내용은 '법 제68조 제1항에서 금지하는 재판소원이 대체 무엇인지'에 관한 이해가 전혀 없다는 것을 드러내고 있다. 헌법재판소는 '다만, 사실인정, 법률조항의 단순한 포섭이나 적용을 다투거나 헌법문제에 대한 주장 없이 법원의 재판결과를 다투는 청구는 재판소원금지조항에 비추어 허용되지 않는다.'고 하여, 이러한 것을 다투는 심판청구가 마치 재판소원에 해당하는 것처럼 이해하고 있다.

그러나 '재판소원'이란 법원의 재판에 의하여 청구인의 기본권이 침해되었다는 주장으로 제기되는 헌법소원이므로, 법원의 재판에 의한 기본권침해의 가능성이 있어야만 재판소원을 적법하게 제기할 수 있다. 사실인정, 법률조항의 단순한 포섭이나 적용을 다투거나 헌법문제와 무관하게 법원의 재판결과를 다투는 심판청구는 처음부터 기본권침해의 가능성이 없기 때문에 아예 재판소원의 대상으로 고려조차 되지 않는다. 헌법재판소가 재판소원의 도입을 통하여 '초상고심법원'으로서의 지위를 의도하지 않는 이상,[2] 헌법재판소가 '금지하는 재판소원'이라고 주장하는 '단순히 법률조항의 포섭이나 적용의 문제를 다투거나 헌법문제와 무관하게 단지 재판결과를 다투는 심판청구'는 헌법재판소법에서 '금지하는 재판소원'이 아니라 '재판소원으로 다툴 수 없는 심판청구', '재판소원의 대상이 되지 않는 심판청구'에 해당하는 것이다.

(나) 헌법재판소법이 '금지하는 재판소원'이란, 헌법소원의 본질상 법원에 의한 기본권침해여부를 다투기 위하여 제기되는 헌법소원이며, 비교법적으로는 독일과 같이 재판소원제도를 도입하고 있는 국가에서 시행되는 '재판소원'에 해당하는 헌법소원을 의미하는 것이다. 이러한 '재판소원'이란 법원의 법률해석의 위헌여부에 대한 판단을 구하는 헌법소원, 즉 법원이 재판에 적용되는 법률의 해석·적용에 있어서 기본권의 효력을 간과하거나 근본적으로 오인함으로써, 즉 그 자체로서 합헌적인 법률을 위헌적으로 해석·적용함으로써 청구인의 기본권을 침해한다는 주장으로 제기되는 헌법소원을 말한다.

따라서 법 제68조 제2항의 헌법소원심판에서 한정위헌청구에 의하여 법원의 법률해석의 위헌여부를 판단하는 경우가 바로 재판소원제도를 두고 있는 국가에서 시행되는 재판소원의 핵심에 해당하는 것이고, 바로 이것이 그 동안 학계 등에서 도입의 필요성을 주장해온 재판소원의 실체인 것이다.

(3) '법률'과 '법률의 해석'을 동일시하는 오류

(가) 나아가, '법률과 법률의 해석을 구분할 수 없기 때문에, 법률에 대한 헌법적 통제와 법률의 해석에 대한 헌법적 통제는 불가분의 것으로 모두 헌법재판소의 고유권한에 속해야 한다.'는 판시내용은 중대한 이론적 흠결을 안고 있다.

---

1) 헌재 2012. 12. 27. 2011헌바117(수뢰죄), 판례집 24-2하, 387.
2) 이에 관하여 상세하게 위 제3항 Ⅱ. 2. 라. (1) '법원의 재판에 대한 헌법소원(재판소원)의 의미' 참조.

헌법재판소는, '법률의 의미는 법률해석에 의하여 확인되는 것이므로 법률의 의미는 법률해석의 결과로서 법률과 법률해석은 구분될 수 없고, 법원의 법률해석이 헌법에 위반된다면 결국 법원의 해석에 의하여 구체화된 법률조항이 위헌성을 지니고 있으므로 법률해석의 위헌성은 곧 법률의 위헌성을 의미한다.'는 주장으로, '법률해석의 위헌여부에 대한 심판청구'와 '법률의 위헌여부에 대한 심판청구'를 동일시하고 있다.

(나) 우선, '법률의 의미는 법률해석에 의하여 확인되는 것이므로 법률의 의미는 법률해석의 결과로서 법률과 법률해석은 구분될 수 없다'는 헌법재판소의 주장에 관하여 보건대, 이러한 주장은 오로지 '법률의 의미는 법률해석에 의하여 확인된다'는 관점에서만 타당하다. 그러나 법률의 의미가 법률해석에 의하여 확인된다고 하여, '헌법재판에서' 법률과 법률해석이 일치하는 것은 아니다. 이러한 주장은, 법원의 법률해석이 곧 법률의 내용을 의미하고 법률의 내용으로 확정되는 경우에만, 그 타당성을 가진다.

그러나 헌법재판에서 법률의 내용은 최종적으로 헌법재판소의 합헌적 법률해석(헌법합치적 법률해석)에 의하여 확인되고 확정된다. 헌법은 모든 국가기관에 대하여 '법률은 헌법에 부합하게 해석해야 한다는 요청'을 제기한다. 따라서 법률이 법문의 범주 내에서 다양한 해석가능성을 내포하는 경우에 헌법재판소는 헌법에 부합하는 해석가능성을 채택함으로써 법률의 내용과 적용범위를 확정하고 한정한다. '법률'이란, 최종적으로 헌법재판소의 합헌적 법률해석에 의하여 그 내용이 밝혀진 법률을 말한다.

반면에, '법률의 해석'이란, 법원 등 법적용기관이 구체적인 개별사건을 판단하기 위하여 행해지는 법률의 해석이다. 모든 국가기관은 법률을 헌법에 부합하게 해석해야 한다는 헌법적 요청은, 법원에 대해서는 '구체적인 개별사건에서 헌법의 정신을 해석의 지침으로 삼아 법률을 해석·적용해야 한다는 요청'을 의미한다. 따라서 법원은 당해 재판에 적용되는 법률의 내용을 헌법의 정신에 비추어 해석하고 구체화해야 한다.

요컨대, 헌법재판에서 '법률'과 '법률해석'이란, 헌법재판소의 합헌적 법률해석에 의하여 최종적으로 그 내용이 확정되는 '법률'과 구체적 소송사건에서 법원에 의해 행해지는 '법률해석'을 말하는 것이다. 그런데 법원은 구체적 소송사건에서 법률을 헌법의 정신에 부합하게 또는 위배되게 해석하고 적용할 수 있다. 즉, 법원은 '헌법재판소의 합헌적 법률해석에 의하여 그 내용이 확인되는 그 자체로서 합헌적 법률'을 위헌적으로 해석·적용할 수 있는 것이다. 따라서 '헌법재판소의 합헌적 법률해석에 의하여 밝혀진 법률의 내용'과 '구체적 사건에서 법률의 내용을 구체화하는 법원의 법률해석'은 서로 일치하지 않는다. 즉, 헌법재판에서 법률과 법률해석은 일치하지 않는 것이다.

(다) 예컨대, 헌법재판소의 '수뢰죄 사건'(사례2)에서 '공무원'의 해석과 관련하여 명백하게 드러나는 바와 같이, 법률과 법률해석은 일치하지 않는다. 여기서 법률의 내용은, 형법상 수뢰죄 조항을 죄형법정주의원칙에 비추어 헌법합치적으로 해석한 결과로서 '공무원은 공무원 외의 자를 포함하지 않는다'는 것이고, 이에 대하여 법원의 법률해석은 '지방자치단체 산하 위원회 위촉위원도 공무원에 포함된다'는 것이다.

또한, '사죄광고 사건'(사례1)에서 '명예회복에 적당한 처분'의 해석과 관련해서도 법률과 법률해석이 일치하지 않는다는 것은 명백하게 드러나고 있다. 여기서 헌법재판소의 합헌적 법률해석을 통하여 확인된 법률의 내용은, 당해 민법조항을 헌법의 정신(인격권, 언론의 자유 등)에 비추어 해석한 결과로서 '처분'에 '사죄광고'가 포함되지 않는다는 것이고, 반면에 법원의 법률해석은 '처분'에 '사죄광고'가 포함된다는 것이다.

(4) '법률의 위헌성'과 '법률해석의 위헌성'을 동일시하는 오류

(가) 나아가, 법률과 법률해석의 일치를 전제로 '법원의 법률해석이 헌법에 위반된다면 결국 법원의 해석에 의하여 구체화된 법률조항이 위헌성을 지니고 있으므로, 법률해석의 위헌성은 곧 법률의 위헌성을 의미한다.'는 주장도, 이미 그 주장을 지탱하는 전제가 잘못되었으므로 마찬가지로 타당하지 않다.

위에서 확인한 바와 같이, 헌법재판소의 합헌적 법률해석을 통하여 최종적으로 확인되는 '법률의 내용'과 법원의 해석에 따라 헌법에 부합하거나 또는 위배되는 등 임의의 내용을 가지는 법원의 '법률해석'은 구분되어야 한다. 따라서 법원의 법률해석이 헌법에 위반된다면 단지 법원의 법률해석만이 위헌적인 것이지, 합헌적 법률해석에 의하여 그 내용이 확정되는 법률이 이로 인하여 위헌인 것은 아니다. 법률은 그 합헌성에 있어서 법원의 법률해석에 의하여 원칙적으로 아무런 영향을 받지 않는다. 법률의 위헌여부가 '법관이 법률을 위헌적으로 해석하는지 여부'에 의하여 결정된다는 이러한 견해가 타당할 수 없다.

법률과 법률해석이 일치하고 법률해석의 위헌성이 자동적으로 법률의 위헌성으로 전환될 수 있다면, 모든 법률이 법원에 의하여 위헌적으로 해석될 수 있다는 점에서 '모든 법률이 잠재적으로 위헌적인 법률'이라는 납득하기 어려운 결과에 이르게 된다. 헌법재판소의 위 견해는 법률을 잘못 해석한 법원의 책임을 '그 자체로서 합헌적인 법률을 제정한 입법자'에게 전가하는 것이다. 법원이 법률을 위헌적으로 해석한 책임은 입법자가 아니라 법원에게 물어야 하며, 현행 헌법재판제도에서 재판소원금지로 말미암아 헌법재판소가 법원에게 이러한 책임을 묻는 것이 봉쇄되어 있다고 하여, 그 책임을 대신 입법자에게 물을 수는 없다.

(나) 오늘날 대부분의 법률은 해석을 필요로 하는 불확정 법개념을 내포하고 있으나, 법률해석을 통하여 그 불명확성이 해소될 수 있고 그 의미내용이 헌법에 부합하게 해석될 수 있는 법률조항은 그 자체로서 합헌적인 법률이며, 다만 개별사건에서 법원에 의한 구체적인 법률해석·적용이 위헌일 수 있을 뿐이다.[1] 법률해석의 위헌성이 곧 법률의 위헌성을 의미하는 것은 아니다. 특히 재판소원을 배제하는 현행 헌법소원제도에서 '법률과 법률해석', '법률의 위헌성과 법률해석의 위헌성'은, 비록 그 구분이 모호한 경우가 있다 하더라도 구분되어야 하고, '법률의 위헌여부에 대한 심판청구'와 '법률해석의 위헌여부에 대한 심판청구'도 구분되어야 한다.

재판소원제도를 두고 있는 독일 등에서는 '법률에 대한 헌법적 통제'와 '법원의 법률해석에 대한 헌법적 통제'를 구분하여 각 '법률에 대한 헌법소원'와 '재판에 대한 헌법소원'의 영역으로 나누어 귀속시키고 있으며, 헌법재판소법이 제68조 제1항에서 '재판소원'을 제외한 것도 이러한 구분이 가능하

---

1) [사례1] '사죄광고 사건'에서 보더라도, 민법 제764조의 '명예회복에 적당한 처분'이라는 불확정 법개념이 헌법에 부합하게 구체화될 수 있으므로 위 민법조항은 그 자체로서 합헌적인 법률이며, 다만 '명예회복에 적당한 처분'에 사죄광고가 포함된다는 법원의 해석이 위헌일 뿐이다. 마찬가지로, [사례2] '수뢰죄 사건'의 경우에도 형법상의 수뢰죄 조항은 그 자체로서 합헌적인 법률이며, 다만 '공무원'에 '지방자치단체 위원회의 위촉위원'도 포함된다는 법원의 해석이 위헌일 뿐이다.

다는 것을 전제로 '법원의 법률해석에 대한 헌법재판소의 통제'를 배제하고자 한 것이다.

(다) 결국, 헌법재판소는 법 제68조 제1항에서 '금지하는 재판소원'의 의미를 '단순히 법률조항의 포섭이나 적용의 문제를 다투거나 헌법문제와 무관하게 단지 재판결과를 다투는 헌법소원 심판청구'로 잘못 이해하고, 나아가 법률과 법률해석을 부당하게 동일시함으로써, '금지된 재판소원'의 제기에 해당하는 한정위헌청구를 원칙적으로 적법한 것으로 판단하는 중대한 오류를 범하였다.

그 결과, 헌법재판소는 자신의 권한을 제한하는 '재판소원금지규정'을 스스로 폐기하고 '금지된 재판소원'을 자신의 관할로 선언하였는데, 이는 곧 자신의 결정을 통하여 재판소원을 사실상 도입하였다는 것을 의미한다. 헌법재판소가 스스로의 결정을 통하여 자신의 헌법재판권을 이미 재판소원으로 확대한 이상, 재판소원을 헌법재판소의 관할로 해야 한다는 논의도 무의미하게 되었다.

마. 헌법재판소와 법원의 충돌상황의 해결방법

법 제68조 제2항의 헌법소원에서 한정위헌청구에 의한 헌법재판소의 한정위헌결정은 법원의 재판에 대한 헌법재판소의 통제에 해당하는 것이므로, 법 제68조 제1항의 '재판소원금지' 규정과 충돌하게 된다. 종래, 헌법재판소의 한정위헌결정으로 인하여 법원과 충돌이 발생한 경우는 예외 없이 헌법재판소가 법 제68조 제2항의 헌법소원에서 청구인의 한정위헌청구에 의하여 법률조항에 대한 한정위헌결정을 내린 경우이다.[1] 대법원의 판결은 한정위헌결정의 기속력을 부인하고 있는데, 대법원이 한정위헌결정의 기속력을 부인한 것은, 법원으로서는 헌법재판소가 한정위헌결정을 통하여 '금지된 재판소원'에 대한 위헌심사를 한다고 판단했기 때문이다.[2]

헌법재판소와 법원의 이러한 충돌상황에서, 헌법재판소는 법 제68조 제2항의 헌법소원에서 한정위헌청구는 그 실질에 있어서 '금지된 재판소원을 제기'하는 것이고 한정위헌청구에 의한 한정위헌결정은 '금지된 재판소원에 대한 위헌심사'에 해당한다는 점을 인식하여 법 제68조 제2항의 헌법소원에서 한정위헌청구를 원칙적으로 부적법한 것으로 각하해야 한다.

한편, 헌법재판소가 법원의 구체적 법률적용과 무관하게 법률의 위헌여부를 심사하기 때문에 헌법소원의 실질적 심판대상이 '법원의 법률해석의 위헌여부'가 아니라 '법률조항의 위헌여부'인 경우에, 법률을 헌법과 합치하는 방향으로 한정적으로 해석함으로써 한정위헌결정을 내린다면, 법원은 법률에 대한 한정위헌결정이 입법권에 대한 존중으로서 헌법적으로 허용될 뿐만 아니라 요청되는 것이라는 점을 인식하여 한정위헌결정의 존재 의미와 헌법적 정당성, 이로써 그 기속력을 인정해야 한다.

---

1) 국가배상법 제2조 제1항 단서조항에 대한 한정위헌결정(헌재 1994. 12. 29. 93헌바21); 구 소득세법 단서조항에 대한 한정위헌결정(헌재 1995. 11. 30. 94헌바40 등); 수뢰죄에 대한 한정위헌결정(헌재 2012. 12. 27. 2011헌바117).
2) 물론, 법원은 한정위헌청구에 의한 헌법재판소의 한정위헌결정이 현행 헌법재판제도가 금지하는 재판소원에 대한 위헌심사에 해당한다는 것을 정확하게 인식하지 못하였기 때문에, 대신 '법률의 해석권한은 법원의 전속적 권한'이라는 주장으로 결정유형으로서의 한정위헌결정의 정당성과 기속력을 부인하였다.

제 4 항　權限爭議審判[1]

Ⅰ. 권한쟁의심판제도의 헌법적 의미 및 특징

헌법 제111조 제1항 제4호는 "국가기관 상호간, 국가기관과 지방자치단체간 및 지방자치단체 상호간의 권한쟁의에 관한 심판"이라고 하여 권한쟁의심판을 헌법재판소의 관장사항으로 귀속시키면서 권한쟁의의 종류를 명시적으로 규정하고 있다.

1. 헌법적 의미 및 목적

가. 客觀訴訟으로서 권한쟁의심판

권한쟁의심판은 국가기관 사이나 국가기관과 지방자치단체, 또는 지방자치단체 사이에 권한에 관한 분쟁이 발생한 경우 이를 해결함으로써 국가기능의 원활한 수행을 도모하고 국가권력간의 균형을 유지하여 헌법질서를 수호·유지하고자 하는 제도이다.[2] 국가권력을 각 국가기관에게 그의 기능에 합당하게 분배하여 귀속시키는 헌법상의 권력분립질서는 국가권력을 상호 제한하고 통제하는 기능을 하는 동시에, 또한 각 기관이 서로 각자에게 귀속된 기능을 이행함으로써 국가의 행위능력을 보장하고 일원적인 국가의사의 형성을 가능하게 한다. 권한쟁의심판이란 헌법의 유지와 발전, 특히 헌법상의 권력분립질서를 유지하기 위한 헌법재판이라 할 수 있다. 권한에 관한 분쟁을 사법적 심사의 대상으로 한 것은, 그 주된 목적이 권한을 침해당한 분쟁당사자의 보호가 아니라 헌법상의 권한질서의 유지와 정치적 의사형성과정의 기능보호에 있으며, 궁극적으로는 국가의 의사결정체제 및 헌법적 질서를 보장하는 데 있다. 권한쟁의심판의 목적은 객관적 헌법의 유지에 기여하는 객관적인 목적에 있으며, 권한을 침해당한 기관의 보호라는 주관적 목적은 객관적 목적을 효과적으로 실현하기 위한 수단으로서 단지 부차적인 목적일 뿐이다.[3] 따라서 권한쟁의심판은 客觀訴訟으로서의 성격을 가지며, 이러한 성격은 심판청구취하의 효력[4] 등 적법요건이나 권리보호이익을 판단함에 있어서 중요한 의미를 가진다.

나. 객관소송의 主觀化

(1) 한편, 권한쟁의심판에 있어서 분쟁당사자들은 청구인과 피청구인의 관계로 상호대립적 쟁송절차를 형성하고 서로 대치한다. 헌법상의 권력분립질서는 각 분쟁당사자로 하여금 자신의 권한을 스스로 방어하도록 함으로써 가장 잘 유지될 수 있기 때문에, 헌법은 권한쟁의제도를 청구인과 피청구인간의 대립적 쟁송절차로 형성하고 있는 것이다. 즉, 법적 관계의 주관화는 분쟁당사자에게 자신의

1) 한수웅, 국가기관간의 權限爭議에 있어서의 제3자 소송담당 및 결정주문, 人權과 正義 1998. 9, 103면 이하; 국가기관간의 권한쟁의에 관한 최근 헌법재판소결정의 주요 문제점, 중앙법학 제13집 제3호(2011. 9.), 7면 이하 참조.
2) 헌재 1997. 7. 16. 96헌라2, 판례집 9-2, 154, 163.
3) 헌재 2001. 6. 8. 2000헌라1(권한쟁의심판청구 취하), 판례집 13-1, 1218, "첫째, 민사소송은 … 개인의 주관적 권리구제를 목적으로 삼고 있는 반면, 권한쟁의심판은 국가기관 또는 지방자치단체의 권한의 존부 또는 범위를 대상으로 삼아 이에 관한 분쟁을 해결하는 절차로서 궁극적으로는 헌법적 가치질서 및 헌법의 규범적 효력을 보호하는 객관적인 기능을 수행한다."
4) 권한쟁의심판에서 심판청구취하의 효력에 관하여, 헌재 2001. 6. 28. 2000헌라1, 판례집 13-1, 1218 참조.

권한을 방어할 수 있는 가능성을 부여함으로써 헌법상 권한질서의 유지에 기여하는 것이다. 따라서 피청구인의 행위에 의하여 자신의 권한을 침해당한 청구인의 보호라는 주관적 목적은 궁극적인 목적이 아니라 헌법질서의 유지라는 객관적 목적을 실현하기 위한 하나의 부수적 효과이며, 청구인의 권한은 단지 객관적인 권한질서를 유지하는 하나의 요소로서 주관적인 보호를 받는 것이다.

(2) 권한쟁의심판을 통하여 권한분쟁에 관한 심판절차를 제공함으로써 분쟁당사자 사이에서 법률관계의 主觀化가 이루어진다. 권한쟁의심판에서 심판의 대상과 범위는 청구인의 심판청구에 의하여 주관적으로 결정되는 반면, 심판절차의 목적은 헌법의 보호와 유지라는 객관적인 성격을 가진다는 점에서, 권한쟁의심판의 법적 성격은 이중적이다.

객관소송인 권한쟁의심판의 주관화는 첫째, 당사자간의 구체적인 권한분쟁의 발생을 가능하게 함으로써 헌법재판소를 분쟁의 해결기관인 사법기관으로서 기능하게 한다. 권한쟁의심판절차는 청구인의 심판청구에 의하여 개시되며, 심판청구는 심판대상을 확정적으로 한정하고 헌법재판소의 심사범위(판단범위)를 제한한다. 이로써 심판절차의 개시 및 심판대상이 청구인에 의하여 주관적으로 결정된다.

둘째, 권한쟁의심판의 주관화는, 청구인이 '자신의' 법적 권한의 침해를, 즉 '청구인에게 귀속되는' 법적 지위의 침해를 주장해야만 심판청구를 할 수 있다는 것을 의미한다. 권한쟁의절차는 피청구인의 행위가 객관적인 법규범에 위반되는지의 추상적 법적 문제에 대한 일반적인 심사가 아니기 때문에, 피청구인의 행위가 청구인의 구체적인 권한을 침해하지 않는 한, 피청구인의 행위가 일반적으로 법질서에 합치하는가의 문제는 권한쟁의심판청구를 통하여 심사될 수 없다.[1] 따라서 자신의 권한을 침해당한 기관만이 권한쟁의심판을 청구할 수 있는 자격(청구인적격)을 가진다. 나아가, 권한쟁의의 주관화는 불문법상의 적법요건으로서 권리보호이익을 요청한다.

셋째, 권한쟁의심판의 주관화는 헌법재판소의 심사기준을 결정한다. 청구인의 심판청구에 의하여 심판대상뿐만 아니라 심사기준도 확정된다. 권한쟁의의 경우, 헌법재판소는 피청구인의 행위를 모든 헌법적 관점에서 판단하는 것이 아니라 심판청구에 의하여 한정된 범위 내에서만 심사한다. 따라서 헌법재판소의 심사는 '피청구인의 행위가 청구인에 의하여 주장된 권한을 침해하였는지'의 확인에 국한된다.

다. 정치적 분쟁의 司法化

권한쟁의심판을 도입함으로써 정치적 성격을 가지는 헌법적 문제에 관한 결정이 헌법재판기관의 관할로 위임되었다. 권한쟁의를 두고 있지 않은 다수 국가의 입법례가 보여주듯이, 권한쟁의심판의 도입은 결코 당연한 것은 아니다.[2] 다수의 국가에서는 헌법기관 간의 분쟁 및 그와 관련된 헌법해석은 일반적으로 민주적 토론과 대화 또는 협상과 조정을 통하여 당사자인 관련 헌법기관에 의하여 스스로 해결되고 최종적으로 결정된다. 이러한 관점에서 본다면, 권한쟁의심판이란 정치적으로도 해결

---

1) 가령, 독일 연방헌법재판소는 청구인인 정당이나 교섭단체가 헌법에 의하여 부여된 자신의 권한침해를 주장하는 것이 아니라 단지 객관적인 헌법의 위반이나(BVerfGE 20, 134, 140f.) 기본권의 침해를 주장하는 한 이러한 청구는 부적법하다고 결정하였다(BVerfGE 68, 1, 68ff.).

2) 바이마르헌법 제19조에 의하면, 당시 국사재판소는 단지 州 내부의 헌법적 분쟁 및 주 상호간 또는 제국과 州 사이의 비사법적(공법적) 분쟁에 관하여 결정할 수 있는 관할만을 가지고 있었다. 미국의 연방대법원은 헌법상 권한쟁의에 관한 명시적인 관할을 가지고 있지 않다. 그러나 통상적인 재판의 범주 내에서 경우에 따라 연방헌법기관간의 분쟁 또는 헌법기관 내의 분쟁에 관하여 판단하는 것을 배제하지 않는다.

될 수 있는 분쟁을 사법절차를 통하여 해결하고자 하는 시도, 즉 정치적 분쟁의 司法化로 볼 수 있다. 그러나 다른 한편으로는 권한쟁의심판에서 헌법재판소는 정치적 분쟁에 관하여 결정하는 것이 아니라 헌법적 문제에 관하여 판단한다. 이러한 점에서, 권한쟁의심판은 그 정치적 성격에 있어서 다른 심판절차(예컨대, 위헌법률심판이나 헌법소원심판 등)와 근본적으로 다르지 않다.

라. 소수의 보호를 위한 수단

국가기관간의 권한쟁의는 일차적으로 국회와 정부의 관계에 관한 것이다. 권한쟁의심판에서 헌법재판소의 결정은 개별국회의원과 소수당 교섭단체의 권리를 규명하고 강화하며, 국회와 정부의 권한의 경계를 설정한다. 가령, 정부가 국회의 국정조사에 필요한 자료나 서류를 제출하지 않는 경우 야당의 원내교섭단체가 심판을 청구하며, 국회의장이 발언권을 부여하지 않거나 위원회로부터 사임시키는 경우 국회의원이 심판을 청구하게 된다. 권한쟁의심판은 이러한 점에서 정치적 소수파가 그의 법적 견해를 달리 관철할 수 없는 경우 소수의 보호를 위한 수단이며, 나아가 민주적 다수에 대해서도 헌법을 수호하고자 하는 도구이다. 여기에 권한쟁의심판을 도입하는 또 다른 법치국가적 이유가 있다.

2. 현행 권한쟁의심판의 특징

현행 권한쟁의심판은 다음과 같은 몇 가지 특징을 가지고 있다.

첫째, 권한쟁의심판은 그 유형에 있어서 동일한 법주체인 '국가' 내의 분쟁인 국가기관간의 권한쟁의(기관쟁의)뿐만 아니라 상이한 법주체인 국가기관과 지방자치단체간의 권한쟁의 및 지방자치단체 상호간의 권한쟁의도 포함한다는 것이다.

둘째, 권한쟁의의 대상이 되는 법적 분쟁이 헌법상의 분쟁뿐만 아니라 법률상의 분쟁도 포괄한다는 것이다(법 제61조 제2항). 법률상의 권한분쟁도 포함된다는 점에서, 현행 권한쟁의심판제도는 헌법적 분쟁만을 그 대상으로 하는 독일의 제도와는 다르고, 오히려 스페인과 이태리의 제도와 유사하다. 권한쟁의의 대상에 법률상의 분쟁도 포함됨으로써, 헌법재판소의 권한쟁의심판권은 법원의 행정소송 관할권과 충돌할 가능성이 있다.

셋째, 헌법재판소의 관장사항으로 되는 소송을 행정소송법상의 기관소송에서 제외함으로써 권한쟁의에 관한 한 헌법재판소에 원칙적이고 포괄적인 관할권을 인정하고 있다(행정소송법 제3조 제4호).

II. 권한쟁의심판의 종류와 당사자

헌법재판소법(이하 '법') 제62조 제1항은 국가기관 상호간의 권한쟁의심판(제1호), 국가기관과 지방자치단체간의 권한쟁의심판(제2호) 및 지방자치단체 상호간의 권한쟁의심판(제3호)의 3가지 종류를 규정하고 있다. 한편, 지방자치단체 내의 기관 상호간의 권한쟁의는 행정소송법상의 기관소송에 의하여 해결된다(행정소송법 제3조 제4호).

1. 국가기관 상호간의 권한쟁의

법 제62조 제1항 제1호는 국가기관 상호간의 권한쟁의심판을 "국회, 정부, 법원 및 중앙선거관리위원회 상호간의 권한쟁의심판"이라고 규정함으로써 '당사자의 범위'를 제한하고 있다. 위 규정에서 언급하는 당사자를 열거적으로 또는 예시적으로 해석해야 할 것인지의 문제가 제기된다.

가. 국가기관간의 권한쟁의가 발생하는 상황

국가기관간의 권한쟁의는 주로 정치적 헌법기관인 의회와 정부의 관계에서 문제된다. 그러나 의회와 정부가 직접 당사자가 되어 대립하는 권한쟁의는 오늘날의 권력분립구조에서 현실적으로 거의 발생하지 않는다. 국가기관간의 권한쟁의에서 실질적 중요성을 차지하는 것은, 정치적 소수가 자신의 권한침해를 주장함으로써 자신의 법적 지위를 방어하고자 하는 상황 및 의회의 권한이 정부에 의하여 침해되었으나 의회가 스스로 자신의 권한을 방어하고자 하지 않는 경우, 개별 국회의원이나 정치적 소수(야당)가 의회의 부분기관으로서 전체기관인 의회를 위하여 의회의 권한침해를 주장하는 상황이다.

이를 구체적으로 살펴보면, 첫째, 국회 내에서 국회의 부분기관 사이에서(가령, 국회의장이 국회의원에게 발언권을 부여하지 않거나 국회의원을 위원회로부터 사임시키는 경우 국회의장과 국회의원간의 권한쟁의), 둘째, 국회와 정부의 사이에서(가령, 대통령이 국회의 동의 없이 국무총리를 임명하거나 조약을 체결·비준하거나 예산을 집행하는 경우), 셋째, 국회의 부분기관과 정부의 부분기관 사이에서(가령, 국무위원이 국회위원회의 출석요구에 응하지 않거나 조사위원회의 자료제출요구에 정부가 응하지 않는 경우) 주로 권한쟁의가 발생한다. 국가기관의 부분기관 사이의 권한쟁의가 가능하기 위해서는 당사자능력이 인정되는 범위가 '부분기관'으로 확대되어 개별 국회의원이나 소수파가 자신의 권한침해를 주장할 수 있어야 하고, 국회와 정부의 권한쟁의가 가능하기 위해서는 나아가 국회의 부분기관이 국회를 대신하여 국회의 권한침해를 주장할 수 있는 '제3자 소송담당'을 인정함으로써 청구인적격의 범위가 확대되어야 한다.

나. 당사자 범위의 확대 필요성

> **사례** │ 헌재 1997. 7. 16. 96헌라2(법률안 변칙처리 사건)
>
> 국회의장은 1996년 12월 여당 소속 의원들만이 출석한 가운데 본회의를 개의하고 노동관계법개정법률안 등을 상정, 표결하여 가결되었음을 선포하였다. 이에 야당 국회의원들은 변경된 개의시간을 통지도 하지 않은 채 비공개로 본회의를 개의하여 위 법률안을 가결시킴으로써 자신들의 법률안 심의·표결권을 침해하였다고 주장하면서 그 '권한침해의 확인'과 아울러 '위 가결선포행위에 대한 위헌확인'을 구하는 권한쟁의심판을 청구하였다. 국회의원과 국회의장도 권한쟁의심판의 당사자가 될 수 있는가? 이 사건에서 심판청구가 인용되는 경우, 결정주문의 형태는 무엇인가?

(1) 의회 내 소수의 보호를 위한 조건

권한쟁의제도는 개별 국회의원이나 국회 소수파의 권한이 침해되는 경우에도 법적 보호와 분쟁해결의 가능성을 제공함으로써 소수의 보호를 위한 법적 제도로서 중요한 의미를 갖는다. 오늘날의 권한쟁의제도는 일차적으로 의회 내 소수의 보호를 위한 절차로 기능하고 있으며, 이러한 기능을 이행하기 위해서는 국회의원이나 국회 소수당에게도 자신의 권한침해를 주장할 수 있는 당사자능력이 인정되어야 한다. 따라서 '전체로서' 국회뿐 아니라 '국회의 부분기관'이 헌법 또는 법률에 의하여 부여받은 자신의 고유한 권한의 침해를 이유로 헌법재판소에 사법적 심사를 요청할 수 있는 길이 열려 있어야 한다.

(2) 국회와 정부간의 권한쟁의심판이 가능하기 위한 조건

국가기관을 '전체'로서의 국가기관이라고 해석하여 국회 전체에게만 당사자능력을 인정한다면, 국회와 정부 간에 권한쟁의가 발생할 가능성은 현실적으로 거의 없다. 오늘날의 정당국가적 권력분립구조는 정부와 의회의 대립에서 의회 내의 다수당과 소수당의 대립으로 전환되었으며, 정부와 국회의 권력이 다수당 중심으로 형성된 현실적 정치상황에서는 실제적인 권력의 분립은 의회의 여당과 야당 사이에서 이루어진다. 물론 우리 헌법과 같은 대통령제를 채택한 헌법 하에서는 의원내각제의 경우처럼 정부와 의회 다수당의 이익이 반드시 일치하는 것은 아니지만, 대통령의 출신정당과 국회 내의 다수당이 일치하는 것이 일반적인 헌법현실이며, 이러한 상황에서는 국회는 정부에 의하여 자신의 권한이 침해된 경우에도 자신의 권한을 주장하지 않으리라는 것은 쉽게 상정할 수 있다. 전체로서의 국회만이 권한쟁의심판의 당사자가 될 수 있다면 권한쟁의심판의 청구는 합의체인 국회에서의 다수결을 통해서만 가능한데, 그러나 침해된 국회의 권한을 회복하려는 소수당의 시도는 다수결에 의하여 좌절될 수밖에 없다. 따라서 국회와 정부 간의 권한쟁의심판이 현실적으로 가능하기 위해서는, 국회의원 일부이든 원내교섭단체이든 간에 어떤 형태로든, 국회의 부분기관이 국회를 대신하여 침해된 국회의 권한을 경우에 따라서는 국회전체의 의사에 반하여 관철할 수 있는 길이 열려있어야 한다.

다. 제3자 소송담당의 필요성

사례 1 | 헌재 1998. 7. 14. 98헌라1(국무총리서리 사건)

대통령은 김종필을 국무총리로 임명하고자 국무총리 임명동의안을 국회에 송부하였으나, 임명동의안의 처리가 국회에서 투표의 중단으로 인하여 무산되자, 대통령은 국회의 동의 없이 김종필을 국무총리서리로 임명하였다. 이에 야당 국회의원들은 국회의 동의를 받지 아니하고 김종필을 국무총리서리로 임명한 대통령의 행위가 국회의 동의권한과 국회의원의 표결권한을 침해한다고 주장하면서, '그 권한침해의 확인'과 아울러 '대통령 임명행위의 무효확인'을 구하는 권한쟁의심판을 청구하였다. 대통령의 국무총리서리 임명행위로 인하여 청구인인 국회의원의 표결권이 침해되는가? 청구인인 국회의원은 국회의 권한인 동의권한의 침해를 주장할 수 있는가? 만일, 권한쟁의심판청구가 인용되는 경우, 결정주문은 어떠한 형태를 취하게 되는가?

사례 2 | 헌재 2007. 7. 26. 2005헌라8(쌀협상 합의문 사건)

정부는 2004년 쌀에 대한 관세화의 유예기간을 연장하기 위하여 세계무역기구(WTO) 회원국들과 소위 쌀협상을 하였고, 그 결과 "대한민국 양허표 일부개정안"을 채택하게 되었다. 위 쌀협상 과정에서 정부는 이해관계국인 일부 국가와 사이에 쌀에 대한 관세화 유예기간을 연장하는 대가로 위 나라들의 요구

사항을 일부 수용하는 내용의 합의문을 작성하였다. 2005년 정부가 합의문을 제외한 채 위 양허표 개정 안에 대해서만 국회의 비준동의절차를 거치자, 국회의원인 청구인들은 '피청구인인 대통령이 이 사건 합 의문을 국회의 동의 없이 체결·비준한 행위로 인하여 국회의 조약 체결·비준 동의권 및 청구인들의 조약안 심의·표결권이 침해되었다'고 주장하면서 권한쟁의심판을 청구하였다. 국회의원이 국회의 권한 침해를 주장할 수 있는가? 국회의원의 심의·표결권한이 대통령의 행위에 의하여 침해될 수 있는가?

국회의 부분기관이 국회를 대신하여 침해된 국회의 권한을 주장하기 위해서는 무엇보다도 2 가 지 조건이 충족되어야 한다. 첫째 헌법상의 "국가기관"을 전체로서의 기관뿐 아니라 부분으로서의 기관으로 해석함으로써 헌법이나 법률에 의하여 독자적인 고유권한을 부여받은 부분기관에게도 당 사자능력을 인정해야 하며, 둘째, 국회는 자신의 권한회복에 있어서 그의 부분기관이 국회의 권한침 해를 주장하는 것에 전적으로 의존하고 있으므로, 국회의 특정 부분기관에게는 예외적으로 국회의 권한을 주장할 수 있는 제3자 소송담당을 인정해야 한다.

물론, 침해된 국회의 권한이 동시에 국회 부분기관의 권한에 해당하기 때문에 '국회의 권한'과 '부 분기관의 권한'을 동일시 할 수 있다면, 제3자 소송담당은 불필요할 것이다.[1] 그러나 국회의 권한과 부분기관의 권한은 그 권한의 귀속주체가 다른 것으로 엄격하게 구분되어야 한다.[2] 헌법 제58조(정 부의 국채모집 등에 대한 국회의 동의권), 제60조(조약의 체결·비준에 대한 국회의 동의권), 제62조 제2항 (국회의 국무위원 출석요구권), 제86조 제1항(국회의 국무총리임명동의권) 등의 권한은 국회의 부분기관인 국회의원이나 교섭단체에게 부여되는 것이 아니라 국회에게 귀속되는 권한이며, 국회의 권한이 곧 그에 소속된 개별 국회의원이나 교섭단체의 권한은 아니다. 국회의 권한은 국회 내의 의결을 통하여 외부기관과의 관계에서 행사될 수 있는 것인 반면, 국회의원이나 교섭단체의 권한은 국회 내부와의 관계에서 행사될 수 있는 것이다. 따라서 국회의 부분기관에게 제3자 소송담당을 인정하는 것이 불 가피하다. 국회의 권한을 부분기관 중에서 누가 주장할 수 있는가 하는 문제에 있어서 일반적으로 원내교섭단체와 개별국회의원이 고려되는데, 국회의원 각자가 개인적인 견해를 근거로 국회의 권한 을 주장하는 것보다는 교섭단체 내부의 의사수렴과정을 통하여 심판을 청구하는 것이 보다 이상적이 라고 판단되므로, 원내교섭단체에게만 국회의 권한을 주장할 수 있는 '제3자 소송담당'을 인정하는 것이 바람직하다.

라. 당사자능력에 관한 헌법재판소법 제62조 제1항 제1호의 문제점

권한쟁의심판의 당사자능력이 인정되는 범위는 '사법적 심사를 통한 헌법상의 권한배분질서의 유 지와 원활하고도 일원적인 국가의사형성'이라는 권한쟁의심판의 본질과 목적에 의하여 판단되고 규 정되어야 한다. 그러나 입법자는 권한쟁의에 관한 절차법을 제정함에 있어서 권한쟁의제도의 본질과 의미를 파악하지 못하고, 헌법이 국가기관을 규정한 순서대로 국회($제3$), 정부($제4$), 법원($제5$)의 전통 적인 삼권과 중앙선거관리위원회($제7$)를 나열함으로써 당사자의 범위를 정하는 결과를 가져왔다. 한 편, 헌법재판소($제6$)는 자신이 관련된 분쟁에 관하여 심판자로서 스스로 결정할 수 없다는 점에서, 당

---

1) 이러한 시도로는 헌재 1998. 7. 14. 98헌라1 결정(국무총리서리)에서 [재판관 3인의 의견], 판례집 10-2, 1, 4.
2) 헌재 2007. 7. 26. 2005헌라8(쌀협상 합의문), 판례집 19-2, 26.

사자의 범위에서 제외하였다.

결국, 입법자가 제도의 본질을 제대로 파악하지 못하고 당사자의 범위를 확정함으로써, 헌법재판소가 헌법질서의 수호란 관점에서 꼭 판단할 필요가 없는 분쟁은 권한쟁의심판의 대상이 되고, 이에 반하여 꼭 심판해야 할 사항은 심판대상에서 제외되는 불합리한 결과를 초래하였다. 권한쟁의제도의 의미와 목적을 고려한다면, 헌법 제111조 제1항 제4호의 "국가기관"의 의미는 일차적으로 '실질적 의미의 헌법기관', 즉 그 존재에 있어서 헌법에 의하여 구성되어 독자적인 헌법적 지위와 권한을 부여받고, 그의 활동을 통하여 적극적으로 국가의사형성과 국정에 참여하는 기관과 그의 부분기관으로 이해되어야 한다. 이러한 의미의 국가기관에 해당하는 것은 무엇보다도 국회와 정부 및 헌법에 의하여 고유한 권한을 부여받은 그의 부분기관들이다.

마. 헌법재판소법 제62조 제1항 제1호의 해석

(1) 헌법소송법의 구체적 형성과 해석에 대한 헌법의 요청

우선, 입법자는 권한쟁의심판이 기능할 수 있도록 심판절차를 입법적으로 형성해야 한다. 절차법은 적합한 절차적 규정의 제공을 통하여 실체법의 실현에 기여하는 것을 그 목적으로 한다. 다른 소송법과 마찬가지로, 헌법소송법도 실체법인 헌법의 실현과 관철에 기여하는 것에 그 일차적인 목적이 있으므로, 입법자는 헌법소송법을 구체적으로 형성함에 있어서 절차적 규정이 실체법을 실현하기에 적합한지, 즉 헌법재판소법상의 권한쟁의심판절차가 헌법기관 사이의 권력분립적 기능질서를 확보하기에 적합한지의 관점을 결정적인 지침으로 삼아야 한다. 나아가, 권한쟁의심판에 관한 절차법은 권한쟁의심판의 본질과 목적에 비추어 헌법재판소를 비롯한 법적용기관에 의하여 해석되어야 한다.

(2) 합헌적 법률해석의 필요성

법 제62조 제1항 제1호는 국가기관 상호간의 권한쟁의심판을 "국회, 정부, 법원 및 중앙선거관리위원회 상호간의 권한쟁의심판"이라고 하여 '당사자'를 규정하고 있는데, '당사자의 범위'는 권한쟁의심판의 본질과 목적을 고려하여 심판절차가 현실적으로 기능할 수 있도록 합헌적으로 해석되어야 한다. 헌법기관 사이에서 발생하는 권한분쟁을 해결하여 헌법상의 권력분립질서를 보장하고자 하는 '국가기관 상호간의 권한쟁의'의 의미와 목적을 고려한다면, 법 제62조 제1항 제1호의 '당사자'는 '전체로서의 국가기관'뿐만 아니라 헌법에 의하여 구성되고 헌법 및 법률에 의하여 고유한 권한을 부여받은 '그의 부분기관'도 포함하는 것으로 예시적인 것으로 해석되어야 한다.[1]

바. 당사자능력이 인정되는 국가기관

(1) 국회 및 정부

(가) 국회의 경우, 국회뿐만 아니라 그 부분기관으로서 국회의원, 각 위원회, 국회의장, 원내교섭단체가 당사자능력을 가질 수 있다. 가령, 국회의원은 불체포특권($\frac{헌법}{제44조}$), 면책특권($\frac{헌법}{제45조}$), 임기의 원

---

1) 헌법재판소는 헌재 1997. 7. 16. 96헌라2(법률안 변칙처리)에서 "헌법재판소법 제62조 제1항 제1호 … 는 한정적, 열거적인 조항이 아니라 예시적인 조항이라고 해석하는 것이 헌법에 합치되므로 이들 기관 외에는 권한쟁의심판의 당사자가 될 수 없다고 단정할 수 없다."고 하면서, "헌법 제111조 제1항 제4호 소정의 '국가기관'에 해당하는지 여부는 그 국가기관이 헌법에 의하여 설치되고 헌법과 법률에 의하여 독자적인 권한을 부여받고 있는지, 헌법에 의하여 설치된 국가기관 상호간의 권한쟁의를 해결할 수 있는 적당한 기관이나 방법이 있는지 등을 종합적으로 고려하여야 할 것인바, 이러한 의미에서 국회의원과 국회의장은 위 헌법조항 소정의 '국가기관'에 해당하므로 권한쟁의심판의 당사자가 될 수 있다."고 판시하고 있다.

칙적 보장(헌법제62조), 국회에서의 발언·표결권(헌법제46조)등 자신의 고유한 헌법적 지위와 관련하여 당사자가 될 수 있고, 위원회의 경우에는 자신의 고유권한인 '국무총리와 국무위원의 출석·답변요구권'(헌법 제62조 제2항)과 관련하여 당사자가 될 수 있다.

그러나 국회 위원회의 부분기관에 불과한 소위원회 및 그 위원장은 헌법에 의하여 설치된 국가기관에 해당한다고 볼 수 없으므로, 당사자능력이 인정되지 않는다.[1]

한편, 헌법재판소는 일부 결정에서 정당과 교섭단체를 동일시함으로써 정당뿐만 아니라 교섭단체의 당사자능력도 부인하는 판시를 하고 있으나,[2] 권한쟁의심판의 당사자능력을 판단함에 있어서 국민의 자발적인 사적 결사로서의 '정당'과 국회의 부분기관으로서 국가기관인 '교섭단체'는 법적으로 엄격하게 구분되어야 한다. 나아가, 헌법재판소는 '교섭단체의 권한침해는 곧 교섭단체에 속한 개별 국회의원의 권한침해를 의미하므로, 개별국회의원이 당사자로서 자신의 권한침해를 주장할 수 있는 한 굳이 교섭단체에게 당사자능력을 인정할 필요가 없다'는 견해이지만, 개별국회의원의 권한침해가 아니라 국회의 권한침해가 헌법적 문제로 제기되는 '국회와 정부 간의 권한쟁의심판'의 경우, 국회와 정부 간의 권한쟁의심판이 가능하기 위해서는 국회의 부분기관인 '교섭단체'에게 '당사자능력'과 '제3자 소송담당'을 인정하는 것이 필요하고 바람직하다는 것을 간과하고 있다.

(나) 정부의 경우, 전체기관으로서 정부뿐만 아니라 부분기관인 대통령, 국무총리, 각부장관이 독립한 헌법기관으로서 주로 국회와의 관계에서 당사자능력을 가질 수 있다. 가령, 국무총리와 국무위원은 국회 및 위원회의 출석·진술권과 출석·답변의무(헌법제62조)와 관련하여 당사자가 될 수 있고, 대통령은 국무총리임명에 관한 국회의 동의권(헌법 제86조 제1항)과 관련하여 당사자가 될 수 있다.

그러나 정부 내부기관 사이에 권한에 관한 분쟁이 발생하는 경우, 정부의 부분기관이 서로 대등한 관계가 아닌 상하위계질서에 놓여 있거나 또는 대통령의 자유로운 임면권의 행사와 국무회의의 조정(헌법 제88조 제1항, 제89조 제10호 내지 제13호) 등을 통하여 통상 자체적으로 해결될 수 있으므로, 정부 내부에서 스스로 해결할 수 없는 권한분쟁이 발생할 가능성은 현실적으로 희박하고, 헌법재판소에 의한 사법적 심사의 대상이 되어야 할 헌법적 당위성도 없다.[3]

한편, 헌법재판소는 헌법이 아니라 법률에 의하여 설치된 국가인권위원회, 국가경찰위원회, 문화재청장에 대해서는 당사자능력을 부인하였다.[4]

(2) 법원 및 중앙선거관리위원회

헌법재판소법은 제62조 제1항에서 그 외의 당사자로서 법원과 중앙선거관리위원회를 언급하고 있

---

1) 헌재 2020. 5. 27. 2019헌라4(국회 행안위 소위 소위원장과 국회 행안위 위원장 간의 권한쟁의); 헌재 2020. 5. 27. 2019헌라5(국회의원과 국회 소위 소위원장 등 간의 권한쟁의).

2) 헌법재판소는 [정당이 권한쟁의심판의 당사자능력이 있는지 여부를 판단하면서 "정당이 국회 내에서 교섭단체를 구성하고 있다고 하더라도, 헌법은 권한쟁의심판청구의 당사자로서 국회의원들의 모임인 교섭단체에 대해서 규정하고 있지 않고, 교섭단체의 권한 침해는 교섭단체에 속한 국회의원 개개인의 심의·표결권 등 권한 침해로 이어질 가능성이 높아 그 분쟁을 해결할 적당한 기관이나 방법이 없다고 할 수 없다."고 판시하고 있다(헌재 2020. 5. 27. 2019헌라6 등, 판례집 32-1하, 214, 215).

3) 아래 Ⅳ. 5. '권리보호이익' 참조.

4) 헌재 2010. 10. 28. 2009헌라6(국가인권위원회와 대통령 간의 권한쟁의), "권한쟁의심판의 당사자능력은 헌법에 의하여 설치된 국가기관에 한정하여 인정하는 것이 타당하므로, 법률에 의하여 설치된 청구인에게는 권한쟁의심판의 당사자능력이 인정되지 아니한다."; 동일한 취지로 헌재 2022. 12. 22. 2022헌라5(국가경찰위원회와 행정안전부장관 간의 권한쟁의); 헌재 2023. 12. 21. 2023헌라1(서울특별시 송파구와 문화재청장 간의 권한쟁의).

으므로, 전체기관으로서 법원과 중앙선거관리위원회뿐만 아니라 그 부분기관도 당사자능력을 가질 수 있다. 그러나 일반적으로 국가기관간의 권한에 관한 분쟁은 그 기관들이 국가의 의사형성과 국정에 적극적으로 참여하는 경우에 발생하기 때문에, 법원이나 선거관리위원회와 같이 주도적·능동적으로 국가의사를 형성하는 역할이 아니라 소극적·반응적·통제적인 역할을 헌법으로부터 부여받은 기관에 있어서는 다른 국가기관과의 관계에서 분쟁이 발생할 여지가 거의 없다고 보아야 할 것이다.[1]

헌법재판소와 마찬가지로, 법원 또한 그 기능상 분쟁의 심판자이지 분쟁의 주체로서의 기능은 생소한 것이며, 법원이 권한분쟁의 주체가 된다는 것은 헌법상 부여된 사법기능의 독립성·객관성·공정성·정치적 중립성을 저해할 우려가 있다. 중앙선거관리위원회의 경우에도 헌법상 부여된 '감독자로서의 기능'을 이행하기 위하여 독립성과 정치적 중립성이 요구되므로, 이러한 기관을 권한쟁의심판의 당사자로 규정하는 것은 바람직하지 않다. 위 기관들을 굳이 당사자의 범위에 포함시키지 않는다고 하더라도, 즉 발생 가능한 분쟁에 대한 사법적 심사의 기회를 제공하지 않는다고 하더라도, 헌법상의 권한질서나 일원적인 국가의사형성에 큰 장애를 초래하지 않는다.

(3) 정당

독일에서는 정당을 권한쟁의절차의 당사자로서 인정하고 있으나, 우리의 경우에는 다음과 같은 이유로 정당의 당사자능력을 인정할 수 없다.[2]

독일의 기본법 제93조 제1항 제1호에서는 '연방최고기관'뿐 아니라 '기타 관련자'를 언급하고 '권한'이란 용어 대신 "권리와 의무"란 표현을 사용하고 있으나, 한국 헌법 제111조는 "국가기관"에만 권한쟁의가 발생할 수 있는 법률관계의 주체를 한정하고 정당에게는 귀속될 수 없는 "권한"을 언급하고 있다. 이러한 이유 외에도 정당은 국가기관이 아닌 사회의 단체로서 기회균등원칙의 위반 등을 이유로 헌법소원의 제기가 가능하고, 더욱이 정당은 일반적으로 원내교섭단체를 통하여 의회 내에서 자신의 권리를 충분히 대변케 할 수 있으므로 굳이 당사자의 범위에 포함시킬 필요가 없다.

사. 헌법재판소법 제61조의 합헌적 해석(제3자 소송담당)

(1) 제3자 소송담당에 관한 규정의 不在

법 제61조 제1항은 '국가기관 상호간에 권한의 유무 또는 범위에 관하여 다툼이 있을 때에는 해당 국가기관은 헌법재판소에 권한쟁의심판을 청구할 수 있다'고 하고 같은 조 제2항은 "제1항의 심판청구는 피청구인의 처분 또는 부작위가 헌법 또는 법률에 의하여 부여받은 청구인의 권한을 침해하였거나 침해할 현저한 위험이 있는 경우에만 할 수 있다."고 규정함으로써, 法文上으로는 청구인은 '청구인'의 권한침해만을 주장할 수 있도록 되어 있다. 즉, '국가기관'을 그 기관뿐만 아니라 그의 부분기관이라고 해석하여 당사자능력이 인정되는 범위를 확대한다고 하더라도, 청구인이 부분기관인 경우에는 자신의 이름으로 소속기관의 권한을 주장할 수 있는 제3자 소송담당의 가능성을 명시적으로 규정하고 있지 않다.

---

1) 물론, 분쟁의 가능성을 배제할 수는 없다. 가령, 국회가 법률의 제정을 통하여 헌법상 법원에 부여된 사법기능을 침해하는 경우 아니면 법원 내부적으로 또는 다른 국가기관과의 관계에서 사법행정상의 분쟁이 발생하는 경우 등을 상정할 수 있다.
2) 또한 헌재 2020. 5. 27. 2019헌라6 등, 판례집 32-1하, 214, "정당은 국민의 자발적 조직으로, 그 법적 성격은 일반적으로 사적·정치적 결사 내지는 법인격 없는 사단으로서 … '국가기관'에 해당한다고 볼 수 없으므로, 권한쟁의심판의 당사자능력이 인정되지 아니한다."

(2) 민사소송과 권한쟁의심판의 근본적인 차이

한편, 헌법재판소는 헌법재판소법에서 제3자 소송담당의 가능성을 명시적으로 규정하고 있지 않기 때문에 인정하기 어렵다는 입장이지만,[1] 이러한 판시내용은 민사소송과 헌법재판인 권한쟁의심판 사이의 근본적인 차이점을 간과하고 있다. 민사소송의 목적이 일차적으로 주관적 권리의 보호에 있다면, 권한쟁의심판의 목적은 권한분쟁의 해결을 통한 헌법의 유지와 수호에 있다. 따라서 '제3자 소송담당은 명시적인 법률규정에 근거해서만 허용될 수 있다'는 민사소송법상의 법리는[2] 권한쟁의심판에 그대로 적용될 수 없다.

헌법재판소법이 제40조 제1항에서 밝히고 있는 바와 같이, 여기서 '민사소송법의 준용가능성'이란, 헌법재판소법에 규율되지 아니한 절차적 사안에 민사소송법이 기계적으로 적용된다는 것이 아니라, 헌법재판절차의 특수성이 민사소송법규정의 적용을 허용하는지 여부에 관하여 매 경우마다 판단해야 한다는 것을 의미한다. 그렇다면, 주관적 권리보호의 사고에 기초하고 있는 민사소송법상의 제도인 제3자 소송담당은 주관적 권리보호가 아니라 객관적 헌법의 수호를 그 주된 목적으로 가지는 권한쟁의심판에 그대로 적용될 수 없는 것이다.[3]

(3) 합헌적 법률해석을 통한 보완의 필요성

오히려 여기서 제기되는 문제는, 민사소송법의 준용 문제가 아니라 헌법소송법의 합헌적 해석의 문제이다. 헌법재판소법은 권한쟁의심판의 본질과 목적을 고려하여 권한쟁의심판이 그 본연의 기능을 이행할 수 있도록 해석되어야 한다.

헌법은 제111조 제1항 제4호에서 '국가기관 상호간의 권한쟁의심판'을 헌법재판소의 관할로 확정하고 입법자에게 권한쟁의심판의 의미와 목적을 고려하여 헌법재판소법을 통하여 심판절차를 규율할 것을 위임하였다. 그러나 헌법재판소에 의한 사법적 심사의 대상이 되어야 할 본질적인 권한분쟁이 권한쟁의심판의 대상이 될 수 없을 정도로, 입법자에 의한 구체적 형성의 결과인 헌법재판소법이 헌법이 부여한 권한쟁의심판의 기능과 헌법재판소의 관할을 축소하고 있다면, 이로써 절차법인 헌법재판소법이 헌법상 권력분립질서를 보장할 수 없다면, 이는 합헌적인 법률해석을 통하여 보완되어야 한다.[4] 제3자 소송담당이 인정되지 않는 한, 국회와 정부 사이의 권한쟁의심판은 사실상 불가능하며, 이로써 권한쟁의심판의 본질적 기능이 폐지되는 결과를 초래한다.

따라서 권한쟁의심판이 헌법상 권력분립질서의 유지라는 본연의 기능을 이행할 수 있도록, 청구인적격에 관한 절차법규정은 합헌적으로 해석되어야 한다.[5] 헌법재판소는 권한쟁의심판에 관한 절

---

1) 헌재 2007. 7. 26. 2005헌라8(쌀협상), 판례집 19-2, 26.
2) 권리는 원칙적으로 권리주체가 주장하여 소송수행을 하도록 하는 것이 자기책임의 원칙에 부합하므로, '제3자 소송담당'은 예외적으로 법률의 규정이 있는 경우에만 인정된다는 사고이다.
3) 또한, 헌재 2007. 7. 26. 2005헌라8(쌀협상), 판례집 19-2, 26, 37(재판관 송두환의 반대의견).
4) 1988년 헌법재판소법의 제정 당시 입법자는 첫째, 국가기관간의 본질적인 권한분쟁이 어떠한 상황에서 발생하는지에 관한 이해가 부족하였기 때문에 헌법재판소법 제62조 제1항 제1호에서 부분기관을 배제한 채 전체로서의 국가기관에게만 당사자능력을 인정하였고, 둘째, 국회의 부분기관에게 제3자 소송담당을 인정하지 않는 이상 국회와 정부 간의 권한쟁의가 사실상 불가능하다는 점을 인식하지 못하였기 때문에, 헌법재판소법 제61조 제2항에서 제3자 소송담당의 가능성을 배제한 채 청구인적격을 '권한을 침해당한 당사자'로 규정하였다. 반면에, 독일 연방헌법재판소법은 '부분기관'이 '그가 소속된 기관'을 위하여 권한쟁의심판을 청구할 수 있도록 명문의 규정을 두고 있다(제64조).
5) 정당국가에서 권력분립질서가 기능하는지 여부는 무엇보다도 '소수의 보호'에 달려있다. 오늘날의 정당국가에서 실제적인 권력 분립이 의회의 여당과 야당 사이에서 이루어짐에 따라, 권력분립원리의 실현은 본질적으로 의회의 야당이 기능하는지, 소수의 보호가 기능하는지의 여부에 달려있다. 따라서 소수의 보호가 기능할 수 있도록, 의회나

차법적 규정을 해석함에 있어서, 절차법이 현대 정당국가의 새로운 정치적 구조에 부합하는지의 관점을 결정적인 기준으로 삼아야 한다. 그렇다면, 비록 실정법상 명문의 규정은 없더라도, 오늘날의 정당국가적 권력분립구조 및 권한쟁의심판의 본질과 목적을 고려하여 국가기관간의 권한쟁의심판이 현실적으로 기능하기 위한 최소한의 전제조건으로서 법 제61조 제2항의 '청구인'을 '청구인 또는 그가 속한 기관'으로 합헌적으로 확대해석해야 한다.

아. 헌법재판소의 판례

(1) 헌재 1995. 2. 23. 90헌라1

1995년 국회의장의 변칙적인 의안처리행위로 인하여 국회의원의 표결권한을 침해당했다는 주장으로 제기된 권한쟁의심판사건(헌재 1995. 2. 23. 90헌라1)에서, 헌법재판소는 처음으로 국가기관간의 권한쟁의에 관한 판단을 하였는데, '국회의 구성원이나 국회 내의 일부기관인 국회의원 및 교섭단체 등은 권한쟁의심판을 청구할 당사자적격이 없다'고 하여 이 사건 심판청구를 각하하였다. 그러나 이 결정은 '헌법재판소가 그에게 권한쟁의심판의 권한을 부여한 헌법규범의 의미를 고려하지 않고 당사자의 범위를 엄격하게 한정함으로써 헌법재판소법규정의 법문에 얽매어 사실상 권한쟁의심판제도를 사문화시키는 결과를 가져왔다'는 비판을 피하기 어려웠다.

(2) 헌재 1997. 7. 16. 96헌라2(법률안 변칙처리 사건)

1997년 헌법재판소는 종래의 판례를 변경하여 권한쟁의심판을 청구할 수 있는 당사자의 범위를 확대함으로써 권한쟁의심판제도에 새 생명을 불어넣는 중요한 결정을 하였다. 1996년 12월 여당소속 의원들만이 출석한 가운데 노동관계법개정법률등을 가결시킨 국회의장의 가결선포행위에 대하여 야당의원들이 그의 위헌확인을 구하는 권한쟁의심판사건(헌재 1997. 7. 16. 96헌라2)에서, 헌법재판소는 '권한쟁의심판의 당사자가 될 수 있는 국가기관의 범위를 권한쟁의심판의 권한을 부여한 헌법규범(헌법 제111조 제1항 제4호)의 해석을 통하여 확정해야 하고, 이로써 법 제62조 제1항 제1호를 열거적 조항이 아니라 예시적 조항으로 해석하는 것이 헌법에 합치된다'고 판시함으로써, 당사자의 범위를 국회의원과 국회의장에까지 확대하여 국회의원의 심판청구를 적법한 것으로 인정하였다. 헌법재판소의 판례에 의하면, 국회나 정부와 같은 전체기관뿐 아니라 그 부분기관이라 할지라도 상대 당사자와의 관계에서 독자적인 지위와 권한을 인정해 줄 필요가 있는 경우에는 당사자능력이 인정된다.[1]

나아가, 본안판단에서 국회의장에 의한 국회의원의 헌법상 권한(법률안 심의·표결권)의 침해를 확인하였다. 헌법재판소는 이 결정에서 '피청구인인 국회의장의 이 사건 법률안 가결선포행위는 국회의원인 청구인들의 헌법상 부여받은 권한인 법률안 심의·표결권을 침해한 것이다'(주문 1)라고 밝히

소수당의 권한이 침해된 경우에는 이를 소송법적으로 관철할 수 있는 가능성이 보장되어야 한다. 소수의 보호를 위한 헌법소송제도로서 중요한 기능을 하는 것이 바로 권한쟁의심판이다.

1) 헌재 1997. 7. 16. 96헌라2(법률안 변칙처리), 판례집 9-2, 154, 163, "헌법 제111조 제1항 제4호가 규정하고 있는 '국가기관 상호간'의 권한쟁의심판은 헌법상의 국가기관 상호간에 권한의 존부나 범위에 관한 다툼이 있고 이를 해결할 수 있는 적당한 기관이나 방법이 없는 경우에 헌법재판소가 헌법해석을 통하여 그 분쟁을 해결함으로써 국가기능의 원활한 수행을 도모하고 국가권력간의 균형을 유지하여 헌법질서를 수호·유지하고자 하는 제도라고 할 것이다. 따라서 헌법 제111조 제1항 제4호 소정의 '국가기관'에 해당하는지 아닌지를 판별함에 있어서는 그 국가기관이 헌법에 의하여 설치되고 헌법과 법률에 의하여 독자적인 권한을 부여받고 있는지 여부, 헌법에 의하여 설치된 국가기관 상호간의 권한쟁의를 해결할 수 있는 적당한 기관이나 방법이 있는지 여부 등을 종합적으로 고려하여야 할 것이다."

면서, '이 사건 심판청구 중 피청구인의 위 가결선포행위에 대한 위헌확인을 구하는 부분은 이를 기각한다'(주문 2)고 선고하였는데, 이러한 주문의 타당성에 대하여 의문이 제기되었다.

(3) 헌재 1998. 7. 14. 98헌라1(국무총리서리 사건)

김종필을 국무총리서리로 임명한 대통령의 행위에 대하여 다수당인 한나라당(야당)의 국회의원들이 국회의 동의권한과 국회의원의 표결권한의 침해를 주장하면서 제기한 권한쟁의심판사건(현재 1998. 7. 14. 98헌라1)에서 헌법재판소는 '야당의원들이 권한쟁의심판을 청구할 자격(청구인적격)이 없다'는 이유로 청구인들의 심판청구를 각하하였으나, 이 사건은 '대통령의 행위에 의하여 국회의 권한이 침해되었다는 주장으로 국회의원들이 심판을 청구할 수 있는가' 하는 제3자 소송담당의 문제를 제기하였다.

위 결정에서 재판관 1인(김용준)은 국회의원이 국회의 동의권한 침해를 주장한 청구부분에 대해서는, 오늘날의 변화한 권력분립구조에서의 소수당의 중요한 역할을 고려하여 제3자 소송담당의 필요성을 인정하였으나, '국회의 부분기관에게 국회를 위한 제3자 소송담당을 허용하는 것은 소수자를 보호하기 위한 것이므로 재적의원 과반수를 이루는 다수의원이나 다수당의 교섭단체의 경우에는 그들 스스로 국회의 의결을 거쳐 침해된 국회의 권한을 회복할 수 있으므로, 이들에게까지 제3자 소송담당을 허용할 필요가 없다'고 하여 당사자적격을 부인하였다.

이에 대하여 재판관 3인은 '국회는 국회의원으로 구성되는 합의체기관으로서 국회의 의사는 결국 표결 등으로 나타나는 국회의원들의 의사가 결집된 것이므로, 국무총리임명에 대한 국회의 동의권한은 그 속성상 필연적으로 국무총리 임명에 대한 국회의원들의 표결권한을 내포하고 있으므로, 청구인들은 이 사건 임명처분으로 국회의 동의권한 및 자신들의 국무총리 임명동의안에 대한 표결권한을 동시에 침해받았다고 주장할 수 있다'고 하여 당사자 적격을 인정하였다.

한편, 재판관 2인은 국회의원의 당사자적격에 관한 언급이 없이, '청구인들이 분쟁을 스스로 해결하는 방법이 있음에도 불구하고 그 동의안에 대한 의결절차를 마치지도 아니하고 미리 헌법재판소에 권한쟁의심판을 청구한 것이므로 청구인들의 이 사건 심판청구는 모두 권리보호이익이 없다'는 이유로 심판청구를 각하하였고, 반면에 재판관 1인은 본안판단을 함으로써 청구인의 당사자적격을 인정하였다는 것은 알 수 있으나 그 이유는 밝히지 않았으며, 다른 재판관 2인은 '국회의원은 권한쟁의심판의 당사자가 될 수 없다'는 입장을 고수하여 이 사건 심판청구를 각하하였다. 이로써 5인 재판관의 각하의견에 따라 이 사건 심판청구는 각하되었다.

(4) 헌재 2007. 7. 26. 2005헌라8(쌀협상 합의문 사건)

헌법재판소는 '쌀협상 합의문 사건'(현재 2007. 7. 26. 2005헌라8)에서 제3자 소송담당의 문제에 관하여 다시 판단할 기회를 가지게 되었다. 위 사건에서 문제된 것은 첫째, 국회의 구성원인 국회의원이 국회를 위하여 국회의 권한침해를 주장하는 권한쟁의심판을 청구할 수 있는지, 즉 권한쟁의심판에 있어서 이른바 '제3자 소송담당'이 허용되는지 여부이고, 둘째, 국회의원의 심의·표결 권한이 국회의장이나 다른 국회의원이 아닌 국회 외부의 국가기관에 의하여 침해될 수 있는지 여부이다. 헌법재판소는 첫 번째 쟁점에 관하여 청구인적격이 없다는 이유로, 두 번째 쟁점에 관하여 권한침해의 가능성이 없다는 이유로 심판청구를 각하하였다.

헌법재판소는 첫 번째 쟁점에 관하여 "국회의 의사가 다수결에 의하여 결정되었음에도 다수결의 결과에 반대하는 소수의 국회의원에게 권한쟁의심판을 청구할 수 있게 하는 것은 다수결의 원리와 의회주의의 본질에 어긋날 뿐만 아니라, 국가기관이 기관 내부에서 민주적인 방법으로 토론과 대화에 의하여 기관의 의사를 결정하려는 노력 대신 모든 문제를 사법적 수단에 의해 해결하려는 방향으로 남용될 우려도 있으므로, 국가기관의 부분 기관이 자신의 이름으로 소속기관의 권한을 주장할 수 있는 '제3자 소송담당'을 명시적으로 허용하는 법률의 규정이 없는 현행법 체계 하에서는 국회의 구성원인 국회의원이 국회의 조약에 대한 체결·비준 동의권의 침해를 주장하는 권한쟁의심판을 청구할 수 없다."고 하여 제3자소송담당을 부인하였다.[1]

두 번째 쟁점에 관하여는, "국회의원의 심의·표결권은 국회의 대내적인 관계에서 행사되고 침해될 수 있을 뿐 다른 국가기관과의 대외적인 관계에서는 침해될 수 없는 것이므로, 국회의원들 상호간 또는 국회의원과 국회의장 사이와 같이 국회 내부적으로만 직접적인 법적 연관성을 발생시킬 수 있을 뿐이고 대통령 등 국회 이외의 국가기관과 사이에서는 권한침해의 직접적인 법적 효과를 발생시키지 아니한다. 따라서 피청구인인 대통령이 국회의 동의 없이 조약을 체결·비준하였다 하더라도 국회의원인 청구인들의 심의·표결권이 침해될 가능성은 없다."고 하여, 헌재 1998. 7. 14. 98헌라1 결정에서 재판관 3인이 국회의 동의권과 국회의원의 표결권을 동일시함으로써 제3자소송담당제도의 필요성을 우회하고자 한 시도에 대하여 부정적인 입장을 명백히 밝혔다.

2. 국가기관과 지방자치단체 간의 권한쟁의

가. 헌법적 의미

국가기관과 지방자치단체 간의 권한쟁의심판은 국가와 지방자치단체 간의 수직적 권력분립관계에서 헌법상 보장되는 지방자치권을 보호하고, 통일적 국가행정의 관점에서 국가기관과 지방자치단체 간의 권한의 분배에 관한 다툼을 조정하는 의미를 가진다. 헌법이 국가기관과 지방자치단체 간의 권한쟁의를 헌법재판소의 관할로 규정한 것은, 헌법에 보장된 지방자치권의 확보를 통하여 중앙과 지방 간의 수직적 권력분립질서를 유지하고 보장하고자 하는 것이다.

---

[1] 헌법재판소의 위 판시내용은 민사소송과 권한쟁의심판 사이의 본질적인 차이를 간과하여 명시적인 법률규정이 없이는 제3자 소송담당을 인정할 수 없다는 결론에 이른 것 외에도 다음과 같은 문제점을 노출하고 있다. ① 첫째, 헌법재판소는 "국회의 의사가 다수결에 의하여 결정되었음에도 다수결의 결과에 반대하는 소수의 국회의원에게 권한쟁의심판을 청구할 수 있게 하는 것은 다수결의 원리와 의회주의의 본질에 어긋"난다고 판시하고 있는데, 이는 헌법재판소가 오늘날 변화한 의회주의의 의미에 대하여 잘못 이해하고 있음을 드러내는 것이다. 정당국가화의 현상으로 인하여 오늘날 근본적으로 변화한 헌법현실에서 의회주의의 새로운 존립근거는 의회 내 야당의 지위를 향상시켜 정부에 대한 의회의 통제기능을 강화함으로써 확보될 수 있는 것이다. 따라서 의회주의의 이러한 새로운 의미가 유지되기 위해서는 오늘날 실질적으로 정부를 통제하는 기능을 담당하는 야당 권리의 보호와 강화가 필수적이다. 이러한 관점에서 볼 때 권한쟁의심판에서 제3자 소송담당을 인정하는 것은 현대 의회주의를 실현하기 위하여 필수적인 것이다. ② 둘째, 헌법재판소의 위 판시내용에는 헌법재판과 권한쟁의심판의 본질과 목적에 대한 이해의 부족이 노정되어 있다. 국가기관간의 분쟁을 분쟁당사자간의 대화와 타협을 통하여 해결할 수 있음에도 이를 헌법재판소의 관할로 한 것은 헌법재판소의 심판을 통하여 민주적 다수에 대해서도 헌법을 관철하고 수호하고자 한 것이다. 권한쟁의심판의 주된 목적이 바로 소수의 보호와 민주적 다수에 대한 통제에 있는 것이다. 따라서 헌법재판소의 위 판시내용은 궁극적으로 권한쟁의심판의 본질을 부정하는 것이고, 결국 自己否定인 것이다. 헌법재판은 '민주적 다수의 결정도 헌법에 반할 수 있다'는 사고에서 출발하고 있다. 소수가 다수결로 결정된 것을 다투는 것은 다수결의 원리와 의회주의에 반한다는 사고는 다수결정을 절대시하는 절대적 민주주의의 사고이며 헌법재판을 부인하는 사고이다. ③ 셋째, 헌법재판소는 제3자 소송담당을 인정하는 경우 남용의 우려가 있음을 이유로 제3자 소송담당을 부인하고 있다. 그러나 남소의 위험성 문제는 개별적 사건에서 권리보호이익(심판의 이익)의 요건을 통하여 해소될 수 있을 뿐만 아니라, 제3자 소송담당의 인정 범위와 요건 등을 엄격하게 정함으로서 극복될 수 있으므로, 제3자 소송담당을 전면적으로 부정하는 논거가 될 수 없다(또한, 재판관 송두환의 반대의견 참조).

국가기관과 지방자치단체 간의 권한쟁의심판은 지방자치단체에게는 헌법상 보장되는 지방자치권의 침해를 주장하고 이를 사법적으로 관철할 수 있는 중요한 절차이다. 국가기관과 지방자치단체 간의 권한쟁의는 대부분 지방자치단체에 대한 국가의 감독권행사 또는 국회의 입법행위와 관련하여 지방자치권의 침해여부가 문제되는 경우에 발생한다.

나. 당사자능력

(1) 법 제62조 제1항 제2호는 '국가기관과 지방자치단체 간의 권한쟁의심판'의 종류를 규정하면서, 당사자로서 "가. 정부와 특별시 · 광역시 · 특별자치시 · 도 또는 특별자치도간의 권한쟁의심판", "나. 정부와 시 · 군 또는 지방자치단체인 구(이하 "자치구"라 한다)간의 권한쟁의심판"으로 나누어 언급하고 있다. 국가기관과 지방자치단체 간의 권한쟁의심판에서 당사자는 정부와 지방자치단체(광역자치단체 및 기초자치단체)이다.

(2) 법 제62조 제1항 제2호는 일방 당사자가 되는 국가기관을 '정부'로만 규정하고 있는데, 여기서 다른 국가기관은 당사자가 될 수 없는지의 문제가 제기된다. 국가기관 상호간의 권한쟁의심판의 경우와 마찬가지로, '수직적 권력분립질서의 유지와 보장'이라는 국가기관과 지방자치단체간의 권한쟁의심판의 의미와 목적에 비추어 여기서의 '정부'도 예시적인 것으로 보는 것이 타당하다.[1] 법 제62조 제1항 제2호에서 명시적으로 언급하고 있는 '정부' 외에 정부의 부분기관, 나아가 국회 등 다른 국가기관 및 그 부분기관도 당사자가 될 수 있다.

나아가, 헌법재판소는 당사자인 '국가기관'을 그 기능의 관점에서 실질적으로 파악함으로써, '국가기관'의 범위를 헌법기관과 그 부분기관을 넘어서, '국가의 기능을 이행하기 때문에 지방자치권을 침해할 가능성이 있는 모든 국가기관'으로 확대하였다. 예컨대, 광역자치단체의 장이 행정심판의 재결청의 지위에서 행한 처분이 관할구역 내에 있는 기초자치단체의 권한을 침해한 것인지의 여부가 문제된 사건에서, 헌법재판소는 그 재결청인 광역지방자치단체의 장은 국가기관의 지위에 있다고 보아 그 권한쟁의를 '지방자치단체 상호간의 권한쟁의'가 아니라 '국가기관과 지방자치단체 간의 권한쟁의'로 판단한 바 있다.[2] 헌법재판소는 위 결정에서, 지방자치단체의 장은 자치사무뿐만 아니라 국가의 위임사무(기관위임사무)도 함께 처리하므로 처리하는 사무의 성격에 따라서 그 기능이 달라진다는 것을 전제로 하여, 지방자치단체의 장이 '국가기관' 또는 '지방자치단체'에 해당하는지의 여부는 그 실질적인 기능에 의하여 판단해야 한다고 판시하였다.

(3) 국가기관과 지방자치단체 간의 권한쟁의에서 또 다른 당사자는 '지방자치단체'인데, 지방자치단체의 종류는 헌법 제117조 제2항의 위임에 의하여 법률로 확정되어 있다(지방자치법 제2조 제1항). 여기서 '지방자

---

1) 헌법이 제111조 제1항 제4호에서 "국가기관과 지방자치단체 간의 권한쟁의에 관한 심판"이라고 하여 헌법재판소에게 국가기관과 지방자치단체 간의 권한쟁의에 관한 심판권한을 포괄적으로 부여하였고, 지방자치단체의 자치행정권은 정부의 감독행위뿐만 아니라 국회의 입법행위 등에 의해서도 침해될 가능성이 있다는 점에서, 국가기관과 지방자치단체 간의 권한분쟁은 정부뿐만 아니라 국회 등 다른 국가기관과의 관계에서도 발생할 수 있으므로, 국가기관과 지방자치단체 간의 권한쟁의에 관한 심판권한을 부여한 위 헌법규정의 의미에 부합하게 법 제62조 제1항 제2호는 합헌적으로 해석되어야 한다.

2) 헌재 1999. 7. 22. 98헌라4(성남시와 경기도 간의 권한쟁의), 판례집 11-2, 51, 65, "이 사건의 쟁점은 피청구인이 재결청의 지위에서 행정심판법 제37조 제2항의 규정에 따라 행한 직접처분이 청구인의 권한을 침해하는가 여부이다. 따라서 이 사건은 지방자치단체인 청구인(성남시)과 국가기관인 재결청으로서의 피청구인(경기도지사) 사이의 권한쟁의 사건이라고 할 것이다."

치단체의 기관'도 당사자가 될 수 있는지의 문제가 제기된다. 헌법재판소는 국가사무가 아닌 지방자치단체의 권한에 속하는 사항에 관하여 지방자치단체의 장은 원칙적으로 당사자가 될 수 없다고 판시하여, 지방자치단체 기관의 당사자능력을 부인하고 있고 있다.[1]

다. 당사자적격

헌법과 법률에 의하여 부여받은 권한을 가진 자만이 그 권한의 침해를 주장하여 권한쟁의심판을 청구할 수 있는 청구인적격을 가지고 있다(법제61조제2항). 당사자적격을 판단함에 있어서 지방자치단체가 '자치사무'를 이행하는지 아니면 '국가위임사무'를 이행하는지에 따라, 자신에게 귀속된 권한의 침해를 주장할 수 있는지의 여부가 달라진다.

지방자치단체는 헌법 또는 법률에 의하여 부여받은 그의 권한, 즉 지방자치단체의 사무에 관한 권한이 침해되거나 침해될 우려가 있는 때에 한하여 권한쟁의심판을 청구할 수 있다. 기관위임사무는 지방자치단체의 사무가 아니므로, 기관위임사무에 관하여는 그 침해를 이유로 권한쟁의심판을 청구할 수 없다.[2] 요컨대, 지방자치단체가 자치사무를 이행하는 경우에는 당사자적격이 인정되지만, 국가위임사무를 이행하는 경우에는 국가기관과의 관계에서 단지 하부 국가기관으로서 기능하기 때문에 당사자적격이 부인된다.

3. 지방자치단체 상호간의 권한쟁의

가. 헌법적 의미

(1) 법 제62조 제1항 제3호는 지방자치단체 상호간의 권한쟁의로서 광역자치단체 간의 권한쟁의 ("가. 특별시·광역시·특별자치시·도 또는 특별자치도 상호간의 권한쟁의심판"), 기초자치단체 간의 권한 쟁의("나. 시·군 또는 자치구 상호간의 권한쟁의심판"), 광역자치단체와 기초자치단체 간의 권한쟁의("다. 특별시·광역시·특별자치시·도 또는 특별자치도와 시·군 또는 자치구 간의 권한쟁의심판")를 규정하고 있다.

지방자치의 활성화와 더불어, 지방자치단체간의 이해의 상충 또는 경쟁관계의 확대를 초래하였고, 지방자치단체간의 갈등과 분쟁이 증가함에 따라 이러한 분쟁을 사법적 판단으로 종식시키고 해결해야 하는 필요성이 있다.[3] 헌법이 '지방자치단체 상호간의 권한쟁의'까지 헌법재판소의 관장사항으로 포함시킨 것은, 국가공동체 내의 모든 수평적·수직적 권력분립질서에서 발생하는 권한분쟁을 일괄적으로 헌법재판소의 관할로 함으로써, 지방자치단체 상호간의 관계에서도 법적 평화를 유지하고자 하는 것이다.

(2) 지방자치단체 상호간의 권한분쟁은 헌법상 권한에 관한 분쟁이 아니라 전적으로 법률상 권한분쟁이라는 특징을 가진다. 헌법이 보장하는 '자치행정권'이란 그 본질에 있어서 '국가의 통제와 간섭으로부터의 자율성'을 의미하므로, 국가와의 관계에서 보장되고 침해될 수 있는 성격의 것이지, 지방자치단체 상호간의 관계에서 침해될 수 있는 성격의 것이 아니다. 지방자치단체 상호간의 관계에서

---

1) 헌재 2006. 8. 31. 2003헌라1(광양시등과 순천시등간의 권한쟁의), 판례집 18-2, 319.
2) 헌재 1999. 7. 22. 98헌라4(성남시와 경기도 간의 권한쟁의), 판례집 11-2, 51; 헌재 2004. 9. 23. 2000헌라2(당진군과 평택시 간의 권한쟁의), 판례집 16-2상, 404, 418.
3) 헌법재판소, 헌법재판실무제요(제1개정증보판), 2008, 330.

침해될 수 있는 것은, 입법자가 법률로써 정한 관할과 권한이다.

종래 헌법재판소가 판단한 지방자치단체 상호간의 권한분쟁은 헌법상 자치행정권의 침해를 주장하는 '헌법상 권한분쟁'이 아니라, 지방자치단체의 관할이나 권한을 규정하는 법령조항의 불명확성이나 부재(不在)로 인하여 법률상 관할이나 권한을 다투는 '법률상 권한분쟁'이었고, 이로써 해석을 통하여 지방자치단체 상호간에 법률상 관할 또는 권한을 획정하고 귀속시키는 문제였다.[1]

(3) '지방자치단체 상호간의 권한쟁의'의 경우에는 헌법상 권한의 침해여부가 문제될 여지가 없고 전적으로 법률상 관할 또는 권한의 획정에 관한 문제라는 점에서, 본질적으로 법률심이자 최종심인 헌법재판소가 사실관계의 확정과 평가 및 법률의 해석과 적용이 주된 쟁점을 이루는 관할분쟁에 관한 재판을 담당하는 것이 과연 적절한지에 대하여 의문이 있다.

나. 당사자능력

지방자치단체 상호간의 권한쟁의에서 당사자는 지방자치단체(특별시, 광역시, 특별자치시, 도, 특별자치도, 시, 군, 자치구)이고, 지방자치단체의 장이 대표한다(지방자치법 제92조).

지방자치단체의 장이 국가위임사무에 대해 국가기관의 지위에서 처분을 행한 경우에는 '국가기관과 지방자치단체 간의 권한쟁의심판'에서 국가기관으로서 당사자가 될 수 있지만, 국가사무가 아니라 지방자치단체의 권한에 속하는 사항에 관한 한, 지방자치단체의 장은 지방자치단체의 기관으로서의 지위만 가질 뿐 권한쟁의의 당사자가 될 수 있는 지방자치단체가 아니므로 당사자능력이 없다.[2]

다. 권한쟁의심판에서 부수적 규범통제

법 제61조 제2항이 권한쟁의심판의 대상을 법률상 권한분쟁으로 확대하고 있기 때문에, 권한쟁의의 당사자가 법률상 권한침해를 주장하는 경우, 헌법재판소로서는 권한침해의 여부를 확인하기 위해서는 그 선행적 작업으로서 권한의 근거규범인 법률의 위헌여부를 판단해야 한다.[3] 이로써 법률상 권한의 침해여부를 다투는 모든 권한쟁의심판은 부수적 규범통제절차를 수반하게 된다. 부수적 규범통제는 3가지 권한쟁의 유형 모두에서 발생할 수 있으나, 특히 법률상 권한침해의 여부가 다투어지는 '지방자치단체 상호간의 권한쟁의'에서 문제된다.[4]

1) 헌재 2004. 9. 23. 2000헌라2(당진군과 평택시 간의 권한쟁의), 헌재 2006. 8. 31. 2003헌라1(광양시와 순천시 간의 권한쟁의), 2006. 8. 31. 2004헌라2(부산광역시 강서구와 진해시 간의 권한쟁의), 헌재 2008. 12. 26. 2005헌라11(북제주군과 완도군 간의 권한쟁의); 헌재 2009. 7. 30. 2005헌라2(옹진군과 태안군 간의 권한쟁의) 등은 모두 법령의 해석을 통하여 지방자치단체 상호간 관할구역의 경계를 획정하는 문제였다. 가령, 헌재 2019. 4. 11. 2016헌라8등(고창군과 부안군 사이의 해상경계), [공유수면에 대한 지방자치단체의 관할구역 경계획정 원리] "공유수면에 대한 지방자치단체의 관할구역 경계획정은 이에 관한 명시적인 법령상의 규정이 존재한다면 그에 따르고, 명시적인 법령상의 규정이 존재하지 않는다면 불문법상 해상경계에 따라야 한다. 그리고 이에 관한 불문법상 해상경계마저 존재하지 않는다면, 주민·구역·자치권을 구성요소로 하는 지방자치단체의 본질에 비추어 지방자치단체의 관할구역에 경계가 없는 부분이 있다는 것은 상정할 수 없으므로, 권한쟁의심판권을 가지고 있는 헌법재판소가 형평의 원칙에 따라 합리적이고 공평하게 해상경계선을 획정할 수밖에 없다." ; 헌재 2024. 8. 29. 2022헌라1(남해군과 통영시 사이의 해상경계).
2) 헌법재판소는 '광양시와 순천시간의 권한쟁의' 사건에서 청구인인 지방자치단체 장의 심판청구와 지방자치단체의 장을 피청구인으로 하는 심판청구를 모두 당사자능력이 결여되어 부적법하다고 판단한 바 있다(헌재 2006. 8. 31. 2003헌라1, 판례집 18-2, 319, 328).
3) 법률상의 권한분쟁이 법원의 관할인 경우에는 법원이 구체적인 소송에서 권한의 근거규범에 대한 위헌의 의심이 있는 경우 위헌제청을 하고 법관의 제청에 의하여 헌법재판소가 구체적 규범통제를 하게 되지만, 법률상의 권한분쟁을 헌법재판소의 권한쟁의심판의 대상으로 하는 경우에는 권한쟁의심판은 부수적 규범통제를 수반하게 된다.
4) 가령, 헌재 2008. 5. 29. 2005헌라3(강남구청 등과 감사원 간의 권한쟁의), 판례집 20-1하, 41, 50. 헌법재판소는, 감

한편, 입법자는 부수적 규범통제절차에서 헌법재판소가 권한의 근거규범을 위헌으로 확인하는 경우에 대하여 별도의 명확한 규정을 두어야 하는데, 현행 헌법재판소법은 이에 관한 명시적인 규정을 두지 않음으로써 권한의 근거규범을 위헌으로 확인하는 경우에 이를 어떻게 해결해야 하는지에 관하여 논란의 여지를 낳고 있다.

Ⅲ. 소극적 권한쟁의를 인정할 것인지의 여부

사례 *1* 헌재 1998. 8. 27. 96헌라1(시흥시와 정부 간의 권한쟁의 사건)

시화공업단지 내의 공공시설의 관리권자가 누구인지를 둘러싸고 시흥시와 정부 사이에 발생한 분쟁에서 시흥시는 시화공업단지 내의 공공시설의 관리권자는 정부임을 전제로 정부가 공공시설을 관리하지 않음으로써 시흥시의 지방자치권(자치재정권)을 침해하였다고 주장하여 권한쟁의심판을 청구하였다. 시흥시의 심판청구는 적법한가?

사례 *2* 헌재 1998. 6. 25. 94헌라1(포항시와 정부 간의 권한쟁의 사건)

어업면허의 유효기간연장 불허가처분에 따른 손실보상금의 지급사무에 관한 관할이 누구에게 속하는지를 둘러싸고 포항시와 정부 사이에 분쟁이 발생하였다. 이에 포항시는 손실보상금 지급사무에 관한 권한이 누구에게 속하는지를 확정해 달라고 권한쟁의심판을 청구하였다. 포항시의 심판청구는 적법한가?

1. 소극적 권한쟁의를 인정하는 경우의 문제점

권한쟁의에서 '권한의 유무나 그 범위에 대한 다툼'은 일반적으로 특정 사안에 대하여 서로 자기가 권한을 가지고 있다고 주장하거나 또는 피청구인의 행위로 인하여 청구인의 권한이 침해되었다고 주장하는 적극적인 권한쟁의의 형태로 발생한다. 이에 대하여, 특정 사안에 대하여 서로 자신의 권한이 아니라고 다투는 경우에도 소위 '소극적 권한쟁의'를 인정할 것인지의 문제가 제기된다. 물론, 서로 자신의 권한이 아니라고 다투는 경우는 현실적으로 발생하지 않으므로, 여기서 다툼의 대상이 되는 것은 정확하게 표현하자면, 권한이 아니라 관할이나 의무이행의 문제이다.

입법례를 보면, 독일에서는 소극적 권한쟁의를 인정하지 아니하나, 오스트리아와 스페인에서는 명문으로 이를 인정하고 있다. 그러나 소극적 권한쟁의를 인정하는 명문의 규정이 없는 현행 헌법재판소법에서 이를 인정하는 것은 무리인 것으로 판단된다. 특히, 법 제61조 제2항에서 권한쟁의의 청구요건으로서 '피청구인의 처분 또는 부작위가 청구인의 권한을 침해하거나 침해할 현저한 위험이 있어야 한다'고 규정하고 있는데, 소극적 권한쟁의는 이러한 요건을 충족시킬 수 없다. 뿐만 아니라,

---

사원이 지방자치단체에 대하여 자치사무의 합법성 여부뿐만 아니라 합목적성 여부에 대하여도 감사한 행위가 지방자치권을 침해하는지 여부가 문제된 '강남구청 등과 감사원 간의 권한쟁의'사건에서, 지방자치단체의 자치사무에 대한 합목적성 감사의 근거가 되는 감사원법규정 자체가 청구인들의 지방자치권의 본질을 침해하여 위헌인지 여부에 관하여 선행적으로 판단함으로써 권한쟁의심판에서 부수적 규범통제를 한 바 있다.

현행 사법제도상 소극적 권한쟁의를 해결할 수 있는 다른 사법절차의 가능성이 있기 때문에, 부가적으로 소극적 권한쟁의를 인정하는 것은 권리구제절차의 중복으로 인하여 법원의 판단과 헌법재판소의 판단이 충돌할 우려가 있다. 사법제도는 가능하면 관할의 중복으로 인한 사법기관간의 충돌을 피할 수 있도록 구체적으로 형성되어야 하며, 또한 절차법도 이러한 관점에서 해석되어야 한다.

가령, 지방자치단체가 특정 하천에서 발생한 오염물질을 급박하게 제거하면서 지출한 비용의 상환을 국가에게 요청하였으나 국가가 이 하천의 관리권한이 자신에게 없다고 주장하며 이를 지급하지 않는 경우, 이른바 소극적 권한쟁의를 인정한다면 지방자치단체는 특정하천의 관리 권한이 국가에게 존재한다고 주장하며 권한쟁의심판을 청구하는 것도 가능할 것이다. 한편, 지방자치단체는 공법상의 비용상환청구소송을 제기할 수 있고, 이러한 경우 법원은 선결문제로서 하천의 관리권한이 누구에게 존재하는지를 판단하게 된다.[1] 따라서 소극적 권한쟁의를 인정한다면 당사자소송과의 중복이 발생할 수 있다. 뿐만 아니라, 헌법재판소는 권한쟁의심판에서는 권한의 유무나 범위에 대해서만 판단할 수 있으며, 행정소송에 의해서만 구체적인 비용상환의무의 존부나 액수는 인정될 수 있고, 집행력을 얻을 수 있다.

2. 헌법재판소의 판례

헌법재판소는 소극적 권한쟁의가 가능한지에 관하여 명시적으로는 입장을 밝히지는 않았으나, 간접적으로 소극적 권한쟁의를 부정하는 태도를 취하고 있는 것으로 보인다.

가. 헌재 1998. 6. 25. 94헌라1(포항시와 정부간의 권한쟁의)

헌법재판소는 어업면허의 유효기간연장 불허가처분에 따른 손실보상금의 지급사무에 대한 권한이 청구인(포항시) 또는 피청구인(정부) 중 누구에게 속하는가를 확정해달라고 청구한 권한쟁의사건에서, 문제되는 다툼은 "유효기간연장의 불허가처분으로 인한 손실보상금 지급권한의 존부 및 범위 자체에 관한 청구인과 피청구인 사이의 직접적인 다툼이 아니라, 그 손실보상금 채무를 둘러싸고 어업권자와 청구인, 어업권자와 피청구인 사이의 단순한 채권채무관계의 분쟁에 불과한 것으로 보인다."라고 판시하여 심판청구를 각하한 바 있다.[2]

나. 헌재 1998. 8. 27. 96헌라1(시흥시와 정부간의 권한쟁의)

한편, 시화공업단지 내의 공공시설의 관리권자가 누구인지를 둘러싸고 시흥시가 청구한 사건에서, 시흥시는 시화공업단지 내의 공공시설의 관리권자는 정부임을 전제로 정부가 공공시설을 관리하지 아니함으로 인하여 시흥시의 지방자치권(자치재정권)을 침해하였다고 주장하였다. 이에 대하여 헌법재판소는 정부가 아니라 청구인인 시흥시가 공공시설의 관리권자이므로 권한이 침해되지 않았으며, 설사 정부가 관리권자라 하더라도 청구인으로서는 공공시설을 관리하지 않으면 그 뿐이고, 정부의 부작위로 청구인의 권한이 침해될 여지가 없다고 하면서, 심판청구를 기각하였다.[3] 이에 대하여 재판관 3인의 반대의견은 공공시설의 관리권한이 누구에게 귀속되는지와 관계없이 정부의 부작위로

---

1) 헌법재판소, 헌법재판실무제요(제1개정판), 2003, 285면 참조.
2) 판례집 10-1, 739, 위 판시내용에 비추어 보건대, 헌법재판소는 문제되는 분쟁이 민사소송을 통하여 해결될 수 있기 때문에 권한쟁의심판을 인정할 필요가 없다는 것을 간접적으로 표현하고 있다.
3) 판례집 10-2, 364.

청구인의 권한이 침해될 우려가 없어 법 제61조 제2항의 적법요건을 갖추지 못한 것이므로 각하하여야 한다는 의견을 피력하였다.

Ⅳ. 심판청구의 적법요건

법 제61조에 의하면, 권한쟁의심판을 청구하려면 청구인과 피청구인 상호간에 헌법 또는 법률에 의하여 부여받은 권한의 존부 또는 범위에 관하여 다툼이 있어야 하고, 피청구인의 처분 또는 부작위가 헌법 또는 법률에 의하여 부여받은 청구인의 권한을 침해하였거나 침해할 현저한 위험이 있는 경우이어야 한다.[1]

1. 당 사 자

가. 당사자능력

당사자능력이란, 구체적 소송사건의 내용과 관계없이 '일반적으로' 권한쟁의심판의 당사자, 즉 청구인과 피청구인이 될 수 있는 자격을 말한다. 누가 권한쟁의심판의 당사자가 될 수 있는지에 관하여는 법 제62조에서 각 권한쟁의심판의 종류별로 당사자를 언급하고 있다. 당사자능력과 관련하여 문제되는 것은, 법 제62조에 언급하고 있는 당사자 외에 해석을 통하여 당사자의 범위를 확대할 수 있는지에 관한 것이다.

나. 당사자적격

당사자적격이란 '구체적' 권한쟁의심판사건에서 청구인과 피청구인이 될 수 있는 자격, 즉 당사자로서 소송을 수행하고 본안판단을 받을 수 있는 자격을 말한다. '헌법과 법률에 의하여 부여받은 권한'을 가진 자만이 그 권한의 침해를 주장하여 권한쟁의심판을 청구할 수 있는 청구인적격을 가지고 있다(법제61조제2항). 한편, 처분 또는 부작위를 야기한 기관만이 피청구인적격을 가지므로, 심판청구는 이 기관을 상대로 하여야 한다. 헌법소원심판의 경우, 기본권침해의 자기관련성을 가지는 자만이 헌법소원을 청구할 수 있는 것과 마찬가지로, 권한쟁의심판의 경우에도 침해당했다고 주장하는 권한과 적절한 관련성이 인정되는 기관만이 청구인적격을 가지는 것이다.[2]

다. 제3자 소송담당

소위 '제3자 소송담당'이란 권리주체가 아닌 제3자가 자신의 이름으로 권리주체를 위하여 소송을 수행할 수 있는 권능이다. 권리는 원칙적으로 권리주체가 주장하여 소송수행을 하도록 하는 것이 자기책임의 원칙에 부합하므로, '제3자 소송담당'은 예외적으로 법률의 규정이 있는 경우에만 인정된다.[3] 권한쟁의심판에서 제3자 소송담당이란, 제3자의 당사자적격에 관한 문제, 즉 제3자인 기관이 다른 국가기관에게 귀속되는 권한의 침해를 주장하여 자신의 이름으로 권한의 주체를 위하여 권한쟁의심판을 청구할 수 있는지의 문제에 관한 것이다. 독일과는 달리, 우리 헌법재판소법은 제3자소송담당에 관한 명문의 규정을 두고 있지 않으므로, 어느 기관의 부분기관이 그 기관의 권한침해를 주

---

1) 헌재 1998. 6. 25. 94헌라1, 판례집 10-1, 739, 751-752 참조.
2) 헌법재판소, 헌법재판실무제요(제1개정판), 2003, 291면 참조.
3) 헌재 2007. 7. 26. 2005헌라8, 판례집 19-2, 26, 33.

장하여 심판을 청구할 수 있는지, 특히 국회의 구성원인 국회의원이 국회를 위하여 국회의 권한침해를 주장하는 권한쟁의심판을 청구할 수 있는지 여부가 문제된다.

2. 피청구인의 처분 또는 부작위의 존재

가. 처 분

> **사례** 헌재 2005. 12. 22. 2004헌라3(서울특별시와 정부 간의 권한쟁의 사건)
>
> 정부는 의무교육 관련경비의 부담주체를 '국가'에서 '국가 및 지방자치단체'로 변경하기 위하여 지방교육자치에 관한 법률 및 지방교육재정교부금법의 개정법률안을 국회에 제출하였고, 위 개정법률안들은 국회 본회의에서 의결되어 각 공포되었다. 이에 서울특별시는 정부의 개정법률안 제출행위 및 국회의 개정법률은 의무교육경비의 국가부담을 규정하고 있는 헌법 및 법률에 위반되어 청구인의 자치재정권을 침해한다고 주장하면서 권한쟁의심판을 청구하였다.[1]

(1) 처분의 의미

법 제61조 제2항의 '피청구인의 처분'은 행정행위나 행정처분에 해당하는 개념이 아니라 모든 법규범의 제정행위, 행정행위, 사실행위를 포함하는 포괄적인 개념으로서 부작위에 대립되는 개념인 '작위'나 '적극적인 行爲'에 해당한다. 즉, 청구인의 법적 지위를 침해할 수 있는 피청구인의 모든 행위가 처분으로 고려되는 것이다. 한편, 법적 중요성을 지니기 때문에 청구인의 권한을 침해하기에 적합한 행위만이 피청구인의 처분으로 고려된다. 기관내부적인 효력만을 가지는 행위나 외부적 효력을 가지는 행위를 단지 준비하는 행위는 청구인의 법적 지위에 구체적으로 영향을 미칠 가능성이 없는 행위로서 '처분'에 해당하지 않는다. 따라서 정부의 법률안제출행위나[2] 행정자치부장관이 지방자치단체에게 한 단순한 업무협조요청, 업무연락, 견해표명은[3] 처분이라 할 수 없다.

입법영역에서의 처분은 법률제정과 관련된 행위(가령, 국회의장의 법률안가결선포행위)를 포함하며, 행정영역에서의 처분은 법규제정과 관련된 행위 및 개별적 행정행위 및 사실행위(가령, 정부의 홍보활동, 군대파견에 관한 정부의 결정, 예산 외 재정의 지출 등)를 포함한다.[4] 이러한 점에서 볼 때, 헌법재판

---

[1] 헌법재판소는 위 결정에서 정부에 대한 심판청구에 대해서는 법률안제출행위가 '처분'에 해당하지 않으므로 부적법하여 각하하였고, 국회에 대한 심판청구에 대해서는 '국회의 법률제정행위'가 '처분'에 해당하는지에 관한 별도의 판단 없이 이를 당연한 전제로 하여 심판청구의 적법성을 인정한 다음, 의무교육경비를 국가가 부담해야 한다는 헌법원칙이 도출되지 않는다는 이유로 청구인의 권한침해를 부인함으로써 청구를 기각하였다.

[2] 헌재 2005. 12. 22. 2004헌라3(서울특별시와 정부간의 권한쟁의), 판례집 17-2, 650, "여기서 '처분'이란 법적 중요성을 지닌 것에 한하므로, 청구인의 법적 지위에 구체적으로 영향을 미칠 가능성이 없는 행위는 '처분'이라 할 수 없어 이를 대상으로 하는 권한쟁의심판청구는 허용되지 않는다. … 따라서 정부가 법률안을 제출하는 행위는 입법을 위한 하나의 사전 준비행위에 불과하고, 권한쟁의심판의 독자적 대상이 되기 위한 법적 중요성을 지닌 행위로 볼 수 없다."

[3] 헌재 2006. 3. 30. 2005헌라1, 공보 114, 525.

[4] 헌법재판소는 "여기서의 처분은 입법행위와 같은 법률의 제정과 관련된 권한의 존부 및 행사상의 다툼, 행정처분은 물론 행정입법과 같은 모든 행정작용 그리고 법원의 재판 및 사법행정작용 등을 포함하는 넓은 의미의 공권력처분을 의미하는 것"이라고 하여, 처분에 사법작용도 포함시키고 있다(가령, 헌재 2006. 5. 25. 2005헌라4, 판례집 18-1하, 28). 국가기관간의 권한쟁의가 주로 정치적 헌법기관인 국회와 정부 사이에서 발생한다는 점에서 법원의 행위를 처분에 포함시키는 것이 타당한지 의문이 있을 뿐만 아니라, 설사 이를 포함시킨다 하더라도 '사법행정작용'과 관련해서는 권한분쟁의 소지를 배제할 수는 없으나, '법원의 재판'과 관련해서는 권한쟁의가 발생할 가능성이

소법 제61조 제2항의 "처분"을 "부작위"에 대응하는 개념인 '작위'나 '조치'(Maβnahme) 등으로 개정하는 것이 바람직하다.

(2) 법률에 대한 권한쟁의심판

한편, 법률이나 시행령과 같은 법규범 그 자체도 권한쟁의심판의 대상이 될 수 있는지의 문제가 제기된다. 의결정족수를 규정하고 있는 법 제23조 제2항에 의하면, 법률의 위헌결정의 경우에는 재판관 6인 이상의 찬성이 있어야 하나, 권한쟁의심판의 경우에는 단지 재판관 과반수의 찬성으로 인용결정을 할 수 있도록 규정하고 있다. 이와 같이 법률의 위헌결정을 위한 의결정족수와 권한쟁의심판의 인용결정을 위한 의결정족수가 서로 상이하다는 점에서, 국회가 제정한 법률이 법 제61조 제2항의 의미에서 '처분'에 해당하는지, 이에 해당한다면 헌법재판소가 권한쟁의심판에서 법률의 위헌성을 확인하는 경우 어떠한 형태의 결정주문을 선택해야 하고 인용결정의 효력은 무엇인지의 문제가 제기된다.

(가) 심판대상으로서 법률의 제정행위

국회가 제정한 법률이 국회의원이나 소수파의 권한을 침해하거나 또는 지방자치단체의 자치행정권을 침해할 수 있으므로, 법률의 내용 그 자체가 권한쟁의심판의 대상이 될 수 있다는 것은 부인할 수 없다. 헌법재판소는 '종합부동산세법의 제정으로 지방자치단체의 자치행정권을 침해하였다'는 주장으로 제기된 지방자치단체와 국회간의 권한쟁의심판에서(헌재 2006. 5. 25. 2005헌라4 결정), 법 제61조 제2항의 '처분'을 넓은 의미의 공권력처분을 의미하는 것으로 보아야 할 것이므로 법률에 대한 권한쟁의심판도 허용되나, "다만 권한쟁의심판과 위헌법률심판은 원칙적으로 구분되어야 한다는 점에서, 법률에 대한 권한쟁의심판은 '법률 그 자체'가 아니라, '법률의 제정행위'를 그 심판대상으로 해야 할 것이다."라고 판시하였다. 헌법재판소는 이로써 법률이 그 내용으로 인하여 청구인의 헌법상 또는 법률상 부여받은 권한을 침해하는지의 여부도 권한쟁의심판의 대상이 된다는 것을 확인하면서, 다만 이 경우 문제되는 피청구인의 행위는 '법률 그 자체'가 아니라, '법률의 제정행위'라고 판단하였다.[1]

(나) 추상적 규범통제의 성격

그러나 피청구인의 처분을 법률 그 자체가 아니라 '법률제정행위'로 보더라도, 법률의 내용 그 자체에 의하여 청구인의 헌법상 권한이 침해되었는지가 실체적 심판대상이라는 점에서, 헌법재판소는 본안판단에서 법률의 위헌여부에 관한 판단을 하지 않을 수 없으며,[2] 그 결과 법률의 위헌성을 확인하는 경우에는 재판관 과반수의 찬성으로 인용결정을 하게 된다. 그렇다면 이 경우 피청구인의 행위를 무엇으로 보든지 간에 결국 권한쟁의심판의 범주 내에서 법률의 위헌심사가 불가피하게 이루어질

전혀 없다. 법원의 재판이란 법적 분쟁의 궁극적인 해결을 목적으로 하는 것인데, 법원의 재판으로 인하여 국가기관의 권한이 침해된다는 것은 상정할 수 없기 때문이다.

1) 헌재 2006. 5. 25. 2005헌라4(강남구 등과 국회간의 권한쟁의), 판례집 18-1하, 28에서 국회의 법률제정행위가 권한쟁의심판의 대상이 될 수 있는 '처분'에 해당하는지 여부를 판단하였는데, "법 제61조 제2항에 따라 권한쟁의심판을 청구하려면 피청구인의 처분 또는 부작위가 존재하여야 한다. 여기서의 처분은 입법행위와 같은 법률의 제정과 관련된 권한의 존부 및 행사상의 다툼, 행정처분은 물론 행정입법과 같은 모든 행정작용 그리고 법원의 재판 및 사법행정작용 등을 포함하는 넓은 의미의 공권력 처분을 의미하는 것으로 보아야 할 것이므로, 법률에 대한 권한쟁의심판도 허용된다고 봄이 일반적이나 다만, '법률 그 자체'가 아니라 '법률제정행위'를 그 심판대상으로 하여야 할 것이다."고 판시하였다. 또한 헌재 2005. 12. 22. 2004헌라3 참조.

2) 가령, 헌재 2005. 12. 22. 2004헌라3 결정에서 법률의 위헌여부에 관하여 판단하였으나 헌법에 위반되지 않는다고 하여 기각결정을 하였다.

수밖에 없는 것이며, 헌법재판소가 법률에 의하여 청구인의 헌법상 권한이 침해되었다는 확인에 이르는 경우에는 법률의 위헌성을 확인하게 되는 것이다.

이러한 관점에서 볼 때, 법규범의 제정을 계기로 하여 그 위헌여부를 심판대상으로 하는 권한쟁의심판은 그 실질에 있어서는, 구체적 사건의 발생여부와 관계없이 정부·국회 등 국가기관과 지방자치단체의 심판청구에 의하여 법규범의 위헌성을 심사하는 '추상적 규범통제'와 유사한 성격을 가지게 된다. 즉, 현행 헌법재판제도가 비록 추상적 규범통제제도를 명시적으로 도입하고 있지 않지만, 법규범에 대한 권한쟁의심판을 허용함으로써 사실상 추상적 규범통제가 도입되는 결과가 발생하는 것이다. 따라서 법률이 피청구인의 행위로서 문제되는 경우 '법률'이 아니라 '법률제정행위'를 처분으로 본다고 하여 권한쟁의심판과 위헌법률심판이 서로 상이한 의결정족수를 규정하고 있다는 문제가 해결되는 것은 아니다.

(다) 권한쟁의심판과 규범통제절차의 차이

1) 한편, 권한쟁의심판과 규범통제절차 사이에는 결정의 주문과 효력 및 헌법적 심사의 범위에 있어서 다음과 같은 근본적인 차이가 있다.

헌법재판소가 위헌법률심판이나 헌법소원심판에서 법률의 위헌성을 확인하는 경우에는 헌법불합치결정 등 변형결정을 하지 않는 한, 원칙적으로 위헌결정을 통하여 대상법률을 법질서에서 제거하게 된다. 반면, 권한쟁의심판에서 헌법재판소는, 단지 청구인의 헌법상 권한이 대상법률의 제정으로 인하여 침해되었다는 확인에 그치게 된다. 헌법재판소는 권한쟁의심판에서 법률의 위헌성을 확인하는 경우에도 위헌결정의 형태로 법률을 직접 제거할 수는 없고 단지 법률의 위헌성을 간접적으로 표현할 수 있을 뿐이다.[1] 헌법재판소가 권한쟁의심판에서 법률의 위헌성을 확인하였음에도 불구하고 입법자가 위헌적인 상태를 스스로 제거하지 않는다면, 그 법률은 규범통제절차를 통하여 비로소 무효로 선언될 수 있다.

규범통제절차에서 헌법재판소는 일단 적법요건이 충족된 경우에는 본안에서 모든 헌법적 관점에서 법률의 위헌여부를 포괄적으로 판단하지만, 권한쟁의심판에서는 본안판단의 범위도 청구인이 주장하는 특정한 권한의 침해 여부에 국한됨으로써 헌법적 심사의 범위와 기준이 심판청구에 의하여 확정된다. 권한쟁의심판에서 심사의 범위는 법률이 전반적으로 헌법에 부합하는지의 여부가 아니라, 단지 법률이 청구인이 주장하는 헌법상 권한을 침해하였는지의 심사에 국한된다. 따라서 법률이 다른 헌법적 관점에서 헌법에 위반될 가능성은 남아있다.

2) 규범통제절차와 권한쟁의심판에서 결정의 주문과 효력이 다르고 헌법적 심사의 범위가 다르다는 점에서, 법률의 위헌결정을 위하여 필요한 심판정족수(6인 이상의 찬성)와 권한쟁의심판에서 인용결정을 하기 위한 정족수(재판관 과반수의 찬성) 사이의 불일치는 어느 정도 해소될 수 있다. 권한쟁의심판과 규범통제절차 사이에 존재하는 위와 같은 차이에도 불구하고, 규범통제절차와 권한쟁의심판절차에서 법률의 위헌확인에 이르기 위하여 필요한 의결정족수의 불일치는 헌법재판소법의 개정을 통하여 근본적으로 해소되는 것이 바람직하다고 본다.

---

1) Vgl. BVerfGE 20, 119, 129; 20, 134, 140f.; 82, 322, 323ff.

(3) 장래처분

피청구인이 아직 행사하지 아니한 장래처분이 법 제61조 제2항에서 규정하는 처분에 포함되는지 여부가 문제된다. 헌법재판소는 피청구인의 장래처분도 예외적인 경우에는 법 제61조 제2항에서 규정하는 피청구인의 처분으로 인정된다고 판단하고 있다.[1]

나. 부작위

부작위란 헌법상 또는 법률상의 작위의무가 있음에도 불구하고 이를 이행하지 않는 것을 말한다.[2] 가령, 헌법상의 작위의무로는 국회나 위원회에 출석하여 답변해야 할 국무총리·국무위원의 의무(헌법 제62조 제2항), 법률상 작위의무로는 감사·조사에 필요한 보고나 서류의 제출을 해야 할 관계기관의 의무(국감법 제10조 제1항)를 예로 들 수 있다.

3. 권한의 침해 또는 현저한 침해위험의 가능성

'권한의 침해'는 과거에 발생하였거나 현재까지 지속되는 침해를 말하며, '현저한 침해위험'은 조만간 권한침해에 이르게 될 개연성이 현저하게 높은 상황을 말한다.

적법요건의 단계에서 '침해'요건은 청구인의 권한이 구체적으로 관련되어 침해가능성이 있다고 인정되는 경우에 충족된다. 권한의 침해가 실제로 존재하고 위헌 또는 위법한지의 여부는 본안판단에서 심사하게 된다.[3]

4. 청구기간

권한쟁의심판은 그 사유가 있음을 안 날로부터 60일 이내에, 그 사유가 있은 날로부터 180일 이내에 청구해야 한다(법 제63조 제1항). 여기서 '그 사유가 있음'이란 권한쟁의심판의 청구사유가 발생한 경우(법 제61조 제2항), 즉 피청구인의 처분 또는 부작위에 의하여 청구인의 권한이 침해되었거나 침해될 현저한 위험이 있는 경우를 말한다.

법률의 제정에 대한 권한쟁의심판의 경우, 청구기간은 법률이 공포되거나 이와 유사한 방법으로 일반에게 알려진 것으로 간주된 때로부터 기산된다.[4] 부작위의 경우에는 부작위가 계속되는 한 권한침해가 계속된다. 따라서 부작위에 대한 권한쟁의심판은 그 부작위가 계속되는 한 기간의 제약 없이 적법하게 청구할 수 있다.

---

1) 헌재 2004. 9. 23. 2000헌라2(당진군과 평택시간의 권한쟁의), 판례집 16-2상, 404, 421, "피청구인의 장래처분에 의해서 청구인의 권한침해가 예상되는 경우에 청구인은 원칙적으로 이러한 장래처분이 행사되기를 기다린 이후에 이에 대한 권한쟁의심판청구를 통해서 침해된 권한의 구제를 받을 수 있으므로, 피청구인의 장래처분을 대상으로 하는 심판청구는 원칙적으로 허용되지 아니한다. 그러나 피청구인의 장래처분이 확실하게 예정되어 있고, 피청구인의 장래처분에 의해서 청구인의 권한이 침해될 위험성이 있어서 청구인의 권한을 사전에 보호해 주어야 할 필요성이 매우 큰 예외적인 경우에는 피청구인의 장래처분에 대해서도 권한쟁의심판을 청구할 수 있다고 할 것이다. 왜냐하면 권한의 존부와 범위에 대한 다툼이 이미 발생한 경우에는 피청구인의 장래처분이 내려지기를 기다렸다가 권한쟁의심판을 청구하게 하는 것보다는 사전에 권한쟁의심판을 청구하여 권한쟁의심판을 통하여 권한다툼을 사전에 해결하는 것이 권한쟁의심판제도의 목적에 더 부합되기 때문이다."
2) 헌재 1998. 7. 14. 98헌라3, 판례집 10-2, 74, 81.
3) 헌재 2006. 5. 25. 2005헌라4(강남구 등과 국회간의 권한쟁의), 판례집 18-1하, 28, 35.
4) 헌재 2006. 5. 25. 2005헌라4(강남구 등과 국회간의 권한쟁의), 판례집 18-1하, 28.

5. 권리보호이익

가. 권리보호이익의 요건은, 소송절차가 원칙적으로 소송당사자의 '주관적 권리의 보호'에 기여하는 목적을 가지고 있다는 사고에 기초하여, 본안판단의 필요성의 관점에서 소송절차를 이용해야 할 이익을 인정할 수 있는지의 여부를 판단하고자 하는 것이다. 권한쟁의심판이 그 객관적 성격에도 불구하고 청구인과 피청구인이 서로 대치하는 대심적인 구조를 통하여 주관화되었다는 점에서, 권한쟁의심판에서도 청구인은 원칙적으로 권리보호이익을 가져야 한다. 피청구인에 의한 권한침해가 종료된 것이 아니라 현재 계속 유지되고 있다면, 헌법재판소가 권한침해확인결정을 하는 경우에 권한침해가 제거되므로, 일반적으로 권리보호이익이 인정된다.

나. 권한쟁의심판에서 권리보호이익은 일반적으로 다음과 같은 2가지 상황에서 문제된다. 하나는 청구인이 심판청구를 통하여 구하고자 하는 권리보호의 목적을 헌법재판소에 의한 심판절차 없이도 달성할 수 있는 경우이며, 또 다른 하나는 피청구인의 침해행위가 종료되어 청구인이 더 이상 피청구인에 의하여 권한을 침해받고 있지 않기 때문에 헌법재판소에 의한 주관적 권리보호의 필요성이 존재하지 않는 경우이다.

(1) 청구인이 심판청구를 통하여 구하고자 하는 권리보호의 목적을 헌법재판소에 의한 심판절차 없이도 달성할 수 있다면, 예외적으로 권리보호이익이 부정될 수 있다. 국가기관간의 권한쟁의에서 심판을 청구하는 당사자는 일반적으로 분쟁해결에 적합한 정치적 수단 또는 자신의 법적 견해를 관철할 수 있는 정치적 가능성을 더 이상 가지고 있지 않다. 만일 그렇지 않다면, 헌법재판소에 심판을 청구할 이익이 없을 것이다. 따라서 청구인이 정치적 방어수단을 가지고 있거나 자신의 행위를 통하여 피청구인의 행위를 스스로 방지할 수 있는 가능성을 가지고 있는 경우에는 권리보호이익이 부정된다.[1]

가령, 정부 내부기관 사이에 권한분쟁이 발생하는 경우, 정부의 부분기관이 서로 대등한 관계가 아닌 상하위계질서에 놓여 있고, 대통령의 자유로운 임면권의 행사와 국무회의의 조정을 통하여 권한분쟁이 자체적으로 해결될 수 있으므로, 정부 내부에서 스스로 해결할 수 있는 권한분쟁을 헌법재판소에 의한 사법적 심사의 대상으로 삼는 것은 권리보호의 필요성이 없다고 보아야 한다. 또한, 의사진행을 방해하거나 다른 국회의원들의 투표를 방해한 국회의원이 자신의 심의·표결권이 침해되었음을 주장하여 국회의장을 상대로 권한쟁의심판을 청구하는 경우에도, 국회 내에서의 정상적인 심의·표결을 가능하게 하는 자신들의 행위를 통하여 피청구인의 행위를 스스로 방지할 수 있는 가능성을 가지고 있으므로, 이러한 국회의원들의 권리보호이익은 부정되어야 한다.[2]

1) 가령, 헌재 1998. 7. 14. 98헌라1(국무총리서리), 판례집 10-2, 1, 21-22, [재판관 2인의 각하의견] "이 사건의 경우 국회는 대통령이 이미 국회에 제출한 국무총리 임명동의안에 대한 표결을 하여 가부를 결정할 수 있는 상태에 있고 특히 청구인들은 국회의 다수당인 한나라당 소속 국회의원들로서 그들만으로도 국무총리 임명동의안에 대한 가부를 결정하여 분쟁을 스스로 해결할 수 있는 방법이 있음에도 불구하고 그 동의안에 대한 의결절차를 마치지도 아니한 채 미리 헌법재판소에 권한쟁의 심판을 청구한 것이므로 청구인들의 이 사건 심판청구는 모두 권리보호이익이 없다."
2) 그러나 헌법재판소는 헌재 2009. 10. 29. 2009헌라8(제1차 미디어법 사건)에서, 의사진행을 방해하거나 다른 국회의원들의 투표를 방해한 국회의원이 자신의 심의·표결권이 침해되었음을 주장하여 국회의장을 상대로 제기한 권한쟁의심판청구가 소권의 남용으로서 부적법한 것으로 볼 수 없다고 판시하였다(판례집 21-2하, 14, 15), 이에 대하여 [재판관 이동흡의 일부 각하의견] ("일부 청구인들은 문제된 안건에 대하여 심의·표결권을 행사할 수 있었음에

권한쟁의심판은 정치적인 해결가능성을 헌법재판소의 결정에 의한 사법적인 해결가능성으로 대체하고자 하는 것이 아니다. 청구인은 심판청구를 통하여 '정치적 헌법기관의 의사형성절차가 헌법재판소의 결정에 의하여 대체될 것인지'에 관하여 임의로 결정할 수 없다.[1] 그러한 경우에도 권리보호이익을 인정한다면, 권한쟁의심판이 정치적 헌법기관의 의사형성과정을 대체하는 정치적 수단으로 남용되고 변질될 수 있고, 이로 인하여 초래되는 권한쟁의심판의 *政治化*는 헌법재판의 기본정신에 반하기 때문이다.[2] 따라서 현실적으로 정치적 해결가능성이 존재하지 않는 경우에 비로소 헌법재판소에 심판청구를 해야 할 권리보호의 필요성이 인정되는 것이다. 물론, 고려될 수 있는 정치적 해결가능성이 법적 분쟁의 구속력 있는 해결을 달성할 수 없는 경우에는, 객관적인 절차 목적에 비추어 권리보호이익이 인정될 수 있을 것이다.[3]

(2) 권한쟁의심판에서 권리보호이익이 문제되는 또 다른 상황은, 심판청구 이후 사실관계가 종결되어 청구인의 권한을 침해하는 피청구인의 행위가 종료된 경우이다. 피청구인의 침해행위가 종료하여 청구인이 더 이상 피청구인에 의하여 권한을 침해받지 않고 있는 경우, 비록 주관적 권한보호의 필요성은 인정되지 않지만, 헌법재판소는 객관적 헌법의 유지와 보장의 관점에서 본안판단을 할 수 있다. 이러한 경우, 헌법재판소는 객관적 헌법의 수호와 유지라는 객관적인 절차목적에 비추어 원칙적으로 권리보호이익(헌법적 문제에 관한 객관적인 확인의 이익)을 인정해야 한다.[4]

V. 결정주문 및 결정의 효력

1. 결정주문

법 제66조는 제1항에서 "헌법재판소는 심판의 대상이 된 국가기관 또는 지방자치단체의 권한의 유무 또는 범위에 관하여 판단한다."고 하고, 제2항에서 "제1항의 경우에 헌법재판소는 권한침해의 원인이 된 피청구인의 처분을 취소하거나 그 무효를 확인할 수 있고, 헌법재판소가 부작위에 대한 심판청구를 인용하는 결정을 한 때에는 피청구인은 결정취지에 따른 처분을 하여야 한다."고 규정하

도 이를 행사하지 아니하였을 뿐만 아니라, 오히려 피청구인의 의사진행과 다른 국회의원들의 심의·표결권 행사를 원천적으로 불가능하게 하려고 적극적으로 방해하였는바, 위 청구인들에 대하여는 권한쟁의심판청구의 적법요건으로서 권리보호필요성이 인정되지 아니하므로, 위 청구인들의 심판청구는 각하되어야 한다.")은 경청할만하다 (판례집 21-2하, 14, 16).

1) Vgl. BVerfGE 68, 1, 77.
2) 이러한 경우에도 권리보호이익을 인정한다면, 정치적 헌법기관은 대화와 타협을 통하여 정치적으로 해결하는 대신 헌법재판소의 사법적 판단에 의존하고자 할 것이다.
3) Vgl. BVerfGE 90, 286, 338ff.
4) 한편, 헌법재판소는 국회 상임위원회 강제사임 사건(헌재 2003. 10. 30. 2002헌라1)에서 "헌법소원심판과 마찬가지로 권한쟁의심판도 주관적 권리구제뿐만 아니라 객관적인 헌법질서 보장의 기능도 겸하고 있으므로, 청구인에 대한 권한침해 상태가 이미 종료하여 이를 취소할 여지가 없어졌다 하더라도 같은 유형의 침해행위가 앞으로도 반복될 위험이 있고, 헌법질서의 수호·유지를 위하여 그에 대한 헌법적 해명이 긴요한 사항에 대하여는 심판청구의 이익을 인정할 수 있다고 할 것이다."라고 판시하고 있는데, 원칙적으로 객관소송인 권한쟁의심판과 원칙적으로 주관소송인 헌법소원심판의 근본적인 차이에 비추어, 국민의 기본권이라는 주관적 권리의 보호를 일차적인 목적으로 하는 헌법소원심판에서 형성된 권리보호이익에 관한 이론은 객관적 헌법의 보호를 주된 목적으로 하는 권한쟁의심판에 그대로 적용될 수 없다. 객관소송이 주관화됨으로써 제기되는 권리보호이익의 요청은 권한쟁의심판의 본질과 목적을 고려하여 독자적으로 판단되어야 한다. 헌법재판소의 위 결정에서 드러난 문제점은, 권한쟁의심판의 주된 성격이 객관소송이라는 것을 충분히 인식하지 못하고 있다는 점이다.

고 있다.[1] 그러나 "부작위에 대한 심판청구를 인용하는 결정을 한 때에는 피청구인은 결정취지에 따른 처분을 하여야 한다." 부분은 결정주문에 관한 표현이 아니라 결정의 기속력에 관한 표현으로서, 헌법재판소결정의 기속력을 규정하는 법 제67조 제1항에 비추어 불필요하다.

가. 권한의 유무 또는 범위확인

(1) 결정주문의 형태

권한쟁의심판은 '피청구인이 자신의 권한범위를 넘어 권한을 위헌·위법적으로 행사함으로써 청구인의 권한을 침해했는지 여부'에 관한 다툼이므로, 헌법재판소는 결정주문을 통하여 그 여부를 밝히게 된다. 법 제66조 제1항의 '권한의 유무 또는 범위에 관한 판단'은 '권한의 유무'에 관한 판단과 '권한의 범위'에 관한 판단으로 나누어 볼 수 있는데, '권한의 유무'의 문제는 '침해되었다고 주장하는 권한이 청구인에게 귀속되는지 여부'에 관한 판단이며, '권한의 범위'에 관한 문제는 '피청구인이 헌법이나 법률에 위반되어 자신의 권한범위를 넘어서 권한을 행사함으로써 청구인의 권한을 침해하였는지 여부'에 관한 판단이다. 그러므로 법 제66조 제1항에 따른 결정주문은, "청구인은 헌법 또는 법률에 의하여 부여받은…한 권한이 있다" 및 "청구인의 이러한 권한이 피청구인의 행위로 인하여 침해되었다."는 2가지 요소를 결합한 내용을 담은 형태로, 즉 "피청구인의 처분 또는 부작위가 헌법 또는 법률의 특정규정에 의하여 부여받은 청구인의 권한을 침해하였다 또는 침해하지 않았다."의 형태로 나타난다.[2]

기각결정의 경우, 법 제66조 제1항의 법문에 충실하기 위해서나 주문의 명확성의 관점에서나 단순히 "이 사건 심판청구는 기각한다."는 주문형태보다는 "피청구인의 처분 또는 부작위가 헌법 또는 법률의 특정규정에 의하여 부여받은 청구인의 권한을 침해하지 않았다."로 명확히 표현하는 것이 더 타당하다고 본다.

(2) 이중적 의미의 확인결정

피청구인의 행위가 헌법이나 법률에 위반된 경우에 비로소 그로 인하여 청구인의 권한이 침해될 수 있기 때문에, 법 제66조 제1항에 의한 이러한 결정주문은 피청구인의 행위가 청구인의 권한을 침해했다는 확인과 함께 피청구인의 행위가 헌법이나 법률에 위반된다는 것을 그 전제로서 확인하는 이중적 의미의 '확인결정'이다. 여기서 피청구인행위의 위헌·위법확인의 법적 근거는 법 제66조 제2항이 아니라 동조 제1항임을 유의해야 한다.

예를 들자면, 국회의 동의를 받지 아니하고 대통령이 국무총리를 임명한 경우 대통령의 임명행위는 헌법 제86조 제1항("국무총리는 국회의 동의를 얻어 대통령이 임명한다.")을 위반하였고, 이로써 동규정이 부여하는 국회의 동의권한이 침해되었다. 물론, 피청구인의 행위에 의하여 위반된 법규범과 청구인에게 권한을 부여하는 법규범이 일치할 필요는 없다. 본질적인 것은 피청구인이 자신의 권한범위를 넘어서 권한을 행사함으로써 피청구인의 행위가 위헌·위법적이며, 이로 인하여 청구인의 권한이 침해되었다는 것이다. 따라서 피청구인의 행위가 청구인의 권한을 침해한다는 것을 명백하게 밝히는 주문은 당연히 그 내용에 있어서 피청구인의 행위가 위헌 또는 위법적이라는 것을 그 전제로서

---

1) 개정 전 구법규정: "제1항의 경우 피청구기관의 처분 또는 부작위가 이미 청구인의 권한을 침해한 때에는 이를 취소하거나 그 무효를 확인할 수 있다."
2) 헌법재판실무제요(제1개정판), 2003, 298면 참조.

확인하고 있다. 이러한 이유에서 피청구인 행위의 위헌성 또는 위법성만을 객관적으로 확인하는 '피청구인의 행위는 헌법 또는 법률에 위반된다'는 주문1)도 법 제66조 제1항에 의한 주문의 형태로서 고려될 수 있을 것이다.2)

(3) '청구인권한의 침해확인청구'와 '피청구인행위의 위헌확인청구'의 관계

헌법재판소는 헌재 1997. 7. 16. 96헌라2 결정에서 청구인의 심판청구를 '청구인권한의 침해확인청구'와 '피청구인행위의 위헌확인청구'에 대한 판단으로 나누어 심사하였다.3) 그러나 헌법재판소가 '권한침해확인청구'와 '위헌확인청구'로 나누어 판단함으로써 동일한 것을 주관적인 권한의 침해와 객관적인 규범의 위반이란 형태로 중복적으로 심사하는 것은 문제가 있다. 피청구인의 행위가 위헌적인지의 문제는 청구인의 권한침해를 확인하는 과정에서 함께 판단했어야 한다.4) 일단 피청구인의 행위로 인하여 청구인의 권한이 침해되었다는 것을 확인한 이상, 피청구인의 행위가 법률위반을 넘어서 위헌적인지를 판단하는 것은 불필요하다. 설사 '주문2'에서 피청구인 행위의 위헌성을 부가적으로 확인하더라도 그 확인은 결정의 효력에 있어서 '주문1' 이상의 별도의 효력이 없다. 피청구인은 그의 행위가 단지 법률위반인지 아니면 또한 헌법위반인지와 관계없이, 그의 행위로 인하여 청구인의 권한이 침해되었다는 확인만으로도 헌법재판소의 결정을 존중하여 법질서와 합치하는 상태를 스스로 회복해야 할 의무를 부담 받게 된다.

나. 처분의 취소 또는 무효확인
(1) 재판부의 재량에 따른 결정주문

법 제66조 제2항은 권한의 유무 또는 범위에 대한 확인을 넘어서 피청구인의 처분을 취소 또는 무효확인할 수 있는 가능성을 규정하고 있으므로, 언제 법 제66조 제2항이 적용될 수 있는지의 문제가 제기된다.

'권한의 유무 및 범위'에 관하여는 법 제66조 제1항에 의하여 헌법재판소가 필요적으로 판단해야 하지만, 동조 제2항은 헌법재판소에게 재량을 부여하고 있으므로, 재판부의 재량에 따라 제2항에 의한 주문이 필요하다고 판단되면 제1항의 주문에 '부가적으로' 처분의 취소나 무효확인을 할 수 있다. 처분의 취소 또는 무효확인결정을 할 경우에는 "피청구인의 처분을 취소한다." 또는 "피청구인의 처분이 무효임을 확인한다." 라는 형식의 결정주문을 선택한다.

---

1) 독일의 연방헌법재판소법 제67조는 피청구인의 행위가 기본법의 규정에 위반되는지의 여부를 확인한다고 규정하고 있고, 연방헌법재판소는 이에 근거하여 "연방정부는…함으로써, 기본법 제…조를 위반하였다."는 형식의 주문을 취하고 있다.

2) 가령, 헌재 2006. 8. 31. 2004헌라2(강서구와 진해시간의 권한쟁의), "피청구인이 위 각 토지에 관하여 지방자치법 제5조에 의한 사무와 재산의 인계를 청구인에게 행하지 아니하는 부작위는 위법함을 확인한다."

3) 주목을 끄는 것은 두 번째 심판청구인 '위헌확인청구'에 대하여 재판관 3인(김용준, 김문희, 이영모)은 피청구인행위에 대한 무효확인청구로 해석하여 판단한 반면, 다른 재판관 3인(이재화, 조승형, 고중석)은 이를 단순히 위헌확인을 구하는 것으로 보고 판단한 것이다. 이에 따라 결국 '위헌확인청구'에 관한 부분에서 재판관 각 3인이 서로 다른 심판청구에 대하여 판단을 하는 결과를 가져왔다.

4) 여당의원만이 출석한 가운데 행해진 국회의장의 법률안 가결선포행위는 국회법규정뿐 아니라 국회의원 모두가 국회에서의 의사형성에 참여할 기회를 부여받는다는 것을 그 당연한 전제로 하는 헌법 제49조를 위반하였고, 이로써 회의에 참석하여 토론하고 표결할 국회의원의 법률안 심의·표결권(헌법 제46조)을 침해하였다.

(2) '국가기관 상호간'의 권한쟁의에서 취소결정이나 무효확인결정의 여부

| 사례 | 헌재 2009. 10. 29. 2009헌라8(제1차 미디어법 사건) |

청구인들은 야당 소속 국회의원들이다. 국회부의장은 야당 소속 국회의원들의 출입문 봉쇄로 국회
본회의장에 진입하지 못한 국회의장으로부터 의사진행을 위임받아 '신문 등의 자유와 기능보장에 관한
법률 전부 개정법률안'(이하 '신문법 원안') 등을 일괄 상정한다고 선언하고, 심사보고나 제안 설명은
단말기 회의록, 회의 자료로 대체하고 질의와 토론도 실시하지 않겠다고 하였다. 먼저 신문법안에 대
하여 표결이 이루어진 바, 재적 294인, 재석 162인, 찬성 152인의 표결 결과가 나오자, 국회부의장은
신문법안이 가결되었다고 선포하였다. 이에 청구인들은 위 법률안에 대한 제안취지의 설명절차 및 질
의·토론절차가 생략된 중대한 절차상 하자가 있으므로, 국회부의장의 위 법률안 가결 선포행위는 국
회의원인 청구인들의 법률안 심의·표결권을 침해한 것이라고 주장하면서, 권한의 침해확인 및 가결선
포행위의 무효확인을 구하는 권한쟁의심판을 청구하였다.[1]

(가) 최근 헌법재판소결정의 판시내용

헌법재판소는 최근에 문제된 일련의 권한쟁의사건[헌재 2009. 10. 29. 2009헌라8(제1차 미디어법
사건); 헌재 2010. 12. 28. 2008헌라7(FTA 사건)]에서 피청구인의 행위(국회의장의 법률안 가결선포행위,
국회 상임위원회 위원장의 안건상정행위 등)가 청구인인 국회의원의 권한(법률안 심의·표결권)을 침해하
였다는 것을 확인하였으나, 피청구인 행위의 무효확인을 구하는 심판청구는 기각하였다. 헌재 2009.
10. 29. 2009헌라8 결정(제1차 미디어법 사건)에서 일부 재판관은 법률안 가결선포행위에 대한 무효확
인 청구의 인용여부에 관하여 '국가기관간의 권한쟁의에서 헌법재판소는 원칙적으로 권한침해의 확
인결정에 그쳐야 한다'는 입장에 근거하여 심판청구를 기각한 반면,[2] 일부 재판관은 '법률안 가결선
포행위의 무효여부는 헌법규정의 위반여부에 따라 판단되어야 하는데, 이 사건의 경우 단지 국회법
을 위반한 경우에 해당하므로 무효라고 할 수 없다'는 입장에 근거하여 심판청구를 기각하였다.[3] 위

---

1) 신문법안 외에도 방송법안, 인터넷멀티미디어법안, 금융지주회사법 일부개정법률안'의 가결선포행위에 대해서도 권
   한쟁의가 제기되었으나, 사실관계의 단순화를 위하여 생략하기로 한다.
2) 신문법안 가결선포행위에 대한 무효확인 청구의 인용 여부에 관하여, 헌재 2009. 10. 29. 2009헌라8(제1차 미디어
   법), 판례집 21-2하, 14, 23, [재판관 이강국, 재판관 이공현의 기각의견] "권한쟁의심판 결과 드러난 위헌·위법 상
   태를 제거함에 있어 헌법재판소는 피청구인의 정치적 형성권을 가급적 존중하여야 하므로, 재량적 판단에 의한 무
   효확인 또는 취소로 처분의 효력을 직접 결정하는 것은 권한질서의 회복을 위하여 헌법적으로 요청되는 예외적인
   경우에 한정되어야 한다. 이 사건에 있어서도 국회의 입법에 관한 자율권을 존중하는 의미에서 헌법재판소는 처분
   의 권한 침해만을 확인하고, 권한 침해로 인하여 야기된 위헌·위법상태의 시정은 피청구인에게 맡겨 두는 것이 바
   람직하다."; [재판관 김종대의 기각의견] "피청구인의 가결선포행위가 무효나 취소소송의 대상이 될 수 있는 행정처
   분의 성격을 갖는 경우가 아닌 한, 국회의 법률제정과정에서 비롯된 국회의원과 국회의장 사이의 이 사건 권한쟁의
   심판사건에 있어서 헌법재판소의 권한쟁의심판권은 피청구인이 청구인들의 심의·표결권을 침해하였는지 여부를
   확인하는 것에 그치고, 그 후 법률안 가결선포행위의 효력에 대한 사후의 조치는 오직 국회의 자율적 의사결정에
   의하여 해결할 영역에 속한다."; 또한, 헌재 2010. 12. 28. 2008헌라7(한미FTA), 헌법재판소는 국회 상임위원회에서
   의 조약 비준동의절차의 하자를 대상으로 한 권한쟁의심판에서도 비준동의안 상정행위가 청구인들(소수당 소속 외
   교통상통일위원회 위원)의 심의권을 침해하였다고 확인하였으나, 비준동의안 상정행위에 관한 무효확인청구를 위
   와 같은 이유(재판관 이강국, 이공현, 김종대의 기각의견) 등으로 기각하였다.
3) 헌재 2009. 10. 29. 2009헌라8(제1차 미디어법 사건), 판례집 21-2하, 14, 23-24, 신문법안 가결선포행위에 대한 무
   효확인 청구의 인용여부에 관하여 [재판관 이동흡의 기각의견] "이 사건 각 법률안 가결선포행위의 무효 여부는 그
   것이 입법 절차에 관한 헌법의 규정을 명백히 위반한 흠이 있는지 여부에 의하여 가려져야 한다. 이 사건 신문법안
   은 재적의원 과반수의 출석과 출석의원 중 압도적 다수의 찬성으로 의결되었는바, 위 법률안 의결과정에서 피청구

결정에서는 헌법재판소 판시내용의 바탕을 이루고 있는 헌법적 근거가 무엇인지, 왜 국가기관간의 권한쟁의에서 헌법재판소는 원칙적으로 권한침해의 확인결정에 그쳐야 하고 무효확인을 해서는 안 되는지 또는 왜 피청구인행위의 무효여부가 국회법위반 또는 헌법위반에 따라 달라지는지에 대한 의문이 제기되었다.

(나) 취소결정이나 무효확인결정의 헌법적 문제점

'국가기관 상호간'의 권한쟁의에 있어서, 사법기능을 담당하는 국가기관인 헌법재판소는 형성적 기능을 담당하는 정치권력과의 권한배분의 관점을 고려하여 원칙적으로 심판대상인 피청구인 행위의 위헌·위법여부 및 청구인권한의 침해여부만을 확인하는 것에 그쳐야 하고, 이를 넘어서 피청구인 행위의 취소나 무효확인과 같은 형성적 결정을 내리는 것은 가능하면 자제해야 한다.[1] 만일 헌법 재판소가 청구인권한의 유무와 범위에 관한 판단을 넘어서 피청구인의 처분의 효력에 관한 결정을 한다면, 헌법재판소는 스스로 독자적인 정치적 형성행위를 함으로써 정치적 헌법기관의 형성권을 침해할 위험이 있다. 또한, 피청구인에게 위헌적인 상태를 제거하는 여러 가지 가능성이 존재한다면, 헌법재판소는 피청구인의 정치적 형성권을 존중하여 피청구인의 행위가 청구인의 권한을 침해했다는 확인에 그쳐야 한다. 헌법재판소결정의 취지를 고려할 때 피청구인인 헌법기관에게 헌법에 부합하는 다양한 행위가능성이 존재하는 경우에는 헌법재판소의 취소 또는 무효확인의 결정과 같은 피청구인처분의 효력에 관한 결정을 통하여 합헌적인 상태를 궁극적으로 회복할 수도 없다.[2]

국회의원과 국회의장간의 권한쟁의와 같이 '입법절차의 하자'가 문제되는 경우, 헌법재판소가 단지 권한침해의 확인결정만을 함으로써 사법적으로 자제해야 하는 또 다른 이유는 권한쟁의의 심판대상이 '법률제정행위'이지 '법률'이 아니라는 것에 있다. 입법절차의 하자에 의하여 청구인인 국회의원의 심의·표결권이 침해된 경우, 심판대상인 피청구인의 처분은 입법기관에 의한 법률제정행위, 즉 일련의 '법률제정행위'의 한 부분행위이지 법률제정행위의 결과인 '법률' 그 자체는 아니다. 따라서 입법절

인의 질의·토론에 관한 의사진행이 국회법 제93조에서 규정한 절차를 위반하였다 하더라도, 다수결의 원칙(헌법 제49조), 회의공개의 원칙(헌법 제50조) 등 헌법의 규정을 명백히 위반한 경우에 해당하지 아니하므로 무효라고 할 수 없다."; 방송법안 가결선포행위에 대한 무효확인 청구의 인용여부에 관하여 [재판관 민형기, 재판관 이동흡, 재판관 목영준의 기각의견] "우리 헌법은 국회의 의사 절차에 관한 기본원칙으로 제49조에서 '다수결의 원칙'을, 제50조에서 '회의공개의 원칙'을 각 선언하고 있으므로, 결국 법률안의 가결선포행위의 효력은 입법 절차상 위 헌법규정을 명백히 위반한 하자가 있었는지에 따라 결정되어야 할 것이다. 피청구인의 방송법안 가결선포행위는 비록 국회법을 위반하여 청구인들의 심의·표결권을 침해한 것이지만, 그 하자가 입법 절차에 관한 헌법규정을 위반하는 등 가결선포행위를 취소 또는 무효로 할 정도에 해당한다고 보기 어렵다."

1) 이러한 입장은 독일 연방헌법재판소의 확립된 판례이자 독일 학계의 지배적 견해이다.
2) 가령, 정부가 국회 조사위원회의 서류제출요구를 거부하였고 이에 대하여 국회 조사위원회가 권한쟁의심판을 청구한 경우, 헌법재판소가 '지금까지 제시한 이유에 근거하는 정부의 서류제출거부는 헌법에 위반된다'는 것을 확인하였다면, 서류의 제출 여부는 정부가 헌법재판소결정의 취지를 고려하여 스스로 판단해야 할 문제이다. 정부는 헌법 재판소의 결정에 따라 서류를 제출할 수도 있고 또는 서류제출의 거부를 정당화하는 또 다른 이유에 근거하여 서류제출을 거부할 수도 있기 때문이다. 또 다른 예를 든다면, '입법절차'의 하자에 의하여 청구인인 국회의원의 권한이 침해당하였다면, 피청구인(국회의장 등 국회의 부분기관)에게는 헌법재판소의 법적 견해를 존중하여 스스로 합헌적 상태를 회복하기 위한 방법으로는 입법절차의 하자를 사후적으로 치유하는 방법을 비롯하여 다양한 가능성이 있을 수 있으며, 입법절차의 하자를 치유한 결과로서도 '동일한 법률의 의결' 또는 '동일한 법률의 부결' 아니면 '새로운 법률의 제정' 등 다양한 효과가 발생할 수 있다. 그러나 이러한 경우 헌법재판소가 피청구인의 처분(가령, 법률안 가결선포행위, 안건 상정행위 등)에 대하여 위헌확인을 넘어서 취소나 무효확인을 한다면, 헌법재판소는 실질적으로 법률에 대하여 무효선언을 하는 결과를 초래함으로써 국회의 고유권한인 입법작용을 침범하여 스스로 정치적 형성행위를 하는 것일 뿐만 아니라 합헌적 상태를 궁극적으로 회복할 수도 없다.

차의 하자가 문제되는 권한쟁의심판절차에서 피청구인 행위에 대한 취소나 무효확인의 형태로 이루어지는 법률의 효력에 대한 결정은 심판청구의 범위를 넘어서는 것이며, 기관 상호간의 분쟁해결을 그 목적으로 하는 권한쟁의심판절차의 본질을 망각하여 이를 규범통제절차로 변형시키는 것이다.[1]

요컨대, 헌법재판소는 국가기관간의 권한쟁의심판에서 문제된 국가기관의 행위가 헌법 또는 법률에 위반되는지의 여부만을 밝혀서 분쟁의 당사자인 국가기관으로 하여금 헌법재판소의 결정에 따라 스스로 합헌적인 상태를 구현하도록 함으로써 손상된 헌법상 권한질서, 궁극적으로 국가의 정치적 의사형성과정의 원활한 기능을 다시 회복하는데 그쳐야지, 이를 넘어서 취소나 무효확인의 형태로 그 처분의 효력에 관한 결정을 함으로써 국가의 정치적 과정에 형성적·적극적으로 개입하고 이로써 의도하지 않은 법적 혼란을 초래해서는 안 된다.[2] 권한쟁의심판의 본질이 분쟁의 해결을 통하여 객관적 헌법질서와 법적 평화의 회복에 기여하려는 것임을 고려한다면, 국가기관간의 권한쟁의에서 헌법재판소가 법적 혼란을 가져 올 수 있는 무효확인이나 취소의 결정을 피하고 단지 위헌확인에 그침으로써 스스로 자제해야 할 필요성은 더욱 크다. 국가기관 상호간에 권한분쟁이 발생한 경우, 법치국가에서 국가기관이 헌법적으로 요청되는 행위를 하도록 하기 위해서는 국가기관의 행위가 헌법에 위반된다는 헌법재판소의 확인만으로도 충분하다. 우리 헌법재판의 모범이 되고 있는 독일의 예를 보더라도, 독일연방헌법재판소는 초기의 결정부터 일관되게 국가기관간의 권한쟁의에서 피청구인 처분의 효력이나 존속여부에 관하여는 판단할 수 없다는 것을 강조하고 있다.[3]

(다) 피청구인행위의 무효여부가 국회법위반 또는 헌법위반에 따라 달라지는지의 문제

헌재 2009. 10. 29. 2009헌라8(제1차 미디어법 사건)에서 일부 재판관은 '법률안 가결선포행위의 무효여부는 헌법규정의 위반여부에 따라 판단되어야 하는데, 이 사건의 경우 단지 국회법을 위반한 경우에 해당하므로 무효라고 할 수 없다'는 입장을 밝히고 있는데, 그 이론적 근거는 내부법으로서 국회법의 법적 성격과 그에 따른 국회법위반의 법적 효과에서 찾을 수 있다. 이에 관하여는 이미 '국회의 자율권'을 다룬 부분에서 서술한 바 있다.[4]

(3) 취소나 무효확인의 결정이 헌법적으로 정당화되는 경우

이러한 관점에서 본다면, 법 제66조 제2항에 의한 취소나 무효확인의 결정이 헌법적으로 정당화되는 것은 정치적 헌법기관의 형성권을 침해할 우려가 없는 경우에 한정된다고 보아야 한다. 헌법재판소법은 제61조와 제66조에서 '처분'이라는 동일한 용어를 사용하고 있으나, 양자는 서로 다른 의미로 사용되고 있다. 법 제61조 제2항에서의 '처분'은 행정행위나 행정처분에 해당하는 개념이 아니라

---

1) 헌법재판소법 제23조에서 규범통제절차와 권한쟁의심판절차의 심판정족수가 각 '재판관 6인 이상의 찬성'과 '관여 재판관 과반수의 찬성'으로 서로 다르게 규정된 것도, 권한쟁의의 심판대상이 국가기관의 행위이지 그 결과물인 법률이 아니라는 것을 반영하는 것이다.

2) 가령, 총리서리임명이 문제된 헌재 1998. 7. 14. 98헌라1 결정과 관련하여, 일부 학자는 '총리서리가 국무총리의 권한을 행사하다가 총리서리의 임명행위가 무효로 판명될 경우 총리서리가 수행해 왔던 모든 행위가 무효가 되어 국정의 대혼란을 초래할 우려가 있다'고 주장하나, 헌법재판소는 국가기관간의 권한쟁의에 있어서 국가기관의 처분이 헌법에 위반된다는 확인에만 그칠 뿐 무효확인이나 취소 등 그 처분의 효력에 관한 결정을 하지 않는 것이 원칙이므로, 청구인이 우려하는 국정의 혼란은 발생하지 않는다. 총리서리의 임명행위가 위헌이라고 하여 총리서리가 행한 총리권한행사가 무효인 것은 아니며, 임명행위에 대한 위헌확인과 서리의 총리권한행사의 효력과는 아무런 관계가 없다.

3) Vgl. BVerfGE 1, 37; 20, 129; 24, 351.

4) 제4편 제2장 제5절 제4항 국회의 자율권 Ⅳ. 참조.

모든 규범, 행정행위, 사실행위 등을 포함하는 포괄적인 개념으로서 부작위에 대립되는 개념인 '작위'나 '적극적인 행위'에 해당하는 반면, 법 제66조 제2항은 청구인의 권한을 침해한 경우에 발생해야할 법률효과로서 "취소나 무효확인"을 언급함으로써 '처분'의 개념을 구체화하고 있으므로, 이 규정에서의 '처분'은 취소소송이나 무효확인소송의 대상이 되는 행정행위로 좁게 보아야 할 것이다.

그러므로 법 제62조에 규정된 권한쟁의의 3가지 유형 중에서, 국가기관과 지방자치단체간의 권한쟁의 또는 지방자치단체 상호간의 권한쟁의와 같이 국가의 정치의사형성이 문제되지 않는 경우에 한하여 헌법재판소법 제66조 제2항의 취소결정이나 무효확인결정이 고려된다. 예컨대, 지방자치단체의 관할에 속하는 행정처분을 중앙정부가 그의 관할범위를 넘어 대신 행한 경우와 같이, 행정처분적 성격을 갖는 피청구인의 행위가 심판대상을 이루는 경우에 비로소 적용의 여지가 있다. 법 제67조 제2항("국가기관 또는 지방자치단체의 처분을 취소하는 결정은 그 처분의 상대방에 대하여 이미 생긴 효력에 영향을 미치지 아니한다.")도 이러한 해석의 타당성을 뒷받침 해주고 있다. 헌법재판소의 종래 결정을 살펴보더라도, 헌법재판소가 처분의 취소나 무효확인을 한 결정은 모두 예외 없이 국가기관과 지방자치단체간의 권한쟁의나 지방자치단체 상호간의 권한쟁의에서 이루어진 것이었다.[1]

가령, 어떤 지방자치단체가 자신에게 처분권한이 없음에도 제3자인 사인에게 허가처분을 한 경우, 처분권한을 가진 다른 지방자치단체는 그 처분권한이 자신에게 있음을 주장하면서 자신의 헌법상 또는 법률상 권한의 침해를 이유로 헌법재판소에 권한쟁의심판을 청구할 수 있다. 이러한 경우, 헌법재판소는 법 제66조 제1항에 의하여 "피청구인의 처분 또는 부작위가 헌법 또는 법률의 특정규정에 의하여 부여받은 청구인의 권한을 침해하였다 또는 침해하지 않았다."는 확인결정을 하게 되고, 나아가 법 제66조 제2항에 의하여 피청구인의 처분에 대한 취소결정이나 무효확인의 결정을 할 수 있다.

헌법재판소가 피청구인의 처분에 대하여 취소결정이나 무효확인의 결정을 하는 경우, 결정의 효력은 행정소송법상의 '취소판결'이나 '무효확인의 판결'의 효력과 동일하다고 보아야 한다. 따라서 헌법재판소가 취소결정을 내리는 경우 결정의 형성력이 인정되어 처분청의 별도 행위를 요함이 없이 처분은 처분 시에 소급하여 효력을 상실한다.

(4) 법 제67조 제2항의 의미

법 제67조 제2항은 "국가기관 또는 지방자치단체의 처분을 취소하는 결정은 그 처분의 상대방에 대하여 이미 생긴 효력에 영향을 미치지 아니한다."고 규정하고 있는데, 이 조항은 처분의 유효성을 믿은 제3자의 법적 지위를 보호하기 위하여 법적 안정성의 관점에서 처분의 상대방인 제3자에 대한 관계에서는 취소결정의 '소급효'를 제한하기 위한 것이라 할 수 있다. 즉, 청구인·피청구인·제3자의 3각관계가 형성된 경우에 청구인과 피청구인간의 권한분쟁으로 인하여 선의의 제3자에게 피해를 끼치게 할 수는 없다는 고려를 반영한 것이다. 그러므로 처분의 상대방이 곧 청구인이어서 제3자의 법적 지위에 대한 영향이 있을 수 없는 경우에는 위 조항은 적용되지 않는다.

법 제67조 제2항은 "국가기관 또는 지방자치단체의 처분을 취소하는 결정은 청구인에 대하여 이미 생긴 효력에 영향을 미친다."는 것을 의미하므로, 헌법재판소의 취소결정이 소급효를 가진다는 점은 법 제67조 제2항에서도 간접적으로 표현되고 있다. 법 제66조 제2항에서 취소결정을 할 수 있

---

1) 헌재 1999. 7. 22. 98헌라4(성남시와 경기도 간의 권한쟁의); 헌재 2006. 8. 31. 2003헌라1(광양시와 순천시 간의 권한쟁의); 헌재 2006. 8. 31. 2004헌라2(강서구와 진해시간의 권한쟁의).

도록 한 것은, 처분의 상대방이 청구인인 경우 청구인에 대하여 이미 생긴 효력, 즉 청구인이 입고 있는 기존의 권한침해상태를 구제하고자 하는 것이므로, 취소결정의 소급효력이 인정된다.

2. 결정의 효력

가. 법 제67조 제1항은 "헌법재판소의 권한쟁의심판의 결정은 모든 국가기관과 지방자치단체를 기속한다."고 하여 결정의 기속력을 규정하고 있다. 헌법소원의 경우 인용결정이 다른 국가기관에 대한 기속력을 가지는 것에 반하여(법 제75조 제1항), 권한쟁의심판의 경우 모든 결정이 기속력을 가진다. 권한 쟁의심판의 본안결정이 내려지면, 피청구인은 위헌·위법성이 확인된 행위를 반복하여서는 아니 될 뿐만 아니라, 나아가 자신이 야기한 기존의 위헌·위법상태를 스스로 제거하여 합헌·합법적 상태를 회복해야 할 의무를 부담한다. 부작위에 대한 인용결정의 경우 피청구인은 결정취지에 따른 처분을 하여야 한다(법 제66조 제2항).

나. 헌재 2010. 11. 25. 2009헌라12 결정(제2차 미디어법 사건)에서 헌법재판소가 일단 피청구인의 행위에 의하여 청구인의 권한이 침해되었다는 것을 확인한 경우 이러한 권한침해확인결정의 기속력이 무엇인지가 문제되었는데, 4인의 재판관은 확인결정의 기속력이 동일행위 반복금지에 그친다는 견해를 피력한 반면, 5인의 재판관은 확인결정의 내용은 이에 그치는 것이 아니라 나아가 위헌·위법성을 제거해야 할 의무를 부과한다고 판시하였다.

권한침해확인결정의 기속력이 단지 동일행위 반복금지에 그친다면, 즉 헌법재판소의 확인결정이 단지 과거의 헌법·법률위반만을 확인할 뿐 위헌적인 상태를 제거해야 할 의무를 부과하지 않는다 면, 단지 이러한 효력만을 가진 확인결정은 대부분의 경우 그 자체로서 무의미하다. 헌법재판소가 결정을 통하여 피청구인의 행위가 위헌임을 확인하고 장래에 있어서 동일한 위헌적 행위를 반복해서는 안 된다는 의무만을 부과하는 것은, 피청구인의 행위에 의하여 손상된 헌법상 권한질서를 회복하고 자 하는 권한쟁의심판의 목적을 전혀 실현할 수 없다는 것을 의미한다. 헌법기관 사이에 존재하는 '상호존중의 원칙' 및 모든 국가기관이 헌법의 구속을 받는다는 '헌법국가의 기본정신'은 피청구인이 헌법재판소의 결정을 존중하고 스스로 이를 집행할 것을 요청한다. 따라서 헌법재판소가 권한침해를 확인하는 경우, 피청구인은 위헌·위법성이 확인된 행위를 반복하여서는 아니 될 뿐만 아니라, 나아 가 자신이 야기한 기존의 위헌·위법상태를 스스로 제거하여 합헌·합법적 상태를 회복해야 할 의무 를 부담한다. 헌법재판소의 확인결정이 이에 따를 피청구인의 의무를 수반하지 않는 것으로 오해해 서는 안 된다. 헌법재판소는 확인결정을 통하여 단지 위헌적 상태를 제거하는 '방법'에 있어서 피청구인인 헌법기관의 정치적 형성권을 존중하고자 하는 것이지, 위헌적 상태를 제거해야 할 '의무의 이행여부'까지도 피청구인의 형성권에 맡겨두고자 하는 것은 아니다.

제 5 항   彈劾審判[1]

I. 서   론

대통령(노무현) 탄핵사건을 계기로[2] 그 동안 휴면상태에 있었던 헌법상의 탄핵조항과 탄핵심판절차에 관한 헌법재판소법(이하 '법') 규정이 처음으로 헌법재판에 적용되었다.[3] 이 과정에서 탄핵심판절차의 적법요건 및 실체적 판단과 관련하여 다음과 같은 다양한 문제가 제기되었다.

1. 청구인이 탄핵심판청구를 취하할 수 있는가? 헌법재판소가 심판청구의 취하에 구속을 받는가? 국회의 소추의결서에 사후적으로 다른 사유를 추가할 수 있는가? 헌법재판소는 공직자의 법위반 여부를 판단함에 있어서 소추의결서에서 그 위반을 주장하는 헌법 또는 법률의 규정에 의하여 구속을 받는가? 탄핵소추를 의결한 국회의 임기만료로 인하여 탄핵심판절차가 종료되는가? 前職에서의 '직무집행' 행위도 탄핵의 대상행위가 되는가? 국회에 의한 탄핵소추요건인 "헌법이나 법률을 위배한 때"를 제한적으로 해석함으로써 헌법재판소가 탄핵심판절차의 적법성요건을 심사하는 단계에서 이미 '법위반의 중대성'을 판단해야 하는가? 탄핵결정에서 소수의견을 밝힐 수 있는가?

2. 나아가, 본안판단의 핵심적인 쟁점에 속하는 것은, 대통령의 법위반사실이 확인된 경우, 헌법재판소가 자동적으로 파면결정을 해야 하는지 아니면 파면여부에 관하여 결정할 재량을 가지고 있는지의 문제이다.

II. 헌법 제65조의 탄핵심판절차의 본질 및 법적 성격

1. 탄핵심판절차의 본질 및 기능

가. 권력통제수단으로서 탄핵심판절차

탄핵제도는 발생사적(發生史的)으로 볼 때 영국에서 군주에 대한 의회의 통제 필요성에서 출발하였다. 영국에서 발생한 탄핵제도의 목적은 국왕의 직접적인 영향 하에 있으면서 그의 보호를 받는 고위공직자의 비위와 부정을 통제하기 위한 것이었고, 14세기에 이르러 하원에서 소추하고 상원에서 심판하는 형태를 갖추기에 이르렀다.[4]

오늘날의 민주국가에서의 탄핵제도를 보더라도, 의회가 탄핵소추의 권한을 가지고 있다는 점에

---

1) 한수웅, 대통령에 대한 탄핵심판절차, 헌법학연구 제11권 제1호, 2005. 3. 469면 이하 참조.
2) 국회는 2004. 3. 12. 본회의에서 국회의원 157인이 발의한 '대통령(노무현)탄핵소추안'을 상정하여 재적의원 271인 중 193인의 찬성으로 가결하였고, 소추위원인 국회 법제사법위원회 위원장은 소추의결서의 정본을 같은 날 헌법재판소에 제출함으로써 대통령에 대한 탄핵심판을 청구하였다. 2004. 5. 14. 헌법재판소는 한국 헌정사상 최초의 대통령 탄핵심판사건(2004헌나1)에서 기각결정을 함으로써 두 달여 동안 지속된 대통령탄핵의 찬반에 관한 정치적·법률적 논의에 종지부를 찍었고, 노무현 대통령은 권한이 정지된 지 63일 만에 직무에 복귀하게 되었다.
3) 노무현 대통령 탄핵사건 전까지 우리의 헌정사에서 탄핵사건은 모두 검찰총장이나 대법원장을 대상으로 한 것으로서, 국회에 의하여 발의는 되었으나 부결 또는 폐기됨으로써 헌법재판소의 심판의 대상이 된 적은 한 번도 없었다.
4) 영국에서 발전한 탄핵제도는 미국에 전파되어 1787년에 제정된 미연방헌법에서 최초로 실정헌법화되었고, 그 후 다시 유럽대륙으로 전파되었다.

서, 탄핵제도는 의회가 행정부와 사법부를 견제하고 통제하기 위한 하나의 수단이라고 볼 수 있다. 그러나 탄핵제도가 정치적 책임이 아니라 법적 책임을 묻는 제도라는 점에서 의회가 탄핵제도를 통하여 행정부의 국정을 통제하는 가능성은 매우 제한적일 수밖에 없으며, 사법부에 대한 권력통제는 헌법상의 사법권독립에 비추어 사법부의 재판작용에 대한 권력통제의 의미가 아니라 헌법위반을 이유로 하는 법관 개개인에 대한 개별적 징벌의 의미를 지닐 뿐이라는 점에서도, 권력통제수단으로서의 탄핵제도의 기능은 큰 비중을 차지하지 않는다.[1] 따라서 탄핵제도가 연혁적으로는 권력통제의 수단으로 출발하였으나, 오늘날 탄핵제도의 주된 기능은 아래에서 서술하는 헌법수호의 역할에 있다고 평가되고 있다.

나. 헌법수호수단으로서 탄핵심판절차

(1) 고위공직자의 헌법침해에 대한 헌법수호제도

오늘날의 탄핵제도에서 권력통제적 기능보다 중요한 의미를 가지는 것은 헌법을 수호하는 기능이다. 탄핵심판절차는 헌법재판절차의 한 부분으로서 헌법을 실현하고 관철하고자 하는 제도이며, 구체적으로 집행부와 사법부의 고위공직자에 의한 헌법침해로부터 헌법을 수호하고 유지하기 위한 제도이다. 자유민주주의와 공산주의라는 정치적 이념간의 대립과 분쟁이 사실상 종식된 오늘날, 자유민주적 기본질서를 근간으로 하는 헌법수호의 문제는 헌법질서를 파괴하고자 하는 헌법의 적 또는 외부의 적에 의한 침해의 문제가 아니라, 헌법과 법률을 경시하는 국가기관, 특히 헌법에 위배되게 권한을 행사하는 국가기관에 의한 침해의 문제라 할 수 있다.

헌법 제65조는 집행부와 사법부의 고위공직자에 의한 헌법위반이나 법률위반에 대하여 탄핵소추의 가능성을 규정함으로서, 그들에 의한 헌법위반을 경고하고 사전에 방지하는 기능을 한다. 또한, 국민으로부터 국가권력을 위임받은 국가기관이 그 권한을 남용하여 헌법이나 법률에 위반하는 경우에는 탄핵절차는 국민의 이름으로 다시 그 권한을 박탈하는 기능을 한다. 공직자가 직무수행에 있어서 헌법에 위반한 경우 그에 대한 법적 책임을 추궁함으로써, 헌법의 규범력을 확보하고자 하는 것이다.

(2) 법적 책임을 묻는 규범적 심판절차

우리 헌법은 헌법수호절차로서의 탄핵절차의 기능을 이행하도록 하기 위하여, 제65조에서 탄핵소추의 사유를 '헌법이나 법률에 대한 위배'로 명시함으로써 탄핵절차를 정치적 책임을 묻는 정치적 심판절차가 아니라 법적 책임을 묻는 규범적 심판절차로 규정하였다.[2] 즉, 헌법 제65조는 탄핵소추의 목적이 '정치적 이유가 아니라 법위반을 이유로 하는 공직자의 파면'임을 명시적으로 밝히고 있는 것이다.

모든 국가기관은 헌법의 구속을 받으며, 특히 입법자는 입법작용에 있어서 헌법을 준수해야 하고, 집행부와 사법부는 각 헌법상 부여받은 국가권력을 행사함에 있어서 헌법과 법률의 구속을 받는

---

1) 내각불신임제도를 통하여 고위직 공직자에 대한 정치적 책임을 물을 수 있는 議員內閣制 정부형태의 국가의 경우, 대통령과 법관과 같이 정치적 책임을 지지 않는 고위 공직자에 대하여 탄핵제도를 통하여 법적인 책임을 물을 필요성이 있다. 한편, 大統領制 정부형태의 국가에서는 대통령을 비롯하여 정치적 책임을 지지 않는 고위 공직자가 많기 때문에 탄핵제도의 존재의의는 더욱 크다고 할 수 있는데, 이러한 관점에서 볼 때 탄핵제도는 헌법현실에서 가지는 실질적 의미보다는 위와 같은 理論的 必要性이 規範化된 제도라 할 수 있다.

2) 헌재 2017. 3. 10. 2016헌나1, 판례집 29-1, 1, 20.

다. 헌법 제65조는 한편으로는 집행부와 사법부의 국가기관이 헌법과 법률의 구속을 받는다는 것을 다시 한 번 강조하면서, 다른 한편으로는 바로 이러한 이유에서 탄핵사유를 헌법위반에 제한하지 아니하고, 헌법과 법률에 대한 위반으로 규정하고 있다. 집행부와 사법부가 입법자에 의하여 제정된 법률을 준수하는지의 문제는 헌법상의 권력분립원칙을 비롯하여 법치국가원칙을 준수하는지의 문제와 직결되기 때문에, 집행부와 사법부에 의한 법률의 준수는 곧 헌법질서의 준수를 의미하는 것이다. 탄핵절차가 헌법수호절차임에도, 헌법 제65조가 탄핵사유로서 '헌법위반' 외에 '법률위반'을 규정한 것은 바로 이러한 이유에 기인하는 것이다.

(3) 정부형태에 따른 탄핵제도의 실효성

탄핵제도와 정부형태 사이에는 특별한 상관관계가 없다. 따라서 헌법이 채택하는 정부형태가 대통령제인지 또는 의원내각제인지와 관계없이, 탄핵제도는 모든 정부형태에서 도입될 수 있다. 그러나 탄핵제도의 실효성은 '행정부와의 관계'에서 볼 때 의회와 정부의 관계를 규율하는 정부형태에 따라 또는 '사법부와의 관계'에서 볼 때 법관의 신분을 규율하는 제도에 따라 크게 다를 수 있다.

의원내각제의 국가에서는 내각불신임제도로 인하여 행정부의 고위공직자에 대하여 정치적 책임을 물을 수 있기 때문에, 대통령을 비롯한 행정부의 고위공직자에 대하여 정치적 책임을 물을 수 있는 제도적 장치를 두고 있지 않는 대통령제 정부형태의 국가에 비하여 탄핵제도의 실효성이 적다고 할 수 있다. 이러한 이유에서 의원내각제를 택한 다수의 국가에서는 탄핵대상 공직자에서 내각을 제외하고 있다.[1]

의원내각제의 국가든 아니면 대통령제의 국가든 간에 사법부에 대한 책임을 물을 수 있는 헌법적 장치가 마련되어 있지 않다는 점에서는 법관에 대한 탄핵의 필요성이 있으나, 법관의 임기제와 같이 법관의 비위사실을 근거로 재임명을 거부함으로써 법관직으로부터 배제할 수 있는 제도를 두고 있는 국가의 경우에는 법관의 종신제나 정년제를 택하고 있는 국가(미국이나 독일)에 비하여 탄핵제도의 실효성이 적다고 판단된다.[2]

2. 탄핵심판절차의 법적 성격

가. 특별한 헌법재판절차

헌법 제65조의 탄핵심판절차는 형사절차 또는 징계절차의 성격을 가진 것이 아니라, 헌법질서의 수호에 기여하는 특별한 헌법재판절차이다.[3] 헌법상 탄핵심판절차의 목적은 고위공직자에 대한 형

---

1) 의원내각제를 택하고 있는 국가 중 대부분의 국가에서는 수상과 각료를 탄핵대상 공직자에서 제외하고 단지 법관에 대한 탄핵제도만 두고 있다. 예컨대, 獨逸에서는 상징적 국가원수인 연방대통령과 법관에 대한 탄핵제도만을 두고 있고(기본법 제62조 및 제98조 제2항), 日本과 濠洲에서는 법관(일본국헌법 제64조 제1항) 또는 연방재판관(오스트레일리아 연방헌법 제72조)에 대한 탄핵제도만을 두고 있다. 한편, 英國에서는 성문헌법이 존재하지 않음은 물론이고 탄핵을 규율하는 독립된 법률도 존재하지 않으며, 단지 판례나 관행에 의하여 각료, 고위관리, 법관 등에 대한 탄핵제도가 운용되어 왔으나, 의원내각제가 확립되어 내각의 존속이 의회의 신임에 의존하게 됨으로써 1806년 멜빌(Melville) 사건 이후에는 탄핵이 행해지지 않고 있다. 이와 같이 의원내각제의 국가에서 수상과 각료를 탄핵대상 공직자에서 제외한 것은 내각불신임제도로 말미암아 탄핵제도가 현실화될 가능성이 사실상 없다고 판단한 것에 기인한다.

2) 이러한 이유에서 정년제를 채택하는 獨逸이나 종신제를 취하는 美國의 경우에는 임기제를 취하고 있는 우리의 경우와 비하여 보다 빈번하게 법관에 대한 탄핵이 이루어지고 있다고 볼 수 있다.

3) 獨逸의 절대적 다수견해이다. '탄핵심판절차가 형사절차 또는 징계절차의 성격을 가지는지'에 관한 논의는 불필요하며, 이는 탄핵심판절차가 독자적인 헌법재판절차라는 것을 간과하는 것이다. 예컨대 독일의 경우, 연방헌법재판

사적·민사적 책임을 묻고자 하는 것이 아니라, 고위공직자의 지위에 관한 헌법적 분쟁의 해결 및 고위공직자의 개별적 직무행위에 대한 헌법적 징벌에 있는 것이다. 권한쟁의심판에서도 공직자의 직무행위가 헌법이나 법률에 위반되는지 여부가 확인될 수 있으나, 권한쟁의심판은 국가기관 간에 발생한 헌법적 분쟁의 해결을 그 목적으로 하고 있는 반면, 탄핵심판은 당사자에 대한 개별적 징벌이 그 목적이라는 데에 차이가 있다.[1]

물론, 탄핵심판절차가 헌법적 절차로서의 독자적인 성격에도 불구하고 당사자의 위법행위에 대한 개별적 탄핵이라는 점에서 형사절차와 유사성을 보이고 있고, 이로 인하여 헌법재판의 본질에 반하지 않는 범위 내에서 형사소송법이 준용될 수 있다. 헌법재판소법은 제40조 제1항에서 탄핵심판의 경우에는 헌법재판의 성질에 반하지 않는 한도 내에서 형사소송법을 준용하도록 규정하고 있다.[2] 한편, 헌법재판소법은 탄핵심판이 그 법적 성격에 있어서 형사절차가 아니라는 것을 명시적으로 밝히고 있다. 법 제54조 제1항은 '탄핵결정은 민사상 또는 형사상의 책임을 면제하지 아니한다'고 규정함으로써, 동일한 사안에 대하여 사후적으로 형사상의 처벌이 가능함을 밝히고 있다. 탄핵심판절차가 그 성격에 있어서 형사절차가 아니기 때문에, 형사절차에 적용되는 원칙인 일사부재리의 원칙 및 형벌법규 불소급의 원칙(헌법제13조 제1항)은 탄핵심판절차에 적용되지 않는다.[3]

나. 공직자의 사임, 해임, 퇴임이나 사망 또는 국회의 임기종료의 경우 절차의 진행여부

(1) 탄핵심판절차가 헌법적 문제의 해명을 통하여 헌법질서를 수호하는 절차이므로, 탄핵소추절차의 개시(국회의 탄핵소추 발의) 후에는 당사자의 사임이나 해임 또는 임기만료에 의한 퇴임, 탄핵을 의결한 국회의 임기종료 등은 탄핵소추절차 및 탄핵심판절차의 진행에 아무런 영향을 미치지 않는다.[4] 공직에서 사임·퇴임한 또는 해임된 자에 대하여 탄핵소추절차와 탄핵심판절차를 진행해야 하는 이유는 공직자에 의한 헌법위반을 확인해야 할 중대한 이익이 있기 때문이다. 나아가, 피소추자가 사임·퇴임이나 해임의 가능성을 통하여 탄핵절차를 면탈하고 무력화시키는 것을 방지해야 할 필요가 있다. 국회법 제134조 제2항은 "소추의결서가 송달된 때에는 … 임명권자는 피소추자의 사직원을 접수하거나 해임할 수 없다."고 규정하여, 적어도 헌법재판소의 탄핵심판절차가 개시된 후에는 대통령

소법은 '탄핵심판절차에 관한 절'에서 절차에 관하여 구체적으로 규정하고 있는데, 전반적으로 형사소송절차의 형태를 따르도록 하면서, 소추의 취하에 관하여는 소의 취하에 관한 민사소송법규정의 모델을 따르고 있다.

1) 권한쟁의심판과 탄핵심판의 목적이 다를 뿐만 아니라, 공직자에 의한 모든 헌법위반이나 법률위반이 동시에 다른 국가기관의 권한을 침해하는 것은 아니기 때문에, 권한쟁의심판이 탄핵심판의 기능을 대체할 수 없다.

2) 독일 연방헌법재판소법은 제54조 및 제55조에서 탄핵심판절차를 형사소송절차의 형태로 진행하도록(헌법재판소에 의한 사전조사, 대통령을 소환해야 할 의무, 대통령의 불출석시 궐석재판의 가능성에 관한 통고, 필요적 구두변론, 탄핵소추의결서의 낭독, 그에 대한 대통령의 진술, 직권탐지주의에 의한 증거조사, 대통령의 최후 진술 등) 구체적으로 규정하고 한다.

3) 헌법 제65조는 탄핵사유를 "헌법이나 법률에 위배한 때"로 규정하고 있는데, 여기서의 헌법에는 헌법재판소의 결정에 의하여 확립된 불문헌법(예컨대 헌법상의 인격권, 알 권리, 일반적 행동자유권 등)도 포함된다. 따라서 불문헌법에 대한 위반으로도 탄핵소추가 가능하기 때문에, 헌법 제13조 제1항의 형벌법규 불소급의 원칙("모든 국민은 행위시의 법률에 의하여 범죄를 구성하지 아니하는 행위로 소추되지 아니하며,…")이 탄핵절차에는 적용되지 않는다.

4) 독일 연방헌법재판소법은 제51조에서 "연방대통령의 사임이나 퇴임, 연방의회의 해산 또는 임기만료에 의하여 (탄핵심판)절차의 개시와 속행은 영향을 받지 않는다."고 규정하면서, 제58조 제1항에서 연방법관에 대한 탄핵심판절차에 대해서는 제51조를 준용한다고 규정하고 있다. 연방대통령의 사임이나 퇴임에 의하여 탄핵심판절차의 開始가 영향을 받지 않는다는 것은, 곧 연방대통령의 사임이나 퇴임에 의하여 의회의 탄핵소추절차도 영향을 받지 않는다는 것을 의미한다.

이외의 피소추자의 사임이나 해임의 가능성을 명시적으로 배제하고 있다.[1]

헌법재판소가 본안판단에서 '공직자의 법위반여부'와 '파면여부'를 구분하여 2단계로 심사하는 한,[2] 공직자의 행위가 위헌·위법임을 확인해야 할 심판의 이익이 존재한다. 헌법재판소는 이미 사임·퇴임한 또는 해임된 공직자에 대하여 비록 파면결정을 할 수는 없을 것이나, 공직자의 행위가 위헌·위법임을 확인하는 결정을 할 수 있다. 헌법재판소가 파면결정을 선고하기 위해서는 공직자의 행위가 위헌·위법임을 일차적으로 확인해야 하므로, 파면결정은 '피소추자인 공직자의 행위가 위헌 또는 위법임'을 그 전제로서 확인하는 '위헌확인결정'을 내포하고 있다. 헌법재판소법 제53조는 결정 유형으로서 '파면결정'만을 언급하고 있으나, 피소추자인 공직자가 사임이나 해임 또는 퇴임 등으로 더 이상 공직에 있지 않는 경우에 대해서는 탄핵심판의 실효성을 보장하기 위하여 '공직자 행위의 위헌·위법성을 확인하는 결정'을 선고할 수 있는 것으로 합헌적으로 해석해야 한다. 헌법재판소는 이미 오래전부터 이와 유사한 헌법적 상황에서는 헌법재판소법의 명시적인 규정내용에서 벗어나 '위헌확인결정'을 하고 있음을 확인할 수 있다.[3]

(2) 한편, 국회의 탄핵소추의결 이후 헌법재판소의 탄핵심판 중 임기만료로 피청구인이 법관의 직에서 퇴직한 '법관에 대한 탄핵심판 사건'에서,[4] 헌법재판소는 재판관 5인의 각하의견으로, 탄핵심판에서는 파면결정을 할 수 있는 경우에만 '심판의 이익'이 존재한다는 전제하에서, 이미 임기만료로 퇴직한 피청구인에 대해서는 본안판단에 나아가도 파면결정을 선고할 수 없으므로 결국 이 사건 탄핵심판청구는 부적법하여 각하한다는 결정을 선고하였다.[5]

그러나 위 각하의견은 법문과 탄핵심판제도의 자의적인 해석에 기초하여 탄핵심판의 목적과 기능을 현저하게 저해하는 견해로서 받아들이기 어렵다. 위 각하의견은 "헌법 제65조 제4항 전문과 헌법재판소법 제53조 제1항은 헌법재판소가 탄핵결정을 선고할 때 피청구인이 '해당 공직에 있음'을 전제로 하고 있다."고 주장하나, 위 조항들은 '탄핵심판의 대상공무원'에 관한 것이 아니라 오로지 '탄핵심판 결정주문의 내용'에 관한 규정이다. 위 조항들에서 전제된 것이 있다면, 그것은 '헌법재판

---

1) 대통령의 경우 사임을 명시적으로 금지하는 법규정이 없으므로 사임은 할 수 있으나, 대통령의 사임은 탄핵심판절차의 진행에 아무런 영향을 미치지 않는다. 피소추자의 사망의 경우에는 탄핵심판절차가 종료되는 것으로 보는 것이 타당하다. 이 경우, 피소추자가 대립적 소송절차의 구조에서 더 이상 자신을 방어할 수 없기 때문에, 이와 같은 절차적 장애요소가 피소추자에 의한 헌법위반을 확인해야 할 이익을 압도한다.

2) 이에 관하여 아래 V. 3. 서술내용 참조.

3) 가령, 헌법재판소는 헌법소원심판에서 심판청구 당시에 이미 '권력적 사실행위'가 종료되었기 때문에 주관적 권리보호이익이 인정되지 않는 경우에도 객관적 심판의 이익을 인정하여 본안의 판단을 하고 있는데, 헌법재판소법 제75조 제3항에서는 '공권력의 행사에 대한 취소결정'만을 언급하고 있음에도, 종료된 사실행위가 위헌인 경우에는 침해행위가 이미 종료되어 이를 취소할 여지가 없기 때문에 '취소결정' 대신 '위헌확인결정'을 하고 있다. 또한, 정당해산심판에서 정부의 제소 후에 피소된 정당이 해산결정을 회피하기 위하여 자진 해산하는 경우에도 유사한 헌법적 상황이 발생하는데, 이 경우에도 '정당의 위헌성을 확인하는 결정'을 선고할 수 있는 것으로 해석해야 한다.

4) 헌재 2021. 10. 28. 2021헌나1(법관에 대한 탄핵심판). 국회는 피청구인 법관에 대하여 다른 법관의 재판에 관여하였다는 이유로 2021. 2. 1. 탄핵소추안을 발의하였고 2021. 2. 4. 탄핵소추안을 가결함으로써 같은 날 피청구인에 대한 탄핵심판을 청구하였다. 피청구인은 2021. 2. 28. 임기만료되어 2021. 3. 1. 퇴직하였다.

5) 위 각하의견은 헌법재판소가 종래 두 차례에 걸친 대통령에 대한 탄핵사건에서 모두 피청구인에게 직무집행상 위헌행위가 있었음을 인정하면서도 심판청구기각 또는 파면이란 단일주문을 선고하였을 뿐, 위헌확인 여부만을 독립적으로 선고하지 않았다는 것을 '위헌확인결정이 가능하지 않은 이유'로서 언급하고 있다. 그러나 헌법재판소가 위헌확인결정을 하지 않은 것은, 파면결정의 경우에는 위헌확인결정을 이미 내포하고 있기 때문에 위헌확인결정을 하는 것이 불필요하고, 기각결정의 경우에는 결정이유에서 헌법위반을 명시적으로 확인한 이상 별도의 위헌확인결정을 하는 것이 불필요하다고 판단하였기 때문이다.

소가 결정을 선고할 때 피청구인이 해당 공직에 있어야 한다'는 것이 아니라, 단지 '공직자가 해당 공직에 있어야 비로소 파면결정이 가능하다는 것', 즉 '해당 공직 보유가 파면결정의 선결조건'이라는 지극히 당연한 것이다. 위 각하의견은 '파면결정의 선결조건으로서 해당 공직의 보유 여부'와 '탄핵심판의 대상공무원으로서 현직 공무원 여부'를 혼동함으로써 위와 같이 잘못된 해석에 이르고 있다.

탄핵심판의 이익을 인정하기 위해서는 탄핵결정 선고 당시까지 피청구인이 '해당 공직'을 보유해야 한다는 위 각하의견에 의하면, 헌법재판소가 퇴임이 다가오는 공직자에 대하여 우연히 공직자의 '퇴임 이전에' 결정을 선고하는 경우에는 심판의 이익을 인정하여 본안판단에 들어가 '본안에 관한 결정'을 하게 되고, 공직자의 '퇴임 이후에' 선고하는 경우에는 심판의 이익을 부인하여 '각하결정'을 하게 된다. 그러나 이러한 견해는 '헌법재판소가 언제 결정을 선고하는지'의 우연한 사정에 의하여 본안판단여부 및 결정유형이 달라진다는 것을 의미하는데, 자의를 배제하여 법적 안정성을 확보하고자 하는 법치국가적 관점에서 이러한 견해가 타당할 수 없다. 나아가, 탄핵심판의 헌법적 기능과 목적에 비추어 볼 때 심판의 이익을 인정함에 있어서 공직자의 '사임·해임의 상황'과 '퇴임의 상황'을 달리 취급해야 할 하등의 이유가 없다. 그럼에도 이를 구분하여, 국회법상 공직자가 탄핵소추의결서 송달 후에는 사임이나 해임은 할 수 없기 때문에 사임·해임의 상황에 대해서는 심판의 이익을 인정하고, 퇴임의 상황에 대해서는 심판의 이익을 부인한다는 것은 '전적으로 공직자의 영역에 위치하는 개별적 상황'에 의하여 법적 결과가 자의적으로 결정된다는 것을 의미하는 것으로, 이 또한 법치국가적 관점에서 정당화될 수 없다.[1]

결국, 국회에 의한 탄핵소추절차의 개시 후에는, 아니면 적어도 탄핵심판절차의 개시 후에는 피소추자의 사임·해임·퇴임 등 모든 행위나 상황이 일률적으로 탄핵소추·탄핵심판절차의 진행에 아무런 영향을 미치지 않는 경우에만 탄핵심판은 매 구체적 상황마다 심판의 이익의 존부에 관하여 자의적으로 달리 판단해야 하는 법치국가적 모순에서 벗어날 수 있고, 나아가 그 헌법적 기능을 제대로 이행할 수 있다. 따라서 헌법과 헌법재판소법은 이러한 관점에서 탄핵심판의 헌법적 목적과 기능에 부합하게 해석되어야 한다.

3. 대통령제 정부형태의 국가에서 탄핵제도

가. 대통령제 정부형태와 탄핵제도의 조화를 위한 헌법적 요청

탄핵제도는 원래 영국에서 국왕에 대한 권력통제수단으로 발생하였으나, 그 후 의원내각제가 확립되고 내각불신임제도가 도입되어 내각의 존속이 의회의 신임에 의존하게 됨으로써, 오늘날 의원내각제를 택한 대부분의 국가에서는 탄핵대상 공직자에서 내각을 비롯하여 정부 고위관료를 제외하고 있다. 따라서 오늘날 행정부 고위공직자에 대한 탄핵소추제도는 주로 대통령제 정부형태의 국가에서 시행되고 있고 실질적인 의미를 가진다.

---

1) 또한, 탄핵심판의 대상공무원 중에서 가장 중요한 대통령의 경우 임명권자에 의한 사직원접수나 해임을 금지하는 국회법조항이 적용되지 않으므로, 위 '각하의견'에 의하면 대통령은 탄핵소추의결서 송달 후에도 스스로 사임함으로써 심판의 이익을 소멸시키고 탄핵심판절차를 종결시킬 수 있다. 뿐만 아니라, 그 외의 공무원의 경우 탄핵소추의결서 송달 이전에는 위 국회법조항의 적용을 받지 않음으로써 자유롭게 사임 또는 해임이 가능하므로, 공직자의 사임과 해임을 통하여 국회의 탄핵소추절차의 진행에 영향을 미칠 수 있다. 이러한 법적 상황은 모두 '전적으로 공직자의 영역에 위치하는 개별적 상황'에 의하여 법적 결과가 임의로 결정되는 것으로, 법치국가적 관점에서 정당화될 수 없다.

    대통령제 정부형태를 채택한 국가에서 탄핵제도는 '대통령제 정부형태에 관한 헌법적 결정'에 의
하여 구속을 받는다. 대통령과 의회 모두 국민에 의하여 직접 선출되어 민주적 정당성을 독자적으로
부여받는 대통령제 정부형태에서는 행정부의 성립과 존속이 의회로부터 완전히 독립되어 대통령과
의회는 상호 정치적 책임을 지지 않기 때문에, 탄핵제도의 법적 성격도 정치적 책임을 묻는 '권력통
제수단'에서 법적 책임을 묻는 '헌법수호수단'으로 근본적으로 변화하였다. 대통령제 정부형태의 헌
법에서 탄핵제도는 집행부에 대하여 정치적 책임을 묻는 의회의 통제수단으로 형성되어서는 안 된다
는 구속을 받는다. 헌법은 이에 부합하게 탄핵사유를 '헌법이나 법률의 위반'으로 한정적으로 규정함
으로써, 탄핵제도를 법적 책임을 묻는 제도로 형성하고 있다.

    나아가, 대통령제 국가에서 탄핵제도는, 의회가 탄핵제도를 대통령의 국정운영을 정치적으로 탄핵
하는 수단으로 변질시킴으로써 '조직과 활동에 있어서 상호독립성을 그 특징으로 하는 대통령제 정부
형태'를 위협해서는 안 된다는 헌법적 구속을 받는다. 대통령제 정부형태와 탄핵제도가 동일한 헌법
내에서 공존하면서 서로 조화를 이루기 위해서는, 탄핵제도가 '의회의 신임으로부터 자유로운 가운
데 자기책임 하에서 이루어지는 대통령의 국정운영'을 현저하게 위협하거나 마비시킴으로써 대통령
제 정부형태를 파괴하는 방향으로 정치적으로 남용되어서는 안 된다는 헌법적 구속을 받는 것이다.

나. 탄핵제도의 정치적 남용 방지를 위한 구체적 형성

    헌법에서 탄핵제도를 정치적 책임이 아니라 '법적 책임'을 묻는 제도로 형성한다 하더라도, 사실
상 행정부의 모든 정치적 행위에 대해서는 법적 관점으로 전환하여 이의제기가 가능하고, 이로써 헌
법이나 법률의 위반 등 법적 문제로 포장하여 탄핵소추를 발의하는 것이 가능하다. 이러한 점에서,
대통령제 국가에서 탄핵제도는 의회를 장악한 야당에 의하여 정부의 정치적 책임을 묻는 도구 또는
야당의 정치적 의도를 관철하고 강제하기 위한 압력행사의 수단으로 남용될 위험이 상존하고 있다.[1]
특히, 대통령과 여소야대의 의회가 정치적으로 첨예하게 대립하고 있는 상황에서는 탄핵제도가 '법
의 형태로 이루어지는 정치의 도구'로 변질될 위험이 있다. 따라서 대통령제 국가에서 탄핵제도는 이
러한 위험을 최소화할 수 있도록 구체적으로 형성되어야 한다.

    이러한 관점에서 보건대, 의회의 탄핵소추의결이 피소추자의 권한행사를 정지하지 않는 외국의
일반적인 입법례와는 달리,[2] 헌법 제65조 제3항에서 "탄핵소추의 의결을 받은 자는 탄핵심판이 있
을 때까지 그 권한행사가 정지된다."고 규정한 것은, 이로 인하여 탄핵제도가 정치적으로 남용됨으
로써 '의회의 신임으로부터 자유로운 대통령의 독자적인 국정운영'을 위협하거나 마비시킬 수 있다

---

1) 가령, 국회를 장악한 더불어민주당은 윤석열 대통령 정부에 대하여 2024. 12. 31. 현재 무려 29건의 탄핵소추안을
발의한 바 있다. 야당에 의하여 탄핵제도가 빈번하게 남용되어 그 효과가 누적적으로 작용함으로써 헌법질서를 교
란한다 하더라도, 개별 탄핵사건에 한정하여 사건별로 판단해야 하는 헌법재판소로서는 개별사건에서 소추의결의
형식적 요건이 갖추어진 이상, '탄핵소추권의 정치적 남용'이나 '헌법질서의 파괴적 효과'를 사실상 司法的으로 확
인하기 어렵다는 문제가 있다.
2) 탄핵소추의 의결로 인하여 공직자의 권한행사가 자동적으로 정지되는 입법례는 드물다. 예외적으로 폴란드 헌법
(제145조 제3항)과 헝가리 헌법(제31조의a 제4항)에서 '의회가 재적의원 2/3의 찬성으로 탄핵소추를 의결하는 경우
대통령은 직무수행으로부터 배제된다'고 규정하고 있는데, 이들 국가에서의 대통령은 '의원내각제가 정부형태의 근
간을 이루는 이원집행부제 국가'에서의 대통령이다. 한편, 독일의 경우에는 연방헌법재판소가 탄핵소추 제기 후에
'가처분'에 의하여 연방대통령이나 연방법관의 직무집행을 정지할 수 있도록 연방헌법재판소법에서 규정하고 있는
데, 독일도 의원내각제의 국가이다. 대통령제 국가에서 탄핵소추의결의 효과로 곧바로 직무정지를 규정하는 헌법은
찾아보기 어렵다.

는 문제점을 안고 있다. 우리나라의 탄핵제도에서는 국회의 탄핵소추의결이 곧 피소추자의 직무정지로 이어지는 특성이 있기 때문에, 대통령을 비롯한 정부 각료에 대한 소추의결은 사실상 의원내각제에서 내각불신임권 행사의 결과인 '해임'과 유사한 효과를 가진다. 정치적으로 남용되는 의회의 탄핵권한 행사는 실질적으로 의원내각제에서의 내각불신임권의 기능을 하게 되고, 이로써 필연적으로 대통령제 정부형태를 채택한 헌법적 결정과 충돌하게 된다.

대통령제 국가에서 의회를 장악한 야당이 정부의 정치적 책임을 묻거나 또는 자신의 당리당략적 목표를 관철하는 수단으로 탄핵제도를 빈번하게 남용함으로써 그 남용의 효과가 누적적으로 작용한다면, 각료를 비롯한 다수 고위공직자의 직무정지로 인하여 대통령의 국정운영이 크게 저해되거나 마비될 수 있고, 나아가 행정부의 존속과 활동이 의회의 신임에 의존하는 의원내각제 정부형태로의 변형을 초래할 수 있다. 즉, 야당에 의한 탄핵제도의 지속적이고 누적적인 정치적 남용은 '대통령제가 의원내각제로 변질될 수 있다'는 의미에서 '헌법질서의 파괴'를 가져올 수 있는 것이다.

국회를 장악한 야당으로 하여금 탄핵제도를 당리당략적 동기에서 정치적 도구로 남용하도록 유인하는 가장 중요한 요인은, 바로 국회에 의한 탄핵소추의결의 효과인 '직무정지'에 있다. 의회를 장악한 야당에 의하여 정치적으로 남용되는 탄핵제도가 대통령제 정부형태의 헌법질서를 파괴할 수 있다는 위험성을 고려한다면, 다른 국가들의 일반적 입법례를 따라, 국회의 탄핵소추의결이 자동적으로 피소추자의 직무정지를 가져오지 않도록 헌법을 개정해야 할 필요가 있다.

Ⅲ. 외국의 입법례 개관

1. 탄핵제도의 구조

오늘날 세계적으로 시행되고 있는 탄핵제도는 그 구조상 '탄핵소추권과 탄핵심판권을 모두 의회가 가지고 있는 구조'와 '의회는 탄핵소추권만을 가지고 탄핵심판권은 독립된 사법기관에게 맡기는 구조'로 크게 나누어 볼 수 있다.

탄핵제도를 두고 있는 모든 나라의 경우, 탄핵소추권을 의회에 부여하고 있다. 그러나 의회에 의하여 탄핵소추가 의결된 후에 누가 탄핵에 관한 결정을 하는지에 관하여는 나라마다 상이한 형태를 취하고 있다. 일부 국가에서는 의회가 그에 관한 결정을 하도록 하고 있으며,[1] 다른 국가에서는 최고법원이나 독립된 사법기관(예컨대, 헌법재판소)에 탄핵심판권을 부여하고 있다. 비교법적으로 탄핵제도의 공통점은 탄핵소추기관과 탄핵심판기관이 분리되어 있다는 점이다.

가. 의회에 의한 탄핵소추 및 탄핵심판

의회가 탄핵소추권과 탄핵심판권을 가지고 있는 구조는 일반적으로 의회가 兩院制를 취하고 있는 국가에서 볼 수 있는 형태로서, 하원에게는 탄핵소추권을 부여하고 상원에게는 탄핵심판권을 부여하고 있다. 이에 속하는 국가로는 미국을 비롯하여 러시아, 멕시코 등을 들 수 있다. 미국의 경우, 하원의 소추의결에 의하여 상원이 연방대법원장을 의장으로 하여 탄핵심판을 진행하는데 상원 출석

---

1) 의회가 탄핵에 관한 결정을 하는 경우에는, 兩院 중 탄핵소추를 발의하지 않은 다른 院에 탄핵심판권을 부여하고 있다.

의원의 2/3 이상의 찬성으로 파면결정을 한다.[1]

나. 의회에 의한 탄핵소추 및 독립된 사법기관에 의한 탄핵심판

탄핵제도의 또 다른 형태는, 의회는 탄핵소추만을 의결하고, 헌법재판소나 법원 등 독립된 사법기관이 탄핵심판권을 가지는 유형이다. 이와 같이 탄핵에 관한 권한을 분리하여 탄핵소추권은 의회에 탄핵심판권은 사법기관에 부여하는 형태는 의회의 구성방법이 단원제 또는 양원제인지와 관계없이 취할 수 있다.

독일의 경우, 하원인 연방의회(Bundestag)나 상원에 해당하는 연방참사원(Bundesrat)이 각 기관 단독으로, 또는 탄핵소추의 중요성이나 필연성을 강조할 목적으로 양원이 병렬적으로 동시에 연방대통령에 대한 탄핵소추의 의결을 할 수 있으며, 탄핵소추가 의결되면 연방헌법재판소가 이를 심판한다.[2] 오스트리아의 경우에도 양원합동회의의 성격을 가지는 연방회의(Bundesversammlung)가 소집되어 대통령에 대한 탄핵소추를 의결하면, 연방헌법재판소가 탄핵심판을 담당하게 된다.[3]

2. 탄핵사유

탄핵소추의 사유에 있어서도 국가마다 상이함을 보이고 있다. 일부 헌법(프랑스, 러시아, 멕시코, 체코 등)이 탄핵소추사유를 반역죄(Verrat, treason) 등과 같은 중대한 범죄에 제한하고 있는 반면, 일부 헌법(미국, 아일랜드 등)은 탄핵사유를 크게 확대하여 경죄, 비행(misdemeanor, misbehavior, misconduct)과 같은 불명확한 포괄적인 개념을 사용하기도 한다. 또한, 일부 헌법(독일, 오스트리아, 이탈리아, 헝가리, 리투아니아 등)에서는 우리 헌법의 경우와 유사하게 '헌법위반 또는 법률위반'을 탄핵사유로 규정하고 있다.

Ⅳ. 적법요건

모든 소송절차와 마찬가지로, 탄핵심판의 경우에도 본안의 판단을 받기 위하여 일정한 형식적 요건을 갖출 것이 요청된다. 이는 심판청구의 남용을 방지하기 위하여 필요하다.

1. 탄핵소추의결서의 제출

소추위원이 헌법재판소에 소추의결서의 정본을 제출함으로써, 심판청구를 하게 된다(별 제49조 제2항). 헌법재판소에 제출된 탄핵소추의결서는 탄핵의 원인이 된 피소추자의 작위 또는 부작위, 위반된 헌법 또는 법률의 규정, 증거자료를 기재하여야 한다.[4] 이러한 기재내용 중 하나라도 결여된 경우에는 심판청구는 부적법한 것이 된다. 그러나 헌법재판소는 소추의결서의 보정을 요구할 수 있다(별 제28조).

---

1) 미연방헌법 제1조 제2항 제5절, 제1조 제3항 제6절 참조.

2) 독일 기본법 제61조 제1항 참조.

3) 연방회의에서 대통령에 대한 탄핵소추를 의결하기 위해서는 상·하원 각 재적의원 과반수의 출석이 있어야 하며, 표결에 참가한 의원 2/3 이상의 찬성이 필요하다(오스트리아 헌법 제68조).

4) 헌재 2017. 3. 10. 2016헌나1, 판례집 29-1, 1, [소추사유의 특정 여부에 관하여] "탄핵소추사유는 그 대상 사실을 다른 사실과 명백하게 구분할 수 있을 정도의 구체적 사실이 기재되면 충분하다. 이 사건 소추의결서의 헌법 위배행위 부분은 소추사유가 분명하게 유형별로 구분되지 않은 측면이 있지만, 소추사유로 기재된 사실관계는 법률 위배행위 부분과 함께 보면 다른 소추사유와 명백하게 구분할 수 있을 정도로 충분히 구체적으로 기재되어 있다."

탄핵심판의 소송물(심판대상)은 단지 탄핵의 원인이 된 사실관계이다. 헌법재판소는 사법기관으로서 원칙적으로 탄핵소추기관이 주장하는 탄핵의 원인이 된 사실관계에 의하여 구속을 받는다. 따라서 헌법재판소는 소추의결서에 기재되지 아니한 사실관계를 판단의 근거로 삼을 수 없다.[1] 같은 이유에서, 소추위원이 탄핵심판절차에서 소추의결서에 기재되지 아니한 새로운 사실을 임의로 추가하는 것은 허용되지 않는다.[2]

그러나 헌법재판소는 공직자의 법위반 여부를 판단함에 있어서 소추의결서에서 그 위반을 주장하는 헌법 또는 법률의 규정에 의하여 구속을 받지 않는다.[3] 그러므로 헌법재판소는 청구인이 그 위반을 주장한 법규정 외의 다른 법규정에 근거하여 탄핵의 원인이 된 사실관계를 판단할 수 있다. 또한, 헌법재판소는 탄핵의 원인이 된 '사실관계의 판단'에 있어서 국회에 의하여 분류된 사실관계의 체계에 의하여 구속을 받지 않는다. 소추사유를 어떠한 연관관계에서 법적으로 고려할 것인가의 문제는 전적으로 헌법재판소의 판단에 달려있다.

2. 국회의 탄핵소추의 발의 및 의결의 존부

헌법재판소는 탄핵소추가 국회재적의원 1/3 이상 또는 과반수의 발의에 의하여 이루어졌는지 여부 및 탄핵소추의 의결이 국회재적의원 과반수 또는 2/3 이상의 찬성에 의하여 이루어졌는지 여부(헌법 제65조 제2항 제2문)를 판단한다. 헌법재판소는 탄핵소추의 적법여부에 관하여는 국회의 탄핵소추절차에 명백한 흠결이 있는지의 명백성의 심사에 제한한다.[4]

3. 탄핵소추의 對象公務員에 해당되는지 여부

가. 탄핵심판의 대상공무원

헌법 제65조 제1항 및 법 제48조에 의하면, 대통령·국무총리·국무위원·행정각부의 장·헌법재판소재판관·법관·중앙선거관리위원회위원·감사원장·감사위원 기타 법률이 정한 공무원에 대해서만 탄핵소추가 가능하다. 따라서 위에 규정된 공무원에 해당하지 않는 것이 명백한 경우, 그러한 공무원에 대한 심판청구는 부적법하여 각하하여야 한다.

탄핵심판의 대상공무원과 관련하여 대부분의 경우 자명하기 때문에 적법요건을 충족시켰는지의 판단에 있어서 어려움이 없을 것이나, 다만, '공직자가 탄핵심판의 당시에 現職에 있어야 하는지' 여부가 문제된다.[5] 공직자가 탄핵소추절차의 개시(국회의 탄핵소추 발의) 후에 스스로 사임하거나 임기만료로 퇴임하는 것은 탄핵심판절차의 개시와 진행에 아무런 영향을 미치지 않는다. 헌법수호절차로서의 탄핵심판의 목적에 비추어 국가기관이 위헌적 행위를 범했는지에 관하여 확인해야 할 일반적

1) 헌재 2004. 5. 14. 2004헌나1, 판례집 16-1, 609, 625.
2) 헌재 2004. 5. 14. 2004헌나1, 판례집 16-1, 609, 633.
3) 헌재 2004. 5. 14. 2004헌나1, 판례집 16-1, 609, 625.
4) 헌재 2004. 5. 14. 2004헌나1, 판례집 16-1, 609, 628, 국회는 의사와 내부규율 등 국회운영에 관하여 폭넓은 자율권을 가지므로, 국회의 의사절차나 입법절차에 명백한 법위반이 존재하지 않는 한, 국회의 자율권을 존중해야 한다는 입장이다.
5) 탄핵결정 선고 당시에 피소추인이 '현직'에 있어야만 탄핵심판의 이익을 인정할 수 있다는 견해로는 헌재 2021. 10. 28. 2021헌나1(법관에 대한 탄핵심판) 결정에서 5인의 각하의견 참조. 이에 대한 비판으로 위 제5항 Ⅱ. 2. 나. '공직자의 사임, 해임, 퇴임이나 사망 또는 국회의 임기종료의 경우 절차의 진행여부' 참조.

이익이 인정되고, 다른 한편으로는 공직자가 스스로 사임함으로써 탄핵절차를 면탈하는 것을 방지해야 할 필요가 있다.[1]

나. '기타 법률이 정한 공무원'의 범위

헌법은 제65조 제1항에 명시적으로 언급된 공직자의 범위를 넘어서 "기타 *法律*이 정한 공무원"을 언급함으로써 입법자로 하여금 탄핵대상 공무원을 법률로써 정할 것을 위임하고 있다. 여기서 '기타 법률이 정한 공무원'의 범위를 어떻게 이해해야 하는지의 문제가 제기된다. 헌법을 유지하고 수호하고자 하는 것이 탄핵제도의 본질이라면, 입법자가 정하는 '탄핵대상 공무원의 범위'도 역시 탄핵제도의 본질에 비추어 판단되어야 한다. 따라서 입법자는 공직자에게 부여된 헌법상 또는 법률상 권한과 기능의 비중에 비추어 그 직무수행 중의 법위반행위로 인하여 헌법수호의 관점에서 헌법질서에 대한 특히 중대한 위협이 우려되는 공무원의 범위를 확정하여 이를 탄핵의 대상으로 삼을 수 있다. 이러한 공무원의 범위에는 헌법에 명시적으로 규정된 공무원 외에 예컨대 각군 참모총장, 검사,[2] 경찰청장 등이 속한다고 할 것이다. 물론, 탄핵대상 공무원의 범위를 법률로써 정함에 있어서 입법자에게는 광범위한 형성의 자유가 인정된다.

한편, 일반사법절차나 징계절차에 의한 소추나 징계가 곤란한 고위직 공무원에 대한 '특수한 소추절차'로서의 탄핵절차의 성격을 인정하여 탄핵대상 공무원의 범위를 '소추나 징계가 곤란한 고위직 공무원'으로 파악하고자 하는 견해가 있다. 그러나 '특정 공무원에 대한 소추나 징계가 곤란한지 여부'는 탄핵대상 공무원의 범위를 정함에 있어서 단지 부차적 요소일 뿐이다. 오늘날 정상적으로 기능하는 민주적 법치국가에서, 헌법이 스스로 예외를 두고 있는 경우를 제외한다면(예컨대, 헌법 제84조의 대통령 재직시 형사소추의 제한), 일반사법절차를 통하여 소추가 곤란한 고위직 공직자란 존재할 수 없, 한편으로는 탄핵제도가 기능하는 국가에서는 일반사법절차도 제대로 기능한다고 보아야 한다. 따라서 탄핵대상 공무원의 범위를 특수한 소추절차로서의 탄핵절차의 관점에서 파악하는 것은 단지 부차적으로 고려될 수 있을 뿐이다.

4. 탄핵소추사유의 존재 가능성

가. "직무집행에 있어서 헌법이나 법률을 위배한 때"

헌법 제65조에 규정된 탄핵소추사유는 "직무집행에 있어서 헌법이나 법률을 위배한 때"이므로, 탄핵심판을 청구하기 위해서는 '직무집행에 의한 법률이나 헌법에 대한 위반가능성'이 존재해야 한다. 따라서 위와 같은 위반가능성이 명백하게 존재하지 않는 경우에는 심판청구는 부적법한 것으로 각하하게 된다.

(1) "직무집행에 있어서"

"직무집행에 있어서"의 '직무'란, 법제상 소관 직무에 속하는 고유업무 및 통념상 이와 관련된 업무를 말한다. 따라서 직무상의 행위란, 법령·조례 또는 행정관행·관례에 의하여 그 지위의 성질상 필요로 하거나 수반되는 모든 행위나 활동을 포함하는 포괄적인 개념이다.[3]

---

1) 독일 연방헌법재판소법은 제51조에서 명문으로 '(탄핵심판)절차의 개시와 속행은 연방대통령의 사임이나 퇴임에 의하여 영향을 받지 않는다'고 규정하고 있다.
2) 검찰청법 제37조는 검사를 탄핵 대상공무원에 포함시키고 있다.

이에 따라 가령, 대통령의 경우 대통령의 직무상 행위는 법령에 근거한 행위뿐만 아니라, '대통령
의 지위에서 국정수행과 관련하여 행하는 모든 행위'를 포괄하는 개념으로서, 예컨대 각종 추진사업
의 현장 방문·위문·재해현장 확인 등 목적의 특정지역 방문행위, 각종 단체·산업현장 등 방문행
위, 기공식·준공식·공식만찬 등 각종 행사에 참석하는 행위, 대통령이 국정을 수행함에 있어서 국
민의 이해를 구하고 국가정책을 효율적으로 수행하기 위하여 방송에 출연하여 정부의 정책을 설명하
고 의견을 수렴하는 행위·기자회견에 응하는 행위 등을 모두 포함한다.

그러나 집무집행과 관계없는 행위, 즉 직무개시 이전이나 퇴임 후의 행위 또는 명백하게 사적인
행위(예컨대 사적인 계약위반에 의한 민법규정의 위반)는 탄핵의 대상이 될 수 없다. 前職時의 행위도 탄
핵사유가 될 수 있는지에 관하여 본다면, "대통령…이 그 직무집행에 있어서"라고 하여 탄핵사유의
요건을 '공직자의 직무집행'으로 명시적으로 규정하고 있는 헌법 제65조 제1항의 법문의 해석으로
보나, 탄핵결정의 효과를 '공직으로부터의 파면'으로 규정하는 헌법 제65조 제4항과의 관계에서 보
나, 現職 중의 법위반행위만이 탄핵사유가 된다고 보아야 한다.[1] 또한, 탄핵절차의 본질이 공소시효
가 완성되지 않은 이상 소추가 가능한 형사소추절차가 아니라, 고위공직자의 직무집행 중 법위반행
위에 대하여 법적 책임을 추궁함으로써 헌법의 규범력을 확보하고자 하는 헌법재판절차라는 점에서
도 탄핵사유는 현직 중의 행위로 제한됨이 타당하다.

(2) "헌법이나 법률을 위배한 때"

헌법에는 명문의 헌법규정뿐만 아니라 헌법재판소의 결정에 의하여 형성된 불문헌법도 포함된다.
대통령은 헌법과 법률의 구속을 받을 뿐, 행정입법에 의한 구속을 받지 않으므로, 법률이란 단지 형
식적 의미의 법률 및 그와 등등한 효력을 가지는 국제조약 등을 의미한다. 따라서 명백하게 명령이
나 규칙 위반에 근거한 심판청구 또는 법규범에 대한 위반여부가 아니라 대통령의 부도덕한 행위,
정치적 무능력에 대한 심판청구, 정치적 판단의 당부를 다투는 심판청구는 부적법하다.[2] 법위반행위
에는 고의나 과실에 의한 경우뿐만 아니라 법의 무지로 인한 경우도 포함된다고 본다.[3]

나. 법위반의 중대성을 고려해야 하는지의 문제

사소한 위반행위를 사유로 하는 탄핵심판청구의 남용을 방지하기 위하여, 단순히 위반가능성의
존재를 요구하는 것을 넘어서, 법위반의 중대성의 관점을 이미 적법요건의 단계에서 고려해야 하는
지의 문제가 제기된다. 예컨대, 경미한 법위반으로 탄핵소추가 의결된 경우, 헌법재판소가 이미 적법
성의 심사 단계에서 이를 부적법한 것으로 각하해야 하는지에 관한 것이다.

---

3) 헌재 2004. 5. 14. 2004헌나1, 판례집 16-1, 609, 633; 헌재 2017. 3. 10. 2016헌나1, 판례집 29-1, 1, 20.
1) 같은 견해로는 헌재 2004. 5. 14. 2004헌나1, 판례집 16-1, 609, 651, 대통령 당선후 취임시까지의 기간에 이루어진
대통령의 행위도 소추사유가 될 수 없다고 판시하였다.
2) 헌재 2017. 3. 10. 2016헌나1, 판례집 29-1, 1, 4-5, [불성실한 직책수행이 탄핵심판절차의 판단대상이 되는지 여부]
"대통령의 '직책을 성실히 수행할 의무'는 헌법적 의무에 해당하지만, '헌법을 수호해야 할 의무'와는 달리 규범적
으로 그 이행이 관철될 수 있는 성격의 의무가 아니므로 원칙적으로 사법적 판단의 대상이 되기는 어렵다. 세월호
참사 당일 피청구인이 직책을 성실히 수행하였는지 여부는 그 자체로 소추사유가 될 수 없어, 탄핵심판절차의 판단
대상이 되지 아니한다."
3) 그러나 법위반행위가 단지 과실이나 법의 무지로 인한 경우에는 본안판단의 '법위반의 중대성'을 판단하는 과정에
서 법위반의 중대성을 부인하는 요소로서 고려될 수 있다.

(1) 본안판단의 문제로서 법위반의 중대성

헌법 제65조가 탄핵소추는 국회재적의원 과반수 또는 3분의 2 이상의 찬성으로 의결된다고 규정함으로써, 국회 내에서 공직자의 헌법이나 법률의 위반에 대한 폭넓은 합의가 있어야만 탄핵소추가 가능하도록 하고 있다. 이와 같은 의결정족수의 요건으로 말미암아, 사소한 위반행위를 이유로 탄핵절차가 개시될 가능성은 현실적으로 거의 없다. 따라서 이러한 의결정족수의 규정을 통하여 탄핵소추제도의 남용을 방지하는 제도적 장치가 마련되어 있고, 한편으로는 탄핵소추기관인 국회의 관점에서 볼 때 '중대한 법위반'과 '중대하지 않은 법위반'의 경계설정이 불명확하기 때문에, 헌법 제65조의 법문에 표현된 탄핵소추사유를 넘어서 해석을 통하여 '법위반의 중대성'과 같은 별도의 적법요건을 구성할 필요는 없다고 본다. '헌법이나 법률에 대한 위반이 중대해야 하는지'의 문제는 적법요건의 단계에서 결정해야 할 문제가 아니라 본안판단의 문제로 보는 것이 합당하다.

(2) 헌법적·정치적 의미를 가지는 법위반

한편, 탄핵소추의 의결에 관하여 국회재적의원 과반수 또는 3분의 2 이상의 찬성을 요하는 의결정족수는 실질적으로 탄핵소추사유를 제한하는 효과를 가져 올 수는 있으나, 이로 인하여 탄핵소추사유의 지나친 광범성이 해소되는 것은 아니다.

헌법수호절차로서의 탄핵제도의 헌법적 의미와 목적에 비추어, 모든 법위반(가령, 교통법규나 민법의 위반)이 탄핵의 대상행위가 되는 것이 아니라, 어느 정도 헌법적 또는 정치적 의미를 가진 법위반만이 탄핵의 대상이 될 수 있다. 따라서 명백히 정치적 의미가 없는 법위반, 헌법적 질서의 유지와 관련하여 명백히 아무런 영향을 미치지 않는 법위반에 대한 심판청구는 부적법한 것으로 보아야 한다. 즉, 어느 정도 정치적·헌법적 중요성을 지니기 때문에 위반여부에 관한 헌법적 해명의 필요성이 있는 위반행위만이 심판청구의 대상이 될 수 있는 것으로, '법위반'의 의미가 축소적으로 해석되어야 한다. 따라서 교통법규에 대한 위반 등 사소한 비정치적 의미의 위반행위에 대한 심판청구는 부적법하여 각하해야 한다.

5. 청구기간

가. 탄핵심판의 경우, 정당해산심판과 마찬가지로 언제까지 소추위원이 탄핵심판을 청구할 수 있는지에 관한 규정이 없다.[1] 이에 대하여 권한쟁의심판의 경우, 그 사유(피청구인의 처분 또는 부작위가 청구인의 권한을 침해한 사실)가 있음을 안 날로부터 60일 이내에, 그 사유가 있는 날로부터 180일 이내에 심판을 청구하도록, 청구기간을 규정하고 있다.

소송절차에 있어서 청구기간에 관한 규정이 없다는 것은 법적 안정성의 관점에서 볼 때 입법적 흠결이나, 다른 심판절차에서의 청구기간에 관한 규정을 준용한다는 것은 법치국가적 관점 및 재판청구권의 보장의 관점에서 불가능한 것이므로, 탄핵심판의 청구는 청구기간의 제한을 받지 않는다.

나. 따라서 청구기간에 관한 명문의 규정이 없는 한, 청구기간의 제한을 받지 않으므로, 탄핵사유

---

1) 한편, 독일의 경우, '대통령에게 탄핵사유가 있음을 소추기관이 안 때로부터 3월 이내에 탄핵소추를 해야 한다'고 청구기간을 정하고 있다(연방헌법재판소법 제50조). 한편, 탄핵심판제도의 실효성을 제고하기 위해서 탄핵소추시효 또는 탄핵심판의 청구기간에 관한 규정을 마련할 필요가 있다는 견해로, 헌재 2024. 5. 30. 2023헌나2(검사 안동완 탄핵), 판례집 36-1하, 37, 81(재판관 4인의 기각의견에 대한 보충의견) 참조.

가 언제 발생하였는지 또는 언제 소추기관이 이를 알았는지의 여부와 관계없이, 직무수행 개시 이후의 모든 행위가 소추의 대상행위가 될 수 있다.[1]

V. 본안판단의 핵심적 문제

노무현 대통령 탄핵사건에서 핵심적인 쟁점으로 부각된 것은, 대통령의 법위반사실이 확인된 경우, 헌법재판소가 자동적으로 파면결정을 해야 하는지 아니면 파면여부에 관하여 결정할 재량을 가지고 있는지의 문제였다.

1. 헌법재판소법 제53조 제1항의 해석의 문제

헌법재판소가 탄핵대상 공직자를 파면할 것인지에 관하여 결정할 권한을 가지고 있는가 하는 것은 실정법의 해석을 통하여 밝혀져야 한다. 헌법은 제65조 제1항에서 "대통령…이 그 집무집행에 있어서 헌법이나 법률을 위배한 때에는 국회는 탄핵의 소추를 의결할 수 있다."고 규정하고, 법 제53조 제1항은 "탄핵심판청구가 이유 있는 때에는 헌법재판소는 피청구인을 당해 공직에서 파면하는 결정을 선고한다."고 규정하고 있다. 법 제53조 제1항의 법문에 의하면, 탄핵심판청구가 이유 있는 경우에는 헌법재판소는 선택의 여지없이 자동적으로 파면결정을 하도록 규정하고 있으므로,[2] 여기서 "탄핵심판청구가 이유 있는 경우"를 어떻게 해석해야 하는지의 문제가 발생한다.

즉, 헌법 제65조 제1항에 규정된 탄핵사유인 "그 직무집행에 있어서 헌법이나 법률을 위배한" 것이 확인되는 경우, 헌법재판소는 자동적으로 공직자에 대한 파면결정을 해야 하는지 아니면 헌법해석을 통하여 별도의 不文의 탄핵사유(예컨대 법위반의 중대성 등)를 인정할 것인지의 문제가 규명되어야 한다. 이에 관하여 다음과 같은 견해가 가능하다.

2. 헌법·법률위반이 확인된 이상, 헌법재판소는 파면결정을 해야 한다는 견해

가. 물론, 이러한 견해를 취하는 경우에도 모든 법위반행위가 자동적으로 공직자의 파면을 가져오는 것은 아니다. 헌법수호절차로서의 탄핵제도의 헌법적 의미와 목적에 비추어, 모든 법위반이 탄핵의 대상행위가 되는 것이 아니라, 어느 정도의 헌법적 중요성 또는 정치적 중요성을 가진 법위반

---

1) 따라서 대통령의 임기 종료 직전에 탄핵소추가 이루어지는 경우에는, 지난 약 5년 간의 임기 중의 모든 직무행위가 탄핵의 대상이 될 수 있다.

2) 獨逸의 경우, 기본법 제61조 제2항 제1문('연방헌법재판소는 연방대통령의 고의적 법위반을 확인하는 경우에는 대통령직의 상실을 선고할 수 있다') 및 연방헌법재판소법 제56조에 의하면, 연방헌법재판소의 탄핵결정은 첫 번째 단계로서 고의적인 法違反의 여부를 판단하고, 두 번째 단계에서 대통령직에서의 解職 여부를 재량으로 판단하는 2단계로 이루어지도록 규정되어 있다. 즉, 연방헌법재판소는 '법위반 여부'에 관한 결정과 '해직 여부'에 관한 결정을 분리하여, 법위반의 확인이 곧 대통령의 해직을 가져오는 것이 아니라, 해직 여부에 관하여 별도로 재량으로 결정한다. 이와 같은 2단계의 심사구조에서는 '법위반 여부의 판단' 단계에서는 위반의 중대성을 고려해야 할 필요가 없고, 그 다음 단계인 '해직 여부에 관한 판단' 단계에서 비로소 '법위반이 대통령을 해직할 정도로 중대한가'하는 관점에서의 위반의 중대성을 고려하게 된다. 결국, 대통령의 해직 여부에 관한 결정을 헌법재판소의 재량에 위임한 위와 같은 이중적 심사구조에서는, 연방헌법재판소가 단순한 법위반의 확인 외에 다른 별도의 헌법적 관점(예컨대 비례의 원칙)을 해직 여부에 관한 판단의 기준으로 삼을 수 있다는 것이 이미 전제되어 있다. 즉, 독일의 헌법은 처음부터 '연방헌법재판소가 대통령의 법위반을 확인한 경우, 언제 해직결정을 내릴 수 있는지'에 관하여 연방헌법재판소가 해석을 통하여 결정하도록 위임하고 있는 것이다.

만이 탄핵의 대상이 될 수 있다. 따라서 헌법질서의 유지에 아무런 영향을 미치지 않기 때문에 탄핵심판이란 헌법재판을 통하여 헌법적 해명을 필요로 하지 않는 사소한 비정치적, 비헌법적 법위반(예컨대 직무집행 중 교통법률 위반, 민법위반 등)에 대한 심판청구는 부적법한 것으로 보아야 한다. 즉, 탄핵사유인 '법위반행위'의 개념은 헌법재판제도로서의 탄핵심판의 본질에 의하여 '헌법적 해명의 의미가 있는 법위반'으로 제한되고 축소된다. 탄핵소추의 대상이 된 공직자의 법위반행위에 대하여 정치적·헌법적 의미가 인정되고, 헌법재판소가 공직자의 법위반 사실을 확인하는 경우, 법 제53조 제1항에 따라 파면결정을 선고해야 한다.

그러나 이와 같이 탄핵심판의 본질에서 유래하는 탄핵사유의 내재적 한계를 넘어서, 헌법재판소가 '중대한 법위반'이나 '정치적으로 직무수행불능' 등 별도의 불문의 탄핵사유를 기준으로 공직자에 대한 파면결정 여부를 판단하는 것은 허용되지 않는다.

나. 법 제53조 제1항은 "탄핵심판청구가 이유 있는 때에는 헌법재판소는 피청구인을 당해 공직에서 파면하는 결정을 선고한다."고 규정하고 있는데, 여기서 "탄핵심판청구가 이유 있는 때"란, 헌법 제65조의 탄핵사유가 존재하는 때, 즉 "헌법이나 법률을 위배한 때"를 의미하는 것이다. 만일 법 제53조에서 '헌법이나 법률에 대한 위반' 외에 별도의 탄핵사유를 인정하려 했다면, 입법자는 "탄핵심판청구가 이유 있는 때"란 표현 대신에 "헌법이나 법률에 대한 중대한 위배가 있는 때" 등의 다른 표현을 사용했을 것이라고 보아야 한다.

'법위반의 중대성'과 같은 별도의 탄핵사유를 인정하는 법률해석은 법 제53조의 탄핵사유요건이 '헌법이나 법률을 위배한 때'의 요건에서 '헌법이나 법률에 대한 중대한 위배가 있는 때'의 요건으로 변경되는 결과를 가져온다. 그러나 '헌법이나 법률 위반' 외에 별도의 탄핵사유를 인정하는 것은 법 제53조에 표현된 입법자의 객관적 의사와 합치하지 않는 것이다.[1]

다. 헌법 제65조 제2항이 대통령에 대한 탄핵소추의 의결에 대하여 헌법개정시 요구되는 것과 동일한 매우 가중된 정족수를 요건으로 하는 것은, 바로 국회의 판단에 의하여 탄핵소추의 헌법적·정치적 중요성이 결정된다는 것을 의미한다. 즉, 국회재적의원 3분의 2 이상의 찬성이란 가중된 정족수를 통과한 탄핵소추는 이미 '국회의 관점에서 볼 때 헌법질서에 대한 중대한 위반'을 전제로 하고 있는 것이다. 헌법 제65조의 가중된 정족수의 요건은 단순한 '절차적 의미'를 넘어서, 법위반행위의 정치적, 헌법적 중요성에 관한 '실체적 의미'를 담고 있는 것이다. 결국, 헌법 제65조 및 제111조는 탄핵소추에 관한 권한을 나누어 대통령에 대한 탄핵소추권을 국회에, 탄핵심판권을 헌법재판소에 부여함으로써, 법위반의 정치적 중요성이나 헌법질서에 미치는 의미에 관한 소위 '정치적 판단'은 소추기관인 국회에 위임하고, 사법기능을 담당하는 헌법재판소는 '청구인이 주장하는 대통령의 행위가 법

---

1) 혹자는 법 제53조의 해석에 있어서 헌법 제84조의 규정을 해석의 지침으로 고려해야 한다는 주장을 하기도 하나, 헌법 제84조는 대통령의 재직 시 형사소추의 가능성을 규정한 조항인 반면, 탄핵절차는 형사절차가 아니라 헌법질서를 수호하려는 독자적인 헌법재판절차라는 점에서, 헌법 제84조의 정신이 탄핵절차에서 고려될 여지는 없다. 즉, 헌법 제65조의 탄핵사유와 헌법 제84조는 아무런 상관관계가 없다. 헌법 제65조의 탄핵사유를 헌법 제84조의 정신에 비추어 '대통령에 대한 탄핵도 내란죄와 외환죄에 버금가는 중대한 범죄의 경우에 한정해야 한다'는 견해는, '헌법 제84조로 말미암아 대통령의 재직 시에는 형사책임을 매우 제한적으로만 물을 수 있기 때문에 이에 대한 보완책으로서 탄핵제도가 기능해야 하고 이로써 탄핵사유를 넓게 인정해야 한다'는 견해가 마찬가지로 가능하다는 점에서, 지극히 자의적이고 주관적인 해석이다.

위반에 해당하는지'에 관하여 '규범적 판단'을 하도록, 각 분담하고 있는 것이다.

국회의 탄핵소추의결이 이미 중대한 '실체적 의미'를 가진다는 것은 헌법 제65조 제3항에서도 그 대로 드러나고 있다. 헌법 제65조 제3항에 의하면, 탄핵소추의 의결을 받은 자는 탄핵심판이 있을 때 까지 그 권한행사가 정지된다. 의회의 탄핵소추의결이 피소추자의 권한행사를 정지하지 않는 외국의 일반적인 입법례와는 달리,[1] 우리 헌법에서 이미 탄핵소추의결로써 권한행사가 자동적으로 정지되 도록 규정한 것은 '국회의 탄핵소추의결과 더불어 탄핵사유가 존재한다'는 추정에 근거한 것이라고 할 수 있다. 즉, 국회에 의하여 탄핵소추안이 일단 의결되면, 이로써 피소추자가 직무집행에 있어서 헌법이나 법률을 위배했다는 것이 일단 추정되는 것이다. 그 결과, 헌법재판소의 탄핵심판절차는 규 범적 판단에 따라 과연 '정치적 헌법기관인 국회가 인정한 탄핵사유가 실제로 존재하는지'에 관한 사 법적 심사, 즉 확인의 절차인 것이다.

라. 따라서 가중된 정족수를 통과한 국회의 탄핵의결에 대하여 헌법재판소는 더 이상 '법위반의 중대성'의 관점에서의 판단이 아니라, 헌법이나 법률위반에 해당하는지의 규범적 판단에 제한되어야 한다. 헌법재판소가 별도로 '중대한 법위반'이나 '정치적 수행불능'과 같은 지극히 불확실한 기준을 적용하여 파면여부를 별도로 판단한다면, 헌법재판소는 명백하고 일의적인 법문에 반하여 스스로에 게 부여한 판단재량으로 말미암아 예측·통제할 수 없는 정치적 판단의 격랑 속에서 표류하게 될 위 험이 있다. 이로써 헌법재판소의 탄핵심판절차는 헌법이나 법률을 심사기준으로 하는 상대적으로 명 확하고 안정적인 '규범적 심사'의 범주를 일탈하여, 탄핵결정 당시의 국민의 여론이나 지배적 정치세 력의 견해를 고려하고 그의 영향을 받게 되는 '정치적 심판절차'로 변질될 우려가 있다.

헌법재판소가 '중대한 법위반'과 같은 별도의 추상적 탄핵사유요건을 도입하는 경우, '대통령의 법위반이 대통령을 파면할 정도로 중대한가'에 관한 판단은 결정 당시의 구체적 정치적 상황과 여론 에 의하여 영향을 받지 않을 수 없고, 이로써 사법기관의 생명인 독립적이고 공정한 판단을 기대할 수 없는 것이다. 더욱이, 아직 국민의 법치국가적 사고가 자리를 잡지 못하여 사회 각층으로부터 헌 법재판소의 재판과정에 다양한 압력이 행사되고 있는 오늘의 상황에서, 헌법재판소가 '법위반의 중 대성'을 기준으로 파면여부를 결정한다는 것은, 사실상 국민에 의하여 이미 종결된 '여론재판'의 결과 를 단지 추인함으로써 법치국가적 형식을 갖추는 것에 지나지 않게 된다. 따라서 국민 여론의 지배 를 받지 않는 독립적인 헌법재판절차로서 탄핵심판절차가 기능하기 위해서는 파면여부의 결정에 있 어서 '법위반의 중대성'을 고려하지 않는 것이 필수적이다.

또한, 헌법재판소는 '중대한 법위반'인지의 판단에 있어서 '비례의 원칙'이란 일반적인 헌법원칙 외에는 이를 구체화하는 아무런 논증의 방법이 없다는 한계가 있다. 이에 따라, 파면여부에 관한 판 단은 헌법재판소 재판관 개개인의 정치관·사회관에 따라 다를 수밖에 없고, 이로써 궁극적으로 헌 법재판소 재판관의 정치적 결단을 의미하게 된다.

마. 결론적으로, 대통령에 의한 법위반 사실을 확인한 경우에도 해직 여부에 관한 결정을 헌법재 판소의 재량판단에 맡기고 있는 독일의 탄핵심판과는 달리, 우리의 탄핵심판에서는 법위반 사실이 확인된 경우 대통령의 파면에 관한 헌법재판소의 재량이 인정되지 않는다. 따라서 법위반행위가 어

---

1) 이에 관하여 위 II. 3. 나. '탄핵제도의 정치적 남용 방지를 위한 구체적 형성' 서술 참조.

느 정도의 정치적·헌법적 중요성을 지니기 때문에 적법요건을 충족시킨 이상, 헌법재판소는 단지 '법위반 여부'만을 판단해야 한다. 이와 같은 법률해석은, 정치적·헌법적 의미와 중요성을 가진 대통령의 법위반행위에 대하여 법적 책임을 묻고자 하는 '탄핵심판'의 헌법적 의미와 목적에 부합하는 것이다.

3. 법위반이 파면을 정당화할 정도로 중대한지에 관하여 별도로 판단해야 한다는 견해

가. 공권력행사의 기준으로서 비례의 원칙

(1) 헌법은 제65조 제4항에서 "탄핵결정은 공직으로부터 파면함에 그친다."고 하여 단지 탄핵결정의 효력만을 규정할 뿐이고, '어떠한 경우에 탄핵결정을 선고해야 하는지'에 관하여는 헌법재판소법에서 정하도록 위임하고 있다. 법 제53조 제1항은 헌법 제65조 제1항의 탄핵사유가 인정되는 모든 경우에 자동적으로 파면결정을 하도록 규정하고 있는 것으로 문리적으로 해석할 수 있으나, 이러한 해석에 의하면 피청구인의 법위반행위가 확인되는 경우 법위반의 경중을 가리지 아니하고 헌법재판소가 파면결정을 해야 하는 바, 직무행위로 인한 모든 사소한 법위반이 파면을 결과로 가져온다면, 이는 피청구인의 책임에 상응하는 헌법적 징벌의 요청, 즉 비례의 원칙에 위반된다.

따라서 법 제53조 제1항의 해석에 있어서, 모든 국가권력의 행사에 있어서 준수되어야 하는 헌법원칙인 비례의 원칙이 고려되어야 한다. 헌법재판소도 다른 국가기관과 마찬가지로, 헌법상 부여받은 헌법재판권을 행사함에 있어서 비례의 원칙을 준수해야 한다. 이에 따라 법 제53조 제1항의 "탄핵심판청구가 이유 있는 때"란, 모든 법위반의 경우가 아니라, 단지 공직자의 파면을 정당화할 정도로 중대한 법위반의 경우를 말한다.[1]

(2) 법 제53조 제1항의 "탄핵심판청구가 이유 있는 경우"를 '중대한 법위반의 경우'로 해석하는 경우, 이러한 해석은 결과적으로 헌법재판소의 결정이 2단계로 내려지는 것을 의미한다. 즉, 헌법재판소는 우선 법위반의 사실을 확인하는 작업을 하게 되고, 법위반사실이 확인되는 경우 이러한 법위반이 공직자의 파면을 정당화할 정도로 중대한지에 관하여 판단하게 된다. 법위반행위가 파면을 정당화할 정도로 중대하지 않은 경우, 헌법재판소는 단지 공직자의 법위반사실만을 확인하는데 그치게 된다.

그러나 공직자의 법위반 사실에 대한 확인이 헌법적으로 무의미한 것은 아니다. 헌법재판소가 대통령에 대한 파면결정을 선고하지 않고 단지 법위반의 사실만을 확인한다 하더라도 헌법적 분쟁을 해결하는 효과가 있으며, 공직자는 이로 인하여 자신의 권위에 손상을 입게 되어 헌법적 징벌의 효과가 발생할 뿐만 아니라, 장래에 그와 같은 법위반행위를 반복할 위험을 예방하게 된다.

나. 탄핵대상 공무원에 따라 탄핵사유가 차별화되어야 하는지 여부

위와 같이 '헌법이나 법률 위반' 외에 '중대한 법위반'이라는 별도의 탄핵사유를 인정해야 한다면, '대통령에 대한 탄핵'과 '그 외의 공직자를 대상으로 하는 탄핵'에 있어서 탄핵사유를 구별하여, 법정탄핵사유 외의 별도의 탄핵사유를 단지 '대통령'에 대해서만 인정할 것인지 아니면 '모든 공직자'에 대하여 인정할 것인지의 문제가 규명되어야 한다.

대통령이 국가의 원수이자 행정부의 수반이라는 점에서 정치적 기능과 비중에 있어서 차이가 있

---

[1] 같은 견해로 헌재 2004. 5. 14. 2004헌나1, 판례집 16-1, 609, 654; 헌재 2017. 3. 10. 2016헌나1, 판례집 29-1, 1, 21.

을 뿐만 아니라, 다른 탄핵대상 공무원과는 달리 국민의 선거에 의하여 선출되어 직접적인 민주적 정당성을 부여받았다는 관점에서 간접적으로 민주적 정당성을 부여받는 다른 공직자와는 차이가 있으며, 헌법도 양자에 대한 탄핵소추발의·의결의 정족수를 달리 규정함으로써(제65조) 양자를 구별하고 있다. 따라서 이러한 이유에서 대통령에 대해서만 특별히 엄격한 탄핵사유를 인정해야 한다는 견해가 주장되고 있다.

그러나 법 제53조가 결정의 내용으로서 단지 '파면결정'만을 규정하고 있으므로, 대통령 이외의 다른 공직자의 경우라 하더라도 사소한 법위반행위를 이유로 자동으로 공직에서 배제하는 것은 비례의 원칙에 위반될 수 있다. 따라서 비례의 원칙의 관점에서 본다면, 대통령에게만 '중대한 위반'이라는 별도의 탄핵사유를 인정하고, 다른 공직자에게는 이를 인정하지 않을 이유가 없는 것이다. 탄핵대상 공무원 중 대통령이 유일하게 국민으로부터 직접 민주적 정당성을 부여받았기 때문에 그에 대한 파면여부의 결정이 보다 신중해야 한다면, 굳이 탄핵사유를 파면대상 공직자에 따라 차별화하지 않더라도, 대통령의 이러한 지위는 비례의 원칙을 적용하여 파면여부를 결정함에 있어서 '법위반의 중대성'과 '파면의 효과'를 서로 법익형량하는 과정에서 충분히 고려될 수 있는 것이다.[1] 또한, 헌법 제65조도 소추발의·의결절차에 있어서는 대통령과 그 외의 공직자를 구별하여 달리 정하면서도 탄핵소추사유를 동일하게 규정한 것은, 탄핵사유의 해석에 있어서도 양자에 대하여 동일하게 일원적 해석이 이루어질 것을 요청하는 것이다.

따라서 '법위반의 중대성'이란 별도의 탄핵사유는 모든 탄핵대상 공무원에 해당하는 것으로 보아야 한다. 다만, '법위반의 중대성'과 '파면의 효과'의 의미가 각 탄핵대상 공무원의 지위와 기능에 따라 달라진다는 점에서, 탄핵사유는 그 구체적인 적용에 있어서 실질적으로 차별화될 여지가 있다.

다. 파면결정 여부를 판단함에 있어서 법익형량의 문제

(1) 위에서 확인한 바와 같이, 법 제53조 제1항의 "탄핵심판청구가 이유 있는 경우"란, '법위반이 공직자의 파면을 정당화할 정도로 중대한 경우'를 말한다.

'법위반이 중대한지' 또는 '파면이 정당화되는지' 여부는 그 자체로서 인식될 수 없는 것이므로, 결국 파면결정을 할 것인지 여부는 공직자의 '법위반 행위의 중대성'과 '파면결정으로 인한 효과' 사이의 법익형량을 통하여 결정될 수밖에 없다. 그런데 탄핵심판절차가 헌법의 수호와 유지를 그 본질로 하고 있다는 점에서, '법위반의 중대성'이란 '헌법질서의 수호의 관점에서의 중대성'을 의미하는 것이다. 따라서 한편으로는 '법위반이 어느 정도로 헌법질서에 부정적 영향이나 해악을 미치는지의 관점'과 다른 한편으로는 '피청구인을 파면하는 경우, 피청구인 및 국가에 초래되는 효과'를 서로 형량하여 파면여부를 결정해야 한다.[2]

'법위반이 헌법질서에 미치는 효과'의 정도는 '공직자가 구체적으로 어떠한 헌법과 법률규정에 위반하였으며, 위반된 헌법이나 법률규정이 헌법질서 내에서 어떠한 비중과 중요성을 차지하고 있는

---

1) 자세한 것은 아래 다. '파면결정여부를 판단함에 있어서 법익형량의 문제' 부분 참조.
2) 같은 견해로 헌재 2004. 5. 14. 2004헌나1, 판례집 16-1, 609, 655; 헌재 2017. 3. 10. 2016헌나1, 판례집 29-1, 1, 21, "대통령을 탄핵하기 위해서는 대통령의 법 위배 행위가 헌법질서에 미치는 부정적 영향과 해악이 중대하여 대통령을 파면함으로써 얻는 헌법 수호의 이익이 대통령 파면에 따르는 국가적 손실을 압도할 정도로 커야 한다. 즉, '탄핵심판청구가 이유 있는 경우'란 대통령의 파면을 정당화할 수 있을 정도로 중대한 헌법이나 법률 위배가 있는 때를 말한다."

가'는 물론이고, 나아가 '피청구인의 헌법상 지위와 기능을 고려할 때 위와 같은 법위반행위가 헌법 질서의 유지와 수호에 어느 정도의 파급효과가 있는가'에 따라 다를 것이며, 다른 한편으로 '파면결 정으로 인한 효과'는 파면으로 인하여 피청구인이 입는 침해의 정도뿐만 아니라 국가질서의 기능에 미치는 영향과 국민 일반에 미치는 효과도 포함하는 것인데, 이와 같은 '파면결정의 효과'는 공직자 가 헌법질서 내에서 차지하는 지위와 기능, 정치적 비중에 따라 달라질 것이다.

파면여부를 결정함에 있어서 특히 대통령의 경우, '파면의 효과'로서 '대통령 직무수행의 계속성 에 관한 공익' 및 국민의 선거에 의하여 부여받은 '직접적 민주적 정당성'의 관점이 고려의 대상이 된 다. 반면에 그 외의 공직자의 경우, 국민에 의하여 선출되는 것이 아니라 대통령의 임명에 의하여 공 직을 부여받는 것이므로, '직무계속성의 공익'이 작다고 할 수 있어, 결과적으로 파면결정으로 인하 여 '국가와 국민에 대하여 발생하는 효과'는 작다고 할 수 있을 것이다. 이에 따라, 대통령을 제외한 다른 공직자의 경우 파면결정으로 인한 효과가 일반적으로 작기 때문에, 상대적으로 경미한 법위반 행위에 의해서도 파면이 정당화될 가능성이 매우 큰 반면, 대통령의 경우에는 파면결정으로 인한 효 과가 상당히 크기 때문에, 파면결정을 하기 위해서는 이를 압도할 수 있는 중대한 법위반이 존재해 야 한다는 일반론이 가능하다.

(2) 그러나 대통령의 파면여부를 결정하는 법익형량과정에서 대통령의 파면으로 인한 '권력공백' 이나 '정치적 혼란'은 고려의 요소로서 크게 작용하지 않는 것으로 판단된다. 국회의 탄핵소추가 이 미 대통령의 권한행사를 정지시킨다는 점에서, 權力空白의 상태는 헌법재판소의 탄핵결정에 의해서 가 아니라 이미 국회의 탄핵소추에 의하여 발생했으며, 또한 국무총리에 의하여 대통령의 권한이 일 정 기간 대행될 수 있고, 헌법재판소의 파면결정 시에는 헌법 제68조 제2항에 따라 조속히 60일 이 내에 후임자를 선거하도록 규정되어 있다는 점에서도 권력공백의 관점을 고려하는 것은 문제가 있 다. 또한, 설사 대통령의 파면으로 인하여 약간의 정치적 혼란이 발생한다 하더라도, 이는 민주국가 가 헌법질서의 수호·유지를 위하여 치러야 하는 '민주주의 비용'이므로, 법익교량과정에서 '사회 적·정치적 혼란'을 대통령에 대한 파면결정의 효과로서 크게 고려하는 것은 민주국가에서 헌법을 수호하고자 하는 정당한 법치국가적 절차의 의미를 간과하는 것이다.

4. 본안 판단에 관한 주요 헌법재판소결정

가. 헌법재판소는 대통령(노무현) 탄핵사건에서 법 제53조 제1항의 '탄핵심판청구가 이유 있는 때' 를 해석함에 있어서 '법위반이 확인되는 경우 자동적으로 파면결정을 해야 한다는 해석'과 '법위반의 중대성을 불문의 탄핵사유로서 인정해야 한다는 해석' 중에서 후자를 선택하여 공직자의 파면을 정 당화할 정도로 '중대한 법위반'의 경우로 해석하였고, 그 결과 대통령의 법위반행위가 헌법수호의 관 점에서 용납될 수 없거나 대통령에게 부여한 국민의 신임을 임기 중 다시 박탈해야 할 정도로 국민 의 신임을 저버린 경우에 해당하지 않는다고 판단함으로써, 이 사건 탄핵심판청구를 기각하는 결정 을 하였다(헌재 2004. 5. 14. 2004헌나1).

나. 헌법재판소는 대통령(박근혜) 탄핵사건에서도 위 대통령(노무현) 탄핵사건에서 채택한 견해를 그대로 유지하여, "즉, '탄핵심판청구가 이유 있는 경우'란 대통령의 파면을 정당화할 수 있을 정도 로 중대한 헌법이나 법률 위배가 있는 때를 말한다."고 판시한 다음, "피청구인의 법 위배행위가 헌

법질서에 미치게 된 부정적 영향과 파급 효과가 중대하므로, 피청구인을 파면함으로써 얻는 헌법수호의 이익이 대통령 파면에 따르는 국가적 손실을 압도할 정도로 크다고 인정된다."고 판단함으로써 대한민국 헌정사상 처음으로 대통령을 파면하는 결정을 선고하였다(헌재 2017. 3. 10. 2016헌나1).

다. 행정안전부장관이 다중밀집으로 인한 인명피해사고(이태원 참사)와 관련하여 사전 예방·대비, 사후 재난대응 조치 등을 함에 있어서 헌법과 법률을 위반하였는지 여부가 문제된 '행정안전부장관(이상민) 탄핵사건'에서, 헌법재판소는 '피청구인이 재난관리 주무부처의 장으로서 재난대응 과정에서 최적의 판단과 대응을 하지 못하였다 하더라도 헌법이나 법률을 위반한 것으로 보기는 어려우며, 재난대응의 미흡함을 이유로 그 책임을 묻는 것은 규범적 심판절차인 탄핵심판절차의 본질에 부합하지 않는다'고 판단하여 탄핵심판청구를 기각하였다(헌재 2023. 7. 25. 2023헌나1).

제 6 항 政黨解散審判[1]

I. 서 론

헌법 제8조 제4항은 "정당의 목적이나 활동이 민주적 기본질서에 위배될 때에는 정부는 헌법재판소에 그 해산을 제소할 수 있고, 정당은 헌법재판소의 심판에 의하여 해산된다."고 규정하고 있다. 헌법 제111조 제1항 및 헌법재판소법(이하 '법') 제55조 이하의 규정은 정당의 해산심판을 헌법재판소가 관장한다고 규정하고 있다. 정당해산심판제도는 자유민주적 기본질서를 파괴할 목적으로 조직되어 활동하는 정당을 헌법재판절차에 따라 해산시킴으로써, 정당의 형식으로 조직된 헌법의 적으로부터 헌법을 수호하고자 하는 제도이다.

정당해산심판제도는 1960년 헌법에 정당조항과 함께 도입되었다. 정당해산제도의 발상지인 독일의 경우 바이마르공화국 당시 나치당에 의하여 민주주의체제가 붕괴되었다는 역사적 경험을 기초로 하여 헌법적대적인 정당으로부터 헌법질서를 수호하기 위하여 정당해산제도를 도입하였다면, 우리의 경우에는 역설적으로 '진보당사건'에 대한 역사적 반성에서[2] 행정부에 의한 자의적인 정당해산으로부터 정당을 보호하기 위하여 정당해산제도를 도입하였다고 볼 수 있다. 1960년 헌법에 도입된 정당해산심판제도는 심판기관의 변천을 겪으면서 현재까지 계속 유지되어 왔다.

정당해산심판제도가 도입된 이후 최근까지 정당해산이 문제된 사건이 없었으나, 2013. 11. 정부가 '통합진보당'의 해산을 구하는 심판을 청구하면서, 처음으로 정당의 위헌여부가 헌법재판소의 심판대에 오르게 되었다. 헌법재판소는 2014. 12. 19. '통합진보당을 해산하고 그 소속 국회의원은 의원직을 상실한다'는 결정을 선고하였다(2013헌다1).

---

1) 한수웅, 자유민주주의에서 정당해산심판의 헌법적 문제점, 헌법재판연구 제3권 제2호(2016. 12.), 177면 이하 참조.
2) 1958년 진보당이 대한민국의 국법과 유엔의 결의에 위반되는 통일방안을 주장하고 있다는 등의 이유로 정부에 의하여 등록취소되어 해체되었고, 그 당수인 조봉암은 간첩죄로 사형선고를 받고 집행되었다.

Ⅱ. 정당해산심판절차의 의의와 목적[1]

1. 정당해산심판의 이중적 목적

오늘날 정당은 대의제 민주주의가 기능하기 위한 불가결한 요소이면서 동시에 민주주의의 잠재적 파괴자 또는 자유민주주의에 대한 위험요소일 수 있다. 대의민주주의에서 정당이 가지는 이러한 이중적 기능에 상응하여, 정당해산심판의 목적도 이중적이다.

정당해산심판은 한편으로는 정당의 위헌성에 대한 확인을 가능하게 함으로써 위헌정당으로부터 발생하는 자유민주주의에 대한 위험을 적시에 방지하는 소위 '방어적 민주주의'의 한 요소이면서, 다른 한편으로는 대의민주제에서 정당기능의 중요성에 비추어, 헌법이 스스로 정당의 정치적 성격을 이유로 하는 정당금지의 요건을 엄격하게 정함으로써 정당을 다른 정치적 결사에 비하여 보다 두텁게 보호하고, 가능하면 모든 정치적 세력이 자유롭게 정치의사형성과정에 참여할 수 있도록 민주적 정치과정의 개방성을 최대한으로 보장하고자 하는 제도이다. 즉, 정당해산심판제도는 헌법의 적으로부터 헌법을 수호하고자 하는 목적과 일반결사에 비하여 정당을 두텁게 보호하고자 하는 목적이라는 이중적 목적을 가지고 있다.

2. 정당해산심판이 민주주의에 모순되는 제도인지의 문제

국가가 국민 일부의 지지를 받는 정당을 강제로 정치적 의사형성과정으로부터 제거한다는 점에서, 정당해산제도는 일견 민주주의의 이념과 모순되는 것으로 보인다. 대의제 민주주의는, 국민의 정치적 의사형성은 국가의 간섭이나 조종으로부터 자유로워야 하며, 나아가 모든 사회세력의 참여 하에서 다양한 견해와 방향에 대하여 개방적으로 이루어져야 한다는 사고에 기초하고 있기 때문이다. 이러한 점에서 국가가 특정 정당을 민주적 정치과정으로부터 배제하는 것은 '국가로부터 자유로운 국민의사형성'을 요청하는 민주주의에 대한 이해와 부합하지 않는 것으로 보인다.

그러나 정당해산제도는 우리 헌법의 민주주의에 대한 이해와 모순되지 않는다. 국가가 정치적 의사형성과정에 직접 개입하여 위헌정당을 이로부터 배제하는 것의 정당성은 헌법의 기본적 가치결정으로부터 나온다. 우리 헌법은 자유민주적 기본질서를 최고의 헌법적 가치로 선언하고 방어적 민주주의를 도입함으로써, 가치중립적·상대적 민주주의가 아니라 가치구속적·방어적 민주주의를 채택하였다. 특정한 헌법적 가치의 구속을 받는 민주주의는 또한 이러한 헌법적 가치를 지키기 위한 방어적 민주주의를 함께 요청한다. 정당해산제도는 이와 같이 변화한 민주주의에 대한 이해가 가져온 결과이다.

정당해산제도를 자유민주주의의 본질에 부합하게 해석하고 적용하는 한, 정당해산제도는 자유민주주의에 모순되는 제도가 아니라 자유민주주의를 구성하는 한 요소이다. 정당은 그 자체 때문이 아니라 사회의 정치의사형성에 기여하기 때문에 헌법적으로 보호되는 것이므로, 정당이 정치의사형성에 기여하는 것이 아니라 이를 파괴하고자 한다면, 정치적 과정으로부터 정당을 배제하는 것이 정당

---

1) 또한, 제1편 제5장 Ⅲ. '위헌정당해산제도' 및 제2편 제4장 제7절 Ⅷ. '위헌정당의 강제해산' 참조.

화된다.

3. 정당해산제도에 관한 각국의 입법례

가. 헌법적대적인 정당에 대처하는 각국의 방법은 첫째, 헌법적 차원에서 정당해산제도를 두는 국가(독일, 터키, 폴란드, 체코 등),[1] 둘째, 헌법적 차원이 아니라 법률적 차원에서 정당해산의 문제를 규율하는 국가,[2] 셋째, 헌법적 차원은 물론이고 법률적 차원에서도 정당해산의 문제를 법적으로 규율하고 있지 않는 국가[3]로 크게 나누어 볼 수 있다. 독일, 터키, 폴란드, 스페인 등의 국가에서는 헌법재판소나 최고법원이 정당해산에 관한 결정을 하는 반면, 다수의 국가에서는 정당해산이 집행부의 과제로 되어 있다.

나. 유럽인권재판소의 판례

유럽인권협약은 정당의 자유를 보장하는 별도의 규정을 두고 있지는 않지만, 결사의 자유를 통하여 이를 보장하고 있다. 유럽인권협약 가입국에 의하여 취해진 정당해산조치에 대하여 당해 정당은 유럽인권재판소에 제소할 수 있고, 유럽인권재판소는 '가입당사국 법원의 해산결정이 유럽인권협약에 규정된 결사의 자유를 침해하는지'에 관하여 심사하므로, 유럽인권재판소의 판례는 비록 유럽인권협약 가입국에게 법적 구속력은 없지만 중요한 의미를 가진다.

최근에 유럽인권재판소는 터키와 러시아에 의하여 취해진 정당해산조치에 대하여 여러 차례 심사할 기회를 가졌는데, 각국이 정당해산조치를 정당화하기 위해서는 매우 엄격한 실체법적 기준을 충족시켜야 한다는 것을 분명히 밝히고 있다. 이로써 협약가입국의 법원들은 자신의 판결에 의하여 금지된 정당들이 유럽인권재판소에 제소하는 가능성을 염두에 두어야 하기 때문에, 정당해산의 여부에 관한 판단과정에서 유럽인권재판소의 판례를 고려하지 않을 수 없게 되었다.

4. 민사소송법의 준용 문제

헌법재판소법은 제40조에서 정당해산심판에 민사소송법을 준용하도록 규정하고 있다. 정당해산심판은 위헌정당이라는 의심과 비난을 받고 있는 피소된 정당이 정부의 제소에 대응하여 자신을 방어하고 이 과정에서 실체적 진실을 밝히는 절차이므로, 법위반을 이유로 탄핵당한 공직자가 국회의 소추에 대하여 자신을 방어하고 법위반의 여부를 밝히는 탄핵심판과 그 법적 성격에 있어서 유사하다. 정당해산심판과 탄핵심판은 모두 청구인의 입장에서는 법적 책임을 묻고자 하는 것이고 피청구인의 입장에서는 이러한 비난에 대하여 방어하고자 하는 것이므로, 양 심판절차의 절차적 특수성은 준형법적 성격에 있다. 따라서 양 심판절차는 그 성격에 있어서 형사소송에 가장 근접한다.

그런데 법 제40조가 탄핵심판에 대해서는 일차적으로 형사소송법을 준용토록 하면서 정당해산심

---

1) 방어적 민주주의의 발상지인 독일은 기본법 제21조 제2항("그 목적이나 추종자의 행위에 의할 때 자유민주적 기본질서를 침해 또는 제거하고자 하거나 독일연방공화국의 존립을 위태롭게 하고자 하는 정당은 위헌이다. 정당의 위헌여부의 문제에 관해서는 연방헌법재판소가 결정한다.")에서 정당해산제도를 명문으로 규정하고 있다.

2) 대부분의 유럽 국가들은 법률적 차원(주로 결사법이나 정당법)에서 정당해산의 문제를 규율하고 있다. 프랑스, 아일랜드, 네덜란드, 영국은 '결사에 관한 법률'에서 정당해산의 가능성을 규율하고 있으며, 스페인, 포르투갈, 오스트리아는 '정당법'에서 정당해산의 가능성을 규율하고 있다.

3) 미국은 헌법적 차원은 물론 법률적 차원에서도 정당해산제도를 두고 있지 않다. 미국은 형법을 통해서 국사범을 개인적으로 처벌할 뿐이다.

판에 대해서는 민사소송법을 준용토록 한 것은, 정당해산심판의 목적과 절차적 특수성을 제대로 고려하지 않은 입법적 오류라 할 수 있다.[1] 법 제40조에 따라 일차적으로 민사소송법의 준용여부를 판단해야 하나, 민사소송법의 준용이 정당해산심판의 본질에 반하기 때문에 대부분의 경우 민사소송법 규정의 적용이 배제되는 결과에 이르게 된다. 이러한 경우 정당해산심판의 절차적 특수성에 가장 부합하는 형사소송법규정의 준용가능성을 살펴보아야 한다.

Ⅲ. 정당해산심판의 청구

정당해산심판제도는 위헌정당해산 제소권과 위헌정당해산 결정권을 분리하여 각 정부와 헌법재판소에 부여하고 있다(헌법 제8조 제4항, 법 제55조).

1. 심판청구의 주체

단지 정부만이 심판청구를 할 수 있다. 정당의 위헌여부에 대한 일차적인 판단은 정부의 권한에 속한다. 여기서의 '정부'란 실질적으로 '정부의 수반인 대통령'을 의미한다. 대통령이 국무회의의 심의를 거쳐(헌법 제89조 제14호) 헌법재판소에 해산을 제소한다.

2. 심판청구의 내용

정부는 민주적 기본질서에 위배되는 '정당의 해산'을 청구할 수 있다(법 제55조).

한편, 정부가 '정당의 해산'이 아니라 단지 '정당의 위헌성 확인'만을 구하는 청구를 할 수 있는지의 문제가 제기된다. 정부의 제소 후에 피소된 정당이 해산결정을 회피하기 위하여 자진해산하는 경우, 정당의 자진해산은 심판절차의 진행에 아무런 영향을 미치지 않는다. 정당의 자진해산으로 인하여 정당해산심판의 기능이 무력화되는 것을 방지하기 위해서는, 해산결정 외에도 '자진해산된 정당이 위헌정당이었음을 확인하는 결정'을 할 수 있는 것으로 법 제59조(결정의 효력)를 해석해야 한다.[2] 정당해산결정에 있어서 '정당의 위헌성 확인'은 해산여부를 판단하기 위한 논리적 전제이므로, 해산결정은 필연적으로 '정당의 위헌성 확인 결정'을 내포하고 있다. 따라서 정당이 자진해산하는 경우, 심판청구의 내용은 '정당의 해산'이 아니라 이미 해산된 '정당의 위헌성 확인'으로 축소 변경되는 것으로 보아야 한다.

3. 심판청구에 관한 정부의 재량여부

가. 정부가 위헌으로 간주되는 정당에 대하여 심판청구를 해야 할 의무가 있는지의 문제가 제기된다. 위 문제와 관련하여 기속행위설과 재량행위설이 대립하고 있다.

---

1) 헌재 2014. 2. 27. 2014헌마7, 공보 제209호, 490, 491, [정당해산심판절차에 민사소송에 관한 법령을 준용할 수 있도록 규정한 헌법재판소법 제40조 제1항 전문이 청구인의 공정한 재판을 받을 권리를 침해하는지 여부(소극)] "준용조항은 헌법재판에서의 불충분한 절차진행규정을 보완하고, 원활한 심판절차진행을 도모하기 위한 조항으로, 그 절차보완적 기능에 비추어 볼 때, 소송절차 일반에 준용되는 절차법으로서의 민사소송에 관한 법령을 준용하도록 한 것이 현저히 불합리하다고 볼 수 없다. … 따라서 준용조항은 청구인의 공정한 재판을 받을 권리를 침해한다고 볼 수 없다."

2) 이에 관하여 아래 Ⅳ. 2. 가. '피청구인의 자진해산' 참조.

기속행위설은 헌법 제8조 및 법 제55조의 문언("제소할 수 있다" 또는 "청구할 수 있다")에도 불구하고 헌법수호의 수단으로서 정당해산심판의 기능에 비추어 정부가 특정 정당의 목적과 활동이 민주적 기본질서에 위배된다고 판단한다면 해당정당에 대하여 심판청구를 해야 한다고 한다. 이에 대하여 재량행위설(정치적 재량설)은 헌법 제8조 및 법 제55조의 문언상의 표현에 비추어 보건대 심판청구의 여부나 시기 등을 결정하는 것은 정부의 재량적 판단에 달려있다고 한다.

나. 생각건대, 정부의 심판청구권 행사여부는 정치적 재량에 속한다는 정치적 재량설이 타당하다고 본다. 정당해산심판제도의 기능이 헌법수호에 있고, 정부는 국가기관으로서 헌법의 구속을 받고 헌법수호의 의무가 있으나, 한편으로는 헌법수호의 방법은 다양하고 고도의 정치적 판단을 요하는 사안이라 할 수 있다. 정당해산이 곧 위헌정당을 형성케 한 '위헌적 사고의 해체'나 위헌적 사고를 지지하는 '위헌적 국민의 해체'를 의미하지는 않는다. 위헌정당이 일부 국민의 지지를 받았다면 위헌정당에게 동력을 제공한 정치적 요인에 관하여 사회 전반의 성찰이 필요한데, 국가가 강제로 위헌정당을 정치과정에서 배제하는 경우에는 이러한 근본적인 정치적 문제에 관한 진지한 성찰의 기회가 사라진다. 정당해산의 이러한 효과를 고려한다면, 정부는 구체적 상황에 따라 특정 정당에 대하여 심판청구를 하지 않는 것 또는 이를 연기하는 것이 헌법수호의 관점에서 보다 바람직하다고 판단할 수도 있다.

따라서 정부는 헌법재판소의 심판을 통하여 '司法的으로' 정당해산을 달성할 것인지 아니면 헌법적대적으로 간주되는 정당에 대하여 '政治的으로' 투쟁할 것인지를 결정할 수 있는 재량을 가져야 한다. 물론, 정부에게 제소여부에 관한 재량을 인정한다 하더라도, 이러한 재량은 자의적으로 행사할 수 있는 재량이 아니라, 심판청구기관에게 부과된 헌법수호의무와 정치적 책임을 인식하여 자신의 제소권한을 이에 부합하게 행사해야 할 재량을 의미한다.

정당해산심판에서 청구기간이 존재하지 않는다는 것도 정부의 제소여부가 정치적 재량에 맡겨져 있다는 견해를 뒷받침하고 있다. 정당해산심판에서 청구기간의 규정은 심판청구기관의 제소의무를 전제로 해서만 가능한 것이다.[1] 즉, 제소의무가 존재하는 경우에만 의무발생의 시점이 존재하고, 이로써 기산점의 확정을 전제로 하는 청구기간이 가능하다.

4. 심판청구의 취하

정부가 심판청구를 취하할 수 있는지의 여부가 문제될 수 있는데, 심판청구의 여부를 정부의 정치적 재량사항으로 보는 한, 정부는 심판청구 이후의 상황변화 등을 이유로 헌법재판소가 결정을 선고하기 전까지는 청구를 취하할 수 있다고 보아야 한다.

심판청구의 취하가 원칙적으로 가능하다고 보는 경우, 정부가 심판청구를 취하하기 위해서는 피청구인 정당의 동의가 필요한지의 문제가 제기된다. 정부의 제소로 인하여 피청구인에 대하여 제기된 비난의 중대성(정당의 위헌성)에 비추어, 피청구인 정당은 이러한 비난의 진위(眞僞)에 관하여 규명해야 할 정당한 이익을 가지고 있다. 피청구인 정당이 민주적 기본질서에 위배되지 않음을 헌법재판소의 결정을 통하여 확인받는 것은 장래에 있어서 피청구인 정당의 활동과 세력 확장에 있어서 매우 중요하다. 따라서 취하에 관한 민사소송법규정(제266조제2항)을 준용하여 적어도 변론절차가 개시된 후에는

---

1) 심판청구기관에게 제소의무가 있다면, 가령, "정당해산의 심판은 정당에 의하여 해산사유가 발생한 것을 안날로부터 60일 이내에, 그 사유가 발생한 날로부터 180일 이내에 청구해야 한다."는 형식으로 청구기간이 규정될 것이다.

피청구인 정당의 동의를 받아야 취하의 효력이 있다고 보아야 한다.

한편, 청구인이 심판청구를 취하하고 피청구인이 이에 동의하였음에도 헌법재판소가 공익상의 이유로 심판절차를 속행할 수 있는지의 문제가 제기된다. 심판청구의 여부가 전적으로 심판청구의 주체인 정부의 정치적 재량에 맡겨져 있다는 점을 고려한다면, 헌법재판소는 청구인의 의사에 반하여 절차를 진행할 수 없다고 보아야 한다.

5. 심판청구의 절차

법무부장관이 정부를 대표하여 정당해산의 심판청구서를 헌법재판소에 제출해야 한다(별제^{25조}). 정당해산심판의 경우 청구기간이 존재하지 않으므로, 청구사유가 존재하는 한 기간의 제한 없이 언제든지 심판청구가 가능하다.

6. 일사부재리의 원칙

헌법재판소가 정당의 위헌여부에 대하여 실체적으로 판단한 경우에는 동일한 정당에 대하여 동일한 사유로 다시 제소할 수 없다(별제39조). 그러나 헌법재판소의 종국결정시까지 객관적으로 존재하지 않았기 때문에 정당의 해산여부를 판단할 때 고려할 수 없었던 '새로운 사실'에 기초하여 동일한 정당에 대하여 거듭 심판청구를 하는 것은 일사부재리의 원칙에 위반되지 않는다.

Ⅳ. 정당해산심판의 대상이 되는 정당(피청구인)

1. 정   당

정당해산심판의 대상이 되는 정당이란 '헌법상 정당'의 개념을 충족시키는 정치적 결사를 말한다.[1] 헌법에 의하여 특별한 보호를 받는 정당의 개념이 오로지 헌법에 의하여 설정되어야 하는 것과 마찬가지로, 정당해산의 대상이 되는 정당의 개념도 헌법에 의하여 확정되어야 한다. 입법자가 정당법에서 정당의 개념을 어떻게 확정하는지에 따라 헌법상 정당특권에 의하여 보호를 받는 정당인지의 여부가 결정되어서는 안 된다. 어떤 정치적 결사가 정당법상 정당이 아니라 하더라도, '헌법상 정당'에 해당하는 경우에 헌법상 정당특권의 보호를 받아야 하므로, 정치적 결사가 정당인지의 여부를 판단함에 있어서 헌법상 정당 개념을 근거로 삼아야 한다.

정당해산심판의 대상이 되는 정당은 원래 '헌법상 정당'이지만, 헌법재판소의 결정에 의하면 입법자가 헌법상 정당 개념에 부합하게 정당법에서 정당의 개념을 '정당등록절차와 정당등록요건'을 통하여 구체화하였고, 이에 따라 '헌법상 정당 개념'과 '정당법상 정당 개념'이 그 내용에 있어서 실질적으로 일치하므로, 결과적으로 정당해산심판의 대상이 되는 정당은 원칙적으로 정당법에 따라 정당으로서 등록을 필한 기성정당이다.

또한, 정당법에 따라 정당의 창당활동이 진행되어 등록절차만을 남겨둔 소위 '등록 중의 정당'도 피청구인이 될 수 있다. 이러한 조직은 아직 정당법상 정당에 해당하지는 않지만, 정당법에서 정하는

---

1) 헌법상 정당의 개념에 관하여 위 제2편 제4장 제7절 Ⅲ. 참조.

법정수의 시·도당과 그 당원수를 보유함으로써 이미 헌법상 정당 개념을 충족시키고 있고 가까운 장래에 등록절차를 통하여 정당의 지위를 획득하게 될 것이 확실하게 예상되므로, 예외적으로 피청구인으로서의 지위를 인정할 수 있다고 본다.

법 제55조 및 제56조는 피청구인을 확정적으로 '정당'으로 규정하고 있으므로, 정당의 '부분조직'은 피청구인이 될 수 없다. 이와 별개의 문제는, 헌법재판소가 정당 전체가 아니라 정당의 독립적인 부분조직에 대해서만 해산결정을 할 수 있는지의 여부이다. '피청구인의 확정 문제'와 '헌법재판소가 비례의 원칙의 관점에서 정당의 자유를 보다 적게 제한하기 위하여 해산결정을 하면서 해산결정의 효력을 정당의 독립적인 부분기관에 한정할 수 있는지의 문제'는 별개이기 때문이다.

2. 심판청구 후 해당 정당의 자진해산 및 分黨·合黨의 허용여부

피청구인 정당이 확정되는 시점은 정부가 헌법재판소에 정당해산심판을 청구한 시점이다. 그런데 심판청구 후 정당이 자진해산이나 분당·합당을 통하여 자신의 법적 지위에 직접적인 변동을 가져오는 행위를 하는 경우 이러한 행위가 허용되는지, 심판절차에 어떠한 영향을 미치는지의 문제가 발생한다.

가. 피청구인의 자진해산

자진해산의 경우, 피청구인의 행위가 해산결정의 효과와 일치하고, 그 외 해산결정의 효력인 대체정당금지 및 정당재산의 국고귀속이 관철되는 데 어려움이 없으므로, 헌법적으로 허용된다고 보아야 한다. 현행법상 정당의 자진해산을 금지하는 규정도 없다.

한편, 정부의 제소 이후에 피소된 정당이 자진해산을 하는 경우, 피청구인이 더 이상 존재하지 않으므로 헌법재판소로서는 정당해산절차의 종료를 선언해야 하는지의 문제가 제기된다. 그러나 정당해산심판이 헌법상 부여된 기능을 이행하는지 여부는 해산결정을 회피하기 위한 '정당의 자진해산'에 어떻게 대처하는지에 결정적으로 달려있다. 정당이 해산결정의 불리한 법적 효과를 피하기 위하여 자진해산하는 경우에 계속 중인 정당해산절차의 종료를 선언해야 한다면, 피소된 정당은 해산결정을 피하기 위하여 자진해산을 한 후 다시 새롭게 정당을 설립할 수 있고 이에 대하여 정부가 다시 제소를 하는 경우에는 다시 자진해산을 통하여 해산결정을 피함으로써, 정당해산심판절차를 임의로 무력화시킬 수 있다.

따라서 정당해산절차에 부여된 헌법적 기능을 유지하기 위해서는 정당의 자진해산에 대처할 수 있는 절차법적 가능성을 확보하는 것이 요청된다. 헌법재판소법은 정당해산심판의 결정유형으로서 오로지 '해산결정'만을 규정하고 있으나, 해산결정에 '정당의 위헌성을 확인하는 확인결정'이 포함되는 것으로 해석하는 것은 정당해산심판의 기능의 관점에서 필수적이다. 해당 정당의 존속유무나 변형여부와 관계없이, 헌법수호의 관점에서 해당 정당의 위헌성을 확인해야 할 필요성이 존재한다. 위헌확인결정이 대체정당금지와 정당재산의 몰수라는 법적 효과를 야기하므로, 헌법재판소로서는 정당의 자진해산에도 불구하고 절차를 진행해야 할 실익이 인정된다. 따라서 피청구인의 자진해산 행위는 헌법재판소의 심판절차의 진행에 아무런 영향을 미치지 않으며, 자진해산에도 불구하고 심판절차는 계속 진행된다.

나. 피청구인의 分黨·合黨

피청구인이 분당을 하거나 합당을 하는 경우에는 피청구인에 대하여 위헌성을 확인하고 해산결정을 내리는 것이 사실상 무의미해진다. 이 경우, 분당한 정당이나 합당한 정당에 대하여 새로이 정당해산심판이 청구되어야 한다. 따라서 심판청구 후 피청구인이 확정된 후에는 분당이나 합당 등의 방법으로 해산결정을 회피하고 실질적으로 대체정당을 설립하는 행위는 헌법적으로 허용되어서는 안 된다. 피청구인 정당의 분당 및 합당의 금지는 정당해산심판의 실효성을 확보하기 위하여 헌법으로부터 직접 나오는 필수적 요청으로서, 비록 입법자가 이를 명문으로 규정하고 있지 않다 하더라도 헌법적으로 허용되지 않는 것으로 보아야 한다.[1]

V. 정당해산의 사유

헌법 제8조 제4항은 정당해산의 사유를 "정당의 목적이나 활동이 민주적 기본질서에 위배될 때"로 규정하고 있다. 여기서 첫째, '민주적 기본질서'의 의미가 무엇인지, 둘째, 어떠한 경우에 정당해산이 헌법적으로 정당화되는지의 문제가 제기된다.

1. 민주적 기본질서의 의미

가. 학계의 견해 대립

헌법은 제8조 제4항에서 정당해산의 사유로서 "민주적 기본질서에 위배"를 언급하면서, 한편으로는 헌법 전문과 제4조에서는 각 "자유민주적 기본질서를 더욱 확고히 하여", "자유민주적 기본질서에 입각한 평화적 통일정책을 수립하고"라고 하여 "자유민주적 기본질서"라는 표현을 사용하고 있다. 이에 따라 헌법 제8조 제4항의 "민주적 기본질서"와 헌법 전문 및 제4조에서 언급하고 있는 "자유민주적 기본질서"의 관계가 무엇인가 하는 문제가 제기된다.

이에 관하여 학계에서는 민주적 기본질서를 自由民主的 基本秩序뿐 아니라 社會民主的 基本秩序도 포괄하는 넓은 의미로 이해함으로써 양자를 구분하는 견해(소수설)와 양자의 구분을 부정함으로써 양자를 동일한 것으로 보아야 한다는 견해(다수설)가 대립하고 있다. 민주주의를 자유민주주의와 사회민주주의로 구분하는 견해의 경우, 사회민주주의란 일반적으로 사회국가적 민주주의를 의미하는 것으로 보인다.

나. '자유민주적 기본질서'와 동일한 의미

헌법 제8조 제4항의 '민주적 기본질서'란 헌법 전문 및 제4조에서 언급하고 있는 '자유민주적 기본질서'와 동일한 것을 의미하는 것으로 보는 것이 타당하다.

(1) 民主國家와 社會國家 사이의 내적 연관관계

민주적 기본질서를 '자유민주적' 기본질서와 '사회민주적' 기본질서로 구분하여 이를 서로 대립관계에서 보는 시각은 무엇보다도 민주국가와 사회국가 사이의 내적 연관관계를 간과한다는 점에서 헌

---

1) 이에 대하여 피청구인은 분당이나 합당을 자유로이 할 수 있으나, 헌법재판소가 법 제57조의 가처분제도를 이용하여 정당활동을 정지시킴으로써 정당해산결정을 무력화시키거나 그 집행을 어렵게 만드는 분당 등 정당활동을 금지시킬 수 있다는 견해가 있다.

법이론적인 결함을 안고 있다. 왜냐하면 민주주의는, 그것이 자유민주주의이든 아니면 사회민주주의이든 간에, 그 권력구조상 사회국가적 민주주의를 그 결과로 가져올 수밖에 없기 때문이다.

민주주의에서는 모든 국민이 보통·평등선거원칙에 의하여 선거권을 가짐으로써, 일정 계층의 관심사나 이익뿐 아니라 사회의 모든 중요한 요구와 이익이 정치 문제화되어 정치적 논의의 대상이 되고, 국가정책결정에 있어서 고려의 대상이 된다. 따라서 평등민주주의에는 사회의 모든 구성원을 국가의사의 형성과정 및 경제적 과정, 그 결과인 사회적 산물에 대한 정당한 분배과정에 참여시키려는 경향이 내재되어 있다. 국가의 지배를 정치적으로 동등한 모든 사회구성원 전체의 기능으로 이해하는 평등민주주의이념은 동시에 '다수의 이익', 즉 '공익을 위한 정치'라고 하는 정치 내용의 변화를 가져오게 되었으며, 이로써 국가 목표의 사회국가적 전환을 가져오게 되었다.

그러므로 오늘날의 평등민주주의는 그 민주주의에 내재하는 사회국가적 경향 때문에, 사회국가원칙이 헌법에 규정되어 있는지 여부와 관계없이 필연적으로 사회국가적 성격을 가지게 되었다. 이러한 의미에서 민주주의는 사회국가의 생성을 위한 본질적인 전제조건이고, 사회국가는 민주주의의 필연적인 정치적 결과로서 나타나는 것이다. 그러므로 사회국가가 그의 정치현실적 전제조건인 민주주의에 기인하고, 민주주의에 의하여 끊임없이 지지된다는 일방적인 관계가 민주주의와 사회국가 사이에 존재한다. 민주주의는 필연적으로 사회국가를 탄생시키고, 민주주의로부터 국민전체의 사회적 동질성을 실현해야할 사회국가적 의무가 나온다.

따라서 이러한 관점에서 본다면, 법치국가에 바탕을 둔 자유민주주의도 필연적으로 사회국가로 발전하게 되고 정의로운 사회질서의 실현을 국가목표로서 추구하므로, 사회민주주의의 내용을 당연히 포함하게 된다. 즉, 오늘날의 민주국가의 형태로는 自由民主的 社會國家 외에는 다른 선택의 가능성이 없는 것이다.

(2) 法治國家와 社會國家 사이의 내적 연관관계

자유민주적 기본질서와 사회민주적 기본질서를 서로 대치시키고자 하는 견해는 또한 법치국가와 사회국가 사이의 내적인 연관관계를 간과한다는 점에서도 동의하기 어렵다. 개인의 자유와 권리를 보장하기 위하여 국가권력의 제한을 요구하는 법치국가원리와 국민 누구나가 인간다운 생활을 하기 위하여 개인의 자유에 대한 제한을 요구하는 사회국가원리 간의 대립관계에도 불구하고, 법치국가와 사회국가는 모두 궁극적으로 인간존엄성과 자유의 실현을 그 내용과 목적으로 한다는 점에서 양자 간의 상호화합과 내적 연관성을 찾을 수 있다.[1] 사회국가원리가 궁극적으로 개인의 자유에 기여하고자 한다는 점에서, 자유민주주의와 사회민주주의를 대립시키는 견해는 자유의 실현과 보장이란 사회민주주의의 궁극적 목표를 스스로 부인하는 것이다.

다. 법치국가와 민주주의를 구성하는 본질적 요소

이러한 이유에서 헌법 제8조 제4항의 "민주적 기본질서"란 헌법 전문 및 제4조에서 명시적으로 언급하는 우리 헌법의 기본질서인 "자유민주적 기본질서" 외에 다른 것을 의미할 수 없다. 우리 헌법의 정치적 支柱인 자유민주적 기본질서는 민주적 정당성에 바탕을 둔 '政治的 또는 民主的 領域'과 자유권적 기본권에 의하여 형성되는 '法治國家的 領域'의 두 요소로 구성되어 있다. 결국, 우리 헌법

---

1) 이에 관하여 제2편 제6장 제1절 Ⅲ. 4. 사회국가원리와 법치국가원리의 관계 참조.

의 정치적 기초가 되는 자유민주적 기본질서는 법치국가와 민주주의를 구성하는 본질적 요소를 말하는 것이다.

결론적으로, 헌법 제8조에서 '민주적 기본질서'라고 언급하고 있지만, 이는 자유민주적 기본질서보다 上位의 개념 또는 포괄적 개념이 아니라 '자유민주적 기본질서'와 동일한 개념으로 보아야 한다. 민주적 기본질서를 자유민주적 기본질서와 사회민주적 기본질서로 나누어 그 의미를 파악하고자 하는 논의는 불필요할 뿐만 아니라, 헌법이론적으로 받아들일 수 없는 것이다. 따라서 헌법 제8조 제4항의 '민주적 기본질서'의 개념에 관한 불필요하고 무의미한 논의를 종식시키고 헌법적 표현의 통일성을 꾀하기 위하여 위 개념을 '자유민주적 기본질서'로 수정하는 방향으로 개정되는 것이 바람직하다.

2. 정당의 목적이나 활동이 민주적 기본질서에 위배될 때

가. 정당의 목적이나 활동

헌법은 제8조 제4항에서 "정당의 목적이나 활동이 민주적 기본질서에 위배될 때"라고 하여 정당해산의 사유를 스스로 규정하고 있다.

(1) 정당의 위헌성을 확인하기 위한 2가지 징표

자유민주적 기본질서를 제거하고자 하는 헌법적대적인 의도는 '정당의 목적이나 활동'이라는 2가지 방법을 통하여 외부세계에 표출되므로, 정당의 목적과 활동은 정당해산사유가 충족되는지의 여부를 판단하기 위한 2가지 징표이다. 따라서 헌법 제8조 제4항의 해산사유는 '정당의 목적이나 활동에 비추어, 정당이 민주적 기본질서에 위배될 때'의 의미로 해석되어야 한다. 여기서 정당의 '목적'이란 민주적 기본질서를 제거하고자 하는 주관적 의도를 의미하는 것이고, 정당의 '활동'이란 이러한 주관적 의도를 객관적으로 구현하고자 하는 행위를 말한다.

정당의 목적과 활동은 개념적으로는 구분될 수 있으나, 정치현실에서는 상호불가분의 관계에 있는 것으로 분리되어 생각할 수 없다. 한편으로는 정당조직 및 당원의 활동은 정당의 목표를 밝히기 위한 중요한 징표이며, 다른 한편으로는 당원의 활동이 정당에 귀속될 수 있는지의 여부를 판단하기 위해서는 당원의 활동이 정당의 목표에 부합하는지, 정당의 강령이나 지도부의 연설에 의하여 야기되었는지의 관점이 중요한 역할을 한다. 정당이 추구하는 진정한 목적은 그 활동에서 드러나며, 정당의 활동은 특정한 정치적 목적의 실현을 그 목표로 한다는 점에서, 양자는 마치 '인간의 정신과 신체'처럼 분리될 수 없는 것이다. 정당에게 목적 없는 활동이 있을 수 없고, 활동이 수반되지 않는 정당의 목적은 법익침해의 위험성이 없다는 점에서 헌법수호의 관점에서 무의미하다.

한편, 정당이 자신의 목적이나 활동이 민주적 기본질서에 위배된다는 인식, 즉 위헌성에 대한 인식을 가질 필요는 없다. 헌법수호수단으로서 정당해산제도의 목적에 비추어, 정당이 자신의 목적과 활동을 스스로 어떻게 평가하는지는 정당해산의 여부를 판단함에 있어서 아무런 영향을 미치지 못한다.

(2) 정당의 목적

예방적 헌법수호수단으로서의 정당해산제도의 기능에 비추어, 단기적인 목적뿐만 아니라 장기적인 목적도 정당해산사유를 구성하는 '목적'에 해당한다. 정당은 장기적으로 민주적 기본질서를 제거하고자 시도하면서, 전략적인 이유에서 잠정적으로 위헌적인 목적의 실현을 유예할 수 있다.

또한, 정당의 위헌적 목적이 공개적으로 표명되고 선전될 필요 없다. 오히려 정당은 자신의 위헌성을 노출시킬 수 있는 목적을 일반적으로 공개적으로 표명하지 않는다는 것이 경험칙(經驗則)에 부합한다. 따라서 공식적으로 표명된 목적은 물론이고, 비밀리에 추구하는 '은폐된 목적'도 정당의 '목적'에 해당한다. '공식적으로 표명한 정당의 목적'과 '정당의 실질적인 활동'이 일치하지 않는 경우에는 은폐된 목적이 정당의 '진정한' 목적으로 고려된다.

정당의 목적을 판단할 수 있는 자료로는 일차적으로 정당의 공식적인 강령, 정당의 선언문, 정당 지도자의 연설과 발언, 정책선전자료, 정당의 각종 출판물 등이 고려될 수 있다. 또한, 정당기관이나 당원의 행동이나 발언도 정당의 목적을 파악할 수 있는 근거가 된다. 정당의 목적이 민주적 기본질서에 위배되는 경우란, 정당의 목적을 인식할 수 있는 자료를 종합적으로 고려하여 판단할 때 그 정당의 전체적 성격이 민주적 기본질서에 위배되는 경우를 말한다.

(3) 정당의 활동

정당의 활동도 정당의 위헌성을 입증할 수 있는 중요한 수단이다. 정당의 활동이란, 정당명의의 활동뿐만 아니라 당간부와 평당원의 활동 등 정당이 구성원의 활동에 실질적으로 영향력을 행사할 수 있기 때문에 정당에 귀속시킬 수 있는 모든 행위를 포함한다.

정당의 기관(당원총회, 대의기관, 집행기관, 지구당이나 시도당과 같은 정당의 지역조직 등)이 당헌·당규에 따라 그 기관의 지위에서 행하는 활동은 원칙적으로 정당의 활동으로 귀속시켜야 한다. 일반당원의 활동과 관련해서는, 정당이 일반당원에 대한 영향력행사를 통하여 당원의 행동을 통제할 수 있는 가능성이 인정되는 경우에만 일반당원의 행위에 대한 책임을 물을 수 있으므로, 당원의 행위를 정당에게 귀속시키기 위해서는 정당이 일반당원에 대하여 영향력을 행사할 수 있는 가능성이 인정되어야 한다. 따라서 당원이 정당의 노선을 벗어나 개별적으로 행한 일탈적 행위는 원칙적으로 정당의 활동으로 귀속될 수 없다. 다만, 정당이 당원의 일탈적 행위를 인식하고도 이를 의식적으로 묵인하거나 지원하는 경우에는 영향력행사의 가능성이 인정된다는 점에서 정당의 행위로 귀속시킬 수 있을 것이다.

나. 위헌정당의 해산이 언제 정당화되는지의 문제

(1) 정당해산제도의 위험성

정당해산조항의 헌법이론적인 정당성에도 불구하고, 헌법 제8조 제4항이 규정하는 '위헌정당의 해산'은 원래 민주주의를 수호하기 위한 수단의 성격을 벗어나, 오늘날 오히려 민주주의를 저해하는 수단으로 변질될 가능성이 있다. 정당해산의 가능성은 집권당이나 민주적 다수세력에 의하여 달갑지 않은 정적이나 경쟁자를 제거하기 위하여 남용될 위험이 있고, 이로써 정당해산조항을 통하여 궁극적으로 보장하고자 하는 정당의 자유를 위협할 위험성을 내포하고 있다. 따라서 헌법 제8조 제4항의 가능성이 남용되는 것을 방지하기 위하여, 위헌정당의 해산이 구체적으로 어떠한 경우에 정당화되는지의 문제가 규명되어야 한다.

(2) 정당해산사유의 해석의 문제

(가) 해석의 지침

1) 헌법해석을 통하여 정당해산사유인 "정당의 목적이나 활동이 민주적 기본질서에 위배될 때"의

의미를 밝히는 문제는, 정당이 언제 자유민주주의가 관용할 수 있는 한계를 넘는지, 국가가 언제 정당에 대한 정치적 중립성을 포기하고 개방적인 정치적 과정의 보장을 위하여 정당간의 자유경쟁에 개입해야 하는지의 문제를 의미한다.

정당해산사유를 해석함에 있어서 고려해야 하는 중요한 헌법적 지침은, 한편으로는 정당의 자유 (정치적 과정의 개방성)가 가능하면 보장되어야 한다는 것이고, 다른 한편으로는 정당해산제도가 예방적 헌법수호수단으로서 기능해야 한다는 것이다. 한편으로는 정당해산제도가 악용되지 않도록 해산사유를 엄격하게 해석해야 할 필요성이 인정되지만, 다른 한편으로는 지나치게 엄격한 해석을 통하여 예방적 헌법수호수단으로서의 기능을 마비시키는 결과를 초래해서도 안 된다.

2) 정당설립의 자유를 보장하는 헌법 제8조 제1항의 의미는, 정당의 생성과 소멸은 자유민주주의에서 원칙적으로 '정당설립의 자유'와 '선거를 통한 유권자의 정당 선택'에 의하여 결정되어야 한다는 것에 있다. 그러나 정당해산제도는, 국가가 정당의 존속여부에 관하여 결정하고 위헌적 정당을 강제로 제거하는 기능을 수행한다. 정당해산제도는 자유민주주의에서 예외적 현상이므로, 정당해산사유는 엄격하게 해석되어야 한다.

어떠한 경우에 정당해산이 정당화되는지의 문제는 헌법이론적으로는 '정당의 자유(민주적 개방성)'와 '헌법수호'라는 상충하는 법익을 실제적 조화의 원칙에 따라 조화시키는 문제이다. 헌법재판소의 정당해산결정은 정당의 자유에 대한 중대한 침해를 의미하므로, 헌법재판소가 헌법 제8조 제4항의 해산사유를 해석함에 있어서도 과잉금지원칙의 요청에 부합하는 합헌적인 해석, 즉 헌법수호의 법익을 실현하면서도 가능하면 정당의 자유를 최소한으로 침해하는 해석을 선택해야 한다는 구속을 받는다.

(나) 정당해산제도의 목적으로서 정치적 과정의 개방성의 보장

헌법 제8조 제4항은 자유민주적 기본질서의 본질을 구성하는 '정치과정의 개방성'의 관점에서 이해되어야 하며, 또한 이러한 관점에 의하여 정당화되어야 한다. 정당해산조항은 바로 정치적 영역에서 개방적이고 자유로운 '견해의 경쟁', 즉 다양한 정치적 목표를 가진 정당간의 자유경쟁을 보장하고자 하는 것이다.

방어적 민주주의의 수단으로서 정당해산조항을 도입한 목적은 자유민주주의를 파괴하고자 하는 세력으로부터 자유민주주의를 방어하기 위한 것이다. 정당해산조항은 구체적으로 정당과 관련하여, 다른 정당을 제거하기 위하여 정당의 자유를 행사하는 정당, 정치적 과정의 개방성을 위협하는 정당을 금지하기 위한 것이다. 따라서 정당의 금지는 단지 정치적 과정의 개방성을 유지하고 보장하기 위해서만 정당화된다. 다른 정당을 제거하기 위하여 정당의 자유를 남용하는 정당은 정당의 자유를 주장할 수 없다. 정당이 정치적 의사형성에 기여하는 것이 아니라 이를 파괴하고자 한다면, 비로소 정당해산의 대상이 되는 것이다.

따라서 위헌적 목표를 추구하는 정당이 다양한 견해의 자유경쟁에 참여하는 단지 하나의 경쟁자로서만 기능하는 경우에는 이를 정치적 과정에서 배제해야 할 당위성이 없다. 정당의 목적이 비록 헌법에 부합하지 않거나 적대적이라 하더라도 개방적이고 자유로운 의사형성과정을 저해하거나 위협하지 않는 이상, 국가가 자유민주적 기본질서를 수호하기 위하여 개입할 필요가 없다. 비민주적 견해나 비민주적 목적을 가진 정당은 국가에 의하여 강제로 억압되거나 제거되어서는 아니 되고, 자유로운 논쟁에 흡수되어 다양한 견해의 경쟁과정에서 여과되고 배척되어야 한다는 것이 바로 자유민주

적 기본질서의 요청이기 때문이다.

(3) 민주적 기본질서에 위배될 때

(가) 주관적 목적만으로 해산사유를 충족시키는지의 여부

정당해산사유와 관련하여 일차적으로 제기되는 문제는, 정당이 자유민주적 기본질서를 단지 부정하거나 또는 이에 반하는 목적을 추구하는 것만으로, 즉 민주적 기본질서에 반하는 목표설정만으로 이미 헌법 제8조 제4항의 의미에서 위헌적 정당이고 이에 따라 정당해산의 대상으로서 고려될 수 있는지의 여부이다. 헌법 제8조 제4항은 정당의 목적이나 활동 중에서 어느 하나가 민주적 기본질서에 위배되면 정당해산의 요건이 충족되는 것으로 규정하고 있으므로, 문언상으로는 이러한 주관적 의도만으로도 정당해산의 사유가 될 수 있다고 해석할 수 있다.

그러나 이러한 해석은 자유민주적 기본질서를 구성하는 '정치과정의 개방성'과 부합하지 않는다. 자유민주적 기본질서의 본질에 속하는 것은, 모든 정치적 견해와 방향이 공적 토론에 참여할 수 있도록 함으로써 자유롭고 개방적인 의사형성과정을 보장하는 것, 즉 모든 정치적 방향과 주제에 대한 개방성이다. 정치적 과정의 개방성은 본질적으로 '표현의 자유'에 의하여 보장되고 실현된다. 그러므로 자유민주주의를 인정하는 전제에서 이루어지는 비판뿐만 아니라, 자유민주주의 자체를 의문시하거나 부정하는 견해도 허용되어야 한다. 자유민주주의와 이를 부정하는 전체주의적 국가질서의 근본적인 차이가 바로 모든 정치적 견해에 대한 개방성에 있다.

표현의 자유의 헌법적 보장에 비추어, 모든 정치적 견해가 공적인 논쟁에 참여하여 자신을 전파하고 실현할 수 있는 기회를 가져야 한다. 이러한 점에서, 정당이 단지 헌법적대적인 목표를 공개적으로 표명하고 전파하며 논쟁의 형태로 자신의 견해를 관철하고자 시도하는 것은 표현의 자유에 의하여 보호된다. 국가는 정당이 자유민주적 기본질서에 반하는 '목적'을 추구한다는 이유만으로 정당해산이라는 강제적 조치를 취할 수 없다. 정당해산은 헌법적대적 '신념'에 대한 투쟁이 아니라 헌법적대적 '행위'에 대한 억제를 목표로 한다. 따라서 정당해산의 요건을 충족시키기 위해서는, 자유민주적 기본질서를 제거하고자 하는 의도를 단순히 표명하거나 전파하는 것을 넘어서, 이러한 의도가 구체적 행위를 통하여 외부적으로 가시화되고 구현됨으로써 자유민주적 기본질서를 제거하기 위한 객관적인 행위가 존재해야 한다.

(나) 민주적 기본질서에 대한 구체적 위험성

1) 정당이 단순히 자유민주적 기본질서를 부정하는 정치적 견해를 표명하고 정신적 논쟁의 형태로 자신의 견해를 관철하고자 하는 것을 넘어서, 자유민주적 기본질서를 파괴하고 제거하려는 적극적·투쟁적·공격적이고 계획적인 시도를 하는 경우에 비로소 정당의 해산이 고려될 수 있다.[1] 나아가, 정당의 해산이 헌법적으로 정당화되기 위해서는, 정당이 적극적·투쟁적인 행위를 통하여 위헌적인 목적을 계획적으로 추구하는 것('추상적 위험성')만으로는 부족하고, 나아가 자유민주적 기본질서에 실질적 위해를 가할 수 있는 '구체적 위험성'을 초래해야 한다.[2]

---

[1] 이러한 기준은 독일연방헌법재판소가 독일공산당금지결정(BVerfGE 5, 85, 141)에서 제시한 기준이자 독일 학계의 다수설이다.

[2] 헌재 2014. 12. 19. 2013헌다1, "헌법 제8조 제4항에서 말하는 민주적 기본질서의 위배란, … 그 정당의 목적이나 활동이 우리 사회의 민주적 기본질서에 대하여 실질적인 해악을 끼칠 수 있는 구체적 위험성을 초래하는 경우를 가리킨다."

비례의 원칙은 법치국가적 절차인 정당해산심판에서도 준수되어야 한다.[1] 정당해산사유를 해석함에 있어서 비례의 원칙으로부터 첫째, 정당해산결정은 헌법적대적인 정당에 대한 투쟁에서 단지 최종적이며 보충적인 수단이어야 한다는 요청이 나오며, 둘째, 자유민주주의에 대한 현실적인 위험이 존재하지 않는다면 자유민주주의에 대한 보호는 불필요하다는 점에서, 헌법적대적인 정당이 자유민주적 기본질서를 위협하는 '구체적 위험'에 해당해야 한다는 요청이 나온다.[2]

2) 어떠한 경우에 '자유민주적 기본질서에 대한 구체적 위험'을 인정할 수 있는지의 문제는 정당해산제도의 의미와 목적에 비추어 판단되어야 한다. 정당해산제도는 정치적 과정의 개방성을 부정하고 위협하는 위헌정당을 배제함으로써, 정치적 과정의 개방성과 정당간의 자유경쟁을 보장하고자 하는 것이다.

헌법적대적 정당이 정치적 경쟁에 경쟁자로서 참여하는 경우에는 국가가 개입할 필요가 없으나, 정치적 경쟁질서를 파괴하고 정치적 과정의 개방성을 제거하고자 시도하는 경우에는 국가가 정치적 경쟁질서의 확립과 정치적 과정의 개방성을 보장하기 위하여 개입하는 것이 정당화된다. 이러한 관점에서 본다면, 정당이 폭력의 행사나 폭력행사의 선동 등 자유롭고 개방적인 정치의사형성과정을 저해하기에 적합한 비민주적 수단을 통하여 헌법적대적인 목표를 실현하고자 시도하는 경우에 비로소 자유민주적 기본질서에 대한 구체적이고 직접적인 위험을 인정할 수 있다.

한편, 폭력의 행사 등 비민주적 수단의 사용은 자유민주적 기본질서에 대한 구체적인 위험을 인정하기 위한 중요한 판단기준이지만, 헌법의 침해는 폭력적인 방법뿐만 아니라 평화적·합법적 방법에 의해서도 가능하다. 헌법수호의 수단은 폭력적·불법적 수단을 통한 헌법침해뿐만 아니라 평화적·합법적 수단을 통한 헌법침해에 대해서도 기능해야 한다. 이러한 점에서, 정당이 폭력이나 불법적 수단을 사용하는지의 여부와 관계없이, 자유민주적 기본질서를 제거하고자 하는 시도가 성공가능성이 있는지의 관점('헌법적대적 목표의 실현가능성'의 관점)도 정당해산의 여부를 판단함에 있어서 또하나의 중요한 기준이 된다. 그러나 '헌법적대적 목표의 실현가능성'의 기준에 대하여 너무 엄격한 요건을 제시하는 경우에는 예방적 헌법수호수단인 정당해산제도를 무의미한 제도로 만들 수 있다.

3) '구체적 위험성'의 요건을 통하여 정당해산사유를 구체화한다 하더라도, 헌법적대적인 정당의 활동이 자유민주적 기본질서에 대한 구체적 위험의 단계에 도달하였는지의 여부를 판단하는 것은 궁극적으로 상충하는 법익간의 교량에 관한 문제로서 매우 어려운 문제이다. 이러한 판단의 어려움은

---

1) 헌재 2014. 12. 19. 2013헌다1, "강제적 정당해산은 우리 헌법상 핵심적인 정치적 기본권인 정당 활동의 자유에 대한 근본적 제한이므로 헌법재판소는 이에 관한 결정을 할 때 헌법 제37조 제2항이 규정하고 있는 비례원칙을 준수해야만 하는 것이다."

2) 정당해산사건에 엄격한 비례의 원칙을 적용하고 있는 유럽인권재판소 판례의 경향이기도 하다(EGRZ NVwZ 2003, 1489, 1492f.). 한편, 독일연방헌법재판소는 독일공산당금지결정(BVerfGE 5, 85, 142f.)에서 정당의 정치적 방향이 지속적으로 자유민주적 기본질서에 대한 투쟁을 목표로 하고 있는 것으로 충분하고, 정당이 자유민주적 기본질서에 대한 구체적 위험을 의미하는지의 여부에 달려 있지 않다는 입장을 취하면서, 정당의 해산결정은 정당이 추구하는 목표의 실현가능성에 달려있지 않으므로, 정당의 목표가 실현될 현실적 가능성이 없다 하더라도 정당해산은 허용되며, 헌법적대적인 목표를 실현하기 위하여 사용하는 수단이나 방법도 중요하지 않다고 판시하였다. 한편, 독일연방헌법재판소는 2017. 1. 17. 선고한 NPD 결정에서 "정당해산이 정당화되기 위해서는 헌법적대적인 정당이 자유민주적 기본질서에 대한 구체적인 위험을 초래해야 할 필요는 없으나, 적어도 정당이 추구하는 헌법적대적인 목표의 실현가능성이 어느 정도 존재하는 경우나 정당이 폭력행사나 범죄행위를 통하여 자유로운 정치적 의사형성과정을 심각하게 저해하는 경우에 비로소 정당해산이 고려될 수 있다."고 판시함으로써 종래의 판례를 수정하였다.

보호법익인 '자유민주적 기본질서'가 위치하는 정치적 환경을 고려해야 한다는 요청에 의하여 더욱 가중된다.

자유민주주의는 자신이 취약하고 불안정할수록 적으로부터의 보호를 보다 요청할 것이고, 반면에 강력하고 견고할수록 자신에 대한 보호를 불필요한 것으로 간주할 것이다. 그렇다면, 정당의 활동에 의하여 자유민주적 기본질서에 대한 구체적 위험이 발생하였는지의 판단에 있어서, 자유민주적 기본 질서를 공격하는 '정당의 상태(목적과 활동)'뿐만 아니라 보호법익인 '자유민주적 기본질서의 상태'도 함께 고려해야 한다. 자유민주주의가 안정되고 강력할수록, 자유민주주의에 대한 구체적 위험을 인 정할 수 있는 범위가 좁아질 것이고, 반면에 자유민주주의가 내부적으로 불안정하고 게다가 외부로 부터 위협받는 상황에서는 구체적 위험을 인정할 수 있는 범위가 보다 넓어질 것이다.

결국, 정당의 활동에 의하여 자유민주적 기본질서에 대한 구체적 위험이 발생하였는지의 판단은 보호법익인 '자유민주적 기본질서의 상태', 즉 자유민주적 기본질서가 외부와 내부의 위협에 어느 정 도로 노출되어 있는지의 구체적 상황에 따라 달라질 수밖에 없다.[1] 각국이 헌법수호와 관련하여 고 유한 정치적 상황에 놓여있다는 점을 고려할 때, '폭력 행사'나 '헌법적대적 목표의 실현가능성' 등의 관점은 구체적 위험의 존재를 추정하는 중요한 징표인 것이지, 절대적인 기준으로 이해되어서는 안 된다.

Ⅵ. 정당해산심판의 결정과 그 효력

1. 결정과 주문형식

가. 정당해산결정

헌법재판소는 6인 이상의 찬성으로 정당의 해산결정을 할 수 있다(헌법 제113조 제1항). 정당해산의 심판청구 가 이유 있는 때에는 "피청구인 … 정당을 해산한다."는 형식으로 피청구인 정당의 해산을 명하는 결정을 선고한다. 심판청구가 이유 없을 때에는 기각결정을 한다.

나. 정당의 위헌확인결정

피청구인 정당의 자진해산 행위가 심판절차의 진행에 아무런 영향을 미치지 않는 경우에만 정당 해산심판은 그 기능을 유지할 수 있다. 정당의 위헌확인결정과 같은 변형결정은 정당해산심판이 그 기능을 이행하기 위하여 필수적으로 요청된다.

헌법재판소가 정당해산결정을 선고하기 위해서는 피청구인 정당이 민주적 기본질서에 위반된다 는 것을 일차적으로 확인해야 하므로, 해산결정은 '피청구인 정당이 민주적 기본질서에 위배된다는 것'을 그 전제로서 확인하는 '위헌확인결정'을 내포하고 있다. 따라서 법 제59조는 결정유형으로서 '해산결정'만을 언급하고 있으나, 피청구인 정당이 제소 후에 자진해산한 경우에 대해서는 '정당의 위 헌성을 확인하는 결정'을 선고할 수 있는 것으로 해석해야 한다.

---

1) 헌재 2014. 12. 19. 2013헌다1, "이 사건 정당해산심판에서도 입헌주의의 보편적 원리에 더하여, 우리 사회가 처해 있는 여러 현실적 측면들, 대한민국의 특수한 역사적 상황 그리고 우리 국민들이 공유하는 고유한 인식과 법 감정 들의 존재를 동시에 숙고할 수밖에 없다."

다. 정당의 일부분에 대한 해산결정

정당 전체가 아니라 정당의 부분조직만이 헌법적대적인 것으로 확인된 경우 정당의 부분조직에 대해서만 해산결정을 할 수 있는지의 문제가 제기된다.

참고로, 독일연방헌법재판소법은 제46조 제2항에서 법적 또는 조직상 독립적인 정당의 부분기관에 대해서만 위헌확인결정을 할 수 있도록 명문으로 규정하고 있다. 우리의 경우 이와 같은 명문의 규정은 없으나, 헌법재판소법이 규정하는 결정주문인 '정당의 전체에 대한 해산결정'은 '정당의 부분에 대한 해산결정'을 포함하는 것이고, 정당의 부분에 대한 해산만으로도 헌법수호의 법익을 달성할 수 있음에도 정당 전체를 해산시키는 것은 비례의 원칙에 위반되는 과잉의 사법작용이므로, 해석을 통하여 '정당의 부분에 대한 해산결정'도 허용된다고 보아야 한다.

2. 해산결정의 효력

가. 창설적 효력

헌법재판소가 해산결정을 선고한 때에는 그 정당은 해산된다(헌법 제8조 제4항 및 법 제59조). 정당해산과 더불어 해산된 정당은 법적으로 존재하지 않는다. 해산결정의 선고를 받은 정당은 선고와 동시에 장래를 향하여 불법결사가 되고, 모든 정당특권을 상실한다.

헌법재판소의 정당해산결정은 창설적 효력을 가진다. 여기서 '창설적'이란, 정당의 위헌성확인에 관한 헌법재판소의 독점적 권한으로 인하여 정당해산결정이 선고된 이후에야 비로소 당해 정당은 법적으로 위헌적인 정당으로 취급될 수 있다는 것을 의미한다. 헌법재판소의 해산결정이 있기 전까지는 정당의 활동은 정당특권에 의하여 보호된다. 따라서 해산결정에 대하여 소급효는 인정되지 않는다. 헌법재판소에 의하여 그 위헌성이 확인된 정당과 그 당원에게는 사후적으로 불이익이 발생해서는 안 된다. 해산결정 이전에 이루어진 정당의 설립과 활동을 소급하여 법적으로 새롭게 평가하는 것은, 헌법재판소의 결정 시까지 정당의 존립과 활동을 보호하는 헌법 제8조 제4항의 정당특권과 부합하지 않는다.

법 제60조에서 '헌법재판소의 결정은 중앙선거관리위원회가 집행한다'고 규정하고 있어, 해산결정은 마치 이행결정(특별한 집행처분이 있어야만 법률관계의 변동이 생기는 결정)인 것처럼 보이지만, 별도의 집행행위의 매개 없이 해산결정에 의하여 바로 법률관계의 변동이 발생한다는 점에서 형성결정이다. 중앙선거관리위원회가 정당법 제47조에 따라 정당의 등록을 말소하고 지체 없이 공고하는 행위는 단지 사후적 행정처리에 불과하다.

나. 代替政黨의 설립금지 등

(1) 대체정당의 설립금지

헌법재판소의 정당해산결정이 내려지면 해산된 정당의 대표자 및 간부는 해산된 정당의 강령과 동일하거나 또는 유사한 목적을 가진 정당, 이른바 대체정당을 설립할 수 없다(정당법 제40조). 대체정당이란, 해산된 정당의 위헌적인 시도를 그를 대신하여 계속 추구하는 정당을 말한다. 위헌정당을 정치생활에서 배제하고자 하는 해산결정이 대체정당의 설립에 의하여 無力化될 수 있기 때문에, 해산된 정당과 같은 목적을 추구하는 정당의 창설이 금지된다.

대체정당금지와 관련하여 제기되는 문제는 대체정당인지에 관하여 다툼이 있는 경우 이를 누가 판단할 것인지 하는 것이다. 독일의 경우 이 문제를 명문의 규정을 두어 해결하고 있다(독일정당법 제33조 참조).[1] 우리의 경우, 대체정당설립금지는 정당설립의 자유에 대한 예외로서, 헌법 제8조의 내용에 비추어 정당의 정치적 성격을 이유로 정당의 금지를 명령할 수 있는 권한을 가진 국가기관은 오로지 헌법재판소이다. 따라서 대체정당인지의 여부에 관한 다툼이 있다면, 정부의 정당해산심판청구에 의하여 헌법재판소가 다시 판단해야 한다.

(2) 위헌정당의 명칭 사용의 금지

해산된 정당과 동일한 명칭은 정당의 명칭으로 사용할 수 없다(정당법 제41조 제2항).

(3) 위헌정당재산의 국고귀속

해산된 정당의 잔여재산은 국고에 귀속된다(정당법 제48조 제2항).

3. 소속국회의원의 자격상실 문제

헌법재판소의 정당해산결정에 따라 정당이 해산된 경우, 해산된 정당에 소속되어 있던 국회의원의 지위는 어떻게 되는지의 문제가 제기된다. 현행법은 정당해산결정의 경우 소속의원의 지위에 관한 명문의 규정을 두고 있지 않다.

가. 학계의 견해 대립

학계의 견해는 국회의원의 지위를 유지한다는 견해와 그 지위를 상실한다는 견해로 나뉘어있다. 후자의 견해는 정당해산심판제도가 가지고 있는 예방적 헌법수호의 취지나 방어적 민주주의의 이념에 비추어 정당이 위헌으로 해산되면 그 정당에 소속되어 있던 국회의원의 자격은 당연히 상실된다고 주장한다. 이에 대하여 전자의 견해는 국회의원은 국민의 대표이지 정당의 대표가 아니므로 국민에 의하여 선임된 국회의원의 지위는 소속정당의 해산에 의하여 상실하지 않는다고 주장한다. 전자의 견해에 의하면, 입법자가 입법을 통하여 소속의원의 의원직 상실을 규정하는 조항을 도입하는 것도 헌법상 자유위임에 반하기 때문에 위헌이라는 결론에 이른다.

나. 예외적 상황에서 헌법수호의 실효성 문제

(1) 국회의원의 국민대표성을 중시하여 위헌정당이 해산되더라도 국회의원의 자격은 유지된다는 견해는 문제의 본질을 제대로 파악하지 못하고 있다. 헌법재판소가 정당해산결정을 내리는 경우 소속국회의원의 지위와 관련하여 제기되는 문제는, 정상적 상황에서 국회의원의 정당기속성과 국민대표성 사이의 갈등의 문제가 아니라, 예외적 상황에서 헌법수호에 관한 문제이다. 국회의원이 정당의 대표가 아니라 국민의 대표이기 때문에 정당의 소속여부와 관계없이 그 지위를 유지한다는 사고는 국회의원의 정당기속성과 국민대표성이라는 이중적 지위가 서로 충돌하는 경우 이를 해결하기 위한 하나의 관점이지, 정당해산심판절차에서 해산결정의 효력을 판단하기 위하여 고려될 수 있는 관점이 아닌 것이다.[2]

---

1) 위헌정당이 이미 해산결정으로 인하여 정당특권을 상실하였기 때문에 대체조직이 비록 정당의 형태로 설립되어 활동한다 하더라도, 대체조직에 대해서는 정당특권이 인정되지 않는다. 따라서 대체조직에 대해서는 해산된 정당의 대체조직임을 확인하는 행정청의 별도 처분에 의하여 금지조치를 취할 수 있다(독일 정당법 제33조 제3항). 이에 대하여, 대체조직이 이미 해산결정 이전에 존재하는 경우에는 헌법재판소가 대체조직임을 확인한다(독일 정당법 제33조 제2항).

2) 가령, 공직선거법에서 지역구국회의원과는 달리 비례대표국회의원이 자의로 탈당하는 때에는 국회의원의 직을 상

국회의원은 국민의 대표로서 소속정당의 해산만으로는 국회의원직을 상실하지 않는다는 것은 지극히 타당하고, 이에 대하여 어느 누구도 의문을 제기하지 않는다. 그러나 여기서는 정상적 상황에서 소속정당이 스스로 해산하는 경우 국회의원의 지위에 관한 문제가 아닌 것이다. 여기서 문제되는 것은 헌법수호의 관점에서 위헌정당이 강제로 해산되어야 한다면, 정당해산제도의 본질과 목적에 비추어 소속국회의원의 지위가 상실되어야 하는지의 문제인 것이다.

소속의원의 지위 문제를 '위헌정당에 대한 헌법수호'와 '의원의 자유위임' 사이의 충돌 문제로 이해한다면, 헌법수호의 요청이 자유위임에 우선한다. 헌법 제46조 제2항의 자유위임은 무제한적인 것이 아니라 '헌법 내에서의 자유위임'이다. 모든 공직자와 마찬가지로 국회의원도 그의 활동에 있어서 헌법의 구속을 받는다. 자유민주적 기본질서를 기본결정으로 채택한 헌법에서 의원의 자유위임이란 '자유민주적 기본질서 내에서의 자유위임'이다. 의원의 자유위임이 자유민주적 기본질서를 제거하는 방향으로 사용될 수 없다. 따라서 입법자가 정당해산결정 시에 소속의원의 의원직 상실을 규범화하는 것은 헌법에 부합하는 것이다.

(2) 위헌정당이 자유민주적 기본질서에 대한 위험성으로 말미암아 해산결정에 의하여 국민의 정치적 의사형성과정에서 배제되어야 한다면, 위헌정당이 의회 내에서 국가의사형성과정으로부터 배제되어야 할 필요성은 더욱 크다. 만일 헌법재판소의 해산결정의 효력이 단순히 정당해산에 그친다면, 비록 위헌정당은 없어졌으나 위헌정당의 핵심적 세력인 소속의원이 의회에서 계속 활동하는 결과가 발생하기 때문에, 위헌정당의 강제해산이라는 방어적 민주주의의 수단으로서의 실효성이 의문시되고, 위헌결정 그 자체의 효과가 반감된다. 따라서 비록 소속국회의원의 자격상실에 관한 명문의 규정은 없으나, 정당해산절차의 기능을 보장하기 위해서는 헌법재판소는 해산결정 외에도 소속의원의 자격상실을 선고할 수 있어야 한다.[1]

독일 연방헌법재판소는 명문의 규정이 없음에도 1952년 사회주의제국당(SRP)에 대한 정당해산결정에서 "정당의 위헌성이 확인되면 당해 정당 소속의원의 의원직은 상실된다."고 판시한 바 있다.[2] 그 후 독일에서는 연방선거법에서 위헌정당해산 시 의원직을 상실한다는 명문의 규정을 두어 이 문제를 해결하였다(연방헌법재판소법 제46조, 제47조). 우리의 경우도 명문의 규정을 둠으로써 논쟁의 소지를 없애는 것이 바람직하다.

실한다고 규정하는 경우, 바로 이러한 경우에 국회의원의 이중적 지위 사이에 갈등이 발생하고, 이러한 규정이 지나치게 정당국가적 기속을 강조하고 국민의 대표자적 지위를 경시한다는 점에서 정당의 소속여부와 관계없이 그 지위를 유지한다는 사고는 이러한 규정의 위헌성을 제시하는 논거로서 유용할 수 있다. 1962년 헌법은 제38조에서 국회의원은 "소속정당이 해산된 때에는 그 자격이 상실된다."고 규정하였다. 이는 정당국가적 기속을 지나치게 강조한 사실상 위헌적 헌법규정이라 볼 수 있다.

1) 헌재 2014. 12. 19. 2013헌다1, "정당을 엄격한 요건 아래 위헌정당으로 판단하여 해산을 명하는 것은 헌법을 수호한다는 방어적 민주주의 관점에서 비롯되는 것이고, 이러한 비상상황에서는 국회의원의 국민대표성은 부득이 희생될 수밖에 없다. … 헌법재판소의 해산결정으로 해산되는 정당 소속 국회의원의 의원직 상실은 정당해산심판 제도의 본질로부터 인정되는 기본적 효력으로 봄이 상당하므로, … 그 의원직은 상실되어야 한다."

2) Vgl. BVerfGE 2, 1(Parteiverbot; SRP).

사항색인

ㄴ

ㄷ

ㅇ

ㅈ

[저자 약력]

독일 Freiburg 대학교 법과대학 학사·석사
독일 제1차 사법시험 합격
독일 Freiburg 대학교 법과대학 법학박사
독일 제2차 사법시험 합격(독일변호사)
헌법재판소 헌법연구관
사법시험 출제위원
홍익대학교 법과대학 법학과 교수
한국법학원 제10회 법학논문상 수상
법제처 정부입법자문위원회 위원
법무부 차별금지법 특별분과위원회 위원장
국가인권위원회 인권위원(비상임)
중앙대학교 법학전문대학원 교수

[주요 저서]

헌법학 입문, 법문사, 제8판(2025)
헌법상 권력구조의 재조명, 법문사, 2021
기본권의 새로운 이해, 법문사, 2020
주석 헌법재판소법, 헌법재판연구원, 2015(한수웅 외 3인)
Merkmale der verfassungsrechtlichen Ordnung der Wirtschaft in Deutschland und Korea, 1993

헌 법 학 [제14판]

2011년	2월	20일	초판 발행
2012년	2월	10일	제2판 발행
2013년	2월	20일	제3판 발행
2014년	2월	10일	제4판 발행
2015년	2월	25일	제5판 발행
2016년	2월	15일	제6판 발행
2017년	2월	25일	제7판 발행
2018년	2월	25일	제8판 발행
2019년	2월	25일	제9판 발행
2020년	2월	25일	제10판 발행
2021년	3월	5일	제11판 발행
2022년	9월	1일	제12판 발행
2024년	3월	10일	제13판 발행
2025년	3월	10일	제14판 1쇄 발행

저 자 한 수 웅

발행인 배 효 선

발행처 도서출판 法 文 社

주 소 10881 경기도 파주시 회동길 37-29
등 록 1957년 12월 12일/제2-76호(윤)
전 화 (031)955-6500~6 FAX (031)955-6525
E-mail (영업) bms@bobmunsa.co.kr
(편집) edit66@bobmunsa.co.kr
홈페이지 http://www.bobmunsa.co.kr
조판 법 문 사 전 산 실

정가 67,000원　　　ISBN 978-89-18-91596-8